唐代交通圖考

第二卷 河隴磧西區

嚴耕望◎著

北京聯合出版公司
Beijing United Publishing Co.,Ltd.

唐代交通圖考

第二卷　河隴磧西區

目　次

篇拾壹　長安西通安西驛道上

——長安西通涼州兩驛道——

引　言

新唐書二一六下吐蕃傳稱唐代盛時，「輪台伊吾屯田，禾菽彌望。開遠門揭候〔堠〕署曰，西極道九千九百里，示戍人無萬里行也。」此即指長安通西域主要道路而言。南部新書已有此條，「堠」字不誤，云「西去安西」，尤確切。蓋就安西都護直接統轄之軍戍西疆而言也；藩屬西疆則不止此里數。

此道可分爲三段。其一，長安涼州道；其二，涼州安西道；其三，安西更向西通西域諸國道。安西以西之行程，賈耽所記頗詳，新唐書錄附地理志之末，中外學人已多所測論。而安西東至長安之行程殊少論究者，惟陳沅遠唐代驛制考（史學年報第五期）第五章驛程紀要略有所述，云自長安經邠、涇、原、會、蘭、鄯、涼、甘、肅、瓜、沙、伊十二州達于安西都護府。今人言唐通西域之道路頗取其說。實則陳考驛程一章僅屬臆測，非有實證；其述此道行程尤多謬誤。如秦州天水郡（今天水）爲古今通西域之要道，杜翁秦州雜詩云「驛道出流沙」，（秦州）東樓云「萬里流沙道，西征過此門。」即指通西域之驛道言。陳考不及秦州，而由會州迂迴蘭、鄯乃至涼州。如此行程，固非不可通；然迂遠千里，且無任何實證，其非重要通道無疑。

按長安通西域道關係唐代政治、外交、軍事進退，與夫國際貿易、文化交流者甚巨，故今綜合史傳、地志、詩文、政書、雜著，旁搜本草、佛藏，兼採敦煌殘卷及宋代地圖石刻拓本，詳爲考論，凡途程所經州縣軍鎮關津館驛，有可考者，皆表而出之，以爲硏史者之一助。惟長安通安西道，里程太長，材料亦豐富，故以涼州爲斷，分上下兩篇述之。

唐代涼州以東之交通極爲繁盛。通典七述開元時代國內交通狀況云：

「東至宋（今河南商邱）、汴（今河南開封），西至岐州（今陝西鳳翔），夾路列店肆待客，酒饌豐溢，每店皆有驢賃客乘，倏忽數十里，謂之驛驢。南詣荆（今湖北江陵）、襄（今湖北襄陽），北至太原（今山西晉源）、范陽（今北平），西至蜀川（今四川，實指成都）、涼府（今甘肅武威），皆有店肆以供商旅，遠適數千里，不持寸刃。」

宋、汴、幽、幷、荆、襄、岐、益皆爲自漢以來視爲內地之大都市，交通之盛，固不待言。涼府自漢世開闢，雖漸見繁榮，然隴外之地不無荒涼之感，唐末五代以後，更荒蕪日甚；而在唐世，其與長安之交通竟與幽幷荆益並稱，此大可注意，所當疏證者。

通鑑二一六天寶十二載紀云：

「是時中國盛强，自安遠（胡注：『長安城西面北來第一門。』按『安遠』當作『開遠』，參看岑仲勉通鑑隋唐紀比事質疑安遠門條。）西盡唐境萬二千里，閭閻相望，桑麻翳野，天下稱富庶者無如隴右。」

按此蓋取明皇雜錄。讀史者或信其然，（如陳寅恪先生。）或疑不足信。（如岑仲勉先生。）考唐人反對西北用兵者固有「秦隴之西，人戶漸少，涼州已去，沙磧悠然」之語。（舊一〇三郭虔瓘傳載韋湊奏事。）然西北屯田，積穀豐足，正史多所載記。故陳鴻祖東城老父傳述老父之言曰：天寶時代，「河州、敦煌道，歲屯田，實邊食，餘粟轉輸靈州，漕下黃河，入太原倉（？），備關中凶年。」（太平廣記四八五。）殆非虛語。且開元時代大凡鎮兵四十九萬，隴右一道（包括河西）幾居其半。通典云：「天寶中，……都計租稅庸調，每歲錢、粟、絹、綿、布約得五千二百二十餘萬端、疋、屯、貫、石。」其軍用所費「凡一(本譌作二；同書一七二，不譌。)千二百六十萬，而錫賚之費不與焉。」是軍用佔歲入四分之一。就中隴右一道（包括隴右、河西、安西、北庭四節度）都計五百二十萬，恰當全國歲入十分之一。大軍屯駐，支用浩繁，正促成地方之繁榮。史記貨殖傳云：「楊、平陽西賈秦翟，北賈種代，種代，石北也，……迫近北夷，師旅亟往，中國委輸，時有奇羨，……以故楊、平陽陳掾其間，得所欲。」正此類也。隴右民稱富庶，就某一角度言，不亦宜哉！

且溫公此條因哥舒翰爲河西節度使而附書之。河西節度治涼州，爲自隴以西最重要之政治軍事商業交通中心。慧立三藏法師傳云：「涼州爲河西都會，襟帶西蕃，葱左諸國，商侶往來，無有停絕。」是爲國際貿易發達最具體之說明。此猶唐初，及開元天寶時代，此一都市尤極繁榮。岑參涼州館中與諸判官夜集云：「涼州七里十萬家①，胡人半解彈琵琶。」（全唐詩三函八册）度其人口當近五十萬②。元稹西涼伎云：「吾聞昔日西涼州，人煙撲地桑柘稠，蒲萄酒熟恣行樂，紅豔青旗朱粉樓。樓下當壚稱卓女，樓頭伴客名莫愁，鄉人不識離別苦，更卒多爲沈滯遊。哥舒開府設高宴，八珍九醞當前頭。前頭百戲競撩亂，丸劍跳躑霜雪浮。獅子搖光毛彩豎，胡騰（一作姬）醉舞筋骨柔。大宛來獻赤汗馬，贊普亦奉翠茸裘。」（全唐詩六函十册）亦見開元天寶時代涼州繁榮之概況。又張鷟朝野僉載三：「睿宗先天二年正月十五十六夜，於京師安福門外作燈輪，高二十丈，衣以錦綺，飾以金玉，燃五萬盞燈，簇之如花樹。」而廣德神異錄（廣記七七葉法善條引）稱正月望夜長安影燈之盛，「惟涼州信爲亞匹。」「燈燭連亙十數里，車馬駢闐，士女紛雜。」此雖小說家言，然燈樹本爲西域胡俗，涼州多胡賈，此語未必盡虛。涼州市面繁榮，此又得一實證矣。

隴右富庶，涼州繁榮，西域商侶來往不絕，宜其與長安之交通狀況，得與幽幷荊益並舉也。今考涼州東南至長安，有取蘭州（今蘭州）、取會州（今靖遠、景泰間黃河東岸）兩驛道，可謂南北道。敦煌發現水部式云，會寧關有渡船五十隻。今考此關在今景泰縣（E104°10′·N37°10′）東黃河東南岸，與西北岸之烏蘭關對夾河津，當長安通涼州之北道咽喉。唐制，渡船各置渡子三至五人，則此大河關津渡子蓋約二百人，日渡行旅蓋以千計。通常南道行旅又較北道爲多，其蘭州金城關津之規模或又盛於會寧。兩道交通繁盛如此，益證杜佑之言爲不虛矣。

至於交通路線與詳細驛程，則此篇所致意者，具詳下文。其州縣關津之地望，以

① 「七里」一作「七城」。按涼州統五縣，非七縣。而元和志云，涼州城南北七里，東西三里。則作里爲正。

② 按赤水軍置在涼州城內，共三萬三千人，此卽相當大之人口數字；供給其消費者又可想見。

唐末北宋國防線內徙，故地名亦頗有內徙者，明清志書頗多以宋釋唐，差誤常數百里，今皆據唐代史料一一辨正。例如會寧關在會州西北一百八十里，與烏蘭關對夾河津，又於其西二十里置新泉軍以鎮護之。足見此地當交通軍事要衝。度其地當在今靖遠縣北約二百數十里景泰縣東黃河灣曲處之東南岸。宋人修新唐書地理志云在會州東南，乃宋關，非唐關也。明清志書如讀史方輿紀要及清一統志皆承此誤，云唐關在今靖遠南百里以上，楊氏唐書地理志圖遂亦誤繪，且不濱大河，失之遠矣。皆不取證唐人之過也。

（一）元和志所記涼州通長安兩道詮釋

元和志四〇涼州目云：「東北至上都，取秦州路二千里，取皋蘭路一千六十里。」「北」爲「南」之譌。取秦州路者，經蘭（今蘭州、皋蘭）、臨（今臨洮）、渭（今隴西）、秦（今天水）、隴（今隴縣）五州及鳳翔府（今鳳翔）至長安也。「皋」爲「烏」之譌，里數亦奪誤。烏蘭路者，烏蘭縣置烏蘭關，與會寧關西東對夾黃河，具舟五十待行旅，爲西北極大津渡處，宜取名路也。路經烏蘭關及會（今靖遠北徙城堡地區）、原（今固原）、涇（今涇川）、邠（今邠縣）四州至長安，行程約一千八百里。兩道皆置驛。杜翁秦州雜詩云「驛道出流沙」，岑參過隴山赴安西途中詩云「一驛過一驛，驛騎如流星。」此秦州道也。烏蘭關道置驛，明見寰宇記；張籍涇州塞云「道邊古雙堠，猶記向安西」，若非置驛大道，恐亦不會置路堠也。

按元和志此條，「二千里」不誤。下文云「東南至東都二千八百六十里。」可爲證。蓋唐宋志書，長安、洛陽間通常多云八百六十里也。至於臯蘭路一條，則頗多奪誤。如「一千六十里」顯有脫譌無疑。蓋涼州至長安無論如何走法，皆不止一千零數十里也。又按「臯蘭路」亦有問題。然欲知譌誤所在，當先明「取秦州路」之行程。

「取秦州路」之途程　考武經總要前集一八上邊防篇云：

「（秦州）河湟甘肅瓜沙路。自州（秦州）西北三百一十里至故渭州（今隴西），又百八十里至臨州（今臨洮、舊狄道），又東北二百里至蘭州（今蘭州、皋蘭），北渡黄河出金城關二百六十里至涼州松昌縣，又二百一十里至涼州。」（最後二數字當有一數太小。）

按秦州東至長安八百里，通典、元和志、寰宇記無異説。是總計涼州至長安一千九百六十里，與元和志「取秦州路二千里」爲近。復檢元和志三九，秦、渭、臨、蘭四州目所記里距如次：

秦州東至上都八百里，西至渭州三百里。

渭州東至上都一千一百里，東南至秦州三百里，西北至臨洮軍（卽臨州）百九十里。

臨州東南至上都一千二百八十里。（較上條之和衹少十里。）

蘭州東南至上都一千四百六十里，東至臨州一百九十里。

是元和志蘭州目所記至長安之里數僅較蘭、臨、渭、秦、長安間彼此距離之和差一二十里，可知蘭州入長安必取路臨、渭、秦等州也。復檢通典一七四，長安西至秦州八百里，又西至渭州三百里，又西北至蘭州四百五里，（一作四百里。時未置臨州。）又西北至涼州五百四十里，共計二千零四十里。涼州目云，去西京二千二十里，與此各州間距離累計之和亦極相近。又檢寰宇記一五〇、一五一、一五二，秦州東至長安八百里，西至渭州三百里，蘭州南至渭州四百里，西北至涼州五百四十里。與通典同。又其所記涼州至洛陽爲二千八百七十里。按長安洛陽間，既爲八百六十里，是亦謂涼州至長安二千零一十里也。大抵此道行程約二千里之譜，則元和志所謂「取秦州路二千里」者，卽指經蘭、臨、渭、秦四州之通道而言耳。取秦州道之秦州以西所經已如上述，關於秦州以東至長安所經，觀地圖，當以沿渭水至鳳翔府最爲徑捷，（卽今隴海路所行。）然唐宋志書不記秦州至鳳翔之里程。檢元和志隴州目，西至秦州三百四十里，東至鳳翔府一百五十里，至上都四百六十五里。鳳翔府目，西至隴州一百五十里，東至上都三百一十里。通典、寰宇記大抵相同，惟秦隴距離或作三百里，或作三百四十里，差異較大耳。按秦州至長安八百里，無異說，正即秦、隴、鳳翔、長安間累計之和，則所謂八百里者即經隴州及鳳翔府可知也。由上所論，元和志所謂取秦州路二千里者，即由涼州東南經蘭、臨、渭、秦、隴諸州及鳳翔府至長安也。茲再就兵家進軍及僧俗行旅舉數實例以明之。

其一，周書一文帝紀魏廢帝二年條云：

「夏四月，太祖勒鋭騎三萬，西踰隴，度金城河，至姑臧，吐谷渾震懼。」

按姑臧即涼州，金城即蘭州；踰隴謂踰隴坻，在隴州西境，旋置大震關也。此次行軍當即取此道而西甚明。

其二，舊五五薛舉傳述隋末之亂，舉起兵圖長安事略云：

舉據金城，進都秦州。遣子仁杲寇扶風郡，陷之，將圖長安。會唐兵定關中，遣兵應擊，敗之，「追奔至隴坻而還。舉又懼太宗踰隴追之。」

按扶風郡即後之鳳翔府。是即由蘭州進至秦州，取道隴坻至鳳翔欲圖長安也。

其三，慧立三藏法師傳，貞觀三〔元〕年，玄奘西行，由京師先至秦州，又經蘭州、涼州，至瓜州，達伊吾、高昌。

其四，岑參初過隴山途中呈宇文判官（全唐詩三函八册參集一）云：

「一驛過一驛，驛騎如星流，平明發咸陽，暮及隴山頭，隴水不可聽，嗚咽令人愁。……西來誰家子，自道新封侯，前月發安西，路上無停留。……山口月欲出，先照關城樓……。」

按此爲參由長安赴安西，道出隴州西境之隴山大震關所作無疑，詳後文。參又有西過渭州見渭水思秦川（同上參集四）、臨洮泛舟趙仙舟自北庭罷使還京、發臨洮將赴北庭留別及題金城臨河驛樓（皆同上參集三）諸詩，臨洮謂臨洮軍，即臨州。皆見參之赴安西北庭乃取道隴、秦、渭、臨、蘭諸州，正即前據各州間之里程所擬定之路線也。

其五，杜翁秦州雜詩（詳注七）首云：

「滿目悲生事，因人作遠遊，遲迴度隴怯，浩蕩及關愁，水落魚龍夜，山空鳥鼠秋，西征問烽火，心折此淹留。」

按隴即隴坂，在隴州西境。魚龍川即汧水，發源隴坻而爲隴州所瀕。鳥鼠山在渭州西，大道經其北麓。並詳後文。是杜翁西行亦取道隴州，度隴坂至秦州。本欲再西行經鳥鼠山，但烽火不寧，故心折而淹留秦州耳。

積此五事，以與前文據各州間里距所擬定之路線相互證，則元和志所謂秦州道二千里者，其行程甚明，絕無可疑矣。宋會要·蕃夷四之八云：

「天禧元年……四月，秦州曹瑋請自今甘州進奉，止於秦州選牙校同共賫送國信物往彼，不煩朝廷遣使伴送。從之。……四年三月……二十一日，令甘州迴紇進奉，自今幷於秦州路出入。」（四年事，同書方域二一西涼府條，畧同。）

是至北宋，河西商貢仍取秦州路也。

據岑參初過隴山途中呈宇文判官詩，此道置驛。又杜翁秦州雜詩之三云：「驛道出流沙。」（秦州）東樓云：「萬里流沙道，西征過此門。」（皆詳注七。）亦此道置驛之明證。蓋長安赴安西最主要之幹道也。

「取臯蘭路」問題　「取秦州道」既經蘭臨渭秦隴及鳳翔等州府，則所謂「取臯蘭路」者，當在此秦州路之東或西，而不經此諸州。或縱叉過此諸州之某一二州，但決不會以所叉過之州及其附近之地名稱之。今檢元和志三九蘭州，「隋開皇元年立爲蘭州，置總管府，取臯蘭山爲名也。」九域志三蘭州，「南至臯蘭山四里。」則「臯蘭路」者或當指經此而言，卽經蘭州也。然蘭州既爲上述秦州路所必經，另道縱然可能亦經蘭州叉過，但決不應稱之爲臯蘭路。復考臯蘭之名似始見於漢書武帝紀。紀云元狩二年三月，「遣驃騎將軍霍去病出隴西至臯蘭。」注引應劭說，地在白石縣塞外。檢水經注二河水注云：「灕水……又東北逕石門口山……疑卽臯蘭山門也。」下引應劭說。又引闞駰曰：「白石縣在狄道西北二百八十五里，灕水逕其北。」又檢元和志三九河州，鳳林縣東南至州八十里。石門山卽臯蘭山，在縣東北二十八里。是在今臨夏縣西。由涼州向南，取鄯州路，經此臯蘭山，固亦可至渭州秦州。然若行經渭秦，卽不得與秦州路對稱。若由河州向南行秦州路西南側，經洮、岷、成、鳳等州至鳳翔，固亦可至長安；然太迂遠，殆三千里以上，且不見有行之者。元和志所述絕少有指此道之可能，故解釋此「臯蘭路」，頗有困難。

今考寰宇記一五二涼州目，云：

「東南至會州烏蘭關四百里，從關東南至州（會州）一百三十里。」

又會州目云：

「西至涼州六百里，西北至涼州五百四十里。」

烏蘭縣，「州西北，驛路一百八十里，其直路一百四十里。」

檢通典一四七，會涼東西相距六百里。元和志四，會州西北至涼州五百四十里。又云烏蘭縣東南至州一百四十里。據此，涼會間爲一通道，且置驛、直道五百四十里，中經烏蘭縣；驛道凡五百八十里或六百里，但亦經烏蘭縣。烏蘭關，周武帝置，即在烏蘭縣，亦明見元和志與寰宇記。按會州在蘭州東北四百里上下，亦近黃河，約在今靖遠縣東北地區。或即打拉池西近黃河處，詳後文。涼州既可取烏蘭關路通會州，且置驛，是必爲大道。今當追究會州至長安最可能之大道。

按會州向東南以次爲原州、涇州、邠州。今試就唐、宋志書所記此諸州至長安之里程及相互鄰接各州間之距離如下表：

	會州至涼州	會州至長安	會州至原州	原州至長安	原州至涇州	涇州至長安	涇州至邠州	邠州至長安
通典	600 600	1370 （顯有誤）	400 400	810	280？ 285？	487	190 190	310 280
元和志	540	1190	390 390	800	320 320	480	180 180	300
寰宇記	530 540	1190	390	（原州已移）		450	190	282

據此表所示，元和志、寰宇記所記大抵相同，通典亦僅少數不合耳。觀此表，會州向東南經原州、涇州、邠州，至長安，爲一大道，故地志所記各州至長安之距離，即等於此州與其東南鄰州之距離加該鄰州至長安里程之和也。涼州既可取烏蘭關道通會州，且置驛，會、原、涇、邠又爲通長安之大道，則此烏蘭

關道亦當爲通長安之大道可知也。

今再考之史籍，原州經涇州、邠州至長安一線，爲唐代中葉唐、蕃攻守進出之主要路徑，史料甚多，皆詳後文。今亦僅舉四例以明之。其一，周書文帝紀及通鑑一五六述賀拔岳被害及宇文泰擊侯莫陳悅事，略云：

岳爲關西大行台，在長安，「引軍西次平涼」，召侯莫陳悅「會於高平」，與共討靈州刺史曹泥，「至於河曲」，爲侯莫陳悅所害。「其士衆散還平涼。」而悅退屯永洛（通鑑作水洛）。泰由夏州赴平涼，高歡亦遣侯景西來，皆欲代總岳衆，相遇於安定，景自知不敵而還。泰至平涼，會朝廷遣元毗宣慰，乃與毗及諸將刑盟，統軍至原州討悅。

按北朝安定在今涇川縣北，卽唐之涇州；高平卽唐之原州。平涼在原涇道上，是泰、景、毗三人欲赴平涼、原州，皆取道涇州也。其二，舊一九六下吐蕃傳載唐蕃會盟清水所定國界云：

「今國家所守界，涇州西至彈箏峽，隴州西至清水縣，鳳州西至同谷縣。」

按彈箏峽在原州東南，當涇州通原州道，清水縣在今清水縣西，當隴州通秦州道，皆詳後文。鳳州，今鳳縣；同谷縣，今成縣，當散關通扶州松州道，詳岷山雪嶺地區交通網篇。是此盟詞所言分界乃舉長安通吐蕃之三主要道途而言，涇州至原州卽其一也。其三，通鑑二四四，大和五年，吐蕃維州副使請降，宰相牛僧孺議曰：

「中國禦戎，守信爲上。彼若來責曰，何事失信？養馬蔚如川，上平涼坂，萬騎綴回中，怒氣直辭，不三日至咸陽橋，……得百維州，何所用之。」

蔚如川卽高平水，發源於原州治所西南山中，向北流經蕭關縣西北入黃河者；平涼在原州東原涇大道上。此明言原、涇大道，騎行之速也。其四，大中三年，吐蕃勢衰，蕃將以秦、原、安樂三州來歸，唐廷詔涇州節度使接收原州，鳳翔節度使接收秦州，詳後文。此亦各以大道所通而就近進兵耳。觀此四事，亦皆見涇州至原州爲唐蕃主道之一也。

至於原州至會州，因安史亂後地陷吐蕃，故唐史缺乏佐證之史料，然唐前史事固仍多可考，今舉數事如次：

其一，元和志四會州目云：

「會州……古西羌地，周太祖爲西魏相，來巡，會師於此。土人張信罄資饗六軍，太祖悅，因命置州，以會爲名。」

是會州之名以宇文泰西巡會師爲名。按泰曾三度踰隴。第一次即上文所引泰至原州討侯莫陳悅時。泰由原州西南出木峽關踰隴而南至水洛城，詳後文木峽關條。此次未至黃河地區，且其時魏尚未分東西。其後，大統十四年，及廢帝二年各一次。廢帝二年事，乃踰隴坻至金城（蘭州）渡河至涼州，係取前述之秦州道，具詳前文，亦未至河曲、會州地區。故元和志此條所述亦非其時事。至於大統十四年事，周書本紀書之云：

「太祖奉魏太子巡撫西境，自新平，出安定，登隴，刻石紀事，下安陽，至原州，歷北長城，大狩，將東趣五原，至蒲川，（通鑑無『將』字，又『川』作『州』。）聞魏帝不豫，遂還。」

按新平即唐之邠州，安定即唐之涇州，安陽在今秦安縣西北。是由唐之邠、涇西南踰隴山至安陽，又北出至原州。所謂北長城者，考水經河水注，「高平川水……東北逕高平故城東，……又北出秦長城，城在縣北一十五里。」周紀所謂北長城固有指此秦長城之可能。然云北長城，當對南而言。考史記匈奴傳云：「秦昭王時，……伐殘義渠，於是秦有隴西、北地、上郡，築長城以拒胡。……後秦滅六國，而始皇帝使蒙恬將十萬之衆，北擊胡，悉收河南地，因河爲塞，築四十四縣，城臨河。」又始皇紀：「三十三年……西北斥逐匈奴，自榆中並河以東，屬之陰山，以爲三十四縣，城河上爲塞。」六國表，始皇三十三年，「西北取戎爲三十四縣，築長城河上。」則昭王長城在隴西北地之外圍，其後始皇擴土，又自榆中東至陰山，臨河上築長城也。按隴西在今臨洮縣，北地在今寧縣。是河水注所記高平縣北一十五里之秦長城，乃昭王長城，非始皇所築者。始皇長城係沿河而築，當在此長城北二三百里以上，則周文紀此條所謂「歷北長城」者，當指始皇長城而言，即濱河之地也。且周書本紀此條下云，「東趣五原。」若由原州直赴五原，當云「北」，不當云「東」，亦宇文泰由原州先西至會州地區之旁證。然則元和志此條云周太祖來巡會師於此者，即西魏大統十四年事。其赴會州地區之途徑，道由原州，即原州至會州爲一大道也。

其二，周書文帝紀又載後魏末期賀拔岳西至河曲事，云：

「（賀拔）岳爲關西大行台，……引兵西次平涼。……而（靈州刺史）曹泥猶通使於齊神武。……永熙三年春正月，岳欲討曹泥。……二月至於河曲，……爲（侯莫陳）悅所害，其士衆散還平涼。」

按通鑑一五六梁中大通六年書此事。胡注：「河曲在靈州西。……河水……東北流，……至富平，始曲而北流，所謂河曲也。」同書二三二，貞元三年，吐蕃尚結贊曰，「吾在河曲。」胡注：「謂屯鳴沙時。」所指大體可信。則賀拔岳亦由平涼、原州向西行至黃河濱岸地，其遇害處雖非宇文泰置會州處，要亦同一地區也。蓋十餘年後，泰之巡邊行程正即岳之行程故道耳。

其三，原州至會州道不但北朝末期已通行，故岳、泰相繼西巡皆由之；即在漢世亦已大通矣。何者？漢書武帝紀元鼎五年條云：

「十月行幸雍，……遂踰隴，登空同，西臨祖厲河而還。」

空同，應劭僅云山名。補注引通鑑胡注據新唐志云，崆峒在岷州溢樂縣西。溢樂即今岷州治。又釋祖厲河云：「河水注，河水東北逕安定祖厲縣城西，祖厲川水出祖厲南山，西北流注於河。明志，靖虜衞西南（今寧夏府地）有祖厲河，……注于河。一統志，祖厲河在鞏昌府會寧縣南……西北逕靖遠縣界……流入黃河。」今按王氏釋祖厲河是也；釋空同則非。考武帝此事，亦見史記武帝紀及封禪書云：「上遂郊雍，至隴西，西登空桐。」武紀正義：「空桐山在原州平高縣西一百里。」唐平高縣在今固原縣治。至通鑑胡注始引新唐書地理志，以空同山在岷州西。按唐志，岷州、原州皆有崆峒山。又通典、元和志亦原州岷州並載。胡氏隨便指一而言，未見正確。且元和志於岷州僅舉山名，而於原州，則指爲黃帝學道於廣成子之崆峒，亦黃帝「東至於海西至崆峒登笄頭」之崆峒。再上檢水經注一九涇水注云，「涇水導源安定朝那縣笄頭山。秦始皇巡北地，西出笄頭山，即是山也。……一名崆峒山。莊子謂黃帝學道于廣成子蓋在此山。」而洮水注不言岷州有崆峒山。足見唐代及其以前學者皆指原州之崆峒爲古代名山；而於岷州之崆峒，則未指說也。又檢漢書地理志，安定郡朝那縣「有端旬祠十五所，胡巫祝，又有秋淵祠」。朝那在唐原州近處。意者武帝所至乃唐代原州之崆峒，非岷州之崆峒也。蓋武帝迷信，屢行幸祠祀；且其時邊防强敵爲北方之匈奴，原州蕭關當匈奴道，故幸之。至於洮水上流，非當時國防重地，亦無行幸之必要也。是胡氏此注非也，當從正義在原州。祖厲河正在唐代會州境，流入黃河。則西漢時代安定郡（唐之原州）固已有大道達黃河地區矣。

其四，日本栗棘庵所藏宋輿地圖石刻拓本，頗明北宋交通路線。據青山定雄唐宋時代の交通と地誌地圖の硏究所附刋此拓本之影本，其會州東至西安州之路線極明顯。西安州東至鎭戎軍路線已磨泯不太淸晰，但尙依稀可辨。按宋之鎭戎軍卽唐之原州，在今固原縣。西安州在今固原縣西北二百一十里，今圖海原縣有古西安地名，殆其地也。然則宋代此道仍存，卽今日之汽車道亦仍略循此漢唐古道也。

上文引寰宇記，明涼州至會州有驛道可通。又就各州間里距累計，證以歷史事例及宋代石刻，知會州東至長安主要途程乃經原、涇、邠三州，則涼州東經會、原、涇、邠爲一大通道無疑。張籍涇州塞（全唐詩六函六册籍集五）云：

「道邊古雙堠。猶記向安西。」

又岑參胡笳歌送顏眞卿使河隴（全唐詩三函八册參集二）云：

「涼秋八月蕭關道，北風吹斷天山草，崑崙山南月欲斜，胡人向月吹胡笳。」

按此蕭關當指原州東南三十里之故蕭關而言，（詳後文。）此二詩乃唐代前期涇、原爲西赴安西通道之明證。通安西卽中經涼州也。復次五代會要三〇吐蕃目云：

「周廣順三年，……河西節度使申師厚……奏，自涇州安國鎭至西涼府，沿路三處控扼，多立州名，欲補大首領爲刺史。」

按安國鎭在涇、原二州間平涼縣西數十里之道上，詳後文。是歷五代之亂，此道仍通行也。

涼州旣東南取烏蘭關路經會、原、涇、邠四州至長安，今再計其里程。前文累計會州經原、涇、邠三州至長安一千一百九十里。至於涼會間之里距，若取元和志、寰宇記五百四十里之說，則涼州至長安共凡一千七百三十里，若取通典六百里之說，即驛道里程，則涼州至長安共凡一千七百九十里，均較涼州取蘭、臨、渭、秦、隴諸州道爲逕捷。

綜合上文分析與考證，涼州至長安，取蘭秦道約二千里，取會州烏蘭關道，經會、原、涇、邠等州，驛路約一千八百里，若烏蘭至會州取直路，則共約一千七百三十里。今再回頭試看寰宇記一五二涼州目述該州至長安、洛陽之里程云：

「東南至西京（此爲宋之西京，卽洛陽）二千八百七十里。東南至長安，取秦州關路一千八百里。」

按涼州取秦州路至長安二千里，非一千八百里，且秦州附近亦未置關。故此條頗可疑。又長安洛陽最迂里程爲八百六十里，此云到洛陽二千八百七十里，則到長安應爲二千零一十里，是與下文「取秦州關路一千八百里」之說自相矛盾，而與前述涼州取秦州路之里距相合。故頗疑此文「秦州」下奪「路二千里，取烏蘭」七字，卽寰宇記此目記涼州至長安之里程亦有兩路，一取秦州路二千里，一取烏蘭關路一千八百里也。如此卽與上文累計里程無不皆合矣。至於元和志「取梟蘭路一千六十里」者，「梟」爲「烏」之形譌，「六十」又爲「八百」之譌耳。烏蘭關在烏蘭縣治，與會寧關皆當驛道，西東對夾黃河，具舟五十艘以待行旅，爲西北極大津渡處，（詳後文。）宜其取以名路也。或者以爲余增改過多，實則古代志書脫譌特甚，引類情形幾俯拾卽是，不足異也。卽如元和志涼州目，前云白亭軍在涼州西北三千里，後數行又云白亭軍在涼州治所姑臧縣北三百里，「千」顯爲「百」之譌。此卽一顯例。秦州路置驛，明見杜詩及岑參詩。烏蘭關路置驛亦見寰宇記，如上引；而原、涇、邠爲唐代與西北邊疆民族戰爭出入之要道，（詳下文。）置驛亦不待言。且觀張籍涇州塞詩，有「道邊古雙堠，猶記向安西」之語，若非驛道，恐亦不會置路堠也。是此兩道全線皆置驛，故元和志、寰宇記皆兩道並記，而今本各有脫譌，幸能參互校正也。

秦州路在南，可稱南道；烏蘭路在北，可稱北道。今就南北兩道詳考其行程如次：

（二）南道驛程

由長安都亭驛西出開遠門凡約二十里至中渭橋，渡渭水。開遠門爲京師西面北來第一門，揭堠署曰「西極道九千九百里」，示戍人無萬里行也。天寶八載作振旅亭於門外，亦見此門爲西出之主道。據橋置臨皐驛，爲西行第一驛，故公私送迎多宴餞於此。又西經望賢宮二十里至咸陽縣（今縣東五里），置陶化驛。望賢宮一云望賢驛，蓋一地也。縣在渭水之北三里，官路之北，南近便橋，卽西渭橋。

開遠門　揭堠，見新書吐蕃傳，已引見本篇引言。舊紀天寶八載，「五月辛巳，於開遠門外作振旅亭。」皆見此門爲西征師旅出入之路。又舊肅宗紀，至德二年，上皇由蜀還至望賢宮，自開遠門入京。是蓋西來行旅由渭北入京者，例以此門爲主道也。

臨皐驛　已詳前兩京館驛篇。

中渭橋　元和志一京兆府，咸陽縣正東微南至府四十里；中渭橋在縣東南二十二里，本名橫橋，駕渭水上；便橋在縣西南十里，駕渭水上。寰宇記二六，咸陽縣在府北〔西之譌〕四十里，中渭橋在縣東南二十里，便橋在縣西南十里。與志略同。又長安志一三咸陽縣，亦云中渭橋在縣東南二十里。雍錄六·三渭橋條：「秦、漢、唐駕渭者凡三橋：在咸陽西十里者名便橋，漢武帝造。在咸陽東南二十二里者，爲中渭橋，秦始皇造。在萬年縣東四十里者爲東渭橋，……不知始於何世。」則此中渭橋當在咸陽至長安大道上。中橋旣當道，在咸陽東南至長安城間，相距各約二十里，或十八里也，蓋就去都亭驛而言耳。

咸陽縣、陶化驛　長安志一三咸陽縣，「陶化驛在縣郭下，東去府四十里」。臨皐驛在縣東南二十里。元和志一，咸陽縣及臨皐驛方向里距同，但不記陶化驛。又寰宇記二六雍州咸陽縣「（武德）六年又移于便橋西北百步，官路北，即今縣。」但元和志云，「渭水（在）南，去縣三里。」又云「便橋在縣西南十里，駕渭水上。」是不同，姑書之如此。

望賢宮　舊九玄宗紀，天寶十五載西幸，「辰時，至咸陽望賢驛置頓，官吏駭散，無復儲供，上憩於宮門之樹下……。」舊一〇六楊國忠傳，亦作咸陽望賢驛。而通鑑二一八，肅宗至德元年，述此事作「至咸陽望賢宮」云云。考異引幸蜀記及天寶亂離記皆作望賢宮，引唐曆作望賢頓，有行宮。胡注：「望賢宮在（咸陽）縣東。」又舊一〇肅宗紀，至德二年十二月丙午，「上皇至自蜀，上至望賢宮奉迎。」通鑑二二〇，云「上皇至咸陽，上備法駕迎於望賢宮。」通鑑同卷又述肅宗還京事云，十月「丙寅，上至望賢宮。……丁卯，上入西京。」胡注：「雍錄，望賢宮在咸陽縣東數里。」按舊玄宗紀下文亦云宮門，蓋作宮為正。咸陽郭下已置陶化驛，其東南二十里又有臨皋驛，中間似不容別置一驛。縱玄宗時尚未置陶化驛，此望賢距臨皋仍太近。

咸陽西行五十里，中經溫泉驛至始平縣，在渭水北二十九里，景龍四年改名金城，至德二年改名興平（今縣），郭下置槐里驛。

元和志京兆府興平縣目云：「渭水（在）南，去縣二十九里。」本名始平縣，「景龍二年金城公主出降吐蕃，中宗送至此縣，改為金城縣，至德二年改名興平。」足見為西北大道。寰宇記作景龍四年，是也。又舊玄宗紀，西幸第一日次金城縣。通鑑二六三，天復三年，昭宗由鳳翔還京，途經興平，亦皆見為大道。長安志一三咸陽縣，「溫泉驛在縣西二十里，今廢。」又一四興平縣，「槐里驛在郭下，東至咸陽驛（按即上文陶化驛）四十五里。」按元和志、寰宇記皆云興平東至府九十里，咸陽東至府四十里，則兩縣間當為五十里。

又西二十里至馬嵬店，置馬嵬驛（今馬嵬）。

玄宗西幸，次馬嵬驛，諸衛頓軍不進，殺貴妃，見舊紀及通鑑二一八至德元年紀。胡注：「金人疆域圖，馬嵬驛在京兆興平縣。」劉禹錫馬嵬行云：「綠野扶風道，黃塵馬嵬驛，路邊楊貴人，墳高三四尺。」（全唐詩六函二册。）又溫庭筠（全唐詩九函五册庭筠集四）、高駢（同前九函七册）、于濆（同前九函八册）皆有馬嵬驛詩。又唐詩紀事一二周利用條：「金城公主和蕃，中宗送至馬嵬，羣臣賦詩，……以餞。」則其詩多矣。長安志一四，興平縣，「馬嵬驛在縣西二十里，今廢。」「石橋在縣西二十里馬嵬店。」按通典一七三京兆金城縣，「有馬嵬故城。孫景安征途記云，馬嵬所築，不知何代人。姚萇時，扶風丁騎以數千人堡馬嵬，即此也。」元和志二興平縣，「馬嵬故城在縣西北二十三里。」云云。長安志一四，亦同。蓋驛在城東。

又西經望苑驛三十里至武功縣（今縣），縣置驛。

新五代史一四，後唐魏王繼岌伐蜀東還，途經鳳翔、武功、興平。即此道也。長安志一四興平縣，「西至武功驛六十五里。」按元和志、寰宇記，皆云武功縣東至府一百四十里，則武功東至興平當爲五十里，馬嵬驛至縣當爲三十里也。然其西有望苑驛，距離似太少，今姑書之如此。

望苑驛　溫庭筠有題望苑驛詩。本注：「東有馬嵬驛，西有端正樹，一作相思樹。」（全唐詩九函五册庭筠集四。）又酉陽雜俎，「貞元中，望苑驛西有民王申子植楡樹於路旁，成林，……夏月常饋漿於行人官客，即延憩具茗。」有女客，云「將適馬嵬。」（續集二、廣記三六五。）則馬嵬武功間又有此驛也。亦可能即武功縣驛歟？

又西七十里至扶風縣（今縣），當置驛。縣東十里道上宋有杏林店，蓋唐已然。

通鑑二一九，至德二年，京師陷賊。「關內節度使王思禮軍武功，兵馬使郭英乂軍東原，王難得軍西原。……安守忠等寇武功，郭英乂戰不利，……王難得望之不救，……思禮退軍扶風，賊遊兵至大和關，去鳳翔五十里。」即沿此道而退也。按元和志二，武功縣東至京兆府一百四十一里，扶風縣西至鳳翔府一百里，鳳翔府東至京兆府三百一十里，則扶風、武功間相距七十里也。

一統志鳳翔府卷關隘目，杏林鎮「在扶風縣東十里，……亦曰杏林古驛。」按鄭剛中西征道里記，經高店（在興平附近）、杏林店、邏店（在扶風附近），正與此杏林鎮地望相當。此記作於紹興九年，則此杏林之名必甚古，殆唐世已然，爲大道所經也。

又西三十里至龍尾驛。又西二十里至岐山縣（今縣），在渭水北三十里，置石猪驛。

通鑑二一八，至德元載，玄宗西幸。丁酉，發馬嵬；己亥，過岐山，宿扶風郡（即鳳翔）。又二六三，天復三年，正月甲子，昭宗由鳳翔還京，是夕宿岐山。丁卯至興平。又二七九，清泰元年，潞王由鳳翔入洛，經岐山至長安。此三事皆見長安鳳翔大道，中經岐山縣也。按元和志，岐山西至鳳翔五十里，扶風西至鳳翔府一百里，則岐山縣東至扶風縣五十里也。通鑑二七九，胡注引九域志，岐山縣東至長安二百四十三里，小異十餘里。

石猪驛　元和志：岐山縣，渭水在縣南三十里。舊書三八地理志，「岐山，隋縣，武德元年移治張堡，七年移治龍尾城，貞觀八年移治猪驛南，即今治所是。」寰宇記三〇，略同。而通鑑二一八，胡注：「岐山縣，大業九年移於今縣東北八里，唐武德元年移於岐陽縣界張堡壘，七年移理龍尾驛城，貞觀八年移理石猪驛。」蓋舊志有奪文。是縣理石猪驛也。

龍尾驛　溫庭筠有龍尾驛婦人圖詩（全唐詩九函五册庭筠集九）。按通鑑一一七，晉義熙十一年，「夏赫連建將兵擊秦，執平涼太守姚軍都，遂入新平，廣平公弼與戰於龍尾堡，禽之。」又二五四，中和元年，黃巢據京師，鄭畋鎮鳳翔，巢兵五萬來攻，畋大敗之於龍尾陂。胡注，新舊書作龍尾坡，「在平陽故城之東北。」一統志鳳翔府卷山川目引明統志，坡在岐山縣東二十里。紀要五五，同。則武功岐山間之驛也。復檢一統志鳳翔府卷關隘目有驛店鎮，「在岐山縣東。九域志（按在卷三），縣有馬磧、驛店二鎮。縣志，有益店鎮在縣東三十五里，即驛店之譌也。」是驛店之名，至遲北宋已有之，殆唐世已然，不知何驛也。

又西五十里，中經橫水（驛？）至岐州、鳳翔府治所雍縣，永泰元年更名天興縣（今鳳翔）。

州府治所、里距及更名皆見元和志。

橫水，見宋鄭剛中西征道里記，云至鳳翔府興平縣附近，道中有橫水店。考魏書地形志二下，岐州平秦郡領縣三，雍、周城、橫水。橫水縣以眞君十年分周城置，是亦去雍不遠。又金史二六地理志，鳳翔府舊有橫水鎭，後廢。則唐代當已有橫水之名。檢一統志鳳翔府卷古蹟目引舊志，故城在鳳翔縣東南三十里。關隘目作縣東三十里。則橫水在唐當爲置驛之地。

又自武功略循武亭河谷（今賈趙河）而北行四十里至好畤縣（今乾縣西北三十五里）。又循河谷西行數十里至麟遊縣（今縣）。九成宮在縣西一里。又西南行一百六十里，亦至鳳翔府。此路亦置驛。

柳宗元館驛使壁記：「自武功而西至於好畤，其驛三，其蔽曰鳳翔府，其關曰隴關。」（全唐文五八〇。）是由武功向北繞道好畤，亦至鳳翔也。

好畤、麟遊　元和志二京兆府，「好畤，西（一統志引作東是也）南至府一百八十里。……貞觀……二十一年，於廢上宜縣置好畤縣。……其上宜縣，隋開皇十八年置，貞觀八年廢。」寰宇記三一乾州，好畤縣在州西北三十五里。按乾州在今乾縣治。觀形勢，由好畤至鳳翔當過麟遊縣，即今縣治。又按元和志二鳳翔府，麟遊縣西南至府一百六十里。九成宮在縣西一里，爲避暑之所，永安宮在縣西三十里。行宮所在，宜其有驛道過此縣也。

武亭河　寰宇記：「武亭河自鳳翔麟遊縣界流逕好畤縣，入武功縣界。」即張編地圖集之賈趙河。據一統志乾州卷山川目，此水不過乾州治。元和志，好畤至京兆府一百八十里，武功至府一百四十里，蓋好畤東南沿武亭河谷至武功四十里也。好畤西行至麟遊，蓋亦畧循此水河谷無疑。

麟遊縣南稍東十里有石臼嶺，在此道上。

歐陽詹有自南山却赴京師石臼嶺頭卽事寄嚴僕射詩（全唐詩六函一册），卽由興元回京道中所作。檢一統志鳳翔府卷山川目，「石臼山在麟遊縣南少東十里，……其絕頂石壁千尋，可望邠、乾。相傳唐太宗每幸九成宮，使徐世勣屯軍於此，營址尙存。」此當是大道所經。歐陽詹詩云：「鳥企蛇盤地半天，下窺千仞到浮烟，因高回望沾恩處，認得梁州落日邊。」殆卽此地歟？然下一詩題爲與洪孺卿自梁州廻途中經駱谷見野果云云。則實出駱谷，不當經麟遊，豈別一石臼嶺耶？抑兩詩非同一次耶？

又有太平館及鳳翔東五十里之大和關似亦當在此道上。

廣記三三九閻敬立條：「興元元年，朱泚亂長安，有閻敬立爲段秀實告密使，潛途出鳳翔山（山？），夜欲抵太平館，其館移十里，舊館無人已久。……（出博異記。）」此館當在通鳳翔道上，今姑於此道附述之。

舊一一〇王思禮傳，祿山陷京師，思禮守武功，「退守扶風，賊兵分至大和關，去鳳翔五十里，王師大駭，鳳翔戒嚴。」通鑑二一九至德二年紀，同，惟「分兵」作「遊兵」。按攻守兩方主力在岐山、扶風、武功道上，分兵至大和關，則非主線，當卽在麟遊至鳳翔道上也。

鳳翔府爲京西重鎭，東西各建關城以護之。府南有驛道通漢中與劍南，別詳他篇。府西有驛道通秦州、涼州至安西，卽今考之道也。故此府爲西北、西南交通樞紐，有漆方亭，爲餞飲之所。

通鑑二七九，後唐淸泰元年三月乙卯，「諸道兵大集於鳳翔城下，攻之，克東西關城；城中死者甚衆。丙辰，復進攻城，期於必取。」又二八八，後漢乾祐元年，王景崇以鳳翔叛，詔趙暉圍攻之。「遂取西關城，景崇退守大城。」是府城外又有東西二關城也。

漆方亭　見廣記一五四樊陽源條引續定命錄。

南通漢中與劍南驛道，已詳通典所記漢中通秦川驛道篇及金牛成都驛道篇。

鳳翔當長安通西北之孔道　宋高僧傳一八釋檀特傳，由武威入長安，道過岐州，時在西魏世。同書二五後唐鳳翔府道賢傳，「時西域僧到岐下，葱嶺北諸胡僧往往僞稱五印人。」又隋書三煬帝紀，大業五年三月，車駕西巡隴右，經扶風（郡），大獵於隴西。舊五代史一三二李茂貞傳注引九國志李彥琦傳，茂貞爲汴軍所圍，「大軍之後，府庫空竭，彥琦請使甘州，以通回鶻，往復二載，美玉名馬，相繼而至，所獲萬計，茂貞賴之。」凡此皆可證鳳翔府爲西通隴西、甘、涼、西域之孔道。又舊書宣宗紀，大中三年，涇原節度使康季榮奏收復原州，邠寧節度使張君緒奏收復蕭關，鳳翔節度使李玭奏收復秦州。此亦各就道路所通而收復也。宣宗收復河湟制（全唐文七九）云：

「秦州至隴州以來道路，要置堡柵，與秦州應接，委李玭與劉臯即便計度聞奏。商旅往來，興販貨物，任擇利潤，一切聽從，關鎮不得邀詰。其官健父兄子弟通傳家信，關司並亦不得邀詰阻滯。」（參看會要九七及舊宣宗紀）

置堡柵與秦州接應亦委鳳翔節度，且明述官商交通情形，亦正見鳳翔至秦州爲大道也。

鳳翔又西微北七十里至汧陽縣，在汧水北二里（今縣西北五六里），又西循汧水河谷而上，八十里至隴州治所汧源縣，亦在汧水北岸（今隴縣），置館驛。中葉以後，沈亞之云，「隴益爲國路」，唐蕃使節例所取途，每當「入蕃使迴，郵館塡咽」也。

隴州當秦州道，前文累積秦、隴、鳳翔、長安間之里程已可證。又舊一三四馬燧傳，爲隴州刺史，州西有通道，吐蕃入寇皆出於此。燧乃立石種樹以塞之。（詳後引。）通鑑二三九，元和十年，「吐蕃款隴州塞，請互市，許之。」又新一四八史憲忠傳，「(遷)隴州刺史，增亭鄣，徙客館于外，戎諜無所伺。」廣記三七一姚康成條，「太原掌書記姚康成奉使之汧隴，會節使交代，入蕃使迴，郵館塡咽。」此皆見隴州爲唐中葉以後通吐蕃要道。沈亞之隴州刺史廳記（全唐文七三六）云，「今自上邽、清水已西，……地爲戎田，城爲戎固，……而隴益爲國路，凡戎使往來者，必出此。」更明白言之矣。通鑑二二八，建中四年，牛雲光戍隴州，帥衆奔長安，至汧陽，是汧陽當道。元和志二，隴州東至鳳翔府一百五十里，汧陽縣西至州八十里，是其里距可曉，及其臨距汧水，皆見志。

隴州又西三十里至安戎關，依山臨水，大中六年築。又西三十里至大震關，後稱故關（約今固關，E106°35′•N41°58′），乃漢以來之舊關，後周武帝復置，以大震名。地居隴山重崗，當隴山東西交通之孔道，隘處廣才二百餘步。開元時，上關僅六，此居其一，地位與潼關、蒲津、藍田、散關均，蓋以其爲京師四面關之一，且當驛道也。關置使，或以秦州刺史兼充。安史亂後，秦隴陷蕃，蕃人常由此道入侵，馬燧乃立石植樹以塞之。大中初，秦州來歸，以故關久廢，乃東移三十里於咸宜地區築安戎關，稱爲新關，以別於大震故關。

唐六典六刑部司門郎中條：「京城四面關有驛道者爲上關。上關六：京兆府藍田關，華州潼關，同州蒲津關，岐州散關，隴州大震關，原州隴山關。」足見此關之重要與地位，且知其當驛道也。

關置使。新六七方鎭表，至德元年，「天水郡太守兼防禦守捉使及大震關使。」又至德元年，郭英乂見爲大震關使，引見下文。蓋關使早置，此時乃見史，且或直由郡守兼充耳。

元和志二隴州汧源縣，「隴山在縣西六十二里。」「大震關在州西六十一里，後周置。漢武帝至此遇雷震，因名。」寰宇記三二，隴山條，同。其述大震關云：「在（汧源）縣西六十一里，後周武帝天和元年置，今爲隴山關，漢武帝於此遇雷震，因名。」隋地志，扶風郡汧源縣有關官，卽此關也。又天水郡淸水縣亦云有關官，不知所指。楊氏考證亦以大震關當之，蓋非也。元和志云關爲後周始置。然通典一七三隴州汧源縣，「有……隴山，一曰隴坻，漢舊關，王莽命右關將王福曰，汧隴之阻，西當戎狄。今名大震關，在縣西。」是漢已置關。按隴坻東西孔道，至遲秦國初期已相當開通，（詳後文。）漢代更爲東西進出之孔道，紀要五二陝西名山條述之已詳。考後漢書六順帝紀，永和五年「

九月，令扶風、漢陽築隴道塢三百所，置屯兵。」以禦羌患。又云「且凍羌寇武都，燒隴關。」注：「隴山之關也，今名大震關。」更見漢世此道之暢通，且置也。檢續郡國志，涼州統隴右河西至張掖敦煌，而設治所於隴坂以東之隴縣，非孔道所湊，何能如此！其置關固宜。蓋漢末以後，此關浸廢，周武帝復置關，始以大震名耳。

岑參有初過隴山途中呈宇文判官詩（全唐詩三函八册參集一）及赴北庭度隴思家詩（同上參集四）。其呈宇文判官詩云：

「一驛過一驛，驛騎如星流，平明發咸陽，暮及隴山頭。隴水不可聽，嗚咽令人愁，沙塵撲馬汗，霧露凝貂裘。西來誰家子 ，自道新封侯 ，前月發安西，路上無停留，都護猶未到，來時在西州。十日過沙磧，終朝風不休，走馬碎石中，四蹄皆血流。……山口月欲出，先照關城樓。……」

此必在大震關而作，故題云度隴，詩云月照關城樓也。參去安西，所遇西來者亦從安西度沙磧而至，具見關當西域進出之咽喉也。參另有經隴頭分水詩，引見下文。

唐代此關見於史事者，如通鑑一九〇，武德五年，突厥陷大震關。又二一八，至德元年，「安祿山遣其將高嵩以敕書繒綵誘河隴將士；大震關使郭英乂擒斬之。」又二二四，大曆三年，「鳳翔節度使李抱玉使右軍都將臨洮李晟……將千人出大震關至臨洮 ，屠吐蕃定秦堡 。」此並見大震關爲隴山東西進出之要道。而舊一三四馬燧傳云：

「抱玉移鎭鳳翔，以汧陽（郡，卽隴州）被邊，署奏隴州刺史。……州西（行狀作郡城之西）有通道，廣二百餘步，上連峻山，山與吐蕃相直，虜每入寇，皆出於此。燧乃按行險易，立石植樹以塞之，下置二門，設籬櫓。」（參看全唐文五七〇權德輿北平郡王馬公行狀。）

此當卽大震關道無疑。道廣二百步，其險隘可知。時在李晟出關襲臨洮事後不甚久。道已塞，故此後，殊不見有進出此道之記載③ 。及宣宗大中三年，吐蕃

③ 全唐文七三七沈亞之西邊患對：「元和十有二年夏六月，亞之西出咸陽，行岐隴之間。……故老謂予言邊之所以爲患可痛之狀，…岐隴所以可固者，以隴山爲阻也。昔其北林僻木繁，故戎不得爲便道。今盡於斬伐矣，而蹈者無有不達。」蓋馬燧旣塞道，當禁採伐，後乃懈疏。

勢衰，秦州來歸，於是復通秦隴道，置關司，建堡柵，詳前引宣宗收復河湟制。而唐會要八六關市云：

「（大中）六年三月，隴州防禦使薛逵奏：伏奉正月二十六日詔旨，令臣築故關訖聞奏者。伏以汧源西境，切任〔在〕故關。昔有隄防，殊無制置，僻在重岡之上，苟務高深。今移要會之口，實堪控扼，舊絕泉井，遠汲河流，今則臨水挾山，當川限谷，危牆深塹，克揚營壘之勢，伏乞改爲定戎關，關吏鈐轄往來，……謹畫圖進上。勅旨，薛逵新置關城，得其要害，……宜依所奏。」

故關卽大震關。據此，是在重岡之上，地頗高深；薛逵所築定戎關倚山臨水，當較近州城也。新唐志隴州汧源縣，「西有安戎關，在隴山，本大震關，大中六年防禦使薛逵徙築更名。」（百衲宋本同。）卽其事。但名作安戎，與會要異。考通鑑二六三，天復二年，孔勍取成隴二州，「至秦州，州人城守，乃自故關歸。」胡注云，薛逵徙築安戎關於隴山，由是謂大震關爲故關，今隴州之西有故關山。」並引薛逵此奏，亦作「改爲安戎關。」又通鑑二八八，後漢乾祐元年，王景崇以鳳翔叛附蜀。蜀主「遣雄武（秦州）節度使韓保貞引兵出汧陽（隴州汧陽郡）以分漢兵之勢。」「保貞出新關……軍于隴州神前，……不敢進。」胡注亦稱薛逵徙築之關爲安戎關。又云：「汧隴之人謂大震爲故關，安戎爲新關。九域志，隴州汧源縣有新關鎭。」按今本會要譌誤特甚，當從新志、胡注作安戎關，會要「定」字形譌耳。又按魏書地形志，秦州略陽郡，治安戎縣。一統志秦州卷古蹟目引舊志，在秦安縣東一百二十里。度其地正當在大震關之西，薛逵名此新關曰安戎，蓋有所受矣，亦爲當作安戎之旁證。紀要五二，以安夷關爲新關，更誤。安夷關詳下文。

大震關在汧源縣城西六十一里，安戎新關當在其東。一統志鳳翔府卷關隘目大震關條引地道記，「隴州有新故二關，新關西去故關三十里。」又紀要五二陝西名山條，「故關，大震關也，在隴州西七十里。新關，安夷關也，在隴州西四十里。」安夷雖誤，但亦在故關東三十里，可互證。又通鑑二七一，後梁貞明六年，蜀使王宗儔「將兵伐岐（鳳翔），出故關，壁於咸宜，……攻隴州。」

胡注，「咸宜當在隴州汧源縣。」一統志鳳翔府卷關隘目：「咸宜關在隴州西四十里。……州志，明正統中，因關山路阻，改建咸宜關，移巡司於此，而廢故關爲鎭。」則咸宜當軍道，與安戎關約在同一地區也。檢張編地圖集之陝西人文圖與甘肅寧夏東部人文圖，有固鎭地名，正當古大震關位置，蓋卽故關鎭也。

大震關又西五十里至小隴山分水嶺，有分水驛，蓋此道最高處。（約今馬鹿，E106°25′•N34°55′。）

元和志三九秦州清水縣：「小隴山一名隴坻，又名分水嶺④。……隴坂九廻，不知高幾里，每山東人西役，到此瞻望，莫不悲思。隴上有水東西分流，因號驛爲分水驛。行人歌曰，隴頭流水，鳴聲幽咽，遙見秦川，肝腸斷絕。東去大震關五十里，上多鸚鵡。」是分水嶺驛在大震西五十里小隴山上。岑參有經隴頭分水云：「隴水何年有，潺潺逼路傍，東西流不歇，曾斷幾人腸！」（全唐詩三函八册參集四。）卽作於此嶺。

又西南蓋一百零五里，中經弓川寨至清水縣（今縣西十五里牛頭山下之西城）。

舊德宗紀上，建中四年正月，「鳳翔節度使張鎰與吐蕃宰相尙結贊同盟於清水。」舊一九六下吐蕃傳載此次盟文曰：「今國家所守界，涇州西至彈箏峽西口，隴州西至清水縣，鳳州西至同谷縣，暨劍南西山大渡河東爲漢界。」盟於清水，又稱隴州西至清水縣爲漢界，清水在此道上無疑。一統志秦州卷古蹟目引舊志，清水故城「在縣西十五里牛頭山下，俗亦謂之西城。」

元和志，秦州東至隴州三百四十里，（另處作三百六十里，與總和小歧。）隴州東至鳳翔府一百五十里，鳳翔東至長安三百一十里，共計八百里。唐宋各志書秦州目皆云東至長安八百里，無異說。則秦隴間相距三百四十里無疑。按元

④ 據御覽四九隴山條，此十二字全抄三秦記。

和志、寰宇記皆云清水西至秦州一百二十五里。又分水嶺東至大震關五十里，又東六十里至隴州，已見前考，則清水縣至分水嶺當為一百零五里。而新唐志秦州清水縣「東五十里有大震關。」是以分水嶺至關之里數為清水縣至關之里數也。大誤。紀要五九清水縣目，同誤。

通鑑二八八，後漢乾祐元年，蜀使雄武（秦州）節度使韓保貞出新關，軍於隴州神前，以分岐勢。不敢進，旋「退保弓川寨。」胡注，「九域志，秦州東一百六十五里有弓門寨。」考武經總要前集一八上，「弓門砦，太平興國中築，在赤城川東坡上，管小砦五，里〔東〕至隴州故關七十里，西至冶坊砦四十里，……西南至州（秦州）百五十里。」「冶坊砦，太平興國中築，在臥牛山東，管小砦西〔四〕，東至弓門砦四十里，……西南至州一百二十里。」不知是否即弓川寨也。然弓川在大震以西必無問題，或竟在分水嶺以西，可能即弓門寨也⑤。若然，則宋之冶城砦略當唐之清水縣，弓門砦在其東約四十里；而所謂東至故關七十里者，乃至分水嶺里數，非至大震關也。

清水之東道中又有將軍谷，綏戎柵。唐蕃議和，蕃漢通傳驛騎「並於將軍谷交馬，其綏戎柵已東，大唐祇應，清水已西，大蕃供應。」蓋谷為唐蕃國界也。度其地當在E106°15′•N34°45′地段。

全唐文九八八有盟吐蕃題柱文云：「今蕃漢二國所守見管都（闕九字）興實已西，盡是大蕃境土，彼此不為寇敵。……然舅甥相好……每須通傳，彼此驛騎一（闕七字）舊路。蕃漢並於將軍谷交馬」云云，如綱文。此明將軍谷為兩界，其地當在清水以東不太遠處。

清水西南一百二十五里至秦州治所上邽縣（今天水），在渭水南十三里。館驛蓋甚宏壯。

秦州本治上邽縣，見通典一七四及元和志三九；大中初年收復秦州，移治成

⑤　紀要五九云九域志以弓川為弓門，檢志實無此意。

紀，見寰宇記一五〇及新唐志。元和志，上邽縣，渭水在縣北十三里。清水縣，西南至州一百二十五里⑥。

杜翁秦州諸詩屢次涉及使驛，蓋秦州爲西北通安西、北庭，西通河、鄯，西南通岷、洮、松州之總樞紐，故使臣驛騎繁忙也。其秦州雜詩之十云：「今日明人眼，臨池好驛亭，叢篁低地碧，高柳半天青，稠疊多幽事，喧呼閱使星。」具見驛館規模殆甚大。

自隴州以西至清水縣行隴坻山區之大震關、分水嶺道，至遲秦國初期已開通，西漢末期已置關。古稱隴坻大坂道，「其坂九廻，上者七日乃越。」不但隔閡華戎，且東西氣候亦殊，故東人登嶺，回望秦川，往往感發興悲也。

秦本紀，非子居犬丘，好馬及畜，善養息之。周孝王召使主馬於汧渭之間，馬大蕃息，乃分土爲附庸，邑之秦。莊公并有犬丘故地，爲西垂大夫。莊公居其故西犬丘。文公居西垂宮，以兵七百人東獵，至汧渭之會，營邑之。地至岐。文公卒，葬西山；寧公亦葬西山。秦，集解引徐廣曰，「今天水隴西縣秦亭也。」正義引括地志，「秦州清水縣本名秦。」又引十三州志，「秦亭，秦谷是也。」西垂、西垂宮，正義引括地志，「秦州上邽縣西南九十里，漢隴西郡縣是也。」西山，正義：「秦寧公墓在岐州陳倉縣西北三十七里秦陵山。帝王世紀云，秦寧公葬西山大麓，故號秦陵山也。按文公亦葬西山，蓋秦陵也。」檢元和志二隴州，「秦城在州東南二十五里，秦非子養馬於汧渭之間，有功，周孝王命爲大夫。」又續漢志，漢陽郡隴縣有秦亭。注：「秦之先封起於此。」渭水注，「秦水……出東北大隴山秦谷，二源雙導，……而歷秦川，川有故秦亭，秦仲所封也，秦之爲號始自此矣。」一統志秦州卷古蹟目，秦亭在清水縣東北。是秦之先世進出於隴山東西，秦亭在清水東北近處，秦城在隴州東不遠，隴山又即爲秦之陵山，則隴坻東西交通，彼時當已甚暢通矣。

---

⑥ 寰宇記仍承志文云清水在州東北一百二十五里。然記之版籍，其時州已移治成紀，在上邽北一百里，同一卷中，不相照。此例甚多。

隴山大坂道，漢世已有名，且置關。漢書王莽傳中，置四關將軍。前關將軍守繞霤之固（武關），南當荆楚；後關將軍守羊頭之阸（壺口關），北當燕趙；左關將軍守肴黽之險（函谷關），東當鄭衞。其命右關將軍王福曰，「汧隴之阻，西當戎狄。」是西漢時代已重視隴坂道，且置關也。說文，隴山，天水大坂也。漢書武帝紀，元鼎五年，「行幸雍，祠五畤，遂踰隴，登空同。」注引應劭曰：「隴，隴阺坂也。」張平子四愁詩稱四方之阻，西則云：「我所思兮在漢陽，欲往從之隴阪長。」（文選二九。）是東漢都洛，仍重隴阺之險阻也。續郡國志，漢陽郡隴縣，「刺史治。有大坂，名隴坻。」韋昭注引三秦記及郭仲產秦州記述隴坻道之情況甚詳。他處亦有引此二書者，玆綜合校錄如次：

辛氏三秦記云：

「隴謂西關也。（寰宇記三二。）其坂九廻，不知高幾許，欲上者七日乃得越，高處可容百餘家，（續郡國志注、寰宇記三二；通典一七四、御覽五〇只有第一、第三句。）下處容十萬戶，（寰宇記。）山頂有泉，（寰宇記。）淸水四注，（續志注、通典、寰宇記、御覽。）下有縣，縣因此水而名。（御覽，疑縣字重衍；續志注及通典只有『下』字，蓋有脫文。）」

「震關遙望秦川如帶大，（寰宇記、御覽；寰宇記作『東望秦川如四五里』，當有奪譌。）人上隴者想還故鄉，悲思而歌，有絕死者。（寰宇記；『人上』前當奪一字，或前文『如四五里』即『如帶大東』之譌。）俗歌曰隴頭流水，嗚聲幽咽，遙望秦川，肝腸斷絕。（通典、寰宇記、御覽。）」

「小隴山一名隴坻，又名分水嶺。（御覽。）」

郭仲產秦州記云：

「隴山東西百八十里，（續志注。）登山嶺東望秦川四五百里，極目泯然，（續志、寰宇記。）墟宇桑梓，與雲霞一色。其上有懸溜，吐於山中，滙爲澄潭，曰萬石潭，流溢散下，皆注於渭。（寰宇記。）山東人行役，升此而顧瞻者莫不悲思，故歌曰，隴頭流水，分離四下，念我行役，飄然曠野，登高遠望，涕零雙墮。（續志注、寰宇記。）」

又御覽五〇引周地圖記云，「其山高處可四五里。」（寰宇記引作「其山高處可容百家」。）下文「登山東望秦川可五百里」至「涕零雙墮」一段，與三秦記全同。惟「流水」作「泉水」，「分離四下」作「流離西下」耳。

觀此諸條，知隋以前此道情況。唐世可能已較平夷，但相差不會太遠。王莽傳云：「汧隴之阻，西當戎狄。」漢書匈奴傳，「隴以西有緜諸畎戎狄獂之戎。」是此大坻坂實隔閡華夷也。劉昭注續志引三秦記，至歌辭末句「涕零雙墮」下續云：

「度汧隴無蠶桑，八月乃麥，五月乃凍解。」

此十五字不知爲三秦記原文，抑劉昭語。足見此山不但爲民族界限，亦且爲氣候分野，無怪古人度隴輒興悲感。杜翁詩云，「遲廻度隴怯，浩蕩及關愁。」（詳上引。）蓋亦爰此耳。

當唐盛時，西出隴右者亦取此道爲多，故文士如岑參赴安西，王維赴張掖，高適赴武威，杜甫至秦州莫不由之。播爲詩篇，以寄感興，傳誦至今也。

岑參取道大震關、分水嶺，有初過隴山途中呈宇文判官詩及經隴頭分水詩，已詳前引。

王維隴頭吟（右丞集箋注六）云：「長城（一作長安，是）少年游俠客，夜上戍樓看太白，隴頭明月廻照關，隴上行人夜吹笛。關西老將不勝愁，駐馬聽之雙淚流。……」維曾赴張掖居延，殆即取道隴上大震關而有此作也。

高適登壟云：「壟頭遠行客，壟上分流水」云云。（全唐詩三函十册適集二。）適於天寶間，赴河右武威，此即其西行所作。

杜翁秦州雜詩二十首之一，前已引之。有云：「遲廻度隴怯，浩蕩及關愁，水落魚龍夜，山空鳥鼠秋。」按水經渭水注：「汧水出汧縣西北。闞駰十三州志與此同，復以汧水爲龍魚水。」又舊太宗紀，貞觀四年，十月幸隴州，十三日校獵於魚龍川。則魚龍川即汧水也。發源汧山，即與大震關隴山相接。杜翁赴秦州，實由鳳翔循汧水河谷而上，經隴山大震關無疑，故云「度隴怯」「及關愁」也。

此隴坻置驛之大道，由分水嶺向西南，略循清水河谷而下，經清水縣達秦州者。但大震關、分水嶺地區，另有道向西北行接邠涇原會道；關、嶺以南亦另有隘道東西通達者。茲續附述如次。

出隴坂向西北行之通道，古已有之。如漢武帝元封四年由雍取回中道至蕭關是也。

前引漢書武帝紀，元鼎五年，「冬十月行幸雍，祠五時，遂踰隴，登空同，西臨祖厲河而還。」而史記武帝紀述此事云：「上遂郊雍，至隴西，西登空桐。」則此次非取唐代隴州向西北接涇原道。然漢書武帝紀，元封四年，「冬十月行幸雍，祠五時，通回中道，遂北出蕭關。」史記武帝紀亦云，「上郊雍，通回中道巡之。」古人言回中地望有北地、安定及雍縣三說。詳譚宗義漢代國內陸路交通考。無論任何一說爲正，武帝此行乃由唐之隴州向西北出隴山，接唐代之涇原道，則無疑。是此道古已有之也。

其道蓋由隴坻向北出華亭縣至彈箏峽一帶，接涇原道。然由隴坻分歧當由潘口北出，殆即漢世所謂番須回中道也。潘口當在大震關東北地區，故此道未必經關城也。

通鑑一九一，武德八年六月「丙子，遣燕郡王李藝屯華亭縣及彈箏峽，水部郎中姜行本斷石嶺道，以備突厥。丙戌，頡利可汗寇靈州。」按彈箏峽在今甘肅平涼縣西一百里，詳後文。華亭縣，元和志屬隴州，「正南微東至州一百一十里，……大業元年置，……以在華亭川口故名。」是李藝所部正乃出隴坻屯華亭至彈箏峽一線，此即連貫隴秦道與涇原道也。又舊一九六下吐蕃傳貞元三年云：

「吐蕃攻陷華亭。初賊之圍華亭也，……守將王仙鶴……使人間道請救於隴州，刺史韓清沔令蘇太平率一千五百人赴之，及中路，……引衆退歸。賊自是每日令遊騎千餘至隴州，州兵不敢出，……仙鶴遂降於賊。賊……虜士衆……收丁壯棄老而去。北攻連雲堡，又陷之。……涇州之西唯有連雲堡。」

按連雲堡在涇州之西，是亦由隴州出華亭北接涇原道可知也。同年此事之前又書云：

「自是吐蕃率羌渾之衆犯塞，分屯於潘口及青石嶺。先是吐蕃之衆自潘口東分爲三道，其一趨隴州，其一趨汧陽之東，其一趨鈞竿原。是日相次屯於所趨之地，連營數十里，其汧陽賊營距鳳翔四十里，京師震恐。」

由潘口分三路東出，則潘口爲樞道可知，鈞竿原地望雖不可知，但就趨隴州及汧陽東而言，潘口當在州之北或西北。紀要五五隴州，「番須口在州西北，舊爲隴山之口，東漢初，赤眉上隴爲隗囂所敗，至陽城，入番須中，逢大雪，多凍死。既而漢將來歙伐隗囂，從番須回中，徑襲略陽，是也。」則此道殆卽漢代番須回中道也。漢代此道已詳史記地名考回中條及漢代國內陸路交通考第二章。

大震關、分水嶺驛道之南又有安化峽道，路通汧陽、清水間。貞元初，李晟節度鳳翔，亦伐木塞之；三年吐蕃入寇，復焚開之。

舊德宗紀，貞元三年「九月丁巳，吐蕃大掠汧陽、吳山、華亭界民庶，徙於安化峽。」舊一九六下吐蕃傳，貞元三年五月，吐蕃敗盟之後，「率羌渾之衆犯塞，分屯於潘口及青石嶺，……焚燒廬舍，驅掠人畜，……以歸。……初李晟在鳳翔，令伐大木塞安化峽。及是賊並焚之。九月……吐蕃大掠汧陽、吳山、華亭等界人庶男女萬餘口，悉送至安化峽西，……乃曰從爾輩東向哭辭鄉國，……慟而絕者數百人，投崖谷死傷者千餘人。」按李晟以興元元年爲鳳翔節度，貞元三年三月卸任，其塞安化峽，蓋師李抱玉故智。通鑑二三三貞元三年紀，胡注：「安化峽當在秦州清水縣界。九域志，平涼西南七十里有安化縣，又隴州汧陽縣有安化鎭。」檢一統志鳳翔府卷關隘目，「九域志，（汧陽）縣有安化新興二鎭。縣志，安化鎭在縣西南三十五里，新興鎭在縣西二十里，皆久廢。」而紀要五九清水縣目：「安化峽在縣東，隴山峽口也。……或以爲隴州汧陽縣之安化鎮，誤也。」按此峽道蓋通清水、汧陽間，吐蕃驅掠民戶集中於峽口之西，當在清水縣境，宋人安化鎮蓋當峽之東口，屬汧陽也。

又貞元十三年，於隴州西七十里平戎川築永信城以備吐蕃，雖與大震關不相遠，但亦似非一道。

舊一九六下吐蕃傳：「（貞元）十三年正月，邢君牙奏請於隴州西七十里築城以備西戎，名永信城。」新唐志，隴州汧源縣，「貞元十三年築永信城于平戎川。」觀方向里距，當近大震關，地名平戎川，似非故關地也。

又州西北不遠處，有太和間所築臨汧城，蓋在汧水南側，疑亦非必當關嶺驛道。

新唐志，汧陽縣有臨汧城。舊文宗紀，太和元年四月，「甲午，鳳翔築臨汧城於汧陽西北八十里。」據此方向里距，正與汧陽至隴州治所汧源縣相當，疑此城距汧源縣治當甚近。城名臨汧，必去水不遠，然汧源縣即在汧水北岸，則此臨汧城者或當在汧水南岸。蓋水北屬汧源縣，水南屬汧陽縣，故此城遙逮汧陽也。一統志鳳翔府卷古蹟目引府志，故城在州西北，就里距言，必亦甚近也。

最南又有安夷關道，因北魏安夷郡縣而受名。關在南由縣西一百四十六里。縣即北魏長蛇鎮，在渭水北四十里，長蛇水東岸，北去隴州一百二十里。蓋東通寶鷄、鳳翔，西出安夷關至秦州，爲北魏以來東西之孔道。關有水關之目，蓋遮渭水爲關，是此道蓋略沿渭水河谷西通秦州地區也。

隋地志扶風郡南由縣有關官。通典一七三隴州南由縣，「隋故安夷關在今縣西。」元和志：隴州南由縣，「東北至州一百二十里。本漢汧縣地，後魏孝明帝於縣西南由谷口置縣，因谷爲名。開皇二年，省長蛇縣，併入南由。」「安夷關在縣西一百四十六里。」「長蛇川在縣西一百步。」「渭水在縣南四十里。」所書縣關位置甚明。而新唐志云，隴州吳山縣「西有安夷關。」屬縣不同。檢寰宇記三二隴州，吳山縣，「州東南一百一十里，漢隃麋縣地。後魏孝昌二年於今南由界長蛇川置長蛇縣。……隋開皇十三年自長蛇縣故地移於今縣，十八年改長蛇爲吳山縣，取縣西吳山以稱邑。唐元和三年併南由縣入。」「廢南由縣在今縣南十里。」「汧水經縣南東流。」則南由縣於元和中已併入吳山縣，故新志屬吳山也。據元和志，南由縣在隴州西南一百二十里，吳山縣在州東南一百一十里，二縣相距頗遠。寰宇記吳山在州東南里數同。而廢南由在吳山縣南十里，是當在州東南一百二十里，非西南也。豈元和志所記方位小誤耶？按，據記，吳山縣在汧水北，據志，南由在長蛇水東岸，相距似不只十里，今姑作州南一百二十里。關在南由西一百四十六里，正當隴山南闕矣。唐會要八六關市目述大中六年隴州防禦使薛逵奏請移建大震關於新址，改名安戎關。下又云：

「臣當界又有南由路，亦是要衝，舊有水關，亦請准前扼捉。」

所謂南由路即此南由縣向西之路也。關必指安夷關而言，然則此關當水道。南由縣治所既在長蛇水東岸，南去渭水四十里，則此所謂水關卽安夷關者，非當渭水道卽當長蛇水道。按長蛇水乃一小水，源流殆不到一百四十六里，關在南由西一百四十六里，而稱水關，斷非遮此水可知，是必當渭水爲關無疑矣。是沿渭水河谷亦有路可通隴西地區也。復考魏書三〇陸眞傳：「是時初置長蛇鎭。眞率衆築城未訖，而氐豪仇傉檀等反叛，氐民咸應，其衆甚盛，眞擊平之，殺四千餘人，卒城長蛇而還。」此下接云：「東平王道符反於長安，……以眞爲長安鎭將。」按道符之反，據顯祖紀在皇興元年，是長蛇鎭之置在高宗文成帝之末年。檢水經注一七渭水注：「渭水又東南出石門，度小隴山，逕南由縣南，東與楚水合，世所謂長蛇水，水出汧縣之數歷山也，南流經長蛇戍東，魏和平三年築，徙諸流民以遏隴寇。楚水又南流，注於渭。」和平三年正在文成帝末年，是陸眞傳之長蛇鎭卽此長蛇戍，築城徙民屯守以遏隴寇，是北魏前期，此地已當通隴西之要道可知。又周書三三趙昶傳：「（大統）十年，拜安夷郡太守，帶長蛇鎭將。」是直至西魏，此鎭仍見在。且有安夷郡，以長蛇鎭將兼任，郡去鎭必不遠。又魏書地形志，秦州天水郡有顯新縣，「眞君八年併安夷。」則此地區自北魏初期已有安夷之名矣，隋唐安夷關當襲受於此。

秦州向西畧循渭水而上一百二十里至伏羌縣（今甘谷），在渭水南一里。

元和志三九秦州，伏羌縣東北至州一百二十里。渭水經縣北，去縣一里。按伏羌縣，民國十七年更名甘谷。觀今圖，地在天水之西稍北，非西南，志蓋小誤。通典、元和志及寰宇記皆云秦州西至渭州三百里，前引武經總要云三百一十里。今秦州至伏羌一百二十里，又檢一統志鞏昌府卷建置目，伏羌縣在府東南一百九十里，其和三百一十里，與秦州至渭州總距離合，則此道必中經伏羌縣也。

又西四十里至落門川。又西稍北約九十里至隴西縣（今隴西、武山兩縣間），南臨渭水。

元和志三九渭州，隴西縣西至州五十里。（寰宇記一五〇，作六十里。）渭水經縣南。此道畧循渭水河谷而上，必經隴西縣也，秦渭間相去三百里，知伏羌至隴西一百三十里也。一統志鞏昌府卷建置目，寧遠縣在縣東南九十里。府卽唐之渭州，則唐隴西故地在今隴西寧遠間也。寧遠，民國三年更名武山。

通鑑二四六，會昌二年，吐蕃洛門川討擊使論恐熱舉兵反，欲回蕃，清君側，至渭州，遇其國相尚思羅，敗之於薄寒山，思羅退屯松州。按論恐熱以大將駐洛門川，退軍經渭州，必此川爲軍事要地，當大道。又考漢世落門川已著於史。後漢光武帝紀，建武十年，來歙等大破隗純於落門。李賢注：「前書曰，天水冀縣有落門聚，在今渭州隴西縣東南。有落門山，落門水出焉。」集解：「先謙曰，在今鞏昌府伏羌縣西。通志，（西）四十里有永寧鎭，卽（伏）羌之大落門谷。」（參看隗囂傳並注。）又水經渭水注：「渭水又東，有落門、西山、東流三谷水注之。三川統一，東北流注于渭。水有落門聚。（下引來歙事。）……渭水自落門東至黑水峽……。」蓋落門川水三源皆出南山，合流入渭處有城聚名落門，在伏羌縣西四十里也。漢唐時代皆見重如此，必當道無疑。又一統志鞏昌府卷古蹟目，有落門聚，云卽來歙戰蹟所在。引通志，在伏羌縣西四十里之永寧鎭。又關隘目有落門鎭，在「寧遠縣東三十里，亦曰小落門。宋志，秦州有小落門砦，卽此。以伏羌有大落門也。」按寧遠在鞏昌府東南九十里，則此落門鎭卽古小落門者在大落門西三十里也。

又西北五十里至渭州治所襄武縣（今隴西東五里），在渭水西南岸。

襄武爲州治，及距隴西縣里程，皆見元和志三九。地在渭水西南岸，見渭水注。渭州爲大道所經，已詳本文第一節。岑參有西過渭州見渭水思秦川詩（全唐詩三函八册參集四），卽赴安西經此所作。

渭州向西有西北、西南兩驛道。西南行三百里至岷州，開元中置八驛。又西轉南行經洮、疊至松州。有三交驛者（今三岔鎭），在鄣縣西七十里，蓋卽渭、岷間之一驛也。

武經總要前集一八下邊防西蕃地界云：

「岷州，……東至故渭州三百里，開元中置八驛；西至洮州一百七十里。」

同書一八上邊防秦隴階成路條云：

「入洮疊路。自（秦州）西北三百一十里至渭州，又二〔三〕百里至岷州，又百九十里至洮州，百八十里至疊州。」

是渭州至岷州爲驛道，又西轉南經洮州至疊州，又南則至松州之大道也。詳岷山雪嶺地區交通網篇。

又新修本草卷五土陰孽條云：

「謹按此卽土乳是也，出渭州鄣縣三交驛西。」

按元和志三九渭州有鄣縣，在州西南六十里。字作彰。然通典一七四作障，與本草同，故從之。就方位言，正當在渭州通岷州道上，是唐初已置驛矣。檢一統志鞏昌府卷山川目，有三岔山「在漳縣西七十里，山下有路，東連縣境，西抵洮、岷，北接秦、隴，故名。」則此三交驛者殆卽今之三岔也。又檢申報館地圖及張編地圖集，漳縣西有三岔鎭，正當今隴西、岷縣間汽車道上，殆卽署循唐道舊基耳。

渭州西北行則今考之驛道也。其行程則由州西行微北九十里至渭源縣（今縣東北），置渭源鎮。

勝州都督王佐墓誌，「如意元年，改授渭州渭源鎮副。」則此縣置鎮。餘見元和志三九渭州卷。按渭州至臨洮軍爲大道，必循渭水而行，觀形勢當經此縣，今之汽車道仍取途於此。

又西北一百里至臨州、臨洮軍之治所狄道縣（今臨洮，舊狄道），在洮水東岸。

臨州爲大道所經，明見前引武經總要；計算涼蘭至長安里數，此道亦當經臨州，亦見前。縣在洮水東岸，見河水注。岑參有發臨洮將赴北庭留別、臨洮泛舟趙仙舟自北庭罷使還京、臨洮客舍留別祁四及臨洮龍興寺玄上人院同詠青木香叢諸詩，（全唐詩三函八册參集三。）皆參往來京師與安西北庭間所作也。呂溫有臨洮送袁七書記歸朝詩（全唐詩六函四册溫集二），亦作於此。又朱慶餘自蕭關望臨洮詩云：「玉關西路出臨洮，風卷邊沙入馬毛，寺寺院中無竹樹，家家壁上有弓刀。」（全唐詩八函六册慶餘集一。）亦見臨洮當安西道。元和志三九臨州：「天寶初，割蘭州狄道縣又別置安樂縣，置臨州。郭舊有臨洮軍，久視元年置。寶應元年陷於西蕃。」以上諸詩所謂臨洮，卽此是也。同書同卷渭州目又云，「西北至臨洮軍一百九十里。」則渭源縣至此一百里也。或者有人將疑臨洮當指洮州臨洮郡而言。按臨洮之名，唐世洮州（治臨潭）與臨州（治狄道）皆有之。通典一七四洮州臨洮郡：「煬帝初，……置臨洮郡。大唐爲洮州，或爲臨洮郡。」謂天寶時代，洮州名臨洮郡也。又檢元和志三九鄯州目，開元二十一年置隴右節度使，統臨洮軍河源軍（等）。臨洮軍，開元中移就節度衙置。則臨洮軍之名，開元中已由狄道移至鄯州也。元和志三九洮州目云：「開元十七年，（洮州）廢入岷州。二十年，於臨潭（卽洮州治所縣）又置臨州。二十七年又改爲洮州。」則洮州亦有臨州之名。蓋狄道、臨潭皆臨洮水，一在上流，一在下流也。綜此而觀，以時序言之，唐初臨潭置洮州，久視元年狄道置臨洮軍，開元十七年廢洮州，二十年又於洮州舊址置臨州，二十一年移臨洮軍於鄯州，二十七年臨州復名洮州，天寶元年曰臨洮郡，天寶初又於狄道置臨州、狄道郡，至德元年當分別稱洮州與臨州也。岑參出赴安西當在天寶中，似固當指洮州而言。然參前有在渭州題詩（見前引），又有題金城臨河驛樓（亦參集三），金城在蘭州治所，參之行程由渭州西北沿渭水河谷上行經渭源，舊臨洮軍，再循洮水河谷下行至蘭州，此最合理之行程。且臨州舊臨洮軍本為大驛道所經，前已證之，參決不會捨此大道不行，而由渭州向西南繞道岷州、洮州（臨洮郡），再向北仍循洮水河谷下行乃過狄道（舊臨洮軍）至蘭州也。且朱慶餘詩題自蕭關望臨洮。按蕭關在原州，臨州臨洮軍在原州西南，相鄰接，故得云「望」。至於洮州臨洮郡，非大道所經，且與蕭關中隔渭、臨、岷諸州，何可望耶？更何云「玉關西路出臨洮」耶？是知諸詩所稱臨洮皆指臨州舊臨洮軍而言，非洮州臨洮郡也。蓋狄道之臨洮軍地處要衝，最為大軍，故開元二十一年置隴右節度使治鄯州，即移軍就之，軍額至萬五千人，（通典一七二州郡序目下，元和志三九鄯州。）是以此軍甚著名，且自久視元年置軍至開元中軍額他遷，臨洮軍在狄道三十餘年，又值唐盛時為大道所經，故時人習稱臨州為臨洮也。且元和志述臨州鄰接諸州至臨州之距離即或稱臨州或稱臨洮軍。如渭州目云：「西北至臨洮軍百九十里。」原州目云：「正西微南至臨洮軍六百二十里。」蘭州目云：「東至臨州一百九十里。」岷州目云：「北至臨州三百四十里。」可謂參差互稱，為元和志中極少見之例外，蓋其地因久置臨洮軍而出名耳。然則杜翁秦州雜詩，「年少臨洮子，西來亦自誇。」恐亦指臨洮軍而言矣。

渭源、狄道一百里間大抵皆行鳥鼠山北側。其行程可知者，渭源西約二十五里至高城嶺，為濫水、渭水所出，西東分流，此道即循兩河谷而行也。嶺西行至武階谷，置武階驛。又西二十里大來谷，蓋亦在道上。

元和志三九渭源縣目，「鳥鼠山今名青雀山，在縣西七十六里，渭水所出，凡有三源並下。」參合下文觀之，此道卽經鳥鼠山脈之北側。故杜翁西行，稱「山空鳥鼠秋」也。

高城嶺　三國魏志二二陳泰傳：

「爲征西將軍、都督雍涼諸軍事。……時（姜）維等將數萬人至枹罕，趣狄道，泰敕經（雍州刺史王經）進屯狄道，須軍到（通鑑作須泰軍到）乃規取之。……經輒渡洮，……與維戰，大敗，……還保狄道城。……維乘勝圍狄道。泰軍上邽，……晨夜進前，……到隴西。……遂進軍度高城嶺，潛行夜至狄道東南高山上，多擧火，鳴鼓，狄道城中將士見救者至，皆憤踊；……涼州軍從金城南至沃干阪。……維等聞之遂遁。」

此段述上邽、隴西至狄道途徑甚詳，並及涼州至狄道路線。據此，是隴西、狄道間有高城嶺。考水經河水注云：

「洮水又北逕狄道故城西，……又北，隴水注之，卽山海經所謂濫水也。水出鳥鼠山西北高城嶺，西逕隴坻……又西北歷白石山下。地理志曰，狄道東有白石山。濫水又西北逕武街城南，又西北逕狄道故城東，……又西北流，注于洮水。」

又渭水注云：

「渭水出首陽縣首陽山渭首亭南谷，山在鳥鼠山西北。此縣有高城嶺，嶺上有城，號渭源城，渭水出焉。……東北流逕首陽縣西，與別源合，水出鳥鼠山渭水谷。」

此兩條述濫水（卽隴水）與渭水皆出鳥鼠山西北高城嶺，源流甚詳。紀要六〇渭源縣，「南谷山在縣西二十五里，上有高城嶺。」一統志蘭州府卷山川目高城嶺條：「明統志，分水嶺在渭源西十五里，其水分流，東者入渭，西者入洮。舊志，分水嶺卽高城嶺也。」按高城嶺卽分水嶺之說當可信，但兩書里距差較十里。檢紀要同縣又有分水嶺關條，云「在縣西十五里，分水嶺上。自嶺以西之水悉入洮河，以東之水悉入渭河，置關於此，爲縣境之襟要。」則蓋關在縣西十五里，嶺實在關之西耳，酈注云在鳥鼠山西北，則二十五里猶太近，決非十五里也。

武階驛　舊九三薛訥傳云：

「開元二年……八月，吐蕃大將坌達延乞力徐等率衆十萬寇臨洮軍，又進寇蘭州及渭州之渭源縣，掠羣牧而去。詔訥……爲隴右防禦使……率兵邀擊之。十月，訥領衆至渭源，遇賊，戰於武階驛，與王晙犄角夾攻之，大破賊衆，追奔至洮水，又戰於長城堡。……又敗之，殺獲萬人。」

舊一九六上吐蕃傳，畧同。作「渭源之武階驛。」册府九八六，開元二年十月，「薛訥破吐蕃於渭州西界武階驛。」舊八玄宗紀、舊一〇三王忠嗣傳、會要九七吐蕃條，並同。新書列傳亦作武階驛。又舊九三王晙傳云：

「轉太僕少卿，隴右羣牧使。開元二年，吐蕃精甲十萬寇臨洮軍，晙率所部……與臨洮兩軍合勢以拒之。賊營於大來谷口……晙出奇兵……夜襲之，……賊……死者萬計。俄而……薛訥……邀擊吐蕃至武階谷，去大來谷二十里。……晙……迎訥之軍，……擊之，賊又大潰……追奔至洮水，殺獲不可勝數。」

亦作武階谷，蓋置驛之地也。大來谷在驛西，既爲吐蕃大軍所屯，當亦在大道上。通鑑二一一開元二年紀，八月，吐蕃將坌達延等「帥衆十萬寇臨洮，軍蘭州，至於渭源，掠取牧馬。」下述薛訥王晙作戰事，與兩傳全同，但字作武街。胡注：「水經注，武街城在漢狄道縣東白石山西北，唐爲武街驛，與大來谷皆屬臨洮渭南縣界。劉昫曰，武街驛在渭州西界。」皆作武街，與兩書異。檢一統志蘭州府卷古蹟目，武街廢縣在狄道州東。晉惠帝分狄道置武街縣。咸和中張駿收河南地置武街護軍。」又據上引河水注，武街城正在渭源縣西二十五里高城嶺之西，與薛訥破蕃之地望相合，故溫公此條改武階爲武街。然兩書各傳均作武階，可能唐人音譌，置驛實名武階，非武街也，故仍據兩唐書書之。

由狄道西行經河州至鄯州。鄯州西至吐蕃，北亦至涼州，詳另文。今考之道則由狄道北行，蓋畧沿洮水河谷而下，經長城堡（在今狄道北三十五里），越沃干嶺（皋蘭西南至臨夏間），折入阿干河谷，凡一百九十里至

蘭州治所五泉縣，一名金城縣（今皋蘭治），在黃河南二里，置金城鎮、臨河驛。

武經總要前集一八上邊防，述此道里程云；「渭州，又百八十里至臨州，又東北二百里至蘭州。」寰宇記一五一蘭州，狄道縣在州南一百九十里。時臨州已廢，縣屬蘭州也。元和志三九蘭州，「東至臨州一百九十里」，東當作南。又渭州西至臨州一百九十里，則兩數之和，與總要兩數之和亦同，今據元和志、寰宇記書之。

寰宇記，蘭州治所五泉縣，「（漢）昭帝元年置（金城縣），隋置五泉縣。唐咸亨二年復爲金城，天寶二年改爲五泉縣。」元和志同，畧。志又云：「黃河流經縣北，去縣二十里。」按通說，金城、五泉縣在今皋蘭縣治。今縣治在河南極近。一統志蘭州府卷古蹟目：「望河樓在皋蘭縣西北二里，黃河南岸。」則縣治去河僅二里耳。元和志衍「十」字。又檢九域志三蘭州金城郡，「北至黃河一里，東北至黃河三里，西北至黃河三里。」則宋蘭州治所固去黃河極近。復考高適有金城北樓詩云：「北樓西望滿晴空，積水連山勝畫中，湍山急流聲若箭，城頭殘月勢如弓。」（全唐詩三函十册適集四。）觀此形勢，唐代金城固亦去黃河甚近，與宋代不異，元和志衍「十」字必矣。

金城鎮　許國霖敦煌石室寫經題記有蘭州金城鎮，當即在金城縣。

臨河驛　岑參有題金城臨河驛樓詩（全唐詩三函八册參集三），是驛名尚可考。

長城堡　見前武階驛條引舊書薛訥傳，與吐蕃戰於武階驛，大敗之，追奔至洮水，又破之於長城堡。一統志蘭州府卷古蹟目，「長城……秦築長城所起，唐置長城堡。」下引薛訥事。又引臨洮府志，「在狄道縣北三十五里。」在縣北，蓋亦此道所經耳。

沃干嶺　前高城嶺條引三國志陳泰傳，姜維由枹罕進軍圍狄道，泰由上邽至隴西越高城嶺來救，會「涼州軍從金城南至沃干阪。」維聞之解圍遁。又通鑑九三晉咸和二年紀云：

「五月……張駿……復稱晉大將軍、涼州牧。遣武威太守竇濤、金城太守張閬……帥衆數萬，會韓璞攻掠趙秦州諸郡，趙南陽王胤，將兵擊之，屯狄道。枹罕護軍辛晏告急。秋，駿使韓璞辛巖救之。璘進度沃干嶺……與胤夾洮相持七十餘日。……十月，璞使辛巖督運於金城，胤聞之……乃帥騎三千襲於沃干嶺，敗之，遂前逼璞營，璞衆大潰。胤乘勝追奔，濟河，攻拔令居，……進據振武，河西大駭。」

則此嶺阪自古當道。胡注：「沃干嶺在晉興郡大夏縣東南，洮水西。」一統志蘭州府卷山川目：「沃干嶺在皐蘭縣西南，亦曰沃干阪。……舊志，在大夏縣（今臨夏）東南洮水西北。自涼州濟河必度此嶺乃至狄道。」

阿干水　一統志蘭州府山川目又云：「阿干峪在臯蘭縣南四十里。」「阿干水在臯蘭縣西。九域志，阿干堡有阿干水。（檢視原書，堡在州西南四十里。）蘭州志，在州西三里，出狄道馬塞山，……北入（蘭）州界阿干谷爲阿干河，自峽奔流至縣城。」按今圖，臯蘭縣西南有小水北流入河，即此阿干河；又有阿干地名，當狄道至蘭州汽車道。蓋此道先循洮水河谷而下，經沃干阪後，向東北折入阿干河谷而下至蘭州也。阿干疑即沃干之變音。

又北渡河出金城關（明金城關），正北微西畧循逆水河谷（今莊浪河）而上，行二百二十里至廣武縣（今永登東南之莊浪），在逆水東北二十里。又約二百里至昌松縣（今古浪西），又西北，越洪池嶺（今武威東南），凡一百二十里至涼州治所姑臧縣（今武威）。蘭、涼間凡置二十驛，皆無考。而沿途漢晉以來故城堡則頗多可指。

武經總要前集一八下邊防西蕃地理條云：

「蘭州……北涼州五百五十里。州城北度金城關二十驛至涼州。」

同書一八上邊防秦隴階成路條云：

「（秦州）河湟甘肅瓜沙路。……蘭州北渡黃河，出金城關二百六十里至涼州松昌縣，又二百一十里至涼州。」

此兩條述蘭州至涼州道甚詳悉。惟松昌爲昌松之倒誤。又舊五五薛舉傳，薛舉據金城，遣其將常仲興渡河擊涼州李軌，與軌將戰於昌松，敗沒。是亦昌松當大道之證。又總要兩條所記里數不一致，必有一譌誤。檢通典一七四，涼州武威郡東南到蘭州金城郡五百四十里。寰宇記一五一、一五二皆同。元和志蘭州、涼州兩目雖皆不記相距里數，然二州至長安里數之差亦爲五百四十里。則總要一八下云蘭涼相距五百五十里不爲誤。而卷一八上之二百六十里、二百一十里必有一譌也。又檢元和志四〇涼州，昌松縣西北至州百二十里；寰宇記一五二涼州，昌松縣在州東南二百三十里。據此似元和志「百」上當脫「二」字，而總要「出金城關」下之「二百」乃「三百」之譌文也。唐宋各志書既皆云蘭涼相距五百四十里，則蘭州至昌松約三百三十里上下，昌松至涼州約二百一十里上下也。然明清志書釋昌松所在亦有兩說。紀要六三莊浪衞，蒼松廢縣，漢縣，卽隋唐之昌松縣，在衞西。此雖不詳里數，然下文有古浪所，則不至古浪可知。觀此書事，與寰宇記、武經總要畧合，卽在今莊浪北百數十里，去武威二百餘里也。然一統志涼州府卷古蹟目，昌松故城在古浪縣西。是與紀要作莊浪西者同。按古浪縣在今武威縣東南一百三十里，其西正當去武威一百二十里上下，與元和志「百二十里」者極相吻合。故元和志是否脫「二」字，殊有問題。再檢元和志四〇，昌松縣，「金山在縣南一百八十里，麗水出焉。」考水經河水注云：

> 「湟水又東逕枝陽縣，逆水注之，水出允吾縣之參街谷。（董祐誠曰，允吾當作允街。允吾在湟水南，不得越允街令居諸縣而有逆水源。）東南流逕街亭城南。（董祐誠曰：十六國春秋，禿髮烏孤敗呂光將於街亭，卽此。寰宇記言允街故城在昌松縣東南，城臨麗水，卽逆水。疑此街亭城，非允街故城也。）又東南逕陽非亭北。（董祐誠曰，十六國春秋，涼將馬健自陽非退屯清塞，卽此亭也，當在今平番縣西。）又東南逕廣武城西，（董祐誠曰，城當在今平番縣南，近莊浪廳治。按元和志廣武縣，烏逆水在縣西南二十許里。）故廣武都尉治，郭淮破叛羌治無戴於此處也。……逆水又東逕枝陽縣故城南，東南入于湟水。」

此述逆水流經甚詳，董祐誠以爲卽今之莊浪河，亦卽寰宇記之麗水⑦，是也。按今莊浪河發源於古浪縣西南，在平番（永登）莊浪之北甚遠⑧，則據元和志所記水源，參考地形，唐之昌松縣固當在今古浪地區無疑。古浪北至武威一百三十里，是元和志云「百二十里」絕無奪誤，寰宇記二百二十里，「二百」爲「一百」之譌耳。然則唐世蘭州至昌松約四百二十里，昌松至涼州一百二十里也。武經總要所記里距亦皆有奪譌。

廣武縣　元和志三九蘭州，廣武縣，「前涼張駿三年分晉興郡置廣武郡，開皇三年罷郡，置廣武縣，屬蘭州。」「南至州二百二十里。」寰宇記一五一蘭州，廣武縣在州北微西二百二十里。」觀此方向當在大道上。一統志涼州府卷古蹟目，廣武故城在平番縣東南。又引舊志，「莊浪所，元至元初置縣，明洪武十年改衞，卽故廣武縣地。」平番縣，今改名永登縣。是正在明清迄今大道上。考通鑑九七，晉永和二年，趙使王擢擊（涼王）張重華，襲據武街（在隴西），又使麻秋攻金城，降之，涼州震恐。重華悉發境內兵使裴恆將之，以禦趙，恆壁於廣武。胡注以爲卽唐之廣武縣，是也。則此地自古爲涼蘭大道所經，故涼以重兵屯此以禦金城來攻之敵也。廣武向南微東二百二十里至蘭州，則西北去昌松當約二百里也。

金城關津　元和志三九蘭州治所五泉縣，「金城關在州城西，周武帝置金城津，開皇十八年改津爲關。」寰宇記一五一蘭州五泉縣，「金城關在縣西，南臨河。」關在河北，故武經總要云度河出關也。隋書地志，金城郡金城縣有關官，卽此關。然初學記七引闞駰十三州記曰：「金城郡有金城關。」則此關建置甚早，不始於隋。又按宋史地理志三，蘭州金城關，「紹聖四年建築，南距蘭州約二里。」殆去唐關故地不遠。明仍卽其地置金城關，詳金城關記並跋尾（隴右金石錄一）。辛卯侍行記四，仍云蘭州過河二里金城關，隋唐置。

關於金城津渡，辛卯侍行記四寫蘭州渡河浮橋、冰橋及皮筏運輸諸況，可看西北水上交通情形。唐代此處只有津渡，未建浮橋，但古代上下游固有建浮橋

⑦　按寰宇記本之後漢書李賢注及通典，詳下文莫口條。

⑧　據一統志涼州府山川目分水嶺條，源在平番（西北）一百三十五里。

事。今錄陶文，以備參考，文云：

「發蘭州……過河橋。……明初創建。……以二十四舟亘河中。舟各相距一丈五尺，架木以聯之。棚以板，圍以欄，兩厓鐵柱四，木柱四十五，鐵索棕麻草繩各相屬。每年冰解時搭橋，需人數百，或在岸，或在舟，或乘皮筏，巨繩繫舟，從上流緩放，舟繫大筐四五，盛以石，候舟至恰好處，則擲筐於水，舟稍定即繩纜交加，如此一一牽綴而橋成，壓以巨鐵索，舟得隨水高下。夏秋盛漲時，經理失宜，仍虞沖散。舟工經費每年二三千金，不敷修理，由皋蘭縣賠墊。冬至後河將凍，冰塊自上流下，大如房屋，即撤橋，緩則糜爛矣。冰既合，制府祭冰橋，縣役以鋤剷平，鋪以土，車馬暢行如通衢。皮筏即渾脫，牛羊皮爲囊，鼓以氣，聯四五具或七八具，浮水如筏，惟不能逆流而上。西寧人以此運米，至蘭州則東筏乘車而返。皮筏連數具乃穩，若止一具，氣洩則溺。河凍未合，冰塊絡繹而下，膽壯者踞冰上迭躍而過，有溺斃者。」

洪池嶺　通鑑一〇四，晉太元元年，涼王張天錫殺秦使，使馬建拒秦。下述此次戰事云：

「八月，（秦將）梁熙、姚萇……濟自清石津，攻涼驍烈將軍梁濟於河會城，降之。（胡注：五代志，允吾縣有青巖山。水經注，湟水至允吾，與大河會。意者青石津在青巖山，河會城在二河之會歟？）甲申，苟萇濟自石城津，（胡注：闞駰曰，石城津在金城西北。）與梁熙會攻纏縮城，拔之。馬建懼，自楊非退屯清塞。（胡注：水經注，逆水……東南流逕街亭城南，又東南逕陽非亭北，又東南逕廣武城西。據載記，楊非在支陽東北三百餘里。）天錫又遣征東將軍掌據帥衆三萬，軍於洪池。（胡注：洪池，嶺名，在姑臧南。掌據，晉書作常據，當從之。）天錫自將餘衆五萬軍于金昌城。（胡注：金昌城在赤岸西北。）……庚寅，馬建……迎降。……辛卯，苟萇及掌據戰于洪池，據兵敗，……伏劍而死。癸巳，秦兵入清塞，天錫遣司兵趙充哲帥衆拒之。秦兵與充哲戰于赤岸，大破之，……天錫……奔還姑臧。甲午，秦兵至姑臧，天錫……降。」

此節述事，見沿途地名甚多，雖不一定皆在唐世大道上，但去道大略不遠，就中尤可注意者爲洪池。洪池，嶺名，屢見通鑑此時前後各卷，略引如下：

卷一一〇，晉隆安二年，趙振說西平王禿髮烏孤曰：「呂氏方强，洪池以北未可冀也。嶺南五郡，庶幾可取。」胡注：「洪池，嶺名，在涼州姑臧之南。嶺南謂洪池嶺南也。五郡，謂廣武、西平、樂都、澆河、湟河也。」

卷一一一，晉隆安三年，武威王烏孤徙治樂都。分命親屬鎮要番，「從弟替引鎮嶺南。」胡注：「嶺南卽洪池嶺之南。」

卷一一二，晉隆安五年，楊穎諫涼王纂曰：「今疆宇日蹙，崎嶇二嶺之間。」胡注：「姑臧南有洪池嶺，西有丹嶺，一作刪丹嶺。」

卷一一七，晉義熙十一年，西秦王熾磐「以尙書右僕射出連虔爲都督嶺北諸軍事、涼州刺史。」胡注：「嶺北，洪池嶺北也。」

是此嶺爲涼蘭道上之重要分野。一統志涼州府卷山川目及紀要六三，皆云嶺在涼州東南。檢甘肅通志六山川目，洪池嶺在武威縣東南，涼州之大山也。則當在古浪以北也。

莫口　一統志涼州府卷古蹟目：「莫口廢縣在古浪縣南。十六國春秋，晉隆安三年，禿髮烏孤謀伐涼，使其將金樹屯昌松漠口。禿髮傉檀嘉平元年，姚興使其子弼等來伐，濟自金城，進次漠口。魏書地形志，昌松郡領莫口縣，卽漠口也。後周廢。」後周始廢，諒唐世故城仍見在也。

昌松南之金山爲逆水（今莊浪河）發源地，廣武在河東二十里，見此道大略沿逆水河谷（今莊浪河谷）而行也。道上漢晉以來故城甚多，觀上引河水注與董祐誠說以及通鑑一〇四太元元年紀，可知也。就中可注意者爲麗水城，亦此道沿今莊浪河谷而行之一證。允街城一名麗水城，始見於後漢書二明帝紀李賢注云：「允街縣……屬金城郡，故城在今涼州昌松縣東南，城臨麗水，一名麗水城。」通典一七四，昌松縣條，與此注同；字作允衙。接云「衙亭故城，沮渠蒙遜所築，地勢險礙。」似爲兩地。寰宇記涼州昌松縣條亦錄李賢注文。又云：「按其城地勢極險，卽沮渠蒙遜增築以爲防戍之所，迄今尙堅完如新。」則併二者爲一。是允街在昌松東南，然明淸志書以爲在平番縣境，董祐誠疑實宇記所記爲街亭城，非允街故城也。今當從李賢注。

（三）北道驛程

長安西北行亦經臨皋驛，咸陽縣驛。由咸陽西北行約八十里至醴泉縣（今縣東北十里泔北鎮），置醴泉驛。又四十里至奉天縣（今乾縣東），置奉天驛。

柳宗元館驛使壁記（全唐文五八〇）述京畿各驛道，有云，「自咸陽而西至於奉天，其驛六，其蔽曰邠州。」此即由長安經咸陽、奉天北出邠州之道也。又寰宇記三四邠州目，「東南至長安二百八十里，若至奉天一百三十里。」亦此道也。舊德宗紀，建中四年，涇原兵變，帝自咸陽奔奉天。新一七九鄭注傳，「孟文亮鎮邠寧，取爲司馬，……上道過奉天，輒還。」通鑑二一八，至德元載，「太子自奉天北上，比至新平（即邠州），通夜馳三百里，是日至安定（即涇州）。」是由長安經咸陽奉天至邠州、涇州也。又通鑑九四，晉咸和四年，「趙南陽王雍帥衆數萬自上邽趨長安，軍于仲橋。」胡注：「鄭國渠逕仲山，渠上有橋，謂之仲橋，在九嵕山之東。宋白曰，雍州醴泉縣即仲橋城。」是醴泉亦自古當長安通原州道也。

長安志一六醴泉縣目云：

「醴泉驛在西門內，東南至咸陽驛四十五里，西北至乾州奉天驛七十里。今廢。」

是由咸陽至奉天，中經醴泉，唐亦置驛，宋世廢。又舊五代史六六安重誨傳，「明宗遣回鶻侯三馳傳至其國。侯三至醴泉縣，地素僻，無驛馬，縣令劉知章出獵，不時給馬。」（新史二四，同。）是亦唐代醴泉置驛之證，惟五代時已荒僻無驛馬耳。至於里程，頗當商榷。元和志一，醴泉東南至京兆府一百二十里。寰宇記二六，同。一統志，亦同。按咸陽至府四十里，則醴泉至咸陽應爲八十里也。又元和志，奉天東南至府一百六十里，不論所指爲此道抑爲下文所考經興平縣道，但就形勢言，奉天至醴泉不應有七十里。檢一統志西安府卷，乾州東至醴泉正爲四十里。與元和志、寰宇記合。則長安志此條里程頗可疑。一統志西安府卷古蹟目醴泉故城條，「九域志，縣在京兆府西北七十里；長安志，縣東南至京兆府九十里。……按寰宇記，縣去京兆府里至與元和志同，而九域、長安二志與寰宇記異，是太平興國以來元豐以前曾徙置，而二志未之詳也。縣志云，唐縣城即今縣東北十里之泔北鎮。（按九域志有此鎮。）又有宋縣在今縣東少南三十里，元末始移於今治。」是宋縣在今縣東少南三十里，唐縣在今縣東北十里，宜有三十里之差也。今據元和志書之。而此醴泉驛在西門內者亦宋初之驛也。故不書。

有磁門驛者，蓋在咸陽之北，管城驛者蓋在醴泉東南，駱驛者蓋在醴泉奉天間，又有魯店蓋亦醴泉東西之地也。

磁門驛　舊一九五迴紇傳，「肅宗送寧國公主至咸陽磁門驛。公主泣而言曰，國家事重，死且無恨。」册府九七九，公主爲帝幼女，送至磁門驛。按元和志一，咸陽縣，「秦慈石門在縣東南十五里，東西有閣道，即阿房宮之門也。累石爲之，著鐵甲入者，慈石吸之，不得過，羌胡以爲神」。寰宇記二六，同。則此驛似在咸陽東南。然咸陽東南二十里即有臨皐驛，經常建置未廢，其西五里不應另置驛也。又按中宗送金城公主至興平，寧國公主爲肅宗幼女，送行不應不至咸陽，疑此驛實在縣北，爲咸陽北出道之第一驛，故送至此也。

管城驛　王諲爲郭令公出上都赴奉天行營敕賜錦戰袍並口脂等謝表（全唐文四三九）云：

「臣某言，臣今日巳時至臨皐驛西，開府魚朝恩見奉宣進止，賜臣錦戰袍等。又未時至管城驛縣，中使至，賜臣瓜兩顆。」

據此，由臨皐赴奉天經管城驛也。然巳時至臨皐，未時至管城，祇兩個時辰，即今四個小時，其行程不會太遠，當在咸陽至醴泉間歟？

駱驛　舊一二八段秀實傳：「朱泚盜據宮闕，……遣其將韓旻領馬步三千疾趨奉天。……秀實以爲宗社之危期在頃刻，……乃倒用司農印印符以追兵。旻至駱驛，得符，……而迴。」舊二〇〇下朱泚傳、新一五三段秀實傳皆略同。通鑑二二八建中四年紀亦同。史炤以爲駱谷關之驛，胡注已辨其非，「但不知駱驛在何地。」考此事見奉天錄卷二。又同書卷一云，建中四年十月三日，涇原兵變，帝出走，過咸陽，是夜四更駙馬郭曖追及乘輿於駱驛。四日平明，至於奉天。夜四更至駱驛，平明卽至奉天，則去奉天必不遠，蓋卽奉天醴泉間耳。魯店　通鑑二二九，建中四年，李懷光敗朱泚兵於醴泉，欲朝見，爲盧杞所蔽，詔懷光直引兵屯便橋，取長安。懷光怏怏，引兵至魯店，留二日乃行。胡注：「魯店在奉天東南，咸陽陳濤斜西北。」度其地當在醴泉東西也。

又自咸陽西經興平縣驛，又西偏北七十里至奉天縣驛。

長安志一九，奉天縣，「驛在縣南三百步，東至興平縣驛七十里。」按元和志，奉天至京兆府一百六十里，興平至府九十里。就此道言，奉天興平間正當爲七十里也。

奉天當西北通道之要，唐代中葉，西北有事，常置重兵於此。

通鑑二二四，大曆二年九月，吐蕃衆數萬圍靈州，遊騎至潘原、宜祿，詔郭子儀移鎭奉天。又二二五，大曆十年，吐蕃寇涇州，命朱泚出鎭奉天行營。潘原、宜祿、涇州皆當此大道，詳下文。又舊一三四渾瑊傳，貞元三年，吐蕃刼平涼之盟後，渾瑊退由奉天入朝，「俄而吐蕃入寇京畿，瑊鎭奉天。」亦其證。

由奉天北出，經漠谷（今乾縣北三里），甚險隘，踰梁山（今乾縣西北五里），五十里至永壽縣新址（今縣東南二三十里），置驛。又十里至永壽縣貞觀舊址，又二十里至麻亭驛（約當今縣治），又六十里至邠州治所新平縣（今邠縣），本名豳州，開元十三年，以字與「幽」形似，改名曰邠。地當長安北面要衝，中葉以後，置邠寧節度使以鎭之。

州名改易源委詳見元和志三。

舊一九四上突厥傳，武德五年，突厥數道入侵，西道入靈原等州，「詔隱太子出豳州道，太宗出蒲州道以討之。」七年，「頡利、突利二可汗舉國入寇，道自原州，連營南上，太宗受詔北討，……屯兵於豳州。」太宗即位，突厥大軍南侵至渭北，不敢戰，盟於便橋而還。太宗謂羣臣曰，「我已令無忌、李靖設伏於幽州以待之，虜若奔還，伏兵邀其前，大軍躡其後，覆亡如反掌。」胡注謂此「幽」爲「豳」之形譌，是也⑨。此諸事皆見邠州當長安北道重鎮。安史亂後，邠寧節度治此，爲長安北境第一重鎮，不待論矣。故柳宗元館驛使壁記云，「自咸陽而西至於奉天，其驛六，其蔽曰邠州」也。方輿紀要五四云：「邠州，涇水北遶，邠巖南峙，依山爲城，地勢雄壯。……天寶後，以邠寧爲重鎮，常屯重兵於此，以遏寇衝，蓋厚涇原之形援，固畿輔之藩衞，州實南北襟要也。」

舊肅宗紀，肅宗北出路線，其前段由奉天，經永壽、新平郡（邠州），至安定（涇州）。又舊一五一高承簡傳，爲邠寧節度使，「上言乞入覲，即隨表詣闕。太和元年八月行至永壽縣傳舍，卒。」通鑑二二三，廣德二年，僕固懷恩自靈州入寇，九月前軍至宜祿，十月懷恩至邠州，進逼奉天，爲子儀所敗。會涼州兵攻靈州，懷恩聞之，自永壽遽還。是永壽當邠州至奉天入京師之大道。長安志一九奉天縣，「北至永壽縣麻亭驛八十里。」按元和志三邠州，東南至上都三百里。永壽西北至州九十里。則永壽東南至長安應爲二百一十里。又按奉天至長安一百六十里，則奉天至永壽應爲五十里。寰宇記三一乾州目，奉天至永壽六十里，與長安志此條八十里者不合。按元和志永壽縣條云：「武德二年分新平縣南界於今理北三十里永壽原西分置永壽縣，因原而名。貞觀二年移於州（邠州）東南八十里。興平元年又移於順義店，即今理是也。」寰宇記永壽縣條記之尤詳。則長安志八十里者，蓋武德二年之舊址在新址之北三十里者耳。九域志三，邠州南至永壽六十里者，亦就舊址而言也。豈太平興國以後縣治北移舊址，時名麻亭耶？又考通鑑二二三，廣德二年，僕固懷恩與回紇吐蕃進逼奉天，見子儀有備，不戰而退，子儀使李懷光追之，至麻亭而還。虜退至

⑨ 舊六七李靖傳，「頡利可汗入涇陽，靖率兵倍道趨豳州，邀賊歸路。」可證。

邠州，涉涇而迺。則麻亭當道，自唐已然，置驛當亦不自宋始也。

漠谷、梁山　舊一三四渾瑊傳述奉天之圍云：

「靈武節度使杜希全、鹽州刺史戴休顏、夏州刺史常春合兵六千人赴難。將至，上議所向，宰相盧杞白志貞以漠谷路爲便。瑊曰，漠谷險隘，必爲賊所邀；不若取乾陵北過，附柏城而行，便取城東北雞子堆下營，與城中犄角相應。……杞曰，漠谷路近。……上從杞議。希全等進至漠谷，果爲賊軍邀擊，奪據水口，乘高以大弩巨石左右夾擊，殺傷頗衆，……希全等各歸本鎮。」

按新一五六杜希全傳略同，云「還保邠州。」又通鑑二六三，天復二年，「汴將康懷貞擊鳳翔將李繼昭於莫谷，大破之。」同書二六六，梁開平二年，「劉知俊王重師大破岐兵于幕谷。胡注，「幕谷即漠谷。」皆見此谷爲交通要道，故爲兵家所爭。一統志乾州卷山川目，漠谷條引州志，「谷在州北三里，踰梁山而南，多取道於此。」乾州即唐奉天縣。又梁山條引地理通釋：「梁山在奉天縣西北五里。」則漠谷殆即梁山之南谷也，爲奉天北出之要道。

邠州西北略循涇水河谷上行，蓋經槀邱堡，八十里至宜祿縣（今長武）。縣治淺水原，城北五里高墌城爲太宗敗薛仁杲處。

元和志三邠州，「宜祿縣東至州八十一里。……淺水原即今縣理所。」寰宇記三四作八十里。一統志邠州卷古蹟目，宜祿故城，今長武縣治。又沿革目，長武縣東至邠州八十里。與元和志、寰宇記合。而九域志云宜祿在州西六十里，蓋誤。觀形勢，大道當經此縣。辛卯侍行記三，正過此。通鑑二二四，大曆二年，吐蕃數萬圍靈州，遊騎至潘原、宜祿，郭子儀移鎮奉天以備之。又二二四，大曆八年，吐蕃十萬寇涇邠，郭子儀遣渾瑊將步騎五千拒之，戰于宜祿，大敗。是當道之證。

高墌城　元和志三，邠州宜祿縣：

「淺水原即今縣理所。……武德元年，（薛）舉寇涇州，屯兵於安定縣之折墌城，太宗親征，相守六十餘日。會舉死，其子仁杲統其衆，並羌胡十餘萬，數來挑戰。上遣總管龐玉自此原南出賊之右，因高而陳，上率大兵自原北，出其不意，斬首萬餘級。……仁杲懼而請降。……故城猶在今縣北五里。」

「昭仁寺在縣西十步，淺水原上，王師討平仁杲，詔於此置寺。」

是謂折墌城近淺水原，在宜祿縣北五里也。寰宇記三四宜祿縣，除不言昭仁寺及淺水原即治所外，皆與志同，但作高墌城。按元和志三，涇州保定縣有折墌城，在縣東十里。又檢舊太宗紀作折墌城，亦云由淺水原南北合擊。而新紀作高墌城。又新唐志，寧州定平縣有高墌城，涇州保定縣有折墌故城。是高墌、折墌本兩地。（折一作析。）又檢舊五五薛舉傳，武德元年，豐州總管張長遜進擊薛舉將宗羅睺，舉悉衆來援，軍屯高墌城，縱兵虜掠豳岐二地。太宗率衆擊之，軍次高墌城，會疾，諸將違命，舉取高墌城，進圍寧州。旋舉死，子仁杲自立於折墌城。太宗又受命擊仁杲，師次高墌，大破之於淺水原，乘勝進薄其折墌城，仁杲降。新傳，第一城作析墌，又不言仁杲立於何處；餘並同。其述淺水原之戰，敗羅睺後云，「王（太宗）率騎追奔，夜半至析墌，遲明合圍。」仁杲降。通鑑一八五、一八六，武德元年，薛舉進逼高墌，遊兵至豳岐，唐兵禦之，戰于淺水原，大敗，舉拔高墌。八月，舉卒，仁杲立，「居於折墌城。」圍涇州，揚言南去，遣高墌人僞以城降。秦王至高墌，大敗之於淺水原，仁杲降。下又述秦王語折墌虛弱云云。大抵重要戰事皆在高墌城，即近淺水原者；另有折墌城，舊史或混淆不分。元和志所述應爲高墌城，非折墌城，寰宇記爲正。新志，高墌城在寧州定平縣。按定平在寧州南七十里，與宜祿接境，正即此城也。折墌城在安定，下文長武城條引武經總要前集一八上，長武砦，「唐太宗討薛仁杲，頓兵於此，與折墌城相對，皆天險也。」即此城矣。故今分別記之。折墌城見下綱文。

又元和志邠州治所新平縣，「槖邱堡在縣西十八里，東西南三面石坡峭峻，高十丈，北面築城高二丈，武德二年置，貞觀七年廢。」寰宇記三四，同。度其形勢，蓋亦當大道也。

宜祿又西五十里至長武城，在涇水南岸，隋開皇中築，武德元年廢。大歷初郭子儀重築。城據原首，俯瞰大道，置重兵以備吐蕃。

元和志三邠州宜祿縣，「長武城在縣西五十里，隋開皇中築，在涇河南岸。武德元年廢。大歷初，郭子儀置兵以備西戎。」寰宇記三四，同。舊一二一李懷光傳：「先是懷光頻歲率師城長武以處軍士。城據原首，臨涇水，俯瞰通道，吐蕃自是不敢南侵，爲西邊要防。」卽元和志所記郭子儀置兵事也。武經總要前集一八上邊防涇原路，「（涇州）長武砦築城在安仁谷中，四面險固，皆阻大澗，陡絕，惟一路可上。唐太宗討薛仁杲，頓兵於此，與折墌城相對，皆天險也。」此言其形勢，可與李懷光傳參看，蓋在谷中原上也。

長武又西四十里至折墌城，又十里至涇州治所安定縣，至德二年更名保定（今涇川北五里），在涇水西一里。

涇州治所、更名及其在涇水西里數，皆見元和志三。志云州東至邠州一百八十里，至長安四百八十里，則去長武五十里也。寰宇記三二，涇州東至長武鎭界四十里。武經總要一八上遂謂長武鎭西北至涇州四十里矣。

元和志三涇州，治保定縣，「折墌故城在縣東十里，西魏涇州刺史乙弗貴所築，隋末薛舉屯據於此城。舉死，仁杲復竊據。」廣記四九二靈應傳，「涇州之東二十里有故薛舉城。」卽斯城也。參詳上高墌城條。武經總要前集云太宗據長武城，與舉兵相對，實尙相距約四十里也。

涇州地形平敞，唐代前期，當安西孔道；中葉以後，居西塞之口，依連雲堡爲屏障，置涇原節度使統重兵以鎭之。與邠州同爲長安西北之門戶。

張籍涇州塞（全唐詩六函六册籍集五）云：「道邊古雙堠，猶記向安西。」是當西域孔道也。武經總要前集一八上邊防涇原渭儀路云：

「涇州安定郡，……涇渭之間，地形平敞，正當西塞之口。至德以後，河湟盡陷，西鄙之地極於潘原，遂屯重兵，升州爲方鎭。又謂散地不足守禦，乃

> 建平涼爲渭州，臨涇縣爲行原州，外張蕃翼之衞。本朝建鎭戎軍（今固原）以通隴右，置德順軍（今靜寧東）以制山外，漸復襟帶之固。」

此條頗見涇州之形勢，雖地甚平敞，但當西塞之口，重兵置此可爲邊塞支援也。舊一一八楊炎傳，建中二年，奏請城原州。「三月，詔下涇州爲具。涇軍怒而言曰，吾曹爲國西門之屏，十餘年矣。始治於邠，纔治農桑、地著之安；而徙于此，置榛莽之中，手披足踐，纔立城壘。」此兼指邠涇而言。

連雲堡　舊德宗紀，貞元三年九月「丙寅，吐蕃陷華亭，又陷涇州之連雲堡。甲戌，吐蕃退，俘掠邠涇隴等州民戶殆盡。自是蕃寇常至涇、隴。」時在平涼刼盟之後。又四月二日，「涇原劉昌復築連雲堡。」新德宗紀，貞元八年六月，「吐蕃寇連雲堡，大將王進用死之。」舊一九六下吐蕃傳，詳其事云：

> 「（貞元三年）吐蕃攻陷華亭。……北攻連雲堡，又陷。堡之三面頗峭峻，唯北面連原，以濠爲固。賊自其北建抛樓七具，擊堡中，堡中唯一井，投石俄而滿焉。又飛梁架濠而過，苦攻之，堡將張明遂與其衆男女千餘口東向慟哭而降。涇州之西唯有連雲堡，每偵候賊之進退。及是堡陷，涇州不敢啓西門，西門外皆爲賊境，樵蘇殆絕，收刈禾稼必布陣於野，而收穫之。穫既失時，所得多空穗。……吐蕃驅掠連雲堡之衆及邠涇編戶……並牛畜萬計，悉其衆送至彈箏峽。」
>
> 「（貞元八年）六月，吐蕃數千騎由青石嶺寇涇州，掠田軍千餘人，還及連雲堡，守捉使唐朝臣遣兵出戰，大將王進用死之。」

又舊一五二劉昌傳云：

> 「授涇州刺史，充四鎭北庭行營兼涇原節度（略）等使。躬率士衆力耕，……軍食豐羨。……復築連雲堡，受詔城平涼以扼彈箏峽口。」

據此諸條，足見此堡在唐中葉對於涇州守禦之重要性，惜今地不詳。就吐蕃傳觀之，殆在城西不甚遠，至多不過一二十里也。

由州向西稍偏北行，經連雲堡一百里至陰盤縣，天寶元年更名潘原（今平涼東四〔三〕十里），在涇水北一里，因縣東潘谷口受名。又西約六十

里至平涼縣舊治陽音川，開元五年移治古塞城，在涇水南。貞元中移治舊縣南坂，在水南一里。（今縣西四〔三〕十里。）元和初置行渭州，爲涇州之前衛，常置重兵鎭守之。縣西北五里有唐蕃會盟壇，即吐蕃刼盟處。平涼又西北行三十五里至胡谷堡，即彰信堡（今安國鎭稍西），堡西道入彈箏峽，約盡三十五里。自邠州以西皆略循涇水河谷而上，至此峽，近水源，「羣山怒起，路隨峯轉，繞行澗底」，形勢奇險，爲戍守要地，而水聲激宕如彈箏，故名。今名瓦亭峽。又二十里至瓦亭故關（E106°17′・N35°45′），地當六盤山道東北口。由此向西南踰隴山關即六盤關，至西瓦亭，道通臨州（今臨洮，舊狄道）、渭州（今隴西東五里）。六盤山海拔2113公尺，（其南尙有2927公尺之高峯。）山道「自西而東，尙不甚陡峻」，而自東向西，則「峻崿百重，絕壁萬仞」，「自絕頂俯瞰衆山，深不見底，左旋右轉，窄處只容一輿」，誠爲天險。開元時代，隴山關爲六上關之一，則此道亦置驛也，然行程不詳。又由瓦亭故關向西北行，蓋中經漢蕭關故城地區，七十里至原州治所平高縣（今固原），則今考之道也。

舊一九六下吐蕃傳，貞元三年唐蕃會盟平涼。吐蕃刼盟，虜唐使崔漢衡等至原州。蕃將尙法贊召見，至石門，遣中官俱文珍等還，而囚漢衡等於河州，又使至石門，旋放漢衡還至潘原。下文又述盟前事云，渾瑊與駱元光將發涇州，元光謂瑊曰，「本奉詔令營於潘原堡以應援侍中。竊以潘原去盟所六七十里，蕃情多詐，……請次侍中爲營以虞有變。」又新一五六李元諒傳，元諒曰，「潘原去平涼七十里。」據此，涇州通原州道經潘原、平涼無疑。檢元和志，潘原在涇州西一百里，平涼西北至原州一百六十里，原州至涇州三百二十里，則潘原西至平涼當爲六十里。吐蕃傳云潘原西去盟所六七十里，李元諒傳作七十里。通鑑二三二作「潘原距盟所且七十里。」按盟壇在平涼西北五里，是亦謂潘原去平涼不到六十五里也。與元和志所述里程正合。寰宇記一五一，渭州平涼縣東至潘原縣三十六里，蓋平涼因置渭州，已東移也。記云渭州治平涼，東至涇州僅一百二十六里，可證。

潘原　在涇水北，因潘谷口受名，見寰宇記一五一渭州目。易名詳通典、元和志及寰宇記。潘原爲唐中葉以後西禦吐蕃之重地。舊吐蕃傳，此次刼盟之後，唐增戍潘原堡與隴州，即以潘原當涇原道，隴州當秦隴道，皆要塞之地也。武經總要前集一八上邊防，「至德以後，河湟盡陷，西鄙之地極於潘原。」亦以邊疆要塞，故云。

平涼縣　元和志三原州，平涼縣「西北至州一百六十里。……周武帝建德元年割涇州平涼郡於今理置平涼縣，……開元五年移於涇水南。貞元七年又移於舊縣南坂上，今縣是也，仍屯軍其中。」舊唐志，平涼「隋縣，治陽晉川，開元五年移治古塞城。」則古塞城蓋即涇水南 。又寰宇記一五一，渭州治所平涼縣，「唐元和四年以渭州陷蕃，權行渭州於此。」「涇水從原州彈箏峽口過入州北一里。」則貞元以後移於今所，仍在涇水南一里也。置行渭州，亦見新唐志。舊一五二郝玼傳，「（元和）十三年，檢校左散騎常侍渭州刺史（略）充涇原行營節度平涼鎮遏都知兵馬使。……吐蕃畏其威。」足見此地之衝要也。寰宇記又云，「會盟壇在縣西北五里，貞元三年五月渾瑊與吐蕃會盟處。」新志亦同。輿地廣記一六作貞觀五年，字譌。

連雲堡　堡爲大道所經，詳上條。但亦不能完全排除在涇州至臨涇道上之可能性。

彈箏峽、胡谷堡、瓦亭故關　彈箏峽，酈氏水經注已記之，惜其文已佚，惟寰宇記及通鑑胡注有徵引，詳下文。周書二七赫連達傳云，侯莫陳悅害賀拔岳（於河曲），宇文泰自夏州「南赴平涼，引軍向高平（原州），令達率騎據彈箏峽。」此爲今存史料之最早見者。已顯示此峽爲平涼至原州間之要道。通鑑一五六亦記此事。通鑑唐紀又屢書彈箏峽事如下：

卷一九一，武德八年六月「丙子，遣燕郡王李藝屯華亭縣及彈箏峽，水部郎中姜行本斷石嶺道，以備突厥。」

卷二三三，貞元三年九月，「吐蕃寇華亭及連雲堡，皆陷之。甲戌，吐蕃驅二城之民數千人及邠涇人畜萬計而去，置之彈箏峽西。」（考異云見實錄。）又貞元七年二月，「戊戌，詔涇原節度使劉昌築平涼故城，以扼彈箏峽口。」（此見舊一五二劉昌傳。）

按唐初，突厥入寇，西道常入原州，故使李藝防彈箏峽，中葉吐蕃入寇亦多由靈原，如貞元三年平涼之盟，吐蕃即以原州為根據地，故此峽亦為軍事要地。舊一九六下吐蕃傳，建中四年清水盟詞云：

「今國家所守界，涇州西至彈箏峽西口，隴州西至清水縣，鳳州西至同谷縣……」

此正唐代中葉通吐蕃三道，彈箏峽則涇原道上之國界也。故沈亞之對賢良方正策（全唐文七三四）陳擊吐蕃之謀云，「令邠寧、涇原軍皆出平涼，道彈箏」也。至其地望，通典一七三，原州百泉縣「有彈箏峽，在郡東南。」元和志三原州百泉縣條云：

「涇水源出縣西南涇谷。地理志云，涇陽縣笄頭山，涇水所出。淮南子云，笄頭山一名薄落山，故涇水亦曰薄落水。又南流經都盧山，山路之中常如彈箏之聲，故行旅因謂之彈箏峽。」

寰宇記三三原州百泉縣條云：

「涇水源出縣西南涇谷。」「彈箏峽，水經注云，涇水經都盧山，山路之內，常有如彈箏之聲，行者聞之歌舞而去。又云絃歌之山，峽口水流，風吹滴崖，響如彈箏之韻，因名之。」「可藍山在縣西南七十里，一名都盧山。」

同書三二涇州保定縣條云：

「彈箏峽自原州百泉縣界都盧山，涇水所出，南流山谷之間，水聲清響，有如彈箏。」

又通鑑一五六梁中大通六年紀胡注云：

「九域志，渭州都盧峽，即彈箏峽也⑩。水經云，都盧山峽之內常有彈箏之聲。又云絃歌之山，峽口水流，風吹摧響，有似音韻也。」

---

⑩　今檢九域志無此文。

據此諸記述，則此峽在百泉縣西南，涇水上流谷道之一段，去涇水源頭不甚遠。又峽在都盧山，故一名都盧峽，山在百泉縣西南七十里，峽去縣當亦不下五六十里也。復考武經總要前集一八上邊防涇原渭儀路渭州條云：

「安國鎮，唐中和中置靜塞砦，後改今名。東至州（渭州）三十里，西自山河砦入瓦亭砦四十里。……西北二里至彈箏峽。」

「瓦亭砦控隴山一帶，卽漢朝那縣地（一作北）古蕭關也。後漢隗囂使牛邯守瓦亭山，卽此地。彈箏峽在焉。東自安國鎮路至州（渭州）七十里。」

是彈箏峽極近瓦亭砦，砦東經安國鎮至渭州七十里，云「西北二里至彈箏峽」者，蓋峽之東口在安國鎮西北二里也。又按元和志三，原州治平高縣，「瓦亭故關在縣南七十里，卽隴山北垂，隗囂使牛邯守瓦亭，卽此。」是瓦亭北去原州七十里，東至平涼七十里，與原州平涼相距一百六十里者亦略合。檢一統志平涼府卷山川目，六盤山，通志，大六盤山在固原州西南七十里，山路險仄，曲折峻阻，盤旋而上，古謂之絡盤道⑪。又瓦亭山，「府志，六盤山，其東曰瓦亭山，瓦亭東二十里卽彈箏峽也。」又彈箏峽，「在平涼西一百里。」郡國利病書六一平涼府，亦云「彈箏峽在瓦亭東二十里。峽奇險，水聲激宕如彈箏。」是瓦亭蓋在六盤山東麓，其東二十里爲彈箏峽之西口，西口東至今平涼縣一百里，卽東至唐平涼縣六七十里也。若爲七十里，則峽西二十里至瓦亭，又北七十里至原州，恰共得一百六十里矣。

胡谷堡，舊德宗紀下，貞元七年三月，「涇原節度使劉昌築胡谷堡，改名彰義堡，在平涼西三十五里，亦禦戎之要地。」舊一五二劉昌傳，貞元初，授涇州刺史充涇原節度使，「復築連雲堡，受詔城平涼，以扼彈箏峽口。……又於平涼西別築胡谷堡，名曰彰信。平涼當四會之衝，居北地之要，分兵援戍，遏其要衝。」彰義、彰信，紀傳不同，通鑑二三二，書事與傳略同，亦作彰信。而胡谷作朝谷。未知孰是。胡谷在平涼西三十五里，當在平涼彈箏中道上。又考五代會要三〇吐蕃目，「周廣順三年九月，河西節度使申師厚奏，自涇州安國

⑪ 又引州志，「山在州西南一百二十里。隆德縣志，山在縣東二十里縣城鎮，其西麓，卽隴山之支峯也。」是爲西麓。

鎭至西涼府，沿路三處控扼，多立州名。」是安國鎭當西域道。檢一統志平涼府卷關隘目，安國鎭「在府城西三十五里。九域志，平涼縣有安國、耀武二鎭。通志，安國鎭在府西三十里，鎭西又有古城，疑卽彰義舊堡，後改爲安國也。府志，安國卽胡谷之譌。」按寰宇記一五一渭州（卽平涼）「西至安國鎭接連蕃界三十二里。」又上條引武經總要前集一八上邊防涇原渭儀路，「渭州安國鎭東至州三十里，西北至彈箏峽。」又云瓦亭砦控隴山一帶，彈箏峽在瓦亭砦東，自安國鎭路至州（渭州，卽平涼）七十里。則安國鎭果與胡谷堡爲近，侍行記以爲安國鎭卽貞元中劉昌所築胡谷堡，蓋是。卽平涼至彈箏道經胡谷也。檢近代地圖，今平涼西仍有安國鎭，蓋卽其地。蓋由平涼西行，經安國鎭，入彈箏峽，至瓦亭也。湟中行紀云，出平涼府西關，四十里至安國鎭，「入山路，雙峯對峙，中流澗水，石鋪沙底，琤琤有聲。岩際刻峭壁奔濤，又刻山水清音。瓦亭驛宿，五十里。」取與上引唐宋志書所記相參證，則此段所記正卽彈箏峽無疑。侍行記云安國鎭又西二十里「爲瓦亭峽，卽古彈箏峽」，「羣山怒起，路隨峯轉，繞行澗底，車顚甚。」所述正爲一地。

瓦亭故關，前引元和志，在平高縣南七十里。又引武經總要，瓦亭砦控隴山一帶，東自安國鎭路至渭州（平涼）七十里。實則約九十里也。按瓦亭見史，似始於光武伐隗囂時。後漢書列傳三隗囂傳云，囂「使王元拒隴抵，行巡守番須口，王孟塞雞頭道，牛邯軍瓦亭。」李賢注：「安定烏支縣有瓦亭故關，有瓦亭川水在今原州南。」光武紀，親率大軍與河西竇融會於高平，數道上隴。正見瓦亭爲高平上隴南行之一道也。此正元和志以下之瓦亭故關、瓦亭砦之地矣。通典一七三平涼郡、原州目，繫瓦亭關於蕭關縣。按瓦亭近漢之蕭關，但在唐蕭關縣南二百里以上，杜氏誤也。又紀要五九，秦安縣目云，瓦亭去德順軍道里甚近，李賢注亦誤。今按德順軍在今靜寧縣東。顧氏所指實誤，非李賢誤也。復按李賢稱爲瓦亭故關，元和志，同。新唐志亦云平高縣南有瓦亭故關。則唐世此關已廢，故不在原州七關之列。蓋已爲隴山關卽六盤關所代替矣。復考册府元龜一一三，貞觀二十年，八月幸靈州。「庚辰，至涇州。丙戌，踰隴山關，次西瓦亭。十一月丙戌至自靈州。」通鑑一九八，貞觀二十年八月，幸靈州。「庚辰，至涇州。丙戌，踰隴山至西瓦亭，觀牧馬。九月上至靈州：」胡注：「原州平高縣南有瓦亭故關。瓦亭水出隴山，東北斜趣，西南流，經成紀、略陽、顯親界，又東南出新陽峽入于渭。故有東西瓦亭之別。」按太宗幸靈州，當由平涼西北直趨原州而北，但欲觀牧馬，故在瓦亭處折向西南踰隴山關，至西瓦亭也。此即湟中行紀由平涼西經安國鎮、彈箏峽、瓦亭驛，踰六盤山至隆德縣之通道，亦即光武由高平、涇水流域南逼隗囂，囂使牛邯守瓦亭之道矣。是則由平涼西至瓦亭，瓦亭西北至原州，瓦亭西南踰隴山關至西瓦亭，即瓦亭爲南北兩道之樞紐矣。武經總要前集一八上邊防目述涇州形勢云：

「本朝建鎮戎軍（即唐原州）以通隴右，置德順軍（今靜寧東）以制山外，漸復襟帶之固。」

又述德順軍之建置經過云：

「德順軍，舊籠竿城也，在六盤山外。祥符中，渭州曹瑋言，今隴山外有棄地籠（隴）竿川，坦爲兵衝，曾無捍蔽，熟戶以田輸官，因相地形築城，盡要害之地，以兵戍之，立堡砦，置弓弩手居之。慶歷初，經略使韓琦言籠竿城爲山外四砦之首，北接鎮戎軍，捍一路戎馬走集。北緣胡盧川河，經古蕭關（此唐關）至鳴沙縣，乞建爲軍，因賜名德順。自六盤山砦二十里至瓦亭，四十里（有脫文）又七十里至渭州（即平涼）。」

第一條謂鎮戎、德順兩路總會於涇州，正唐代此地區之形勢。第二條述德順軍東經瓦亭至渭州（即平涼）固即唐道，其述北取胡盧川經蕭關道，胡盧川即高平水（今清水河），是殆亦即取道瓦亭北至原州也⑫。然則此條所述，亦如唐代此區交通之形勢矣。

瓦亭既當平涼至原州之中道，又當西南踰六盤山六盤關以通山外之要道，其爲交通樞紐可知。元和志，原州「南至秦州四百六十里，正西微南至臨洮軍六百二十里。」此至秦臨兩州之道當即取途瓦亭也⑬。此道且置驛，下文引六典，

⑫ 但不能排除由德順直北經六盤山西麓接胡盧川之可能。

⑬ 至臨洮軍六百二十里，亦可能指木峽關道。

京師四面關置驛者爲上關，隴山關即爲其一，即其明證。然其他通行之材料較少。惟五代會要吐蕃目云：「其年（長興三年）七月，復遣使入朝，引對於端明殿。問本蕃牙帳去京師遠近，對曰，在涇州西二千里。」此必謂由涇州西出六盤關經臨洮、鄯州之路也。

隴山關、六盤關　此關不見於元和志。新唐志渭州平涼縣，「西南隴山有六盤關。」又原州平高縣條列舉縣境諸關名，並六盤爲七關。又武經總要一八上邊防涇原路，渭州「六盤關砦，古六盤關也，在瓦亭西南隴山上，……北至瓦亭砦二十里。」則此關在隴山上，瓦亭之南二十里。上節引册府一一三，貞觀二十年幸靈州，由涇州西行，「踰隴山關，次西瓦亭。」又考六典六刑部司門郎中目，京城四面關有驛道者爲上關。上關六，原州隴山關爲其一。此當即新志之六盤關，建置甚早，原名隴山關，且爲京師四面關，並當驛道，故爲六個上關之一，與潼、蒲、武、散及大震關等之地位相等也，足見此關之重要。寰宇記三三原州平高縣，「縣南一百一十里隴山上有隴山關。」是里距尚可指。然一統志平涼府卷關隘目，「六盤關……西去隆德縣六十五里，與固原州西南接界。」⑭又山川目，「通志，大六盤山，在固原州西南七十里。山路險仄，曲折峻阻，盤旋而上，古謂之絡盤道，元世祖自和林有事陝蜀，恆屯兵於此。……明初徐達定關中，屢敗元兵於六盤。……（州志，山在州西南一百二十里。）隆德縣志，山在縣東二十里。縣城鎮其西麓。即隴山之支峯也。」按同書平涼府沿革目，固原州西南至隆德縣一百二十里，其道當取此關，蓋關在中道而稍南，在原州之南不到百里也。考瓦亭北至原州七十里，此關在亭南二十里，共九十里，與此正合。此關山形勢，一統志已言之。湟中行紀云，出平涼府西關爲崆峒山，四十里至安國鎮，又五十里至瓦亭驛宿。下云：

「二十一日過絡盤山，俗名六盤。蝸篆蟻旋，高出雲表，俯視來路，悉被雲遮，上下共三十里，……地勢既高，山坡尤陡，……隆德縣宿。（五十里）」

又云：

「過六盤山，自西而東尚不甚陡峻。……自絕頂俯瞰衆山，深不見澗底，左

⑭ 紀要五八云，「關在隆德縣東二十五里，唐置，今與固原州分界。」里數蓋誤。

旋右轉，窄處只容一輿……誠爲天險。」

又辛卯侍行記云：

「出(瓦亭)堡南門二里折而西，漸行漸高，十三里合上鋪，……由此登六盤山，曲盤不止於六，或謂之絡盤道。群峯環抱，如捲蕉葉，煙雲滿岫，多雨少晴，回環而上，坡陡泥滑，……十里至第五盤，……五里至第八盤，爲山巔。……峻崿百重，絕壁萬仞。……又曲折西行，……昨所經彈箏諸峽，俯視之矣。至第三曲，……兩峯開處，望見瓦亭堡如一拳石。至第六曲、旁有烽墩，始下坡，……亂山叢谷，滿目陰森。……再下至第九曲以後，愈入愈深，循澗壑，共十九曲抵山麓。（又二十五里至隆德縣城。）」

此三條爲六盤山路最具體之寫照。想唐世大抵相同，或更險峻耳。此關驛道當西通臨洮軍，蓋卽元和志原州正西微南至臨洮軍六百二十里之道歟？惜行程無考。

又按瓦亭在六盤山東麓，西瓦亭在山西麓，卽當六盤山道東西兩口，唐既當中置隴山關，又名六盤關，宜廢瓦亭關，稱爲故關也。然頗疑唐之隴山關卽在瓦亭故關地區，大道由平涼西行至此，分歧爲二，西北經蕭關故城地區至原州，西南經西瓦亭通渭、臨也。今所考知隴山關在瓦亭故關西南二十里者，或蓋唐末移徙歟？未能詳也。至於漢蕭關故城，詳後文。

涇州至原州爲西出之主線，亦卽驛道。驛道南北復各有道。由涇州有私路西南行六十里至良原縣（今靈台西北九十里），爲隴東要衝，貞元間嘗移隴右節鎮於此，亦爲唐末畿內神策八鎮之一。又西南一百二十里至隴州。

元和志三涇州，「西南至隴州私路一百八十里。」又云，良原縣「東北至州六十里。」復考通鑑二七一，後梁貞明六年十一月，蜀主遣王宗儔伐岐，「出故關（卽大震關），壁於咸宜，入良原。」胡注，咸宜當在隴州汧源縣界。由此到良原，殆卽元和志所謂私路也。則良原至隴州一百二十里。

又通鑑二三三，貞元四年四月「乙未，隴右節度使李元諒築良原故城而鎭之。」檢舊一四四李元諒傳云：「（貞元）四年春，加隴右節度（略）臨洮軍使，移鎮良原。良原古城多摧圮，隴東要地，虜入寇，常牧馬休兵於此。元諒遠烽堠，培城補堞，身率軍士與同勞逸，芟林薙草，斬荆榛，……方數十里皆爲美田。勸軍士樹藝，歲收粟菽數十萬斛。」此見貞元初與吐蕃攻守時代此地之重要性。又通鑑二六〇，乾寧二年，「畿內有八鎮兵，隸左右軍。（胡注：左右神策軍也。）郃陽鎮近華州，韓建求之；良原鎮近邠州，王行瑜求之。宦官曰，此天子禁軍，何可得也。」則唐末此鎮爲神策畿內八鎮兵之一，蓋亦以地居要衝，且多美田也。

又自涇州西北行九十里至臨涇縣（今鎮原西二里），地扼洛口，元和三年城之，置行原州，與平涼之行渭州同爲涇州備邊之南北兩翼衛。

舊憲宗紀上，元和三年正月「庚子，涇原段祐請修臨涇城，在涇州北九十里，扼犬戎之衝要。詔從之。」會要八六城郭目作北八十里。元和志三，作州西北九十里。今從之。舊一五二郝玼傳云：

「貞元中，爲臨涇鎮將。……玼以臨涇地居險要，當虜要衝，白其帥曰，臨涇草木豐茂，宜畜牧，西蕃入寇，每屯兵其地，請完壘益軍以折虜之入寇。前帥不從。及段祐節制涇原，深然其策。元和三年祐請築臨涇城，朝廷從之，乃以爲行涼州（涼爲原之誤），詔玼爲刺史以戍之。自此西蕃入寇，不過臨涇。」

新一七〇郝玼傳略同，原州不誤。又云前帥爲馬璘，玼謂璘曰：

「臨涇扼洛口，其川饒衍，利畜牧，其西走戎，道曠數百里，皆流沙無水草，願城之，爲休養便地。」

此述臨涇之形勢，較舊傳尤豁，其爲涇州西北要衝可知。又考新一五六李元諒傳云：

「貞元三年，吐蕃請盟，詔以軍從（渾）瑊會平涼。元諒軍潘原，（韓）游瓌軍洛口，以爲援。」

通鑑二三二採此條。胡注：「洛口即水洛口，在瓦亭川東北。」按水洛口見通鑑一一六、一五四、一五六，然此處洛口即新書郝玼傳之洛口，謂臨涇也。唐蕃會盟，蕃以原州爲基地，唐以涇州爲基地，唐防蕃詐，屯軍潘原爲正面之支援，又屯兵北道之臨涇爲北側之支援，非華亭西北瓦亭川之水洛口也。

臨涇、平涼同爲涇州之前方翼衞，前涇州條引武經總要前集一八上邊防涇州條云：「又謂散地不足守禦，乃建平涼爲（行）渭州，臨涇縣爲行原州，外張蕃翼之衞。」深得兩地之形勢，亦兩道之衝途也。

有青石嶺者，在涇州西北七十里，吐蕃入寇常取此嶺，疑在此道上。

青石嶺屢見兩唐書及通鑑唐紀。

通鑑二二四，大曆六年「九月，吐蕃下青石嶺，軍于那城，郭子儀使人諭之，明日引退。」（胡注：「青石嶺在原州西。那城卽漢朝那，故城在原州花石川。」）

又二二五，大曆十三年「九月庚午，吐蕃萬騎下青石嶺，逼涇州。」（胡注：「青石嶺在涇州保定縣西。宋白曰，臨涇城直涇州西北九十里，其界有青石嶺。」）

新德宗紀，貞元三年八月「戊申，吐蕃寇青石嶺，隴州刺史蘇沔擊敗之。」

新一七〇劉昌傳，貞元中，節度涇原，「七年城平涼，開地二百里，扼彈箏峽，又西築保定，扞青石嶺，凡七城二堡。」

舊一九六下吐蕃傳，貞元八年「六月，吐蕃數千騎由青石嶺寇涇州，掠田軍千餘人，還及連雲堡，……。」

當大曆貞元間，吐蕃屢由青石嶺入寇，唐將亦以扞此嶺爲意，足見此嶺當軍道之要，而其地望胡注兩條自相矛盾。又考通鑑一一四，晉義熙三年，「勃勃又敗秦將張佛生於青石原。」胡注：「後漢書西羌傳，安定有青石岸。安定，唐之涇州，涇州有青石嶺。」與上引大曆十三年注合。按據此條，青石嶺不應遠在原州以西，那城亦非漢朝那故城也。檢寰宇記三二涇州良原縣，「朝那城，後魏大統元年自原州百泉縣徙朝那縣於此，其地今割入臨涇縣界。」同書一五一渭州平涼縣，「後周建元元年，割涇州朝那縣於今縣，復置朝那縣，至大業二年，改爲平涼縣。」則唐世朝那地名固在臨涇以東平涼、良原地區，通鑑大曆六年之那城當指此而言。胡氏偶有不照，以朝那故城當之，乃謂青石嶺在原州西矣。紀要五八，青石嶺在涇州西北七十里，蓋略得之。唐屬臨涇縣，或當在縣東南二十里道上。然亦未始不有在涇州潘原道上之可能。

臨涇又西百數十里至百泉縣（今平涼西北八十里，蓋今白楊城地區），又九十里亦至原州治所平高縣（今固原）。

百泉縣　元和志三原州，百泉縣「西至州九十里。後魏孝明帝於今縣西南陽晉川置黃石縣，隋煬帝改爲百泉縣，武德八年移於今所。」紀要五八平涼府平涼縣，「百泉城在府西北八十里。」（一統志作十里必脫誤。）觀形勢，當在此道上，殆今圖白楊城地區耳。然考通鑑二三二貞元三年紀，平涼會盟事云：「上始命駱元光屯潘原，韓遊瓌屯洛口⑮以爲瑊援。……元光不從，與瑊連營相次，距盟所三十餘里，……韓遊瓌亦遣五百騎伏於其側，曰若有變，則汝曹西趣柏泉以分其勢。」及吐蕃劫盟，「駱元光發伏成陣以待之，虜追騎愕眙，……顧見邠寧軍西馳，乃還。」胡注：「西馳者，韓遊瓌所遣趣柏泉之軍也。」則百泉又似當在平涼至原州道上。但前考彈箏峽在百泉西南七十里之譜，論形勢，平涼西出既經彈箏，即不得又經百泉。檢寰宇記三三，臨涇縣，「陽晉水在縣南一十五里，源自縣西羅使堡蕃界來，經本州界八十里入涇州保定縣界。」前引元和志，百泉縣曾治陽晉川，蓋陽晉川自百泉流經臨涇至涇州治所保定縣，此道即循陽晉水河谷而行，而潘原、平涼道則循涇水河谷而行也。韓遊瓌軍屯平涼附近，有事乃西趨柏泉者，蓋遊瓌本屯洛口，即臨涇，其防禦線固在北，故一旦有事仍趨百泉以分虜勢也。百泉西至原州九十里，臨涇東南至涇州九十里，則百泉臨涇間之距離雖不可知，要當在百里以上無疑。

原州（E106°17′•N36°）當隴山尾閭，六盤北垂，涇水發源於此，向東南流，高平川（今清水河）發源於此，向西北流，黑水（今長源水）、瓦亭川（隴水）亦導源州之西南境而南流，故地當涇、渭、河曲間之最高處，

⑮　按洛口指臨涇言，胡注云水洛口，誤，詳上條。

（等高線約1800公尺上下。）而勢頗坦豁，是以漢有高平之名，後有原州之目。然衆水導源，遂爲交通樞紐，置關亦最多。漢世蕭關故城卽近在州城東南三十里。唐世此關雖廢，然别置關城甚多：有石門關在州西北九十里之石門水口（蓋今石嘴堡稍北地區），有木峽關在州西南四十里之頹沙山，有摧沙堡者殆卽在其西不遠處。石門關蓋當原州西出會州道，木峽關、摧沙堡蓋當原州西南踰隴嶺笄頭山而南接六盤關通臨州臨洮軍道。中葉以後，皆爲吐蕃循涇水路線侵唐之根據地。有蕭關新城在州北一百八十里之蕭關縣（約今李旺堡、上新堡、蔡家溝地段），當原州北出靈州之要道。又有制勝關殆在六盤東南，石峽關、驛藏關殆在平高西境。此關與六盤關並稱七關。重關險阻，迴環州境，外控河、隴，內拱一城，故此州自昔爲西北軍事重鎭。

原州卽漢之安定郡，北魏之高平鎭。紀要五二蕭關條，引述漢世史事甚備，以見蕭關在軍事交通上之重要，云：「襟帶西涼，咽喉靈武，實爲北面之險。」漢世蕭關卽在安定郡東南三十里，詳後文。北魏視高平爲河西重鎭，稱爲「國之藩屏」，見于景墓誌⑯。一統志平涼府卷山川目六盤山條，「元世祖自和林有事陝蜀，恆屯兵於此。」山卽在原州西南不遠，皆見原州爲自古軍事交通要衝。唐世形勢，觀下文考諸關各節可見。而舊一一八元載傳所記尤能見其形勢，玆詳錄如次：

「大曆八年，蕃戎入邠寧之後，朝議以爲三輔已西無襟帶之固，而涇州散地不足爲守。載嘗爲西州刺史，知河西隴右之要害，指畫於上前曰⑰，今國家西境極于潘原，吐蕃防戍在摧沙堡，而原州界其間。原州當西塞之口，接隴山之固，草肥水甘，舊壘存焉，吐蕃比毀其垣墉，棄之不居。其西則監牧故地，皆有長濠巨塹，重複深固。原州雖早霜，黍稷不藝，而有平涼附其東，獨耕一縣，可以足食。請移京西軍戍原州，乘間築之。……戎人夏牧多在青

⑯ 詳拙作北魏軍鎭制度考（史語所集刊第三十四本，改編入魏晉南北朝地方行政制度）引芒洛冢墓遺文四編卷一。

⑰ 通鑑此處有「四鎭北庭旣治涇州，無險要可守，隴山高峻，南連秦嶺，北抵大河」二十五字。

海，羽書覆至，已逾月矣。……移子儀大軍居涇以為根本，分兵守石門、木峽、隴山之關，北抵于河，皆連山峻嶺，寇不可越，稍置鳴沙縣、豐安軍，為之羽翼，北帶靈武五城，為之形勢，然後舉隴右之地以至安西，是謂斷西戎之脛，朝廷可高枕矣。」（參看新一四五本傳及通鑑二二四。）

會有沮議，載旋亦得罪，遂不果行。後楊炎復議城原州；人圖苟安，亦未奏功。（見炎傳。）然原州形勝，固如載所議也。舊德宗紀，貞元三年「十月，吐蕃修原州城屯據之。」舊一九六下吐蕃傳亦云：「賊又修故原州城，其大衆屯焉。」時當平涼刼盟之後。自此西北邊防遂益不可為。

原州七關　舊宣宗紀，大中三年春正月丙寅，「涇原節度使康季榮奏，吐蕃宰相論恐熱以秦原安樂三州及石門等七關之兵歸國。」六月，「康季榮收復原州石門、驛藏、木峽、制勝、六盤、石峽等六關，訖。邠寧張君緒奏今月十三日收復蕭關。」舊一九六下吐蕃傳亦云此時收復「石門木峽等七關。」又考唐會要八六關市目云：「大中三年七月，涇州節度使康季榮奏，六月二十七日收復原州城及諸關：石門關，驛藏關，木峽關，制勝關，六盤關，石峽關。其月，邠寧監軍小使張文銳奏，當道兵馬今月十三日收蕭關。」通鑑二四八大中三年紀，書事略同。新紀七關所指亦此七者。是所謂七關者當即石門、驛藏、木峽、制勝、六盤、石峽及蕭關也。而新唐志原州平高縣條云：「西南有木峽關。州境又有石門、驛藏、制勝、石峽、木靖等關，並木峽、六盤為七關。」有木靖關而無蕭關，與同書本紀即不合。胡注於大中三年二月條取新志為說，與通鑑下文六月七月條本文亦抵觸，何耶？木靖關別無可考，似當列蕭關為七關之一。六盤關已見前考，玆分別考論其他六關如次：

木峽關、摧沙堡　此關始見於周書文帝紀。侯莫陳悅害賀拔岳於河曲，引兵屯永洛。宇文泰率軍取道平涼至原州，「夏四月引兵上隴，………軍出木峽關，大雨雪，平地二尺。」攻永洛城，下之。悅退保略陽。又隋書八四突厥傳，開皇初，「縱兵自木峽、石門兩道來寇。」文帝震怒，下詔稱其舉國入寇，遂數道並出擊之。通鑑繫其事於卷一七五陳太建十四年，即隋開皇二年。胡注：「木峽、石門兩關皆在弘化郡平高縣界。」是也。上舉兩事，皆見木峽關為原州西出之重要軍道。故元載傳，請城原州云：「請移京西軍戍原州，……分兵守石門、木峽、隴山之關。」又沈亞之對賢良方正直言極諫策（全唐文七三四）云：

「西戎今當逾河拒北虜，……誠能因此時，……令邠寧、涇原軍皆出平涼，道彈箏。邠寧軍北固崆峒，守蕭關；涇原軍西遮木硤關。鳳翔軍逾隴山，出上邽，因臨洮，取鳳林南關。……」

此亦見木峽關爲由原州西出之要道也。唐六典六刑部司門郎中條，京城四面關無驛道者及當驛道而非京城四面關者，皆爲中關。中關十三，原州木峽關爲其一。按此關似不在京城四面關之列，然亦不能定，故不知是否當驛道也。此關地望，通典一七三，原州平涼郡治平高縣，「有逢義山，有木硤關。」元和志三原州平高縣，「木硤關在縣西南四十里。」寰宇記三三原州平高縣，「木峽關在頹沙山上。」按元和志原州蕭關目又云：「蔚如川源出原州西南頹沙山下。」寰宇記，同。是頹沙山亦在原州西南，卽關在原州治所西南四十里頹沙山上也。

又有摧沙堡者，屢見唐史，舉列如次：

通鑑二二三，廣德二年，「（僕固）懷恩之南寇也，河西節度使楊志烈發卒五千，謂監軍柏文達曰，……君將之以攻靈武，則懷恩有返顧之慮。……文達遂將衆擊摧沙堡、靈武縣，皆下之，進攻靈州。」胡注：「摧沙堡在原州西北。」

舊一一八元載傳：「大曆八年……指畫於上前曰，今國家西境極于潘原，吐蕃防戍在摧沙堡，而原州界其間。……」通鑑二二四，同。武經總要前集一八上作堆沙堡。

舊一三三李晟傳，爲鳳翔隴右節度使，貞元二年，「十月，晟出師襲吐蕃摧沙堡，拔之，斬其堡使。」新二一六下吐蕃傳述其事云，「虜衆二萬侵鳳翔，李晟擊卻之，因襲破摧沙堡，燒儲廥，斬守者。」舊一九六下吐蕃傳稍詳，而作堆沙堡。通鑑二三二，貞元二年，「冬十月癸亥，李晟遣蕃落使野詩良輔與王佖將步騎五千襲吐蕃摧沙堡。壬申，遇吐蕃衆二萬，與戰，破之，乘勝逐北至堡下，攻拔之，斬其將扈屈律悉蒙，焚其蓄積而還。」是摧沙堡為吐蕃戍守重地，故元載云然，李晟亦大軍遠襲以分虜勢也。其地在原州之西，殆無疑。字一作堆沙。武經總要前集一八上，鎮戎軍所轄有開遠堡，「西(至)堆沙堡六盤山一帶，……北至軍三十里。」按宋之鎮戎軍即唐之原州，是此堡固在原州西南不甚遠，正即前考木峽關所在之頹沙山地區。然則摧沙、堆沙、頹沙實一音之異耳。如此則摧沙堡、木峽關亦可能為一地。然前引元載城原州議云，「吐蕃防戍在摧沙堡。」又云唐城原州，「分兵守石門、木峽、隴山之關。」是關、堡又非一地，疑頹沙山區有相當範圍，木峽關在山之北麓或東麓，近原州，摧沙堡在山之西麓或南麓，距原州較遠，故雖為吐蕃所屯戍，唐仍可乘間城原州也。此關乃南踰隴山接六盤關通臨洮軍道，詳下文石門關後。

石門關　此石門之名但始見於隋書突厥傳，時在開皇二年，見前引。但不云關。又前引舊元載傳，大曆中，請城原州，分兵守石門、木峽、隴山之關。是中葉已置關矣。舊一九六下吐蕃傳，貞元三年，蕃將結贊劫平涼之盟，虜唐臣至故原州見結贊。旋結贊率其衆於石門，遣中官俱文珍等回國，而送崔漢衡等囚於河州，不久復使漢衡等「俱至石門而遣之，……送至境上。」舊一二二崔漢衡傳略同。又通鑑二三七元和三年紀云：沙陀勁勇冠諸胡，吐蕃置之甘州，後疑其貳於回鶻。「沙陀懼，酋長朱邪盡忠與其子執宜謀復自歸於唐，遂帥部落三萬，循烏德鞬山而東，行三日，吐蕃追兵大至，自洮水轉戰至石門……盡忠死，……執宜帥其餘衆，……詣靈州降。」新二一八沙陀傳略同。考異引趙鳳後唐懿祖紀年錄云，「自烏德鞬山率其部三萬東奔。居三日，吐蕃追兵大至，自洮河轉戰至石門關，（五代史記四唐莊宗紀，略同。）委曲三千里，凡數百戰。」雖行程迂迴，但合開皇二年事觀之，必當通西域道無疑。又通鑑二二五，大曆十一年九月「吐蕃寇石門，入長澤川。」胡注：「長澤川，後魏置闡熙郡，隋廢郡為長澤縣，屬夏州。宋白曰，長澤縣，漢朔方郡三封縣之地。三封故城，赫連勃勃據之，築為統萬城。又案原州北有長澤監。吐蕃寇原州，遂北入夏州界也。」亦以原州之石門關當之，是也。考水經河水注云：

「高平川水……卽苦水（今清水河）。水出高平大隴山苦水谷，……東北流逕高平縣故城（今固原縣稍南）東，……又北出秦長城，城在縣北一十五里。……又西北流，……合一水。水有五源，咸出隴山西。（其源距縣近者二十六里，遠者六十里。）……苦水又北與石門水合。水有五源，東水導源高平縣西八十里，西北流，次水注之。水出縣西百二十里如州泉，東北流右入東水，亂流左會三川，………東北同爲一川，混濤歷峽，峽卽隴山之北垂也，謂之石門口，水曰石門水，在縣西北八十餘里。石門之水又東北注高平川。」

此述石門峽口及石門水方位形勢皆甚詳明，當隴山北垂，宜爲軍道要地。通鑑二三七胡注謂唐之石門關在此峽口，是也。復考宋史八七地理志鎭戎軍條云，軍本原州平高縣之地，有平夏城，「舊石門城，紹聖四年賜名，大觀二年升爲懷德軍。」又懷德軍條，「本平夏城，……大觀二年展城作軍，名曰懷德，……增置將兵，與西安（按宋西安州在今海原縣西）、鎭戎互爲聲援應接。」（軍所屬有石門堡，爲宋所建，在軍西十八里。）此石門城當亦卽唐之石門關地也。一統志平涼府卷關隘目石門關條，「州志，（固原）州北九十里須彌山有古寺，松柏鬱然，卽古石門關遺址。」又山川目，「今州北九十里須彌山有古石門關。」蓋得之。紀要五八鎭原縣目，「石門關在縣西九十八里，亦曰石門峽。」下引唐石門關事，乃誤以宋之原州卽唐之原州也。然所指方位作西北，與水經注合，爲可信。檢申報館地圖，固原西北至海原間，有石嘴堡，頗疑近之。

木峽關、石門關之地望及其在軍事交通上之重要性已如上考。然觀隋世突厥由石門、木峽兩道入寇，元載請城原州，分兵守石門、木峽、隴山（六盤）之關，則石門木峽明非一道。又前引周書文帝紀，侯莫陳悅害賀拔岳於河曲，退保永洛，宇文泰由平涼至原州，上隴，出木峽關至永洛攻克之，悅退守略陽。通鑑一五六作水洛城，云悅於河曲害岳之後「乃還入隴，屯水洛城。」胡注：「我朝以渭州籠竿城置德順軍，水洛城在軍西一百里。」按宋德順軍治所在今靜寧縣東，則木峽關乃由原州西南逾隴而南之道。與原州西北出石門之道固異。意者六盤山脈由原州東南綿亙於州之西南境伸延至州之西北境，六盤、木峽、石門三關，由東南向西北並列，分別爲原州向南，向西南，向西北之出口；由原州南行經瓦亭出六盤關可東至秦州，西至臨洮軍，由原州西南出木峽關、摧沙堡，亦接六盤臨洮道。由原州西北行經石門關則至會州之道也。（參看後文。）六盤道置驛詳前考。石門道當今考之道，自亦置驛，蓋開元末未見置關耳。木峽道是否置驛，視此關是否在京城四面關之列，未可定矣。又由原州正北行出蕭關（新關）至靈州，當亦置驛，詳下文及長安靈州道篇。原州之南面、北面、西南面、西北面皆置關城，名著史册，近者數十里，遠者百數十里，以備禁防；又有制勝、驛藏……石峽等關以輔之，瓦亭故關、蕭關故城亦在州之東南。此州在交通軍事上之重要性於此可見。

制勝關　宋史八七地志，渭州安化縣，「熙寧七年廢制勝關，移縣於關地，以舊地爲鎮。」按宋安化縣在今化平縣，地在平涼之南，華亭之西北，不知果爲唐關故地歟⑱？

石峽關、驛藏關　新一九一忠義王同皎傳：王灊，憲宗時，「拜涇原節度使……遂引師自原州踰硤石取虜將一人，斥烽候，築歸化、潘原二壘，請復城原州，度支阻議，故原州復陷。」此硤石疑當作石硤，即石硤關也。紀要五八鎮原縣目石門關條，「又石峽關在縣西七十里，當隴山之口。其南又有驛藏、木靖二關。唐時原州七關在縣境者凡五。」按明人志書，皆誤唐之原州爲宋以後之原州，故以今鎮原縣卽唐平高縣也。紀要同誤。故凡唐平涼地名皆誤寄於鎮原，此其一例耳。此所謂縣西者，殆抄古志，實爲平高縣西，卽今固原縣西，非鎮原縣西也。

蕭關、蕭關縣、蕭關故城　漢唐皆置蕭關，南北相去逾二百里，非一地。元和志三原州平高縣，「蕭關故城在縣東南三十里。漢書，文帝十四年，匈奴入蕭關，殺北地都尉，是也。」又蕭關縣，「南至州一百八十里。本隋他樓縣，大業元年置，神龍三年廢，别立蕭關縣，以去州闊遠，御史中丞侯全德奏於故白草軍城置，因取蕭關爲名。」寰宇記三三原州目，蕭關故城及蕭關縣之方位里距

⑱　按制勝關屢見於武經總要前集十八上涇原儀渭鎮戎德順軍路目。但正確地望仍難董理。今姑不深論。

全同，述蕭關縣之建置本末亦略同。是漢之蕭關，唐已廢，故稱故關，唐之蕭關縣在故關之北二百一十里，僅置縣歟？抑且置新關耶？按前引本紀、會要、通鑑，皆以蕭關為原州七關之一，此蕭關者指蕭關縣歟？抑指蕭關故城耶？復按此次收復七關，舊紀、會要及通鑑皆云涇原節度使收復原州及木峽、石門、驛藏、制勝、六盤、石峽六關，邠寧節度使收復蕭關。此所收復之蕭關若指漢代故城言，則地在原州之東南，當在涇原節度收復之列；諸書皆云由邠寧節度使收復，其非故城必矣。且舊紀於收復蕭關下續書云：「勑於蕭關置武州。」武州即蕭關縣地，絕非漢代蕭關故城也。（看新志武州目。）然則大中三年收復之蕭關乃指蕭關縣言，非指漢蕭關故城言，（且既為故城，已非置關屯守之地。）以縣而列七關之一者，蓋唐中葉，其縣固亦置關耳。是可謂新蕭關矣。前引元和志、寰宇記，蕭關故城在原州東南三十里，蕭關縣即蕭關新城在原州北一百八十里，通典一七三原州目，以蕭關縣即古蕭關，誤矣。紀要五八鎮原縣目有蕭關及蕭關城兩條，既誤以唐之蕭關即漢代故址，又云鎮原西北一百四十里，皆誤也。惟一統志能得其正。

至新關今地。元和志蕭關縣目又云：「蔚如水在縣之西，一名胡盧河，源出原州西南頹沙山下。」寰宇記三三，同。按蔚如水、胡盧河即高平川，亦即今清水河，是蕭關縣關在今清水河東，南至固原約一百八十里。檢一統志平涼府卷關隘目永安驛條，固原州北至李旺站一百六十里，又北九十里至同心驛。而辛卯侍行記，固原北一百八十里至李旺驛。檢張編地圖集・甘肅寧夏東部人文圖，李旺、同心皆在固原北清水河側，是唐之蕭關縣約當在今李旺或稍北蔡家溝，其處有小水自預旺堡向西流至蔡家溝入清水河，極可能為唐之蕭關所治也。（在申報館地圖之上新堡稍北。）

唐代新關雖去漢代舊址甚遠，惟漢書為中古士大夫人人必讀之書，漢武出蕭關，匈奴入蕭關，久成故實，是以唐人極易混為一談，杜佑亦其一耳。又如岑參胡笳歌送顏眞卿使河隴（全唐詩三函八册參集二）云：

「涼秋八月蕭關道，北風吹斷天山草。」

此所云蕭關當指漢代故關城而言，蓋故城在原州東南三十里，正當在至原州道上，但不知在瓦亭至原州道上，抑在百泉至原州道上耳。至於蕭關縣之新關，乃原州通靈州孔道，似不當原州至會州孔道。蓋會州當在今打拉池西北近黃河地區（或即徙城堡），而東至原州又僅三百九十里，勢不得由原州先向直北繞道一百八十里至蕭關縣再折西至會州也。

由原州西北行約九十里至石門關，又西一百八十里至河池（蓋今乾鹽池堡或其西之打拉池），又西一百二十里至會州治所會寧縣（今徙城堡地區約E104°30′·N36°50′或稍東），在黃河東岸。

通典一七四會州會寧郡目記本州四方四隅至鄰接諸州里距云：

東至原州平涼郡四百里。	東南到原州平涼郡四百里。
南至蘭州金城郡四百二十里。	西南到蘭州金城郡四百二十里。
西至涼州武威郡六百里。	西北到涼州武威郡六百五十里。
北至靈州靈武郡六百里。	東北到靈州靈武郡六百里。

元和志四會州目八到條，僅有四隅至鄰州里距云：

東南至原州三百九十里。

西南至蘭州三百八十里。

西北至涼州五百四十里。

東北至靈州五百三十里。

寰宇記三七會州目，記四方所至與通典全同；而記四隅至鄰接諸州里程，則與元和志全同，與通典異。三書所記雖略有異同，但相差不太大，約略言之，會州向東偏南至原州，向南偏西至蘭州，皆約四百里，向北偏東至靈州，向西偏北至涼州，皆約五百五十上下，多不過六百里也。按視申報館地圖及張編地圖集·甘肅寧夏東部人文圖，當在靖遠、中衞兩縣間而偏南近靖遠。檢一統志蘭州府卷，靖遠縣在府東北二百三十里，則唐之會州蓋在靖遠北百里以上。又元和志，會州管縣二，治會寧縣。縣有「黃河堰，開元七年，河流漸逼州城，刺史安敬忠率團練兵起作堰（據寰宇記補堰字），拔河水向西北流，遂免淹沒。」是州城舊在河東岸，雖拔河向西流，必仍去城不遠也。由此推度，則唐之會州當在今徙城堡地區，或稍北也。然參之下文所考河池及會寧關，又似當在徙城堡東與打拉池間。元和志又云，「河池西去州一百二十里。其地春夏因雨水生鹽，雨多鹽少，雨少鹽多，遠望似河，故名河池。」就方位與經濟價值言，似當在原會道上。按今靖遠東北、徙城堡東南有打拉池，又東有乾鹽池堡，其一殆爲唐之河池遺址歟？又就里距及名稱言，乾鹽池堡之可能性尤大。原州至會州中途所經不詳，惟石門關就形勢方位觀之當在大道上，卽原州西北九十里也，詳前石門關條。又蕭關縣似有在道上之可能，然會州在原州之西微北，相距至多四百里，蕭關在原州直北一百八十里，若繞經蕭關再西赴會州，必不只四百里，故可推定此道由石門西北趨，不北經蕭關也。

又前引宋史八七地理志懷遠軍條云：

「本平夏城，……大觀二年展城作軍，名曰懷德，……增置將兵，與西安、鎭戎互爲聲援應接。」

按鎭戎軍卽唐之原州治所平高縣，平夏城卽唐之石門關，已見前考。西安爲州名，宋地志云，元符二年置。此三州軍互爲聲援應接，似當在一道上。檢一統志平涼府卷古蹟目，西安州故城「在固原州西北二百十里。」張編地圖集，海原縣西有古西安州地名，近固原經海原通打拉池、靖遠縣之汽車道，蓋其地也。蓋宋代由鎭戎軍（唐原州）西北行經懷德軍（唐石門關）、西安州，西至黄河岸。檢日本栗棘庵所藏宋地理圖刻石拓本，由鎭戎軍西經西安州至會州一道，尙明顯可辨（前文已引）。卽此道也，亦卽唐代由原州經石門通會州之道也。宋史地志，西安州西至通會堡五十五里，蓋卽因西通會州而受名耳。然則今日由固原西通靖遠之汽車道尙承襲唐代路線也。

會州爲四會之地，南至原州四百里，西至涼州六百里，北至靈州（今靈武西南十里）六百里，東至鹽州（今鹽池或稍北）八百里，西南至蘭州三百八十里，爲一交通樞紐。且曾以「倉儲殷實，改爲粟州」，蓋亦中古時代西北一豐實地區也。

元和志四、寰宇記三七，會州記四至里程有原、蘭、涼、靈四州，不云至鹽州。而通鑑二一五天寶元年，記河西節度使統軍屯涼肅瓜沙會五州之境。胡注引趙珣聚米圖經所記甘肅瓜沙伊諸州間里程，特云「會州東至鹽州八百里，西至涼州六百里，南至宋鎮戎軍一百四十里，北至靈州六百里。」按宋鎮戎軍卽唐之原州，「一百四十」蓋譌字也。東通鹽州一道，至遲自唐代後期吐蕃侵據鹽州以後日見重要，吐蕃設計於烏蘭關處建烏蘭橋，尤見會州爲一交通道也。元和志四會州目云：「周太祖爲西魏相，來巡，會師於此，……置州以會爲名。」蓋亦有四會之意。貞觀八年曾置粟州亦見元和志。

由會州略沿黃河東岸西北行一百八十里至會寧關，爲開元十三中關之一。渡河而西至烏蘭關，爲烏蘭縣治（約今景泰 E104°10′•N37°10′ 治東）。此爲通西域之重要孔道，故具舟五十艘以待行旅。元和中，吐蕃建烏蘭橋於河上，疑卽此津歟？李益詩有烏蘭戍，疑亦此處。烏蘭又西二十里至新泉軍，統兵七千人，爲邊防大軍之一，蓋卽爲鎮護關津而設耳。新泉又西北四百里亦至涼州治所姑臧縣（今武威）。

會寧關　敦煌發現水部式（鳴沙石室佚書）云：

「會寧關有船伍拾隻，宜令所管差強了官檢校蕃兵防守，勿令北岸停泊。自餘綠河堪渡處，亦委所在州軍嚴加提搦。」

據此，關近黃河，在南岸。當唐盛時，備船五十隻，可見津渡之規模。然唐六典七水部郎中條云，「大津無梁皆給船人，量其大小難易以定其差等。白馬津船四艘，龍門、會寧、合河等關船並三艘。……渭津關船三艘。」自餘各津船各一兩艘。渡子之數，「會寧船別五人，興德船別四人，自餘船別三人。」是會寧船數與水部式大異。按水部式寫本，「伍拾」二字大寫甚明晰，蓋與六典時代不同也。然卽據六典已可知此關津在諸關津中之地位。又每舟渡子三人至五人，則水部式所代表之時代，會寧一津渡子蓋近二百人也。每日來往渡人蓋千人以上，交通行旅，可謂盛矣。足見此關之重要性，宜中央訓令加強河防，以此關爲首也。又考唐六典六，京城四面關無驛道及當驛道而非京城四面關者，皆爲中關。中關十三，會州會寧關爲其一。則此關當驛道也。故多行旅往來，且爲政府極重視也。關於此關之位置，考元和志四會州會寧縣條云：

「會寧關，東南去州一百八十里。」

按寰宇記三七，全同。武經總要前集一八下西蕃地理會州條，「會寧關，州西北一百八十里。」方位里數亦皆相同。當從之。惟新唐書地理志云，會州會寧縣「東南有會寧關。」方向相反，蓋以宋關爲唐關耳。明清志書遂相沿承以爲關在會州之南。如一統志蘭州府卷關隘目云：「會寧關在靖遠西南。元和志，東南去會州一百四十里。宋史地理志，會寧關，舊名顛耳關，元符元年建築，賜名通會，未幾改今名。……舊志在衞（靖遠衞）西南一百三十里，又西南至安定縣界一百里。」紀要六二，略同。按此明爲宋人所置，在唐關之南三四百里，何可據以說唐關耶？又按新唐書之撰成在元符之前，可能宋代早已移關於此，後來名稱改去改來耳。

烏蘭縣、烏蘭關、烏蘭戍　唐宋志書關於烏蘭關縣之位置及其與會寧關之相對位置，記述頗歧，玆縷列如次：

通典一七四，會州目不書會寧關，而於烏蘭縣下云「後周置烏蘭關，武德末置縣。」

元和志會州目：「烏蘭縣，東南至州一百四十里。……周武帝西巡，於此置烏蘭關，又置縣。在會寧關東南四里。舊城內沙石不堪久居，天授二年移於東北七里平川置。」

寰宇記三七會州目：「烏蘭縣，州西北，驛路一百八十里，其直路一百四十里。」下文與元和志同，惟云：「在會寧關西南，」與元和志小異。

同書一五二涼州目：「東南至會州烏蘭關四百里，從關東南至（會）州一百二十里。」（此「二十」爲「四十」之譌，本目固云「東南至會州五百四十里」也。）

舊唐地志會州目：「烏蘭（縣），後周縣，置在會寧關東南四里。天授二年移於關（此有『關』字）東北七里。」

武經總要前集一八下西蕃地界目：「（會州）烏蘭關，會寧關西四十里。會寧關，州西北一百八十里。」

新唐地志會州，「烏蘭縣西南有烏蘭關。」

按此諸條似頗錯綜牴牾，不易董理。然有確知者，烏蘭關、烏蘭縣卽在一地，或相去極近。又寰宇記所獨有之兩條最爲具體明確，亦與元和志東南至州一百四十里之說相合。卽自會州西北至烏蘭縣、烏蘭關直路一百四十里，驛路一百八十里，而此關縣與會寧關相去僅四里之遙，（武經總要衍「十」字。）然則會寧關東南至州一百八十里亦就驛道而言，故志書記載烏蘭關縣與會寧關皆在州西北一百八十里也。蓋會寧縣、烏蘭縣以黃河爲界，此處黃河雖曲折，流向不定，然大方向則自南向北流，河東屬會寧縣，河西屬烏蘭縣，驛道由會州略沿河東岸行一百八十里至會寧關，具船五十隻，待行旅，渡河至西岸則爲烏蘭縣治，且置烏蘭關。是則會寧、烏蘭兩關相距四里，夾河並置，中爲津渡也。唐世重要津渡往往夾岸置關，如蒲津關有東西關城，河陽關置在中潬，而南北各築城防守；今此兩關亦其類也⑲。

烏蘭關縣與會寧關之地望已辨明如上。度其今地當在景泰縣地區，黃河大灣曲處。烏蘭縣關蓋在景泰縣治東不遠，會寧關則在河之東岸也。紀要六二靖遠衞目：「烏蘭城在衞南百十里。……後周置烏蘭關於此，唐武德末置烏蘭縣。」又云：「烏蘭山在衞南百二十里，上有關，唐置烏蘭縣，以此山名。」一統志蘭州府卷古蹟目烏蘭城條云：「在靖遠西南。元和志東南當作東北，寰宇記西北當作西南。」此與釋會寧關同病，皆據後代關址輕改古籍之過也。楊守敬唐書地理志圖蓋據紀要、一統志繪之，自誤。又李益五城道中詩云，「仍聞舊兵老，尙在烏蘭戍。」（全唐詩五函三册）蓋亦在此處。

烏蘭橋　舊一三三李晟傳附王佖傳：「元和中，……佖……爲朔方靈武節度使。先是吐蕃欲成烏蘭橋於河壖，先貯材木，朔方節度使遣人潛載之，委於河流，終莫能成。至是蕃人知佖貪而無謀，先厚遺之，然後併力役成橋，仍築月城守之。自是朔方禦寇不暇，邊上至今爲恨。」按此橋當梁黃河，而在烏蘭縣境。按此事，通鑑二三九書於元和八年。而卷二三五貞元十六年紀已書：「

⑲　又唐世重要山道，亦往往於隘道兩口各置關，如金牛成都道上之白馬關、鹿頭關是也。

靈州破吐蕃於烏蘭橋。」若此橋字不誤，則舊本有橋，元和八年復建之耳。又通鑑一五七，梁武帝大同元年，西魏大統元年，「魏渭州刺史可朱渾道元……與東魏丞相歡善，……（宇文）泰欲擊之，道元帥所部三千戶西北渡烏蘭津抵靈州，靈州刺史曹泥資送至雲州。」則此地早為津濟處，不始於唐蕃交兵時也。頗疑此津即上文所考會寧關、烏蘭關所夾之河津歟？

新泉軍　元和志四〇涼州目，敍河西節度統軍名有新泉郡，「會州西北二百里，大足初郭元振置，管兵七千人，西去理所四百里。」按此「郡」為「軍」之誤無疑。檢通典一七二州郡典序目下正作「軍」，去會州、涼州方向里距全同，惟統軍作「千人」。考唐苑玄亮墓誌（芒洛冢墓遺文中），「遷龍勒府折衝、新泉軍大使。」是前期固為一大軍，後蓋削弱之。新志，會州「有新泉軍，開元三年廢為守捉。」殆亦此也。按建軍多當大道。通典一七四，會州、涼州兩目，皆云東南相距六百里，則新泉軍極可能在涼、會大道上。謂六百里者當就驛道而言，是此軍當在烏蘭縣關之西北二十里也；蓋即為保護關津而設耳。冊府元龜九九二，開元十五年十二月制曰：「朔方（靈州）取健兒弩手一萬人。六月下旬集會州下，……賊於河西（指涼州言）下，即令……朔方兵取新泉過，與赤水軍合勢邀襲。」正即由會州經新泉至涼州之佳證。一統志蘭州府卷古蹟目云，「新泉城在靖遠西南。」此蓋亦宋城，非唐軍也。

綜　　結

綜上所考，長安西北至涼州主要道路有南北兩線，南線經鳳翔府及隴、秦、渭、臨、蘭五州，渡河至涼州；北道經邠、涇、原、會四州，渡河至涼州。皆置驛。

南道由長安都亭驛出開遠門西行，渡中渭橋，即臨皋驛所在，綰轂西道，凡西出河隴，北達靈鹽，西南入巴蜀雲南，皆以此為總樞紐，故公私送迎皆宴餞於此。由驛而西，行渭水北岸，經望賢宮，咸陽縣、陶化驛，溫泉驛，興平縣、槐里驛，馬嵬驛，望苑驛，武功縣驛，扶風縣，龍尾驛，岐山縣、石猪驛，橫水，至岐州鳳翔府治所之雍縣即天興縣（今鳳翔），去長安三百一十里。又由武功略循武亭河谷（今買趙河）西北行，經好時縣，麟遊縣，亦至鳳翔，且亦置驛。

鳳翔府爲京西重鎭，置鳳翔節度使以鎭之。府南有驛道經散關入劍南，爲西南交通大動脈，詳另篇。府西驛道通涼州、安西，即此篇所考之道也。

鳳翔向西循汧水即魚龍川東北岸而上，經汧陽縣至隴州治所汧源縣（今隴縣），去鳳翔府一百五十里。

隴州西行三十里至安戎關，大中六年築。又三十里至大震關，乃漢以來之舊關，居隴坻重岡，當東西交通孔道。開元時，京師四面關且當驛道者爲上關，上關六，此居其一。安史亂後，自隴以西陷屬吐蕃，唐人塞之以阻蕃寇。大震又西五十里，至分水嶺，置分水驛。關嶺地區，古稱大坂，廻環九折，最爲險阻，不但隔閡華戎，且東西氣候亦殊，故東人登涉，往往感發興悲 。 下隴而西 ， 循清水河谷經弓川寨，綏戎柵，將軍谷，清水縣（今縣西十五里之西城），至秦州治所上邽縣（今天水）。將軍谷爲中葉以後唐蕃之國界，信使往還，於此交馬。其地約在 E106°15′．N34°45′ 地段。秦州館驛宏壯，杜翁所謂「臨池好驛亭」、「驛道出流沙」也。東去隴州三百四十里。關嶺驛道之南有安化峽，道通汧陽、清水兩縣間 。 又南有安夷關道 。 關臨渭水，蓋東通寶鷄、鳳翔，西通秦州，爲北魏以來之東西交通孔道，今日隴海鐵路大抵卽循此安夷關故道而築也。

秦州向西略循渭水河谷而上，經伏羌縣（今甘谷），隴西縣（今隴西、武山兩縣間），至渭州治所襄武縣（今隴西東五里），去秦州三百里。

渭州向西有西南、西北兩驛道。西南道經鄣縣之三交驛，共凡八驛至岷州，又經洮、疊等州至松州（今松潘）入成都府，爲隴右、山南、劍南最西側之交通幹線，藉備吐蕃，詳另篇。而本篇所考之道乃由渭州西北行，仍循渭水而上，經渭源縣（今縣東北）、渭源鎭，至高城嶺。嶺爲濫水、渭水所出，西東分流，此道窮渭水之一源至此踰嶺，復循濫水西下，經武階谷、武階驛，以開元間大破吐蕃著稱史策。又西至臨州、臨洮軍治所狄道縣（今臨洮），東去渭州一百九十里。道至臨州折北循洮水河谷而下，經長城堡，踰沃干嶺，入阿干河谷至蘭州治所五泉縣，亦名金城縣(今皐蘭)，在黃河南岸，置金城鎭、臨河驛，南去臨州一百九十里。

由金城北渡大河，出金城關，正北微西，略循逆水河谷（今莊浪河）而上，經廣武縣（今永登東南莊浪），昌松縣（今古浪西），越洪池嶺，至涼州治所姑臧縣（今武威），南去蘭州二十驛五百四十里。今圖蘭州河北至武威之長城蓋即略循此故道而築也。州去長安取此道凡二千零二十里。

北道亦由長安都亭驛西北行，渡渭水，經臨皐驛，至咸陽縣。折而西北行，經磁門驛，管城驛，至醴泉縣（今縣東北十里），置醴泉驛，又經駱驛至奉天縣（今乾縣東）。又自咸陽西經興平縣驛，折而北亦至奉天縣，置奉天驛。奉天地當長安西北通道之要，唐中葉以後常置重兵拱衞京師。奉天北出經漠谷，踰梁山，經永壽縣，廄亭驛，至邠州治所新平縣（今邠縣）。州去長安三百里，稱爲長安北門，唐中葉以後置邠寧節度使以鎭之。

邠州西北行略循涇水河谷而上，經淺水原、宜祿縣（今長武），高墌城在城北。又西經長武城，城據原首，俯瞰大道，常置重兵備吐蕃。又西經折墌城至涇州治所安定縣，一名保定（今涇川北五里），東去邠州一百八十里。涇州地形平敞，唐代前期，當安西孔道，故張籍涇州塞云，「道邊古雙堠，猶記向安西」也。中葉以後居西塞之口，恃連雲堡爲屏障，置涇原節度使以鎭之。

涇州西至原州（今固原）有南北兩道。南道由州而西，經連雲堡、潘原縣（今平涼東三四十里），至平涼縣（今縣西三四十里），元和中置行渭州，常置重兵。又西北經胡谷堡（今安國鎭），入彈箏峽，因水聲受名，形勢奇險，爲戍守要地。又西至瓦亭故關，在六盤山東北麓。由此西踰隴山關即六盤關，西通臨州，東南通秦州。六盤通臨州道且置驛。今考之道則由瓦亭故關西北行，蓋經漢蕭關故城地區至原州治所平高縣（今固原），東南去涇州三百二十里。此爲涇原間交通之南道，亦爲驛道。其北道則由涇州西北行，蓋經青石嶺至臨涇縣（今鎭原），地當洛口。蓋此道循洛水（今洪川河）河谷而上也。元和中置行原州，與平涼同爲涇州防禦之兩翼。又西經百泉縣亦至平高縣。

原州當隴山尾閭，六盤北垂，涇水、黑水、高平川、瓦亭水皆導源於此，四向分流，故地當涇渭河曲間之最高處，亦爲四方交通之樞紐。漢置瓦亭故關及蕭關故城在州東南；唐世置六盤、木峽、石門、制勝、驛藏、石峽及蕭關新城，去州或數十里，或百數十里。重關險阻，外控河隴，內拱一城，故此州自昔爲西北軍事重鎭。元載、楊炎議城原州而未果，吐蕃據之，中國西北邊防益不可爲。原州北出蕭關（新關）至靈武，西南出木峽關經摧沙堡至臨洮軍入吐蕃，皆置驛，然皆非此篇所考之道也。今此篇所考之道，由州西北出石門關，經河池至會州治所會寧縣，（今靖遠北約百里，蓋徙城堡地區。）在黃河彎曲處之東岸，東去原州三百九十里。

由會州略沿黃河東岸西北行一百八十里至會寧關，渡河西岸為烏蘭關、烏蘭縣（今景泰治東），兩關對夾河津，具舟五十待行旅，是為關內河西交通軍事之要衝。安史亂後，地陷吐蕃，嘗建烏蘭橋於河上，蓋亦此津也。關津又西二十里有新泉軍，蓋亦為此河津而設耳。軍西四百里至涼州治所姑臧縣（今武威），今圖景泰至武威間之長城，蓋即略沿此道而築也。州去長安取此道凡一千七百九十里。

由上言之，涼州東南通長安兩道皆置驛。南道驛程大數二千里，自渭州高城嶺以東，大抵皆循渭水河谷而行，惟隴坻一段四五百里間，東循汧水河谷，西循清水河谷，然亦皆渭水支流也。高城嶺以西循濫水河谷入洮水河谷，折入阿干河谷至蘭州，踰河而北，乃循逆水（今莊浪河）河谷而行也。北道驛程大數一千八百里，原州以東大抵沿涇水河谷而行，至邠州乃折南，踰梁山至長安。原州以西，則橫越山河，蓋隴山北閭，地屬高原，稍已平夷，且近沙磧也。南北兩道間常有通道相聯絡，且有置驛者，如原州六盤山西南通臨洮軍（今臨洮，舊狄道）道是也。

大抵北道徑捷二百里，但平涼以西道較峻險，南道雖迂，但較平坦，且沿途亦較富庶，故唐人行旅，似取南道者為多。如文士西行，取南道可考者，有岑參、王維、高適、杜甫（杜翁本意不止於秦州）四人，取北道可考者僅顏眞卿一人也。後世北道更自瓦亭西南出六盤關至蘭州，不復經原、會矣。唐世，北道會寧、烏蘭兩關所夾河津，具舟五十待行旅，渡子蓋近二百人，日渡行旅蓋以千計，南道行旅蓋又過之，則唐代盛時，河西西域使節往還，商貿興盛，可概見矣。杜佑稱涼府以東交通繁盛，與幽并荊益並列，誠不虛矣。

參看圖八

一九七〇年九月二十八日教師節起草，十二月一日完成初稿。

一九七一年元月六日增訂，三月二十五日謄補畢，刊香港中文大學中國文化研究所學報第四卷第一期。一九八四年元月十八日增訂畢。

篇拾貳　長安西通安西驛道下

——涼州西通安西驛道——

引　言

涼州（今武威）爲盛唐時代西北地區政治軍事經濟文化之中心，極爲繁榮。安西都護府（今庫車）則唐代前期中央政府控制西域之總部。其間相去五千里，有道通達，爲唐代西通西域中亞之交通孔道，亦唐代前期控制西域中亞之工具也。故此道允爲當時國際交通之第一重要路線，全程皆置驛。岑仲勉前輩云，玉門以西，漢唐不見驛傳之記載；偶失檢照耳。今就此道所經，凡州、縣、軍、鎮、關、戍、館、驛，有可考者，皆表而出之，以明此道之正確路線，並略及交通繁榮之概況。取與上篇參看，長安西至安西之交通情況皆可瞭然。其間行程七千里，急行一月可達。此即「絲綢之路」之東段，張籍涼州詞云，「無數鈴聲遙過磧，應(一作知)馱白練到安西。」（全唐詩六函六册籍集五。）故西州（今吐魯番東六七十里阿斯塔拉之南約E89°40′·N42°50′）市場所見內地出產紡織品之價格，並未達到昂貴驚人之程度。足見當時長安西域間交通暢盛、商貿發達，誠非宋明以下所能想像也。

（一）涼州至安西間行程概略

由涼州向西微北行，五百里至甘州（今張掖），又四百里至肅州（今酒泉），又五百里至瓜州（今苦峪城或布隆吉城地區），又三百里至沙州（今敦煌）。去涼州約一千七百里，去長安約三千七百里。

武經總要前集一八上邊防篇，述秦州向西路程，歷渭、臨、蘭三州，至涼州。續云：

「涼州又五百一十里至甘州，又四百里至肅州，又九十里渡玉門關，又四百二十里至瓜州，又三百里至沙州。」

此條記涼州西經甘、肅、瓜三州至沙州。今就通典、元和志、寰宇記及舊唐書地理志表列此各鄰州間之距離及各州至長安之里程如下：

	通典	元和志	寰宇記	舊唐志
涼州至長安	2020	2000		2010
涼甘間	500 500	500	500 500	
甘州至長安	2510	2500	2500	2500
甘肅間	420 420	400 400	420 420	
肅州至長安	3968〔2968〕 （去洛陽3780）	2900	2900	2858 （去洛陽3780）
肅瓜間	526 526	480〔500〕	526	
瓜州至長安	3384	3400	3384	3310
瓜沙間	280 280	300 300	280 280	
沙州至長安	3759 （去洛陽4609）	3700	3859〔3759〕 （去洛陽4609）	3650

上表所列數字，各書雖偶有小誤，然各書皆並記東至洛陽之里數。唐宋志書，長安洛陽間通常皆云八百五六十里，故此所記至長安里數如有可疑，往往可據至洛陽里數作最少之更正，如表中〔　〕內數字是也。檢此各州去長安之里數大抵卽等於本州東至鄰州之里數加鄰州東至長安之里數。換言之，卽此道誠如

武經總要所示，由涼州西經甘州、肅州、瓜州至沙州也。此諸州間之距離，大抵寰宇記採自通典，然元和志最爲整齊，且各數亦最勘合無歧紛。且中古里程未必皆經準確測量，邊區當更就大體約計，與其取畸零數字，而彼此乖違，反不如據元和志僅取大數之爲佳也。是則由涼州五百里至甘州，四百里至肅州，五百里至瓜州，三百里至沙州，沙州去涼州一千七百里，去長安三千七百里。此與通典、寰宇記所記涼沙間一千七百二十六里，武經總要所記涼沙間一千七百二十里，雖小有差異，但大數不爽，可無深論矣。

沙州折北微西取矟竿道七百里至伊州（今哈密），又由瓜州西北取第五道經莫賀延磧，九百里亦至伊州。玄奘西行取瓜州伊州道。其後矟竿、第五兩道交替置驛，蓋因軍政情勢而異也；然取莫賀延道爲多。

玄奘行程，見慧立慈恩法師傳，詳後引。元和志四〇、寰宇記一五三關於伊、瓜與伊、沙間行程及伊州去長安、洛陽里程之記述如下：

元和志：沙州，「北至伊州七百里。」
　　　　伊州，「東南至上都四千四〔三〕百三十里。」
　　　　　　　「東南至東都五千一百六十里。」
　　　　　　　「東南取莫賀磧路至瓜州九百里。」
　　　　　　　「正南微東至沙州七百里。」
寰宇記：瓜州，「西北至伊州九十〔百〕里。」
　　　　伊州，「東南至長安三〔四〕千三百里。」
　　　　　　　「東南至西京（卽洛陽）五千一百五十里。」
　　　　　　　「正北〔南〕微東取梢竿館路至沙州七百里。」

據此，瓜州西北取莫賀磧至伊州九百里，卽沙州圖經之莫賀延磧第五道也。沙州正北微西取梢竿館至伊州七百里，卽沙州圖經之矟竿道也。兩道交替置驛情形，可考見圖經，並詳後文。

又觀兩書記伊州至洛陽之里程僅差十里，自可信。而去長安之里程一作四千四百三十里，一作三千三百里，差誤極大。按長安洛陽間相距八百五六十里，故志文四百當爲三百之譌，記文三千當爲四千之譌，卽一作四千三百三十里，一作四千三百里，無大異矣。前論瓜州至長安三千四百里，沙州至長安三千七百里，則兩書記伊州東至長安、洛陽之里程似係就莫賀磧道而言，卽由伊州東南直達瓜州，非取梢竿道繞沙州而言也。蓋莫賀延磧道尤爲幹線，且考之唐人行程，如玄奘由瓜州取莫賀延道至伊州，見慈恩法師傳卷一。岑參有日沒賀延磧作（見後引），是亦取此道也。又舊八四裴行儉傳，爲送波斯王，經莫賀延磧至西州，亦其證。而未見有由沙州取梢竿道至伊州者，蓋取莫賀延磧道爲多也。

伊州向西微南至西州（今吐魯番東七十里之阿斯塔拉南，約 E89°40′·N42°50′），唐宋志書云七百三十里或七百五十里，實則伊西間交通有南北兩道，皆當九百里有奇，非七百數十里也。

慈恩法師傳，由瓜州經莫賀延磧至伊州，更向西至高昌，卽西州也。通典一七四，伊州「西至交河郡七百五十里。」西州交河郡條，方向里數皆合。寰宇記伊州、西州兩目亦皆作七百五十里；而伊州目作「西南至西州」，方向較準。元和志四〇伊州、西州兩目作「東北」、「西南」向，里數皆爲七百三十里。似伊西兩州間不過七百三十里或五十里者。其實不然。玆先就唐宋志書所記伊西間之里數及兩州東至長安之里數，續作表如次：

	通典	元和志	寰宇記	舊唐志
伊州至長安	4800 （去洛陽5650）	4430〔4330〕 （去洛陽5160）	3300〔4300〕 （去洛陽5150）	4416 （去洛陽5330）
伊西間	750 750	730 730	750 750	
西州至長安	5265〔5365〕 （去洛陽6215）	5030 （去洛陽5000）	5367 （去洛陽6215）	5516 （去洛陽6215）

按通典、舊志，伊州去長安里數各與本書瓜、沙去長安里數不相應，姑存不論。其元和志、寰宇記，伊州去長安之里數雖皆有譌，然可據去洛陽之里數校

正，上文已言之。至於伊西間里數，三書記載極相近，而西州至長安之里數，則相差甚遠。就中元和志所記里數，本身前後最無矛盾，似「730」「5030」兩數字最爲正確。然按通典、寰宇記、舊志所記去長安里數雖頗參差，但去洛陽里數則皆作六千二百一十五里。以兩京間八百五十里計之，西州至長安當爲五千三百六十五里，則寰宇記所記最正確，而通典「二百」爲「三百」之譌也。是伊西間相去殆千里有零。後文引新志納職縣條所記里程，伊州西至赤亭鎮已七百里，赤亭以西又當二百餘里，即伊西間當近千里，最少九百里有奇，作七百數十里者皆非也。詳後文。

又由沙州西北行取大海流沙道一千三百六十里亦至西州，惟行旅蓋少。

此見西州圖經，通典、元和志、寰宇記亦有記載，考詳後文。

西州西南行七百二十里至焉耆國（今焉耆），置焉耆鎮，爲安西四鎮之一。又西約八九百里至龜茲國（今庫車），置安西鎮及安西都護府，爲統治西域之總部。東去涼州大數約近五千里，去長安大數約近七千里。

元和志四〇，西州「西南至焉耆七百二十里。」而通典一七四，西州「西至焉耆鎮守軍七百一十里。」安西郡、安西都護府「東至焉耆鎮守軍八百里，去交河郡七百里。」謂焉耆去交河郡大數七百里也。寰宇記一五六西州條及安西都護府條，並與通典同，惟無「去交河郡七百里」一句。按西州至焉耆實爲七百二十五里，詳後文。今據元和志書之。焉耆至安西，通典及寰宇記皆作八百里，舊唐志亦爲八百里，然通典焉耆國傳及寰宇記焉耆國傳皆作九百里。實考之，當爲八百三十里，八百九百皆大數也。詳後文。

綜上所書，伊州至涼州取莫賀延道二千三百里，取稍竿道二千四百里，加伊州至安西約二千五百里，又若涼州至長安取秦州道，則安西至長安約六千八百數十里，或六千九百數十里，即大數約七千里也。而通典一七四，安西都護府「至西京七千六百里，去洛陽八千三百三十里。」又一九一龜茲傳，「東去長安七千五百里。」又一九二焉耆傳，「去長安七千三百里。」與今所考之數頗異。按漢書西域傳，龜茲去長安七千四百八十里，焉耆去長安七千三百里，明通典襲用漢代記程，非唐代記程也。且漢書西域傳記程取鄯善道，亦非取伊吾車師道，詳後文。

此爲長安通西域之大道。唐人行旅所經之能詳考者，莫過於玄奘與岑參。玄奘由長安經秦州，蘭州，涼州，瓜州，玉門關，渡莫賀延磧，經伊吾（伊州），高昌（西州），又經焉耆，龜茲而西。岑參由長安踰隴坂，大震關，分水驛，經渭州，臨州，蘭州，至涼州，又經肅州，玉門關，渡莫賀延磧至西州，亦曾到沙州；西州又西經銀山，焉耆，鐵門關，至安西。全在此道上。

玄奘行程詳慧立慈恩法師傳卷一。

岑參來往長安、安西間，吟詠最多，玆就全唐詩第三函八册所收各詩之詩題涉及沿途地名者，自東而西表列於次：

初過隴山途中呈宇文判官（參集一）

經隴頭分水（參集四）

西過渭州見渭水思秦州（參集四）

臨洮客舍留別祁四（參集三）

發臨洮將赴北庭留別（參集三）

臨洮泛舟趙仙舟自北庭罷使還京（參集三）

題金城臨河驛樓（參集三）

河西春暮憶秦中（參集三）

涼州館中與諸判官夜集（參集二）

武威春暮聞宇文判官西使還已到高昌（參集三）

武威送劉單判官赴安西行營便呈高開府（參集一）

武威送劉判官赴磧西行軍（參集四）

過燕支寄杜位（參集四）

酒泉太守席上醉後作（參集二）

過酒泉憶杜陵別業（參集三）

玉關寄長安李主簿（參集四）

題苜蓿峰寄家人（參集四）

日沒賀延磧作（參集四）

過磧（參集四）

磧中作（參集四）

敦煌太守後庭歌（參集二）

經火山（參集一）

火山雲歌送別（參集二）

銀山磧西館（參集二）

早發焉耆懷終南別業（參集三）

題鐵門關樓（參集一）

宿鐵關西館（參集三）

安西館中思長安（參集一）

觀此諸詩，其行程可瞭。其地名爲前文所未考者，苜蓿峰與玉關相近，火山在伊州至西州道側，銀山在西州至焉耆道上，鐵門關在焉耆至安西道上，皆下文續詳。

今就涼州至安西五千里之詳細行程續考如次：

（二）涼州西至瓜州玉門關之驛程

涼州西北行一百八十里至番禾縣，更名天寶縣（今永昌西）。

元和志四〇涼州，「天寶縣，東至州百八十里。本漢番禾縣，屬張掖郡。北涼沮渠蒙遜立爲番禾郡。後魏太武平涼州，罷郡置軍，開皇三年改爲縣，……天寶中改爲天寶縣。」按觀此縣地望與歷史名稱，應當大道。又嘉麟縣，「東南至州七十里。……前涼張軌於此置武興郡，後梁呂光改置嘉麟縣。」亦可能在道上，今姑不書。

又西北越刪丹嶺，蓋今水泉子，海拔2347公尺，爲涼甘道中最高處。北魏前期已見此嶺名，當軍道之要。又西經漢日勒故城（今古城窪），凡二百里至刪丹縣（今山丹），在焉支山北五十里，弱水之北，置刪丹鎮。

武經總要前集一八下邊防西蕃地界目，涼州「西甘州五百里。西北三百里先至甘州刪丹縣，又二百里至州。」是兩州間道經刪丹也。然元和志，甘州「刪丹縣西至州一百二十里。」寰宇記一五二甘州，「刪丹縣，(州)東北二十里。」考道宣神州塔寺感通錄卷上，「甘州刪丹塔……在甘州東一百二十里，縣城東，弱水北，大道側。」足證元和志記載不誤，寰宇記「北」爲「百」之音譌；武經總要記程則誤也。元和志又云，刪丹縣「弱水在縣南山下。」觀塔寺感通錄信然。通說，古刪丹城即在今山丹縣治，觀去甘州里距及弱水之北，確然不誤。又元和志云，「焉支山一名刪丹山，故以名縣。山在縣南五十里，東西百餘里，南北二十里，水草茂美，與祈連山同。」是縣南山下，即焉支山之北麓耳。岑參過燕支寄杜位云，「燕支山西酒泉道，北風吹沙卷白草。」（全唐詩三函八册。）蓋謂刪丹縣也。

羅振玉莫高窟石室秘錄，寺歷三卷有康公者，書銜「大唐前河西節度押衙銀青光祿大夫檢校太子賓客甘州刪丹鎮遏使充涼州西界遊奕防採營田都知兵馬兼殿中侍御史。」（王仁俊敦煌石室眞蹟錄戊亦收此卷。）時在中和元年，則刪丹置鎮。

通鑑一一二，晉隆安五年，楊頴諫涼王纂曰：「今疆宇日蹙，崎嶇二嶺之間。」胡注：「姑臧南有洪池嶺，西有丹嶺，一作刪丹嶺。」是涼甘間有刪丹嶺。按魏書一一二上靈徵志上，眞君元年「沮渠無諱寇張掖，禿髮保周屯刪丹嶺。」此最早見者。紀要六三山丹衞，「日勒城在衞東南，漢縣，屬張掖郡。……獻帝分置西郡，治日勒縣。晉亦爲西郡治。志云，自姑臧西北出張掖，其間有大嶺，度嶺而西，西郡當其要。嶺謂刪丹嶺也。」又涼州衞目洪池嶺條：「自刪丹嶺以西謂之嶺西。張氏以後，西郡、張掖、酒泉、建康、晉昌皆謂之嶺西地。」按日勒縣、西郡在刪丹縣東南。寰宇記一五二刪丹縣條，「日勒城，漢爲日勒縣，故城在今縣東南。」是也。則刪丹縣在嶺之西。復檢西北叢編卷三（民國八年二月二十九、三月一日條）：「早發永昌縣，晚宿水泉驛，計行六十里。」「驛地高七千七百呎。」又西二十五里至「古城窪，入山丹縣界。……漢朝之日勒縣也。……十里定羌廟，……南北兩山脈至此漸近。又行平地十五里山丹峽，大石當道。五里峽口驛。」又八十里至山丹縣。按漢日勒縣當爲古代人道所經，則刪丹嶺當卽今之水泉子，爲涼甘道上之最高處也。

五代時期，大食作家依賓墨哈黑爾所記之Sandabil稱爲支那國都者，其城極爲宏大，水利建設優良，殆卽甘州回鶻所都，似亦卽唐之刪丹城也。

岑仲勉前輩誤傳的中國古王城與其水力利用（中外史地考證下册）引大食作家依賓墨哈黑爾（Ibn　Muhalhil）遊記費瑯法文譯本云：

「吾人於是到達關口，地在沙磧中，支那王遣衞戍守此。凡從各突厥國或他處來欲進支那境者，須在此請准。吾人前行三日，受國王名義之招待。每歷一程，卽換乘牲畜。吾人於是抵驛谷，在此又須請准而後得前進，故使臣輩別吾人先行。隨後得到允許，經過河谷，其風景優美爲世界之冠。行凡三日，都享受國王之招待。次越過河谷後行一整日。次吾人下向 Sandabil 城。此是支那之國都，行政機關所在。是夜，吾人於距城一日處住宿。翌日黎明卽起程，直至日落然後到達。」

「是城（如此）宏偉，故需一日（之程）乃能（橫過）之。內計六十街，每街各延達於官署。吾人往遊一（城）門，知其牆高厚各九十臂。牆上有一大川，分爲六十支流，每支流向一間流去，衝動一個轉水之風輪，於是別風輪，又將水捲流至地面。由是渠水之一半流出牆外而灌溉田園，他半則導向城中以供給（渠水所經之）街上居民及（街道所向之）官署之用水。後此（渠水）達到街之他端，（最後）流出城外。因是之故，每街有兩條流渠。全街上兩流渠之流向係一順一逆。其由城外流向城內之渠，所以供飲；其由城內流向城外者，載（居民之）汚穢以去。」「國有一大寺。國內行政扼要，法律嚴明。寺比耶路撒冷之教堂更大，內有刻像，肖像，偶像，及一大佛。土人不殺（牲爲食），全不食肉。有人殺生者犯死刑。（此城）同時爲印度人及突厥人之都城。」（費瑯極東史料）

按此遊記約成於十世紀中葉，當中國五代之世。所謂支那王城，或指爲長安，或指爲成都，顯非其地。馬迦特指爲甘州，近之。仲勉前輩云，Sandabil 爲刪丹城，即甘州回鶻都城所在。按此文首云「到關口，地在沙磧中。」由關口到此城八日程。五代玉門關在肅州西二百里（詳後文），去刪丹約七百里。正當八日程。對音亦最近，故岑說最可取。但岑先生又以爲刪丹城太狹小，不足當此大城。乃引甘州府志：「刪丹古城，明一統志曰在今衞南一百二十里，燕支山下。按在今扁豆口內，近馬營屯地。」望按此未必然。考紀要、一統志、甘肅通志皆以唐代刪丹古城即在今之刪丹縣，非另有一城。且元和志明云刪丹縣在甘州東一百二十里，寰宇記亦同（詳前），正即今縣地，不得在今縣南一百二十里，去甘州二百四十里也。蓋明統志本意謂古城在甘州東南一百二十里，亦即今山丹城附近，此本舊說，而誤書之，府志遂沿誤，以爲在今刪丹縣南一百二十里扁豆口內馬營屯耳。① 按前考刪丹縣在焉支山脈北只五十里，又侍行記四云：「出山丹南門，經西南關，過山丹河……十里大佛寺。寺在獅山，一名石磯岩，大佛負山面東，高十三丈，覆屋七層。」則縣城固近頗高之山。又明人陳棐山丹詩云：「綠水穿城入圃畦。」清人高元振山丹弱水賦云：「旣屈曲以繞城，亦瀠廻而穿郭。」（岑文引府志一四。）侍行記亦云，「城內渠水暢流，西北僅見。」又府志六：「山丹五大壩，曰草湖渠，分十三壩；曰煖泉渠，分五閘。」西北叢編卷三，至「山丹縣。午尖於南關外。城周七里，只有東南兩門，……沿關商戶皆臨渠而居。」正與前引 Sandabil 城水利情形相合。復次，林則徐荷戈紀程，到山丹後記云：「連日所過大路之旁，多依山

① 府志指謂衞南，卽山丹衞南，故云在扁豆口內，近馬營屯。岑氏引此，又誤會爲甘州南一百二十里，見隋唐史頁四三〇。其實馬營屯去甘州殆二百里以上。

爲牆，係明代所築邊牆。」又叢編述山丹峽西之峽口驛云，「城長方形，一面倚邊牆，周三里。」正卽城牆依山建築之一例，依賓所記 Sandabil 牆高九十臂，牆上有大川者，正可據此兩條，想像其彷彿。而山丹城近山，固能有此水利建設也。

刪丹又西一百二十里至甘州治所張掖縣（今縣），在弱水（今張掖河）南二十三里。甘州南經大斗拔谷通鄯州，可至吐蕃，北達居延至回鶻衙帳，爲河西重鎭之一，刺史兼充河西節度副使。且置張掖守捉，管兵六千三（五）百人。

刪丹至甘州方向里數，見元和志及寰宇記，前已引述。寰宇記一五二甘州張掖縣，「弱水東至刪丹縣界流入，在州北二十三里。」

甘州南通鄯州至吐蕃，詳河湟青海地區交通網篇；北通居延、回鶻衙帳，詳唐通回紇三道篇。

新六七方鎭表河西欄，景雲元年，「置河西諸軍州節度支度營田督察九姓部落赤水軍兵馬大使，領涼甘肅瓜沙伊西七州，治涼州；副使治甘州，領都知河西兵馬使。」天寶四載，「以張掖太守領河西節度副使。」是其在軍事上之地位僅次於涼州也。

通典一七二河西節度使統軍有「張掖郡守捉，東去治所（涼州）五百里，管兵六千三百人，馬千匹。」元和志同，惟「三百」作「五百」。而舊地志云，「張掖守捉在涼州南二里，管兵五百人。」新志涼州目亦云：「南二百里有張掖守捉。」蓋皆誤也。通鑑二一五天寶元年胡注云：「張掖守捉在涼州南二百里，管兵五百人。」蓋卽據舊志爲說也。今據通典、元和志書之。按張掖爲甘州治所，正在涼州西五百里，則此軍卽在甘州城也。

州南有鞏筆驛。

舊玄宗紀上，開元十五年閏九月，「廻紇部落殺王君㚟于其州之鞏筆驛。」舊一〇三王君㚟傳，判涼州都督。回紇護輸「謀殺君㚟」，「會吐蕃使間道往突厥，君㚟率騎往肅州掩之，還至甘州南鞏笓驛，護輸伏兵突起，……遂殺君㚟。」通鑑二一三，同。在甘州南，似當在甘州至刪丹道上。然新唐志，甘州張掖縣「西有鞏笓驛。」胡注亦云：「甘州張掖縣西南有鞏筆驛。」則又當在甘州西行之道上。要去甘州城不遠。

甘州西行一百九十里至建康軍（今高臺西南四十里），管兵五千二百人，或以甘州刺史兼充使職。軍在祁連山北麓，相近有祁連戍。

通典一七二，「建康軍，張掖郡西二百里，證聖初王孝傑置，管兵五千二百人，馬五百匹，東去治所七百里。」元和志四〇，「建康軍，證聖元年，尙書王孝傑開鎭，周廻(?)以甘肅兩州中間闊遠，頻被賊鈔，遂於甘州西二百里置此軍，兵五千二百人，馬五百匹，東去理所七百餘里。」武經總要前集一八下西蕃地界目，「建康軍在(甘)州西二百里，即甘肅兩州中路，在祁連山下。」是此軍當在甘肅二州間大道上。② 元和志於甘州目云：「建康軍在州西北一百九十里。」即此軍。新地志，甘州「西北百九十里，祁連山北有建康軍。」下文與元和志略同。蓋實一百九十里，二百乃大數耳。按元和志，甘州張掖縣，「祁連山在縣西南二百里，張掖、酒泉二（郡）界上，有美水茂草，山中多溫夏涼，宜牛羊。」則軍誠在祁連山北麓矣。又考蘇頲命呂休璟等北伐制（全唐文二五三），有建康軍使甘州刺史李守徵，時在景龍四年，是以甘州刺史兼充使職也。按建康爲東晉十六國時代之郡名，引詳一統志甘州卷古蹟目。同目又云：「建康故城在高臺縣南。……名勝志，城在高臺所西南四十里。舊志，建康軍城在所東南十里。」按甘肅兩州距離，今里四百三四十里。而高臺在肅州東南二百七十里，在甘州西北一百六七十里。唐世，此軍略當兩州中途，則名勝志云在高臺西南四十里爲近實。祁連戍詳下條。

又西，道出崆峒山北，鹽池（今明海湖）之南，一百一十里至福祿縣（蓋

② 舊志云：「建康軍在涼州西百二里，營兵五千三百人，馬五百匹。」涼亦甘之譌，百二當乙作二百。

今新橋堡、龍興關地區），又西北一百里至肅州治所酒泉縣（今縣）。

元和志肅州，福祿縣「西至州一百里。本漢樂涫縣。……崆峒山在縣東南六十里，黃帝西見廣成子於崆峒，漢武帝行幸雍，祠五時，遂登崆峒，並此山也。」寰宇記一五二，略同。元和志又云，「鹽池在縣東北八十里，周廻百姓仰給焉。」新志，鹽池方向里數同。觀此形勢，崆峒山當爲祁連山脈之北麓一山名，大道當經其北。鹽池則在道之北頗遠。檢張編地圖集・甘肅西部圖，元和志所記之鹽池，當卽今之明海湖，今湖東北尙有鹽池地名。福祿縣則今金佛寺、新橋堡、龍興壩地區。又檢一統志肅州卷關隘目，「金佛寺堡在州東南九十里，東至清水堡五十里，城在近山，周二里四十丈。」則唐之福祿縣卽當在此堡東北新橋堡龍興壩地區。甘肅兩州相距約四百里，建康東去甘州一百九十里，福祿西去肅州一百里，則此二地間當爲一百一十里也。

元和志又云，「祁連戍在縣東南一百二十里。」新志，同。岑參有過酒泉憶杜陵別業（全唐詩三函八册參集三）及酒泉太守席上作（同上集二）。其憶杜陵別業詩云：「昨夜宿祁連，今朝過酒泉。」此祁連殆卽指戍而言，是亦當道。則地望與建康軍相近。紀要六三甘州鎭，「祁連城在鎭西北百九十里。晉永興中前涼張祚置漢陽縣以守牧地。張元靚改爲祁連郡，呂光因之。唐開元十六年，吐蕃寇甘州，涼州將杜賓客破吐蕃於祁連城下，卽故城也。胡氏曰，城在祁連山旁。」蓋得之。城在甘州西北一百九十里，正卽建康軍地也。

又由甘州略循弱水卽張掖河西北行三百餘里至福祿縣界之鹹池烽，蓋在鹽池之東。又西南二百三十餘里亦至肅州。

通典一七四甘州張掖郡，「西北到酒泉郡福祿縣咸池烽東張掖河三百五里。」肅州酒泉郡，「東北到張掖郡鹹池烽二百三十二里。」寰宇記一五二，同。則甘州西北略循張掖河經鹹池烽亦至肅州，凡五百數十里，鹹池當卽指福祿縣東北八十里之鹽池而言，則烽在鹽池之東，約當今馬連井地區。此可視爲北道，行程五百數十里。唐宋志書，甘肅間例云四百里，或稍多。惟高居誨使于闐行記（五代史記七四于闐傳引）云，「甘州……西北五百里至肅州。」豈取此道耶？今日鐵路線似略取此道。

州置酒泉守捉，蓋在城區。其西南八十里有崑崙山，傳爲周穆王會西王母之處。東北四十里有白亭海，爲衆水所會，蓋今臨水堡地區。

新唐志肅州酒泉郡，「有酒泉、威遠二守捉城。」酒泉守捉蓋即在州左近。元和志，肅州酒泉縣，「崑崙山在縣西南八十里，周穆王見西王母，樂而忘歸，即此山。」一統志肅州卷山川目，引括地志亦云縣西南八十里。按寰宇記一七二肅州酒泉縣，「崑崙山在縣西南八十里。十六國春秋云，後魏昭成帝建國十七年，前涼張駿酒泉太守馬岌上言，酒泉南山卽崑崙之體也。昔周穆王見西王母，樂而忘歸，卽此山。有石室玉堂，珠璣鏤飾，煥若神宮。刪丹西河名曰弱水，禹貢崑崙在臨羌之西，卽此明矣。宜立西王母祠，以裨朝廷無疆之福。駿從之。」此傳說所自始。

元和志，酒泉縣，「白亭海在縣東北四十里，一名會水，以衆水所會故曰會水，以北有白亭故曰白亭海。方俗之間，河北得水便名爲河，塞外有水，便名爲海。」寰宇記一七二，酒泉縣，「會水一名白亭海，在縣東北三十里。十三州志云，衆羌之水所會，故曰會水，北有白亭，俗因謂之白亭水也。」檢張編地圖集，酒泉縣東有臨水堡，爲衆水之會。西北叢編卷三，臨水驛在縣東四十二里，驛縣間「人烟稠密，道路平坦，農事發達。」意者唐之白亭海卽在今臨水堡地區也。

釋迦方志云，肅州「西少北七十五里至故玉門關，關在南北山間。」約在今嘉峪關西之黑山下。五代時謂天門關，北宋時代復名玉門關。又西約一百二十里至玉門縣（今縣東頗遠，蓋赤金峽、赤金堡地區），唐代前期置玉門軍，以肅州刺史兼領，管兵五千二百人。五代時置玉門關。

道宣釋迦方志卷上遺跡篇云，「肅州又西少北七千〔十〕五里至故玉門關，關在南北山間。又西減四百里至瓜州。」是唐初已稱玉門故關。又武經總要前集一八上邊防述秦州通沙州道云：「肅州又九十里渡玉門關，又四百二十里至瓜州。」同書一八下西蕃地界目，肅州「西至玉門關七十里，又四百一十里瓜州。」則北宋仍指謂玉門關，里距有參差，不足異也。日本栗棘庵所藏宋代輿地圖石刻拓本云，「甘州東南至涼州五百里，西至玉門關四百九十里。」按甘州西至肅州四百里，是亦謂玉門關在肅州西九十里也。此爲宋末石刻，仍承北宋言之。而高居誨使于闐行記（五代史記七四于闐傳引）云，「肅州渡金河，西四百里出天門關，又西百里出玉門關，……西至瓜州。」此天門關正卽唐初之玉門故關與北宋之玉門關也，而此文玉門關則爲唐代之玉門縣耳。

唐初玉門關在肅州西，或云七十五里，或云七十里、九十里，而在南北兩山間。檢一統志肅州卷關隘目，「嘉峪關在州西七十里嘉谷山麓。」辛卯侍行記五，「于闐記天門關，故地蓋在黑山湖左右，大道舊在黑山下也。」西北叢編三，肅州至嘉峪關六十里。「有天門關址，在黑山下。」又云出嘉峪關三十三里至黑山湖軍塘。是唐初玉門故關當在今嘉峪關以西，不能東逾今關城也。檢張編地圖集·甘肅寧夏西部圖，嘉峪關西近處有黑山地名；ONC-G-8，黑山（E98°7′·N39°49′）正在南北兩山間，而近北山之麓，蓋眞其地矣。

又元和志四〇肅州，「玉門縣，東至州二百二十里。本漢舊縣，屬酒泉郡。漢罷玉門關屯戍，徙其人於此，因以名縣。後（魏）孝明帝改爲玉門郡，周武帝省入會川縣。開皇十年復爲玉門縣，皇朝因之。……開元中，玉門縣爲吐蕃所陷，因於縣置玉門軍。天寶十四年，哥舒翰奏廢軍重置縣。」寰宇記一五二，云在州西二百里。蓋就大數而言。又引十三州志云：「玉門縣置長三百里石門周匝山間，裁經二十里泉流入延興。」云云，記其形勢頗詳，惜有奪譌。

又考通鑑一五九梁中大同元年，魏以史寧爲涼州刺史；前刺史宇文仲和據州不受代。瓜州民張保殺刺史應之，晉昌民呂興殺太守以郡應保。保使主簿令狐整將兵東救仲和。「整行及玉門，召豪傑述保罪狀，馳還襲之，先克晉昌，斬呂興，進擊瓜州，……保奔吐谷渾。」胡注以爲卽此玉門縣，是也。則縣當大道，五代高居誨所記之玉門關亦在肅州西二百里，其爲一地無疑，蓋唐末五代就漢唐舊縣置玉門關耳。

元和志，「玉門軍，肅州西二百餘里，武德中楊恭仁置，管兵千人，實三百人，馬六百匹，東去理所（涼州）一千一百餘里。」通典一七二，略同。惟作「五千二百人」又無「實三百人」之語。舊志亦作「管兵五千二百人，馬六百匹」，蓋盛時管五千餘，後乃減少耳。按蘇頲命呂休璟等北伐制（全唐文二五三）有玉門軍使肅州刺史湯嘉惠。時在景龍四年五月，是自唐初一直置此軍，以肅州刺史兼充。前引元和志玉門縣條所云，蓋曾暫廢而復置耳。

至其今地，侍行記五，「唐玉門縣今赤金堡也。」一統志安西州卷古蹟目云：「玉門廢縣在今縣東，漢置。……通志，今赤金所去肅州二百三十里，與古玉門關道里相仿，蓋即玉門縣地。」勞榦兩關遺址考（史語所集刊第十一本）云，赤金所在赤金湖畔。殆即張編地圖集・甘肅寧夏西部人文圖之赤金堡。按楊炳堃西行記程（咸豐元年），肅州西行二百四（？）十五里至赤金湖，又二十里赤金臺，又二十里赤金嶺，又九十里至玉門縣。西北叢編卷三，由肅州西行二百一十三里赤金湖，二里赤金墩，三十五里赤金河，又五里至赤金峽。又赤金湖南二十里有上赤金，又西二十里赤金堡，又西二十里，亦至赤金峽。赤金峽又西九十里至玉門縣。則赤金地名甚多，皆在今玉門縣東一百里左右。檢寰宇記，玉門縣有金山。引九州要記云，「山有赤彈水，堪爲漆用。」又引十三州志云：「延壽縣在郡西，金山在其東。」則古玉門縣即有金山、赤水，誠可能即在今赤金地區也。且西北叢編云：「南北山勢由西趨東，至赤金峽，相距最近，形勢頗要，明戍邊將士常禦寇於此。」此其形勢，與前引十三州志頗相合，更增加古代設軍關縣治之可能矣。且下文論定，唐代瓜州不在布隆吉城，即在瑣陽城一名苦峪城；玉門縣在州東三百里，亦勢不得在赤金峽以西也。

又西蓋經沙頭故城（今玉門縣西），凡約三百里至瓜州，蓋今苦峪城，俗名瑣陽城（E96°15′・N40°15′），亦可能在布隆吉城（E96°40′・N40°30′）。在苦水之南十餘里。唐初玉門關在州西北五十里之瓠𤬴河（今疏勒河或窟窿河）上，後遷至瓜州城近處。

瓜州東至肅州約五百里，而玉門縣在肅州西二百里，故玉門縣至瓜州約三百里。

瓜州與唐代玉門關　瓜州亦稱晉昌郡，岑參有武威春暮聞宇文判官西使還已到晉昌詩（全唐詩三函八册參集三）。其地望前人說者最爲紛紜。玆引岑仲勉先生一段述論如次：

「西域圖志，『古瓜州在新瓜州西十五里，東距安西州治四十五里，有土城。』水道記三，『安西州城西南八十里有故瓜州城，唐以來所治也。』侍行記，『（安西）州西三十里新瓜州，三十里瓜州口。』今以斯坦因圖驗之，上文所稱古瓜州或瓜州口，約在安西州西南六十餘里。圖志云四十五，顯是失入，水道記之八十，或卽六十之筆誤。陶氏曾疑此非唐之瓜州。其說云，『元和志，瓜州……東南至肅州四百八十里，西至沙州三百里。今肅州至安西州六百六十里，又西至敦煌，卽唐沙州二百七十里，乾隆時考古者（卽指西域圖志）以安西州西南六十里之瓜州口爲唐瓜州，則東距肅州七百里，西距沙州祇二百一十里，較元和志所言相差太遠。兪浩西域考古錄疑之，以布隆吉爲唐瓜州，繼又云在雙塔堡，則近似矣。蓋布隆吉東距肅州五百里，較元和志多二十里，其西距沙州四百三十里，較元和志多一百三十里，左右未均。若雙塔堡，則距肅距沙較元和志各多數十里，……不甚懸殊也。』按依侍行記所載，雙塔堡至安西一百十三里，再加安西至敦煌二百七十里，共三百八十餘里，比元和志多八十餘里，而肅州至雙塔五百二十二里，比元和志只多四十餘里，仍是左右未均。況古地理書傳久失眞，里數多誤，元和志所不免。……通典一七四『瓜州東至酒泉郡五百二十六里，……西至敦煌郡二百八十里。』又依本篇校正道里，肅州至瓜州應五百九十里，瓜州至沙州二百六十里，前者比通典多六十五里，後者比通典少二十里，未見得雙塔之比定較優。且古瓜州之稱，傳自明代，初非發生於西域圖志之考古。吾人尤須知者，塞地風沙無常，水源時變，行程曲直，屢有更改，古今旅程，固不易全脗合也。」（從嘉峪關到南疆西部之明人紀程，刋入中外史地考證下册。）

按岑先生最後數語極爲得體，然欲維持唐瓜州在今安西西六十里，去敦煌更近，無可解矣。今按唐之瓜州決不在今安西以西殆可斷言。就以上各說觀之，當以布隆吉城最爲可能，蓋里數既略相當，又有窟窿河河床之形式可證也。然岑文漏列一重要新說，即勞榦云苦峪城，似較布隆吉說更優。玆就此二說分列於次：

考慧立慈恩法師傳云：

「晝伏夜行，遂至瓜州。……因訪西路，或有報云：從此北行五十餘里，有瓠𤬋河，下廣上狹，洄波甚急，深不可渡，上置玉門關，路必由之，卽西境之襟喉也。」

是瓜州在瓠𤬋河南五十里。出瓜州經此河至西域。檢西域圖志二四窟窿河條云：

「窟窿河在安西州雙塔堡東，西距州城一百三十里，東西分流，經雙塔堡東，入蘇賴河。內多窟穴，上小下大，深邃不測，盤渦湍急，流不及遠。南爲土葫蘆溝，卽窟窿河發源處也。」

「柳溝衞城，地名布隆吉，亦稱布隆吉城，窟窿河居其西。」

又西北叢編三，民國八年三月二十日條云：

「早發布隆吉爾城，……一里，出北門。……六里，過小河，卽布隆吉爾水。三十里，過窟窿河橋，以源出土葫蘆村，故又名葫蘆水，西北流入蘇賴河。上狹下廣，洄波甚急。唐移玉門關於其上，今不見其址。西數十步卽雙塔堡，或謂唐瓜州晉昌縣故址。證之元和志所云晉昌縣東二十步有玉門關頗似。」

按蘇賴河，張編地圖集作疏勒河（卽布隆吉河）。又此圖，雙塔堡東布隆吉西有小水自南而北流入疏勒河，卽此窟窿河。慈恩傳之瓠𤬋河可能卽此窟窿河，蓋河牀特殊，最可比定也。若唐初之玉門關在此河上，則瓜州當在今布隆吉地區殆爲可信。西北叢編又云，布隆吉爾東「地味肥沃，甚類黑龍江省之平原。」其西至雙塔堡間，亦「一片膏原。」固宜爲古代州治矣。復按今道經布隆吉。檢明永樂十二年陳誠所撰西域行程記，所記西域大道已經卜隆吉，若唐道與明以下路線相同，則瓜州城必在此無疑。至於苦峪城之說，勞榦兩關遺址考云：

「距肅州四百八十里，距敦煌三百里，只有苦峪城相符。清一統志云，『苦峪城在淵泉（即安西城）東南，東去嘉峪關四百二十里。』再加上嘉峪關至肅州六十里，恰爲四百八十里。今城爲明成化十三年修，但早已有遺址了。徐松西域水道記(卷三)云：『斷碑沒草，尋其殘字曰：「大興屯墾，水利疏通，荷鍤如雲，萬億京坻。」耆舊相傳，是張義潮歸唐部人所造，以述功德……。』可證城之建造，至晚在明以前。現在本地人稱爲瑣陽城。……斯坦因的Serindia載發現的陶片，最晚到宋。所以此城决不太晚。此城爲安西屬內最大遺址，明代所建，當仍舊基。照Serindia的圖，城距疏勒河爲二十英里，與五十華里之數相近」。「斯坦因認爲，疏勒河即玄奘所經之瓠𤬋河。」

按此條引考古證據，以見苦峪城遺址既大且古，且北距疏勒河東去肅州之里距，皆極相當，誠極可能爲唐瓜州之遺址。向達兩關雜考（刊見向著唐代長安與西域文明一書）亦疑苦峪城即唐代瓜州故址，且謂興水利之碑碣可能爲頌張守珪者。見該文附註十一。今按沙州都督府圖經云：

「苦水源出瓜州東北十五里，名鹵澗水，直西流至瓜州城北十餘里，西南流百二十里至瓜州常樂縣南山南，號爲苦水，又西行三十里入沙州東界故魚泉驛南，西北流十五里入常樂山，又北流至沙州階亭驛南，即向西北流，……散入沙鹵。」

則唐世有苦水，發源瓜州東北近處，經城北十餘里處，再西流入沙州境。疑今苦峪城即因苦水河谷而受名。論其地位，正與古瓜州之地望相當，可爲勞、向新說之一證。所當更進一步求證者，不知疏勒河之河牀形式是否與窟窿河略相似，亦即是否與慈恩傳所記瓠𤬋河之河牀略相符耳③。今姑兩存之，然余頗傾向勞文新說，則唐道與明初以來大道不同也。

前引慈恩傳，唐初玉門關在瓜州北五十里。若瓜州在今布隆吉，則關當在其西三十里窟窿河之下流，接近入疏勒河地區。若瓜州在今苦峪城即瑣陽城，則關

③ 余頗疑「苦」爲「瓠𤬋」之合音。水在城北十餘里，然關固可在城北之較下流，慈恩傳云州北五十里，亦不能看得太死。

當在今小王堡之西，安西之東，疏勒河上。而元和志四〇，瓜州晉昌縣爲州郭下縣，「玉門關在縣東二十步。」則關又在瓜州治所，蓋後期移關就州耳。

又唐初及後期，此關既皆見置。岑參有玉關寄長安李主簿云，「玉關西望腸堪斷。」（全唐詩三函八册參集四。）則盛唐時代亦置。而六典云上中下關凡二十六，玉關不在其列，何耶？余嘗疑六典所載各事往往不盡，此亦爲强證。

苜蓿峰　岑參有題苜蓿峰寄家人云：「苜蓿峰邊逢立春，葫蘆河上淚沾巾。」葫蘆河當卽慈恩傳之瓠𤬴河。西北叢編三云，唐玉關在窟窿河橋，橋西數十步爲雙塔堡。「堡北有苜蓿峰。」按推此詩意，苜蓿峰固有去玉關不遠之可能，然亦不能必。今姑書之如此。至其今地自因瓜州是否在苦峪城或布隆吉城而異。

沙頭故城　漢志有池頭縣，後漢作沙頭縣。三國魏志一八閻溫傳：河右擾亂，敦煌太守卒，功曹張恭代行長史事。「遣子就東詣太祖請太守。……就至酒泉爲華（酒泉黃華）所拘執，……恭卽遣弟華攻酒泉沙頭乾齊二縣。」又通鑑一一一，晉隆安四年，「北涼晉昌太守唐瑤叛，……酒泉太守王德亦叛北涼。……北涼王業使沮渠蒙遜討之，德焚城，將部曲奔唐瑤，蒙遜追至沙頭，大破之。」是沙頭當大道。三國志集解引李兆洛曰，「沙頭故城，今安西州玉門縣北少西一百十里，蘇賴河之南。」一統志則作縣西南。而紀要六三，肅州衞，「沙頭城在衞西二百五十里。」則在今玉門縣之東。今姑據一統志書之。

瓜州置墨離軍，統兵五千人，稱爲四鎮之東門，例以刺史充使，蓋在瓜州城或西北不遠處。

通典一七二，墨離軍，「晉昌郡西北千里，管兵五千人，馬四百匹，東去治所千四百里。」此所謂「治所」指河西節度使治所之涼州而言。元和志四〇，同；惟「千」上皆有「一」字，又「四百」下有「餘」字。

考舊一〇三張守珪傳，「爲瓜州刺史墨離軍使。」蘇頲命呂休璟等北伐制（全唐文二五三）有「墨離軍使瓜州都督李思明」，據文苑英華四五九，此制行於景龍四年。莫高窟第 130 窟甬道北壁第二層壁畫題記有「朝議大夫、使持節晉昌郡諸軍事、守晉昌郡太守、兼墨離軍使(略)樂庭瓌」名銜。（敦煌文物研究所考古組：莫高窟發現的唐代絲織物及其他，文物1972年12期。）晉昌郡即瓜州，是天寶時代。羅振玉西陲石刻錄·索勳紀德碑，授持節瓜州諸（缺，當爲「軍事瓜州刺史」數字）墨離軍押蕃（缺）。時在景福元年。同書李氏再修功德記碑，「次男，使持節瓜州刺史墨離軍押藩落等使。」是自盛唐時代，瓜州刺史兼領墨離軍使，遂爲恒例，故至唐末，仍存兼銜也。按西北通道上諸州城，或置軍或置守捉，如涼州城內置赤水軍，沙州城內置豆盧軍，甘州城有張掖守捉，肅州城有酒泉守捉，惟瓜州城不見軍或守捉，而刺史例兼墨離軍使，蓋此軍即置於瓜州城也。通典、元和志，皆云此軍東至涼州一千四百里，正爲瓜州東至涼州之里數。至於「瓜州西北一千里」者，蓋誤書，或「千」爲「十」之譌文耳。或者疑「一千四百里」爲「二千四百里」之譌。然考敦煌名族志殘卷（羽田亨敦煌遺書活字本第一集）陰氏條云：

「守忠充墨離軍副使。……涼州都督郭元振判錄奏：謀略克宣，勤勞久著，當王〔五〕涼之西面，處四鎮之東門。」

則此軍不在瓜州城，即在瓜州至伊州道上，故志書云在瓜州西北也。前考瓜州西北至伊州不過九百里。又寰宇記一五三，瓜州「西至伊州界吐蕃魯兒山四百五十里。」武經總要前集一八下，瓜州「西至伊州界五百里。」據沙州都督府圖經所記常樂至伊州驛道，自常樂至伊州界四百數十里，加常樂瓜州間一百一二十里（詳後文），正爲五百數十里。知總要所記甚確。則由瓜州至西北邊界不過五百數十里，不到六百里，墨離軍既例由瓜州刺史兼領，何得越界至伊州境，且或在伊州以北耶？此皆斷不可能。故最恰當之解釋，此軍當在瓜州城或其西北不遠處。玉門關在州城西北不過四五十里，或者軍即在玉門關，故當時視爲四鎮之東門也。復考唐會要七八節度使目，「墨離軍本是月支舊國，武德初置軍焉。」或者，唐初就月支舊國置軍，在瓜州西北一千里，其後乃移就瓜州城，例以瓜州刺史兼充軍使，通典、元和志乃合先後事書之耳，不覺自歧也。

（三）玉門關西至安西之驛程與捷道

玉門關又西約六十五里至常樂縣（今安西縣西），在苦水之北，置常樂驛。

元和志四〇，瓜州常樂縣，「東至州百一十五里。」寰宇記一五三作「一百五十一里。」按沙州都督府圖經苦水條：「西流至瓜州城北十餘里，西南流百二十里至瓜州常樂縣南。」疑寰宇記里數「五十一」爲「一十五」之倒譌耳。而縣城則在苦水之北也。縣置驛，見下文。瓜州至沙州驛道，及瓜州至伊州驛道，皆由常樂縣出發，亦詳下文。故知由瓜州經玉門關至常樂也。關縣間相距六十五里。其今地，舊說在安西縣西。就東西里距而言，蓋可信。

常樂西至沙州有南北兩驛道，皆可考見於沙州都督府圖經。南道由常樂縣、常樂驛西南行四十五里至魚泉驛，在苦水之北，高宗咸亨四年置；又西二十五里至黃谷驛；又西四十里至空谷驛，在空谷山南；又西三十里至無窮驛，在無窮山。又西三十五里至其頭驛；又西二十五里至東泉驛；又西四十里至沙州治所州城驛，在州城東二百步。永淳二年，廢山南之黃谷、空谷、無窮三驛，而於山北懸泉谷置懸泉驛，在懸泉水之東，東去魚泉驛四十里，西至其頭驛八十里。其地有懸泉城，蓋守捉城也；又有懸泉祠、寺，蓋爲驛道要衝。此皆南道也，取空谷驛路凡二百四十里，取懸泉驛路凡二百三十里。天授二年，以南道石磧山險，迂曲近賊，遂盡廢南道諸驛，改取北道置驛。北道由常樂驛正西行三十里至階亭驛，在階亭烽側，苦水之北；又西北二十五里至甘草驛；又西二十五里至長亭驛，在長亭烽下；又西南四十里至白亭驛，在白亭烽下；又南二十里至橫澗驛，證聖元年增置；又西南二十里至神泉驛，後其旁置清泉戍，驛亦更名清泉；又西南四十里至沙州州城驛。北道行程凡二百里，大抵皆沿烽戍建置。

沙州都督府圖經（羅振玉鳴沙石室佚書本）云：

「州城驛　在州東二百步，……東北去清泉驛四十里。

清泉驛　在州東北四十里，去橫澗驛二十里。承前驛路在瓜州常樂縣西南。

刺史李無虧以舊路石磧山險，迂曲近賊，奏請近北安置。奉天授二年五月十八日勅，移就北。其驛置在神泉觀庄側，故名神泉驛。今爲淸泉戍，置在驛旁，因改爲淸泉驛。

橫澗驛　在州東北六十里，北去白亭驛二十里。刺史陳玄珪爲中間迂曲，奏請奉證聖元年十二月三十日勅置。驛側有澗，因以爲名。

白亭驛　在州東北八十里，東北長亭驛四十里。同前奉勅移。爲置白亭烽下，因烽爲號。

長亭驛　在州東北一百二十里。東去甘草驛二十五里。同前奉勅移。爲置在長亭烽下，因烽爲號。

甘草驛　在州東北一百四十五里，東南去階亭驛二十五里。前刺史李無虧爲中間路遠，兼有沙鹵，奏請奉勅置。驛側有甘草，因以爲號。

階亭驛　在州東一百七十里，東去瓜州常樂驛三十里。同前奉勅移。爲置在階亭烽側，因烽爲號。

東泉驛　在州東四十里，東去其頭驛二十五里。刺史李無虧爲其路山險迂曲，奏請就北安置。奉天授二年五月十八日勅，移就北，其驛遂廢。

其頭驛　在州東六十五里，西去東泉驛二十五里，東去懸泉驛八十里。同前奉勅移廢。

懸泉驛　在州東一百四十五里。舊是山南空谷驛。唐永淳二年錄奏，奉勅移就山北懸泉谷置。西去其頭驛八十里，東去魚泉驛四十里。同前奉勅移廢。

魚泉驛　唐咸亨四年，刺史李祖路（隆）奏〔奉〕勅置。去州東一百八十五里，東去瓜州常樂驛四十五里，西去懸泉驛四十里。同前奏〔奉〕勅移廢。

無窮驛　在州東一百里，在無窮山置。西去其頭驛三十五里，東去空谷驛三十里。唐永淳二年奏移就北行，其驛遂廢。

空谷驛　去州東一百三十里，在空谷山南置，西去無窮驛三十里，東去黃谷驛四十里。爲同前移道，其驛遂廢。

黃谷驛　去州東一百七十里，東去魚泉驛二十五里。爲同前移道，其驛遂廢。」

據圖經此節記事可作簡圖如次：

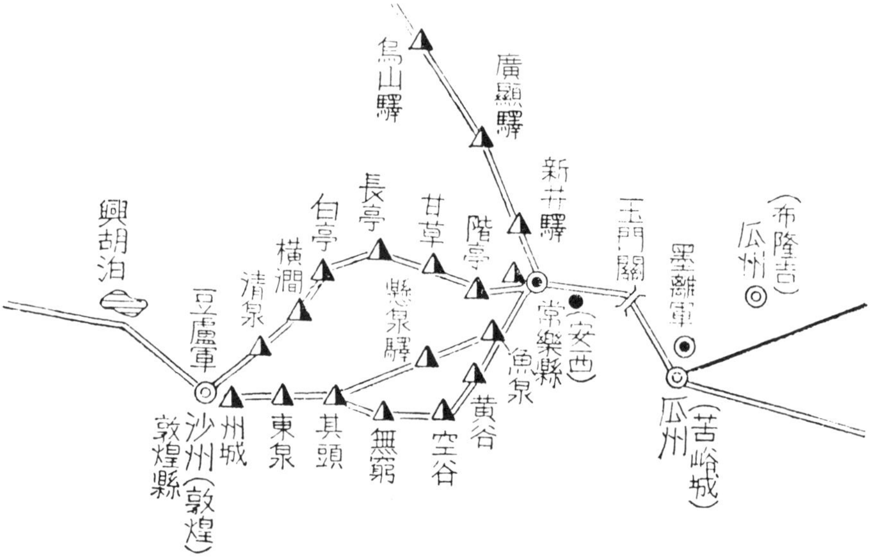

據此段史料，高宗永淳二年以前，道由常樂縣驛西南行，經魚泉、黃谷、空谷、無窮、其頭、東泉六驛至沙州城東之州城驛。是年廢黃谷、空谷、無窮三驛，而於山北置懸泉驛，由魚泉驛西經懸泉驛直取其頭驛、東泉驛至沙州城。至武后天授二年又以南道山險，改從北道，由常樂縣驛西經階亭、甘草、長亭、白亭、橫澗、清泉六驛至沙州城，北道多因烽戍置驛，南道諸驛遂廢。魚泉、階亭兩驛與苦水之相對位置，亦見沙州都督府圖經，已見前引。

此諸驛中，惟懸泉驛地方情形可更進一步考述。沙州圖經有懸泉水條，云「在州東一百三十里，出於石崖腹中，其泉旁出細流一里許卽絕，……三軍人多皆足，人少不盈。側出懸崖，故曰懸泉。」寰宇記一五三沙州敦煌縣目亦云：「懸泉水，一名神泉，在州東一百三十里，出龍勒山腹。……今有祠甚嚴，郡侯歲謁。」則驛在泉東十五里，因泉受名。復考敦煌掇瑣七一常樂副使田宗員啓云：

「把瓜州大道取向東去，從後奔趁，至橫堆東大墥弼地突處，亦見牛蹤。不過其兵馬多分取懸泉奔逐……。其賊向東到懸泉城下……。」

是懸泉尚有城。敦煌文物研究所考古組莫高窟發現的唐代絲織物及其他（文物1972年12期）引天寶七載K122-14號文書，有懸泉守捉。是即守捉城也。又許國霖敦煌石室寫經題記有「懸泉學仕郎」，是必寺名。則其地置驛築城，且有佛寺、神祠，其爲南道要地可知矣。

沙州城內有豆盧軍，管兵四千五百人。

元和志四〇沙州目，「豆盧軍，神龍元年置，在州城內。」又涼州目，述河西節度使統軍，有豆盧軍，「沙州城內，以當匈奴要路，山川迴濶，神龍初，置立豆盧軍以鎮之。管兵四千五百人，馬四百匹。」通典「五百」作「三百」。

瓜沙兩州各有道通伊州（今哈密），亦皆可考見於沙州都督府圖經。沙伊道曰稍竿道；瓜伊道曰第五道，一曰莫賀延磧道。高宗、武后時代，此東西兩道曾交替使用。第五道者，由瓜州常樂縣、驛西北行二十七里二百步至新井驛；又一百五十一里，中經廣顯驛至烏山驛；又北六十九里二百六十步至雙泉驛；又六十四里八十步至第五驛，蓋卽第五烽建置。又北入莫賀延磧，六十八里三十步至冷泉驛；又八十四里至胡桐驛；又八十里至赤崖驛，在伊州柔遠縣西南境。又西北經兩驛二百四十餘里至伊州治所伊吾縣（今哈密 E93°30′·N48°50′），去瓜州九百里。此諸驛大抵皆置戍，與驛同名，可考見於敦煌文書者有廣明戍（卽廣顯）、烏山戍、雙泉戍、第五戍、冷泉戍、赤崖戍，蓋守捉城卽所以維護交通之暢通也。明清大道及今日汽車火車道大抵卽循此古道而行。稍竿道者，由沙州州城驛西北行，一百一十里至興胡泊，又一百三十二里至河倉城（今大方盤城），又三十里至玉門故關城（今小方盤城），又折北行蓋六十六里至鹹泉戍，爲沙伊兩州分界處。又北至稍竿館，置稍竿戍。又北至伊州治所伊吾縣，去沙州七百里。

伊州地望　欲考此道，先當明伊州所在。顧氏紀要六五哈密衞目云，伊吾廢縣卽今備治。是謂唐之伊州在今哈密也。此殆明人通說。西域圖志九，雖仍舊說；然有所疑。其哈喇和屯條云：

「按唐伊州伊吾縣故城基址，史無明文。以元和志、新唐書，伊吾縣南有陸鹽池及鹽池海之說推之，是當時縣治在鹽池北也。若以今哈密城鎭西府城當之，則鹽池在城東北，不在城南，而今哈喇和屯則適居鹽池之北，疑屬唐時伊吾縣故城也。蓋歷代置立州縣治所，不必一處，疑漢伊吾舊城、隋伊吾新城皆在今哈密，至唐景龍四年於伊州西北三百里置伊吾軍，乃移縣治於此，今之哈喇和屯，殆卽其遺址，故南有鹽池，形勢相合耳。」

一統志哈密卷從其說。按淸哈喇和屯在鎭西之東稍北三百二十里、天山之北，當在哈密之北二百里以上，約在今伊吾縣(E94°45′・N43°7′)地區。按唐之伊州南至沙州七百里，東南至瓜州九百里，西至西州七百五十里以上至九百里，指爲哈密地區，最爲適當。且慈恩法師傳云，行莫賀延磧中，忽得靑草水池，「更經兩日，方出流沙，到伊吾矣。」則行盡流沙，卽到伊吾，不云越大山始至。且唐世瓜沙至西州之交通主道旣經伊州，西州在天山之南，驛道無緣先越天山峻嶺，至山北，旋又折入山南也。圖志作者徒執唐代志書鹽池之說以立論，不知西北沙磧地區，山脈無變化，池澤則可隨時變移。況今哈密城南有南湖，西域圖志二四：「南湖在哈密城南二十里，賽巴什湖東來入之，又滙南山口以西諸泉，折而西流二百里，爲沙磧所限。」安知非卽唐代之陸鹽池耶？論西北地理總當通觀形勢，執一水一湖以證古地，往往失之。

瓜沙通伊州驛道　伊州地望已明，玆考瓜沙通伊州之驛道。按此驛道明見沙州都督府圖經云：

「新井驛　廣顯驛　烏山驛　已上驛，瓜州捉。在州（沙州）東北二百二十七里二百步，瓜州常樂縣界。同前奉勅置。（望按謂天授二年五月十八日勅。）遣沙州百姓越界供奉。如意元年四月三日勅移就矟竿道行。至證聖元年（卽天册萬歲元年）正月十四日勅爲沙州遭賊少草，運轉極難，矟竿道停，改於第五道來往。又奉今年二月二十七日勅，第五道中總置十驛，擬供客使等食，付王孝傑幷瓜州沙州審更檢問。令瓜州捉三驛，沙州捉四驛。件檢瓜州驛數如前。

雙泉驛　在州東北四百七十七（按當作四十七）里一百六十步，瓜州常樂縣界。唐儀鳳三年閏十月奉勅，移稍竿道就第五道莫賀延磧置。沙州百姓越界捉。奉如意元年四月三日勅，移就稍竿道行。至證聖元年正月十四日勅，爲沙州遭賊，改第五道來往。南去瓜州常樂縣界烏山驛六十九里二百六十步，北去第五驛六十（脫四？）里八十步。

第五驛　在州東北五百一十一里四十步。同前奉勅置。沙州百姓越界捉。南去雙泉驛六十四里八十步，北去冷泉驛六十八里三十步。

冷泉驛　在州東北五百七十九里一百七十步。同前奉勅置。沙州百姓越界捉。南去第五驛六十八里三十步，北去胡桐驛八十四里。

胡桐驛　在州東北六百六十三里一百七十步。同前奉勅置。沙州百姓越界捉。南去冷泉驛八十四里，北去伊州柔遠縣界赤崖驛八十里。」

據此一段詳細史料，可識數事：⑴以上七驛皆在瓜州境內，爲由南向北至伊州柔遠縣境之驛道。第一條所列新井、廣顯、烏山三驛由瓜州捉；雙泉至胡桐四驛由沙州百姓越界捉。⑵所云去州方位里數皆就去沙州言。雙泉驛在沙州東北「四百七十七里一百六十步」，校以第五驛至雙泉里數，此「七十」當爲「四十」之誤，即雙泉實在沙州東北四百四十七里。⑶雙泉驛南至烏山驛六十九里二百六十步，則烏山驛當在沙州東北三百七十八里。第一條所謂「州東北二百二十七里二百步」者，係就第一驛新井驛而言，則烏山南至新井當爲一百五十一里，廣顯驛居其間。⑷圖經之文先述沙州東至常樂諸驛，起清泉至階亭，「階亭在州東一百七十里，東去瓜州常樂驛三十里。」下卽接列新井三驛，云新井在州東北二百二十七里二百步，卽在常樂之北二十七里二百步。綜合上列四點觀之，卽由常樂縣驛北行二十七里二百步至新井驛，又北一百五十一里，中經廣顯驛至烏山驛，又北六十九里二百六十步雙泉驛，又北六十四里八十步至第五驛，又北六十八里三十步至冷泉驛，又北八十四里至胡桐驛，又北八十里至伊州柔遠縣境之赤崖驛。此卽所謂第五道也。

又據新井驛、雙泉驛兩條記事，儀鳳三年（678）閏十月勅移稍竿道就第五道莫賀延磧置驛。如意元年（692）四月三日勅仍移就㵎竿道行。證聖元年（即天册萬歲元年，695）正月十四日勅又改由第五道往來。下文「又奉今年二月二十七日勅第五道中總置十驛」者，此「今年」當即次年之萬歲通天元年（696），蓋是年三月王孝傑已免官，數月敗沒。（參看舊九三本傳及通鑑二〇五）是在高宗武后時代，時取㵎竿道，時取第五驛莫賀延磧道。今分論此兩道如下：

先論第五道　元和志四〇伊州目，「東南取莫賀延磧路至瓜州九百里。」（寰宇記，瓜州西北至伊州九十里。十爲百之譌。）當即指沙州圖經之第五道經莫賀延磧之通道而言，亦即上文所引由常樂北至柔遠縣境之驛道也。復考慈恩三藏法師傳述貞觀三〔元〕年，玄奘西行云：

「遂至瓜州。……因訪西路，或有報云，從此北行五十餘里，有瓠𤮏河，……上置玉門關。路必由之。……關外西北又有五烽，候望者居之，各相去百里，中無水草，五烽之外，即莫賀延磧，伊吾國境。聞之愁憒。……有一胡人……言送師過五烽，法師大喜，……於是裝束與少胡夜發，三更許到河，遙見玉門關，……旣渡而喜，因解駕停憩。……天欲明，……欲發，胡人曰，弟子將前途險遠，又無水草，唯五烽下有水，必須夜到偷水而過，但一處被覺，即是死人，不如歸還。……法師知其意，遂任還。……因是孑然孤遊沙漠矣。惟望骨聚馬糞等漸進，……逕八十餘里見第一烽。……夜到第四烽，……烽官相問，答欲往天竺，……第一烽王祥校尉故遣相過。彼聞歡喜……云，師不須向第五烽，彼人疏率，恐生異圖。可於此去百里許有野馬泉，更取水。從此已去，即莫賀延磧，長八百餘里，古曰沙河，上無飛鳥，下無走獸，復無水草。……行百餘里失道，覓野馬泉不得。……更經兩日（狀作三日）方出流沙，到伊吾矣。」④

據此，唐初瓜州至伊吾已取莫賀延磧道，磧南就有水處置五烽，防守甚嚴，五

④ 玄奘此段行程參看斯坦因玄奘沙州伊州間之行程，刋見西域南海史地考證譯叢。又辛卯侍行記五，「大戈壁，安西至哈密千里，無田疇樹木，惟有水處設軍塘驛站，因掘地不盡得水，故每站相距遠近不等，沿途平曠無垠，如泛滄溟。」此見磧中景觀。

烽相去或八十里或近百里，其第五烽去瓜州蓋四百餘里，幾五百里。核之沙州圖經所記里數，第五驛南至常樂縣三百一十一里，即至瓜州四百二十六里，里數頗相當，疑第五驛即唐初之第五烽也⑤。然則玄奘所行亦即略循沙州圖經之第五道也。

圖經所記第五道既即玄奘所行與元和志所記之瓜州至伊州道，今再推求「總置十驛」中除瓜州境七驛（即上文所述瓜州所捉三驛，沙州百姓越境所捉四驛）外之各驛所在，亦即此道北段之路線。

此道北段之路線有兩種可能。或經柔遠縣城，或不經縣城。玆續論之如次：

首先所已知者，柔遠縣境之赤崖驛必爲十驛之一。赤崖南去常樂縣五百四十三里，即南去瓜州六百五十八里。據元和志及寰宇記，皆云柔遠縣在伊州東南二百四十里。在州東南，頗有爲此大道所經之可能。前述瓜州至伊州取莫賀延磧路九百里，則赤崖驛至柔遠縣城僅二里，似即爲縣城驛。然圖經云驛在「縣界」，且大道自常樂北行凡七驛至胡桐，剛入柔遠縣界即抵縣城，亦絕不合理。明赤崖驛絕非柔遠縣驛。所謂九百里者可作大數解，則赤崖當爲柔遠縣南之一驛，北去柔遠縣城當有三五十里。另外兩驛自當解釋爲在柔遠西北至伊州二百四十里之道上矣。然此種解釋本身有一大弱點，即柔遠縣城必亦置驛而不計算在內。且唐光啓元年書寫之沙州伊州地志殘卷（據羽田博士史學論文集上卷所錄）之伊州篇云：

「伊吾縣在郭下。……（有）戍三：□亭、赤崖、䅳竿。」

「柔遠縣，西南去州二百四十里。」

是柔遠縣在伊州東北，與元和志、寰宇記作東南者不同。此已使大道經柔遠縣城之說發生問題，但尚不能斷。最足使道經柔遠城之說發生問題者，乃因伊吾縣有赤崖戍。赤崖地名之範圍不會太大，前引沙州圖經，有赤崖驛在柔遠境界，而此沙州伊州地志，有赤崖戍在伊吾縣境。戍驛同名，縱非一地，亦必相去不遠，而分屬兩縣，（或即在一地，而屬所之縣因時而異。）而縣治又相去

⑤ 岑仲勉先生以慈恩傳之五烽釋魏略之五船，見中外史地考證所收歷代西疆路程簡疏頁六九四，蓋誤新舊玉門關爲一耳。

二百四十里之遙，則赤崖地名決不在柔遠縣南三五十里，而當在柔遠西南，伊吾東南皆甚遠。是大道當不經柔遠縣城，而由赤崖向西北直趨伊吾，中間二百四十餘里，置二驛。就赤崖、胡桐、冷泉三驛間之距離八十里、八十四里觀之，赤崖至伊吾中間置二驛，正各相去八十里也。故此道不經柔遠縣城之可能性爲大。柔遠縣，辛卯侍行記云在沁城左右。沁城，回語呼爲「塔什伯拉克」，「塔什」石也，「伯拉克」廟也；在大泉東一百九十里。今圖約 E94°40′·N42°50′，與伊州之相對位置距離略相合。

復按上文已引沙州伊州地志，伊吾縣有赤崖戍，當與赤崖驛相近。又巴黎藏敦煌文書第2862號紙背（惜失錄此文書出處。）有烏山戍，双泉戍，第五戍，冷泉戍，且數見，各與上考之驛同名，又有廣明戍，明卽顯，高宗年號「顯慶」或寫作「明慶」卽爲一例。然則驛多置戍也。

次論稍竿道　據此圖經所記，唐代前期，稍竿道與第五道交替使用，兩道對舉，第五道既在沙州之東北，爲東道，則稍竿道當爲西道。考寰宇記一五三伊州目云：

「（伊州）正北〔南〕微東取梢竿館路至沙州七百里。」

按元和志四〇，伊州「正南微東至沙州七百里。」寰宇記「北」爲「南」之誤無疑。「梢竿」自卽「稍竿」之異寫，是所謂「稍竿道」者，卽取道稍竿館也。前引光啓元年所書寫之沙州伊州地志殘卷，伊吾縣所屬有稍竿戍、赤崖戍。赤崖戍既在縣之東南，與柔遠縣接境，則稍竿戍當在赤崖戍之西，正當稍竿館路所行地區。置戍卽所以保衞此通道耳。

復考通典一七四，沙州「北至故鹹泉戍三百三十六里，與伊吾郡分界。」寰宇記一五三，全同。此戍當在道上，南去沙州，北去伊州里程略均。

又考沙州都督府圖經云：

「興胡泊，東西十九里，南北九里，深五尺。在州西北一百一十里。其水鹹苦，唯泉堪食。商胡從玉門關道往還居止，因以爲號。」

羽田亨云，「興胡」卽「商胡」。（羽田博士史學論文集上卷興胡名義考。）據此條，商胡來往經此泊及玉門故關。元和志，沙州壽昌縣「東至州一百五里。」志又云：

「玉門故關在縣西北百一十八里，謂之北道，西趨車師前庭及疏勒，此西域之門戶也。」

寰宇記云壽昌縣在州之西南一百五十里。元和志奪「十」字。按玉關故城西北直通西州之道（即漢世敦煌趨車師前庭之新道。）唐世雖尚存，然無井泉水草，沙磧難行，商旅往來絕少，（詳後文。）此云「商胡從玉門關道往還」，蓋仍取伊州道，即梢竿道也。故可斷興胡泊及玉門故關皆在此道上。玉關故城，道光敦煌縣志以爲在敦煌西北之小方盤城，斯坦因所指認之遺址在敦煌西E94°以西者，亦即其地。辛卯侍行記以今大方盤城當之，非也。勞文已有詳細論證，可無疑矣。小方盤城高踞原頭，二三十里外即可望見，正當爲置關之所。復考沙州都督府圖經云：

「阿倉城周廻一百八十步，在州西北二百四十二里，俗號阿倉城，莫知時代，其城頹毀，其址猶存。」

又倫敦藏石室本S.5448 敦煌錄亦云：

「河倉城，州西北二百三十里，古時軍儲在彼。」（此條轉引自向達兩關雜考。）

檢通典一七四，沙州「西北到河蒼烽二百四十二里。與廢壽昌縣分界。」寰宇記作阿蒼烽。蓋皆即一地，因城置烽耳。向氏兩關雜考云，「河倉城，以今地考之，即在古玉門關故址之小方盤城東四十里，俗名爲大方盤城者是也。」又云，民國三十二年曾出石碣，云泰始十一年造，即造此城也。勞文云大方盤在小方盤之東三十里，今去大道不遠。所出漢簡大半有關稟給，故亦疑爲一倉庫。殆即此河倉城也。蓋古道即自沙州西北行一百十一里，至興胡泊，又一百三十二里至河倉城，又三四十里至玉門故關，然後北至鹹泉也。惟據此計算，自州城西北至玉門故關已二百七八十里，而唐宋志書記沙伊間僅七百里，則伊州南至玉關僅踰四百里，觀今圖，里距似頗不合。或者元和志云，玉門故關「西趨車師前庭及疏勒，此西域之門戶也。」乃專指漢代舊事言，於唐則爲已廢棄少人行之沙海道，（詳後文。）至於沙州北通伊州之道則未必經此故關也。

但經此關，就路線言亦不算迴繞，故終疑莫能定，姑存待考。

伊州之北時羅漫山（天山東段巴爾庫山）有貞觀十四年姜行本所立紀功碑，在今哈密東北約百里、鎭西（巴里坤 E93°•N43°37′）東南一百六十餘里之天山隘道中之一山頂，俗名庫舍圖（濶石圖），漢言碑嶺，在松樹塘（E93°35′•N43°20′）南十餘里，約今天山廟（約 E93°40′•N43°10′）。此爲西北通伊吾軍（今鎭西）西循天山（今巴爾庫山脈）北麓至北庭都護府之孔道。姜行本大軍至伊州，依山取木造攻具，故立碑於此高顯處，非必大軍通過此道也。

姜行本記功碑（金石萃編四五）以貞觀十四年六月立。有云：

「以通川公（行本封通川縣男）深謀間出，妙思縱橫，命□前軍，營造攻具，乃……率驍雄鼓行而進，以貞觀十四年五月十日師次伊吾時羅漫山，北登黑紺所（?）未盈旬日，尅成奇功，伐木則山林殫盡，叱咤則川谷蕩薄，衝梯暫□，百□冰□，機檜一發，千石雲飛，墨翟之拒無施，公輸之妙詎比。」

按此，似是過時羅漫山者。考舊五九姜行本傳云：「及高昌之役，以行本爲行軍副總管，率衆先出伊州，未至柳谷百餘里，依山造攻具。其處有班超記功碑，行本磨去其文，更刻頌陳國威德而去。遂與侯君集進平高昌。」是則釋爲道經此山固可，但亦可認爲只依山造攻具，非此次行軍必經此道也。檢一統志哈密卷山川目，「庫舍圖嶺在哈密東北五十里。庫舍圖，譯言碑也。嶺以碑名，上有唐左屯衞將軍姜行本勒石文。雍正十一年，將軍查郞阿開南山運道，經數十折達於山頂。」又王昶跋尾引乾隆間錢塘施養浩出塞存稿邊碑詩自註云：「雍正九年，大將軍查郞阿以（巴里坤）南山達坂陡峻，不能運車糧，乃相度山形，開鑿以通之，山巓得唐碑，係貞觀十四年伐高昌……左屯衞將軍姜行本勒石紀文碑。」又西北叢編卷四，鎭西縣勝蹟條，雍正七年，岳鍾琪在鎭西城東五十里獲漢裴岑紀功碑。又城東七十里爲奎蘇（E93°25′・N43°35′），又東八十里爲松樹塘（E93°35′・N43°20′），塘東南十餘里，俗稱天山頂，即唐姜行本碑所在。是則唐碑在今鎮西縣東偏南一百六十餘里，哈密縣東北五十里之天山巔。授堂金石跋云「碑今在哈密城北天山之麓，土人名瀾石圖，漢言碑嶺也。」按此云碑在哈密北五十里，而別處記載云百里以上，詳北庭通西州伊州諸道篇。檢視地圖，鎮西東南至哈密應不只二百一二十里，但碑嶺在松樹塘南只十餘里，則明見記載，即今圖之天山廟，（北庭篇所引材料亦云有武廟。）就圖中里距度之，當在哈密西北去鎮西途程三分之一處。ONC-F-7，此處爲一隘道，其西天山頂峯高達 14094 呎（4297公尺），東山高達 10050 呎（3064公尺），隘道通過處，海拔低得多，自不能謂之山巔，蓋僅道中一山頂耳，以視頂峯亦不妨謂之山麓也。蓋姜行本兵至伊州，屯駐之。因採時羅漫山之木材造攻具，遂立碑於此，非必行經此道也。觀其取柳谷道可知。

伊州西至西州有南北兩道。北道由伊州西行經益都，凡一百二十里至納職縣，約今 Lapchuk（即四堡，約 E92°50′·N42°55′）。新志云「自縣西經獨泉，東華，西華，駝泉，渡茨萁水，過神泉，三百九十里有羅護守捉，又西南經達匪，草堆，百九十里至赤亭守捉，與伊西路合。」此道置館驛，神泉、達匪、草堆、羅護、赤亭諸館驛名，皆可考見於吐魯番出土文書。文書又有狼泉驛，頗疑新志獨泉爲形譌也。其羅護與赤亭置守捉，即鎮城也。度此道，蓋與今伊吾西通吐魯番之舊驛道，即今日北線汽車道經瞭墩（E92°20′·N43°10′）、一碗泉（E91°58′·N43°25′）、七角井（一作七箇井，E91°35′·N43°30′）、東鹽池（E90°25′·N43°30′）、惠井子（E91°15′·N43°30′）、西鹽池（舊名納呼，E91°5′·N43°25′）、土墩子（E90°45′·N43°5′）、七克騰木（一作齊克塔木，E90°35′·N43°）至鄯善縣（舊闢展，E90°10′·N42°50′）者，畧相當。羅護即今西鹽池（舊名納呼），赤亭即今七克騰木。唐史所記高昌東境之柳谷隘道，又稱長谷者，蓋即自今西鹽池以西之山峽迤東至東鹽池山峽百餘里間仄隘難行之谷道也。南道即新志所謂「伊西道」，亦經納職縣。由縣直西行渡大患鬼魅磧，「地無水草，載糧以行，凡三日至鬼谷口避風驛。」又西至赤亭與北道合。度此道蓋與今日鐵路線約相當，避風驛蓋今十三間房（E91°10′·N43°）稍東地區歟？兩道既會於赤亭，故稱道口，爲要衝，岑參詩篇屢見其名。赤亭西行約九十里至白力城（今鄯善，E90°10′·N42°50′），又約四十里至柳中縣，即古田地城（今魯克沁，E89°45′·N42°45′），置柳中驛，蓋又有北館。又西約四十里至西州治所高昌縣，即古高昌城也。故城尚存，在今魯克沁西北，勝金臺西南，阿斯塔拉之南，E89°40′·N42°50′⑥處。縣置寧戎驛，蓋在北郭外。

南北兩道　新唐志伊州納職縣條云：

「自縣西經獨泉、東華、西華、駝泉，渡茨萁水⑦，過神泉，三百九十里有羅護守捉，又西南經達匪、草堆，百九十里至赤亭守捉，與伊西路合。別自羅護守捉西北上乏驢嶺百二十里至赤谷，又出谷口，經長泉、龍泉，百八十里有獨山守捉，又經蒲類百六十里至北庭都護府。」

此所記伊州至西州道甚詳。據此文，兩州間之交通線似有兩道，一爲伊西道，一即此條所詳記之道也。觀「別自羅護守捉西北上乏驢嶺」至北庭云云，知此所詳記自納職出發之道，乃北道，所謂伊西道乃南道，兩道至赤亭會合也。

復考宋史四九〇外國傳六高昌國傳引王延德使高昌記曰：

「次歷拽利王子族，有合羅川，唐回鶻公主所居之地，城基尚在，……次歷小石州，次歷伊州。州將陳氏，其先自唐開元二年領州，凡數十世，唐時詔勅尙在。……次歷益都，次歷納職城。城在大患鬼魅磧之東，南望玉門關甚近。地無水草，載糧以行。凡三日至鬼谷口避風驛，用本國法設祭，出詔神禦風，風乃息。凡八日至澤田寺。高昌聞使至，遣人來迎。次歷地名寶莊，

⑥ 高昌故城及以上各地名之經緯度皆據張編地圖集，參以ONC 圖所擬定者。後得中國地名錄（中國地圖集地名索引），檢高昌故址在E89.6°·N42.8°，即 E89°36′·N42°48′，應更爲正確。但其他地名，地名錄多未入錄，且余此書改定時，地名錄不在手邊。故全書地名經緯度皆不能更改，故此故城址亦不改，好在相差亦不大。

⑦ 按魏書一〇一高昌傳，太和二十二年，高昌王馬儒欲舉國內徙，帝使韓安保自伊吾迎之，至羊榛水。儒遣使迎安保，去高昌四百里，而安保不至。北史西域傳同。疑此羊榛水即茨萁水歟？

又歷六種，乃至高昌，高昌卽西州也。」

按延德以太平興國六年出使，八年回程，雍熙元年至京師，則上距五代僅二十年。所行當卽唐五代時期之故道，所謂避風驛者或卽唐代故驛。又此行程亦經納職，殆取新志所云之伊西道；「南望玉門關甚近」者，雖臆測之辭，亦見其爲南線也。

此外唐代初年尙有兩項記載。其一，慧立慈恩法師傳云：

「出流沙，到伊吾。……法師意欲取可汗浮圖過；既爲高昌所請，辭不獲免，於是遂行南磧，經六日至高昌界白力城。時日已暮，法師欲停。……使者曰，王城在近，請進，數換良馬前去，……卽以其夜半到王城。」

按此云「行南磧」，似指南道而言，然觀此文與可汗浮圖城道對舉，則只能斷定玄奘係行天山之南，至於取南道抑北道，固不能斷。所可知者，去伊州六日程接近高昌國處，有白力城。其二，通鑑一九五貞觀十四年紀，述侯君集伐高昌事云：

「高昌王文泰……聞唐兵臨磧口，憂懼不知所爲，發疾卒。……軍至柳谷，鼓行而進，至田城（考異曰，實錄作田地城，今從舊傳。按田城卽田地城也。）⑧……攻之，及午而克。虜男女七千餘口，……夜趨其都城，高昌逆戰而敗。」

據前引舊五九姜行本傳，柳谷當在伊州西百里以上，當大道。胡注引新志，「西州交河縣北行二百一十里至柳谷渡。」爲說，誤也。按伊西地區蓋多柳，故西州之東有柳中縣，交河之北有柳谷渡，元和志柔遠縣有柳谷水，不可執一而說也。然道經谷地，似當行天山南麓，卽前述南北兩道之北道，亦卽似行新志所詳記之道也。又據此文，知近高昌都城處有田地城，人口頗多。

由上言之，伊州西至西州有南北兩道。北道經益都至納職縣，又西經獨泉、東華、西華、駝泉，渡茨萁水，過神泉，至羅護守捉城，又西南經達匪、草堆至赤亭守捉城，東去納職縣五百八十里。納職在大患鬼魅磧之東。王延德所行者爲南道，故云「南望玉門關甚近」也。其東端亦經納職縣，西經大患鬼魅

⑧ 檢舊六九侯君集傳及一九八高昌傳，皆作田地城，不作田城。

磧，凡三日約二三百里至鬼谷口，蓋卽鬼魅磧口，地有風險，故驛以避風名。觀其日程，當在赤亭以東。通鑑所記之柳谷，當在納職至赤亭間。至其所記田城（當作田地城）及慈恩傳所記之白力城，王延德所記之澤田寺、寶莊、六種，皆當在赤亭以西道上也。今就以上地名之別可推證者續考如次：

納職縣　元和志四〇伊州，「納職縣東北至州百二十里。」寰宇記一五三，方向里數同。而沙州伊州地志殘卷納職條作「東去州一百廿里」，無北字。近代中外學人皆以爲卽 Lapchuk，亦卽今圖之四堡。⑨按西域圖志九，「拉布楚喀亦名五〔四〕堡，⑩……東距哈密城一百四十里，境有村莊凡十三，泉九處，小河一道。」此卽 Lapchuk，誠與納職之音爲近。檢明永樂間陳誠西域行程記云：

「十五日早起，由哈密城東門外渡溪水向西行，皆平川，約行七十餘里，有人烟好水草處安營。十六日晴明，起向西行，有古城名臘竺，多人烟樹木，敗寺頹垣。此處氣候與中原相似。過城通行九十餘里，好水草安營。」（此條岑仲勉先生曾引用。）

就方向里距而言，近代之拉布楚喀 Lapchuk 卽臘竺之遺音無疑，而臘竺又卽唐宋時代納職之音寫，亦無疑也。觀其氣候及人烟樹木敗寺頹垣之狀況，尤可徵信。

避風驛　據王延德記，由納職三日行，至此，地有大風，當在納職西二三百里處。考清咸豐間楊炳堃西行記程二，哈密至烏魯木齊（廸化）有兩道，大道由哈密北經鎮西，使車多由之。又有小南路，自哈密至白山子與大北道合。小道可避天山撻坂之險，貨運較易，故商販均取小南路。小南路經十三間房，有風險。又西北叢編卷三民國八年四月十九日條，由哈密西行二百六十八里至瞭墩，此處西去吐魯番有兩道，南道經胡桐窩至十三間房，凡二百八十里。「以

⑨ 辛卯侍行記云，哈密西一百二十里三堡驛，「纏回呼此地曰托和齊，言長官舊住也。唐納職縣東距伊州一百二十里，今三堡距哈密適符此數。又托和齊三字，急讀之音正近納職，故城在此無疑」。是以三堡當之，爲異說。而四堡在三堡西南十五里，回稱拉布楚喀，不在陶氏行道上。檢今圖，亦不當道。

⑩ 觀前後次序，此「五」爲「四」之譌。張編地圖集・北部新疆圖，五堡在四堡西南不遠，名 Kara doba（喀拉多巴）。

十三間房屢有怪風，今無行之者。」（下述左文襄西征時，一陣大風造成之慘案甚詳。）其地東去哈密五百四十八里，（行順那湖之北）西至齊克塔木一百三十里。又九十里至鄯善縣，又二百一十里至吐魯番，即十三間房西去吐魯番四百三十里。檢張編地圖集・北部新疆圖，十三間房（E91°10′・N43°）約居哈密與吐魯番之正中間，在今鐵道上。就形勢論，此正當唐之伊州西通西州道上，疑避風驛即約當今十三間房稍東地帶。檢侍行記六，瞭墩驛「正西舊驛路九十里胡桐窩，七十里三間房，……一百二十里十三間房，……一百三十里七克騰木。此路恒有怪風，因改設驛站於一碗泉。……宋史外國傳，……避風驛殆今三間房歟？」所擬略同，但恐不得有一百三十里之遠耳。

白力城　據慈恩傳所記，此城當在高昌城東不算太遠。考魏書四三唐和傳，和兄契爲伊吾王，「爲蠕蠕所逼，遂擁部落至於高昌。蠕蠕遣部帥阿若率騎討和，至白力城。和率騎五百先攻高昌，契與阿若戰歿。」下文又云和復攻高寧、白力二城。通鑑一二四，繫此事於宋元嘉十九年，而文稍略。胡注：「李延壽曰，高昌國有四十六鎮，交河、田地、高寧、白刃、橫截等，餘不具載。白力當作白刃。」按南史七九西域高昌傳，「置四十六鎮，交河、田地、高寧、臨川、橫截、柳婆、洿林、新興、寧由、始昌、篤進、白刃等。」胡注當據此而言。檢梁書五四西域高昌國傳，與南史同，惟寧由作由寧，白刃作白刀。又考魏書一〇一高昌傳，太和二十一年，高昌王馬儒請內徙，高祖遣韓安保率千騎赴之，及過伊吾，儒遣長史顧禮「迎安保至白棘城，去高昌百六十里。」按此白棘城與唐和傳、慈恩傳之白力城地望頗相當，蓋即一音而異寫耳。南史作白刃、梁書作白刀，皆白力之形譌，非「力」譌也。胡注誤。其地，辛卯侍行記六以爲在闢展，即今圖之鄯善縣。中外學人如馮承鈞、松田壽男、島崎昌等皆承其說，蓋略近之。

田地城、柳中縣及驛　初學記八隴右道目引地輿志曰：「晉咸和二年置高昌郡，立田地縣。」則田地之名極早。前引李延壽說，田地城爲高昌四十六鎮之一，是也。侯君集以日午克田地城，遂夜襲高昌都城，其去高昌自亦不遠。通典一九一邊防高昌傳，魏太和末，麴嘉爲王，「國內有城十八，置四十六鎮。

官有令尹，有交河公，田地公，皆其王子也。」貞觀十四年，滅高昌，「以交河城爲交河縣……田北城爲柳中縣。」田北即田地之譌。檢元和志四〇，西州有柳中縣，「西至州三十里。貞觀十四年置，當驛路程，極險固。」則田地城即柳中縣，在西州東三十里也。寰宇記一五六，柳中縣在州東四十四里。里距小異。黃文弼高昌疆域郡城考（國學季刋三卷一期）云，王延德所記六種乃柳中之對音。未知確否？西域圖志一四闢展條：「今魯克察克爲唐柳中縣，在闢展西七十里。」又魯克察克條，云：「按今魯克察克，本漢柳中地，戊己校尉城此，因名柳城，後訛爲柳陳，轉爲魯陳，復轉爲魯克塵。肅州新志作魯谷慶，一名魯普秦，後名魯克沁，要不外音之相襲成訛也。」黃文弼似未檢此條，但亦以魯克沁當之。其言曰，纏民讀「克」均爲語助詞，有音無字，「沁」則讀如「慶」，即城也，如吐魯番城曰吐魯番沁爾是也。馮承鈞高昌城鎮與唐代蒲昌（中央亞細亞創刋號）亦云田地城非魯克沁莫屬。今檢張編地圖集，鄯善（即闢展）至吐魯番間有魯克沁地名。元和志云柳中縣「當驛路程」，自置驛無疑。新疆歷史文物頁五一，云出土文書有柳中驛，惜吐魯番出土文書已出各册尙未刋佈此件文書。又大庭脩北館文書（西域文化研究第二，敦煌吐魯番社會經濟資料上）以爲北館在柳中縣，今姑書之。

赤亭守捉城　據前文所考，赤亭爲伊州西行之南北兩道會合處，自爲要地，故置守捉。復考日比野丈夫唐代蒲昌府文書の研究（京都東方學報第三十三册）引寧樂美術館所藏文書有赤亭、赤亭鎭之名，（又有赤京鎭，疑亦赤亭鎭之誤釋。）近出吐魯番出土文書第四册阿斯塔那78號墓文書第14—19，皆爲西州蒲昌縣下赤亭烽帖，或云赤亭烽，或云赤亭鎭。即其地，且置鎭也。敦煌石室佚書本西州志殘卷記州境十一道，首爲赤亭道，惜下文殘闕⑪，當即指西州通伊州之道也。以其當兩道之會口，爲西行道中之要衝，故岑參詩篇屢詠及之。如：

武威送劉單判官赴安西行營便呈高開府云：「曾到交河城，風土斷人腸，寒（紀事作塞）驛遠如點，邊烽互相望，赤亭多飄風，鼓怒不可當。」（全唐

⑪ 據日比野丈夫同上文及馮承鈞高昌城鎭與唐代蒲昌所引。余所用鳴沙石室佚書本西州圖經缺此道及新開道。

詩三函八册參集一，唐詩紀事二三。）

天山雪歌送蕭沼歸京云：「北風夜捲赤亭口，一夜天山雪更厚。」（同上參集二，紀事同上。）

火山雲歌送別云：「火山突兀赤亭口，火山五月火雲厚。」（全唐詩同上。）

送李副使赴磧西官軍云：「火山六月應更熱，赤亭道口行人絕。」（全唐詩同上。）

按此四詩，三稱道口，兩涉多風，即爲今考之赤亭鎮守捉無疑。其地當在今鄯善縣以東。中外學人，皆以爲即清代齊克塔木，一作七克騰木之本音。此說創始於辛卯侍行記，岑仲勉先生又申其說，並引陳誠西域行程記，明初七克騰地尙名赤亭也。見其所著吐魯番一帶漢回地名對音（史語所集刊十二本）。按七克騰木，侍行記云在闢展東九十里。西北叢編三，齊克塔木一作七克騰木，在鄯善縣東九十里。里距相同。檢侍行記六云，由瞭墩驛（E92°20′・N43°10′）西北行經一碗泉（E91°58′・N43°25′），七箇井（今七角井E91°35′・N43°30′），東鹽池（E91°25′・N43°30′），折西南行至西鹽池（E91°5′・N43°25′），舊名納呼，又西南行一百零六里至土墩子驛（E90°45′・N43°5′），又三十四里至齊克塔木（E90°35′・N43°）。又云瞭墩驛正西舊驛路，九十里胡桐窩（E91°5′・N43°5′），七十里三間房，一百二十里十三間房（E91°10′・N43°），一百三十里七克騰木。此路恆有怪風，因改設驛站於一碗泉。七克騰木即齊克塔木。按土墩子、十三間房以東諸地名，皆見於張編地圖集・北部新疆圖，七克騰木在十三間房西一百三十里，在土墩子西南三十四里，鄯善縣東北九十里，則當在同圖之南湖左近或稍北無疑。檢 ONC-F-7，有 Chik-Tam 地名，在 E90°35′・N43°，即齊克塔木也，觀經緯度，正當在土墩子之西南不遠處。又據新疆歷史文物頁五一，云吐魯番出土文物所見館驛名有赤亭。又馬伯樂斯坦因中亞細亞第三次探險漢文文獻有赤亭館名。[12] 惜吐魯番出土文書纔刋五册，尙未見此館驛名。

羅護、達匪　日比野丈夫唐代蒲昌府文書の研究引寧樂美術館所藏文書有羅

[12] 轉引自孔祥星唐代新疆地區的交通組織長行坊，中國歷史博物館館刋，1981年3期。

護、羅護烽及達匪等地名，即此新志所記者無疑。日比野云：「斯坦因第三次中亞探險漢文文書第二七五號及大谷探險隊所獲文書第三三五四號，有羅護鎮。安部健夫以爲即今之納呼。」檢西域圖志一四，納呼「西距闢展城（今鄯善縣）二百一十里。四圍皆山，濱湖之地可駐牧。其西谷狹而深，爲闢展東境關隘。」又云：「齊克塔木在納呼西一百四十里，東距闢展城七十里，（實在闢展東七十里。）自納呼西入谷口，山徑崎嶇，自高而下，七十里就平地，又七十里至齊克塔木。」前引侍行記亦云西鹽池舊名納呼，西至七克騰木一百四十里。就字音里距及形勢言，羅護鎮守捉固當即今之納呼也。羅護、達匪皆置館驛，亦見新疆歷史文物頁五一。金祖同流沙遺珍有達匪館名⑬。檢吐魯番出土文書第四册補遺頁四五有唐下西州柳中縣殘文書爲勘達匪驛丁差行事。惜有關羅護驛文書尚未見刋佈。

柳谷、長谷　前於南北兩道條引通鑑，高昌之東道上有柳谷。又舊五九姜行本傳，伊州西百餘里道中有柳谷。則此柳谷當甚長。考初學記八隴右道目引十三州志，「高昌壁……有長谷在東。」必即指柳谷而言。今按吐魯番以東皆平地，至齊克塔木與納呼（西鹽池）之間始有峽谷，上引西域圖志已言之。復考侍行記云：一碗泉「正北距天山六七里」，一碗泉西行車播甚，四十八里入峽，約十六、七里出山峽。西行平曠。又五十里七箇井子，又西北行戈壁，三十二里至東鹽池驛，南向烏克塔克（回呼山曰塔克），北負高巖，係天山一幹向南突出如伸臂。又西南行正對烏克塔克，「二十里入山間，左右相去各三四里，徧地碎石，轢輪如鋸。漸行漸高，三十里惠井子驛。……至此入山峽，寬數丈，兩旁峯巒重疊，積雪眩目。十五里路益窄，僅容車，曲折升坡，多石子，車播甚。五里始下坡，十里至平地。十里沿草灘之東向西南行，五里西鹽池驛，舊名納呼，四圍皆山。……自西鹽池東南入山峽，折向西南，幽曲漸升，十六里出山，平曠多沙阜，又九十里土墩子驛。」此段描寫東鹽池西至西鹽池西之山峽谷口凡一百餘里之險隘谷道甚詳；東鹽池以東仍有谷道。則此谷道之長可知，蓋即唐史所記之柳谷又名長谷也。

---

⑬ 與注⑫同。

狼泉驛、神泉館驛　吐魯番出土文書第四册（補遺頁四三）阿斯塔那517號墓文書，有唐開耀二年狼泉驛長□行牒爲驛丁欠闕事云，「下蒲昌、柳中兩縣□勘欠闕所由……」按新志有獨泉，蓋狼泉之形僞歟？姑存待考。又新疆歷史文物頁五一列舉出土文物有十五個館驛名，就中有「神泉」，當卽新志之神泉，惜出土文書尚未刋布有神泉館驛之文件。

西州高昌縣　西域圖志一四，哈喇和卓，「在洋赫西北三十里，東北距闢展城二百六十里。地方三百里，舊城已廢，……唐交河郡高昌縣治也。」馮承鈞譯伯希和高昌和州火州哈喇和卓考（收入史地叢考）云：「紀元初時，車師前部中又有高昌壁，爲漢兵屯住之所，應爲後之哈喇和卓。當紀元四六年時，闞伯周始稱高昌王（見北史），顧名思義，其都城應爲漢之高昌壁也。近日格林維對耳（Grunwedel）在哈喇和卓附近之雅圖庫城（Ydygut, Sahri）所發現五世紀之古碑，自經弗蘭克（Franke）譯出之後，前說遂以證實。……六四〇年，唐兵所取之高昌都城亦在哈喇和卓。……九八一年王延德使高昌，卽其地也。」是與西域圖志之說相同。而黃文弼高昌疆域郡城考稱伯氏之說未可信，云詢之土人，舊城在阿斯塔拉，義謂二堡；在今吐魯番東南七十里；哈喇和卓在二堡之西約十餘里，地名三堡。是黃氏新說在舊說之東十餘里耳。按明史三二九西域傳，「火州（和卓）又名哈喇，……隋時爲高昌國，唐太宗滅高昌，以其地爲西州。……東有荒城，卽高昌國都。」是明人已有高昌故城在哈喇和卓之東之說。又檢西域圖志一四，魯克察克卽魯克沁，在闢展城西二百十里，哈喇和卓在闢展城西二百六十里，若唐柳中縣誠在魯克沁，則據元和志、寰宇記，柳中去高昌三十里或四十四里，則高昌城固應在今哈喇和卓稍東，或者黃說爲更爲準確歟？據文物考古三十年·建國以來新疆考古的主要收獲，高昌故城址在吐魯番東南約四十公里，周約五公里，基本完好。吐魯番出土文書前言云唐西州在阿斯塔那東南，哈拉和卓西南⑭。檢中國地圖集四四新疆圖，故城遺址在魯克沁西北，勝金臺西南，皆甚近，約E89°40′·N42°50′。觀

⑭　按張編地圖集·北部新疆圖，二堡在東，而哈拉和卓在西，近吐魯番。ONC-F-7之Kala-khoja亦西近吐魯番，是與前言之相對方位相反。

ONC-F-7 ，其經緯度應略相當；而張編地圖集當在E89°35′地點。

寧戎驛　文物1972年第1期「文化大革命」期間出土文物展覽簡介·吐魯番阿斯塔那北區晉唐墓羣條，有開耀二年寧戎驛配充驛丁名籍。最近看到魯才全唐代前期西州寧戎驛及其他有關問題（敦煌吐魯番文書初探，唐長孺主編）云，阿斯塔那376號墓出土兩件文書有此驛名，時間爲開耀二年。按郭沫若卜天壽論語抄本後的詩詞雜錄（考古1972年第1期）云，論語殘卷後有「羅城外寧戎寺」名，則寧戎驛殆亦在羅城外也。又羅氏鳴沙石室佚書所收西州圖經，「寧戎窟寺一所，在前庭縣界山北廿二里寧戎谷中。」前庭縣即高昌縣，爲西州治所。是寧戎驛當亦在縣城北郊外。

唐宋志書稱伊西間七百三十里或七百五十里，實則南北兩道皆當在九百里上下，不止七百數十里也。

伊西里距，通典作七百五十里，寰宇記同，而元和志作七百三十里。就各書所記，西伊兩州至長安里數之差距言，元和志無自相矛盾處，似當以七百三十里爲正；然實不止此數。

前引新志記納職縣西至赤亭守捉之詳細行程，累計爲五百八十里，加伊州至納職間一百二十里，已爲七百里。此道至赤亭與伊西道合，赤亭以西決不止三五十里，自不待言。若擬赤亭在七克騰木之說不誤，（即非其地，西東相去亦不遠。）據一統志吐魯番卷屬境目，自七克騰木（即齊克塔木）經闢展至哈喇和卓二百二十里。（下文據西北叢編計算，亦略同此數。）是唐世北道當在九百里之譜。今檢西北叢編卷三述哈密西二百六十八里至瞭墩，瞭墩西南經十三間房至七克騰木四百一十里，瞭墩正西行經一碗泉、七箇井，折而西南亦至七克騰木，凡四百四十九里，七克騰木經闢展至吐魯番二百九十八里，則七克騰木至哈喇和卓亦二百二三十里，故叢編所記兩道或近九百里或九百二三十里也。則古今里數無大差異，皆近九百里也。至於唐之南道里數雖不可考，要與北道相差亦不會太遠，恐亦不止七百五十里也。

而寰宇記釋裴矩所稱伊吾路，以爲由柳中縣東南行經大沙海之東，又東南度磧至伊州界者，蓋卽指南道而言，否則蓋不經伊州城歟？若亦至伊州城，則南道之南又一道矣，里程當更紆。

寰宇記一五六西州柳中縣條，有柳中路，引裴矩西域記云，「自高昌東南去瓜州（卽唐之沙州）一千三百里，並沙磧乏水草。……是以商客往來多取伊吾路。」下文，寰宇記編者接云：

「又一路，是縣（柳中縣）東南行經大海之東，又東南度磧，入伊州界，卽裴矩所爲〔謂〕伊吾路也。」

按大海卽後文考大海道時所論之大沙海，在柳中縣東南九十里。不知裴矩所謂伊吾路者，果如寰宇記所釋歟？若所釋不誤，是此伊吾道由柳中縣東南行，經大沙海之東，又東南度磧，所謂「入伊州界」者，豈僅入州界而不經州城歟？若此道亦至伊州城，則必南道之南又一道矣。

高宗永徽二年再置安西都護府，治高昌縣；顯慶三年，移治龜茲國。開元二年置天山軍，管兵五千人，在州城內，故以刺史兼軍使，或統屬安西都護、磧西節度使，或統屬北庭節度使。

永徽二年置安西都護府於西州高昌縣，詳後文安西都護府治龜茲國條。

張九齡敕西州都督張待賓書（全唐文二八七），待賓書銜爲「天山軍使西州刺史。」是西州刺史嘗兼天山軍使也。檢元和志四〇，西州，「天山軍在州城內，開元二年置。」又庭州目，置北庭節度使，所管有天山軍（在）西州城內，開元二年置，管兵五千人，馬五百匹，在理南（庭州之南）五百里。」按庭州至西州正爲五百里。是西州天山軍統屬於北庭也。然六典五兵部卷，磧西節度使所統除安西、疏勒、于闐、焉耆四鎭外，又統西州鎭守使。是西州天山軍者亦如四鎭之比，統屬於安西都護府、磧西節度使也。蓋亦因時而異所統屬。

西州高昌縣向西微南行，經南平城（今雅爾湖東南七十里？）、安昌城（今雅爾湖南三十里？）一百五十里至天山縣，約在今托克遜（E88°35′•N42°48′），尤似在其東二十里之大墩子（E88°45′• N42°50′），地有古城，南北皆天山也。又由高昌向西微北行八十里至交河縣，本古交河城，貞觀十四年平高昌時，曾置安西都護府於此。「交河出縣北天山」，「分流繞城下」，故名。明代稱爲崖兒城，今名雅爾堡（在吐魯番西二十里、雅木什東北十五里，約 E89°5′•N42°55′），故址猶存。四周臨河，斷崖約二十公尺。由此復折而西南行約百餘里，亦至天山縣。古篤進城在此地區。由天山縣西南行七十里入谷，卽今蘇巴什山溝也。高昌、交河地高殆與海平。至此東西山脈高聳，海拔達1200～2000公尺，中陷爲谷溝，亦600～900公尺。西域圖志云，「兩崖壁立，人行其間，如一綫天，爲古車師西境關隘。」觀 ONC 圖，信然。故太宗云焉耆「地阻天山，恃遠憑深」也。入谷經礌石碛（今谷中有兩巨石），阿父師泉（今阿海泉？）二百二十里至銀山碛，慈恩傳云，「山高廣，皆銀礦，西國銀錢所出。」蓋今庫木什山也（庫木什聚民點約 E88°10′•N42°10′）。有碛西館，見岑參詩。又四十里至呂光館。交河、天山、礌石、銀山、呂光置館驛，皆見於吐魯番所出文書。又經盤石（蓋今額格爾齊山中）百里至張三城守捉（蓋今楡樹溝 E87°45′•N42°10′）。又西南經新城館，渡淡河（蓋今塔哈其、塔未戛西之河流），一百四十五里至焉耆鎭城（今焉耆縣，一云今城西南十二公里之博格達沁古城），卽焉耆國所都。城極大，在海水（今博斯騰海）之北，大河（今海都河）東岸，衆流交帶，羣山外繞，極爲險固，爲安西四鎭之一。

焉耆古國，太宗貞觀十八年，以其貳於突厥，詔郭孝恪伐而降之，爲屬國，仍置兵鎭守，爲盛唐時代安西四鎭之一。詳後文。

西州圖經（羅氏鳴沙石室佚書所收）所記西州通道之殘存者，有銀山道，云：

「右道出天山縣界，西南向焉耆國七百里，多沙磧滷，唯近烽足水草，通車馬行。」

此由西州通焉耆之道，行程七百里也。新唐書地志西州目，記此道較詳云：

「自州西南有南平、安昌二城，（二）百二十里至天山，西南入谷，經礌石磧二百二十里至銀山磧，又四十里至焉耆界呂光館，又經盤石百里有張三城守捉，又西南百四十五里，經新城館，渡淡河至焉耆鎮城。」

按通典一七四西州交河郡，「西至焉耆鎮守軍七百一十里」「西南到焉耆七百一十里。」元和志四○，西州，「西南至焉耆七百二十里。」寰宇記一五六西州目，與通典同⑮。大約此道七百里有餘，西州圖經舉大數言之。新志所記里程總和只六百二十五里，其第一數字「百二十」前實脫「二」字，俟後文續證再論之。新志所述既詳如此，前人解釋此道行程，似以西域圖志爲最早，近人亦無能異之者，玆先詳錄圖志之說如次：

西域圖志二三，蘇巴什塔克條云：

「蘇巴什塔克（塔克，山也）……自博羅圖（蓋即今天格爾山Tiengar）納林奇喇諸塔克迤邐東屬，經闢展南境，踰東界而止，爲闢展南屏。……其北谷口在托克三（即托克遜）西南五十里，谷內有兩大石，入谷行十里，微有水草，蓋古車師通焉耆道也。……唐地理志稱西州西南入谷者，當指蘇巴什山谷而言，谷內兩大石，意即所謂礌石也。又按自托克三西出有三道：其一，出伊拉里克，由阿拉癸鄂拉入谷口，經裕勒都斯，以抵伊黎。其一，經納林奇喇山口，踰博羅圖谷口，迤南以抵楚輝。其一，西南入蘇巴什山口，踰庫木什阿克瑪塔克，亦抵楚輝。」（按楚輝在哈喇沙爾城東一百二十五里。）

又庫木什阿克瑪塔克條云：

「庫木什阿克瑪塔克在蘇巴什塔克北谷口西南一百四十里。自蘇巴什北谷迤邐西南行十里，漸聞水聲，遍谷皆淺水，山勢漸狹，兩厓壁立，人行其間如一線天。又里許即沙灘。又二十里有大石崎嶇者二處，車不能行，爲古車師西境關隘。又二十里至艾噶爾布拉克（布拉克，泉也）。又五十里出南谷口。山脈自蘇巴什塔克分支西南行至此。按回語，庫木什，銀也；即唐書所

⑮ 寰宇記一八一，焉耆國「東去交河城九百里，西去龜玆九百里，皆沙磧。」蓋舊日計程。

謂銀山磧也。」

又額格爾齊塔克條云：

「額格爾齊塔克在庫木什阿克瑪塔克西南一百三十里，自庫木什阿克瑪塔克東口西行四十里入南山之北口，折而東南，又迤邐西南行三十里出南口，又轉而西行六十里至西山下，玲瓏怪石，徧地葦草，掘之得水。自此西南行入於沙磧。……額格爾齊塔克有奇石，當庫木什阿克瑪西南境，即唐書所云盤石也。」

同書一五烏沙克塔勒條云：

「烏沙克塔勒（此當即今圖之榆樹溝）在哈喇沙爾城東二百十五里，自闢展西行，入蘇巴什塔克口，又西南行，踰庫木什阿克瑪塔克，額格爾齊塔克，三百四十里至其地。……唐書地理志，經盤石百里有張三城守捉。……烏沙克塔勒之廢城應即所謂張三城者也。」

又哈喇沙爾條云：

「哈喇沙爾……土地肥沃，魚鹽蒲葦之饒，甲於他處。城北倚大雪山，額格爾齊塔克屏其東南，庫隴勒塔克繞其西南，遙山環拱，所包面積縱橫四五百里，當爲焉耆國全境。後漢書謂四面有大山，（按又云『道險阨易守，有海水曲入四山之內，周匝其城三十餘里。』）唐書謂橫六百里，縱四百里。西域記謂東西六百餘里，南北四百餘里，四面據山者，是也。山內海都郭勒南趨，會博斯騰淖爾之水，西南出庫隴勒塔克口，東赴羅布淖爾。羅布淖爾爲古蒲昌海，所謂海水曲入山內者也。（後漢書西域傳云：『海水曲入四山之內』。）云曲入者，約略之詞。……其實四山內之水流出注海耳。其爲古焉耆無疑也。惟是城廓變遷，今城南去博斯騰淖爾止四里，以魏書南去海十餘里之文證之，度古員渠城故址猶在今城北十數里。所謂（海）水匝其城三十餘里者，（見後漢書西域傳。）形勢宛然。」

按此所釋以焉耆古國城在哈喇沙爾（Kara Shahr）即今焉耆縣，誠爲形勢宛然，殆不可易。然沙畹西突厥史料云：「世人考訂昔之焉耆爲今之哈喇沙爾 Karac-har，然應注意者，今之哈喇沙爾城在海都河 Khaidou 左岸，而唐書及玄奘則位置焉耆城於此河之西。」檢慈恩傳卷二，在阿耆尼國停宿後，始云：「前渡一大河，西履平川行數百里入屈支國界。」是焉耆城實在海都河（即今圖之珠勒都斯河 G. Yuldus）之東。又唐志只云「經新城館，渡淡河，至焉耆鎭城。」淡河未必即海都河。且西域圖志一五，「塔噶爾齊，在楚輝西三十里，踰小河一道，至其地。西距哈喇沙爾城九十五里。」張編地圖集，焉耆東有塔哈其（Tagharche）、塔未戛（Tawigha）兩地名，其處有河水，自北向南流入博斯騰海，塔淡音近，疑此水即古淡河也。是古焉耆城仍當在海都河東岸，非西岸也。頃讀韓翔焉耆國都、焉耆都督府治所與焉耆鎭城（文物1982年4期），今焉耆縣城西南十二公里有博格達沁古城，周三千餘公尺，與大唐西域記云焉耆城周六七里相合，亦與水經注云「城在四水之中」相合，以爲即唐代故城。姑存待考。

又圖志以庫木什阿克瑪山釋唐志之銀山磧。按銀山，唐代載籍除前引西州圖經及新唐志外仍屢見。如慈恩傳卷二：「西行至阿耆尼國阿父師泉……宿於泉側。明發，又經銀山。山甚高廣，皆是銀礦，西國銀錢所從出也。」又舊八三郭孝恪傳，授安西都護、西州刺史。率步騎三千，出銀山道伐焉耆。通鑑一九七貞觀十八年，述其事云：「焉耆貳於西突厥……詔以孝恪爲西州道行軍總管，帥步騎三千出銀山道以擊之。……執其王突騎支……而還。孝恪去三日，（西突厥大臣）屈利啜引兵救焉耆不及。……以勁騎五千追孝恪至銀山，孝恪還擊破之。」足見此處爲軍道之要。岑參有銀山磧西館詩（全唐詩三函八册參集二）云：「銀山磧口風似箭，鐵門關西月如練。」是置館尙可考也。就形勢方位與出銀甚豐言之，圖志以庫木什阿克瑪山釋之，亦無可疑。

焉耆城及銀山磧地望，圖志所釋既不誤，則此道大勢即如圖志所釋可知矣。即唐代行程略如淸之驛道，亦即略如今之汽車道也。玆再增釋數地名如次：

南平城、無半城、安昌城　唐志有南平城及安昌城在西州西南道上。考慈恩傳卷一云：「從是（高昌國）西行，度無半城、篤進城，後入阿耆尼國。」沙畹西突厥史料第一篇第二節路程云，玄奘行程之無半城得爲唐書之南平城。字形相近，頗有可能。黄文弼高昌疆城郡城考曰，「南平、安昌二城，新志云在州之西南。余此次由雅爾岩西南行，……發現舊城二，一在雅爾岩南三十里，一在雅爾岩東南七十里。據其遺物及城基，大概在北魏之末及隋唐間，其城址建築亦與魯克沁舊城相同，故疑此二城即新唐志所述之南平、安昌二城遺址也。」結云：「南平城在今雅爾湖東南七十里之讓布工尙，安昌城在今雅爾湖南三十里之柏克布拉克。」今姑存其說。

天山及天山縣　西州圖經云此道出天山縣界，新唐志云道至天山西南入谷。按元和志，天山縣東至西州一百五十里。圖經及新志雖不云經天山縣城，然磧中置縣，當爲大道所經無疑。況縣在州之正西，方向正合。黃文弼高昌疆域郡城考云：「天山縣，西域圖志以連木齊當之，非也。陶保廉辛卯侍行記謂當在托克遜，似頗近理。蓋托克遜距哈拉和卓一百九十里，此指繞經吐魯番之道；若直徑可減二十里。又在托克遜之東二十餘里有古址，……漢人名爲大墩子。審其陶片及形式，或爲唐代建築。……其南車轍道深丈餘，皆爲數百年前往來人所留，蓋此處適當東西交通之衢，且南北均爲天山，與元和志所述之地位與距離亦相合，故余以天山城在此。」按徐松西域水道記卷二，述交通路線云：「托克遜台又南而西入山百里爲蘇巴什山溝。」正與新志所云「至天山，西南入谷」形勢相合。大墩子既有古城，在托克遜東二十里，黃說固有理據也。

復按徐松所謂「托克遜西南入山百里爲蘇巴什山溝」者，正即前文引西域圖志蘇巴什塔克條所述，蘇巴什山北谷口在托克三西南五十里者是此。此大山脈爲天山正脈向南疆分出之最大一支。（觀前引西域圖志可知。）考舊八三郭孝恪傳，伐焉耆，虜其王。太宗璽書勞之曰：「焉耆絕域，地阻天山，恃遠憑深，敢懷叛逆。」天山正脈在焉耆、吐魯番之北不能阻唐兵；此所謂「地阻天山」當指此大支脈而言，即指蘇巴什山及庫木什阿克瑪山（銀山磧）等一系列之山脈而言，則新志所謂「至天山，西南入谷者」即至今蘇巴什山也。此山北谷口在托克遜西南五十里，即在大墩子西南七十里，故置縣即名天山縣耳。[16] 唐志、郭孝恪傳之天山及天山縣所以受名之天山既皆即指蘇巴什山脈而言，山北口在托克遜西南五十里，即在唐代西州之西約二百餘里。唐志云西州西南百

[16] 黃文弼云托克遜大墩子南北皆有天山。南天山亦即指蘇巴什山而言。

二十里至天山。按西州至天山縣已一百五十里。此「百二十里」者，蓋謂入天山東麓歟？然前已提到西州至焉耆七百一二十里，簡稱七百里。而新志記此道里程總和只六百二十五里，必有脫誤無疑。今疑此「百二十里」之「百」上脫「二」字，則西州至天山二百二十里，全程總和七百二十五里，則無不皆合矣。

篤進城　前引慈恩傳卷一，西州西行有無半城、篤進城。考梁書五四高昌傳，置四十六鎮。篤進為其一。則此城甚古，至唐初仍存，且名稱不異。馮承鈞高昌城鎮與唐代蒲昌曰：「篤進必為脫克遜今名之所本，可無疑也。」若然，則余頗疑唐之天山縣卽本梁及唐初之篤進城，因城置縣，未可知也。

阿父師泉　慈恩傳卷二：「從此西行至阿耆尼國阿父師泉。泉在道南沙崖，崖高數丈，水自半而出，……行旅往來，隨衆多少，下有細𪓐……法師與衆宿於泉側。明發，又經銀山。」是在篤進城以西、銀山磧以東道上。今按張編地圖集・北部新疆圖，蘇巴什至庫木什之間有阿海泉及阿海泉山口（Arghai Bulak Davan），地望與慈恩傳之阿父師泉相當，而有 Ar-Bu 音，殆卽阿父之遺音歟？

交河縣　以上所考乃就新志所記路線而言，似不經交河縣。今按高昌之西有交河城，為自古名城，唐亦置交河縣。且貞觀初平高昌時，始置安西都護府於此，詳後文安西府治龜茲條。元和志，交河縣在西州西北八十里。寰宇記同。元和志又云：「交河出縣北天山，水分流於城下，因此為名。」卽漢書西域傳所稱「河水分流繞城下，故號交河」也。是形勢甚顯，易為指證。西域圖志一四，「招哈和屯亦稱交河城，在吐爾番城西二十里。……招哈郭勒出其北。郭勒之水分道南流，環城左右，卽漢時交河舊地也。北倚金嶺，峯巒層疊，經城西而迤南，形勢佳勝，民物殷繁。」一統志吐魯番卷古蹟目交河故縣條及山川目招哈河條，皆同。屬境目云：「回語謂交河為招哈。」徐松西域水道記云：「今吐魯番廣安城西二十里雅爾湖有故城，周七里，卽古交河城。」今人說者皆無異辭。按前人釋此城所在當以明永樂間陳誠西域番國志為最早。志云：「崖兒城在土爾番之西二十里，二水交流，斷崖居中，因崖為城，故曰崖兒城。廣不二里，居民百家，舊多寺宇，有石刻存，古爲率帥〔車師〕國王所居，後復立交河縣治。」新西域記卷下蒙古新疆旅行記云，吐魯番西二十清里雅爾堡，即唐交河城，四周臨河，斷岸約二十米。即此城也。文物考古工作三十年頁一七九有較詳記述。此其形勢最顯豁，殆無疑矣。張編地圖集·北部新疆圖，有燕木什 Yamshi。西城圖志一四，雅木什在招哈和屯西南十五里；一統志作五十里，誤。則唐代交河縣即在今圖燕木什東北十五里也。約E89°5·N42°55′。唐交河縣旣在今雅爾城，是在西州之西微北八十里，非眞正西北也。其地固當西州西北通北庭之要道（見西州圖經），然交河爲自古名城，西通焉耆。則唐世由西州經交河縣亦通焉耆無疑。蓋卽由交河西南行至天山縣，與前述之道接會耳。明陳誠西域行程記，由土爾番西行二十里崖兒城，住十七日。「由崖兒城南順水出山峽，向西南行……約五十里。」又「向西行平川地約行五十餘里有小城名托遜。」此卽唐交河縣西南通天山縣之道也，約一百餘里。

交河、天山、礌石、銀山、呂光館驛　新疆歷史文物頁五一，列舉吐魯番所出文書有館驛名稱十五個，就中有此五館驛名，惜吐魯番出土文書現僅刊佈五册，尙未見此諸文書。

焉耆又西渡大河（今海都河）向西南行，約一百五十里至鐵門關（今關E86°10′·N41°50′）。其地峽道二三里，石壁懸崖，高數十丈，若如斧齊，故岑參詩云「橋跨千仭危，路盤兩崖窄」也。此關爲開元時代十三中關之一，以其當驛道也。張九齡所謂「鐵關千術，四鎭咽喉」者，是矣。關西置館，岑參有詩。又西（一百）二十里至于術守捉城（今查爾赤地區？），又二百里至榆林守捉城（今英吉沙地區？），又五十里至龍泉守捉城（今英吉沙以西？），又六十里至東夷僻守捉城（今輪台縣西？），又七十里至西夷僻守捉城（今二巴召或大勞場？），又六十里至赤岸守捉城，又一百二十里至龜茲國（今庫車），置安西都護府。東去焉耆八百數十里，號稱九百里。龜茲東境又有泥師城，當大道，其地無考。

安西亦爲四鎭之一，及安西都護府之遷定與四鎭之列名，皆詳後文。

全程史料　漢書九六下西域傳，龜茲東至都護治所烏壘城三百五十里，焉耆西至都護治所四百里，是龜茲焉耆相距七百五十里。魏書一〇二西域傳，焉耆國「東去高昌九百里，西去龜茲九百里，皆沙磧。」先後記程頗異。檢通典一七四，「安西都護府，本龜茲國也，大唐顯慶中置。」「東至焉耆鎭守軍八百里。」同書一九二邊防八焉耆條云：「南去尉犁百里，北與烏孫接，東去交河城（本注：今郡）九百里，西去龜茲九百里，皆沙磧。」寰宇記一五六安西大都護府條及卷一八一焉耆國條，全同。是唐人記程，焉耆龜茲間亦九百里，一云八百里也。唐初玄奘西行，由高昌經焉耆、龜茲、姑墨，出凌山，至熱海、千泉。慈恩傳卷二云，在阿耆尼國「停一宿而過，前渡一大河，西履平川，行數百里入屈支國界，舊云龜茲，訛也。」而玄奘大唐西域記卷一詳之云：

「阿耆尼國……國大，都城周六七里。……從此西南行二百餘里，踰一小山，越二大河，西得平川，行七百里，至屈支國，舊曰龜茲。……東西千餘里，南北六百餘里，國大，都城周十七八里。」

又新二二一上西域傳龜茲國條亦云：

「自焉耆西南步行二百里，度小山，經大河二，又步七百里乃至。」（此據百衲本；中華聚珍本，「二百」譌爲「一百」。）

是尤唐人記程九百里之明據。然則唐人記程大抵爲九百里，前代計程或九百里，最少七百五十里也。新四〇地理志安西大都護府目云：「焉耆西有于術、榆林、龍泉、東夷僻、西夷僻、赤岸等六守捉城。」同書四三下地理志末附通四夷道條述此段行程云：

「自焉耆西五十里過鐵門關，又二十里至于術守捉城，又二百里至榆林守捉，又五十里至龍泉守捉，又六十里至東夷僻守捉，又七十里至西夷僻守捉，又六十里至赤岸守捉，又百二十里至安西都護府。」

此段記事甚詳，極可寶貴，然行程總和僅六百三十里，與玄奘記程及通典所記以及新書西域傳所記相差太遠，即與漢書記程七百五十里者，亦差少一百二十里，必有奪誤無疑。然參之新志安西府目，此所述一關六守捉名稱次序當未奪譌，蓋僅里數有譌誤耳。今先就鐵門關之形勢與今地及安西都護府之今地論之如次，然後校正里數。

鐵門關　鐵門關爲唐代此地區重要關隘。唐六典六刑部司門郎中條，凡京城四面關而不當驛道及當驛道而非四面關者，皆爲中關。中關一十三，安西鐵門爲其一，重要可知。故岑參詩屢詠及之，舉列於次：

使交河郡獻封大夫：「鐵門控天涯，萬里何遼哉！」（全唐詩三函八册參集一）

題鐵門關樓：「鐵關天西涯，極目少行客，關門一小吏，終日對石壁，橋跨千仞危，路盤兩崖窄。」（同上）

天山雪歌送蕭沼歸京：「北風夜捲赤亭口，一夜天山雪更厚，能兼漢月照銀山，復逐胡風過鐵關。」（同上參集二）

銀山磧西館：「銀山磧口風似箭，鐵門關西月如練。」（同上）

火山雲歌送別：「火山突兀赤亭口，火山五月火雲厚，……繚繞斜吞鐵關樹，氛氳半掩交河戍。」（同上）

宿鐵關西館：「那知故國月，也到鐵關西。」（同上參集三）

此卽六典及新志所記之鐵門關無疑。據最後一詩，關西有館驛。又據題鐵門關樓詩，見此關形勢甚險，故爲要隘也。張九齡敕西州都督張待賓書（全唐文二八七）云：

「吐蕃背約，入我西鎮，……必與突騎施連謀，……諸處散下。鐵關千衞，四鎮咽喉，倘爲賊所守，事乃交切。」

亦卽此鐵門關無疑。（不知「千衞」是否與「于術守捉」有關？）蓋其地東通焉耆，南通于闐，西通龜玆、疏勒及碎葉，而關以鐵名，是必當交通要衝，且深險阻也。又考晉書九七焉耆國傳云：

「其地南至尉犂，北與烏孫接。……四面有大山，道險阻，百人守之，千人不過。……張駿遣沙州刺史楊宣率衆疆理西域。宣以部將張植爲前鋒，所向風靡，軍次其國。（焉耆王）熙距戰於賁崙城，爲植所敗。植進屯鐵門。未至十餘里，熙又率衆先要之於遮留谷……植馳擊敗之，進據尉犂，熙率屬下四萬肉袒降於宣。」

是此鐵門之名甚古。蓋焉耆王熙先戰敗，已失國都，乃退屯尉犁，（時焉耆覇西胡，葱嶺以東皆服屬。）鐵門在焉耆城西南至尉犁道上，遮留谷又在其北十里也。尉犁在焉耆南百里，則新志云關在焉耆以西（即西南）五十里，似不誤。然據玄奘所記焉耆至龜茲道甚平坦，僅靠近焉耆國處有一小山。西域記又云：阿耆尼國「四面據山，道險易守。」鐵門關者，蓋即焉耆西南一山口，故云小山也。至於小山今地，西域圖志一五庫隴勒條：「庫隴勒……東北距哈喇沙爾城一百八十里，山勢險峻，古焉耆以西諸國關隘也。山南海都郭勒（即河）繞而西流，山麓瀕河處，右山左河，徑極險窄，河南岸爲庫隴勒城。」又同書二三庫隴勒塔克（山）條，亦云「在哈喇沙爾西南一百八十里……勢極險峻，古焉耆以西諸國關隘也。」並以爲即唐書西域傳之「小山」所在。又丁謙晉書四夷傳地理考證云：「鐵門即水經注鐵谷關。（按酈注本作鐵關谷。）今哈喇沙爾西南百餘里有兩山對峙成峽，凡三十里，河經其中，其北口有大石嶺即鐵門，其南口即遮留谷也。」按清代地書所記，焉耆以西最近之山僅庫隴勒山，山在城西南一百八十里，前人以爲即鐵門關在此地區不爲無理。丁謙又云，張植進據之尉犁「乃渠犁之誤。……今庫勒爾城（按即前引之庫隴勒城）即漢渠犁。」⑰所疑蓋甚是。新志「焉耆西五十里過鐵門關」者蓋「五十」上奪「百」字歟？今檢張編地圖集・北部新疆圖，焉耆西南有庫爾勒(Kuerhlei)，在孔雀河南岸，其東北，河之北岸有鐵門關，正約在焉耆西南一百五十里，今之汽車道由焉耆西至此關，分爲南西兩道，西通庫車，南渡孔雀河，經庫爾勒至婼羌折西南至和闐，蓋眞唐代鐵門關舊址矣。考西域番國志，渴石「又西去三百餘里，有大山屹立，界分南北，中有石峽，略通東西。石壁懸崖，高數十丈，若如斧齊，路深二三里。出峽口有門，名鐵門關。」此所見描狀此關形勢之具體者。

安西都護府　府治龜茲國。一統志庫車卷古蹟目古龜茲國條云：「按龜茲故城

⑰ 檢漢書西域傳，焉耆、龜茲間七百五十里；渠犁西至龜茲五百八十里，則東至焉耆一百七十里，其地正當在今庫勒爾城。

雖不可考。然水經注城東西有川，則今之庫車城，烏恰特河流逕其西，額什克巴什河流逕其東，正與酈注所稱方位相合。又元史太祖紀尙稱龜兹，而地理志西北地附錄則曰庫徹，正與庫車音合，則庫車之卽龜兹國都無疑矣。」其他各家所說皆同。惟西域圖志一五庫車條據古今志書所記里數，推論龜兹故城，「當在今額什克巴什郭勒之東，阿巴特、托和鼐間，而庫車特其西境耳。」按托和鼐在庫車東六十里，又東一百四十里爲阿巴特。是謂龜兹故城當在今庫車東百里左右。然圖志同卷中，釋前引新唐志各守捉城仍以庫車當龜兹城爲準，是則自相矛盾矣。按龜兹大城，當有其客觀條件，庫車之說較爲近是，圖志僅據史志所述里數推論，殊薄理據，蓋西北遠荒，里程不實，固難拘執也。況唐代記程亦九百里，較近代記程九百八九十里者，不過數十里之差，固不足異也。近人考古，以爲安西都護府治所卽在庫車縣城附近之皮朗舊城，見文物考古工作三十年頁一八〇。

新志諸守捉城　新志所記各守捉城之今地殊難確指，但西域圖志一五對於此諸守捉亦頗有推測，兹引錄如次，並據一統志喀喇沙爾及庫車兩卷之臺站目注其相距里數。

◎喀喇沙爾（焉耆國、焉耆鎭）（今圖焉耆）

（158）

○哈喇噶阿璊

（60）

○庫隴勒（今圖庫爾勒Kuerhlei）

（30）

○哈喇布拉克

（100）

○車爾楚（于術在此地區）（今圖查爾赤Charchi）

（160）

○策特爾（今圖且廸多 Chadir）

（80）

○英噶薩爾（楡林在此間，龍泉在此西）（今圖英吉沙Yingkisha）
⋮（80）
○玉古爾（古輪臺在此地區，唐東夷僻在此西）（今圖輪臺縣，Bugur）
⋮（100）
○阿巴特（西夷僻）（今圖二巴召Erhpachao? 或大勞塲Chol-Abad）
⋮（140）
○托和鼐（今圖塔什子？）
⋮（80）
◎庫車（龜茲國、龜茲鎭）（今圖庫車）

此項臆測雖無所據。然唐代紀錄，兩國間距離較今日紀錄旣僅數十里之差，且鐵門關以西皆行平川，則與今日鐵門關以西直向西行至庫車之汽車道當無大差異，殆可斷言，故此所測亦可能近是也。

又通鑑二〇〇，顯慶三年，遣左領軍郎將雷文成送龜茲王布失畢歸國。「至龜茲東境泥師城，龜茲大將羯獵顚發兵拒之。」此城地望無考。

龜茲國都城周十六七里，於高昌以西至葱嶺間最爲大國，亦爲唐置四鎭之中心，故安西都護府經常設治於此，統四鎭兵二萬四千至三萬人，西盡波斯皆隸屬焉。所謂四鎭者，安西、疏勒、于闐、焉耆；高宗末武后初，曾以碎葉代焉耆爲四鎭之一，兵威極盛矣。

龜茲大國，城周十六七里，見大唐西域記。唐六典五兵部卷，「磧西節度使，其統有安西、疏勒、于闐、焉耆，爲四鎭經略使。」通典一七二作：「鎭西節度使，寧西掘（？），統龜茲國、焉耆國、于闐國、疏勒國。」置屬國，仍置鎭兵也。故同書一七四，西州「西至焉耆鎭守軍七百一十里。」北庭府「西南到焉耆鎭守軍八百七十里。」也。又考慧超往五天竺國傳，歷遊疏勒、于闐、焉耆，皆云漢軍馬領押守捉，「從疏勒東行一月，至龜茲國，即是安西大都護府，漢國兵馬大都集處。」時開元十五年十一月上旬也。下云：「安西山〔四〕鎭名數，一安西，二于闐，三疏勒，四焉耆。」又慧超傳，歷舉疏勒王裴冷冷，鎭守使魯陽；于闐王尉遲曜，鎭守使鄭據；龜玆王白環，安西四鎭節度使郭昕；焉耆王龍如林，鎭守使楊日祐。是安西、于闐、疏勒、焉耆皆爲屬國，各有國王，唐政府遣兵駐守，各置鎭使以統之。安西鎭守使蓋即由都護節度使兼之也。舊一九八龜玆傳，長壽元年破吐蕃，復四鎭，「復於龜玆置安西都護府，用漢兵三萬人，以鎭之。」通典一七二云：鎭西節度使「治安西，二萬四千人，馬二千七百匹。」大約分駐諸鎭及守捉城，而安西爲駐兵大本營，故慧超云「漢國兵馬大都集處」。

然安西都護府初非置於龜玆，四鎭列名，前後亦不盡同。前史紀述頗爲參差。據大谷勝眞安西四鎭之建置及其異同（周一良譯本，刋禹貢第一卷第十一期）、松田壽男碎葉與焉耆（楊鍊譯本，刋西北古地硏究中）及松田壽男古代天山の歷史地理學的硏究，貞觀十四年（640）八月，侯君集平高昌，置西州；九月置安西都護府於此。貞觀十六年（642），郭孝恪見以西州刺史兼充都護。二十二年（648）平龜玆之叛，遂移都護府於龜玆。旋因阿史那賀魯之叛，永徽二年（651）復內徙都護府於西州。顯慶三年（658）賀魯亂平，唐勢復振，遂復移安西都護府於龜玆國，統轄四鎭，西盡波斯，並隸屬之。所謂四鎭者，本爲龜玆、焉耆、疏勒、于闐。咸亨元年（670）陷于吐蕃。調露元年（679）大築碎葉城，其時四鎭有碎葉，無焉耆。長壽元年（692）復安西四鎭時，與前同。開元七年（719），十姓可汗阿史那獻移駐碎葉，復以焉耆代碎葉，備四鎭之數，迄於唐衰。按此項結論大體可信。然安西都護府先後兩度在西州，而治所卻不相同。唐會要七三，「安西都護府，貞觀十四年九月二十二日，侯君集平高昌國，於西州置安西都護府，治交河城。」通鑑一九五，貞觀十四年九月，「以高昌地置西州。……乙卯，置安西都護府於交河城。」則貞觀十四年始置此府，在西州境，但治交河城，不治西州治所之高昌城也。舊紀於此年九月書云，「乙卯於西州置安西都護府。」蓋就西州境而言耳。舊紀，永徽二年十一月「丁丑，以高昌故地置安西都護府。」此蓋眞在西州治所高昌縣耳。故會要云，顯慶「三年五月二日移安西都護府於龜玆國，舊安西復爲西州都督……以統高昌故地。」通鑑二〇〇，同。

以上所考皆通安西之驛道也。此外沙州西北通西州及焉耆又各有捷道。其通西州之捷道，乃由沙州向西微北行一百一十里至興胡泊，又一百三十二里至河倉城（今大方盤城），又三十里出玉門故關（今小方盤城），西北經白龍堆、大沙海（沙海之西北邊在今綠魯克沁東南九十里）亦至柳中縣，達西州，全程一千三百六十里，是爲大海道。道當大磧流沙，無水草，行旅困弊，殆少行者。

西州圖經云：

「大海道　出柳中縣界，東南向沙州一千三百六十里。常〔當〕流沙，人行迷誤。有泉井，鹹苦，無草，行旅員水擔糧，履踐沙石，往來困弊。」

考史記一二三大宛傳「鹽水中數敗」。正義引裴矩西域記云：

「在西州高昌縣東，東南去瓜州一千三百里，並沙磧之地，（乏）水草難行，四面危，道路不可準記，行人唯以人畜骸骨及駞馬糞爲標驗，以其地道路惡，人畜卽不約行，曾有人於磧內時聞人喚聲，不見形，亦有歌哭聲，數失人，瞬息之間，不知所在，由此數有死亡，蓋魑魅魍魎也。」

又寰宇記一五六西州柳中縣條亦引裴矩書云：

「柳中路，裴矩西域記云：自高昌東南去瓜州一千三百里，並沙磧，乏水草，人西行，四面茫茫，道路不可準記，惟以六〔人〕畜骸骨及駞馬糞爲標驗，以知道路。若大雪卽不能行。兼有魑魅。是以商客往來多取伊吾路。」

此兩條所引，卽爲西域記之同一段，惟省略不同，並各有譌奪耳。⑱按隋代瓜州卽在敦煌，亦卽唐代之沙州。觀裴矩所述此道情形，卽西州圖經之大海道無疑。元和志四〇西州柳中縣，「大沙海在縣東南九十里。」蓋取道於此，故云

⑱ 周書五〇異域傳下高昌條：「自敦煌向其國，多沙磧，道里不可准記，唯以人畜骸骨及駞馬糞爲驗，又有魍魎怪異，故商旅來往，多取伊吾路云。」隋書八三西域高昌傳：「從武威西北有捷路，度沙磧千餘里，四面茫茫然，無有蹊徑，欲往者尋有人畜骸骨而去。路中或聞歌哭之聲，行人尋之，多致亡失，蓋魑魅魍魎也。故商客往來多取伊吾路。」又寰宇記一八〇車師國：「從武威西北有捷路」云云，與隋書西域高昌傳全同，惟一兩字之異。此三者皆卽錄取裴矩西域圖記無疑。其「武威」則「敦煌」之誤耳。

大海道也。又通典、元和志、寰宇記之西州卷述西州東南所至如下：

通典一七四，西州「東南到敦煌郡一千一百里。」

元和志四〇，西州「東南至金沙州一千四百里。」

寰宇記一五六，西州「東南經少海，又渡磧至伊州一千三百里。」

三書所記似頗不同。元和志「金」字顯爲衍文。又寰宇記西州卷述四方四隅所至，惟東南一條與通典不同如此，其餘七條所至及里數皆與通典全同。寰宇記四至八到條絕大多數抄自通典，此處蓋同，且西州至伊州亦絕無一千三百里，則此「伊州」必爲「沙州」之譌誤無疑。所謂「經少海又渡磧」者，「少」即「沙」之壞字耳。其里程，圖經作一千三百六十里，裴氏西域記及傳本志書作一千三百里或一千四百里者，出入固微。魏書一〇一高昌傳，「去敦煌十三日行。」隋書八三西域高昌傳及寰宇記一八〇四夷車師國傳，全同。殆亦謂一千三百里也。通典作一千一百里者，蓋字之形譌耳。

此道西北端由西州東南經柳中縣，又東南九十里至大沙海，入沙磧中。又考元和志四〇沙州壽昌縣條云：

「玉門故關在縣西北百一十八里，謂之北道，西趣車師前庭及疏勒，此西域之門戶也。」

唐之西州即漢之車師前庭，此亦即圖經之大海道矣。則此道東南端發自敦煌，西北出玉門故關。據前引沙州都督府圖經，由敦煌至故關，當經敦煌縣西北一百一十里之興胡泊，又一百三十二里至河倉城，又三十里乃至關，已詳前文。

沙州至焉耆，亦有捷道，不經高昌，稱爲大磧路；惟行程不詳。可能即漢開西域時之北道歟？

舊一九八西戎焉耆國傳云：

「其王姓龍氏，名突騎支。……貞觀六年，突騎支遣使貢方物，復請開大磧路以便行李，太宗許之。自隋末罹亂，磧路遂閉，西域朝貢者皆由高昌。及是，高昌大怒，遂與焉耆結怨，遣兵襲焉耆，大掠而去。」（新二二一上同傳，略同。）

則前世自焉耆本有大磧路通中國，隋末閉塞，貞觀初又開之，不經高昌，則必直達敦煌無疑。

又按漢代經營西域之始，其南北兩道之北道乃由陽關向西，經鄯善、山國、尉犁至焉耆、龜兹，約行今羅布泊之北，沿庫穆河（庫魯克河）孔雀河而上至尉犁，達焉耆、庫車者，唐書此條所謂大磧路者，蓋即此道也。漢道詳下文。

（四）漢隋間通西域諸道及其與唐道之關係

瓜沙以東，州郡一線排列，自古稱爲河西走廊，地形所限，故古今通道亦大抵爲單線，且甚少變動。至於瓜沙以西，則因時代不同，頗多更易。今就史料解析可審知者，略述如次：

漢代經營西域，初期已有南北兩道。Ⓐ南道，見漢書西域傳。由敦煌西出陽關至鄯善（羅布泊地區），行南山（崑崙山脈）之北麓、塔里木盆地之南緣，至于闐以西。Ⓑ北道，由敦煌西出陽關，亦至鄯善，又西經山國（危須東二百六十里），危須國（尉犁東二百里），尉犁國（焉耆西南一百里），至烏壘、龜茲（今庫車）以西。此道行今羅布泊之北，略循庫穆河（又名庫魯克河）、孔雀河而上者。漢書西域傳，塔里木河以北諸國去長安之記程，即以此道爲準；然傳序所謂北道却非此道。蓋敦煌西北地區之車師（今吐魯番地區）、伊吾（今哈密地區）境接匈奴，漢人經營西域之始，爲避匈奴之鋒，故先致力於敦煌以西地區，即鄯善、于闐、焉耆、龜茲諸國，是以最初南北道爲ⒶⒷ也。逮已控制敦煌、鄯善以西諸國，乃以鄯善、焉耆爲基地，由南由西兩路進兵，與匈奴爭車師前國。已得車師，乃有Ⓒ道，即由鄯善向北微西行，至車師前國，再折西至焉耆、龜茲以西也。至西漢末年，更進而經營Ⓓ道，即所謂新道。係由敦煌玉門關西北行直至車師前國。由前國兩道分出，北至後國，西至焉耆、龜茲以西。其敦煌、車師間之交通里程，視舊道減半。漢書西域傳序所謂北道，非Ⓒ道，即Ⓓ道。蓋西域傳之內容所述各國去長安之里程乃較早期之記錄，傳序北道乃較後期之形勢也，故有不同。

東漢之世，又有Ⓔ道，即伊吾道。由敦煌北行千餘里至伊吾，折西行至車師前國，又北至後國金滿城。蓋漢人勢力更向東北擴展，已能控制最接近匈奴之伊吾也。此道見後漢書西域傳序。至於此序所謂南道，自即Ⓐ道，所謂北道，則Ⓒ道也。

至曹魏魚豢魏略西戎傳所述有南、中、新（北新）三道。其南道亦即Ⓐ道，中道即Ⓑ道，新道一稱北新道者，則Ⓓ道也。下及魏收魏書西域傳亦有四道之說，然自敦煌玉關西出，仍僅二道。一道由玉門出鄯善，乃Ⓐ道，或亦兼Ⓑ道言之。一道由玉門一千二百里至車師，則Ⓓ道也。至於由莎車西出之二道，乃前二道西出後之分歧申延，不得與前二道並列矣。

魏略、魏書皆不提Ⓔ伊吾道。然在兩晉北朝時代，伊吾道似爲通西域之主要幹線，用兵節使多出此途，豈史臣偶疏耶？逮隋世裴矩撰西域圖記序，有南中北三道。南道仍即Ⓐ道，中道即Ⓓ道，亦即新道。北道即Ⓔ伊吾道。然伊吾以西係北越天山經蒲類海（今巴里坤湖）向西行，可謂Ⓕ道；但伊吾西通高昌之Ⓔ道未廢。惟Ⓓ道已荒蕪，殆至廢棄，商旅往來，多取Ⓔ伊吾路矣。然觀玄奘行程，由瓜州直至伊州，唐瓜州在敦煌東三百里，不經敦煌矣，蓋隋世已然。茲作諸道簡圖如次頁：

唐以前諸史載西域通道有下列各重要史料，先錄列於次。

漢書九六上西域傳序：

「自玉門陽關出西域有兩道。從鄯善傍南山北，波河西行，至莎車爲南道，南道西踰葱嶺則出大月氏、安息。自車師前王庭隨北山，波河西行，至疏勒爲北道，北道西踰葱嶺則出大宛、康居、奄蔡焉。」

同書九六下西域傳下末段述漢與匈奴爭車師事有云：

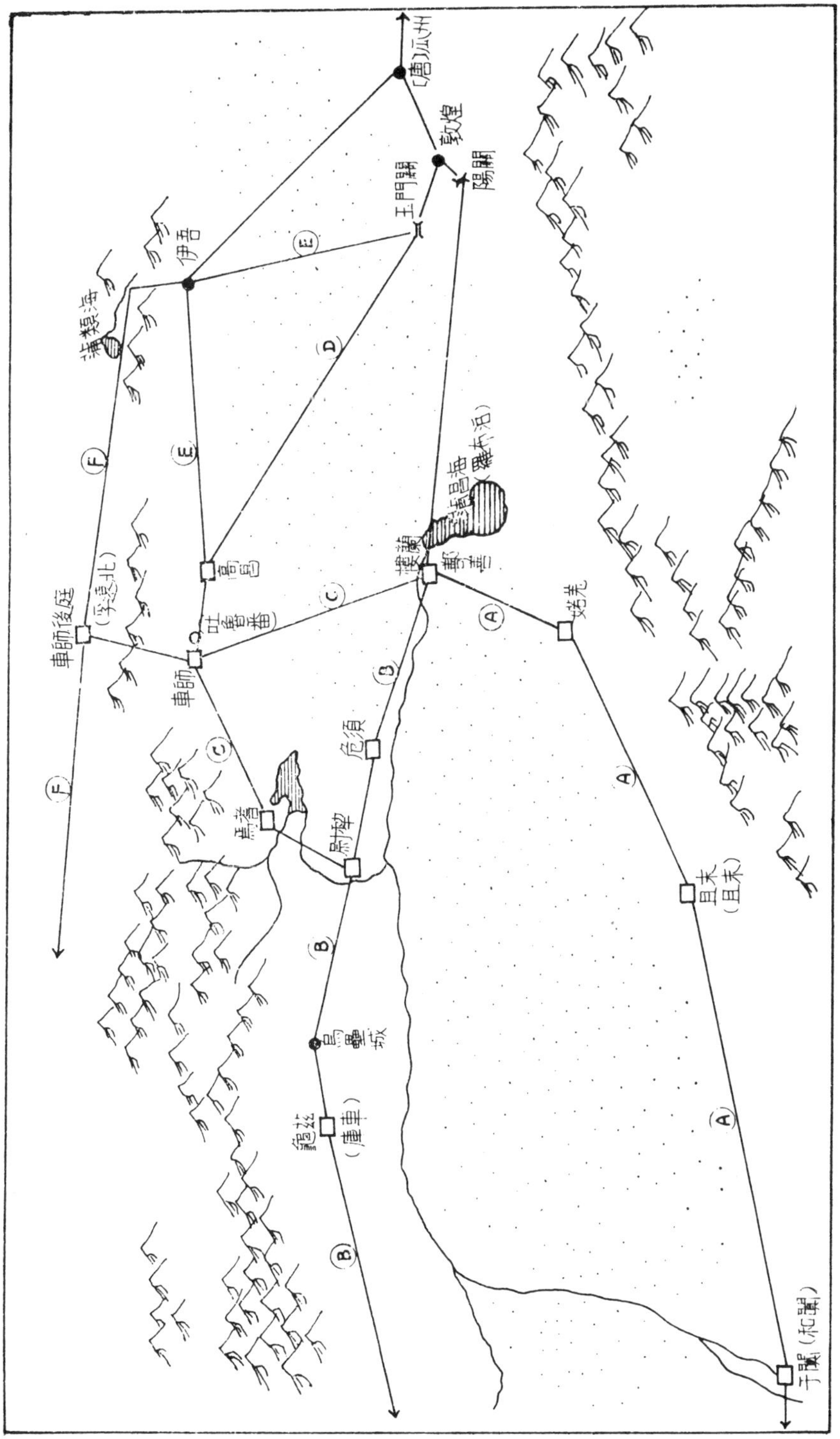

唐瓜州
敦煌
陽關
玉門關
伊吾
蒲類海
車師後庭
車師
高昌
吐魯番
樓蘭
鄯善
婼羌
且末
危須
尉犁
焉耆
烏壘城
龜茲（庫車）
于闐（和闐）

漢隋間通西域諸道簡圖

「元始中，車師後王國有新道出五船北，通玉門關，往來差近。戊己校尉徐普欲開以省道里半，避白龍堆之阸；車師後王姑句以道當爲拄置（補注引宋祁曰，通典『道』下有『通』字），心不便也，地又頗與匈奴南將軍地接，普欲分明其界，然後奏之。召姑句使證之；不肯，繫之。（繫於高昌壁，其時戊己校尉屯此。）」

後漢書八八西域傳序云：

「自敦煌西出玉門、陽關，涉鄯善；北通伊吾千餘里。自伊吾北通車師前部高昌壁千二百里。（北當作西，古人記事方向不能準。）自高昌壁北通後部金滿城五百里。此其西域之門戶也，故戊己校尉更互屯焉。伊吾地宜五穀桑麻蒲萄，其北又有柳中，皆膏腴之地，故漢常與匈奴爭車師、伊吾，以制西域焉。自鄯善踰葱嶺，出西諸國有兩道，傍南山北，陂河西行，至莎車爲南道。南道……（此下與漢書西域傳序同。）」

魏略西戎傳（三國志三〇烏丸鮮卑東夷傳末裴注引）：

「道從敦煌玉門關入西域，前有二道，今有三道。（此兩句，通典作『前向西域有二道，自元始以後有三道。』寰宇記，同。）從玉門關西出（通典作『出西』）經婼羌轉西，越葱嶺，經縣度，入大月氏，爲南道。從玉門關西出，發都護井，回（通典、寰宇記皆作廻）三隴沙北頭，經居盧倉，從沙西井轉（通典、寰宇記皆脫『西井轉』三字）西北過龍堆，到故樓蘭，轉西詣龜玆，至葱嶺，爲中道。從玉門關西北出，經橫坑，辟三隴沙及龍堆，出五船北，到車師界戊己校尉所治高昌，轉西與中道合龜玆，爲（通典脫爲字）新道⑲。（以上，通典一九一邊防西戎總序全抄此段，惟頭兩句小異，已校如上。寰宇記一八〇，則抄通典。）……南道西行且志國，（沙畹箋注曰，志爲末之訛。）小宛國，精絕國，樓蘭國，皆并屬鄯善也。戎盧國，扜彌國，渠勒國，皮宂〔山〕國，皆并屬于闐。……中道西行尉梨國，危須國，山王國，皆并屬焉耆。姑墨國，溫宿國，尉頭國，皆并屬龜玆也。楨中國，莎車國

⑲ 新，今本作西。集解曰：宋本作新。按通典抄魏略亦作新道。岑仲勉先生歷代西疆路程簡疏，據下文「北新道」云云，以作新爲正。極碻。

……皆幷屬疏勒。……北新道西行至東且彌國，西且彌國，單桓國，畢陸國（沙畹曰即兩漢書之卑陸國），蒲陸國（沙畹曰即蒲類），烏貪國，皆幷屬車師後部王。……轉西北則烏孫，康居……。」

魏書一〇二西域傳序云：

「其出西域本有二道，後更爲四。出自玉門，渡流沙，西行二千里至鄯善，爲一道。自玉門渡流沙，北行一千二百里至車師，爲一道。從莎車西行百里至葱嶺，葱嶺西一千三百里至伽倍，爲一道。自莎車西南五百里葱嶺，西南一千三百里至波路，爲一道焉。」

隋書六七裴矩傳載矩西域圖志序曰：

「發自敦煌至于西海，凡爲三道，各有襟帶。北道從伊吾經蒲類海，鐵勒部，突厥可汗庭，渡北流河水，至拂菻國，達于西海。其中道從高昌，焉耆，龜茲，疏勒，度葱嶺，又經鏺汗，蘇對，沙那國，康國，曹國，何國，大小安國，穆國，至波斯，達于西海。其南道，從鄯善，于闐，朱俱波，喝槃陀，度葱嶺，又經護密，吐火羅，挹怛，帆延，漕國，至北婆羅門，達于西海。其三道諸國亦各自有路南北交通。……故知伊吾、高昌、鄯善並西域之門戶也。總湊敦煌，是其咽喉之地。」

茲以次分別論述如次：

（甲）先論兩漢書所記之通道。觀漢書西域傳序文，由玉門陽關西出至鄯善，再循南山（今崑崙山脈）北麓西行爲南道，今姑稱爲Ⓐ道。其北道似由兩關西北行，至車師前庭，再循北山（即天山）南麓西行也。是惟南道由鄯善，北道則否。而據後漢書西域傳序，則所謂南北兩道皆至鄯善乃分途，即北道亦由鄯善出發，北至車師，再轉西並北山南麓也。至所謂「北通伊吾千餘里」者，則爲漢書西域傳序所未記之另一道。此道即後世稱之伊吾道，始自敦煌，北達伊吾，非自鄯善分途也。今姑稱爲Ⓔ道，俟下文再論之。今試先討論兩書序文所述之北道（即車師前庭道）是否自鄯善出發。

按後書文意甚明，不待論。而前書行文，固可解作由兩關西北至車師，不經鄯善；但亦未排除由鄯善北行至車師之可能性。今按漢書西域傳，婼羌「去陽關千八百里，去長安六千三百里。」又鄯善國「去陽關千六百里，去長安六千一百里。」則陽關去長安四千五百里也。而車師前國「王治交河城。……去長安八千一百五十里。」此國左近諸國，亦皆云去長安八千里上下，是此「八千」之數非形譌，而車師前國去陽關地區三千六百里也。按交河城在今吐魯番西二十里。北朝及隋唐記錄，高昌至敦煌僅一千三百里上下，最爲正確。今據圖觀測，如由玉門陽關直西北行至吐魯番，無論如何，亦不能有三千里以上。然則漢書所記，由兩關至車師三千里以上者，必繞道甚多，非直達也。復按班氏又記，車師西南至焉耆八百三十五里，焉耆去長安七千三百里。若由車師繞道焉耆至長安，當爲八千一百三十五里，與車師至長安八千一百五十里者，僅十餘里之差，可斷此項記程，實繞道焉耆也。⑳據上引魏略，中道由鄯善至龜茲，中經尉犂、危須、山王三國，皆屬焉耆。據漢書西域傳，尉犂在焉耆西南百里；危須在尉犂東二百里，焉耆東南；山國在危須東二百六十里，東南與鄯善接境。則魏略此道，卽漢代已然。西域傳記龜茲以西諸國至長安之里數，固以此道爲準，卽車師及其左近諸國至長安八千里以上者，亦卽繞道焉耆，行此道也。此殆漢代經營西域最初之北道，今姑稱爲Ⓑ道。蓋西域傳各國去長安之記程，乃較早期之材料，故塔里木河以北諸國去長安之里程皆以此道爲準也。

又按鄯善國條又特記至車師之里數云：「西北至車師千八百九十里。」則由陽關出鄯善北向車師亦有一道，且鄯善國條有擊車師都尉及擊車師君。及車師條末述胡漢爭車師，首云：「武帝天漢二年，以匈奴降者介和王爲開陵侯，將樓蘭國兵始擊車師。」「征和四年……復遣開陵侯將樓蘭、尉犂、危須凡六國兵別擊車師。」樓蘭卽鄯善，此皆鄯善當車師道之明證。然則班氏此段序文，誠當如范氏序文作解，所謂北道者，亦由鄯善境與南道分途北行至車師，非由兩關卽分途也。今姑稱之爲Ⓒ道。（范氏改寫班文，蓋亦覺班文易滋迷惑歟？）蓋伊吾、車師最接近匈奴，漢人經營西域，先由鄯善向西取焉耆、龜茲，然後再東北與匈奴爭車師，屢得屢失，然後據有，乃置戊己校尉以鎭之耳。敦煌兩關至車師距離雖較近，然車師始非漢人勢力所能控制，故就漢人經營西域之歷史

⑳ 松田壽男已如此計算，見古代天山の歷史地理學的研究頁六一。

程序言，敦煌兩關西出之南北兩道，南道始終無變動；北道最開始之路線則由鄯善西至焉耆、烏壘、龜茲；及車師已定後，乃可自鄯善西北經車師，西至焉耆、烏壘、龜茲以西，故西域傳序述北道以車師爲始矣。至西漢末葉元始前後始有新道，即班書西域傳下末段所述者，今姑稱爲Ⓓ道。其道即由車師後王國南至前王國，再東南經五船北，直至玉門關，既避白龍堆之阸，且省道里之半。蓋繞經鄯善或更繞經焉耆至車師前王國皆三千數百里，北至後王國且四千里；而新道不及二千里也。前論班氏序文之北道當據後書序文作解，然班氏撰西域傳序時，此新道既已開通，則所謂北道者，固亦有即指由敦煌北至車師之可能，然則班氏序文之北道，固有Ⓒ線之可能，亦有Ⓓ線之可能，然絕非Ⓑ線也。島崎昌西域交通史上の新道と伊吾道以爲此元始新道即魏略所稱之新道，亦即前文所考隋唐時代西州通沙州之大海道。此論誠是，可無疑矣。故通典三道之說全抄魏略，而云本有二道，「元始以後有三道」也。岑仲勉先生歷代西疆路程簡疏，引通典以證魏略之新道、北新道即漢書徐普欲開之道，是也；但云亦即後漢書北通伊吾之道，則非矣。

前漢後期，漢人僅能控制車師，尚不能控制伊吾（今哈密）。後漢書西域傳序，永平「十六年，明帝乃命將帥北征匈奴，取伊吾盧地，置宜禾都尉以屯田，遂通西域。」伊吾在敦煌正北微西，道里最近，既得其地，遂爲西域通道之要衝，故范書乃有伊吾一道，今姑稱爲Ⓔ道。島崎昌云，范書雖不記新道，然通東漢之世，此道當仍暢通。觀魏略三道，有北新道而無伊吾道，可知也。然前據史記正義及寰宇記所引裴矩西域記述此道荒蕪難行，故「商賈往來，多取伊吾路。」然則最遲至北朝末年，新道已漸廢，行旅多從伊吾道矣。晉書一二二呂光載記，光伐龜茲將歸，高昌太守楊翰說涼州刺史梁熙距守高桐、伊吾二關，熙不從。光至玉門，熙始拒之。是光取道伊吾至玉門，非取高昌玉門間之新道也。島崎引此，以證晉世伊吾路之盛，且見新道廢棄之漸，是也。復考魏書一〇一高昌傳，太和二十一年，高昌王馬儒求舉國內徙，高祖遣韓安保率騎千餘赴之，「割伊吾五百里以儒居之。至羊榛水，儒遣使來迎，失期未會。安保還伊吾，旋復西行至白棘城，去高昌百六十里，會儒爲國人所殺。後王麴嘉仍乞內徙，乃遣孟威發涼州兵三千迎之，「至伊吾，失期而返。」此條更足證北朝時代伊吾爲進出高昌之要道，新道絕不能與之爭，故至隋世裴矩撰西域圖記，此高昌敦煌間直達之新道，遂被描寫魑魅魍魎之域，荒蕪不可行矣。

（乙）次論魏略西戎傳及魏書西域傳所記之通道。　魏略之南、中、北新三道：南道卽漢代之南道，亦卽Ⓐ道，最無問題。北新道由玉門關直西北至高昌，由高昌北行至車師後王庭，轉西北至烏孫、康居。又由高昌西行經焉耆至龜茲，與中道合。亦卽由敦煌玉門關直西北行至今吐魯番地區，分爲北西兩支，北支越天山，至濟木薩，轉向西，行天山北麓；西支由吐魯番向西行天山南麓，至焉耆、葱嶺也。此道高昌至敦煌段及北支乃漢書所記元始前後之新道，卽Ⓓ道，已詳前文。至於此道西支，亦卽漢得車師前庭以後、新道開通以前之北道之一段也。至於魏略之中道，從玉門關西出經白龍堆至故樓蘭（卽鄯善），又西經山王國、危須國、尉犂國至龜茲（今庫車）、莎車等國，出葱嶺。此卽由今敦煌直西經白龍堆、羅布泊北岸，循庫穆河（Kum）至博斯騰湖南，又經焉耆西南境，庫爾勒，至庫車以西也。亦卽漢書西域傳所記鄯善西北至山國千三百六十五里，至都護治所千七百八十五里之Ⓑ道也。

至於魏書西域傳序所謂「本有二道，後更爲四」者。今按從莎車西出之兩道僅爲原有兩道之向西延伸，故不得謂爲四道。至於所述本有之兩道，其由玉門出鄯善者自包括漢書、魏略之南道Ⓐ，是否包括魏略之中道，亦卽是否包括漢代最開始之北道Ⓑ，未可知矣。其由「玉門北行一千二百里至車師」者，則卽西漢末年之新道Ⓓ，亦卽魏略之新道也。蓋里程僅一千二百里，旣不得釋爲經伊吾至車師，更不得釋爲經鄯善北轉至車師也。是則北朝時代，此Ⓓ道雖已不如伊吾道之盛，然仍爲一相當之要道，故魏書記之。且魏書西域傳，焉耆「東南去瓜州二千二百里」。按此瓜州亦卽敦煌。（看元和志沙州目。）傳又云，焉耆「東至高昌九百里。」則此二千二百里者，卽由焉耆東經高昌，折而東南直至敦煌，不繞道伊吾也。此又當時記程取新道Ⓓ之一實例矣。

（丙）最後論裴矩西域圖記序所列之三道。　圖記之南道卽漢世之南道Ⓐ，亦卽魏略之南道，自不待言。其北道蓋卽後漢書所記之伊吾道Ⓔ，然不云經高昌，而云經蒲類海向西，蒲類海即今巴里坤湖（在鎮西縣），則西經漢車師後庭、唐之北庭也。可謂爲Ⓕ道，實則此道漢已通行，故有裴岑等紀功碑也，詳北庭都護府通伊西諸道篇。又序文不云經高昌，但事實上，伊吾西至高昌道仍暢通，亦曰伊吾道，見寰宇記引裴矩記，詳下文。裴矩傳引裴矩記序，蓋文有省略耳。至於中道，由高昌西行，卽漢書西域傳序所記之北道。然敦煌至高昌一段，取直道Ⓓ，抑取伊吾道Ⓔ經伊吾，則未明言。然史記大宛傳正義及寰宇記一五六皆引裴矩西域記（前考大海道已引之），云高昌東南至瓜州（卽敦煌）一千三百里，並沙磧，乏水草，云云。前文已證卽唐之大海道，亦卽西漢末年所見之新道，並卽魏略所記之新道。則裴矩傳載西域記序所謂中道者，卽自敦煌西北至高昌一千三百里，然後折向西，經焉耆、龜茲也，是Ⓓ道矣。然寰宇記引裴矩西域記述此一千三百里通道之險，接云：「是以商客往來多取伊吾路。」下文寰宇記作者卽接云：「又一路，是縣（柳中縣）東南行，經大海之東，又東南度磧入伊州界，卽裴矩所爲〔謂〕伊吾路也。」則裴矩所記伊吾路雖西北出天山至天山北路，然另支亦西至高昌；且由高昌至敦煌，取伊吾路者爲多，直接至敦煌者反較少也。

又按裴矩西域圖記序謂發敦煌有三道，其北道出伊吾者，固可解釋爲由敦煌郡治所之敦煌縣出發至伊吾，卽唐之矟竿道也；但據慈恩傳，玉門關在瓜州（晉昌），玄奘西行由瓜州取莫賀延磧道，且見此道在隋世已暢通。又考隋書八四西突厥傳：「處羅大敗，棄妻子……遁於高昌，東保時羅漫山。……帝遣裴矩將向氏親要左右馳至玉門關晉昌城。矩遣向氏使詣處羅所。」是隋世，玉關已在晉昌，與慈恩傳同。按晉昌城，唐之瓜州，在隋亦屬敦煌郡，故裴矩所謂發敦煌者，不一定指敦煌縣，其由晉昌城出發行莫賀延磧道者，亦得謂之發敦煌也。故隋之北道亦有指唐之莫賀延磧道之可能。

綜上所論，前考唐代瓜沙以西之驛道及捷道皆卽漢以來之舊道。就驛道言，沙伊間之矟竿道，及伊州西至西州，皆漢世之Ⓔ伊吾道也。沙西間之捷徑大海道，則漢之Ⓓ道，所謂新道也。沙州至焉耆間之大磧道，則漢之Ⓑ道，即最初之北道也。惟瓜伊間之莫賀延磧驛道，雖不知所始，然至遲隋世已然。至於漢以來最無變動之南道Ⓐ，唐仍暢通，然非本文所考之範圍矣。

（五）長安安西道在交通上之重要性

本文上篇考長安西通涼州兩道驛程以明長安西至涼州之交通狀況。今復考涼州以西至安西都護府之交通路線如上文。合而言之，即爲唐代長安西通西域中亞之大孔道也。全線行程皆置驛，驛名可考者尙極多，使騎較急之文書，約一月可達。

涼州至長安有南北兩道，皆置驛，已詳上篇。涼州以西亦置驛。驛名可考者尙極多，本篇第二三兩節亦已備論。岑仲勉先生云：「漢唐在玉門以西，未見驛傳之記載。」（中外史地考證前言頁三。）意謂至元始置驛。按唐代玉門關在瓜州。關西之常樂縣西至沙州，北至伊州皆置驛。敦煌發現之沙州都督府圖經記此兩道之驛名驛距里數皆極詳，前文已詳引之，岑說不待辯自破。即就敦煌縣西之玉門故關言。其西亦置驛，如元和志四〇，西州柳中縣「當驛路程，極險固。」又唐詩紀事二三岑參武威送劉單判官赴安西行營便呈高開府云：「曾至交河城，風土斷人腸，塞驛遠如點，邊烽互相望。」又宋史四九〇，高昌傳載王延德使高昌記，納職西行三日至鬼谷口、避風驛，時在宋建國二十二年，自是唐驛，則唐代伊州以西道上亦置驛無疑，皆玉門以西也。近年吐魯番東阿斯塔那發現大墓羣，出土北朝至唐代文書極多，所見館驛名稱有寧戎、達匪、狼泉等驛，及其他館驛名十五個以上，分佈於西州之東西驛道上，前文已逐一引證。又據西嶋定生吐魯番出土文書所見之均田制施行狀態引第2598號及2914號文書，皆見西州有驛田。凡此皆足證明唐代玉門關以西仍沿途置驛之一事實。又唐會要七三安西都護府目，「顯慶二年十一月，伊麗道行軍大總管蘇定方大破賀魯於金牙山，盡收其所據之地，西域悉平。定方悉命諸部歸其所居，開通道路，別置館驛。」又通鑑二〇九，景龍二年，沙葛縛漢將於驛柱殺之。此亦在安西以西。是西域諸部皆置館驛，不限於唐之正州矣。復檢最近出版之吐魯番出土文書第四册頁三四，阿斯塔那第十五號墓文書有高昌延壽十二至十五年（貞觀 9—12，西元635—638年）康保謙入驛馬粟條，「丙申歲（貞觀10年）十一月十日，康保謙入驛馬□□」，又「入驛馬粟陸皛（斗）」云云。則唐未統治高昌前，當地政權已有驛制，蓋承北朝，非唐始制也。

關於使騎急行所需之時間。通鑑一九七貞觀十八年紀云：

「九月……辛卯，上謂侍臣曰，（郭）孝恪近奏稱八月十一日往擊焉耆，二十日應至，必以二十二日破之，朕計其道里，使者今日至矣。言未畢，驛騎至。」

按下文書「多十月辛丑朔。」則此九月辛卯爲九月十九日或二十日，若果以八月二十二日破焉耆，則使者在途約二十七八日。安西又在焉耆西八九百里，則安西至長安使騎急行，蓋稍逾三十日也。岑參初過隴山途中呈宇文判官詩（全唐詩三函八册參集一）云：「西來誰家子，自道新封侯，前月發安西，路上無停留。」此亦安西至長安約需一月之旁證。當然此皆非最急之文書。

道中情形，大抵自甘州以西始涉石磧，而玉關、伊州間之莫賀延磧，伊州西州間之大患鬼魅磧，情況最爲惡劣，唐人屢屢言之，視爲畏途。行旅者尤爲水草而憂，駝馬亦須特別裝備。

五代時，高居誨使于闐，有記（五代史記七四四夷附錄于闐國條引）云：

「自甘州西始涉磧，磧無水，載水以行。甘州人教晉使者作馬蹄木澁，木澁四竅，馬蹄亦鑿四竅，而綴之，駝蹄則包以氂皮，乃可行。」

此見甘州以西石磧行旅須特別裝備。關於莫賀延磧之狀況，慈恩法師傳記之最詳，文長不具錄。舊八四裴行儉傳云：「命行儉册送波斯王，仍爲安撫大食使，途經莫賀延磧，屬風沙晦暝，導者益迷。……俄而雲收風靜，行數百步，水草甚豐。」亦見莫賀延磧中氣候瞬息幻變不常。岑參諸詩詠沙磧行旅者甚多，其武威送劉單判官赴安西行營詩云：「曾到交河城，風土斷人腸，……赤亭多飄風，鼓怒不可當，有時無人行，沙石亂飛颺，夜靜天蕭條，鬼哭夾道旁。」又初過隴山呈宇文判官云：「西來誰家子……前月發安西……七日過沙磧，終朝風不休，走馬碎石山，四蹄皆血流。」此蓋皆指伊州西州間之石磧而言，即大患鬼魅磧是也。又舊六九侯君集傳，高昌王麴文泰謂其國人曰：「唐國去此七千里，涉磧闊二千里，地無水草，多風凍寒，夏風如焚，風之所吹，行人多死，常行百人不能得至，安能致大軍乎？」舊八〇褚遂良傳，諫遠戍高昌曰：「高昌途路，沙磧千里，多風冰冽，夏風如焚，行人去來，遇之多死。」此則總莫賀延磧與大患鬼魅磧而言也。其西州以西又有銀山磧，焉耆至沙州之捷道名大磧道；而沙州西州間之大海道情況尤惡，已詳前文。

故此道交通不可謂平易，然行旅來往者仍甚多，商業貿易甚盛，慈恩傳云：「涼州爲河西都會，……葱左諸國，商侶往來無有停絕。」正藉此道也。故其時高昌與焉耆因爭道而交惡，唐亦以高昌閉道絕西域商賈而興問罪之師。

隋書六七裴矩傳：「時西域諸蕃多至張掖，與中國交市，帝令矩掌其事。」隋書二四食貨志略同，且云：「西域諸蕃往來相繼。」足見隋世中國與西域交通商貿之盛。慈恩法師傳語，見卷一。慈恩傳又云，在瓜州時，遇「一胡老翁，……極諳西路，來去伊吾三十餘返。」亦見此道行旅之盛。

復考舊六九侯君集傳云：「高昌王麴文泰時遏絕西域商賈，太宗……詔以君集……討之。」舊一九八西戎傳高昌國條云：「時西戎諸國來朝貢者，皆途經高昌，文泰後稍壅絕之。」故興討伐之師。又姜行本紀功碑（粹編四五），數高昌之罪，首云：「杜遠方之職貢，阻重譯之往來。」職貢實即商業貿易，侯君集傳所言最得其本質。只爲阻碍東西貿易，而萬里興師，足見商貿之被重視。故魏徵雖反對招徠西域諸國使臣，然仍云：「若任其商賈來往，邊人則獲其利。」（舊七一魏徵傳）也。不但唐爲商貿而伐滅高昌，高昌亦且先爲商貿而伐焉耆。舊一九八西戎傳焉耆國條云：「貞觀六年，（焉耆王）突騎支遣使貢方物，復請開大磧路，以便行李，太宗許之。自隋末罹亂，磧路遂閉，西域朝貢者皆由高昌。及是，高昌大怒，遂與焉耆結怨，遣兵襲焉耆。大掠而去。」即其事也。

其後西域中亞諸國通使臣，貢方物，絡繹不絕，冊府元龜外臣部載之甚詳，蓋亦多循此道。直至唐末李茂貞據鳳翔，財力枯竭，仍藉此道通西域貿易而立國焉。凡此皆見此道在交通貿易上之重要性。

冊府元龜卷九六九至九七二外臣部之朝貢目及卷九九九外臣部之入覲目、請求目、互市目，載唐代四夷貢獻貿易甚詳。貢獻卽變象之貿易也。

輯本九國志七李彥琦傳：「鳳翔李茂貞委以心腹之任。……大軍之後，府庫空竭，彥琦請使甘州以通回鶻，往復二年，美玉名馬相繼而至，所獲萬計，茂貞賴之。（出永樂大典一八三七）。」卽此一事，足見當時西域商業貿易對中國經濟之重要性。

又當唐盛時，西州市場所見內地出產品之價格，較之內地價格相去亦不甚遠，足見物資流通甚暢，尤爲東西商業貿易甚盛之明證。張籍涼州詞云，「無數鈴聲遙過磧，應（一作知）馱白練到安西。」誠詠其實矣。

池田溫中國古代物價の一考察（史學雜誌第77編第一號），據大谷探險隊所獲資料作交河郡物價表。余讀此表，注意數事。其一，有帛練行、綵帛行等。此皆內地產品，而在西州市場有專行賣之。其二，西州市場所賣內地紡織品之價格。玆錄數種如次：

常州布壹端　上直伍百文　次四百九十文　下四百八十文

益州半臂　段壹　上直錢四百五十文　次四百文　下三百五十文

梓州小練　壹疋　上直錢三百九十文　次叄百八十文　下叄百七十文

河南府生絁　上直錢陸百五十文　次陸百四十文　下陸百三十文

蒲陝州絁　壹疋　上直六百三十文　次六百二十文　下六百拾文

按此數種紡織品皆爲較高級之品質。至於普通紡織品之價格當較低。檢全漢昇唐代物價的變動（史語所集刊第十一本）引通典七，「至（開元）十三年封泰山，米斗至十三文，……自後天下無貴物。兩京米斗不至二十文，麵三十二文，絹一疋二百一十文。」通鑑二一四，「開元二十八年，西京東都米斛直錢不滿二百，絹疋亦如之。」新五一食貨志，「是時（天寶五載）海內富實，米斗之價錢十三，……絹一疋錢二百。」全文所引資料，絹僅此數條。而就米價言，此爲米價最低之時代，料想絹價亦以此時爲低也。內地絹價最低時爲二百文。上引交河郡物價亦屬前期，時代當不相遠。假若爲同時代之紀錄，則西州市場所賣內地各州之高級紡織物卽練絁等，其價高者僅爲內地普通紡織物絹價之三倍，低者不到兩倍。若非同時，則內地絹價不只二百文，是西州市場所賣內地各州之高級紡織物，其高於內地普通紡織物之絹價且不及此倍數。由此推之，若就普通紡織品之絹而言，西域與內地之價格，當不至相差一倍以上。故內地生產品在邊區之價格並不算昂貴驚人，此正顯示內地通至西域之交通甚便，物資遷貿不滯也。張籍涼州詞出處，見前引言。

至於唐人藉此道可控制西域中亞之交通樞幹，更不待論，故盛唐時代西北邊防軍大部份皆屯駐此道沿線之州縣軍戍也。

綜　　結

涼州（今武威）爲西北交通樞紐，置河西節度使，統兵七萬餘，爲西北軍政之重心。安西都護府（今庫車）統軍三萬，鎭撫西域，凡焉耆（今焉耆）、于闐（今和闐 Khotan）、疏勒（今疏附Kashgar）、碎葉（今Tokmank，在 Issyk湖之西 Frunze 之東約 E75°15′・N42°50′）諸鎭及諸屬國，西盡波斯(今Parsa 伊朗)皆屬焉。兩地皆爲唐代控制西北邊區及屬國之重鎭。其間相去五千里。玆綜上所考，述其行程如次：

由涼州西北行，經番禾縣（今永昌西），越刪丹嶺（今水泉子），至刪丹縣，置刪丹鎭（今山丹），蓋卽五代時期甘州回鶻所都，大食依賓墨哈黑爾所記之 Sandabil 也。又西至甘州治所張掖縣（今縣），東去涼州五百里。其地南達鄯州通吐蕃，北達居延至回鶻衙帳，爲河西重鎭之一，置張掖守捉，統兵六千餘。州南有鞏筆驛。

甘州又西經建康軍（今高臺西南四十里），統兵五千餘；又經福祿縣（蓋今新橋堡、龍興關地區），至肅州治所酒泉縣（今縣），置酒泉守捉，東去甘州四百里。

肅州又西百里至故玉門關，五代時曰天門關（今嘉峪關西黑山下），北宋時代又謂玉門關。又西經玉門縣（蓋今赤金峽、赤金堡地區），唐代前期置玉門軍，統兵五千餘；五代時置玉門關。又西經沙頭故城至瓜州，在苦水之南十餘里，今苦峪城，（亦可能在布隆吉城。）去肅州約五百里。

瓜州置墨離軍，統兵五千人，稱爲四鎮之東門。唐初玉門關在州西北五十里之瓠𤬫河（今疏勒河或窟窿河）上，後蓋移至州城近處。由州城出玉關至常樂縣（今安西西），在苦水之北，置常樂驛。常樂西至沙州治所敦煌縣有南北兩驛道。由縣西南經魚泉、黃谷、空谷、無窮、其頭、東泉六驛，至沙州州城驛。永淳二年廢山南之黃谷、空谷、無窮三驛，而於山北置懸泉驛，東接魚泉，西接其頭。此皆南道也。天授二年，以南道山險，遂盡廢以上諸驛，改取北道，即由常樂直西行，經階亭、甘草、長亭、白亭、橫澗、神泉（後更名清泉）六驛至州城驛。由敦煌東去瓜州，取北道三百一十五里，南道稍迂。城內置豆盧軍，統兵四千五百人。

瓜沙兩州，各有道通伊州治所伊吾縣（今哈密），皆置驛。沙伊道曰稍竿道；瓜伊道曰莫賀延磧道，一曰第五道。高宗武后時代，二道交替使用。第五道者，由常樂縣西北行，經新井、廣顯、烏山、雙泉、第五諸驛，入莫賀延磧，又經冷泉、胡桐二驛至赤崖驛，又兩驛至伊州，東南去瓜州九百里。此諸驛大抵皆置戍守，以護交通之暢通。明清大道及今日汽車火車道即大抵循此古道而行也。稍竿道者，由沙州西北行，經興胡泊，河倉城（今大方盤城），玉門故關（今小方盤城），折北行經鹹泉戍至稍竿館，置稍竿戍，又北至伊州，南去沙州七百里。兩道並通，大抵取第五道爲多。

伊州西至西州有南北兩道。北道由伊州西經納職縣（今 Lapchuk，即四堡），行大患鬼魅磧之北，經獨泉、東華、西華、駝泉，渡茨萁水，過神泉，至羅護鎮守捉城，又西南經達匪、草堆，至赤亭鎮守捉城。去伊州實約九百里，此即唐史所記之柳谷道，沿途置館驛，多可考於見吐魯番出土文書。羅護蓋即清之納呼、今之西鹽池（E91°5′．N43°25′），赤亭蓋即今七克騰木（E90°35′．N43°），是此道蓋略相當於清代舊驛道，今之北線汽車道也。南道稱爲「伊西道」，亦由納職西行經大患鬼魅磧中，至鬼谷口避風驛，又西亦至赤亭，與北道合。度其行程與今鐵路線略相當。赤亭當兩道會合處，故稱道口，爲要衝。赤亭西行中經白力城（今鄯善）約一百三十里至柳中縣，即古田地城（今魯克沁E89°45′·N42°45′），置柳中驛。又西約四十里至西州治所高昌縣，即古高昌城，故址尙存，（今阿斯塔那之南，約 E89°40′·N42°50′。）置寧戎驛。城內置天山軍，管兵五千人。

西州向西微南行，經南平城，安昌城，至天山縣（今大墩子E88°45′·N42°50′）。又由州城向西微北行經交河縣，古交河城也，故址猶存（今吐魯番西二十里雅爾，約E89°5′·N42°55′）。又折西南亦至天山縣。由縣西南入谷，即今蘇巴什山溝。谷道經礌石磧，阿父師泉（今阿海泉？），銀山磧（庫木什山），磧西館，呂光館，張三城守捉（今榆樹溝？），新城館，渡淡河至焉耆鎭城（今焉耆或其西南古城），東去西州七百二十五里。沿途地名多置館驛，見吐魯番文書。焉耆城極大，在海水（今博斯騰海）之北，大河（今海都河）東岸，衆流交帶，羣山外繞，極爲險固，爲安西四鎭之一。

焉耆又西渡河（今海都河）約百五十里至鐵門關（今關？約 E86°10′·N41°50′），爲開元時代十三中關之一，以其當驛道也。張九齡所謂「鐵關千術，四鎭咽喉」者，是矣。又西經于術（今查爾赤地區？），榆林（今英吉沙地區？），龍泉，東夷僻（今輪臺縣西？），西夷僻，赤岸六守捉城，至龜茲（今庫車縣），東去焉耆鎭八百數十里，號稱九百里。

龜茲置鎭，亦爲安西四鎭之一，太宗貞觀十四年平高昌，始置安西都護府於交河城，旋西遷至龜茲，不久廢。高宗永徽二年復置安西都護府於西州城，顯慶三年，唐勢復振，仍遷府於龜茲。地居焉耆、于闐、疏勒、碎葉之中心，統重兵，爲鎭撫西域之總部。

以上所述，自安西都護府東至涼州約五千里，至長安約七千里，皆置驛。此驛道大抵皆漢以來之舊道，其沙伊間之矟竿道及伊西間之一道，即漢世之伊吾道也。瓜伊間之莫賀延磧道，則隋以前不知何時所開者。又沙州直西行經塔里木河北岸至焉耆，稱爲大磧道，則漢世最初通西域時之北道也。沙州西北有捷道，經玉門故關至西州一千三百六十里，稱爲大海道，則漢世所謂新道也。然隋唐時代，此道多沙磧，乏水草，行旅維艱，蓋幾廢棄矣。故唐通西域之主要路線仍僅取莫賀延磧之大驛道也。

此驛道由安西都護府東經涼州，至長安，雖甘州以西多行沙磧，乏水草，多風險；然行旅不絕，商業交通甚盛，不但爲唐室控制西域中亞之大孔道，亦爲國際貿易、文化交流之大動脈。故此道之交通價值至高，對於唐與西域中亞之政治外交關係，經濟供求，文化交流，皆具重大作用，視爲唐代前期中國第一重要之國際交通路線，可也。

參看圖九

一九七一年五月三日初稿，二十七日增訂畢，時端節前一日，六月二十四日增寫第（五）節。刊史語所集刊第四十三本。一九八四年三月二十一日改訂，一九八五年四月二十八日三校定稿。

篇拾叁　河湟青海地區軍鎮交通網

引　言

河湟地區爲中國中古時代西通羌渾、西域，西南通吐蕃、天竺之交通樞紐，諸凡使臣之往還，軍事之進退，與夫僧徒商侶之進出，多取途於此。其地自西漢後期已有經營，置金城、西海郡。北朝周武帝極力拓展西疆，隋世承之，逐滅吐谷渾，自洮水以西且末以東，河、湟、青海地區盡入版圖。唐世，吐蕃强盛，取據青海西南吐谷渾故地，河、湟、洮水、青海間遂爲唐蕃兵爭之疆場。唐置隴右節度使鎮鄯州（今樂都）；統軍多至二十有餘，兵額十有餘萬，屯田積穀，爲常備之計。復左翼劍南，右翼河西、安西諸節度爲犄角，自西北迄劍南，戰線綿延逾萬里，爲大弧形以制之，而隴右、河、湟實爲主戰場，兵爭之中心。蓋此地區不但爲大弧形陣線之中段，且有黃河及其支源槽谷穿貫其間，地勢平坦①，行軍爲易，不若河西、安西有崑崙祁連之阻，劍南西疆有横斷山脈之限也。況地近長安，僅千數百里，蕃人恃强凌逼，固宜取途於此矣。故置軍綿密，戰爭頻仍，史不絕書。及安、史之亂，邊防軍悉數內撤，自

① 吳景敖西陲史地研究頁一八：「河湟出青海一路原爲通吐谷渾幹線之一，沿途大致爲平坦之草原，無崇山峻嶺，惟夏多沮洳，冬雪封道，此爲缺點。」

隴以西，東西數千里之地陷屬蕃境，北宋雖曾一度經營，然時暫，終棄，故唐、宋史家記述疏落，河曲、湟源、青海地區之名都重鎮更多渺焉莫曉，致今日讀史，於當時形勢，戰略運用，乃至使臣僧侶之行經，商業貿易之市場，皆矇然莫解。此篇以交通路線爲經，軍鎮建置爲緯，廣羅唐世史料詩文雜著，凡涉此一命題者悉力徵考，辨其經途，明其地望，總期當時軍事進退，使臣往還，商貿出入，宗教傳播，皆得按圖指證，俾讀史者不再如入晨霧，不辨蹊徑。然研考之功，精無涯涘，如有同好，盼惠商榷。

（一）主要交通路線概況

唐代長安西北至涼州有南北兩驛道。南道踰隴坂，西經秦州（今天水）、渭州（今隴西縣東五里）至臨州（今臨洮、舊狄道），又折北經蘭州至涼州，通西域，已詳前長安通安西道兩篇。自此驛道上之臨州臨洮軍向西行，出河州（今臨夏）鳳林關，又西北至鄯州（今樂都），又北微東經涼州及甘州。此爲通涼甘至西域之另一道，唐初道宣釋迦方志云往印度三道，其中道取鄯州北至涼州，西經甘、肅、于闐，即此道也。中唐詩文，亦頗及之。如張籍涼州詞云：「鳳林關裏水東流，白草黃榆六十秋，邊將皆承主恩澤，無人解道取涼州！」是也。然鄯州至涼州道，究非主線。

道宣釋迦方志卷上，「往印度者，……大唐往年使者則有三道。……其東道者，從河州西北度大河上曼天嶺，減四百里至鄯州。」下述西南經吐蕃至北天竺。又云：「其中道者從鄯州東川行百餘里，又北出六百餘里至涼州。」下文述西經甘肅等州及咀末、瞿薩呾那國（即于闐）至天竺諸國。是中道即由河州經鄯州至涼州、甘州也。

張籍涼州詞見全唐詩六函六册籍集五。按鳳林關在河州北，今永靖縣西，黃河南岸，詳後文。就大形勢言，殆與道宣之中道略相當。

復考沈亞之對賢良方正直言極諫策（全唐文七三四）自稱「嘗仕於邊」，習邊事，因提出規復河隴舊壤之軍略云：

「西戎（吐蕃）今當逾河拒北虜……誠能因此時詔寧、隴、邠、涇及南梁皆會兵計事，……邠寧軍北固崆峒，守蕭關；涇原軍西遮木硤關；鳳翔軍逾隴，出上邽，因臨洮取鳳林南關；南梁軍道鳳，逾黃花，因狄道，會隴西；……各以輕騎入河、蘭，撫喻其遺人。飛聲流勢，延而益西，則故道盡可得也。」

此所策第三路軍之鳳翔卽鳳翔府（今縣），上邽卽秦州（今天水），臨洮卽臨州（今臨洮），是由臨洮西至河州鳳林關，約卽與張籍所詠一道之東段爲一線矣。武經總要一八下邊防西蕃地界河州條云：「自州北百里過鳳州〔林〕關，渡黃河，百四十里至鄯州龍支縣，又百六十里至鄯州。」此卽河州鳳林關西北出鄯州之較具體行程矣。

隋煬帝大業五年西巡事，實爲中古史上最大一次西北行軍，所取路線雖經河州至鄯州，然取道臨津關（今循化地區），非鳳林關，又西北出大斗拔谷（今扁都口）直至甘州，不經涼州，故爲西北出之另一道。

隋書煬帝紀述其行程云：

「（大業）五年……三月己巳，車駕西巡河右。……乙亥，幸扶風舊宅。夏四月己亥，大獵於隴西。……乙巳，次狄道。……癸亥，出臨津關，渡黃河至西平，陳兵講武。五月乙亥，上大獵於拔延山，長圍周亘二千里。庚辰，入長寧谷。壬午，度星嶺。甲申，宴羣臣於金山之上。景戌，梁浩亹，御馬度而橋壞，（通鑑，『數日橋成乃行。』）……。六月，……癸卯，經大斗拔谷。山路隘險，魚貫而出，風霰晦冥，與從官相失，士卒凍死者大半。（通鑑書此事於七月車駕東還時，考異云從略記。）景午，次張掖。」

按扶風郡卽岐州，唐置鳳翔府，今鳳翔縣；隴西郡卽渭州，今隴西縣西南；狄道縣卽唐之臨州臨洮軍，今臨洮縣；臨津關當在河州西北，鳳林關以西，黃河上；西平郡卽鄯州，今樂都縣；長寧谷卽長寧水河谷，今北川水；浩亹卽今大通河；大斗拔谷卽今扁都口；張掖郡卽甘州，今張掖縣。此諸地名有須考證者，並詳後文。**則煬帝大軍所行，乃唐代長安通涼州之南線驛道，至狄道，蓋直西經河州，於臨津渡河，臨津關在鳳林關之西蓋百十里，故與前述鳳林關道**

似非一道。至鄯州西北經大斗拔谷直至甘州，更不經涼州矣。

唐末吐蕃內亂，其落門川（今甘谷西四十里）鎮將論恐熱西攻鄯州節度使尚婢婢，又西北擄掠肅瓜等州，則與煬帝西征之路線略相當矣。

新二一六下吐蕃傳下述唐末論恐熱叛吐蕃，與尚婢婢拏兵事云：

「會昌二年……別將尚恐熱（通鑑作論恐熱）爲落門川討擊使，……約三部得萬騎，擊鄯州節度使尚婢婢。略地至渭州，與宰相尚與思羅戰薄寒山，思羅敗走松州。……恐熱自號宰相，以兵二十萬擊婢婢……至鎮西軍，大風雷電……恐熱惡之，按軍不進。婢婢……詒書約讎，恐熱大喜，……退營大夏川。婢婢遣將……擊恐熱於河州之南，……恐熱單騎而逃。……明年，恐熱復攻鄯州，婢婢分兵五道拒守，恐熱保東谷山，堅壁不出，……旬日，恐熱走薄寒山，募散卒……得數千人，復戰鶻鷄山，再戰南谷，皆大敗。……大中三年，婢婢屯兵河源，（通鑑二四八，大中三年『二月，吐蕃論恐熱軍于河州，尚婢婢軍于河源軍。』）聞恐熱謀渡河，急擊之，爲恐熱所敗，婢婢統銳兵扼橋，亦不勝，焚橋而還，（通鑑作『歸鄯州。』）恐熱間出鷄項嶺關（通鑑二四九作雞項關），馮硤爲梁，攻婢婢，至白土嶺，敗其將尚鐸羅榻藏，（通鑑作『婢婢遣其將尚鐸羅榻藏據臨蕃軍以拒之，不利。』）進戰犛牛硤，婢婢……大將磨離羆子……急擊恐熱，一戰而死。婢婢糧盡，引衆趨甘州西境，……恐熱大略鄯廓瓜肅伊西等州。（通鑑作『婢婢留拓跋懷光守鄯州，帥部落三千餘人就水草於甘州西。恐熱聞婢婢棄鄯州，自將輕騎五千追之，至瓜州。聞懷光守鄯州，遂大掠河西鄯廓等八州，……五千里間，赤地殆盡。』）（退）保渭州……奉表歸唐……求河渭節度使，帝不許。……於是復趨落門川……久雨糧絕，恐熱還奔廓州。」

按通鑑書此事，與新傳互有詳略，已就涉及行軍地名有詳於新傳者附注括弧中。茲再就各地名以次簡釋如下：

落門川　胡注：「在渭州隴西縣東南，漢來歙破隗純於落門，即此。」按其地在今甘谷縣西四十里，渭水南岸，詳長安西通安西驛道篇上。

薄寒山　胡氏未注。紀要五九鞏昌府隴西縣，「薄寒山在府西南。」即今隴西縣西南也。此雖以意言之，無實證。然考呂溫代都監使奏吐蕃事宜狀（全唐文六二七）云：「前月十四日至清水縣西，吐蕃舍人郭至崇來迎，……臣以二十一日到薄寒山，西去蕃帥帳幕二十餘里停止。」溫奉使在貞元末年。此爲薄寒山當大道之明證。再觀新傳及通鑑此段書事，此地既當近渭州至河州道上，又當近渭州至松州道上，當即在渭州地區。渭州，在今隴西縣。

鎭西軍　開元二十六年置，在州西一百八十里，約今循化縣地，詳下文第二節。

大夏川　詳下文第二節。

東谷　胡注：「九域志，河州東南一十五里有東谷堡，宋熙寧七年置。」

河源軍　胡注「在鄯州東。」按通典一七二，「河源軍在西平郡西百二十里。」元和志三九鄯州目，同。是在州西，胡氏以意測之，誤。

白土嶺、鷄項關　胡注：「水經注，左南津西六十里有白土城，城西北有白土川水。其地在河州鳳林縣西。（今按此爲故縣。）以此推之，鷄項關亦在河州界。」白土嶺詳下文第三節(C)條。

綜上觀之，論恐熱駐秦渭間渭水南側之落門川，其西攻鄯州節度使尙婢婢之往返路線，乃由落門基地西行，經渭州及薄寒山，又西經狄道、大夏兩縣，與婢婢相持於河州地區，後婢婢糧盡，西北走甘州，恐熱乃尾追，由河州，向西北經河源軍及甘、肅、瓜等州，沿途大掠，此正相當於煬帝所行之路線也。

此皆鄯州西北出之道也。由鄯州向西南行青海黃河間，至赤嶺，又西出于闐，西南至吐蕃。則道宣所謂東道矣。此蓋爲河鄯西出之最主要交通線，故北魏宋雲西行，隋及唐初互市與用兵，多由此道。

道宣釋迦方志上云：

「自漢至唐，往印度者，其道衆多，……且依大唐往年使者，則有三道。……其東道者，從河州西北度大河，上曼天嶺，減四百里至鄯州。又西減百里至鄯城鎭，古州地也。又西減百里至故承風戍，是隋互市地也。又西減二百里至青海，海中有小山，海周七百餘里，海西南至吐谷渾衙帳，又西南至國界名白蘭羌，北界至積魚城，西北至多彌國，又西南至蘇昆國，又西南至敢國，又南少東至吐蕃國。……」

宋雲行紀云：

「雲與惠生俱使西域也。神龜元年（518）十一月冬……初發京師，西行四十日至赤嶺，卽國之西疆也。皇魏關防正在於此。……發赤嶺，西行二十三日，渡流沙至吐谷渾國。路中甚寒，多饒風雪，飛沙走礫，舉目皆滿；惟吐谷渾城左右煖於餘處。……從吐谷渾西行三千五百里至鄯善城，……從鄯善西行一千六百四十里至左末城（卽且末）……（以下經末城，捍麼城，于闐國，出葱嶺。）」

按此兩事，吐谷渾城以東，所行大體爲一道，由鄯州西南行青海東南岸也。此點及其他各點皆詳後文。

而鄯州直西行於靑海北岸，經魚海軍至吐谷渾都伏俟城，亦通西域與吐蕃。此殆西漢循湟水至龍夷城之故道也，唐世利用，似不如西北、西南兩道之盛。

杜翁秦州雜詩（詳注七）云：「鳳林戈未息，魚海路常難。」卽指此道，詳後文第三節(B)條。

此其主道之大畧也，故河湟地區亦爲通西域之一重要道路，諸凡使臣、僧侶、胡商來往於中國與西域之間者，卽往往取道於此。

北朝後期宋雲西行，取道河湟，前文已引。又續高僧傳二闍那崛多傳，「犍陀羅國人也……遊方弘法，……路由迦臂施國……便踰大雪山……至肽怛國……又經過渴羅槃陀及于闐等國，……又達吐谷渾國，便至鄯州。于時西魏後元年也。……以周明帝武成年初届長安。」是取道于闐、吐渾、鄯州至長安，與宋雲所行爲一道。敦倫藏石室卷子S. 4654號僧景導贈悟眞詩云：「何〔河〕湟舊邑新道復，天竹〔竺〕名僧漢地來。」②亦見中古時代，河湟爲僧侶來往西域之重要孔道。至於軍事外交，當取此途自不待言。道宣述唐初使臣出西域三道，且以河鄯爲基點，從可知矣。通鑑一八一，大業五年，逐吐谷渾，「置西海、河源、鄯善、且末等郡……命劉權鎮河源郡、積石鎮，大開屯田，扞禦吐谷渾，以通西域之路。」又二一九，至德二載正月，「上聞安西北庭及拔汗那、大食諸國兵至涼、鄯。」云云。皆見河湟爲通西域之一樞紐也。十餘年前西寧出土銀幣七十餘枚，經夏鼐審定爲波斯薩珊王朝時期（459-483）之銀幣，此又胡商來華貿易取道西平鄯州之明證也。③

（二）臨州河州西通鄯州河源軍道

賈耽皇華四達記云：「自長安至鄯州約一千七百餘里。」卽指臨洮河州道而言；今存唐宋志書，云一千九百餘里者，蓋就取蘭州道而言也。

賈耽記云一千七百餘里，見通鑑二〇二永隆元年條考異引。然今存唐宋志書所記里數如下：

通典一七四：鄯州去西京一九九三里，去東京二七四九里。寰宇記一五一，與通典全同。

元和志三九：鄯州東南至上都一九〇〇里，至東都二七六〇里。

舊志：鄯州在京師西一九一三里，至東都二五四〇里。

按長安、洛陽間，唐宋志書，通常云八百五六十里。元和志此條，兩數字極相應。通典、寰宇記所記去兩都里數之差僅七五六里，舊志所記兩數之差僅六二七里，皆太少，是本書卽不相應合。大抵一九九三里蓋一九一三里之譌，然舊志至東都之里數，仍不能與至京師之里數相契合。

今再檢唐宋志書，鄯、河間，鄯、蘭間及河、蘭兩州東行之里距如次：

通典：河州北至鄯州三〇〇里，東南去西京一四七五里，共一七七五里。

---

② 包遵彭紀念論文集所收蘇瑩輝試論張義潮收復河隴後遣使長安之年代所引。

③ 新中國的考古收穫頁一〇二。

蘭州西至鄯州四九〇里，東至西京一四四五里，共一九三五里。

元和志：河州西北至鄯州三〇〇里，東南至上都一四六〇里，（去東都二三二〇里，正契合。）共一七六〇里。

蘭州西北至鄯州四〇〇里，東南去上都一四六〇里（實一四八〇，詳長安通安西驛道篇上），共一八六〇里（實一八八〇里）。

寰宇記：河州東南至長安一四六〇里，西北至鄯州龍支縣一八六里。按龍支縣在鄯州南一三五里（元和志作一二五里），則河州至鄯州三二一里（或三一一里），即鄯州經河州至長安一七八一里（或一七七一里）。

蘭州東南至長安一四六〇里，西至鄯州四〇五里，共一八六五里。

舊志：河州在京師西一四一五里，蘭州在京師西一四四五里。

綜合此諸記載，鄯州東南取河州路至長安皆一千七百餘里，鄯州東取蘭州路至長安大抵一千九百里上下，最少一千八百五十里。則賈耽說一千七百餘里者，即指取河州道而言；元和志及舊志作一千九百里或稍多者，殆取蘭州路而言也。至於通典、寰宇記作一千九百九十三里者，與同書同條至洛陽里數即不相應，疑「九十三」殆「一十三」之譌歟？

其行程，由臨州臨洮軍（今臨洮，舊狄道）渡洮水，西北行七十八里至大夏縣（約今寧定），在大夏川（今三岔河）北岸。又西北五十五里至東谷。又十五里至河州治所枹罕縣（今臨夏），在灕水（今大夏河）北岸。有可藍關。

通典一七四，河州「東南到金城郡狄道縣一百四十八里。」狄道縣即置臨州臨洮軍時之治所也，見元和志三九卷末。

河州治枹罕縣　河水注二，「灕水又東逕枹罕縣故城南。」即此地，則縣在水北，即今臨夏縣治。新志，河州治所枹罕縣，「有可藍關。」不知是否在州城附近。

大夏川、大夏縣　元和志三九河州，大夏縣「西北至州七十里。」「大夏山水經縣南，去縣十步。」寰宇記一五四，亦云縣在州東南七十里。就方向言，當在道上。前引新吐蕃傳及通鑑，論恐熱由渭州擊鄯州節度使尚婢婢，退營大夏川。即爲當道之證。復考呂溫代孔侍郎蕃中賀順宗登極表（全唐文六二五）云：「今月十七日自別館回至河州大夏川，即以十二日進發。」又新二一六下吐蕃傳，劉元鼎使還，「虜元帥尚塔藏館客大夏川，集東方節度諸將百餘，置盟策台上，徧曉之，且戒各保境，毋相犯。」此尤當大道之明證矣。水經注二河水注，述大夏水、大夏縣甚詳。董祐誠曰：「今三岔河自河州東南合麻山關大馬家灘火石界內三派合，東北流逕狄道州（今臨洮）西北，又東北入洮水，當卽大夏川也。」一統志蘭州府卷山川目亦以三岔河當之，是也。大夏縣在河州東南七十里，則在臨州狄道縣西或西北七十八里也，度其地當在今寧定縣。

河州北行經鳳林故縣（蓋州北三十五里之鳳林山北），約百里至鳳林關，北臨黃河，東拒灕口，西瞻積石，形勢緊要，爲六典所記開元七下關之一。又北渡黃河鳳林津，越曼天嶺（蓋今分水嶺），約八十六里至龍支縣（今永靖、民和兩縣間古鄯邑）。積石山在龍支西南，枹罕西北，是爲小積石山，一名唐述山（今積石山），兩山夾峙，聳立如削，黃河流出其中，今名劉家峽，建大水庫處。峽中崖上有佛窟，高四十丈，刻石文字以晉太始間爲最早，今存北魏至唐宋彫刻藝術仍極豐富。曼天嶺蓋卽小積石山之東北餘脈也。龍支又西北一百三十五里至鄯州治所湟水縣（今樂都）。州東五六十里湟水峽道，今名老鴉峽，東西四十里，卽趙充國傳之四望陿，唐亦在道上，故唐人摩崖題刻甚多。

唐之鄯州，一統志西寧府卷以爲在碾伯縣，卽今樂都縣，是也。檢元和志、水經注自明。紀要六四，以爲在西寧衞，卽今西寧縣，誤矣。

前引釋迦方志上，唐往印度有三道。「其東道者，從河州西北度大河，上曼天嶺，減四百里至鄯州，又西減百里至鄯城鎮，古州地也。」是由河州渡河越曼天嶺至鄯州爲大道。又檢通典一七四云：

河州西北到西平郡（卽鄯州）臨〔龍〕支縣一百八十六里。

鄯州東南到安西〔鄉〕郡（即河州）鳳林縣故城二百八十里。

寰宇記一五四、一五一錄此兩條，字皆不誤。又武經總要前集一八下云：

河州「自州北百里過鳳州〔林〕關，渡黃河百四十里至鄯州龍支縣。」

據此諸條所記，河州經鳳林故縣，鳳林關，龍支縣，至鄯州，亦爲一通道無疑，殆即釋迦方志所記之曼天嶺道也。龍支西南爲積石山，此嶺殆即積石山之東北餘脈耳。度其地當在龍支縣南。按周希武玉樹途程日記，紅古城南渡湟水，爲下川口，乃碾伯青華所在，「下川口循煖治溝西南行百餘里踰分水嶺正至唐述山。」疑此分水嶺即古曼天嶺也。下文再論鳳林、龍支等地名：

鳳林縣及後魏鳳林故城　按通典河州目有鳳林縣；而上引鄯州目云東南至鳳林縣故城，明故城非即唐世之鳳林縣。玆分別論其地望如次：

元和志三九河州，「鳳林縣東南至州八十里。」而寰宇記一五四，鳳林縣在州西南八十里。方向不同。元和志考證：「南宜作北。洪亮吉云，故城在河州西南，樂史亦云西南。此誤。」一統志蘭州府卷古蹟目鳳林故城(即唐縣)條，引元和志，逕作東北至州八十里。余始以東南爲正。然元和志云：「離水西去縣二百步。」若作東南至州八十里，似不能解。且志又云：「石門山在縣東北二十八里，山高險絕，對岸若門，即臯蘭山門也。漢武帝元符〔狩〕三年霍去病出隴西至臯蘭，即此也。」按此段述事本自水經注二河水注。注云是山去離水不遠，在枹罕縣之西。然則唐代鳳林縣固當在河州之西離水附近也。約計今地當在臨夏縣西南大夏河北岸之韓家集地區（見申報館圖）。

然元和志河州郭下枹罕縣，「鳳林山在縣北三十五里。」則河州之北固有鳳林之名。又述鳳林沿革云：「後魏大統十二年，刺史楊寬於河南鳳林川置鳳林縣，因以爲名。」檢水經注二，述河水東經唐述山、野亭口，乃續云「河水又東歷鳳林北，鳳林山名也。……秦州記曰，枹罕原北名鳳林川，川中則黃河東流也。河又東與離水合。」則唐代以前，河州枹罕之北已有鳳林山名，唐述山（即今小積石山）之東，至離水（今大夏河）入河口之間稱爲鳳林川，亦即鳳林山北之一段黃河也。是後魏所置之鳳林縣本在河州之北，鳳林山北之河南地區，地望與唐縣不同。此即通典所謂鳳林縣故城也。其地在河州之北數十里。

通典云鄯州東南至此二百八十里者，殆自北朝以來，即爲通道也。

龍支縣　元和志三九鄯州屬有龍支縣，玆錄其可徵地望者如次；

「北州一百二十五里。（一統志西寧府卷古蹟目引元和志作一百三十五里。）……後魏初於此置金城縣，廢帝二年改名龍支縣，西南有龍支谷，因取爲名。」

「積石山在縣西九十八里，南與河州枹罕縣分界。」「黃河在縣西南六十里。」

又檢寰宇記一五一鄯州，龍支縣在州南一百三十五里，云「取縣西龍支堆爲名。」「積石山在縣南。」（通典亦云，積石山在龍支縣南。）又云：「唐述窟在縣西龍支谷，彼人亦罕有至者，……又謂鬼爲唐述，故指此山爲唐述窟。窟高四十丈。」按唐述山、唐述窟即在鳳林川西，在離水入河處之西不甚遠，水經注二河水注載之極詳。此積石山即小積石山，與唐述山實一地區，其地在今永靖縣西三十公里上下。④據寰宇記，窟所即龍支谷，縣因此受名也。然則，綜觀上列史料可知龍支縣在鄯州東南一百三十五里，在今麥積山東北約九十至一百里，黃河之北約六十里以上，下文論鳳林關北至龍支縣約八十六里，亦略合。略推今地，當在永靖西北民和東南兩縣間地區。此文已論定。再檢吳景敖西陲史地研究（頁一一）云：「龍支城故址，西寗新志載其地在碾伯縣南百七十里之龍支谷中。碾伯，今樂都。……龍支谷，甘肅陸地測量局二十萬分一實測圖作鸞枝溝。所謂龍支城當即鸞枝溝發源處之古鄯邑，今爲民和縣境；河州至西寗之商旅仍多取道於斯。」蓋是也，今圖永靖至民和通西寧汽車道，正經此處。此城在唐前有名史册，唐中葉以後沒于吐蕃，號爲宗哥城，詳紀要六四西寗鎭目。

老鵶峽　張維隴右金石錄二，老鵶峽石刻，「在樂都縣東，今存。按此刻在道側石壁，存字甚多，有『從郭子儀者九人』七字明晰可辨。」又引宣統甘肅通志，「老雅峽古石刻在碾伯縣東六十里峽內，有大石平面，下臨湟水，上倚官

④　詳鄭振鐸炳靈寺石窟概述及文物一九六三年第一〇期調查炳靈寺石窟的新收穫。

道。石面字甚多，爲開元時所鐫，但細小模糊多不能辨。」則此峽道當卽龍支至鄯州大道所經也。按周希武民國三年玉樹途程日記（玉樹縣志稿附錄）云，緣湟水北岸西行入老鴉硤，勢甚險，三十餘里至鸚哥嘴，「石徑崎嶇，石崖上有刻文，係鑿路時所鐫，漫漶難識。」又三里始出硤，又五里至老鴉城，又四十五里至碾伯縣。又云按漢書趙充國傳，充國至金城渡河，遣騎候四望陿中，亡虜，夜引兵上至落都（顏注，山名），曰使虜發數十人守杜陿中，兵豈得入哉。落都卽今碾伯縣治。則四望陿在碾伯之東。充國所渡之河當卽酈注所謂石城津（在莊浪河入黃河之口西三四里），自黃河以西至享堂（按在民和縣北，隔湟水相對）湟水無陿，今老鴉峽正在碾伯東五十里，峽長四十里，屈曲深邃，其爲四望陿無疑，土人讀鴉汚瓜切，疑卽望之轉音。今按周說甚是。而石崖刻文，則開元遺跡也。

鳳林關　六典六刑部司門郎中條，下關七，河州鳳林關爲其一。知此關甚重要。又舊一九六下吐蕃傳，大曆二年「十一月，和蕃使（銜略）薛景仙自吐蕃使還，……奏云，贊普請以鳳林關爲界。」新二一六下吐蕃傳，高駢收鳳林關。亦皆見此關爲要害地。故唐世文人常詠述之。如杜翁秦州雜詩云：「鳳林戈未息，魚海路常難。」及前引張籍涼州詞、沈亞之對賢良方正策，皆見此關當通吐蕃及通涼州之要道。故唐宋志書多載此關。如通典一七四，河州鳳林縣「有鳳林關。」新志，鳳林縣「北有鳳林關。」寰宇記一五四河州鳳林縣，「鳳林關在黃河側。」據此諸志書記載，關當在鳳林縣北，濱臨黃河。是當在今循化縣地區。然前引武經總要前集云，河州「北鄯州三百里。自州北百里過鳳州〔林〕關，渡黃河，百四十里至鄯州龍支縣。又百六十里至鄯州。」則關當在河州之北百里，北渡河通龍支，非鳳林縣之北也。若在鳳林縣之北，則在龍支西南甚遠，不相及矣。且今永靖縣西黃河津渡，唐名鳳林津，詳下文及上鳳林縣條，尤關在州北之極佳旁證。復檢元和志及寰宇記，唐代鳳林縣乃天寶元年由安鄉縣改名，而鳳林關至遲開元末已有之。（六典爲開元版籍。）是此關蓋在河州北三十五里之鳳林山之北，亦卽北朝以來鳳林縣之北，卽北朝以來龍支至河州之道上，非唐代鳳林新縣之北也。通典以下志書，因縣書關，不知關已不在唐鳳林縣境矣。龍支至河州一百八十六里，而關南至河州一百里，則由關至龍支約八十六里也。復考法苑珠林三九伽藍篇第三六云：

「晉初，河州唐述谷寺者，在今河州西北五十里。度鳳林津，登長夷嶺，南望名積石山，即禹貢導河之極地也。……南行二十里得其谷焉，鑿山構室……南有石門濱于河上，鐫石文曰晉太始年之所立也，寺東谷中有一天寺，……名爲唐述。」

則今永靖縣西黃河津渡，唐世即名鳳林津，亦爲鳳林關在此之旁證。然則鳳林之名本在積石之東、河州之北至黃河地區，有鳳林山、鳳林川、鳳林關、鳳林津，北朝於此立縣，亦以受名。唐世縣廢，其後移名於河州之西，但不害關津仍在河州之北也。

積石山　元和志三九河州枹罕縣，「積石山一名唐述山，今名小積石山，在縣西七十里。」又鄯州龍支縣，「積石山在縣西九十八里，南與河州枹罕縣分界。」寰宇記枹罕縣條同，而龍支縣條作縣南，方向較正。紀要六〇河州目，積石山，州西北七十里，「兩山如削，黃河中流。」乾隆西寧府新志四，積石山「故龍支縣南境，兩山夾峙，多巨斧痕，河出其中。」並能得其形勢。度曼天嶺地望，當是此山之東北餘脈也。又唐述山石窟保存北朝至唐宋彫刻藝術極豐富，詳炳靈寺石窟（文化部社會文化事業管理局編印），及調查炳靈寺石窟的新收穫（文物1963年第10期）。

又由河州向西微南循灕水（今大夏河）而上八十里至鳳林縣（約今韓家集地區）北境，又折而西北行一百里至鹽泉城（今循化），在河左岸，開元二十六年築，兼置鎮西軍，統兵一萬三千人。隋煬帝西征吐谷渾，取道臨津關，蓋即臨津故城（蓋今循化），疑即此道也。

鎮西軍　會要七八：「鎮西軍置在河州，開元二十六年八月置。」不知在州境抑在州城。通典一七二州郡序目下，隴右節度所統有鎮西軍，在「安鄉郡（即河州）城內，臣亡父先臣希望開元二十六年置，管兵萬三千人，馬三百匹。」元和志三九鄯州目，開元二十一年置隴右節度使。所統鎮西軍，「河州城內，開元二十六年杜希望置，管兵一萬二千人，馬三百匹。」是與通典同。然元和志同卷河州目云：「鎭西軍在州西一百八十里，開元三年哥舒翰于索恭川置。」此「開元」以下奪「二十六年杜希望置……」若干字，詳天成軍條。檢新書地志，河州「西百八十里鎭西軍，開元二十六年置。」與元和志河州目合。考舊一九六上吐蕃傳：「（開元）二十六年……七月，希望（時爲隴右節度使）又從鄯州發兵奪吐蕃河橋，於河左築鹽泉城……因於鹽泉城置鎭西軍。」通鑑二一四開元二十六年七月條，同。新書吐蕃傳亦略同。按此軍以開元二十六年置，主其事者爲隴右節度使杜希望，此無異說。通典稱此軍置在河州城內，佑爲希望之子，所記應最可信。然與兩傳及通鑑所記當時情事不相應。且前引新吐蕃傳及通鑑，會昌間，論恐熱引兵擊鄯州節使尙婢婢，兵至鎭西軍。若軍卽在河州城，例應稱河州，似可證州軍不在一地。⑤疑此軍始置在河州城，不久卽移至河州西一百八十里之鹽泉城，在河南岸，河上有橋。故杜佑云然，乃從其朔，元和志鄯州目逐照錄之耳。至河州目乃記鎭西軍之經制在州西一百八十里也。此亦爲黃河一渡口，可北至鄯州也。

又按前考唐代鳳林縣在河州西八十里灕水上，約今韓家集地區。據水經注二所記，此地似亦當要道。疑河州至鎭西軍一百八十里者，當經此路，則鎭西軍當在縣西北約百里也。度其地望，約當在今循化縣地區。吐蕃曾建河橋於此處，杜希望由鄯州來攻取之爲軍，此亦通鄯州之道也。故唐末論恐熱來攻鄯州節度使尙婢婢，卽屯兵於此。今觀申報館地圖，有大道自臨夏縣西南至韓家集地區，折西北至循化，殆卽中古時代之故道耳。

臨津關　煬帝以大業五年西征，由狄道出臨津關，渡黃河至西平，詳前引煬帝紀及通鑑。西平卽鄯州。檢水經注二河水注云：

「河水又東逕石城南。……又東北逕黃河城南，西北去西平二百一十七里。河水又東北逕廣違城北……又東逕邯川城南，……河水又東，臨津溪水注之。水自南山北逕臨津城西，而北流注于河。河水又東逕臨津城北，白土城

⑤ 武經總要一八下，「河州……自州北百里過鳳州〔林〕關渡黃河百四十里至鄯州龍支縣，又百六十里至鄯州鎭西軍。」此鎭西軍似爲衍文。若非衍文，更足證決不在河州城內。

南。十三州志曰……白土城，城在大河之北，爲緣河濟渡之處。……河水又東，左會白土川水……河水又東北會兩川，右合二水。……河北有層山，山甚靈秀，……名之爲唐述山。」

按煬帝所渡之臨津關必是大津渡處。此注引十三州志，白土、臨津兩城夾河處正爲津渡之要，其卽煬帝所經殆無疑。故胡氏注通鑑已引酈注臨津城爲說。檢王氏引董祐誠今釋，石城當在西寧縣直南，南臨河水。黃河城當在西寧縣東南巴燕廳（今化隆）西境，臨津城當在循化廳西北土司境，白土城當近巴燕廳治。楊氏水經注圖所繪略同。亦置臨津城於循化之北偏西，近黃河南岸。前人如此擬定，大體可信。檢今日地圖，循化在黃河南岸，蓋民國已移近河岸也。則酈注之臨津城當卽在今循化地區，煬帝所出之臨津關殆其地。

由軍城又北蓋經白土嶺、白土故城（今化隆地區）亦至鄯州。其行程不詳。

前考鎭西軍，引吐蕃傳，杜希望由鄯州攻取吐蕃河橋，置鹽泉城、鎭西軍。是鄯州至鎭西有通道，惟行程不詳；所可知者，當經白土城，詳後第三節(C)條。觀申報館地圖，今循化北經至隆承樂都正有大道可通，殆卽承中古時代之古道歟！

又由蘭州西循黃河南岸經廣武梁（湟水入河處之東），赤岸橋（今大夏河口至洮水口之間，黃河南岸），亦出鳳林關經龍支縣至鄯州，全程四百餘里。呂溫、劉元鼎先後出使吐蕃，其去程皆取此道，但回程則皆取道河州大夏川也。

通典一七四，蘭州「西至西平郡（鄯州）四百九十里。」元和志三九，蘭州「西北至鄯州四百里。」（鄯州目，「東至蘭州二百二十里。」二百必譌。）寰宇記一五一，蘭州「西至鄯州四百五里。」三書所記蘭鄯間里程不相應，大略蓋四百餘里也。

考新二一六下吐蕃傳述劉元鼎西使事云：

「元鼎踰成紀、武川，抵河廣武梁，故時城郭未隳。蘭州地皆秔稻，桃李榆柳岑蔚，戶皆唐人，見使者麾蓋，夾道觀。至龍支城……過石堡城。」

是元鼎去程取道蘭州，經廣武梁、龍支縣也。按蘭州有廣武縣，在州西北境，蓋其南境黃河有梁，故名之歟？河水注二：「湟水又東流注于金城河，即積石之黃河也。……河水又東逕石城南，謂之石城津，闞駰曰在金城之西北矣。河水又東南逕金城縣故城北。」則湟水口至蘭州間黃河上，古有石城津，不知即此廣武梁否？

元鼎去程雖取道蘭州經廣武梁；然前考大夏川，引新二一六下吐蕃傳，「元鼎還，虜元帥尚塔藏館客大夏川」云云。則回程取河州大夏川道也。

又呂溫於貞元末西使吐蕃，今就其詩文可考來回行程者，錄列於次：

代都監使奏吐蕃事宜狀：「前月十四日至清水縣西，吐蕃舍人郭至崇來迎。……臣以二十一日到薄寒山，西去蕃帥二十餘里。」（全唐文六二七）

臨洮送袁七書記歸朝（全唐詩六函四册溫集二）（度此詩意，係出使時所作。）

題河州赤岸橋：「左南橋上見河州，遺老相依赤岸頭。」（同上）

經河源軍漢村作（同上）

代孔侍郎蕃中賀順宗登極表：「今月七日自別館回至河州大夏川，即以十二日進發。」（全唐文六二五）

按薄寒山在渭州地區，大夏川在臨洮西，今寧定縣地區，皆已詳前考。清水縣在今清水縣西十五里，臨洮即臨州，在今臨洮縣、舊狄道縣，並詳長安西通安西驛道篇上。河源軍在鄯州西鄯城縣，詳下文第三節。所未知者惟赤岸橋。考舊五五薛舉傳，起兵金城，「隋將皇甫綰屯兵一萬在枹罕，舉選精騎二千人襲之，與綰軍遇於赤岸，……隋軍潰，遂陷枹罕。」是赤岸在蘭河道上。又檢水經注二河水注：「灕水（今大夏河）……北流注于河。……河水又逕左南城南。十三州志曰，石城西一百四十里有左南城者也。津亦取名焉。大河又東逕赤岸北，即河夾岸也。秦州記曰，枹罕有河夾岸，岸廣四十丈。義熙中，乞佛于此河上飛橋，橋高五十丈，三年乃就。河水又東，洮水注之。」是赤岸橋爲自古名橋，地在灕水、洮水入黃河兩口之間。觀呂溫詩文，其出使行程，乃出大震關，經清水縣，薄寒山（在渭州），臨洮軍，折北經蘭州，折西經赤岸橋，又西經鄯州河源軍也。然其回程則經大夏川，是必取道河州，不經蘭州矣。溫西行，既取道蘭州經赤岸橋，自不會繞道河州，然赤岸橋已接近離水口，去湟水入河之口已甚遠，而與鳳林關極相近，然則溫之西出，非循湟水河谷而上，乃實當經鳳林關西行也。再參之劉元鼎由蘭州廣武梁，經龍支縣，可推知溫之行程，當由赤岸橋西行出鳳林關，再渡河至龍支縣，經鄯州河源軍也。由臨洮西赴鄯州，無論取道蘭州抑取道河州，皆經鳳林關，此鳳林關所以爲要津也。

然漢趙充國傳，由金城（今蘭州西約四十里西古城）渡河西經四望陿至落都（今碾伯）。民國初年大路亦自青石關（在莊浪河口西三四里）渡河，行湟水北岸，則唐代當亦有道行水北也。

周希武玉樹途程日記，民國三年著。由蘭州緣黃河南岸西行經西古城至青石川莊，北岸即莊浪河入黃河水口。又西三里許至青石關渡河，以爲即酈注之石城津也。又西緣湟水北岸行，經老鴉硤。引趙充國傳，已詳見前老鴉峽條。

鄯州治湟水縣（今樂都），南臨湟水，爲盛唐時代河湟地區軍事交通之中心。開元二年置隴右節度使以鎮之，統鄯、秦、河、渭、蘭、臨、武、洮、岷、廓、疊、宕十二州，臨洮、河源、白水、安人、振威、威戎、莫門、寧塞、積石、鎮西十軍，綏和、合川、平夷三守捉，管兵七萬五千人，以備吐蕃。臨洮軍本在臨州，開元中葉移就鄯州城，管兵一萬五千人。其餘諸軍、守捉，分屯鄯、廓、河、洮諸州境。天寶末增置八九軍，所統益廣。

通鑑二一一，開元二年十二月「甲子，置隴右節度使，須嗣（胡注，須當作領，嗣字衍。）鄯、奉（胡注，當作秦）、河、渭、蘭、臨、武、洮、岷、郭（胡注，當作廓）、疊、宕十二州，以隴右防禦副使郭知運爲之。」而會要七八節度使目隴右節度使條，「開元元年十二月鄯州都督楊矩除隴右節度。自此始有節度之號。」差前一年。疑通鑑爲正，蓋二年吐蕃大舉入寇，唐軍擊敗之，故有此建置也。又會要同目朔方節度使條，「開元元年十月六日勅，朔方行軍大總管宜准諸道例，改爲朔方節度使。」則前條云「自此始有節度之號」亦誤。至於元和志三九鄯州目云，開元二十一年始置隴右節度使，更誤無疑。通典一七二州郡序目下：（括弧中爲本注。志卽元和志。）

隴右節度使（理西平郡，管兵七萬五千人，馬萬六百匹，衣賜二百五十萬〔志，萬上有「一」字，蓋衍〕匹段。）以備西戎。統：

臨洮軍（開元中移就節度衙，管兵萬五千人，〔志作五萬五千，誤。〕馬八千四百匹。）

河源軍（西平郡西百二十里。儀鳳二年李乙夫〔志作郎將李乙支〕置，管兵萬四千人，馬六百五十匹。〔志，「十」下有「三」字。〕）

白水軍（西平郡西北二百三十里，開元五年郭知運置，管兵四千人，馬五百匹。）

安人軍（西平郡星宿川西〔志作河源軍西一百二十里星宿川〕，開元七年〔志有「郭知運」三字〕置，管兵萬人，馬三百五十匹。）

振威軍（西平郡西三百里，開元中信安王禕置，兵千人。）〔元和志同，舊地志有「馬五百匹」四字。〕

威戎軍（西平郡西北三百十里〔志作西三百五十里〕，臣亡父先臣希望開元二十六年置，管兵千人，馬五十匹。）

綏和守捉（西平郡西二百三十里〔志作西南二百五十里〕，開元二年郭知運置，管兵千人。〔此下，志有「今分爲五百人」一句。〕）

合川郡界守捉〔志無界字〕（西平縣南百八十里，貞觀中侯君集置，管兵千人。〔此下，志有「合川郡今疊州」一句。〕）

莫門軍（臨洮郡城內，儀鳳二年置，管兵五千五百人，馬二百匹。）

寧塞軍（寧塞郡城內，管兵五百人，馬五十四。）

積石軍（寧塞西百八十里，儀鳳二年置，管兵七千人，馬一百匹。）

鎮西軍（安鄉郡城內，臣亡父先臣希望開元二十六年置，管兵萬三千人〔志三作二〕，馬三百匹。）

平夷守捉（安鄉郡城西南四十餘里，開元二年郭知運置，管兵三千人。）

此即盛唐時代隴右節度使統兵馬之大略。新唐書兵志云：

「鎮西、天成、振威、安人、綏戎、河源、白水、天威、榆林、臨洮、莫門、神策、寧邊、威勝、金天、武寧、曜武、積石軍十八，平夷、綏和、合川守捉三，曰隴右道。」

較通典、元和志多出八軍。大抵皆天寶末年置，然有脫有重，詳後文。

又按元和志三九卷末臨州，「天寶初割蘭州狄道縣……置臨州。郭舊有臨洮軍，久視元年置。」是臨洮軍本在狄道，故上引通典、元和志，臨洮軍本注云：「開元中移就節度衙」也。會要七八，「臨洮軍，置在狄道縣，開元七年移洮州縣，就此軍焉。」此謂洮州之名本在臨潭，開元七年移洮州之名於狄道，以就軍名也。檢元和志洮州目云：「貞觀……移洮州治此，（謂治臨潭。）……開元十七年廢入岷州，二十年於臨潭又置臨州。二十七年又改爲洮州。」則會要「七年」疑當作「十七年」，此年移洮州之名於狄道以就軍，則臨洮軍之移鄯州當在此以後。

鄯州向北微東行，渡浩亹河（今大通河），經昌松縣（今古浪西），凡五百八十里至涼州治所姑臧縣（今武威）。昌松境有洪源谷或當在此道中。

通典一七四，涼州武威郡「南至西平郡浩亹河二百六十里。」鄯州西平郡「北至武威郡昌松縣南界一百四十二里。」寰宇記一五二有此兩條，而涼州目又云「正南微西至鄯州五百八十里。」元和志三九，鄯州「東北至涼州五百里。」涼州目失記通鄯州道。按道宣釋迦方志上，記唐初使臣出西域三道，「其中道者，從鄯州東川行百餘里，又北出六百餘里至涼州。」當即通典以下所記之道，惟里程較迂，今姑從寰宇記作五百八十里。

觀通典、寰宇記，此道當經昌松縣，縣在今古浪縣西，詳長安西通安西驛道篇上。復考舊一九六上吐蕃傳：「贊婆率所部……來降，則天……授贊婆輔國大將軍，……仍令領其部兵於洪原谷討擊，尋卒。……久視元年，吐蕃又遣其將趨莽布支寇涼州，圍逼昌松縣，隴右諸軍州大使唐休璟與莽布支戰于洪源谷。」通鑑二〇六、二〇七，分書于聖曆二年及久視元年。胡注：「洪源谷在涼州昌松縣界。」蓋是。當在此道中歟！

鄯州又西循湟水行一百二十里至鄯城鎮（今西寧），北臨湟水，西即土樓山，山實在水北。地當唐、蕃交通之衝途，儀鳳二年置縣，兼置河源軍，統兵一萬四千人，爲隴右境內之第二大軍，或且以節度使兼充使職。哥舒翰經營靑海河曲，曾於此置鄯城郡。

元和志三九鄯州，「鄯城縣，東至州一百二十里。儀鳳二年分湟水縣置，北枕湟水，西即土樓山。」寰宇記一五一，方位里距同。元和志又於湟水縣記云：「土樓山在縣西百三十里，下有土樓神祠。」此蓋未分湟水縣置鄯城縣時地志之舊文，元和志照錄於湟水縣目耳。前引道宣釋迦方志上，述唐初使臣出西域三道，其東道從河州西北行「減四百里至鄯州，又西減百里至鄯城鎮，古州城也。」則置縣前本爲鄯城鎮，當大道也。據元和志所記，土樓山似在湟水南岸。然周希武玉樹途程日記，土樓山在水北長寧川水之東，山爲湟水所刷，崩崖壁立百仞，遠望如樓閣，酈賦謂西平亭北有土樓神祠者，當在此。然下文又云，湟水南有土臺一，高九丈八尺，趾方三十二丈，頂圓徑八丈，府志謂之虎臺，南涼禿髮氏所築也。臺東有高墩四，各高七八丈。則元和志或亦指此臺歟？

河源軍建置時代及統兵馬數，詳前引通典及元和志。又通典、元和志皆云，河源軍在州西一百二十里，就方位里距言，當即在鄯城縣；故新志即云鄯城縣有河源軍。而會要七八：「河源軍在鄯州西南。」方向小異，似不在鄯城縣矣。考顏眞卿臧懷恪碑（全唐文三四二）云：「後充河源軍、兼隴右節度副大使、關西兵馬使，…開元十二年（略）二月二十有六日薨於鄯城之官舍。」則河源軍在鄯城縣必矣，會要方位小誤。復考于邵田司馬傳（全唐文四二九）：「哥舒公得黷武於河隴之間……西拓境數千里，……創鄯城郡於河源軍。」是天寶中曾置郡矣。

舊一〇九黑齒常之傳：「高宗……擢常之爲（河源軍）大使，……常之以河源軍正當賊衝，欲加兵鎮守，恐有運轉之費，遂遠置烽戍七十餘所，度開營田五千餘頃，歲收百餘萬石。」又張說涼州都督郭知運碑（全唐文二二七）云：拜「持節隴右諸州節度大使兼鄯州都督、河源軍使，鎮西陲。」按此時尚未移臨洮軍於鄯州，故由節度使兼充此使職也。又通鑑二〇五萬歲通天元年考異引御史台記，「論欽陵必欲得四鎮及益州通市乃和親，朝廷不許。制書至河源，……監察御史張彥先時按河源積石諸軍。」此亦河源軍當吐蕃道之一强證。

（三）鄯城河源軍之輻射交通線

鄯城河源軍直西循湟水而上，行青海北岸，至吐谷渾都伏俟城（青海西北岸鐵卜卡古城）。鄯城西北行至甘州，接涼州通西域之驛道。鄯城西南行黃河、青海間，爲入吐谷渾及吐蕃之孔道。吐渾又西至且末、于闐，吐蕃西南至印度。此皆爲唐通西域之輔線。今先就隋唐疆城內之行程考論如次：

（A）鄯城河源軍西北循長寧川（今北川河）而上，經長寧橋、長寧故亭（約今西寧西北四五十里，今有長寧堡），入長寧峽谷。道中有犛牛峽者，在鄯城北約五十里上下，疑長寧峽之異名歟？又北至安人軍（蓋今大通地區），去鄯城約一百二十里，開元七年置，管兵萬人。又西北度入星宿川，越星嶺。又北渡浩亹川（今大通河），西北入大雪山脈至大斗拔谷（今扁都口 E101°•N38°，亦可能爲白崖口），去安人軍約三百九十里。大雪山即祁連山脈，東西橫亙，此地段南北幅度約一百公里，高峯疊起，海拔多在四千公尺以上。此谷在雪山北坡，南去主脈約五十華里，谷東近處尙有四千三百公尺之高峯。故地高谷隘，形勢險峻，而爲南北交通重地。

煬帝西征，行軍鄯甘間，往來皆經此谷，夏秋雨雪嚴寒，損失慘重。開元十六年置大斗軍，管兵七千五百人以鎮之，殆在谷東北近處。由谷東至涼州約三百餘里，北至甘州東南一百二十里之刪丹（今山丹）二百里，皆接長安通西域之大驛道。

長寧及星嶺諸地　前引隋書煬帝紀及通鑑，述煬帝西征吐渾事云，大業五年四月癸亥出臨津關，渡黃河，至西平郡。五月庚辰入長寧谷，壬午度星嶺，甲申宴羣臣於金山之上，丙戌梁浩亹，御馬度而橋壞，癸卯經大斗拔谷。西平郡卽鄯州。考水經注二河水注云：

「湟水又東，長寧川水注之。水出松山，東南流……養女川水注之。水發養女北山……逕養女山，謂之養女川。闞駰曰，長寧亭北有養女嶺，卽浩亹山，西平之北山也。亂流出峽，南逕長寧亭東。城有東西門，東北隅有金城，在西平（按此古西平，在今西寧縣地區）西北四十里。十三州志曰，六十里，遠矣。……長寧水又東南流，注于湟水。湟水又東，牛心川水注之，水出西南遠山……東北入湟水。湟水又東逕西平城北。」

此注述長寧川水甚詳。王氏合校引董祐誠說，卽今北川河，楊氏水經注圖從之。就形勢言，此無可疑。則煬帝行程自湟水河谷折北入長寧川河谷也。酈注長寧亭在西平故城西北四十里。按舊唐志云，漢西平郡故城在鄯城縣西。則鄯城西北至長寧亭稍踰四十里也。長寧橋，見舊書吐蕃傳，引詳下文安人軍條。煬帝由長寧谷至浩亹川，中經星嶺。據上引水經注，長寧水北之山嶺惟有養女山、養女嶺，亦名浩亹山。酈注下文又云：「閤門河卽浩亹河也。……閤門河又東逕養女北山。」是此山在浩亹河與長寧川之間，且有浩亹之名。楊氏水經注圖置於今大通縣東北，地望甚合。疑星嶺卽酈注之養女嶺耶？

大斗拔谷、大斗軍　隋書煬帝紀述大業五年西征吐谷渾事，續云：

「五月……壬午，度星嶺。……丙戌，梁浩亹，……橋壞。……六月……癸卯，經大斗拔谷，山路險隘，魚貫而出，風霰晦冥，與從官相失，士卒凍死者大半。丙午，次張掖。」

檢通鑑，亦云五月丙戌至浩亹川，六月丙午至張掖；但不書出經大斗拔谷，而於回程書經此谷云：「七月……車駕東還，經大斗拔谷」云云，述其狼狽情形較隋書爲詳。考異曰：「帝紀在六月癸卯。按西邊地雖寒，不容六月大雪，凍死人畜，今從（大業）略記。略記作達十拔谷，今從帝紀。」按大斗拔谷在隋唐時代爲極重要且有名之交通要隘。煬帝此事又見隋書二四食貨志及卷七〇楊玄感傳。玄感傳云：「從征吐谷渾，還至大斗拔谷。時從官狼狽……」云云，是謂回程也。下引元和志亦云回程經此。而食貨志云：「其年，帝親征吐谷渾，破之於湟水，慕容佛允……西奔青海。帝……遇天霖雨，經大斗拔谷，士卒死者十二三焉，馬驢十八九。於是置河源郡、積石鎭，又於西域之地置鄯善、且末等郡。」似又在出征前。復考隋書八四西突厥傳云：

「帝將西狩，六〔五？〕年遣侍御史韋節召處羅，令與車駕會於大升拔谷。其國人不從。」

則帝之去程乃出此谷無疑。隋煬帝往還皆經此谷，遇雪狼狽則當在回程時耳。則隋紀書癸卯經大斗拔谷，丙午至張掖，固無可疑。且帝紀書日程不應有疑，則由谷至張掖郡不過三日耳。下文考知谷北至甘州三百二十里，正當三日程，亦其證。

唐世亦屢見此谷道之重要。如通鑑一九四貞觀八、九年紀云：

「八年……十一月……丁亥，吐谷渾寇涼州。己丑，下詔大舉討吐谷渾。……十二月辛丑，以（李）靖爲西海道行軍大總管，節度諸軍……擊吐谷渾。……九年……七月……上遣使勞諸將於大斗拔谷。」（勞於大斗拔谷，參看舊一〇九契苾何力傳。）

又新二一五下西突厥傳云：

「吐烏過拔闕可汗與李軌連和。……俄……擊軌，兵不勝，走達斗拔谷，與吐谷渾輔車，（通鑑一八五武德元年條『輔車』作『相表裏』，意同。）爲軌所滅。」

又樊衡河西破蕃賊露布（全唐文三五一），河西節度使出兵擊吐蕃於青海之北，亦出此谷，詳後威戎軍條引。

凡此諸條，皆見大斗拔谷當河西隴右南北交通之要，故會軍、出軍、勞軍皆於此谷也。「大」有作「達」乃同音異寫，「斗」有作「升」「十」乃形有譌歧耳。至其地望，元和志四〇甘州刪丹縣：「大斗枝〔拔〕谷在縣南二百里。大業五年，煬帝躬率將士出西平郡討吐蕃。還此谷，會大霖雨」云云。記方位里距甚明。按刪丹在甘州東南一百二十里，則大斗拔谷在甘州之南微東三百二十里也。元和志既明記大斗拔谷在刪丹縣南二百里。後人推擬今地，以為在今扁都口。如甘肅通志六大斗拔谷條，「一統志云即今扁都口也。」然檢嘉慶一統志甘州府卷實無此文。惟關隘目所記張掖縣及山丹縣南境山口甚多。而扁都山口似最為交通要道。其安番山口條記之云：

「扁都兒山口在山丹縣南一百里。西陲今略，扁都口，明時凡涼甘往來於青海西寧者，率皆由此而行。路雖險山，實為捷徑。白石崖口在山丹縣東南二百里。皆番夷出入之路。」

而辛卯侍行記四，山丹縣南三十里新開壩，又五十里黑城營，又西南二十里馬營墩，又東南三十里扁都口，是共一百三十里。亦不同。檢張編地圖集·青海人文圖，白崖口在山丹縣南微東，為山丹河東源所經，扁都口在縣正南（E101°·N38°），而在白崖口之西南，為山丹河西源所經。就其與白崖口之相對方位言，白崖既去山丹二百里，則扁都北去縣亦當為二百里左右，就今圖測之，至少二百里。一統志「一百里」當為「二百里」之形譌。然侍行記又有逐站之里數，共一百三十里。不知究如何也？邊方計程亦殊難準歟？此二口皆有為古大斗拔谷之可能。明清南北交通既取扁都口，今人吳景敖西陲史地研究頁四六列舉西北古今隘道有云：「由甘州東南出炒麵莊子、亹源通往西寧之扁都口隘路，此即白彥虎西上之路線。」張編地圖集亦繪有由甘州經扁都口通亹源西寧之汽車道。蓋扁都口道較白崖口為大，隋唐之大斗拔谷殆真今之扁都口歟？然亦不能完全排除有在今白崖口之可能也。⑥

又元和志四〇涼州目，置河西節度使，所統有大斗軍，在「涼州西二百里。本

---

⑥ 王民信隋唐對於吐谷渾之經營云：「大斗拔谷，余疑其為山丹峽。謝彬著新疆遊記謂：山丹峽亂山環抱，頑石崢嶸，車甚顛播，盤旋曲折，比於函谷；南下西寧，東取涼川，西出玉關，此皆必經之途。」文刊大陸雜誌第一八卷第六期。按此峽當在山丹河上，不知即扁都口、白崖口之一，抑較下游之另一峽，地圖未記。

是赤水軍守捉，開元十六年改爲大斗軍，因大斗拔谷爲名也。管兵七千五百人，馬二千四百匹。」新志涼州目有大斗軍條，與此同，惟省兵馬數。而舊地志，「大斗軍在涼州西二百餘里，管兵七千五百人，馬四千四百匹。」有「餘」字。按此谷既爲軍事重地，理宜有軍戍鎮守，此軍既以大斗名，縱不卽在谷中，而在谷之東或東北，但去谷當亦不甚遠。涼州、刪丹、大斗拔谷三地略呈直角三角形。由涼州西北至甘州五百里，卽涼州西北至刪丹縣三百八十里。今刪丹南至大斗拔谷二百里，則大斗拔谷東至涼州必三百里以上，決不止二百里。通鑑二一五天寶元年胡注：「大斗軍在涼州西二百餘里，甘肅二州界。」有餘字，與舊志同。事實上當有三百餘里，作二百誤。胡注云「甘肅二州界」亦非三百里以上不可也。

大雪山　通典一七四，甘州「南至雪山以南吐谷渾界二百三十里。」元和志四〇，甘州「南至大雪山二百三十里。」寰宇記一五二，與通典同，惟作大雪山，又作三百三十里。是大雪山當在大斗拔谷之西北。而隋書煬帝紀，大業五年，煬帝西征，五月壬午度星嶺，甲申宴羣臣於金山之上，丙戌梁浩亹，吐谷渾主保覆袁川。帝分命諸將南屯金山，北屯雪山，東屯琵琶峽，西屯泥嶺。是金山在浩亹川之南，雪山在浩亹之北，而在大斗拔谷之南也。又武經總要一八下，大斗軍「雪山在軍南五十里。」前論此軍當在涼州西三百里，去大斗拔谷不遠，是谷之東南山脈亦曰大雪山，然則隋唐時代甘涼與鄯州青海大抵以大雪山山脈分界，大斗拔谷在此山脈中而偏北，南去雪山主脈蓋五十里左右耳。

犛牛峽　詳下文（C）條。

安人軍　見通典、元和志，所記甚詳，見前引。通典云在「西平郡星宿川西。」元和志云：「河源軍西一百二十里星宿川。」新志亦云：「星宿川西有安人軍。」而會要七八，「安人軍置在星宿川，鄯州西北界。開元七年三月置。」檢新志鄯城縣條述鄯城河源軍西一百二十里有白水軍，又西南六十里有定戎城，又南至石堡城，乃西南至吐蕃之道；不及安人軍。蓋安人軍所在地之星宿川不在鄯城之西或西南，而在西北，會要最正確也。復考舊一九六上吐蕃傳云：

「（開元）二十九年……六月，吐蕃四十萬攻承風堡，至河源軍，西入長寧橋，至安仁軍渾崖峯。」（新二一六上吐蕃傳同。）

按通典一七四鄯州目，「西南到寧塞郡廣城〔威〕縣故承風吐谷渾界三百一十三里。」⑦是吐蕃此次進兵，由廓州承風堡，北向至鄯城縣，再西北入長寧川，至安人軍也。然則安人軍當在長寧川水之中游，所謂河源軍西一百二十里者，實西北一百二十里也。檢一統志西寧府卷沿革目，大通縣「在府（今西寧縣）北一百二十里。」此實西北。乾隆西寧府志卷三，大通衞「在府西北一百二十里」，是也。然則唐之安人軍約即在今大通縣矣。且唐宋志書云此軍在星宿川，亦可能與星嶺有關，參之前文，殆即酈注之養女川。養女川即長寧川之北源，約今大通縣東北地區，已詳前論，地望亦極合。

又按乾隆西寧府志卷三，大通衞「西北至扁都口大石碑甘州張掖縣界三百九十里。」即安人軍至大斗拔谷約三百九十里也。綜計由鄯州西北到甘州約近一千里，紀要六四西寧鎮，云「甘州衞東南一千三百五十里」，失之太多。

（B）由鄯城河源軍向西循湟水河谷而上，六十里至臨蕃城（約當今鎮海堡），中葉以後，吐蕃置臨蕃軍。又西六十里至綏戎城（約今湟源），開元五年置白水軍，管兵四千人。又西六十里至魏晉北朝之臨羌新縣，在湟水之北，（今海晏或稍東至湟源間。）蓋即唐世之新城，開元二十六年置威戎軍，管兵千人。由軍北行，通大斗拔谷。由軍西行經漢臨羌舊縣（今海晏或稍西）三百一十里至漢龍夷故城，在青海北，約張編地圖集·青海人文圖之朶旦寺(E100°30′·N37°20′)地區或其東霍碩特剛察寺(E100°40·N37°30′）地區。吐蕃魚海軍當在此故城地區。魚海西北踰雪山通建康軍（今高臺西南），魚海西南循青海岸至吐谷渾故都伏俟城（青海湖西岸N37°·E99°40′-50′）。

---

⑦ 寰宇記一五一作「西南至廓州廣威縣吐谷渾界一百九十五里。」縣下脫「故承風吐谷渾界三百一十三里，西北到木昆山舊」二十字，檢對通典可知。詳本節後文(E)條。

臨蕃城、臨蕃軍及綏戎城、白水軍皆詳下文C及D。漢書地理志，金城郡臨羌縣「西北至塞外，有西王母石室、僊海、鹽池。北則湟水所出。……王莽曰監羌。」是漢志記載湟水之源在僊海之北，已甚正確。河水注二記湟水所出云：

「湟水出塞外，……東南流逕龍夷城，故西零之地也。十三州志曰，城在臨羌新縣西三百一十里。王莽納西零之獻以爲西海郡，治此城。湟水又東南逕卑禾羌海北，有鹽池。闞駰曰，縣西有卑禾羌海者也，世謂之青海，東去西平二百五十里。(按此指海之最東角去西平而言。)湟水東流逕湟中城北，故小月氏之地也。……湟水又東逕赤城北，而東入經〔綏？〕戎峽口，右合羌水。水出西南山下，逕護羌城東，故護羌校尉治。又東北逕臨羌城西，東北流注于湟。湟水又東逕臨羌縣故城北，（董祐誠曰，臨羌城、臨羌縣故城卽指兩漢臨羌縣而言。是也。）漢武帝元封元年，以封孫都爲侯國，王莽之監羌也；謂之綏戎城，非也。湟水又東，盧溪水注之，……湟水又東逕臨羌新縣故城南，闞駰曰，臨羌新縣在郡西百八十里（董祐誠曰郡指西平郡），湟水逕城南也。……湟水又東，右合溜溪伏溜石杜蠡四川東北流注之。左會臨羌溪水，水發新縣西北，東南流……入湟水。（卽今圖鎭海堡處，有水由西北來注湟水。）湟水又東，長寧川水(今北川水)注之。……湟水又東，牛心川水（今南川水）注之。……湟水又東逕西平城北……又東逕土樓南……」

按此段述湟水發源至西平郡所經甚詳。卽湟水發源青海之北，東南流經漢西海郡治所龍夷城，又東逕湟中城北，赤城北，入經〔綏〕戎峽口，又東逕臨羌縣故城北，城有綏戎城之目，酈氏以爲非。又東逕臨羌新縣故城南，又東逕西平城北，在土樓之西。闞駰云，西平城西至臨羌新縣故城一百八十里，又西三百一十里至龍夷城。是則由西平郡城循湟水河谷而西無疑爲一通道，卽由西平郡西一百八十里至臨羌新縣故城（蓋魏晉以下所置），在水北，又西經漢代臨羌舊縣故城，在水南，又西經經〔綏〕戎峽至湟中城，在水南，又西至龍夷城。龍夷東至臨羌新縣三百一十里，又一百八十里至西平郡也。按漢書六九趙充國傳，上屯田奏云：

「分屯要害處，……治湟陿以西道橋七十所，令可至鮮水左右。」

又上屯田十二利云：

「至春省甲士卒循河湟漕穀至臨羌以眎羌虜，……五也。以閒暇時下所伐材，繕治郵亭充入金城，六也。……治湟陿中道橋令可至鮮水，以制西域，信威千里，從枕席上過師（言其易），十一也。」

按鮮水即青海⑧，此無異說。是即由金城（今蘭州）循河湟西經湟陿之道，西漢已有經營，故王莽得西海地，遂置西海郡，設治於湟水上源之龍夷城也。

龍夷城之今地，前人說者甚歧，一統志青海厄魯特卷古蹟目，漢西海郡在青海東。隋西海郡在青海西，卽吐渾國都伏俟城。董祐誠以爲「當在今青海南、河水北折轉東蒙古游牧之地。」（河水注二合校引。）楊守敬從之。（水經注圖。）吳景敖以爲漢郡亦在伏俟城。（西陲史地研究頁四。）周振鶴云西海郡在今湟源一帶，龍夷城則卽上廓密之古城。（青海頁六六。）黃盛璋方永吐谷渾故都伏俟城發現記云：「龍夷城今已確定爲海晏。」不知何據？按青海南之說最弱，蓋僅據河水注河水逕郡南推之。其實酈注謂河水逕郡南，非逕城南也。且酈注明云「湟水流逕龍夷城」，是此城靠近湟水上源，明在海北或東北，決不在海南。就闞駰所記里距推之，臨羌新縣在西平郡城西一百八十里，卽在唐鄯州西約三百里。而元和志三九，鄯州「西至青海三百七十里。」寰宇記一五一，同。是新縣當在今海晏縣（舊名三角城），或稍東至湟源縣（舊丹噶爾）間。龍夷城當在今海晏縣西至少兩百里，約今尕旦寺地區，或稍東剛察地區，亦不得遠至伏俟城也。故黃說較爲近似。吳景敖以龍夷城卽在伏俟城，固未碻，然謂自西寧經湟源海晏緣海北爲漢通道，並舉「海晏附近亭燧舊跡甚密」爲證，是也。

下迄隋世，隋書六一宇文述傳云，吐谷渾爲鐵勒所敗，遣使求救，「帝令述以兵屯西平之臨羌城，撫納降附。」臨羌當卽酈注之臨羌新縣故城或兩漢臨羌故城也。北朝末期，吐谷渾都伏俟城（今青海湖西布哈河口附近之鐵卜卡古城，詳第六節），隋收吐渾地於此置西海郡，則臨羌當有道至伏俟，是必緣海北

⑧ 看補注引齊召南說及王莽傳，又看紀要六四西寧鎮西海條。

岸，經漢龍夷故城也。

唐代此道雖無顯例可證其通行，然元和志三九蘭州目云：

「（漢）昭帝……金城郡……平帝元始四年金城塞外羌獻魚鹽之地內屬，……以爲西海郡，理龍夷城，即今河源軍西一百八十里威戎城是也。」

按唐鄯城河源軍在土樓山東；酈注西平城在土樓山之西，即在唐河源軍西不遠，則此威戎城當即臨羌新縣，非龍夷城甚明。唐既於臨羌新城置軍，且下文考證，軍西通青海北魚海軍，是此古道，唐世仍通行也。

威戎軍　會要七八「威戎軍在鄯州界，開元二十六年五月杜希望收吐蕃新城置此軍。」前引通典一七二，隴右節度使所統有威戎軍，「西平郡西北三百十里，臣亡父先臣希望，開元二十六年置，管兵千人，馬五十匹。」元和志三九鄯州目，作「州西三百五十里。」餘同。新志，鄯州「西北三百五十里有威戎軍。」通鑑二一五天寶元年胡注從之。復考通鑑二一四，開元二十六年，「鄯州都督知隴右留後杜希望攻吐蕃新城拔之，以其地爲威戎軍。」考異曰，「舊傳作威武軍，今從實錄。」胡注：「鄯州星宿川西北三百五十里有威戎軍。」衍「星宿川」三字。是則此軍在州西或西北三百五十里。又按會要及通鑑皆云此軍地本名新城，而舊志開元二十六年書此事作新羅城，衍羅字。

綜上諸證，是開元二十六年所置威戎軍在新城，方位在鄯州西或西北，里距一作三百一十里，一作三百五十里。前引元和志蘭州目，威戎城在河源軍西一百八十里，即在鄯州西三百里，並論此城即在魏晉北朝之臨羌新縣，地在湟水之北，是在鄯州之西微北。新縣固可有新城之目，然則威戎城當即威戎軍城無疑。地在鄯州之西微北三百里，與前引各書三百一十，三百五十之數亦相當。而一統志西寧府卷沿革目大通縣條，「開元中嘗置威戎軍於此。」今按大通縣東南至西寧縣一百二十里，至樂都縣（即至唐之鄯州）不過二百四十里，乃唐安人軍所在，蓋後人誤安人軍爲威戎軍耳。

威戎軍北至大斗，西至魚海軍　杜翁秦州雜詩之一九（杜詩詳注卷七）云：

「鳳林戈未息，魚海路常難。」

按鳳林自指鳳林關，魚海則所指不詳。考新五玄宗紀，天寶元年十二月「庚子，河西節度使王倕克吐蕃漁海、遊奕軍。」通鑑二一五，同。全唐文九六二錄天寶元年中書門下河西大破吐蕃賀表云，「今日王倕果奏大破吐蕃魚海及遊奕等軍。」卽此事。復考樊衡河西破蕃賊露布（全唐文三五二）云：

「河西節度經略使（略）判武威郡事赤水軍使（略）臣某……破蕃賊露布事。……蠢玆吐蕃……誘我石堡之城，踐我蕃禾之麥。……臣……以今月初六日戒嚴，引高牙而出，十二月會於大斗之南，擇精騎五千……遣都知兵馬使（略）安波主帥之，……臣自以馬步三千於大斗、建康、三水、張掖等五大賊路爲應接。……波主等將辭，臣戒之曰，……爾須自大斗南山來入，取建康西路而歸。……若不尅於敵，……汝則有大刑；雖尅於敵，故道而還，汝亦有大刑。……諸將……進不顧身。十二日至於新城南，吐蕃已燒盡野草，……十五日至青海北界。……十六日，進至魚海軍……斬魚海軍大使，……生擒魚海軍副使，……生擒遊奕副使，……斬首三千級，生俘千餘人，牛馬羊駝八萬餘頭，……凡七八日間，約三百餘陣，至合河之北……。」

按此文卽衡爲王倕所作者。倕由河西出兵，十二月會於大斗拔谷，是月十二日軍至新城，十五日至青海北界，十六日進至魚海軍，大破之，虜獲甚豐。又進至合河，當取建康軍而歸也。則此新城在大斗以南去青海北之魚海軍三四日行。露布後段提到哥舒翰參與此役。考舊一〇四哥舒翰傳，天寶初，「之河西，初事節度使王倕，倕攻新城，使翰經略三軍，無不震慴。後節度使王忠嗣……以爲大斗軍副使，嘗使翰討吐蕃于新城。」亦證新城爲大斗谷南之要地，大斗至新城必一通道無疑。又據露布，魚海軍當爲青海北之一重地。新一三六李光弼傳附李國臣傳，「以折衝從收魚海五城。」殆亦此軍。軍在青海之北。前考新城威戎軍在今湟源之西至海晏間，是在青海東北，然則魚海軍在新城之西三四日程也。且據露布，河西軍自大斗拔谷南出，取建康西路而歸。建康軍在今高臺縣南境（詳長安西通安西驛道篇下），在大斗西北四百里以上。蓋河西軍自大斗南至新城，折西至青海北，破其魚海軍城，然後折西北取建康道而歸也。而所謂「至合河之北」者，合河蓋今布哈河歟？然則魚海在新城之西更無疑矣。地在海北，則新城威戎軍西通魚海軍一道正當卽隋以前西平郡通青海北龍夷城之故道也。杜翁此詩殆即指此道而言。度其地西南去伏俟城已不遠，蓋即循海岸至伏俟城也。城之近地，詳第六節。其由魚海西北至建康，蓋亦一軍道耳。⑨

此外青海湖地區向北交通尚有三水、張掖等三道，及西北通肅州道。

樊衡河西破蕃賊露布（全唐文三五二）云，甘州南山有大斗、建康、三水、張掖等五賊路。張掖即甘州也。又舊五七公孫武達傳，「除肅州刺史。歲餘，突厥數千騎，輜重萬餘，入侵肅州，欲南入吐谷渾。武達領二千人⋯急攻之，大潰，擠之於張掖河。」是必肅州有道南通吐渾。

據以上兩目，知青海湖地區，東北由新城及安人軍北入大斗拔谷至涼州及甘州，北由魚海軍直北至甘州及建康軍，西北亦有道通肅州。此皆祁連山脈中南北交通之谷道也。

（C）由鄯城河源軍西六十里之臨蕃城東南經白土嶺至鎮西軍，蓋間道也。疑接承風嶺通廓州鎮西軍道。

通鑑二四九大中四年紀云：

「吐蕃論恐熱遣僧莽羅藺眞將兵於雞項關（新傳作雞頂嶺關）南造橋，以擊尙婢婢軍於白土嶺。婢婢遣其將尙鐸羅榻藏將兵據臨蕃軍以拒之，不利。復遣磨離羆子、燭盧鞏力將兵據犛牛峽以拒之。鞏力請按兵拒險勿與戰⋯⋯羆子不從。鞏力⋯⋯稱疾，歸鄯州。羆子逆戰，敗死。婢婢糧乏，留拓跋懷光守鄯州，帥部落三千餘人，就水草於甘州西。」

按此時婢婢守鄯州，恐熱據河州以攻婢婢。雞項關當近黃河，白土嶺在河北，又北有臨蕃軍、犛牛峽，皆恐熱此次行軍所經也。

先論白土嶺　按水經注二河水注：「河水又東逕臨津城北，白土城南。十三州志云，左南津西六十里有白土城，城在大河之北而爲緣河濟渡之處，魏涼州刺

⑨ 紀要六〇河州平彝城條：「漁海城亦在州境。郭子儀破枹罕十寨，取漁海等五縣，蓋吐蕃所置縣也。」檢唐書、通鑑，不見此事，不知何據。

史郭淮破羌遮塞于白土，即此處。」王先謙引董祐誠曰：「三國志，正始九年，叛羌屯河關白土故城，則漢末已有城矣。……當近今巴燕戎格廳治。」此城與臨津城對岸，通鑑此條恐熱進軍之白土嶺當即此城故地。則與鎭西軍相近，或稍北耳。

次論臨蕃軍　新唐志，鄯州鄯城縣，「西六十里有臨蕃城。」此臨蕃軍殆其地。略測今地，當在今圖鎭海堡地區。一統志西寧府卷關隘目，「鎭海營在西寧縣西五十里，西去石峽邊牆二十里，明嘉靖十三年築城。」蓋因唐代故地耳。檢元和志三九鄯州鄯城縣「東至州一百二十里。」「北枕湟水。」是此次恐熱進攻，似由白土向西北繞道鄯城，非直攻鄯州也。又考通鑑二四八，大中三年二月，「恐熱軍于河州，尙婢婢軍于河源軍。婢婢諸將欲擊恐熱，……婢婢知其必敗，據河橋以待之。諸將果敗。婢婢收餘衆焚橋，歸鄯州。」按河源軍在鄯州西一百二十里之鄯城縣，已詳前文。胡注謂軍在鄯州東，乃就鄯河二州相對方位以意測之，對於當時用兵形勢，實不瞭解，故致誤耳。實則大中三年，婢婢進軍路線，蓋由鄯城河源軍南渡河橋與恐熱戰於河南也。其行程與明年恐熱行軍路線恰相反，然取道則一。是恐熱此次行軍雖經白土嶺，但不直北攻鄯州，而由白土向西北繞道臨蕃軍城再折東取河源軍，蓋此河源軍爲婢婢重要根據地。婢婢兵敗西北走甘州，恐熱尾追至瓜州，乃聞懷光守鄯州而廻軍耳。

至於犛牛峽　恐熱本意在取河源軍、鄯州城，旣攻下臨蕃軍，再戰於此峽，是此峽當在臨蕃、鄯城、鄯州道上。然此次恐熱並未取鄯州，婢婢於犛牛峽兵敗，卽西北退走甘州，恐熱亦尾追至瓜州，然則此峽似應在臨蕃地區，或鄯城以西或以北，不在鄯城以東也。考宋史八七地理志，西寧州，「北至宣威城五十里。」「宣威城舊名犛牛城，崇寧三年改今名。」則鄯城縣北有犛牛城，蓋卽因峽受名耳。是此峽當爲長寧川之一峽，當鄯城河源軍北出安人軍之道也。乾隆西寧府新志五云，犛牛峽在碾伯縣南白土嶺北。蓋亦承胡注，不明當日用兵路線，而以意測之耳。然同志四又云：「翠山在（西寧）縣西八十里西石峽外。湟中諸山類皆童阜，此山延至日月山，蒼翠可愛，……多旄牛。」旄牛殆卽犛牛，則此山自臨蕃向西連接日月山，山中多犛牛，地去長寧川水下游亦不遠，宜此區有犛牛峽之名也。

（D）由鄯城河源軍向西，先行湟水（B）道，六十里至臨蕃城，天寶中，哥舒翰曾置臨蕃縣。又六十里至白水澗、綏戎城，置白水軍（今湟源？），蓋亦名綏戎軍。於此離開湟水道，折西南行六十里至定戎城，後置定戎軍。又南渡澗七里至石堡城，約在今哈喇庫圖城（N36°25′•E101°10′-25′）附近之石城山，崖壁峭立，三面險絕，一徑盤曲可上，易守難攻，開元十七年置振武軍，管兵千人；一作振威軍，蓋誤。二十九年沒吐蕃，稱爲鐵仞城。天寶八載復克之，更名神武軍，蓋後更名天威軍。貞元末，赤嶺東有紇壁驛，當在以上一段行程中，疑爲吐蕃所置。

新書地理志鄯州鄯城縣條云：

「儀鳳三年置。有土樓山，有河源軍。西六十里有臨蕃城，又西六十里有白水軍、綏戎城，又西南六十里有定戎城，又南隔澗七里有天威軍。軍故石堡城，開元十七年置，初曰振武軍，二十九年沒吐蕃，天寶八年克之，更名。又二十里至赤嶺。」

此段史料記載方位里距詳明。武經總要前集一八下鄯州目云：「自州西北一百二十里至河源軍，又百二十里至白水軍，又八十里至定戎軍，又七十里至石堡城。」與新志大同稍略，亦小異，今全從新志。觀此方向，先向西，轉西南，正與今圖入藏之汽車道同。綏戎城白水軍則約當今湟源縣地區。玆就此所見城軍地名略加銓次：

臨蕃城　于邵田司馬傳（全唐文四二九）：「哥舒公……創鄯城郡於河源軍，又隸臨蕃縣。」則曾置縣也。

白水軍、綏戎城　前引通典，白水軍在西平郡西北二百三十里，開元五年郭知運置，管兵四千人，馬五百匹。元和志全同。方位里距與新志合。天寶九年，王難得以拔樹敦城之功授白水軍，見通鑑二一六。又考通鑑二〇三，永淳元年，「吐蕃入寇河源軍，軍使婁師德將兵擊之於白水澗。」胡注：「白水澗有白水軍。」就地望而言，胡注指軍在白水澗，當可信。又通鑑二一四，開元二十七年八月「壬午，吐蕃寇白草、安人等軍，隴右節度使蕭炅擊破之。」胡注：「白草軍在蔚茹水之西。……蔚茹水在原州蕭關縣，此時吐蕃兵不能至，疑白草軍當作白水軍。」今按此事亦見舊一九六上吐蕃傳，亦皆作「寇白草安人等軍。」然舊傳下文云：「白水軍守捉使高束于拒守連旬，俄而賊退，蕭炅遣偏將掩其後，擊破之。」則胡注所見極碻。此兩事皆見白水當軍道之要。又據新志，白水軍即在綏戎城。而通典一七四，鄯州「西至綏戎硤舊吐谷渾界十里。」寰宇記一五一，同，作「綏州戎峽」，衍州字。按鄯州西一百二十里有鄯城縣，此云十里，必有奪文無疑。疑綏戎硤，殆即綏戎城所在耳。新書五〇兵志，隴右道有綏戎白水兩軍。檢元和志及新地志，鄯、廓、河、蘭、洮諸州皆不記綏戎軍，疑兵志之綏戎軍即綏戎城白水軍之重出歟？白水軍，本文舊稿雖未注今地，但繪圖擬爲湟源縣，周希武日記亦云當在今湟源縣治附近，是也。

定戎城、定戎軍　新志，定戎城在石堡城北，隔澗七里；而武經總要作定戎軍。按通鑑二一九至德元載紀，書此年吐蕃所陷唐之軍城有定戎軍，不作城；蓋後升爲軍也。

石堡城及其軍名　此軍城，新志記之已詳如上引。會要七八云：

> 「振武軍置在鄯州鄯城縣西界吐蕃鐵仞城，亦名石堡城。開元十七年信安王禕拔之置，四月改爲振武軍。二十九年十二月六日，蓋嘉運不能守，遂陷吐蕃。天寶八載六月，哥舒翰又拔之。閏六月三日，改爲神武軍。」

此所記尤詳。但最後稱爲神武軍，非天威軍。考舊玄宗紀，天寶八載六月，「隴右節度使哥舒翰攻吐蕃石堡城，拔之。閏月乙丑，改石堡城爲神武軍。」通鑑二一六，天寶八載閏六月「乙丑，以石堡城爲神武軍。」舊一九六上吐蕃傳、新二一六上吐蕃傳亦皆云哥舒翰拔石堡城爲神武軍。此皆與會要合。惟新書兵志作天威軍，與新地志同。蓋先名神武，終改爲天威耳。又按此軍原名振武軍，會要與新志具名相同。檢舊書吐蕃傳，開元十七年，信安王禕「拔其石堡城，……於石堡城置振武軍。」舊七六吳王恪傳附禕傳，同。通鑑二一三，亦同。舊紀，開元二十九年十二月，吐蕃攻陷「振武軍、石堡城，蓋嘉運不能守。」新二一六上吐蕃傳亦同。六典五兵部目，隴右所統七軍，亦有振武軍，正是二十餘年版籍也。此軍自開元十七年置，至二十九年沒蕃，凡十餘年，極爲朝廷所重視，故不惜重大犧牲收復之。而通典、元和志及舊地志皆不見其名，但皆有振威軍。通典、元和志云在鄯州「西三百里，開元中信安王禕置，管兵千人。」舊志云：「振威軍在鄯州西三百里，管兵千人，馬五百匹。」此與新地志河州有振威軍非一地。據上引新地志，振武軍在鄯州西南二百零七里，里距略同，方位亦略合，又皆爲開元中信安王禕所置，疑即一軍，「威」乃「武」之形譌耳。

石堡城至爲險絕，故吐蕃稱爲鐵仞城。玄宗久欲取之而不拔。通鑑二一六，天寶八載六月，「上命隴右節度使哥舒翰帥隴右、河西（略）、朔方、河東兵，凡六萬三千，攻吐蕃石堡城。其城三面險絕，惟一徑可上，吐蕃但以數百人守之，多貯糧食，積檑木及石，唐兵前後屢攻之，不能克。翰進攻……拔之，……唐士卒死者數萬，果如王忠嗣之言。」按王忠嗣對玄宗，「石堡險固，……非殺數萬人不能克。」因此得罪，見卷二一五天寶六載紀。足見此城之險，故吐蕃以鐵仞名之。通鑑二一三，開元十七年，書信安王禕收復石堡城置振武軍。胡注引宋白曰：「石堡城在龍支縣西。四面懸崖數千仞，石路盤屈，長三四里。西至赤嶺三十里。」形勢益見。乾隆西寧府新志四山川目，「石城山西南去（西寧）縣二〔一？〕百八十里，即石堡城，崖壁峭立，三面險絕，惟一徑可上。」吳景敖西陲史地研究（頁一一），石堡城，「故址在西寧西南八十公里哈喇庫圖城附近之石城山。」按一統志西寧府卷關隘目，「哈拉庫圖爾營，在西寧縣西一百五十里，城周二百二十八丈，本朝乾隆四年築。其地倚日月山，爲商旅要區。」府志及吳氏所指，殆略近之。參看本篇附錄周希武玉樹日記十月二十一日條。檢張編地圖集·青海人文圖，及甘肅青海東部人文圖，約在 E101°25′·N36°25′；而 ONC-G-8,N101°10′·N36°25′ 處有一住民點，無名稱，疑即哈拉庫圖也。

紇壁驛　舊一四九張薦傳，貞元二十年，吐蕃贊普死，薦充入吐蕃弔祭使。「涉蕃界二千餘里，至赤嶺東被病，殆於紇壁驛。」按赤嶺以東河湟地區此時皆陷屬吐蕃，疑此驛亦吐蕃所置。新志鄯州鄯城縣條，記西至吐蕃牙帳之通道，赤嶺以東，中國境內沿途置城軍，赤嶺以西，吐蕃境內，則驛名甚多，是吐蕃舊已置驛，蓋後來侵得赤嶺以東土地仍沿途置驛，紇壁是其一耳。

又西二三十里至赤嶺，北接大山，南連小雪山（蓋即察罕城北之察罕托洛海），即今日月山隘道，在哈拉庫圖（N36°25′•E101°10-25′）西。山係赤砂岩構成，海拔三千八百公尺，爲青海黃河分水嶺。北魏盛時西疆屆赤嶺，亦爲盛唐時代唐蕃分界嶺，開元間互市於此，置唐蕃分界碑。

赤嶺始見於宋雲行紀云：「初發京師，西行四十日至赤嶺，即國之西疆也，皇魏關防正在於此。」時在北魏明帝神龜元年（518），恰在李唐開國前一百年。唐世此赤嶺屢見史册，即就通鑑所書，有四條如次：

儀鳳三年，「因命（婁師德）使于吐蕃，吐蕃將論贊婆迎之赤嶺。」（卷二〇二）

開元十九年「秋九月辛未，吐蕃遣其相論尚它硉入見，請於赤嶺爲互市，許之。」（卷二一三）

開元二十一年「二月丁酉，金城公主請立碑于赤嶺，以分唐與吐蕃之境，許之。」（同上）

開元二十六年六月辛丑，以蕭炅爲河西節度使，杜希望爲隴右節度使，王昱爲劍南節度使，「分道經略吐蕃，仍毁所立赤嶺碑。」（卷二一四）

此四條皆見赤嶺爲唐蕃之界，互市於此，立碑於此。會要九七吐蕃目及舊紀（開元二十二年）、舊一九六上吐蕃傳、舊一一二李暠傳以及册府元龜九八一，所記立碑時間有參差。大抵立碑時機之醞釀，起於十七年吐蕃復遣使來朝，雙方使臣來往協商，二十一年二月金城公主請以九月一日立碑，而事實上至二十二年六月始完事，僅四年而碑拔。

新志云，石堡城「又西二十里至赤嶺，其西吐蕃，有開元中分界碑。自振武經尉遲川，苦拔海，王孝傑米柵，九十里至莫離驛。」下述通吐蕃都城驛距甚詳。新二一六下吐蕃傳，長慶中，劉元鼎使吐蕃，紀其行程云：「過石堡城，崖壁峭豎，道回屈，虜曰鐵仞城。右行數十里，土石皆赤，虜曰赤嶺，而信安王禕、張守珪所定封石皆仆，獨虜所立石猶存。赤嶺距長安三千里而羸，蓋隴右故地也。」又通鑑二〇二儀鳳三年紀胡注引宋白曰：「石堡城西三十里有山，土石皆赤，北接大山，南連小雪山，號曰赤嶺，去長安三千五百里。自鄯州鄯城縣西行二百里至赤嶺。」觀此三條，具見赤嶺形勢，並明大道所經。吳景敖西陲史地研究（頁一一）云：「所謂赤嶺，此固爲人所公認之日月山隘路。山係赤砂岩構成，海拔三千八百公尺，（按玉樹縣志稿作3758公尺。）爲青海內陸灌域及河湟流域之分水嶺。……旅客於晴朗之日，自西寧驅車登嶺，固不難西眺烟波浩瀚之青海也。」按周振鶴青海云，山在哈拉庫圖之南。參看附錄周氏日記十月二十九日條，實在哈拉庫圖西二十五里，新唐志云西，甚正確。

鄯州至赤嶺三百二十餘里，卽唐蕃通使之主要路線，如呂溫、劉元鼎皆取此道，詩篇史文，俱足徵知。

新志鄯州鄯城縣條，記鄯城西南至吐蕃大道所經之軍城館驛甚詳，至五百餘字，自爲通使之主道無疑。呂溫、劉元鼎出使皆取道蘭州至鄯州，回程皆取道河州大夏川，已詳前考。元鼎經石堡城與赤嶺，亦已見上引。呂溫有河源軍漢村作（全唐詩六函四册溫集二）。又有道州月歎（同前）云：「別館月，犁牛冰河金山雪。」檢新志記鄯城通吐蕃道，云：「經犛牛河度藤橋。」計自赤嶺至此河約一千五百里。則呂溫所行，經河源軍，亦經犛牛河，卽必經赤嶺也。

(E) 由鄯城河源軍向南微西行，蓋略循牛心川水（今南川河）而上，約百里至承風嶺（約今貴德峽稍南或卽千戶莊），隋置承風戍，爲羌夷來華互市處。由承風西行約二百里，至青海東南隅海岸吐谷渾舊都樹敦城，約今察汗城（E101°-101°10′·N36°30′）。承風、樹敦間，蓋亦中經赤嶺

歟？此爲隋及唐初鄯州通吐渾西域之主道，宋雲所行可能卽此道也。

道宣釋迦方志上云往印度有三道：

「其東道者，從河州西北度大河上曼天嶺，減四百里至鄯州，又減百里至鄯城鎮，古州地也。又西南減百里至故承風戍，是隋互市地也。又西減二百里至青海……海西南至吐谷渾衙帳。」

是隋及唐初由鄯州西經鄯城，折西南至承風戍，轉西至青海西南吐渾牙帳，爲一大道也。此條見承風戍爲隋世羌夷互市處。考册府元龜九九九云：

「唐高祖武德八年，吐谷渾款承風戍，各請互市，並許之。」

是唐初亦承隋制，與邊疆民族互市於此也。舊五七李安遠傳，「使於吐谷渾，與敦和好，於是吐谷渾主伏允請與中國互市，安遠之功也。」時在武德間。新八八同傳，略同。云「邊場利之」。當卽册府所書者。云「各」云「並」，非僅吐渾一族矣，蓋此地區邊外諸族皆來互市於此，足見承風戍在商業交通上之重要性。

復考通鑑二〇二儀鳳三年紀云：

「李敬玄將兵十八萬，與吐蕃將論欽陵戰於青海之上，兵敗，……狼狽還走，頓于承風嶺，阻泥溝自固。……乃收餘衆還鄯州。」（兩書吐蕃傳及新一〇六李敬玄傳述之尤詳。）

是敬玄退軍，全遵此道也。又舊一九六上吐蕃傳云：

「開元……二十九年……六月，吐蕃四十萬攻承風堡，至河源軍，西入長寧橋至安仁〔人〕軍渾崖峯。……十二月，吐蕃又襲石堡城，節度使蓋嘉運不能守。」（新二一六上吐蕃傳，同。）

此次吐蕃入侵路線蓋亦由青海來攻承風至河源軍，北達安人軍也。此二事皆可與釋迦方志相互證，且明承風爲一軍事交通之要地。

承風嶺、牛心川　至於承風地望，釋迦方志云在鄯城西南減百里。以同條鄯州至鄯城百里例之，此亦當在百里上下，未必不及百里。考水經注二云：「湟水又東，長寧川水注之。……湟水又東，牛心川水注之。水出西南遠山，東北流逕牛心堆東，又北逕西平亭西，東北入湟水。湟水又東逕西平城北。」董祐誠曰：牛心川水卽今西寧城西之南川水。此無疑者。今西寧西南通貴德之汽車道，卽循南川水而行，唐世鄯城通積石軍爲一道，詳下文，殆卽今道之前身也。釋迦方志所述由鄯城至承風戍之方向與此牛心川水之方向全同，蓋亦卽今之汽車道耳。考舊紀，貞觀九年閏四月癸巳，大總管李靖、侯君集、李大亮、任城王道宗破吐谷渾於牛心堆。五月乙未，又破之於烏海。通鑑一九四貞觀九年紀，略同。當亦卽循此道而行軍耳。乾隆西寧府新志四，「貴德峽，在西寧縣南八十里，兩山相對，水出其間，赴貴德所之孔道也。」此峽當卽南川水之一峽，則隋唐承風嶺戍蓋在此峽之南。檢張編地圖集·青海人文圖，可能卽湟中縣西南之千戶莊地區。

以上所考承風地望乃以釋迦方志爲依據，由承風東北經鄯城再東至鄯州不過二百里也。然通典一四七鄯州目云：

「西南到寧塞郡（卽廓州）廣城〔威〕縣故承風（嶺）吐谷渾界三百一十三里，西北到木昆山舊吐谷渾界一百九十五里。」

通鑑二〇二儀鳳三年紀胡注引通典同，惟廣城作廣威，是也。是鄯州西南至承風戍逾三百里，與釋迦方志不同。而寰宇記一五一鄯州目云：

「西南至廓州（卽寧塞郡）廣威縣故承風吐谷渾界一百九十五里。」（文海影印本無「故承風」三字。）

此與釋迦方志頗相合。似通典爲誤。今按寰宇記各州四至八到，例據通典移錄。卽就鄯州目而言，南北東西及東南、東北皆抄通典，一字不異，惟此條西南與通典異，又無通典次條西北到木昆山事。比而觀之。寰宇記「吐谷渾界」下顯脫「三百一十三里。西北到木昆山舊吐谷渾界」十七字，此無可疑者。然此脫文已久，或寰宇記編纂時卽已脫抄。通鑑一九四貞觀八年紀胡注引宋白曰：「鄯州西南至廓州廣城縣故承風嶺吐谷渾界一百九十五里。」蓋卽據寰宇記轉錄之耳。至文海所據影印之原本又脫「故承風」三字矣。然則通典云鄯州「西南至廣威縣故承風嶺三百一十三里」，非有譌文。而與釋迦方志所記實有不同也。意者杜佑與道宣所記實爲兩道，非同一道，道宣所記爲鄯州西取鄯城道；杜佑所記乃南取廓州道，由鄯州西南至廓州二百里上下，再折向西北百餘里乃至承風嶺也，以其爲華夷界限，故記之。

樹敦城及經赤嶺　北朝末期至唐代前期，樹敦城屢見史册，玆先列舉如次：

周書二八史寧傳：爲涼州刺史。「時突厥木汗可汗假道涼州，將襲吐渾。太祖令寧率騎隨之。……木汗……令俱會於青海。寧謂木汗曰，樹敦、賀眞二城是吐渾巢穴，今若拔其本根，餘種自然離散。……木汗從之，卽分爲兩軍。木汗從北道向賀眞，寧趨樹敦。……寧……踰山履險，遂至樹敦。敦是渾之舊都，多諸珍藏，而渾主先已奔賀眞，留其征南王及數千人固守，寧進兵攻之……遂得入，生獲其征南王……木汗亦破賀眞，……寧還軍於青海，與木汗會。」通鑑一六六梁太平元年，書此事，略同。胡注：「樹敦在曼頭山之北。」

隋書八三吐谷渾傳：「開皇初……遣上柱國元諧率步騎數萬擊之。賀悉發國中兵自曼頭至於樹敦，甲騎不絕。其所署河西總管定城王鍾利房及其太子可博汗前後來拒戰，諧頻擊破之。」同書四〇元諧傳：「鍾利房率騎三千渡河連接党項，諧率兵出鄯州趣青海，邀其歸路……相遇於豐利山……諧擊走之。賊駐兵青海，遣其太子可博汗以勁騎五萬來掩官軍，諧逆擊敗之。」通鑑一七五陳太建十三年，書此事。胡注：「豐利山在青海東。」

廣記二五五李敬玄條引朝野僉載：「中書令李敬玄爲元帥，討吐蕃，至樹敦城，聞劉尚書沒蕃，……狼狽而走。」按此卽上文所引通鑑儀鳳三年李敬玄敗於青海之上、退屯承風嶺還軍鄯州事。考異引朝野僉載脫一「討」字，便不能通解。

通鑑二一六，天寶九年，「關西遊弈使王難得擊吐蕃，克五橋，拔樹敦城」，授白水軍使。

觀此四事，樹敦城爲吐渾舊都，自爲一要地，當在青海之東或東南。據朝野僉載及李敬玄兩傳以及通鑑記敬玄由樹敦城退屯承風嶺還軍鄯州事，則此城必在青海東南，當承風嶺西出青海南岸之道也。檢元和志三九，廓州，「西至吐蕃界樹郭城三百二十里。」就方向里距言之，此樹郭城正相當前考樹敦城之位置，可斷「郭」為「敦」之形譌無疑。前引通典，鄯州西南至承風戍三百一十三里。按此道經廓州，廓州東北至鄯州約為二百里上下，則廓州西至承風約一百一二十里也。然則承風西至樹敦城約二百里也。前引釋迦方志，承風戍西至青海二百里，則樹敦城當即在青海東南海岸。檢張編地圖集·青海人文圖及甘肅寧夏東部人文圖，約當在今察汗城（E101°·N36°30′；ONC-G-8 作 Tao-shang-ho， 在 E100°57′·36°24′）。據周氏玉樹日記（十月二十九日條），在察罕城之可能性更大，城在倒淌河流域。而就地望形勢論之，此道由承風嶺西至樹敦城當中經石堡城赤嶺地區。且承風戍為隋唐與西羌互市處，則此道在當時當為主道，白水澗定戎城一道縱亦早經通行，殆不如承風嶺道之重要。故疑宋雲西行經赤嶺，可能即行此道，非白水澗定戎城道也。且釋迦方志作者為僧人道宣，其所記正當為僧人西去所行者，更增加宋雲西行亦取道承風至赤嶺之可能性。又宋史八七地理志西寧州「南至清平砦五十七里。」清平砦「西至赤嶺鐵喉子一百二十里。」殆亦即此道歟？

（四）廓州通河曲道

鄯州西南行約二百里至廓州，河州西北行三百九十里，蓋中經鎮西軍亦至廓州。州治化隆縣，玄宗更名化成縣，又更名廣威縣，南臨黃河（蓋 E102° 地區），城內置寧塞軍，統兵五百人。

通典一七四，廓州治廣威縣，「後魏石城縣，開元初改焉。」元和志三九，廓州治化城縣，「本後魏石城縣也，廢帝二年因境內有化隆谷，改名化隆縣。……先天元年改為化城縣。」寰宇記一五五，與元和志同，但續云：「天寶初改為廣威縣。」廓州又名寧塞郡，故軍名寧塞，及兵馬數，皆詳前鄯州統軍條。元和志云：「黃河在縣南八十步。」是廓州廣威縣在黃河北岸，此無可疑者。至其正確地望，唐宋志書所記頗異。玆分列次如：

廓州　通典一七四河、鄯、廓三州目所記廓州四至云：

　　東或東南至河州三九〇里。

北至鄯州一八〇里。（寰宇記同。）

東至鄯州龍支縣二九〇里。（寰宇記同。）

東北至鄯州龍支縣三九四里。（寰宇記作三九〇里。）

西北至鄯州鄯城縣二八〇里。（寰宇記同。）

元和志三九河、鄯、廓三州目，記廓州四至云：

東至河州三九〇里。

西至吐蕃樹敦城三二〇里。

東北至鄯州二四〇里。

寰宇記一五一鄯州、一五四河州、一五五廓州所記里距多與通典相同。惟無廓州至河州里數。而云：

東南至河州鳳林縣二八〇里。

玆分析此諸條里程。若就通典、寰宇記言之，廓州正北至鄯州一百八十里。西北至鄯城縣二百八十里。檢視地圖，則州治當在今化隆縣南循化縣稍西黃河北岸之甘都堂上下。然廓州東或東南至河州三百九十里，（寰宇記廓州至河州鳳林縣二八〇。按鳳林縣東至河州八十里，則亦作三百六十里。）東或東北至鄯州龍支縣二百九十里或三百九十里，則廓州治所又當在循化縣西甘都堂之西甚遠。故通典、寰宇記所記頗自相抵觸。若就元和志論之，東北至鄯州二百四十里，東至河州三百九十里，則當在 E102° 以西、貴德縣以東，約當阿什貢上下。如此則東南至河州三百九十里，東至龍支縣二百九十里，皆無不合。然元和志明云積石軍在澆河故城，水經注明云澆河城東北至西平郡（今西寧）二百二十里，即在今貴德縣治附近。而廓州又在軍城之東一百八十里或一百五六十里，則州治決不能西至阿什貢。故今姑置於 E102°附近，即張編地圖集·甘肅寧夏東部人文圖之峽羣寺地區。

寧塞軍　通典一七二，隴右節度使統軍有寧塞軍，「寧塞郡城內，管兵五百人，馬五十四。」元和志三九鄯州目，同。而新書地志，廓州「西有寧邊軍，本寧塞軍。」兵志亦僅有寧邊，無寧塞。按寧邊軍在積石軍西黃河外，哥舒翰置，新書誤混爲一地也。

廓州向西行黃河北岸，離岸折北凡約一百一二十里至承風嶺，接鄯城河源軍經承風通赤嶺、樹敦城道。

前引通典，鄯州西南至廓州廣威縣承風嶺故吐谷渾界三百一十三里。此道當經廓州。按廓州在鄯州西南二百里上下，則廓州西至承風嶺當在一百一二十里上下也。觀地圖，當循黃河北岸行，再折西北至承風嶺也。宋史八七地理志云：

西寧州「南至清平砦五十七里。」清平砦「東至廓州綏平堡界三十五里，西至赤嶺鐵堠子一百二十里。」

廓州「南至黃河不及里，北至膚公城界十五里。膚公城舊名結囉城，……王厚云，結囉城至廓州約三十餘里。……北至綏平堡界二十五里。綏平堡……西至清平砦界二十里，南至膚公城界二十里。」

據此，則廓州北至膚公城三十餘里，又北五十里至綏平堡，折西五十五里至清平砦，砦北至西寧州五十七里，砦西至鐵堠子一百二十里，再西則至赤嶺。此殆即唐世廓州西北通赤嶺之道也。

又廓州向西行黃河北岸，循岸折西南，凡一百八十里至靜邊鎮（近今貴德縣治E101°30′•N36°）。故承風嶺西南至鎮亦爲一通道。又由廓州西行三十里至達化縣，又一百二三十里，亦至鎮，蓋行黃河之南也。靜邊鎮本古澆河城，貞觀中置鎮，儀鳳二年升置積石軍，統兵七千人。其地西臨大澗，北枕黃河，形勢險阻，故置重兵，爲廓州前衛。天寶十三載，哥舒翰又於軍西黃河北岸置寧邊軍爲犄角，重其地也。

通典一七二州郡序目，隴右節度使統軍有積石軍，「在寧塞（廓州）西百八十里，儀鳳二年置，管兵七千人，馬一百匹。」元和志鄯州目，全同。而元和志廓州目，最後云：「積石軍在州西南一百五十里，儀鳳二年置，西臨大澗，北枕黃河，即隋澆河郡所理。」云軍州相距一百五十里，差少三十里。檢通典一七四廓州目，「西至積石軍一百八十里」，「西南積石軍百六十一里。」寰宇記一五五，同。又元和志云，積石軍本隋澆河郡理。檢通典一七四廓州達化縣條云：「澆河城即晉時吐谷渾王阿豺所築，在縣西一百三十里。」舊地志四〇廓州目，澆河城在達化縣西一百二十里。寰宇記一五五廓州達化縣條云：「澆河城亦謂之故廓城，在縣西一百二十里。故老傳云，趙充國所築。或云吐谷渾舊城，晉永寧（中）拜吐谷渾王阿豺爲安西將軍澆河公，即理此城也。」據元和志三九廓州目，達化縣在州西三十里。寰宇記一五五，同。澆河城在達化縣西一百二三十里，即在廓州西一百五六十里也。下文擬定積石軍、故澆河城近今貴德縣治。按廓州西至積石間之黃河正向北弓出，蓋行河北則迂，行河南則捷，故有二三十里之差歟？

由廓州西行黃河北岸，至黃河向北弓出處，折北則至承風嶺，折西南則至靜邊鎮、積石軍，故知承風南行至河岸，又循河岸至積石軍爲一通道也。下文引哥舒翰傳，由河源軍出兵至積石軍，正即經承風嶺道矣。

河水注二：「河水又東逕澆河故城北，有二城東西角倚，東北去西平二百二十里。」董祐誠曰：「澆河城在今西寧縣西南，近今貴德廳治。」按乾隆西寧府新志三，貴德所「在府南二百二十里。」一統志西寧府卷關隘目，「貴德營在府南二百二十里，元至元中置貴德州。」前人說者皆謂澆河城近今貴德縣治，蓋略得之。河水注云，濟川水「北逕澆河城西南，北流注于河」者，殆即今圖所記發源於貴德南境之龍王池至貴德縣治入河之水也。元和志所謂「西臨大澗」者，即臨此濟川水歟？

會要七八，「積石軍置在廓州達化縣西界，本吐谷渾地，貞觀三年吐谷渾叛，置靜邊鎮，儀鳳二年置軍額。」武經總要前集一八下，同。新地志亦云達化縣「西有積石軍，本靜邊鎮，儀鳳二年爲軍。」則置軍前本爲靜邊鎮。

元和志又云：「甯邊軍在積石軍西，黃河北。……天寶十三年哥舒翰奏置。」新書兵志有此軍。而新地志云，廓州「西有寧邊軍，本寧塞軍，……天寶十三載置。」以寧邊本寧塞，誤也。按水經注所記，澆河本有東西二城，東西犄角，哥舒翰蓋亦襲師舊制耳。

積石軍既阻澗枕河，東通廓州，分達河、鄯，復北通鄯城，出大斗，達

甘、涼，西南至九曲，西走青海南大非川，兼以土地肥良，麥產豐盛，蓋古大小榆谷之地，故久為黃河上源軍事交通中心之名城。城有多福寺七級浮圖，蓋亦西疆一佛教中心也。

舊一〇四哥舒翰傳：「天寶六載，擢（略）充隴右節度副使（略）河源軍使。先是，吐蕃每至麥熟時即率部衆至積石軍獲取之，共呼為吐蕃麥莊，前後無能拒之者。至是翰使王難得、楊景暉等潛引兵至積石軍設伏以待之，吐蕃以五千騎至，翰於城中率驍勇馳擊，殺之略盡。」足見鄯城河源軍西南至積石軍為一通道。又據此，積石地區，麥產豐盛。蓋即漢代大小榆谷地區，詳下九曲條引水經注。

高適有同呂判官從哥舒大夫破洪濟城廻登積石軍多福寺七級浮圖詩（全唐詩三函十册適集二）。七級浮圖可登臨者，全國為數不多，此邊區軍城竟有之，足見為一方佛教中心。

又通典一九〇邊防六吐蕃目云：

「萬歲通天……二年，吐蕃大論欽陵遣使請和。武太后遣（銜略）郭元振往至野狐河，與陵遇。陵曰……若陵有謀漢之懷，有伺隙之意，則甘涼右地，旣于積石，此道綿細，幾二千里，其廣者不過二三百里，狹者纔百里，陵若遣兵出張掖，或出玉門，使大國春不遑種，秋無所獲，五六歲中，或可斷漢右界矣。」（新吐蕃傳採此條，有脫誤。）

據此可知南自九曲、積石，北經鄯城出大斗至甘涼，幾二千里，蓋為一槽型走廊地帶，宜唐蕃用兵常來往於此道也。論欽陵雖云不由此道入寇甘涼，實則正為蕃人常採取之進兵路線。如新二一六吐蕃傳云：

「開元十四年……（吐蕃大將）悉諾邏兵入大斗拔谷，遂攻甘州火鄉聚，王君㚟勒兵……不戰，會大雪，吐蕃……乃踰積石軍趨西道以歸，君㚟豫遣諜出塞燒草皆盡，悉諾邏頓大非川，無所牧，馬死過半，君㚟……窮躡出青海西，方冰合，師即乘而度。于時虜已踰大非川，留輜重疲弱濱海，君㚟縱兵俘以旋。」（舊一〇三王君㚟傳及舊吐蕃傳與通鑑二一三開元十五年，略同。）

此次吐蕃兵入大斗拔谷至甘州，又由甘州退軍經積石軍至大非川，正即論欽陵所言之道；又如前引舊吐蕃傳，開元二十九年，蕃兵四十萬攻承風堡，至河源軍入長寧橋，安人軍，亦其例也。

積石又西八十里至宛肅城（約今共和），一作宛秀城，天寶十三載，哥舒翰收九曲地，分其西北境置澆河郡於此城，並置宛秀軍，一作威勝軍。

元和志三九廓州，「威勝軍在積石軍西八十里宛肅城。天寶十三年哥舒翰奏置。」會要七八，「宛秀軍，同前年（天寶十三載七月十七日）分九曲置澆河郡，內置軍焉，以臧奉忠爲太守，充軍使。」宛秀即宛肅。新書地志，廓州「宛秀城有威勝軍。」新一三五哥舒翰傳：「收黃河九曲，……築神策宛秀二軍。」是其證。蓋就地名之爲宛秀軍，又美名爲威勝軍也。據會要，且置郡，本亦河曲之地也。

又西南六十里至洪濟橋，北周置洪濟鎮。（約今共和西南數十里。）天寶十三年哥舒翰置金天軍。又西南約一百五十里，至黃河九曲最西處，亦河源唐土之最西疆也。

元和志三九廓州，「金天軍在積石軍西南一百四十里洪濟橋。」新書地志，同；惟作廓州西一百四十里，誤。通典一七四廓州達化縣，「澆河城……在縣西一百三十里。又有洪濟鎮，後周武帝逐吐谷渾，築，在縣西二百七十里。」是亦去積石軍一百四十里也。必與洪濟橋同地。通鑑二一五，天寶二年四月「丁亥，皇甫惟明引軍出西平，擊吐蕃，行千餘里，攻洪濟城破之。」是當由鄯州經積石至洪濟也。舊書吐蕃傳，劉元鼎使吐蕃，述河源云，「黃河上流在洪濟橋西南二千餘里」。新傳，同。蓋此橋爲唐代盛時河上最西之建築，故唐使記河源以此橋爲計程之始也。

積石西南蓋皆河曲九曲之地，而盧懷慎等奏稱吐蕃過河築獨山九曲兩軍、去積石三百里者，蓋就吐蕃置軍之核心區而言。檢視地圖，積石西南三百里，亦正黃河向西弓出之最西處也。詳下文。

黃河發源巴顏喀喇山脈之北，東流經大積石山之南，繞山折而西北流於積石山之北，至 N35°30′•E100°10′-20′ 處又折而東北流，至共和縣始正東流。共和以西，河流曲折，故古有九曲、河曲之目。河東之地本屬唐境，水甘草良，宜屯牧。睿宗景雲中，吐蕃賂楊矩請獲九曲之地爲公主湯沐邑，遂造橋河上，蓋即駱駝橋；置獨山、九曲兩軍及洪濟、大莫門等城。旋復叛唐。天寶十二載，哥舒翰收復九曲地，明年分其地置澆河、洮陽二郡，並增置八軍。除前述寧邊、威勝、金天三軍外，另五軍：曰武寧，在洪濟橋東南八十里百谷城（約今察哈諾門汗旗 E101°10•N35°50′左近）；曰曜武，在廓州南二百里黑峽川（蓋今隆倉寺、隆務寺地區）；曰天成，曰振威，在河州西；曰神策，與洮陽郡同治，在洮州西。然不旋踵，安史亂起，郡軍皆陷。

舊一九六上吐蕃傳云：

「睿宗即位，……時楊矩爲鄯州都督，吐蕃遣使厚遺之，因請河西九曲之地，以爲金城公主湯沐之所，矩遂奏與之。吐蕃既得九曲，其地肥良，（新傳作『水甘草良』。）堪頓兵畜牧，又與唐境接近，自是復叛。」（會要九七，同。）

盧懷愼請毀河橋奏（全唐文二七五）云：

「頃者吐蕃以河爲界。神龍年中，降公主，吐蕃遂過河築城，置獨山、九曲兩軍，去積石三百里，又於河上造橋。吐蕃今既叛我，此橋即應毀拆，橋既見毀，城自然拔。」

新書吐蕃傳及通鑑皆有此兩條。盧懷愼等奏請毀橋在開元二年十月戊辰，詔從之。去積石三百里，（通鑑亦作三百里，新傳「三」作「二」。）當在洪濟橋西一百五十里之譜，則吐蕃所建橋似另一橋，非洪濟橋也。然九曲係指大幅土地而言，即獨山九曲兩軍亦必不在一點，所謂三百里者，蓋就九曲中心地帶而言，即黃河向西弓出之最頂處去積石軍約三百里也。今檢地圖，正相合。又據盧懷愼等奏章，唐蕃本以河爲界。唐境九曲之地當在河東，不應云河西。舊傳此條云「河西九曲」，會要全同；惟新書中宗紀景龍四年，「三月，以河源九曲予吐蕃。」會要九七另條云：「天寶，連事西討，進收黃河九曲。」作河源是也。

開元二年唐廷雖決議毀橋拔城，然實不能守，玆就兩書及通鑑舉證如次：

通鑑二一三，開元十六年七月，隴右節度使張忠亮追擊吐蕃，「拔其大莫門城……焚其駱駝橋而還。」胡注：「大莫門城在九曲。」（兩傳略同。）

通鑑二一五，天寶二年四月，「皇甫惟明引軍出西平擊吐蕃，行千餘里，攻洪濟城，破之。」（新紀略同。）

通鑑二一六、二一七，天寶十二載五月，「隴右節度使哥舒翰擊吐蕃，拔洪濟、大漠門等城，悉收九曲部落。」十三載，「七月癸丑，哥舒翰奏，於所開九曲之地置洮陽、澆河二郡及神策軍，以臨洮太守成如璆兼洮陽太守，充神策軍使。」

新一三五哥舒翰傳：「爲隴右節度，……攻破吐蕃洪濟、大莫門等城，收黃河九曲，以其地置洮陽郡，築神策、宛秀二軍。」新二一六上吐蕃傳略同。又云「實天寶十二載。於是置神策軍於臨洮西，澆河郡於積石西，及宛秀軍，以實河曲。」

是則大莫門城及洪濟城皆即九曲地，駱駝橋蓋亦在九曲，疑即所謂「造橋河上」者。自開元初至天寶末，時得時失，至天寶十二載，哥舒翰收復九曲，分置澆河、洮陽二郡外，又置八軍，分佈廓河洮三州，皆見元和志。就中廓州五軍，除上文所列寧邊、威勝、金天三軍外，有武寧軍在洪濟橋東南八十里百谷城，新志作百合城。通鑑二一九至德元載，吐蕃陷唐軍城有百谷城，則新志誤也。另三軍詳下文河州洮州西行路線。觀翰增置軍郡情形，蓋至是唐始大規模經營此地區，然不久安史亂起矣。

通鑑二一〇景雲元年，書吐蕃請河西九曲之地。胡注：「九曲者去積石軍三百里，……蓋卽漢大小楡谷之地。」紀要六四楡谷條承其說。按河曲及大小楡谷，爲羌人根據地，見後漢書一一七西羌傳。水經注二河水注約述其事，兼具地望，玆引列如次：

「河水……發于西塞之外，出于積石之山。……河水屈向東北流，逕析支之地，是爲河曲矣。應劭曰，禹貢，析支屬雍州，在河關之西，東去河關（在河州西）千餘里，羌人所居，謂之河曲羌也。……河水自河曲又東逕西海郡南，……王莽……諷羌獻西海之地，置西海郡而築五縣焉，周海亭燧相望。……河水又東逕允川，而歷大楡小楡谷北，羌迷唐鍾存所居也。永元五年，貫友……攻迷唐……收其熟麥數萬斛，于逢留河上築城以盛麥，且作大船，于河峽作橋渡兵，迷唐遂遠依河曲。永元九年，迷唐復與鍾存東寇而還。十年，謁者王信耿譚西擊迷唐降之，詔聽還大小楡谷。迷唐謂漢造河橋，兵來無時，故地不可居，復叛居河曲。……隃糜相曹鳳上言，建武以來，西戎數犯法，常從燒當種起……以其居大小楡谷，土地肥美，又近塞內，與諸種相傍，南得鍾存以廣其衆，北阻大河，因以爲固，又有西海魚鹽之利，緣山濱河，以廣田畜，故能彊大，常雄諸種。今黨援沮壞，親屬離叛，……宜及此時……規固二楡，廣設屯田，隔塞羌胡交關之路。……上拜鳳爲金城西部都尉，遂開屯田二十七部，列屯夾河與建威相首尾。……案段國沙州記，吐谷渾于河上作橋，謂之河厲，長百五十步，兩岸纍石作基陛，節節相次，大木從橫更鎭壓兩邊俱平，相去三丈，並大材以板橫次之，施鈎欄甚嚴飾，橋在淸水川東也。」

據此所述，漢世河曲卽唐之河曲，在黃河繞過大積石山後西北行又折東北行之地也，而大小楡谷則在河曲之東頗遠，故云河水由河曲東逕西海郡南，再歷大小楡谷北。胡注以大小楡谷釋河曲，顯誤。董祐誠曰：「河曲之中，爲和碩特前頭旗、南左翼中旗、南右翼中旗、土爾扈特南前旗及察漢諾們罕喇嘛遊牧處，卽析支地也。」是矣。大抵卽今同德、共和間地。又曰：「大小楡谷當在今貴德廳西。」乾隆西寧府新志四，「大小楡谷在（西寧）縣西南二百里。」是謂在貴德也。皆略近之。楡谷地宜麥，與唐世積石產麥亦相合。

（五）河岷西境之軍道　附交通不明諸軍鎮

河州西南四十餘里有平夷守捉城，開元二年郭知運置，統兵三千人，蓋在州治西南至鳳林縣道上。

平夷守捉城見通典及元和志與兩書地理志，詳前引。就方向言，可能在河州西南至鳳林縣道上。

天寶十三載，哥舒翰於河州西八十里索恭川置天成軍，又取吐蕃雕窠城置振威軍，在天成西百餘里。（約今夏河、同仁地區。）蓋與同時所置之曜武軍、武寧軍相接應。

元和志三九河州目云：

「鎮西軍在州西一百八十里，開元三年哥舒翰於索恭川置。

振威軍在天成軍西百餘里，天寶十三年九月哥舒翰攻吐蕃雕窠城置。」

按此處第二條云振威軍在天成軍西，而不記天成軍所在。此已可疑。按新書兵志實有天成軍，通鑑二一九至德元載，吐蕃陷唐軍城亦有天成軍。檢新唐書地理志河州目云：

「西百八十里有鎮西軍，開元二十六年置。西八十里索恭川有天成軍，西百餘里雕窠城有振威軍，皆天寶十三載置。」

比觀兩志，可知元和志顯有問題。復檢元和志三九鄯州目述隴右節度使統軍有鎮西軍云：

「鎮西軍，河州城內。開元二十六年杜希望置，管兵一萬二千人，馬三百匹。」

是本書同一卷中前後不符。檢通典一七二州郡序目下，述隴右節度使統軍，與元和志鄯州目所記年份置者全同，云「亡父先臣希望」，是即杜佑之父也。又會要七八節度使目亦云「開元二十六年八月置」，惟無置者姓名。又考舊一九六上吐蕃傳：「（開元）二十六年……七月，希望又從鄯州發兵奪吐蕃河橋，於河左築鹽泉城……因於鹽泉城置鎮西軍。」新書吐蕃傳及通鑑二一四開元二十六年條，亦同。則此軍以開元二十六年置無疑。且舊一〇四哥舒翰傳，翰年四十，遭父喪客居京師，爲長安尉，後「仗劍之河西，初事節度使王倕，……後節度使王忠嗣補爲衙將。……天寶六載，擢授（略）隴西節度副使（略）河源軍使。」其後代王忠嗣爲隴右節度使。新傳略同。考通鑑二一五，天寶元年十二月「庚子，河西節度使王倕奏破吐蕃漁海及遊奕等軍。」舊一〇三王忠嗣傳，天寶五載爲「西平太守、判武威郡事、充河西隴右節度使。」則哥舒翰發跡甚遲，其赴河西爲衙將，不能早過開元末，至天寶五六年始當大任。元和志河州目，此條云開元三年哥舒翰置鎮西軍，自屬有誤，無疑。元和志河州目此條雖誤，然實考之，非原書之誤，乃傳刻奪譌。何者？按新志以天成軍、振威軍皆天寶十三載置。又新志廓州目，有寧邊、威勝、金天、武寧、曜武五軍，「皆天寶十三載置。」洮州目「有神策軍，天寶十三載置。」檢元和志三九廓州、洮州亦有此六軍，其建置情形如下：

廓州目，積石軍後書云：

「甯邊軍在積石軍西黃河北。

威勝軍在積石軍西八十里宛肅城。

金天軍在積石軍西南一百四十里洪濟橋。

武甯軍在洪濟橋東南八十里百谷城。

曜武軍在州南二百里黑峽川。

右甯邊等五軍並天寶十三年哥舒翰奏置。」

洮州目云：

「神策軍在州西八十里，天寶十三年哥舒翰置，在洮河南岸。」

是天寶十三載，哥舒翰置軍甚多，就元和志河州、廓州、洮州三目書事觀之，每軍皆書明方位里距及所在城川，其年份一律作「天寶十三年」不作「十三載」。然則元和志河州目鎮西軍條「開元」二字下、「三年」二字上，當脫「二十六年杜希望於鹽泉城置。天成軍在州西八十里，天寶十」二十餘字。唐長孺唐書兵志箋正卷二，雖已看出元和志河州目此條有誤，然逕改「鎮西軍」爲

「天成軍」，此更誤矣。

又渭州西南二百五十四里至岷州治所溢樂縣（今岷縣），開元間置八驛。

此詳岷山雪嶺地區交通網篇。

岷州西行四五十里，至野狐峽（今岷縣西二十五公里之野狐橋），兩岸崇山對峙，怒濤奔騰，勢成天險。

通鑑一九四，貞觀九年，「下詔大舉討吐谷渾」，以李靖為大總管，節度五將，「岷州都督李道彥為赤水道行軍總管。」是其一。靖與党項拓跋赤辭盟，使為鄉導。「赤水道行軍總管李道彥行至闊水，見赤辭無備，襲之，……於是羣羌怨怒，屯野狐峽，道彥不得進，赤辭擊之，道彥大敗，退保松州。」又通典一九〇吐蕃目，「萬歲通天……二年，吐蕃大論欽陵遣使請和，武太后遣（銜略）郭元振往至野狐河，與陵遇。」按野狐峽、野狐河當是一地。西陲史地研究頁一七云，「野狐河即今野狐橋至清水溝口一段洮河之別稱。」「野狐橋崇山隔河對峙，怒濤奔騰，一橋架空，勢成天險。」地在岷縣西二十五公里，洮水南岸，過橋至水北，又十公里至臨潭縣。按李道彥以岷州都督為赤水道行軍總管，赤水在九曲之西，青海之南，則道彥行軍路線正當循洮水河谷而上，由岷州西經洮州至九曲赤水地區也。道彥在闊水敗盟，蓋退軍回岷州途中經野狐峽，為党項所要擊。又按岷洮西南通松州亦為一道，詳岷山雪嶺地區交通網篇，故道彥兵敗不能回岷州，而退入松州也。

又西至美相縣（近臨潭縣），東去岷州蓋一百零五里。又西三十五里至安西府，又四十里至洮州治所臨潭縣，東北兩面並枕洮水，（今舊洮州城E103°15′•N34°40′之南，洮水南岸。）儀鳳二年於城內置莫門軍，統兵五千五百人。

元和志三九，岷州、洮州，東西距一百八十里。通典及寰宇記皆作一百七十六里。今取大數。又元和志，洮州臨潭縣在郭下，「其城東北面並枕洮水。」舊說，唐洮州臨潭縣在今臨潭西七十里之舊洮州城。西陲史地研究頁一七：「洮州舊城北一公里爲唐洮州治所舊址。」然此城在洮水北，唐州城當在此舊洮州城之南洮水南岸也。舊說未可信。（除非洮水河牀今已南移。）元和志又有美相縣，西至州七十五里（寰宇記作七十里）；安西府，貞觀十三年置，在州東四十里；當皆在岷洮間道上。

洮州城置莫門軍，時代統兵數並見通典、元和志及兩書地理志，詳前鄯州置隴右節度使條。

洮州西南越嶺一百八十里至疊州，南通成都。

此詳岷山雪嶺地區交通網篇。

洮州北行三百一十里至河州，蓋中經鳳林縣。

通典一七四洮州目，北至安鄉郡、東北到安鄉郡皆三百一十七里，寰宇記一五四，同。元和志作三百里。觀形勢，參今日地圖，當中經鳳林縣也。

洮州西一百八十里有廣恩鎮，西北一百八十里有千旭戍。

廣恩鎮見元和志；新志云州西一百六十里。

通典一七四，洮州「西北到戎旭界一百八十里。」寰宇記一五四作「西北到千旭戍界一百八十里。」疑戎旭蓋有脫譌。

天寶十二載，哥舒翰收吐蕃黃河九曲，明年分其地東南境，置洮陽郡及神策軍於磨禪川。郡在洮水之北，軍在洮水之南，（約今西倉、新寺地區，E102°30′。）東去洮州二百餘里，西去黃河三百餘里。

會要七八，「神策軍，天寶十三載七月十七日，隴右節度哥舒翰以前年收黃河九曲，請分其地置洮陽郡，內置軍焉，以成如璆爲太守、充神策軍使，去臨洮軍（軍當作郡）二百餘里。」通鑑二二一，上元元年，「初哥舒翰破吐蕃於臨洮西關磨環川，於其地置神策軍。」胡注引會要，末句作「去臨洮郡二百里。」謂東至洮州臨洮郡二百餘里也。而元和志三九洮州，「神策軍在州西八十里，天寶十三年，哥舒翰置，在洮河南岸。」新地志洮州目云：「西八十里磨禪川有神策軍，天寶十三載置。」疑「八十里」上皆脫「百」字，或「二百」字。又按元和志云，洮州西去黃河六百里；寰宇記一五四，同。則洮陽郡西去黃河三百餘里也。

此岷洮道西通洮陽神策軍，又西至黃河九曲吐蕃大莫門城，是亦西通吐蕃之一道也。

前引通鑑，貞觀九年，岷州都督李道彥爲赤水道行軍總管伐吐谷渾，赤水在九曲西，卽洮水河谷西行爲一路線也。又前考九曲，引新哥舒翰傳，「攻破吐蕃洪濟、大莫門等城，收黃河九曲。」通鑑二一六，同，莫作漠。其地在九曲地區。而洮州城內所置莫門軍，通鑑二一五天寶元載條亦作漠門軍。則洮州莫門軍與吐蕃所置大莫門城在命名意義上似有相當之關係，蓋洮州至吐蕃大莫門地區實一通道也。

考舊一九六上吐蕃傳云：

「明年(開元十六年)……隴右節度使（略）張忠亮引兵至青海西南渴波谷，與吐蕃接戰，大破之。俄而積石莫門兩軍兵馬總至，與忠亮合勢追討，破其大莫門城……又焚其駱駝橋而還。」

按舊九九蕭嵩傳書此事亦云渴波谷在青海西南。大莫門城既在九曲地區，駱駝橋當亦相近，或卽所謂「造橋河上」者，張忠亮此次用兵，先敗吐蕃於青海西南之渴波谷，乃東南與積石莫門兩軍合勢追擊，破其河曲地區之大莫門城與駱駝橋也。積石軍在黃河上，西南行卽至九曲大莫門城；莫門軍在洮州，蓋卽循洮河而上亦至九曲大莫門城也，此尤洮州西通河曲之強證⑩。西陲史地研究頁

⑩ 通鑑二一二，書此事云：「張忠亮破吐蕃於渴波谷。忠亮追之，拔其大莫門城……焚其駱駝橋而還。」文省，頗病含糊，但不爲誤。胡注：「大莫門城在九曲。」是也。而新二一六上吐蕃傳：「張忠亮又戰青海西，破大莫門城，焚槖它橋。」西下無南字，又似大莫門城及橋皆在青海西者，此大誤矣。皆省文之過也。又舊五七劉師立傳，吐谷渾擊破党項破刃氏於小莫門川。其地無考。

四，指今同德以下黃河河道爲赤水。又云：「赤水東南另有捷徑通拉加寺（卽同德），東經和碩特前首旗，度拉力關，東下古札川，以接洮州舊城，或東北出夏河以通臨夏。凡由柴達木盆地逕走洮河、大夏河及嘉陵江、岷江諸流域者，多直出此道。」按唐之赤水，未必卽指黃河此段，但唐代由岷洮經洮陽神策軍至九曲，蓋大體略循此道殆不誤。

以上考唐代河湟地區之交通路線，隴右節度使所統此地區之軍城守捉，多在道上。茲另有數軍戍守捉未及繫列者，附錄如次：

榆林軍，在蘭州，睿宗時見置。

新書五〇兵志，隴右節度所統有榆林軍。又新書地志，蘭州有榆林軍。蓋在州城。唐長孺兵志箋正二：「按張說之集卷十八廣州都督甄公（道一）碑：拜蘭州刺史兼榆林、臨洮等軍大使。道一卒在開元五年，據會要，先天二年，道一已爲幽州節度使，碑作河北諸軍州大使，當是一事，……其爲蘭州刺史又在前。則睿宗時已有榆林軍，且置蘭州。觀六典不載，蓋已廢罷，兵志不當收入。」

制勝軍，地望無考。

通鑑二一九至德元載紀，「吐蕃陷威戎、神威、定戎、宣威、制勝、金天、天成等軍。」惟制勝軍地望無考。

合川守捉城，在鄯州南一百八十里，貞觀中，侯君集置，管兵千人。

此見通典一七二州郡序目，及元和志三九鄯州目，引詳前鄯州隴右節度使統軍條。通典作「合川郡界守捉」，元和志無「界」字，而最後有「合川郡今疊州」一句。舊地志，則作合川守捉，無「郡」字，在鄯州南里數兵數皆同。新書兵志、地志及通鑑二一五天寶元年紀亦皆無「郡」字。按疊州合川郡，在洮州西南一百八十里白龍江上游，在鄯州南約八百里。各書皆云在鄯州南一百八十里，則決不能遠在合川郡，疑作合川守捉爲正，通典誤加郡字，元和志爲之作解，更誤。

綏和守捉城，在鄯州西二百三十里，開元二年郭知運置，管兵千人。

此見通典一七二州郡序目。元和志三九鄯州目，略同，惟「西二百三十里」作「西南二百五十里」，又最後有「今分爲五百人」一句。舊志及新志亦皆作西南二百五十里。通鑑二一五天寶元年紀胡注，同。

宣威守捉城，在廓州南二百九里或二百九十里。後升爲軍。

通典一七四廓州目，「南至宣威守捉使二百九里。」寰宇記一五五廓州目作「東至」，字譌。又寰宇記一本作「二百九十里」，未知孰是，疑有「十」爲正。按通鑑二一九至德元載紀，書是年吐蕃陷唐軍城，有宣威軍，不作城，蓋後升爲軍也。

新安夷騎在廓州北八十里。

元和志三九廓州，「北至新安夷騎八十里。」疑有譌字，但他處不見，無可校勘。

黃沙戍在廓州達化縣東六十里。

此見元和志三九廓州目。新志亦云達化「東有黃沙戍。」

（六）赤嶺西南青海河源道

赤嶺向西南有西及西南兩道。（A）西道經樹敦城（今察罕城 Tao-shang-ho, E101°-101°10′·N36°24′-30′），行青海南岸，經曼頭城至伏俟城。城在青海湖西十五里，爲吐渾夸呂所都，即今鐵卜卡古城（約 N37° E99°40′-50′），在布哈河下游支源菜濟河（切吉河）之冲積扇上。青海湖周圍七百里，海中小山名龍駒島，哥舒翰收其地，置應龍城、神威軍。由伏俟城及曼頭城又西經吐渾故都伏羅川，約在今柴達木河流域巴隆（

E97°25′•N36°10′）地區。由此復分爲南北兩道，北道西至于闐，南道西南至吐蕃。北朝宋雲西行道及唐初道宣所記唐使出西域之東道，皆即此道也。惟伏羅川以西，一西取于闐，一南取吐蕃耳。

道宣釋迦方志上述唐初往印度使者有三道，其一道即由河、鄯至承風嶺者。其述承風以西所經云：

「至故承風戍……又西減二百里至青海。海中有小山，海周七百餘里。海西南至吐谷渾衙帳。又西南至國界名白蘭羌，北界至積魚城，西北至多彌國，又西南至蘇毗國，又西南至敢國，又南稍東至吐蕃國。」（以下述到北印度尼波羅國，行程不錄。）

又唐建國前一百年（魏神龜元年，518 年）宋雲行紀記赤嶺以西行程云：⑪

「發赤嶺西行二十三日，渡流沙，至吐谷渾國，路中甚寒，多饒風雪，飛沙走礫，舉目皆滿，惟吐谷渾城左右暖於餘處。……從吐谷渾西行三千五百里至鄯善城（今羅布泊南三百里，似即婼羌縣治 Churklik），……今城（主）是吐谷渾第二息寧西將軍，總部落三千以禦西胡。鄯善西行一千六百四十里至左末城。……從左末城西行一千二百七十五里至末城，……從末城西行二十二里至捍麼城，……從捍麼城西行八百七十八里至于闐國（今和闐治西七哩 Yotkan 村在玉瓏哈什河、哈喇哈什河之間。）」（此西行程不錄。）

道宣所記即由承風嶺西行經赤嶺至樹敦城，再行青海南岸經吐谷渾衙帳，向西南經白蘭、吐蕃至印度也。宋雲所記，由赤嶺西行，渡流沙，至吐谷渾城，又西經鄯善城、左末城、于闐國至印度也。⑫其赤嶺至吐谷渾衙帳一段，行程蓋相同，其西則宋雲正西趨于闐，道宣所記則西南趨吐蕃，是不同。吐渾城以西所經，今姑不論，僅就赤嶺至吐渾城續論如次：

吐谷渾城　宋雲所經吐谷渾國，沙畹釋之云：「當時之吐谷渾可汗爲伏連籌。

⑪ 據西域南海史地考證譯叢六編馮承鈞譯注沙畹宋雲行紀箋注本。

⑫ 續高僧傳二闍那崛多傳，「犍陀羅國人也。……經渴羅槃陀及于闐等國，……又達吐谷渾國，便至鄯州，……屆長安。」時西魏末、後周初。即與宋雲所行爲一道。

其名至五二四年尚見中國史書（通鑑綱目）著錄，其子夸呂初見中國史書之時在五四〇年（資治通鑑）。夸呂立，始自號爲可汗，居伏俟城，在青海西十五里。（北史卷九六。）假定伏連籌亦都伏俟，宋雲所記之吐谷渾城應在今布喀音噶爾沿岸尋之。」是沙畹謂此吐谷渾城卽伏俟城，當在今布喀音喀爾地區。黃盛璋等吐谷渾故都伏俟城發現記，從沙畹說，以爲宋雲道宣先後所記吐谷渾衙帳皆卽伏俟城，在青海西十五里布哈河下游之支流菜濟河沖積扇上，今名鐵卜卡古城。（文刋考古1962年第8期。）然文後附錄青海省文物管理委員會關于鐵卜卡古城的來信略云：

「青海湖西之鐵卜卡古城，早經有人考證它是吐谷渾故都伏俟城。如靳玄生青海歷代城塞遺址云，『隋西海郡本吐谷渾伏俟城，在青海西南隅，距海十五里，布哈河繞于北（南？），切吉河環于南（北？），依山面水，形勢雄險，城周二三里，墻垣還沒有十分倒塌……。』（載西北論衡六卷一期）……黃方二同志把伏俟城……假定爲吐谷渾王伏連籌所建，……可能會使鐵卜卡古城就是伏俟城的論點不能成立。理由一，從赤嶺（今日月山）到鐵卜卡故城步行七八日可到，絕對要不了二十三日；二，途中不經過流沙；三，青海湖周圍均很冷，鐵卜卡附近尤甚。以上三點都與宋雲行紀的記載甚不吻合。我們認爲沙畹假定伏連籌都伏俟城證據不足，伏俟城應爲吐谷渾王夸呂所建。魏書、北史吐谷渾傳，記載較正確。……至於宋雲西行經過的吐谷渾城應爲伏羅川。黃方二同志曾引釋迦方志『海西南至吐谷渾衙帳』。並肯定此衙帳卽伏俟城無疑。我們認爲尚待商榷。吐谷渾是游牧民族，逐水草而居，春夏秋多時有變動，……所謂吐谷渾衙帳，遷徙不常，不一定設在伏俟城內。且唐時吐蕃尼波羅道在越赤嶺後繞青海湖南岸向南而走，不會繞青海西之伏俟城。根據釋迦方志所記吐谷渾衙帳的方位里距，當在今茶卡湖以南草原，和伏俟城無關。」

按伏俟城在海西十五里，卽今布哈河、切吉河下游入海處小型沖積扇上之鐵卜卡古城，上引諸家及西陲史地研究（頁三）皆主此說，大抵無問題。城有內外兩層，詳黃文⑬。然觀青海文委會此信，宋雲行紀之吐谷渾城決非近在青海西僅十五里之伏俟城。今就此城東至赤嶺二十三日程，西至鄯善三千五百里，鄯善西至于闐三千七百里以上，比例觀之，此城應在 E96° 左右，諸木洪、霍魯遜湖或稍東西地區。青海文委會云應爲伏羅川。按魏書四世祖紀下，眞君六年，高涼王那討慕利延，「那軍到曼頭城，慕利延驅其部落西度流沙……遂西入于闐。」同書一〇一吐谷渾傳詳其事云：

「太延二年……慕利延立。……世祖征涼州，慕利延懼，遂率其部人西遁沙漠。……宣諭之，乃還。……世祖……詔晉王伏羅……討之，……慕利延走白蘭。……後復……討之於白蘭，慕利延遂入于闐國，殺其王，……南征罽賓……七年遂還舊土。慕利延死，樹洛干子拾寅立，始邑於伏羅川。……高宗時，定陽侯曹安表，拾寅今保白蘭，多有金銀牛馬，若擊之，可以大獲。拾寅走南山，諸軍濟河追之，……乃引還。……顯祖復詔……討拾寅，至曼頭山，拾寅來逆戰，……敗之。……太和五年，拾寅死，子度易侯立，……死，子伏連籌立。……伏連籌死，子夸呂立，始自號爲可汗，居伏俟城，在青海西十五里。」

據此，拾寅邑於伏羅川即在白蘭境，西走可至于闐，東走經曼頭山可至黃河（蓋河曲地區）。南山當即柴達木河、柴達木盆地以南之山區，伏連籌誠當亦居伏羅川，即宋雲行紀之吐谷渾國也。檢吳景敖西陲史地研究（頁五），以爲白蘭之舊境當在巴隆河（即柴達木河）流域。巴隆河中流現有蒙古包密集之地曰巴隆（E97°25′・N36°10′）。按就今日巴隆在經濟交通上之地位，此項擬定固有可能，且「伏」古當爲重唇音，讀如「不」，然則巴隆河即伏羅川之遺音歟？至於道宣所記之吐谷渾衙帳，亦誠有非伏俟城之可能，然道宣所記非一次行旅

⑬ 文物1977年第5期，吐谷渾伏俟城遺址，有扼要說明云：「青海共和縣鐵卜卡古城是吐谷渾于六世紀修建的都城——伏俟城的遺址。城南依石乃亥北山，北臨切吉河，東距青海湖約七公里。城有礫石疊切的長方形外郭，東西寬約1400米，北壁被河水冲毀，長度不詳。郭外偏東有南北內牆一道。西部有邊長約 200 米的方形夯築內城。內城一門，開在東壁。城內就西壁建邊長70米的方形基址，大約是宮殿的所在。基址向東有街道直通城門。城門和宮殿都東向，大概是沿襲了『以穹廬爲舍，東開向日』（後漢書烏桓傳）的舊俗。」

之記錄，乃唐初一般使臣行旅所經，故其所指之衙帳，當非臨時所設，而爲較經常建置之都城，然衙帳西南至白蘭，則當在宋雲所記吐渾城伏羅川之東，青海文委會以爲當在今茶卡湖⑭以南草原，容或近之。然亦不能完全排除卽爲伏俟城之可能性，蓋隋及唐初，吐谷渾旣都此城，行旅者固有稍稍繞道經過此城之可能，以便增補裝備也。

曼頭城　曼頭城當與曼頭山有關。前引魏書世祖紀下及吐谷渾傳，已見曼頭山、曼頭城在伏羅川以東之大道上。其後曼頭之名，屢見史籍，次列如下：

隋書八三吐谷渾傳：「開皇初……元諧率步騎數萬擊之，賊悉發國中兵自曼頭至於樹敦，甲騎不絕。」

隋書六一宇文述傳：「吐谷渾……請降求救，帝令述以兵屯西平之臨羌城，撫納降附。吐谷渾見述擁强兵，懼不敢降，遂西遯，述……追之，至曼頭城，攻拔之，斬三千餘級，乘勝至赤水城，復拔之，……渾主南走雪山。」

隋書六三劉權傳：「大業五年，從征吐谷渾。權率衆出伊吾道，……逐北至青海，虜獲千餘口，乘勝至伏俟城。帝復令權過曼頭、赤水，置河源郡、積石鎭。」

隋書二九地理志：「河源郡置在古赤水城，有曼頭城。積石山，河所出。」

新二二一上吐谷渾傳：「貞觀九年，李靖等伐吐谷渾，分南北二道，靖從北道，部將薩孤吳仁以輕騎戰曼都山，斬名王。」通鑑一九四，亦作北道，惟將名薛孤兒，山名曼頭山。

據隋書吐渾傳，曼頭在樹敦之西；據宇文述傳，赤水城在曼頭之南（包括東南或西南）；據劉權傳，曼頭城當在伏俟、赤水之間；據隋地志，曼頭城在河源郡境。郡治赤水城，在今黃河岸興海縣地區。（詳下文。）據貞觀九年事，曼頭城在西出之北道上，而舊六二李大亮傳，大亮「與大總管李靖等出北路，涉青海。」是北路卽行青海南岸，卽此城在海南不遠也。按隋得吐渾地，東西四千里，南北二千里，西境置鄯善、且末二郡，東境置西海、河源二郡。西海郡治伏俟城，在青海西岸十五里。郡名河源，必近黃河，而在青海湖之南。兩郡

⑭ 張編地圖集，青海兩圖作察喀湖，申報館地圖作達布遜湖。

臨海沿岸之分界，不能西於海之西南，則曼頭城當在青海湖南岸之東西大道上，東沿海岸至樹敦，西北沿海岸至伏俟，直西行至伏羅川，向南行則至赤水城。紀要六四，云曼頭山在西寧西北，乃以意測之，大誤。

赤水城　上文論隋河源郡治所之赤水城當在曼頭城之南。復考貞觀九年李靖征吐谷渾，赤水爲一重要戰地。舊紀，五月「薛萬均薛萬徹又破之於赤水源。」舊一九八吐谷渾傳，「靖等進至赤海，遇其天柱王三部落，大破之，遂歷于河源。」新二二一上吐谷渾傳：「諸將戰牛心堆，赤水源。……收雜畜數萬。」又云：「靖破天柱部落於赤海，收雜畜二十萬。」舊六九薛萬徹傳：「與萬均破吐谷渾天柱王於赤水源，獲其雜畜二十萬計，追至河源。」舊一〇九契苾何力傳，與李大亮、薛萬均「同征吐谷渾，軍次赤水川。」通鑑一九四，貞觀九年閏四月「癸巳，靖等敗吐谷渾於牛心堆，又敗諸赤水源。」五月「薛萬均薛萬徹又敗天柱王於赤海。」是其地，或作赤海，或作赤水川、赤水源；而新吐渾傳及通鑑，赤水源、赤海似爲兩地兩次戰役。胡注：「赤海蓋卽赤水深廣處。」岑仲勉通鑑隋唐紀質事比疑云，赤海赤水源當爲一地，或相去不遠。觀舊吐谷渾傳及舊薛萬徹傳，無疑同是一事。按岑氏所見甚是。西陲史地研究（頁四），云赤水在今興海。又云：「赤水故地濱臨黃河。黃河上游水流大致平穩，由拉加寺（今同德）出大峽谷，波濤奔騰澎湃，挾上游黃土赤沙以俱來，悉爲所沖激，水乃成赫色，赤水之名因此。赤水以下地多沃壤，隋唐間固嘗以此爲經營河源之基地。」岑仲勉曰，「如其說，則赤水祇黃河一段之別名，從何力傳作赤水川，更合。」今按就地望形勢言之，吳氏之說，誠有可能。蓋赤水城斷不出黃河九曲西岸之範圍也。然稱爲赤水源，則又決非指黃河之一段。檢張編地圖集·青海人文圖，興海（E 100°·N 36°稍西南）有巴戛戛爾赤河，（申報館圖，此河地望較南。）發源於瓦洪山，流入黃河九曲處，爲黃河之一支源，疑卽古赤水歟？又此圖興海又名大河壩，在黃河西數十公里。申報館圖，無興海之名，而大河壩在黃河近岸；但西陲史地研究云，大河壩在興海西三十公里，興海則在黃河近岸，相當於申報圖大河壩之位置。（兼看吳著第二頁圖。）則兩圖蓋皆誤。然檢 ONC-G-8，興海亦在河曲之西有相當距離（經度約差10分）。參差如此，亦不知吳氏是否親履其地也。蓋此水上源廣濶，故有海及大河之名歟？唐代赤水之戰，或曰赤海，或曰赤水源，蓋即此故歟？要之，赤水故城當在大河壩迤東至黃河西岸間，吳景敖即置於黃河岸之興海（頁二），周振鶴青海云在大河壩東（頁六七），蓋略得之。此處黃河東西，土沃草肥，東接洮水上源通內地，西接柴達木河達西域，正堪屯軍爲經營吐渾西域之基地。故大業五年，「命劉權鎭河源郡、積石鎭，大開屯田，捍禦吐谷渾，以通西域之路。」（通鑑一八一。）唐初李靖伐吐谷渾，赤水之戰收雜畜二十萬，（前引。）至麟德二年吐蕃「請復與吐谷渾和親，仍求赤水地畜牧。」（通鑑二〇一。）亦以其地豐水草也。

龍駒島、應龍城、神威軍　青海周圍近千里，海中小山宜馬，號青海驄，稱爲龍種，見隋書及兩唐書吐谷渾傳，故有龍駒島之名。舊一〇四哥舒翰傳：天寶七載，爲隴右節度使，「明年，築神威軍於青海上，吐蕃至，攻破之。又築城於青海中龍駒島，有白龍見，遂名應龍城，吐蕃屏跡不敢近青海。」下述拔石堡城事。新一三五哥舒翰傳，略同；惟於吐蕃攻破神威軍下云：「更築於龍駒島。」是謂先置軍於海岸，軍破更築於島上也。新傳，應龍城下又有「翰相其川原，宜畜牧，謫人二千戍之」一句。通鑑二一六，天寶七載，「哥舒翰築神威軍於青海上，吐蕃至，翰擊破之。又築城於青海中龍駒島，謂之應龍城，吐蕃屏跡，不敢近青海。」八年，述石堡城事下又云：「以謫卒二千戍龍駒島，冬水合，吐蕃大集，戍者盡沒。」與兩傳稍異。又通鑑二一九，至德元年，書吐蕃陷隴右諸軍有神威之名，蓋不論此軍是否曾置在島上，但至安史之亂始陷殆可信。

懸水鎭　舊一九八吐谷渾傳，段志玄擊吐渾，「亞將李君羨率精騎別路及賊於青海之南懸水鎭，擊破之，虜牛羊二萬餘頭而還。」新傳作「率精騎尾襲懸水上。」此鎭當亦在樹敦西出道上。

又由吐谷渾西北出玉門、瓜、沙、肅地區有通道，行程雖不詳，要當與此樹敦城通伏羅川道相聯絡。

隋書六三劉權傳：

「大業五年，從征吐谷渾，權率衆出伊吾道，……逐北至青海，虜獲千餘口，乘勝至伏俟城。帝令權過曼頭、赤水，置河源郡、積石鎮。」

同書八三吐谷渾傳：

「煬帝卽位，伏允遣其子順來朝。時鐵勒犯塞，帝遣將軍馮孝慈出敦煌以禦之，……鐵勒遣使謝罪請降，帝……諷令擊吐谷渾以自効，鐵勒許諾，卽勒兵襲吐谷渾，大敗之，伏允東走保西平境。帝復令觀王雄出澆河，許公宇文述出西平以掩之，大破其衆，……伏允懼南遁於山谷間，其故地皆空，……皆爲隋有。……帝立順爲主，送出玉門，令統餘衆，……至西平，……不果入而還。」

按通鑑一八一大業五年書事，劉權行軍與順之入吐渾路線皆與此同。是自敦煌、玉門南至吐谷渾當已有通道。權及鐵勒蓋皆由敦煌地區南入；順西行計劃中之路線，由西平北經甘州至玉門，再折南入吐谷渾境也。又通鑑二一二，開元十一年九月壬申，吐谷渾畏吐蕃之彊，帥衆詣沙州降。亦有道通敦煌之證。復考通典一九〇邊防六吐蕃目，論欽陵謂唐郭元振曰：「陵若遣兵出張掖，或出玉門，使大國春不遑種，秋無所獲，……可斷漢右界矣。」按出張掖卽由河源積石北出大斗拔谷道；出玉門，當自青海以西地區北至玉門，此則與隋送順爲吐蕃主之道相同矣。皆足證青海之西有道北通玉門也。

又舊一〇三王君㚟傳，爲河西節度使。「會吐蕃使間道往突厥，君㚟率精騎往肅州掩之。還至甘州南鞏筆驛」云云。按吐蕃間道向突厥，爲君㚟邀擊於肅州，是必取道大斗拔谷以西之一道，以達肅州，又由肅州北循弱水（張掖河、額濟納河），經居延海至突厥也。

(B) 西南道由赤嶺西南行，經尉遲川（今倒淌河），是蓋卽經樹敦城也。（今察罕城，在倒淌河流域。）又經苦拔海（今巴彥淖爾 E100°47′•N36°22′），王孝傑米柵，至莫離驛（約今恰卜恰卽約 E100°45′•N36°20′ 地區）。通典云苦拔海周七十里，去赤嶺已百里是也。又經公主佛堂，大非川（今呼裕河，即惠渠，一作沙珠玉河），爲渾蕃重要屯駐地，中國用兵往往視爲前進基地，或回師聚會之所。蓋其地東至積石軍，西至伏羅川，東北至赤嶺，西北至伏俟城，南至烏海、河口，交通四達，而水草豐盛也。大非又西南至那錄驛（蓋今大河壩 E100°N36° 稍北），去莫離驛二百八十里，吐渾界也。又經暖泉（今大河壩東至興海間有溫泉。又 ONC 有 Wenchuan 在 E99°25′•N35°25′）、烈謨海（蓋即今喀拉湖，約 E99°20′•N35°20′），凡四百四十里渡黃河（今黃河沿地區），西南至吐蕃。

新地志鄯州鄯城縣條記唐入吐蕃行程，其石堡城以下云：

「石堡城……又西二十里至赤嶺。其西吐蕃，有開元中分界碑。自振武（即石堡城）經尉遲川，苦拔海，王孝傑米柵，九十里至莫離驛。又經公主佛堂，大非川，二百八十里至那錄驛，吐渾界也。又經暖泉，烈謨海，四百四十里渡黃河。」（下至吐蕃牙帳，不錄。）

吳景敖西陲史地研究（頁一一）釋此段行程云：

「石堡城…故址，在……哈喇庫圖城附近之石城山。…所謂赤嶺，此固人所公認之日月山隘路。……莫離驛廢址，就其距石堡城之里程及方向言之，當在今恰卜恰附近。恰卜恰海拔三三五〇公尺，東至郭密、曲溝一帶，均爲今共和縣境，地盛產糧。過此西南即爲不適農耕之牧區，…王孝傑之軍糧倉儲，必就此一地帶設置之。恰卜恰西南爲沙珠玉流沙，…過沙珠玉流沙，即爲切吉曠原，海拔三四三〇公尺，極目平川，薛仁貴敗績之大非川古戰場當即係切吉曠原之通稱。…那錄驛廢址，就其距離莫離驛廢址之里程及方位言之，當不出今大河壩東北二十公里之石壘灘附近。所謂暖泉，應指今大河壩，蓋其東近興海處原有著名之溫泉。（望按 ONC-G-8，E99°25′・N35°25′ 處有 Wen-chuan 地名，似非吳氏所指者，但與新志暖泉頗相當。）烈謨海應指今喀喇淖。……由今石壘灘經大河壩、喀喇淖至黃河沿之里程，固與……那錄驛至河源（望按指『渡黃河』而言）之里程相符，……（此段說洪濟梁，全誤。）……其所渡河，亦卽河源附近今黃河沿渡口。此段黃河之河幅寬不足二〇〇公尺，嚴冬封凍成冰橋，春融水淺，僅及馬腹，（劉元鼎）所謂『水益狹，春可涉，秋夏乃勝舟』，蓋係寫眞。」

按新志此段行程既渡黃河，則大體與今西寧通黃河沿（在扎陵湖之東）之汽車道必略相當，就里距約略言之，吳氏此段釋文當可信採；余未讀吳著之前，固亦略如此推度也。卽就大非川而言，吳釋當今切吉曠原，甚正確。玆釋證如次，並及尉遲川、苦拔海。

大非川　按此地屢見唐史，舊六七李靖傳，戰爭初期，吐谷渾「退保大非川」。又六九侯君集傳，戰爭末期，「乃旋師與李靖會於大非川」。又一九八吐谷渾傳，亦云「兩軍會於大非川，至破邏眞谷。」新二二一上吐谷渾傳，同。通鑑一九四考異引實錄亦記兩軍會於大非川；顧不之信，何耶？蓋此間爲吐谷渾一根據地，亦爲一軍事交通之中心，故戰爭初期渾軍退屯於此，末期唐軍兩路廻師亦於此會合，實非不合理也。胡注引十道圖，「大非川在青海南」。復考舊一〇三王君㚟傳，開元中，「吐蕃大將悉諾邏……寇大斗谷，又移攻甘州，焚燒市里而去……取積石軍西路而還。……君㚟先令人潛入賊境，於歸路燒草，悉諾邏還至大非川，將息甲牧馬，而野草皆盡，馬死過半，君㚟襲其後，入至青海之西，時海水冰合，……將士並乘冰而渡，會悉諾邏已度大非川，輜重及疲兵尙在青海之側，君㚟縱兵盡俘獲之。」（兩書吐蕃傳略同。）是大非川在積石軍之西、青海之南不遠也。則大非川當卽今呼裕河（一名惠渠）無疑。佐藤長唐代青海拉薩間之道程（東洋史研究34卷1號）所見相同。河南卽吳氏所指之切吉曠原矣。李靖伐吐蕃，渾人先退屯大非川，後唐兵既大勝，兩路廻師亦會合於此；悉諾邏襲甘州，欲回師至大非川息牧，而唐人已先潛燒野草；此皆見大非川爲重要交通屯畜地區。又舊八三薛仁貴傳，與郭待封伐吐蕃，「軍至大非川，將發赴烏海。仁貴謂待封曰，烏海險遠，車行艱澀，若引輜重，將失事機。……大非嶺上足堪置柵，可留二萬人作兩柵，輜重等並留柵內，吾等輕銳倍道掩其未整，卽撲滅之矣。」是以大非川爲前進基地也，亦見此地之重要性。⑮

尉遲川　此川別無可考。檢周希武玉樹日記（十月二十九日），由日月山西南行四十餘里至察罕城，東距哈拉庫圖七十里。城在倒淌河流域。此河發源於日月山西麓，流程百餘里，西入青海。ONC-G-8 作 Tao-shang-ho。則尉遲川正即此倒淌河無疑。

苦拔海　前引新志，苦拔海去赤嶺不到七十里。然通典一九〇吐蕃目云：「有可跋海，去赤嶺百里，方圓七十里，東南流入蠻；與蠻西二河合流而東，號爲漾濞水，又東南出會川爲瀘水焉。」（會要九七，同；惟「西二」作「西洱」。）按東南流爲漾濞水、瀘水，自屬誤記。然可知此當卽新志之苦拔海，則去赤嶺已百里也。檢周希武玉樹日記（十月三十日），由倒淌河西南踰山，凡二十五六里有巴彥淖爾，東西長約六里，南北闊二里餘。蒙古游牧記謂周四十餘里，非其實。按此方向里距，正相當於新唐志之苦拔海，古大今小，蓋氣候、地形變化，湖水漸乾涸之故，未必游牧記之誤也。又按日記，此淖爾西南三四十里至多巴廟。檢 ONC-G-8, Tao-shang-ho 西南至 Tung-pa（卽多巴）約二十五公里，中間 E100°47′．N36°22′ 處有乾涸小泊，卽此巴彥淖爾無疑，亦卽唐苦拔海，佐藤長擬在察汗城，誤也。

唐初李靖侯君集伐吐谷渾，卽由鄯城西南經牛心堆，蓋亦經承風戍、赤嶺，分南北兩路進兵。北路蓋略循前考之赤嶺西行經樹敦城、曼頭城至伏羅川一道；南路蓋略循前考之赤嶺西南行，經大非川一道，中經烏海（蓋今托索湖 E98°40′•N35°20′）至河口，又歷星宿海、柏海（當指今札陵湖、鄂陵湖）等湖羣，至河源。其後文成公主入吐蕃，道經柏海；薛仁貴伐吐蕃，由大非川趨烏海至河口；李敬玄出師，作戰計劃亦由赤水經柏海至白蘭；大略皆爲一道也。但不知新地志所記入吐蕃道，渡黃河以後所行是否卽星宿海、柏海至河源一道耳。

⑮ 舊一〇九黑齒常之傳，爲河源軍大使，「開耀中，贊婆等屯於青海，常之率精兵一萬騎襲破之，燒其糧貯而還。」新一一〇，同。而通鑑二〇二，稱此戰在良非川，不知是否卽大非川或其相近之一水。兩傳云贊婆屯於青海，固相近也。

貞觀九年李靖統諸將征吐谷渾，行軍規模極大，所至極遠，而各處所記史料則頗相歧異，玆先錄列如次，再為詮證。

（A）册府元龜九八五，貞觀九年「閏四月，任城王道宗擊吐谷渾於庫山破之，俘四百餘人。……李靖部將薛孤兒以輕銳破之曼頭山，……大獲六畜以充軍糧。李靖、侯君集、任城王道宗等又破於牛心堆，又破於赤水源，獲雜畜數萬計。五月乙未，侯君集、任城王道宗追吐谷渾主，及於烏海，大敗之。薛萬均又破天柱王於赤海，獲其雜畜三十萬計，追至河源。李大亮俘其名王二十人，雜畜五萬計。是月，李靖平吐谷渾國于西海之上。初王師以三月次于鄯州，……侯君集曰，大軍已至，賊徒尚未走險，宜簡精銳長驅疾進，掩其不虞，可有大利。……靖從之。乃簡傳士馬，輕賫深入。及庫山之捷，可汗謀將入磧，以避官軍，道宗復曰，栢海近河源，古來罕有至者，賊既西走，未知的處……今馬疲糧少，遠入為難，未若且向鄯州，待馬肥之後，更圖進趣。君集曰，不然。……今者，一敗以後，……君臣相失，父子携離，……栢海雖遙，便可鼓行而至也。靖又然之。⑯於是衆分士馬為兩道，靖與薛萬均李大亮等趣北路，出曼頭山，逾赤水，涉青海，歷河源、且末，窮其西境。君集與道宗趣南路，經途二千餘里，行空虛之地，盛夏降霜，多積雪，山中有瘴氣，歷破邏眞谷，其地無水，將士食冰，馬皆飲雪，又行月餘日，至星宿川，達于栢海。兩軍所至皆大尅，將軍執失思力又馳數百里，別破虜于車茹川，旋與靖會於大非川。可汗長子大寧王順……斬其國相天柱王，舉國來降。可汗……與千餘騎遁于磧中……為其左右所殺。」

（B）會要九四吐谷渾目：「貞觀九年，李靖……從之，（從侯君集深入之計。）分軍為兩道，敗吐谷渾於牛心堆，又敗諸赤水源。君集追伏允於烏海，與戰大破之。靖襲破伏允牙帳，伏允子順斬天柱王來降，伏允為左右所殺。」

（C）舊三太宗紀下，貞觀九年閏四月「癸巳，大總管李靖、侯君集、李大

⑯ 自「庫山之捷」至此，通鑑一九四考異引實錄一百四十字，與此全同。蓋册府此條全據實錄也。

亮、任城王道宗破吐谷渾於牛心堆。五月乙未，又破之於烏海，追奔至烏海〔柏海？〕，……薛萬均薛萬徹又破之於赤水源。……壬子，李靖平吐谷渾於西海之上。」

（D）新二二一上吐谷渾傳：「夏四月，道宗破伏允于庫山，俘斬四百，伏允謀入磧，疲唐兵，燒野草，故靖馬多飢。」下即李道宗、侯君集議戰略事，與册府同。接云：「分二軍，靖與大亮、薛萬均以一軍趣北，出其右；君集、道宗以一軍趣南，出其左。靖將薩孤吳仁以輕騎戰曼都山……諸將戰牛心堆，赤水源。……君集、道宗登漢哭山，戰烏海，…靖破天柱部落於赤海，收雜畜二十萬。（舊傳以上甚略，惟此處多『遂至於河源』一句。）大亮……次且末之西。伏允走圖倫磧，（舊傳作『或傳伏允西走渡圖倫磧』。）將託于闐，萬均督銳騎，追亡數百里，又破之。……君集、道宗（舊傳『趣南路登漢哭山飲馬烏海』，在此處。）行空荒二千里，盛夏降霜，乏水草，……閱月次星宿川，達柏海上，望積石山，（舊傳作『達于柏梁，北望積石山』。）覽觀河源。……兩軍會於大非山破邏眞谷。（舊傳作『兩軍會於大非川，至破邏眞谷』。）（伏允太子）順……斬天柱王，舉國降，……伏允……自縊死。」（舊一九八吐谷渾傳略同。）

（E）通鑑一九四，貞觀九年，「夏閏四月癸酉，任城王道宗敗吐谷渾於庫山。吐谷渾可汗伏允悉燒野草，輕兵走入磧，……（此間，諸將與侯君集論戰略，係採實錄，與册府同。）……李靖……中分其軍為兩道；靖與薛萬均、李大亮由北道，君集與任城王道宗由南道。戊子，靖部將薛孤兒敗吐谷渾於曼頭山，斬其名王，大獲雜畜，以充軍食。癸巳，靖等敗吐谷渾於牛心堆，又敗諸赤水源。（考異引實錄：『癸巳，李靖、侯君集、任城王道宗等破吐谷渾於赤水源。』）侯君集、任城王道宗引兵行無人之境二千餘里，盛夏降霜，經破邏眞谷，其地無水，人齕冰，馬噉雪。五月追及伏允於烏海，與戰，大破之，獲其名王。薛萬均、薛萬徹又敗天柱王於赤海。（胡注：赤海蓋即赤水深廣處。考異曰，薛萬徹傳作赤水源，契苾何力傳作赤水川，今從實錄。）……李大亮敗吐谷渾於蜀渾山，（胡注，山在赤海西。）獲其名王二十人。將軍執失思力敗吐谷渾於居茹川。李靖督諸軍經積石山（册府無積石山），河源，至且末，窮其西境。聞伏允在突倫川，將奔于闐，契苾何力……選驍騎千餘，直趣突倫川。……磧中乏水，將士刺馬血飲之，襲破伏允牙帳，……獲雜畜二十餘萬，伏允脫身走，俘其妻子。侯君集等進逾星宿川，至柏海，還與李靖軍合。（下文大寧王順降及伏允死，與册府同。）」

（F）舊六七李靖傳：「（貞觀）九年，軍次伏俟城，吐谷渾燒去野草，以餧我師，退保大非川，……靖決計而進，深入敵境，遂逾積石山……」新九三，同。

（G）舊六二李大亮傳：「與大總管李靖等出北路，涉青海，歷河源，遇賊於蜀渾山，接戰破之，俘其名王，虜雜畜五萬計。」新九九，同。

（H）舊六九薛萬徹傳：「又與萬均破吐谷渾天柱王於赤水源，獲其雜畜二十萬計，追至河源。」新九四薛萬均傳：「從李靖討吐谷渾，軍次青海，追奔至積石山……（虜）衆遂潰，追至圖倫磧乃還，與靖會青海。」

（I）舊一〇九契苾何力傳：「軍次赤水川」，勇救薛氏兄弟。「時吐谷渾主在突倫川。何力……直入突倫川，襲破吐谷渾牙帳。……獲駞馬牛羊二十餘萬頭，渾主脫身以免，俘其妻子而還。」新一一〇，同。

（J）舊六九侯君集傳：「九年三月師次鄯州。君集言於靖曰……（策謀與册府同）……靖然其計，乃簡精銳，輕齎深入，道宗追及伏允之衆於庫山，破之，伏允輕兵入磧，以避官軍。靖乃中分士馬爲兩道並入，靖與薛萬均、李大亮趣北路，使侯君集道宗趣南路，歷破邏眞谷，踰漢哭山，經途二千餘里，行空虛之地……轉戰過星宿川，至於柏海，頻與虜遇，皆大尅獲，北望積石山，觀河源之所出焉。乃旋師，與李靖會於大非川，平吐谷渾而還。」新九四，極略。

（K）舊六〇江夏王道宗傳：「賊聞兵至，走入嶂山，已行數千里，諸將議欲息兵，道宗固請追討，李靖然之，而君集不從。道宗遂率偏師并行，倍道去大軍十日追及之，……襲其後，賊……奔潰。」新七八，同。

按李靖伐吐谷渾之戰，舊存史料略盡於此。通鑑考異凡六引實錄，惟癸巳赤水源一役，册府無日期，其餘五條，皆與册府同，且「庫山之捷」至「靖又然之」一段凡一百四十字，與册府一字不異，則册府殆即抄錄實錄，而稍有删節耳。然則上引册府節爲最接近原始之基本史料。然僅據此一節仍不能瞭解當時用兵分兩路進軍之眞實情況，必待取（B）條以下諸史料爲之疏補與商榷。

第一，各書多云大軍分南北兩道，殆無可疑。但何時何處始分道，却爲一基本問題。册府只云庫山之捷後分路，靖與李大亮、薛氏兄弟趨北道，侯君集、李道宗趨南道。但此後戰事先後並無詳細月日，故甚難定其正確次序。通鑑序日甚詳，閏四月癸酉，庫山之役，乃分道。戊子北路有曼頭之役，「癸巳，靖等敗吐谷渾於牛心堆，又敗諸赤水源。」舊紀亦云牛心堆之役在癸巳。是牛心堆之役在分道之後。然册府、舊紀皆云李靖、侯君集、李大亮、李道宗皆參與此役，何也？且牛心堆在鄯城縣西南不過數十里至百里，約今湟中縣處，曼頭山在青海之南，當在牛心堆之西三百里之遙，何以先有曼頭之捷，後五日始有牛心堆之捷？且赤水去牛心堆更遠，何能一日兩役？明有問題。檢考異引實錄，「癸巳，李靖、侯君集、任城王道宗等破吐谷渾於赤水源。」則癸巳蓋爲赤水一役之日期，而牛心堆之役當遠在此日以前若干日。意者，先有牛心堆之役，其時尙未分道。分道後北路諸將乃有曼頭山、赤水源之役耳。且分道深入之前，李道宗主退兵，其議論大旨謂賊已遠走柏海，我軍馬乏草，多饑。按牛心堆在唐軍根據地鄯州之西不過二百里，此戰之前，庫山之役，敵軍損失不重，不可能即遠遁磧中，道宗亦不可能遽萌退志，此亦諸將議分軍深入當在牛心堆一役後之旁證。然則唐軍先由鄯州西至鄯城，折西南至牛心堆，與敵軍作一主力戰，乃分軍南北兩路，其分道地點當在承風戍或更西赤嶺地區，亦可能在更南之大非川、赤水地區。北路西經曼頭山西出或西南出，南路則西南經烏海而西出也。

第二，兩書李靖傳云，軍次伏俟城，賊退屯大非川，靖決計而進云云。似靖用兵，先至伏俟城者。按牛心堆之役，靖親與其事，其後靖部將有曼頭山、赤水源兩役，則初期戰事進行皆由青海之東折青海之南，何能分身到青海正西之伏俟城？此蓋誤書。或者靖由河源回師，先至伏俟城，乃與侯君集會師大非川歟？莫能詳矣。

第三，通鑑考異云，「實錄及吐谷渾傳皆云君集與李靖會于大非川。按十道圖，大非川在青海南，烏海、星宿海、柏海並在其西，且末又在其西極遠。據靖已至且末，又過烏海星宿川至柏海，豈得復會於大非川？於事可疑，故不敢著其地。吐谷渾傳又云，兩軍會於大非川，至破邏眞谷，大寧王順乃降。按實錄，歷破邏眞谷，又行月餘日，乃至星宿川。然則破邏眞谷在星宿川東甚遠矣，豈得返至其處邪！今從實錄。」按兩軍分道遠征，然後回師，會于大非川，固極有可能，此時又至破邏眞谷，亦非不可能也。溫公於此太愼，未達間也。

第四，册府、通鑑，云靖軍至且末。按閏四月戊子曼頭之役，癸巳赤水之役，通鑑下文云「五月追及伏允於烏海。」後有突倫川之役，破其牙帳，伏允脫身走。「壬子，李靖奏平吐谷渾。乙卯，詔復其國。」五月壬子上距閏四月戊子曼頭之役才二十四日，上距癸巳赤水之役才十九日。曼頭、赤水近青海，且末在其西極遠。宋雲云，赤嶺西至吐谷渾牙帳二十三日程，又西行三千五百里至鄯善城，又西一千六百四十里至左末城，卽且末國。縱叙里過侈，但赤嶺至且末亦應五千里以上。今測地圖，自青海西岸至諾羌航空直線亦一千一百公里以上，十餘日間何得西至且末又走突倫川，破其牙帳？況太寧王順之降，伏允之死，又似在回軍途中耶？蓋李大亮本由涼州都督出任且末道總管，卽由西路入吐谷渾西境且末地區，兩書吐谷渾傳云，「李大亮俘其名王二十人，雜畜數萬，至且末西境。」最爲得之，他人未至且末也。

第五，兩書江夏王道宗傳所記獨與諸書異，考異摒而不取是也。傳謂道宗固請追討，而君集不從，此殆據家傳碑銘文字，爲道宗虛美，致全反事實耳，自不足信。

綜觀前列史料，參之以上五點分析，可就此次戰事行軍路線作一綜合，卽大軍由鄯州西至鄯城，折西南經牛心堆，承風戍，由此地或赤嶺、大非川地區，分爲南北兩路，李靖率薛萬均契苾何力等由北道經青海南，向西行，有曼頭山、赤水源諸役，又向西至河源之北，破吐渾牙帳於圖倫磧；李大亮雖屬北路，但實別道西入且末境，蓋又東從李靖回師也。侯君集、李道宗由南路歷破邏眞谷，踰漢哭山，戰烏海，行二千餘里，過星宿川至柏海，北望積石山，觀河源所出，然後回師與李靖會軍大非川。蓋伏允在圖倫磧欲西去于闐不果，軍破脫身東逃，糾合舊部，故唐軍回師合擊，破之於大非川地區，其子順殺國相天柱王降，伏允旋亦被殺也。

侯君集所行之南道，其後屢有經行者，試考如次：舊一九六上吐蕃傳：

「（弄讚）遣使謝罪，因復請婚，太宗許之。……貞觀十五年，太宗以文成公主妻之，令禮部尚書江夏王道宗主婚，持節送公主于吐蕃。弄讚率其部兵次柏海，親迎於河源，見道宗執子婿之禮甚恭。」（新二一六上吐蕃傳略同。）

是貞觀十五年文成公主下嫁吐蕃，亦取道柏海、河源也。

舊八三薛仁貴傳：

「軍至大非川，將發赴烏海。仁貴謂（郭）待封曰，烏海險遠，車行艱澀，若引輜重，將失事機，……彼多瘴氣，無宜久留。大非嶺上足堪置柵，可留二萬人作兩柵，輜重等並留柵內，吾等輕銳倍道，掩其未整，卽撲滅之矣。仁貴遂率先行，至河口，遇賊，擊破之。……收其牛羊萬餘頭，廻至烏海城以待後援。待封不從仁貴之命，領輜重繼進，比至烏海，吐蕃二十餘萬，悉衆來救，……待封敗走，趨山，……仁貴遂退軍屯於大非川，……與吐蕃大將欽陵約和。」

按新一一一薛仁貴傳，略同，惟「廻至烏海」之「廻」作「進」，通鑑二〇一咸亨元年條，亦作「進」。觀此次戰事進退情形，再參以貞觀九年事及下引通典兩條，烏海當在河口以東，不得在河口以西，則舊傳作「廻」爲正，「進」乃形譌。然則由大非川西南先至烏海，再進至河口也。

婁師德鎭軍大將軍涼國公契苾府君（明）碑（全唐文一八七）：

「從中書令李敬玄征吐蕃，公爲柏海道經略使，……公假裝遵遠，望赤水而前驅，勁騎騰空，指白蘭而長騖。」

按新一一〇契苾何力傳，「子明，……李敬玄征吐蕃，明爲柏海道經略使。」

此次征吐蕃，雖失敗，蓋作戰計畫，明爲柏海道經略使，當道出赤水，至白蘭，故碑銘云然。前考白蘭卽與吐谷渾故都伏羅川爲近。是明所擬行路線，亦卽侯君集所經，及薛仁貴所擬行者。

綜觀侯君集、文成公主、薛仁貴、契苾明所行經或擬行之路線，大抵由大非川，經赤水，至烏海，又經河口，星宿川，至柏海、河源。按通鑑一九四，考異引十道圖：「大非川在青海南，烏海、星宿海、柏海並在其西。」星宿海殆卽星宿川，至少爲相近之湖泊河流名。烏海史料最詳，如：

隋書地理志：「河源郡置在古赤水城，有曼頭城。積石山，河所出。有七烏海。」

通典一九〇吐蕃傳：「其國，出鄯城五百里，過烏海入吐谷渾部落彌多彌、蘇毗及白蘭等國，至吐蕃界。」（會要九七吐蕃目，全同。）

又萬歲通天二年，吐蕃大論欽陵與郭元振會於野狐河，欽陵曰：「烏海、黃河關源阻深，風土疫癘，縱有謀夫猛將，亦不能爲蕃患矣。」（新二一六上吐蕃傳，同。）

按七烏海當卽烏海，乃一湖泊羣，欽陵以與黃河並提爲險阻地，當爲大道上之要地。通典云在鄯城外五百里。按大非川在鄯城西南已三百餘里，薛仁貴在大非川時，云「烏海險遠」，則去大非川決不只百數十里。又其地在河口之東，前引新志，黃河渡口，在鄯城西南一千里有餘，則烏海去鄯城當在五百里至千里之間。檢周希武玉樹日記（十一月九日條），過阿拉克抄爾山脈，高出海面四六三〇米。山南之水皆西流入東科海卽扎遜池也，譯言黑海。累計下文，由此山至黃河渡口不到二百里，則此東科海番言黑海者，當卽今圖之托索湖（Tosu nor, To-so-hu, E98°40′·N35°20′）無疑。又日記，海東北道中山嶺海拔四六三〇米。檢 ONC-G-8，湖東道上 Mien-tsao-Wan（E98°55′·N35°16′）之西北近處山高 15221 英尺，合4640米，亦正卽日記之山嶺。此亦明日記之黑海卽今圖之托索湖也。此湖今日仍有黑海之名，烏卽黑義，殆卽唐代之烏海矣。烏海西爲星宿海（星宿川）、柏海。前引史料，星宿海、柏海近河源，又云行二千餘里乃至柏海，頗疑卽今黃河沿（E 98°30′· N 34°50′）以西之鄂陵湖、札陵湖諸湖羣也⑰。通典一九〇白蘭傳，「東北接吐谷渾」。論其方位，正東接河源地區。故婁師德稱柏海道經略使契苾明兵指白蘭也。

綜　　結

唐代河湟青海地區當唐與吐蕃之主要通道，亦爲唐通西域孔道之一，故地處要衝，成爲唐蕃交兵之主要戰略地帶。蓋唐蕃境界線長逾萬里，此最居中，又有大河及其支源湟水洮水南北並列自西東流，使此一地區成爲槽型地帶，地勢平坦，視唐蕃接境之其他地區易爲進出也。

此區東西通道，要可因河流分爲河湟洮三線；而湟水線最爲平易，且西接青海，故爲主道。主道由長安涼州間南線驛道上之臨州臨洮軍（今臨洮）直西行，經大夏川（今三岔河）北岸之大夏縣（約今甯定）及東谷，至河州治所枹罕縣(今臨夏 E103°·N35°35′），在灕水（今大夏河）北岸，去臨州一百四十八里。又北經鳳林故縣至鳳林關（今永靖E103°·N35°50′西），北臨黃河，東拒灕口，西瞻積石，形勢緊要，爲六典七下關之一。又北渡黃河鳳林津，蓋越曼天嶺至龍支縣（約今古鄯邑），又西北略循湟水而上，至鄯州治所湟水縣（今樂都），東南去河州三百一二十里。又由河州西行一百八十里至鹽泉城（蓋今循化北），在黃河岸，開元二十六年置，兼置鎭西軍，統兵一萬三千人，爲河州之前衞。又北渡河蓋經白土嶺亦至鄯州，去河州約四百里。又由蘭州（今蘭州市）西循黃河南岸經廣武梁（湟口之東），赤岸橋（大夏口至湟口間），亦出鳳林關，經龍支至鄯州；而廣武梁西循湟水而上，蓋亦古道也。鄯蘭間相去約四百餘里。

鄯州南臨湟水，爲盛唐時代西疆軍事交通之中心，開元二年，置隴右節度使，以鄯州都督充使職，統軍常約七至十，守捉鎭戍若干，分佈鄯廓河洮諸州，以備吐蕃；並移臨洮軍於鄯州，統兵一萬五千人以鎭之。天寶末，哥舒翰收復黃河九曲地，分置兩郡，倍增軍戍，星羅弈布，視他道爲最密。

鄯州向北微東渡浩亹河（今大通河）經昌松縣（今古浪西），約六百里至涼州，唐初道宣稱爲通西域之中道；後蓋不甚用。

---

⑰　參看黃盛璋歷史地理論集·黃河上源的歷史地理問題第六節關于星宿川星宿海及其範圍。

鄯州又西循湟水而上，一百二十里至鄯城縣（今西寧縣），北臨湟水，西枕土樓山，即古西平郡也。其地直西循湟水而上，經青海北岸，至吐谷渾都伏俟城（青海湖西北十五里，今鐵卜卡古城）。鄯城西北行至甘州（今張掖），接涼州通西域之驛道。鄯州西南行黃河、青海間，爲入吐谷渾及吐蕃之孔道，吐谷渾又西至且末、于闐，爲通西域之輔線。故鄯城爲鄯州西出之交通樞紐，儀鳳二年置河源軍，統兵一萬四千人，爲鄯州之前衞。玆稍詳三道之行程：（A）鄯城西北通甘州道。由軍城西北循長寧川（今北川河）而上，一百二十里至安人軍（蓋今大通），開元七年置，統兵萬人。又西北入星宿川，渡浩亹川（今大通河）入大雪山脈，凡約三百九十里至大斗拔谷（今扁都口 E101°·N38°）；地高谷隘，形勢險峻，爲南北軍事交通之重地。開元十六年置大斗軍，統兵七千五百人以鎮之。又北二百里至刪丹縣（今山丹縣），接長安通西域之驛道。（B）鄯城西出青海北岸道。由軍城西循湟水河谷而上，經臨蕃城（約今鎮海堡），凡一百二十里至綏戎城（約今湟源），開元五年置白水軍，統兵四千人。又西六十里至臨羌新縣故城，南臨湟水，唐稱新城（今海晏 E101°·N36°57′或稍東），開元二十六年置威戎軍，統兵千人。由軍北行通大斗拔谷；由軍西行，經漢臨羌故城，凡三百一十里至漢龍夷故城（青海北，約今衆旦寺地區或其東剛察地區）。吐蕃魚海軍當在此城地區，杜翁詩云：「鳳林戈未息，魚海路常難。」殆指此也。又西南循海岸至伏俟城。（C）鄯城西南道。由軍城向南微西循牛心川水（今南川水）而上，約百里至承風嶺戍（約今貴德峽稍南，或即千戶莊地），又西行約二百里至青海東南岸吐谷渾舊都樹敦城（約今察汗城 E101°-101°10′·N36°24′-30′），此爲隋及唐初鄯州西通吐渾、西域之主道，亦即道宣所記通西域之東道，故羌漢互市於承風。承風至樹敦蓋中經赤嶺，宋雲所行，蓋亦此道也。又由鄯城直西經湟水道上之綏戎城、白水軍，離開湟水，折西南行，經定戎軍至石堡城（約今哈喇庫圖 E101°25′·N36°25′附近之石城山），三面險絕，一徑可上，開元十七年置振武軍，吐蕃攻取，曰鐵仞城，天寶八載克復，置神武軍，更名天威軍。又西二十里至赤嶺（今日月山隘道），去鄯城二百一十里上下。開元間立唐蕃分界碑，互市於此。盛唐、中唐時代唐蕃通使多取此道，故新志記之最詳。

河州西北行，蓋經鎮西軍三百九十里至廓州，鄯州西南行約二百里亦至廓州。州治化隆縣，更名廣威縣，南臨黃河(蓋E102° 地區)，置寧塞軍，統兵五百人。廓州西北行一百二十里至承風嶺，接鄯城通樹敦道。廓州西行蓋兩道，北道一百八十里，南道一百五六十里，皆至靜邊鎭（近今貴德治），本古澆河城也。其地北枕黃河，西臨大潤，形勢險阻，而交通四達，兼以土地肥美，麥產豐盛，蓋古大小榆谷之地，故久爲黃河上源軍事、交通、經濟之中心，又有七級浮圖，蓋亦一佛教中心也。儀鳳二年置積石軍，統兵七千人。天寶十三載復於城西黃河北岸置寧邊軍爲犄角，重其地也。積石又西八十里至澆河郡、宛秀軍（約今共和），天寶十三載哥舒翰收九曲地置，一名威勝軍。又西南六十里至洪濟橋，北周置洪濟鎭，天寶十三載置金天軍。又西南約一百五十里至黃河九曲最西處。

又由長安涼州驛道上之渭州（今隴西）西南行二百五十里至岷州（今岷縣），開元間置八驛。岷州西循洮水而上，經野狐峽（今縣西二十五公里有野狐橋），又西經美相縣（近今臨潭），安西府，至洮州治所臨潭縣（今洮州舊城 E103°15′·N34°40′之南），東去岷州一百八十里。州城北枕洮水， 儀鳳二年置莫門軍， 統兵五千五百人。又西循洮水二百里至磨禪川，天寶十三載收九曲地，於此置洮陽郡，在洮水北；置神策軍，在洮水南。又西亦至黃河九曲。

九曲之地爲河源唐土之最西疆，景雲間讓屬吐蕃，蕃人置獨山九曲兩軍及大莫門等城；又梁河爲駱駝橋，西通蕃境。天寶十二載收復故地， 明年分置澆河 、 洮陽兩郡，增置八軍。八軍者，除前述寧邊、威勝、金天、神策外，又於河州西八十里索恭川置天成軍，又西百里雕窠城置振威軍（約今夏河、同仁地區），廓州南二百里黑峽川置曜武軍，洪濟橋東南八十里百谷城置武寧軍，以與河洮兩線諸軍相接應。

以上河湟洮水三道，南北並列，隋唐時代中國用兵，渾、蕃入寇，即往往數道並進。又河湟上流接近青海、黃河九曲地區，黃河流程由南向北，而湟水上流南北支源繁出，南接黃河，北接浩亹，浩亹上源接山刪河源之谷地，爲大雪山之大缺口曰大斗拔谷，是以青海河曲間迤北至大斗拔谷、山刪河谷 ， 成一大槽型地帶 ， 吐蕃論欽陵云：「甘涼右地，既于積石，此道綿細，幾二千里，其廣者不過二三百里，狹者纔百里，陵若遣兵出張掖、玉門，可斷漢右界。」即此道也。吐蕃入寇誠亦取此道，中國用兵亦往往河西與隴右並出，河西之兵由大斗南抵湟源，與隴右軍合勢進擊。如天寶元年，隴右軍西擊吐蕃青海上，轉南克洪濟城，河西軍由大斗南至青海北，轉西擊吐蕃魚海軍，是其例也。

以上交通路線及軍城建置，皆在河曲青海以東以北地區，大體皆唐置州縣領域也。其河曲以西，青海西南，西盡河源，乃吐谷渾故地，隋滅之置郡縣，唐征服吐渾爲屬國。玆續述其境之交通狀況，以見通吐蕃、西域之形勢。

赤嶺向西南有「西」及「西南」兩道。西道經樹敦城，行青海南岸，經曼頭城至伏俟城。湖周七百里，海中龍駒島，哥舒翰取之置應龍城、神威軍。由伏俟城及曼頭城又西至吐渾故都伏羅川（今柴達木河流域蓋巴隆E97°25′·N36°10′ 地區）。玉門有道南至吐谷渾城，不知至伏俟城抑至伏羅川也。伏羅川又西復分爲南北兩道：北道西取且末、于闐至西域，此宋雲所經行者；南道西南取吐蕃至印度，此道宣所記出使西域之東道也。赤嶺西南道卽新志鄯州目所詳記者：由赤嶺西南行，經尉遲川（今倒淌河，西北流入青海）、苦拔海（今巴彥淖爾，ONC圖在 E100°47′·N36°22′處）、王孝傑米柵凡七十（？）里至莫離驛（約今恰卜恰E100°45′·N36°20′ 或稍西），又經公主佛堂至大非川（今呼裕河，卽惠渠）。其地交通四達，而水草豐盛，故爲渾蕃重要屯駐地，亦中國用兵進退會聚之所。又西南至那錄驛（蓋今大河壩 E100°·N36° 稍北），去莫離驛二百八十里。又經暖泉（今大河壩之東、之南皆有溫泉），烈謨海（蓋卽今喀拉湖 E99°20′·N35°20′），凡四百四十里至黃河（約今黃河沿地區），西南通吐蕃。呂溫、劉元鼎西使吐蕃皆取此道。唐初李靖、侯君集伐吐谷渾，卽由鄯城經牛心堆西南行，分南北兩路進兵。北路蓋略循赤嶺西行經樹敦城、曼頭城至伏羅川一道。南路蓋略循赤嶺西南大非川一道，經烏海（蓋今托索湖乃番音，譯言黑海E98°40′·N35°20′），至河口，又歷星宿海、柏海（當指今札陵湖、鄂陵湖），凡行空虛之地二千里至河源。後文成公主入蕃道經柏海；薛仁貴伐吐蕃，由大非川趨烏海至河口；李敬玄出師，作戰計畫亦由赤水經柏海至白蘭，而由承風嶺敗還；此皆大略爲一道也，但不知河口以西是否卽新志所記之驛道耳。

參看圖八

一九七二年三月稿，十四日撰引言，刊新亞學報第十一卷上册。

一九八三年十月三十日改訂，一九八四年一月十四日再訂正，

一九八五年五月七日二校定稿。

附錄　周希武玉樹途程日記節要

著者於民國三年奉差至玉樹，撰成玉樹調查記，其後增刪爲玉樹縣志稿十卷，（皆收入中國方志叢書，成文出版社出版。）又有赴玉樹旅行日記，附載志稿之末。頃讀此兩書一文，甚佩其學養頗深，亦具現代頭腦。旅行日記約三萬餘字，記途程所經甚詳，頗多可與余十餘年前所撰此篇相輔證，除取若干條補入拙作外，特將其行程所經及推論古道各點，簡錄如下，以備讀本篇之參考。括弧中按語係我所加，按語引用張編地圖集·青海人文圖及 ONC-G-8，分別簡稱圖集與 ONC。　　　　　　　　　　耕望識

民國三年（陽曆）十月八日，由蘭州起程，西行里許過阿干河，河口兩山對峙，東山龍尾俯瞰省治，最爲形勝。西行約四十里至西古城，府志以爲漢金城縣故治。附近多棗樹。踰河而北卽舊沙井驛。由古城西行五里入硤，十二三里出硤，川開路平，又八里至墩下灣。自古城至此濱河，時有邊牆。又五里許，宿新城堡。（按計程約七十里左右。原本失書。）堡以明成化丁未築，高出海面一六八五米。

十月九日，西行，南北山勢復合。六里至青石川莊，莊北隔河稍西卽莊浪河入黃河之口，口東曰苦水驛，村樹茂密。口西有堡據山巔，曰河口城。由青石川莊西行三里許至青石關，南負巖，北臨河，形勢頗險，水經河水會湟之後又東經石城南者，卽此，闞駰謂之石城津。渡河而北，西行十二三里至達家川，卽湟水入黃河之交也。按水經注，逆水（卽莊浪河）入湟後，湟乃入黃，辛卯侍行記已知其誤，然謂逆水古有入湟之道，則臆度之言，地形絕無相通之理也。又西循湟水西北行，三十餘里宿黑嘴子。是日行七十里。

十月十日，西北行三里許至飛石崖，崖高十九丈，湟水曲流其下，崩崖嵯岈，羊腸迂迴，俯瞰奔湍，側足屏息。又西十五里餘至新庄子，西有紅古坡，勢如飛石崖，峭拔過之。下坡至紅古城，有古城廢址數十丈。按之水經注，疑卽漢允街縣治故蹟。踰湟而南有渡口，疑卽鄭伯津也。渡南爲下川口，村樹稠密，爲碾伯青華所在，卽漢允吾縣故治處。（按此說可信。）紅古城西行三十里虎頭崖，形勢更險，鳥道一

線，劣能容足。下坡行十三里許，卽大通河與湟水合流處。大通河卽古浩亹水、閤門河。亹者，水流夾山，岸深若門也。按大通河出硤之口，大山對峙，岸高十丈，相距約六丈，有橋跨之，橋下波平聲寂，其深莫測，見古人命名之確。過橋折南行五里宿享堂。是日行七十里。

十月十一日，又西北行五里，上高坡，南岸上川口，蓋卽水經注之小晉興城也。下坡五里，南北山勢漸合，是爲老鴉硤。入硤三十餘里至鸚哥嘴，石徑崎嶇，石崖上有刻文，係鑿路時所鐫，漫漶難識。三里許出硤，在碾伯縣東五十里。硤長四十里，屈曲深邃，卽趙充國傳之四望陿也，土讀鴉汚瓜切，卽望之轉音；西寧府志謂在西寧縣治西，謬甚。出硤五里至老鴉城。府志謂破羌縣故城，是也。又西約二十里宿高廟子。是日共行七十里。

十月十二日，西行約二十里至碾伯縣治（按今樂都）。又西約二十二里至大峽，隔湟爲高店子。又西十餘里宿張家寨。是日行六十里。

十月十三日，西行五里許，隔湟爲平戎驛城，卽漢安夷縣故址。又西三十五里，南北山勢復合，是爲小峽，蓋水經注之溱峽也。湟水爲峽石所束，僅寬六丈許，木橋跨湟，過橋而南，緣左山麓西行，二里出峽，又三十里至西寧縣城。又西過通濟橋，跨南川河上，三里宿大營盤。是日行七十里。

十月十四日至二十五日駐寧治裝。西寧西望，湟水自西來，左會北川河，卽水經之長寧川也，右會南川河，卽水經之牛心川也。城在湟南，湟水北長寧川東，有土樓山，爲湟水所刷，崩崖壁立百仞，積層青紅，遠望如樓閣，故名。闞駰謂西平亭北有土樓神祠，當在此地。城南城內皆有古城遺址。牛心川西、湟南有土台，高約十丈，趾方各三十二丈，頂圓徑八丈，府志謂之虎台，南涼禿髮所築。西寧自古爲湟中重地，去蘭州四百四十里，而地面高出蘭州六百餘丈，計每里差一丈五尺，故水源甚高，其流甚駛，渠灌甚便，無凶年憂。

十月二十六日，沿湟水南岸西行，經陰山塘，康成寨，宿鎭海堡。是日行五十里。康成寨西過一水，疑卽水經盧溪水也。水上通塔兒寺，乃西寧最大寺院，僧徒三千餘人，黃教初祖宗喀巴生於此，故爲西番佛教聖地，歲時蒙古、青海、西藏人來膜拜者絡繹於道。僧寮千餘間，中有絕大佛堂，其瓦皆鎏以黃金。（按圖集，塔爾寺今已置湟中縣。）鎮海堡地扼西石硤之東，前清常駐重兵，漢臨羌縣當在左右。

十月二十七日，沿南山麓西行，未幾過橋，沿湟水北岸行，十里入湟硤，土人謂之西石峽，路頗崎嶇，疑即水經戎硤也。行二十里，南北山勢漸開，又十里宿湟源縣城。是日行四十里。縣即清丹噶爾廳，唐白水軍當在附近。城據北山之麓，居民七百餘戶，皆土屋無瓦。湟水源出城西北一百五十餘里，東逕湟源縣城南，又東，藥水自西南來入之。水經，羌水出西南山下，逕護羌城東，東北流注於湟，當即藥水也。縣當青海蒙番出入大道，商務頗盛。而以嘉道之際爲最，每歲進口貨價值至一百二十萬兩，今則七十九萬餘兩。（按有品名價目表，未錄。）且貨價倍增，益知貨額之損。究其故，則昔年蒙番西藏之貨大都以湟源爲銷場。近則藏貨西洩於印度，玉樹之貨南洩於川邊，蒙古之貨北洩於甘涼瓜沙，貿易之途日多，故湟源商務日衰也。（按下列各地貨物名稱價格，未錄。）

十月二十八日，過湟水，沿藥水西南行，五里過橋（按蓋行水東），七里復過橋（按蓋行水西），緣右山麓行，三里至察罕素庄，十里餘入峽，道旁摩崖刻文「關山通道」，漫漶不可識。又十里至藥水塘，三十五里至哈拉庫圖城（按圖集約 E101°25′·N30°30′；ONC 有居民點 E101°10′·N30°25′）。藥水東西二源交會於城北。城據西南山麓，形勢頗險，西距日月山二十五里，扼蒙番進口大道，前清常住守備一員，兵二百四十名。東南山阜有古營盤遺址，隔水東北山上有古牧營馬處，附近有科瓣台。疑科瓣台即唐定戎城，古營盤即所謂隔澗七里之石堡城也。惟古營之險不如昔人所言之甚，蓋鋪張之辭耳。大道經哈拉庫圖折西至日月山，而窩藥口有捷徑亦至日月山，減三十里。乃回程取上窩藥西行，宿日月山東麓草地。是日行八十里。（按玉樹志稿卷四西寧赴結古路條，湟源南行六十里上窩藥，西南踰日月山四五十里倒淌河濱。）

十月二十九日，西南緣山坡行，十餘里至日月山，高出海面三七五八米，甘、青於此分界。山頂皆沙質紅色，所謂赤嶺也。自山以東爲耕稼社會，村樹絡繹不絕於道，自山以西則爲游牧社會，荒草極目，時見牛羊，天地之氣劃然一變。西南行十餘里下山，至黑城子，阿什漢水城在其東南。有水出日月山西麓，三源並發，合而西注青海，土人謂之倒淌河（按 ONC 有 Tao-shang-ho，在日月山之南，由東南向西北流入青海）。蓋內地之民，東流見慣，甫過山卡，乍覩西流，遂目爲倒淌河耳。循河之北向西行，約三十里至察罕城南十里許，帳宿倒淌河濱。是日行五十餘里。倒淌河流域東西長約百里，南北寬十餘至二三十里，河流甚緩，水味亦甘，氣候平和，草亦豐美。察罕城（按圖集在 E101°· N36°30′; ONC 作 Tao-shang-ho, E100°57 · N36°24′）東北距丹城一百二十里，東距哈拉庫圖七十里，東南距阿什漢水城二十里，西至青海之濱四十餘里。其城北依察罕托洛海（日月山分支，山頂常積雪，察罕譯言白色，洛海謂頂也），南臨倒淌河，水草豐美，牛糞亦多。清陝甘總督那彥成築城設防以制野番，每歲青海長官祭海時，會盟蒙旂王公於此。

十月三十日，西南行數里渡河，循南山麓西行七八里折南入土溝，上瓦爾袞山（胡圖作和岳爾托海，按蕃音謂山頂曰羅海），高出海面三六八〇米，西北距青海五六十里，登峯遠望，海心山若覆碗然。下山，循色娘河西南行十五六里，至一平原，細草芊綿，絕好牧場。河口東南一泊卽巴彥淖爾，東西長約六里，南北闊二里餘，蒙古遊牧記云周四十餘里，誤也。（按據此記，巴彥淖爾在察罕城西南二十五里；下文又三四十里至多巴庄。檢 ONC，察罕城改名 Tao-shang-ho，西南至 Tung-pa 約二十五公里，中間 E100°47 · N36°22′ 處有乾涸小泊，卽此巴彥淖爾無疑。又按此必卽唐之苦拔海，當時周七十里，蓋本較大，逐漸乾涸耳。）淖爾水甘可食，東南有山口通貴德。由河口西南行原上三十里，原竟，下陡坡至多巴庄（按卽 ONC 之 Tung-pa，在 E100°42′· N36°20′）。又西南歷數山、溪、番庄、至卡卜恰首庄加拉（按圖集在 E100°45′· N36°25′）宿。是日行八十里。卡卜恰高出海面三二九〇米，有水出北山（卽瓦爾袞山脈在青海南岸者）曰烏蘭布拉克，東南流至郭密入黃河。水之兩岸崖高三十餘丈，東西距六七里，中拓爲平地。自卡卜恰至郭密三十里中，田疇錯列，渠水交流，氣候溫暖，稱爲塞外沃土。河崖以上則皆高原，風勁水少，只宜畜牧。

十月三十一日，西南歷數乾溝、層原，經馬鬃灘，黃沙壠，至西泥河，下流豬爲西泥淖爾，宿窩遜，東距淖爾約十里，水草頗豐。是日行六十里。

十一月一日，西南行，草灘沮洳，渡西泥淖爾河，寬約四丈，水及馬腹，上黃沙崗，曲折三里，崗竟，行乾草灘中，沿貢朶淖爾南岸行，宿其西濱。是日行四十五里。

十一月二日，西行，草灘小泊，或斷或續，有番騎驅牛羊商貨萬頭而過。又西切吉灘（按圖集在 E100°5′·N36°5′; ONC 有居民點，無地名），平原彌望，草亦豐盛，約三十里。原竟至南山口，切吉河所出也，曰切吉河口，宿野次。是日行五十里。河北流入西泥河。自過日月山至此未見一木。

十一月三日，南入山口，兩崖夾峙，緣左山麓行數里，下坡過水，復西南灘行十餘里，又山溝行十餘里，宿切吉河腦，當即法圖和屯布拉克也。是日行四十里。

十一月四日，南行數里，越山，皆青沙石，乃西泥河與大河壩河之分水嶺也。下山緣右山麓過數溪，西數里渡大河壩水，淉（深？）不二尺，而冰石槎枒，馬易顛蹶。河水兩岸皆危崖壁立，高三十餘丈，渡口左右坡甚陡。山坡西南行高原中十餘里，入山溝，過道拉結山，復循溝過恆讓河，當即胡圖衮額爾奇河也。河東流，北會大河壩水，而深廣倍之，下流即胡圖之呼呼烏蘇河也。東南越小山，宿大灘中。灘四面山勢環抱，中平如砥，名班禪玉池。過此紮帳處，當即法圖沙拉兎者。平番奏議又名助勒蓋。（按玉樹調查記及志稿云玉池即大河壩。圖集在 E99°55′·N35°55′。）是日行七十里。

十一月五日，信宿玉池，以息馬力。按呼呼烏蘇河流域土質膏腴，水草豐美，迤東濱黃河一帶，至於郭密，地勢較低，森林礦產，所在多有，氣候溫暖，開河尤易。道光初陝甘總督那彥成曾擬在助勒蓋設防興屯，經費無著，不果。蓋開闢荒土，兵屯不如民屯，民屯不如商屯，今日興業必自商屯始。

十一月六日，緣西山麓循扎梭拉水（蓋法圖伊克戈爾什河）南行，連過九溪，皆出西山，東注扎梭拉水，內有一溫泉，水頗盛。午宿扎梭拉溝。是日行四十里。

十一月七日，西南行三十里過扎梭拉山，下坡緣左山麓行，雪深及馬腹，過大灘，巴克戈爾什河（河東入黃河），宿羊腸溝中。是日行六十里。自卡卜恰至此，並無人煙，亦不見行人，眞窮荒絕塞也。（據 ONC，此地段爲沙漠地。）此地旅行，以八九月爲最宜，蓋冬則大雪封山，水凍草枯，春則寒風凛冽，凍猶未解，入夏以後，青草雖生，而泥潦縱横，沮洳難行，唯深秋則邊草尚黃，路途較乾，其冷亦不過比內地大寒之時而已。（按調查記總結此路行程云，「八九月間草黃糞乾，旅行最宜，冬春大雪封山，夏則泥潦縱横，又有瘴氣，草小糞濕，人馬俱困。」）常行是地者有諺語曰：「正二三，雪封山；四五六，雨淋頭；七八九，正好走；十一臘，肉開花」。其言雖俚，却眞況也。

十一月八日，西折西南行約三十里至山梁，即江拉山，高出海面四八三〇米。下溝過大灘，宿欽科奢馬，譯言泉多。是日行六十里。此地溫泉數眼，水頗旺，積流成河，東入白爾東海，即都勒泊，(按疑即喀拉湖K'o-La-hu, E99°10'. N35°18'。)在瑪沁雪山之北。

十一月九日，西南過兩大灘，復過山梁，即阿拉克抄爾山脈也，高出海面四六三〇米。梁南之水皆西流入東科海，即扎遜池也，譯言黑海。(按此即托索湖 E98°40'·N35°20'，唐名烏海，詳拙作論烏海條。)又西南入咱給奢山口，渡水宿草灘，地名咱給奢有(按調查記及志稿作扎格車有)，即瑪沁雪山之北口，草豐、水近、糞多，好站也。是日行七十五里。

十一月十日，西南行過大草灘，草豐多坑，二十餘里過大山，即馬沁雪山，高出海面四八五〇米，全爲雪蓋。下坡七八里，宿大草灘中。(按調查記及志稿，地名烏高拉力色薄。)是日行四十里。

十一月十一日，南行入阿澤陡同灘，過數小水，有溫泉一處。又踰大小四嶺，宿馬拉有(按 ONC 有 Mc-la-i-wan，在 E98°27'·N34°58')，草豐水便。是日行八十里。

十一月十二日，南行二十里，東西山勢漸開，大水前橫，即黃河也。此處西距鄂陵海尙有二百餘里。是行，意所過黃河距源甚近，其勢必小，且天氣寒冷，冰橋必合。及至渡口，則水勢浩大，冰凘蔽流而下，附近無人，無從覓筏。不得已，人馬涉渡，水及馬背，肌膚冰裂，幾不得渡。(按此段寫渡河困難情形甚詳，不錄。)宿河南岸，岸處高出海面四五二〇米。(按下文黃河南岸多湖泊，知日記作者一行，係取 ONC 之 Ma-to 渡口，E98°12'·N34°55，亦即圖集之黃河沿。)是日行二十里。

十一月十三日，信宿黃河南岸。古人述出塞之苦，此次行役之苦則有較古人所言爲尤甚者，而空氣稀薄，舉動輒氣喘不止，則古人所未言也。

十一月十四日，西南行過兩淖爾始見人踪，果洛番也。又南得一大灘，大小湖泊縱橫，徧凍涸。西望一大淖，南北長二十餘里，東西寬狹不等，冰結雪覆，一望皓白。由湖泊間曲折南行，宿江雲，譯言野馬灘也。（按即 ONC 之 Yeh-ma-tan, E98°4′·N34°40′；其東北與黃河間，湖泊甚多。）是日行五十里。

十一月十五日，西南入灘中，山開川平，但路極難行，馬蹄滑溼，時虞顛蹶。巴顏山南北低溫之地均類此。（按此段寫難行之故頗詳，未錄。）數里過江雲水，又經一灘一山，入朶雲大灘，過朶雲水，入野牛溝，溝及兩水東北匯流入黃河。是日宿石山根，行七十里。宿地名準哥隆巴，「準」野牛也，「隆巴」溝也。（按即 ONC 之 Yeh-niu-kou, E97°58′·N34°23′；圖集作巴中山口〔Pachungla〕。又ONC，其西山海拔 15074 呎，合 4596 米，與縣志稿周氏所測 4700 米不相遠。）多糞，便水草，故番族插帳處。

十一月十六日，西南行，山勢忽開忽合，路緣山麓，或左或右，上下山坡數四，乃登一山，即巴顏哈拉山東北之支麓也。山頂一大原，積雪二尺，寒甚。行六七里，下坡，斃野牛一，大常牛兩倍，重三百餘斤。宿坡下平地，名哇雲灘。是日行八十里。

十一月十七日，西南行大灘中，四山之水合流東注，即哇雲水也，下流入黃河，疑即胡圖之沙克河。西南行入一溝，緣右山麓行，多青石碎片。數里上峻坂至山巔，番名插拉山，（按下文稱奢拉山，調查記及志稿亦作奢拉山。）即巴顏哈拉山脊也。自過黃河，地日高，蓋以漸登巴顏哈拉山麓；及至山脊，亦不見其高。而實測高出海面一五六〇丈。（按玉樹志稿所錄測量表，奢拉高出海面五二〇〇米，ONC 有 Ca-la-kou, E97°50′·N34°15′ 在山脊東北，圖集作查拉坪〔Chalaping〕。又 ONC，山道通過處，等高線14000呎〔4268公尺〕，其西北峯16772呎〔5113公尺〕，爲此段山脈最高處。）雪深風勁，人馬氣喘不止，氣溫攝氏零下二十二度。時才舊曆秋末冬初（十月初一日）。山西南水名奢雲，即雜楚河之東源，鴉礱江之上流；山東北水即哇雲水，黃河之支流也。西南下坡，始入玉樹二十五族地界。宿插拉山根，多糞草。是日行五十里。

十一月十八日，西南循奢雲水北岸行，過小溪、沙灘、山麓，溪中有一溫泉。玉樹休馬百長來迎。下陡坡，過奢雲水，宿其插帳處。是日行六十里。休馬帳在奢雲水濱，附近南北山一帶，牛羊帳房彌望，甚富庶。

十一月十九日，西南沿奢雲水南岸行，南北山麓牛羊番帳三十里不絕。折南過大水、溫泉各一，左踰一坡至諂地（按卽圖集之白力多馬，ONC 之 Chng-shui-ho, E97°10′·N33°48′），宿蒙古爾津帳旁。是日行七十里。東羣河出西北遠山，東南流至此與奢雲水合，是爲咱曲河（按卽雜楚河）。

十一月二十日，西南行過三水踰兩山至咱曲河濱。沿河北岸東南行，連過三水，皆有番帳，蒙古爾津、白力登馬、休馬三族屬戶也。過雜楚河（按卽咱曲河）緣右山麓行，始有大道，平坦易行，宿咱曲水濱。是日行七十里。

十一月二十一日，東南緣右山麓行，連越兩坡，危崖崩嶂，俯瞰奔流，羊腸一線，安能容足，皆青砂碎石，乃下馬步行。坡下，有水自西南來注咱曲河，山麓始見僧寺。又緣右山麓南行三里許折西則竹節寺也。（按圖集在E97°20′·N33°35′；ONC 之 Chu-chieh-ssu 在 E97°17′·33°25′。）宿寺旁。是日行四十里。寺據北山麓，面向南，周約三里，中有經堂，高五丈許，深廣如之。紅牆金頂。喇嘛臥室，層樓複室縈迴，千門萬戶，無導輒迷。室內皆木壁，繪以五綵，窗櫺間亦施玻璃。（按下敍招待餐食情形，從略。）佛龕列佛像大小以百數，壁閣庋經卷極多。觀經堂誦經，皆唐古忒文，有印寫二種，每頁長尺許，寬五寸，以極粗紙爲之。僧皆衣紅。大喇嘛兼理竹節寺族百戶。

十一月二十二日，東南行，連過五水，皆出西南山，東北注咱曲河者。河東出峽入川邊石渠縣界，道離河流，向東南行，過兩山麓，至喀耐寺宿。（按當卽圖集之格齊〔kochi〕；ONC 未測繪。）是日行五十里。

十一月二十三日，西南行踰山，高四八三〇米，過一水，又登加浪拉山，乃咱曲河與通天河之分水嶺，高四九二〇米。西南下山，則峻坂陡落，山高水深，乃歇武雲可，譯言歇武溝。溝底泉水隨地涌出，左右山勢廻環曲折。循水西南行，數水自東西注之，始見木本植物，土人謂之邊馬，雖濕亦燃。數里宿歇武寺（按ONC 有 Hsieh-wu-sso, E97°20′·N33°10′）。是日行六十里。寺負山矗立，壁塗丹青，如蜂房。下有土木民房，此爲見房屋之始，（按蓋指木屋言。）皆川人爲之。（按謂工匠。）寺僧百餘人，屬民百餘家，亦喇嘛兼百長。歇武地當通衢，貿易場也。來貨茶葉青稞，出貨羊毛。

十一月二十四日，西南行，過歇武水，緣左山麓行，左右崖刻番文大字甚多。過兩水，路右有水碓一，立輪碓旁。有楊樹一株，此行僅見。復過歇武水，至直不達庄（ONC 之 Chih-men-ta, E97°15′·N33°），修武水於庄東南入通天河。沿修武水左右始有田疇，然皆坡地磽确。通天河即金沙江上流，蒼崖夾峙，碧水中流，清可見底，深約一丈。沿岸西行里許至渡口，寬約二十三丈，冰橋已結，人馬過時如履平地，頃刻畢渡。南岸番帳積牛皮貨色甚多，係打箭爐運來之茶。緣山麓西行，崩岸壁立，洪流繞足，自眩魂搖。又西崗梭山，河濱無路，峻坂壁立，皆下馬步行，流汗喘息。宿瓜拉小洲，譯言瓜拉等六庄聚處也。是日行六十里。自過耆拉山，地勢漸低，天氣漸和，通天河濱更覺溫暖。

十一月二十五日，信宿。

十一月二十六日，西南上惹拉山，坡度在四十以上。十五里至巔，高出海面四七三〇米，（ONC，河南山高 4909 公尺。）旋下山，峻坂更陡，鳥道一線，僅能容足，履草緣沙，縮縮不自禁。十餘里至溝底，扎武各族及結古寺僧百餘人來迎。至新塞庄，番酋張幕迎。庄西路右有摩尼，堆石片爲之，周圍七百二十步，石上皆鐫番文六字箴言。（按下文記摩尼俗制甚詳。）又五里至結古，即蓋古多。（按即玉樹，圖集 E96°50′·N33°；ONC在97°·N33°。）是日行四十里。（按調查記及志稿，自竹節寺西南行一百里拉布寺，七十里通布達，六十里結古，路較捷而多大山。）結古爲扎武番立帳處，其百戶兼充結古寺喇嘛。寺僧四百餘人，多屬扎武族。結古四山壁立，如攢鏌鋣，中間平地，南北約二里，東西約六七里。結古寺在市東北山巔，市據北山之麓，東西約一里，南北不過百步。居民土屋湫隘，無鋪面，就家中貿易。玉樹二十五族，各有百戶，而囊謙（按圖集在 E96°20′·N32°；ONC 在 E96°30′·32°5′）千戶爲最大，駐牧地在結古西南四百六十五里，地鄙遠，向例委員莅盟皆在結古，以各族赴會道里均也。地去西寧一千六百二十里，去蘭州二千零六十里。

按玉樹調查記頁四十一道路目記結古四達路線，有由結古赴囊謙路條，可參看。又由（西）寧赴結古路條記入藏之路，玉樹縣志稿卷四，同。

篇拾肆　北庭都護府通伊西碎葉諸道

引　言

唐代西北疆域擴展至天山南北，天山山脈中段之金嶺（今博克多山脈）南置西州（今吐魯番東七十里、阿斯塔拉南五里，E89°36′·N42°48′）①，北置庭州（今孚遠北二十里護堡子北之破城）②，東段之時羅漫山（今巴爾庫山脈）南置伊州（今哈密）③，兼轄山北之伊吾軍（今鎮西）④。此三州皆為正州，在全國三百六十州之列；並置北庭都護府於庭州，以統三州之軍政。其天山山脈西段之南北地區，則僅置軍鎮，統屬於安西都護府，治龜茲（今庫車），總攝屬國，不置州縣；故論中國當時直接統轄版圖，則以庭、伊、西三州為西北之極邊。此三州，內為河西諸州之屏障，外為二千里外安西都護府之支援，實為唐代控制西域之中心根據地，移民屯墾，灌輸文化，不遺餘力；而發展交通，尤屬基本建設，俾軍事行動，使節往還，物資供應⑤，文化傳播⑥，皆得暢通無阻。自長安迄安西七千里之長程驛道，長安西通安西驛道

---

① 詳長安西通安西驛道篇下。

② 見西域水道記卷三及辛卯侍行記卷六，有較詳記述。參文物考古工作三十年頁一八〇。

③ 同注①。

④ 詳後文。

⑤ 內地出產高級紡織品，在西州之價格只為普通紡織品在內地價格之兩三倍，詳長安西通安西驛道篇下。又張九齡敕河西節度牛仙客書（全唐文二八四），遣大軍增援北庭，云：「從瓜州宜給一月熟糧，若至北庭，糧貯可支五年以上。」按北庭經常駐軍一萬二千人，馬四千二百匹。足見貯糧之多。

⑥ 除了近代考古家在吐魯番地區所發現之文物可資證明唐代中華文化在此一地區已有相當鞏固基礎外，舊籍中亦可考見其略況，如宋史四九〇高昌傳載王延德使高昌行記云：「佛寺五十餘區，皆唐朝所賜額，寺中有大藏經、唐韻、玉篇、經音等。」

上下兩篇，已詳爲論證，伊州西通西州即爲此驛道之一段。今再就庭州東通伊州、南通西州之諸道續爲考論，並及庭州西州西通唐室曾置最遠軍鎮之碎葉鎮，俾治中古西域史者於當時此一地區之交通地理可取據焉。

（一）北庭、伊州間交通兩道

先考北庭東南通伊州道。伊、庭間交通蓋凡兩道。其一，由伊州向西行經益都至納職縣（今 Lapchuk 即四堡）一百二十里。又西微北，取伊、西間之北道，凡三百九十里至羅護鎮守捉城（舊納呼，今鹽池），由此分道向西北行，上乏驢嶺（今烏克塔克）一百二十里至赤谷（今莫家地溝？），出谷口，經長泉，龍泉（今三個泉地區？），凡一百八十里至獨山守捉（約今木壘河），又經蒲類縣（舊奇臺城），蒲類鎮（今奇臺縣，即古城），凡一百六十里至北庭。全程共九百七十里，蓋主道也；亦可謂南道。

此道見於新書地理志伊州納職縣條云：

「自縣西經獨泉，東華，西華，駝泉，渡茨萁水，過神泉，三百九十里有羅護鎮守捉城。又西南經達匪，草堆，百九十里至赤亭守捉，與伊、西路合。別自羅護守捉西北上乏驢嶺百二十里至赤谷。又出谷口，經長泉，龍泉，百八十里有獨山守捉。又經蒲類，百六十里至北庭都護府。」

按納職、羅護、赤亭在伊州通西州之北道上，其今地，皆已詳長安西通安西驛道篇下。侍行記六云：

「（西鹽池）驛西北有歧路，八十里高泉；踰天山，六十里莫家地溝，入奇臺境；六十里，三泉驛，即阿克他斯。」（叢編，亦云三個泉即阿克他斯。）

下文引唐志此條，並推論云：「蓋唐時風戈壁有間道踰烏克塔克（回語謂山曰塔克），西鹽池疑即赤谷，阿克他斯疑是獨山，蒲類縣今木壘河也。」按陶氏以爲唐代由羅護西北上乏驢嶺通獨山、蒲類、北庭道，即今由西鹽池西北踰天山至三泉驛通木壘河之道，是也。然地名比類，則未當。蓋唐志所記之道路爲伊、西交通之北道，卽略相當於陶氏所行之道，亦卽今日由伊吾西至吐魯番之汽車道也。詳長安西通安西驛道篇下。而陶氏以今風戈壁道當之，非矣。實則羅護旣卽清代之納呼，今名西鹽池，則乏驢嶺當卽今道所踰之天山（烏克塔克），赤谷蓋卽今莫家地溝，長泉、龍泉卽今三泉地區矣。卽地名，想地形，參之里距，如此推比，皆極契合。然則，獨山守捉當在今木壘河。獨山去羅護三百里，今陶氏記此歧路，西鹽池至三泉驛二百里，據西北叢編卷三（四月二十五日條），三個泉至木壘河九十里。里距方向亦恰合。而蒲類縣當在更西矣；陶氏此條以木壘河當之，實誤。然陶氏下文迪化府條云：「蒲類居庭州東，疑在今奇臺縣木壘河西，木壘卽蒲類之轉音也。」又云：「蒲類，元和志，南至州十八里；寰宇記，州東八十里；⑦皆傳寫之誤。新唐志，蒲類百六十里至北庭。⑧歐陽公此節於伊州西北道里言之甚詳，較爲可據，蓋在今木壘河西九十里舊奇臺城地。」是陶氏正式擬定，則謂唐蒲類在木壘河西九十里之舊奇臺城。李光庭漢西域圖考卷三（松田引）以爲在奇臺縣（新縣），卽古城；未可定也。松田壽男古代天山の歷史地理學的研究復以蒲類在今木壘河（頁三〇二，松田不知陶氏已有此說）。據西北叢編三，孚遠東七十里，至奇臺縣，俗稱古城，又九十里至舊奇臺城，又九十里至木壘河，相距二百五十里。松田以爲孚遠、木壘河間只一百六十里，又誤會新唐志文意，⑨故有此誤。按元和志，蒲類在庭州北十八里，必誤，若寰宇記州東八十里不誤，則當如李說在今奇臺縣；若如松田說，八十里乃一百八十里之脫譌，則當如陶說在舊奇臺城，斷不在木壘河。又按元和志，庭州除蒲類縣外，有蒲類鎭，在縣西。唐制，鎭通常有城，縣未必有城，今奇臺縣俗名古城，或者約當唐之蒲類鎭，舊奇臺則約當唐之蒲類縣歟？仍疑莫能定也。

蒲類不得東在木壘河，亦可加强前論獨山當在木壘河之說。徐松西域水道記三，「疑獨山城卽古城（今奇臺縣）」，其誤自不待言。然引元史哈剌亦哈

⑦ 余所見寰宇記本，無此條；就上下文意可斷必有脫文。

⑧ 按唐志本意，由獨山經蒲類至北庭共一百六十里，非自蒲類至北庭一百六十里。陶氏誤讀。

⑨ 與陶氏同誤。

赤北魯傳，殊有參考價值。按此傳見元史一二四，云：

「從帝西征，至別失八里東獨山，見城空無人，帝問此何城也，對曰獨山城，往歲大饑，民皆流移之它所。然此地當北來要衝，宜耕種以為備。臣昔在唆里迷國時，有戶六十，願移居此。帝曰善。遣月朵失野訥（北魯子），佩金符往取之，父子皆留居焉。後六年，太祖西征還，見田野墾闢，民物繁庶，大悅，問哈剌亦哈赤北魯，則已死矣。乃賜月朵失野訥都督印章，兼獨山城達魯花赤。」

按此獨山城之地望與唐之獨山守捉極相當，可能即一地未更名也。檢西域圖志九，木壘在奇臺縣治（今稱奇臺舊城，或老奇臺）東一百里，「負天山之陰，地廣，饒水草，宜耕牧，東扼巴爾庫勒，西通烏魯木齊，舊為聲援要地。……木壘布拉克出南山下北流，……其東北境有木壘塘，有屯田。」就地貌交通而言，與元獨山城極相似，此亦一輔證也。西北叢編三（四月二十五日條），「木壘河分縣，住。縣南有山，獨立如屏風，俗稱照壁山。」獨山之名蓋以此歟？（惟今木壘河西至孚遠二百餘里，非一百六十里之譜，故仍有問題。）

前引新書地理志納職縣條，伊州西至納職縣一百二十里，納職西至羅護守捉三百九十里，由此而北上乏驢嶺，經獨山，蒲類，至北庭四百六十里，共凡九百七十里。檢元和志四〇，庭州「東南至伊州九百七十里」，寰宇記一五六作九百八十里。里距恰合如此，當即指此道無疑，是此道為主道也。

其二北道。伊州刺史常兼伊吾軍使。軍以景龍四年置，在州北時羅漫山（今巴爾庫山脈，即天山東段）之北甘露川（今巴里坤湖地區，蓋指招摩多河），管兵三千人，統屬於北庭都護府。由伊州北行約百里至南山麓，有漢永和五年沙南侯獲碑（在今煥彩溝）。又北上時羅漫山隘嶺（今庫舍圖嶺，俗稱天山頂），有貞觀十四年姜行本紀功碑。碑石即漢班超紀功碑，磨去舊文而刻者。踰嶺而北，經今松樹塘（嶺北十餘里，今鎮西縣東南約一百五六十里，殆即山北麓），近年發現漢永平三年建西域都護任尚紀功碑。又西經石人子（今鎮西東五十里），即漢敦煌太守裴岑紀功碑，碑係天然石筍刻成，質堅如玉，遠望如人。又西至伊吾軍，在今鎮西縣（巴里坤哈薩克自治縣）。又循時羅漫山北麓西行，蓋至長泉、龍泉、獨山地區，與前考之南道會合，蓋凡七百餘里，西至庭州。此道自漢世已通行，亦即隋裴矩所記通西海三道之北道經蒲類海（巴里坤湖）者。貞觀初，玄奘渡大磧至伊吾，本欲北趨可汗浮圖城，以高昌王之堅邀，故改由南磧至高昌。浮圖城約當後置之北庭都護府地區，是本擬取途者亦爲北道。故此道亦爲自昔之大道也。

元和志四〇庭州，長安二年置北庭都護府，開元二十一年，改置北庭節度使，所統有伊吾軍。下文述此軍云：

「伊吾軍，伊州西北三百里甘露川，景龍四年置，管兵三千人，馬三百匹，在理所（北庭府）東南五百里。」

同卷伊州目，亦記此軍云：

「伊吾軍在州西北三百里時羅漫山北甘露川置，刺史爲使，景龍四年置。」

而寰宇記一五六庭州目云：

「伊吾軍，唐開元中置，在伊州西北五百里甘露川，管鎮兵三千人，馬三百匹，在北庭府東南七百里。」

是兩書所記方位相同，而西北至庭州，東南至伊州之里數皆不同。按前考伊、庭間之主道九百七十里，新志述所經甚詳，不云經伊吾軍，則伊吾軍必不在主道上。然就今日哈密至孚遠之里程論之，此九百七十里之古道，已屬最少之里程，即唐代此主道最爲捷徑，其經伊吾軍之別道不當如元和志所記共只有八百里也。然元和志兩條記此軍東南至伊州皆作三百里，蓋不誤，疑寰宇記五百爲三百之形譌。而此軍西北至北庭則當如記作七百里，非五百里耳。再者此軍在時羅漫山之北，即在今哈密北境巴爾庫山脈之北，則此軍必在主道之北無疑。若軍近主道，則當在今七角井、一碗泉、瞭墩一線之山北地區。⑩然甘露川當

⑩ 據西北叢編三，七角井北面山爲天山正幹，時墩東北八十里槽溝，踰山四十里至肋巴泉。侍行記六，一碗泉正北至天山六七里。

爲一相當大之水域，此一地區之較小範圍內無可當者；有之，惟稍東百數十里之鎭西地區。檢西域圖志九，鎭西府治條云，「在巴爾庫勒（今名巴里坤湖）東南，距哈密三百三十里，南界天山，西隱平岡，……緣山北麓，原泉競發，分爲三河，滙入大澤，水氣浸潤，庶草繁廡，地宜畜牧。」又西北叢編三，鎭西在天山之北，城去南山不過數里，而北東西亦皆有山，惟較低耳。雖居四山之中，然海拔仍達2378公尺，草場肥美，宜畜牧，故巴里坤之馬，有名於世。其地爲「新疆東北之咽喉，康、乾之際，回、蒙有事，數駐大軍，進可以戰，有居高臨下之勢，退可以守，有山谷牧場之利，較之哈密、奇臺，均屬優勝。」此一形勢之地，於唐正在伊州西北三百三十里，又在時羅漫山之北，所謂甘露川者，殆卽發源鎭西東南天山北麓、向西北流入巴里坤湖之川水歟？此川水卽西域水道記三稱爲招摩多河者。下文引姜行本紀功碑，「師次伊吾時羅漫山，北登黑紺所（？）」云云。碑在鎭西東南一百七八十里天山上，而山北之另一山脈，今有黑山之名。（張編地圖集・新疆地形圖。）此黑紺殆與甘露川有關涉歟，是亦一輔證也。再檢鎭西西至孚遠（唐庭州）之大道。辛卯侍行記六，「鎭西，其西九驛至奇臺城，又一驛古城，今爲奇臺縣治。據西域圖志九，鎭西府西至噶順三百四十里，⑪奇臺縣（舊縣城）東至噶順溝三百七十里。按舊奇臺縣西至孚遠一百六十里，則孚遠東至鎭西八百七十里，古代計程不能準，寰宇記云七百里，亦不相遠矣。

按此軍以伊州刺史兼使職，元和志已明言之。考之蘇頲授郭虔瓘大將軍等制（全唐文二五二）有伊州刺史兼伊吾軍使郭知運，命呂休璟北伐制（全唐文二五三）有伊吾軍使伊州刺史李眘交，又張九齡敕伊吾軍使張楚賓書（全唐文二八四），楚賓銜爲「伊州刺史伊吾軍使」，尤其例證。河西走廊諸州刺史往往兼充治所之軍使，（參看長安西通安西驛道篇下。）伊州治所不置軍，而置伊吾軍於州之西北三百里，仍以刺史兼充使職，足見此軍之重要，且與州治相距三百里，必亦爲相當重要之大道。又此軍統於北庭節度使，西北去北庭七百里，

⑪ 下文噶順條云二百七十里，誤；據各地相距里數累積計之可證。

亦當爲通行之道也，今道自鎭西至奇臺縣十驛，當卽承古道耳。蓋由伊吾軍向西循天山北麓至長泉、龍泉、獨山地區，與主道會合西至北庭也。

伊吾軍東南至伊州之行程，仍可稍詳考之如次：考姜行本紀功碑（金石萃編四五），「貞觀十四年五月，師次伊吾時羅漫山，北登黑紺所。」檢辛卯侍行記六云：

「哈密北九十里南山口，又五里煥采溝，有漢碑，首行曰惟漢永和五年六月十五日，二行曰臣雲中沙南侯獲。……五十里天山廟，班超征伊吾，立碑記功。唐姜行本磨去其文，更刻侯君集威德。……二十五里松樹塘，折西北八十里奎松，折西七十里鎭西廳。」

此云碑在天山廟，西北經松樹塘，奎松，至鎭西一百七十五里，南至煥彩溝五十里，又五里至南山口，又九十里至哈密，凡一百四十五里。卽自哈密，北經南山口，天山廟，折西北至鎭西三百二十里。西域水道記三，亦記此碑祠在巴爾庫勒（卽鎭西）東南庫舍圖嶺，「蒙古語：庫舍，碑也，以嶺有唐碑故名。」自祠東南層折而下五十里至煥彩溝，又五里爲南山口。與侍行記合。西域圖志九，鎭西府東五十里至石人子，又東四十里至奎松，又東南九十里至松樹塘，南踰庫舍圖達巴至南山口。又云自哈密城北八十里至黑帳房，又北二十里爲長山子，又北二十里爲南山口。是此道所經與侍行記同，惟里距稍盈耳。然又云鎭西府距哈密三百三十里，松樹塘西距宜禾縣治（卽鎭西府治）一百六十里。是里數亦與侍行記合。大約庫舍圖嶺天山廟西北至鎭西一百七八十里，南至哈密一百三四十里，全程三百二三十里也。楊炳堃西行記程卷二，姜行本碑在天山頂武廟門外，距哈密一百六十五里，距鎭西一百九十五里，里數稍多。一統志哈密卷山川目，庫舍圖嶺在哈密東北五十里，上有姜行本碑。蓋哈密北至嶺南麓五十里，非距嶺五十里也。唐姜行本紀功碑在此道中，可證此道卽唐代古道，唐道三百里，正取大數耳。

復考舊書五九姜行本傳述建碑事云，「其處有班超記功碑，行本磨去其文，更

---

⑫ 又云松樹塘東南十餘里卽俗稱天山頂，有唐姜行本碑。又南數十里煥彩溝，亦有裴岑書蹟。按此蓋卽沙南侯碑。

刻頌陳國威德。」則此嶺於漢已當道。又檢西北叢編四鎮西縣勝蹟條，「石人子在城東五十里，雍正七年，岳鍾琪於此獲漢碑……卽今所謂燉煌太守裴岑紀功碑，俗稱鎭海碑是也。碑高八尺，係天然石筍刻成，質堅如玉，遠望之宛如人形，石人子之名殆以此。」⑫又近在巴里坤哈薩克自治縣松樹塘附近發現漢永平三年任尙碑，年號姓名淸晰可辨。（華僑日報及明報1982年3月1日。）是皆此道自漢已開通之明證矣。隋書六七裴矩傳，「發自敦煌至於西海凡爲三道，各有襟帶。北道從伊吾經蒲類海，鐵勒部，突厥可汗庭，度北流河水至拂菻國，達於西海。」蒲類海卽今巴里坤湖，已爲定說，則此道在北朝時代且爲通西域之一主道矣。又慧立三藏法師傳：「旣至伊吾，……時高昌王麴文泰使人先在伊吾，……適逢法師，……敕伊吾王遣法師來，仍遣貴臣……設頓迎候。……法師意欲取可汗浮圖過，旣爲高昌所請，……於是遂行，涉南磧，經六日至高昌界白力城。」按通典一九一高昌傳，貞觀十四年，侯君集平高昌，以其地爲西州。「初西突厥遣其葉護屯兵於可汗浮圖城，與高昌爲影響；至是懼而來降，以其地爲庭州。」則可汗浮圖城卽後置之庭州。故一般學者以爲卽淸代濟木薩（Jimasa），今孚遠縣。嶋崎昌可汗浮圖城考（東洋學報四六卷二號）雖倡新說，在蒲類縣，然仍在天山之北同一地區。故三藏傳云取南磧至高昌，顯示若去浮圖城當有北道也。法師旣取南磧至高昌，則其原本擬去浮圖城之北道非今考越時羅漫山脈經伊吾軍（今鎭西）向西之道莫屬矣。

（二）北庭、西州間交通八道

次論庭州南踰天山通西州道。吐魯番盆地北踰天山，早有通道，如後漢書西域傳序云：「自高昌壁北通後部金滿城五百里。」是也。唐代西州北越天山至庭州有八道。自東而西數之，有赤亭道、新開道、花谷道、移摩道、薩捍道、突波道，皆出蒲昌縣（治今漢墩，或其東南四十里之鄯善縣約 E90° 10′・N42° 50′）境；有烏骨道出西州治所高昌縣（今地見引言）境；有他地道出交河縣（吐魯番西二十里雅爾）境。除最東兩道北段情況不明外，餘六道皆合柳谷至庭州。

鳴沙石室佚書本西州圖經記西州四達之谷道甚詳，云：

「（上缺）

（缺）　　阻賊不通。

花谷道

右道出蒲昌縣界，西合柳中〔谷〕向庭州，豊〔豐〕水草，通人馬。

移摩道

右道出蒲昌縣界移摩谷，西北合柳谷，向庭州七百卅里，足水草，通人馬車牛。

薩捍道

右道出蒲昌縣界薩捍谷，西北合柳谷，向庭州七百卅里，足水草，通人馬車牛。

突波道

右道出蒲昌縣界突波谷，西北合柳谷，向庭州七百卅里，足水草，通人馬車牛。

大海道

右道出柳中縣界，東南向沙州一千三百六十里……

烏骨道

右道出高昌縣界北烏骨山，向庭州四百里，足水草，峻嶮石麁，唯通人徑，馬行多損。

他地道

右道出交河縣界，至西北，向柳谷，通庭州四百五十里，足水草，唯通人馬。

白水澗道

右道出交河縣界，西北向處月已西諸蕃，足水草，通車馬。

銀山道

右道出天山縣界，西南向焉耆國七百里，多沙磧滷，唯近烽足水草，通車馬行。」

此共九道，而前有脫文。日比野丈夫唐代蒲昌府文書の研究（東方學報京都第三十三册）云，西州圖經「道十一達」條，花谷道前有赤亭道、新開道。馮承鈞高昌城鎭與唐代蒲昌（中央亞細亞創刋號），亦云「西州志列舉州境十一道，首赤亭、新開、花谷、移摩、薩捍、突波六道，皆從西或西北出蒲昌縣界，合柳谷而向庭州。」注云：

「參看敦煌石室佚書本；鳴沙石室佚書本闕首八行，無赤亭、新開二道。首八行之文殘闕不完。二行『赤亭道』；三行殘存『右道出蒲』四字，證以後文，應脫『昌縣界』三字；因知此兩道並出蒲昌縣界。」

是則敦煌本西州圖經所記凡十一道，其九道皆由西州北踰天山。此九道中，除白水澗道西北向處月外，餘八道皆西州北通庭州之谷道也。此八道中之赤亭、新開、花谷、移摩、薩捍、突波六道皆由蒲昌縣境向西北行；烏骨一道由高昌縣境向北行；他地一道由交河縣境西北行。除最東兩道北段不明外，餘六道皆北合柳谷。

他地道由交河縣（今吐魯番西二十里雅爾）北行八十里至龍泉館（今桃花園子稍北）；又北入谷，蓋金嶺口也（今Ishak山口？），寶貨所出；又北經漢家砦、柳谷渡（今番家地、三岔口？），共凡一百三十里至金沙嶺（沙一作婆）。柳谷置鎭，屬西州；吐魯番文書有柳谷館驛者，蓋亦此地歟？金沙嶺卽金嶺，在天山正幹博克達山脈上，（清名冰嶺，約今Yoghan Terek山口。）有龍堂，盛夏積雪，刻石記云小雪山。有金嶺城，爲戍守重地，蓋在此處。按今道踰天山正脈處，近峯亦踰4000公尺，故有雪山之名也。踰嶺亦名柳谷，循谷北下經石會漢戍，凡一百六十里至庭州。州南五十里神仙鎭（今水西溝？）當西州路，蓋亦在此道上。新志記此道全程三百七十里，蓋實四百里有餘。此道足水草，通人馬，屢見唐宋舊籍，蓋西、庭兩州交通之主道也。

圖經記此道出交河縣境，西北向柳谷通庭州四百五十里，足水草通人馬。關於此道之早期史料，余所見另有下列各條：

(A)新書地理志西州交河縣條：「自縣北八十里有龍泉館；又北入谷，百三十里，經柳谷渡，金沙嶺，百六十里，經石會漢戍，至北庭都護府。」

(B)元和志四〇西州目，「北至金婆嶺，至北庭都護府五百里。」

(C)宋史四九〇高昌國傳載雍熙元年王延德所上使高昌記云：「又歷六種（即柳中）至高昌，高昌即西州也。……地無雨雪而極熱，……有水源出金嶺，導之周圍國城以灌田園。……時四月，師子王避暑於北庭……邀延德至其北庭，歷交河州，凡六日至金嶺口，寶貨所出。又兩日至漢家砦，又五日上金嶺。過嶺即多雨雪，嶺上有龍堂，刻石記云小雪山也。嶺上有積雪，行人皆服毛罽。度嶺一日至北庭。」

(D)H. Maspero著，錄文書：「（第一行）柳谷鎮狀上州……。（第二行）西州長行迴馬壹匹。（以下另行）右檢案內，得馬子高懷辭稱，先從西州領得前件馬，送使往至北庭。今月廿八日都〔卻〕迴至柳谷鎮，停經二日，緩漸發白酸來，其馬行至鎮南五里忽即黃致死。」（西域文化研究第三，小笠原宣秀唐代役制關係文書考引）

(E)唐會要九四西突厥目：「永徽三〔二〕年七月，賀魯招集離散，……勝兵數十萬，……進寇庭州，攻陷金嶺城。詔梁建方、契苾何力發兵及迴紇以討之。」通鑑一九九記此事。胡氏引新志為注。按駱宏義有請急攻金嶺城疏（全唐文一八六），即此時事。

按此五條史料，有須先作解釋者。(B)條所述之道不一定為他地道，亦有為圖經烏骨道之可能。然烏骨道僅四百里，道途險峻，「唯通人徑，馬行多損。」自非主道，則元和志所指當非烏骨道，而為他地道之可能性較大。由高昌西北至交河八十里，則交河至北庭四百二十里，為圖經與新志之折中數字。綜觀西州圖經及此五條史料，可作數點詮證。第一，就方向地名觀之，此諸條當為一道，行程大約四百里有餘，新志合計三百七十里，嫌稍短少⑬。第二，金沙

⑬ 嶋崎昌西域交通史上の新道と伊吾道注⑲引安部說，他地道四百五十里，係從西州治所高昌縣算起，高昌至交河八十里，則交河至庭州亦三百七十里，與新志合。今按若他地道行程係由高昌算起，則由蒲昌境北出諸道里數，亦當由高昌算起，然由高昌出發至庭州者，在正常情形下，斷無繞道蒲昌境行七百三四十里者，故知圖經諸道之里數仍當從本縣算起也。

嶺、金婆嶺當爲一嶺，沙婆之一可能爲形譌，又簡稱金嶺。賀魯寇庭州，陷金嶺城，當卽其地。據(C)宋史條，金嶺卽天山北段博克達正脈，在今吐魯番、鄯善之北百數十里二百里以外，而今之金嶺乃天山之支脈，近在吐魯番、鄯善之北二三十里內，故古今名同而實異。復考魏書一〇一高昌傳，「北有赤石山，七十里有貪汗山，夏有積雪，此山北鐵勒界也。」隋書八三高昌傳，同；而「七十里」上有「山北」二字，文義較明確。此貪汗山夏有積雪，卽爲唐宋時代之金嶺山脈，今之博克達山脈無疑，而赤石山則今之金嶺也。第三，據(A)新志條，金沙嶺北一百六十里至北庭。按新疆圖志七九道路一，孚遠南六十里泉子街，爲南鄉大聚落。又三十里小西溝（卽今圖水西溝，今圖此兩地名南北相反），又六十里冰嶺，接吐魯番界。又云「冰嶺卽古金嶺」，終年積雪。按此說是也，里距正合。第四，據(A)新志條，此柳谷在天山正脈之南，據(D) Maspero 文書，柳谷鎭爲西州轄境，亦鎭在天山正脈以南之一證。第五，(A)條「北入谷」當卽(C)條金嶺口。今檢松田壽男書附圖二及張編地圖集・北部新疆圖，今吐魯番有一道向西北，折東北行，至孚遠，當卽唐代他地故道，金嶺口似卽今圖 Ishak 山口，金嶺卽清代冰嶺，似卽今圖 Yoghan Terek山口，而柳谷渡、柳谷鎭似在今圖番家地、三岔口地區。龍泉館在西州西北八十里，按今圖，道上有桃花園子，在吐魯番西北約六七十里，則龍泉館當在今桃花園子地區。又元和志四〇，庭州有神仙鎭，「在府南五十里，當西州路。」按他地道踰金嶺主脈向北下行至庭州一段亦稱柳谷，蒲昌六道及高昌一道總會於此，詳下文，則神仙鎭卽在此柳谷中，爲諸道所經也。上引新疆圖志，孚遠南六十里泉街子，爲南鄉大聚落。疑卽此地區。今圖泉街子與水西溝南北互誤。

烏骨道由西州治所高昌縣（今地見引言）西北行約二十里出烏骨山口（清名古玉門口），直北行至庭州，全程四百里，路最捷，亦最險，唯通人徑，馬行多損，殆卽今玉門口北經恰罕（Chichan）、Sardak 山口、糖坊門，折西經泉街子至孚遠之道也。

圖經云，此道出高昌縣界北烏骨山，向庭州四百里，足水草，而路險峻，唯通人徑，馬行多損。是此道爲西州直北至庭州之捷徑，但最險峻。考新書二一五下突厥傳下，「咄陸兵寖盛……乃入寇伊州，安西都護郭孝恪以輕騎二千自烏骨狙擊敗之。」當卽一地歟？⑭ 據圖經，烏骨爲高昌縣北境之山名。檢西域圖志一四玉門口條，「玉門口在哈喇和卓西北十里，……東北兩山陡立，徑寬平，內外皆有墩台，舊有關名古玉門關，已毀，存□玉二小字，可辨，爲土爾番及哈喇和卓往山北大路。入谷迤西北行十餘里，出北口。」又云：「按此舊傳爲古玉門關。……蓋其國慕中國玉門關之名，故以名其山口。」今按此古玉門口在今金嶺山脈，就方位形勢論之，此卽圖經之烏骨山口，殆無可疑，蓋因烏骨音譌爲玉關歟？參合今日諸地圖，玉門口向北有道經恰罕（Chichan），Sardak 山口，糖坊門，至奇臺（古城），由糖坊又有支路，向西至泉街子通孚遠，向東至老奇臺。此道殆卽唐烏骨道歟？⑮

蒲昌北出六道，由西而東數之，突波道、薩捍道、移摩道皆以所出縣北境天山正脈南側傾斜之谷口而名，亦皆西北合柳谷，卽合天山金婆嶺北之谷道至庭州。行程皆約七百三四十里，足水草，通人馬車牛。花谷道亦西合柳谷。新開道行程不詳。赤亭道由西州東境重地之赤亭鎭（舊七克騰木、今南湖）西北行，餘亦不詳。按今日天山正脈之博克達山脈自西而東，山口甚多，且有山道南北通行。疑赤亭道卽今南湖北境經回回溝通木壘河之山道；而今之由 Ortang Aghzi出Kara 山口，由柯柯雅（Kök Yar）出 Buyluk 山口皆當在餘五道之列，殆可知矣。

先論蒲昌縣之地望。通典一九一，貞觀十四年，侯君集平高昌國，「以其地爲西州。以交河城爲交河縣，始昌城爲天山縣，田地城爲柳中縣，東鎭城爲蒲昌縣，高昌城爲高昌縣。」是此縣在州之東境。元和志四〇西州目，蒲昌縣「西南至州一百八十里」，與通典方位正合。然縣治究在何地？馮承鈞西域地名云

⑭ 會要九四、通鑑一九六，事在貞觀十六年。

⑮ 續檢得嶋崎昌可汗浮圖城考（東洋學報第四六卷二期）已先有此說。

「今爲闢展縣治」，即今鄯善縣治也。馮氏後撰高昌城鎮與唐代蒲昌（中央亞細亞創刊號）更申其說。並謂此說本之伯希和，非出自創。東西學人大體多從之。然舊闢展、今鄯善在二堡之東微南，不在東北，且伊州向西通西州之道既過柳中縣，則當過今鄯善，然前考該道所經，無過蒲昌之跡象。是此說似可商。而黃文弼高昌疆域郡城考（國學季刊三卷一期）以爲在今柯柯雅。其說係據元和志所記方位里程相度今地遺址形勢而定之云：

「余到吐魯番，即按古書記載之方位，探問尋覓蒲昌古址。據土人言，二堡東北有二古址。一曰漢墩，在闢展西北四十里，現有土城遺跡，西南有小山，山上有二墩，相傳漢時所築。⑯今從二堡望漢墩，正在東北，（本譌作西北。）其方向頗相合。但由高昌故址至漢墩計一百一十里，距離遠近，微嫌不足。一曰柯柯雅，在山谷間，即在漢墩之北約八十里，地爲通木壘河、古城子間道，亦說有土墩及土城。……按漢墩與柯柯雅均有居民甚多，水草亦優，爲至古城子必經之地。當時高昌東北與鐵勒爲鄰，此城取名東鎮城，蓋亦鎮守東界之義，……相信蒲昌城必在是處。」

按此說似較闢展說爲長。松田壽男古代天山の歷史地理學的研究頁三〇三西州五縣與庭州三縣圖有 Kök Yar 地名，當北通木壘河道，即柯柯雅也。但黃說亦無絕對可信之證據。

今考岑參經火山云：「火山今始見，突兀蒲昌東，赤焰燒虜雲，炎氣蒸塞空……」（全唐詩三函八册參集一）則蒲昌縣在火山之西。又考明永樂間陳誠等西域行程記，二月二十一日於亦亭〔赤亭〕安營，住一日，二十三日行九十里至必殘，住一日，「二十五日晴，早起向西北行，道北山靑紅如火焰，名火焰山。道南有沙岡，……中有溪河一派，名流沙河，約有九十里至魯陳城。」又西五十里至火州城，又西北行七十里至土爾番城。按魯陳卽柳中，今魯克沁，火州卽高昌，皆不待言，必殘卽闢展亦無疑，火焰山當卽岑參詩之火山，是今闢展在火山之東，與岑參詩方位不合。按西域圖志一四，闢展西北依金嶺。又松田

⑯ 按卽西域圖志卷一四之罕都。

壽男地圖，闢展西北至Khando 間有一山脈，即金嶺之東間也。Khando 即黃文之漢墩，亦即西域圖志之罕都，黃云在闢展西北四十里，（圖志一四作一百里。）如此，似闢展西北之金嶺東間即火山，蒲昌縣則治漢墩歟？惟西南至高昌只一百一十里，不足一百八十里之數耳。若非今之漢墩，則仍當以闢展為近之，決不在 Kök Yar 也。

蒲昌縣治不在今漢墩即在今闢展（鄯善），已論述如上。然蒲昌縣治所在何處對於此文尚非最重要事，最重要者乃此縣之轄境，蓋據轄境可以推論西州圖經所記蒲昌境北通庭州之諸谷道究在何地區也。

考西域圖志一四疆域七云：

「按闢展全境形勢，北峙天山……（西）至迪化州之南。由托克喇鄂拉（按在迪化東南五十里）折西北行百餘里為博克達鄂拉，復折而東南行。（按此即天山正脈，古金嶺）……又自托克喇鄂拉之東哲爾格斯鄂拉分支為都魯達巴，迤東為金嶺，當土爾番北。此一支山在北天山正幹之南，亦東西綿亘。金嶺都魯達巴以南，東自闢展城，西至伊拉里克（按在托克遜西四十里）為車師前王國地。金嶺以北，東自連木齊木（按在闢展西八十里，魯克沁北四十五里）西至布拉里克（按在闢展西北二百五里，參之卷一天山南路圖一，在吐魯番東北），為車師後城及山北六國地，面臨金嶺，背倚天山。」

又云：

「今闢展境內金嶺南凡十三城，金嶺北凡七城，金嶺東凡五城。」

又檢同卷，闢展「北望天山，西北倚金嶺。」其治所以西諸城在金嶺以南者，皆去嶺不遠，如土爾番「北倚金嶺」，「肅州新志稱其西北百里有靈山。今考土爾番城北距金嶺甚近，而博克達鄂拉則在土爾番城西北百里外，是肅州新志所謂靈山者，應指今博克達鄂拉而言。」再參之卷一天山南路圖一及卷二一天山正幹目，天山山脈在迪化以東，分為南北兩支，北支博克達山脈高聳為正幹，南支金嶺山脈較低為支脈，兩山脈間為東西走向之槽型地帶。再參以松田壽男參考 A. Stein 地圖所作之 Bogdo-Ola 山脈附近圖（古代天山の歷史地理學的研究附圖二），此槽型地帶南北幅度，廣處約百里以上，狹處亦數十里，分佈城集甚多，西域圖志作者以爲漢世車師後城及山北六國皆在此區，是也。今金嶺以南雖爲漢唐主要城縣所在，然雅爾（交河城）、吐魯番、二堡（高昌城）、魯克沁（柳中城）皆在嶺南近處，鄯善（舊闢展）西南至魯克沁僅七十里，則唐代蒲昌縣治縱在今鄯善，但其轄境大部分當在鄯善迤北地區，北至 Buyuluk 山口，東至西鹽池（唐羅護）、南湖、七克騰木（唐赤亭）地帶。然則前引西州圖經所記之花谷、移摩谷、薩捍谷、突波谷當是指天山正脈之峽谷而言，或其山南傾斜之谷而言，絕非今金嶺山脈之谷口也。下文續論此諸谷道之可能行程：

日比野丈夫唐代蒲昌府文書の研究所引文書中涉及地名者有赤亭、赤亭鎮、赤亭戍、挎谷烽、挎谷遊奕人、維磨戍、維磨長探、維磨戍長探、上薩捍烽、上薩捍旅帥、上薩捍長探、上薩捍烽長探、突播、突播烽等。赤亭、上薩捍卽西州圖經之兩谷道自不待言。日比野又推測挎谷卽西州圖經之花谷，維磨卽移摩，突播卽突波；蓋略近之。則此諸道亦各置烽戍，有旅帥、長探、遊奕人爲守禦也。然其今地，惟赤亭可確考。

赤亭爲一鎮城，置守捉，當伊州西通西州南北兩道之會合點，爲西州東境極重要軍事重地，其地在舊七克騰木，約今南湖地區，已詳涼州西通安西驛道篇下。

赤亭道爲西州北通庭州之最東一道，今觀張編地圖集·北部新疆圖，南湖之北有一道經回回溝至木壘河，可能與唐代赤亭道爲近。通鑑二一二，開元八年十一月，拔悉密在北庭，王晙發之，掩毗伽牙帳於稽落水上，毗伽追擊拔悉密至北庭，盡虜之。「引兵還出赤亭，掠涼州羊馬。」敗河西軍於刪丹。蓋毗伽回師由北庭行赤亭道至甘、涼間，敗唐軍也。其餘五道，當在此道以西。余據松田壽男 Bogdo-Ola 山脈附近圖，參以同書頁三〇三西州五縣與庭州三縣圖及張編地圖集及西域圖志，繪入圖九（唐代瓜沙伊西安西北庭交通圖）。觀此圖，天山正脈回回溝之西有 Buyuluk 山口、Kara 山口、Sardak 山口。上文論烏骨道當卽今由恰罕北出 Sardak 山口之險道，則今之 Buyuluk 及 Kara 兩險道必在唐代新開、花谷、移摩、薩捍、突波五道之數也。

柳谷　西州圖經所記蒲昌境六道，除最東兩道原文殘缺外，花谷以西四道皆云西或西北「合柳谷向庭州」，行程大率七百三四十里。然此柳谷究何所指？按伊州、西州、庭州境天山地區，唐世常見柳谷地名。除上引西州圖經屢見此名外，玆就傳世古籍列舉三條如次：

元和志四〇伊州柔遠縣，「天山在縣北二十里。柳谷水有東西二源，出縣東北天山，南流十五里合。」

新唐書・地志，西州交河縣，「自縣北八十里有龍泉館，又北入谷百三十里，經柳谷渡金沙嶺百六十里，經石會漢戍，至北庭都護府城。」

通鑑一九五，貞觀十四年紀，侯君集伐高昌，「軍至柳谷……鼓行而進，至田城……攻……克，……趨其都城，高昌逆戰而敗。」

按柔遠縣在伊州東北二百四十里。⑰交河縣在今吐魯番西二十里之雅爾，則元和志、新志兩柳谷東西相距千里以上。通鑑此條所見柳谷在田城即田地城之東，田地城唐置柳中縣，在今鄯善縣（舊闢展）西四十里之魯克沁，則此柳谷亦在新志柳谷渡之東南數百里，非一地也。胡氏引新志以注通鑑，誤矣。蓋此一地區多柳，故西州之東有柳中縣，縣東有柳谷，交河縣北有柳谷渡，柔遠縣東北有柳谷水，不可執一而說也。⑱然上引西州圖經之花谷道、移摩道、薩捍道、突波道自東而西四道分別出蒲昌縣北界之一谷，而皆西或西北合柳谷至庭州；此四道之西惟烏骨道不云經柳谷，烏骨道之西他地道又云「向柳谷至庭州」。此五云柳谷，究何所指？按上文論定由蒲昌縣境北出之諸谷道，其谷口既在今天山正脈博克達山脈中，則所云柳谷當在博克達山脈之北。檢松田壽男參考 Stein 圖所作之 Bogdo-Ola 山脈附近圖，此段山脈之北境雖有甚多小河谷，自天山向北流入濟木薩（即孚遠縣）、古城子（即奇臺）、奇臺（即老奇臺）、木壘河境，形成各個沙漠綠洲，但居中最大之河仍爲由 Yoghan

⑰ 據羽田博士史學論文集上卷所錄西州伊州地志殘卷；元和志方向小誤。

⑱ 通鑑二三九，元和八年「冬十月，回鶻發兵度磧南，自柳谷西擊吐蕃。」胡注亦引新志西州交河縣柳谷渡爲解。更誤。按此事亦見元和志四新宥州目云：「元和八年冬，回鶻南過磧，取西城柳谷路討吐蕃，西城防禦使周懷義表至，朝廷大恐。」唐會要六一館驛目及舊書一四八李吉甫傳，均同。則此柳谷在河套外西受降城地區，去西州交河縣不知幾千里。又通鑑七三，魏青龍三年，張掖柳谷口水溢涌。胡注引漢晉春秋，氐池縣大柳谷口。漢志屬張掖，晉志無之。蓋北邊柳谷之名甚多，不可拘。

Terek山口（前文擬爲唐代金嶺處）向北流至濟木薩地區之河谷。河谷寬平，河道複雜，沿流綠洲亦最多，他地道之北段即行此谷中，爲西、庭兩州交通之主道，至今仍爲吐魯番北通濟木薩地區之幹道，正以其寬平易行也。按他地道之南段（即 Yoghan Terek 山口以南）既有柳谷渡且置柳谷鎮，疑嶺北之北段亦有柳谷之名，他地道北段行此谷，由蒲昌縣北境北行諸谷道踰天山正脈之後，亦折西至此谷，故云「合柳谷」也。然則天山正脈之北面傾斜山中果有東西行之道路歟？檢西域水道記三，「古城南山曰松山，城距山百里。」又覩松田所製Bogdo-Ola山脈附近圖，濟木薩、古城子、奇臺、木壘河一線，在天山正脈之北甚遠，中間地區南北幅度數十里至百里以上，地非險峻，固宜東西通行。又檢張編地圖集，孚遠之南泉街子有道經糖坊門至老奇臺。又考西域水道記三云：「自奇臺縣（老奇臺）東南行三十餘里入山，山中東行三百二十里爲色畢溝，又東行六十餘里爲噶順溝，又東行百五十餘里爲肋巴泉。」按色畢溝當即今圖色皮口，則奇臺木壘河南境山區，固有道東西行，當正經過回回溝地區。然則唐世赤亭道蓋北至回回溝地區，折西行山中，經今糖坊門至泉街子，會柳谷。其餘諸道蓋果踰天山正脈後亦折西至此谷，故皆云「合柳谷」也。烏骨道當亦合柳谷，惟圖經失書耳。

（三）北庭、西州西通碎葉道

除此諸道外，西州圖經之白水澗道，「出交河界，西北向處月已西諸蕃，足水草，通車馬。」此即今吐魯番西循天山缺口通廸化（烏魯木齊 E87° 35′•N43°45′）之大道無疑。而新書地志又記庭州西通碎葉之道云：「自庭州西延城西六十里，有沙鉢城守捉。又（脫里數，約『百里』）有馮洛守捉。又八十里有耶勒城守捉。又八十里有俱六城守捉。又百里至輪臺縣」，「有靜塞軍，大曆六年置。」寰宇記云去州四百二十里。約在今廸化稍北阜康、乾德、右牧地地區（約 E87° 50′ • N44° 地區）。地居天山北口，爲一軍政中心，白水澗道亦必過此無疑。是又西州通庭州之一道也。新志續述此道西程云，「又百五十里有張堡城守捉。又渡里移得建河七十里有烏宰守捉（約今綏來 E86°15′・N44°20′，或稍東）。又渡白楊河，七十里有清鎮軍城。」即清海軍之譌也，去庭州七百里。清海者，即今烏蘭烏蘇（E85°50′•N44°20′）、安集海（E85°20′•N44°20′）北之達連湖（E85°30′•N44°25′）。新志續云，「又渡葉葉河，七十里有葉河守捉。又渡黑水（約今奎屯河上游），七十里有黑水守捉。又七十里有東林守捉。又七十里有西林守捉。又經黃草泊、大漠、小磧，渡石漆河（今晶河？），踰車嶺（蓋在今 E84° 以西、N44° 線上之博羅霍洛山脈中），至弓月城（今喀什河 Kash 之北，蓋犂哈 E82°30′•N43°50′，或其東），過思渾川（今喀什河），蟄失蜜城，渡伊麗河（即今伊犂河），一名帝帝河，至碎葉界。又西行千里至碎葉城(今Tokmak，約E75°15′•N42°50′)，水皆北流入磧及入夷播海（今巴勒喀什湖）。」碎葉城去庭州全程三千二百至六百里。

交河縣西北向處月大道稱爲白水澗道，乃西州圖經所記西州四出十一道之一，已詳前引。此即今吐魯番西北通迪化（烏魯木齊）西出之道無疑。考岑參使交河郡郡在火山脚其地苦熱無雨雪獻封大夫詩(全唐詩三函八册參集一)云：「奉使按胡俗，平明發輪臺，暮投交河城，火山赤崔巍。」按不論漢輪臺，抑唐輪臺，皆在交河城之西，是按胡俗回時之作，非去時之作也。又按元和志四〇庭州目，輪臺縣以長安二年置，則參詩「發輪臺」應就當時輪臺縣言，縣在庭州西四百二十里，約今迪化稍北阜康、乾德、右牧地地區，即 E87°50′•N44° 稍北地區，詳下文。當時此一地區最重要之軍政據點爲輪臺縣，元和志、新唐志皆記庭州西出經輪臺縣至西域諸蕃之大道甚詳，西州圖經所記白水澗道之西段若非即元和志、新唐志所記之道，亦當與相交於輪臺地區，此爲地形所限無可疑者。是西州西北經輪臺縣亦至庭州也。下文再論庭州西出道。

元和志四〇庭州目，記州西諸縣鎮云：

A．輪臺縣東至州四十二里，長安二年置。（按寰宇記一五六作「四百二十里」。）

B．清海軍在州西七百里，舊名鎮城鎮〔清海鎮〕，天寶中改名清海軍。

C．俱六鎮在州西二百四十里，當碎葉路。

D．憑落鎮在府西三百七十里。

E．沙鉢鎮在府西五十里，當碎葉路。

C、E兩條明云當碎葉路，其餘三條亦有可能。而新唐書四〇地理志庭州目，記其西通碎葉道之行程極詳，已錄見綱文。兩處所記，可互相參證，但亦各有脫譌，玆銓釋如下：

其一，新志全文例云「又若干里有某城守捉」，而「西六十里有沙鉢城守捉」下接云「又有馮洛守捉」，必有問題。岑仲勉先生據元和志憑落鎮之里數，云「新志敍次殆有倒錯」。實則蓋「又」下脫里數，此極常有，敍次倒錯則較少可能。參清海軍、輪臺縣去州里數，此處所脫約「百里」之譜。

其二，清鎮軍城。綱文引新志文云「清鎮軍城」。按新志同目又云「（州）西七百里有清海軍，本清海鎮，天寶中爲軍。」則元和志「鎮城鎮」乃「清海鎮」之譌。而綱文引新志「清鎮軍」亦「清海軍」之譌也。若以「有馮洛守捉」前脫「百里」計之，至此軍共七百一十里，里數正合。其地，西域圖考三擬爲今阿雅爾泊（E85°30′·N45°45′），岑先生以爲失之太北。又引西遊錄李注引兪浩云「清海軍卽西遊錄之清海子，故城當在今安集海臺。」之語，斷云青海似指今圖之達連湖。是也。此卽張編地圖集·北部新疆圖安集海與烏蘭烏蘇北之湖泊（E85°30′·N44°25′），ONC-F-7標爲大片水草澤地。

其三，輪臺縣。元和志云州西四十二里，寰宇記作四百二十里，必有一譌。按上考憑落城條，新志脫「百里」之譜，姑以「百里」計，則庭州西至輪臺縣恰爲四百二十里。則寰宇記是也，元和志脫譌。岑先生不悟「有馮洛守捉」上有脫文，而紛紜其說，失之。其地，前人謂在今阜康，大體得之，或稍西地段耳。

其四，俱六鎮，元和志云州西二百四十里。據新志計之，當爲三百二十里之譜，則元和志「二百」又「三百」之形譌也。

其他綱文所注之今地，皆略據岑先生說或其所引前人之說，具詳庭州至碎葉道里考（西突厥史料補闕及考證），不詳引。經緯度則據張編地圖集・新疆兩圖及ONC-F-7所加。

關於庭州西至碎葉城之總里程，元和志庭州，「西至碎葉二千二百二十里。」檢通典一七四庭州，「西至突騎施三千六百八十里。」「西北到突騎施三千一百八十里。」寰宇記一五六庭州，「西至碎葉突騎施庭三千六百八十里。」「西北至突騎施三千一百八十里。」則元和志亦特異，觀綱文引新志所記，自庭州至西林守捉八百九十里，碎葉界西至碎葉城千里，加馮洛前脫文約百里，其和已近二千里，再加西林經弓月渡伊麗河至碎葉界一大段路程，決不祇二三百里，則通典、寰宇記三千里以上，是也。檢視今圖，由孚遠（E89°以東）西至 Tokmak（約近 E75°），跨經線十四度，最直航空距離亦當三千華里以上，知「二千」必「三千」之形譌。

參看圖九

一九七三年六月二十八日初稿，刊香港中文大學中國文化研究所學報第七卷第一期。一九八三年十二月五日增訂。本兩節，一九八四年十月五日增寫第（三）節畢。一九八五年五月三日三校定稿。

篇拾伍　唐通回紇三道

引　言

唐初回紇建牙於娑陵水側，去長安六千九百里。開元中，毗伽可汗牙帳南徙，「東有平野，西據烏德鞬山，南依嗢昆水，南距西城一千七百里。西城，漢高闕塞也，北去磧石口三百里。」按娑陵水即今色稜格河，嗢昆河即今鄂爾渾河（Orhon）。毗伽所都在今和林即西庫倫（額爾德尼召 Erden-in-jo，約 E102°40′‧N47°10′）之北北西約七十里鄂爾渾河濱（西岸）之黑城子（Khara-Balgasun）。

回紇先後所都見舊一九五、新二一七上回紇傳。新都形勢，後引新地志錄賈耽記尤詳。其今地皆據近代東西學人通說。娑陵水見馮承鈞譯、沙畹著西突厥史料第三編第一節迴紇傳注釋。回紇毗伽故城址見野村榮三郎蒙古新疆旅行日記（新西域記卷下），野村遵俄人喇篤羅甫之說而更進一步證明之。又參見松井等契丹可敦城考（滿鮮歷史地理研究第一）；岑仲勉突厥集史下册卷一〇、頁八八七；李符桐回鶻史第二章回鶻疆域。可敦城考附圖，在鄂爾渾河西岸。突厥集史引 Rose 文，謂 Khara-Balgasson 南距額爾德尼召約五十哩。又引韓儒林重譯闕特勤碑譯注云：「碑在 Orkhon 河右岸和碩柴達木（Koso Tsaidam）湖畔（E102°30′‧N47°30′），南距元都和林舊址（今 Erden

Dzou）六十里，西距回紇故都 Khara-Balgasson 三十里。」又岑書頁七六八引雙溪醉隱集二取和林詩注云，苾伽宮城遺址在和林城西北七十里。里距無大差異。

由唐境通回紇主要道路有三：其一，河上軍城西北取高闕鸊鵜泉道。其二，弱水居延海北出花門堡道。其三，北庭東北取特羅堡子道。鸊鵜泉道即參天可汗道，使車往還例所取途，故最為主道。舊唐書一九四上突厥傳，開元八年，朔方大總管王晙請西發北庭拔悉密部，東發奚契丹部，與朔方軍會師，掩擊突厥毗伽衙帳於稽落河上。拔悉密進軍突厥，毗伽先發制之，進破北庭，轉出赤亭東南掠涼州羊馬，敗河西節度兵於刪丹而去。此一事件正見唐與回紇間之三道通行。茲分別考之如次：

（一） 河上軍城西北取高闕、鸊鵜泉通回紇道

新唐志卷末錄賈耽入四夷最要七道之第四道云：「中受降城正北如東八十里有呼延谷。谷南口有呼延柵，谷北口有歸唐柵，車道也，入回鶻使所經。又五百里至鸊鵜泉，又十里入磧，經麚鹿山，鹿耳山，錯甲山，八百里至山燕子井。又西北經密粟山，達旦泊，野馬泊，可汗泉，橫嶺，綿泉，鏡泊，七百里至回鶻衙帳。又別道自鸊鵜泉北經公主城，眉間城，怛羅斯山，赤崖，鹽泊，渾義河，爐門山，木燭嶺，千五百里亦至回鶻衙帳。東有平野，西據烏德鞬山，南依嗢昆水。」此為唐入回紇之主道。以中受降城為起點，先東北行八十里出呼延谷，又西北行五百里至鸊鵜泉，由此分東西兩道至回紇衙帳。西道由泉西北行經達旦泊，為主道；東道由泉北行經怛羅思山，為別道；計程皆為一千五百里。

按賈記顯以由鸊鵜泉西北行為主道，由泉北行為別道。又新二一七下黠戛斯傳，「泉西北至回鶻牙千五百里許，而有東西二道；泉之北，東道也。」更明稱為東西二道。

呼延谷當北出道，又見舊突厥傳及回紇傳，當在黑山牛頭朝那山（今烏拉山）之東閭，約在今昆都倫河之西，烏拉山之東，萬興公（約 E109°50′•N40°50′）、黑沙兔（約E109°30′•N40°50′）地區。

呼延谷屢見唐史。如舊一九四上突厥傳，開元四年，降戶阿悉爛、跌跌思泰等自河曲叛歸，虜單于副都護張知運，擬送突厥，潰敗，散投黑山呼延谷。事又見舊一〇三郭知運傳，云破賊於黑山呼延谷。復考張說論弓仁碑（說之集一七），「斫摩之奔也，邀於黑山口，覆其精銳。」似即其時事。又新二一七上回鶻傳，肅宗即位，與可汗和親。「於是可汗自將與朔方節度使郭子儀合討同羅諸蕃，破之河上。與子儀會呼延谷。」此尤見爲交通要地。此外黑山又屢見。如舊八四裴行儉傳，調露元年，爲定襄道大總管討突厥，軍至單于之北，破之於黑山，餘黨走依狼山。又新二一七回鶻傳，元和中，「可汗以三千騎至鸊鵜泉，於是振武以兵屯黑山，治天德城備虜。」沈珣授契苾通振武節度使制（全唐文七六三）云，「地控黑山，振羌渾之衝要。」雍陶贈金河戍客（全唐詩八函六册），「射雕青冢北，走馬黑山西。」皆在同一地區。通鑑二〇二調露元年紀，裴行儉破突厥於黑山事。胡注即以新唐志此條中受降城東北八十里之呼延谷當之。則即今之烏拉山也。按中東兩城及單于府北之山脈，今名大青山，中古時代或稱大斤山，見隋書五三史萬歲傳；或稱秦山，見隋書七四酷吏趙仲卿傳；實一音之異寫。又舊六七李靖傳，出白道，踰陰山，俘頡利，突利來降，「斥土界自陰山北至於大漠。」又李德裕條疏太原以北邊備事宜狀（全唐文七〇五）稱中城、東城之北爲陰山云，「今虜衆在陰山之北，山中盡有過路，若突出山南，便入二城。」則今大青山亦有陰山之名，如北河之北之陰山也。觀前引黑山諸史例，固有可以大青山之大名作解者，然云「黑山呼延谷」，胡氏專以之指今烏拉山，亦無不可。又通典一七三安北府，「有陰山、呼延渠。」舊志安北都護府目，「北至陰山七十里。」寰宇記三八麟州廢安北都護府條，同。是此陰山亦專指今烏拉山而言，然不害陰山之爲大名也。至於烏拉山又有牛頭牟那山之名，見元和志四中受降城目云：

「先是朔方軍北與突厥以河爲界。河北岸有拂雲神祠，突厥將入寇，必先詣祠祭酹求福，因牧馬料兵而後渡河。……（仁愿）請乘虛奪取漠南之地，於河北築三受降城，首尾相應，以絕其南寇之路。……以拂雲祠爲中城，……北拓地三百餘里。於牛頭牟那山北置烽堠一千八百所，自是突厥不得度山放牧。」

舊九三張仁愿傳，同；惟山名作牛頭朝那山。賀蘭弼恆州長史寇洋墓誌（史語所藏千唐誌），朔方元帥王晙、蕭嵩「北逐獯虜，勒銘於牛頭山。」即其簡稱。此山明即今烏拉山。度呼延谷口當在山之東間，近今崑都崙河處。

唐代後期有雲伽關，當天德、振武間之通道。說者以爲在石門障，即今昆都崙溝（E109°45′•N40°40′），容有可能，則近唐代前期之呼延谷矣。

舊一七文宗紀，太和四年七月乙酉，「振武置雲伽關，加鎭兵千人。」檢新志單于都護府金河縣，「有雲伽關，後廢。太和四年復置。」是亦舊關也。又新一七一劉沔傳，爲振武節度使，「回鶻寇天德，詔以兵據雲伽關，虜引去。」通鑑二四六開成五年，書其事。八瓊補正七四劉沔碑，「迴紇□天德……詔公權領天德軍，與振武之師，據雲伽關，□□退歸。」即其事也。綏乘七要隘考引山西舊通志，以爲即石門障。作者案語，「石門障當即今之昆都崙溝，爲通山後要路。其東北十餘里有村尙名石門子。」檢張編地圖集·綏遠人文圖，溝在包頭西北、崑都崙河西岸，誠有爲石門障之可能，與呼延谷當相近，但不知果爲雲伽關地耳。

按此中城北出呼延谷、歸唐柵向西北行之車路，蓋其來已久。漢書地志，五原郡稒陽縣，「北出石門鄣，得光祿城，又西北得支就城，又西北得頭曼城，又西北得虖（牢？）河城，又西（一本西下有『北』字）得宿虜城。」此即史記匈奴傳，太初三年「使光祿徐自爲出五原塞數百里，遠者千餘里，築城鄣列亭至盧朐」之道也，殆即唐代中城呼延谷通回紇車道之前身，故元和志已顯言之。

此爲此道兩條最早之記載①。亦見漢書武帝紀太初三年條。盧朐，師古注：「張晏曰，山名。師古曰，張說是也。朐音劬。」補注引一統志，「盧朐河，今名克魯倫河，源出喀爾喀肯特山，南直河套北二千里許。」按肯特山在庫倫近處。至於石門鄣，河水注明指爲石門水。此水顯爲今之崑都崙河無疑。元和志四東受降城云，「自北出石門障卽光祿城右入匈奴大路。」又云「光祿城東北有懷朔古城，其城卽後魏六鎭從西第二鎭，在今中城界向北化柵側近也。」兩條疑皆有奪譌，然由今崑都崙河谷北出則甚顯，是卽唐道也。②

其在東晉北朝，亦見有用兵築城之記錄。故此道久爲陰山南北之一主道，不始於唐。

魏書二太祖紀，登國六年，「衞辰遣其子直力鞮出稒陽塞，侵及黑城。九月，帝襲五原，屠之。……於稒陽塞北樹碑記功。」據河水注，河水東逕稒陽城南，石門水南流注之。按石門水卽今崑都崙河，是稒陽塞在河水之北、石門水流域。又元和志四東受降城，「武川城今名里城，後魏六鎭從西第三鎭，在軍北三百里。」里城當爲黑城之壞字。蓋此地區有黑山、黑沙、黑沙城之名，武川鎭在大青山卽黑山山脈中，其前身有黑城之名固宜。武川地望卽在今縣地區。則直力鞮與拓跋珪進出之路亦石門道，卽唐之呼延谷也。又元和志四中受降城，「敬本故城在中城北四十里。鄭虔軍錄曰，時人以張仁愿河外築三城，自古未有。今敬本城周一萬八百七十二步，壕塹深峻，亦古之堅守。賈耽古今逃曰，以地理求之，前代九原郡城也。」寰宇記三九同條，同，惟作敬北古城。不論是否爲九原郡城，至少北朝以來之故城，要亦當北出之地。

鸊鵜泉者，屢見李益詩篇。據賈記，爲唐通回紇東西兩道之總道口，蓋爲一大泉，故胡人以爲聚集飲馬之地。其地在西受降城北三百里，行十里卽入磧，故當磧口。以今地論之，約當烏尼烏蘇（E107°30′•N41°45′）或其

---

① 匈奴傳正義引括地志，卽漢志之文，故不復引。

② 通典一七三麟州銀城縣云，「今縣北所謂光祿塞。」按元和志四，銀城縣在麟州南四十里，漢光祿塞在此北遠甚，通典所記蓋後代地名之南徙者耳，非漢代故塞也。

西北地區，尤疑即今貢噶泉（約 E106°10′•N41°30′-40′）歟？

前條綱文引新志所錄賈記，中城東北八十里呼延谷，由谷之北口歸唐柵至鸊鵜泉五百里，爲入回紇兩道分歧點，又十里即入磧。按新唐志豐州目，西受降城北三百里有鸊鵜泉。又元和志四，西受降城「北至磧口三百里，磧口西至回鶻牙帳一千五百里。」寰宇記一九九黠戛斯目云：「從天德軍西二百里至西受降城，又北三百里鸊鵜泉。西北回鶻牙帳一千五百里。」新二一七下黠戛斯傳，全同。又武經總要前集一七，「天德軍又西二百里至西受降城，又三百里至鸊鵜泉。」所記實爲一道，即鸊鵜泉在西受降城北三百里之磧口。

考舊書憲宗紀下，元和八年十月「壬辰，振武奏迴紇千騎至鸊鵜泉。」通鑑二三九作振武天德軍奏。新二一七上回鶻傳，「可汗以三千騎至鸊鵜泉，於是振武以兵屯黑山，治天德城備虜。」蓋同一事。又新二一六下吐蕃傳下，憲宗初，「以五萬騎入振武拂鵜泉，……鈔回鶻還國者。」即鸊鵜泉。據通鑑二三八，在元和四年九月。此兩事亦正見此泉爲回紇道口。中唐時代，李益在西受降城蓋頗久，全唐詩五函三册收其詩，四見鸊鵜泉。如度破訥沙云：「破訥沙頭雁正飛，鸊鵜泉上戰初歸，平明日出東南地，滿磧寒光生鐵衣。」暖川云：「胡風凍合鸊鵜泉，牧馬千羣逐暖川」是也。又鹽州過胡兒飲馬泉詩，一作過五原胡兒飲馬泉，注云：「鸊鵜泉在豐州城北，胡人飲馬於此。」西城只在豐州西北八十里。李益諸詩所詠亦即磧道口之鸊鵜泉無疑。蓋此爲一大泉，故胡人以此爲聚集飲馬之地，因即爲兩道之口也。

以上史料所見，皆不早於貞元、元和年間。而新二一七上回鶻傳，貞觀末來降，即故單于臺置燕然都護府統之。「詔磧南鸊鵜泉之陽置過郵六十八所，具羣馬湩肉待使客。」是唐初置參天可汗道時已有此名。然舊傳及會要書此事皆無鸊鵜泉之名，頗疑新傳有以後日地名加諸前事之可能。

關於此泉之今地，志書所記皆云西受降城北三百里。西城在高闕之南近處，約 N41°15′．E107°25′-30′ 處，此已詳長安西北通靈州驛道及靈州四達交通線篇。北行必出高闕。三百里當至 N42° 地帶，疑今烏尼烏蘇（E107°30′．

N41°45′）地區 。其地南去 N41°15′ 處雖太近，但道行高山夾谷中，云三百里，非不可能。然終疑古泉即今貢噶泉也。蓋唐宋志書雖皆云西城之北，但寰宇記四九雲州雲中縣目引入塞圖，「高闕又西北行二百五十里距郎君戍，又直北三千里至燕然山。」此爲北朝紀錄，與唐通回紇道實爲一道，詳下文。則出高闕實向西北行，非直北也。今觀 ONC-F-8 圖，高闕車道實亦向西北行，蓋唐道亦西北行，志書只舉其大方向 ，故無「北」字，不能泥 。一九七八年撰唐代太原西北通單于都護府及河上三城道③擬此泉在今貢噶泉云：「檢張編地圖集·綏遠地形圖與人文圖，狼山山脈西北有貢噶泉（Kungar Bulak），泉北有西蘭河（Silan）東流入一小湖。ONC-F-8 雖無此兩地名，但 E106°10′·N41°45′ 地區爲水澤地帶，其北有山，海拔4739呎（1445公尺），由山而東有長城遺跡。其地東南去狼山口高闕（E107°25′·N41°20′）亦正約三百里或稍盈，故疑鸊鵜泉即今貢噶泉地區也。」至於唐鸊鵜泉有東西兩道通回紇衙帳，今烏尼烏蘇與貢噶泉固皆有可能也。

由呼延谷至鸊鵜泉五百里者，中經天德軍（E109°·N41° 稍西北，烏梁素海東北水濱），西受降城（N41°15′•E107°25′-30′），出高闕（今狼山口 E107° 25′•N41° 20′，或石蘭計口 E107°30′•N41°20′），計程六百八十里，大數七百里，非五百里也。且此道亦爲唐前之古道，不始於唐。

武經總要前集一七忻州目記三受降城路云：

「單于都護府號振武軍 ，又西百二十里至東受降城 ，又西二百里安北都護府，至〔中〕受降城（原注，『在黃河北拂雲堆上。』）又西二百里至天德軍，又西二百里至西受降城，又三百里至鸊鵜泉。」

按此所記皆唐代府州軍城名，北宋始終未入版圖，是必承抄唐代紀錄無疑。綱文所引賈記由中城東北之呼延谷北口至鸊鵜泉五百里者必即此道也。復考新二一七下黠戛斯傳云：

「直回紇西北三千里。……其君曰阿熱。阿熱牙至回鶻牙所橐它四十日行。

③　刋香港中文大學中國文化研究所學報第十卷上册，今已改編入本書第五卷太原北塞交通諸道篇。

使者道出天德右二百里許抵西受降城，北三百里許至鷿鵜泉，泉西北至回鶻牙千五百里許，而有東西二道，泉之北東道。」

此更即賈記中受降城至鷿鵜泉取道天德、西城之明證。檢元和志四天德軍及中西兩受降城目，中城西北至天德軍二百里；軍西微北至西受降城一百八十里，西城北三百里至磧口，即鷿鵜泉，共六百八十里，則總要七百里大數爲正。檢今日地圖，此已爲最捷之道，知賈記「五百」當作「七百」。通鑑二〇三，弘道元年，「突厥阿史那骨篤祿等寇蔚州，殺刺史。豐州都督崔智辯將兵邀之於朝那山北，兵敗，爲虜所擒。」疑即此道也。

復考寰宇記四九雲州雲中縣目引入塞圖云：

「雲中又西北行（脫「二百」）五十里至五原，又西北行二百五十里至沃野鎭，又西北行二百五十里至高闕，又西北行二百五十里至郎君戍，又直北三千里至燕然山。」

按此明爲北朝紀錄。沃野鎭在唐之天德軍北六十里，見元和志四天德軍目。九原地望雖不能確指，然據元和志四中受降城目，必去中城不遠，中城北四十里有敬本故城，賈耽指爲前代九原郡城，雖未必可信，要亦相去不遠。高闕即西城所在。則至遲北朝已有此道，唐道承襲前朝有之耳，不始於唐也。

然此可謂內線南道。倘可有外線北道，即由天德軍北行經大泊十七里至金河，又四十三里至北魏沃野故鎭城。又西北約二百五十里至木剌山可敦城，亦當磧口。天寶間曾置橫塞軍，移置安北都護府於此。其地約在今烏拉特中旗黑沙圖（約 E108°10′•N41°50′）地區。今烏梁素海北至黑沙圖間谷地平闊，有大道通行南北，兩側尚多古代烽臺倉鄣遺址，唐亦取道其間，事亦必然。

此節詳長安北通豐州天德軍驛道篇及唐代安北單于兩都護府考（附篇二）。檢張編地圖集・綏遠人文圖，烏梁素海之北當南北通道。下條引黃文弼考察記亦云黑沙圖有道南通五原、臨河。此南北道兩側古代軍事建築遺跡，詳長安天德軍驛道篇引唐曉嵐調查記。

按此磧口、木剌山、可敦城東南經沃野鎮、天德軍至中受降城五百里；又由沃野鎮東經磧口、黑沙城（約今東公旗王府、烏拉特後旗），諾眞水汊（今百靈廟），折東南至單于府、振武軍及雲中故城。是木剌山、可敦城亦爲塞外要地，故天寶中王忠嗣進軍，「營木剌」，「諜虛實」；其後又置橫塞軍，移安北府於此，郭子儀爲之使也。然則其西通鸊鵜泉，雖無史料可尋，但度形勢，觀今事，亦必爲一道，行於狼山山脈之北者。

沃野故城東南經諾眞水汊至單于府路，別詳天德軍東取諾眞水汊通雲中單于府道篇。王忠嗣、郭子儀事，詳安北單于都護府考。今檢張編地圖集·綏遠人文圖，烏拉特中旗黑沙圖有極顯著大汽車道，東經百靈廟至歸綏城(呼和浩特)，西經烏尼烏蘇向貢噶泉。黃文弼第二次蒙新考察記（禹貢四卷五期）所取途程卽循此道，玆簡錄於次：

由歸化經武川，明日至烏蘭淖爾（E111°·N41°25′），此北已入草地，皆蒙人牧畜之所。又一日至貝勒廟，卽百靈廟，爲烏蘭察布盟中之最大廟，喇嘛千餘，爲東西往來要衝。又一日至黑柳圖。又一日至黑沙圖（E108°10′·N41°50′），有道可南通五原、臨河、包頭，亦爲要地。又一日至烏利烏蘇（E107°30′·N41°45′）。又西行過銀庚（E104°40′·N41°35′）。

下文經居延澤附近，西至新疆。謂此道卽綏新商人往來「商道」。此卽張編圖集之東西汽車道也。黃氏亦必過貢噶泉地區。以今度古，知木剌山、可敦城、磧口西至鸊鵜泉必爲一大道，行狼山山脈之北者。

鸊鵜泉爲回紇道口，而最接近之城鎭爲西受降城，故唐、回貿易常以西城爲互市場地；其他邊疆民族亦有於此互市者。

舊一九四上突厥傳：

「開元……十五年，小殺（毗伽可汗）使其大臣梅錄啜來朝。……時吐蕃與小殺書，將計議同時入寇，小殺並獻其書。上嘉其誠，引梅錄啜宴於紫宸殿，厚加賞賚，仍許於朔方軍、西受降城爲互市之所，每年齎縑帛數十萬匹，就邊以遺之。」（參看册府九九九互市條）。

按新五〇兵志云：「其後突厥款塞，玄宗厚撫之，歲許朔方軍、西受降城爲互市，以金帛市馬，於河東、朔方、隴右牧之，旣雜胡種，馬乃益壯。」卽指開元十五年事而言，並述其對於馬牧之影響也。西受降城隸屬於朔方軍，此文可指西城一地而言，然亦不能排除兼指朔方軍城靈武而言之可能性。

又唐會要七二馬條云：

「天寶六載，十二月，九姓堅昆及室韋獻馬六十匹，今〔令〕於西受降城使納之。」

按册府九七一作「令西受降城使印而納之。」同書同卷又書此年「四月，突厥九姓獻馬一百五十匹，堅昆獻馬九十八匹。」不知所納處。

據賈記，鷿鵜泉通回紇衙帳有北及西北兩道，亦謂東西二道。檢視今圖，西道最可能之取線，必當經今烏蘭泊（Ulan Nur, E103°30′•N44°30′）循翁金河（Ongin）地帶上行；所謂達旦泊、野馬泊之一殆卽今烏蘭泊。道中有花門（山）地名，蓋指今烏蘭泊南、自西徂東之古爾班察汗山等山脈而言歟？東道所經之怛羅斯山，殆卽渾瑊傳之特羅斯山、王忠嗣傳之多羅斯城處，其路線殆經今賽爾烏蘇(Sair Usu, E107°•N44°35′)地區歟？

按鷿鵜泉之正確地望雖不能定，然西道殆經今烏蘭泊地區無疑，則與下文所考居延花門堡道相合矣。按據賈記道里，達旦泊、野馬泊在鷿鵜泉與回紇衙帳之正中間而稍北，今烏蘭泊正當此位置，故疑爲古今名。至於花門地名，詳後文第二節花門山堡條。

東道蓋經今賽爾烏蘇，僅就今烏蘭泊道以東之形勢所作揣測。舊一三四渾瑊傳，「節度使安思順遣瑊提偏師入葛祿部，經狐媚磧，略特羅斯山，大破阿思布部，又與諸軍城永清柵、天安軍。」新一五五同傳，僅云略特羅斯山。按此山當卽賈記之怛羅斯山。據舊傳，狐媚磧去唐界可能較此山去唐界爲近。頗疑卽賈記之眉間城處。又王忠嗣碑（金石萃編一〇〇），「引軍度磧，定計乘虛至多羅斯，壞巢焚聚，涉汨昆水，……斬白眉可汗之首，傳置槀街。」新一三三王忠嗣傳，略取此碑，作「攻多羅斯城，涉昆水，斬米施可汗。」此多羅斯城亦疑卽在特羅斯山處，非西突厥阿史那賀魯傳「居於多羅斯川，在西州直北一千五百里」者。然則所謂「度磧」者卽狐媚磧也。至於汨昆水，卽嗢昆河，今鄂爾渾河。

長慶初，太和公主下嫁回紇，元稹「錄天德城以北至回紇衙帳已來食宿井泉，附於圖經」以進，李憲奉使回，亦進回鶻道里記，殆卽詳記此道途程也。

元稹進西北邊圖經狀（全唐文六五一）：「臣今月二日進京西京北圖一面，山川險易，細大無遺。……尋於古今圖籍之中，纂錄京西京北圖經，共成四卷。……又太和公主下嫁，伏恐聖慮念其道遠，臣今具錄天德城以北」云云如綱文。又新一五四李憲傳，「副金吾大將軍胡證爲送太和公主使，還獻回鶻道里記。」按通鑑二四一，太和長公主下嫁回鶻在長慶元年五月。又據舊一九五迴紇傳，李憲使回在二年閏十月。元圖在前，李記在後，時後賈記不久。舊迴紇傳云，胡證李憲送公主，「去迴紇牙帳尙可信宿，可汗遣數百騎來，請與公主先從他道去。胡證曰不可。」蓋卽先由一道，至近牙帳處，回紇騎使欲改從另一道也。

按此道卽唐代初年回紇款降時上請太宗所置六十六（八？）驛之參天可汗道也。道口在高闕之故單于臺，置燕然都護府以統諸蕃而通賓貢。

唐會要七三安北都護府目云：

「貞觀二十一年正月九日，以鐵勒回紇等十三部內附，置六都督府、七州。……於是回紇等，請於回紇以南、突厥以北置郵驛總六十六所，通北荒，號爲參天可汗道，俾通貢馬，以貂皮充賦稅。」

按舊太宗紀貞觀二十一年末書此事，亦作六十六驛。舊一九五迴紇傳云：

「貞觀二十年，南過賀蘭山，臨黃河，遣使入貢。……太宗幸靈武，受其降款。因請迴紇已南置郵遞，通管北方。……於古單于臺置燕然都護府統之，以導賓貢。」

新二一七上回鶻傳亦云，「即故單于臺置燕然都護府統之。」而置參天可汗道較詳云：

「請於回紇突厥部治大涂，號參天至尊道，世爲唐臣。乃詔磧南鸊鵜泉之陽置過郵六十八所，具羣馬湩肉待使客，歲納貂皮爲賦。」

通鑑一九八貞觀二十一年紀，略同，惟「湩」作「酒」。按元和志四天德軍條，「貞觀二十一年，於今西受降城東北四十里置燕然都護府，以瀚海等六都督、皐蘭等七州並隸焉。」則故單于臺近在後置之西受降城東北四十里，新傳云「磧南鸊鵜泉之陽」，縱然鸊鵜泉係後起之名，爲新傳所加，但極可信，即以自古有名之高闕爲道口也。然則賈記所述由鸊鵜泉通回紇之東西兩道各一千五百里者，至少其一即此參天可汗道也。

惟唐初高闕南道，可能以直南之豐州南通靈州爲主線。中葉以後，靈鹽地區、賀蘭、黃河地段爲吐蕃侵逼，致豐靈間交通受阻，乃轉以東經天德、中城、東城、振武軍爲主線矣。

按上條引舊迴紇傳，南過賀蘭山，臨黃河，遣使入貢，太宗幸靈武受降，因置此參天可汗道。路線至顯，餘詳長安通靈州道及靈州四達交通線篇及太原北塞交通諸道篇。

又靈州有道北至磧南彌娥川水一千里，道中有彌娥城，蓋北接鸊鵜泉西北行之道歟？

此道已詳長安通靈州道及靈州四達交通線篇第三節。

（二） 甘瓜北取居延海花門堡通回紇道

居延道爲西漢以來北塞進出主要大道之一，故漢籍頻見其事。如漢書武帝紀太初三年夏，「遣光祿勳徐自為築五原塞外列城，西北至盧朐，游擊將軍韓說將兵屯之。強弩將軍路博德築居延。秋，匈奴入定襄、雲中，……壞光祿諸亭障，又入張掖、酒泉，殺都尉。」五原光祿塞即上節所考唐代之中受降城北出烏延谷道，而居延塞道與之並重，故漢人兩道築備，匈奴亦兩道並入也。

漢代居延縣城在今黑城遺址（N41°40′•E101°30′或5′），或其北二三十里之一故城址（K710）約 N42° 線上（黑城與瓦窰托來之正中間）。居延澤在其東北，約指今索果湖（Sogo Nur, N42°20′•E101°25′或15′），或其東南之乾涸湖泊區（瓦因托尼東南，約 E102°•N42° 南北廣大地區）考古家稱為居延澤者。至於今圖標稱居延海之嘎順湖（Gashiun Nur, N42°25′• E101° 或 100°45′）可能為後瀦之湖，非故地也。居延澤所承受之水古稱弱水，即張掖河，今名額濟納河。上游兩源分從酒泉、張掖北流出山，會於毛目、鼎新(E99°40′•N40°20′)，又東北流至 N41°•E100°30′（或 17′）處，分東西兩支並行北流。西支穆林河入嘎順湖；東支額濟那河又名納林河，下游又分東西兩支，西支亦入嘎順湖，東支入索果湖。近代考古，出土漢簡三萬有餘，所見城塢亭障分佈於額濟納河上下游沿岸，南自鼎新以南之兩源（N40° 以北），中經布肯托尼（A22，在額濟納河東岸，約 N41°30′稍北），北至索果湖濱，呈南北直線排列。又自布肯托尼東北向黑城以東之乾涸湖泊區亦多亭障，作線形排列。故其全部亭障系統作「⊢」形，當時南北交通大道蓋即沿此亭障線而行。括地志云，「漢居延縣故城在甘州張掖縣（漢張掖郡）東北一千五百三十里。」即此道也。

漢書地志張掖郡居延縣，「居延澤在東北，古文以為流沙。都尉治。」水經注四〇禹貢山水澤地：「居延澤在其縣故城東北，尚書以為流沙者也。形如月生五日也。弱水入流沙。流沙，沙與水流行也。」此見居延澤在縣東北，並見其形狀。史記匈奴傳正義引括地志云：

「漢居延縣故城在甘州張掖縣東北一千五百三十里，有漢遮虜鄣，彊弩都尉路博德之所築。李陵敗，與士衆期至遮虜鄣，卽此也。長老傳云，鄣北百八十里，直居延之西北，是李陵戰地也。」

此爲前人言居延塞道之最具體者。然行程仍不能詳。近代考古家於額濟納河流域先後發現漢代簡牘三萬餘枚，雖新近發現之兩萬枚尙未公佈，但學者硏討舊簡，已有豐富之收穫，至少城塢亭障之分佈已大體弄淸楚。余非深於此道者，亦非本文範圍所及，僅據陳夢家漢簡考述（考古學報1963年第一期）約述如綱文。陳文附額濟納河流域漢代亭障分布圖，尤可參看。檢視張編地圖集·甘肅寧夏西部人文圖，南北汽車道雖沿穆林河西岸繞經嘎順湖西岸而北行；然沿納林河仍有舊道，則漢以來之古道也。惟陳文附圖無經緯度，綱文經緯度則約據張編地圖集·甘肅寧夏西部兩圖，參 ONC-F-8。額濟納河流程及嘎順湖、索果湖之經度，ONC 皆較西 10-20 分，姑兩存之。居延城在黑城，係舊說，勞貞一先生續詳指證，見居延漢簡考證丁居延城、居延地望兩條（史語所集刊第三十本頁 383—391）。陳文據貝格曼說，定在其北之 K710 遺址，今亦兩存之。居延澤在城東北，當指索果湖，或近人指爲黑城東北之大片乾涸湖泊區；（陳文引西北科學考察團變遷的湖泊。）嘎順湖雖今名居延海，但在居延城西北，應非漢居延澤，故踰萬漢簡無出於穆林河沿岸者，亦不見亭障也，疑穆林河、嘎順湖爲後代所形成者歟？待數踰兩萬之新簡公佈後，當可硏究有新收穫也。

按額濟納河下游分東西兩支，其分支點，申報館地圖、張編地圖集與 ONC 圖皆在 N41° 處，而黃文弼第二次蒙新考察記（禹貢四卷五期）云在西廟，檢張編地圖集，西廟約在 N41°35′，疑未確。

南北朝時代，此道亦見爲南北交通要道。如袁翻表云：「西海（故）郡本屬涼州，今在酒泉直北，張掖西北千二百里，去高車所住金山一千餘里，正是北虜往來之衝要，漢家行軍之舊道。土地沃衍，尤宜耕殖，……西海北垂，卽是大磧，野獸所聚，千百爲羣，正是蠕蠕射獵之處。」西海郡爲漢獻帝建安間所置，卽居延城也。

袁翻此表見魏書六九本傳，時在北魏後期。通典一九六蠕蠕傳有錄文。翻時爲涼州刺史，故能言之詳悉。按續郡國志，張掖居延屬國・居延縣，「有居延澤，古流沙。」劉昭注，「漢獻帝建安末立爲西海郡。」即此表所云西海故郡也。知此道在北朝仍見衝要，居延海南北生計亦可曉。周書二八史寧傳，爲涼州刺史，時突厥木汗可汗假道涼州，南襲吐渾，寧與木汗合謀，分道陷吐渾兩都樹敦與賀眞二城。木汗行軍亦必自居延南下，是一史例也。

唐代與北方敵國之南北軍道，主要者有涼州、靈州、代州、幽州諸道。涼州道即居延道也。貞觀初突厥欲取道肅州南入吐渾，爲刺史公孫武達大敗於張掖河，即其一事。

通鑑一八八武德三年考異引高祖實錄，「（突厥）處羅欲分兵大掠中國，於懷戎、雁門、靈武、涼州四道俱入。」懷戎即入幽州道，雁門即入代州道也。又一九六，貞觀十五年十一月，薛延陀眞珠可汗入寇。癸酉，上命營州都督壓其東境；李世勣爲朔州道行軍總管，屯朔州；李大亮爲靈州道行軍總管，屯靈武；張士貴爲慶州道行軍總管，出雲中；涼州都督李襲譽爲涼州道行軍總管，出其西。是亦涼州爲諸道中之一要道也。舊五七公孫武達傳，貞觀初，除肅州刺史，「突厥數千騎，輜重萬餘，入侵肅州，欲南入吐谷渾。武達領二千人與其精銳相遇，力戰……急攻之，遂大潰，擠之於張掖河，斬溺略盡。」此即以張掖河爲南北進出軍道之一例。

唐代疆域遠居磧西天山南北，賴涼州爲西域統治之基地。涼州西北走廊地帶甘肅瓜沙一線排列，而南北兩側皆有強鄰伺隙而動，北側突厥、回紇之進出與中國之守禦即以居延道爲主線。高宗龍朔中討平回紇，於其地置瀚海都護府以統漠北諸蕃，後更名安北府。及武后垂拱中，漠北叛亂，即南移安北府於居延海南張掖河流域之同城，正見張掖居延爲北出回紇之要道，故統治府署即循此交通線而後退也。觀當時文宗陳子昂數文，可窺見安北府南徙同城之史實，且見涼州北境皆爲磧鹵，「水草不生」，惟「居延海澤接張掖河，中間堪營田處數百千頃，水草畜牧，供巨萬人」，又南連甘州諸屯，積粟豐盛，故為北寇窺伺之地，中國營田出師之路也。李端詩云：「涼州風月美，遙望居延路。」正是此道。度其狀況殆與漢世相類，惟防線似較內縮，而河流下游農牧之富已可能有不逮歟？

安北都護府前後多次遷徙，別詳唐代安北單于兩都護府考（附篇二）。通鑑二〇三，垂拱元年六月，「同羅、僕固等諸部叛，遣左豹韜衞將軍劉敬同發河西騎士出居延海以討之。同羅、僕固等皆散敗，勑僑置安北都護府於同城以納降者。」即此次遷徙。按此事陳子昂有數文可詳。其燕然軍人畫像銘並序云：

「龍集丙戌（垂拱二年），……金微州都督僕固始桀驁，貳亂其人。天子命左豹韜衞將軍劉敬周發河西騎士，自居延海入以討之。特勑左補闕喬知之攝侍御史護其軍事。夏五月師舍於同城，方絕大漠以臨瀚海。」（全唐文二一四）

又上西蕃邊州安危事云：

「今年五月勑，以同城權置安北府。此地逼磧南口，是制匈奴要衝，國家守邊，實為上策。臣在府日，竊見磧北歸降突厥已有三千餘帳，後之來者道路相望。……磧北喪亂，先被饑荒，塗炭之餘，無所依仰，國家開安北府，招納歸降，誠是聖恩洪流，覆育戎狄……。」（同上二一一）

又為喬補闕論突厥表云：

「陛下……勑臣攝侍御史監護燕然西軍。……臣比在同城，接居延海，西迫近河南口。其磧北突厥來者，……首尾相仍，攜幼扶老，已有數萬。……今者同羅、僕固都督已伏誅，……勑令同城權置安北都護府，以招納亡叛，……得制匈奴之上策。……臣比在同城，周觀其地利，又博問諳知山川者，莫不悉備。其地東西及北皆是大磧，磧並石鹵，水草不生。突厥嘗所大入道，莫過同城。今居延海澤接張掖河，中間堪營田處數百千頃，水草畜牧，供巨萬人。又甘州諸屯，犬牙相接，見所聚粟麥積數十萬，田因水利，種無不收，運到同城，甚省功費。又居延河海多有魚鹽。此所謂強兵用武之國也。陛下若調選天下精兵，采拔名將，任以同城都護，……不用三萬，陛下大業

……可坐而取成。」（同上二〇九）

此三文可爲通鑑書事之詳悉注脚。具見居延海、張掖河、同城鎮之地理形勢與經濟狀況，宜其爲南北交通要道與國防籌建之所重也。

李端詩句見其千里思（全唐詩五函三册端集一）。

唐代居延路之行程可略考見於新志甘州删丹縣條，云：「删丹（今山丹）……北渡張掖河西北行，出合黎山峽口，傍河東壖，屈曲東北行千里，有寧寇軍，故同城守捉也，天寶二載爲軍。軍東北有居延海，又北三百里有花門山堡，又東北千里至回鶻衙帳。」

新志此條視諸書爲詳，蓋亦錄自賈記者。此外通典、元和志亦各有所記。通典一七四甘州張掖郡云：

「北至張掖河，屈曲過同城鎮，至硤口烽總三千七十八里。」（寰宇記一五二，全同。）

元和志四〇甘州云：

「東北至花門山一千四百五十里。」

按同城鎮即寧寇軍地，此兩條與新志所記當爲一道而省略耳。且各有脫誤，詳下文。

按居延海在甘州張掖縣東北一千六七百里。當仍即漢之居延澤，今索果湖或其東之乾涸湖泊區也。

元和志四〇甘州張掖縣目，「居延海在縣東北一千六百里。」寰宇記一五二，同。金陵書局本元和志作「一百六十里」，字譌。又續郡國志集解引志作一千七百里，不知何本？要不相遠。按前引史記匈奴傳正義引括地志，「漢居延縣故城，在甘州張掖縣東北一千五百三十里。」檢視陳夢家漢簡考述附額濟納河流域漢代亭障分布圖，及張編地圖集之甘肅寧夏西部兩圖，無論漢居延城在今黑城抑或其北之 K710 地，其距索果湖及其東南之乾涸湖泊區，皆不只七十華里，似當以千七百爲正。然不能排除唐代海泊地望較今爲南，或面積爲大，故

「六」「七」兩字，姑不深論。

寧寇軍，元和志云「在居延水兩汊中，天寶二年置。」管兵一千七百人，馬五百匹。地即故同城鎮，垂拱中曾徙置安北都護府於此，在甘州東北一千一十八里，居延海南約六百餘里。約在今甘肅、寧夏兩省接境 N41° 線上、額濟納河下游始分東西流處。此段行程，蓋由刪丹西北行、張掖東北行，皆出合黎山峽口，蓋今大盤道口(E101°‧N39°10′)，又西北抵額濟納河東壖，又東北至軍城也。

元和志文，見卷四〇甘州刪丹縣目。

唐會要七八節度使目，「寧寇軍，舊同城守捉，天寶二年五月五日置。」通典一七二，河西節度使所統寧寇軍，「在張掖郡東北千餘里。」又元和志四天德軍目，「安北都護府尋移於甘州東北一千一十八里隋故大同城鎮。垂拱元年置同城鎮。」則去甘州準確里距可知。統兵馬數，通典河西節度使條云，「管兵千七百人，馬百匹。」元和志四〇，「百匹」上有「五」字，是也。

按額濟納河上游東西兩源會流於毛目、鼎新，下游於甘肅、寧夏接境約 N41° 處分爲東西兩支，此兩處皆得謂之「居延水兩汊中」。然新志云，由刪丹出合黎山口傍河東北行千里。就方向里距言之，皆當在下游分流處，不在上源合流處。前文引括地志、元和志，居延海在甘州東北約一千六七百里，擬定寧寇軍於下游水汊，亦絕契合。

又新志云由刪丹西北出合黎山峽口云云。檢張編地圖集‧甘肅寧夏西部兩圖，合黎山脈橫阻於高臺、臨澤、張掖、山丹之北，東有大盤道口，在張掖東北、山丹西北，約 E101°；西有明沙口，在高臺東北，而在張掖西北甚遠，約 E100°15′。唐道近山丹，疑大盤道口即新志之合黎山峽口。檢西北叢編三，民國八年三月六日條，甘州支路，其一，城東北十六里過山丹河，又二十九里合黎山人宗口，明嘉靖中，巡撫於谷內建山南閣。其二，城北二十里過山丹橋，西北西三十七里撫夷縣（今臨澤）之明沙堡，「西北直走新疆之哈密。」以里距方向衡之，人宗口即今圖大盤道口，固爲古道也。

花門山堡，在居延海北三百里，爲唐與回紇國界，約在今諾顏博格多山脈（Noyen Bogdo）西端南側之鄂博圖廟（Obotomiao, E101°25′•N43°）地區。杜翁詩云，「聞道花門破，和親事已非。」殆指此處，然亦不能排除鸊鵜泉道上之可能。蓋河套西北、居延以北之唐回境上，有阿爾泰山脈之餘脈自西徂東，爲自然國界，今名戈壁阿爾泰山、諾顏博格多山、古爾班察汗山，唐世花門山者殆指此條山脈。居延北出路中之花門山堡乃據山之西南麓爲守，去海三百里，不害山脈東段仍有花門之名也。

前綱文引新志，花門山堡在居延海北三百里，而元和志云甘州東北至花門山一千四百五十里。按居延海在甘州東北一千六七百里，則元和志所記花門山當在居延海南約三百里，與新志方位不同。按新志此段記程，由南而北，次第分明，且云「又東北千里至回紇衙帳。」檢視今圖，居延海北至西庫倫正當爲一千三百里，故此記錄應極正確，若堡在海南三百里，則北去西庫倫當踰一千五百里，非只千里矣，故從新志爲正。

至於其今地，檢張編地圖集之甘肅寧夏西部地形圖、人文圖及蒙古地形圖、人文圖及 ONC-F-8 圖，舊道循納林河北行經嘎順湖、索果湖之間，北過內外蒙古境界，至 N43° 線上，有鄂博圖廟（Obotomiao, E101°25′・N43°），南有素渾圖泉（Suhuntu Bulak），北有胡爐蘇圖泉等泉名四個，廟及諸泉皆在諾顏博格多山脈（Noyen Bogdo）西端之南側山麓。由此又東北行，蒙古圖及 ONC 圖標示已爲汽車道。東北經諾顏（Noyen），在山脈中，又東過戈壁阿爾泰(Gobi Altai Nuru)至洪果爾鄂博(Hongor Obo, E103°30′・N43°30′)在古爾班察汗山脈（Gurban Tsayhan）南麓，爲一交通中心。由此分北及東北兩線。北線直北踰山經烏蘭泊（Ulan Nur, E 103°35′・N44°30′）地區至庫倫（烏蘭巴托，E106°50′・N47°55′），東北線東踰山至達蘭札達加特（Dalan Dzadogad, E104°27′・N43°35′），在山脈北麓，亦爲交通中心。由此向北分三支，東北支直至庫倫，北支直至烏蘭泊地區，西北支與洪果爾鄂博北出之道相合，亦至烏蘭泊地區。由烏蘭泊循翁金河（Ongin）上行，東北至庫倫，西北至西庫倫。此今日之交通形勢也。以此度之，花門山堡當在今鄂博圖廟地區，其南去索果湖正約三百華里，蓋唐人據山脈南口爲守禦也。

按杜詩屢及「花門」，他人詩文亦有之，宋人吳曾已留意，其能改齋漫錄卷六花門條云：

「杜子美好言花門，……有留花門詩一首，又云花門𠠎面請雪恥，又云聞道花門將，論功未肯歸，又云聞道花門破，和親事已非。楊巨源亦有送太和公主和番詩云，北路古來難，年光獨忍寒，朔風侵鬢起，邊月向眉殘，蘆井尋沙到，花門度磧看，薫風一萬里，來處是長安。亦言花門也。又杜復愁詩云，花門小箭好，此物棄沙場。岑參送封常清西征序曰，天寶中，匈奴回紇寇邊，踰花門。」

按留花門見鏡銓五，詩云：「花門旣須留，原野轉蕭瑟。」「花門𠠎面」句出哀王孫，見鏡銓三。「聞道花門將」句出遣憤，見鏡銓一二。「聞道花門破」句出卽事，見鏡銓六。復愁詩見鏡銓一七。杜翁又有「花門騰絕漠」句，出喜聞官軍已臨賊寇二十韻，見鏡銓四。楊巨源詩見全唐詩五函九册。岑參序，全唐文失收。觀此諸詩文，杜翁留花門、哀王孫、遣憤、復愁及喜聞官軍已臨賊寇五詩明指回紇種人而言。卽事之「花門破」及岑參「踰花門」則爲地名，且爲唐與回紇之國界無疑。楊詩亦指入回紇道中之一地名，但亦可能指磧北道中之一種景觀如蘆井也。其指回紇種人者今姑不論，其指地名國界者，正可與新志此條花門山堡相印證。然太和公主出嫁回紇，乃取鸊鵜泉道，非取居延道。且舊一九五迴紇傳，長慶元年，太和公主降迴紇，胡證爲使，「公主去迴紇牙帳尙可信宿，可汗遣數百騎來，請與公主先從他道去。胡證曰不可。虜使曰，前咸安公主來時，去花門數百里卽先去，今何獨拒我？」知鸊鵜泉道上果亦有花門地名。然此鸊鵜泉通回紇衙帳道上之花門，决不可能卽是居延海北三百里之花門山堡。唯一可解釋者，海北三百里者只是一堡，而花門山則泛指此迤東一帶唐回國界之山脈，當時皆名花門山，鸊鵜泉道亦踰越此條山脈之東段，故其道中亦有花門之名也。惟若杜詩「花門破」係指鸊鵜泉道之花門，則此線上之國界又在鸊鵜泉西北至少一兩百里，不即在鸊鵜泉矣。

花門又東北千里至回紇衙帳者，蓋東北踰今諾顏博格多山脈，徑洪果爾鄂博（Hongor Obo, E103°30′•N43°30′）地區，至烏蘭泊（Ulan Nur, E103°35′•N44°30′），又循翁金河谷（Ongin）而北行也。

按自居延海北通西庫倫，此殆爲必然之行程，今道如此，已詳上條，度古道當無大異。

新志所記之通道已粗釋如上。通典所稱硤口烽者，蓋花門山堡北界之硤口，置烽臺，爲極邊歟？

前引通典，由張掖郡北過同城鎮「至硤口烽總三千七十八里。」按此文當有脫譌。蓋硤口烽當在唐回邊境，而張掖北至回紇衙帳總程不過三千餘里之譜。故此數字必有問題，疑「三」爲「二」之形譌，則此烽當即在花門山堡北即花門山隘口處；否則，「總三千七十八里」乃至回紇衙帳之總里程，是「總」字上有奪文也。

又據陳子昂弔塞上翁文，居延海南四百餘里有塞上翁城，亦置戍，在道上。

陳子昂此文（全唐文二一六）云：「居延海南四百餘里有古城焉。土人云是塞上翁城，今爲戍。其基扃趾跡，蓋數千年也。丙戌歲兮，我征匈奴，恭聞北叟託國此都。」云云。丙戌即垂拱二年，是前考同城置安北府時事也。在海南四百餘里，則南距同城鎮、寧寇軍不到二百里也。

以上爲甘州張掖郡北出合黎山口，循張掖河經居延海、花門山堡至回紇道，總程約三千里。新志瓜州晉昌縣條又云：「東北有合河鎮，又百二十里有百帳守捉，又東百五十里有豹文山守捉，又七里至寧寇軍，與甘州路合。」按合河鎮在瓜州東北一百八十里，「七里」當爲「七百里」之奪

文，總約一千一百五十里。此瓜州東北取寧寇軍路至居延海、回紇衙帳之道也。

此所謂「與甘州路合」者卽指上文所考甘州經寧寇軍北出道也。按通典一七四，瓜州晉昌郡「北至豹門守捉四百五十里。」寰宇記一五二，同。豹門卽豹文無疑。則合河鎭當在晉昌東北一百八十里。又檢元和志四〇，瓜州晉昌縣，「合河戍在縣東北八十里，在州西二百步，蓋神龍元年置之。」按此條本身有問題，晉昌縣在瓜州郭下，旣在縣東北八十里，何以又在州西二百步？當有誤。勘之通典與新志，元和志此條「八十里」上當奪「百」字，州西二百步殆另有奪譌耳。至於「七里至寧寇軍」者，里數亦顯有奪譌。唐瓜州在今苦峪城或布隆吉城，詳涼州西通安西道驛程篇。觀今日地圖，此二城東北至額濟納河下游分支處之距離較張掖西北至此分支處之距離爲大，卽全程當在一千里以上。而晉昌爲瓜州郭下縣，其東北至豹文纔四百五十里，故疑「七里」當爲「七百里」之脫文也。

（三） 北庭都護府東北取特羅堡通回紇道

北庭爲唐朝盛時西疆通突厥、回紇之要道，故王晙爲朔方大總管，欲伐突厥，徵拔悉密自北庭會師攻之。

舊一九四上突厥傳上・毗伽可汗條，開元八年，「王晙爲朔方大總管，奏請西徵拔悉密，東發奚、契丹兩蕃，期以明年秋初，引朔方兵數道俱入，掩突厥衙帳於稽落河上。小殺聞之大恐，暾欲谷曰，拔悉密今在北庭，……輕而好利，聞命必是先來。……九月，拔悉密果臨突厥衙帳，而王晙兵及兩蕃不至。拔悉密懼而引退。突厥……以兵躡之，去北庭二百里，……因縱卒擊……之。」卽此一事正見北庭至突厥爲一常行通道。

安史亂後，河西陷蕃，安西、北庭之華人城守者更以借道回紇爲唯一通使長安之孔道；僧侶、商賈蓋亦循此道東來，此則北朝已頻有顯著之史例，

如闍那崛多師徒及寶暹等十一人先後來往北朝天竺之間皆取道突厥，是也。

舊一九五迴紇傳，「初北庭、安西既假道於迴紇以朝奏，因附庸焉。迴紇徵求無厭，北庭差近，凡生事之資，必強取之。」時在貞元中。又宋高僧傳三唐北庭龍興寺戒法傳：本于闐人，於北庭龍興寺翻十地經，隨使「入朝，爲沙河不通，取迴鶻路……至京，即貞元五年也。」是則河隴陷落後，困守西域孤臣之通使長安殆以回紇道爲主要通路，僧侶往還亦然。會昌三年，黠戛斯攻安西、北庭都護府，趙蕃奏宜出師應援，故李德裕曰，「自艱難已後，河隴盡陷吐蕃，若通安西、北庭，須取迴紇路去。」（舊一七四德裕傳。）亦其證也。

復考費長房歷代三寶記一二大隋錄：「北天竺揵達國三藏法師闍那崛多，隋言至德，周明帝世武成年初，共同學耶舍崛多隨厥師主（略）闍那耶舍齎經入國，…悉習方言，二十餘年，…宣譯新經。…建德三年，逢毀二教…乞求反邦。…還向北天，路逕突厥，遇值中面他鉢可汗慇重請留，…遂爾併停，十有餘載。師及同學悉彼先殂，唯多獨在。時屬相州沙門寶暹、道邃、智周、僧威、法寶、僧曇、智照、僧律等十有一人，以齊武平六年相繼西遊，往還七載，凡得梵經二百六十部，迴到突厥，聞周滅齊，併毀佛法，…進無所歸，…遂逢志〔至〕德，…乃共尋閱所得新經。…大隋受禪，佛法即興，暹等齎經先來應運，開皇六年季冬屆止，…崛多四年方果入國。」只此一條，即見北朝末期諸多僧徒陸續往來天竺與北朝之間者，皆取道突厥，知此道固爲當時東西交通上之重要孔道也。

而回紇、吐蕃西疆之交通亦以北庭爲中繼要衝。

舊一九五迴紇傳，長慶元年，太和公主下嫁迴紇。迴紇遣使至黃盧泉迎公主，同時三路出師，一路三千營卿〔柳？〕泉，一路萬騎出北庭，一路萬騎出安西，皆所以「拓吐蕃，以迎公主」也。安西近北庭，此見北庭爲回紇西疆禦蕃之衝途。

關於庭州通回紇道之里程，寰宇記一五六云，庭州「東北至迴紇界一千七百里，至迴紇衙帳三千里。」

通典一七四庭州「東北到迴紇界一千七百里。」舊唐志照錄此條。元和志四〇，庭州「東北至迴鶻衙帳三千里。」寰宇記蓋兼採通典、元和志書之。

途程所經，惟靠近北庭路段稍有可考。即北庭東行經蒲類鎮（約今奇臺縣）至蒲類縣（約今老奇臺 E89°50′•N43°50′），去州蓋一百八十里。又東北四十里至郝遮鎮，又東北一百六十里至鹽泉鎮，又東北數十里至特羅堡子，「四面有磧，置堡子處周迴約二十里有好水草，即往迴鶻之東路。」約其地當在今北塔山脈（Baydag Bogdo）南許井（約 E90°30′•N45°）、野馬泉地段。

元和志四〇庭州，蒲類縣「南至州一十八里。」而寰宇記一五六，作州「東八十里。」則此兩數字及方向之一必有問題。清及現代學人以爲在今舊奇臺城，似可取，則「一十八」當爲「一百八十」之譌，記亦脫「一百」也。觀元和志同目之輪臺縣在州西「四十二里」爲「四百二十里」之誤，可爲事例，說詳北庭府通西州伊州碎葉諸道篇。郝遮鎮、鹽泉鎮方向里距並見元和志庭州目，且皆云「當迴紇路。」鹽泉一本作鹹泉。按羽田亨敦煌遺書活字本第一集敦煌名族志殘卷有庭州咸泉鎮將，即此鎮之戍將矣。

特羅堡子，綱文所引亦見元和志庭州目。其地雖難確知，然就其方向里距論之，勘以張編地圖集・新疆地形圖與北部新疆圖及 ONC-F-7，其地當在北塔山（Baydag Bogdo）之南。北塔山爲西北一東南走向之山脈，主峯在 E91°・N45°12′，海拔 3482 公尺，由此折向正東，蜿蜒於 N45° 線上，爲一天然阻障，蓋即唐代庭伊兩州北疆所至。山脈之西，張編地圖集有汽車道由奇臺北通新疆北部額爾濟斯河流域，山脈主峯西南之一段道中自南而北有將軍廟、野馬泉、許井諸地名。（ONC 有 Lao Chün Miao 地名。）唐特羅堡子約當在此地段。

由特羅堡又東微北約一千二百里至回紇國界，蓋即與唐之伊、瓜、肅諸州北境接壤地帶，其地約在阿爾泰山脈之東南段，今貝蓋爾（Biger）、格爾泊（Biger Nur, E97°10′•N45°45′）南之吉奇吉奈山脈（Gichigene，烏里鄂博峯海拔3834公尺）。又東北一千三百里至回紇衙帳。度此二千五百里之行程，勘以今地，蓋取道北塔山脈（自E90°30′至E95°全在N45°線上）南側之草澤地帶，經阿拉格泊（Alag Nur, E96°30′•N44°55′）地區，又東北穿過吉奇吉奈山脈東間（約E98°30′•N45°），再東北至今西庫倫地區。

觀 ONC-F-7，Baydag Bogdo 山脈，主峯（E91°・N45°12′，海拔3482公尺）以東，向正東伸延之南北兩側（自 E91° 迤東至 E93°）皆爲水草連綿地帶，今皆有車道，疑唐道取南側草澤地帶東行之可能性較大。且檢視今圖，阿爾泰山脈自西北走向東南，至居延海北之戈壁阿爾泰（E102°-105°・N43°30′）南北諸山脈。前考居延海北之花門堡爲唐回國界，亦唐之最北堡戍處，約在戈壁阿爾泰南之諸顏博格多山脈中，今此北庭東北一千七百里所至之回紇國界，西去特羅堡子、東去回紇衙帳之里距既略相等，則此國界約當在 E97°・N46° 地區，即貝蓋爾（Biger）、格爾泊（Biger Nur, E97°10′・N45°45′）之南北。按格爾泊爲一特異之地形，泊之海拔僅1295公尺，而近地高山圍繞，四面高峯多在 3000 公尺以上，故在地形圖上最爲顯著。泊南吉奇吉奈山脈（Gichjgene）之最高峯烏里鄂博峯（E97°25′・N45°20′）海拔達3834公尺，爲外蒙古西南境極少有之高峯，南距今內外蒙古之疆界已相近，而南去唐代此一地區之最北堡戍亦不過兩度。則所謂回紇國界者，即與唐疆接界，約在此山脈之南側。是尤此大道必行於北塔山脈南側之强證。按今此山脈之南有汽車道自西向東經阿拉格泊（Alag Nur, E96°30′・N44°55′），又向東北穿過吉奇吉奈山與巴顏翁都爾山間之山口（約 E98°・N45°），山口東北爲邦察干泊（Bon Tsagan Nur, E99°10′・N45°35′，海拔1310公尺）。唐道蓋與此段汽車道略相當。又由此東北至回紇衙帳也。按此段途程之擬定雖多想像成份，然既云庭州東北一千七百里至回紇國界，必當爲與唐之分疆處，中間不容另有一國，是此道必取較南之一線，不能太北。在此一前提下，再詳檢今日較詳實之地圖，觀其天然地形與今日汽車道之取線，以推想唐代此道之行程，固亦當略近史實歟？

又由伊州（今哈密）「東北至時羅漫山（今巴爾庫山脈）二百四十里。山北有大川入回紇界，馬行三十日。」蓋由伊州直東行於山脈之南，至二百四十里處，越山而北，至今拜泉（E95°10′•N43°15′）地區，又東北，與庭州東北通回紇之道相會合也。

通典一七四伊州目述其向北通鄰邦之交通云：

「西北至時羅漫山一百四十六里。其山北有大川連大磧，入金山，哥羅祿所居處。

東北至時羅漫山二百四十里。其山北有大川入回紇界，馬行三十日，無里數。」

按寰宇記一五三，全錄此文，惟「二百」作「三百」。按伊州在今哈密縣；統伊吾軍，在今鎮西縣，詳北庭府通西州伊州碎葉諸道篇。今日地圖（張編地圖集之蒙古兩圖與北部新疆圖及 ONC-F-7），哈密有汽車道，北越天山山脈（巴爾庫山脈）至鎮西。鎮西之北分爲兩道。一道西北行，北通新疆最北部諸河流域；一道東北行，經三塘湖（San-Tang-hu, E93°20′ · N44°20′），又經阿治博格多伊山脈（E95° · N45° 地區）之南側，又經阿拉格泊，又東出吉奇吉奈山與巴顏翁都爾山間之山口（約 E98°30′ · N45°）。通典所記之伊州東北道，有可能即今鎮西東北道。然通典所記之西北、東北兩道，似在時羅漫山（天山）之南已分途。東北道所謂時羅漫山在州東北二百四十里者，當指天山（巴爾庫山脈）東端最高峯之喀爾雷克山（E94°30′ · N43°5′，海拔 4925公尺）地區而言。按伊州所統有柔遠縣。元和志四〇云，縣「西北至州二百四十里。」「貞觀四年置，縣東有柔遠故鎮，因以爲名，兼置守捉。」清人擬定縣在今哈密縣東之沁城（約 E94°30′ · N42°40′）地區，就里距方向言，似略得之。按

ONC-F-7 所標，有一道由哈密直東行於巴爾庫山脈之南，繞經此最高峯之東南，向東北越過山脈之東閭，至 Paichuan (E95°10′・N43°15′，即伊吾縣東之拜泉)，疑通典所記伊州東北通回紇道當東經柔遠縣及柔遠鎮或經縣鎮之北境，又東北至今拜泉地區。拜泉東北今爲諾明戈壁，無道路，但有河流；也可能古有路穿過此區至今阿拉格泊地區。也可能一如今道，由拜泉向西北，亦至三塘湖，與鎮西之東北道相會合也。不論如何，至阿拉格泊地區，必與庭州東北通回紇三千里之道相會合無疑。

(四)　回紇北通諸蕃國道

新唐志錄賈記之第四道，由中受降城通回鶻。續云回鶻衙帳「北六七百里至仙娥河(今色楞格河)，河北岸有富貴城。又正北如東過雪山松樺林及諸泉泊千五百里至骨利幹。又西十三日行至都播部落，又北六七日至堅昆部落，有牢山、劍水。又自衙帳東北渡仙娥河二百〔千？〕里至室韋。骨利幹之東、室韋之西有鞠部落，亦曰祴部落。其東十五日行有兪折國，亦室韋部落。又正北十日行有大漢國。又北有骨師國。骨利幹、都播二部落北有小海，冰堅時，馬行八日可度。海北多大山，其民狀貌甚偉，風俗類骨利幹，晝長而夕短。回鶻有延姪伽水，一曰延特勒泊，曰延特勒那海。烏德鞬山左右嗢昆河(今鄂爾渾河)、獨樂河(今土拉河。兼指西源霍尔哈河)，皆屈曲東北流，至衙帳東北五百里合流。泊東北千餘里有俱倫泊(今呼倫泊)，泊之四面皆室韋。」此段重要史料，除仙娥河、俱倫泊外，地望多不可詳考。所可略知者，骨利幹約在今貝加爾湖之南，中(外蒙)蘇境界恰克圖 (E106°30′・N50°20′) 之北，色楞格河下游地區。堅昆即黠戛斯，爲大國，在回紇西北三千里，骨利幹西北西二十日程，南去庭州四千里，約在今烏梁海西北境，兼入西伯利亞境，東有劍河即今葉尼色河上游也。當時北疆交通亦可謂遠届。開元天寶之際，宦者劉元尙「爲骨利幹市馬（使），崎嶇百國，來往三春。」蓋唐使所至之最北者，疑亦北蕃諸國史料之一來源也。

骨利幹地望又可考見新二一七下骨利幹傳及黠戛斯傳。骨利幹傳云：「處瀚海北，……北距海。……北度海，則晝長夜短，日入烹羊胛，熟，東方已明。」黠戛斯傳云，「回鶻牙北六百里得仙娥河。河東北曰雪山，地多水泉。」此「多水泉」即賈記之「諸泉泊」。合此三條記事，觀其方位里距及地貌，知此「距海」、「北渡海」必指貝加爾湖而言，骨利幹必在今貝加爾湖之南，色楞格河下游烏蘭烏德（Ulan-Ude, E107°30′・N52°）、古昔諾業（Gusinoye, E106°30′・N51°20′）地區。檢申報館新地圖及世界地圖集第二册亞洲與俄國C41 新西伯利亞圖，自恰克圖（E106°30′・N50°15′）北至古昔諾業間，有古昔諾業湖（即鵝湖）等湖泊，河流交錯，蓋即唐籍所謂「多水泉」、「諸泉泊」者。

堅昆部落　可參看通典二〇〇結骨傳、寰宇記一九九黠戛斯傳及新二一七下黠戛斯傳。通典結骨傳云：

「結骨在回紇西北三千里。勝兵八萬。其國南阻貪漫山，多林木，夏沮洳，多積雪，往來險阻。有水從回紇北流，踰山逕，（有脫文）。其人並依山而居，身悉長大……。」

寰宇記黠戛斯傳云：

「本名結骨，……又為〔謂〕之堅昆。……在回鶻西北四十日程，一本云三千里。……其國南有貪漫山，地夏沮洳，多積雪。有水從回鶻北流踰山。又云其國依青山之西面，有金海，分為二河，一曰牟河，一曰劍側河。（一本作羊河、劍平吉河。）」（下文「從天德軍西二百里」云云前文已引。）

新書黠戛斯傳云：

「黠戛斯，古堅昆國也。地當伊吾之西，焉耆北，白山之旁，或曰居勿，曰結骨，其種雜丁零，乃匈奴西鄙也。……衆數十萬，勝兵八萬，直回紇西北三千里，南依貪漫山，地夏沮洳，多積雪，人皆長大……其君曰阿熱，遂姓阿熱氏。……阿熱駐牙青山，周柵代垣。……阿熱牙至回鶻牙所槖它四十日行。使者出天德右二百里許抵西受降城，北三百里許至鸊鵜泉，泉西北至回鶻牙千五百里許，而有東西二道，泉之北，東道也。回鶻北六百里，得仙娥河，河東北曰雪山，地多水泉。青山之東有水曰劍河，偶艇以度。水悉東北流，經其國，合而北入于海。東至木馬突厥三部落，曰都播、彌列、哥餓支，……樺皮覆室，……俗乘木馬馳冰上……。堅昆之人得以役屬之。堅昆，本彊國也，地與突厥等。……東至骨利幹，南吐蕃，西南葛邏祿，……常與大食、吐蕃、葛祿相依仗。吐蕃之往來者，畏回鶻剽鈔，必住葛祿以待黠戛斯護送。大食有重錦，其載二十槖它乃勝，……每三歲一餉黠戛斯。」

按此三條與綱文引賈記合觀，唐通黠戛斯道必經回紇，直回紇衙帳西北三千里。但又云去回紇槖它四十日行。按賈記云，回紇北六七百里至仙娥河，又東北一千五百里至骨利幹，骨利幹又西十三日行至都播，又北六七日行至堅昆，即黠戛斯。疑四十日行者，繞道骨利幹歟？其去回紇直線途程則三千里也。阿熱建牙青山，南依貪漫山，地甚沮洳。東有劍河，南自回紇境踰山流入，又會諸水爲大水，北流入海。觀此方位、里距、地貌與劍河大水源委，知此「北入于海」者指今北海而言，劍河即今葉尼色河上游，蓋烏魯克穆河，青山、貪漫山殆今唐努烏拉山脈也。其駐牙約在今唐努烏梁海西境，國境廣大，當跨入蘇俄西伯利亞境內 N52° 以北・E90° 東西地區。復檢元和志四〇庭州目云，「北至堅昆衙帳約四千里，東北至迴鶻衙帳三千里。」寰宇記一五六，里數同。檢今日地圖，西庫倫、孚遠與唐努烏梁海西境中俄接壤處正呈一等邊三角形，惟孚遠與葉尼色河上游中阻阿爾泰山脈，故致途程稍多歟？

劉元尙事，見其墓誌（萃編九〇），云先爲「大食市馬使，…萬里循還。…復爲骨利幹市馬，崎嶇百國，來往三春。追風躍而奔騰。逐日迴而來獻。」是其北使目標雖爲骨利幹，但所到國度則極多，故耗時三年也。按墓誌，元尙後屢任要職，官至內侍，遷左監門衞將軍，攝省事。寵衰罷官，旋以天寶十二載卒。又云「恩寵十五載」，度其兩次出使當在開元末天寶初年。

參看圖十

一九八四年八月二十日成稿；篇中第二節甘瓜居延道初稿撰於一九七一年四月，今次改作。一九八五年五月八日二校定稿。嗣續增補，六月十二日三校最後定稿。

附：本卷綱文古地名引得　廖華淑

二　劃

三　劃

四　劃

五　劃

六　劃

七　劃

八　劃

九　劃

十　劃

十一劃

十二劃

十三劃

十四劃

十五劃

十六劃

十七劃

十八劃

十九劃

二十劃

二十一劃

二十二劃

二十三劃

二十四劃

唐代交通圖考

序言 總目 第一卷 京都關內區

嚴耕望◎著

北京聯合出版公司 Beijing United Publishing Co.,Ltd. · 后浪

出版說明

嚴耕望（一九一六—一九九六），字歸田，安徽桐城人，著名歷史學家。一九四一年畢業於武漢大學歷史系，初任職於齊魯大學國學研究所，師從錢穆，後幾經輾轉，於一九四五年入「中央研究院」歷史語言研究所，一九五九年任專任研究員。一九六四年赴香港中文大學新亞研究所任教。一九七〇年當選「中研院」院士。一九七八年自高級講師任上退休，轉任香港中文大學中國文化研究所高級研究員。一九七九年赴耶魯大學任客座教授，講授唐史。一九八三年回「中研院」史語所任特約研究員，翌年恢復專任研究員職位。一九八五年退休，晚年居於香港。

嚴耕望一生踏實勤勉，著述宏富，在政治制度史與歷史地理研究領域極具開創性，爲學界所稱道。代表性專著有兩漢太守刺史表、秦漢地方行政制度、魏晉南北朝地方行政制度、唐僕尚丞郎表、唐代交通圖考等。

唐代交通圖考初由「中研院」史語所出版，此次引進即據該本影印。影印時做了一些修版及更正錯訛的工作，並對部分內容進行了技術處理。本書地圖原粘於每篇之末，爲便讀者對照參閱，現統一裝入地圖集袋內；第一至六卷引用書目及綱文古地名引得原單獨成冊，現附於第六卷之後。

北京聯合出版公司

二〇二一年三月

唐代交通圖考

總目錄

序言

交通爲空間發展之首要條件，蓋無論政令推行，政情溝通，軍事進退，經濟開發，物資流通，與夫文化宗教之傳播，民族感情之融和，國際關係之親睦，皆受交通暢阻之影響，故交通發展爲一切政治經濟文化發展之基礎，交通建設亦居諸般建設之首位。中國疆域遼闊，交通建設尤爲要務，故中山先生避總統之位，即以鐵道建設爲己任，其立意蓋以交通建設爲國家一切建設之基本也。

其在古人亦早有此認識。先秦史事邈遠，姑不涉論。秦人爲政，尤重交通。惠文圖蜀，先誘蜀人通石牛道。① 昭王承之，「棧道千里，通於蜀漢。」② 既利巴蜀物資，且以加強控制。始皇大治「馳道於天下，東窮燕齊，南極吳楚」，③ 北鑿直道至九原，④ 世責其便遊幸，實則此項建設與「墮壞城郭」⑤ 爲加強國家統治之兩項相對政策，一以削弱六國餘燼之抗拒力，一以加強中央軍政之控制權。始皇雖暴，但極勤政，車駕屢巡，亦有其重大之政治意義，何得以遊幸薄之！至漢武帝通西域，而恃河西走廊爲孔道，故「列四郡，據兩關」，「自敦煌西至鹽澤（今羅布泊），往往起亭。」⑥ 亦以交通建設爲加強軍事外交之手段。漢制，縣有蠻夷者曰道，⑦ 正以邊疆少數民族地區，主要行政措施惟道路之維持與控制，以利政令之推行，物資之集散，祈漸達成民族文化之融和耳。下及隋煬，大開運河，

① 水經注二七沔水注引來敏本蜀論，寰宇記一三三興元府褒城縣褒谷條引十三州志。
② 史記七九范雎傳，參一二九貨殖傳。
③ 漢書五一賈山傳。
④ 史記六秦始皇本紀。
⑤ 同上。
⑥ 漢書九六上西域傳序。
⑦ 漢書一九上百官公卿表上。

唐人利之，「交廣荆益揚越等州運漕商旅往來不絕。」⑧ 雖云「東南四十三州地，取盡脂膏是此河。」⑨ 但唐代後期，以東南財賦支持西北之軍政，正賴此河爲之餽運，⑩ 而南北經濟文化之溝通，運河自亦有其重要之作用。故李吉甫已云，「隋人作之雖勞，後代實受其利。」⑪ 皮日休更謂「共禹論功不較多」也。⑫ 於以知交通之暢阻對於國家之盛衰，地方之開發，與民生之調劑，皆具有莫大之作用，治史者豈得不三致意焉。

余自青少年時代留意歷史地理，尤重國計民生諸大端。民國三十五六年，決定從事唐代人文地理之研究，視野所屆，除一般政區沿革外，泛及經濟、社會、文化、民族各方面，凡涉區域分佈發展者，皆在搜討之列，而特置重交通路線一課題，諸凡正史、通鑑、政書、地書、別史、雜史、詩文、碑刻、佛藏、科技、雜著、類纂諸書，及考古資料，凡涉中古交通，不論片紙巨篇，搜錄詳密，陳援庵先生謂「竭澤而漁」，⑬ 余此項工作庶幾近之。至一九六六年，所錄基本資料殆逾十萬件，遂開始分區逐題撰述，首成藍田武關道篇。迄去歲(1983)又已十七年，完成京都關內、河隴磧西、秦嶺仇池、山南劍南、河東河北諸地區之寫作，都凡五卷五十餘篇，約一百四五十萬言。倘有河南淮南、江南嶺南、河運海運及館驛交通制度諸卷待續撰述。承史語所丁邦新所長邀約回臺工作，並促完成此書，付本所刊行。念前寫五十餘篇，成文或逾十載，續獲材料多可增訂，遂暫輟第六卷河南淮南以下諸卷之寫作，就已成舊稿逐一增補，或且改寫。余於此書已付出三十七年之歲月，亦爲平生功力最深、論辯最繁之述

⑧ 通典一七七引坤元錄。參注⑪。

⑨ 李敬方汴河直進船，唐詩紀事五八。

⑩ 前人屢有此論，其詳細發揮見全漢昇唐宋帝國與運河。

⑪ 元和志五河南府河陰縣汴渠條，「自揚益湘南至交廣閩中等州，公家運漕，私行商旅，舳艫相繼。隋氏作之雖勞，後代實受其利焉。」

⑫ 皮日休汴河懷古（全唐詩九函九冊日休集八）。

⑬ 李瑚勵耘書屋受業偶記（勵耘書屋問學記）；陳智超史料的搜集、考證與運用——介紹陳垣的治學經驗（文史哲學者治學談，1983年1月，岳麓書社）。

作，然問題不得其解者仍甚多，學術求精，固無際涯！如有同好，盼共商榷。

回想余爲此書本不期有現今之成果，以爲二十萬言即可畢事，不意耗時四十年，文繁兩百萬，而內容所獲尤非事先所能想像者。舉其大端，如松潘高原，向視爲荒蕪境域，人跡罕到；乃其實，自漢末南北朝以來，岷嶺、松潘草原即爲西北河湟青海地區南通長江流域之一要道。唐置館驛，南通成都，東接散關，北達河隴，爲唐與吐蕃必爭之地。此其一。唐蕃兵爭之核心在河湟青海地區，蓋地形所限，兩國交通惟此爲坦途也。故唐人於此極力經營，州軍鎮戍星羅弈布，前人皆矇然莫辨。經此詳考，當時唐蕃兵爭之形勢，使臣商貿之進出，皆得按圖指證。此其二。涼州（今武威）境域，兩宋以來，久陷荒殘，但於唐世，實爲繁榮大都會之一，驛道兩線東達長安，亦斑斑可考。其西所謂河西走廊，遠通西域。其道雖早有經營，但前人於此仍多茫然，岑仲勉先生云，「漢唐在玉門以西未見驛傳之記載。」[14] 此非一人之見也。乃其實，唐代驛傳之推行遠達安西（今庫車）、北庭（今孚遠）以西諸屬國，唐代史志與唐人詩篇累累可考。而近代敦煌、吐魯番出土文書[15] 所見，瓜州常樂（今安西縣西）西通沙州（今敦煌）有南北兩道，及北通伊州（今哈密）大磧道，館驛名稱里距皆一一詳明；西州（今吐魯番東七十里阿斯塔那南五里 E89°40′•N42°50′）東西道上館驛名稱可知者亦數逾十五，且北朝已置驛，不始於唐。此其三。長安北通河上三驛道，分達靈（今靈武南）、豐（今狼山、晏江間約 N41°•E107°40′-50′）、勝（今托克托西黄河南十二連城 E111°•N40°13′）三州，豐州驛使通傳長安不過四日餘，亦盡中古驛傳快捷之能事。而河上重鎮之天德軍（約 E109°•N41° 之西北，今烏梁素海東北水濱），其地望久不能詳，近亦準確知之。且賈耽所記天德軍東通雲中（今歸綏、托克托

⑭ 中外史地考證前言。

⑮ 瓜沙伊州間驛道，詳見沙州都督府圖經（羅振玉鳴沙石室佚書本）。吐魯番出土文書現僅出版至第六冊，所見館驛不多；此處所云館驛數逾十五，係據新疆歷史文物頁五一。

間）之塞外道，爲自古用兵之要，後人無能明之者，亦得據今圖，考故事，一一證之。此其四。唐與回紇邦交常睦，有豐州高闕（今狼山口E107°25′•N41°20′，或石蘭計口E107°30′•N41°20′）、甘州居延海（約E101°30′•N42°30′）、庭州特羅堡子（今北塔山南，約E90°30′•N45°稍南地區）三道相通。此三道今雖不能詳，但大要途程可曉。且回紇入唐先取鸊鵜泉入高闕至豐州，南下靈、夏（今白城子E108°50′•N38°），後避吐蕃之逼，使臣商旅乃由高闕東行繞經天德、振武（今歸綏、呼和浩特），取太原入長安，迂迴千餘里，是亦非研史者所能想像。此其五。東北邊塞，居庸（今關）、古北（今古北口）、盧龍（東晉至唐道出青陘，蓋今青山口E118°35′•N40°25′）、渝關（今山海關）四道並出，而取途不詳，今得歷歷指證。此其六。飛狐（E114°35′•N39°35′）之險，久著史册，而關隘之要，因時代而轉移，中古北魏前期，尤爲入塞之第一要道，南北通使，君主南巡，皆所取途，朔代之雁門反居其次，此寓有經濟、歷史、地理之意義，非一般讀史者所能想像得之。此其七。劍南邊區，諸道並出，而通南詔之青溪、石門兩道爲著，此蠻書已著錄者，前人考研，頗失粗疏，今皆詳爲比證，事乃大明。此其八。雲南通安南交州之陸道，前人論者多家，⑯皆以今紅河線當之；實則取葉榆河谷，今盤龍江。此其九。以上所言，皆邊區也。反顧內地，長安、洛陽爲西東兩都，交通至繁，沿途館驛相次，檢柳蔭翳，軒騎翩翩，鈴鐸應和，固唐代之第一大驛道也。以云途程，必謂大抵與今隴海路相當，而實不然。自崤山以東，南取永寧（今洛寧東北、三鄉鎮西北），東循洛水，與今道異，與漢以澠池、新安道爲主者亦異。而兩都間計程八百餘里，置驛三十四五，今考其名號尚十得八九。他如長安太原道、洛陽太原道、藍田武關道、駱谷道、

⑯ 吳承志唐賈耽記邊州入四夷道里考實卷三（劉氏求恕齋叢書本）；伯希和著、馮承鈞譯交廣印度兩道考（商務史地叢書本）；向達蠻書校注卷一及六（1962年中華書局本）；方國瑜古涌步之位置及步頭之方位（滇史論叢第一輯）。

褒斜道、金牛道、荆襄道、太行東麓走廊道等，館驛名稱亦頗有可考者。凡此館驛多出於詩人之吟詠，而可考位其今地，亦出想像之外也。此其十矣。此外如褒斜、陰平諸道之名實，洛南三關、太行八陘之通塞，黃河關津之建置，永濟通渠之流程，三峽水運之興盛，大堤商貿之繁榮，渤海海運之發達，河套、代北水運之績效，以及東南沿海海運之萌芽，諸如此類殆難盡列。

大抵唐代交通以長安、洛陽大道爲樞軸，汴州（今開封）、岐州（今鳳翔）爲樞軸兩端之伸延點。由此兩軸端四都市向四方輻射發展，而以全國諸大都市爲區域發展之核心。如東北之太原（今晉源）、幽州（今北平），西北之靈州（今靈武南）、涼州（今武威）與鄯州（今樂都），西南之成都，東南之揚州，直南之荆州（今江陵）；而廣州、交州（今越南河內）則對外海運之港口也。全國大道西達安西（或至葱嶺），東窮遼海，北踰沙磧，南盡海隅，莫不置館驛，通使命，而國疆之外，凡唐之聲威所曾屆達處，亦頗有中國館驛之記錄。⑰ 唐制三十里一驛，開元盛時，凡天下水陸驛一千六百三十九所，量閑劇置船馬。水驛船數自兩隻至四隻，陸驛馬數自八匹至七十五匹，都亭驛有踰百匹者。按實考之，驛距疏密無定準，交通繁忙大道或不到三十里，而邊遠地區，有疏距八十里以上者，⑱ 平均距離當在四十里以上，則全國驛道踰六萬五千里。交通路線既長，驛置船馬亦夥，可想見其時之交通量。官驛之外，民間亦置私驛客舍供商旅，沿途寺院亦具客舍之作用。⑲ 前文已言兩京大道交通繁忙，國史補記澠池道中一次前車故障，後隊客旅鈴鐸數千，羅擁不能行，尤見兩京交通之盛況。而通典（卷七）云，「東至宋（今商丘）、汴，西至岐州，夾路列店肆待客，酒饌豐溢，每店皆有驢賃客乘，倏忽數十里，謂之驛驢。南

⑰ 三國史記三七地理四引賈耽古今郡國志：「渤海國南海、鴨淥、扶餘、柵城四府。……自新羅泉井郡至柵城府，凡三十九驛。」

⑱ 長安西通安西驛道篇下引沙州都督府圖經，瓜、伊間大磧道九百里，中間置十驛，半數驛距在八十里以上。

⑲ 續高僧傳二五法琳傳，以百牢關爲四方衝會，「乃宅寺關口，用接遠賓，故行旅賴之。」

詣荆、襄（今襄陽），北至太原、范陽（今北平），西至蜀川（指成都）、涼府（即涼州），皆有店肆以供商旅，遠適數千里，不持寸刃。」則四方交通亦顯活絡。杜翁詩云，「久客多枉友朋書，素書一月凡一束」。⑳ 私人信件來往頻繁，正見當時交通之便利也。

交通之外，有隨文旁涉者，如國疆，如互市，如軍鎮，如唐詩地理等。玆僅以國疆言之。古代國疆，載籍模糊，前人繪圖，多以意爲之，不得已也。但至唐已可略考。乃楊守敬歷代輿地沿革圖之唐地理志圖，竟繪唐代西疆止於瓜（在沙州東）、沙（今敦煌），其西北之伊（今哈密）、西（今吐魯番東七十里阿斯塔那南）、北庭（今孚遠北二十里破城子）皆摒於唐疆之外。按安西（今庫車）、焉耆（今縣）各自爲國，中央僅置鎮戍，爲之統攝，其勢雖略勝於今日蘇俄之於東歐，然究非中國正州，摒歸藩屬，不入版圖，猶自可也。但其東之伊、西、北庭三州，乃唐室正州，在括地志三百六十州之列，通典、元和志、唐書地志亦在版圖，其行政領縣視瓜、沙以東之正州絕無差別。庭州最西領縣爲輪臺，在州西四百二十里，約今阜康縣（E87°56′•N44°10′）地區，西州最西領縣爲天山，在州西一百五十里，約今托克遜（E88°35′•N42°48′）地區，唐有西州、庭州幾三百年，故唐代西疆最保留之擬定當在今迪化西山，與天山南支之阿海泉山口（約 E88°30′•N42°30′）。宋祖玉斧一劃，盡棄大渡河以南之地，㉑ 壯士斷腕，勢不得已；楊圖何竟率筆一揮，棄地幾三千里！自後日人箭內亙編東洋讀史地圖，一承楊圖，瓜沙以西皆屬蕃界，國人依樣葫蘆，一仍舊貫，㉒ 宜乎俄人謂新疆自古未入中國版圖矣！可爲一嘆！余詳考交

---

⑳ 杜翁暮秋枉裴道州手札遣興（鏡銓二〇）。

㉑ 方輿勝覽五六黎州大渡河條。

㉒ 楊圖刋於宣統元年（1909）。箭內亙圖初版於大正元年（1912），其後屢次增補及和田淸補本（昭和十五年1940）皆未更訂。箭內圖流通最廣，故國人所編地圖，多承其誤，如童世亨歷代疆域形勢圖即其一例。余所見最早將伊西庭三州繪入唐代版圖者，似以松井等、松田壽男所繪之唐代亞洲總圖爲最早，（刋東洋文化史大系之隋唐之盛世卷末，日本誠文堂新光社出版，昭和十三年1938。）余撰括地志序畧都督府管州考，作唐初括地志府州圖，（唐史研究叢稿，新亞研究所出版，1969年。）亦已將伊西庭三州繪入版圖。近人作圖雖已有改正者，但取箭內圖者仍甚多。國人治學，不但抄襲成風，而且盲目不知所擇，可爲一嘆！

通，必涉國疆所屆，凡所考獲，指證分明。例如北疆，自今迪化而東，循北塔山脈（N45°•E90°-93°）至吉奇吉奈山脈（N45°•E96°-99°），此唐代北庭通回紇道所經之國界也。又東微南，至戈壁阿爾泰、諾顏博格多山脈（約N43°•E101°-105°），即唐史所謂花門山也。居延海北三百里之花門山堡（約今鄂博圖廟E101°25′•N43°），蓋居延道中唐疆之最北鎮戍，杜詩「聞道花門破，和親事已非」，此其地矣。又東鸊鵜泉（約今烏尼烏蘇E107°30′•N41°45′至貢噶泉 E106°10′•N41°30′-40′ 地段）、木剌山（天寶間置橫塞軍，約今烏拉特中旗 E108°10′•N41°50′ 地區）、黑沙城（約今烏拉特後旗地段）、諾眞水汊（今百靈廟 E110°28′•N41°40′），此四地皆當磧口，屬唐境；其北屬突厥、回紇。又東雲州（今大同），「北至長城蕃界三百里。」殆今烏蘇木海子（E113°15′•N40°50′）地區。又東至大寧城（今張家口 E114°45′•N40°45′）北數十里，又東包禦夷故鎮（今獨石口、雲州堡之正中間，約 E115°45′•N41°10′）；今馬尼圖山脈東至獨石口外之長城，蓋即唐之國界歟？禦夷鎮塞外之冷陘山（契丹名炭山）即奚王避暑牙帳矣。又東南度雲嶺，一名墨斗嶺，唐置墨斗軍，在柳河（今伊遜河）西二十里，灤河北岸（約 E117°30′•N41°）。柳河即唐、奚國界也。又東北營州（今朝陽）西北百里有松陘嶺（約今朝陽西北大靑山 E120°5′•N41°40′ 處）；其西奚，其東契丹。而秦長城在此北二百里外，視唐疆爲遠屆矣。營州東出驛道，經燕州（今義縣），巫閭守捉城（約今北鎮），渡遼水至安東府故城（今遼陽）。城西北、東北八十里皆契丹境。蓋驛道線之北不遠處亦皆契丹境。以上所陳，皆唐代長時期穩定之北疆。就中除北庭通回紇道中之國界稍涉推測外，餘皆有實證，不可易。

凡此百端，皆詳徵史料，悉心比勘，精辨細析，指證詳明，俾後之讀史治史，凡涉政令之推行，軍事之進退，物資之流通，宗教文化之傳播，民族社會之融和，若欲尋其徑途與夫國疆之盈虧者，莫不可取證斯編，此余之職志也。至於解詩、正史，補唐宋志書之奪譌，糾明淸志書之失誤，皆餘事矣。

抑余嘗思，過去所出兩書，及此圖考，所得成果，無論規模與創獲，皆大出自我預計之外。推原其故，殆亦平生治學之方式有以致之。蓋余爲學，旣詳徵史料作深入之研究，又期廣被於全面，嚴密組織，成其系統。深入與廣面本難兼顧，而余奮力爲之。余才思平庸，尤病遲鈍與記憶，特以強毅沈潛，遵行計畫，深思慮，窮追索，不畏艱辛，不求近功而已。幸故籍不吝其寶，勤力能用心思者，皆得深掘冥搜，出其隱蘊，加以仔細辨析，精心組構，宜能密實有獲，且具規模也。方今青年學子每以治學相詢，當以誠告，不覺坦言，語病自信，讀者諒之！

再者，當代前輩學人晚年著述，往往寄寓心曲，有一「我」字存乎筆端。㉓余撰此書，只爲讀史治史者提供一磚一瓦之用，「今之學者爲人」，不別寓任何心聲意識。如謂有「我」，不過強毅謹密之敬業精神與任運適性不假外求之生活情懷而已！再則，古人云「讀萬卷書，行萬里路」。少年時代，深契斯言，初中畢業，嘗欲投考安徽二中，以就黃山，而未果，意甚憾之。民國三十四五年，在李莊本所，聽李霖燦先生講玉龍雪山，㉔峻拔雄麗，異花積雪，令人神往，平生聆講，感受之深，至今不忘，未有逾於此者，亦好奇探勝之心情也！今者，書讀萬卷固有餘，路行萬里，則托足空航，留鴻異域耳；祖國山河，惟泝三峽，攀峨眉，攬青城，登鍾阜而已。乃於古人詩文書史故紙堆中，遍識華宇山川形勢，景物民情，舟車繁會，夷夏走集，僧道遊化，墨客吟踪，以及關塞鎭戍，政區背景，戰略進退，興亡百端；「讀記憶仇池」，㉕神遊千萬里，亦靜坐書齋之一賞心

㉓ 參看余英時陳寅恪的學術精神和晚年心境（明報月刊1983年1月號、2月號；收入陳寅恪晚年詩文釋證，時報出版公司。）及拙作史學二陳（大陸雜誌六十八卷一期；收入治史答問第十七篇，臺灣商務印書館。）

㉔ 在雲南麗江縣北，張編地圖集・雲南地形圖約 E100°10′.N27°5′。中國地圖集同，海拔 5596公尺。

㉕ 杜翁秦州雜詩卒章（詳注七、鏡銓六）。按仇池山爲中古時代文人嚮往之避世勝地，詳第三卷・附篇三中古時代之仇池山。

樂事也。如謂有「我」，此又其一端矣！

此書撰述，尚未竣事，本不期即時出版，承丁邦新、管東貴、毛漢光、陳慶隆諸位先生之雅意，多方籌劃，又承黃慶樂先生繪製地圖，廖華淑、廖幼華兩位小姐之謄錄與校稿，華淑小姐且爲編製引得，而印刷諸務委煩盧建榮先生，賴諸同人之協力，俾此稿能早日問世，衷心感荷，並此謹致謝忱。

草序既竣，不覺念及傅孟眞先生。若當年先生不能大公無私接納一位毛遂自薦之陌生青年，或不能雅量優容其入所前即愍拒第一項指令，㉖則余縱能勤力爲學，成績所獲，定必遠遜。先生胸懷之磊落，愛護青年之熱忱，令人至深感念，走筆至此，不禁涕淚之交零也！

一九八四年十月十日初稿，十四日增訂再稿，二十日三稿。嗣續飾訂，十一月四日畢功。承徐敘賢、殷正慈兩位學長指正數字，謝謝。一九八五年四月四日初校，十六日再校，增交通概況一節。五月九日三校定稿。時在七十歲駒隙中，敬以獻慰

雙親暨諸兄嫂在天之靈

㉖ 詳見我對傅孟眞先生的感念。（刊仙人掌雜誌第一卷第一號中國的出發，一九七七年三月。）

凡　例

1.全書以區域分卷，以路線爲篇。每篇考論沿途所經州府軍鎭、館驛津梁、山川形勢、道里遠近，並及古蹟詩篇，引證史料繁富，且多委曲辯論處，故文體至繁，若以一般「常行體」爲之，勢必使讀者如墜五里霧中，不辨東西。故各篇惟引言及綜結用「常行體」，其本論皆採「綱目體」，期能以簡馭繁，使讀者易於領會。（最後改訂稿，本欲改用「複合體」，惟預計費時太多，不克如願，只於目文中，就可獨立爲節目者，加小標題，以助檢讀。）至於附篇各文，則不拘體式。

2.本論綱文大字頂格，目文小字低格，以淸眉目，使綱目分明，不致混淆。讀者若只欲略識大體，可僅讀大字綱文；若欲明悉得此綱文之原委，則須詳讀小字目文。惟引言與綜結無綱文目文之別，故只用小號字，讀者仍須詳看。

3.簡注書於正文中，以（　）識之。較詳之注，以①②③……識之，分別排於正文本頁之下欄。

4.（　），除注今地及作其他簡注外；引書原文有脫佚或省略者，亦加（　）以補足之。又引書原文中有〔　〕者，其前一字疑爲此字之譌。

5.數目字以中文書寫爲原則。惟下列數字用阿拉伯字書寫：　一、經緯度。　二、海拔高度（以公尺計爲原則）。　三、（　）中西元年數。　四、目文中里數有須作表或比論里距作計算者。

6.除標目外，所有人名、地名、書名、年號皆標專用符號，以便閱讀。

7.地名今釋，除別有考證者外，大體以讀史方輿紀要（參靑山定雄中國歷代地名要覽）、嘉慶一統志及臧勵龢等中國古今地名大辭典（商務出版）爲依據。故今地實包括淸代而言。

8.參考地圖，以張其昀主編、「國防研究院」出版「中華民國」地圖集（簡稱張編地圖集）及美國 Opera-tional Navigation Charts（簡稱 ONC）爲主，間亦參考其他地圖。兩圖經緯度偶有參差而不能判斷何者可能較準確者，則折衷書之，旨在使讀者能在任何地圖中識別此地名之大體位置。

9.每篇考論結果，皆繪成地圖，附於每篇之末，以便讀者之瞭解與應用。有數篇合繪一圖者，則以置於最後一文之後為原則。諸圖皆由作者繪製稿本，請黃慶樂先生技術謄繪。限於種種條件，諸圖標記及文字大小不能一致；且所製地圖僅能略示大體，若圖中經緯度與篇中文字有出入者，以文字為準。

10.本書主要為考論唐代國內交通路線。對外交通，除北通回紇，東北通奚及契丹外，皆未論及。蓋對外交通路線除唐代志書所記者外，其他可考資料殊少，況國際學人多有大體之研擬，余亦無力更事詳考，故輯錄唐史舊文附於編末，以待後人作進一步之研究。

11.末附參考書目，以本書曾引用者為限，不煩濫列。就基本書籍言，可謂已參取殆遍；惟惜宋元明清方志未能一一旁參，亦勢不得已也。

12.此書涉及唐代地名極多，為便於檢讀計，各卷末皆附「綱文古地名引得」，其兩卷合訂一冊者，則合編「引得」，置於冊末，逮全書出齊後，再編「總引得」，附於全書之末，以增加讀者之便利。惟附篇多非綱目體，故其古地名未能編入。

唐代交通圖考

第一卷　京都關內區

目　　次

篇壹　兩京館驛

唐代兩京館驛可考者尚頗多，今大略以長安、萬年、洛陽、河南四縣境域及伊闕關南爲範圍，考其館驛名稱與位置，以見兩京館驛佈署之梗概。

上、西京長安館驛

（1）都亭驛　西京置都亭驛，在朱雀街西，城中心地帶；然城東南隅曲江池北亦見有都亭驛。都亭驛爲使臣、官員出入之總滙。六典云置馬七十五匹，蓋亦因時代不同而有增損，可多至百匹以上。

續高僧傳四玄奘傳述其歸國時事云：

「從故城之西南至京師朱雀門街之都亭驛二十餘里，列衆禮謁，動不得施。」是唐初都亭驛在城中心朱雀街也。程大昌雍錄三唐都城內坊里古要跡圖，都亭驛在朱雀街西、自北而南第四坊。又卷八：「都亭驛……在朱雀街西，近鴻臚寺。」是卽玄奘傳所指者。又通鑑二六〇，乾寧二年，王行瑜殺韋昭度、李谿於都亭驛。胡注：「都亭驛在朱雀門外西街含光門北來第二坊。」亦卽含光門南第二坊。檢兩京城坊考圖（據平岡武夫唐代之長安與洛陽地圖篇摩繪本），當在朱雀街西之第一街由北而南第二坊。疑卽在通義坊東，坊名闕考之坊。是胡注所指亦在朱雀街西側，惟爲自北而南第二坊，非第四坊耳。而長安志九，敦化坊「東門之北，都亭驛。」兩京城坊考三，同。是在西京東南隅曲江池之北，地在朱雀街東甚遠。此兩說皆甚古。蓋唐京師城中本有二都亭驛；或者先置於朱雀街西側都城中心地區，後移置東南隅歟？然兩京皆有兩都亭驛，似不能以遷徙爲解也。

唐會要六一館驛目云：

「（開元）十五年四月十日敕：兩京都亭驛應出使人，三品以上及淸要官，驛馬到日，不得淹留，過時不發；餘並令就驛進發。」（文字疑有缺譌。）

又舊一九上懿宗紀云：

「（咸通）十四年春正月，……御史中丞韋蟾奏：應諸州刺史除授，正衙辭謝後，託故陳牒請假。……自今後，……應內外除官入京，合便朝謝。如遇假日，且合在都亭驛。近日多因請假，便歸私家，既犯條章，頗乖禮敬。自今以後，望準故事，如未朝謝，須於都亭驛。」

此兩條皆見都亭驛爲使臣、官員出入之總滙。李端有都亭驛送郭判官之幽州幕府詩（全唐詩五函三册），當即西京都亭驛也。六典五兵部駕部郎中目云：

「量驛之閑要以定其馬數，都亭七十五匹。」

此當是開元二十四五年時都亭驛馬數。參之下文洛陽都亭驛馬數，則數額當常有變動，或多至百匹以上。都亭爲使臣官員出入之總滙，固宜多馬也。

（2）長樂驛　武后聖曆元年置。在京師長安城東牆北來第一門通化門外七里，長樂坡上，東臨滻水，西去都亭驛、東去滋水驛各約十三（五？）里。以其爲京師東行主幹驛道之第一驛，潼關、武關、蒲津關三道之總道口，故公私送迎筵餞皆集於此，至爲熱鬧。

長安志一一萬年縣目：

「滋水驛在縣東北三十里。兩京道里記曰，隋開皇十六年置。長樂驛，在縣東十五里，長樂坡下。兩京道里記曰，聖曆元年勅，滋水驛去都亭驛路遠，馬多死損，中間置長樂驛，東去滋水驛一十三（五？）里，西去都亭驛一十三（五？）里。」

按御覽六二引兩京記：「滻水西岸有阪，舊名滻阪。隋文帝惡阪之名，改名長樂坡。」元和志一萬年縣目，同；而云坡在縣東北十二里。通鑑二二八建中四年紀，胡注亦云坡驛在滻水西，因北對長樂，故名。（同書二二〇胡注作滻東，誤。）又長安志七唐京城目：「東面三門，北曰通化門。門東七里長樂坡上有長樂驛，下臨滻水。」里數不同。按驛程里距當以驛館爲準，所謂滋水驛三十里者蓋自都亭驛數之。舊書地理志京師目，京城東西十八里餘，南北十五里餘。前考前期都亭驛在朱雀街西，則東至通化門至少九里。又有都亭驛在敦化里，蓋後期移址，北至通化門里距應略相當。長樂驛在都亭、滋水兩驛間，故云在通化門東七里也。通鑑二二八，建中四年，涇原兵反於滻水，還趨京城。姚令言在禁中，聞之，馳至長樂驛，爲兵士擁而西至通化門。正以通化門當都亭、長樂驛道也。驛臨滻水，故或稱水館，李商隱有雨中長樂水館送趙十五滂不及詩（全唐詩八函九册）。

舊一九五廻紇傳，至德二年十一月，「葉護自東京至，勅百官於長樂驛迎。」通鑑二二〇，同。又舊一二〇郭子儀傳：「乾元元年七月，破賊河上，擒……安守忠以獻，遂朝京師。敕百僚班迎於長樂驛，帝御望春門待之。」又通鑑二六二，天復元年，昭宗被脅遷鳳翔。朱全忠來援，「至長安，宰相率百官班迎於長樂坡。明日行，復班辭於臨皋驛。」同書二六四，天復三年，朱全忠東歸，「百官班辭於長樂驛。」是諸盛大之公式集體迎送，皆在此驛也。又柳宗元爲楊湖南謝賜設表（全唐文五七一）：「中使某乙至，奉宣聖旨，賜臣長樂驛設者。恩榮特殊，宴飲斯及。」劉禹錫爲東都韋留守謝賜食狀（全唐文六〇三）、爲杜相公自淮南追入長安至長樂驛謝賜酒食狀（同前）及李商隱爲中丞滎陽公赴桂州長樂驛謝賜設饌狀（全唐文七七三）皆略同。是大臣出入，皇帝往往命中官賜食於此，以示送迎也。又權德輿謝借飛龍馬狀（全唐文四八五）：「今月十日，中使張少禺至長樂驛，……借臣前件馬送出府界者。」是不設食而賜借諸事亦在此驛也。私人送迎尤頻。白居易有長樂亭留別詩（白長慶集五七、全唐詩七函六册居易集二七），祖詠有長樂驛留別盧象裴總詩（全唐詩二函九册），及前引李商隱雨中長樂水館送趙十五滂不及詩皆可見。唐摭言六公薦目：「崔郾侍郎既拜命於東都試舉人。三署公卿皆祖於長樂傳舍，冠蓋之盛，罕有加也。」此大規模之私人送行矣。白居易勸酒詩（白集五七）云：「何處難忘酒，青門送別多，……烟樹灞陵岸，風塵長樂坡，此時無一盞，爭奈去留何！」蓋長樂送行，多具祖筵可知矣。

以上所引具體事例大抵以出潼關者爲多，惟柳宗元爲楊湖南謝賜設表及李商隱爲滎陽公赴桂州長樂驛謝賜設饌狀，當取道藍田。祖詠長樂驛留別盧象裴總詩云：「灞水行人絕，商山驛路深。」亦取道藍田。又新二〇八宦者楊復恭傳：「孔緯出守江陵，（復恭）使人刼之長樂坡。」亦道由長樂入藍田之證。至於由長安至同州蒲津關方向，亦有取此道者，如杜翁自京赴奉先縣詠懷（詳注四）云，「凌晨過驪山，御榻在嵽嵲」「北轅就涇渭，官渡又改轍。」卽當經長樂至昭應，轉北渡渭水也。又如通鑑二五八，大順元年，張濬伐太原李克用。五月「壬子，發京師……兩軍中尉餞濬於長樂坡。」尤其的證。

長安東出潼關至東都，東南出武關至荊襄，爲唐世交通最繁之兩道，皆首途於此驛；長安至同州、太原亦或經此；故此驛最頻見於文史。如舊一五三姚南仲傳、新二〇〇儒學鄭欽說傳、韋蟾長樂驛謔李湯給事題名（全唐詩九函三册），蓋不勝枚舉矣。

（3）滋水驛、霸橋驛　隋開皇十六年置滋水驛，蓋以水受名。滋水又名霸水，架石爲橋，卽有名之霸橋，置霸橋鎭。驛近橋、鎭，故又名霸橋驛。其地爲京師長安城東面交通之咽喉、軍事之要衝，長安祖餞，情誼篤厚者，更至此驛。

滋水驛以開皇十六年置，在萬年縣東北三十里，去長樂驛十三（五？）里，詳前引長安志一一萬年縣本驛條。按此云縣東北三十里，乃自都亭驛數之，其距城垣不過二十里耳。又「十三」蓋「十五」之譌，亦詳前條。

考唐臨冥報記中（大正藏經二〇八〇）云，貞觀十七年，孫廻璞由齊州回京，經閿鄉，度關，至滋水驛。南部新書戊，「滋水驛在長樂驛之東，睿皇在藩日經此廳。」又廣記四五丁約條引廣異記，入京之道，過驪山至滋水驛。是此驛見史頗早，爲京師東出必經之道。

又通鑑二六四，天復三年，朱全忠東歸，「百官班辭於長樂驛，崔胤獨送至霸橋，自置餞席。」同書二六二，光化三年六月，貶王摶崖州司戶，宋道弼長流驩州，景務脩長流愛州，賜自盡。「摶死於藍田驛，道弼、務脩死於霸橋驛。」胡注：「霸橋驛在長安城南〔東之譌〕，近霸橋。」近霸橋是也。崔胤送全忠至霸橋置餞席，亦在驛中耳。檢元和志一京兆萬年縣目，「霸水在縣東二十里。霸橋，隋開皇三年造。唐（永）隆二年仍在舊所創制爲南北二橋。」又云：「白鹿原在縣東二十里，亦謂之霸上。」是霸橋驛亦在縣東二十里，當東出潼關驛道也。

考漢書地理志京兆南陵縣條：「霸水亦出藍田谷，北入渭，古曰滋水，秦穆公更名以章霸功。」① 水經注一九渭水注，同。則滋水卽霸水，滋水驛卽霸橋驛也。長安志一一，萬年縣，「霸橋鎭在縣東二十里。滋水驛疑在此。」蓋得之。

六典七工部卷，「凡天下…石柱之梁四。」宋本注：「洛三，灞一。…灞則灞橋也。」② 杜頠灞橋賦（全唐文三五八）：「褭褭紅橋兮。」蓋柱爲石建，而橋欄作紅色也。

雍錄七霸水雜名目云：

「此地最爲長安衝要，凡自西東兩方而入出嶢、潼兩關者，路必由之。」

按潼關進出固不待言。其嶢關進出者，如前引通鑑光化三年條卽其例。紀要五三長安縣霸水條，歷舉秦漢以下故事尤爲詳悉。玆不贅。

祖餞或在此驛，故杜頠灞橋賦云：「爾其居人出祖，連騎將分」，「莫不際此地而舉征袂，遙相望兮愴離。」如李白有灞陵行送別（全唐詩三函五册），劉禹錫有請告東歸發灞橋却寄諸僚友（全唐詩六函二册禹錫集四）及前引通鑑天復三年崔胤送餞朱全忠事，皆其例。蜀道驛程記上，「灞橋，橋旁兩岸皆植楊柳，古名銷魂橋。」蓋唐人送別者多于此，故膺此名。

又岑參有滻水東店送唐子歸嵩陽詩（全唐詩三函八册）云：「野店臨官道，重城壓御堤。」是長樂、霸橋兩驛之間臨道尙有私家店，送行者得隨意憩送也。

（4）臨皐驛　此驛蓋隋已見置，在京師長安城西牆北來第一門開遠門外約十里，蓋濱臨渭水，當中渭橋處，東去都亭驛、西去咸陽縣皆二十里。以其爲京師西出主幹驛道之第一驛，凡西行踰隴坂出西域，西北赴奉天至

① 「古曰」以下，舊譌作師古注，從錢大昕說改，見補注引。

② 參玉井是博南宋本唐六典校勘記，刋支那社會經濟史硏究。

朔方，西南出散關至劍南，皆所取途，故公私祖餞率聚於此，如城東之長樂驛。

元和志一京兆府咸陽縣，「臨皐驛在縣東南二十里。」長安志一三咸陽縣目，同。又長安志一二長安縣，「臨皐驛在縣西北一十里開遠門外，今廢。」蓋驛當長安咸陽之界歟？據此，咸陽距長安三十里。然元和志、寰宇記皆作四十里，長安志一三亦云咸陽縣郭去府四十里。蓋至城內都亭驛四十里歟？則至開遠門約一十里之譜耳。或者長安志「一十」爲「二十」之形譌，未可知也。復按元和志京兆府，咸陽縣正東微南至府四十里。中渭橋在縣東南二十二里，本名橫橋，駕渭水上。寰宇記二六，畧同，惟作二十里。又長安志一三咸陽縣，亦云中渭橋在縣東南二十里。雍錄六·三渭橋條，在咸陽東南二十二里者爲中渭橋，秦始皇造。中渭橋當在咸陽至長安大道上，東去長安、西去咸陽各約二十里之譜，是與臨皐驛之方位畧相當，蓋卽近橋置驛也。

考法琳廣弘明集一七舍利感應記：「廓州於法講寺起塔。舍利初發京下，宿於臨皐。」時在隋仁壽元年。此似爲臨皐一名之最早見者，是達西域道之首途也。唐世史例尤多。如：

舊一六〇韓愈傳：「鳳翔法門寺（畧）有釋迦文佛指骨一節，……（元和）十四年正月，上令中使杜英奇押宮人三十人香花赴臨皐迎佛骨，自光順門入大內。」

北夢瑣言一四：「鳳翔李茂貞……擁兵至臨皐驛，請誅宰相。」舊一七七杜讓能傳、新五代史四〇李茂貞傳及通鑑二五九景福二年條，均同。

通鑑二六二天復元年紀：李茂貞邀車駕至鳳翔，朱全忠西討，「至長安，宰相帥百官班迎於長樂驛。明日行，復班辭於臨皐驛。」

顏眞卿鮮于仲通碑：天寶中，爲劍南節度使，有功於西山，敕赴京師。「至臨皐驛，上令中貴人勞問。」（全唐文三四三）

舊一四〇劉闢傳：闢反於西川，被擒。「及至京西臨皐驛，左右神策兵士迎之，……曳而入。」新一八二李固言傳：「爲西川節度使，詔雲韶雅樂卽臨皐驛送之。」

沈既濟任氏傳：在長安，爲鄭子所眷，將適金城，鄭之友韋君「出祖於臨皐，揮袂別去，信宿至馬嵬。」（廣記四五二引）

王諫爲郭令公出上都赴奉天行營（署）謝表：「臣今日巳時至臨皐驛西，開府魚朝恩奉宣進止，賜臣錦戰袍等。」

據此諸條，凡西行至鳳翔、隴西或西南入蜀，或西北赴奉天出朔方，皆以此爲首途也。故公私迎送皆在此驛。朱全忠一條，尤爲最佳史例。唐會要六一館驛目：「長慶元年……四月敕……自今以後，中使乘遞，宜將券示驛吏，據券給馬，……不得勒供。下後，從長樂、臨皐等驛，準此勘合。」蓋此兩驛爲城東西最繁忙之館驛，故舉爲代表也。

（5）秦川驛　在京師長安城南門外或稍偏東之近處。西南至鄠縣（今縣）七十里，東北至昭應縣（今臨潼）五十里。

舊五代史九〇張筠傳：「弟籛，……同光末，……權知西京留守事。蜀平，王衍挈族入朝，至秦川驛，莊宗遣中使向延嗣乘驛騎盡戮王衍之族。」又見同書七二張居翰傳。通鑑二七四，天成元年，「（向）延嗣至長安，盡殺衍宗族於秦川驛。」而蜀檮杌上作秦州驛。按長安志一五鄠縣，「（縣）驛在北門內，東北至本府秦川驛七十里。」據元和志、寰宇記，鄠縣在府西南六十五里。則此驛近長安城，不在城西，卽在城南。又長安志一五臨潼縣，「昌驛亭在縣西南五十步，……西至本府秦川驛五十里」。及下文太寧驛目引長安志一一萬年縣太寧驛條，皆見秦川驛東至昭應縣五十里。而昭應去都亭驛五十八里，去長安城五十里。則秦川驛不得在城西，而當在城南偏東近處。故唐宋志書記鄠縣至長安城六十五里，至秦川驛七十里也。又據此，蜀檮杌作「秦州」，形譌。復考五代會要一七雜錄，「周顯德二年四月三日勅」本注：「時有庾元晟，居秦、雍間，拜殿中侍御史，遽入秦州驛。」亦形譌也。

（6）太寧驛、城東驛　太寧驛在京師東城門外草市，西至秦川驛四里，東至昭應縣四十六里。有所謂城東驛者，蓋卽此驛歟？

前於長樂驛條引長安志一一萬年縣目滋水驛、長樂驛一節，參之他證，知長樂、霸陵爲北道，亦爲主道。長安志同卷又云：

萬年縣「太寧驛在縣城東草市，東至昭應驛四十六里，西至秦川驛四里。」

按此驛旣在城東草市，而秦川驛又在城南偏東近處。故此驛位置當在城東南。是此道爲出城東行之南道也。

又舊一〇七庶人瑛傳：「廢爲庶人，……俄賜死於城東驛。」通鑑二一四，開元二十五年，「（太子）瑛、（皇子）瑤、琚尋賜死城東驛。」按太子等賜死當不在長樂驛，云城東驛者蓋此驛歟？

（7）五松驛　此驛見白居易、李商隱詩，蓋在京師東南赴藍田道中望秦嶺之北。

白居易有自望秦赴五松驛馬上偶睡睡覺成吟（白長慶集八）云「長途發已久，前館行未至。」③又李商隱有五松驛詩（玉谿詩注一、全唐詩八函九册）云：「獨下長亭念過秦，五松不見見輿薪，只應旣斬斯高後，尋被樵人用斧斤。」馮注：「此驛在長安東。」按據白詩，此驛當近望秦。檢白長慶集一五又有初貶官過望秦嶺云：「草草辭家憂後事，遲遲去國問前程，望秦嶺上回頭立，無限秋風吹白鬚。」本注：「自此後詩，江州路上作。」接下卽藍橋驛見元九詩、韓公堆寄元九、發商州等詩，則望秦嶺當在韓公堆、藍橋驛（詳藍田武關驛道篇）之北，蓋出長安東南行路上第一山嶺也。云五松驛在長安東，蓋得之。當在入藍田道上，但亦甚難定其位置。

（8）故驛　自唐盛時至晚唐皆見有故驛之名，在京師長安城赴藍田道中，是驛名，非故舊之泛稱也。

舊一〇五王鉷傳：「男準除名，長流嶺南承化郡，備長流珠崖郡，至故驛，殺

③　按此詩題之「望秦」，全唐詩原刻本七函二册及同文本卷一五皆作「秦望」，似在杭州作者。然李詩明見驛在關中，全唐詩誤，故不取。

之。」又一〇六李林甫傳：「太子妃兄駙馬都尉薛鏽長流瀼州，死於故驛。」而通鑑二一四，開元二十五年，「流鏽於瀼州，……賜死於藍田。」則故驛似在藍田境，當武關道，但似可釋爲舊驛。然李商隱故驛迎弔故桂府常侍有感（全唐詩八函九册）云：「二紀征南恩與舊，此時丹旐玉山西。」出迎於故驛，而在玉山之西，則此故驛亦在京師至藍田間無疑。京師藍田相距不過數十里，則此故驛即開元時代之故驛可知矣。先後相去百數十年，此驛皆稱「故驛」，殆非舊驛館之謂歟？

大抵長安東出有南北兩道。北道出通化門，經長樂驛、滋水驛至昭應縣，向潼關、東都；南道出延興門（東面南首第一門）或春明門（東面中間）至太寧驛（或即城東驛），經故驛、五松驛至藍田縣，向武關、鄧、襄。但赴昭應亦可取太寧驛道，赴藍田亦可取長樂、滋水驛道。

(9) 鍾陽驛　長安有此驛，見盧照鄰詩。可能在京師西南至鄠縣道中之秦社鎮、鍾官故城。若然，則已入鄠縣境。

盧照鄰有奉使益州至長安發鍾陽驛（全唐詩一函九册）。按時都洛陽，此驛似當在長安，但地望不明。然元和志二，鄠縣有「鍾官故城，一名灌鍾城，在縣東北二十五里，蓋始皇收天下兵器銷爲鍾鐻，此或其處。」度其地望，正當在長安入駱谷道上，與秦社鎮相近。鍾陽驛不知是否其地；若然，則已入鄠縣境。復考通鑑二五九，景福元年三月，「西川將李簡邀擊（楊）守忠於鍾陽。」胡注：「九域志，綿州巴西縣有鍾陽鎮。」雖地名相同，但與盧詩地望相去太遠，實非其地。

(10)細柳驛　此驛見權德輿詩，在京師外郊，但方位不詳。

權德輿有細柳驛詩（全唐詩五函八册德輿集六）云：「細柳肅軍令，條侯信殊倫。」檢元和志京兆府節屢見細柳之名云：

萬年縣，「細柳營在縣東北三十里，相傳周亞夫屯軍處。今按亞夫所屯在咸陽縣西南二十里；言在此，非也。」

長安縣，「細柳原在縣西南三十三里，別是一細柳，非亞夫屯軍之所。」（此條寰宇記二五，全同。）

咸陽縣，「細柳倉在縣西南二十里（寰宇記二六作三十里），漢舊倉也。亞夫軍次細柳，即此是也。張揖謂昆明池南，恐爲疏遠。」

據此，傳說中之細柳凡四處。蓋唐中葉最流行之傳說，亞夫所屯在萬年東北三十里之細柳營；而元和志則主咸陽西南二十里之細柳倉。按周亞夫軍細柳，見於史記文帝紀、周勃世家及匈奴傳。匈奴傳云「長安西細柳。」是更在唐代長安之西無疑。而元和志主咸陽西南二十里之說，則本之括地志，（引見絳侯世家正義。）是亦在長安之西也。然傳說轉移，亞夫軍屯在長安之西，仍不害唐代細柳驛有在萬年東北之可能，故其地以細柳營爲稱，相傳爲亞夫所屯也。若驛在萬年東北三十里之細柳營，或在長安西南三十三里細柳原，則當屬本文所考之範圍。若在咸陽西南二十里之細柳倉，則非在本文範圍矣。今姑附著西京館驛之末。

下、東京洛陽館驛

(1) 都亭驛　東都洛陽城洛水北區又分東西兩區。西區之東半爲東城，西半爲宮城與皇城。東區爲街坊，東西六坊，南北五坊。東城之東第一南北坊之中間一坊曰清化坊，其東隔一坊爲北市，市南一坊曰景行坊。此兩坊皆有都亭驛。駕在西京，則洛陽都亭驛有馬九十匹；駕在東都，則有馬一百五匹，不知何時之制。

前於長安都亭驛條引唐會要館驛目，即兼洛陽都亭驛而言。洛陽都亭驛屢見載籍。如太平廣記一二一江融條，「徐敬業反，被羅織，……斬于東都都亭驛前。（出朝野僉載。）」同書一五三崔朴條，「張宿……宣慰山東，憲宗面許，廻日與相。至東洛都亭驛暴卒。（出續定命錄。）」舊一五四呂元膺傳，洛城之變，留守防禦官二人、都亭驛卒五人，皆潛受李師道僞職。（又見舊一二四李師道傳。）是也。又舊八七裴炎傳，光宅元年，「斬炎于都亭驛之前街。」

新一九一忠義王同皎傳，謀誅武三思，事覺，「斬同皎於都亭驛。」舊五代史一四三禮志下，後唐天成四年八月，「明宗……御文明殿，追册昭宣光烈孝皇帝。……册使（衙）盧質押册出應天門，……入都亭驛，翌日登車赴曹州。」亦皆洛陽都亭驛也。

元河南志一云：

「洛水之北東城之東第一南北街，北當徽安門西街凡六坊街。從南第一曰承福坊，次北立德坊，次北清化坊。……唐有左金吾衞、都亭驛。」

「東城之東第三南北街、北當安喜門西街凡六坊。從南第一曰溫洛坊，其東〔北之譌〕景行坊，次北北市坊。」（景行坊）「唐有華嚴寺……都亭驛，前臨瀍水，後對應天禪院。舊驛舍庳陋，皇祐初知府事張奎葺之，始爲宏敞。」

又唐兩京城坊考五云：

「洛水之北東城之東第一南北街，北當徽安門西街、承福坊之北，從南第一曰立德坊，次北清化坊。」（坊有）「旅舍、都亭驛。」

「東城之東第三南北街，北當安喜門西街，從南第一坊曰景行坊。次北北市。」（景行坊）有「都亭驛，前臨瀍水。」

是東京亦有兩都亭驛，一在清化坊，一在景行坊也。檢兩京城坊考・洛陽城圖（據平岡武夫唐代之長安與洛陽地圖篇摩繪本），洛水以北地區，西半爲宮城、皇城與東城，東半爲街坊。街坊區，南北五坊，東西六坊。清化坊爲東城東側第一南北行五坊之正中間一坊，亦卽洛陽城洛水以北地區之正中間。清化正東爲思恭坊，思恭正東爲北市，市之正南卽景行坊。舊一〇四封常清傳，祿山「渡河陷陳留，入罌子谷。」常清守東都，迎戰不利，「退入上東門，又戰不利。……又戰於都亭驛，不勝，退守宣仁門。又敗，乃從提象門入，倒樹以礙之。至穀水，西奔至陝郡。」據徐松洛陽城圖、洛陽宮城皇城圖、上陽宮圖，（同上摩本。）可綜合作洛陽城北半簡圖如次：

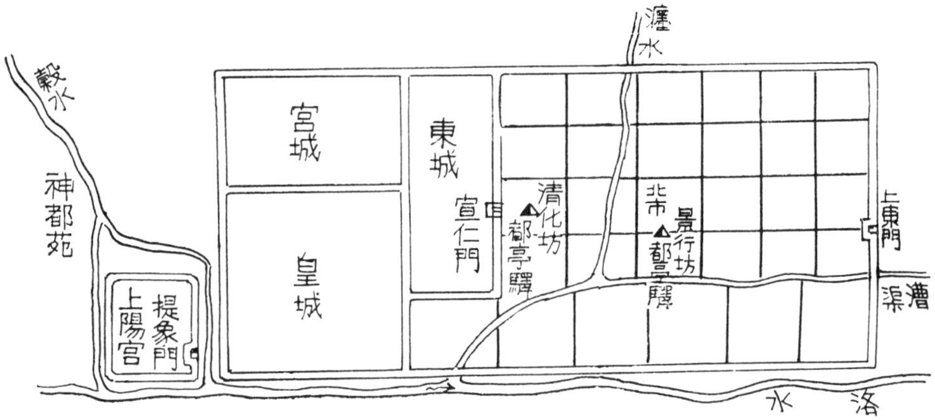

則都亭驛位置及封常清退却路線可知。蓋自提象門入上陽宮，經神都苑，倒苑樹以礙敵，而自向穀水以西撤退。故通鑑二一七述此事云，「乃自苑西壞牆西走」也。然有可疑者，此二都亭驛甚相近，疑本在清化坊，後遷景行坊耳。

又河南志一景行坊條：都亭驛，「唐制，駕在京，有馬九十四，在岸之北。」而兩京城坊考五景行坊條都亭驛下本注云：

「唐制，駕在京，有馬九十匹；在都，一百五匹。」

徐氏曰：「按京謂西京、都謂東都。」是也。此爲前期之制，駕在西京，則東都都亭驛馬九十匹，駕在東都，則增馬至一百五匹也。元河南志當有奪譌。前於西京都亭驛條引六典云，都亭驛馬七十五匹，蓋時代不同，故規制有異也。

(2) 臨都驛　此驛屢見白居易、劉禹錫詩篇，在東都洛陽城西五六里，爲西通長安大驛道之第一驛，故爲公私祖餞之所。

白居易有臨都驛答夢得（白長慶集五五、全唐詩七函六册）云：「揚子津頭月下，臨都驛裡燈前。」劉禹錫答樂天臨都驛見贈（劉夢得外集一、全唐詩六函二册禹錫集三）云：「北固山邊波浪，東都城裡風塵。」是此驛在東都。居易又有臨都驛送崔十八（白長慶集五七、全唐詩同上）、酬別微之臨都驛醉後作（同上）兩詩。其送崔十八云：「勿言臨都五六里，扶病出城相送來。莫言長安一步地，馬頭西去幾時廻。」則驛在東都城西五六里，爲通長安大道之第一驛可知矣。其酬別微之臨都驛醉後作云：「君歸北闕朝天帝，我住東京作地仙，……猶被分司官繫絆，送君不得過甘泉。」甘泉在洛陽西至壽安道上，詳長安洛陽驛道篇。是微之由臨都驛取壽安、永寧道入京也。復次，太平廣記二〇〇盧渥條：「渥自前中書舍人，拜陝府觀察使。……及赴任，洛城自居守分司朝臣以下，互設祖筵，……自臨都驛……凡五十里，連翩不絕。（出唐闕史。）」按盧渥此行經嘉祥驛，嘉祥在壽安、永寧至崤坂道上，亦詳長安洛陽驛道篇。故此驛為壽安、永寧道之起點，亦即洛陽至長安驛道之起點，無疑。

（3）甘水驛　此驛在洛陽西南三十里甘水入洛水處，當為西通長安驛道之第二驛。

舊一二四李師道傳，洛城之變，「死者數十人。留守防禦將二人，都亭驛卒五人，甘水驛卒三人，皆潛受其職署，而為之耳目。」舊一五四呂元膺傳，同。按水經注一六有甘水注。甘水又見卷一五洛水注。甘水經云：「甘水出宏農宜陽縣鹿蹏山。東北至河南縣南，北入洛。」注云：「山在河南陸渾縣故城西北。……甘水發源東北流，北屈逕一故城東，……世謂之石城也。京相璠曰，或云甘水西山上……有故甘城，在河南城西二十五里，指謂是城也。」一統志河南府山川目，鹿蹄山條引舊志，山在今宜陽縣東南五十里。又甘水條引舊志，水在洛陽縣西南三十里。蓋就甘水入洛水處而言。唐之甘水驛，蓋其地。余考陝州至洛陽之驛道經永寧、福昌、壽安，畧沿洛水而行，此驛在甘水入洛之口，必在大驛道上，向東偏北至洛陽三十里，即東至臨都驛二十五里左右也。

（4）積潤驛　此驛在洛陽城上東門外三十里、石橋之西，為洛陽東通汴州、東北渡河陽橋兩大驛道之第一驛，故為城東公私迎送之所。

册府一一四，後唐莊宗同光元年「十一月，詔將自汴歸洛。」下述行程云：

「甲子，帝發汴州。十二月庚午朔，車駕寅時發自石橋，御史中丞李德林率文武官班於積潤驛……自上東門歸於大內。」

又述後唐明宗天成二年幸汴州事云：

「乙酉，幸汴州。馬步軍士數萬人……師徒雄盛，憩於積潤驛，宰臣崔協引百官辭於行宮前。」

又述後晉高祖天福二年三月由洛陽幸汴州事云：

「庚辰，帝卯時離京至積潤驛下馬，留司官等班辭。」

是此驛當爲洛陽城東出上東門至汴州道上之第一驛，而在石橋之西。又通鑑二七四，天成元年三月，莊宗由洛赴汴，未至，旋師，「甲申，帝至石橋西，置酒悲涕。是日晚，入洛城。」殆卽積潤驛置酒耳。

此驛雖別無可考，但石橋則屢見前史。新一三六李光弼傳，光弼在東都，史思明來逼，「游騎至石橋」，光弼度不能守，乃悉軍趨河陽，「諸將曰，並城而北乎？當石橋進乎？光弼曰當石橋進。……賊不敢逼。」通鑑二二一乾元二年述此事。胡注云：「水經注，穀水東逕洛陽廣莫門石橋下，卽上東門也。此言漢晉洛城諸門，非隋唐所徙洛城也。上東門之地，唐爲鎭。」按胡注是也。九域志一，河南縣有上東門鎭，蓋卽胡注所指。元和志五洛陽縣，「故洛陽城在縣東二十里。」寰宇記三，同。則石橋當在唐洛陽城上東門之東三十餘里，卽漢代上東門處。積潤驛則在石橋之西。東至汴州固當以此爲第一驛；而觀光弼撤軍事，卽東北通河陽大道蓋亦以此爲第一驛也。

(5) **龍門驛**　此驛在洛陽城南二十五里伊闕龍門，爲南行驛道上之第一驛。又有石像驛者，蓋其俗稱。

舊八六許王素節傳，則天追赴都，「行至都城南龍門驛，被縊死。」新八一同傳云，「至龍門驛被縊。」又舊八六澤王上金傳云，「舒州刺史許王素節見殺於都城南驛。」以地在城南而言。復考新一一五狄仁傑傳，太后遣使迎廬陵王於房州。將至，「更令太子舍龍門，具禮迎還。」通鑑二〇六聖曆元年條考異引狄梁公傳云，令「於石像驛安置，具法駕陳百僚就迎之。」蓋龍門北朝石刻佛像極馳名，故俗得稱石像驛也。杜翁龍門（詳注一）云：「龍門橫野斷，驛樹出城來，氣色皇居近，金銀佛寺開。」卽此驛。金史地理志中，洛陽縣有龍門鎭。一統志河南府關隘目，龍門鎭在洛陽縣南二十里。又伊闕關在洛陽縣南二十五里伊闕口，即一道也。

(6) 彭婆館　在洛陽城南四十里，南行驛道之第二站也。

戴叔倫彭婆館逢韋判官使還（全唐詩五函一册叔倫集一）：「雨雪經年去，軒車此日歸，……寂寞伊川上，楊花空自飛。」是此驛當近伊水。册府元龜一一五，同光二年十二月，「車駕幸龍門，校獵於彭婆店。癸卯，大畋於伊闕。」是必與龍門、伊闕爲近。通鑑二二八，建中四年，李希烈「圍鄭州，官軍數爲所敗，邏騎西至彭婆。」胡注：「九域志，河南府河南縣有彭婆鎮。金人疆域圖，洛陽縣有彭婆鎮。」檢一統志河南府關隘目：「彭婆鎮在洛陽縣東南。……舊志，在縣南四十里。」又云：「又有白沙鎮，在縣南六十里，伊水東岸。」又職方典四三五，彭婆鋪在洛陽正南四十里，白沙鋪在洛陽正南七十里。蓋伊水由白沙北流經彭婆、伊闕、龍門，亦即洛都南行驛道線也。

(7) 白沙館　在洛陽城南六七十里，南行驛道之第三站也。

杜牧行次白沙館先寄上河南王侍郎（全唐詩八函七册牧集七）云：「夜程何處宿，山疊樹層層，孤館閑秋雨，空堂停曙燈，……此意無人識，明朝見李膺。」④此館必去洛都不遠，故有末句。册府一一五，後唐同光三年「十二月庚辰，大雪，帝以臘辰，狩於白沙。」即其地。據前引一統志，在洛陽南六十里伊水東岸。職方典作七十里。

(8) 伊川驛　此驛當以伊水受名，而近洛陽城，但準確地望無考。

王宏從軍行（全唐詩一函八册）：「十五學劍北擊胡，羌歌燕筑送城隅，城隅路接伊川驛，河陽渡頭邯鄲陌。」按宏，唐初人。此驛當因伊水受名，當在洛

④ 全唐詩八函八册許渾集五重收此詩。又渾集二有詩題云「秋日衆哲館對竹」，一作「題渚塘館」。又云「衆哲館一作白沙館。」

陽城東，通河陽道上；或在城南通汝州道上；亦可能僅謂通伊川之驛道，非驛名。當續考。

參看圖一、圖二、圖五、圖十一

一九六九年五月二日初稿，八月四日增訂，刊唐史研究叢稿。本常行體，一九八四年三月二十二日改作。

篇貳　長安洛陽驛道

引　　言

隋唐兩代都長安，而建洛陽爲東都，兩都間之交通至繁。天寶以前車駕常往返長安、洛陽間，益增交通之頻率。安史亂後，君主雖不東幸，然兩都交通並未見衰。唐會要六一館驛目，德宗貞元二年勅云：「從上都至汴州爲大路驛。」知大路驛官稱職者有優償。觀下文次路驛云云，則所謂大路驛即第一大驛道。從上都至汴州，中經洛陽，即兩都交通爲第一大驛道也。新唐書藝文志史部地理類有韋述兩京道里記三卷，記長安、洛陽間驛程必甚詳。惜其書已佚，後之學人僅能從長安志所引數條，見其體例。至於兩京行程，惟從歷史事例畧識之。蓋畧沿渭水、黃河南岸，經華州，潼關，至陝州，由陝而東，離開黃河，偏南行至洛陽。此稍深於唐史者所能知也。然陝、洛間路線所經及長安、洛陽間全線詳細驛程，皆無能言之者。此篇詳徵史料，爲之考證。乃知長安至陝東峭坂間置驛二十二三，驛名無考者僅三四而已。峭坂以東，分南北二道。北道畧沿穀水（今圖作澗水）東行約二百里至洛陽，大抵承用漢代舊道，亦即畧如今隴海鐵路所經。此亦稍深唐史者所能習知。然此道唐世不經常置驛，惟軍事急行，多所取途。南道由峭坂東南行經永寧（今永寧東北約四五十里），又畧沿洛水東行至洛陽，約二百五十里。唐人公私旅行多取此道，是爲峭坂、洛陽間交通之主線，置館驛十所，驛名失考者一驛而已。此則大出吾人所能想像之外者。經過此番考究，雖未復韋記舊觀，要亦相去不遠歟？

（一） 驛道取線及志書所記兩都間里程之檢討

長安、洛陽道，由長安畧沿渭水南岸東行，經華陰，出潼關，再沿黃河南岸東行至陝城，自陝以東，離開黃河東行經新安至洛陽，此古今之通道也。中古文史記長安、洛陽間一次行程之最詳者有兩例，其一潘岳西征賦，其二舊五代史及通鑑二七九述後唐潞王起兵鳳翔經長安入洛陽即位事，皆取此道。其後南宋初年鄭剛中西征道里記，所記尤詳，亦取此道，此即畧相當於今日之隴海鐵路線，故爲一般治史者所能畧知。

此道開通至早，陝城以西，即古桃林、函谷關道，殆無其他可能之路線。陝城以東，項羽入關道經新安，西漢武帝徙函谷關於新安，亦即道經新安之明證。潘岳西征賦（文選一〇）述洛陽以西所經云：

「澡孝水而濯纓，美嘉名之在兹。夭赤子於新安，坎路側而瘞之。亭有千秋之號，子無七旬之期。……經澠池而長想，……登崤坂之威夷，……我徂安陽，言陟陝郛，行乎漫瀆之口，憩乎曹陽之墟。……升曲沃而惆悵，……蹦函谷之重阻……弔戾園於湖邑，諒遭世之巫蠱。……紛吾既邁此全節，又繼之以盤桓。……發閿鄉而警策，愬黃巷以濟潼。眺華岳之陰崖，…入鄭都而抵掌。…履犬戎之侵地，疾幽后之詭惑。戾飲馬之陽橋，踐宣平之清闕。」

觀此自東徂西之地名，參之李善注，是自洛陽經新安，澠池，崤坂，陝郛，湖城，閿鄉，潼關，鄭縣，至長安。時在唐前。五代後唐潞王起兵鳳翔，經長安入洛陽即位，舊五代史四六唐末帝紀及通鑑二七九清泰元年紀述其行程如次：

三月丁巳（十七日），發鳳翔。庚申（二十日），至長安。壬戌(二十二日），至昭應。癸亥（二十三日），至靈口。甲子（二十四日），至華州。乙丑（二十五日），至閿鄉。丙寅（二十六日），至靈寶。丁卯（二十七日），至陝州。又經乾壕，澠池。洛陽西禦之師至新安，兵潰迎降。四月壬申，至蔣橋，百官班迎於路。

此在唐亡後不久，其行程與西征賦所記大體相同。其後，今存長安、洛陽間旅程之較早較詳者，當數南宋初年紹興間之鄭剛中西征道里記。其記程云：

六月十一日，由洛陽西經榆林鋪，磁澗，宿新安縣。十二日，缺門鎮，千秋店，宿沔池縣。十三日，東西土壕，乾壕，宿石壕鎮。十四日，魏店，横渠，宿陝府。十六日，新店，曲屋，宿靈寶縣。縣南五里卽函谷。十七日，黑曲，稠桑，靜遠鎮，宿胡城縣。十八日，乾伯鋪，盤豆，攢節店，宿閿鄉縣。十九日，關東店，潼關，關西店，西嶽廟，宿華陰縣。南門外雲臺觀，觀依華山而立。二十日，敷水鎮，柳子店，將相鄉，按石刻乃郭汾陽之里。宿華州，州治對少華。二十一日，赤水鎮，東西陽村，宿渭南縣。二十二日，零口鎮，新豐市，宿臨潼縣。二十三日，灞水漲，不進。二十四日，灞橋鎮，滻水，長樂坡，宿永興軍。

此與西征賦及後唐潞王之行程亦相同。卽畧沿渭水南岸出潼關，畧沿黃河南岸至陝州。自此離開黃河至崤坂，再畧沿穀水至洛陽，與今隴海鐵路線無大差異。

惟論唐人之兩京行旅，其陝州以西之路線固與今隴海鐵路線略相同，但陝城以東，顯有南北兩道。如高宗永淳元年幸東都，道經澠池之紫桂宮，又如杜翁有新安吏、石壕吏詩，皆見取新安、澠池線，卽漢晉舊道，亦卽今日之鐵路線。此可謂北道。然太宗貞觀十一年行幸洛陽，經顯仁宮，在壽安縣（今宜陽西）境；新唐志所記陝州、洛陽間高宗所置之行宮七個，除紫桂宮外，一在硤石縣（今鎮），五在永寧（今縣東北）、福昌（今集，在永寧、宜陽間）、壽安（今宜陽西）三縣道中。又玄宗開元六年，由洛陽還京，道過蘭峯宮，在永寧縣西；二十五年由洛陽還京，道經壽安連曜宮。是帝王行幸，絕大多數由崤坂折東南循洛水河谷而行，非循穀水河谷而行也。白居易西行詩云：「壽安流水館，硤石青山郭，官道柳陰陰，行宮花漠漠。」卽就此道而言。復考若耶溪女子題三鄉詩，歷述其長安往還之行程，其陝郊以東皆取嘉祥、三鄉（今永寧縣東三鄉鎮）道，是士大夫及平民行旅亦循洛水而行也。此可謂南道。若詳考其他史料，更見南道置驛爲主線。此更出人想像之外，非數語可定者，待下文詳論之。

高宗事見舊紀。新唐志記陝州以東之行宮，詳後沿途行宮節。太宗事見通鑑一八〇。玄宗兩事皆見南部新書戊。白氏西行詩，見白氏長慶集六三。若耶溪女子詩，見唐詩紀事六七王祝條。後文多有較詳徵引。

唐代及宋代初年志書記長安、洛陽間之里距，頗爲參差，今知陝州以東有南北兩道，諸書參差紛紜之記載始可有一線索加以理解。按唐代長安、洛陽間置華、虢、陝三州，華、陝爲大道所必經，虢州稍偏南，兩京行旅者可經可不經。其陝州以東既分南北道，故兩京間計程，諸書所記頗異。核計各項數字，長安東至華州一百八十里，華州東至虢州約二百五十里，虢州東北至陝州約一百里，其華、陝間不繞道經虢州之行程則爲三百二十里，陝州東至洛陽，取北道三百里，取南道三百五十里。故兩京間之全程，因所取之路線而異：陝州以西經虢州，陝州以東取南道，共約八百八十里，爲最多；陝州以西不經虢州，陝州以東取北道，共約八百里，爲最少；陝州以西經虢州，陝州以東取北道，共約八百三十里；陝州以西不經虢州，陝州以東取南道，共約八百五十里。其陝州以東，以南道爲驛道主線，故諸書各條計程，以八百五六十里最爲標準。

唐代兩京間總距離，通典、元和志、舊唐志、寰宇記所記頗異，茲先列表如次：

	通典	元和志	舊唐志	寰宇記
西京條	830	830	800	850
東都條	850	850	850	860
華州條	850 (180+670)	860 (180+680)	850 (180+670)	760 (150+610)
虢州條	870 (410+460)	883 (430+453)	983 (430+553)	883 (430+453)
陝州條	880 (550+330)	860 (510+350)	790 (490+300)	819 (469+350)

觀此表：東都條，三書作八百五十里，一作八百六十里。西京條，一作八百五十里，一作八百里，二作八百三十里，參以他條，此「三十」或爲「五十」之形譌，或因取道有異。華州條，兩書作八百五十里，一作八百六十里；惟寰宇記作西去長安一百五十里，加東至洛陽，僅七百六十里，顯有譌文。虢州條，舊志「五百」顯爲「四百」之譌，則兩京間道經虢州者，行程八百八十三里也。陝州條最爲參差，然不外三類，卽八百六十里，八百八十里，或八百里上下也。按陝州東至洛陽之里距，元和志、寰宇記之陝州目與河南府目皆作三百五十里，通典兩目皆作三百三十里，舊志陝州目則作三百里。檢九城志，陝州東至洛陽近三百里，東南至洛陽近三百五十里，似就南北兩道分別言之。據元和志，永寧縣（今永寧縣東北約四五十里）東至洛陽二百里；通典，陝州東南到永寧縣界九十里；寰宇記，陝州東南至永寧縣一百六十里；是由陝州東南經永寧至洛陽約三百六十里，則元和志、寰宇記云陝州東至洛陽三百五十里之說，果南道也。舊志作三百里，乃就北道而言耳。或作「三百三十里」者，「三十」乃「五十」之形譌耳。又檢紀要，陝州在河南府西三百里，圖書集成·職方典四二七，洛陽西至新安七十里，又西九十里至澠池，又西一百四十里至陝州，共三百里。又洛陽西南至宜陽七十里，又西一百一十里至永寧，又北一百六十里至陝州，共三百四十里。紀要蓋專就北道而言，職方典則南北兩道分別言之也。里程與唐宋志書仍相合。

據上檢討，陝州以東之南北兩道分別爲三百五十里與三百里；則諸書記兩京間之距離，一作八百五十里，一作八百里者，亦南北道之異耳。是陝州西至長安當約五百里之譜。通典、寰宇記所記陝州西去長安之里距參差太大；元和志五百一十里、舊志四百九十里，是也。① 按長安東至華州一百八十里無疑，則華州東至陝州當爲三百二十里，觀各書所記虢州東西里數，知此三百二十里者乃華、陝間直線距離，若繞經虢州，則虢州西至華州二百五十里。又檢諸書所記虢、陝間一百三里，通典舉其約數作一百里，則華州東行繞經虢州至陝州

① 寰宇記，陝州西至長安四百六十九里，則顯誤，因爲同一條中已云陝州西至華陰界二百二十五里，界在潼關東，關去長安二百八十里，故陝州至長安總在五百里上下。

約三百五十里。故綜觀全程，即如綱文所述，諸書所記各有所指，非多譌誤也。

（二）長安陝州間驛程

長安都亭驛有二，一在城中心區，朱雀門西街含光門南第二坊。一在城東南隅，曲江池之北敦化坊。但亦可能先在含光門南，後移敦化坊歟？由都亭驛東北行，出京城東面北首第一門，曰通化門，十五里，至長樂驛，聖曆元年置，在滻水西岸長樂坡下，爲京師東出第一驛，故公私送迎多具筵於此。又東渡滻水十五里至滋水驛，隋開皇十六年置。驛近滋水，一名灞水，有灞橋，所謂灞橋驛者，蓋滋水驛之異名。灞橋爲東郊名勝，橋紅色，以石爲柱。出入潼關固必由之，即出入藍田武關者及出入同州蒲津關者亦多由此。且灞水入渭處有東渭橋，在京師東北四十里。李觀有東渭橋銘，稱爲赤龍，極爲壯麗。此橋爲渭水南北交通之要，亦爲東南租粟轉運所聚，置河運院及渭橋鎮，涇原朱泚之亂，李晟即據此橋爲復興根據地，蓋亦以有轉輸積粟，軍糧豐實也。其南即爲灞橋，故史稱灞橋爲交通要衝，長安祖餞，亦或遠至此橋驛也。

以上三驛及灞橋，分詳兩京館驛篇及藍田武關驛道篇。今僅論東渭橋：

唐六典七工部卷，「木柱之梁三，皆渭川也。便橋，中渭橋，東渭橋。此舉京都之衝要也。」考史記一〇二張釋之傳：「上行出中渭橋。」索隱：「今渭橋有三所：一所在城西北咸陽路，曰西渭橋。一所在東北高陵道，曰東渭橋。其中渭橋在古城之北也。」按便橋即西渭橋。此兩條爲東渭橋一名之最早見者。長安志一一萬年縣，「渭橋鎭在縣東四十里，即東渭橋。」雍錄六，「東渭橋在萬年縣北五十里霸水合渭之地。」又三渭橋目：「秦漢唐架渭者凡三橋。在咸陽西十里者名便橋，漢武帝造。在咸陽東南二十二里者爲中渭橋，秦始皇造。在萬年縣東（通鑑二一九胡注引作「東南」）四十里者爲東渭橋……不知始於何世。」②同卷之中，兩目所記方位里數稍異，實當在萬年東北霸水入渭處。德宗西平王李晟東渭橋紀功碑（全唐文五五）云：「東渭橋抵王城東北四十里，而國之廩積在焉。」最爲得之。李觀有東渭橋銘（全唐文五三五）。其序云：「（貞元）七年十一月，觀自京師適高陵，經東渭橋，闕渭之清，駭橋之雄，故作東渭橋銘。」銘曰：「聖人不有作，孰見其妙。惟渭之廣，洪流浩渺，惟橋之永，赤龍天矯，車者如戶，舟者如繳。」足見此橋之壯麗，及其地水陸交通之頻繁。

考通鑑二二八，建中四年，朱泚之亂，「汝鄭應援使劉德信將子弟軍在汝州，聞難，引兵入援，……以東渭橋有轉輸積粟，……進屯東渭橋。」又二二九，同年，李晟自河北入援，「自蒲津濟，軍於東渭橋。其始有卒四千，晟善於撫御……旬月間至萬餘人。」遂以此爲復興根據地。蓋亦以有轉輸積粟也。檢寶刻類編五，京兆府有席夔撰東渭橋河運院記石刻，元和二年五月立。考舊一八五下蔣沇傳，「兼侍御史，領渭橋河運出納使。」白居易有知渭橋院官蘇洲授員外郎依前職制（全唐文六五九），蓋皆東渭橋轉運院官也。正以轉運院所在，故有積粟耳。復考舊書食貨志下：「咸亨三年，關中饑，監察御史王師順奏請運晉、絳州倉粟以贍之。上委以運職，河渭之間舟檝相繼，會於渭南，自師順始之也。」唐會要八九漕運目，同；惟「會於渭南」作「置倉於渭南東」。又轉運鹽鐵總敘目云：「監察御史王師順運晉絳之粟，於河渭之間，增置渭橋倉，自師順始也。」按「渭南東」似有脫譌，與總敘目合觀之，蓋「置倉於渭南東渭橋」耳。是此橋唐初已置倉積穀。席夔記所謂河運院殆肇始於此時矣。（東渭橋爲東南租粟所聚，又當詳看通鑑二三四貞元八年陸贄疏。）

橋當渭水南北交通之要，又爲關東租粟西運之集中地，故在交通上之地位重要，爲兵家所必爭也。其例除上舉兩條外，又如通鑑二二三，永泰元年九月，回紇、吐蕃、吐谷渾、党項、奴剌數十萬衆，俱入寇，……召郭子儀於河中，使屯涇陽，……命李忠臣屯東渭橋，李光進屯雲陽，馬璘……屯便橋，李抱玉屯鳳翔。」同書二五四，廣明元年，黃巢陷長安，其將朱溫屯東渭橋。同卷中

② 史記景帝紀，五年作陽陵渭橋。史記地名考二二，「東渭橋殆即景帝築。」蓋可信。

和元年七月，「鄜延節度使李孝昌、權夏州節度使拓拔思恭屯東渭橋，黃巢遣朱溫拒之。」皆是也。又有但稱渭橋者，如通鑑二五五，中和三年，黃巢將遁，李克用因零口（在昭應，詳後）之捷，進軍渭橋，夜令人潛入長安燔積聚。此當亦東渭橋也。

滋水驛東行約三十里至昭應縣（今臨潼），天寶二〔三〕年置，本名會昌，驛名同。七載，縣更名昭應，驛名昌亭。驛在縣西南五十步，或即稱爲昭應驛。

舊志，京兆府昭應縣，天寶二年（新志作三年，寰宇記作四載）置會昌縣，七載更名。舊一〇五楊愼矜傳：「先令盧鉉收太府少卿張瑄於會昌驛，繫而推之。」新一三四同傳作會昌傳舍。按此事在天寶六載十一月，玄宗在驪山，則此驛卽會昌縣驛無疑。又長安志一五臨潼縣：「昌驛亭在縣西南五十步，東至華州渭南縣驛八十里，西至本府秦州〔川〕驛五十里。」下條卽戲水驛。按臨潼縣卽唐昭應縣，大中祥符八年改名。一統志西安府卷關隘目新豐驛條引長安志此條作昌亭驛，疑爲正。且疑「昌亭」爲「會昌」之倒譌。又長安志一一，萬年縣「太寧驛在縣城東草市，東至昭應驛四十六里，西至秦川驛四里。」此所謂昭應驛者當卽指上引昌亭驛而言，卽以縣名爲稱也。
關於去京師里距，上引長安志兩條皆云去秦川驛五十里。九域志三，亦云臨潼縣在府東五十里。而寰宇記二七，昭應縣在府東五十八里。蓋去都亭驛五十八里，去城五十里耳。則去灞橋驛約近三十里也。

又京師城南近郊偏東有秦川驛。由此東行四里至太寧驛，蓋又名城東驛。又東四十六里亦至昭應縣。

按此亦詳唐兩京館驛篇。

驪山在縣東南二里，溫泉在山西北，上建華淸宮。始皇作閣道至驪山八十里，人行橋上，車行橋下，唐玄宗亦自昭應爲複道往來長安，其制不詳。

元和志一京兆府昭應縣，「華清宮在驪山上。開元十一年，初置溫泉宮，天寶六年改爲華清宮。」驪山與華清宮之位置，見寰宇記二七雍州昭應縣目。又引三秦記，「始皇作閣道至驪山八十里。人行橋上，車行橋下，今石柱猶存。」又考鄭剛中西征道里記，「明皇自臨潼爲複道往來長安。」蓋師始皇之故智。

昭應東行十四五里至漢新豐故縣、陰盤故城，天寶初有陰盤驛。又東北約二里至隋唐新豐縣（今新豐鎮），天寶七載省。中葉以後似又置新豐館。

長安志一五臨潼縣目云：

「陰盤城在縣東北一十四里，漢縣。……兩京道里記，湯泉水，陰盤故城東門外，去昭應十五里。故城，漢高祖與太上皇所置新豐邑。漢靈帝改封段熲陰盤侯，即此是。陰盤城高一丈三尺，東西南北各三千一百步，往來大路必由此城，行人憧憧，無所留礙。」

此條述陰盤城甚詳，亦即漢新豐縣。且引自兩京道里記，必唐世此城當大道且尙完好也。而元和志一：「新豐故城在(昭應)縣東十八里，漢新豐縣城也。」寰宇記二七昭應目：「新豐故城在縣東一十八里，漢新豐城也。」下述漢高祖置新豐故事，與元和志一字不異，明抄志文。但又云「漢高帝……築爲新豐縣，……今縣東十二里故城卽漢理。」是里距不合。按史記高祖紀，十年，正義引括地志：「新豐故城在雍州新豐縣西南四里，漢新豐宮也。」舊唐志，京兆府昭應縣：「隋新豐縣治故新豐城北。」天寶七載省。則長安志、寰宇記所記乃漢新豐故城，元和志所記乃隋至天寶之新豐故城耳。（參看一統志西安府卷古蹟目。）史記始皇本紀，二世二年，周章至戲。正義：「今新豐縣東北十一里戲水當官道。」以里距言之，正卽元和志所述者。一統志西安府卷關隘目，有新豐鎮「在臨潼縣東北二十里，卽唐天寶中所廢新豐縣治。」蓋得之。

舊七四馬周傳：「西遊長安，宿於新豐逆旅，主人唯供諸商販，而不顧周。」

新九八馬周傳略同。此應在當時之新豐縣。

復考敦煌寫本唐人詩有李白陰盤驛送賀監歸越一首（唐人選唐詩十種之一唐寫本唐人選唐詩）；全唐詩（三函五册白集一六）收此詩，題作送賀賓客歸越。按舊一九〇中賀知章傳，以天寶三年歸越，未幾卒。則其時新豐縣尙未廢。新豐畿縣，當大道，不應無驛，疑此陰盤驛卽新豐縣驛耳。舊九六姚崇傳：「除同州刺史，先天二年，玄宗講武在新豐，驛召元之代郭元振爲兵部尙書同中書門下三品。」此驛當屬下讀，非驛名也。至於戲水東之陰盤，魏雖置驛（詳後），然水西卽戲水驛，通唐世未嘗廢，故此陰盤驛當非其地。然白居易權攝昭應早秋書事（白集九）云：「郵亭擁兩驛，簿書堆六曹。」按兩驛當指昌亭與戲水而言，則其時必已無陰盤驛矣，蓋里距太密。又許渾寄房千里博士詩（全唐詩八函八册渾集九）本注：「一作客有新豐館題怨別之詞，因詰傳吏，盡得其實，偶作四韻嘲之。」此已中葉以後，所謂新豐館有傳吏者，如屬實，不知指漢新豐故城抑隋唐新豐故城也。然昭應、戲水間不應別有一驛，泠水東之新豐原亦不應置驛，姑存待考。

又東十一二里至戲水店，隋大業六年置戲水驛，在戲水西岸，又名戲口驛，或名戲源驛。

戲於秦漢之際諸侯入關用兵時屢見載籍。史記始皇本紀，二世二年，周章至戲。集解：「孟康曰，水名，今戲亭是也。蘇林曰，邑名，在新豐東南三十里。」正義：「今新豐縣東北十一里戲水，當官道。」又漢書高祖紀，周章至戲。注引蘇林說同。師古曰：「戲在新豐東，今有戲水驛。」是此驛唐初已見。又舊一〇五楊愼矜傳，吉溫以敬忠「至戲水驛東十餘里。」是玄宗時仍見。考長安志一五臨潼縣，「戲水驛，兩京道里記曰：大業六年置，在戲水店。」是此驛建置甚早，蓋通唐代見存。而廣記二七九召皎條，安祿山反時，皎由長安回洛陽，道經戲口驛。（出廣異記。）此當卽戲水驛之異名無疑。又舊一二九韓臯傳，長慶中，以「本官（左僕）東都留守，行及戲源驛暴卒。」按資暇集上戲源驛條：「京兆昭應縣東有戲源驛。案其地在戲水之旁，漢書，陳涉將周章西入關至戲。……小顏云今有戲源驛。音平聲，人所知也；何爲舉世皆以去聲呼此驛。」則戲源驛亦即戲水驛也。然水經注一九渭水注：「渭水又東，戲水注之。水出麗山馮公谷，東北流，又北逕麗戎城東，又北……逕鴻門東，又北逕戲亭東。」漢書高帝紀師古注：「戲水出藍田北界橫嶺，至此（戲）而北入渭。」則戲水之源在此南甚遠。稱戲口可也；曰戲源，不可解。據水經注，戲亭在水西岸。至於驛距，前引蘇林云戲邑在新豐東南三十里。水經注引作四十里。檢元和志一：「古戲亭在（昭應）縣東北三十里。」（下引幽王死於戲，周章至戲。）寰宇記二七昭應目：「戲水在縣東二十七里。」「戲亭在縣東北三十里。」按前引史記正義云戲水驛在新豐縣東北十一里。又長安志一五臨潼縣，「戲水在縣東二十七里。」又引兩京道里記，「戲水……北流入渭，東西有店，南去昭應縣二十九里。」皆與元和志、寰宇記合，當從之。

又東渡戲水，經北魏陰盤驛，蓋不及十里至零口。當零水入渭水處，一名泠水。

零口屢見唐史。新紀，貞觀十八年二月己酉幸零口。（册府一一三、通鑑一九七作靈口。）新三六五行志：「永徽元年六月，新豐、渭南大雨，零口水暴出，漂廬舍。」通鑑二五五，中和三年，黃巢遣尚讓「救華州。李克用、王重榮引兵逆戰於零口，破之。」同書二六二，天復元年十一月，朱全忠由河中至華州，乃「西南趣赤水」，乙卯「至零口西，聞車駕西幸，……復引兵還赤水。」又舊五代史四六後唐末帝紀，淸泰元年三月，發鳳翔，「二十日次長安。……二十三日次零口。……二十四日次華州。」通鑑二七九作「壬戌，潞王至昭應。……癸亥，至零口。」此諸條多見零口當大道。又寰宇記二七昭應縣目：「天授二年，於縣界零口置鴻州……於郭下置鴻門縣。……久視元年廢州並縣。」是且曾爲州治，蓋其地甚重也。按九域志三，臨潼縣有零口鎭。長安志一五臨潼縣，「零口鎭在縣東四十五里」，「泠水一作零，在縣東三十五里。」紀要五三臨潼縣，「零口鎭在縣東三十六里，即零水入渭處。」又云零水亦謂泠水。一統志西安府卷關隘目：「零口鎭在臨潼縣東北四十里，又曰泠口，泠水至此入渭。」又引臨潼縣志，「在縣東四十里。」

陰盤驛見魏書五九蕭寶寅傳。傳云：「御史中丞酈道元爲關中大使……行達陰盤驛，寶寅遣其將（𦉪）攻而殺之。」同書八九酈道元傳，同。云「死於陰盤驛亭。」是北魏末葉有此驛。檢寰宇記二七昭應縣目云：

「漢高帝七年……築爲新豐縣，……今(昭應)縣東十二里故城卽漢縣理。後漢靈帝末，移安定郡陰盤縣（於此），亦謂之陰盤城。後魏太和九年移陰盤縣於今縣（昭應）東三十二里，泠水西，戲水東，司馬村故城。其新豐縣移於故城（漢新豐縣）東三十里，在零水側。」

「陰盤故城，漢舊縣，屬安定郡，後遇亂，徙於此（漢新豐），後魏（孝）文帝太和九年移此額於泠水西戲水東以城之，是此也。」

是後魏太和以後陰盤縣移在唐昭應東三十二里，正在戲水東岸。而新豐縣則移在漢新豐之東三十里，卽唐昭應之東四十二里也。（寰宇記，漢新豐城在唐昭應東十二里，見前引。）所謂零水側者，蓋東側。何者？水經注一九：「渭水又東，泠水入焉。水南出肺浮山……歷陰盤、新豐兩原之間，北流注於渭。」按一統志西安府卷山川目泠水條：「水來自渭南縣界。渭南縣志，泠水發原於長谷老池頭……西北至新豐原入臨潼境，至零口鎭北入渭。」是泠水由東南向西北流，此新豐原必非漢唐新豐縣近郭處，而當爲北魏新豐近郭處也。水歷陰盤新豐兩原間，陰盤在泠水西，則新豐在水東矣。寰宇記二九，此新豐原屬渭南縣，是矣。

又東至杜化驛，西魏大統十四年置，去戲水驛約二十七里。又十三里至渭南縣（今縣），又東十三里至東陽驛，在東陽水谷側（今有東陽橋），與杜化驛同時置。唐末省杜化、東陽兩驛，置渭南縣驛於城內。

長安志一七渭南縣目云：

「東陽驛在縣東一十三里。兩京道里記曰，西魏大統十四年置。在東陽谷側，因以爲名。杜化驛在縣西一十三里。兩京道里記曰，亦大統十四年置，在杜化川。二驛今廢。」

「渭南驛在縣郭內，東至華州佑順館三十四里，西至臨潼縣驛六十二里。」據此，杜化、東陽兩驛建置甚早，宋初以前已廢，而有渭南縣驛也。考周書一文帝紀，魏孝武帝永熙三年（七月丁未，（魏孝靜）遂從洛陽率輕騎入關，太祖（宇文泰）備儀衞奉迎，謁見東陽驛。」此在大統之前，蓋追書驛名歟？又新一三八路嗣恭傳：「轉渭南令，主杜化、東陽二驛。時關畿用兵，使人係道，嗣恭儲具有素，而民不擾。」時在玄宗末。又廣記四九〇東陽夜怪錄，由長安經渭南縣城，歷東陽驛至赤水谷。時在元和中。蓋自西魏始置此二驛，歷唐盛時至中葉，此二驛皆見置，其廢當與赤水驛之建置同時，詳下條。由上引材料，唐代前期尚無渭南縣驛。舊六〇廬江王瑗傳，幽州都督王君廓「徵入朝。行至渭南，殺驛吏而遁。」蓋亦指此二驛之一而言耳。柳宗元館驛使壁記（全唐文五八〇）云：「自萬年至渭南，其驛六。」殆卽指長樂、滋水、昌亭、戲水、杜化、東陽而言歟？

兩驛去渭南里數明見長安志。檢元和志一，渭南縣「西至府一百三十里。」（一統志西安府卷，渭南縣在府東稍北一百四十里，略合。）累計前考各驛里距，戲水驛西去長安都亭驛約九十里，今杜化驛在渭南之西十三里，故知戲水杜化間當約二十七里也。志云東陽驛在東陽谷側，按水經注一九渭水注，冷水東有酋水，「又東得西陽水，又東得東陽水，並南出廣鄉原北垂，俱北入渭。」當卽東陽水谷側也。辛卯侍行記一，渭南東十二里至東陽橋，正其地矣。

又東十二里至赤水店，在赤水谷，蓋西側。唐末見有赤水驛（今赤水鎮），蓋東陽驛已廢也。又東二十五里至華州治所鄭縣（今華縣），去長安一百八十里。置佑順館，蓋在縣郭。

水經注一九渭水注，「東得東陽水，……又東與竹水合。水南出竹山北，……歷廣鄉原東，俗謂之大赤水，北流注於渭。」是赤水在東陽水東不遠。此水在唐世常見史傳。新二二四下叛臣傳：「（李）忠臣提兵入華州，所過大掠，自赤水距潼關二百里無居人。」通鑑二二四大曆二年紀，略同。通鑑二六二，天復元年，朱全忠將入京。十一月壬子，自華州「西南趣赤水。乙卯，至零口。」

旋又還駐赤水。又廣記三四一韋浦條引河東記，浦入京，道經閿鄉逆旅，入潼關。「明日又行，次赤水西。」又四九〇引東陽夜怪錄，元和八年，成自虛自京東還，「到渭南縣……縣宰留飲，……乃命僮僕輜重悉令先行於赤水店俟宿，聊踟躕焉。東出縣郭門，……路出東陽驛南，尋赤水谷口道。……」此雖小說家言，然與史傳通鑑皆足證赤水當大道，且有店可駐宿。然不見置驛；有之，惟羅鄴春夜赤水驛旅懷(全唐詩十函三册)一見耳。則末年置驛。蓋其時廢杜化、東陽二驛，於渭南縣城置驛，故於渭南、華州間置此驛耳。至於此店驛地望，在赤水谷無疑，赤水在東陽水之東，見前引酈注。按九域志三，華州鄭縣有赤水東鎭，渭南縣有赤水西鎭。是水東西皆有鎭。又長安志一七渭南縣，「赤水鎭在縣東一十五里。」而一統志西安府卷關隘目：「赤水鎭在渭南縣東二十五里。」又引長安志，「在渭南縣東，赤水西十五里。」與今本不同。蓋當作「縣東十五里赤水西」耳。然十五里似太近。檢元和志，渭南去華州五十里，一統志亦爲五十里（西安府卷及同州府卷）。唐末赤水驛，蓋居間置之耳。一統志渭南縣東二十五里之赤水鎭，金石萃編一〇〇王忠嗣碑跋云，碑竪華州城西三十里赤水道南。蓋眞唐驛之故地歟？是當在水西也。

華州里程已見前引。長安志一七渭南縣，「渭南驛在縣郭內，東至華州佑順館三十四里，西至臨潼縣驛六十二里。」按渭南西至臨潼，中經戲水驛，而略去不書者，蓋直指縣城爲說。則佑順館必在華州治所無疑，「三十四里」蓋「五十四里」之譌耳。又按華州城、鄭縣城屢經遷徙，元和志已言之。而寰宇紀二九華州鄭縣目引賈耽郡國縣道記言之甚詳。據記，唐中葉，鄭縣治在州城西三里，官道南。

華爲京東第一州，郵傳館驛之務至繁。有普德驛，規制甚壯，稱爲「郵亭之甲」，蓋在州治。

杜甫乾元元年華州試進士策問（少陵集詳注二五）云：「國有軺車，廬有飲食。……今玆華惟襟帶，關逼輦轂，行人受辭於朝夕，使者相望於道路，……況軍書未絕，王命急宣，插羽先翥於騰鷹，敝帷不供於埋馬，……人主之軫念屢及於玆，邦伯之分憂何嘗敢怠。……欲使輶軒有喜，主客合宜，閭閻罷杼軸之嗟，官吏得從容之計，側佇新語，當聞濟時。」觀此可知此州驛舘事務之繁重。崔祐甫滑亭新驛碑陰記（全唐文四〇九），「華之普德，虢之閿鄉，自昔爲郵亭之甲，今玆白馬，可以抗衡。」是華有普德驛。

州西有石隄谷，南通商雒。

通鑑二六一，乾寧四年，韓建殺諸王於石隄谷。胡注：「石隄谷在華州西，其碑（敎防君碑）云石隄樹谷，南通商雒。」則自漢世已有道通商雒矣。唐世可能仍通行。

州東西十（十四？）里各有石橋，稱爲西石橋（今石橋鋪）、東石橋，爲大道所經。

水經注一九渭水注：

「渭水又東，西石橋水南出馬嶺山，……北逕鄭城西，水上有橋。橋雖崩褫，舊跡猶存，東去鄭城十里，故世以橋名水也。……渭水又東逕鄭縣故城北。……渭水又東，與東石橋水會，故沈水也。水南出馬嶺山，北流，……逕鄭城東。水有故石梁。述征記曰鄭城東西十四里，各有石梁者也。又北逕沈陽城北，注於渭。漢書地理志，左馮翊有沈陽縣，……蓋藉水以取稱矣。」

按「東西十四里」句，王先謙曰：「官本曰：案近刻脫西字。案朱脫，趙增，刊誤曰東下落西字。」按前云西石橋東去鄭城十里，前後不合，疑此處「四」字爲「西」之壞字，又乙於「十」之下耳，故舊本或無「西」字也。辛卯侍行記一，華州西十里有石橋鋪，蓋即西石橋也。酈注「北逕沈陽城北」，城「藉水取稱」云云。按若水經城北，則城當名沈陰，疑「北」當作「南」，涉上「北」字而譌耳。

考通鑑二五四，中和元年，黃巢據長安。五月「昭義節度使高潯會王重榮攻華州，克之。」八月，「高潯與黃巢將李詳戰於石橋。潯敗，奔河中。詳乘勝復取華州。」即此西石橋也。是北魏時代此橋雖已崩褫，蓋唐世仍修復耳。

由華州東北行經東石橋十五里至漢沈陽故城北，又十五里至敷水店，置敷水驛，在敷水西岸，（今敷水鎭。）即元稹所宿與宦官爭廳處。又有羅敷東館者，其在水東耶？

寰宇記二九華州鄭縣：「沈陽故城在州東北一十五里驛路南，石橋東。」此即東石橋也。水經渭水注，東石橋水注渭，下文又云：「渭水又東，敷水注之。水南出石山之敷谷。」是敷水在石橋水之東。按敷水，唐世置驛。舊一六六元稹傳，爲監察御史，由河南還京，「宿敷水驛，內官劉士元後至爭廳，士元……箠擊稹傷面。」事又見新二〇七宦者仇士良傳及通鑑二三八元和五年紀。是也。詩篇尤常見。如竇牟有晚過敷水驛卻寄華州使院張鄭二侍御（全唐詩四函十册），權德輿有敷水驛詩（同上五函八册德輿集六），劉禹錫有途次敷水驛伏覩華州舅氏昔日行縣題詩有感（夢得集一〇、全唐詩六函二册），皆是也。又按舊三七五行志，「永昌中，華州敷水店西南坡」云云。殆即驛所在地也。按九域志三，華陰縣有關西、敷水二鎭。一統志同州府卷古蹟目引縣志，敷水鎭「在縣西三十里，敷水西。」以爲即唐之敷水驛，宋之敷水鎭。又寰宇記二九同州華陰縣：「敷西城，郭緣生述征記云：敷西縣，夷狄所置。謂苻堅姚萇時有敷西縣。尋省。在縣西南。」魏書地形志，華州華山郡有敷西縣，太和十一年置。當在敷水西。一統志同州府卷古蹟目：「縣志，敷西城在縣西三十里，即唐之敷水驛。」是舊說，古之敷西城及唐驛、宋鎭皆即一地，在敷水西岸，去華陰三十里也。通鑑二三八元和五年紀，胡注：「華州華陰縣西二十四里，有敷水渠。」紀要五四華陰縣：「敷水，縣西二十四里，……名敷水渠。」水西正當有三十里。檢元和志、寰宇記，縣在華州東六十里。則正居州縣之間置驛，相距各三十里，蓋得之。然李郢有羅敷東館詩（全唐詩十二函九册補遺）。按權德輿敷水驛云：「空見水名敷，秦樓昔事無。」白居易過敷水（全唐詩七函五册）：「垂鞭欲渡羅敷水。」與裴華州同過敷水戲贈（全唐詩七函八册居易集三九）：「每過桑間試留意，何妨後代有羅敷。」又羅敷水（同上七函七册居易集三二）云：「野店東頭花落處，一條流水號羅敷。」（此亦見驛店在水西。）又陝西南山谷口考：「大敷谷一名羅敷谷。」則敷水得名，傳與羅敷故事有關。此羅敷東館殆即敷水東館歟？是又在敷水之東矣。姑存待考。

又東北約二十八里至古長城，唐置長城驛。又二里至華陰縣（今縣）。

敷水驛至華陰縣三十里，見前條。舊一九〇下文苑吳通玄傳，貶泉州司馬。「行至華州長城驛，賜死。」時在德宗世。檢元和志二華州華陰縣，「長城在今縣西，春秋時秦晉分界處。」寰宇記二九云「縣西二里」。殆即縣驛耳。

縣北渭水有興德津。渡津北經興德宮，相近有興德驛。又北三十里至同州馮翊縣，與長安太原道相聯絡。

六典六工部卷有興德津，與風陵津並列，船各兩艘，興德船別四人，風陵船別三人。按元和志二同州馮翊縣，「興德宮在縣南三十二里，義旗將趣京師，軍次忠武園，因置亭子，名興德宮。」新志略同。按隋書地理志，華陰「有興德宮。」蓋義旗始建，尚在隋世，故隋志亦書之。蓋隋末此宮屬華陰，唐以地在渭北，故劃歸馮翊歟？興德津者當亦因此受名，爲馮翊、華陰間渭水津渡處無疑。李商隱有寄和水部馬郎中題興德驛（玉谿詩詳註二）：「更想逢歸馬，悠悠嶽樹陰。」是則興德宮當置驛，但不在此大驛道上。

由華陰縣而東經華岳祠。舊道在祠北，開元十二年移道祠南。縣與岳祠間，大曆中似有驛館。

唐會要二七行幸目：「（開元）十二年十一月四日，幸東都。十日至華州。命刺史徐知仁與信安王禕勒石於華岳祠南之通衢上，親制文及詩。」本注：「舊路在岳北，因是移於岳南也。」通典一七三，略同。按元稹華岳寺（元長慶集一六）云：「山前古寺臨長道。」蓋南臨驛道耳。復考華嶽蘇敦等題名（金石萃編七九）：「大曆中，發任華陰縣令。時禮部尙書河東裴公出牧鄱陽，敦與發、徹同送至此，拜謁金天，便過東驛，不避炎暑，亭午而廻。」由華陰送人東行而過嶽寺，拜金天王，則岳祠當在縣東道上。下文野狐泉條引廣記鄭馴條，亦岳寺在城東之證。蘇敦題名又云，「便過東驛。」豈縣東復有驛舍耶？

又東至定城，去華陰約九里，西魏曾置驛。

通鑑一一八，晉義熙十三年，晉師伐秦。「三月，（檀）道濟，（沈）林子至潼關。秦魯公紹引兵出戰，道濟、林子……大破之。……紹退屯定城。」紹卒，「以兵屬東平公讚。」「讚退屯鄭城。」胡注：「郭緣生述征記曰：定城去潼關三十里。夾道各一城，渭水逕其北。」同書一七六，陳禎明二年，十一月，隋伐陳。「乙亥，（隋主）至定城，陳師誓衆。」胡注同。又寰宇記二九華州華陰縣，「定城，郭緣生述征記云，或云段煨所造。未詳。夾道各一城，城下有泥泉水出焉。……後魏孝武帝永熙三年，於城中置定城驛。」是此地當大道，西魏初曾置驛，在潼關西三十里也。按元和志二，潼關在華陰縣東北三十九里；則定城當在縣東九里。

又東北經野狐泉店二十六里至永豐倉，當渭水入河之口。有渭津關渡，北通朝邑。倉東四里至潼關。去長安約二百八十里。

南部新書戊：「野狐泉店，在潼關之西，泉在道南店後坡下。」三水小牘上亦見此店。又元稹有野狐泉柳林詩（元長慶集一六）。白居易有狐泉店前作（全唐詩七函八册居易集三九）云：「野狐泉上柳花飛。」通鑑二五四，廣明元年十二月，黃巢攻潼關，張承範不能守，「變服率餘衆脫走，至野狐泉，遇奉天援兵二千繼至。」是當大道。復考廣記三四一引河東記述貞元中故事云：

「邑（華陰）客李道古遊虢川，……回至潼關西永豐倉路，忽逢馴自北來，……乃相與並轡，至野狐泉。李欲留食，馴……曰，去家咫尺，何必食爲。有頃到華陰岳廟東，馴揖李曰，自此逕路歸矣。李曰，且相隨至縣，幸不廻路。馴……固不肯過岳廟。須臾，李至縣。……」

按此雖小說家言，然潼關大道，人人所悉，故其敍地當不誤。則潼關以西經永豐倉，野狐泉店，岳廟，至華陰縣，次第分明也。檢元和志二華州華陰縣，「永豐倉在縣東北三十五里渭河口，隋置。」「潼關在縣東北三十九里。」故里距可曉。

又新志，華陰縣有渭津關。唐六典六刑部卷，中關一十三，渭津其一。又六典七工部卷列舉津渡之要，「渭津關船二艘，渡子取永豐倉防人充。」是當卽永豐倉北之渭水渡口之津關也。通鑑一八四，隋義寧元年八月甲子，李淵進兵至朝邑，舍於長春宮。丙寅，使建成屯永豐倉，守潼關，防東方之兵。庚午，淵自臨晉濟渭，至永豐勞軍。辛未，還長春宮。胡注，朝邑，古臨晉也。是淵及建成由朝邑渡渭水，當卽取此渭津關渡也。

潼關見史，蓋始於曹操征韓遂。故關城在今舊關城（最近改名港口）東南四里之南原上（今楊家莊、城北村之間），尙有遺跡可尋。東臨遠望溝，西臨潼河東源之禁溝，北去黃河岸三四里。隋時曾遷徙。唐武后時，更北徙近河爲路，蓋今潼關地。關西一里有潼水，北流入渭，故關以受名。

建安十六年，曹操破馬超、韓遂於潼關，事見三國魏志武帝紀。水經注四河水注云：

「河在關內南流潼激關山，因謂之潼關。濩水注之。水出松果之山，北流，逕通谷，世亦謂之通谷水，東北注於河。述征記所謂潼谷水者也。或說因水以名地也。」

此述關之受名有二說。又通典一七三華州華陰縣云：

「有潼關，左傳所謂桃林塞也。本名衝關，河自龍門南流衝激華山東，故以爲名。按秦函谷關在漢弘農郡弘農縣，卽今陝郡靈寶縣界。武帝元鼎三年徙於新安縣界，至後漢獻帝初平二年，董卓脅帝西幸出函谷關。自此以前，其關並在新安縣。後二十年，至建安十六年，曹公破馬超於潼關，卽是中間徙於今所。國之巨防，不爲細事，史官闕載，斯亦失之。……其（一統志引，『其』下有『曰』字，是。）潼谷關者，因水立稱，故潘岳西征賦云，遡黃卷〔巷〕以濟潼。隋大業七年移於南北鎭城間坑獸檻谷置。去舊關四里餘。至大唐天授二年，移向北近河爲路。」

此亦述受名之兩說，並補述隋以後遷徙事。按元和志：「關西一里有潼水，因以名關。」寰宇記二九：「潼關有潼水焉。按三輔記云，關因水得名，水去關一里。」此卽酈注之或說，蓋得之。

至於遷徙，通典述至天授二年北徙爲止。下接云：「玄宗開元十三年，於華州岳祠南之通衢立碑，御製其文，及御書。舊路在岳北，因是移於岳南。」此述岳廟前之大道，前已引會要述之，與潼關未必有連。而寰宇記二九據通典此段，而變通其文云：「又按今關卽隋大業七年移於南北鎭城間坑獸檻谷置，去舊關四里餘。至唐天授二年移近向北臨河爲路。開元十三年，於華岳祠南通衢立碑，御製其文，並書，卽此。是新關南路也。舊路在岳北。」是謂開元十三年移華岳祠前之道，同時又移潼關就隋世舊址，故云：「今關卽隋大業七年」所移者，恐非通典本意。且下文引元和志述潼關形勢，正當臨河，尤爲未曾南徙之證；寰宇記蓋誤用通典耳。且一統志同州府卷，華陰縣，「東至潼關廳界三十五里。」潼關廳，「東西距十里。……東至陝州閿鄉縣界五里，西至華陰縣界五里。北至蒲州府永濟縣界一里，……東北至平陽府臨晉縣界二里。」則就里距與臨河而言，唐關正卽今關所在。又一統志同州府卷古蹟目：「今有古城關在（潼關廳）城東南四里。」蓋隋關或漢關歟？

關於潼關故城，史念海河山集二集·潼關古城的遷徙有較詳之記述。畧云，唐前潼關古城在今舊潼關城(今更名港口)東南兩公里楊家莊附近，一九七二年尚見城牆相當完整，高出舊黃河岸邊二六〇公尺，隋時又向南移，今楊家莊南半公里有城北村，卽就隋代關城而言。蓋古代此段黃河緊靠南原脚下，根本無路可行，所以由東方來者經過黃巷折而南循遠望溝而上至南原，故築關城於此。唐代始北移關城於黃河南岸河邊。蓋黃河不斷下切，河牀水面日漸下落，原麓河畔顯露出來，可以行人，東西行旅自不必再繞道原上，故卽移關城於河岸以就新道也。

關南依崇山，北臨大河，與風陵堆相對，是爲風陵津。關路「俯視洪流，盤行峻極，實謂天險」，爲長安東道第一要隘。關開兩洞，置門四扇，備出入。隋置關都尉，蓋統南北兩城。唐開元世，上關僅六，此卽其一。中

葉屢置節鎭，而華州刺史幾例帶潼關防禦使。

六典七工部卷，有風陵津置船二艘。通典一七九蒲州河東縣，「有風陵堆，與潼關相對。」元和志一二河中府河東縣，與通典同。又云：「風陵堆山在縣南五十五里。」又云：「風陵故關一名風陵津，在縣南五十里。魏太祖西征韓遂，自潼關北渡，卽其處。」又周書四七藝術蔣昇傳，「大統二年，東魏將竇泰入寇，濟自風陵，頓軍潼關。」亦此津也。寰宇記五陝州閿鄉縣，「閿鄉津去縣三十里，卽舊風陵關。」亦卽此津。縣西三十里，正當潼關北濟處也。

元和志二述潼關形勢云：

「上躋高隅，俯視洪流，盤行峻極，實謂天險。河之北岸，則風陵津，北至蒲關六十餘里，山河之險，邐迤相接。自此西望，川途曠然，蓋神明之奥區，帝宅之戶牖，百二之固，信非虛言。」

按此與下文述關東情況參看，關山之要尤顯。隋書地理志，華陰有關官，卽守此關無疑。考通鑑一八四義寧元年：「（隋）將軍劉綱戍潼關，屯都尉南城。（屈突）通欲往依之，王長諧先引兵襲斬綱，據城以拒通。通退保此城。」所謂關官殆卽關都尉也。六典六刑部司門條：「京城四面關有驛道者爲上關。」「上關六」，華州潼關其一。中葉以後，以關防要樞，屢置節鎭於華州，或曰鎭國，或曰潼關，而華州刺史更幾例帶潼關防禦使，蓋重之如此。

關置四門，見韓愈次潼關先寄張十二閣老使君（全唐詩五函十册愈集九）。詩云：「荆山已去華山來，日出（一作照）潼關四扇（一作面）開。」四扇則兩洞門可知。

關置驛，曰潼關驛。蓋驛在關內，故亦曰關西驛。

舊一〇四封常淸傳：「（邊）令誠至潼關，引常淸於驛南西街，宣勑示之。」卽關驛也。詩篇亦數見。如薛逢有潼關驛亭（全唐詩八函十册），許渾有行次潼關題驛後軒、秋日赴闕題潼關驛樓、秋霽潼關驛亭三詩（同上八函八册）。又通鑑二一八，至德元載，「（崔）乾祐進攻潼關，克之。（哥舒）翰至關西驛，揭牓收散卒，欲復守潼關。」又吳融關西驛亭卽事（全唐詩十函七册融集四）

有「五陵無事莫回頭」之語。次即望嵩山、題湖城縣西道中槐樹兩詩，則此關西驛即指潼關而言無疑。是自唐前期至末葉皆有關西驛。蓋潼關驛在關之西，故名；非別一驛也。復考岑參有宿關西客舍詩（全唐詩三函八册參集三），時在天寶初年，亦指潼關而言。蓋關西有市場客舍，亦置驛也。鄭剛中西征道里記，十九日經關東店，潼關，關西店，至華陰縣。時在紹興九年。當即唐之關西店驛也。

關南三十里有禁谷，爲僻道，兵家亦常利之以制勝。

周書二七宇文深傳，竇泰自風陵（參同書四七藝術蔣昇傳）趣潼關。深說宇文泰選輕銳潛出小關，卒獲泰。此小關不知何指。按舊二〇〇下黃巢傳：巢攻潼關。「關之左有谷可通行人。平時捉稅，禁人出入，謂之禁谷。及賊至，官軍但守潼關，不防禁谷。……尙讓……由禁谷而入，夾攻潼關，官軍大潰。」新二二五下黃巢傳、通鑑二五四及平巢事蹟考並略同。通鑑云：「谷中灌木壽藤茂密如織，一夕踐爲坦塗。」所謂關左者即關南。陝西南山谷口考：「禁谷在潼關城南三十里，有禁谷關。……谷之南爲雒南界。……谷之北有龍王廟，又北曰蒿岔谷，有蒿岔谷水北入河。沿谷水北行登潼關南原，復折而西，可越過潼關達華陰境。」此殆即宇文深傳之小關道耳。

又有善和戍，地近關，但其詳不悉。

舊一〇四高仙芝傳，祿山之亂。「仙芝至關，繕修守具。又令索承光守善和戍。賊騎至關，已有備矣，不能攻而去。」戍當在關左近。

自潼關東行約五里至黃巷坂，即潘岳賦所謂「遡黃巷以濟潼」者，坂長十餘里。其地南依高山，旁臨絕澗，北臨大河，爲魏武、宋武故壘所在。又東南二十五里至閿鄉縣（今閿鄉西四十里有故城），北距河三里，西臨玉澗水。閿鄉驛規制甚壯，故得與華州普德驛齊名。

閿鄉縣、驛　縣爲潘岳西征所經，已見前引。隋唐世仍當道。隋書煬帝紀，大業五年正月，自東都發駕還京，二月戊戌，次於閿鄉，戊申至京師。舊五三李密傳，由洛西入長安，經陝縣，閿鄉。新二〇七宦者劉貞亮傳，呂如全有罪，「送東都獄，至閿鄉自殺。」廣記二八三唐武后條：「武后將如洛，至閿鄉東。（出國朝雜記）」。又杜翁有閿鄉姜七少府設鱠戲贈長歌（詳注六）乃由東都西歸經此而作。俱見地當兩京大道。元和志，虢州「西北至潼關一百三十里。」寰宇記六，同。檢通典一七七，虢州西至華陰郡二百三十里，去西京四百十里。前考里程，西京至華州一百八十里，華州至潼關一百里，則潼關至虢州正當爲一百三十里。元和志又云閿鄉東南至州一百里，則潼關至閿鄉當爲三十里。前引寰宇記五陝州閿鄉縣「閿鄉津去縣三十里，卽舊風陵關。」此閿鄉津卽風陵津，在潼關。是亦關縣相去三十里之證。又檢一統志陝州卷建置目，閿鄉縣，西至潼關廳界六十里；同州卷建置目，潼關廳東至閿鄉縣界五里；則今縣去潼關六十五里。又陝州卷古蹟目閿鄉故城條，「縣志，故城在縣西四十里。又有故縣鄉在縣西南三十里。」則故城去潼關果不逾三十里也。縣城距河三里，見元和志。西臨玉澗水，亦謂之閿鄉水，見河水注，詳下引。閿鄉驛與華州普德驛並稱爲「郵亭之甲」，蓋規制甚壯，見崔祐甫滑亭新驛碑陰記（全唐文四〇九），前於華州條已詳引。

黃巷坂　御覽五三引述征記，「黃巷坂者，傍絕澗以升潼關，長坂十餘里。」元和志六虢州閿鄉縣目云：

「黃巷坂在縣西北三十五里，卽潼關路也。水經注曰，河水自潼關東北流，側有長坂，謂之黃巷坂，歷北出東崤，通謂之函谷關。岸高道狹，車不得方軌。魏武征韓遂、馬超，連兵此地。又潘岳西征賦曰，遡黃巷以濟潼，亦謂此也。」

而通典一七七虢州弘農郡弘農縣下云：「漢弘農縣。黃巷陌在縣西北二十餘里。」亦引潘岳西征賦及曹公事以實之。按閿鄉在弘農縣西一百里，（詳下。）是兩說不同。檢西征賦（文選一〇）云：「發閿鄉而警策，愬黃巷以濟潼。」注引獻帝春秋：「興平二年十一月丙寅，車駕東行，到黃巷亭。庚午，到弘農。」又引述征記：「河自關北東流，水側有坂，謂之黃巷坂。」則黃巷之名，自漢已然，地在閿鄉以西，去潼關不遠。則元和志爲正，通典誤書於弘農縣目耳。元和志，坂在閿鄉縣西北三十五里。寰宇記五，謂在閿鄉縣西北二十五里。一統志陝州卷引元和志亦作二十五里。按黃巷既在關之東，關至閿鄉三十里，則當以二十五里爲正，元和志「三」爲「二」之形譌。

此坂甚險，河水注最先述之云：

「河水自潼關東北流，水側有長坂，謂之黃巷坂。坂傍絕澗，涉此坂以升潼關，所謂泝黃巷以濟潼矣。歷北出東崤，通謂之函谷關也。邃岸天高，空谷幽深，澗道之峽，車不方軌，號曰天險。」

元和志蓋本此而簡述之。寰宇記五，「黃巷坂卽潼關路，……古道爲車轍所輾成。」河水注又云：「郭緣生記曰，漢末之亂，魏武征韓遂、馬超，連兵此地，今際河之西有曹公壘，道東原上云李典營。義熙十三年，王師曾據此壘。西征記曰，沿路逶迤入函道，六里有舊城。城周百餘步，北臨大河，南對高山，姚氏置關以守峽。宋武入長安，檀道濟、王鎭惡或據山爲營，或平地結壘，爲大小七營，濱帶河險，姚氏亦保據山原，陵阜之上，尙傳故跡矣。」據元和志，曹公故壘及宋武、檀道濟等濱河帶險七營皆在縣西二十五里。是卽黃巷坂地矣。

閿鄉縣東南約二十里有盤豆驛（今有盤豆鎭），蓋臨玉澗水，中唐以後屢見詩篇。館東大槐樹有兩京道上槐王之目。

盤豆驛，屢見於唐人詩篇。如武元衡有使次盤豆驛望永樂縣（全唐詩五函七册元衡集二），權德輿有盤豆驛（同上五函八册德輿集六），李商隱有出關宿盤豆驛館對叢蘆有感（同上八函九册商隱集二），韋莊有題盤豆驛水館後軒（同上十函九册莊集一）。又廣記四五四姚坤條，大和中，姚坤「居於東洛萬安山南，……應制……入京，至盤豆館。（出傳記。）」又四一六江叟條，「開成中，有江叟者，……往來多在永樂縣靈仙閣。……適閿鄉，至盤豆館東官道……。（出傳奇。）」是此館驛在潼關外閿鄉縣境，當大道，可北望永樂縣（在河北，近芮城）也。按盤豆之名，北朝已有之。北周書二文帝紀下，大統三年八月，「東伐至潼關。……遣于謹居軍前狥地至盤豆，……獲其戍卒一千。…

…戊子，至弘農。」又見同書一五于謹傳云：「至盤豆，東魏將高叔禮守險不下，攻破之，……因此拔弘農。」又隋書七〇楊玄感傳，由洛陽西至弘農宮，攻城不下。追兵至。「玄感西至閿鄉，上盤豆，布陣亙五十里。」通鑑一八二述此事云：「玄感……引而西，至閿鄉，宇文述、衞文昇，……等軍追及於皇天原。玄感上盤豆」云云。卽此驛所在。與皇天原相近，亦爲一高險地，故爲兵家所重也。

檢一統志陝州卷古蹟目：「縣志，盤豆城今爲盤豆鎭，在（閿鄉）縣西南二十里。」是在唐故縣之東約二十里也。據通鑑，地近皇天原；在原以西地區。又權德輿詩云：「盤豆綠雲上古驛，望思台下使人愁。」李商隱詩云：「思子台邊風自急。」韋莊詩云：「地從桃塞接蒲城。」皆見此驛與此諸古蹟相近。檢元和志六，閿鄉縣，「桃源在縣東北十里，古桃林，周武王放牛〔牧〕之地。」「思子宮故城在縣東北二十五里，漢武帝爲戾太子所築。」又按河水注，黃巷以東，又云：

> 「河水又東北，玉澗水注之。水南出玉溪，北流逕黃天原西。周固記，開山東首，上平博，方可里餘，三面壁立，高千許仞，漢世祭天於其上，名之爲皇天原，上有漢武帝思子台。又北逕閿鄉城西。……世謂之閿鄉水也。……北流注於河。河水又東逕閿鄉城北，東與全鳩澗水合。水出南山，北逕皇天原東。述征記曰全節地名也。其西名桃原，古之桃林。……晉太康地記曰，桃林在閿鄉南谷中，其水又北流注於河。」

據此推求，此驛當在原西北，閿鄉東南，鄰近玉澗水，故韋莊詩題有水館之稱也。

唐末，館東大槐樹被兩京道上槐王之目，見廣記四一六江叟條。雖小說故事，但言地言樹當信有徵也。吳融有題湖城縣西道中槐樹（全唐詩十函七册融集四）云：「零落欹斜此路中，盛時曾識太平風，曉迷天仗歸春苑，暮送鸞旗指洛宮。一自煙塵生薊北，更無消息幸關東。而今只有孤根在，鳥啄蟲穿沒亂蓬。」極可能卽指此樹而言。

又東約二十八里至湖城縣（今閿鄉東或東南不遠處），置湖城驛。

杜翁有多末以事之東都湖城東遇孟雲卿復歸劉顥宅宿宴飲散因爲醉歌（詳注六）。又南部新書乙：「鄭滑盧宏正尙書題柳泉驛云，余……從吏部郎中除楚州刺史，以六月十四日宿湖城縣。今年從楚州刺史除給事中，計程亦合是六月十四日湖城縣宿。」此皆縣當大道之證。縣置驛。劉禹錫有秋晚題湖城驛池上亭（夢得集五、全唐詩六函二册禹錫集一）。又廣記三四八沈恭禮條亦見湖城縣驛。檢元和志六虢州，湖城縣「東南至州五十二里。」按閿鄉東南至州一百里。則湖城當在閿鄉東或東南四十八里。前引縣志，閿鄉故城在今縣西四十里，則湖城故城當在今閿鄉之東或東南不遠。下文引元和志，荆山在湖城南，而一統志云在閿鄉縣南三十五里，此其旁證。又圖書集成·職方典四二八，湖水「在閿鄉縣湖城西門外。」同書河南府疆域圖，水卽在閿鄉縣治西。亦卽湖城在今閿鄉縣治或近縣治之證。而一統志湖城縣故城條云，「在閿鄉縣東四十里。」誤矣。謂在閿鄉故城之東四十里，則近是。

湖城向東有南北兩道。北道由湖城直東微北沿河南岸至靈寶縣（申報館分省圖之靈寶縣；張編地圖集作故縣，約 E110°50•N34°45′）。

靈寶爲大道所經自不待言，前引後唐潞王李從珂由鳳翔入洛路線甚詳，中經靈寶。又新一九三忠義蔡廷玉傳，貶柳州司戶，乃趨潼關出東都，「比至靈寶，自投於河。」皆其明證。今所當論證者爲由湖城有南北兩道至靈寶縣。北道係沿大河南岸而行，可有三證。

通鑑二一八至德元年紀述關外之戰云：

「六月……丙戌，（哥舒翰）引兵出關。己丑，遇崔乾祐之軍於靈寶西原。乾祐據險以待之。南薄山，北阻河，隘道七十里。庚寅，官軍與乾祐軍會戰。乾祐伏兵於險，翰……浮舟中流，以觀軍勢，見乾祐兵少，趣諸軍使進。王思禮等將精兵五萬居前，龐忠等將餘兵十萬繼之。翰以兵三萬登河北阜望之，鳴鼓以助其勢。須臾，伏兵發，賊乘高下木石，擊殺士卒甚衆。道隘，士卒如束槍槊不得用。……乾祐遣同羅精騎自南山過出官軍之後擊之，官軍首尾駭亂，不知所備，於是大敗，或棄甲竄匿山谷，或相擠排入河溺死。」

此段述事甚詳悉。參看舊一〇四、新一三五哥舒翰傳，亦可增加吾人瞭解此地區之形勢。兩傳亦皆云軍至靈寶縣之西原。通鑑只云隘道七十里，新傳則云：「由關門七十里道險隘。」按關門至湖城縣已逾七十里，此云靈寶西原是已入靈寶境。一統志陝州卷，西原在靈寶縣西南五十里。其在湖城以東無疑。此「七十里」未必自關門算起，故通鑑省關門之語。觀此次史事，大道至湖城以東至靈寶仍沿河岸而行，不必繞道虢州也。此其一。

寰宇記五陝州靈寶縣目云：

「晉王斜路，即漢書地理志函谷關路也。西接湖城縣，東至此縣界六十一里。已廢。開皇九年，晉王自揚州回，復此路，因名晉王斜路。至今不絕。」

又新唐書地理志虢州湖城縣：

「縣東故道濱河，不井汲，馬多渴死。天寶八載，館驛使御史中丞宋渾開新路，自稠桑西由晉王斜。」

又南部新書戊云：

「天寶八年，館驛使宋渾奏移稠桑路向晉王斜。王斜者，隋煬帝在藩邸揚州，往來經此路，蓋避沙路費馬力也。」

按稠桑在靈寶縣西不出三十里。古函谷關在靈寶縣南十里，皆詳後文。觀此兩條，知湖城有道直通靈寶無疑。本濱河而東，晉王斜路蓋移少南耳，宋渾所開新路亦即晉王斜路，但起點移東自稠桑始。皆去河不遠，非繞道虢州者。此其二。

復次，通典及元和志，虢州皆領弘農、湖城、盧氏、玉城、朱陽、閿鄉六縣。而寰宇記六及九域志三，湖城、閿鄉兩縣皆改隸陝州，虢州惟領弘農以南地區。就距離言，此兩縣皆在虢州之西，距虢爲近，而改隸遠在虢州東百里之陝州，殊不合理。九域志云改隸事在太平興國三年。然宋會要方域一〇之一：「太祖建隆三年正月九日，詔西京修古道險隘處，東自洛之鞏，西抵陝之湖城，悉命治之，以爲坦路。」則湖城、閿鄉改隸陝州當在太祖建隆三年正月以前，湖城至陝州必有通道，不須繞經虢州治所之弘農縣也。此其三。

積此三證，湖城有道東北行直至靈寶無疑。惟其路線或沿河南岸，或稍移而南耳。卽因有直接通道，故宋初或五代得將沿河之閿鄉、湖城諸縣皆改隸遙遠之陝州，而虢州僅領山南諸縣矣。此正見沿河大道較虢州道更爲重要。

其驛程蓋由湖城縣、驛東北沿河行六十五里至靈寶縣，舊桃林縣，天寶元年更名。縣置驛。

九域志三陝州，湖城縣在州西南一百一十里，靈寶在州西四十五里。則此兩縣相距六十五里。寰宇記，湖城至陝州九十里，與其他里距都不合，故不取。新八四李密傳：「高祖詔密……經略東都。……馳驛東至稠桑驛，有詔復召密。密大懼，謀叛，……詐入桃林傳舍……出據其城。」是桃林置驛。按靈寶本名桃林，天寶元年更名，見通典及元和志。

兩縣間有稠桑驛，隋已見置，唐人詩篇尤常見。驛在稠桑店（約今閿鄉縣東四十里之稠桑鎭）。自驛以西有晉王斜道，去河較遠，行程六十里，仍歸幹道。

稠桑之名，北朝已見。北史五魏孝武帝紀，永熙三年，帝在洛陽。七月西奔，經崤中、陝西，「至湖城，饑渴甚。」村人獻食。「至稠桑，潼關大都督毛洪賓迎獻食。」又周書一〇宇文導傳，宇文泰東征，不利，「東魏軍追至稠桑，知關中有備，乃退。」舊五九屈突通傳，通守潼關，不利，率兵東趨洛陽。唐兵「追之，及於稠桑。」及前引李密傳，東行至稠桑驛。此四事並見稠桑當潼關東至洛陽之要道，至遲隋及唐初已置驛。其後此驛屢見詩篇，如岑參有稠桑驛喜逢嚴河南中丞便別（全唐詩三函八册參集三），白居易有小白馬乘馭多時奉使東行至稠桑驛溘然而斃（白長慶集五五、全唐詩七函五册）及往年稠桑曾喪白馬題詩廳壁今來尙存又復感懷更題絕句（同前六五、全唐詩七函七册）兩詩，皆是也。又廣記一六〇李行修條：「行修除東台御史，……程次稠桑驛……已聞敕使數人先至，遂取稠桑店宿。（出續定命錄）」是歷盛唐中晚唐皆見在。其地望，通鑑一五六梁中大通六年（卽魏永熙三年）紀，胡注：「湖城西有稠桑驛。」同書一八四隋義寧元年紀，胡注：「虢州湖城縣有稠桑驛。」謂此驛在湖城縣之西。按元和志六靈寶縣，「稠桑澤在縣西十里，虢公敗戎於桑田，即是也。」寰宇記六，靈寶縣，「稠桑澤在縣西十八里。」③稠桑驛當因澤受名，應在靈寶縣。前引寰宇記、新志、南部新書述晉王斜、稠桑路，此二地名亦在靈寶，不在湖城縣境。胡注誤也。然隋始分置桃林縣，其前稠桑地固應屬湖城，故胡注云在湖城縣境尚可諒，但決不在縣西。胡注殆因魏孝武帝至湖城饑甚，先得村人獻食乃至稠桑，遂想像地在湖城縣西。實則至湖城者謂已入湖城縣境，不必專指縣城也。稠桑澤在靈寶縣西，元和志云十里，寰宇記云十八里。就驛制而言，當在縣西三十里左右。紀要四八，云在閿鄉縣東三十里；地典云在靈寶縣西三十里。圖書集成·職方典四二九，稠桑河在靈寶縣正西二十里。同書四三五，縣西二十里有稠桑鋪。又四三八，稠桑驛在靈寶縣西二十五里。辛卯侍行記，閿鄉東行四十里，食於稠桑鎮。按今閿鄉縣在唐湖城縣西不遠（見前），湖城至靈寶六十五里，故此諸說差異不大，要在兩縣之間，稍偏東，即今稠桑鎮之地歟？驛西有晉王斜道六十里，詳前條。

湖城向東之南道，係由城東南行五十二里至虢州治所弘農縣（申報館圖靈寶縣南微西三四十里虢略鎮，即張編地圖集靈寶縣，約 E110°47′• N34°33′），在鴻臚水（今弘農河）東南。州當大道，郵傳衝要。有柏仁驛者，蓋即縣驛歟？又有荆山館者，蓋在湖城、弘農間。

唐會要八三租稅目上：貞元「十二年十月，虢州刺史崔衍奏：所部多是山田，且當郵傳衝要。」舊一八八孝友崔衍傳，同。是當驛道。白居易東歸（全唐詩七函七册居易集三〇）云：「前夕宿三堂，今旦遊申湖，殘春三百里，送我歸東都。」本注：「三堂在虢」，「申湖在陝」。是白氏兩京行旅曾過虢州也。虢州治弘農縣。湖城至州里數見元和志六。宏農今地，紀要四八云在靈寶縣西南三十里。一統志陝州卷古蹟目，宏農故城在靈寶縣南。引縣志，「縣南四十里，有虢略鎮。」是也。申報館地圖，虢略鎮正在靈寶縣南偏西約三四十里

③ 通典一七七陝州，靈寶「東北有桑田亭。左傳，虢公敗戎於桑田，即此。」

處。張編地圖集繪靈寶於虢畧鎮地，而於申報館圖之靈寶處著靈寶故城之名，豈民國二十餘年後有遷徙耶？經緯度據張編地圖集，參 ONC-G-9。寰宇記云，虢州恒農縣有栢仁驛（一本作鐸，形譌）。蓋即縣驛耳。

又元和志虢州宏農縣：「本漢舊縣。……大業……年，……移郡於鴻臚川，縣亦隨徙，即今縣是也。……鴻臚水過縣北，十五里入靈寶界，漑田四百餘頃。」寰宇記同目，郡縣徙鴻臚川事略同。而下文云：「鴻臚川一名鴻臚澗，一名門水，在縣西一里，西南自朱陽縣界入，漑田四百餘頃。又東北歷峽，謂之鴻關水，東南亭即關亭也。」合而觀之，水當在縣城西北一里處，流十五里入靈寶界。

廣記四一六江叟條，荆山館「庭槐森聳，枝幹扶疏，近欲十圍。」僅次於盤豆館大槐。（出傳奇。）前引廣記四五四姚坤條，亦云盤豆館不遠處有荆山。元和志六，荆山在湖城縣南，即黃帝鑄鼎處。寰宇記六，同。一統志陝州卷山川目，荆山在閿鄉縣南三十五里。荆山館當去此荆山不遠。度其地正當在湖城至虢州道上。

由虢州折而東北，蓋略沿鴻臚水行三十里亦至靈寶(E110°50′•N35°45′)。

前條引元和志及寰宇記，鴻臚水經縣西北一里處，東北流入靈寶縣，此當爲一自然通道。元和志六陝州、虢州兩目皆云相距一百三十里。又靈寶在陝州西南七十五里，則虢州至靈寶當約三十里。寰宇記六，兩州里距相同。而靈寶至陝州作四十五里，疑有譌。

靈寶縣西南十二里有秦函谷關故址。函谷之稱，東起崤山，西至潼津，號爲天險，秦蓋當中置關耳。關城路在谷中，東西十五里中（一云四十里），絕岸壁立，林柏蔭陰，殆不見天日。以其深險如函，故名。但在唐世，已不當道。

史記項羽本紀正義引括地志：「函谷關在陝州桃林縣西南十二里，秦函谷關也。」又老莊申韓列傳正義所引同。通典一七七陝州靈寶縣，亦云「故秦函谷關在縣西南十二里。」元和志五新安縣目，同。又卷六靈寶縣目云：

「西征記曰，函谷關城路在谷中，深險如函，故以爲名。其中劣通（雍錄有『行路』），東西十五里（雍錄作四十里），絕岸壁立，崖上柏林蔭（雍錄作『陰蔭』），谷中殆不見日。關去長安四百里 。……東自崤山 ，西至潼津，通名函谷，號曰天險。」④

此言秦關形勢最豁。（參看寰宇記六。）河水注述舊函谷關云「邃岸天高，空谷幽深，澗道之峽，車不方軌，號曰天險。」已詳前黄巷坂條引。元和志二華州潼關條又云：「按秦函谷關……即今靈寶縣西南十一里故關是也。今大道路在北，本非鈐束之要。」是唐世已不當道。

又自此以西至潼關 ，古稱桃林塞 。秦置函關於此，蓋正以西有桃林之阻也。

按元和志稱桃林塞者凡三處。其於華州華陰縣云：「潼關在縣東北三十九里，古桃林塞也。春秋時晉侯使詹嘉處瑕以守桃林之塞是也。」此其一。（按此爲杜預說。）於虢州閿鄉縣云，「桃源在縣東北十里，古之桃林，周武王放牧之地。」此其二。又於陝州靈寶縣云：「桃林塞，自縣以西至潼關皆是也。春秋時晉侯使詹嘉處瑕守桃林之塞。三秦記曰，桃林塞在長安東四百里。若有軍馬經過，好行則牧華山，休息林下 ；惡行則決河漫延 ，人馬不得過矣。」此其三。雍錄六桃林目引述元和志，而稱靈寶之說云：「此其爲說雖若泛漫，而實有理。」又輿地廣記一三陝州湖城縣，「縣之南境諸山，東北連函谷，西北連潼關，皆古桃林之地。」所見亦同。

靈寶縣西北三里有浢津（今渡），爲大河津渡之要。

此另詳中條山諸陘道篇。

由靈寶東北行，經曲沃（今陝縣西南三十餘里曲沃鎮），新店，蓋七十里至陝州治所陝縣（今縣）。李泌曰，「陝城三面懸絕」，西征記曰，陝縣

④　雍錄六秦函谷關條全抄此段，可正志文脫譌。

「南倚山原，北臨黃河，懸水百餘仞，臨之者皆為悚慄。」故極為險固。原即召公原也。

元和志六，靈寶縣「東北至州七十五里。」而寰宇記六、九域志三，皆作四十五里。觀今圖，四十五里太少。檢一統志陝州卷建置目，靈寶在州六十里。今據元和志書之。元和志云，「州理城即古虢國城。」下列西征記如綱文。鄭剛中西征道里記曰，「郡有召公原，原盡處置府。」即西征記所云山原也。又通鑑二三一，貞元元年，李泌曰，「陝城三面懸絕，攻之未可以歲月下。」亦足見此城形勢。

曲沃、新店　通鑑二二〇至德二年紀十月條云：

「張通儒等收餘衆走保陝。……己未，廣平王至曲沃，回紇葉護使其將軍鼻施吐撥裴羅等引軍旁南山搜伏，因駐軍嶺北。郭子儀等與賊遇於新店。賊依山而陳，子儀等初與之戰，不利，賊逐之下山，回紇自南山襲其背。……賊驚顧曰，回紇至矣。遂潰。官軍與回紇夾擊之，賊大敗，……棄陝，東走。」

按此戰在陝州西，有曲沃、新店兩地名。鄭剛中西征道里記云，十六日由陝府歷「新店，曲沃 ，宿靈寶縣。」則兩地次第可知 。舊肅宗紀至德二年述此事云：「賊自香積之敗，悉衆保陝郡，廣平王統郭子儀等進攻，與賊戰於陝西之新店。賊衆大敗，斬首十萬級，橫屍三十里。」則去陝州蓋十里以上。曲沃當即前引潘岳西征賦「升曲沃而惆悵」之曲沃。通鑑胡注云：「此非春秋晉莊叔所封之曲沃。按其地在弘農、靈寶二縣之間。水經注，弘農縣東十三里有好陽亭，又東有曲沃城。」按云非莊叔所封者是也，但不在弘農靈寶二縣間，此觀鄭剛中記已明。且通鑑二三一，貞元元年，李泌受命為陝虢都防禦使，單車之任，故使達奚抱暉不使將佐出迎。「泌宿曲沃，將佐不俟抱暉之命來迎，泌笑曰，吾事濟矣。去城十五里，抱暉亦出謁。」是曲沃在陝城之西必不遠。又檢河水注，於漢弘農故縣，故函谷關後，云：「河水又東，菑水注之。水出常烝之山，西北逕曲沃城南，又屈逕其城西，西北入河。諸注述者咸言曲沃在北，此非也。……余案春秋文公十三年，晉侯使詹嘉守桃林之塞，處此以備秦。時以曲沃之官守之，故曲沃之名遂爲積古之傳矣。」下即云，「河水又東得七里澗。」是唐及唐以前之曲沃仍當如宋代在靈寶、陝縣之間，去河不遠；非弘農、靈寶之間也。胡注誤無疑。孫校：「崤水在靈寶縣東二十里，經曲沃村西北流入河。」又一統志陝州卷古蹟目，「曲沃城在州西南四十里，即今曲沃鎮。」又引括地志云：「曲沃古城，在陝縣西南三十二里。」則在陝縣西南三十餘里，新店稍西耳。就地望言之，曲沃、新店必有置驛者。

又有七里澗隘道（今石橋溝），即漢獻帝東遷，露次曹陽之墟者，在州西南七里；有太原倉，在州西南四里；皆當大道。倉下臨河，當兩京水陸運樞紐，尤見衝要。

七里澗　通鑑二三二貞元三年紀云：

「（淮西將吳）法超等引兵騎四千自鄜州叛歸，……勅陝虢觀察使李泌發兵防遏，勿令濟河。泌遣押牙唐英岸將兵趣靈寶，淮西兵已陳於河南矣。泌乃命靈寶給其食。淮西兵……明日宿陝西七里，泌不給其食。遣將……分爲二隊，伏於太原倉之隘道，令之曰，賊十隊過，東伏則大呼擊之，西伏亦大呼應之，……常讓以半道，隨而擊之。……又遣唐英岸將千五百人夜出南門，陳於澗北。明日四鼓，淮西兵起行入隘，兩伏發，賊衆驚亂，……死者四之一。進遇唐英岸邀而擊之，賊衆大敗。」

此云叛軍由靈寶至陝州之西七里，入隘道，不書地名。按元和志六，陝州治陝縣，有「曹陽墟，俗名七里澗，在縣西南七里。獻帝東遷，李傕、郭汜追戰於宏農東澗，天子遂露次於曹陽之墟，謂此地也。」寰宇記六，略同。惟「縣西南七里」作「縣西四十五里。」按元和志，靈寶縣有「曹陽亭，在縣東南十四里。陳涉使周文西入秦，秦使章邯擊破之，殺文於曹陽，即此地也。後曹公改爲好陽。」寰宇記亦有此條。是曹陽亭、曹陽墟本爲兩地。又檢河水注，洹津以下云：「河水又東，河之右，曹水注之。水出南山，北逕曹陽亭西，陳涉遣周章入秦，少府章邯斬之于此。魏氏以爲好陽。晉書地道記曰，亭在弘農縣東十三里。其水西北流入于河。」下逃曲沃。再下云：「河水又東得七里澗。（

孫校曰在陝州城西南七里，今名石橋溝，北入河。）澗在陝城西七里，故因名焉。其水自南山通河，亦謂之曹陽坑。是以潘岳西征賦曰，行於漫瀆之口，憩於曹陽之墟。袁豹、崔浩亦不非其地矣。（下引獻帝事從畧。）」是亦爲兩地。寰宇記陝縣條「四十五里」者，蓋混曹陽亭爲曹陽墟耳。據此，陝縣西南七里有七里澗，當大道。通鑑此條述事，所謂「陝西七里」者，殆即「七里澗」，疑奪「澗」字。至於靈寶東南十四里之曹陽亭，秦世雖當大道。然唐世，縣西南十二里之函關故址已不當道，縣東大道向東北行，疑此曹陽亭亦已不當道，故今不書。七里澗今名石橋溝，見圖書集成·職方典四二八。與孫校合。

太原倉　倉當大道，已見前引通鑑貞元三年紀。元和志，陝縣有「太原倉，在縣西南四里，隋開皇二年置。以其北臨焦水，西俯大河，地勢高平，故謂之太原。今倉實中周廻六里。」寰宇記同。隋書地理志，河南郡陝縣，「有常平倉。」楊氏考證謂即太原倉，是也。考舊一八五下姜師度傳云：

「開元初，遷陝州刺史。州西太原倉，控兩京水陸二運。常自倉車載米至河際，然後登舟。師度遂鑿地道，自上注之，便至水次，所省萬計。」

新一〇〇同傳云：「師度依高爲廥，而注米於舟。」綜此諸條，其地形及當交通之要可曉。通鑑二一四，開元二十五年，行和糴之法。「自是關中蓄積羨溢」，乃「敕河南北租應輸含嘉太原倉者，皆留輸本州。」足見此倉爲東方租粟集中地。下文引舊五行志，天寶十載，陝州運船失火，損米一百萬石，亦即以此倉爲集散地也。

陝城西北四里有太陽故關，即古茅津。貞觀十一年於縣東北三里建太陽浮橋，架黃河上，北渡河至平陸（今縣東北十五里），爲南北交通之要。開元間置水手二百人，僅次於河陽橋。

此另詳中條山諸陘道篇。

州當東西南北水陸交通漕輓之樞紐如此，當唐盛時，城下漕船蓋以千數，足見轉運之盛。故官其地者例兼水陸運使之任。

陝州爲北通河東、東走洛陽、西入潼關之要樞，太原倉爲東方租粟集中地，交通之盛可想。舊三七五行志，「（天寶）十載正月，大風，陝州運船失火，燒二百一十五隻，損米一百萬石，舟人死者六百人。又燒商人船一百隻。」（參舊紀，畧同。）損米一百萬石，當爲誇詞，然數十萬石殆可信。死六百人，黃河運船不會太大，則船數決不止二百餘，蓋船之全燬者二百餘耳。外加商船百隻。即此一事足見當時水運之盛。

唐會要八七陝州水陸運使目：「先天二年十月，李傑爲（陝州）刺史充水陸運使，自此始也。此後刺史常帶使。天寶十載五月，崔無詖除太守，不帶水陸運使，度支使楊國忠奏請自勾當，遂加國忠陝郡水陸運使。至十二載正月二十一日，勅陝運使宜令陝郡太守崔無詖充使，楊國忠充都使勾當。……至元和六年十月，勅陝州水陸運使宜停。」刺史常帶水陸運使，而權臣楊國忠至欲遙兼領之，足見此地在交通運輸上之重要性。

州置驛，名甘棠，蓋在治所之南。後晉天福末改名通津驛。

舊五代史八二晉少帝紀，天福八年七月，「改陝州甘棠驛爲通津驛，避廟諱也。」按劉禹錫送王司馬之陝州：「暫輟清齋出太常，空攜詩卷赴甘棠。」（全唐詩六函三册禹錫集六。）是陝州甘棠驛或甚早，非後晉始置也。檢一統志陝州關隘目有甘棠驛，在州治南。蓋承唐置。

綜上所考，長安東至陝州途中館驛之可知者，除易名改置外，有長樂驛，滋水驛（灞橋驛），昌亭驛（昭應驛），陰盤驛，戲水驛（戲口驛、戲源驛），杜化驛，東陽驛，（唐末省此兩驛置渭南縣驛。）赤水驛，佑順館，普德驛，敷水驛，長城驛，潼關驛（關西驛），閿鄉驛，盤豆驛，湖城驛，稠桑驛，荊山館，柏仁驛，靈寶驛，甘棠驛，共凡二館十九驛，則沿途驛名什九可考矣。

（三）陝州洛陽間驛程

陝州向東有兩道。其一，正東偏北蓋略沿黃河南岸，經底柱，橫水驛（今孟津西橫水店），孟縣，至鞏縣而東。其一，正東偏南至洛陽。

許渾別張秀才詩序云：

「余與張秀才同出關至陜府。余取南道止（一作至）洛下，張由北路抵江東，……賦詩以別。」（全唐詩八函八册渾集七）

按許渾取南道至洛下卽今所考之道，詳下文。張秀才所取北道至江東，不經洛陽者，蓋經洛陽之北，殆略沿黃河南岸可知矣。考唐摭言卷一五雜記趙嘏條云：

「嘏嘗家于浙西，有美姬，……浙帥……奄有。明年，嘏及第，……浙帥不自安，遣一介歸之。嘏方出關，逢於橫水驛，姬抱嘏慟哭而卒，遂葬於橫水之陽。」

按此條亦見唐詩紀事五六趙嘏目及唐才子傳七。又趙嘏有題橫水驛雙峯院松詩（全唐詩九函一册嘏集一）。考通鑑二二二寶應元年十月紀，述官軍收復東京之戰云：

「壬申，官軍洛陽北郊，分兵取懷州。癸酉，拔之。乙亥，官軍陳於橫水。（兩書僕固懷恩傳皆作黃水。）賊衆數萬，……懷恩……大破之。朝義悉其精兵十萬救之，……又敗。……懷恩進克東京及河陽城。」

按胡注引金人疆域圖，「孟津縣有橫水店。」一統志河南府卷關隘目：「橫水店在孟津縣西。」今觀張編地圖集·河南人文圖，橫水在孟津縣西約三十餘公里，黃河南岸。當卽此驛所在。趙嘏東歸，與其妾會合於此，張秀才取北道東行，不經洛陽，亦必經此無疑。則此道行者固亦不少。觀地理形勢，由橫水而東當經孟津縣、鞏縣，向東行也。

陜州、洛陽道則本文所考之道也。其行程：自州城正東偏南行十里至安陽故城，卽潘岳賦「我徂安陽，言陟陜郛」者。唐初崤縣嘗治此。又四十里至硤石縣，置硤石驛（今硤石驛西約二十里）。

元和志六陜州，硤石縣治硤石塢，本崤縣，貞觀中改名。「西至州五十里。」寰宇記五，在州東南五十里，更正確。考李翺橫海節度使傅良弼碑（全唐文六三八）：「大和二年九月，以公爲橫海節度使。……旌旗及於陜，而得疾。疾瘡卽路，以十月晦薨於硤石驛。」又新一七七高元裕傳：兄少逸「出爲陝虢觀察使，中人責峽石驛吏供餅惡，鞭之。」時在宣宗世。（通鑑二四九書此事於大中八年。）是縣置驛可考。按一統志陝州卷關隘目，「硤石驛在州城東七十里。」又古蹟目：「硤石故城在今州東南七十里，又二十里爲故崤城。」圖書集成·職方典四三八，亦云硤石縣「在陝州東七十里。宋熙寧中省爲石壕鎭，今改爲硤石驛。」蓋誤以今硤石驛爲古硤石縣也。又按寰宇記，「硤石水在縣東二十里。」正當今硤石驛地。又職方典四三〇，硤石橋、硤石關皆在陝州東七十里。亦其處。縣驛傳譌至此，蓋以水故。

硤石縣，隋及唐初屢更名徙置。新志，陝州峽石縣「本崤……貞觀十四年移治峽石塢，因更名。」寰宇記六書事視元和志及兩志爲詳。有云：「唐義寧元年，再置崤縣，理硤石塢。……武德……三年，移理鴨橋故鎭。貞觀八年移於安陽城。十四年移於硤石塢西，卽今縣是也。」又云：「安陽城在縣西四十里，……潘岳西征賦曰，我徂安陽，言陟陝郛。唐貞觀八年，以崤縣在此城內置。十四年移治向南，改名硤石縣。」此城旣爲潘岳所經，又曾爲縣治，蓋當大道，在陝州東或偏南十里也。

又礓子坂亦當在縣西道上。

此坂以衞伯玉兩敗史思明軍而顯名唐史。詳後文論南北兩道分歧條及南道經永寧縣治條引通鑑等書。觀彼處所引，思明遣軍由北道進至此坂，其敗退又循南道至永寧，則此坂當在大道尙未分歧處。紀要四八，礓子坂在陝州東南五十里。一統志陝州卷山川目，同。按紀要、一統志皆以硤石縣在州東南七十里，而實只五十里，疑坂去州實不及五十里，而在硤石以西也。

硤石又東蓋二十里至石壕鎭（今石壕），卽杜翁石壕吏作處。又二十里乾壕鎭。道北有神雀臺，高五十丈，周半里。

石壕最早見於杜詩。杜翁石壕吏（詳注七）云：「暮投石壕村。」乃陝洛道中作。又蜀檮杌下，孟知祥自洛赴蜀，道經石壕。通鑑二七四後唐同光三年紀，同。同書二八七，天福十二年，後漢高祖由太原南下。五月辛亥，至陝州；壬子，至石壕；乙卯，至新安；丙辰，至洛陽。皆見此石壕當兩京大道。舊五代史六三朱友謙傳：「廣明之亂，……事澠池鎮將柏夔爲部隷，嘗爲盜於石壕、三鄉之間，剽刧行旅。」亦此石壕。而舊唐書地志，汝州臨汝縣，「先天元年置。貞觀〔元？〕八年，以梁縣西界二鄉益之，兼移縣於石壕驛。」此另一石壕，在洛陽至襄荆道上臨汝縣治，非此石壕也。又按此條可能有譌字。並詳彼篇。又有乾壕。通鑑二七九，後唐淸泰元年三月，潞王由鳳翔舉兵向洛，至陝州，少帝制以康義誠爲都招討使，帥師禦之。「義誠軍至新安，……所部將士……爭先詣陝降，纍纍不絕。義誠至乾壕，麾下纔數十人，……因候騎請降於潞王。……四月庚未朔，……太后令內諸司至乾壕迎潞王。」考異引廢帝實錄亦云，太后令內司迎奉至乾壕。是乾壕亦當陝州經新安入洛陽之大道也。

據上所引史料，石壕、乾壕皆當此段大道，兩地相去蓋不遠。檢九域志三，陝州陝縣有「石壕、乾壕、故縣三鎭。」又金史地理志陝州目，石壕鎭屬陝縣，乾壕鎭屬靈寶縣。則石壕去陝州里程可能較近。卽陝州東南行先至石壕，再至乾壕也。又檢一統志陝州卷關隘目，石壕鎭在州東南七十里，乾壕鎭在州東九十里。蓋略得舊地。紀要四八永寧縣目崤縣城條引舊志，「石壕鎭在陝州東南九十里。」蓋以乾壕爲石壕耳。又檢寰宇記六硤石縣，「神雀臺在縣北四十五里，石壕鎭東路北。唐天寶二年赤雀翔於臺上，因名。臺高五十丈，周半里。」一統志陝州卷古蹟目引作「縣東北四十五里。」新志，峽石「東有神雀臺，天寶二年以赤雀見，置。」方位不同，當從新志在縣東，無疑。今本寰宇記作北者，誤也。又就此里距而言，似當爲乾壕鎭東，非石壕鎭東，兩鎭皆以壕名，寰宇記成書草率，宜有此誤矣。又輿地廣記一三，陝州陝縣，「石壕鎭本崤縣……正觀十四年改爲硤石縣。……皇朝熙寧六年省爲鎭。」宋史地理志三，亦云熙寧六年省硤石縣爲石壕鎭，入陝縣。蓋其時省硤石縣，而於石壕置鎭，併入陝縣，非謂石壕卽在陝縣治，亦非謂硤石縣卽在石壕也。檢紀要四六，永寧縣目崤縣條云，「武德三年自石塢移治鴨橋……十四年移治硤石塢，改曰硤石縣，而舊崤縣爲石壕鎭。」是也。一統志等書，以硤石縣在州東南七十里，蓋即緣廣記、宋地志而誤會耳。

又東入永寧縣北境之崤坂二陵地區。崤有東西二山，其道險峻，自古見稱，所謂崤函之固也。西征記曰，「自東崤至西崤三十里，東崤長坂數里，峻阜絕澗，車不得方軌。西崤全是石坂，十二里，絕險不異東崤。」

此段西征記引見御覽四二崤山目。此具體狀兩崤道之險峻。元和志河南府永寧縣目二崤山條，全取此文，惟「三十里」作「三十五里」。下文惟增列馮異破赤眉、魏龐德破張白騎兩事，具見爲軍道之要。

崤坂二陵地區，有村名胡郭，地在陝州之東約百里。驛道至此地區，分南北二道。北道東入澠池縣境，經縣治及新安縣至洛陽。南道東南經永寧縣治及福昌縣，壽安縣，亦至洛陽。曹操惡南道之險，更開北山高道，僅指崤坂山區道路而言，非長距離之南北二道也。

按長距離之入洛兩道，至遲漢已並存。秦武王欲車通三川窺周室，乃使甘茂伐宜陽。是宜陽當通洛大道。而漢武帝時楊僕請徙函谷關於新安。是新安亦當大道。按韓宜陽在今宜陽縣西甚遠，今三鄉、柳泉之間，接近永寧縣；而西漢新安距今縣不遠，故兩地不在一條路上。是其時新安、宜陽並爲入洛道口可知矣。又後漢書一一劉盆子傳云：

「赤眉……（建武二年）十二月乃引而東歸，衆尚二十餘萬。……光武乃遣破姦將軍侯進等屯新安，建威大將軍耿弇等屯宜陽，分爲二道以要其還路。敕諸將曰：賊若東走，可引宜陽兵會新安；賊若南走，可引新安兵會宜陽。明年正月，鄧禹自河北度，擊赤眉於湖，赤眉遂出關（蓋指函谷舊關）南向，征西將大將軍馮異破之於崤底。帝聞，乃自將幸宜陽，盛兵以邀其走路，赤眉忽遇大軍，驚震……乞降。」

是尤新安、宜陽分當入洛南北兩道口之強證。此條，譚宗義漢代國內陸路交通考已引之。惟爲史料所限，其詳不悉。

下迄唐世，亦有二道，分由新安及福昌入洛。如通鑑二二二肅宗上元二年紀云：

「思明破李光弼，欲乘勝西入關。使朝義將兵爲前鋒，自北道襲陝城；思明自南道將大軍繼之。三月甲午，朝義兵至礓子嶺，衞伯玉逆擊破之，朝義數進兵，皆爲陝兵所敗。思明退屯永寧。」

考異引邠志云：

「三月，思明乘勝欲下陝城，使朝義帥銳卒北路先往，已自宜陽引衆繼之。」

又新二二五上史思明傳書此事云：

「京師震恐，益兵屯陝。思明遂西，使朝義爲先鋒，身自宜陽繼進。朝義攻陝，敗於姜子坂，退壁永寧。……」（舊二〇〇上史思明傳，畧同。）

據此，思明、朝義分由南北二道窺陝。朝義取北道卽新安道無疑。思明取南道，由宜陽經永寧。朝義爲陝兵敗於礓子坂，亦退屯永寧；是由北道進，而由南道退也。宜陽在唐福昌東十四里。故唐代洛陽西行之南北兩道口，殆與古代不異。

至於此南北二道在陝州以東之分岐點，則通典一七七河南府永寧縣條有一節極重要材料云：

「自漢以前春秋時，道皆由此縣。（按此統崤山南北道言。）酈道元水經注云：漢建安間，曹公西討巴漢，惡南路之險，更開北道，自後行旅率多從之。附側路有石銘云，晉太康三年弘農太守梁柳修復舊路。（此當指南道。）括地志云，按文王所避風雨，卽東垣山（一統志引作東崤山）也。俗亦號爲文王山。有（一統志引作『在』）夏后皐墓北可十里許，其山南臨可蔭。漢末以來移道更於嶺岑山南。其山在夏后墓正南可五里。公更開北道，卽復春秋時路。後周之初，更復南移。隋煬帝大業三年廢。武德初又通此道。貞觀十四年又廢。其道西入縣界，又東分爲二道。（一統志引有『南道』二字。）東南入福昌縣界，北道東入澠池縣界。」

按此段文字頗多譌誤，不能通解，且似有矛盾處。然大意則云，春秋時代道本在北，漢移向嶺岑山之南，曹操復移於北。後復南北遷徙不定。至唐，南北道在永寧縣境內分途，南道「東南入福昌縣界，北道東入澠池縣界」也。

按此段文字可分兩節討論。其一，曹操時代之所謂南北道。其二，唐代南北道。先論第一點。崤道及曹操捨南就北，最早見於左傳及杜注。春秋僖公三十二年左氏傳，秦師將襲鄭，「蹇叔之子與師，哭而送之曰，晉人禦師必於殽，殽有二陵焉。其南陵夏后皐之墓也；其北陵，文王之所辟風雨也。必死是間。」明年師還，果爲晉人敗於殽。杜注云：

「殽在宏農澠池縣西。」「此道在二殽之間南谷中，谷深委曲，兩山相嶔，故可以辟風雨。古道由此。魏武帝西討巴漢，惡其險，而更開北山高道。」

其後，酈氏水經河水注四云：

「河之右側，崤水注之。水出河南盤崤山……與石崤水合。水出石崤山。山有二陵。南陵，夏后皐之墓也；北陵，文王所避風雨矣。言山徑委深，峯阜交蔭，故可以避風雨也。（下述秦師敗於崤事，從畧。）……崤水又北……注於河。河水又東，千崤之水注焉。水南導於千崤之山。其水北流，纏絡二道。漢建安中，曹公西討巴漢，惡南路之險，故更開北道，自後行旅率多從之。今山側附路有石銘云，晉太康三年宏農太守梁柳修復舊道。」

據此，所謂南北道，皆僅就崤山地區之短距離而言，非余所謂宜陽、新安之南北兩道也。又春秋崤道卽是山南谷中之南道。道在谷中，故云避風雨。其北山高道，杜注指明爲曹公所新開。杜預距建安時代不遠，當有所據。通典謂春秋古道本在北，漢末徙而南，曹公又徙北，復行春秋故道；恐屬臆辭。然云文王避風雨古道（卽春秋崤道）在夏后皐墓之北可十里許，文王山之南谷，蓋可信。此卽古之南道，曹公北道猶當在此北山上。通典所以誤南道爲北道者，蓋唐世有道經嶺岑山之南，更在古代南道之南，故目古代南道爲北道矣。

次論第二點，唐代長距離南北兩道（卽澠池新安道與福昌壽安道）之分岐。通典「其道西入（永寧）縣界」一語最不可解。何者？檢通典，惟永寧縣條記三崤山。元和志河南府永寧縣，「二崤山，又名嶔崟山，在縣北二十八里。（此當就山之南閭而言。）」下引左傳蹇叔語云云。寰宇記於陝州硤石縣、河南府永寧縣兩記之。永寧縣目所記全抄元和志。而硤石縣目云：

「二陵在縣東北四十六里 。 春秋云 ，崤有二陵焉，……崤在宏農澠池縣西北，道在三崤之間，兩山相嶔 ， 文王避風雨古道猶存 。 其地元屬河南永寧縣，乾德五年割屬當縣。」

則三崤山地區，唐世本屬永寧縣，地在硤石之東四十六里，甚至可稱爲東北。則大道至崤，自不得再云西入永寧縣境。云「其道西入縣界」者，疑「西」爲「東」之譌；否則，謂此道由西入縣界也。故下文接云：「又東分爲二道」矣。再詳通典此段文意，北道入澠池縣界，南道入福昌縣界。著一「界」字，則其分岐卽在永寧縣境之崤坂二陵地區。而崤山地區卽宋乾德五年由永寧割屬硤石者。地在硤石縣治東四十六里 ， 卽陝州東南九十六里也 。 寰宇記硤石縣目又云：「皇朝乾德五年割河南府永寧縣胡郭一村屬焉。」是此割屬硤石縣之崤坂地區之村名尙可確曉。按通典，陝州「東南到河南府永寧縣界九十里。」則此胡郭村之崤山二陵地區卽在永寧縣最北境，接近陝州地界矣 。 寰宇記 ， 陝州「東至河南府永寧縣（界）一百一十六里」者，其時胡郭村已割屬陝州之硤石也 。 然則此次由永寧割屬硤石之胡郭村地境約二十餘里 ， 亦卽崤坂二陵地區矣。推此而言，東入澠池界、南入福昌界之兩道分岐處，當卽在硤石縣東約五十里之崤坂二陵胡郭村地區耳。其地東去澠池縣城約六十里，詳後文。

關於此點，尙有其他史料可資佐證。上節引通鑑上元二年紀，述史思明由洛窺陝事，先遣朝義由北道進兵，至礓子坂，爲陝城守將衞伯玉所敗，乃由南道退至永寧，與思明合兵。又同書乾元二年紀 ， 思明遣李歸仁攻陝 ， 亦敗於礓子坂，退至莎栅永寧間（引詳後永寧縣治條），其情形殆與史朝義相同。則南北兩道之分岐當在礓子坂以東。此其一。觀地圖，陝石縣在陝州正東，北至黃河極近。元和志六硤石縣目，底柱在縣東北五十里黃河中。又魏長城在縣北二十二里，東南起崤山，西北至河三十七里。按崤山在硤石縣東至少十里以上，以勾股弦法測之，縣城去黃河不能逾三十里，其北當不會另有北道通洛陽，所謂北道者必過硤石無疑。而白居易西行（白長慶集六三）云：「壽安流水舘，硤石青山郛，官道柳陰陰，行宮花漠漠。」道由壽安，是必取南道，而亦經硤石縣城，則南北兩道之分岐必在硤石以東可知矣。此其二。又前石壕條引通鑑二八七天福十二年紀，劉知遠自太原南下。五月辛亥，至陝州；壬子，至石壕；乙卯，至新安；丙辰，至洛陽。是取北道無疑。其道中經石壕。（杜詩新安吏、石壕吏似爲一次行程中所寫；但仍可解釋爲非一次。）而舊五代史六三朱友謙傳：「廣明之亂，……事澠池鎮將柏夔爲部隸。嘗爲盜於石壕、三鄉之間，剽刼行旅。」新五代史四五同傳作：「以卒隸澠池鎮。有罪亡去，爲盜石壕、三鄉之間。」當以「亡去爲盜」爲正。三鄉在永寧、福昌間，爲南道上之一驛（詳下文），則取南道者亦經石壕。是南北兩道之分岐又當在石壕以東矣。此其三。抑猶有進者。北史五魏孝武帝脩紀，帝由洛陽西奔，經瀍西至崤中，又經陝州、湖城入關。瀍水當北道（詳後），則北道經崤中也。又通鑑一八二，大業九年，楊玄感反，衞文昇由長安出兵，「鼓行出崤澠，直趨東都城北。」是亦北道經崤坂之證。而舊九六宋璟傳：「開元……四年，遷吏部尚書兼黃門監。明年……秋，駕幸東都，次永寧之崤谷，馳道隘狹，車騎停擁。河南尹李朝隱、知頓使王怡並失於部伍，上令黜其官。」通鑑二一一，開元五年正月「辛亥，行幸東都，過崤谷，道隘不治，上欲免河南尹及知頓使官……。」考異引實錄，此年五月乙巳，李朝隱爲河南尹，故此條删河南尹姓名。考南部新書戊云：「開元六年，西幸至蘭峯頓……怒河南尹李朝隱橋頓不備。」與舊傳、通鑑所記爲一事。舊傳作開元五年秋，通鑑在同年正月，皆云由京師幸東都至崤谷。南部新書作開元六年，由東都西幸，至蘭峯頓云云。蘭峯宮在永寧縣西三十三里，見新志，是亦在崤谷地區。按開元六年，車駕實自洛陽回京師。疑南部新書所記最正確，舊傳李朝隱不誤，惟誤作五年幸東都途中耳。通鑑知幸東都在正二月，而朝隱至五月始爲河南尹，故删其名。其實從南部新書作六年西歸時，無不切合矣。是玄宗此次行程取南道，亦過崤谷也。然則無論取北道或取南道皆經崤坂，卽兩道之分岐當在崤坂或其以東地區，不得在崤坂之西也。此其四矣。然則前節據通典永寧縣條所作之分析，斷定南北兩道之分岐點當在崤坂二陵胡郭村地區，地在陝州以東約百里左右、硤石縣以東約五十里左右者，益可信矣。惟通鑑二二二，寶應元年十月「戊辰，諸軍發陝州，僕固懷恩與回紇左殺爲前鋒，陝西節度使郭英乂、神策觀軍容使魚朝恩爲殿，自澠池入。……辛未，懷恩等軍于同軌。」按同軌在永寧縣東，近三鄉驛（詳後文）。是亦取南道也。似南北兩道分岐又當在澠池縣，或以東。與前考不合。然通典明白確稱南北兩道分岐在澠池縣以西之永寧縣境，北道東入澠池縣界，南道東南入福昌縣界。則通鑑此條殊有疑問，豈本擬取澠池、新安道，中途改計由永寧、福昌道耶？（又按前引酈注引司馬彪續漢書「赤眉從澠池自利陽南欲南至宜陽。」利陽亦在唐澠池縣西十三里以西。）

今先考北道之行程，即澠池新安道。由崤道而東經土壕，約五六十里至澠池縣（今縣治），地名雙橋，南臨穀水，有澠池南館。

通鑑一八二，大業九年，楊玄感反，衞文昇由華陰「鼓行出崤澠，直趣東都城北。」是由崤坂經澠池至東都也。舊紀，高宗永淳元年四月，幸東都。戊寅，次澠池之紫桂宮。乙酉，至東都。按紫桂宮在縣西五里，見新志。則高宗此行必過澠池縣。亦證澠池縣當大道。吳融有過澠池書事（全唐詩十函七册融集四），即此道中。硤石、澠池爲鄰縣，但一屬陝州，一屬河南府，故唐宋志書不明載兩縣間之距離。考雍錄六，「自靈寶縣三百餘里至河南府新安縣。」按澠池在新安西八十里（詳後文），陝州在靈寶東七十五里，則陝州至澠池當約一百四十五里有餘。檢職方典四二七，澠池西至陝州一百四十里，與宋人所記略同。則澠池西至硤石縣約近百里也。又按唐世陝州至河南府之距離有三百里、三百三十里、三百五十里三說，未知孰是。余以爲三百里蓋就澠池、新安道而言，三百五十里蓋就永寧福昌壽安道而言耳。（詳見下文。）硤石西至陝州五十里，澠池東至洛陽一百五十里，如陝洛相去三百里，則硤石至澠池當爲一百里，與雍錄及職方典所述里距亦合。宜可信。則崤坂至澠池約五六十里也。

澠池縣治屢遷。寰宇記引四夷郡國（縣）道記云：

「漢澠池城與澠池水源南北相對。曹魏移於福昌縣西六十五里螽城。……大統十一年，令移於今縣西十三里故沔〔澠〕池縣爲理。隋大業元年又移於縣東二十五里新安驛。……十二年，復移理大塢城。唐貞觀三年自大塢城移於今理。立穀州。」

按舊志，澠池「隋舊治大塢城。貞觀……三年，縣南移於雙橋。」則縣道記所謂今理即雙橋也。

穀水在縣城南二百步，見元和志五及寰宇記五。元納新河朔訪古記下有盧元卿八分書澠池縣南館記碑，則此縣置館，蓋在城南，臨穀水。

土壕不見於唐代載記。然九域志三，陝縣有石壕、乾壕兩鎮，已見前引；而同書卷一又云，澠池縣有鎮一，曰土壕。是北宋時代，此地區除石壕、乾壕外又有土壕也。是此名蓋甚早，疑唐世已有之歟？又鄭剛中道里記，由澠池西行經「東西土壕，乾壕，宿石壕鎮。」是在澠池縣西。前引一統志河南府卷關隘目，云土壕鋪在澠池縣西四十里，並舉金代土壕村爲說。又圖書集成·職方典四三五，澠池縣西通陝州第三鋪曰土壕。是亦約縣西三四十里也。當果北宋土壕所在，則在嶕坂東約一二十里。

縣西十三里有秦趙二故城，在穀水上源之北，當大道。

水經注一六穀水注：「穀水出千崤東馬頭山穀陽谷，東北流歷黽池川，……漢景帝中二年初城，徙萬戶爲縣。因崤黽之池以目焉。……穀水出處也。穀水又東逕秦趙二城南，……世謂之俱利城。耆彥曰：昔秦趙之會各據一城。……」前引郡國縣道記，漢澠池故城在唐縣西十三里，近澠池水源。與此合。又寰宇記云：「俱利城，秦趙二君會處。今縣西有俱利城，亦名秦趙城。東城在縣（西）十三里，西城在縣（西）十四里。」⑤又云：「今縣西十三里即秦趙所會城猶存。漢爲縣，理於此城西三里，今無基迹。」是秦趙二城距漢故城不遠，皆近穀水，當皆爲大道所經。鄭剛中道里記，由澠池縣，「行十里過會盟台。」是宋世仍在道上。

由縣而東十二三里至新安驛，秦漢新安故縣治，大業中曾遷澠池縣治此。又東七八里至千秋亭（今有千秋鎮）。皆南臨穀水。

新安驛　前引郡國縣道記，澠池縣，大統中「移於今縣西十三里故澠池縣爲理。

---

⑤ 據元和志補「西」字，但志譌「十四」爲「四十」。

……大業元年又移於縣東二十五里新安驛。……十二年，復移理大塢城。唐貞觀三年……移於今理。」前後云「今縣」「今理」；惟大業元年一遷只云「縣東」，是在此遷前之縣東，即今縣（唐縣）西十三里、故縣之東二十五里也。如此則在今縣（唐縣）東十二里。然一統志河南府卷古蹟目引此文作「今縣東二十五里。」着一「今」字。同目又引括地志，亦云新安故城「在澠池縣東二十五里。」似郡國縣道記果本作「今縣東」者。然檢項羽本紀，坑秦卒二十萬於新安。正義引括地志：「新安故城在洛州澠池縣東一十三里，漢新安故城也。」則一統志實誤引，其於縣道記加一「今」字，亦誤。是唐之新安驛在澠池縣東十二三里，即在漢新安故址，亦即項羽坑秦卒處也。

千秋亭　寰宇記五澠池縣，「千秋亭在縣東二十里。潘岳喪子之處。西征賦云：夭赤子於新安，坎路側而瘞之，亭有千秋之號，子無七旬之期。又有水曰千秋澗。」按此是否即西征賦所述之故址不必論，但必唐世道上有此亭也。鄭剛中西征道里記，由新安縣西經「缺門，千秋店，宿澠池縣。」即此。張編地圖集，今其處有千秋鎮。

水經注一六穀水注，「穀水又東逕秦趙二城南。……又東逕土崤北……又東逕新安縣故城，南北夾流，而西接崤黽。昔項羽西入秦，坑降卒二十萬於此。……穀水又東逕千秋亭南。其亭累石爲垣，世謂之千秋城也。潘岳西征賦曰，亭有千秋之號。……」是自澠池以東至此，大道皆在穀水北側。唐世略同。

又東二十里至峽石堡，近穀水。又東十里至缺門（今鐵門），兩山對聳爭高，穀水中通，故名。又東十五里至白超壘，在穀水北，左右兩山夾立，相去百餘步，大道出其中，故爲軍道之要。又東南十五里至新安縣（今縣），在穀水北二里。

元和志、寰宇記皆云澠池縣至河南府一百五十里，新安縣至河南府七十里，則兩縣相距八十里。即千秋亭至新安縣當爲六十里也。縣在穀水北二里，亦見兩書。

峽石堡　通鑑一八八，武德三年十月，「羅士信襲王世充硤石堡，拔之。」按此非遠至硤石縣。檢水經穀水注，於千秋亭下又云：「又東逕雍谷溪，回岫縈紆，石路阻峽，故亦有硤石之稱矣。」寰宇記補河南府卷新安縣目：「峽石堡在縣西四十里。」即其地。是在千秋亭東二十里也。

缺門　新三六五行志，開元八年，「契丹寇營州，發關中卒援之，宿澠池之闕門，營穀水上。」是陝洛道上有闕門，在澠池境。又通鑑二二一，乾元二年，鄴城之潰，「（郭）子儀至河陽，……又奔缺門。……諸將繼至，衆及數萬，議捐東京，退保蒲、陝。」是此地當在陝東道上，蓋即闕門耳。考水經穀水注，硤石下續云：「穀水又東逕缺門山。山阜之不接者里餘，故得是名矣。二壁爭高，斗聳相亂，西瞻雙阜，右望如砥，穀水自門而東，……。」隋書地理志，新安有缺門山。九域志一，同。亦見鄭剛中道里記。檢一統志河南府卷山川目有闕門山，「在新安縣西三十里。」以為即酈注之缺門。又引舊志云：「東曰青龍，西曰鳳凰，兩山相對如闕，謂之闕門，俗亦曰鐵門。」同書關隘目有闕門鎮，「在新安縣西三十里闕門山側，一名鐵門鎮。」檢張編地圖集，鐵門當鐵道，蓋古道已然。

白超壘　元和志五，新安，「白超故城一名白超壘，一名白超塢，在縣西北十五里。壘當大道，左右有山，道從中出。漢末黃巾賊起，白超築此壘以自固。東魏修築為城，因名白超城。」按水經穀水注，缺門下續云：「穀水又逕白超壘南。戴延之西征記云：次至白超壘，去函谷十五里，築壘當大道，左右有山夾立，相去百餘步。……是壘在缺門東十五里。壘側舊有塢，故治官所在。」趙刊誤曰：「周書魏元傳，除白超防主，又隋韓擒虎嘗為白超防主，見其碑文。蓋南北阻兵，常為戍鎮。」則此壘當道，有名史册，常為戍守之地，至唐世仍然也。

縣當東都西出道口，故北周築城，名曰通洛，以逼齊。縣東北一里，有漢函谷關故址，蓋亦為唐道所經。

新安，漢世已當道，故得移函谷關於此。元和志五，新安縣「本漢舊縣。……縣城本名通洛城，周武帝將東討，令陝州總管尉遲綱築此城以臨齊境。」觀命名，即知亦當道。又周書韓雄傳：「世宗（明帝）二年，除使持節、都督中徐虞洛四州諸軍事、中州刺史。」檢元和志，周之中州即治新安。按洛州治陸渾，虞州約在今夏縣，徐州亦在河北，雄之管區實夾河兩岸，北至中條山，東南至今嵩縣，而設治於新安，稱爲通洛城。⑥其爲陝州通向洛陽之大道可知矣。其在唐世，通鑑一八八，武德三年七月，詔秦王世民擊世充。「壬午，世民至新安。」同書二一七，天寶十四載，「祿山欲自將攻潼關，至新安，聞河北有變而還。」又二六四，天祐元年，「丁酉，車駕發陝。壬寅，全忠逆於新安。癸卯，上憩於穀水。甲辰，車駕發穀水入宮。」又二九七，後唐清泰元年，潞王反於鳳翔，舉兵向洛，至陝州。制以康義誠爲都招討使以禦之，至新安，軍潰。兩五代史康義誠傳皆畧同。則終唐世，陝州入東都常道新安也。杜翁有新安吏（詳注七）云：「客行新安道」，又云：「借問新安吏，縣小更無丁。」是亦指新安縣而言，非指前考之新安驛而言。

通典一七七河南府新安，「縣東北一里，漢故函谷關，……後周改故函谷關城爲通洛防以備齊。……項羽坑秦卒於新安城南，即斯地也。」元和志五略同，惟作「縣東一里」。又云：「今縣城之東有南北二塞垣，楊僕所築。」按項羽坑秦卒在前考之新安驛。蓋秦之新安在唐之新安驛，楊僕移關於當時新安（即故城）之東，置於唐新安縣治處，後乃徙縣就關城耳。穀水注：「穀水又東逕函谷關南，東北流。……關高險陿，……路出廛郭，……（下引楊僕徙關於此）……穀水又東北逕函谷關城東。」是關之南東兩面皆爲穀水所繞。又按元和志二華州華陰縣潼關條述及新安漢函谷關云，「而郵傳所馳，出於南路。」疑此「南路」乃指陝洛間之南道而言，非謂新安道不經故關也。

由新安而東，八里至函谷關東坂八陡山。蓋即張衡東京賦所謂「西阻九阿」，亦函谷關之一險也。

水經注一五澗水注：「澗水……東北流歷函谷東坂，謂之八特坂。」寰宇記補河南府新安縣：「八陡山在縣東八里。」一統志河南府卷山川目，「八陡山在新安縣東八里，其水陡峻，……爲東西孔道。」皆指爲酈注之八特坂。復考張衡

---

⑥ 參看魏晉南北朝地方行政制度頁四八五。

東京賦曰，「西阻九阿，東門于旋。」李善注：「穆天子傳曰，天子西升九阿。郭璞曰，今新安縣十里（『十』上脫東字）有九阪。」當與酈注之八特坂爲一地。

又東南二十二里至慈澗店，置慈澗鎭（今鎭），當少水入穀水處。又東十里渡孝水。

通鑑一八二，隋大業九年，楊玄感圍東都，「分兵五千守慈澗道，五千守伊闕道，……五千人取虎牢。」又一八八，唐武德三年四月，「羅士信圍慈澗，王世充使太子玄應救之。」七月，詔秦王世民擊王世充，至新安。「羅士信將前軍圍慈澗。世充自將兵三萬救之。……世民……帥步騎五萬進軍慈澗；世充拔慈澗之戍，歸于洛陽。」是慈澗必當東都西出要道，故得與伊闕、虎牢比，又爲世民、世充所力爭也。鄭剛中道里記，由洛陽西經榆林，磁澗，宿新安縣。即仍舊道也。按慈澗之名始見水經注一五澗水注及一六穀水注，當少水入穀水處。故元和志五壽安縣目云，「少水今名慈澗水」也。玆再論其地望。元和志五，新安縣有「慈澗故鎭在縣東南二十里，周武帝保定六年置。」下引武德三年討世充事。九域志一，新安有慈澗鎭。檢一統志河南府卷關隘目，「慈澗鎭在新安縣東三十里。」而引元和志，與今本元和志同。則唐鎭似當在今鎭之西約十里處。然一統志河南府卷山川目，慈澗水「在新安縣東三十里。」紀要四八，同。是今鎭即當古少水亦即慈澗水入穀水處。今考此三十里文字不譌。何者？同目又云：「孝水在洛陽縣西。……舊志，孝水在洛陽縣西三十里。」新安去洛陽七十里，則孝水在新安東四十里也。檢澗水注：「今孝水東十里有水，世謂之慈澗。」似慈澗在孝水東十里者。然穀水注云：「穀水又東，少水注之。……世謂之慈澗也。穀水又東，俞隨之水注之，……世謂之孝水也。潘岳西征賦曰：澡孝水以濯纓，嘉美名之在玆。是水在河南城西十餘里。」按河南故城在隋以下之洛陽城西北，故孝水在河南城西僅十餘里。是酈注亦明云孝水在慈澗之東，蓋澗水注之「東」爲「西」之譌字。（通鑑一八八武德三年紀胡注引水經注已誤。）然相距十里可知也。孝水既在新安之東四十里，慈澗在其西十里，正當在新安東三十里矣。故一統志不誤。北朝及唐世慈澗置鎭，爲軍家必爭之地，蓋卽以其當少水卽慈澗水入穀處而見重，地在新安東南三十里，元和志譌「三」爲「二」耳。又三水小牘上，有新安縣慈澗店。當卽在鎭地。

又東四十里至東都。然可能分南北兩支，非一道。北支蓋行穀水北，經金谷，瀍澗，至洛陽城。北魏後期置瀍澗驛，在城西，蓋近澗置。

金谷　通鑑一八二，隋大業九年，楊玄感圍東都，衞文昇自長安來救。「鼓行出崤澠，直趨東都城北。玄感逆拒之。文昇且戰且行，屯於金谷。」又王維宿鄭州（右丞集四）云：「朝與周人辭，暮投鄭人宿。」「明當渡京水，昨晚猶金谷。」又白居易送河南尹馮學士赴任（白長慶集五六）：「石渠、金谷中間路，軒騎翩翩十日程。」似金谷亦當道。檢水經穀水注：「穀水又東，又結石梁，跨水制城西梁也。穀水又東，左會金谷水。水出太白原東南，流歷金谷，……東南流逕晉衞尉卿石崇之故居，……在河南界金谷澗中。……又東南流入於穀。穀水又東逕金鏞城北，魏明帝於洛陽城西北角築之。」是金谷在洛陽西北。一統志河南府卷古蹟目引明統志，金谷園在府城西十三里。

瀍澗驛　魏書八三外戚高肇傳，世宗大舉征蜀，以肇爲諸軍節度。旋帝崩，肅宗立，召還。「將至，宿瀍澗驛亭，家人夜迎省之，皆不相見。」征蜀回程，當在城西可知。又北史五魏孝武帝紀，永熙三年，帝在洛陽。「七月，……景〔丙〕午，帝……五千騎宿於瀍西楊王別舍……衆知帝將出。……宇文泰遣都督駱超、李賢和……會帝於崤中。」此瀍西當亦瀍澗驛地區。檢元和志五河南府河南縣，「瀍水在縣西北六十里。禹貢……孔安國注曰，出河南北山。水經云，源出河南穀城縣北。今驗水西從新安縣東入縣界。」水經瀍水注：「（穀城）縣北有䐣亭，瀍水出其北梓澤中，……歷澤東南流，水西有一原，其上平敞，古䐣亭之處也。卽潘安仁西征賦所謂越街郵者也。」是瀍水入洛雖在洛陽之東，然其上流實在城西北，瀍澗驛蓋在城西北，潘安仁西征行程亦由此線也。北魏後期曾置驛，不知唐世仍見置否？

南支蓋由蔣橋渡穀水入洛。

通鑑二六四，唐天祐元年，朱全忠逼昭宗遷洛。閏四月「丁酉，車駕發陝。壬寅，全忠逆於新安。癸卯，上憩於穀水。……甲辰，車駕發穀水入宮，御正殿。」舊昭宗紀作「次穀水行宮。」又通鑑二七九，後唐清泰元年三月，潞王由鳳翔舉兵入洛，經陝州，澠池，新安，將至洛城。己巳，安從進語宰相馮道等曰：「潞王倍道而來，且至矣，相公宜帥百官至穀水奉迎。」下文云：「既而潞王未至，三相息於上陽門外。」胡注：「上陽門，上陽宮門也。」可見此道在上陽宮西，穀水當新安入洛大道所必經。下文又云：「四月壬申，潞王至蔣橋，百官班迎於路。」舊五代史四六末帝從珂紀，亦云至蔣橋，百官立班奉迎。疑蔣橋即架穀水之橋耳。舊一〇四封常清傳，祿山之亂，常清守東都。「戰于都亭驛，不勝，退守宣仁門，又敗，乃從提象門入，倒樹以礙之。至穀水，西奔至陝郡。」按提象門即上陽宮之東門，由上陽宮出神都苑至穀水，與馮道等迎潞王於穀水不得，退憩上陽宮同一路線。又按前金谷條引穀水注：「穀水又東，又結石梁，跨水制城西梁也。穀水又東，左會金谷水。」云云。此石梁似即唐世之蔣橋。然則當在金谷以西地區，距城蓋二十里左右矣。

北道既明，茲續考由崤坂向東南行之南道。南道自崤坂地區分岐東南行至回溪坂，復折而南南西行三十六里至永寧縣治所鹿橋驛（今永寧縣東北四五十里）。

前論南北兩道分岐點引通鑑二二二上元二年紀，思明由南道窺陝，退屯永寧。朝義亦由礓子坂退至永寧。永寧自屬南道。又通鑑二二一乾元二年紀云：「發安西北庭兵屯陝以備史思明。……思明遣其將李歸仁將鐵騎五千寇陝州，神策兵馬使衞伯玉……破之於礓子坂。……歸仁走。」下云：「李忠臣與歸仁等戰於永寧、莎柵之間，屢破之。」則歸仁由礓子阪退兵路線與朝義同。此皆永寧當南道之證。又白居易有過永寧（全唐詩七函七册居易集三二）；薛能有雨後早發永寧，緊接壽安水館之後（全唐詩九函二册能集四）。皆永寧縣城當大道之證。至於縣治鹿橋驛，舊志永寧條云：

「義寧二年置永寧縣，治永固城。……武德……三年移治同軌城。……貞觀……十四年，移於今所。十七年，移治鹿橋。」

按一般情形，即貞觀十七年以後治鹿橋也。何以十四年移治稱爲「今所」？考通鑑二二一乾元二年紀，胡注引宋白曰：「貞觀十四年移理莎柵，十七年移鹿橋。」則舊志之「今所」實莎柵也。復考唐會要八六道路目，「貞觀十四年七月三十日，移五崤道於莎柵，復舊路。」蓋因移道於莎柵，遂亦移縣治就之耳。宋白之言爲確信。舊志稱「今所」者，蓋亦如述都督府往往稱「今督」之類，乃直錄括地志原文耳。⑦ 則此「今所」非舊志編纂時代之「今」，仍可照常例，視鹿橋爲長久治所也。復考通鑑二二二上元二年紀，述史思明、史朝義皆退屯永寧，「思明在鹿橋驛，……朝義宿於逆旅。」下文述朝義諸將懼誅乃謀殺思明事。胡注，「鹿橋驛，永寧傳舍也。」是矣。又考廣記九九李大安條引冥報記，由越州入京，道過穀州鹿橋。按冥報記，唐初書。據舊唐志，武德初，置穀州於新安，後遷澠池，顯慶二年廢。此鹿橋即永寧所治之鹿橋無疑。是亦唐初行旅取南道之一證。至於永寧縣之今址。一統志河南府卷古蹟目云在今永寧縣東北，不具里數。按陝州至洛陽，南道蓋三百五十里，（詳後文。）又元和志，永寧東至河南府二百里，則陝州至永寧縣當約一百五十里之譜。檢寰宇記六陝州目云：

「東至河南府永寧縣一百一十六里。

東南至河南府永寧縣界一百六十里。」

按此兩條，一有「界」字，一無「界」字。檢通典，陝州「東南到河南府永寧縣界九十里。」前文已證宋建德五年割永寧最北境胡郭村地區入陝州，故宋初陝州至永寧縣界應逾百里，疑寰宇記此處上條「縣」下應有「界」字，而下條則不應著「界」字。觀永寧縣之方位及前考胡郭村對於陝州之方位，蓋陝州東至永寧縣之唐界九十里，宋界一百一十六里，又南行至永寧縣治，去陝州一百六十里也。前論崤坂二陵地區兩道分岐處去陝州約一百里，則南至永寧縣治當

⑦ 見拙作括地志序畧都督府管州考代府條，刋史語所集刋第三十五本及唐史研究叢稿。

約六十里也。檢紀要四八，永寧縣在河南府西南二百里，北至澠池縣一百二十里，西北至陝州二百里。則唐永寧當在今縣東北四五十里處，而距洛陽之里程則無大差異也。

回溪　因馮異事知名，譚宗義漢代國內陸路交通考引後漢書一七馮異傳，與鄧禹等合兵於澠池西，與赤眉戰，兵敗。「禹得脫歸宜陽，異棄馬步走上回谿阪，與麾下數人歸營。……收其散卒……數萬人，與賊約期戰。……赤眉……驚潰，追擊大破於崤底，降男女八萬人，餘衆尚十餘萬，東走宜陽降。」是漢世，回谿當在南道上。李賢注：「回谿，今俗所謂回阬，在今洛州永寧縣東北。其谿長四里，闊二丈，深二丈五尺。」元和志五永寧縣目云在縣東北三十六里。是在崤底之南也。一統志河南府卷山川目，回谿即東崤山坂，蓋略近之。通典永寧縣條云，三崤山二陵「在今縣西北。又有回溪……在今縣東北，俗名回坑。」蓋崤底二陵，此蓋所謂西崤歟？大抵此段道路，由崤底二陵東南行至回溪，折而南南西至永寧。紀要四八，崤底在永寧縣西北七十里，回谿在縣北六十里。里數或似不足，然方位得之矣。

又貞觀十四年開莎栅道，蓋由崤坂南行，或由崤坂西側南行，蓋三十里左右至蘭峯、莎栅，當置驛。又東南三十里亦至永寧縣治。此殆爲唐代南道之主線，回溪非主線也。

通典一七七河南府永寧縣條述三崤山二陵道云：

「大業三年廢。武德初又通此道。貞觀十四年又廢。」

下文述此道東分爲南北二道云云，即前考之南北道也。其南道當即指經回溪者而言。然貞觀十四年既廢此道，復行何道？考唐會要八六道路目云：

「貞觀十四年七月三十日，移五崤道於莎栅，復舊路。」

按「五崤」當是「三崤」之譌文，即貞觀十四年廢三崤道，移道於莎栅也。會要稱爲「復舊路」者，考通鑑一八〇大業元年紀云：

三月「丁未詔……營建東都。……廢二崤道，開蔓册道。」

按二崤道亦即通典之三崤道，通典稱大業三年廢三崤道，不云開建何道以代之。據通鑑則開䕺册道也。年份小異，不可泥，可能元年詔建東都，改道實在三年；亦可能通典「三」年為「元」年之譌。）䕺册當即渋柵。（胡注引山海經，疑「䕺册」可能為「欆枘」之譌，殆非是。）是則大業初曾廢三崤道，開渋柵道；武德初又通三崤道，廢渋柵道；至貞觀十四年復廢三崤道，重開渋柵道，故會要云「復舊路」也。續高僧傳三一釋慧常傳（中華藏本），隋末由東都被繫往西京，「行次渋柵。」時在楊玄感亂後，正在渋柵通行期間。

至於渋柵之地望。考通鑑二二一，乾元二年，史思明將李歸仁寇陝州，敗於礓子阪，李忠臣追之，「戰於永寧、渋柵之間，屢破之。」胡注：「永寧縣……武德三年，移理同軌，貞觀十四年移理渋柵，十七年又移理鹿橋。」蓋開渋柵道，同時即移永寧縣治於此。一統志河南府卷山川目，「渋柵谷在永寧縣西三十里，唐有渋柵城，韓愈、孟郊有渋柵聯句詩。（按全唐詩十一函九册收此詩。）」寰宇記四補闕同。按寰宇記補闕此條不知所據，故不能斷定一統志此條係指今縣而言，抑承襲唐宋舊志書而言。然渋柵若在今永寧縣西三十里，則在唐代永寧縣治鹿橋之西南六七十里以上，去當時大道甚遠，李忠臣、李歸仁之戰鬬殊少在永寧、渋柵間之可能。且渋柵道既與三崤道迭為興替，是東西並列，不當南北相去太遠，今永寧之西三十里，在崤山之南七八十里以上，是不合。故縣西三十里者，乃指唐宋時代之永寧而言，非明清時代之永寧也。此亦志書承襲舊文之一例耳。紀要四八同軌城條云，渋柵在永寧東。亦誤。蓋亦不能與崤道互為興替也。

又新地志，永寧縣西五里有崎岫宮，縣西三十三里有蘭峯宮，皆顯慶三年置。南部新書戊，開元六年，玄宗由東都還京，至蘭峯頓。又云蘭峯宮在縣西。是永寧入陝州，固有西道，與東北經回溪者不同。高宗兩行宮，在此道上，玄宗西還亦經此，當為南道主幹。度其形勢，當即貞觀十四年之渋柵道。韓愈、孟郊有渋柵聯句詩，是中葉仍行此道，蓋自貞觀以後未嘗改移歟？又按玄宗西幸，置頓蘭峯宮，在永寧西三十三里，渋柵即在宮東三里，東去永寧為一驛之地，且曾為縣治，料必置驛，惟不見於史耳。

又有嘉祥驛者，蓋在渋柵西北三十里之譜，殆崤坂山區歟？其地山水優美，有「嘉祥水木清」之說，故屢見唐人詩篇。

嘉祥驛屢見唐人吟咏。如孟遲題嘉祥驛（全唐詩九函二册）云：「何人獨鞭馬，落日上嘉祥。」又盧渥有詩。唐闕史下盧左丞赴陝郊詩條云：

「盧左丞渥冠裳之盛，近代無出其右者。……乾符初，……自前中書舍人拜陝郊觀察使。……及赴任陝郊，洛城自保釐尹正已下，更設祖筵，……洛城爲之一空。食器酒具羅列道路……塡咽臨都驛，前後十五里，車馬不絕。……左轄有詩題在嘉祥驛云：交親榮餞洛城空，秉鉞戎裝上將同，星使自天丹詔下，雕鞍照地數程中。……到後定知人易化，滿街棠樹有遺風。」

此事，廣記二〇〇盧渥條亦轉載，惟「十五里」作「五十里」。又唐詩紀事五九亦云：「洛城爲之一空，都人聳觀，亘數十里。」據此書事，並玩詩意，驛當在陝、洛道中，去臨都驛至少已數程（驛或日），但尚未入陝州境。又廣記一六八鄭還古條，還古在東都，鍾情於友柳將軍歌妓。及入京除國子博士，「柳見除目，乃津置入京。妓行及嘉祥驛，鄭已亡歿，旅櫬尋到府界。」亦證此驛仍在河南府境，但已接近陝州界，亦卽不能北過崤坂也。復考唐詩紀事六七王祝條云：

「會昌時，有題三鄉者曰，余本若耶溪東，……從良人西入函關，寓居晉昌里第。……不意良人已矣，邈然無依，……東邁，涉滻水，歷渭川，背終南，陟太華，經虢略，抵陝郊。揖嘉祥之淸流，面女几之蒼翠，凡經過之所，皆曩昔讌笑之地。」

按此處述由長安而東，皆循先後序次。則嘉祥在陝州以南、三鄉之北可知矣。然三鄉驛之西北一驛卽爲永寧縣治之鹿橋驛，故嘉祥驛又當在鹿橋之北，但北不過崤坂地區。前論唐代崤山至永寧之幹道當取蘭峯、澀柵，嘉祥亦當在此道上，然澀柵地區置驛，當以澀柵、蘭峯名，則嘉祥之名蓋又在其北，然崤坂距永寧僅六十里之譜，距澀柵僅三十里之譜，然則嘉祥驛者蓋卽崤坂地區之驛耳。地屬河南府永寧縣境，而西北鄰境陝州也。若耶女子云：「揖嘉祥之淸流」。又薛能符亭：「山如巫峽煙雲好，路似嘉祥水木淸。大抵游人總應愛，就中難說是詩情。」（全唐詩九函二册能集四。）蓋地在崤山地區羣山中，故特以泉水優美稱也。又王建有過喜祥山館云：「夜過深山算驛程，三回黑地聽泉聲。」（全唐詩五函五册建集五。）云在深山，與嘉祥情景相合，疑「喜」爲「嘉」之形譌。

由永寧東南行約二十五里至三鄉驛（今三鄉鎭），在洛水北岸，西南隔水，望女几山。又東略沿洛水約二十五里至福昌縣（今福昌集），有福昌館。縣城卽魏之一合塢，南北東三面峭絕，惟築西面，故名。

福昌縣、驛　通典一七七河南府福昌縣，「縣城卽魏之一金塢。東南北三高（元和志作面，是）峭絕天險（志作天險峭絕，是），後周重兵於此以備高齊。」元和志五，同。考水經注一五，「洛水又東逕一合塢南，城在川北原上，高二十丈，南北東三箱，天險峭絕，惟築西面，卽爲固，一合之名起於是矣。」⑧故自昔爲險要之地。全唐詩逸卷中有紹伯題福昌館詩，蓋卽縣驛。檢一統志河南府卷古蹟目，「福昌故城在宜陽縣西。……縣志，今有福昌集，在縣西六十里。」又關隘目，「福昌鎭在宜陽縣西六十五里，卽故縣也。」又圖書集成·職方典四三五亦云福昌鋪在宜陽縣西六十里。就里距觀之，所指大體可信。

三鄉驛　前引兩五代史朱友謙傳，「爲盜於石壕、三鄉間，剽劫行旅。」卽此驛。王太霄元珠錄序：「先師……元覽……則天成功元年戊戌歲，奉勑……（由成都）乘驛入都，閏十月九日至洛州三鄉驛羽化。」（全唐文九二三。）是三鄉置驛甚早。又廣記一七薛肇條，「崔宇旣及第，尋授東畿尉，赴任過三鄉驛。（出仙傳拾遺。）」亦卽此。唐人過此者題詠甚多，如劉禹錫有三鄉驛樓伏覩玄宗望女几山詩斐然有感（夢得集四、唐詩紀事三九、全唐詩六函二册禹錫集三）。詩云：「三鄉陌上望仙山，歸作霓裳羽衣曲。」又前嘉祥驛條引唐詩紀事六七王祝條，若耶溪女子題三鄉詩，序云：「經虢略，抵陝郊，揖嘉祥

⑧ 一統志云「合」「金」皆當「全」之譌。

之淸流，面女几之蒼翠。」其後「和者十人。祝和三鄉詩云：女几山前嵐氣低。……」是此驛與女几山相近，山有仙山之名，（又見白居易題裴晉公女几山刻石詩後，全唐詩七函七册。）故多仙道故事耳。元和志五河南府，福昌縣東至府一百五十里。女几山在縣西南三十四里。則驛在福昌之西。又全唐詩十二函七册張雲容小傳：「元和末，有平陸尉金陵薛昭……謫赴海東，至三鄉，夜遁去，匿蘭昌宮古殿。」按新志，河南府福昌縣，「西十七里有蘭昌宮。」亦驛在福昌縣西之證。檢九域志一，河南府壽安縣有「柳泉、福昌、三鄉三鎭。」張編地圖集·河南人文圖，永寧（洛寧）之東洛水北岸有三鄉鎭，更東有柳泉鎭。一統志河南府卷關隘目，福昌鎭「在宜陽縣西六十五里，即故縣也。」又引舊志：「柳泉鎭在（宜陽）縣西北二十五里。又三鄉鎭在縣西北八十里。」（圖書集成·職方典四三五，亦云三鄉鋪在宜陽縣西八十里。）又山川目，女几山「在宜陽縣西九十里。」則鎭去山僅十里遙。據水經洛水注，山在洛水之南。此三鄉鎭當即唐驛之故地無疑。按元和志，永寧東至府二百里，則永寧、福昌相距五十里，三鄉蓋居間之驛耳。地在洛水北岸。而女几山在福昌西南三十五里，在水之南，故在三鄉得隔水南望山景也。

又永寧之東有同軌店、同軌城，當大道，疑在三鄉之東西。

元稹有雪後宿同軌店上法護寺鐘樓望月（元長慶集一七、全唐詩六函九册稹集一七）。按通典河南府永寧縣，「後周黃櫨、同軌、永昌三城以備齊。」寰宇記四，河南府永寧縣，武德三年曾移治同軌城。是在永寧境。考同軌之名似起於西魏。通鑑一六〇，梁太淸元年，侯景乞兵於魏，宇文泰「使同軌防主韋法保（署）等將兵助之，……法保……尋辭還所鎭。」胡注：「五代志：河南宜陽縣，後周分置熊耳縣，同軌郡。周齊以宜陽爲界，以同軌名郡者，言將自此出兵混壹東西，使天下同軌也。」是此城當大道可知。又同書二二二，寶應元年十月戊辰，「諸軍發陝州，僕固懷恩與回紇左殺爲前鋒。……辛未，懷恩等軍於同軌。」胡注：「河南永寧縣……有同軌城。」是唐世仍當道。元稹所宿之同軌店即其地無疑。檢紀要四八及一統志河南府卷古蹟目皆云在今縣東。考通鑑二二一，乾元二年紀，胡注引宋白曰：「永寧縣……後魏大統十年於今縣東黃蘆城置北宜陽縣。廢帝二年改爲熊耳。」按熊耳實在今永寧縣東北。又一統志永昌城條引舊志：「永昌城在永寧縣西長水鎮。又有黃塘城，在縣東北管西保，亦後周時置。」疑黃塘即黃櫨之傳譌。⑨則同軌城當在永寧三鄉福昌大道上，蓋可必矣。

福昌又東十四里至故韓城，即韓宜陽城也。李約有宿宜陽館聞雨詩，蓋此處。又東約二十里至柳泉驛。

柳泉驛　南部新書乙：「鄭滑盧宏正尙書題柳泉驛云：余……今年從楚州刺史除給事中，計程亦合是六月十四日湖城縣宿。」是驛在湖城以東道上也。又考通鑑二二二上元二年紀述史朝義殺史思明事云：三月，思明退屯永寧，以朝義爲怯。戊戌，思明又云，俟克陝州，終斬此賊。朝義憂懼。是夕，思明在鹿橋驛。朝義宿於逆旅，其部將駱悅等說朝義劫廢思明，遂設計詣驛執之。下云：

「悅等送思明於柳泉驛囚之。還報朝義曰：事成矣。……時周摯、許叔冀將後軍在福昌，悅等使許季常（叔冀之子，與悅同謀）往告之，摯驚倒於地。朝義引軍還，摯、叔冀來迎，悅等……執摯殺之。軍至柳泉，悅等恐衆心未壹，遂縊殺思明，……歸洛陽。」

胡注：「鹿橋驛，永寧傳舍也。」「唐制，三十里一驛，柳泉驛又當在鹿橋驛東三十里。」「福昌又在柳泉驛之東。」按此乃想像之辭耳。永寧至福昌只五十里，中間有三鄉驛，已見前考，確無可疑。不容再有柳泉驛。前引一統志，宜陽縣西北二十五里有柳泉鎭，（山川目，「柳泉在宜陽縣西四十里，寬一丈許，旁植以柳，故名。」未必爲唐世之泉。）縣西六十或六十五里有福昌集，縣西北八十里有三鄉鎭。又九域志，壽安縣（今宜陽）有「柳泉、福昌、三鄉三鎭。」殆亦就縣治由近而遠，由東而西數之，則柳泉驛固當在今柳泉鎭，即張編地圖集・河南人文圖所繪示之位置，約在福昌東三十五里左右也。駱悅等

⑨ 庾信大將軍崔說碑，有黃蘆戍，在此地區，即通典之黃櫨無疑，故櫨非譌字。

既執思明，以情勢度之，當隨時掌握在自己直接監視之下，不會先送至他處，蓋經福昌至柳泉，恐軍心不固，遂殺思明於此驛，非先送至此驛也。溫公蓋誤書之耳。不可泥。

韓城　通典一七七，河南府福昌縣，「故韓城在今縣東，劉盆子降光武處。」是亦當道。一統志河南府卷古蹟目宜陽故城條云：「戰國韓邑也。戰國策，東周君曰，宜陽城方八里，材士十萬。史記，……秦武王三年欲通三川（指洛陽），使甘茂伐韓。茂曰，宜陽大縣，其實郡也。」下述晉南北朝此處爲用兵重地。又云：「括地志，故韓城一名宜陽城，在洛州福昌縣東十四里，（按此見周本紀赧王八年。）韓宜陽城也。金史地理志，福昌縣有韓城鎮。舊志，在今（宜陽）縣西五十里。」按張編地圖集・河南人文圖，柳泉之西有韓城，是也。其里距分明。李約有病中宿宜陽館聞雨詩（全唐詩五函六册），當即此處。是亦置館也。

又東約十三里至永濟橋，架洛水上，造舟爲梁，長四十丈三尺，廣二丈六尺，實爲陝洛交通之要。渡洛水，又十七里至壽安縣（今宜陽治西不遠），有甘棠館，亦稱壽安館，唐人多所吟詠。

壽安縣、甘棠館　元和志一五河南府，壽安縣東北至府七十六里。九域志，同。則當在福昌縣東七十四里，柳泉驛東約三十里也。一統志河南府卷古蹟目，「壽安故城，今宜陽縣治。」圖書集成・職方典四三六，壽安廢縣在宜陽縣西。按紀要及一統志，宜陽縣在河南府西七十里。則唐壽安縣縱非今宜陽縣治，但在其西亦不遠。參考下文甘泉店、三泉驛條，亦可證。全唐詩七函八册白居易集三九有壽安歇馬重吟一首，係由西東歸時作。次有西還壽安路西歇馬一首，係由洛向西入京時作。俱見地當大道。

唐代詩人過此吟詠者極多，茲列舉具館名者數首如次：

劉禹錫題壽安甘棠館（夢得集五、全唐詩六函三册禹錫集一一）

又酬僕射牛相公晉國池上別後再至甘棠館忽夢同遊因成口號見寄（夢得外集六、全唐詩六函三册禹錫集一二）

杜牧題壽安縣甘棠館御溝（全唐詩八函七册牧集四）

司馬扎宿壽安甘棠館（全唐詩九函七册）（又十二函五册尙顏集重收此詩。）

王建題壽安南館（全唐詩五函五册建集一）

薛能壽安水館（全唐詩九函二册能集四）

羅鄴春日過壽安山館（全唐詩十函三册）

是壽安縣館名甘棠，或卽稱壽安也。按隋書地理志，河南郡壽安縣，「後魏置縣曰甘棠，仁壽四年改焉。」是館名甘棠者，用舊名耳。唐人題詩之盛已如上引。又寶刻類編七有薛存誠、韋夏卿甘棠館題名；寶刻叢編四，有甘棠館題名及唐甘棠館記，在壽安縣。唐人之深樂此地可見。劉禹錫詩云：「門前洛陽道，門裏桃源路，塵土與煙霞，其間十餘步。」司馬扎詩云：「流水來關外，青山近洛陽。」羅鄴詩云：「西遊愛此拂行塵。」蓋洛陽塵囂，此爲城西入山之始，風景情調一變，故詩人至此易感發詠吟耳。

永濟橋　元和志五壽安縣，「永濟橋，在縣西十七里。煬帝大業三年置，架洛水。隋亂毀廢。貞觀八年修。造舟爲梁，長四十丈三尺，廣二丈六尺。」南部新書戊：「開元四年，中丞王怡以糾獲贓錢疊石重造永濟橋以代舟船，行人頗濟焉。在壽安之西。」同書乙：「鄭滑盧宏正尙書題柳泉驛云、余自歙州刺史除度支郎中，八月十七日午時過永濟渡。卻自度支郎中除鄭州刺史，亦以八月十七日午時過永濟渡。」又許渾有早發壽安永濟渡(全唐詩八函八册渾集三)。具見此橋爲交通之要。時或廢毀，則以船渡也。圖書集成・職方典四三〇，永濟橋在宜陽縣治東，是明清仍見置。

壽安縣西北五里有九曲城，在洛水北岸，唐初曾爲縣治。貞觀徙治，此城遂非大道所經。

通典一七七，壽安「有九曲城。」舊志，壽安縣，「義寧元年移治九曲城。……貞觀元年移今治。」通鑑一八七，武德二年「世充與唐兵戰於九曲，（秦）叔寶、（程）知節，……躍馬來降。」是此城蓋當道要地。考庾信周大將軍崔說碑（全後周文一三），爲大都督熊和中三州、崇德、九曲、三泉等十三防禦諸軍事。則北朝已爲軍事據點。檢水經洛水注：「洛水東逕九曲南。其地十里有坂九曲。穆天子傳所謂天子西征，升於九阿。此是也。」孫校曰：「今宜陽縣東三十里有九曲城。」蓋從紀要四六之說。按一統志河南府卷古蹟目引括地志，「九曲城在壽安縣西北五里。」當從之。非縣東南也。

縣東不遠有甘泉店、三泉驛。（蓋今宜陽縣治？）

廣記三五〇許生條：「會昌元年春，孝廉許生下第東歸，次壽安，將宿於甘泉店。甘棠館西一里已來，逢白衣叟……自西而來。……生……但繼後而行，凡二三里，日已暮矣，至噴玉泉牌堠之西，叟笑謂生曰，吾今日追舊遊於此泉，……吾子不可連騎也。生縱轡以隨之，去甘棠〔泉〕一里餘，……生麾蓋而進，既至泉亭」云云。「生於是出叢棘，尋舊路……未明達甘泉店。（出纂異錄。）」同書三四八李全質條：「爲天平軍裨將。……開成初，銜命入關，廻宿壽安縣。夜未央而情迫，……不得已而出逆旅。三數里而大雨，回亦不可。……久而至三泉驛憩焉。（出傳異記。）」此二事雖出小說家言，然言地理則當是事實。兩條作甘泉店、三泉驛各不同，而皆以泉名，且均在壽安甘棠館東不遠處，疑實一地，或相去不遠。白居易臨都驛醉後作酬別微之云：「君歸北闕朝天帝，我住東京作地仙，……猶被分司官繫絆，送君不得過甘泉。」（白長慶集五七、全唐詩七函六册居易集二八。）蓋指此甘泉而言。三泉已見上條引庾信崔說碑，是北朝已當要衝。又元稹有三泉驛詩云：「三泉驛內逢上巳」「洛陽城中無限人，貴人自貴貧自貧。」（元長慶集二六、全唐詩六函十册。）此近洛陽者，即傳異記之三泉矣，非金牛道中之三泉縣也。與廣記並合。檢圖書集成·職方典四二八，宜陽「甘泉在縣西南趙堡村眉城東，水甘美因名。」又「三泉在縣治。……東有三泉寺。」蓋承舊名歟？其於唐世，皆在壽安縣東也。又通鑑一八八武德三年紀，九月「史萬寶進軍甘泉宮。」胡注：「漢甘泉宮在京兆醴泉縣。史萬寶自新安進軍逼洛陽，不應至漢之甘泉宮。隋志，河南壽安縣，後魏之甘棠縣，有顯仁宮。或者以顯仁宮爲甘棠宮也。泉恐當作棠。」按此泉字未必誤，殆即此處之甘泉耳。胡注殆未碻。

又有名壽安山陰館者，蓋在縣東十餘里壽安山之陰歟？

崔櫓有宿壽安山陰館聞泉（全唐詩十二函九册補遺）。按一統志河南府卷山川目，壽安山「在宜陽縣東十三里，隋置壽安縣以此。」似此館在山陰，在三泉之東十餘里。三泉至甘水驛約四十里，畿郊驛密，其間固當有一驛也。

又東至甘水口，置甘水驛。蓋去壽安四十五里以上。又東廿餘里至臨都驛，洛城迎送多在此驛。又東五六里至東都城。城內有都亭驛。

按此三驛在洛陽城內及西郊，詳兩京館驛篇。

綜上所考，陝州東行經硤石縣至永寧縣北境之崤坂二陵地區，有村名胡郭，去陝州約百里，大道於此分南北兩途。北道直東至澠池，沿穀水河谷至洛陽，約二百里；南道東南至永寧，沿洛水河谷至洛陽，約二百五十里。白居易詩云，「從陝至東京，山低路漸平，風光四百里，車馬十三程。」其崤坂以東必就南道而言，故云四百里，指大數也。是唐代中葉陝洛間行程取南道凡十三驛。本節前文已考獲者有硤石驛，嘉祥驛，莎栅驛（？），鹿橋驛，三鄉驛，福昌館，柳泉驛，甘棠館，三泉驛，壽安山陰館（？），甘水驛，臨都驛，已得十二矣。壽安山陰館有問題，今剔不計，則得十一驛，所不可知者，陝州、硤石間當有一驛，硤石、嘉祥間當有一驛，今不可考耳。北道三百里當有十驛。就中崤底分道以東當有七驛上下。而可考者僅澠池南館與新安驛。蓋不經常置驛也。此於劉彤奏論驛馬表亦可考見。元和志云「郵傳所馳，出於南路」，於此得一正解矣。

白氏從陝至東京詩，見白氏長慶集五五及全唐詩七函五册居易集二五。元和志文，見卷二華州華陰縣潼關條，云漢徙函谷關於新安，「即今新安東一里函谷故關是也。而郵傳所馳，出於南路。」此述新安函谷故關，而加「郵傳所馳」一句，乍看之不可解，似謂唐世新安道經故關之南；然其眞正意義，蓋指永寧道耳。即南路置驛，北路不置驛也。抑尤有可證者，劉彤河南府奏論驛馬表

（全唐文三〇一）云：

「當府重務，無過驛馬……西自永寧，東自汜水，南到臨汝，北達河陽，正驛都管一十六所。」

按彤於開元時官右拾遺，上此表時蓋爲河南尹，當在玄宗天寶前後。云西自永寧，不云澠池，已見南道爲驛道，北道則否。且其時河南府管驛十六所。檢元和志，河陽西南至洛陽八十里，至少有兩驛；汜水西南至洛陽一百八十里，至少有五六驛；臨汝西北至洛陽一百一十里，但屬汝州，則洛陽東南至臨汝界不及百里，至少有二驛；是由洛陽東至汜水，北至河陽，南至臨汝界，共有驛至少九所。前考崤坂南道，經永寧，福昌，壽安，至洛陽，皆在河南府境內，有驛至少九所。則河南府境內四路合共至少已十八驛，時代不同，固可能有出入，然而絕無將新安北道二百里六七驛數入之可能。則即玄宗盛時，崤坂以東之北道已不置驛可知矣。故余敢斷言，崤坂以東，惟南道經常置驛，而北道則不經常置驛也。

北道雖不置驛，然就行軍事例觀之，則取途北道者爲多，蓋利其徑捷焉。

此如通鑑一八二隋大業九年，楊玄感之亂，衞文昇由長安出兵，「鼓行出崤、澠，直趨東都城北。」又二一七，天寶十四載，祿山將攻潼關，至新安而還。又二七九，後唐清泰元年，潞王由鳳翔入洛，道經新安。（詳前新安條。）又二八七，天福十二年，劉知遠由太原南下，經陝州、新安入洛。又新書五行志，開元八年，發關中卒援營州，道經澠池東之缺門。凡此皆爲行軍多取北道之證。史思明窺陝州，其大軍雖由南道，然仍令朝義取北道爲先鋒也。

（四）　沿途行宮

唐代前期，君主常來往兩都，故沿途置行宮甚多，備行幸。如昭應縣南有華淸宮，渭南縣西十里有遊龍宮，鄭縣東北三里有神臺宮，華陰縣西十八里有瓊岳宮，縣東十三里有金城宮，閿鄉縣有軒遊宮，湖城縣西北一里有上陽宮，靈寶縣有桃源宮，陝縣有陝城宮，硤石縣東或西三里有繡嶺宮，澠池縣西五里有紫桂宮，永寧縣西三十三里有蘭峯宮，又縣西五里有崎岫宮，福昌縣有福昌宮，又縣西十七里有蘭昌宮，壽安縣西十九里有連昌宮，又縣西南四十里萬安山有興泰宮，壽安又有顯仁宮、甘泉宮、連曜宮。

按此處所舉宮名，自興泰以上十七宮皆見於新唐書地理志。其置廢情形如次：

昭應　溫泉宮，貞觀十八年置，咸亨二年名溫泉，天寶六載更名華清。（元和志作開元十一年初置。）

渭南　遊龍宮在縣西十里，開元二十五年更置。（另有隋崇業宮。）

鄭縣　神臺宮在縣東北三里，本隋普德宮，咸亨二年更名。

華陰　瓊岳宮在縣西十八里，故隋華陰宮，顯慶三年更名。

金城宮在縣東十三里，隋置，武德三年廢，顯慶三年復置。

閿鄉　軒遊宮，故隋別院宮，咸亨五年更名。

湖城　隋故上陽宮。貞觀初置，咸亨元年廢。［寰宇記六，湖城縣：「義寧元年於古上陽宮再立（湖城縣），乾元三年二月改爲天平縣，八年移於上陽宮東南一里，卽今理。」］

靈寶　桃源宮，武德元年置。（一統志云在靈寶城內。）

陝縣　陝城宮，（隋志，大業初置宏農宮。一統志云在州城內。唐蓋更名。）

硤石　繡嶺宮，顯慶三年置。（南部新書庚：「綉嶺宮，顯慶二年置，在硤石縣西三里。亦有御湯。」寰宇記，宮在縣東三里。）

澠池　紫桂宮在縣西五里。儀鳳二年置，調露二年更名避暑宮，永淳元年更名芳桂宮，弘道元年廢。（會要三〇有此條，作儀鳳四年。）

永寧　崎岫宮在縣西五里。顯慶三年置。（王建有過崎岫宮詩，見全唐詩五函五册建集五。）

蘭峯宮在縣西三十三里，顯慶三年置。（又見南部新書戊。）

福昌　蘭昌宮，在縣西十七里。

福昌宮，隋故宮，顯慶三年復置。

壽安　連昌宮，在縣西十九里，顯慶三年置。（元稹有連昌宮詞，即此宮。）

興泰宮　在縣西南四十里萬安山，長安四年置。（按開元十年十月玄宗幸此宮，見通鑑二一二。）

顯仁以下三宮則考見於他處。列舉如次：

顯仁宮　隋志，壽安縣有顯仁宮。通鑑一八〇大業元年，「勅宇文愷（署）等營顯仁宮，南接皁澗，北跨洛濱。」又一九四，貞觀十一年正月，行幸洛陽宮，至顯仁宮。則唐初此宮仍存。

甘泉宮　通鑑一八八，武德三年九月，「史萬寶進軍甘泉宮。」按此宮當在壽安縣東。胡注疑「泉」爲「棠」之譌，謂指顯仁宮。紀要四八從其說。非也。詳前文壽安甘泉店條。

連曜宮　南部新書戊：「開元二十五年（當作二十四年）西幸，駐驆壽安連曜宮。」是玄宗時有此宮。

綜此言之，兩京道上行宮甚多，未必盡於此數。開元二十六年，於「西京、東都往來之路作行宮」，屋宇千餘間，足見行宮皆當大道，至少去道不遠。而可考之行宮，其在崤坂以東者，北道惟澠池之紫桂（芳桂）一宮，而南道則有永寧之崎岫以下凡九宮，足見帝王行幸亦絕大多數取南道而行也。此亦南道爲主線之證。

會要三〇，開元二十六年「十月，兩京路行宮，各造殿宇及屋千間。」而通鑑二一四，開元二十六年紀云：「是歲，西京、東都往來之路作行宮千餘間。」此雖誤「屋宇千間」爲「行宮千間」，然行宮甚多，且當大道，至少去道不遠，可知矣。白居易西行（全唐詩七函七册居易集三〇）云：「壽安流水店，硤石青山郭，官道柳陰陰，行宮花漠漠。」蓋安史亂後，君主雖不東幸洛陽，然行宮仍存。但已荒阤，不堪行幸，見通鑑二四三寶歷二年紀。

（五）瑣　　徵

其他尙有數事附考如次：其一，道旁植樹　中國古代，大道兩旁多植樹木，蓋旣蔭行旅，且固路基。唐代兩京間八百餘里道中，兩旁列植槐樹，閿鄉縣東南盤豆驛東之大槐樹有兩京道上「槐王」之目，蓋盛茂爲最耳。然亦或植柳，蓋因段因時而異歟？

道旁植樹本爲中國古代交通建設之傳統。始皇馳道，樹以青松，卽承此制。晉書一一三苻堅載記上，「自長安至于諸州，皆夾路樹槐柳。」又「百姓歌之曰，長安大街，夾樹楊柳。」是長安大街及其外通之大道皆植樹之早期史料。隋唐承之。國史補上：「貞元中，度支欲斫取兩京道中槐樹造車，更栽小樹，先符牒渭南縣尉張造。造批其牒曰：近奉文牒，令伐官槐。……恭惟此樹，其來久遠，東西列植，南北成行，輝映秦中，光臨關外，不惟用資行者，抑亦曾蔭學徒，……況神堯入關，先駐此樹，玄宗幸嶽，見立豐碑，……邵伯所憩，尙自保全，先皇舊遊，寧宜翦伐，……思人愛樹，……情所未忍。……牒上度支使，仍具奏聞，遂罷。」是亦謂兩京道中槐樹，自唐前已見植也。盤豆驛東大槐樹稱爲兩京道上之槐王，見太平廣記四一六江叟條。吳融有題湖城縣西道中槐樹詩（全唐詩十函七册融集四），蓋卽題此槐王者。又韓愈和李司勳過連昌宮詩云：「夾道疎槐出老根，高甍巨桷壓山原。」（昌黎集一〇）連昌宮亦近大道，詳前文。雞肋編上，「宣和壬寅歲，自京師至關西，槐樹皆無花。」是至宋仍承舊俗。然白居易西行詩云：「壽安流水店，硤石青山郭，官道柳陰陰，行宮花漠漠。」（全唐詩七函七册居易集三〇）則京洛官道時或植柳，不必全爲槐樹也。復按杜翁送張二十參軍赴蜀州因呈楊五侍御詩云：「兩行秦樹直，萬點蜀山尖。」（詳注七）是其他大道亦兩旁植樹成行也。

其二，兩京行旅所需之時間　除詔令急宣，軍書急郵外，通常蓋日行三驛，共需時十日，故白居易詩云「石渠、金谷中間路，軒騎翩翩十日程。」緩或日行兩驛，共需時十六日，故白詩有云「北闕至東京，風光十六程」也。至於君主行幸，則首尾多耗二十日，蓋沿途行宮旣多，可備優遊耳。

白居易送河南尹馮學士赴任（白長慶集五六）：「石渠、金谷中間路，軒騎翩翩十日程。」此當為正常行程。又圓覺經略疏卷下之二，圭峯宗密遙稟清涼國師書，以元和六年九月十三日在東都上。清涼國師誨答，以十月十二日寫。宗密得誨答，復上書云：「十月二十三日，學徒宗密裁書再拜本講華嚴疏主，高珪、智輝迴，伏奉誨示……。」蓋清涼得宗密書，未立即作答，而宗密得清涼誨書，立即再奉一書，此見清涼誨書由長安帶到洛陽不過十日也。而白氏又有洛下送牛相公出鎮淮南（白長慶集六四、全唐詩七函七册居易集三一）云：「北闕至東京，風光十六程，坐移丞相閤，春入廣陵城。」程者通常指驛程而言，如前引白詩「從陝至東京，車馬十三程。」是也。然長安至洛陽最捷途徑至少二十八九驛，決不止十六驛，余曾疑「十」為「廿」之譌，蓋敦煌寫本固多寫「二十」為「廿」也。然仍不合。惟作日程解，始可通。蓋長安至陝州十九驛（不經虢州），陝州取南道至洛陽十三驛，共三十二驛。考册府元龜一九一，梁開平元年勅，「文武官諸道奉使皆於所在分外停住，踰年涉歲。……自今……據遠近里數，日行兩驛。」此蓋最大之寬限也。又陸游初入西州境述懷詩云：「日高徐駕車，薄暮亦兩驛。」牛僧孺以宰相出鎮，優遊道中，亦日行兩驛，故耗時十六日也。至於君主行幸，則較緩慢，玆就隋書本紀、舊唐書本紀及通鑑所記諸帝來往兩都間日程之可計者簡列如次：

煬帝大業五年正月戊子，發東都。二月戊戌，次閿鄉。（十一日。）戊申，至京師。（共二十一日。）

太宗貞觀十八年十月甲寅，幸洛陽。十一月壬申（舊紀作寅誤），至洛陽。（十九日。）

高宗顯慶二年閏正月壬庚（舊紀作正月庚寅誤），幸洛陽。二月辛酉，入洛陽宮。（二十日。）

又顯慶三年二月丁巳，發東都。甲戌，至京師。（十八日。）

又顯慶四年閏十月戊寅，幸東都。戊戌，至東都。（二十一日。）

又咸亨二年正月乙巳，幸東都。甲子，至東都。（二十日。）

又永淳元年四月丙寅，幸東都。戊寅，次澠池之紫桂宮。（十三日。）乙酉，至東都。（二十日。）

武后長安三年十月丙寅，駕還神都（洛陽）。乙酉，至自京師。（二十日。）

中宗神龍二年十月己卯，駕還京師。戊戌，至自東都。（二十日。）

玄宗開元五年正月辛亥，幸東都。二月甲戌，至東都。（二十四日。）

又開元二十四年十月戊申，發東都。甲子，至華州。（十七日。）丁丑，至京師。（三十日。）

據此各條，兩都行程大抵首尾二十日，惟開元二十四年耗時三十日；然十七日已到華州，華州至西京僅一百八十里，而牽延十三日，蓋遊幸行宮，非常例。

其三，行旅車騎之盛　王貞白商山詩云「商山名利路，夜亦有人行。」此詠藍田道也。兩京驛道爲唐代第一大路驛，行旅繁擁，殆必過之，尤當有「名利路」之目。劉禹錫云「兩京大道多遊客」是也。國史補記澠池道中一次前車失事塞路，後隊官私客旅鈴鐸數千，羅擁不能行，尤見其盛。

王貞白商山詩，收入全唐詩十函九册。劉禹錫送王司馬之陝州詩云，「兩京大道多遊客，每遇詞人戰一場。」（劉集六）即見此道行人之多。國史補上：「澠池道中，有車載瓦甕，塞于隘路。屬天寒，冰雪峻滑，進退不得。日向暮，官私客旅羣隊，鈴鐸數千，羅擁在後，無可奈何。……」尤見公私行旅車騎之盛。

綜　　結

隋唐兩代都長安，而建洛陽爲東都，兩都之交通至繁，稱爲大路驛，爲唐代第一重要驛道。

由長安都亭驛東北行，出京城東面北首第一門，曰通化門，十五里，至長樂驛，聖曆元年置，在滻水西岸長樂坡下，爲京師東出第一驛，故公私送迎多具筵於此。又東渡滻水十五里至滋水驛，隋開皇十六年置。驛近滋水，一名灞水，有灞橋，所謂灞橋驛者，蓋滋水驛之異名。灞橋爲東郊名勝，橋紅色，以石爲柱。出入潼關固必由之，即出入藍田武關者與出入同州蒲津關者亦多由此。且灞水入渭處有東渭橋，爲南北交通之要，亦爲東南租粟轉運所聚。故史稱灞橋最爲交通要衝，長安祖餞亦或遠至此橋驛也。

滋水驛東行約三十里至昭應縣（今臨潼），天寶二〔三〕年置。本名會昌，驛名同。天寶七載，縣更名昭應；驛名昌亭，或即稱爲昭應驛。又京師城南近郊偏東有秦川驛。由此東行四里至太寧驛，蓋又名城東驛。又東四十六里亦至昭應縣。

昭應東行十四五里至漢新豐故縣、陰盤故城，天寶初有陰盤驛。又東北約三里至隋唐新豐縣(今新豐鎮)，天寶七載省。中葉以後似又置新豐館。又東十一二里至戲水店，隋大業六年置戲水驛，在戲水西岸，又名戲口驛，或名戲源驛。又東渡戲水，經北魏陰盤驛，蓋不及十里至零口，當零水入渭處。又東至杜化驛，西魏大統十四年置，去戲水驛約二十七里。又十三里至渭南縣（今縣），又東十三里至東陽驛，在東陽水谷側，與杜化驛同時置。唐末省杜化、東陽兩驛，置渭南縣驛於城內。東陽又東十二里至赤水店，在赤水谷，蓋西側。唐末置驛（今赤水鎮），蓋東陽驛已廢也。

赤水又東二十五里至華州治所鄭縣（今華縣），去長安一百八十里，置佑順館、普德驛。華爲京都第一州，郵傳館驛之務至繁。

由華州東北行經東石橋十五里至漢沈陽故城北，又十五里至敷水店，置敷水驛，蓋在敷水西岸。又有羅敷東館者，其在水東耶？又東北約二十八里至古長城，唐置長城驛。又二里至華陰縣（今縣）。縣北渭水有興德津，北通馮翊。

由縣而東經華岳祠。舊道在祠北，開元十二年移道於祠南。縣與岳祠間，大曆中似有館驛。又東至定城，去華陰約九里，西魏曾置驛。又東北經野狐泉店二十六里至永豐倉，當渭水入河之口。有渭津關，北通渭北。

由永豐倉又東四里至潼關，去長安約二百八十里。潼關見史，蓋始於曹操征韓遂，隋徙置南北鎮城間，去故關城四里餘。唐武后時，更北徙近河爲路，蓋今潼關地。關西一里有潼水，北流入渭，故關以受名。關南依崇山，北臨大河，與風陵堆相對，是爲風陵津，故此關形勢險阻，爲長安東道第一要險。關開兩洞，置門四扇，備出入。隋置關都尉，蓋統南北兩城。唐開元世，上關僅六，此即其一。中葉屢置節鎮，而華州刺史幾例帶潼關防禦史。關置驛，曰潼關驛。蓋驛在關內，故亦曰關西驛。關南三十里有禁谷，爲僻道，兵家亦常利之以制勝。

自潼關東行約五里至黃巷坂。其地南依高山，北臨大河，爲魏武、宋武故壘所在。又東南二十五里至閿鄉縣（今閿鄉縣西四十里有故城），北距河三里，西臨玉澗水。有閿鄉驛。縣東南約二十里有盤豆驛（今有盤豆鎮），蓋臨玉澗水。又東約二十八里至湖城縣（今閿鄉東或東南不遠處），置湖城驛。

湖城向東有南北兩道。北道由湖城直東微北沿河南岸至靈寶縣（今縣治，張編地圖集作故縣治，約 E110°50′·N34°45′）。其驛程蓋由湖城縣驛東北沿河六十五里至靈寶縣；舊桃林縣，天寶六年更名。縣置驛。兩縣間置稠桑驛，在稠桑店。湖城向東之南道，係由城東南行五十二里至虢州治所弘農縣（今靈寶縣南微西三四十里虢畧鎮，約E110°47′·N34°33′），在鴻臚水(今弘農河)東南。州當大道，郵傳衝要。有桓仁驛者，蓋即縣驛歟？又有荆山館者，蓋在湖城、弘農間。由虢州折而東北，蓋畧沿鴻臚水行三十里亦至靈寶，與北道合。

靈寶縣西南十二里有秦函谷關故址。函谷之稱東起崤山，西至潼津，號爲天險，秦蓋當中置關耳。但在唐世，已不當道。又自此以西至潼關，古稱桃林塞，秦置函關於此，蓋正以西有桃林之阻也。縣西北三里有洹津（今渡），爲大河津渡之要。

由靈寶東北行，蓋七十五里至陝州治所陝縣（今陝縣）。其城依山臨河，三面懸絕，極險固。靈寶、陝城道中有曲沃、新店。其一當置驛。有七里澗（今石橋溝）隘道，在州西南七里；有太原倉，在州西南四里；皆當大道。倉下臨河，當兩京水陸兩運樞紐，尤見衝要。陝城西北四里有太陽故關，即古茅津。貞觀十一年於縣東北三里建太陽浮橋，架黃河上，北渡河至平陸(今縣東北十五里)，爲南北交通之要。開元間置水手二百人，僅次於河陽橋。州當東西南北水陸交通漕輓之樞紐如此，當唐盛時，城下漕船蓋以千數，足見轉運之盛。故官其地者常兼水陸運使之任。州置驛，名甘棠。

由陝州向東有兩道。其一，正東偏北蓋畧沿黃河南岸，經底柱，橫水驛（今孟津縣西橫水店），孟縣，至鞏縣而東。其一，正東偏南至洛陽，此即本文所考之道也。其行程如次：

自州城正東微南行，五十里至硤石縣，置硤石驛（今硤石驛西約二十里）。又礓子坂亦當在縣西道上。硤石又東蓋二十里至石壕鎮（今石壕），又二十里至乾壕鎮。又東入永寧縣北境之崤坂二陵地區，有村名胡郭，地在陝州之東約百里。古稱崤坂之險，爲兵家所重者，即指此二陵地區而言。

驛道至嶠坂胡郭地區，又分南北二道。北道東入澠池縣境，經縣治及新安縣至洛陽。南道東南經永寧縣治及福昌縣，壽安縣，亦至洛陽。

今先述北道：由嶠坂而東經土壕，約五六十里至澠池縣（今縣治），地名雙橋，南臨穀水，置館。縣西十三里有秦趙二故城，似當大道。由縣而東十二三里至新安驛，秦漢新安故縣治。又東七八里至千秋亭（今有千秋鎮）。皆南臨穀水。又東二十里至峽石堡，近穀水。又東十里至缺門（今鐵門），穀水中通。又東十五里至白超壘，南臨穀水。又東南十五里至新安縣（今縣），在穀水北二里。

新安縣當東都西出道口，故北周築城，名曰通洛，以逼齊。縣東北一里，有漢函谷關故址，蓋亦爲唐道所經。由新安而東，三十里至慈澗店，置慈澗鎮（今鎮）。又東十里渡孝水。又東四十里至東都。然可能分南北兩支，非一道。北支蓋行穀水北，經金谷、瀍澗至洛城。南支蓋由蔣橋渡穀水入洛城。

北道既明，玆續述由嶠坂向東南行之南道。南道自嶠坂地區分歧東南行至回溪坂，復折而南南西行三十六里至永寧縣治所鹿橋驛（今永寧東北四五十里）。又貞觀十四年開莎柵道，蓋由嶠坂南行，或由嶠坂西側南行，蓋三十里左右至蘭峯、莎柵，當置驛。又東南三十里至永寧縣治。此殆爲唐代南道之主線，回溪非主線也。又有嘉祥驛者，蓋在莎柵西北三十里之譜，其地山水優美，殆在嶠坂山區歟？

由永寧東南行約二十五里至三鄉驛（今三鄉鎮），在洛水北岸，又東畧沿洛水約二十五里至福昌縣（今福昌集），有福昌館。福昌又東十四里至故韓城，即韓宜陽城也。又東約二十里至柳泉驛。又東約十三里至永濟橋。渡洛水，又十七里至壽安縣（今宜陽治西不遠）。館名甘棠，亦稱壽安。縣西北五里有九曲城，在洛水北岸，唐初曾爲縣治。貞觀徙治，此城遂非大道所經。

壽安縣東不遠有甘泉店、三泉驛。（蓋宜陽縣治？）又有名壽安山陰館者，蓋在縣東十餘里壽安山之陰歟？又東至甘水口，置甘水驛，蓋去壽安四十五里以上。又東二十餘里至臨都驛，洛城迎送多在此驛。又東五六里至東都城。城內有都亭驛。

綜計里程，由西京長安東經昭應，渭南，至華州一百八十里，又經華陰一百里至潼關。潼關而東，經閿鄉，湖城，沿河直趨靈寶至陝州，約二百一十八里；繞道虢州再經靈寶至陝州二百三十五里。故陝州西至長安捷徑近五百里，迂經虢州則五百一十五里。自陝而東，經硤石、崤坂，取北道經澠池、新安至東都共約三百里；經硤石、崤坂，取南道經永寧、福昌、壽安至東都，共約三百五十里。總計兩都間最捷里程約八百里，最迂里程約八百六十五里，志書所記兩都里距，多則八百六十里，少則八百里，蓋卽南北道之異也。至於八百八十里者蓋非經制，或字有譌誤耳。

京、陝道中置驛二十一或二十二，陝、洛南道，中唐時代置驛十三，是京、陝道及陝、洛南道之館驛共三十四五，其名稱什九可考，如上文。惟崤底以東之北道館驛可考者惟一館一驛而已。

又唐代前期，君主常來往兩都，故沿途置行宮甚多，備行幸。如昭應縣南有華淸宮，渭南縣西十里有遊龍宮，鄭縣東北三里有神臺宮，華陰縣西十八里有瓊岳宮，縣東十三里有金城宮，閿鄉縣有軒遊宮，湖城縣西北一里有上陽宮，靈寶縣有桃源宮，陝縣有陝城宮，硤石縣東或西三里有繡嶺宮，澠池縣西五里有紫桂宮，永寧縣西三十三里有蘭峯宮，又縣西五里有崎岫宮，福昌縣有福昌宮，又縣西十七里有蘭昌宮，壽安縣西十九里有連昌宮，又縣西南四十里萬安山有興泰宮。壽安又有顯仁宮、甘泉宮、連曜宮。

觀行宮分佈情形及館驛可考之多少，可知一般行旅及君主行幸，陝崤以東多取南道，蓋南道置驛爲交通主線，北道則不經常置驛。元和志謂：「今郵傳所馳出於南路」，蓋謂此也。然就行軍事例觀之，則取途北道者爲多，蓋利其徑捷焉。

大道兩旁植槐樹或柳樹，蔭息行旅，且美景觀。

道中官私商旅甚多，故白居易云「兩京大道多遊客。」國史補記澠池道中一次前車失事塞道，後隊鈴鐸數千，羅擁不能進，尤見其盛。王貞白曰「商山名利路，夜亦有人行。」兩京大路驛，當又過之。

至於兩京行旅所需之時間，除詔令急宣、軍書急郵只需兩日外，通常蓋十日，日行約三驛；緩或十六日，日行約兩驛。故白詩云「石渠、金谷中間路，軒騎翩翩十日程」，又云「北闕至東京，風光十六程」也。惟君主行幸，則首尾多耗二十日，蓋沿途行宮既多，藉可優遊耳。

參看圖二、圖五

一九六九年三月十七日初稿，四月二十二日訂正畢，一九七〇年十月十六日校稿增訂，刊香港中文大學中國文化研究所學報三卷一期。一九八四年十月二十日改定。

篇叁　長安太原驛道

長安、太原道，當沿渭水北岸東行，渡黃河，又畧循涑水接汾水河谷而上，此地理條件所限，古今殆大畧相同也。惟歷代驛程，與運用狀況，則不盡相同。隋書經籍志二史部有幷州入朝道里記一卷，蔡元恭撰，記當時此道途程當甚詳，惜久佚。今勾稽舊史、詩文，參取圓仁入唐巡禮行記，表出此道之行程。

＊　　＊　　＊

此道大畧取渭水北岸東經同州（今大荔），由蒲津渡河至蒲州（今永濟），再東北循涑水河谷而上，至絳州（今新絳）。又由同州有支線東北行至龍門，渡河，循汾水而上亦至絳州。又有支線由蒲州沿河東岸北行至龍門，接龍門、絳州道。絳州又循汾水河谷北上，經晉州（今臨汾），至太原府（今晉源）。此觀地形可畧知，殆古今所同者。

詳考見下文。今姑先舉三例：其一，周武帝由洛陽伐齊不克，乃改取蒲津、平陽道。通鑑一七二陳太建八年紀述周武帝取此道伐齊事云：

正月癸未，周主如同州。辛卯，如河東涑川。甲午，復還同州。三月，還長安。冬十月己酉，周主自將伐齊，至晉州，軍于汾曲，遣內史王誼監諸軍攻平陽城。周主自汾曲至城下督戰，遂克晉州。攻拔洪洞、永安二城。十一月己卯，齊主至平陽（即晉州）。周主以齊兵新集，西還以避其鋒。留齊王憲爲後拒，齊師追之，憲引軍渡汾水，追及周主於玉壁。齊師遂圍平陽……。周主使齊王憲將兵六萬屯涑川，遙爲平陽聲援。癸巳，周主還長安。

丁酉，周主發長安。壬寅，濟河。十二月丁未，周主至高顯，遣齊王帥所部先向平陽。戊申，周主至平陽。兵纔合，齊主即以淑妃奔高梁橋，至洪洞。辛亥，周主入平陽。癸丑，至汾水關。高阿那肱守高壁，周主引軍向高壁，阿那肱望風逃走。丙辰，周主與齊王憲會於介休。丁巳，周師至晉陽。己未，周主至晉陽。

據此，是年周主經營伐齊，凡三次東行。第一次正月，由同州取蒲州、涑水道。第二次十月，入齊道不知由蒲津，抑由龍門，然由晉州回師則沿汾水下流，當非取涑水道也。第三次，高顯以南所經不明，但循汾水河谷北上，經晉州、汾水關、高壁、介休，至晉陽則甚詳，皆沿汾水而行也。其二，唐祖李淵由太原入長安，通鑑一八四隋義寧元年紀述其行程如次：

七月癸丑，淵帥甲士三萬發晉陽。丙辰，至西河，入雀鼠谷。壬戌，軍賈胡堡，去霍邑五十餘里，代王侑遣宋老生帥精兵二萬屯霍邑，屈突通屯河東以拒淵。八月辛巳旦，淵由山足細道趣霍邑，遂克之。丙戌，淵入臨汾郡（晉州、平陽郡）。庚寅，宿鼓山。絳郡通守陳叔達拒守。辛卯，攻克之。……癸巳，淵至龍門。薛大鼎說淵，勿攻河東；自龍門直濟河，據永豐倉，傳檄遠近，關中可坐取也。任瓌說淵曰，關中豪傑皆企踵以待義兵，義師自梁山濟河，指韓城，逼郃陽，然後鼓行而進，直據永豐，雖未得長安，關中固已定矣。淵悅。時關中羣盜，孫華最強。丙申，淵至汾陰（今榮河縣北），以書招之。己亥，淵進軍壺口。壬寅，孫華自郃陽輕騎渡河見淵，以華領馮翊太守使之先濟。繼遣王長諧將步騎六千，自梁山濟。以任瓌爲招慰大使，瓌說韓城下之。戊午，淵帥諸軍圍河東，屈突通嬰城自守。淵留諸將圍河東，自引軍而西。朝邑法曹武功靳孝謨以蒲津、中潬二城降，華陰令李孝常以永豐倉降。庚申，李淵帥諸軍濟河。甲子，至朝邑，舍於長春宮。壬申，進屯馮翊，世民營於涇陽。冬十月辛巳，淵至長安。

是李淵行軍沿汾水南下，至汾水入河處，分軍自梁山渡河，而自引兵南行。又分軍圍河東郡，而自引大軍渡蒲津至朝邑，屯馮翊（同州），入長安也。其三，圓仁入唐求法巡禮行記三，記由太原府至長安之行程所經州縣如次：

清涼縣，文水縣，汾州，孝義縣，靈石縣，霍邑縣，趙城縣，洪洞縣，晉州，太平縣，稷山縣，龍門縣，寶鼎縣，到河中府。過蒲津關，經河西縣，朝邑縣，同州，馮翊縣，操〔櫟〕陽縣，高陵縣，渡渭橋，灞橋，至長安城。

此亦與前舉兩度行軍路線畧同。觀此三例，此道所經，大畧可曉。

唐代此道全線皆置驛，惟同州、蒲州兩支線東北經龍門者，開元中蓋未置驛，但唐後期似曾置驛者。

唐六典六刑部司門郎中條：「京城四面關有驛道者爲上關，餘關有驛道及四面關無驛道者爲中關。」上關六，同州蒲津關居其一；中關十三，同州龍門關居其一。則蒲津關道爲主線，置館驛，龍門道則不置驛也。蒲津以西及以北幹線，置驛尙有可考者，及龍門在唐代後期亦置驛，俱詳後文。

長安正東微北至同州二百五十里。其行程蓋有南北兩道。北道由長安北渡渭水七十里至涇陽縣（今縣），置迎冬驛。其渡處當在長安北二十六里之中橋渡，但亦可能取其他橋渡，蓋京師北通渭水北岸橋渡頗多也。

元和志一，京兆府，「正東微北至同州二百五十里。」同書同州卷及寰宇記二五雍州卷皆同。惟寰宇記同州卷作一百八十里，顯誤。涇陽縣去長安方位里數，據元和志二；長安志一七，同。寰宇記二六作二百里，亦顯誤。長安志一七，涇陽縣有「迎冬驛，在廣吉鄉。十道志曰，舊池陽縣城俗名迎冬城……後爲驛，今廢。」按元和志云「涇陽本秦舊縣。」「惠帝改置池陽縣……故城在今縣西北二里。以其地在池水之陽，故曰池陽。」

長安至涇陽之渡渭處　雍錄六・三渭橋條，秦、漢、唐駕渭水者凡三橋，便橋、中渭橋、東渭橋是也。「三橋而外，以船渡者十一處。萬年一，渭橋渡；長安三，中橋、嘉麥、段留也。」長安志一二長安縣，「中橋渭水渡在縣北二十六里。」同書一三咸陽縣，「中橋渡在縣東二十五里。」「安劉渡（蓋與段留爲一渡歟？）在縣東三十五里。」「嘉麥渡在縣東三十五里。」疑此道渡處或當在中橋渡，蓋在中渭橋之東不甚遠，故以中渭名也。然亦可能卽取中渭橋，或取另外橋渡也。中渭橋在長安西北約十八里，詳長安涼州驛道篇。

涇陽以東，並北山南麓東北行，四十里至三原縣（今縣東北三十里），置三原驛。縣西南十五里黃白城蓋當大道。三原又東四十里至富平縣（今縣東北十里），城內置富平驛，又六十里至梁田陂，又三十里至奉先縣，卽蒲城縣（今縣），城內置昌寧驛。又有「通智驛，在縣西北景陵下，去縣二十里。堯山驛在縣北光陵下，去縣十里。孝城驛在縣東北泰陵下，去縣三十里。豐山驛在縣北橋陵下，去縣三十里。」蓋多爲帝陵而置，未必皆當大道。奉先又東約六十里至乾坑店，當置驛。又三十里至同州治所馮翊縣（今大荔）。

通鑑二二九，建中四年，李懷光入援奉天。至河中，渡河，「西屯蒲城，有衆五萬。」又「自蒲城引兵趣涇陽，並北山而西，……敗泚兵於醴泉。」又舊一二一李懷光傳，懷光屯咸陽不得志，「乃驅兵分爲部隊，掠涇陽、三原、富平，自同州往河中。」觀其往返所經，知咸陽、涇陽、三原、富平、蒲城、同州、河中爲一道，在北山之南，故云「並北山」也。儲光羲渭橋北亭作（全唐詩二函十册）云：「停車渭陽暮（陽一作橋）……客路指蒲城。」卽取此道。蒲城，開元四年改名奉先，以及諸縣間之里距，皆可據元和志推知。寰宇記二八，同州蒲城縣在州東南九十里。按東南當作西北。一統志同州府卷，縣在州西八十里，是矣。里數仍從記。

蒲城縣各驛　見長安志一八蒲城縣目。同書一九，富平縣，「縣驛在縣城內，西北至三原縣驛五十里。南至華州一百三十里。」又一七渭南縣，「渭南驛在縣郭內，……北至燿州富平縣驛七十里。」知三原、富平縣皆置驛也。惟兩縣相距五十里，與據元和志所推求之里數有十里之差，姑存待考。

黃白城　元和志一，三原縣有「黃白城，在縣西南十五里，後漢李傕亂政，移保黃白城，卽此地也。秦曲梁宮在縣西南十五里，黃白城內。」按黃白城屢見通鑑。如漢興平二年，李傕「欲轉車駕幸池陽黃白城。」胡注引李賢曰：「故城在今涇陽縣西北。」（卷六一。）又晉建興元年，四月「漢中山王曜……寇長安，……詔麴允屯黃白城以拒之。」下云：「曜屯蒲坂。」八月「曜……攻麴允于黃白城，允累戰皆敗。」趙染說曜曰：「麴允率大衆在外，長安空虛，可襲也。」（卷八八。）又晉永和六年，杜洪據長安，苻健由枋頭悉師西襲長安。「健遣苻雄徇渭北……羌酋白犢屯黃白……降於健。」（卷九八。）是黃白城當甚重要。且似當渭北入長安之大道也。

梁田陂、乾坑店　白居易有和楊同州寒食乾坑會後聞楊工部欲到知予與工部有宿酲詩(全唐詩七函七册居易集三二)。是當去同州不遠。又新二一八沙陀傳，黃巢據長安，李克用自河東入援。「自夏陽濟，……次同州、壁乾坑，與賊戰梁田陂，敗之。進壁渭橋，遂收京師。」新二二五下黃巢傳云，李克用「獨引軍自嵐、石，出夏陽，屯沙苑，破黃揆軍，遂營乾坑。……合河中、易定、忠武等兵擊巢，……巢衆凡十萬……大戰梁田陂，賊敗。」舊五代史二五後唐武皇紀，畧同，惟作乾坑店。通鑑二五五中和三年紀，畧同。胡注：「乾坑在沙苑西南。梁田陂，舊書作良天坡，在成店西三十里。」按元和志二同州，「州西三十里有乾坑，即龍首（渠）之尾也。」地望正合。一統志同州府卷古蹟目，「乾坑在大荔縣西四十里，接蒲城縣界。……今名界溝。」是也。觀里距及白詩，此處當置驛無疑，但驛名無考耳。梁田陂在乾坑之西，胡注云成店西三十里，但城店亦無考。紀要五四，梁田陂在蒲城縣西三十里，形勢頗合。而一統志同州府卷山川目，「梁田陂在華州西三十里。」下引通鑑及胡注。華字似譌。然據寰宇記二八，同州本後魏所置華州，西魏改名同州。則此華州即指同州言，謂在同州西三十里也。似紀要之說爲長。

南道由京師東行，經長樂驛，滋水驛，至東渭橋，共五十里。過橋即渭橋鎭，又三十里，中經鴻臚館，至高陵縣（今縣），置神皋驛，在城北。

圓仁由同州至長安通化門外，中經故市、櫟陽、渭橋、灞橋，即是南道。見行記卷三。由京師東行經長樂、滋水兩驛，至東渭橋五十里，詳兩京館驛篇及長安洛陽驛道篇。李觀東渭橋銘序（全唐文五三五）云：「（貞元）七年十一月，觀自京師適高陵，經東渭橋。」是適渭北高陵而取道東渭橋之明證。元和志，高陵西南至京兆府八十里。寰宇記二六，同。則橋至縣城三十里也。又按涇陽在府北七十里，高陵在府東北八十里，則至高陵不取涇陽可知，此亦取道東渭橋至高陵之反證。

長安志一七，高陵縣有「渭橋鎮在縣南一十八里。」當即在渭橋至高陵途中。圓仁行記三，櫟陽南至渭橋三十五里，水闊一里，鎮臨渭水，在北岸上，殆即渭橋鎮也。長安志又云「鴻臚館在縣南一十八里，今廢。神皐驛在縣北一百五十步，今廢。」當是唐世館驛也。鴻臚館在縣南十八里，當在大道上。

又東，畧沿渭水北岸行，二十里至櫟陽縣（今櫟陽鎮，在臨潼北，隔渭水五十里），置館驛。或由滋水驛東行至昭應縣，北渡渭水，亦至櫟陽，里程畧同。

柳宗元館驛使壁記（全唐文五八〇）述京畿館驛云：「自萬年至於渭南，其驛六，其蔽曰華州，其關曰潼關。自華而北，界於櫟陽，其驛六，其蔽曰同州，其關曰蒲津。」是櫟陽當渭北東出同州大道之要，並置驛也。櫟陽當同州道，自不待言。圓仁由同州經櫟陽，渭橋，至長安，見行記三。圓珍由長安經東渭橋，又經櫟陽縣至同州，見餘芳編年集圓珍請弘傳眞言止觀兩宗官牒欵狀。此二者皆其證。至於華州，元稹華嶽寺望山詩，全題作「與（劉）太白同之東洛，至櫟陽，太白染疾駐行，予於九月二十五日至華嶽寺雪後望山。」（元長慶集一六。）此其明徵矣。又廣記三四一引河東記，述貞元中鄭馴事云，馴卒於渭橋，鬼魂至渭口渡渭至永豐倉，還華陰別墅。此雖小說家言，亦足見當時必多如此行程者。是櫟陽亦當渭北東出華州之又一證也。

元和志一，櫟陽縣西南至京兆府一百里。寰宇記二六，同。則高陵至櫟陽僅二十里。又杜翁自京赴奉先縣詠懷（詳注四）云：「凌晨過驪山，御榻在嵽嵲。」「北轅就涇渭，官渡又改轍。」是由滋水驛更東至昭應始北渡渭水矣。檢一統志西安府卷關隘目，「櫟陽鎮在臨潼縣北五十里，即元廢櫟陽縣治。」亦即唐櫟陽縣治也。則杜翁由昭應（即今臨潼）渡河即抵櫟陽，昭應在長安東五六十里，（詳長安洛陽驛道篇。）則所謂櫟陽西南至京師百里者亦可能指杜翁所經之道而言。

櫟陽又東三十里至新店，又約三十里至下邽縣（今下邽鎮，在渭南縣北，隔渭水五十里），蓋置驛。相近有永安店。又東約二十五里至故市（今有故市鎮），又東約三十五里至潘驛（今有潘邑），又東十里至王明店，又東十里渡洛水，又十里至同州治所馮翊縣（今大荔），驛名待考。

下邽當大道雖無强證，然地在渭水北岸，同州西南至櫟陽間，其爲大道所經無疑。其今地，一統志西安府卷關隘目，「下邽鎮在渭南縣北五十里，卽秦下邽縣治。」而古蹟目下邽故城條引渭南縣志，「下邽故城在縣北五十里，元省入渭南，遺址猶存。」合觀此兩條，似自秦至元，下邽皆卽今渭南縣北五十里之下邽鎮者。檢寰宇記二九下邽縣目，「廢下邽縣城在縣東南三十五里。地理志，秦下邽也，自漢及晉不改，魏初移於雄覇城。水經注云，渭水注〔逕〕下邽故城南，卽此。」又云：「本秦漢舊縣，……隋開皇……十七年屬同州，置在雄覇城。……按四夷縣道記云：下邽縣東南二十五里有下邽古城，在渭水之北，卽大業十一年自此城移入西魏廢延壽郡城，卽今縣理是也。」則秦漢之下邽在隋唐之下邽東南二十五里或三十五里，本非一地。一統志誤混爲一。檢元和志二，下邽縣東南至華州八十里。① 而渭南東至華州五十里。就形勢言，今渭南縣北五十里之下邽鎮正當卽隋唐之下邽，不能更在其西北二十五里或三十五里也。且「遺址猶存」亦當係隋唐至元之下邽城，非更古之城也。

白居易別楊同州後却寄（全唐詩七函八册居易集三九）云：「潘驛橋南醉中別，下邽邨北醒時歸。」明下邽至潘驛不太遠。檢一統志同州府卷關隘目，「潘驛鎮在大荔縣西三十里。」張編地圖集，大荔西南有潘邑，當卽其地。則爲同州西南行之第一驛，故楊同州得送別居易於此也。

通鑑二六二，天復元年十月，朱全忠至河中將趨西京。十一月己酉，引兵七萬趣同州。壬子，「全忠自故市引兵南渡渭。」華州韓建降，「全忠乃西南趣赤水。」檢申報館新地圖，大荔西南有故市，其南有道通華縣，赤水又在華縣之

---

① 寰宇記，縣在州東北隔渭水八十里。東北顯爲西北之誤。

西。則此故市地望與朱全忠行程正合，當在下邽、潘驛之間。

同州至長安可有三道，三原、富平道最迂；南取華州道二百六十里；（元和志，華州西至長安一百八十里，東北至同州八十里。）而高陵、櫟陽道最捷近，所謂二百五十里者當指此道而言，故櫟陽東經下邽、故市、潘驛，至同州應爲一百五十里。又通典一七三，同州馮翊郡，「西至華陰郡下邽縣八十九里。」則櫟陽至下邽約六十里，又經故市六十里至潘驛，又三十里至同州也。前引柳宗元館驛使壁記，「自華而北，界於櫟陽，其驛六。」疑下邽、故市皆置驛，下邽爲京畿望縣，尤當置驛無疑。

上文考證既定，復檢圓仁入唐行記三，述其同州以西行程云：

「同州……西行十里渡洛河，西行十里到馮翊縣安遠村王明店，……西行十五里到蕃〔潘〕驛店……西行四十里到故市庄，……西行二十五里到永安店，……西行三十五里到新店，……南行三十里到京兆府界操〔櫟〕陽縣，……南行三十五里到高陵縣渭橋。」

是同州西行經潘驛，故市，至櫟陽，再至渭橋，正上文所考之道也。惟不云經上邽。蓋圓仁所經，惟住宿斷中則記之，餘則多畧之也。又據唐代志書，櫟陽至同州應爲一百五十里，此記則一百六十五里，相差亦不多，蓋據民間所報，容有未確，故仍據地志書之。但據此記，同州西十里渡洛河，又有王明店、永安店、新店之名，永安店蓋卽上邽地區也。

兩道皆置驛。然唐人行旅似取南道經東渭橋者爲多。

前於論櫟陽當南道之要，引圓仁行記及圓珍請弘傳眞言止觀兩宗官牒欵狀，一由同州至長安，一由長安至同州，皆取道櫟陽及東渭橋。又通鑑二二九，涇原之亂，李晟由河北入援，「自蒲津濟，軍於東渭橋。」皆見唐代公私行程多取南道；取北道者則殊少見。

同州南行三十二里有興德宮，置興德驛。又南渡渭水興德津至華陰縣，接長安、洛陽大驛道。州東北行至龍門渡河，爲通太原之另一道。

按通華陰道，詳長安洛陽驛道篇。通龍門道，詳後文。

同州當河中之衝途，爲通太原之主線。李晟曰：「河中抵京師三百里，同州制其衝。」是也。其行程：州東三十五里至朝邑縣（今縣），當置驛。縣東三十步有古大荔國故王城，縣西南二里有臨晉故城，皆爲自古用兵會盟之重地。

李晟語見新一五四李晟傳。元和志二，朝邑縣西至州三十五里。九域志三，同。圓仁行記亦云朝邑西行三十五里至同州。寰宇記二八作二十五里，字譌。朝邑爲自古軍事會盟之重地。史記地名考臨晉條列舉戰國秦漢史事云：「魏文十六，伐秦，築臨晉元里。秦惠文王十二，與魏王會臨晉。魏哀十七，與秦會臨晉。秦武三，與韓襄王會臨晉。漢王從臨晉渡，下河內。漢王還定三秦，渡臨晉……。」是臨晉在古代交通上之地位可知。其地望舊有馮翊（即大荔）與朝邑兩說。河渠書·正義引括地志：「同州本臨晉城也，一名大荔城，亦曰馮翊城。」又游俠郭解傳·正義：「臨晉故城在同州馮翊縣西南二里。」元和志二，馮翊「本漢臨晉縣，故犬戎城，秦獲之更名。舊說，秦築高壘以臨晉國，故曰臨晉。晉武帝改爲大荔縣。」是謂臨晉在唐之同州治所馮翊縣，正義且指明在馮翊西南二里也。而通典一七三同州朝邑縣，「古大荔戎因〔國〕，漢臨晉縣故城在西南。」寰宇記二八朝邑縣，「臨晉故城在今縣西南。」紀要五四，臨晉城在朝邑西南二里。是皆謂在朝邑也。按此二說皆甚古，未知孰是。然馮翊去河六十里，朝邑去河減三十里，似朝邑爲正。且元和志六，朝邑「本漢臨晉縣地。大荔國在今縣東三十步，故王城也。」寰宇記，同。漢臨晉卽古大荔國王城，似別無異說。元和志亦承認大荔國在朝邑，亦臨晉故城當在朝邑之證也。

又東約三十里至大河，有蒲津，乃自古臨晉、蒲坂之地，爲河東、河北陸道西入關中之第一鎖鑰。故建長橋，置上關，皆以蒲津名。河之兩岸分置河西（今平民縣？）、河東縣（今永濟），夾岸置關城，西關城在河西縣東二里，東關城在河東縣西二里，河之中渚置中潬城。河橋連鎖三城，如河陽橋之制。開元九年易竹絙爲鐵鏈，以繫舟航，兩岸各鑄鐵牛四、鐵人四以鎮維之，每一牛下並鑄前後鐵柱各一，連腹入地丈餘，以增強鐵牛之鞏固度。具見規制之宏壯，與設計之周詳。

蒲津關　臨晉當大河東西交通要衝，故自古常置關曰臨晉。齊策六，即墨大夫謂齊王曰：

「三晉大夫皆不便秦，……王與之百萬之衆使收三晉之故地，即臨晉之關可以入矣。鄢郢大夫不欲爲秦，王收而與之百萬之師，使收楚故地，即武關可以入矣。」

此似爲臨晉名關之最早見者，具見臨晉、武關爲晉、楚入秦之主道。大抵關中向東交通自古以三關爲重。武關東南通江漢流域，臨晉關東北通黃河大灣曲以東以北地區；（即唐之河東道、河北道。）至於正東通大河以南大平原地區，秦漢以函谷關爲阻，魏晉以下則以潼關爲重險也。故臨晉關在中國交通軍事史上之地位極高。方輿紀要三九山西重險蒲津條引述極詳，玆不贅。僅引兩事爲顧書所未及者：

隋書二四食貨志：「時（文帝初）……戶口歲增，諸州調物，每歲河南自潼關，河北自蒲坂，達於京師，相屬於路，晝夜不絕者數月。」

舊一五憲宗紀，元和十二年二月，「時王承宗、李師道欲阻用兵之勢，遣人折陵廟之戟，焚芻藁之積，流矢飛書，恐駭京國。……及賊平復，得淄青簿領中有賞蒲、潼關吏案，乃知容姦者，關吏也，搜索不足以爲防。」

據此，蒲關與潼關並爲東方入長安之兩主道可知。張說蒲津橋贊云：「關西之要衝，河東之輻湊，必由是也。」（詳下引。）誠不虛矣。唐六典六刑部司門郎中條，京城四面關有驛道者爲上關。上關六，蒲津其一。亦見其地位。至於關名蒲津之始。通鑑一七二，陳太建八年，周伐齊，分軍守要害，使涼城公辛韶守蒲津關。」胡注：「漢書，武帝元封六年，立蒲津關。」檢漢書實無此文。又元和志一二河中府河東縣，「蒲坂關一名蒲津關，在縣西四里。魏志曰，太祖西征馬超、韓遂，夜渡蒲津關，即謂此也。」檢魏志亦無蒲津關之名。不知關名蒲津究何始也。然觀通鑑此條，不能遲於南北朝末期。又周書三九韋瑱傳，「鎮蒲津關，帶中潬城主。」尤爲强證。至唐通稱蒲津關，見通典一七三馮翊郡朝邑縣目及史記淮陰侯傳・索隱等處。前引六典六刑部司門條，當唐盛時，上關僅六座，潼關、蒲津關各居其一，是地位相同。新書方鎮表河中格，「至德元載，置河中防禦守捉蒲關使。二年，升河中防禦爲河中節度兼蒲關防禦使。」又通鑑二一八，至德元載，有蒲關防禦使呂崇賓。是天下有變，其見重固亦與潼關同置防禦使也。元和志云，蒲津關在河東縣西四里。又朝邑縣目云：「縣西南（蓋東南之譌）有蒲津關。」寰宇記四六蒲州河西縣，「蒲津關在縣東二里，通西北鄜延銀夏之路。」又河東縣，「蒲津關在縣西二里，後魏大統四年，造舟爲梁，九年築城，亦關河之巨防。」按通鑑二八八，後漢乾祐元年，「郭威自陝州，白文珂自同州，常思自潼關，三道攻河中。……白文珂克西關城，柵於河西。」西關城殆卽河西縣東二里蒲津關之西城也。河西有西關城，當對東關城而言。東城殆卽寰宇記河東縣西二里者。岑參有宿蒲關東店詩（全唐詩三函八册參集二）云：「關門鎖歸客，一夜夢還家，月落河上曉，遥聞秦樹鴉。」當卽在河之東岸關城之外也。蓋大河東西兩岸各有關城，河之中渚又有中潬城（詳下文），如河陽橋有南北中三城之制。

中潬城　圓仁行記卷三，自太原「到河中節度府……有蒲津關，……渡黃河，浮船造橋，闊二百許步。黃河西〔兩〕流造橋兩處，南流不遠兩派合。却過七重門向西行五里到河西縣。」是此處河中有洲，故流分爲二。前引周書韋瑱傳，西魏大統八年已置中潬城，有專人防守。蓋卽在此河渚上也。通鑑一八四，隋義寧元年，李淵起兵，「朝邑法曹靳孝謨以蒲津、中潬二城降。」是隋唐仍舊置。下文考蒲津橋引張說蒲津橋贊仍謂中潬爲河橋中間襟束也。

蒲津橋　三國魏志武帝紀，漢建安十六年，操討馬超、韓遂，「潛遣徐晃……夜渡蒲坂津，據河西爲營。」蓋以津在蒲坂故名。後乃省稱蒲津。苻健時有蒲津監寇登，見御覽一六四引十六國春秋。又通鑑一五六，梁中大通六年，高歡退屯河東，「築城於蒲津西岸。」是也。隋唐時代通稱蒲津矣。通典四六，蒲州河東縣，「有蒲津關，後魏大統四年造浮橋。九年築城爲防。」寰宇記四六作「造舟爲梁。」按秦本紀昭襄王十五年初作河橋。正義：「此橋在同州臨晉縣東，渡河至蒲州，今蒲津橋也。」此言蓋是。又通典一七三，朝邑有河橋，「秦后子奔晉，造舟於河，通秦晉之道。」則浮橋之制早已有之，不始於大統也。通典四六續云：

「大唐開元十二年，河兩岸開東西門，各造鐵牛四，其牛下並鐵柱，連腹入地丈餘，並前後柱十六。」

寰宇記，「鐵牛四」下有「鐵人四」三字，又最後有「橋跨河，至今存。」又新志河中府河西縣目云：

「有蒲津關，開元十二年鑄八牛，牛有一人策之。牛下有山，皆鐵也，夾岸以維浮梁。」

此云開元十二年更修浮橋，於兩岸各鑄鐵牛四、鐵人四以維之。而唐會要八橋梁目云：

「開元九年十二月九日，增修蒲津橋，絙以竹葦，引以鐵牛。命兵部尙書張說刻石爲頌。」

通鑑亦書於九年，云：「新作蒲津橋，鎔鐵爲牛以繫絙。」按九年正月改蒲州爲河中府，置中都，六月罷。增修蒲津橋可能與建中都有關。且張說爲兵部尙書在九年，至十一年爲中書令，由王晙繼任兵尙。尤爲作頌當在九年之證。又據前引各條，似此次增修浮橋惟鑄鐵牛鐵人於兩岸以鎭之而已。然檢張說蒲津橋贊（全唐文二二六）云：

「域中有四瀆，黃河是其長。河上有三橋，蒲津是其一。（另二橋當指太陽橋，河陽橋。）隔秦稱塞，臨晉名關，關西之要衝，河東之輻湊，必由是也。其舊制，橫絙百丈，連艦十艘，辮修笮以維之，繫圍木以距之，亦云固矣。然每冬冰未合，春沍初解，流澌崢嶸，塞川而下，如礎如臼，……綆斷航破，無歲不有。雖殘渭南之竹，仆隴坻之松，敗輒更之，罄不供費，……以爲常矣。開元十有二載（一作九年十二月），皇帝聞之曰：嘻，我其慮哉！……通其變……相其宜，授彼有司，俾鐵代竹，取堅易脆。……於是大匠蒇事，百工獻藝，……結而爲連鎖，鎔而爲伏牛，偶立於兩岸，襟束於中潬，鎖以持航，牛以縶纜，……又疏其舟間，畫其鷁首，必使奔澌不突，積凌不溢。新法既成，永代作則。」

是則此次增修，不但鑄鐵牛鎮兩岸，以繫絙，且鑄鐵連鎖爲絙以繫舟航，又中束於中潬也。然鐵鏈亦未能持久，故其後又用竹笮。新一八二李固言傳，出爲河中節度使。「蒲津歲河水壞梁，吏撤笮用舟，邀丐行人。固言至，悉除之。」此爲中葉仍用竹笮之證。餘芳編年集圓珍請弘傳眞言止觀兩宗官牒欵狀云：「止同州城，次渡蒲關。……見黃河兩岸各有鐵牛四頭，以鏁繫脚縛船爲浮船之基。」時在大中九年。蓋鐵絙雖廢，而鐵牛仍存也。

此浮橋至宋代初年仍見在，能改齋漫錄卷一三河中府浮橋條，可供參考，玆並錄之：

「河中府河有中潬，其上有舜廟及井。唐明皇始爲浮橋，鑄鐵爲牛，有鐵席，席上爲鐵柱。埋之地中，以繫橋絙。張燕公爲之贊。自是橋未嘗壞，……及劉元瑜知河中府，河水大漲，不得決泄，橋遂壞。鐵牛皆拔，流數十步沈河中。中潬亦壞。自是不能復修。津濟阻礙，人畜數有溺死者。英宗時，有眞定僧懷昺，請于水淺時，以絙繫牛于水底，上以大木爲桔槔狀。繫巨艦于其後，俟水漲，以土石壓之，稍稍出水，引置于岸。每歲止于出一牛。至治平四年閏三月，新橋乃成，然中潬亦終不能立也。」

河東縣西去長安約三百二十里，爲蒲州、河中府之治所，開元中嘗置中都，蓋以位居長安、洛陽、太原之間，當三都聯絡交通之樞紐也。

通典一七九，蒲州河東郡西至馮翊郡八十里，西去西京三百六十里。檢同書一七三，馮翊郡東至河東郡八十一里，西去西京二百七十里。是本書卽稍不相符。元和志，同州西至上都二百五十里，東至蒲津關六十里。同書一二，河中府西至同州六十七里，西南至上都三百二十里。寰宇記四六，河中府西至長安三百二十五里，與元和志略合。大約三百二十里之譜也。

唐會要六八諸府尹目云：

「開元九年正月八日，改（蒲州）爲河中府，號中都，以姜師度爲尹。六月三日停中都，却爲州。乾元三年二月二十三日，改爲河中府，以蕭華爲尹。元年建卯月一日，號爲中都。元和三年三月，復爲河中府。」

按舊志作開元八年置中都，蓋誤。其餘年份皆合。而通典一七九作開元九年五月置中都，尋罷；無再置中都之文。新志亦誤作八年，亦無再建中都之文。檢元和志一二，開元元（寰宇記作「九」，是）年五月五日置中都，六月詔停。下述「大歷中，元載爲相，又上建中都議曰」云云，帝未許。寰宇記四六，同。是其時非中都也 。復考肅宗元年建卯月南郊赦文（全唐文四五）云：「五都之號，其來自久，宜以京兆府爲上都，河南府爲東都，鳳翔府爲西都，江陵府爲南都，太原府爲北都。」是卽建卯月一日赦文也。實未再建河中府爲中都也。此爲强證。會要、舊志皆誤無疑。至開元九年，建中都， 一作正月 ，一作五月。檢舊紀，開元九年春正月丙辰，改蒲州爲河中府，置中都。秋七月戊申，罷中都，依舊爲蒲州。通鑑二一二，置中都年月日同，罷中都作六月己卯。是也。是置在正月一日無疑，作五月者，譌也。

元和志云：大曆中，元載上建中都議，雖不果行，然其論河中形勢云：「河中之地左右王都，黃河北來，太華南倚 ，總水陸之形勝 ，鬱關河之氣色。」又云：「有羊腸、底柱之險，濁河、孟門之限，以轘轅爲襟帶，與關中爲表裏。」吉甫稱此議宏博，盡當時利害。蓋河中亦誠形勢之地也。

由河中府略循涑水南側東北行，約七十里至虞鄉縣（今縣），又三十里至解縣（今縣），又東北四十五里至安邑縣（今縣）。縣南東十八里有龍池宮，開元八年置。相近有蚩尤城。由縣東北經安邑故城，有青臺，上有禹廟，下有青臺驛。又北至桐鄉故城，去安邑約五十二里，卽漢聞喜縣也。又北渡涑水八里至聞喜縣（今縣）。又北六十里至絳州治所正平縣（今新絳），去河中二百六十里。

元和志一二，河中府「東北至絳州，取桐鄉路二百六十里。」寰宇記四六，蒲州「東北至絳州，取桐鄉路二百四十五里。」是兩州間大道經桐鄉也。檢元和志，聞喜縣有「桐鄉故城，漢聞喜縣也，在縣西南八里。」又寰宇記四六解州聞喜目，與元和志同。寰宇記四七絳州曲沃縣目云，桐鄉在曲沃縣西南，誤也。檢一統志絳州卷古蹟目聞喜故城條引縣志，「甘泉谷在縣東二十里，桐鄉城在谷之西南，今縣在涑水南岸。」是此道當畧循涑水河谷而行。通鑑一七二，陳太健八年，「周主使齊王憲將兵六萬屯涑川，遙爲平陽（晉州）聲援。」正屯兵此道中也。參看周書一二齊王憲傳，憲屯大軍於涑水，進據蒙坑，以援晉州，知晉州無虞，復退歸涑川。由涑水接汾水爲一通道尤明。此道旣循涑水河谷，而桐鄉在水南，則此道南段當經虞鄉，解縣，安邑也。按虞鄉縣（今縣）西至河中府七十里，見元和志及寰宇記。解縣西至河中府一百里，見寰宇記解州目。（元和志作四十七里，顯誤。）解縣東北至安邑四十五里，解縣東北至聞喜縣一百五里，皆見寰宇記解州目。聞喜北至絳州六十里，見元和志絳州目。則累積計之，由河中東經虞鄉，折東北經解縣，安邑，聞喜，至絳州，正合二百六十里之數，則志、記所謂取桐鄉路者卽此道也。又下文所考安邑縣有青臺驛，亦爲大道所經之一證。

青臺驛　驛見御覽一七六引郡國志。志云：「蒲州蚩尤城，鳴條野。禹娶塗山女，思戀本國，築台以望之，謂之青臺，上有禹祠，下有青臺驛。」檢元和志六，陝州安邑縣：「高堠原在縣北三十里，原南坂口卽古鳴條陌也。」又寰宇記四六解州安邑縣，「蚩尤城在縣南一十八里」，「鳴條陌在縣東北一十五里。」同書六陝州夏縣「夏禹臺在縣西北一十五里，十三州志云，禹娶塗山氏女，思本國，築臺以望。……夏靜與洛下人書云，安邑塗山氏臺，俗謂之青臺，上有禹祠。」則此驛正確地望雖不可知，要當在今安邑縣東北，夏縣西境，殆卽世傳夏禹故都，戰國兩漢之安邑故城也。詳考古一九六三年第九期山西夏縣禹王城調查。此地有驛，則唐代驛道經安邑可知。寰宇記又云：「龍池宮在縣（安邑縣）東南一十八里，唐開元八年置。」按唐置行宮，例近驛道，亦道經安邑之證。

州南七里有故冢雀關，在汾水之南，澮水之北，蓋亦大道所經。

通典一七九，絳州絳郡治正平縣，「有高齊故武平關在今縣西三十里，故家雀關在縣南七里，並是鎮處。」寰宇記四七，絳州正平縣亦有故家雀關，方位里數皆同。一統志絳州卷關隘目引州志：「州舊有南關，比歲爲汾水所齒，明萬曆八年，……建新關，北距舊關，南距澮水，皆不及二里，如舊關制，名曰重興。」統志引之，以爲舊關即故家雀關，蓋是。在州南汾水南岸也。

又由同州取龍門關路亦通絳州。

龍門即古傳說大禹所鑿者。河水注引魏土地記曰：「梁山北有龍門山，大禹鑿通孟津，河口廣八十步，岩際鐫跡，遺功尙存。」通典一七三同州馮翊郡，韓城縣「古韓國，謂之少梁。漢爲夏陽縣，有梁山。……有龍門山，即禹導河至於龍門是也。魚集龍門，上即爲龍，皆在此。龍門城在縣東北，極嶮峻。又有龍門關。」即其地。

龍門爲大河要津。通鑑一〇八，晉太元二十一年，秦主興遣將攻西燕河東太守柳恭，恭臨河拒守，不能下。興乃禮聘汾陰薛彊爲將，「引兵自龍門濟，遂入蒲坂。」又一五一，梁普通七年，魏以河東薛修義爲龍門鎭將。又一五六，梁中大通六年，西魏龍門都督薛崇禮以城降歡。又一七〇，陳太建二年，齊斛律光出晉州道，於汾北築華谷、龍門二城，進圍定陽（宋白云在慈州吉鄉縣）。三年，周將宇文憲「自龍門渡河，斛律光退保華谷。」此皆唐前史事，見龍門爲一津渡處。又一八四，隋義寧元年，述唐高祖起兵路線，經晉州，至絳州。又由絳州西至龍門，令王長諧偏師由龍門梁山濟河，而自帥大軍沿河東岸南下圍河東，又由河東蒲津濟河至朝邑，屯長春宮。已見前引。又舊太宗紀，述武德二年事云：

> 「宋金剛之陷澮州也，兵鋒甚銳。……太宗上表……願假精兵三萬，……平殄武周。……高祖……悉發關中兵以益之，又幸長春宮，親送太宗。……太宗率衆趣龍門關，履冰而渡之，進屯柏壁，與賊將宋金剛相持。……金剛……遁……至介州。」

按澮州，武德初置，在今翼城縣。是太宗行程由長春宮，循大河西側至龍門，渡河至絳州也，與王長諧等入關路線相反，然皆見同州取龍門道至絳州也。

其道蓋由同州，或州東之朝邑縣，循河之西側，北經郃陽（今縣）、韓城（今縣），至龍門山，約二百五十里。地臨大河，河廣八十步，至險峻。夾河置關、戍、倉，皆以龍門名。開元中，龍門爲中關，其時此道不置驛也。

篇首引通鑑一八四任瓌說李淵之言，可知梁山渡河指韓城，逼郃陽，乃至同州。而觀舊太宗紀書事，則自長春宮出發至龍門也。宮在朝邑縣（見前）。蓋同州至郃陽，朝邑至郃陽皆通道也。元和志二，同州郃陽縣西南至州一百二十里，韓城縣西南至州二百里。寰宇記二八，同。又通典一七三，馮翊郡韓城「有龍門山。……龍門城在縣東北，極嶮峻。又有龍門關。」元和志，龍門山在韓城縣北五十里。「龍門戍在縣東北，極嶮峻，後周於此置龍門關，今廢。」寰宇記，韓城有「龍門山在縣北五十里，……三秦記，河津一名龍門，懸船而行，兩旁有山，水陸不通。」「龍門關一名龍門戍，極嶮峻。西魏大統元年置，在龍門山下，關口有龍門城，即戍所也。」是同州至龍門之里距情形可曉，龍門關戍皆在大河西岸也。而元和志一二絳州龍門縣，又云：「龍門在縣西北二十二里。」「大禹祠在縣西二十五里龍門山上。」寰宇記四六，蒲州龍門縣略同。則關又在絳州龍門縣境，在縣西北二十二里。新志，韓城、龍門兩縣亦皆記龍門關。蓋關實夾河建置耳。又新志，河中府龍門縣「有龍門倉，開元二年置。」是河之東側又有倉，以備屯聚接撥之用耳。

龍門關　唐六典列爲中關，引詳本篇首條。按此關當爲四面關之一，而列中關，是開元中不置驛也。

龍門口　龍門河廣僅八十步，甚險峻，見前引河水注。又元和志一二絳州龍門縣，「黃河北（？）去縣二十五里，即龍門口也。」下文「河口廣八十步」云云，與河水注同。又引三秦記曰，「河津一名龍門，水陸不通，魚鼈之屬莫能上。」寰宇記，同。均見龍門之形勢。近人李創龍門古渡，描寫龍門峽口之形勢與舟子渡船之驚險狀況，甚爲眞切，並及龍門以下河道已寬緩何以不能設渡以替龍門渡之故，亦有理據。玆畧刪錄於次，以作參考，蓋中古時代當亦畧相若也。

「龍門」又稱「禹門」，係黃河中流龍門山一處大峽口，位於陝西韓城西北約三十里。龍門古渡即在其峽口下流之深壑間。

龍門山原係呂梁山之餘脈，由河津西北迤邐西向後，即逐漸低降形成一宛若陷落的大山凹。由於龍門以北崇山層疊，形勢障蔽；龍門以南，適會汾水河口，局面忽爲開朗；且龍門以外，兩側峭崖陡壁；相形之下，其峽口，恰如巨壁間之一道大門，故稱之曰龍門。

峽口局面狹窄，據魏土地記，口廣僅八十步。但就筆者實地估計，頂多不過五六十公尺而已。故當巨流從峽口湧出後，立即在峽口之前瀉出一道二三十度傾斜的大水坡；其湍急如注的流速，經常都有三至四秒公尺之間。

龍門之前，原爲一片逐漸低降之山麓，巨流奔騰於此，以其巨大激盪長久之冲鑿，早已陷成一道寬約兩三百公尺形同峽谷般的大深壑。故兩岸陡坡夾峙，峭崖壁立，形勢十分險峻，且因河床傾斜之顚簸，河中巨流益爲湍急。立於河崖俯首瞰視，只見河中白花澎湃，整個河面均在浪濤洶湧翻滾之中，其滀滀之水聲，彷彿萬馬奔騰；其勢之壯，猶如撼動整個山岳。如此險急湍奔之巨流，依然能爲人們克制，而成爲秦晉間重要之渡口，稱爲龍門口，亦稱禹門口。

黃河中流之渡船，爲適應其流竄莫測之水性，大多爲平底之長方形。唯因龍門口水性特殊，其渡船體形較一般小巧，且其頭尾兩端畧狹，船面前後與中央齊平，頗似江湖中之小漁舟，故行於急流，輕巧靈便，易於操縱。但其船身裝載卻極有限，最多僅可容納十餘人。其操船工具主要爲舵，船上雖尚裝備許多頭端鑲有鐵鈎之長篙，那卻是用爲牽拉崖上鐵環移動渡船之繂桿。當船身移動時，因急流衝勁太大，槳櫓等划船工具均不勝其力，故兩岸沿河崖壁之間，每隔數步距離即嵌裝有一隻碗口大小之圓鐵環，當渡船於解纜啓碇之際，即由三四水手，持著長篙，鈎住崖上鐵環；然後用力牽拉，交互移換，將渡船牽拖至上流與對岸碼頭斜角處，即取下長篙，鬆開鐵環，船身隨卽爲急流捲入河心，像箭矢般往下流斜角滑行而去。渡船滑入河心，在險急滾騰的巨流激盪中，直若狂風捲起之落葉，其漂搖起伏之險狀，令人爲之心悸。此刻渡船如何克制巨流把握航線，平穩順利滑至彼岸，則全在舵手之操持。經驗豐富的舵手，於渡船放入中流後，便見他手扶舵把，穩立船尾，兩眼全神貫注於船前，態度異常沉肅；渡船便在其渡把忽左忽右的擺動下，直接駛向彼岸之碼頭。渡船於越過中流後，水手們復拿起長篙，機巧俐落的鈎住彼岸之鐵環，適時將船身從急流冲激中拉穩，然後始沿著石崖慢慢牽拉至碼頭間。

這段陡坡峭崖夾峙之河道，上下約綿延十餘里。此十餘里以下，卽汾水河口廣闊平坦之盆地。巨流奔騰於此，河身之寬，隨由數百公尺狹窄之深壑，一展而爲千餘公尺廣闊之大河；且河水暴漲時，兩岸二三十里寬的沙灘，更能於一夕之間全爲河水所擴展。故於河水退落之平日，其兩岸數十里之沙灘間，不僅洲渚遍佈，淺灘及分流層出不窮，且淺灘之上，復有險惡難測之淤沙。倘不愼陷入淤沙而不知平臥滾出以自拔，則有沉入沙底遭受滅頂之厄運。故黃河自龍門以下數百里之河道，均無一處理想適宜之渡口；而龍門口以東，又恰爲汾水盆地交通之要衝，故龍門口遂成秦晉兩地古今馳名之渡口。（一九六八年十一月廿五日「中央日報」副刊）

由龍門渡河，東南行二十二里至龍門縣（今河津），在汾水之北五里。

縣在龍門口之東南二十二里，前條已引證。元和志龍門縣目又云：「汾水，北去（至）縣五里。」寰宇記同。又縣當絳州西渡大河之道，前引通鑑述李淵事亦已可徵知。

又由蒲州沿大河東側北行三十五里至辛驛店，又四十里至粉店，又四十里至寶鼎縣（古汾陰，今滎河），又二十五里至秦村，又三十五里至新橋渡，渡汾水，又十六里亦至龍門縣。

圓仁行記卷三，由太原至龍門縣，由縣「西南行十六里到新橋渡，渡汾河，渡從西岸着東岸，正南行三十五里到寶鼎縣管內秦村，……向西望見黃河。南行二十五里到寶鼎縣，……南四十里到臨晉縣粉店，……南行四十里到辛驛店，……南行三十五里到河中節度府。」即此道也。中國史上亦多可考。如前引通鑑一八四，述李淵行軍路線，由絳州至龍門，分軍渡河下韓城，而自將大軍圍河東，又由河東渡河至朝邑。是淵自率大軍即循此道。又通鑑一四一，齊建武四年「二月己酉，魏主南至離石。……夏四月庚申，至龍門，遣使祀夏禹。癸亥，至蒲坂，祀虞舜。辛未，至長安。」是龍門至蒲坂纔三日程，必直南行至蒲坂，不繞道也。復考前引李淵至龍門，未圍河東之前曾至汾陰。又通鑑二一二，開元十年，玄宗由東都北巡至并州。二月，取晉州道，經汾陰，祠后土。三月還至長安。又二一三，開元二十年十月，由東都幸北都。十一月庚申，祀后土於汾陰。十二月，還西京。皆亦取道汾陰也。就形勢言之，蓋經絳州，西至龍門，又沿河東岸行經汾陰至蒲州河東縣也。汾陰後更名寶鼎。正即圓仁所行者。唐國史補上：「馬燧討李懷光，自太原引兵至寶鼎下營。」亦是此道。元和志一二河中府，寶鼎縣西南至府一百一十里。寰宇記四六蒲州，寶鼎縣在州北一百一十里。龍門縣在州北一百九十八里。是里距可知。與圓仁行記相差才三里耳。

唐代後期有龍門驛，不知在龍門關，抑龍門縣。則同州、蒲州東北至龍門縣之兩支線必有一路為驛道也。

許渾有晚登龍門驛樓詩（全唐詩八函八册渾集七）云「魚龍多處鑿門開，萬古人知夏禹材，……風雲有路皆燒尾，波浪無程盡曝腮。」應為此處之龍門，惟不知在龍門縣，抑在龍門關耳。是由同州東北行與由蒲州北行之兩支線，在唐代後期必有一道為驛道也。

由龍門縣沿汾水北岸東行，四十九里至玉壁故城，四面並臨深谷，宇文氏置總管。又十二里至稷山縣（今縣），置驛。又二十九里至柏壁故鎮，後魏明元帝置，太武帝改置東雍州。又十二里至絳州治所正平縣（今新絳）。

元和志一二絳州，龍門縣東至州一百一十里，稷山縣東至州四十九里。寰宇記四六，稷山至絳州里數同。則龍門至稷山當爲六十一里。圓仁行記三，稷山縣西行六十五里到龍門縣，里數畧同。

又通典一七九，絳州稷山縣，「後魏龍關郡，後周勳州故城，在今縣西南十二里，即王思政所築玉壁城，爲周氏重鎮。」元和志一二絳州稷山縣，「玉壁故城在縣南② 十二里。後魏文帝大統四年，東道行台王思政表築玉壁城，因自鎮之。八年，高歡寇玉壁，……不尅 。周初於此置玉壁總管 。……城周廻八十（十字衍）里，四面並臨深谷。」此必當軍道。通鑑一七二，陳太建八年，周主取齊平陽（晉州），引兵還，留齊王憲爲後拒。憲引軍渡汾，追及周主於玉壁。是爲的證。玉壁東北至稷山十二里，則西至龍門當爲四十九里。

元和志絳州正平縣，「柏壁在縣西南二十里。後魏明帝元年於此置柏壁鎮，太武帝廢鎮，置東雍州及正平郡。周武帝於此改置絳州。建德六年，又自此移絳州於今稷山縣西南二十（當乙）里玉壁。按柏壁高二丈五尺，周廻八里。」寰宇記四七，全同。按此當亦大道所經。舊書太宗紀，武德二年十一月，「太宗率衆趣龍門關，履冰而渡之， 進屯柏壁 ，與賊將宋金剛相持。……金剛……遁，……追之至介州。」新紀、通鑑畧同。此尤柏壁當龍門、絳州道之明證。地在絳州西南二十里，則西至稷山當爲二十九里也。

稷山置驛，南部新書己：「稷山驛吏王全作吏五十六年，人稱有道術，往來多贈篇什。」玉谿詩注卷一有戲題贈稷山驛吏王全詩。此稷山置驛之明證。

崔祐甫汾河義橋記（全唐文四〇九）云：「絳人有成橋於稷山縣南汾河水上。」又云：「初玆縣有具舟之役，鄰邑有官修之梁。自太原、西河、上黨、平陽，至於絳，達於雍，繇卒迫程，賈人射利，濟舟爲捷，渡江如肆。」按元和志，稷山縣，「汾水在縣南五十里。」寰宇記，同。龍門、絳州道當行汾水之北，稷山南五十里汾水上之橋似非此道所經 。豈絳州 、 聞喜道中耶？或另有通道耶？待考。

絳州爲京師、同州入太原諸道之總匯，故奉使往來者甚多。

---

② 寰宇記全抄元和志，但作「西南」，是也。今本元和志脫「西」字。

舊一六二李脩傳：「至坊州、絳州刺史，……常飾厨傳，以奉往來中使及禁軍中尉賓客，以求善譽。」即此一事足見使臣賓客過往之衆。參之上條引崔祐甫汾河義橋記，形勢尤顯。

由絳州東北循汾水河谷，渡汾水經高顯（今地），踰蒙坑（今蒙城）之險，凡一百四十里至晉州治所臨汾縣（今縣）。

元和志一二，絳州東北至晉州一百四十里。寰宇記四七，同。又寰宇記四三晉州目，亦云南至絳州一百四十里。其間所經兩地，考述如下：

高顯　通鑑一七二，陳太建八年，述周主伐齊事云：

「十一月丁酉，周主發長安。壬寅，濟河，與諸軍合。十二月丁未，周主至高顯，遣齊王帥所部先向平陽。戊申，周主至平陽。庚戌，諸軍總集……逼城置陣。」

胡注：「高顯蓋近涑川。」紀要四一解州夏縣，高顯戍，在縣北。下引胡注爲說。按此前周主命齊王憲「將兵六萬屯涑川，遙爲平陽聲援。」故胡氏疑高顯與涑川相近也。紀要遂實指之。今按周主丁未至高顯，明日卽至平陽，若高顯在夏縣北，則至平陽幾二百里，殊少可能。檢張編地圖集·山西河北人文圖，絳縣東北，汾水南流折西處有高顯地名，在汾水東岸。元和志一二，絳州東北至晉州一百四十里，度此高顯北去晉州不及百里，蓋眞其地矣。

蒙坑　周書一二齊王憲傳，憲營於涑水，進援晉州。乃遣大將帥輕騎夜至晉州，「憲進軍據蒙坑爲其後援。」又通鑑二六七，後梁開平三年，「晉王……遣周德威……出陰地關攻晉州。詔楊師厚將兵救晉州。德威以騎扼蒙坑之險，師厚擊破之，進抵晉州。」胡注：「蒙坑在汾水東，東西三百餘里，蹊徑不通。」又新五代史五〇王峻傳：「劉旻（北漢）攻晉州，……峻軍出自絳州，先鋒報過蒙坑，峻喜謂其屬曰：蒙坑，晉絳之險也。旻不分兵扼之，使吾過此，可知其必敗也。峻軍去晉州一舍，旻聞周兵大至，卽解去。」通鑑二九〇，畧同。是其地在晉州之南一舍以上，當晉絳大道，且極險要。檢張編地圖集·山西河北人文圖，新絳、臨汾正中間有蒙城，在汾水之東，是其地矣。

又由絳州北行二十五里至鼓山，亦至晉州。疑非一道。

通鑑一八四，隋義寧元年，李淵起兵。八月「丙戌，淵入臨汾郡。……庚寅，宿鼓山。絳郡通守陳叔達拒守。辛卯，進攻，克之。」胡注，「鼓山在絳郡北。」一統志絳州卷山川目，「鼓山在州西北二十五里。唐溫大雅創業起居注，義寧元年，帝宿於絳郡西北之鼓山，去郡二十餘里。……州志，鼓山即鼓堆，周四里，高五丈，穹窿而圓，狀如覆釜，人馬踐履有聲，故名。」就方向言，似與高顯非一道，然亦難定。

又由稷山東北行三十里至長秋驛，又五十里至太平縣（今汾城），有太平關，貞觀七年置。縣北又二十五里渡汾水至故關店，與絳州至晉州道合。故關北行二十五里至晉橋店，又三十里至晉州治所臨汾縣（今縣）。

圓仁行記三，自太原府到晉州城。「出城西門西南行三十里到晉橋店，……南行二十五里到故關店，過河入景雲普通院宿。河北，晉州襄陵縣南界；河南，絳州太平縣北界。……南行二十五里到太平縣，……出南郭門，行五十里到長秋驛宗家庄，……驛北十五里有馬頭山…… 西行三十里稷山縣。」此爲另一道，似且置驛，但故關店以北蓋即絳州通晉州道也。太平關，見新書地志。

晉州又東北，沿汾水東岸行，三十七里至高梁故城，有高梁橋。又二十三里至洪洞縣（今縣）。縣北六里有洪洞鎮故城。

周書一二齊王憲傳，憲屯永安（霍邑），退軍至高梁橋。通鑑一七二，陳太建八年，叙周齊攻守平陽事云：阿那肱謂齊主曰：「不如勿戰，却守高梁橋。」胡注，「地形志，晉州平陽縣有高梁城。水經注，汾水逕高梁故城西，故高梁之墟也。晉文公害懷公於此。汾水又南過平陽縣東。新唐志，晉州臨汾縣東北十里有高梁堰。」按高梁爲自春秋以來之名所。紀要四一及一統志平陽府卷古蹟目引述甚詳。紀要引括地志云：「高梁城在臨汾縣東北三十七里。」（一統志引作二十七里，但結論亦作三十七里。）

通鑑一七二，陳太建八年，周齊爭晉州，齊主來援，至洪洞。舊五代史二五唐書武皇紀，張濬伐晉，武皇遣薛鐵山「出陰地關營於洪洞。」知洪洞當道。圓仁行記三，洪洞縣南行六十里到晉州。亦其證。元和志一二晉州，亦云洪洞縣西南至州六十里。則高梁東北至洪洞二十三里也。志云：「本漢揚縣，……義旗初建，改爲洪洞縣，因縣北故洪洞鎮爲名也。」「洪洞故城在縣北六里，後魏鎮城也。姚最序行記曰，周建德五年，從行討齊，師次洪洞，百雉相臨，四周重複，控據要險。」通典一七六，以爲東魏北齊鎮，蓋較可信。

又北三十五里至趙城縣（今縣），在汾水東四里。又北三十里或二十五里至益昌驛，又北三十里或二十五里至霍邑縣（今霍縣），在汾水東二里，地險峻。李商隱有登霍山驛樓詩，蓋即縣驛。

通鑑二九〇，後周廣順元年，「北漢主攻晉州，久不克……軍乏食……燒營夜遁。……康延沼將騎兵追之，及於霍邑，……北漢兵墜崖谷死者甚衆。霍邑峻險，延沼畏懦不急追……。」亦見霍邑爲當道險地。元和志一二晉州，趙城縣南至州九十五里（寰宇記作九十里），霍邑縣南至州一百五十里。可計相互里距。兩縣在水東里數亦見元和志。又圓仁行記三，「霍邑南去晉州一百六十里。從縣西行十五里到霍昌村馬家店，……南行十五里到益昌驛，……南行三十里到趙城縣，南行十五里到屈頂村，……南行二十里到洪洞縣。」視前考爲詳，今據記書之。惟霍邑去晉州仍從元和志作一百五十里。

李商隱有登霍山驛樓（全唐詩八函九册商隱集三）。檢元和志洪洞縣目云，「霍山在縣東北三十里。」趙城縣目云，「霍山廟在縣東南三十里霍山上，……貞觀五年敕令修理。」霍邑縣目云，「霍山一名太岳，在縣東三十里。」是霍山爲南自洪洞北至霍邑百數十里間之一山脈名，在汾水之東約三十里。商隱所登之霍山驛究何所指？按詩云「廟列前峯迥」，云「嶺鼷嵐色外」，云「壺關有狂孽，速繼老生功。」再檢元和志，霍邑縣目記高祖兵至此，宋老生陳兵據險，師不得進，霍山神寄語，當東南傍山取路。於是進師去城十餘里，老生戰敗，遂平霍邑。又新志，霍邑縣「有西北鎭霍山祠。」又雀鼠谷在霍邑縣以北地區。則此霍山驛必在霍邑縣境，疑即縣驛耳。蓋縣東三十里之霍山雖有微道，應非驛路所經也。一統志霍州卷關隘目，「霍山驛在州東關。明洪武中置，在縣治西。成化中移此。今廢。」蓋明洪武亦因唐驛置。

霍邑北行二十里至永清驛，又二十里至長寧驛，置汾水關，爲河中府北界，唐末蓋更名長寧關（今南關鎭）。又十里至桃柳店，又十里至陰地關，相近高壁嶺（今高壁鋪），置高壁鎭、雁歸驛、通濟橋。其地山川險峻，而爲交通要道，亦軍事重地，唐人至以雁門相比擬，故關鎭並置，驛橋兼設也。關北二十里至靈石縣（今縣）。

元和志一三，汾州靈石縣，「本漢介休縣地。隋開皇十年因巡幸，開道得瑞石，遂於谷口置縣，因名靈石。」是縣當驛道無疑。廣記一九三虬髯客條，李靖由長安「將歸太原，行次靈石旅舍。」亦其例證。關於霍邑至靈石之一段行程，圓仁行記卷三記之最詳云：

「……到靈石縣。過縣，傍汾河南行二十里到陰地關，關司勘出。過關南行十里到桃柳店，……店臨汾河，……南行十里到長寧驛、汾水關，關司勘入，是河中府北界。……南行二十里到永清驛，……南行二十里到晉州管內霍邑縣。」

今據此一一書之。下文再就中國典籍可考者補論如次：

高壁嶺鎭、汾水關、陰地關、雁歸驛　通典一七九汾州靈石縣條云：

「今縣東南有高壁嶺、雀鼠谷、汾水關，皆險固之處。」

考通鑑一七二，陳太建八年十二月，周、齊爭晉州（平陽），齊兵潰散。下文敘事云：

「辛亥，周主入平陽。……癸丑，至汾水關。……（齊將）高阿那肱所部尙一萬，守高壁。（胡注：『高壁，嶺名，在雀鼠谷南。括地志，汾州靈石縣有高壁嶺。』）餘衆保洛女砦。周主引軍向高壁。阿那肱望風退走，齊王憲攻洛女砦，拔之。……丙辰，周主與齊王憲會於介休。」

又一八八，唐武德三年紀事云：

「四月……甲寅……秦王世民追及尋相於呂州（胡注：蓋治霍邑），大破之。乘勝逐北，一晝夜行二百餘里，戰數十合，至高壁嶺，總管劉弘基執轡諫曰……深入不已，不愛身乎？……世民曰……機難得而易失。……遂策馬而進，……追及金剛於雀鼠谷，一日八戰，……俘斬數萬人。夜宿於雀鼠谷西原。……丙辰，……世民引兵趣介休。」

據此兩條，是高壁嶺、汾水關、雀鼠谷皆當大道，高壁在靈石東南，亦在雀鼠谷之南，汾水關又在高壁之南也。皆與圓仁行記合。至於洛女砦，蓋偏道也。高壁又見通鑑一八〇隋仁壽四年紀，楊諒反於太原，「遣其將趙子開擁衆十餘萬，柵絕徑路，屯據高壁，布陣五十里。」足見此地當大道，居津要。復考咸通十三年，蕭珙河東節度高壁鎮新建通濟橋記（金石續編一一、八瓊七六）云：

「粤玆雄鎮，實河東軍之要津。封接蒲城，當舜夏墟□舊地，有關曰陰地，有亭曰雁歸，固晉川之一隅，通汾水之千派。金流洶湧，林麓森沉，東控介巒，西連白壁，峯巓萬仞，壁峭千尋，……代郡、雁門何越之有。至若馹騎星馳，華軒雲湊，……，皆中朝名士，悉息駕於雁歸亭，未嘗不題藻句，紀年代也。」

此尤見高壁鎮地位之衝要，陰地關即在其地，故下文且云「關城居人」也。雁歸亭者自即驛名無疑。下文云，「是橋長一百尺，闊一丈五尺，下去水四十尺，柵置門屋，立鏁鑰，安華表柱，俾閽者潔嚴掌轄，署其名曰通濟。其南有古之魯氏石橋，雖名揚寰海，而通濟之義莫大玆也。」則此橋規制甚宏，其南且有舊橋，久已馳名，具見爲大道之湊。檢紀要四一靈石縣目，「高壁嶺在縣東南二十五里，亦名韓信嶺，最爲險固，北與雀鼠谷接。」一統志霍州卷山川目：「高壁嶺……新志，一名韓信嶺，在縣南二十五里，南去霍州八十里，五代時北漢於此置砦，今名高壁舖。」是霍州至靈石一百零五里。唐宋志書記程約九十里，圓仁行記作八十里，則高壁即在行記之陰地關，北至靈石約二十里也。通濟橋記陸增祥跋云：「曰高壁嶺，曰通濟橋，曰陰地關，明一統志（靈石）縣南二十里，汾水西。」「西」蓋「東」之誤。

陰地關，唐末五代屢見史册。如通鑑二五八，大順元年，張濬伐太原，「會諸軍於晉州。……秋七月，官軍至陰地關。……九月……官軍出陰地關，遊兵至於汾州。」舊五代史二五唐書武皇紀，張濬來伐，「武皇遣薛鐵山……出陰地關，營於洪洞。」是濬與克用兩方行軍，皆進出於此關也。又通鑑二六二，天復元年，朱溫數道圍攻太原。其一道，「權知晉州侯言以慈隰晉絳兵入自陰地。」同書二六七，後梁開平二年八月，「晉周德威、李嗣昭將兵三萬出陰地關攻晉州。」三年八月，「晉王引兵南下，先遣周德威將兵出陰地關攻晉州。」同書二六九，後梁貞明二年，「（梁）發河中、陝、同、華諸鎮兵合三萬，出陰地關，奄至晉陽城。」是朱溫與李克用父子用兵晉州、太原一線，亦皆進出此關也。又通鑑二八七，後漢天福十二年，「帝發太原，自陰地關，出晉、絳。」同書二九〇，後周廣順元年正月，「北漢主發兵屯陰地。……丁亥，以承鈞爲招討使……將步騎萬人寇晉州。」十月，「北漢主自將兵二萬自陰地關寇晉州。」同書二九一，後周顯德元年，圍攻太原，「詔王彥超、韓通自陰地關入。」是五代末期，太原、晉州道仍以此關爲要鍵。其地，圓仁行記云在靈石縣南二十里。新唐書地志，汾州靈石縣「西南有陰地關。」是也。郡國利病書四五：山西，「陰地關在靈石縣南二十里，汾水西。」西蓋東之誤。而一統志霍州卷關隘目，陰地關「（靈石）新志，在縣西南五十里，即有南關鎮。唐宋以來，雄關橫立。……今關廢，遺址猶存，俗稱南關者，因冷泉關在北也。」紀要四一靈石縣目，「陰地關在縣西南百二十里。……通志，陰地關在縣南二十里汾水西。恐誤。」是一統志及紀要皆誤，惟利病書與通志爲正。

汾水關，前引通鑑陳太建八年書事，關在高壁之南。又同年周主伐齊之前，命諸將守要害。其一軍，「柱國宇文盛步騎一萬守汾水關。」十月周師既克晉州，進拔洪洞、永安（即隋唐霍邑縣），「使永昌公椿屯雞栖原。」「癸酉，齊主分軍萬人向千里徑，又分軍出汾水關，自帥大軍上雞栖原。」胡注：「括地志，汾州靈石縣有雀鼠谷、汾水關。」「雞栖原在永安北。」即霍邑之北也。

故此關當周齊交兵時代甚重要。括地志云靈石縣有汾水關。通典云在靈石縣南，蓋其時仍見置，屬靈石縣也。前節引一統志所引靈石新志，謂陰地關在縣南五十里南關鎮。據圓仁行記，疑南關鎮即汾水關耳，非陰地關也。

又舊一七九張濬傳，濬伐李克用，兵敗。「李克用上章論訴曰，晉州長寧關使張承暉於當道錄到張濬牓。」事又見通鑑二五八大順元年考異引唐末見聞錄。是晉州有此關。而新志云汾州靈石縣「西南有陰地關，又有長寧關。」蓋當靈石、霍邑之間歟？地望與汾水關相當，本疑先名汾水關，唐中葉以後改名長寧關歟？及讀圓仁行記三，汾水關與長寧關同在一地，則此揣測或不誤也。

霍邑之北偏西五十餘里有賈胡堡，似亦當此大道，蓋桃柳店地區也。

通鑑一八四，隋義寧元年七月，李淵起兵。癸丑，發晉陽。「丙辰，淵至西河（汾州）。」「壬戌，軍賈胡堡，去霍邑五十餘里。代王侑遣虎牙郎將宋老生帥精兵二萬屯霍邑，……以拒淵。」胡注：「賈胡堡在霍邑西北。括地志，汾州靈石縣有賈胡堡。」新志亦云，汾州靈石縣有賈胡堡。又有賈胡折衝府。此堡既當重要軍道，又在霍邑西北，似當在汾水陰地兩關道上。元和志一三汾州靈石縣，「賈胡堡在縣南三十五里。」按霍邑至靈石約八九十里，堡在靈石之南三十五里，則南至霍邑五十五里以下，故通鑑云五十餘里也。若果在前考之大道上，則當在桃柳店地區矣。

此皆沿汾水北行之主線。又霍邑東北三十里有雞栖原，當霍山高平處，亦爲兵家要道，然與汾水關道非一線。又東南有山道，曾爲兵家用奇之地，或謂卽所謂千里徑者，非也。

周書一二齊王憲傳云：

「（建德）五年大舉東討，憲率精騎二萬爲前鋒，守雀鼠谷。（此指目標而言。）高祖親圍晉州，憲進兵克洪洞、永安（卽霍邑）二城，更圖進取。齊人焚橋守險，軍不得進，遂屯於永安。齊主……將兵十萬自來援之。時柱國陳王純頓軍千里徑，大將軍永昌公椿屯雞棲原，大將軍宇文盛守汾水關，並受憲節度。……齊主分軍萬人向千里徑，又令其衆出汾水關，自率大兵與椿對陣。」

通鑑一七二陳太建八年，紀事畧同。胡注：「雞栖原在永安北。」卽霍邑之北也。兵家以主力相爭，蓋亦當要道。然觀周齊兩方用兵皆三路並出，則雞栖原似與汾水關非一道。紀要四一霍州雞栖原，「州東北三十里，霍山高平處。」一統志霍州卷山川目，同。按汾水關道由霍邑沿汾水河谷而上，向西北行再折東北至靈石。今此雞栖原在霍邑高平處，則在汾水陰地兩關道之東無疑。必別一道也。

隋義寧元年，李淵起兵太原。通鑑一八四述其初期行程云：

「七月……壬戌，軍賈胡堡，去霍邑五十餘里。代王侑遣虎牙郎將宋老生帥精兵二萬屯霍邑……以拒淵。會積雨，淵不得進。……八月己卯，雨霽。辛巳旦，東南由山足細道趣霍邑……老生兵大敗。」

是淵至賈胡堡不能直攻，乃向東南繞山足小道，側攻霍邑下之也。元和志一二晉州霍邑縣，「隋末，……宋老生屯兵於此。義師之至也，老生陳兵據險，師不得進，忽有白衣老人詣軍門曰，霍山神遣語大唐皇帝，若向霍邑，當東南傍山取路，我當助帝破之。遣人視之，果有微道。……於是進師，去城十餘里，老生戰敗，……遂平霍邑。」同書一二靈石賈胡堡條，亦云義師屯此堡，霍山顯靈。是李吉甫亦謂唐師至此堡，始向東南繞山道，側攻霍邑也。一統志霍州卷關隘目，「千里徑在州東，霍山神指唐高祖之徑也。」下引元和志此段故事。紀要四一霍州，「千里徑，州東十里，後魏平陽太守封子繪所開之徑也。……或謂之十里徑。」同書三九山西名山目霍山條亦引李淵破宋老生事，謂其所取山道「蓋卽千里徑也。」是皆謂唐高祖所取山道爲千里徑。按千里徑，前引周書齊王憲傳及通鑑屢及此地。陳太建八年，周伐齊，分遣諸軍進取要害地。命一軍宇文憲守雀鼠谷，一軍宇文純守千里徑。及既下晉州進屯雞栖原，又分軍屯汾水關與千里徑。齊主來救，亦分軍一出千里徑，一出汾水關，自帥大軍上雞栖原。汾水關在雞栖之西，則千里徑誠可能在雞栖之東，舊說以爲卽唐祖所道，蓋有可能。然實不足信。考千里徑之名似始見於北齊書二一封隆之傳附子子繪傳及周書三七韓褒傳。封子繪傳云：

「（天平二年）除衞將軍平陽太守。……晉州北界霍山舊號千里徑者，山坂高峻，每大軍往來，士馬勞苦，子繪啓高祖請於舊徑東谷別開一路。高祖從之，仍令子繪領汾晉二州夫修治，旬日而就，高祖親總六軍，路經新道，嘉其省便，賜穀二百斛。」

韓褒傳云：

「（保定）三年，出爲汾州刺史。州界北接太原，當千里徑。先是齊寇數入，民廢耕桑……。」

按前條乃東魏初年，後條乃北周初年。據後條，汾州當千里徑。③則徑道不得南在霍邑之東十里。據前條，千里徑之名至遲北魏統一時代已有之，爲重要徑道，大軍進行皆由此出。至東魏立國二年，又於舊徑東谷別開新道，以便大軍進行。唐祖迂廻之道，史家既明言爲微徑細道，且若此微道卽千里徑，唐祖豈不知，宋老生豈不守，知其非千里徑明矣。意者千里徑新舊道當係指一長距離道路而言，當在靈石、霍邑地區，今日已難詳考，但決非唐祖繞行之小道也。

靈石東北傍汾水行十里至小水店，又傍汾水尋山谷行三十五里至冷泉驛，李商隱有寒食行次冷泉驛詩。置關，見王宰題記，蓋亦名冷泉。皆在汾水東岸。出關而北皆平原曠野，入關而南則左山右河，號爲天險。

玉谿詩詳注二有寒食行次冷泉驛詩云：

「介山當驛秀，汾水遶關斜。」

按元和志一三，介山在介休縣西南二十里。汾水在縣北十二里。則此冷泉驛當在介休縣西地區，且置關。馮注：「明統志，冷泉在汾州府孝義縣西南二十里，炎夏清冷。本朝王阮亭秦蜀驛程後記，抵介休縣，過冷泉關。關爲太原、平陽要害。又抵靈石縣。按新書志，汾州孝義縣有隱泉山。頗疑音近，卽後稱

③ 通鑑一七二陳太建八年胡注引杜佑曰，「汾州北界太原，當千里徑。」當卽據韓褒傳而言。然今檢通典無此語。

冷泉者。」今檢一統志汾州府卷山川目，「冷泉在孝義縣西南二十八里，其泉夏冷。」與馮引明志畧合。但一統志霍州卷關隘目有冷泉關，云：

「冷泉關在靈石縣北四十五里，接汾州府介休縣界，一名冷泉鎮，因冷泉水爲名，又名古川口。明沈復禮修冷泉關記，山西平陽爲畿輔右翼，靈石之冷泉尤捍衞平陽之重地，……天險屹然。舊志，關外迤北皆平原曠野，入關則左山右河，中道一軌，實爲南北咽喉。」

是關在靈石縣北四十五里。又一統志霍州卷津梁目，有「冷泉渡在靈石縣北四十里汾河岸，靈石口。」又寺觀目，「靈石縣北四十五里有大雲寺，一名冷泉寺。寺鎖重關之中，雲山幽麗。」又郡國利病書四五，山西一，「靈石口在靈石縣北四十里冷泉鎮。」紀要四一靈石縣，「冷泉鎮在縣北四十里，有冷泉，北流入汾，鎮因以名。靈石口巡司置於此。志云鎮有冷泉渡，臨汾河。」皆地在縣北約四十里之證。按近代孝義縣至靈石縣約九十里以上。冷泉關及鎮、渡、寺在靈石北四十里或四十五里，而冷泉在孝義縣西南二十里或二十八里，與關、鎮、渡、寺必非一地。則唐之冷泉驛在今冷泉歟？抑今關鎮所在歟？考八瓊金石補正七四冷泉關河東節度王宰題記云：

「會昌…四年…九月，…寵詔遷鎮北門，十月過此。…大中…二年，…拜章乞覲，…蒙恩下允。…明年正月……却歸本鎮。至二月五日過此。因覽其重巒復疊，積樹參差，汾水廻于而潺湲，天險蔽抱而崇固。……駐旆關亭，吟睇移景。又覩中令河東公及相國令狐公、左僕狄公、相國崔公來罷之題列，……。」

陸氏跋云：「唐靈石縣隸汾州，南有陰地關，又有長寧關，所云駐節關亭是也。」按此石在靈石冷泉關，故題冠關名，其地去陰地長寧兩關已很遠。王宰在此駐旆之關，決非陰地兩關無疑。按前引商隱詩，冷泉驛有關，臨汾水，去介山亦不遠。據王宰題記，今冷泉關，唐已置關，近汾水，形勢與一統志所記今冷泉關絕相類，則商隱詩冷泉驛之關即王宰駐旆之關無疑，亦即今冷泉關也。今冷泉關，唐既置冷泉驛，則唐於其地所置關極可能亦名冷泉關矣。至於冷泉在孝義西南二十餘里，地不近汾水，去介山亦頗遠，非唐之關驛所在矣。

此文考論已竣，得讀圓仁行記三，自孝義南行四十五里，「到冷泉店，……傍汾河尋山谷行卅五里到小水店……傍汾河西南行十里到靈石縣。」是唐代冷泉店果在靈石縣北四十五里，並見小水店地名，因據書之。

又王士禛秦蜀驛程後記上，二月二十二日由平遙抵介休。二十三日「過冷泉關，關為太原、平陽要害，嘉靖、萬曆間再修之，今廢無人居。」是日抵靈石縣。則近代驛道由介休經冷泉關至靈石也。考通鑑一八七、一八八武德二年、三年紀述事云：

二年四月丙辰，劉武周圍并州。五月丙戌，陷平遙。六月丁未，進逼介州（在介休縣），遂陷之。武周將黃子英往來雀鼠谷，數以輕兵挑戰。癸亥，以裴寂為晉州道行軍總管，討武周。八月，寂至介休，宋金剛據城拒之。寂軍潰，馳至晉州。宋金剛攻晉州，拔之。進逼絳州，陷龍門。十月悉發關中兵以益秦王世民，使擊武周。十一月世民引兵自龍門乘堅冰渡河，屯柏壁，與宋金剛相持。三年四月丁未，金剛北走，世民追及尋相於呂州（蓋治霍邑），大破之。至高壁嶺，追及金剛於雀鼠谷，夜宿於雀鼠谷西原。丙辰，世民引兵趨介休，至晉陽。

是宋金剛由太原進兵經平遙，介休，雀鼠谷，至晉州，絳州；李世民逆其道，由絳州，晉州，高壁，雀鼠谷，又經介休至太原。故唐世介休為大道所經，與近代同。卽由靈石經冷泉關驛至介休也。檢一統志，介休縣西南至靈石縣界二十五里，靈石縣東北至介休縣界四十里，是兩縣距離六十里。（秦蜀驛程後記則作八十里。）唐里距大畧相同。是冷泉關驛在兩縣接境處之稍東，再東北二十里卽至介休縣也。

中古時代有所謂冠爵津俗名雀鼠谷者，卽冷泉關以南之隘道，亦卽汾水河谷隘道，北口在冷泉驛關之東近十里，南口在賈胡堡、汾水關地區，接霍邑北界，全長約一百一十里，最險峻處亦數十里。兩山夾峙，汾水中流，道出其中，「上戴山阜，下臨絕澗」，或於崖側「壘石為路」，或於高出水面一丈或五六尺處，鑿山植木為閣道，縈繞崖側如帶，俗稱為魯班橋。度其結構，有如秦嶺、巴山之棧道，殆爲北方陸程罕見之險隘也。

前引通鑑，陳太建八年，周伐齊，遣齊王憲將兵二萬守雀鼠谷。隋義寧元年，唐祖起兵太原，經西河（汾州）入雀鼠谷，軍賈胡堡，去霍邑五十餘里。武德二年，劉武周兵下平遙、介休，往來雀鼠谷，陷晉州。李世民反攻，由霍邑、高壁追及武周軍於雀鼠谷，大破之，乃引兵趣介休至晉陽。故此谷在中古軍事上極重要。考此谷之名蓋始見於水經注六汾水注。經云：「汾水……又南過冠爵津。」酈注云：

「汾津名也，在界休縣之西南，俗謂雀鼠谷，數十里間道險隘，水左右悉結偏梁閣道，纍石就路，縈帶巖側，或去水一丈，或高五六尺（官本曰，按近刻脫『水』字、『五』字，『尺』譌作『丈』。）上戴山阜，下臨絕澗，俗謂之爲魯般橋，蓋通古之津隘矣，亦在今之地險也。」

按此文，御覽、寰宇記屢經徵引。御覽四五霍山條云：

「水經云，霍山北有雀鼠谷，（谷）中道險，左右柱結成偏梁閣道，累石成路，俗謂之魯班橋也。」

寰宇記四三晉州洪洞縣條所引與此同，惟「谷」字不脫，又「柱」作「悉」，「偏梁」作「橋」。同書四一汾州靈石縣條云：

「水經注云，汾水又南過冠爵津。按注云，汾水關名也，在雀谷，一名爵津谷，俗謂之雀鼠谷。」

此皆畧有異同而已，所云霍山之北者，蓋谷之南端起霍山之北境也。詳下文。

關於此谷之位置，唐、宋志書屢有記述。列舉如次：

隋書地理志，西河郡永安縣有雀鼠谷。

括地志，汾州靈石縣有雀鼠谷，汾水關。（通鑑一七二胡注引）

通典一七九，汾州西河郡，靈石縣「今縣東南有高壁嶺，雀鼠谷，汾水關，皆險固之處。」

元和志一三，汾州介休縣，「雀鼠谷在縣西十二里。」

寰宇記四一，與元和志同。

新唐志，汾州介休縣，「有雀鼠谷。」

是谷在介休縣西南十二里，向西南伸展至永安（在孝義東南，靈石東北）靈石縣境。與水經注云在介休西南，而他書引用又云霍山之北者至吻合。復考寰宇記四一汾州孝義縣有雀鼠谷條云：

「雀鼠谷，冀州圖云，在縣南二十里，長一百十里，南至臨汾縣霍邑縣界，汾水出於谷內，南流入河，即周書調鑒谷。」

是此谷即霍邑以北之汾水河谷，長達一百十里。此最分明，故唐宋志書，或云在介休，或云在永安，或云在靈石也。然云在孝義縣南二十里，似有未合，蓋孝義至汾水似不止二十里（？）也。按冀州圖當爲北朝或隋人所述，其時縣名永安，在今孝義縣東南，云谷在縣南二十里，正與介休西十二里者不相遠。谷之北口在介休西十二里，則在冷泉驛關之東約近十里，即在靈石縣之東北約五十餘里，則其南口應在靈石縣南約六十里處，正當賈胡堡汾水關地區，接霍邑北界矣。故通鑑一八四，唐祖起兵太原，由西河郡入雀鼠谷，軍賈胡堡，去霍邑五十餘里也。蜀道驛程記上，「介休縣西南二十里 ，兩山夾立 ，汾水貫其中。」下引水經注冠爵津雀鼠谷文。正即谷之北口矣。

由冷泉關驛東北至太原有南北兩道。南道由冷泉關驛東北行約二十里至介休縣（今縣）。

冷泉至介休里距已詳冷泉關條考證。

又東經平遙至祁縣，約百里而遙。

前引通鑑一八七、一八八武德二年三年紀，劉武周由幷州 ，陷平遙 ，進陷介州。是取南道，平遙在道上。落漠驛在太谷縣西北，（詳後。）則其西之祁縣必亦在道上。一統志汾州府卷，介休東北至平遙界三十里，平遙西南至介休界三十里，平遙東北至祁縣界二十五里。又太原府卷，祁縣西南至平遙界十五里。知介休至祁縣當約百里上下。檢蘇同炳明代驛遞制度頁七九，明初驛道，介休至平遙七十里，平遙至祁縣五十五里。唐代驛道蓋亦百里而遙歟？

祁縣東北約三十里至落漠驛(今太谷西北十五里或十九里登豐村境)，李益有詩。玄宗置青城宮。由驛東南行九里至龍泉頓，開元中改名萬年頓。又十里至太谷縣，乃通潞州、洛陽道。

御覽詩（唐人選唐詩十種本）有李益題太原落漠驛西堠云：

「征戍在桑乾，年年薊北寒，殷勤驛西堠，此路到長安。」（參看全唐詩五函三册益集二。）

是太原有此驛，道向長安者。考水經洞過水注：「涂水……出陽邑東北大嵰山涂谷，西南逕蘿磨亭南，與蔣谷水合。」元和志一三，太谷縣，「蘿磨亭，俗名落漠城，在縣北十九里。」寰宇記四〇，同。是其地可確考。又檢明一統名勝志山西卷一太谷縣，「洛漠城在縣西北十五（十九？）里，相傳秦將王翦伐趙所築，唐玄宗嘗遊幸，立永豐頓於上，有青城宮，今屬登豐村。」一統志太原府卷古蹟目洛漠城條，畧同。惟云明皇「兼立青城宮於此，今名登豐村。」爲小異。是其今地且可確指也。又按元和志一三，祁縣北至府一百里。此道既經落漠、洞過兩驛至太原府，已知洞過驛在府南約近四十里，落漠驛在太谷西北十九里，則落漠至洞過及祁縣皆當約三十里也。檢明代驛遞制度頁七九，祁縣至同戈驛正爲六十里。

又明一統名勝志山西卷一太谷縣目，「縣西北十里有萬年頓，亦玄宗所立。本名龍泉頓，北都留守杜暹奏易今名。」此當是由太原經落漠，又東南經萬年頓至太谷通潞州、洛陽者。

落漠驛北行約三十里至洞過驛（今徐溝），又北約四十里至太原府治所太原縣（今晉源），置都亭驛。

洞過驛、都亭驛皆詳洛陽太原驛道篇。兼參上條。

北道由冷泉關驛北行渡汾水三十里至王同村，又十五里至孝義縣(今縣)，又三十五里至汾州治所西河縣（今汾陽）。

元和志一三汾州目，州西南至上都一千九十里，東北至太原府一百七十里。

（寰宇記四一，全同。）又太原府目，府西南至上都一千二百六十里，（寰宇記四〇，作一千六百里，顯誤。）恰爲汾州兩數之和。知太原至上都道經汾州也。④考隋書四八楊素傳：

「（漢王）諒所署介州刺史梁修羅屯介休，聞素至，懼，棄城而走。進至清源，去幷州三十里。」

又通鑑一八〇仁壽四年紀云：

「諒所署介州刺史梁修羅屯介休，聞素至，棄城走。諒聞趙子開敗（于高壁、霍山），大懼，自將衆且十萬，拒素於蒿澤。會大雨，……退守清源。」

按清源在汾水北。此軍事進退，當即經汾州至清源，逼太原也。又通鑑二六三天復二年紀，李嗣昭敗退於晉州，李克用聞之，「遣李存信以親兵逆之，至清源，遇汴軍，存信走還晉陽。」是又軍行取北道經清源之一證。又前引唐高祖起事，先至西河，亦由北道也。

據楊素傳及通鑑，北道似亦經介休者。然圓仁行記三，由汾州「南行三十里到孝義縣……南行十五里到王同村，……南行三十里到冷泉店。」不過介休。蓋由冷泉關驛出雀鼠谷直北行，中經王同村至孝義縣，凡四十五里，並不繞經介休，楊素傳固不足據謂必經介休城也。元和志一三汾州目，孝義縣西北至州三十五里。與行記略合。

又略循汾水北岸東北行，經郭柵村六十里至文水縣（今縣東十里），三十里至交城縣（今縣），二十五里至晉村，十五里至清源縣（今縣）。縣南百二十步有梗陽故城，北齊置梗陽驛。縣北四十里亦至太原府。

元和志一三太原府目，文水東北至府一百十里，交城東北至府八十里，清源東北至府三十九里。（寰宇記四〇，有文水清源兩條，皆同。）又汾州東北至府一百七十里。（寰宇記四一，同。）按前引隋楊素傳，軍至清源，去幷州三十里，蓋約數。

---

④ 通典一七九，太原西南至汾州二百里，去西京一千三百里。又汾州去西京千二百六里，北至太原府二百里，「千二」蓋「千一」之譌。

以上就形勢及唐宋志書所記方向里數可推知者。圓仁行記三云，由太原府出西門巡禮西山，到雨花寺，又「向西南行四十里到清涼〔源〕縣……西南行十五里到晉村……西南二十五里到石高村……西南行二十五里到文水縣。……行四十里到郭柵村……西南行二十五里到汾州東衆香寺…西南行五里到汾州城。」總計太原至汾州里數約一百七十五里有餘，與前文所擬定之一百七十里者相合，大約卽是一線，惟出太原巡禮西山爲迂耳。又不云經交城縣，就形勢言，大道必經之也。或者交城非圓仁留宿及斷中地，故不之及。今參合書之如此。北齊書一神武紀上，建牙陽曲川，有梗陽驛子某。檢元和志一三太原府淸源縣，「地理志曰，榆次有梗陽鄉，魏戊邑。按梗陽在今縣南一百二十步梗陽故城。」是北齊置驛，唐當亦置。

*　　　　　*　　　　　*

綜上所考，長安至北都太原府之行程可畧述如次：

由長安東出，經長樂驛，滋水驛（卽灞橋驛），折北渡東渭橋至高陵縣（今縣），置神臯驛。又東，畧沿渭水北岸行，經櫟陽縣驛（今櫟陽鎭）、下邽縣驛（今下邽鎭），故市，潘驛，渡洛水至同州治所馮翊縣（今大荔）。去長安二百五十里。此爲南道。又由長安北渡渭水，至涇陽縣（今縣），置迎冬驛。自涇陽並北山南麓東北行，經三原縣（今縣東北三十里）、三原驛，富平縣（今縣東北十里）、富平驛，梁田陂，蒲城縣（卽奉先，今蒲城），昌寧驛，乾坑店，亦至同州治所馮翊縣。去長安約三百三十里。此爲北道。兩道皆置驛，然唐人行旅似取南道者爲多。

同州爲東方交通樞紐，州南至興德宮、興德驛，由興德津渡渭水至華陰縣，接長安洛陽大驛道。州東行、東北行皆今考之道也。

由同州東行經朝邑縣（今縣）六十里至黃河蒲津，爲河東河北兩道陸路西入關中之鎖鑰，建長橋，置上關，皆以蒲津名。河之兩岸分置河西縣（今平民？）河東縣（今永濟），夾岸置西關城、東關城，河之中渚置中潬城，河橋連鎖三城，規制宏壯。河東縣爲蒲州河中府治所，地當長安、洛陽、太原三都交通之樞紐，故開元中嘗置中都。

由河中府畧循涑水東北行，經虞鄉縣（今縣），解縣（今縣），安邑縣（今縣），青臺驛，聞喜縣(今縣)，渡汾水至絳州治所正平縣（今新絳），去河中二百六十里。又由河中府向北沿黃河東岸行，經辛驛店，粉店，寶鼎縣（今榮河），至新橋渡，渡汾水，至龍門縣（今河津），又東行汾水北岸，經玉壁故城，稷山縣驛（今縣），柏壁故鎭，亦至絳州，去河中二百九十里。此二道皆置驛。又由同州或朝邑縣向北沿黃河西岸行，經郃陽縣（今縣），韓城縣（今縣），至龍門山，渡河亦至龍門縣，接蒲絳道。龍門河廣八十步，至險峻，夾河置關、戍、倉，開元中此道不置驛，故爲中關。後期似又置驛。

絳州東北渡汾水，循汾水河谷而上，經高顯（今地），蒙坑（今蒙城），故關店，晉橋店，至晉州治所臨汾縣（今縣），去絳州一百四十里。又由稷山東北行，經長秋驛，太平縣（今汾城），渡汾水，亦至故關店，接絳晉道。

晉州又東北沿汾水東岸行，經高粱城，高粱橋，洪洞縣（今縣），趙城縣（今縣），益昌驛，霍邑縣（今霍縣），霍山驛，永清驛，至長寧驛，置汾水關，唐末更名長寧關（今南關鎭），爲晉汾二州分界處。又北經桃柳店二十里至陰地關、高壁鎭、雁歸驛、通濟橋，爲中古此道上之軍事要衝。又北經靈石縣（今縣）至冷泉關、冷泉驛。出關而北，皆平原曠野，入關而南，則左山右河，號爲天險。中古時代有所謂雀鼠谷閣道一百一十里者，卽冷泉關以南至汾水關地段之隘道也。

冷泉東北至太原亦有南北兩道，由冷泉東行汾水南岸，經介休縣（今縣），平遙縣（今縣），祁縣（今縣），落漠驛（今太谷西北十餘里），洞過驛（今徐溝），至太原府治所太原縣（今晉源），是爲南道，凡約二百二十里。由冷泉折北渡汾水，經孝義縣（今縣）至汾州治所西河縣（今汾陽），又東行汾水北岸，經郭柵村，文水縣（今縣東十里），交城縣（今縣），晉村，淸源縣（今縣），亦至太原府，是爲北道，都凡二百五十里。兩道皆置驛。太原府爲北都，置都亭驛，如長安、洛陽之制。

參看圖三、圖五

一九六九年十月下旬初稿將近完成，擬休假中帶臺灣續完；然環境改易，竟未動筆。明年返港，一九七一年正月二十日、農曆一九七〇年臘月二十四日畢功，刊新亞學報十卷一期上册。一九八三年十月十二日增訂。

篇肆　洛陽太原驛道

中國中古時代，中原北通北塞主要幹道有二，西爲洛陽北通太原、雁、代道，東爲洛陽、汴州北通邯鄲、燕、薊道。東道坦，西道險。唐都長安，而建洛陽爲東都，太原爲北都，故西道交通尤顯重要。安祿山叛陷東都，迴紇可汗入援，至太原北，唐使藥子昂說之曰「取懷州太行路，南據河陰之險，直扼賊之喉。」（舊一九五迴紇傳）亦以其逕捷，且能控扼要害也。然其行程無能具體言之者，此篇考而出之。

*　　　　*　　　　*

由東都東北行一百四十里至懷州（今沁陽），又北上太行關一百四十里至澤州（今晉城），又北微東一百九十里至潞州（今長治），又北四百五十里至太原府（今晉源，舊太原縣），共九百二十里。

太原至東都間之重鎮爲潞州，必爲大道所經無疑。茲就通鑑舉例，如梁大通二年，爾朱榮起兵晉陽，經上黨，河內，渡河橋入洛陽。（卷一五二。）唐武德三年，突厥遣使潛詣王世充，潞州總管李襲譽邀擊，虜牛羊萬計。（卷一八八。）開元十一年正月，車駕自東都北巡，經潞州至幷州，置北都。（卷二一二。）開元二十一年，由東都，北巡北都，亦中經潞州。（卷二一三。）後晉天福元年，石敬塘由太原入洛，中經團柏，至潞州，又南經河陽，渡河至洛陽。（卷二八〇。）天福十二年，劉知遠起兵太原，欲自石會趨上黨，出天井，抵孟津。（卷二八七。）此皆其證。潞州以南則澤、懷也。爲大道所經，俱詳後文。今就通典、元和志、寰宇記之太原府、潞州、澤州、懷州、河南府各條所記里程表列如次：

	太原至東都	太原至潞州	潞州至東都	潞州至澤州	澤州至東都	澤州至懷州	懷州至東都	其他
通典	885	450 450	460	190 190	280 280	140 240 (此譌)	140 140 140	河南府北至澤州 280里
元和志	890	450	470	187 149 (誤)	280	140	150 150	澤州北至太原府 大路610里
寰宇記	890	450	470	190 190	225 (蓋誤)	140 140	140 140	河南府北至澤州 280里

據此，太原至東都之總距離似爲八百九十里之譜，觀元和志澤州條云北至太原府大路六百一十里，而澤州至東都二百八十里，無異說，其和正爲八百九十里。然累積各府州間之距離計之，則當爲九百二十里，而潞州北至太原南至東都之和亦爲九百二十里或九百一十里。蓋記錄資料先後有參差耶？今姑以累計之數爲準，以便下文各小據點里數之計算。又按潞州東北爲儀州，西北爲沁州，皆可至太原府，然三書所記太原、儀州、潞州線及太原、沁州、潞州線多者六百里以上，少亦五百里以上，故知潞州至太原驛道四百五十里者，不經儀、沁也。

其詳細行程可考獲如次：

出洛陽上東門，東行經積潤驛，石橋店，蓋三十餘里；折北行渡河至河陽。又由洛城東北行三十里至白馬坡，又名白司馬阪，又名白坡（今白坡），亦至河陽。

新一三六李光弼傳，光弼至東都，史思明來逼，「遊騎至石橋。」光弼度不能守，乃悉軍趨河陽。「諸將曰，並城而北乎？當石橋進乎？光弼曰，當石橋進。……賊不敢逼。」是洛陽至河陽有兩道：其一東經石橋，其一由洛城東北直趨河陽也。就此事度之，東經石橋當爲主線。石橋在唐洛陽上東門東約三十餘里，即漢代上東門故地；其西有積潤驛。並詳兩京館驛篇。又蘇氏演義：「

今洛陽石橋店東十里已來大道之北當高山。山巔有一塚，乃杜預塚也。首陽北望，正與河陽城相對，北去河陽二十餘里。」則石橋有店。據元和志五，河陽西南至洛八十里，偃師西南（西）至洛七十里，首陽山在偃師西北二十五里。則前撰兩京館驛篇推測石橋在唐洛陽東三十餘里，益可信。

舊五代史二七唐莊宗紀，天祐八年二月，「庚午，梁祖在洛，聞王師將攻河陽，率親軍屯白馬坡。」此白馬坡必當洛陽河陽道。檢通鑑二六七梁乾化元年紀，書此事作白司馬阪。按白司馬阪屢見唐史。如舊太宗紀，貞觀十一年九月，「河溢，壞陝西河北縣，毀河陽中潬〔潬〕，幸白司馬坂以觀之。」又通鑑一八二，隋大業九年，楊玄感反，攻東都，「使弟積善將兵三千自偃師南，緣洛水西入。玄挺自白司馬坂逾邙山南入，玄感將三千餘人隨其後。……玄挺直抵太陽門……玄感屯上春門。」胡注：「白司馬坂在邙山北，邙山在洛城北。」又云隋洛州「東面三門，北曰上春，中曰建陽，無太陽門，當考。……劉仁軌河洛記，東都羅郭東面北頭第一曰上春門，唐改曰上東門。」白司馬坂亦卽白馬坡無疑，在洛陽東北至河陽道中。復考通鑑一五一，梁大通元年，「(魏)丹楊王蕭贊聞寶寅反，懼而出走，趣白馬山，至河橋，爲人所獲。」當卽一地，坡阪在山下耳。紀要四八，白司馬阪在府東北三十里，邙山東北垂也。一統志河南府卷山川目，同。又册府一一四，後唐明宗屢幸白坡，且嘗祭突厥神於此。地近邙山。申報館新地圖，洛陽北有白坡，正當孟津道，卽唐之白司馬阪、白馬坡無疑。

河陽城在大河北岸（今孟縣南十五里），唐末置孟州。南臨盟津，去東都七八十里。晉杜預造浮橋於此，爲南北交通要衝。魏孝文都洛，於盟津北岸，築北中郎府城，爲京師之後衛。此段河牀中有沙潬陸地南北寬一里，分河爲南北二流，故東魏又於南岸及中流沙潬築城，稱爲南城，中潬城，並北城爲三，南北呼應，以與西魏相拒，爭洛陽之控制權。唐代浮橋卽因河水分南北二流，故橋亦爲南北兩橋，以船爲脚，竹簹亙之，置木工十人，水手二百五十人，以資維修。此橋規制宏壯，爲當時第一大

橋，連鎖三城，爲南北交通之樞紐。渡橋而南，臨拊洛京，在咫尺之間。渡橋而北，直北上天井關，趨上黨、太原；東北經臨清關，達鄴城、燕、趙；西北入軹關，至晉、絳，誠爲中古時代南北交通之第一要津。顧祖禹曰：「河陽蓋天下之腰膂，南北之噤喉。」「都道所輳，古今要津。」是矣。故爲兵家必爭之地，天下有亂，常置重兵。隋及唐代前期，置關于中潬，曰河陽關。安史亂後，中原多事，河北更久爲藩鎮割據，幾於敵國。洛陽爲唐代潼關以東之第一政治軍事中心，惟藉黃河之阻，以絕河北藩鎮之闚伺，而河陽爲最近洛陽之大津渡處，故常置河陽節度使，統重兵以鎮之，是以李吉甫稱爲「都城之巨防」也。逮田弘正以魏博內附，吉甫卽建議撤河陽之守，更顯見唐室君臣視河陽爲重鎮之背景矣。

河陽孟津浮橋　元和志五，河南府，「河陽縣西南至府八十里。」會昌三年置孟州，治河陽，見兩志。寰宇記五二，孟州，「西南至西京七十里。」疑寰宇記就捷徑言，元和志就石橋驛道言之歟？

孟州因孟津受名，孟津卽盟津，以武王伐紂會盟八百諸侯於此而名垂史册。河陽之名始見於春秋僖公二十八年，云「天王狩于河陽。」漢置河陽縣。寰宇記五二，孟州河陽縣，「今縣西北三十五里有古城，卽漢理所。」則非唐之河陽矣。紀要四六，以爲唐河陽縣孟州治，卽漢之河陽，誤。

通典一七七河南府河陽縣條云：

「河陽，古孟津、後亦曰富平津，在其南，謂之陶河渚。魏尙書僕射杜君畿試船沉沒之所。……浮橋卽晉當陽侯杜元凱所立。後魏莊帝時，梁將陳慶之來伐，尅洛陽，渡河守北中府城，卽此；孝文太和中築之。齊神武使潘樂鎭於此，又使高永樂守南城以備西魏，並今城也。其中潬城本東魏所築，仍置河陽關。」（參看水經注五。）

是浮橋卽在孟津。按杜畿試船沒於陶河，亦卽孟津，事見三國魏志一六本傳。畿之孫預。晉書三四杜預傳云：

「預又以孟津渡險，有覆沒之患，請建河橋于富平津。議者以爲殷周所都，歷聖賢而不作者，必不可立故也。預曰，造舟爲梁，則河橋之謂也。及橋成，帝從百僚臨會，舉觴屬預曰，非君，此橋不立也。對曰，非陛下之明，臣亦不得施其微巧。」

據此，晉以前雖歷代爲津渡之要，但不建橋，而此橋建成亦空前之津梁工程，故君臣大會，預有「微巧」之言也。通鑑八五晉惠帝太安二年，成都王穎等起兵向洛，「列軍自朝歌至河橋，鼓聲聞數百里。帝親屯河橋以禦之。」是南北用兵，此橋見重之始。其後歷代用兵，事涉洛陽者，無不爭此橋之控制權。紀要四六河南重險條已詳徵引。既爲兵家所爭，故史事所見，屢圖破壞。如通鑑一七二，陳太建七年，周主攻齊，拔河陰及洛口城，「縱火焚浮橋，橋絕。」此攻者欲壞之也。又通鑑二八〇，後晉天福元年，晉主南下，唐主命將「守河陽南城，遂斷浮橋，歸洛陽。」此守者欲壞之也。然屢廢亦屢建。唐六典七工部水部郎中條云：

「巨梁十有一，皆國工修之。……河陽橋船於潭洪二州造送，……河陽橋置水手二百五十人，大陽水手二百人，仍各置木匠十人。」

又元和志五云：

「河陽縣……浮橋架黃河爲之。以船爲脚，竹籚亙之，……船、籚出洪州。」

此兩條見唐代此浮橋之結構與規模之大，非他橋所能及。

至於河陽城及浮橋之正確位置，元和志五河陽縣目中潬城條記浮橋事。又於偃師縣目云：「盟津在縣西北三十一里。」檢寰宇記五二孟州河陽縣，「南浮橋在縣南一里，即太始十年杜預造。」同書五偃師縣，「盟津在縣西北三十一里。河東逕小平縣，俗謂之小平津，……河於斯有盟津之目。昔武王伐紂，諸侯不期而會者八百，故曰盟津，亦曰富平津。」（按「河東逕」以下，乃仍水經注語。）蓋浮橋北端在河陽城南一里，南端則在偃師縣西北三十一里。舊志，孟州「本河南府之河陽縣，……城臨大河，長橋架水，古稱設險。」唐會要七〇，略同。即此浮橋矣。則河陽城幾緊迫黃河北岸可知。至其今地，元大一統志一二三孟州古蹟條，古三城在河陽縣南十五里。」又云，「盟津在今河陽縣南十里。」檢元史地理志：「孟州，唐置河陽軍，又升孟州。……至大定中爲河水所害，北去故城十五里築今城，徙治焉。故城謂之下孟州，新城謂之上孟州。」（據一統志懷慶府卷檢。）故元一統志云然，所謂「十里」者，奪「五」字耳。按上孟州新城即今孟縣，則唐河陽縣在今孟縣之南十五里，南臨大河處，河上架浮橋爲南北津梁之要也。

河陽浮橋分南北兩段，中有一里陸地，見成尋五臺山巡禮行記。

河陽三城　元和志五河南縣，至德（當作乾元）中，史思明寇東都，李光弼度不能守，乃「東守河陽三城，拒逆賊，賊……不敢犯宮闕。……故自乾元以後常置重兵，貞元後，加置節度，爲都城之巨防。」按新六四方鎮表，建中二年，「置河陽三城節度使。」此職終唐世不廢，歷任人選可考，詳吳廷燮唐方鎮年表卷四。前引元和志已稱河陽節度爲都城之巨防。按新一四六李吉甫傳，「田弘正以魏博歸(國)，…吉甫以…河陽乃魏博之津，弘正歸國，則爲內鎮，不宜戍重兵，示不信。…帝…從之。」即此一事，足明本置重兵之心態矣。

所謂三城者，前引通典，河陽城即魏孝文帝所築之北中府城，又有南城、中潬城，皆東魏所築。檢水經河水注：「河水又東逕平縣故城北，……俗謂之小平也，有高祖講武場。河北側岸有二城相對，置北中郎府，徙諸徒隸府戶並羽林虎賁領隊防之。」通典蓋即承此爲說；但明指其爲唐河陽城耳。寰宇記五二，孟州治河陽，「北中府城即郡城也。洛陽記云，太和二十年造北中府。又有南城與縣接，乃東魏元象二年所築。」是亦以唐河陽城即魏北中府城也，但引洛陽記，詳其年代。

中潬城　潬者水中沙丘也。就河中沙灘築城，是謂中潬城。中古時代，黃河中潬城有二。一在蒲州。見周書三九韋瑱傳及通鑑一八四隋義寧元年紀，已詳長安太原驛道篇。其一則在孟津。北齊書四一暴顯傳，天平二年（梁大同元年）除北徐州刺史，「從高祖與西師戰於邙山，……顯守河橋鎮，據中潬城。」此似爲河陽中潬見史之始。又通鑑一七二，陳太建七年，周主拔齊河陰、洛口城，「縱火焚浮橋。」齊將傅伏「自永橋夜入中潬城。周人既克南城，圍中潬。」又一八八，唐武德三年，魏郡「李商胡聚五千餘人，據孟津中潬。」舊紀，貞觀十一年九月，「河溢，…毀河陽中潭〔潬〕①，幸白司馬阪以觀之。」

① 潭爲潬之譌，新紀同誤；惟新三六五行志不誤。

及下引李光弼時事，皆是也。元和志五，河陽「中潬城，東魏孝靜帝元象元年築之，仍置河陽關。天寶以前亦於其上置關。」按魏書五八楊播傳附侃傳：「元顥內逼，……孝莊徙御河北，……顥令蕭衍將陳慶之守北中城，自據南岸。有夏州義士爲顥守河中渚，乃密信通款，求破橋立效……爲顥所害。」此事在孝莊帝永安二年，即梁中大通元年。通鑑一五三此年紀即據魏書述之云，陳慶之以元顥入洛，「爾朱榮與顥相持於河上。慶之守北中城，顥自據南岸，……有夏州義士爲顥守河中渚。」胡注：「水經注曰，河中渚上有河平侯祠。……意此中渚即唐時河陽之中潬城也。」是矣。然此事在東魏元象二年之前十年，蓋築城前早已爲兵家所重，爲守禦要害也。一統志懷慶府卷古蹟目，「洪邁容齋隨筆，河中一洲名曰中潬，上有河伯祠，水環四周，喬木蔚然。嘉祐八年秋，大水懷襄，了無遺跡，中潬由此遂廢。明統志，中潬城今夾灘。縣志，即今黃河中郭家灘。」按元大一統志殘卷一二三已有夾灘即古中潬城之說。

南城　元和志五河陽縣，「南城在縣西，四面臨河，即孟津之地，亦謂之富平津。」此似在河陽城西甚近，不在大河南岸。前引寰宇記亦云，「南城與（河陽）縣接。」似亦即在北岸。然通鑑一五八，梁大同四年，「（宇文）泰進軍瀍東，……軒騎追（侯）景至河上。景爲陣，北據河橋，南屬邙山，與泰合戰。泰……擊東魏兵大破之。……高敖曹單騎走投河陽南城，守將北豫州刺史高永樂閉門不受，……追兵至，敖曹伏橋下，……追者斬其首去。」胡注：「河陽南城在河橋南岸，北岸即北中城。」是也。是南城不但在南岸，而且即在長橋之南端。前引通鑑陳太建七年事，齊人既克南城，遂圍中潬。後晉天福元年，唐主憚晉兵之强，遂斷浮橋守南城。亦皆南城在南岸之證。下引李光弼事，亦見其然。蓋元和志、寰宇記誤書耳。前引水經注：「河北側岸有二城相對，置北中郎府。」云云。似北岸本果有兩城，其一亦有南城之目歟？故志、記承襲舊籍記載，皆有此誤，然非北朝末期至唐代之南城也。且志云「四面臨河」，當是說中潬城者，亦非南城形勢也。

唐代河陽三城之見重，始自李光弼守河陽以控東都。舊一一〇李光弼傳②云：

② 參看舊一三二李抱玉傳、新一三六李光弼傳、通鑑二二一乾元二年紀。

光弼入東都，度不能守，乃引軍東北屯河陽，史思明不敢犯宮闕，頓兵白馬寺，與光弼相拒。下文述戰事云：

「十月賊攻城。……光弼謂李抱玉曰，將軍能爲我守南城二日乎？……過期而救不至任棄也。抱玉……守南城……殺傷甚衆。……光弼自將於中潬城，城外置柵，柵外大掘塹，闊二丈，深亦如之。周摰捨南城，併力攻中潬。光弼命荔非元禮出勁卒於羊馬城以拒賊。……元禮……令軍中鼓譟出柵門，徒搏齊進，賊大潰。周摰復整軍押北城而下，將攻之，光弼遽率衆入北城。……一鼓而賊大潰，斬萬餘級，生擒八千餘人。……思明不知摰等敗，尙攻南城，光弼悉驅俘囚臨河以示之，殺數十人以威之，餘衆懼，投河赴南岸，光弼皆斬之。」

此南、中、北三城由南而北次第分明。通鑑二二一記此次攻守，又云：「思明怒，列戰船數百艘，泛火船於前而隨之，欲乘流燒浮橋。」光弼設計，叉其火船，使自焚，不得進。又「叉拒戰船，於橋上發礮石擊之，中者皆沉沒。」亦見橋與三城爲近，與前引高敖曹事亦相應。

河陽關　御覽一六一引冀州圖經：「河陽在河內郡南六十四里，有宮有關。」此殆河陽關之最早見者。通鑑一八五唐武德元年紀有河陽都尉獨孤武都。（隋書恭帝紀作河陽郡尉，字譌。）按隋制，關置都尉，如潼關有都尉也。知河陽亦置關。唐天寶以前亦於中潬置關，見前引元和志。新志亦云河陽縣有河陽關。元大一統志一二三孟州古蹟目，「河陽關在河陽古縣城南，遺跡猶存。」此關當驛道，六典之制，當爲中關；然六典六，中關十三，無河陽。蓋其時承平，未置耳。

綜上而言，河陽城即北城，亦即魏世北中府城，在今孟縣南十五里，南臨大河北岸。南城在大河南岸，與北城南北相望。河中有渚，置中潬城，且置關，名河陽。長橋架水，即所謂連鎖三城者。

交通軍事要衝　河陽直北踰天井關趨潞州、太原，即本篇所考之道也。河陽東北達鄴城、燕、趙，此亦爲自古幹道，詳第五卷太行東麓南北走廊驛道篇。杜翁後出塞五首（詳注四），爲出兵赴幽州、漁陽而作。詩云：「朝進東門營，暮上河陽橋，落日照大旗，馬鳴風蕭蕭。」王宏從軍行（全唐詩一函八册）云：「十五學劍北擊胡，羌歌燕筑送城隅，城隅路接伊川驛，河陽渡頭邯鄲陌。」皆云由洛陽出發，經河陽至燕趙也。此類事證至多，不可枚舉。且河陽三城爲軍家必爭之地，前引諸史料已可見。紀要四六河南重險河陽三城條更列舉數十事。其北趨上黨、太原，東北走鄴城、燕、趙，亦皆可於其所舉史例見之，不再贅。所未舉證者，河陽西北經軹關至晉、絳道耳。下條續考之。顧祖禹曰：「河陽蓋天下之腰膂，南北之襟喉也。三城記，河陽北城南臨大河，長橋架水，古稱設險。南城三面臨河，屹立水濆。中潬城表裏二城，南北相望。黃河兩派貫於三城之間，每秋水泛溢，南北二城皆有濡足之患，而中潬屹然如故，自古及今，常爲天造之險。」又云：「都道所輳，古今津要也。」是矣。

河陽地居衝要如此，故自唐代前期即置河陽倉，中葉以後，更置河陽院，爲轉運一中心也。

會要八八倉及常平倉目，「咸亨元年閏九月六日，置河陽倉，隸司農寺。」憲宗有宣慰魏博制（全唐文五七）云，「仍賜錢一百五十萬貫，以河陽院諸道合進內庫綾絹錦等支送充賞給。」

河陽東北行約六七十里至懷州治所河內縣（今沁陽）。北魏末期，道中置高頭驛。

按懷州治河內，西南至東都一百四十里，則河陽至懷州非七十里卽六十里。洛陽迦藍記一永寧寺條，爾朱榮舉兵，太后遣「都督李神軌、鄭季明等領衆五千鎭河橋。……榮過河內，至高頭驛，……神軌、季明………開門降。」則其時河陽、河內間有此驛也。

懷州東北行臨晉關道，經衛州，鄴城，趙州，定州，至幽州，爲東北交通幹線，別詳太行東麓南北走廊驛道篇。懷州直北天井關道則今考之道也。其行程如次：

懷州北行十五里至雍店，又五里至萬善，又十里入太行陘，經科斗店，至天井關。

關於此段路線，觀通鑑二四七會昌三年紀述討澤潞劉稹事，最能得其詳。紀云：

「河陽節度使王茂元以步騎三千守萬善。……六月，王茂元遣兵馬使馬繼等將步騎二千軍於天井關南科斗店，劉稹遣衙內十將薛茂卿將親軍二千拒之。……八月……甲戌，薛茂卿破科斗寨，擒河陽大將馬繼等，焚掠小寨十七，距懷州纔十餘里。茂卿以無劉稹之命，不敢入，（胡注言不敢入懷州。）……王茂元軍萬善，劉稹遣牙將張巨、劉公直等會薛茂卿共攻之。期以九月朔圍萬善。乙酉，公直等潛師先過萬善南五里，焚雍店，巨引兵繼之，過萬善，覘知城中守備單弱，欲專有功，遂攻之。日昃，城且拔，乃使人告公直等。……會日暮，公直等不至，巨引兵退，始登山，（胡注：登太行阪也。）微雨晦黑，自相驚，…墜崖谷死者甚衆。…九月…丙午，…王茂元薨，…王宰…以忠武節度使將萬善營兵。…時王宰軍萬善，…顧望不進。十二月丁巳，宰引兵攻天井關…遂克天井關，守之。戊辰，王宰進攻澤州。」

據此，由懷州北上經雍店，在州北不遠處，又五里至萬善，上太行山，經科斗店，至天井關，入澤州，路線甚詳。而萬善爲要地，在山南不甚遠。下文會昌四年三月，李德裕曰，「今王宰久不進軍，請徙劉沔鎮河陽，仍令以義成精兵二千直抵萬善，處宰肘腋之下」云云。又通鑑二五五，中和四年，「二月，（李）克用將蕃漢兵五萬出天井關，河陽節度使諸葛爽辭以河橋不完，屯兵萬善以拒之。」新唐書一八七諸葛爽傳略同。皆見萬善爲懷州以北，天井關以南之軍事要衝。檢九域志二，河內有萬善鎮。一統志懷慶府卷關隘目，萬善鎮「在河內縣北二十里」。按元和志一六，懷州河內縣，太行山在縣北二十五里，太行陘在縣西北三十里。寰宇記五三，同。則一統志之萬善鎮殆即唐宋舊地無疑。一統志云舊有驛。紀要四九亦云今爲萬善驛。疑唐世已置。寰宇記五三武德縣目引郡國縣道記云，「武德有故雍城，在縣西北三十五里。」一統志懷慶府卷古蹟目云，雍城在河內東北。按元和志，武德縣西至河內四十七里。寰宇記略同。則武德西北三十五里，正當在河內東北也。北去萬善五里，則西南至河內當十五里耳。與前引通鑑一節情勢正合，即唐之雍店無疑。一統志又云，雍城「周初雍國。左傳，郜雍曹滕，文之昭也。注，雍國在山陽縣西。後漢書郡國志，山陽邑有雍城。水經注，長明溝水逕雍城南，寒泉水逕雍城西。京相璠曰，今河內山陽縣西有故雍城。魏書地形志，州縣有雍城。」則此一小地名固有久遠歷史也。科斗店別無可考。寰宇記五三，武德縣有南北斗城。引冀州圖云：「南斗城在今縣北二十里，北斗城在縣北五十一里。」樂史疑即雍城。今按北斗城疑即通鑑之科斗城，非雍店、雍城也。

太行陘南口外有邘國故城，酈注云「太行南路道出其中。」蓋在萬善稍北地區。

水經注九沁水注，「其水（邘水）南流逕邘城西，故邘國也。城南有邘台。春秋僖公二十四年，…富辰諫曰，邘，武之穆也。京相璠曰，今野王西北三十里有故邘城、邘台是也。今故城當太行南路，道出其中。…邘水又東南逕孔子廟東。廟庭有碑，魏太和元年，孔靈度等以舊宇毀落，上求修復。…邘水又東南逕邘亭西，…今是亭在邘城東南七八里。」則孔子廟、邘亭與唐之萬善地望略相當。

太行陘爲述征記太行八陘之第二陘，闊三步，長四十里，至險峻，古所謂羊腸坂者，此其一。陘道蓋循丹水河谷北上，故又名丹陘。入陘過白水交，蓋向西北折入白水河谷，至天井關，一名太行關，關南有天井泉三所，故名。關當山道最高處，在澤州治所晉城縣南四十五里，南去懷州蓋九十五里。關北不遠即出山，凡二十五里至馬牢關。又二十里至晉城縣（今縣）。又由白水交仍循丹谷，稱爲（天井）關之東谷，亦至晉城，但非大道。

太行關　漢地志，上黨郡高都縣有天井關。是爲此關見史之始。通鑑一〇八晉太元十九年紀，胡注引蔡邕曰：「太行山有天井關，在井北，遂因名焉。」後漢書章帝紀，元和二年，李賢注：「天井關在今澤州晉城縣南今太行山上，關南有天井泉三所。」通典一七九澤州晉城目，與李注同，惟「關南」作「關前」。元和志一五澤州晉城縣，「天井故關一名太行關，在縣南四十五里太行山上。」寰宇記四四澤州晉城縣，「天井關一名太行關，在太行山上。」「天井泉在天井關之南，泉有三所，極大，至深莫測。」紀要三九，云天井關在太行山頂。蓋可信。故李賢、通典、元和志諸書皆云在山上也。按元和志云關在縣南四十五里。又云，太行山在縣南四十里。寰宇記，山在縣南三十六里。則關北不遠即出山。蓋山西乃高原地區，故太行南麓甚低，而北麓去山頂固不遠也。

馬牢關　舊五代史二五後唐武皇紀，唐大順元年，汴將李讜「急攻澤州。」李存孝自潞州來救。「李讜收軍而退。大軍掩擊至馬牢關，斬首萬餘級，追襲至懷州而還。」通鑑二八五作馬牢山。蓋因山置關也。此山關當在澤州城至天井關道上。紀要四三，馬牢山在澤州東南。一統志澤州卷山川目，馬牢山在鳳臺縣南二十里。鳳臺即唐之晉城。則此關在天井關北約二十五里也。

太行陘　元和志一六懷州河內縣，「太行陘在縣西北三十里。……濶三步，長四十里。」並引述征記，爲太行八陘之第二陘。寰宇記五三，同。其險峻可以想見。通鑑五胡注引括地志，太行山在懷州河內縣北四十五里。蓋陘自山口算起。按古稱地險有羊腸坂者，其地有三。紀要三九山西重險天井條云：

「關（天井關）之南即羊腸坂道。孔穎達曰，太行有羊腸坂，南屬懷，北屬澤，呂氏春秋九山之一也，盤紆如羊腸。魏世家，如耳曰，昔者魏伐趙，斷羊腸，拔閼與。又蔡澤謂應侯曰，君相秦，坐制諸侯，決羊腸之險，塞太行之道。韓非說秦王，西攻修武，逾羊腸，降代上黨。又王莽謂五威將軍王嘉曰，羊頭之阨，北當燕趙，羊腸天井，險蓋相因也。通釋，羊腸有三。一在懷澤間，即太行坂道也。一在潞安府壺關縣東南百里。戰國策，樊餘謂楚王，韓兼上黨以臨趙，即趙羊腸以上危。又蘇厲遺趙王書，秦以三郡，攻王之上黨，羊腸之西非王有。漢志，壺關縣有羊腸坂，是也。一在太原西北九十里。吳起曰，夏桀之居，伊闕在南，羊腸在北。淮南子注，太原西北有羊腸，通西河上郡關。」（本注：隋書，煬帝登太行，問崔頤，何處有羊腸坂？曰漢書志在上黨壺關縣。帝曰，不是。又答曰，皇甫士安撰地書云，太原北九十里有羊腸坂。帝曰是也。）

據此，懷澤間太行坂道即三羊腸之一，即此太行陘道也。元和志云濶三步，長四十里，眞標準之羊腸道矣。（紀要四二，壺關羊腸坂才三里。一統志同。）又據上引諸條所記里程，則懷州北行三十里即入太行陘，陘盡四十里，又二十五里天井關，又五里或十里出山，山道凡七十餘里。考水經注九沁水注云：

「丹水……出上黨高都縣故城（在今晉城東北）東北阜下，俗謂之源源水……丹水自源東北流，又屈而東注，左會絕水。……絕水出泫氏縣（今高平）西北楊谷……東南入高都縣，右入丹水。……丹水又東南流注于丹谷。……晉書地道記曰，縣有太行關，丹溪爲關之東谷，途自此去，不復由關矣。丹水又逕二石人北，而各在一山，角倚相望，南爲河內，北曰上黨，二郡以之分境。③丹水又東南歷西巖下，巖下有大泉湧發，洪流巨輪，淵深不測，蘋藻茭芹，竟川含綠，雖嚴辰肅月，無變暄萋。丹水又南，白水注之。水出高都縣故城西，所謂長平白水也。東南流歷天井關。地理志曰，高都縣，有天井關。蔡邕曰，太行山上有天井關，在井北，遂因名焉。故劉歆遂初賦曰，馳太行之險峻，入天井之高關。……白水又東，天井溪水會焉，水出天井關北，流注白水，世謂之北流泉。白水又東南流入丹水，謂之白水交。丹水又東南出山，逕郯城西，城在山際。……丹水又南……注于沁，謂之丹江。」（下文述沁水過河內縣北。）

據此所記，可作簡圖如次：

③　按寰宇記四四，晉城「石人山，在縣東南八十八里，有雙石高標，類人形。」殆即此。

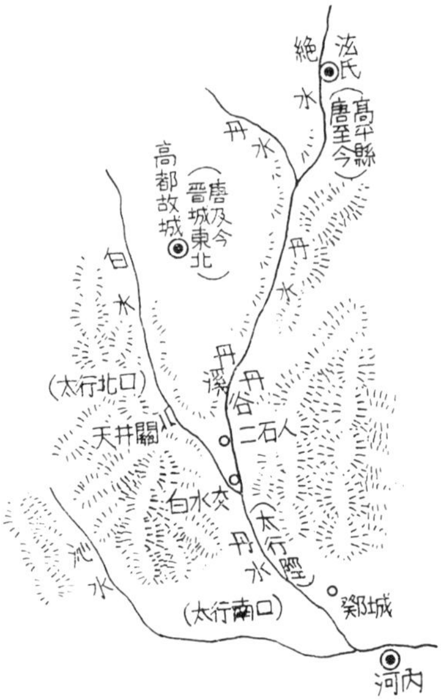

是河內北入山區之太行陘，當行丹水。紀要四九，河內太行山條，「府西北三十里曰太行陘，一名丹陘。」蓋即循丹水而行，故有丹陘之名。然天井關實當白水河谷；而丹溪僅爲關之東谷，雖可通行，非大道。蓋由河內循丹水河谷而上，至白水交之北，大道取白水河谷至天井關，達高都故城，即唐以下之澤州治所晉城縣也。又按酈注此條有丹谷丹溪之名，爲天井關之東谷，亦可通行。考魏書孝莊帝紀，永安三年，帝誅爾朱榮。遣源子恭「鎭太行丹谷，防討世隆。」世隆陷建州（唐之澤州），爾朱兆自晉陽來會。「兆寇丹谷」，子恭兵敗，兆遂渡河。此丹谷殆即天井東溪歟？然亦可指太行陘。

是此太行山道凡七十餘里，南四十里爲太行陘道，北三十餘里爲天井關道。乃晉豫交通之巨險，亦爲自古南北交通要道，南北用兵，必爭取此山道之控制權。其重要性蓋居太行八陘之首。誠以南瞰大河，凌逼洛京，故爲兵家所必爭也。

按太行八陘，見重於史者，當以太行、井陘、軍都爲最，然井陘關鍵晉、冀，軍都北通塞外，皆偏於東北，不若太行陘俯瞰大河，直脅洛京，河洛爲中原心臟地帶，故此陘尤爲見重也。通鑑五，周赧王五十二年，「秦武安君伐韓，取南陽，攻太行道，絕之。（胡注，韓之南陽即河內野王之地。）」蓋取南陽而不絕太行道，則南陽亦不能守。又二四七，唐會昌三年，李德裕奏：「俟昭義平日，仍割澤州隸河陽節度，則太行之險不在昭義，而河陽遂爲重鎮，東都無復憂矣。」蓋東都以河陽爲屏障，而河陽之軍非據太行之險，仍不爲安全也。至於中國史上軍家爭取此處陘道之其他事例，紀要三九山西重險天井條及四六河南名山太行條已搜錄幾盡，茲不復贅。

此道旣險而要，隋煬帝及宋太祖皆曾修鑿，唐世可能亦曾加工。

隋書煬帝紀，大業三年，五月「戊午，發河北十餘郡丁男鑿太行山，達于幷州，以通馳道。」蓋其時車駕北巡也。歸途上太行山，開直道九十里至濟源（詳下文），蓋非太行陘道矣。又宋會要方域一〇之一，太祖建隆三年「五月十八日，潞州言先奉詔集丁夫開太行路，俾通餽運，今已功畢。」蓋爲北征北漢之準備耳。按唐世未見修鑿，然高宗玄宗不止一次由洛陽北巡潞、幷，想當亦有經營也。

又河陽西北經濟源入軹關，達河中。而濟源東北亦有山道通澤州，蓋亦經天井關地區。

寰宇記四四澤州目，除記「南至懷州一百四十里」外，又云，「西南至孟州濟源縣一百五十里。」按濟源河陽道另詳中條山脈諸谷道篇。是澤州又可取道濟源至河陽入東都也。檢通鑑一八〇，隋大業三年，北巡回。「帝上太行，開直道九十里。九月己未，至濟源，幸（張）衡宅。」（參隋書張衡傳。）胡注，「開直道抵張衡所居。」天井關去澤州四十五里，則上太行，開直道者，當始途於天井以西不遠處，向西南直抵濟源也。寰宇記所記澤州至濟源道，可能與煬帝所開者有關。一統志澤州卷關隘目，引通志，以爲煬帝所開卽今小口道。

晉城東北行，中經巴公原（今有巴公鎭）八十里至高平縣（今縣）。

新一八二盧鈞傳，會昌間，爲山南東道節度使，遷昭義節度。「鈞次高平。」是高平當入潞州大道。又通鑑二九一，後周顯德元年，北漢主南侵，昭義節度使李筠嬰城自守。三月，「乙未，帝發大梁，庚寅至懷州，……壬辰過澤州，宿於州東北。北漢主不知帝至，過潞州不攻，引兵而南，是夕，軍於高平之南。癸巳……北漢主以中軍陳於巴公原，張元徽軍其東，楊袞軍其西。……合戰，……北漢兵大敗。……是夕，帝宿於野次。甲午，休兵於高平。……丁酉，帝至潞州。」則由澤州東北行經巴公原至高平也。又通鑑二六六，梁開平二年，周德威自潞州攻澤州，梁軍來援，「德威焚攻具，退保高平。」及下文韓店條引舊五代史，亦皆高平當大道之證。元和志一五澤州，高平縣南至州八十里。寰宇記四四，同。巴公原，一統志澤州卷關隘目引金史地理志，晉城縣有巴公鎮。又引舊志，「巴公鎮在州北四十四里。」而紀要四三作州北三十五里。檢張編地圖集·河北山西人文圖，晉城、高平間有巴公鎮。

又北約七十里至韓店（今有韓店）。又四十里至潞州治所上黨縣（今長治）。又高平縣北五十里有長平關，似亦當大道，則在韓店之南二十里。

舊五代史五二唐書李嗣昭傳，嗣昭攻潞州，梁澤州刺史棄城走。「梁祖聞嗣昭之師大至，召葛從周謂曰，并人若在高平，當圍而攻之，……勿以潞州爲敵。及聞嗣昭軍韓店。梁祖曰：進通扼八議路，此賊決與我鬥。」此既見高平當道，亦見韓店當道。一統志潞安府卷關隘目，「韓店鎮，在長治縣南四十里。明洪武元年，洪霍特穆爾遣韓禮兒援潞安，偏將軍楊爆遇於韓店，大戰敗之。」據嗣昭傳，唐世已有此名，當大道也。今檢張編地圖集·河北山西人文圖，仍有韓店，在汽車路上。按澤、潞間相去一百九十里。高平南至澤州八十里，韓店北至潞州四十里，推知高平韓店間里數。又李嗣昭傳「扼八議路」者，一統志同目有「八義鎮，在長治縣西南六十里，見金史地理志。」所謂「八議道」者，蓋此八義歟？長治西南六十里，似與下文所述長平關相近矣。

又元和志一五澤州高平縣，「長平關在縣北五十一里。」寰宇記四四澤州高平縣，引冀州圖云，「長平關在縣北五十里。」就方向言，蓋當大道。元和志又云，「長平故城在縣西二十一里，白起破趙四十萬衆於此，盡殺之。」一統志澤州卷古蹟目引舊志，「在縣西北二十里王報村，今猶稱舊縣。」而寰宇記云：「省寃谷東西南北各六十步，在縣西北二十五里，秦壘西面百步。卽趙括被殺，餘衆四十萬降白起之處，懼趙變，盡坑之。……地名殺谷，唐開元十年正月明皇行幸親祭，改爲省寃谷。」是省寃谷當距唐道不遠，去長平故城亦近，當在高平西北，非正西也。新紀，高宗顯慶五年正月甲子，如幷州。己巳次長平。按唐不置長平縣，此長平非故城卽關城也。

又按元和志一五，潞州有長子縣在州西南五十二里。寰宇記四五作五十里。又云「廢長平關在（長子）縣南四十里，平嶺上。」以里程計之，是長子縣不當此驛道。

州南二里有金橋，張說有金橋頌。地當西通晉、絳、河中大道，亦當南通澤州驛道。

張說皇帝在潞州祥瑞頌十九首（全唐文二二一），其一爲金橋。序云：「金橋在潞南二里，常有童謠云，聖人執節度金橋。皇帝景龍三年十月二十有五日，由此橋朝京師。」頌曰，「出郡二里，橫路金橋，聖人南渡，駟馬西朝。」後潘炎有金橋賦（全唐文四四二），序與說頌序略同。則此橋當潞州西通蒲關之路無疑。然廣記二一二金橋圖條：「玄宗封泰山廻，車駕次上黨。……及車駕過金橋，御路縈轉，上見數千（十？）里間，旗纛鮮潔，羽衞齊整，謂左右曰，張說言我勒兵三十萬，旌旗經千里間，陝右、上黨，至於太原，眞才子也。……遂召吳道玄……制金橋圖。（出開天傳信記。）」按玄宗以開元十三年東封，未過上黨，此當有誤。考張說上黨舊宮述聖頌序（全唐文二二一）云：「開元十有一祀，正月，皇帝展義於河東，挾右太行，留宴上黨，整兵耀武，入於太原，……南轅汾、睢，祈穀后土。……三月庚午，飲至長安。」通鑑二一二，開元十年十二月，「上(時在東都)將幸晉陽，因還長安」。張說因上言，宜祠汾陰后土。上從之。十一年正月己巳車駕北巡，庚辰至潞州，給復五年，辛卯至并州。二月戊申還至晉州。壬子，祭后土。癸亥，張說兼中書令。三月至長安。廣記所謂東封泰山，蓋此次北巡之誤。此巡，事與張說有關，亦與廣記稱玄宗之言合，祥瑞頌十九首，蓋亦此時所作耳。惟此行由東都經上黨至太原，非由上黨至蒲、晉，則此橋亦當澤、潞大驛道明矣。橋之位置，張說頌序、潘炎賦序皆云在城南二里。一統志潞安府卷津梁目，「金橋在長治縣西南關。」

潞州向北有正北及西北兩道。茲先考北道，次及西北道。潞州正北行，道出潞城、屯留間，約十七里至三垂岡，又約二十八里至黃碾（今仍舊名），又北約四十八里至襄垣縣（今縣）。

襄垣縣當晉陽入上黨大道，唐前史事頗多可證。通鑑八七，晉永嘉三年，「（劉）聰遂破屯留、長子，……上黨太守龐淳以壺關降漢。（并州刺史）劉琨以都尉張倚領上黨太守，據襄垣。」又八九，晉建興三年，「漢大司馬曜攻上黨。八月癸亥，敗劉琨之衆於襄垣。曜欲進攻陽曲。」此其證一。又北齊書神武紀上云：

「神武乃自晉陽出滏口，路逢爾朱榮妻北鄉長公主自洛陽來，馬三百匹，盡奪易之。兆聞……自追神武至襄垣，會漳水暴長，橋壞。……初魏眞君內學者奏言，上黨有天子氣，云在壺關大王山。……神武……行舍大王山六旬而進，將出滏口……。」

按一統志潞安府卷山川目，「大王山在壺關縣東南二十三里。」元和志，壺關縣在潞州東南三十里。則高歡此行，實由晉陽經襄垣，亦經上黨，始出滏口也。此其證二。下文引冀州圖云：「松門嶺在襄垣北一百三十里，道通太原驛道。」明襄垣固爲大道所經也。故下文引元和志武鄉去潞州里程，亦當取道襄垣，里數始合。

潞州北至襄垣縣九十三里，見元和志及寰宇記。其間行程續考如次。

新五代史五唐莊宗紀云：

「初克用破孟立方於邢州，還軍上黨，置酒三垂岡。……時存勗在側，方五歲，克用慨然……曰，吾行老矣；此奇兒也，後二十年其能代我戰於此乎？……天祐五年，卽王位於太原。……周德威自亂柳還軍太原。梁夾城兵聞晉有大喪，德威兵且去，因頗懈。王……乃出兵趨上黨，行至三垂岡，歎曰，此先王置酒處也。……兵行霧中，攻其夾城，破之。」

舊五代史二七唐莊宗紀述三垂岡之戰云：

「四月…甲子，軍發自太原，己巳至潞州北黃碾下營。五月辛未朔，晨霧晦暝，帝率親軍伏三垂岡下。詰旦，天復昏霧，進軍直抵夾城。……梁軍大恐，……斬首萬餘級。」

按此事，新五代史二二梁臣康懷英傳述之亦詳。④通鑑二六六梁開平二年書事與月日地名皆從舊紀。惟云「己巳，晉王軍於黃碾，距上黨四十五里。」可補舊紀。胡注，「黃碾村在潞州潞城縣。」「三垂岡在屯留縣東南。」寰宇記四五潞州潞城縣，「三垂山在縣西南二十七里，前趙劉聰遣將喬衷攻晉上黨太守龐和於壺關。晉北將軍王廣韓柔救之，……喬衷敗之於三垂。」按同目又云，潞城縣在州「東北四十四里。」元和志作「南至州四十里。」方向小誤，今里數亦從寰宇記。則三垂岡在州城北約十七里。其北去黃碾當爲二十八里。以次可推黃碾至襄垣里程。今檢張編地圖集・河北山西人文圖，長治、襄垣適中地區尙有黃碾地名，當卽故地。

又按潞州至襄垣線，當出潞城屯留兩縣間，不經此兩縣城。何者？前引通鑑，黃碾南至潞州四十五里。一統志，黃碾在潞城西北二十里，潞城西南至長治（卽潞州）四十五里，則黃碾南行四十五里，不可能繞經潞城縣。又據一統志，長治東北至潞城四十五里，潞城西北至襄垣七十五里，共一百二十里。又長治西北至屯留六十里，（元和志作六十四里。）屯留東北至襄垣八十里，共一百四十里。則元和志、寰宇記潞州至襄垣九十三里者，⑤決不東繞經潞城，或西繞經屯留也。

---

④　新康懷英傳云，晉王「與德威等急馳六日至北黃碾。」據舊紀及通鑑，此「北」上蓋脫「潞州」二字。

⑤　一統志亦云襄垣在府北稍西九十里。

襄垣東北約三十里至松門嶺，又西北蓋略循濁漳水谷而上約四十七里至武鄉縣（今縣）。

通鑑一五五，梁中大通四年，「魏丞相歡引兵入滏口，…擊爾朱兆。…歡軍於武鄉，爾朱兆大掠晉陽，北走秀容。」蓋歡此次入滏口擊晉陽，正即上次由晉陽東出滏口之道。是武鄉當此大道也。又通鑑二五五，唐中和三年，「昭義節度使孟立方以潞州…屢簒主帥，…乃遷治所於邢州。…監軍祁審誨因人心不安，使武鄉鎮使安居受潛…乞師於李克用，…克用……取潞州。」蓋武鄉當晉陽軍道之要，故置鎮使，有事亦得潛乞師於晉陽也。下文引通鑑會昌三年事，亦見武鄉當軍道。又水經洞過水注引魏土地記云，晉陽東南有蔣谷大道通武鄉。尤明證矣。詳下文象谷條。

元和志一五，潞州，鄉縣（即武鄉縣）「東至州一百七十里。」「東」顯爲「南」之譌。如取襄垣道，則襄垣武鄉間近八十里。檢一統志潞安府卷及沁州卷，武鄉在襄垣正北九十五里，與元和志所記尙相近。可證由潞州赴武鄉實取道襄垣；如取他道則迂遠矣。

寰宇記四五潞州襄垣縣目引冀州圖云：「松門嶺在襄垣北一百三十里，道通太原驛路。」按如「一百三十里」不誤，則其地遠在武鄉縣之北，不應屬襄垣縣。考隋書地理志，松門嶺在上黨郡黎城縣境。檢元和志、寰宇記，黎城縣在潞州治所之東北一百二十里。一統志潞安府卷古蹟目引舊志，黎城舊縣在今黎城縣西北十里。則黎城縣在襄垣東北不過三四十里。又山川目，「松門嶺在襄垣縣北，接沁州武鄉縣界。」則其地固在武鄉之南，時屬襄垣，時屬黎城也。度其地當在襄垣東北，黎城西北，近濁漳水，當大道。武鄉在襄垣北約七十七里，此嶺蓋在襄垣東北三十里上下歟？則「一百」乃衍文耳。

武鄉縣北七十里至昂車關，蓋因軒車嶺受名。又東北不遠處有石會關（今榆社西北二十五里）。皆軍道衝要處。又石會南三十里腰鼓嶺，蓋亦當道。

武鄉、昂車關、石會關，觀會昌間平澤潞昭義之亂時事，最能見其形勢，當大道之要。通鑑二四七，唐會昌三年述事云：

「河東節度使劉沔步騎二千守芒車關，步兵一千五百軍榆社。」「六月……丙子……詔劉沔自將兵取仰車關路以臨賊境（潞州）。」

通鑑同年下文又書云：

「王宰軍萬善，劉沔軍石會，皆顧望未進。…十二月丁巳，宰引兵攻天井關。…稹…以兵馬使劉公直代茂卿（守澤州），安全慶守烏嶺，李佐堯守雕黃嶺（胡注：在潞州長子縣西），郭億守石會，康良佺守武鄉。…戊辰，王宰進攻澤州，……河東奏克石會關。」

「河東行營都知兵馬使王逢奏乞益榆社兵，（按榆社即指石會關守兵而言，關在縣西二十五里。）詔河東（指太原）以兵二千赴之。」

會太原兵亂，通鑑又書四年事云：

「石會關守將楊珍聞太原亂，復以關降於稹。……王逢擊昭義將康良佺，敗之；良佺棄石會關，退屯腰鼓嶺。」

旋澤潞平，劉稹誅。而五年昭義（即潞州）復有兵亂，通鑑二四八述之云：

「李德裕奏，請詔河東節度使王宰，以步騎一千守石會關，三千自儀州路據武安，以斷邢洺之路，又會河陽節度使石雄引兵守澤州，河中節度使韋恭甫發步騎千人戍晉州。……皆從之。」（胡注：「分守四境，使潞之亂卒不得越逸而奔他鎮。」）

又通鑑二八七，後漢天福十二年，劉知遠在晉陽，議進取。下云：

「帝欲自石會趨上黨。」

據此前後書事，昂車、石會兩關，武鄉、榆社兩縣，當太原入潞州軍道之要可知。武鄉、榆社即今縣。胡注於此數地名或有所釋云：「仰車關即昂車關。」「芒車關即昂車關。魏收地形志，上黨郡沾縣有昂車嶺。其地當在唐儀州（今遼縣）東〔西〕南界，石會關之西。」「九域志，遼州遼山縣（今遼縣）有榆社鎮，唐之榆社縣也。（下引宋白說，以爲在襄垣縣理，誤。）」按新志，潞州武鄉縣「北有昂車關。」檢紀要四三武鄉，「昂車關在縣東北七十里。唐置。」而一統志沁州卷關隘目，「昂車關在武鄉縣西門外。……縣志，縣西關外有下關村，小漳水所經。相近又有上關村，卽古昂車關故址。」兩說相距頗遠。參之新志及下文引一統志石會關條，當以紀要爲近是。縱無七十里之程，但亦決非極近也。一統志此條之說，蓋後代別一關址耳。石會關，胡注以爲在儀州東南。按紀要四三，石會關在楡社縣西北。一統志遼州卷關隘目，「石會關在楡社縣西二十五里，又西南卽沁州武鄉縣之昂車關。」此最分明，與當時形勢亦切合。胡注「東南」蓋「西南」之誤。蓋由武鄉北行至昂車關，又東北不遠至石會關，在楡社縣西二十五里。據一統志遼州卷及沁州卷，武鄉北至楡社約七十里。則紀要云石會關在楡社西北，方位尤確，蓋縣西北二十五里也。

又前引通鑑會昌四年條，康良佺棄石會關退屯腰鼓嶺。考異引實錄，良佺「棄石會關移軍入三十里，守腰鼓嶺。」則石會之南三十里也。若兩關果在一條路線上，則此嶺在昂車之南約二十里也。亦當道。

昂車關，始見於魏書地形志。而下文象谷條引洞過水注所引魏土地記云，晉陽東南有蔣谷大道，度軒車嶺通武鄉。時代正與昂車關始見史之時代不相遠，疑關因嶺名，蓋在大嶺之南也。此嶺蓋卽今黃花嶺，高達2000公尺，詳下文。此關當會昌伐澤潞時屢見通鑑如上述。其後似不復見。⑥而石會關則仍屢見。紀要四三遼州楡社縣石會關條，於會昌以後續述云：

> 「又光化二年，汴將氏叔琮自馬嶺關西侵河東，爲河東將周德威所敗，引還。德威進之，出石會關；叔琮敗走。五年，朱全忠大舉攻河東，遣其將氏叔琮拔澤州，降潞州，進取晉陽，出石會關，營於洞過驛，攻晉陽不克，叔琮復自石會關引歸。天復二年，叔琮自晉州敗河東兵，長驅圍晉陽，不克，引還。河東將李嗣昭等追及石會關。……唐同光初，梁人謀分道攻唐，以陝虢澤潞之兵自石會關趨太原，不果。淸泰三年，契丹救石敬塘，至太原，圍

⑥ 通鑑二六二，天復元年，「叔琮入天井關，進軍昂車。」胡注「昂車卽昂車關，在澤州昂車嶺。」此注似誤，且與前引注文自相矛盾。然通鑑下文，叔琮拔澤州，進攻潞州，則此昂車實當在澤州，蓋昂車之名，澤、潞兩州皆有之如天井歟？

唐兵於晉安砦，遊騎至石會關。漢初，以契丹既去汴，議進取之道，漢主欲自石會關趣上黨，不果。周顯德五年，潞州帥李筠擊北漢石會關，拔其六寨。關蓋澤潞北走晉陽之徑道也。」

足見此道在唐末五代當太原潞州間南北交通之要，蓋爲潞州直北第一軍家要地矣。

又西北越軒車嶺（今黃花嶺？），蓋此道最高處，凡約七十三里至象谷，唐以前名蔣谷，故此道有「蔣谷大道」之稱。又北蓋略沿象谷水而下西北行，中經武村堡，約五十二里至太谷縣（今縣）。又北三十七八里至洞過驛（今徐溝），驛臨洞過水。又三十七八里至北都太原府，在今山西省會太原市西南四十里晉源縣（舊太原縣）治。

水經注六洞過水注云：

「魏土地記曰：晉陽城東南一百一十里至山，有蔣谷大道，度軒車嶺，通于武鄉。」

此爲武鄉北達晉陽大道之最具體說明。元和志，太原府太谷縣在府東南七十五里。縣有「蔣谷水，今名象谷水，源出縣東南象谷，經縣北四里，北入清源縣界。」寰宇記四〇，同。（惟云縣在府東南七十八里，小異。）一統志太原府卷山川目，象谷「在太谷縣東南五十二里，卽古蔣谷。」則此蔣谷大道，當卽略沿蔣谷水，經太谷縣也。隋書四五楊諒傳，諒鎭太原，舉兵，遣大將「余公理出太谷以趣河陽。」卽此道。蓋由晉陽東南行七十五里至太谷縣，循蔣谷水東南行三十五里入山，又蓋十七里至蔣谷卽象谷，又越軒車嶺通武鄉縣也。軒車嶺者，蓋卽昂車關所以受名，疑卽今圖之黃花嶺耳。申報館新地圖，此處高達二千公尺，不惟此道之最高處，且似亦爲汾水以東之最高山嶺也。

又大明一統名勝志，山西一太谷縣：「象谷一云蔣谷，谷中水西北流，武村堡戍，臨之，三面石崖，勢極險阻，唐武德初築。」此堡臨蔣谷水，當爲大道所經也。

至於象谷、石會關之距離。檢一統志，太谷東南至榆社縣一百五十里，而石會關在榆社西北二十五里，象谷在太谷東南五十二里，則石會至象谷約七十三里也。

又舊五代史二六唐書武皇紀：「光化二年…三月，汴將葛從周氏叔琮……進軍榆次，武皇令周德威擊之，敗汴軍於洞過驛。…追擊出石會關。」舊唐書昭宗紀作出石會，攻太原。通鑑二六一，光化二年，氏叔琮進軍榆次，李克用遣周德威擊之，「戰於洞渦，……叔琮棄營走，德威追之，出石會關。」考異引唐太祖紀年錄：「三月，周德威敗氏叔琮於洞渦驛。」胡注引魏收地形志，洞渦水因「五水合流故曰同過，後語轉爲洞渦。」胡氏按云：「魏收多從其主往來晉陽宮，宜知地名之的。」以上光化二年事，知洞渦石會關爲一軍道。又舊五代史二梁書太祖紀，天復元年三月，氏叔琮等伐太原，「自太行路入。」潞州降，「乃進軍趨太原。四月乙卯，大軍出石會關，營於洞渦驛。…卽日與諸軍至（晉）陽城下。…以芻糧不給，遂班師。」新五代史四三氏叔琮傳，略同。舊五代史五二李嗣昭傳，只云氏叔琮營洞渦驛。通鑑二六二，天復元年，氏叔琮入天井關，拔澤州，降潞州，「進趨晉陽。夏四月乙卯，叔琮出石會關，營于洞渦驛。…叔琮等引兵抵晉陽城下，…數挑戰，…李存進敗汴軍於洞渦。…五月，叔琮等自石會關歸。」此天復元年事，亦見潞州進兵經石會關、洞渦驛至太原城也。⑦洞渦驛當此大道無疑。胡注：「洞渦驛，臨洞渦水。」蓋得之。按元和志一三太原府：太原縣，「洞過水東自榆次縣界流入，西去縣三十里入晉陽縣界。」晉陽縣，「洞過水東自太原縣界流入，西入於汾，晉水下口也。」則此水在太原府南不過三四十里。紀要四三，榆社縣石會關條，「洞過驛在今徐溝縣。」一統志太原府卷關隘目：「同戈驛在徐溝縣北關外西隅，卽洞渦字之譌也。」所指地望甚確。檢一統志，太原府治陽曲縣（卽今山西省會），太原縣（民國三十六年改名晉源縣）在府治西南四十里。徐溝縣又在其南四十里。太谷又在徐溝之南四十三里。故徐溝縣適在太原太谷兩縣之中道。唐太原府治所在一統志之太原縣，詳一統志太原府卷沿革目太原縣條。民國三

⑦ 惟舊唐書昭宗紀天復元年述此事云，叔琮由上黨「長驅出圍柏，營于洞渦驛。」作圍柏，不作石會。圍蓋團之形譌，然團柏似亦誤也。

十六年改名爲晉源縣，見民國行政區域簡表。故唐涧渦驛亦當太原府至太谷縣之中道。元和志，太谷縣在府東南七十五里，則此驛北至府、南至縣皆約三十七八里也。

又由潞州西北行經銅鞮縣亦至太原府，此爲另一道，且置驛。

史記韓王信傳，信「反，以馬邑降胡，擊太原。七年多，上自往擊破信軍銅鞮。」是漢世銅鞮北當太原軍道。又縣東南十五里有晉銅鞮宮，漢銅鞮城，皆古代名地。（詳後文。）似亦可爲當道之證。又魏書二一下彭城王勰傳，「後幸代都，次于上黨之銅鞮。」是北朝時代洛陽北至太原亦經銅鞮也。通鑑二五八，唐大順元年，「昭義有精兵號後院將，克用……令李克恭選後院將尤驍勇者五百人，送晉陽。……克恭遣牙將李元審及小校馮霸部送晉陽，至銅鞮，霸招其衆以叛。」是唐世潞州至晉陽亦經銅鞮也。然元和志一五潞州目，銅鞮東至州一百五十里（當作東南）。唐世武鄉縣在州北一百七十里。檢一統志沁州卷，武鄉在沁州東北六十里，而唐之銅鞮又在沁州之西南四十里，則唐世銅鞮去武鄉無論如何皆當在六七十里以上，今元和志所記兩縣至潞州之距離僅有二十里之差，知其必非一道也。

其驛程可考者，潞州西行二十里至高河（今高河鎮），相近有龍泉驛，爲潞州西通晉絳之第一驛，亦爲西北通銅鞮、太原之第一驛。

通鑑二八〇，後晉天福元年，唐將趙德鈞屯團柏，晉帝由晉陽南下向洛陽。「丁卯，至團柏。」德鈞先遁，「南奔潞州」。「甲戌，帝與契丹主至潞州，德鈞父子迎謁於高河。」按團柏在今祁縣東南，是趙德鈞撤退線及晉帝進軍線，皆當行銅鞮道也。而高河當晉陽、團柏、銅鞮至潞州道。又二六六，後梁開平元年，「晉周德威壁于高河」，敗梁潞州行營都統。胡注：「高河在潞州屯留縣東南。」一統志潞安府卷關隘目，「高河鎮在長治縣西二十里，即古絳河也。」是則潞州西行二十里，至高河，乃西北至銅鞮、太原也。又通鑑二四七，唐會昌三年，劉稹欲自爲昭義節度。「上遣供奉官薛士幹往諭指。……都押牙郭誼乃大出軍，至龍泉驛迎候敕使，請用河朔事體。」一統志潞安府卷關隘目，「龍泉驛在長治縣西二十里，以龍潭水名。唐置，今廢。」是此驛當西通晉絳之道。然亦在潞州西二十里，與高河必相近。蓋潞州西北至銅鞮、太原，亦以此驛爲起站歟？

由潞州高河西北行，今有東西兩道。東道北北西行經漳澤，常隆，夏店，虒亭，魏家坡，至沁縣，其道逕捷。西道西北行經屯留縣，余吾鎮，故縣鎮，折東北，亦至沁縣，其道稍迂。故東道已建爲火車道，而西道爲汽車道。按此兩道並行，自北宋初年已然。自潞州取東道一百四十五里至威勝軍，取西道經屯留約二百里亦至威勝軍，軍卽今沁縣治。

現今兩道，東道爲主線，檢申報館中國分省新圖、張編地圖集·河北山西人文圖及 ONC-G-9 皆然，且通汽車及火車。申報圖有舊道經屯留、余吾，卽西道也；ONC-G-9，亦通汽車。

北宋初年已有兩道者：九域志四，威勝軍「南至本軍界八十五里，自界首至潞州八十里。」共一百六十五里。又云「東南至本軍界五里，自界首至潞州一百四十里。」共一百四十五里。威勝軍卽今沁縣，是卽如近代之兩道也。惟寰宇記五〇威勝軍「南至屯留縣一百四十三里」，又四五潞州，屯留縣在州西北六十四里。（元和志，屯留去州里數同。）是共二百零七里，較九域志多四十里。按宋威勝軍治銅鞮縣，在唐代銅鞮縣東北四十里，宋初，縣治北移四十里，兼置此軍，詳下文。九域志較寰宇記少四十里者，蓋誤承唐代志書里數耳。

而上推至唐代，蓋亦有東西兩道，且均置驛。或者前期西道置驛，至唐末五代乃東道置驛，以爲替歟？茲先考西道。由高河、龍泉驛西北行四十四里至屯留縣（今縣）。唐代前期，縣西十里有屯留驛（今魏村，一云高店村），見常舉墓誌。驛西北經余吾寨，蓋卽余吾故城（今屯留西北十八里余吾鎮）也。又西北至銅鞮縣（今沁縣西南四十里故縣鎮），去屯留縣蓋約八十六或一百里。又東北四十里至亂柳城（今沁縣），蓋卽斷梁城，亦即上虒亭。城在山阜上，廣袤二里，東西北三面阻澗，下臨深壑，故有斷梁之名。五代用兵，此爲要地，故宋太平興國二年，移銅鞮縣治此，兼置威勝軍。

大周處士常舉墓誌（山右石刻叢編五），「合葬於屯留驛北壹里之平原，禮也。」跋云，「按屯留縣志，石於同治年出縣西十里魏村。通志・金石記，卒葬屯留驛北一里。然則今魏村在唐時固置驛。」又唐王德墓誌（同前），「以開元三年歲次乙卯十月己酉朔廿四日壬申，葬於屯留縣西南十五里平原。其地卽韓王按劍先都，夏主乘樏舊邑。東瞻驛路，使皎珠星，西望禪河，波澄金月。」跋云，「按屯留縣志，石於嘉慶年出縣西南十五里長溝嶺。…縣志・古蹟，屯留驛在縣西十里，卽今之高店村，有舊墟尙存。」按據此兩誌，唐代前期，屯留置驛在縣西十里，王德葬於驛西南五里，故云「東瞻驛路」也。至於兩跋云今魏村、高店村不同，蓋鄰近兩村，或村名前後有變動耳。此兩誌乃屯留當驛道之鐵證。元和志一五，屯留縣在潞州西北六十四里，寰宇記四五，同。是高河、屯留縣、屯留驛間之里距可知也。

銅鞮縣爲大道所經，引證見前。又通鑑二六六，後梁開平元年，晉將李嗣昭守潞州，梁將康懷貞圍攻之。八月，「晉周德威壁于高河，…帝…以…李思安代懷貞爲潞州行營都統。…思安至潞州城下，更築重城，內以防奔突，外以拒援兵，謂之夾寨。」二年又書云：「正月…晉王…病篤，周德威退屯亂柳。…李思安等攻潞州，久不下。…晉兵猶屯余吾寨。…三月…帝發大梁…次澤州。四月，…夾寨奏，余吾晉兵已引去，帝以援兵不能復來，潞州必可取。丙午，自澤州南還。」新五代史二二梁書康懷英傳，懷英圍晉之潞州，築夾城。「晉遣周德威屯于亂柳，數攻夾城。」是亂柳、余吾、高河亦皆在通潞州道上，而亂柳蓋尤居要衝，故晉之大軍屯駐也。下文詳銅鞮、亂柳、余吾之地望：

上引通鑑，胡注：「漢書地理志，上黨郡有余吾縣。章懷太子賢曰，余吾故城在潞州屯留縣西北。」檢一統志潞安府卷古蹟目，「余吾故城，後漢書郡國志，屯留縣。劉昭注，有余吾城，在縣西北三十里。縣志，在縣西十八里，城周九里，故址猶存，今爲鎮。」又關隘目，「余吾驛，在屯留縣城內，舊在縣西北十八里余吾故城。」檢申報館中國分省新圖，屯留縣北有余吾鎮。而張編地圖集·河北山西人文圖，屯留西北有「吾元」地名，疑乃「余吾」之倒譌。是則余吾寨在屯留驛西北蓋八里耳。

元和志一五，銅鞮縣東至潞州一百五十里。東當作東南。檢一統志沁州卷古蹟目引縣志，「唐銅鞮故城在州西南四十里，今爲故縣鎮，有故縣寨。」又山川目，「銅鞮山在州西南四十里」，蓋故城近山也，參下文論亂柳地望。今圖有故城鎮，一作古縣鎮，在沁縣西南三四十里處，卽其地矣。

亂柳城，前引通鑑「周德威屯亂柳」，胡注：「亂柳在潞州屯留縣界。」而一統志沁州卷古蹟目，「威勝故軍，今州治。…五代時，地名亂柳，在唐銅鞮縣東北三十里。宋置威勝軍於此，兼移銅鞮縣治焉。金時升爲沁州。」與胡注地望不相合。按寰宇記五〇威勝軍，「本潞州銅鞮縣地，皇朝太平興國二年四月于此建軍，仍割銅鞮、武鄉二縣來屬。」又宋史八六地理志，威勝軍，「太平興國三年於潞州銅鞮縣亂柳石圍中建爲軍。」則一統志是也。

又元和志一五，銅鞮縣有「斷梁城，在縣東北三十里，下臨深壑，東西北三面阻澗，廣袤二里，俗謂之斷梁城。」寰宇記五〇，同。一統志沁州卷古蹟目：「上虒亭在州城東南，一名斷梁城。漢書地理志，銅鞮縣有上遞亭。水經注，銅鞮水又東逕故城北。城在山阜之上，下臨岫壑，東西北三面阻（檢酈注，原奪『澗廣』二字）袤二里，世謂之斷梁城，卽故縣之上虒亭也。」則上虒亭俗名斷梁城，在今沁縣附近。檢張編地圖集·河北山西人文圖，今沁縣、襄垣間有䖘亭，非其地。是此斷梁城與前述亂柳相近，就形勢言，又頗相似，音亦相近，疑爲一地耳。一統志同目銅鞮故城條云，「舊志有段柳寨，在州南十五里，疑卽亂柳之譌。」尤一名通變之徵矣

又銅鞮東南十五里有春秋晉國銅鞮故宮，亦名銅鞮城，當在道中。又縣西北二十里有閼與故城，傳爲戰國趙奢破秦軍處，實非其地也。

元和志一五潞州銅鞮縣，「晉銅鞮宮在縣東（一統志沁州卷引作東南）十五

里。子產曰，今銅鞮之宮數里。」寰宇記五〇威勝軍銅鞮縣，「銅鞮城在縣南十五里，本晉銅鞮宮。上黨記云，銅鞮有晉宮闕猶存。」下引子產曰。就方位言，當在道中。

元和志同卷同目又云，「閼與城在縣西北二十里，秦昭襄王攻趙閼與。趙奢曰，其道遠險狹，譬猶兩鼠鬥於穴中，將勇者勝，遂破秦軍，解閼與之圍。」寰宇記云，「閼與城今名烏蘇城，在縣西北二十里。」一統志沁州卷古蹟目，「烏蘇城在州西南二十里，今名烏蘇村。」按趙奢破秦軍之閼與當在太行山西麓今和順縣境，一統志遼州卷古蹟目已有頗精核之辨證，不在沁境。

次考東道：由潞州西北行八十里至太平驛（今長治西北太平鄉），又三十里至梁侯驛，又西北蓋接亂柳城。亂柳、斷梁城，形勢險峻，而當要道，故宋置威勝軍，兼移銅鞮縣治此。東道逕捷，故爲主道，以迄於今也。

通鑑二九一周顯德元年紀云：

「北漢主自將兵三萬……與契丹自團柏南趣潞州。……北漢兵屯梁侯驛，昭義節度使李筠遣其將穆令均將步騎二千逆戰，筠自將大軍壁於太平驛。」

此條見晉陽潞州交通線上之地名者三。胡注：「宋白曰，梁侯驛在團柏谷南，太平驛西北。太平驛東南距潞州八十里。」太平驛在潞州西北。而團柏谷在祁縣東南。（詳下文。）則此道當爲銅鞮道，非武鄉道也。太平驛始見於會昌間。新書一八二盧鈞傳，澤潞既平，遷昭義節度，發卒戍代北（通鑑作振武），「戍卒……酒酣，反攻城……鈞奔潞城。……詔趣戍者行。……戍人已去潞一舍，鈞選牙卒五百，壯騎百，以騎載兵夜趨，遲明（通鑑作明日）至太平驛，盡斬之。」通鑑二四八唐會昌五年紀書事，略同。又云「盧鈞出至裴村餞之。」潞卒亂。蓋城外村名也。胡注：「唐制三十里一驛，太平驛在潞州北六十里。宋白曰，太平驛東南距潞州八十里。」按里距方向，蓋以宋白說爲正；胡氏州北六十里之說，蓋憶測之詞耳。紀要四二亦從宋白說。一統志潞安府卷關隘目：「太平驛在長治縣西北太平鄉，唐置，今廢。」梁侯驛又見宋史二四九魏仁浦傳云，「從征太原，中途遇疾，還至梁侯驛，卒。」一統志潞安府卷關隘目太平驛條，引續通典云，「梁侯驛在上黨西北一百十里。」紀要四二，同。是即太平驛西北一驛耳。

按此兩驛所以非屯留道，而爲另一道即東道者。若爲屯留道，則太平驛已在屯留縣之西，正是屯留驛位置，是相衝突，且驛在今長治西北太平鄉，鄉必在縣西北八十里至少六十里，是必在屯留之東也。

又澤、潞兩州西北通沁州治所沁源縣（今縣）之道亦可畧知。即由澤州高平縣及潞州長子縣西北經江猪嶺，雕窠嶺（沁源縣東南五十里）至沁州。江猪嶺蓋在長平關北，雕窠亦東接屯留縣，蓋皆山道。沁州又西十五里青龍寨，又西十五里固鎭寨，皆險固，則西通汾水流域之道也。

通鑑二九一，後周顯德元年，「北漢主自高平……帥百餘騎由雕窠嶺遁歸」。又二九二云，「初帝與北漢主相拒於高平，命前澤州刺史李彥崇將兵守江猪嶺，遏北漢主歸路。彥崇……引兵退，北漢主果自其路遁去。」舊五代史一一四周世宗紀，亦記此事。胡注：「雕窠嶺在高平西北，由江猪嶺路入。」又通鑑二六六，後梁開平元年十一月，「夾馬指揮使尹皓攻晉江猪嶺寨，拔之。」胡注：「江猪嶺在潞州長子縣西，由北路達雕窠嶺。」檢一統志沁州卷山川目，雕窠嶺「在沁源縣東南五十里，高五里，延亙三十里，接潞安府屯留縣界。」

又通鑑二四八，會昌四年，澤潞降將「(高)文端又言，固鎭寨四崖懸絕，勢不可攻。然寨中無水，皆飲澗水，在寨東約一里許，宜令王逢進兵逼之，絕其水道，不過三日，賊必棄寨遁去。官軍即可追躡。前十五里至青龍寨，亦四崖懸絕，水在寨外，可以前法取也。其東十五里，則沁州城。德裕奏請，詔示王逢。」按王逢由西路擊澤潞劉稹者，此爲由西路擊沁州之一道也。而胡注：「九域志，磁州武安縣有固鎭寨，武安西北至遼州三百餘里。」此與沁州不相涉，胡氏何以有此大誤？

亂柳城又西北六十里至西唐店（今有西湯鎭）。又約八十里左右（七十至

九十里）中踰護甲嶺（今名分水嶺）至團柏（祁縣東南六十里）。又北約十里至盤陀嶺，北齊置盤陀驛，唐蓋仍之，有盤陀嶺驛樓詩，傳爲李德裕作。又北約九十餘里至晉安寨，又三十餘里至太原府。

通鑑二八〇，後晉天福元年，唐兵軍晉安寨，爲石敬瑭及契丹所圍，唐帝詔幽州趙德鈞進軍河東，並遣其子樞密使「趙延壽將兵二萬加潞州」，使與德鈞會師。帝自至懷州，以康思文爲北面行營馬軍都指揮使，「帥扈從騎兵赴團柏谷。」十月「趙德鈞　至鎮州……自吳兒谷趣潞州。癸酉，至亂柳。……十一月…辛卯，…趙延壽遇趙德鈞於西湯，悉以兵屬德鈞。……德鈞乃引兵北屯團柏谷口。…德鈞…至團柏踰月，按兵不戰，去晉安纔百里，聲問不能相通。」旋晉安兵潰，晉帝與契丹引兵南下，「至團柏與唐兵戰。」趙氏父子遁歸潞州。按此段紀事，見亂柳向北經西湯，至團柏，團柏去晉安寨百里。胡注：「歐史，西湯作西唐，薛史作西唐店。」檢一統志沁州卷關隘目：「西湯鎮在州西少北，卽古西唐店。……（引通鑑）。九域志，銅鞮縣有西湯鎮。縣志，鎮在西北六十里，因西湯水爲名。」按水經注一〇濁漳水注，有西湯水。楊氏圖卽繪水源於此地區（沁縣北偏西），店因水受名，是也。團柏谷當此道，亦見宋史二八〇徐興傳。一統志太原府卷關隘目：「團柏鎮在祁縣東南六十里。……金史地理志，祁縣有團柏鎮，亦曰團柏谷。」「晉安寨在太原縣故晉陽城南，亦曰晉安鄉。史略注，晉安寨，太原縣西南三十餘里，晉祠南。」是前後里數可略知。惟西唐至團柏里距無考。檢一統志太原府卷沿革目及沁州卷沿革目，武鄉、祁縣相距二百四十里，則沁縣至祁縣當在二百里左右，推知西唐店至團柏當在八十里上下，蓋七十里至九十里也。

水經注六汾水注：「侯甲水……發源祁縣胡甲山，有長坂，謂之胡甲嶺，卽劉歆遂初賦所謂越侯甲而長驅者也。蔡邕曰，侯甲亦邑名也。在祁縣。」楊氏水經注圖繪此嶺於西湯西北，祁縣東南。寰宇記五〇，武鄉縣有「侯甲山，今名護甲嶺。」下引酈注以實之。是唐世名護甲嶺也。蓋此地區有西湯水南流入濁漳水，胡甲水西北流入汾水，此嶺則二水之分水嶺也。檢一統志沁州卷山川目，「胡甲山在武鄉縣西北一百里。」又關隘目，「南關在武鄉縣西北一百二十里。」則嶺在南關之南二十里。又檢申報館新地圖，西湯西北，南關之南有分水嶺，蓋其地歟？

元和志太原府，祁縣北至府一百里。一統志太原府，祁縣在府南少西一百四十里。按唐太原府在清太原府西南四十里，故二書所記里距實相合。此道如經祁縣，則團柏至晉安寨當一百二十餘里。通鑑云纔百里，或舉約數；或不經祁縣城，而經祁縣東區，取較直路線也。觀今日公路，實不經祁縣，而經縣東，蓋古道已然。

今山西祁縣有北齊天統四年造像記云：「天統四年三月十五日，佛弟子太原郡功曹王鸞、槃陀驛將張貴和……。」（燕京學報第十八期馬鑑山西佛龕考察記。）是北齊太原郡境有槃陀驛，考宋史三四九姚古傳：「粘罕陷隆德府，以古爲河東制置，……總兵援太原。……粘罕圍太原，內外不相通。古進兵復隆德府、威勝軍，扼南北關，與金人戰，互有勝負，太原圍不解……金人進兵迎古，遇于盤陀，古兵潰。」（此條據一統志檢。）按隆德府卽唐之潞州，威勝軍在唐之銅鞮縣東北，卽斷梁城。一統志太原府卷關隘目：「盤陀鎭在祁縣東南五十里。」則當在團柏北十里。北齊槃陀驛正當在此處。檢申報館新地圖，沁縣北行公路上以次有西湯，南關，盤陀，卽因古道耳。又考李德裕有盤陀嶺驛樓詩云：「嵩少心期杳莫攀，好山聊復一開顏，明朝便是南荒路，更上層樓望故關！」此詩如爲德裕所作，似非此槃陀驛。蓋彼雖爲趙郡人，但既已重貶，卽不可能到太原地區也。然祁縣之槃陀既早在北朝已置驛，迄宋仍爲當道要地，唐代仍承北朝置驛固宜，不因作者之可疑而廢此詩也。

太原府，唐置北都，故有都亭驛。

令狐楚奏太原府資望及官吏選數狀（全唐文五四二）：「太原府，龍興盛業，……官標留守，驛署都亭。」是唐世太原置都亭驛也。又新五代史三八宦者傳：「（唐）明宗入主，……宦者……亡至太原者七十餘人，悉捕而殺之都亭驛。」事亦見舊五代史三六唐明宗紀二，是五代之世仍承之。

＊　　＊　　＊

綜上所考，此道由洛陽東北行經積潤驛，石橋店，渡河至河陽城（今孟縣南十五里）。城南臨大河，居南北交通之要，晉杜預始造浮橋，自北朝以來，於南北兩岸及河中沙洲各置城，稱爲南城、北城、中潬城，以重防禦。唐承三城之制，並建南北兩橋，爲當時全國最大之浮橋，兼置關、倉及河運院，誠以其爲東西南北水陸交通之樞紐也。中葉以後更置河陽節度使，以爲東都之屏障。

河陽北行，經懷州（今沁陽）略循丹水河谷而上，入太行陘，應入白水河谷，越太行山脊之天井關（今關）至澤州（今晉城）。太行山道凡七十餘里，北三十餘里（關之南北）爲天井關道，南四十餘里爲太行陘道，陘道險處闊僅三步，古稱羊腸道，此最知名者。此七十里之山道，乃晉豫交通之巨險，亦爲自古南北交通之要道，南北用兵必爭取此山道之控制權，其重要性蓋爲太行八陘之首，誠以南瞰大河，凌逼洛京，故爲兵家所必爭也。

澤州又北經高平（今縣）達潞州（今長治），此爲自古晉南之軍政中心，唐亦置節度使。

潞州北通太原府有東西兩道。東道由潞州正北行經黃碾（今地），襄垣縣（今縣），踰松門嶺至武鄉縣（今縣），又北出昂車關，東北相近又有石會關，又西北越軒車嶺（今黃花嶺？）蓋此道最高處。下嶺入象谷，又名蔣谷，故有「蔣谷大道」之名。又西北經太谷縣（今縣），洞過驛（今徐溝），至太原府，去潞州四百四五十里。西道由潞州西北行至斷梁城（今沁縣）。此段路程又分東西兩線：西線西北經高河（今鎭），龍泉驛，屯留縣（今縣），屯留驛（縣西十里），余吾寨（今鎭），銅鞮縣（今故縣鎭），東線由州北北西行，經太平驛，梁侯驛，皆至斷梁城。斷梁險峻，唐末用兵常重之，故宋置威勝軍。又西北經西唐店（今鎭），越護甲嶺（今分水嶺），團柏谷（今祁縣東南六十里），至盤陀嶺，自北齊置盤陀驛，又北經晉安寨至太原府，去潞州四百五六十里。太原府在今山西省會太原市西南四十里之晉源縣（舊太原縣治），爲唐北都，置都亭驛。

按潞州北行兩道：東道大抵循濁漳水東源河谷而上，踰嶺，復循象谷水而下行。

西道大抵循濁漳水北源河谷而上，踰嶺，復循今昌源河谷而下行。兩道里距略相當，唐宋志書，潞州至太原府皆四百五十里，無異說，不知究指何道也。惟西道置驛多可考，而東道似不置驛，蓋軒車嶺較高險歟？今日鐵路仍取西線，蓋所從來久矣。

參看圖四、圖五

一九六九年七月十七日初稿，一九七〇年四月二十日修訂，刊史語所集刊第四十二本第一分，九月八日校畢，增盤陀驛一條。一九八三年十二月八日改訂。一九八五年四月初三校定稿。

篇伍　中條山脈諸陘道

引　　言

汾涑流域與渭水盆地、伊洛平原爲中國古代政治、經濟、文化之核心區域。渭水盆地與汾涑下游地勢平坦，交通爲易；渭水下游東通伊洛，水道陸程雖皆甚險，但究爲一條廣大河谷地帶，比較起來，仍非極峻。而汾涑流域與黃河河谷間有中條山脈，自西徂東一百數十里，又東接太行山脈，致南北交通殊爲困難。然界在汾涑流域與黃河河谷之間，爲中國古史上之敏感地帶，故交通亦早闢，險側陘道亦甚多。最著名者有虞坂、巓軨、茅津道，王屋、軹關道，其次有白陘道、洹津道、風陵道等，皆所以聯貫汾涑平原與潼關以東之大河河谷者，關係古史，不可不知；其在唐代，又具有三都交通輔線之地位，更不可不知也。

(一)　虞坂巓軨道與白陘石門道

虞坂巓軨道，於唐即陝州大陽津北通安邑、絳州道。唐陝州當兩京水陸交通之衝，北臨黃河，即古茅津處，北周置太陽關。貞觀十一年，置大陽橋，橋長七十六丈，爲南北交通之要，以北達汾水流域之晉、絳、太原。開元中置水手二百人，規制僅次於河陽、蒲關兩津，其重要性可見。

通典一七七陝州陝縣，「郡北大陽橋，貞觀中丘行恭造。」元和志六陝縣：「太陽故關在縣西北四里，後周大象元年置，即茅津也。春秋時秦伯伐晉，自茅津濟，封崤尸而還。」① 又云：「太陽橋長七十六丈，廣二丈，架黃河爲之，在縣東北三里。貞觀十一年，太宗東巡，遣武候將軍丘行恭營造。」寰宇記六亦有此兩條，惟太陽故關條有「一名太陽津。後漢書謂獻帝北渡太陽津，是此處。」又新志，陝州陝縣「有太陽故關，卽茅津，一曰陝津，貞觀十一年造浮梁。」蓋州城北境自古爲津渡之要，古曰茅津，後曰太陽津，後周置關於城西北，唐貞觀中乃置浮橋於城東北也。隋書地理志，河北縣有關官，蓋卽此關，不知何時廢，故曰故關。

宋本唐六典七工部卷，河陽橋置水手二百五十人，大陽橋水手二百人，仍各置木匠十人。」校勘記引水部式殘卷亦云：「陝州大陽橋置水手二百人。」足見此橋之重要僅稍次於河陽橋。

其道由陝州北渡大陽津，東北十七里至河北縣，天寶元年更名平陸（今縣東北十五里）。又東北蓋略循沙澗水谷而上，經傅巖四十五里至軨橋，卽古巓軨坂，當沙澗水，東西絕澗幽空，窮深地壑，中間築以成道，通南北之路，故有軨橋之名。又東北約十餘里至虞城，在虞原上，大道之東，虞仲所封，所謂北虞，卽晉國假道於虞以伐虢者也。城北山道自上及下七山相重二十許里，謂之虞坂，地極險峻，故古人以騏驥駕鹽車上虞坂爲困境之譬。下坂，西北行三十二里至安邑縣（今縣）；下坂，東北行蓋四十二里至夏縣（今縣）。由安邑、夏縣北經絳州、晉州至太原府，此爲南北交通之一重要孔道。

安邑以北驛道經絳、晉通太原，已詳長安太原道篇。今僅論陝州至安邑、夏縣道。按元和志六陝州，此兩縣皆隸陝州，安邑南至州一百一十里，夏縣西南至州一百二十里。疑爲一道，而北歧分至兩縣。又兩縣皆在中條山之北，而遠隸於大河以南之陝州，是必通道甚便。實考之，卽有名史策之虞坂、巓軨道也。寰宇記四六解州安邑縣，「中條山在縣南二十里。其山西連華嶽，東接太行

① 秦伐晉事，見左傳文公三年。並參看僖公三十三年及文公二年春兩條。

山，有路名曰虞坂。」又同卷蒲州河東縣，「虞坂一名吳坂，在虞城北二十三里。」此條繫屬雖誤，但見虞坂虞城之相對方位。而隋書地理志，虞坂繫屬夏縣，元和志繫屬平陸縣。檢一統志解州卷山川目中條山條，「虞坂，南通平陸，北通安邑，東入夏縣界。」又吳山條，「山在安邑縣東南三十二里，跨夏縣、平陸縣界。一名虞山，一名吳坂，一名虞坂，一名鹽坂。……博物記，吳坂在鹽池東，吳城北。……州志，俗謂之青石槽，石巖險峻，亦中條山支阜也。今爲孔道。」按平陸縣名始於天寶，故城在今縣東北十五里②。元和志六陝州平陸縣，西南至州十七里③。故此虞坂路即夏縣、安邑通平陸至陝州之路也。虞坂居三縣之間，故得三屬之。考水經河水注，河水東過陝縣北，有咸陽澗水「出北（當作『北出』）虞山，南至陝津注河。」其東又有交澗水、路澗水，皆出吳山南入河。河水又東逕大陽縣故城南，沙澗水注之。下述沙澗水云：

「水北出虞山，東南逕傅巖，……傅巖東北十餘里卽巔軨坂也。春秋左傳所謂入自巔軨者也。有東西絕澗，左右幽空，窮深地壑，中則築以成道，指南北之路，謂之爲軨橋也。傅說……止息于此。……橋之東北有虞原，原上道東有虞城……周武王以封太伯後虞仲于此。……晉太康地記所謂北虞也。……晉獻公將伐虢，……假道于虞。……其城北對長坂，二十許里，謂之虞坂。戴延之曰，自上及下，七山相重。戰國策曰，昔騏驥駕鹽車上于虞坂，遷延負轅而不能進，此蓋其困處也。橋之東北……有小水西南注沙澗。亂流逕大陽城東，注于河。」

此段述事，見虞坂、巔軨橋道之形勢甚詳且顯，亦見爲自古南北重要通道。元和志六陝州平陸縣，有吳山卽吳坂也。傅巖在縣□（北）七里，「顛軨坂今謂之軨橋，在縣東北四十五里。」「故虞城在縣東北五十里虞山之上。」故事與酈注略同。寰宇記六平陸縣各條所記略同，惟五十里作六十里。綜合上引史料里距，可約述綱文如上。又一統志解州山川目，沙澗在平陸縣東二十里。關隘

② 平陸故城，紀要四一云在今平陸縣東五十里。而一統志作十五里。按唐平陸在陝州東北十七里。又輿地廣記一三，陝州平陸縣「有茅津在西，南對陝城。」知一統志爲正。

③ 今本作一百七十里，必誤無疑。一統志解州古蹟目太陽故城條引作十七里，是也。

目，沙澗鎭在平陸縣東南二十里黃河北岸。是當在澗水入河處。按唐代平陸既在今縣東十五里，則當沙澗水口之西，近處卽酈注之大陽城也。水出虞山，流經軨橋、傳巖，則平陸北出虞坂之道卽略循沙澗水谷而行耳。

巔軨、虞坂道爲陝州北踰中條山脈通汾、澮、絳、晉之主線。太宗貞觀十二年由洛陽西還，取道陝州，渡大陽津新橋，至河北縣（卽後改名平陸者），又北至安邑，卽此道也。又由安邑南之柳谷西經解縣至蒲州入關。柳谷蓋東南通虞坂。故此道可視爲陝州西入關中之北道。

舊紀，貞觀十二年二月，車駕還京（由洛陽回長安）。「乙丑，次陝州，自新橋幸河北縣，祀夏禹廟。丁卯，次柳谷頓，觀鹽池。」通鑑一九五書此事云，「癸亥，幸河北。……乙丑，上祀禹廟。丁卯，至柳谷，觀鹽池。庚午，至蒲州。」胡注：「禹都安邑，後人立廟於其地。安邑有鹽池，則柳谷亦當在安邑。」是太宗此行卽取軨橋、虞坂道至安邑無疑。寰宇記四六解州，「東南至陝府七十里，經中條山白徑嶺路過。」又云：「北至陝府經安邑縣南過，上柳谷，山路至陝府一百三十五里。」一爲捷徑，一爲迂道。一統志解州卷山川目，「柳谷在夏縣西南十五里，中條山中。」若此說不誤，則亦當在虞坂北道。太宗至安邑又回車至柳谷觀鹽池，乃西經解縣至蒲州耳。

虞坂、巔軨渡大陽津道，在中國史上極顯重要性。春秋晉國假道於虞以伐虢（今陝縣東南），卽此道。漢晉時代屢見史例。唐世所見，除太宗由東都北巡安邑外；安史之亂，東都失守，回紇可汗來援，由忻州而南，經晉、絳至平陸陝津渡河；唐末李克用自陝濟河還晉陽；劉知遠起兵由晉、絳抵陝；王峻由陝州出兵絳、晉，凡此皆取大陽、虞坂道，殆爲汾涑流域南通豫西之主線。

晉假道於虞伐虢事，衆所周知，玆不贅。通鑑四〇，漢建武元年，「鄧禹圍安邑，……更始大將軍樊參將數萬人渡大陽，欲攻禹，禹逆擊於解南，斬之。」

又八七，晉永嘉四年，漢使河內王粲寇洛陽，「石勒帥騎二萬會粲于大陽，敗監軍裴邈於澠池，遂長驅入洛川。」又九四，晉咸和三年，劉曜敗石虎於高候，（胡注引杜佑曰，絳州聞喜縣北有高候原。）「曜濟自大陽，攻石生於金墉。」此皆唐以前濟渡大陽之史例。

唐世太宗事見上引。舊一九五迴紇傳，迴紇發兵，經三城至忻州，藥子昂說其取土門道、大行道，皆不從，乃「說取陝州大陽津路，食太原倉粟」，乃從之。唐會要九八迴紇目云：「可汗自將精騎五千，南踰太原、晉、絳，屯兵于陝州平陸縣。」是也。又通鑑二五五，中和四年，李克用「自陝濟河還晉陽。」二八七，晉天福十二年，劉知遠由太原起兵，經晉、絳抵陝。又新五代史五〇王峻傳，劉旻攻晉州，峻自陝州趨絳州進援晉州。此皆取陝州太陽津，當行顛軨、虞坂道也。又通鑑二〇四，天授元年，或告勝州都督王安仁謀反，勑王弘義按殺之，回程道過汾州入洛。殆亦由此道也。

又由陝州北渡大陽津，西北越白徑嶺，「山嶺參天，左右壁立，間不容軌，謂之石門。」又北踰中條山至解縣（今縣），東南去州七十里，最爲捷徑。按此道在鹽池之南，卽涑水注所記，鹽池「南面層山，天巖雲秀，地谷淵深」之石門路，「南通上陽，北暨鹽澤」者也。

元和志一二河中府解縣云：

「通路自縣東南踰中條山，出白徑，趨陝州之道也。山嶺參天，左右壁立，間不容軌，謂之石門，路出其中，名之白徑嶺焉。」

按寰宇記四六解州，同。又同卷蒲州虞鄉縣，「白陘山在縣東五十里。」檢水經注六涑水注，鹽池在安邑西南。池「南面層山，天巖雲秀，地谷淵深，左右壁立，間不容軌，謂之石門。路出其中，名之曰徑，南通上陽，北暨鹽澤。」此卽元和志所本。王校引志云，「由檀道山陡徑出白徑嶺，趨陝州，卽石門百梯之險也。」寰宇記又云：「（解州）東南至陝府七十里，經中條山白陘嶺路過，不通人馬。」蓋不通車乘，但通人馬歟？字有奪譌。兩書皆云中條山在解南二十里。通鑑二一九，至德二年，賊將崔乾祐守河東，爲子儀所破，乾祐走至安邑，不敢入，「自白徑嶺亡去。」胡注，嶺在解縣東。同書二六八，梁乾化二年，梁遣康懷貞討朱友謙于河中，爲晉兵敗於解縣，「追至白徑嶺，……梁軍……退保陝州。」胡注，嶺在河中安邑縣東。度其地望，蓋解縣之東南，安邑之南也。一統志解州卷山川目，嶺在州東南十五里，跨安邑、平陸二縣界，中條之別嶺也。

（二） 軹關道

軹關道卽古代河東通河內轉至河南道。唐爲兩都交通之河北線。唐世洛陽東北之河陽關津爲東方第一大津，已詳洛陽太原道篇。軹關在河陽西北，爲太行八陘之南起第一陘，自戰國時代已爲秦國出兵山東之要道。南北朝隋唐時代，此道行程蓋自河陽西北行約五六十里至濟源縣（今縣），蓋置驛。又西約十里餘出軹關，又西約五十里至齊子嶺，疑卽漢箕關歟？或相近地段。又西十二里或二十里至王屋縣。又由洛陽北渡河六十里至河清縣（黃河北岸），又西北四十里，亦至王屋縣。縣在黃河北五十里，王屋山南十五里，今王屋鎭蓋其地。睿宗時置東章驛。又西至北朝之邵州、邵郡，卽唐之垣縣（今垣曲）。又西北踰王屋山脈至含口（今聞喜東南）達涑水上游，至汾水河谷之絳州（今新絳）。

元和志一六懷州河內縣目記太行山八陘云：

「連山中斷曰陘。述征記曰：太行山首始於河內。自河內北至幽州凡有八陘。第一曰軹關陘，今屬河南府濟源縣，在縣理西十一里。第二太行陘。第三白陘。此兩徑在今河內。第四滏口陘，對鄴西。第五井陘。第六飛狐陘，一名望都關。第七蒲陰陘。此三陘在中山。第八軍都陘，在幽州。」

是軹關陘爲太行八陘之最南者。此陘在歷史上極有名，史記蘇秦傳，說趙曰：「秦下軹道，則南陽危。」又蘇代稱秦正告魏之詞曰：「我下軹，道南陽，封冀，包兩周。」此南陽指太行之南、黃河以北，卽漢之河內而言，非漢之南陽郡也；此軹道乃漢河內郡軹縣，非長安東郊之軹道也。此參史記舊注、考證、地名考及施之勉諸說可曉。通典，修武有古南陽城，亦其證。則軹縣爲秦出山東之要道可知。寰宇記五二，濟源縣，「軹縣故城在今縣東南十三里。」按唐宋濟源即今縣。濟源有驛，見廣記三〇〇杜鵬舉條，雖爲神話故事，但云鵬舉於景龍中爲濟源尉，曾知驛。此縣置驛固有可能也。

魏晉南北朝時代，此地置關，曰軹關，屢見通鑑書事。例如：

魏明帝景初二年，「司馬懿在汲；……遣懿便道自軹關西還長安。」（卷七四）

晉懷帝永嘉二年，「王彌……至洛陽……大敗。……走渡河，與王桑自軹關如平陽。」（卷八六）

晉成帝咸和三年，「後趙中山公虎帥衆四萬，自軹關西入，擊趙河東。」（卷九四）

晉穆帝永和六年，「苻健……治宮室於枋頭。……既而……悉衆而西……行至盟津，爲浮梁以濟。遣弟輔國將軍雄帥衆五千自潼關入，兄子揚武將軍菁帥衆七千自軹關入。」（卷九八）

晉孝武帝太元十九年，「燕主垂頓軍鄴西南，……西燕主永……疑垂欲詭道取之，乃悉歛諸軍屯軹關，杜太行口……。」（卷一〇八）

陳文帝天嘉四年，「齊詔司空斛律光督步騎二萬築勳掌城於軹關，（北齊書一七本傳，關下有『西』字。）仍築長城二百里，置十二戍。」（卷一六九）

陳宣帝太建七年，周韋孝寬陳破齊之策曰：「今大軍若出軹關，方軌而進，……。」胡注：「自軹關出險趨趙。」（卷一七二）

此七事皆見軹關爲軍道要衝，且多見爲河內趨河東之首途。而北齊書及周書所見數條更能顯示其路線。例如：

北齊書二六平鑒傳，爲「懷州刺史，奏請於州西故軹道築城，以防遏西寇。朝廷從之。」

同書一五潘樂傳：「樂……鎮河陽。……時帝以懷州刺史平鑒等所築城深入敵境，欲棄之。樂以軹關要害，必須防固，乃更修理，增置兵將。……周文東至崤、陝，遣其行臺侯莫陳崇自齊子嶺趣軹關。……」（北史五三，同。）

周書三四楊摽傳：「齊神武圍玉壁，別令侯景趣齊子嶺。摽恐入寇邵郡，率騎禦之。景聞摽至，……遂退還河陽。」

是由河陽西北經軹關，齊子嶺，爲入周境之要道。大略仍戰國以來之故道也。隋書地理志，河內郡王屋縣有軹關、齊子嶺。寰宇記五二濟源縣，「故軹關在今縣西十一里。」唐宋濟源即在今縣治。通典一七七，河南府王屋縣，「今縣東二十里齊子嶺，周齊分境處。」元和志五河南府王屋縣條，同；而作縣東十二里。又云王屋縣在黃河北五十里，王屋山南十五里。是齊子嶺西行當至王屋縣。檢九域志一孟州目，濟源縣在州西北六十里，（寰宇記作四十里。）王屋縣在州西北一百三十里。紀要四九濟源縣條，王屋城在縣西八十里。又引舊志，「城在孟州西北百二十里。」是則王屋故城當在今濟源縣西約八十里，南去黃河五十里，北去王屋山十五里處。張編地圖集，其地有王屋鎮，當汽車道，蓋眞王屋縣故地矣。

又據前引楊摽傳，齊子嶺西至邵郡。又通鑑一七二，陳太建八年，周主伐齊，先遣諸軍守要害，其一軍「韓明步騎五千守齊子嶺。」胡注，亦云嶺在邵郡東。則此道又西至邵郡，卽唐之垣縣，今之垣曲縣也。

復考通鑑二五八，唐大順元年，張濬伐河東，兵敗守晉州，「自含口遁去。」「與韓建踰王屋至河陽……濟河。」（舊張濬傳略同。）考異引實錄，濬「自含山踰王屋，出河清，達于河陽。」又二六二，天復元年，「朱全忠欲先取河中……遣張存敬將兵三萬，自汜水渡河出含山路以襲之。……存敬至絳州」，絳、晉相繼降。又二八〇，後晉天福元年，高漢筠守晉州，兵敗，「歸洛陽，帝遇諸塗。」胡注：「高漢筠蓋自晉州出含口至河陽，而帝自太行南下，故遇諸塗。」所論甚是。大順元年胡注：「水經注，洮水源出河東聞喜縣淸襄山……西流出謂之含口，又西合于涑水，卽今含山之口也。」檢紀要四一，含口在聞喜縣東南。一統志絳州卷關隘目，同。是王屋道又西通至含口達絳州也。惟元和志五河南府，王屋縣在府西北一百里，河清縣在府北六十里（今孟縣西南五十里）。則張濬所行可能不經軹關耳。

箕關　後漢書鄧禹傳，光武略定河北，方自事山東，而欲乘亹幷關中，乃中分麾下精兵，使禹西入關。禹自箕關將入河東。河東都尉守關，禹攻破之，進圍安邑。李賢注：「箕關在今王屋縣東。」集解，沈欽韓曰在濟源縣。又三國志魏書六董卓傳附李傕郭汜傳，董承等奉獻帝在安邑，糧盡，「乃以天子還洛陽，出箕關，下軹道」云云。集解：「趙一清曰，水經河水注，瀎水出垣縣王屋山西瀎溪，夾山東南流逕故城東，即瀎關也。獻帝自陝北渡安邑，東出瀎關，即是關也。方輿紀要四一，箕關在絳州垣曲縣東北七十里。又卷四九，懷慶府濟源縣南十三里有軹城，即軹道也。」檢河水注，「瀎水西屈逕（瀎）關城南，歷軹關南逕苗亭西……東流注于河。」尤見瀎關在軹關之西。則此箕關地望與前考齊子嶺略相當，而音近，疑即一地歟？否則亦相近也。

東章驛　杜光庭天壇王屋山聖蹟序（全唐文九三一），「王屋山，……在洛京西北王屋縣。……唐睿宗皇帝時，玉眞公主於金仙觀修道，……帝幸眞元金仙二觀，……出玄武門，渡大河，至東章村，爲之，曰東章驛。敕東濟源縣、南河淸縣、西邵源縣、北陽城縣四縣界分巡護金仙、眞元二觀。」是此驛當在此四縣間，即王屋縣地區也。此地區惟軹關爲大道，疑在此道中。

唐代志書，絳州「東南至東都，取垣縣王屋路四百八十里。」蓋即上考之軹關道。絳州至垣縣之行程尚可稍詳考之。蓋略循洮水河谷而上，經含口，又循淸水河谷而下，至臯落故城（今有臯落鎭），又四十里至垣縣故城，又二十里至垣縣（今垣曲）。

唐代志書路程，見元和志一二絳州目。寰宇記四七，「十」下有「四」字。通典，絳州至河南府五百里，蓋亦此路歟？唐世，垣縣時隸於絳州，時隸於洛州，時又隸於陝州，而隸絳時間最久，詳寰宇記。記云縣在絳州東南一百一十里。新一五四李憲傳，爲絳州刺史，「請留垣縣粟糴河南，以錢還糴絳粟」，以「免負載勞。」平時負載當即此百一十里之陸道也。考宋史二九八司馬池傳云：

「時議者以蒲坂、寶津、大陽路，官運鹽廻遠聞。乃開含口道，自聞喜逾山而抵垣曲，咸以爲便。池謂人曰，昔人何爲捨逕而就迂？殆必有未便者。……未幾，山水暴至，鹽車人牛盡沒入河。」

是卽李憲傳之絳州通垣縣道，經聞喜之含口也。然逾山沿水甚險，故宋初已棄不用。

考水經注四河水注云：

「清水出清廉山之西嶺，世亦謂之清營山。其水東南流出峽。峽左有城，蓋古關防也。清水歷其南，東流逕臯落城北。服虔曰，赤狄之都也。世謂之倚亳城。……晉侯使太子申生伐東山臯落氏者也。與倚亳川水合。……清水又東逕清廉城南，……又東南逕陽壺城東，卽垣縣之壺亭邱。……清水又東南流注于河。」

按此卽今垣曲縣西北之亳清水也。同書六涑水注云：

「洮水……源東出清野山，世人以爲清襄山也。……西流出謂之唅口，又西合涑水。……司馬彪曰，洮水出聞喜縣，故王莽以縣爲洮亭也。」

王校引董祐誠曰，「水出今絳縣橫嶺山煙莊谷。山在聞喜縣東南九十里。」又云，唅口「卽煙莊谷口，出谷卽聞喜縣界。」檢一統志絳州卷山川目，「橫嶺山在聞喜縣東南，山脊橫亘故名。跨絳及垣曲二縣界。在聞喜者名小橫嶺，在絳縣南四十里者名大橫嶺，在垣曲西北八十里者名清廉山。……清廉、清營、清野、清襄雖四名，其實皆橫嶺山也。」據此，洮水與清水同發源於橫嶺山區，洮水西流出含口與涑水合，清水東南流，經臯落故城、垣縣故城入於河。今圖，清水入河之口卽在垣曲縣城附近。然則絳州至垣縣之通道蓋卽取此兩水河谷而上下耳。含口、臯落城、垣縣故城在此二水河谷。含口當此道，已詳前考。臯落城既爲古國都，爲晉所伐滅，必自絳至此有古道，稍南則垣縣故城矣。可知此道亦必中經此二地也。元和志六，臯落故城在垣縣西北六十里，垣縣故城在垣縣西二十里。寰宇記四七，同，「垣縣西」下有「北」字。史記地名考垣條，正義引括地志正作「垣縣西北二十里。」是也。

今日汽車道自絳縣東南經橫嶺關，臯落鎭，至垣曲縣，又東行經王屋鎭，濟源縣，至沁陽，蓋卽略循此古道而建者。

（三）洹津道與風陵津道

洹津道者，陝州西南靈寶縣（今縣，張編地圖集作故縣 E110°50′•N 34°45′）之西北三里有洹津（今渡），亦爲大河津渡之要，隋末曾置關。蓋由此北渡河至芮城又北踰山至涑水流域也。

元和志六陝州靈寶縣：「洹津在縣西北三里。義寧元年置關。貞觀元年廢關，置津。」新志同。圖書集成職方典四三〇，洹津渡之地望與元和志同。按河水注：「門水又北逕宏農縣故城東，城卽函谷關校尉舊治也。……其水側城北流而注于河。河水于此有洹津之名。……按河之南畔夾側水濆有津，謂之洹津。河北縣有洹水南入于河，河水故有洹津之名。」是向北渡河之津也。寰宇記五陝州芮城目洹水津條引穆天子傳：「天子自寘軨次于洹水之陽。丁亥，入于南鄭。」一統志陝州卷關隘目：「洹津關在靈寶縣西北黃河津濟處。後漢建安十年，杜畿爲河東太守，衞固絕陝津，畿乃從洹津渡。（按此見三國志一六杜畿傳。）後魏正平二年，宋侵宏農，將軍封禮赴救，自洹津南渡。（按此見魏書世祖紀，渡下有『赴弘農』三字。）皆卽此。」則此津見史甚早，且甚衝要。通鑑二三二，貞元三年，淮西將吳法超引兵騎四千自鄜州叛歸，由靈寶濟河而南。殆亦卽由此津也。又按隋書地理志，河東郡芮城縣「有關官。」楊氏考證，謂芮城古關無考。檢視地圖，芮城與靈寶隔河相望，此關官當卽指洹津關而言無疑。前引宋史司馬池傳，「時議者以蒲坂、寶津、大陽路，官運鹽迴遠。」寶津卽洹津，則自芮城北踰山固有久已通行之道也。

風陵津道者，由潼關北渡風陵津，至風陵堆山，置關，城在山上。由此北行五六十里至蒲州河中府。亦軍道一要津也。

元和志二華州華陰縣云：

「潼關……實謂天險。河之北岸則風陵津，北至蒲關六十餘里。」

又一二蒲州河東縣云：

「風陵故關，一名風陵津，在縣南五十里，魏太祖西征韓遂，自潼關北渡，即其處。」「風陵堆山，在縣南五十五里，與潼關相對。」

寰宇記四六蒲州河東縣紀事，同。「相對」下有「風陵城在其上」一句。檢河水注：「（潼）關之直北隔河有層阜，巍然獨秀，孤峙河陽，世謂之風陵。戴延之所謂風塠者也。南則河濱，姚氏之營與晉對岸。」兩軍對岸立營，正見爲一津渡處。又魏武自潼關北渡事，見三國志武紀建安十六年條及許褚傳。紀又云先「潛遣徐晃、朱靈等夜渡蒲坂津，據河西爲營。」是必亦先由潼關北渡河至蒲坂，再西渡蒲津至河西也。舊五九屈突通傳，爲隋守河東，欲趨武關，軍至潼關，爲劉文靜所遏，亦取道風陵之史例也。

其處，元和志云故關。檢新唐書地志，河中府河東縣，「南有風陵關，聖曆元年置。」不知何時廢。又虢州閿鄉縣，「有潼關、大谷關，武德二年廢。有鳳陵關，貞觀元年廢。」與潼關並舉，疑「鳳陵」卽「風陵」，則屢置屢廢矣。

參看圖二、圖五

一九七七年十月十二日初稿，一九八四年九月十六日增訂。

篇陸　長安西北通靈州驛道及靈州四達交通線

引　言

唐代靈州靈武郡治所在今寧夏省靈武縣（E106°20′·N38°5′）西南十里。中古時代，北方强敵入寇，中國大軍出擊，皆以此爲重要孔道。唐都長安，自東北迄西南，陸地邊疆逾兩萬里，疆上諸州以靈州去長安爲最近。開元時代，邊疆置九節度，朔方軍鎮靈武，去長安亦最邇。靈武朔方軍旣當西北交通孔道，華夷走集樞紐，其去國都又最近，且無大河之限，高山之阻，故此州軍在對外交通上尤形重要。貞觀十七年，太宗詔徵薛延陀汗，自擬與會於靈州；二十年又駕幸靈州，招撫北疆諸部，遂膺天可汗之號。安史亂後，靈武更見爲唐與回紇交通轉輸中心。誠以其地最近長安，且當中國北通塞上諸國之孔道也。

且朔方軍統攝遼闊，其轄境，西南盡河曲，東北有河套，黃河上下三千里，兩岸內外千餘里，皆所統屬，實爲外禦北狄之塞上長城。然以地居長安之直北，坦途不過千餘里，故有外禦、內衞之雙重作用，安史之亂，卒藉此軍內復兩京，中興唐室，良有以也。自此朔方一軍遂爲唐代中葉支持大局之擎柱，統督所及，東拒黃河（今山西陝西界），西抵賀蘭，西南兼河曲至六盤，南有渭水盆地之北緣，北有河套至磧口，關內之地除京兆府及同華岐隴四州，皆統屬之。其時吐蕃彊盛，盡陷隴右之地，唐蕃國界近在隴坂，蕃寇時逼長安，旣賴此軍爲之阻遏，復恃靈武劍南南北牽制，否則唐室東遷，爲周之續，無待蓍龜矣。故大曆中，郭子儀論吐蕃書云：「朔方，國之北門，西禦犬戎（指吐蕃），北虞獫狁（指回紇）。」（全唐文三三二。）信非虛語。又其時秦蘭原會旣陷屬吐蕃，唐代前期西通涼州達西域之南北兩驛道，皆已陷隔不通，甘、涼、瓜、沙、安西、北庭及西域諸國，使節往還，商旅運輸，率多由靈州進出，故此時靈州不僅爲北通回紇之孔道，亦爲西通西域之孔道。由此言之，此州在交通上之形勢，亦猶軍事，中葉以後，皆由專對北疆，進而兼制西域也。

靈武旣爲西北華夷交通之樞紐，復爲京師之屏障，中葉以後，尤爲西北交通軍事之第一重地。然其對內對外之交通路線，前人未能言之者，兹勾稽舊史，爲之考論如次，俾讀唐史者，於當時形勢能增一分瞭解焉！

（一）靈武統軍及其在華夷交通軍事上之特殊地位

靈州靈武郡（今寧夏靈武西南約十里）自隋及唐初即爲北方強敵入寇之孔道；中國禦邊，亦以此爲一道重鎭。

即就通鑑所記證之。如卷一七九，開皇二十年「四月壬戌，突厥達頭可汗犯塞，詔命晉王廣、楊素出靈武道，漢王諒、史萬歲出馬邑道（即朔州道）以擊之。」卷一八八武德三年考異引高祖實錄：「（突厥）處羅欲分兵大掠中國，於懷戎、雁門、靈武、涼州四道俱入。」卷一九一，武德八年「八月壬戌，突厥踰石嶺，寇并州。癸亥，寇靈州。」卷一九六，貞觀十五年十一月，薛延陀眞珠可汗入寇。「癸酉，上命營州都督張儉帥所部騎兵及奚、霫、契丹壓其東境。以兵部尙書李世勣爲朔州道行軍總管，將兵六萬、騎千二百，屯羽方。（新書作朔州，是。）右衞大將軍李大亮爲靈州道行軍總管，將兵四萬、騎五千，屯靈武。右屯衞大將軍張士貴將兵一萬七千，爲慶州道行軍總管，出雲中。涼州都督李襲譽爲涼州道行軍總管，出其西。」卷二一〇，先天元年十一月「甲午，以幽州都督宋璟爲左軍大總管，并州長史薛訥爲中軍大總管，朔方

（靈武）大總管兵部尚書郭元振爲右軍大總管。」此皆同時數道進出，靈州爲其一也。至於只舉一道者，如卷二〇七，長安元年五月，「以魏元忠爲靈武道行軍大總管，以備突厥。」四年七月丙午，以宗楚客爲原州都督充靈武道行軍大總管。九月壬子，以宰相姚元之充靈武道行軍大總管。亦皆見靈武爲西北對外軍事交通上之一重鎮。

至於靈州之地望。元和志四靈州：「其城赫連勃勃所置果園，今桃李千餘株，鬱然猶在。後魏太武帝平赫連昌，置薄骨律鎮，後改置靈州，以州在河渚之中，隨水上下，未嘗陷沒，故號靈州。」隋唐承之。一統志寧夏府卷古蹟目，「靈州故城在今靈州城西南，本後魏薄骨律鎮也。水經注，河水又北逕薄骨律鎮城，城在河渚上，赫連果城也。……舊志，靈州城，舊在河東，洪武十七年圮於水，移築於舊城北七里，宣德三年又爲河水所衝決，移於城東北五里，即今治也。」則中古靈州舊城在明清時代靈州之西南約十里河渚上。明清靈州則在寧夏府東南九十里，即今靈武縣。

故太宗親幸靈州以招撫北方諸部，乃膺天可汗之尊號。

通鑑一九七，貞觀十七年閏六月，「乃徵（薛延陀）眞珠可汗使親迎（公主），仍發詔將幸靈州，與之會。眞珠大喜，欲詣靈州。」（參會要九四沙陀突厥目。）同書一九八，貞觀二十年八月，上行幸靈州，「九月上至靈州，敕勒諸部俟斤遣使相繼詣靈州者數千人」，尊上爲天可汗。（參會要九四同目及九六鐵勒目。）蓋靈州既爲對北鄰交通之要衝，故太宗幸此以招撫諸部也。

安史亂後，靈武更見爲唐與回紇物資轉輸之中心。

肅宗賞迴紇之功，每歲送絹二萬匹，至朔方軍，使彼自取，見舊一九五迴紇傳。

直至末年，唐與回鶻之使臣仍以靈武爲要道。

宣宗遣使册回鶻可汗詔（全唐文八〇）：「會昌中，其國實遇天災，莫能地著，盡皆散徙。…朕……爰命使者將遠撫之。……軺車甫至於靈武，蕃使已及於塞垣，迨至闕庭，深陳血懇。……」按唐中葉以後，唐回通使已往往取太原道，然靈武道究較逕捷，故仍不廢也。

蓋其地介居華夷之間，交通四達，而瀕臨黃河，地平壤沃，爲西北塞上稀有之樂土，故赫連氏置爲果園，桃李盛茂，北魏更置薄骨律鎮，屏障西藩，爲西疆之一軍政中心。唐代先置朔方軍大總管，統兵盛時蓋逾十五萬人。開元九年更名朔方節度使，作爲捍禦北狄回鶻之重鎮。其所統有靈、鹽、夏、銀、豐、勝六正州，安北、單于兩都護府，匡、長、安樂三胡州，經略、定遠、豐安三軍，西、中、東三受降城。兵額六萬四千七百人，馬一萬四千三百匹，實際兵馬蓋倍之。

赫連氏置果園，見前引元和志。北魏置薄骨律鎮，詳拙作中國地方行政制度史第四册北朝地方行政制度第十一章北魏軍鎮。

唐會要七八節度使目朔方節度使條云：

「開元元年十月六日勑，朔方行軍大總管，宜準諸道例，改爲朔方節度使。其經略、定遠、豐安軍，東、西、中受降城，單于、豐、勝、靈、夏、鹽、銀、匡、長、安樂等州並受節度。」

按通鑑二一二，開元九年，「置朔方節度使，領單于都護府，夏、鹽等六州，定遠、豐安二軍，三受降城。」會要「元年」爲「九年」之譌寫。匡、長、安樂爲胡州，故通鑑不入數。其統兵之數額，通典一七二載之云：

「朔方節度使（理靈武郡，管兵六萬四千七百人，馬萬四千三百匹，衣賜二百萬匹段。）捍禦北狄。統經略軍（靈武郡城內，管兵三〔二〕萬七百人，馬三千匹。）、豐安軍（靈武郡西黃河外百八十餘里，萬歲通天初置，管兵八千人，馬千三百匹。）、定遠城（靈武郡東北二百里黃河外。景龍中韓公張仁愿置，管兵七千人，馬三千匹。）、西城（九原郡北，黃河外八千〔十〕里，景龍中韓公張仁愿置，管兵七千人，馬千七百匹。）、安北都護府（亦曰中受降城，景龍中，韓公張仁愿於黃河北岸置，管兵六千人，馬二千匹。）、東城（榆林郡東北二百里，景龍中，韓公張仁愿置，管兵七千人，馬千七百匹。按『二百』字譌。）、振武軍（單于都護府城內，天寶中王忠嗣置，管兵九千人，馬千六百匹）。」

元和志四靈州目，同；而脫東城及其兵馬額。①此蓋開元天寶間法定之額也。然郭子儀論吐蕃書（全唐文三三二）云：「朔方，國之北門，……開元天寶中，戰士十萬，戰馬三萬，纔敵一隅（謂回鶻）。」則實際兵馬蓋幾倍之。又按朔方節度使既爲較早之朔方軍大總管改名而來，則此所統諸軍城當有承受總管時代之制。通鑑二一〇，景雲二年七月「己巳，以右御史大夫解琬爲朔方大總管。琬考按三城戍兵，奏減十萬人。」同書二一一，開元二年「閏二月，以鴻臚少卿朔方軍副大總管王晙兼安北都護、朔方道行軍大總管，令豐安、定遠、受降城及旁側諸軍皆受晙節度。」此皆其證。而解琬一次奏減兵額十萬人，則此前兵額當在十五萬以上，殆可斷言。

今先考其通長安之驛道，次及其向西至涼州達西域道、向北至豐州受降城再達塞北道、向東經鹽夏至黃河道，以及自靈州出發之其他諸道。且靈州河套間黃河二千數百里，水運發達，故殿述之。

（二）　長安通靈州兩驛道

靈州東南至長安之路線，就形勢言，不外三道。東南取慶州（今慶陽）路，經寧州（今寧縣）、邠州（今邠縣）至長安。此一道也。南取原州（今固原）路，又東經涇州（今涇川），亦至邠州，達長安。此一道也。又由靈州東取鹽州（今鹽池北）路，折而南至慶州，經寧邠至長安。此一道也。取慶州路，則由馬嶺水（今環江、馬蓮河）源頭之青剛川，沿此河谷而下接涇水河谷。取原州路，則略循高平川水（今清水河）而上，經蕭關至原州，又循涇水而下至長安。證之唐史，此兩道有明徵，而邠、

① 此額又參看通鑑隋唐紀比事質疑頁二一〇天寶元年兵馬數目條。

寧、慶道尤爲主線；惟鹽州路雖可行，然迂遠，未見行之者。

唐代邠、寧、慶三州乃沿涇水及其北源馬嶺河而建置。其爲一道乃自然之形勢。通鑑二一八、二一九，至德元載、二載，記肅宗由靈武駕回之行程云：

「（元載）九月……戊辰，發靈武。……丙子，上至順化（即慶州），韋見素等至自成都。……十月辛巳，……上發順化。癸未，至彭原（即寧州）……。（二載）正月……甲子，幸保定（即涇州）。……二月戊子，上至鳳翔。」

是其由靈州南下正取此慶寧道，惟當時長安尙爲安祿山所據，故由寧州西幸涇州至鳳翔耳。稍遲，肅宗乃命郭子儀「取邠、慶、朔方路過往收大同、橫野、淸夷，便收范陽及河北。」（肅宗命郭子儀充諸道兵馬都統詔，全唐文四三。）是擬議之收復大計，亦取此道。中葉以後，置邠、寧、慶節度使，爲一軍區，亦以其爲一交通路線也。又通鑑二二四云：

大曆三年，「元載以吐蕃連歲入寇，馬璘以四鎭兵屯邠寧，力不能拒。而郭子儀以朔方重兵鎭河中，深居腹中無事之地。乃……議徙璘鎭涇州，而使子儀以朔方兵鎭邠州。十二月己酉，徙馬璘爲涇原節度使，以邠、寧、慶三州隸朔方。②……四年……二月……辛酉，郭子儀自河中遷于邠州。其精兵皆自隨，餘兵使裨將將之，分守河中、靈州。」「十月，（朔方留後）常謙光奏吐蕃寇鳴沙，……郭子儀遣兵馬使渾瑊將銳兵五千救靈州，子儀自將進至慶州，聞吐蕃退，乃還。」

是直以邠寧慶靈一線並列四州爲一軍區矣。靈州有事，統帥由邠州出寧慶赴援，其爲一通道更無可疑。至五代時期，曾兩見朔方節度使出鎭靈武，道經方渠、靑剛峽之記載。方渠在慶州西北馬嶺河上，靑剛峽則馬嶺河之上源也，詳後文。此即唐代故道也。復檢宋史八七地理志，慶陽府，「舊置環慶路經略使安撫使，統慶州、環州、邠州、寧州、乾州，凡五州。」按環州即唐之慶州方渠縣，在慶州西北一百八十里，亦在馬嶺河上。（詳後文。）乾州即唐之奉天

② 新六四方鎭表，是年朔方增領邠寧慶三州。

縣，當長安至邠州道，詳長安西通安西驛道篇上。則此亦承唐因交通路線而置軍也。

至於取鹽州路，唐宋志書皆記靈、鹽間有通道，鹽、慶間有通道，則由靈州東經鹽州，再南入慶州至長安，固屬可行，然未見有作如此行程者，蓋非主線也。長安經邠涇至原州爲一大驛道，考詳篇十一長安西通安西驛道上。今此須考論者，卽原州北至靈州是否爲大道也。俟下文第二節首條，再詳論之。通鑑一七五，陳至德元年八月「壬午，隋遣尙書左僕射高熲出寧州道，內史監虞慶則出原州道，以擊突厥。」蓋正因長安通靈州地區有東西兩道，故分兩路進兵也。

(A) 邠、寧、慶、靑剛川道　附慶、鹽、靈州道

先論邠寧慶至靈州道。長安西北行三百里至邠州，循涇水之北源馬嶺水（今馬蓮河及其上流之環江）西北行一百四十里至寧州，又一百三十里至慶州，又西北盡馬嶺水之源，六百四十里至靈州，去長安一千二百一十里。

通典、元和志、寰宇記皆記靈、慶、寧、邠四州至長安之里距，及各州相鄰者之里距，玆列舉如次：

	靈州至長安	靈州至慶州	慶州至長安	慶州至寧州	寧州至長安	寧州至邠州	邠州至長安
通典	1250 (去東都2000)	640 640	560	530(誤) 127	450	142 142	280
元和志	1250 (去東都2270)	620 620	570	127 130	456	140 140	300
寰宇記	1250 (去洛陽2110)	640 640	564	127 127	452	142 190(誤)	282

觀上表所列，慶州至寧州大數130里，寧州至邠州大數140里，無大歧異。惟

邠州至長安有 300 及 280 之異，蓋長安至邠州本有經奉天或經涇陽之兩道也。今就通典、寰宇記所記寧州慶州至長安之里數校之，則邠州至長安 280 里，本書前後即不相應，故從元和志書之。則130、140、300之和正爲570里，即慶州至長安之里數也。至於靈州至慶州，通典、寰宇記作640里，元和志作620里，有20里之差。檢九域志三，環州南至慶州 180 里，西北至靈州465里，合爲645里，與通典爲近，今從之。則靈州經慶州、寧州、邠州，至長安，共爲 1210 里，與唐宋三志書作1250里者差少40里，似靈州至長安1250里之數，非取道慶州者。然檢此三志書，靈州東取鹽州，南取原州，至長安之里數又皆不只1250里，而爲1300里以上，是亦不合。且趙珣聚米圖經云「靈州至環州五百里。」曾公亮引皇華四達記云，環州「至靈州五百四十里。」（皆詳後引。）環州即唐代之慶州方渠縣，在慶州西北 180 里，則慶州西北至靈州爲680里，或720里，加慶州至長安 570 里，正爲1250里或1290里。蓋邊疆地區計程先後不準，三書所記，靈州至長安 1250 里者，仍指取慶州路而言也。今爲劃一計程，作1210里。

長安西北行，渡渭水，經臨皐驛，咸陽縣、陶化驛（今縣），磁門驛，管城驛，醴泉縣、驛（今縣東北十里泔北鎭），蓋中經駱驛至奉天縣、驛（今乾縣東）。又自咸陽西經興平縣、驛（今縣），折北亦至奉天。奉天當西北大道之要。又北出漠谷，踰梁山，經永壽縣、驛，麻亭驛（今永壽），至邠州治所新平縣（今邠縣），去長安二百八十里或三百里。唐中葉以後，置邠寧慶節度使，鎭邠州，是爲京師西北重鎭。

以上皆詳篇十一長安西通安西驛道篇上。

又由長安北渡渭水，至涇陽縣（今縣）七十里，置迎冬驛。縣西南五里有長平坂，爲大道所經。涇陽西北行約四十里至雲陽縣（蓋今涇陽西北之長街鎭，或雲陽鎭東），蓋置雲陽驛。又西北三十八里上車箱阪，阪道縈紆，上阪即平原宏敞，樓觀相屬，四十二里至漢甘泉宮。宮在甘泉山上，爲古祀天處，南去長安二百里，望見長安城。宮中通天臺高三十五丈，雷雨悉在其下。此山自秦漢以來爲長安北塞，當西北軍道之要。又西北約百里亦至邠州。

通鑑二二四，大曆二年「九月，吐蕃衆數萬圍靈州，遊騎至潘原、宜祿，詔郭子儀自河中帥甲士三萬鎮涇陽，京師戒嚴。甲子，子儀移鎮奉天。」正以涇陽與奉天並爲京師西北兩道之路口也。又通鑑一九八貞觀二十年述行幸靈州事云：

八月「己巳，上行幸靈州。……庚午，車駕至浮陽。……壬申，上幸漢故甘泉宮。……庚辰，至涇州。丙戌，踰隴山，至西瓦亭，觀馬牧。」

胡注：「浮陽，舊書作涇陽，當從之。」今按唐會要九六鐵勒目，貞觀二十年，「太宗幸靈州，次涇陽頓。」而卷九四亦作浮陽，皆形譌也。由甘泉宮至涇州，必經邠州，史省文耳。是由長安至邠州之另一道也。中經涇陽、甘泉宮。觀地圖，當略循涇水之東北岸而行耳。

元和志二，涇陽縣南至京兆府七十里。長安志一七，涇陽縣有「迎多驛，在廣吉鄉。十道志曰，舊池陽縣城俗名迎多城。……後爲驛，今廢。」

又元和志，「長平阪在縣西南五里。」紀要五三涇陽縣目長平阪條：「縣西南五十（衍十字）里，……漢武帝上甘泉經此，宣帝自甘泉還登長平阪。又有長平館在其上，元后登長平館，臨涇水是也。」是此坂亦爲長安至涇陽甘泉大道所經。元和志二，雲陽縣西南至京兆府一百一十里。按一統志西安府卷建置目，涇陽縣在府西北七十里。又古蹟目，雲陽故城在涇陽縣北。是唐雲陽當在長安西北，非東北也。又元和志雲陽縣目云：

「甘泉山一名磨石嶺，在縣西北九十里，周回六十里。」

「雲陽宮卽秦之林光宮，漢之甘泉宮，在縣西北八十里甘泉山上，周回十餘里，去長安三百里，望見長安城。黃帝以來祭天圜丘處也。」

按甘泉山、甘泉宮爲長安北塞，當西北軍道之要，紀要五三涇陽縣目甘泉山條已引證甚詳，今不贅。此志云甘泉宮去長安三百里。檢寰宇記三一雲陽縣目，書此事。校者云「原本作二百里，據玉海改作三百里。」按雲陽去長安一百一十里，甘泉山、甘泉宮在雲陽西北八十里或九十里，則甘泉去長安正當作二百里。寰宇記原本不誤，元和志及玉海作三百，則誤也。又紀要五三涇陽縣目，甘泉山在縣西北百二十里。涇陽在長安北北西七十里，是此山在長安西北一百九十里或二百里也。此亦其證。且由此「二百里」之言，知由長安至甘泉當經涇陽、雲陽兩縣，兩縣相去四十里也。

一統志西安府卷古蹟目，雲陽故城條：「縣志（涇陽縣志），雲陽故城在縣北三十里，今雲陽鎮東有舊城址。又有舊鼎州城，在縣西北四十里，卽長街鎮。」按武后天授二年置鼎州，卽在雲陽縣，疑長街鎮原雲陽縣故治。此外關於雲陽、甘泉宮，未引證者，皆見元和志雲陽縣目。張子容有雲陽驛陪崔使君邵道士夜宴詩（全唐詩二函七册），當卽此雲陽之驛。至於許渾晚秋雲陽驛西亭蓮池詩（全唐詩八函八册）、司空曙雲陽館與韓紳宿別（同書五函四册），則在夔州之雲安縣，非渭北也。詳卷四之成都江陵間蜀江水陸道篇。

元和志雲陽縣目又云：「車箱阪，在縣西北三十八里，縈紆曲折，單軌纔通。上阪卽平原宏敞，樓觀相屬，卽趨甘泉宮道也。」長安志二〇雲陽縣，同。此必居雲陽縣與甘泉宮間，西北至宮四十二里也。

邠州北行，中經古豳城，渡涇水，凡七十里至定平縣（今寧縣南六十里政平鎮），城北有棗社驛。城南當馬嶺川水入涇水處，五代時曾置衍州，蓋卽以當涇水兩大上源之會，爲軍道要衝也。又北七十里至寧州治所定安縣（今寧縣），在馬嶺川水（卽古洛水）東岸。城北有三橋水（今古城河），南有九陵水（今九龍川），皆西入馬嶺川。城當三水之會，依山而立，通衢宛轉，殊爲崎嶇。

邠州北至寧州一百四十里。元和志三寧州定平縣，「北至州七十里。……大業十年於此築城，置棗社驛。武德二年，於驛分安定縣置定平縣，其驛移出城北。」而寰宇記三四，定平縣改屬邠州，在州北六十里。是兩州驛道經此無疑，去兩州皆七十里也。一統志慶陽府卷關隘目，「政平鎮，在寧州東南六十里，即故定平縣。」又同卷山川目馬蓮河條，「府志，馬蓮河在寧州西二里，自安化縣來，與九龍川合流，經政平鎮入涇水。」則定平縣在今政平鎮，其南即馬嶺川水與涇水合流處。通鑑二六七，後梁開平三年，岐王使劉知俊取靈州。詔康懷貞「將兵攻邠寧以救之。懷貞等所向皆捷，克寧衍二州，拔慶州南城。」胡注：「寧慶衍三州皆靜難軍巡屬，岐地也。周顯德五年，廢衍州爲定平鎮，隸邠州。」是五代時曾於此置衍州也。當以交通要衝之故。

史記周本紀：「公劉卒，子慶節立，國於豳。」集解：「徐廣曰，新平漆縣之東北有豳亭。」正義：「括地志云，豳州新平縣，即漢漆縣。詩，豳國，公劉所邑之地也。」按元和志三邠州三水縣，「古豳城在縣西三十里，公劉始居都之處。」又寰宇記三四邠州三水縣，「古邠城在縣西南三十里，……在豳川水西，蓋古公劉之邑即此城也。」豳川水當即涇水，自豳山而來也。三水縣在邠州治所新平縣東北六十里，豳城在三水西南三十里，涇水之西，則當在州北約三四十里涇水西岸，正當此大道應經之處。此地既當涇水兩大上源滙流處之稍東南，爲渭水盆地對西北交通之樞紐，宜公劉居此以興周室也。

寧州城　鷄肋編上，記諸州紀事詩，「寧州亦云，『鷄足斜分三道水，蛇腰慢轉一條街。』蓋州依山而立，通衢宛轉而上也。三水會於城下，故驛名三河，謂九陵、三橋、馬嶺，皆合流於寧。九陵河在東南，出慶州華池縣千子山，川中九堆如陵，故名。三橋河在城西北，自襄樂縣界來，……馬嶺河在城西。……水經注云洛水一名馬嶺川。俗謂寧州有三不可：斬、蹴踘、曬豆，言地峻不可住也。」按馬嶺川、九陵水並見寰宇記；記又有珊瑚谷水，蓋即三橋河也。

又有長城嶺者，似亦爲大道所經，當在定平東南地區。

舊五代史一三梁書劉知俊傳：「李茂貞厚待之。……尋命率兵圍靈武，且圖牧圉之地。靈武節度使韓遜遣使來告急，太祖令康懷英率師救之，師次邠州長城嶺，爲知俊邀擊，懷英敗歸。」注引九國志：「李彥琦劉知俊自靈武班師，塗經長城嶺。」云云。則長城嶺似爲大道所經。紀要五四三水縣目，「馬嶺山在縣西，一名箭括嶺，或曰即長城嶺也。」下引通鑑此條。按三水縣在邠州東北六十里。若「或曰」不誤，當在定平東南也。

寧州西北行，三里至定安故關。

元和志三，寧州治安定縣，「後魏太武帝置安定郡……在今縣理西北三里定安故關。自開皇三年移縣入廢趙興郡理，仍屬寧州。」寰宇記三四，縣名作定安。云：「後魏太武眞君二年，置定安縣，在今縣理西北三里。隋開皇三年移於今理。」檢通典，縣名作定安是也；元和志誤。蓋安定乃涇州治所，後改名保定者。據元和志，定安舊治定安故關，此當爲大道所經也。此關亦見新志。

又北稍西蓋略循馬嶺川河谷而上一百二十七里至慶州治所弘化縣（今慶陽），後改安化縣、順化縣，卽古不窋城、郁郅城、尉李城。地當馬嶺（今環江）、白馬(今揚西川)兩水之會，故隋及唐初有合川鎭、合川縣之名。

前引通典、元和志、寰宇記，寧慶間相去有一百三十里、一百二十七里兩說，蓋自定安舊址定安關計之，爲一百二十七里，自新址計之則一百三十里也。其更名年代及兩水之會，皆見元和志三慶州順化縣目。寰宇記三三慶州安化縣目亦云：「周地圖記云，郁郅城，今名尉李城。在馬嶺白馬兩川交口，卽今縣是也。水經注云，尉李城亦曰不窋城。」又曰：「白馬水出北塞夷中。水經注云洛川南經尉李城東北，合馬嶺水，號白馬水。」按慶州在今慶陽縣。檢張編地圖集，白馬川卽馬蓮河東源之揚西水，馬嶺川卽西源之環江也。

寧、慶間所經不詳。寧州北微西一百里之彭原縣極可能在道上。寧州西北八十里之豐義縣及慶州西南九十里之驛馬關雖爲軍事要衝，但似不當此道。

新二二五中朱泚傳：「泚（北逃）至涇州長武城，田希鑒拒之。……泚猶餘范陽卒三千，北走驛馬關。寧州刺史夏侯英開門陣而待，泚不敢入，固保彭原西城。」爲部下所殺。通鑑二三一興元元年紀，略同。按元和志三，彭原縣在寧州北一百里。寰宇記三四，作西北一百里。極可能在道上。舊一二二張獻甫傳，貞元四年，爲邠寧慶節度使，「乃於彭原置義倉，方渠、馬嶺等縣選險要之地以爲烽堡。」方渠、馬嶺皆當此道，詳後文。彭原置倉，似即當道之一證也。天下郡國利病書六一慶陽府安化縣，「驛馬關在城西南九十里。」紀要五七安化縣目及一統志慶陽府卷關隘目，並同。不知是否爲唐關所在。若唐世已在此，則非此道所經也。

通鑑二三三，貞元三年「十月甲申，吐蕃寇豐義城，前鋒至大回原，邠寧節度使韓遊瓌擊卻之。乙酉，復寇長武城，又城故原州而屯之。」四年，「韓遊瓌之入朝也，……見上，盛陳築豐義城可以制吐蕃。」檢元和志三寧州豐義縣，「東南至州八十里。」而寰宇記作州西八十里。則雖軍事要地，但似不當此大道。蓋其時吐蕃軍西自原州東來，非自靈鹽南下也。

慶州向西北循馬嶺川(今環江)河谷而上，六十五里至馬嶺縣（今馬嶺鎮，在環縣新址稍南）。又四十里至百家堡，唐初縣治此，因堡西一里馬嶺坂受名。又五里至拔谷。又三十里至木波鎮。又四十里至方渠縣(舊環縣)，時或置鎮。秦長城在城北一里，迤東遺蹟在馬嶺縣西北一百二十六里。

馬嶺縣，方渠縣　舊一三四渾瑊傳，大曆「十一年，領邠州刺史。其年，吐蕃入寇慶州方渠、懷安等鎮，瑊擊卻之。」是方渠置鎮，當吐番道。考新五代史四六康福傳，後唐明宗時，出鎮靈武。道經方渠、青岡峽，至靈州。通鑑二七六後唐天成四年紀，同。又通鑑二七七，後唐長興三年「正月，樞密使范延光言：自靈州至邠〔慶〕州方渠鎮，使臣及外國入貢者多爲党項所掠，請發兵擊之。」是方渠當靈州道也。又舊一二二張獻甫傳，貞元四年，兼邠州刺史邠寧慶節度觀察使，「乃於……方渠、馬嶺等縣選險要之地爲烽堡，……以備蕃寇，朝廷從之。」舊一二二楊朝晟傳，爲邠寧節度使。貞元十年春，「朝晟奏方渠合道木波皆賊路也。請城其地以備之。」朝廷從之。「軍次方渠」。同書一四四又有朝晟傳，述此事在十三年，略同，而云「已事，軍還至馬嶺，吐蕃始來。」新一五六楊朝晟傳及通鑑二三五貞元十三年紀，略同，皆云「開地三百里。」是馬嶺與方渠並當道也。檢元和志三慶州，「馬領縣東南至州六十七里。」「方渠縣東南至州一百八十里。古慶匡州倉在馬領川內，因渠爲名。……縣西北馬領山諸谷水東南流經縣所置方渠堡，因名之。」又武經總要前集一八上：環州，「馬嶺鎭……卽古之馬嶺縣……今控馬嶺川大路，……東南至慶州六十五里，……北至大拔塞四十五里，至州一百三十里。」一百三十里，據同卷大拔砦條當正作「一百二十里」。卽慶州至環州一百八十五里，環州卽唐之方渠縣，視元和志差多五里。然下文木波條，北至方渠里數，總要作四十五里，而寰宇記作四十里。若據寰宇記，減五里，正同元和志之數。又九域志三環州目，亦作南至慶州一百八十里，故仍從志。一統志慶陽府卷關隘目，「馬嶺鎭在環縣南一百二十里，卽故馬嶺縣。」是也。檢張編地圖集，尙有馬嶺地名，在環縣新址之南。方渠縣，五代末及北宋置環州，在明清時代之環縣，卽今圖之舊環縣也。參看下文。一統志古蹟目：「明統志，方渠廢縣在環縣南七十里。蓋宋砦也。」殆是矣。

百家堡　通鑑一九一，武德七年，慶州都督楊文幹反，「襲陷寧州，驅掠吏民出據百家堡。」此堡必當北出大道。檢元和志三慶州馬嶺縣條，「義寧二年，於今縣理北四十里百家堡置馬領縣，……以縣西一里有馬領坂，因名。」則堡在馬嶺縣北四十里，唐初曾爲縣治。地在馬領坂，當亦沿馬嶺水，蓋卽當此大道也。③

木波鎭　前引楊朝晟傳，又有木波，亦當吐蕃入寇之路。朝晟傳又云：「（貞元）九年，城鹽州，徵兵以護外境，朝晟分統士馬，鎭木波堡。（張）獻甫卒，詔以朝晟代之（邠寧慶節度使）。」通鑑二三四，貞元九年，城鹽州，「命鹽州節度使杜彥光戍之。……楊朝晟戍木波堡，由是靈夏河西獲安。」又宋史四六六宦者劉承規傳，咸平中，「請益環州木波鎭戍兵，以爲諸路之援，從之。」是木波堡爲當吐蕃道之一重要鎭戍處。郡國利病書六三引范文正集：「木波寨

③　舊唐志，馬嶺，隋縣，治天家堡。貞觀八年移理新城，以縣西有馬嶺坂。與元和志異。

在環州，正當賊來大川路。」是也。考武經總要前集一八上邊防邠寧環慶路，環州「南至慶州百四十里。」（據同卷其他條目，「四十」顯誤。）本注：「木波鎮路。」又環州木波鎮條，「咸平中重修，……北至州四十五里。」而寰宇記三七通遠軍，「南至木波鎮四十里。」通遠軍即環州，在唐之方渠縣，則木波當慶州北通方渠之道中，在方渠南四十里或四十五里也。參之元和志方渠去慶州里數，姑從寰宇記。

拔谷　武經總要前集一八上，環州：大拔砦，「入慶州中路，西北至州七十五里，……南至馬嶺四十五里，北至木波嶺三十里。」馬嶺鎮，「北至大拔寨四十五里，至州一百三〔二？〕十里。」木波鎮，「南至大拔砦三十里，北至州四十五里。」則北宋時代，馬嶺西北四十五里至大拔寨，又三十里至木波鎮，又四十五里至環州，皆沿馬嶺川水也。木波、馬嶺皆唐代故地。考通鑑二二五，大歷十二年，「吐蕃八萬衆軍於原州北長澤監。己巳，破方渠，入拔谷。郭子儀使裨將李懷光救之，吐蕃退。」疑拔谷即武經總要之大拔砦也。

秦長城　元和志三慶州馬領縣，「秦長城在縣西北一百二十六里，即蒙恬所築也。」度其地已近方渠縣。復檢寰宇記三七通遠軍，「通遠縣……在（軍）郭下。……古長城去城一里，秦長城也。」通鑑二二五大歷十二年，胡注引宋白續通典：「靈州方渠鎮，宋初置通遠軍，秦長城在城北一里。」是方渠縣城北一里尚有秦長城遺蹟，迤東或迤西，亦有遺蹟，在馬嶺縣西北一百二十六里也。

方渠當甜鹹兩河及青剛川諸水之會。鹹河在城東，河有三源，分從土橋、歸德川、同家谷來。甜河、青剛川皆在城西。由縣西北青剛川大路至靈州。後晉置威州於此，統木波、馬嶺鎮；後周改名環州；皆借唐代鳴沙縣之舊州名，非其地也。宋初改置通遠軍，蓋亦以當靈鹽蕃部要道故名。

舊五代史一五〇郡縣志，威州「晉天福四年五月勑，靈州方渠鎮宜升爲威州，隸靈武，仍割寧州木波、馬嶺二鎮隸之。周廣順二年三月改爲環州。顯德四年九月，降爲通遠軍。」寰宇記三七通遠軍目，略同。云「管通遠一縣，併木波、石昌、馬嶺三鎮。」九域志三環州目亦略同。云淳化五年復爲環州。此三處所書甚明晰。而武經總要前集一八上，「環州治通遠縣，古朔方鳴沙地，秦長城在焉。居人部落相雜，唐爲（安）樂州，天寶後陷吐蕃。宣宗收復，建爲威州，割木波、馬嶺二鎭隸之。周置通遠軍使，本朝淳化中復爲州，改今名。」名稱改復時間既誤，尤與唐代環威州名相混。其實唐代之環州、威州在靈州南稍東一百八十里，在宋環州之北幾三百里，詳後古威州條。蓋後晉天福中於方渠置威州，借唐代鳴沙威州之舊名耳，非其地。武經總要混爲一地，誤矣。通鑑二八五後晉開運三年胡注亦承此誤也。

寰宇記三七通遠軍，「通遠縣，與州同置，在郭下。鹹河從土橋、歸德州〔川〕、同家谷三處發源來，鹹苦不堪。甜河在城西，從蕃界部鼻家族北界來，供軍城人戶。」是方渠當鹹甜兩河之會。復考武經總要前集一八上，環州「北至洪德砦八十里，砦北即蕃界，青岡峽、清遠軍……。」「洪德砦西北路即舊口入靈武大路，號青岡峽。東至鹽州路，號歸德川。」又通鑑二八五後晉開運三年，胡注引趙珣聚米圖經：「自環州出青剛川，本靈州大路。」按歸德川既鹹河上游，似青剛川蓋即甜河之上游也。然一統志慶陽府卷山川目，「甜水河在環縣西三里。」又云環河「在環縣西。……明統志，環江源出環縣北七十里（此誤），亦曰環河，流經縣城西，委曲環抱，石橋交跨，小港分流，南入安化縣（慶州）界。……府志，環江在環縣西十里，源出青岡峽。……按……今環河即馬嶺水也。其下流曰馬蓮河者，蓋亦馬嶺之譌。」則環縣城西近爲甜水河，稍遠乃有環河，上游即青剛川矣。蓋三水皆會於環縣城之稍南地區。西北道實循環河青剛川而上矣。

青剛川大道去靈州行程之可考知者：方渠西北行三十里至烏崙寨（清烏崙城在環河西），當烏倫山口，土橋當在此前後。又三十里至洪德寨（今有洪德城），其地當北出靈鹽分途處：由寨東北出歸德川至鹽州，由寨西北行乃入青剛川道。青剛道經青剛嶺、青剛峽（今地）約百里入旱海沙磧中。又約六十里至積石嶺，宋太宗時置淸遠軍；又五十里至浦洛河；又約十里至鳴沙縣舊址，地近長樂山，隋及唐初置環州，有關官；後置安樂州，大中三年置威州。[④] 又約六十里至輝（耀）德鹽井，又一百二十里至靈州。

烏崙寨　寰宇記三七通遠軍，「南至木波鎮界四十里，北至靈武路烏崙塞〔寨〕三十里。」按武經總要前集一八上環州，「烏崙砦控烏崙川一帶賊馬來路，咸平中重修，……南至州二十五里。」又九域志三，環州統通遠一縣，有八寨，烏崙爲其一。則塞當作寨。考宋史二五一符彥卿傳，後唐天成中，「改慶州刺史，奉詔築堡方渠北烏倫山口，以招党項。」則此寨堡始築於後唐或更早，乃由方渠縣北通靈武之第一站也。又紀要五七慶陽府環縣有烏崙城，在「縣北三十里，宋置烏崙寨，以烏崙山而名，爲戍守要地。金亦爲烏崙寨，元因之，今亦設兵防衞於此。其城東面圮於環河。」則歷代相沿建置，在環河西岸，清代尚有烏崙城。

青剛峽　青剛之名蓋始見於舊唐書一九四上突厥傳上。傳云，單于副大都護張知運與河曲降戶阿悉爛跌跌思泰等戰于青剛嶺，兵敗被擒。時在開元四年。通鑑二一一開元四年，書此事。胡注：「青剛嶺在慶州方渠縣北，靈州之南。」考舊五代史九一康福傳，後唐明宗時，授朔方河西節度使，赴鎮靈武，「行次青岡峽，……見川下煙火，吐蕃數千帳在焉，……殺之殆盡，獲玉璞羊馬甚多。」新五代史四六康福傳述此事略同，云道經方渠、青岡峽至靈武。通鑑二七六，在天成四年，亦云經方渠、青剛峽。又新五代史四九馮暉傳，「徙鎮靈武。靈武自唐明宗已後，市馬糴粟，招徠部族，給賜軍士，歲用度支錢六千萬。自關以西，轉輸供給，民不堪役，而流亡甚衆，青岡、土橋之間，氐羌剽掠道路，商旅行必以兵。」則青剛嶺、青剛峽者，自唐以來爲通靈武大道無疑。關於青剛地望及旱海輝德等地名，詳下文。

土橋　上條引新五代史馮暉傳：「靈武自唐明宗已後，……青岡、土橋之間，氐羌剽掠道路，商旅行必以兵。」是土橋當亦在道上。前引寰宇記三七通遠軍通遠縣，「在郭下，鹹河從土橋、歸德州、同家谷三處發源來，鹹苦不堪，甜河在城西。」通遠縣卽唐之方渠縣，則土橋當在方渠北境不遠，旣當道，似當在烏崙前後也。

---

④　西夏置韋州，在今韋州城，然今圖據一統志，誤南百里。

洪德、輝德、積石、旱海等　通鑑二八五後晉開運三年，書馮暉復鎭靈武事云：

「六月，……丙寅，復以暉爲朔方節度使，……以威州刺史藥元福爲行營馬步軍都指揮使。……八月……馮暉引兵過旱海，至輝德，糗糧已盡。拓跋彥超衆數萬爲三陳，扼要路，據水泉以待之。……短兵力戰……彥超大敗。明日，暉入靈州。」（A）

胡注云：

「趙珣聚米圖經：靈州南至環州五百里。」（B）

「張洎曰：自威州抵靈州旱海七百里，斥鹵枯澤，無溪澗川谷。輝德地名，在靈武南。張舜民云，今旱江平，卽旱海，在淸遠軍北。趙珣聚米圖經曰：鹽夏淸遠軍間，並係沙磧，俗謂之旱海。自環州出青剛川，本靈州大路。自此過美利寨，漸入平夏，經旱海中，難得水泉。至耀德、淸邊鎭入靈州。」（C）

是自方渠（卽宋之威州、環州）西北出青剛川乃通靈武大道，其西北有旱海沙漠及輝德地名。輝德北至靈州才一日程。道中所經其他地名，唐五代時期，雖不詳悉，然北宋各家記載尙能詳。除上條胡注所引外，通鑑二七六，後唐天成四年，康福經方渠出青剛峽至靈州。胡注又云：

「自方渠橐駞路出青岡峽，過旱海至靈州。趙珣聚米圖經曰：環州洪德寨歸德、青剛兩川。歸德川在洪德東，透入鹽州。青剛川在洪德西北，本靈州大路。自此過美利寨，入浦洛河，至耀德、淸邊鎭入靈州。自過美利寨後，漸入平夏，經旱海中，難得水泉。」（D）

據此，胡注所引，以趙珣聚米圖經爲多。又曾公亮武經總要前集所記尤詳悉，玆錄於次：

「環州治通遠縣……其地三面控蕃戎，最爲儌塞之劇。東至蕃界十五里，西至蕃界十五里。……北至洪德砦八十里。砦北卽蕃界。青岡峽、淸遠軍、積石、浦洛河、耀德鎭、淸邊砦、靈州，共七程。沙漬〔磧〕無郵傳。冬夏少水。按皇華四達記，至靈州五百四十里。」（卷一八上）（名臣奏議二六一，宋眞宗時楊元恭疏亦云「自環州入積石抵靈武七日程。」）（E）

「洪德砦　西北路卽舊口入靈武大路，號青岡峽。東至鹽州路，號歸德川。」

（卷一八上）（F）

「靈鹽路　自（環州）洪德砦西北入青岡峽，上至美利砦，入清遠軍。軍城則太宗朝轉運使鄭文寶建議築之，在靈州南界積石嶺上瀚海中，至靈、環各三百里餘。地不毛，無水泉。浦洛河，耀德鹽井，靜邊鎮，入靈州，約五（二？）百里，本靈環州大路。咸平中陷清遠軍。明年陷靈州，棄美利砦。路經瀚海中，無水泉。一路至洪德砦，東北入歸德川，……至鹽州，約至（衍）三百餘里。……。」（卷一八上）（G）

「清遠軍東南七十里至環州美泥砦，西北五十里至浦洛河，（又同卷夏州目浦洛河條，亦云『東南五十里至清遠軍。』）又七十里至聖泉，七十里至定邊鎮，又五十里至靈州。……太宗以靈武道路難阻，欲城古威州以通漕輓，轉運使鄭文寶固請築北〔此〕城，以清遠軍爲名。深在瀚海不毛之地，素無泉井，……。」（卷一八下）（H）

據此各條，由環州西北經烏崙寨，洪德寨，出青剛峽，爲赴靈武大路。其行程以D、E、G、H四條爲最詳，茲對照簡列如次：

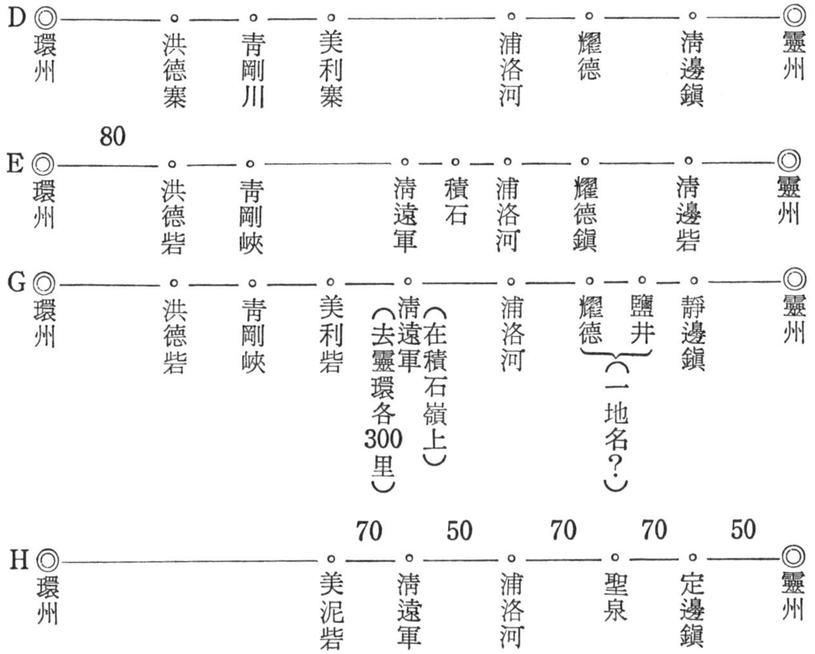

觀上列四條行程，地名及其次序大抵相應。其他各條所見地名，亦大抵不出此四條之範圍。玆就此諸地名中有須勘合或討論者，簡列如次：

其一，洪德寨。據D、F、G三條，此寨西北入青剛川路至靈州，東北入歸德川路至鹽州，故爲交通中心，最爲要地。F云「洪德砦西北路卽舊口入靈武大路。」稱爲舊口者，必唐五代已然。其地，E云南至環州八十里，然同書同卷，烏崙砦「南至州二十五里，北至肅遠砦十三里。」肅遠砦「南至州三十七里，北至洪德砦十三里。」則由環州北經烏崙至洪德僅五十里，相差頗巨。檢紀要五七環縣目烏崙城條：「洪德城在縣北六十里，宋置。咸平六年，趙保吉入寇洪德寨是也。」疑當作六十里； E條「八」爲「六」之壞字耳 。 今檢張編地圖集尙有洪德城。

其二，A條之輝德當卽 C、D、E、G 之耀德，或形譌，或先後名也。又G條之「耀德鹽井」本可作一地名解，卽H之聖泉，殆亦無疑。

其三，H之美泥砦卽他條之美利砦。又淸邊、靜邊、定邊亦爲一地異名，殆亦無疑。

其四，E條積石與淸遠軍各爲一程，而G云淸遠軍卽在積石嶺。觀H條，淸遠至浦洛河僅五十里，疑G爲正，E實小誤也。又太宗時代建此軍於積石嶺。按于邵賀郭子儀破吐蕃表（全唐文四二四），「李懷光於鹽州界積石川大破吐蕃一萬餘衆。」疑此積石嶺亦唐五代舊名。

其五，里距及靑剛峽。關於里程，B作五百里，C作七百里，（此可能自慶州數起。）E引皇華四達記作五百四十里，G云淸遠軍至靈環各三百里餘，H記美泥砦至靈州各程里數最詳，惟無總里數。前已據通典、元和志、寰宇記釐定慶靈間六百四十里，則方渠至靈州應爲四百六十里。檢九域志三環州條，正作「西北至靈州四百六十五里。」是也。據G，淸遠軍當靈環中道，據H，淸遠軍北至靈州各程之和爲二百四十里。若南至環州亦近此數，則靈環間全程約四百八十里，與四百六十里之數極相近。蓋邊方道路且行沙磧間，先後計程可能頗有出入，今當仍從通典、元和志、寰宇記。H條旣記美泥砦以北各程里數極詳，今姑從之。則環州西北至美泥砦約爲一百五十里，上文已論定環州西北至烏崙寨三十里，又三十里至洪德寨，則洪德至美利寨間應爲九十里，是即青剛峽所在地，蓋東南至環州百里而遙耳。今檢張編地圖集・甘肅寧夏東部人文圖，尚有青崗峽（E107°・N37°5′）之名。

其六，旱海。以上所引諸條屢見旱海，或翰海，地段相同，自爲一名之異寫。A條，輝德地區尚爲旱海沙磧，故謂據井泉也。B條，旱海在清遠軍北。D條，旱海在美利寨以北。G條，清遠軍建置在積石嶺上瀚海中。H條亦云軍在翰海中。然則旱海沙漠，南限在美利寨之北，北限當在靈州南約百里耀德鹽井地區，南北幅度約兩百里也。

綜上所論，北宋時代，由環州西北行，三十里至烏崙寨，又三十里至洪德寨，爲赴靈鹽分途處。由寨西北入青剛川，約九十里至美利寨，又北入旱海，七十里至積石嶺，置清遠軍。又五十里至浦洛河，又七十里至耀德鹽井，一作輝德，蓋一名聖泉，又七十里至清邊鎮，又名靜邊、定邊，又五十里至靈州。就中烏崙、洪德、青剛嶺、青剛峽、積石嶺、輝德及旱海等名，已可證知爲唐五代時期之舊名，即宋以前之舊道也。

舊威州城　前引武經總要H條，「太宗以靈武道路難阻，欲城古威州以通漕輓。」而轉運使鄭文寶固請築清遠軍。則古威州城似亦當道。考寰宇記三六靈州廢鳴沙縣條云：

「（州）西一百二十里。……後周保定二年……置會州，建德六年廢郡立鳴沙鎮。隋文帝置環州，……仍立鳴沙縣屬焉。人馬行經此沙有聲，異於餘沙，故曰鳴沙。……貞觀……九年州又廢，縣歸靈州。神龍中爲默啜所寇，因而荒廢，遂移縣於廢豐安城，即今縣理。其舊縣基，咸亨三年歸復，因以其地置安樂州，仍移吐谷渾部落……於靈州之境，置安樂州以處之。是後復陷蕃中，吐蕃嘗置兵以守之。大中三年七月，……收復安樂州。八月，勅安樂州爲威州，仍領鳴沙縣。今州與縣俱廢。」「長樂山，按十道記云，安樂州在靈武南稍東一百八十里，近長樂山下。」

按此段述周隋及唐代環州鳴沙縣，後改爲安樂州，大中三年更名威州之經過甚詳，其故地在靈州之南稍東一百八十里。元和志四靈州，亦云：「安樂州在靈州南稍東一百八十里。」又云鳴沙縣（此爲新縣）「東北至州一百二十里。」神龍以前環州所在之舊鳴沙縣址「在今縣理東二百里。」兩書所記皆極分明。復考舊一九六下吐蕃傳下，貞元十七年，吐蕃寇鹽州、麟州，驅掠唐人及党項部落，次鹽州西九十里橫槽烽，又九十里至安樂州。按靈州東微南至鹽州三百里。此云安樂州在鹽州西一百八十里。明陷蕃期間，此州仍置在靈州東南鳴沙縣舊址，非西南也。威州爲收復安樂州所改，當亦在此處，非靈州西南一百二十里之鳴沙新址也。楊圖繪威州於鳴沙新址，蓋襲前人之誤耳。又按唐代威州既在靈州之南微東一百八十里，正當在此大道上，故宋太宗欲復城之也。度其地當在輝德鹽井南約六十里，浦洛河北約十里地區，是與浦洛河爲近。按其地隋唐時代既置州，地入吐蕃，亦爲蕃人置兵戍守，當爲軍事要地，故宋太宗欲城之也。再考宋史四八五西夏傳上：「至道二年春，命洛苑使白守榮護送芻粟四十萬于靈州。……繼遷邀擊于浦洛河。」又咸平五年，繼遷「攻陷靈州，……六年春遂都于靈州。……八月，復聚兵浦洛河，聲言攻環州。」亦見浦洛河爲夏人常所聚兵之地。情形正與鳴沙舊址相當，蓋卽相近地區故耳。又考九域志三環州目，「北至韋州三百八十里。」浙本作「二百八十里。」一統志寧夏府卷古蹟目，「廢韋州在靈州東南，西夏置。宋史，嘉祐七年，夏人改韋州監軍司爲祥祐軍，後改靜塞軍 。元廢 。明統志，韋州城在寧夏衞東南三百六十里。」而紀要六二寧夏鎭，「韋州所，鎭東南二百六十里，西夏置韋州於此。」按靈州在寧夏府東南九十里，則此韋州城在靈州東南二百七十里或一百七十里也。檢張編地圖集，有韋州地名，地望與一統志所記相當。觀九域志、紀要、一統志及今日地圖所記方位，似當亦在此道上。然核之九域志里程，若作南至環州二百八十里，（作三百六十里，極不合。）則北至靈州應爲一百八十里，則正卽唐末威州之地。疑「韋」卽「威」之變音，夏人不悉典故，但因遺音復置州曰韋州耳。明代韋州所去寧夏之距離，若紀要二百六十里爲正，則卽唐威州、西夏韋州之故地，若明統志三百六十里爲正，則又已南移一百里矣。疑紀要爲正，今圖則據一統志引明統志之誤也。

鳴沙有關官　隋書地理志，靈武郡鳴沙縣，「開皇十九年置環州，又鳴沙縣，大業三年州廢，有關官。」則隋於此置關官，亦當道之旁證。

靈州東南去方渠縣四百六十里，去慶州六百四十里。其「馬嶺、木波鎭至環州，川路平直。」賈耽曰：「慶州以北地形曼衍，直抵沙漠，寇入最易。」蓋環江上游已屬高原，青剛峽外，更入旱海沙磧，直抵靈州，約三百里，宜利蕃馬之馳騁也。

賈耽語見紀要五七慶陽府目引。按前田正名引續通鑑長編一三三，慶曆元年六月條云，「馬嶺、木波鎭至環州，川路平直，兩邊雖有土山，山外皆有高原，谷道交屬，土人皆言此路非險於鄜延。」前文所引青剛峽外美利寨北即是旱海，自此北至輝德約二百里，又北至靈州百里而遙，則慶靈道六百四十里，半屬沙漠，而沙漠之南環江上游，已屬高原，蓋非深險，故賈氏云然。

關於鹽州路亦可略考。由慶州北行，略循白馬川（今東河，即揚西川及其上游柔遠川）而上，四十里至延慶縣，在白馬川東岸，又一百二十里至懷安縣（今元城鎭地區）。又西北入通塞川，取車箱峽路三百九十里至鹽州治所五原縣（今花馬池、鹽池縣或稍北）。

慶州北通鹽州爲一大道，姑舉四證如次。通鑑二三二貞元二年，邠寧慶節度使「韓遊瓌奏請發兵攻鹽州。……詔駱元光及（衍略）韓全義將步騎萬二千人會邠寧軍，趣鹽州。」此其一。新一三三張獻甫傳，「貞元四年，代韓遊瓌領邠寧慶節度使。……請復鹽州及洪門洛原鎭屯兵。詔可。獻甫遣兵馬使魏茪逐吐蕃，築鹽、夏二城，虜衆畏，不敢入寇。」通鑑二三四貞元九年紀，書此事。考異引邠志：「八年，詔追張公議築鹽夏二城。……張公以（魏）茪爲邠寧馬軍兵馬使。三月，師及諸軍赴于五原（即鹽州），去城百里而軍，……陷城而入，逐吐蕃。」此其二。通鑑同上條，城鹽州畢功，「命鹽州節度使杜彥光戍之。」同書二三六，貞元十七年，九月「戊午，鹽州刺史杜彥光奔慶州。」此其三。又舊宣宗紀，大中十一年二月，以「鄭助爲（略）邠州刺史、充邠寧慶節度管內營田觀察處置、兼充慶州南路救援鹽州、及當道沿路鎮寨糧料等使。」此其四。觀此四事，慶州北出鹽州爲一大道甚明。其里程，通典一七三，慶州「北至五原（即鹽州）五百五十里。」鹽州南至慶州里數同。寰宇記兩條皆同。元和志，慶州目作五百七十二里，鹽州目作五百四十里。今從通典。則鹽州經慶州至長安約一千一百里。檢通典一七三，鹽州去西京千五十里；蓋即此道。而元和志四作一千五百里，寰宇記三七作一千五百五十里；云五百，皆誤。

考武經總要前集一八上邊防慶州目云：

「（慶州）淮安鎮，古懷安縣地，北控通塞川，道路寬平，最爲要害之地。咸平中，築。去環州木波嶺（一本作鎮）八十里。二鎮兵馬爲諸路之援。按唐史，開元中檢校逃戶置，因爲懷安，字譌謂之淮安。……西北至柔遠砦五十里。南北至州（一本無北字，是。一本無「至州」二字，誤。）七十里。」

「（慶州）車箱峽路，自淮安西北入通塞川，經大明泊（明，一本作胡），靜邊鎮，香柏砦，取車箱峽路，過慶州舊蕃戎地（本注：『今爲建安州。』爲當作僞）北入鹽州，約五百里。北（一本作此）路山原川谷中行，不至南（一本作艱，是。）險。國初，淮安至鹽州蕃部並內附。至道中五路出師，丁罕從此路進軍，至鹽州。今靜邊、白豹、金湯、後橋等鎮，並爲賊境。」

此兩條記北宋初年由慶州淮安鎮北出通塞川經車箱峽至鹽州之道甚詳，路不甚險。行程「約五百里」，當爲承唐以來之大道無疑。鎮砦建置容有改易，但川、峽之名亦當不異也。

淮安鎮，既即古懷安縣。舊一三四渾瑊傳，「（大曆）十一年，領邠州刺史。其年，吐蕃入寇慶州方渠、懷安等鎮，瑊擊却之。」蓋一路由青剛峽路至方渠，一路由鹽州至懷安也。檢元和志三慶州，懷安縣「南至州一百六十里。古居近党項藩落，開元十年檢逃戶初置，故以懷安爲名。」寰宇記三三，慶州「廢懷安縣在州東北一百六十里，隋柳谷城也。」下文同。則在州北或微東一百六十里。武經總要「至州七十里」，蓋脫「百」字。一統志慶陽府卷關隘目槐安鎮條：「府志，槐安鎮在縣北一百五十里，即唐懷安縣，後譌爲槐安。道路寬平，最爲要害。宋范仲淹置鎭，北控安塞川，……明置巡司，……道通定邊、范馬地，相爲應援。」則明清之槐安也。今檢張編地圖集，當卽元城鎭地區歟？

元和志三慶州延慶縣，「南至州四十里。本漢郁郅縣地。後魏於今縣理置朔州，隋開皇改置合水縣，唐武德六年移豐州戶住此，仍分合水縣置白馬縣，以西臨白馬川爲名。天寶元年改名延慶。」寰宇記三三慶州安化縣目有廢延慶縣條，同。按寰宇記安化縣目又云：「周地圖記云，郁郅城今名尉李城，在馬嶺白馬兩川交口，卽今縣是也。」「白馬水出北塞夷中。」則白馬川卽今圖慶陽縣由北來匯之東河，一名揚西川、柔遠川者。觀此道形勢及懷安方位，則此道當由今慶陽縣北循東河河谷而上。延慶縣，既西臨白馬川，卽今東河，則當在道上；懷安亦當在川側。就南至慶陽里距言之，觀今地圖，懷安縣正當在今元城鎭，或稍南。

又北宋初期，環州西北六十里之洪德砦有道東北出駞駞口，入歸德川，亦至鹽州，行程約三百里，殆亦承唐世之舊歟？

武經總要前集一八上，環州洪德砦條云：

「洪德砦：西北路卽舊口入靈武大路，號青岡峽。東至鹽州路，號歸德川。」

又同卷環州靈鹽路條云：

「自(環州)洪德砦西北入青岡峽，上至美利砦，入淸遠軍，……入靈州，約五百里。……一路至洪德砦，東北入歸德川上過西界（二字，一本作雙行小注）蝦蟇砦，駞駞會，取雙堆峯，至鹽州，約三百餘里。洪德砦至駞駞會，係歸德川漿水谷，甚爲險狹，多泥寧；自駞駞會至鹽州，路平，人馬易行。……至道中，五路出師，李繼隆由此路進軍，日行數十里，凡十日到鹽州。」

通鑑二七六後唐天成四年紀，胡注引趙珣聚米圖經：

「環州洪德寨，歸德、青剛二川。歸德川在洪德東，透入鹽州。青剛川在洪德西北，本靈州大路。」

宋史四六六宦者張崇貴傳云：

「淳化四年，……管勾鄜延屯兵……繼遷扼橐駞路，驅脅內屬戎人。……繼遷走漠中，遣其將……求納款，……會于石堡砦。」

宋史四八五西夏傳云：

「太宗……（至道）三年，……帝……親部分諸將，……五路進討。……諸將失期，士卒困乏。（夏主）繼遷復令軍主史不能駐屯橐駞口，以阻歸宋人。」

西夏書事卷四端拱二年條云：

「靈州橐駞口，夏州入中國要路，諸蕃由此貢馬京師。」

按洪德砦在環州西北六十里，已見前考。上列第一、二、三條，皆明洪德砦當鹽靈兩州分道之口。由砦西北入青剛川至靈州亦見前考，由砦東北經駞驗會、入歸德川至鹽州三百里。第二條述之最詳。第五、六兩條之橐駞口，當即武經總要之駞驗口，亦即第四條之橐駞路，則是一要道也。環州即唐之方渠縣，洪德砦西北出青剛川，既即唐代之故道，疑洪德東北出歸德川至鹽州亦唐代舊道也。

鹽州又與吐蕃、党項犬牙相接，控扼靈、夏，翼蔽內郡，兼有鹽池之利，故爲軍事經濟要樞，羌戎覬覦，屢興兵革。

此詳看紀要六二寧夏後衞目，不詳引。

鹽州向西微北至靈州三百里，中間蓋經溫池縣，爲北魏薄骨律鎮之倉城所在。若西北取烏池、黑浮圖私路，至靈州四百里。

元和志四，鹽州「西北至靈州三百里。西北取烏池黑浮圖私路至靈州四百里。」靈州目，惟「東南至鹽州三百里」一條。通典、寰宇記亦惟一條，而寰宇記靈州目作「東至鹽州三百里。」觀今圖方位蓋當作西北西，四百里之私路蓋眞西北，繞道百里也。又元和志，靈州有溫池縣，在州東南一百八十里。西北邊區，置縣稀少，建置縣城，多當道路。觀此縣方位，似應在靈鹽道上。又通典一七三靈武郡溫池縣，「後魏薄骨律鎮倉城在此。」薄骨律鎮即靈州。溫池既爲倉城所在，亦爲當道之旁證。

(B) 涇、原、蕭關道及東西兩道聯絡線

由長安西北經邠州，涇州，至原州，又西經會州至涼州，此長安通涼州之北道也。其詳細驛程，考見長安西通安西驛道篇上。長安西北至靈州之西道，亦經邠、涇至原州八百里；再由原州折北，略循葫蘆河谷而下行，五百六十里至靈州。此河又名高平川、蔚茹水，卽今清水河也。此段行程地勢平坦，且無沙行之阻。

唐代原州至靈州爲一大道，玆舉四證如次：通鑑一九八，貞觀二十年八月「己巳，上行幸靈州。……庚午，車駕至浮陽（舊紀作涇陽，是）。……壬申，上幸漢故甘泉宮。……庚辰，至涇州。丙戌，踰隴山至西瓦亭，觀馬牧。九月，上至靈州。」西瓦亭在原州治所平高縣南。此其一。同書二〇七，久視元年「十月辛亥，以魏元忠爲蕭關道大總管，以備突厥。」明年五月乙亥，又書「以魏元忠爲靈武道行軍大總管，以備突厥。」明蕭關爲通靈武之大道。關屬原州，在北境。此其二。又同卷，長安四年七月，宰相宗楚客「左遷原州都督，充靈武道行軍大總管。」此其三。舊肅宗紀，祿山入京，上出奔，西北至平涼郡（卽原州），朔方留後杜鴻漸「發朔方步騎數千人於白草頓奉迎。」「七月辛酉，上至靈武。」新一二六杜鴻漸傳，「祿山亂，皇太子按兵平涼……議出蕭關趣豐安。……鴻漸……至白草頓近謁。」此其四。考武經總要前集一八上邊防云：

> 「（鎭戎軍）蕭關路，自軍北劉璠堡，緣胡盧河川過古城，入葦子灣，出蕭關至鳴沙縣界，入靈武，約五百餘里。地形平敞，至道中，李繼隆護送芻糧入靈武由此路。」

又歐陽文忠公集二九梅詢墓誌云：

> 「靈州棄已久，公（爲陝西轉運使）與秦州曹瑋得胡盧河路，可出兵，無沙行之阻，而能徑趨靈州。」

按宋代鎭戎軍卽唐之原州故地。元和志三原州蕭關縣有「蔚茹水，在縣之西，

一名葫蘆河，源出原州西南頹沙山下。」頹沙山在原州西南四十里，詳長安西通安西驛道篇上第三節。是此葫蘆河發源原州西南四十里，北流經原州，又經蕭關縣西。一統志平涼府卷山川目高平水條，以爲卽今之清水河，是也。（詳參原文。）張編地圖集・甘肅寧夏東部人文圖作清石水。通典一七三，原州平涼郡西北到靈武郡五百六十里。元和志三原州目作「北至靈州五百里。」前引武經總要所述原州至靈州約五百餘里。同書一八下西蕃地界云，靈武南至原州五百六十里。分別與通典、元和志合，蓋總要所述與梅詢所得之路線卽唐代以來之故道也。

其行程，由原州北行，十五里出秦長城，昭王所築者。

水經河水注，「高平川水……東北逕高平故城東，……又北出秦長城，城在縣北一十五里。」此昭王長城也，詳長安西通安西驛道篇上第一節。

又一百六十五里至蕭關縣，置蕭關新城，在葫蘆河東岸（約今李旺堡、上新堡、蔡家溝地區 E106°5′・N36°40′）。大中三年置武州。前期有白草軍，當在河西岸。

元和志三原州，蕭關縣「南至州一百八十里。本隋他樓縣，大業元年置。神龍三年廢，別立蕭關縣，以去州闊遠，御史中丞侯全德奏於故白草軍城置，因取蕭關爲名。」蔚茹水一名葫蘆河，在縣西，上條已引證。前引總要，道經蕭關，故魏元忠本以蕭關道大總管，備突厥，旋改稱靈武道行軍大總管備突厥；而肅宗由原州北行亦取道蕭關也。漢蕭關故城在原州治所平高縣東南三十里，今此蕭關縣之關城乃新關也。辨詳長安西通安西驛道篇上第三節蕭關條。大中三年收復蕭關置武州，及今地所在，亦皆見該篇。

據元和志，縣、關卽在白草軍故治。然新書地理志武州蕭關縣，「白草軍在蔚茹水之西。」則關、縣雖卽軍地而置，但非一城，軍在水西，而關、縣則在水東也。前引舊肅宗紀，上在平涼郡，朔方節度留後杜鴻漸等發朔方步騎數千「

於白草頓奉迎。」蓋卽白草軍地區。⑤

蕭關、白草軍北行，蓋又分東西兩道。東道東北行，經鳴沙故城，後置威州（今韋州鎭），與靑剛川道合。西道沿葫蘆河至黃河東南岸鳴沙新縣（今中寧），再折東北沿黃河南岸至靈州。

新一一九白敏中傳云：

「以司空平章事兼邠寧節度招撫（党項）制置使。……次寧州，諸將已破羌賊，……乃自南山並河按屯堡，回繞千里。又規蕭關通靈威路。」

按此時收復蕭關及安樂州不久，蕭關新置武州，安樂新置威州，此謂敏中規劃由蕭關經威州至靈州之通道也。威州卽隋及唐代前期之環州，治鳴沙故城，在靈州之南微東一百八十里，在慶州通靈州道上，已見前節考證。據敏中傳，所通者乃由蕭關經威州、鳴沙故城至靈州也。復考唐會要九四北突厥目：「神龍二年十二月，默啜寇鳴沙，進寇原會等州，掠隴右牧馬萬餘匹而去。」檢元和志四靈州鳴沙縣，開皇十九年置環州及鳴沙縣。貞觀「九年州廢，以縣屬靈州，神龍二年多爲默啜所寇，因而荒廢，遂移縣於廢豐安城，卽今理是也。」則會要，默啜寇鳴沙，由鳴沙進寇原州者，乃由鳴沙故縣卽白敏中傳之威州也。然則此蕭關、威州、靈州道，唐代前期已然，白敏中不過因舊路規劃復通之耳，非敏中始開也。又檢紀要五八鎭原縣目平夏城條，引馬文升曰：「葫蘆峽爲寧夏韋州南出靜寧之要路。」按葫蘆峽在葫蘆河上，靜寧在固原之南，韋州爲西夏所置，卽唐之威州（詳前考），則明代此道仍通行也。

舊肅宗紀，上至平涼郡（原州），「未知所適，會朔方留後杜鴻漸……等遣判官李涵奉牋迎上。……鴻漸又發朔方步騎數千於白草頓奉迎。……上發平涼，……行至豐寧南，見黃河天塹之固，欲整軍北渡，以保豐寧，忽大風飛沙，跬步之間，不辨人物，及迴軍趨靈武……。」（豐寧城見新地志靈州條。）而舊

⑤　寰宇記三六靈州迴樂縣，「白草水在縣西南，源出平地。」則白草頓亦有卽在迴樂縣西南之可能。然觀下引舊魏少遊傳，此頓仍當在蕭關地區。又宋高僧傳二一唐朔方靈武下院無漏傳、卷二三晉朔方靈武永福寺道舟傳及卷二六唐朔方靈武龍興寺增忍傳，皆曾居賀蘭山白草谷。蓋西北地區，以白草名者固多，然非軍、頓所在也。

一一五魏少遊傳，「至朔方水陸轉運副使。肅宗幸靈武，杜鴻漸等奉迎，留少遊知留後。……肅宗……將至靈武，少遊整騎卒千餘，……於靈武南界鳴沙縣奉迎。」是原州至靈武經白草頓及鳴沙縣也。又舊一二一僕固懷恩傳，懷恩據靈武叛。「懷恩領迴紇及朔方之衆繼進，行至鳴沙縣，遇疾，舁歸，九月九日死於靈武。」通鑑二二三永泰元年九月，懷恩據靈武叛。「中途遇暴疾，而歸。丁酉死於鳴沙。」此亦靈武入京經鳴沙之一證。按此時鳴沙縣，係新址，非舊址。據元和志，此縣新址在靈州西南一百二十里，西枕黃河，約當張編地圖集・甘肅寧夏東部人文圖之中寧縣地區。蓋由靈武循黃河南岸西南行一百二十里至鳴沙縣，又循胡蘆河水而上，經蕭關至原州也。檢西北叢編卷三：一月十日，「早發渠口堡，……五里白灘，……道左有支路，為通隴東固原縣大道，可以行車。」檢視上圖，此即指經中寧通固原之汽車道而言，乃沿清水河而行者，即今考之中古大道矣。

靈州有水館。邠寧慶州出青剛川道置館驛，原州蕭關道蓋亦置驛，故途中有白草頓之名也。

宋高僧傳二六唐朔方靈武龍興寺增忍傳：「咸通十二年七月十一日示滅於白草院（在龍興寺）。……藏神於水館之南，建塔焉。」是靈州迴樂縣有水館。按靈州為西北重鎮，與長安之交通甚繁，固當置驛。新五代史四九馮暉傳：「徙鎮靈武。靈武，自唐明宗已後，……自關以西轉輸供給，民不堪役，而流亡甚衆，青岡、土橋之間氐羌剽掠通路，商旅行，必以兵。暉……廣屯田以省轉餉，治倉庫亭館千餘區。」此亭館即館驛，無疑當沿青剛川道而建置者，必亦仍規復唐代之舊耳。

上考寧慶青剛川通靈州道及涇原蕭關通靈州道，兩道間亦時有橫線相聯絡。如寧州西有驛道通涇州一百二十里，中經烏氏驛，一作烏時驛。此其一。

舊肅宗紀，至德元載六月，太子由馬嵬北奔，經奉天，永壽，戊戌至新平郡（

郎邠州）；己亥至安定郡（郎涇州）。「庚子，至烏氏驛。彭原（郎寧州）太守李遵謁見，率兵士奉迎。……上至彭原。」通鑑二一八至德元載紀胡注，保定縣爲涇州治所，在彭原（寧州）西一百二十里。則烏氏驛當在此道中。考史記一一〇匈奴傳，「北有義渠、大荔、烏氏、朐衍之戎。」正義：「氏音支。括地志云，烏氏故城在涇州安定縣東三十里。……秦惠王取之，置烏氏縣。」按烏氏又見同書九五酈商傳及一二九貨殖傳。正義皆云故城在涇州安定縣東四十里。按張守節爲唐代前期人，其時涇州治所曰安定，後改名保定。然則此驛在涇州東三四十里，寧州西八九十里也。又舊五六羅藝傳，入據邠州，「與數百騎奔於突厥，至寧州界烏時驛……左右斬藝。」郎烏氏驛無疑。

慶州西南九十里之驛馬關，似爲南通涇州，西通臨涇（今鎮原）之道。通臨涇郎西通原州也。此其二。

前考邠寧慶道，引朱泚傳，由涇州長武城北趨驛馬關，關在慶州西南九十里。此殆慶州南通涇州之道也。紀要五七慶陽府安化縣目，「驛馬關，府西南九十里，唐置。與鎮原縣接界。」下引朱泚事。又云：「明初，張良臣據慶陽，未下。徐達攻之，元將王保保遣兵陷原州，爲慶陽聲援。徐達等議以關當原川之衝，今先據關以扼之，賊計無復施矣。於是遣馮宗異等守關，又分兵備靈州、邠州、彭原，以遏其奔突。慶陽旋下。」又明代驛遞制度頁一〇二，弘化驛在慶陽府城內，由弘化驛向西有驛馬關驛支路，可往固原州。驛馬關驛在府城西九十里。參檢張編地圖集，此驛蓋由慶陽向西微南經此驛，又經鎮原至固原。固原，唐之原州；鎮原，唐之臨涇。前撰長安西通安西驛道篇上，臨涇當涇州通原州之北道。蓋臨涇向東微北又經驛馬關至慶州也。

慶州又有路通蕭關，蓋由方渠縣分支西行也。此其三。

楊夔寧州道中（全唐詩十一函六册）云：

「城枕蕭關道，胡兵日夕臨，唯憑一炬火，以慰萬人心。」

是寧州至蕭關爲一道也。又考沈亞之對賢良方正直言極諫策（全唐文七三四）

云：

「誠能因此時，詔……邠寧軍北固崆峒，守蕭關；涇原軍西遮木硤關；鳳翔軍逾隴，出上邽……」

此謂三道並出，邠寧至蕭關爲一道也。復考舊宣宗紀下，大中三年六月，涇原節度使「康季榮奏收復原州，石門、驛藏、木峽、制勝、六盤、石峽等六關訖。邠寧張君緒奏今月十三日收復蕭關。」會要八六關市目，「大中三年七月，涇州節度使康季榮奏：六月二十七日收原州城及諸關。（本注，六關名與舊紀同。）其月，邠寧監軍小使張文銳奏，當道兵馬今月十三日收蕭關。」通鑑二四八，述此事略同。續云：「（七月）甲戌，鳳翔節度使李玭取秦州。」按涇州至原州爲一大道，鳳翔至秦州爲一大道；邠寧節度兵馬取蕭關，則邠寧至蕭關必亦爲一道也。與楊夔之詩、沈亞之對策正相契合。邠寧即邠寧慶節度區也。觀地圖，當由慶州西北一百八十里之方渠縣（今環縣舊城）分支西出至蕭關也。通鑑二二五大曆十二年九月，「吐蕃八萬衆軍於原州北長澤監。已巳，破方渠，入拔谷。」蓋即略循此道而行耳。

又鹽州西南行九十里至橫槽烽，又九十里至安樂州，卽環州、威州，又西蓋至鳴沙新城。此其四。

舊一九六下吐蕃傳，「（貞元）十七年七月，吐蕃寇鹽州，又陷麟州，……毀城隍，大掠居人，驅党項部落而去。次鹽州西九十里橫槽烽頓軍，呼延州僧延壽輩七人，稱徐舍人召，……命解縛坐帳中；曰：此蕃漢交境也，復九十里至安樂州，師卽無由歸東矣。」是鹽州西至安樂之道可曉，安樂而西蓋卽至鳴沙新城，此時前後，吐蕃常屯軍於鳴沙也。同傳，貞元二年，吐蕃東陷鹽夏等州。「尚結贊既陷鹽夏等州，各留千餘人守之，結贊大衆屯於鳴沙。」卽其證。徐舍人由麟鹽撤軍，蓋亦經鳴沙。又考寰宇記三七鹽州五原縣有橫槽原，乃五原之一，蓋因原置烽也。

（三）靈州西、北、東三面通達華夷諸路線

靈州為西北交通軍事之樞紐，除前考兩道通長安外，又有向東、北、西輻射四達諸道。茲再分別考述如次。

其一，靈州西通涼州，達西域道。　由靈州西渡黃河，蓋越賀蘭山南閭，經沙磧，凡九百里至涼州。唐代中葉以後，秦、蘭、原、會等州陷屬吐蕃，長安通涼州之兩驛道皆不能通，此道乃形重要，為唐通河西之幹道。華夷往還，皆所取途。五代時高居誨使于闐，其行記云：「自靈州過黃河，行三十里，始涉沙入党項界，曰細腰沙，神樹沙，至三公沙，宿月支都督帳。自此沙行四百餘里，至黑堡沙，沙尤廣，遂登沙嶺。沙嶺，党項牙也，其酋曰捻崖天子。渡白亭河至涼州。」即此道也。下迄宋代，此道仍為宋通西域之要道，太祖乾德二年派遣大批僧侶至西域取經，即取靈武西經涼、甘、肅、瓜、沙，遠至葱嶺以西也。

新二一七下回鶻傳：「龐特勒……自稱可汗，居甘州，有磧西諸城。宣宗……遣使者抵靈州，省其酋長。」通鑑二四九，大中十年，「上遣使詣安西，鎮撫回鶻。使者至靈武，會回鶻可汗遣使入貢。」足見唐與甘州、安西回鶻使節往還，皆取道靈州。斯坦因發現敦煌卷子有題西天路竟一本者，首云，靈州西行二十日至甘州，是汗王，又西行五日至肅州，又西行一日至玉門關，又西行一百里至沙州界。⑥此書殆即唐中葉以後，僧人所寫者，故由靈州起程也。又考舊五代史三九後唐明宗紀，天成三年八月「辛卯，以朔方留後韓璞為朔方軍節度使，靈武〔威〕雄警甘肅等州觀察使。」同書九一康福傳，後唐明宗時，授「涼州刺史（涼當作靈），充朔方河西等軍節度、靈威雄警甘肅等州觀察處置管內營田押蕃落溫池榷鹽等使。」又云「赴鎮，行次青剛峽」，又云「福鎮靈武凡三歲」。是璞以朔方節度兼統河西甘肅等州，福由邠寧慶青剛峽道赴鎮靈

⑥　松田壽男東西交通上之居延引。曾見黃盛璋有一文談到西天路竟，今手頭無其書參考。

武，而兼管河西涼甘肅等州。此雖或僅屬名義，要見靈州通涼甘爲一道也。而後晉天福中，高居誨使于闐記，記自靈州至涼州所經甚詳，如綱文所引，見五代史記七四于闐傳，尤爲此道乃東西孔道之明證。通鑑二三四，貞元九年，城鹽州，「命鹽州節度使杜彥光戍之。……楊朝晟戍木波堡，由是靈夏河西獲安。」木波堡在前考慶州通靈州道上。又通鑑二四八，大中三年七月，收復三州七關，「詔邠寧節度權移軍於寧州，以應接河西。」正以其時靈州爲通河西之孔道，而木波堡及寧州皆當長安通靈州之主線也。

檢通典靈州、涼州兩目，尙皆無相通之里數。而元和志四靈州目，「西南至涼州九百里。」寰宇記三六靈州目，同。宋會要方域二一西涼府：「河西之地……亦自置牧守，或請命於中朝。天成中，權知西涼府留後孫超遣大將拓拔承誨來貢。……承誨云，涼州者東距靈武千里，西北至甘州五百里。」通鑑二六五天祐三年紀，胡注引趙珣聚米圖經：「靈武自賀蘭山路過而至涼州九百里。」同書二七六胡注引趙氏圖經，同；惟無「自賀蘭山路過」六字。蓋唐代前期，長安赴河西有秦蘭及原會兩驛道，爲主線，靈州赴河西非要道也。及安史亂後，兩驛道皆陷屬吐蕃，靈州道乃形重要，故元和志以下諸志書皆記靈州至涼州之里程也。據聚米圖經，道經賀蘭山，而據高居誨所記，似不經賀蘭山，或者取道此山之南閭歟？

入宋仍見此道爲東西交通之主線。宋會要方域二一西涼府：「太祖乾德四年，知涼府折逋葛支上言，有迴鶻二百餘人、漢僧六十餘人，自朔方來，爲部落刼略。僧云欲往天竺取經，並送達甘州訖。詔褒答之。」此條見靈州爲華夷僧俗赴西域之大道甚明。復考范成大吳船錄卷上，峨眉牛心寺條云：

> 「此寺卽繼業三藏所作。業姓王氏，……乾德二年，詔沙門三百人入天竺求舍利及貝多葉書，業預遣中，至開寶九年始歸。寺所藏涅盤經一函四十二卷，業於每卷後分記西域行程，錄於此以備國史之闕。業自階州出塞而行，由靈武、西涼、甘、肅、瓜、沙等州入伊吳〔吾〕、高昌、馬〔焉〕耆、于闐、疎勒、大食諸國……」

此更詳記宋代初年朝廷派遣大批僧侶至西域取經，取道靈州向涼、甘、肅、瓜、沙一路行旅之具體行程矣。上引宋會要一條，蓋卽此三百人之一部分耳。又前田正名引續通鑑長編撮要三九，咸平元年十一月，河西遣使來朝，自稱「河西軍東至故原州一千五百里，……西至甘州同城界六百里。」按唐代前期，涼州東經會州至原州驛道不盈一千里，此云一千五百里者，蓋涼州東至靈州九百里有餘，靈州南至原州又五百六十里也；是蓋亦就取靈州道而言耳。復考宋會要稿蕃夷四之一三龜玆目，「西至大食國兩月程，東至夏州三月程。」又四之八九天竺國目，「其國東行經六月至大食，又二月至西州，又二月至夏州。」又宋史四九〇高昌國傳，太平興國六年遣王延德使高昌。此次西行雖取合羅川回鶻公主城道，然出發點亦由夏州。又宋會要蕃夷四之九一：「仁宗天聖元年十一月……內侍省副都知周文質言……大食國比來皆汎海由廣州入朝，今取沙州入京，經歷夏州境內，方至渭州（今平涼）。伏慮自今大食止於此路入，望申舊制，不得於西蕃出入。從之。」是北宋西域交通，常以夏州爲出發點。由夏州必西經靈州南境，是仍與唐末行程略合。

其二，靈州北達豐州、西受降城、天德軍道及西城出高闕至迴紇、黠戛斯道。　由靈州向北微東循黃河而下至天德軍爲一道，取西受降城路及取豐州路皆約一千一百里。

李德裕巡邊使劉濛狀（全唐文七〇二）：「其劉濛便望靈武至天德、振武，取太原路赴京。」又條疏太原以北邊備事宜狀（同上七〇五）：「望于浙西取弩手四百人，宣州取弩手三百人，令從河曲路赴天德。……河曲路與天德直對，……到天德後權取田牟指揮。」按河曲卽指靈州西南鳴沙新舊城地區而言。是兩狀皆指令取靈州至天德軍也。檢通典、元和志、寰宇記記此諸州、軍、城里距如下：

元和志：豐州「西南至靈州九百里。」

天德軍「西南取（衍文）渡河至豐州一百六十里。」「西至西受降城一百八十里。」

西城「西南去理所（靈州）一千餘里。」

西受降城「正東微南至天德軍一百八十里。」「東南渡河至豐州八十里。」「西南至定遠城七百里。」（定遠城在靈州東北二百里，詳後。）

通典：豐州九原郡「西南到靈武郡九十〔百〕里。」（卷一七三）

靈州靈武郡「東北到九原郡三百三十里。」（同上）

朔方節度使統西城，「西南去治所（靈州）千餘里。」（卷一七二）

寰宇記：靈州「東北至豐州九百三十七里。」（卷三六）

豐州「西南至靈州九百里。」（卷三九）

天德軍「西渡河至豐州一百六十里。」（同上）

西受降城「西南至定遠城七百里。」（同上）

觀上引諸條，知靈州東北至豐州大數九百里，確數九百三十七里，豐州東北渡河至天德軍一百六十里，是靈州東北至天德軍取豐州路一千一百里也。通典記靈豐間之里距兩條，皆字形譌誤。又通典、元和志，皆云西受降城西南至靈州千餘里。而元和志、寰宇記皆云西城至定遠城七百里。按靈州東北至定遠城僅二百里。是靈州至西城大數亦當僅九百里，確數或當爲九百餘里，未必有一千餘里。且下文引元和志、寰宇記述定遠城建置之原因，皆云西城去豐安軍千里，豐安軍在靈州西南一百八十里，無異說，則西城與靈州間必無千里之遙，故今作大數九百里也。

又檢通典一七三豐州九原郡「西北到受降城八十里。」元和志四，西城「（在）九原郡北黃河外八十里。」又豐州「西北至河西城八十里。」寰宇記三九，豐州「西北渡河至受降城八十里。」西受降城「東南渡河至豐州八十里。」是西受降城在黃河外，而豐州在城東南八十里，黃河內也。是由靈州至天德軍之兩路線相去甚近，其南段當即一道無疑。

其行程可略知者：由靈州北渡河十八里至靈武縣，又略沿河西岸東北行，約四十二里至宏靜縣，後更名保靜，在河外三里。其地本北魏薄骨律鎮之倉城，置宏靜鎮，徙漢人屯田積穀，故謂之漢城。隋、唐置縣。又北約六十里至懷遠縣（今寧夏省會銀川市 E106°17′·N38°27′）。其地東濱黃河（故道，在今河道之西），西去賀蘭山九十餘里，土平沃，有鹽池之利，故赫連勃勃置麗子園，後周遷二萬戶於此，置懷遠郡、縣，隋大業中於城西北築長城以護之。唐置縣及懷遠鎭。城西北四十里有千金堡，永昌中，更名新堡，置防禦軍兩千五百人，儲糧五萬石以供軍。及西夏有興州之名，今爲寧夏省會，固有其優越之地理條件也。由懷遠又北約百里至定遠縣，置定遠鎭（約當今平羅縣 E106°30′・N38°55′）。景龍中，張仁愿始置定遠城，管兵七千人，馬三千匹。先天中，郭元振復築城，置兵五千五百人。唐末五代置定遠軍。

定遠縣、定遠軍　元和志四靈州，「定遠縣，廢。在州東北二百里。……先天二年，郭元振以西城遠闊，豐安勢孤，中間千里無城，烽堠杳渺，故置此城，募有健兵五千五百人以鎭之。其後信安王禕更築羊馬城，幅員十四里。」寰宇記三六靈州廢定遠縣條，同。張說兵部尙書郭公行狀（全唐文二三三）：「後默啜大寇邊，拜（略）朔方道行軍大總管，築豐安、定遠等城，以拒賊路。」即此事也。舊九七郭元振傳，「始築定遠城，以爲行軍計集之所，至今賴之。」正以其可救千里無城烽堠杳渺之病也。新志作定遠軍，在黃河外。下文引通鑑後唐紀，亦作定遠軍。而元和志同卷述朔方節度統軍又有定遠東城，「（在）靈武郡東北二百里，黃河外。景龍中韓公張仁愿置，管兵七千人，馬三千匹。」此城亦在靈州東北二百里，黃河外，是與郭元振所置當在同一地域，無疑。惟先後兩次建置，故元和志誤會乃前後分述之耳。觀此城建置起因，自當大道無疑。前引元和志、寰宇記皆云西受降城西南至定遠城七百里。通典、元和志皆云西受降城西南至靈州千餘里。則七百里及定遠在靈州東北二百里者，皆指大數而言。按下文考證，定遠南至懷遠百里，懷遠南至靈州一百二十里，則靈州至定遠確數約二百二十里也。一統志寧夏府卷古蹟目，「定州故城在平羅縣東南，即唐定遠城也。」又云平羅在府北稍東一百二十里。而西北叢編，平羅至寧夏僅一百零八里。下文引武經總要，定遠南至懷遠一百里，則定遠正當在今平羅縣左近也。又唐會要二九祥瑞目下，長慶元年，「靈州奏黃河淸，從硤口至定遠界二百五十里，見底。」據西北叢編卷四，寧夏境內黃河有南北兩峽，南爲青銅峽，在分守嶺與河東牛首山對峙處。會要所謂峽口者，即此青銅峽無疑，此外絕無可當之者。分守嶺東北至寧夏一百一十里，至平羅二百一十八里。會要，硤口至定遠河淸二百五十里者，亦略見定遠在今平羅地區也。

懷遠縣、懷遠鎮　元和志四，靈州懷遠縣「南至州一百二十五里。」又云：「在州東北，隔河一百二十里。本名飲汗城。赫連勃勃以此爲麗子園，後魏給百姓，立爲懷遠縣。其城，儀鳳二年爲河水汎損。三年故城西更築新城。」寰宇記三六靈州廢懷遠縣條：「周建德三年，遷二萬戶於此置郡及縣，並名懷遠。開皇三年罷郡，而縣額不改。」「隋長城，隋大業中築，在縣西北大河外。」通典一七三，亦云：「隋大業長城在此縣界河外。」復考通鑑二八二，後晉天福四年，「靈州戍將王彥忠據懷遠城叛。」胡注：「趙珣聚米圖經曰，唐懷遠鎮在靈州北約一百餘里。宋時西夏彊盛，即其地置興州，其西九十餘里即賀蘭山。」按縣西北千金堡置軍儲糧事，見元和志與寰宇記。宜其亦爲一鎮城也。又志、記皆云有鹽池三所。是此縣在黃河西岸，地沃有鹽池之饒，西北有長城外護。就形勢言，當爲靈州至定遠大道所經。武經總要前集一八下邊防西番地界，（靈州）定遠鎮「南至懷遠鎮一百里。」蓋定遠至靈州二百里，僅就大數而言耳。一統志寧夏府卷古蹟目，「懷遠故城，今府治。」蓋得之，是在今寧夏省會之銀川市也。

保靜縣　元和志四靈州，「保靜縣，西南至州六十里。本漢富平縣地，後魏立宏靜鎮，徙關東漢人以充屯田，俗謂之漢城，隋改置宏靜縣。神龍元年改爲安靜。至德元年改爲保靜。」寰宇記三六靈州廢保靜縣目，亦云州東北六十里。又引隋圖經云：「宏靜縣，本漢城，居河外三里，乃舊薄骨律鎮倉城也，後魏立宏靜縣。」通鑑二七六，後唐天成四年，「初朔方節度使韓洙卒，弟澄爲留後。未幾，定遠軍使李匡賓聚黨據保靜鎮作亂，朔方不安。」胡注引宋白曰：「保靜鎮在黃河北岸。」則此縣在黃河外三里，爲古屯田及倉城所在，五代爲鎮，當爲大道所經，故李匡賓由定遠南來據之以窺靈州也。

靈武縣　元和志四靈州，「靈武縣東南至州十八里，……後魏破赫連昌，收胡戶徙之，因號胡地城。天和中，於此州東北置建安縣，開皇十八年改爲大潤縣，仁壽元年改爲靈武縣，移入胡地城安置。」寰宇記三六，亦云縣在州西北一十八里。而武經總要前集一八下，「靈武鎮，外河鎮也。南渡河至靈武州（武字衍）五十里。東保靜鎮四十里。」是縣在河外，「五十」蓋「十五」之倒耳。由州北至靈武縣十八里，又東四十里至保靜，里距之和，正約六十里也。

又沿黃河西岸北行，過賀蘭山北閭之乞伏山（約今石嘴山 E106°45′·N39°13′），元和九年曾置關於中〔西〕受降城與靈州接境處，蓋在此山地區或其北。由界關復循河西岸而北至西受降城，城西南去定遠城大數七百里，去靈州九百數十里。又蓋由界關地區東渡河，東北至豐州，州去定遠城大數七百里，去靈州九百三十七里。

元和志四靈州：「賀蘭山在（保靜）縣西九十二里。山有樹木，青白望如駿馬，北人呼駿爲賀蘭。其山……形勢相接，迤邐向北，經靈武縣，又西（二字當乙，西字屬上讀）北經保靜縣西，又北經懷遠縣西，又北經定遠城西，又東北抵河。其抵河之處亦名乞伏山，在黃河西。從首至尾，有像月形，東北約長五百餘里，眞邊城之鉅防。」據此，賀蘭山在北尾閭抵於定遠縣北之黃河岸，曰乞伏山。道沿大河西岸行，必經此山無疑。檢一統志寧夏府卷山川目，今平羅縣北山名甚多。有黑山，在平羅西北，賀蘭山尾，形如虎踞；石嘴山，山石突出如嘴，在平羅北四十里；老虎山在平羅東北百八十里，黃河岸上。此外尙有四山皆在平羅北。而石嘴山、老虎山最有可能。又檢西北叢編卷四，「石嘴子爲阿拉善蒙古與寧夏屬平羅縣交界之處。河東一帶，時見烽墩，大山脈自西南趨東北，有一山頂平如棹，土人稱爲棹子山。賀蘭山在西面，距大道百餘里，將近石嘴子時，地均高原，高原盡，卽有石山脈一道橫亙東西。（其地）黃河縱貫南北，大山迴抱東西，形勢一束，誠要隘也。」又云此地久爲漢蒙貿易點，交通四達。觀此形勢正當爲乞伏山，此北未見其地也。

唐會要八六關市目，「元和九年五月，豐州奏，中受降城與靈州城接界，請置關。從之。」新志豐州中受降城，「接靈州境有關，元和九年置。」按中受降城在天德軍東，豐州之東北，不可能與靈州接境，此殆指西受降城耳。

西受降城去靈州千餘里，去定遠城七百里，詳前引。七百里蓋僅指大數而言，實不止七百里。豐州至靈州九百三十七里，見前引，則去定遠城正當七百里之譜。舊八九狄仁傑傳，豫州越王貞黨與「配流豐州，豫囚次於寧州。」是卽取寧州道經靈州至豐州之實例也。

豐州在西河之東一百三十五里，北河（今五加河，卽黃河故道）之南四十里，約在 E107°40′-50′ • N41° 地區。（今黃河北狼山、晏江間。）西受降城在豐州西北八十里、黃河（黃河故道）外，高闕之南近處。高闕卽今狼山口（E107°25′ • N41°20′）或石蘭計口（E107°30′ • N41°20′）。西城地美水草，在今狼山縣北，約 N41°15′ • E107°25′-30′ 地區也。

通典一七三，豐州、九原郡，「西至黃河百三十里。北至黃河四十里。……西北到受降城八十里，東北到黃河八十里。」寰宇記三九豐州目，同；惟「百三十」作「百三十五」、「北至」上有「正」字，又「西北」下有「渡河」二字，更正確。通典又云：「漢武帝元朔二年，車騎將軍衞青渡西河至高闕，破匈奴。河自今靈武郡之西南便北流，千餘里過九原郡乃東流。時帝都在秦，所謂西河，疑是此處。其高闕當在河之西也。……其河自九原東源〔流〕千里，在京師直北，漢史卽云北河，斯則西河之側者。」是則謂今寧夏省境北流之河爲西河，綏遠省境折向東流之河爲北河也。豐州九原郡之位置當在西河之東一百三十五里，北河之南四十里，東北至河八十里，亦對北河而言。然綏遠省境東流之北河，古代河道主流實非卽今日之河道，而爲今日黃河之北五加河，說見綏乘卷一，此無可疑者。則古代黃河此段之北河乃在N41°以北（約 N41°10′-15′），非如今日河道在 41° 以南也。然則唐代豐州當在 N41° • E107°30′ 或稍東地區，卽今臨河、五原兩縣間地區，更縮小範圍言之，則新置之狼山、晏江兩縣間地區也。參之西城、天德軍之今地，則豐州地望，當如綱文所指。

西受降城東南渡河至豐州八十里，通典、元和志、寰宇記皆有記載，無異說。元和志四西受降城目又云：「城在豐州西北八十里。……開元初爲河水所壞，至開元十年，總管張說於故城東別置新城。今城（一本云其後城）西南隅又爲河水所壞，本末具天德軍（目）。」則西城在黃河外，南臨河水，度其地當在今太和鎮（蠻會）東北慶豐全地區，或更東北歟？復考寰宇記一九九回紇目云：

「天寶初……徙居突厥舊地，依烏德健山嗢河。雖逐水草，大抵以此山比中國之長安城。直西去（此三字疑衍文）直西城千七百里。西城即漢之高闕塞，北去磧口三百里。」

此云西城即高闕，蓋在高闕之近處也。則欲知西城所在，可先考高闕所在。

高闕　此因地形立名，爲戰國、秦漢以來塞上之名地。中古地書描述高闕地形者以酈注與張氏正義爲具體。水經注三河水注云：

「河水又屈而東流爲北河……東逕高闕南。史記，趙武靈王既襲胡服，自代並陰山下至高闕爲塞。山下有長城。長城之際，連山刺天，其山中斷，兩岸雙闕，善能雲舉，望若闕焉，即狀表目，故有高闕之名也。自闕北出荒中，闕口有城，跨山結局，謂之高闕戍，自古迄今，常置重捍，以防塞道。漢元朔四年，衞青將十萬人，敗右賢王於高闕，即此處也。河水又東逕臨河縣故城北……。」

史記一一〇匈奴傳·張守節正義引地理志云：

「朔方臨戎縣北有連山，險于長城。其山中斷，兩峯俱峻，土俗名爲高闕。」

是高闕地望、地形有顯著特徵。其一，黃河由南向北流，稱爲西河，又折而東流爲北河，高闕即在北河之北岸。其二，河北有連山，中斷爲一大缺口，爲通山北之谷道。缺口兩旁山峯高峻，有如雙闕對立。因爲有此顯著之特徵，故較易指證。綏乘七要隘考云，河外狼山隘口甚多，「狼山口正當古黃河北流折東處，意即古高闕塞也。」綏乘作者熟於河套地形，所指宜可信。惟不言經緯度，讀者仍難從一般地圖中正確識其地望。往日余撰北魏軍鎮制度考，據民國四年參謀部百萬分一地圖及申報館分省新圖約定其地在E106°30′-107°·N41°-42°

地區。其後雖有更定，但苦無精詳地圖為之助。頃得較佳地圖與新出調查資料，重論如下。

唐曉峯內蒙古西北部秦漢長城調查記（文物1977年5期）畧云：

今日穿越狼山公路，所經山口，主要有烏蓋、石蘭計、烏不浪和阿貴等口子。一般估計，石蘭計山口就是古高闕塞。此山口位於石蘭計公社之北，在狼山山脈的中段，山口比較狹窄，兩旁各有一高峻山峯，在東西數十里內，大大超乎羣峯之上，與古人描述高闕地形相符合。在這狹窄山口內，谷長六、七公里，有公路通行。南口東側山上有烽燧遺址，北口兩側山嶺上有長城和烽燧遺跡。根據以上情況，此山口就是古代高闕塞，這是完全可以相信的。

此段說明甚清晰，所作簡圖，山口在臨河縣直北微東；惜圖與文均未標明經緯度。檢禹貢學會所製後套區域總圖，（禹貢第六卷五期後套水利調查專號。）臨河縣正北狼山山脈南麓為雙盛公村，（檢張編地圖集．綏遠人文圖有此地名。）其東北約七八公里為狼山口，口東約三公里為石蘭吉口，地在永濟渠入五加河口之西北，有一水由谷口南流入五加河。是則綏乘與調查記所指雖為兩地，但極相近。再檢ONC-F-8，則石蘭吉口當在 E107°30′．N41°20′，狼山口當在其西約 5′，各有谷水南流，中隔海拔5110呎（1558公尺）之山峯，狼山口有未竣工之汽車道北通山北，為此圖狼山山脈中唯一南北通道。今日度之，古高闕非今狼山口卽石蘭吉口，無可疑者。其經緯度亦可指也。然則西城當在山口之南，約N41°15′．E107°25′-30′ 地區矣。唐世，其地「據虜要衝，美水草，守邊之利地。」見通鑑二三九元和八年紀，李絳等奏事。

西受降城循河而東至天德軍一百八十里，由豐州東北行八十里渡河，又八十里亦至天德軍。軍城在今烏蘭鄂博（E108°30′．N41°17′）之東南，E109°．N41° 稍西北地區，烏梁素海東北岸水濱。其北六十里有北魏沃野鎮故城，皆為中古時代控扼後套內外之軍事交通樞紐。

里距已詳前引，其地望及交通軍事形勢，參詳長安北通天德軍驛道篇。

西受降城西北出高闕至磧口鸊鵜泉三百里。磧口又西北一千五百里至回鶻牙帳，其地在今西庫倫卽 Erdennijo (E102°40′·N47°10′地區)之北北西約一百華里鄂爾渾河西岸之黑城子，卽Khara Balgasun。又西北四十日程約三千里至黠戛斯，約今唐努烏梁海北境或更北入俄屬西伯利亞南境。

元和志四西受降城，「北至磧口三百里。磧口西至回鶻牙帳一千五百里。」寰宇記三九，同；惟末句作「一千單五里。」傳寫之譌耳。復考寰宇記一九九黠戛斯目云：

「從天德軍西二百里至西受降城，又北三百里鸊鵜泉，西北回鶻帳一千五百里。回鶻西北四十日程方至其國。東去單于庭七千里，南去車師國五千里。」

此所述卽元和志西城北出磧口之一道，則鸊鵜泉卽在此磧口也。新書地志豐州目，西受降城北三百里有鸊鵜泉。是其旁證。通鑑二三九，元和八年十月「壬寅，振武、天德軍奏，回鶻數千騎至鸊鵜泉，邊軍戒嚴。」胡注：「鸊鵜泉在西受降城北三百里。」此卽回鶻取道此泉之一例矣。又新二一八沙陀傳，元和「八年，回鶻過磧南，取西城柳谷，詔執宜屯天德。」亦取此道無疑。通鑑二四二，長慶二年，「裴度之討幽鎭也，回鶻請以兵從，……遣中使止之。回鶻遣臣李義節將三千人已至豐州北，却之，不從。」殆亦取此道而來也。據前考西城地望所引諸證，西城卽在高闕之東南麓，黃河岸，高闕又爲自古出軍之路，唐世此路當卽由西城西北出高闕至磧口鸊鵜泉也。又寰宇記此條述西城經回鶻通黠戛斯之道。按寰宇記又云：

「黠戛斯，西北荒之國也，本名結骨。……在回鶻西北四十日程，一本云三千里。（按通典二〇〇結骨目卽作三千里。）……其國南有貪漫山，（通典有『多林目』三字。）地夏沮洳，多積雪，（通典有『往來險阻』四字。）有水從回鶻出，流踰山。又云其國依青山之西面，有金海，分爲二河，一名羊河，一名劍平吉側河。」

按回鶻牙帳在今和林稍北之Khara Balgasun。和林卽西庫倫，亦卽額爾德尼召 Erdennijo，張編地圖集·蒙古人文圖在約 E102°40′·N47°10′ 地區 。詳唐通回紇三道篇。黠戛斯在回鶻牙帳西北三千里，而南至車師五千里，參之通典、寰宇記所記地理環境，度其地當在今唐努烏梁海北境或更北也。

其三，由靈州北至磧南彌娥川水一千里。殆出賀蘭山隘道向北行，亦爲通塞北諸部之孔道也。代宗時代，見有彌峨城，蓋卽在此道中。此道之出發點亦在懷遠縣。

元和志四，靈州「北至磧南彌娥川水一千里。」寰宇記三六，全同。彌娥川水之地望雖不詳，但爲通塞北諸部之一道則無疑。通鑑二二三，廣德二年，僕固懷恩入靈州，疑張韶，「以事杖之，折其脛，置於彌峨城而死。」當在此彌娥川也。今檢申報館中國分省新圖，有一道，由寧夏省會西北越賀蘭山至定遠營，由營分東西兩道，東道經扎拉台達巴蘇湖，⑦ 西道經喀拜林梅子湖，皆北達外蒙古境。而張編地圖集，由定遠營（E105°35′・N38°50′）以北，只作一道，行申報館新圖兩線之間。無論其爲一道或兩道，要當爲唐代彌娥川水通道之大體方向也。疑彌娥川卽吉蘭泰鹽池（E105°40′・N39°40′）或喀拜林梅子湖歟？舊一九五迴紇傳，「貞觀二十年，南過賀蘭山，臨黃河，遣使入貢。」蓋卽取此道歟？

此道旣經賀蘭山，考宋高僧傳二一靈武下院無漏傳，賀蘭山白草谷在靈武北，稱爲北山，由長安至賀蘭山，經懷遠縣。是由靈武至賀蘭山，取道懷遠也。

其四，宋代初年王延德使高昌，由夏州西行，經玉亭鎭，渡黃河，歷各部族，經合羅川，唐回鶻公主城，馬騣山望鄉嶺，李僕射城，至伊州，達高昌。黃河渡處當在靈州西南境，是亦靈武西北通西域之一道。對靈州涼甘肅瓜道而言，可謂北道矣。

王延德以太平興國六年使高昌，歸國後敘其行程，詳載宋史四九〇高昌傳，文長不錄。合羅川、唐回鶻公主城在居延海地區，知此道乃行涼甘肅瓜之北，可

⑦ 張編地圖集及ONC-G-9皆作吉蘭泰鹽池 E105°40′・N39°40′，是也。觀西北叢編頁六七，可證。申報館新圖位吉蘭泰鹽池於定遠營西甚遠，接甘肅境，誤。

謂北道。

其五，靈州向東經鹽州至夏州達黃河岸，又渡河至太原府。此爲一重要東西交通線。

通鑑二三二，貞元二年十一月辛丑，吐蕃寇鹽州據之，刺史杜彥光率衆奔鄜州。十二月，又寇據夏州，又寇銀州，陷麟州。又二三六，貞元十七年，吐蕃寇陷鹽州，又陷麟州。陷麟州，當經夏州也。考廣記三四九韋鮑生妓條，韋曰，「春初塞遊，自鄜坊歷烏延，抵平夏，止靈武而廻。」此亦見靈州東通夏州道。其詳見關內河東間河上諸關津及其東西交通路線篇。舊一四四杜希全傳，「希全以鹽州地當要害，自貞元三年……州城陷虜，自是塞外無保障，靈武勢隔，西（？）通鄜坊，甚爲邊患。朝廷是之。九年詔曰……鹽州地當衝要，遠介朔陲，東達銀夏，西援靈武，密邇延慶，保扞王畿。乃者城池失守……千里亭障，烽燧不接……若非興集師徒，繕修壁壘……則封內多虞，諸華屢警，由中及外，皆靡寧居。……」具見鹽州在交通軍事上之重要性。

其六，靈州循黃河南岸西南行經鳴沙至烏蘭橋、烏蘭關，又西南至會州，凡五百三十里。由會州又西南行三百八十里，至蘭州。

舊一九六下吐蕃傳，貞元「十六年六月，鹽州破吐蕃於烏蘭橋下。」通鑑二三五書此事，「鹽」作「靈」，是也。舊一三三李晟傳附王佖傳：「元和中……佖……爲朔方靈鹽節度使。先是吐蕃欲成烏蘭橋於河壖，朔方節度使每遣人潛載之，委於河流，終莫能成。至是，蕃人知佖貪而無謀，先厚遺之，然後併力役成橋，仍築月城守之。自是朔方禦寇不暇，邊上至今爲恨。」通鑑二三九書此事於元和八年。按此橋當梁黃河，在烏蘭縣境。據吐蕃傳及通鑑二三五，貞元十六年已見有此橋，元和八年乃重建耳。烏蘭地望，詳長安西通安西驛道篇上。觀此兩事，靈州至烏蘭橋當爲大道，蓋循黃河而上，中經鳴沙新縣也。鳴沙新縣至靈州道，已詳前原州通靈州道。通典、元和志、寰宇記靈州目皆不記西南到會州之里距，而會州目則皆記之。玆錄三書會州目記東北至靈州，西南至蘭州之里距如下：

通典一七四會州目：東北至靈州600里，西南至蘭州420里。

（北至靈州，同）　（南至蘭州，同）

元和志四會州目：　東北至靈州530里，西南至蘭州380里。

寰宇記三七會州目：東北至靈州530里，西南至蘭州380里。

（北至靈州600里）

今據元和志書之。

其七，由靈州北渡河至靈武縣，復循黃河西北岸向西南行河外，凡一百八十餘里至豐安軍（今中衛），管兵八千人，爲靈州之西衛，亦北狄入寇之道口也。

張說兵部尚書郭公（元振）行狀（全唐文二三三）：「後默啜大寇邊，拜（略）朔方道行軍大總管，築豐安、定遠等城以拒賊路。」通典一七二，朔方節度使所統有豐安軍，「靈武郡西黃河外百八十餘里。萬歲通天初置，管兵八千人，馬千三百匹。」元和志靈州目，同。按鳴沙新縣在靈州西南百二十里黃河內，則軍在縣之西北河外約五六十里也。檢西北叢編卷三，由寧夏省會至蘭州正行黃河外，自省城西南至大壩一百里，大壩約在唐代靈州之對岸。又西南沿黃河外行一百八十五里至中衞縣，唐豐安軍約在此地區無疑。

（四）　靈州、河套地區之水運

靈州內通長安，外達戎狄之諸陸道，已考論如上。而靈州河套地區水運發達，便利軍政之控制，經濟之流通，此亦所當留意者。按中古時代此段黃河水運之興，蓋以北魏刁雍之捨車用船爲關鍵。大抵此段黃河民間水運蓋頗發達，雍爲江南人，故遂創興官方水運，兩船爲舫，舫載二千斛（約合今八百石），順流而下，日行一百五十里以上，運率實屬可驚，故北人嘆爲奇功，正史詳載其事也。

魏書三八刁雍傳云：

「眞君……五年……爲薄骨律鎭將。……七年，（元和志四、寰宇記三六皆作孝文太和七年，誤。）雍表曰：奉詔高平安定統萬及臣所守四鎭，出車五千乘，運屯穀五十萬斛，付沃野鎭以供軍糧。臣鎭去沃野八百里，道多深沙，輕車往來猶以爲難，設令載穀不過二十石，（寰宇記同，元和志作二十五斛。）每涉深沙，必致滯陷。又穀在河西，轉運至沃野，越渡大河，計車五千乘運十萬斛，百餘日乃得一返，大廢生民耕墾之業。車牛艱阻，難可全至，一歲不過二運，五十萬斛乃經三年。……臣聞鄭白渠遠引淮海之粟，泝流數千里，周年乃得一至，猶稱國有儲糧，民用安樂。今求於牽屯山河水之次，造船二百艘，二船爲一舫，一舫勝穀二千斛，一舫十人，計須千人，臣鎭內之兵率皆習水，一運二十萬斛，方舟順流五日而至，自沃野牽上，十日還到，合六十日得一返。從三月至九月，三返，運送六十萬斛，計用人功輕於車運十倍有餘，不費牛力，又不費田。詔曰……非但一運，自可永以爲式。」

按此事實爲西北運輸一大革命性措施，蓋雍本爲南人，避劉裕仇殺而向北朝投奔者。然觀「鎭內之兵率皆習水」之言，想民間短距離小規模之水運原頗發達，故雍因之興此大規模之水運計劃也。薄骨律鎭即唐之靈州；沃野鎭此時在黃河北流將分南北河處之東，去河不遠，詳中國地方行政制度史第四册第十一章北魏軍鎭沃野鎭條，度其地當在E107°30′．N40°30′地區黃河東南岸，約在唐豐州之南五十里至一百里也。又按，據雍傳，每舫載二千斛，即每船載一千斛。北魏每斛約當今四市斗，（參看吳洛中國度量衡史中國升之容量標準變遷圖。）一千斛約當今容量四百石。檢西北叢編卷三（一月四日條），記寧夏運費，「黃河下水每船可裝甘草二萬斤，鹽三萬斤，皮毛三萬斤；上水載重半於下水。」是較重之貨每船下水可載約三百石，則古今載量亦不相遠也。

隋煬帝幸榆林（即唐勝州）向東「歷雲中，泝金河（今大黑河）。」幸啓民可汗牙帳，則金河亦通水運也。

通鑑一八〇，隋大業三年「八月壬午，車駕發楡林，歷雲中，泝金河。……乙酉，帝幸其（啓民）帳。」按楡林郡，唐置勝州，在今托克托城西十餘公里之黃河內。雲中卽雲中古城，在勝州東北約四十里，約今托克托之北，啓民牙帳雖不詳，蓋約金河上游唐置單于府處。卽泝今大黑河而上也。

唐開元二十九年，朔方節度使加六城水運使。其後或節使自領，或僚屬兼充，無定制。所謂六城者，大抵皆沿黃河外，自轄境西南黃河上流數之，蓋指豐安軍（今中衛左近）、定遠城（今平羅左近）、西受降城（今蹬會東北約 N41°15′•E107°25′-30′ 地區）、中受降城（約今包頭之西、賈格爾旗廟之東，廟在 E109°之東）、東受降城（今托克托城西北十餘里黃河外之大皇城）五城，另加振武軍（在東城東北一百二十里，約今歸綏縣西南）或楡多勒城（約今鄂爾多斯右翼中旗鄂托克廟地區），則黃河上下兩千數百里間皆通水運也。

唐會要七八節度使目朔方條，「開元二十九年，除王忠嗣，又加水運使。」新六四方鎭表，是年，「朔方節度兼六城水運使。」是此使由節度自兼也。如郭子儀以節度使兼六城水運使，見肅宗封郭子儀爲汾陽郡王詔（全唐文四三），又稱六城水運大使，見舊德宗紀首條。僕固懷恩以節度使兼六城水運使，見代宗諭僕固懷恩詔（全唐文四六）是也。孫逖有授楊行審靈州長史仍充六城水運使制（全唐文三一〇），是以上佐兼充也。又通鑑二一八至德元年，記朔方僚屬迎肅宗卽位事，有「六城水陸運使魏少遊。」是似有專任者。然舊一一五魏少遊傳作朔方水陸轉運副使。按其時節度使爲郭子儀，正兼六城水運使，通鑑省字之過也。

至於所謂六城者，通鑑二一八至德元年紀，胡注：「朔方所統有三受降城及豐安定遠振武三城，皆在黃河外。」又通鑑二二五，大曆十一年二月「辛巳，增朔方五城戍兵，以備回紇。」胡注：「朔方先統三受降城，并振武、豐安、定遠爲六城。時三受降城屬振武軍使，朔方統豐安、定遠、新昌、豐寧、保寧，謂之塞下五城。」按通典一七二，朔方節度使統經略軍、豐安軍、定遠城、西城、中城、東城、振武軍。其經略軍在靈武城內，所統外城實爲六個。故胡氏第一注，蓋取此而言。又新書地志，靈州「黃河外有豐安、定遠、新昌等軍，豐寧、保寧等城。」此殆爲胡氏第二注所本。而岑仲勉唐史餘瀋卷二有朔方節度下之五城六城目，疑胡說未實。云「東西中三城在六城內，自無庸疑。」又據通典一七二、元和志四，定遠亦有城；據元和志鳴沙縣目有豐安城之語，故云豐安、定遠亦皆六城之數無疑。至於振武軍，僅爲軍，非城。又云新昌、豐寧、保寧雖見於新志，但通典、元和志及舊志均不載，似非扼要之地，故亦不當入五城之數。因謂「五城者，定遠、豐安二軍及東、中、西三受降城之總稱，今應問五城外再增何城乃爲六城也。」下文乃引元和志四靈州目，「經略軍在夏州西北三百里，天寶中，王忠嗣奏於楡多勒城置軍，今屬靈武節度，本屬夏州，南去靈武六百五十餘里。」因斷此楡多勒城卽第六城也。今按振武旣爲軍，自卽有城，不必泥。豐寧見舊肅宗紀，帝由原州出蕭關「行至豐寧南，見黃河天塹之固，欲整軍北渡，以保豐寧。」則其地當在平高川入河之口及鳴沙縣（新縣）地區之北岸，豐安軍東數十里；帝欲保此城，似不得謂爲散地。至於楡多勒城，寰宇記三六亦記此條，與元和志略同，惟作「西南去靈武六百餘里」，着一「西」字更正確。觀兩書所記去夏靈鹽三州之方向里數及去天德軍之里數，此城(卽新宥州)當在今圖N39°·E108°地區，卽鄂托克旗（鄂爾多斯右翼中旗）地區，其地當都司兎河上源湖泊極多之地區。所謂西南去靈州六百五十里者，蓋略循都司兎河而西，再循黃河而南也。此城旣在黃河支流，固亦可通水運也。是以五城六城之數實難肯定。惟六城五城何指，雖稍有參差，實不重要；所可知者，朔方統境以黃河沿岸爲主，上起豐安軍，下至振武軍東受降城，皆通水運，必無問題也。據元和志，豐安軍東北一百八十里至靈州，靈州東北二百里至定遠城，又七百餘里至西受降城，又東微南一百八十里至天德軍，又東南二百里至中受降城，又東三百里至東受降城，則六城沿流水程二千餘里。郭子儀論吐蕃書云：「五城相去三千餘里」者(全唐文三三二)，稍侈言之耳。至於中城、東城地望，別詳下唐代安北單于兩都護府考及長安東北通勝州振武軍驛道篇。

當唐盛時，西北屯田贍軍有餘即藉此段黃河水運以備關中凶年，亦見此段水運之盛。

陳鴻祖東城老父傳（太平廣記四八四）記老父說開元天寶事云：「河州、敦煌道，歲屯田實邊食，餘粟轉運靈州，漕下黃河，入太原倉，備關中凶年。」蓋謂河鄯、甘涼屯田贍軍有餘，則利用此段黃河水運以濟關中。疑此太原倉當作永豐倉。

唐末曾見有突厥掠漕米及行商事，蓋亦此段之河運也。

通鑑二四八，大中元年，「突厥掠漕米及行商，振武節度使史憲忠擊破之。」

綜　　結

靈州靈武郡在唐都長安之直北微西一千二百里，邊疆諸州之去長安，此爲最近，且無高山險阻，大河隔限，故與中央之關係亦視其他邊州爲切。加以地當黃河上游水運之要衝，北出塞外之坦途，故中古以來，北方強敵入寇，中國大軍出擊，皆以此爲重要孔道。當唐盛時，自東北迄西北邊疆置八節度使，朔方節度治靈武，亦最居中，北制迴紇，南蔽長安，在軍事上具有外禦強敵、內衞京畿之雙重作用。安史之亂，兩京陷落，亦賴此軍中興唐室，良有以也。中葉以後，隴坂以西陷屬吐蕃，長安通西域之南北兩驛道皆沒蕃境，於是靈州不但爲中國北通塞北諸蕃之孔道，亦爲西通西域之孔道。且其時，國境去長安僅四五百里，吐蕃屢逼京畿，而卒不能得志者，亦賴此軍之強大，與靈武在右翼牽制之奏功也。故靈州朔方軍在唐代西北交通與軍事形勢上極具重要性，此篇目的，卽在究明靈州至長安及靈州向外四方通達之孔道，以明此州在當時交通軍事上之形勢焉。

長安西北至靈州有東西兩道。由長安都亭驛西北行，渡渭水經臨皐驛，咸陽縣、陶化驛（今咸陽），磁門驛，管城驛，醴泉縣、驛（今縣東北十里泔北鎭），蓋中經駱驛至奉天縣、驛（今乾縣東），地當西北大道之要。又北出漠谷，踰梁山，經永壽縣、驛，麻亭驛（今永壽），至邠州治所新平縣（今邠縣），去長安二百八十里或三百里。又由長安北渡渭水及涇水，經長平坂，至涇陽縣迎多驛（今涇陽），又西北經雲陽縣（今涇陽西北之長街鎮或雲陽鎮東），上車箱坂，坂上平原宏敞，樓觀相屬，至漢甘泉宮，宮在甘泉山上。山爲長安北塞，自古當軍道之要。又西北亦至邠州，去長安約三百里或二百八十里。

邠州爲邠寧慶節度使治所，實長安西北最近之重鎮，赴靈武之東西兩道亦於此分途。

東道由邠州北行，經古豳城，渡涇水至定平縣（今寧縣南六十里政平鎮），當馬嶺川（今環江、馬蓮河）入涇水處。又北經棗社驛至寧州治所定安縣（今寧縣），南去邠州一百四十里。城西北近處有定安故關。出關略循馬嶺川河谷而上，蓋中經彭原縣至慶州治所宏化縣（今慶陽），東南去寧州一百三十里。宏化或更名安化、順化，地當馬嶺（環江）、白馬（今揚西川）兩水之會，故又有合川之目。

慶州又西北循馬嶺川河谷而上，經馬嶺縣（今馬嶺鎮），百家堡，拔谷，木波鎮，至方渠縣（今圖舊環縣），秦長城在城北。方渠當甜鹹兩河及青剛川諸水之會，五代置威州，或名環州，皆借唐代鳴沙故地之舊州名，非其地也。由縣西北出青剛川乃赴靈州之大道。此道途經烏崙寨凡六十里至洪德寨，又西北入青剛川，經青剛嶺、青剛峽，凡百里入旱海沙磧中，經積石嶺，浦洛河，至鳴沙舊縣。縣在靈州正南微東一百八十里，隋及唐初置環州，有關官，後置安樂州，處降羌，大中初改置威州（今韋州鎮）。又北經輝德鹽井，至靈州治所廻樂縣（今靈武西南約十里），東南去方渠縣四百六十里，去慶州六百四十里。賈耽曰，「慶州以北地形曼衍，直抵沙漠，寇入最易。」蓋馬嶺川上游已屬高原，青剛峽外更入旱海沙磧，直抵靈州約三百里，宜利蕃馬之馳騁也。

由慶州北行，略循白馬川而上，經延慶縣，至懷安縣（今元城鎮地區），又西北入通塞川，取車箱峽路至鹽州治所五原縣（今花馬池、鹽池縣或稍北），去慶州五百五十里。又方渠縣西北洪德寨亦當赴靈、鹽兩州之分途。由寨西北出青剛川至靈州，由寨東北出歸德川，三百里亦至鹽州。鹽州與吐蕃、党項犬牙相接，控扼靈、夏，翼蔽內郡，兼有鹽池之利，故羌戎覬覦，屢興兵革。又西行三百里至靈州，若西北取烏池、黑浮圖私路四百里亦至靈州。由慶州向北繞道經鹽州，可視爲東道邠寧慶青剛川路之支線。

西道由邠州向西略循涇水河谷而上，經涇州（今涇川）至原州（今固原），詳細驛程已見長安西通安西驛道篇上。由原州向西微北行，出石門關至會州，乃通涼州之北道；今考之道，則由州向北略循葫蘆河（今清水河）而下，出秦長城至蕭關縣（約今李旺堡、上新堡、蔡家溝地區 E106°5′．N36°40′），置蕭關新城，在河東岸，西岸置白草軍，關軍兼置，正以當大道之要也。大中初置武州，南去原州一百八十里。

蕭關北行，又分東西兩線。東線由關東北經鳴沙故城，後置威州（今韋州鎮），與東道青剛川路合至靈州。西線仍沿葫蘆河而下，至黃河南岸鳴沙新城（今中寧）折向東北，循黃河南岸至靈州，去原州五百六十里。葫蘆河又名蔚茹川、平高水，即今清水河一名清石水，地屬高原，平坦易行。

綜觀兩道，大抵東道循馬嶺水、青剛川（今馬蓮河、環江）而上，涉翰海；西道循涇水而上至原州，又循葫蘆河而下，再沿黃河而下也。東道一千二百一十里，西道約一千三百六十里，皆置驛。兩道間又時見聯絡線，如寧慶有支路通蕭關，其最要者。

靈州靈武郡，居河套上游，地平壤沃，經濟較繁榮，且當華夷之交，故內外交通，水陸運輸至爲發達，而外有賀蘭山脈之廻護，形成唐代西北交通軍事之樞紐。其四向輻射之交通線，除前述之內通長安兩線外，可考者尙多，如東經鹽州至夏州，抵黃河岸，西經鳴沙至烏蘭，達會、蘭；而西通涼州達西域，北通西城至迴紇、黠戛斯及河套上下二千里之水運亦爲緊要。簡述如次：

靈州西渡黃河，蓋越賀蘭山南閭，經沙磧，渡白亭河凡九百里至涼州，通西域。此道在唐代前期，殊不重要；中葉以後，秦蘭原會等州陷屬吐蕃，長安通涼州之兩驛道皆不能通，此沙磧道乃形見重，代替秦蘭、原會兩驛道，成爲唐通河西、西域之主線，華夷使節往還，商賈行旅，皆所取途。五代時高居誨使于闐，其行記所述即此道也。下迄北宋仍重此線。

靈州北渡黃河，沿河西岸北行，經宏靜縣，懷遠縣（今寧夏省會銀川）至定遠縣（今平羅），置軍、鎮，去靈州二百里。又沿河岸北行經賀蘭山北閭之乞伏山（蓋今石嘴山）至西受降城，去定遠軍七百數十里。西城在黃河（黃河故道）外，河水北流折東處，約在N41°15′・E107°25′-30′處。城北依高闕爲塞，高闕在狼山山脈中，連山刺天，中斷爲陘，兩岸山峯雲舉，望之若闕，故名。據酈注詳述，參之考古資料，證知蓋今狼山口E107°25′・N41°20′或石蘭吉口 E107°30′・N41°20′。由西城西北出高闕至磧口鸊鵜泉三百里，又西北一千五里至回鶻牙帳，在今西庫倫 Erdennijo (E102°40′・N47°10′) 北北西百里之黑城 Khara Balgasun，又西北四十日行約三千里至黠戛斯。是爲唐代北達塞外最主要交通線。又有一道由靈州北至磧南彌娥川水一千里者，殆出賀蘭山隘道向北行，亦爲通塞北諸部之孔道也。

當唐盛時，靈州置朔方軍，其基本轄境，西南起河曲，東北盡河套，統經略（治靈州城；時或治榆多勒城，約在今鄂托克廟）、豐安（今中衞）、振武（今歸綏西南）三軍，定遠（今平羅）、西受降（N41°15′・E107°25′-30′）、中受降（約今買格爾旗廟之東，廟在 E109° 東）、東受降（今托克托城西北十餘里黃河外）四城。統軍常額六萬四千七百人，或多至十餘萬人。此諸軍城除經略軍外，大抵皆在黃河外岸（惟振武離岸較遠）上下兩千數百里間，水運發達，故節度使例帶六城水運使之名號。六城者，即豐安、定遠、三受降城，外加榆多勒城或振武軍城也。此段黃河水運之興，蓋以北魏時代刁雍捨車用船爲關鍵，唐代承之，利用益廣。刁雍創制，兩船爲舫，舫載二千斛，順流而下，日行約一百五十里，運量運速實屬可驚，想唐世河套水運殆亦不減此制也。此誠大有利於西北軍政之控制，經濟之流通，讀史者似多忽之！

參看圖六

一九七一年九月二十一日起草，十一月六日初稿完成，同月三十日增訂畢功。一九七二年十二月六日校稿重訂，刊香港中文大學中國文化研究所學報五卷一期。一九七八年三月十四日改寫高闕、西受降城一段。一九八三年十二月二十四日改訂。一九八五年三月三校定稿。

篇柒　長安北通豐州天德軍驛道

唐初威服大漠南北，置安北、單于兩都護府於黃河（古黃河即今五加河淤道）之北，分統諸部。而於河南河套北境，西置豐州（在今黃河北，黃河故道南，約今狼山、晏江間，N41°・E107°40′-50′或稍南），東置勝州（在今托克托城西黃河內十二連城，約 E111°・N40°13′），內以鞏固國疆，外以支援兩府。武后時代，突厥驟强，中國僅能恃豐勝兩州，阻河城守。中宗景龍二年（708），朔方大總管張仁愿因突厥有事西土，渡河築定遠城（約今寧夏省平羅縣地）及中東西三受降城（中城約在 E109°30′地區黃河北岸，西城約在今狼山縣正西北狼山口東南 N41°15′・E107°25′-30′，東城在勝州東北八里黃河北岸），拓地三百里。後復置振武軍於金河縣（今歸綏西南、和林格爾北，黑河之南）。迄玄宗盛世，北疆防禦，以靈州靈武郡（今寧夏靈武縣西南十里）與夏州朔方郡（今陝西橫山縣西百里長城外白城子，約 N38°・E108°50′）為根本基地，而置經略軍於榆多勒城（約 E108°・N39°5′，今鄂托克旗廟），統大軍以支援豐勝二州及河外諸城，形成一傘狀防禦系統。天寶末年，又於中西二城間黃河（今五加河）之北築天德軍城，在今烏蘭鄂博（E108°30′・N41°17′）之東，E109°・N41°稍西北地區，烏梁素海東北近岸水濱。城周迴十二里。李吉甫疏稱：「其城居大同川中，當北戎大路，（通磧口可敦城，城約今烏拉特中旗。）南接牟朝〔那〕山（今烏拉山）鉗耳觜。……安思順、郭子儀本築此城，擬為朔方根本，其意以中城、東城連振武為左翼，以西城、豐州連定遠為右臂，南制党項，北制匈奴（突厥），左右鈎帶，居中處要。」云云。（元和志四天德軍目。）誠亦當時最前線之形勢也。

河外諸城內通長安之道有三：其一，循河而上，由豐州南至靈州，內達長安，其行程詳長安靈州驛道及靈州四達交通線篇。其二，循河而下，由勝州南經麟（今神木）銀綏延（今延安東）至長安，其行程詳長安東北通勝州振武軍道篇。其三，則由天德軍直南取經略軍及夏州，亦至延州，南達長安。天德、夏州入長安道一千八百里，居中，最捷。「從天德取夏州，乘傳奏事，四日餘，便至京師。」（元和志四新宥州目。）故最爲主道。然驛程所經，前史不詳，今爲考論如次：

*　　　*　　　*

由長安向北微東約三百五十里至坊州（舊中部縣南，今改黃陵），又北約一百五十里至鄜州（今鄜縣），又北一百五十里至延州（今延安東延水之東岸），又北微西四百里至夏州（今橫山西長城外白城子 N108°50′・N38°），去長安一千零五十里。

夏州在今橫山縣西約百里，詳後文。觀地圖形勢，夏州南至長安不外東南取延州路，或西南取慶州路兩途。然唐宋志書皆不記慶州、夏州間里程，而皆有東南至延州里程。按延州之南，以次爲鄜州，坊州。玆就諸書所記夏延間里距及延州以南各州間里距以及各州至長安之里程，列表如次：

	通　典	元和志	寰宇記	舊唐志	諸書略合之大數
夏州至長安	1100	1050	1055	1110	1050①
夏州至延州	380 380	400 400	360 383		400
延州至長安	670	674	900 〔600〕	631	650上下
延州至鄜州	150 150	150 150	150 150		150
鄜州至長安	440	477	500	500	500
鄜州至坊州	140 140	150 125	145 145		150
坊州至長安	310 313	350 350	360 350 340 （耀州目）	347	350

據此，則夏延鄜坊至長安一線，其各州至長安之里數，略等於此州與其南方鄰州之里距加鄰州至長安之里距。故知夏州至長安通常取道延鄜坊一線也。

① 此處大數本當有 1100 及 1050 兩數。考沈亞之夏平（全唐文七三七）云：「夏之爲郡，南走雍千五十里。」故取1050一數。且通典作1100里，然同書夏延間 380 里，延州至長安 670 里，其和亦爲1050里。故1100不足據。

夏州又北微西，中經榆多勒城（今鄂爾多斯右翼中旗鄂托克廟地區）至豐州（約 E107°40′-50′・N41° 地區，今黃河北狼山晏江間或稍南）七百五十里。州「阻河為固，居賊要衝」，而「土宜耕牧」，故為邊防重地。又西北八十里至黃河（今黃河北黃河故道）北岸西受降城（今蠻會東北約 N41°15′・E107°25′-30′ 地區）。志云豐州南至長安一千八百里，西城南至長安一千八百八十里，皆取此道也。又豐州東北渡河（黃河故道，今五加河）至天德軍（E109°・N41°稍西北，烏梁素海東北岸水濱）一百六十里，志云天德取夏州路至長安一千八百里，不經豐州也。

豐州形勢「阻河」云云，見通鑑二〇三弘道元年五月唐休璟奏議。

元和志四，豐州南至上都一千八百里；寰宇記三九，同。而通典一七三，作二千二百六十里，舊志蓋相同。② 是有兩說也。按元和志及寰宇記，豐夏間七百五十里，夏州至長安一千零五十里；則此兩書所記豐州至長安，明取道夏州南下延鄜無疑。而通典記豐夏間相距八百九十里或九百里，夏州至長安一千一百里，其和亦僅二千里，似豐州到長安不取道夏州也。檢豐州西南至靈州九百里，實九百數十里，靈州至長安一千二百五十里，則通典及舊志豐州至長安二千二百六十里者，蓋取道靈州南下慶寧也。

夏豐間道經榆多勒城，詳後文考證。

元和志四，豐州「西北至河西城八十里。」西受降城「東南渡河至豐州八十里。」「城南至上都一千八百八十里。」又云天德軍「西南取（衍文）渡河至豐州一百六十里」，「西取寧遠鎮，故落鹽池，經夏州至上都一千八百里。」按豐州經夏州至上都一千八百里，則西受降城至上都一千八百八十里者，必經豐州；天德軍至上都一千八百里者，不經豐州也。同卷又云，豐州「今置都防禦使，管天德軍、西受降城、中受降城。其都防禦使及天德軍理在西城，今移理舊天德軍。」則豐州為一軍事要衝，而以西城及天德軍為西北、東北河外兩屏障也。其今地皆詳長安通靈州道及靈州四達交通線篇及本篇後節。

② 舊志作二千二百六十里，蓋脫「十」字，故實與通典同。

其較詳行程，蓋自長安北渡渭水七十里至涇陽縣（今縣），置迎冬驛。又東北四十里至三原縣（今縣東北三十里），置三原驛。又北五十里至華原縣（今耀縣），武周曾置宜州，唐末置耀州。城內有泥陽驛，城南有華原南館。華原東南至富平縣、驛五十里，富平東至同州一百八十里，南至渭南縣、驛七十里。華原西北至寧谷鎮及寧谷驛八十里，由鎮又西二百里至邠州。此邠州東通同州及渭南道也。華原又北五十里至同官縣（今銅川東北），置同官鎮，東南七里有銅官故城，苻秦置護軍處。縣北歷峽蓋四十里至宜君縣(今縣西南)，苻秦置宜君護軍。縣北四里鳳凰谷，置玉華宮，廢爲寺，玄奘譯經處。縣又有仁智宮，李建成由京師經三原縣北五十五里之毛鴻賓堡至此宮，蓋另一捷道歟？宜君又北百里至坊州治所中部縣（舊中部縣南，近改黃陵），在橋山黃帝陵東二里，以唐先世馬坊受名。州西七里有古杏城鎮，爲自昔軍事要衝。

坊州西南至長安三百五十里。按寰宇記三一，耀州南至永豐軍（卽長安）一百六十里，北至坊州一百八十里，其和三百四十里，約當坊州至長安里程。耀州卽唐華原縣，則坊州南至長安，取道華原也。柳宗元館驛使壁記（全唐文五八〇），「自渭而北至於華原，其驛九，其蔽曰坊州。」卽此道矣。長安志一九，華原縣：「泥陽驛在子城內，西〔南或東南之譌〕至富平縣、驛五十里，西北至寧谷鎮、驛八十里。」又云：「寧谷驛在縣西北八十里。寧谷鎮，西北至邠州二百里。」又同書一七渭南縣，「渭南驛在縣廓內，……北至耀州富平縣、驛七十里。」則華原置驛，不但北通坊州，且爲東西驛道及渭南驛道之衝也。華原縣本古泥陽縣，開皇六年更名，見元和志二（有脫文）及寰宇記三一，故驛有泥陽之名。武后改名永安，且置宜州，後廢州，縣復曰華原。唐末李茂貞置耀州。亦見志、記。武元衡有立秋日與陸華原於縣界南館送鄭十八詩，一作立秋華原南館別客，（全唐詩五函七册元衡集二。）是又有南館也。

大道旣經華原。按今道自長安經涇陽、三原至耀縣。檢元和志京兆府卷，華原西南至長安一百六十里，三原西南至長安一百十里，涇陽南至長安七十里。寰宇記耀州卷，三原北至華原五十里，則華原南行經三原至長安也。三原西行經涇陽至長安，及涇陽、三原驛名皆詳長安太原道篇。

元和志二，同官縣西南至長安二百十里；寰宇記三一，同官縣在華原東北五十里。而華原至長安一百六十里，則同官西南至長安二百十里者，中經華原也。縣因銅官川受名，苻秦置銅官護軍，後魏太武改置爲縣，北周除金作「同」，見元和志、寰宇記。內侍王文幹墓誌（金石萃編一一三），「拜同官鎭監軍。地居畿甸，鎭壓要衝，路接塞垣」云云。正以當此大道也。時在文宗朝。

紀要五四同官縣有神水峽，在「縣東北六十里，石崖峻削，道從石峽中行，至爲險阻，舊設金鎖關巡司。宋建炎三年，金人循渭東還，其支軍入鄜延，攻康定。王庶急遣兵斷河橋，又令劉延亮屯神水峽，扼其歸路，金人遁去。……康定即鄜州。」疑即唐前古道也。今圖有金鎖關在宜川縣北。

宜君縣　元和志三，縣東北至坊州一百里，苻秦置宜君護軍，後魏太武改爲宜君縣。玉華宮在縣北四里，貞觀二十年奉勅營造。永徽二年廢宮爲寺，勅玄奘譯經于此。寰宇記三五，較詳。新志，宮在縣北四里鳳凰谷。坊州至長安三百五十里，今宜君東北至坊州一百里，同官西南至長安二百十里，則宜君同官間蓋四十里也。

通鑑一九〇，武德七年五月「丙戌，作仁智宮於宜君」。同書一九一，同年「六月辛丑，上幸仁智宮避暑，……命建成居守。……建成使元吉就圖世民，……上怒，托他事，手詔建成，令詣行在。……建成乃詣仁智宮，未至六十里，悉留其官屬於毛鴻賓堡，以十餘騎往見上，叩頭謝罪。」胡注引宋白，故城在三原縣北一十五里。檢元和志一，毛鴻賓故城在三原縣北五十五里。寰宇記三一，同。胡注作一十五里，誤。按新志，宜君有仁智宮，武德七年置，則長安至宜君又可經三原北五十五里之毛鴻賓堡，堡北至宜君仁智宮六十里，度地量勢，此蓋三原、華原、同官、宜君大道西側之另一捷道歟？

坊州　元和志三，「劉石苻姚於今州理西七里置杏城鎭，常以兵守之。後魏孝文帝改鎭爲東秦州，孝明帝改爲北華州，廢帝改爲鄜州。元皇帝（唐高祖之父）以周武帝時天和七年放牧於今州界，置馬坊，結構之處尙存，武德二年高祖駕幸於此……因置坊州，取馬坊爲名。」寰宇記三五，略同。舊一六二李翛傳：「（官）至坊州、絳州刺史，……常飾廚傳，以奉往來中使及禁軍中尉賓客以求善譽。」正以坊、絳兩州皆當交通要道也。

橋山、黃陵　唐詩紀事四三舒元輿橋山懷古云，「我乘驛騎到中部，古聞此地爲渠搜，橋山突兀在其左，荒榛交鏁寒風秋，……誰言衣冠葬其下，不見弓劍何人收。」檢寰宇記三五坊州中部縣，橋山「今陵冢尙在，大歷七年置廟，……在州西二里。」

坊州東北九十里至三川縣，在長城原之北，當華池、黑原、洛三水之會，故名，約在今交河口或稍北。又東北略循洛水六十里至鄜州治所洛交縣（今鄜縣），地在洛水之北一里，當洛水之交，故名。

元和志三鄜州，「三川縣東北至州六十里。本……古三水郡，以華池水、黑原水及洛水三川同會，因名。苻堅時於長城原置長城縣，屬長城郡。後魏廢帝改爲三川。」寰宇記三五，同；惟云長城原在縣南。檢張編地圖集，當在交河口或稍北地區。考魏書一序紀・昭帝紀云：「自杏城以北八十里迄長城原，夾道立碣與晉分界。」杏城在坊州，長城原在三川縣南，是三川爲大道所經之明證。鄜坊間一百五十里，縣東北至鄜州六十里，則縣西南至坊州當爲九十里，與此八十里之數亦極合。

元和志，鄜州治所洛交縣，「洛水在縣南一里。」「洛水之交，故曰洛交。」寰宇記三五，略同。

縣西或南三十六里有夏太后城，赫連勃勃入長安時所築也。

元和志：「僞夏太后城在縣西三十六里。赫連勃勃聞劉裕滅姚泓，令其子義眞等守長安，大悅，自將兵入長安，留太后於此，築城以居。」寰宇記，同。惟作「縣南三十六里」，未知孰是。

鄜州當長安北通朔塞之驛道，爲軍事之重鎭，自唐初貞觀間卽置鄜州都督府、大都督府，管鄜、坊、丹、延四州。安史亂後，置鄜坊丹延節度使，皆治此，所以捍衛長安，爲東北之屏障。封敖云，「扼朔塞之咽喉，爲鎬京之管鑰。」而朔塞物資亦卽由此大道經鄜州南輸京師，故白居易城鹽州云：「鄜州驛路好馬來，長安藥肆黃耆賤。」令狐挺題鄜州相思鋪云，「塞垣車馬往來多」也。

鄜州都督府及鄜坊節度使，皆詳拙作括地志序略都督府管州考（唐史研究叢稿第四篇）。

封敖語，見其授劉礎鄜坊節度使制（全唐文七二八）。

白居易詩城鹽州爲其新樂府之一首（全唐詩七函一册居易集三）。蓋謂鹽州築城，則吐蕃不得北侵鹽夏以東，故朔方之良馬藥材皆得由鄜州輸入長安也。

令狐挺詩見全唐詩十一函八册，云「誰把相思號此河」，則河有相思之名，鋪亦因之，然不知在鄜州之南抑北也。

又唐左屯衞將軍盧玠墓誌（芒洛冢墓遺文四編五）云：「出爲鄜州刺史。鄜時舊郊，回中故郡，北通河塞，戎馬歲殷，南接都畿，征稅日給，俗有羸鋤之弊，人多挽粟之勤。」是亦謂地當南北交通要道，軍事繁忙。

鄜州又北循洛水約三十五里至漢雕陰故城，城東有秦長城遺跡。雕陰又北四十里至甘泉縣（今縣），西臨洛水，故伏陸城也。

元和志三，鄜州，「甘泉縣南至州七十五里，武德元年分洛交縣於伏陸城置縣，取城爲名。天寶元年改爲甘泉縣。本漢雕陰縣城，今在縣南四十里。」又鄜州條，「按漢雕陰在今洛交縣北三十里雕陰故城是也。」寰宇記三六，亦云故雕陰縣在甘泉縣南四十里。是雕陰故城約當洛交、甘泉之中間。

甘泉在洛水之東，見寰宇記。

元和志三，鄜州洛交縣，「秦長城在縣東北三十里。」是當在雕陰故城之東。而寰宇記三五，云秦長城在洛交東南四十里。今從志。

甘泉又北四十五里至野猪嶺（今野猪峽），極險隘。又北微東三十里至延州治所膚施縣，在延水之東。（今延安在水西，與古城相對。）州有東西二城，中隔深澗。

元和志、新唐志，甘泉屬鄜州；而寰宇記三六，甘泉屬延州，北至延州七十一里。按鄜延間相距一百五十里，此「七十一」當爲「七十五」之譌。一統志延安府卷古蹟目：「元統志，州城舊在延水東，宋慶曆五年，改卜水西，即今路城，與故城相値，人呼故城爲東州。明統志，延安故城在府城東五里。」按舊五代史一二五高允權傳，記晉開運末年事云，「延有東西二城，其中限以深澗。」皆可守禦。宋史二九二程戡傳，「延州夾河爲兩城，雉堞卑小。」夾河蓋即指深澗而言。此兩城當即唐之舊制也。

野猪嶺　舊五六梁師都傳，「師都……來寇延安，營於野猪嶺。」又按師都據夏州，是夏延爲一道，野猪嶺當此大道，當在延州之北。而紀要五七，甘泉縣，「野猪峽在縣北四十五里，山隘險窄，爲戍守重地。志云，甘泉當鄜延二州之中，爲咽喉之所，而野猪峽尤當其要。」下引唐武德二年梁師都此事。按今野猪峽在延州之南三十里，頗疑唐末北宋時代由邊疆內縮而南移者，非唐初故地也。然下文所考，夏州南行另有經保安沿洛水至甘泉一道，爲赫連勃勃所開，則梁師都亦可能取此道先至延州之南也。然則今野猪峽即唐野猪嶺固有可能，姑從之。

延州西北四十八里至金明縣，在金明川東，（今安塞 E109°20′·N36°50′北。）此道沿河「屈曲，涉者十三度。」又北一百二十八里至延昌縣，開皇初曾置朔方鎭，武德初曾置北平州，貞觀九年置罷交鎭，明年置罷交縣，天寶元年更名。

延夏大道必經蘆子關，關在延昌縣北不遠，則大道必經金明、延昌二縣無疑。下文引通鑑二七八長興四年紀，尤爲金明當大道之明證。元和志三，延州金明縣「東南至州四十八里。」寰宇記三六，作州北五十里。一統志延安府卷，安塞縣在府北少西四十里。金明故城在安塞縣北。蓋縣北不到十里也。前田正名

（失論文名稱）引范文正公集九上呂相公書云，「自延州至金明四十里，一河屈曲，涉者十三度，此言山川之惡也。」

元和志三，延州，「延昌縣南至州一百七十六里，……開皇三年於此置朔方鎮。十年，以北有朔方鎮，遂廢。貞觀九年置罷交鎮，十年又置罷交縣，屬延州，取城罷交谷爲名。天寶元年改爲延昌縣。」舊志，延昌縣，「武德二年置北平州，貞觀三年廢。」新志，同。

又西北二十里至塞門鎮，本在夏州寧朔縣境，開元二年移此。又北十八里至蘆子關，當延水源頭，約 E109°・N37°15′ 地區。兩崖峙立，形若葫蘆，故名。爲北塞東西南北交通要隘，故杜翁有塞蘆子詩。

元和志三，延昌縣有「塞門鎮在縣西北二十里。鎮本在夏州寧朔縣界，開元二年移就蘆子關南金鎮所安置。」按「金」疑「今」之譌。志又云：「蘆子關屬夏州，北去鎮一十八里。」按就元和志書法言，此謂關在塞門鎮北十八里也。杜翁塞蘆子（詳注四）云：

「五城何迢迢，迢迢隔河水，邊兵盡東征，城內空荆杞。思明割懷衞，秀巖西未已。……延州秦北戶，關防猶可倚，焉得一萬人，疾驅塞蘆子！……蘆關扼兩寇，深意實在此。……」

卽此關也。則爲唐代前期重要關防，而六典所記二十六關，無此名何耶？又通鑑二七八後唐長興四年紀云：

「二月……定難（夏州）節度使李仁福卒。……軍中立其子彝超爲留後。……三月……（朝廷）以彝超爲彰武（延州）留後，徙彰武節度使安從進爲定難留後，仍命（銜略）藥彥稠將兵五萬……送從進赴鎮。……李彝超不奉詔，遣其兄阿囉王守青嶺門，集境內党項諸胡以自救。藥彥稠等進屯蘆關，彝超遣党項抄糧運及攻具，官軍自蘆關退保金明。」

亦卽此蘆子關也。胡注：「趙珣聚米圖經曰，『蘆關在延州塞門寨北十五里。……自蘆關南入塞門，卽金明路。』陳執中曰：『塞門至金明二百里。』」又紀要五七安塞縣蘆關條引蔡夢弼曰：「去延州百八十里，有土門山，兩崖峙立如門，形若葫蘆，故謂之蘆子。」一統志延安府卷關隘目引蔡說，以爲注杜詩者。又引明統志，「在安塞縣北一百七十里，有東西二城遺址。」檢紀要五七膚施縣延水條云：「在府城東門外，源出安塞縣西北蘆關嶺東南，流經此，又流經延長縣入黃河。」檢大清一統輿圖，有此嶺，在延水源頭。唐關當與此嶺相近，而在嶺之東境。檢張編地圖集・陝西人文圖及ONC-G-9，參之清一統圖，關當在 E109°・N37°15′ 地區。按杜詩五城係指靈州朔方軍所領河外五城而言。朱鶴齡之說最碻，他說皆非。靈州朔方爲復興根本，時史高二寇，謀攻太原，太原下，則西渡河即可出蘆子關至夏鹽，指靈武。杜翁有遠慮，故欲得萬人塞蘆子也。與通鑑長興四年事，俱見此關之形勢。武經總要前集一八上，延州「置鄜延丹坊保安軍路馬步軍都部署……以州爲治所，控綏銀夏蘆子關一帶。」是北宋猶爲邊防重地也。

出關經屏風谷、石堡城，凡六十六里或四十六里至寧朔縣。又北十里出秦長城，蓋烏延口也。關北又有木瓜嶺，青嶺門，當要衝，疑當在長城南北大道上歟？烏延口又北蓋經烏延城，凡一百一十里至夏州。有烏延驛，蓋在烏延城。自塞門至烏延，道行山谷，最爲險狹，烏延城「據山界北垠，依山作壘」。其北，則稍平坦。

元和志四，夏州，寧朔縣西北至州一百二十里。就方位言，寧朔當在道上。前引元和志，塞門鎮本在寧朔境，南移於關南，亦可爲縣當古道之一輔證。唐宋志書，記延夏相距四百里，或三百八十里。前考蘆子關南至延州二百一十四里，則北至夏州當爲一百八十六里或一百六十六里。故可推知寧朔縣南至關之里程。

道經寧朔，元和志云，「秦長城在縣北十里。」是此道當由寧朔出長城也。考宋史八七地理志，延安府塞門砦「南至安塞堡四十里，北至烏延口九十里。」烏延口在塞門砦北九十里，則當在蘆子關北約七十里，地望與寧朔縣北十里之長城略相當，殆即縣北之長城口歟？下文考夏州向南至保安軍道，中經夏州西南八十里之烏延城，度里程與形勢，正在此口外若干里，蓋李祐於烏延口外築城護塞，故名烏延也。廣記二八六中部民條，「元和初，有天水趙雲客遊鄜時，過中部。……雲出塞，行及蘆子關，道逢一人，……延雲過其居，……遂以賤隸畜之，爲烏延驛中雜役，累歲，會其弟爲御史，出按靈州獄，……」此驛當亦在烏延口北，後置烏延城處歟？

武德初梁師都據夏州，屢引突厥入寇延州，皆爲延州總管段德操所敗。通鑑一八八，武德三年八月「癸卯，梁師都石堡城留守張舉帥千餘人來降。」同書一九〇，武德五年正月「庚辰，延州道行軍總管段德操擊梁師都石堡城，師都自將救之，德操與戰，大破之，……乘勝進兵夏州，克其東城。」則唐代初年，有石堡城爲夏州南境之重地，毗鄰延州，當在蘆子關之北。考宋會要方域一九（頁四七），元豐五年六月，鄜延經略使沈括奏云：「乞將塞門寨以北石堡北水（略）一帶，爲中路，隸宥州。」塞門北二十里卽蘆子關，亦可與前條相映證。復考武經總要前集一八上延州目云：

> 「鹽夏路自（延）州北過塞門砦，度蘆子關，由屛風谷，入夏州界石堡、烏延、馬嶺入平夏，至鹽州約六百里。其路自塞門至石堡、烏延，並山谷中行，最爲險狹，烏延至鹽州，地平。國初，塞門至烏延蕃部內附，石堡城置兵戍守。至道中，五路出師，范廷召從此路進軍，凡二十日至烏白池，會師。（宋史二八九范廷召傳，云自延州出師至白池。）今廢。蘆子關、石堡、安遠、塞門四城北路山谷險峻，比諸路最甚。」

此條述延州北出經塞門、蘆子關、屛風谷，入夏州石堡、烏延一道最詳，兼知石堡在蘆子之北，烏延之南，烏延口南十里卽寧朔縣，石堡當又在寧朔之南也，故梁師都重其地。紀要六一楡林鎭石堡城條，「在廢夏州東南」，下引梁師都事爲證。又云：「宋時夏人復置戍於此，元豐四年种諤克米脂，進攻銀夏二州，破石堡城，遂至夏州是也。」

青嶺門　見前引通鑑二七八長興四年紀。唐軍北伐夏州，由延州進屯蘆子關，李彝超使其兄守青嶺門，則亦當在關北大道上。胡注：「青嶺門蓋漢上郡橋山之長城門也，東北過奢延澤至夏州。」似未可據。

木瓜嶺　舊敬宗紀，長慶四年三月，「甲戌，夏州節度使李祐奏於塞外築烏延、宥州、臨塞、陰河、陶子等五城，以備寇。(以上會要八六城郭目，同。)又以党項爲盜，於蘆子關北木瓜嶺築壘以扼其衝。」烏延城當此道，見上文；宥州即長澤縣，當㮭栳城通夏州道，詳下文；餘三城無考。木瓜嶺在關北，當党項寇衝，當亦當此道也。

夏州治朔方縣，曾置天柱軍。

天柱軍在朔方縣，以天寶十四載置，寶應元年廢，見新書地志。新書兵志，關內道統軍亦有天柱之名。

其城爲赫連夏之統萬故都，南臨無定河，即古奢延水、朔方水（今圖無定河正源紅柳河），北有烏水即古黑水（今圖那泥河），蒸土所築，堅如鐵石，斸鑿不能入，其九堞樓尤峻險，非人力可攻。宋淳化五年詔墮其城，然迄今鐘樓猶聳高十丈，城垣三層，基址猶存，在今橫山縣（舊懷遠）正西九十七里約E108°50′•N38°處，俗名白城子。

水經注三河水注云：

「奢延水……出奢延縣西南赤沙阜，東北流……又謂之朔方水，東北流逕其縣故城南……赫連龍昇七年（西元 413）于是水之北，黑水之南……改築大城，名曰統萬城，蒸土加工，雉堞雖久，崇墉若新，……則今夏州治也。」

元和志四夏州目云：

「晉末，赫連勃勃於今州理僭稱大夏，……於朔水之北，黑水之南營起都城，即今州理是也。名曰統萬城。至子昌，爲魏太武所滅，置統萬鎭。孝文太和十一年改置夏州。……其城土色白而牢固，有九堞樓，峻險，非力可攻。」

「無定河一名朔水，一名奢延水，源出縣（州治朔方縣）南百步，赫連勃勃於此水之北，黑水之南改築大城，名統萬城。按今州南無奢延水，唯無定河，即奢延水也。」

「烏水出縣（朔方縣）黑澗，東注奢延水，本名黑水，避周太祖諱改名烏水。」

據此兩書所記，此城之方位、形勢與牢固可見。晉書一三〇勃勃載記，云發嶺北夷夏十萬人，「蒸土築城，錐入一寸，即殺作者。」其酷如此，宜其堅牢也。故通鑑二七八後唐長興四年紀，稱此城「堅如鐵石，斸鑿不能入。」胡注引宋白曰：「其城土白而堅，南有亢敵峻險，非人力所攻。」蓋抄元和志而有譌字耳。至於此城今地，張穆蒙古游牧記卷六述道光間一段考古記事，並追述宋世墮壞此城經過云：

「宋李燾長編，太宗時，以夏州深在沙漠，本奸雄竊據之地，欲墮其城，遷民於銀綏間，……李繼隆聞朝議欲墮夏州，遣其弟……與監軍……入奏，以爲朔方古鎮，賊所窺覦之地，存之可依以破賊，并請於銀夏兩州以南界山中增置堡戍以遏其衝，且爲內屬番部之蔽，而斷賊糧道。不報。淳化五年，詔墮夏州城。……道光二十五年，榆林府知府徐松檄懷遠縣（今橫山縣）知縣何丙勳確查夏統萬城故址。丙勳於是携南鍼紙筆，隨步定向，從縣城外之圁水西渡出邊牆，又西渡磨姑河，又西渡黑水河，又西渡無定河，地勢邐而高，曼陀二里許，至舊相傳之白土城，細加相度，在懷遠城正西九十七里，黑水河在無定河東，距縣城五十里，與所謂城在黑水之南者不合。惟去白土城北五十里有淖泥河，東入無定河之下流，疑淖泥河爲古黑水。其地有土城，周圍三重，俱用土築。渡無定河西行二里許，進頭道城，又西半里許，進二道城，又西數十武進三道城。頭二道城內但餘瓦礫。三道城內南面，西隅鐘樓，東隅鼓樓。鼓樓僅存基址，堅築白土墩，高五六丈，無級可乘。鐘樓尚堪登眺，高約十餘丈，白土築成，雞籠頂式大廈一間，半已圮，其半懸鐘屋頂，形迹宛然。周圍飛欄八層，插椽孔穴，歷歷可數。尚有三四孔餘松椽半橛，問椽之長出者，悉爲鞬鞬猱升，拔而薪之矣。南面列土墩七，堅硬如石，係台樓之基；北頭有白土坡，似係宮殿之基。北城東西兩角，亦有土墩，當即俗所謂轉角樓者。內城東西不及一里，南北約一里有餘。……城南無定河自西南來，斜經城南，轉抱東城，向東北流。丙勳徧訊土人，僉稱此城之外，懷遠草地，別無故城基址。査縣西八十里無定河之北黑水之南亦並無堪建都會地勢，疑此卽所謂故統萬城也。」

按何丙勳此段調査報告甚扼要明白，判斷亦正確。（據通鑑一二〇元嘉三年紀，統萬城正在黑水之南三十里以上，非北濱黑水也，詳後烏水條。）則統萬故城卽清末之白土城，在今橫山縣西近百里處。檢張編地圖集之綏遠人文圖與陝西人文圖，橫山縣西邊牆外有白城子，在無定河上源紅柳河北岸，城北數十里有那泥河東南流入無定河，卽何丙勳報告之淖泥河也。據此圖，白城子在陝西綏遠接境處，N38°・E108°50′地區，卽何丙勳所勘之白土城，赫連夏之統萬故城也。

又舊五六梁師都傳，據夏州稱帝，武德中，延州總管段德操，「進擊師都，拔其東城，師都退據西城，求救於突厥。」通鑑一九〇武德五年，所記略同。是唐初夏州有東西兩城。然同傳下文云，貞觀二年，太宗遣柴紹等擊師都。「又遣劉旻劉蘭率勁卒，直據朔方東城以逼之。」突厥來援，「紹逆擊破之，進屯城下。師都兵勢日蹙，」爲其下所殺。則西城爲主城，卽上文所考統萬城也，東城蓋大城東之另一城耳，非夏州城有東西二城也。

又自甘泉西北循洛水而上，至金城鎭、金城縣，天寶元年更名敷政縣。（今安塞縣西南一百二十里，延安西南一百五十里。）城臨洛水。又西北經栲栳城（今保安 E108°50′・N39°55′）東七里，北達夏州。此道爲赫連勃勃所開，俗稱聖人道，蓋捷道也。亦爲把截番寇要道，故栲栳城曾駐禁軍，置神策軍、永康鎭。唐末已見有保安之名，爲通南山、平夏要道。宋初升爲保安軍，曾置榷場，與西夏市易；亦爲宋夏通使之要道。

寰宇記三七保安軍：「本延州之古栲栳城，唐咸亨年中，曾駐泊禁軍於此。貞元十四年，建爲神策軍，尋改爲永康鎭，屬延州，扼截蕃賊。至皇朝太平興國二年升爲保安軍。」「聖人道在軍城東七里，[③] 從蕃部末藰家族來，經軍界一

③ 一本作七十里。按元大一統志卷五四二延安路古蹟目有此條，亦作七里。作七十者誤。

百五里入敷政縣界。即赫連勃勃起自夏台入長安時，平山谷，開此道，土人呼爲聖人道。」按僖宗車駕還京師德音（全唐文八九）已見保安之名，爲通南山平夏要鎮，宋惟升軍耳。保安軍，在今保安縣治。元和志三，延州，敷政縣「東北至州一百五十里，……後魏太和初置，因城名縣，隋開皇六年於其中置金城鎮，武德二年移縣就鎮，因改爲金城縣，天寶元年改敷政。」寰宇記三六，云在州西一百二十里。未知孰是。又云：「洛河在縣西七十里穿蕃部來至城下。」是城臨洛水也。然則此道蓋自栲栳城略沿洛水而下，經敷政，至甘泉、鄜州也。續通鑑長編六八，祥符元年四月甲寅，「增給保安軍公用錢。是軍最極邊，以趙德明納款，置榷場，使人繼至，而所費不充故也。」宋史一一仁宗紀，慶歷四年十二月乙未，「封曩霄爲夏國主。辛亥，置保安、鎮戎軍榷場。」同書四八五夏國傳，書慶歷四年事云：「置榷場于保安軍及高平砦，第不通青鹽。」按高平砦即在鎮戎軍也。則保安爲一重要國際貿易中心，取蘆關道而代之矣。又下文引宋史高遵裕傳，英宗晏駕，告哀西夏，使至宥州，是必由保安軍北行者，即當通使要道也。

栲栳城北八十里長城嶺當在此道上。此地帶山脈有高達 1800 公尺者。又北不遠至百井戍（今靖邊南）。又北八十里至長澤縣（今靖邊縣西北不遠），元和十五年復置宥州於此。又東北四十里至市澤，蓋唐末所置烏延城也。內依横山，形勢險固，外瞰平夏，最當要衝，蘆關道出烏延口，蓋亦總會於此。又東北八十里乃至夏州。而自長澤宥州西行，則經鹽州至靈州，北宋時代，且爲宋夏通使之要道，蓋宋都東移，其通使靈州，可逕取同、鄜、保安軍，經宥州至西夏，不必繞經寧、慶矣。

武經總要前集一八上保安軍條云：

「保安軍……北至長城八十里，十里即蕃族界，入宥州、夏州路。」

按唐代宥州前後有三地。原在鹽州東北一百四十里，後廢，元和九年置新宥州於經略軍即榆多勒城，並詳後文新宥州條。而寰宇記三九宥州目述元和九年事後續云：「（元和）十五年，移治長澤縣，爲吐蕃所破。長慶四年夏州節度使李祐復置。」下文長澤縣條亦云：「元和十五年夏州節度使秦□④請立宥州於此邑。」舊紀長慶四年，亦記夏州節度使築宥州城。是榆多勒城之新宥州僅置數年即移置長澤縣。按元和志四夏州，長澤縣東北至州一百二十里，故寰宇記謂宥州東北至夏州一百二十里也。據總要此條，保安軍北出長城經宥州至夏州，即唐世由椤栳城出長城經長澤縣至夏州也。此殆即聖人道，至少不相遠。武經總要同條又記由軍北過長城嶺北至秦王井驛入平夏，凡九驛至靈州懷遠鎮七百里，引詳關內河東間河上諸關津及其東西交通線篇第五節永和關目。則長城嶺蓋爲保安北出之總口，東北至宥夏，西行至靈鹽也。

元和志四，夏州長澤縣「東北至州一百二十里。」「百井戍在縣南八十里，勃勃與秃髮傉檀戰處。」寰宇記三九，同。一統志延安府卷關隘目，百井戍在靖邊縣南。疑亦當此道也。

又寰宇記三九，宥州「東北至市澤四十里爲界，以〔又？〕東北（至）夏州八十里。」按此宥州治長澤縣，縣東北至夏州一百二十里，知此市澤亦當道。復考宋會要方域一九（頁四七）云：

「元豐五年五月二十六日，鄜延路經略使沈括……言：……今按視塞北古烏延城，正據山界北垠，舊依山作壘，可屯士馬，東望夏州且八十里，西望宥州不過四十里。下瞰平夏，最當要衝。土地膏腴，依山爲城，形勢險固。」

則此古烏延城之地望正與寰宇記之市澤相當。考舊敬宗紀，長慶四年三月，「夏州節度使李祐奏於塞外築烏延、宥州、臨塞、陰河、陶子等五城，以備蕃寇。」會要八六城郭目，同。新書兵志，關內道朔方節度使所統有烏延城。當即李祐所築者，亦即沈括所稱古烏延城也。前考寧朔北長城口即烏延口，北至夏州一百一十里，則在此烏延城東南不甚遠，故疑城即在口外，由蘆子關出烏延口至夏州一道亦經烏延城也。據沈括奏事，此城形勢衝要。所謂「據山界北垠」者，謂横山也。此帶山脈稱爲横山，見宋史三三五种諤傳。

復按長澤宥州西通鹽州至靈州，詳關內河東間河上諸關津及其東西交通線篇。

---

④ 據吳廷燮唐方鎮年表卷一引舊紀，此時夏州節度使非李聽即李祐，此「秦」字當爲「李」之形譌。

考宋史四六四外戚高遵裕傳，英宗晏駕，告哀西夏，使至宥州下宮。宋代宥州即唐末宥州。則此西達鹽靈之道且爲宋夏間通使往來之要道矣。蓋宋都河南，此道爲捷也。

又由長安，北經邠州（今邠縣），寧州（今寧縣），至慶州（今慶陽）五百七十里。其詳程見篇陸長安通靈州驛道。慶州向北微東五百九十里至夏州。其行程蓋由慶州北循白馬川水（今揚西川一名東河，及其上流柔遠川）而上，四十里至延慶縣，在白馬川東岸。又二百三十里至洛源縣（約E108°・N37°地區），州北一百六十里之懷安縣可能亦在道上。洛源又北一百二十里至洪門鎮（約今靖邊西南不遠），又北八十里亦至長澤縣，東北達夏州。蓋由慶州先循白馬川水河谷而北上，越洛水源頭地區，度入無定河上源（紅柳河）河谷而至夏州也。

通典一七三夏州朔方郡，「西南到安化郡五百九十里，」安化即慶州也。寰宇記三七夏州目，同。惟脫南字。

寰宇記三九宥州目，「南至洪門鎮八十里爲界。」按此宥州治長澤縣，在夏州西南一百二十里，則夏州西南經長澤縣至洪門鎮二百里也。考新一三三張獻甫傳，「貞元四年，代韓遊瓌領邠寧節度使，……請復鹽州及洪門洛原鎮屯兵。詔可。獻甫遣兵馬使魏茪逐吐蕃，築鹽、夏二城，虜衆畏，不敢入寇。」是洛源、洪門兩鎮必當軍道要衝，當即南通慶州。故邠寧慶節度使以爲言也。檢元和志三慶州，洛源縣「東南至州二百七十五里。……因洛水所出爲名。」「洛水源出白於山……在縣北三十里。」而寰宇記三三慶州，「廢洛源縣在州東北二百七十里。」觀張編地圖集，故縣在洛水之南三十里，則正在慶陽之北，約 N37°・E108° 地區。洪門鎮，紀要六二寧夏後衞目，云此鎮在衞東南。後衞即唐之鹽州也。地典，洪門鎮「在陝西靖邊縣南。」稍見不同。據上引寰宇記，洪門鎮在長澤縣南八十里，而縣在夏州西南一百二十里，約在今靖邊縣北，或西北，則地典似較準確。是此道當由慶州（今慶陽）北循白馬川（今楊西川）及其東源（今柔遠川）而上，經洛水源地，接入無定河上源（今紅柳河）至夏州也。程途所經，由慶州北行二百七十里至洛源縣（約E108°・N37°），又一百二十里至洪門鎮（約今靖邊西南不遠），又北八十里至長澤縣，又東北一百二十里至夏州也。又檢元和志慶州目，延慶縣「南至州四十里，……武德六年，移豐州戶於此，仍分合水縣置白馬縣，以西臨白馬川水爲名，天寶元年改名延慶縣。」則此縣亦在道上無疑。由豐州移戶於此，亦足爲縣當北通夏州大道之一輔證。志又云，懷安縣「南至州一百六十里。」亦可能在此道上，但不能必。按通鑑一九六，貞觀十五年十一月，薛延陀入寇，上命四道並出以禦之。張士貴爲慶州道行軍總管，出雲中。蓋即由此道出兵也。

夏州西北三百二十里至榆多勒城，當寇路要衝，天寶中置經略軍，並遷宥州寄理於此，俾居中以總蕃部；後廢。元和九年復置新宥州。（今鄂爾多斯右翼中旗即鄂托克廟地區，約在 E108°・N39°5′。）又西北四百三十里至豐州治所九原縣。其地在西河之東一百三十五里，北河（今五加河即黃河故道）之南四十里，約在今黃河之北狼山縣東，晏江縣西，約E107°40′-50′・N41°或稍南處。豐州西北八十里至黃河（今黃河故道即五加河），河外爲西受降城，在今狼山縣北狼山口南或東南，約 N41°15′・E107°25′-30′處。豐州東北八十里渡河（黃河故道），又八十里至天德軍，在黃河（故道）東五里，大同川西，牟那山（今烏拉山）鉗耳觜之北。近出王逆修墓誌已證實此軍城約在E109°・N41° 稍西北，烏梁素海東北近岸水濱。元和八、九年，於夏、宥、豐州至天德軍道復置廢館一十一所；或者由夏州經新宥至豐州置館八所，又由新宥州北至天德軍置館十一所，以通急驛也。

夏州至豐州七百五十里，已見前。唐宋志書，不言此道經榆多勒城，即新宥州。今考元和志四靈州目云：

「經略軍在夏州西北三百里。天寶中王忠嗣奏于榆多勒城置軍，今屬靈武節度。本屬夏州，南去靈武六百五十餘里。（以上寰宇記三六靈州目，同，惟作『西南去靈武六百五十餘里』，有『西』字，較正確。）元和九年於此城置新宥州。」

則榆多勒城、經略軍、新宥州即爲一地，東南至夏州三百里，西南至靈州六百五十里也。通鑑二一八至德元年，「阿史那從禮說誘九姓府、六胡州諸胡數萬衆，聚於經略軍北，將寇朔方。」新二一〇藩鎮田季安傳附田縉傳，「始開元時置宥州，扼寇路。」此見其當寇路要衝也。

又元和志四新宥州目云：

「新宥州在夏州西北三百二十里，在廢宥州東北三百里，東南取夏州路至上都一千三百里，東至麟州六百里，西南至靈州六百五十里，北至天德軍六百里，（同書同卷天德軍目作『西南至新宥州六百里。』方向小異。）東北至中受降城五百六十里，南至鹽州六百里。本在鹽州北三百里，……開元十一年，康待賓叛亂，……遷其人於河南江淮諸州，二十六年還其餘黨，遂於此置宥州，以寬宥爲名也。天寶中，宥州寄理經略軍，寶應已後，因循遂廢，由是昆夷屢來寇擾党項。元和八年冬，回鶻南過磧，取西城柳谷路討吐蕃，西城防禦使周懷義表至，朝廷大恐。……（宰相）李吉甫……因請自夏州至天德軍復置廢館一十一所，以通急驛，又請夏州騎士五百人營於經略故城，應援驛使，兼護党項部落。上悉從之。又上言曰……開元中……置宥州以領諸降戶。天寶末，宥州寄理於經略軍，蓋以謂居中可以總統蕃部，北接天德，南據夏州。今經略軍遠礙〔隸〕靈武，通路乖越，又不置軍鎮，非舊制也。請置宥州理經略軍。至九年五月，詔復於經略軍城置宥州，仍爲上州，……改隸夏綏銀觀察使，（自『天寶中宥州寄理經略軍』以下，至此，舊一四八李吉甫傳，同。）取鄜城神策行營兵馬使鄭杲下兵士幷家九千人以實經略軍。……又頃年，每有回鶻消息，常須經太原取馹路至闕下，及奏報到，已失事宜。今自新宥州北至天德置新館十一所，從天德取夏州乘傳奏事，四日餘便至京師。」

此段書舊新宥州建置經過甚詳，關係唐代河套地區交通者至巨。玆就新宥州之地望及其在交通上之地位，分別論述之：

關於宥州、新宥州之地望，上引元和志新宥州目記之最詳。其與鹽州之距離，云南至鹽州六百里，在廢宥州東北三百里。又同書廢宥州條云，在鹽州東北三百里。是謂鹽州東北三百里至廢宥州，又東北三百里至新宥州，故新宥州在鹽州之北偏東六百里也。而通典一七三鹽州、宥州兩條皆云南北相距一百四十里。寰宇記三七，亦云鹽州北至宥州一百四十里。（此指廢宥州而言，當錄自舊籍者。）則鹽州東北至新宥州當爲四百四十里也。又元和志四，鹽州「東北至經略軍四百里。」新宥州即置在經略軍，則與四百四十里相近，而與六百里之說頗異。按新宥州既東南至夏州僅三百二十里（大數三百），西南至靈州六百五十里，鹽州居夏靈之間，東西里距略相當，則新宥州西南至鹽州殊難有六百里之可能，故當以四百四十里之說較爲可信，非六百里也。又其地北或東北去天德軍六百里，東去麟州六百里，勘合此諸里數，參以今日地理形勢，此城約當今鄂爾多斯右翼中旗（鄂多克廟）地區，惟不能準確言之耳。⑤今觀地圖，則此新宥州正當夏州西北通豐州之直線上，新宥既爲前期以來之軍城重地，則夏豐通道七百五十里必經此無疑。新宥州東南至夏州三百二十里，則西北至豐州當爲四百三十里也。

又據新宥州條，元和八年李吉甫請「自夏州至天德軍復置廢館一十一所，以通急驛。」又駐軍於經略故城「應援驛使，兼護党項部落。」下文則云，「自新宥州北至天德軍置新館十一所。」則此次恢復之驛道，由夏州經新宥州北至天德軍也。檢唐會要六一館驛目，元和「九年四月，自夏州至天德，復置廢館一

⑤ 一統志鄂爾多斯卷古蹟目，「舊宥州在右翼前旗西南，有新舊二州，俱唐置。」地望頗誤。綏乘八古蹟考：「廢宥州在右翼中後二族界。有新舊二州，俱唐置。……按舊說皆謂宥州在右翼前旗西南。但宥州治在長澤縣，長澤之胡落池在今杭錦旗（即右翼後旗）界內。元和志謂胡落池在長澤北五百里，又謂天德軍城西南至新宥州六百里，天德城乃在五加河北，西南六百里之近，仍不出杭錦、鄂托克二旗界，故不從舊說。」按作者既不知長澤爲唐末之宥州，非所謂廢宥州、新宥州，又不知新宥州南至鹽州僅四百餘里，故擬廢宥州地望於右翼中後二旗界，不知其去夏州又太遠矣。尙有他說，參看岑仲勉突厥集史上冊，頁453～455。

十一所，以通緩急。」亦即此事。又考李德裕條疏邊上事宜狀（全唐文七〇五）云：

「元和八年，……先臣（吉甫）奏請自夏州至天德復置廢館十一所，以通急驛。……臣等未知此路舊館今已廢毀？爲復猶有存者？望賜忠順詔，於此路量事再修舊館，以通天德奏事驛路。」

是唐末武宗時可能仍復修此驛道也。

新宥州當夏州通天德驛道，固無疑。而舊憲宗紀下云；

「（元和）八年……十一月……丙寅，以鹽州隸夏州。自夏州至豐州初置八驛。」

此云自夏州至豐州置八驛，與元和志及唐會要所記，所至既異，驛數亦不同。當非譌誤。按元和八年此道恢復舊館驛事本爲回鶻至西城柳谷而發，西城即在豐州河外，去州八十里。檢元和志四天德軍條，乾元以後，天德軍理所移在西受降城。元和八年春，黃河泛溢，壞西城。防禦使周懷義請加修築，而宰相李吉甫請復軍於西城正東微南一百八十里之天德舊城。即上文「復置廢館十一所」所至之天德軍也。然據通鑑二三九元和八年紀，徙軍天德事在七月。十月乃有回鶻軍至西城柳谷之事，因而引起復置舊館以利交通。然七月徙城時，朝廷本有兩派，一派爲李絳、盧坦主修復西城，即仍將防禦中心置於豐州西北西受降城一帶。一派則爲李吉甫，主張徙城天德故城也。復置廢館以利套北交通之舉措，既爲十一月回鶻南至西城一事觸發，當時吉甫既一貫主張以天德軍爲重，自夏州修復廢館十一所以達天德，恐亦不能不兼顧西城，且調和另一派之意見。

又按前引元和志四天德軍目，「西南取（衍取字）渡河至豐州一百六十里。」「西南至新宥州六百里。」新宥州目亦云「北至天德軍六百里。」前論新宥州在豐州之南微東四百三十里，加豐州東北至天德軍一百六十里，得五百九十里，正與天德西南至新宥州六百里之方向里數均合，則此云「西南至新宥州六百里。」實中經豐州也。然則所謂由夏州復置廢館十一所至天德軍者，不但經新宥州，且亦經豐州也。蓋夏州至豐州復置廢館八所，豐州東北至天德則置三所，共十一所耳。然元和志及其他諸書雖皆云，自夏州至天德軍復置廢館十一所，但元和志同一條中又云：「自新宥州北至天德置新館十一所。」則此十一驛又未必自夏州算起。或者由夏州經新宥州至豐州置八驛，由新宥州至天德軍另置十一驛歟？疑莫能明也。若新宥至天德置十一驛爲是，則即恢復下文引新志所記之驛道耳。

天德軍之地望里距詳下條。至於豐州、西受降城之地望，已詳長安通靈州道及靈州四達交通線篇，茲不贅。

又考新唐書地理志卷末錄賈耽所記邊州入四夷七道，其夏州塞外通古雲中城道云：「夏州北渡烏水（州北約三十里，今那令河）經賀麟澤，枝利干澤，過沙次內，橫劃沃野泊，長澤，白城（在契吾山，一名契吾城），百二十里至可朱渾水源；又經故陽城澤橫劃北門，突紇利泊，石子嶺，百餘里至阿頹泉；又經大非苦鹽池六十六里至賀蘭驛；又經庫也干泊，彌鵝泊，榆祿渾泊，百餘里至地頹澤；又經步拙泉故城八十八里，渡烏那水；經胡洛鹽池（今阿善廟東南之大鹽海子E108°20′．N40°5′），紇伏干泉，四十八里度庫結沙，一曰普納沙；二十八里過橫水（約今安北縣南黃河稍南），五十九里至十賁故城（即漢朔方城，約今安北縣 E108°40′．N40°55′），又十里至寧遠鎮；又涉屯〔木？〕根水五十里至安樂戍，戍在河（今已爲烏梁素海域）西壖。其東壖有古大同城；今大同城，故永濟〔清〕柵也。北經大泊十七里至金河，又經故後魏沃野鎮城。」又東北轉東南共凡九百二十餘里以上至古雲中城。按古大同城即天德故城，在永清柵東北三四里，亦即元和間徙復之天德軍所在。軍城已有考古資料可證，在E109°．N41° 稍西北，烏梁素海東北岸，今已淪爲水域。後魏沃野鎮城則在其北六十里也。觀賈耽記，貞元以前，天德軍城蓋近黃河，在河外不遠；而元和時李絳已云「去河絕遠」，蓋河道已南徙矣；但今又已淪爲海域。元和志云天德軍「西取寧遠鎮，故落鹽池，經夏州，至上都一千八百里」者，即此賈記之道也。貞元以前曾置驛。此道不經豐州，但當經榆多勒城、新宥州，惟其時城已廢而州尚未置耳。度賈記之大非苦鹽池、賀蘭驛即其地段歟？（今鄂托克廟南有數小湖泊。）元和八九年由夏州經新宥州至天德軍復置館驛，「從天德取夏州乘傳奏事，四日餘便至京師」者，即恢復此驛道也。惟新志此段紀程，胡洛鹽池至安樂戍尚不滿二百里，必有脫譌，蓋約少一百里之譜，其脫處約在橫水之南。

天德軍　此驛道自天德至京師急驛僅四日餘，已詳前考新宥州引元和志李吉甫疏。至於此軍之建置與地望，元和志四天德軍目，「舊理在西受降城，權置軍馬於永清柵。元和九年，詔移理舊城。」下又詳之云：

「天寶八載，張齊丘又於可敦城置橫塞軍……十二年，安思順奏廢橫塞軍，請於大同川西築城置軍，元宗賜名曰大〔天〕安軍。十四年築城功畢。移大〔天〕安軍理焉。乾元後改爲天德軍，緣居人較少，遂西南移三里（寰宇記三九作四里），權居永清柵，其理所又移在西受降城，……元和八年春，黃河泛溢，城南面毀壞……（宰相）李吉甫密陳便宜曰……天德舊城在西城正東微南一百八十里，其處見有兩城，今之永清柵即隋氏大同舊城理，去本地約三里已下，城甚牢小。今隨事宜置，仍存天德軍額。北〔此〕城周迴一十二里，高四丈，下闊一丈七尺，天寶十二載安思順所置。其城居大同川中，當北戎大路，南接牟那山鉗耳觜，……。本築此城，擬爲朔方根本，……尋屬祿山有事，……爲賊將宋星星所破，縱火焚燒，遂移天德軍永清柵，別置理所於西城。……今若於天德舊城隨事增飭，因有移換，……自爲雄鎮。……詔從之。」⑥

是唐之永清柵即隋之大同城，其城甚小，而天寶時代所築之天安軍城後改爲天德軍城者，則在永濟柵東北三四里大同川西，其城甚大。新書地理志，謂黃河東堧「有古大同城；今大同城，故永濟柵也」者，此「古大同城」實即天寶所

⑥　參看寰宇記三九天德軍目，可互勘。通鑑二三一貞觀元年紀，胡注引宋白曰：「永清柵，其城即隋大同城之故墟。」即據抄寰宇記文字。

築之大城，而「今大同城」又即隋氏之大同城矣。惟柵名，一作「清」，一作「濟」。通鑑二三九元和八年紀，胡注：「乾元後，徙天德軍於永濟柵。宋白續通典作永清柵。」按寰宇記亦作永清柵。考舊一二〇郭子儀傳，「十三載移橫塞軍及安北都護府於永清柵北，築城，仍改橫塞衞（百衲本無衞字，是）爲天德軍。」新一三七，亦作永清。又通鑑二一六天寶十一載，「九月阿布思入寇，圍永清柵。」舊一三四渾瑊傳，「大破阿布思部，又與諸軍城永清柵、天安軍（後改名天德）。」則作「清」爲正，「濟」乃「清」之形譌。又舊一五二李景略傳，爲豐州刺史兼充天德軍西受降城都防禦使，「鑿咸應、永清二渠」。蓋其一渠在此天德軍永清柵也。

又元和志此段述天德軍城地位甚詳，在大同川西，黃河之東壖，牟那山鉗耳觜之北。元和志又述天德軍八到云：「西南取〔衍〕渡河至豐州一百六十里」，「西至西受降城一百八十里」，「東南至中受降城二百里」。西受降城條云「正東微南至天德軍一百八十里」。又據元和志同卷天德軍及中西東三受降城目之八到條，天德軍在豐州東北一百六十里黃河外，西城在豐州西北八十里黃河外，西城正東微南一百八十里至天德軍，又東南二百里至中受降城，又東三百里至東受降城。寰宇記三九天德軍目，略同，又云：「西至黃河五里。」按西城北當高闕道口，南臨黃河北流折東流處，高闕形勢亦特殊，長安靈州道及靈州四達交通線篇，已擬定西城在今狼山縣北狼山口（E107°25′·N41°20′）、石蘭吉口（E107°30′·N41°20′）之南，約 N41°15′·E107°25′-30′ 地。長安東北通勝州振武軍道篇擬定東城在今托克托城西北數公里大黑河流入黃河處，中城亦當北出大道，就里距形勢配合，應在今包頭之西昆都倫河入黃河口以西，烏拉特前旗東，約 E109°30′ 地段之黃河北岸，此亦無可疑者。又綏乘以爲牛頭朝那山即今烏拉山，約略近之，蓋鉗耳觜又牟那山之北阜耳。然則天德軍城當在今烏蘭鄂博（E108°30′·N41°17′-20′）或稍東地區。此稿於一九七二年寫定，刊中國文化研究所學報(第六卷一期)。後撰唐代太原西北通單于府及河上三城道(同上學報第十卷上册)，更進一步定在烏蘭鄂博。頃讀文物考古工作三十年（頁 76-77）云，烏拉特前旗阿拉奔公社北二公里有一古城，一九七六年在城南清理王逆修墓，其誌銘云曾任天德等軍州防禦馬步都虞候，葬於軍城南五里。故可確知此古城即唐天德軍城故址。此古城西南二公里又有一古城，當即隋之大同城。惜其文無圖，亦無經緯度數。一九八四年十二月看到內蒙古文物考古創刊號(1981)有張郁唐王逆修墓誌考釋一文，云墓在烏拉特前旗額爾登寶格公社賽胡同大隊，位於烏梁素海東畔，前後烏拉山所形成之明岸川西端，明岸川即元和志之大同川。古墓西北方正是古代黃河北支故道（其上游即烏拉河）所經區域，東流至此再向南轉，與黃河南支會合。軍城在墓北五里。其地今已爲海水浸沒。調查時，曾涉水探勘。其地地勢較高，尙有個別土丘高出水面。據當地老人說，其地原名土城子，幼年時代即住於此土丘上從事耕牧。一九三三年，洪水大發，村庄及土城子始沒爲水域。惜此文並未繪圖及經緯度。今據此文所述形勢，檢視 ONC-F-8，參之張編地圖集・綏遠兩圖，其地當在 E109°・N41° 之稍西北地區，烏梁素海之東北岸。據張郁此文，天德故城似爲土城子，今已淪爲水域；而文物考古三十年云尙有古城，則所指又不全同，要當在今海東北邊緣耳。又唐曉嵐內蒙古西北部秦漢長城調查記（文物1977年 5 期），謂烏拉特中後聯合旗東南紅旗店附近，有烏不浪山口，乃河套平原東部和包頭西部通往山北之要衝。除南端有兩三座不大之山丘外，整個谷地平坦開闊，形勢易攻難守。山口兩側古烽臺連山而立，即爲防守之備。口之東南近處有蘇獨倉障城址，乃秦漢城障。據作者所繪地圖，此烽臺及障城兩遺址，皆在五加河（即黃河故道）北不遠，烏梁素海西北地區，即正相當於烏蘭鄂博地區。又觀張編地圖集・綏遠人文圖，舊日大道由五原縣北經烏蘭鄂博，阿拉恩格，通往山北，而阿拉恩格之西北，大道之西有吾不拉廟（E108°15′・N41°35′），羅馬拼音爲 Ubulin-Sum，唐曉嵐所謂烏不浪山，疑即一音。烏不浪山口，蓋即天德軍北出通道之山口也。此山口谷地平坦開闊，正北方敵騎馳騁入寇之大道，故唐人特置重兵於此以扼敵騎之奔衝也。

又按前引寰宇記云，「西至黃河五里」，賈耽所記，亦在河外不遠處。考通鑑二三九元和八年，李絳、盧坦論事，已云天德故城「僻處确瘠，去河絕遠。」然則貞元以前，河道本靠近天德故城，其後已南徙。今之烏梁素海又後日河水所豬滙者⑦。

次論新唐志此段行程。新志此段所見地名甚多，倘有其他史料可參證者條列如次：

烏水　新志夏州朔方縣，「貞觀七年開延化渠引烏水入庫狄澤，漑田二百頃。」通鑑二二五，大曆十年，「十二月，回紇千騎寇夏州，州將梁榮宗破之於烏水。」皆當卽此烏水。元和志四夏州朔方縣，「烏水出縣黑㵎，東注奢延水，本名黑水，避周太祖諱改名烏水。」前考夏州城卽古統萬城，在朔水之北，黑水之南。朔水卽奢延水，亦卽今之無定河，何丙勳調查報告，以爲黑水當卽今之淖泥河。何氏云此水在白土城北數十里。考通鑑一二〇，宋元嘉三年，魏襲統萬，「魏主軍於黑水，去城三十餘里。」是統萬正在黑水南三十餘里，非北臨黑水也。更足補證何氏之說。檢今圖當爲那泥河。

白城　元和志夏州朔方縣，「故白城一名契吳城，在縣北一百二十五里契吳山，赫連中因山所築。勃勃嘗所歎美，故其子昌因立此城，以立勃勃之廟。」方位里距正與新志之白城相當。元和志又云，「勃勃墓在縣西二十五里，隋置白城鎭，後廢。」若此方位里數不誤，則另一地也。而寰宇記三七以爲一地，同條書之，疑誤歟？

石子嶺　通鑑一〇四，晉孝武太元元年，苻秦伐代，代王什翼犍使劉庫仁禦之，「與秦兵戰於石子嶺，庫仁大敗。」（此事見魏書序紀昭成帝三十九年。）後秦兵又由君子津至雲中。卽此石子嶺也。

胡洛鹽池及寧遠鎭　元和志四夏州長澤縣，「胡洛鹽池在縣北五百里，周回三十里，亦謂之獨樂池，聲相近也。漢有鹽官。」寰宇記三九，作「縣北五十里」。觀新志由夏州北行之累積里數，至胡洛池以南之烏那水已是四百七十里以上，且其中有兩「百餘里」之數，則至胡洛池當在五百里以上；寰宇記「十」爲「百」之譌無疑。又元和志同卷天德軍目，「西取寧遠鎭，故落鹽池，經夏州至上都一千八百里。」，「故落」亦卽「胡洛」也。又同經寧遠鎭，故

⑦　檢同治二年（1863）湖北撫署刻刊皇朝中外一統輿圖，今烏梁素海尙未豬成，只河道較錯雜耳，則此海豬成乃近百年事。

知此條所述之道亦即新志所記之道也。新五四食貨志，「唐有鹽池十八，……安北都護府有胡落池，歲得鹽萬四千斛，以給振武、天德。」周回三十里，產鹽量又巨，是必一大鹽池。考水經注三河水注云：

「河水又東南逕朔方縣故城東北，……漢元朔二年，大將軍衞青取河南地爲朔方郡，使校尉蘇建築朔方城，即此城也。……案地理志云，金連鹽澤、青鹽澤並在縣南矣。又案魏土地記曰，縣有大鹽池，其鹽大而青白，名曰青鹽，又名戎鹽，入藥分，漢置典鹽官。池去平城宮千二百里，在新秦之中。」

此爲一大有名之鹽池無疑，在漢朔方郡縣之南。漢朔方城即唐之十賁故城，詳下文。新唐志所記，胡洛鹽池正在此城之南，其爲一地亦無疑。檢一統志鄂爾多斯卷山川目，「鍋底池在右翼後旗西九十里，周圍二十餘里，產鹽，兎河、赤沙河二水注入其中，即漢時朔方縣鹽澤，唐時名胡洛鹽池者也。今土人名喀喇莽奈腦兒……即……喀喇莽奈大鹽池也。」此即今圖鄂爾多斯右翼後旗（杭錦旗）西北、阿善廟東南之大鹽海子。今按新志所記，夏州北行約五百里至胡洛鹽池，則在新宥北約二百里，前考夏州在今白城子，新宥州在今鄂克廟地區，則此胡洛鹽池，非今阿善廟東南之大鹽海子莫屬，一統志之說極正確。地在 E108°20′．N40° 稍北地區。至於寧遠鎮，上引新志與元和志皆在道中無疑。惟新志此段紀程里數有脫譌，詳下文十賁故城條，故其地望仍不能詳考。

普納沙　按李益度破訥沙詩云，「破訥沙頭雁正飛，鸊鵜泉上戰初歸，平明日出東南地，滿磧寒光生鐵衣。」（全唐詩五函三册）疑即此地。

橫水　通鑑二〇二開耀元年，裴行儉爲定襄道大總管，擊突厥阿史那伏念。曹懷舜將前軍。或告伏念與溫傅在黑沙，從兵少，可徑往取也。懷舜信之，「留老弱瓠蘆泊，帥輕銳，倍道進至黑沙，無所見，人馬疲頓，乃……引兵徐還。至長城北，遇溫傅，小戰，各引去。至橫水，遇伏念，懷舜……且戰且行，經一日，……懷舜大敗。」胡注：「橫水去金河一百四十許里。」即據新志此條言之也。按新志此條「至金河，又經故後魏沃野鎮城」下文云「傍金河，過古長城，九十二里至吐俱麟川」，又二百一十里至磧口、詰特揵泊。是長城在沃野故鎮東北，詰特犍泊即今伊克湖（E109°30′・N41°40′），磧口即黑沙城，常爲突厥屯聚處，地近詰特犍泊，約今烏拉特後旗（E109°22′・N41°35′）近處。此並詳下天德軍東取諸眞水汉通雲中單于府道篇。故金河、長城、黑沙城之南北次第甚明，正合懷舜退軍之路線，故胡注據新志以釋懷舜事，極是。然則橫水在天德軍南一百二十許里，約今安北縣（E108°40′・N40°55′）之南，近今黃河，或南岸。

十賨故城　史記一一一衞青傳，青校尉蘇建築朔方城。正義：「括地志，夏州朔方縣北什賨故城是。按蘇建築，什賨之號蓋出蕃語也。」元和志四夏州朔方縣有「什賨故城，在縣理北，即漢朔方縣之故城也。」下文約取水經注及括地志述之，云「在理北」，似在唐朔方縣治所之北不遠。此固誤，但可知什賨故城即漢朔方城。則朔方故城在今大鹽海子之北約一百三十餘里。觀張編地圖集，約當在今黃河之南，約E108°30′・N40°40′地區。然新志所記，胡落鹽池至安樂戍、天德軍一段途程不到二百里，至少脫去一百里。何者？按胡落鹽池即今阿善廟之大鹽海子，絕無問題；而天德軍地在今烏蘭鄂博之東，烏梁素海東北岸，亦已得到考古資料證明。但此兩地航空距離約一百五六十公里，絕不只二百華里。故知新志此段數字，至少脫少一百里。且元和志天德軍目云，「西（南）取寧遠鎮，故落鹽池，經夏州至上都一千八百里。」明即新志所記之此道。按元和志又記豐州東南至夏州七百五十里，去長安一千八百里。其夏州目云東南至上都一千五十里，西北至豐州七百五十里，故知豐州東南經夏州至長安一千八百里，絕不誤。天德軍不比豐州爲近，則云至長安一千八百里者必是最少之大數。實蓋一千八百數十里，不會僅一千七百數十里。換言之，天德軍西南至夏州當爲七百五十里以上，不僅六百五十里也。反觀新志紀程，夏州北至胡落鹽池五百里畧不誤；而鹽池北至安樂戍不到二百里，必有脫誤無疑。是則無論就元和志紀錄言，抑或今日距離言，皆見新志不到二百里之記錄必有脫誤，惟脫誤在十賨故城之南抑在其北，仍當續論。按上條考橫水地望，就通鑑二〇二開耀元年事論之，橫水在今黃河之南不應太遠，新志所記橫水北至天德軍約一百二十餘里爲可信。則脫文必在橫水之南，即胡落鹽池北至橫水當爲一百七十餘里，非七十餘里也。然則十賨故城當在今安北縣（E108°40′・N40°55′）以南地區矣。

大非苦鹽池、賀蘭驛　按綱文引賈記，此鹽池在夏州北約二百五十里上下，賀蘭驛在州北三百里左右，而在胡落鹽池之南約二百里至二百五十里之譜。度其地當在今鄂托克旗廟（鄂爾多斯右翼中旗）地區，南北應不遠。故當卽唐前期之楡多勒城、後期之新宥州地區也。

屯根水　據上文推求，屯根水當在今黃河與黃河故道之間。然史籍中別無可考。惟此地區有木根山，則屢見通鑑。如卷一〇一，晉哀帝興寧三年，「匈奴右賢王曹轂、左賢王劉衞辰皆叛秦。轂帥衆二萬寇杏城，秦王堅自將……破之，……建節將軍鄧羌討衞辰，擒之於木根山。九月，堅如朔方，巡撫諸胡。」胡注：「木根山在朔方。」卷一〇七，晉孝武太元十六年，劉衞辰遣子直力鞮攻魏南部。魏王珪「自五原金津南濟河，徑入衞辰國，……衞辰父子出走。……將軍伊謂禽直力鞮於木根山。」胡注：「木根山在五原河西。」卷一九一，武德七年，遣楊師道趨大木根山擊突厥。胡注：「大木根山在雲中河之西，拓拔氏之先所居也。」又卷九三，晉明帝太寧二年，「代王賀傉始觀國政，……築城於東木根山，徙居之。」胡注：「河西有木根山，在五原東北，此木根山在河東，故曰東木根山。」據此，木根山在五原河之西，河東有東木根山，蓋卽大木根山也。此所謂「河」當指今五加河（黃河故道）東流折南流後之一段而言，則河西之木根山正卽新志所記之屯根水地區，疑「屯根」爲「木根」之形譌歟？

安樂戍　新志，豐州中受降城「城北有安樂戍」，蓋謂中城西北也，與上條稱在河之西堧合。

沃野鎭故城　據新志此條，沃野鎭城當在天德軍北二十里以上，一百里以下。檢元和志四天德軍目，「沃野故城在軍城北六十里，卽後魏時六鎭從西第一鎭也。」與新志略合。又據寰宇記四九雲州雲中縣目引入塞圖，沃野鎭西北至高闕二百五十里，東南至五原亦二百五十里，又五百里至雲中⑦。亦與新志及元

⑦　詳拙作北魏軍鎭制度考沃野鎭條，刊史語所集刊第三十四本（故院長胡適先生紀念論文集）上冊。

和志相吻合，並可爲前考天德軍地望之輔證。

由西受降城北出高闕（今狼山口 E107°27′・N41°20′，亦可能石蘭吉口 E107°30′・N41°20′）三百里至磧口鸊鵜泉（約今烏尼烏蘇至烏拉海地區或更西頁噶泉），又由天德軍西北三百里至磧口木剌山可敦城（約今烏拉特中旗、海沙圖地區），又西蓋二百里亦至鸊鵜泉，則西北通回紇牙帳（今西庫倫 Erdennijo E102°40′・N47° 之北 Khara Balgasun）之道口也。

此詳長安靈州驛道及靈州四達交通線篇及唐通回紇三道篇，玆不復論。

參看圖六

一九七二年七月二十九日初稿，九月六日增訂，刊香港中文大學中國文化研究所學報六卷一期。一九八三年十二月十四日改訂，一九八五年一月五日復訂，三月二校，多所改定。四月十二日三校定稿。

篇捌　長安東北通勝州振武軍驛道

唐都長安，北方强鄰，先爲突厥，後爲回紇，北國南侵，首當其衝者爲河套地區，故唐室防禦，以北護黃河爲第一要着，屯重兵，置驛道，經之營之，不遺餘力。驛道有中東西三線：西線出寧（今寧縣）、慶（今慶陽），或出涇（今涇川）、原（今固原），皆經靈州（今靈武西南十里），北至北河西北岸之西受降城，在今狼山縣之北、蠻會東北，黃河故道（五加河）西北岸，約N 41°15′・E107°25′-30′處。中線出坊（今黃陵南）、鄜（今鄜縣）、延（今延安東），經夏州（今橫山西百里之白城子）至豐州及天德軍。州在今黃河之北、黃河故道（五加河）南，約狼山、晏江兩縣間，N41°・E107°40′-50′處；軍在黃河故道北，E109°・N41°稍西北地區，烏梁素海東北岸水濱。東線則由坊、鄜、延，東北經綏（今綏德）、銀（今魚河堡地區）、麟（今神木）至勝州及振武軍。州在今托克托城西南約二十餘里黃河西南岸之十二連城，約E111°・N40°13′處；軍在今歸綏（呼和浩特）西南約三四十里處。西道、中道已詳篇六、篇七，今續考東道。

*　　　*　　　*

由長安向北微東三百五十里至坊州（今黃陵南），又北一百五十里至鄜州（今鄜縣），又北一百五十里至延州（今延安東延水東岸）。此即中線驛道也。

此已詳篇七長安北通豐州天德軍驛道。

由延州分道，東北行三百三十里或三百五十里至綏州（今綏德），又西北一百六十里至銀州（今米脂西北魚河堡地區，在無定河南），又北微東三百里至麟州（今神木），又北微東四百里至勝州（見前），去長安一千八百六十里。開元間曾置驛，唐末五代仍見驛名。

延州東北，黃河西岸，至河套東北部地區，凡置綏、銀、麟、勝四州。玆就通典、元和志、寰宇記及舊唐志所記里數列表如次：

	通典	元和志	寰宇記	舊志	諸書勘合之里數
勝州西南至長安	1940	1853	1860	1830	1860
勝州西南至麟州	390	400 400	400		400
麟州西南至長安	1430	1460	1460	1440	1460
麟州西南至銀州	300	300 300	300 300		300
銀州西南至長安	1430 （銀州至長安洛陽里數皆與麟州同。顯誤）	1600〔1160〕	1160	1130	1160
銀州東南至綏州	160 160　240	160 160	160 160		160
綏州西南至長安	1020	1000	1000	1000	1000
綏州西南至延州	350 330	230〔330〕	340 （通鑑 274 胡注引聚米圖經同）		330 （350）
延州西南至長安	670	674	900 （顯誤）	631	670 （650）

觀此表，各書所記里數大體相勘合，自北而南，勝、麟、銀、綏、延五州，各州去長安之里數即等於本州南至鄰州之里數與鄰州去長安里數之和。故知勝、麟、銀、綏、延爲一大道。銀州北至麟州中間尙有一驛名可考，曰柘珍，時在天寶以前。張蠙宿金河戍詩有鐵驎驛，在麟州道上，時在唐末。又豐林縣有葦子驛，時在五代末。皆詳後文，則此道亦置驛。

其較詳行程，由延州東行三十里至豐林縣（今豐林鎭），有葦子驛。又東北蓋經合嶺關凡一百四五十里至延川縣（今縣北），在吐延水（今清澗河）南。又北循吐延水而上，約五六十里中經石城（今清澗）至綏德縣（今清澗北三十里），在吐延水北。又北行度入無定河谷，一百里至綏州治所龍泉縣（今綏德），本名上縣，天寶元年更名。

宋史二六四宋琪傳，太祖初，爲延州判官。太宗時，上疏曰：

「從延州入平夏有三路。一、東北自豐林縣葦子驛至延川縣，接綏州，入夏州界。」

按琪任延州從事，經涉五年，時在乾德四年以前，則此條材料視作五代時事可也。則延州東北經豐林縣、延川縣至綏州爲一道，葦子驛亦五代時驛名也。

按豐林縣在延州東三十里，見元和志三延州目。又卷四綏州目云，「隋亂陷賊，武德三年，百姓歸化，遂於延州豐林縣置綏州總管。貞觀二年討平梁師都，廢府，移州於今理。」此亦豐林當延綏道之旁證。新志，延州豐林縣「東北有合嶺關。」蓋亦當道歟？

元和志三延州，延川縣「西南至州一百八十里。……後魏置文安縣，隋文帝改爲延川，取吐延川爲名。……吐延水北自綏州綏德縣流入。」寰宇記三六云，延川在州東南一百七十里。方位小誤，餘略同。又云：「吐延水在縣北，自綏德縣及蕃界來。」吐延水卽今清澗河也。

元和志四綏州，「綏德縣北至州一百里。……後魏文帝分上郡南界邱尼谷置綏德縣，……武德二年移於吐延水北，卽今理是也。」寰宇記三八，方位里距同。

觀此兩條，此道之方向行程，略可知。申報館中國分省新圖，有大道由膚施東北經延川、清澗至綏德，又西北經米脂、榆林而北。按唐綏州在今綏德縣，延川縣在今縣北，綏德縣在今清澗縣北。又據一統志延安府卷及綏德州卷，延安府東北至延川縣一百五十里，延川北至清澗縣六十里，又北一百四十里至綏德州，共計三百五十里，與唐代路程略合。則今日膚施、延川、清澗、綏德道蓋卽唐之延州通綏州道也。又寰宇記三八綏州綏德縣，「舊石城在縣東（當作東南）三十里，今寬州是也。」考涑水記聞九云：

「初趙元昊旣陷安遠、塞門，朝廷以延州堡塞多，……其遠不足守者悉棄之，而虜益內侵。……保大軍節度判官种世衡建言，州東北二百里有故寬州城，修之，東可通河東運路，北可扼虜要衝。詔從之。…名其城曰清澗。」

此卽今清澗縣名之始，所謂舊石城者，蓋卽唐代故城名耳。是則延川、綏德間經此城，而綏德縣則在今清澗縣西北三十里也。參看一統志綏德州卷古蹟目青澗故城條。

綏州城臨無定河（一名奢延水），據山甚險，貞觀元年築，「四面石崖，東面高八十尺，西面高一百四十尺，南面高四十尺，北面高一百二十尺，周迴四里二百步。」眞邊方軍壘也。秦漢上郡故城在州東南五十里。有秦長城遺跡，一在州西十五里大力川（今大理河），一在州北二十五里無定河。又有秦扶蘇冢在無定河東，去州八里，蒙恬冢在州西大力川（今大理河）西，去州二里。蓋秦代直道所經也。

以上見元和志四綏州目及寰宇記三八綏州目。惟元和志不記長城及扶蘇、蒙恬兩冢。

由綏州循無定河而上二十五里出秦長城，又五十五里至撫寧縣（今米脂西），在無定河南二十里。又西北八十里至銀州治所儒林縣，在無定河西南岸，當明堂川（今榆林河）來會處，約在今米脂西北九十里銀州關、魚河堡（約 E109°55′・N38°2′）對岸，此即苻秦驄馬城也，虜語驄馬爲乞銀，故周武置州以銀名。

秦長城見寰宇記三八綏州龍泉縣條。元和志四銀州，撫寧縣「北至州八十里……無定河在縣北二十里。」寰宇記三八云在州東南八十里，疑較正確。銀州受名亦見元和志與寰宇記。

元和志四，銀州治儒林縣，「無定河自夏州界流入。」寰宇記三八，同。新志，銀州儒林縣，「東北有無定河」。是城近無定河。考宋史三三四徐禧傳：「禧言，銀州雖據明堂川、無定河之會，而故城東南已爲河水所吞，其西北又阻天塹。」是當兩水之會也。然明堂川爲今何水？檢一統志綏德州卷古蹟目，銀州故城條，「在米脂縣東北」，而下文引舊志，「銀州城在縣西北八十里。」又關隘目，「銀州關在米脂縣西北九十里，即古銀州地，一名銀城關。」蓋在銀州關爲正。作東北者非也。又按關隘目銀川驛條，「在米脂縣治西一百步，明洪武初置，北至榆林府榆林縣魚河驛九十里。」又榆林府卷關隘目魚河堡條，「在榆林縣南八十里，……東南至米脂縣九十里。」即魚河驛、魚河堡爲一地。今圖有魚河堡，在無定河北，疑儒林縣當在此地區，無定河之西南。然則所謂明堂川者蓋即今榆林河也。據紀要六一榆林鎮目魚河堡條，地當交通要衝，宜其置州也。　初刋稿論定如上。頃讀戴應新銀州城址勘測記，（文物1980年8期。）一九六六年出土李公政墓誌云，「咸通九年十二月七日，遷厝于州南峁山之左。」據作者勘查，由墓北涉黨岔小河，約二百米處有險要古城，東南臨黨岔河，東瀕無定河，西北角最高，居小山岡頂，即徐禧所云「故城東南已爲河水所呑，其西北又阻天塹」也。按此古城隔無定河與魚河堡相望，城東二公里至榆溪河口（即溪入無定河之口），榆溪即榆林河，戴謂即明堂川，與余考定地望正合。

銀州向東北一百里至眞鄉縣（舊葭縣西北一百里圓峯子），又東北一百里至開光縣（舊葭縣北一百里建安堡南開荒川，當近葭縣新治，約E110°20′・N38°25′），又北三十里至柘珍驛，入麟州境。又北三十里至銀城縣，故石龜鎮城也。（今神木南四十里。）又北四十里至麟州治所新秦縣（今神木縣治約 E110°20′・N38°20′ 附近），州縣皆以天寶元年置。其城三面孤絕，形勢險固。

元和志四銀州，眞鄉縣「西至州一百里。」開光縣「西南至州二百里。」寰宇記三八開光縣條同，而眞鄉縣作州東北一百里，方位蓋較確。又元和志麟州，銀城縣「北至州四十里。……後魏置石城縣，廢帝改爲銀城關，周武保定二年移於廢石龜鎮城，即今縣理是也。貞觀因之。」按寰宇記三八，同，而有「大業七年改爲銀城縣」一句，是也。檢一統志榆林府卷古蹟目，眞鄉故城條：「延安府志，眞鄉故城在今葭州西北一百里，鼓樓尚在，土人呼爲圓峯子。延綏志，眞鄉城在雙山堡南三十里。」又開光故城條：「延綏鎮志，開光城在建安堡南開荒川。州志，在今州（葭州）北百里。」銀城故城條：「明統志，故城在縣（神木縣）南四十里。」麟州故城條：「在神木縣北。……明統志，麟州城在縣北四十里。」按此清葭州即舊葭縣，在五女河入黃河處。① 則銀州、眞鄉、開光、銀城、麟州正在一條直線上，邊方置縣甚少，蓋即銀麟道所經也。惟據明統志，銀城在今神木縣南四十里，麟州在神木縣北四十里，是相去八十里，與元和志、寰宇記云縣在州南四十里者不相合。檢元豐九域志四麟州，銀城在州南八十里，連谷在州北一十里。按唐世連谷在州北四十里，蓋宋之麟州移北三四十里耶？故知麟州在今神木北四十里者蓋指宋州言，唐之麟州正當在今神木縣治或其附近也。又一統志同卷同目神木故城條引元統志，神木縣「南至葭州一百九十里，北至古麟州四十里。」據上文，清葭州北至唐開光縣一百里，又北百里至麟州，正與一百九十里之數相近，亦唐麟州即在今神木之證。元和志四麟州，「天寶元年王忠嗣奏割勝州連谷、銀城兩縣置麟州。」郭下新秦縣，亦天寶元年置。而寰宇記三八麟州，「周隋以降，爲銀勝二州地。唐開元十二年，割勝州之銀城連谷二邑置麟州併縣。至十四年又廢州，……天寶元年復置。」則開元中已曾置州也。惟時間短促，故從元和志書之。武經總要前集一七麟州條，「地形依險，三面孤絕，城中少水，今爲鎭西軍節度。」按曾公亮以元豐元年卒，年八十，其成書遠在九域志之前，此蓋述舊麟州也。

又通典一七三銀州，「北至榆林（郡）栢珍驛二百三十里。」寰宇記三八銀州，「北至勝州栢珍驛二百五十里。」按榆林郡即勝州。又按銀麟勝三州皆東逼河，西逼塞，州縣由西南而東北一字排列，割勝州南部置麟州後，銀勝二州即不得毗鄰，故知此條乃增置麟州前之紀錄也。及置麟州，此驛當在麟州南境，以里距計之，當在銀州開光縣北三十里，麟州銀城縣南三十里，屬銀城縣也。

---

① 舊葭縣（約 E110°30′・N38°2′）即申報館中國分省新圖及張編地圖集・河北山西地形圖、人文圖之葭縣；而張編地圖集・綏遠地形圖、人文圖均作葭縣故治，其葭縣新治（約E110°20′・N38°25′）則在故治北約近百里禿尾河之上游建安堡之東南，與唐開光縣故址當甚相近。

張震宿金河戍詩有鐵驎驛，當近新秦，疑卽州治之驛也。

張震宿金河戍詩（全唐詩十一函七册）云：「朝發鐵驎驛，夕宿金河戍，奔波急王程，一日千里路。」「悠悠沙漠行，王事彌多故。」按此詩顯爲出使北疆之作。北疆金河可考者有二，一爲本篇後文振武軍所在之金河縣，一爲長安通天德軍道篇引新唐志錄賈耽通四夷七道之大同城北有金河。考新唐志，麟州治所新秦縣本注：「開元二年置，七年又置鐵麟縣，十四年州廢，皆省。天寶元年，復置新秦。」此鐵麟縣殆與新秦相近，故附帶述之。此詩鐵驎驛當在此鐵麟縣故地，故必在麟州境，蓋與新秦相近，或竟州治之館驛也。則金河蓋指振武軍之金河而言，自麟州至金河五百餘里正相當唐代急驛之一日程也。

麟州又北四十里至連谷縣（今神木北四十里），隋文帝始置連谷鎭，煬帝改爲連谷戍，大業十三年廢。貞觀八年置連谷縣，兼置鎭。

此見元和志四。寰宇記三八，同；惟不書貞觀八年兼置鎭事。據前文推求，連谷約當在今神木縣北四十里。一統志榆林府卷古蹟目連谷故城條引延安府志，在今縣北七十里，蓋以麟州在縣北三四十里也。

又東北四百里，中經富谷至勝州治所榆林縣，在黃河南五里，今托克托城西南約十公里處黃河內有十二連城之古城（約 E111°・N40°13′），卽唐城也。富谷，蓋宋蘿泊川掌地也，卽今府谷縣西北長城內方圓百餘里之小平原孤山川流域，孤山堡、鎭羌堡、木瓜堡及正口一帶，約 E110°40′・N39°15′ 處。農產豐富，蓋爲漢隋富昌縣所在。宋置豐州。東南至府州（今府谷）一百一二十里，西南至麟州一百四十里，蓋在掌地北境。（約今孤山堡北之木瓜堡及正口地區。）宋豐州有道直北至受降城，卽此道也。

麟州東北至勝州四百里，見前引元和志、寰宇記；通典作三九〇里。今取大數。

關於勝州之方位，通典一七三榆林郡（勝州）目記其四至里距云：

東至河四十里。去馬邑（即朔州，在今朔縣）四百二十里。

西至安北府二百五十里。

北至黃河五里。去（東）受降城八里。去單于（府）（一）百二十里。（本無「東」「府」「一」三字，據寰宇記補。）

東南到合浦〔河〕關（五百里），（據寰宇記，通典「浦」當作「河」，又脫「五百里」。）去樓煩（即嵐州，在今嵐縣）二百三十里。

西南到朔方（即夏州）九百里。

西北到黃河二十里。去紇那山一百二十里。

寰宇記三八勝州目大抵抄自通典，惟無去紇那山里程，而多一條云：

「東北至黃河十里，去雲州（今大同）四百里。」

元和志所記較簡，惟「西南至麟州四百里。」「西南至夏州九百里。」「北〔西〕至豐州七百里。」三條爲重要，另有「南至銀州七百里」一條，乃取道麟州，或天寶置麟州以前之里程耳。

又按通典安北府目云：「東至榆林三百五十里。」是與前條作二百五十里者有一百里之異。檢元和志四東受降城、中受降城兩目，皆作東西距三百里；寰宇記三九，全同。寰宇記東受降城目亦云，「西南渡河至勝州八里」，而中受降城即安北都護府也，詳下文。然則勝州西至安北府大抵三百里之譜耳。

綜合上引史料，勝州北至黃河五里；東至黃河四十里，去今山西朔縣四百二十里；東北至黃河十里，去今山西大同縣四百里；南至麟州即今陝西神木縣四百里；西北至黃河二十里；西至中受降城（今包頭西昆都倫河口之西、買格爾旗廟之東，約 E109°30′ 處）三百里。而勝州城則在黃河東流折而南流處之大轉灣內。檢視今圖，當在托克托城西黃河西南灣內。按今托克托西南約十公里處之黃河內有十二連城地名，意謂十二城相連結或重疊，有古城遺蹟尚存。一九六三年，在城南四五〇公尺處發現姜義貞墓，其志文云，勝州榆林縣人，「開元十九年歲次辛未」二月十一日辛卯，「殯在城南一里，東西道北五十步。」四五〇公尺正相當於唐代一里，則今日十二連城之古城正卽唐代之勝州治所也。詳見李作智隋唐勝州榆林城的發現。（文物1976年2期，再刊於水文沙漠火山考古。）檢視今圖，約在 E111°・N40°13′ 處。

富谷　李德裕條疏邊上事宜狀（全唐文七〇五）云：

「訪聞麟勝兩州中間，地名富谷，人民殷繁，蓋藏甚實。望令度支揀幹事有才人充和糴使，及秋收，就此和糴，於所在儲蓄，……萬一振武不通，便改充天德軍運糧使。勝州隔河去東受降城十里，自東受降城至振武一百三十里。此路有糧，東可以壯振武，西可以救天德，所冀事先布置，卽免臨時勞擾。」

按麟勝兩州置縣甚少，皆在黃河西側，由西南向東北一字排列，麟州之北唯有連谷縣，勝州之南惟有河濱縣。此狀云富谷在麟勝兩州之間，必卽連谷河濱兩縣接境處。前考連谷縣在今神木縣北四十里，篇拾關內河東間河上諸關津及其東西交通線，論定河濱縣在今河曲縣東北、偏關縣西黃河西岸，則富谷當在今府谷縣西北河曲縣以西地區。復考水經注三河水注云：

「河水又左〔右〕得湳水口，水出西河郡美稷縣，東南流，……入長城東，鹹水出長城西鹹谷，東入湳水。湳水又東南，渾波水出西北窮谷，東南流注于湳水。湳水又東逕西河富昌縣故城南，……又東流入于河。」

合校引孫校曰：「隋亦曰富昌，當在今府谷縣。」又檢一統志鄂爾多斯卷古蹟目，富昌舊城「在左翼前旗界。」按富昌既在長城之內，恐當從孫說在府谷縣境爲是。隋亦曰富昌，見隋書地理志。隋志，榆林郡卽勝州，統縣三，榆林，富昌，金河。金河在黃河東北地區，榆林卽州郡所治，唐承之。富昌縣自當在榆林之南或西南。檢元和志四勝州河濱縣，「隋時，復爲榆林縣地。」則隋富昌縣必當在唐河濱縣之西或西南，卽在今河曲縣之西或西南，是卽府谷縣西北地區矣。然則李德裕疏狀之富谷卽約當隋富昌縣地區，亦卽酈注與漢志之富昌縣地區，在今府谷縣西北境，酈注之湳水則今圖之孤山川矣。然則酈注富昌縣治所當在今府谷縣西孤山川之北，約今孤山堡地區。復考府谷之名始見於寰宇記三八府州目云：

「府州今理府谷縣。本河西蕃界府谷鎮，土人折大山、折嗣倫代爲鎮將，後唐莊宗天祐七年有河朔之地，將興王業，……升鎮爲府谷縣。八年，麟州刺史折嗣倫子從阮招回紇歸國，詔以府谷縣建府州，……授從阮爲府州刺史，尋以契丹與小蕃侵擾，移州於留得人堡，即今州理是也。」

則今府谷之名至遲始於唐末。按富昌、富谷皆以地方肥沃而受名，然地本蕃族所居，唐末中國大亂，失於控制；及復建爲鎮縣，遂音譌「富谷」爲「府谷」耳。此亦猶關內河東間河上關津諸道篇河濱關條所引宋久浪津，明清時音變爲九粱津也。據寰宇記，府谷鎮縣舊治亦與今府谷縣有距離，或亦當如富昌在今府谷縣之西北歟？且考九域志四豐州目云：「嘉祐七年，以府州蘿泊川掌地置州。」東及東南至府州皆一百一十二十里，西南至麟州一百四十里。此則唐豐州故地陷元昊後所徙置也。（參宋史八六地理志。）檢一統志榆林府卷古蹟目舊豐州條引元統志：「五代折從阮取遼人城堡十餘，蘿泊川在中，其地方圓百餘里，如掌之平，故於此置治。」是則今府谷縣西北有方圓百餘里之小平原，當爲陝北山岳地帶極少見之肥沃盆地，故置州以「豐」名，不僅因唐豐州故地已失，徙名於此也。然則古富昌縣治即在此小平原，或其東南地區，唐之富谷亦即此小平原地區矣。換言之，大抵漢隋之富昌，唐之富谷，宋之豐州皆在今府谷西北神木東北方圓百餘里之平原掌地，宋豐州治所東南至今府谷縣一百一二十里，西南至神木縣一百四十里，約在張編地圖集之鎮羌堡之北，孤山堡之西北長城內，有地名正口（約E110°40′·N39°15′）者，最近之矣。李德裕云，富谷積糧，「東可以壯振武，西可以救天德。」按東壯振武，即由此處所考之麟勝驛道。武經總要前集一七麟蔚節安豐砦條，云豐州爲入受降城路，亦即此道矣。西救天德者，今日正有一道自府谷縣西北經孤山堡，至正口，出長城至鄂爾多斯左翼中旗，再北通包頭市，（看張編地圖集·河北山西人文圖。）此即通唐天德軍之路矣。

勝州西南至長安一千八百六十里，即取麟、銀、綏、延、鄜、坊道。勝州西南至夏州九百里，亦取道麟銀兩州，折而西行也。

勝州西南至長安里數及所經，詳前總述延州至勝州道。通典一七三、元和志四、寰宇記三八，勝州目皆云西南至夏州九百里，正即勝麟銀夏四州間里距之和。

勝州城北至黃河五里，西北至黃河二十里，東至黃河四十里。隋文帝開皇七年置榆林縣，二十年置勝州，立嘉名也。唐承之。新志，勝州有義勇軍，蓋末期所置。隋煬帝大業二年，置榆林宮，在州城內。有榆林關，在城東三十里，東北臨河，開皇三年置，且置關總管；貞觀十三年復置。蓋勝州形勢亦如豐州，「阻河為固」，而「土宜耕牧」也。

州城去黃河里數詳前引，餘見元和志四及寰宇記三八勝州目。榆林關，寰宇記作縣東四十里，有置總管及貞觀十三年復置之文。元和志作三十里，無總管及復置之文。檢通典一七三，勝州榆林縣有榆林關。新志，勝州榆林縣「東有榆林關，貞觀十三年置。」隋書地理志，榆林郡金河縣，「開皇三年……置榆關總管。五年改置雲州總管。二十年，雲州移，縣廢。仁壽二年又置金河縣，帶關。」楊氏考證引隋書本紀，開皇四年，以上大將軍賀婁子幹為榆關總管。皆見寰宇記所詳為正，今斟酌綜合書之。豐州形勢，見通鑑二〇三唐休璟語，引詳長安北通豐州驛道篇。

勝州東北渡河至東受降城八里，約在今十二連城東北約七公里之大皇城地區。城臨黃河，中宗景龍二年張仁愿置，兼置振武軍。天寶四載，軍移單于都護府（今歸綏〔中國圖集之呼和浩特〕西南約三四十里）。東城如故。管兵七千人，馬千七百匹。元和七年河溢壞城，寶歷元年，移築綏遠烽南，城近金河（今黑河），仍去黃河不遠。賈耽記云，「古雲中城又西五十五里有綏遠城」者，即此地也。

三受降城之建置，詳下文中受降城條。振武軍之置移，見元和志四金河縣條，詳下引。開元末、天寶初，東城管兵馬數，見通典一七二；元和志四，此條已佚。

元和志四東受降城，「在榆林縣東北八里，今屬振武節度。」寰宇記三九，同。記又云：「西南渡河至勝州八里。」是僅隔河為壘耳。會要七三三受降城目，「寶歷元年五月，振武節度使張維〔惟清〕奏，以東受降城濱於河，歲久，雉堞摧壞，請移於綏遠烽南，上賜錢一百萬城之，至十月功畢。」舊書敬宗紀及新志豐州東受降城條皆記此事作張惟清，是也。按通鑑二三八，元和七年正月，「振武河溢，毀東受降城。」蓋此年城為河水所壞，至寶歷元年始移築綏遠烽之南也。考李德裕條疏太原以北邊備事宜狀（全唐文七〇五）云：「東受降城緣是近年新築，城內無水，城外取金河水充飲，又于城西門掘一二十井，若被圍守，即須困躄。」下文即明此即張惟清所築新城。是此綏遠烽南之新城，去金河水必不遠，蓋在水之西北歟。又前富谷條引李德裕條疏邊上事宜狀，「勝州隔河去東受降城十里」，則較舊城僅遠二里耳，故亦去黃河不遠也。此城既近黃河，又近金河，金河即今大黑河（詳下文），然則此城必在今托克托城西，大黑河流入黃河處。文物考古工作三十年（頁七七），勝州城舊址東北約七公里托克托之大皇城，當即東受降城。蓋略近之。

綏遠城，見新唐志末錄賈耽入四夷道之第三道，引詳下篇天德軍東取諸真水汉通雲中單于府道。今綏遠省之名可溯源於此矣。

又東北一百二十里，中經鳴沙至單于都護府治所金河縣，在金河（今大黑河）之南，約在今歸綏（中國圖集之呼和浩特 E111°40′·N40°50′）西南三四十里，托克托城東北百餘里。縣以天寶四年置，同時移振武軍於此，管兵九千人，馬千六百匹。中葉以後，尤為河套東北河外之重鎮。

元和志四「單于大都護府今為振武軍節度使理所」一節，第一條「東受降城在朔州北三百五十里」云云。此「東受降城」當正作「單于都護府」，考證已指出此誤。寰宇記三八，標目為「振武軍」，亦可。元和志此條云：「西南至成都一百二十里」，顯有奪譌。寰宇記「成都」作「東受降城」是也。則東受降城東北至單于都護府、振武軍一百二十里。即單于府在勝州東北一百二十八里。前論勝州城在今托克托縣西南約十公里，即約二十二三華里、黃河南岸，則單于府約在今托克托縣城東北約一百里有零。

按單于府及振武軍皆治金河縣。寰宇記三八振武軍目，金河縣，「北有金河，以為邑稱。」又云「金河在縣西北。」金河即今大黑河，無異說，則單于府在今托克托城東北一百餘里大黑河之南。一統志山西歸化城卷城池目，托克托城在歸化城西南一百四十里，黃河在歸化城西南一百六十里。檢 ONC-F-8，呼和浩特西南至托城航空里距約六十五公里，亦略合。則唐單于府當在今歸綏城西南約三四十里之黑河南岸。振武軍兵馬數，見通典一七二、元和志四。

通鑑二三九，元和八年，「振武節度使李進賢……使牙將楊遵憲將五百騎趣東受降城，以備回鶻，所給資裝多虛估，至鳴沙兵亂，還攻進賢。」是振武至東城中經鳴沙也。

按勝州東北至單于府、振武軍間，自古為塞北肥沃之壤，亦為軍事重地。有芒干水，唐名金河（今大黑河），由東北向西南流入沙陵湖，又有白渠水（今岸水河）在芒干之南，與之平行，亦入沙陵湖，湖即唐之金河泊，在東受降城北約十里處。（今有西海子 E111°．N40°35′。）兩水流域為一小盆地，古稱白道川，蓋以地在白道（今歸綏城北陰山通道）之南也。北限陰山山脈，海拔高達 2000 公尺，東南兩緣諸峯亦高達 1200～1900 公尺，中間平衍，東西約四五百里，南北二三百里。沙土黑墳，良沃，宜農牧，古稱「畜牧廣衍，龍荒之最壤」，故自古為北疆重地，秦漢置雲中、定襄兩郡。雲中郡治雲中縣，在唐勝州東北四十里、兩水之間。定襄郡治成樂縣，北魏都盛樂，亦相近，在雲中城東八十里、白渠水之南，今和林格爾（E111°50′•N40°23′）北十公里土城子。又於雲中、盛樂兩城之正中間，白渠水北，置雲中宮。雲中宮、雲中城皆當在盛樂城、單于府西南通勝州之道中。

水經注三河水注云：

「大河東逕咸陽縣故城南，（董祐誠曰當在今薩拉齊西境。）……河水屈而（一本有『西』字）流，白渠水注之。（蓋今岸水河北源或南源。）水出塞外，西逕定襄武進縣故城北，西部都尉治。……白渠水西北逕成樂城北，（舊說歸化城南。）郡國志曰，成樂故屬定襄也。魏土地記曰，雲中城東八十里，有成樂城，今雲中郡治，一名石盧城也。白渠水又西逕魏雲中宮南。魏土地記曰，雲中宮在雲中縣故城東四十里。白渠水又西南逕雲中縣故城南，故趙地。虞氏記云，趙武侯自五原河曲築長城，東至陰山。又于河西造大城，……今雲中城是也。秦始皇十三年立雲中郡。……白渠水又西北逕沙陵縣故城南。……西注沙陵湖。又有芒干水（今黑河）出塞外，南逕鍾山，山卽陰山。……其水西南逕武皐縣，……又南逕原陽縣故城西。……芒干水又西南逕白道南谷口，有城在右，縈帶長城，背止〔山〕面澤，謂之白道城。（董祐誠曰當與今歸化城相近。）自城北出，有高坂，謂之白道嶺。……芒干水又西南逕雲中城北（卽上雲中故城），白道中溪水注之，水發源武川北塞中，……西南流于雲中城北，南注芒干水。……芒干水又西南注沙陵湖。湖水西南入于河。」

按白渠水、芒干水，漢志已記之。此注述兩水之流經極詳，蓋酈氏於太和十八年曾親歷其地也。芒干水卽今黑河、唐之金河，無異說，但清代地圖無可當白渠水者，故董祐誠以黑河南源之黃水河當之，惟黃水河「不西南流，亦不逕入湖，或古今之異也。」一統志作者亦不得其解，而含混言之，與董說略同。今按張編地圖集·綏遠地形人文兩圖，黑河將入黃河處（托克托城北）有岸水河自東來會，但其水甚短。ONC-F-8 則繪此水甚長，且水系甚繁，南源在和林格爾城之東北 E111°50′ 地區，北源遠在 E112°20′ 地區，惟間中有淤絕處。則張編地圖集，薩爾沁之北有一河無下游者，實卽岸水河之北源耳。酈注之白渠水正相當於今岸水河之北源或南源。今黑河、岸水河皆西南流會於托克托城北不遠處，當卽古沙陵湖地區。按元和志四勝州榆林縣，「金河泊在縣東北二十里，周迴十里。」寰宇記三八，同；而續云，「上承紫河及滎水，南流入大河。」則此泊地望，恰與古沙陵湖相當，亦承兩河，蓋卽芒干、白渠也。沙陵湖卽今圖之西海子（E111°・N40°35′）無疑，唐之金河泊殆畧相當，惟距十二連城稍遠，或古今稍有遷徙耶？

據此注所述，成樂故城在白渠水（今岸水河北源或南源）之南。其西四十里爲北魏雲中故宮，又西四十里爲戰國、秦漢之雲中故城，皆在白渠水之北、芒干水（今黑河）之南。按史記周勃世家・正義引括地志：「雲中故城在勝州楡林縣東北四十里，秦雲中郡。」又元和志四勝州目亦云：「漢雲中在今州理東北四十里楡林縣界，雲中故城是也。」寰宇記三八勝州目亦同。然則秦漢成樂故城在唐勝州之東北一百二十里，與唐單于府相近，而在其南岸水河北源之南、薩爾沁地區，或南源之南、和林格爾地區。據張郁和林格爾縣土城子試掘紀要（內蒙古文物資料選輯）云，和林格爾北十公里土城子，卽古盛樂城。則在岸水河南源之南也。然魏書序紀，烈皇帝「城新盛樂城，在故城東南十里。」後四年，昭成帝建國四年，「九月，築盛樂城於故城南八里。」是北魏故城不只一地，仍不知土城子是否卽酈注所指之地也；惟不相遠耳。盛樂之西四十里雲中宮，又四十里雲中古城，地可略定，當爲單于府西南至東受降城、勝州城之大道所經也。

白道川　按上考金河、白渠水流域，漢（北）魏隋唐皆極力經營爲軍政重地，邊疆民族亦常以此爲根據地，卽今大黑河流域，內蒙古之軍政中心地帶也。以地在陰山山脈白道之南，故古稱白道川。舊一九九下鐵勒傳，朝廷立李思摩爲可汗，「處其部衆於漠南」。薛延陀夷男不悅。貞觀十五年，夷男「勒兵二十萬，屯白道川，據鄯陽嶺以擊思摩。」「詔英國公李勣……踰白道川至青山」擊之。通鑑一九六貞觀十五年紀，略同。云思摩帥部落入長城，保朔州。舊三太宗紀下，書此事云「薛延陀度漠，屯於白道川。」又通鑑一七六，陳至德三年，突厥沙鉢略畏達頭、契丹之逼，「請將部落度漠南，寄居白道川。」據此諸條，白道川在漠南，善陽嶺外，卽今黑河流域。寰宇記四九雲州雲中縣陰山道條，引冀州圖云：

「雲中周迴六十里，北去陰山八十里，南去通漠長城百里，卽白道川也。南北遠處三百里，近處百里，東西五百里，至良沃；沙土而黑，省功多獲，每至七月乃熱〔熟〕……」

此段述雲中白道川之平衍良沃情形，即今歸綏、古雲中、古定襄之地區無疑。通鑑一九三貞觀四年紀，胡注引宋祁曰：「古定襄城，其地南大河，北白道，畜牧廣衍，龍荒之最壤。」是也。蓋地當陰山白道口之南，故有白道川之名。後雲州雲中之名移於今大同，樂史不察，遂張冠李戴，將此段材料亦移至大同。此實大錯；然寰宇記此類情形隨處可見，不足為異。復考魏書二四燕鳳傳，鳳對苻堅曰：「雲中川自東山至西河二百里，北山至南山百有餘里。」此時魏都盛樂，建雲中宮；所謂雲中川亦即上述之白道川，但以漢雲中郡、魏雲中宮標名耳。

此道最北之軍事據點為單于府、振武軍，故此府軍在唐代交通上雖與太原之關係為切，然其地本屬關內道，在中葉以後，又與勝麟等州同屬邊陲，為回鶻、吐蕃侵逼之地，故相結合為一個節度使區，仍見此道之南北聯繫性也。

此點觀吳氏唐方鎮年表卷一振武軍目，最為明顯。據表引舊紀及諸授制，振武軍節度使統區可考者如次：

渾瑊、張光晟、王翃統單于都護府、振武軍、東中二受降城及綏銀麟勝等州軍，時自大曆十四年至建中二年。唐朝臣所統惟不言東中二受降城，時在貞元二年。

范希朝、阿跌光進、胡證、高霞寓、張惟清、李泳、劉沔統單于都護府、振武軍、麟、勝等州軍，時在貞元六年至會昌二年。又咸通初，高承恭以安北都護充振武軍、麟、勝節度使，其時單于府易名安北府（見會要七三安北府目會昌五年條，詳附篇二唐代安北單于兩都護府考），故其實相同。

據此而言，德宗前期約十年間，振武節度使兼統東中兩城及綏銀麟勝四州，德宗中葉以至唐末皆統麟勝二州，惟不領此道中段之綏銀耳。

又勝州向西微北三百里至中受降城。麟州北出經連谷縣四百里亦至中受降城。

中城東至東城及勝州治所楡林縣，實皆約三百里，詳元和志東城、中城目，引見附篇二安北單于兩都護府考。又元和志中受降城目，「南至麟州四百里。」「南至上都一千八百六十里。」寰宇記中受降城目，全同。按麟州南至長安一千四百六十里，加四百里，正合中城南至長安里數。而通典一七三，安北府，「東南到楡林（勝州）連谷縣四百里。」此尙未割勝州置麟州時之紀錄也。連谷縣在麟州北四十里，蓋道經連谷縣也。此類里程皆舉大數，不必泥。

舊一〇三郭知運傳：「（開元）四年冬，突厥降戶阿悉爛、跌跌思太等率衆反叛，單于副都護張知運爲賊所執，……叛賊至綏州界，詔郭知運領朔方兵募橫擊之，大破賊衆於黑山呼延谷。」突厥集史上册開元四年條引此傳，釋云：「賈耽四夷通道云：『中受降城正北如東八十里有呼延谷，谷南口有呼延柵，車道也，入回鶻使所經 。』或卽此黑山呼延谷。」按岑說是也。據舊九三王晙傳，此突厥降戶住河曲，約在勝州之南，旣反叛，執單于副都護，又南下至綏州境，正活動於綏銀麟勝道中，郭知運由朔方來橫擊之，賊退則由麟州直北至中城，欲遁漠北耳。

中城以中宗景龍二年置，管兵六千人，馬二千匹。開元二年移安北都護府治此。在黃河（今黃河）外拂雲堆神祠。地在今包頭西、昆都倫河入黃河處之西，賈格爾齊廟之東，約E109°30′處。

元和志四末節述張仁愿築三受降城本末事云：「三受降城，景雲三年〔景龍二年〕張仁愿所置也 。……先是朔方軍北與突厥以河爲界 ，河北岸有拂雲堆神祠，突厥將入寇，必先詣祠祭酹求福，因牧馬料兵而後渡河。時突厥默啜盡衆西擊突騎施婆葛仁 ，仁愿奏請乘虛奪漠南之地；於河北築三受降城 ，首尾相應，絕其南寇之路。……中宗竟從之 。……六旬而三城俱就 ，以拂雲祠爲中城，與東西兩城相去各四百餘里，遙相應接，北拓三百里。」參會要七三三受降城目、舊書九三張仁愿傳、通鑑二〇九景龍二年紀。所記略同。其今地別詳附篇二安北單于兩都護府考。而通典，勝州榆林縣有拂雲堆。蓋中城及此處之安北都護府本分勝豐二州而置，故拂雲堆本屬勝州榆林縣也。但寰宇記三八勝州榆林縣，「拂雲堆在縣北一百七十里。」若非里數有誤（疑當作二百七十里），則拂雲堆本爲一山脈名，其神祠乃在中城耳。若爲山脈，卽今烏拉山脈也。管兵馬數，見通典一七二、元和志四。

由中城西北行二百里至天德軍，在今烏蘭鄂博東南、E109°·N41°稍西北烏梁素海東北岸水濱。軍爲河套正北軍事防禦中心。由軍北行三百里，至磧口可敦城，約今烏拉特中旗治所及黑沙圖（另圖有作海流圖）地區，此卽通漠北大道之一線也。

西北二百里至天德軍，元和志四天德軍、中受降城兩目及寰宇記三九兩目所記四條，皆同。天德軍詳篇柒長安北通豐州天德軍驛道。由天德北三百里至磧口可敦城，當漠北道口，亦詳附篇二安北單于兩都護府考，並參看篇拾伍唐通回紇三道。

參看圖六

一九七二年八月初稿，十一月九日訂正，刊新亞學報十卷一期下册。一九八三年十二月五日改訂。一九八五年三月二校復訂。

篇玖 天德軍東取諾眞水汊通雲中單于府道

新書地理志錄賈耽所記夏州北出道，經古大同城至後魏沃野鎮故城。自故鎮城「傍金河過古長城九十二里至吐俱麟川。傍水行經破落汗山，賀悅泉，百三十一里至步越多山，又東北二十里至纈特泉，又東六十里至賀人山，山西磧口有詰特犍泊。吐俱麟川水西有城，城東南經拔厥那山二百三十里至帝割達城，又東北至諾眞水汊，又東南百八十七里經古可汗城至鹹澤，又東南經烏咄谷二百七里至古雲中城，又西五十五里有綏遠城，皆靈、夏以北蕃落所居。」詳勘今地，其吐俱麟川蓋卽今模楞河或其南之甲拉蓋河（東西流於 N41°25′線上），諾眞水卽今艾不改河及其下游哈爾紅河，水汊卽今哈爾紅河東（塔爾渾河）西（艾不改河）兩源合流處之百靈廟（E110°28′・N41°40′）、塔爾罕王府（E110°30′・N41°45′）、察汗合達（上兩地之間）地區。詰特犍泊卽今伊克湖（E109°30′・N41°40′）。相近磧口，吐俱麟川水西有城，卽磧口、黑沙城，唐代前期，常爲突厥屯聚建牙處，稱爲「黑沙南庭」；其西有纈特泉；蓋皆約今烏拉特後旗（E109°22′・N41°35′）稍東近處。古可汗城今名成吉斯汗長城（E110°50′線上）。鹹澤卽今 E111°・N41°20′ 地區諸乾涸湖泊（烏蘭諾爾）。烏咄谷蓋卽酈注之塞水，亦卽今由北向南流經畢克齊（E111°20′・N40°44′）注入大黑河之谷水。（克魯庫河？）此道南至雲中古城，在今畢克齊東南大黑河之北，地居歸綏、托克托之間。近年畢克鎭東北近處水磨溝口有拜占庭金幣（Solidus）伴行商尸骨出土，時在隋唐或其前，益證此谷道爲中古西通西域之一道口也。度此故道與今日由烏拉特中旗（E108°5′・N41°10′）東經烏拉特後旗（E109°22′・N41°35′），百靈廟（貝勒廟

E110°28′・N41°40′），又東南經烏蘭諾爾（E111°・N41°30′），武川縣（111°25′・N41°5′），至歸綏（E111°40′・N40°50′）之汽車道略相當。惟東端入塞處，不自歸綏北之白道梁，而自其西之一谷耳。

賈耽所記行程，即新書地理志末節錄賈耽入四夷七道之第三道。大同城即天德軍，軍城及後魏沃野鎮故城之地望，已見前考。據此所記行程，先由沃野故城向東北東行五百三十三里至帝割達城，又東北蓋不遠至諾眞水汊，然後折而東南行三百九十三里至古雲中城。雲中城只在單于都護府西南約七八十里處，而單于府則在今歸綏城西南不遠處。綏遠城在雲中西五十五里，即東受降城地。東受降城置在綏遠烽，（詳長安東北通勝州振武軍驛道篇。）即其一證，而方位里距固亦相當也。

以上皆就已知者言之，下文再就其他地名測勘其今地：

諾眞水、諾眞水汊　諾眞水，通鑑兩見，皆可考見諾眞水汊爲重地及其地望，玆錄列如次：

貞觀十五年，薛延陀「踰漠而南」，「屯白道川」，「以擊突厥」，帝發兵四道出征，李世勣爲朔州道行軍總管，「敗薛延陀於諾眞水」。下文記戰事進行云，「大度設（可汗之子）將三萬騎逼長城，欲擊突厥，……會李世勣引唐兵至，……大度設將其衆自赤柯濼北走，世勣……自直道邀之，踰白道川，追及於青山。大度設走累日，至諾眞水，勒兵還戰，陳亙十里，……衆潰，……大度設脫身走。」（卷一九六）①

景龍二年，「初朔方軍與突厥以河爲境」，三月「朔方道大總管張仁愿築三受降城於河上。……以拂雲祠爲中城，距東西兩城各四百餘里，皆據津要，拓地三百餘里。於牛頭朝那山北置烽候千八百所，（新傳『八』作『三』。）以左玉鈐衞將軍論弓仁爲朔方軍前鋒遊奕使，戍諾眞水，爲邏衞。自是突厥不敢渡山畋牧。」（卷二〇九）②

---

① 參舊六七、新九三李勣傳，僅云敗大度設於青山。

② 參舊九三、新一一一張仁愿傳。

據此兩條，諾眞水必在青山之北，爲一要衝地，故大度設敗退之餘，至此亦不得不勒兵還戰，佈陣亙十里也。張仁愿事，更見此地之衝要，故特命將戍守。唐與突厥本以黃河爲界，仁愿置三城，中城居中處要，在今包頭之西昆都倫河之西，黃河北岸，約今賈格爾旗廟（E109°20′）之稍東，別詳附篇二安北單于兩都護府考。所謂拓地三百餘里者，即指中城至諾眞水戍所而言也。是則諾眞水、諾眞水汊西南至沃野鎭城（天德軍北六十里，約今烏蘭鄂博與 E 109° 之間）五百數十里，東南至雲中城（今歸綏西南至托克托之間）近四百里，南至中受降城（今賈格爾廟之東）三百餘里，爲一軍事重地。檢覩張編地圖集與 ONC-F-8，所謂諾眞水者，必即今哈爾紅河（Har-hung-Gol, ONC 名 Haelh hung ho, 楊氏唐地志圖之底圖作靄布哈河）無疑。水汊即張編地圖集之百靈廟（E110°28′·N41°40′；ONC 圖，Ta-elh-han-mao 南之第二居民點）、察汗哈達（百靈廟稍北；楊氏底圖作察罕和碩；ONC 圖 Ta-elh-han-mao 南之第一居民點）、達爾罕貝林王府（E110°30′·N41°45′,ONC 圖之 Ta-elh-han-mao）地區。張編地圖集、楊氏底圖及 ONC 圖，此哈爾紅河皆有東西二源，會於百靈廟、察汗哈達、達爾罕地區，西源名艾不改河（張編圖集），東源名塔爾渾河（楊氏底圖），兩源會合處（圖集會於百靈廟，ONC 會於達爾罕府，楊氏底圖惟有察罕和碩地名）即賈耽記所謂「水汊」。其地正在青山（陰山）北麓平坦高原一條最大河流上源會合地。蓋就方位、里距、水汊形勢與軍政要衝四方面言，此一地區，唯有百靈廟、達爾罕府地最足當之，別無其他地點有其可能也。

吐俱麟川　據賈記，由沃野故城行約百里即到此川，傍水東北行二百一十一里始云川西有城，城東南二百三十里至帝割達城，又東北至諾眞水汊，則此吐俱麟川當爲東西流向或西南、東北流向。檢張編地圖集，惟烏拉特後旗南之模楞河（由東北向西南流）或其南之甲拉蓋河（正東西流向）足以當之，別無他水也。

詰特犍泊、綢特泉　賈記，泉在沃野東北二百四十餘里，泊在泉東約三四十里，泊東至諾眞水汊二百三十里以上或當近三百里之譜，是約在沃野、水汊兩地之正中間。今檢張編地圖集，自烏蘭鄂博與 E109°之間東北至百靈廟之正中間惟有一泊，名伊克湖，在 E109°30′·N41°40′ 處； ONC-F-8 亦惟有此湖，惟未標名稱耳。是當卽古詰特犍泊也。纈特泉當在此泊稍西，近磧口。是必去今烏拉特後旗、東公旗王府（張編地圖集E109°22′·N41°40′）不遠。

磧口黑沙城　唐志此條之磧口近詰特犍泊，卽當近今伊克湖。檢元和志四單于都護府，「今爲振武節度使理所」，「北至黑沙磧口七百里。」寰宇記三八振武軍四至八到條全抄元和志，但一本作「七十里」。又武經總要一六下振武軍條云：「北至黑沙磧口七百里。」實亦相同。知寰宇記一本「十」字必僞。審新志此條，此詰特犍泊處之磧口向東行經諾眞水汊又東南至雲中古城六百三十里以上，約七百里，度其取白道（下文有考）至單于府振武軍亦當約七百里。然則唐宋志書所記府軍「北至黑沙磧口七百里」者，卽指此磧口而言耳，是又有黑沙之名也。

此磧口有黑沙城。考舊高宗記，永淳元年十二月，「突厥餘黨阿史那骨篤祿等招合殘衆，據黑沙城入寇并州北境。」此卽新二一五上突厥傳所記骨咄祿「治黑沙城，有衆五千」事也。復考通鑑二〇二，開耀元年，裴行儉爲定襄道大總管擊突厥阿史那伏念，曹懷舜將前軍。「或告阿史那伏念與阿史德溫傅在黑沙，……可徑往取也。懷舜等信之，留老弱於瓠蘆泊，帥輕銳倍道，進至黑沙，無所見，人馬疲頓，乃……引兵徐還，至長城北，遇溫傅，小戰各引去，至横水遇伏念，懷舜……且戰且行，經一日，伏念乘便風擊之……懷舜等……遂大敗。」按此卽永淳之前一年，黑沙卽黑沙城也。胡注：「黑沙城，後突厥默啜以爲南庭。」

又同書二〇六，神功元年，「（契丹）萬榮之破王孝傑也……引精兵寇幽州，恐突厥默啜襲其後，遣五人至黑沙，語默啜」云云。胡注：「黑沙，突厥庭。」按同書二〇六，聖歷元年「八月戊子，武延秀至黑沙南庭。突厥默啜……曰，我欲以女嫁李氏，安用武氏兒耶？」知胡注可信。

據通鑑二〇二叙事，知黑沙之地在横水以北之長城以北。胡注：「横水去金河一百四十許里。」按此實據本篇綱文所引新志所記夏州道之前一段而言。原文云：「過橫水五十九里至十賁故城，又十里至寧遠鎭，又涉屯根水五十里至安樂戍，戍在河西壖。其東壖有大同城；今大同城，故永濟柵也。北經大泊十七里至金河。又經故後魏沃野鎭城，傍金河過古長城九十二里至吐俱麟川。」下文傍水東北行二百一十里至賀人山，山西磧口有詰特犍泊。此橫水正在此金河南一百四十餘里也。其地在天德軍南約一百二十華里處，約今安北縣之南 N41° 線稍南。然則通鑑此條之長城亦即新志此條所記沃野鎭城北所過之長城也。黑沙在此長城之北，則與新志此條之磧口詰特犍泊爲近矣。新志磧口、詰特犍泊下，緊接云「吐俱麟川水西有城」由城東南經諾眞水汊至雲中古城六百三十里以上或至七百里。此城必去磧口、詰特犍泊不遠，蓋即磧口黑沙城矣，爲曹懷舜所至處，亦即次年（永淳元年）突厥餘黨所據處，其後默啜更居此，所謂「黑沙南庭」也。突厥集史上册以爲黑沙城在武川南（頁二九七至二九九），失之過近矣。

古長城　沃野故城東北不到九十里有古長城。此長城亦見通鑑二〇二，已詳前引。按河水注，始皇並陰山築長城。楊氏水經注圖，繪於陰山之北、哈拉穆倫河（即今圖之模楞河）西，即約今圖烏蘭鄂博之東北。若楊圖所繪不誤，則即賈記之長城也。

古可汗城、鹹澤　賈記，諾眞水汊東南至雲中古城近四百里，中途稍偏西北處有鹹澤。檢 ONC-F-8，塔爾罕廟至歸綏（即Hu-Ho-Hao-Te）之正中間有三四個乾涸小湖泊，位於 N41°20′·E110°55′-111°10′ 地帶，張編地圖集在此地區亦有烏蘭諾爾（Ulan Nur）地名，地望恰與賈記之鹹澤完全吻合，是必其地矣。又 ONC 圖，此諸湖泊之西有長城，由 E110°50′·N41°10′ 處向北行，稍折東北經 E111°·N41°45′ 處，一直向東北，終於 E113°·N42°35′ 處，標名 "CHENGIS-KHAN-WALL"，即成吉斯汗城。按此長城位置與賈記之古可汗城恰相當。若賈記古可汗城指一條長城而言，必即此長城。則此長城極早，因爲古名可汗城，故後人誤爲成吉斯汗城耳。若古可汗城指一圓點之城而言，亦必近今成吉斯汗城之一段。

烏咄谷　賈記，鹹澤又東南二百七里至雲中古城。此云至雲中古城，不云至單于府城或振武軍城，蓋沿錄古人志書耳。按定襄盛樂城北，唐單于都護府之北，有白道大路，爲中古出師之大道，詳下文。然觀河水注，其西有兩谷水。此段文字，對於考論這一帶交通情勢至爲重要，兹先總錄如次：

「芒干水又西南逕白道南，谷口有城在右，縈帶長城，背止〔山？〕面澤，謂之白道城。自城北出，有高阪，謂之白道嶺。沿路惟土穴出泉，挹之不窮。余每讀琴操……云飲馬長城窟。及其跋陟斯途，……始知信矣。……顧瞻左右山椒之上，有垣若頽基焉，沿溪亘嶺，東西無極，疑趙武靈王之所築也。芒干水又西南，逕雲中城北，白道中溪水注之。水發源武川北塞中。其水南流，逕武川鎭城。……西南流，歷谷，逕魏帝行宮東，世謂之阿計頭殿。宮城在白道嶺北阜上。其城圓角而不方，四門列觀，城內惟臺殿而已。其水又西南歷中溪，出山，西南流，于雲中城北，南注芒干水。芒干水又西，塞水出懷朔鎭東北芒中，南流逕廣德殿西山下。余以太和十八年從高祖北巡，屆于陰山之講武台。台之東有高祖講武碑。……自台西出南上山……卽廣德殿所在也。……（太武）帝幸龍荒，遊鸞朔北，南秦王仇池楊難當……重譯拜闕陛見之所也，故以廣德爲名。……其水歷谷南出山，西南入芒干水。芒干水又西南注沙陵湖，……入於河。」

按酈氏曾親履其地，故注記分明如此。芒干水卽今大黑河，亦卽唐代金河；沙陵湖卽今西海子（E111°·N40°35′）；皆無疑。董祐誠曰，白道城當與今歸化城相近，是也。歸化城卽今歸綏城，（中國圖集及 ONC 作呼和浩特。）白道地貌特殊，卽今白道梁，詳下白道條。據酈注此段，由白道城上白道坂爲大道，沿途土穴出泉。酈氏從駕蓋卽循此路而北，白道坂西有白道中溪水，流經武川鎭城，又南流經行宮阿計頭殿東，歷白道中溪，西南流至雲中故城北，注入芒干水。殿之西有講武台，又有廣德殿。有塞水出懷朔鎭東北荒中，南流經廣德殿西，又南歷谷，亦注入芒干水。其水口在白道中溪水口之西南下游。合校引董祐誠曰，「今克魯倫必拉出歸化城西北，接茂明安界，西南流，逕城西境，會圖爾根河，疑卽白道中溪水也。克魯倫必拉之西有多倫圖必拉，察蘇七必拉，皆南流入圖爾根必拉，未知何水爲塞水也。」綏乘五山川考，「白道嶺西爲白道中溪，一名克魯庫谷。」而楊氏水經注圖，清代之圖爾根河卽今大黑河；

察蘇河在薩拉齊之西；薩拉齊之東有較大之水，名克魯庫河；又東有一較小河流。楊氏以此小河爲白道中溪水，克魯庫河爲塞水。參之張編地圖集・綏遠兩圖，西海子與歸綏白道梁之間，除最西之察素齊水外，又有兩水皆自北塞南流入大黑河。西水較大，流經畢克齊(Pikochi)；東水較小，流經台閣牧。ONC圖，流經 PI-KO-CHI (E110°20′·N40°44′) 之水甚長，發源於 E111°15′·N41°12′ 地區，(張編圖集略同。) 源委皆在 E111°20′ 線上；東水較短，源委略在 E111°30′ 線上。楊圖指塞水即清圖克魯庫河，即今圖 E111°20′ 線上之水也。三家之說，不論何者爲正，亦不論烏咄谷是否即爲古塞水。但就賈記言之，道由鹹澤東南經烏咄谷至雲中古城，則此谷必非最西之察素齊水，而以流經畢克齊之較大水谷之可能性爲最大。畢克齊爲道口，又得一考古資料之證明，一九五九年於畢克齊鎭東北水磨溝口掘出尸骨一架，旁有金銀銅製諸器物及拜占庭金幣一枚。金幣兩面有圖像及拉丁銘文，係羅馬帝國君士坦丁大帝幣制改革後之金幣索里得(Solidus)，似爲東羅馬皇帝列奥一世(Leo I, 457-474)時所鑄。就伴出其他遺物形制及尸骨形像推測，時代當在隋唐或稍前，蓋行商暴死於路，非墓葬。報告見內蒙古文物工作隊、內蒙古博物館呼和浩特市附近出土的外國金銀幣(考古1975年3期)。據所繪地圖，出土地點正在畢克齊鎭東北近處，前文所述之較大谷水旁。

惟此鹹澤東南經烏咄谷之道蓋非主幹大道；其主道當取烏咄谷東之白道嶺，即自古有名之白道。

自北魏至隋唐，白道之名常見史册，爲北塞內外用兵之要道。北魏史例，如源賀以重臣都督三道諸軍事，而屯於武川，即當白道。而北魏前期屢伐蠕蠕，皆數道並出，君主自出中道，似亦白道，故塞外行宮亦惟白道嶺外武川、懷朔間有之也。

魏書三太宗紀，泰常四年，「十有二月癸亥，西巡至雲中，踰白道，北獵野馬於辱孤山。」又三〇閭大肥傳，「世祖初，復與奚斤出雲中白道討大檀，破之。」同卷來大千傳，「鎮雲中，兼統白道軍事。」又四四費于傳，李崇「會諸將議曰，朔州是白道之衝，賊之咽喉。」此朔州即雲中、盛樂地。③又魏書四一源賀傳，顯祖時，「賀都督諸軍屯漠南。」所謂漠南實「屯於武川」。見本傳附子懷傳。是即當白道。稍後復「詔都督三道諸軍屯于漠南。是時每歲秋冬，遣軍三道並出以備北寇，至春中乃班師。賀以勞役京師，又非禦邊長計，乃上言……（請）於白道南三處立倉，運近州鎮租粟以充之。」皆見白道爲北魏禦邊之主道，源賀爲當時重臣，都督三道而屯於武川，即白道之南也。魏書一〇三蠕蠕傳，魏帝屢次數道並出討蠕蠕，帝恆居中道，雖未明道出何處，然始光元年秋，大檀寇雲中，世祖親討之，至雲中。二年即東西五道並進，帝出中道，討大檀，大破之。似中道即由雲中白道矣。蓋蠕蠕所統雖廣，然其重心地區則在西北，即武川、懷朔之西北，白道當武川道，其南則雲中沃壤，爲蠕蠕所覬覦，亦魏之西疆根據地，且爲舊都也。

白道之北有太武以來之行宮殿，見河水注三，詳下條引文。

北齊置白道鎮將。文宣帝天保六年北討茹茹，亦從白道出師，經懷朔鎮至沃野鎮。隋世北擊突厥，主力亦皆出白道。

唐王忠嗣碑（金石萃編一〇〇），六代祖仕北齊爲白道鎮將。北齊書四文宣紀，天保六年「七月己卯，帝頓白道，……輕騎五千追茹茹。壬午及於懷朔鎮，……頻大破之，遂至沃野。」亦見白道之衝要仍如魏世。隋世史事，如隋書四四衞王爽傳，爲元帥，率諸軍數道並進，爽「出朔州，遇沙鉢略可汗於白道，大破之。」又四一高熲傳，爲元帥，擊突厥，「出白道，進圖入磧。」同一戰事又見七四酷吏趙仲卿傳，云「追度白道，踰秦山七百餘里。」又六〇于仲文傳，「從金河出白道」擊胡。皆其例。

③ 地形志上，朔州，「本漢五原郡，延和二年置爲鎮，後改爲懷朔，孝昌中改爲州。」此即懷朔鎮也，至六鎮將叛時更名朔州。又雲州，「舊置朔州，後陷，永熙中改。」所統有盛樂郡、雲中郡。是即雲中、盛樂故地，本名朔州，後改懷朔鎮爲朔州，始改舊朔州爲雲州耳。通鑑一五〇梁普通五年紀考異已有說明，可參看。費于傳所記之朔州即地形志之雲州也。

其在唐世，李靖、李世勣大破頡利，振唐聲威，亦出白道。其後王忠嗣北伐，仍循舊跡。

二李破頡利，爲唐初建立國威之大戰，兩唐書二李及突厥本傳皆有詳載。通鑑一九三貞觀四年紀，綜合記之云，李世勣爲通漠道行軍總管，李靖爲定襄道行軍總管，諸將皆受李勣（勣一本作靖，是）節度。四年正月，靖自馬邑進屯惡陽嶺，夜襲定襄，破之。李世勣出雲中，與突厥戰於白道，又大破之。頡利竄于鐵山，欲亡入漠北，靖引兵與李世勣會白道，遂發兵夜襲，踰陰山，又破之。頡利欲度磧，爲世勣阻於磧口，遂滅其國，唐威大震，遂膺天可汗之號。王忠嗣事見王忠嗣碑（金石萃編一〇〇），云「嚴多仲月，公出白道誓衆，自單于北伐，俾僕固懷恩、阿布斯爲鄉導，覘視井泉，……不再旬而履狄。」按單于卽指單于都護府，在雲中地區，是仍北魏以來至二李出兵之故道也。

觀此諸史事，知中古時代白道殆爲北塞軍道之最顯名者。蓋白道居雲中沃壤之北，爲陰山道口，高阪色白，故有白道嶺之名，其東西亙延皆古長城也。冀州圖云，「欲至山上，當路有千餘步地，土白如石灰色，遙去百里卽見之，卽是陰山路也。從此以西，及紫河以東，當陰山北者，唯此道通方軌；自外道皆小而失次者多。」且沿途土穴出泉，利於飲馬，故爲兵家所特重也。

白道地貌特異，早見於酈氏水經注。其河水注三云，白道城「北出有高阪，謂之白道嶺。沿路惟土穴出泉，挹之不窮。」及嶺之東西長城形勢，皆引詳上文烏咄谷條。而冀州圖所記尤見此道之重要，綱文亦已據寰宇記四九河東雲州雲中縣目陰山道條所引錄之。按冀州圖此條前文云：「雲中周迴六十里，北去陰山八十里，南去通漠長城百里，卽白道川也。南北遠處三百里，近處百里，東西五百里，至良沃，沙土而黑，省功多獲，每至七月乃熟。」下述白道地貌如綱文。此明爲秦漢雲中故地，今大黑河流域、歸綏地境事。唐移雲州、雲中之名於今大同，樂史不察，故誤係耳。

以其地貌特異，故至今可指，即今神山、翁袞山、吳公壩，又名白道嶺，在歸綏城北三十里，今圖有白道梁，在歸綏城西北，約 E111°35′‧N40°52′處。

綏乘五山川考上，「白道嶺一名吳公壩，在歸綏城北三十里，其西爲白道中溪。」歸綏縣志輿地志引山西通志輯要，翁袞山在城北三十五里，即白道嶺。又引綏遠分縣調查概要，神山、吳公壩、白道嶺，實一山而異名。張編地圖集‧綏遠人文圖有白道梁，可測其經緯度。白道地貌，水經注與冀州圖已有詳明紀載。友人祁登文曰，今歸綏北之東西橫亙山脈上仍有白色道路如匹練，自上而下；數十里外望之顯然。祁爲綏遠人，故知之甚審，即白道梁也。自然地貌不易變異，故能確知其今地。

至於白道出塞之行程，北朝時代由雲中川北渡芒干水（今大黑河）至白道城，上陰山白道嶺（今白道梁），過古長城，至武川鎮，在白道中溪水（水流經白道嶺西）上游，約今武川縣地區。其西南有魏行宮阿計頭殿，在溪水之西。武川又西至懷朔鎮，在塞水（流於 E111°20′ 上之水？克魯庫河？）上源之西南，約在今固陽縣（E110°4′‧N41°4′）或稍東地區。鎮東有廣德殿，在塞水之東，太武帝之故蹟也。懷朔又西至沃野鎮，在唐天德軍（約 E109°‧N41° 之西北，烏梁素海東北水濱）之北六十里。

魏於北疆自西徂東三千里，分置六鎮，實亦一條交通線。魏書高祖紀，太和十八年七月壬辰，車駕北巡。戊戌，謁金陵。辛丑，幸朔州。八月甲辰，幸陰山。丁未，幸閱武台，臨觀講武。癸丑，幸懷朔鎮。己未，幸武川鎮。辛丑，幸撫冥鎮。甲子，幸柔玄鎮。乙丑，南還。按朔州即雲中、盛樂故地，是即由雲中北幸陰山。由懷朔東經武川、撫冥，至柔玄鎮，明爲一道。前引北齊書文宣帝紀，由白道追茹茹，至懷朔鎮，大破之，遂至沃野。知白道經武川、懷朔至沃野爲一道也。

武川、懷朔之地望　酈道元曾親履其地，故河水注記此兩鎭甚悉，上文烏咄谷條已詳引。綏乘八古蹟考，武川鎭城在武川縣南境。楊氏水經注圖所擬位置亦甚南。然元和志四豐州末附東受降城，「武川城，今名里〔黑〕城，後魏六鎭從西第三鎭，在軍北三百里。」按東受降城在今托克托城西北不遠，武川城在此北三百里，則不應在今武川縣之南。又前條綱文引賈記，諸眞水汉東南至鹹澤一百八十七里，又二百七里至雲中古城，又西南五十五里至綏遠城。綏遠城卽東受降城。則武川鎭城當與鹹澤相近，約在今E111°·N41°20′地區，是在武川縣之西北矣。故今只云在武川縣地區，以待進一步考定。懷朔鎭，據酈注僅知在塞水源頭之西南，然範圍太廣，殊難定其地望。考元和志四豐州目東受降城，又云，「光祿城東北有懷朔古城，其城卽後魏六鎭從西第二鎭，在今中城界向北化柵側近也。」化柵之名雖不詳，且或字有譌誤，然要在中受降城北出烏延柵、歸唐柵之道中，卽懷朔鎭城當在中城之北。與酈注合而觀之，此鎭當在今包頭之北固陽地區，其地居沃野、武川之中而稍偏東，亦正符合當時之情勢。

按此道行於唐代諸眞水汉道之南，今有汽車道由歸綏北至武川縣（E111°25′·N41°5′），分爲兩支：一支西北至百靈廟。一支直西經固陽縣（E110°4′·N41°4′）至烏蘭鄂博（E108°30′·N41°17′），此西行一支蓋卽略循此北朝故道而行歟？白道旣爲古今最著之大道，於唐亦爲北塞用兵主要路線，前考鹹澤東南取烏咄谷至雲中故城之通道必與白道嶺西北通懷朔、沃野之道相交叉，可斷鹹澤東南至白道仍爲一主道，至少不次於烏咄谷。今日歸綏北至百靈廟，仍以經白道梁、武川縣之汽車道爲唯一主道，正卽唐代之情勢矣。

參看圖六

一九八四年五月三十日初稿，七月二十八日增訂。一九八五年四月十二日三校，增拜占庭金幣一證。

篇拾　關內河東間河上諸關津及其東西交通線

關內、河東兩道隔河爲境，有多條路線東西聯絡，皆置關河上，以譏出入。今考此段河上諸關津，及其東西交通線如次：

*　　　*　　　*

(1)榆林關　勝州東三四十里置榆林關，東臨黃河，蓋即今托克托近處之河水西岸。隋置榆關總管，重其地也。由關而西至勝州（今十二連城約E111°•N40°13′），又西三百里至中受降城，即安北都護府，在黃河北岸。（約今包頭西、昆都倫河之西約 E109°30′。）又西三百五十里至豐州（約今狼山晏江間，N41°•E107°40′-50′）。由關渡河東北行約一百里至振武軍（今歸綏西南約三四十里處），渡河東南行約三百八九十里至朔州（今朔縣）。

此關及其位置，皆見元和志、寰宇記，已詳引見於篇捌長安東北通勝州振武軍驛道。隋置榆關總管及東北通振武軍，西通中城、豐州，亦見上文。

通典一七三，勝州「東至河四十里，去馬邑四百二十里。」寰宇記三八勝州目，同。馬邑即朔州，是關東南至朔州約三百八九十里也。

(2)河濱關、君子津　勝州榆林縣南一百九十里有河濱縣，貞觀三年置，東濱黃河，故名。其地約在今偏關縣(約 E111°25′•N39°28′)西、河曲縣（約 E111°3′•N39°25′）東北境，黃河西岸。貞觀七年臨河置河濱關，傳即北魏前期極有名之君子津濟處。北宋時代有河濱堡，在今府谷縣（約E111°•N39°）東北六十里，亦東濱黃河，爲雄勇津，地在唐河濱縣、關之南約百里。津北河水上游又有久浪津，又名九梁津，北接契丹境。久浪津傳在今河曲縣東北三十里，地近唐之河濱縣矣。久浪津南置榷場，與遼夏交易。是唐縣、宋堡百里間，宋代仍爲國際交通要地，蓋宋人避遼夏之逼，致河濱之名內徙百里耳。

元和志四勝州目云：

「河濱縣……隋時復爲榆林縣地。貞觀三年，於此置河濱縣，東臨河岸，因以爲名。」「黃河在縣東（寰宇記作北）一十五步，濶一里，（寰宇記作『濶不能半里。』）不通船檝，卽河濱關渡河處，名君子津。」「河濱關在縣東北，貞觀七年置。」

按此述河濱縣形勢頗詳，惜失書距州方位與里數。寰宇記三八，畧同，云在州南二百九十里。檢乾隆癸丑重梓本亦同。而一統志鄂爾多斯卷古蹟目河濱舊縣條引寰宇記作一百九十里，張穆蒙古游牧記六所引亦作一百九十里，與余所見兩本寰宇記有一百里之差。

按元和志、寰宇記皆云河濱關卽君子津。玆先考君子津。水經注三河水注云：

「河水南入楨陵縣西北緣胡山，歷沙南縣東北兩山，二縣之間而出。（按此實當爲經。）余以太和中……從高祖北巡，親所逕涉。縣在山南，王莽之楨陸也，北去雲中城一百二十里。縣南六十里許有東西大山，山西枕河。」

下文經云：「又南過赤城東，又南過定襄桐過縣西。」注乃云：

「河水于二縣之間，濟有君子之名。皇魏桓帝十一年西幸榆中，東行代地，洛陽大賈齎金貨隨帝後行，夜迷失道，往投津長……送之渡河，賈人卒死，津長埋之。其子尋父喪，發冢舉尸，資囊一無所損。……事聞于帝，帝曰君子也，卽名其津爲君子濟。濟在雲中城西南二百餘里。河水又東南，左合一水，水出契吳東山……西流注于河。河水又南，樹頹水注之。」

此寫君子津甚詳。董祐誠以爲津在湖灘河朔。檢一統志歸化城卷山川目，「湖灘河朔在托克托城東十里，黃河東岸，水經所謂君子津卽在其地。本朝康熙三十五年，聖祖仁皇帝親征葛爾丹凱旋駐蹕於此，觀黃河，測量東西兩岸僅闊三十五丈。」則謂君子津卽在今托克托城近處。此蓋只緣康熙帝在此渡河，驚其仄而量之，遂以古代名津當之，非有實據也。考魏書一序紀，昭成帝二十五年，「帝南巡至君子津」。三十二年「正月帝南幸君子津」。按其時帝都雲中之盛樂。是君子津在其南，不在其西。又寰宇記四九雲州雲中縣目有君子津條，引冀州圖云，「雲中郡南有君子津，即大河之津①。」是君子津又在雲中故城之南，不在其西。若指爲今托克托地，則在盛樂之直西，雲中故城之西不過二三十里處。何得云西，尤其序記兩條不得云西。故知清人之說不足爲信。

今審酈注之文，其述君子津與山水之相對位置雖含糊不清，然既云楨陵縣北去雲中城一百二十里，續云縣南六十許里有東西大山，然後始及君子津，已可知津在雲中城南一百八十里以上，而更補一句云「濟在雲中城西南二百餘里。」則此里距極明確，絕無可疑矣。前於長安東北通勝州振武軍驛道篇據河水注與元和志，雲中城在北魏盛樂城西八十里，唐勝州東北四十里。近已有考古資料證知，唐勝州在今托克托西十餘公里黃河內之十二連城（E111°・N40°10′-13′）。北魏盛樂城在今和林格爾北十公里之土城子，或相去不遠，則雲中城當在今托克托東不遠或不過十公里處。君子津既在雲中城西南二百餘里，則遠在今托克托之南可知。故楊氏水經注圖及綏乘四疆域考，以爲君子津在清水河縣西北②，尙嫌太北。據元和志、寰宇記，雲中故城在勝州東北四十里，酈注又云津在雲中西南二百餘里。唐河濱縣、河濱關既即在君子津，則正當在勝州南約二百里，是一百九十里爲正，今本寰宇記作二百九十里，蓋字譌也。在勝州南一百九十里，雲中故城西南二百餘里，則當在今偏關、河曲地帶矣。

此津在北魏前期，極爲衝要，只觀前引水經注述津名君子之由來一段，已可概見。時在魏桓帝十一年，約當晉惠帝時代，西元三〇〇年前後。其後如通鑑一〇四晉孝武太元元年，苻秦伐代，代王使劉庫仁禦之，敗於石子嶺。秦兵遂由君子津濟河至雲中。石子嶺即新唐志述夏州通天德軍大道上之石子嶺，在夏州北二百餘里。（詳長安北通豐州天德軍驛道篇。）此晉末君子津當河套東通雲中大道之一證也。其在魏書帝紀，所見尤頻，除前引序紀昭成帝兩幸此津外，又有多次，簡錄如下：

① 按此條雖誤繫於雲州雲中縣，但所引冀州圖自可信。

② 綏乘七要隘考，「喇嘛廟有二，一在托克托廳南三十里，一在廳南九十里，清水河廳界。君子津當是廳南界之喇嘛灣，在清水河廳者。」

太宗紀，泰常四年「十有二月，癸亥，西巡至雲中……至于黃河，從君子津西渡，大狩於薛林山。五年春正月丙戌朔，自薛林東還至于屋竇城。」

世祖紀，始光三年「十月丁巳，車駕西伐，幸雲中，臨君子津。會天暴寒，數日冰結。十有一月戊寅，帝率輕騎二萬襲赫連昌。」

四年「三月丙子……詔執金吾桓貸造橋於君子津。……五月，車駕西討赫連昌。辛巳，濟君子津……次拔鄰山。築城。……戊戌，至于黑水。」

下文又屢次行幸雲中，或且至河西，當亦自君子津濟河。

據此，君子津爲北魏雲中城西渡黃河之最重要津濟無疑，故且造橋也。北魏後期，政治重心南移，此津之重要性乃減，迄唐雖置關防，然已不在六典上中下關之列，蓋重要性益減矣。

上文考君子津當在今偏關、河曲地區，唐河濱關亦其地。下文考合河關，引通典、寰宇記，合河關在勝州南五百里。按此關在今興縣西北五十里。以此里距論之，河濱關在勝州南一百九十里，固亦當在今偏關、河曲地區也。然考武經總要前集一七府州目有下列兩條：

「河濱堡　城東控雄勇津一路。東至黃河三里，濟河即雄勇津。西至安豐砦十六里，南至府州六十里，北自故盧子砦白家津入唐龍鎮。」

「安豐砦　舊號石臺神砦，……南至府州七十里，東至河濱堡十里，即雄勇津路，……北至故豐州五十二里，入（東）受降城路。」

又火山軍目有下列兩條：

「雄勇津　南至軍城」，（火山軍本條云，「北至雄勇津七十里。」而寰宇記五〇，火山軍「北至雄勇鎮二十里。」）東南〔東北？〕至久浪津，西渡河至石臺神砦（即安豐砦）。

久浪津　南自雄勇津鎮至軍，北至契丹靜寇鎮，南自〔至？〕榷場，西南至黃河渡，三里至河瀆〔濱〕堡[3]。

檢寰宇記三八，府州「東過河至火山軍四十里。」又五〇，火山軍「西至黃河七里」，「西南至府州五十里。」武經總要，同。惟無「西至黃河七里」一

③　按前後各卷皆不見河瀆堡，此處瀆字乃濱之形譌。

句。據一統志榆林府卷古蹟目，宋府州故城在今府谷縣治。則宋之火山軍在今府谷縣東北四五十里，黃河之東七里也。其河濱堡則在今府谷縣東北六十里，黃河西岸，堡東臨河即雄勇津，堡西北經安豐砦（宋）故豐州，北通受降城，蓋東受降城也。雄勇津東北又有久浪津，久浪南爲榷場。則河濱堡、雄勇津、久浪津爲北宋時代之一交通軍事重地可知。又檢一統志保德州卷津梁目，「九梁津在河曲縣東北三十里，宋慶歷間置榷場，路通遼夏。後廢。」此「九梁」當卽「久浪」之音譌。則宋之久浪津在今河曲縣東北三十里，其雄勇津或當卽在今河曲縣或稍南，接河濱堡也。

由上所論，今府谷縣東北六十里黃河西岸，北宋有河濱堡，近處有雄勇津。自堡迤北黃河上有久浪津，在今河曲北三十里，爲宋人渡河要津，近區且爲與遼夏互市場所。復檢一統志榆林府卷古蹟目臥牛城條引延綏志，「黃甫營北濱河，往往有城郭遺址，皆隋唐故縣也。」同卷山川目，「黃甫川在府谷縣東北六十里，自塞外牛武城南流逕黃甫堡東，至縣東楊家川口入河。」是今府谷縣東北六十里濱河地區，亦卽北宋河濱堡地區，往往有隋唐古代遺址，則此北宋河濱堡殆卽唐河濱縣、河濱關之故地歟？且前引元和志，「黃河在縣東一十五步，濶一里，不通船檝。」寰宇記作「濶不能半里。」是其處河道狹而且險。檢一統志榆林府卷山川目黃河條，引通志，「河水自故勝州東北折而南流入塞垣，爲府谷東境，逕太子灘、唐家滙，合黃埔、清水二川。又西南爲天橋峽，兩岸懸崖攢合，河流甚狹，隆多積冰成橋，亦謂之冰橋峽。又西南逕府谷縣東南百步，……」又同目，「黃甫川在府谷縣東北六十里」，「清水川在府谷縣北五十里。」則此狹隘之天橋峽，卽在府谷縣東北，與元和志、寰宇記述河濱縣之河道亦頗相合，豈唐之河濱縣似又卽在今天橋峽之上流不遠宋之河濱堡歟？若然，則今日寰宇記「二百九十里」反爲正確矣。

然元和志明云河濱關卽君子津，君子津在雲中城西南僅二百餘里，此無可置疑者。則唐河濱關不可能遠在今府谷、河曲之間。且元和志云此地本漢沙南縣地，隋爲榆林縣地，亦不得遠在今府谷、河曲間。蓋今府谷河曲間，漢隋皆爲富昌縣地，非沙南、榆林縣地也。故余疑北宋疆域內縮，乃南移河濱之名於今府谷縣東六十里處，一統志所謂隋唐故城遺址，乃隋代或宋代遺址，非唐之遺址也。

由關而西，與麟勝驛道相銜接。又西殆與夏州北通豐州天德軍驛道相銜接，其銜接處蓋在夏州北二百里處之石子嶺，或榆多勒城，此即苻秦伐代、魏伐赫連夏之故道也。又由關渡河而東，東北與朔州通單于府之道合，殆亦可直至雲中故城；東南蓋由草城川路至嵐州。

河濱向西，去麟州北通勝州道甚近，自相銜接無疑。前引通鑑一〇四晋太元元年紀，苻秦伐代，敗代軍於石子嶺，遂由君子津濟河至雲中。石子嶺即新唐志記夏州北通天德軍道上之石子嶺，在夏州北二百里，觀今日地圖，正在偏關、河曲之正西微南處。是苻秦伐代取此道，後來魏伐赫連氏，蓋亦取此道也。君子津東北至雲中二百餘里，已詳前。至於東北與朔州、單于府道合，詳太原北塞交通諸道篇之第一節。東南至嵐州，詳黃河汾水間之南北道篇。

(3)合河津、合河關　嵐州合河縣在蔚汾水西入黃河口之南，黃河東二里，今興縣西北五十里。縣北三十五里，河上有合河津，河東置合河關，爲六典所記開元十三中關之一。按隋築長城起於關北近處，東至幽州千餘里。此關北阻長城，西據河津，爲麟（今神木）、嵐（今嵐縣）間交通要道，故地位極高，且其東西通道亦置館驛也。

通典一七九嵐州合河縣「合河關在北」考六典六刑部司門郎中條，四面關無驛道及其他關有驛道者皆爲中關。中關十三，嵐州合河關居其一。按此關非四面關，而列躋中關，足見此關所綰東西交通道置館驛，關居要衝也。元和志書合河縣、關、津、長城事尤詳，玆備錄之：

元和志四麟州目云：

「東至嵐州界黃河一百二十里，河上有合水〔河〕關。」

同書一四嵐州目云：

「西至黃河一百八十里，河上有合河關，從關西至麟州一百二十里。」

「合河縣東至州一百八十里。……後魏於蔚汾谷置蔚汾縣……大業二年改爲臨泉縣，……武德七年，改爲臨津縣，屬嵐州。貞觀元年改爲合河縣，以城下有蔚汾水，西與黃河合，故曰合河。」

「黃河在縣西二里。

合河關在縣北三十五里。

蔚汾關在縣東七十里。

隋長城起縣北四十里，東經幽州，延袤千餘里，開皇十六年因古蹟修築。」

按寰宇記三八麟州目及四一嵐州目，全同。惟嵐州目第一條省作「西至麟州三百里。」兩者詳書關津及長城，足見其形勢。一統志太原府卷古蹟目，「合河故城在興縣西北五十里。……舊志，合河縣，宋元豐中徙治蔚汾水北。」則唐在水南、黃河東二里也。檢張編地圖集・河北山西人文圖，度此關當在今蔚汾水口之北，約黑峪口至嵐猗河口間。通鑑二一二開元九年紀、胡注引趙珣聚米圖經，「合河關在府州南二百里。」府州在今府谷縣，南至此處正當二百里也。

由合河關西渡河，西北行三十五里至瓦浪，又三十五里至欄干嶺，又五十里至麟州（今神木），即張說出師之路也。

合河津關西至麟州一百二十里，前引元和志、寰宇記已明之。又武經總要一七嵐州目云：

「合河津，以蔚汾水西與黃河合，因以爲名，砦城當一川之口，北渡河至麟州百二十里。按黃〔皇〕華四達記，合河津關至麟州，以黃河爲界，即唐時張說出師之路。一說，過河三十五里至瓦浪，又三十五里至欄竿嶺，又五十里入麟州，路甚平易。」

則關至麟州道路情形及小地名尙可曉也。

總要提到張說出兵事。考舊九七張說傳云：

「開元七年，檢校并州大都督府長史。……九年四月，胡賊康待賓率衆反，據長泉縣……攻陷蘭池等六州……與党項連接，攻銀城、連谷，以據倉糧。說統馬步萬人，出合河關，掩擊，大破之，追至駱駝堰……招集党項，復其居業，……因奏置麟州，以安置党項餘燼。」

按元和志四，銀城在麟州南四十里，連谷在麟州北四十里，張說此事即由太原取合河關道出兵麟州之一例也。通鑑二一二開元九年紀書此事。

麟州又西六百里至榆多勒城，即經略軍城，置新宥州處，約在今鄂爾多斯右翼中旗，即鄂托克廟（約E108° 稍東 • N39°5′）地區。又西南六百五十里至靈州（今靈武西南十里），蓋略循今都思兔河及黃河而行歟？

元和志四，新宥州「東至麟州六百里，西南至靈州六百五十里。」新宥州置在經略軍，即榆多勒城，其今地詳長安北通豐州天德軍驛道篇。

又由麟州西南行，經銀、夏、鹽三州，亦至靈州，爲東西重要交通線，故或置驛也。此詳下文孟門關目。

由合河關南行三十五里至合河縣（今興縣西北五十里），又循蔚汾水河谷東行七十里至蔚汾關，又東一百一十里至嵐州治所宜芳縣（今嵐縣）。

合河縣地望及蔚汾關去縣里距，縣去州里距，並詳前引元和志一四、寰宇記四一嵐州目。則關東至嵐州二百一十五里。惟兩書又記嵐州西至麟州三百里，關東至嵐州一百八十里，其道又似不經合河縣。檢通典一七三麟州，「東至樓煩郡（即嵐州）三百二十里。」則不止三百里。又通典一七三勝州，「東南到合浦關，去樓煩（即嵐州）二百三十里。」寰宇記三八勝州，「東南至合河關五百里，關去嵐州二百三十里。」按寰宇記抄通典者，今本通典「浦」爲「河」之譌，又脫「五百里關」四字。而關在嵐州西二百三十里則不誤也。又武經總要前集一七嵐州，亦作「西至合河津二百三十里。」然則關至嵐州果當經蔚汾縣，故可有二百三十里也。麟州至嵐州必當在三百里以上，云三百者乃大數耳。今觀地理形勢，由合河關固當稍南行經合河縣也。

嵐州東南蓋沿嵐猗河河谷接汾水河谷至太原府三百三十里。

通典一七九太原府、樓煩郡（即嵐州）兩目，嵐州東南至太原皆作二百五十里。而元和志一四嵐州目，「東南至太原府三百三十里。」又云：「南至上都，取太原路一千五百八十里。」按同書一三太原府目，「西南至上都一千二百六十里。」則其差爲三百二十里，知嵐州目之「三百」字不譌。檢寰宇記四一嵐州目，亦云：「南至長安取太原路一千五百八十里。」與元和志同；又云「東南至太原府二百五十里」則與通典同。同書四并州太原目，又云：「西北取乾燭谷路至嵐州二百二十里。」又不同。今觀地圖，嵐縣東南至晋源縣，固當在三百里以上，疑元和志爲正，寰宇記并州目，「二百」殆「三百」之譌歟？其詳細行程，見太原北塞交通諸道篇第二節。

又由關津北至勝州五百里，蓋沿黃河而直北行也。

上文引通典一七三勝州，「東南到合浦關，去樓煩（嵐州）二百三十里。」以寰宇記三八勝州目校之，知通典「浦」爲「河」之譌，又脫「五百里，關」四字。按通鑑二一二，開元九年胡注引趙珣聚米圖經，「合河關在府州南二百里。」府州在今府谷縣，是沿黃河而行也。又前考河濱關，引寰宇記三八，河濱縣在勝州南一百九十里。縣在今偏關地區，然則由勝州固有一道循黃河河谷南行也，至今興縣北亦正有五百里之譜。

(4)孟門津、孟門關　孟門爲自古名地，然所指非一。隋唐時代，綏州（今綏德）東一百三十里，石州（今離石）西九十五里，河上有孟門津，東岸置孟門關、孟門鎭，在定胡縣西百步，約在今吳堡縣黃河對岸。關爲開元十三中關之一，則所綰東西道亦置驛也。

寰宇記三八綏州，「東至石州界黃河一百三十里，河上有孟門關，東去石州九十五里。」又四二，石州「南〔西〕渡河至綏州二百三十里。」通典一七九石州目，亦作「西至上郡（即綏州）二百三十里。」元和志一四石州目，同。而通典一七三綏州目作「東至昌化郡（即石州）三百三十里。」乃形譌。元和志四綏州目作二百七十里，則誤也。

通典一七九石州定胡縣，「隋置孟門關，其地險固。」元和志一四石州定胡縣，「東至州九十五里。……武德三年於縣置西定州，貞觀二年廢州置孟門縣，七年廢縣爲孟門鎮，八年廢鎮復爲定胡縣。黃河去縣西二百步。孟門鎮在縣西一百步，河東岸。」寰宇記四二石州定胡縣條，畧同。又云：「孟門關在今縣西一百步。周大象元年於此置孟門津，隋開皇六年改曰孟門關，在黃河東岸。」隋書地理志，離石郡定胡縣有關官，蓋此關也。

又六典六刑部司門郎中條，四面關無驛道及餘關有驛道者，爲中關。中關一十三，石州孟門關爲其一。按孟門關不在四面關之列，則此關當驛道也。是爲石州綏州一線置驛之强證，其交通重要可知。又考武經總要前集一七河東路石州，「西至綏州一百四（明修本作九）十里。九十里至定胡縣，經孟門關，渡黃河二十五里即綏州延福驛，又八十里至綏州。」是北宋前期，關津之西二十五里道中有驛，疑亦唐驛歟？

淮南子高誘注云，太原西北羊腸坂通河西上郡關。若非合河關道，即此關道也。

淮南子四墜形訓，九山之目，羊腸居其一。高注：「今太原晉陽西北九十里，通河西上郡關，曰羊腸坂。」度高氏所指，於唐，非合河關，即此關。

按此東西道西至靈州，東至汾州（今汾陽）。由靈州向東微南三百里至鹽州治所五原縣（今花馬池、鹽池縣E107°25′•N37°45′或稍北）。

元和志四，鹽州「西北至靈州三百里。西北取烏池黑浮圖私路至靈州四百里。」靈州目惟「東南至鹽州三百里」一條。通典、寰宇記亦惟一條。而寰宇記靈州目作「東至鹽州三百里。」觀今地圖，鹽州實在靈州之東微南也。

又東一百八十里至長澤縣（約今靖邊縣 E108°30′•N37°25′西北），在長城西北六十里，元和十五年置宥州（此爲第三宥州）。又東北四十里至市澤，蓋唐末置烏延城。又東北八十里至夏州治所朔方縣（今橫山西約百里白城子 E108°50′·N38°）。

元和志四夏州，「西南至鹽州三百里。」檢通典一七三夏州目、寰宇記三七夏州目，惟無「南」字；寰宇記又誤鹽爲「延」耳。

舊一六穆宗紀，元和十五年九月戊午，「夏州奏移宥州于長澤縣置。」此舊宥州、新宥州外之第三宥州也，宋世宥州即此。寰宇記三九宥州，治長澤縣。「西至五原郡鹽池一百八十里爲界。」此似至鹽池一百八十里，非至鹽州一百八十里也。然寰宇記同條，「東北至市澤四十里爲界，以（?）東北夏州八十里。」又元和志四夏州，亦云「長澤縣，東北至州一百二十里。」而上引通典、元和志、寰宇記，鹽州東北至夏州三百里，則宥州治所長澤縣西至鹽州正應爲一百八十里也。故寰宇記此條「一百八十里爲界」者，實卽至州之里數耳。又武經總要前集一八下，「元和十五年復置宥州於長澤縣，隸夏綏銀節度，刺史兼管神策軍。」「西鹽州二百里。」亦近一百八十里之數，是輔證矣。

長澤東北至夏州一百二十里，中經市澤，及置烏延城，詳長安北通豐州天德軍驛道篇。

寰宇記三九宥州目又云：「東南至古長城六十里，屬夏州界。」則州城在長城西北六十里也。地典云，長澤縣故城在今靖邊縣東。檢視地圖，若在靖邊之東，則在唐代夏州之南微東，不在西南，故今擬定在靖邊西北，應稍近之。

夏州東沿無定河約二百里至銀州治所儒林縣，當明堂川（今楡林河）入無定河處之南岸（今米脂西北九十里銀州關、魚河堡地區）。

通典一七三，銀州、夏州兩目，皆記兩州東西距二百里。寰宇記三八銀州目、三七夏州目，同。元和志四兩州目，作東西距一百八十里。按通鑑二七四後唐天成元年紀胡注引趙珣聚米圖經，亦作二百里。今從大數。銀州今地，詳長安東北通勝州振武軍驛道篇。觀地圖，此道必略循無定河而行無疑。

銀州東北三百里至麟州（今神木），取合河關路通太原府。靈鹽夏銀麟東渡合河津至嵐州通太原府，爲唐世關內河東兩道間極重要交通路線。

銀州至麟州道，詳長安東北通勝州振武軍驛道篇。麟州合河關路已詳上文。鹽夏銀麟道，除前引張說一事外，又如通鑑二四八大中元年條云：

「吐蕃論恐熱……誘党項及回鶻餘衆，寇河西（按此指靈武），詔河東節度使王宰將代北諸軍擊之。宰……自麟州濟河，與恐熱戰於鹽州，破走之。」

此云自麟州濟河，蓋亦取道合河。此又太原取道此關遠征靈鹽之又一例矣。又通鑑二三二貞元二年條云：

「十一月，……辛丑，吐蕃寇鹽州……刺史杜彥光……悉衆奔鄜州，吐蕃入據之。……十二月……吐蕃又寇夏州，……據其城，又寇銀州……又陷麟州。」

又舊一九六下吐蕃傳云：

「（貞元）十七年七月，吐蕃寇鹽州，又陷麟州，殺刺史郭鋒，毀城隍，大掠居人，驅党項部落而去，次鹽州西九十里横槽烽。」

此亦皆鹽夏銀麟爲一通道之證也。通鑑二六七梁開平四年紀胡注：「晉（太原府）兵趨夏州，率自麟府濟河，西至夏州。」是也。

又由銀州東南沿無定河谷而行一百六十里至綏州（今綏德）。夏銀綏三州皆臨無定河，故爲一節度區，宥州見置時，則節度四州，偶亦兼督鹽州，正見無定河流域爲一節度區，亦即一通道也。

元和志四，夏州節度使統夏綏銀宥四州。新六四方鎮表，貞元三年，「以綏州隸銀夏節度。」元和九年「夏州節度增領宥州。」即此四州在一道上也。吳氏方鎮年表一，夏綏目，輯舊紀所見節度之州，如貞元三年，韓潭以夏州刺史節度夏綏銀宥，此舊宥州也；元和元年李愿，六年張煦，八年田縉，皆以夏州刺史節度夏綏銀三州，時舊宥州已廢也；元和十四年，李聽爲夏州刺史，節度夏綏銀宥，此榆多勒城之新宥州也；元和十五年李祐爲夏州刺史，節度夏綏銀宥，此第三宥州，即長澤之宥州也。其後太和四年董重質，六年李昌言，開成元年劉源，三年高霞寓(此有誤)，大中八年鄭渉，十一年田在賓等皆以夏州刺史節度四州，與李祐同。又新書方鎮表，貞元三年，置夏州節度使領綏鹽二州，又云以綏州隸銀夏節度；其後罷領鹽州。又舊紀，貞元十四年，以韓全義爲夏州刺史兼鹽夏綏銀節度使。則貞元中始置夏綏銀節度使時，且西領鹽州也。夏銀綏三州皆在無定河沿岸，宥州鹽州皆在夏州之西草原上，是則因河流通道路，因道路而置節度區矣。

夏州東行二百里至銀州，詳上文。銀州東南一百六十里至綏州，詳長安東北通勝州振武軍驛道篇。檢視地圖，此必略沿無定河谷而行也。按元和志四綏州目，「西至夏州三百六十里。」恰爲兩數之和，蓋即中經銀州也。通典、寰宇記皆云夏州東南至綏州四百里，疑不如元和志之正確。

綏州又東一百三十里渡孟門津過孟門關。關津之西二十五里道中，北宋前期有延福驛，蓋承唐置。關東定胡縣，去黃河二百步。又東九十五里至石州治所離石縣（今縣）。又東南一百六十里至汾州（今汾陽），接太原通長安驛道。

綏石間關津交通線已詳上文。石州至汾州方向里距，見元和志一三汾州目及一四石州目。通典里數同。

貞元二年，吐蕃陷鹽州，又連陷夏、銀、麟三州，詔馬燧以河東軍擊吐蕃，燧至石州，蕃使相繼於道，請和於燧，即此道也。

事詳通鑑二三二貞元二年、三年紀。

宋代石州伏落津西入綏州鐵茄關，沿無定河西北通銀州、夏州，至鹽州。此道地形平坦，實即唐代孟門津道也。惟津濟處或稍南耳。

武經總要前集一七：「伏落津西至河入故綏州界鐵茄平路。」「鐵茄關路，自伏落津濟河，西入鐵茄平，過綏州，沿無定河以行入銀州，北入夏州，西入鹽州。…地形平坦。淳化中，李繼遷進軍入夏州；至道中，五道出師，王超領兵過河至烏白池；即此路。」考宋史二六四宋琪傳，太宗世，疏曰，「從銀夏至青、白兩池，地惟沙磧。」亦即此路。檢宋史八六地理志二，石州領縣三，其一平夷縣，有伏落津砦。平夷即今中陽縣（舊寧鄉），在石州治所離石縣南不過數十里。津在縣西河上，則縱非即唐之孟門津，亦在唐津之南不遠。宋史二八〇王杲傳，至道中，「知夏州，…召還，次伏落津，移知石州。」正即行此道之一例。實即唐代之孟門津、孟門關道也。

大抵關內、河東之中部，東西交通以合河、孟門兩關津爲主道，故李德裕請於太原屯兵，「如河西有虞，便令取嵐、石路過河」也。

李德裕請於太原添兵備狀（全唐文七〇三）云：「請發陳留步軍三千人，鄭滑步軍三千人，令在太原屯集。……如河西有虞，便令取嵐石路過河，亦至近便。」

(5)永和關　六典，永和關爲開元七下關之一。關在隰州（今縣）西永和縣（今縣）西六十里之黃河東岸，渡河西至延川縣（今縣）四十里。今河東有永和關，蓋舊址；河西有延水關，蓋後置。

六典六刑部司門郎中條，下關七，延州永和居其一。檢元和志一二隰州，永和縣「東至州八十里。……高齊後主……置永和鎮。周宣帝廢鎮，置臨河郡及臨河縣。……開皇……十八年改臨河爲永和縣，以縣西永和關爲名也。」寰宇記四八隰州永和縣目，畧同。又云「永和關在縣西南九〔六？〕十五里。」按新書地志，隰州永和縣「西北有永和關。」似西北爲正。又元和志一二，永和縣，「黃河東去縣六十里」。又紀要五七，延川縣，「東至山西永和縣百里。」「永和關在縣東北四十里。」一統志隰州卷關隘目，永和關「在永和縣西七十里。……縣志，下臨黃河，渡河即陝西延川縣延綏關。」則寰宇記「九十五」當爲「六十五」之譌。又按隋書地理志，龍泉郡永和縣有關官。則此關建置甚早。

又紀要五七延川縣目，「永和關，縣東北四十里」下云：「宋置關於此，路通綏德，前據山險，下臨黃河。」云宋置，蓋誤，蓋唐世夾河置永和關，東西各有關城，故六典云屬延州，而新志則屬隰州也。路通綏德，蓋延川、永和、綏德三縣之會途耳。

又宋史八七地理志綏德軍目，所轄有永寧關，云「延州延川縣舊關。」檢九域志三延州延川縣有永寧一關。不知所指。豈永和之先後名耶？

此關西通延州至鹽州，東通隰州至汾西、靈石。按鹽州東南通延州（今延安東延水東岸），蓋即由長澤東南至延州也。長澤至延州有東西兩道。東道取烏延城，石堡城，南入蘆子關（在延水源頭，約 E109°•N37° 15′地區），經塞門鎮，延昌縣，金明縣，至延州，行程約三百六十里。西道南經栲栳城（今保安），金城縣，至甘泉縣。通典，鹽州東南至延州五百三十里，當指蘆子關道即東道而言。杜翁由白水欲出蘆子關至靈武，正即指此道。蓋關道爲主線。武經總要云，蘆子關道，北自烏延，南至塞門，「並山谷中行，最爲險狹」，烏延以北乃入平川也。

長澤至延州，有蘆子關及栲栳城兩道，亦可稱爲東西兩道，其行程里距，皆詳長安北通豐州天德軍驛道篇。通典一七三，鹽州五原郡，「東南到延都〔安〕郡五百三十里。」寰宇記三七，同。按鹽州東至長澤縣一百八十里，長澤縣東南取蘆子關至延州三百六十里，其和爲五百四十里，與通典記程極相近，殆可斷爲一道也。又考通典一七三延州，「西北到朔方長驛百七十里。」而寰宇記三六延州目抄此文作「西北至夏州長澤縣一百七十里。」通典「長驛」顯爲「長澤」之形譌。而延州至長澤亦絕不止一百七十里，核以上考里程，當是三百七十里之譌也。

通鑑二六八，後梁乾化元年，「保塞節度使高萬興奏遣都指揮使高萬金將兵攻鹽州。」保塞軍治延州，是由延州西至鹽州之史例也。同書二三二，貞元二年，吐蕃寇鹽州，刺史杜彥光悉衆奔鄜州。當亦經延州歟？

考武經總要前集一八上延州條云：

「鹽夏路，自（延）州北至塞門砦，度蘆子關，由屏風谷入夏州界石堡，烏延，馬嶺，入平夏，至鹽州約六百里。其路自塞門至石堡，烏延，並山谷中行，最爲險狹。烏延至鹽州，地平。國初，塞門至烏延蕃部內附，石堡城置兵戍守。至道中五路出師，范延召從此路進軍，凡二十一日至烏白池，會師。今廢。蘆子關、石堡、安遠、塞門四城北路山谷險峻，比諸路最甚。」

此述延州出蘆子關經烏延城西至鹽州之途經情形甚詳，是一條寶貴資料。杜翁彭衙行（鏡銓四）云：

「憶昔避賊初，北走經險艱，夜深彭衙道，月照白水山。……小留同家窪，欲出蘆子關。……」

鏡銓云：「是達靈武之路」，是也。蓋杜翁欲出蘆子關赴肅宗行在耳。否則何欲出蘆關耶？又太平廣記三四九韋鮑生妓條引纂異記云：

「鮑謂韋曰，出城得良馬乎？對曰，予春初塞遊，自鄜坊歷烏延，抵平夏，止靈武而迴。」

由鄜坊經烏延至平夏、靈武，是當亦由延州出蘆子關。蓋唐人由鄜延至靈鹽多取蘆子關道也。

而北宋則以栲栳城道爲主線，置館驛，故於城置保安軍，且與西夏互市於此。

前條引武經總要前集一八延州條，稱蘆子關通平夏及鹽州道已廢。而同卷保安軍條云：

「長城嶺路，自（保安）軍北歸娘族六十里過長城嶺北至秦王井驛，入平夏，經柳泊嶺，幷鐵巾（明修本作鐵市），白池，人頭堡，苦井，三分山（疑『分山』即『岔』字）谷口，河北九驛至故靈州懷遠鎮（本注：今爲建興州）七百里。此路自軍至秦王井，在山谷口〔中〕行，險狹。自秦王井地勢漸寬平，經沙磧，少水泉，可掘沙爲井。夏國宥州界並沙磧，地卑濕，掘丈餘則有水，若大風，尋復湮塞。保安軍至賊界三十里。此路可行師。」

按懷遠鎮在靈州北一百二十里黃河外，即今寧夏省會銀川市也。詳長安通靈州道及靈州四出交通線篇。則此道不經鹽州，而行鹽州稍北地區耳。宋於保安軍置互市，詳長安北通豐州天德軍道篇。

延州東北至延川縣（今縣）一百八十里。又四十里至黃河。渡河過永和關，六十里至永和縣（今縣），又東八十里至隰州治所隰川縣（今隰縣）。隰州東至晉州之汾西縣（今縣）一百六十里。又東接長安太原驛道。

據前考永和關所引材料，永和關，西至延川縣四十里，東至永和縣六十里或七十里。又東八十里至隰州治所隰川縣。按延川縣西南至延州一百八十里，見元和志。則延、隰二州之里距約三百六七十里。檢元和志三延州、十二隰州，述兩州東西距皆作三百六十里，即此道也。

隰州東北至汾州，東南至晉州，皆接長安太原驛道。而東接驛道之最捷線，爲東趨汾西縣、霍邑縣。元和志一二隰州，「東南至晉州汾西縣一百六十里。」即近太原通長安之驛道矣。

又由蘆子關向東畧沿城平川（今中山川）而下，經城平縣（約今安定稍東）至綏德縣（今清澗北），由綏德或北至綏州，或東南至延川，皆通河東之道也。蘆子關道雖險隘，然當東西南北交通四達之地，故杜翁有塞蘆子之作。

杜翁塞蘆子（詳註四）云：

「五城何迢迢，迢迢隔河水，邊兵盡東征，城內空荊杞。思明割懷衞，秀巖西未已。……延州秦北戶，關防猶可倚，焉得一萬人，疾驅塞蘆子，……蘆關扼兩寇，深意實在此。……」

此關在延水源頭，形勢險要，爲延州北通夏州驛道之要衝，已詳長安北通豐州天德軍驛道篇。此詩所慮，懼祿山將由河東渡河取此關西趨靈武也。河東軍由永和關、馬門關西渡河皆可至延州，北出蘆子關。然實考之，蘆關尚有東出城平一道，則河東軍渡河，不取延州，亦可逕出蘆關也。此道可考見武經總要前集一八上延州目云：

「黑水堡，……慶歷中築，東控城平川，西黑水川路，入蘆子關，北自大理河至橫山，最爲要害之地。東至綏平砦四十里……北至大理河六十里。」

是則由蘆子關東循黑水川入城平川經黑水堡、綏平堡爲一道也。同書同目又云：

「順安砦……自砦西北至懷寧、綏平二砦，俱一州守禦之要。……北至綏州四十里，西至懷寧砦四十里，南至青澗城五十里。」

「懷寧砦……東至順安砦四十里，……西至綏州砦四十里，北至大理河八十里。」

「綏州砦，綏平州，城平縣也。……東至順安砦，西至金明縣界一百一十里，……西南至州（延州）百里。」

則此道綏平堡以東又有懷寧砦、順安砦，順安在青澗、綏州之間。而城平川則在大理河之南。檢今日地圖，此城平川必今之中山川無疑。宋代前期既有城平川一道通蘆關，想唐世已然。檢元和志四綏州有城平縣，在州西南一百里。當在城平川上。其地約今安定縣或稍東。則唐世蓋由蘆關東南沿城平川經城平縣，東接延川縣北通綏州之驛道也。接合處當在綏德縣，則宋之青澗城。

(6)馬門關　孟門石槽之北三十里，永和關之南，河上又有馬門關，當蒲水入黃河處。由關而東循蒲水河谷而上六十八里至大寧縣（今縣），故浮圖鎮也。又東北八十六里或六十八里至隰州治所隰川縣（今隰縣）。由關而西渡河，蓋循延水河谷而上，三十五里至延長縣（今縣），又西一百二三十里至延州。

新唐書地理志，隰州大寧縣，「西有馬門關。」按元和志一二隰州大寧縣，「東南至州八十六里。」（寰宇記四八，作六十八里。）「浮圖鎮，齊河清四年築，隋移大寧縣理此，卽今縣理是也。」又云「黃河北去縣六十八里。」一統志隰州卷山川目黃河條引元和志作「黃河東去大寧縣六十里。」蓋作「東」爲正。一統志同卷關隘目，「馬門關在大寧縣西七十里 。……縣志 ，關南臨黃河，明洪武初設爲官渡，通陝西榆林延綏等路。」蓋明因唐關舊址重置也。又同卷山川目，「孟門山在大寧縣西南馬門關南三十里。」「鎭關山在大寧縣西七十里，以西臨馬門關而名。」則馬門關在大寧縣西六十八里黃河上，關南至孟門山石槽三十里也。孟門石槽詳下第（7）目。

又元和志一二隰州，蒲水源出治所隰川縣東北石樓山，又云蒲水一名斤水，去大寧縣六十步。寰宇記四八，作日斤水，屈曲入黃河。一統志隰州卷山川目，蒲水「入大寧縣界名昕川，又名日斤川，西流至馬門關入黃河。」蓋關又當蒲水入黃河之會，由關東北經大寧至隰州，蓋卽畧循此河谷而行耳。

元和志三延州，「延長縣東至州一百三十里。」寰宇記三六，作州東一百二十里。是也。紀要五七，延長縣「東至山西大寧縣百里。」「黃河在縣東三十五里。」則黃河東至大寧縣五十六里，與上考合。

綜上所考，延州東一百二三十里至延長縣，又三十五里至黃河，渡河又六十八里至大寧縣，又八十六里或六十八里至隰州。元和志三延州、一二隰州，皆云東西距三百六十里，亦可能卽指此道而言耳。

(7)烏仁關、采桑津　丹州（今宜川）、慈州（今吉縣）間，黃河上有孟門石槽，在丹州汾川縣（州東北七十里，蓋今汾川水入黃河處）東七里，慈州文城縣（州西北六十五里）西南三十六里處。河岸頓狹，如鑿開之石槽，槽長一千步（六尺爲步之步），濶僅三十步 ，而上下高差極大 ，懸水奔流如大瀑布，魚鼈所不能游，故稱爲黃河之巨阨，亦謂龍門之上口。烏仁關在丹州治所義川縣（今宜川）東八十里 ，黃河西岸 ，地當石槽下游，蓋壺口之北近處。又有采桑津者，蓋此關之渡口歟？

新唐志，丹州汾川縣有烏仁關。紀要五七宜川縣目，「烏仁關在縣東八十里，下臨黃河岸，與山西吉州對境。唐志，丹州有烏仁關。一統志云，金置元廢，誤也。」就里距方位而言，此烏仁關當卽丹州至慈州道所經，紀要之吉州卽唐代慈州所在也。

又元和志三丹州，「汾川縣（今宜川東北，有汾川水）西南至州七十里。……黃河在縣東七里，河岸頓狹似槽形，鄉人呼爲石槽，蓋禹治水鑿石導河之處。石槽長一千步，濶三十步。懸水奔流，黿鼉魚鼈所不能游。」同書一二慈州，文城縣（今吉縣西北六十里）「東南至州六十五里。」「孟門山俗名石槽，在縣西南三十六里。淮南子曰，龍門未闢，呂梁未鑿，河出孟門之上，名曰洪水，大禹疏通，謂之孟門。水經注曰，風山西四十里，河水南出孟門，與龍門相對，卽龍門之上口也。實爲黃河之巨阸。今按河中有山，鑿中如槽，東流懸注，七十餘尺。」同卷河中府亦云「孟門在慈州文城縣西南三十六里，卽龍門上口。」則丹慈間黃河形勢有一段極爲特異，卽有名之孟門石槽，東流懸注爲七十餘尺之大瀑布，故有巨阸之稱。其方位在丹州東北七十七里，慈州西北蓋三四十里之譜，當近汾川水入黃河處。而烏仁關渡，蓋在孟門石槽之下游。元和志慈州吉昌縣又云：「壺口山，在縣西南五十里。」寰宇記，同。張編地圖集・陝西地形、人文兩圖繪壺口於仕望川口（經宜川縣城東入黃河）之南近處。疑渡口又南近壺口也。

又通鑑二三一興元元年紀，胡注：「宋白曰慈州文城郡之西南有采桑津，晉里克敗赤狄之地。……大業爲文城郡，唐貞觀爲慈州。」在州西南，蓋卽此關津也。

此關道西通鄜、慶，東通慈、晉。按自慶州（今慶陽）東行五十里至蟠交縣，城臨大小樂蟠水交口，天寶元年更名合水縣（今縣）。又東二百四十里至直羅縣（蓋今鄜縣西直羅鎭），在羅川水（今葫蘆河）北二里，蓋漢直路縣也。又東一百里至鄜州治所洛交縣（今鄜縣）。

通典一七三慶州、鄜州兩目，皆記兩州東西距三百九十里。元和志三及寰宇記所記皆相合。

元和志，鄜州有直羅縣，「東至州一百里。」「本漢雕陰縣地。……晉時戎狄所居，後魏置三川郡。隋開皇三年使戶部尚書崔仲方築城以居之。城枕羅原水，其川平直，故名直羅城。武德三年，……於此置縣，因城爲名。」「羅川水在縣南二里。」寰宇記三五，云縣在州西南九十里，餘並同。一統志鄜州卷關隘目，「直羅關在州西北一百里。明洪武初設巡司，今裁。州志，關因故直羅城爲名。西南通子午嶺，西北通保安，凡二百里，皆深谷峻嶺，爲一方險要。」紀要七鄜州目，「直羅城在州西百二十里。……又有直羅關，路通環、慶，唐太宗征突厥所開也。」今檢張編地圖集，鄜縣西約百里有直羅鎮濱葫蘆河，殆卽隋唐之直羅城及紀要與一統志之直羅關地也。一統志同卷古蹟目疑此直羅縣卽漢之直路縣，似可信。

又元和志三慶州，「合水縣西至州五十里。」「武德六年分合水縣（按此指慶州治所順化縣之舊名）置蟠交縣，以城臨大小樂蟠二水交口，因以爲名。天寶元年改爲合水縣。」寰宇記三三慶州樂蟠縣條亦云合水廢縣在州東五十里。按此卽今合水縣也。此道旣取途葫蘆河而行，當經合水無疑。

鄜州東行一百八十里至丹州治所義川縣（今宜川）。

方向里距見元和志三丹州目及鄜州目，通典、寰宇記略同。

又東八十里至黃河，過烏仁關，渡黃河至姚襄城。城西臨黃河，爲周齊交爭之地。又東五十二里至慈州治所吉昌縣（今吉縣），又東五十里至昌寧縣（蓋今鄉寧縣西三里泊城）。又東蓋一百九十里至晉州治所臨汾縣（今縣）。

通典一七三丹州、一七九慈州，皆作東西距一百七十里。寰宇記四八慈州，「正西微北至丹州一百七十里。」而元和志一二慈州「西北至丹州一百八十里。」方向里距大體相合。而寰宇記三五丹州目，「東至慈州界黃河八十里，自岸至慈州六十五里。」合共只一百四十五里。未知孰是。

又元和志一二慈州治所吉昌縣，「姚襄城在縣西五十二里，本姚襄所築。其城西臨黃河，控帶龍門、孟門之險，周齊交爭之地。齊後主武平二年，遣右丞相斛律明月、左丞相平原王段孝先破周兵於此城，遂立碑……見存。齊氏又於此城置鎭，開皇廢，武德二年，又置鎭，九年廢。城高二丈，周迴五里。寰宇記四八，同。按元和志三丹州，苻姚時爲三堡鎭，當時置鎭頗少，此當爲一重地。鎭城隔河建立，蓋卽因爲一通道也。北朝周齊交爭之地，其故正同。此城在慈州西五十二里，西臨黃河。檢寰宇記四八慈州吉鄉縣，『黃河北自文城縣流入，去縣六十里。』（元和志一二，脫『自文城縣流入』六字。）里距畧合。是則若烏仁關卽在姚襄城對岸，則丹慈間相距約一百四十餘里；若非卽對岸，則可能爲一百七十里也。

慈州東至晉州，通典一七九，晉州西至慈州二百一十里，慈州東至晉州二百一十里。而元和志一二，晉州「西至慈州二百二十里。」又慈州目，「東南至晉州二百四十里。」寰宇記晉州目與通典同，慈州目與元和志同，以今日里距衡之，當以二百四十里爲較合。又按今日汽車道經鄉寧，蓋承舊道也。檢元和志一二慈州，昌寧縣「西北至州五十里。」據一統志平陽府卷古蹟目，昌寧故城有二，一在縣西四十里全城嶺，一在縣西三里泊城，「蓋縣治自後魏至今凡再遷也。」又據同卷沿革目，今吉縣東南至鄉寧不過六十里，則唐縣在今縣西三里者，非四十里也。

唐末李茂貞逼京師，延王戒丕請車駕由鄜州濟河幸太原，非取烏仁關，卽馬門關也。

通鑑二六〇，乾寧三年七月「茂貞進逼京師，延王戒丕曰，今關中藩鎭無可依者，不若自鄜州濟河，幸太原。」胡注：「自鄜州濟河，道汾隰至太原。」按鄜州濟河最近關津爲烏仁關，次爲馬門關，然亦不能排除永和關之可能。

(8)龍門關　關在壺口烏仁關之南，同州韓城縣（今縣）東北五十里、絳州龍門縣（今河津）西北二十二里黃河上。河廣八十步，極險峻。東通絳州，西南通同州達長安之路也。此關應爲四面關之一，然六典指爲中關，蓋此道不置驛歟？

此詳長安太原驛道篇。

(9)蒲津關　在龍門之南，蒲州河西縣（約今平民）與河東縣（今永濟）間，夾河兩岸置關城，河之中堵置中潬城，設河橋連鎖三城，爲河東河北陸路西入關中第一鎖鑰，故爲開元六上關之一。

此亦詳長安太原驛道篇。

又由關西北通鄜、延、銀、夏之路，蓋西北循洛水河谷而上，由澄城（今縣）歷坊州、鄜州北行也。澄城，宋有賢相驛，疑承唐置歟？

寰宇記四六，蒲州河西縣，「蒲津關在縣東二里，通西北鄜、延、銀、夏之路。」按鄜延銀夏道，已詳長安北通豐州天德軍驛道篇及長安東北通勝州振武軍道篇。元和志二同州，「西北至坊州二百五十里。」卷三坊州，方向里距同。度此形勢，蓋由蒲關西北經同州，取澄城或白水入洛水河谷經坊州至鄜州而北行也。通鑑二二三，永泰元年九月，僕固懷恩誘回紇、吐蕃、党項等俱入寇。吐蕃趣奉天，党項趣同州。詔郭子儀屯涇陽，周智光屯同州。「吐蕃移兵攻醴泉，党項西掠白水，東侵蒲津。……周智光引兵邀擊，破之於澄城北，因逐北至鄜州。……殺鄜州刺史張麟，……焚坊州廬舍三千餘家。」此即一具體事例矣。又杜翁彭衙行（鏡銓四）云：「憶昔避賊初，北走經險艱，夜深彭衙道，月照白水山，……早行石山水，暮宿天邊烟，少留同家窪，欲出蘆子關。」按彭衙指白水縣而言，由白水欲北出蘆子關，正同州北出之道矣。紀要五四同州白水縣目，秦山，在「縣西北五十里，連亙綿遠，道通鄜、延、環、慶，其斷處爲暗門，最險隘。」即此路。

賢相驛　金澄城縣改修唐相鄭文貞魏公廟記（金石續編二〇），「公之在唐，先有賜莊在縣北，曰修善村，其子孫家焉。因命鎭曰良相，驛曰賢相，皆以公故也。」按碑在今澄城縣，蓋宋驛而承之於唐者。

*　　　*　　　*

綜上所考，關內河東兩道以大河爲境，河上置關甚多，聯絡兩道交通。今沿河自北而南數之，凡九關如次：

（1） 榆林關 在勝州東三十里，東北臨河，當大河（約今河道）東流折而南流處，約在今托克托城西近處。由關西經勝州（今托克托城西十餘公里黃河內十二連城，約E111°・N40°13′）約七百里至豐州（約今狼山、晏江間 N41°・E107°40′-50′）。由關渡河，東北行約一百里至振武軍（今歸綏、呼和浩特市西南約三四十里），渡河東南行約三百八九十里至朔州（今朔縣）。

（2） 河濱關 在勝州最南境河濱縣東，東臨黃河，即君子津也。約在今偏關縣西、河曲縣東北，黃河西岸。由關西行，接麟州（今神木）通勝州驛道，由關渡河東行，接朔州通振武軍驛道。

（3） 合河關 在嵐州（今嵐縣）西境合河縣（今興縣西北五十里）北三十五里，西臨黃河，隋長城起於此，東至幽州千餘里。關西據河津，北控長城，當軍道要衝，爲六典十三中關之一，蓋置驛也。由關取道合河縣，東經嵐州至太原府凡約五百五十里。由關西渡黃河合河津，一百二十里至麟州（今神木），又西南三百里至銀州（今魚河堡地區，無定河南），又西循無定河而上，二百里至夏州（今橫山縣西百里白城子），又西微南經長澤縣（約今靖邊西北），鹽州（今花馬池鹽池縣或稍北），凡六百里至靈州。此爲河東關內東西交通之要道，故爲中關，置館驛也。又由麟州直西行六百里至榆多勒城，即新宥州（今鄂托克廟地區），又西抵西河，折南亦至靈州（今靈武東南十里）。

（4） 孟門關 在石州（今離石）西境定胡縣西百步孟門鎮，約在今吳堡縣黃河東岸，亦爲六典十三中關之一，蓋道亦置驛也。由關東行，經石州（今離石）折東南至汾州（今汾陽）凡二百五十五里，接長安通太原驛道。由關西渡黃河孟門津，一百三十里至綏州（今綏德）。綏州西北一百六十里至銀州，又西至夏州。此則全循無定河谷而行，故夏銀綏宥爲一節度區也。

（5） 永和關 在延州東北境延川縣（今縣）東四十里，東臨黃河，爲六典七下關之一。今黃河西岸有延水關，東岸有永和關，蓋其舊址。渡河而東六十里至永和縣（今縣），又東經隰州（今隰縣）至汾西縣（今縣），凡約二百五十里，接長安太原驛道。由關而西，經延川縣，西南至延州（今延安東延水東岸）二百二十里。延州北出蘆子關（在延水源頭，約 E109°・N37°15′ 地區），北至夏州，西至長澤縣（今靖邊西北）。延州西北經栲栳城（今保安），亦至長澤，西至鹽、靈。又由蘆子關直東取城平川（今中山川）路，經城平縣至綏德縣，由綏德折北至綏州或折南至延州，此蘆關東出之捷道也。

（6）　馬門關　在隰州西境大寧縣（今縣）西，西臨黃河，在孟門山石槽之北三十里。由關而東至大寧縣，折東北亦至隰州。由關西渡黃河三十五里至延長縣（今縣），又西亦至延州。

（7）　烏仁關　在丹州（今宜川）東八十里，東臨黃河，居孟門山石槽下游，蓋南近壺口處。東渡河五十二里至慈州（今吉縣），又東二百四十里至晉州（今臨汾），接長安通太原驛道。由關西行經丹州二百六十里至鄜州（今鄜縣），又西經直羅縣（今直羅鎮），合水縣（今縣），凡三百九十里至慶州（今慶陽），接長安通慶靈驛道。

（8）　龍門關　在同州韓城縣（今縣）東北五十里、絳州龍門縣（今河津）西北二十二里黃河上，河廣八十步，極險峻。此關應在京師四面關之列，而六典稱為中關，蓋不當驛道也。由關西南行二百五十里至同州（今大荔），由關東行一百三十二里至絳州（今新絳），皆接長安、太原驛道。

（9）　蒲津關　在蒲州河西縣（約今平民）與河東縣（今永濟）間，夾河兩岸置關城，河之中渚置中潬城，建河橋，連鎖三城，為河東、河北兩道陸路西入長安之第一鎖鑰。六典上關六，此居其一，以其為京師四面關，且當長安通太原驛道也。而由關西北循洛水河谷而上，西北經坊、鄜、延、銀至夏州，亦為一重要路線。

參看圖六

一九七二年十月二十日初稿，十一月十七日增訂畢，二十八日再訂正，刋新亞學報十卷一期下册。一九八四年一月十六日改作。四月三日改定。

附篇一　唐代河套地區軍事防禦系統

（一）河套地區的自然環境

河套地區是一個準沙漠盆地，西北東三面都爲黃河所圍繞。河外，西爲賀蘭山脈，北爲狼山、陰山山脈所圍繞；東面也是山岳地帶。盆地之南，橫山山脈（唐時稱爲南山，北宋始有橫山之名。）東西橫亙；山的北麓，東有無定河向東流入黃河；西有山水河（淸石水）及苦水溝等小水西北流入黃河；所以這一盆地，四周都爲山脈所環繞。山脈高處往往達二千公尺以上，山脈內麓，又有河流環繞一圈，而在盆地中部也有一些高山，偏西的新召山高度還達到二千五百公尺；所以這一盆地的形勢頗爲特殊。

這一盆地雖說是沙漠地帶，但並非大磧，水草相當豐富；尤其橫山山脈的北麓一帶，爲中國史上良好的產馬區之一；而盆地的西南、西北、東北三個角，更是中國史上優良的屯田區。西南角，今銀川市一帶，南北二三百里間，水豐土沃，漢置富平縣，北魏屯田四萬餘頃，爲經營西北的糧食供應倉。西北角，今臨河、狼山、五原一帶，自秦漢時代力事屯田，有沃野之名。東北角今民生渠屯田區，也是漢代、北魏、隋、唐時代的屯田區。另外東面，今府谷縣西北地區，有百里掌狀平原，漢隋都置富昌縣，唐代稱爲富谷，也是因爲農產豐富。所以這一盆地雖說是沙漠地帶，但農牧都很發達。加以盆地西半，南有青白鹽池，北有大鹽海子（古名胡落鹽池），鹽產極豐，也爲這一地區增加了一項富源。所謂「黃河百害，惟富一套」，並非完全是誇張的話。因此這一地區在中國史前史上就已佔有重要地位。中國舊石器時代，人類活躍文化發展的地區，第一是山西及其外圍的黃土高原，第二就算河套地區，這是有其地理背景的。

（二）唐初時代的軍事部署

秦漢時代，中國已努力經營西北，河套地區是當時經營重點之一。唐代疆域遼潤，北方邊疆東西一萬數千里，先後與突厥、回紇兩强大民族南北對峙；所以北疆防禦是一重大問題。而河套地最居中，亦最平坦，豐水草，爲胡騎最好的馳騁地區。又在長安直北，去長安最近處只有一千二三百里，遠處也不過二千里；所以這是北方草原民族南向侵略的第一目標。中國爲了應付這一形勢，對於這地區自也極力經營。

在唐代初年，中國以兵威降附了突厥，招撫了回紇，被擁爲天可汗；所以那時河套前線防禦措施比較簡單，只在黃河外設置兩個都護府。（河套西北角黃河故道，即今五加河及其上流已淤河道，東北角黃河即今河道。）其一，燕然都護府，遙統回紇諸府州，約在今蠻會東北地區，狼山南麓，當北出高闕至回紇的道口，以導賓貢。後移至漠北回紇本部，更名瀚海都護府，又更名安北都護府，以鎮撫之。其二，單于都護府，統突厥諸府州，在今歸綏西南，大黑河南岸。這時突厥降附，居在漠南雲中一帶，這一都護府即爲統制突厥而設。此時又在黃河南岸，西置豐州（約在今黃河北岸狼山、晏江兩縣間），東置勝州（在今托克托西約十公里，黃河內十二連城），置都督府統大軍，屯田積穀。意在阻河爲守，內以鞏固河防，外以支援兩都護府，作爲北方防禦的第一線。第二線則遠在河套南緣，橫山山脈的北麓，西置靈州（今靈武縣西南十里）、鹽州（約今鹽池縣花馬池之北），靈州置都督府，兼統二州。東沿無定河置夏州（今橫山縣西百里白城子）、銀州（今魚河堡西，榆林河入無定河口之南）、綏州（今綏德縣），夏州置都督府，兼統三州。兩府統五州一字排列，主要的是南依崇山，北臨平夏，連成一道堅强的防線。再南橫山山脈至渭水盆地間的山岳地帶，則西置原州都督府，統原（治今固原縣）、會（治今靖遠、景泰兩縣間，黃河東）、寧（治今寧縣）、慶（治今慶陽縣）四州，大抵爲涇水兩上源地區；東置鄜州都督府，統鄜（治今鄜縣）、坊（治今黃陵縣）、丹（治今宜川縣）、延（治今延安縣東）四州，大抵爲洛水中上流接延水流域。這樣南北三列軍事防禦層，而且東西相對呼應，外加東邊隔河的河東道可以從東方隨處支援。這個防禦體系，可謂組織相當嚴密，京師長安可以高枕無憂。

（三）開元天寶時代的軍事佈署

武后以後，都督府制度漸見廢弛，而北方突厥的默啜可汗又復驟强起來，侵犯中國邊疆無寧日，中國前線防禦，不得不更加嚴密，置朔方行軍大總管，統率河套南北諸軍。當時唐與突厥以河爲界，突厥在河套這一方面的侵略行軍，多半把中軍主力放在豐勝兩州間的一線，照例先在河北的拂雲堆神祠祭酹，然後渡河進攻。中宗景龍二年（708），朔方軍大總管張仁愿乘突厥有事西疆，渡河築三受降城於黃河北岸：中城就在拂雲堆（約 E109°30′），後移安北都護府於此；東城在勝州東北十里，與州城夾河相對；西城在豐州西北八十里，舊燕然都護府西南四十里，當通回紇孔道的高闕南口（今狼山口或石蘭吉口之南，約 N41°15′・E107°25′-30′ 處）。又在靈州北二百餘里西河（當時稱河套西側北流的一段黃河爲西河）外岸築定遠城（今惠農平羅地區），加上靈州以西一百八十里黃河外的豐安軍（今中衞地區）稱爲河外五城。杜詩所謂「五城何迢迢，迢迢隔河外」，李益有五城道中詩，即指此五城而言。杜詩所謂「韓公本意築三城」，則指三受降城而言也。又在東城東北一百二十里單于都護府置振武軍，此城也在黃河外，但去河稍遠。唐史又有所謂六城，殆加數此城。（岑仲勉先生數榆多勒城，則在黃河內。）天寶年間，又在中城西北五百里的磧口木剌山故可敦城築橫塞軍城（約今烏拉特中旗），移置安北都護府於此。不久因爲這地方太辟遠，不能興屯田，又將府軍南移三百里，在黃河（今五加河）外五里大同川西岸築城（E109°・N41°之西北，烏梁素海東北水濱），而改軍名曰天德軍。這樣一來，循着圍繞河套地區的黃河，由上而下數之，最西南有豐安軍，東北四百里有定遠軍，又北約七百里有西城，又東微南一百八十里有天德軍，又東南約二百里有中城，又東約三百里有東城，這六個城都在黃河外岸。又循金河（今黑河）而東一百二十里有振武軍。這樣由西南到東北沿河上下二千多里，軍城凡七，構成河外第一道防線。黃河內岸則靈、豐、勝三州如故，橫山北麓鹽、夏、銀、綏四州也照舊，只於鹽州北靈、夏間增置宥州，勝、銀間增置麟州（今神木縣），以相接應。另外又在河套盆地中部偏西，今新召山的南面、都司兎河上源，築榆多勒城（約今鄂托克廟地區）。朔方行軍大總管，後改爲朔方節度使，所統除上述諸州地方兵力外，統戍卒盛時十五萬人，少亦七萬四千七百人，以三分之二的兵馬分駐河外七軍城的第一道防線，而以三分之一的大軍作爲經略軍，駐屯榆多勒城，（朔方節度使定駐靈州後，經略軍移在靈州。）以便居中策應河外諸軍城。同時橫山山脈北麓無定河沿岸諸州也歸朔方大總管節度，作爲前方諸城防禦形勢的後備兵力，也可謂第二道防線。所謂「可憐無定河邊骨」，即指這道防線而言。到開元二十二年更將橫山山脈以南的涇、原、會、寧、慶、鄜、坊、丹、延諸州，也就是渭水盆地京畿以北各州全數劃歸朔方節度使統一指揮，負起北防突厥、回紇，南蔽京師的雙重職任。

此時這一地區的交通網也建築發展到完備階段。自長安向北微東經坊、鄜、延三州，出蘆子關（在延水源頭，約 E109°・N37°15′ 地區）到夏州，這即是赫連勃勃蒸土所築的統萬城，爲五胡十六國迄北朝時代河套地區的最主要軍事重鎮。又北稍西經榆多勒城，到豐州及天德軍，去長安一千八百里。豐州西北八十里渡黃河到西受降城，由此北出高闕，經鸊鵜泉，到回紇一千七百里，這就是唐初所謂參天可汗道。又由延州東北經綏、銀、麟三州到勝州，去長安一千八百五十里，又渡河東北一百二十里到振武軍，爲關內、河東兩道間的最北軍事重鎮。由長安向北微西，到邠州，又北循馬連河谷而上，經寧、慶兩州，出青剛峽（約 E107° 稍西・N37° 稍北地區），到靈州，去長安一千二百五十里。又由邠州循涇水河谷而上經涇州到原州，又北沿葫蘆河（今清水河、山水河）而下，出蕭關（此爲唐關，約在今同心縣南李旺堡、蔡家溝地區；漢關在今固原縣東南三十里），抵黃河南岸，折東北也到靈州，這條路線，去長安一千三百里。由靈州向北沿黃河而下，經定遠軍，到西受降城，九百餘里。以上這幾條南北交通線都置驛爲驛道；就中坊、鄜、延、夏通豐州道，居中最捷，急驛四天多可達。白居易新樂府的城鹽州說，「鄜州驛路好馬來，長安藥肆黃耆賤。」即指這條驛道的南段而言。

以上都是南北縱的交通線。再說東西聯絡交通線。最北一條除了黃河沿岸陸路交通外，黃河水運尤爲發達，自豐安以下到勝州而南，二千多里，舟檝暢通。北魏時代，創行水運，繫兩舟爲一舫，每舫載二千石（可能約合今八百石），下水日行約一百五十里。唐代朔方節度使例帶六城水運使，軍糧運輸大半靠水運；至於河湟屯田供軍糧有餘，也藉這段河運以濟關中凶年，可見這段黃河水運之盛。黃河以南的東西交通線，以橫山山脈北麓一線最重要，就是由靈州東經鹽州，又東沿無定河經夏、銀、綏到黃河，及銀州東北經麟州到黃河。關內道、河東道隔河爲境，這段黃河北自勝州東的榆林關，南到同州（今大荔縣）、蒲州（今永濟縣）間的蒲津關，共有九道關津，除了蒲津關爲六典所載的六個上關之一外，只有麟州東南的合河關(今興縣西北)與綏州東南的孟門關(今吳堡縣東)都在十三個中關之列。中關當驛道，可見合河關東經嵐州到太原府（今山西晉源縣），孟門關東經石州到汾州（今汾陽縣），是驛道。兩關西行分別經麟州、綏州，到銀州會合，再向西行，也是驛道。武經總要記北宋前期，由長城嶺北秦王井驛入平夏，又九驛到故靈州懷遠鎮（今寧夏銀川市），想來這條驛道就是承襲唐代的舊制。

這時在軍事佈署上一層層的東西防線，更加嚴密，而東西南北的交通也發展到唐代的最高峯。東西交通不但有驛道，而且有水運，南北交通有幾條驛道，穿越橫山山脈的險阻，使南北脈貫，通訊迅速，增援便利，大大增加了軍事運用的靈活性。加以河東道的河東節度使大軍也可通過河上各關津作側面的支援；所以這一時代這一地區的軍事防禦，可謂很嚴密鞏固。

（四）安史亂後中晚唐時代軍事形勢的演變

安史亂後，這一地區的軍事形勢大變。以前所防禦的敵人，只是北方的强鄰突厥。天寶年間，突厥已衰；回紇漸盛，但爲患不大。安史之亂，憑藉朔方軍的雄厚兵力恢復兩京，北方防禦不免空虛；所以杜翁塞蘆子詩云：「邊兵盡東征，城中空荆杞。」所幸唐與回紇的關係向來比較良好，回紇不但沒有乘中國內亂南下侵據河套，而且派遣大軍協助唐室，與朔方軍並肩作戰，撲滅了安史之亂。杜詩「韓公本意築三城，擬絕天驕拔漢旌；豈謂盡煩回紇馬，翻然遠救朔方兵。」眞是慨乎言之！但也就在這個時期，西方强敵吐蕃却乘中國隴右河西兩道邊防軍的內撤，而侵併了隴山以西東西七千里以上的大片土地，（自今甘肅、青海到新疆。）更以秦（今天水縣）、蘭（今蘭州市）、原（今固原縣）、會（今靖遠縣北）爲根據地，向東進逼，兵鋒直達邠（今邠縣）、涇（今涇川縣）、隴（今隴縣）諸州，距長安不過三四百里，且曾一度侵據長安城；也曾兩度攻取橫山山脈北麓諸州，企圖對長安完成大包圍的形勢。在這樣外交軍事情勢下，朔方軍的主要任務是向西南對抗吐蕃，維護長安的安全，與確保橫山山脈及其西南地區的控制權；而原來主要任務即防禦北方强敵的任務反居次要。因爲他的任務有重大改變，所以主力佈置也有很大改變。原來把兵馬主力放在北方前線黃河沿岸的諸州、府、軍、城，現在則要把主力轉移到橫山一線及橫山西南地區。雖然朔方軍的根據地仍在靈武（靈州），但統帥則往往移駐橫山以南，以便策劃指揮，對抗吐蕃進一步的侵略。

在此處當順便一提的，在安史亂後那樣多事的情況下，原來朔方軍最大統轄區內，分別成立了幾個節度使區。這種節度區也常有變動，比較經常的，河套地區分爲東西兩節度區：西區卽朔方節度使，統靈鹽夏豐四州、天德定遠兩軍及西受降城（豐安軍已爲吐蕃所據）；東區，另置振武軍節度使，統振武軍、勝麟銀綏四州及東中兩受降城。橫山以南，較經常的，東部有鄜坊丹延節度使，中部有邠寧慶節度使，西部有涇原節度使，而原州實爲吐蕃所據。

觀察這樣的軍事分區佈署，與唐初似乎沒有多大分別。然而從另一方面說，軍區雖分多了，但置關內元帥總統此諸節度使，而常以朔方節度使兼領；所以仍是以朔方軍爲主力，統一指揮其他各節度區。是以綜觀這時期的軍事佈署與指揮系統，就節度使的分置言，頗像恢復了唐初都督府分佈的狀況；而就最高統帥指揮權而言，則仍如盛唐時代一般。這可以說是初唐盛唐兩期制度的綜合運用。不過主要防禦對象已由北方的突厥回紇，轉變爲西南的吐蕃，防禦重點也因此由北方黃河沿線轉移到橫山山脈的西南麓山陵地帶。這時中國也就是因爲有朔方節度使的堅強基地，靈武與朔方軍系統的各軍在橫山西南麓邠寧涇慶等地佈防，向吐蕃左翼施加重大壓力，牽制吐蕃，使其不能向中國首都長安作進一步的進逼；否則唐室勢必早就東遷，爲周代之續，不待唐室將亡始有洛陽之遷了！

晚唐時代，橫山河套地區的軍事形勢又變。因爲那時吐蕃已漸衰弱，無力東侵，但北方的回紇殘部却向南侵擾。本來在中唐時代，朔方防禦重心不但由北方黃河一線移到橫山乃至橫山以南，而且河套中心地帶榆多勒城經略軍也已全廢棄，橫山、黃河兩線已不能南北呼應，河套西北豐州西受降城地區的軍備，也漸廢弛不堪，只有東北地區的振武軍尚是一較堅強力量。元和中，放棄西受降城，把防禦兵力東移到天德軍故城，藉與振武軍相近，易於呼應。這樣等於放棄了河套西北地區，而河套東北地區，則以天德軍爲前哨，振武軍爲中心根據地，而藉河東道節度使爲後方支援，以防制回紇殘部及其他北方民族的侵擾。李德裕雖曾一度計劃以麟州勝州間富谷小平原的物資，利用麟勝舊道向北支援兩軍，恐怕也未必收到重大效果。至於靈州到豐州，夏州到豐州天德軍的兩條交通線，更是廢棄不能用了。因此我們可以看出，晚唐時代河套地區的軍事防禦已不成爲一個完備的組織系統，而分南北兩個不相呼應的地區，北線地區成爲河東道的前線觸鬚，與河套以南地區脫離了自唐初以來相互蔽依的密切關係了。

參看圖六

此爲在香港中文大學中國文化研究所講論會上一次講演稿，增寫刊新亞生活双周刊十五卷八期（1972年）。一九八四年冬增訂。一九八五年四月十四日二校續訂畢。

附篇二　唐代安北單于兩都護府考

引　　言

六典三〇云：「永徽中始置安南安西大都護，景雲二年又置單于都護，開元初置北庭都護。」此爲唐代都護府今存史料之最早者。按唐代前期，邊疆經常建置之都護府有安西、安東、安南、安北、單于、北庭諸府，此處僅列其四，且幾無一句不誤。後此史家所記亦錯落互見，尤以北疆之安北都護府置廢遷徙不恆，後世學人更茫然不曉。今就安北都護府及與此府地理相近且有相互關聯性之單于都護府，考其置廢改易與地望徙遷如次；而觀其置廢遷徙之情形，亦足窺見當時中國與北疆民族盛衰進退之大畧焉。

（一）兩府之始置

唐初北疆置都護府，唐會要記之最詳。會要七三安北都護府目云：

> 「貞觀二十一年正月九日，以鐵勒回紇等十三部內附，置六都督、七州，並各以酋帥爲都督、刺史。……於是回紇等請於回紇以南、突厥以北，置郵驛總六十六〔八〕所①以通北荒，號爲參天可汗道，俾通貢焉。……至四月十日，置燕然都護府，……瀚海等六都督、皋蘭等七州並隸焉。」

本注云：

> 「回紇部置瀚海都督府，多濫葛部置燕然都督府，僕骨部置金微都督府，拔野古部置幽陵都督府，同羅部置龜林都督府，思結部置盧山都督府，渾部置皋蘭州，斛薩部置高闕州，奚結部置雞鹿州，阿跌部置雞田州，契苾部置榆溪州，思結別部置蹛林州，白霫部置寘顏州。」

通鑑一九八，貞觀二十一年正月丙申，詔以回紇諸部分置七州六都督府，四月丙寅置

---

① 通鑑一九八及新書回鶻傳皆作六十八所。

燕然都護府以統之。與會要合，各部置府名稱亦同。是爲北疆置都護府之始。舊一九五廻紇傳述此事云：

「於故單于臺置燕然都護府統之，以導賓貢。」

新二一七上回鶻傳亦云府治故單于臺。考元和志四天德軍條云：

「貞觀二十一年，於今西受降城東北四十里置燕然都護府，以瀚海等六都督、皐蘭等七州並隸焉。」

則故單于臺蓋卽在後置西受降城之東北四十里也。西受降城在高闕之南，當黃河（所謂北河卽今五加河，已堙）北流折而東流處，約在今狼山縣北 E107°25′-30′・N41°15′地區②，則單于台當在此東北也。然通典一七九，雲中郡領縣一，雲中。本注：「單于臺在今縣西北百餘里，漢武帝元封元年勒兵十八萬騎出長城北登單于臺。」則燕然府又可能在雲中郡，今山西大同縣西北也。而元和志一四雲州目，領縣一，雲中。「單于臺在縣西北四十餘里」，下引漢武帝事，與通典同。是地望與通典又小異。蓋單于所駐卽得有單于臺之目，或地名遷徙，固不必一地也。今就燕然都護府所在之單于臺申論之。

上引會要，「回紇請於回紇以南，突厥以北，置郵驛六十六所，號爲參天可汗道，俾通貢焉。」通鑑一九八，同；皆只云「突厥以北」。而新二一七上回鶻傳云：「乃詔磧南鸊鵜泉之陽置過郵六十八所，具羣馬湩肉，待使客，歲納貂皮爲賦。」則指爲磧南鸊鵜泉之北。檢新書地理志豐州目，西受降城北三百里有鸊鵜泉。又寰宇記一九九黠戛斯目云：

「從天德軍西二百里至西受降城，又北三百里鸊鵜泉，西北回鶻帳一千五百里。回鶻西北四十日程方至其國。」

又元和志四西受降城條云：

「北至磧口三百里，磧口西至回鶻牙帳一千五百里。」（寰宇記三九，同。）

是則由西受降城北行三百里至磧口鸊鵜泉，又西一千五百里至回鶻牙帳。此爲一大通道。舊一九五廻紇傳云：「開元中廻鶻漸盛，殺涼州都督王君㚟，……玄宗命郭知運等討逐，退保烏德鞬山；南去西城一千七百里。」亦卽此道也。通鑑二三九，元和八

② 詳長安通靈州道及靈州在西北交通上之地位篇。

年，「振武、天德軍奏，回鶻數千騎至鸊鵜泉，邊軍戒嚴。」即取此道之一例矣。然則貞觀二十一年置六十八驛以通回紇者，即自西城北三百里之鸊鵜泉起，北至回紇部也。當時置燕然都護府，本以「導賓貢」，其在鸊鵜泉之南固宜；至於雲中郡之單于臺，在當時突厥聚居之腹地，置府於此以統回紇，恐非所宜矣。

通典一九八北狄突厥傳中云：

「突厥別部車鼻可汗亦阿史那之族也。代爲小可汗，牙在金山之北。……其地去京師萬里，勝兵三萬人，以西有葛邏祿，北有結骨，皆附隸之。……貞觀二十三年（649），遣右衞郎將高偘潛引迴紇、僕骨等兵衆襲擊之……永徽元年（650），偘軍次阿息山……精騎追車鼻，獲之，送于京師……處其餘衆於鬱督軍山，置狼山都督以統之。……車鼻既敗之後，突厥爲封疆之臣，於是分置單于、瀚海二都護府，單于領狼山、雲中、桑乾三都督，蘇農等十四州；瀚海、金微、新黎等七都督、仙蕚、賀蘭等八州；各以其首(領)爲都督刺史。」

按此事各書皆有記載，而通典爲今存最原始資料，但「瀚海金微新黎等七都督」一句，顯有脫文。舊一九四上突厥傳似全抄通典，但此句作「瀚海都護領金微、新黎等七都督」，新二一五上突厥傳，同。唐會要七三單于都護府目，云在永徽元年九月八日，兩都護府所統府州與兩傳同。而寰宇記一九六突厥傳下，全抄通典，此句作「瀚海郡（衍）領瀚海、金微、新黎等七都督」。通鑑一九九永徽元年九月庚子書事同。此句亦作「瀚海領瀚海、金微、新黎等七都督。」則傳本通典（四庫善本叢書本）之脫漏有兩種可能，其一「瀚海」下奪一「領」字，其一「瀚海」下奪「領瀚海」三字。按前置燕然都護府統回紇諸部之府州，其主部（回紇本部）即爲瀚海都督府，此時未必改隸瀚海都護府也。疑兩傳及會要爲正，通典只奪一「領」字，寰宇記蓋誤抄，通鑑則誤書也。

瀚海都護府之治所無可據以推測，或當在漠北歟？單于都護府統狼山、雲中、桑乾等都督府。狼山府在鬱督軍山，當在漠北；而雲中、桑乾兩府則顯然在漠南。元和志四單于大都護府目云：

「單于都護府③在朔州北三百五十里，本漢定襄郡之成樂縣也。後魏都盛樂，

③　原作「東受降城」，誤，考證已指出。寰宇記作「振武軍」，亦可。

亦謂此城。武德〔貞觀〕四年④平突厥，於此置雲州。貞觀二十年，改爲雲州都督府。」

按雲州都督府即雲中都督府也。治在成樂古城，則當在今和林格爾之北境，詳後文。乾桑又當更南在今山西北境。頗疑單于都護府治所當在今綏遠省東境，或竟即在其後所置單于都護府地區歟？

永徽元年（650）九月既置單于、瀚海兩都護府以分統突厥諸部，而前置燕然都護府以統回紇諸部者仍存在，惟原所統之金微都督府改隸瀚海都護府耳。其後燕然都護府所統仍時有調整。會要同卷安北都護府目云：

「永徽元年……十月二十日，以新移葛邏祿在烏都鞬山者，左部落置狼山州，右部落置渾河州，並隸燕然都護府。至三年十一月四日，以阿特部落置稽落州，隸燕然都護府。」

又通鑑二〇〇顯慶二年紀云：

「（閏正月）庚戌，以左屯衞將軍蘇定方爲伊麗道行軍總管，帥燕然都護渭南任雅相，副都護蕭嗣業，發回紇等兵，自北道討西突厥沙鉢羅可汗。」

是燕然都護府所統雖時有調整，然主要者仍爲回紇部落也。

至龍朔三年（663），北疆都護府乃有重大之變革。唐會要七三安北都護府目云：

「龍朔三年二月十五日，移燕然都護府於廻紇部落，仍改名瀚海都護府；其舊瀚海都護府移置雲中古城，改名雲中都護府；仍以磧爲界，磧北諸蕃州悉隸瀚海，磧南並隸雲中。」

按通典一七九單于大都護府目，「秦漢雲中郡地也。大唐龍朔三年置雲中都護府，又移瀚海都護府於磧北，（本注：瀚海都護舊曰燕然都護府。）二府以磧爲界。」書事與會要略合，惟省雲中都護府之前身耳。通鑑二〇一龍朔三年二月，書此事與會要同。元和志四天德軍目亦云，燕然都護府，「龍朔三年移於磧北回紇本部，仍改名瀚海都護。」事時亦合，惟脫書舊瀚海府遷置雲中都護府事。新二一五上突厥傳云「麟德初」，誤。按龍朔元年多回紇酋長比粟毒與同羅、僕固犯邊，詔左武衞大將軍鄭仁

④ 武德當作貞觀。新二一五突厥傳，「雲中者義成公主所居也。頡利滅，李靖徙突厥羸破數百帳居之，以阿史德爲長。」李靖破突厥在貞觀四年；若武德四年，中國方亂，何暇平突厥耶？

泰爲鐵勒道行軍大總管，鴻臚卿蕭嗣業爲仙蕚道行軍總管，並燕然都護劉審禮將兵討之。二年三月，敗之於天山，大獲而還。又以契苾何力爲鐵勒道安撫大使，九姓遂定。三年正月，鄭仁泰討鐵勒叛者餘種，悉平之。（事詳通鑑二〇〇、二〇一。）二月，遂遷燕然都護府於磧北回紇本部。蓋貞觀二十一年始置此府以統回紇諸部者，不過「以導賓貢」，故設治所於唐土邊疆、通回紇之道口；今既大破其衆，慮其復叛，故遷都護府治所於其本部，俾便直接控制也。

舊一九五下回紇傳，此時回紇「在薛延陀北境，居娑陵水側」，去長安六千九百里。新二一七上回鶻傳，畧同。近代東西學人，以爲娑陵水卽今色稜格河⑤。按前考始置燕然都護府治單于臺，所引諸證，由西受降城北行三百里至鸊鵜泉，再西北行一千五百里至回紇牙帳，此牙帳乃天寶間定都烏德鞬山、昆河之間者，亦見兩書回紇傳。此烏德鞬山、昆河間之都城，近人考證，在今和林（卽西庫倫，E102°40′・N47°10′）之北偏西蓋不到五十里鄂爾渾河（Orkhon）左岸之黑城子（Kharabalgasun）⑥。貞觀末年，由鸊鵜泉向北（實西北）置驛六十八所乃至回紇本部，卽以三十里一驛計，亦當二千里之譜，則回紇舊部在今西庫倫之北約五六百里，正當在今外蒙古北境色稜格河流域也。

龍朔三年改置事，參稽羣書，燕然都護府移磧北回紇本部，更名瀚海都護府，統磧北諸蕃州；舊瀚海都護府移治雲中古城，更名雲中都護府，統磧南諸蕃州。所統以大磧爲界，事實上，大體仍以回紇、突厥部族爲分野，蓋其時東突厥散佈之中心地區實在漠南雲中地區也。此兩都護府既以磧爲界分統南北；雲中都護府且卽治雲中古城，則永徽元年所置之單于都護府所統有雲中都督府者，此單于府之下落如何？

通典一七九單于都護府目，「麟德元年，改雲中都護府爲單于都護府。」考通鑑二〇一麟德元年條云：

「春正月甲子，改雲中都護府爲單于大都護府，以殷王旭輪爲單于大都護。初

---

⑤　馮承鈞譯沙畹著西突厥史料第三編第一節廻紇傳注釋及李符桐回鶻史第二章回鶻疆域。

⑥　野村榮三郎蒙古新疆旅行日記（新西域記卷下），野村遵俄人喇篤羅甫之說而更進一步說明之。又松井等契丹可敦城考，滿鮮歷史地理研究第一；岑仲勉突厥集史下冊，卷十，頁八八七；李符桐回鶻史第二章回鶻疆域。

李靖破突厥，遷三百帳于雲中城，阿史德氏爲之長。至是部落漸衆，阿史德氏詣闕，請如胡法，立親王爲可汗以統之。上召見，謂曰，今之可汗，古之單于也。故更爲單于都護府，而使殷王遙領之。」

按新書地理志，「單于大都護府，本雲中都護府，龍朔三年置，麟德元年更名。」與通典、通鑑合。新二一五上突厥傳，亦作麟德初。而會要七三單于都護府目，永徽元年九月，置單于、瀚海二都護府。此下卽云：「麟德元年正月十六日，勅改單于大都護府官秩，同五大都督府。」旋卽云「遂立單于大都護，以殷王爲都護。」不言由雲中都護改稱，似卽舊單于都護改名大都護者。按龍朔三年（663），麟德元年（664），僅一年之隔，而雲中都護府治所又卽舊單于都護府所統之一府，意者龍朔三年置雲中都護府時，卽廢單于都護府，所統府州由雲中府兼領之。明年雲中府卽改爲單于府，故會要此條遂不記改復事耳。

（二）單于都護府

麟德以後，單于大都護府之演變，元和志與唐會要皆書之頗詳。元和志四單于大都護府目云：

「麟德二〔元〕年（664）改爲單于大都護府。垂拱二年改爲鎭守大使。聖歷元年改置安化〔北〕都護。開元七年隸屬東受降城。八年，復置單于都護府。」

唐會要七三單于都護府目云：

「垂拱二年，改爲鎭守使。聖歷元年五月九日改爲安北都護。開元二年閏五月五日，却置單于都護府，移安北都護於中受降城。」

按此兩段所書有同有異，其異者當辨其正誤，其同者亦有可討論處。

其一，兩書皆云垂拱二年（686）改爲鎭守使。考玄宗授張知運朔方道副大總管制（全唐文二〇），前銜爲「檢校單于大都護、鎭守大使」⑦，則蓋加銜鎭守大使，非改爲鎭守使也。

---

⑦ 此銜又見全唐文二五三蘇頲命姚崇等北伐制。

其二，此單于都護府，兩書皆云聖歷元年（698）改稱安北都護府。按通典一九八突厥傳中云：

「聖歷元年，默啜表請與武太后爲子，並……請和親。初咸亨中，突厥諸部來降附者，多處之豐勝靈夏朔代等六州，謂之降戶；默啜至是又索此降戶及單于都護府之地，兼請農器種子。……朝廷懼其兵勢，……許其和親，遂盡驅六州降戶數千帳並種子四萬餘石，農器三千事以上，默啜寖強由此也。」（舊一九四上突厥傳畧同。）

則此次默啜索單于都護府之地，雖未如願，但朝廷可能因此警愓，故改單于爲安北也。此後會昌五年李德裕亦請改單于爲安北，疏稱「不可存其名號，以啓戎心」。蓋即襲師聖歷元年故事耳。再者，下文考安北府，垂拱中，安北府由漠北南遷，僑置於同城，又南徙至刪丹縣南，蓋已有名無實，故此時移安北之名於雲中，則其時北疆只有一都護府矣。

其三，復置單于府，元和志作開元八年；唐會要作開元二年，同時移安北之名於中受降城。而前引六典云，「景雲二年又置單于都護。」三書各異。考玄宗有授王晙朔方道行軍總管制（全唐文二〇）云：

「可持節充朔方道行軍大總管，仍兼安北大都護；豐安、定遠、三城等軍及側近州軍，宜依舊例，並受晙節制。其安北都護府移於中受降城安置。」

據册府元龜九九二，此制行於開元二年二月。又通鑑二一一，開元二年「閏（二）月，以鴻臚少卿朔方軍副大總管王晙兼安北大都護、朔方道行軍大總管，……徙大都護府於中受降城。」則移安北都護府於中城事在開元二年閏二月，會要年份是也。然據下文考安北都護府事所引元和志天德軍條，此次安北府當由西受降城移理中受降城，非由雲中城也。故王晙此事，只能證安北府移理中城之時間，不能決雲中城之復置單于都護府在開元二年抑景雲二年或開元八年也。而據元和志此條，開元七年雲中城隸屬東受降城，是其時未置都護可知。然則八年復置爲可信歟？唐會要七三安北都護府目，「開元八年六月二十日勑，單于、安北等大都護，親王遙領者，加副大都護一人，准從三品，總知府事。」蓋即復置之時事矣。然則雲中故地有一段時間未置都護府也。

此次復置單于都護府後，兩書皆不言廢改。會要且云：「天寶四載十月，單于都護府置金河縣。」又檢新書六四方鎮表，開元九年「置朔方節度使，領單于大都護府、夏鹽綏銀豐勝六州。」上元二年，「罷領單于大都護。」廣德二年，「朔方節度復兼單于大都護」。舊書代德兩紀亦屢見單于都護府之名，則單于都護府此後未見廢改。迄唐末葉會昌時代始復有改易。會要七三安北都護府目云：

「會昌五年七月，中書門下奏，塞北諸蕃，皆云振武是單于故地，不可存其名號以啓戎心。臣謹詳國史，武德四年，平突厥後，於振武置雲中都護。麟德元年改爲單于都護，聖歷元年改爲安北都護，開元八年復爲單于都護。其安北都護舊在天德，自貞觀二十一年（此間脫譌甚多）在甘州，遷徙不定。今請改單于都護爲安北都護。勅旨從之。」

按今尙存李德裕請改單于大都護狀（全唐文七〇五），卽此會昌五年事也[8]。然則此後無單于府之名，北疆只一安北都護府，卽舊單于都護府故地也。

又按自龍朔三年於雲中古城置雲中都護府，其後名稱屢有改易，其治所雖大體在同一地區，然前後地望亦不同。

玆先論雲中古城。前引會要、通鑑皆云龍朔三年徙瀚海都護府於雲中古城，更名雲中都護府。檢元和志四勝州目云：

「戰國時爲晉趙地。……始皇時分三十六郡，爲雲中郡，漢因之不改。按漢雲中在今州理東北四十里榆林縣界雲中故城是也。」

下文郭下榆林縣條復書，「雲中故城在縣東北四十里，趙雲中城，秦雲中郡也。」寰宇記三八勝州目亦兩次提到秦漢雲中古城在州縣之東北四十里。會要、通鑑所謂雲中古城卽此勝州治所榆林縣東北四十里之雲中故城無疑。按唐勝州治所榆林縣在黃河東流折而南流處之灣內。通典一七三云，城北至河五里，西北至河二十里，東至河四十里；則雲中古城卽在黃河東流折而南流處之河外。一統志山西歸化城六廳卷古蹟目，以爲雲中故城在托克托地，蓋亦據通典及元和志所記勝州地望與黃河之關係及雲中古城去勝州之方位里數而推定之耳。按唐代勝州故城現已由考古資料證實在今黃河轉折

[8] 新書方鎭表，更名安北事在會昌三年杪。按三年五年，德裕皆在相位，未知孰是。

處之南岸，今名十二連城，其經緯度約爲 E111°·N40°13′ 處。地在托克托西隔黃河約十公里處。此已詳長安東北通勝州振武軍驛道篇。雲中故城在其東北四十華里，則約在今托克托之北約二十華里處矣。

（三）安北都護府

古雲中地區唐置單于都護府之沿革旣考明如上。玆再論安北都護府。

前文已明龍朔三年，移燕然都護府於漠北回紇本部，更名瀚海都護府。此後沿革，元和志四豐州目天德軍條述之最詳云：

「天德軍本安北都護。貞觀二十一年（647）於今西受降城東北四十里置燕然都護，以瀚海等六都督、皐蘭等七州並隸焉。龍朔三年（663）移於磧北廻紇本部，仍改名瀚海都護。總章二年（669），又改名安北都護。尋移於甘州東北一千一十八里隋大同城鎭。垂拱元年（685），置同城鎭，其都護權移理刪丹縣西南九十九里西安城。景龍二年(708)又移理西受降城。開元十年（722）又移理中受降城。天寶八年（749）張齊邱又於可敦城置橫塞軍，又自中受降城移理橫塞軍。十二年(753)安思順奏廢橫塞軍，請於大同川西築城置軍，元宗賜名曰大〔天〕安軍。十四年築城功畢，移大〔天〕安軍理焉，乾元後改爲天德軍……。」（寰宇記三九，同。）

按此文頗長，述安北府之遷徙亦甚詳。玆自總章二年以下逐條討論之。

其一，總章二年（669）府名改爲安北。檢唐會要七三安北都護府目，此事在總章二年八月二十八日；通鑑二〇一總章二年紀，作八月甲戌。通典一七三安北都護府目，「大唐分豐勝二州界置瀚海都護府，總章中改爲安北都護府。」雖年代畧同，但似始置瀚海府及始改名安北府皆卽在豐勝二州者，則甚誤。舊三八地理志，安北大都護府條「開元十年分豐勝二州界置蒲〔瀚〕海都護府。總章中改爲安北大都護府。」年代尤顯誤。

其二，據元和志此條，更名後不久南移於甘州東北一千一十八里之大同城。垂拱元年（685）更南移至刪丹縣南九十九里之西安城。考通鑑二〇三垂拱元年紀，六月條云：

「同羅、僕固等諸部叛，遣左豹韜衞將軍劉敬同發河西騎士出居延海以討之。同羅、僕固皆敗散，敕僑置安北都護府於同城以納降者。」

是移安北都護府於大同城乃垂拱元年事，與元和志不合。復考陳子昂燕然軍人畫像銘序（全唐文二一四）云：

「龍集丙戌，有唐制匈奴五十六載，……。是歲也，金微州都督僕固始桀驁，惑亂其人，天子命左豹韜衞將軍劉敬周發河西騎士自居延海入以討之，特勅左補闕喬知之攝侍御史護其軍事。夏五月，師舍於同城，方絕大漠以臨瀚海。」

按丙戌爲垂拱二年，據此序，是年五月始聚兵同城北伐，是通鑑繫年亦誤前一年也。子昂又有上西蕃邊州安危事三條（全唐文二一一），其第二條云：

「臣伏見今年五月勅，以同城權置安北府。此地逼磧南口，是制匈奴要衝。國家守邊，實得上策。臣在府日，竊見磧北歸降突厥已有三千餘帳，後之來者，道路相望。又甘州先有降戶四千餘帳，奉勅亦令同城安置。磧北喪亂，先被饑荒，塗炭之餘，無所依仰，國家開安北府，招納歸降，誠是聖恩洪流，覆育戎狄。然臣竊見，突厥者莫非傷殘羸餓，……所以携幼扶老，遠來歸降，……將以國家綏懷……獲以存安。……然同城先無儲蓄，雖有降附，皆未優矜，……所以時有剠略，自相屠戮，……是以盜亦稍多，甘州頃者抄竊尤甚。今安北府見有官羊六千頭口，兵糧粟麥萬有餘石，安北初置，庶事草創，孤城兵力，未足威懷，……今不以此粟麥，不以此牛羊，大爲其餌，……人無生路，安得不爲羣盜乎？羣盜一興，則安北府城必無全理，府城一壞，則甘涼已北悉非國家所有！」

此云「今年五月勅以同城權置安北府。」是即垂拱二年歟？然子昂有爲喬補闕論突厥表（全唐文二〇九）云：

「陛下……勅臣攝侍御史監護燕然西軍。臣自違闕庭，歷涉秋夏，徒居邊徼，無尺寸之功，……然臣久在邊隅，夙夜勤灼，莫不以蕃事爲念。……比在同城接居延海……其磧北突厥來入者，……首尾相仍，携幼扶老，已過數萬，然而瘡痍羸憊，皆無人色，……耆老云，自有九姓來，未曾有此飢餓之甚。今者同羅僕固都督皆已伏誅。……伏見去月日，勅令同城權置安北都護府以招納亡叛，臣伏慶陛下，……得制匈奴之上策，……若調選天下精兵，采拔名將，任以同城都護，……不用三萬，陛下大業，……可坐而成。」

此云監燕然軍事，「歷涉秋夏」，又云「久在邊隅」，則此表當作於次年，即垂拱三年。下文云：「伏見去月日勅令同城權置安北都護府」，則置安北府於同城乃垂拱三年五月事。蓋二年五月北伐，明年五月始置安北府以招納亡叛也。通鑑亦綜合書之耳。至於安北都護府再移理刪丹縣南之西安城，自當更後，元和志年份殊誤。至於李德裕請改單于大都護狀（全唐文七〇五）云：「其安北都護本在天德，自貞觀二十一年以來，移在甘州，遷徙不定。」會要七三安北都護府目，同。年份皆顯誤無疑，不待辨矣。

關於此大同城之地望，元和志云在甘州東北一千一十八里，後置同城鎮。自非後文所考天德軍之大同城。據前引陳子昂諸文，此權置安北府之同城當與居延海爲近。考通典一七四云：

張掖郡（甘州）「北至張掖河，屈曲過同城鎮至硤口烽三千七十八里。」

又元和志四〇甘州目張掖縣條云：

「居延海在縣東北一千六百里。」（寰宇記一五二，同。）

又新書地理志甘州刪丹縣條云：

「刪丹……北渡張掖河西北行，出合黎山峽口，傍河東壖，屈曲東北行千里有寧寇軍，故同城守捉也，天寶二年爲軍。軍東北有居延海，又北三百里有花門山堡，又東北千里至回鶻衙帳。」

則通鑑、陳子昂集之同城，元和志之隋大同城後置同城鎮者，即通典之同城鎮、新志之寧寇軍也。其地在張掖河上，在甘州治所張掖縣之東北千里有餘，居延海西南六百里不足。度其今地在額爾濟納河上，約當甘肅寧夏二省接境處，即約N41°處，亦即約在河道下游始分爲東西兩支之處。元和志甘州目又云：「寧寇軍在居延水兩汊中，天寶二年置。」兩汊當即謂兩支分流處也。

其三，據元和志此條，景龍二年（708），安北府又由西安城移理西受降城。按三受降城，此年始置於河外。然前考雲中城之單于都護府沿革，引元和志及唐會要，皆云雲中城之單于府在聖曆元年（698）改爲安北都護府，則景龍二年之前十年曾移安北府之名於雲中城，若景龍二年移府西受降城屬實，則由雲中城移至西受降城，非由西安城也。

其四，據元和志此條，開元十年（722）安北府又由西受降城移理中受降城。按移理中受降城，事在開元二年，前已引王晙事爲證，確無可疑。此云「十年」亦誤。新書地志安北大都護府目，「開元二年治中受降城，十年徙治豐勝二州之境。」豈十年誠又遷徙一次耶？然新志下文接云：「十二年徙治天德軍」，此明爲「天寶十二年」之誤，（十二年事詳後。）則十年徙治事又殊可疑。且舊書地理志安北大都護府目，「開元十年分豐勝二州界置蒲〔瀚〕海都護府，總章中改爲安北大都護府。」此開元十年在「總章中」之前，必誤無疑。而新志「開元十年」書事亦作「豐勝二州之境」疑承舊志含混書之耳。

中受降城之地望，元和志四末節述張仁愿築三受降城本末甚詳。云「於河北築三受降城……以拂雲堆爲中城，與東西兩城相去各四百餘里。」會要七三・三受降城目、舊九三張仁愿傳、通鑑二〇九景龍二年紀所記畧同。所謂各四百里僅爲大約數。玆檢元和志四東中西受降城目，中城東至東城三百里，西北至天德軍二百里，西城正東微南至天德一百八十里，卽中城向西微北至西城三百八十里。寰宇記三九全同。則中城居東西兩城之中畧偏東耳。西城在高闕之南，約在今E107°25′-30′・N41°15′地區，此無可疑者，前已言之。東城當大河東流折而南流處。按元和志四，東受降城在榆林縣東北八里。寰宇記三九，東受降城「西南渡河至勝州八里。」則在今十二連城之東北不過八里，黃河之北，約托克托城西北十餘里耳。然則中城地望當在今包頭城以西、昆都倫河入黃河口之西，烏拉特前旗之東，約 E109°30′ 地區之黃河外，或者當卽張編地圖集・綏遠人文圖之賈格爾旗廟，申報舘新地圖之公廟歟？一統志烏拉特卷山川目，「崑都崙河在旗東四十里 。」「拂雲堆在旗西北一百九十里，蒙古名烏珠爾插漢。」則拂雲堆在崑崙河口之西北二百三十里。按此決非唐世拂雲堆中受降城所在。岑氏突厥集史卷九（頁三六六）云：「考水道提綱五，吳喇忒旗下注云：『古五原郡及三受降城地，今惟北岸有巴爾朱罕城址，在二幾圖嶺之東，陰山相接不斷，自此蜿蜒而東，至歸化城』；鄂刻胡氏圖作『巴爾朱海城』；參謀本部民國輿圖同，在大河之北，三虎河之南；東距包頭約百二十里。巴爾朱罕或巴爾朱海卽Burkban之對音，亦即中受降城所在。」此則與余所測度略相當。會要七三安北都護府，「天寶四載十月，於單于都護府置金河縣，安北都護府置陰山縣。」新志，金河縣，天寶四年置，與會要同；而陰山縣則云天寶元年置，舊志同。此時安北都護府在中受降城也。寰宇記三八廢安北大都護府目，「北至陰山七十里，至回紇界七百里，……在黃河北。」此亦府在中受降城而言也。中城之北當陰山（今烏拉山），故縣以受名也。

其五，元和志此條云，「天寶八年張齊丘又於可敦城置橫塞軍，又自中受降城移理橫塞軍。」此卽安北府之又一次遷徙也。然下文「十二年」以下云云，至乾元、元和一大段文字，只說天安軍、天德軍，不涉安北都護府事，似安北府之下落不明。考通鑑二一六天寶八年紀云：

「三月，朔方節度使張齊丘於中受降城西北五百餘里木剌山築橫塞軍，以振遠軍使鄭人郭子儀爲橫塞軍使。」

又舊一二〇郭子儀傳云：（參册府元龜九九二。）

「天寶八載，於木剌山置橫塞軍（册府，軍下有城字）及安北都護府，命子儀領其使。……十三載（册府作其後）移橫塞軍（册府作軍城）及安北都護府於永清柵北築城，仍改橫塞爲天德軍。子儀（册府有仍字）爲之使（册府止此）兼九原太守、朔方節度右兵馬使。」

新一三七郭子儀傳云：

「天寶八載，木剌山始築橫塞軍及安北都護府，詔卽軍爲使。俄苦地偏，不可耕，徙築永清，號天德軍，又以使兼九原太守。」

新三七地理志云：

「中受降城……，有橫塞軍，本可敦城，天寶八載置，十二載廢。」

據此諸條，則天寶八載三月於木剌山可敦城築城，置橫塞軍，並遷安北都護府於此，地在中受降城西北五百餘里。天寶末年，又以地偏不可耕，乃築城於大同川西、永清柵北，置天安軍，並徙安北府治此，後改天安軍爲天德軍。至此時安北府之下落乃不詳，直至會昌改單于都護府，始復有安北之號。

天德軍城之地望，據元和志四天德軍及中西東三受降城目之八到條，天德軍在豐州東北一百六十里黃河外，西城在豐州西北八十里黃河外，西城向東微南一百八十里至天德軍。天德東南二百里至中受降城，又東三百里至東受降城。寰宇記三九天德軍目，略同；又云，「西至黃河五里。」按西城北當高闕道口，南臨黃河（所謂北河，即黃河故道）北流折而東流處。其地前已擬定西城在 E107°25′-30′・N41°15′處。東城當黃河東流折而南流處之河外，約在今托克托城西十餘里。中城，就里距形勢配合，應在今包頭之西，昆都倫河入黃河口以西，約 E109°30′ 地區之黃河（今河道）外，此亦無可疑者。按今五加河即古黃河正流，天德軍城約居西中兩城之間，在黃河外五里。近已有考古資料證明在今烏梁素海東北岸水濱（109°・N41°之西北地區）。

橫塞軍城，前引通鑑，天寶八載「朔方節度使張齊丘於中受降城西北五百餘里木刺山築橫塞軍。」而舊紀同年書此事云「於東受降城北築橫塞軍城。」中城、東城相距三百里，是地望大不同。檢元和志四天德軍目，「西北至橫塞軍城二百里。」按天德軍在中城西北二百里，則作中城西北爲正。舊紀誤也。且通鑑一六五梁元帝承聖二年「（突厥）乙息記擊破鄧叔子於沃野北木賴山。」賴刺一音，則木賴山卽木刺山也⑨。檢元和志四天德軍目，「沃野故城在軍城北六十里，卽是後魏時六鎭從西第一鎭也。」是亦木刺在天德軍北卽中城西北之强證，舊紀必誤無疑。地在中城西北五百餘里，則當在天德軍西北三百里，元和志「二百」當作「三百」耳。又元和志四中受降城目云，「北至磧口五百里」，則木刺山所置橫塞軍城，正當磧口矣。復考新一三三王忠嗣傳：「天寶元年，……時突厥新有難，忠嗣進軍磧口，經畧之，烏蘇米施可汗請降。忠嗣以其方强，特文降耳，乃營木刺、蘭山，諜虛實。」元載撰王忠嗣碑（金石萃編一〇〇）作「盛師臨木刺，致龕出蘭山。」則子儀築城之前，忠嗣已曾盛師於此，以伺察北狄，觀上下文意，亦當在磧口也。突厥集史上册頁四五九引此碑，因作按語云：「考游牧記五烏喇特旗云，『旗西有木納山』。木納爲木刺之轉，或卽古之木刺山歟？」此論蓋是。度其地約在今烏拉特中旗治所地區歟？觀張編地圖集，有道自烏拉特中旗南經烏蘭鄂博，又東南達烏梁素海東北地區，蓋卽古天德軍北出至木刺

⑨ 册府元龜九七四，開元三年「十月己未，據北蕃投降九姓（畧）奴賴大首領前自登州刺史奴賴孝爲左領軍將軍。」又九七六，寶應元年「六月乙卯，突厥奴刺部族千餘人內屬，……丁巳，宴奴刺大首領於內殿。」沙畹西突厥史料頁二三九（譯本）云奴賴應卽奴刺。又突厥集史頁四九二，引新書一三五哥舒翰傳，「凡河隴、朔方、奴刺等十二部兵二十萬守潼關。」意同沙畹說。

山橫塞軍城之道也。

（四）鎮北都護府問題

按唐代前期，安北、單于兩都護府同時並置。安史亂後，單于都護府尙常見載籍，而安北府則似不見，迄會昌五年改單于爲安北，始復有安北之號，豈安史亂後，已廢安北府耶？考新六四方鎭表朔方格云：

乾元元年，「置振武節度、押蕃落使，領鎭北大都護府、麟勝二州。」

上元二年，朔方節度使「罷領單于大都護」。

寶應元年，「振武節度增〔罷？〕領鎭北大都護府，以鎭北隸朔方。」

廣德二年，「朔方節度復兼單于大都護，罷河中、振武節度，以所管七州隸朔方。」

大曆十四年，「析置河中、振武、邠寧三節度，……振武節度復領鎭北大都護府及綏銀二州、東中二受降城。」

又舊書代宗紀及德宗紀云：

廣德二年正月，「郭子儀充河東副元帥、河中節度觀察、兼雲〔靈〕州大都督、單于、鎭北大都護。」

大曆十四年五月，「司徒兼中書令河中尹靈州大都督、單于、鎭北大都護、充關內河東副元帥、朔方節度（略）等使（略）郭子儀可加號尙父。……以朔方左留後、單于副都護渾瑊爲單于大都護、振武軍、東中二受降城、鎭北及綏銀麟勝等軍州節度營田使。」（舊一三四渾瑊傳同。）

大曆十四年一十月，「加崔寧兼靈州大都督、單于、鎭北大都護、朔方節度等使。」

建中二年七月，「李懷光兼靈州大都督、單于、鎭北大都護、朔方節度使。」

是安史亂後，另有鎭北大都護府，與單于大都護府並置，往往即由朔方節度使兼此兩都護，而不見安北都護府之名。復考金石萃編九二顏眞卿郭氏家廟碑，碑陰記郭子儀官歷極詳，玆錄其涉及安北、單于、鎭北三都護者如次：

「加單于副大都護、東受降城使、（朔方）左廂兵馬使，……又拜（略）兼安北副都護、橫塞軍使，……又兼充天德軍使、安北副都護，……改衞尉卿、兼單于、安北副大都護、靈州刺史（署）、充朔方節度（署）等使（按此在天寶十四年末），……又拜兵部尚書、同中書門下平章事、兼單于、安北副大都護、靈州大都督府長史，節度等使如故（按此在至德元年八月），……又加司徒，……又兼中書令、司徒、兼靈州大都督府長史、單于、鎭北副大都護、朔方節度等使（按此在乾元元年八月），……又兼靈州大都督、單于、鎭北大都護、充朔方節度大使（按此在廣德二年）。……」

則子儀所官，先為東受降城使兼單于副大都護，次改橫塞軍使、天德軍使，皆兼安北副大都護，後進朔方節度使乃兼單于、安北兩副大都護。及乾元元年兼中書令時，則兼單于、鎭北兩副大都護，最後為朔方節度大使則兼單于、鎭北兩大都護。子儀始為朔方節度使兼單于安北兩府職，其後單于府始終為子儀兼領，而乾元元年以後，子儀不兼安北府而兼鎭北府，遂不見安北府名。按子儀功蓋天下，關內朔方重職無不叢聚一身，若其時仍有安北都護府，必由子儀兼領無疑。但其後官銜有鎭北與單于並列，而無安北，然則鎭北即安北之易名，或廢安北，而置鎭北耳。考元和志三六安南都護目，「至德二年改為鎭南都護府……大歷三年仍改鎭南為安南都護府。」安北府之改名鎭北府，正此類矣。其改名時間蓋亦至德二年，故子儀至德元年（756）銜尚作安北，乾元元年（758）已作鎭北矣。而所以改名者，蓋避「安」字歟？又考元和志四靈州目，保靜縣，本隋宏靜縣，「神龍元年改為安靜，至德元年改為保靜」，蓋亦此類也。

至德二年以後，鎭北都護府既為安北都護改名，而新書地理志關內道末，單于、安北兩都護府之外又有「鎭北大都護府」一條，此重出矣。然新志云，鎭北府統縣二，大同、長寧。是治所在大同縣，蓋即隋大同城故地，亦即天德軍地，然則新志此條雖重誤，但可證知一事，即改名鎭北後治所則未遷徙也。

綜　　結

綜上所考，可得安北、單于兩都護府之建置遷徙經過如次：

貞觀二十一年（647）鐵勒回紇諸部內附，置燕然都護府於故單于台，在後置西受降城之東北四十里。統回紇諸府州，以導賓貢。

永徽元年（650），破突厥車鼻可汗，置單于、瀚海二都護府分統之。單于府可能治雲中故城，在勝州東北四十里。瀚海府治所不詳。

龍朔三年（663），討平回紇之叛，移燕然都護府於漠北回紇本部（今色稜格河流域）以統之，更名瀚海都護府；其舊瀚海都護府，移置雲中故城，更名雲中都護府。兩府以磧爲界，分統南北，大體仍一統突厥，一統回紇。其舊單于都護府則蓋廢省。明年麟德元年（664）復改雲中都護府爲單于大都護府，與瀚海府分統南北如故。

總章二年（669），瀚海都護府更名安北都護府；單于都護府如故。

垂拱三年（687），以漠北叛亂，徙安北都護府於甘州東北一千一十八里之隋大同城鎮，在居延海西南幾六百里張掖河上，即今額爾濟納河上，約 N41° 地區。（亦即甘肅寧夏兩省接境處。）以招撫流亡，旋復南徙於刪丹縣（今山丹）南九十九里之西安城，蓋已有名無實矣。

聖歷元年（698）改單于都護府爲安北都護府，避突厥之覬覦也。故此時北疆僅置一都護府。

景龍二年（708），張仁愿置三受降城於河外，乃移安北府於西受降城，約在E107°25′-30′・N41°15′處。

開元二年（714），又移安北都護府於中受降城。約在E109°30′黃河北岸。天寶初於治所置陰山縣，因城北陰山（今烏拉山）受名也。

開元八年（720），復置單于都護府，始復兩府之舊制。天寶四載（745），於府治置金河縣，在雲中故城東八十里，約今歸綏西南、和林格爾之北地區。因縣北有金河（今黑河）受名。同時徙置振武軍於府城，遂爲河套東北黃河內外地區軍事控扼之中心。

天寶八載（749），於中受降城西北五百餘里磧口木剌山故可敦城置橫塞軍，（約在今烏拉特中旗治所及海沙圖地區），乃移安北都護府治此。天寶末，以其地偏土瘠，又南移府軍於黃河（今五加河）東五里，大同川西岸故大同城，改名天安。其地在今烏蘭鄂博東南烏梁素海東北岸水濱（約E109°・N41°之西北地區）。

至德二載（757），改天安軍曰天德軍，改安北都護府曰鎮北都護府，治大同縣，即故大同城也。

安史亂後，雖仍兩府皆置，然胡落叛離，邊疆兵馬又由軍使、節度使掌領，都護府形同虛設。尤以河套西北大半部，唐室已難控制，鎮北府不僅實亡，似名亦漸不存；惟振武軍節度使尙能掌握河套東北部黃河內外地區，爲北疆殘局之堅强支柱。至會昌五年（845），乃改單于都護府爲安北都護府，以免因單于之名致啓戎心也。

參看圖七

一九七二年九月四日初稿，十一月九日訂正，一九七四年五月三十日校畢，刋錢穆先生八十歲紀念論文集。一九八四年四月四日三訂，一九八五年四月十三日二校定稿。

附：本卷綱文古地名引得　　廖華淑

四　劃

五　劃

六　劃

七　劃

八　劃

九　劃

十　劃

十一劃

十二劃

十三劃

十四劃

十五劃

十六劃

十七劃

十八劃

十九劃

二十劃

二十一劃

二十二劃

二十三劃

二十四劃

二十九劃

唐代交通圖考

第三卷 秦嶺仇池區

嚴耕望◎著

北京聯合出版公司 Beijing United Publishing Co.,Ltd. · 后浪

唐代交通圖考

第三卷　秦嶺仇池區

目　次

篇拾陸　藍田武關驛道

引　言

長安東南出武關，自古爲秦、楚間之交通孔道。紀要五二陝西重險武關條已就春秋以降用兵武關之史事扼要臚述。同書五四商州條且云：「州扼秦、楚之交，據山川之險，道南陽而東方動，入藍田而關右危。武關巨防，一舉足而輕重分焉。」就軍事上之重要性言，可謂審矣。唐代此道用兵亦有史例，如建中四年，神策兵馬使尙可孤討李希烈，在襄陽，會朱泚之亂，乃「自武關入援，軍于七盤，遂取藍田」是也。（通鑑二二九。）然唐代承平二百數十年，長安東南甚少軍事行動，此道在唐史上之重要性，不在軍事之形勢，而在政治經濟文化之溝通。蓋唐代京師長安與江淮間之交通，除物資運輸及行李笨重之行旅者多取道汴河外，朝廷使臣及一般公私行旅遠適東川、黔中、江淮、嶺南者，皆利此道之逕捷。兼以唐代士人幾無不蟻趨京師，謀取功名富貴，又喜遨遊江湖，適性謀食，故多屢經此道，至有「名利道」之目。中葉以後，因經濟文化中心之南移，此道交通所及之地區，就其範圍言，佔全國面積二分之一以上，就經濟文化言，又爲全國最繁榮蔚盛之域。況汴河交通常爲東方軍閥所困擾，不如此道之安全無阻，故此道之重要性益增，德宗時代更明令規定爲僅次於兩都間之大驛道，而爲全國第二驛道，直爲南北交通之大動脈，豈僅軍事而已耶！此道在唐代之重要性如此，故唐人文史典籍中保存此道驛程之史料頗豐，爰詳爲考證，以饗治史研文者。

（一）全線驛程

藍田武關道在唐代前期已置驛，郵傳運漕甚繁。

唐六典六刑部卷司門郎中條：「京城四面關有驛道者爲上關。」上關六，京兆府藍田關其一。是前期置驛也。又姚彝神道碑（萃編七二）：「乃拜鄧州刺史、兼檢校商州運漕。武關之外（闕）……況鳧川滌源，疏山通道，盡賦不足以供郵傳……。」彝以開元四年卒。是前期已驛漕甚繁也。

中葉更明令定爲次路驛，地位僅次於兩都間之大路驛，知驛官事無敗闕，有優賞。

唐會要六一館驛目，貞元二年十二月勅節文：「從上都至汴州爲大路驛，從上都至荆南爲次路驛。知大路驛官，每一周年無敗闕，與減一選，仍任累計。次路驛官，二周年無敗闕，與減一選，三周年減兩選。」據此知武關驛路之重要，僅次於兩都驛道，其他驛道不與也。

以其山路崎嶇，置驛密度往往高過三十里一驛之標準。

柳宗元館驛使壁記（全唐文五八〇）：「館驛之制，於千里之內尤重。……自灞而南，至於藍田，其驛六。其蔽曰商州，其關曰武關。」按藍田縣東南以藍田關爲境，去長安一百七十里。置驛六者，霸橋驛、藍田驛、青泥驛、韓公驛、藍橋驛、藍溪驛，並詳後文。平均驛距不到三十里。

長安東行經長樂驛至灞橋驛，又東南折入藍田山區，至藍田縣。又長安東南行，蓋由秦川驛或太寧驛，凡二十五里過橫霸官渡，亦至藍田。五松驛蓋在道中？

按此諸驛，爲入藍田道，已詳篇一兩京館驛。長安志一一萬年縣又云，「橫霸官渡在縣東南二十五里，入藍田路。」度其位置蓋在霸橋之南，灞水較上游也。是爲另一道。

藍田北境，大道始入山區，上韓公坂，一名韓公堆，越橫嶺至藍田驛。達官貶流，往往賜死於此。又東南二十五里至藍田縣（今縣），去長安八十

里。郭下有青泥驛，以其古青泥城也。

長安志一六藍田縣條：「橫嶺在縣北三十五里。自臨潼驪山東入縣界，橫接華州界。」紀要五三藍田縣條，「橫嶺在縣北三十五里，自藍田西達驪山之道。嶺北爲韓公堆。」按此堆名與藍田縣南之韓公堆有涉，詳下文。然白居易初出藍田路作（白長慶集一〇）云：「朝經韓公坂，夕次藍橋水，潯陽僅四千，始行七十里。」藍橋驛在藍田縣南四十里，見長安志。（詳後引。）夕次藍橋水者，當卽宿藍橋驛也。則韓公坂當在縣北二三十里處，正當紀要所記橫嶺北之韓公堆，是唐世此處有韓公坂之名，絕無可疑者。又白集八宿青源寺：「往謫潯陽去，夜憩輞溪曲。今爲錢塘行，重經茲寺宿。」次一詩爲宿藍溪對月，一作宿藍橋題月，云：「今夜藍溪口。」是前次謫潯陽及此次赴杭州，兩次之前後兩宿處皆相同。知謫潯陽時經韓公坂之前夕宿輞溪，或亦卽青源寺歟？當在韓公坂西北不遠處。

長安志同條又云：

青泥驛在縣郭下。

藍田驛在縣西北二十五里。

韓公堆驛在縣南三十五里。（本注：「作桓公驛者，非。」）

藍橋驛在縣東南四十里。

藿平驛在縣南五十五里。（本注：「以上五驛並廢。」）

按此五驛，當是唐驛，而宋已廢者。藿平驛是否當大道，待考。其餘當道，史多可證。然韓公堆驛有問題，詳下文。玆先論藍田、青泥兩驛。

藍田驛　地望惟見長安志。此驛唐史中極常見。朝臣重譴往往賜死於此。如舊代宗紀，寶應元年七月，「襄州刺史裴義〔茙〕長流費州，賜死藍田驛。」事又見舊一一四裴茙傳及來瑱傳。瑱傳作藍田故驛，是此時驛已有徙遷矣。又昭宗紀，光化三年六月，宰相王摶「貶崖州司戶，尋賜死於藍田驛。」新一一六王摶傳及舊一七七崔胤傳皆同。又舊一一八黎幹傳，德宗卽位，幹與中官劉忠翼皆長流，賜死藍田驛。

青泥驛　長安志云在藍田縣郭下。考寰宇記二六雍州藍田縣條，「縣理城卽嶢柳城也，俗亦謂之青泥城。桓溫伐苻健，使將軍薛珍擊青泥城，破之。卽其處。」長安志一六藍田縣條亦云：

「縣城本名嶢柳城，以前對嶢山，其中多柳，因取爲名。水經注曰，泥水歷嶢柳城南，魏置青泥軍於城內，俗謂之青泥城。晉中興書曰，桓溫伐苻健，遣京兆太守薛珍擊青泥城，破之。卽其處也。城周八里，今縣城上東南一隅而已，周三里餘八十步，崇一丈六尺，凡三門。」

則藍田縣治卽青泥城殆無疑。而紀要五三藍田縣嶢柳城條，「今縣治也。」又云「青泥城在縣南七里……唐時置青泥驛。」則城驛皆在縣郭南七里。姑存疑。至於通鑑二四五大和八年條胡注：「青泥驛在嶢關南。」蓋誤。此皆宋世記載也。其在唐世，亦屢見於詩篇與史文。如錢起有清（一作青）泥驛迎獻王侍御（全唐詩四函五册）。又武元衡同洛陽諸公餞盧起居（全唐詩五函七册）云：「暮宿青泥驛，煩君淚滿纓。」尤見其爲出京第一宿處。而朝臣賜死亦有在此驛者。如大和九年召宦官山南東道監軍陳弘志還京，遣使杖殺於此驛，見舊文宗紀及兩書李訓傳。

縣距京師里數，見元和志一及寰宇記二六。然皆云藍田縣東北至京兆府八十里。按府實在縣西北，而云東北者，蓋驛道曲屈，由東北出橫嶺折而西北耳。

又據白詩，有望秦嶺、五松驛，蓋在藍田縣以北，疑爲另一道，行於長樂驛、灞橋驛之南者歟？

白長慶集一五初貶官過望秦嶺云：「草草辭家憂後事，遲遲去國問前途，望秦嶺上回頭立，無限秋風吹白鬚。」此必剛出長安不久所作。本注：「自此後詩，江州路上作。」接下卽藍橋驛見元九詩、韓公堆寄元九、發商州、武關南見元九題石榴花見寄等詩，則望秦嶺當在韓公堆藍橋驛之北，似卽橫嶺或其前後，但別無可證。又同集八有自望秦赴五松驛馬上偶睡覺成吟云：「長途發已久，前館行未至。」後一詩爲鄧州路上作，前一詩爲宿藍溪對月，再前則出守杭州路次藍溪作，本注云此下諸詩皆赴杭州時作，是此望秦卽卷一五初貶官過望秦嶺之望秦也。五松驛當在嶺南一程。然藍關、藍橋、藍田以北至京師各驛已考證明白，中間不可能另有一驛，豈前後嘗有改名者歟？①

由縣東南行二十五里至韓公驛，一名桓公驛。又十五里至藍橋驛（今藍橋西北近處）。兩驛間山嶺盤高，唐代詩人或亦以七盤嶺目之，故今有七盤之名。

藍橋驛　屢見唐人詩篇。如白居易有藍橋驛見元九詩（白長慶集一五）。又有留呈夢得子厚致用詩（同上一九），本注「題藍橋驛。」又裴航贈樊夫人詩，本注叙事云「航，經藍橋驛，渴甚。」驛在藍田縣東南四十里，見前引長安志。一統志西安府卷津梁目，藍橋在藍田縣東南五十里。驛蓋在橋之西北歟？

韓公驛　不見於唐史詩文。考太平廣記一五三崔朴條云：朴父清，建中初爲藍田尉。戶部侍郎楊炎貶道州司戶，自朝受責，馳驛出城，不得歸第。其夕次藍田，清爲經營行李及家務甚周至。後數日，炎南行，清送至韓公驛而別。（本注，出續定命錄。）是韓公驛在藍田縣南。前引長安志，藍田縣東南四十里有藍橋驛。又云，縣南三十五里有韓公堆驛。本注，「作桓公驛者，非。」云韓公堆驛在縣南，與廣記合。然長安志此條顯有兩問題。其一，兩驛相去只五里，極不合理。其二，「韓公」一名「桓公。」檢一統志西安府卷三關隘目藍橋驛條引長安志，韓公堆驛在藍田縣南二十五里。又卷一山川目桓公塠條引長安志，在藍田縣南二十五里。則驛在縣南二十五里，非三十五里。南去藍田驛十五里雖嫌太密，然有可能，蓋兩驛間正當盤嶺山區也。詳下七盤嶺條。韓公驛在藍田縣南二十五里，可以無疑，然驛名韓公之由來，仍可追究。果如長安志以爲其地本名韓公堆歟？觀一統志引長安志述韓公堆與桓公塠至藍田縣之里距與方位全同，此二名當即一地，音同而字異耳。故長安志述韓公堆驛或稱爲桓公驛也。而紀要五三藍田縣橫嶺條，「嶺在縣北三十五里，自藍田西達驪山之道。嶺北爲韓公堆。」又引志（通志）云，「縣南二十五里有桓公堆，蓋桓溫

① 檢全唐詩白集八，此詩題作「自秦望赴五松驛馬上」云云。原刻本七函二冊及同文本卷一五皆同。

伐秦時駐此，因名。」則韓公堆在縣北三十五里橫嶺之北，縣南二十五里者爲桓公堆，非韓公堆也。紀要、通志書雖後出，然必有所據。且橫嶺北坡，唐世本名韓公坂，白氏初出藍田作詩，可爲鐵證，絕無可疑，已詳前考。地名韓公坂，亦稱爲堆，固極可能。且韓公堆之名，唐史詩篇尚多可考。白居易韓公堆寄元九（白集一五）云，「韓公堆北澗西頭……。」又李商隱偶成轉韻亦有韓公堆之名。此二詩不能斷其地望，姑存不論。又崔滌望韓公堆詩云：「韓公堆上望秦川，渺渺關山西接連。」（國秀集上。）是韓公堆必去秦川不遠，謂作於橫嶺北韓公坂上，形勢最爲切合，若謂作於藍田縣南之山嶺北坡，百里以外，是否可能，當須目驗之矣。復考通鑑二二三，廣德元年，吐蕃入長安，代宗幸陝。郭子儀收兵商州，圖復京師。先使長孫全緒「出藍田，觀虜勢。」「全緒至韓公堆，晝則擊鼓張旗幟。夜則多然火，以疑吐蕃。前光祿卿殷仲卿聚衆近千人，保藍田，與全緒相表裏，帥二百餘騎直渡滻水。吐蕃懼……稍稍引兵去。」（參舊一九六上吐蕃傳。）按滻水已達長安近郊，是此韓公堆必去長安不遠，應卽橫嶺北之韓公坂無疑。若在藍田南山，去長安百里而遙，事勢不合。然則唐世橫嶺北之韓公坂卽爲韓公堆。至於藍田縣南二十五里處乃桓公堆，因桓溫駐軍得名。韓、桓兩堆，其地不同。紀要之說是也。惟韓公堆之名，唐世較著，後遂譌「桓」爲「韓」，其地置驛，亦以韓公名矣。

七盤嶺　通鑑二二九，建中四年，朱泚之亂，「神策兵馬使尙可孤討李希烈，……在襄陽，自武關入援，軍于七盤，敗泚將仇敬，遂取藍田。」是藍田、武關間有七盤。其地本在藍田關以南，商州北境，然唐代詩人或亦目韓公驛與藍橋驛間之山嶺盤高處爲七盤嶺，其後遂攘據七盤嶺之名，詳下七盤嶺條。

又東南至藍溪驛，張籍有詩。至於縣南五十五里之藿平驛，蓋不在此道上歟？

張籍使至藍谿驛寄太常王丞（全唐詩六函六册籍集三）：「獨上七盤去，峰巒轉轉稠，雲中迷象鼻，雨裏下筝頭，水沒荒橋路，鴉啼古驛樓。」是此驛在藍田武關道上。又白居易有出守杭州路次藍溪作（白氏長慶集八），蓋亦次藍溪驛而作者。檢元和志一藍田縣條，霸水「自商州上洛縣界流入。」水道提綱六，「灞水上源卽藍水也，出東南藍田縣藍關之西南山秦嶺。」按藍水之名，唐世已有，如杜詩「藍水遠從千澗落，玉山高並兩峯寒。」司空曙登秦嶺（御覽詩）：「商山藍水流。」是也。藍谿當卽藍水上源。則此驛當在商山秦嶺北不遠，藍田關前後。前考藍橋驛在藍田縣東南四十里，則當在藍田關西北五十里，（縣關間九十里，詳下文。）其間當另有一驛。且藍田關屬藍田縣，去京師一百七十里。九域志三，商州「西至本州界一百一十里。自界首至京兆府一百七十里。」則藍關當卽府州分界線，亦卽藍田縣驛道之最東境。唐制當略同。而前引柳宗元館驛使壁記，「自灞而南至於藍田，其驛六。」前已考得五驛，驛距未有逾四十里者。藍橋驛、藍田關相距五十里，所缺一驛必在此間無疑。藍谿驛旣在關之前後，疑卽在關內距關不遠處。復考長安志一八，藍田縣有「玉谿館，在縣東南四十五里入商州路。俗曰礓子平。」檢元和志藍田縣條云：「周禮，玉之美者曰球，其次爲藍，蓋以縣出美玉，故曰藍田。」「藍田山一名玉山。」山旣「藍」「玉」互稱，亦可例水，是玉谿卽藍谿，宋之玉谿館蓋卽借唐藍谿驛之名歟？惟玉谿館在藍田縣東南四十五里，當入商州大道。而前述藍橋驛在藍田縣東南四十里，亦當大道，則此兩站相去才五里，是不可能。但長安志明云藍橋驛已廢，而玉谿館則宋世見存。藍田縣與藍田關相去九十里，道路險隘，唐置三驛，韓公驛在縣南二十五里，藍橋驛在縣東南四十里，而藍谿驛蓋在關之西北二三十里處。至宋，驛政廢弛，驛距加大，縣關間三驛並廢，只置一館，蓋借藍谿驛名轉變爲玉谿館耳。是亦藍谿驛本在關內之一旁證也。　　藋平驛見頁639引長安志。

又東南逾秦嶺，至藍田關，去縣九十里，去京師一百七十里，卽今牧虎關。爲唐代前期六上關之一，卽秦之嶢關也。

藍田關　隋地志，京兆藍田縣有關官。括地志，「藍田關在雍州藍田縣東南九十里，卽秦嶢關也。」（史記曹相國世家正義引。）六典六司門郎中條，「凡關二十有六。」上關六，藍田關，其一。通典一七三，京兆藍田「有關，秦嶢也。秦嶺在此界。」元和志一京兆府藍田縣：「藍田關在縣南九十里，卽嶢關也。」寰宇記二六探元和志，而云在縣東南九十八里。其爲古嶢關無異說，方位里距小異。今從括地志書之。寰宇記又云，「周明帝武成元年，自嶢關移置青泥故城側，改曰青泥關。武帝建德三年改曰藍田關。」長安志一六，同。又云「隋煬帝大業元年徙復舊所，即今關是也。」陝西南山谷口考藍田谷條引道路考（兼採藍田縣志及三省邊防書）述藍田通商州道云：

「由藍田縣東南行十五里七盤坡，又二十里北渠鋪，又二十里藍橋鋪，又二十里新店鋪，又二十里牧護關，入商州界，又二十里郭家店，又三十里大商原，又十里泥谷店，又三十里麻澗鋪，又二十里梁家原，又二十里商州城，又東一百八十里至武關。此爲由楚豫出商州赴陝西孔道，所謂武關路也。」

按此段記今道里程甚詳，牧護關在藍田縣東南九十五里，作者斷云古嶢關、藍田關、牧護關實即一關。是也。按今圖作牧虎關。

秦嶺　見前引通典一七三藍田縣條。紀要五三藍田縣，「秦嶺在縣東南，即南山別出之嶺，凡入商洛者必越嶺而後達。……由此東出即藍田關。」一統志西安府卷山川目引縣志同。按此指狹義之秦嶺，在藍田關之北。韓愈左遷至藍關示姪孫湘（昌黎集一〇）：「雲橫秦嶺家何在，雪擁藍關馬不前。」似亦見嶺在關北也。

出藍田關，踰七盤嶺，此則唐代前期之七盤也。

唐世道路多七盤之名，斜谷道上有七盤嶺，詳漢唐褒斜道篇。巴州有七盤縣、盤道縣，見通典一七五。而商山道中亦有七盤嶺之名。如舊二〇〇下黃巢傳，「巢賊出藍田七盤路，東走關東。」吳融南遷途中七首（全唐詩十函七册融集三），就中有登七盤嶺二首，渡漢江初嘗鯿魚作一首，皆即商山道中之七盤。又張籍使至藍谿驛寄太常王丞（全唐詩六函六册籍集三）：「獨上七盤去。」此亦商山道中之七盤也。漢書王莽傳中，莽命王級曰：「繞霤之固，南當荆楚。」師古注云：

「謂之繞霤者，言四面塞阸，其道屈曲，谿谷之水回繞而霤也。其處即今商州界七盤十二繞也。」

通典一七五商州上洛縣條亦云：

「有商山，亦名地肺山。亦名楚山。…其地險阻，王莽命明威侯王級曰，繞霤之固，南當荆楚。繞霤者，言四面塞阨屈曲，水回繞而霤，即今七盤十二繞。」

按寰宇記一四一，同。② 是唐代初年、中葉以及宋初學人皆以七盤在商州境，即商山也。而長安志一六藍田縣，「七盤山在縣南二十里。」「繂坡在縣東南。通典曰七盤十二繂，藍關之險路也。」是謂近在藍田縣南。蓋誤讀通典歟？紀要五三藍田縣七盤條及一統志西安府卷山川目七盤山條，皆謂在藍田縣南十里，亦引通典為說。又陝西南山谷口考：「七盤山，在藍田縣南十里，一名七盤坡，赴商州者必取道於此。」下亦引通典為說，皆與長安志同誤。惟一統志商州卷山川目商山條引舊志，云在商州界七盤十二繂。又引地理通釋，謂七盤十二繂即商山嶺。是也。其實通典明云在上洛。且考舊一九六上吐蕃傳，述子儀由牛心谷取玉山路赴行在事云：

「判官王延昌…恐狹徑被追，前後不相救，至倒迴谷口，遂與子儀別行，踰絕澗，登七盤，趨於商州。」

檢南山谷口考述玉山通洛南道云：

「倒溝谷一名倒回谷，在藍田縣東南五十里，有倒溝谷水，一名石門水，西北流入灞。藍田縣志・道路考，由縣城東行十五里曰普化鎮，又十五里屏風鎮，又五里玉山，又二十里倒溝谷。」

是倒迴谷遠在藍田縣東南五十里通洛南道上。王延昌由此谷踰絕澗登七盤至商州，則唐世七盤決不近在藍田縣南十里二十里，可斷言矣。紀要五三，藍田縣倒回谷在縣東南五十里。志云，灞水源出於此。或謂谷在七盤山北，誤。望按以今名核之，或說誠誤，於古則不誤也。又按商州上洛縣本在商山之南，是七盤固應在上洛之北也。此處所引吐蕃傳即其證。又通鑑二二三廣德元年，書此事云，子儀將往商州收兵，「過藍田……得兵近千人……恐吐蕃逼乘輿，留軍

② 「而霤」作「如屋霤」，「十二繞」作「十二繂」。通鑑二二三胡注引通典亦作繂。

七盤三日乃行。比至商州。」云云。亦七盤在商州治所之北之明證。七盤既在商州上洛縣北境。而藍田關屬藍田縣，爲藍田、上洛縣接境處（詳前藍田關條），是七盤又必在藍田關之東南。倒迴谷在藍田縣東南五十里，藍田關在縣東南九十里，但谷關不在一條交通線上，王延昌由谷南踰絕澗登七盤，則七盤雖在關外，但距關必不甚遠，可能卽關南十里二十里。爲京府、商州之界嶺歟？長安志本據通典，而誤會其意，故始誤書之。至今藍田縣南十餘里之山嶺，眞有七盤之名矣。今推其致誤，當亦有故。第一，可能因藍田縣、藍田關而混淆。蓋此驛道中，縣、關、驛皆有藍田之名，又有藍橋、藍溪，最易混淆，長安志蓋誤以藍田關爲藍田縣耳。後世遂以藍田縣南郊山嶺爲七盤矣。第二，唐代後期詩人似已視藍田縣南郊之山爲七盤。如白居易初出藍田路作（全唐詩七函二册居易集一〇）云：

「停驂問前路，路在秋雲裏，蒼蒼縣南道（一作山），去（一作險）途從此始。絕嶺忽上盤（一作盤上），衆山皆下視，下視千萬峯，峰頭如浪起。朝經韓公坂，夕次藍橋水，潯陽近（一作僅）四千，始行七十里，人煩馬蹄跙，勞苦已如此。」

是藍田縣南至藍橋間本亦有嶺，盤上甚高。藍橋驛既在縣東南四十里，則此嶺距縣必不及四十里。南山谷口考，「嶢山在藍田縣城南二十里，一名青泥嶺。」蓋卽其處。前引長安志以下謂七盤山在縣南二十里或十里者，正亦此嶺也。白氏既稱此嶺盤上，宜其後亦有七盤之名矣。又前引張籍使至藍谿驛寄太常王丞云：

「獨上七盤去，峰巒轉轉稠，雲中迷象鼻，雨裏下箏頭，水沒荒橋路，鴉啼古驛樓。」

此詩作於藍谿驛，在藍田縣南四十里以上。觀其遣詞，謂其將上七盤固亦勉强可通，然究不如謂其已過七盤，書其途中所見也。白詩尙未明稱此路爲七盤，此詩則明目藍谿驛以北之山區爲七盤矣。復按吳融登七盤嶺二首云：

「才非賈傅亦遷官，五月驅羸上七盤，從此自知身計定，不能迴首望長安。」

「七盤嶺上一長號，將謂青天鑒鬱陶。近日青天都不鑒，七盤應是未高高（

一作爲高）！」

觀第一首詩意，似爲藍田縣南盤嶺上所作，蓋始入山區慨然有感不能再回京師也。然第二首，又似不在此處。何者！藍田縣南山嶺，白氏雖形容其盤高，然白氏一日間越橫嶺，又越此嶺，行七十里，是必不甚高可知。而觀吳融第二詩，蓋當時視七盤爲商山極高處，故稱「近日青天」，又有「七盤應是未高高」之反問嘆語也。大抵此道南行，頗多逐客，詩人感慨遣興，往往卽在背離京師始入山區之時。此道高峯險峻最推七盤，藍田南山旣陡起盤高爲山行之始，故卽以爲七盤，而感慨吟詠之耳。唐代後期詩人旣已常視藍田縣南之山嶺盤上者爲七盤，宜宋人卽承襲譌誤，而七盤之名遂移於此矣。然則長安志以下或亦不誤，惟引通典以實之，則牽合有誤耳。

又東南經北川驛，安山驛，麻澗，仙娥驛，至商州治所之上洛縣（今商縣）。仙娥驛在州西十五里仙娥峯，白詩云，「商山無數峯，最愛仙娥好」，故文士過者多所吟詠。

北川驛、安山驛　紀要五四，商州安山驛條，「唐置」，「州北五十三里。其地有安山。山下有紫楡澗。」又一統志商州卷關隘目桃花驛條，「安山驛在州北五十里。北川驛在州北七十里，皆唐置，久廢。」蓋皆沿古志所記。姑存之。

麻澗　杜牧商山麻澗詩（全唐詩八函七册）：「雲光嵐彩四面合，柔桑垂柳十餘家……征車自念塵土計，惆悵溪邊書細沙。」下卽富水驛、丹水、題武關諸詩。是麻澗亦在商山驛道中也。按紀要五四商州武關條引輿程記：「自武關西北行五十里至桃花鋪，又八十里至白羊店，又八十里至麻澗，又百里至新店，又百里至藍田縣，皆行山中，至藍田始出險就平。」一統志商州卷關隘目偏路隘條引輿程記，同。又一統志同卷山川目熊耳山條：「括地志，山在上洛縣西四十里。州志，兩峯揷漢，以形似名。丹江經此，謂之麻澗。」又丹水條，「源出州西北。……州志，水出秦嶺之息邪澗……東南流三十里逕大商原……又東南三十里逕麻澗，曰麻澗河。又東南十里逕仙娥峯。……」是澗在仙娥驛以西，州西三十里左右也。

仙娥驛　屢見唐人吟詠。李日新題仙娥驛（全唐詩十二函八册諧謔二）：「商山食店大悠悠。」（出雲溪友議。）又趙嘏有沙溪館詩(同上九函一册)，本注「一作仙娥驛。」又白居易仙娥峯下作（白長慶集一〇）：「我爲東南行，始登商山道。商山無數峯，最愛仙娥好。……渴望寒玉泉，香聞紫芝草。」韓琮題商山店（才調集八）：「商山驛路幾經過，未到仙娥見謝娥。」皆卽其處。紀要五四，商州西十五里爲仙娥峯，「唐人於此置仙娥驛」。一統志商州卷關隘目，仙娥驛在州西十五里，唐置，久廢。據趙嘏沙溪館詩，驛似又名沙溪館。按一統志商州卷山川目丹水條引州志，丹水逕仙娥峯，曰仙娥谿。是仙娥峯驛本臨丹水，有谿，豈唐世一名沙溪耶？

商州去長安蓋近三百里，去藍田關約一百三十里，州有館。

州有館，見白居易發商州詩（白氏長慶集一五）。詩云：「商州館裏停三日，待得妻孥相逐行。」關於里距，通典京兆郡條及上洛郡條皆云商州距京師三百里。而元和志京兆府條作二百六十里。寰宇記二五雍州條及一四一商州條皆作二百六十里。九域志雍州卷作二百六十五里，商州卷作二百八十里。通鑑二二三胡注「上洛至京師二百八十一里。」豈貞元間李西華修山間道而縮短里距耶？然鄧州至長安，通典反較元和志近三十里。凡此里數舛譌不可校，亦不必詳校也。而陝西南山谷口考引道路考，藍田縣東南至商州二百二十五里。則三百里之說或可信。

商州爲藍田、武關驛道之中心點。其交通路線除此驛道外，其他小道尙甚多。如商州以北，驛道之西有細道通輞谷、採谷。

長安志一六藍田縣：「輞谷在縣南二十里。」「採谷在縣西南三十里，與輞谷並有細路通商州上洛縣。」紀要五三藍田縣：「輞谷水在縣南八里，谷口乃驪山藍田山相接處。山峽險隘，鑿石爲塗，約三里許。商嶺水自藍橋伏流至此，有（略）諸水會焉。如車輞環輳，……過此則豁然開朗，林野相望。」按此二小道皆在驛道之西。

崔湜開商州西山，西通石門谷，置大昌關及館驛，後雖廢，但必仍爲小徑也。

詳後第二節。

商州東行取洛南道至陝州。

舊一九六上吐蕃傳上，吐蕃入長安，代宗幸陝，郭子儀南入牛心谷，取玉山小道欲南趨商州，赴行在。行至倒回口，東趨洛南；而判官王延昌等別道登七盤嶺至商州，說商州諸將迎子儀於洛南至商州主軍務，北復長安。據此，洛南可通陝州也。檢寰宇記一四一，商州洛南縣，在州東九十里。縣在洛水之南，故名。蓋東北至陝州；東沿洛水，則經盧氏至洛陽也。

商州南行至上津，安史亂後，曾爲東南物資運輸之孔道。

寰宇記一四一，商州屬縣有上津，在州南二百九十里。安史亂後漕輓孔道，別詳上津道篇。

商州山區，地瘠民貧，而當長安東南孔道中樞，故官其地者以交通爲第一要務。

商州刺史屢以修路功見史傳碑刻，詳後文。又新一四三王凝傳：「出爲商州刺史。驛道所出，吏破產不能給。而有冶賦羨銀，常摧直以優吏奉。凝不取，則以市馬。故無橫擾，人皆慰悅。」是亦見交通常困吏民也。又顏眞卿有商州刺史武關防禦使歐陽使君碑（全唐文三四三），是亦猶華州刺史兼潼關防禦使矣。

州南有四皓驛，壽泉店。由州取驛道東南行經此驛、店，又經洛源驛，凡九十里至商洛縣（今商洛鎮，在龍駒寨西二十里）。有棣華驛者，蓋即縣驛也。

寰宇記一四一，商州商洛縣在州東九十里。（元和志商州卷已佚。）一統志商州卷關隘目，商洛鎮在州東八十五里。州志，即古商洛縣。是也。三省邊防備覽二道路考，商州東八十里至商雒鎮，又二十里龍駒寨，又三十里桃花鋪。則驛在今龍駒寨之西。

壽泉店　見白居易重過壽泉憶與楊九別時因題店壁詩（白長慶集一一）。詩云：「商山南十里，有水名壽泉，湧出石崖下，流經山店前。」結云：「他日君過此，慇懃吟此篇。」是亦驛道所經之客館也。全唐詩（七函三册居易集十一）作「商州南十里。」未知孰是。蓋要當在商州之南歟？

四皓驛　見竇庠四皓驛聽琴送王師簡歸湖南使幕詩（全唐詩四函十册），稱爲山館。按水經丹水注：「楚水……源出上洛縣西南楚山。昔四皓隱於楚山，即此山也。其水兩源合舍于四皓廟東，又東逕高車嶺南，……北轉入丹水。嶺上有四皓廟。」一統志商州卷山川目高車山條：「高士傳，高車山上有四皓碑及祠……州志在州西南五里乳水北岸。」是四皓所隱楚山及四皓廟皆在上洛縣西南不遠處。通典一七五商州上洛縣，「有商山，一名地肺山，一名楚山，四皓所隱。」是唐世傳說遺跡仍同。又白居易仙娥峯下作（全唐詩七函二册居易集十）云：「我爲東南行，始登商山道。商山無數峯，最愛仙娥好。……向無如此物，安足留四皓。」仙娥峯在商州城西，則此詩更爲唐世四皓故事在商州上洛縣附近之强證。寰宇記一四一商州上洛縣條：「皇甫謐高士傳……四皓……共入商嶺上雒，隱地肺山。」「四皓墓在縣西南四里廟後。」是與水經注、通典亦同。而同書商洛縣條又云：「商洛山在縣南一里，一名楚山，即四皓所隱之處。……高士傳謂地肺山即此。」是與前條自相重複。蓋「上洛」「商洛」地名音同致故事傳播歟？迄明清世仍兩地各有廟。如一統志商州卷祠廟目，四皓廟「在州西金鷄原，有唐柳宗元、宋王禹偁撰碑，一在州東南商洛鎮。」然陵墓目，四皓墓「在州西五里金鷄原，有廟。」則廟雖兩見，而墓則仍唯州西五里之金鷄原一處，則故事中心仍在上洛也。四皓隱處之傳說及墓祠既在上洛縣西南不遠，且或近在五里處，則驛之地望當亦在上洛縣附近，疑爲商州南行第一驛？或竟即商州館驛歟？

洛源驛　見雍陶洛源驛戲題（全唐詩八函六册）。又廣記一五三崔朴條，建中初，楊炎貶道州司戶，途經藍田縣、韓公驛，「至商於洛源驛，馬乏。」云云。（出續定命錄。），按商於爲廣泛名辭，但不出商州至內鄉境。廣記此條亦提到洛源監，驛監蓋在同一地區。新書食貨志，「大曆七年禁天下鑄銅器。建中初，戶部侍郎韓洄以商州紅崖冶銅多，請復洛源廢監，起十鑪。……德宗從之。」一統志商州卷古蹟目，「洛源監在州東，唐書地理志，商州有洛源監錢官。舊志，監在州東五十里孝野崖。又東十五里東原上有紅崖冶。」又同卷津梁目，「頭渡橋在州東四十里，跨丹水上。又東十里有洛源橋。」是州東五十里又有洛源橋且跨丹水上。監在州東五十里，今仍有洛源橋，則驛蓋亦距其地不遠，當商洛縣道上也。

棣華驛　見白長慶集。白集一八有棣華驛見楊八題夢兄弟詩。又卷二〇收赴杭州路中作諸詩。就中涉及地名者有宿陽城驛對月，商山路有感，赴杭州重宿棣華驛見楊八舊詩感題一絕，內鄉村路作。是此驛當在商山道中。又雍裕之有宿棣華館聞雁詩云：「不堪旅宿棣花館。」（全唐詩七函九册），即此驛也。檢一統志商州卷山川目有棣華山，「在州東七十里，以山多棣花得名。」申報館新地圖有棣華鎮，在商縣與武關正中間。與山之地望略合，當唐之商洛縣地區，疑即縣驛歟。

由商洛又東南經桃花驛，層峯驛，亦九十里至武關（今關），有武關驛。此關「北接高山，南臨絕澗」，爲春秋以來秦楚交通主道上之著名關隘，西去商州一百八九十里，去長安約近五百里。或置武關防禦使，以商州刺史兼充。

武關　隋志，上洛郡商洛縣有關官。通典一七五，亦云商洛「有武關。」而六典卷六刑部卷，上中下關二十六，無武關，豈開元時代天下太平而廢之歟？一統志商州卷關隘目武關條：「括地志，武關山，地門也，在商洛縣東九十里。史記正義，在商州東一百八十里。」元和志商州卷已佚。寰宇記一四一商州商洛縣條：「武關在縣東南九十里，春秋時少習地。左傳云，楚使謂晉大夫士蔑曰，晉楚有盟，好惡同之，若將不廢，寡君之願也。不然，將通于少習以聽命。注：少習，商縣武關也。又云，武關山為地門。」此當有承襲元和志者。其道里與括地志合。按武關為春秋以來名關要道，詳參紀要五二陝西重險條。形勢參下青雲驛條。今不贅。關有驛，見寶刻叢編一〇唐修武關驛記。安史亂時，見有武關防禦使，以商州刺史兼充，見顏眞卿商州刺史武關防禦使歐陽使君碑（全唐文三四三）。

桃花驛　見一統志商州卷關隘目，云在州東一百三十里，唐置，久廢。是在商洛縣東四十里，武關西五十里也。紀要五四商州武關條引輿程記，「自武關西北行五十里至桃花鋪。」當卽唐桃花驛地。考元稹西歸絕句云：「五年江上損容顏，今日春風到武關。兩紙京書臨水讀，小桃花樹滿商山。」蓋此一地帶多桃樹，故驛有此名歟？

層峯驛　屢見唐人詩文。韓愈女挐壙銘（全唐文五六六，朱校昌黎集三五）：「死於商南層峯驛，卽瘞道南山下。」愈又有題層峰驛梁（昌黎集一〇），序云，「去歲貶潮州刺史，乘驛赴任。其後家亦譴逐，小女道死，殯之層峯驛旁山下。蒙恩還朝，過其墓，留題驛梁。」又元稹桐孫詩序（元長慶集一九）：「元和五年，予貶掾江陵，三月二十四日，宿曾峯館，不知幾何年，復來商山道中。」又有宿曾峯館寄樂天詩（元集六），亦此時所作。杜牧將出關宿層峯驛詩（全唐詩八函七册牧集五）云，「孤驛在重阻，雲根掩柴扉……明日武關外，夢魂勞遠飛。」是此驛當在武關內不到一日程也。而一統志商州卷古蹟目，商南舊縣「在今商南縣南。通志，明成化十二年……分商縣以東地置商南縣，初置（於）層峯驛，尋徙於沐水西，卽今治也。州志，層峯驛在州東三百二十里，唐置驛於此，韓愈南遷經此喪女，有埋女銘。」紀要五四，商南縣「相傳……今縣治卽唐之層峯驛云。」按商南縣在州東少南二百五十里，（一統志商州卷建置目。）而武關在州東一百八十里，則唐層峯驛必非商南縣境，志書皆誤也。推原致誤之故，蓋韓銘云「死於商南層峯驛。」謂商嶺之南也。後人或誤讀此文，以為商南縣耳。

自武關西北踰商山，七盤嶺，秦嶺，約四百里，皆行山中，至藍田縣，始出險就平，所謂商山道也。

按前引紀要五四商州武關條引輿程記，「自武關西北行五十里至桃花鋪，又八十里至白羊店，又八十里至麻澗，又百里至新店，又百里至藍田縣，皆行山中，至藍田始出險就平。」一統志商州卷關隘目偏路隘條引輿地記，亦同。按計此里程四百一十里，與唐代計程畧相同。此即所謂商山道也。

又有桐樹館驛者，在商山道中，似即爲層峯驛之異名。

白居易桐樹館重題（白長慶集八，全唐詩七函二册）：「階前下馬時，梁上題詩處，慘澹病使君，蕭疎老松樹。自嗟還自哂，又向杭州去。」按此詩爲赴杭州刺史途中作。前有宿藍溪對月、鄧州路中作，後有登商山最高頂、初下漢江舟中作，則此館似在商州至襄州道中。又商山路驛桐樹昔與微之前後題名處（白集一八、全唐詩七函四册居易集）：「與君前後多遷謫，五度經過此路隅，笑問中庭老桐樹，這回歸去免來無！」此忠州刺史歸京時作。「商山路驛桐樹」殊不詞，觀下文「中庭老桐樹」之言，必在館驛中，則此「驛桐樹」當即「桐樹驛」之倒譌。後出刺杭州，又經此館重題也。則此驛在商山道中。復考元稹有桐孫詩（元長慶集一九，全唐詩七函九册稹集）自序云：「元和五年，予貶掾江陵，三月二十四日宿層峯館，山月曉時，見桐花滿地，因有八韻寄白翰林詩，當時草蹙，未暇紀題。及今六年，詔許西歸。去時桐樹上孫枝已拱矣。……感念前事，因題舊詩，仍賦桐孫詩一絕。」則曾峯驛中桐樹甚壯，元氏兩度感賦寄白，則白氏上舉兩詩所謂桐樹館驛者，疑即層峯館驛也。姑存再考。

出武關，近處爲青雲嶺，有青雲驛，屢見唐人詩篇，蓋關外第一驛也。

青雲驛屢見唐人詩篇。如雍陶有路中問程知欲達青雲驛（全唐詩八函六册）。蔣吉有次青雲驛（全唐詩十一函七册）。吳融宿青雲驛詩（全唐詩十函七册）云：「蒼黃負譴走商顏，保得微躬出武關。今夜青雲驛前月，伴吟應到落西山。」是此驛當在武關外第一驛也。元稹青雲驛詩（元長慶集二）：「岧嶢青雲嶺，下有千仞谿。」此詩序在分水嶺、四皓廟兩詩後，陽城驛之前，當與吳融詩所詠為同一驛。③又杜牧題青雲館(全唐詩八函七册牧集四)：「虬蟠千仞劇羊腸，天府由來百二强，四皓有芝輕漢祖，張儀無地與懷王。」此亦商山道中之青雲驛無疑。且可徵此館驛當在武關，或關外不遠。檢一統志商州卷關隘目武關條引州志，「關在州東武關山下，當官道設關，北接高山，南臨絕澗。」觀元稹、杜牧兩詩所詠青雲館驛之形勢，正與武關形勢相當，豈即關上館驛耶？牧詩所詠尤為切合，吳融詩意亦可通解，惟決不在關內。而一統志商州卷關隘目商洛鎮條：「九域志，商洛縣有青雲嶺。(按九域志三作鎮，嶺字誤。)舊志有廢青雲館在州南一百五十里，即青雲鎮也。」是此廢館在關西三十里，即關內第一驛也。與吳融、杜牧兩詩均不合。且武關與桃花驛相去五十里，其間已有層峯驛，不容別有一驛。舊志之青雲館必非唐驛故址。

又東南至分水嶺（今商南縣西十里），元、白皆有詩。

元長慶集二有分水嶺、四皓廟、青雲驛、陽城驛四詩連篇，此當為商山道中之分水嶺。又白居易有和分水嶺詩（全唐詩七函一册白集二），小序正謂元詩為貶江陵道上作。按紀要五四商南縣分水嶺條，「在縣西十里，其水分東西流。」一統志商州卷山川目分水嶺條，嶺有二，其一在商南縣西十里。是在富水驛西四十里也。

又東南至陽城驛，元、白皆有詩。唐末改名富水驛，以避陽城之名，杜牧有詩。蓋今陝豫界上之富水關地。

元稹陽城驛詩（元氏長慶集二）：「商有陽城驛，名同陽道州，陽公沒已久，感我淚交流。」「我願避公諱，名為避賢郵。」白居易有和陽城驛詩（白氏長慶集二），即和元氏者。又有宿陽城驛對月詩（同集二），則赴杭州時作。又杜牧商山富水（一作春）驛（全唐詩八函七册牧集四）本注「驛本名與陽諫議

③ 輿地紀勝一八三興元府景物目係此詩，誤。

同姓名，因此改爲富水驛。」蓋即因元氏詩而改者。吳融富水驛東楹有人題詩（才調集二、全唐詩十函七册）：「秦山楚水兩乖張。」是當在秦楚之交。紀要五四商州商南縣漢王城條，「縣東三十一里，相傳沛公入關時所築。今爲富水堡，有富水巡司，本唐之富水驛也。」一統志商州卷關隘目，「富水堡在商南縣東二十五里，唐時置富水驛。……其地有古城遺址。」檢張編地圖集，今藍田通南陽道上商南之東有富水關，在陝豫接境處，與紀要、一統志之富水堡地望相合，當即其地。

又東至鄧州內鄉縣（今縣），去武關約三百五十里上下。

此路取道內鄉，觀後引唐會要李西華廣商州道事可知。又通典一七七鄧州內鄉條：「於中即此地。………括地志云，戰國時張儀所言商於地。按荊州圖則④云，今縣東七里於村，蓋昔所言商於也。」寰宇記一四二鄧州內鄉縣：「郡國縣道記，析邑屬楚，頃襄王元年，秦昭王發兵出武關攻楚取析，即此。」下引荊州圖副云云。則自古秦楚通道所經矣。又按鄧州去商州約近六百五十里，（詳後。）武關去商州一百八十里。而內鄉東南至鄧州約一百二十里至一百四十里，（詳下文。）則內鄉至武關道里可知也。

縣郭不遠有商於驛，羅隱有詩。

羅隱有商於驛樓東望有感（全唐詩十函四册隱集三）及商於驛與于蘊玉話別（隱集五）。上引通典一七七及寰宇記一四二，商於在內鄉縣。按越世家正義引括地志：「於中在鄧州內鄉東七里。」前引荊州圖副亦云商於在縣東七里之於村。則商於驛當在此境。而方輿紀要五四商州安山驛條，「又商於驛在州西五里，皆唐置。」一統志同。按商州西十五里已有仙娥驛，州西五里不應又有一驛。且羅隱驛樓東望詩云，「山川去接漢江東，曾伴隋侯醉此中。」商州去漢江太遠，亦以指內鄉爲宜。玩詩意，驛當距縣郭不遠。

④ 據寰宇記一四二，「則」爲「副」之譌。

內鄉東南沿湍水行約五十里左右至臨湍縣，置臨湍驛，見神會語錄。又南四十里至官軍驛，見劉詩。又東南四十五里至鄧州治所穰縣（今鄧縣），置館驛。

鄧州爲大州，治所必置館驛無疑。太平廣記三三七李咸條：「趙郡李咸居相、衞間，永泰中，有故之荆、襄，假公行乘傳次鄧州，夜宿郵之廳。（出通幽錄。）」郵卽驛也。臨湍驛及官軍驛考證如次：

胡適之先生輯校神會遺集卷一神會語錄第一殘卷云：

「問人劉(？)債在南陽郡，見侍御史王維在臨湍驛中，屈和上…語經數日。」

按此「在南陽郡」可有兩種解釋。一爲在南陽郡治，卽驛在穰縣城。一爲在南陽郡境，郡屬有臨湍縣，則此驛當在縣治。檢元和志二一，穰縣，「湍水北至縣七里。」則穰縣城驛似不得名臨湍，是此驛當爲臨湍縣驛也。元和志二一，臨湍縣東南至鄧州八十五里。寰宇記一四二，亦云廢臨湍縣在州西北八十五里。按湍水由內鄉東南流經臨湍至穰縣（今鄧縣），是臨湍縣驛在內鄉至穰縣間。元和志、寰宇記皆云鄧州治所之穰縣東北至南陽一百二十里，西北至內鄉二百四十里。觀地圖，此兩距離應大略相同，鄧縣西北至內鄉決不應有二百四十里。撿一統志南陽府卷，內鄉東南至鄧州界三十里，鄧州西北至內鄉縣界九十里，西至內鄉縣界一百里。則內鄉東南至鄧州約一百二三十里。唐世道路縱有不同，亦決不至二百四十里。疑兩書二百四十里者，「二」爲「一」之譌，如是，則內鄉東南至臨湍縣驛蓋約五十里左右耳。

又劉禹錫順陽歌（劉夢得集八、全唐詩六函二册禹錫集一）云：

「朝辭官軍驛，前望順陽路，野水齧荒墳，秋蟲鏤宮（一作官）樹。曾聞天寶末，胡馬西南騖，城守魯將軍，拔城從此去。」

按元和志二一鄧州，臨湍縣「本漢冠軍縣地，後魏孝文帝割縣北境置新城縣，……廢帝以近湍水，改爲臨湍。」「冠軍故城在縣南四十里。」順陽歌之官軍驛卽此冠軍縣無疑。是由臨湍南行四十里至此驛也。臨湍東南至鄧州治所之穰縣八十五里，則冠軍至穰縣當爲四十五里。而寰宇記一四二鄧州南陽縣目云：

「冠軍城在縣西四十五里。」似在南陽縣西者，與元和志不合。然同書同目又云：「廢臨湍縣在州西北八十五里，本漢冠軍縣地，及魏太和二十二年，……割冠軍北境置新城縣。……天寶元年改爲臨湍縣……今廢入穰縣。」是又云冠軍在臨湍之南，與元和志合。且廢入穰縣，不入南陽縣，亦近穰縣之證。蓋穰縣爲南陽郡治，亦得稱南陽，故寰宇記「冠軍城」條誤係之南陽縣耳。然據此可知冠軍至穰縣之方向係東南行四十五里也。

又按順陽歌所述並非此道，而係由鄧州西行經官軍驛向順陽者。寰宇記一四二鄧州目：「武德……三年，立順陽縣。……六年，省順陽入冠軍。……貞觀元年，省冠軍入新城（臨湍）。」又州西一百二十里有「順陽縣，本順陽鎮，皇朝太平興國六年置，……在淅川內鄉縣界之中。」是鄧州西經官軍驛、順陽縣至淅川者。歌云：「秋蟲鏤官樹」，似亦爲驛道，舊魯炅傳，炅守南陽郡年餘突圍，「出南陽，投襄陽。」蓋南道不通，故西取官軍、順陽道，再沿漢水下至襄陽也。

又由內鄉東行約一百五六十里至曲河驛，韓愈有詩。又三十里至南陽縣，置南陽驛，孟浩然有詩。折而西南行一百二十里，亦至穰縣。

南陽，古宛城，自昔爲入關中孔道。其在唐世，驛道雖由內鄉東南行直達穰縣，然仍有繞道南陽者。如蕭鄴高元裕碑（萃編一一四、全唐文七六四），爲山南東道節度使，詔徵入朝。「卽日渡江。……大中四年夏六月二十日次于鄧，無疾暴薨于南陽縣之官舍。」此襄陽、鄧、商道經南陽之證一。又韓愈過南陽（重校昌黎集六）：「秦、商邈既遠，湖海浩將經。」注：「公赴潮州作。」此鄧商驛道經南陽之證二也。元和志二一，寰宇記一四二，皆云鄧州治所之穰縣（今鄧縣）北至南陽一百二十里。但無內鄉至南陽里數。檢一統志南陽府卷，鄧縣東北至南陽一百二十里，內鄉東至南陽一百九十里。唐之里距蓋略相同。南陽大縣，有館驛。孟浩然有人日登南陽驛門亭子懷漢川諸友詩（全唐詩三函三册）。又劉希夷晚憩南陽旅館（唐詩紀事一三）：「旅館何年廢，征夫此日過，…行路新知少，荒田古路多。」此當是廢頹之官館，非私家客舍也。

曲河驛　見韓愈食曲河驛詩（朱校昌黎集六）。詩云：「晨及曲河驛，悽然自傷情……而我抱重罪，孑孑萬里程。……」次詩卽過南陽。是似在縣西。元大一統志三六五南陽府古蹟目曲河驛條：「河有南北，去南陽縣三十里。唐時置驛。韓昌黎愈經行有詩云晨發曲河驛云云。」則驛當在縣西三十里處也。一統志南陽府卷山川目「曲河在鄧州西北三十里。」云云。蓋上流經南陽西境耳。

鄧州北至東都六百五六十里左右。西北至商州六百四十八里，至西京九百五十里。

北至東京里數，通典一七七鄧州節作六百七十里，元和志二一鄧州節作六百四十五里。相差二十五里。兩書南至襄陽皆云百八十里。檢兩書襄陽至東京里數，通典作八百五十，元和志作八百二十五，亦各自無抵觸處。今姑折衷書之。至商州里數，見通典鄧州目（卷一七五商州目作六百四十里。）及寰宇記一四二。（卷一四一商州目作七百里。九域志三亦作七百里。）至西京里數，見元和志二一及寰宇記一四二鄧州目。而通典一七七鄧州目作九百二十里。

州「道百越之繁會」，爲「兩都之南蔽」。南方臣民道荆襄入兩都者，必由之。故館驛交通甚繁，居官者以郵傳爲要務，惜館驛名稱多不可考。

李華臨湍縣令廳壁記（全唐文三一六）：「鄧爲天下扃闥，兩都南蔽。」符載鄧州刺史廳壁記：「控二都之浩穰，道百越之繁會。」（全唐文六八九。）臣民取道於此者極多，詳後。安祿山據東都，張巡守睢陽爲江淮屏障，魯炅守南陽爲荆楚屏障，此爲人所習知者。通鑑二二八建中四年條，「（李）希烈使其將封有麟據鄧州，南路遂絕，貢獻商旅不通。」則鄧爲商嶺咽喉可知。册府六九（又一〇四）開成二年，狄兼謩對曰：「鄧州疆土濶，館驛多，須有才力，方可集事。又數道防秋兵路出鄧州，饋餉之繁，不供是懼。」正見此州之任以交通供應爲要務也。李華壁記云：「南陽爲戰地，地荒人散，千里無烟，猶以郵置之衝，往復王命，權置官吏，招集疲人。」亦其證。符載鄧州刺史廳壁記（全唐文六八九）云，王綏爲刺史，「餙傳遽之舍，作棲旅之館，儲什器用，蓋餘力也。」亦見館驛爲要務。

鄧州南行一百四十里至故鄧城，又二十里至安養縣，天寶元年更名臨漢，貞元二十一年又更名鄧城，即古樊城（今城）也。又南渡漢水二十里至襄州治所襄陽縣（今縣），凡一百八十里。

鄧州至襄州里程，通典、元和志、寰宇記無異說。按臨漢縣本名安養，天寶元年改，即古樊城，在漢水北，距水南襄陽二十里。又縣北二十二里有故鄧城，春秋鄧國也。皆見元和志二一。「貞元二十一年徙臨漢縣於古鄧地，乃爲鄧城縣。」見寰宇記一四五。通鑑二四三長慶三年紀，「以尙書左丞柳公綽爲山南東道節度使。公綽過鄧縣。」即鄧城也。又吳融有過鄧城縣作（全唐詩十函七册）。觀詩意，即貶時所作者。是亦途經鄧城之一證。通鑑一四一齊永泰元年紀，胡注，「唐貞元中又改安養縣爲鄧城縣。今鄧城縣在襄陽城北二十里，隔漢水。按南北對境圖，自鄧城南過新河至樊城。」對境圖之鄧城蓋古城也。

襄陽有漢陰驛，蓋在城西，漢水南岸，水陸兼用，甚宏大，故爲一名驛，屢見文史。

舊一七六盧商傳，由鄂岳入朝，卒於漢陰驛。白居易襄陽舟夜（白長慶集一五）：「下馬襄陽郭，移舟漢陰驛。」廣記二三三裴弘泰條，「唐裴均鎭襄州，裴弘泰爲鄭滑館驛巡官，充聘于漢南。住於漢陰驛。（出乾𦠆子。）」據李騭徐襄州碑（全唐文七二四），漢陰驛甚宏大，蓋在城西，臨江滸。參之白詩，蓋水陸兼驛。檢一統志襄陽府卷古蹟目，「漢陰臺，在襄陽縣西南。水經注，檀溪水北逕漢陰臺西，臨流望遠，意寄漢陰，故因名臺。」蓋唐驛所在歟？

綜上所考，此道由長安東南行，經藍田縣，出藍田關，經商州治所上洛縣，商洛縣，出武關，經鄧州之內鄉縣，臨湍縣，至穰縣。又由內鄉經南陽縣，亦至穰縣。穰縣南行經鄧城縣至襄陽，凡一千一百餘里。鄧州以南館驛可考者惟襄陽之漢陰一驛。而其北九百里間，館驛可考者乃二十有三，（不計桐樹館。）蓋十得七八矣。而多得之於詩人墨客之吟詠。蓋或初出京師，離思之憂深，或將及畿甸，歡娛之情溥，兼以山谷幽邃，彌增感興歟？

（二）增修工程與丹水漕運

此道唐世屢經修建，且曾改變路線。如景龍中，崔湜由商州西境開山道通石門，折北至藍田西境。石門谷在藍田西南四十里，其南置大昌關以為戍守之所。至於商州以東，則利用丹水興漕運，由襄陽泝漢水轉丹水，蓋直達商州郭下。

新九九崔湜傳云：

「初湜建言，山南可引丹水通漕至商州。自商鑱山出石門，抵北藍田，（紀要五三及五四引此事皆作『北抵』。）可通輓道。中宗以湜充使，開大昌關，役徒數萬，死者十五，禁舊道不得行，而新道為夏潦奔䃁，數摧壓不通。至是（睿宗時）論功，加銀青光祿大夫。」

舊七四崔湜傳：

「初湜景龍中獻開南山新路以通商州水陸之運。役徒數萬，死者十三四，仍嚴錮舊道，禁行旅。所開新路以通，竟為夏潦衝突，崩壓不通。至是追論湜開山路功，加銀青光祿大夫。」

按此事又略見舊五一上官昭容傳。册府六九七載此事與舊傳大體相同。皆不及新傳之詳。檢長安志一六，藍田縣有「石門谷，在縣西南四十里。唐昭宗乾寧二年行〔幸〕莎城鎮，又次石門鎮之聖壽寺。」紀要五三，石門谷在藍田縣西南五十里，大昌關在谷南。南山谷口考引通志，唐於石門谷南置大昌關，為戍守處。考又云石門谷在藍田縣西南四十里。又西至庫谷十里。「有石門谷水北入灞。咸寧縣志，自西安東南行十五里曰三兆，又二十五里鳴犢鎮，又五里至藍田界，入湯谷路，即石門谷。入谷南行可達孝義廳。」蓋商州以西，舊道向西北至藍田縣治，湜則開新道由州直西至藍田縣治西南四十里之石門，再折北至藍田西境，蓋有所避也。今則入谷南行達孝義廳（柞水縣），蓋與庫谷路合矣。至於商州以東，新傳云，「引丹水通漕商州。」按一統志商州卷關隘目：「竹林關在山陽縣東一百三十里，臨丹水。自此登舟，經淅川，穀城，至小江口，入漢，爲下襄陽水路。」又「龍駒砦在州東一百里……其地水趨襄漢，陸入關輔，南北輻輳，一巨鎮也。」又商州卷山川目龍潭水條，「龍駒砦河，在州東百里，南入丹水，襄陽舟楫咸集於此。」又嚴如熤三省山內風土雜識：「商州……東南至龍駒寨小河一道，可通舟楫，東達襄陽之老河口。西商之貿易東南者，多於此買舟雇騾。人烟稠密，亦小都會焉。」嚴氏後又爲三省邊防備覽，其卷五水道目引商洛轉漕圖記畧云：康熙三十二年，以關中饑，將襄陽存倉米三十萬石由丹水運至商州，轉運西安，減糶濟民。計自襄陽溯漢江，歷穀城，光化，至均州之小江口二百八十里，入小江口經河南內鄉境至淅川，又經淅屬之荊子關，商南之徐家店，竹林關，至龍駒寨。自襄至寨水路凡八百七十餘里。至寨則陸運，百里至商州，又九十里秦嶺鋪，踰嶺七十里藍橋，四十里陟七盤至於坡下，經藍田九十里抵西安。襄陽至小江口多民船，大者可載百數十石，入小江口，概用扒河船，可載二十石，遞減而過徐家店，僅八九石。此則清代丹水水運情形尚可瞭也。今觀張編地圖集，龍駒在商州武關道上，丹水自西北來，經龍駒，南至竹林關下入漢水。即此水道矣。惟一統志商州卷山川目丹水條云，「在州南，源出州西北。……州志，水出秦嶺之息邪澗。……東南流三十里逕大商原……又東南三十里逕蔴澗，曰蔴澗河。又東南十里逕仙娥峯……又東南逕州東四十里至白楊店，曰白楊河。……」是丹水上源在州西北約八十里，流經州郭之南。據新傳文意，崔湜通丹水漕運，蓋直達商州郭下，較今龍駒砦又西百里矣。

惟新道路基不易鞏固，常摧陷不通。及崔湜誅死，復用舊道。而丹水漕運，則後世頗遵行之。

前引兩傳，已言新路爲夏潦衝突，數摧毀不通。册府六九七稍詳之云：「其新路每經夏潦，摧壓踣陷，行旅艱辛，僵仆相繼。後湜流於嶺表，俄誅戮，……商州奏請復依舊路而行。」是正式放棄新路，復開舊路之禁也。然姚彝碑（萃編七二）：「乃拜鄧州刺史，兼檢校商州運漕。」時在開元初。是崔湜與丹水漕運事，並未因人亡而政息。至今丹水水運頗盛，見前引一統志及嚴如熤兩書。

貞元七年，商州刺史李西華廣商州道，西至藍田，東抵內鄉，七百餘里。其阻山澗處，則鑿通山道，謂之偏路，以避水潦。

唐會要八六道路目云：

「貞元七年八月，商州刺史李西華請廣商山道。又別開偏道，以避水潦。從商州西至藍田、東抵內鄉七百餘里，皆山阻，行人苦之。西華役工十餘萬，修橋道，起官舍。舊時每至夏秋水盛，阻山澗，行旅不得濟者，或數日糧絕，無所求糴。西華通山間道，謂之偏路，人不留滯，行者爲便。」

據此，西華主要工程爲修廣商州舊道，西至藍田，東至內鄉，惟於阻山澗處，則開偏路，以避水潦。非內鄉藍田間七百里路，皆另開一新道也。此文本甚明。而新書地理志商州條云：

「貞元七年，刺史李西華自藍田至內鄉開新道七百餘里。迴山取塗，人不病涉，謂之偏路，行旅便之。」

通鑑二四五太和九年條胡注，卽據新志爲說。是自藍田至內鄉七百餘里，爲西華所開者。此實大誤，蓋省文之過歟？而一統志商州卷關隘目有偏路隘條，在州西北十里。引新唐志當之。又引輿程記：「自武關西北行五十里至桃花鋪，又八十里至白楊店子，又八十里至麻澗，又百里至新店子，又百里至藍田縣，皆行山中，卽所謂偏路也。至藍田始出險就平。」紀要五四商州武關條引輿程記，同。桃花鋪當卽唐桃花驛地。麻澗在州西二十里以上，見前引一統志商州卷丹水條。又一統志熊耳山條：「括地志，山在上洛縣西四十里。州志，兩峯插漢，以形似名。丹江經此，謂之麻澗。」是州西四十里矣。輿程記不提商州城，蓋不經城郭歟？此蓋小路，不知何時所開，以爲卽李西華所開之偏路，未必然。

元和、大中間亦曾修建，其事不詳，蓋於路線亦無所改變。

寶刻叢編一〇商州唐新修橋驛記條引復齋碑錄：「唐韋行儉撰，柳汶正書，元和八年立。」同卷又有唐商於驛路記，引集古錄目：「唐翰林學士承旨韋琮撰，太子賓客柳公權書，李商隱篆額，商州刺史呂公移建州之新驛。碑以大中元年正月立。」是元和、大中皆曾修建也。李商隱有商於新開路（玉谿詩註一）當卽詠呂公移建州驛事。說者以李西華事實之，非也。

（三）行旅之盛

商山武關一道旣爲長安東南行之重要驛道，故公私行旅者極多，致張九齡有使多馬少之言。

張九齡荆州謝上表（全唐文二八八）：「屬小道使多，驛馬先少。」蓋謂山道不廣而使節多驛馬少，致稽時日也。

玆就朝臣出官或貶謫往返行旅所經明見文史者，舉例若干。如張九齡、白居易、元稹等皆數度經過。

張九齡奉使自藍田玉山南行（全唐詩一函九册）：「嶢、武經陳迹，衡、湘指故園。」故已不止一次。其後又由丞相出官荆州長史，亦經此。見前引荆州謝上表。白氏自忠州刺史入京經商山。此是第五次，見白氏長慶集一八商山路驛桐樹。其後出爲杭刺亦取道於此，見白集卷八諸詩。其登商山最高嶺云：「七年三往復，何得笑他人。」亦謂六次也。元稹亦數度經過（可能七度），見元氏長慶集。韓琮題商山店：「商山驛路幾經過，未到仙娥見謝娥。」（才調集八。）是亦數度也。其他曾經此道者，就唐人選唐詩所見，如李涉有再宿武關詩（才調集六），吳融有富水驛詩（同上二），崔滌有望韓公堆詩（國秀集上），司空曙有登秦嶺詩（御覽詩）。若徵之全唐詩，則不可勝數矣。

韓愈貶潮州往還。

韓愈貶潮州刺史，取道商山，見朱校昌黎集卷十各詩。而綜觀全集，其往返行程，出藍關、武關，經南陽、鄧州、湘中、韶州至潮州，量移袁州，經洪、江、鄂、安、隨州至襄陽，當亦由武關入京也。

來瑱、袁滋、高元裕、陳弘志由荆、襄召還。

來瑱爲山南東道節度使，奉召赴京，至鄧州，復令還鎮，見舊一一四本傳及通鑑二二二寶應元年紀。袁滋爲荆南節度使，請入朝，經鄧州，見通鑑二三九元和十一年紀。高元裕爲山南東道節度使，還京，至南陽卒，見前引。宦者陳弘志爲山南東道監軍，召還杖殺於青泥驛，見舊文宗紀、兩唐書李訓傳及通鑑二四五。

顏眞卿貶峽州，周子諒、薛繡、楊志誠、顧師邕、王摶等貶流嶺南。

顏眞卿與李太保帖（全唐文三三七）：「眞卿緣驛上無馬，……今日始至藍田。」具銜「陝州别駕」。陝當作峽，見新傳。又周子諒、薛繡流瀼州，皆賜死藍田，見通鑑二一四開元二十五年紀。楊志誠爲幽州節度使，被逐入朝，以罪流嶺外，至商州殺之，見舊文宗紀大和八年條及本傳。顧師邕流儋州，至商山賜死，見通鑑二四五太和九年紀。王摶貶崖州，賜死藍田驛，見新書本傳及通鑑二六二。

楊承和流驩州，賜死公安；韋元素流象州，賜死武昌；見新書宦者王守澄傳。是必亦取道商山者。

而太平廣記所記貶逐之臣，道途可考者，例取商嶺、襄、荆道。大抵唐代京師長安與江淮嶺表間之交通，唯有東西兩幹線。東取汴河水道，西取商鄧陸路。汴河水道運輸量大，故物資運輸例多取東路，行旅者亦較安適。商鄧陸路行程捷近，故公私行旅多取西路，旅途亦較艱辛。至於貶逐之臣

須速行速達，不得求安適，故例取襄鄧捷徑也。

貶逐之勅，往往云：「馳驛發遣」，「無許西東」。張九齡荊州刺史謝上表云：「聞命皇怖，魂膽飛越，即日戒路，星夜奔馳。」即實情也。廣記一五三崔朴條：「楊炎貶道州司戶參軍。自朝受責，馳驛出城，不得歸第。炎妻先病……。」唐世無論官至宰相大臣，貶逐之詔下，即當倉惶就道，自取捷徑，遑論安適。

且商鄧而南，西行巴、黔，東達江、淮，南通嶺表，區域遼居，視東路水道為尤廣。

前舉貶逐之臣皆南至嶺表也。韓愈燕喜亭記（重校昌黎集一三，全唐文五五七）：「（王）宏中自吏部郎貶秩而來，次其道途所經，自藍田入商洛，涉淅、湍，臨漢水，升峴首以望方城，出荊門，下岷江，過洞庭，上湘水，行衡山之下，繇郴踰嶺。」此更明述貶逐之臣取道商嶺南行之旅程矣。由鄧襄，道江漢至兩浙者甚多，如白居易赴杭州刺史任即其例。白集二〇又有商山路有感小序云：「前年夏，予自忠州刺史除書歸闕，時刑部李十一侍郎，戶部崔二十員外亦自澧果二郡徵還，相次入關，皆同此路。……。」則川東入京者亦例取道於此矣。入黔中者例取道荊州，另詳他篇。是亦北取商嶺入京也。

行旅既盛，詩人吟詠遂有「名利路」之目。

王貞白商山（全唐詩十函九册）：「商山名利路，夜亦有人行。」
白居易登商山最高頂（白集八，全唐詩七函二册）：「高高此山頂，四望惟烟雲。下有一條路，通達楚與秦，或名誘其心，或利牽其身。乘者及負者，來去何云云。我亦斯人徒，未能出囂塵，七年三往復，何得笑他人！」

然途出崇山峻嶺間，道小崎嶇，且多猛獸，行旅者不無戒心焉。

張九齡稱此為「小道」。王維送李太守赴上洛（全唐詩二函八册）：「驛路飛泉灑，關門落照深。」李商隱商於新開路（玉谿生詩箋注一）：「六百商於路，崎嶇古共聞，蜂房春欲暮，虎穽日初曛，路向泉間辨，人從樹梢分。……」亦皆見其險峻。又太平廣記四三二商山路：「舊商山路多鷙獸，害其行旅。（出玉堂閒話）」大約藍關以南，商、鄧、襄、均、金、房地區，皆多鷙獸猛虎，致州有採捕將之職。見同書同卷械虎條及卷三〇七永淸縣廟條。

至於此道在物資運輸上之作用，其在前期已擔負江淮貢賦北運京師之一部份工作。

此觀前引兩書崔湜傳通商州水陸運漕事，及姚彝碑「拜鄧州刺史兼檢校商州運漕」事可知。又新書文藝蕭潁士傳，山南節度使源洧辟掌書記。「賊別校攻南陽，洧懼，欲退保江陵。潁士說曰，官兵守潼關，財用急，必待江淮轉餉乃足。餉道由漢沔，則襄陽乃今天下喉嚥，一日不守則大事去矣。」亦其證。

中葉以後，經濟中心旣南移，中央政府仰賴於江淮貢賦尤切，而汴河水運常爲東方軍閥所阻擾，故此路在江淮物資北運工作上之任務尤重。

唐中葉以後，汴河常爲東方軍閥所困擾，全漢昇唐宋帝國與運河已有詳細述論。汴河旣常受阻，此路尤爲貢道之要。通鑑二二八建中四年紀，李希烈「使封有麟據鄧州，南路遂絕，貢獻商旅皆不通」即其證。又崔祐甫爲皇甫中丞上永王諫移鎮牋、陸贄多至大禮大赦書及陸扆授趙凝檢校太尉開府制等（引詳上津道考）皆足見此道在江淮貢賦北運工作上所擔負之重要任務。

故此道在唐代，對於物資之運輸，政治之控制，與公私之行旅，人文之溝通，皆具有極大之作用，中葉以後影響尤巨，不僅軍事爲重也。五代、北宋時代，政治中心東移汴、洛，此道始荒廢，僅小商賈往往行之，遠非唐代盛況之比矣。

三省邊防備覽五水道，錄歐陽修漕河議云：「臣嘗至南陽，聞其遺老云，自鄧西北至永興六七百里，今小商賈往往行之。初漢高祖入武關，其兵十萬，夫能容十萬之路，宜不甚狹而險也。但自洛陽爲都，行者皆趨東關（謂潼關），其路久而遂廢。」是北宋時代，此路很荒廢，士大夫皆已不知。

參看圖十一

一九六六年七月初稿，兩經正補，刊史語所集刊三十九本下册。一九八二年十一月八日改稿。一九八五年四月校定。八月三十一日三校定稿。

篇拾柒　子午谷道 附庫義錫三谷道

顧祖禹述子午道史事頗詳，然有若干錯誤。

方輿紀要五六云：「子午道，今新開。南口曰午，在洋縣東百六十里，北口曰子，在西安府南百里。谷長六百六十里，或曰卽古蝕中也。」下文列舉漢高祖從杜南入蝕中以下史事。按新道爲梁世所開，不得謂爲「今」，蓋抄錄古志書之文。又北口有誤，南口亦欠妥。詳下文。

按劉邦封漢王，「從杜南入蝕中。」見漢書高祖紀。蝕，漢初谷名，蓋卽後之子午谷道。是此道之開通不能遲於戰國、秦世。

高紀顏師古注：「李奇曰，蝕在杜南。如淳曰，蝕入漢中道川谷名。」補注：「官本考證云，程大昌雍錄云，以地望求之，關中南面，背碍南山，其有微徑可達漢中者，惟子午谷在長安正南，其次向西則駱谷。此蝕中，若非駱谷卽是子午谷。」紀要云：「漢王之國從杜南入蝕中，去輒燒絕棧道，蓋卽此。」按漢地志，京兆杜陵縣，「故杜伯國。宣帝更名。」補注：「秦武公縣杜，見秦紀。宣帝樂之，起陵，更名，見宣紀。瓚注，杜陵在長安南五十里。」按杜陵西之鄠縣，鄠西之盩厔，皆右扶風屬。駱谷北口在盩厔，距杜南甚遠，故蝕中當以子午谷爲近理。下文引水經沔水注舉張良燒棧道，卽以子午道當之。是也。紀要蓋從酈注。復考楊孟文石門頌（隸釋四），「高祖受命，興於漢中。道由子午，出散入秦。」「道由子午」者謂先自關中入漢中之道也。是漢人卽以子午道爲杜南入蝕中道矣，不始於酈注也。惟華陽國志云，秦惠王伐蜀由子午道；則未敢遽信。

西漢此道蓋久堙，平帝元始五年，王莽復開，始名爲子午道。

王莽傳上：「其秋（平帝元始五年），莽以皇后有子孫瑞，通子午道。子午道從杜陵直絕南山徑漢中。」顏注：「子，北方也。午，南方也。言通南北道相當，故謂之子午耳。今京城直南山有谷，通梁漢道者，名子午谷。」又引張晏曰：「（皇后）時年十四，始有婦人之道也。子水，午火也。水以天一爲牡，火以地二爲牝，故火爲水妃，今通子午以協之。」又長安志一二長安縣子午關條引括地志：「漢書，王莽以皇后有子孫瑞，通子午道，蓋以子午爲陰陽之王氣也。」按當時命名之意義蓋取陰陽爲說，而其道直南山南北則不誤也。

東漢永平間詔開褒斜道，子午道蓋漸堙廢。安帝永初間，褒斜道爲羌人所破壞，復修子午以遠羌患。至順帝即位，以子午道太險惡，仍復修褒斜。漢末，張魯斷絕褒斜，時人行旅又復從子午焉。故在漢世，可謂與褒斜道迭爲興廢。

按此詳漢唐褒斜道篇。

此道北口在長安縣南六十里之子午谷，又南四十里爲子午關。又直南通金州安康縣境。此晉、南北朝至唐代前期之安康也，至德二年更名漢陰，在今漢陰縣西。梁世以沿途橋梁太多，易毀壞，乃開乾道向西南斜出，至唐之洋州，是爲新道。

元和志一京兆府長安縣目：

「子午關在縣南百里，王莽通子午道，因置此關。魏遣鍾會統十萬餘衆分從斜谷、駱谷、子午谷趨漢中。晋桓溫伐秦，命司馬勳出子午道。今洋州東二十里曰龍亭，此入子午谷之路。梁將軍王神念以舊道緣山避水，橋梁多壞，乃別開乾路，更名子午道，即此路也。」

又卷二二洋州黃金縣目云：

「故鐵城在縣西北八十里。城在山上，言其險峻，故以鐵爲名。昔氐帥楊難當寇漢川，令魏興太守薛健據黃金戍，姜寶據鐵城。宋遣梁州刺史蕭思話攻拔之。驛（？）即子午道也。舊道在金州安康縣（今漢陰縣西境）界，梁將軍王神念以舊子午道緣山避水，橋梁百數，多有毀壞，乃別開乾路，更名子午道，即此路也。」①

合此兩條觀之，北端未變，南端出口舊在安康故城（今漢陰西）境，梁世新開道口向西南移至洋州之龍亭也。

又案，元和志惟云，子午關在長安南一百里，寰宇記同，皆未云關卽谷道之北口。而方輿紀要五六述子午道云：「北口曰子，在西安府南百里。」是卽以關爲子谷所在，谷道之北口也。檢三省邊防備覽二道路考寧陝廳目，官坪寺卽子午谷，距西安府五十里。又南山谷口考云，「子午谷在長安縣南六十里。」並引顧說，以爲與今不合。按長安南至山區實不至百里。新唐志云，「京城前直子午谷，後枕龍首山。」又云長安縣「南五十里太和谷，有太和宮。元和中，以爲翠微寺。有子午關。」以子午谷與龍首山南北對舉，太和谷在縣南亦只五十里，知南山距城不過數十里，卽谷道北口之子午谷亦不會遠至百里也。長安志云：「子午鎭在縣南五十五里，宋景祐三年置。」（一統志西安府卷三關隘目引。）蓋卽當子午谷口外而置者。知唐世子午谷與今不異。大約子午谷口在縣南五六十里，關又在谷口之南四十里耳。此與駱谷口、駱谷關形勢相同，紀要皆誤以關爲谷口也。（參看駱谷道篇。）

又李之勤歷史上的子午道（西北大學學報 1981年 2 期）云，元和志「舊道在今金州安康縣界」語可疑。其理由是兩唐書地理志皆云安康縣本在今漢陰縣境，唐至德二年更名漢陰。今按，今漢陰縣（約 E108°35′·N32°55′）自晉以來長期名安康，且曾置安康郡，至唐至德二年始改名漢陰。元和志蓋直抄舊志書原文，或書漢陰之舊名，非爲大誤。蓋其時今之安康縣（約 E109°10′·N32°35′）名西城，尙無安康之名。後代西城乃有安康之名，遂滋誤會耳。不能據此致疑漢魏舊道南口之在今漢陰也。

大抵舊道自子午谷南行，越秦嶺，再循今洵水上游之西源（酈注誤爲直水

---

① 「舊道」以下，輿地紀勝一九〇洋州景物目引元和志，同。而方輿紀要五六引作顏師古語。按王莽傳師古注無如此之詳。

上源），經萑閣，度入直水（今池河）河谷，循谷道至安康縣（今漢陰E108°35′•N32°55′之西）。至於梁開新道，則向西南斜出至今洋縣東境，行山區，避河流也。其分歧點當在秦嶺以南，但不知究在何處。

水經注二七沔水注：

「漢水又東歷敖頭，舊立倉儲之所，傍山通道，水陸險湊，魏興安康縣治。（孫校曰在今漢陰。）有戍統領流雜。漢水又東合直水，水北出子午谷岩嶺下，又南，枝分東注旬水。又南逕萑閣下。山上有戍，置于崇阜之上，下臨深淵，張子房燒絕棧閣示無還也。又東南歷直谷逕直城西（孫校曰：地形志金城郡直城，今石泉漢陰界有廢直城。）而南流注漢。」

據一統志興安府卷古跡目安康故城條，城在今漢陰縣西。南北朝末期，置直州，貞觀元年廢。（按縣仍名安康。）至德二年改縣曰漢陰。又直城舊縣條，亦云在今漢陰廳西。據此酈注，直水出子午谷，南流經萑閣至今漢陰縣西入漢水，古棧道亦畧循直水而南。又寰宇記一四一金州漢陰縣目云：

「直水源出永興軍乾祐縣弱嶺姜子關，經縣理西，又南注于漢。北流（？）當終南山子午谷是路也。」

按五代乾祐縣，在清孝義廳境，今柞水縣境。是所述直水與酈注同。然一統志興安府卷山川目云：

「直水在石泉縣東，接漢陰縣界，一名遲河，源出西安府寧陝廳北腰竹嶺，南流廳治東，亦名長安河，西南流入縣境。……縣志，池河在縣東五十里，源出長安縣腰竹嶺，南入漢江。世傳其水易長難退，故亦名遲河。近河地多良沃，蓋卽直水，以直遲聲相近而訛也。」

「腰竹嶺在寧陝廳北九十里，……直水源出此。」

是直水之源近在今寧陝縣北九十里。檢水道提綱一三，直水之源亦甚促。張編地圖集．陝西兩圖亦然。皆去長安南之子午谷遠甚。按水經注此段述事，與旬水有涉。檢酈注下文又云：

「漢水又東合旬水。水北出旬山，東南流，逕平陽戍下，與（與字衍文，參前條及一統志洵水條引文）直水枝分東注，逕平陽戍入旬水。旬水又東南逕旬陽縣與柞水合……旬水又東南逕旬陽縣南，……注漢，謂之旬口。」

是以直水與旬水並行，直水中途又分枝東注旬水也。檢水道提綱一三、一統志及今世地圖，池水卽古直水，甚短促。其東旬水有三源，西爲洵水，東爲柞水（一稱乾祐水），中爲于岔河，皆出今柞水縣（舊孝義廳）西北，卽宋世乾祐縣之西北。（宋乾祐在今鎭安北八十里，兼轄今柞水縣地。）古今記載不同如此。此可有兩種可能之解釋。一則酈注及寰宇記有誤。卽酈注及寰宇記所舉直水上源，實卽今洵水西源之洵水也。蓋長安南子午谷之南本出一水，卽洵水。而直水所出之腰竹嶺則亦當子午谷南秦嶺之南，遂誤以直水卽出長安南子午谷之南。然谷南之水實東南與于岔河合，又與柞水合至旬口注漢水，遂又稱直水「枝分東注旬水」耳。一則因河流襲奪，致古今不同。卽今之旬水西源在古代實爲直水上源，水發源於子午谷，至今漢陰之西入漢。但中途有枝津東注洵水。至宋以後，因河流襲奪現象，致枝津以下之主流斷絕，形成現在現象。無論爲襲奪作用，或酈注有誤。然子午故道沿今洵水西源接池河至直城，事蓋可信。直水易漲難退，或卽王神念另開乾路之故歟？玆作洵水直水形勢圖如下：

觀此形勢，舊道南口在今漢陰，勢必沿今洵水上游而南，度入池水河谷至漢陰也。

按今子午道，由長安南行四十里子午鎭，十里入子午谷口，五十里子午關，又名石羊關，三十里秦嶺，二十里夾嶺，二十五里沙溝，二十里高關，二十里苦竹溝，三十里東江口，又四十里徐家梁，三十里雞公梁，三十里洵陽壩，四十里文公廟，四十里火地，二十里七佛溝，四十里寧陝老城，十五里寧陝新城，共凡五百里。沿途重山複巘，老林密佈，至爲難行。其中洵陽壩在寬百餘里之腰竹嶺老林中，爲道中唯一小平壩。東江口倚峻嶺，臨湍溪，而四路相通，爲山內交通軍事要衝。

張編地圖集·陝西人文圖繪長安子午鎭南經沙溝街、高關、東江口、洵陽壩、新路、腰嶺關至寧陝縣之舊道甚明悉，卽行洵水上源之西側，及池水河谷之西側。復檢三省邊防備覽二道路考上·寧陝廳條，記此道行程云：

「廳北十五里寧陝老城，二十里豹子溝，二十里七佛溝，二十里火地(嶺)，二十里蓮花石，二十里文公廟，二十里油磨，二十里洵陽壩，三十里雞公梁，三十里徐家梁，三十里白神廟，十里東江口，長安縣主簿駐此。又三十里苦竹溝，二十里高關，二十里沙溝，二十五里夾嶺，二十里秦嶺，三十里石羊關，二十里滑子坪②，三十里官坪寺，卽子午谷口，十里子午鎭，十里出平原，黃糧鎭，三十里西安府，共程五百里。此路腰竹嶺老林寬百餘里，雞公梁、夾嶺上下，老林各二十里。」

又同書七險要上云：

「東江口營，(寧陝)廳北二百四十里。由長安峪口至五郎關(卽寧陝廳城③)，重山複巘，沿途並無平壩，而東江口爲適中，倚山臨水，山勢陡峻，溪流湍激。……營在老林之中，四路相通，爲山內扼要之區。」

「洵陽壩，(寧陝)廳北一百二十里，在腰竹嶺老林內，辟開小壩，約寬十

② 陝西南山谷口考引作葦子坪。

③ 此注文見陝西南山谷口考。

餘里，……爲往東江口營必由之路。路從老林行走，如過青楊巷也。」

所記尤爲詳悉，形勢瞭然。惟觀此引險要兩條，及險要另條云火地嶺「山勢陡險異常。」夾溝「在江口北四十里老林中，兩山夾峙，由山溝彳亍而上，最爲要隘。」則此道之茂林險峻，其難行可知。

寧陝以西，略循長安河（子午河東源）、子午河北岸下行，經湯平河（居民點）、青草關，至兩河口（E108°10′•N33°13′），去寧陝一百八十里。又西經金水河街、酉水河街至洋縣，去寧陝共凡二百九十里。山僻小路，夏秋水漲，梗阻難行。

三省邊防備覽二道路考洋縣條：

「東北五十里槐樹關，二十里酉水河（街），十里青龍埡，十五里金水河（街），三十里土門埡，十五里湘子山，十里水田坪，十里扇子坡，二十里兩河（口），四十里展龍埡，二十里青草關，二十里湯平河，三十里寧陝廳，共程二百九十里，山僻小路，夏秋水漲，易至梗阻。」

按此諸地名多可查見於張編地圖集·陝西人文圖，即畧沿子午河北岸而行也。

又由寧陝西行道中之兩河口分道渡子午河西行六十里至子午鎮，在河南岸（E108°3′•N33°10′）。由鎮西南渡漢水一百六十里至西鄉縣；由鎮西南渡漢而南，又渡漢而北，一百七十里亦至洋縣。此有子午鎮之名，且爲四縣交通交匯地，殆亦可謂子午道。

三省邊防備覽二道路考洋縣條，除記洋縣東北至寧陝一道如上引者外，又云縣東三十里龍亭鋪，東南三十里渡漢江，又六十里至渭門，十里白沙渡（蓋又渡江而北），四十里至子午鎮，交石泉縣界。又四十里饒風嶺，（嶺險路上下三十里。）七十里石泉縣。又道路考西鄉條云：「東北三十里別家壩，二十里坌河子，三十里官溝，二十里渭門，六十里子午（鎮），六十里兩河（口），交寧陝廳界，共程二百二十里。過兩河，寧陝，腰竹嶺，洵陽壩，東江口，高關，夾嶺，石羊關，湑子坪等處至長安子午谷，險路六百六十里。」是洋縣、西鄉、寧陝、石泉四縣間有子午鎮，爲四縣交通之交匯點。檢張編地圖集，在子午河之南岸，約E108°3′·N33°10′ 地點。正東微北取兩河口道至寧陝一百七十里，正東微南取饒風嶺道至石泉一百三十里，正西緣漢水行經龍亭鋪至洋縣一百七十里，西南渡漢水至西鄉一百六十里。此子午鎮當此一地區四縣交通樞紐，必當膺子午道之名。故道路考記西鄉東北經子午鎮、兩河口至寧陝縣一路，即附述北通長安子午谷道，云「險路六百六十里」也。前引紀要，云子午道南口在子午鎮，正此故也。

上考梁開新道，即唐人所紀錄子午道之行程，則由長安南行六十里入子午谷，又四十里至子午關，又三十五里至大秦嶺，置大秦戍。此谷關皆即今日之谷、關，大秦嶺亦即今日道中之秦嶺也。

唐代谷與關去長安里數，已見前考。其即今日之子午谷、子午關，無疑。

法苑珠林三九：「子午關南大秦嶺竹林寺。……竹林至關可五十里。當道有大秦戍，距竹林十五里。有戍主守焉。」是北距關可三十五里也。前引三省邊防備覽二道路考上，石羊關南至秦嶺三十里，正與此合，蓋唐初於大秦嶺上置大秦戍爲守捉處。

按子午關實不在子午谷中，而在灃水上源夾谷中，是此道雖自子午谷入山，但旋即度入灃水河谷也。兩岸高山緊束，谷道窄峻，有巨石如羊，故今又名石關、石羊關。

李之勤歷史上的子午道（西北大學學報 1981年 2 期）云，子午谷只是一條長僅數十里的小河谷，子午道由西安市南行沿子午谷入山後不久，即轉入灃水河谷，溯谷而上，翻越秦嶺。子午關在墻子坪南灃水河谷中，去西安市一百里，爲秦嶺北坡子午道中唯一關隘。「兩岸高山緊束灃河峽谷，狹窄峻險的山路係鑿石開通。由于上有巨石如羊，所以又稱石羊關或石關。」按前引三省邊防備覽道路考上，石羊關正在西安府南一百里，秦嶺之北三十里。與李文合，李文描狀子午關之形勢及在灃水河谷中，當可信。

關置於唐代以前，於唐爲京師四面關之一，但爲中關，蓋開元時代，此道不置驛也。

唐六典六刑部司門郎中條，「京城四面關有驛道者爲上關；餘關有驛道及四面關無驛道者爲中關。」本注：中關一十三，京兆府子午、駱谷、庫谷三關皆是。蓋開元時代，此道不置驛，故爲中關。檢元和志一長安縣：「子午關在縣南百里。王莽通子午道，因置此關。」寰宇記二五，同。王莽置關雖有可能，但此非强證。但後引法苑珠林三九，子午關云云。是唐初已置。復考隋書地理志，長安「有關官」。按唐京師之南，子午、駱谷、庫谷皆置關，惟子午關屬長安縣境，則隋志此關官當卽子午關也。此蓋置關史料之最早見者矣。

然唐初則置驛，出關而南，第一驛名三交驛，當卽在大秦嶺、大秦戍處或稍北，蓋諸道之交，故名。

法苑珠林三九：「子午關南第一驛名三交驛。」道宣神州塔寺三寶感通錄卷下，同。按驛館標準里距爲三十里，故疑卽在大秦嶺。否則，相去必亦不遠。

踰秦嶺而南，又經弱嶺，宋人置關，東防子午道，西防澇谷道，蓋在今東江口、高關一段道中。

前引寰宇記一四一金州漢陰縣，「直水源出水〔永〕興軍乾祐縣弱嶺姜子關，經縣理西，又南注于漢。北流當終南山子午谷路是也。」又輿地紀勝一九〇洋州形勝目：「蒻嶺關，防子午谷、豹林谷、澇谷。」是蒻關蓋當子午道。乾祐縣在今鎭安縣北八十里，則弱關地望可畧知。復按，陝西南山谷口考，澇谷在鄠縣西南二十里。「沿谷兩岸，則西盩、東鄠分界也。」又三省邊防備覽二道路考，「由高關西北經蒿溝，八里坪，沙嶺子，兩郎，五丈碥，出澇峪，計程二百餘里，爲寧陝、東江口出鄠縣小道。按前引備覽，高關在東江口北五十里，子午道上。紀勝云，蒻嶺關兼防子午谷、澇谷。然則宋代此關似當在今東江口、高關一段道中，故得兼防子午、澇谷兩道也。

又西南經黃金古戍城北，戍在黃金山，南齊書已云「張魯所戍，南接漢川，北枕驛道，險固之極。」殆在今金水河下游金水河街（約E107°50′•N33°20′）之南北地帶。度此形勢，蓋亦經黃金縣（約今金水河街與兩河口之間，子午鎮之北）。

子午道經鐵城，黃金谷，以龍亭爲道之南口，觀前引元和志長安縣目及黃金縣目，已可知。通典一七五，黃金縣：「故黃金城在縣西北八十里，張魯所築。南接漢川，北枕古道，險固之極。」所謂古道卽子午道也。新志，洋州黃金縣「有子午谷路。」卽此。而南齊書一高帝紀，「皇考……攻氐僞魏興太守薛健於黃金山，尅之。黃金山，張魯所戍，南接漢川，北枕驛道，險固之極。」此卽前引元和志所述蕭思話故事，或亦卽通典之所本。此事在新子午道開闢之前，是此地古代已有驛道，梁世開新子午道借用之耳。

惟此黃金城之方位有可爭議處。通典云在黃金縣西北八十里。前引元和志二二洋州黃金縣條亦云鐵城在縣西北八十里，卽黃金城處。按元和志黃金縣，「西南至州百三十里。」「因黃金水爲名。」「黃金水出縣西北百畝山黃金谷，南流經縣西，去縣九里。其谷水陸艱險，語曰，山水艱阻，黃金、子午。」蓋指一道也。④今洋縣東酉水之東有金水河，南流至黃金峽入漢水。觀楊氏水經注圖，卽以今金水河當黃金谷戍所流之水，是也。元和志云黃金縣在洋州東北一百三十里。檢張編地圖集・陝西人文圖，金水河下游有金水河街，據前引三省邊防備覽道路考洋縣條，此街在洋縣東北九十五里。則唐代黃金縣當在此北或東北地帶。而黃金戍故城又在縣西北八十里，則當在今芳坪東北，華陽以東地

④ 元和志同條下文云：「魏遣曹爽由駱谷伐蜀，蜀將王平拒之於興勢山，張旗幟至黃金谷。」似黃金谷在駱谷道者。檢蜀志王平傳，平鎮漢中，曹爽由駱谷伐蜀，黃金不在駱谷道上，但必有小徑相通。魏兵雖從駱谷道入，然王平拒守固不能不兼慮旁道黃金之險也。逮王神念開子午新道，遂取黃金爲正途矣。

區，去漢水殆百里，似難謂「南接漢川」，「水陸兼險」。檢水經注二七沔水注云：

「漢水又東會酉水，……謂之酉口。……漢水又東逕小大黃金南。山有黃金峭。水北對黃金谷，有黃金戍，傍山依峭，險折七里。氐掠漢中，阻此爲戍，與鐵城相對。一城在山上，容百餘人，一城在山下，可置百許人，言其險峻，故以金鐵制名矣。昔楊難當令魏興太守薛健據黃金，姜寶據鐵城，宋遣秦州刺史蕭思話西討……攻拔之，賊退酉水矣。」

觀此文意，只在漢水北岸甚近處，必不很遠。楊氏水經注圖，繪此諸地名於今金水河入漢水處，蓋畧近之。則通典、元和志謂故戍城在黃金縣西北八十里者，蓋「西南」之誤歟？然黃金縣亦可能在今金水河街之東南至兩河口之間，子午鎮以北地帶，於洋縣亦可謂在東微北也。

又西南至洋州治所興道縣（今洋縣）東二十里之龍亭，即酈注之龍下亭（今洋縣東三十里龍亭鋪），在漢水北岸，是爲谷道之南口，蓋自此以西，皆平川沃野矣。然古志書又謂子午道在洋州東一百六十里者，蓋指子午鎮而言。其地在洋縣東路、西鄉東北路，皆約一百六十里，玄宗詔驛涪州荔枝自西鄉入子午谷，取捷徑，固宜自西鄉取子午鎮一百六十里，入子午谷路。其時洋州正治西鄉縣也。

前引元和志謂洋州東二十里之龍亭，爲谷道之南口。輿地紀勝一九〇洋州風俗形勝目全同。而同卷景物目下子午道條又云，子午道「去州東一百六十里。」同一卷中自抵相觸。而紀要據紀勝景物目作一百六十里。考水經注二七沔水注述小成固、興勢以東形勢云：

「漢水東歷上濤，而逕于龍下。蓋伏石驚湍，流屯激怒，故有上下二濤之名。龍下地名也，有丘郭墳墟，舊謂此館爲龍下亭。自白馬迄此，則平川夾勢，水豐壤沃，利方三蜀矣。度此溯洄從漢，爲山行之始。漢水又東逕石門灘，山峽也。東會酉水。」

據此，龍下亭在酉水入漢水口之西，必在今洋縣東甚近處，元和志所稱洋州東二十里子午谷道南口之龍亭，當即此龍下亭，至少極相近。觀酈注所記之景觀形勢，亭西爲小平原，東爲山嶽地區，位於盆地之邊緣，正當爲谷道之口也。前引三省邊防備覽，洋縣東道三十里有龍亭鋪，在漢水北三十里，即其地矣。至於紀勝同一卷中，既謂子午道口在洋州東二十里，又謂在州東一百六十里者。檢紀勝同卷景物目下子午道條云：「洋州志，楊妃嗜生荔枝，詔驛自涪陵，由達州取西鄉入子午谷至長安，纔三日，色香俱未變。涪州志云，七日到長安。不同。」此必取捷徑，蓋不經龍亭，而東北取今子午鎭經兩河口至寧陝路。前引三省邊防備覽，西鄉東北至子午鎭正爲一百六十里也。故在唐代，龍亭、子午鎭皆得視爲子午道口矣。

唐人志書云，自長安至洋州，六百三四十里，蓋即就子午道而言。實爲長安、洋州之最捷徑道。

通典一七三，京兆郡「南至洋川六百二十里。」又一七五，洋川郡「北至京兆府六百三十一里。」時郡治在西鄉。元和志一，京兆府西南至洋州六百三十里。（南取庫谷路至金州六百八十里。）時州治在興道。寰宇記二五雍州目，同；惟「三十」作「四十」。觀此方向，由長安至洋州里數當取子午道。輿地紀勝一九〇洋州風俗形勝目，「今州東二十里曰龍亭，此入子午谷之路，至谷六百六十里。」方輿紀要五六漢中府子午谷條，亦曰：「谷長六百六十里。」此至長安里數，「至谷」「谷長」皆小誤。紀要又引通典云：「漢中入長安取子午谷路凡八百四十一里。」今檢通典，實無此記載。姑存待考。

觀其路線，可與漢魏古道及今道作一比較。秦嶺以北，古今道大抵相同。秦嶺以南，漢魏古道，循洵水西源及直水（今池河）西側至安康縣（今漢陰西境）。今道北段蓋略相當，而南段自寧陝西循長安河、子午河北岸至洋縣。梁開新道，自弱嶺以北約兩百里，與今道相同，西南端亦同，至於弱嶺以南，寧陝前後，大約相同；但亦不無自今東江口地段向西斜出、

經今子午河北源地區至漢水北岸之可能也。

按三省邊防備覽二道路考洋縣、寧陝兩目，記子午河北源地區亦有不少小道縱橫通達，故梁唐時代子午道亦不無經此一地帶之可能。

唐初子午道曾置驛，玄奘由長安入蜀，即取此道。

唐初有驛，見前引法苑珠林。慧立三藏法師傳云：武德元年，師至長安，「與兄經子午谷入漢川……進向成都。」是取子午道。

至玄宗開元間已不置驛。而天寶間又置驛，貢荔枝。

前引唐六典，子午關爲四面關，但爲中關。是當時此道不置驛。而前引輿地紀勝一九〇洋州景物目引洋州志，詔驛涪陵荔枝，「由達州，取西鄉入子午谷至長安纔三日」事，是又必置急驛矣。

安史亂後，此道在交通上之重要性不但不如褒斜道與藍田道，亦不如駱谷道。

輿地紀勝一九〇：「梁、洋控禦要害之地有三：曰褒谷，曰駱谷，曰子午谷。」是與褒、駱二道並列也。然舊一三九陸贄傳，疏請暫容李楚琳，曰：「勤王之師悉在畿內，急宣速告，晷刻是爭。商嶺則道迂且遙，駱谷復爲賊所扼；僅通王命，唯在褒斜。此路若又阻艱，南北便成隔絕。」據此，則子午道在交通上之重要性又非上三谷道之比也。蓋褒斜、藍田兩道爲驛道，駱谷爲德宗幸興元之道，且臣民循此道來往之事例亦較多，子午不能比。

然行旅者，亦頗多。

子午關爲四面關之一，見前。會要八六關市目：「寶應元年九月勅，駱谷、金牛、子午等路，往來行客所將隨身器仗等，今日以後，除郎官御史諸州部統進奉事官任將器仗隨身；自餘私客等皆須過所上具所將器仗色目，然後放過。如過所上不具所將器仗色目數者，一切于守捉處勒留。」據此，子午道行旅又當亦不少。楊凝送客入蜀（全唐詩五函四册）云：「劍閣迢迢夢想間」「明朝騎馬搖鞭去，秋雨槐花子午關。」是唐中葉由子午入蜀之例。

至於舊道，自王神念開新道後，似亦未全廢，故史料所見，頗有由子午趨上津、金州（今安康）者。然亦可能由子谷東南小道插入乾元縣，與義谷、庫谷道合歟？

周書二文帝紀：魏大統十六年，「太祖遣大將軍王雄出子午，伐上津、魏興。」克之。同書一九王雄傳同。又二八陸騰傳：「魏廢帝元年，安康（今漢陰縣西）賊黃衆寶作亂，……攻圍東梁州。……詔騰率軍自子午谷以援之。」魏興與東梁州皆即金州，今安康縣治。其時代皆在王神念開新道後，知舊道未廢也。又廣記四五七僧令因條：「僧令因者，於子午谷過山，往金州。（出聞奇錄。）」此唐世，蓋亦循舊道歟？然亦可能向東南挿入庫谷、義谷道。詳下文。

子午谷道之東，據長安志所記尚有庫谷、義谷、錫谷三道，茲自東而西以次考之。

庫谷在藍田縣西南五十里，長安東南八十里，有關，地位與駱谷、子午兩關略均。其地又名天藏，谷口有天藏府、坊。爲長安通金州之徑道，凡六百八十里。

六典六刑部司門郎中條：「餘關（非四面關）有驛道，及四面關無驛道者，爲中關。」本注，中關一十三，駱谷、子午、庫谷三關皆是。則庫谷關之地位與子午關、駱谷關等。元和志一，京兆府「西南至洋州六百三十里。……南取庫谷路至金州六百八十里。」寰宇記一五雍州目及一四一金州目，並同。又長安志一，「南取庫谷路至金州六百八十里。」同書一六藍田縣，「庫谷在縣西南五十里，谷有關。」新志，京兆府藍田縣「有庫谷，谷有關。」則庫谷在子午谷之東，在藍田縣西南五十里，爲長安通金州徑道，凡六百八十里也。檢陝西南山谷口考，庫谷「在藍田縣西南五十里，咸甯縣東南八十里，爲藍田、咸甯交界處，有庫谷水北入灞。」是與長安之相對位置與里距可知。下文引道路考，庫谷西至引駕回九十里，疑里數有誤。

又法苑珠林三九，「終南庫谷，……其谷名庫，地名天藏，故谷口府坊皆名天藏。」豈折衝府耶？

今道由長安東南行四十里至引駕回，又九（？）十里至庫谷，又二十里上秦嶺，又一百二十六里至鎭安縣，又二百八十五里至洵陽縣，又西南一百二十里至安康縣，共凡六百八十一里，蓋卽略循唐宋舊道也。

陝西南山谷口考引三省邊防道路考，述鎭安經庫谷至西安之道路畧云：鎭安縣北一百二十六里至秦嶺，又二十里至庫谷，又西北九十里至引駕回，又四十里至西安府城。檢張編地圖集・陝西人文圖，鎭安有道南通洵陽至安康，安康卽唐之金州治所。復檢一統志商州卷及興安卷，鎭安南至洵陽縣二百八十五里，洵陽西至安康一百二十里。則西安取庫谷路至安康六百八十一里，與元和志、寰宇記、長安志所記里數全同。蓋今道卽唐宋古道也。

義谷在萬年縣南八十里，有義谷鎭。又南至乾元縣（五代更名乾佑，今鎭安北八十里柞水縣南）及金、商等州。西南有路至興元府。

此見長安志一一萬年縣義谷條。同卷義谷鎭條：「在縣南八十里，入乾祐路，俗曰谷口鎭。」乾佑本名乾元，五代時更名。按通鑑昭宗乾寧二年，帝避李茂貞之逼，出啓夏門（長安城南面東來第一門），幸莎城鎭，至谷口，徙幸石門鎭。新劉季述傳同。若此谷口爲專詞，應卽義谷鎭。當在庫谷之西，子午之東。

今長安東南由引駕回，又十五里至大義谷，又七十五里上秦嶺，又一百二十里至柞水（舊孝義廳），又南經鎭安，洵陽，至安康。當卽略循唐宋之義谷舊道也。

南山谷口考：「大義谷俗名大峪口，在咸寧縣東南六十里，潏水出焉，西北流會鎬水，又西會灃水入渭。」又引長安志義谷條，復作按語云：

「案今由大峪口至孝義，其正南通興安，其西南通漢中，與古路合。惟山路峻峭，較棧道尤險也。三省邊防及咸寧縣志道路考，由西安省城南行二十五里，曰鮑陂，又二十五里引駕回，又十五里大峪口，又二十五里鎗風鋪，又二十五里板廟子，又三十里秦嶺，（入孝義廳界。）又五十里鑪子石，又三十里大山岔（即孝義老城），又三十里藥王堂，又二十里孝義廳城，計程二百七十里。大峪口逼近省垣，爲孝義赴西安孔道，防禦未可稍疏也。嚴如熤曰，由咸寧引駕廻進大峪口，上下秦嶺七十里，山勢穹窿，一徑羊腸，蟠折于叢林懸巖之間，稍不戒則人馬墜深澗。大山岔在秦嶺南，地稍平夷，又南則孝義廳城，乃南山扼要之處。」

同書又引嚴如熤云，興安漢中與長安相通山路有六。其一云：（由東數之第一路）

「由安康之琉璃溝，經洵陽北境鎮安縣，孝義廳，而至大峪口，興安達西安之路也。興安進省，由漢中大路行走共一千八百餘里。後於山中開新道，由洵陽之趙家灣、兩河關（關在洵陽縣西北一百四十里），經過鎮安，孝義，出大峪口，山程約七百里，較棧道捷甚。然鳥道羊腸，中如九里岡、琉璃溝（安康），判官嶺、仙姑碥（洵陽），梅花鋪、鷄上架（鎮安），猴子石、大山岔（孝義），高峻險巇，闢一徑於樹根石角之間，稍不戒則人馬均墜，非如棧道雖險而路寬也。」

覩此兩段，近代義谷道（即大峪口道）之行程由長安東南至引駕回，又十五里至大義谷，又七十五里至秦嶺，又一百二十里至孝義廳。又南至鎮安、洵陽、安康。孝義廳，民國時期改爲柞水縣，即五代兩宋之乾祐縣故治。（通說如此，其實宋乾祐縣當在今柞水鎮安二縣間。）洵陽本唐代縣，安康即金州，則此道即畧循長安志之義谷路可知矣。

惟此義谷道與前述之庫谷道，自鎮安以南應原為一道。蓋引駕回以南分兩道。西道直南十五里入大義谷，踰秦嶺，經柞水縣至鎮安。東道由引駕回向東南行九十里至庫谷，踰秦嶺至鎮安。二道會合，南至洵陽、安康耳。

錫谷在萬年縣東南六十里，有路至歸安鎮，合義谷路南行。按谷在秦嶺之北五十里，蓋至嶺已合道。

「按」字以上見長安志一一萬年縣錫谷條。陝西南山谷口考：大義谷「西為錫谷，一名小義谷，俗名小峪口，在咸寧縣東南六十里。」是在義谷之西也。又引咸甯縣志，「谷口南至秦嶺五十里，入谷南行至板廠，有路至孝義廳。」實亦義谷道。

歸安鎮，在今鎮安縣南約五十里前後，為長安至金州間之交通要衝。五代用兵固曾重視此鎮。

歸安鎮，長安志云在乾祐縣南一百二十里。而一統志興安府關隘目云在「安康縣北五里，一名香樟壩。」乾隆志云據舊志。按宋乾祐縣，通說在今柞水縣（舊孝義廳）治。實當在今縣南，至鎮安縣間。柞水至鎮安九十里，鎮安至洵陽二百八十餘里，洵陽至安康一百二十里，（詳前庫谷義谷兩條。）長安志既云在乾祐南百二十里，則決不遠在安康北郊。一統志之歸安鎮明非宋舊鎮所在。考通鑑二九四周顯德五年紀云：

「帝謀伐蜀，……以戶部侍郎高防為西南面水陸制置使，右贊善大夫李玉為判官。……李玉至長安。或言蜀歸安鎮在長安南三百餘里，可襲取也。玉信之，牒永興節度使王彥超索兵二百。彥超以為歸安險阻難取。……不得已與之。……十二月，蜀歸安鎮遏使李承勳據險邀之。斬玉。」

據此條可知兩事。其一，歸安一路頗為要衝，故李玉以伐蜀水陸制置使判官之身份爭此道之控制權。其二，或言歸安鎮在長安南三百餘里。縱或故短言其程，其實當亦不過四百餘里，斷不能在六百外之安康。⑤ 柞水距長安不到三百

⑤ 元和志、寰宇記、一統志皆可證金州在長安南六百里以上。

里。然則通鑑與長安志所記正相合，此鎭當在今鎭安縣南不過五十里左右也。

綜觀庫、義、錫三谷道之行程，由長安東南行，分別入三谷，踰秦嶺，蓋至歸安鎭前後，即今鎭安縣地區，合爲一道，南達金州。開元時代，庫谷置中關，比於駱谷、子午，蓋尤爲三谷道之主線歟？而前考子午谷亦得東南抵金州、上津，蓋亦合歸安一道耳。

參看圖十一、十二

一九六六年十二月初稿，一九六八年八月八日訂正，刊唐史研究叢稿。一九八四年四月十六日，增補定稿。

篇拾捌　駱谷驛道

讀史方輿紀要五六述駱谷道凡四百餘字，然不詳其行程，且頗有誤。

如駱谷位置及興元取駱谷道至長安里數，皆誤。又八十四盤僅指青符縣而言，非指全谷道而言，顧氏亦誤。並分詳後文。

按駱谷道之見史似始於曹爽伐蜀。當時此道之南口即在興勢（今洋縣北）。

三國魏志九曹爽傳：「正始五年，爽乃西至長安，大發卒六七萬人從駱谷入。是時關中及氐羌轉輸不能供，牛馬騾驢多死，民夷號泣道路。入谷行數百里①，賊因山爲固，兵不得進，………乃引軍還。」事又見蜀志一三王平傳：「延熙……七年春，魏大將軍曹爽率步騎十餘萬向漢川，前鋒已在駱谷。…平…先遣劉護軍杜參軍據興勢，平爲後拒。魏軍退還。」爽傳·裴注引漢晉春秋：「司馬宣王謂夏侯玄曰，…今興平路勢至險，蜀已先據，若進不獲戰，退見邀絕，覆軍必矣。……玄懼，言於爽，引軍退。」集解引諸家之說謂「興平路勢」當作「興勢山路」，是也。則駱谷道之南口，漢魏即在興勢，當唐代洋州之興道縣，通典一七五洋川郡目已明之。

稍後，姜維伐魏，鍾會伐蜀，皆由此道，可謂三國時最爲軍家所重視。

此見三國志各人本傳。元和志二二洋州興道縣，「興勢山在縣北二十里，蜀先主遣諸葛亮出駱谷，戍興勢山，置烽火樓，處處通照，即此山。按三國時蜀以漢中、興勢、白帝並爲重鎮。」

至東晉南北朝，蓋漸壅廢。至隋，復開通此道，故置關官。

---

① 元和志二作「三百里」，不知何據。後人皆因之。

紀要述東晉史事惟永和五年南梁州刺史司馬勳出駱谷破趙長城戍一事。南北朝無所聞。蓋壅廢已久。元和志二盩厔縣，「武德七年，開駱谷道以通梁州。」又云：「駱谷道，漢魏舊道也。」下述用兵故事至姜維止。寰宇記三〇盩厔縣目云：「此道近代廢塞，唐武德七年復開。」長安志一八，略同。似至唐初始復開通者。然隋書地理志，京兆府長安、藍田、盩厔三縣各有關官，當卽子午、藍田、駱谷三道關口也。是隋世已復開，唐初復治之。唐人撰史，遂以復開之功專歸於唐耳。

唐駱谷道北口曰駱谷，在盩厔縣（今縣）南三十里。紀要以為在縣南一百二十里，誤以駱谷關為谷口也。

紀要五六漢中府儻駱道條：「北口曰駱，在西安府盩厔縣西南百二十里，有駱谷關。」是以駱谷及谷道北口皆卽在駱谷關也。然考長安志一八盩厔縣條：「駱谷關在縣西南一百二十里。」（此點，元和志及他書皆無異說，詳後。）又云：「洛谷在縣南三十里，有道入洋州。」乍看似為兩谷道。考水經渭水注：「渭水又東，洛谷之水出其南山洛谷，北流逕長城西，魏甘露三年，蜀遣姜維出洛谷圍長城，卽斯地也。」則「洛」「駱」本一字甚明。六典六作路谷亦卽一字之譌。然則駱谷在縣南三十里與駱谷關在盩厔縣西南百二十里者固有別。復考沈亞之盩厔縣丞廳壁記（全唐文七三六）：「盩厔道巴漢三蜀，南極山不盡三十里。」是縣去山區正為三十里。蓋谷道之口實在縣南三十里，而關則在口南九十里也。復考韓琮駱谷晚望（又玄集上）：「秦川如畫渭如絲，去國還鄉一望時。」益證駱谷卽在縣南三十里終南山坡口。若駱谷關已入終南山腹區，何得北望秦川渭水耶？復檢乾隆志一七九西安府卷關隘目駱谷關條引縣志：「自駱谷南八十里為十八盤嶺，又南下十里至河底，卽駱谷關。」是後世駱谷口亦在故關北九十里，正卽長安志、水經注所云盩厔縣南三十里之洛口也。紀要以關為谷口所在，實誤。

南口曰儻谷，亦名駱谷，在洋州興道縣（今洋縣）北三十里。卽三國舊道

之南口也。

通典一七五洋川郡興道縣有儻谷城。元和志二二洋州興道縣，「儻谷一名駱谷，在縣北三十里。」「駱谷路在今洋州西北二十里，州至谷（北口）四百二十里，晉司馬勳出駱谷，破趙戍，壁於懸鈎，去長安二百里。按駱谷在長安西南，南口曰儻谷，北口曰駱谷。」輿地紀勝一九〇、元大一統志五三七皆引元和志，略同。新志，興道縣「有駱谷路，南口曰儻谷，北口曰駱谷。」三國舊道南口在唐興道縣已詳前考。

其大略行程：自長安向西南歷鄠縣，盩厔，入駱谷；出駱谷至洋州治所興道縣（今洋縣）。

寰宇記三〇鳳翔府盩厔縣：「駱谷道，漢魏舊道也。南通蜀漢，……此道近代廢塞，唐武德七年復開。東北自鄠縣界，西南經縣（盩厔），又西南入駱谷。出駱谷，入洋州興勢縣界。」長安志一八，全同。此其大略行程也。按此段蓋鈔錄括地志原文，故稱「近代」，又作興勢縣。至貞觀二十三年已改名興道，無復興勢之名矣。

今再詳其行程如次：

由京師取駱谷道者，發自長安近郊秦川驛，西南四十里渡澧水，至秦社鎮。又十五或二十里至鄠縣（今縣），置驛在北門內。又西經田家磑六十五里至盩厔縣（今縣），置驛在城內。

寰宇記三〇，盩厔縣，「東北自鄠縣界西南經縣，又西南入駱谷。」長安志一八，同。新一三二劉知幾傳，孫贊「為鄠丞，杜鴻漸自劍南還，過鄠，厨驛豐給。」是鄠縣置驛甚早。長安志一五鄠縣，「驛在北門內，東北去本府秦川驛七十里，西至盩厔縣驛七十里。」同書一八盩厔縣，「驛在縣城內，至鄠縣驛七十里。」是三驛相距皆七十里也。而元和志二，盩厔東北至府一百三十里，鄠縣東北至府六十五里。里數惟小異。

又長安志一二長安縣，「秦祉鎭在縣西南澧水西，四十里，入鄠縣路。」疑亦當長安鄠縣驛道。按同書長安目又云，「北澧店澧水渡在縣西四十里。南澧店澧水渡在西四十五里。」是澧水在長安縣西四十里，則秦祉鎭條即謂鎭在澧水西，去縣四十里也。

復考通鑑二六二，天復元年，十一月壬子，韓全誨逼帝西幸，夕宿鄠縣。癸丑，李茂貞迎車駕於田家磑。甲寅，車駕至盩厔。則鄠縣、盩厔間，中經田家磑。

盩厔縣爲谷道口外之重鎭，故置鎭遏使以守之。

通鑑二四五文宗大和九年，「李訓素與終南山僧宗密善，往投之。……將奔鳳翔，爲盩厔鎭遏使宋楚所擒。」按通鑑二三〇，德宗興元元年，上將幸梁州，山南節度嚴震遣大將張用誠將兵五千至盩厔迎衞。車駕入谷，李懷光遣將邀車駕至盩厔。皆見盩厔爲入駱谷道要衝。

由盩厔南行三十里抵終南山，入駱谷口，又南行十五里至櫻桃驛，又五十五里至三交驛，又南二十里至駱谷關，地在河底，爲谷道重鎭。又二十五里至林關驛，又七十五里至眞符縣大望驛。此段路線大抵緣太白山東南谷地而行，太白主峯（E107°45′·N33°55′）海拔 4167 公尺，道途取線多在2000公尺以上，地勢高峻。

先論駱谷關　隋志，盩厔縣有關官。通典一七三京兆府盩厔縣，「有駱口關。」六典六司門郎中條，「四面關無驛道者爲中關。」本注，京兆府之子午、路谷、庫谷皆是。路谷當即駱谷也。元和志二盩厔縣，「駱谷關在縣西南一百二十里，武德七年開駱谷道以通梁州，在今關北九里。貞觀四年移於今所。」寰宇記三〇、長安志一八，皆同。史記田叔傳·正義引括地志：「駱谷閒在雍州之盩厔縣西南二十里，開駱谷道以通梁州也。」「閒」必「關」之譌，「二十」上脫「百」字，「里」下亦有奪文。據前引乾隆一統志，關在駱谷南八十里十八盤嶺之南十里，地在河底。亦即古關所在。

長安志一八盩厔縣條云：

「南至終南山櫻桃驛四十五里。櫻桃驛至三交驛五十五里。三交驛至林關驛四十五里。林關驛至洋州眞符縣大望驛七十五里。」

按此驛道雖未說明爲駱谷道，然唐中葉以後盩厔通洋州之驛道惟駱谷一道，不容有他，故可斷此必卽駱谷驛道也。駱谷口在縣南三十里，已詳前考。此云櫻桃驛在縣南四十五里，故驛在谷口南十五里。又駱谷關在縣西南百二十里，故當在三交、林關兩驛間。通鑑二三〇德宗興元元年，山南節度嚴震遣大將張用誠將兵五千至盩厔迎駕。用誠有異謀，牙將馬勛返梁州得震符，復「出駱谷。用誠不知事泄，以數百騎迎之，勛與之俱入驛。時天寒，勛多然藁火於驛外。」遂出符執用誠。按事本舊一一七嚴震傳。據此，在中葉已有驛，不知何名。又考異引實錄曰，車駕纔入駱谷，李懷光遣其將來襲，不及，「遂焚店驛而去。」亦不知何驛也。

姜維用兵所經之沉嶺，在盩厔縣南五十里；長城戍在縣南三十里，蓋近駱谷口；皆當在唐代驛道線上。蓋其道略沿駱谷水，前後變動可能不大。

三國蜀志一四姜維傳：「維……率數萬人出駱谷，經沉嶺。時長城積穀甚多，而守兵乃少，維方到，衆皆惶懼。魏大將軍司馬望拒之。鄧艾亦自隴右，皆軍於長城。」寰宇記三〇鳳翔府盩厔縣，「姜維嶺，本名沉嶺，在縣南五十里，蜀後主延熙二十年，大將軍姜維率衆出駱谷經沉嶺，卽此。」紀要五三盩厔縣，「沉嶺，縣南五十里。……今亦名姜維嶺。」又：「長城戍，在縣西南三十里。」下述姜維事。又云「晉永和五年石趙亂，梁州刺史司馬勳……出駱谷，破趙長城戍，壁於懸鈎，去長安二百里。王氏曰，懸鈎在長城戍東，地險固，內控駱谷之口，外通雍豫之境。」按水經渭水注，洛谷水出洛谷，北流經長城西，卽姜維出洛谷圍長城地也。是道沿駱谷水可知。又三國魏志九曹爽傳，爽由駱谷伐蜀。注引漢晉春秋，「爽引軍退，費禕進兵據三嶺以截爽。」所謂三嶺不知何指？要當亦在此谷道中。參看三國志九曹爽傳集解。

由大望驛復南五十里以上可能百里至梨園，開元十八年置華陽縣，去京兆府四百餘里。天寶三年廢。八年復置，因得玉册，更名眞符。其地極可能在今洋縣北一百五十里駱谷道中之華陽鎭（E107°30′·N33°32′）。其地外繞層巒疊嶂，有四塞之固，內則酉水縈其前，沃田數十頃，而海拔在1000公尺以下，爲深山中稀有之小盆地，蓋卽所謂清水谷，宜其爲山縣設治之所。又南踰望秦嶺，至桑坪店（今洋縣東北六十里），去盩厔縣四百四十里。天寶十一年，南移眞符縣治此，改隸洋州。而華陽舊地仍置華陽關，建中三年復置迴河鎭，建得意閣，則仍視華陽爲交通軍事之要衝也。

寰宇記一三八洋州眞符縣目云：

「唐開元十八年，梁州長史韋敬祖奏於此置華陽縣。天寶三年廢。八年，王鉷開清水谷路，復於梨園置華陽縣。其年，因鑿山路得玉册，遂改爲眞符縣，仍隸京兆府，北去府四百餘里。至十一年，又隸洋州。其年，以縣去州偏遠，移縣就桑坪店，北去盩厔四百四十里。」②

據此，眞符本治梨園，北去京兆府四百餘里。按盩厔去京兆一百三四十里，（元和志、長安志。）南距眞符縣大望驛二百二十里，（前引長安志。）則梨園當在大望南五十里而遙。其時隸京兆府，故治所偏處縣北境也。後改隸洋州，遂南徙近州治矣。又天寶八載，王鉷奏開清水谷路，因置華陽縣於梨園，則清水谷當卽在梨園地段。紀要五六洋縣目，「青谷在縣東北，晉寧康初，秦苻堅使將王統等出漢川，梁州刺史楊亮拒敵於青谷敗績。…亦謂之清水谷。唐天寶中開青水谷路，得玉册，卽故青谷矣。」明已無眞符縣，地屬洋縣，故云洋縣東北，實則尙遠在百里以外也。

元和志二二洋州，眞符縣「南至州六十里。」紀要五六，眞符故城，今洋縣東六十里。實洋縣東北也。此爲天寶十一年徙治桑坪店之新眞符縣也。眞符東北

② 元和志二二此條文簡，無梨園事及徙治事。故不引。但輿地紀勝引元和志有梨園事。紀勝又引續通典，亦云其年移縣就桑平店，北至盩厔四百四十里。新志及輿地廣記三二均記開清水谷路及縣名改易事，惟較略。

有望秦嶺，見元稹詩，引詳下條。

梨園置華陽縣之地望　元和志僅云去京兆府四百餘里，惜無更明確里數。但參以大望與桑坪去盩厔里數，梨園去大望里數必在五十里以上，至一百里上下。檢三省邊防備覽二道路考上，洋縣西北經田家嶺，漢王山，羅司灘，黑峽子，銀杏壩，至牛嶺，相距各二十里，共一百二十里。又三十里至華陽。「洋縣縣丞駐此，設華陽都司營。五方雜處，三面老林，要隘之地。」又陝西南山谷口考駱谷條，洋縣北至華陽一百五十里，又東北行五百二十里至盩厔縣，計程六百七十里。華陽古縣治，今有土堡，酉水環其前，沃田數十頃，層巒叠嶂，四塞之區。南行經大小牛嶺，漢王山，至洋縣城一百五十里。則今華陽地區有四塞之固，而中爲平沃小盆地，宜其人口繁盛，且爲一小軍政中心。度其地望，畧相當於開元置華陽縣之梨園，蓋眞其地矣。華陽南之大小牛嶺，蓋卽元詩之望秦嶺歟？

華陽關、廻河鎭　駱谷道中有華陽關，詳頁699綱文引柳記。輿地紀勝一九〇洋州華陽關條引柳文，云「今眞符卽華陽也。」元一統志五三七，同。是卽以新眞符縣當之。然考陝西南山谷口考云：「華陽鎭，在洋縣北一百五十里華陽山下。唐於其地置華陽縣，屬洋州，又置華陽關。」圖書集成・職方典五三〇，亦云華陽關在洋縣北一百四十里，唐置。是其地當在唐眞符縣北約九十里，約卽梨園，舊置華陽縣處。按華陽之名本在梨園，新眞符無華陽之名也。且以形勢論之，梨園亦屬要害，疑爲近之。又輿地碑記目四洋州碑記條有「華陽寨磨崖刻。」本注：「駱谷路華陽寨下有大溪，……刻之道旁云：建中三年造此得意閣、廻河鎭。」元一統志五三七，同。是其地又置廻河鎭，蓋衝要之地，亦在華陽也。

又輿地紀勝一九〇洋州風俗形勝目引洋川志，「子午、駱谷兩路，重崗絕澗，危崖亂石，自古爲形勢之地，……國家於駱谷口置石佛堡，子午口置陽嶺寨。」按今地圖，佛坪縣正居盩厔、洋縣中間，疑卽石佛堡故地。堡爲宋置，但石佛之名可能自唐已然，今姑存愼不書。

眞符縣有青山驛，八十里間，有「八十四頭盤，直上千仭」。南行三五里

入崆峒谷，又「直下萬尋，石壁紅崖，自然錦障」。道極險峻，景觀亦奇勝。今華陽、洋縣間山峰海拔達1920公尺，谷道蓋取徑於此側近歟？

元稹望雲騅馬歌（元氏長慶集二四）：

「橐它山上斧刃堆，望秦嶺下錐頭石，五六百里眞符縣，八十四盤青山驛。」按「望雲騅」爲德宗幸興元之御馬名，稹以爲詩題。輿地紀勝一九〇洋州目及元大一統志五三七洋州目均作望雲驛詩，豈青山驛後因元詩改爲望雲驛歟？詩中地名皆德宗道途所經。輿地紀勝洋州景物下：「駱谷路在眞符縣，屈曲八十里，凡八十四盤。」是青山驛即在眞符縣。奉天錄三：「六師巡狩，駕次駱谷青山，有八十四頭盤，直上千仞，山勢岧嶢，攀蘿登陟，見蓬萊之遠岫，遙望五峰，似一拳之培塿，山頂無草木，直下望烟霞。」「南望漢江。」「從此而行，不過三五里，卽入崆峒之谷，直下萬尋，……石壁紅崖，自然錦障。……」其地高險可見。紀勝又云：「駱駝嶺在興道縣東北三十里，形如駱駞。」眞符縣既在洋州治所之興道縣東北六十里，則此嶺正在眞符、興道兩縣之間。

望秦嶺，藍田武關道中有之，見白居易詩。已詳藍田武關驛道篇。據元氏此詩，駱谷道中亦有之，地望無考。然此詩地名多距眞符不遠，疑此嶺在縣東北地區。今華陽鎮南有大小牛嶺，南去漢水已不到百里，殆其地歟？故云「南望漢江」也。牛嶺見前條引書。

眞符西南三十里至谷道南口之儻谷，一名駱谷。有駱口驛，詩人多所題記，蓋甚宏大。

儻谷一名駱谷，在洋州治所興道縣北三十里，眞符縣南至州六十里，並見元和志等書，已詳前引。則儻谷當在眞符西南三十里也。

駱口驛見白居易祇役駱口驛喜蕭侍御書至詩（白長慶集九）。又元稹使東川序云：「元和四年，……予以監察御史使東川，往來鞍馬間，賦詩凡三十二章，……今所錄……起駱口驛盡望驛台。」按其駱口驛詩云：「我到東川恰相半，向南看月北看雲。」（元氏長慶集一七。）知此驛在駱谷道南口之駱口，非北口也。據後引元氏駱口驛詩本注，此驛行人題詩甚多，當甚宏大。

驛南三十里至洋州治所興道縣（今洋縣）。即古興勢、儻城地，山隴環護，形似盆緣，外有險道盤上數里乃及門，內爲大谷，可聚兵置軍實，故爲兵家所必爭。縣北興勢山坂，即諸葛亮所戍，置烽火樓處。

元和志二二洋州興道縣：「興勢山，在縣北二十里，蜀先主遣諸葛亮出駱谷，戍興勢山，置烽火樓，處處通照，即此。」按此本之水經注二七沔水注，作興勢坂，在小成固北百二十里。元和志同條又云，「後魏宣帝置興勢縣，理在興勢山上，以爲名。……貞觀二十三年改爲興道縣。」通典一七五，洋州興道縣，「今縣城即後魏儻城郡，因自然隴勢，形似盆緣，外險，內有大谷，爲盤道上數里及門。」其形勢可見。據寰宇記一三八，縣治有遷徙，情形不詳。又云：「先是移郡理就西鄉縣。……後以險固，貞元初又移郡於此。」按通典洋州即治西鄉。

縣北又有清涼川，蓋谷道盡頭之稍寬曠地區矣。

御覽六八引方輿記：「清涼川在興道縣北。」又引唐史云：「德宗皇帝以朱泚之難，幸梁、洋。至此川，見旌旗蔽野，上心駭，謂泚之追兵疾路至此。見梁帥嚴震具軍容拜馬前。……上喜，……頃之，上次洋州。」按此條不見兩唐書。又廣記一九〇嚴震條云，德宗幸梁、洋，「下洋州青源川，見旌旗蔽野。」云云。是其地在洋州治所興道縣之北，然云「下川」，「見旌旗蔽野」，是當已出谷至平地矣。寰宇記一三八述德宗西幸事，與御覽引唐史同。然繫於西鄉縣下。是以爲在西鄉，不在興勢也。紀要五六西鄉縣條因之，云「縣北十里爲清涼山，山南五里有清涼川。」下舉德宗幸梁洋事。一統志，同。水道提綱一三以爲西鄉境漢水南之洋河即清涼川，與御覽引方輿記大異。按通典，洋州治西鄉。元和志二二洋州興道縣目，「後魏分置興勢縣，理在興勢山上，……貞觀二十三年改爲興道縣。」又西鄉縣目，「武德元年置洋州，州理在西鄉。後移理興道縣。」未明徙治年代。寰宇記一三八洋州興道縣目：「後魏宣武帝正始中分城固縣地於今理西九十二里興勢山（按下文興勢山在縣西北四十三里）置興勢縣，兼立儻城郡。……按地記云，晉於今西泉縣置晉(昌)郡，魏後（當乙）移於今縣，置晉昌郡，因晉舊名也。廢帝三年改爲儻城郡。隋開皇三年罷郡，大業二年，縣自山上移居後魏晉昌郡廨理。唐貞觀二十三年改爲興道縣。（元和志同。）先是移郡理就西鄉縣，此爲屬邑；後以險固，貞元初又移郡於此。」是此州郡前後屢易名，其治所先在興勢縣即興道縣，後移理西鄉，貞元初又移理興道也。蓋清涼川本在興勢縣北，後郡移理西鄉縣，因亦名其東北之洋水爲清涼川耳。雖德宗幸梁洋時，州治尙在西鄉，然其地在駱谷道口（即儻谷口）東南百里以上，（西鄉在興道東南百里，見元和志。）倉卒出幸，目的地爲梁州。出儻谷口當即由興道西趨梁州，決不致迂廻東南百數十里，且渡漢水至洋州當時治所之西鄉，然後再回道興道至梁州也。且史云至此川，見「旌旗蔽野」，疑爲泚軍由秦嶺捷徑來阻御駕者，就地理情勢言之，亦絕不可能在漢水之南也。德宗出駱口，至興道，始脫危厄之運，又見城池險峻，故旋卽於貞元初徙洋州治所於其地矣。

又有壻水驛者，其地望似在興道縣北，爲駱口驛之異名，實則在興道縣西北四十里，至成固道上，約今湑水渡東岸湑水鋪。

通鑑二五四僖宗廣明元年十二月，黃巢入關，「上趣駱谷，……戊子上至壻水。」考異引續寶運錄：「戊子，帝至駱谷壻水驛，乃下詔與牛頵、楊師立、陳敬宣云，今月七日（九日之誤）已次駱谷壻水驛。」胡注引九域志：「洋州興道縣有壻水鎭。」按詔云「駱谷壻水驛。」又在興道縣。是亦當在興道縣北駱谷左近。然駱口驛距興道縣僅三十里，中間不容再有一驛。復考寰宇記一三三興元府城固縣「壻水在縣東九里。」水道提綱一三，謂城固東北有一水由西北向東南流入漢水，疑古壻水。張編地圖集卽名爲壻水。則壻水在興道、城固之間也。

按元和志二二，興道西至興元百二十里。③ 城固西至興元七十二里。則興道至

③ 寰宇記作二百二十里，蓋據通典爲說。通典時代，洋川郡治西鄉。

城固四十八里。寰宇記作百里，誤。即滑水在興道縣西三十九里也。圖書集成・職方典五三〇，「滑水渡在洋縣西四十里，東岸滑水鋪，西岸漢王城，……蓋入郡（漢中）之大路也。」滑水鋪蓋即古驛地。紀要五六，興道縣有「壻水驛，在縣西北。」蓋得之，即興道向西第一驛，過此即入城固界歟？然亦可能由駱口驛向西南直至壻水驛，達成固縣，不經洋州興道縣。疑莫能定也。

由長安至洋州治所興道縣凡六百四十里，由盩厔縣南三十里谷道北口之駱谷，至興道北三十里谷道南口之儻谷（一名駱谷）凡四百四十里。

元和志二二，洋州「東北至上都六百四十里。」「北至京兆府盩厔縣五百里。」寰宇記一三八，同。按前引元和志，盩厔東北至長安一百三十里，而長安志作一百四十里，里距略相符。又寰宇記，眞符縣北去盩厔四百四十里，南去興勢六十里。里距亦符。谷道南北口距興道、盩厔皆三十里，已見前。則兩口里距可知也。

又梁、洋間相去一百二十里。（元和志。）此無大問題。則梁州漢中郡即興元府取駱谷道至京師當爲七百六十里。而通典一七五，梁州漢中郡「去西京取駱谷道六百五十二里」；寰宇記一三三，同。里距有一百里之差。按通典此條全文云：

> 「去西京，取駱谷路六百五十二里，斜谷路九百三十三里，驛路一千二百二十三里。去東京，取駱谷路二千（二爲一之譌，寰宇記不誤）五百八十里，取斜谷一千七百八十九里，驛路二千七十八里（寰宇記作二千七百八十里誤）。」

按兩京距離約八百五十里，通典、元和志河南府條相同，而京兆府條，一作八百三十里，一作八百三十五里，蓋小譌。今就此條至東京里數減至西京里數，取斜谷道者與取驛道者，其差皆八百五十五六里，而駱谷里數之差，則爲九百二十八里，明取駱谷至長安「六百五十二里」之數字必誤無疑。豈「六百」爲「七百」之誤耶？寰宇記從通典，致誤。宋白及顧祖禹（紀要五六）

亦皆沿誤也。

開元中，此道尚不置驛。

六典六司門郎中條：「四面關無驛道者為中關。」本注，京兆府之子午、路谷、庫谷關皆是。路谷關即駱谷關，是開元時代此道不置驛也。

大抵承平時代，京師向南交通，西南取斜谷或大散關，東南取藍田路；子午、駱谷皆居次要。安史之亂，倉卒之間，朝士多取駱谷捷徑南逃，其後遂見有大臣自駱谷來往者。行旅漸盛，蓋漸置驛矣。

顏眞卿顏府君神道碑銘（全唐文三四一）：「以忤楊國忠貶襄陽丞，移河東司戶，京兆士曹。十五年，長安陷，輿駕幸蜀，朝官多出駱谷至興道。房琯、李煜、高適等數十人盡在。」適由駱谷西奔行在，又見舊一一一本傳。足見安史亂時朝士由此西南逃者甚多。又肅宗時宰相杜鴻漸為劍南西川節度使，由駱谷赴任，見舊一一七崔寧傳。後鴻漸自劍南還朝，途出於鄠，見舊一三六劉滋傳、新一三二劉知幾傳。來瑱以寶應二年正月貶播州縣尉，翌日賜死於鄠縣，見舊一一四本傳。皆見安史亂後朝臣行旅頗取此道也。唐會要八六關市條：「寶應元年九月勅：駱谷、金牛、子午等路，往來行客所將隨身器仗等，今日以後，除郎官御史諸州部統進奉事官，任將器仗隨身；自餘私客等，皆須過所上具所將器仗色目，然後放過。如過所上不具所將器仗色目數者，一切于守捉處勒留。」足見行旅頗盛。故德宗幸興元時，駱谷北口已置驛，見前考。

朱泚之亂，德宗由駱谷道幸興元。自此行旅益盛，朝臣文士取此道者甚多。

元稹駱口驛詩本注（元氏長慶集一七）：

「東壁上有李二十員外逢吉、崔二十二侍御韶使雲南題名處。北壁有翰林白二十二居易題擁石關………等篇。有王質夫和馬王，不知何人。」

觀此，其時行旅者之多可知。白居易酬元九南秦雪詩（白氏長慶集一四）：「往歲曾爲西邑吏，慣從駱口到南秦。」是白氏必數度過矣。他如歐陽詹自梁州回京經駱谷，有與洪孺卿自梁州廻途中經駱谷詩（全唐詩六函一册）；韓琮自京師還鄉經（北）駱谷，有駱谷晚望詩（又玄集上）；楊玭挈家自駱谷道入洋源，見北夢瑣言一一。

元和初，高崇文用兵西川，斜谷、駱谷兩道並進。僖宗西幸，亦由駱谷。凡此皆足徵唐中葉以後此道已爲關中西南出山南、蜀中之要道，故沿途置驛甚繁。柳宗元館驛使壁記云，「自長安至盩厔，其驛十有一，其蔽曰洋州，其關曰華陽。」則除前文所考八驛外，尚有三驛，當在大望、青山之間，華陽及其南與北各一也。

寰宇記三〇鳳翔府郿縣條：元和元年，高崇文征劉闢，自出斜谷，別將李元奕出駱谷，同趣梓州。通鑑二三七，同。僖宗事，見前𤄊水驛條。

柳文，見全唐文五八〇。

然此道嶺高谷深，德宗詔云，「絕欄縈廻，危棧綿亙」，峻險可見；加以多毒蛇，出沒竹木間，數步殰人，行旅畏之。

輿地紀勝一九〇洋州風俗形勝目引德宗詔曰：「絕欄縈廻，危棧綿亙。」棧閣危峻可見。通鑑二三二貞元三年條：「初，………上入駱谷，値霖雨，道途險滑，衞士多亡歸朱泚。叔明之子昪及郭子儀之子曙、令狐彰之子建等六人，恐有姦人危乘輿，相與齧臂爲盟，著行縢釘鞵，更控上馬以至梁州。」亦正見其險阻也。又元和志二二：「駱谷路，……谷中多反鼻蛇，青攢蛇，一名佳尾蛇，常登竹木上，能數步殰人。中此蛇者，即須斷肌去毒；不然立死。」此亦大礙行旅也。

至唐代末年，蓋又因政治社會不安定，道久失修，而廢塞。至後唐長興四年，雖以其於長安通漢中諸道中最爲徑捷，有意復修，然以「險阻尤甚」，竟無成功。

五代會要二五道路條：「（長興）四年三月，西京留守王思同進擬開駱谷路圖。上指山險謂侍臣曰：如此之險，何以開通？左右奏曰，據興元、關內兵戎交番，乃轉餉大散，修開斜谷路，迂廻校五百里。如從駱谷，自雍京直抵興元，糧戍稍便，然此路險阻尤甚，以此竭力開通，將來霖雨，亦煩修葺。上勉從其奏。竟無成功而止。」

然此道終亦未廢，今日駱谷道路線，由盩厔縣向南微西行，經馬召鎮，瓦店子，佛坪縣，黄草坪，華陽鎮，銀杏壩，八里關，黄牛坡，至洋縣，大體仍與唐道相彷佛也。

今道路線，張編地圖集·陝西人文圖繪之甚明，參之南山谷口考記洋縣東北通盩厔道，與此線畧合。取與前考唐道路線相比勘，似無大差異。

參看圖十一、十二

一九六六年八月初稿，一九六七年一月再稿，一九六八年十月二十二日訂正，刊史語所集刊第四十九本上册。一九八三年十一月十九日改訂，增補甚多。一九八五年四月二十二日初校。九月一日三校定稿。

篇拾玖　漢唐褒斜驛道

引　　言

漢唐時代，褒斜道爲秦蜀交通幹線，以其險峻爲全國諸道之冠，故久爲史家所稱述。此道本循褒斜二河谷所修建，故名褒斜。二水皆發源於郿縣、褒城間之衙嶺山，斜水東北流至郿縣入渭，褒水東南流至褒城入漢。此道卽由褒城循褒水河谷而上，踰衙嶺山，復循斜水河谷而下出秦川也。此條路線，在漢魏時代無可致疑，然考之唐史，往往不能通解。如玄宗幸蜀，及僖宗第二次南幸，皆向西取道散關，而文史所見，或云途經斜谷。又如褒斜谷道不逾五百里，郿縣至長安不過二百餘里，而通典稱漢中取斜谷道至長安九百三十三里，是亦不合。今詳考史傳、志書、政典、詩文、石刻、雜著，乃知唐世所謂褒斜道絕大多數指褒城至鳳州（今鳳縣）道而言，實爲北魏所開之廻車道，攘褒斜之古名耳。前賢未察，因名同而誤爲一道，致唐史典籍反多可疑，故爲之辨，並詳其驛程焉。

（一）漢魏褒斜古道

關中與漢水上流地區之交通當甚早，此觀國語載周幽王伐有褒事可知。

晉語一，史蘇曰：「周幽王伐有褒，褒人以褒姒女焉。」又鄭語記史伯述褒姒故事。（史記周本紀略同。）則幽王以前，褒國與關中早有交通，不始於幽王之用兵也。

戰國秦惠文王時，褒漢爲蜀所有，秦蜀兩王曾會遇谷中，不久秦即起兵滅蜀，說者多謂即循漢世所謂褒斜道。

史記張儀傳：「苴蜀相攻擊，各來告急於秦。」秦惠王遂發兵伐蜀，兼滅苴巴。時在惠文王後九年。（年份參三家注及考證。）是秦蜀交往必早在此前。考華陽國志卷三蜀志述秦蜀事之傳說頗詳。略云：

「周顯王之世，蜀王有褒漢之地，因獵谷中，與秦惠王遇。惠王以金一笥遺蜀王，王報珍玩之物。」

「周顯王二十二年，蜀侯使朝秦。秦惠王數以美女進，蜀王感之，故朝焉。」

「蜀王別封弟葭萌於漢中，號苴侯。……苴侯與巴王爲好，巴與蜀讎，故蜀王怒伐苴侯。苴侯奔巴，求救於秦。」「周愼王五年（秦惠二十二年即後九年）秋，秦大夫張儀、司馬錯……等從石牛道伐蜀。……開明氏遂亡。」

按秦蜀二王之會，未明何谷，而十三州志：「蜀王從卒數千餘出獵於褒谷西溪。惠王亦獵於山中。」（輿地紀勝一八三引。）是言褒谷也。水經注二七亦以褒谷當之。又此次用兵，水經注以爲由此道，後世地理學家多從之。然亦無確證，惟可能性較大耳。

其後范雎相昭王，又曾大修棧道。說者亦以爲即褒斜道。蓋可信。

秦策三，蔡澤說范雎曰：「今君相秦……棧道千里，通於蜀漢。」稱雎之功，棧道建設爲其一。後世以爲此即褒斜道，如方輿紀要五六。觀下文引史記高祖紀，以陳倉道爲「故道」，則褒斜爲新道也。時去范雎相秦不過五十餘年，（雎相昭王，始於紀元前226年。）此褒斜當即范雎所修者歟？

秦代末年，褒斜道爲經常往來之棧道，而稱陳倉大散關道爲故道。漢高祖燒絕褒斜道，其出兵關中乃從故道出散關。

史記高祖紀：

「漢王之國，……從杜南入蝕中，去輒燒絕棧道，以備諸侯盜兵襲之，亦示項羽無東意。」

漢書高祖紀：

「漢王……從杜南入蝕中。張良辭歸韓，漢王送至褒中，因說漢王燒絕棧道，以備諸侯盜兵，亦視（同示）項羽無東意。」（師古曰：「棧即閣也，今謂之閣道也。」）

史記留侯世家：

「漢王之國，良送，至褒中。遣良歸韓。良因說漢王曰：王何不燒絕所過棧道，示天下無還心，以固項王意。乃使良還，行燒絕棧道。……良至韓，……說項王曰，漢王燒絕棧道，無還心矣。」

漢書張良傳略同。惟無末句。「行燒絕棧道」，師古釋之曰：「且行且燒，所過之處皆燒之也。」據史記本紀，所燒者爲蝕中棧道。（詳唐子午道篇。）據漢書本紀，所燒者爲褒中棧道。觀兩書張良傳，所燒實爲褒谷棧道。然漢王由長安入漢中乃取道蝕中，無可疑者，既已燒褒谷棧道，則復燒蝕中棧道，乃事所必然。故水經注謂漢祖燒子午棧道也。張良由褒谷道北歸，又燒絕此道閣棧，示無還意，則當時必視此道爲交通幹線。而史記高祖紀又云：

「至南鄭……用韓信之計，從故道還襲雍王章邯。邯迎擊漢陳倉。」

漢書本紀同。亦即石門頌所謂「出散入秦」也。按故道即陳倉散關兩當略陽道，河渠書所書較褒斜道迂迴四百里者，（詳通典所記漢中通秦川驛道篇。）蓋秦舊都雍，即今鳳翔縣。其時秦蜀交通或本由陳倉西南經今鳳縣兩當東南至漢中。後都咸陽，遂復開斜與褒兩谷連絡之褒斜道。史以「棧道千里通於蜀漢」爲范雎功，或者即雎時事歟？褒斜道開而陳倉舊道廢。高祖已燒褒斜道，乃復從舊道出兵矣。

其後蓋遂以「故道」爲秦蜀交通之主要幹線。漢人傳稱高帝開石門，或歸美之辭歟？

李翕郙閣頌（隸釋四）：「嘉念高帝之開石門，元功不朽。」按此事別無所見。石門頌述西漢四道，亦不涉石門事，疑歸美之辭耳。

然漢都長安，舊道究迂遠，不如褒斜之捷近，故武帝中葉復修褒斜棧道，且欲以通山東之漕運。通漕事雖失敗，但褒斜道全長四百餘里，較故道近四百里，遂復爲關中通巴蜀之主要交通線，故華陽志云，「璽書交馳於斜谷之南，玉帛踐乎梁益之鄉」也。

史記河渠書云：（漢書溝洫志同。）

「其後，人有上書，欲通褒斜道，及漕事。下御史大夫張湯。湯問其事。因言，抵蜀，從故道。（正義引括地志：『鳳州兩當縣，本漢故道縣也。在州西五十里。』）故道多阪回遠。今穿褒斜道，少阪，近四百里。而褒水通沔，斜水通渭，皆可以行舟漕。漕從南陽上沔入褒，褒之絕水，至斜間百餘里，以車轉，從斜下渭。如此，漢中之穀可致，山東從沔無限，便於砥柱之漕。且褒斜材木竹箭之饒擬於巴蜀。天子以爲然。拜湯子卬爲漢中守，發數萬人作褒斜道五百餘里。道果便近，而水多湍石，不可漕。」

按此事繫於河東守番係言漕事後。檢公卿表，係以元朔五年由河東守遷御史大夫。則復通褒斜事當在武帝中葉。漕事雖失敗，然「道果便近」。故史記貨殖傳云：

「巴蜀亦沃野……然四塞，棧道千里，無所不通，唯褒斜綰轂其口，以所多易所鮮。」

足見武帝末年褒斜道爲秦蜀交通之最主要幹線。華陽國志文見卷三蜀志。此固說西漢事，其爲交通幹線又得一徵矣。

褒斜道之名稱亦始見於此時。褒斜二水皆發源於褒城（今縣南十里）、武

功（今郿縣東四十里）間之衙嶺山（今褒城北九十里），斜水北流入渭，褒水南流入漢，此道北段略沿斜水，南段略沿褒水，故曰褒斜。

此兩水分流入渭、沔，前引河渠書已言之。漢地志扶風武功縣，「斜水出衙嶺山，北至郿入渭。褒水亦出衙嶺，至南鄭入沔。」按衙嶺山在唐褒城北九十八里，（河渠書正義引括地志及寰宇記一三三褒縣條。）即今縣北約九十里。郿在今郿縣東北，武功在今郿縣東四十里，見一統志。

西漢後期有所謂武功谷口剗道者，蓋亦指此而言也。

史記田叔傳褚先生補曰：「武功，扶風西界小邑也。谷口，蜀剗道近山。」正義：「括地志云，漢武功縣在渭水南，今盩厔縣西界也。駱谷閒在雍州之盩厔縣西南二十里，開駱谷道以通梁州也。按行谷有棧道也。」按括地志此條奪譌甚多，別詳駱谷道篇。然正義以褚先生補文之谷口卽駱谷口，則甚明。今按：一統志鳳翔府卷古蹟目，「武功故城在郿縣東，漢置縣。舊縣境有武功山，斜谷水亦曰武功水。縣本以山水立名也。寰宇記，武功故城在今郿縣東四十里鳳泉故縣北，渭水之南。」據通志，今郿縣盩厔相距一百里，（南山谷口考引。）則武功故城西南至斜谷較東南至駱谷爲近。且斜谷水有武功之名，足見在武功轄境；駱谷則絕非轄境也。況斜谷之名至遲武帝世已著，而駱谷之見史似不能早於曹魏。故此谷口當指斜谷，非駱谷也。正義誤。又據史記孝武本紀索隱，褚少孫爲宣元成時代人。

其後王莽開子午道，但褒斜未廢，故光武伐蜀，一軍從斜谷入。

華陽國志五公孫述志：「世祖（光武）重遣吳漢劉尚征述；又遣臧宮從斜谷道入。」按西漢承平二百年，此第一次用兵巴蜀，卽利用此道，足見其爲一要道。

然歲久仍不免荒塞，至東漢明帝永平四年詔開褒斜，鑿通石門。蓋安帝永

初間，此道爲叛羌所壞，乃修子午，以遠羌患。至順帝卽位（延光末），復廢子午，通褒斜。桓帝建和年間又見增修。並詳石門頌，且見西漢曾修圍谷（今鄠縣、盩厔間，駱谷西二十五里）、堂光（無考）兩谷道。

後漢書帷順帝紀云，延光四年十一月丁巳卽位，「乙亥，詔益州刺史，罷子午道，通褒斜道。」其餘歷次修廢不詳。而司隸校尉楊孟文石門頌（隸釋四）云：

「高祖受命，興於漢中，道由子午，出散入秦。……後以子午塗路歮難，更隨圍谷，復通堂光，凡此四道垓隔尤艱。至於（明帝）永平，其有四年（西元61），詔書開余（斜），鑿通石門。中遭元二，西夷虐殘，橋梁斷絕，子午復修。上則縣峻，屈曲沶顚，下則入冥，廎寫輸淵，……空輿輕騎，滯导弗前，惡虫蕃狩，蛇蛭毒蟃。……愁苦之難，焉可具言。於是……故司隸校尉犍爲武陽楊君厥字孟文，深執忠伉，數上奏請，……百僚咸從，帝用是聽，廢子（子午）由斯，得其度經，功飭爾要，敞而晏平。……至（桓帝）建和二年（148）仲多上旬，漢中太守犍爲武陽王升字稚紀……嘉君明知，……勒石頌德。」

「王府君閔谷道（缺）難，分置六部道橋，特遣行丞事西成輔服……造作石積，萬世之基，或解高格（同閣），下就平易，行者欣然焉。」

據此略見褒斜子午迭爲興廢之況。洪氏跋云：「順帝紀，延光四年，詔益州刺史罷子午道，通褒斜路，蓋從其所請也。……安帝永初元年先零羌叛，斷隴道，寇三輔，入益州，殺漢中守，乃橋梁斷絕時也。自明帝永平四年通石門至永初幾五十年。自永初褒斜斷絕至延光四年，凡十五年。」按此所論大體近是。

又石門頌，「更隨圍谷，復通堂光。」按嘉慶一統志西安府卷山川目倉谷條引長安志，「韋谷、底保谷在盩厔縣西南三十里。」又引縣志，「縣境南山……極西，與鄠縣接界處爲韋谷，俗訛爲泥谷，在縣西南五十里。」谷東二十三里爲駱谷。又陝西南山谷口考：「駱谷西二十五里爲韋谷，今訛爲泥谷，在盩厔縣西南，爲盩厔鄠縣連界處。有韋谷水北入渭。谷南有路通佛坪。」檢元和志二鳳翔府扶風縣，「武德三年分岐山縣，置圍川縣，……取今縣南漳川水爲名，近代訛作圍。……貞觀……八年改爲扶風。」是此韋谷之名甚早，亦作漳谷、圍谷也。石門頌之圍谷必卽此谷無疑。　堂光無考。陝西南山谷口考云，鄠縣東南有湯谷、潭谷，豈其地耶？

此頌外，復有鄐君開通褒斜道一刻，記各項數字極詳。自永平六年興工至九年完成，工程極爲浩大。蓋永平四年楊孟文僅興議草創，至鄐君實成之也。兩次實爲一事，故石門頌略之歟。

鄐君開通褒斜道石刻（金石萃編五）：「永平六年，漢中郡以詔書受廣漢蜀郡巴郡徒二千六百九十人，開通褒余道。太守鉅鹿鄐君部掾冶級王宏、史荀茂、張宇、韓岑等，興（釋文作典）功作。太守丞廣漢楊顯將相用始作橋格（卽閣或欄）六百二十三間，大橋五，爲道二百五十八里，郵亭、驛置、徒司空、褒中縣官寺並六十四所。凡用功七十六萬六千八百餘人，瓦（凡？）卅六萬九千八百（以下今石已缺，僅見宋晏袤釋文），四器。用錢百四十九萬九千四百餘斛粟。九年四月成就。益州東至京師，去就安隱。」按此刻在褒縣石門。

建和稍後，永壽年間，復有增修，見於石刻。

李壽碑（羅季書褒中古跡輯略）：「右扶風丞楗爲武陽李君諱壽字季林，以永壽元年中始解大臺長，由其修閣道憂勤，民懽喜，行人蒙福。君故益州從事，再舉孝廉，尙書，改授雲安郡朐忍令，換漢中宜禾都尉。」按永壽爲桓帝年號。

漢末，劉焉使張魯據漢中，斷絕谷道，以利割據，故流民南徙皆從子午道。

華陽志二漢中志：「初平中，（劉焉）以（張）魯爲督義司馬，住漢中，斷谷道。」三國志三一劉焉傳，「遣魯爲督義司馬，住漢中，斷絕谷閣，殺害漢使。焉上書言米賊斷道，不得復通。」當卽此道，斷之以利割據也。三國志八張魯傳，魯據漢中，「韓遂馬超之亂，關西民從子午谷奔之者數萬家。」正以斜谷道斷，故民之南徙者專從子午也。

然不久蓋又修復，故建安末年，曹操得由斜谷道與劉備爭漢中。

紀要五六，已略引述，今不詳考。

其後魏、蜀交兵，屢由此道，略舉如次：

（A）魏太和二年、蜀建興六年（228），蜀諸葛亮伐魏，揚聲由斜谷。

蜀志諸葛亮傳，建興「六年春，揚聲由斜谷道取郿，使趙雲鄧芝爲疑軍，據箕谷。」

（B）魏太和四年、蜀建興八年（230）魏曹眞伐蜀，由子午斜谷諸道並入。

魏志明帝紀，太和四年「七月……詔大司馬曹眞、大將軍司馬宣王伐蜀。」曹眞傳，太和四年，眞大舉伐蜀。「以八月發長安，從子午道南入。司馬宣王泝漢水，當會南鄭。諸軍或從斜谷道，或從武威入。」（集解引胡三省曰：「武威當作武都。」）蜀志後主傳，建興「八年秋，魏使司馬懿由西城，張郃由子午，曹眞由斜谷，欲攻漢中。丞相諸葛亮待之於城固赤阪。大雨道絕，眞等皆還。」按此次數道並進，而所述曹眞主力有斜谷、子午之異。考魏志二二陳羣傳，「太和中，曹眞表欲數道伐蜀，從斜谷入。羣以爲，……斜谷阻險，難以進退，轉運必見鈔截……不可不熟慮也。帝從羣議。眞復表從子午道。羣又陳其不便。……詔以羣議下眞，眞據之遂行。會霖雨積日，詔眞還。」是眞本擬自出斜谷，後變計自子午道也。然仍分兵出斜谷等道。

（C）魏青龍二年、蜀建興十二年（234），蜀諸葛亮大軍由斜谷道出武功至五丈原。

魏志明帝紀，青龍二年四月，「諸葛亮出斜谷屯渭南。」蜀志後主傳，建興

「十一年冬，亮使諸軍運米集於斜谷口，治斜谷口邸閣。」（集解：邸閣，儲糧之所也。詳見魏志王基傳。）「十二年春二月，亮由斜谷出，始以流馬運。」諸葛亮傳，建興「十二年春，亮悉大衆由斜谷出，以流馬運，據武功五丈原。……其年八月，亮疾病，卒於軍。」

（D）魏景元四年、蜀炎興元年（263），魏鍾會等分從駱谷、斜谷、子午谷等道並入滅蜀。

魏志陳留王奐紀，景元四年，使鍾會「由駱谷伐蜀」。又鍾會傳：「（鄧）艾趣甘松、沓中，……（諸葛）緒趣武街、橋頭。……會統十餘萬衆分從斜谷、駱谷入。……魏興太守劉欽趣子午谷。諸軍數道平行。」

魏、蜀在關中漢中地區相對用兵，取道斜谷者大抵有以上諸次。惟魏正始五年（244）曹爽伐蜀，蜀延熙二十年（257）姜維伐魏，由駱谷道，餘或專出斜谷道，或兼出斜谷道也。

及鍾會定蜀，謀貳於司馬氏，欲使姜維先出斜谷。司馬昭識鍾會必叛，使賈充入斜谷至漢中。

魏志二八鍾會傳：「進軍成都，……威震西土。……遂謀反。欲使姜維等皆將蜀兵出斜谷，會自將大衆隨其後。……會得文王書云，恐鄧艾或不就徵，今遣中護軍賈充將步騎萬人徑入斜谷，屯樂城，吾自將十萬屯長安。」

如此針鋒相對，皆以斜谷爲用兵主線，尤見此道在當時交通上之地位。

魏、蜀既屢從斜谷道用兵，故時見增修。

魏太和四年，曹眞由子午、斜谷諸道伐蜀。王肅傳論之曰：「深入險阻，鑿路而前，……聞曹眞發已踰月，而行裁半谷。治道功夫，戰士悉作。」又魏景元四年，鍾會伐蜀事。會傳云：「分從駱谷、斜谷入，先命牙門將許儀在前治道。會在後行，而橋穿，馬足陷，於是斬儀。」又蜀建興十一年，諸葛亮治斜谷邸閣，明年出兵。邸閣雖非閣道，要於道路亦不能無修建也。

今可考見於石刻者，有魏太和六年與景元四年兩次。景元四年冬，魏已平蜀，故復修之，以爲秦蜀交通之孔道也。

潘宗伯韓仲元李孝章通褒斜閣道碑：

「□□伯、韓仲元以泰□六年五月十日造□□。景元四年十二月十日盪□將軍浮亭侯□□李苞……中□□□木工二千人，始通此閣道。」（文物1964年11期褒斜道石門附近棧道遺迹及題刻的調查）

晏袤跋文云：

「潘宗伯、韓仲元記造橋閣十九字。紹熙甲寅始見於石門之南崖〔崖？〕，其泰字下一字不顯，…漢魏兩晉以來，泰字紀年者凡七，惟魏明帝有泰和六年……餘皆一二年或三四年，則知此魏泰和六年明矣。是歲蜀建興十年。先以泰和四年魏司馬懿伐蜀，五年蜀諸葛亮圍祁山，……秋七月亮復軍。明年亮休士作木牛流馬，故魏人得入褒谷治橋閣矣。後題景元四年三十八字者，魏陳留王年號，自泰和六年至此凡三十三年，則此二號皆魏之紀年無疑。……魏盪寇將軍浮亭侯李苞字孝章復通此閣道于景元四年，即蜀炎興元年。多十一月，魏鍾會鄧艾率衆伐蜀，……巴蜀皆平。十二月，魏分益州爲梁州，褒斜閣道于是乎通矣。」（同上）

按碑刻於石門南約二十餘米崖壁上。晏袤爲南鄭令，以慶元元年作跋，論此事年代蓋可信。

至晉太康元年亦曾於褒中縣北境修斜谷閣道，今留壩縣東北之西江口（E107°•N33°44′）尚有摩崖可考。

唐孫樵興元新路記（全唐文七九四，參褒中古蹟輯略）：

「二十四孔閣。閣上巖甚奇，有石刻云：褒中興（輯略作典）閣主簿王顒、漢中郡道閣縣〔橋〕掾馬甫（略）等百二十人，匠張羌（略）等百四十人，閣道敎習常民學川石等三人。凡七十字。其側曰，太康元年正月二十九日。按其刻乃晉武平吳時，蓋晉由此路耳。」

按通觀全文，二十四孔閣在文川谷道中，東北去郿縣，東南至南鄭，距離略相等，而爲褒中縣地。復考褒斜道連雲棧南段調査簡報（文物1964年第11期），則此摩崖尙存，據拓本釋文如次：

□褒中典閣主簿王顒字休諧

□褒中典閣主簿周都字令業

漢中郡道閣府掾馬甫字叔郡

漢中郡北部督郵逈通字叔達

都匠中郎將王胡字仲良典知二縣

匠簫續敎蒲池石佐張擇等百廿人

匠張羌敎褒中石佐泉彊等百卌人

治余谷閣道敎習常民學川□□□□

等三人，詣漢中郡受節（下缺）

征西府遣匠（下缺）

據拓本收藏人張叔亮云，刻文在留壩縣西江口岩上，其地今仍名二十四孔閣。此本則一九三二年所拓也。然則此年所修不但確知卽褒斜道，且途程所經又得一明確據點矣。

及東晉南北朝時代，南北分立，不以南北交通幹線爲急務，故未見有修郿褒間谷道者。至於北魏正始四年所「開褒斜道」，乃散關迴車褒城道，非復漢魏古道矣。

褒、斜本二水名，分別南入漢水，北入渭水。其分水嶺之衙嶺山地位偏近褒城，故斜谷長而褒谷短，谷道四百七十里，號稱五百里，山谷深險，曹操稱爲「五百里石穴」，最能得其形勢。

辛氏三秦記：「褒斜，漢中谷名，南谷名褒，北谷名斜，首尾七百里」。（後漢書順帝紀延光四年注引，地理書鈔頁三六二。）梁州記：「褒谷，南口曰褒，北口曰斜，長四百七十里」。（史記貨殖傳正義引。）里數不同。考元和志二二、輿地紀勝一八三，皆作四百七十里。與河渠書五百里之說爲近。七百里蓋奪譌也。西征賦注：「褒斜谷……南口褒，北口斜，長百七十里。」（續郡國志扶風武功縣注引。）則又奪「四」字矣。復考括地志：「褒谷在梁州褒城縣北五十里。（元和志二二，作五里，疑當作『十五』里。）斜水源出褒城縣北九十八衙嶺山，與褒水同源而派流。」（史記河渠書正義引。一統志引括地志，斜水褒水二名互易位。）寰宇記一三三褒城縣，「衙嶺山在縣西北九十八里，褒水源出此山，至縣理東注漢水。」足見斜谷長，而褒谷短。

關於兩谷形勢。魏志一四劉放傳裴注引孫資別傳云：「昔武皇帝……自往拔出夏侯淵軍，數言，南鄭直爲天獄中，斜谷道爲五百里石穴耳。言其深險，喜出淵軍之辭也。」既證七百里之譌，亦見谷道之形勢。輿地紀勝一八三興元府景物上褒谷條引郡國志：「兩谷高峻，中間谷道，褒水所流。」亦見其概。

而述此谷道之詳仍以水經注爲最。據注，由褒城北入褒谷口，經石門，西北經三交城，赤崖，大石門，至衙嶺山；自山以北，則循斜谷經五丈原（今郿縣西南二十里）之東達渭川。注又引諸葛亮家書云，「緣谷百餘里，其閣梁，一頭入山腹，一頭立柱于水中。」水大至，則壞。其後更「悉無復水中柱，逕涉者，浮梁振動，無不搖心眩目。」此「俗所謂千梁無柱也。」今日讀此，亦感驚駭。

渭水注：「渭水于（武功）縣，斜水自南來注入。水出縣西南衙嶺山北，歷斜谷，逕五丈原東。原在武功西十里餘。……其水北流注于渭。」

又沔水注：「漢水又東合褒水。水西北出衙嶺山，東南逕大石門，歷故棧道下谷，俗謂千梁無柱也。諸葛亮與兄瑾書云：前趙子龍退軍，燒壞赤崖以北閣道，緣谷百餘里，其閣梁一頭入山腹，其一頭立柱于水中。今水大而急，不得安柱，此其窮極，不可强也。又云：頃水大暴出，赤崖以南橋閣悉壞。時趙子龍與鄧伯苗，一戍赤崖屯田，一戍赤崖口，但得緣崖與伯苗相聞而已。後諸葛亮死于五丈原，魏延先退，而焚之，謂是道也。自後按舊修路者悉無復水中柱，逕涉者，浮梁振動，無不遙心眩目也。褒水又東南，逕三交城，城在三水之會，故也。……褒水又東南得丙水口。……褒水又東南歷小石門。門穿石通道六丈有餘。刻石言，漢明帝永平中司隸校尉犍爲楊厥之所開。……蜀都賦曰：阻以石門。其斯之謂也。門在漢中之西，褒中之北。褒水又東南歷褒口，即褒谷之南口也。北口曰斜，所謂北出褒斜。褒水又南逕褒城東，……又南流入于漢。」

按褒谷較短，酈注詳述之。斜谷較長，酈注反略之，何耶，豈亦材料所限歟？

（二）拓跋魏迴車道

自晉室南遷，秦漢褒斜古道日就堙廢，至北魏宣武帝正始中，有漢中之地。刺史泰山羊公以褒斜古道崖岸崩淪，棧閣堙廢，車馬不通，惟徒步攀蘿捫葛可達，故轉輸艱阻，無以爲治。遂於正始四年（西 507）奏開迴車新道，南通褒城谷口，三百餘里，閣廣四丈，路廣六丈，塡谿棧壑，砰險梁危，俾車馬「連軌並轡而進」，於是物資商貨南北暢通，公私以濟。按迴車地在梁泉縣（今鳳縣）南六十里。是羊公所開新道乃取陳倉、散關大道，由梁泉東南經迴車以達褒城。魏書稱此道爲「斜谷舊道」，蓋誤書也。

魏書世宗紀，正始四年九月「甲子，開斜谷舊道。」實即迴車道也。魏石門銘（褒谷古蹟集略）詳其事云：

「此門蓋漢永平中所穿，將五百載。世代綿廻，戎夷遞作，乍開乍閉，通塞不恒。自晉氏南遷，此路廢矣。其崖岸崩淪，硼閣堙褫。門北各數十里，車馬不通者久之，攀蘿捫葛然後可至。皇魏正始元年，漢中獻地，褒余始開，至於門北一里，西上鑿山爲道，峭岨盤迂，九折無以加，徑途巨碍，行者苦之。……三年，詔假節龍驤將軍（略）梁秦二州刺史泰山羊公建旟嶓漾。……以天險難升，轉輸難阻，表求自迴車以南開創道路，釋負擔之勞，就方軌之逸。詔遣左校令賈三德領徒一萬人，將帥百人，共成其事。……起四年十月十日訖永平二年正月畢工，閣廣四丈，路廣六丈，皆塡谿棧壑，砰險梁危，自廻車至谷口三百餘里，連輈並轡而進。往哲所不工，前賢所輟思，莫不夷通焉。……於是畜產爐鐵之利，紈錦罽氈之饒，充仞川內，四民富實，百姓息肩，壯矣。……銘曰……西帶汧、隴。東控樊、襄。……水眺悠皛，林望幽長，秋風夏超，寒鳥春傷。穹窿高閣，有車轔轔，成夷石道，牱牡其駟，千載絕軌，百兩更新。……魏永平二年太歲己丑正月己卯朔卅日戊申，梁秦典籤太原郡王遠書。」

按據此石刻紀事，南北朝時，褒斜道廢塞。北魏正始中得漢中地，「褒斜始開」，然「經途亘礙」。正始三年，羊公爲梁秦刺史，「以天險難升，轉輸蕱阻」，乃「表求自廻車以南開創道路」。「自廻車至谷口三百餘里」。按元和志二二，鳳州梁泉縣，後魏太和元年置。「廻車戍在縣西北六十里。梁太淸五年，西魏遣雍州刺史達奚武爲大都督及行臺楊寬，率衆七萬，由陳倉路，取廻車戍，入斜谷關，出白馬道。謂此也。」寰宇記一三四，同。惟云「在縣南一百六十六里。」紀要五六作「縣南一百六十里。」按志云「西北」顯誤。當從記作「南」爲正。里數有「一百」之差。按元和志及寰宇記，興元至鳳州（治所即梁泉縣）三百八十里。褒城至興元三十里。則褒城至梁泉蓋三百五十里上下。前引石門銘，廻車至谷口（褒谷口）三百餘里。則廻車至梁泉縣應以六十里爲正。寰宇記、紀要皆誤也。檢乾隆志一八五漢中府褒水條引府志，「有車倒河在（鳳）縣東南八十里。」按「車倒」與「廻車」之義爲近，疑卽古廻車戍地區歟？則此廻車與褒斜古道之北口東西相去極遠，此廻車道明爲新開之道，非褒斜古道也。事始於正始四年十月，正與魏書所記爲同一事。而魏書云「開斜谷舊道」，實誤書也。

西魏大統十七年（西 551），達奚武曾由散關出回車道入南鄭，然其所出南口，爲白馬城，非褒口。

周書二文帝紀，魏大統十七年十月，遣「大將軍達奚武出散關，伐南鄭。」前引元和志二二及寰宇記一三四梁泉縣回車戍條，所記卽此事。謂達奚武等「率衆七萬由陳倉路，取廻車戍，入斜谷關，出白馬道。」惟此次用兵出口爲白馬，非褒城。按水經沔水注，「沔水又東逕白馬戍南，瀗水入焉。水北發武都氐中，南逕張魯城東。……庾仲雍謂山爲白馬塞，……東對白馬城，一名陽平關。瀗水南流入沔，謂之瀗口。其城西帶瀗水，南面沔川，……亦曰瀗口城。」元和志二二興元府西縣，「百牢關在縣西南三十步，隋置白馬關，後以黎陽有白馬關，改名百牢關。自京師趣劍南，達淮左，皆由此也。」所謂「入斜谷關出白馬道」者，蓋由關南行出瀗口、白馬城，即唐之西縣也。唐僖宗光啓二年幸興元，褒谷棧道爲石君涉所燒，乃變計由他道至西縣，亦即此道也，詳第四節僖宗西幸條。

後三年，卽恭帝元年（554），此廻車閣道被焚毀。同年崔猷復修通之，鑿山堙谷五百餘里。但南口所在不詳。

通鑑一六五梁承聖三年紀云：

「魏宇文泰命侍中崔猷開回車路，以通漢中。」

按周書三五崔猷傳：「魏恭帝元年（卽梁承聖三年），太祖欲開梁漢舊路，乃命猷（略）等五人率衆開通車路，鑿山堙谷五百餘里，至於梁州。」（下文「卽以猷爲都督梁利等十二州白馬儻城二防軍事梁州刺史」。）北史三二，同。皆與通鑑作「回車路」者異。胡三省據北史，以「通」字爲正，云「前史蓋誤以通字爲廻，傳寫者又去其傍爲回也。」此論似是。然據前引北魏石門銘及元和志廻車戍條，正應作「回車路」。則通鑑「回」字不誤，而周書、北史「通」字乃臆改耳。或曰，達奚武既於四五年前由此道入梁州，何以此時又重開？考留壩府志卷四，「西魏恭帝元年四月，樂熾焚路。同年九月崔猷修復。」（褒斜道石門附近棧道遺迹及題刻調查頁三九引。）則此路自北魏開通，至西魏恭帝元年被焚阻，同年崔猷乃復開之，達奚武事在此前，固不碍也。

綜觀北魏至西魏末五十年間，所開通漢中道路皆自散關經回車而南者，未嘗見有循秦漢褒斜古道也。

（三） 唐褒城北出秦川諸道修治史

褒斜道，唐初雖曾重修，並通水運。然在前期，實未置驛。

冊府四九八邦計部漕運條：「（貞觀）二十二年七月，開斜谷道水路，運米以至京師。」此蓋遵行漢武故事歟？未必久行。通典一七五，漢中郡「去西京，取駱谷路六百五十二里，斜谷路九百三十三里，驛路一千二百二十三里。」寰宇記一三三，全同。是前期斜谷駱谷兩谷道皆不置驛也。駱谷不置驛又見六典六刑部司門條。

中葉以後，始屢修秦川通褒城道，置館驛；然非一線。茲以時代先後爲次考述之。

(1) 憲宗元和元年（西 806）復置斜谷路館驛。　志書稱「鳳翔斜谷路館驛停廢。」此時以伐西川劉闢而重置，似爲北魏所開之迴車道。

舊憲宗紀：西川劉闢反。以長武城都知兵馬使高崇文充神策行營節度使，伐之。元和元年正月「壬辰，復置斜谷路館驛。」「甲午，高崇文之師由斜谷路，李元奕之師由駱谷路，俱會於梓橦。」

寰宇記三〇鳳翔府郿縣，「按唐書，永貞元年，西川節度使劉闢反。先是鳳翔斜谷路館驛停廢，今宜却置，命高崇文爲神策行營節度使。崇文領兵馬取鳳翔斜谷路，李元奕領兵取駱谷路，同赴梓州。」

按通鑑二三七，元和元年正月「甲午，崇文出斜谷。……崇文軍至興元。」云云。是所取之道南口在褒城無疑。而寰宇記云「先是鳳翔斜谷路館驛停廢。」又云高崇文「取鳳翔斜谷路。」「斜谷」上冠以「鳳翔」，若此二字非寰宇記所誤加，則入口必取散關廻車戍，即廻車道也。

(2) 敬宗寶曆二年（西 826），裴度奏修斜谷道及館驛。　是年裴度奏修斜谷驛道，於岐山縣（今縣）南界置渭陽驛，郿縣（今縣）北〔南？〕界置過蜀驛，入斜谷（今郿縣南三十里）西南行至寶鷄縣（今縣）南界，置

安途驛；皆在鳳翔府境。其南循褒谷段，改甘亭館爲懸泉驛，駱駝蔫館爲武興驛，坂下館爲右界驛。懸泉驛，蓋在褒城縣北九十里之甘亭關，約今馬道驛地。右界驛蓋在七盤嶺北坂下，南距褒城二十餘里。武興驛蓋在懸泉、右界二驛間。此次所修卽漢魏古道無疑。

舊書敬宗紀，寶曆二年春正月「辛巳，興元節度使裴度奏修斜谷路及館驛，皆畢功。」唐會要六一館驛條述此事較詳云：

「寶曆二年，鳳翔隴州觀察使上言，當管緣興元新廻〔通〕斜谷路，創置驛三所。岐山縣南界置渭陽驛，郿縣北〔南？〕界置過蜀驛，寶鷄縣南界置安途驛。其月，山南西道觀察使上言，當道新制斜谷。其中須置館驛及創驛右界名者三：甘亭館請改爲懸泉驛，駱駝蔫館改爲武興驛，坂下館請改爲右界驛。並可之。」

據此，北段鳳翔府境三驛地望已明，而興元府境三驛之地望則未悉。玆分別考述之。

甘亭館、懸泉驛　檢元和志二二褒城縣，「甘亭關在縣北九里。今爲戍。」一統志引亦作九里，而隋志考證引作九十里，不知何本。然寰宇記一三三，褒城縣「甘亭關在縣北九十里，隋開皇元年立，今爲甘亭戍。」①是「九里」「九十里」不同。疑「九十」爲正。何者？隋地志，褒城縣「有關官」，當卽此關也。而通典一七五，褒城縣「有甘泉關，隋置之。」亭泉必一字之形譌耳。又新志，褒城縣「有牛頭山，北有甘寧關。」寧亦形譌也。據新志，似可定關在牛頭山北。一統志引縣志，山在縣西二十五里。唐世縣治在今縣南十里之打鐘壩，則其時山當在縣西北三十里以上。關在山北，必更遠矣，故疑「九十里」爲正。若僅九里，則遠在石門鷄頭山之南，地平坦，置關何爲？甘亭館、懸泉驛當在同一地區，蓋卽今馬道驛地區。

坂下館、右界驛　會要此條列舉鳳翔境驛名，由北而南數之。興元境驛名次序

① 文海影本云「甘亭關在縣北入斜谷一十里。」據下文，此似說鷄頭山，豈有奪文耶？然入斜谷十里卽在縣城北二十里以上。且一十里通常只云十里。有「一」字卽有問題。

當亦同。且蜀鑑云：「自褒谷至鳳州界一百三十里，始通斜谷。」（通鑑九胡注引李文子語。）則甘亭館北四十里即出興元府境，其間不容有兩驛，益證會要此條列舉懸泉、武興、右界三驛者係亦由北而南數之也。考褒城縣北有七盤嶺，詳第五節。而輿地紀勝一八三興元府景物目，「七盤坡在褒城縣北二十里。唐元稹詩云，迤邐七盤路，坡陁數丈城。」孫樵出蜀賦，「陟雞幘之險墟，下七折之峻阪。」（詳後第五節引。）皆即七盤嶺，是固可以坡坂稱之也。此處坂下館，當即七盤嶺之北坂，其處南距褒城二十餘里，正當有一驛也。

駱駝蔫館、武興驛　會要，此館驛列排於甘亭館、坂下館之間。甘亭、坂下之地望既可考，相距六十餘里，其間正當有一館驛，必駱駝蔫館無疑。且乾隆志一八五，漢中府境有兩武興山。其一在略陽縣北，必非其地。其一在沔縣東北十五里。山之北麓必在沔縣東北數十里外，即褒城縣西北數十里處也。此館改名武興驛，當即因在武興山東北麓，褒城縣西北五六十里處歟？

（3）文宗開成四年（西 839），歸融修散關至褒城道。　是年，歸融鎮興元，修驛道自散關至褒城凡十五驛。此亦北魏所開迴車道之路線也。而當時朝野即稱爲「褒斜舊道」或「斜谷舊道」。

輿地碑記目四，興元府有「山南西道新修驛路記。集古錄，唐劉禹錫撰，柳公權書，李陽冰篆，號三絕碑。開成中，山南節度使歸融自散關南至劍門，鑿山石棧道千餘里以通驛路。碑不著所立年月，在興元。」按禹錫山南西道新修驛路記，尙存。玆據全唐文六〇六節錄如次：

「開成四年，梁州牧缺，……歸氏……融……鎮於嫣墟。我之提封，踞右扶風，觸劍閣千一百里。自散關抵褒城次舍十有五，牙門將賈黯董之。自褒而南，逾利州至於劍門，次舍十有七，同節度副使石文穎董之。兩將受命，分曹星馳。並山當蹊，頑石萬狀，坳者垤者，兀者銛者，磊落傾欹，波翻獸蹲；熾炭以烘之，嚴醯以沃之，潰爲埃煤，一篲可掃。棧閣盤虛，下臨谽谺，層崖峭絕，枘木亘鐵；因而廣之，限以鉤欄。狹徑深陘，銜尾相接；從而拓之，方駕從容。急宣之騎，宵夜不惑，郄曲稜層，一朝夷坦，輿役及時，國人不知。」

按此爲褒城向西北取鳳州出散關至秦川之道，自不待言。是即北魏所開廻車道路線。而當時朝野稱爲「褒斜舊道」或「斜谷舊道」，詳下文(4)(5)兩條。

(4) 宣宗大中三年(西 849)，鄭涯開文川谷道。　大中初，鄭涯爲山南西道節度使，以「褒斜舊路」修阻，奏開文川谷新路。三年十一月完成，較褒斜舊路減捷十驛。所謂「褒斜舊路」即十年前歸融所修之散關褒城道也。

舊書宣宗紀：

大中三年「十一月，東川（當作興元）節度使鄭涯、鳳翔節度使李玭奏修文川谷路。自靈泉至白雲置十一驛。下詔褒美。」

唐會要八六道路目：

「大中三年十一月，山南西道節度使鄭渥〔涯〕、鳳翔節度使李玭等奏，當道先准勅新開文川谷路，並已畢功訖。勅旨：蜀漢道，古今欹危，……誠爲要害。……鄭渥〔涯〕首創厥功，李玭繼成亘績。按兩路之遠近，減十驛之途程，……通千里之險峻，便三川之往來。」

孫樵興元新路記（全唐文七九四）云：

「滎陽公爲漢中，以褒斜舊路修阻，上疏開文川道以易之。」

按此所謂「褒斜舊路」及「按兩路之遠近」之舊路，即指開成四年歸融所修散關褒城間之斜谷路而言。非郿褒間之舊路也。何者？此時去歸融修道恰僅十年，鄭涯修文川道前，通行之道必即歸融所修散關褒城道。此其一。新路記稱「舊路修阻」，勅旨稱較舊道「減十驛之途程」。按郿褒古道，通常謂四百七十里，或五百里；（見前。）而文川道，郿褒間十五驛，五百五十里，（見孫樵新路記，詳後。）則此時所謂褒斜舊道，決非指郿褒間舊道可知。前考開成四年歸融所修散關褒城間之道路爲驛十五，與文川道等。又據元和志二，散關東北至寶鷄縣五十二里，縣東北至鳳翔府九十里。府東至扶風縣一百里，則就入京師言，文川道較散關褒城間之驛道里程減捷二百四十二里。舉成數而言，可謂近減十驛矣。此其二也。第二點尤爲强證，則大中初年所謂「褒斜舊道」必指歸融所修散關褒城間之斜谷道，可斷言矣。

文川谷新道，有孫樵興元新路記，述其道途所經甚詳。

孫樵新路記，見全唐文七九四。其末段云：「滎陽公爲漢中，以褒斜舊路修阻。上疏開文川道以易之。……其勤至矣。其始立心，……將濟民於艱難也。然朝廷有竊竊之議，道路有喞喞之歎，豈滎陽公始望耶？況謀肇乎賈昭，事倡乎李俅。……而怨咎獨歸，豈古所謂爲民上者難耶！」是此記爲鄭涯所開文川谷道而作無疑。

據此記，自扶風（今縣）西南行三十里渡渭水，又十里至郿縣（今縣）。自郿南行二十五里至谷口，置臨溪驛。（臨一作靈。）又南踰黃蜂嶺，準岑嶺，橋無定河，三十里至松嶺驛。南踰八里阪，蓋二十六里至連雲驛，又西二十里上五里嶺，下嶺地平衍，凡約三十一二里至平川驛。又西並澗渡嶺有閣道，約二十五里，扼路爲關，北曰臨洮，南曰河池。自黃蜂至河池皆故汾陽王私田，嘗息馬萬蹄。入關行，皆閣道並澗，大橋如虹，覆蓋如九衢，凡約十六七里至白雲驛。又西閣道並澗二十三里至芝田驛。又閣道平行若干里至仙岑驛，水益清，山益奇，而氣候甚和。又南行經鳴崖凡二十八里至二十四孔閣。奇崖上有晉太康元年修道題刻，則唐文川道此段仍取漢晉古道也。此刻尙存，在今留壩縣東北九十里之西江口（E107°・N33°44′），閣名仍舊。又十五里至靑松驛。自仙岑以南，澗旁地平曠，人烟相望，至此益平夷，居民尤多。又西行越小雪嶺，約三十五里至山輝驛。又西越長松嶺，凡五十五里至迴雪驛（雪一作雲）。又南踰平樂坂經福溪，越黃崖，凡約二十五里至盤雲驛。又西並澗行三十五六里至雙溪驛。又南凡十九里至天苞嶺上。自靑松以南諸嶺坂上下皆羊腸極峻折，往往有閣道。至此嶺上，南望興元烟靄中。下嶺尤峻絕，三十里至文川驛。又南三十五里至長柳店。又十五里至興元府治所南鄭縣（今縣）。是自郿縣西南至南鄭約五百五十里左右，置驛十四。參之會要及二十四孔閣摩崖刻石，則此道南段爲新開之文川道，北段二十四孔閣以北，則就漢晉斜谷舊道修建者。且郿縣之東約十里渭水南岸尚有一鳳泉驛，爲扶風南行渡渭之第一驛，孫記今本已脫逸。

孫樵興元新路記（全唐文七九四）爲極寶貴材料，茲據全唐文節錄其驛程，並據褒谷古蹟集略所收孫樵新路記略石刻校正如次：

「入扶風（今縣）東皐門十舉步，折而南，平行二十里，下念濟坂，下（衍？）折而西十里，渡渭。又十里至郿。……自郿南平行二十五里，至臨溪驛。驛抱谷口。……出臨溪驛百步，南登黃蜂嶺，……又登潗岑嶺，盤折而上甚峻。二嶺之間凡行十里。……由大路十里，橋無定河。河東南來，觸西山下瀿，號怒北去。……又十里至松嶺驛，逆旅三戶，馬始食茅。自松嶺平行，又三里，逾二橋，登八里阪，甚峻。下阪行十里，平如九衢。又高低行五里至連雲驛。自連雲驛西行二十里上五里嶺，路極盤折，凡行六七里，及嶺上，泥深滅踝。……凡泥行十里，稍稍下去。又平行十里，則山谷四拓，原隰平曠，水淺草細，可耕稼，有居民，似樊川間景氣。又五里至平川驛。自平川西，並澗高下行十里，復度嶺。上下嶺凡五里，復平，不能一里，復高低有閣路，行七八里，扼路爲關。北爲臨洮，關爲河池。（記略，『關爲』作『南爲』是也。）自黃蜂嶺洎河池關，中間百餘里，皆故汾陽王私田，嘗用息馬，多至萬蹄。……入關行十里，皆閣道並澗。閣絕，有大橋蜿蜿如虹，絕澗西南去。橋蓋路如九衢，夾道植樹，步步一株。凡行六七里至白雲驛。自白雲驛西，並澗皆閣道，行十里，巖上有石刻，橫爲一行，曰鄭淮造，凡三字。不知何等人也。又一十三里至芝田驛，皆閣道，卒高下，多碎石。自芝田至仙岑，（據記略，仙岑爲驛。疑『自芝田』上有脫文。）雖閣路，皆平行。往往澗旁谷中有桑柘，民多叢居，雞犬相聞，水益清，山益奇，氣候甚和。自仙岑南行十三里，路左有崖，壁然而高，出其下股其〔股？〕有聲，如風怒薄冰，里人謂之鳴崖。……又行十五里至二十四孔閣。閣上崖甚奇，有石刻。其刻云，褒中興閣主簿王禺（名略）等百二十人……凡七十字。其側則曰，太康元年正月二十九日。按其刻乃晉武平吳時，蓋晉由此路耳。又行十五里至青松驛。自仙岑而南，路旁人烟相望，澗旁地益平曠，往往墾田至一二百畝。桑柘愈多，至青松卽平田五六百畝。谷中號爲夷地。居民尤多。自青松西行一二里，夾路多松竹。稍稍深入，不復有平田。行五六里，上小雪嶺，極峻折。嶺東多泥土，疏而黑。嶺西尤峻，十里百折。上下嶺凡十八里，四望多叢竹。又高低行十里至山輝驛，居民甚少，行旅無庇。自山輝西高低行二十里，上長松嶺，極峻。羊腸而上，十里及嶺上；復羊腸而下，十五里及嶺下。又高下行十里至廻雪驛。（記略石刻雪作雲。）自廻雪驛南行三里，上平樂坂，極峻，盤折上下凡十五里至福溪。又高下行十里至黃崖。崖南極峻折。上下黃崖六七里至盤雲驛。西行復並澗行二十里卽背絕小嶺，上下凡五六里稍平，又行十里至雙溪驛。自雙溪南平行四里至天苞嶺，羊腸而上，凡十五里，極峻折，往往閣路。至嶺上，南望興元烟靄中也。下嶺尤峻絕，凡三十里至文川驛。自文川南行三十五里至靈泉驛。自靈泉平行十五里至長柳店，夾道居民。又行十五里至興元，西平行三十里至褒城縣，與斜谷舊路合矣。」

按此記已極詳。復考唐會要八六道路目云：

「大中三年十一月，山南西道節度使鄭渥〔涯〕、鳳翔節度使李玭等奏：當道先准勅新開文川谷路，從靈泉驛至白雲驛共一十所，並每驛側近置私客館一所。其應緣什物糧料遞乘並作大專知官及橋道等，開修制置畢。其斜谷路創置驛五所。平州〔川〕驛一所，連雲驛一所，松嶺驛一所，靈谿驛一所，鳳泉驛一所。並已畢功訖。」

據此，南自靈泉驛北至白雲驛，卽自南鄭北至河池關皆所謂文川道，爲新開者；自河池關以北，各驛皆就舊斜谷道重建者。舊宣宗紀，大中三年條云，鄭涯李玭「奏修文川谷路。自靈泉至白雲置十一驛。」十一當乙。只云置此十驛，亦見此為新開文川谷道，河池以北為斜谷舊道也。然前於第一節述晉太康元年修褒斜道事，引孫樵新路記所載二十四孔閣太康元年摩崖文字，及今存摩崖拓本。此摩崖刻文今尙見在留壩縣西江口岩上，其地今仍名二十四孔閣。據一統志漢中府卷關隘目，西江口在留壩縣東北九十里，張編地圖集·陝西兩圖，留壩東北有江口地名。是此閣今地可確指，為此道路線之極重要極準確之定點，亦為漢晉褒斜古道之極重要準確之定點。是文川道此段亦卽古褒斜閣道之一段。則二十四孔閣地區以北至河池關一段當亦大體循古道而行。此處東北至郿縣之里程，與東南至興元之里程，恰略相當，故可云北段循褒斜舊道也。又孫氏新記，自河池關以北僅四驛。而會要此條有五驛。所多鳳泉一驛，觀其敍次，當在斜谷口臨溪驛（卽會要之靈谿驛）之北。按今存新記本有奪譌處。如首句「入扶風」卽有問題。中間文字奪譌，前已校正數處。又驛間里距記述極詳，惟芝田驛至仙岑驛無里距，且觀其行文，上文顯有脫逸。蓋首段亦脫鳳泉一驛也。疑其地當在郿縣以北。檢寰宇記五〇鳳翔府郿縣，「武宮〔功〕故城在今縣東四十里，卽鳳泉故縣北，渭水之南。水經注云渭水東經武功故縣北。」是此驛當置於鳳泉故縣處，在郿縣之東，渭水南岸也。然則今本孫記蓋於「渡渭」之下、「又十里」之上脫漏此驛耳。檢乾隆志一八三，「鳳泉在扶風縣北明月山西。」「明月山在扶風縣北五十里，……山之東接乾州界。」疑太北，此非其地。

觀此驛程，北段循斜谷舊道；而南段則在褒斜舊道之東，其出口卽在興元府治南鄭縣，當褒谷口東三十里也。南端蓋略沿文水，故稱文川谷道。

乾隆一統志一八五漢中府山川目：「文水在城固縣西北。……縣志，文水在縣西北四十里。兩水合流有如文字。宋（劉宋）范柏年對明帝云，臣鄉有文川，卽此。」考水經注二七沔水注：「漢水又左會文水，水卽門水也。出胡城北山石穴中。」按城固在南鄭東七十二里，（元和志。）胡城在兩縣間。則文水正當南鄭東北。新記之文川驛在興元北六十里，當卽文水之會歟？檢三省邊防備覽五水道，漢江至漢中城，又東下至桃花店入城固界，文川河北來注之。漢水至城固城東，湑水北來注之。復檢 ONC-G-9圖，褒水、湑水間有一小水，自漢中之正北向南流至漢中入漢水，蓋即文水。是此道南端即循此水河谷而行，故以受名。

唐宋志書，謂漢中北取太白山路至鳳翔府六百七十里者，其南段蓋即此文川道之所本也。

元和志二二，興元府「北取太白山路至鳳翔府六百里，西取斜谷路至鳳州三百八十里。」寰宇記一三三，同；惟「六百里」作「六百七十里」。按通典一七五，述漢中郡北出之路，除驛路、斜谷路、駱谷路之外，又云「北至扶風郡（鳳翔府）六百七十里。」亦即元和志、寰宇記之太白山路也。而當以六百七十里爲正。按此路，不西取褒谷，不東出駱谷，而由南鄭直北行，其方位正與此處所開文川谷道之南段略相當，故疑即略循舊太白山路也。

惟新開谷道，路基不易鞏固，旋爲山水摧毀，難負驛道之使命，故明年復修褒斜舊道，即北魏所開之迴車道也。

詳下條(5)引宣宗紀。

此文川新道雖失修，漸就堙廢。近代有小河口北通斜谷關道，蓋即略循此文川谷道而行也。今以古今兩道之路線勘之：此文川道旣南口在南鄭，北口在郿縣，中經留壩東北之西江口（E107°•N33°44′）。檢南山谷口考記清代小河口路之行程，起城固，西北行一百四十里至小河口，又一百二十里至西江口，又一百四十里至進口關（鳳縣東一百五十里），又八十五里至虢川（寶鷄縣東南一百五十里），又三十五里至桃川（岐山縣南一百五十里），爲斜水上源。又東六十里至斜谷關，又經盩厔縣至長安。共凡八百八十里。是今道亦中經西江口，北循斜谷水至斜谷關，自關北至郿縣三十里；南段小河口亦有道直南通南鄭；且全程里數亦略相當。而虢川、桃川有道南通漢中，又明見唐籍。故今小河口道路線大體有承唐代文川谷道之舊者，殆無可疑。至少中間一段係承唐舊，惟南北兩段或有若干變動耳。

羅秀書跋孫樵新記，引舊志云：「疑卽今小河口至虢川路耳。」而羅氏不以爲然，曰「舊志釋云由小河口路。古開此道並無明文可考。想仍由馬道折入東溝，出文川口，避石門之險耳。」余按似仍以舊志爲是。前考文川谷道北段實循斜谷而行，道中有二十四孔閣，南距南鄭二百八十九里，北距郿縣二百六十七里，卽略在兩縣之正中間。其磨崖今地仍名二十四孔閣，在留壩縣東北九十里之西江口境。今試取近代小河口道之路線觀之。陝西南山谷口考記谷口交通諸線，其谷道南口在唐興元府境者僅有兩道，一連雲道，一小河口道。連雲道爲交通幹線，其行程詳第五節引輿程記，卽北魏隋唐之褒斜新道。小河口道爲重要之間道，留壩廳志云「客商尙多取徑于此。」故谷口考中數度提及之。最詳之一節爲斜谷條下引道路考云：

「由城固縣東北行三十里（平原）至許家廟。又二十里（半險）雞冠梁。又三十里（險）石堰坪。又三十里（半險）雙溪。又三十里（半險）小河口。又六十里（險）桅杆石梁。又六十里（險）西江口。（屬留壩廳。）又三十里（險）柘栗園。又三十里（平）王家瓏。又三十里（半險）苦竹街。又二十里（平）寇家關。又三十里（險）進口關。（屬鳳縣。通志云，進口關在鳳縣東一百五十里，與寶雞連界。）又三十里（平）上白雲。又四十里（半險）方柴關。（屬寶雞。）又十五里（平）虢川。（寶雞巡檢駐此。通志云，在寶雞縣東南百五十里，路通漢中。有虢川水源出□山下，北流十里，又折而西流六十里，逕進口關，入鳳縣界，爲紫金河上源。虢川之西北三十里有金牙關。其南通鳳縣，其北與岐山、郿縣、寶雞連界，亦間道也。）又十五里（半險）杜家莊。（屬岐山縣。）又二十里（平）桃川。（通志云，在岐山縣南百五十里，其水出大山中，流爲斜水，逕太白峽，斜谷關，北流入渭。）又二十里（半險）鸚哥嘴。又四十里（險）斜谷關。由關東北趨槐牙（在郿縣東三十里）、亞柏（在盩厔縣西二十五里），經盩厔、鄠縣，平行至西安省城，共二百四十里。共程八百八十里。」②

按申報館中國分省新圖，有道由城固北經江口鎮東北至郿縣。即此道也。據此所記，西江口南經小河口至城固縣二百六十里。北經進口關、虢川、桃川等地至斜谷關三百二十里。據郿縣志，斜谷在縣西南三十里。檢今圖，即關所在。又今圖，小河口東南至城固，西南至南鄭之里距應略相等。檢三省邊防備覽二道路考，南鄭東北至許家廟平路八十里，是去小河口一百九十里。是則西江口南經小河口至南鄭三百一十里，北經進口關、虢川、桃川、斜谷關至郿縣三百五十里。取與唐之文川道相勘，則西江口以南，與唐文川道略相當；疑當承襲者。然孫記於二十四孔閣後屢云西行，而今代小河口道自西江口以南乃稍偏東行，故羅氏以爲非一道，亦有可能。至於西江口以北，今道或較迂曲，但最北一段似亦循斜谷而行，則又似相一致。且新唐書一三八李抱玉傳云：

「廣德中，吐蕃入寇，帝次陝，羣盜遍南山五谷間，東距虢（虢州），西抵岐（岐州）椎剽不勝計。……詔抱玉討賊。抱玉盡得賊株柢蹊隧，分兵守諸谷，使牙將李崇客精騎四百自桃林、虢川襲之，賊帥高玉脫身走城固。」

又寰宇記三〇鳳翔府虢縣云：

「桃虢二城，史記云秦武公滅虢爲縣，謂之小虢。今虢（縣）西有二城，相去十里，俗謂之桃虢川，有路通漢中。」

按虢縣故城在今寶雞縣東南五十里之虢鎮。虢川當即今之虢川，桃林必與今桃川相近。則今小河口道中之虢川、桃川兩地南通南鄭，固自唐代已然；而桃川又即斜水之上源，明今小河口道自桃川循斜谷東行之一段亦可能即古代之舊斜谷道，亦即唐代文川谷道之東北段，同樣即我所謂唐斜谷道北段之東支。如有變動，當亦不大。

（5）大中四年（西850），封敖修復斜谷舊道。　文川谷道修建之明年，因路基未固，爲山水所壞，乃令山南西道節度使封敖修復斜谷路，置館

---

② 按今檢三省邊防備覽二道路考，無此一段長文，蓋南山谷口考作者綜合言之，而地名前後次序有小異。又括弧中注文，亦爲備覽所無。

驛。事始於是年六月宰相之奏請，七月二十卽畢功。所謂斜谷舊道亦卽文川道開通前歸融所修之散關回車褒城道也。

舊書宣宗紀，大中三年「十一月，（略）鄭涯（略）李玭奏修文川谷路。……經年，爲雨所壞，又令封敖修斜谷舊路。」新一七七封敖傳略同。云「敖更治斜谷路，行者告便。」其詳見於唐會要八六道路條云：

「大中四年六月，中書門下奏，山南西道新開路，訪聞頗不便人，近有山水摧損橋閣，使命停擁，館驛蕭條，縱遣重修，必倍費力。臣等今日延英面奏，宣旨却令修斜谷舊路及館驛者。臣等商量，望詔封敖及鳳翔節度使觀察使令速點檢計料修置，或緣館驛未畢，使命未可經通，其商旅及私行者，任取隱便往來，不得更有約勒。勅旨依奏。」「其年（大中四年）八月，山南節度使封敖奏，當道先准詔令臣檢討却置斜谷路者。臣當時差軍將所由領官健人夫併力修置道路橋閣等。去七月二十日畢功，通過商旅騾馬擔馱往來。七月二十二日已具聞奏訖。其館驛先多摧毀破壞，併功修樹，今竝已畢。臣已散牒緣路管界州縣，及牒鳳翔、劍南東西南〔兩〕川觀察使，竝令取八月十五日以後，於斜谷路通使命。謹具如前。勅旨宜依，仍付所司。」

按紀云「修斜谷舊路」。傳云「更治斜谷路。」而奏又一再言「卻修」斜谷舊路。必卽文川新道開通前之舊道無疑。此舊道卽開成四年歸融所修劉禹錫所記之散關褒城道也。以其廢棄不久，故能一月畢功。

（6）僖宗光啓二年（西 886）修棧道，亦卽散關經鳳州至褒城之斜谷道。

通鑑二五六，僖宗光啓二年，爲田令孜逼幸興元。既至興元，遣王健戍三泉，晋暉屯黑水，「修棧道以通往來。」此未指明何道。考舊書僖宗紀，是年，田令孜逼乘輿幸興元，由寶鷄入散關。「時興元節度使石君涉聞車駕入關，乃毀徹棧道，柵絕險要。車駕由他道僅達，爲邠州軍踵後，崎嶇危殆者數四。」通鑑同年紀云，石君涉爲朱玫等所使，「柵絕險要，燒郵驛，上由他道以進，…

…僅得達山南。」下文乃書僖宗至興元，使晋暉屯黑水修棧道事。按黑水即褒水。石君涉所燒毀棧道郵驛即散關鳳州至褒城道無疑。晉暉屯黑水，「修棧道以通往來」者，亦必此道無疑。

（7）後唐明宗天成三年（西 928），修斜谷閣道，亦即散關褒城道。

五代會要二五道路目：「後唐天成三年（928）二月，興元府奏修斜谷閣道二千八百餘間。」按此未指明爲郿褒道，抑爲鳳褒道。然下條云：「（長興）四年（933）三月，西京留守王思同進擬開駱谷路圖。」左右奏曰：「據興元關內兵戎交番，乃轉餉大散，修開斜谷道，迂廻校五百里。」此明以散關褒城道爲斜谷道，則五年前修斜谷閣道二千八百餘間亦屬此道可知矣。

（四）　唐褒斜道（斜谷道）之名與實

綜上所考，先秦漢魏之褒斜道由郿縣循斜谷南接褒谷，復循褒谷南抵褒城。拓拔魏世，以舊道堙塞，乃由散關梁泉開回車新道，亦南達褒城，當時史家已誤書爲斜谷道。唐中葉以後，秦川達興元褒城之直線交通路線，屢經修治。就中元和元年所修斜谷驛道路線北段入口不明，大中三年所修文川谷道，與褒斜之名無涉。此外，惟寶曆二年裴度奏修斜谷道置館驛，係由郿縣入谷口，循漢魏褒斜古道達褒城。其餘開成四年歸融修散關至褒城道置館驛，當時朝野皆稱爲「褒斜道」。大中四年復加修治。其後僖宗及後唐明宗又復治之。則中葉以後「褒斜道」、「斜谷道」之名多指散關至褒城道，即北魏所開之迴車道；而郿縣、褒城間之褒斜古道，反不著矣。觀歷年治道史事，可得結論如上。復考之唐人志書與君主行幸，尤見其然。茲先論志書所記。通典、元和志即以「斜谷路」專屬之散關、褒城道，足見盛唐以下，散關、褒城道幾專「斜谷道」、「褒斜道」之名，爲秦梁交通之重要幹線，非復如先秦漢魏以郿褒間之褒斜道爲幹線矣。

通典一七五漢中郡目：

「北至扶風郡六百七十里。」（扶風郡目同）

「去西京，取駱谷道六百五十二里，斜谷路九百三十三里，驛路一千二百二十三里。」

元和志二二興元府褒城縣，「當斜谷大道。」又述興元府四至云：

「北取太白山路至鳳翔府六百里。」（當脫「七十」）

「西取斜谷路至鳳州三百八十里。」（鳳州目同）

按寰宇記一三三，興元府「西北取斜谷橋閣路至鳳州三百八十里。」與元和志同。而其去長安三道里程又與通典全同。惟第一條作「北至〔取〕太白山路，至鳳翔府六百七十里。」而卷三〇鳳翔府目乃云「南取太白山路至興元府六百里。」知通典北至扶風卽取太白山路，與元和志同，惟里數所述有歧耳。大中初年開文川谷道，蓋與此太白山道略相當。驛道係指散關青泥道而言，詳彼篇。斜谷道則所指未明。而元和志云：「取太白山道至鳳翔，取斜谷道至鳳州。」是元和志褒城「當斜谷大道」之大道，在唐世卽指褒城至鳳州經散關入秦川之大道也。而郿褒間之褒斜古道，反非大道矣。且以里數核之，郿褒間之古褒斜道四百七十里，褒城距興元三十里，郿縣北至扶風縣四十里（興元新路記），扶風東至京師二百一十里。（元和志，鳳翔府至京三百一十里，中經扶風。扶風在府東一百里。）若此道果暢通，則興元府取此道至京師應為七百五十里。與通典取斜谷道九百三十三里者不合。而興元經褒城至鳳州三百八十里，（此據元和志、寰宇記；而通典作三百九十五里。）鳳州東北至鳳翔府二百八十里，（此據元和志。寰宇記鳳翔府四至條作二百四十里，而累計其鳳翔、寶鷄、散關、鳳州四地距離則為二百八十二里，實與元和志同。通典作四百里，自互矛盾，誤。詳漢中通秦川驛道篇。）府至京師三百一十餘里，（通典作一十七里，元和志作一十里。）則興元取散關道至京師應為九百七十餘里，與通典云取斜谷道九百三十三里者略相當。若據寰宇記鳳翔府四至條，至鳳州二百四十里。則興元取散關至京師九百三十里，更與通典里數全合。是通典所謂斜谷道至京師，卽取鳳州散關道也。而元和志、寰宇記亦云取斜谷閣道至鳳州。然則天寶、元和間所謂斜谷大道，乃自散關鳳州向東南循褒谷至褒城道，非復郿縣褒城間古褒斜道矣。

次論唐代君主行幸之經途。自玄宗至唐末，君主因關中事變，南幸山南、蜀中者凡四次，玄宗幸蜀，德宗幸興元，僖宗一幸蜀，一幸興元也。玄宗幸蜀，取道散關、河池，而或云經斜谷，是河池褒城道中經斜谷也。

舊紀及通鑑記玄宗幸蜀路線頗詳，中經岐山、扶風（即鳳翔府）、陳倉、散關、河池（即鳳州梁泉縣）、普安（即劍州）諸地。但失載一重要地名，致河池以南經順政（興州）抑經褒城不可曉。考李德裕次柳氏舊聞云：

「上（玄宗）始入斜谷，天尚早，煙霧甚晦。」（下述戒酒事。）

是云玄宗取斜谷道也。又鄭處誨明皇雜錄補遺云：

「明皇既幸蜀，西南行，初入斜谷。屬霖雨涉旬，於棧道中聞鈴音與山相應，上既悼念貴妃，採其聲爲雨霖鈴曲以寄恨焉。」

案崔道融羯鼓詩（全唐詩十一函一册）：「寂寞鑾輿斜谷裡，是誰翻得雨淋鈴。」張祜有雨霖鈴詩（全唐詩一函七册）亦詠此事。是亦謂玄宗經斜谷也。前人不知斜谷道即指鳳州河池至褒城道而言，頗疑雨淋鈴之作曲地。如王灼碧鷄漫志云：「予考史及諸家說，明皇自陳倉入散關出河池，初不由斜谷。」即以地理不合致疑也。

其歸程亦取道鳳翔。其散關鳳州以南蓋取興州（今畧陽）道經靑泥嶺，未取褒城道，更非褒斜古道也。

舊玄宗紀，至德二年十月「丁卯，上皇發蜀郡。十一月丙申次鳳翔府。肅宗遣精騎三千至扶風迎衞。」按若循褒斜古道至郿縣出谷口，渡渭即至扶風縣、武功縣，當即東還長安，無緣西至鳳翔。玄宗既至鳳翔郡，是必由河池散關而來，決非由褒斜古道也。復考常袞李採訪請駕停金牛一日表，係爲漢中郡守山南西道採訪使李某所作以上玄宗者。時玄宗自蜀還京，駕至金牛，李某希駕停金牛一日，期得侍奉也。是玄宗回京，係取興州至散關，若取道斜谷，則不須請駕停金牛矣。此詳通典所記漢中通秦川驛道篇。

德宗幸興元取駱谷道。其回程則取褒城散關道。而史亦云循斜谷入，且當時即稱爲褒斜道，與駱谷、商嶺同視爲山南通關中之三大幹線，而褒斜古道不與焉。

幸興元取駱谷道明見正史、通鑑，不待言。其回程，舊書德宗紀興元元年條云：

「六月，……戊午，車駕還京，發興元。是日大雨，及入斜谷晴霽。……七月丙子，車駕次鳳翔府。……壬午，至自興元。」

按此明書經斜谷，又云至鳳翔，必由興元經鳳州散關而來，其理由與玄宗返京事同，是此斜谷即在興元、鳳州、散關道中也。德宗還京既係取褒城、鳳州、散關道，而陸贄鑾駕將還宮闕論發日狀（全唐文四七一），因久雨奏請車駕緩發云：「良以褒斜峻阻，素號畏途。」與舊紀大雨事合。是亦當時即視褒城散關道爲褒斜道之一證。復考舊書一三九陸贄傳，德宗在興元，鳳翔節度使不恭，贄奏暫寬其罪云：

「勤王之師悉在畿內，急宣速告，晷刻是爭。商嶺則道迂且遙，駱谷復爲賊所扼；僅通王命，唯在褒斜；此路若又阻艱，南北便成隔絕。」（新傳同。又見全唐文四七一、通鑑二三〇。）

論發日狀既確指散關褒城道爲褒斜道，則贄此奏所謂「褒斜」亦必指同一道路無疑。是則散關褒城間之褒斜道與駱谷、商嶺兩道同視爲山南通關中之三大幹線，褒斜古道不與焉，此又得一強證矣。

僖宗以黃巢入潼關，西幸成都，實取駱谷道。回程經西縣，又經鳳翔，是與德宗回京之路線相同，亦有可能取鳳興道，但決非取漢代褒斜古道也。

僖宗此次西幸成都，實取駱谷道，詳駱谷道篇。而新紀云經鳳翔，舊鄭畋傳云候駕斜谷，皆誤也。參看通鑑二五四廣明元年條。舊紀，光啓元年正月「己卯，僖宗自蜀還京。二月丁亥朔，丙申，車駕次鳳翔。三月丙辰朔，丁卯，車駕至京師。」是亦先至鳳翔也。必由鳳州散關而來，惟鳳州以南取褒城道抑取興州道不可曉耳，但絕非褒斜古道也。

後爲田令孜所脅幸興元，取道散關，而史料所見，亦云經斜谷。回程取道鳳翔府，與上次同。

此次出幸亦由鳳翔、寶鷄、散關道，明見本紀及通鑑光啓二年條。新書二〇八田令孜傳，述遍僖宗出幸事，亦云道由陳倉、大散關。然下文述此事有云：「始帝入蜀，（此次只至興元，蓋令孜本計在入蜀也。）諸王徒步以從。壽王至斜谷，不能進。令孜驅使前，王謝足且拘，得馬可濟。令孜怒扶王，彊之行。王恥之。」是亦由斜谷也。然舊紀云：「時興元節度使石君涉聞車駕入關，乃毀徹棧道，柵絕險要。車駕由他道僅達。」通鑑二五六略同。又云：「山南西道監軍嚴遵美迎上於西縣。丙申，車駕至興元。」是此次雖取梁泉褒城之斜谷道，然因棧道燒燬，致權在西縣出口，非褒城耳。回程至鳳翔，亦見本紀。

綜觀此三帝四次南幸，往還八程所經，除德宗去程及僖宗第一次去程取駱谷道外，其餘六次皆取散關道，無一取褒斜古道者。就中玄宗去程由散關、河池（郡），經斜谷、褒城；回程由興鳳道。德宗歸程循斜谷出散關，當時更直視爲褒斜道。僖宗第二次去程由散關經斜谷；兩次歸程雖不知取褒城、鳳州道，抑取興州、鳳州道；但絕非取郿褒間之褒斜古道，可知也。至於文士行旅所稱褒斜實亦多指鳳州褒城道而言。

唐代文士取褒斜道者頗多。有確知其所指者，多爲鳳褒道。如第五節所引孫樵出蜀賦，取褒斜道，而云「出大散之奥區」。又劉禹錫送趙中丞參山南幕府詩云：「綠樹滿褒斜，西南蜀路賒，驛門臨白草，縣道過黃花。」（輿地紀勝一八三引。）黃花縣在鳳州城北六十里散關道上，詳通典所記漢中通秦川驛道篇。是亦以廻車道爲褒斜道也。此皆其強證。

然則自唐盛時歷中唐、晚唐，漢中褒城北出秦川之交通，以褒城至鳳州散關道爲幹線，故諸帝往返多由之，亦稱斜谷道，或逕稱之爲褒斜道。文士詩文所謂「褒斜道」亦多指此而言。此正與通典、元和志以褒城散關道爲斜谷大道之記載相應合，亦與前考棧道修治史之結論相應合。至於郿褒間之褒斜古道雖仍存在，且偶修治之，（如寶曆二年。）然已非經常之主幹交通線，可斷言矣。

爲欲澈底瞭解名實錯奪之緣由，當須復考明數事如次：第一，褒谷本得通稱斜谷，褒斜道一稱斜谷道。

楊孟文石門頌，「詔書開余（斜）。」華陽國志五，光武征公孫述，「遣臧宮從斜谷道入。」又卷三，「璽書交馳於斜谷之南。」三國志記魏蜀用兵提及斜谷道凡十二次，（皆見前引。）無一稱褒斜者。則漢魏時代，褒斜道本即一稱斜谷道也。下及唐世，元和志二鳳翔府郿縣，「城南當斜谷。……斜谷南口曰褒，北口曰斜。」寰宇記三〇，全同。是亦以斜谷兼該褒谷也。又前引元和志二二興元府褒城縣，「當斜谷大路。」又府八到條「西取斜谷路至鳳州三百八十里。」寰宇記一三三，皆全同。輿地紀勝一八三興元府景物目下同。又景物目上引皇朝郡縣志云，「褒水出太白山，由鳳州梁泉南流入斜谷，下褒中，即山河堰也。」是唐宋志書皆稱褒谷爲斜谷，褒斜道爲斜谷道也。又孫樵興元新路記（全唐文七九四），「至興元西，平行三十里，至褒城縣，與斜谷舊路合矣。」下文又稱爲褒斜舊路。唐會要六一館驛目：「寶曆二年二月……山南西道觀察使上言，當道新制斜谷，其中須置館驛及創驛右界名者三，甘亭館請改爲懸泉驛……」按甘亭在褒城縣北九十里。是唐代政書文記亦稱褒谷爲斜谷，褒斜道爲斜谷道也。下文引德宗紀，亦見其然。紀要五六「梁乾化初，岐王李茂貞遣將劉知俊侵蜀，圍安遠軍。蜀將王宗弼救安遠，及知俊戰於斜谷，敗之。此斜谷當即褒谷。斜谷去安遠甚遠，史以褒斜相通，互言之耳。」是也。按駱儻道，「南口曰儻谷，北口曰駱谷」，故名。而「儻谷一名駱谷」，駱儻道通稱爲駱谷道，見元和志二二洋州卷。褒斜古道，褒谷短，而斜谷長，又近京師，故以斜谷概兩谷之名，亦猶駱谷概儻谷之名耳。

第二，散關、鳳州、褒城道之南段，亦循褒谷而行，與郿褒間褒斜古道之南段路線相同。

前引石門銘，北魏始開此道，南端出口卽在褒城石門矣。今考前引舊書德宗紀興元元年條云，六月「戊午，車駕還京，發興元。是日大雨，及入斜谷，晴霽。……七月丙子，車駕次鳳翔府。……壬午，至自興元。」德宗發興元之當日決不能到達眞正之斜谷。此所謂「入斜谷」者，必卽入褒谷南口。此亦褒谷通稱斜谷之又一强證。然此次行程實由褒城經鳳州至鳳翔，是卽廻車道，已見前論。是此道南端實循褒谷與褒斜古道之南段同一路線矣。又孫樵出蜀賦，由褒城之石門，陟雞幘山，緣褒水東側行，出散關。（引詳第五節）。是尤此道南段亦循褒水北行不待解釋之鐵證。

第三，斜谷甚長，西南端達寶雞、梁泉縣境，且有支谷縱横申展。

唐會要六一：「寶曆二年，鳳翔隴州觀察使上言，當管緣興元新廻〔通〕斜谷路，創置驛三所。……寶雞縣南界置安途驛。」此次所修係褒斜古路線，（詳前第三節。）是斜谷西至寶雞境也。又孫樵興元新路記，其北段由郿縣循斜谷向西南斜出經四驛一百五六十里至河池關。所謂河池關者，當西通河池，卽鳳州也。足見郿縣斜谷本通鳳州。又元和志二二鳳州梁泉縣條：梁太淸五年，西魏達奚武率七萬衆「由陳倉路，取廻車戍，入斜谷關，出白馬道。」按回車戍在梁泉南六十里，則斜谷關必在梁泉東南，相距較近，而距郿縣則甚遠。足見郿縣之斜谷向西南申展之遠屆。復考宋李文子曰：「自褒谷至鳳州界一百三十里，（按寰宇記作一百五十里。）始通斜谷。斜谷在鳳翔府郿縣。」（通鑑九漢高祖元年紀胡注引，當出蜀鑑。）按郿褒間四百七十里。則斜谷長達二百里以上，西端直抵梁泉南界尤有明徵矣。又三國志鍾會傳・集解引郿縣志：「斜谷在縣南三十里，入谷口二百二十里抵鳳縣界，出連雲棧，復百五十里出谷抵褒城。長四百五十里。」此雖非古褒斜道，然斜谷之長可知。與李文子之言相應。

以上皆本谷也。復考水經渭水注云：

「渭水又東，與綏陽溪水會。其水上承斜水。水自斜谷分注綏陽溪，北屆陳倉入渭。故諸葛亮與兄瑾書曰，有綏陽小谷，雖山崖絕險，溪水縱橫，難用行軍。昔邏候往來，要道通入（一作人），今使前軍斫治此道，以向陳倉，足以扳連賊勢，使不得分兵東行者也。」

是斜谷西南至陳倉界，更有小谷溪水流至陳倉近郊，（嘉慶志二三五，以為在縣東南六十六里。）流注渭水，有小道可通行也。又乾隆一統志一八五，「斜谷水在鳳縣東二里。通志，一名安河，源出夫子嶺，遶鳳皇山南，西北流入嘉陵江。水經注，馬鞍山水……至故道城西入故道水。即此。」按鳳凰山在鳳縣東三里。是遠至鳳縣近郊亦有斜谷之名矣。蓋亦斜谷之支谷歟？斜谷本谷既遠達鳳縣東南境，有斜谷關，而支谷申展更遠達陳倉梁泉之近郊，則此一帶谷道宜其亦有斜谷之名也。

第四，迴車戍通褒城道，中經斜谷關。是必有一段途程實循眞正斜谷西端而行者。

郿縣斜谷中有河池關，見前引興元新道記。足見西段有路可通河池，即鳳州。而鳳州回車道亦南經斜谷關，見前引元和志二二。

斜谷既長達鳳州梁泉（今鳳縣）南境。其北，則支谷申展，直至梁泉、陳倉（今縣）之近郊。其南，則褒斜古道南段之褒谷亦通稱斜谷。故斜谷幾為郿縣、陳倉、梁泉、褒城間大谷之通稱。而梁泉、回車、褒城道之南段又循褒谷而行，與褒斜古道之南段實採同一路線，且其北段又有一部份循眞正之斜谷，經斜谷關。然則梁泉、迴車、褒城道亦得竊「斜谷道」、「褒斜道」之顯名，固其宜矣。

梁泉、迴車、褒城道既因種種條件亦可分蒙「斜谷道」、「褒斜道」之名，而其險阻途程又較褒斜古道短近百里，故至遲自盛唐以來不但分「褒斜」、

「斜谷」之名，且已實奪褒斜古道在交通上向稱幹線之地位。至開成以後，又以其交通幹線之優越地位進而專據「褒斜」、「斜谷」之顯名，郿褒間之褒斜古道反不爲人所重視矣。

褒斜古道長四百七十里，全程皆被視爲畏途，已見前考。而褒城至梁泉道長才三百五十里，（興元至鳳州治所梁泉縣三百八十里，減去褒城興元間三十里。）其險不逾於褒斜古道，而短近百里以上；至鳳州以北則較坦途矣。故就入京言，此道較古道迂遠二百里以上，然行者樂取此道，不取古道。帝王屢次出幸，皆不取古道，卽爲明證。故前考史料確然爲褒斜古道者惟寶曆二年裴度所修之褒斜道，自後無聞焉。

然則盛唐以下詩人經途褒斜，播爲歌詩者，亦爲梁泉褒城間之褒斜道，非復郿褒間之古道矣。

唐代詩人歌詠褒斜者頗多，除前引劉禹錫送趙中丞參山南幕府詩外，再舉數例如次：

張說再使蜀道：「眇眇葭萌道，蒼蒼褒斜谷。」（全唐詩二函四册）

王維送楊長史赴果州：「褒斜不容幰，之子去何之，鳥道一千里，猿聲十二時。」（同上二函八册）

雍陶西歸出斜谷：「行過險棧出褒斜，出盡平川似至家。」

薛能褒斜道中：「十驛褒斜到處慵，眼前常似接靈蹤。」（同上九函二册）

于鄴斜谷道：「遠煙當驛斂。」（同上十一函三册）

劉禹錫送令狐相公出鎭南梁：「雲樹褒中路，風煙漢上城，前旌轉谷去，後騎踏橋聲。」

下迄五代、宋世，此種形勢益見顯著。稱爲秦蜀交通幹線之「斜谷道」、「褒斜道」卽專指梁泉褒城道而言，而眞正之褒斜古道更絕不與焉。

五代會要二五道路目：

「（長興）四年（933）二月，西京留守王思同進擬開駱谷路圖。上指山險謂侍臣曰，如此之險，何以通道。左右奏曰，據興元關內兵戎交番，乃轉餉大散。修開斜谷路，迂廻校五百里。如從駱谷，自雍京直抵興元，糧戍稍便。」

是五代時斜谷道明指褒城鳳州散關道而言，故較駱谷迂廻五百里也。至於褒斜舊道，當時君臣似根本不知有其事矣。至宋世，宋會要方域一〇之二：

「（慶曆）三年七月二十七日，祕書丞知興元府褒城縣竇充言：竊見入川大路，自鳳州至利州劍門關，直入益州，路遙遠，橋閣約九萬餘間，每年係鋪分兵士於近山採木，修整通行。」

此爲褒城縣所奏，則仁宗時秦蜀大路乃由鳳州經褒城至利州者，非褒斜古道也。同書一〇之三又云：

「神宗熙寧十年二月二十四日，利州路提刑司言：准朝旨送下李杞奏：成都府至鳳州大驛路，自金牛入青陽驛至興州。雖興元府界上有褒斜路，久來使命客旅任便往來。昨利州路提刑范百祿擘畫，改移興元府路作大驛路，及撥併馬遞橋閣鋪兵級在彼。……伏覩褒斜新路，自金牛驛至褒城縣驛計三程。……自褒城驛至鳳州武休驛，其間只雞翁嶺一處，……目下修葺寬潤，通過無阻，……武休驛至鳳州計三程。……又成都府路提刑司言：舊路自鳳州入兩當至金牛驛十程，計四百九里。……新路自鳳州由白澗至金牛驛計三百八十五里。」

是神宗熙寧十年以前，大驛路已改由鳳州經兩當興州至金牛驛，而褒斜路不廢。至此年又改以褒斜路爲大驛道。然此所謂褒斜道者，即鳳州東南經白澗，武林，至褒城，轉金牛驛，正爲唐代由褒城循褒谷向西北至鳳州之褒斜道，亦非郿褒間之褒斜古道也。

迄乎明、清，此道又稱連雲棧道，而褒斜古道已阻塞不通矣。

陝西南山谷口考述谷口交通諸線，其谷道南口在唐興元府境者僅有兩道，一連雲道，一小河口道。連雲道爲交通幹線，其行程詳下節引輿程記。小河口爲重要之間道，留壩廳志云：「客商尚多取徑于此。」故谷口考中數度提及之。最詳之一節爲斜谷條下引道路考一條，上文考宣宗大中三年開文川谷道節已詳引之。據彼段引文，記清代小河口北通斜谷關道之路線所經及里程極詳。觀其路線里程，南段由城固西北經小河口，其路線在褒谷道之東甚明。桃川即斜水之上源處，則此道之北段，至少桃川至斜谷關一段即古褒斜道之北段也。按今連雲棧道之南段循褒谷，北段在褒斜古道之西，而小河口道之北段循斜谷，南段則在褒谷之東，是今此兩道各分循漢魏褒斜古道之一谷，而兩谷本身則無道相通矣。然三國志鍾會傳・集解引郿縣志云：

「斜谷在縣西南三十里。入谷口二百二十里抵鳳縣界。出連雲棧，復百五十里出谷，抵褒城。長四百七十里。」

此則北段循古斜谷，南段則逕取連雲道，是不經西江口之二十四孔閣，而必經武休關者。按古道經二十四孔閣，見第一節。而宋人記載屢云褒斜古道旁連武休關，明關不在道上，詳後文。則此郿志所述非全屬古道路線甚明。四百七十里之說蓋亦僅就古里程言之耳。然斜谷甚長，西南通鳳縣，前已言之。近代由連雲道向東北折入古斜谷，固有可能，然恐非重要道路，故谷口考引各家之說皆不及此。

又按前就小河口道與唐文川道比較，北段路線同循斜谷。南段同經西江口向東南行，亦相同。惟今道中間較迂回，又南端出口一在南鄭，一在城固耳。故大體言之，小河口道與唐文川道略相一致。然則明清時代連雲道、小河口道兩道形勢之形成亦當追溯至唐世矣。

（五） 唐褒斜道之行程

由前所考，唐世褒斜道可謂呈「Y」字形。南段只一線，北段則分東西兩支，分達郿、鳳。稍詳言之，即南段由褒城循褒谷北行（確言之，當作北行偏西）蓋百餘里，分爲東西兩支。東支踰衙嶺山東北達斜谷，再循斜谷向東北出郿縣（今縣），此即秦漢褒斜古道也。然在唐世，塞時多，通時少，不甚重要。西支則轉西北經斜谷關（非今斜谷關），迴車戍，抵鳳州（今鳳縣），出散關。此即拓拔魏之迴車道也，實爲唐代交通幹線。茲再詳考兩道行程所經於次：

（1）南段北行接西北支之褒斜道，卽迴車道。此道南段（褒谷段）由褒城縣起，有褒城驛，甚宏大，中葉有天下第一之稱。蓋在今褒城縣東南十里之打鐘壩。

褒城驛屢見於唐人詩文。如元稹有褒城驛詩（元氏長慶集一四），羊士諤有褒城驛池塘翫月（全唐詩五函九册），薛能有題褒城驛池等兩詩（同上二册）。元稹黃明府詩序（元氏長慶集一〇）：「元和四年三月，予奉使東川。十六日至褒城東數里，遙望驛亭前有大池，樓榭甚盛。」其褒城驛詩：「嚴秦修此驛，（本注爲軍大夫。）兼漲驛前池。已種千竿竹，又栽千樹梨。」皆見驛之宏大。又其遣行云：「七過褒城驛，回回各爲情。」（元集一五。）則見使節經過之多。考孫樵書褒城驛壁：「褒城驛，號天下第一。及得寓目，視其沼則淺混而茅，視其舟則離敗而膠，庭除甚蕪，堂廡甚殘。烏覩其所謂宏麗者！訊於驛吏，則曰，忠穆公，嘗牧梁州，以褒城控三節度治所，龍節虎旗，馳驛奔軺，以去以來，轂交蹄劘，由是崇侈其驛以示雄大，蓋當時視他驛爲壯。且一歲賓至者，不下數百輩。」此尤具體說明其宏大異乎別驛也。此驛當卽在褒城縣近郊。一統志漢中卷古蹟目引縣志，唐褒城在縣東南十里打鐘壩。驛當在同處。而關中勝蹟圖志二二，「褒城驛在褒城縣治西，今名開山驛。」疑非其地。

由驛東北行，約十里餘穿石門，陟雞幘山，下七盤嶺。此段道路石磴盤紆，下臨深澗，爲此道北行首險。

孫樵出蜀賦：（全唐文七九四）

「越百牢而南指，憩石門之委邃，……不可以久留兮，車軋軋而又東。陟雞幘之險墟，下七折之峻阪。褒斜紆其隘束兮，左窮溪兮右重巘。綿飛棧而屬危梁兮，續畏途而呀斷。下臨千仞之驚流兮，波澒洞而雷抃，……出大散之奧區，若脫足於囚拘。」

按寰宇記一三三褒城縣，「唐文宗時，溫造爲興元節度使，赴任所，將近漢中，大雨，平地水尺餘，……禱鷄翁山神，疾風驅雲，即時晴霽。」宋會要·方域一〇之三，宋熙寧十年，利州奏云：「自褒城驛至鳳州武休驛，其間只鷄翁嶺一處。」云云。皆即此雞幘也。褒城北有七盤山，極有名於唐世。詳後文。此賦所謂「下七折之峻陂。」即七盤嶺無疑。是唐世褒城散關間之褒斜道，其南端仍經石門乃登鷄翁山，下七盤嶺。或云唐代棧道由七盤路南上鷄頭關，繞過石門之險，如褒斜道石門附近棧道遺迹及題刻調查，（文物1946年11期）即作此說，似不足信。石門在今縣北約三里，（同上。）則唐世在縣北十里以上也。

關於後世之石門、鷄頭、七盤路。乾隆志一八六連雲棧條引褒中縣志云，洪武二十五年因舊址增修連雲棧，自縣北鷄頭關起，一里至石洞，又一里至石嘴七盤，又七里至獨架橋。紀要五六引褒中志略同。是洪武所修連雲棧此段，即因唐故道，至清乾隆未廢也。惟先經鷄頭關再至石洞，石洞當即石門，蓋明清時代關在鷄頭山之南麓，而山實在石門之北耳。復考倪蘭畹石門道記（褒中古蹟輯略）：「褒城縣治在連城山之陽，平地斗城。其東門外兩山夾一溪，東曰漢王城，西曰鷄頭關，關之東麓有洞曰石門。夏秋水漲，沒溢崖岸，不能間途。惟春冬始可挐舟而入。舟不能徑達，則捨舟而步，山徑溜滑，亂石縱橫，幾不能容。蓋登陟之難如此，故斯洞爲人跡所罕到。其洞面南，高一丈，濶稱之，深四丈，高二丈餘，南北通達。」下述石門內外刻石甚詳。按郭榮章褒谷石門小考（考古與文物1982年5期），「石門大體呈南北向；東壁長16.5米，西壁長15米，南口高3.45米，寬4.2米，北口高3.75米，寬4.1米，石門內岩石裸露，但很平，修整平順。」此與倪記大體相符合。

道光褒城縣志，「漢唐棧道逕由石門，今則改經七盤嶺上，所謂雞頭關也。」按倪文蓋作於道光末至同治初以前，其時石門道蓋廢棄已久。檢三省邊防備覽二道路考，褒城縣「雞頭關，石磴盤紆，下臨深澗，爲漢中北道要隘。」古道之險殆必過之，故孫樵賦「飛棧」云云。

嶺在縣北二十里。北阪下有坂下館，寶曆二年更名右界驛。

七盤嶺屢見於唐詩。沈佺期夜宿七盤嶺（全唐詩二函五册）云：「浮客空留聽，褒城聞曙雞。」岑參送程皓元鏡微入蜀（全唐詩三函八册）：「蜀郡路漫漫，梁州過七盤。」輿地紀勝一八三興元府景物目，「七盤坡在褒城縣北二十里，唐元稹詩云，迤邐七盤路，坡阤數丈城。」是此嶺亦稱七盤坡，在褒城縣北二十里。前引孫樵出蜀賦：「陟雞幘之險墟，下七折之峻阪。」即七盤之北阪無疑。坂下館當在嶺北坡下，詳第三節第(2)目。

又緣褒水東岸向北行，約三十里左右至駱駝蔫館，寶曆二年更名武興驛。又北至甘亭關，距褒城九十里，置甘亭館，寶曆二年更名懸泉驛，蓋即今馬道驛地。

前引出蜀賦，「下七折之峻阪」下接云：「左窮溪兮右重巘。」當就其本人由南向北之行程而言。則道在褒水東岸可知也。其餘館驛關名及里距，皆詳第三節第(2)目。賈島宿懸泉驛(全唐詩九函四册)云：「曉行瀝水樓，暮到懸泉驛」。按島以文宗時貶長江主簿，正在改館驛後不久，必即此驛也。檢三省邊防備覽二道路考，褒城北行經雞頭關九十里至馬道驛，爲褒城巡檢駐地。正當唐人置關地。

由甘亭西北行至武休潭，在梁泉縣境，南距褒城約一百四五十里。北宋中葉置武休關、武休鎭、武休驛，其驛蓋承唐置。清武休關、武關驛（留壩廳南四十五里），蓋即其地。

太平廣記四二五武休潭條：

「王蜀先主時修斜谷閣道，鳳州牙將白（忘其名）掌其事焉。至武休潭。（出北夢瑣言。）」

考元豐九域志三，鳳州梁泉縣有武休鎮。又宋會要・方域一〇之三：

「神宗熙寧十年二月二十四日，利州路提刑司言，……伏觀褒斜新路，……自褒城驛至鳳州武休驛……目下修葺寬濶，通過無阻。」

「武休驛至鳳州計三程。」

是北宋中葉梁泉縣有武休鎮，重修褒斜路時道上有武休驛，距鳳州三程也。復考雲麓漫鈔一：

「鳳州之東，興元之西，褒斜谷在焉。谷口三山翼然對峙，南曰褒，北曰斜。在唐爲驛路，所以通巴漢，旁連武休關。」（此仍誤唐之褒斜驛路由褒城出郿縣也。）

又方輿勝覽亦云：

「褒斜谷旁連武休關。……由武休以達長安，爲蜀之咽喉。」（乾隆志一八六漢中府卷關隘目引。）

同書又云：

「紫金水在河池縣北一里，源出太白山，沿流至鳳州武休關，入漢中，爲山河堰，卽褒水也。」（乾隆志一八五漢中府卷山川目褒水條引。）

是宋世，此處又置關。其地已脫離褒斜古道而西，故云「旁連」。蓋唐世褒斜道北段東西兩支卽分途於武休之南也。又觀勝覽第二條，關蓋近鳳州治所梁泉縣之南界，故云至武休關卽「入漢中」。考寰宇記一三三興元府南鄭縣，「斜谷路在府西北，入斜谷路（卽指褒谷）至鳳州界一百五十里。」輿地紀勝一八三，全同。而通鑑九漢高祖元年紀，胡注引李文子曰：「自褒谷至鳳州界一百三十里，始通斜谷。」（此當出蜀鑑。）里數小異。蓋寰宇記及紀勝自興元府治所南鄭縣計之，則褒城至鳳州界僅一百二十里矣，故與李文子之說只十里之差。褒城去鳳州梁泉縣三百五十里。（元和志、寰宇記，興元至褒城三十里，至梁泉三百八十里 。）則武休至梁泉不能逾二百二三十里也。 檢乾隆志一八六漢中府關隘目引府志 ，「武休關在縣（鳳縣）東南二百二十里 ，今置武休驛。」（嘉慶志云在留壩廳南四十五里。）鳳縣卽唐宋之梁泉縣，觀其里距二百二十里，當卽宋武休關原址。道光褒城縣志，宋武休關卽今武關。是宋武休關驛東南去褒城不能逾於一百五十里，西北去梁泉不能少於二百里。宋會要「三程」之說，疑爲五程之譌歟？宋世此處既關驛鎮並置，足見重要。方輿勝覽以爲蜀之咽喉是也。今觀北夢瑣言此條，唐世已有武休潭之名，且當褒斜道（新道），必即其地無疑，亦宋道即唐道之一證也，且疑唐世已置驛矣。

此道又中經斜谷關，蓋在武休地區，或稍西北。不在眞斜水河谷中。唐褒斜路北段東西兩支之分歧點蓋即在武休及此斜谷關地段或更南。

元和志二二　鳳州梁泉縣，「回車戍在縣西北六十里。梁大清五年，西魏遣雍州刺史達奚武爲大都督及行臺楊寬率衆七萬，由陳倉路，取廻車戍，入斜谷關，出白馬道。謂此也。」寰宇記一三四，同。惟作「在縣南一百六十六里。」按元和志「西北」方向顯誤。寰宇記里數亦誤，並詳第二節。則斜谷關必在梁泉南六十里之廻車戍南或東南也。前引通鑑胡注引李文子曰：「自褒谷至鳳州界一百三十里，始通斜谷。」則斜谷關當在梁泉之南，鄰褒城境。臆測其地望當在武休地區，或稍西北也。

又西北至白澗，南距褒城二百三十五里，北距梁泉一百一十五里。

通鑑二九二周顯德二年條：

「蜀李廷珪遣先鋒都指揮使李進據馬嶺寨，又遣奇兵出斜谷，屯白澗。」

胡注：「九域志，鳳州梁泉縣有白澗鎭。」按出斜谷屯白澗，實當指出褒谷而言，否則即爲斜谷西端，余所謂褒斜道北段之西北支也。又宋會要・方域一〇之三：

「神宗熙寧十年二月，……成都府路提刑司言，……若新路自鳳州由白澗至金牛驛，計三百八十五里。」

按所謂新路即經褒城至梁泉路也。此里程可作兩種解釋。一謂鳳州至金牛，一謂白澗至金牛。檢元和志二二、寰宇記一三三，金牛縣在興元府西一百八十里。則金牛距褒城約一百五十里。褒城至鳳州三百五十里，則鳳州至金牛應爲五百里，超過三百八十五里之數甚遠。是此里程必指白澗至金牛而言，則白澗至褒城二百三十五里也。

白澗西北五十五里至迴車戍，又六十里至鳳州治所梁泉縣，今名鳳縣，即入散關大道矣。

按迴車戍在梁泉縣南六十里，已見前考。故其東南距白澗應爲五十五里。

自褒城至梁泉全程三百五十里，蓋置十驛，除前舉褒城、右界、武興、懸泉四驛外，如武休、白澗、迴車當亦爲置驛之所。

褒鳳里程前文屢次述到，薛能褒斜道中詩云：「十驛褒斜到處慵，眼前常似接靈蹤。」（全唐詩九函二册。）此即鳳褒道無疑。復考劉禹錫山南西道新修驛路記（全唐文六〇六）：「自散關抵褒城次舍十有五。」按寰宇記一三四，鳳州東北至大散關一百四十里。元和志二二，鳳州至鳳翔府二百八十里，而散關在府西南一百四十二里，是鳳州至關亦約一百四十里。則散關至鳳州當有四五舍，即鳳褒亦應約十舍，與薛能詩合。

按明清時代褒城至鳳縣之連雲棧道，由褒城治所開山驛北行五十里青橋驛，又四十里馬道驛，又五十里武關驛，又四十五里留壩驛（一名安山驛），又六十五里松林驛，又六十里三岔驛，又五十里至鳳縣治所梁山驛，共凡三百六十里，是與唐迴車道即褒斜道方向全同，里距僅十里之差；而武關驛即武休關，又即唐之武休潭、宋之武休關、鎮、驛處。則此道南段即唐之迴車褒斜道無疑，其北段路線亦必與唐代路線大體相一致，故今沿途山半尚多漢唐遺刻也。然則三岔驛約即唐之迴車戍，松林驛約即唐之白澗矣。

今道山半尚多漢唐題刻遺跡，詳後引金石萃編五褒斜道石刻王氏跋文。今就里距途程論之。方輿紀要五六引輿程記云：

「陝西棧道長四百二十里。自鳳縣北草涼樓驛爲入棧道之始。六十里至鳳縣，有梁山驛，又六十里至三岔驛，又七十里至松林驛，又南六十里至褒城縣之安山驛，又六十里爲馬道驛，又五十二里至鷄頭關，關南八里卽褒城縣，有開山驛。自縣而南五十里有黃沙驛，至此路始平，又爲出棧道之始矣。」

而乾隆志一八六漢中府卷關隘目連雲棧條引輿程記云：

「陝西棧道長四百二十里，自鳳縣東北草涼驛爲入棧道之始。南至褒城之開山驛路始平，爲出棧道之始。」（嘉慶志同。）

是兩處引輿程記有小異，卽陝西棧道全程皆爲四百二十里，一云止於褒城，一云止於褒城西南五十里之黃沙驛。是鳳縣褒城間之距離，據紀要所引，止三百一十里。據一統志所引則三百六十里。今按乾隆志關隘目記驛程亦甚詳，可圖示如下：（嘉慶志同，惟留壩驛作安山驛，云在留壩廳治南。）

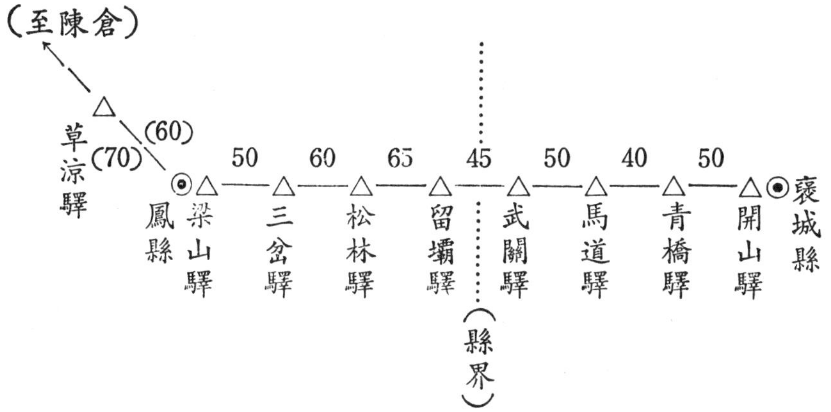

是鳳褒間相去三百六十里，與一統志所引輿程記合。且一統志山川目引府志，「有馬道山在縣北九十里，馬道驛西。」亦與此圖里程相同。紀要所引，馬道驛至褒城僅一驛六十里，必有脫誤。至於紀要所引輿程記無武關驛，或明世路線小異，本無此驛歟？姑存不論。

唐世史料所見，谷道中往往沿水穴山架木而行，即所謂棧閣。五代之世，僅褒城縣境百五十里間，有橋閣、險板閣各近三千間，則全程閣數當遠逾此數矣。

史記高祖紀·索隱引崔浩云：「險絕之處，傍鑿山崖，而施版梁爲閣。」此似爲今存材料釋棧道之最早者。李文子曰：「自褒谷至鳳州界一百三十里。……谷中，褒水所流，穴山架木而行。」（通鑑九漢高帝元年紀胡注引，當出蜀鑑。）是至宋世仍然。可徵唐世。寰宇紀一三三，興元府南鄭縣「斜谷路在府西北。入斜谷路至鳳州界一百五十里，有橋閣（輿地紀勝一八三，作棧閣）二千九百八十九間，險板閣二千八百九十二間。」所謂橋閣蓋架木鋪板如橋，險板閣則穴山植木而鋪板者。

按此道全線皆行於山區中，西側山峯海拔多達二千五百公尺以上。其北段一般等高線亦約一千五百公尺，而南段循褒水河谷而行，近處等高線多在一千至一千五百公尺，下陷爲河谷，河口地帶且在六百公尺以下，故南段溪谷尤爲深峻，亦最險惡。通道逶迤於高山深谷間，或側逕巔巖，盤閣梯天，或綴木峭壁，危聳萬端，或懸梁渡豁，下臨無地，如此飛棧凌空，鈎欄相屬，誠極天下之至險，行者上天入地，陟危崖絕壁，涉怒澗駭濤，心搖目眩，人馬俱困。唐人行旅，多有道其險惡者，如陸贄、孫樵、劉禹錫等，皆極寫其驚險萬狀，「良以褒斜峻阻，素號畏途」也。而南段石門、武休間尤甚，蓋以山高谷深，海拔差距尤大；北段少深谷峻崖，道行高地，反較平夷也。

地形海拔參看 ONC-G-9。孫樵出蜀賦，本節首段已引。劉禹錫有山南西道新修驛路記，引見本篇第三節第(3)目。今續引陸贄鑾駕將還宮闕論發日狀云：

「良以褒斜峻阻，素號畏途，緣側逕於巔巖，綴危棧於絕壁，或百里之內，歷險且千，或一程之中，涉水數四，若遇積雨滯浸，羣峯尌流，亙石崩奔，訇殷相繼，深谷彌漫，往來不通，悉非功力之所支，籌略之所遏，斯須之頃，跬步之間，倉黃遘殃，皆不可測。……」（全唐文四七一）

此三文皆極見此路之驚險，故備錄之。五代以後，歷代仍續鑿修，漸夷險爲平。然康熙十一年王士禎取此道入蜀，作蜀道驛程記，述其險峻頗詳，結云「余所經歷，谷中驚湍飛棧，鳥駭獸逸，殊有孫樵之賦不及詳者。」則唐世之險，不能想像矣。

然褒谷棧道之開通至少已有兩千數百年之歷史，迴車通道，亦近一千五百年之久，經歷代鑿修，漸見平夷。且深山幽谷中之原始森林資源逐漸開發，谷中景觀形勢亦漸見開朗，增加鑿修之便利，棧道路線乃得漸移而就下，清代康熙初年陝撫賈漢復更由山腰開鑿土石，陷凹爲路，閣道多有廢棄者，非復古代險阻之舊觀；而仰視唐宋棧道中之題刻已高不可攀拓矣。

褒谷古蹟集略收宋人雷簡夫白水路記略・羅秀書跋曰：

「秦漢以來，閣道自大散關至褒城六百餘里，天梯石棧，相與鉤連，石門、龍潭前後最爲險要。陝撫賈膠侯由山腰開路，以便行人，漸廢閣道。此今人之陡勝昔人者，厥功偉矣。」

按道光褒城縣志觀音碥條，賈氏名漢復，康熙初年任職，有修碥記，云「煆石開道，自此迄寶雞凡木石之工九百三十八丈有奇。」觀音碥舊名閻王碥，稱爲雲棧首險，殆在褒城北不遠處。志又云龍潭壩在縣北百里。是所修主要在連雲道南段，亦道中最險處。又金石萃編五開通褒斜道石刻，王氏跋云：

「據縣令倪學洙云，自褒城而西南〔北？〕凡三百餘里，懸崖絕壁，漢唐題字隱見於叢莽間，連綿不絕，蓋宋以前路通興元棧道俱在山半，故漢唐遺跡最多，今棧道移而漸下，遂不可摩拓矣。」

據道光褒城縣志卷四職官表，倪氏以乾隆四十五年任縣令。雖在賈漢復之後，實則棧道移而漸下，必爲千百年間之總趨勢，至賈氏蓋更下穴山腰，凹陷爲道，故棧閣漸廢也。

（2）北段東支，即古斜谷道。此道唐世置驛亦頗可考。蓋南段循褒谷北行九十八里至衙嶺山，踰山達斜谷，循谷東北經寶鷄縣南界至郿縣南，出谷至郿縣。寶曆二年修褒斜古道，於寶鷄南界置安途驛，郿縣北〔南？〕界置過蜀驛。大中三年開文川道，其北段即循斜谷古道東北行。首河池關，東北行二十五里至平川驛，又五十一二里至連雲驛，又二十六里至松嶺驛，又三十里至臨溪驛，當谷口。又二十五里至郿縣。

以上見第三節第(2)(4)兩目。衙嶺山在褒城北九十八里，爲褒斜兩水分水嶺，見第一節引漢地志、括地志、寰宇記等書。

郿縣南當谷口，故一名斜谷城。

元和志二鳳翔府郿縣，「縣理城亦曰斜谷城。城南當斜谷，因以爲名。斜谷南口曰褒，北口曰斜。」

由郿北渡渭四十里，即接鳳翔通長安之大驛道。

渡渭至扶風四十里，見孫樵新道記，亦引見前考文川谷道節。通鑑二三〇，興元元年，「渾瑊帥諸軍出斜谷……拔武功。」即此斜谷古道也。

又前考文川谷道，其河池關西南經二十四孔閣，在今留壩縣東北九十里之西江口（E107°•N33°44′）。此地自唐至今，同此閣名，且爲晉斜谷道、唐文川谷道及今小河口道所俱經，則唐代斜谷舊道（即斜谷道北段東支）亦必經此閣無疑。然則孫樵所記文川谷道中，此閣東北二十八里至仙岑驛，又若干里至芝田驛，又二十三里至白雲驛，又十六七里至河池關，此段路線必亦大體本之古道，亦即十年前裴度奏修斜谷道之一段，唯驛名蓋有改易或徙置耳。

今留壩縣東北九十里西江口二十四孔閣有太康元年修余谷道摩崖，則此地必爲古道所經。唐修文川谷道亦經此，詳見前第一節晉太康元年修斜谷道條，及第三節文川道條。然則唐褒斜道北段之東北支，即古褒斜道，當亦經此地也。文川谷道之河池關及二十四孔閣兩地既即褒斜古道所經，其間三驛約八九十里，雖不能絕對肯定即爲褒斜古道所經，但大致亦變動不大。又據孫樵興元新路記，二十四孔閣東北距郿縣二百六十七里，東南距南鄭二百八十九里。其南距褒城當較距南鄭稍近。則正略相當於古道五百里之里程。

又考酈注有綏陽溪水，自斜水分流，北至陳倉（今寶鷄）入渭，諸葛公出兵斜谷，且遣偏師由此綏陽谷道西向陳倉，以張聲勢，是則可謂斜谷道之一支線。唐代寶鷄東南有道通桃林（今有桃川在岐山縣南百五十里，郿縣西南九十里），虢川（今虢川在寶鷄縣東南百五十里，桃川西南三十五里），當即此道，蓋亦即漢中、鳳翔間太白山道之北段耳。

水經注一七渭水注，渭水受陳倉水後，「又東與綏陽溪水合。其水上承斜水。水自斜谷分注綏陽溪，北屆陳倉入渭。故諸葛亮與兄瑾書曰，有綏陽小谷，雖山崖絕險，溪水縱横，難用行軍。昔邏候往來，要道通人（戴作入）。今使前軍斫治此道，以向陳倉，足以扳連賊勢，使不得分兵東行者也。」是綏陽溪水與斜水同源，而分支西北流至陳倉東南、注入渭水者。按此時諸葛公循斜水谷道出斜谷，據五丈原，故遣偏師西出小谷至陳倉以資牽制也。前引南山谷口考，小河口道北至桃川。引通志云，「在岐山縣南百五十里。其水出大山中，流爲斜水。」綏陽溪水蓋在桃川地區分流西北注耳。檢 ONC-G-9 圖，寶雞東南有一小水，自東南向西北流入渭水，源頭與斜水上游誠極相近，當即古綏陽水矣，諸葛偏師蓋取此道。又前引小河口道，桃川西三十五里至虢川。虢川在寶雞東南一百五十里，南通進口關至漢中。則近代仍有此小道，南通漢中，北通寶雞也。唐宋志書，云興元北取太白山路至鳳翔府六百七十里者，其北端蓋即此綏陽谷道也。考新一三八李抱玉傳，廣德中，抱玉討南山賊，「使牙將李崇客精騎四百自桃林、虢川襲之。賊帥高玉脫身走城固。」「即詔抱玉權鳳翔隴右節度。」蓋抱玉本駐鳳翔，引兵自桃林虢川討賊，事成即授鳳翔節鎮也。是此道唐亦通行，正當即漢中通鳳翔之太白山道之北段矣。檢張編地圖集・陝西人文圖，太白山主峯雖在郿縣東南（E107°40′・N34°）（ONC-G-9 有兩高峯，一在 E107°30′・N33°57′，一在E107°45′・N33°57′），然留壩之西江口東北約五六十里處有太白河鎮（E107°10′・N33°50′）（ONC-G-9 有 Tai-Pai 鎮名，在 E107°19′・N34°5′），蓋此一地區皆太白山區，（中國郵政地圖即如此。）故不害有太白山路之名也。

按斜水流程不過百餘里，而沿水南岸近處太白山脈自西而東高峯疊起，海拔多達二千五百公尺以上，最高主峯（E107°40′•N34°）且達四千公尺，北岸近處等高線亦達一千八九百公尺，而谷地等高線乃在一千二百公尺以下，地勢起伏，變化太大，道通其中，自屬艱險，曹操謂「五百里石穴」，蓋尤指此段與南段褒谷一段而言歟？至於綏陽谷水流於海拔二千五百公尺高山之東側近處，北入六百公尺以下之平原，其道險峻亦不待言。

綜　結

綜上所考，漢、唐兩代，褒斜道名同而實異。

漢魏古道之開通當在戰國以前。戰國秦人充分利用以控制巴蜀。漢世雖偶或堙廢，但經常視爲關中通漢中、巴、蜀之交通幹線，故屢經修建，見於石刻。其道以循褒斜兩河谷而受名：由褒中（今褒城縣南十里打鐘壩）循褒水河谷北入石門，經赤崖，西北達褒斜二水分水嶺之衙嶺山（今縣北九十里），經今留壩縣東北九十里西江口（E107°・N33°44′）之二十四孔閣，復北循斜水河谷東北行至郿縣（今縣東北）南，出谷口，達秦川。谷道全程約四百七十里，多鑿危崖植大木爲棧閣以通人馬，曹操稱爲「五百里石穴」，酈道元述其驚險萬狀，先民鑿通，艱難可想。

晉室南遷以後，南北對峙，恃險爲固，故少修治，道漸廢塞。北魏據有漢中，乃由散關大道中梁泉縣（今鳳縣）東南六十里之廻車戍，別鑿一道，東南達褒谷，亦循谷而南，出石門，達褒中，全長三百餘里，稱爲廻車道。當時史家亦稱之爲褒斜道，此爲名實淆亂之始。

唐代前期，史料較少。漢中通秦川之驛道則迂廻興州（今略陽），踰青泥嶺，經鳳州（今鳳縣），出大散關；而褒斜不置館驛，非主道。

自中唐至五代，褒斜道復置館驛，爲南北交通幹線，史傳、地志、政書、石刻、詩文、筆記中多可考見。其中惟寶曆二年裴度奏修之褒斜道爲漢魏古道，其餘歷次修治與君主行幸、時人行旅，凡稱褒斜道而可確知所指者，皆屬鳳州至褒城道，卽北魏創修之廻車道，非復郿褒間之漢魏古道矣。自此廻車道更以其交通幹線之優越地位進而專據「褒斜道」「斜谷道」之顯名，郿褒間眞正之褒斜古道反被遺忘，張冠李戴，以假替眞，莫此爲甚。

關於唐代舊新褒斜兩道之行程，可謂呈「Y」字形。卽其南段只一線，卽漢魏以來褒斜舊道之南段，其出口在褒水入漢水處之褒城縣。北段則歧分爲東西兩支，東支卽漢魏以來舊路之北段，東北達郿縣（今縣），而西支乃北魏所開之廻車道，西北達鳳州梁泉縣（今鳳縣），是兩支北端出口，東西航空里距達一百五十餘公里之遠。茲就所考，約述其路線行程如次：

此道南段，卽褒谷段，由褒城縣之褒城驛（今褒城南十里打鐘壩）北循褒水河谷上行入石門（今縣北三里），歷雞幘山，七盤嶺。嶺北坂下有坂下館，寶曆二年更名右界驛。又緣褒水東岸北行至駱駝蕎館，寶曆二年更名武興驛。又北至甘亭關，距褒城九十里，置甘亭館，寶曆二年更名懸泉驛，約卽今馬道驛地。又西北行至武休潭，距褒城約一百四五十里，北宋置關、鎭、驛，皆名武休，當有承唐者。淸有武休關、武關驛（留壩南四十五里），蓋卽其地。又經斜谷關，蓋在武休地段，或稍西北，唐代褒斜道北段東西分歧點在此地段或稍南。西支西北至白澗，南距褒城二百三十五里，蓋淸松林驛地。又西北五十五里至廻車戍，蓋淸三岔驛地。又西北六十里至鳳州治所梁泉縣（今鳳縣）接興州（今略陽）通散關驛道。

自褒城至梁泉，全程三百五十里，唐人詩文所見，蓋置十驛，除褒城、右界、武興、懸泉四驛外，如武休、白澗、廻車亦當爲置驛之所。此卽明淸時代之連雲棧道也。

此道全程行於崇山峻嶺間，兩側羣峯海拔多在二千二百公尺以上，卽近地亦多在一千二百公尺以上。北段無大深谷，路尚稍平夷；而南段褒谷，尤爲深峻，落差既大，巖岸又極危聳，唐道取線不得不陟巔巒，入深谷，傍危崖，梁險豁，盤閣飛棧，驚險萬狀。惟經千年之開發，谷中景觀漸見開朗，棧道取線亦漸見下移，清康熙時代更鑿山腹，陷凹爲道，棧閣多廢，今日仰視古代棧閣，已高不可攀，漢唐題刻亦不易摩拓矣。

至於漢晉古道，唐代亦偶經修治。其南段自褒城至甘亭關百里間，或至武休、斜谷關約一百五十里間，與前述之路線相同。其北段卽余所謂北段之東支，亦卽漢晉褒斜古道之北段，則與前述之路線分歧向東北行，至二十四孔閣，在今留壩縣東北九十里之西江口（E107°·N33°44′），晉太康間修道摩崖刻石迄今尚存。又東北度入斜水河谷，敬宗寶曆二年裴度奏修此道，置渭陽驛，在岐山縣（今縣）南界；置過蜀驛，在郿縣（今縣）北〔南？〕界；置安途驛，在寶雞縣（今縣）南界。宣宗大中三年，鄭涯奏開文川谷道；起扶風至郿縣，置鳳泉驛，在郿縣東十里，渭水南岸。南入谷口，置臨溪驛。又南踰黃蜂嶺，次第置松嶺驛，連雲驛，平川驛，河池關。自黃蜂至此一百三十餘里間，皆故汾陽王私田，嘗息馬萬蹄。入關渡大橋如虹，覆蓋如九衢。又西行，次第置白雲驛，芝田驛，仙岑驛，至二十四孔閣。自郿縣至此凡二百五六十里，當卽唐前褒斜古道，亦裴度所修治者，路線當無大變易也。

斜谷水流逕秦嶺山脈中最高峯太白山（海拔約四千公尺）之北側近處，兩岸高峯插雲，而谷地等高線乃在一千二百公尺以下，是以地勢起伏，變化極大，道通其中，自屬艱阻，曹操謂「五百里石穴」，殆尤指此段及南段褒谷而言歟？

此外所當附及者，元和志云興元（今南鄭）北取太白山路至鳳翔府（今鳳翔）六百七十里者，殆卽大中三年所修之文川谷道所本。文川谷道由興元北循文川河谷上行，經靈泉驛，文川驛，上天苞嶺，又經雙溪、盤雲、廻雪、山輝、青松五驛至二十四孔閣，去興元二百九十里，此殆卽元和志太白山道之南段，亦可能卽今小河口至之南段。二十四孔閣又東北至河池關、平川驛。唐有虢川、桃林地名，約在此地段，西北通寶雞，蓋卽太白山道之北段，亦卽酈注之綏陽谷道，實亦斜谷道之一支線也。

今較舊新褒斜兩道之里程：就漢中至京師長安言，取褒城、鳳州道（卽褒斜新道）全程九百三十三里，較褒城、郿縣道（卽褒斜古道）迂廻二百餘里。然褒城郿縣間褒斜舊道北段之斜谷路，蓋與南段之褒谷路同其險阻；而褒城鳳州間褒斜新道之北段，雖行山區，但無深谷，故差坦夷。是以新道里程雖迂，而險程大爲減少，此其所以能攘奪褒斜古道之顯名，爲漢中北通長安之交通幹線歟？明清時代，漢中北通秦川之最主要驛道——連雲棧道——亦即承循此褒斜新道也。

參看圖十二

一九六六年十月二十五日初稿，一九六七年三月十二日增訂，刊新亞學報八卷一期。一九八三年十一月二十四日大幅度改訂。

一九八五年四月十五日初校定稿。

篇貳拾　通典所記漢中通秦川驛道

——散關鳳興漢中道——

通典一七五，漢中郡「去西京，取駱谷路六百五十二里，斜谷路九百三十三里，驛路一千二百二十三里。」下述去東京亦有此三路里程。驛路當最重要，其程廻遠，而所指未明。

按駱谷所指不待言，斜谷路則由褒城向西北至鳳州，又東北出散關，非漢魏褒斜古道也，已詳漢唐褒斜道篇。

今以里數核之，乃西北取興州順政郡（今略陽），鳳州河池郡（今鳳縣），折而東北，出大散關，經鳳翔府扶風郡（今鳳翔），再東至京師也。

通典一七六，興州順政郡，「東南到漢中郡二百八十七里。」（漢中郡節作二百八十里。）「去西京九百三十五里。」則由漢中郡西北取興州路至京師，恰爲一千二百二十二里，與前舉漢中郡驛道至京里數只一里之差。是此驛道必經興州無疑。

通典順政郡目又云「北至河池郡三百五十里。」又鳳州河池郡目云「去西京五百九十里。」加順政至漢中二百八十七里，凡一千二百二十七里，與漢中郡目所言驛路里數亦僅四里之差。是此驛道又當向北經鳳州也。

同書一七五岐州扶風郡目，「西南到河池郡四里。」而河池郡目作「東至扶風郡四百里。」似四百里爲正。然元和志二二，鳳州「東北至鳳翔府（即扶風郡）二百八十里。」同書二，鳳翔府西南至鳳州里數同。又寰宇記三〇鳳翔府，「西南至鳳州二百四十里。」三書記載不同如此。檢一統志，鳳翔府「西南至鳳縣界一百八十里。」漢中府鳳縣「東至鳳翔府寶鷄縣界一百十里。」則鳳翔至鳳縣二百九十里，與元和志略合。且通典河池郡目又云，「東北到扶風郡陳倉縣界百四十里。」寰宇記一三四，鳳州「東北至鳳翔府陳倉縣大散關爲界一百四十里。」與通典同，皆以散關爲州郡界，去鳳州一百四十里也。按元和志二，鳳翔府寶鷄縣「東北至府九十里。」「散關在縣西南五十二里。」寰宇記三〇鳳翔府，述寶鷄與散關里數，與元和志全同。是鳳翔府距散關一百四十二里也。則即據通典、寰宇記爲說，鳳翔（扶風郡）至鳳州（河池郡）亦應爲二百八十二里。則元和志所記最正確無疑。

再檢鳳翔府扶風郡東至京兆府里程，通典作三百十七里，元和志作三百一十里，寰宇記作三百一十九里。可謂無大差異。即採通典里數計之，由京師西至扶風郡三百一十七里，又西南至河池郡（鳳州）二百八十里，又南至順政郡（興州）三百五十里，又東南至漢中郡二百八十七里，共一千二百三十四里，與漢中至京師之驛路里數甚近。且漢中至順政里數，通典本書有二百八十里及二百八十七里兩說，若以二百八十里計之，共一千二百二十七里，則與前舉通典所稱驛路里數僅有四里之差，則所謂驛道者當即由漢中經興州、鳳州、鳳翔府也。

復考玄宗由蜀還京，駕至金牛轉向西北至鳳翔，當經興、鳳二州。

玄宗入蜀，取褒斜道，已詳漢唐褒斜道篇。至其回程，舊紀云，至德二年十月「丁卯，上皇發蜀郡。十一月丙申，次鳳翔郡。」是亦取道鳳翔也。鳳翔以南，取褒斜道抑取興州道，行程不明。考常袞爲李採訪請駕停金牛一日表（全唐文四一六）云：

「伏維陛下，廻鑾巴蜀，指旆咸秦，……稍移玉輦，將至金牛。漢水梁城，郡當所守，蜀門秦塞，路則居中。乃微臣厠侍從之時，宜陛下休羽儀之地。伏望小停仙蹕，寬一日之程，暫奉宸居，喜千年之遇。」

此當爲袞代漢中郡守山南西道採訪使李某所作以上玄宗者。玄宗由成都北來，至三泉縣入漢中郡境，金牛爲第二縣。由金牛北向鳳翔，有東北與西北兩道，東北取褒斜道，西北取興州道，皆至鳳州出散關。（金牛向北兩道，參看金牛成都驛道篇。）如取西北道，則金牛縣爲道上漢中郡境之最後一縣城。如取東北道，則由金牛向東北經西縣、褒城兩縣，皆仍屬漢中郡境。兩縣皆較金牛爲大，且距漢中郡治爲近，褒城爲此道上漢中郡轄境之最後一縣，李某當請駕留褒城一日，俾得多一日之侍奉，然後車駕離開李某轄境而北去。今不請駕留褒城一日，而請留金牛一日。金牛非入境之第一縣，又不得以始入境爲解。明金牛以後，車駕即離漢中郡轄境。是必玄宗至金牛後不向東北取褒斜路，而向西北取興州道，至鳳翔府也。

再觀唐代詩篇所見，文士行旅秦、蜀、興元間，亦多有取道陳倉、鳳州、興州者。

詩篇凡僅涉鳳州以北者不錄，蓋不知取鳳興道，抑取褒斜道也。今舉涉鳳州以南者。如蘇頲陳倉別隴州司戶李維琛詩云：「蜀城余出守。」又曉發興州入陳平路云：「旌節指巴岷。」（皆全唐詩二函二册。）是由散關取興州入金牛道也。（陳平指金牛，詳金牛成都道篇。）元稹青雲驛詩：「昔遊蜀關下，有驛名青泥。」（元長慶集二。）青泥嶺驛在興州境，當大道，是亦取興州道入蜀也。李嘉祐有發青泥店至長余縣西涯山口詩。（日本河世寧全唐詩逸卷上，云見秘府論。）「長余」即「長舉」之音譌，亦取興州南行也。又鄭谷興州江館云：「向蜀還秦計未成。……坐聽嘉陵江水聲。」（全唐詩十函六册谷集二。）是亦取興州北至秦、南入蜀也。而玉谿生詩箋注卷一有兩聖女祠詩，一在自南山北歸經分水嶺詩之前，一在其後。箋注以爲此諸詩乃令狐楚薨於興元時，商隱往返山南之作。張氏玉谿生年譜卷一開成二年條以爲箋注所論極碻。按分水嶺在唐興州東南八十里，聖女祠在兩當河池間，（詳後文。）是商隱往返山南皆取興鳳道也。

至唐末五代南北屢次用兵，幾皆取散關、鳳州、興州至西縣道。舉其著者：其一，僖宗光啓二年，車駕幸興元，叛將王行瑜追乘輿，由散關經鳳州至興州，爲扈從都將敗於興州南之大唐峰，乃循原路北却。

光啓二年，朱玫逼乘輿，僖宗由鳳翔經寶鷄，入散關，由小道至西縣，（小道詳後考。）達興元。而玫遣將由鳳興大道追之。通鑑二五六述其事甚詳，兹節其要云：「朱玫遣其將王行瑜將邠寧河西兵五萬追乘輿。感義節度使楊晟戰數却，棄散關走。行瑜進屯鳳州。」「王行瑜進攻興州，……楊晟棄鎮走據文州。詔保鑾都將李鋋、扈蹕都將李茂貞、陳佩屯大唐峰以拒之。」「九月，李玫將張行實攻大唐峰，李鋋等擊却之，……復取興州，進萬仞寨。」「十二月戊寅，諸軍拔鳳州。」

其二，後梁乾化元年，岐蜀交兵，進退於青泥嶺、興州、西縣道上。

新五代史六三前蜀世家：「以王宗侃爲北路都統，……以攻岐，戰于青泥。宗侃敗績，退保西縣。」同書四四劉知俊傳：茂貞「以知俊爲涇川節度使，攻興元，取興、鳳，圍西縣……。」通鑑二六八後梁乾化元年條述之較詳，引見後文百牢關條。

其三，後唐同光三年，魏王繼岌與郭崇韜伐蜀，由鳳翔入散關，經鳳州，故鎮，興州，三泉，至利州，入劍門。回時經西縣。

入蜀之師所經州鎮，見舊五代史三三唐莊宗紀、舊史五一、新史一四魏王繼岌傳，及舊史七四康延孝傳。而通鑑更詳，後文將引述之。回程經西縣，見舊史繼岌傳注引廣記載王氏見聞錄。

其四，後晉、後漢之際，後蜀使興元節度使張虔釗出散關經營秦川。師至寶鷄，無功而退，至興州卒。

舊五代史七四張虔釗傳：「長興中，爲山南西道節度使。……末帝起於鳳翔。虔釗……送欵於蜀，孟知祥待之尤厚，僞授本鎮節度使。……晋開運末，蜀人聞契丹入洛，令虔釗率衆數萬將寇秦雍。俄聞漢高祖已定中原，虔釗無功而退。行至興州，感憤而卒。」殿本注引九國志，孟昶使虔釗等率軍五萬出散關，經營三秦，師至陳倉，諸將不相協，遂班師。是虔釗由興元至寶鷄，班師時經興州也。

其五，後周顯德二年，鳳翔節度使王景由大散關進兵取鳳州。宋乾德二年，王全斌伐蜀，由鳳州下興州，進軍三泉，入劍門。

王景由散關用兵，見舊五代史一一五周世宗紀。王全斌伐蜀路線，見宋史二五五全斌本傳。

綜此五事，唐滅前蜀、宋滅後蜀及其他三次南北用兵，皆取散關、鳳、興道。至於其他谷道，僅有偏師小規模之戰鬥，未見有大規模之軍事行動。足見唐末五代時期鳳興道在交通上之重要地位。

紀要二六，歷舉子午駱儻褒斜三谷道在歷史上之軍事行動。下及五代，於駱谷道云：「五季以來，駱谷漸成荒塞。」於子午道云：「五代漢初，晋昌帥趙匡贊附於蜀，蜀遣將李廷珪出子午谷應援。」於褒斜道云：「五代梁乾化初，岐王李茂貞遣將劉知俊侵蜀，（望按實由興州進兵。）圍安遠軍，蜀將王宗弼救安遠，及知俊戰於斜谷，敗之。既而……岐兵……引還，蜀將唐道襲先伏兵於斜谷邀擊，又敗之。」按此兩次皆小規模軍事行動，且梁乾初事，即前舉第二事之偏師。據余所留意者尚有一次，即通鑑二九四，周顯德五年，李玉爲水陸制置使判官，由長安率兵二百襲蜀歸安鎮，爲蜀將所斬。此則子午舊道也。

是則通典所謂漢中至京師取驛路一千二百二十三里者，就里程核之，當指興、鳳、鳳翔道而言，再參以君臣行旅與軍事行動之路線，足證散關、鳳、興道爲南北交通要道，其爲通典「驛路」所指無疑。玆北起鳳翔府扶風郡，南至興元府漢中郡，詳考其行程如次。至於鳳翔東達長安之路線甚明，其詳細驛程，詳長安通安西驛道篇。

鳳翔府（今鳳翔縣）爲京西重鎭。置驛，當甚大。

舊僖宗紀，光啓二年四月，「壬子，朱玫、李昌言迫宰相蕭遘等於鳳翔驛舍，請嗣襄王熅權監軍國事。」而新傳、通鑑云盟百官於鳳翔石鼻驛，誤也。詳下石鼻條。

由府西南行，經潘氏，六十里，至石鼻驛，地一名靈壁。爲此道北來入山之始，故蘇軾詩曰：「北客初來試新險，蜀人從此送殘山」也。又三十里至寶鷄縣（今縣），有陳倉驛，褚載有詩。

寶鷄縣在府西南九十里，見元和志二。縣古名陳倉。褚載有陳倉驛詩（全唐詩十函八册），當在縣治。紀要五五寶鷄縣，引志云，「今縣治東有陳倉驛。」蓋承舊置之。

新八二嗣襄王熅傳，朱玫追乘輿不及，刼熅「駐鳳翔，得台省官百餘，乃脅宰相蕭遘等率羣臣盟石鼻驛，奉熅……監軍國事。」通鑑二五六，光啓二年「四月壬子，玫逼鳳翔百官奉襄王熅權監軍國事。……盟百官于石鼻驛。」據此，似在鳳翔府城近郊。按舊僖宗紀光啓二年條，述朱玫脅羣臣於鳳翔驛舍、請熅監軍國事，不云石鼻驛。考通鑑同卷同年正月述朱玫追乘輿事之行程最詳云：

> 車駕在鳳翔。「田令孜……刼上幸寶鷄……邠寧鳳翔兵追逼乘輿，敗神策指揮使楊晟於潘氏，鉦鼓之聲聞于行宮。田令孜奉上發寶鷄，留禁兵守石鼻，爲後拒，置感義軍於興鳳二州，以楊晟爲節度使，守散關。……上以傳國寶授（王）建負之以從，登大散嶺。李昌符焚閣道丈餘，將催折，王建扶掖上自煙焰中躍過，夜宿坂下。……車駕纔入散關，朱玫已圍寶鷄，石鼻軍潰。玫長驅攻散關，不克。……。」

胡三省注：

> 「潘氏在寶鷄東北。石鼻在寶鷄西南，亦曰靈壁。蘇軾曰：鳳翔府寶鷄縣武城鎭，卽俗所謂石鼻寨也。諸葛武侯所築，去寶鷄三十里。」

檢紀要五五，鳳翔府寶鷄縣，潘氏堡在寶鷄縣東北四十餘里。「石鼻城在縣東北三十里。」一統志鳳翔府卷古蹟目，述潘氏堡地望與紀要同。其述石鼻云：「在寶鷄東。……明統志，石鼻寨在寶鷄縣東四十里。」是潘氏在寶鷄東北四十餘里當無問題。石鼻，距縣三十里，惟胡注云在縣西南，紀要及統志皆云在縣東北，方向恰相反，是當進一步討論者。

按胡三省宋人，本當從其說。然考異引王建紀事云：

「正月辛巳，次陳倉。二月辛亥，朱玫將跍趺師瑀逼行在，破楊晸於潘氏。庚申，陷虢縣。三月甲午，僖宗將移幸梁洋。戊戌，邠師至石鼻。巳亥，石鼻不守。庚子，寇逼寶鷄。辛丑，車駕南引。四月庚申，達褒中。」

是石鼻先陷，固當在寶鷄之東。再返觀通鑑之文，石鼻亦當在東。且蘇東坡集卷一有詩題云：

「壬寅二月有詔令郡史分往屬縣決囚禁，自十三日受命出府，至寶鷄、虢、郿、盩厔四縣。旣畢事，因朝謁太平宮（畧）。十九日迺歸，作詩五百言……寄子由。」

此詩本注又云：

「十三日宿武城鎭，即俗所謂石鼻寨也。云孔明所築。是夜二鼓，寶鷄火作，相去三十里而見於武城。……十四日，自寶鷄行至虢。……十五日至郿縣。」

觀此行程，石鼻在鳳翔府西南六十里，寶鷄縣東北三十里，必無問題。蓋宋人一般行程，每日兩驛六十里，如陸游初入西州境述懷：「自行劍關南，大道平如席，日高徐駕車，薄暮亦兩驛。」（劍南詩稿三）即其證。東坡職在省決囚禁，決不會出府當日之內，越過寶鷄縣城，再向西南行三十里，共行一百二十里也。故紀要在縣東北三十里之說最爲正確，胡注「西南」必誤，無疑。方輿勝覽云：「寶鷄有石鼻寨，行人自北入蜀者，至此漸入山，自蜀趨洛者，至此漸出山。故蘇軾云：北客初來試新險，蜀人從此送殘山。」（一統志鳳翔府卷古蹟目引。）按蘇軾詩，即石鼻城詩，亦見東坡集卷一。正以當入山區之始，故以禁兵扼守爲後拒。

石鼻驛在寶鷄東北三十里，不在鳳翔府近郊。朱玫脅羣臣，當從舊紀，在鳳翔驛舍。新傳及通鑑是年四月條以石鼻實之，蓋亦誤。又胡注云「亦曰靈壁。」按通鑑「留禁兵守石鼻。」而舊紀云「令禁兵守靈壁。」新二〇八宦者田令孜傳作靈壁亢。則一地異名甚明，胡說是也。又宋史三六六吳璘傳，璘鎭河池。

金人敗盟，璘又遣姚仲拒于石壁砦，敗之。」當即此石鼻也。

【附箭筈嶺】　通鑑二七一，後梁貞明六年條，「十一月……癸卯，蜀將陳彥威出散關，敗岐兵于箭筈嶺。」胡注：「杜佑曰，岐山即今之岐山縣。其山兩岐，故俗呼爲箭筈嶺。」檢通典無此說。且此岐兵指鳳翔而言，彥威出散關，擊鳳翔，不當即至岐山縣。紀要五五，鳳翔府岐山縣，有梁山，在「縣東北五十里。又東連西安府乾州界，其最高處，爲箭筈嶺。」下引梁貞明出軍事以實之。嶺在岐山縣東北五十里以上，於當時用兵路線尤不合。檢一統志鳳翔府卷山川目有箭括山，「在岐山縣東北六十里，南去麟遊縣五十里，亦即岐山。其最高處爲箭括嶺，嶺巔有缺，故名。」是即胡注與紀要所稱引者。一統志同條又有箭筈嶺「在汧陽縣南十里。」下引梁貞明六年事。就當時用兵形勢言，此說爲正無疑。復考宋史三六六吳玠傳：

「富平……大潰，五路皆陷，巴蜀大震，玠收散卒保散關東和尙原……爲死守計。……紹興元年，金將沒立自鳳翔，別將烏魯折合自階成出散關，約日會和尙原。烏魯折合先期至，陳北山，……山谷路狹多石，馬不能行，金人捨馬，步戰，大敗，移軍黃牛，……遂遁去。沒立方攻箭筈關，玠復遣將擊退之。兩軍終不得合。」

此亦汧陽南之箭筈，非岐山之箭括也。且亦見地當大道，陳彥威用兵路線，正可相印證。惟一統志，鳳翔至寶鷄九十里，汧陽（唐故城在今縣西數里）東至鳳翔七十里，南至寶鷄六十里，嶺在汧陽南十里，則自寶鷄經此嶺至鳳翔似不止九十里，是可能爲別一道也。姑存待考。

寶鷄西南渡渭水七里至模壁。

通鑑二八八後漢乾祐元年條記漢蜀交兵事云：

三月，王景崇等反於鳳翔。

六月，「王景崇遣使請降于蜀。」

九月，「蜀兵援王景崇，軍于散關。……李彥從襲擊破之。蜀兵遁去。」

十月，「蜀主遣山南西道節度使安思謙將兵救鳳翔。……丙申，安思謙屯右界（胡注：『右界，蓋寶鷄西界，漢蜀分疆處也。』）漢兵屯寶鷄。思謙遣眉州刺史申貴將兵二千趣模壁，設伏於竹林。丁酉旦，貴以兵數百壓寶鷄而陳，漢兵逐之，遇伏而散，蜀兵遂北破寶鷄寨。蜀兵去，漢兵復入寶鷄。己亥，思謙進屯渭水。漢益兵五千戍寶鷄。思謙畏之，……辛丑，退屯鳳州，尋歸興元。」

十二月，「王景崇累表告急於蜀。蜀主命安思謙再出兵救之。壬午，思謙自興元引兵屯鳳州。……戊子，思謙進屯散關，遣馬步使高彥儔、眉州刺史申貴擊漢箭筈安都寨破之。（胡注：箭筈，嶺名，有箭筈關。）庚寅，思謙敗漢兵於玉女潭。漢兵退屯寶鷄。思謙進屯模壁。……食盡引去。」（次年正月書事，「思謙退屯鳳州。」）

考異引下列兩條：

蜀實錄：「十月，安思謙敗漢兵於時家竹林，遂焚蕩寶鷄。十二月，又敗漢兵于玉女潭。」

十國紀年：「蜀廣政十二年正月甲寅，思謙以軍食匱竭，自模壁退次鳳州。」

據此，模壁當在大道上，距寶鷄不遠。紀要五五：寶鷄縣，「模壁寨在縣西南七里。」蓋得其實。一統志鳳翔府卷古蹟目作七十里，是在散關以西，必衍「十」字無疑。

又八九里至三交城（今益門鎮）。

元和志二：寶鷄縣，「三交城在縣西十六里。司馬宣王與諸葛亮相距所築。」寰宇記三〇，寶鷄縣，「三交故城在縣西四十六里。耆舊傳，司馬宣王與諸葛亮相距於此，因築此城。十六國苻健於此置武都郡。」按此城當亦在驛道上，而兩者里數小異。紀要五五又云在縣西三十里，一統志鳳翔府卷古蹟目引通志作四十里。歧異如此。按元和志，陳倉故城在寶鷄東二十里。或者寰宇記、紀要等皆對故城而言歟？記引耆舊傳，頗有對陳倉故城而言之可能也。今姑從元和志。又紀要有益門城，在縣西南十五里，元末所築以備川蜀，城西據益門山因名。一統志同。紀要又云：「益門山在益門城西，山巖險阻，有事梁益者，必取道於此，故曰益門。」一統志云：「益門山在寶鷄縣西南十五里，即秦嶺之北谷，古益州境由此而入，故曰益門。」王士禎蜀道驛程記上，益門鎮南爲入棧道之始。疑益門即古三交城地也。

又有三壘坂，當在三交以北地區歟？

輿地紀勝六常州景物目下：「西蜀里：韋莊蜀程記言，至寶鷄縣，過三壘板〔坂〕，山川村落，酷似常州之義興境物。」重修毗陵志二七古蹟目，宜興縣，「蜀風在縣西北四十六里。」下引韋莊蜀程記，同。

由三交城又西南至玉女潭。去縣二十五里。

潭當在驛道上，詳前模壁條引通鑑二八八漢乾祐元年條。又見九國志七安思謙傳。紀要五五：寶鷄縣，「玉女潭在縣西南二十五里。」一統志鳳翔府卷山川目，同。

又西南至大散關（今散關），自昔爲交通軍事要道，爲開元時代六上關之一，有棧閣。地去寶鷄縣五十二里，有扞水出固道谷，東北歷關入渭。宋世吳玠所守之和尙原即在關外咫尺處。

此關自東漢初年已見史。至建安已降，曹操諸葛亮皆曾由此關進出，紀要五二已畧述之。今不詳列。渭水注：「渭水又與扞水合，水出固道谷，……東北歷大散關而入渭也。」此爲散關見地理書之始。隋志，陳倉有關官，殆即此關。括地志：「散關在岐州陳倉縣東南五十二里。」（老莊申韓列傳正義引。）而元和志二寶鷄縣，「散關在縣西南五十二里。」方位小異。按新志，寶鷄「西南有大散關。」且以今地圖核之，作西南爲正。紀要五五，關在縣西南大散嶺上。一統志云關在縣西南五十二里，則即舊址，未遷徙也。唐世爲大道所經。唐六典卷六刑部司門郎中條，「京城四面關有驛道者爲上關。」本注：上關六，其一爲岐州散關。足見重要。其後玄宗幸蜀，僖宗幸興元，皆經此，各見本紀。新二〇八田令孜傳：「中人曹知慤者：賊（黃巢）在長安，知慤以清濁二谷之人倚山爲屯，不屈賊。……帝將還，因大言：我且掖衆大散關下，閱羣臣可歸者納之。」正以散關爲必經之路也。外有棧道，見前引通鑑二五六光啓二年正月條述朱玫追乘輿事。

和尙原見前箭括嶺條引宋史吳玠傳述扼守散關外和尙原事，其地亦軍事要衝。宋中興四朝志云：「大散關屬梁泉縣，在寶鷄南，爲秦蜀往來要道。自關距和尙原纔咫尺，兩山關（？）控斗絕，出可以攻，入可以守，實表裏之形勢也。」（一統志鳳翔府關隘目引。）又陝西名勝志六寶鷄縣，「和尙原在縣西南三十五里大散關之東。」是卽在散關也。

又通考三二二輿地考，鳳翔府，「和尙原在大散關之東，距寶鷄兩驛，爲形勝必爭之地。此地一失，則路徑散漫，戎馬深入，無所限隔。」距縣兩驛是當在散關東不遠處。又雲麓漫鈔一：「大散關距和尙原纔咫尺，彼嘗憑原，下視散關僅如蟻蛭，故其勢易以危。」與四朝志及通考亦合。是則此原卽在大散關，故馬氏云云。而一統志鳳翔府卷山川目引明統志，和尙原在縣西南三十五里。紀要五五，同。

散關東北地區有遵塗驛，可能卽在關與縣之正中間。又關之前後不遠處有當塗驛，亦可能卽「遵塗」之異名。若兩名卽爲一驛，則當近在散關北口處。

前引通鑑二五六光啓二年條，正月「車駕纔入散關。……石鼻軍潰，玫長驅攻散關，不克。」續云：「嗣襄王熅，……有疾，從上不及，留遵塗驛，爲玫所得，與俱還鳳翔。」胡注：「據熅傳，遵塗驛在石鼻，亦謂之石鼻驛。」紀要五五寶鷄縣條，「遵塗驛舊置於石鼻城中，亦名石鼻驛。」下引光啓二年事云云。當卽承胡注爲說。按胡注云據熅傳爲說。今檢舊書一七五熅傳無此兩驛事。新書八二熅傳，羣臣盟石鼻驛，亦不足證明卽遵塗驛。是胡注本不足據。復檢舊僖宗紀，光啓二年條書此事云：

「田令孜聞邠州軍至，奉帝入散關，令禁兵守靈壁。玫至，禁軍潰散，遂長驅追駕至遵途驛。嗣襄王熅疾，爲玫所得。」

按靈壁即通鑑之石鼻。是遵塗驛明在石鼻西南，非即石鼻也。然通鑑云，玫攻散關未克，則遵塗驛又當在散關東北地區。散關距寶鷄僅五十二里，中間只容有一驛，距關與縣皆二十餘里。故疑遵塗驛即在其地。又新五代史六三前蜀世家云：「光啓元年……僖宗幸鳳翔。二年三月，移幸興元。以建爲淸道使，使負玉璽以從。行至當塗驛，李昌符焚棧道，棧道幾斷，建控僖宗馬，冒烟焰中過，宿坂下。……。」參之前條引通鑑，此驛即僅在大散關前後不遠處。驛名與遵塗驛蓋一字之異，疑即一驛。若然，則此驛必近在關之北口矣。

散關西南四五十里至黃牛嶺，約今煎茶坪高險地段。王維稱道中「深林密竹，磴道盤曲。」蓋可視爲散關以南驛道之總寫照。

王維有詩題云：「自大散以往，深林密竹，磴道盤曲，四五十里至黃牛嶺，見黃花川。」詩云：「危徑幾萬轉，數里將三休，回環見徒侶，隱暎隔林丘，颯颯松上雨，潺潺石中流，靜言深谿裏，長嘯高山頭。」（全唐詩二函八册維集一。）此詩極能狀散關以南道途所經之實況。按三省邊防備覽二道路考上，寶鷄西四十里二里關，又三十里煎茶坪，又四十里黃牛鋪，又一百一十里至鳳縣。煎茶坪高峻，上下險路三十里，二里關即大散關，石徑盤紆，甚爲險峻。則煎茶坪路較大散關爲險。

關嶺間有黃牛寨（今有黃牛鋪），蓋唐末五代所置。

通鑑二九二，後周顯德二年，使向訓及鳳翔節度使王景取秦鳳二州。五月「景出兵，自散關趣秦州。……拔黃牛等八寨。」六月，「西師與蜀李廷珪等戰于威武城東，不利。」黃牛寨當距黃牛嶺不遠。胡注：「黃牛等八寨皆當在秦州界。」未見盡是。且宋史三六六吳璘傳：「（紹興）三十一年，金主亮叛盟……遣合喜爲西元帥，以兵扼大散關，遊騎攻黃牛堡。」時合喜南攻，意在鳳、興，則黃牛實當在散關至鳳州道上。同書四〇寧宗紀，嘉定十一年四月「戊午，金人復犯大散關，守將王立遁。己未，金人犯黃牛堡，興元都統吳政拒退之。癸亥，政至大散關。」亦見其在大道上。又吳玠傳，「紹興元年，金將沒立自鳳翔，別將烏魯折合自階、成出散關，約日會和尙原。烏魯折合先期至，陣北山，……金人舍馬步戰，大敗，移砦黃牛。」是其地距散關必不遠。檢一統志漢中府卷關隘目：「黃牛堡在鳳縣東北一百一十五里，接鳳翔府寶鷄縣界。」張編地圖集有黃牛舖，在散關鳳縣交通線上，當卽其地。散關去鳳縣一百四十里（詳下文），黃牛在鳳縣東北一百一十五里，則近在散關西南二十五里。與吳玠傳合。卽在黃牛嶺東北地區。王景自鳳翔繞道散關趣秦州，第一據點當卽黃牛，故拔八寨，以黃牛爲首也。而紀要五六謂堡在「縣西北百五十里，近鞏昌徽州及鳳翔隴州界。」非其地。又蜀鑑八，王景拔黃牛寨條：「黃牛寨在鳳州東。州去興趙原四十里，原去寨十五里。」是在鳳州東五十五里也。案此爲下文所考之黃花縣地，非黃牛寨也。

黃牛嶺南爲黃花川，置黃花縣，去大散關八十里，後縣廢，仍置黃花驛，薛逢有詩。

黃花川在嶺南，見前引王維詩題。又王維青谿詩云：「言入黃花川，每逐清谿水，隨山將萬轉，趣途無百里。聲喧亂石中，色靜深松裏。」（全唐詩二函八册維集一。）此當卽繼前詩而作者。又舊五代史一一五周世宗紀，顯德二年，鳳翔節度使王景由散關進兵伐蜀。閏九月「壬子，……王景奏大破西川賊軍於黃花谷。」當卽黃花川，當大道也。通典一七六，鳳州黃花縣「有黃花川，爲名。」劉禹錫送趙中丞參山南幕府：「綠樹滿褒斜，西南蜀路賒。驛門臨白草，縣道過黃花。」（輿地紀勝一八三興元府詩目引。）是川中有黃花縣，爲驛道所經也。又薛能西縣途中二十韻：「未合過黃花。」（全唐詩九函二册）當亦指此歟？復檢元和志二二：鳳州梁泉縣，「武德元年析置黃花縣，寶應元年省。」新志，同；而作寶曆元年，顯誤。蓋若爲寶曆，則元和時代仍存，元和志當列縣目。縣雖廢而驛仍存。薛逢有題黃花驛詩云：「孤戍迢迢蜀路長，鳥鳴山館客思鄉。」（全唐詩八函十册。）卽其證。又楊發有宿黃花館詩（全唐詩八函六册），殆亦此地。至其地望，寰宇記一三四，鳳州梁泉縣，「廢黃花縣在州北六十里，……武德元年分梁泉縣置，東有黃花川，因名之，寶曆（亦應之誤）元年，以其地併入梁泉。」九域志三，梁泉縣有黃花鎮。紀要五六，亦作鳳縣北六十里。與寰宇記同。是在散關西南八十里，正當黃牛嶺之南，與王維詩全合。一統志漢中府卷關隘目，黃花鎮在鳳縣東北十里。方向是，而奪「六」字。

王建於鳳州東北築威武城，爲軍事重鎮，當卽在黃花縣故址。

通鑑屢書南北用兵威武城事，玆畧舉如次：

梁貞明元年，蜀攻岐，克秦鳳階三州。置武興軍於鳳州。（卷二六九）

貞明五年，蜀王宗播「自散關擊岐，……會大雨而還，分兵戍興元、鳳州及威武城。」（胡注：「威武城在鳳州北，蜀所築也。」）（卷二七〇）

貞明六年，蜀分從散關、秦州兩道伐岐，食盡引還，分屯秦州上邽及威武城。（卷二七一）

唐同光二年十一月，「蜀以唐脩好，罷威武城戍。召關宏業等二十四軍還成都。又罷武定武興招討劉潛等三十七軍。」「罷天雄軍招討，命王承騫等二十九軍還成都。」（卷二七三）

同光三年，唐伐蜀。十月「丁丑，李紹琛攻蜀威武城。蜀指揮使唐思景將兵出降，城使周彥禋等知不能守，亦降。……得城中糧二十萬斛，……因倍道趣鳳州。……戊寅，王承捷以鳳興文扶四州印節迎降。」（卷二七三）

周顯德二年，上謀取秦、鳳。五月，王景自散關，拔黃牛等八寨。六月「壬寅，西師與蜀李廷珪等戰於威武城東，不利。」（卷二九二）

據此紀錄，威武城必當鳳州散關道上無疑。紀要五六，鳳縣有威武城在縣東北六十里。按同光三年十月丁丑，唐兵下威武城，倍道趣鳳州，明日下之。則距鳳州固不遠，紀要之說近之。然則蓋卽黃花縣舊地，亦卽宋之黃花鎮也。

又西南三十里至唐倉鎮，當置驛。有北川水，南流入故道川。

通鑑二九二後周顯德二年條：

六月「壬寅，西師與蜀李廷珪等戰于威武城東，不利。」八月丁未，「王景敗蜀兵。」「蜀李廷珪遣先鋒都指揮使李進據馬嶺寨，又遣奇兵出斜谷，屯白澗。又分兵出鳳州之北唐倉鎮及黃花谷，絕周糧道。閏月，王景遣裨將張建雄將兵二千抵黃花，又遣千人趣唐倉，扼蜀歸路。蜀染院使王巒將兵出唐倉，與建雄戰于黃花，蜀兵敗奔唐倉，遇周兵，又敗。虜巒及其將士三千人。馬嶺白澗兵皆潰。李廷珪高彥儔等退保青泥嶺。」

據此，鳳州東北道中有唐倉鎮，又東北有黃花谷。黃花谷即黃花川谷，在黃花縣地區；唐倉當在縣之西南。水經注二〇漾水注，「北川水……南流逕唐倉城下，南至困冢川入故道水。」是唐倉之名甚古。寰宇記一三四鳳州梁泉縣，「唐倉柵，舊立倉廩，至今謂之唐倉柵。」一統志漢中府卷古蹟目引舊志，鎮在縣北三十里。紀要五六，同。蓋可信。

又三十里至鳳州治所梁泉縣（今鳳縣）。西臨大散水，即故道川。縣東北去散關一百四十里，爲散關驛道之重鎮。州東南取褒斜道至興元三百八十里，即迴車道也。

去散關里程見寰宇記一三四。元和志二，鳳翔府西南至鳳州二百八十里，（同書二二，同。）寶鷄東北至府九十里，而散關在縣西南五十二里。則散關至鳳州應爲一百三十八里。即可云百四十里也。元和志二二鳳州梁泉縣：「故道水出陳倉縣之大散嶺，西南流入故道川。今州理即故道川也。」寰宇記一三四鳳州梁泉縣：「大散水出縣東界大散嶺，經縣西，去城十步。」是城西臨大散水也。

取褒斜道至興元，即北魏所開之迴車道，詳漢唐褒斜道篇。

由梁泉又西三十五里至馬嶺寨。

馬嶺寨，見前唐倉條引通鑑二九二後周顯德二年述王景伐蜀事。九國志李廷珪傳畧同。蜀鑑八王景敗蜀於黃花谷條云：「馬嶺寨在鳳州之西，去州三十五里。」紀要五六，鳳縣有馬嶺關在縣西三十五里，亦曰馬嶺寨。圖書集成職方典五三〇漢中府卷關梁條亦同。而一統志漢中府卷關隘目作縣西四十五里。蓋誤。

又西十五里，至兩當縣（今縣東三十五里，約今楊家店），當置驛。北宋時代見有廣鄉驛，蓋承唐制歟？今鳳縣至兩當道從山溝中行，尙平坦，古道蓋同。

括地志：「鳳州兩當縣，……在州西五十里。」（河渠書及曹相國世家正義引。）元和志二二，鳳州，「兩當縣東至州五十里。本漢故道縣地……漢高帝引兵從故道出襲雍，謂此也。永嘉之後，地沒氐羌，縣名絕矣。後魏變文爲固，於此置固道郡，領兩當廣鄉二縣。」寰宇記一三四，同。宋會要・方域一〇道路：神宗熙寧十年，「成都府路提刑司言，舊路自鳳州入兩當至金牛驛十程。」下引元豐元年事，亦見路經兩當。三省邊防備覽二道路考上，鳳縣至兩當「共程一百里，從山溝中行，路尙平坦」云云。

方輿勝覽：「兩當縣有兩當驛，東抵汴京，西抵益州，皆三十六程，故曰兩當。」（一統志秦州府卷古蹟目引。按檢勝覽今本，在卷六九。）按此當承唐置，惟兩當之名早在宋前，其命意殆不如此也。復按杜翁兩當縣吳十侍御江上宅詩，詳注云北宋時兩當縣有廣鄉驛（詳注八）。據上引元和志，廣鄉本北魏縣名。頗疑此或即唐代驛名歟？

又西南一百二十里至河池縣（今徽縣西十五里？），因河池川受名。城西臨故道水，城內有河池戍。

此並見元和志二二及寰宇記一三四。雖未明言驛道經河池縣。然宋會要方域一〇之五道路條，元豐元年，劉忱奏，「今若行河池舊路……可減河池兩當二(?)里三驛。」是河池在舊道上也。城臨故道水及下文比勘鳳、興、青泥路，亦其旁證。

唐末五代有固鎭，當驛道，南入蜀口至成都，東北通散關至長安，西行經

成州通秦州，地當三條重要幹道之樞紐，爲軍事之重鎭，故周顯德六年升置雄勝軍，其地即在河池附近，或稍東（蓋今徽縣治）。而雲麓漫鈔述南宋時代陝蜀形勢，仙人關控扼蜀口要害，左自成州（即唐同谷）趨秦州，右自兩當出散關，故稱此關爲蜀之咽喉。其地在河池、固鎭東南殆不逾五十里，在青泥嶺東五十里，而交通形勢則與唐、五代之河池、固鎭相同，蓋南宋內據山險爲關耳。近年在徽縣東南嘉陵江岸出土安丙生祠碑，其地高峽入雲，絕壁千仞，江水如線，逶迤其間，誠極險要，論者謂即仙人關故址，殆近之矣。

固鎭　舊五代史五一唐書魏王繼岌傳：同光三年，爲伐蜀都統。「十月戊寅，至鳳州。……甲申至故鎭。……己丑，繼岌至興州。」同書七四康延孝傳，是年伐蜀，「以前鋒下鳳州，收固鎭，降興州。」是固鎭即故鎭，在散關、鳳州至興州入蜀道上。又通鑑書五代時事，屢及固鎭。茲畧舉如次：

後梁乾化四年十一月「癸未，蜀興州刺史兼北路制置指揮使王宗鐸攻岐階州及固鎭，破細砂等十一寨。」（卷二六九）

貞明元年八月，蜀主以王宗綰爲北路行營都制置使，王宗播爲招討使，攻秦州。以王宗瑤爲東北面招討使，王宗翰爲副使，攻鳳州。十一月「己巳，蜀王宗翰引兵出青泥嶺克固鎭，與秦州將郭守謙戰於泥陽川。蜀兵敗，退保鹿臺山。……」（同上）

後漢天福十二年，「蜀李繼勳與興州刺史劉景攻固鎭，拔之。何重建請出蜀兵，與階、成兵共扼散關以取鳳州。」（卷二八六）

「何重建遣宮苑使崔延琛將兵攻鳳州，不克，退保固鎭。」（同上）

「蜀翰林承旨李昊謂王處回曰：敵復據固鎭，則興州道絕，不復能救秦州矣。請遣山南西道節度使孫漢韶將兵急攻鳳州。……蜀主命漢韶詣鳳州行營。」（同上）

「蜀孫漢韶將兵二萬攻鳳州，軍于固鎭，分兵扼散關以絕援路。」（同上）

後周顯德二年十一月，「王景等圍鳳州，韓通分兵城固鎭，以絕蜀之援兵。

戊申，克鳳州，擒蜀威武節度使王環。（是年正月置此節度於鳳州。）」（卷二九二）。

據此諸條，亦足見固鎭當大道，且爲軍事要地，不但當蜀口、興州東北通鳳州、散關之軍事要道，據李昊之言，亦爲興州西北出秦州之要道也。又宋會要方域一〇之三載神宗熙寧十年奏議云：

「如發川綱往秦州，只從舊路行至故驛，便可直入成州。如由新路，須過鳳州，五程至鳳翔府，亦有路去秦州。」

按舊路卽唐代之興州北出青泥嶺河池經兩當趣鳳州之驛道。（按此新路所指不詳，似亦非下文所開白水路；若爲白水路，則亦經河池也，去秦州路線無大不同。）此故驛當卽故鎭無疑，亦卽固鎭，此亦蜀口北至故鎭，經同谷（宋成州）達秦州之明證。至其地望：九域志三，鳳州河池縣有固鎭。通鑑二六九胡注，「固鎭在青泥嶺東北，薛史地理志，鳳州固鎭之地，周顯德六年升爲雄勝軍。（按此事亦見薛史周恭帝紀）」皆卽此。又通鑑二七三同光三年胡注，「按今固鎭在鳳州西四程。」未詳里數。紀要五六鳳縣，「固鎭在縣西百二十里，當畧陽青泥嶺之東北，亦近鞏昌府徽州東界。」而一統志秦州府卷古蹟目，固鎭在今徽縣治。據元和志、寰宇記，河池東北至鳳州一百七十里，若如紀要，固鎭在鳳縣西一百二十里，則在河池之東五十里。通說河池在今徽縣西十五里，則固鎭在今徽縣東約三十五里也。是紀要與一統志兩說不合；而去青泥嶺亦稍遠，紀要本身亦有問題。且蜀口大道北上，至河池卽分道，西至成州，東至鳳州，若固鎭在河池之東五十里，卽非當三道交通樞紐矣。按紀要蓋據胡注「四程」之語，推謂一百二十里歟？古代每程標準雖爲三十里，但宋代驛距通常較大，或四五十里爲一驛。上引宋會要鳳州五程至鳳翔府，按鳳州至鳳翔二百八十里，是每程五十里以上，可證。故一百二十里之說不足據；一統志云在徽縣治，較爲近是。復檢日本栗棘庵所藏宋輿地圖，固鎭繪於青泥嶺之北，河池縣西旁，是且在今徽縣之西，卽唐代河池地區。以當時史證論之，固鎭當興州、青泥北行，東通鳳州、西通成州之樞紐，此圖所示最爲準確矣。

仙人關　宋史三六六吳玠吳璘傳，紹興初，與金人大戰於大散關外和尚原，後退營仙人關，爲死守之計，大敗金軍，遂爲西北防禦第一重鎮。雲麓漫鈔卷一云：

「自講好，關中之地中分爲界。如南關、大散、仙人、饒風、武休等皆爲我有。仙人關外，分左右二道。自城州（成州，即同谷）經天水縣，出皁郊堡，直抵秦州。頃年吳璘大軍嘗由此以出西道。地皆平衍，即其地爲壕塹縱橫，引水縷行，名曰地網，以遏奔衝。此仙人關左出之路也。自兩當縣趨鳳州，直出大散關，……此仙人關右出之路也。鳳州之東，興元之西，褒斜谷在焉。谷口三山翼然對峙，南曰褒，北曰斜，在唐爲驛路，所以通巴漢。旁連武休關，又極東爲饒風關，地斗入，糧運難致。異時，獨倚饒風以迫控商、虢，由武休以達長安，故當關（指仙人關）爲蜀之咽喉。」

此條述仙人關形勢極明豁，其爲南宋西北軍事交通重鎮無疑。紀要五六鳳縣，「仙人關在縣南百二十里，近畧陽縣界。」同卷畧陽縣，有殺金嶺，「縣西北百二十里，其旁地曰殺金坪，與鳳縣仙人關相近。」一統志漢中府卷關隘目，「仙人關在鳳縣西南一百二十里，接甘肅秦州徽縣界。」又秦州卷關隘目，「仙人關在徽縣東南六十里，接（畧）鳳縣界。」又同卷山川目，「殺金坪，在徽縣東南六十里，上有仙人關。」兩書里距同，方位小異。就形勢言，當以在鳳縣西南，接徽縣界爲正。則當在今鳳縣西南一百二十里，徽縣東南六十里畧陽縣西北（當作北）約一百二十里也。若此里數不誤，則當在固鎮東南不踰五十里。又據元和志二二，青泥嶺在興州西北一百五十三里。興州即今畧陽縣，則仙人關且在青泥東南。日本栗棘庵藏宋輿地圖，仙人關繪於青泥嶺附近，是矣。頃讀史念海河山集二集自序畧云：「仙人關城已久圮毀，故址在今徽縣東南嘉陵江畔。由寶成鐵路白水江車站溯嘉陵江前往，穿過三條鐵路隧道即可到達。這裏高峽入雲，絕壁千仞，嘉陵江如線如帶，逶迤其間，江左岸在陡崖之下，水深崖高，無路可行，右岸稍廣，僅通一徑。近年修寶成路，於此處出土安丙生祠碑，安丙結銜與仙人關諸字顯然可辨，知爲其地無疑。」濱江設險於此可見，指爲關址，殆甚可信。

復按，就雲麓所言仙人關之形勢，與上考固鎮形勢完全相同。蓋南宋於固鎮、青泥之東南就山險形勢，築關爲固守之基，出關即是固鎮地區矣。

又據此而言，由固鎮而南似先至青泥，再至仙人關者，然唐宋時代不同，殊難作如此論斷。宋會要方域一〇之一三驛傳雜錄條云

「（眞宗）景德二年九月四日，詔興州青泥舊路，依舊置館驛，並驛馬遞鋪等。其新開白水路，亦任商旅往來。先是屢有言新路便近，亦有言青泥路雖遠一驛，然經久，難於改移者，故下詔俱存之。」

又褒谷古蹟集畧錄宋人雷簡夫白水路記畧云：

「（仁宗）至和三年冬，利州轉運使李虞卿以蜀道青泥嶺舊路高峻，請開白水路，自鳳州河池驛至長舉驛五十一里有半，以便公私之行。明年……作閣道三千三百九間，郵亭營屋綱院三百八十三間，減舊三十三里，廢青泥一驛，除郵兵驛馬一百五六十人騎。」

是眞宗景德二年之前已開白水新閣道，以代替青泥舊閣道，但此年詔新舊兩道並行；而新道實廢。其後五十年，利州轉運使又奏請開白水新道也。新道五十一里餘，較舊道短捷三十三里，此必行青泥之東無疑。道光畧陽縣志一，青坭河在西北百五十里，白水江在縣北百二十里，南流，西受青坭河，更見白水道在青泥道之東。三省邊防備覽六險要，青泥嶺在畧陽北一百五十里，白水江西五十里，是也。雲麓所記由興州出仙人關，蓋取白水新道也。

又有神女祠，在兩當縣西三十五里（即今兩當縣）以西、河池縣東十五里（即今徽縣）以東之大道上，即固鎮地區。

玉谿生詩箋注一有兩聖女祠詩，一在自山南北歸經分水嶺詩之前，一在其後。箋注以爲此諸詩乃令孤楚薨於興元時，商隱往返山南之作。前聖女祠乃馳赴興元時作，後詩乃由興元回京時作。張氏玉谿生年譜會箋卷一，開成二年條，以爲箋注所論極碻。按後一詩云：「杳靄逢仙跡，蒼茫滯客途，何年歸碧落，此路向皇都。」下云：「從騎裁寒竹，行車蔭白楡。」其爲令孤楚薨於興元後奉喪北歸時所作無疑。箋注據此諸詩謂商隱往返興元皆取散關鳳興道，並引水經注述聖女神事。然未指明地望。今檢水經注二〇漾水注云：

「故道水又西南歷廣香交，合廣香川水。……故道水又西南入秦岡山，尙婆水注之。山高入雲，遠望增狀，若嶺紆曦軒，峰枉月駕矣。懸崖之側列壁之上，有神象，若圖指狀婦人之容。其形上赤下白，世名之曰聖女神。至於福應衍違，方俗是祈。……尙婆水歷兩當縣之尙婆城南，魏固道郡治也。西南至秦岡山，入故道水。故道水又右會黃盧山水。……故道水南入東益州之廣業郡界……。」

據此，聖女神在秦岡山。一統志秦州卷山川目，秦岡山在兩當縣南。太廣泛。今按酈注，山臨故道水，在廣香交之西南，亦在兩當縣之尙婆城西南，而在黃盧山水之東或北，亦在廣業郡東北邊界之外。檢一統志秦州卷古蹟目，「廣鄉鎭，今兩當縣治。水經注，廣香水，……其後譌爲廣鄉。……宋史地理志，兩當縣，至道元年移治廣鄉鎭。九域志，縣在鳳州西南八十五里。」是廣鄉鎭在今兩當縣，卽唐世兩當故城西三十五里也。一統志同目又云：尙婆城在今兩當縣西。是秦岡山當在今兩當縣西（或西南）古尙婆城之西（或西南），卽唐世兩當縣西三十五里之西或西南頗遠也。又同卷山川目：「黃盧山水在徽縣東南。」是秦岡山又當在唐河池縣東十五里之東。後魏廣業郡，元和志二二云在唐之同谷縣。是在今成縣治。然則唐世，秦岡山聖女祠當在兩當縣西三十五里之西，而在河池縣東十五里之東，殆可斷言。

河池南行二十七里至青泥嶺，爲軍事要地。有青泥驛。嶺驛「地勢高峻，懸崖萬仭，上多雲雨，行者屢逢泥淖」，故名。又東南五十三里至興州長舉縣（今畧陽縣西北一百二十里），在嘉陵水北十里。

元和志二二，興州長舉縣，「青泥嶺在縣西北五十三里接溪山東，卽今通路也。懸崖萬仞，上多雲雨，行者屢逢泥淖，故號爲青泥嶺。」寰宇記一三五，全同。元長慶集二古詩青雲驛：「昔遊蜀關下，有驛名青泥。」卽此地，是置驛也。前引宋會要方域一〇驛傳雜錄景德二年條云，「詔興州青泥舊路依舊置館驛，並驛馬遞鋪等。」以其「經久難於改易」也。唐時已當驛道，故云經久。通鑑二六八，梁乾化元年，「岐王使劉知俊擊蜀。……戰于青泥嶺。蜀兵大敗，馬步使王宗浩奔興州。」又二六九，梁貞明元年，「蜀王宗翰引兵出青泥嶺，克固鎮。」又二九二，周顯德二年，蜀李廷珪爲周兵屢敗於黃花谷，唐倉鎭，「馬嶺、白澗兵皆潰，李廷珪、高彥儔等退保青泥嶺。蜀雄武節度使韓繼勳棄秦州，奔還成都。……成階二州皆降。」（按九國志畧同。）則其地不但當驛道，且爲軍事要地。元和志二二，興州長舉縣，「嘉陵水去縣南十里。」寰宇記一三五，同。按通鑑二七三，後唐同光三年，魏王繼岌伐蜀，李紹琛爲先鋒，下鳳州。「李紹琛等過長舉，興州都指揮使程奉璉將所部兵五百來降。……興州刺史王承鑒棄城走，紹琛等克興州。」是長舉亦在大道上。李嘉祐有發青泥店至長余縣西涯山口詩（日本河世寧全唐詩逸卷上，云見秘府論），長余即長舉之音譌。亦當大道之證。

關於里程，前引元和志二二，嶺在長舉縣西北五十三里。寰宇記同。今詳檢通典、元和志、寰宇記所記鳳興間里程如次：

通典一七六	元和志二二	寰宇記一三四、一三五
興州北至鳳州350里	鳳州東〔南〕至興州330里 興州北至鳳州350里	興州北至鳳州356里
鳳州西南到興州長舉縣界190里		鳳州西南至興州長舉縣青泥嶺爲界196里
興州東北到鳳州河池縣150里		興州東北至鳳州河池縣界160里
	鳳州兩當縣東至州50里 鳳州河池縣東至州170里 興州長舉縣南至本州100里（九域志同） 青泥嶺東南至長舉縣53里	與元和志同 與元和志同 興州長舉縣南至本州80里 青泥嶺在接溪山東。山東南至長舉縣52里

觀上表，三書里距小異不過數里，今參校三書約定鳳興總程三百五十里，鳳州西南至兩當縣五十里，至河池縣一百七十里，至兩州界即河池長舉兩縣界之青泥嶺一百九十六里。青泥東南至長舉五十二里，長舉至興州一百里，（寰宇記作八十里，蓋就唐前故城言，詳後引元統志。）則河池縣南至青泥嶺當爲二十

七里。前引宋人白水路記畧，河池經青泥嶺至長舉八十四里，亦畧合。

長舉近處有萬仭寨，下臨嘉陵江。又有乾渠渡蓋在萬仭之北，燕子岩蓋在萬仭之南。

宋史二五五王全斌傳，「乾德二年多，下詔伐蜀。……十二月，率兵拔乾渠渡，萬仞、燕子二砦，遂下興州。」同書一太祖紀述此事云，「克萬仞、燕子二砦，下興州。」是此三地皆當在興州以北。按舊五代史四六唐書末帝紀，清泰元年「（馮）暉爲興州刺史，屯乾渠。蜀人來侵，暉自屯所奔歸鳳翔。」是乾渠當在道上。又通鑑二五六，光啓二年，王行瑜據鳳州。「進攻興州。」九月，「金吾將軍滿存與邠軍戰，破之，復取興州，進萬仞寨。」是必亦當大道。檢一統志漢中府卷關隘目萬仞寨條及山川目寶子山條，皆引元統志。其寶子山條引云：「萬仞山在長舉廢縣後，蒼崖架日，危峰矗雲，上有白起寨，下枕嘉陵江，有關。」按長舉廢縣即唐長舉縣也。乾渠渡燕子寨當亦在長舉南北矣。①

長舉縣南三里有槃頭故城，或當在驛道上。

元和志二二，興州治長舉縣，「槃頭故城在縣南三里，因水盤屈爲名。」寰宇記一三五，同。後魏槃頭郡蓋治此。舊唐地志，興州長舉縣「本治槃頭城，貞觀三年移於今所。」是唐初長舉縣即治此城也。疑亦當大道。

又東南至興州治所順政縣（今畧陽縣治），去長舉縣一百里。城在平地，南臨嘉陵江，有江館。地當北入秦，南入蜀，東通楚越，西趨河隴之交通樞紐，故爲交通軍事上之要地，在晉、南北朝時代，近區又多氐人聚居，故「晉置武興蕃以處互市」，北魏亦置武興鎮以資鎮攝也。

元和志，長舉縣南至州一百里。九域志同。而寰宇記作八十里。檢一統志漢中

① 一統志漢中府卷山川目有燕子河條，又西漢水條亦述及燕子河。在寧羌州，非其地。

府卷古蹟目：「元統志：長舉廢縣，先在州北八十二里，唐貞觀二年移治在州西一百里。至元十二年併入畧陽。縣志，在縣西一百二十里。」則當作一百里。寰宇記八十里乃貞觀以前故城耳。

元和志，興州治所順政縣，「嘉陵江水經縣南，去縣百步。」有江館，見鄭谷興州江館詩（全唐詩十函六册）。詩云：「向蜀還秦計未成，……坐聽嘉陵江水聲。」當卽臨嘉陵江而建者。

通鑑二七三，唐同光二年，伐蜀，李紹琛爲先鋒，下鳳州。「過長舉，興州都指揮使程奉璉……來降。……辛巳，興州刺史王承鑒棄城走，紹琛等克興州。」及其他前已徵引之史料，具見興州爲此道上軍事必經必爭之地。元和志云，興州「卽漢武都郡之沮縣。……蜀以其處當衝要，遣薛舒爲武興督，守之。……卽其處也。城雖在平地，甚牢實。周迴五百許步，唯開西北一門，外有壘，三面周匝。」是自古爲軍事要地。又舊唐志，興州順政縣，「晉置武興蕃，以處互市。」是又自昔爲互市中心。武興鎭見魏晉南北朝地方制第十一章。

自兩當至興州三百里間，沿途閣棧甚多，就中河池經青泥嶺至長舉八十里間山嶺崎嶇，棧閣蓋多至四千餘間，殆爲此道中最險一段歟？

道光畧陽縣志一，「古棧道遺跡多在畧、徽、兩當，未詳何時改由褒留也。」按此所記棧道，必多唐宋遺跡。前引宋人雷簡夫白水路記畧，云仁宗至和四年，以青泥舊道險遠，開白水路，自河池至長舉五十一里，作閣三千三百餘間，是爲白水道，以替之，知青泥舊路棧閣必更多。

順政縣南五里至興城關。開元時爲十三中關之一，以其當驛道也。

關在縣南五里，見元和志二二興州順政縣目。寰宇記一三五，同。當在道上。唐六典六刑部司門條：「京城四面關有驛道者爲上關，餘關有驛道及四面關無驛道者爲中關。」本注，中關一十三，其一卽興州興城關。按此關非四面關，而在中關之列，是必當驛者，卽當此驛道也。

又東約三十里至飛仙閣，今縣東四十里之接官亭南近處有飛仙嶺，卽其地也。杜翁入蜀，有飛仙閣詩，極寫閣道高寒峻險之狀，然梯石固牢，行旅衆多，正見其爲大道所必經也。

杜翁發同谷入蜀紀行諸詩，有飛仙閣一首（詳注九、鏡銓七）云：

「土門山行窄，微徑緣秋毫，棧雲闌干峻，梯石結構牢，萬壑欹疏林，積陰帶奔濤，寒日外澹泊，長風中怒號，歇鞍在地底，始覺所歷高，往來雜坐臥，人馬同疲勞。……」

此詩極狀閣道高險，而行人頗多，觀紀行詩排列次序，當在興州以南之入蜀道中。詳注與鏡銓皆引方輿勝覽，飛仙嶺在興州東三十里。今檢勝覽六九不誤。而一統志漢中府卷山川目引勝覽作「沔縣東三十里。」「縣」爲「州」之譌②。檢道光畧陽縣志一，「飛仙嶺，舊志在東南四十里。唐徐佐卿飛昇處。……上有閣道百餘間，卽入蜀大路，今廢。採訪，此嶺在接官亭南。嶺下有洞，……洞口對岸卽入蜀大路。崖間有鑿孔十二間。道左碑記有『武興之南馳三十里』數字，疑卽建閣道處。」下引神異錄記天寶中道士徐佐卿飛仙故事。杜翁所經卽此地無疑。

然一統志漢中府卷山川目飛仙嶺條，又引元統志，「此路舊由西縣過，經由沮水。太平興國五年，移改於是嶺。」似唐代由興州至西縣之入蜀大道不由此嶺者，杜翁取道此嶺，或直南向金牛，非此驛道歟？按杜翁夔州詩云「瞿塘險過百牢關」，是必曾親歷百牢關。卽其行程由興州東經飛仙閣至百牢關，卽仍是取此驛道也。元統志之言，未必可信。

復考道光畧陽縣志一關隘目，「接官亭在東四十里，東達沔縣，南通寧羌，山路一線，頗爲崎嶇。」又道路目，正東經登雲嶺四十里至接官亭，由此而東至沔縣，爲赴郡(謂漢中)大道。又自接官亭東南經麻柳鋪五十里至廟壩，交寧羌州鐵佛鋪界，爲入蜀之路。按光緒重修寧羌州志一，州東北驛道至大安驛，又東北至沔縣。另有小道，「自大安驛迤北入山，四十里鐵佛寺，又十里廟壩，交

② 今畧陽縣本唐之興州治所順政縣，北宋州縣仍舊。開禧三年，改州曰沔州，縣曰畧陽。元至元二十年，移沔州治鐸水縣，後省縣入州，明初降州爲縣，卽今沔縣也。詳一統志同卷沿革目。是宋世尙無沔縣之名。

畧陽縣界，盤折高險，尙有未闢老林。」是卽畧陽志自接官亭東南下之道至大安驛一百里也。是今日畧陽東至沔縣，南至大安之兩道在接官亭分途。前引畧陽志飛仙嶺條，嶺與接官亭同在縣東南四十里，亭在嶺麓，洞口對岸卽北岸。大安卽唐之金牛縣，（詳金牛道篇。）縱然此接官亭直南行達大安之小道，在唐代已通行，仍不害飛仙嶺亦在興州東通漢中百牢關之驛道上也。

越嶺東南至大桃戍，去州四十九里，蓋今分水嶺地段。

劉咸墓誌（金石萃編八九），「行興州大桃戍主。」時在開元或稍前。考通鑑一二二宋元嘉十一年，氐主楊難當據漢中，蕭思話至襄陽，遣司馬蕭承之西討，楊難當焚掠漢中，引衆西還。令其將趙溫「退保下桃城」，爲堅守之計。地在褒中以西，當卽劉咸誌所見者。檢元和志二二，興州順政縣有「大城戍，在縣東南四十九里。」寰宇記一三五，同；惟「城」作「姚」，皆「桃」之譌誤也。一統志漢中府卷古蹟目，引元統志，大桃驛在縣東四十五里。記程小異耳。

州東南又有大唐峰當大道，蓋亦大桃戍南北歟？

通鑑二五六，唐光啓二年七月，「王行瑜進攻興州。感義節度使楊晟棄鎭，走據文州。詔保鑾都將李鋋、扈蹕都將李茂貞陳佩屯大唐峰以拒之。……九月，朱玫將張行實攻大唐峰，李鋋等擊卻之。金吾將軍滿存與邠軍戰，破之，復取興州，進守萬仞寨。」亦見五代史記四〇李茂貞傳。紀要五六、一統志漢中府卷山川目皆云在畧陽縣東南，是也。又宋史二五五王全斌傳：「乾德二年多，……詔伐蜀。……遂下興州，……進拔石圖、魚關、白水二十餘寨。……進軍三泉。」同書太祖紀云，「下興州，連拔石圖等二十餘砦。」此諸砦當在興州以南。日本栗棘庵藏宋輿地圖，魚關繪在沔州東，卽今畧陽東，蓋是。此諸地亦當在大道上者，不可考矣。

大桃戍東南至西縣百牢關途中有分水嶺，唐人屢有題詠，蓋卽今接官亭東

之分水嶺也。

唐人詠秦蜀間分水嶺詩，就余所留意者得下列三家：

其一，玉谿生詩箋注卷一有自南山北歸經分水嶺詩及聖女祠詩。箋注以爲自興元北歸時作，張氏年譜會箋亦同此說。是也。此點及聖女祠地望並已詳前考。分水嶺詩題意最明。則此分水嶺當在興元西行經興鳳向散關道上無疑。復按詩云：「水急愁無地，山深故有雲，那通極目望，又作斷腸分。鄭驛來雖及，燕台哭不聞，猶餘遺意在，許刻鎮南勳！」其時令狐楚薨於興元，商隱從柩北歸，此當起程不久，途逢分水嶺，故感慨而作。是此分水嶺似不能遠過漢水上流。

其二，全唐詩九函二册薛能集三收能自蜀返京途中諸詩，有北歸留題三學山，行次靈龕驛，籌筆驛，嘉陵驛（三首），西縣途中二十韻，西縣作，分水嶺望靈寶峰，水廉吟，褒斜道中，題褒城驛（二首）等詩。大抵按時次排列，但有誤，且恐亦非皆歸程所作，所取路線當由劍南至漢水上流，東北至褒城取褒斜道而還。此無疑者。能與商隱北歸異道，但亦經分水嶺，嶺在西縣前後。

其三，吳融有分水嶺詩云：「南隨去馬通巴棧，北逐歸人達渭城。」（全唐詩十函七册融集三。）雖不曉其分水嶺以北究取褒斜道抑興鳳道，然嶺在秦蜀之交，則亦甚明。

按此三家中，前兩家由山南北達秦川之路線不同，第三家所行路線不詳，而皆經分水嶺，可能爲一地，亦可能爲兩地或三地，然必在秦蜀之交漢水上流則大同也。

檢一統志漢中府卷山川目飛仙嶺條：「分水嶺在畧陽縣東南八十里，嶺下水流分東西，因名。」又秦州卷山川目，「分水嶺在兩當縣東十里，一嶺而東西兩溝。」又道光畧陽縣志一山川目，「分水嶺有三：一在接官亭東，距城五十五里。一在沮水鋪東，距城一百四十里，與沔縣接壤，上立界碑。一在水溢溝西，距城九十八里。」又王士禎蜀道驛程記卷上，寧羌州南百牢關之南有分水嶺。（距州當在五六十里以上。）明清時代，秦蜀接壤地區，地名分水嶺之可考者得六地，就中水溢溝西之分水嶺方位不詳。畧陽志接官亭東之分水嶺與一統志飛仙嶺條之分水嶺甚相近，當即一地。故統志附見於飛仙嶺條也。（前文已明飛仙嶺在亭南近處。）是可知者凡有四地。就中兩當縣地位太北，定非薛能所經，亦非吳融所詠。觀玉谿詩意，亦非其詩所指。寧羌南之分水嶺地位偏南，薛、吳二人所指雖可能爲此處，（論詳金牛道篇。）然絕非商隱所經③。故商隱所經，惟畧陽縣東南接官亭東與沮水鋪東二者之地望最爲近似。且畧陽志一道路目及光緒沔縣志一道路目，記畧陽至沔縣之通道，由畧陽東行二十里閣老嶺，即登雲鋪，二十里接官亭，二十里茅壩，二十里煎茶鋪，二十里峽口驛，二十里茶店子，過上沮水二十里分水嶺，立界石與沔縣分界。又二十五里至沔縣。畧陽志云此爲縣赴郡大道，沔志云此爲縣赴甘肅、秦、階大路。是此兩分水嶺又都在畧陽至沔縣大道上。商隱所經當爲此二者之一似無可疑。

復考水經注二〇漾水注云：

「沔水出東狼谷，逕沮縣入漢。漢中記曰：嶓冢以東，水皆東流，嶓冢以西，水皆西流。即其地勢源流所歸，故俗以嶓冢爲分水嶺。」

此爲漢水上源地名分水嶺見於今傳載籍之最早者。觀其地望與一統志畧陽東南之分水嶺似頗相當。故紀要五六述此嶺云：「或曰即水經注所出狼谷也，沮水出焉。」（畧陽縣飛仙嶺條。）

今檢水道提綱一三，漢水有二源，一由西南出寧羌北稍西九十里之嶓冢山（此今嶓冢）；一由西北出，即沔水，亦即沮水。考漢地志：武都郡沮縣（今畧陽東）「沮水出東狼谷南至沙羨南入江。過郡五，行四千里。」水經注二七沔水經云，「沔水出武都沮縣東狼谷口。」酈注：「沔水一名沮水，……縣亦受名焉。……沔水又東南逕沮水戍而東南流注漢，曰沮口。……尚書曰，嶓冢導漾，東流爲漢。」夏本紀正義引括地志，「嶓冢山，水始出山沮洳，故曰沮

③ 寧羌州南分水嶺，不但地位偏南，不可能爲商隱所經，且寧羌地區又有百牢關，亦見於驛程記。唐百牢關在西縣西三十里，而驛程記之百牢關在寧羌州南，關南爲分水嶺，去唐之西縣更遠，疑皆宋末以後地名徙移所致。

水，東南為瀁水，又為沔水，至漢中，為漢水。」是古人以沮水亦即沔水，為漢水之主源也。禹貢：嶓冢導漾，東流為漢，當於沮沔求之，如酈注。即嶓冢山當在今略陽之東，即唐興州以東不太遠處。然通典一七五，漢中郡金牛縣「有嶓冢山，禹導漾水至此為漢水，亦曰沔水。」禹貢錐指、漢地志補注皆從此說，已成定論。按唐金牛縣，元和志、寰宇記皆云在興元府西一百八十里，（寰宇記在褒城縣條下。）即西縣西八十里。而興州在西縣西微北一百五十至一百八十里。是金牛縣城距興州不過百里之遙，（此非謂金牛在興元與興州綫上。）謂嶓冢山在金牛縣境，形勢固無不合。則酈注二〇之嶓冢山分水嶺當即唐世之嶓冢山也。然夏本紀正義引括地志：「嶓冢山在梁州金牛縣東二十八里。」（據地理書鈔檢。）又元和志二二金牛縣，「嶓冢山，縣東二十八里，漢水所出。」輿地紀勝一八三引元和志亦同。皆與括地志合④。是在西縣金牛兩縣間，在西縣西約四五十里，地位太偏東南。且元和志二二，興州順政縣（即州治），「沮水出縣東北八十二里。」寰宇記一三五，順政縣「沔水一名沮水，源出縣東北八十二里小谷下。」此述沔水源，與前人所述全合。何以元和志金牛縣下又云漢水近出西縣西四五十里之嶓冢山？是自相乖異。且一統志漢中府卷山川目沮水條，引沔縣志，「水出縣北百八十里母猪山，南流經縣西三十里至沮口合漢。（此漢指發源寧羌之漢水南源而言。）」此即水經注之沮口也。是元和志嶓冢山之位置恰在沮口之西不遠處，其非沮水之源無疑，亦絕非古人所謂導漾之嶓冢也。按古之嶓冢大山，當是一山脈名稱，蓋自唐興州之東，申延至西縣金牛間，仍有嶓冢之名耳，非只此一峰也。沮水之源既在今略陽東北八十里處，是水經注之東狼谷在此。其所稱嶓冢分水嶺當在縣東至東南達金牛縣境一帶，則略陽東南接官亭東之分水嶺正其地。而沮水鋪東之分水

---

④　寰宇記一三三，金牛已廢。而三泉縣有「嶓冢山，在縣東一十八里。」與括地志、元和志皆異。按通典，嶓冢山屬金牛縣。新志，寶應元年，省金牛縣入西縣。而九域志，三泉縣，乾德五年以縣直隸京師。管鎮二，其一金牛，在「縣東六十里，有嶓冢山。」據元和志，金牛縣在三泉東北七十里。此云六十里，距離亦略合，是此鎮即金牛廢縣改置者，並由西縣度屬三泉耳。寰宇記或即因此而係於三泉歟？然山亦決不在三泉縣東一十八里。頗疑寰宇記編者，將元和志金牛縣項下之嶓冢山條直移於三泉縣項下，又譌「二」為「一」耳。唐世嶓冢山在金牛縣境實無可疑者。

嶺，地太偏東，非其地必矣。由此言之，接官亭東之分水嶺早在唐前已見史，唐承之以至於今耳。商隱詩之分水嶺當即此地，即爲當時驛道所經矣。

復考新二二五下黃巢傳：「（王）鐸……置關於沮水、七盤、三溪、木皮嶺，以遮秦隴。」蓋即當沮水路置關防也。按曹操由陳倉、河池進兵擊張魯至陽平關，（詳後文。）當即循沮水而東者。又水經注二七沔水注：「沔水又東南逕沮水戍，而東南流注漢，曰沮口。」疏：「會貞按，通鑑，晉寧康元年，梁州刺史楊亮遣子廣與秦梁州刺史楊安戰，廣兵敗，沮水諸戍皆委城奔潰。注，晉蓋阻沮水列戍以備秦，戍在今沔縣西北。」是沮水爲魏晉以來之通道，唐代承沿之耳。檢水道提綱一三，沔水有三源，中爲沮水，西爲漾水，東爲丙水，三水俱會於沮水鋪南，東南曲曲流八十餘里入漢。此沮水鋪殆即古沮水戍歟？

大道又東至西縣（今沔縣城西近處約E106°40′•N33°10′），去興州一百五十里，一云一百八十里。縣在漢水北岸，一名白馬城；置驛，一名白馬驛。

通典一七五：漢中郡，「西北到順政郡二百八十里。」興州順政郡條作二百八十七里。而元和志二二，興元府「正西微北至興州二百五十里。」興州條，里數同。是較通典少三十里或三十七里。檢寰宇記一三三興元府卷、一三五興州卷，各與通典全同。而一三三西縣條又云，「西北至順政縣一百五十里。」據元和志、寰宇記，西縣東至興元一百里，（元和志西至府一百里，西字譌。）則寰宇記又與元和志合。今按一統志，畧陽縣即唐之興州，在漢中府西北二百九十里。而畧陽、沔縣兩志所記距離又爲一百五十里，則畧陽至漢中又當爲二百五十里。古今記錄自互乖異，誠難判斷，今姑書之如此。

西縣　地望，據元和志及九域志，在興元府西一百里。寰宇記，東至褒城縣七十里，褒城至興元三十三里。檢一統志漢中府卷，沔縣在府西一百十里。而行水金鑑七一，「沔縣在府西稍北九十里。」是唐宋之西縣當距今沔縣治所不遠。案一統志同卷古蹟目，「西縣故城在沔縣西。……明統志在縣西四十里。」只云在縣西，尙與去府百里之程畧相合。若縣西四十里，則不合。考水經沔水注：「沔陽縣故城……南臨漢水，北帶通逵。……南對定軍山，……諸葛亮…

…遺令葬于其山。」檢一統志漢中府卷古蹟目：「沔陽故城在沔縣東南。……寰宇記，故城在梁州西八十四里，西縣東南十六里。⑤……府志，在縣東十里。」是沔陽故城在今沔縣東南約十餘里處。又今本元和志二二，定軍山在西縣東六十里。而一統志漢中府卷山川目引元和志，作西縣東南十里。參之元和志八陣圖、諸葛墓兩條及寰宇記、輿地紀勝，今本元和志定軍山條之「六」爲「南」之譌文，山實在唐宋西縣東南十餘里也。詳下文定軍山條。綜此言之，沔陽故城在唐西縣東南十餘里，今沔縣東十里。定軍山在沔陽對岸，在唐西縣東南十餘里，亦在今沔縣東南十餘里。則唐宋之西縣正當今之沔縣，或當即在今城西近處。又按元和志、寰宇記（褒城縣條），金牛縣在興元西一百八十里，是在西縣西八十里。一統志漢中府卷古蹟目引府志，「金牛故城在沔縣西南九十里。」是唐宋西縣故城在今沔縣西亦決不出十里，此又得一證矣。此地區古城甚多，明統志蓋誤指歟？（可能爲古白馬城、陽平關，詳後文。）又寰宇記一三三引郡縣道里記云：「西縣本名白馬城，因山以名縣，又曰濜口城。」似唐之西縣即古白馬城。實蓋不然，但不碍亦有白馬之名，蓋古白馬城本在此西地區不遠（詳下文），就近借用，未嘗不可。且西縣治所亦未嘗不可能有遷徙。如禹貢錐指：「大業初改置西縣，其故城在沔縣界，西去唐西縣治白馬城五里。」不知何據，是曾遷治也。惟元和志時代，西縣斷應在今沔縣西近處耳。

西縣置驛，一名白馬驛，皆見元稹詩。元氏長慶集一七錄使東川詩二十二首，西縣驛其一。又一爲漢江上笛，云：「今夜聽時在何處，月明西縣驛南樓。」有序云：「二月十五日夜，於西縣白馬驛南樓聞笛。」是西縣驛即白馬驛也。又薛逢有題白馬驛詩云：「晚麥芒乾風似秋，旅人方作蜀門遊，家林漸隔梁山遠，客路長依漢水流。」又云「強指豐碑哭武侯。」（全唐詩八函十册。）與此處地理正合。

縣西南三十里有百牢關，爲開元時代七下關（？）之一。本隋置白馬關，

⑤ 行水金鑑引亦作十六里。今本寰宇記作六十里，必無此距離，當是倒誤。

以黎陽先有白馬關，故更名。地在沮口之東，即漢水（沔水）南北兩源會流後（南源漢水出寧羌，北源沮水出鳳縣）之北岸，今土關鋪稍西地段。此關自唐初已見衝要，爲東西南北交通樞紐，蓋地當鳳興道與褒斜道相會入蜀之口，即秦梁南通之總樞紐也。故史稱「自京師趣劍南，達淮左，皆由此。」實則亦爲由江淮西北出秦隴之捷道。加以山川險峻，爲兵家攻守要衝。唐末至宋，西縣地位之見重，正以此故。是以唐末五代，蜀於西縣置安遠軍；宋初平蜀，更令西縣「申奏公事，直隸朝廷。」此項體制於國史上殊爲特出，正以西縣百牢關地段，當交通之要衝也。

六典卷六刑部司門郎中條本注，下關七，百牢其一。⑥此關爲南北交通樞紐，蓋始顯於唐初之續高僧傳。續僧傳二五法琳傳云：

> 貞觀中得罪，「勅徙于益部僧寺。行至百牢關菩提寺，因病而卒。……沙門慧序經理所苦，……葬於東山之頂，高樹白塔，勒銘誌之，行路望者，知便淚下。序本雍州武功人，本住京輦，後移梁益。以百牢衝會，四方所歸，道俗栖投，往還莫寄，序乃宅寺關口，用接遠賓，故行旅賴之，詠歌盈耳。」

按此似爲今傳史料顯示此關衝要之最早記載。至唐中葉，元和志二二興元府西縣目述此關云：

> 「百牢關在縣西南三十步，隋置白馬關，後以黎陽有白馬關，改名百牢關。自京師趣劍南，達淮左，皆由此也。」

按金牛道在百牢關之西南，由興元或褒斜道入劍南者必經百牢，固不待言。然元和志此處所謂「自京師趣劍南達淮左」者，當非指由褒斜道南來而言。蓋取褒斜道南來固可由此關入劍門，但東趣淮左，則不須經此關也。前論通典所記漢中北至秦川之驛道係指興鳳道而言，元和以後，褒斜始常置驛，詳漢唐褒斜道篇。元和志此條「自京師」南趣之道，實當就散關鳳興道而言，謂由興州東南行至百牢關，由關或南入劍門至成都，或東經興元，循漢水至淮左也。是則不但由興元褒城向西，須經此關入劍南，即鳳興驛道亦東南經此關，然後再折

⑥ 按此關當驛道，當爲中關，非下關。待考。

而西南入劍南也。則此關實爲蜀口，衝要可知。杜翁夔州歌十絕句第一首云：「白帝高爲三峽鎮，瞿塘險過百牢關。」亦正以瞿塘爲蜀之東門，百牢爲蜀之北門也。

關當褒斜兩道與鳳興驛道會合入蜀之口既明之矣。茲續論關之位置。元和志云，西縣西南三十步。畿輔叢書本、岱南閣叢書本、聚珍叢書本均同。隋地志，漢川郡西縣有關官。不言關在縣之何處。通典一七五漢中郡西縣，「隋置關，在縣西南。今名百牢關。」又寰宇記一三三西縣，「百牢關在縣西南。隋開皇中置，以蜀路險，號曰百牢關。一云在百牢谷。」新志亦只云在西縣西南。是在縣西南無異說。而輿地紀勝一八三興元府景物下：「百牢關在西縣三十里。」方輿勝覽六六興元府亦作三十里，與紀勝同。檢一統志漢中卷關隘目引元和志、輿地紀勝，亦分別與今本相同。是元和志各本均作三十步，而紀勝、勝覽則作三十里也。

此一問題，余經過長時間反復研究，仍以「三十里」爲正，元和志「步」爲「里」之譌，下文稍詳論之。

本篇首段考玄宗由蜀返京取道興鳳兩州，引常袞爲李採訪請駕留金牛一日表，判定玄宗北返途程，經三泉、金牛兩縣，不經西縣。其金牛北至興州，固尚有由金牛直北取陳平路至興州之捷徑，但其道深入叢山，至今仍稱「盤折高險，尚有未闢老林」，自非大道，此詳金牛道篇。玄宗以太上皇年老優遊之身份，斷不至冒小徑山險，故必取大路驛道，應無可疑。大道必經百牢關，若關在西縣西南三十步，是玄宗必經西縣矣。李採訪當請其駕留西縣一日，得「暫奉宸居」，不應請其駕留離郡更遠，更爲窮僻，又非境內最後一縣之金牛一日矣。此爲百牢關與西縣必有一段距離之明證，故「三十里」之說，於理爲長。若爲「三十步」，則即在郭下，元和志亦殊少如此詳細記程者，故今志文「步」必「里」之譌誤也。

檢光緒沔縣志卷一山水目，漢水出寧羌州，東流經大安驛，青羊驛，又東至沮水鋪，會於沮，即沔水也，以下沔漢通稱。沮水鋪在水北，即水經注之沮口，在縣西三十里。漢水又東過北流之龍王溝水，在水南，在縣南（觀前後文意，當作西南)二十里。(按此謂漢水東流，龍王溝水自南來會，會口在縣西南二十里也。）「此去二里許經土關鋪之南，漢水受諸水之勢，爲之一束。」土關鋪「即古百牢關。」漢水「又東過北流之桑園溝水，在水南，在縣西南十五里。……此下漢流峽中，兩壁山相對不斷，俗有十八羅漢山之名。」漢水又東至縣城西南，過南流之白馬河（按即水經注之潹水），在城西三十步。又檢視卷首之沔縣疆域圖，土關鋪在漢水北岸沮水口、白馬水口之間。復考三省邊防備覽二道路考上，沔縣西南行十五里至土關鋪，又二十五里至下沮水，又二十里至青羊驛，又三十里至大安驛，凡九十里皆坦途。疑古百牢關在今土關鋪之西，近沮水口處，今土關之名雖本之於古百牢關，但距古關仍有一小段距離也。

據上所考，百牢關在西縣之西三十里，可無問題。然考續通鑑長編五述王全斌伐蜀事云：

「全斌遂取興州，……（興州）刺史藍思綰退保西縣。全斌又攻石圖魚關白水閣二十餘寨皆拔之。……蜀招討使韓保正聞興州破，遂棄山南，退保西縣。馬軍都指揮使史延德以先鋒至，保正懦懼不敢出，遣兵數萬人依山背城結陣自固，延德擊走之，追擒保正及其副李進，獲糧三十餘萬斛⑦，崔彥進與馬軍都監康延澤等逐北過三泉，遂至嘉川。」(參看宋史二五五王全斌傳。)

此條明示西縣當興元入蜀道，亦當興州入蜀道。故興州刺史藍思綰退守西縣，興元節度使韓保正亦退守西縣，蓋圖扼守道口，北可抵禦宋師，南可退入劍南也。此則似爲西縣當秦梁兩路入蜀道口之強證。前引元統志云，宋太平興國五年以前，興州入蜀大道經西縣，誠不誤。蜀人特置安遠軍者，正以此耳。寰宇記一三三，西縣「本屬興元府，皇朝平蜀後，以此縣當要衝，申奏公事，直屬朝廷。」蓋亦以其當興元與鳳興兩道會合入蜀之口，故特收爲直隸縣歟？

前云百牢關當入蜀道口，此又云西縣當入蜀道口，而相距三十里，得無不合？按兩地相去不遠，就軍事言，關據險設防，縣尋坦地爲治，關爲防禦前哨，其

---

⑦ 本注：「九國志言，保正棄興元保西縣，王師進攻西縣，遂擒保正。十國紀年、並實錄載保正被擒處則三泉也。國史保正進傳與九國志同，今從之。」今按宋史王全斌傳：「先鋒史延德進軍三泉，敗蜀軍數萬，擒招討使韓保正副使李進。……既而崔彥進康延澤等逐蜀軍過三泉，遂至嘉陵。」則擒保正蓋在破西縣之後，佔領三泉之前，故史書兩歧。

基地支援則在西縣。用兵與行旅不同，行旅者可由興州（今畧陽）東南行過百牢關即折西南行入金牛道。用兵不但要攻下關城，且必須進一步取得西縣，始能無後顧之憂。故就用兵言，仍以西縣爲重心，史言西縣，即包括關城矣。是以此類證據仍不足難三十里之論定也。⑧

自關向西南行五十里，中經嶓冢山至金牛縣，即入蜀大道也。自百牢東西至嶓冢間六十里，兩壁山對立不斷，漢水中流，道出其間，依山臨水，至爲險峻，此蜀口之形勢也。

杜甫夔州詩：「瞿塘險過百牢關。」鏡銓一三引圖經云：「孔明所建，兩壁山相對六十里不斷，漢江水流其間，乃入金牛益昌路也。」按關在西縣西三十里，縣至金牛八十里，嶓冢山在金牛縣東二十八里，皆見前引元和志、括地志，並參金牛成都道篇。則所謂六十里不斷者似即指關至嶓冢山之一段途程而言耳？然檢沔縣志一水目，漢水「經土關鋪（本注，即古百牢關。）之南，漢水受諸水之勢，爲之一束。」又云「此下漢流峽中，兩壁山相對不斷，俗有十八羅漢山之名。寰宇記所謂百牢谷也。」又道路目，沔縣「正西棧道十五里至土關鋪，又十五里至沮水鋪。」今尙爲棧道，古代可知，則百牢關之下游已是峽谷，有棧閣，則兩山對立之形勢不限於關之上游至嶓冢山一段也。

關防衝要如此，故常見於詩人之吟詠。

見於唐人詩篇者有元稹百牢關兩首。（不同時，元長慶集一六、一七各一首。）其一云：「那堪七年內，五度百牢關。」又有李商隱餞席重送從叔余之梓州：「武關猶悵望，何況百牢關。」（全唐詩八函九册商隱集三。）武元衡有詩題爲：「元和癸巳余領蜀之七年奉詔徵還一月二十八日清明途經百牢關因題石門洞」。觀元氏詩尤見爲必經之地。

⑧ 黃盛璋歷史地理論集中有陽平關及其演變一文。據元稹百牢關「嘉陵江上萬座山，何事臨江一破顏，自笑只緣任敬仲，等閑身度百牢關」之詩句，推論唐代後期關已西移近嘉陵江。此乃迂執詩文之過，不足深論，讀古人詩文固不能如此執着也；但若有其他證據，自當別論。

百牢關地區有古城，曰白馬城，一曰濜口城，一曰陽平關，故西縣城、百牢關皆有白馬之名。

按水經注二七沔水注云：

「沔水一名沮水。……水出河池縣，東南流入沮縣，會于沔。沔水又東南逕沮水戍，而東南流注漢，曰沮口，所謂沔漢者也。……沔水（卽漢水）又東經白馬戍南，濜水入焉。水北發武都氐中，南逕張魯城東。……初平中，劉焉以魯爲督義司馬，住漢中，斷絕谷道，用遠城治，因卽崤嶺周廻五里，東臨睿谷，杳然百尋，西北二面連峯接崖，莫究其極，從南爲盤道，登陟二里有餘。濜水又南逕張魯治東。水西山上有張天師堂，于今民事之。庾仲雍謂，山爲白馬塞，堂爲張魯治，東對白馬城（卽戍城），一名陽平關。濜水南流入沔，謂之濜口。其城（按卽白馬城）西帶濜水，南面沔川，城側二水之交，故亦曰濜口城矣。沔水又東逕武侯壘南，諸葛武侯所居也。南枕沔水，水南有亮壘，背山向水。中有小城，廻隔難解。沔水又東逕沔陽縣故城南……其城南臨漢水，北帶通逵，南面崩水三分之一。……南對定軍山。……沔水又東逕西樂城北，城在山上，周三十里，甚險固。城側有谷謂之容裘谷，道通益州。」

此段描述沔陽故城東西形勢甚詳，而縣西之陽平關、白馬城與張魯城最爲險要。按張魯據陽平關以阻曹兵，見後引三國魏志太祖紀建安二年條。其後劉備據之以敗曹兵。玉海二四：「文選晉紀論，三關電掃。注：吳志，賀劭曰劉氏據三關之險。張瑩漢南記曰，蜀有陽平關、江關、白水關，此爲三關。」是陽平關爲漢末以來之重鎮。魏書地形志，梁州華陽郡沔陽縣有白馬城，此城在南北朝世極重要，故魏書屢見。如卷一〇一氐傳，楊難當據武都，稱藩於劉義隆。義隆以蕭思話爲梁州刺史，未至。難當舉兵，「襲梁州，破白馬，遂有漢中之地。」又卷七一夏侯道遷傳，爲蕭衍梁州長史帶漢中郡守，叛附於魏，衍白馬戍主尹天寶引兵圍道遷於南鄭，賴武興氐軍，乘虛躡後，得敗天寶。事又見卷六五邢巒傳云，道遷內附，「白馬以西猶未歸順。」據氐傳，巒遂因釁，滅武興，以爲武興鎮。又卷七一淳于誕傳：「孝昌初……誕行華陽郡，帶白馬戍。」凡此皆足見白馬城戍當武興（卽唐之興州）漢中中道之要。濜口見通鑑晉義熙三年條，云氐王楊盛遣軍臨濜口。（此條據熊會貞引。）而據酈注，此陽平、白馬、濜口三名者實爲一地，今據酈注作圖如次：

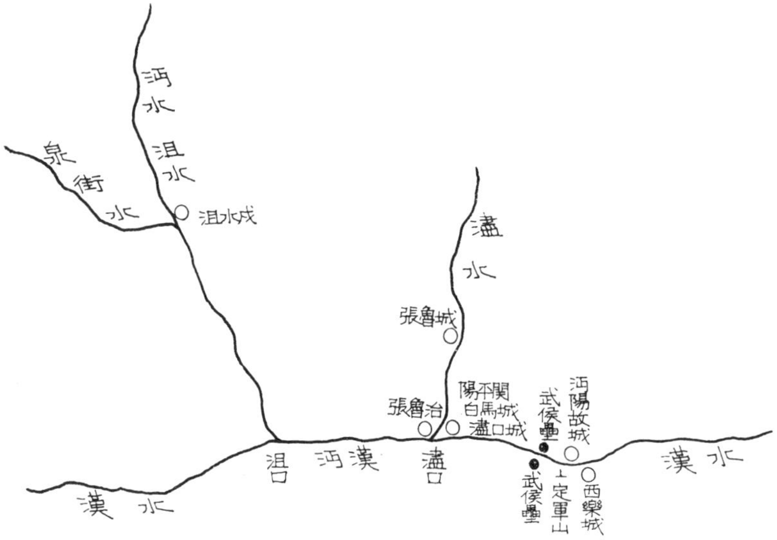

又寰宇記一三三西縣目云：

「郡縣道里記云：西縣本名白馬城，因山以名縣。又曰濜口城，卽宋於此城偏立華陽郡。周城〔地〕圖記云：後魏宣武帝正始中分沔陽縣地置嶓冢縣，屬華陽郡。開皇三年罷郡，置白馬鎭於古諸葛城，縣理不改。大業二年，改嶓冢縣爲西縣，以縣西南有諸葛所立西樂城，舊名張魯城，理於此。」

「白馬山。漢水記云，西縣有白馬山。又張衡家傳云：衡於濜口升仙，時乘白馬，後人遙望山中往往有白馬，因而以爲名。」

「濜水源出縣北四十五里獨石谷，南流經縣西二百步，南注漢水。」

「西樂城古城甚險，因號爲張魯城，在縣西十里。」

此數條亦述西縣及縣西形勢。據此，唐宋西縣卽古白馬城，在濜水口東岸。檢一統志漢中卷山川目濜水條，「府志有龍門溝在縣北一里，東有臥龍山，西有烽燧山，其中如門，故名。又云，白馬河在縣西三十步，出龍門溝，南入漢水⑨即瀘水也。」則唐西縣卽在今沔縣，亦卽白馬城一名瀘口城一名陽平關之故址也。然水經注上段似頗有錯誤。據此注，漢水北源沮水與南源會合處爲沮口，再向東流至沔陽西之武侯壘以西地區，瀘水北發武都氐中，南流來會，謂之瀘口，口東卽白馬城。水旣發源武都氐中，當甚長。以今地按之，沮口以東至沔縣三十里間，無大水南流入漢水，一統志漢中卷山川目瀘水條無以爲釋，乃引府志，以今沔縣北之小水龍門溝釋之。前引寰宇記所稱瀘水長度亦僅四十餘里。蓋唐西縣今沔縣地區，實無相當之水以應之也。檢續行水金鑑一四九引皇朝通志云：

「漢水……源出寧羌州北之嶓冢山……經沔縣西南，有沔水合瀘水沮水來會。」

又水道提綱一三漢水目云：

「漢水源出寧羌州北之嶓冢山……東北流，經沔縣西南境，有大安水自西北來會，又東北經青陽鋪南，又東北，有沔水會瀘水沮水自北來會，曰瀘口。又東經縣城南。」

本注云：

「沔水上源有三，一曰瀘水，出西北山，東南流經峽口北，又東南流。一曰上沮水，出北山，南流經沮水鋪西南。一曰丙水，自東北山西南流至鋪南。三水俱會，又東南曲曲流八十餘里入漢。」

是則沮瀘各爲漢水南北兩源中北源沔水之一上源，會合於沮水鋪（蓋古之沮水戍）是爲沔水，東南流八十里至與漢水南源相會處，稱爲瀘口。此種形勢明此瀘口卽水經注之沮口。又前引沔縣志，沮口在縣西三十里。而行水金鑑七一亦云「瀘水在沔縣西三十里。」是瀘口卽沮口至明。蓋沮瀘會爲沔水後，三名皆得通稱耳。瀘水之源旣在沮水鋪西北，故酈注云出武都氐中爲不謬。然酈注所謂瀘水口則無可位置矣。玆據皇朝通志及水道提綱，參之前引一統志瀘水條，

---

⑨ 圖書集成職方典五二九漢中府卷引沔縣志，「白馬水在縣西三十里，出龍門溝，南入漢水。」又有「步」「里」之異。

作圖如次：

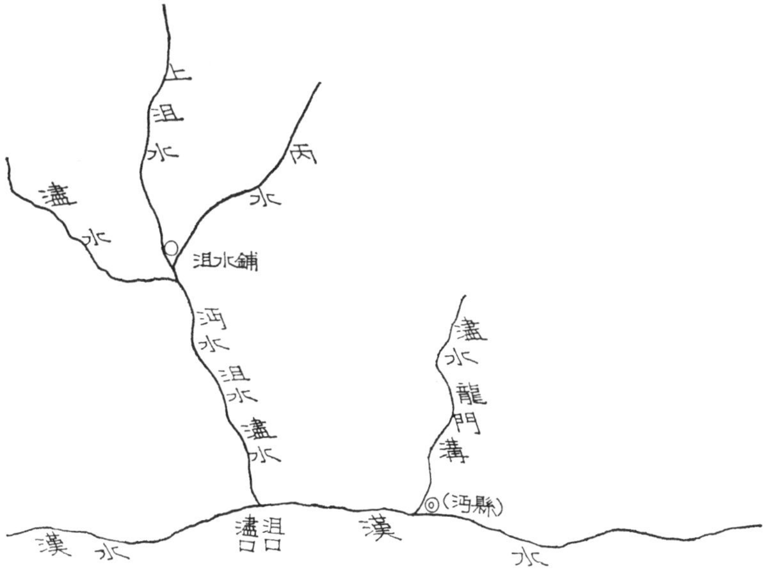

此圖與前圖顯不相合。即就此圖論，濜水即沮水、沔水之互名，入漢之口亦兼濜口沮口兩名。而龍門溝亦被擬爲濜水。其歧紛如此。前引寰宇記引郡縣道里記，西縣本名白馬城，又曰濜口城。宋白從之。（通鑑二五六光啓二年條胡注引。）若今之龍門溝果爲古濜水。則此說是也。唐西縣旣即古白馬城、濜口城，則張魯城當在其北。而通典一七五漢中郡西縣條云：

「關城，俗名張魯城，在縣西四十里。」（元和志，「關城」作「故關城」，又作「三十八里」。但列於金牛縣目下，誤。玉海二四「故關城今在梁州金牛縣西。」從元和志之誤也。寰宇記，張魯城在縣西十里，蓋脫「四」字。）

據此，張魯城當在今沔縣西四十餘里，即當在今濜口（即沮口）西北十餘里處，不在今龍門溝水上流也。（如在溝水上流四十里，是在縣北。）且關城亦屢見魏書。魏書六五邢巒傳，夏侯道遷以漢中內附，詔巒爲梁漢都督。「巒至漢中，白馬以西猶未歸順。」巒遣將擊之，「軍鋒所臨，賊皆類附。……乘勝追奔至關城之下，城降。蕭衍輔國將軍任僧幼等三十餘將率南安、廣長、東洛、大寒、武始、除口、平溪、桶谷諸郡之民七千餘戶相繼而至。」又卷七十傅豎眼傳：「武興氐楊集義反叛，……攻圍關城，梁州刺史邢巒遣豎眼討之，……頻破走之，乘勝追北，仍剋武興。」足見關城當武興漢中間之要道，在白馬之西，不在今沔縣之北，通鑑之說是也。張魯城卽關城，既在今沮口（卽瀘口）西北十餘里。則酈注所謂白馬城、陽平關、瀘口城三名一地者卽在漢水南北兩源會合處之沮口（卽瀘口），不在今龍門溝入漢處也。曹操伐魯，自西北武都氐中來，此處固可爲曹公兵路之口，張氏兄弟築城拒守，（詳篇末引魏志太祖紀建安二十年條。）正當在此。其後遂爲武興、漢中間之軍事要衝也。疑沮瀘兩水自古卽爲一水之互稱。（或如今日上源各爲一水，會合後可互稱。）酈注誤分爲二。其所稱瀘口實卽今之瀘口，亦稱沮口者。以其誤分沮瀘兩口爲二地，後人不得已乃舉沔縣西郊龍門溝小水以實之耳。白馬城、瀘口城、陽平關三名一地既在今瀘口卽沮口處，前舉一統志引明統志云，唐西縣在今沔縣西四十里者，蓋亦誤指此諸古城而言耳。總之，古白馬城、陽平關當在今瀘口一名沮口處，卽唐西縣西三十里百牢關處；否則，卽在今沔縣西數里唐西縣城地區；可疑距離不過三十里耳。

通鑑六七建安二十年條胡注：「或曰陽平關卽今興元百牢關，是也。」按此謂漢末蜀漢之陽平關也。水經注疏：「文選干令昇晉紀總論注引張瑩漢南記，蜀有陽平、江關、白水，此名三關。」謂陽平扼蜀口也。胡氏之說蓋得其實。百牢關在西縣西三十里，卽當沮口也。

白馬城，有捷道北通廻車戍。唐世有所謂桑林道者，蓋卽此道之北段歟。有此捷徑，蓋亦增重西縣與百牢關在交通軍事上之地位。

元和志二二鳳州梁泉縣：

「廻車戍在縣西北六十里。梁太清五年，西魏遣雍州刺史達奚武爲大都督及行臺楊寬率衆七萬，由陳倉路，取廻車戍，入斜谷關，出白馬道，謂此也。」

按此云「出白馬道」，必南至白馬城。縣「西北」當作「西南」或「東南」，詳漢唐褒斜道篇第二節。至唐末僖宗光啓二年，西幸興元，以褒谷棧道爲石君涉所嶢，乃改由「他道」至西縣，達興元。當亦此道歟？詳褒斜道篇第四節。張魯所以沿瀘水築張魯城，又築白馬城者，蓋亦以當捷徑之衝歟？

復考太平廣記二三八文處子條云：

「有處子姓文，居漢中，……以燒煉爲業，但留意於爐火者咸爲所欺。……文遂夜遁，欲向西取桑林路，東趨斜谷以脫其身，出門便爲猛虎所逐，不得西去，遂北入王子山，……及曉……擒之。」

按一統志漢中府卷山川目：「王子山在南鄭縣北，接褒城縣界。」桑林當在其西。又考通鑑二七九後唐清泰元年條云：

「興州刺史劉遂淸……聞帝入洛。乃悉集三泉、西縣、金牛、桑林戍兵以歸。自散關以南，城鎭悉棄之，皆爲蜀人所有。」

據此，桑林又當在西縣以北，興州以東地區，正即白馬通廻車道地帶矣。然紀要五六沔縣白崖條云：

「百丈坡在縣東北二十里。輿程記，由鳳縣南百里桑平鋪而入，至此而出，路長二百里，爲古陳倉道。漢高祖出故道襲陳倉，蓋由此。今荒塞。」（一統志漢中卷山川目百丈城條畧同。）

按漢祖出「故道」，當爲唐之鳳興道，附論於本文之後，非此道也。然此地有古道當爲事實。一統志度水條云：「水經注，度水出陽平北山，……南逕陽平縣故城東。又南逕沔陽縣故城東，而南流注於漢水。府志有舊州河在縣東二十五里，源出百丈坡南流入漢。按元沔州治鐸水縣，縣以鐸水得名，鐸度聲相近，是度水即鐸水亦即舊州河也。」是則此道北端起鳳縣南百里之桑平鋪，南端至百丈坡，蓋循度水，至今沔縣東二十餘里處爲出口。桑平鋪當在廻車戍之南或東南。則此道與白馬道之南口雖有數十里之距離，而北端蓋實一道，至少極相近，後代所謂桑平者，蓋即唐之桑林歟？是一間道也。文處子欲由漢中向西，取桑林道東趨斜谷者，蓋即欲迂迴此道，以避追捕耳。

由西縣向東即爲本文所考驛道。由縣東行中經定軍山、八陣圖故蹟北，凡三十里至鐸水入漢處，有間道蓋西北至桑林戍，與白馬道會通鳳州廻車戍。水口蓋置驛，北宋置鐔水鎭。

元和志二二興元府西縣，「八陣圖在縣東南十里，諸葛亮壘細石爲圖。諸葛亮墓在縣東南八里，亮卒，遺命葬漢中定軍山。貞觀十一年勅禁樵採。定軍山在縣東六十里。」而一統志漢中府卷山川目引元和志，山在縣「東南十里。」檢寰宇記一三三，武侯冢在西縣東南一十里，輿地紀勝一八三，定軍山在西縣南十餘里。按既言亮遺命葬定軍山，則墓與山不應相去太遠，疑「六十」乃「南十」之譌。檢光緒沔縣志一，定軍山在縣東南十里，上則兩峯對峙，下則河流環繞，中容萬軍。……山下則武侯墓在焉。相傳八陣圖亦在山北麓。」則「六十」必誤無疑。按沔水注已云八陣圖「遺基略在，崩褫難識。」

九域志八興元府西縣有鐔水鎭。一統志漢中府卷古蹟目：「鐔水故城在沔縣東。……元統志，沔州治鐔水縣，本西縣舊鎭，戊午年，……改鎭爲縣。至元二十年，……移沔州來治。縣東至興元府七十里……東北至褒城縣六十里。」是北宋西縣鐔水鎭在縣東三十里也。又據前條引一統志山川目度水條，鐔水卽古度水，在沔縣東二十五里。是鎭在漢水北鐔水入漢處。惟唐作鐔水抑作度水，尙待考耳。就里距而言，鐔水入漢處正在唐之西縣東約三十里處，當置驛，正卽北宋鐔水鎭地矣。

間道通鳳州，說詳前條。

又東十餘里至黃沙水口，有女郎祠，在漢水南岸，爲此區名勝。

隋地志，褒城縣有女郎山。王維送楊長史赴果州（全唐詩二函八册）：「褒斜不容幰，之子去何之？鳥道一千里，猿聲十二時，官橋祭酒客，山木女郎祠。」足見女郎祠在褒斜入蜀道中，或距道不遠，爲當時名勝。考水經注二七沔水注：「漢水又左得度水口……又東，黃沙水左注之。水北出遠山，山谷邃險……水側有黃沙屯，諸葛亮所開也。其水南注漢。水南有女郎山，山上有女郎冢，……山上直路下出，不生草木，世人謂之女郎道。下有女郎廟，及擣衣石，言張魯女也。有小水北流入漢，謂之女郎水。」又魏書地形志，梁州華陽郡沔陽縣有白馬城、黃沙城。一統志漢中府卷山川目，「輿地紀勝，西縣有青羊峽，黃沙水所出。府志，黃沙河在縣東四十里，源出雲濛山。」則自北朝至今，皆名黃沙，在今沔縣東四十里，即唐之西縣東亦約四十里也。據酈注，女郎山即當黃沙水入漢處之漢水南岸。一統志，「在褒城縣西南」是也。

又東至褒城縣（今褒城縣南十里打鐘壩），距西縣約七十里。有褒城驛，甚宏大。

寰宇記一三三，褒城縣在興元府西三十三里，西縣東至興元府褒城縣七十里。是也。元和志二二，西縣：「西至府一百里。」西為東之譌。褒城縣「東至府三百三十里。」蓋三十三里之譌，或三十里之衍。則西縣至褒城七十里或不足七十里。唐褒城位置，及褒城驛情形，已詳褒斜道篇。

由縣驛北出褒斜道至秦川。由縣驛東渡褒水循漢水北岸三十三里至興元府，有漢川驛。

出褒斜至秦川，已詳褒斜道篇。褒城至興元里距詳前引寰宇記、元和志。元長慶集一七使東川諸詩，其梁州夢，本注云：「是夜宿漢川驛，夢……遊曲江……倏然而寤。」則興元驛名漢川。

綜上所考，此線驛路所經，由鳳翔府（扶風郡）向西南行至寶鷄縣，渡渭水，入散關，略循故道水，經鳳州治所梁泉縣，兩當縣，河池縣，青泥嶺，長舉縣，至興州治所之順政縣，又經興城關，折而東南，經分水嶺，渡沮水至百牢關，又東循漢水北岸，經西縣，褒城縣，至興元府（漢中郡、梁州）治所之南鄭縣，全程約九百一十里或有零。開元時代，上關六，中關一十三，下關七，此道不滿千里，竟各居其一，亦見其重要性。蓋因此道驛程，較褒斜新道為平坦歟？

宋會要方域一〇之三：「神宗熙寧十年……成都府路提刑司言，舊路（指此文所考者）自鳳州入兩當至金牛驛十程，計四百九里，閣道平坦。……若新路自鳳州，由白澗至金牛驛（此指唐褒斜新道）計三百八十五里，雖減兩驛，比舊路只少二十四里。隨山崎嶇，登陟甚難……。」比較兩路地勢，當唐世已然。

稽之前史，曹操征張魯即循此道。

三國志魏書武帝紀，建安二十年條：

「三月，公西征張魯，至陳倉。……四月，公自陳倉出散關，至河池。氐王竇茂衆萬餘人，恃險不服。五月，公攻屠之。……秋七月，公至陽平。張魯使弟衞，與將楊昂等據陽平關，橫山築城十餘里，攻之不下。……公乃……乘險夜襲，大破之，……魯潰奔巴中，公軍入南鄭。」

按東漢河池縣在今甘肅徽縣西。陽平關之地望，當在今沔縣西三十里之沮口，一名瀘口處，或即在沔縣不遠，已詳前考。是曹操進兵路線，自陳倉入散關，向西南，經今徽縣，又東南經今沔縣至南鄭也。亦即唐之散關、鳳、興、西縣道無疑矣。

殆亦即漢高祖出陳倉之「故道」歟？

史記高祖本紀：「八月，漢王用韓信之計，從故道還襲雍王章邯。邯迎擊漢陳倉，雍兵敗還走。……漢王遂定雍地，東至咸陽。」集解：「地理志，武都有故道川。」考證：「故道原非地名，蓋是舊有秦蜀相通之道，而棧道張良所燒者爲今道。今道已燒殘不通，故從故道而往也，後世因爲縣名耳。」所論似爲正。然其道究何所指？

考張良教高祖燒絕郿褒間之褒斜道，而今褒城鳳縣間之連雲道又爲北魏所開之廻車道，已詳漢唐褒斜道篇，皆非此所謂故道也。又前引紀要五六漢中府沔縣白崖條云：「百丈坡在縣東北二十里。輿程記，由鳳縣南百里桑平鋪而入，至此而出，路長二百里，爲古陳倉道。漢高祖出故道襲陳倉，蓋由此。今荒塞。」一統志漢中府卷山川目百丈坡條畧同，惟無高祖一句。按此爲鳳縣南通白馬城與鐸水口之間道，前白馬城條已詳論之，道當險小，恐亦非高祖所出之故道也。按漢志有故道縣，在今鳳縣西北接甘肅兩當縣境。（一統志漢中卷。）又有故道水，始見於酈注。水經注二〇云：

「濁水又東南，兩當水注之。水出陳倉縣之大散嶺，西南流入故道川，謂之故道水，西南逕故道城之東，……又西南歷廣香交，……又西南入秦岡山，尚婆水注之。……水源北出利喬山……歷兩當縣之尚婆城南，魏故道郡治也。西南至秦岡山入故道水。……故道水南入東益州之廣業郡界，……又西南注于濁水。濁水南逕槃頭郡東，又南注漢水。」

元和志二二鳳州節亦云：

「故道水出陳倉縣之大散嶺，西南流入故道川，今州理卽故道川也。」

「河池縣東至州一百七十里。……故道水經縣城西。」

是則故道水係今嘉陵江之東源，由大散嶺向西南流經鳳縣、兩當、徽縣至畧陽者。唐之散關鳳興道正卽循此水，故疑漢祖出故道卽唐世此道也。復考華陽國志三蜀志：「叢帝（開明）生盧帝。盧帝攻秦至雍。」雍在唐之鳳翔，疑亦循此道。蓋戰國以前此道已通，後褒斜道建成，此道壅廢，遂稱「故道」歟？

參看圖十二

一九六七年三月十八日初稿，四經增訂，刊新亞學報第八卷二期。一九八三年十一月十五日改定。一九八五年九月一日三校定稿。

篇貳壹 上津道

唐世，關中中原南通江淮嶺南有東西兩大交通幹線。東線取汴河水路至揚州，西線取鄧襄陸路至荆、鄂。襄陽當西線陸路與漢水水運之交會處，得西通漢中，尤爲樞紐。安史亂後，中原多故，汴河運輸往往受阻，江淮物資輸貢上都，更集中於江漢一道，於是襄陽在交通上之地位益重。

襄陽在唐世南北交通上之重要性，觀下列四事，可見梗概：

新二〇二文藝蕭穎士傳：山南節度使源洧辟掌書記，「賊別校攻南陽，洧懼，欲退保江陵，穎士說曰，官兵守潼關，財用急，必待江淮轉餉乃足。餉道由漢沔，則襄陽乃今天下喉襟，一日不守則大事去矣。」

崔祐甫爲皇甫中丞上永王諫移鎭牋（全唐文四〇九）：「安祿山稱兵犯順，竊據二京，王師四臨，久未撲滅，自河淮右轉，關隴東馳，詔命所傳，貢賦所集，必由之徑，實在荆襄。」

陸扆授趙凝檢校太尉開府制（全唐文八二七）：「峴首漢陽之地，實四會五達之莊，扼咸鎬之咽喉，導荆吳之貢賦，途路無梗，艅航若流，不有威聲，孰能通好。」

陸贄貞元元年冬至大禮大赦制（全唐文四六一）：「宜令度支取江西湖南見運到襄州米十五萬石，設法般赴上都，以救百姓荒饉。如山路險阻，乘車難通，仍召貧人令其般運，便以米充脚價，務於全活流庸。」

其餘材料尙多，散見後文各條。

然此時物資集中於襄陽後，因軍事情勢關係，不一定取道南陽武關運送上都，而往往向西北取道上津，稱爲上津路。上津路北通商州，西通洋（今洋縣）梁（漢中，今南鄭）。東晉、十六國時代，此道爲關中與江漢流域通商之重要孔道，苻健載記中有顯明之透露。

晉書一一二苻健載記：「遣菁掠上洛郡，於豐陽縣立荆州，以引南金奇貨，弓竿漆蠟，通關市，來遠商，於是國用充足。」按上洛郡卽唐商州，豐陽縣在今商縣南山陽縣治。山陽南不遠，卽上津矣。

及安祿山倡亂，盜據兩京，玄宗幸蜀，肅宗卽位靈武，南下控制京西地區，故江南物資不能利用運河，而由江漢水運到荆、襄。襄陽以北亦不能利用鄧州武關道，而須泝漢水，取上津路西經洋州、梁州，北輸扶風郡，以濟國用。

通鑑二一八肅宗至德元年八月紀：「祿山……得長安，……兵力所及者，南不出武關，北不過雲陽，西不過武功。江淮奏請貢獻之蜀之靈武者，皆自襄陽，取上津路抵扶風。道路無壅。皆薛景仙之功也。」

又二一九同年十月紀：「第五琦見上於彭原，請以江淮租庸市輕貨，泝江漢而上，至洋州，令漢中王瑀陸運至扶風以助軍。上從之。尋加琦山南等五道度支使。」（又十二月紀：「永王璘……鎮江陵，時江淮租賦山積於江陵」。）

又二一九至德二載二月紀：「上至鳳翔旬日，……江淮庸調亦至洋川、漢中。」

按此三條所書爲一事，時薛景仙爲扶風太守兼防禦使，能遏賊西進之路。而改變運道之設計者則爲第五琦。度支使始此。五道蓋山南東西及劍南、淮南、江南歟！

此似爲唐世上津道作重要利用之始。上津縣在今鄖西縣西北一百四十里之上津堡。

一統志鄖陽府古蹟目，唐上津縣在今鄖西縣西北一百四十里。地典云，在鄖西縣西一百四十里甲水東岸之上津堡。

西京旋即收復，但關東不寧，東南物資仍沿江漢西運。

唐會要八七轉運鹽鐵總叙條：「寶應元年五月，元載以中書侍郎代呂諲。是時淮河阻兵，飛輓路絕，鹽鐵租賦皆泝漢而上，以侍御史穆甯爲河南道轉運租傭鹽鐵使。尋加戶部員外，遷鄂州刺史，以總東南貢賦。」舊四九食貨志全同。參後引穆寧傳。

此時上津仍爲水陸漕輓中心如故。然上津以上，北出商州（今商縣），取藍田道輸京師，不必迂廻興元（漢中，今南鄭）矣。

舊一五五穆寧傳：「寶應初，轉侍御史。……明年遷戶部員外郎。無幾，加兼御史中丞，爲河南江南轉運使。廣德初，加庫部郎中。是時河運不通，漕輓由漢沔，自商山達京師。選鎮夏口者，詔以寧爲鄂州刺史鄂岳沔都團練使及淮西鄂岳租庸鹽鐵沿江轉運使。」新一六三穆寧傳，同。是此時物資至襄陽取商山道入京師，不復迂廻洋梁也。考新一四七李叔明傳：「乾元中，除司勳員外郎，副漢中王瑀使回紇。……復命，遷司門郎中。東都平，拜洛陽令……擢商州刺史、上津轉運使。遷京兆尹。」東都平在寶應元年多，叔明爲商州刺史充上津轉運使，正當與穆寧官鄂岳同時。上津本商州屬縣，在州南二百九十里（寰宇記一四一），則所謂「由漢沔自商山達京師者」，當仍循上津路，唯不西出洋梁，而北出商山至京師耳。復考獨孤及商州錄事參軍鄭府君墓誌（全唐文三九二）：「二京返正，天子選賢守相令長……拜商州洛南令，……數月，訟平賦均。……御史中丞元公載表言其狀。……無何，遷上津令，專知轉運，水陸漕輓，邦都移用，賴公而濟。……商州刺史盧浦以公前後課績條奏，遂以本官兼商州錄事參軍。……終於位。……是歲廣德元年。」據此，其任上津令前得御史中丞元載之表薦。檢載傳，時都領江淮漕輓之任，遷戶部侍郎度支使兼諸道轉運使。則鄭某之爲上津令專知轉運，實出載之推薦爲部屬也。據此誌，上津令專知轉運，職事甚重，又以本官兼商州之首席參佐，則與州府關係之深切可知。亦猶李叔明以商州刺史兼上津轉運使也。益證寧傳所謂「由漢沔，自商山達京師」者，實仍取道上津，北出商州，循藍田舊道入京師也。今觀地圖，由襄陽經上津至商州較經鄧州南陽略近，且大部份可藉漢水漕運，故視東道爲便，且鄧州南陽地位偏東，時遭敵人威脅，亦不如西道之安全。

代宗大曆年間，關東政局較穩定，襄商交通蓋又回復鄧州武關線。及德宗建中四年，李希烈據鄧州，乃修復上津山路至商州。旋朱泚反，據長安，德宗幸奉天，西走興元，更採第五琦運道由上津西經金洋抵行在矣。

通鑑二二八德宗建中四年紀：正月「（李）希烈使其將封有麟據鄧州，南路遂絕，貢獻商旅皆不通。壬寅，詔治上津山路，置郵驛。」唐會要六一館驛條：「建中四年正月……詔商州度上津路館置舍。」此二條爲一事，（參考新二二五中李希烈傳。）蓋由上津趨商州至長安，避封有麟之鋒也。

又新二二五中逆臣朱泚傳：帝在奉天，「詔殿中侍御史万俟著治金商道，權通轉輸。」通鑑二二九建中四年紀，十一月書事略同。舊一二三王紹傳：「屬德宗西幸，紹乃督緣路輕貨趣金商路，倍程出洋州以赴行在。」此長安已失，帝在奉天及興元時也，故由上津西趨金州矣。而通鑑同卷同年同月紀，又云：「（涇原兵變）時，南方藩鎭各閉鎭自守。惟曹王皐數遣使間道貢獻。李希烈攻逼汴、鄭，江淮路絕，朝貢皆自宣饒荆襄趣武關。」按奉天錄卷一全同，蓋爲通鑑所採錄者。此時南陽武關道是否暢通甚可疑，筆記書事有疏，通鑑誤取之耳。

唐代漕運取道上津，或北出商州至長安、或西經金洋至行在之史事大抵如上述。宋紹興初年，金人自關中南侵漢上諸州，進窺四川，亦取商州、上津道，是仍晉唐以來之故蹟矣。

宋史二七高宗紀，紹興二年十二月，金人犯商州，守將邵隆退屯上津。三年正月庚申，金人犯上津。壬戌，犯金州洵陽縣。乙丑，陷金州。鎭撫使王彥退保西鄉。二月辛卯，吳玠遇金人于饒風關，王彥亦來會。丁酉，饒風關破，玠趨西鄉，彥奔達州，四川大震。此次金人用兵，正取唐代故道。

茲考此道西通、北達之行程如次：

大抵由襄陽仍溯漢水三百六十里至均州(今均縣)，又西一百一十三里至鄖鄉縣（今鄖縣），有轉運院。捨舟從陸，取道上津縣（今上津堡）。鄖鄉縣南漢水中有澇淨二灘，舟行極險，唐代已有「冬澇夏淨，斷官使命」之諺，運道於此捨舟從陸，蓋以避二灘之險歟。

唐上津縣之今地已見前。自襄陽至上津必經均州。檢元和志二一，均州「東南水路至襄州三百六十里。」不云陸路。同卷襄州八到條云，西北至均州，里數同。而不云水陸，必亦水路，故里程相同也。然則由襄至均主要交通但藉水路也。是捨舟從陸必在均州以西。前引通鑑二一九至德元年十月條考異：「鄴侯家傳云，薦元載令於鄖鄉縣，置院以督運。按載傳，是時在蘇州及洪州，未嘗在鄖鄉。」今按姑無論元載是否為鄖鄉令，然此時鄖鄉置院督運當為事實。鄖鄉屬均州，在州西一百十三里，（據元和志），即今鄖縣。鄖縣西北為鄖西縣，又西北為上津堡。蓋此時即由鄖鄉捨舟從陸，西北向上津，故置轉運院於此耳。鄖鄉以下皆從水運，何以至此改由陸運，當亦有故。考元和志二一，均州鄖鄉縣有漢水條，「南去縣三里，東有澇灘，多即水淺，而下多大石。又東為淨灘，夏水急迅，行旅苦之。歌曰，冬澇夏淨，斷官使命。」元和志述漢水之險只此一處，可見鄖鄉二灘之險當時最為有名，故漕道至此改從陸運歟？檢嚴如熤三省邊防備覽五水道，漢水「自均州以上至洋縣皆石灘」下列灘名凡一百三十八個；其鄖縣境仍有澇挖灘、淨灘之名，皆極險。是其景觀，至今未改。

鄖鄉既置轉運院，則鄖鄉上津間當置陸驛無疑。上津西通金、洋，其驛道亦可略考。蓋上津西行經金州洧陽縣之聖公館，又西數十里至洵陽縣（今縣）。

地典上津堡條引鄖陽府志，有道西通洵陽。蓋亦唐運道所經歟？按漢書酈商傳「從下宛、穰，定十七縣。別將攻旬關，西定漢中。」師古曰：「漢中旬水上之關也。今在洵陽縣。」是洵陽爲自古西通漢中之要衝，唐世驛道經此益可信。寰宇記一四一金州洵陽縣目：「聖公館，漢水記云，黃土縣鷄鳴山北十五里有聖公館。」按同目又云：「廢淯陽縣在縣東三十里。（縣本作州，據一統志興安府卷古蹟目引文改。若『州東三十里』，則當在西城縣。）本漢洵陽縣地，晉於此置淯口戍。後魏大統十七年改置淯陽郡。又於郡西三十三里置黃土縣。……後周保定三年，郡廢，移黃土縣於淯陽郡廨爲理。……唐天寶元年改爲淯陽縣。」新志亦云，淯陽本黃土，天寶元年更名。則漢水記當作於天寶元年以前，即唐代前期淯陽縣（本黃土縣）有聖公館也。地在洵陽縣東數十里處，當爲驛道所經。

又新志，洵陽縣東有申口鎭城。舊一一四來瑱傳，裴茙受詔由穀城至襄陽代來瑱作鎭，爲瑱所敗，追擒於申口。似亦在運道上。

又西一百二十里至金州治所之西城縣（今安康）。

元和志金州卷已佚。寰宇記一四一，金州治西城縣。洵陽在其東一百二十里。按西城在漢水南岸。水北有西城故城。寰宇記云：「水經注云，漢水經月川口，又東經西城故城南。其故城即漢之西城，今州西北四里漢江之北，西城山之東，魏興郡故城是也，當谷口路，南與州城相對。其西城山在州西北五里，蓋後魏時移今理。」云當谷口蓋即驛道所經也。

又西一百八十里至漢陰縣（今縣），蓋置漢陰驛。漢陰之西三十二里有方山關，北阻方山，南臨漢水，爲東西驛道之衝。

寰宇記一四一，漢陰縣在州西一百里。按唐宋漢陰即今縣治。一統志興安卷，縣在府西北一百八十里。觀地圖，統志爲正。

輿地紀勝一八九金州景物目下引元和志：「方山關，在漢陰縣西三十二里，貞觀十二年置，北阻方山，南臨漢水，當東西驛路。」（今本元和志闕金州卷。）

又新志，金州漢陰縣，「西有方山關，貞觀十二年置。」上津西通之道當經此無疑。寰宇記：「安陽故城在今縣西二十四里，即今敖口東十里。」是宋之敖口當在唐之方山關歟？

又輿地紀勝一八九金州古迹目有漢陰驛，引圖經云：「有連理山茶，乃升平舊物，見於題詠者多矣。」此驛當在漢陰縣。據圖經所云，當亦古驛，可能不始於宋。唐世，此地既當驛道要衝，固應置驛。

竇鞏漢陰驛與宇文十相遇旋歸西川因以贈別（全唐詩四函十册）：「吳蜀何年別？相逢漢水頭。」按襄陽有漢陰驛（已詳藍田武關道篇）。此處漢陰縣當驛道，當亦有驛，此詩當爲兩地之一。

又西六十里至石泉縣（今縣）。

寰宇記，縣在州西約三百里。據一統志，縣在府西二百七十里，漢陰之西九十里。

又西六七十里逾漢水北岸之饒風嶺，達洋州治所興道縣（今洋縣），去金州五百里。州本治西鄉縣，至德元年權移理興道，蓋即以便運漕耳。

輿地紀勝一九〇洋州形勝目：「同谷志云，洋有子午，駱谷、饒風關，此皆古人之所嘗歷，今爲蜀門戶。」雲麓漫鈔卷一「與時獨倚饒風以控商、虢。」則饒風當自唐已爲交通要道。檢紀要五六西鄉縣，「饒風嶺在縣東北百六十里，漢江北，饒風關在焉。宋紹興三年，金撒離喝欲窺蜀，以吳璘扼和尙原不得逞，乃自商於搗上津，陷金州，長驅趨洋、漢。劉子羽時鎭興元，亟命將田晟守饒風關。……不支遂潰。敵入洋州陷興元。紹定四年，蒙古拖雷入大散，破鳳州，陷梁、洋，出饒風，浮漢而東，攻金人於汴。饒風者，梁州東面之險也。」地典饒風嶺條，「在陝西石泉縣西五十里，（一統志作六十里）南枕漢江，與西鄉縣接界。石徑盤紆，爲秦楚蜀往來必由之路。嶺有饒風關。」是饒風嶺爲洋州東出必經之道，東接漢陰方山關，是必中經石泉縣無疑。續檢三省邊防備覽二道路考洋縣條，洋縣東經龍亭鋪至子午鎭，一百七十里，又四十里至饒風嶺，又十里至饒風塘，又六十里至石泉縣。「饒風嶺險路上下三十里。」最爲詳明。

洋州去金州里數，見元和志二二及寰宇記一四一。

洋州，通典一七五云治西鄉縣。元和志二二云本治西鄉，移理興道縣。寰宇記一三八洋州目：「唐武德元年復爲（於之譌）西鄉立洋州。……天寶……十五年，於（由？）西鄉權移理於興道。」又興道縣目，「先是移郡理就西鄉縣，此爲屬邑。後以險固，貞元初又移郡於此。」按天寶十五年卽至德元年，正卽第五琦創議改變運道由上津達洋梁之時也。上津、洋、梁道在漢水之北，而西鄉（今縣）在漢水南頗遠，故權移理興道以就運道耳。事平蓋復治西鄉。至興元元年，德宗由駱谷南幸，經興道至漢中。（詳駱谷道考。）有事之秋，興道爲要，故又徙治之耳。故元和志洋州已治興道矣。

興道西經成固縣（今縣）一百二十里至梁州，卽興元府也。

里程見元和志二二，中經成固不待論。

以上，上津西至梁、洋道也。前論物資聚上津後，既可西運金、洋、梁，亦可北運商州至京師。按上津縣在甲水東岸（今上津堡），屬商州，北循甲水河谷上行四十五里至漫川故縣（今有漫川關），又一百三十五里至豐陽縣（今山陽），又一百一十里至商州，然後西北取藍田道入京師。此亦金州東北通長安洛陽之一要道。

寰宇記一四一，金州「北至長安，取庫谷路六百八十里，取藍田路千里。」「北至西京（洛陽）取庫谷路一千五百四十里，取藍田路一千八百六十里。」又東北至商州六百六十里。同卷商州條，西北至長安二百六十里，西至金州七百里。明金州東經上津、商州、藍田道至長安亦一經道也。藍田道，別詳藍田武關道篇。按上津、豐陽皆商州屬縣，見通典與新唐志。自有道通州治。據寰宇記一四一商州各條，及一統志商州卷領縣目及古蹟目，此二縣當晉南北朝時屢置州郡。足見其在交通上有相當重要性。又寰宇記，上津縣在州南二百九十里。「甲水在縣西二百步，南注漢水。」豐陽縣在州南一百一十里。「唐武德元年，縣自豐陽川移於今州西南一百六十里甲水西五十步爲理。麟德元年，又於今理置。」是二縣距州之方位相同，又同在甲水流域。漢地志，弘農上雒縣，「甲水出秦嶺山，東南至錫入沔，過郡三（二之譌），行五百七十里。」補注：「一統志，商州西北諸山皆秦嶺也。甲水出南，丹水出東，西雒水出北。」是甲水甚大。蓋自上津亦沿甲水而北，一百八十里至豐陽，即今山陽縣，再北一百一十里至州治也。地典上津堡條「有官路北通陜西山陽縣。」當即沿唐以前官道耳。

又寰宇記，商州上津縣，「廢漫川縣在縣北四十五里，前魏廢帝二年置，後周保定三年廢。」按三省邊防備覽·道路考山陽縣南至漫川關一百五十里，又三十里至上津堡。則漫川故縣當即在今關左近。見今道即古道也。

由此言之，唐世上津東通襄陽多取水路，西經金、洋至興元，北經商州至京師，皆陸路，或置驛，是其地亦商嶺以南之一交通中心也。

參看圖十一、十二

一九六六年八月初稿，十二月七日再稿，刊史語所集刊第三十八本。一九八三年十一月二十九日改定稿。

篇貳貳　仇池山區交通諸道

引　言

今甘肅南部嘉陵江上流山區，秦漢時代，為氐人聚居之域，武帝開置武都郡。郡之西境有仇池山，山上有池，故名。池當嘉陵江上源西南流折而東南流後之東北岸，約在E105°10′·N33°50′地區。（今圖誤植為嶓冢山。）山略呈方形，為滄洛二谷水西東挾流衝激，故下石而上土，四面斗絕，壁立千仞，其高二十餘里，有南北兩主道可攀登，山上有小平原，周圍二十五里餘，面積約百頃，平衍如砥，故又有百頃之名。平原土壤良沃，泉流交灌，可耕植，且產鹽，故地勢險阻，而物產豐饒。漢末大亂，氐人楊氏據之為建立割據王國之中心根據地，而建城郭宮室於此山東偏之洛谷，濱臨洛谷水。城有東西二門，羊腸盤道而上七里餘，史稱洛谷城，一作駱谷城。（今有洛谷鎮。）楊氐既據此形勢之地，於是虜掠近郡，招撫關中四方流民之避地者，土牆板屋，聚居數萬家。蓋地既豐實，且易守難攻，而四方多難，宜為流民羣趨之所，成為山區中之一特殊都會。魏晉南北朝時代，兵亂時起，塢堡城守，應運繁興，氐人據守仇池，實為一極大而典型之塢堡也。此一塢堡式之政權，持續二百數十年之久，會北魏太武帝武功鼎盛，遂侵據仇池，置仇池鎮都大將，統治此一山川險阻地帶。魏書五一皮喜傳，詔曰：「仇池，南秦之根本，守禦資儲，須特豐積，險阻之要，尤宜守防。」極能見其形勢。

其地不但天險而豐實，且當秦、隴、巴、蜀之交，三國兩晉以來，南北爭戰，常視此一地區爲用兵進退之域，氐人更利之首鼠南北，左右逢源。隋唐置成州，設治所於山北百里，北與關中西通河、隴、西域之驛道相接近，東與關中南入劍南、南詔之驛道相接近，西南亦鄰接劍南循羌水(白龍江)西北出河、隴、西域之孔道。唐代前期極力經營西北，而恃劍南爲內府，成州適當京師與河西、劍南三角交通之正中心，三面距離三道幹線皆不踰三百里，故京師出河隴，入劍南，皆以此爲重要輔線，是以中古時代，此一地區在交通軍事上之價値甚大。杜翁踰隴坂赴秦州，本擬避地西北，而「西征問烽火，心折此淹留」，但「生事」困乏，乃「思南州」，遂「發秦州」至同谷縣，又迫「饑愚」不能「安宅」，不得不轉入蜀中。一路情悽景奇，發爲詩篇，爲千百年紀行詩之絕唱。仇池山之地形風土特異，具有典型塢堡與避世勝地之條件，別詳附篇三中古時代之仇池山。本篇則先論中古時代其地在交通軍事上之地位；次論杜翁由秦州至興州之行旅所經，亦即此一地區交通上最主要路線。此線末段，當秦隴兩道入蜀入楚之樞紐，然嘉陵江上流數源於此交會，山崖峻奇，河谷幽深，水陸交通最爲艱阻，漢唐時代屢經鑿疏，工程艱巨，故殿述之。

(一) 仇池山區對外交通路線

1. 魏晉南北朝時代仇池對外軍事交通路線

魏晉南北朝時代，氐人楊氏在此山區中，據形勝之地，擁有頗爲龐大之武力，故能成爲一頑強之地方勢力，雄視一方，而北接關隴，南連巴蜀，道路艱險，且遠距南北兩朝之國都，故得首鼠兩端，獲取政治經濟之權益達二百數十年之久。方氐人楊氏之割據稱王也，以楊難當時代爲最強，宋書九八氐胡傳，難當據仇池，而使子順爲鎭東將軍、秦州刺史，守上邽（今天水），後改雍州刺史，守下辨（今成縣西約二十里）；第二子虎爲鎭南將軍、益州刺史，守陰平（今文縣西北）。蓋上邽爲東北通秦隴入關中之重鎭，下辨爲東通漢中之重鎭，陰平爲西南通蜀川之重鎭，亦即此區對外交通之三條孔道也。下文略考此諸道。

自仇池、洛谷城（今有洛谷鎭）北出百里至歷城，後改名建安城（今西和西北約三四十里），在建安水（今白水河）北。又北經祁山（今禮縣東南四十里，西和北七十里）達上邽（今天水）。是由西漢水上源度入渭水河谷。此仇池、秦隴間進出之孔道也。魏蜀交兵，蜀據建威（在歷城稍西），屢出祁山，即進出此道之先例矣。

宋書九八氐胡傳，苻堅敗亡，楊定「徙治歷城，城在西縣界，去仇池百二十里；置倉儲於百頃。自號（畧）仇池公，稱蕃於晋。……（太元）十五年……進平天水、畧陽郡，遂有秦州之地。」通鑑一二三，宋元嘉十三年，楊難當據上邽，魏遣樂平王丕討之，軍至畧陽，難當懼，「攝上邽兵還仇池。」十六年，難當又寇魏上邽，不利，引還仇池。同書一二四，難當爲宋將裴方明所敗，奔上邽，遂降魏。魏遣古弼督隴右諸軍，自祁山入仇池。又魏書一〇一氐傳，楊保宗降於魏，世祖遣樂平王丕等「督河西、高平諸軍取上邽。……詔保宗鎭上邽，又詔鎭駱谷，復其本國。」同書五一皮豹子傳，爲仇池鎭將，請遣上邽、安定戍兵來援，並請遣秦州之民送軍祁山。附子喜傳，太和元年，宋遣楊鼠據仇池，喜統軍討鼠，「軍到建安，鼠棄城南走。」詔曰：「從前以來，駱谷置鎭，是以奸賊息闚闟之心。……近由徙就建安，致有往年之役。」遂復築駱谷城。按上邽在今天水縣，歷城後改爲名建安城，在唐上祿縣西十里，今西和縣西北約三四十里。祁山在今禮縣東南四十里。皆詳後文。此諸條史料，皆見其時爲一大通道也。

復考蜀志五諸葛亮傳，建興七年，「亮遣陳式攻武都、陰平，魏雍州刺史郭淮率衆欲攻式，亮自出至建威，淮退還，遂平二郡。」同書一四姜維傳，景耀元年，於北疆置諸圍守，建威爲其一。同書一五張翼傳，「延熙元年入爲尙書，稍遷督建威，假節，進封都亭侯、征西大將軍。」亮自出屯建威，而郭淮退。翼位望已崇，而爲建威督將，亦證必當軍道之要。考水經注二〇漾水注：「漢水又西，建安川水入焉。其水導源建威西北山白石戍……東逕建威城南……又東逕蘭坑城北，建安城南，其地故西縣之歷城也。」則城當在歷城之西南。歷城在唐成州治所上祿縣西十里，則建威故城亦當在今西和縣西數十里，約當今禮縣、西和縣間地區。諸葛亮傳又云，建興六年，亮出祁山，使馬謖督諸軍在前，與魏將張郃戰於街亭。又建興九年，裴注引漢晉春秋，亮圍祁山，司馬懿來救，亮留兵圍攻祁山，自率軍逆懿，遇於上邽之東。按街亭在今秦安縣東，與上邽在同一地區。則此道當魏蜀交兵時已爲軍家所重，所謂孔明六出祁山者卽循此道也。

仇池東行八十里至濁水城（今成縣西不到百里），又東至下辨，又折東南至武興（今略陽），此仇池、漢川間進出之孔道也。

宋書九八氐胡傳，楊難當稱武都王，傾國南寇。元嘉十九年，遣裴方明等討之，由漢中長驅而進，下武興、下辨諸城。閏五月，「方明至蘭皐」，擊斬難當將苻宏祖。難當奔魏，仇池平。以胡崇之爲秦州刺史，出守仇池。魏遣吐奚弼、拓跋齊邀崇之。二十年二月，「崇之至濁水，去仇池八十里。」爲魏將所敗，「奔還漢中」。通鑑一二四，元嘉十九年，方明破斬苻弘祖及崇之之敗，皆在濁水。又述魏進兵路線，云古弼督隴右諸軍「自祁山南入」，皮豹子督關中諸軍自「散關西入，俱會仇池。」豹子軍至下辨，遂爲仇池鎭將。又二十年十一月，將軍姜道盛與楊文德合兵攻魏濁水戍。胡注：「濁水城在上祿縣東南，武街城西北。」是濁水城當武興、下辨通仇池道，去仇池不過八十里。檢水經注二〇漾水注：「漢水又東南逕濁水城南，又東南會平樂水……謂之會口。……漢水又東南，於槃頭郡南，與濁水合。水出濁城北，東流……逕武街城南，故下辨縣治也。」是濁水戍在西漢水之北，平樂水入漢水會口之西。楊疏，在今成縣西南，是也。

魏書一九下拓跋英傳，高祖時，爲仇池鎭都大將，請討漢中。師次沮水，進圍南鄭；無功，復還仇池。南齊書五九氐傳述此事云，「建武二年，氐、虜寇漢中，」梁州刺史蕭懿遣氐人楊元秀斷虜軍道，虜遣「仇池公楊靈珍據泥山，以相拒捀。」泥山卽泥功山，在成縣西二十里，杜翁有詩，詳後文。沮水在今畧陽縣東北。是亦卽仇池東出下辨、武興至漢中之道也。

仇池向南，渡西漢水至覆津（今武都東北蓋約三十里福津溝中），懸崖險絕，偏閣單行，爲軍道之要。又西南至武階郡（今武都治），在羌水（今白龍江）東北岸，唐置覆津縣。再沿羌水南下至葭蘆城，在羌水東岸，（今武都縣東南七十里，約 N33°15′地區。）唐置盤堤縣。又南至橋頭，當羌水與白水（今文縣河）合流處之稍西，接陰平道入蜀。此仇池、陰平（今文縣西）、晉壽（今昭化）南北進出之孔道也。

魏志二八鍾會傳：

「（景元）四年秋，詔使鄧艾、諸葛緒各統諸軍三萬餘人，艾趣甘松、沓中，連綴維；緒趣武街、橋頭，絕維歸路。會統十餘萬衆，分從斜谷、駱谷入，……至漢中。」

通鑑七八魏景元三年紀，書此事云，緒以雍州刺史「自祁山趣武街、橋頭，絕維歸路。」（按自祁山軍於武街，見晉書文帝紀。）下文又有「聞諸葛緒將向建威」（按此出姜維傳）之語。祁山在今禮縣東南、西和之北，建威在仇池之北，歷城稍西，約今西和縣西北。（見前考。）橋頭當白水（今文縣河）羌水（今白龍江）之會稍西地區，明見水經注二〇漾水注，約在今文縣東南六七十里至百里處，（詳陰平道篇。）惟武街地望，尙待討論。考武街之名，漾水注凡兩見。其一，漾水支源之一平洛水，發源於武街東北四十五里，其地在今武都縣治左近，去白龍江東北岸不遠。（詳本篇附辨一武街與武階。）其一，漾水之另一支源濁水「東逕武街城南，故下辨縣治也。」下辨在今成縣西二十里。（詳下文。）此兩武街東西相去二百里以上，就鍾會傳及通鑑此條論之，所謂武街當指平洛水源頭之武街，非下辨之武街也。是魏氏伐蜀，主力軍取長安南山諸谷道趣漢中，取金牛道入蜀。西側第一輔線，由上邽經祁山，建威，武街，南至橋頭；即由今天水縣南度入嘉陵江上流，經今禮縣、西和地區，掠仇池，又南度入白龍江流域，順流而下也。據蜀志一四姜維傳，魏出兵之前，維已表請漢主，增遣諸軍分護陽安關口（即今陽平關，寧羌西北百里），及陰平橋頭。漢主寢其事。是則姜維預籌防務，漢中之陽平與陰平之橋頭並重；其後魏人入侵，亦正由此兩道並入。蜀人預籌防禦，魏人遣軍進攻，路線相同，正見當時南北交通軍道，以此兩路爲最重要。蓋漢中爲自古大道，蜀人防務中心在此一道，自不待言，故魏人主力亦由此入；而祁山南取仇池、橋頭，循白水南下之一線，即所謂陰平道，亦爲一重要道路也。（參看陰平道篇。）其證一。①

華陽國志二漢中志：武都郡，永嘉初，爲天水氐傁楊茂搜所據，傳子敵堅。「敵堅妻死，葬於陰平。」水經注二〇漾水注，述事同，名作難敵，是。陰平在今文縣西，楊氏都仇池，而葬妻陰平，必有大道可通也。其證二。

宋書九八氐胡傳，元嘉十八年，楊難當「傾國南寇，規有蜀土。……十一月，難當尅葭萌（今廣元西北），獲晉壽（今昭化東南）太守申坦，遂圍涪城（今三台西北）。」其時漢中、武興尙爲宋守，則難當進軍必由仇池南出，循白龍江而下。亦即三國時代之陰平道也。其證三。

魏書五一皮豹子傳，爲仇池鎭將。宋以楊文德爲武都王，守葭蘆，爲魏所敗，奔漢中。文德復圍武都，懼豹子斷其糧道。「回軍還入覆津，據險自固。（宋）義隆恐其輙回，又增兵益將，令晉壽（在今昭化）、白水（今昭化北白水街地區）送糧覆津，漢川（漢中）、武興（今畧陽）運粟甘泉，皆置倉

---

① 通鑑七五，魏嘉平元年，蜀將姜維寇雍州，依麴山築二城，使句安守之，征西將軍郭淮使雍州刺史陳泰率南安太守鄧艾進兵圍麴城，斷其運道。維引兵救之，出自牛頭山，與泰相對，維趣牛頭，截其還路，淮懼遁走，淮留艾屯白水北，維遣其將廖化自白水南向艾結營，漢軍遂還。按此段採自魏志二二陳泰傳。胡注：「麴山蓋在羌中，魏雍州西南界。」「牛頭山蓋在洮水之南。魏收地形志，後魏眞君四年，置仇池郡，治階陵縣，縣有牛頭山。五代志，牛頭山在成州上祿縣界。」而紀要六〇岷州衞，麴城在衞東百里，牛頭山在衞東南。下亦引地形志、五代志。今按，據胡注所引兩書，則此牛頭山當在今考之仇池、成州地區。階州續志二引吳志，「牛頭山在州東北三百二十里。」即此。胡云洮水之南，紀要云岷州東南，則當在仇池西北百里以外。地形志、五代志時代較早，宜從之。然此事下文涉及洮城，何耶？豈古代此區之水亦有以洮名者歟？疑莫能明，姑不引作證。

儲。」同卷皮喜傳，「太和元年，（宋）劉準葭蘆戍主楊文度遣弟鼠竊據仇池。喜率衆四萬討鼠，軍到建安，鼠棄城南走。進次濁水，……邃軍於覆津。文度將强大黑固守津道，懸崖險絕，偏閣單行。喜部分將士，攀崖涉水，衝擊大黑；追奔西入，攻葭蘆城，拔之，斬文度。」（參看宋書氐胡傳。）其後宋齊仍封楊氏，鎮葭蘆。南齊書五九氐傳云：「茄蘆失守，華陽暫驚。」卽葭蘆也。是則南北朝時代，北朝勢力伸張，控制仇池，南朝扶持楊氏，退據葭蘆。覆津絕險，在葭蘆之東北，當通仇池之津道也。按元和志三七，武州治將利縣；福津縣西至州六十六里；盤隄縣西北至州百五十里，「魏鄧艾與蜀將姜維相持，於此築城，置茄蘆戍，後於此置縣。」按唐福津縣在今武都縣治，而北魏之覆津津渡則在其東北約三十里處，當平樂水源頭，詳本篇附辨二唐代武州及福津縣治所今地辨。至於盤隄、茄蘆地望，考水經注三二羌水注，「羌水又東南逕武街城西南，（朱趙作武階，是。）又東南逕葭蘆城西，……又逕葭蘆城南，……又東南流至橋頭，合白水。」則葭蘆在羌水東北岸，而在羌白二水合流處橋頭之上流。檢一統志階州卷古蹟目，葭蘆故城在州東南七十里②。則葭蘆故城當在今武都縣東南七十里白龍江東岸，約當張編地圖集・甘肅寧夏東部人文圖之臨江以北地段。一統志階州卷關隘目，「臨江關在文縣西北（當作東北）一百二十里，本臨江砦，其下卽臨江渡也，爲隴蜀通道。」形勢正合。而古茄蘆當在今武都、臨江之間矣。此時南北進出之道，北由建安、仇池，南至覆津、茄蘆，是與三國時代諸葛緒南下之道相彷彿矣。其證四。

周書二八陸騰傳，「拜龍州刺史。太祖謂騰曰，今欲通江由路，直出南秦，卿宜善思經畧。」按龍州在今四川平武縣東南，江由又在其南。南秦卽地形志之南秦州治駱谷城者，蓋宇文氏欲由仇池取鄧艾入蜀道也。此其五。

2. 唐代成州四達交通路線

仇池雖富，然局面究較狹小，且過份深險，故楊氐曾北移治所於歷

② 紀要五九，階州，將利城在州北三百十里。又引舊志，葭蘆城在將利故城東南七十里。此未可據，詳本篇附辨二。

城，而置倉儲於仇池，以利對北方秦隴之攻守兼顧退避之根據地。北魏侵據時代，鎮將亦曾退治建安，即故歷城，蓋亦爲後方支援之較易耳。且歷城、建安東北鄰接祁山兩峅之千頃麥田與秦州、漢源地區之唯一大鹽井，經濟資源又遠勝仇池，殆亦遷移治所之一重要考慮也。

楊定徙治歷城，而置倉儲於仇池，見前引宋書九八氐胡傳。北魏軍鎮曾退駐建安城，見前引魏書五一皮喜傳。考魏志二八鄧艾傳，姜維退駐鍾提，艾策其更出曰，「若趣祁山，熟麥千頃，爲之縣餌。」通鑑七七魏甘露元年紀作「爲之外倉」。又水經注二〇漾水注，「漢水又西南逕祁山軍南，……祁山在嶓冢之西七十許里。……又西南逕南峅、北峅中，上下有二城相對，左右墳壠低昂，亘山被阜。古諺云，南峅、北峅，萬有餘家。諸葛亮表言，祁山……有民萬戶。矚其邱墟，信爲殷矣。」則祁山兩峅地區，麥田千頃，居民殷盛。水經漾水注又云，「鹽官水……北有鹽官，在嶓冢西五十許里，相承營煑不輟，味與海鹽同。故地理志云西縣有鹽官，是也。」按此係井鹽，在祁山東十里，產量豐富，詳下文引元和志與杜翁詩。「味與海鹽同」，在西北地區，尤爲特出，其爲經濟重要資源，蓋可知矣。鹽井、祁山兩地在歷城東北不過五六十里，詳下文。

唐代之成州、同谷郡治上祿縣（今西和北偏西約二三十里），在故歷城、建安城東十里。肅宗至德初曾更名漢源縣。于邵漢源縣令廳壁記云，「南呀蜀門，東豁雍畤，西走連磧，北踰大漠，四郊憧憧者，於是乎終，故有獄市之煩，供億之費。」蓋即承北朝以來之形勢耳。

成州，通典一七六、元和志二二及舊志，皆治上祿縣。新志，治同谷縣。元和志，「成州本屬隴右道，貞元五年節度使嚴震奏割屬山南道。今於同谷縣西界泥公山上權置行成州。」新志畧同，又云：「咸通七年復置，徙治寶井堡，後徙治同谷。」則本治上祿也。紀要五九，上祿廢縣在成縣西百二十里。一統志階州卷古蹟目，上祿在成縣西南。此皆指漢縣言，非唐之上祿也。按元和志，同谷縣在成州東南一百八十里。同谷卽在今成縣治，無異說，則唐縣遠在漢縣之西北。檢元和志二二成州，北五十里有長道縣。欲考上祿縣今地，當先明長道縣今地。檢一統志秦州卷古蹟目，長道故城在禮縣東南。引舊志，長道鎭在今縣東南三十里。又按元和志二二，長道縣東十里有祁山，而一統志秦州卷山川目，祁山在今禮縣東四十里；關隘目，祁山堡，同。則長道鎭卽唐長道縣故城也。成州治所上祿縣在長道縣南五十里，則當在今禮縣東南八九十里無疑。又據一統志鞏昌府卷山川目，祁山在西和縣西北；引府志，在縣北七十里。（紀要五九西和縣目作七里，脫十字。）則唐上祿縣故城對今西和縣言，當在今縣北或西北約二三十里。又元和志，長道縣東三十里有鹽井及鹽官城。檢一統志鞏昌府卷山川目鹽井條引西和縣志，在縣東北九十里。古蹟目鹽官城條，方向里距同。紀要五九西和縣，鹽井在縣東北八十里，賫水成鹽，民資其利。亦證上祿正當在今西和縣北或西北二三十里也。

又考舊唐志，成州領上祿、長道、同谷三縣，「理楊難當所築建安城。」寰宇記一五〇成州目，同。元和志，成州治上祿縣條亦云，「州城卽楊難當所築也。」檢水經注二〇漾水注，「漢水又西南逕祁山軍南，……又西，建安川水入焉。其水導源建威西北山白石戍東南，……東逕建威城南，……又東逕蘭坑城北，建安城南。其地，故西縣之歷城也。楊定自隴右治歷城，卽此處也，去仇池百二十里。後改爲建安城。」建安水又東北，受五小水，「又東北逕塞峽……出峽，西北流注漢水。」則建安城在建安水北，塞峽之南。塞峽卽寒峽，在建安水入漢水處之南不遠，而在祁山、長道縣之南，詳下文。建安城在寒峽之南甚明，楊氏水經注圖繪於西和縣之北，是也；上文論唐上祿地望在西和之北二三十里，正其地區矣，舊唐志之說殆不誤。惟通典一八九氐傳，苻堅之敗，楊定「將家奔隴右，徙理歷城，置倉儲於百頃，……進平天水、畧陽。」本注：「歷城在今同谷郡西十里，去仇池九十里。」則故歷城後改爲建安城者，在唐成州之西十里，非卽一地。當可信。然同在一地區，史家固得視爲一地也。

關於成州之形勢，于邵廳壁記（全唐文四二九）論之最爲醒豁。記以乾元三年孟夏之月作，云「皇帝觀兵朔方之歲始，上祿縣更名漢源。」則肅宗卽位之初，縣曾更名；地書失載。新志，成州有上祿、漢源兩縣並置，皆「沒蕃後廢。」則誤矣。

杜翁送韋評事充同谷防禦判官云：「鑾輿駐鳳翔，同谷爲咽喉，西扼弱水道，南鎭枹罕陬。」則就當時形勢言之，恢復兩京，有待安西、隴右邊防軍之入援也。

此詩見詳注卷五、鏡銓卷三。同谷謂同谷郡，卽成州。通鑑二一七，天寶十四載十一月甲子，安祿山反於范陽。丙子「諸郡當賊衝者，始置防禦使。」其後凡當要衝之地，不置節度使則置防禦使。同谷置防禦使，亦正以其衝要也。此地區之形勢，前文論之已詳，于邵廳壁記能見梗概。而杜翁此詩則尤見當時之特殊形勢。蓋弱水，狹義言之，指今張掖河，謂通河西道也。枹罕指河州，在今臨夏縣，謂通隴右道也。兩道爲精銳邊防軍所駐，東通鳳翔，實以秦州爲咽喉；然成州亦爲輔線，故得云然。考舊五九姜謩傳，謩與竇軌出散關，下河池、漢陽二郡，軍次長道，與薛舉相遇，……爲舉所敗。」按成州於隋大業中爲漢陽郡，長道則成州屬縣，在州治北五十里。此卽成州通隴右、河西之輔線之一證矣。

今論其交通四達之路線：北通秦州、天水郡（今天水）二百數十里，接河隴入長安驛道，此卽漢魏以來仇池北出之道也。

元和志二二，成州「東北至秦州一百八十里。」秦州目，作二百里。而通典一七六，成州、秦州兩目，皆作三百里。寰宇記一五〇錄通典，同。是兩書有百里之差。檢一統志秦州卷沿革目，禮縣在州西南二百里，卽隋唐長道縣。按清之秦州卽唐故治；前考唐長道縣在成州北五十里，在今禮縣東約三十里，上祿縣在今禮縣東南約八九十里、西和之北約二三十里，則唐代秦成二州相距約二百里以上，當不至三百里也。然水經注二〇漾水注，祁山在上邽西南二百四十里。上邽於唐卽爲秦州治所，則秦州至成州治所上祿縣誠當爲三百里。疑北朝末至唐代前期，道路有改變，而縮短其行程耶？

東南經同谷縣（今成縣）折東北至鳳州、河池郡（今鳳縣），四百五十里；東南經同谷縣，又東南至興州、順政郡（今畧陽），三百四十里；皆接散關入蜀驛道。

通典一七六成州目，「東至河池郡四百五十里。」鳳州目，同。元和志二二成州目，全同。寰宇記一五〇成州目，亦同，惟有譌文。③按唐代成州治所上祿縣東南至同谷縣一百八十里。寰宇記一三四，鳳州西至成州二百七十里，即鳳州西至同谷縣二百七十里也。加一百八十里，正爲四百五十里。故知唐人志書，成鳳間里距卽取道同谷，非別有一道也。

通典，成州東南到順政郡三百四十里。順政郡目，同。順政卽興州，在今畧陽縣。寰宇記成州目、興州目，皆作三百四十七里，是亦抄取隋唐舊籍也。蓋寰宇記時代，成州治今成縣，南距畧陽絕無此里數。則同谷至興州治所順政縣，當爲一百六七十里。

西北至渭州、隴西郡（今隴西）三百八十里。此則三國以來由武都、仇池西北經石營、董亭（今隴西縣西南）至南安（今隴西縣東北渭水北）之道也。

通典一七六成州、同谷郡，「西北到隴西郡三百八十里。」寰宇記一五〇，作三百八十六里。通典一七四，渭州隴西郡作「南至同谷郡四百三十六里。」蓋有參差耳。考蜀志一四姜維傳，延熙十六年，「維率數萬人出石營，經董亭，圍南安。」通鑑七六魏嘉平五年、七七甘露元年，書事小異。胡注，維蓋自武都出石營也。董亭在南安郡西南，石營又在董亭西南。又宋書九八氐胡傳，元嘉十二年，楊難當以兄子保宗鎭童亭，保宗降魏。而魏書一〇一氐傳，作董

③ 文云，「東至鳳翔府驛馬四百五十里。」按同書一三四鳳州目，西至成州二百七十里。時成州在同谷縣，里距極確。又鳳州東北至鳳翔府二百八十里。則宋之成州東北至鳳翔府五百五十里。且成州與鳳翔府中隔鳳州，記體例當記至鳳州距離，不當記至鳳翔里距。再詳觀寰宇記此目，全抄唐人志書所記成州在上祿時至四方之里距，非宋初成州在同谷時之里距，則鳳翔府乃鳳州之譌無疑。

亭。檢紀要五九，鞏昌府治隴西縣，有𧙮道城在府東南二十五里，漢靈帝時爲南安郡治，魏因之。董亭在府西南。④石營在西和縣西北二百里。通典所記成州西北至隴西郡之里程，當與三國以來石營、董亭、南安道爲近。

西南取良恭縣（今西固北，宕昌西北岷江上）路，至宕州懷道郡（今白龍江岸，西固、羅達間）五百四十里。

此見元和志成州目，（原文譌作東南。）而三九宕州目，不記至成州路程。檢通典一七六，同谷郡目作西至懷道郡五百八十里，而懷道郡目作東北到同谷郡上祿縣三百二十里。寰宇記一五〇，成州「西南至〔取〕良恭縣至宕州五百八十里。」同書一五五，宕州「東北至成州上祿縣界三百二十里。」通典脫「界」字。今據元和志書之。良恭縣在宕州東北一百一十里，州縣今地，皆詳岷山雪嶺地區交通網篇第三節松州北通洮水兩道。

南至武州、武都郡（今武都西七八十里，蓋柳樹城）三百五十里上下，大抵即承魏晉以來建安仇池南經覆津至武階郡（今武都）接陰平道之故道也。其行程蓋由成州南經寒峽、洛谷、龍門鎮等地，渡西漢水而南，接平洛水上源，南達羌水（即白江，今白龍江）東岸之覆津縣（即北魏武階郡），約三百里，又西循羌水河谷而上至武州也。北朝時代已云覆津閣道峻險，至宋有青閣、牛閣、赤閣、鵝鼻閣之名，稱爲往來險道。覆津南沿羌水河谷而下即陰平道矣。

通典一七六成州、同谷郡，南至武都郡三百三十里，西南到武都郡三百四十里。而武州、武都郡目作東至同谷郡三百三十里。蓋由武州，先東行，再折北行也。（又云北至同谷郡四百二十里，蓋另一道。）元和志二二成州目及三九武州目，皆作南北距三百八十里。雖記錄不同，要當在三百五十里上下。行程參考上文及下文考成州至同谷縣行程。惟唐人行旅成、武兩州之間者，尚未見

---

④ 一統志秦州卷，董亭在秦州東南。引州志，秦州東南五十里有秦亭，或曰即董亭也。顯誤。

其例。通鑑二八四，後晉開運元年二月，「階（卽武州）成（在同谷縣）義軍指揮使王君懷，叛降蜀，請爲鄉道以取階、成。甲子，蜀人攻階州。」「秦州兵救階州，出黃階嶺，敗蜀兵於西平。」由秦至階，當卽此路也。又考范成大吳船錄上，峨眉牛心寺藏繼業由天竺携歸之涅盤經後分記西域行程，范氏錄之云：「繼業自階州出塞西行，由靈武、西涼、甘、肅、瓜、沙等州入伊吾。」是由階州至靈武也。按繼業出塞在宋初乾德初年，其時洮水流域未入版圖，中國所控西止秦州。蓋繼業卽由階州北出，經成州至秦州，更北至靈武，再折西至涼州耳。福津所有諸閣名，見方輿勝覽（一統志階州關隘目引，但檢今本勝覽未獲）。

南及西南兩道所至之武州、宕州，皆在羌水之濱。羌水，唐世一名白江，卽今白龍江，爲唐代隴右、劍南、山南西道三道接境地區之大水，亦爲此區自古東西交通之孔道。由宕州循羌水支源（今岷江）西北上行，經良恭縣踰嶺至岷州（今岷縣）。宕州西循羌水河谷而上二百五十里至疊州（約今包座河入白龍江口地區）。宕州東南沿羌水河谷而下七十里至峯貼峽，又二百里至武州，又六十六里至覆津縣，又七十里至葭蘆故城，唐置盤堤縣。又南至羌水、白水（今文縣河）合流處之橋頭故地，又南入蜀。北宋張舜民記自岷州東南行經宕、階（宋治福津縣），至臨江寨，沿流行程棧道險絕，山水亦秀絕。此卽中古時代蜀中與西北域外貿易之一主道；蜀漢姜維經營洮水沓中，蓋亦取此道；惟行程不詳耳。

武州在羌水北岸，疊州南枕羌水，皆見元和志三九。疊州今地，詳岷山雪嶺地區交通網篇。元和志云，疊州「東南沿流至宕州二百五十里。」是宕州亦在羌水之濱。又寰宇記一五五疊州常芬縣，引貞元十道圖云：「成、疊、宕、武四州並置在白江之側。白江卽古羌之水，其江南流至利州益昌縣（與）嘉陵江合。」此白江、羌水卽今白龍江無疑。除成州因隣近致誤外，其疊、宕、武三州誠皆濱今白龍江。元和志，疊州東南沿流至宕州二百五十里。寰宇記，同。又通典一七六，宕州東至武州二百七十里。考武經總要前集一八上，階州西南行二百里至峯貼峽，又七十餘里至宕州。里數與通典合。又知中經之峽名。宕州西北經良恭縣至岷州，另詳岷山雪嶺地區交通網篇。蜀中廣記七名勝記威州目引張舜民畫墁錄云：

「凡自岷州趨宕州，沿水而行，稍下行大山中，入棧路，或百十步復出，峉崖嶔崟，不可乘騎，必步至臨江寨⑤。得白江至階州，需七八日，其所經皆使傳所不可行，考之山水秀絕，天下無有也。」

按畫墁錄所記乃由洮水流域東南度入白龍江流域，經宕、階至陰平入蜀之道也。宋人記其險絕如此，然為自古洮蜀間重要商貿通道。一統志鞏昌府卷古蹟目宕昌故國條引明統志，「宕州城在岷州衞南一百二十里，宋時運蜀茶市馬於岷。及金人據洮州，遂置蕃市於此，歲市馬數千，因置宕昌驛，為綱馬憩息之所。」宕昌而南當即循白龍江而下耳。此則宋代具體史事，可與畫墁錄相印證。又考太平廣記八一梁四公條引梁四公記云，「梁天監中……高昌國遣使貢鹽二顆……白麥麵，……帝命杰公迓之，謂其使曰，……白麥麵是宕昌者，非昌壘眞物。使者具陳實情，麵為經年色敗，至宕昌貿易塡之。」此下又云道經北涼。按此故事雖未必眞實，然宕昌為西域通商南朝之途徑殆不虛，是以有此故事耳。是南北朝時代，西域通南朝即取道今岷州地區，度入白龍江上流之宕昌，不始於宋矣。

此外所當附述者，通典又記武州至同谷及武州至興州兩道。其一，「武州東北至成州同谷縣三百四十里。」其道當經覆津縣，又東北循平洛河谷而下，經甘泉戍（今甘泉驛北），平洛戍（今有平洛），又東北接仇池、同谷道。此則由松州（今松潘）東北行，經扶州（今文縣西一百數十里），文州（今文縣），武州（今武都西約六七十里），同谷（今成縣），河池（今徽縣西），鳳州（今鳳縣），散關至長安之大道之一段也。宋代嘗

⑤ 據此文意，臨江寨當在今岷江，白龍江會合處，張編地圖集・甘肅寧夏東部人文圖有地名兩江口，殆其近地。而階州續志一二關梁，臨江關在文縣北一百里，本臨江砦，下臨白龍江，臨江渡也，為洮蜀孔道，有臨江橋，康熙二十三年重建。此則在武都縣下游，非畫墁錄所記之故地，蓋南宋以後，地名遷徙之一例也。

以鳳州長官領鳳、成（治同谷）、階（即唐武州）、文諸州駐軍，即以此爲一交通路線耳。

水經注二〇漾水注云：

「漢水又東南逕濁水城南，又東南會平樂水（樂一作洛）。水出武街（一作武階）東北四十五里，經甘泉戍南，又東逕平樂戍南（樂一作洛），又東入漢，謂之會口。⑥漢水東南逕脩城道南（熊疏，當在今成縣南。），與脩水合。水總二源，東北合漢。漢水又東南，於槃頭郡南，與濁水合。……又東南逕武興城南。」

是平樂水乃西漢水南之較大支流，水經注圖擬爲今之譚家河，當不誤。武街一作武階。即隋唐時代之覆津縣，今武都縣治，詳附辦兩文。甘泉戍則在覆津東北五六十里以上也。魏書五一皮豹子傳，宋使楊文德圍武都，退守覆津，宋人恐其輒回，「令晋壽、白水送糧覆津，漢川、武興運粟甘泉。」即此戍也。足爲通接覆津之明證。楊疏，今有甘泉驛在（平樂）水南。今圖仍有甘泉地名，殆即其地矣。平洛戍，合校引趙曰，漢志，武都郡有平樂道，即平洛戍也。孫曰，地形志，脩武郡有平洛縣，太和四年置。熊疏云，蓋楊氏置平洛戍。今按置縣、道、戍當爲一地。階州續志一五，「平樂故城，在州北（東北）一百八十里，西漢武都郡之平樂道，後魏平洛縣也。隋廢。明置驛於此。（通志）今仍名平樂。」檢今圖尙有平洛名，地在武興至甘泉戍之間，當爲通典此道所經無疑。宋書九八氐胡傳，楊難當傾國寇蜀，「慮漢中軍出，遣建忠將軍苻冲出東洛以防之，梁州刺史劉道眞擊斬冲。」當即平洛地區，蓋在仇池之東，故有東洛之名歟？通鑑一二三，胡注以爲在晋壽界，未必然。

按此即松州東北經扶、文、武、鳳至長安大道之一段，參詳岷山雪嶺地區交通網篇。宋史三〇九程德玄傳，「知鳳州，領鳳、成（在同谷）、階（即唐武州）、文等州駐泊兵馬事。」即以此四州在一條交通幹線上。

⑥ 熊疏，水道提綱謂之兩河口。而張編地圖集，甘肅寧夏東部人文圖，兩河會口在鄺注西漢水與濁水之會，未知孰是。

其二，「興州西南到武州覆津界二百里。」蓋由覆津東北經甘泉至平洛，折向東南循西漢水而下達興州歟？

此道行程，雖出臆測，然前引魏書皮豹子傳云，楊文德退守覆津，宋人恐其輒回，令「漢川、武興（唐興州）運粟甘泉。」可徵興州西至甘泉固有一道，甘泉即近覆津、武州矣。

（二）杜工部秦州入蜀行程

唐代成州承魏晉南北朝以來之形勢，交通四達。而北至秦州，接長安通河西河湟之驛道；東南至河池，接長安通劍南之驛道；故由秦州南經成州折東南至河池之交通道，尤屬重要，此即魏晉南北朝以來，仇池北通上邽，東南通下辨之故道也。杜翁由秦入蜀即取此道，茲據杜翁紀行詩及中古用兵史事考其行程如次：

秦州西南略循藉水河谷上行約十里至赤谷亭（今天水西南約十里），杜翁有詩云始入山險。又約六十里至鐵堂峽（南宋天水縣東五里，今天水縣西南七十里鐵爐坡）。杜翁有詩，有乘險絕、馬骨折之嘆。

杜集詳注八，乾元二年自秦州赴同谷縣紀行詩，第一首發秦州，次即赤谷。詩云「晨發赤谷亭，險艱方自茲。」檢水經注一七渭水注，「黃瓜水又東北歷赤谷，咸歸於藉。」藉水「又東逕上邽城南。」一統志秦州卷山川目，引通志，赤峪水在州西南五里，赤峪山在州西南十里，有水經其中；即此詩所詠者。蓋杜翁由秦州出發畧循藉水而西南上行也。宋史四〇寧宗紀，嘉定十一年三月，忠義人十萬餘出攻秦州，官軍繼進，至赤谷口，都統劉昌祖退師，焚西和州及成州遁歸。亦即此。

杜翁第三詩鐵堂峽。詳注引方輿勝覽，鐵堂山在天水縣東五里；引邵注：「在秦州東南七十里。」檢元一統志殘卷五八四成州古蹟目，「姜維鐵堂莊在天水縣東十里鐵堂峽，四山環抱，其對面有古塚，相傳云維之祖塋。」是皆謂在天水東，而里距有異。紀要五九云在天水廢縣東五里。蓋承勝覽之說也。檢一統志秦州卷山川目，鐵堂山「在州西七十里。……舊志有盤龍山在州西七十里，山有鐵鑪坡，即鐵堂峽也。其峽四山環抱，中有鐵堂莊。」甘肅通志六山川目秦州鐵堂山條，同。蓋卽所謂舊志也。此似與勝覽以下諸書不同。然勝覽爲南宋人撰。檢一統志秦州卷古蹟目，南宋天水廢縣在州西南七十里，天水軍城在州西南九十里。紀要五九亦云宋天水故城在州西南七十里。則勝覽云峽在天水縣東五里者，正亦在清代秦州今天水縣之西南七十里上下也。惟邵注云在秦州東南七十里，東乃西之誤耳。檢今圖，天水縣西南有鐵鑪坡，地望正合。杜翁由秦州西南行，經赤峪正至其地矣。

又西南度入西漢水（古漾水，今嘉陵江）上源，凡約百里至鹽井，在西漢水北，有鹽官故城（今禮縣東六十里，西和東北八九十里），此井產鹽，味與海鹽同，且產量豐盛，爲此一地區食鹽供應中心。杜翁有詩。

杜翁第四詩鹽井：「鹵中草木白，青者官鹽烟，官作旣有程，煑鹽烟在川，汲井歲搰搰，出車日連連，自公斗三百，轉致斛六千。」此詠鹽井經營頗詳。考水經注二〇漾水注：「西漢水又西南逕宕備戍南，……右則鹽官水南入焉。水北有鹽官，在嶓冢西五十許里，相承營煑不輟，味與海鹽同。故地理志云，西縣有鹽官，是也。」檢漢志無此文，故王念孫云脫「有鹽官」三字。又元和志二二成州長道縣，「鹽井在縣東三十里，水與岸齊，鹽極甘美，食之破氣。鹽官故城在縣東三十里，在嶓冢西四十里，相承營煑，味與海鹽同。」同書三九渭州漳縣有鹽井。是以成州爲中心之方圓千里地區，僅此二鹽井。而新書五四食貨志，唐有鹽井六百四十，此一地區僅成州此井，蓋此井產鹽量量質美，經營甚盛，故杜翁特詠及之。其地在今西和縣東北八九十里，禮縣東或東南六十里，已詳前考。

鐵堂峽西南十餘里有木門谷，漢魏時代，當上邽通祁山軍道，當亦爲唐道所經。

通鑑七二，魏太和五年，諸葛亮由漢中，「帥諸軍入寇，圍祁山，以木牛運。」司馬懿留精兵四千守上邽，「餘衆悉出，西救祁山。」「亮分兵留攻祁山，自逆懿于上邽。……懿斂軍依險……亮引還。懿等尋亮後，至於鹵城……魏軍大敗。……六月，亮以糧盡退軍，司馬懿遣張郃追之。郃至木門，與亮戰，蜀人乘高布伏，……飛矢中郃右膝而卒。」按水經注一七渭水注：「又南得藉水口，水出西山，……東南流，與竹嶺水合……又東北逕上邽縣，左佩四水，……咸自北山流注藉水。藉水右帶四水，竹嶺東得亂石溪水，次東得木門谷水……皆導源南山，北流入藉水。……藉水……。又東逕上邽城南。」卽此木門也。通鑑胡注：「木門去今天水軍天水縣十里。」按天水縣在今天水縣西南七十里，木門不知在南抑在北。檢一統志秦州卷山川目，木門山「在州西南九十里。」下引魏蜀戰爭事及通鑑胡注。又引鞏昌府志：「在州西南九十里，與西和縣接界。」又關隘目祁山堡條，「羅家堡，在（禮）縣東北八十里，卽古木門，接本州界。」是此山谷在秦州至禮縣中途，爲秦州及禮縣、西和接境處，而在南宋天水縣南十里也，則在鐵堂峽之西南十餘里矣。唐代大道當亦經此谷歟？縱不經此谷，要亦相近也。⑦

鐵堂、木門以南至鹽井百里間，地勢雖高，但平衍無阻，故宋代曾於此地區「爲壕塹縱橫，引水縷行，名曰地網」，以阻敵騎奔突。

雲麓漫鈔一云：

「仙人關外分左右二道。自城〔成〕州經天水縣，出皁郊堡，直抵秦州。頃年吳璘大軍嘗由此出西道，地皆平衍，卽其地爲壕塹縱橫，引水縷行，名曰地網，以遏奔衝。此仙人關左出之道也。」

按紀要五九秦州，「天水城在州西南七十里。」皁郊堡「州西南三十里，宋

⑦ 紀要五九秦州目，「竹嶺在州西南二百里。水經注，竹嶺水出南山竹嶺，東北入籍水。晉元興三年，西秦乞伏乾歸與仇池楊盛戰於竹嶺，爲盛所敗。義熙十二年，楊盛逼後秦秦州，上邽守將姚嵩拒却之，追盛，戰於竹嶺，敗死。竹嶺之南蓋近仇池。」按此不知何道，姑存之。然據水經注，其去秦州似未有二百里之遙。

置，有皁郊博馬務。嘉定十年，金人犯皁郊堡，破天水軍……（後）復攻皁郊堡，遂趨西和州。」一統志秦州卷，畧同。又引方輿勝覽，「皁郊堡在天水縣東北四十里，去秦州纔三十里。」引元統志，「皁郊堡，水権場也，下視秦州赤峪川。」是皁郊堡在杜翁所經之赤谷地區，天水城在鐵堂峽西五里，西和州卽今西和縣，在唐上祿縣之南二三十里，皆詳上文。然則雲麓所記仙人關左出道之北段及金人進兵路線，皆卽唐代秦州至成州治所上祿縣之故道也。而上引宋史寧宗紀，嘉定十一年，宋軍攻秦州至赤谷，退經西和州至成州，亦卽雲麓所記之道矣。日本栗棘庵所藏宋輿地圖，正有一道自天水軍西至長道、西和，折東南至仙人關。是矣。

又一統志秦州卷古蹟目：「地網在州西南，故天水、長道二縣界。」下引方輿勝覽云：（檢勝覽六九天水軍卷有地網條）

「金陷陝西，天水、長道並當邊面，地勢平衍，敵騎四布，步兵不能捍禦。隆興中，宣撫吳璘乃剏設地網。其制，於平田間縱橫鑿爲渠，每渠濶八尺，深丈餘，連綿不斷，如布網然，敵騎始不得逞。天水元管三百六十條，後增爲五百五十（勝覽原文，『十』下有『四』字）條；近歲雨水湮塞，已損於舊。」

按鹽井西南二十里卽祁山山險，宋設地網，當卽在唐道鐵堂至鹽井間。此地區爲渭水與嘉陵江上源分水嶺，地當甚高，蓋高而平衍，如固原高平地區耳。

鹽井西南二十里至祁山（今禮縣東四十里，西和北七十里），在西漢水北，卽諸葛六出祁山處。山上有故城，北朝置祁山軍。城南三里有諸葛亮壘。此山本「蹊徑逶迤，山高巖險」，稱爲「天下之奇峻」，北朝以來，山險漸闢爲夷途。

元和志，長道縣有祁山，「在縣東十里，蜀後主建興六年，諸葛亮率軍攻祁山，卽此。漢水經其南，有諸葛亮壘。」今地已詳前。按鹽井在縣東三十里，既爲大道所經，祁山在縣東十里，魏晉南北朝時代爲南北軍事要衝，唐世亦爲大道所經無疑。按水經注二〇漾水注云，漢水右受鹽官水，又西南，左受左谷水，右受蘭皐水。「蘭皐水出西北五交谷，東南歷祁山軍，東南入漢水。漢水又西南逕祁山軍南。」又西南，建安川水自南來會。「漢水北，連山秀舉，羅峯競峙，祁山在嶓冢之西七十許里，山上有城，極爲巖固，昔諸葛亮攻祁山，卽斯城也。漢水逕其南。城南三里有亮故壘，壘之左右猶豐茂宿草，蓋亮所植也。在上邽西南二百四十里。開山圖曰，漢陽西南有祁山，蹊徑逶迤，山高巖險，九州之名阻，天下之奇峻。今此山於衆阜之中亦非爲傑矣。」蓋山險漸闢，故北朝末期，已非絕險矣。唐世祁山距秦州已不及二百里，亦開闢之一證。

祁山又西十里至長道縣（今禮縣東南三十里），似當建安水（張編地圖集作白水河）入西漢水處。又循建安水向南上行五十里至成州治所上祿縣（今西和北或西北二三十里）。氐人楊定徙治歷城，後改名建安城者，卽在州西十里建安水北。

成州治所上祿縣之今地及歷城、建安城事，已詳前考。關於長道縣，前考秦州西南至成州二百數十里。元和志，長道縣在成州北五十里，其東十里之祁山與四十里之鹽井皆當道，則縣城亦當道無疑。其今地亦見前文。據下引水經注述事，長道似當建安水入漢水處。

有塞峽者，建安水下游之峽谷也，蓋以阻深陰冷受名，杜翁有詩。其地在上祿之北，長道之南，建安水入漢水口之東南不遠處。胡三省云卽鷲峽，爲南北用兵要道。

杜翁第五詩塞峽。考水經注二〇漾水注，漢水逕祁山軍南。又西，建安川水自南來會。「其水導源建威西北山白石戍東南」，東北受衆水，「又東北逕塞峽。元嘉十九年宋太祖遣龍驤將軍裴方明伐楊難當，難當將妻子北奔，安西參軍魯尙期追出塞峽，卽是峽矣。……其水出峽西北流注漢水。」據此述事，唐長道縣殆在建安水入漢水處。而塞峽在縣南，爲建安水下游之峽谷，水出谷，西北流不遠卽入漢水。然宋書九八氐胡傳，記裴方明擊楊難當事，作塞峽，與杜詩同。按杜詩云，「雲門轉絕岸，積阻霾天寒，寒峽不可度，我實衣裳單。」是唐世名寒峽無疑。蓋以阻深寒冷受名，塞乃形譌。一統志鞏昌府卷山川目，塞峽在西和縣東。然楊氏水經注圖繪於西和縣北，禮縣東南，建安水下游，是也；一統志誤。是當在唐上祿之北，長道之南矣。

又兩晉南北朝時代，此地區又有鷲峽之名，屢見史籍。如通鑑一〇三，晉咸安元年，秦秦州刺史西縣侯雅帥步騎七萬伐仇池公楊纂。夏四月戊午，「秦兵至鷲峽，楊纂帥衆五萬拒之。……與秦兵戰於峽中，纂兵大敗，……收散兵遁還。西縣侯雅進攻仇池……纂……出降。」又一一六，晉義熙八年，「仇池公楊盛叛秦，侵擾祁山。秦王興遣……前將軍姚恢出鷲峽，秦州刺史姚嵩出羊頭峽，……以討盛，……爲盛所敗。」又一四一，齊建武四年，「魏以氐帥楊靈珍爲南梁州刺史，靈珍舉州來降。⑧……九月丁酉，魏主以河南尹李崇……將兵數萬討之。……李崇槎山分道，出氐不意，表裏襲之，……靈珍遣從弟建屯龍門，自帥精勇一萬屯鷲峽。龍門之北數十里中伐樹塞路，鷲峽之口，積大木，聚礌石，臨崖下之，以拒魏兵。崇命統軍慕容拒帥衆五千從他路入，夜襲龍門破之。崇自攻鷲峽，靈珍連戰敗走，…遂克武興。……靈珍奔還漢中。」東晉南北朝時代鷲峽之名屢見如此，觀卷一〇三、一一六兩條，其在仇池以北、祁山之南無疑。卷一〇三胡注：「鷲峽在仇池北，亦謂之塞峽。」此說極有可能。

由成州南行，經青陽峽（今西和南），極險峻。杜翁有詩，云「突兀猶趁人」「南行道彌惡」也。

杜翁第六詩法鏡寺，地望無考，不知在成州之北抑南。第七詩青陽峽。一統志鞏昌府卷關隘目，「青陽峽隘，在西和縣南，與階州成縣接界。」而同書鳳翔府卷山川目，「青陽峽在隴州西北四十里，唐杜甫有詩。」按玩詩意，各家編次於秦州南行紀程詩中，不誤。杜翁所詠當卽西和縣南者，非隴州西北也。

⑧　胡注：魏置梁州於仇池，置南梁州於武興。按靈珍實未至武興，魏遙授之耳。旋據泥功山降齊，齊授爲北梁州刺史、仇池公、武都王，魏蓋以此致討。

又南當經仇池山東側之洛谷故城，蓋去成州八十里。文宗大和初或曾移州治於此。

洛谷城既爲北朝以來此一地區之軍政交通中心，地在龍門北不遠，杜翁既過龍門，殆必先經洛谷城可知矣。紀要五九成縣，「唐太和初，以上祿沒於吐蕃，詔修築駱谷城爲縣治，咸通中廢。」此條當有所據，亦正見唐世此道仍存，故上祿撤退，遂至駱谷也。杜翁「讀記憶仇池」，頓興遯隱之念，故秦州雜詩二十首有仇池一章。然爲生計所迫，何可得耶？及其南行，旅途艱險勞頓，殆亦未及登臨，只從山之東麓擦過，而有龍門鎮、石龕諸詩耳。

又前引元和志，仇池山在成州上祿縣南八十里。水經注，建安城在仇池山北一百二十里。蓋一指至山區北麓（也許指洛谷城），一指至百頃平原而言歟？又按紀要五九，漢上祿縣在今成縣西一百二十里。而仇池山又在漢上祿故城之西北不算太近，則自唐成州治所上祿縣南經仇池山折東至同谷縣，當在二百五十里以上，而元和志云同谷西北至成州一百八十里者，蓋成州東南直趨同谷之捷道也，詳下文。

又南，經龍門鎮，石龕，杜翁皆有詩，極見險峻。龍門當即龍門戍，在仇池山東南，洛谷之南不遠處，有棧道。龍門東南有漢上祿故城（今成縣西一百二十里），蓋亦爲此道所經歟？

杜翁紀行第八詩爲龍門鎮，次即石龕。龍門鎮詩云，「沮洳棧道溼。」是有棧道，想上文諸峽谷當亦有棧道，但無考耳。龍門地望，詳注及鏡銓皆引一統志，「在鞏昌府成縣東，後改府城鎮。」今檢嘉慶一統志無此條，且成縣不屬鞏昌府。蓋兩注所引爲乾隆志歟？按紀要五九成縣龍門戍條亦云：「今縣東有龍門鎮。」然非此詩所詠者。

按水經注二〇漾水注，漢水「東南逕瞿堆西，又屈逕瞿堆南……又東合洛谷水。」「洛谷水……南逕仇池郡西，瞿堆東，西南入漢水。」又據三秦記（後漢書白馬氐傳·李賢註引），瞿堆仇池山東面爲洛谷水所衝激。漾水注下文云：

「漢水又東合洛溪水，水北發洛谷南，西南與龍門水合。水出西北龍門谷，東流……又南逕龍門戍東，又東南入洛溪水。（洛溪水）又東南逕上祿縣故城西，（按此爲漢縣）。……單流納漢。」

則此龍門戍當在仇池山東南不遠處，在漢上祿縣之西北，參看水經注圖。一統志階州卷古蹟目亦云龍門戍在仇池東南，是也；則在洛谷城之南矣。前考塞峽引通鑑一四一，楊靈珍遣弟建屯龍門，當卽此地。杜詩龍門鎭殆亦此地無疑。一統志階州卷山川目，仇池山，「方輿勝覽，在郡（成州）西百里。下有飛龍峽，以氐楊飛龍所據而名，其東乃杜甫天寶間避亂住此。」又古蹟目引元統志，杜甫宅在飛龍峽東。飛龍峽殆卽龍門鎭地，杜翁所經，非住此也。漢上祿縣故城，當本爲古代道路所經，故置縣，而在龍門鎭東南，方位正當龍門入同谷道，故疑亦在唐道中也。石龕地望雖無考，要在龍門東南地區無疑。

又折東行至積草嶺（今成縣西約百里），杜翁有詩。嶺有支路通鳴水縣（今略陽西蓋百餘里）。

杜翁第十詩積草嶺。詩云：「卜居尙百里，休駕投諸彥，邑有佳主人，情如已會面。」卜居者指同谷縣而言，是此嶺去同谷尙百里也。又云：「山分積草嶺，路異鳴水縣。」是此嶺有分道至鳴水。元和志二二興州有鳴水縣，在州西百一十里，則分道至鳴水，蓋南行也。而一統志秦州卷山川目，積草山「在徽縣北四十里，接成縣界。」下引杜翁詩。則在唐同谷之東，與「卜居尙百里」不合，且亦不能「路異鳴水縣」也，必誤無疑。次首泥功山，在同谷西，亦積草不在縣東之證。

積草又東蓋中經前代軍道要衝之濁水故城（在仇池東八十里）約八十里至泥功山（今成縣西約二十里），杜翁有詩。貞元中曾置行成州於此。相近有漢李翕西狹、天井兩治道石刻，其東卽下辨故城，爲東漢武都郡治（今成縣西二十里天井山、魚竅峽、黃龍潭）。漢、唐道，必不相遠。

濁水城在西漢水之北，當平樂水流入西漢水會口之西，南北朝時代，此城當下辨、仇池間軍道之要，已詳前考。度其地當亦在唐道上。

杜翁第十一詩泥功山。又唐末趙鴻亦有泥功山詩（全唐詩五函八册）。考南齊書五九氐楊氏傳，建武二年，「虜亦遣僞南梁州刺史仇池公楊靈珍據泥山，以相拒格。」南史七九西戎武興國傳，「齊永明中，魏南梁州刺史仇池公楊靈珍據泥功山歸齊。」當卽此山。元和志二二成州，「貞元五年，嚴震奏屬山南道，今於同谷縣西界泥公山上權置行成州。」方輿勝覽七〇同慶府，「泥功山在郡西二十里，唐正元五年權置行州，今有舊城基。泥功廟，乃石像天成，古質殊甚。唐趙鴻泥功廟詩，立石泥翁狀，天然詭怪形，未嘗私禍福，終不費丹青。」皆卽此。杜詩所詠亦此無疑。詳注引方輿勝覽，在同谷郡西二十里。是也。而一統志秦州卷山川目青泥嶺條引杜詩。蓋以詩有「朝行青泥上，暮在青泥中，」云云。檢元和志二二興州長舉縣，「青泥嶺在縣西北五十三里，接溪山東，卽今通路也，懸崖萬仞，上多雲雨，行者屢逢泥淖，故號爲青泥嶺。」就詩意言，甚有可能，但題曰泥功山，又編次秦州至同谷道上，故仍當是行至同谷以西之泥功山而作，非同谷以東百里之青泥嶺也。蓋兩處地貌相同，故詩句有「青泥」云云耳。

李翕西狹頌及天井道碑兩石刻在今成縣西二十里魚竅峽，詳後文。一統志階州卷古蹟目，下辨故城在今成縣西三十里。據西狹頌，西狹在郡城之西。續郡國志，武都治下辨。西狹既在今成縣西二十里，則郡城下辨當在峽東，東至今成縣當不滿二十里，非三十里也。

泥功又東二十里至同谷縣（今成縣治），當蜀口西北出秦隴要道，杜翁小駐，有詩多首。

杜翁有乾元中寓居同谷縣作歌七首及發同谷縣諸詩。又鳳凰臺、萬丈潭兩詩，亦翁寓同谷縣時遊覽之作，非征途所作也。

同谷與漢代下辨相近，東漢爲武都郡治所。下迄魏晉南北朝，見爲仇池東出之交通要道，已見前考。唐中葉以後，成州故治之上祿已陷屬吐蕃，州移同谷。

權德輿山南西道節度使嚴公（震）墓誌云：「以同谷、陰平備邊要害，乃建堡壘，新廪庾，禦寇有金湯之固焉。」正足見其西北出秦隴通吐蕃之形勢也，下文論交通建設工程亦可見。又下文引杜翁木皮嶺詩「首途栗亭西……辛苦赴蜀門。」此嶺只在同谷東行數十里。蓋同谷西北出秦隴，東南入蜀口，咽喉之地，形勢見重。紀要五九成縣目同谷廢縣條引王應麟曰：「成州內保蜀口，外接秦隴，山川險阻，嘗爲襟要。」是也。

同谷東南行十里至寶井堡，疑即唐初西康州故治，亦即北朝廣業郡故治，唐中葉末葉亦兩度徙成州治此。堡南對鳳凰臺，兩石雙高若闕，下臨鳳溪水。又有萬丈潭在臺西北三里，即一風景區也。杜翁遊鳳凰臺、萬丈潭，各有詩。

柳宗元興州江運記（全唐文五八〇）云：

「自長舉北至青泥山，又西抵於成州，過栗亭川，踰寶井堡，崖谷峻隘，十里百折。」

按青泥在河池南二十七里，與長舉皆當散關入蜀驛道，已詳通典所記漢中通秦川驛道篇。此記述興州北行至青泥、河池，折西至成州之道也。此見成州東行過寶井堡，渡栗亭川而至青泥。考舊書穆宗紀，長慶三年「五月，山南西道奏移成州於寶井堡。」新地志，成州，「咸通七年，復徙治寶井堡，後徙治同谷。」紀要五九成縣，寶井山在縣東南十里。引新志，又引宋石洵直城隍記，述唐長慶初遷郡治事。是唐世曾兩次徙治寶井堡，必爲當道一要地。檢方輿勝覽七〇同慶府目，寶井山條，「石洵直記，長慶中，始遷於寶井。其旁曰，紫金山，即今郡治所據。」必當道無疑。

杜翁有鳳凰臺詩云，「亭亭鳳凰臺，北對西康州。」檢新志，成州同谷縣，「武德元年，以縣置西康州。貞觀元年，州廢來屬。」則州在同谷縣治之近處。杜詩詳注引方輿勝覽：「鳳凰臺在同谷東南十里，山腰有瀑布，名迸璣泉，天寶間哥舒翰有題刻。」（按此見勝覽七〇同慶府目。）又輿地碑記目四成州碑記（參輿地紀勝一九五成州）：

「鳳凰山，有唐天復七年天雄軍指揮使知成州李彥琛修經閣碑。」「大雲寺石碑在鳳凰山上，去州七里，創始莫考。殿後崖上有刻字，云漢永平十二年。又經閣崖上刻云，梁大同九年。」皆卽一地。是成州東南近處之名勝區也。水經注二〇漾水注，「濁水南逕槃頭郡東，（孫校曰，元和志槃頭故城在長舉縣南三里。）而南合鳳溪水。（孫校曰，隋志順政郡有鳳谿水。）水上承濁水於廣業郡，南逕鳳溪中，有二石雙高，其形若闕。漢世有鳳凰止焉，故謂之鳳凰臺，北去郡三里，水出臺下東南流，左注濁水。濁水又南注漢水。」此其形勢矣。臺在同谷東南十里，而北對西康州，前考寶井堡卽在縣東南十里之東行道上，疑西康州故治亦卽在寶井堡耳。又酈注，臺北去廣業郡三里，疑郡亦在堡處。紀要寶井山條又云：「又東南爲太祖山。宋李宜記云，巖巒聳秀，林壑深邃，下瞰數州，歷歷可辨。」所謂數州者卽此諸州郡故治也。杜集編次，此詩次積草嶺、泥功山之後，寓居同谷縣作歌七首之前，似當在成州東南至同谷道上作。然地在同谷東南十里，杜翁自成州南來之旅程似不應先繞經同谷東南。今檢各本標題下皆有原注：「山峻，人不至高頂」一句。按通道所行，例不經高頂。杜翁此段行程諸詩皆無此類原注，惟此題有之，似爲杜翁寓居同谷時遊覽之作，作於七歌之前，故次於成州東南來最後一詩泥功山之後，而實非旅程中所作也。惟其發同谷縣之次一詩木皮嶺云：「首路栗亭西，尙想鳳凰村。」鏡銓七引朱注，「鳳凰村當與鳳凰臺相近。」一統志階州卷山川目，鳳凰山卽鳳凰臺。引方輿勝覽，「在縣東南七里，下有鳳村。」卽此鳳凰村矣。按栗亭在同谷東不逾四五十里，詳下文。發栗亭西，而聯想到鳳凰村，正與臺之地望相當。朱說是也。就方位言，鳳凰臺村當卽近東南行之通道。此臺北對西康州治，州治必當道，尤臺村近通道之明證。然詩云：「尙想鳳凰村」，似此行未經過臺村，只是回想前次登臨賦詩耳。大約杜翁發同谷縣，當日經寶井堡，宿栗亭之西，次日又首路至木皮嶺也。

杜集各本編次，同谷七歌之後，發同谷之前又有萬丈潭一詩。詳注：「原注，同谷縣作。方輿勝覽，萬丈潭在同谷縣東南七里，俗傳有龍自潭飛出，夢弼曰，同谷有鳳凰潭，一名萬丈潭，蓋兩山危立，其下泓澄萬丈。」是萬丈潭與鳳凰臺爲同一地區，惟臺又在潭東南三里耳。此詩亦遊覽時作，非行旅中作也。

寶井又東經栗亭約五十里登木皮嶺，杜翁皆有詩。木皮嶺詩云，「始知五嶽外，別有他山尊。」其高峻可見。舊有閣道，乾元中已廢。地當蜀口、鳳、興通秦、隴咽喉，唐末曾置關。

唐末趙鴻有栗亭詩（全唐詩九函八册）云：「杜甫栗亭詩，詩人多在口。」注：「趙鴻刻石同谷曰，工部題栗亭十韻，不復見。」則杜翁於栗亭亦有詩，早佚。

杜詩詳注九第一首發同谷縣。次卽木皮嶺云，「首路栗亭西，尙想鳳凰村，季多携童稚，辛苦赴蜀門。南登木皮嶺，艱險不易論。汗流被我體，祁寒爲之暄，遠岫爭輔佐，千巖自崩奔，始知五嶽外，別有他山尊！」此狀其高險。又云：「高有廢閣道，摧折如斷轅。」則舊閣更高，今已廢棄。新二二五下黃巢傳，王鐸爲都統，「置關於沮水、七盤、三溪、木皮嶺，以遮秦隴。」亦以此處爲鳳興入秦隴之咽喉也。宋史四四九忠義曹友聞傳，元兵破武休關，遂入金牛至大安，又分兵自嘉陵江、木皮口突出」云云，亦其地。詳注引方輿勝覽，「木皮嶺在同谷縣東二十里，（按此句見勝覽七〇同慶府目，卽同州。）河池縣西十里。杜甫發同谷取路栗亭，南入郡界，歷當房邨，度木皮嶺，由白水峽入蜀，卽此。（按自河池縣以下，見勝覽六九鳳州目。）黃巢之亂，王鐸置關於此，以遮秦隴，路極險阻。（按黃巢以下，見勝覽七〇同慶府目。）」又引一統志，「木皮嶺在鞏昌府徽州西十里。」紀要五九徽州目，里距同。嘉慶一統志階州卷山川目、秦州卷山川目亦畧同。秦州卷引舊志，「在州西十五里，又見成縣。」蓋謂徽州西十五里。按徽西十五里卽唐河池縣矣，十里更在河池之東，皆與勝覽不合，必誤無疑。然照勝覽說，同谷至河池僅三十里，亦必有誤。檢九域志三鳳州目及成州目，述兩州界首至成州之里距有三，最小者爲五十五里。按河池屬鳳州。則河池至同谷絕不能少過六七十里。檢一統志秦州、階州卷沿革目，今成縣東至徽縣九十里。又階州卷關隘目，成縣在城驛東至徽縣九十里。則唐宋同谷至河池當約七十五里之譜，與九域志合。勝覽三十里之數必誤無疑。

據柳宗元記，栗亭在寶井之東。又據杜詩，栗亭當在木皮嶺之西。檢一統志秦州卷關隘目，「栗亭鎮在徽縣西二十里。以近栗亭故城而名，又西有泥陽鎮，接階州成縣界。」又山川目，「栗亭河在徽縣西三十里，與成縣橫川河合，流入大河，爲畧陽白水江。」是栗亭故城在木皮嶺之西，與詩合，然在徽縣西不過三十餘里，在唐河池西更不遠。勝覽云木皮嶺在河池西十里，或可信。又紀要五九成縣，「泥陽川在縣東五十里，祝穆云，水自天水谷發源，東南流至泥陽鎮，與栗亭水合，東南入徽州界注嘉陵江。」則栗亭當在成縣東五十里以上。同書同卷卽云栗亭城在成縣東五十里。木皮嶺既更在東。其地距河池近而距同谷遠，其距同谷當在五十里以上，譌爲二十里也。

又東蓋十里至河池縣（今徽縣西十五里），接散關通漢中、劍南之驛道。其南二十七里青泥驛卽南向入蜀之第一驛也。

方輿勝覽云，木皮嶺在河池西十里，前已引證。河池當散關南來之驛道，及青泥嶺置驛，在河池南之里程，皆詳通典所記漢中通秦川驛道篇。杜翁既登木皮嶺，是必東至河池縣矣。

杜翁至河池未卽南循驛道入蜀，而東北循驛道至兩當（今縣東三十五里），蓋因事枉道也，有兩當縣吳十侍御江上宅詩。

杜集各本秦州諸詩最後一首爲兩當縣吳十侍御江上宅，此後卽發秦州詩。如此編次，則以此詩爲杜翁在秦州時所作。故鏡銓云，「時將赴同谷。」詳註引鶴注：「殆是公自秦西至同谷時，道經兩當，故作此詩，蓋乾元二年十月也。」按兩當在今兩當縣東三十五里，西北至秦州數百里，自不當列入秦州詩無疑；然杜翁自秦州至同谷，取上祿道，已見前考，絕非經兩當，故鶴注亦非。蓋公至河池，未卽時南行入蜀，而曾因事枉道先東至兩當耳。河池、兩當皆在散關入蜀驛道上，詳通典所記漢中通秦川驛道篇，故此詩當編次木皮嶺之後。

然後再西返河池，取驛道南行，經青泥嶺，白沙渡，至興州（今畧陽治），又經飛仙閣（今畧陽東南四十里）入蜀口也，兩渡一閣皆有詩。兩渡當在青泥以南諸水之會至畧陽縣北之一段途中。

河池南循驛道之行程，及青泥驛、興州、飛仙閣，已詳通典所記漢中通秦川驛道篇及金牛成都驛道篇，玆從畧。惟補論杜翁兩渡詩。杜集，同谷南行詩，首爲發同谷縣，木皮嶺次之，以次爲白沙渡、水會渡（會一作回）、飛仙閣、五盤、龍門閣諸詩。詳注引方輿勝覽，「白沙渡、水回渡俱屬劍州。」又引鶴注，「渡名水會，即前所謂合鳳溪也。」是仇氏未有定見。鏡銓引浦注以勝覽非是；白沙渡「當即成州渡嘉陵江處。」水會渡，當即嘉陵江會東谷等水處，在畧陽。按勝覽誤說，絕無可疑。若編次不誤，則此二渡當在河池與興州百數十里間無疑，鶴、浦兩說爲近。按此地區水流複雜。白沙渡云：「畏途隨長江，渡江下絕岸。」水會渡云，「大江動我前，洶若溟渤寬。」鏡銓謂皆指嘉陵江，當是。據水經漾水注，濁水、兩當水（故道水）會於河池縣南境，又南逕盤頭郡東，右有鳳溪水來會，又南注西漢水。「漢水又東南歷漢曲，逕挾崖，與挾崖水合。……又東逕武興城南。」武興即唐之興州，今之畧陽。白沙、水會，或當在今畧陽西北故漢曲、挾崖地區歟？檢畧陽縣志一山川目，青泥嶺之南有大八渡山在縣北七十里，險峻當道。小八渡山在縣北一百五里，「北麓白水江，山立水環，鳳徽要路。」又白水江條述青泥以南諸水之會甚詳。杜詩之白沙渡、水會渡當於此求之。

就上考行程言，自同谷東經河池，折南至興州，蓋凡二百五十里之譜；前據地書計之，同谷至興州約一百六十七里者，蓋同谷東南有捷徑取鳳溪水谷道而行歟？

前考同谷河池間約七十五里之譜；又河池南行二十七里至青泥嶺驛，又五十三里至長舉縣，又百里至興州，詳通典所記漢中通秦川驛道篇；故此道合約二百五十里也。則一百六十七里之數當是捷道，非杜翁所行者。檢地典，鳳凰臺在畧陽西北一百二十里。檢水經注圖，當是沿鳳溪水而行者歟？蓋同谷東行通道，自寶井堡分支沿鳳溪直至興州耳。

興州而南，杜翁行經飛仙閣（今畧陽東南三十里），取金牛、劍閣道至成都，另詳金牛成都驛道篇。

大抵秦州南行，自赤谷雖已入山險；然鐵堂峽以南至鹽井一段，行高原平坦地；祁山以南，則道里愈南，艱險益甚，杜翁青陽峽詩云「南行道彌惡」，「突兀猶趁人」，蓋紀實也。詩評家江盈科云，少陵秦州以後詩，突兀宏肆，迥異前作，非有意換格，乃蜀中山水挺特奇崛，獨能象景傳神，爲眞手筆耳。

此約青陽峽詩鏡銓引江氏語。

以上秦州西南經成州故治上祿縣及仇池地區，折東南至同谷，接河池、青泥嶺路也。此蓋自古大道，故杜翁取此道入蜀口。然此道頗迂，其自秦州至同谷（古下辨，今成縣）及上祿至同谷皆有捷道。上祿至同谷捷道一百八十里；秦州至同谷之捷道，至五代用兵已可證，行程不踰三百里。

通鑑二六九後梁貞明元年紀云：

「十一月……已巳，蜀王宗翰引兵出青泥嶺，克固鎭，（九域志，鳳州河池縣有固鎭。）與秦州將郭守謙戰於泥陽川，（九域志，成州栗亭縣有泥陽鎭。）蜀兵敗，退保鹿臺山（今成州東十里有鹿玉山）。辛未，王宗綰等敗秦州兵於金沙谷，擒其將李彥巢等，乘勝趣秦州。甲戌，王宗綰克成州，擒其刺史李彥德。蜀軍至上染坊，秦州節度使李繼崇遣其子彥秀奉牌印迎降，宗絳〔綰〕入秦州。」

按此條書事，蜀軍北入秦州之路線爲一道或兩道，不甚明顯。紀要五九秦州金沙谷條，以爲王宗綰由金沙谷經上染坊（引舊志，坊在州南三十二里）至秦州。此雖有想像爲一條路線之嫌，然此時成州在同谷縣，進兵路線當由同谷北趣秦州，未繞經仇池、上祿，殆無可疑。九域志三，成州「北至本州界七十里，自界首至秦州一百九十五里。」共二百六十五里。秦州目，同。此卽同谷直北趣秦州之道矣。至於上祿至同谷捷徑：元和志記同谷西北至成州治所上祿縣一百八十里；但前考上祿南行經駱谷，龍門，折東至同谷，行程殆二百五十里以上，知此一百八十里當爲捷徑。前考鐵堂峽以南地平衍、宋置地網事，引雲麓漫鈔，仙人關左出之道「自成州經天水縣，出皁郊堡直抵秦州。」地平衍，置地網。天水、皁郊、地網皆在唐長道縣以北之唐道上。又嘉定間，金人進兵由皁郊至西和州，宋兵攻秦州至赤谷，退由西和州至成州（即同谷），是宋代大道，由同谷西北至西和州（今縣，在唐成州南二三十里），再折東北至秦州。其西和、同谷間，即元和志所記一百八十里之故道矣。

（三）今成縣略陽地區漢唐時代之水陸交通建設工程

今成縣、畧陽，唐爲同谷縣、順政縣，漢屬下辨、沮縣境。此一地區，轂綰東西南北交通樞紐，秦、隴、楚、蜀於此分途，然地當嘉陵江諸上源之西漢水（漾水）、濁水（白水）、兩當水（散關水）及諸小谷水之會。山勢險阻，河谷複雜，湍急幽深，水陸交通皆稱艱困，時有顚覆賈墜之禍，故自漢以下，地方長官屢加鑿治，或開通山隘建棧閣，或疏鑿河谷通水運。如東漢安帝元初間，武都太守虞詡開通沮縣（今畧陽東北一百十里）至郡治下辨（今成縣西不到二十里）之漕運。此其一。

後漢書五八虞詡傳：

「羌寇武都，鄧太后以詡有將帥之畧，遷武都太守。……先是運道艱險，舟車不通，驢馬負載，僦五致一。詡乃自將吏士，安行川谷，自沮至下辯〔辨〕數十里，皆燒石翦木，開漕船道，以人僦直，雇借傭者，於是水運通利，歲省四千餘萬。」（李賢注：「沮，今興州順政縣也；下辯，今成州同谷縣也。」）

水經注二〇漾水注：

「濁水又東逕白石縣南。續漢書曰，虞詡爲武都太守。下辨東三十餘里有峽，峽中白水生大石，障塞水流，春夏輒濆溢，敗壞城郭，詡使燒石，以醯灌之，石皆碎裂，因鐫去焉，遂無泛溢之害。……濁水又東南，兩當水注之。水出陳倉縣之大散嶺，西南流入故道川，謂之故道水。……故道水南入東益州之廣業郡界，與沮水枝津合，謂之兩當溪，水上承武都沮縣之沮水瀆，西南流注于兩當溪。虞詡爲郡漕穀布在沮，從沮縣至下辨，山道險絕，水中多石，舟車不通，驢馬負運，僦五致一，詡乃于沮受僦直約自致之，即將吏民按行，皆燒石㰚木，開漕船道，水運通利，歲省萬計，以其僦廩與吏士，年四十餘萬也。又西南注于濁水。濁水南逕槃頭郡東，而南合鳳溪水。」按下辨城在今成縣西不到二十里，詳前文。檢元和志二二興州，沮水出順政縣（今略陽）東北八十一里，槃頭故城在長舉縣（今略陽北約八十里或一百里）南三里。一統志漢中府卷古蹟目引縣志，「沮縣故城基在略陽縣東一百十里，沮水河側。」所謂東蓋東北也。則此項工程大約在今略陽縣北七八十里處，西通成縣之水道中。紀要五九成縣目，指此工程在西漢水中，參之酈注次第，恐有未合。

靈帝建寧間，武都太守李翕於郡西狹中及天井山（皆今成縣西約二十里天井山、魚竅峽、黃龍潭地），緣壁立之山，臨不測之溪，鑿崖治路。此其二。又於沮縣西嘉陵江右岸（西岸）郙閣崖險處（今略陽西三十里白崖），鑿壁架橋三百餘丈。此其三。此三事皆爲漢世有名之交通建設工程。

隸釋四武都太守李翕西狹頌（參兩漢金石記一三）：

「郡西狹中，道危難阻峻，緣崖俾閣，兩山壁立，隆崇造雲，下有不測之谿，阨芒〔窄〕促迫，財容車騎，進不能濟，息不得駐，數有顚覆霣墜之害，過者創楚，惴惴其慄。君踐其險，若涉淵水〔冰〕，嘆曰，……今不圖之，爲患無已。勑衡官有秩李瑾、掾仇審，因常繇道徒，鐉燒破析，刻臽（陷）碓嵬，減高就埤，平夷正曲，柙致土石，堅固廣大，可以夜涉，四方無雍，行人懽悀（踊）。」

又李翕析里橋郙閣頌（同上）：

「惟斯析里，處漢之右，谿源漂疾，橫柱〔注〕于道，涉秋霖漉，盆〔溢〕

溢□滿，濤波滂沛，激揚絕道，漢水逆讓〔瀼〕，稽滯商旅，路當二州，經用衧沮。沮縣士民，或給州府，休謁往還，恆失日晷，行理咨嗟，郡縣所苦。斯谿既然，郙閣尤甚，緣崖鑿石，處隱定柱，臨深長淵，三百餘丈，接木相連，號爲萬柱，過者慄慄，載乘爲下，常車迎布，歲數千兩，遭遇隤納，人物俱隋，沈沒洪淵，酷烈爲禍，自古迄今，莫不創楚。於是太守（畧）李君諱翕……閔此爲難，其日久矣，……乃俾衡官掾下辨仇審改解危殆，即便求隱，析里大橋於今乃造，校致攻堅，□□工巧，…醳〔釋〕散關之山嶄漯，從朝陽之平慘〔燥〕，減西□□高閣，就安寧之石道……。」

又隸續一一武都太守李翕天井道碑云：

「斯道狹阻，有阪危峻，天井臨深之阨，多雪則凍渝，夏雨滑汰，頓躓傷害，民苦拘駕推排之役，勤勞無已，過者戰戰〔戰〕以爲大憾〔慼〕。太守漢陽阿陽李君履之若辟風雨，部西部道橋掾李墨（闕）鏍鎚西坂天井山上（闕）人〔入〕丈四尺，堅無臽〔陷〕潰，安無傾覆，四方賴之。」

按李翕以靈帝建寧三年到武都太守任，明年治西狹，又明年建析里橋，治天井道，皆刻石記事。洪氏西狹頌跋云：「李君治武都橋道，前後三處磨崖，棧險架橋則郙閣，鑿崖治路則西狹、天井。……南豐曾子固跋此碑云，翕與功曹史李旻定策，勑衡官掾仇審治東阪，有秩李瑾治西阪，鏍燒火（檢元豐題跋作大，是。）石，人得夷塗，作頌刻石。其文有二，所識一也。其一刻於四年六月十三日壬寅，其一是年六月三十日刻。今集古之家惟有壬寅一碑。李旻定策，碑中不見，天井屬吏却有李旻姓名，始知南豐非輕信異聞，必是西狹第一碑所載。」今按仇審治東阪、李瑾治西阪，當亦狹西另刻所載者。

洪跋又云：西狹、天井兩摩崖在成州，郙閣摩崖在興州。按輿地碑記目四成州碑記（參輿地紀勝一九五成州）云：

「漢武都太守李翕磨崖頌……建寧四年造。今碑在魚竅峽。漢天井記，……建寧五年造。……同谷志云，後漢建寧四年，武都太守李翕修道記并黃龍、白鹿、嘉禾、甘露、木連理石刻，建寧五年天井山修道記，熹平三年太守耿勳政績記幷題名記，並在封泉保魚竅峽。」

檢紀要五九，魚竅峽在成縣西二十里。又一統志階州卷山川目，天井山、魚覈峽皆在成縣西二十里。同卷目萬丈潭條，「黃龍潭在縣西二十里，其深莫測，有東漢武都太守李翕磨崖記。」則李翕之西狹、天井兩治道工程皆在成縣西二十里，魚竅峽又名黃龍潭，蓋更小地名也。不知唐代杜翁所行是否卽漢代舊道；若爲舊道，當與泥功山相近矣。

又輿地碑記目四沔州碑記（參輿地紀勝一九三沔州）：「郙閣漢銘，文同題靈巖寺詩云，南征曾讀浯溪誦（頌），西遡今觀郙閣銘。」檢一統志漢中府卷山川目云：

「郙閣在畧陽縣西，漢太守李翕建。……方輿勝覽，郙閣在靈巖寺。縣志，閣在縣西二十里，臨江崖高數十丈，俗名白崖，水溢則上下不通，故李翕鑿石架建閣以濟行人，廢址猶存。宋理宗時，太守田克仁以銘字昏訛，重刻於靈巖之絕壁，在今縣南。」

又檢道光畧陽縣志一山川目云：

「白崖：嚴志，在西三十里，兩岸夾對，屹立百仞，江水從中流出，卽今白口之析里塥（下引郙閣銘）……爲赴甘大路。」

則郙閣在今畧陽西二十里或三十里，嘉陵江之右岸，當南北大道，亦當沮縣西通武都之道。據漢中地區文敎局與畧陽縣文化館合編之郙閣頌摩崖石刻（文物1976年6期）所引各地志，皆作縣西三十里，一統志字譌。

稍後熹平間，太守耿勳復於郡西狹中治道。

隸續一一武都太守耿勳碑云：

「脩治狹道，分子効力。」

末行云熹平三年四月二十日造。是耿勳亦曾治狹道。洪跋云，碑在成州同谷縣。輿地碑記目四成州碑記引同谷志，漢耿勳碑亦在魚竅峽。是所修治之狹道仍卽在西狹、天井地區也。

唐世此道仍極艱險難行，柳宗元興州江運記云：「自長舉北至於青泥山，又西抵於成州。過栗亭川，踰寶井堡，崖谷峻隘，十里百折，負重而上，若蹈利刃，盛秋水潦，窮冬雨雪，深泥積水，相輔爲害，顚踣騰藉，血流棧道，糗糧芻藁，塡谷委山，馬牛羣畜，相藉物故，……若是者綿三百里餘。」此最具體狀之矣。故貞元末嚴礪爲山南西道節度使，大治同谷至興州之水道，以替陸運。

柳記見全唐文五八〇。記云：「興州之西爲戎居，歲備亭障，實以精卒，以道之險隘，兵困於食，守用不固。」下述道險狀況如綱文所引。又云：

「自長舉之西，可以導江而下二百里而至，昔之人莫得知也。……乃出軍府之幣，以備器用，卽山僦功，由是轉巨石，仆大木，焚以炎火，沃以食醯，摧其堅剛，化爲灰燼，……乃闢乃墾，乃宣乃理，隨山之曲直以休人力，順地之高下，以殺湍悍，厥功旣成，咸如其素，於是決去壅土，疏導江濤，……雷騰雲奔，百里一瞬，旣會旣遠，澹爲安流，烝徒謳歌，枕臥而至，戍人無虞，專力待寇。」

是此項工程，不但疏江流，蓋且鑿運河。按新志，興州長舉縣，「元和中，節度使嚴礪自縣而西，流〔疏〕嘉陵江三百里，焚巨石沃醯以碎之，通漕以饋成州戍兵。」卽指柳文所記者。指爲元和中嚴礪事。按此記首云：「御史大夫嚴公牧於梁五年。」檢唐方鎭年表四，興元節度使，嚴震自建中三年至貞元十五年六月卒；嚴礪繼任，至元和元年遷東川。記又云，公曰吾嘗爲興州。據舊紀及兩書礪傳，礪由興州刺史遷節度，則此嚴公卽礪無疑。牧梁五年，當在貞元十九年，非元和中；新志三百里，若非誤讀柳文，卽傳刻之譌。

又長舉之西可導江而下二百里而至者，至興州也。其上流當在同谷縣東西地區。紀要五九成縣，「東河在縣治東，源出秦州，南入龍峽，又東南至畧陽縣境入嘉陵江，卽唐元和中山南節度使嚴礪通運道餉成州戍卒處也。」未知確否？又按同書有「龍峽在縣南十里，峽南半山有洞曰雷洞，宋紹興初金人南侵，郭執中集鄉豪守此以拒之。」是果亦一通道也。

然行旅往返仍以木皮嶺爲要徑，故唐末置關以遮秦隴也。

參看圖十三

一九七三年十二月六日初稿；一九七四年一月十日改訂畢，刊新亞學報第十一卷下冊。一九八三年十月廿一日改定稿，一九八五年六月五日初校訂正。

附辨一　武街與武階辨

本篇論曹魏伐蜀路線，引魏志鍾會傳及通鑑七八景元三年紀，述諸葛緒一軍由祁山經建威，武街，至橋頭。祁山在今禮縣東南、西和之北，建威在今西和稍西北，橋頭在文縣河、白龍江會合處稍西地區；惟武街地望待考。今考武街之名，王氏合校水經注二〇漾水注凡數見。注云：

「漢水南入嘉陵道而爲嘉陵水。……又東南得北谷水，又東南得武街水。（官本曰，近刻訛作城階水。案朱同；趙改武階水。）又東南得倉谷水，……又東南逕瞿堆西。……又東合洛谷水，……又東合洛溪水……。漢水又東南逕濁水城南，又東南會平樂水（趙作洛），水出武街（朱趙作階。朱箋曰，宋本作源。埠按下文數舉武街，知階當作街，而宋本自誤耳。十六國春秋亦作武街。）東北四十五里，……逕甘泉戍南，又東逕平樂戍南，又東入漢，謂之會口。漢水東南……與脩水合。水總二源，東北合漢。漢水又東南……與濁水合。水出濁城北，東流與丁令溪水會。其水北出丁令谷南，逕武街城西，東南入濁水。濁水又東逕武街城南，故下辨縣治也，……今廣業郡治。」

按瞿堆即仇池、百頃山，在今成縣西、西和縣南，約E105°10′．N33°50′地區，下辨在今成縣西約二十里處，皆詳本篇。則此四個武街之名，當在東西兩個地區。丁令溪水與濁水所逕之武街城爲一地無疑，在今成縣稍西者。平樂水發源之武街則與武街水在同一地區，武街當亦城名，殆因水受名者。楊氏水經注圖，以平洛水即今譚家河；

張編地圖集・四川人文圖，此段西漢水有一支源，發源於武都縣東北地區，沿流尚有甘泉、平洛地名，當卽古平洛水。則此武街城當在今武都縣以東地區；與成縣之武街故城，相去甚遠。又按合校水經注三二羌水注云：

「羌水……東南流逕宕昌城東，……又東南逕宕婆川城東，……又東南逕武街城西南，（官本曰街近刻作階。案朱趙作階。）又東南逕葭蘆城西。」

按葭蘆城在今武都縣東南七十里，白龍江之東岸，約今臨江關稍北地區，已詳本篇。則此武街城，卽漾水注所記平樂水源頭西南四十五里之武街無疑矣。而此武街城，卽魏書地形志、隋書地理志之武階郡，隋唐置之覆津縣所在，其地在今武都縣治，另詳本篇附辨二唐代武州及覆津縣治所今地辨。此武都縣之武街故城東北至成縣之武街故城二百里以上。就魏志鍾會傳及通鑑景元三年紀書諸葛緒進軍路線而言，由祁山，經建威，至橋頭。是由西漢水上源度入白龍江流域，其所經之武街，必卽平洛水發源處之武街，非成縣之武街也。魏志四陳留王紀，集解云「蓋緒由祁山趣武都，又由武都至橋頭，武都今甘肅成縣，橋頭今文縣。」蓋不知今武都縣卽古武街耳。

或者曰，酈注，平洛水上源之武街，羌水東北之武街城，誠當爲一地無疑。各然本或作「武階」，楊疏引地形志，南秦州有武階郡，謂作「階」爲正。然則作「街」者得非譌文歟？

按「街」「階」各有兩音，皆各相同，故自古常見混淆。此處魏書地形志作武階郡，隋書地理志武都郡覆津縣條及元和志三九武州福津縣條並同。而四庫善本叢書本通典一七六武州覆津縣「後魏置武衞郡」，「衞」明爲「街」之形譌，則作「街」也。是北魏時代，此一地名除水經注各本「街」「階」互異外，他處所見，亦然。

復考晉書地理志秦州目，惠帝分隴西郡之狄道、臨洮、河關三縣，別立武街等六縣，共九縣，置狄道郡。同書八六張駿傳，「因長安亂，復收河南地，至於狄道，置武衞〔街〕、石門、侯和、漒川、甘松五屯護軍。」通鑑九四晉咸和五年，述張駿收河南地，置五屯護軍。胡注舉五護軍之名，作武街。同書九七晉永和二年，「趙將軍王擢擊張重華，襲武街，執護軍曹權、胡宣。」是晉世狄道左近有武街之名也。考水經注二河水注，「灕水又西北逕武街城南，又西北逕狄道故城東。…漢隴西郡治。」通鑑永和二年紀及下文所引開元二年紀，胡注引此並作武街，卽晉世之武街城矣。而酈注朱本、趙本皆又作武階。考唐世此地名固當作「階」。如舊九三薛訥傳，及舊一九六上吐蕃傳，開元二年，吐蕃入寇，至渭州之渭源縣，詔訥邀擊，破之於渭源之武階驛。新書列傳及册府元龜九八六記此事皆同。舊九三王晙傳云，「擊吐蕃至武階谷」，蓋驛因谷受命也。而通鑑二一一開元二年紀，述此事則作武街驛。胡注：「水經注，武街城在漢狄道縣東，白石山西北，唐爲武街驛。……劉昫曰，武街驛在渭州西界。」皆作街，與兩唐書、册府異。大抵狄道左近之此名，晉世本作「武街」，至唐已因音譌而正式作「武階」，至於漾水注上流之諸名，酈注既「街」「階」互見，而三國志作「街」，地形志作「階」，皆甚古，似未能定其本原矣。惟古代邊區地名，字音重於字形，要當考究地望之所在，正不必强辨字形之正誤矣。

附辨二　唐代武州及覆津縣治所今地辨

通典一七六，武州又名武都郡，治將利縣，外領覆津、盤堤兩縣。元和志三九，同；惟覆津作福津。寰宇記一五四，本名覆津，後陷吐蕃，「唐景福元年再置縣，改爲福字。」新志，同。疑前已易嘉名，不始於唐末。

關於武州及覆津縣治所之今地，一統志階州卷古蹟目，將利故城在州西北。按明清之階州即今武都縣治。則唐之武州治所將利縣在今武都縣西北也；但里距不詳。紀要五九，將利城在階州北三百十里，顯誤。又紀要，福津廢縣在階州東八十里。一統志云在州東南；引通志，與紀要同。階州續志一五古蹟目，云福津故城在州東南八十里，「即今之福津溝也。」同書三一藝文上魏鯨福津縣廣嚴院記（淳熙十五年），「西距郡城六十里，並□東行兩山間曰福津谷。」是謂唐福津縣在今武都縣東南八十里或六十里福津谷溝中也。

然階州續志二，引通志，「平樂水在州東北四十五里，東北流入西漢水，謂之會口。」考水經注二〇漾水注，「東南會平樂水，水出武街東北四十五里，更（楊疏疑當作東）馳，……逕甘泉戍南，又東逕平樂戍南，又東入漢，謂之會口。」武街，朱、趙本皆作武階，兩字通用，即魏書地形志南秦州之武階郡也。楊疏，平樂水，今曰譚家河，出階州東北。與續志引通志說合。則北魏武階城當卽在今武都縣治。考隋書地理志，武都郡，「覆津，後魏初曰甑當，置武階郡，西魏又置覆津縣。」通典一七六，「覆津，後魏置武衞〔街〕郡，仍置覆津縣。」元和志，福津縣「本後魏之武階郡也。……文帝又置福津縣，屬武階郡。開皇三年罷郡，移福津縣於郡置焉，屬武州。皇朝因之。」則唐之福津縣與後魏武階郡同治。亦在今武都縣治也。是與上引通說在今武都縣東南八十里者大不相同。

今按引漾水注，平樂水發源武階郡東北四十五里，東逕甘泉、平樂兩戍之南。檢張編地圖集・甘肅寧夏東部人文圖，武都東北不遠處（E105° 線上）有甘泉地名，其處有一水東北流經平洛南，卽酈注之平樂水無疑。武階在甘泉西南四十五里以上，非今武都縣莫屬矣。則續志引通志，是也。且元和志三九武州郭下縣將利，有「羌水一名陵水，經州城南二里。」是州城卽在羌水之北岸。考水經注三二羌水注，「羌水又東南逕武街城西南，又東南逕葭蘆城西。」武街卽武階，卽唐之福津縣治，已如上說。復檢元和志，武州盤堤縣，西北至州百五十里，（寰宇記一五四作一百四十二里。）本古茄蘆戍，後於此置縣。羌水卽今白龍江，則唐之武州所屬三縣皆在今白龍江左岸，（就面向下游言。）其交通路線必畧沿白龍江而行矣。檢一統志階州卷古蹟目，葭蘆故城在階州東南七十里。紀要五九引舊志，同。則唐代武州治所將利縣當在今武都縣西北約七八十里之白龍江北岸。至於福津縣，既在白龍江東北岸，元和志云，福津縣西至州（武州）六十六里，（此據官本，一統志所引，同；而一本作六十里。）則地望正與今武都縣治相當，或稍西；傳統舊說在今武都縣東南八十里者，殆必誤無疑矣。

復考新書地志，階州本名武州，景福元年更名，福津爲郭下縣。寰宇記一五四，階州，後唐長興三年，移州治於福津縣。九域志三，階州亦治福津縣。是唐末至宋，州已移在福津縣。檢元史六〇地理志，階州「唐初置武州，……更名階州，宋因之。今州治在柳樹城，距舊城東八十里。」按「距舊城東」意義含混，然舊城當指宋舊城而言，元時已移治柳樹城也。宋舊城在福津縣，傳統通說福津在階州東，卽今武都縣東八十里。而上文考證，實在今武都縣治。檢張編地圖集・甘肅寧夏東部人文圖，今武都縣西、白龍江北岸有柳樹城。則所謂「距舊城東八十里」者，謂東至舊城八十里也。檢階州續志五，西固城在州西一百六十里 。 觀今圖 ， 柳樹城在武都、西固正中間，則其東至武都正約八十里之譜。是宋之階州卽在今武都縣治，亦卽唐宋福津縣在今武都縣治或其左近之又一旁證，不在其東八十里也。然則唐之武州舊治將利縣者，亦當在今柳樹城或稍東地區矣。蓋唐末移州治於福津，卽今武都縣治；元又西移至隋唐故治耳。又考隋書地理志，武都郡治將利縣，「舊曰石門，……後周改曰將利，置武都郡。」則將利本名石門。石門之名極常見，本難確指，然檢張編地圖集，武都縣與柳樹城之間白龍江北岸有石門地名 ， 與上考將利縣地望相當 ， 殆卽其遺蹟歟？要之，隋唐之武州治所將利縣若不在石門或柳樹城 ， 當卽在兩地之間 ， 不能出此範圍也。

又按元和志，後魏平仇池，於仙陵山東置武都鎭，宣武帝於鎭城復置武都郡，廢帝改置武州。「仙陵山在（將利）縣西六里。」寰宇記一五四，同。前考隋唐福津縣在今武都縣治，卽明淸階州所治，隋唐武州、武都郡治所將利縣在福津西六十六里，山又在將利城西六里，則山在舊階州西，今武都縣西約七十里也。檢一統志階州卷山川目，仙陵山在州南，引舊志，仙靈山在今州南三里。此明爲後代傅會名之，决非元和志之仙陵山也。一統志又有武都山，「在州西境，山甚高大，爲一方巨瞻。」階州續志二引通志，「武都山在州西七十里 ， 與西固所接界 ， 州西南大山也。」紀要五九，同。此武都山當爲元和志所記之仙陵山，蓋因郡而易名耳。從另一方面說，此亦唐之武州舊治在今武都縣西約近七十里之一旁證也。

隋唐覆津在今武都縣治，武州治所在其西約七十里，今石門、柳樹城地區，已考明如上。然則何以覆津有在郡州東八十里之說？曰，此亦有故。蓋一則因郡州治所屢次沿白龍江上下移動，遂致福津地望易生誤會。再則覆津縣治亦曾東西移動也。如前引元和志，「福津本後魏之武階郡，文帝又置福津縣，屬武階郡，開皇三年罷郡，移福津縣於郡置焉，屬武州。」則福津縣初置爲覆津縣時，本不在武階郡治，卽不在今武都縣治也。又考舊唐書地理志，武州覆津縣「後魏置武階郡，又於今縣東北三十里萬郡故城置覆津縣。」寰宇記一五四，亦云「大統五年，於今縣東北三十里故萬郡城置覆津縣 。」則北魏始置覆津縣固在唐福津縣東北三十里 ， 卽在今武都縣東北三十里也。前引階州續志兩條所見，宋有福津谷，今曰福津溝，殆卽其地矣。考魏書五一皮豹子傳，爲仇池鎮將，宋使楊文度爲武都王守葭蘆。進圍武都（此在仇池之東者），懼豹子斷其糧道，「回軍還入覆津，據險自固。（劉）義隆恐其輙回，又增兵益將，令晋壽（在今昭化），白水（今昭化北白水街地區）送糧覆津，漢川（漢中）、武興（今畧陽縣）運粟甘泉（即上文所引酈注之甘泉戍），皆置倉儲。」同卷皮喜傳：「太和三年，（宋）劉準葭蘆戍主楊文度遣弟鼠竊據仇池。喜率衆四萬討鼠，軍到建安（今西和、禮縣間），鼠棄城南走；進次濁水，……遂軍於覆津。文度將强大黑固守津道，懸崖險絕，偏閣單行，喜部分將士，攀崖涉水，衝擊大黑，大黑潰走，追奔西入，攻葭蘆城，拔之。」按前引寰宇記，魏置覆津縣在西魏文帝大統五年（539），而皮豹子事在北魏太武帝眞君九年（448）或十年，皮喜事在孝文太和三年（479），則置縣前一個世紀，已有覆津之名，懸崖險絕，偏閣單行，而爲津渡要道，惟其時尙未置縣耳。此殆即宋代所謂福津谷、今人所謂福津溝歟？至少地相近也。其地在今武都縣東北地區，故皮喜軍攻克覆津後「追奔西入」，蓋由覆津西取今武都，再南下葭蘆城也。故此覆津故地當在平洛水之源頭。又皮喜軍次濁水，再至覆津，觀圖十三形勢，蓋由濁水戍南渡西漢水，再循平洛水河谷而上，此亦覆津在平洛水源頭之一證。其後西魏大統中，於武階郡東北三十里之萬郡故城置覆津縣，蓋故城去覆津不遠，故取以名縣也。及隋文廢武階郡，而移覆津縣於郡治，非復覆津故地矣；而覆津故地，不害仍有覆津之名。後人不察，以隋唐覆津縣即在覆津之津渡故地，則非矣。

一九七三年十一月三十日畢稿，一九八三年十月廿一日校訂。

附篇三　中古時代之仇池山

—由典型塢堡到避世勝地—

仇池山位於甘肅南部嘉陵江上游(約E105°10′・33°50′)，在中古時代極爲有名。蓋此一山區，本屬氐人故地，漢武帝元鼎六年開置武都郡。（見漢地志及後漢書白馬氐傳。）漢末以後復爲氐人楊氏所割據。宋書九八氐胡傳，「建安中，有楊騰者，爲部落大帥，騰子駒，① 勇健多計畧，始徙居仇池。」度其時當在曹魏初年或中葉，約西元二三〇至二四〇間，至北魏太武帝眞君四年（443）伐取仇池，然眞正能控制此一地區須至孝文帝太和元年(477)以後，則楊氏割據仇池凡二百數十年。其事，正史言之甚詳，皆不具引。今僅考論此山之地望、形勢與風土，以見此山區具有塢堡城守與避世環境之雙重條件，因時勢推移，遂由典型塢堡轉爲文士心目中之避世勝地也。

＊　　　＊　　　＊

中古時代述記仇池者多家，杜翁秦州雜詩第十四章詠仇池一詩最爲人所共賞，玆先錄如次：（注取詳注）

> 「萬古仇池穴，潛通小有天，神魚今不見，（舊注，世傳仇池穴出神魚，食之者仙。）福地語眞傳，近接西南境，長懷十九泉，（舊志，仇池山上有田百頃，泉九十九眼。此云十九泉，乃詩家省字之法。）何時（一作當）一茅屋，送老白雲邊！」

按雜詩卒章云：「讀記憶仇池」，蓋杜翁感時事日非，無能爲力，因讀仇池地記，有通天福地神魚淸泉之勝，而心向往之，遂萌遯隱之志耳。然視仇池爲避世勝地，當在北魏剷除楊氏割據勢力之後，或更晚至南北朝後期，其前則楊氏割據，直一大典型塢堡耳。玆以次論述之。

按仇池爲中古史上極有名之深險山區。漢地志武都郡治武都縣（今成縣西、西和縣南），「天池大澤在縣西。」華陽國志二漢中志，「武都縣……，有天池澤。」「武都郡有瞿堆百頃嶮勢，氐傁常依之爲叛。」此仇池之最早見史者。氐人楊氏世據其

① 魏書一〇一氐傳及北史皆脫「子駒」二字。

險，爲秦蜀間一大地方勢力，時時叛服南北之間，延綿二百數十年之久，百頃仇池之名遂大著於世。蓋其山地形風土誠有其特殊條件，故氐人可得利用之地也。玆先錄今存南北朝迄唐各家記此山情形之片段史料如次：

後漢書八六白馬氐傳云：

「白馬氐者……居於河池，一名仇池，（地）方百頃，四面斗絕。」

宋書九八氐胡傳云：

「仇池地方百頃，因以百頃爲號，四面斗絕，高平地方二十餘里，羊腸蟠道三十六回，山上豐水泉，煑土成鹽。」（魏書一〇一氐傳，同；惟「高平」至「里」一句作「高七里餘」。北史九六氐傳，同。）

南齊書五九氐楊氏傳云：

「漢世，居仇池，地號百頃。……仇池四方壁立，自然有樓櫓却敵狀，高竝數丈，有二十二道可攀緣而升，東西二門盤道可七里，上有岡阜泉源。氐於上平地立宮室菓園倉庫，無貴賤皆爲板屋、土牆，所治處名洛谷。」

辛氏三秦記云：（據後漢書白馬氐傳李賢注、御覽四四、寰宇記一五〇成州目引）

「仇池縣界本名仇維，山上有池，故曰仇池，山在滄洛二谷之間，常爲水所衝激，故下石而上土，形似覆壺。」（以上李賢注引）

「山上有百頃，地平如砥。其南北有山路，東西絕壁百仞，上有數萬家，一人守關，萬夫莫向。山勢自然有樓櫓却敵之狀。東西二門，盤道可七里，上有岡阜泉源。西晉末，爲氐楊茂搜所據，於山上立宮室囷倉，皆爲板屋，乃氐之所理於此，今謂之洛谷道是也。」（以上御覽引。漢唐地理書鈔錄寰宇記所引，略同，余所用寰宇記本小異。）

仇池記云：（後漢書白馬氐傳李賢注引）

「仇池百頃，周回九千四十步，天（？）形四方壁立千仞，自然樓櫓却敵，分置調均，竦起數丈，有踰人功。仇池凡二十一道，可攀緣而上，東西二門，盤道下至上凡有七里。上則崗阜低昂，泉流交灌。」

秦州記云：（御覽四四引）

「仇池山本名仇維山，形似覆壺，上廣百頃，下周數十里，高二十餘里，壁立千仞，自然樓櫓却敵，分置均調，竦起數丈，有如人力也。」

遁甲開山圖云：（御覽七八引）

「仇夷山，四絕孤立，太昊之治，伏犧生處。」

水經注二〇漾水注云：（據王氏合校本，參楊、熊疏）

「漢水西南逕武植戍南，……又西南逕平夷戍南，……又西逕蘭倉城南，又南，右會兩溪……又南入嘉陵道，而爲嘉陵水。……漢水又東南得北谷水，又東南得城階水，又東南得倉谷水。……漢水又東南逕瞿堆西，又屈逕瞿堆南，絕壁峭峙，孤險雲高，望之形若覆唾壺。② 高二十餘里，（諸本皆同，楊疏高下加「平地方」三字。）羊腸蟠道三十六迴，開山圖謂之仇夷。（熊疏，御覽七十八、說郛五引開山圖，仇夷山四絕孤立。後漢書注、御覽四十四並引三秦記，仇池山本名仇維山。維夷音近。）所謂積石嵯峨，嶔崟隱阿者也。（楊疏，此與下清泉湧沸云云，皆當是仇池山賦中語，今無考。）上有平田百頃，煑土成鹽，因以百頃爲號。山上豐水泉，所謂清泉湧沸，潤氣上流者也。」③

通典一七六成州上祿縣條云：

「有仇池山，晉永嘉末爲氐陽〔楊〕茂搜所據，其土地百頃，四方壁立，峭絕險固，自然有樓櫓却敵之狀，東西二門盤道可七里，上有岡阜泉源，王於上立官〔宮〕室囷倉，皆爲板屋、土牆。所理處名洛谷。」

元和志二二鳳州河池縣條云：

「按仇池山本名仇維，山上有池，似覆壺，有瀑布。」

又二二成州上祿縣條云：

「仇池山在縣南八十里，壁立百仞，有自然樓櫓却敵，分置均調，有如人功，上有數萬家，一人守道，萬夫莫向。其地良沃，有土可以煑鹽，楊氏故累世據焉。」

據此各家簡畧零碎記載，可綜合作以下數點認識與論辯：

一、仇池山上有池，故名，一名瞿堆，當西漢水西南流折而東南流後之東北岸，

---

② 王云，官本曰按近刻脫唾字。楊疏，六典本有唾字，御覽五十六引此亦有，乃誤衍，黃本無。後漢書注引三秦記，寰宇記引郭仲產秦州記皆作覆壺，足徵原無唾字。

③ 楊疏，寰宇記引郭仲產秦州記有瀑布水，望之如舒布。耕望按文海影印本寰宇記無此條。

去漢水不遠。元和志云在上祿縣南八十里，蓋就其抵山之北麓而言，則北麓在今西和縣南不過五六十里。檢美國ONC-G-9，其地約當E105°10′·N33°50′地區。申報館中國分省新圖及張編地圖集·甘肅寧夏東部地形圖，皆作嶓冢山。按嶓冢山在今天水西南，爲西漢水所出，自漢書地理志、水經漾水注以下無異說，嘉慶一統志仍云在秦州西南六十里。是在百頃仇池東北約二百里以上，則此兩圖皆誤植也。否則清中葉以後已誤指歟？三秦記云，山在滄洛二谷之間，常爲水所衝激。據上引酈注，滄谷水在山之西。④酈注下文續云，「漢水東合洛谷水。……洛谷水……又南逕仇池郡西、瞿堆東，西南入漢水。」則洛谷水在山之東也。氐王所理處名洛谷，當靠近洛谷水，是在山之東偏。申報館中國分省新圖，西和之南靠近西漢水北岸，有洛峪鎮，張編地圖集·甘肅寧夏東部人文圖，作洛浴集，蓋其故地歟。至於洛谷水東之仇池郡，已不在山上矣。

二、山蓋畧呈方形，爲滄洛二水所衝激，故下石而上土，四面斗絕，形似覆壺。山下周圍數十里，山上有小平原，地平如砥，面積約百頃，故有百頃之名。仇池記云，「仇池百頃，周回九千四十步」者，按舊制二百四十方步爲一畝，百畝爲頃，百頃當爲二百四十萬方步，即周圍約爲九千二百步。與仇池記合。又五尺爲步，合四萬六千尺。一千八百尺爲里，則山上平地約百頃，周圍約二十五里半。故舊史或稱高平地方二十餘里也。

三、秦州記云高二十餘里，水經注各本同。而魏書氐傳作「高七里餘」，南齊書氐傳及三秦記、仇池記亦皆有七里之文。楊疏云：朱趙戴本皆作高二十餘里，北史作高七里餘。又據漢書注引仇池記、寰宇記引三秦記，皆作七里，乃云：

> 「無言高二十餘里者。據宋書氐胡傳，高平地方二十餘里，蟠道三十六回。是謂山之上平，其方二十餘里，非高二十餘里也。注此四句文同，而少平地方三字，明是脫漏。」

此說似甚碻。然謂「無言高二十餘里者」，是不見秦州記也。秦州記云，上廣若干頃，下周若干里，高若干里，述事最爲整秩，不應有誤；若「高」下加「平地方」三字，則與上文上廣百頃相重，而無高度矣。故楊說仍有問題。細檢上引諸文，三秦記

④ 楊氏水經注圖繪此水於西漢水南流之右側，實誤。

述上山之路，先云：「其南北有山路，東西絕壁百仞。上有數萬家。」次乃云：「東西二門盤道可七里，上有岡阜泉源。」末云楊氐據之，立宮室囷倉，爲治所處。南齊書作「有二十二道可攀緣而升，東西二門，盤道可七里。」下文與三秦記略同。仇池記，「仇池凡二十一道可攀緣而上，東西二門，盤道下至上凡有七里。」宋書及水經注僅云「羊腸蟠道三十六回。」則所謂七里者實指東西二門之盤道而言，即氐王城郭東西二門外之盤道爲七里也。而三秦記先云「其南北有山路，東西絕壁百仞」者，山爲滄洛兩水西東挾流衝激，故東西兩面皆絕壁不易上，南北兩面山勢蓋較緩，故上山之路由南北兩面也。所謂二十餘里者，當指由山麓上山之路而言。而盤道七里，乃指攀登治所城郭之東西門而言。即百頃山之主道由南北面攀登，凡二十餘里，建宮室之城郭則東西二門，盤道七里也。此城即指上文所引南齊書、三秦記、通典之氐王理所洛谷而言。其地當靠近洛谷水，故名，是在山之東偏也。地形志下，「南秦州，眞君七年置仇池鎮。太和十二年爲渠〔梁〕州……正始初置（南秦州），治洛谷城。」即氐王故治之洛谷矣。而史籍或作駱谷。如通鑑一二〇，宋元嘉四年，「氐王楊玄遣將軍苻白作圍秦梁州刺史出連輔政於赤水。城中糧盡，民執輔政以降。輔政至駱谷，逃還。」又一二四，元嘉二十年，魏取仇池。使「河間公齊與武都王楊保宗對鎮雒谷。」胡注，雒谷即駱谷，北史作駱。今按魏書氐傳亦作駱。此兩事似爲駱谷見史之最早者。元嘉二十年，即魏太武帝眞君四年。自此魏遂置仇池鎮都大將。詳拙作魏晉南北朝地方行政制度·北朝第十一章北魏軍鎮。地形志稱眞君七年置鎮，治洛谷城，明洛谷即駱谷矣。又考魏書五一呂羅漢傳云：

> 「出爲鎮西將軍、秦益二州刺史。時仇池氐羌反，攻逼駱谷，鎮將吳保元走登百頃，請援於羅漢。」

按此事在獻文帝末至孝文帝初年。同書同卷皮喜傳云：

> 「高祖初……拜爲（略）都督秦雍荆梁益五州諸軍事（略）仇池鎮將。……徵爲南部尚書。……太和元年，劉準葭蘆戍主楊文度遣弟鼠竊據仇池，喜率衆四萬，討鼠，軍至建安，鼠棄城南走。……喜……攻葭蘆城……斬文度。……詔喜等曰，卿……復仇池之舊鎮，破葭蘆之新邦。……仇池，國之要藩，防守事宜，尤須完實。從前以來，駱谷置鎮，是以奸賊息闚闞之心，邊城無危敗之

禍；近由徙就建安（故歷城，在今西和縣西北約三十里上下。）致有往年之役。前勅卿等部率兵將，駱谷築城，……而卿等不祗詔命，至於今日。……今更給軍糧一月，速於駱谷築城，使四月盡必令成就訖；若不時營築，……以軍法從事。」

此二條尤見駱谷與仇池之關係，亦駱谷即洛谷之旁證。然氐羌攻逼駱谷，鎮將不能守，走登百頃求援，則駱谷城不在百頃山上，而在附近較低之處甚明，故三秦記分別言之，惜原書已佚，御覽所引脫駱谷城名耳。然稱東西二門，其非指山言可知。其他各家所記，或記山，或記城，輾轉傳抄，混淆不清，遂參差不一，乃有「二十餘里」「七里餘」之異耳。楊疏强加三字，誠亦未安也。

四、山勢四方斗絕，壁立千百仞，攻者攀登維艱。而山上形勢自然有樓櫓却敵之狀，分置均調有如人功，居者易以爲守。（樓櫓却敵云云，也可能指洛谷城而言。）加以山上土地良沃，泉流交灌，故農林物產頗爲豐實，且有土可以煑鹽，更增加其貿易經濟能力。氐人楊氏利用此山之天然優點，虜掠近郛，招徠四方避亂之民，土牆板屋竟至數萬家。按宋書九八氐胡傳，楊茂搜以晉惠帝元康六年避亂，「率部落四千家還保百頃，…關中人士奔流者多依之。」魏書一〇一氐傳作「關中人士流移者多依之。」下述劉宋時楊難當事云，「先是四方流人以仇池豐實，多往依之。」後又「獲維州流人七千餘家還於仇池。」地旣豐實，且易守難攻，而四方多難，宜爲羣趨之所，成爲山區中之一特殊都會。而於山東築城廓，建宮室倉庫，作爲據守根據地。宋書氐傳云，苻堅徙其民於關中，空百頃之地。堅敗，氐酋楊定復「奔隴右，徙治歷城（唐之上祿縣西十里，今西和縣西北約三十里上下。）……去仇池百二十里，置倉儲於百頃。」雖以歷城爲治所，而倉儲仍置於百頃，正見其視百頃爲中心根據地也。

綜上所論，此山區因形勢險阻，而風土優沃，成爲漢末至南北朝二百餘年間，當地土著氐人割據勢力之軍政中心根據地。當時因國家大亂，南北分裂，地方豪族各就山險建塢堡自全，故塢堡城守，應運繁興，近人論之詳矣。⑤氐人據守仇池山，建洛谷城，實爲一極大而典型之塢堡也。及南北朝後期，北魏强盛，氐人所建塢堡式之仇

⑤ 參看陳寅恪桃花源記旁證，陳寅恪先生文史論集；金發根塢堡溯源及兩漢的塢堡，史語所集刊第三十七本上册；唐長孺讀桃花源記旁證質疑，魏晉南北朝史論叢續編。

池王國始爲所破。魏晋南北朝時代，强者固團結鄉黨自建塢堡，而弱者不乏逃避深山，度其遺世獨立之生活，加以文士因政治不安定，有逃世之想，此陶潛桃花源記所由作。南北朝後期，仇池之塢堡王國雖已摧毁，然其地僻在山區，峰谷環翠、風景絕佳、清泉交灌、風土良沃之形像，已傳揚二百數十年之久，當爲文士想像中之理想避世勝地，是以早有太昊所治、伏犧生焉之傳説，故開山圖記之。而據杜翁所詠，最遲至唐代前期已有古穴通天、福地、神魚之說，具備仙境遯隱之條件矣。故杜翁結云，「何時一茅屋，送老白雲邊」也。

至宋，蘇東坡有和桃花源詩（東坡續集卷三），其小序云：

「世傳桃源事，多過其實。……嘗意天壤之間，若此者甚衆，不獨桃源。余在潁州，夢至一官府，人物與俗間無異，而山川清遠，有足樂者，顧視堂上，榜曰仇池。覺而念之，仇池武都氐故地，楊難當所保，余何爲居之！明日以問客，客有趙令時德麟者，曰公何爲問此，此乃福地，小有洞天之附庸也，唐杜子美詩云，（云云不錄）……他日工部侍郎王欽臣仲至謂余曰，吾嘗奉使過仇池，有九十九泉，萬山環之，可以避世如桃源也。」

按東坡未嘗至仇池，而夢中見之，殆心向往之久矣。又有仇池筆記，且名所藏南海寶石爲仇池石，皆見其深契乎仇池。其見和仇池云：「記取和詩三益友，他年弭節過仇池。」（東坡後集三）是心向仇池，期於歸隱，如杜翁矣。

階州續志三一藝文下又載南宋初年仇池碑記云：

「仇池福地，本名圍山，開山爲之仇夷，上有池，古號仇池。……背蜀面秦，以其峭絕險固，襟武都，帶西康，……上土下石，屹然特起，界於蒼洛二谷之間，有首有尾，其形如鼃（蛙本字），丹岩四面，壁立萬仞，天然樓櫓，二十四隘，路若羊腸，三十六盤，周圍九千四十步，高七里有奇，東西二門，泉九十九，地百頃，農夫野老耕耘其間，雲舒霧慘，常震〔寰？〕山腰，朝暉夕陰，氣象萬千，當其上羣谷環翠，流泉交灌，集而成池，廣蔭數畝，此世傳仇池之盛，且神魚聞於上古，麒麟瑞於近世，有長江窮谷以爲襟帶，有羣峰翠麓以爲黼藻，雖無瓊臺珠閣、流水桃花，其雄峻之狀，壯麗之觀，卽四明、天台、青城、崆峒亦未過此，非輕世傲物餐霞茹芝者，似莫能宅之，宜少陵詠送老之詩，坡仙懷請註之夢。由是此山增重，小有天，一點空明，始聞天下，名公巨卿，冠蓋相望，爭訪古人陳跡。然一山之中，古廟獨存，榜曰晉楊將軍，惜無碑碣，莫可稽考……予嘗探討往牒，觀通鑑，……乃知公姓楊，諱難敵。……宋紹興甲寅上巳日忠訓郎曹居賢立石。」

按紹興甲寅爲紹興四年，此碑前段綜述此山之形勢，而九十九泉，池廣數畝，麒麟之瑞，一點空明，此皆爲今存前代地記所未見；寫景狀境，亦有爲前人所未及者。「農夫野老耕耘其間」，蓋中古生業依然。「名公巨卿冠蓋相望」，則震於杜蘇之詩篇矣。蓋此山在唐及北宋猶爲天下名山，然南宋僅守成（唐同谷縣，今成縣）、階（今武都縣），仇池爲外疆，漢人殊難涉足，其名遂漸湮沒不彰，故雲笈七籤卷二七及說郛八六所收洞天福地記，爲南宋時代人所撰，已無仇池之名矣。自是中古史上先以典型塢堡著稱、後以避隱勝地名世之仇池山區，遂不爲人所知。逮及近世地圖，且誤著蟠冢山之名，是既不知仇池，亦不知蟠冢矣。殆以西北人文日衰，學人對於西北地理知識亦日漸荒蕪之故歟！

復按前引漢志云，武都縣西有天池大澤，華陽志云縣有天池澤。而前引南北朝以下各種零碎史料，雖有池名，但不見有狀形大澤者。至南宋初年之仇池碑記，則云「池廣蔭數畝」，此其爲池則甚小，不足當大澤之稱。又杜詩云十九泉，兩宋記載有九十九泉，而清末陸廷黼階州雜詠云，「而今祇有沮洳水，不見當時十九泉。」（階州續志三一藝文下。）是泉流交灌之情形亦已不見。疑皆古今地形變遷所致。考之國史，自隴西、天水西南至西蜀，常有地震，仇池山可能受地震影響，天池大澤，可能因震裂缺口，大失蓄水功能，魏晉南北朝時代所謂平衍如砥之小平原，或即古代大澤之底耳。然猶泉流交灌，有九十九泉之目。時愈後，泉流壅塞愈甚，至清代，只餘沮洳水，所謂九十九泉，亦不見矣。此山地形變化有如此者。

*　　　　*　　　　*

綜上所論，今甘肅南部嘉陵江上流山區，秦漢時代爲氐人聚居之域，武帝開置武都郡。郡之西境有仇池山，山上有天池大澤故名，又名瞿堆。地當嘉陵江上源西南流折而東南流後之東北岸，約在 E105°10′·N33°50′地區，卽今圖誤植爲蟠冢山者是也。山畧呈方形，爲滄、洛二水西東挾流衝激，故下石而上土，四面斗絕，壁立千仞，形若覆壺，周圍數十里，高二十餘里，有南北二主道可攀登。後蓋因受地震影響，山上大池出現缺口，蓄水功能大減，成爲山上小平原，周圍二十五里餘，面積百頃，平衍如砥，故又有百頃之名。平原土壤良沃，泉流交灌，可耕殖，且產鹽，故地勢險阻而物產豐饒。漢末大亂，氐人楊氏據之爲建立王國政權之中心根據地；而建城廓宮室倉庫於此山東偏之洛谷，濱臨洛谷水，有東西二門，羊腸盤道而上七里有餘，史稱洛谷城，一作駱谷城（今有洛峪鎮）。地書云，山勢自然有樓櫓却敵之狀，分置調均，高聳數丈，有踰人功，亦一奇也，但不知指全山而言，抑指洛谷城而言。

楊氏既據此形勢之地，於是虜掠近郡，招撫關中四方流民之避地者，土牆板屋，聚居數萬家。蓋地既豐饒，且易守難攻，而四方多難，宜爲流民羣趨之所，成爲山區中之一特殊都會。魏晉南北朝時代，北方兵亂時起，塢堡城守應運繁興，氐人據守仇池，實爲一極大而典型之塢堡也。此一塢堡式之政權，持續二百數十年之久，故衰亡之後，仍有楊將軍廟，爲土人馨香禱祝，至南宋近千年而不衰；至清末逾千六百年「居民猶自說楊王」⑥，自古君王享祀之久長，恐未有逾於此者矣。

其地既經塢堡式政權長期統治，遂使世人深悉其地之萬山環繞、地形險絕，而風土優美，出產甚豐，可以避世如桃源，遂有通天、福地、神魚、麒麟之傳說，太昊所治、伏犧所生等故事，宜杜翁「讀記憶仇池」，頓興遯隱之念，東坡通之寤寐，期以弭節過之也。

然地僻西北，南宋以後，已屬境外，遂漸爲世人所淡忘；於是中古仇池名山，由典型塢堡轉爲避世勝地，又由避世勝地而湮沒無聞矣。而泉流枯竭，蓋亦爲名山失色之一因。嘉陵江古名西漢水，發源於嶓冢山，此山亦爲古代名山，在仇池東北蓋二百餘里。近代各圖，以嶓冢之名著仇池之山，是既不知仇池，亦不知嶓冢矣。

一九七四年一月五日撰畢，二月十九日增訂，刊新亞學術季刊第十六期。一九八四年五月七日校定。

一九八五年九月一日本卷三校畢，時在烏來臨溪一茶座。

---

⑥ 階州續志卷三一藝文上，陸廷黻階州雜詠云，「楊家難敵與難當，三百年來割據强，太息仇池山下路，居民猶自說楊王。」按廷黻，清末人。

附：本卷綱文古地名引得　　廖華淑

四　　劃

五　　劃

六　　劃

七　劃

八　劃

九　劃

十　劃

十一劃

十二劃

十 三 劃

十　四　劃

十　五　劃

十　六　劃

十七劃

十八劃

十　九　劃

二　十　劃

二十一劃

二十二劃

二十三劃

二十四劃

唐代交通圖考

第四卷 山劍滇黔區

嚴耕望◎著

北京聯合出版公司
Beijing United Publishing Co.,Ltd.
·

唐代交通圖考

第四卷　山劍滇黔區

目　次

篇貳叁　金牛成都驛道

方輿紀要卷五六云：「金牛道今之南棧，自沔縣而西南至四川劍州之大劍關口，皆謂之金牛道，即秦惠王入蜀之路也。自秦以後，由漢中至蜀者必取途於此，所謂蜀之喉嗌也。鍾會下關城趨劍閣即是道也。歷南北戰爭以迄金元角逐，蜀中有難，則金牛數百里間皆爲戰場。……由金牛而南至朝天嶺，嶺地最高。由嶺而西，自劍閣趨綿、漢，以達於成都。由嶺而南，則自保寧趨潼川，以達於成都。保寧迂，而劍閣捷，故劍閣最爲要衝。」按此節敍述最爲簡要。此道開通甚早；然其行程，蓋至唐始能詳考如下文。

*　　　　*　　　　*

唐世入蜀，或由漢中向西南，或由興州向東南，皆經金牛，爲入蜀咽喉。由金牛西南經三泉、利州、劍州、綿州、漢州，至成都。就君主行幸言，玄宗入蜀，由褒斜道轉金牛，循此道而南。僖宗入蜀，由駱谷道至興元，循此道南行。五代蜀主北巡秦州，則循漢、綿而北，亦此道也。

舊玄宗紀述其入蜀路程，先向西至扶風郡，然後南行經陳倉縣，大散關，河池郡（鳳州），益昌縣，渡吉栢江，經普安郡（劍州），巴西郡（綿州），至成都。通鑑二一八略同。其河池益昌間係取褒斜道，已詳漢唐褒斜道篇。

僖宗入蜀，取駱谷道至興元。通鑑二五四，已明述之。又云：「中和元年春正月，車駕發興元。………辛未，上至綿州，（舊一七九蕭遘傳，亦云車駕次綿州。）東川節度使楊師立謁見。……鄭畋……遣其子凝績詣行在，凝績追及上於漢州。丁丑，車駕至成都。」是由興元經綿州、漢州至成都也。東川治梓州（今三臺），在綿州（今綿陽）之南一百六十八里（胡注），楊師立來綿謁見，尤爲僖宗非取南道經閬梓之鐵證。

又通鑑二七三，同光三年，蜀主發成都，欲巡秦州，途經漢州至利州。「從駕兵自綿漢至深渡千里相屬。」據廣記二四一王承休條，此出王氏聞見錄。聞見錄又述王衍行程，出成都經漢州，上梓橦山，經劍州，劍門，白衞嶺，至利州。是亦經漢、綿、劍州，至利州，即北道也。

就用軍路線言：後唐伐前蜀，宋初伐後蜀，亦皆由興州南下循此道。

後唐伐前蜀路線，取散關興州道，已詳見通典所記漢中通秦川驛道篇。其興州以南，取道三泉，經利州、劍州、綿州、漢州，至成都。參見舊五代史三三唐莊宗紀、同書五一魏王繼岌傳、同書七四康延孝傳、新五代史一四唐家人傳及通鑑二七三。

宋初滅後蜀路線，與後唐伐蜀同，宋史二五五王全斌傳述之甚詳，容後詳考驛程時引述之。

至於前代用兵，如張儀伐蜀，鍾會伐蜀，皆略循此道，然其詳不悉。北朝末期，關中政權兩次用兵伐蜀。其一，周書二一尉遲迥傳云：

「伐蜀，以魏廢帝二年春，自散關由固道，出白馬，趣晉壽，開平林舊道，前軍臨劍閣，（蕭）紀安州（唐劍州）刺史樂廣以州先降。紀梁州刺史楊乾運時鎭潼州（唐綿州），又降。六月，迥至潼州。」遂下成都。

其二，隋書三七梁睿傳云：

「代王謙爲益州總管。行至漢州，而謙反，遣兵攻始州（唐劍州），睿不得進。高祖命睿爲行軍元帥………討之。時謙遣開府李三王等守通谷（唐金牛縣），睿……破之，……進至龍門……破之。……謙將敬豪守劍閣，梁巖拒平林，並懼而來降，……睿進逼成都。」

此二事皆循此道，與後考此道之行程幾絕無稍異處。而尉遲迥伐蜀，由固道經白馬，更爲唐世百牢關當鳳興入劍南大驛道之強證，所謂陳平道（詳後考）蓋捷徑耳。

惟高崇文伐劉闢，由興元而南取閬州、梓州道，經德陽至漢州，入成都。然興元節度使嚴礪一軍仍取劍州、綿州道，與崇文會於漢州。是南北兩路並進耳，非單取閬、梓也。

高崇文由興元引兵出閬州趣梓州，經德陽、漢州之路線，通鑑二三七元和元年條述之甚詳。但同卷又云正月戊子，命高崇文李元奕「與山南西道節度使嚴礪同討闢。……二月，嚴礪拔劍州。斬其刺史文德昭。」三月，「高崇文引兵自閬州趣梓州。」則嚴礪先已取劍州道，崇文後取閬州道也。下文又云：五月，「高崇文破劉闢於德陽……又破之於漢州。嚴礪遣其將嚴秦破闢衆萬餘人於綿州石碑谷。」（胡注：「九域志，漢州綿竹縣有石碑鎭。意州字蓋竹字之誤也。」）九月，「高崇文又敗劉闢之衆於鹿頭關，嚴秦敗劉闢之衆於神泉。」胡注：「神泉………唐屬綿州。九域志。在州西北八十五里。」是嚴礪一軍在北，沿劍綿線而進，崇文一軍在南，沿閬梓線而進，同會漢州。南北並進，非單線進軍也。

然則，唐世利州以南雖南北兩道並行，至漢州會合；然主幹仍在逕捷之北道，即利、劍、綿、漢道，是以見於詩文之驛名亦較多。今自北而南考其驛程如次：

此道北以金牛縣爲道口咽喉，故稱金牛道。

詳情見後文考證。會要八六關市條：「寶應元年九月勅，駱谷、金牛、子午等路，往來行客所將隨身器仗等」云云。又胡曾金牛驛詩云：「五丁不鑿金牛路，秦惠何由得併吞。」（全唐詩十函二册。）是入蜀一道，至少其北段，以金牛爲稱也。而通典一七六，利州益昌縣有「古劍閣道，秦使司馬錯伐蜀所由，爲（謂）之石牛道。」此又一說矣。

金牛縣，唐初武德二年分緜谷縣之通谷鎭置，取秦石牛出金故事爲名。開元十八年東移四十里，置於白土店，在西縣之西八十里，嘉陵江東三十里，南臨東漢水，西臨陳平水，約今大安驛地。故此縣地當秦、梁入蜀之道口，道有金牛之名，自亦久爲入蜀大道所經也。

元和志二二興元府金牛縣，「東至府一百八十里。本漢葭萌縣地，東晉孝武帝分置綿谷縣。武德二年分綿谷縣通谷鎮置金牛縣。」「嘉陵江經縣西，去縣三十里。」寰宇記一三二興元府褒城縣末附廢金牛縣云，「縣在州西一百八十里。」下文云云皆與元和志同。又云「唐開元十八年，按察使韓朝宋〔宗？〕自縣西四十里故縣移在白土店置，即今縣是。南臨東漢水（漢水南源），西臨陳平水。」可補元和志。按西縣在府西百里，約今沔縣，已詳漢中通秦川驛道篇。是開元金牛縣在今沔縣西八十里，漢水上源之北岸。紀要五六漢中府寧羌州，云在寧羌東北七十里。方向里距正相當。檢一統志漢中府卷關隘目，「大安驛在沔縣西南九十里，本名金牛驛，明初置。…… 南九十里達寧羌州柏林驛。」「柏林驛在寧羌州治北。」此金牛殆即唐之金牛縣、金牛驛故地也。

金牛縣爲入蜀道口，故有是名，原名通谷鎮，亦見此意。考隋書三七梁睿傳云，「高祖總百揆，代王謙爲益州總管，行至漢州而謙反。……高祖命睿……討之。時謙遣開府李三王等守通谷，睿……擊破之……進至龍門。」謙遣大軍拒守，睿復破之，劍閣、平林皆來降。是北朝末期之通谷鎮即唐初金牛縣者，久爲入蜀大道所經之一著例也。

寶曆元年，縣省入西縣，仍置金牛驛。後又移百牢關於此，蓋唐末五代事矣，蓋蜀人爲縮短防線而內徙耳。

新志，興元府西縣，「寶曆元年省金牛縣入焉。」然李商隱有行至金牛驛寄興元渤海尙書詩（玉谿詩詳注四）。又胡曾金牛驛詩云：「山嶺千重擁蜀門，成都別是一乾坤。五丁不鑿金牛路，秦惠何由得倂吞。」（全唐詩十函二册。）時代皆在縣省以後。蓋縣廢驛存，爲蜀道之口也。據通鑑二六三天復二年，胡注及其所引輿地廣記，北宋、南宋仍置金牛驛，在三泉縣東六十里。復檢寰宇記一三三興元府褒城縣附廢金牛縣，「在州西一百八十里。……縣廢後，于故城置百牢關。」是後曾移關於此，必唐末五代時事。

由金牛向東北略沿漢水南源（今所謂漢源）二十八里至嶓冢山。又約二十二里至沮口百牢關，與鳳興興元道會合。由關東沿漢水北岸經西縣至興元（今南鄭），由關西北略循沮水而上至興州（今略陽）。故百牢、金牛爲秦、梁入蜀之總孔道。

百牢關　杜翁夔州歌：「瞿塘險過百牢關。」景宋本分門集注杜工部詩卷四，師曰：「圖經云，百牢關，孔明所建。故基在今興元西縣泥口化檢玉觀山下，傍臨白馬河，東自梁洋，北自武興，西入金牛三泉，皆涉北河以濟，河之西南，壁山相對，六十里不斷，嶓冢漢江水流其間，與白馬河合，緣江乃入金牛益昌路也，雖不甚險，而爲入川之隘口。」景宋本新刊校定集注杜詩三二，杜(田)補遺引圖經較略。則金牛至百牢關道當沿漢源之西岸而行。　關於百牢關之位置，在西縣西三十里抑爲三十步，前於卷三·篇二〇通典所記漢中通秦川驛道曾作長達兩千數百字之反復辯論，定其在縣西三十里，非三十步。今觀宋人所引圖經云關「傍臨白馬河」，又云嶓冢漢江水與白馬會合。此白馬河明即今漢水南北兩源中之北源沮水。圖經指證分明如此，爲鄙說之有力鐵證，雖感前考不免浪費筆墨，但亦慶幸學術論辯推理之能正確也。余平生考史，往往在未得強證之前，只好徵引相關史事作出推論，其後乃得強有力之證據，適如鄙說者，今此百牢關位置問題乃又一事例矣。

嶓冢山　此山屢見唐人詩篇。羊士諤有赴資陽經嶓冢山詩（全唐詩五函九册）云：「寧辭舊路駕朱轓。」又武元衡有夕次嶓山下詩（全唐詩五函七册元衡集一）云：「南國獨行日，三巴春草齊，漾波歸海疾，危棧入雲迷，錦谷嵐煙裏，刀州晚照西，旅情方浩蕩，蜀魄滿林啼。」當亦即此山。是山在入蜀道上，爲行人所屢經過也。按夏本紀正義引括地志：「嶓冢山在梁州金牛縣東二十八里。」（據地理書鈔檢。）元和志二二，同。① 當即羊、武兩詩所指。

按金牛縣在興元西一百八十里，西縣在興元西一百里，百牢關在西縣之西三十里之沮口，故金牛東至百牢當爲五十里，嶓冢（蓋南麓）至百牢約二十二里也。餘已詳通典所記漢中通秦川驛道篇。

① 寰宇記誤繫於三泉縣，詳漢中通秦川驛道篇分水嶺條。

又金牛西北，近代有艱險山道通略陽東南四十里之接官亭，據蘇頲詩，其由興州（今略陽）入蜀，似有取此山道之可能。然方饗驛者，決不在此極盤折艱險之山道中，蓋在金牛以南至三泉道中歟？否則在飛仙閣以西之道中歟？

宋會要方域一〇之三道路條：「神宗熙寧十年（1077），二月二十四日，利州路提刑司言：准朝旨送下李杞奏：成都府至鳳州大驛路，自金牛入青陽驛至興州。雖興元府界上有褒斜路，久來（有）使命客旅任使往來。昨利州路提刑范百祿擘畫，改移興元府路作大驛路………。」下文引秦鳳等路提刑司言，與此同。惟「金牛」下多「驛程」二字。同書方域一〇之五述元豐元年（1078）十一月二十一日事。下云：「初三泉縣之金牛鎮有東、北兩路。北通陝西秦、鳳、熙、河、京西諸州以至京師。東通梁、洋。熙寧七年，利州路提點刑獄范百祿建言廢北路，復褒斜路。」按此兩條所述史事，頗為混淆，頭緒不清；但據元豐元年條，北、東兩路似在金牛分途，非由百牢關分途也。而據熙寧十年條，雖有金牛至興州路與興元府褒斜路之別，但金牛通興州路，中經青陽驛。宋代青陽地望，雖尚難考，然三省邊防備覽二道路考，寧羌州大安驛東北經青羊驛，下沮水至沔縣，「坦途」八十里。光緒沔縣志一亦云正西棧道經沮水舖六十里至青羊驛，又五里交寧羌州金牛鋪界，為川陝驛道。今圖有青羊驛在大安通沔縣道中，疑即古青陽地。大安即唐宋金牛縣，則宋道仍與唐道無大差異；兩道分歧仍在金牛以北，或亦在唐百牢關也。且檢三省邊防備覽二道路考，大安驛向北，除東北經青羊驛通沔縣「坦途」驛道外，又由大安西北行經鐵佛寺，接官亭，至畧陽縣一百三十里，「此路自大安入山，盤折高險，尚有未闢老林。」光緒寧羌州志道路目述此道亦云「自大安迤北入山……盤折高險，尚有未闢老林」，則此山嶺小道直至清代尚極高險荒僻難行，無論千百年前之唐宋時矣。故其時縱有此道，亦決非大道，絕不可與金牛向東北至百牢關與西縣（即宋以下之沔縣）之坦途驛道相比擬。

然考蘇頲有曉發興州入陳平路云：「旌節指巴岷。」又云：「邑祠猶是漢，溪道即名陳。」（全唐詩二函二册。）此前又有陳倉別隴州司戶李維深云：「蜀城余出守。」（同上。）是此二詩明示頲由鳳興道入蜀者。考寰宇記一三三褒縣目云：

「廢金牛縣在州（梁州）西一百八十里，……南臨東漢水，西臨陳平水。」此陳平水即頲詩所稱之陳平路無疑，故詩云「溪道即名陳」也。陳平水在金牛縣西。檢光緒甯羌州志山川目，漾水出州北九十里嶓冢山，亦名東漢水。其水自山洞湧出，東流受五丁峽水，又東，大安河南流注之。檢 ONC-G-9，漢水有南北兩源，會於大安之西近處。南源即漢水主源，北源蓋即大安河，亦即唐之陳平水也。似蘇頲所行，即由今接官亭至大安之盤折高險山道。

又蘇頲詩集（同上）有夜發三泉即事。又有下列三詩：

興州出行

曉發方騫驛：「方知向蜀者，偏識子規啼。」

經三泉路作

此三詩連篇，當亦皆由興州取陳平路經金牛至三泉道上所作者。如排列次序不誤，是方騫驛當在興州至三泉道上。飛仙嶺（即今接官亭）至金牛，道既山險荒僻，當不置驛，此驛似當在飛仙之北或金牛南至三泉間。檢略陽縣志一道路目，記正東至沔縣路云，縣東二十里閣老嶺即登雲鋪，又十里蹇家壩，又十里接官亭。即飛仙嶺西十里路上有蹇家壩地名，是否與「方騫」有關？若此想像果爲事實，則此驛當在飛仙閣以西道上也。無論在金牛、三泉間抑飛仙之西，與上引兩詩句皆能吻合也。

由金牛向西南行即入蜀大道。茲續詳考如次：

金牛西南七十里至三泉縣，在關城倉陌沙水之西，嘉陵江東岸，去江一里。當置驛。其地當在今寧強縣（舊寧羌州）北或西北境。地勢峻險，又爲水陸交通衝要，故宋初升其縣直屬朝廷。

通鑑二六三天復二年紀：「西川兵請假道於興元。山南西道節度使李繼密遣兵戍三泉以拒之。……西川前鋒將王宗播攻之，不克。……宗播令其衆曰，吾與汝曹決戰，取功名；不爾，死於此！遂破金牛、黑水、西縣、褒城四寨。」是三泉當興元入蜀之要道，而在金牛以南也。又舊五代史三三唐莊宗紀，同光三年十月，西征之師入大散關，鳳州、興州次第降。「康延孝大破蜀軍于三泉。時王衍……以其軍五萬屯于利州，遣步騎三萬逆戰于三泉，……大敗。……奔潰。王衍聞敗，自利州奔歸成都，斷吉柏津浮梁而去。」唐軍於興州得「軍儲四十萬，又下三泉，得軍儲三十餘萬，自是師無匱乏，軍聲大振。」同書五一魏王繼岌傳、同書七四康延孝傳，及新五代史一四唐莊宗子繼岌傳皆略同。是後唐伐蜀，三泉一戰爲關鍵。復考宋史二五五王全斌傳，受命伐蜀，「由鳳州路……遂下興州。……先鋒史延德進軍三泉，敗蜀軍數萬，擒招討使韓保正、副使李進，獲糧三十餘萬斛，……逐蜀軍過三泉，遂至嘉陵。」是宋之伐蜀與後唐伐蜀同一路線，皆以三泉一戰爲重要戰役。而兩次勝者獲糧皆三十餘萬，蓋不但就道路形勢言爲戰略地帶，且爲軍儲重地。足見其在交通上地位之重要。寰宇記一三三：三泉縣，「皇朝平蜀後，以此縣路當要津，申奏公事直屬朝廷。」此尤地位衝要之具體表現。

縣當大道，當置驛；但無考。② 蘇頲有夜發三泉即事（全唐詩二函二册）云：「下奔泥棧楮，上覯雲梯設，摶頰羸馬頓，回眸惴人跌。」亦極寫其道之險。

縣當大道，且極衝要，已如上考。兹續論其地望。元和志二二興元府，金牛縣「東至府百八十里。」三泉縣，「東北至府二百五十里。」是三泉在金牛西南七十里。九域志八，三泉縣有金牛鎮；「縣東六十里。」即唐金牛縣，里距亦略合。寰宇記一三三，三泉縣「後魏正始中置，……唐天寶元年，自今縣西南一百二十里故縣移理嘉陵江東一里關城倉陌沙水西置，即今縣理也。」是其地西去嘉陵江僅一里。參之金牛縣距江里數，皆可信。

陸游大安病酒詩（劍南詩稿一四）云：「江驛春酲半日留。」又云：「柳花漠漠嘉陵岸。」正以近江一里也。故水道上通興州，下通利州也。詳下文。至於今地，地典，三泉縣，「唐置，元改爲大安，今陝西寧羌縣治。」此當據地方

② 元稹有三泉驛詩。其地在洛陽西至永寧道上，非此三泉縣，詳長安洛陽驛道篇。

志爲說。按元和志，興元府西南至利州四百九十里。則三泉適居興元、利州之正中間。今檢一統志漢中府卷沿革目，寧羌在府西南二百八十里。南至廣元縣界一百五十里。又保寧府卷沿革目，廣元縣北至寧羌界一百二十里。廣元即唐利州治所。則寧羌亦正居中。是今寧強縣地望正當與唐之三泉縣相近。然唐縣在嘉陵江東一里，是必在今寧強之西北，而與今縣又有相當距離，蓋唐宋舊道固與今道不同也。復檢蜀道驛程記上云：

> 閏七月「十二日，微雨。出沔縣西門，曲折行亂山中。沔水流經其中，略如棧道。西涉沮水，………暮抵大安驛，有土城廢址，唐之三泉縣，宋置大安軍。……陸放翁有……自三泉泛舟至益昌詩。今沔沮之間濶者未丈許，狹者才二三尺，沙石磷磷，深不沒踝，不可行舟，惟略陽至陽平關舟楫可通廣元昭化，去三泉尚六十里。」
>
> 「十三日，雨。三十里，小憩寬川鋪。自大安西南，亂山益稠，至金牛驛。……金牛驛西三里有路通陽平關。稍南入五丁峽，一名金牛峽，舊傳蜀王遣五丁力士所開，………繆妄不稽。峽口懸崖萬仞，陰風颯然。入峽即奔峭四合，猿鳥蹟絕，水自峽中噴薄而出，人馬從水中行，惡石如巒象獰龍，伏水中，時時齧人。自峽口至五丁關十五里，步步懸絙，而上下峽亦如之。則傴僂循牆而走矣。傳稱此峽爲蜀道第一險，信然。雨次寧羌州。州在亂山中，無城堞，本沔縣羊鹿坪地。明洪武中，以山寇作亂，置衞于此，成化中即衞建州治。」

按此大安驛去沔縣才一日程，而去嘉陵江尚六十里，是即一統志之大安驛，地望略相當於唐之金牛縣，宋之金牛驛。而云唐之三泉縣、宋之大安軍，誤也。金牛驛自亦非唐之金牛縣。蓋明世以金牛峽在南，故移金牛驛名於峽北耳。地在大安驛（唐金牛縣）南三十里寬川鋪之南約二十里處，（一統志，五丁山五丁峽在寧羌東北四十里。）當峽口險隘之北。③

③　蜀道驛程記下文，十四日發寧羌，過百牢關。是明末清初，自北而南有大安驛、金牛驛、百牢關。與唐世南北次序適相反。又甯羌州志一，「有飛仙閣在州西南三十里土門道中」。引杜翁詩。如此之類，皆宋以後地名內徙之故。

其地既西近嘉陵江，故北通興州（今略陽），南達利州（今廣元），皆得舟楫之利。

元和志二二，興州「南沿流至興元府三泉縣一百五十里。」是興州三泉間之嘉陵江有舟楫之利也。又陸游有（由興元）赴成都泛舟自三泉至益昌謀以明年下三峽及自三泉泛嘉陵至利州兩詩（劍南詩稿卷三）。則宋世三泉以南江流亦有舟楫之利。想唐當無大異。

而自三泉南通利州之陸路，大抵亦沿嘉陵水東岸而行。宋人所記，凡橋閣一萬五千三百餘間。其行程可考者：三泉西南略沿嘉陵江東岸行約六十里至九井灘，最爲險惡，爲舟楫之阻，宋元祐中始鑿治稍平。又十里至五盤嶺，杜翁、岑參皆有詩，蓋置驛。

九井灘　廣記一三六僞蜀主舅條：「自秦州至成都三千餘里，歷九折、七盤、望雲、九井、大小漫天隘狹懸險之路。（出王氏見聞錄。）」是唐五代，蜀道有九井之險。陸放翁有夜夢行南鄭道中詩（劍南詩稿一四）云：「望雲九井不可渡。」又輿地紀勝一九一大安軍景物下：「九井山……利憲張縯奏云，大安灘險爲多，而九井尤甚。」又碑記目有九井灘記，云：「九井灘有大石三，其名魚梁、龜堆、芒鞋嵤，危（？）參差相望於波間，操舟之人力不勝舟，而輒爲石所觸，故抵於敗。誠令絕江爲長堤，度其南，別爲河道，以分水勢，則北流水益減而石出矣。以火煆醯沃金鎚隨擊之，宜可去。如其言，治之。明年三大石不復見，而九井遂平。元祐五年轉運使陳鵬記。」是宋世之名不異。檢紀要六八廣元縣嘉陵江條：「又有九井灘在縣北百八十里，一名空舲灘。相傳舊有巨石伏水底爲舟楫害，宋淳熙中始平其險。」一統志保寧府卷山川目九井灘條，里距以下相同。而云：「宋轉運使陳鵬鑿平之，有記。」考蜀中廣記二四：「神宣驛，即古籌筆驛也。……又（北）八十里爲九井驛。……碑目云，九井灘，舊時有蝦蟆、青牛、青塠三巨石伏水爲舟楫害。淳熙間，利州提刑張囊容募降人冉得者治械爲桔槔狀，冶鐵爲杵，重千五百斤，拋擲半空而下，三石俱碎，化險爲夷，有碑刻剝落。其上爲七盤關，乃秦蜀分界處。」里距述事亦同。惟時間人名有異。蓋宋世前後兩次治之耳。按元和志，興元、利州間相距四百九十里，明清時代里數爲五百里，是里距略同。明清時代，九井在廣元北一百八十里，則唐世當在三泉西南約六十里也。

五盤嶺驛　此嶺驛見於唐人吟詠。岑參早上五盤嶺（全唐詩三函八册參集一）：「平明驅駟馬，曠然出五盤，江廻兩崖鬥，日隱羣峰攢。……松疎露孤驛，花密藏廻灘，棧道谿雨滑，……不覺蜀道難。」是蜀道中有五盤，蓋置驛。又杜翁秦州入蜀紀行諸詩有五盤云：「五盤雖云險，山色嘉有餘，仰凌棧道細，俯映江木疎。」（詳注九、鏡銓七。）詳注引魯旹曰：「棧道盤曲有五重。」詳詩意，當臨江，蓋即嘉陵江也。紀要六八廣元縣，「七盤嶺在縣北百七十里，與陝西寧羌州接界，一名五盤。自昔爲秦蜀分界處。」一統志保寧府卷山川目，與紀要同。又云：「石磴七盤而上因名。」下引杜詩云云。前引廣記一三六僞蜀主舅條：「自秦州至成都……歷九折、七盤、望雲……懸險之路。」蓋即此五盤歟？嶺在廣元縣北一百七十里，則唐世當在三泉西南約七十里。即九井之南十里也，故蜀中廣記云，灘上即七盤嶺。

又蜀中廣記二四保寧府廣元縣目，述廣元以北棧道甚詳，玆簡其里程如次：

「北爲棧閣道……其最險者爲石欄橋。……本志，北十里千佛崖，即古龍門閣。……又北三十里有大小漫天嶺，極高峻。……又北五十里爲朝天嶺，路徑險絕。……四十里，爲潭毒關。……又二十里爲神宣驛，即古籌筆驛也。又八十里爲九井驛。……其上爲七盤關，乃秦蜀分界處。」

按乍讀此文，「本志」以下里數似當積讀之，則朝天嶺在縣北九十里，潭毒關在縣北一百三十里，神宣驛在縣北一百五十里，九井驛在縣北二百三十里。各較本文所引輿地紀勝、紀要、一統志里程多四十里或五十里④。疑「又北五十里爲朝天嶺」之「又北」，當作「縣北」，此下當積讀之，不計前之「十里」「三十里」，則無不與別引史料相合。下文屢引此段，故先作解釋於此。

④ 本文未述潭毒關。據輿地紀勝，在利州北九十里。

有所謂老君祠者，當在三泉以南、九井、五盤以北地區。

杜光庭歷代崇道記（全唐文九三三）：「（天寶）十五載，帝幸蜀，混元現於漢中郡三泉縣黑水之側，帝親禮謁，遂命刻石像眞容於所見之處。」又輿地紀勝一九一大安軍古迹仙釋目老君祠條，引杜光庭驗記：「三泉縣黑水老君（祠），天寶年間，明皇幸蜀，親見老君降見於崖石之上，上下馬禮謁訖，乃勅有司，示所見之狀，塑於見所。」所記爲一事，謂明皇幸蜀，次三泉縣黑水旁，刻石爲老君像也。又劍南詩稿卷三有老君洞一首，本注云：「有石刻，載唐明皇幸蜀，見老君於此。」按此詩爲放翁第一次由閬中北上興元時所作，觀其排列次序（詳見後嘉川條所引），當在籌筆、嘉川之北，大安（三泉）、金牛之南。即其地當在三泉之南也。而五盤嶺爲自古秦蜀之界，老君像既在三泉縣界，卽當在五盤之北歟？

由嶺又西南經嘉陵江岸之嘉川驛至籌筆驛，凡七十里。唐人詩篇多詠此兩驛者。

籌筆驛　此驛屢見於唐人吟詠。如李商隱（玉谿詩詳注四，全唐詩八函九册商隱集一）、薛能（全唐詩九函二册能集三）、羅隱（全唐詩十函四册隱集三）皆有籌筆驛詩。殷潛之、薛逢皆有題籌筆驛（全唐詩八函十册）。杜牧有和殷潛之題籌筆驛十四韻及重題絕句（全唐詩八函七册牧集四）。陸暢有籌筆店江亭（全唐詩七函十册），亦其地。玉谿詩云：「徒令上將揮神筆，終見降王走傳車，……他年錦里經祠廟，梁父吟成恨有餘。」又孫樵出蜀賦：「眄山川而懷古，得籌筆於途說，指前峰之孤秀，傳臥龍之餘烈，嘗杖師而北去，抗霸國而此決。」（全唐文七九四。）蓋其時已有諸葛嘗駐軍籌劃於此之傳說。然此賦及諸詩皆晚唐人作，無中唐以前者。杜甫最服諸葛，亦無詩，疑此驛乃中唐以後所置耳。至其地望，輿地紀勝一八四利州景物下：「籌筆驛，在綿谷縣，去州北九十九里，舊傳諸葛武侯出師嘗駐此，唐人詩最多。」前條引蜀中廣記二四，朝天嶺在廣元縣北五十里，又四十里潭毒關，「又二十里神宣驛，卽古籌筆驛。」則當在縣北一百一十里矣。今取宋人九十九里之說，則當在五盤之南七十里。而一統志保寧府卷關隘目引紀勝九十九里之說；又云，「籌筆古驛在廣元縣北八十里。」又引舊志：「今有朝天廢驛，即古籌筆驛也。自漢中府褒城縣至朝天驛四百四十里。」是據舊志，當在縣北五六十里也。自相矛盾如此。紀要六八與一統志同，惟不引紀勝九十九里之說。今皆不取。

嘉川驛　亦屢見於唐人詩篇。元稹元和四年使東川諸詩（元長慶集一七）有嘉陵江二首 。其一云：「今日嘉川驛樓下 ，可憐如練繞明窗。」又江樓月云：「嘉陵江驛岸樓中。」本注：「嘉川驛望月。」又姚鵠嘉川驛樓晚望（全唐詩九函一册）：「樓壓寒江上，開簾對翠微。」是中晚唐皆有此驛，在嘉陵江岸。考通典一七六，利州有嘉川縣。寰宇記一四〇，集州嘉川縣，魏恭帝元年置，「取嘉陵江所經爲名。」本屬利州；永泰元年割屬集州，在州西二百三里。九域志八利州嘉川縣，在州東一百一十里。唐世地望當同。紀要五八廣元縣目引郡志：「嘉川城在今縣東百里，地名嘉川鄉。」是也。顧氏自云，「嘉川城在縣北東五里。」「北東」蓋「東百」之譌。縣在利州東百里而遙，嘉川驛似當即同地。然嘉川縣在利州東，是縣城似不臨嘉陵江。復檢九域志八利州綿谷縣又有「朝天、嘉川二鎭。」是嘉川縣外又有嘉川鎭，別屬綿谷縣也。朝天在縣北約六十里（詳後），嘉川當在其北。考劍南詩稿三，放翁至少兩次來往利州與興元道上。第一次由閬州取陸路北上經利州至興元。回程由大安舟行至利州回閬中。第二次北行及回程至利州皆與第一次相同。玆錄其紀行詩目如次：

（甲）　第一次北上興元

果州驛

南池（因杜甫閬中南池詩而作。）

鼓樓鋪醉歌

登惠照寺小閣（據後夜抵葭萌慧照寺詩，知寺在葭萌。）

雨中過龍洞閣

籌筆驛

嘉川鋪

老君洞

大安病酒因小飲江月館

金牛道中

曉發金牛

山南行

南鄭馬上作

（乙） 第一次南下閬中

自三泉泛嘉陵至利州

木瓜鋪短歌（歌云，「鼓樓坡前木瓜鋪，歲晚悲辛利州路。」）

夜抵葭萌惠照寺寓榻小閣

太息宿青山鋪作

閬中作

（丙） 第二次由閬中北上興元

自閬復還漢中次益昌

再過龍洞閣（詩云：「天險龍門道……」）

三泉驛舍

嘉川鋪得檄（三泉嘉川二詩次序倒置。）

歸次漢中境上

沔陽夜行

西縣市中得羊因小酌

（丁） 第二次由興元南下益昌

初離興元

自興元赴官成都

南沮水道中

長木晚興

長木夜行抵金堆市

赴成都泛舟自三泉至益昌

雪晴行益昌道中

劍門道中

（劍門關以下不錄）

據此，嘉川驛當在龍洞閣、籌筆驛之北，蓋即五盤（五盤自昔爲秦蜀界）、籌筆間之一驛耳。是在縣北約一百三四十里歟？續通鑑長編五，王全斌伐蜀，「過三泉，遂至嘉川。」（宋史王全斌傳作嘉陵。）蓋此驛歟？

又南經龍門閣，杜翁有龍門閣詩，謂「絕壁無尺土」，極狀其險峻。又南至朝天嶺，共約四十里。朝天嶺爲南棧第一高坡，孫樵賦所謂「朝天雙峙以虧蔽」也。

朝天嶺　輿地紀勝一八四利州景物上：「朝天嶺在州北五十里，路徑絕險，其後即朝天程，舊路在朝天峽棧道，遂（蜀中廣記二四引作『後』，是。）開此道，人甚便之。文與可有朝天嶺詩云，山若畫屏隨峽勢，水如衣帶轉崖陰。……皇朝郡縣志云，朝天嶺即漫天寨也。」按孫樵出蜀賦：「濟潼梓之重江，出大劍之複關，……蹇余馬之不息，屆峽山之偪側，……途迫高而緣深，不尺直而又曲，……朝天雙峙以虧蔽，中慘慄而陰翳，倏下馳而上廻，若出地而天開。……」（全唐文七九四。）是蓋唐代已有朝天之名。王德昭中原歸程記云，「朝天嶺萬仞陡起，爲南棧第一高坡。」紀勝云在州北五十里。前引蜀中廣記二四，經過解釋，亦在州北五十里。而紀要六八廣元縣，「朝天嶺，縣北六十里。」一統志引紀勝不言里數。要當五六十里耳。然朝天程北至龍門第一洞僅十五里。朝天嶺南經小漫天、深渡至大漫天，大漫南去廣元三十五里。（「然朝天程」以下並詳後文。）則六十里之說似爲強。今作六十里計，則北去籌筆驛約四十里也。

龍門閣　亦屢見唐人吟詠。杜翁自秦州入蜀紀行詩（詳注九、鏡銓七）有龍門閣云：

「清江下龍門，絕壁無尺土，長風駕高浪，浩浩自太古，危途中縈盤，仰望垂線縷，滑石欹誰鑿，浮梁裊相拄，目眩隕雜花，頭風吹過雨，百年不敢料，一墜那得取，飽聞驚瞿塘，足見度大庾，終身歷艱險，恐懼從此數。」

按此詩寫龍門閣道險峻之極。岑參亦有赴犍爲經龍閣道詩（全唐詩三函八册參集一），蓋亦此閣。⑤又陸遊再過龍洞閣詩云：「天險龍門道，霜清客子遊，一笻緣絕壁，萬仞俯洪流，着脚初疑夢，回頭始欲愁，……。」（劍南詩稿卷三。）參之此詩在集中排列次序（見前），即與杜詩所詠爲同一地，無疑。杜詩龍門閣所在，詳注引元和志，「龍門山在利州綿谷縣東北八十二里。」（按在卷二二。）鏡銓同。唐綿谷治今廣元縣。然蜀中廣記二四，引本志（郡志？縣志？），「廣元縣北十里千佛崖即古龍門閣。」且引杜詩云云。又一統志保寧府卷關隘目：「龍門閣在廣元縣北千佛崖側。」下引杜詩云云。今按千佛崖在廣元縣北十餘里（詳後）。去元和志之龍門山甚遠。檢輿地紀勝一八四利州景物下有涉及龍門地名者數條：

「石欄橋在綿谷縣北一里。自城北至大安軍界，管橋欄閣共一萬五千三百一十六間，其著名者爲石櫃閣、龍洞閣。」

「龍洞閣在綿谷縣，詳見石欄橋下。杜詩云：清江下龍門，絕壁無尺土。馮鈐幹田云，（按勝覽六六，同。而一統志保寧府卷關隘目龍門閣條引勝覽無田字，是。）其他閣道雖險，然在山腰亦微有徑可以增治閣道。獨惟此閣，石壁斗立，虛鑿石竅而架木其上，比之他處極險。老杜詩絕壁無尺土，謂此也。」

「龍門山，梁州記云，葱嶺石穴高數十丈，狀如門，俗號爲龍門山。元和志，在綿谷縣。圖經云，山北有鸞子谷，谷中有石磬，又有龍門洞。」⑥

「龍門洞，在綿谷縣北。有三洞。自朝天程入谷，十五里有石洞，及第二第三洞。有水自第三洞發源，貫通二洞，流水出下合嘉陵江。」

是則宋人卽以龍門閣在綿谷縣北之龍門山，亦卽元和志所記縣北八十二里之龍

⑤ 又沈佺期有過蜀龍門，見全唐詩二函五册佺期集一。詩云：「龍門非禹鑿，詭怪乃天功，西南出巴峽，不與衆山同。長竇亙五里，宛轉復嵌空，……流水無晝夜，噴薄龍門中，潭河勢不測，藻葩垂彩虹……。」似亦此地。但有西南出巴峽之句，姑存疑。

⑥ 寰宇記一三五，略同。惟不云卽元和志之龍門山。又無「有龍門洞」一句。

門山也。朝天程約在綿谷北六十里，由此向北十五里至龍門洞，正接元和志所記之龍門山區矣。宋人實指如此，宜可信。復考王士禛蜀道驛程記上云：

「十五日，雨。過七盤關，入四川保寧府廣元縣界。次神宣驛。上龍洞背，兩山夾峙，一山如獰龍奮脊，橫跨兩山之間，下有洞似城門，可通九軌，水流其中，下視烟霧蓊鬱，不測尋丈。自是盤折而上，騎龍背行，四望諸山如劍鋩戟牙。二十里許始下山，渡河，即分水嶺以西水入嘉陵江處。南山之巔爲朝天關。孫樵所謂朝天雙峙以虧蔽……是也。」

此寫龍洞形勢甚詳，位於神宣驛（即唐籌筆驛）與朝天嶺之間，正是唐宋之龍門。至於縣北十里，蓋明清後起之說耳。且老杜入蜀紀行諸詩之次第雖不無疑問，然大體可信其爲由北而南按次排列。石櫃閣詩在龍門閣詩之後，石櫃在縣北二十五里，龍門固應在其北，不得在縣北十里也。

然輿地紀勝一九一大安軍景物上又有龍門、龍洞、後洞三條。其龍門條云：

「龍門在軍五里外，官道之旁，懸壁環合，上透碧虛，中敞大洞，下漱清泉，宛然天造，水簾懸夏，冰柱凝多，眞異境也。文潞公、宋景文、趙清獻、王素、韓絳、田況、呂公弼、呂大防諸公皆有留題。行三里又有後洞。蘇元老龍洞記所謂重簷夏屋深不可窮者是也。又有後龍門，其境較之前龍門極幽邃。」

是三泉附近亦有龍門之目，蓋非杜翁所寫之龍門。且陸游劍南詩稿卷三第一次北上興元諸詩有雨中過龍洞閣一首，在籌筆驛、嘉川鋪兩首之前。第二次北上興元諸詩有再過龍洞閣，亦在嘉川鋪、三泉驛兩詩之前。則所詠亦爲綿谷北八十二里之龍門，非三泉附近之龍門也。

又南歷望雲嶺，小漫天嶺，深渡驛，大漫天嶺，至石櫃閣，共約三十五里。諸嶺驛皆見唐人題詩。近人狀石櫃閣道云，「石崖壁立，車道斷崖而成，人馬經此，如行櫃中，蓋上下左側（就由北向南言），盡爲石壁，唯右側直落千尋，嘉陵江奔湧其下。」此蓋中古開鑿之功也。

元稹有漫天嶺贈僧，云「五上兩漫天。」（元長慶集一五。）又題漫天嶺智藏師蘭若云：「僧臨大道閱浮生，來往憧憧利與名。二十八年何限客，不曾閑見一人行。」（同上一九。）又羅隱漫天嶺（全唐詩十函四册隱集一〇）：「西去休言蜀道難，此中危峻已多端，到頭未會蒼蒼色，爭得禁他兩度漫。」注：「嶺有大漫天小漫天，故云。」又廣記一三六僞蜀主舅條：「自秦川至成都三千餘里，歷九折、七盤、望雲、九井、大小漫天隘狹懸險之路。（出王氏見聞錄。）」通鑑二七九，後唐清泰元年，興元孫漢韶降蜀，蜀主使張業將兵一萬屯大漫天以迎之。是大小漫天爲入蜀道途必經之地。故孟知祥曰：「正欲徑取利州……獲其倉廩，據漫天之險，北軍終不能西救武信（遂州）。」（通鑑二七七。）胡注：「漫天寨在利州北，有小漫天大漫天二寨。」考宋史二五五王全斌傳，述伐後蜀事云：

「逐蜀軍過三泉，遂至嘉陵。……蜀人斷閣道，軍不能進。全斌議取羅川路以入。（康）延澤……曰：羅川路險，軍難並進，不如分兵治閣道，進與大軍會於深渡。……全斌然之，命（崔）彥進、延澤督治閣道，數日成，遂進擊金山砦，破小漫天砦。全斌由羅川趣深渡，與彥進會。蜀人依江列陣以待，彥進遣張萬友等奪其橋。會暮夜，蜀人退保大漫天砦。詰朝，……又大破之，乘勝拔其砦，……追至利州。」（續通鑑長編五，同。）

此其南北次第甚明，深渡則居二嶺之間。通鑑二七三後唐同光二年紀，蜀主北巡，「從駕兵自綿、漢至深渡，千里相屬。」（據廣記二四一王承休條，此出王氏聞見錄。）胡注：「深渡在利州綿谷縣北大漫天小漫天之間。」是也。考張說有深渡驛詩（全唐詩二函四册）。詩云：「旅泊青山夜，………高枕聽江流，猿響寒巖樹，螢飛古驛樓。……」是此驛臨江，且當在蜀道中。檢說又有再使蜀道詩云：「渺渺葭萌道，蒼蒼褒斜谷。」是曾兩度入蜀，且經金牛道也。則此深渡驛必即大小漫天間之深渡無疑。是此地在唐代前期已置驛矣。復檢輿地紀勝一八四，有漫天嶺條，不言里數。紀要六八廣元縣目：「大漫天嶺，縣東北三十五里，峻出雲表，又北爲小漫天嶺。二嶺相連，一名藁本山，蜀道之險也。」一統志保寧府卷山川目漫天嶺條，同。今從之。則其地在朝天嶺以南也。

又觀前引廣記一三六僞蜀主舅條，唐世此道中又有望雲之險。又前九井灘條引陸放翁夜夢行南鄭道中詩，宋世仍有望雲之險。紀要六八廣元縣，「望雲闕在縣北五十五里。山勢高聳，與雲霞相望。」一統志保寧府卷關隘目：「望雲闕在廣元縣北四十五里，山勢高聳，上接雲霄，今名望雲鋪。……南接問津驛，北接神宣驛。」兩書里數小異。按問津驛在廣元縣城內。神宣驛在縣北至少一百里。則此地總在廣元北五十里上下。當在朝天嶺南不遠歟？故列於小漫天之前。

石櫃閣：杜翁入蜀紀行詩，龍門閣後有石櫃閣詩。（詳注九、鏡銓七。）詩云：「蜀道多早（一作草）花，江間饒奇石，石櫃曾（音層）波上，臨虛蕩高壁。……」當亦臨嘉陵江上。詳注引方輿勝覽云：「石欄橋在綿谷縣北一里，自城北至大安軍界，管橋欄閣共一萬五千三百一十六間，其著名者爲石櫃閣、龍門閣。」鏡銓引方輿勝覽，內容一字不異。今檢紀勝一八四、勝覽六六利州，述石櫃閣，並未詳其地望。檢紀要六八廣元縣目龍門閣條附云：「石櫃閣，郡志云在縣北二十五里。」一統志保寧府卷關隘目：「石櫃閣在廣元縣北二十五里。唐杜甫有詩。」無他異說，姑從之。

綱文近人云云，見王德昭中原歸程記。

又南經佛龕（千佛崖）至利州治所綿谷縣（今四川廣元），約二十五里。佛龕始見於蘇頲詩題，即今千佛崖，蓋北朝所創雕者。

石櫃閣南距綿谷縣二十五里，已詳前條。

佛龕之名，余始見於蘇頲詩文。詩題爲「利州北佛龕前重于去歲題處作」。詩云：「重巖載看（一作戴清）美，分塔起層標，蜀守經塗處，巴人作禮朝。」（全唐詩二函二册。）是此龕當爲入蜀所經。文題爲「利州北題佛龕記」。云「禮部尚書兼益州大都督府長史使持節劍南節度諸州軍事許國公蘇頲敬造，因寓言曰：……山兮水兮路窮嶮，鬱南望兮此情多。吾又見像法住世於巖之阿，百千萬億兮相觀我，載琢載追兮，吾匪他……」（全唐文二五六。）則當作於開元十一年至十三年間。⑦ 考蜀中廣記二四廣元縣條引本志「（縣）北十里千佛崖，即古龍門閣。先是懸崖架木作棧而行，後鑿石爲千佛像，成通衢矣。」紀要六八廣元縣龍門閣條，同。又云：「明洪武二十四年，景川侯曹震相視開鑿，壘石爲岸，益爲坦途。」是此千佛崖之開鑿必在明初以前。史岩云：今廣元縣北五公里嘉陵江東岸有千佛崖。其大雲古洞外有「劍南道按察使銀青光祿大夫行益州大都督府長史韋杭功德」題刻，時在開元初。又其副倅李光題記，開元十年六月七日。另有數唐刻。是千佛崖之開鑿最遲在盛唐時代。故乾隆廣元縣志云：「千佛崖，……峭壁千仞，逼臨大江。……先是懸岩架木，作棧而行，唐韋杭鑿石爲路，並鑿千佛，遂成通衢。」然據若干洞窟佛像雕刻作風，當始於北魏，（見史岩撰關于廣元千佛崖造像的創始時代問題，刊文物1961年第2期。）今按史岩之說蓋可信，此當即蘇頲詩文所指。則唐世縱無千佛崖之名，然大道所經必自唐已然。

此三泉入利州之驛道也。又自嘉川驛有險徑東南行經羅川（今廣元東北五十里以上）亦至深渡，此偏道也。

宋史二五五王全斌傳，乾德二年十二月，述伐蜀事云：

「逐蜀軍過三泉，遂至嘉陵（續通鑑長編五作嘉川），殺虜甚衆。蜀人斷閣道，軍不能進。全斌議取羅川路以入。延澤潛謂彥進曰，羅川路險，軍難並進，不如分兵治閣道，與大軍會於深渡。彥進以白全斌，全斌然之。命彥進、延澤督治閣道。數日成，遂進擊金山砦，破小漫天砦。全斌由羅川趣深渡，與彥進會。……蜀人退保大漫天砦。」

按紀要六八廣元縣目石亭戍條：「羅川戍在廢嘉川縣東南。」又嘉川城條：「縣東北五十里。」又引郡志，嘉川城在今縣東百里，地名嘉川鄉。蓋自嘉川驛向東紆回，取嘉川縣羅川路也。

利州綿谷縣城廓在嘉陵江東岸一里，爲蜀北軍事重鎮。

---

⑦ 參本傳及吳廷燮唐方鎮年表六。

元和志二二利州緜谷縣，「西漢水一名嘉陵水，經縣西，去縣一里。」其地爲蜀北重鎭，故隋於此置利州總管府以鎭之。宋嘉祐八年陳恢通判廳題名記：「益昌之南，陸走劍門，過劍而外，東西川在焉。水走閬、果，由閬、果而去適夔、峽焉。西則文、龍二州，東則會集、壁諸郡，故益昌於蜀，最爲都會。」（輿地紀勝一八四利州風俗形勢目引。）按此「益昌」謂利州益昌郡，非指益昌縣而言。然州之見重，亦正以益昌縣爲交通樞紐。蓋縣當嘉陵白水之會，故有水陸交通之利也。

有嘉陵驛，在城西一二里，瀕臨嘉陵江，蓋入劍閣道之途也。唐人題詠今存者凡六家。

嘉陵驛屢見唐人詩篇。元長慶集一七使東川詩序，元和四年作。起駱口驛盡望驛臺二十二首。就中有嘉陵驛二首。（全唐詩六函九册稹集一七。）又武元衡有題嘉陵驛，（全唐詩五函七册元衡集二。詩云：「路半嘉陵頭已白，蜀門西上更青天。」）雍陶有宿嘉陵驛，（全唐詩八函六册。）薛能有嘉陵驛見賈島舊題、題嘉陵驛（詩云：「江濤千疊閣千層，銜尾相隨盡室登。」）及嘉陵驛三首，（全唐詩九函二册能集三。）張蠙有題嘉陵驛，（同上十函十册。）薛濤有續嘉陵驛詩獻武相國。（同上十一函十册。）按蜀中廣記二四保寧府廣元縣，「驛路有曰問津。志云：昔孔明行師于此問津，故名。按卽古嘉陵驛也。在治西一里。」而一統志保寧府卷關隘目：「嘉陵古驛在廣元縣西二里，唐時驛道。」又有問津驛「在廣元城內。」是明清之問津，非卽唐之嘉陵也。但在城西，蓋臨江而設，當無可疑。

由緜谷西南四十五里至益昌縣（今昭化）。縣東北三里有桔柏渡，杜翁有詩。卽白水會嘉陵江處，架浮梁嘉陵江上，爲津渡之要。故五代南北用兵，屢焚浮橋爲守禦之計。

杜翁同谷入蜀紀行詩（詳注九、鏡銓七）有桔柏渡云：

「青冥寒江渡，架竹爲長橋。竿濕烟漠漠，江永風蕭蕭，連笮動嫋娜，征衣颯飄颻。……西轅自茲異，東逝不可要，高通荆門路，濶會滄海潮。」

按舊玄宗紀，天寶十五載，避亂入蜀。七月「壬戌，次益昌縣，渡吉柏江，有雙魚夾舟而躍。」即此桔柏渡也。至唐末五代，屢見載籍：

舊一八四楊復恭傳：「國舅王瓌頗居中任事，復恭惡之，奏授黔南節度。至桔柏江，覆舟而沒。」通鑑二五八大順二年條，略同。但作吉柏津。

舊五代史五一魏王繼岌傳：伐蜀。蜀主王衍督師利州。聞三泉之敗，「棄利州，奔歸西川，斷吉柏津浮梁而去。」通鑑二七三同光三年條，同。

通鑑二七四，同光三年，李紹琛爲繼岌先鋒，「至利州，脩桔柏浮梁」，濟江至劍州。

又二七四，天成元年，魏王繼岌東還「至利州，李紹琛遣人斷桔柏津。」自稱兩川節度。

續通鑑長編五，乾德二年，王全斌伐蜀，「追奔至利州北。昭遠（蜀軍都統王昭遠）等遁去。渡桔柏津，焚浮梁，退保劍門。」

據此諸事，其爲津要可知。檢一統志保寧府卷津梁目云：「方輿勝覽：桔柏渡在昭化縣。今昭化縣有古柏，土人呼爲桔柏，故以名潭。（按通鑑二五八胡注略同。）舊志，今在縣東北三里，即嘉陵、白水二江合流處。………唐宋以來皆造浮梁於此。」紀要六八昭化縣，「桔柏津，縣東三里。」「地多桔柏，因名。」關於地名之解釋，似紀要爲正。昭化即唐之益昌，則津渡在益昌縣東北三里，架浮梁於嘉陵江上也。

益昌當嘉陵、白水之會，爲交通樞紐，利州之見重蓋以此也。當置驛。

岑參奉和杜相公發益昌：「相公臨戎別帝京，擁麾持節遠橫行，朝登劍閣雲隨馬，夜渡巴江雨洗兵，……暫到蜀城應計日，須知明主待持衡。」（全唐詩三函八册參集三。）此即杜相公由京入蜀道經益昌也。益昌東北通金牛道，西南通劍閣道，即今考之道也。其西北則循白水出隴西，東南則沿嘉陵至閬、合。故爲川北交通重地。此地去利州嘉陵驛不到四十五里，正當置驛。但於唐無考。而通鑑二五八大順二年條，胡注云：「利州益昌縣有桔柏津，益昌驛有古柏，土人謂之桔柏，因此名津。」則此驛當甚古，疑卽唐驛也。

由益昌西南入山區，踰白衞嶺至小劍戍故城五十一里。又三十里至方期驛，聖曆二年置劍門縣。又五里至劍門關。又五里經開遠戍至大劍山口，置大劍鎭戍。此道「連山絕險，飛閣通衢」，稱爲劍閣道，亦曰石牛道，傳爲張儀伐蜀所經。

劍閣道　始見於華陽國志二漢中志。志云：「德陽縣有劍閣道三十里，至險，有閣尉。」一統志綿州卷古蹟目引舊志，漢德陽故城在梓潼縣北境。則此劍閣道卽指劍門閣道而言也。其後迄五代，有關劍閣道行程里距之重要材料有下列四條：

水經注二〇漾水注：「清水……逕始平郡南，又東南逕小劍戍北，去大劍三十里，連山絕險，飛閣通衢，故謂之劍閣也。張載銘曰，一人守險，萬夫趦趄。信然。故李特至劍閣而歎曰：劉氏有如此地，而面縛于人，豈不奴才也！」

元和志二二利州益昌縣條：「小劍故城在縣西南五十一里。小劍城去大劍戍四十里。連山絕險，飛閣通衢，故謂之劍閣道。自縣西南踰小山，入大劍口，卽秦使張儀司馬錯伐蜀所由路也。亦謂之石牛道。」

同書三三劍州普安縣條：「劍閣道，自利州益昌縣界西南十里（「十」上當奪一數目字）至大劍鎭，合今驛道。秦惠王使張儀司馬錯從石牛道伐蜀，卽此也。後諸葛亮相蜀，又鑿石駕空爲飛梁閣道以通行路。」

舊唐志劍州劍門縣條：「縣界大劍山卽梁山也。其北三十里所有小劍山。大劍山有劍閣道三十里，至劍處（？）張載刻銘之所。」

據元和志，由益昌西南五十一里至小劍戍故城，又四十里至大劍鎭戍，華陽志及酈注、舊志云三十里，蓋就兩山間之閣道而言。劍閣道卽兩山間一段行程。此觀酈注及元和志甚明。寰宇記八三綿州巴西縣條：「大劍鎭，在劍閣口，一人荷戟，萬夫莫向。」謂鎭爲劍閣道之南口，亦其明證。而舊志記述，以爲劍閣僅在大劍山，蓋欠妥。且輿地紀勝一九二劍門關景物下云：

「大劍山，在劍門縣，亦曰梁山。又有小劍山在其西北三十里，又有小劍故城在益昌縣西南五十里。……大劍雖號天險，有阨塞可守，崇墉之間，徑路頗夷。小劍則鑿石架閣，有不容越。太白所謂猿猱欲度愁攀援者，其謂是也。」

是小劍較大劍尤險，正閣道所在。舊唐志屬辭欠妥無疑。紀要六八劍州大劍山條：「志云，大小劍山峰巒聯絡，延亙如城，下有隘路，謂之劍門關。大劍路頗平，小劍則石上架閣，尤險峻。有大小劍水出於山下。勝覽云：大劍絕頂有玉女臺，峭壁千仞，下瞰古道，行人如蟻。」大抵閣道多行於兩山之下。

據上所考，由益昌西南入山區五十一里至小劍戍故城，又四十里至大劍口鎮戍，里距甚明。此卽秦張儀伐蜀之路，所謂劍閣道也。元和志三三，又云劍州東北至大劍鎮四十八里，至利州一百九十里。核計里程，當卽此線。此線行程，尚有數地名可考如次：

白衞嶺　杜光庭歷代崇道記（全唐文九三三）：「（天寶）十五載，帝幸蜀，……又於利州益昌縣山嶺上，見混元騎白衞而過，示收祿山之兆，詔封其山爲白衞嶺。」是則嶺名始於天寶末，爲大道所經。又唐詩紀事一〇李嶠條：「嶠汾陰行。……天寶末，明皇……幸蜀，登白衞嶺，覽眺良久，又歌是詞。」計有功注：「利州昭化縣之南境與劍門相接，有鋪曰白衞鋪。」輿地紀勝一八四，同。是當在昭化劍門道上。又廣記二四一王承休條，蜀後主王衍北巡，歷梓潼、劍門，過白衞嶺，至利周〔州〕。（云據王氏聞見錄。）同書四三二周雄條：「僕嘗行次白衞嶺」云云。（出北夢瑣言。）亦皆見其在劍利間大道上。又茅亭客話一虎盜屏跡條：「聖朝未克蜀前，劍、利之間，虎暴尤甚。白衞嶺石筒磎虎名披鬃子。」亦云在劍、利之間。是劍門利州道上有白衞嶺，計有功之說是也。復考通鑑二七七長興元年條云，王弘贄等「引兵出人頭山後，過劍門之南，還襲劍門，克之。」胡注引李昊蜀高祖實錄：

「今月十八日，北軍自白衞嶺人頭山後過，從小劍路至漢源驛出頭，倒入劍門，打破關寨。」

是此嶺即當小劍道上，而在小劍之東，昭化之西南也。檢一統志保寧府卷山川目：「白衞嶺在昭化縣西南五十里，與劍門相接。」又云「人頭山在昭化縣西四十里。」紀要六八，同。是白衞嶺蓋緊接小劍戍之東，而人頭山蓋偏北，不當正道歟？

劍門縣、方期驛　元和志三三，劍州，東北至利州一百九十里。有劍門縣，「西南至州六十里。」寰宇記八四，同。（州東北至利州里數有兩條，一作一百九十里，一作二百里。）則劍門縣當在利州西南一百三十里，即益昌縣西南八十五里。亦即小劍戍西南三十餘里處。又云大劍鎮在州東四十八里，則縣當在鎮東十里而遙。故今姑作小劍戍之西三十里，大劍鎮之東十里處。寰宇記八四劍州劍門縣：「本漢梓潼縣地，諸葛武侯相蜀，于此立劍門，以大劍山至此有隘束（輿地紀勝一九二引作隘束，是也。）之路，故曰劍門。即姜維拒鍾會于此。唐聖曆二年，分普安臨漢陰平三縣地於方期驛城置縣。」聖曆二年以下，舊書地理志劍州劍門縣條同。惟臨漢作永歸。輿地廣記三二，與舊志同。又云：「有大劍山，劍門峽，劍門關，劍閣道。」是因大劍東隘峽口爲名，其地則舊有方期驛也。

劍門關　此一地帶雖久以險要名，但似未置關。隋志，此處亦無關官。唐六典六刑部司門郎中條，上中下三等關二十六，亦無此關名。然杜甫劍門云：「一夫怒臨關，百萬未可傍。」李白蜀道難：「劍閣崢嶸而崔嵬，一夫當關萬夫莫開。」則天寶末當已置關矣。孫樵出蜀賦（全唐文七九四），「出大劍之複關。」是且不只一關。又通鑑二七四，後唐天成元年，「任圜先令別將何建崇擊劍門關，下之。」同書二七七長興元年「正月，董璋遣兵築七寨於劍門。」五月，「復於劍門北置永定關，布列烽火。」是則至五代更有增置矣。又輿地碑記目四劍門關碑記條有修關石刻，「在天成五年四月。又有五代勅牒甚多，皆天成長興廣政間牒也。」蓋世亂關隘爲重，故屢經修治。復考九域志八劍門關：「景德三年，以劍州劍門縣隸關，以兵馬監押主之。熙寧五年，縣復隸劍州。」輿地紀勝一九二劍門關：「皇朝伐蜀，克劍門，擒蜀將王昭遠。蜀平，遂以劍門縣隸劍門關，兵馬都監主之。」（本注：國朝會要在景德二年。）又以劍門關直隸京師，(本注：國朝會要云在景德三年。）又引圖經云：「劍門關，承平時，以東京兵出戍。關有路分，有駐泊，皆得進表。劍門知縣亦同管關事。」「景德中，勑委劍門監押使臣兼知縣事，遂移縣治在劍門關寨南。」又引劍門集云：「景德中以縣不隸於州，俾司關者兼治之。熙寧中，關縣析而爲二，皆隸於州。」同書一八六隆慶府（劍州）劍門縣條，略同。是至宋初，益重此關，直屬朝廷如三泉，不隸地方州府矣。又據此所引各條，知宋初關縣不在一處，但相近耳。此當承唐而來。至景德中始移縣治就關南設置。按前引元和志、寰宇記，縣在劍州東北六十里，而九域志八劍州，劍門縣在「州東北五十五里。」當爲移就劍門關後之位置。是則關在劍州東北五十五里；宋初以前，縣在關東五里也。然則關正在劍門縣、大劍鎭之間，蓋卽大劍山峽谷之北口矣。又據此里距，是在下文所考開遠戍鍾會壘之東二三里處，紀勝稱鍾會「既度劍閣，居死地。」正謂已度越此處耳。

大劍鎭、開遠戍　通典一七六劍州劍門縣，「有梁山，亦曰大劍山，有姜維拒鍾會故壘。」開遠戍之名始見於隋書三七梁睿傳。傳述睿平蜀事云：「謙將敬豪守劍閣，梁巖拒平林，並懼來降。」謙將達奚惎「分兵據開遠。睿謂左右曰，此虜據要，欲遏吾兵勢。」是開遠在劍閣之西，當軍事要衝甚明。復檢元和志三三劍州普安縣目有三條專記大劍山、大劍鎭、開遠戍及鍾會姜維故事云：

「鍾會故壘，一名開遠戍，在縣東北五十三里，亦曰空冢戍。晉鍾會軍至此，既度劍閣居死地，遂掘冢爲死戰。既無所埋，故曰空冢。後魏改名開遠戍。」

「大劍山亦曰梁山，在縣北四十九里。初姜維自沓中爲鄧艾所摧，與張翼董厥合，還保劍門，以拒鍾會。卽此也。」

「大劍鎭在縣東北四十八里，本姜維拒鍾會壘也，在開遠戍東十一里。其山峭壁千丈，下瞰絕澗，飛閣以通行旅，梁時於此置大劍戍。」

是則大劍鎭當在劍州東北近五十里處，又東三四里卽開遠戍也，輿地紀勝一八六隆慶府（劍州）古迹目，鍾會壘「在普安縣之北五十三里，三江合流。上有一峰，乃鍾會屯兵之地。會至此，旣度劍閣居死地，遂倒糧掘冢，爲死戰焉。唐人詩有：鍾會壘邊山月白，……」亦與此合。元和志第三條「開遠戍東十一里。」疑有誤。（張氏考證已疑之。）

然此閣道在唐世已非驛道幹線。驛道幹線在此閣道之南，東自益昌與閣道分途，西至開遠戍大劍鎭，復合爲一道。驛道較坦，蓋卽隋文帝初年畏忌劍閣之險，易啓叛逆之心，故毀棄棧閣，而別開之平道也。

前引元和志三三劍州普安縣：「劍閣道自利州益昌縣界西南十里（「十」上脫一數字）至大劍鎭，合今驛道。」是閣道非「今驛道」，甚明。而兩道會合處則在大劍鎭。考隋書文帝紀卷首云：

「王謙爲益州總管，…… 起巴蜀之衆以匡復爲辭。…… 進兵屯劍閣，陷始州。……乃命（略）梁睿討平之。……巴蜀阻險，人好爲亂，於是更開平道，毀劍閣之路，立銘垂誡焉。」

是隋文帝鑒於王謙恃劍閣之固，乃毀閣道。別開平道，疑卽元和志所謂「今驛道」也。此「今驛道」當在劍閣道之南，不在北。何者？前考白衞嶺條，據胡注引蜀高祖實錄記事云，北軍由白衞嶺人頭山向北繞經小劍山至漢源驛出頭。此在劍閣道之北也，明爲僻道微徑，非驛道。且下文考望喜驛，爲唐人入蜀所常經。其地望在益昌之南，嘉陵江畔，是驛道在劍閣道之南也。盧照鄰入蜀詩有至望喜矚目言懷貽劍外知己及大劍別劉右史兩首，尤驛道經望喜至大劍之明證。則驛道在閣道之南必矣。

此驛道蓋由益昌向南沿嘉陵江西岸至望喜驛，屢見唐人詩篇。漢川入蜀之驛道自三泉南來，皆略沿嘉陵江而行。至此驛，江流折向東南入閬州，而入成都大驛道則離開江水向西南至大劍鎭。

望喜驛屢見於唐人詩篇。如元稹使東川詩有望喜驛一首。（元長慶集一七。）又李商隱望喜驛別嘉陵江水詩云：「嘉陵江水此東流，望喜樓中憶閬州。」（玉谿詩詳注四。）薛能雨霽宿望喜驛云：「江水依然浩浩聲。」（全唐詩九函二册薛能集三。）皆即此驛。又盧照鄰入蜀詩有至望喜矚目言懷貽劍外知己一首（全唐詩一函九册照鄰集一）當亦此地。按九域志八利州，昭化縣在「州南三十三里。」有「昭化、望喜、白水三鎭。」檢一統志保寧府卷關隘目：「望喜鎭，在昭化縣南，江水折而東流處。蓋即唐望喜驛。」是在益昌縣南。而紀要六八廣元縣籌筆驛條，「縣北四十里有望喜驛，唐名也。今曰沙河馬驛。」是在緜谷縣北。此二說相距蓋百里以上。蜀中廣記二四廣元縣條：「南去有望喜驛，今廢。」玉谿詩詳注四，引廣元縣志文與此同。是一地有三說矣。據李商隱詩，商隱自北沿嘉陵江水南來，至此驛蓋向西南入劍門，而江水則在此驛折而東南入閬州。復考御覽五八三引羯鼓錄：「永泰中，杜鴻漸爲三川副元帥，……及出蜀至利州西界望喜驛入漢川矣。自西南來始至嘉陵江，頗有山景致。……乃與從事楊崖州杜亞輩登驛樓望月。」⑧此亦顯示望喜驛之地望，與商隱詩合。是一統志以爲「在昭化縣南，江水折而東流處。」是也。紀要以爲在廣元之北，形勢固不合。廣記以爲在廣元縣南，亦未爲正。蓋驛道直至益昌南尚沿嘉陵江而行也。

據此，驛道自益昌縣向南行。元和志二二利州益昌縣條述劍閣道下，又云：「又有古道，自縣東南經益昌戍，又東南入劍州普安縣界，即鍾會伐蜀之路也。」疑隋唐驛道（至少東段）實略循此古道歟？

由望喜驛向西南至泥溪，蓋三四十里。王勃有泥谿詩。

通鑑二七四後唐天成元年，述伐蜀回程云：

「魏王繼岌軍還至武連。……時（李）紹琛將後軍在魏城。……是日（二月丙申）魏王繼岌至泥溪，紹琛至劍州，遣人白繼岌云，河中將士號哭不止，欲爲亂。丁酉，紹琛自劍州擁兵西還，自稱西川節度。」（參看舊五代史七四康延孝傳及新舊五代史魏王繼岌傳。）

觀此行程，泥溪當在劍州之東。又通鑑二六八梁乾化元年，岐兵伐蜀，蜀將王

---

⑧ 廣記二〇五杜鴻漸條引羯鼓錄作望嘉驛，蓋形譌。而驛下有「路」字，是也。今本羯鼓錄作望嘉陵驛，誤也。

宗侃退守安遠軍（即西縣）。「蜀主如利州。……宗侃遣裨將林思諤自中巴間行至泥溪見蜀主告急。」胡注：「泥溪當在劍州北，利州界。」略得之。王勃有泥谿詩云：「弭櫂凌奔壑，低鞭躡峻岐，江濤出岸險，峰磴入雲危，溜急船文亂，巖斜騎影移。」（全唐詩二函一册勃集二。）當即此地。紀要六八昭化縣目，「泥溪河，縣西四十里，下流入嘉陵江，往來通道也。」下引前兩事以實之。是當在由望喜驛向西南渡泥溪河處。其地既屢爲君王所駐，當頗大，可能置驛，疑即在望喜西南三四十里處。

又西南至大劍鎮，蓋亦一驛之程歟？

前引元和志，劍州東北至利州一百九十里。寰宇記述劍州東北至利州里距有兩項數字，一爲一百九十里，一爲二百里。一百九十里之數，與前考劍閣道各段累積之里數（一百八十五里）略合。疑二百里乃驛道里數。今核之驛道各段里數，劍州至大劍鎮近五十里。若益昌經望喜、泥溪，至大劍鎮三程各以三十五里計，則劍州至益昌一百五十五里，至利州恰得二百里之數。

大劍鎮蓋當劍門山脈在此地區之總口，稱爲蜀門。隋文另闢坦途，仍不得不取道於此，故與劍閣道相會也。

劍閣道及驛道會合於此。「其山峭壁千丈，下瞰絕澗，飛閣以通行旅。」皆見前引元和志三三。

前引寰宇記八四劍門縣條：「諸葛亮相蜀，於此立劍門，以大劍山至此有隘束之路，故曰劍門。」此當指劍門縣關至大劍鎮一帶十餘里間而言，故此一帶爲入蜀必經之路。于邵劍門山記（全唐文四二九）云：

「趨蜀之路，必由是山。連峰戛天，上絕飛鳥，極於此也。峭壁不斷，兩崖相嶔，如門斯闢，如劍斯植。」

扼要道，勢險峻，此數語足以盡之，可與元和志、寰宇記相印證。其他狀此山之險者尚多。茲擇錄四則如次：

張載劍閣銘：「巖巖梁山，積石峨峨，……南通邛僰，北達褒斜。……惟蜀

之門，作固作鎮，是曰劍閣，壁立千仞，窮地之險，極路之峻，世濁則逆，道清斯順……。」（全晉文八五）

杜甫劍門：「惟天有設險，劍門天下壯，連山抱西南，石角皆北向，兩崖崇墉倚，刻畫城郭狀，一夫怒臨關，百萬未可傍。」（詳注九）

岑參入劍門作寄杜楊二郎中：「不知造化初，此山誰開坼，雙崖倚天立，萬仞從地劈，雲飛不到頂，鳥去難過壁，速駕畏巖傾，單行愁路窄，平明地仍黑，亭午日暫赤，凜凜三伏寒，巉巉五丁跡，………陡覺煙景殊，杳將華夏隔。……」（全唐詩三函八册參集一）

李德裕劍門銘：「羣山西來，波積雲屯，地險所會，斯爲蜀門，層岑峻壁，森若戈戟，萬壑奔東，雙飛高闕，翠嶺中橫，黯然黛色。（原注：劍門當中有一峰，峻嶺橫峙，望若列屏，此一峰爲最奇，而說者未嘗及之也。）樹玆雄屏，以衞王國，峰拔井幹，溪回溝洫，嚴守重扃，隱如臨敵。」（全唐文七一一）

觀此四則，益見其險峻之狀。老學庵筆記八：「劍門關皆石，無寸土；潼關皆土，無拳石。」惟其無寸土，故益見峻拔耳。

劍門爲歷代用兵要衝，紀要六八四川名山條所述已詳，今不錄。

大劍鎮以南道漸平坦。約十五里至青強店，又五里至漢源驛。又由益昌南行至來蘇村，渡江西行亦至青強店，此則用兵之偏道也。

陸游初入西州境述懷：「自行劍關南，大道平如席，日高徐駕車，薄暮亦兩驛。」足見大劍以南大道已較平坦。

漢源驛、青強店　通鑑二七七長興元年條云：「石敬瑭入散關。………王弘贄……引兵出人頭山後，過劍門之南，還襲劍門，克之。」胡注引李昊蜀高祖實錄云：

「北軍自白衞嶺人頭山後過，從小劍路，至漢源驛，出頭，倒入劍門，打破關寨。」

是劍門之南或西南有漢源驛。又廣記四三二周雄條云：

「唐大順景福已後，蜀路劍利之間白衞嶺石筒溪虎暴尤甚。……西川監軍使魚全諲特進，自京搬家，憩于漢源驛。其孀嫂……倚驛門而看，爲虎攫去。（出北夢瑣言。）」

此即蜀高祖實錄之漢源驛也。又宋史二五五王全斌傳（參看續通鑑長編卷六）述乾德三年伐蜀事云：

「（王）昭遠……退守劍門。（全斌）遂克利州。……自利州趨劍門，次益光（即益昌縣）。全斌會諸將議曰：劍門天險……諸君宜陳進取之策。侍衞軍頭向韜曰，降卒牟進言，益光江東越大山數重有狹徑名來蘇。蜀人於江西置砦，對岸有渡，自此出劍關南二十里至清強店，與大路合，（長編『大路』作『官道』。）可於此進兵，即劍門不足恃也。……康延澤曰：……蜀人屢敗，併兵退守劍門，莫若諸帥協力進攻，命一偏將趨來蘇，若達青強，北擊劍關，與大軍夾攻，破之必矣。全斌納其策。命史延德分兵趨來蘇……蜀人……棄砦而遁。昭遠聞延德兵趨來蘇至清強，即引兵退陣於漢源坡，留其偏將守劍門。全斌等擊破之，……遂克劍州。」

據此，青強店在劍關南二十里，當大道，如以前考里數度之，約當在大劍鎮南十五里。漢源坡驛又當在青強稍西南也。檢一統志保寧府卷山川目，漢源坡，「在劍州東。舊置驛於坡上，曰漢源驛。」又引舊志，「漢源坡在州東三十里。」紀要六八，亦云「州東三十里。今有漢源橋。」大劍鎮在州東北近五十里，則青強當在漢源之東北約五里矣。

來蘇間道　上文引宋史王全斌傳，有來蘇趨青強店一道。又通鑑二七七後唐長興元年，伐蜀，先是西川孟知祥遣將龐福誠、謝鍠屯來蘇村，聞劍門失守，遽引部兵千餘人間道趣劍州。度此間道即來蘇趣青強店之道也。

由漢源驛西南三十里至劍州治所普安縣（今劍閣縣）。北依層山，南瞰巨澗，形勢險要。當置驛。

通鑑二七七後唐長興元年，「十二月壬辰，石敬瑭至劍門。乙未，進屯劍州北山。（孟知祥將）趙廷隱陣于牙城後山。」胡注：「郭忱劍州靜照堂記曰，前瞰亘澗，後倚層巒。又春風樓記曰：邊山而立是州，一逕坡陁，中貫大溪，太守之居已在平山，內外居民悉在山上，則劍州之山川可知矣。」此州置驛無疑，不待論。王勃有普安建陰題壁詩云：「江漢深無極，梁岷不可攀，山川雲霧裏，遊子幾時還。」（全唐詩二函一册勃集二。）疑建陰乃普安縣驛名。

劍州西南十餘里或約二十里至稅人場。

廣記四三二周雄條：「唐大順景福已後，蜀路則〔劍〕、利之間白衞嶺石筒溪虎暴尤甚，號稅人場，商旅結伴而行，軍人帶甲列隊而過。……時遞鋪卒周雄者……前後於稅人場連斃數虎，行旅賴之。（出北夢瑣言。）」又茅亭客話一虎盜屛跡條云：「聖朝未克蜀前，劍利之間虎暴尤甚，白衞嶺石筒磎，虎名披鬃子，地名稅人場……」是劍利之間有稅人場，為大道所經。復考廣記二四一王承休條：「蜀後主王衍……遂決幸秦之計……至劍州西二十里已來，夜過一磎山，忽聞前後數十里軍人行旅振革鳴金，……聲動溪谷。問人，云將過褫人傷，懼有鷙獸搏人。……衆中有人言，適有鷙獸……於萬人中攫將一夫而去。……翰林學士李浩弼進詩曰……長途莫怪無人蹟，盡被山王稅殺他。少主覽此大笑。（出王氏聞見錄。）」云至劍州西二十里，將過褫人傷，其地在州西不到二十里處。然褫人傷地名不可解。觀其事類、時間、地望，皆與前兩條相近，疑「褫人傷」即「稅人場」之形譌。以其為稅人之所，故李浩弼有「山王稅殺」之譏，致少主覽之大笑也。則稅人場實在劍州之西。

又西南行至武連縣（今武連驛），去劍州八十五里。

前泥溪條引通鑑二七四後唐天成元年紀及舊五代史七四康延孝傳，魏王繼岌伐蜀東還，至武連。按武連乃劍州屬縣，在州西南八十五里，見元和志三三、輿地紀勝一八六。蜀中廣記二六，「劍門東南有七盤嶺。……方輿云，武連縣在七盤山上。」若此說不誤，則「東南」當作「西南」。

又西南經上亭驛（今有上亭鋪），傳為玄宗幸蜀，雨中聞鈴聲，因作雨淋鈴曲處，羅隱有詩。又西南至梓潼縣（今縣）。共凡七十五里。

北朝時期梓潼當驛道，見周書一一叱羅協傳。

新五代史六三前蜀世家，王衍幸秦州，「行至梓潼」又「至緜谷」。聞唐師入境。是唐末五代梓潼仍當秦蜀道也。又寰宇記八四梓潼縣目引圖經，玄宗幸蜀過此縣。又引唐書，僖宗幸蜀過此縣。則爲大道所經無疑。檢元和志三三、寰宇記八四、輿地紀勝一八六，梓潼縣在州西南一百六十里，則當在武連縣西南七十五里。孫樵出蜀賦：「濟潼梓之重江，出大劍之複關。」（全唐文七九四。）梓潼江即在城西。又輿地紀勝一八六隆慶府古迹目：「上亭驛，在梓潼武連二縣之界。唐明皇幸蜀聞鈴聲之地。又名琅璫驛，前輩詩什極多。」又同卷詩目引羅隱上亭驛詩云：「山雨霏微宿上亭，雨中因想雨淋鈴，貴爲天子猶魂斷，窮著荷衣好涕零，」則唐驛也。紀要六八梓潼縣：「上亭驛在縣北二十里，唐置。」一統志綿州卷關隘目：「上亭鎮在梓潼縣北。唐爲上亭驛。宋置鎮。……舊志在縣北二十里。今爲上亭鋪。」度其地望蓋在武連之西約五十餘里歟？

又西南六十五里至魏城縣（今有魏城鎮）。

前泥溪條引通鑑二七四，及舊五代史七四康延孝傳，後唐魏王繼岌伐蜀，軍還，繼岌軍至武連，李紹琛（康延孝）將後軍在魏城。又宋史二五五王全斌傳，乾德三年多伐蜀，「四年正月十三日，師次魏城，孟昶遣使奉表來降。」皆魏城縣當大道之證。陸游有詩題云：「綿州魏成縣驛有羅江東詩云，芳草有情皆礙馬，好雲無處不遮樓，戲用其韻。」（劍南詩稿三。）亦其證。按元和志三三，緜州東北至劍州二百九十里。⑨ 魏城縣在綿州東北六十五里，則在梓潼西南六十五里也。

又西南三十五里至奉濟驛，又三十里至綿州治所巴西縣（今綿陽），有巴西驛。兩驛，杜翁皆有詩。州濱綿江，有浮梁。

綿州爲大道所經，前於論此道之大方向時已詳引君主行幸與用兵路線以明之。

⑨ 兩州至京里數之差亦爲二百九十餘里。而通典、寰宇記，作二百八十里。今從元和志。

通典一七六，巴西郡綿州「今郡城即漢潼縣也，在成都東北之要。」正以交通樞紐耳。權德輿送主客仲員外充黔中選補使序云：「今君道劍門，抵左綿。」（全唐文四九一。）亦謂道里所經也。通鑑二七七後唐長興三年，「孟知祥以朝廷恩意優厚，而董璋塞綿州路，不聽遣使入謝。」尤見當路之要。檢元和志三三、寰宇記八三，魏城縣在綿州東北六十五，是里距可知。杜翁有巴西驛亭觀江漲呈竇十五使君二首（詳注一二），是驛名亦可考。

舊五代史七四康延孝傳，後唐伐蜀，延孝爲前鋒。「王衍自利州奔歸成都，斷吉柏津浮梁，以絕諸軍。延孝復造浮梁以渡。進收綿州。王衍復斷綿江浮梁而去。水深無舟檝可渡。延孝謂招撫使李嚴曰，吾懸兵深入，利在急兵，……但得百騎過鹿頭關，彼即迎降。如俟修繕津梁，便留數日，若王衍堅閉近關，折吾兵勢，儻延旬浹，則勝負莫可知也。宜促騎渡江。因與李嚴乘馬浮江，于是得濟者僅千人，步軍溺死者亦千餘人，……」是綿州西南跨綿江有浮橋爲津渡之要也。

奉濟驛，見杜翁奉濟驛重送嚴公四韻詩（詳注卷一一）。詩云：「遠送從此別，青山空復情，幾時盃重把，昨夜月同行。」詳注引郭知達本注：「驛在綿州三十里。」檢影宋本集注杜詩卷二三，舊注正同，皆未明東西方位。按此前一首爲送嚴侍郎到綿州同登杜使君江樓宴。重送所謂「昨夜月同行」，即指前一詩。前一詩已在綿州。蓋次日嚴武東行，杜公又送一驛，是在州東三十里也。

又西南八十七里至萬安縣，天寶元年改爲羅江縣（今縣），縣西有萬安驛。又有羅江驛，豈一驛異名耶？

元和志三三，綿州羅江縣，「闕」。寰宇記八三綿州羅江縣，州「西南八十七里。」「晉於梓潼水尾萬安故城置萬安縣。晉末亂，移就潺亭，今縣是也。……唐天寶元年改爲羅江縣。」是縣本名萬安，後改羅江。考李商隱有爲河東公謝相國京兆公啓云：「得當道萬安驛狀報。伏承遣兵馬使陳朗賫幣帛鞍馬辟召小男者。」（全唐文七七六。）按河東公謂柳仲郢，時爲東川節度使；京兆公謂杜悰，時爲西川節度使。是萬安驛必爲由西川入東川之第一驛。正當在羅江縣，蓋縣雖改名羅江，而驛仍萬安之名也。一統志綿州卷古蹟目萬安故城條：「萬安縣，……唐天寶元年改爲羅江。方輿勝覽，今爲萬安驛，在羅江縣西。舊志，萬安驛在縣西一里。」又蜀中廣記九羅江縣條：「圖經，唐明皇幸蜀至萬安驛，歎曰，一安尙不可，況萬安乎？乃回輦宿眞明寺。（按圖經以下，見方輿勝覽五四。）按驛在治西一里。昔有碑書一安尙不可句，云是玄宗親筆。今亦毁蝕。」是在羅江縣西一里。然唐彥謙有羅江驛詩（全唐詩十函五册彥謙集二）。據全唐詩排列，此後爲奏捷西川題沲江驛。彥謙在川中甚久，此當卽綿州之羅江驛也。豈一驛先後異名耶？

又西南十里至白馬關，與德陽縣之鹿頭關相對。核之里數，蓋卽一關之東西口，分屬兩州縣耳。大道自北南來，此爲最後之險隘矣。

續高僧傳二七釋慧岸傳：「武德三年，科租至岷州。……蜀人……謂在天外。……衆人去至鹿頭，道逢勑停。」是鹿頭之名甚早，當通劍北大道。又新志，緜州羅江縣，「有白馬關。」寰宇記八三綿州羅江縣，「白馬關在縣西南十里，與鹿頭關相對。」是必亦當大道也。

鹿頭關在唐中葉以後屢見史傳，極有名。今據通鑑錄數事如次：

德宗建中四年，「劍南西山兵馬使張朏以所部兵作亂，入成都。……鹿頭戍將叱干遂等討之，斬朏。」（卷二二九）

憲宗元和元年，高崇文伐蜀。「劉闢城鹿頭關，連八栅，屯兵萬餘人以拒高崇文。六月丁酉，崇文擊敗之。闢置栅於關東萬勝堆⑩。戊戌，崇文遣驍將范陽高霞寓攻奪之，下瞰關城，凡八戰皆捷。……庚子，高崇文破劉闢於德陽。癸卯，又破之於漢州。……九月……壬寅，高崇文又敗劉闢之衆於鹿頭關。……河東將阿跌光顏將兵……軍于鹿頭之西，斷其糧道，城中憂懼。於是闢綿江栅將李文悅、鹿頭守將仇良輔皆以城降於崇文。……遂長驅直入成都。」（卷二三七）

僖宗中和元年「正月，車駕發興元」，幸成都。「（陳）敬瑄迎謁於鹿頭

⑩ 萬勝堆，此戰後改名龜勝山，見全唐文七一六鄭宗經德陽龜勝山道場記。又參看紀要六七。

關。」（卷二五四）

又中和四年，東川節度使楊師立反，以討陳敬瑄爲名。詔以「高仁厚爲東川留後，將兵五千以討之。」「高仁厚屯德陽，楊師立遣其將（略）據鹿頭關以拒之。」（卷二五五）

又光啓三年，王建在梓州，西川陳敬瑄召之，「建至鹿頭關。……敬瑄悔，亟遣人止之，且增修守備。建怒，破關而進。」（卷二五七）

後唐莊宗同光三年，伐蜀。「李紹琛進至綿州。………謂李嚴曰，吾懸軍深入，利在速戰。乘蜀人破膽之時，但得百騎過鹿頭關，彼且迎降不暇……或敎王衍堅閉近關，折吾兵勢，儻延旬浹，則勝負未可知矣。乃與嚴乘馬浮渡江，從兵得濟者僅千人……遂入鹿頭關。……進據漢州。」（卷二七四）

觀此諸事，鹿頭關之衝要可知。蓋不惟爲劍綿入漢州道，且爲梓州入漢州道也。然盛唐以前蓋尚未置關。故六典上中下二十六關無此名。通典亦不載。杜翁鹿頭山詩，亦不以關名也。其置關蓋自安史亂後始。元和志三一漢州德陽縣，「鹿頭戍，在縣北三十八里。」當卽關城所在。（紀要六六關在德陽縣北三十里。）今以里距按之。據元和志三一、三三，漢州東北至綿州一百八十里。德陽在漢州東北四十五里，關戍又在縣北三十八里。則關戍在漢州東北八十三里。卽在綿州西南九十七里。前考白馬關正在綿州西南九十七里。寰宇記云，白馬關與鹿頭關相對。明卽一關之東西口耳。

此關旣當成都東北要道，唐代文史頗能見其槪。舊一五一高崇文傳云：

「成都北一百五十里（按此里數當指德陽縣而言。）有鹿頭山，扼兩川之要，闢築城以守。又連八柵，張犄角之勢，以拒王師。是日破賊二萬于鹿頭城下，大雨如注，不克登乃止。明日又破于萬勝堆。堆在鹿頭之東，據堆下瞰鹿頭城。」

杜翁鹿頭山（詳注九）：

「鹿頭何亭亭，是日慰饑渴，連山西南斷，俯見千里豁，遊子出京華，劍門不可越，及玆險阻盡，始喜原野闊。」（詳注引王洙曰：自秦入蜀，川嶺重複，極爲險阻。及下鹿頭關，東望成都，沃野千里，葱鬱之氣，乃若煙霞靄然。」）

此二事皆足見此地之形勢。蓋自北南來，此爲最後之險隘。過此則平疇沃野，無復險阻，故爲兵家必爭之地。

又南三十八里至德陽縣（今縣），又西南四十五里至漢州治所之雒縣（今廣漢）。有白楊林鎭，在州東北，蓋亦爲大道所經歟？

鹿頭戍南至德陽縣里數見前引元和志三一。通鑑二三七，憲宗元和元年，高崇文伐劉闢，闢堅守鹿頭關，崇文重困之，而進破闢軍於德陽，又破之於漢州，然後取關城，乃長驅入成都。又新一八九高仁厚傳：陳敬瑄表仁厚爲東川節度留後，討東川節度使楊師立。「師立遣大將張士安鄭君雄守鹿頭關。仁厚次漢州，前軍戰德陽。」是自鹿頭關經德陽入漢州也。而通鑑二五七，僖宗光啓三年，王建破鹿頭關，敗漢州刺史於綿竹，拔漢州，然後拔德陽。是自鹿頭關經綿竹入漢州也。蓋地勢已平，軍事運用，不必遵一道矣。然考通鑑二七四，後唐同光三年，魏王繼岌伐蜀至綿州，蜀請降。繼岌經德陽、漢州至成都。此時蜀已平，繼岌當遵幹線以進。又考新五代史六四後蜀世家，周師來伐，蜀遣趙季札爲秦州監軍使。「季札行至德陽。」此非軍事行動，蓋取經常幹線。故知德陽實在幹線上，綿竹則非也。

德陽西南至漢州四十五里，見元和志三一。而寰宇記七三作五十里。今從元和志。漢州爲大道所經，前引材料已屢見，不具引。

又有白楊林鎭。通鑑二七七，後唐長興三年，「東川節度使董璋………謀襲成都。……孟知祥聞之，遣馬軍都指揮使潘仁嗣將三千人詣漢州詷之。璋入境，破白楊林鎭。……兵至漢州。」胡注：「白楊林鎭當在漢州界上。」此似在漢梓界上，屬漢州者。然考茅亭客話一虎盜屛跡條：「聖朝未克蜀前，劍、利之間……白衞嶺石筒磎，虎名披鬃子，……緜、漢之間白楊林，虎名……」是又當在綿、漢道上，過此即至漢州。蓋在州東至德陽道中歟？

州治近郊有金雁驛，見韋莊漢州詩，蓋因金雁河橋而得名。

韋莊漢州詩：「十日醉眠金雁驛，臨歧無恨（一作限）臉波橫。」（全唐詩十函九册莊集六。）詩題爲「漢州」，而云醉眠金雁驛，當在州治所。

復考寰宇記七三漢州雒縣：「君平卜臺，任豫記云：廣漢郡雁橋東有嚴君平卜處，土臺高數丈。雁橋，李膺記云，張任與劉璋子循守雒城，任勒兵出於雁橋，戰敗。」是漢州治所久有雁橋之地名。又元和志三一，漢州雒縣，「君平卜臺在縣東一里。鷹橋在縣南一里。」就方位與字音言，此鷹橋顯卽雁橋。復考通鑑二七四，後唐天成元年，任圜圍李紹琛於漢州。「漢州無城塹，樹木爲柵。任圜……縱火焚之。李紹琛引兵出戰於金雁橋。」胡注：「金雁橋在漢州雒縣東雁江上，俗傳有金雁，故名。」是金雁橋卽雁橋、鷹橋，在漢州近郊也。金雁驛當卽因此得名，蓋卽在州治東南歟？（紀要六七，橋在州北一里。）又一統志成都府卷山川目，「金雁河，亦名雁江，自什邡縣西南發源，……東南流四十里至漢州城東北，合沈犀河。方輿勝覽，雁江在雒縣南，嘗有金雁，故名。」亦見金雁卽因雁江雁橋得名，地在州治也。

自州西南逾五侯津，經武侯廟至鷄蹤橋，去州蓋十七里。又五里至彌牟鎭。又十一里至八陣圖，又十九里至新都縣（今縣）。

元和志三一、寰宇記七二皆稱成都至新都四十八里，至漢州一百里。則漢州、新都間當爲五十二里。其間有數地名可考：

舊五代史六二董璋傳，爲東川節度，襲西川孟知祥，戰于漢州之彌牟鎭。鑑誡錄一知機對條，孟知祥奏董璋侵西川事云：

「董璋……五月一日驟入漢川〔州〕，臣其日先差（銜略）趙延隱總領三萬人騎發次新都，臣自……繼之。俱列營於彌牟鎭。比至三日詰旦……一擊而蟻潰。……」

又五代史記六四孟知祥傳述之較詳云：

「璋先襲破知祥漢州。知祥遣趙廷隱率兵三萬，自將擊之，陣雞距〔蹤〕橋。……兵始交，……璋遂大敗，走過金雁橋，麾其子光嗣請降，以保家族。」

又通鑑二七七後唐長興三年條云：

「五月……璋遂克漢州。癸未，知祥……自將兵八千人趣漢州，至彌牟鎭；趙廷隱陳於鎭北。甲申遲明，廷隱陳於雞蹤橋，……張公鐸陳於其後。俄而，璋望西川兵盛，退陣於武侯廟下。……東川兵大敗。……知祥引兵追璋至五侯津，東川馬步都指揮使元瓌降。……是夕，知祥宿雒縣。」

綜此三條觀之，彌牟鎭在新都北。其北有雞蹤橋，橋北爲武侯廟，廟北有五侯津，皆在漢州西南大道上。通鑑二七七胡注：「薛史孟知祥傳云：知祥親帥其衆與趙廷隱等逆戰于金雁橋。璋軍大敗。按金雁橋在漢州雒縣南。璋兵既敗，知祥追之，夕宿雒縣，豈金雁橋即雞蹤橋耶？」按輯本薛史無此段，蓋原本有之。然二橋地望不同甚明。胡注疑之，非也。

九域志七，成都府新都縣有彌牟鎭。紀要六七新都縣，「彌牟鎭，縣北三十里，接漢州界。」而一統志成都府卷關隘目，「彌牟鎭在新都縣北二十里，接漢州界。」里距有異。地典作三十里。今姑從之。且據九域志，漢州與成都府接界處在漢州西南二十里。此云接漢州界。亦似以三十里爲正也。前云新都去漢州五十二里，則鎭距漢州應爲二十二里也。又紀要六七新都縣，「雞蹤橋在縣北三十五里。舊志云，彌牟鎭北有雞蹤橋。」是去漢州十七里也。則五侯廟、五侯津以次在北可知矣。紀要六七，漢州湔水條，「自灌縣湔堰分流經崇慶、彭縣、新繁，至新都彌牟鎭北而入州界，合于雒水，故亦兼彌牟河之稱。……又五侯津在州西。或曰即彌牟河津濟處也。」

鎭南有八陣圖。元和志三一，新都縣，「諸葛亮八陣圖在縣北十九里。」而寰宇記七二，新都縣，「八陣圖在縣北三十里。……李膺益州記云，稚子闕北五里，武侯八陣圖土城西門，中起六十四魁，八八爲行，魁方一丈，高三尺。」兩書里數亦有十里之差，今姑從元和志。

唐初有兩女驛，蓋在雒縣、新都間。

法苑珠林三八：「有天竺僧，……至雒縣大石寺塔所敬禮，事已訖，欲往成都，宿兩女驛。」道宣塔寺感通錄上，略同。據此，驛當在雒縣成都間。然新都至成都不過四十八里，其間已有天廻驛，故此驛或當在新都以北。

縣南十里至毗橋。

通鑑二五二，咸通十一年正月「癸酉，……蠻軍抵成都城下。前一日，盧耽遣先鋒遊奕使王晝至漢州詗援軍，且趣之。時興元六千人，鳳翔四千人，已至漢州。……丁丑，王晝以興元、資、簡兵三千餘人軍於毗橋，遇蠻前鋒，與戰不利，退保漢州。」胡注：「毗橋在漢州南界。」據此，地當漢州至成都道上無疑。考華陽國志八大同志，太安元年「（李）特破德陽，流次成都北上，李驤在毗橋，（羅）尚遣將張興僞降於驤。……」是毗橋之名已久。檢紀要六七，毗橋在新都縣南十里。有毗橋河。一統志成都府卷津梁目亦云縣南十里。

又南八里至天回驛（今天回鎮）。

雲溪友議卷中苗夫人條：「韋臯，……自金吾持節西川，至天回驛，去府城三十里。」本注：「上皇旋駕日以爲名。」（又見廣記一七〇引。）去府城三十里，則在新都南一十八里，毗橋之南八里也。此驛又見鑑誡錄五徐后事條，云徐后有題天廻驛詩。少帝繼題云「翠驛紅亭近玉京，夢魂猶自在青城。」檢蜀中廣記三，成都北三十里有天回山、天回鎮。今按成都市北三十里有天回山，山下有天回鎮，道通新都縣，（據地典。）即其地也。

又南二十三里至七里亭，又二里至昇仙橋。

蜀檮杌上，王衍北巡，后妃餞於昇仙橋。通鑑二七四後唐同光三年，蜀主王衍北巡回。「十一月丙申，蜀主至成都。百官及後宮迎于七里亭。」（胡注「亭去成都七里，因以爲名。」）旋遣使約降於唐軍都統魏王繼岌。「甲寅，繼岌至漢州。……乙卯，至成都。丙辰，李嚴引蜀主及百官儀衞出降於升遷橋。」舊五代史一三六王衍傳，「魏王至成都北五里昇仙橋，僞百官班于橋下，衍……面縛銜璧，輿櫬于後。」是七里亭與昇仙橋里距不同。五代史記六三前蜀世家，王衍出巡還成都，百官迎于七里亭。旋出降于魏王繼岌，亦在七里亭。與舊史、通鑑異。檢五代史記一四唐家人傳，魏王繼岌「入成都，王衍乘竹輿至昇仙橋降。」是衍之降實在昇遷橋，新史王衍世家作七里亭，誤也。又續通鑑長編六宋乾德三年紀，王全斌伐蜀，「至昇仙橋，蜀主備亡國之禮見於軍門。」是後蜀降禮，亦在此橋也。考華陽國志三蜀志：成都，「城北十里，有昇仙橋，有送客觀，司馬相如初入長安，題市門曰，不乘赤車駟馬不過汝下也。」寰宇記七二，亦作十里，並引華陽志。是橋甚古，在城北十里。紀要六七，昇仙橋在府北七里。「十」「七」當有一譌。而薛史明云昇仙橋在成都北五里。今從薛史。則在七里亭南二里也。

又五里至成都府（今縣）。成都有臨途館，不知是否爲北行之啓程處？

里距見前考。按寶刻類編六有盧正書臨途館記，會昌中立，在成都。此成都城置館驛之唯一可考者。

綜上所考，自金牛縣金牛驛東北行，沿漢水南源，經嶓冢山，百牢關，東至興元府，一百八十里。自金牛西北行，循陳平水，經飛仙嶺，至興州，蓋一百數十里。自金牛西南行，至三泉縣，當置驛。又南沿嘉陵江東岸行，歷老君祠，九井灘，五盤嶺、五盤驛，嘉川驛，籌筆驛，龍門閣，朝天嶺，望雲嶺，小漫天嶺，深渡驛，大漫天嶺，石櫃閣，佛龕，至利州治所綿谷縣，置嘉陵驛。又西南至桔柏渡，渡嘉陵江，沿江西岸行，歷益昌縣，望喜驛。自此離開江岸向西南行，經泥溪至大劍鎮。益昌縣西有閣道，西經白衞嶺，小劍戍，劍門縣、方期驛，劍門關，開遠戍，至大劍鎮，與驛道合。又西南歷青強店，漢源驛，劍州治所普安縣，稅人場，武連縣，上亭驛，梓潼縣，魏城縣，奉濟驛，至綿州治所巴西縣，有巴西驛。又經羅江縣，有羅江驛又名萬安驛。又西白馬關、鹿頭關，德陽縣，白楊林鎮，至漢州治所雒縣，有金雁驛。又經五侯津，武侯廟，鷄蹤橋，彌牟鎮，八陣圖，新都縣，兩女驛（此驛確實地望未定），毗橋，天回驛，七里亭，昇仙橋，至成都府治所成都縣，有臨途館。自金牛至此共凡一千零七十里。歷州治四（利、劍、綿、漢），縣治一十三，驛名可考者一十七。就標準驛距而言，略得其半。

自成都至鹿頭關一百八十三里，道路平坦。鹿頭至劍州三百八十七里，漸入山區。劍州至金牛五百里間，途極險峻，多棧閣，是為南棧閣，建設橋閣蓋至數萬，所謂蜀道之險，全在此段，唐人詩文已盡狀摩之能事。

唐人詩篇，描寫此段棧道之狀況者甚多，前文考各處棧閣已隨地引證。至於廣泛形容之篇什：如李白蜀道難，固已膾炙人口。他如張文琮蜀道難（全唐詩一函八册）云：

「飛梁駕絕嶺，棧道接危巒。」

歐陽詹棧道銘序（全唐文五九八）云：

「秦之坤，蜀之艮，連高夾深，九州之險也。陰谿窮谷，萬仞直下，奔崖峭壁，千里無土，亘隔呀絕，巉巉冥冥，麋鹿無蹊，猿猱相望，自三代而往，蹄足莫之能越。……粵有智慮，以全元造，立亘衡而舉追氏，縋懸纑以下梓人，猿垂絕冥，鳥傍危岑，鑿積石以全力，梁半空於木柵，斜根玉壘，旁綴青泥，截斷崖以虹矯，繞翠屏而龍蜿，堅勁膠固，雲橫砥平，總庸蜀之通途，統岐雍之康莊，……繇是贄幣以達，人神會同。……」

又如岑參與鮮于庶子自梓州成都少尹自褒城同行至利州道中作：（全唐詩三函八册參集一）

「前日登七盤，曠然見三巴。……棧道籠迅湍，行人貫層崖，巖傾劣通馬，石窄難容車，深林怯魑魅，洞穴防龍蛇，水種新插秧，山田正燒畬，夜猿嘯山雨，曙鳥鳴江花，……」

凡此皆能眞實寫狀蜀道棧閣之景像。宋世圖經云「棧道連空，極天下之至險。」（輿地紀勝一九一利州路大安軍風俗形勝目引）蓋不虛也。

入蜀棧道，歷代修營，以維交通，於唐亦然。劉禹錫山南西道新修驛路記（全唐文六〇六）云：

「自散關抵褒城，次舍十有五，牙門將賈黵董之；自褒而南，逾利州至於劍門，次舍十有七，同節度副使石文穎董之。兩將受命，分曹星馳，並山當蹊，頑石萬狀，坳者垤者兀者銛者，磊落傾欹，波翻獸蹲，熾炭以烘之，嚴醯以沃之，潰爲埃煤，一篲可掃，棧閣盤虛，下臨谽谺，層崖峭絕，枘木亘鐵，因而廣之，限以鉤欄，狹徑深逕，銜尾相接，從而拓之，方駕從容，急宣之騎，宵夜不惑，郄曲稜層，一朝坦夷。」

此既見險峻之狀，又見修繕之方。今日川北交通已化險爲夷，皆歷代如此鑿修之功耳。

輿地紀勝一八四利州景物目下：

「石欄橋在綿谷縣北一里。自城北至大安軍界，管橋欄閣共一萬五千三百一十八間。其著名者爲石櫃閣、龍洞閣。」

同書一九一大安軍景物目上：

「興利州三泉縣，橋閣共一萬九千三百一十八間，護險偏欄共四萬七千一百三十四間。」

按大安至興州百數十里，不如劍門前後之險峻，則劍州至三泉（即大安）之橋閣數決不下於兩萬左右。而護險偏欄不與焉！然此爲南宋末期橋閣數。復考宋會要方域一〇之二道路目：

「（慶曆）三年七月二十七日，秘書丞知興元府褒城縣竇充言：竊見入川大路，自鳳州至利州劍門關，直入益州，路遙遠，橋閣約九萬餘間。每年係鋪，分兵士於近山採木，修整通行。」

則北宋中葉鳳州至劍門關（此南橋閣極少）橋閣多至九萬，測計金牛劍門間當有五萬以上。豈並紀勝所謂護險偏欄皆計入數之歟？據此上推唐世，當亦不少於此數。

參看圖十四、十二

一九六七年七月十五日初稿，刊史語所集刊第四十本。一九八四年十月一日增訂。一九八五年十一月二日二校，復據兩種宋本杜詩增訂兩條。分門集注杜工部詩師氏注引圖經，尤爲百牢關在西縣之西三十里之強證。十二月八日三校畢。

附記　陸放翁劍南詩稿卷三，所載諸詩，見其屢次來往於興元、益昌間。所經之地，由此而南數之，有沔陽縣、沮水、長木、金牛驛、三泉驛、老君洞、嘉川鋪、籌筆驛、龍洞閣、利州、益昌，此於前論嘉川地望時已詳列之。後由漢中至成都，其益昌以南路中紀事諸詩，有劍門道中遇微雨，劍門關，過武連縣北柳池安國院煮泉試日鑄顧渚，宿武連縣驛，綿州魏城縣驛有羅江東詩戲用其韻，行綿州道中，羅江驛翠望亭讀宋景文詩 ，鹿頭關過龐士元廟 ，遊漢州西湖。據此諸詩題，至南宋時代，興元、成都間驛程仍存唐代之舊也。

篇貳肆　漢唐陰平道

引　言

陰平道因鄧艾伐蜀著稱於史。紀要五九云，階州「制兩川之命，爲入蜀經路者，則曰陰平道。」下引鄧艾伐蜀，及後唐擊孟知祥事。最後述明代史事云：

「明初，傅友德奉命征四川，陽言出金牛，而使人覘青川、杲陽，皆空虛，階、文雖有兵壘而守備單寡，遂繇陳倉攀緣山谷，間行而進，克階州，進拔文州，遂引兵出青川、杲陽，直趨綿州，此卽鄧艾陰平故道也。今自階州經隆（龍）安至綿州幾千餘里，其間皆重巖複澗，閣道險仄，僅而得達。」

按顧氏所述傅友德行軍路線，由階、文經青川至綿州，以爲卽鄧艾陰平故道。就此節文字看來，如何由文州至青川未明言。乃本注引輿程記述階、文南下之行程云：

「自階州至文縣二百十里，繇文縣而南，至四川龍安府三百三十里，又東至青川所百二十里，又東南至江油縣百九十里，折而西南至成都府之綿州一百八十里。」

是自階、文南下，先至龍安府治，再東經青川至江油、綿州也。按此爲唐宋以來文、龍間之捷徑，非鄧艾入蜀故道。而自漢以來，陰平入蜀之眞正主道實沿白水（今白龍江）至昭化；旣非鄧艾道，亦非輿程記之捷徑。故陰平入蜀前後凡三道，玆詳爲論證如次：

（一）陰平入蜀非一道

陰平道之出名，雖始於鄧艾伐蜀，然此前由陰平入蜀本有通道。西漢時代，陰平道（縣名，今文縣西北），甸氐道（縣名，今文縣西）皆隔山南隸於廣漢郡，即其明證。

漢書地志，廣漢郡屬有甸氐道（即縣），在今文縣西；有陰平道（即縣），「北部都尉治。」在今文縣西北。是今文縣地區雖遠隔在摩天嶺、劍門山諸山脈之北，然在西漢必已有南行入蜀之徑路，否則不能遠隸蜀中之廣漢郡也。

東漢羌人數反，始於陰平置郡。華陽志云羌人燒郡城，郡人退居白水，在今廣元、昭化西北白龍江下游地區。是則陰平南入巴蜀之要道殆即沿白龍江而下者耳。至三國末期，蜀守、魏攻之計畫與實際用兵之進退路線，三國志諸傳記之甚詳，尤見陰平南越大山入巴蜀，以陰平（今文縣西北）東南之橋頭（今文縣東南）循白水河谷（今白龍江）南至白水（今昭化西北一百二十里），與漢中陽安關（今陽平關，在寧羌西北一百里）西南來之大道相會，又南向漢壽（今昭化南）至劍閣。此爲正道。至於鄧艾一軍由景谷（在橋頭南，今白水街西北）向西南斜出，「從漢德陽入江由左儋道」，至綿竹，史稱爲「邪徑」「傍入」，「行無人之地七百里，鑿山通道，造作橋閣」，「山高谷深」，「將士皆攀木緣崖」，「艾以氈自裹推轉而下」，此明無道可行，自非正道。唯自艾出奇偷襲立大功，顯大名，後人乃僅知有鄧艾所行之陰平道，而舊日陰平正道反不著矣。

華陽國志二漢中志云：

「陰平郡本廣漢北部都尉。永平後，羌虜數反，遂置郡。……安帝永初二年，羌反，燒郡城，郡人退住白水。」

按此白水無論指白水郡之白水縣，抑白水關而言，皆在今廣元昭化西北白龍江沿岸之白水街地區，（詳後文。）白龍江卽古白水，北由陰平流來，下入巴蜀。山地交通路線多循河谷，此條史料已暗示漢世陰平入蜀，白水地方爲一中道據點矣。

復考鄧艾伐蜀時事詳見三國志，除顯示鄧艾入蜀道外，亦顯示白水爲由陰平入蜀之要道。兹稍詳引錄如次：

蜀志一四姜維傳云：

「（景耀）五年，維……住沓中（在洮水流域，今臨潭西）……六年，維表後主，聞鍾會治兵關中，欲規進取；宜並遣張翼、廖化督諸軍分護陽安關口（卽今陽平關，寧羌西北一百里）、陰平（今文縣）、橋頭（今文縣東南），以防未然。……後主寢其事。……及鍾會將向駱谷，鄧艾將入沓中，然後乃遣右車騎廖化詣沓中，爲維援；左車騎張翼、輔國大將軍董厥等詣陽安關口，以爲諸圍外助。比（蓋『化』之譌）至陰平，維爲鄧艾所摧，還住陰平。鍾會……遣別將進攻關口（卽陽安關口）。……關口已下，長驅而前，翼、厥甫至漢壽（今昭化南），維、化亦舍陰平而退，適與翼、厥合，皆還保劍閣以拒會。……而鄧艾自陰平由景谷道傍入，遂破諸葛瞻於緜竹。」

魏志二八鍾會傳云：

「（景元）四年（卽蜀景耀六年）秋，……詔使鄧艾、諸葛緒各統諸軍三萬餘人，艾趣甘松、沓中，連綴維，緒趣武街（今甘肅成縣西）、橋頭，絕維歸路。會統十餘萬衆分從斜谷、駱谷入，……至漢中。……會……西出陽安口，……攻破關城（卽陽安關口）……姜維自沓中還至陰平，合集士衆，欲赴關城。未到，聞其已破，退趣白水（今昭化西北一百二十里），與蜀將張翼廖化等合守劍閣拒會。……鄧艾追姜維到陰平，簡選精銳，欲從漢德陽入江由左儋道，詣緜竹趣成都，與諸葛緒共行。緒以本受節度邀姜維，西行非本詔，遂進軍前向白水，與會合，……向劍閣。」

又鄧艾傳云：

「（景元）四年秋……使艾與維相綴連，雍州刺史諸葛緒要維，令不得歸。艾遣……金城太守楊欣等詣甘松，維聞鍾會諸軍已入漢中，引退還，欣等追

> 躡於彊川口，大戰，維敗走。聞雍州已塞道屯橋頭，從孔函谷入北道，欲出雍州後。諸葛緒聞之，却還三十里。維入北道三十餘里，聞緒軍却，尋還從橋頭過，緒趣截維，較一日不及。維遂東引還，守劍閣。鍾會攻維未能克；艾上言……從陰平由邪徑經漢德陽亭趣涪，出劍閣西百里，去成都三百餘里，奇兵衝其腹心，……掩其空虛，破之必矣。冬十月，艾自陰平道行無人之地七百餘里，鑿山通道，造作橋閣，山高谷深，至爲艱險，……艾以氈自裹，推轉而下，將士皆攀木緣崖，魚貫而進，先登至江由……蜀衞將軍諸葛瞻自涪還緜竹，列陣待艾。」

據此三條，漢末由秦隴入蜀之道口，除陽安關之外，其西之陰平橋頭亦爲要道；故姜維預先籌劃陽安與橋頭並重，其後魏人入侵亦正由此兩道並入也。橋頭爲姜維出入西北洮水流域之孔道，故其退兵及廖化支援之路線皆以此爲中路，諸葛緒自武街（今成縣西）邀姜維，亦以此爲關鍵也。姜維、廖化由陰平退兵，經白水至漢壽（今昭化）退守劍閣，諸葛緒亦自陰平尾追經白水至劍閣，可見此爲一通行大道。而白水爲必經之地，正可與前引華陽志云漢世陰平郡人退屯白水事相印證矣。白水當漢中經陽安關入蜀之大道，譚宗義漢代國內陸路交通考第一章已詳考之。則其地適當陽安、橋頭東西兩道入蜀之會。華陽志二漢中志：「白水縣有關尉，故州牧劉璋將楊懷高沛守也。」蓋以其當兩道入蜀之會，地居衝要，故置關尉耳。蓋當時路線，東路由漢中西行入陽安關口，西渡嘉陵江至白水；西路由陰平橋頭東南行亦至白水，與東路會合，再南至漢壽入劍閣也。故當時由蜀通陰平之眞正徑道當爲橋頭、白水、漢壽道。鄧艾所行乃由景谷、漢德陽亭向西南傍入江油者，故諸葛緒以爲西行非本詔，而引軍東行經白水至劍閣也。後世震於鄧艾偏道出奇之成功，以陰平道專屬於鄧艾之偏道；似陰平險阻，別無道路者。其實非也。

今先考陰平入蜀之正道，次論鄧艾入蜀之偏道，並附述唐以下之捷徑如次：

（二）陰平入蜀之正道

前論漢魏時代，秦（經漢中）、隴（經陰平）入蜀兩道會於白水關，關亦爲西道卽陰平道之重點。其地當在白水河谷。今昭化縣西北一百二十里有白水街（E105°30′‧N32°40′），濱臨白龍江（卽古白水），蓋其地矣。

後漢書李固傳注引梁州記：「關城（陽安關卽今陽平關）西南百八十里有白水關。」又一統志保寧府卷關隘目，白水關「在昭化縣西北一百二十里故白水縣界。」按白水縣、白水關皆因白水受名。白水今又名白龍江，檢地圖，江濱有白水街，在陽平關之西南，昭化縣之西北，各別距離亦約爲一百八十里、一百二十里之譜。然則今白水街雖未必卽古白水關、白水縣之準確位置，要亦相去不遠。

白水關之上游重地爲橋頭，乃陰平道入蜀之道口。據水經注，地當羌水（今白龍江）、白水（今文縣河）之會（E105°10′‧N32°45′），在葭蘆城（今武都東南七十里、白龍江濱）下游，白水縣故城（約卽白水關）西北九十里，約今文縣東南六七十里至百里處。

陸游老學庵筆記八云：

「陰平在今文州，有橋曰陰平橋。淳熙初，爲郡守者大書立石於橋下，曰鄧艾取蜀路。過者笑之。」

按此謂郡守愚闇，示敵人以入侵之路也。然不明橋究何在？檢紀要五九文縣目：「陰平橋在縣治東南，跨白水上，卽所謂陰平橋頭也。」一統志階州卷津梁目：「陰平橋在文縣南門外，跨白水上，所謂陰平橋頭也。……通志，在縣西南一里，白水急流中有石二道，就石立柱成橋，長二十餘丈。」是卽在今文縣近郭處。然水經注三二羌水注云：

「羌水又逕葭蘆城南，……又東南流至橋頭，合白水，東南去白水縣故城九十里。」

按橋頭東南去白水故城僅九十里，則決不在今文縣近郭。又按酈注所謂羌水亦即今白龍江，白水即今文縣河。（二水會合即前文所謂白水也。）葭蘆在今武都縣東南七十里。橋頭在葭蘆之東南，當二水之會，觀中報館新地圖及張編地圖集，當在文縣東南六七十里以上或近百里，絕非近在縣郭也。復檢寰宇記一三四文州曲水縣目：「武州水在縣東八十里，從隴右故疊州常芬縣，下入故長松縣東，過入白水江，次入利州昭化縣境，合嘉陵江。」元和志二二文州，長松縣「西南至州七十里。」武州水亦即今白龍江，尤見二水之會必在文縣東或東南約七八十里或近百里處也。一統志及其所引通志之陰平橋蓋後代建築位置，非漢魏之舊矣。

橋頭與白水關縣之地望既明，則漢魏時代陰平入蜀之徑道即略沿白水而行，斷可知矣。至南北朝時代，此白水道仍通行，爲仇池氐王南北依違之主道，亦爲南北兩朝爭取仇池、武都、陰平山區控制權之用兵主線。

魏書五一皮豹子傳云：

「興安二年正月，（劉）義隆遣其將蕭道成（）等入漢中，別令楊文德、楊頭等率諸氐羌圍武都。豹子分兵將救之。……文德謂豹子，欲斷其糧運，回軍還入覆津，據險自固。義隆恐其輒回，又增兵益將，令晉壽、白水送糧覆津……。」

按晉壽即前文之漢壽，在今昭化縣境。覆津在葭蘆之北，今武都縣東南白龍江（即酈注之羌水）上，則此正即魏蜀時代之橋頭、白水、漢壽線，略循白水河谷而行者。

又南北朝時代，白水縣地區曾置沙州。見元和志二二景谷縣目。（並參紀要六八昭化縣目。）南北爭武都氐地，常進出白水、沙州一線。如宋書九八氐胡傳，楊難當據武都，詔遣梁州刺史劉道眞等伐之，「道眞到武興（今畧陽）……（遣）安西參軍韋俊，……別向下辨（今成縣西三十里），……又遣司馬夏侯穆季西取白水；……並望風奔走。」是採南北包抄之戰略，以取武都也。又云「後立元和爲武都王，治白水。」南齊書五九氐楊氏傳：元徽中，以楊廣香「爲陰平公，茄蘆鎮主。……建元元年詔曰……茄蘆鎮主陰平郡公楊廣香怨結同族，……當宋之世，舉地降敵，茄蘆失守，華陽暫驚。近……仰惟新之化，肉袒請附，復地千里，……可特量所授……爲督沙州諸軍事、平羌校尉、沙州刺史。」又云：「永明元年，以征虜將軍（楊）炅爲沙州刺史、陰平王。」炅死，子崇祖襲位爲沙州刺史、陰平王。按茄蘆爲陰平東羌水（白龍江）上之重鎮，在今武都縣東南七十里，詳另文。此亦均見沙州白水爲通陰平茄蘆之經道。南齊書氐傳又云：

「白水居晉壽上流，西接涪界，東帶益路，北連陰平、茄蘆，爲形勝之地。」

此誠不虛，亦正見南北朝時代，白水爲由蜀北出陰平、武都之主要通路矣。

又周書一九豆盧寧傳：

「弟永恩……武成元年，遷都督利沙文三州諸軍事、利州刺史。時文州蠻叛，永恩率兵擊破之。」

按文州即陰平，利州即唐之利州，今廣元縣，沙州居其間，當白水。是此三州皆沿白水南北排列爲一直線，正藉白水爲通道耳。

復考通鑑一六三及一六四書楊乾運擊楊法琛事云：

梁簡文帝大寶元年，「黎州民攻刺史張賁……引氐酋北益州刺史楊法琛據黎州，命王賈二姓詣武陵王紀，請法琛爲刺史。紀深責之，囚法琛質子。……冬十月丁丑朔，法琛遣使附魏。」

「十二月……武陵王紀遣潼州刺史楊乾運……討楊法琛，法琛發兵據劍閣以拒之。」

大寶二年正月，「楊乾運攻拔劍閣，楊法昌（一本昌作琛，皆琛之譌）退保石門。」

二月，「楊乾運進據平興。平興者，楊法琛所治也。法琛退保魚石洞。乾運焚平興而歸。」

胡注以爲梁之黎州即唐之利州（治今廣元），潼州即梓潼（今縣），平興爲法琛根據地，亦即北益州治所，唐爲景谷縣（此條又參元和志景谷縣目。景谷今昭化縣西北百里），石門即元和志景谷縣西南十八里之石門關地也。所指皆正確。是石門在唐以前即爲南通廣元、劍閣，北出景谷、魚老之中道矣。

抑尤有進者。通典一七六江油郡目云：

「江油縣（今平武）……有石門山，與氐分界。蜀都賦曰，緣以劍閣，阻以石門，是也。」

元和志三三龍州江油縣目云：

「石門山在縣東一百三里，有石門戍，與氐分界，去仇池城四百餘里。」

按唐代著作而云「與氐分界」，已可異。且照元和志體例，當云石門山去本州縣若干里，今乃云去仇池城四百餘里。仇池與龍州中隔文州，何以云然，更非常例。檢蜀中廣記一〇名勝記江油縣目引寰宇記云：

「石門在江油縣東百里，有石門戍。漢水記云，與氐分界於石門，仇池戍去石門四百餘里。左思蜀都賦云……」

按今本寰宇記有此條，但「漢水記」作「漢書地理志」，顯誤不待言。檢隋書經籍志有庾仲雍漢水記五卷，寰宇記所引此條殆其遺文。作者本末雖不詳（經籍志考證），但爲東晉南朝人則無疑。所云「與氐分界」，正亦南北朝事勢也。通典、元和志亦皆直接抄取漢水記原文，至與本書體例不合耳。景谷之石門近白水幹流，白水爲西漢水主源之一，故漢水記述事之範圍涉及景谷之石門之可能性極大，至於龍州之石門，則離白水甚遠，漢水記述事涉及之可能性甚小。且觀上文引通鑑，氐酋楊法琛之根據地在平興，向南進據漢人區域之黎州，後爲楊乾運所敗，退守石門，乾運復敗之，焚平興而還，亦正見漢、氐分界約在唐景谷縣之石門關地區。疑漢水記之石門本指景谷之石門而言，通典、元和志、寰宇記皆誤繫於龍州之石門耳。漢水記云，石門當漢、氐分界，去仇池四百餘里，正見其當北通仇池、陰平之大道。仇池、陰平在白水上流，而此石門靠近白水下流，亦證南北朝時代白水河谷爲仇池、陰平向南入蜀之通道矣。

其在唐世，陰平置文州（今文縣）、扶州（文州西一百六十里），其至劍南，仍以白水河谷爲主要通道。其行程由文州東南蓋仍取古橋頭，沿白水經方維鎮（今碧口鎮、姚家渡地區，約 E105°20′‧N32°45′），白埧鎮（約古白水關，今白水街），至景谷縣（今廣元西北六十六里，昭化西北約百里，白水東岸）。縣西南十八里有石門關，傳爲諸葛亮所開。又南接金牛驛道至劍閣。

文州、扶州，詳元和志二二兩州目，參岷山雪嶺地區交通網篇。玆考其南通劍南道。考宋光葆上蜀主表（全唐文九九八）云：

「晉王攻滅朱梁。紹唐稱制。……輕蔑我國，必將交惡。宜勵兵選將，執戈待寇。請……命大將帥兵萬人戍武威城，應援秦、鳳；……萬人屯利州，應援文州及安遠城。」

按利州在今廣元；安遠城卽西縣，在今沔陽縣西。是利州北出有兩道，一道東北通漢水上流之西縣百牢關，一道西北通文州陰平也。利州通文州道正當循白水河谷前進，如三國南北朝時代矣。

又舊唐書一一七崔寧傳云：

「其年（大曆十四年）十月，南蠻大下，與吐蕃三道合進。一出茂州，過文〔汶〕川及灌口；一出扶、文，過方維、白埧（吐蕃傳作白壩）；一出黎、雅過邛郲。……乃發禁兵四千、范陽兵五千赴援。東川出軍自江油趣白埧，與山南兵合擊，蠻兵敗走。范陽軍又擊破於七盤，遂拔新城。」（參見舊吐蕃傳、唐會要九九南詔蠻、通鑑二二六大曆十四年紀。）

按由扶、文一道過方維、白埧，東川出師由江油趨白埧，似吐蕃之師由方維、白埧向江油者。然考于邵劍門山記（全唐文四二九）云：

「皇帝諒闇之初，歲在己未，漁陽公作鎭之一紀也，……犬戎……犯我亭障，以其控弦十萬與羣蠻之師出沉黎，出火井，出僰道，出仇池。邊兵禦之不勝；歘然有北閉劍關拒我後援，西入蜀都而全其地。……朝廷……發禁衞貔貅之旅，俾受律於公。公……分軍守隘，……命諸營堅壁勿戰，收軍入閣，示之以無人，賊……果疑有伏，莫敢前窺。……頓軍數日，……乃夜出精卒，擣其前營；羣兇震擾，……棄其矛甲者十有四五；……公命緩逐，勿遏其歸。旣而又破之於龍安，……寇悉燒營遁去。」

按歲在己未卽大曆十四年也。出仇池卽出扶文之師。據此文，吐蕃此路軍之企圖爲下劍閣以斷劍南之後援，其路線大致當仍略循白水，非下江油也。玆就上段史料之方維、白垻兩地名詳爲考證，以定其正確之路線。

檢新唐志利州景谷縣條云：

「武德四年，以景谷及龍州之方維置沙州。貞觀元年，州廢，省方維爲鎭，以景谷來屬。……（縣）西北有白壩、魚老二鎭城。」

是方維、白垻皆在景谷縣之西北。通鑑二二六大曆十四年紀胡注亦云：「景谷縣西北有白垻鎭城，垻必駕反，蜀人謂平川爲垻。」與新志合。按景谷縣屬利州（今廣元），在州西北六十六里，今昭化西北百里，白水東岸，詳岷山雪嶺地區交通網篇。兩鎭又在其西北也。檢紀要六八昭化縣目，景谷廢縣在縣西（實爲西北）百里，白壩城在「縣西北百三十里。」是卽在景谷廢縣西北三十里，疑卽漢魏白水關縣地區，亦卽今白水街地區。方維當又在其西北也。方維在景谷、白垻西北，而原屬龍州，是必在龍州之東境或東北境。復考九域志八，文州領曲水一縣。縣領九鄉及「扶州、永定、宕由、南路、方維五鎭。」按扶州鎭乃故扶州，在曲水之西一百五六十里，見寰宇記。五鎭次序蓋由西北而東南，方維旣在景谷縣西北，又曾屬龍州，在其東境，今屬文州，是必在文州東南，當文州、龍州、景谷縣三地接境處，卽文州東南最遠處也。九域志又述文州四至云，「東南至本州界二百三十里，自界首至龍州二百三十里。」準此而言，方維當在文州東南二百里左右，而在龍州東北亦甚遠。紀要七三龍安府平武縣目，方維城在「府東北百二十里。」而一統志龍安府卷古蹟目方維故城條引縣志作縣東北二百二十里。兩書有一百里之差。按一統志同條又云：「西魏置泰興縣，並置建陽郡。隋開皇初，郡廢，改縣曰方維。……水經注，白水逕建陽郡東。（按酈注在卷二〇，建陽或作建昌，詳王氏合校。）方維旣在文州卽今文縣東南二百里左右，又當白水（白龍江）西岸；檢張編地圖集，當在今碧口鎭、姚家渡地區（約 E105° 20′·N32° 50′）。又元和志文州卷云，東南至利州四百九十里；利州卷，西北至文州里數同。其路線當大體循白水河谷而行，即方維當在此交通線上，是方維至利州近三百里也。擬爲碧口鎮姚家渡地區，亦正合。是固當在今平武縣東北二百里以上矣。疑一統志引縣志爲正，紀要「百」上脫「二」字。是則唐世由文州入蜀之道，蓋仍由州東近百里之古橋頭，沿白水東南行，經方維、白垻（古白水關，今白水街）、景谷縣（在白水東岸），又南接金牛劍閣道也。

又元和志二二利州景谷縣，「石門關在縣西南十八里，因山爲阻，昔諸葛亮鑿石爲門，因名之。」新唐志亦云，利州景谷縣「西有石門關。」按唐六典六刑部卷司門郎中條；下關七，利州石門爲其一。即此關。隋志，義成郡景谷縣「有關官。」殆亦指此關而言。前引通鑑大寶元年楊法琛由黎州退守石門，亦即此地。元和志云，諸葛所開，宜可信。是自漢歷南北朝至隋唐皆當南北交通要道也。

（三）鄧艾入蜀之偏道

上節所論乃漢魏以來陰平入蜀之正道。至於鄧艾入蜀，觀艾傳所記行軍情形，多臨時鑿建，實非徑道，故云「傍入」，只能謂之偏道矣。其行程蓋由正道中之景谷向西南斜出。谷在唐景谷縣北方維、白垻之間，由此西南斜出，經漢德陽亭，左擔（在江油境），至江由（今江油東），即所謂左擔道也。再沿涪水而南，與劍門西南通成都之秦蜀大道相接。唯道中唯一據點之漢德陽亭地望有今梓潼縣北一百二十里及平武縣（龍安）東北百餘里兩說，故路線難定。

前引鄧艾傳，「從陰平，由邪徑經漢德陽亭………至江由」，抵緜竹。鍾會傳云，艾「從漢德陽入江由左儋道詣緜竹。」而姜維傳作：「鄧艾自陰平由景谷道傍入，遂破諸葛瞻於緜竹。」又華陽國志二漢中志：「陰平郡，……自景谷有步道經江油左儋行出涪，鄧艾從之伐蜀。」是則蓋由景谷與大道分途向西南斜出，經漢德陽亭，至江由，抵緜竹也。其關鍵地名爲景谷、漢德陽亭、左儋道與江由。玆以次考其地望如次：

景谷　元和志二一利州景谷縣，宋元嘉中分白水縣置興平縣。「開皇十八年改爲景谷縣，因縣北景谷爲名。」按景谷縣東南至利州（今廣元）六十六里，至今昭化縣一百里，（並詳岷山雪嶺地區交通網第五節。）蓋在今白水街稍南。景谷在縣北，當在今廣元縣西北（直線交通）七十里以上，昭化縣西北一百里以上，白水街以北地區。又按隋書地理志，平武郡方維縣，舊曰秦興，開皇初改名。前引新唐志，方維縣至貞觀元年始廢。則開皇十八年改興平縣爲景谷縣時，方維縣仍見在。則景谷者必在方維景谷兩縣治之間，而在景谷縣境。正當在今白水街西北，碧口鎮東南地區也。

漢德陽亭　華陽志二漢中志，梓潼郡有德陽縣，「有劍閣道三十里，至險，有閣尉。」又卷三蜀志，廣漢郡亦有德陽縣。三國志所稱漢德陽亭必與梓潼之德陽有關，而與廣漢之德陽（即今之德陽）無涉。關於德陽亭之地望，一統志綿州卷古蹟目德陽故城條，引舊志云在梓潼縣北，正當馬閣山下，去龍安府二百里。紀要七三龍安府平武縣目，亦云此德陽故城在府東二百里。是也。舊志云漢德陽亭在馬閣山下。按寰宇記八四，劍州有陰平縣，在州西一百四十里。「馬閣山在縣北六十里，東接梁山，西接岷峨，昔鄧艾伐蜀從景谷路出江油縣，至此懸崖絕壁，乃束馬懸車，造作棧閣，方得通路，因名馬閣山。」元和志三三劍州目，亦云陰平縣在劍州西一百四十里。若此爲正西，則紀要七三龍安府平武縣陰平城條引舊志云，「陰平城南去梓潼縣六十里。」是也。此陰平縣，既在今梓潼縣北六十里，馬閣山又在其北六十里，則在今梓潼縣北一百二十里矣。德陽亭既在馬閣山下，而去龍安府二百里。檢視地圖，正當今江油縣東北龍門山區雁門壩（E 105° 10′·N 32° 15′）地區。然顧氏又云陰平故城在龍安府東北五十里，疑舊志似誤。則德陽城又當在其北或東北，約當今青川縣(E 105° 10′·N 32° 35′)、青川鎮（E 104° 50′·N 32° 25′）地段，南至梓潼當在二百里以上。前人既有兩說，今亦無強確證據辨其是非。

左擔　任豫益州記（御覽一五九引）云：「江油左擔道，案圖在陰平縣北……其道至阻。自北來者，擔在左肩，不得度擔也。」檢隋書經籍志，有李氏益州記，無任豫益州記。但豫爲東晉南朝人則不待言。據元和志、寰宇記，劍州有陰平縣，在州西一百四十里。然參上條，陰平故縣所在亦不能定，惟大體方位是鄧艾行軍方向耳。

江由　通典一七六及元和志三三皆以龍州治所江油縣當之。即今平武縣也。而紀要七三龍州，江油縣「府東南百三十里，……蜀漢置江油戍，鄧艾至陰平欲與諸葛緒自江油趨成都是也。」一統志龍安府卷古蹟目：「江油故城有四，蜀漢置江油戍，爲鄧艾伐蜀路，在今江油縣東。」皆以今江油縣當之，與通典、元和志不同。考水經注三二涪水注：

「涪水又東南逕緜竹縣北。……涪水又東南與建始水合。水發平洛郡西溪，西南流屈而東南流入于涪。涪水又東南逕江油戍北，鄧艾自陰平、景谷步道懸兵束馬入蜀，逕江油、廣漢者也。」

按同書二〇漾水注云，白水又東南，清水注之。水出於平武郡東北，歷平洛郡東南。清水即今黃沙河，流至昭化與嘉陵江會合者。其源在今青川鎮地區。則建始水當即今由青川鎮向西南流至新道口注入涪水之小水，或爲發源於鹹草坪，經大防關至平驛鋪注入涪水者。此江油戍亦即今江油縣也。① 故紀要、一統志爲正。

然南北朝至唐有石門戍道。石門山在唐江油縣（今龍安、平武）東約一百三十里。栗棘庵宋地圖，有道自階州、文州中經青川至龍州，稱爲鄧艾所行之陰平道。祝穆云青川北十五里有秦隴關。按唐有青川縣，在龍州東九十里，即今平武縣（龍安）東百里之青川鎮（E 104°50′·N 32°25′）。又據祝穆及通鑑胡注，龍州東北百五十里有青塘嶺，亦云當鄧艾左擔道。此宋道路線，略與南北朝、隋、唐之石門道相同。青川之南，則沿涪水而南，仍稱左擔道也。

前段僅就三國志、華陽志所記地名爲中心，考證鄧艾入蜀道也，而據明清志書，漢德陽亭之今地有兩說。今考唐宋志書有石門道、青川道，亦稱鄧艾道。

---

①楊氏水經注圖，置江油戍於今江油縣，是也。而以建始水卽今平武縣北發源於草河垻崆峒山地區之小水，非矣。

唐世龍州江油縣有石門山，屢見志書，已見前引。雖「與氐分界」云云，可能係景谷之石門事誤繫於龍州之石門（詳前文）；但唐世龍州有石門戍爲通道，故能有此誤植也。元和志云，石門山在江油縣東一百三里，有石門戍。寰宇記八四龍州江油縣目云：

「石門山……其山兩邊有石壁相對，望之如門，鄧艾伐蜀至此。」

則唐世固有鄧艾入蜀經此石門之傳說也。又前引元和志，隋唐時代景谷之名尙存，是唐世自景谷至此石門必爲一通道，故鄧艾經此之說始能存在。至於此石門戍之位置，元和志云江油縣東一百三里。而一統志龍安府卷山川目引作「一百三十里。」又紀要七三龍安府平武縣，弩牙山，「在府東南百六十五里，狀如弩牙，相傳鄧艾伐蜀屯軍於此。又東南五里曰石門山，山崖相對。」則是在龍州東南一百七十里矣。未知何者爲正。要當在龍州東南一百里以上，或以一百三十里爲正歟？觀此方位，唐世景谷向西南經石門戍道，固與前考鄧艾道頗相一致矣。

又日本栗棘庵所藏宋代輿地圖，其階州旁有說明云：

「階州，古白馬之地，南通文州，次清川，由白馬油龍州（文有脫誤，但影本頗清楚。）此入川之路，昔鄧艾從江油陰平道下蜀，卽此路也。尙有廟見存焉。」（據靑山定雄著唐宋時代の交通と地志地圖の研究後封面內袋裝附圖。）

是宋世階州入蜀之道必經淸川，且以爲卽鄧艾道也。按圖書集成職方典六二〇，龍安府有「靑川城，古馬盤縣地。形勢險阻，古稱陰平摩天嶺，卽此。漢鄧艾由此道伐蜀。係秦蜀咽喉，控白馬諸蕃。明設守禦所。」此卽可爲宋圖之注脚。按地典，今平武縣東一百里有靑川鎭。檢今圖，平武縣東約百里有靑川鎭，又東有靑川縣。唐有靑川縣在龍州（今平武）東九十里。宋代略同。當是今靑川鎭地。已詳岷山雪嶺地區交通網篇第五節。

又方輿勝覽七〇龍州治江油縣有十二關，「曰秦隴，在靑川縣北十五里。曰兜率，在靑川縣。」關名秦隴，必宋世階文入蜀道途之所經，兜率關在靑川縣治，當亦此道所經也。又蜀中廣記一〇名勝記龍安府目引陰平修道記：「龍安棧閣………在東北者曰秦隴，曰東閣。」一統志龍安府卷關隘目棧閣條引明統志：「鄧艾伐蜀，置秦隴等閣道十二處。」是明人記載，有秦隴棧閣，並即視爲鄧艾所始建矣。

又通鑑二七七後唐長興元年紀，述石敬瑭擊董璋、孟知祥事云：

「石敬瑭入散關……襲劍門，……知祥聞劍門失守，大懼，……令趙廷隱將萬人會屯劍州。又遣（銜略）李筠將四千人趨龍州，守要害。……官軍分道趣文州，將襲龍州，爲西川（略）所敗。」

胡注：

「自文州界青塘嶺至龍州一百五十里。郡志云，自北至南者右肩不得易所負，謂之左擔路，鄧艾伐蜀所由之路也。」

按此注與方輿勝覽七〇龍州左擔路條相同。唐軍分道趣文州襲龍州，所取之道路如何，不可知。但在宋世，青塘嶺必爲文、龍間之交通要道，無疑。故宋人以爲亦鄧艾所經也。然胡注及勝覽皆只云嶺在文州界，至龍州一百五十里；但方位不明。一統志龍安府卷古蹟目清川故城條引舊志云：

「青川所城在府東北百二十里，周二里，當白草番後路，東抵白水、陽平關，西通白馬路，抵龍安，南至椒園堡，北通青塘嶺達階、文，秦蜀襟要路也。」（紀要七三龍安府末附青川所條，同。）

是明之清川所當在今青川鎭稍東，仍爲北通階、文之要道。青塘嶺即在青川之北蓋五十里左右也，殆與古景谷不相遠矣。

宋人既以青塘、青川道即鄧艾故道，故祝穆及胡注引郡志皆以左擔道即此道矣。又方輿勝覽七〇龍州六閣條，「六閣在江油縣（今平武）左擔路上涪水崖壁上，曰青崖，曰藁頤，曰石回，曰七里，曰東閣，曰石城，凡六閣。」檢蜀中廣記一〇名勝記龍安府目引陰平修道記云：龍安棧道在治東者八，其一爲七里閣，「即左擔也。」又一統志龍安府卷山川目左擔山條引舊志：「山在平武縣東一百八十里，今七里關是也。」是此左擔道，由石門，經青川，南沿涪水而下也。

總之，觀宋輿地圖與胡注以及祝穆所記，宋世由文州入蜀之主要交通線，亦即當時所謂陰平道、左擔道者，必經青塘嶺、秦隴關、清川縣，再南沿涪水至今江油縣，又南至緜竹也。明代亦然，亦即顧氏述傅友德入蜀道也。

是則唐宋以來之石門戍、秦隴關、青川縣，南沿涪水而下之左擔道，最爲分明。疑眞鄧艾入蜀所始開者，則漢德陽亭（今平武東二百里）實亦在此道上。明清志書或謂亭在梓潼縣北一百二十里，未可據也。

（四）階文入蜀之捷徑

至於紀要引輿程記，由階、文南經龍安（平武）折東至青川（今鎮）再南行至江油（今縣）之道，唐世亦已開通，即由階州南行二百五十里至文州（今縣），又南踰太白山區（今摩天嶺山脈）至龍州（今平武）三百三十里，又東九十里至青川縣（今青川鎮），又南沿涪水而下也。唯此絕非鄧艾所行者耳。

前據紀要轉引輿程記，由階、文，經龍安，東至青川，再南行至江油，其道云何？按階、文在唐世有通道二百五十里，且置驛。別詳岷山雪嶺地區交通網篇第二節。今就文、龍間直線交通續述如次：

元和志云：

文州「東〔南？〕取山路至龍州三百六十里。」（卷二二文州）

龍州「北至渝州取（有衍誤）文州路三百三十里。」（卷三三龍州）

寰宇記云：

文州「南至龍州四〔三〕百三十里。」「東南至龍州四百三十里。」（卷三四文州）

龍州「北至（至字衍）踰山至文州三百三十里。」（卷八四龍州）

比勘兩書記事，各條顯有衍譌，其正確情形當作「文州南踰山至龍州三百三十里。」「龍州北踰山至文州三百三十里。」按元和志，文州治曲水縣，「太白山在縣南二百五十三里。其山叢谷高深，常多霜雪，春夏不消。」所謂南踰山者，殆此山脈也，亦即今摩天嶺山脈矣。故至少自唐以來，階、文、龍三州有南北直達之通路，惟視由橋頭、景谷再向西南迂廻線恐更艱險耳。至於龍州東至青川，即龍州東通利州之道也，詳岷山雪嶺地區交通網篇第五節松州通東川道。由青川折而南行，即與前考宋、明之陰平道同一路線矣。考李翺故東川節度使盧坦傳（全唐文六四〇）云：

「錦〔綿〕、劍一州，有通文成州路，每歲奏發二千兵以防西蕃。」

是唐代成州、文州南下綿州有通道也。新五代史一四莊宗子繼岌傳，統軍伐蜀，大軍由三泉、利州入劍門，至綿州，別軍「自文州間道以入。」此所謂文州間道頗疑即龍州直北通文州捷徑也。又前引通鑑二七七長興元年石敬瑭伐孟知祥事，其在文、龍間之攻守，胡注雖以鄧艾道爲釋，但此次用兵是否取上節所考之陰平偏道抑取本節所考之陰平捷道實未能定。

由此言之，輿程記所述之行程，至遲自唐已實有之，惟非鄧艾所經耳。顧祖禹引之以實鄧艾偏道，誤矣。

綜　結

綜上所考，陰平道實有三線。（甲）由陰平郡即唐宋之文州（今文縣）東循白水（今文縣河）約近百里至白水、羌水（今白龍江）會合處之橋頭，又略循會合後之白水東南行，至白水縣關（今白水街地區），與漢中西南經陽安關（今陽平關）渡嘉陵江之入蜀道合；是爲陰平正道。（乙）由橋頭東南行至景谷（今碧口鎮東南、白水街西北地區）折向西南斜出，經漢德陽亭至江油，達綿州；是爲鄧艾入蜀道，是偏道也。惟中間唯一據點漢德陽亭之地望不能確定，故路線亦難定。然南北朝、隋、唐時代，有景谷、石門戍（今平武東一百三十里）道，與鄧艾所行之陰平道方向略合，故唐人視爲鄧艾故道。又宋世所謂陰平道，由白水兩上源會合處（即古橋頭）向南行，折而西南經青塘嶺（今平武東一百五十里），秦隴關（今青川鎮北十五里），青川縣（今鎮），又西南沿涪水六閣道至今江油，達綿州，當時稱爲左擔道，亦謂鄧艾所行者。此實即前此之石門道，疑亦眞鄧艾所行者。（丙）由文州直南踰山至龍州（今平武），又東至青川，折而西南至江油，此爲捷徑。此道唐以來有之，不知漢世是否已有之，但決非鄧艾所行者。

參看圖十四、十三

一九六八年七月十二日改訂稿，刋新亞學報第九卷二期。本常行體，一九八四年十一月六日增訂改寫。一九八五年九月二日初校，十一月三日二校定稿。

篇貳伍　岷山雪嶺地區松茂等州交通網

引　言

四川西北松潘迤西之草原爲西藏青康高原之東南部，由此向東南延伸，與四川盆地相接。四川盆地海拔只在四五百公尺，自盆緣沿岷江而上，愈西北，地勢愈高升，至松潘草原地區，海拔高達三四千公尺，其西北岷山邛崍山脈更達四五千公尺，成爲黃河、長江之分水嶺。① 自四川盆地邊緣之灌縣至松潘，直線距離不過二百公里，而海拔驟升兩千餘公尺，故自西北向東南傾斜之坡度極大，致崖谷險峻，河流湍急，爲水陸交通之阻。然松潘草原海拔雖高，但地形平坦，爲良好牧地，交通並無困難，故自古以來，西北民族與長江流域之交通常取道此間而南下，水經注三六青衣水注引竹書紀年，「梁惠成王十年，瑕陽人自秦道岷山、青衣水來歸。」即此一事，足見隴西地區踰岷山松潘草原南至岷江流域，早有通道也。

至三國、南北朝南北分裂時期，河湟青海地區東南踰岷山松潘草原下達四川盆地成都之交通乃顯著增盛。南齊書一五州郡志云：

---

① 海拔據黃盛璋清代四川西北省界及其引起的黃河流經四川問題所附松潘一帶地勢圖，刊歷史地理論叢頁三六六。又參看申報館新地圖第二十七圖。

「益州鎭成都，……西通芮芮、河南，亦如漢武威、張掖為西域之道也。……州土瓌富，西方之一都會焉。」

按芮芮即柔然，在今內蒙古、蒙古國地。吐谷渾居青海黃河之南，故稱河南王。梁書河南王傳云，「在河之南，故以為號」也。齊志此文即明指南北朝時代益州成都當西北河湟、漠北乃至西域通南朝之孔道。今檢載籍，史例可證者甚多，玆先以次錄列如下：

其一，三國志魏書一五張旣傳，注引典略：「韓遂在湟中，……謂英（成公英）曰，今親戚離叛，人衆轉少，當從羌中西南詣蜀耳。」按湟中在湟水流域。

其二，王子年拾遺記（廣記二七二蜀甘后條引），「蜀先主，……河南獻玉人，高三尺。」按此條雖未必可信，然總觀前後史事，有此傳說，殆非偶然。

其三，宋書九六吐谷渾傳：「阿犲，……譙縱亂蜀，阿犲……拓土至龍涸、平康。少帝景平中，阿犲遣使上表獻方物。」自是屢有表策使命往還。弟慕璝立。元嘉十六年，封河南王。後其國為拓跋燾所攻，欲南徙益州。傳又述其事云：「二十七年遣使上表云，若不自固者，欲率部曲入龍涸、越巂門〔間〕，並求牽車，獻烏丸帽、女國金酒器、胡王金釧等物。太祖賜以牽車；若虜至，不自立，聽入越巂。虜竟不至。」

其四，魏書一〇一吐谷渾傳，述其向南北雙方臣貢云：「慕璝……南通蜀漢，北交涼州。」「終世宗世，至於正光，犛牛、蜀馬及西南之珍無歲不至。」

其五，南齊書五九芮芮傳：「芮芮………盡有匈奴故庭」，宋末遣王洪軌使芮芮。建元「二年、三年，芮芮主頻遣使貢獻貂皮雜物，與上書，欲伐魏虜。……獻師子皮袴褶，皮如虎皮，色白毛短。時有賈胡在蜀見之，云此非師子皮，乃扶拔皮也。……永明元年，王洪軌還京師，經途三萬餘里。……芮芮王求醫工等物。世祖詔報曰，知須醫及織成錦工、指南車、漏刻，並非所愛，……。」最後云，「芮芮常由河南道而抵益州。」

其六，同傳又云：「丁零胡又南攻芮芮，得其故地。益州刺史劉悛遣使江景玄使丁零，宣國威德，道經鄯善、于闐。……丁零……勞接景玄，使反命。」

其七，南齊書五九河南傳云，「河南……在益州西北，亙數千里。其南界龍涸城，去成都千餘里。……宋初始受爵命。至宋末，河南王吐谷渾拾寅，……

（齊）建元元年，……進號驃騎大將軍。宋世遣（衙）王世武使河南，是歲隨拾寅使來獻。……詔曰，……遣王世武銜命拜授。又仍使王世武等往芮芮，想卽資遣，使得時達。……永明三年，遣給事中丘冠先使河南道，幷送芮芮使。」

其八，梁書五四河南王傳云：「天監十三年遣使……表於益州立九層佛寺，詔許焉。……其使或歲再三至，或再歲一至。其地與益州隣，常通商賈，民慕其利，多往從之，敎其書記，爲之辭譯。」

其九，梁書三〇裴子野傳：「是時西北徼外有白題及滑國遣使由岷山道入貢。」按滑國，通典邊防典，「按劉璠梁典，滑國姓嚈噠，後裔以姓爲國號，轉謌又謂之挹怛焉。」則葱嶺以西之國也。

其十，高僧傳八釋玄暢傳：「宋之季年…廼適成都，……觀矚岷嶺，乃於岷山郡北部廣陽縣界，見齊后山，……河南吐谷渾主遙心敬慕，馳騎數百，迎於齊山，……不相及。」

其十一，同書一一釋慧朗（覽）傳：「朗姓成，酒泉人。……嘗遊西域，……還至于闐，……後乃歸，路由河南。河南吐谷渾慕延世子瓊等敬愛覽德間，遣使並資財，令于蜀立左軍寺，覽卽居之。」「宋文請下都，止鍾山定林寺。」

其十二，同書一三釋法獻傳：「以宋元徽三年，發踵金陵，西遊巴蜀，路出河南，道經芮芮，旣到于闐，欲度葱嶺……。」

其十三，續高僧傳三〇釋明達傳：「明達姓康氏，其先康居人也。………以梁天監初來自西戎，至於益部。」

其十四，梁四公記（太平廣記八一梁四公條引）云：「梁天監中，……高昌國遣使貢鹽二顆，……白麥麵。王公士庶，皆不之識。……帝命杰公迓之。謂其使曰……白麥麵是宕昌者，非昌壘眞物。使者具陳實情，麵爲經年色敗，至宕昌貿易塡之。」按此下又云道經北凉。高昌國在今吐魯番，宕昌在今岷縣、西固間（約 E 104° 30′• N 34°）。此故事雖未必眞實，然宕昌爲西域通商南朝之徑途殆不虛，是以有此故事耳。

綜觀此諸史例，最早在漢末，而南北朝時代爲多，顯見河湟吐谷渾與蜀中成都之交通已甚密切。成都爲南朝西疆之國際交通貿易中心，吐渾河南王且於成都建佛寺，通商貿，使者或一歲再三至，蜀人亦有至彼土從事各項活動者。不特此也，河南吐渾且爲南朝益州與西域、漠北通使商貿之中繼站。河南入蜀之道，有明云取途岷山者；有云宕昌、龍涸者。龍涸，地在松潘草原，② 宕昌亦岷山松潘草原之東境。是此一地區，當南朝益州與河、湟、西域、漠北之重要國際交通路線，且交通往還相當頻繁也。元和志三二茂州汶川縣故桃關條云，「遠達西域，公私經過，唯此一路。」正爲此一情勢而發矣。蓋漢世，西域與中國之交通雖已漸盛，惟其時中國核心在北方，西域交通以至長安、洛陽爲唯一要道，故由岷嶺通益州之交通無緣發達。至三國、南北朝分裂時代，西自關隴，東至黃河下游濱海地區，皆爲北朝所有，唯吐谷渾建國於河湟，稱河南王，爲一獨立政權，能與南北兩方交通貿易，左右逢源，獲其利，而西域諸國之欲通商南朝者及漠北諸國柔然、丁零與南朝欲相互策應夾制北朝者，皆惟取道河南，且或賴其傳譯也。故吐谷渾河南國成爲西通西域，北通柔然，東通北朝，南通南朝之交通中心。日本學人考證，謂河南吐谷渾在當時東亞國際交通上居於極重要之地位，③ 是也。而河南之至南朝唯有岷山松潘草原一路線。

北周對於岷嶺松潘草原地區極力經營，開置州縣；隋唐承之，乃能眞正控制此一區域。會吐蕃強盛，此地區遂成爲重要戰略地帶，屯軍運糧，實爲要政。陳子昂上蜀川安危事（陳子昂集八、全唐文二一一）云：

「伏見四月三十日勅廢同昌軍。蜀川百姓每見免五十萬丁運糧，實大蘇息。」

又上蜀川軍事（同上）云：

「伏見劍南諸州緣通軌軍屯在松、潘等州，千里運糧，百姓困弊。……聞松、潘等州屯軍數不逾萬，計糧給餉，……每歲向役十六萬夫。夫擔糧輸送，一斗之米價錢四百，使百姓老弱未得其所。……若準此賦歛，每年以十六萬夫運糧，臣恐更三年，吐蕃未殄滅，劍南百姓不堪此役。」

按此二疏皆上於武后時，然爲先後兩事。前者因廢同昌軍而發，軍屯在松、扶；後者

② 水經注三三江水注引益州記云：「大江源泉……始發羊膊嶺下，……東南下百餘里至白馬嶺。……自白馬嶺回行二十餘里至龍涸，（十或作千，校釋家多改作十，是也。）又八十里至蠶陵縣，又南下六十里至石鏡。又六十餘里而至北部，……又西百二十餘里至汶山故郡。」此龍涸一名最早見者，在松州地區無疑。齊書稱去成都千餘里，蓋在唐松州之西北。

③ 此段參看松田壽男吐谷渾遣使考，刊史學雜誌四八編十一、十二號；及和田博德吐谷渾與南北兩朝之關係，刊史學二五卷二號。近見唐長孺魏晉南北朝史論拾遺有南北朝期間西域與南朝陸道交通，亦可參看。

議改變通軌軍運糧制度，軍屯在松、潘。俱見唐室重視此區軍事價值，不惜發動劍南龐大人力以通糧運。杜翁在蜀，其詩屢及西山軍事，亦常涉糧運。如入奏行贈西山檢察使竇侍御云：「運糧繩橋壯士喜。」（詳註卷一〇。）西山三首云：「築城依白帝，轉粟上青天。」又云：「蠶崖鐵馬瘦，灌口米船稀。」（卷一二。）又如岑參送狄員外巡按西山軍云：「兵馬守西山，中國非得計，……八州崖谷深，千里雲雪閉，泉流閣道滑，水凍繩橋脆，戰士常苦饑，糗糧不相繼。」（全唐詩三函八册參集一。）俱見西山資糧運輸之重要，與運途之險阻。是則此地區雖極險阻，然交通運輸必仍相當發達。惟唐中葉後，此地區什九陷蕃，史家記述遂多殘闕，且病疏誤，後世學人自更模糊。楊守敬繪唐地理志圖，此一地區誤謬不堪，良有以也。至於交通路線，更歷千載無復人知矣。茲綜合各方面史料爲之詳考，乃知此區有驛道，東北通散關，東南通成都，驛道兩側諸道輻射四達。故盛唐時代能大量運輸資糧以支援邊防駐軍也。

（一）松州南通成都驛道

松州至成都道，中經翼州、茂州、灌口與彭州。灌口以上大抵沿汶水（岷江）東岸行。至明、清時代之官路及近代擬議中之公路仍略循此線。

通典一七六茂州通化郡目述其至兩京道里云：

東北取臨翼（翼州）、交川（松州）兩郡，去東〔西〕京二千三百六十四里。

南取蜀路，去東京三千五百五十里。

東北取臨翼、交川兩郡，去東京三千一百十里。

寰宇記七八有第二條。又云「東北取臨翼、交川兩郡至長安二千一百四十里。」是松、翼、茂至成都爲一通道無疑。又元和志（卷三一、三二，岱南閣叢書本，參考證引官本），松州南至翼州一百八十里，翼州南至茂州一百二十里，茂州東南取灌口路至彭州三百七十里，彭州東南至成都府一百里。寰宇記（卷七三、七八、八一），松州南至翼州一百八十里，翼州南至茂州一百二十里，松州東南至茂州三百里，茂州東南取灌口路至彭州三百七十里（此據彭州卷。茂州卷脫「七十」），東南至成都府四百七十里，彭州東南至成都府一百五里。

是松、翼、茂通成都道，中經灌口、彭州也。唐會要九九南詔蠻（參舊一一七崔寧傳及一九六吐蕃傳）：「大曆十四年十月，吐蕃率南蠻衆十萬來寇，一入茂州過汶川，及灌口。」又蜀檮杌上，張道古在蜀，兩貶茂州，皆道經灌州玉壘關。卽此道矣。此道惟松州在汶水上源之西岸，其餘翼、茂二州及灌口皆在汶水東岸，彭州更在汶水以東地區矣。則此線交通大抵沿汶水東岸而行可知矣。

蜀中廣記三一邊防記松潘衞條引四夷考述松潘東西南北之通道云：「惟是南通疊、茂、威、灌。」此正爲唐之通道。本條又述南路關堡云：

「南路：經略志云，松潘以南，紅花屯、熊楨屯、西寧關、小屯堡、安化關、鎭華堡、新塘關、艾蒿堡、歸化關、北定關、蒲江關、平夷堡、金瓶堡、鎭平堡、鎭蕃堡、靖夷堡、平定堡，（天下郡國利病書六五有此段，但有數字之異。）凡十有七處，抵疊溪界。……歸化關，志云在司南百里，……地形險要。上至西寧，下至鎭江堡。……歸化上七里爲龍韜堡，龍韜上十里爲新鎭堡，新鎭上十里爲百勝堡，百勝上五里爲安化關，安化上七里爲雲屯堡，雲屯上八里爲西寧關。志云在治南三十里。（按與上文百里之數不符。）西寧上八里爲雄溪屯（卽上文之熊楨屯？），則南路之首也。……歸化下十二里爲北定關，……北定下十有一里爲鎭江關。……鎭江下四里爲平番堡，平番下八里爲平夷堡。其地寬平，僅容千騎，爲四十八寨飮盟歃血之地，卽黃沙壩矣。……鎭平關上七里爲金瓶堡，金瓶上六里爲平夷堡。鎭平下七里爲鎭番堡，鎭番下八里爲靖夷堡，靖夷下八里卽平定堡也。平定下八里爲永鎭堡，係茂、松二鎭交界處。」

此述明代松潘以南至松、茂交界處之關堡路線甚詳。今檢張編地圖集，自北而南有西寧關、歸化、北定關、鎭江關、金瓶崖、鎭番堡、平定關、永鎭，皆在岷江東岸，爲擬議中之公路所經。又紀要六七茂州鷄宗關條引志云：

「茂州南路有遷橋墩、黎園頭、白水墩、鹽盔頭、獨脚門樓、瞰遠墩、四顧墩、羊毛坪、五星墩、文鎭撫村、大宗渠、石鼓村、七星關、雁門堡、青坡堡，而達於威州也。」

此述明代茂州南至威州之墩堡路線亦甚詳。檢張編地圖集・四川人文圖，茂、威間有大宗渠及文鎮關，亦在岷水東岸，為擬議中之公路所經。然則明代自松潘以南此路交通情形與今日無異。皆緣岷水東岸行也。以形勢論之，殆卽唐、宋舊道無疑。就此里數核計，松潘南至西寧關三十里，至歸化一百里，至平夷堡一百三十五里，地寬平，至永鎮堡一百七十九里。下文引元和志，交川縣在松州南三十四里，則當在今西寧關地區，翼州治所衞山縣在松州南一百八十里，當卽今永鎮地方矣。

當唐盛時，此道置驛。其後仍稱為官道。

唐六典六刑部司門郎中條：「京城四面關有驛道者為上關。餘關有驛道及四面關無驛道者為中關。」本注：「中關一十三。」彭州蠶崖關其一也。按蠶崖關在灌口北此道上，詳後蠶崖關條。是此道在開元時代實置驛為驛道也。蓋為國防而設。又輿地紀勝一四九茂州風俗形勝目引淳熙五年胡元質奏云：「威、茂兩州卽灌口之障蔽。……州城孤立於外，而熟番部落周分環據，二三百里之間，官路僅通一線，以達於兩州。」是至南宋，此一線交通仍保存，稱為「官道」，卽舊驛道也。

今考其行程如次：自松州治所嘉誠縣（今松潘）沿汶江南行，三十四里至交川縣（今西寧關南地區），隋置關官。

隋書地理志，汶山郡有交川縣，「開皇初置，有關官。」是當為通道所經。檢元和志三二松州，交川縣北至州三十四里。寰宇記八一，作二十里。今從元和志。寰宇記云：「以其地通胡越，道路東西相交，故名縣焉。」按縣名交川，當為川流交會處，疑在岷水沿岸，當通道也。一統志松潘廳卷古蹟目：交川廢縣，「衞志，在衞南五里，卽今紅花屯。」若唐之松州果在今松潘，則交川縣當在廳南三十里之西寧關地區，非紅花屯也。

又南八十六里至峨和縣，當大江（汶江）之西，其南有石臼戍（蓋今北定關、鎮江關地區約 E103°40′·N32°20′）。

新一五八韋皋傳：贊普寇靈、朔，破麟州，詔皋深入以撓虜。皋遣兵數道並出。其一路，「高倜、王英俊繇峨和清溪道薄故松州。」是峨和爲通松州道所經。考元和志三二，翼州有峨和縣，「東北至州六十里。」「縣在石臼戍北，大江之西也。」是在州之西南。然同卷，翼州治所衞山縣，有「石臼戍，在縣北六十里。」是戍在州北也。與前條方位不合。檢寰宇記七九，翼州有峨和縣，在州北六十里。是石臼戍果在州北六十里不誤。戍北爲峨和縣，元和志峨和縣條「東北」當爲「東南」之誤耳。按通典一七六，松州交川郡南至翼州臨翼郡一百八十里。元和志三二，寰宇記七八，方位里數皆同。峨和縣既在翼州北六十里，則在松州南一百二十里，即交川縣南八十六里也。就前引明代關堡里程比勘之，蓋今北定關、鎮江關或稍南地區。

又據此傳，清溪亦爲通松州道所經。檢新志，翼州有五鎮兵，其一清溪。是清溪亦在翼州境。又元和志三二，翼州翼水縣，在大江東岸，北至州六十里。「周於此置龍水縣，屬清江郡。開皇三年改爲清江縣，罷郡以縣屬翼州。十八年又改清江縣爲翼水。」按此縣位置，約當今黑水入岷江處南一二十里之岷水東岸。（詳下文。）疑清江即清溪，亦即今之黑水耶？

又南二十三里至笮橋，架江水上。又南三十七里至翼州治所衞山縣（今疊溪、較場坪 E103°45′·N32°3′ 附近，或更東北之永鎮堡）。

元和志三二翼州，衞山縣在郭下。「笮橋在縣北三十七里，以竹篾爲索，架北江水。」按翼州北至峨和縣六十里，則笮橋北至峨和應爲二十三里也。架北江水上，當即梁渡岷江者耳。

蜀中廣記七，「翼州今疊溪所。」同書三二，疊溪，「唐翼州城在治南。」一統志松潘廳卷古蹟目，廢翼州「在廳南疊溪營西。」又引明統志，「翼州城在疊溪所城南，衞山廢縣在所西五里。」今觀地圖，疊溪當松潘、茂縣間而稍偏南，在岷江東岸，西對松平溝入江之口，正當其地也。然據前引蜀中廣記三一松潘衞條轉引經略志之里數計之，當在永鎭堡，去疊溪固亦不遠。

又南四十里至合江鎭，當安戎江（今黑水）入岷江處（E103°40′·N31°50′），爲入棲鷄川、平戎城道口，置守捉。

新志，翼州有合江守捉城。元和志三二，眞州「在合江鎭西一百二十四里。」檢一統志茂州卷古蹟目合江城條引元統志，「合江鎭在茂州北八十里。」又引舊志：「合水在疊溪所南五十里。爲（爲字衍）汶水北自松潘界來，爲（爲字衍）黑水西自生番界來，合流於此，……或謂之合水，亦謂之合江，唐置守捉城於此。」是合江鎭在茂州北八十里，即在翼州南四十里也。當黑水入岷江處，故以合江名。黑水，唐名安戎江，合江爲西通棲鷄川平戎城之道口；皆詳第七節茂州西通吐蕃兩道。

又南二十里至翼水縣，在岷江東岸。

元和志三二翼州，翼水縣「北至州六十里，本漢蠶陵縣之地。」寰宇記七八，同。元和志又云，「大江水經縣西二百步，翼水出縣南。」是縣城在江水（即汶江）東岸，當爲大道所經。地在州南六十里，而合江鎭在州南四十里。是縣在鎭南二十里也。

又南六十里至茂州治所汶山縣（今茂縣），在汶江東二里，漢汶江城南三里。爲西夷交會之地，故隋有會州之名。

通典一七六，翼州臨翼郡南至茂州通化郡一百二十里。元和志三二及寰宇記七八皆無異說。是翼水至汶山縣六十里也。元和志又云，茂州汶山縣在「郭下」。「汶江北自翼州南流經縣西二里。」是縣城在汶江東岸二里處。又元和志云，「汶江城在縣北三里。」寰宇記：「汶山縣，本漢汶江城，屬蜀郡。故城今在縣北二里。」今從志書之。寰宇記七八述茂州沿革云，隋開皇六年，「改爲會州，取西夷交會爲名。」則此地自漢以來皆爲交通要地。

唐代此地當南北驛道，又東通綿州，西經平戎城入吐蕃，故爲重地。大曆中曾置西山防禦使於此，後又爲西山中北路兵馬使所屯駐，置威戎軍。

東通綿州詳第五節，西通平戎城入吐蕃，詳第七節，故爲四達之地。新六七方鎮表，大曆元年，「置劍南西山防禦使，治茂州。未幾廢。」又諸葛武侯祠堂碑陰（八瓊八六）有李廣誠者，具銜爲「中軍兵馬使、兼西山中北路兵馬使、特進、使持節、都督茂州諸軍事、行刺史。」又唐蓋巨源茂州廻車院碑（輿地紀勝一四九茂州風俗形勝目引）云：「號西山中北路。」是茂州當時爲西山中北路之軍事中心地區無疑。置威戎軍，見新唐志。

有了郊館，廻車院，當皆爲交通而設。

輿地紀勝一四九茂州碑記目：「張延賞修城記。按董守愚兩路記載：唐大曆十四年吐蕃大下，火焚了郊館。興元元年張延賞重修。其後別駕大夫修建城宇堡壁雉堞。」是此館似在州治。

同書同卷同目又云：「唐廻車院碑，唐刺史蓋巨源撰，大中十三年立。」又同卷風俗形勝目引唐蓋巨源廻車院記云：「唐號西山中北路。」又云：「土堆高潤，彥多諸珍，岷、涖之源，東注于海。雖節候攸敍，咸若京華，而冉、駹之俗，號爲難理。」觀此記述，所謂廻車院者，蓋亦一交通機構也。

又南閣道百里至汶川縣（今汶川東北故威州城 E103°35′·N31°28′ 南古城坪），西臨汶江。縣北九里有七盤坡路，蓋亦通道所經。

元和志三二茂州，汶川縣「北至州一百里 。本漢緜虒縣地也 。梁於此置汶川縣，縣西汶水，因以爲名。」寰宇記七八茂州汶川縣條略同。而云「南北里，並是閣道。」「北」當爲「百」之音譌，是此百里間多棧閣也。今地見一統志雜谷廳卷古蹟目。

又寰宇記同卷同條云：「七盤山在縣□□里，有七盤路。」脫兩字。輿地紀勝一四九茂州景物目七盤山條引寰宇記作「在汶川縣九里。」亦脫方位。一統志茂州卷山川目有七盤山，「在汶川縣北三十里，寰宇記在汶川縣北九里，有七盤坡路。唐大曆中，吐蕃入寇，官軍追敗之七盤，卽此。」是唐世七盤之名在縣北九里。今地在縣北三十里也。紀要六七茂州汶川縣條，略同，惟不引寰宇記。按通鑑二二六，大曆十四年，「吐蕃與南詔合兵十萬，三道入寇。一出茂州，一出扶、文，一出黎、雅。……上發禁兵四千人，使（李）晟將之；發邠、隴、范陽兵五千，使（略）曲環將之；以救蜀。東川出兵，自江油趨白垻，與山南兵合擊吐蕃、南詔，破之。范陽兵追及於七盤，又破之。遂克維、茂二州。」舊一一七崔寧傳略同。又舊一二二曲環傳：「大曆中，領兵隴州，頻破吐蕃。上（德宗）初嗣位，吐蕃大寇劍南。詔環以邠、隴兵五千馳往，大破戎虜，收七盤城、威武軍，及維、茂二州。」新傳略同。紀要、一統志所指卽此事也。蓋得之。胡三省以巴州七盤縣爲說，非矣。

又縣東北三里有玉壘山坂，西臨汶水。有繩橋架汶水上，蓋西通維州之道。其橋「濶六尺」，「篾笮四條，以葛藤緯絡，布板其上，雖從風搖動，而牢固有餘，夷人驅牛羊來去無懼。」

元和志三二茂州汶川縣條又云：「玉壘山在縣東北四里。」「繩橋在縣西北三里，架大江水。」下述橋之結構形制如綱文。又云「今按其橋以竹爲索，濶六尺，長十（？）步。」「十」蓋「千」之譌。按玉壘山始見於漢志，在蜀郡緜虒縣。華陽國志三，望帝以「玉壘、峨眉爲城郭」是也。至元和志始詳記其地望。寰宇記茂州汶川縣，「玉壘山在縣北三里，又有玉壘坂，其下汶水經焉，謂之玉輪江。」此又較詳。是玉壘山坂實西臨汶江也。衡之繩橋位置，南北通道蓋沿汶江東岸而行，玉壘山坂在道東，繩橋在道西，跨大江水上，蓋以通維州地區者歟？水經注三三江水注：「湔水……出綿虒道，……縣卽汶山郡治，劉備之所置也。渡江有笮橋。」按唐汶川縣卽古汶山郡治。則元和志之繩橋蓋卽酈注之笮橋歟？至於通典一七六、寰宇記七八所見茂州繩橋，疑泛言此路之繩橋。如爲特指之繩橋，亦在桃關，非此橋也。詳下條。

縣南八十二里至故桃關（今圖有桃關E103°30′·N31°20′），元和志謂「遠通西域，公私經過，唯此一路。」亦有繩橋。

新志，茂州汶川縣「有古桃關。」不具方位。通典一七六茂州汶川縣，「故桃關，公私經過唯此路繩橋。」元和志三二茂州汶川縣，「故桃關在縣南八十二里，遠通西域，公私經過，唯此一路。」寰宇記七八茂州汶川縣「故桃關在縣南，入蠻界公私之路俱從於此。有繩橋方渡。」是桃關在汶川縣南八十二里，有繩橋，爲通西域之唯一孔道也。復考水經江水注：「江水又歷都安縣，有縣桃關。」此似在元和志所記桃關之南頗遠，然亦有即爲一地之可能。而紀要六七，茂州有桃坪關。「在州東北，亦爲桃坪堡，即古桃關也。」下引元和志文。又一統志茂州卷關隘目，「桃關在汶川縣南三十里。」則皆非唐舊關矣。

又南五十五里至濕坂，樹木森陰，終年常濕，岷江至此乃稍廣大。

元和志三二茂州汶川縣，「濕坂在縣南一百三十七里，嶺上樹木森沉，常有水滴，未嘗暫燥，故曰濕坂。」按水經注三三江水注：「江水……至汶山故郡，乃廣二百餘步。又西南百八十里至溼坂，江稍大矣。」是此地旣以坂名，又近江流，當爲通道所經也。今據元和志書其里程。元和志茂州沿革條又云：「貞觀八年改爲茂州，以茂滋山爲名。」寰宇記七八作「茂濕山」，舊唐志亦作茂溼山，是也。此與濕坂當非一地。一統志茂州卷山川目有溼坂「在汶川縣南」。下引元和志爲證。（又引元統志作溼凍嶺。）同目又有茂溼山，「在州北十里。」分作兩地是也。而紀要六七茂州茂濕山，「州北十二里。……益州記，江至濕坂而稍大，即此也。」是混二地爲一地矣。

又南二十八里至蠶崖關，周武帝置。爲開元時代十三中關之一。「江山險絕，鑿崖通道。」關外置市，爲熟羌定期前來貿易之所。

導江縣有蠶崖關，見通典一七六。杜翁西山詩（詳注一二）云「蠶崖鐵馬瘦」即此。六典六刑部司門郎中條，四面關無驛道者，及非四面關而有驛道者，爲中關。中關一十三，彭州蠶崖其一也。足見此關之地位。元和志三一彭州導江縣：「蠶崖關在縣西北四十七里。其處江山險絕，鑿崖通道，有如蠶食，因此爲名。漢於此置縣，後廢。」寰宇記七三永康軍導江縣目亦云，「關在縣西北四十七里。」（方輿勝覽五五作五十里。）「周武帝天和二年立。」按通典一七六，彭州西北至茂州三百七十里，至茂州汶山縣二百七十里。元和志，彭州「西北取灌口路至茂州三百七十里。」寰宇記與元和志全同。則汶川至彭州亦爲二百七十里。（記另條作二百七十四里，無大差異。）志又云，導江縣「東至州五十八里」（記作六十里，亦略同。）則關東南至彭州當爲一百零五里，北至汶川當爲一百六十五里，即濕坂至關二十八里也。一統志茂州卷關隘目：「茶關在汶川縣南一百四十里，一名蠶崖關。」是古今里數仍不相遠。蜀中廣記六引志云：「關當（灌）縣西岷江之北，松、茂驛路之衝，周武帝天和二年創立，石路巉稜如簇蠶，因名。」又一統志成都府卷關隘目，蠶崖關條引舊志：「關在岷江北，當松茂驛路之衝。宋熙寧五年重建，元末毀于兵。」蓋自昔爲驛路之衝也。

蠶崖又爲蕃夷貿易之主要場所。白氏六帖事類集卷二四市(白孔六帖卷八三)：

「金部格云，勑松、當、悉、維、翼等州熟羌，每年十月以後即來彭州互市易，法司差上佐一人蠶崖關外依市法致市場交易，勿令百姓與往還。」

是蠶崖關外有政府規定之市場，以便松、當等州蕃夷定期前來市易也。全唐文九八一有對熟羌市易判。序云：「當州熟羌，十月來導江縣市易。按察使科彭州刺史罪 。 訴云並蠶崖外 。 不伏。」判云，「當州導江，江山雖間，貿絲抱布，來往是常。」此即據金部格而言者。蓋熟羌有入蠶崖關進行市易者，故按察使科刺史罪，而刺史辯稱仍在關外也。俱見此地爲蕃夷貿易之主要場所。通鑑二〇五萬歲通天元年紀考異引御史臺記：「論欽陵必欲得四鎮及益州通市乃和親。朝廷不許。」可見吐蕃重視益州通市，此亦爲一市場也。一統志成都府卷關隘目，蠶崖關條引舊志，「關外有宋時所置蠶崖市，夏夷互市之地。」蓋承唐舊制，不始於宋也。

又南二十一里至灌口鎮（今灌縣），開元中置鎮靜軍。

灌口鎮亦見通典一七六。元和志彭州導江縣條云：「在縣西二十六里，後魏置。」寰宇記七三，永康軍「今理灌口鎮，本彭州導江縣灌口鎮地。唐貞觀十年立爲鎮靜軍。」新志，「彭州導江縣，有鎮靜軍，開元中置。」置軍年代有異。輿地紀勝一五一永康軍，云：「（唐）太宗於灌口鎮地立爲鎮靜軍。唐末王氏、孟氏……易名灌州。」是從寰宇記。而一統志成都府卷沿革目，從新志作開元中。衡以唐代軍制，當以開元中置爲可信。舊一四〇韋皐傳，貞元末，韋皐數路出兵擊吐蕃，其第一路兵「鎮靜軍使陳洎等統兵萬人出三奇路。」即此軍也。鎮軍叠置，俱見地位之衝要。按導江東至彭州五十八里，西至灌口鎮二十六里，則灌口東至彭州八十四里，西北至蠶崖當爲二十一里也。

灌口鎮西，兩石對立，稱爲天彭闕，闕北亦有玉壘山。唐末於鎮城西門立玉壘關，蓋即因山受名。

通典一七六，彭州導江縣「有汶山，有玉壘山，灌口山。山西有天彭闕，兩石對立如闕。秦以李冰爲蜀守，冰壅江作堋以灌田，大獲其利。」元和志三一彭州導江縣：「灌口山在縣西北二十六里。漢蜀文翁穿湔江溉灌，故從灌口名山。又灌口山西嶺有天彭闕，亦曰天彭門，兩石相立如闕，故名之。」觀寰宇記七三所引李膺益州記與楊雄蜀記，殆即通典、元和志所本。觀其里距，則灌口山、天彭闕即在灌口鎮之西側無疑。而輿地紀勝一五一永康軍景物目又有玉壘關，「軍城正西一隅距玉壘關而止。永康續志云：軍城門曰玉壘關，係夷人往來之衝。」又碑記目有玉壘關碑，「唐大中十一年白敏中帥蜀日建關，旁有大碑，即幕府陳可度頌公德之碑。」則此關在唐時已建，即灌口鎮城之西門也。是即天彭闕之地矣。蜀檮杌上，張道古由成都往還茂州，皆經玉壘關。即此。又按元和志又云：「玉壘山在（導江）縣西北二十九里。」則此玉壘山，即在關北近處，故即因名之耳。④

④ 按玉壘山，前考汶川縣東北有之。並此是兩山矣。又蜀中廣記七引宋熙寧二年文同茂州汶川縣勝因院記

鎮西又有白沙守捉城及白沙索橋。不知是否在此篇所考之驛道上。

新唐志，彭州導江縣有白沙守捉城。寰宇記七三，永康軍導江縣有索橋。按輿地紀勝一五一永康軍景物目，「白沙水在導江縣西三十餘里。李膺記云：『玉女房五里有白沙溪。』……又有白沙繩橋，過崇德廟十里地名白沙戍，以江濶水湍，故造繩橋以濟居民及威、茂兩州往來者。」當卽寰宇記之索橋歟？又蜀中廣記六灌縣：「志云，縣西二里有橋曰珠浦，卽索橋也。其制，兩岸埀石爲穴，揵石爲籠，夾植巨木，屹砥湍流，編竹繩跨江，横濶一丈，離水面五尺，長百二十丈。方輿勝覽云，繩橋……在永康縣西八里。范成大過青城題索橋詩（按石湖詩集一八作戲題索橋）：織簟匀鋪面，排繩彊架空，染人高曬帛，獵戶遠張罝，薄薄難承雨，翻翻不受風，何時將蜀客，東下看垂虹。」按此所寫卽灌口西之唐、宋古橋也。余嘗親履灌縣西之索橋，觀賞甚久，乃灌口向西南行之橋，不在茂、彭道上。觀范成大詩，亦然。

寰宇記七三，導江縣有「都安堰，一名湔堰。」又有揵尾堰。按水經注三三：「江水又歷都安縣。……李冰作大堰於此，壅江作堋，堋有左右口，謂之湔堋。」而元和志三一，彭州導江縣，「揵尾堰在縣西南二十五里，李冰作之以防江決。破竹爲籠，圓徑三尺，長十丈，以石實中，累而壅水。」而不記都安堰。蓋唐揵尾堰卽古都安堰，一名湔堰者，揵湔一音。寰宇記兩記之，誤矣。

灌口鎮當四川盆地西北部盆壁與盆底交接處，由崇山峻谷突然降落至廣大平野，故亦爲此路交通狀況之一大分野處。灌口以上數百里間道路旣循汶水河谷而行，此段河谷深峻，兩岸高峯壁立，多飛瀑；人馬行道上，蓋如在甬中，故古人有井陘之譬。

云：「由玉壘南下過笮，迤西循皂江，左折越太平渡，行深入曲，無慮六十里，至茂州之汶川，有地曰栢平……。」是汶川縣北又一山，並前引爲三矣。復檢蜀中廣記六灌縣：「志云：玉壘山去縣三百里，衆峰叢擁，遠望無形，唯雲表崔嵬稍露，山石瑩潔可爲器，亦碔砆之類。唐貞觀剏關於其下，名玉壘關，亦曰七盤關，乃番夷往來之衝也。」按此玉壘關似指汶川縣之玉壘關而言，則三百里當作二百里。然古籍無汶川玉壘置關之記載。若謂「百」爲衍文，是卽指灌口之玉壘而言，然此處旣無七盤之名，而關又非貞觀時所創，疑莫能明也。

灌口以上道循汶水河谷，已詳前考。又元和志三一彭州導江縣云：

「灌口鎮……後魏置。自觀坂迄于頃山，五百里間，兩岸壁立如峯，瀑布飛流，十里而九，昔人以爲井陘之阸。」

按觀坂卽在灌口，檢同書灌口山條尤明。輿地紀勝一五一引元和志此條，「觀坂」卽改作「灌口」，而「于頃山」作「千頃山」。按此道中不見千頃山之名。檢元和志，翼州治所衞山縣，有「七頃山，一名落目山。此路山巖峻阻，平地唯有七頃，因呼爲七頃山。」一統志松潘廳卷山川目，「七頃山在廳南疊溪營西。」卽元和志之七頃山也。寰宇記七八衞山縣條云：「隋改爲翼斜縣，治七項城。唐貞觀十七年移理七里溪。」則此處地多以「七」爲名，「項」必「頃」之形譌也。又按灌口北至茂州近三百里。翼州衞山縣在茂州北一百二十里。是灌口北至七頃山已逾四百里，固得號稱五百里。則元和志此條之于頃山當卽指衞山之七頃山而言。蓋七頃山以上松州地區，已是高原，復漸平坦矣。

至蠶崖、灌口地區，江山險絕，而扼西山諸州軍之走集，故開治道路之工程，早見於漢人碑刻。唐代吐蕃強盛，松茂地區承受重大壓力，故更極力經營置驛道。軍旅出入、資糧運輸，番夷貿易，皆以此爲噤喉，故重關禁防，軍鎮叠置。

蠶崖、灌口當唐時西山用兵進出之口，杜翁西山三首有云：「子弟猶深入，關城未解圍，蠶崖鐵馬瘦，灌口米船稀。」（詳注一二。）正謂此區爲用兵運糧之入口。至於蕃夷入寇，宋人胡元質奏云：「唐之季年，吐蕃入寇，必入扶、文；南詔入寇，必入沈黎，吐蕃、南詔合入寇，必出灌口。」（輿地紀勝一四九茂州風俗形勝目。）按唐會要九九南詔蠻：「大曆十四年十月，吐蕃率南蠻十萬衆來寇。一入茂州，過汶川，及灌口；一入扶、文，掠方維、白垻；一入黎、雅，過邛郲。」（舊一一七崔寧傳、舊一九六吐蕃傳皆同。）此其證。是唐中世已然，非至唐末也。綜觀唐史，吐蕃入寇劍南，恒以此道爲主要途徑。再觀蕃夷和平貿易更以此一地區爲最主要市場。此於前蠶崖關條已述之。宋史三一五韓億傳：仁宗時，「知益州，……維、茂州地接羌夷。蕃部歲至永康官場鬻馬。億慮其覘兩川，奏徙場黎州境上。」是則灌口、蠶崖互市官場至宋初仍承之也。

唐、蕃間之軍事行動及商業貿易既皆以此爲重要地區，輿地廣記三〇云：「導江縣有蠶崖關，以扼西山之走集。」宋神宗云：「永康軍正控西山六州軍隘口。」（輿地紀勝一五一永康軍風俗形勝目引郡縣志）是也。故在唐世，此地已鎭軍並置，重關禁防矣。宋改鎭靜軍爲永康軍，見宋代各地志。而蠶崖關與玉壘關則沿存未改，見宋會要方域一二之四關禖錄條。蓋朝代雖易，而形勢未改也。

關于漢人治道，輿地紀勝一五一成都府永康軍碑紀目云，「漢石刻治道碑，距紫屛二里許，道旁有漢石刻二，皆治道記也。其一曰建平五年者，孝哀時刻也。其一曰永平元年者，孝明時石刻也。在范公平磨崖之西。」足見漢代在此鑿山開道事必復不少。

而此道數百里間交通建設之特點厥爲棧閣與繩橋並施。蓋秦蜀交通建設之特點爲棧閣，西山交通建設之特點爲繩橋。此道既處兩區之交，江山險峻，故兼有之。而繩橋尤爲注目，故茂州古有繩州之稱焉。

前引寰宇記七八，茂州汶山縣至汶川縣百里之間「並是閣道。」足見棧閣之多。又蜀中廣記六灌縣條引古今集記：「縣西十里有虛閣棧道。二十五里有石笋閣道。三十里有龍洞閣道。」亦見古閣道之多。

至於繩橋，尤爲此路交通之顯著特點。杜詩涉及劍南西山者至少三次提到「繩橋」。例如：

入奏行贈西山檢察使竇侍御：「運糧繩橋壯士喜，……。」（詳注一〇）

對雨：「雪嶺防秋急，繩橋戰勝遲。」（詳注一二）

寄董卿嘉榮十韻：「聞道君牙帳，防秋近赤霄，下臨千仞雪，却背五繩橋。」（詳注一四）⑤

---

⑤ 五繩橋，仇注引元和志云：「篾索五條。」按今本元和志及輿地紀勝引元和志皆作四條。仇注誤引。然不害肅代時代之可能爲五繩也。

據此，繩橋當爲此道上之特殊交通建設，故杜氏引以爲言也。考唐世松、茂、灌口道中，繩橋可考者至少有三，並詳前文。而寰宇記七八茂州沿革條：「梁普通三年置繩州，取桃關之路以繩爲橋，因作州稱。」則以繩爲橋乃此一地區之特殊建橋方法，或建置特別多，故州亦以繩名矣。

繩橋之法，前於汶川繩橋條引元和志言之頗詳。又蜀中廣記七云：

「繩橋之法：先立兩木於水中爲橋柱，架梁於上，以竹爲絙，乃密布竹絙於梁，繫於兩岸，或以大竹落盛石繫繩於上，又以竹絙布於繩，夾岸以木爲機，繩緩則轉機收之。智猛法師所謂冰崖皓然，百千餘仞，飛絙爲橋，乘虛而過，窺不見底，仰不見天，寒氣慘酷，影戰魂慄是也。又有度索尋橦之橋，大江水峻極如箭，兩山之脇，繫索爲橋，中刳木爲橦，拴繫行人於上，以手自緣索，到彼岸，則旁有人爲解其系，尤極危險。陸游詩，度索臨千仞，梯山躡半空，即此。」

又一統志茂州卷津梁目云：

「鈴繩橋，在汶川縣西一里，跨大江，長四十八丈，濶八尺，繩圍一尺五寸，左右各四闌以翼之。橋兩柱高六丈，東西建層樓，樓下有立柱轉柱。立柱以繫繩，轉柱以絞繩。」

此雖明、清記述，但可與元和志合看，建置方法蓋不相遠。余曾遊灌縣，觀其地索橋規制仍是唐、明舊法也。至於蜀中廣記所述度索尋橦，在唐亦已有之。唐獨孤及笮橋贊（蜀中廣記六引）：「相引一索：人綴其上，如猱之縛；轉帖入淵，如鳶之落；尋橦而上，如魚之躍；頃刻不戒，寘無底壑。」是其證。

灌口以東道行平地，無復前述之特別景觀，計其里程，二十六里至導江縣。

鎭在縣西二十六里，見前引元和志。寰宇記云，導江縣在永康軍（即唐灌口鎭）東一十八里。與元和志不合。然記又云：「望帝祠在（導江）縣西二十六里灌口鎭。」據元和志，「望帝祠在灌口鎭城內。」是又與元和志里數相同。今從志。

又東五十八里至彭州（今彭縣）。

元和志三一彭州，導江縣「東至州五十八里。」九隴縣「西至州郭下二里。」寰宇記七三，彭州，「西至永康軍導江縣六十里。」蓋宋初彭州已移東二里治九隴縣也。

又東南四十里至新繁縣（今縣），又三十里至沱江驛，又三十里至成都府。

元和志，彭州「東南至成都府一百里。」而寰宇記作一百五里。按茂州至彭州三百七十里，寰宇記無異說，已詳前考。寰宇記七八，茂州「東南至成都府四百七十里。」則彭州至成都仍當爲一百里也。覈於地圖，彭州至成都必經新繁。元和志三一成都府，新繁縣「東南至府六十里。」寰宇志七二，同。則彭州至新繁四十里也。

沱江驛，唐彥謙有奏捷西川題沱江驛詩（全唐詩十函五册）。通鑑二五二咸通十一年紀，南詔寇成都，宋威往救，「威進軍沱江驛，距成都三十里。」胡注：「沱江驛在成都府新繁縣。」按此一地區，置縣甚密，新繁東南有新都縣，西南有郫縣，皆不遠，驛屬新繁，而去成都僅三十里，則必在新繁至成都府道上，相去各三十里也。

又由導江縣東南經彭州之唐昌縣（今崇寧）建德鎮，草市、蠶市皆甚盛。又經郫縣（今縣）、犀浦縣（今鎮），至成都府，亦置驛。

九國志七申貴傳：「責授貴維州司戶參軍，馳驛發遣。至率浦，賜自盡。」蜀檮杌下述此事，同。是由驛道至維州也。按九國志此條輯自永樂大典一八一二六，「率」旁小字注作「犀」。是導江有驛道經犀浦至成都也。又考陳谿彭州新置唐昌縣建德草市歇馬亭鎮并天王院等記（全唐文八〇四）云：

「公（吳行魯）……以唐昌縣中界接導江、郫城，東西綿遠，不啻兩舍，雖有村落，僻在荒塘，昔置郵亭，廢毀將久，遂使行役者野食而泉飲，貿易者星往而燭歸，……古陌橋摧，跬步艱險。……公……于其心而置草市，因其鄉名，便以建德爲號。自此四來者旋踵而迋近，……百貨咸集，蠢類莫遺，旗亭旅舍，翼張鱗次。……每及上春，以蠶爲名，……其日商旅輦貨至者數萬。……復以路由諸部，疊跡輪蹄，……遂以俸錢建長亭，崇軒邃室，外廄內厨，帷簿精新，器物充足，則往來者非止晝食，而卜夜可矣。人旣繁會，俗已豐饒，又置一鎭，抽武士三十人而禦之，……盜將竄跡，人遂高眠。」

按郫城即今郫縣，在成都府西五十里，是導江至郫縣間本有郵亭，吳行魯復置之以通行旅，且置鎭，立草市，爲一商業中心，時在咸通十年。郫縣東即犀浦，知此爲一驛道。

（二）松州東北通散關驛道

由茂、松向東北行有官道達京師，通典茂州目已特記之。當唐盛時，且置驛。

通典一七六茂州通化郡目述四至云：

「去西京二千七百四里。（此當取蜀路）

東北取臨翼、交川兩郡去東〔西〕京二千三百六十四里。

南取蜀路去東京三千五百五十里。

東北取臨翼、交川郡去東京三千一百十里。」

按東西京相去八百五十里。第二條「東京」顯爲「西京」之譌。則茂州東北取翼州、松州至京師亦爲一大道也。置驛及松州東經扶州、文州並詳下條。

武經總要云，文州「西南陸行六十里扶州界，又九十里到扶州，又三百里至松州。」即此道之一段。其詳程：蓋由松州東北行約一百七十里至扶州之鉗川縣，在白水（今白水河，又名文縣河）北二十八里。此路南段當卽松州東通龍州之第一段，經今雪朗關、風洞關，至紅崖關（E103°57′·N32°57′）地區而分歧，東南至龍州，東北則至鉗川也。鉗川又東沿白水約九十里至𣪻毺驛。又東四十里至扶州治所同昌縣，在白水東岸（今甘肅文縣西百數十里）。又東沿白水一百里至帖夷縣，在白水北岸。又東六十里至文州治所曲水縣（今甘肅文縣）。

武經總要之文，見前集一九。按元和志二二扶州，「西南至松州驛路三百三十里。」是松、扶路置驛也。關於里數，元和志松州目云：「東北至扶州三百里。」（守山閣本脫此條，今據官本。）有三十里之異。檢通典一七六松州目及扶州目皆作三百里，方向同。武經總要前集一九，亦作三百里。而寰宇記八一，松州東北至扶州三百三十八里。又微有異。然相差不遠。今據通典及元和志官本書爲三百里。

舊一九六下吐蕃傳，大曆十四年，吐蕃入寇，一道過扶、文。是由扶州至文州爲一通道。通典一七六，扶州東南至文州一百六十里。元和志二二，扶州東北至文州一百六十里。是二書里數無異說，惟方向小異耳。寰宇記一三四，文州「西至扶州鎭蕃界一百五十五里。」扶州鎭即唐之扶州所廢置者。（曲水縣條。）亦僅五里之異。則一百六十里之說爲可信。

松扶間、扶文間之里距既定，今進而論其詳。舊六一竇軌傳：「（武德中）党項寇松州，詔軌援之。又令扶州刺史蔣善合與軌連勢。時党項引吐谷渾之衆，其鋒甚銳。軌師未至，善合先期至鉗川，遇賊，力戰走之。」通鑑一九一，武德七年七月「辛巳，吐谷渾党項寇松州。……甲申，扶州刺史蔣善合擊吐谷渾於松州赤磨鎭，破之。」此二條殆書一事。則扶州至松州當經鉗川也。檢元和志二二，扶州有鉗川縣，「東至州百三十里。」「白水經縣南，去縣二十八里。」紀要五九文縣目，「鉗川城在同昌城西南百五十里。」按同昌城即故扶州。里距亦略合。白水即今白水河（又名文縣河），其上流蓋古有鉗川之名。是則蓋由松州東北踰山嶺至白水上流之鉗川縣，其里距約爲一百七十里也。考松州東通龍州道，係溯松州東北岷水一支流經今雪朗關、風洞關至紅崖關，折而東南循涪水至龍州。另詳第五節。檢地圖，觀形勢，松州經鉗川至扶州之驛道，應即經今雪朗、風洞、紅崖而行者，山區置驛艱難，當即一道，由松州東北驛道經今紅崖至鉗川。蓋紅崖地區分路東南至龍州也。

又元和志扶州治同昌縣「白水經縣西，去縣百步。」帖夷縣「西至州一百里。……白水經縣南，去縣百步。」又東則爲文州。則自鉗川縣以東至帖夷皆當略沿白水而行。扶州治所東至帖夷一百里，則帖夷東至文州應爲六十里矣。

又寶刻叢編一八文州有唐毾㲪驛記。引復齋碑錄云：「額四字全。天寶四年立。」按碑文見於輿地碑記目四文州碑記條，云同昌郡驛碑。本注云：

「毾㲪驛在州西四十里。唐天寶四載置。同昌縣主簿趙齡記。有碑。」

按同昌郡即扶州，同昌縣即扶州之郭下縣。此驛在唐世當屬同昌郡同昌縣，故縣主簿爲記，又稱同昌郡驛碑也。宋世此郡已廢入文州，故此碑收入文州碑目耳。此驛既在扶州同昌縣境，則所謂「在州西四十里」者，當指扶州西四十里而言，非文州西四十里也。何者？考武經總要前集一九，文州「西南陸行六十里扶州界，又九十里至扶州。」則文州西四十里，仍爲文州境，非扶州境也。且扶、文兩州治所間尙有一帖夷縣，則此所謂「州西四十里」必扶州治所同昌縣西四十里無疑矣。蓋此「在州西四十里」一語本爲唐代地志扶州目之舊文，王象之襲用之耳，不覺此時已屬文州也。

松、扶間之通道既置驛，且方向正爲東北行，則通典茂州東北取臨翼、交川至京師路正當卽取道扶州也。且元和志，松州東北至上都一千九百里。扶州東北至上都一千六百里。相差正爲三百里，亦松州至上都中經扶州之證。此外，松州之東有龍州，松州之北有疊州。通典、元和志、寰宇記皆不記松、疊間之里程。元和志三三，龍州東〔西〕至松州三百二十里，東北取利州路至上都一千六百五十里。寰宇記八四，龍州西至松州三百三十二里，至長安里程與志同。則松州取龍、利道至長安當爲一千九百七八十里，與一千九百里之數亦頗異，則松州東北至長安道當取扶州驛路更無疑矣。

又通典一七六，扶州東南〔北〕至文州一百六十里，去西京千六百一十里；文州去西京千四百五十里。元和志二二，扶州東北至文州一百六十里，至上都一千六百里；文州東北至上都一千四百五十里。則扶州至長安里程亦必取道文州也。

又北二百五十里至武州治所將利縣，在羌水（一名白江，即今白龍江）北二里。其地約在今武都縣西北六七十里石門、柳樹城地段。

觀地圖，文州東有興州，北有武州（後改階州），東北有成州。由文州去長安不外出此三州。今檢通典、元和志、寰宇記述此諸州之四至，皆無文成間、文興間之里程。僅有文武二州間之里程。三書記載文州北至武州之里距，雖參差，但要以二百五十里為最正。⑥前引通典、元和志，文州至西京，皆作一千四百五十里。又檢武州至長安里數，通典、寰宇記皆作一千二百里。元和志作二千二百州，「千」上「二」必「一」之譌。加文武間二百五十里。則文州至長安一千四百五十里者，正當經武州也。

唐世，武州治將利縣。元和志三九，武州治將利縣，「羌水一名陵水，經州城南二里。」寰宇記一五五疊州常芬縣目引貞元十道圖云，「成、疊、宕、武四州並置在白江之側，白江即古羌之水。」按羌水即今白龍江。一統志階州卷古蹟目僅云階州西北。無里數。按元和志，武州東六十里有福津縣。一統志，福津故城在階州東南不遠。階州今武都縣。則將利在今武都縣西北約六十里白龍江北不遠處也。其詳參看篇二二仇池山區交通諸道篇附辨二。

又東六十里至福津縣（今武都）。又二百八十里至成州之同谷縣（今成縣）。又東約八十五里至鳳州之河池縣，接散關大道。

武州去長安一千二百里，已見前。其通長安之可能路線有二：其一，北趨中唐以前成州治所之上祿縣，其一東趨唐末成州治所之同谷縣。先言北線。通典一七六武都郡目，東至同谷郡（成州）三百三十里。北至同谷郡四百二十里。同谷郡目，時治上祿縣，南至武都郡三百三十里，東至河池郡（鳳州）四百五十里，北至天水郡（秦州）四〔二？〕百三十里，東北到天水郡三百里，去西京千三〔五？〕十里。按鳳州至長安六百里，秦州至長安八百里，是由武州取成

⑥ 通典武州目及元和志文州目皆作二百五十里。其餘作二百一十五里，二百三十里，二百四十里，三百六十里。

州上祿縣路至長安至少一千三百六十里以上。又元和志三九武州目，北至成州三百八十里。又二二成州目，時治上祿縣，南至武州三百八十里，東至鳳州四百五十里，東北至秦州一百八十里，東至上都一千里。是由武州取上祿、鳳州路至長安一千四百三十里，取上祿、秦州路一千三百六十里。（寰宇記，成州已遷治同谷縣。）皆與武州至長安一千二百里之數不符甚巨。再就東道言之。檢通典武都郡目，又云「東北到同谷郡同谷縣三百四十里。⑦又鳳州至長安六百里（此據元和志，通典作五百九十里），由鳳州向西南沿大驛道至河池縣一百七十里（元和志及寰宇記，詳通典所記漢中通秦川驛道篇）。今檢一統志秦州卷，徽縣西至成縣界五十里。階州卷，成縣東至徽縣界四十里。則成、徽二縣城相距九十里。成縣卽唐之同谷縣，徽縣在唐河池縣東北十七里，則唐世同谷東至河池當在八十里至八十五里左右，姑以八十五里計。如此累積武州、同谷、河池、鳳州間及鳳州至長安里數計之，凡一千一百九十五里，與武州至長安一千二百里之數極爲接近。則所謂一千二百里者必卽此道也。

此道武州、同谷間東西三百四十里。復檢元和志三九，武州有福津縣，在州東六十里，當在武州至同谷道上。則福津至同谷當爲二百八十里也。此段道路古已通行，且當經福津，別有可證。如北魏書皮喜傳：

「太和元年，劉準葭蘆戍主楊文度遣弟鼠竊據仇池。詔喜率衆四萬討鼠。軍至建安。……進攻濁水，遣平西將軍楊靈珍擊文度所置仇池太守楊眞。眞衆潰。……喜遂軍於覆津。……追奔西入，攻葭蘆城，拔之。」

按覆津，卽唐之福津。按此爲最早見史之覆津，在今武都縣東北，尚存福津溝之名。武都卽唐之福津縣也。又寰宇記一五〇成州治同谷，「州理卽楊難當所築建安城也。」則軍由建安城西入，經覆津爲古道也。然則福津同谷道之開闢久矣。

至五代後唐伐蜀時，蜀所置秦州節度使王承休亦曾利用此道自文扶南經茂州逃歸成都。

⑦ 寰宇記一五〇成州目，已移治同谷縣。但四至里數仍採通典書之，故不可用。

舊五代史三三唐書莊宗紀，同光三年，唐伐蜀，鳳、興、東川諸州相繼降下。「秦州節度使王承休棄城，自扶州路奔於西川。」通鑑二七三唐同光三年紀云：

「秦州副使安重霸請賂羌人買文、扶州路以歸。承休從之。……自扶、文而南，其地皆不毛，羌人抄之，且戰且行，士卒凍餒，比至茂州，餘衆二千而已。」

廣記二四一王承休條亦記其事，云兵士及婦孺萬餘口；迨至蜀，存者百餘人。（出王氏聞見錄。）所行即由秦州向南取成、武、文、扶、松、茂道至成都。此役之前，宋光葆嘗上蜀主表，有云宜遣「二千人戍扶州，爲秦鳳犄角。」蓋扶州爲通秦鳳大道，故策士有此說，不知其時松扶地區已爲蠻人所控也。

又蜀王昭遠知樞密院，「至山南巡邊，至汶州。」蓋亦略循此道。

此事見蜀檮杌下。

故直至北宋，地書仍略存此道之行程也。

武經總要前集一九益利路，文州「北至楷〔階〕州六十五里（脫『二百』），西南陸行六十里扶州界，又九十里至扶州，又三百里至松州。」此亦正即今考之道路。

（三）松州北通洮水流域兩道

松州北達洮水流域必有通路。

舊六一竇軌傳云：

「（武德）三年，遷益州道行臺左僕射，許以便宜從事。屬党項寇松州，詔軌援之。又令扶州刺史蔣善合與軌連勢。……軌師未至，善合先期至鉗川，遇賊，力戰走之。軌復軍於臨洮，進擊左封，破其部衆。」

據通鑑一九一，此事當在武德七年，則軌已在益州任三四年。當由益州出兵也。復軍臨洮，則松州、臨洮間，必有舊路相通無疑。左封屬悉州，在翼州西二百餘里，見元和志。是在松州西南，蓋自臨洮又南旋耳。又通鑑二四六會昌二年紀云：

「洛門川討擊使論恐熱（胡注：洛門川在渭州隴西縣東南。）……多詐謀，乃屬其徒告之曰，賊捨國族立綝氏……且無大唐册命，何名贊普？……是歲與青海節度使同盟舉兵，自稱國相。至渭州，遇國相尚思羅屯薄寒山，恐熱擊之。思羅棄淄重，西奔松州。恐熱遂屠渭州。思羅發蘇毗、吐谷渾、羊同等兵合八萬，保洮水，焚橋拒之。……恐熱引驍騎涉水，蘇毗等皆降，思羅西走，追獲殺之。恐熱盡併其衆，合十餘萬。自渭川（有些版本作州，蓋州爲正）至松州，所過殘滅，屍相枕藉。」

按渭州治襄城，在今隴西縣（舊鞏昌縣）。是由渭州西南經洮水至松州爲一大通道，陷蕃以後仍爲蕃人進出之要道也。

其路徑當有東西二線。其一，東線。由松州東北驛路三百里至扶州。此即前考松、扶通長安之驛道。由扶州北四百一十里至宕州治所懷道縣，當白江（今白龍江）之濱（當在今羅達 N33°50′·E104° 或稍東）。又北二百五十里至岷州治所溢樂縣（今岷縣）。

欲考松州至洮水之通路，先當明宕、疊二州之地望。檢通典一七六，宕州懷道郡目云：

「東至武都郡（武州）二百七十里，南至同昌郡（扶州）四百十里，西至合川郡（疊州）二百四十里，北至和政郡（岷州）二百五十里。」

檢相關四郡條，都無異說。元和志三九，宕州「東南至武州二百五十里（此據官本，岱南閣本『二』作『三』），西北至疊州二百五十里，南至扶州四百里（岱南閣本作西南，考證云，西南宜作東南，官本無西字），北至岷州三百八十里。」（檢岷州目，亦作南至宕州三百八十里。）除岷、宕距離外，皆略與通典合。參之寰宇記一五五，通典之說當不誤，疑三百八十里當作二百八十里歟？（一統志鞏昌府卷古蹟目懷道縣條引作一百八十里。）又通典同卷，疊州合川郡，東至懷道郡二百四十里，北至臨洮郡（洮州）百八十里，東南到同昌郡（扶州）三百四十里，其南、西及西南至吐蕃界皆不過數十里。元和志，疊州「南至黃河上党項岸二百八十里。」「東南沿流至宕州二百五十里。」「東北至洮州一百八十里。」洮州目亦云，西南至疊州一百八十里。寰宇記一五五疊州目，記四至亦合。惟云「西至黃河上党項序州二百八十里。」知元和志「至黃河」條之「南」爲「西」之譌。綜此諸條，宕州在岷州南二百五十里。疊州在洮州南偏西一百八十里，黃河東二百八十里。疊州東二百四五十里至宕州，又東約二百五十里或二百七十里至武州。又元和志三九，疊州「今州城在獨山上，西臨絕澗，南枕羌水。」羌水即白江，是州在白江北岸也。復考寰宇記一五五疊州常芬縣目引貞元十道圖云，「成、疊、宕、武四州，並置在白江之側。白江即古羌之水。其江南流至利州益昌縣，（與）嘉陵江合。」此白江即今白龍江無疑。此四州皆在白江之側，故元和志云，疊州「東南沿流至宕州二百五十里」也。（寰宇記一五五疊州目，亦云東南沿江至宕州，里數同。）而疊州又稱合川，殆亦即因地當支流入白江處歟？據此推求，唐之疊、宕、武三州皆近臨今白龍江，自西而東略呈等距離排列。疊州在黃河東二百八十里，在今洮州舊城之西南一百八十里。洮州之南有疊山，唐疊州當在山南沿白龍江之札朵那、鴨崖莊、下江岔地區。宕州在今岷縣南二百五十里，濱白龍江，當在今西固、羅達間。檢元和志三九，宕州治懷道縣，「宕昌故城今爲交和戍，在縣東五十二里。」一統志鞏昌府卷古蹟目宕昌故國條，以爲即宋之宕昌砦，宕昌驛，在岷州南一百二十里，爲宋時茶馬貿易中心之一，殆即今之宕昌鎮。其西數十里正爲西固、羅達地區。

宕、疊二州之地望既明，今試論南北之交通。宕州爲宕昌舊國中心地帶，當爲此一地區經濟條件較優地區，尤當爲此一地區之交通中心。松州向北交通，觀宕州位置當爲所經之地。然唐宋地書無述松、宕間之里距者。前考松、扶間既置驛，則由松州當即取此驛道東北至扶州，轉而北至宕州，再北至岷州，殆可知矣。今觀申報館新地圖，有道由岷縣東南行，至西固之東南兩河口，又南至白水河，沿河東南至文縣。即此道矣。

宕、岷間之交通線，猶可略考。蓋由宕州治所懷道縣東行五十二里至交和戍（宕昌國故城，蓋今宕昌鎮 E104°30′．N34°），轉西北，循今白龍江支流之岷江而上，中經良恭縣，踰嶺，又循另一水而下至岷州（今岷縣）。道中山水秀絕。自南北朝時代，此道即爲西北諸國及商胡通南朝之徑途。下迄宋、金，茶馬貿易仍循此道。

蜀中廣記七名勝記威州目引張舜民畫墁錄云：

「凡自岷州趨宕州，沿水而行，稍下行大山中入棧路，或百十步復出，略崖嶔崟，不可乘騎，必步至臨江寨，得白江，至階州，須七八日，其所經皆使傳所不可行。考之山水秀絕，天下無有也。」

張氏宋人，是唐、宋時代自岷趨宕，實沿水而行。檢張編地圖集，岷縣東南有一水源，向西北流至縣郊入洮水。水源東南隔嶺（申報館新地圖作分水嶺），有另一水源，東南流入白龍江，今稱岷江（非川西岷江）。今有汽車道自岷縣東南循入洮之水而上，踰嶺，復循岷江而下，經宕昌鎮達白龍江。一統志鞏昌府卷古蹟目宕昌故國條以爲卽唐之交和戍，宋之宕昌砦。又引明統志云：「宕州城在岷州衞南一百二十里，宋時運蜀茶市馬於岷。及金人據洮州，遂置蕃市於此，歲市馬數千，因置宕昌驛，爲綱馬憩息之所。」按宕昌雖非宕州所在，然爲宕昌國故城，卽唐交和戍，宋世此道爲茶馬貿易要道，則殊可信。亦卽張舜民所稱之沿水而行也。

又太平廣記八一梁四公條引梁四公記云：

「梁天監中，……高昌國遣使貢鹽二顆，……白麥麵。王公士庶，皆不之識。……帝命杰公迓之。謂其使曰……白麥麵是宕昌者，非昌壘眞物。使者具陳實情，麵爲經年色敗，至宕昌貿易塡之。」

按此下又云道經北涼。此故事雖未必眞實，然宕昌爲西域通商南朝之徑途殆不虛，是以有此故事耳。由涼州經宕昌，卽取唐、宋時代之岷、宕道無疑矣。

岷、宕通道，在唐代前後皆盛行，已如上考。復考通典一七四，岷州和政郡「南至懷道郡（宕州）二百五十里。」「東南到懷道郡良恭縣一百一十三里。」

（寰宇記一五五同。）又元和志三九，宕州良恭縣，「西南至州百一十里。」（寰宇記作州北二百里。）合計里數二百二十三里，亦與二百五十里之數不相遠。疑良恭縣即在今岷江上源，當岷、宕交通之中道也。隋書地理志，宕昌郡領縣三，治良恭，不治懷道。見良恭地位之衝要，亦爲當道之旁證。又前引元和志，宕州治所懷道縣有「宕昌故城，今爲交和戍，在縣東五十二里。」殆即今宕昌鎮，形勢近之。則在今岷江上。是則由宕州治所東行五十二里至交和戍，轉西北循今岷江而上，經良恭縣，踰嶺，循另水而下至洮河之濱之岷州也。

其二，西線。松州直北三百里至芳州治所常芬縣（當在今達拉溝下流）。又西北一百四十里至疊州治所合川縣。城在黃河（蓋大灣曲處）東二百八十里之一「獨山上，西臨絕澗，南枕羌水（即白江）。」約在今包座河入白龍江口地區，約 E103°·N 34°，札朵那、鴨崖莊、廊固莊地。

通典一七六，疊州合川郡南至吐蕃界三十里，西至吐蕃界九十里，西南及西北到吐蕃界均爲七十里。又松州交川郡，北至吐蕃界九十里，西北到吐蕃界五十里。是松、疊二州即在盛唐時代已中隔吐蕃，不相通也。然前引舊六一竇軌傳，洮州至松州必有通路。又武經總要前集一九云：

「茂州，……州北陸行百五十里至翼州，又二百里至松州，又三百里至芳州。」

是茂、翼、松、芳爲一通道。考通鑑一九〇武德六年紀：「四月，吐谷渾寇芳州，刺史房當樹奔松州。」亦松、芳近鄰相通之證。又寰宇記一五五疊州常芳縣目云：「後周武成元年，西逐諸羌，遂統有其地，乃於三交口築城置甘松防，又爲三川縣，以隸恆春郡。至建德元年，改三川爲常芳縣，仍立芳州，以邑隸焉，取其地多甘松芳草爲名。隋初，州廢而縣存。唐武德二年，又置州於常樂城內爲理。貞觀三年又移松（？）州於芳州城，即常樂城也。神龍元年，廢芳州爲常芳縣，仍隸疊州。」是芳州與松州、疊州之關係甚密切，亦爲有通道之證。又元和志三九，芳州治常芬縣，西至疊州一百四十里。疊州目，「州城在獨山上，西臨絕澗，南枕羌水。」亦云東南至故芳州百四十里。⑧又云疊州東到上都一千七百里，芳州東到上都一千八百四十里，相差正爲一百四十里。是芳州至長安實取道疊州。則茂、翼、松、芳一線又北延至疊州亦無疑，且道里可知也。疊州、芳州之今地詳前條及後條之論證。

疊州又北稍東一百八十里至洮州治所臨潭縣（今臨潭西南七十里洮州舊城 E103°15′·N34°40′之南，洮水南岸）。又東一百八十里至岷州（今岷縣），與東線合。又東北二百五十四里至渭州治所襄武縣（今隴西，舊鞏昌）。岷、渭間，開元中置八驛，爲通長安之幹道矣。

通典一七六、一七四，記疊、洮、岷、渭四州里距如下：

疊州合川郡北至臨洮郡百八十里，去西京千七百六十里。

洮州臨洮郡，南至合川郡一百七十九里，東至和政郡百七十六里，去西京一千五百六里。

岷州和政郡西至臨洮郡一百七十六里，東至隴西郡三百里，東北至隴西郡二百五十四里，去西京一千三百七十八里。

渭州隴西郡西至和政郡三百里，西南至和政郡二百五十四里，去西京千一百五十三里。

此諸里程甚完整無參差，核計每兩鄰州去西京距離之差，與兩州之距離略合。惟渭、岷間有東西行及東北向西南行兩線。今觀兩州治所之位置，正當取斜線二百五十四里計算，與去西京之差亦略合。又以渭州去西京一千一百五十三里爲基數，累加至岷、洮、疊之里數，共爲一千七百六十七里，與原文所記疊州至西京一千七百六十里之數亦極近合。故知芳、疊至西京，實取道洮、岷、渭州也。元和志所記里數雖與通典小異，然累積計算，亦足證明此一結論。通鑑二四六，會昌二年，吐蕃落門川討擊使論恐熱起兵欲回吐蕃，「自渭州至松州，所過殘滅」，即取此道也。復考武經總要前集一八下邊防西蕃地界條云：

⑧ 疊州又有常芳縣，在州東南百二十里。寰宇記一五五，疊州常芳縣在州東南百二十里。並以此即故芳州。無論常芬常芳是否有譌誤，芳州要在疊州東南百三十里上下，殆無問題。

「（岷州）東至故渭州三百里，開元中置八驛。」

此明開元中岷、渭間爲驛道，宜岷州以西之洮、疊、芳諸州皆取此道入長安矣。

按此松州北通洮水流域之西道，實爲唐代聯絡劍南、山南、隴右之最西交通線，側鄰吐蕃，極爲重要。宋人謂自茂州「平地行二十程可至熙州（今臨洮 E103°50′·N35°20′）」者，殆即此道歟？

輿地紀勝一四九茂州風俗形勝目，引王咨防邊五事云：

「近年曾有蕃僧自熙河來至鐵豹嶺下，立旗市馬，創建佛寺。云自此平地行二十程可至熙州。」

按熙州在今臨洮縣（舊狄道），此所謂平地行二十程者當即此道，地已高原草坪，無峻嶺深谷，故稱平地行也。

元初遠征雲南，由洮水出塔拉，至滿陀城，即循此道。明代亦曾利用此道由洮州出松潘解茂州之圍。就史證參今地，唐世洮、疊　芳、松道，當即由今洮州舊城西南渡洮水，循車壩溝或卡車溝而南，踰疊山石門，至札朵那及包座河口，唐疊州當在此地區。又東南循白龍江至達拉溝口，唐芳州當在此地區。再轉南循達拉溝而南，踰羊膊嶺，正接岷江上源，經黃勝關、章臘，至松潘，即唐松州也。此道所經爲高原地區，多平坦，萬騎從容，少峻山深谷之險矣。

蜀中廣記三一邊防記松潘目引四夷考云，宣德二年，松潘千戶錢宏作亂，「攻圍城堡」，調軍討之，「至威州黃土鋪，失利。……三年，命總兵都督陳懷等帥西軍四萬由洮州入松潘解圍。」是明世洮州有道入松潘也。又云：

「漳臘堡設在河東，去城三十八里。松州之背也。……自漳臘北去，遼廓幽遠，一望無際，蓋萬騎可從容矣。……漳臘下七里爲虹橋關，係松城北隘。志云，松州北二十里有落虹橋，長二十丈，餉道所必經也。虹橋下七里爲譚

> 郲屯，譚郲下七里為塘舍屯，塘舍下六里為羊裕屯，羊裕下六里即松城。又虹橋下八里為高屯子，高屯下七里為縠粟屯，縠粟下十里亦即松城也。……虹橋西北十五里為絕塞墩，北界黃山尖、殺鹿塘、黃勝草場等處，路通洮、岷。先年陳懷率兵由此道入解松圍。」

是明代洮、松道之南段，尚可詳知。漳臘以北，一望無際，萬騎從容。正即宋時所稱平地行也。然經行之地未能詳。近人吳景敖西陲史地研究之元代平滇征緬路線章，研究元代大軍南征取道甘、川邊境遠征雲南之路線甚詳。吳君曾親履其地，就史證，驗今地，確然可信。今撮述其大要如次：

元大德八年程文海世祖平雲南碑述出師路線，歷鹽、夏、蕭關、六盤，下云：

> 「絕洮，踰吐蕃，分軍為三道。……」

元史世祖本紀：述臨洮以下事較詳云：

> 「癸丑秋八月，伐大理，師次臨洮。九月，次塔拉（新元史作忒剌），分三道以進。……帝由中道。乙巳，至滿陀城，留輜重。十月丙午，過大渡河……。」

「塔拉」義為曠野，前人多不得其地。按此元軍出擊之基地當在臨洮洮水之南，應即今達拉溝無疑。達拉溝（其行政中心為下達拉之高日莊）位於下疊部白龍江南岸，遍山松柏，農產甚豐。「自達拉溝北出疊山，以通洮、岷，南出羊膊嶺以通松、茂，今日猶為甘、川煙土走私之幹線。」自洮河出疊山至達拉溝之通道有三。其一，自洮州舊城西南渡洮，溯寬敞之車巴溝（張編地圖集作車壩溝），又南行疊山北麓，通過無數崎嶇棧道，攀越疊山石門，至札軋那寺（當即張編地圖集之札朵那），南至白龍江，循江東南至達拉溝口。其二，自洮州舊城西南渡洮，溯卡車溝，攀登疊山石門，與第一路合。其三，自洮州舊城東南出卓尼，折入大峪溝，南踰疊山之另一石門，順泥巴溝（張編地圖集有拉巴子溝，可能即泥巴溝），至白龍江，溯江西南至達拉溝口。凡此三線，要以第一線為甘、川間最重要通路之一，特達拉溝綰轂諸線，固無怪其早在元兵南下平滇之時即已獲得顯著之地位也。

吳文所述大要如此。今據張編地圖集，繪略圖如下頁（疊山係據吳文所加）：

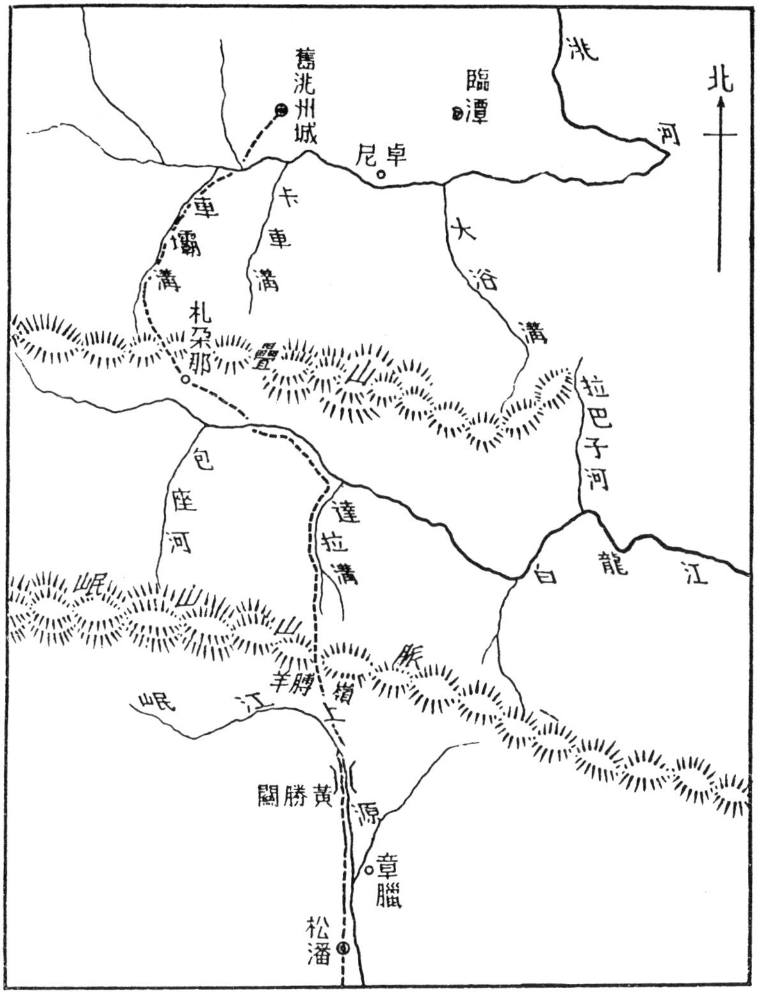

此圖虛線所示之路線，既爲今日川、甘間最重要交通路線之一，元代用兵亦由洮州經達拉溝南下。徵之唐代，松州北三百里至芳州，又西北一百四十里至疊州，州當白龍江濱，州西至黃河二百八十里，東北一百八十里至洮州，並詳前考。以方向里距論之，其路線正應即此圖虛線所示之通路。且今札朶那至包座河口一帶及達拉溝下流大莊甚多，當各爲小盆地。疑疊州當即在白龍江包座河合流地區，故州有「合川」之目，而芳州則在達拉溝之下流無疑矣。

（四）白江沿流疊、芳、宕、武道

今白龍江，唐世稱白江、桓水，爲隴右、劍南、山南西道三道接境地區之大水，亦爲此區東西交通之孔道。由疊州東南至宕州（約 E104°·N33°50′）二百五十里，中間必經芳州。宕州又東七十餘里至峯貼峽（今有峯疊城 E104°10′·N33°50′）。又東二百里至武州。皆略循白江而行。

疊州在羌水北岸，明見元和志疊州目。羌水即白江。寰宇記一五五疊州常芬縣目引貞元十道圖云：「成、疊、宕、武四州並置在白江之側。白江即古羌之水，其江南流至利州益昌縣（與）嘉陵江合。」此白江、羌水即今白龍江無疑。除成州因鄰近致誤外，其疊、宕、武三州誠濱今白龍江也。前引元和志云，疊州「東南沿流至宕州二百五十里。」寰宇記同。又通典，宕州東至武州武都郡二百七十里。元和志、寰宇記皆作東南至武州二百五十里，已見前引。考武經總要前集卷一八上，階州西南行二百里至峯貼峽，又七十餘里至宕州。里數與通典合。又知中經之峽名，是亦沿江行也。又前引張舜民畫墁錄：「凡自岷州趨宕州沿水而行。……步行至臨江寨，得白江至階州，須七八日，其所經皆使傳所不可行。」階州即武州，是尤宕州趨武州亦略循白江之明證，但陸行，無舟楫之利耳。

峯貼峽又見宋郭景脩墓誌（山左冢墓遺文）云，「駐軍階州峯貼峽寨，寨距秦州十四驛。」是北宋時代白江道北通秦州且置驛也。一統志階州卷山川目，峯貼峽「在州西一百八十里，與番羌地相接，宋時置寨於此。」又關驛目，「峯貼峽砦在州西。九域志，福津縣有峯貼峽、武平、沙灘三砦。舊志，三砦俱在州西境。峯貼峽，本朝設把總駐守。」檢張編地圖集·甘肅寧夏東部人文圖，西固之西有峯疊城，當即其地也。

而芳州又有驛道東南至扶州三百三十里，疑亦中經宕州歟？未能定也。

元和志二二扶州目，「西北至芳州驛路三百三十里。」其行程所經甚難定也。

武州（約今柳樹城，E104°35′·N33°35′）東北行當經福津至成州同谷縣，即遵松、扶東北通散關之驛道而行矣。

此驛道已詳前考。

貞元間，山南西道節度使嚴震敗吐蕃兵於芳州及黑水堡，當即略循此白江一線。

舊一九六下吐蕃傳，貞元八年「十一月，山南西道節度嚴震擊吐蕃於芳州及黑水堡，焚其積聚，並獻首虜。」亦見通鑑二三四貞元八年紀。胡注：「酈道元曰，黑水出羌中，西南逕黑水城西。其地蓋在陰平西北，臨洮西南，古沓中之地。」（舊紀僅云芳州，新紀僅云黑水堡。）此次用兵係循白江而上殆可斷言。

又吐蕃請修好表所云白水築城及「迎送使命」之道，蓋亦就此白江道而言歟？

吐蕃贊普棄隸蹜贊請修好表（全唐文九九九）云：「往者平論地界，白水以來中間並合空閑。昨秋間，郭將軍率聚兵馬於白水築城。旣緣如此，吐蕃遂於界內道亦築一城。兩國和同，亦須迎送使命。必若不和，其城彼此守捉邊境。」按今白龍江古稱白水。其主源發於岷山山脈之北，唐疊芳之境；其南一支源，今名文縣河，發於岷山山脈之南，唐扶文之境，至文縣東南古橋頭地，注入主源。元和志稱主源爲白江，南源文縣河爲白水。若執此表「白水」之名，似指扶文道；然就唐蕃交通言，似當指主源白江道。蓋白江旣爲下游白水之主源，自得通稱爲白江；況白水、白江命意本無不同也。

賈耽撰貞元十道錄，建言「合川七郡，北與隴坻、南與庸蜀回遠不相應；宜於武都建都府，以恢邊備。」按合川即疊州，武都即武州，此正謂白江流域在一條交通線上，宜建統府於武州，以收指揮控制之效也。

按此見權德輿魏國公貞元十道序（全唐文四九三）云魏公此書，「考迹其疆理以正謬誤，採獲其要害，而陳開置，……大凡類是者十有二條」，此其一條也。

（五）松、茂東通東川兩道

松、茂地區東至東川有南北兩道。南道由茂州東取松嶺關路至綿州。北道由松州東至龍州清川鎭。此於王涯疏章已明白言之。

舊唐書一六九王涯傳，穆宗時，爲東川節度使。「吐蕃南北犄角入寇。……詔兩川兵拒之。……涯上疏曰：臣當道出軍徑入賊腹，有兩路：一路從龍州清川鎭入蕃界，徑抵故松州城，是吐蕃舊置節度之所。一路從綿州威蕃柵入蕃界，徑抵棲鷄城。皆吐蕃險要之地。」（又見全唐文四四八及唐會要九七。）

玆先考北道，即松州東經龍州向東申展之路線。松州東至龍州治所江油縣三百三十里。

通典、元和志及寰宇記松州目皆不言東至龍州里數；然龍州目皆記之。通典一七六，龍州「西至交川郡三百三十里。」寰宇記八四，龍州「西至松州三百三十二里。」略同。元和志三三，龍州「東至松州三百二十里。」「東」必「西」之譌，「二」蓋「三」之譌也。

州縣城在涪水西南一里（距今平武縣城不遠）。

元和志三三龍州，江油縣在郭下，「涪江南流經州城東，又經江油縣城東。」寰宇記八四，龍州江油縣，「涪水在縣北一里，自松州崆峒山下出，下流入州界。」是州縣城在涪水西南。楊圖繪於水北，誤矣。地在今平武縣東南，一說在平武西，詳一統志龍安府卷古蹟目。

近郊涪水上有涪水關，當唐盛時爲下關，不置驛也。

六典六刑部司門郎中條，下關七，龍州涪水關其一。按非京師四面關，又不當驛道者爲下關。此關既爲下關，是此道不置驛也。又新唐志，龍州江油縣有涪水關。檢一統志龍安府卷關隘目引方輿勝覽云：「江油有十二關，曰涪水，距城一里。」蓋卽當城近郊之涪水而設者。

明世松潘衞東通龍安道，乃溯衞東岷水一支流東北行，經雪欄關、風洞關，接涪江上源紅巖關(E103°57′·N32°57′)，再循江經雪寶頂（約 E103°55′·N32°40′–50′）之北，折而東南經三舍堡、小河營，至龍安。此道「羊腸鳥徑，一線僅通，峭壁危湍，艱險萬狀。」紀要引舊說云；「松潘爲西陲要地，深入番境，東南兩路，僅通一線。」此道卽其一也。近代人行道，仍循此線。以里距論之，似卽唐世之舊道耳。

紀要七三，龍安府「西北至松潘衞三百三十里。」松潘衞目，亦同。並狀其險峻云云，如綱文。蓋另一道卽南經茂汶至灌口者。三百三十里正與唐世里距全同。考蜀中廣記三一邊防記松潘衞目引四夷考云：「松潘，……東通小河、龍安。」此爲東路。又引經略志述東路所經云（參考天下郡國利病書六七所引）：

「松潘以東，望山關、雪欄關、風洞關、松林堡、紅崖關、三舍堡、鎭遠堡、小關子堡、松丫堡、三路堡、師家堡、四望堡，凡十二處，抵小河千戶所。四崖絕壁，一線之逼（利病書作『通』，是也）。……今以三舍關爲始，第其里次：三舍者去衞城九十里而遙，爲小河適中地，有把守指揮一員管轄。上至望山，下至四望，共十三關堡，羊腸鳥徑，峭壁危湍，嶮巇萬狀。……三舍上十里爲伏羌堡，伏羌上十里爲紅崖關，紅崖上十五里（利病書無『五』字）爲松林堡。志云，黑松林關在治東七十里。松林上九里爲風洞關。志云，風洞關在治東五十里。……風洞上五里爲雪欄關。志云治東三十里。……雪欄上十二里爲望山關。關上八里卽松州也。三舍下十里爲鎭遠堡，鎭遠下八里爲小關堡。志云，小關子在治東百二十里。小關下八里爲松埡堡，松埡七里爲三路堡，三路下八里爲歸家堡（利病書『歸』作『師』），歸家下八里爲四望堡，又二里爲小河所矣。」

此明世松潘東至小河千戶所之路也。其地名尙多可檢見於張編地圖集・四川兩圖。知此道實溯松潘之東岷水一支流東北行，經雪欄、風洞，接涪水上源，再循江東南下經紅崖、三舍，至小河營，以達龍州也。檢申報館新地圖，今日人行道仍循此線。經略志此段敍述中又往往有總里數，而關堡間累積之里數多與總計里數不相符。自松潘至小河累積里數僅一百一十四里；今觀地圖，此道甚迂，必不止此數。蓋有誤。按邊防記曹學佺自云：「小河千戶所，國初洪武十一年，與松潘衞同置，在衞東百九十里。」前引經略志亦云：「三舍去衞城九十里而遙，爲小河適中地。」謂在松潘、小河間適中之地也。益證一百九十里之說爲可信。一統志松潘廳卷關隘目，「三舍關在廳東一百十七里。」下歷述各關堡距廳里數。小河則在廳東南二百零七里，與曹學佺說亦略合。觀地圖，此道甚迂，二百里左右宜無問題，必不止百十里也。

防衞記松潘衞條又引經略志云：

「（小河）又東爲堡七：曰蜂崖，葉棠，馬營，水進，鎭夷，鐵龍，乃抵龍安。」

又引四夷考云：

「小河之下，鐵龍之上，惟葉棠爲要隘。……上六里爲峯崖堡，峯崖上十里爲小河也。下四里爲馬營堡，馬營下七里爲水進堡，水進下八里爲鎭夷堡，鎭夷下十里爲乾坤堡，乾坤下二十里爲鐵龍堡，……鐵龍下十五里卽龍安府云。」

此述自小河至龍州之道也，亦循涪江而行。似無總里數，故不見抵觸處。（惟前條少一堡。）則自小河至馬營二十里，馬營至龍安府六十里。檢一統志松潘廳卷關隘目三舍關條云：

「峯崖堡在小河東南十五里，木瓜堡在小河東南三十里，葉堂堡在小河東南四十里，又東四里，接平武縣界馬營堡。」

則小河至馬營，實爲四十四里。四夷考二十里之說蓋誤。若馬營至龍安六十里之說不誤，則自松潘經小河至龍安府三百里有零。然一統志龍安府卷沿革目，平武縣西及西北至小河營界皆爲一百五十里。若「界」字不誤，則小河至龍安一百九十四里。檢視地圖，似無此距離，頗疑「界」爲衍誤。則松潘取小河營路至龍安當爲三百五十里左右，或少則三百里左右也。紀要三百三十里之說宜可信。且廣記引四夷考述此道中之鐵龍堡鐵索橋云：

「鐵龍堡有兩山對峙，峭壁萬仞，二水會流，深不可測，上爲鐵索橋。……嘉靖間，龍州宣撫薛兆乾作亂，斬鐵橋，以拒官兵，旬日松州米貴如金矣。」

可見此道爲明代松、龍間之唯一交通路線。紀要三百三十里之路亦即此道，更無疑矣。而唐世松、龍間道路亦三百三十里，吾人亦可信即此道也。且明、清此道極險峻。前引經略志述此道云：

「四崖絕壁（一統志松潘廳卷關隘目引舊志作『絕壑』），一線之通（舊志作『僅通』）……羊腸鳥徑，峭壁危湍（舊志作『峭磴危巇』），嶮巇（舊志作『艱險』）萬狀。」

「羊腸鳥徑」，「一線僅通」，通常多取其近捷。然檢張編地圖集，此道實極迂遠，惟緣水而行耳。復檢申報館新地圖，松潘、平武（龍安）間有雪寶頂，高達五千公尺以上，今日人行道仍由松潘東北繞三舍驛，再東南循水而下，經小河至平武，與明代同。蓋此一帶地形別無可通之道，只有緣水而行，既遠且險，誠非得已。因此吾人更可想像，唐代松、龍之交通必亦取此線，故里距與明代相同也。

龍州至京師多取道利州（今廣元）。

元和志三三，龍州「東北取利州路至上都一千六百五十里。」寰宇記八四，同。是例取利州路也。

按龍州東至利州四百里。此蓋官道。

通典一七六，江油郡「東至益昌郡四百里。」即龍州至利州里程也。元和志三三及寰宇記八四皆同。又按元和志二二、寰宇記一三五，利州東北至長安皆爲一千二百五十里，則此四百里無疑，且爲官道也。

又有一道，取白壩川、景谷縣至利州二百七十里。蓋捷徑也。

寰宇記八四，龍州「東至利州四百里。」「取利州路至長安一千六百五十里。」

又云：「東北取白垻川(垻音霸)、廢景谷縣路至利州二百七十里。正路亦二百七十里。」（正路一句不可解，疑誤。）白垻、景谷路當是捷徑。

蓋由龍州東北行九十里至清川縣，當在清水（今黃沙江）上源處今青川鄉鎮處 (E104°50′·N32°25′)。今日猶爲此一地區東西南北之交通中心。

本節第一段引舊王涯傳，東川入吐蕃兩路。「一路從龍州清川鎮入蕃界，徑抵故松州城。」按元和志三三龍州，清川縣「西南至州九十里。」本後魏之馬盤郡馬盤縣。寰宇記八四龍州，清川縣在州北一百里。九域志八，清川縣在州北七十里。按今地圖，平武縣東有青川鎮（或鄉），又東有青川縣（舊喬莊鎮，民國三十年置縣）。唐之清川當在此兩地之一，則作東北爲正。又就里距言之，唐之清川，當在今青川鄉或鎮，非青川縣也。且寰宇記清川縣條下云：「清水出啼胡山，濶五丈，東流入利州界。」楊圖以爲即今黃沙江，是也。青川鄉鎮正在水源處，亦爲一證。

紀要七三龍安府末附見青川千戶所條，唐、宋青川縣，明洪武四年改置青川千戶所。在府東北百二十里。「地當白草蕃之後路，東抵白水陽平關，接陝西寧羌州界。西通白馬路，轉古城驛，而抵龍安。南至椒園堡。北通青塘嶺，直達階文。秦蜀間襟要處也。」一統志龍安府卷古蹟目有清川故城條引舊志，略同。足見此地在交通上之重要性。又紀要同卷平武縣目馬閣山條云：「兩埡山在府（龍安府）東北七十里，山嶺分峙兩埡，路通青川、廣、昭等處。」殆即唐代舊道也。

自青川向東行約八九十里至白垻，又東南三十里至景谷縣，在白水東。又東南六十六里至利州。此蓋所謂二百七十里之捷徑也。

捷徑經白垻、景谷縣至利州，見前引寰宇記。景谷縣屬利州，元和志二二，在利州東北六十六里。「白水一名羌水，經縣西一里。」寰宇記一三五作六十里。按即在白水東岸則當在利州西北，非東北也。一統志引元和志正作東南至利州六十六里。一統志保寧府卷古蹟目白水故城條，漢白水縣，劉宋置白水郡，隋置景谷縣。又引縣志，「景谷廢縣在今縣（昭化）西北一百里。漢白水縣又在其北。」按水經注二〇漾水注，「白水又東南逕白水縣故城東，即白水郡治也。」亦與元和志景谷縣在白水沿岸相合。據此而言，景谷在今廣元西北六十六里，昭化西北一百里，白龍江之東岸，其地已明矣。

白壩鎮，新志云在景谷縣西北。檢紀要六八昭化縣目，景谷廢縣在縣西百里。白壩城在「縣西北百三十里」。是即在景谷廢縣西北三十里也。白壩即白垻。此鎮又當扶、文東南入劍南道上，詳陰平道篇。

綜上所考，龍、利間捷徑二百七十里，西段由龍州東至清川九十里。東段由利州西北至景谷六十六里，又西北至白壩三十里，則清川至白壩蓋約八九十里歟？

又由清川循清水（今黃沙江）而南，又折而東至益昌縣（今昭化），轉而東北至利州，此道循水迂迴，蓋所謂四百里之官道也。

此路徑無具體證據，惟據形勢度之。蓋龍利間既有官道及捷徑兩途。捷徑由清川直東至利州已可考如上，官道多一百三十里，必迂遠。清川在唐世既爲利州西入龍州之孔道，在明、清亦爲此一地區之交通中心，則兩道分途宜即在此。川北交通多循水道，清川當清水上流，故可想像此道必循清水曲折而行也。檢申報館新地圖，青川有一道向東至白水街，蓋即略同唐世經白壩、景谷之道；另一道東南循黃沙河至昭化，殆即此道也。

龍州山區自昔多棧道，此道亦然。

李洞送龍州田使君詩云：「渡關雲作雪，挂棧水成澌。」（全唐詩十一函二册。）此雖未必專指龍州道中而言，然龍州當包括在內。檢蜀中廣記一〇，龍安府江油縣，引方輿勝覽，「左擔道上，涪水崖壁有閣道六，曰青崖，曰橐頤，曰石回，曰七里，曰東閣，曰石城。」又引司馬光和趙衆龍州吏隱堂詩云，「四望逶迤萬壘山，微通雲棧訪雲鬟。」雖未必即是此道，然亦可推知此道之狀況。又引陰平修路記，閣名極多，蓋元、明間所作。紀要七三，龍安府附近亦多棧閣之名，蓋此州自昔多棧閣。

此道既明，玆續考南道。自茂州東取松嶺關路至綿州三百七十里，或近四百里。

前引舊一六九王涯傳，上疏述東川入蕃兩道，其「一路從綿州威蕃柵入蕃界，徑抵棲鷄城。」按棲鷄城在茂州西北，詳第七節茂州平戎城道。則茂綿間有經常通行之道也。檢元和志三二，茂州「東至緜州取松嶺關路二百七十里。」同書三三，緜州「西至茂州取松嶺路三百七十里。」里數有一百之差。檢寰宇記八三，綿州「西至茂州取松嶺關路三百七十里。」同書七八，茂州「東至綿州四百里」。通典一七六綿州目亦作四百里。則三百七十里爲正，亦可能爲四百里，中經松嶺關也。

此道雖不置驛，但甚重要。

唐六典六刑部司門郎中條，非四面關又非當驛道之關爲下關。下關七，綿州松嶺關其一。是此路不置驛。然開元盛時天下上中下三等關共才二十有六。此道中尙有一關，亦已見其重要性。

今考其行程：自茂州東北行十八里至隴東。又東七十二里威蕃柵，又東三十里至石泉縣（今縣，一作北川縣，E104°40′·N31°55′），在石密水北岸。蓋自隴東以東皆略沿石密水而行，卽今石泉河也。

輿地紀勝一四九茂州景物目引皇朝郡縣志云：「熙寧九年，……靜州將楊文緒導蕃董阿丹作亂，茂州南有鷄宗關路通永康；北有隴東路通綿州，皆爲蠻據，聲援俱絕。」是通綿州路由隴東也。又輿地紀勝一五二石泉軍：「（唐）太宗……置石泉，屬茂州。其後吐蕃內侵，茂州以西無寧歲。皇朝神宗時，靜州夷寇邊，攻茂州，窒隴東，以孤石泉，朝廷遣兵平之。始割石泉隸綿州，塞隴東路不與茂通。後夷人數侵軼，……犯茂州，次石泉，成都守孫羲叟經畫事宜，以石泉爲邑介綿、茂之間，道里濶遠，緩急不相應，非扼其衝要不足捍外患，於是詔改石泉爲軍。」是石泉當綿、茂之間，而隴東又爲入石泉之首途也。

按此隴東，唐史已見。新唐志，翼州有五鎭兵，其一爲隴東。翼州即在茂州之北一百二十里。又如舊一九六吐蕃傳下，貞元十七年，吐蕃北寇靈、朔。韋皐受詔，數道出兵西山，以紓北邊。其一路云：

「隴東路兵馬使元膺並諸將郝宗等復分兵八千出南道雅、邛、黎、嶲等路。」

舊一四〇韋皐傳與此同，惟「隴東」下無「路」字。而新一五八韋皐傳述此路兵云：

「元膺出濕山、成溪，臧守至道黎、嶲。」

是實兩路。按濕山當即茂濕山，在茂州北十里；或爲濕坂，在汶川縣南一百三十里。皆在茂州境。則新傳是也。以隴東路兵馬使而出兵雅、黎，恐非事實。檢一統志茂州卷山川目：「隴東山在州東北十八里。按宋史，州北有隴東，道通緜，即此。」則其地今尚可曉。

威蕃柵當綿州入茂州道，見前引舊王涯傳。輿地紀勝一五二石泉軍官吏目引廣漢志云，夷人犯邊，張上行對蜀守孫羲叟曰，「今石泉三十里威蕃亭地名柵底，即唐之威蕃柵。宜先築堡寨以御其來，次升石泉爲軍，以重其權。」乃如其策。紀要七三龍安府石泉縣，「威蕃城，縣西三十里，唐之威蕃柵也。」檢元和志，茂州石泉縣，西至州一百二十里。寰宇記七八，茂州至石泉之方位里數全同。則隴東東至威蕃柵應爲七十二里也。

又按元和志，茂州治汶山縣，「石密溪在縣東十九里。」又石泉縣，「石密水經縣南一里。」檢一統志茂州卷山川目，「神溪河在州東，又東入龍安府石泉縣界，即古石密溪也。……舊志，今名馬蹄溪。……按輿圖作神溪，下流即石泉河。」則茂州東之石密水，即今石泉河（今圖又作石板河）。詳觀地圖，水源實在茂州東北，則即在隴東地區。蓋此道隴東以東，即略沿石泉河而行。紀要六七，茂州東至石泉，中經土門、壩底城，是亦沿石泉河而行。觀申報館新地圖，此道仍存。蓋即唐、宋舊道耳。

又東五十里至松嶺關，爲茂、綿二州接境處。

通典一七六，茂州通化郡「東北至巴西龍安、石泉兩縣界松嶺關百七十里。」此關當茂、綿二州交通線上，已詳前引元和志、寰宇記，是在石泉東五十里也。

又東南約百里有餘至龍安縣（今安縣東北九十里，近彰明），又東南約八九十里左右至綿州治所巴西縣（今綿陽），蓋亦略沿今石泉河而行也。

元和志三二，綿州龍安縣「東北至州七十八里」。而寰宇記八三云，縣在州西北九十四里。九域志七，全同。據一統志綿州卷古蹟目引安縣志，龍安故城在安縣東北九十里。楊圖繪於石泉水上，略得之。則縣當在州西北無疑。元和志東北當作「東南」。里數未知孰是。今姑作八九十里。

又通典一七六綿州龍安縣，「松嶺關在縣西北百七十里。」寰宇記八三，全同。據此里數，則石泉至龍安二百二十里，茂、綿間當在四百里以上，石泉至綿州至少亦三百里。觀地圖，石泉、龍安無遠距二百二十里之可能。今檢九域志七綿州，龍安縣在州西北九十四里，石泉縣在州西二百四十四里。則石泉、龍安間當爲一百五十里。松嶺關當在龍安縣西北一百里，非一百七十里也。且寰宇記八三，龍安縣又有「附子山，自松嶺關山東連接，去縣四十里。」此山既與松嶺關山東連接，而去縣僅四十里。益證關去縣不至遠在一百七十里以外。通典一百七十之里數，蓋因茂州東北一百七十之里數而譌歟！今姑書作百里有餘，而龍安、綿州間則不及百里也。度其地實近今彰明縣，蓋即彰明西兩水之會青蓮場處。

石泉以西並是閣道，見於地志，東段當亦有棧閣也。

寰宇記七八茂州，「石泉縣，（州）東一百二十里，並是閣道。」按松嶺關尚在石泉之東，當有閣道。川北山川險阻，閣道爲普遍之建築方式，料此道東段應有之。

（六）松州西北出甘松嶺通吐渾、青海道

松州西北至河湟青海吐谷渾故地，向有通道，魏晉南北朝南北分裂時期，此道交通尤爲顯著。南朝由益州成都西北循岷水河谷上行，經龍涸（今松潘西北、岷嶺地區）、岷山至河南王吐谷渾，因而北通漠北（今內蒙古、蒙古國），西通西域葱嶺以西諸國，多取途於此。

此已詳引言考論。

故至隋代用兵吐渾，卽有一軍由松州出青海。

隋書六五周法尚傳：「黔安夷向思多反……法尚擊思多於青江破之，斬首三千級。還從討吐谷渾。法尚別出松州道，逐捕亡散，至於青海。」

唐初，吐蕃亦由吐谷渾經党項、白蘭諸羌地，進寇松州。

舊一六九上吐蕃傳：「弄讚……發兵以擊吐谷渾。吐谷渾……遁於青海之上。……於是進兵攻破党項及白蘭諸羌，率其衆二十餘萬頓於松州西境，遣使貢金帛，云來迎公主，……遂進攻松州。」

蓋松州西北地區，高原平坦，而岷江上源距黃河已極近。宜乎古人早已利用岷江河谷爲連絡青海盆地與成都盆地之交通孔道。如宋之上中下三潘州（今圖有古潘州E102°50′·N33°25′）連貫爲一線，南通松州，蓋卽古道也。

紀要七三松潘衞目廢潘州條云：

「志云：故潘州在衞北七百五十里。漢武逐諸羌渡河湟居塞外，築此城置護羌校尉禦之。唐廣德初，松州以北皆陷於吐蕃。宋崇寧三年，秦鳳招納司言，階州生番納土，得邦、潘、疊三州。潘州蓋屬吐蕃首領潘羅支，故名。又分潘州爲上中下三州。元屬吐蕃宣慰司。明初本設松州、潘州二衞，後併爲松潘衞。今阿失寨蓋上潘州也，班班簇卽下潘州地也，中潘州界其間。其

地愈北，山愈平。舊漳臘之設在下潘州。邊略：中潘州去衞二百五十里而遠。」

按蜀中廣記三一邊防記松潘衞目引志與此略同，而稍異。則此說甚古。又按此云：「舊漳臘之設在下潘州。」檢蜀中廣記同目又引侍郎羅綺漳臘新記云：

「距松衞治之北百里曰漳臘，即古潘州也。城之故址尙在。……其土地膏腴，山川秀麗，蓋自唐盛時所開拓……。」

此記爲景泰六年作。綺親經營漳臘事，所述宜得實。廣記引此文後，作按語曰：「今之漳臘去松州一舍而遙，非百里外之漳臘矣。」又引四夷考云：「漳臘堡設在河東，去城三十八里。」是下潘州故城在今松潘北百里，今漳臘北六十餘里也。一統志松潘廳卷關隘目云，漳臘營「在廳北四十里。明初，置於下潘州，後徙而南。」是矣。一統志同條又云：潘州營「在廳北四百八十餘里，卽潘州故址（上潘州？）。東北通甘肅洮、河二州，……西北通歸德、西寧，……爲松潘之屏障。……其南一百八十餘里地名達建寺，距黃勝關一百二十里，爲潘州、黃勝關適中之地，亦設官兵戍守。」「黃勝關在廳西北漳臘營西北四十里。」是由松潘廳西北經漳臘、黃勝關、達建寺、潘州故址至歸德、西寧爲一通道。按今松潘西北遠處，四川省西北極邊，有興中縣，稱爲古潘州(E102° 50′·N33° 25′)，殆卽一統志之潘州故址，亦卽宋上潘州地區歟？所謂地愈北山愈平者，殆指由松州經下潘、中潘至上潘州而言。今檢申報館新地圖，參以張編地圖集·四川人文圖，有一道由松潘略循岷江河谷向西北，經黃勝關、上下撒路，度入墨溪河谷，經興中，至青海境，入黃河河谷。此正卽略循岷江河谷而上接黃河支流也。王益崖中國地理上册（頁九九）云：岷江上源與黃河支流間僅隔二十五公里。分水嶺處，地勢平衍。此與志文正合。地平夷，且有河流可循，而介在兩大盆地之間，正爲理想之交通途徑矣。

上推唐世，此線交通雖極明顯，然松州以西早非唐域，安史亂後，松州陷屬吐蕃，致此道行程無可詳考。所可知者，潘州，唐時已置，與松州聯稱。則宋代松州與三潘交通線，蓋卽本之於唐世古道歟？

前引紀要引志云，宋置上中下三潘州。下潘州在今松潘北百里。所謂「故潘州」者即上潘州也，在松潘北七百五十里（四百八十里？），中潘州則略界其間。志：三潘州，宋崇寧或稍後置。今考唐代志書無潘州之名。然陳子昂上蜀川軍事狀（全唐文二一一）云：

「通軌軍屯在松、潘等州。千里運糧，百姓困弊。……臣伏惟松、潘諸軍，自屯鎮已來於今相繼百十餘年（蓋自周隋在屯兵數之），竟未聞盜賊大侵，而有尺寸之效，……聞松、潘等州屯軍數不逾萬，……。」

此狀上於武后時，屢言「松、潘等州」。又上益國事狀（同上）亦云「松、潘諸軍」、「松、潘軍糧」，則唐代前期本置潘州。蓋安史亂前，地已陷屬吐蕃，故六典、通典皆已無此州名。逮宋崇寧中開拓舊地，遂復古潘州之名耳。然則前條述今松潘經興中達黃河流域之交通線，即宋世由松州歷下潘、中潘至上潘州之交通線，殆亦即唐世由松州經潘州通吐渾故地河南青海之交通線歟？

有甘松嶺者，在松州西北三百里，爲大江源頭所經。唐代前期，尤爲軍事商旅交通之重地，故曾置通軌軍以鎮之，當即在此道上。通軌以西即入党項，北通吐渾、青海上矣。

開元十八年，唐、蕃媾和。新二一六吐蕃傳上述其事云：

「吐蕃請交馬於赤嶺，互市於甘松嶺。宰相裴光庭曰，甘松中國阻，不如許赤嶺。乃聽以赤嶺爲界，表以大碑，刻約其上。」

是甘松嶺爲交通軍事之重地可知。通典一七六，松州交川郡治嘉誠縣，「有甘松嶺，江水所發之源。」寰宇記八一松州嘉誠縣目云：「後魏時，白水羌像舒治自稱鄧至王，據此地。其子舒彭遣使朝貢。……始置甘松縣。……隋改甘松爲嘉誠縣。……武德元年於縣置松州，取州界甘松嶺爲名。甘松嶺，按山海經云，甘松嶺亦謂之松葉嶺，即江水發源於此。土人謂之松子嶺。」皆以江源爲說。而元和志三二，松州嘉誠縣，「甘松嶺在縣西南十五里。」近邇如此，殊可疑。按隋書地理志上：嘉誠縣屬同昌郡。而汶川郡通軌縣「有甘松山」。則此山決不可能在松州治所嘉誠縣之近郭。檢蜀中廣記三一邊防記松潘衞目引志云：「甘松嶺在衞西北三百里。」紀要七三松潘衞甘松嶺條：「衞西北三百里，亦曰甘松山，一名松疊嶺，士人謂之松子嶺。……今大江經其下。杜佑曰，甘松嶺乃江水發源處，似誤。」是當卽通典、寰宇記所述甘松嶺之所指，江源經其下，雖非最遠源頭，但不相遠。至於松州西南十五里，決不得謂之江源矣。⑨

復考陳子昂上蜀川軍事狀（見前）云：「通軌軍屯在松、潘等州。」又云：「通軌軍人保安邊鎭。」又上蜀川安危事（全唐文二一一）云：「伏見四月三十日勑廢同昌軍。蜀川百姓每見免五十萬丁運糧。……然松茂諸羌首領二十年來利得此軍財帛糧餉以富己潤屋。」此二狀皆在武后時代，是同時有同昌、通軌兩軍。同昌軍屯松茂，似在東；通軌軍屯松潘，似在西。檢通典一七六，當州江源郡「理通軌縣」。「西北到故通軌縣鎭（？）二百里。以西卽是生羌。」元和志三二，當州江源郡，「貞觀二十一年，割松州通軌縣置。」治通軌縣，「東至松州二百一十里。」「故通軌縣鎭」當卽武后以前通軌軍之所在，亦卽前引隋志通軌縣之所在。通典、元和志之通軌縣在松州西二百一十里，故通軌縣鎭又在此西北二百里，則當在松州西北二百里以上或三四百里。甘松山在隋通軌縣，又當江源，其卽廣記引舊志所述松潘西北三百里之甘松嶺更無疑矣。

又陳子昂上蜀川軍事狀云：

> 「伏見劍南諸州，緣通軌軍屯在松潘等州，千里運糧，百姓困弊。……伏以國家富有巴蜀，是天府之藏，自隴右及河西諸州，軍國所資，郵驛所給，商旅莫不皆取於蜀。又京都府庫，歲月珍貢，尙在其外。……今邊郡主將乃通軌一軍徭役弊之，使百姓貧窮，國用不贍，河西隴右資給亦減。」

據此，通軌軍屯松潘，爲重鎭，消耗亦極大。此下子昂提出改革計劃，俾「蜀川百姓，永得休息；通軌軍人保安邊鎭。」亦顯示通軌軍之重要性。通軌地旣近甘松山，開元中宰相裴光庭稱「甘松，中國阻。」正與此形勢切合。

通軌軍旣在松州西北二百里以上或三百里，唐世劍南西北之軍鎭今尙可考知者無遠於此。故通典云，通軌故縣鎭以西卽是生羌。考舊志四有軌州都督府，

---

⑨ 甘、川間甘松之名甚多，參看紀要六〇洮州衞甘松城條。

「貞觀二年，處党項置。」又舊一九八党項傳：「其界，東至松州，……北連吐谷渾，處山谷間，亙三千里。……貞觀三年，南會州都督鄭元璹遣使招諭其酋長細封步賴，舉部內附，……以其地爲軌州，拜步賴爲刺史，仍請率所部討吐谷渾。」是党項界在松州與吐谷渾間，當今青海省東南與四川西北角接境處，在唐初有軌州之名。然則軍縣名通軌者，蓋謂西通軌州，即西通党項歟？党項西北即吐渾矣。故此道當由松州西北蓋經潘州，約三百里至甘松嶺通軌軍故城，又西入党項至吐渾青海上。故前引舊吐蕃傳，弄讚擊走吐渾，進破党項白蘭諸羌，遂進攻松州也。

（七）茂州西通吐蕃兩道

(1) 蓬婆、滴博兩道

茂州（今茂縣）爲劍南西山中北路兵馬使駐屯地，置威戎軍，形勢極爲衝要。

此詳第一節，參下文引韋皐傳述邢玭出兵事。

由此向西，有兩道通吐蕃。其一，茂州西北取蓬婆嶺、平戎城道。其二，茂州西南取維州（姜維城），出滴博嶺道。故天寶末年，劍南節度破西山吐蕃，分由此兩道進兵；杜翁詩亦稱，嚴武用兵西山，「已收滴博雲間戍」，又「欲奪蓬婆雪外城」也。

楊譚兵部奏劍南節度破西山賊露布（全唐文三七七）云：

「吐蕃舉國興兵，資其叛逆。頃者西山戰士及八國子弟，因其窘逼，遂欲憑陵，……以正月五日率故洪、臘城、裏囊邛⑩三節度兵馬八萬餘人，分爲六

⑩ 故洪蓋指舊洪州而言，詳後文考滴博嶺道保寧都護府條，府即故洪州地，今梭磨川流域。舊一九六下吐蕃傳，貞元五年，「大破吐蕃青海、臘城二節度。」十六年，吐蕃酋帥兼統曩貢、臘城等九節度來降。兩書韋皐傳，同。則臘城可斷爲一節度。而露布「裏囊邛」三字似爲一地名，但甚怪。復考舊吐蕃傳下，大曆十一年正月，「劍南節度使崔寧大破吐蕃故洪等四節度。」頗疑「裏囊邛」實爲兩地名而有脫文也。復考蠻書一雲南界內途程，「臺登直北去保塞城八十里，吐蕃謂之北谷，天寶以前嶲州柳強鎮也。……城下有路向曩恭地。」曩恭蓋即兩書曩貢，露布之「囊」，即兩書之「曩」，下脫「恭」或「貢」字，此一節度名「囊貢」，另一節度可能爲「裏邛」歟？

道，攻圍萬安、柔遠、明威、平戎及保寧都護衞〔府〕等五城。………十八日，都知山西（當作西山）子弟兵馬副使（將軍略，下同）攝臨翼郡（翼州）太守董却麴、（略）兼靜（川）郡（靜州）太守董元智、（略）兼蓬山郡（柘州）太守董懷恩、（略）歸城〔誠〕郡（悉州）太守董恩賢、江源郡（當州）太守董懿、（略）董仁熙、（略）董弄封等領八郡驍勇並蕃漢武士等七千人，自蓬婆〔婆〕路取牙山，出其不意，銜枚夜襲。……同州（州字衍）節度副使都知兵馬使（將軍略）兼通化郡（茂州）太守譚元受遣（略）裴振、攝維川郡（維州）長史折衝張粲、雲山守捉使折衝姚高偘、攝天保郡（奉州）折衝楊夏日……等率健彍三千人，自滴博嶺入。競施犄角之勢，各陳擒縱之謀。……生擒吐蕃哥末國王（略）等二千餘人，斬獲故節度副使且祿翁（略）等，械牛馬羊等二十餘萬。」

此文前稱「開元天地大寶聖文神武應道皇帝陛下」，又有保寧都護府。按元宗此尊號上於天寶八載閏六月，見通鑑及兩紀。保寧府亦置於天寶八載，詳後文。則此露布必在天寶末葉。據此文，吐蕃圍平戎、保寧等五城，唐分南北兩道解五城之圍，北道以翼州為基地，率翼州以西靜、悉、柘、當等州兵，「自蓬婆嶺路取牙山」。南路以茂州為基地，率茂州以西維、保兩州及雲山兵「自滴博嶺入」。故滴博、蓬婆兩嶺必為當時用兵要道。又杜翁奉和嚴鄭公軍城早秋（詳註一四）云：

「秋風嫋嫋動高旌，玉帳分弓射虜營，已收滴博雲間戍，欲奪蓬婆雪外城。」

此以兩嶺對舉，與前引露布相契合，當非偶然。蓋此兩嶺道為兵家所深念，時人所習知，嚴武已收滴博，遂圖蓬婆，故杜翁和詩及之。亦正見兩嶺為南北兩路之戰略地帶。

復考舊一九六上吐蕃傳上云：

「（開元）二十六年，……（劍南節度使）王昊〔昱〕又率劍南兵募攻其安戎城。先於安戎城左右築兩城以為攻拒之所，頓兵於蓬婆嶺下，運劍南道資糧以守之。其年九月，吐蕃悉銳以救安戎城，官軍大敗，兩城並為賊所陷。昊〔昱〕脫身走免。將士以下數萬人及軍糧資仗等並沒於賊。」

「二十七年……章仇兼瓊……代張宥節度。……二十八年春，兼瓊密與安戎城中吐蕃翟都局及維州別駕董承宴等通謀，都局等遂翻城歸款，因引官軍入城，盡殺吐蕃將士，使監察御史許遠率兵鎮守。」

新二一六上吐蕃傳上略同。通鑑二一四，據實錄書之，亦詳。而蓬婆嶺作蒲婆嶺，其實一也。此條可注意者有兩事。其一，蓬婆嶺與安戎城相近。其二，維州亦爲此時爭取之目標。考舊一一一高適傳云：「自玄宗還京後，於綿益二州各置一節度。」適表論其事云：

「自邛關、黎、雅，界於南蠻也；茂州而西，經羌中，至平戎數城，界於吐蕃也。……今所界吐蕃城堡而疲於蜀人，不過平戎以西數城矣。邈在窮山之巔，垂於險絕之末，運糧於束馬之路，坐甲於無人之鄉。」

是自茂州西經羌中至平戎城爲入吐蕃道。按平戎城即前條之安戎城，開元二十八年十月稍後更名，詳後文。是此條亦足證明此城與蓬婆嶺相近，即一道無疑。與前引楊譚露布亦相應。至於維州，則與滴博嶺相近。何者？考新一五八韋皐傳，貞元九年，詔皐出師牽制吐蕃。下云：

「皐，……乃命大將董勔張芬分出西山靈關。破峨和、通鶴、定廉城，踰的博嶺，遂圍維州。」

似破定廉後，踰的博嶺，始圍維州。蓋此軍由靈關北出者。定廉在維州西南一百六十里（詳後文）。則滴博嶺當在維州至定廉間，在維州之西或西南不太遠。通典一七六，雲山郡「北至莫博大嶺七十里。」查影本亦然。紀要六七威州的博嶺條引通典作的博嶺，未必有據。然雲山郡即治定廉縣，就地望言，通典之莫博大嶺實與此所考之滴博嶺應極相近，或果爲一嶺耶？一統志雜谷廳卷山川目：「的博嶺在廳東南。」蓋就韋皐傳想像測之，其實非也。

平戎城既與蓬婆嶺相近，滴婆嶺亦在維州之西或西南不太遠。則此次謀取平戎城之同時即謀取維州，亦正猶前引露布之蓬婆嶺、滴博嶺兩道並進，杜詩之兩嶺並提也。則此兩道爲當時對吐蕃交通軍事之重要孔道更無可置疑矣。

(2) 平戎城、蓬婆嶺道

今先考蓬婆嶺、平戎城道。　安戎城，唐初所築，以絕吐蕃通蠻之路，開元二十八年改名平戎城，在靜州西一百里，恭州西南一百一十里，地近蓬婆嶺，極爲險固。度其地當在今蘆花城（E103°15′·N32°）以西，約E 103°·N 32°稍東地區。

舊一九六上吐蕃傳上：

「儀鳳三年，……秋，（李）敬玄……與吐蕃戰於青海，官軍敗績。……往劍南兵募於茂州之西南築安戎城，以壓其境。俄有生羌爲吐蕃鄉導攻陷其城，遂引兵守之。時吐蕃盡收羊同、党項及諸羌之地，東與涼、松、茂、巂等州相接，南至婆羅門，西又攻陷龜茲、疏勒等四鎮，北抵突厥，地方萬餘里，自漢魏已來西戎之盛未之有也。」

此下接述儀鳳四年事。新二一六上吐蕃傳上略同。而作「茂州之西。」又新二二二南蠻傳松外西洱河蠻條云：

「其後，茂州西南築安戎城，絕吐蕃通蠻之道。生羌爲吐蕃鄉導，攻拔之，增兵以守，西洱諸蠻皆臣吐蕃。」

有「絕吐蕃通蠻之道」一語。此所謂「蠻」，蓋即西洱諸蠻也。通鑑二〇二永隆元年紀，綜合諸傳書事述之頗詳。是其城之築必在高宗儀鳳以前。[11] 因敬玄之敗及此城之失，遂綜述吐蕃強盛之狀況，足見此城在軍事上之重要性。而新南蠻傳及通鑑有「絕吐蕃通蠻之道」一語，蓋即因交通要衝而重要也。

至開元後葉，唐又極力經營此城。舊一九六吐蕃傳，述開元二十六年王昱事及章仇兼瓊事甚詳，前於（1）目已引之。章仇兼瓊之誘降安戎及維州兩城，係玄宗親自謀劃，故此傳下文接云：

「上聞之甚悅，中書令李林甫等上表曰：伏以吐蕃此城，正當衝要。馮險自固，恃以窺邊，積年已來，蟻聚爲患，縱有百萬之衆，難以施功。陛下親紆秘策，不興師旅，頃令中使李思敬曉諭羌族，莫不懷恩，翻然改圖，自相謀陷。……手制答曰：此城儀鳳中羌引吐蕃，遂被固守，歲月既久，攻伐亦多，其地險阻，非力所制。……朕……授以奇計，……獲彼戎心，歸我城

[11] 一統志茂州卷古蹟目謂儀鳳二年益州長史李孝逸築。不知何所據。

守。……其年十月，吐蕃又引衆寇安戎城及維州。章仇兼瓊遣裨將率衆禦之，仍發關中彍騎以救援焉。……賊久之自引退。詔改安戎城爲平戎城。」

通鑑據實錄書之亦甚詳，且有月日。據通鑑，唐以二十八年三月得此城。六月吐蕃來攻，十月始退。新傳述事較略。但有「吐蕃圍安戎，絕水泉。會石裂泉湧，虜驚引去。」一條。今全唐文中尙存玄宗答牛仙客等表賀吐蕃安戎城得泉手詔（卷三一）及李林甫賀表（卷三四五）與玄宗答林甫手制（卷二四）。據此，足見此城之險固與重要性，彼此易手皆藉諜間，非兵力所能得逞。唐失而復得且易安戎之名爲平戎，當在二十八年十月稍後也。

然此城究在何處？前引兩唐書吐蕃傳、南蠻傳及通鑑，多云於茂州西南築安戎城。亦有云茂州西。舊高適傳亦云茂州而西至此城。但皆泛指，不能確定地望。考通典一七二州郡序目下云：

「平戎城，恭化郡南八十里。開元二十八年章仇兼瓊開置。管兵一千人。去蜀郡八百里。」（元和志三一成都府卷，同。）

同書一七六云：

恭州恭化郡，「西南到平戎城百十里。」（寰宇記八〇恭州目，同。）

靜州靜川郡，「西至平戎城百里。」（寰宇記八一靜州目，同。惟西作北。按此目，四至有東南北，無西，而北重出。此「北」必「西」之譌。）

通典此兩卷書事爲安戎城卽平戎城確實地望之最重要線索。惟此兩卷書事，平戎對恭州之方位與距離有小異。按新志云，恭州「西南有平戎軍。」蓋方位當爲西南，至於里數之差本不大，可不深慮。是故欲知此城位置，必先求知靜州與恭州之所在。

先言靜州。其地望，各書所記如次：

通典：翼州西一百九十里至悉州，又西六十里至靜州。靜州南至維州界百三十里（寰宇記無界字），西南到恭州界六十里，（記作東南，重；必西南之譌。）西北到柘州界三十五里，東北到當州六十里。當州東北至松州二百里。

寰宇記同。（有兩譌誤，已校見前條。）

元和志三二，悉州東至翼州二百一十里，（翼州目作西至悉州三百三十里，恐誤。）西南至靜州六十里。靜州西北至柘州三十里，東北至當州六十里。當州東至松州二（疑「三」之譌）百一十里。

此兩說差異不大。是靜州在翼州之西或西南（實爲西南）二百五十里或二百七十里，而在松州西南三百里以上也。

次論恭州。檢元和志三二，恭州「東北（考證云，官本無北字）至柘州三百里。」若此數字不誤，是在柘州之西甚遠，在翼州之西六百里以上，應在今梭磨河地區。按元和志，恭州以「開元二十一年析靜州部落於柘州西置。」其時，梭磨河地區似不屬大唐版圖。（參下文維州通吐蕃道。）此三百里當有誤。且前引三書述靜州四至，靜州西北至柘州三十里或三十五里，西南至恭州界六十里，西至平戎城一百里。而平戎城在恭州西南一百十里。恭州又在柘州之西。是恭、柘、靜一線至多不過百里左右，卽恭、柘間不過數十里，決不會相距三百里之遙。又前引舊吐蕃傳，王昱攻安戎城，屯兵於蓬婆嶺下。是此嶺當去安戎城不遠。元和志，柘州治所柘縣，有「大雪山一名蓬婆山，在縣西北一百里」。嶺與山縱非一地，當相去不遠，或山在北，而嶺稍南，蓋去柘州亦百里左右耳。是尤恭、柘距離不過數十里之證。復考通典一七六恭州目云：

「東至蓬山郡（卽柘州）界三十五里。」

寰宇記八〇，同。皆有「界」字。然通典又云：

柘州「北（記作西北）至恭化郡栢嶺鎭（記無嶺字）八十里。」

恭州「北至吐蕃白崖（記破作山）鎭七十里（記作七十五里）。」

恭州「西北到栢（記作北）嶺鎭四十里。」

寰宇記略同。（已據校如上。）元和志三二柘州目云：

「柘縣，郭下。……柏嶺在縣北八十里。嶺北三十里至白崖驛，與吐蕃接界。」

就通典與寰宇記三條對照，再參以元和志，皆相契合，各無大誤，宜可信。則柘、恭二州不但不會相去三百里，且不能有八十里之距離；如柘、恭、栢嶺、白崖在一條線上，則柘、恭間不能逾四十里。疑通典、寰宇記，恭州東至蓬山郡下之「界」字爲衍文；如非衍文，則自界至柘州亦不過五里耳。且通典云：

恭州「南至維川郡三百三十里。」（本作二百三十里，據寰宇記改。參之元和志，通典必誤。）

柘州「南至維川郡三百里。」

寰宇記同。元和志云，恭州「西南至維州三百五十里。」柘州四至缺。則維州北至柘州二百里，北至恭州三百三十里或三百五十里也。此區交通困難，柘、恭二州相距既不遠，必非兩線。蓋維州北行三百里至柘州，又西三十里或四五十里至恭州，然後北達栢嶺鎮、白崖驛耳。此亦與前考形勢相切合。元和志「三百里」蓋「三十里」之譌耳。（恭州至維州三百五十里，亦可能爲三百三十里之譌。）

綜上所考，恭州東或東南至柘州三四十里，南至維州三百三十里。又通典、寰宇記，恭州「東南到通化郡（茂州）三百五十里。」若就柘州言，南至維州三百里，東南至茂州三百里有餘，東經靜州、悉州至翼州不到三百里。東北至松州蓋逾三百里。⑫ 比勘今日地圖（張編地圖集・四川人文圖等），唐之柘州當在今蘆花城（申報館新地圖同，E103° 20′・N31° 58′）、漁爬渡以北，新衙門、龍壩、老衙門以西，黑水上流楚納克河（東），雅爾隆河（西）交會地區(E103° 15′・N32° 10′)。元和志云：柘州「其城四面險阻，易以固守。有安戎江、蓬婆水，在州南三十里。」疑安戎江卽今黑水；蓬婆水卽今西源之雅爾隆河，水西卽蓬婆山也。（前引元和志，山在柘州西北一百里。）柘州之今地既可概指，恭州在其西或西北三十五里之譜，靜州在其東南三十里或三十五里。安戎城又在恭州西南一百一十里，在靜州之西一百里。是此城當在今蘆花城以西，約 E 103°・N 32° 之稍東地區。在唐茂州之西，或偏北，非西南也。

其地去成都府八百里，道途所經必由茂州，故史稱於茂州之西築此城。高適亦云「茂州而西經羌中至平戎數城，界於吐蕃」也。

---

⑫ 寰宇記，柘州東北至松州二百六十里。但松州目云，西南至當州三百里。當州目亦云東北至松州三百里，東南至悉州界四十里。參以靜州至松州距離，則柘州東北至松州似不止二百六十里，疑三百里有餘也。

去成都里數，見前引通典一七二州郡序目下及元和志三一成都府目。史稱於茂州西南築此城及高適語亦見前引。觀地圖形勢，亦惟取道茂州爲便捷，且有河谷可循也。詳後文。

今考此道，自茂州西北行十五里至黃崖。又西北六十五里至棲鷄老翁城，城在棲鷄川。

舊一九六下吐蕃傳下，貞元十七年，吐蕃寇靈、朔，韋皐數道出師西山，以分虜勢。其一道云：

「中北路兵馬使邢玼並諸州刺史董懷愕等率兵四千，進攻棲鷄老翁城。」

舊一四〇韋皐傳同，但稍略。新一五八韋皐傳云：

「邢玼出黃崖，略棲鷄老翁城。」

同傳，此前數年，即貞元九年，皐亦出兵西山，「踰的博嶺，遂圍維州，搏棲鷄，攻下羊溪等三城。」是棲鷄城當爲要道。棲鷄爲軍事要地，屢見唐史。如李德裕追論維州事狀（全唐文七〇三及舊李德裕傳）亦論及之。又舊一六九王涯傳，穆宗時，爲東川節度使。上疏云：

「臣當道出軍徑入賊腹有兩路：一路從龍州清川鎭入蕃界，徑抵故松州城。……一路從綿州威蕃柵入蕃界，徑抵棲鷄城。皆吐蕃險要之地。」

是此城果爲入蕃要道矣。

據前引韋皐傳與吐蕃傳，邢玼以中北路兵馬使出兵，經黃崖，攻棲鷄。前考西山中北路兵馬使駐屯茂州。即邢玼用兵由茂州出發也。又考九域志七，茂州「西北至黃崖關一十五里。」當即邢玼所經者。又寰宇記七八，茂州「西北至吐蕃棲鷄城下。」武經總要前集一九，茂州「西北陸行至吐蕃栖鷄城。」是在黃崖西北，里數不詳。然通典一七六，悉州「東南到栖鷄川界百里。」寰宇記八一，全同。度其方位地望，栖鷄城當即在栖鷄川無疑。而悉州東南經棲鷄城至茂州爲一通道亦無疑也。

檢元和志三二，悉州「東南至成都府六百五十里。」寰宇記八一，同。按悉州東南到成都可能之路線有三。其一，由悉州東至翼州，再遵驛道南行。然悉州東至翼州一百九十里（前文已引），翼州南至成都約五百九十里，共七百八十里。是不合。其二，卽下條所考由悉州東南經眞州至合江鎭之道。悉州東南至眞州一百餘里，眞州東至合江鎭一百二十四里，合江鎭南至茂州八十里，茂州至成都四百七十里，合計七百七十四里。亦不合。其三，卽由悉州東南經棲鷄、黃崖直趨茂州。直趨之道里數雖無明文，但觀申報館新地圖所繪黑水下游流經之形勢，由沙壩直趨茂縣，較繞道合江鎭必少數十里，所謂六百五十里者當卽此道。茂州至成都四百七十里，則悉州至茂州當爲一百八十里。已知悉州東南至棲鷄川一百里，茂州西北至黃崖十五里。則棲鷄至黃崖當爲六十五里矣。⑬

又茂州北約八十里有合江鎭，當今黑水會岷水處（E 103°40′・N 32°50′）。由此鎭略循黑水河谷向西行一百二十四里至眞州，當西山要路。州亦在棲鷄川中，與前道相會合。

元和志三二眞州目云：

「眞州在合江鎭西一百二十四里。其地本名眞符。天寶三年，節度使章仇兼瓊以其地險阻，又當西山要路，奏置眞符營，控押一州，（一統志引作『川』是也，州字誤。）仍置兵於其處。五年，節度使郭虛已緣羌頭搖動，仍奏置昭德郡。乾元（本作『乾德』，誤。據寰宇記改。）二年改爲眞州。」

據此，眞州亦爲入西山要路。按新志，翼州有合江守捉城。檢一統志茂州卷古蹟目合江城條引元統志：「合江鎭在茂州北八十里。」又引舊志：「合水在疊溪所南五十里，爲（衍）汶江水北自松潘界來，爲（衍）黑水西自生番界來，合流於此。……或謂之合水，亦謂之合江，唐置守捉城於此。」是合江鎭在茂

⑬ 此區地名以鷄名者頗多。九域志七，茂州有鷄宗關，州南四十二里；有鎭羌寨，州南四十里；皆熙寧九年置。又輿地紀勝一四九茂州景物下亦云：「茂州南有鷄宗關，路通永康。」是在茂州南通成都道上。而蜀中廣記七茂州目引勝覽云：「鷄宗山在州西四十里，扼羌人出入之路。熙寧元年置鎭羌寨。」所記爲一地，方向作「西」。蓋實際方向爲西南，不在黃崖、栖鷄道上。又輿地紀勝一四九茂州景物下引圖經云：「栖鷄村去茂州東北一百七十里。有三路，一通茂州，一通龍州，一通綿州，皆吐蕃險要之地。今隸石泉軍。」此村當在岷水以東，是又一地矣。

州之北約八十里，⑭當黑水入岷江處。州在合江之西一百二十四里，當西山要路，此百餘里之路程，蓋卽略循黑水河谷而西耳。

又元和志，此州治眞符縣，另領昭德、昭遠、鷄川三縣。「三縣並在州側近。」按鷄川當卽以棲鷄川而受名，是州治所眞符縣當亦在棲鷄川。一統志茂州卷古蹟目廢眞州條引舊志：「廢眞州在疊溪所西南百里，有棲鷄川。」誠不誣矣。元和志謂「眞符營控押一州」，一統志引作「一川」，是也。蓋謂此川耳。李德裕追論維州事狀（全唐文七〇三）云：「自維州降後，……其蕃界合水、棲鷄等城旣失險阻，自須抽歸。」此蓋卽因合水、棲鷄爲一道而言歟？

由棲鷄川又西北一百里至悉州（歸誠郡）。又西六十里至靜州（靜川郡），又西百里卽至平戎城。

通典一七六、寰宇記八一悉州目皆云：「東南到栖鷄川界百里。」已見前引。又通典、寰宇記皆云悉州西至靜州六十里。元和志三二，里數同，惟作「西南」，爲小異耳。又據前引材料有下列數條里程可注意：

平戎城去蜀郡八百里。（通典一七二州郡序目下、元和志三一成都府目）

靜州西至平戎城百里。（通典一七六、寰宇記八一）

悉州東南至成都府六百五十里。（元和志三二、寰宇記八一）

今按此至成都八百里之路線當卽取道茂州，前已論之。茂州至成都四百七十里，則此城至茂州應爲三百三十里。觀其方位，悉州又正當在道上。若悉州果在道上，悉州至成都六百五十里，則此城東至悉州應爲一百五十里。今已知悉州西至靜州六十里，靜州西至平戎城百里，就方位里距言皆相契合；惟有十里之差耳。則平戎城至成都八百里者必東經靜州、悉州、棲鷄、黃崖至茂州接驛道，殆無疑矣。

---

⑭ 前代里制雖先後有異，但少實測。故地志所記里數，往往時代略同，而里數不同。如元和志與通典往往頗異，是也。又時代不同，而所記里數反往往略同。如一統志之與通典、元和志，所記里數常不相遠。卽如此條元統志所記疊溪至茂州一百三十里，唐世乃一百二十里，不過什一之差耳。大約行人估計，口耳相傳，非各代皆曾實測。故余考唐地理，凡涉後代所記里距，卽逕用之，但加「約」字耳。

蓬婆嶺去城不遠，蓋在城之東。出嶺至平戎城，又至牙山，入吐蕃境。

嶺與城相距甚近，已詳前第（1）目考證。又彼節引兵部露布云，吐蕃分兵六道攻圍萬安、柔遠、明威、平戎及保寧都護府五城，唐出兵以禦之，北路「自蓬婆嶺取牙山。」則嶺當在平戎城之東，故王昱得屯兵此嶺之下，以進攻安戎城也。杜詩云：「欲奪蓬婆雪外城」，亦正指此城歟？

觀此行程方向，棲鷄川以上蓋亦略因黑水河谷而行。唐之安戎江殆即以此河道通安戎城而受名耳。

前引元和志，恭州南三十里有安戎江、蓬婆水。就地望比勘，蓋即今雅爾薩河與楚納克河。二河會合爲黑水，東南流，蓋即安戎江。安戎城蓋即在此水以西，故黑水得膺安戎之名耳。又按安戎江、蓬婆嶺在柘州之南三十里，會合後東南流。靜州在柘州東南三十五里，正當在安戎江，即今黑水河谷。靜州東六十里爲悉州，悉州東南至棲鷄川，又正與今圖黑水河谷之方向契合，疑悉州亦在河谷，棲鷄川則黑水之一較短支流耳。

又自靜州西北三十五里至柘州。又西北三四十里至恭州。又北或西北四十里至柏嶺鎮。又北三十里至白崖鎮、白崖驛，亦入吐蕃境。

此已詳本節首段考安戎城地望條。

(3) 維州、滴博嶺道

次論維州、滴博嶺道。　維州治所薛城縣，蓋在今理縣（舊理番縣E103°25′·N31°32′）西十里，雜谷河北岸。

維州屢經遷徙。一統志雜谷廳卷古蹟目作一扼要述說云：「按維州，五代孟蜀徙治中州城。宋時先建在河西霸州境內，後遷□風坪坡底。明宣德中，又遷河東，即汶川縣爲州治。其故城屢經遷徙，幾莫知所在。考邊略云：由保寧縣堡過漢索橋，至古維州城，在董卜韓胡宣慰司與雜谷安撫司交界。三面臨江，殊陡險。又舊志云：雜谷安撫司西十里有故城，相傳卽無憂城。蓋此眞唐維州故址也。」按蜀中廣記三二邊防保縣條：「保縣志云，出縣南循南岸行一日，又北渡大江，至雜谷安撫司 ，可八十里 。 又十里爲無憂城，故址尙存，卽古維州。」是雜谷西十里之說固甚早也。說者謂明清之雜谷安撫司在今理縣治。然據蜀中廣記引保縣志，則明代雜谷安撫司在江北，不在江南。按下文引舊書李德裕傳云，「其州南界江陽」，是唐代維州城正在江北，不在江南。

由茂州汶川縣（今汶川北二十里舊威州城 E103°35′·N31°28′ 南）循沱水（今雜谷河）西北行六十里至石門鎭、通化縣（今理縣東南有通化里），龍溪蓋在此東西。石門又西六七十里至維州。

舊一四〇韋皋傳，貞元十七年，吐蕃北寇靈、朔，詔皋出兵西山以紓北寇。皋數道出師，以維州城爲重要目的地。其一路云：

「威戎軍使崔堯臣兵千人出龍溪、石門路。」

新一五八韋皋傳略同 。 而「石門」下有「無衣山」三字 。 今分別考威戎、石門、龍溪三地名。

(A)威戎軍　按新志，茂州「有威戎軍。」是此軍似在茂州城。而輿地紀勝一四九茂州汶川縣條云：

「國朝會要云，熙寧九年，卽縣置威戎軍使。圖經云，威戎軍，威、茂二江合流其下，自此分爲南北兩路。」

茂江卽岷水正流，威州在沱水（今雜谷河，詳後天保軍條）下流，所謂威江卽沱水也。是北宋熙寧時代所置威戎軍，卽在唐之汶川縣，當沱水入岷江之口。此雖新置軍鎭，亦可能因唐舊名。且寰宇記七八維州通化縣條云：

「（州）西三十里。」

「本唐咸亨二年……置小封縣，在西蕃通鶴軍。垂拱二年，城爲北蕃所沒。今置在威戎軍西，去州一百三十里，見管夷人四十戶。」

按此爲唐後期地理。但「三十里」「一百三十里」，其中之一必有問題。檢輿地紀勝一四八威州（卽唐維州）通化縣條云：

「在州東一百三十里……輿地廣記云：通化屬茂州，大中三年割屬維州。」則寰宇記「去州一百三十里」者，謂在州東一百三十里也。「（州）西三十里」，「西」爲「東」之譌，又奪「百」字耳。是唐末以來通化縣在維州東一百三十里，威戎軍又在縣東不遠，正當在汶川境。然則宋熙寧間重置威戎軍實即唐軍舊地。地屬茂州，故新唐志即記於茂州條下耳，非在茂州城也。

（B）石門　元和志三二茂州通化縣條云：

「東北至州一百六十里。……周武帝時於此置石門鎮。開皇六年以近白狗生羌，於金川鎮置金川縣。十八年，改爲通化縣。皇朝因之。……縣城累石爲城，內實外險，東西二面並累石，南面西面臨岸，去地百餘丈。」

是通化乃極險要處，（此爲舊通化。至大中三年移在維州東百三十里，詳前。）有石門之名。地在茂州西南一百六十里，正指向維州方位。皐傳之石門，必此無疑。今考輿地廣記三〇威州目云：

「有沱水自羈縻悉州流出，東逕保寧，又東逕春祺，又東逕通化，又東逕嘉會，又東至汶州〔川〕，與大江合。」

按此保寧即維州所在，此沱水即今雜谷河無疑，詳後天保軍條。是通化故城（大中以後之通化在維州東一百三十里，已接近汶川，故此通化當爲故城。）在維州之東，亦在沱水上，觀江流形勢，其地亦在汶川西北也。

（C）龍溪　輿地紀勝一四九茂州景物目有龍溪水。引圖經：「引龍溪水入城內，至光孝寺。」是茂州近郭有龍溪。然州城在岷江之東，引水入城，是此水必亦在江水之東，與西伐吐蕃圍維州之形勢不合。復檢紀要六七威州籠山城條云：「龍溪城在州西北八十里，今有龍溪番寨，即此龍溪。」按明之威州即唐之汶川縣。是此龍溪在唐汶川縣西北，地在維州與汶川之間，石門東西也。

綜觀上考三地名，則韋皐所遣威戎一軍實由汶川出發，略沿沱水西北行，經龍溪、石門（通化）至維州耳。

復檢通典一七六，維州維川郡「東取蜀郡，去西京二千七百十里，去東京三千五百六十里。」「東北至通化郡二百二十里。」茂州通化郡「去西京二千七百四里。」「南取蜀路去東京三千五百五里。」「西至維川郡二百二十里。」寰宇記七八，略同。是維、茂兩州相距二百二十里，而取蜀郡路至兩京之里程略相等。則維州至成都必不取道茂州。考寰宇記云，維州「東至茂州汶川縣界一百三十里。」實卽東至汶川一百三十里，界字不必重視。⑮據元和志，汶川在茂州之南一百里，則維州經汶川取成都道不過二千七百三十餘里。與通典、寰宇記述維州取成都至兩京之里程甚相近，疑卽取道汶川耳。蓋卽略循沱水（今雜谷河）而下，與今汽車道略相同。亦卽前考韋臯傳之威戎軍出龍溪、石門道矣。

抑猶有進者。前引通典、寰宇記，維州在茂州西南二百二十里。元和志，茂州至汶川一百里。寰宇記，維州東至汶川一百三十里。合爲二百三十里，與維、茂兩州總距離之二百二十里略相近。蓋總距離之行程，卽由茂州沿岷江至汶川，又由汶川循沱水至維州耳。前引元和志，通化在茂州西南一百六十里，則在汶川西北六十里，維州之東六七十里也。清溪地望，則在通化之西或東南矣。

州東十五里，宋有銲繩橋，長三十丈，蓋唐已置。

輿地紀勝一四八威州景物目：「銲繩橋在保寧縣東一十五里，辮竹爲繩，其上施木板，長三十丈，通蕃漢路。」保寧縣卽故薛城縣也。今檢一統志茂州卷津梁目，有銲繩橋「在汶川縣西一里，跨大江。」此非唐宋舊地矣。

史稱維州城「據高山絕頂」，「岷山連嶺而西，不知其極」。而「南界江陽」，「三面臨江」，當卽臨沱水（今雜谷河）之北岸。具見城郭之險固。史又稱此城「在戎虜平川之衝，是漢地入兵之路。」由此「走長川」，「地無險」，「不三千里直吐蕃之牙」。城既險要，又據入蕃交通之衝，

⑮ 前引紀勝，唐末通化縣在維州東一百三十里，卽在威戎軍之西，蓋通化、汶川兩城僅隔岷江爲境，此汶川縣界，卽汶川縣城矣。今觀一統志，茂州西北臨大江爲界，汶川西北至雜谷界亦僅十里，大抵卽以岷江爲界，仍沿舊貫耳。且一統志茂州卷，汶川縣在州西南一百二十里。西北至雜谷廳界十里。又雜谷廳，東南至汶川縣界一百四十里。則雜谷至汶川城一百五十里。而唐汶川，在今汶川之北二十里，維州在今雜谷廳之西十里，是唐維州東南至汶川城一百四十里。是寰宇記此條卽視爲維州東至汶川縣一百三十里亦無不可。

故久爲邊防重地，自唐代以前卽置城戍守，吐蕃用女諜二十年始能得之，俾無南顧之憂，號曰無憂城。韋皐鎭蜀，欲復此城，幾度用兵，雖擒其宰相兼五道節度，仍不能得。具見此城之險固與重要性。

元和志三二，維州「本徼外冉駹之別種。初蜀將姜維、馬忠北討北（通典無北字，是。）汶山叛羌，此其地也。今名姜維城，卽維所築。……開皇四年討叛羌，以其地置薛城戍，屬會州。後又沒賊。武德四年，白狗羌首領內附，於姜維城置維州以統之。其城甚險固。乾元二年沒西戎。」此述維州歷史。按前引舊吐蕃傳，此城唐初已失，開元二十八年，始復誘降，元和志失書。至於形勢，志僅「甚險固」三字。至太和中因牛李黨爭中一段故事，維州之形勢與重要性乃爲史家所特別注意，故兩唐書及通鑑中屢次提及。今比勘異同，共得四段材料，蓋多本自李德裕之奏章。玆先錄此四條材料如次：

其一，舊李德裕傳云：（舊杜悰傳略同。新二一六吐蕃傳下，極略。）

「吐蕃維州守將悉怛謀請以城降。其州南界江陽。岷山連嶺而西不知其極。北望隴山，積雪如玉。東望成都，若在井底。一面孤峯，三面臨江，是西蜀控吐蕃之要地。」（杜悰傳「井底」下有「地接石紐山，夏禹生於石紐山是也」一句。又「一面孤峯」作「其川在岷山之孤峯」。）

其二，新一八〇李德裕傳云：

「維距成都四百里，因山爲固，東北繇索叢嶺而下二百里，地無險，走長川，不三千里直吐蕃之牙，異時戍之以制虜入者也。」

其三，李德裕論太和五年八月將故維州城歸降准詔却執送本蕃就傯人吐蕃城副使悉怛謀狀（全唐文七〇三）云：（舊一七四李德裕傳、舊一四七杜悰傳、新二一六吐蕃傳下及通鑑二四七會昌三年紀皆據此文記述，但省略程度不同耳。）

「維州據高山絕頂，三面臨江，在戎虜平州（舊德裕傳及通鑑引作『平川』，是。）之衝，是漢地入邊（舊傳、通鑑皆作『入兵』）之路。初河隴盡歿（鑑作並沒），惟此州獨存，吐蕃潛將婦人嫁與此州門士，二十年後，兩男長成，竊開壘門，引兵而（鑑作夜）入，遂爲所滅（鑑作陷），號曰無憂城。從此得並力於西邊，更無虞於南路。憑陵近甸，旰食累朝。貞元中，韋皐以經略河湟，此城爲始（鑑『此城』上有須字），盡銳萬旅（鑑作萬旅盡銳），急攻數年，（此上，通鑑全同，惟字句小異。舊傳甚略。此下，鑑與傳皆甚略。）吐蕃愛惜旣甚，遣其舅論莽熱來救，雉堞高峻，臨衝難及於層霄，鳥徑屈蟠，猛士多糜於礌石，莫展公輸之巧，空擒莽熱而還。……臣初到西蜀，……其維州（略）悉怛謀等……空壘來降，臣卽大出牙兵，受其降禮。……」

「況西山八國隔在此州，比帶使名，都成虛語。諸羌久苦蕃中徵役，願作王人。自維州降後，皆云但得臣信牒帽子，便相率內屬。其蕃界合水、棲鷄等城旣失險阻，自須抽歸。可減八處鎭兵，坐收千餘里舊地。」（「況西山」以下，舊李德裕傳全同。通鑑較略。）

其四，通鑑二四四大和五年紀云：（舊一七二牛僧孺傳略同。）

「九月，吐蕃維州副史悉怛謀請降。……德裕遣（略）兵入據其城。庚申，具奏其狀。且言欲遣生羌三千（傳有『出戎不意』四字），燒十三橋，擣西戎腹心，可洗久恥。是韋皐沒身恨不能致者也。」（此段非本自僧孺傳，且有月日，故以鑑文爲主。）

據此四條，維州「南界江陽」，江北爲陽，是臨今雜谷河之北岸，卽唐宋時代之沱水也。雜谷舊名沱水，詳下文。三面環水，一面孤峯，形勢至險。西山八國，隔在維西，而蕃漢要道亦取途於此，故雙方皆以此城爲重。韋皐屢次用兵西山，史籍可考者至少有三次志在維州。其一，通鑑二三四貞元八年紀，八月「韋皐攻吐蕃維州，獲其大將論贊熱。」其二，新一五八韋皐傳，貞元「九年，天子城鹽州，策虜且來擾襲，詔皐出師牽維之。乃命大將董勔、張芬分出西山、靈關，……踰的博嶺，遂圍維州。」其三，則貞元十八年九路出師圍維州及昆明城。吐蕃以宰相論莽熱爲元帥兼東境五道節度使，與皐力爭，爲皐所擒，而城卒不能得。此事，兩唐書、通鑑皆詳述之。具見唐代中葉，此城在兩國邊防上之地位。至文宗大和五年，吐蕃維州守將悉怛謀來降，遂引起李德裕牛僧孺爭議，加深兩黨間之仇恨，影響晚唐之中央政治者甚劇。至宣宗大中三年，吐蕃勢衰，維州復來歸爲唐有，見舊一四七杜悰傳及通鑑二四八大中三年紀。唐蕃爭奪維州蓋歷年二百，至此始了結。

然所謂「岷山連嶺而西不知其極」「戎虜長川」「走長川」「地無險」「直吐蕃之牙」者，究何指乎？

今考維州西南行越滴博嶺百二十里至風流鎮，約在今雜谷腦（E 103°20′·N31°27′）地區。其地有隋刻「通道記」出土，證知自隋以前，久爲大道所經。又西四十里，至奉州（雲山郡）治所定廉縣。又西（西北？）一百三十里至天保軍，天寶八年移郡治於此，改名天保郡。

通典一七六，奉州雲山郡「去西京二千八百里，去東京三千六百里。」「東至維川郡風流鎮四十里，西至天保軍百三十里。」是明在維州之西。檢舊志，保州「本維州之定廉縣。開元二十八年置奉州，以董晏立爲刺史，領定廉一縣。天寶元年改爲雲山郡。八載，移治所於天保軍，乃改爲天保郡。乾元元年二月，西山子弟兵馬使嗣歸誠王董嘉俊以西山管內天保郡歸附，乃爲保州，以嘉俊爲刺史。……至京師二千九百四十里。至東都三千七百九十里。東至維州風流鎮四十五里。」寰宇記八〇保州目略同，惟云「東北至長安取維州路二千八百里」，「西至天保軍一百三十五里」。是奉州雲山郡即保州也。但移治所於天保軍，在奉州舊治定廉縣西一百三十里，故通典、寰宇記與舊志去兩京里數皆有一百數十里之差。至舊志、寰宇記東去風流鎮之里數則就舊治而言耳。又寰宇記七八，維州「西至奉川縣界一百二十里。」蓋即故奉州地。九域志七，威州「西南至大風流一百二十里。」（本註：江浙本俱作二百二十里。）蓋風流鎮即二州之界。參以維州去京里數，蓋維州西南行百二十里至風流鎮，又西四十里至奉州定廉縣。前考滴博嶺在維州之西不太遠，乃大道隘口，蓋當維州與風流鎮之間歟？定廉又西一百三十里至天保軍，即保州治也。寰宇記云，保州「南接吐蕃，爲夷落之極（本作治，據武經總要改）塞。」武經總要前集一九，同。又云：「唐開元以來，董氏世襲刺史。」蓋此地區皆董姓蕃人之居地矣。

風流鎮既在維州西南一百二十里，以方位與里距度之，當即今雜谷腦地區。雜谷腦地望，參見張編地圖集、申報館圖及考古 1965 年 12 月號四川理縣汶川縣考古調查簡報圖一。民國三十年前後，雜谷腦出土隋開皇九年會州刺史姜須達通道記石刻，云：

「自蜀相姜維嘗於此行，爾來三百餘年，更不修理。山則松草荒蕪，江則沿漚出岸，猿怯高拔，鳥嗟地嶮，公私往還，並由山上，人疲馬乏，觔力頓盡。大將軍（略）會州刺史（略）姜須達愍人生之荼苦，報委寄之天恩，差發丁夫，遂治舊道，開山棧木，不易其功。遣司戶參軍元博文、縣丞郭子鴻（另三人略）監督。」⑯

按隋之會州治今茂縣，在今雜谷腦東北三百數十里。刺史發心治此遠道，且遣州府高級官員及縣丞等多人監督，足見此道在當時爲要道。是雜谷腦自隋以前久爲大道所經，殆亦即今考之道歟？

觀其行程，蓋仍略循沱水即今雜谷河而西，天保軍蓋在其上源，今邱地以北約夾壁、紅家拉（分在 E103°·N31°35′東西）地區。

漢地志，蜀郡汶江縣，「江沱在西南，東入江。」九域志七，威州保寧縣有沱江。又輿地廣記三〇，威州保寧縣「本薛城。……有沱水自羈縻悉州流出，東逕保寧，又東逕春祺，又東逕通化，又東逕嘉會，又東至汶州〔川〕與大江合。」則沱水之名漢以來有之，流經維州，即今雜谷河。一統志雜谷廳卷山川目沱江條云：「按輿圖，水有兩源，在北者曰孟董溝，在南者曰雜谷河，並流百餘里至廳西北會爲一，經城北折而南，東會赤水桃溪，至廢保縣西北合於大江。」（參看水道提綱卷八。）觀今日地圖，仍名雜谷河⑰，威州西北通青海

---

⑯ 轉引自史語所集刊第十二本岑仲勉理番新發現隋會州通道記跋。

⑰ 張編地圖集·四川人文圖以雜谷河上流（邱地以上）爲孟董溝；而理縣西北有一水自西北來會者，無名稱。據一統志及水道提綱，此水乃爲孟董溝，而雜谷腦以上皆稱雜谷河。檢考古 1965 年 12 月號四川理縣汶川縣考古調查報告所繪地圖，知一統志及水道提綱是也。張編地圖集「孟董溝」之名實誤植耳。故今於雜谷腦、邱地以上之河谷僅稱之爲雜谷河上流，不曰孟董溝。

汽車道全循此水河谷而行。唐天保軍在維州西幾三百里，度其地望正當在今雜谷河上流（即張編地圖集誤為孟董溝者）。度其里距，當在今夾壁、紅家拉也。

復循此河谷而西北，入大渡河上源東支之梭磨河流域（E103° 之西、N32° 南北地區），唐名索磨川，舊置洪州，蓋久陷，天寶八年收復舊地，置保寧都護府，以弱水（大渡河）與吐蕃為境。

唐會要七三姚州都督府條云：

「天寶八載，劍南奏索磨川許新置都護府，宜以保寧為名。」

新志劍南道云：

「保寧都護府，天寶八載以劍南之索磨川置。領牂柯吐蕃。」

通鑑二一六天寶八載紀云：

閏六月「於劍南西山索磨川置保寧都護府。」

按會要繫此事於姚府條，似當在川、滇、康接境地區者。新志云領牂柯吐蕃，屬意亦同。其實非也。本文前引楊譚兵部露布，已可徵知保寧都護府當在劍南西北部。復考册府一七〇帝王部來遠目云：

「天寶元年，益州長史章仇兼瓊奏：吐蕃白狗國及索磨等諸州籠官三百餘人出奉州。望準女國等例簡擇許令入奏。餘並就奉川宴賞，放還。從之。」

是索磨與白狗為近，道由奉州來貢，因宴賞於奉川。是其地當在奉州雲山郡西徼外地區無疑。又考顏眞卿鮮于仲通碑（全唐文三四三）云：

「遷大理評事，充西山督察使。……（天寶）六載……誅羌豪董哥羅等數十人以靖八州之地。郭公（節度使郭虛己）將圖弱水西之八國，奏公入覲。元宗駭異之。即日拜（銜略）劍南行軍司馬。旣略三河，收其八國，長驅至故洪州，與哥舒翰隴右官軍相遇於橫嶺。……郭公云亡，……拜公為（銜略）劍南節度副大使。公當大任，旣竭丹誠，射討吐蕃摩彌城拔之。改洪州為保寧都護府，塹弱水為蕃漢之界，收戶數十萬，闢土千餘里。」

長驅至洪州，與隴右軍會於橫嶺，是洪州自當在劍南西北地區，不得在西南。

且洪州見於寰宇記八〇恭州目云：

「東至柘州界三十五里。

南至維州三百五十里。

北至土〔吐〕蕃白山〔崖〕鎭七十五里。

又北至故洪州三百七十里。」

按此書體例，四至例具東西南北，此郡無「西至」，且「又北」亦非常例。檢寰宇記此目四至全抄自通典。通典有「西至」，而下文已奪。疑此「又北」卽「西」之壞譌也。且無論爲「西」爲「北」，總在恭州西北地區甚遠。按恭州在柘州西三四十里（詳前茂州通平戎城道），則會要此條繫於姚州都督府下，新志以爲領牂柯，皆誤無疑。惟新二一六上吐蕃傳上：「十載……劍南節度使楊國忠……自言破蠻衆六萬於雲南，拔故洪州等三城。」似故洪亦近雲南。綜觀唐史紀事，松外蠻區往往與雲南混淆不清，甚難分別，蓋亦沿流交通之故。惟此洪州、保寧府在茂州以西，不在雲南，則可斷言也。

綜上所考，保寧都護府，卽故洪州，在索磨川。索磨川當在奉州雲山郡西徼外地區；故洪州，後置保寧都護府，當在恭州西北三百里以上，而恭州在柘州西北又僅數十里。考柘州約在今黑水上源與雅爾隆河會流地區（詳前茂州通平戎城道）。據此推求，則索磨川、保寧都護府固當在今上壤口、中壤口（熟帳房、冬房）及下壤口等地區。而此區大川今名梭磨河（Somo），卽大渡河之東源（據張編地圖集・四川人文圖），應卽唐之索磨川。考其地望，合之今名，此可以無疑矣。

綜觀此道，當由汶川縣（今汶川北二十里舊威州城南）渡岷江，略循沱水（今雜谷河）河谷而西北行，經通化至維州（今理縣西約十里，雜谷河北岸）。又西越滴博嶺至奉州，又西北至天保軍，在沱水上流。又西北入索磨川（今梭磨河）流域，至保寧都護府。又西北乃入吐蕃。今日四川通青海汽車路蓋卽略循此舊道也。

觀張編地圖集・四川人文圖，有汽車道由舊威州城循雜谷河谷而西，經理縣、雜谷腦、邱地、馬塘，度入索磨河谷，復循河而西北入青海省，爲四川青海兩省間唯一之汽車道，殆卽略因唐世由維州經奉州、天保軍、保寧都護府，入吐蕃之舊道歟？

以上所考爲由汶川循沱水西至維州，又西行略循沱水上流入索磨川通吐蕃道。另由維州北行三百里至柘州治所柘縣。其城四面險阻，在安戎江、蓬婆水（可能卽今黑水與雅爾隆河）交會處之北三十里。而維、柘間之三百里行程，蓋卽略循維州東北一小河谷北行接入黑水河谷也。由柘州又西北三四十里至恭州，又北行四十里至柏嶺鎭，又北三十里至白崖鎭、白崖驛（約在 E103° 之東、N32°30′ 南北地區），接吐蕃境。

關於此道方向里程皆詳見前平戎城地望之考證。按張編地圖集，雜谷河經理縣城北，河之北岸有兩小水由北來會。水道提綱八云，保縣水（卽雜谷河）經保縣（卽理縣）城北合二小水。是也。唐世維州北行至柘州道，殆卽循此兩小水河谷之一而北接黑水河谷歟？

此道北端之盡頭爲白崖。考新韋皐傳，貞元九年，皐出兵西山牽制吐蕃云：

「命大將董勔、張芬分出西山、靈關，破峨和、通鶴、定廉，踰的博嶺，遂圍維州，搏棲鷄，攻下羊溪等三城。取劍山屯焚之。（吐蕃）南道元帥論莽熱來援，與戰，破其軍。進收白岸。」

按白岸見新志翼州目，云「有峨和、白岸、都護、祚鼎四城」。考峨和在翼州北六十里，詳前松州南通成都驛道節。其餘三城當亦去州不遠。今觀韋皐此次用兵之地，當論莽熱來援之前，已破峨和，在翼州之北六十里；搏棲鷄，在茂州西北八十里；圍維州，在茂州之西二百餘里；破定廉，在維州之西百數十里。則大戰役之前唐已控制松翼茂驛道西側之大片土地，居於優勢，旣破論莽熱大軍，「進收白岸」，當不近在翼州附近，卽不在岷江附近也。檢前引元和志柘縣條云：

「栢嶺在縣北八十里。嶺北三十里至白崖驛，與吐蕃接界。」

按通典一七六，恭州（在柘州西數十里）「北至吐蕃白崖鎭七十里」。寰宇記八〇，恭州「北至吐蕃白山鎭七十五里」。當即元和志白崖驛地。「白山」之「山」即「崖」之破字無疑。皐傳之「白岸」或亦「白崖」之破字耳。蓋白崖在天寶時代屬吐蕃，故通典稱爲「吐蕃白崖鎭」（寰宇記抄通典文。）韋皐此次用兵，取爲唐有，特置驛，以利交通。元和志成書時代下距此時不過二十年，仍爲唐有，故云：白崖驛「與吐蕃接界」也。且松茂以西地區，元和志書之皆甚略。惟柘州書事特詳，且見驛名，（此區驛名之唯一可考者。）蓋即因韋皐收復失地不久，記錄亦較詳歟？至於收復白崖之進軍路線，或由棲鷄西北行，經悉、靜，至柘、恭；或由維州北行至柘、恭；或兩道並進，未可知矣。

綜上所考，維州入吐蕃有北及西北兩道。西北道循今雜谷河谷而上，度入梭磨川河谷，入吐蕃境。北道蓋循州城東北一小河谷而北，轉入黑水河谷，入吐蕃境。此兩道之間有滴博嶺（莫博大嶺？）、蓬婆嶺、蓬婆山一山脈，南北縱貫，北連岷山主峯，爲岷江、弱水（大渡河）之分水嶺。此一山脈，在維、柘兩州之西境，唐史所謂「岷山連嶺而西不知其極者」，必指此山脈而言，殆無可疑。按之今名，即邛崍山脈之北段也。山脈之東地形險峻；山西傾斜草原，有河流縱貫。所謂「戎虜平川」「走長川」「地無險」「不三千里直吐蕃之牙」稱爲唐蕃主要交通幹線者，當就西北道而言。今日川青公路蓋即略循此唐世故道耳。

唐世所謂「平川」「無險」之唐蕃交通幹線係指西北道而言，非指北道者，其理由可得申論：其一，劍南西北地區，岷山山脈（今邛崍山脈）南北縱貫，爲岷江與大渡河之分水嶺。此山脈之最大缺口便利兩流域之連絡交通者首推沱水（今雜谷河）河谷，維州實當此缺口之衝。此州在軍事交通上之所以重要，即因當東西交通之咽喉，亦即余所謂西北道之咽喉也。而北道所循之河谷，始終在此縱貫山脈之東側，無突破縱貫山脈之缺口，故北線交通之重要性遠不如西北線。

其二，地名大辭典理番縣條云：「地據大雪山中，自成都出西北入吐蕃之要道也。山西傾斜草地，生番居之。」山西即指此南北縱貫之邛崍山脈之西，亦即唐名滴博嶺、蓬婆嶺一系山脈之西。山西為傾斜草地，則沱水上游與梭磨川流域地勢平坦可知。固宜有平川無險之稱。而元和志三一彭州導江縣灌口鎮條云：「自灌坂迄于〔千〕頃山，五百里間，兩岸壁立如峯，瀑布飛流，十里而九，昔人以為井陘之阨。」又云翼州治衞山縣，有七頃山。灌口北至茂州近三百里，茂州北至翼州一百二十里，則所謂頃山當即指此七頃山，或其以北地區。是岷江自翼州以南尚極險峻，其西側地區不會很平坦，黑水河谷似不當有「平川」「無險」之稱。高適稱茂州平戎城道為「運糧於東馬之路」，蓋不虛矣。

其三，即就北道與西北道兩線河谷本身比較論之，西北道由雜谷河度入梭磨川河谷，極為緊湊，行程亦遠長，宜有「長川」之名。北道由維州北行，縱亦有河谷可循，但極小；度入黑水河谷亦不緊湊，而行程不遠長，大約僅及西北道之半，便為大嶺所阻。宜難膺「長川」之名。

綜此三點言之，唐史所稱自維州入口長川無險以通吐蕃之幹道必非北道，而為西北道無疑。李德裕欲遣生羌二千燒十三橋，擣西戎腹心者，即欲出此道也。檢張編地圖集，今川青公路正循此線而行。此道在縱貫山脈之西側，東有大山嶺脈之屏障（申報館新地圖，此段邛崍山脈高達 4500 公尺以上），只有維州雜谷河谷一缺口通達唐境，故吐蕃必欲得之以便在黃河流域與大唐角逐，而無南顧之憂。若北道亦為平川坦途，則唐自茂翼地區隨處可以進兵申入北道，或切斷北道交通線，何致必爭維州一城耶？或曰新書德裕傳明云：維州「因山為固，東北繇索叢嶺而下二百里」云云。豈非應指北道而言？其實此類方向有時就大方向而言，有時就首途時之近距離間而言，不能拘執。維州城既南臨沱江，三面環水，其一面孤峯者或許即在東北，由此首途再折向西固無不可也。

附　灌口之西三奇戍通吐蕃道

導江縣灌口鎮有道西出三奇戍，入吐蕃界，蓋即石門、獠澤路也。獠澤在今灌縣西南百里，約今三江口（E 103°25′‧N 30°55′）地區。

杜翁野望詩云，「西山白雪三奇戍。」（鏡銓八）按新唐志，彭州導江縣有三奇戍。舊一四〇韋皐傳，貞元十七年吐蕃北寇靈朔，陷麟州。德宗使皐「出兵深入蕃界。皐乃令鎮靜軍使陳洎等統兵萬人出三奇路。」新一五八，同。據新唐志，鎮靜軍即在彭州導江縣。則自導江出兵向西取三奇戍路入吐蕃境也。按韋皐此次出兵分九路，惟此路萬人爲最多，足見此路爲重要一道，惜三奇戍今地不詳。然考輿地紀勝一五一永康軍碑記目，「獠澤水石記在石門，崖壁鐫吳行魯大中七年奉使巡邊行見獠澤水石記。」蜀中廣記六灌縣條引志云：「獠澤關在縣西南百里，乃董卜胡通華捷徑也。」一統志成都府卷關隘目亦云關在灌縣西南百里。按此在邊徼地區，行魯奉使巡邊至此，則唐時已有此道，關在灌縣西南百里，縣即唐之導江，度其方向正當即陳洎由導江出兵三奇戍入蕃之道也。

此道行程亦略可測知。按輿地紀勝永康軍景物目獠澤條，「圖經云在青城縣北一百三十里。」合蜀中廣記觀之，此關在灌縣西南百里，青城縣北一百三十里。元和志，青城縣屬蜀州（今崇慶），在州北四十一里。則獠澤當在今灌縣西南百里，崇慶西北百五十里以上，約今圖水磨溝西之三江口地區。又按紀勝獠澤條云：「或云老澤，昔人避難家其中，皆享年壽。如秦人桃源之類，世世壽考，故云老澤。又名老人村。」下引漁隱叢話，道極險遠云云。又老人村條述前代避世事，云「在大面山之北。圖經又云即老澤也。」檢一統志成都府卷山川目，青城山，前號青城，後曰大面，其實爲一。有天倉等三十六峯。天倉山在灌縣西南八十里。又紀勝有天倉山諸峯稱爲三十六倉及天倉洞，皆神仙秘府云云。新唐地志，蜀州晉原縣亦有天倉山。檢張編地圖集・四川人文圖，灌縣西南、崇慶西北各約百里有標高 2299 公尺之高山，旁有神仙洞，殆即天倉山、老人村地區。三江口正當其北，有一河谷發源於羊子嶺，東經三江口，水磨溝東北，至灌縣入岷江，蓋即此隘道之行程也。

又唐代灌口左近有羊灌田守捉城，當西通吐蕃之路，劉闢兵敗西走吐蕃，至此被擒，疑即三奇、石門道歟？

舊一五一高崇文傳：「劉闢兵敗，西走吐蕃。吐蕃素受其賂，且將啓之。崇文遣高霞寓、酈定進倍道追之，至羊灌田及焉。闢自投岷江，擒於湧湍之中。」通鑑二三七，略同。檢新唐志，彭州有羊灌田守捉城。紀要六七云在灌縣西。一統志成都府卷古蹟目，亦云灌縣西。又引華陽國志，「李冰自湔堰分穿羊摩江、灌江。」是當因二江溉田而名歟？此當去灌口不遠，岷江之岸。劉闢西走吐蕃至此，非直西取三奇戍道卽沿驛道北行至茂州再西北至吐蕃也。以情勢迫切度之，其直西取三奇道之可能性爲大。

參看圖十四、十六、八、十三

一九六七年十一月九日初稿，其後兩度增訂，分爲兩篇，分別刋於香港中文大學中國文化研究所學報第一卷及第二卷一期。一九八四年十一月十六日復合爲一文，增訂甚多。一九八五年九月七日初校未畢，八日遊陽明山，畢校於陽明公園左峯之觀景亭。十一月八日二校增訂定稿。

附記　高僧傳中尙有數條史料，如卷三釋法勇傳，「宋永初元年，招集同志……二十五人……發跡此土，遠適西方，初至河南國，乃出西海郡，進到高昌郡……登葱嶺……。」同卷釋曇摩密多傳，「罽賓人也。……進到敦煌，……復適涼州，……以宋元嘉元年輾轉至蜀，俄而出峽，停止荆州，……下至于京師。」同書六釋慧持傳，先在廬山，「聞成都地沃民豐，志往傳化，兼欲觀瞻峨眉，振錫岷岫，乃以晉隆安三年……入蜀。」與桓玄書曰，「本欲栖病峨嵋之岫，觀化流沙之表。」同書一二釋超辯傳，「敦煌人，……聞京師盛於佛法，乃越自西河（河西？），路由巴楚，達于建康。」此諸條未明言由蜀至河南，故文中未列入；校後思之，覛此四條爲取道蜀中至河南之史證，不應算是太大膽之推想，故仍附記於此，俾讀者參考。

十一月十日校後記

附篇四　杜工部和嚴武軍城早秋詩箋證

杜翁奉和嚴鄭公軍城早秋（詳註一四）云：

「秋風嫋嫋動高旌，玉帳分弓射虜營，已收滴博雲間戍，欲奪蓬婆雪外城。」按此詩表面看來甚易了解，然試問滴博、蓬婆在何處？雲間戍、雪外城何所指？嚴武何以要收滴博雲間戍？已收此戍何以欲進一步奪取蓬婆雪外城？杜翁歌頌嚴武何以特用此兩句？乃至雲雪是否只是普通名詞，用以狀城戍之高寒？欲追究此一連串問題，當從歷史與地理背景作進一步了解，而歷史背景又以地理背景爲基礎。今就鄙見箋證如次：

楊譚兵部奏劍南節度破西山賊露布（全唐文三七七）云：

> 「吐蕃舉國興兵，資其叛逆。頃者西山戰士及八國子弟，因其窘迫，遂欲憑陵，……以正月五日率故洪、臘城、裹囊邛（？）三節度兵馬八萬餘人，分爲六道，攻圍萬安、柔遠、明威、平戎及保寧都護衞〔府〕等五城。……十八日，都知山西（當作西山）子弟兵馬副使（將軍略，下同）攝臨翼郡（翼州）太守董却麴、（略）兼靜（川）郡（靜州）太守董元智、（略）兼蓬山郡（柘州）太守董懷恩、（略）歸城〔誠〕郡（悉州）太守董恩賢、江源郡（當州）太守董懿、（略）董仁熙、（略）董弄封等領八郡驍勇并蕃漢武士等七千人，自蓬娑〔婆〕路取牙山，出其不意，銜枚夜襲。………同州（州字衍）節度副使都知兵馬使（將軍略）兼通化郡（茂州）太守譚元受遣（略）裴振、攝維川郡（維州）長史折衝張粲、雲山守捉使折衝姚高俗、攝天保郡（奉州）折衝楊夏日……等率健彍三千人，自滴博嶺入。競施犄角之勢，各陳擒縱之謀。……生擒吐蕃哥末國王（略）等二千餘人，斬獲故節度副使且祿翁（略）等，械牛馬羊等二十餘萬」。

此文前稱「開元天地大寶聖文神武應道皇帝陛下」，又有保寧都護府。按玄宗此尊號上於天寶八載閏六月，見通鑑及兩紀。保寧都護府亦置於天寶八載，詳前岷山雪嶺松茂等州交通網篇第七節茂州西通吐蕃兩道，則此露布必在天寶末葉。據此露布，此次用兵，分兩路出師，臨翼郡（翼州）太守統翼、靜、柘、悉、當等州兵出蓬婆嶺取牙山，通化郡（茂州）太守統茂、維、奉等州及雲山守捉兵出滴博嶺，杜詩之頌功與期望正與此相應合，當非偶然。

檢通典一七六，翼州西一百九十里至悉州，又西六十里至靜州，又西北三十五里至柘州界。靜州東北六十里至當州，當州東二百七十里至翼州。元和志三二，翼州西二百一十里至悉州，（此據悉州目；翼州目作三百三十里，蓋誤。）又西南六十里至靜州，又西北三十里至柘州。與通典小異，其餘全同。則靜、柘、悉、當約在同一地區，而在翼州之直西二百里至三百里上下也。元和志三二，翼州北至松州一百八十里，「其城西枕大江」，則在今松潘縣南不到二百里之岷江東岸。蜀中廣記七，翼州今疊溪所。前人多從此說，約略得之。則露布臨翼郡太守所率第一路軍，其所統之悉、靜、當、柘諸州皆在 N32° 或稍北地區，卽今黑水（當卽唐之安戎江）流域。又露布，吐蕃六道圍攻五城，其三城地望無考，但平戎城及保寧都護府之地望，則可徵知。據通典靜州目，平戎城在靜州西百里；寰宇記八一，同。其地約當在今蘆花城以西，E103°‧N32° 稍東地區。保寧都護府以天寶八載置於索磨川，在今梭磨河 (Somo) 流域，卽 E103° 之西、N32° 南北地區，則當在平戎城之西。並詳前篇茂州西通吐蕃兩道節。復考舊一九六上吐蕃傳上云：

「（開元）二十六年，……（劍南節度使）王昊〔昱〕又率劍南兵募攻其安戎城。先於安戎城左右築兩城以爲攻拒之所，頓兵於蓬婆嶺下，運劍南道資糧以守之。其年九月，吐蕃悉銳以救安戎城，官軍大敗，兩城並爲賊所陷。昊〔昱〕脫身走免。將士以下數萬人及軍糧資仗等並沒於賊。」

通鑑二一四，據實錄書之，蓬婆嶺作蒲婆嶺，其實一也。據此，蓬婆嶺與安戎城相近。舊傳下文，「詔改安戎城爲平戎城。」（在開元二十八年。）卽蓬婆嶺與平戎城相近也。檢元和志三二，柘州（蓬山郡）目云：

「其城四面險阻，易於固守，有安戎江、蓬婆水，在州南三十里。」

「柘縣，（在）郭下，……大雪山一名蓬婆山，在縣西北一百里。」

是柘州有蓬婆水，西有蓬婆山，一名大雪山，故州有蓬山郡之名。前引通典，平戎城在靜州西百里，栢州在靜州西北三十里或三十五里，則平戎城在栢州西或西南亦百里上下也。亦證平戎城與蓬婆相近。蓋大雪山卽今邛崍山脈之北段，栢州西北百里有高峯曰大雪山，一名蓬婆山，蓬婆嶺則在高峯之迤南耳。綜此而言，露布所稱吐蕃圍保寧府、平戎城，皆在蓬婆嶺之西，唐遣臨翼郡太守率蓬婆嶺以東翼、靜、當、悉、栢諸州兵出蓬婆嶺以救之也。

又檢通典，茂州（通化郡）西南至維州（維川郡）二百二十里。茂州在今茂縣，岷江東岸，維州在今理番縣西十里，沱江（雜谷河）北岸。露布又有天保郡、雲山守捉。檢舊唐書地理志保州目云：

「本維州之定廉縣，開元二十八年置奉州，以董晏立爲刺史，領定廉一縣。天寶元年，改爲雲山郡。八載移治所於天保軍，乃改爲天保郡……乾元元年……爲保州。」

據通典，雲山郡「唐置奉州，或爲雲山郡，領縣一，定廉。」「西至天保軍百三十里。」「東至維川郡（維州）風流鎭四十里。」則雲山郡在定廉縣，地望在維州之西，天寶八載移治所於郡西一百三十里之天保軍，改名天保郡，卽露布所指；而露布之雲山守捉，必卽在雲山郡故地無疑。是露布通化郡太守所遣之第二路軍，其所統各州戍大抵在 N31° 30′ 地帶，卽今雜谷河（唐名沱江）流域也。然則滴博嶺當亦在此地區。檢紀要六七威州目，「的博嶺在州西北。」威州卽唐之維州，是謂唐世嶺在維州西北也。而一統志雜谷廳卷山川目，「的博嶺在廳東南。」是謂在維州之東南也。是不同。考新一五八韋皐傳，貞元九年，詔皐出師牽制吐蕃。下云：

「皐……乃命大將董勔、張芬分出西山靈關，破峨和、通鶴、定廉城，踰的博嶺，遂圍維州。」

似破定廉後踰的博嶺，始圍維州。按元和志三二雅州，盧山縣在州西北七十里，「靈關鎭在縣西北六十里，……有峽口似門，濶三丈，長二百步，關外卽夷獠界。」今雅安西北仍有蘆山縣及靈關地名，皐軍出西山靈關卽此。定廉，前引通典在維州風流鎭西四十里。紀要六七定廉城在威州西北百三十里。里數未必正確，但唐之定廉在維州西百里以上，殆不誤。（參看前篇茂州西通吐蕃兩道節。）皐軍由靈關北行，破定廉，踰的博嶺至維州，則嶺正當在維州西至定廉道中，紀要之說近是，一統志非也。復考通典一七六，雲山郡「北至莫博大嶺七十里。」四庫善本亦然。紀要六七威州的博嶺條引通典作的博嶺，未必有據。然雲山郡卽治定廉縣，就地望言，通典之莫博大嶺與此所考之滴博嶺應極相近，或果爲一嶺耶？豈「莫」爲「滴」之譌字歟？要之此嶺在維州之西，亦邛崍山脈中之另一嶺，而亦當軍道之要，故露布、杜詩、韋臯傳言涉軍事皆舉此嶺爲重要關鍵也。大抵此次吐蕃來犯，唐之天保郡、雲山守捉已內撤至的博嶺以東地區，唐人反攻，由通化郡（茂州）太守指揮茂維兩州兵及天保、雲山內撤之兵爲第二支部隊，出滴博嶺，圖恢復雲山、天保地區也。

以上就天寶末年露布加以詮釋，可知滴博嶺、蓬婆嶺（皆在今邛崍山脈之北段山脈中。）爲唐代岷江以西地區通吐蕃之兩道口也。此兩道之詳細行程，已詳見前篇茂州西通吐蕃兩道節，玆不贅。

復考舊一九六上吐蕃傳云：（參看通鑑二一四）

「（開元）二十七年……章仇兼瓊……代張宥節度。……二十八年春，兼瓊密與安戎城中吐蕃翟都局及維州別駕董承宴等通謀，都局等遂翻城歸欵，因引官軍入城，盡殺吐蕃將士，使監察御史許遠率兵鎭守。……其年十月，吐蕃又引衆寇安戎城及維州，章仇兼瓊遣裨將率衆禦之，仍發關中彍騎以救援焉。……賊久之自引退，詔改安戎城爲平戎城。」

按此開元二十八年事，李唐策謀，安戎城與維州同時並舉；吐蕃來寇，亦兩地並攻。足見兩地並當軍道之要。玆再就此兩城形勢作進一步之硏討，作爲蓬婆嶺、滴博嶺乃兩道之要衝之又一明證。

先論安戎城。舊一九六上吐蕃傳上：

「儀鳳三年，……秋，（李）敬玄……與吐蕃戰於青海，官軍敗績。……往劍南兵募於茂州之西南築安戎城，以壓其境。俄有生羌爲吐蕃鄉導攻陷其城，遂引兵守之。時吐蕃盡收羊同 、 党項及諸羌之地 ， 東與涼、松、茂、嶲等州相接，南至婆羅門，西又攻陷龜茲、疏勒等四鎭，北抵突厥，地方萬餘里。自漢魏已來西戎之盛未之有也。」

此下接述儀鳳四年事。新二一六上吐蕃傳上略同。而作「茂州之西」。又新二二二南蠻傳松外西洱河蠻條云：

「其後，茂州西南築安戎城，絕吐蕃通蠻之道。生羌爲吐蕃鄉導，攻拔之，增兵以守，西洱諸蠻皆臣吐蕃。」

有「絕吐蕃通蠻之道」一語。此所謂「蠻」，蓋卽西洱諸蠻也。通鑑二〇二永隆元年紀，綜合諸傳書事迹之頗詳。是其城之築必在高宗儀鳳三年以前。① 因敬玄之敗及此城之失，遂綜述吐蕃強盛之狀況，足見此城在軍事上之重要性。而新南蠻傳及通鑑有「絕吐蕃通蠻之道」一語，蓋卽因交通要衝而重要也。及開元二十八年，翟都局以安戎城來歸，李林甫表曰：「吐蕃此城正當衝要。」亦見其然，詳後引。

次論維州。元和志三二，僅稱維州「城甚險固」。至大和中，因牛李黨爭中一段故事，維州之形勢與重要性乃爲史家所特別注意。今比勘異同，節錄數條如次：

其一，舊一七四李德裕傳云：（舊杜悰傳略同。）

「吐蕃維州守將悉怛謀以城降。其州南界江陽。岷山連嶺而西，不知其極，北望隴山，積雪如玉，東望成都，若在井底。一面孤峯，三面臨江，是西蜀控吐蕃之要地。」

其二，新一八〇李德裕傳云：

「維距成都四百里，因山爲固，東繇索叢嶺而下二百里，地無險，走長川，不三千里，直吐蕃之牙，異時戍之以制虜入者也。」

其三，李德裕論大和五年八月將故維州城歸降准詔却執送本蕃就僇人吐蕃城副使悉怛謀狀（全唐文七〇三）云：（舊書李德裕傳、杜悰傳、新書吐蕃傳、通鑑二四七會昌三年紀，皆節錄此文。）

「維州據高山絕頂，三面臨江，在戎虜平川之衝，是漢地入邊之路。初河隴盡歿，惟此州獨存，吐蕃潛將婦人嫁與此州門士，二十年後，兩男長成，竊開壘門，引兵而入，遂爲所滅（鑑作陷），號曰無憂城。從此得並力於西邊，更無虞於南路，……。」

其四，通鑑二四四大和五年紀云：（舊一七二牛僧孺傳略同。）

「九月，吐蕃維州副史悉怛謀請降，德裕遣………兵入據其城。庚申，具奏其狀，且言欲遣生羌三千，燒十三橋，擣西戎心腹，可洗久恥。」

① 一統志茂州卷古蹟目，謂儀鳳二年益州長史李孝逸築。不知何據。

據此四條，維州「南界江陽」，江北爲陽，是臨今雜谷河之北岸，即唐宋時代之沱水也。三面環水，一面孤峯，形勢至險，故雙方取城皆以計誘，不能力攻，而蕃漢交通要道即亦取途於此，所謂「走長川，不三千里直吐蕃之牙」也。中國有之，作爲「西蜀控吐蕃之要地」；吐蕃據之，號爲無憂城，「更無虞於南路」。故此城尤爲唐蕃軍道之要，自不待言。

前文考論，滴博嶺與維州相近，蓬婆嶺與平戎城相近。維州與平戎城，既爲岷江以西地區、唐蕃間南北兩軍道之要衝，則滴博嶺、蓬婆嶺爲唐蕃間南北兩軍道之衝，又得一明證矣。

杜詩舊注，以爲此詩作於廣德二年。按舊一一七嚴武傳，「廣德二年，破吐蕃七萬餘衆，拔當狗城。十月，取鹽川城。」新一二九嚴武傳及新二一六上吐蕃傳皆略同。通鑑二二三廣德二年紀，分繫於七月己未、十月庚午。胡注，「當狗城，當白狗羌之路，故以名城。」「鹽川城在當狗城西北。維州舊有鹽溪縣，永徽初省入保州定廉縣。」檢元和志三二，維州，「武德四年，白狗羌首領內附，於姜維城置維州以統之。」通典一七六，維州「西南到白狗嶺六十二里。」寰宇記七八亦有此兩條。又元和志，維州有鹽溪縣。寰宇記有「鹽溪，民得採漉。」有鹽溪村，貞觀中置鹽溪縣。則嚴武此次勝利，誠即在維州西滴博嶺地區，故杜翁詠及之也。舊注繫年無疑。

滴博嶺、蓬婆嶺既爲西山（大雪山脈、邛崍山脈）通吐蕃之南北兩道口之軍事要衝，開元二十八年章仇兼瓊同時謀取維州與平戎城，同年吐蕃入寇亦兩道並進，至天寶末吐蕃攻圍平戎等五城，李唐亦派遣南北兩路分別出滴博嶺、蓬婆嶺以禦之。嚴武用兵，已收滴博嶺地區，安得不計劃更奪取蓬婆嶺、平戎城耶？故杜翁詠及之耳。

抑猶有進者：前引舊一九六吐蕃傳，開元二十八年，章仇兼瓊誘降平戎城與維州。而此次誘降，係出玄宗親自謀劃，故此傳述計劃成功，下文接云：

> 「上聞之甚悅。中書令李林甫等上表曰：伏以吐蕃此城，正當衝要，憑險自固，恃以窺邊，積年已來，蟻聚爲患，縱有百萬之衆，難以施功。陛下親紆密策，不興師旅。頃令中使李思敬曉諭羌族，莫不懷恩，翻然改圖，自相謀陷。神算運於不測，睿略通於未然，累載逋誅，一朝蕩滅，……請宣示百僚，編諸史册。手制答曰，此城，儀鳳中羌引吐蕃，遂被固守，歲月既久，攻伐亦多。

其地險阻，非力所制，朝廷羣議，不合取之。朕以小蕃無知，事須處置，授以奇計，所以行之，獲彼戎心，歸我城守，有足爲慰也。」

新傳述事較略。同年吐蕃又來攻城，新傳云，「吐蕃圍安戎城，絕水泉。會石裂泉湧，虜驚引去。」今全唐文中尚存玄宗答牛仙客等表賀吐蕃安戎城得泉手詔（卷三一）。由此可知沱江（今雜谷河）中流之維州、滴博嶺與安戎江（今黑水）上源之蓬婆嶺、安戎城不但爲大雪山脈中（今邛崍山脈）之南北兩個唐蕃道口，兩個軍事重鎮，同樣重要；而且開元二十八年之能誘降維州、安戎兩城，乃出玄宗親自策劃。此計得逞，玄宗之自鳴得意與大臣之阿諛取寵，觀此記事可以想見；而其時朝野聳動抑又可知。嚴武經營西山，去此事不過二十年，宜其策劃中，兼取此兩重地。及其已收滴博雲間戍，自然欲奪蓬婆雪外城矣。故杜翁此語乃因戰略計劃而申詠之。而戰略計劃則因上考之地理歷史因素而決定也。

最後討論「滴博雲間戍」「蓬婆雪外城」之解釋問題。此兩句看來甚易解釋，卽以雲雪形容滴博、蓬婆之高寒。詳注引黃生曰：

「詩中用地名，必取其佳者，方能助色，如鳳林、魚海、烏蠻、白帝、魚龍、鳥鼠是也。滴博、蓬婆，地名本粗硬，用雲間雪外字以調適之，讀來便覺風秀，運用之妙如此！」

按此論甚是，亦代表一般解釋，以爲「雲」「雪」二字乃普通名詞，以狀城戍也。但細推之，此「雲」「雪」實亦爲兩地名，借地名化爲普通名詞以狀城戍耳。何者？先論「蓬婆雪外城」。前引舊書吐蕃傳，開元二十六年王昱「率劍南兵募攻其安戎城。先於安戎城左右築兩城以爲攻拒之所，頓兵於蓬婆嶺下，運劍南道資糧以守之。」則蓬婆嶺似無城，雪外城者正當指安戎城卽平戎城而言。前引元和志，蓬婆山一名大雪山，則此句當解作蓬婆雪山外之平戎城，故此雪字非泛泛名詞，而用地名轉化爲普通名詞也。至於「滴博雲間戍」，前論維州西境定廉縣，天寶間爲雲山郡，其後郡治西移，更名天保郡，而雲山故地仍置雲山守捉，維州西至雲山一百三十里，滴博嶺居其間，則嶺去雲山不爲遠，疑「雲間」亦借「雲山」地名轉化爲普通名詞耳。元和志維州定廉縣本戍名，「雲間戍」得非卽指雲山戍歟？亦卽雲山守捉歟？用「雲間」「雪外」以調適滴博、蓬婆，固覺風秀，而雲雪二字，又自地理專名轉化而來，更見杜翁運用之妙矣。

參看圖十四

一九七四年二月九日定稿於香港沙田，刋華岡學報第八期錢穆先生八十歲祝壽論文集。一九八四年某月檢定。一九八五年九月八日初校於陽明山瀑布小亭，十一月八日二校定稿。

篇貳陸　山南境內巴山諸谷道

引　言

唐代山南道境內有大巴山脈，自西徂東橫貫全境，分全境爲南北兩部。北部爲漢水流域，漢水自西向東，又折而東南流。南境爲巴水（渠江）流域，巴水諸源發於巴山山脈諸嶺，南流滙爲一江。由漢水流域之梁、洋、金、房諸州皆有谷道分別越巴山諸嶺，循巴水上源諸谷而南入巴境。惟沿途皆高山峻嶺，深谷叢林，玉堂閒話描述大竹路云，「深谿峭巖，捫蘿摸石，一上三日而達於山頂，行人止宿，則以緪繫腰縈樹而寢。」又復「鷙獸成羣，食啖行旅。」度其艱險難行，又遠逾於金牛道，然商旅仍頗盛。大竹道以東諸谷道之行程情況亦大約類此。唐末黃巢之亂，僖宗幸蜀，江漢地區之貢輸與使臣往來，常取此諸谷道，如新書劉巨容傳，爲山南東道節度使，「僖宗在蜀，公卿多因巨容護赴行在。」又云，「均之右有長山，當襄漢貢道」，巨容部將馮行襲爲均州刺史，「領兵搤谷口，以通秦蜀。」是也。五代後唐更爲經營巴蜀，而多所修建。如天成三年，既開洋州入蜀舊路，又開房州入夔州新路，皆其例。今分別略考此諸谷道之行程，以見山區南北交通之概況。

（一）興元府南巴嶺大竹道

方輿紀要五六：「米倉道，自南鄭而南，循山嶺達於四川保寧府之巴州。」按近代此道仍通行。其在唐世，稱爲巴嶺路，蓋由興元府（今南鄭）越巴嶺而南至集（今南江）、巴（今巴中）等州也。

通典一七五，梁州漢中郡南至集州符陽郡三百里。又云，集州符陽郡「去西京取郡北巴（嶺）路至漢中郡郭下，過縣，取斜谷路，一千四百二十里。」「去東京取郡內地平縣至益昌郡驛路二千六百里。」是集州至京師有北西兩道，西道由利州益昌郡驛路，北道則取巴嶺道也。又元和志二二興元府：「西取巴嶺路至集州二百八十里 。」寰宇記一三三 ，興元府：「南取巴嶺路至集州三百里。」又一四〇，集州「東北取巴嶺路至長安一千四百里。」是興元至集州交通，三書皆云取巴嶺路。以下巴州、蓬州亦皆云取巴嶺路至長安若干里。（詳後引。）今按寰宇記一四〇集州目云：

「集州……理難江……卽漢巴郡宕渠縣地。……後魏景明中，於巴嶺南置洋州、其章、平素三郡，大統中，山南覆沒。梁武帝大同中，又於巴嶺側立安寧（略）三郡，仍立東巴州。……魏恭帝二年，改東巴州爲集州……寄理梁州。後周天和五年，移集州於巴嶺南，卽今州理。」

則此州與巴嶺之關係密切。州在嶺南，向北交通例取巴嶺道至漢中（卽興元）也。

此道又稱大竹道 ， 至爲高險 ， 有過褒斜與金牛。太平廣記曾兩引玉堂閒話，極見此道行程艱險之狀況，所謂「孤雲兩角，去天一握」也。然在唐末五代，爲巴漢間官商通行之道，頗爲重要。

一統志保寧府卷山川目孤雲山條云：「唐賈耽曰：興元之南路通巴州，中有孤雲山 ，行者必三日始達於嶺 。 王子韶所謂孤雲兩角去天一握也。」此條引賈耽，不知所據。若誠爲賈耽語，則當爲此道之最早記載。然仍未若玉堂閒話描述之具體。廣記三九七大竹路條引玉堂閒話云：

「興元之南有大竹路，通于巴州。其路則深谿峭巖，捫蘿摸石，一上三日而達于山頂。行人止宿，則以緪蔓繫腰，縈樹而寢。不然，則墮于深澗，若沈黃泉也 。 復登措大嶺 ， 蓋有稍似平處。……其絕頂謂之孤雲兩角。彼中諺云：孤雲兩角，去天一握。淮陰侯廟在焉。昔漢祖不用韓信，信遯歸西楚，蕭相國追之，及於此山，故立廟貌。王仁裕嘗佐褒梁帥王思同，南伐巴人，往返登涉，亦留題於淮陰祠，詩曰：（從略。詩收入全唐詩十一函四册）……崎嶇險峻之狀未可殫言。」

同書四三三王行言條又引玉堂閒話云：

「秦民有王行言以商賈爲業，常販鹽鬻於巴渠之境，路由興元之南，曰大巴路，曰小巴路，危峯峻壑，猿徑鳥道，路眠野宿，杜絕人煙，鷙獸成羣，食啖行旅。行言結十餘輩少壯同行，人持一拄杖，長丈餘，銛鋼鐵以刃之，卽其短鎗也。纔登細徑，爲猛虎逐之，及露宿于道左，虎忽自人衆中攫行言而去。……」

觀此兩條，知此道一名大竹道，一稱大小巴山路，險峻至極，且多猛獸。然唐末五代，此爲官商常行之通道，亦於此兩條見其梗概。下文引定命錄述韋處厚取道鵠鳴驛赴任開州，卽其一例。

復考張禕南龕題名記（唐文拾遺三三，見金石苑）云：

「余……達行在。……奉命先鑾輅之神都，俾緝舊綱。行次（缺）遇軍變，乃間道俟通於玆郡（缺）……忽有賫函而登（缺）出天書以示，促赴行朝。……中和四年甲辰……。」

按此刻在巴州南二里，殆卽輿地紀勝一八七巴州碑記目之南山記歟？由成都回長安，中途阻兵，遂間道至巴州，蓋以此州有道通漢中歟？至五代時亦常以爲入蜀間道。如通鑑二六八後梁乾化元年，岐兵伐蜀，圍安遠軍，守將「王宗侃遣裨將林思諤自中巴間行至泥溪，見蜀主告急。」胡注：「巴州在三巴之中，謂之中巴。興元之南有大行〔竹？〕路逕孤雲兩角，過米倉山，則至巴州。」泥溪則在益昌、劍州間之入蜀驛道上，已詳金牛成都道篇。是亦取巴嶺入巴州道也。①

南宋時代，與金人交爭於漢水上流，此道尤爲川東出兵興元之孔道，極具

① 黃盛璋歷史地理論集頁二二二有兩條材料可用，但對此段綱文並無影響。書留香港，未據增補。

重要性。

宋人記事屢及此道，僅就輿地紀勝所引已有下列數條：

海錄碎事：「興元府之南有路通巴州，行三日而達於山頂。其高處謂之孤雲兩角，去天一握。」（卷一八七巴州景物下兩角山條引。又一八三興元府風俗形勝目亦引之。）

繫年錄，紹興三年條云：「巴之北境即米倉山，下視興元出兵之孔道。」（同上米倉山條引。按方輿勝覽六八巴州目引繫年錄，同。）

王旦高士瑰畫像記：「巴控扼梁洋，吾蜀孔道，形勢絕劍闕之險，飛蹬踰棧道之危，犄角利閬，連衡綿劍，遮蔽東西川，最爲襟喉要害地。」（同上巴州風俗形勝目引）

張忠獻奏疏：「巴州控扼南鄭要路。」（同上引）

同書一八七巴州景物目兩角山條云：「兩角山米倉山之間有淮陰公廟，又有截賢嶺。……近者開禧逆曦之變，士大夫之逃難者，亦多由米倉以東歸，此正趨荆楚之路，與大安之西走不同矣。」此外，宋人如胡三省云：興元之南有大行〔竹〕路，至巴州。已詳前引。足見南宋初年，此道在軍事交通上之重要地位。陸放翁夜夢行南鄭道中詩云：「孤雲、兩角不可行，望雲、九井不可渡。」（劍南詩稿一四），是更以與金牛道並舉。蓋南鄭南行，除取金牛道外，即此道爲要矣。

論其行程：由興元西南行四十里至鵠鳴驛，又六十九里至大巴嶺。

綜觀前引諸材料，可知由興元南行以次經大巴嶺、小巴嶺及孤雲、兩角、米倉諸山。今先論巴嶺山之方位里程。

元和志二二南鄭縣：「巴嶺在縣南一百九里。東傍臨漢江，與三峽相接。山南即古巴國。」此謂巴嶺山脈也。寰宇記一三三南鄭縣，「大巴嶺山在縣西南一百九里。水經注云，廉水出巴嶺山北，流經廉州。又周地圖記云，此嶺之南是古之巴國也。」② 此殆僅指巴嶺山脈主峯而言，或路途所經之嶺而言。一統志

② 二書皆作一百九里，紀要五六亦作西南一百九里；一統志漢中卷引兩書作一百九十里，誤。

保寧府卷山川目：「大巴山在南江縣（即唐難江縣）北二百里，……一名巴嶺山，高聳千尋，巖徑極險，……爲巴漢巨鎭。」南江去漢中約三百里，是巴嶺即在漢中南百里也。即漢中入巴州道所經矣。

至於方向：元和志述山脈，故云南鄭縣南，寰宇記舉山嶺，故云西南。復檢寰宇記云：興元府「南取巴嶺路至集州。」而元和志云：興元府「西取巴嶺路至集州。」蓋就大方向言，當作南，而自興元起行蓋實向西轉南，巴嶺實在興元之西南，故史家記述，曰「南」曰「西」，曰「西南」，皆不爲誤。且山道行程固須越嶺，然一般路線總不離水道。檢水道提綱一三漢水卷，漢水自黃沙驛（在沔縣東數十里）以東至南鄭數十里間，支水自南入漢者有白巖河、高臺鎭水，南鄭稍東又有老渚河由南來會。而此諸水之正確方向，皆由西南向東北流，入漢水。檢今日地圖，此處諸水果由西南向東北流，米倉山主峯及巴峪關，固亦在南鄭西南，非正南也。則此一百零九里之行程實由東北向西南行必矣。

嶺北行程之方向既由興元向西南行。考太平廣記一五五段文昌條引定命錄云：

「興元之西四十里有驛曰鵮鳴，濱漢江，前倚巴山，有淸僧依其限，不知何許人也。常嘿其詞，忽復一言，未嘗不中。……韋處厚出開州刺史，……洎到鵮鳴，先訪之。」

按濱漢江，而前依巴山，是必在漢水之南，不在興元西經西縣、百牢關、金牛驛入蜀之大驛道上，甚明；而韋處厚赴任開州途經其地。開州在今川東之開縣，是處厚當取巴嶺路至巴州再向東南至開州也。然則，鵮鳴驛當爲興元府西南入巴嶺道之第一驛。檢輿地紀勝一八三興元府景物目，有鶴騰山，「在南鄭縣西南四十五里，傳有仙人於此乘鶴騰空。」考三國志八張魯傳，「父陵客蜀，學道鵠鳴山中，造作道書。」後漢書及水經注皆作鶴鳴山③，疑鵮鳴即鶴鳴、鶴騰，皆與仙道有關，一音之變耳。蓋驛在山北，而在興元西南也。

③　注家以四川崇慶鶴鳴山當之，不必深論。

又西縣（今沔縣西不出十里）之東約二十里處，漢水之南，水經注云有容裘谷，道通益州。當亦至大巴嶺，與此道會。唐末五代仍通行。

水經注二七沔水注：「沔水又東逕沔陽縣故城南。………南對定軍山。（孫校曰：山在今沔縣東南十里。）……沔水又東逕西樂城北。……周三十里，甚險固。城側有谷，謂之容裘谷，道通益州。……俗謂之洛水也。」按沔陽故城在今沔縣東約十里，而唐西縣在今沔縣西不出十里處。（詳通典所記漢中通秦川驛道篇。）則此谷道當在唐西縣東南約二十里，距唐鵠鳴驛不遠矣。前引通鑑二六八，後梁乾化元年，岐兵伐蜀，圍安遠軍。守將王宗侃遣裨將林思諤「自中巴間行至泥溪，見蜀主告急。」按安遠軍即在西縣，泥溪在益昌至劍州驛道上。林思諤當卽取古容裘谷踰嶺至集、巴，西轉入蜀驛道歟？

踰巴嶺，復經小巴山、米倉山及截賢嶺，約百里。孤雲、兩角蓋此段山路之最高處，地位偏南。又約百里至集州治所難江縣（今南江）。

興元取巴嶺道至集州里程，通典、寰宇記作三百里，元和志作二百八十里。已見前引，今姑以三百里計。

寰宇記一四〇集州難江縣，「小巴嶺在縣東北一百三十里。周地圖云，此山之南卽古之巴國。其嶺上多雲霧，盛夏尤盛有積雪。」一統志保寧府卷山川目小巴山條引明統志：「小巴山在巴州東北二百九十餘里。」據寰宇記，巴州在集州西南一百八十里，則一統志小巴山之地望與寰宇記略合。

又輿地紀勝一八七巴州景物目：「兩角山在難江縣北九十里，王子韶詩云：孤雲兩角，去天一握。兩角山下有石刻云：漢相國蕭何追淮陰公韓信至此山，大唐集州刺史楊師謀之記。（下辨三泉亦有韓溪之非。）……今兩角山米倉山之間有淮陰公廟，又有截賢嶺，則其迹可考矣。」又云：「截賢嶺在難江縣北百餘里，（本無北字，據一統志引文補。）相傳蕭何追韓信至此，因名。唐集州刺史楊師謀有題記。」則兩角山卽緊接小巴山，米倉山亦在同一地區。據前引諸條，孤雲兩角山似爲此道上之最高點。而一統志保寧府卷山川目小巴山條引舊志，「其險次於大巴，而高峻過之。」頗疑所謂孤雲兩角者卽小巴山之最高峯耳，而爲旅行必經之路。截賢嶺在兩角米倉山間，唐人立碑爲記，亦必爲當時大道所經無疑。皆當在集州治所難江縣北百里左右。紀要六八南江縣目引志云：「縣南三里有孤雲山，其相連者曰兩角山，兩峯並聳。」云云。又今張編地圖集，兩角山在旺蒼之西，在南江之西甚遠。蓋皆後起之說。

又南偏西蓋略沿難江（今南江）而行，約一百一二十里至大牟縣（約今兩河口 E106°45′·N32°5′），又約六七十里至巴州治所化城縣（今巴中）。蓋曾置清水驛，在縣南。

前引具體描述此嶺之材料若干條，多云漢中至巴州，蓋集州後廢入巴州也。按通典一七五，集州符陽郡西南至巴州清化郡一百九十里。寰宇記一四〇作一百八十里。無大差異。又前引通典，集州取巴嶺漢中斜谷路至長安一千四百二十里。寰宇記云東北取巴嶺路至長安一千四百里。是亦取斜谷道也。然通典又云，巴州「去西京一千二百二十五里。」寰宇記亦云，巴州「東北至巴嶺長安路一千二百二十里。」此必非取斜谷道。以里數核之，當取駱谷道。蓋駱谷道六百四十里，洋州至漢中百里，漢中至集州約近三百里，集、巴間一百八九十里，其和正約一千二百餘里也。足證巴州目所謂巴嶺道卽梁州、集州兩目所稱之巴嶺道，非別一道。前引通鑑二六八，岐兵伐蜀，圍安遠軍（卽西縣），守將王宗侃遣林思諤自中巴間行至泥溪，見蜀主告急。卽取巴嶺路至巴州，西轉入大驛道矣。

通典一七五集州難江縣「有巴嶺、難江。」當卽今之南江，觀其形勢，此道當卽略沿難江而行者。又紀要六八巴州，「清水驛舊在州南三里，唐置，今廢。」此當本之舊志。按寰宇記一三九巴州恩陽縣，「清水……經縣北八十步，又東流入化城縣界。」④是清水之名甚早，巴州爲巴嶺以南之重要州府，宜其有驛也。

關於大牟縣。寰宇記，集州「廢大牟縣在州西南一百一十里……在巴州北六十

④　今觀地圖，有一水由西來至南江縣南，注南江，當卽唐宋之清水也。

里。」宋初併入難江縣。里距之和爲一百七十里，與寰宇記所記集巴間一百八十里相當，故就方向里距言，當在道上，疑即今圖之兩河口地區。

又西南蓋經恩陽縣（今有恩陽河地名），約三四十里，宋世置驛。又西南一百二三十里至儀隴縣（今縣）。又東南六十里至蓬州治所大寅縣，廣德元年改名蓬池，濱臨流江水。（約今永興場 E106°30′·N31°20′ 地區。）

蓬州治所更名及臨流江水，皆見寰宇記一三九蓬州目。寰宇記蓬州目又云：「東北取巴嶺路至長安一千四百四十里，取閬州路一千七百六十里。」是此州亦可取道巴嶺路至長安也。必經巴州。又云「北至巴州二百一十里。」巴州目亦云「西南至蓬州二百一十里。」檢通典一七五，巴州「西南到咸安郡（蓬州）二百二十里。」而蓬州目作「北至清化郡（巴州）二百一十里。」是多作二百一十里，偶作二百二十里。按寰宇記又云「巴州東北至巴嶺長安路一千二百二十里。」（通典，巴州去西京一千二百二十五里。略同。）與前引同書蓬州至長安里數相較，則巴蓬間當爲二百二十里。

又寰宇記一三九蓬州儀隴縣，州西北六十里。「梁天監元年於此置隆城郡，因隆城山爲名，及儀隆縣。隋開皇三年郡廢，以縣屬蓬州。……大歷初以廟諱改爲儀隴縣。」是則即南北朝之隆城地。考魏書獠傳：「朝廷以梁益二州控攝險遠，乃立巴州以統諸獠。後以巴酋嚴始欣爲刺史。又立隆城鎮，所綰獠二十萬戶。……孝昌初，……始欣見中國多事，……謀將南叛。始欣族子愷時爲隆城鎮將，密知之，……遂禽蕭衍使人，……表送行臺。」是隆城本距巴州不遠，爲大鎮要地。地在巴蓬二州間，當爲道途所經。儀隴在蓬州西北六十里，是在巴州西南一百六十里也。

又輿地紀勝一八七碑記目：「唐韋蘇州送令狐岫宰恩陽縣詩，刻石于縣之驛亭。」是宋時，恩陽見置驛。想唐時已有之。按恩陽縣屬巴州。寰宇記一三九，在州西北四十一里。輿地紀勝一八七，在州西南三十里。紀要六八，州西三十五里。今檢張編地圖集，巴中縣西偏南有恩陽河地名。紀勝碑記目有唐正元石刻，云縣南渡江登山爲義陽舊縣治。據寰宇記，義陽即恩陽。是新舊城夾河爲治。其地居化城、儀隴間，蓋道經其地，故有驛亭歟？則自此至儀隴當爲一百二三十里。

又南三十五里至朗池縣（今營山北頗遠），有歇馬館。

寰宇記一三九蓬州朗池縣，州南三十五里。故治在朗池，「貞元元年移於營山歇馬館爲理，即今縣是也。」

又一百七十五里至渠州治所流江縣（今渠縣）。

前引廣記王行言條引玉堂閒話云，行言以商賈爲業，由興元販鹽於巴渠之境。蓋由巴嶺而南通行巴州而至渠州也。寰宇記一三九，蓬州「南北（北字衍，一本作西北更誤。）至渠州官路二百一十里。」又云「西南至渠州一百九十里。」同書一三八，渠州「西北至蓬州官路二百二十里，私路一百九十里。」云官路自屬大道。按通典一七五，渠州「西北到咸安郡（蓬州）二百里。」今姑作二百一十里。則朗池至渠州當爲一百七十五里。

渠州已當巴水（即渠江）諸支流會合處，水道交通頗發達。其南向之道自以沿流爲主，凡一百八十里至渠江縣（今廣安），又約二百二十里至合州治所石鏡縣（今合川）。又南一百六十里至長江北岸之渝州（今重慶）。至於渠州南行一百三十里至鄰水縣（今縣），又三百里亦至渝州，此捷道也。

寰宇記一三八，渠州「東北至蓬〔達〕州水路二百五十里。」⑤「西北〔南〕至合州水路約四百里。」足見渠州上下交通以水路爲主。按同卷廣安軍，本唐渠江縣，在渠江水西北岸，北至渠州一百八十里。卷一三六，合州「北至廣安軍一百二十里。」「一」必「二」之譌，其和恰爲四百里。故知水道所經與里程。寰宇記又云，合州南至渝州水路一百六十里，故渠渝水程五百六十里，陸路更遠。而同書一三六，渝州「北至渠州四百四十里。」通典一七五渝州目，

⑤　前已書「西北至蓬州官路二百二十里，私路一百九十里。」此條「蓬」必「達」之形譌。

同。此顯非取合州水路。按同目又云「西〔東〕北至渠州鄰水縣二百里。」通典亦同。鄰水即今縣治，南至渝州絕不止二百里。檢寰宇記一三八渠州，鄰水縣在州東南一百三十里。則「二百」必皆「三百」之譌無疑。其和四百三十里，則所謂渝州北至渠州四百四十里者，中經鄰水縣也。此為捷徑，觀今地圖，疑非循水道而行。

此線縱貫山南西道之南境，沿途分歧與左右州縣聯絡。渠州已當巴水（今渠水）諸支流會合處，更當有官道四達矣。

寰宇記一四〇集州，「東至壁州取符陽縣路二百七十里。」又云：「東北至西京一千九百里；取地平縣至利州驛路二千六百里。」（按此條本通典。）則集州東通壁州；西通利州（今廣元），且常取此路至長安。按同書，壁州符陽縣在壁州北七十里。又集州嘉川縣條，廢通平縣在州西一百一十里。武德元年置狄平縣，二年改為地平縣，永泰元年改通平縣，皇朝乾德五年併入嘉川縣。則其路線亦略可曉。

巴州西通入蜀大驛道，觀前引通鑑二六八，述林思諤由安遠軍取間道經中巴至泥溪事可知。又韋處厚經鵠鳴驛至開州，當亦至巴州乃東南行也。是巴州可東西通行鄰州之明證。

寰宇記一三九蓬州，云取巴嶺路至長安。又云「取閬州路一千七百六十里。」是至長安亦兩路並用也。

唐代此道之行程與狀況可略考如此，雖非重要驛道，然亦偶置驛，或因地段不同而置驛與否，故驛館之名尚得一二。若再上稽前代，如張魯奔巴中，張郃進出宕渠，似亦當取道巴嶺，即此道也。則至遲漢代末年已相當開通矣。

張魯居漢中，曹操由陳倉出散關至河池，遂東南征魯，大敗之於陽平關，魯潰奔巴中。見三國志魏武紀及張魯傳。又蜀志六張飛傳：「飛領巴西太守。曹公……留夏侯淵張郃守漢川。郃別督諸軍下巴西，欲徙其民於漢中，進軍宕渠蒙頭蘯石，與飛相拒。……飛……從他道邀郃軍，……遂破郃。郃棄馬緣山，……從間道退，引軍還南鄭。」魏志一七張郃傳略同。按寰宇記一三八，渠州，「漢初置宕渠縣，……今即流江縣東北七十里宕渠故城是也。其城，後漢車騎將軍馮緄增修，俗名車騎城。」輿地紀勝一六二渠州景物下，「八濛山在流江縣東北七里。」下引張飛破張郃事。按流江縣即渠州治所，今渠縣也。守漢中，引軍至此，當即取巴嶺道耳。至於玉堂閒話及輿地紀勝一八七巴州景物目兩角山截賢嶺兩條所述蕭何追韓信事，吾人只可據此諸條材料，證實至遲唐代已有此傳說，未能信其眞有其事也。

又水經注云成固南沔水上有桁，渡桁而南，經悅歸館，在涔水（今小沙河）右岸。又南渡涔水桁，至成固南城，極險固，蓋有道亦南踰巴嶺，殆與上考之巴嶺道爲一線歟？

水經注三二涔水經：「涔水出漢中南鄭縣東南旱山，北至安陽縣南，入于沔。」注云：「涔水即黃水也。東北流逕成固南城北。城在山上，或言韓信始立，或言張良創築，未知定所制矣。義熙九年，索邈爲果〔梁〕州刺史，自成固治此，故謂之南城。城周七里，衿澗帶谷，絕壁百尋。北谷口造城，東門傍山，尋澗五里有餘，盤道登陟，方得城治。城北水舊有桁，北渡涔水。水北有趙軍城，城北又有桁，渡沔取北城，城即大成固縣治也。黃水右岸有悅歸館，涔水歷其北，北至安陽，左入沔，爲涔水口也。」合校引錢大昕謂果州爲梁州之形譌，是也。按楊圖，成固漢水南岸有一小水，指爲古涔水。檢康熙城固縣志一，小沙河在城南十里，「源自巴山，北流入漢江。」即此水矣。又檢城固縣鄉土志，城南路經五郎壩，通四川省通江縣椒子坪。檢張編地圖集・四川人文圖，五郎壩在 E 107° 20′・N 32° 50′ 處，西南踰米倉山脈即西河口，南接通江，西南接南江。蓋亦古道也。

（二）洋、金南越巴山諸谷道

洋州南越巴山有兩道。其一道由唐代前期洋州治所之西鄉縣（今縣）

東南越巴山山脈至通州之宣漢縣（今萬源縣西南至宣漢縣間），又直南至開州治所盛山縣（今開縣），洋開間蓋凡八百里至八百四十里。又直南小道一百六十里至萬州治所南浦縣（今萬縣）。由萬州取蜀江水道二百六十里至忠州治所臨江縣（今忠縣），又三百五十里至涪州治所涪陵縣（今縣），此爲一重要常行之大路，故元和志、寰宇記書之甚詳。

此段考證，詳下天寶荔枝道篇「由何路至達州」條。

又由宣漢循徐曹水（今後江）西南行至通州治所通川縣（今達縣）。又取水道下行二百五十里至渠州治所流江縣（今渠縣），若取陸路，則回迂至六百里。

徐曹水見水經注，卽今後江，參看楊氏水經注圖。宣漢在今後江上源，而屬通州，是必沿水有路至通州。通典一七五通州，「去西京取益昌郡（利州，今廣元）驛路二千五百里（本脫『百』字，據寰宇記補），東北（本脫『北』字，據寰宇記補）取洋川郡（洋州）駱谷路約有一千五百七十六里。」寰宇記一三七，同。卽此道也。

又通典、寰宇記兩書之渠州、通州（記作達州）兩目，皆記兩州間交通有水陸兩路，水路二百五十里，陸路六百里，無異說。陸路六百里，似太多，蓋山路迂廻之故歟？今日汽車道卽迂廻甚遠也。

通州北經宣漢越巴山至西鄉，西鄉東北當子午谷之南口，此卽宋代以下所傳之楊妃荔枝道。涪州荔枝佳者，實產於涪州治所涪陵縣西北一百一十里之樂溫縣（今長壽西北五十里），若自此入貢，則當取鄰山縣（今大竹東南鄰水西岸）至通州（今達縣），或取墊江縣（今縣）、梁山縣（今縣）高都驛道至通州，此則前代志書所未明也。

關於天寶貢荔枝事，頗爲複雜，別詳下天寶荔枝道篇。

洋州南越巴山之另一道，乃由西鄉縣直南微西約六百里至壁州。其行程蓋略循洋水河谷而上八十里至洋源故縣，越巴山，又循巴江上源谷地而南下，經白石縣（今通江東北百里）境，至壁州治所通江縣（今縣）。

通典一七五洋州「南至始寧郡（壁州）六百一十五里。」而元和志二二洋州「南至壁州西〔山〕路五百六十里。」寰宇記一三八洋州「南至壁州山路五百四十里。」又一四〇壁州「北取洋州興道縣五百四十里」「北取洋州路至長安二千里。」按天寶以後，洋州治興道縣，然興道在西鄉西北百里，去壁州里數不應少於西鄉至壁州。今姑從通典。檢申報館新地圖，西鄉至通江有一道，中經峽口，白雄關，兩當口，龍池埸，白楊關，長坪，泥溪，即循洋水（西鄉水）、巴水河谷而行。元和志洋州西鄉縣，西北至州一百里，洋水東去縣八里。是洋水即今西鄉水。又元和志，洋州「洋源縣西北至州百二十里，因洋水爲名。洋水去縣南三百步。」寰宇記一三八洋州西鄉縣條，「洋水在今縣西南三百步。」「廢洋源縣在州東南一百八十里，因縣北洋水爲名，大歷元年，爲狂賊燒刼，北移於西鄉縣二十里白湍村權置行縣。」寶歷元年廢。又云「洋水出廢洋川縣東巴嶺。」川爲源之譌。「洋水在今縣西南三百步。」則洋源縣故城在洋水之源，北至州八十里，後移北六十里。由西鄉南踰巴嶺之道當即循洋水河谷而上行也。

今通江縣境之巴水發源於東北巴山，古已名巴江，見寰宇記一四〇壁州通江縣。檢通典一七五，壁州「東北到郡內白石縣一百里。」不云通洋州。檢寰宇記一四〇壁州白石縣在州東北一百里。「因界內白石川爲名」，「青水一名白石水，東北自洋源縣界流入，西南流與諸水合。」又云「縣城南枕大溪，北臨小澗。」是白石縣雖因水爲名，但不濱臨白石水。檢今圖，通江之巴水東源曰清水，即白石水也。一統志保寧府卷山川目白石水條引舊志，「源出西鄉縣，自竹浴關入（通江）縣境。」正即清水也。在申報館新地圖所記大道之東。則古道縱不經白石縣治，當經其境。

壁州西南一百五十里至巴州，壁州東南三百七十里至通州。

按壁州之南爲渠州，且巴水即渠水，直通渠州。然通典、寰宇記壁、渠兩州目，皆不記巴州南至渠州之里數。而通典一七五，壁州西至巴州一百五十里，東至通州一百六十二里。巴州目亦記東至壁州里數同。寰宇記一四〇壁州目，西至巴州里數同，而作「東至通州三百七十里。」按壁通間絕不止一百數十里。通典「一百」爲「三百」之譌。

後唐天成三年四月，「洋州奏重開洋州入蜀舊路，比今官道近二十五驛。」疑與此道爲近歟？

此事見五代會要二五道路目。

金州治西城縣（今安康），南入巴境亦有兩道。其一，由西城，西南經廣城故縣（今紫陽南六十里）至通州之宣漢縣，蓋取今任河谷道而行，崖路崎嶇，水可通筏，即酈注所謂「谷道南出巴獠」者。由宣漢下渠水至通州也。

寰宇記一三六渝州，「東北泝流取金州路至長安二千八百一十里。」元和志三三，渝州「東北至上都二千八百一十里。」明所記爲一路，經金州至長安也。所謂泝流，自指泝渠江水而言，是必經通州。按通典一七五通州，「東北到安康郡（即金州）一千一百里。」金州西南到通川郡（即通州）里數同。寰宇記一三七通州目、一四一金州目，亦皆相同。九域志八，達州「東北至本州界一千五百八十里，自界首至金州七百里。」里數雖不符，但兩州間之通道則一也，亦即與渝州東北泝流經金州至長安爲一路也。唐宋志書一致記載如此，知必爲一相當通行之道路。蓋亦由通州東北行經宣漢，又東北至金州治所西城縣（今安康）。考水經注二七沔水注云：

「漢水又東逕晉昌郡之寧都縣南，縣治松溪谷。又東逕魏興郡廣城縣，縣治王谷。谷道南出巴獠，有鹽井，食之令人癭疾。」

檢楊氏水經注圖，置廣城與鹽井於今安康、城口之間。度此文意，鹽井當在巴獠境，應即後考之宣漢鹽井（今通明井），在今城口西南。復檢一統志興安府卷古蹟目，引通志，廣城舊縣在今紫陽縣南六十里。又山川目，「任河在紫陽縣西南一里，源出四川夔州府大寧縣，流經太平廳，又北流至縣（紫陽）境入漢。崖路崎嶇，通西蜀道，板木結筏，多由此出。」又嚴如熤三省山內風土雜識云：「由城口之北至兩扇門通陝西之興安，高山夾峙，中間危徑一線，爲川陝必守之險。」檢視地圖，此即任河河谷之通道無疑。按任河爲此區發源巴山之惟一較大之水，廣城故縣在紫陽南六十里，正當在此水流域。酈注所謂「谷道南出巴獠」當即指此水谷道而言，河谷上源正接宣漢井，形勢正契合。蓋此道由今安康西經紫陽取任水河谷上行而南入巴山，又西南至今萬源縣南地區也。考周書四四李遷哲傳，西魏末，除遷哲「直州刺史，即本州也。……令與田弘同討信州（今奉節）。魏恭帝三年正月，軍次幷州。」云云。按直州在今漢陰縣，幷州見寰宇記一三七通州廢宣漢縣條，在今萬源縣南。則其行軍正取此谷道，唐代通州宣漢縣東北至金州之道亦此道也。

金州東南行七十里至平利縣(今縣)，縣東三十里女媧山，明清時代，南通鎭平，爲入蜀之道。宋世，見置女媧驛，疑唐世或唐前已爲通道。

寰宇記一四一金州，平利縣在州東南七十里，治在平利川，黃洋水北。新唐志，平利縣有女媧山。晉書九八桓溫傳，溫由襄陽進兵關中，命梁州刺史司馬勳出子午道，勳軍敗，退次女媧堡。即此山也。輿地紀勝一八九金州古迹目，有女媧驛、女媧山。引皇朝郡縣志云在平利縣東，有祠曰女媧聖后。檢一統志興安府卷山川目，「女媧山在平利縣西五十里。」而引舊州志云，「山在縣東三十里。岡巒起伏，蜿蜒四十餘里。」校以紀要五六，當以縣東三十里爲正。然統志前文誤爲縣西五十里者亦有故。檢輿地紀勝八六房州古迹目亦有女媧山，「在竹山縣，燕子山相對。」一統志鄖陽府卷山川目，「女媧山在竹山縣西五十里。」「燕子山在竹山縣西三十五里。輿地紀勝，在竹山縣寶峯鎭之左。」「寶峯山在竹山縣西北七十里。」則竹山縣亦有女媧山，在縣西五十里。按今平利、竹山間中隔竹谿縣，唐爲上庸縣。紀勝同卷沿革目，開寶初省入竹山縣。檢寰宇記一四三房州，竹山縣在州西一百五十里，廢上庸縣在竹山縣西一百里。（元和志二一，里距相合。）併入竹山，則宋世平利、竹山接境。一統志引金州舊志，山在平利縣東三十里，其山蜿蜒四十餘里。蓋西端在平利東三十里，東端在竹山西五十里，實一山也。統志興安府卷誤以竹山西里數爲平利西里數耳。

上文已見女媧山之名甚早，晉人嘗由子午道退屯於此，宋世且置驛，爲交通據點，其山之地望亦可詳明。考三省山內風土雜識云：

「女媧山當平利通川之路。」

「平利北連安康……東南接湖北之二竹，西南與四川之太平（卽萬源）大寧交界。鎭平一隅尤深入川楚之中，距縣治三百六十里，鳥道一線，盤折於危巖峭壁之間，鷄心嶺扼夔府大寧之路。」

檢紀要五六，「平利縣在金州東南九十里，南至四川大寧縣六百里。」縣有鎭平，「志云在縣東南二百里，有巡司戍守。」則明清時代，平利、女媧山實當金州南通四川之路，宋時置驛，蓋亦以當此道之故。上推晉世，司馬勳伐秦，兵敗退屯於此，蓋以東通上庸，南入蜀中，有後路耳。疑唐世此道亦通行。

（三）房州南越巴山諸谷道

房州爲古庸國境域，秦漢分置房陵、上庸兩縣，自秦至唐常爲遷謫之地，蓋山谷深險，民雜蠻夷，爲一文化落後地區。

庸國爲牧誓八國之首，後爲楚所滅。漢志有此兩縣。始皇徙嫪毐黨四千餘家、呂不韋舍人萬家於此，又徙趙王遷於房陵。漢徙濟東王彭離、廣川王孝於上庸，並詳漢志補注。華陽國志二漢中志，漢時宗族大臣有罪，「亦多徙此縣。」是也。至唐武后，仍徙中宗於房陵。按舊唐書一八五上韋機傳，附曾孫景駿傳，開元「十七年遷房州刺史，州帶山谷，俗參蠻夷，好淫祀，而不修學校。」大約爲一漢人較少地區。輿地紀勝八六房州風俗形勝目引皇朝郡縣志云：「其民……至今安於山僻，男子燒畬爲田，婦人績麻爲布，以給衣食，少從學之士。」是宋世猶然。是則其地僻在山區，蠻夷所居，文化落後，朝廷視爲惡地，故以爲政治貶謫之所。

然地當陝西、湖北、四川三省之交，爲鄧宛襄漢入蜀之捷徑，唐代前期，韋景駿爲房州刺史，曾致力交通建設，置傳館，其後當續有經營，至宋見有館驛頗多。

舊一八五上韋機傳，曾孫景駿，開元十七年遷房州刺史，「通狹路，並造傳館，行旅甚以爲便。」新一九七循吏韋景駿傳，略同。是唐代前期在此一帶從事交通建設之記錄。唐末五代，蓋續有修建。輿地紀勝八六房州景物目下，有馬息驛在房陵縣北六十里，獨松驛在房陵縣房山相連。⑥ 悔來館在房陵縣北三十里，紹興十四年改名至喜館。又詩目引曾弼題房城驛。具見宋世已有不少館驛。

惟重巒疊嶂，山水險阻，仍感行旅維艱。蓋漢水上游，梁、洋爲小型盆地平原，中游均房則爲山岳地帶，猶長江流至夔歸有巴山之阻也。

輿地紀勝房州卷引邵勉詩云：「房陵郡僻皆山川，竹山更在房西偏，道由房城絕險阻，高崖峻嶺相綿延。」又引汪德倫房州到任謝表云：「山蹊險阻，甚於九折之途，舟車困而行旅弗通，……」此見房州及其西行道路之艱險。上論唐世，當更未闢。又紀勝一八九金州風俗形勝目引圖經山川序云：「自漢中而東，則謂金多山嶺，而均房而西，則謂金多平曠。」此見漢水流域之大形勢。

就道路所通而言，房州在武當山之南，境內有堵、筑（今南河）兩水爲較大。其外出之道，東至襄州，北至均州，皆有水陸兩道。由州東行，陸路一百一十里至永清縣（今保康），又三百一十里至襄州。水路浮筑水亦經永清至穀城（今縣），轉下漢水，凡五百八十四里。水經注云汎水東逕學城南，爲梁州大道所由，又云筑陽縣北闕林山爲本郡陸道所由，皆見筑陽爲諸道所湊。

⑥ 按房山在房陵縣西南四十里，見元和志、寰宇記。

水陸兩道之里程，皆見元和志與寰宇記。元和志云，筑水出房陵縣西北葉山，經縣北二里。又經永清縣北三里。永清在房陵東一百一十里，即今保康縣。筑水即今南河，故此水陸道之路線可略知。考水經注二八沔水注云：

「沔水又東南逕陰縣（今光化）故城西。……沔水又南，汎水（今北河）注之。水出梁州閬陽縣，……又東逕學城南，梁州大道所由也。……沔水又南逕闕林山東，本郡陸道之所由。山東有二碑，其一即記闕林山，文曰，君國者，不躋高堙下，先時或斷山岡，以通平道，民多病，守長冠軍張仲瑜乃與邦人築斷故山道，作此銘。………沔水又南逕筑陽縣（今縣）東。又南，筑水（今南河）注之。」

按楊氏水經注圖，以汎水即今北河（清圖余家河），筑水即今南河，繪學城於汎水口之北，闕林山於汎口、筑口之間，皆在漢水之西，皆是也。檢今圖，漢水之東即光化縣西南濱漢水之老河口，仍爲今日河南、鄂西向西南入四川之大道口，抗戰時期，發揮重大作用，此仍自古以來之形勢也。

由州北陸行踰武當山西側隘道，二百六十八里至均州。又由房州西行陸路一百四十八里至竹山縣（今縣），由縣浮堵水下漢水亦至均州。寰宇記稱堵水舟船商賈甚盛。

均房間陸程及房陵、竹山間里程，皆見元和志二一。寰宇記一四三，略同。寰宇記竹山縣目云，「堵水源出金州平利縣界黃牛源嶺下。圖經云，郭帶堵水，水出漢江，舟船往來，商賈所湊。」可見此水道運輸之盛。

唐末五代，均房漸見爲山南襄漢入蜀之要道，馮行襲爲均州刺史，即以維護襄漢入蜀貢道而知名。

舊五代史一五馮行襲傳，武當人，以計定均州。「山南節度使劉巨容以功上言，授均州刺史。州西有長山，當襄漢貢路，羣賊屯據，以邀掇貢奉，行襲又破之。」新一八六劉巨容傳附行襲傳云：「均之右有長山當襄漢貢道，有劇賊據險掇獻物」云云。又新五代史四二本傳及通鑑二五六，略同。通鑑二五六中和四年記此事云，「蜀道以通。」具見此爲襄漢通蜀之一主要道路。紀要七九均州目引此事云，「或曰長山卽武當山。」應可信。

均州入蜀之貢道，當由均州陸道南行至房州治所房陵縣（今房縣），又西至竹山縣（今縣）；或由均州泝漢水至鄖鄉縣（今鄖縣），又西南泝堵水，亦至竹山。堵水舟船商賈之盛，蓋卽因楚蜀要道之故。竹山卽古上庸，由此循堵水河谷而上經上庸縣（今竹谿）南境，可通竹筏。由此入宣漢縣（今萬源西南）東境今城口（E108°48′·N31°58′）地區，入蜀。此下行程雖不詳，然頗疑取宣漢鹽井（今明通鹽井）下前江至通州（今達縣）也。

竹山入蜀之道雖不詳，但自宣漢東境或東北境越巴山山脈無疑。考嚴如熤三省山內風土雜識（叢書集成本）云：

「四川之太平廳……所管地極遼濶，……廳所轄之城口，距廳三百七十里，四面高山峻嶺，中間一線溪流。……」

「由城口之南，經由乾龍坪、明道〔通〕井、鸛鳴寺、雪泡山、高坪等處，分路往雪陽、開縣，密地數百里，均爲未開老林。」

「由城口之東經由黃墩、旗桿山、汪家垻、桃花埡，過大團城、小團城至紅池垻、老木園、寶塔，分路往夔府之大寧、奉節，鳥道羊腸，崎嶇不易行。」

「由城口之北至兩扇門，通陝西之興安，高山夾峙，中間危徑一線，爲川陝必守之險。」

「由城口東北經黃墩、後坪，至一碗泉、中心石，南通夔府之大寧、奉節，北過偏巖子至陝西平利縣之平陰。東北過螞蝗垻至陝西平利縣之鎭坪，東過徐家垻、焦子埡，通湖北竹山縣之巴豆園、豐溪兩處。」

是清代城口實當川陝要道，故嚴書述其交通路線遠較他處爲詳。就中有東通竹山、鎭坪、平利三線。檢今圖，通鎭坪、平利，卽當堵河西源處。輿地紀勝稱爲南江。一統志鄖陽府卷山川目堵水條引府志，南江河源出平利縣界，可通舟筏，東流經竹谿縣，竹山縣，爲竹山江，又東北流入房縣北境，注入漢水。是鎮坪、平利境之堵河上源能通竹筏，疑中古時代房州上庸入蜀之主要行程或即取徑於此水河谷。則與金州東南取平利縣女媧山入蜀之道略相當矣。

嚴如熤所記之明道井，即明通井之譌。檢圖，在城口之西南，當前江上源。一統志太平州卷山川目，明通井舊名宣漢井。引通志，明通井在太平州東二百里，大山相夾，壁立萬仞，數十里天如一線，中有溪即前江也。按寰宇記一三七，達州有宣漢鹽井。九域志八，達州有院一，明通。「僞蜀催科稅賦之地，皇朝因之。」在「州東一千二百里。」（里數失之太多，寰宇記作一百二十里，又失之過少。）有六鄉及宣漢、鹽井、縕欄三場。此必爲一相當大之鹽井，故蜀置徵科院於此，商販貿易當頗盛，亦爲一交通中心。西南有前江通達州，即唐之通州。故疑唐代均房入蜀之貢道取宣漢井沿前江河谷而下通州歟？

此由房州取堵水西行入蜀之道，其開通蓋甚早。漢末，孟達爲新城太守，叛魏，申儀爲魏興太守，「絕蜀道，使救不到。」蓋上庸賴堵水谷道以取蜀援耳。稍後夏侯尚「自上庸通道西行七百餘里。」蓋亦此道也。

申儀、孟達事，見三國志四〇劉封傳注引魏略。同書九夏侯尚傳，尚爲荆州，「自上庸通道西行七百餘里，山民蠻夷多服從者……降附數千家。」是此道之一次加工也。

五代時期，後唐又由房州開新道四百里至夔州，蓋亦由竹山循堵水南源之徵江（今九道梁河）河谷而上，約經今官渡河、白河口（E110°20′·N31°40′），踰烏雲頂山隘，經大昌至夔州也。

舊五代史三九唐明宗紀，天成三年八月，「房州奏新開山路四百里南通夔州，畫圖以進。」五代會要二五道路目，天成三年「五月夔州奏開新路至房州。」檢視地圖，此道當即略循堵水河谷而行者。考三省山內風土雜識云：「竹山南由官渡，過白河口至紅坪，西折向家坡，馬鬃嶺，三層嶺，與老爺頂路會。由紅坪西南折過順水坪、長嶺垻、陰條嶺、至烏雲頂，與四川夔州府之黃草坪汛、大昌營各路相通。」紀要六九夔州大昌縣目，「東北至湖廣竹山縣二百七十里。」殆卽此路，或略相當。檢張編地圖集·湖北地形、人文兩圖，堵水上源大者有西源及南源。西源來自竹谿縣之南；南源來自巴東，今名九道梁河。由竹山循九道梁河上行，見有官渡河、白河口，至水源處有烏雲頂，又官渡河、白河口之西至鎭坪縣之間有馬鬃嶺，烏雲頂之西、馬鬃嶺之南卽大昌，去夔州已甚近。後唐所開房夔新道，當卽此道之前身歟？

關於微江之名，考輿地紀勝八六房州景物目，「微江導源自巴東，入於堵。」「又云百丈山在竹山縣微江對岸。」檢一統志鄖陽府卷山川目，百丈山在竹山縣西南。則宋世微江卽今之九道梁河無疑。復按一統志同卷古蹟目，有微陽故城，「在竹山縣西。……宋書州郡志，上庸太守領縣微陽。魏立，曰建始縣，晉武帝改。」蓋卽在微江之陽而受名。此水在晉宋之世皆有微江之名，度唐世當亦然。且牧誓，庸蜀羌矛微盧彭濮，舊誌微在此地區，則微之名蓋久矣。

又由房州南行山路五百里至歸州治所秭歸縣(今縣)，此亦漢以來之古道，蓋中經屈原故宅地區，循香溪而南達秭歸。

元和志二一，房州「南至歸州山路五百里。」寰宇記一四三房州目、一四八歸州目，皆同。考三國志蜀書一〇劉封傳，「先主……以（孟）達爲宜都太守，建安二十四年命達從秭歸北攻房陵。」卽此道。

又續郡國志秭歸縣，劉昭注引荆州記，「縣北一百里有屈原故宅，方七頃，累石爲屋基，今其地名樂平宅。東北六十里有女須廟。」又寰宇記一四八歸州，興山縣在州北八十五里，香溪在邑界，卽王昭君所遊處，有王昭君宅。輿地紀勝七四歸州，昭君封在州東北四十里。又引元和志，興山有香溪水。一統志宜昌府卷古蹟目引宋史地理志，興山，開寶元年移治昭君院，端拱二年又徙香溪北。檢今圖，秭歸東北興山縣在香溪河谷中，古屈原宅、女須廟蓋在更北，蓋古道亦循溪谷而北也。

宋初伐蜀之師，分取劍門、夔州兩路。但夔門灩澦水急，船艦難進，故自「襄州西山」行深林間，取大寧路直趣夔州。雖路線不詳，但襄州始程當經永清；接近夔州之一段，當與後唐所開新道之南段相近歟？

輿地紀勝一八一夔州大寧監碑記目，丁謂夔州移城記條：「太祖皇帝出師平蜀，由劍門巫峽分兵以入。而灩澦激射峻惡，樓船戰艦難進易退。步騎自襄州西山裹糧兼行，林麓無際，澗壑相接，不知道路之所從。得蜀民詣王師獻畫，由大寧路直趣夔州。平蜀之師實取道於此也。景德三年記。」按大寧即今巫溪縣。

參看圖十四、十五

一九七六年十一月二十三日初稿，一九七八年四月十六日增訂。
刊屈萬里先生七秩榮慶論文集。一九八四年十月二日增訂。
一九八五年九月十四日初校訂正。十一月九日二校定稿。

篇貳柒　天寶荔枝道

唐天寶中，楊貴妃嗜荔枝，欲及新鮮而嘗，故特置急驛自南方馳貢。其驛貢之地，有嶺南與涪州兩說，就余所見史料，唐人多云自嶺南，北宋中葉以後多云自涪州。自史料之原始性言，當從唐人之說，且嶺南貢獻，漢世已有舊例，又經張九齡以中書宰相之尊，而極力宣揚南海荔枝之甘美，及楊妃貴寵，既嗜此果，玄宗必曾詔嶺南特驛馳貢，殆可斷言。然據白居易之說，荔枝採摘三日而色香味俱變，審度當時交通條件，由嶺南發驛至京師，絕不可能保持新鮮，故若欲及新鮮享嚐，則由涪州飛驛，較爲合理。且楊妃幼長於蜀，所嗜當爲蜀產，亦增加驛自涪州之可能性。況在唐世，涪州所產之品質絕不遜於嶺南耶！然楊妃寵貴甚久，驛貢荔枝，時間先後，可能不只一地，先貢自涪州，後慕南海荔枝之美名，更貢自嶺南，然不能新鮮驛到，仍以涪州爲經常貢地，或同時並貢，皆非不可能者。故宋人傳述，或云三日或云七日，正恰當於兩地貢道之里距，唐人以此爲楊氏罪，故偏指遠地歟？

新唐書七六玄宗貴妃楊氏傳：「妃嗜荔枝，必欲生致之，乃置驛傳送，走數千里，味未變已至京師。」但不言置驛傳送之荔枝取自何處。而通鑑二一五天寶五年紀云：「妃欲得生荔支，歲命嶺南馳驛致之，比至長安，色味不變。」則云驛致自嶺南。胡注「自蘇軾諸人皆云，此時荔支自涪州致之，非嶺南。」考蘇軾荔枝歎云：「永元荔枝來交州，天寶歲貢取之涪。」（東坡後集五。）又蘇氏之前輩學人蔡襄荔枝譜云：「唐天寶，妃子尤愛嗜涪州，歲命驛致。」及下文所引范成大吳船錄、王象之輿地紀勝皆然。此即胡注所本。

復考朱翌猗覺寮雜記卷一云：

「荔子，漢和帝時取之南海。唐天寶取之涪。元和中取之荊南，見元微之論海味表。太平御覽，妃子生於蜀，好荔子，（有脫文）勝蜀，每歲飛馳以進。則涪不進久矣。文粹，鮑防雜感詩云，五月荔枝初破顏，朝離象郡夕函關，雁飛不到桂陽嶺，馬度皆從林邑山。則唐又取於廣西。」（學海類編集餘五考據類）

按此條漢和、天寶兩句，明取蘇氏語。檢元氏浙東論罷進海味狀（全唐文六五一），只元和十四年特詔進一次即止。鮑防詩，見全唐詩第五函第六册。據兩唐書鮑防傳及唐會要六七致仕官條，防以德宗貞元五年致仕，詩蓋作於此前。所引御覽云：楊妃所嗜非蜀產，尤可注意。檢御覽九七一荔枝條云：

「唐書曰，楊貴妃生於蜀，好荔枝，南海荔枝勝蜀者，故每歲飛馳以進，然方暑而熟，經宿輒敗。」

朱氏雜記明取此條而有脫文。御覽成書遠在新唐書之前，而舊唐書亦無此文。就余所見，惟李肇國史補卷上有此條，只有兩三字之異，但不重要，蓋即御覽所本，至少可證元和長慶中已有此說。此皆唐代中葉去天寶不過三四十年至多五六十年之史料。復考杜翁病橘詩（詳注一〇，鏡詮八）云：

「憶昔南海使，奔騰獻荔枝，百馬死山谷，到今耆舊悲！」

杜翁與楊妃同時人，亦云貢自南海。詳注引杜修可曰，「唐所貢乃涪州荔枝，由子午道而往，非南海也；此特借漢事以譏之。」按後漢書和帝紀，元興元年，「舊南海獻龍眼荔枝，十里一置，五里一候，奔騰阻險，死者繼路。」觀杜翁用字遣詞誠取漢事故實，然與四五十年後之史家記事相同，即不能視爲僅取漢故實，摒而不論。

考張九齡荔枝賦序（全唐文二八三）云：

「南海郡出荔枝焉，每至季夏，其實乃熟，狀甚瓌詭，味特甘滋，百果之中，無一可比。余往在西掖，嘗盛稱之，諸公莫之知，固未之信。唯舍人彭城劉侯……經於南海，一聞斯談，倍復嘉歎，以爲甘美之極也。……每相顧閒議，欲爲賦述，而世務卒卒，此志莫就。及理郡暇日，追敍往心，……遂作此賦。」

按九齡以開元十一年拜中書舍人，十三年秋後出歷洪州、桂州都督，二十一年拜相。所謂西掖指中舍而言，此必官洪、桂時所作。後爲相多年，聲著朝野，必仍宣揚荔枝之甘美，宮城內外已熟聞其事。及楊妃貴寵，而嗜此果，漢代既有南海貢獻之舊例，玄宗爲博貴妃之歡心，曾詔嶺南飛驛貢獻，殆無可疑，故杜翁詩句非必僅借漢代故實。惟楊妃高祖爲金州刺史，父爲蜀州司戶，妃又早孤，幼年當在蜀，國史補謂其「生於蜀，好食荔枝。」則其自幼所嗜者爲蜀產。涪州爲蜀中產荔枝之最近長安者，楊妃寵貴多年，先詔涪州驛貢，再詔南海驛貢，事極合理，固不必限於一處。

且國史補云「經宿則敗」，考白居易荔枝圖序（全唐文六七五）云：

「荔枝生巴峽間，……夏熟，……殼如紅繒，膜如紫綃，瓤肉瑩白如冰雪，漿液甘酸如醴酪，大略如彼，其實過之。如離本枝，一日而色變，二日而香變，三日而味變，四五日外色香味盡去矣。」

則荔枝雖美果，但須及新鮮享嚐。唐宋志書，嶺南去長安逾四千里，多或五千餘里，唐代驛傳，「詔書日行五百里」，此爲最高速度，縱爲楊妃所嗜，特更加速，亦絕不能超過六七百里，則嶺南荔枝斷不能新鮮驛致長安！故審度情事，南海驛貢荔枝既有漢代之舊例，又經張九齡之宣揚，玄宗欲博貴妃歡心，必曾詔嶺南入貢。然以當時交通條件，嶺南荔枝抵達長安，斷不能仍保持新鮮；涪州去長安不過二千里，飛驛三日可到，新鮮程度遠比嶺南驛致者爲高，故每年眞正能驛到之新鮮荔枝，必來自涪州，非來自嶺南。今傳唐人史料，惟言嶺南者，特以其遠而重罪楊妃耳。惟北宋時代當保存史料較多，故仍多言自涪州驛貢者。

至於荔枝品種，蔡襄荔枝譜云，閩中第一，蜀川次之，嶺南爲下。又范成大妃子園詩小序（范石湖詩集一九）云：「涪陵荔子，天寶所貢，去州里所有此園。然峽中荔子不及閩中遠甚。」范氏吳船錄卷下涪州條又詳之云：「自眉嘉至此，皆產荔枝。唐以涪州任貢，楊太眞所嗜，去州數里，有妃子園，然其品實不高。今天下荔枝，當以閩中爲第一，閩中又以莆田陳家紫爲最。川廣荔枝，生時固有厚味多液者；乾之，肉皆瘠，閩產則否。」又輿地紀勝一七四涪州古跡目，「妃子園在州之西，去城十五里，荔枝百餘株，顆肥肉肥，唐楊妃所喜。」又云：「蜀中荔枝，瀘、敘之品爲上，涪州次之，合州又次之。涪州徒以妃子得名，其實不如瀘、敘。」方輿勝覽六一涪州目引圖經，同。按此諸條爲北宋中葉以後乃至南宋時代之優劣，然亦只云閩中優於蜀產，未言嶺南亦優。況在唐世，更未必然。考寰宇記一二〇涪州，樂溫縣，「縣地頗產荔枝，其味尤勝諸嶺。」此爲宋代開國時之紀錄，去唐爲近，則天寶中，涪州荔枝可能優於閩中，更當優於嶺南。且閩嶺遙遠，縱已知其特優，然不能新鮮致之，亦惟有取給於最近之涪州耳。

驛程有三日七日之異，詳下文。

涪州既爲天寶貢荔枝之主要產地，其由涪州驛運荔枝至長安之路線，宋人尚有記載，云自涪陵縣（今縣）經達州（唐通州，今達縣）取西鄉縣（今縣）入子午谷至長安，才三日。

輿地紀勝一九〇洋州景物目下云：

「子午道，去州東一百六十里。元和志云，舊子午道在金州安康縣界。梁將軍王神念以舊子午道緣山避水，橋樑百數，多有毀壞，乃別開乾路，更名子午道，即此路也。洋川志云，楊妃嗜生荔枝，詔驛自涪陵，由達州，取西鄉，入子午谷，至長安纔三日，色香俱未變。涪州志云七日到長安，不同。」

同書一八三興元府景物目下云：

「子午谷，生荔枝自涪陵入達州，由子午谷路至長安凡三日。杜甫詩，百馬死山谷，至今耆舊悲。」

按洋川志不知何時所作，要爲北宋之傳述無疑。紀勝此兩條所引，記驛致之日程已有三日七日之異。同書一七四涪州古跡目妃子園條謂「當時以馬遞馳載，七日七夜至京，人馬斃於路者甚衆，百姓苦之。」方輿勝覽六一涪州目引圖經與此同。殆皆取於涪州志者。然觀前引白居易荔枝圖序，「四五日外，色香味盡去矣。」則當以三日爲正。下文考證，涪州至長安，陸路不過二千二百數十里，少或不踰二千里，唐代急驛日行五百里，爲楊貴妃特嗜，可能更增加速度，故「人馬斃於路者甚衆，百姓苦之。」若需要七日夜，則一日夜只行三百里，何致人馬倒斃耶？或云七日者，正爲由嶺南驛貢之日數歟？然七日驛到，荔枝已敗壞矣。

然由何路至達州？經達州治所抑或只經州境？此可作進一步之論證。按元和志、寰宇記記涪州至長安之路線，有三峽水路（取荆襄入武關路）與萬、開、洋州陸路兩線。三峽水路太迂遠，必非荔枝道，而萬開洋州路則較逕捷。其行程由涪州治所涪陵縣取蜀江水路三百五十里至忠州治所臨江縣（今忠縣），又二百六十里至萬州治所南浦縣（今萬縣），又直北取陸路小道一百六十里至開州治所盛山縣（今開縣），又直北經通州之宣漢縣（今萬源西南至宣漢間），越巴山山脈，至天寶間之洋州治所西鄉縣（今縣南），蓋凡八百四十里。又東北取子午谷路越大秦嶺，三交驛，入子午關，約六百三十里至長安。共凡二千二百四十里。此爲荔枝道之一可能路線，則經達州東北境之宣漢縣，不經州治也。

元和志三〇涪州目記至上都路線云：

「東取江陵路至上都，水陸相兼三千三百二十五里。從萬州北開州通(州)宣(漢)縣及洋州路至上都二千三百四十里。」

寰宇記一二〇溪州目記至長安路線云：

「東取江陵府路至長安，水陸路相兼三千三百二十五里。東至萬州水路六百一十里，自萬州取開州、通州宣漢縣及洋州路至長安二千二百四十里。」

是兩書記涪州至長安皆有兩路。其一由水路下三峽至江陵轉荆襄道入武關。其一由水路至萬州改取陸路北經開州由洋州越秦嶺也。此陸路，寰宇記云「自萬州取開州、通州宣漢縣。」而元和志作「從萬州北開州通宣縣。」，「通宣」爲「通州宣漢」之脱譌無疑。是此道由萬州北行經開州及通州之宣漢縣，至洋州越秦嶺也。又兩書於涪州以南諸州目，記其至長安之路線，除取江陵府一路（水路）外，往往亦記萬開一道，玆畧錄如次：

元和志，黔州（今彭水）北取萬、開州路至上都二千五百七十里。寰宇記，同；惟少「開」字。

元和志，夷州（約今湄潭地區）北取當〔萬〕州路至上都三千七百里。記作北取萬州路三千七十里。志文「當」必「萬」之譌，又「百」「十」互異。

元和志，播州（今遵義西）北取萬、開州路至上都三千二百七十里。記同，惟少「萬」字。

寰宇記，思州（約今沿河）取萬州路至長安二千八百五十里。

涪州以北各州，元和志已闕。檢寰宇記忠、萬、開、達（即通）諸州目，或記水陸兩道，或記開、通、洋州陸道。其陸道云：

萬州「取開、過〔通〕、洋三郡路至長安一千六百里。」

開州「北取通、洋兩州路至長安一千四百三十里。」

達州（即唐通州）「東北取洋州駱谷路至長安一千五百七十里。」

按涪州及其以南各州去長安之兩道，寰宇記實承元和志書之，此萬、開、達三州行程，除達州乃據通典書之之外，萬、開兩州當亦據元和志書之。兩書於各州並書水陸兩程，頗爲例外，而詳記去長安路程所經之州縣尤爲少見之例外，知此諸條所見之由萬州北經開、通、洋抵長安之陸路，必爲一重要常行之道路無疑。而據兩書涪州目所記，經通州者，實經通州之宣漢縣，非經州之治所。按隋、唐時代，通州有宣漢縣，見隋志、通典及兩唐志，惜元和志已闕，而宋已省，故寰宇記無此縣，而於達州東鄉縣下述廢宣漢縣沿革，惜頗混淆不清，然在今宣漢縣東北甚遠則甚明。其首句云：「廢宣漢縣在州北一百七十里。」蓋承元和志歟？一統志太平廳卷沿革目、古蹟目，皆以爲在清代太平廳，即今萬源縣。楊圖從之，或失之太遠。地典以爲在今萬源縣西，或最得其正。要在今宣漢、萬源縣間，蓋亦在後江河谷中。然按一統志太平廳卷古蹟目引寰宇記廢宣漢縣條，以爲在東鄉縣北一百七十里，與今本寰宇記作「州北」者不同。若作「縣北」不誤，則固當在今萬源縣治歟？

又元和志，涪州北取此路至長安二千三百四十里，而寰宇記云二千二百四十里。「三百」「二百」必有一譌。檢兩書黔州北取此道至長安皆爲二千五百七十里。按志云，黔州西北至涪州三百三十里，記云涪州南至黔州水路三百四十里，則涪州至長安當以二千二百四十里爲正。又記云萬州取開、洋路至長安一千六百里，又云忠州西至涪州水路三百五十里，東至萬州水路二百六十里，其和即涪州至萬州路六百一十里，合計涪州至長安亦當爲二千二百餘里，此見「二百」爲正之又一證，故志文「三百」爲「二百」之形譌。

萬州至開州里程，通典兩州目皆作二百三十二里，寰宇記兩州目，同（開州目脫三十二）。又皆云小路一百六十里。按此兩州方位爲正南北向，而通典云開州東南到萬州二百三十里，知此大路係循今小江而行，至雙江鎮，乃循蜀江而西至萬州也。小路當即兩州間之南北捷道，今已建汽車道，疑唐代已多行小路，故寰宇記云萬州至長安一千六百里，開州至長安一千四百三十里，只差一百七十里也。

通典一七五，洋州「東南到通川郡宣漢縣界三百三十一里」，「北至京兆府六百三十一里。」按此時洋州治西鄉縣，所述正即此道，則西鄉經宣漢至開州當約八百四十里也。

子午谷、子午關路，詳子午道篇。

然涪州荔枝之佳者產於州治西北一百一十里之樂溫縣。縣在樂溫山北三、四十里溶溪水（今龍溪河）西岸，約今萬順場、葛蘭場地區，奉貢所資蓋出於此，宋世所傳州治涪陵縣城西之妃子園，蓋好事者爲之，非眞其地。

前引寰宇記云樂溫縣荔枝，「其味尤勝諸嶺。」以證宋初以前涪州荔枝品質不在閩嶺之下。按元和志三〇涪州樂溫縣「東南至州一百一十里，……因樂溫山爲名，在縣南三十里。此縣出荔枝。」而於涪州治所之涪陵縣不記產荔枝事。寰宇記承之，又明其爲佳種。檢一統志重慶府卷山川目樂溫山條引舊志，山在長壽縣西南五十里，「地氣常溫，禾稼早熟。」荔枝佳品，或與地氣有關。天寶驛貢當由此進，前引宋世各書，云涪陵城西之妃子園，蓋好事者爲之耳。

關於樂溫縣之地望：元和志云在涪州治所涪陵縣西北一百一十里，樂溫山之北三十里。寰宇記所記，去州之方向里距同，但云在山北四十八里。記又云，「溶溪水源出縣理北，南流縣東，又南至廢永安縣東北二里注大江。」同書一四九忠州墊江縣，「溶溪水在縣南十里西流。」檢一統志重慶府卷古蹟目，樂溫廢縣在長壽縣西北五十里，永安廢縣與樂溫山皆在長壽縣西南，山南樂溫灘瀕臨大江。則溶溪水明卽今圖之龍溪河，音仍相近。檢一統志重慶府卷山川目，亦云龍溪古名容溪，是矣。則唐之樂溫縣卽在今龍溪河（高灘河）之西，約今萬順場、葛蘭場地區（N30°5′·E107° 地區）。

樂溫荔枝若東南運經涪州治所之涪陵縣（今縣）再由上述路線東北行經忠、萬、開三州，又經通州之宣漢縣，向北行，陸路固已迂遠，水路尤非人力所能控制。以今論之，當由樂溫產地飛驛循溶溪水（今龍溪河）河谷北上，經墊江縣（今縣）、梁山縣（今縣）至通州東境之新寧縣（今縣又名開江）、東鄉縣（今宣漢東），再北經宣漢（今縣東北頗遠），與上述涪州東北行經忠、萬、開北上之大道合，再北越巴山山脈至西鄉入子午谷路，入子午關（長安正南百里）至京師。宋世所傳梁山有高都驛路，爲貴妃荔枝道所經；蓋眞得其實矣。今圖有汽車道自長壽北經墊江至梁山，又北經新寧（又名開江）及達縣（唐通州治）東北之宣漢縣，又北至西鄉，又東北至子午鎮，蓋卽略循唐代荔枝故道而行耳。

輿地紀勝一七九梁山軍景物目下云：

「高都山距軍北一十五里。……高都驛路，乃天寶貢荔枝之路也。」

按宋梁山軍，唐爲梁山縣，在樂溫縣之東北，驛經梁山境，是必由產地直向東北行，中間必經墊江縣（卽今縣）。前條引寰宇記一二〇及一四九，墊江與樂溫兩縣同在溶溪水（今龍溪河）河谷，其道蓋循河谷而上歟？梁山縣北卽新寧縣(今縣，又名開江)。據寰宇記一三七達州新寧縣，貞觀中置，在州東一百七十五里，俗名賓城，西魏曾置開州於此。固爲一較大地方。又北則爲東鄉縣，寰宇記云在達州東北一百七十里，在今宣漢縣東北。馳驛蓋由梁山直北經新寧、東鄉，北至宣漢，與萬、開北行之大道合。檢張編地圖集·四川人文圖，由蜀江北岸之長壽縣，有汽車道東北經墊江、梁山、開江（卽新寧）、宣漢，北越巴山至子午鎮，此正樂溫經梁山之天寶荔枝驛路線。

此道全程約二千里。按唐代規制，急驛日行五百里；爲貴妃嚐新，飛騎日行近七百里，三日而達長安，超乎規制最大之速度。而此一路多行山險間，人馬必多倒斃者，故杜翁云「百馬死山谷，到今耆舊悲！」王象之云「人馬死於路者甚衆，百姓苦之」也。

此道全程雖不可確知。然前考涪州經忠、萬、開至長安之大道二千二百四十里，比而觀之，此道約二千里，絕不踰二千一百里。前引輿地紀勝錄洋川志，荔枝三日而至京師，則日行約近七百里。按唐代大赦文，常云「赦書日行五百里。」又考元和志四新宥州目云：

「李吉甫……請自夏州至天德軍復置廢館一十一所，以通急驛。……從天德取夏州乘傳奏事，四日餘便至京師。」

按同卷天德軍目，「西（南）取寧遠鎮，故落鹽池，經夏州至上都一千八百里。」是急驛蓋日行四百里，赦書五百里，蓋最高之速度。驛送荔枝更加速至日行六百里以上至七百里也。杜詩、王文詳前引。

參看圖十五、十四

一九七七年初稿，一九七八年四月三稿，多所訂正。刊大陸雜誌第五十七卷第一期。一九八四年十月檢定。一九八五年九月十五日初校，十一月十二日二校定稿。

篇貳捌　荊襄驛道與大堤豔曲

引　言

古代中國之疆域以黃河、長江兩流域爲主體，而中隔秦嶺、伏牛、桐柏、大別諸山脈，使南北交通局限於東西中三主線。西線由關中越秦嶺西段，循嘉陵江入巴蜀。東線由河淮平原踰淮水至長江下游之吳越；汴河既開，即以汴河河道爲主線。中線由關中東南行，由河洛西南行，皆至宛（南陽）鄧，再循白水流域，南下襄陽，復南循漢水至長江中游之荊楚。此南北交通之自然形勢也。

大抵交通商旅之利，水運遠勝於陸運。西道所通不但限於巴蜀一隅，而秦嶺險阻，棧閣纔通，交通困難自不待言，且嘉陵江上游，雖通舟楫，但水湍灘多，運輸量自不能大，故西道在南北交通上之價值，遠不能與東中兩道相比擬。東道所經雖皆平原廣野，然無自然河流南北貫通，故歷代屢開運河以利南北之交通，然人工河流屢開屢壅，固難持久。惟中道行於秦嶺、伏牛與桐柏、大別兩山脈羣之間之廣闊缺口中，北有白唐兩河直達黃河平原之邊緣，固爲通衢；西北通關中之武關道，行秦嶺之尾閭，亦遠較子午以西秦嶺諸谷道爲平夷。此道南行則有長江最大支源漢水爲之灌輸，水陸均便，正南爲荊州（江陵），東南爲鄂州（武昌），乃古雲夢之兩端，長江之中游，西溯巴、蜀，東下吳、越，南由洞庭、鄱陽達於嶺表。故此道北輸，兼及關中盆地與黃河平原；此道南輸，網及長江、珠江兩流域。漢水水量豐盛，唐白兩河之流量縱不盛於汴水，但能永恒不待修濬；惟不能直通黃河耳。至於南北委輸網尤非東西兩道所能及 。 且中道在中原之直南， 故中原文化之南播， 以此道爲最早最捷之途徑。試看中國古史，舊石器文化之中心在山西、陝西之黃土高原，新石器時代早期文化中心移在渭水盆地與河洛平原，然後四向傳播，長江流域首先接受中原新石器文化之影響者，厥爲江、漢間之屈家嶺文化（在京山），此正白河漢水南北通貫，利便交通之最先史例也。其後殷代文化之南被，亦以江漢地區爲最早，黃陂盤龍城早商文化（商代中期）之發現卽爲明證。至於長江流域之殷商文化，迄今發現，惟蘄春、寧鄉、石門、清江、都昌數處，亦江域中游之兩湖、贛北地區，此仍見白河、漢水之交通影響也。下及周初，文王化被南國，建立漢上諸姬，可能爲周代封建拓殖之一重點區域；蓋亦由此一地理條件與歷史傳統而來。春秋戰國時代，長江流域之盛國惟荆楚，楚國北爭中原，亦視此中道爲衝途。習鑿齒襄陽記曰，襄陽「楚國之北津也。楚有二津，謂從襄陽渡沔，自南陽界出方城關是也，通周鄭晉衞之道。其東則從漢津渡江夏，出平皐〔澤？〕關是也，通陳蔡齊宋〔魯？〕之道」①。平皐關蓋卽今平靖關地段，古稱冥扼、黽塞，道至險惡，非襄陽大道之比也。

下及中古秦漢隋唐時代，中國政治中心仍在關中、河、洛地帶，中道仍保持此一優勢。故南北朝時代之南北走私貿易仍以此爲主要經途。隋開汴河，唐代利之以爲南北漕運之大動脈，東道之重要性漸得與中道平衡，然東道去政治中心較迂遠，故輕裝行旅而南者，尤其南下長江中游及巴蜀、嶺南者，仍取中道爲多，卽行旅之盛仍非汴河水陸道所能及。中道之總幹線爲襄（襄陽）荆（江陵）道，水陸並通，可謂爲中古時代最繁榮之交通路線 ， 商旅繁會， 聲色之娛最盛， 宜城大堤，尤爲妓藝聲色之中心，猶先秦之邯鄲、明清之秦淮，故自南朝至唐世，艷歌中有所謂大堤曲特詠襄陽大堤聲色之娛者，正爲此一情勢下之產物耳。今就唐代此道之交通狀況作詳實之考察，兼及大堤曲產生之背景，以爲治史習文者之一助。

① 此見寰宇記一四五引。續郡國志劉昭補注引作荆州記，云「襄陽，舊楚之北津，從襄陽渡江，經南陽，出方關，是周鄭晉衞之道；其東津，經江夏，出平澤關，是通陳蔡齊魯之道。」文小異，可互校。

(一) 中古時代荆襄道在南北交通商貿上之重要性

中國中古一千一百餘年中，包括魏晉南北朝時代南北爭衡達三百餘年之久。在此長期南北戰爭之攻守進退中，更顯見南北交通東西中三道之作用。魏明帝曰：「先帝東置合肥，南守襄陽，西固祁山，賊來輒破於三城之下者，地有所必爭也。」此正代表當時之南北交通三主道。其東道主線由壽春、合肥，或由彭城、淮陰，西道主線多由散關棧道，或由祁山、仇池，皆因時而異；惟中道之必取襄陽，則山川形勢使然，無可易者。

魏明帝語見魏志三明帝紀青龍二年條。其他史料不能一一詳列。大抵嘉陵江上游有東西兩源，祁山近其西源，散關近其東源，故可有兩道。褒斜、駱谷皆艱險之谷道，不若前兩道之較平夷②。淮水南北地勢平衍，通行之道較多，但主要大路仍不出兩條。一由許昌東南循潁水經壽春、合肥至江濱，史記貨殖傳已見此道。一由彭城（徐州）東南出淮陰至廣陵（揚州），此即故汴河道也。惟中道地形限制，不能有並重之兩途。近代平漢鐵路打通豫鄂間之山險，始奪荆襄道爲中道主線之地位。

中古南北戰爭時代，襄陽既爲中道主線，故其地對於南北兩方皆極重要。蜀志六關羽傳，爲襄陽太守，渡江圍曹軍重鎭之樊城，下之，曹氏七軍皆沒，「羽威震華夏（謂中原），曹公議徙許都以避其鋭。」又晉書一宣帝紀，懿曰：「襄陽水陸之衝，禦寇要害，不可棄也。」此見襄陽對於北國之重要。而通典一七七襄陽郡條云：「襄陽去江陵步道五百，勢同脣齒。」又云：「北接宛洛，跨對楚沔，爲鄢郢北門。」此則中古時代站在南國立場而見襄陽之重要也。

荆襄道在南北用兵上之重要性固不待言。若就一般交通與商旅上之作用言之，亦見其然。東晉、南北朝時代，雖南北敵國，但南北走私貿易則頗

② 此諸道行程地貌，詳第三卷通典所記漢中通秦川驛道篇、中古時代仇池山區交通網篇、漢唐褒斜道篇、唐駱谷道篇。

盛，而丹水、白河、漢水殆爲一主要商道。如東晉時，苻健使菁於豐陽（今山陽）立荆州，以與南方通關市，來遠商，以充國用。北朝崔寬爲陝城（今陝縣）鎮將，以「路與南通」而「販貿往來，家產豐富」。南朝之雍州（今襄陽）刺史亦常以此致富。私商往來，更不待論。齊武帝布衣時，商行於襄、樊間，後作歌稱爲估客樂，又名商旅行，足見私商之盛。

晉書一一二苻健載記云：

「遣菁掠上洛郡，於豐陽縣立荆州，以引南金奇貨、弓竿漆蠟，通關市，來遠商，於是國用充足。」

按豐陽在今山陽縣（商縣南），即循丹水漢水路線與南方進行貿易也。其後南北朝時代，亦見此例。北朝，如魏書二四崔玄伯傳附崔寬傳云：

「拜陝城鎮將。兩峭地嶮，民多寇刼。寬性滑稽，誘接豪右……。弘農出漆蠟竹木之饒，路與南通，販貿來往，家產豐富，而百姓樂之。」

按弘農路與南通者顯指南通鄧、襄而言，即因弘農盛產漆蠟等物資而與南朝吏民做走私貿易耳。同書六九袁翻傳，議曰：

「荆揚之牧，……皆無防寇禦賊之心，唯有通商聚斂之意，……販貿往還，相望道路。」

是則荆揚地方長官且專以與敵境販貿爲事。周書二〇賀蘭祥傳云：

「（大統）十四年，除都督三荆、南襄、南雍（略）十二州諸軍事、荆州刺史……百姓安之。……州境南接襄陽，西通岷蜀，物產所出，多諸珍異。時旣與梁通好，行李往來，公私贈遺，一無所受。」

此爲特見淸廉之長官，然亦正見南北貿易之盛也。南朝雍州刺史治襄陽，亦多營私，如宋書四六張邵傳，「在雍州，營私蓄，取贓貨二百四十五萬。」此尙未顯示走私貿易。又南齊書三〇曹虎傳云：

「（爲雍州刺史）善於誘納，日食荒客常數百人。晚年好貨賄，吝嗇，在雍州得見錢五千萬，伎女食醬菜，無重肴。」

按其時南北兵爭，此疆彼界間多荒蕪不墾，故稱荒中，邊區少數民族往往徙據其地，亦爲漢人逃亡淵藪，稱爲荒人。如同書二六陳顯達傳，「荒人桓天生自稱桓玄宗族，與雍司二州界蠻虜相扇動，據南陽故城。」顯達擊破之，「天生還竄荒中。」是也。曹虎好貨吝嗇，而日食荒客數百人，取與崔寬事合而觀之，其經營走私貿易甚明，故雖得錢五千萬，爲皇帝所忌羡，藉故殺其人，沒其財，而不能加以貪贓之名也。又同書二五張敬兒傳，歷南陽太守，雍州刺史，以伐蠻著稱。後爲侍中車騎將軍，「敬兒又遣使與蠻中交關，世祖疑其有異志。」誅之。按敬兒在朝官至侍中車騎，已躊躇滿志，更無異圖，縱有不臣之心，與數千里外之荒蠻相結，亦復何用？所以「與蠻中交關」者只是經營生意耳，故世祖尋亦悔之也。又世祖誅敬兒詔曰：

「建康民湯天獲商行入蠻。」

則建康商人亦入雍州蠻中營商。度此類當甚多也。復考舊唐書二九音樂志云：

「估客樂，齊武帝之製也，布衣時常遊樊鄧，追憶往事而作歌曰，昔經樊鄧役……意滿情不敍……。梁改其名爲商旅行。」

按樊鄧爲襄陽以北接近蠻荒地區，齊武布衣時何以常遊其地？後憶舊遊而作歌，歌名爲估客樂，亦名商旅行，蓋布衣舊遊亦是蠻中經商賺取暴利。參稽崔寬傳，則前引南國官民與荒中相結營利之諸史例，大半即南北走私貿易。而襄陽一道則南北走私貿易之重要商道也。故南朝商歌多在此一地帶。唐志所記，除齊武帝估客樂外，如商人歌之三州，詳後文。而後文所引諸艷歌，亦因商旅而起也。

而在南朝遠交近攻之外交政策中，陰山以北之蠕蠕使臣或取道襄陽，南來交聘，亦見中道在當時南北交通上之重要性。

宋書四六張邵傳，元嘉中爲雍州刺史，「失信羣蠻，所在並起，水陸斷絕。子敷至襄陽定省，當還都，羣蠻伺欲取之。會蠕蠕國遣使朝貢，賊以爲敷，遂執之。」按蠕蠕在拓跋魏正北，今內蒙古、蒙古國地區。據此條，其遣使至南朝亦取道襄陽。

唐都長安，安史亂後，所能控制作爲中央財政泉源之疆土，主要爲長江流域，物資漕運之供應，固賴東道汴河之水道爲主線，但河淮之間時有叛亂，故南方物資之水運有時仍不得不取道漢水，由鄂至襄，或由荆至襄。

平時南北漕運以汴河水運爲主，全漢昇唐宋帝國與運河言之已詳。若河淮間發生叛亂，汴河水運受阻，通常皆利用漢水爲漕運主線，玆舉數事如次：

(A)新二〇二文藝蕭穎士傳：「山南節度使源洧辟掌書記。賊（安祿山）別校攻南陽，洧懼，欲退保江陵。穎士說曰，官兵守潼關，財用急，必待江淮轉餉乃足。餉道由漢、沔，則襄陽乃今天下喉襟，一日不守，則大事去矣。」

(B)舊一〇七永王璘傳：「（天寶）十五載，……玄宗……詔以璘爲山南東路及嶺南黔中江南西路四道節度採訪等使、江陵郡大都督。……江淮租賦山積於江陵。」

(C)崔祐甫爲皇甫中丞上永王諫移鎮牋（全唐文四〇九）：「安祿山稱兵犯順，竊據二京……自河淮右轉，關隴東馳，詔命所傳，貢賦所集，必由之徑實在荆襄。」

(D)舊一五五穆寧傳：「是時（廣德初）河運不通，漕輓由漢沔，自商山達京師。選鎮夏口者，詔以寧爲鄂州刺史、鄂岳沔都團練使及淮西鄂岳租庸鹽鐵沿江轉運使。」（參兩書食貨志。）

(E)陸贄貞元元年冬至大禮大赦制（全唐文四六一）：「宜令度支取江西、湖南見運到襄州米十五萬石，設法搬赴上都，以救百姓荒饉。」

(F)陸扆授趙凝檢校太尉制（全唐文八二七）：「峴首、漢陽之地，實四會五達之莊，扼咸鎬之咽喉，導荆吳之貢賦，途路無梗，艕航若流……。」

按A B C三條乃安史之亂剛起及肅宗時事，D條乃代宗時事，E條乃德宗時事，F條爲晚唐事。皆見租賦漕輓由漢水而上，且有直云荆襄者。下文引新書五行志，「貞元元年，江陵度支院火，焚江東租賦百餘萬（石）。」更見長江下游之租賦集中於荆州取道襄陽而北運矣。

至於公私行旅，則中道主幹之荆襄更居於首要之地位。蓋荆襄道北邇兩京，南通嶺表，西通黔、蜀，固較汴河水陸道爲便捷；即東達吳、越，亦視汴道未爲迂遠。李騭云，「襄陽，荆鄂十道之要路。」劉禹錫謂，「急宣之使，蓋除相交」於荆襄之途。蓋非虚也。是以就唐代三道所屬之交通網而言，中道最廣，西道固遠遜，即東道亦非其比，作爲中道主幹之荆襄道在南北交通上之重要地位，由此可見。

李騭徐襄州碑（全唐文七二四）云：

「襄陽，荆鄂十道之要路，公私來往，充給實繁。是必率配行，供假借，辨賄求利，歲月不堪，公乃悉用官儲，創置什器，富供給，費不擾，齊人往來，徒所憧憧，邑人信皆不知矣。」

此就襄陽當南方諸道之繁會而言。按所謂荆鄂十道雖或僅舉其成數，但至少當包括荆南、鄂岳、江西、湖南、嶺南、黔中、東川、西川諸道，則除長江下游一隅之外，皆在交通網中。又劉禹錫復荆門縣記（全唐文六〇六）云：

「直故郢北走之道，其聚邑曰荆門，……通外夷之底貢，會南蕃（藩）之述職，故賓禮繁焉。……自鄢而南，斯爲畫疆，抵郡（荆州）之路，貫其七舍，持瑞節而銜急宣之使，蓋除相交。」

此則專就荆襄道上南北通使之狀況而言。北宋崇寧間，朱震惠泉詩序云：「荆門控扼要衝，冠蓋旁午於道。」（輿地紀勝七八荆門軍卷引。）仍承唐代之形勢。又劉記所謂外夷底貢當尤指南洋西域之商貢道由嶺南而言。其通嶺南之路，韓愈燕喜亭記（全唐文五五七）言之最爲具體。記云，王宏中「自吏部郎貶秩而來，次其道途所經，自藍田入商洛，涉淅、湍，臨漢水，升峴首，以望方城，出荆門，下岷江，過洞庭，上湖水，行衡山之下，繇郴踰嶺。」至連州。大抵由長安至嶺南者，略同此路，流人南行蓋尤必取此捷道。王建荆門行（全唐詩五函五册建集二）云：「向前問箇長沙路，舊是屈原沉溺處，誰家丹旐已南來（由南來），逢着流人從此（一作北）去。」又元稹楚歌十首江陵時作（全唐詩六函八册稹集四）云：「江陵南北道，長有遠人來，死別登舟去，生心上馬廻。」此亦流人往返也。蓋道中所見甚多，故王建、元稹慨乎詠之。至於嶺南往還道經荆南之個例甚多，如北夢瑣言三，「劉僕射崇龜……鎮番禺……薨於嶺表，扶護靈櫬經渚宮，家人鬻海珍珠翠於市。」同書五，徐彥若「出鎮番禺，路由渚宮。」渚宮即江陵。又新二二五下黃巢傳，巢在廣州，引兵北還，「自桂編大桴，沿湘下衡永，破潭州」，取江陵北趨襄陽，爲沙陀敗於荆門。蓋巢欲逕入長安，此最徑捷之道也。

由京師至吳、越雖例取東道由汴水；然亦偶因政情而取中道。白居易出守杭州路次藍溪作（白長慶集八、全唐詩七函二册居易集八）云：「東道既不通，改轅遂南指，自秦窮楚越，浩蕩五千里。」即其一例。據白集此卷收此次旅途詩凡二十一首，見其旅途經商山、鄧州，其第十九首爲「初下漢江舟中作」，第二十首爲「自蜀江至洞庭湖口有感而作」，則取漢江水道至江陵，非自漢江至鄂州，故得自蜀江至洞庭湖口也。又元稹酬樂天東南行詩（元集一二、全唐詩六函九册稹集一二）云；「我病方吟越，君行已過湖。」本注：「元和十年閏六月至通州，染瘴危重。八月，聞樂天司馬江州。」按居易本傳，由太子贊善貶江州司馬。則自長安啓程至江州。而元詩云過湖，是經襄州到荆州，再下經洞庭湖口，經鄂州至江州，非自襄州直至鄂州抵江州也。

至於兩川、黔中之赴關中、河洛者，除秦嶺谷道外，多取荆襄道，尤其有笨重行李者爲然，別詳附篇六唐代三峽水運小記及篇二十九成都江陵間水陸道，今不重述。

（二）荆襄水道考略

荆襄道無疑以陸驛爲主，但水運亦通。今先簡言水道：即由襄陽下漢水舟行至漢水折而東流處之揚口，改浮揚水折向西南行至江陵。揚水亦有漕河之名，即今之西荆水也。

漢書地理志南郡臨沮縣條云：

「禹貢南條荆山，在東北，漳水所出，東至江陵入陽水。陽水入沔，行六百里。」

按漳水即今圖當陽、安遠兩縣境之漳水。據此則漳水於江陵入陽水，東注於沔，即江陵有水道通漢水也。水經注三二沮水、漳水兩注，謂二水異源，下游會合注於江，不東入於陽水，以班志爲非。縱酈注爲是③，然水經注二八沔水注云：

「沔水又東南，與揚口合。水上承江陵縣赤湖。江陵西北有紀南城，……城西南有赤坂岡，岡下有瀆水東北流入城，名曰子胥瀆，蓋吳師入郢所開也，謂之西京湖。又東北出城……注於龍陂，……陂水又逕郢城南，東北流，謂之揚水。又東北，路白湖水注之。湖在大港北，港南曰中湖，南堤下曰昬官湖。……盛弘之曰南蠻府東有三湖。宋元嘉中，通路白湖下注揚水以廣運漕。揚水又東歷天井北，井在方城北里餘，廣圓二里。……揚水又東北流，得赤湖水口，湖周五十里，城下陂池皆來會同。……揚水又東入華容縣。有靈溪水，西通赤湖水口，……北流注於揚水。揚水又東北與柞溪水合。水出江陵縣北，蓋諸池散流所會合，積以成川，東流逕魯宗之壘南，（按壘在今江陵縣東十里。）當驛路，水上有大橋。……柞溪又東注船官湖，湖水又東北入女觀湖，湖水又東入於揚水。揚水又北逕竟陵縣西，……揚水又北注於沔。謂之揚口，中夏口也。」

按酈注此條述揚水於石城、權口之後，楊氏水經注圖，置石城於今鍾祥縣④，權口在今荆門縣東，揚口在今漢水南流折而東流之轉折處，是也。據此注所記，江陵有揚水、柞溪水南北並行各集會諸湖之水向東北流，然後會合，流入漢水，故古代江陵實有水道通接漢水，仍與班志合，惟此水道是否上接漳水，則異辭耳。此水道所滙之諸湖，其一有船官之名，是當爲古代造船或置習舟船處（參熊疏）。足徵漢水、江陵間水運之頗盛。三國志蜀書六關羽傳，「先主自樊將南渡江，別遣羽乘船數百艘，會江陵。」又宋書六六何尚之傳，「竟陵

③ 此一是非，前人議論紛紜，姑不論。然漢書溝洫志補注，全祖望引皇覽，「孫叔敖激沮水作雲夢大澤之地。」若皇覽不誤，則沮漳固曾被引東行，漢地志亦未必誤。或者時代不同而通塞有異耳。

④ 石城在今鍾祥，參看盧弼三國志集解一八文聘傳，有較詳說明。

（今鍾祥）出道取荆州，雖水路與去江夏不異。」皆爲古代漢水有支流通江陵之證。復檢輿地紀勝六四江陵府卷景物目上漕河條云：

「漕河在江陵縣北四里。舊經云，王處仲爲荆州刺史，鑿漕河通江漢南北埭。皇朝郡縣志云，高季興於城西柳門及子城置倉，開漕入倉步。高從誨又以龍山門近城，開白𣵀河水入城，北向東漕河。紹興元年省劄云，江陵城下舊有漕河，若略加開淘，則江陵城綱運順流從江漢直達襄峴。勘本府漕河乃晉元帝建武初所鑿，自羅堰口出大漕河，由里社穴、沌口、沔水口直通襄漢三江。又張孝芳修渠記云，國朝端拱元年，閻文遜奏開東漕渠，有〔至〕師子口以入於漢，以達襄陽。遂發丁夫治荆南漕河至漢，可勝二百石舟，上游之人利焉⑤。」

是北宋之世，江陵仍有漕河，東通漢沔以達襄陽。⑥檢張編地圖集·湖北地形、人文兩圖，江陵至漢水南流折而東流處之直線距離僅約五十公里，不過一百華里上下，ONC-H-11亦同。其間河湖甚多，北有長湖、南有三湖爲最大，長湖源出江陵之西，經江陵東入湖，又東南流與三湖北流之水合爲西荆水，又東流至潛江縣西北入漢水，此正相當於酈注之揚水，而三湖之名亦酈注所已有也。是則漢晉南北朝及兩宋迄今，皆見江陵有水道東通漢水之轉折處，唐世不會例外，惟元和志荆州江陵卷已佚，不能詳耳。

唐代中葉以後，河淮間若有叛亂，汴河水運受阻，則江南租賦往往集於江陵，至百萬石以上，蓋賴此水道漕運爲多。漢水行舟，大者云可載三千石，宜其可爲南北物資流通之大動脈也。

新唐書三四五行志云：

「貞元元年，江陵度支院火，焚江東租賦百餘萬（石）⑦。」

---

⑤ 端拱元年事，亦見宋史九四河渠志。又參看一統志荆州府卷山川目漕河條。

⑥ 輿地紀勝六四江陵府景物目下，引皇朝郡縣志，「建陽河自荆州西南花溪流入江陵界，經俞潭市（紀勝同目云市去城六十里），又逕吳家市，自破江入大滆，通監利、沌口（在漢陽西南三十里）等處，今謂大漕河。」則大漕河又直東通江漢會流處，蓋以避大江風濤之險。

⑦ 舊唐書德宗紀貞元元年條略同，唯無「江東」二字，而「租賦」下有「錢穀」二字。

按唐代長江流域租賦之北運，固以汴河漕運爲主，然汴河漕道常因方鎭𢾈亂而遭到阻撓，不得不取荆、襄道或鄂、襄道。貞元六年正值李希烈據淮西𢾈亂時，故江東租賦集於江陵至百萬石以上，以待北運。此一龐大數量，度非陸運所能負擔，必通水運始得兼濟。新書七四上宰相世表，郭鍛，「度支荆襄水陸運判官。」亦爲荆、襄間水陸兼運之旁證。皆可佐證唐代江陵有水道東通漢水，北達襄陽，亦如漢晉南朝與兩宋以下之形勢也。

漢水大船載量，於樂府詩可略窺見。樂府詩集四七西曲歌有石城樂云：「布帆百餘幅，環環在江津。」又云：「大艑載三千，漸水丈五餘。」按石城在今鍾祥縣治。雖或誇詞，要必甚大也。

至於私人行旅之例雖不多見，然亦可略徵。如白居易赴任杭州，取漢水至江陵，始東行經洞庭湖口。其襄陽南行至江陵之旅程當卽由漢水轉揚水而至江陵。

按白氏赴任杭州紀行諸詩已詳前引。

又鮮于仲通爲漢陽太守，卒官，其子昱迎喪「自沔泝峽」，亦當由揚水至江陵始能泝峽也。

顏眞卿鮮于氏離堆記（八瓊補正五九），「（天寶）十有二載，……除漢陽太守……終於任所。……冢子（銜略）昱匍匐迎喪，星言泣血，自沔泝峽，湍險萬里。」按鮮于氏家在閬州之新政，漢陽郡卽今漢口、漢陽之地，沔卽漢水，「自沔泝峽」，勢必由漢陽泝漢水，轉入揚水至江陵然後上三峽也。

其襄陽以北，西北溯漢水固通舟楫，而溯丹水至商州之水運亦頗盛，唐代中原有亂，此蓋爲一重要水陸運道。

新唐書九九崔湜傳云：

「初湜建言，山南可引丹水通漕至商州。自商鑱山出石門，抵北藍田⑧，可

⑧ 紀要五三、五四引此事，皆作「北抵藍田」，蓋是。

通轘道。」

按此事在中宗時代，雖未成功，蓋因鑱山出石門北抵藍田一段工程殊爲困難；至於南引丹水通漕，殆無問題。故姚彝碑（萃編七二）云：「拜鄧州刺史，兼檢校商州運漕。」時在開元初。商州運漕最具可能者，固無逾於丹水也。今檢一統志商州卷關隘目：「竹林關在山陽縣東一百三十里，臨丹水。自此登舟，經析川、殼城，至小江口入漢，爲下襄陽水路。」又「龍駒砦在州東一百里。……其地水趨襄漢，陸入關輔，南北輻輳，一巨鎭也。」又商州卷山川目龍潭水條，「龍駒砦河，在州東百里，南入丹水，襄陽舟楫咸集於此。」又三省山內風土雜識，「商州，……東南至龍駒寨小河一道，可通舟楫，東達襄陽之老河口。西商之貿易東南者，多於此買舟雇騾。人煙稠密，亦小都會焉。」則至今丹水漕運仍甚盛。按丹水上游經商州城郭之南，尋崔湜傳文意，崔湜通丹水漕運，蓋直達商州郭下，較今龍駒寨又西百里耳。

至於襄陽向北溯白河，能通一二百石小船，大抵可至南陽，故宋代初年曾於南陽北境堰白河，欲使東入蔡河，以通漕汴京也。

白河甚大，當可通舟，輿地紀勝八七光化軍景物目上，「泌河……與白河對，地里同，合流入漢江。按襄陽志云，泌白二河，乘一二百石船。」是在宋代以前已知白泌二河水運之能力。故如南齊書二六陳顯達傳，「荒人桓天生……據南陽故城，上遣顯達（略）等水軍向宛、葉。」宛即南陽，似白水可通水運至南陽也。又宋史九四河渠志云：

「白河在唐州，南流入漢。太平興國三年正月，西京轉運使程能獻議，請自南陽下向口置堰，廻水入石塘沙河，合蔡河達於京師，以通湘潭之漕。詔發（略）丁夫……數萬人……塹山湮谷，歷博望、羅渠、少柘山凡百餘里，月餘抵方城，地勢高，水不能至。能獻復多役人以致水，然不可通漕運。」

按一統志南陽府卷古跡目，「向城故城在南召縣南，……元和志，向城西南至鄧州九十里[9]。元統志，向城縣在南陽縣北六十里。明統志，向城有二，一在府

[9] 今本元和志作「百九十里」，衍「百」字。

東北臨向渠。」宋志之下向口殆卽向渠口，當在南陽之北。又今圖博望在南陽、方城間，而泌陽、遂平間有沙河店。沙河流經遂平入汝河。又魯山縣有沙河，流經葉縣入另一支汝河。則此次工程乃由南陽北之下向口堰白河水東行接沙河入蔡河也。水雖引通，但不能通漕。據宋志，十年以後，卽端拱元年，閻文遜復興此議，並請開荊南之東漕河入漢水。東漕河雖成大功，而向河通蔡功仍不成。然據此兩事，白河本身至少可通舟至南陽，故宋初兩度欲於南陽上游引水通漕於蔡河也。

（三）荊襄陸道驛程

荊襄間之陸道置驛，全程或云四百六十餘里，大數約近五百里。

荊襄驛道置驛可考者尙甚多，詳下文。通典一八三，荊州北至襄陽四百五十里；而卷一七七，襄州南至江陵四百七十里。寰宇記兩州目所記與通典同。按通典所記荊襄兩州北到洛陽里數之差爲四百六十二里，而同書一七七襄陽郡總敍云：「襄陽去江陵步道五百。」故綱文書之如此。

襄陽爲漢代舊縣，位於漢水之南，襄水之北。襄水蓋鴨湖水東南流注白馬陂水通襄陽湖入漢水者。城因襄水受名，故曰襄陽，爲中國南北交通要衝，亦爲南北軍事重地。曹操平荊州置襄陽郡。永嘉之亂，雍州人南徙，多羈旅於此，故僑置雍州。唐置山南東道節度使，一稱漢南，則因漢水受名。

沔水經：「東過襄陽縣北。」酈注：「沔水又東合檀溪水。水出縣西柳子山下，東爲鴨湖。……溪水自湖兩分。北渠卽溪水所導也，北逕漢陰臺西，又北逕檀溪，謂之檀溪水……溪水傍城北注……西去城里餘，北流注於沔。一水東南出，應劭曰，城在襄水之陽，故曰襄陽。是水當卽襄水也。城北枕沔水，卽襄陽縣之故城也。」下文又云，沔水與襄陽湖水合。水上承鴨湖，東南流逕峴山西，又東南流注白馬陂水，又東入侍中襄陽侯習郁魚池……下入沔。」檢元和志二一襄州襄陽縣，峴山在縣東南五里，習郁池在縣南十四里，「檀溪在縣西南」，「今溪已涸，非其舊矣。」則襄陽城在沔水、襄水、檀溪圍繞之中。唐世檀溪已涸，形勢小異。

唐置山南東道節度使，以其在漢水之南故亦習稱漢南，參看吳廷燮唐方鎮年表四引韓愈河南府同官記、李珏牛僧孺碑、蕭鄴高元裕碑、李隲徐襄州碑及李商隱上漢南尚書啓。

城西置驛曰漢陰，臨江滸，爲水陸驛，規模甚宏大。

舊一七六盧商傳，由鄂岳入朝，卒於漢陰驛。廣記二三三裴弘泰條，「唐裴均鎮襄州，裴弘泰爲鄭滑館驛巡官，充聘於漢南，住於漢陰驛。(出乾𦠆子。)」按白居易襄陽舟夜詩（白長慶集一五）云：「下馬襄陽郭，移舟漢陰驛。」是水陸兼驛。又李隲徐襄州碑（全唐文七二四），述徐商任內，增修漢陰驛，規模宏大，文長不錄。而云：「江波入戶，晝舸臨軒。」是亦臨江水驛之證。又據此碑，驛似在城西。檢一統志襄陽府卷古蹟目，「漢陰臺在襄陽縣西南。水經注，檀溪水北逕漢陰臺西，臨流望遠，意寄漢陰，故因名臺。」其在城西無疑。

城東十里爲東津，有東津鄉、白沙里，爲漢水渡口處。其地有三洲。渡江北岸爲宛口，卽白水入漢江處。

張惟墓誌（襄陽冢墓遺文），「歸葬於襄陽縣東津鄉榮村白沙里。」按習鑿齒云，「西望隆中，東眺白沙。」（輿地紀勝八二引。）是白沙與隆中爲東西對稱地位。又沔水注，「襄陽城東有東白沙，白沙北有三洲，東北有宛口，卽淯水所入也。」淯水卽今白河。一統志襄陽府卷古蹟目，「白沙里在襄陽縣東北。襄陽耆舊傳，龐德公孫奐，晉太康中去官歸鄉，居白沙里。」又關隘目，東津渡關在襄陽縣東十里。紀要七九襄陽縣，白河在府東北十里，入漢處亦名三洲。綜此而言，東津、白沙之名皆甚早，在今襄陽城東約十里，漢水轉折處之曲內，北對白水口，爲襄陽東關之津渡處。

由襄陽東南，水行四里，陸行六里至桃林古館，東濱漢水，爲一津渡處。士大夫餞送多萃於此。

藝文類聚六三館條：「荆州圖副曰，襄陽縣南有桃林館，是則餞行送歸之所萃也。」舊二九音樂志，梁簡文樂府歌云，「分平桃林岸，送別峴山頭。」即其例。又初學記一八離別條引荆州圖記，「襄陽縣南陸道六里有桃林館，是餞行送歸之處」。御覽四八九引荆府圖，同；而同書一九四引荆州圖記云「襄陽縣南，水行四十里，陸道六十里有桃林館。」是此館在襄陽城南，水陸道里數，或有十，或無十，必有一譌。檢輿地紀勝八二襄陽府景物目上，作六里。然亦不能據此爲斷。考沔水注，「襄陽城（略）東北有宛口，即淯水所入也。……沔水又逕桃林亭東，又逕峴山東。」則桃林在峴山之北無疑，作六里爲正，御覽一九四衍兩「十」字。紀勝又引南襄州記云，「桓沖北伐，屯軍於此。是時食桃，至春其核萌生，遂成茂林，故曰桃林津。」是東臨漢水，爲一津渡處。

又東南行三里至峴山，亦「東臨漢水」，當「古今大道」。亦爲士大夫祖餞之所，似置驛。劉長卿有次峴陽館詩，蓋其處。

當大道以上，見元和志二一襄州襄陽縣條。梁簡文帝樂府歌「送別峴山頭」已見前引。孟浩然峴山餞房琯崔宗之詩云：「祖道衣冠列，分亭驛騎催。」又峴山送蕭員外之荆州詩云：「峴山江岸曲，郢水郭門前，自古登臨處，非今獨黯然。」又峴山送張去非遊巴東詩云：「峴山南郭外，送別每登臨。」（全唐詩三函三册浩然集二。）皆極見峴山爲襄陽城外行旅祖餞之盛。劉長卿有移使鄂州次峴陽館懷舊居詩（全唐詩三函一册）蓋即此山南館。

相近有鳳林山，置鳳林關，濱江頗險。

襄陽鳳林山，見隋書地理志及新二〇三孟浩然傳。廣記六二蔡女仙條引仙傳拾遺，晉世襄陽人，繡鳳昇天，「降於襄陽南山林木之上，時人名爲鳳林山。後於其地置鳳林關，關南山側有鳳臺。」按鳳林關爲襄、荆大道必經之地，見宋高僧傳一〇道堅傳及五代史補高季興、梁震條⑩。檢輿地紀勝八二襄陽府，鳳山在襄陽縣東南十里。一統志襄陽府卷山川目，鳳凰山，一名鳳林山，在襄陽縣東南十里。而關隘目，鳳林關在縣南七里。引府志，「濱江作險，爲水陸之門，一旅可守。」紀要十九，及郡國利病書七二亦皆云關在縣南七里。圖書集成職方典一一五二又作五里。要與峴山爲近。

又循漢水西岸南行約五里經習郁魚池西，又約十五里至鹿門山，即習郁鹿門廟，爲龐德公、孟浩然、皮日休諸人隱處。

寰宇記一四五宜城縣鹿門廟條，本蘇嶺山。引習鑿齒襄陽記，習郁從光武，「封襄陽侯，使立蘇嶺之祠，刻二石鹿，夾祠神道百姓謂鹿門廟。」此見其名之所自。輿地紀勝八二襄陽府景物下，「鹿門山在宜城縣東北六十里，上有二石鹿，故名。後漢龐德公、唐龐蘊、孟浩然、皮日休俱隱居於此，今有萬壽院。」一統志襄陽府卷山川目，鹿門山「在襄陽縣東南三十里。」下引襄陽記。圖書集成山川典一五四引襄陽府志，亦作東南三十里。按元和志云，宜城縣北至州九十五里，則紀勝、統志記程極相合，即在峴山南約二十里之譜。

習郁魚池　沔水注，逕峴山東，又東南逕蔡洲，「與襄陽湖水合。水上承鴨湖，東南流逕峴山西，又東南流注白馬陂水，又東入（略）習郁魚池……西枕大道，……其水下入沔。」元和志，習郁池在襄陽縣南十四里，則在峴山南約五里。

又南至疏口，爲疏水東流入漢水處。

通鑑二二七，建中二年，梁崇義據襄陽叛，李希烈敗其將於蠻水，又追破之於疏口，遂克襄陽。胡注引沔水注，漢水自襄陽東流，又屈而西南流，又東南流，逕黎丘故城西，又南與疏水合。疏水出中廬縣西南，東流至邔縣北界，東入漢水，謂之疏口。檢酈注，胡氏所引可信。又酈注於黎丘以上，雖未記鹿門山，然記蔡瑁冢，「冢前刻石爲大鹿狀，甚大，頭高九尺，制作甚工。」疑即

⑩ 五代史補，據舊五代史一三三高季興傳注引。

鹿門也，似可爲疏口在鹿門之旁證。

疏水亦有襄水之名。有襄河驛者，陳子昂有詩，疑在此地區，或峴山之南習郁魚池地段。

全唐詩二函三册陳子昂集二有宿襄河驛浦詩，而陳伯玉集一作讓河驛。按一統志襄陽府卷山川目，漢水至襄陽會唐白諸河，亦名襄水。又疏水一名襄水。又漢中府卷山川目，讓水在褒城縣西南一百三十里。宋范柏年對明帝云，臣鄉有廉泉、讓水，即此。若作「襄」爲正，則驛似當在襄陽府地區；若作「讓」爲正，則驛似當在漢中地區。按詩云：「沿流辭北渚，結纜宿南洲」，又云「坐聽峽猿愁。」既是水程，又云峽猿，似不得在漢中，當以在荆襄道上之可能性較大。然漢水下游稱襄水不知是否甚古，而疏水一名襄水早見於寰宇記。其襄陽縣目云：「疏水一名襄水。荆楚之地，水駕山上者皆呼爲襄，今士人呼爲疏水，上流亦呼爲襄，名亦無定。故陸澄地理志曰襄陽無襄水也。」是襄雖爲泛稱名詞，但疏水名襄則爲專有之名。九域志一，宜城縣有漢江、襄水，即此。然前引沔水注，鴨湖東南流，逕峴山西及習郁魚池，下流爲襄陽湖水，注入漢江，酈氏以爲當即襄水。事若可信，則襄河驛亦有在習郁魚池大道上之可能，疑不能定。

又循漢水西岸南行至宜城縣（今縣南），去鹿門約六十五里。城在漢水西九里。城東漢水之濱有漢邔縣故城，劉宋「以胡人流寓者立華山郡」，治大堤城。後魏改爲宜城，周爲率道縣，天寶元年復名宜城。貞元末始遷治。

元和志，襄州宜城縣，北至州九十五里，則去鹿門山當爲六十五里。其故邔縣及更名始末皆詳元和志。志云，「本漢邔縣地也，城東臨漢江，古諺曰，邔無東，言東逼漢江。」下不云遷治，而云：「漢水在縣東九里。」是上下文不相應。考宋書三七州郡志，華山郡，以「孝武大明元年立，今治大堤。」治大堤是其時治所必濱江，與元和志時代之治所不同。檢一統志襄陽府卷古蹟目，貞元中，宜城曾遷治所。按下引韓愈記宜城驛，「于太傅帥襄陽，遷宜城縣。」于頔以貞元十四年爲山南東道節度使，元和三年卸，則元和志版籍前不久誠曾遷治也。明清志書皆能辨漢代宜城非南北朝以後之宜城，但不知唐貞元、元和之宜城亦非南北朝至貞元以前之率道宜城故地，以爲皆卽今宜城縣治，則非也。按今宜城東臨漢水。據明嘉靖間郭紘拓城記（圖書集成職方典一一五五引），宜城城郭之東南北三面皆濱臨漢水，顯非元和志之宜城所在。蓋元和志以後，不知何時復遷漢水之濱，蓋仍大隄故治歟？復檢一統志襄陽府卷古蹟目，漢宜城故城在今縣南十五里，又圖書集成職方典一一五四，廢宜城驛在縣西三十里。按此卽漢宜城也。兩書雖不相應，然與元和志九里之言相勘，知元和志之宜城縣當在今宜城縣之西或西南若干里，卽居今縣與漢縣之間，而今縣可能卽南北朝至貞元間之宜城也。元豐類稿一九襄州宜城縣長渠記，「宋孝武帝永初元年，築宜城之大堤爲城，今縣治是也。」則北宋已遷回南朝至貞元間之舊治，今承不改。

縣北約二十餘里道中有善謔驛，柳宗元有詩。

柳宗元有善謔驛和劉夢得酹淳于先生詩（全唐詩六函一册）。本注「驛在襄州之南，卽淳于髡放鵠之所。」輿地紀勝八二襄陽府景物目下，收此詩及注。又古蹟目，「淳于髡墓在宜城縣北善謔驛中。」檢一統志襄陽府卷古蹟目，驛在宜城縣北二十里。按唐宜城實在今縣之南。

宜城縣南九里置宜城驛，韓愈有記，劉禹錫有歌，在漢宜城故城內，卽楚之鄢城也。考古勘查，在今縣東南 7.5 公里，東去漢水 6 公里。

韓愈記宜城驛（昌黎外集四）云：

「此驛置在古宜城內。驛東北有井，傳是昭王井，有靈異，至今人莫汲。驛前水，傳是白起堰西山下澗，灌此城壞，楚人多死，流城東陂，臭聞遠近，因號其陂曰臭陂，有蛟害人，漁者避之。井東北數十步有楚昭王廟，有舊時高木萬株……以歷代莫敢翦伐，尤多古松大竹，于太傅帥襄陽，遷宜城縣，並改造南境數驛，材木取足此材，舊廟屋極宏盛，今惟草屋一區（注引愈之楚昭王廟詩相印證）。……其廟後小城，蓋王居也。其內處偏高廣員八九十畝，號殿城，當是王朝內之所也，多甎可爲書硯。」

按此文作於元和十四年，僅稍後於元和志之版籍。前考元和之前，宜城在東，濱臨漢水。而元和志又云，「故宜城在縣南九里，本楚鄢縣，秦昭王使白起伐楚，引蠻水灌鄢城拔之……即此城也。至漢惠帝三年改名宜城。」是又一宜城故城。韓文所謂「古宜城內」，未明其爲漢代故城，抑爲貞元中遷治前之故城（即邔縣故城）。但據白起堰灌與昭王廟事，當在漢宜城故城。紀要七九宜城縣條引通志「縣西三十里有廢宜城驛。相傳白起堰西山澗灌此城」云云。亦韓文宜城驛在漢宜城之證。又劉禹錫宜城歌，「野水繞空城，行塵起孤驛。」（全唐詩六函二册禹錫集一。）亦即此城驛。勘查資料見湖北宜城楚皇城勘查簡報（考古 1980 第 2 期）。

又南三十里至故蠻城，置蠻水驛，崔櫓有蠻溪渡詩，官渡也。地卑下，泥淖難行，徐商就高開路，徑捷易行。

李騭徐襄州碑（全唐文七二四）云：

「荊南中路有蠻水驛，地當卑下，泥淖常多，暑雨之時，不通車馬，皆是結栰牽挽以濟公私行人，力出編甿，妨害農業，繚繞甚遠，兩縣勞辛。遂徑捷就高，別一路，度宜造驛，永無差敞之虞，又近於當路十二里。」

考通鑑二二七，建中二年，梁崇義據襄陽叛，李希烈「引軍循漢而上……崇義遣其將翟暉、杜少誠逆戰於蠻水，希烈大破之，追至疎口，又破之。……入襄陽。」當即戰於此驛地區。檢沔水經云：「南過宜城縣東，夷水出自房陵，東流注之。」酈注：「夷水，蠻水也，桓溫父名夷，改曰蠻水。……又謂之鄢水……東南流與零水合，亂流東出謂之淇水，逕蠻城南。城在宜城南三十里。……夷水又東注於沔。」則此蠻城在漢水之西亦不遠。在宜城縣南三十里，此宜城正即唐宜城故驛。圖書集成職方典一一五二襄陽府關梁考，宜城縣有蠻河渡，在縣西南五十里。方位里距亦略合。崔櫓有蠻溪渡詩，引見下文武寧驛條。又王建荊門行云，「喚得官船過蠻水。」（全唐詩五函五册建集二。）是官渡也。

又南至樂鄉縣（今荊門北八十里，有樂鄉關），晉安帝置，後魏置鄀州，去宜城一百二十五里。縣北三十七里鄀國故城，楚曾徙都之，漢置若縣，當亦在大道上。

通鑑一七六，陳禎明元年，隋主遣武鄉公崔弘度將兵戍江陵，軍至都州。胡注據蕭琮傳，以爲都當作鄀，是也。同書二六五，天祐二年，楊師厚爲山南東道留後，引兵擊江陵，至樂鄉。皆見樂鄉當荊襄大道。陳子昂有晚次樂鄉縣詩（全唐詩二函三册子昂集二），乃出蜀經江陵北行所作，即此樂鄉也。此縣及鄀州之建置與鄀國故城，參見元和志二一宜城縣條及寰宇記一四六荊門軍長林縣條，兩書皆云去襄州二百二十里，則去宜城里距可知。紀要十七，樂鄉在荊門縣北八十里。一統志荊門州卷古蹟目作九十里。檢今圖有樂鄉關，蓋其地。

又南約八十里至荊門縣（今縣），王建有荊門行，劉禹錫有復荊門縣記，皆見其當荊襄要道，置關，置館驛。

寰宇記一四六荊門軍，「本漢舊縣，隋時廢。即荊襄之要津。唐貞元二十一年復置。唐末荊州高氏割據，建爲軍。」然紀勝七八荊門軍引皇朝郡縣志云，「五代高季興立爲荊門軍，治當陽。」故綱文不書置軍。王建荊門行（全唐詩五函五册建集二）述道中景觀甚詳，又稱荊門關，則中葉已置關也。劉禹錫復荊門縣記（全唐文六〇六），謂郢北聚邑曰荊門，「通外夷之底貢，會南蕃之述職，故賓禮繁焉。」又北宋朱震惠泉詩序：「荊門控扼要衝，冠蓋旁午于道。」（輿地紀勝七八荊門軍風俗形勝目引。）皆見其交通上之地位。舊書僖宗紀乾符四年，王仙芝陷江陵，襄陽節度使李福悉師援之。「時沙陀軍五百騎在襄陽，軍次荊門，騎軍擊賊敗之。」又廣明元年，黃巢欲由江陵北寇襄陽，襄陽節度亦軍於荊門以待之。而新劉巨容傳作荊門關，詳團林驛條引。皆見其當軍道之要。柳宗元赴永州司馬任，「途至荊門，舍驛亭中。」見廣記四六七引宣室志。雖小說家言，然荊門有館驛，則事實也。

八十里見前條引紀要七七。綜計以上里程爲三百里，通鑑二五三乾符六年胡注：「九域志，襄陽南至荊門二百七十餘里。」檢今本九域志無此文。

又南至團林驛（今團林舖）。

舊書僖宗紀，廣明元年，「賊（黃巢）悉衆欲寇襄陽，江西招討使曹全晸與襄陽節度使劉巨容謀拒之，時營於荊門，賊軍一萬屯於團林驛。全晸命巨容悉以精甲陣於林薄之中，自以騎軍挑戰，僞不勝而遁，賊大勝之。比至荊門……巨容發伏擊之，賊大潰。」新書一八六劉巨容傳述此戰謂巢屯團林，巨容與曹全晸守荊門關。此事明團林驛在荊門南不遠。今圖，荊門南有團林舖，當卽其地。

有武寧驛，崔櫓有詩，蓋又在團林之南。

崔櫓重陽日次荊南路經武寧驛云：「家山去此強百里，弟妹待我醉重陽。」（全唐詩九函三册。）按此詩前有過蠻溪渡詩，云家在楚臺。參此詩題，蓋櫓家在江陵也。則武寧驛當在以江陵爲中心之半徑百里餘的圓周上。考宋書州郡志，武寧郡「晉安帝隆安五年，桓玄以沮漳降蠻立。」領樂鄉長林兩縣。隋書地理志，竟陵郡樂鄉縣，「舊置武寧郡，西魏置都州。」此武寧與樂鄉似爲一地。而寰宇記一四六荊門軍長林縣，「荊州記云，當陽縣東有櫟林長坂，昔時武寧至樂鄉八十里。」則武寧似又當在荊門。蓋古地名遷徙亦無定也。然據此可斷定，此武寧驛當因古武寧郡得名，地望當在江陵北至襄陽道中。去江陵強百里，欲抵家醉重陽，則驛又當在荊門之南五十里以上，當爲荊門南行第二驛或第三驛耳。同時可推定此詩前之蠻溪渡當卽蠻水渡口無疑。

又南有觀風驛，近山谷，地鹵少泉，崔黃中有驛井記。

崔黃中觀風驛新井記云：

「自荊門至清〔渚〕宮三〔二〕百里，雖水泉味鹹，鑿井疏源，往往而有。

中間觀風驛三十里，涓滴不流，磽确而碕，長亭短亭，三百餘家，終日挈瓶入谷而汲，曁乎暑氣，炎熇天地，燒爍金石，提綆半路，已成溫湯，居者旣往來難通，行者固不保其往。元和六載我司空鄭公節度荆南……。」（全唐文七一三）

按此記荆南節度使鄭公事，「清宮」必「渚宮」之譌，「三百」必「二百」之譌也，詳下荆州去荆門約二百里條。據此，觀風驛必在荆門江陵間地勢較高處。按前考荆門之南，次第有團林驛，武寧驛；後考江陵以北，十五里有紀南驛，四十餘里有石碑驛；則觀風驛當在武寧、石碑之間，故記云「中間觀風驛三十里」也。寶刻類編三有崔黃中此記，元和七年十二月立，在江陵。蓋碑記所在，非驛所在也。

又西南至白碑驛，在江陵北偏西四十餘里。驛北數里紀山，有後梁宣、明二帝墓，蕭嵩立碑，其石瑩白，故驛受名。

寰宇記一四六江陵，「白碑驛在縣西北四十八里。梁宣明二帝陵，唐開元二十一年起。」而輿地紀勝六五荆州碑記目白石驛碑條：「歐陽公集古錄云，江陵北四十里白石碑驛，蓋驛側數里有後梁宣、明二帝墓，唐相蕭嵩爲其祖立碑於驛之北，因名焉。」（輿地碑記目卷二全同。）同書六四荆州景物目下白碑驛條，亦云蕭嵩立碑於驛之北。又同目紀山條，「在府北四十里，綿亙自荆門西山而來，蓋荆州之主山也，後梁宣、明二帝陵，林木鬱然。見江陵志。」而卷六五古蹟目，云二帝陵在府西北六十里紀山。里距未準。蓋驛在江陵北四十里，又北數里或十數里乃後梁二帝墓歟？其地名紀山。考說郛六錄莊季裕雞肋編：「予少時，過荆南白碑驛，見豐碑刻唐官銜有招募健兒使。其碑石瑩白，驛因得名。或云後置大晟樂，取石爲磬」[11]。蓋石質特異，故以爲名也。

又南約三十里至紀南故城，即楚之郢都，置紀南驛，羅隱有詩。又南十五里至荆州治所江陵縣，去荆門約近二百里。

---

[11] 說郛係據涵芬樓刊本。

羅隱宿紀南驛詩：「策蹇南游憶楚朝，陰風淅淅樹蕭蕭。」（全唐詩十函四册隱集七。）又杜翁詩云：「飛烟紀南城，塵土荆門路。」（輿地紀勝七八荆門軍詩目引。）皆見紀南在大道上。按史記禮書正義引括地志，「楚武王始都郢，絕〔紀〕南故城，是也，在江陵北十五里。」通鑑一一四，晉義熙元年，南陽太守魯宗之起兵襲襄陽，進兵江陵，爲江陵守軍敗於紀南。胡注，「郡國志，江陵縣北十餘里有紀南城。」同書一七〇陳光大二年胡注引劉昭說同。此驛即在紀南城無疑，蓋江陵北行第一驛也。

劉禹錫復荆門縣記（全唐文六〇六），「自鄢而南，斯爲畫疆，抵郡之路，貫其七舍。」是荆門去江陵約二百里之譜。故知前引崔黃中觀風驛新井記「三百」乃「二百」之譌也。今檢一統志荆州府卷，北至荆門州界二十里，荆門州卷，南至荆州府江陵縣界一百六十里，是共一百八十里。又檢寰宇記一四六，荆州北至西京（洛陽）一千三百五十里，東至東京（開封）一千八百八十里。荆門軍西北至西京一千七百里，東北至東京一千三百里。此兩處記程顯不合，而荆門去開封反較去洛陽爲短，更可疑。按通典，荆州去洛陽千三百十二里，知寰宇記之荆州條不誤，則荆門軍條去西京、東京兩數實倒誤耳。蓋荆門北至西京一千二百里，二譌爲三，又與去東京數字互倒。如此則荆門至荆州爲一百八十里或一百九十里，與清統志相應，亦與唐人紀程二百里相符合。

又由襄陽西南行一百四十里至南漳縣（今縣）。又南三十里至四望山，王建有四望驛松詩，未知是否此處。又南，或沿漳水經麥城（今當陽東南五十里）東，南至江陵，或東南至樂鄉、荆門，與前考之襄荆驛道相接。此殆襄荆大道之輔線。

舊一二一梁崇義傳：「崇義乃發兵攻江陵，以通黔、嶺，及四望大敗而歸，遂屯襄、鄧。」通鑑二二七建中二年書此事，胡注：「今隨州隨縣之東有四望山。」按崇義爲山南東道節度使，據襄陽，其攻江陵主力決不東至隨縣，胡注殊難信。檢一統志襄陽府卷山川目，「四望山在南漳縣南三十里……登其巔，可東望襄陽，西望房縣，南望荆門，北望穀城，故名。」以爲崇義軍所到即此。是也。則其軍道必由襄陽西南取道南漳。元和志，南漳在襄州西南一百四十里。寰宇記同。王建四望驛松（全唐詩五函五册建集五）所詠若爲此處之四望，則亦置驛。

四望南行之道無考，要當沿漳水，或東南至荆門也。麥城卽關羽所走者，在當陽之東，東臨漳水，西接楚昭王墓，見水經注三二漳水注與沮水注。紀勝七八荆門軍景物上麥城條，「元和志，在當陽縣東五十里，關羽走保麥城，在沮、漳二水之間，王粲於此登樓而賦曰，挾淸漳之通浦，倚曲沮之長洲，是也。」是麥城之地顯然可指。昭王墓所在，其南至江陵必爲一相當暢通之道路。

荆州江陵府自先秦歷漢魏兩晉南北朝，卽爲大江中游之最大都會，唐代亦然。蓋地當中古中國之東西南北之水陸交通樞紐，故交通便利，商業繁盛。安、史亂後，置荆南節度使，治此，且議置南都，備遷幸。盛時人口殆逾百萬。其館驛之可考者，有江陵驛、臨沙驛、五花館，除兩都、汴州外，一城館驛可考之多殆無逾於此者。

顏眞卿謝荆南節度使表云：「荆南巨鎭，江漢上游，右控巴蜀，左聯吳越，南通五嶺，北走上都，寇賊雖平，襟帶尤切。」（全唐文三三六。）杜翁江陵望幸云：「地利西通蜀，天文北照秦，風煙含越鳥，舟楫控吳人。」（鏡銓一〇。）文宗授李石荆南節度使制云：「荆門東南巨鎭………舟車要衝。」（全唐文七〇。）懿宗授裴休荆南節度使制云：「湊舟車之都會，控湖嶺之要衝。」（同上八三。）此皆見江陵當東西南北交通要衝。其館驛名稱，詳下成都江陵間蜀江水陸道篇。人口數量，都市狀貌，另詳都市篇。

（四）途程地貌與大堤豔曲

考此道所可附見者，荆襄兩城及漢水西岸常見有堤防。襄陽城爲漢水、襄水與檀溪所圍繞，又當白河、漢水之會，故其地水量豐盛，夏秋水漲，常有浸陵之患，是以環城之外築堤以障防之，周四十三里，謂之大堤。

魏志一七于禁傳，建安二十四年，遣禁助曹仁討關羽於樊。「秋大霖雨，漢水溢，平地水數丈，禁等七軍皆沒。」此爲一有名故事。新唐書五行志記水災，襄州爲較常見災區之一，兩唐書及唐人文集中尤多可考。如新書一二〇張柬之傳，罷相爲襄州刺史。「會漢水漲齧城郭，柬之因壘爲堤，以遏湍怒，闔境賴之。」又杜牧牛僧孺墓誌（全唐文七五五），出爲襄州節度使，「會昌元年秋七月，漢水溢堤入郭，自漢陽王張柬之一百五十歲後，水爲最大。」坐罷官。此次大水，亦見孫樵復召堰籍（全唐文七九五），云：「漢波逾堤，陸走漂民，襄陽以渚。」繼僧孺任者爲盧鈞。新書一八二盧鈞傳云：「會昌中，漢水害襄陽，拜鈞山南東道節度使，築堤六千步以障漢暴。」盧肇漢堤詩序（全唐詩九函一册）述此次大水「齧襄堤以入，既沈漢郛，遂滅峴趾……餘民……能全者什六七。」盧鈞「因故堤之址，廣倍之，高再倍之，距襄之郊，縩半百里。」是一次大的改建。其後徐商一面築堤一面宣洩，以殺水勢。李騭徐襄州（商）碑（全唐文七二四）稱其八政，首云：

「漢南數郡，常患江水爲災，每至暑雨漂流，則邑居危墊，築土環郡，大爲之防，繞城堤四十三里，非獨築溺是懼，抑亦工役無時……公乃詳究本末，尋訪源流，遂加高沙堤，擁扼散流之地，於是豁其穴口，不使增修，合入蜀江，瀦成雲夢，是則江漢終古不得與襄人爲患矣。」

綜上所引，可見唐代襄陽屢有水災，築堤防洪亦力。其堤繞城環四十三里，即盧肇所謂「縩半百里」也。考宋書四六張邵傳，邵在襄陽「築長圍，修立堤堰。」是南朝時已有圍堤。復檢寰宇記一四五襄陽縣古堤條，「襄陽城有古堤，皆後漢胡烈所築。常〔嘗〕爲襄陽太守，惠化及人，塞浦決堤，民因歌曰……。」云云。則堤之始築，似又早在南朝以前。復考三國志一八龐悳傳，「（曹）仁使悳屯樊北十里。會天霖雨十餘日，漢水暴溢，樊下平地五六丈，悳與諸將避水上堤，羽乘船攻之，以大船四面射堤上。」則襄陽漢水北岸之樊城地區，漢末已有堤，襄陽築堤當不在後，胡烈始事蓋不虛也。檢紀要七九襄陽縣漢江條云：

「水利考，古大堤西自萬山，經檀溪、土門、龍池、東津渡，繞城北老龍堤，復至萬山之麓，周四十餘里。年久堤潰，而龍池、東津一帶又多浮沙，明初修截堤一道，自長門之土門，後漸頹廢。嘉靖四十五年，決府西老龍堤，直衝城南而東，爲害最甚。自是並力修築，北自老龍堤至長門，皆沿城砌石，南自萬山麓至土門，皆仍古大堤，東南自土門至長門則仍舊截堤，而後潰決漸少。大概堤防至切者在襄、樊二城間，蓋二城並峙，漢水中流，如峽口，且唐鄧之水從白河南注，橫截漢流，以故波濤激射城堤，爲害最劇也⑫。」

是至明、清仍循舊制環城有堤四十餘里，正如唐堤也。按萬山在城西十一里，見元和志，卽續郡國志劉注引襄陽耆舊傳之方山。杜預兩碑，分沉萬山與峴山者也，見紀要。檀溪在城西，去城里餘，見沔水注。明、清時去城四里，見紀要。而實已淤涸。東津渡在城東北十里，詳前文。老龍堤在城西九里，「東臨漢江，西抵萬山，袤十里，襄陽城東，賴此捍護。」見郡國利病書七二。紀要襄陽柳關條，亦云此堤爲府城東北之扞蔽。前論襄陽城爲漢水、襄水、檀溪所圍繞、古大堤卽在城外，沿河岸而築，惟東南蓋在峴山之北，去襄水較遠耳。其形勢可約如下圖：

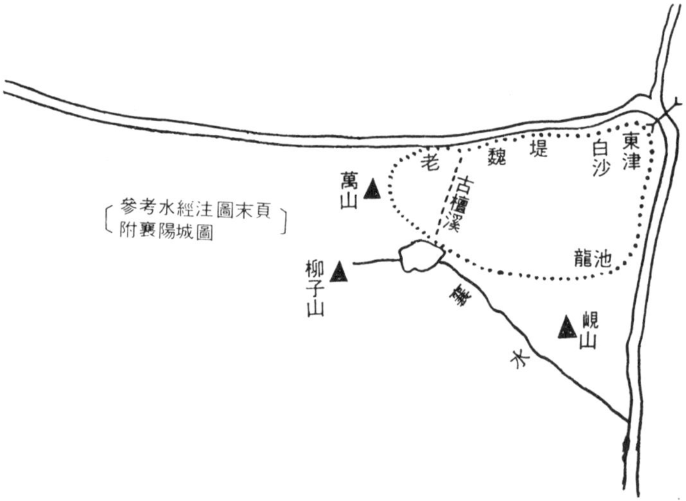

⑫ 同卷襄陽城條述明代修築情形尤詳，可參看。

宜城縣，貞元以前之舊治卽南北朝之華山郡、宜城郡，本古大堤村。其地有隄，障防漢水，先成村落，改築爲城，故亦稱大堤城。

宋書三七州郡志，「華山太守，胡人流寓，孝武大明元年立，今治大隄。」是大隄之名之較早見者。寰宇記一四五襄州宜城縣，「本楚之鄢都，在漢爲鄢縣地。宋大明元年，以胡人流寓者立華山郡於大堤村，卽今縣。」又云：「大隄城今縣城也，其俗相傳，呼爲大隄城，迄今不改。」舊唐志，襄州宜城，亦云「宋立華山郡於大堤村，卽今縣。」實則爲前考貞元中徙治前之宜城縣也。復考曾鞏元豐類稿一九襄州宜城縣長渠記，「宋孝武帝永初元年，築宜城之大堤爲城，今縣治是也。」是則其處本有大堤，障防漢水，先成村落，繼復改築爲城，故稱大堤城耳。通鑑一六二梁太清三年，張纘由荆州赴雍州（襄陽），道經大堤。卽此。

此外，臨障漢水之堤又數見，如習郁魚池東北限以高隄，似臨漢水而築者。

沔水注：「襄陽湖水，……上承鴨湖，東南流逕峴山西，又東南流注白馬陂水，又東入侍中襄陽侯習郁魚池。……池北亭，郁墓所在也，列植松篁于池側。沔水上，郁所居也，又作石洑，逗引大池水宅北作小魚池，……西枕大道，東北二邊限以高堤。」度此形勢，池卽靠近漢水。小池東北高堤殆卽爲障防漢水而築，否則不必高堤也。

又今宜城之北三十里處有古城堤遺跡。

一統志襄陽府卷古蹟目率道故城條，引宜城縣志，「縣北三十里有古城隄，地名東洋，古城跡猶存。」紀要七九宜城縣漢南城條略同。此頗難斷是否爲南朝大堤城。

宜城東南，江陵東北，郢（今鍾祥）、復（今沔陽）兩州境，濱臨漢水，亦有古堤，甚長，唐五代屢見修築，或至百里。

圖書集成山川典二六一漢水部，「按鍾祥縣志，漢水由襄樊入郢，而寖大。夫郢東西皆山……自北而南濱江兩岸，每夏秋水溢，茫然巨浸，達于潛沔，尤稱澤國，乃築長堤，以禦水患。」按郢即今鍾祥，唐爲郢州。唐世已有長堤以障水勢。例如唐會要八九疏鑿利人目：嗣曹王皐爲荆南節度使。「江陵東北七十里廢田旁漢古堤壞決凡二處，每夏則爲浸溢，皐使命塞之，廣良田五千頃。」按舊紀，皐爲荆南，在貞元元年至三年。是其時宜城漢水之下游即郢州境亦有堤以障農田也。又册府元龜四九七河渠二，元和十四年御史臺奏，山南東道觀察使孟簡狀稱復州刺史許志雍狀，請於復、郢二州界內脩築鄭敬古隄，兼塞鸊鵜港，壅截界水開地，有利於當道。又據荆南觀察使裴武奏稱，山南東道築堤及塞鸊鵜港有害於當道。請朝廷制止築堤。是鄭敬古堤亦在江陵東北郢復界內，以障漢水者。紀要七七潛江縣有高氏堤，在「縣西北五里，五代時，高氏築，起自荆門州綠麻山⑬，至縣南沱埠淵，延亙一百三十里，以障襄漢二水，後屢經增築。」雖事在五代，亦承唐以前之舊法。

至於此道南端之江陵城東南傾，晉桓溫已令築堤以障繞之，稱爲金堤。南朝末年史料所見，城四周皆有堤，殆如襄陽。唐世承之。

江水注云：

「江水又東逕燕尾洲北，合靈溪水。……江溪之會有靈溪戍，北阿面江，西帶靈溪。……江水又東得馬牧口……又東逕江陵縣故城南……故楚也。……江陵城地東南傾，故緣以金堤，自靈溪始。桓溫令陳遵造。遵善于方功，使人打鼓，遠聽之，知地勢高下，依傍創築，略無差矣。……城南有馬牧城。」

是江陵城在東晉世已築金堤，自西南靈溪繞城東南。又周書四四李遷哲傳：陳人攻逼江陵，梁主蕭巋求救於周。遷哲率所部「守江陵外城。」「陳人因水汎長〔漲〕，壞龍川寧朔堤，引水灌城，城中驚擾，遷哲乃先塞北堤以止水，又募驍勇出擊之。」「陸騰復破之於西堤。」是城西城北皆有堤。考梁書二二始興忠武王憺傳，爲都督荆州刺史。天監六年「州大水，江溢堤壞」，憺冒雨親

⑬ 綠麻山當在今圖漢水西岸沙洋鎭之北，見紀要七七荆門州漢水條。

督將吏救治，得保江堤。又藝文類聚八九引盛弘之荊州記，「緣城堤邊悉植細柳，綠條散風，淸陰交陌。」皆當卽指此諸堤而言。唐世，王建江陵卽事云：「瘴雲梅雨不成泥，十里津樓（一作頭）壓大堤，蜀女下沙迎水客，巴童傍驛賣山鷄。」（全唐詩五函五册建集四。）應亦指江陵南堤而言。吳船錄下，「辛未泊沙頭，道大堤入城。」是宋仍舊，但不能無變易耳。又輿地紀勝六四景物目下，「斷堤寺在江陵縣東北，今名東能仁斷堤寺。」在城東北，殆李遷哲傳之北堤一段歟。

綜此而言，此荊襄水陸兩道不但近水之城築堤環繞，其他濱漢之地段，多亦有堤防，故李善夷詩云，「漢之深兮，其隄莫量。」似隄爲漢流之特點。

李善夷詩句見其責漢水辭（全唐詩九函三册）。

而宜城尤有大堤之名。宜城在襄陽南約百里，爲南下水陸兩道之分途處，有平野水利之饒，楚置鄢都，當非偶然。而自漢以來，中原有亂，宜城卽爲北人流寓繁聚之地，常保富盛，故有冠蓋里之目。

水經注二八沔水注述宜城地區陂池溉田事甚詳。其臭池下入朱湖陂，皆溉田。「餘水又下入木里溝。木里溝是漢南郡太守王寵所鑿故渠，引鄢水也，灌田七百頃。白起渠溉三千頃，膏良肥美，更爲沃壤也。」此見其灌溉之盛。

御覽一六八、四七〇皆引荊州記，玆相互校錄如次：

「襄陽郡自峴首山南至宜城百餘里。舊說，其間雕牆峻宇，閭閻塡列，漢靈帝（卷一六八作宣帝，蓋誤）末，其中有卿士及刺史二千石數十人（卷一六八作家），朱軒駢輝（卷四七〇作耀），華蓋接延（卷四七〇作接陰），掩映於太山廟下（卷四七〇無此句），荊州刺史行部見之，雅歎其盛，勑（卷一六八作勒）縣刻石銘之（卷一六八無此句），號太山廟道爲冠蓋里（卷四七〇無此句）。」

按此似指峴山南至宜城百里間而言，漢末卿士大夫南徙散居此一地帶也。然稱太山廟、冠蓋里，應指點而言，非指線而言者。沔水注亦記此事云：

「宜城縣有太山，山下有廟，漢末名士居其中，刺史卿長數十人，朱軒華蓋，同會于廟下，荊州刺史行部，雅歎其盛，號爲冠蓋里而刻石銘之。此碑於永嘉中始爲人所毀……（碑文不錄）……。」

則漢末卿士大夫數十人所居者實指宜城縣之一里而言，荊州記首句「自峴山南至宜城百餘里」者只是冒詞，由襄陽峴山向南說到宜城耳。惟此種繁榮未能持久，故沔水注述宜城冠蓋里下，續云：「（建安）十三年魏武平荊州，沔南彫散。」然宋書三七州郡志，「胡亡氐亂，雍秦流民多南出樊沔，晉孝武始於襄陽僑立雍州。」又南雍州記曰「永嘉之亂，三輔豪族流於樊、沔，僑於漢側，立雍州。」則永嘉亂後，復多流寓。前引宋志，宜城在劉宋時代置華山郡，卽以胡人流寓而立。北人流寓亦增加此一地之繁榮。

漢魏迄隋唐，荊襄道既爲南北交通商貿之最重要幹線，而其北段襄陽至宜城百里間陸道卽行漢水西岸，或行於障江長堤之上，或極相近。堤東，下臨漢水，爲水道，可行三千石之大舟。水陸兩線並行，更見交通商貿之繁盛。宜城大堤當運站歇脚處，由此西南陸行驛道至江陵，由此水道舟行分至荊（江陵）、鄂（武昌），故其地尤爲荊襄幹道繁會之最，是以酒樓客館相望，李善夷大堤曲云「酒旗相望大堤頭，堤下連檣堤上樓。」正足見其盛況。大堤爲交通要道，商旅過往者衆，故聲色之娛之行業亦應運而生。自南朝至唐世，樂府詩歌中有一種極常見之題目曰「大隄曲」「襄陽曲」，多唱詠歌妓妖艷、商賈冶遊之情愫。如南朝詩云「大堤諸女兒，花艷驚郎目。」又云「妖姬慣數錢」「貰酒逐神仙」。唐人詩云「南國多佳人，莫若大堤女，魂處自目成，色授開心許。」「三三五五結同心，意欲取郎千萬金！」此類詩歌卽以大堤當南北水陸要道商貿繁會爲背景而產生者。

舊唐書二九音樂志云：

「襄陽樂，宋隨王誕之所作也。誕始爲襄陽郡，元嘉二十六年……夜聞諸女歌謠，因作之……云襄陽來夜樂。其歌曰，朝發襄陽來，暮至大堤宿，大堤諸女兒，花艷驚郎目！……估客樂，齊武帝之製也。布衣時常遊樊、鄧，追憶往事而作歌曰，昔經樊、鄧役……意滿情不敍。……梁改其名爲商旅行。」

按前一首爲襄陽樂之最早見者，亦爲大堤曲之濫觴。後一首則直以估客商旅命名，追憶往事，而「意滿情不敍」，蓋亦經商而有所迷戀耳。此志又云：

「三洲，商人歌也。商人數行巴陵三江之間，因作此歌。採桑，因三洲曲而生此聲也。」

而樂府詩集四八作三洲歌。其辭云：

「送歡板橋灣，相待三山頭，遙見千幅帆，知是逐風流。」

按襄陽東北十里東鄉津有三洲，當白水入漢江處，見沔水注，前文已引。魏志四齊王芳紀，正始二年，裴注引干寶晉紀：「朱然……五萬人圍樊城……宣王……督諸軍南征，追至三州口，大殺獲。」同書二七王昶傳，「都督荆豫諸軍……徙治新野，習水軍於三州。」皆即此白水入漢水處之三洲無疑。三洲歌亦就此三州而言，舊唐志指爲巴陵之三江，非也。此外樂府詩集四八及全唐詩中所見大堤曲、襄陽曲甚多，大抵多與艷姬客商有關，茲錄其顯見者於次：

梁簡文帝雍州曲三首。其一南湖，其二北渚，皆歌艷姬蕩舟事。其三大堤，歌宜城艷姬云：「宜城斷中道，行旅極留連，出妻工織素，妖姬慣數錢，炊彫留吐客，貰酒逐神仙。」（樂府詩集四八）

張柬之大堤曲：「南國多佳人，莫若大堤女，玉牀翠羽帳，寶襪蓮花距，魂處自目成，色授開心許。」（全唐詩二函六册）

崔國輔襄陽曲：「少年襄陽地，來住襄陽城，城中輕薄子，知妾解秦箏。」（全唐詩二函七册）

孟浩然大堤行：「大堤行樂處，車馬相馳突……王孫挾珠彈，遊女矜羅襪……」（全唐詩三函三册）

李端襄陽曲：「襄陽堤路長，草碧楊柳黄，誰家女兒臨夜妝，紅羅帳裏有燈光。」（全唐詩五函三册）

楊巨源大堤曲：「二八嬋娟大堤女，開壚相對依江渚，待客登樓向水看，邀郎卷幔臨花語，細雨濛濛濕芰荷，巴東商侶掛帆多，自傳芳酒翻紅袖，誰調妍妝回翠娥，珍簟華燈夕陽後，當壚理瑟矜纖手……歲歲逢迎沙岸間，北人多識綠雲鬟，無端嫁與五陵少，離別煙波傷玉顏！」（全唐詩五函九册）

又襄陽樂：「開隨少年去，試上大堤遊，晝角棲烏起，清絃過客愁。」（同上）

施肩吾襄陽曲：「大堤女兒郎莫尋，三三五五結同心，清晨對鏡理容色，意欲取郎千萬金！」（全唐詩八函二册）

又大堤新詠：「行路少年知不知，襄陽全欠舊來時，宜城賈客載錢出，始覺大堤無女兒！」（同上）

李善夷大堤曲：「酒旗相望大堤頭，堤下連檣堤上樓，日暮行人爭渡急，槳聲幽軋滿中流。」（全唐詩九函三册）

僧子蘭襄陽曲：「爲憶南遊人，移家大堤住，千帆萬帆來，過盡門前去！」（全唐詩十二函二册）

據此諸歌詞，襄陽大堤過往客商極多，商業必甚盛，艷姬美容色，音樂歌舞皆其能事，以待商旅少年之遊冶。

又大堤東南漢水東岸有石城，即郢州治所（今鍾祥）。南朝其地有女子名莫愁，世傳石城樂，莫愁樂，皆屬艷歌，描寫歌妓爲少年追逐與商旅留連之情調。李商隱石城詩，亦是此類。蓋亦因地當漢江水運要衝，而有此類艷歌略如大堤曲也。

舊二九音樂志二：

「石城，宋臧質所作也。石城在竟陵，質嘗爲竟陵郡，於城上眺矚，見羣少年歌謠通暢，因作此曲。歌云，生長石城下，開門對城樓，城中美年少，出入見依投。」

「莫愁樂出於石城樂，石城有女子名莫愁，善歌謠。石城樂和中復有莫愁聲，故歌云，莫愁在何處，莫愁石城西，艇子打兩槳，催送莫愁來！」

又樂府詩集之西曲歌中，除此石城樂、莫愁樂兩曲外，又有下列同名諸曲：

石城樂：「布帆百餘幅，環環在江津，執手雙淚落，何時見歡還！」「大艑

載三千，漸水丈五餘，水高不得渡，與歡合生居。」（卷四七）

莫愁樂：「聞歡下揚州，相送楚山頭……。」（卷四八）

按元和志二一，郢州治長壽縣，宋置，「屬竟陵郡。」「縣城本古之石城，背山臨漢水。」其地即今鍾祥縣治。一統志安陸府卷古蹟目，莫愁村在鍾祥縣西。唐志與樂府詩集之莫愁顯爲漢濱石城之一歌妓。莫愁樂、石城樂所歌皆以艷姬爲少年所追逐與商旅留連爲題材也。後代以莫愁在金陵，而有莫愁湖，則誤石城爲石頭城耳。又李商隱石城詩云，「石城誇窈窕，花縣更風流……共笑鴛鴦綺，鴛鴦兩白頭。」（玉谿生詩箋注五）審其內容亦是石城樂之類，可相輔證。

考中古時代聲色之娛之興盛，亦惟襄陽、宜城、大堤特爲顯著，殆如先秦之邯鄲、明清之秦淮矣。然中古交通繁會之道路與都市亦不少，何以此道特多妖姬聲色之娛？頗疑或與蠻族聚居及晉宋時代西域胡人流寓置華山郡有關。西南少數民族之女性遠較漢人爲開朗活潑而善歌舞，西域胡人重商，其婦女亦活潑自由。此地區既多蠻族聚居，又多西域胡人流寓，而當商旅之繁會，故以當壚歌妓爲業，習爲風尚，至唐不衰歟？而宜城美酒蓋亦有助長此風之作用也。

中古時代艷歌聲妓之盛，就余所見文史資料，確當以襄陽大堤爲最，雖金陵、揚、潤皆所不逮。溫庭筠秘書劉尙書挽歌詞（全唐詩九函五册庭筠集三）云：

「京口貴公子，襄陽諸女兒，折花兼踏月，多唱柳郎詞。」

此以京口公子與襄陽女兒對舉，亦正見襄陽女兒聲妓之盛有過江南也⑭。

漢水兩岸地區，魏晉南北朝時代，顯多蠻族聚居。三國志魏書四，正始二年紀注引干寶晉紀，「宣王曰，柤中民夷十萬，隔在水（沔水）南。」同書吳書一一，赤烏「九年復征柤中。」注引襄陽記，「柤中在上黃界，去襄陽一百五

⑭ 輿地紀勝四安吉州風俗形勝目：「于兢大唐傳云，德清縣（今縣）面前溪，則南朝習樂處。今尙有數百家習音樂，江南聲妓多自此出，所謂舞出前溪也。陳劉删詩云，山邊歌樂日，地上舞前溪。（吳興志一八事物雜誌引復齋漫錄『地』作『池』。）唐崔顥詩曰，舞愛前溪妙，歌憐子夜長。」此爲江南訓練樂舞之地，非必江南聲妓特盛於此也。特附記之。

十里，魏時夷王梅敷兄弟三人，部曲萬餘家屯此，分布在中廬、宜城西山鄢、沔二谷中，土地平敞，宜桑麻，有水陸良田，沔南之膏腴沃壤，謂之柤中。」此卽漢水西岸宜城地區也，故其地有蠻水、蠻城之名，見前考。又宋書州郡志，司州安陸太守，「徐志有安蠻縣，……明帝泰始初又立爲左郡。」此卽今安陸縣地區。又元和志二一郢州，引周地圖記，「蠻人酋渠田金生代居此地。」郢州治長壽卽石城，此漢水東岸也。

宋書州郡志雍州，「華山太守，胡人流寓。孝武大明元年立，今治大堤，領縣三，戶一千三百九十九，口五千三百四十二。」按前文云，「胡亡氐亂，雍秦流民多南出樊沔。」所謂胡人流寓蓋此類也。復考梁書一八康絢傳，「華山藍田人也。其先出自康居」，留寓河西，卽以康爲姓。晉時遷於藍田。祖穆，宋永初中，舉族三千餘家入襄陽之峴南，宋爲置華山郡藍田縣，其後世爲華山郡太守。則此類胡人本西域康居之一支。康居人特長經商自不待論。顏氏家訓治家篇云：「鄴下風俗，專以婦持門戶，爭訟曲直，造請逢迎，車乘塡街衢，綺羅盈府寺，代子求官，爲夫訴曲，此乃恒代之遺風乎？」此雖鮮卑風俗，料其他胡人或亦不相遠。

蠻女活潑善歌舞，商胡馬上爲生，婦女亦活潑，皆絕不若漢人之保守，或世居、或流寓於南北大道商旅繁會之地，婦女宜或從事當爐歌妓之行業也。然無他佐證，姑提此可能之假設耳。

宜城出美酒。唐國史補卷下歷數酒之美者十三處，有宜城之九醞與郢州之富水，是此道中居其二。據寰宇記一四五，出美酒地在宜城縣南之漢代故城，卽前考之宜城驛也。宜城酒馳名甚早。如曹植酒賦，「其味有宜城醪醴，蒼梧縹青，或秋藏多發，或春醞夏成。」（藝文類聚七二引。）劉孝儀有謝晉安王賜宜城酒啓（初學記二六）。唐代資料尤多，別詳物產篇。梁簡文帝樂府歌云：「宜城投（音作豆）酒今行熟，停鞍繫馬暫栖宿。」（舊二九音樂志引。）正見不少行旅者爲美酒而停駐也。

襄荆驛道自宜城以南，離開漢水稍向西南行丘陵地帶，樂鄉以南荆門南北近百里間古代道中，拱木修林，隱天蔽日，故有櫟林長林之稱，有長坂。曹操追及劉備於長坂、張飛據水斷橋之故地蓋在此地段。王建荆門行云：「櫟林深深石鏃鏃」，蓋此段途程爲石礫道，至唐世仍深林如故也。

輿地紀勝七八荆門軍長林縣條云：

「元和郡縣志云，本漢江陵縣地，晉安帝時分置長林縣。……舊唐書志云，晉分編縣置長林縣，以其有櫟林長坂故也。盛弘之荆州記云：當陽縣東有櫟林長坂。昔時武寧至樂鄉八十里中，拱木脩林，隱天蔽日，長林蓋取名於此。」

又古跡目云：

「元和志云，櫟林長坂在長林縣西北九十里，益德横矛之處。」

又水經注三二沮水注云：

「沮水又東南，逕當陽縣故城北，城……北枕沮川。其故城在東百四十里，謂之東城，在綠林長坂南。長坂即張翼德横矛處也。」

按此皆記櫟林長坂之較古資料。樂鄉即前考之樂鄉，武寧在前考武寧驛之北。又檢一統志荆門軍卷古蹟目，長林故城在今荆門北。則櫟林長坂在今荆門之北無疑，去今當陽縣頗遠。曹操將精騎五千由襄陽追劉備，一日一夜，行三百餘里，及於當陽之長坂，張飛横矛據水斷橋，事見蜀志先主傳及張飛傳。此當陽即沮水注當陽故城之在東城者。三國志集解引紀要七七，云在今當陽縣東北六十里。通鑑六五建安十三年紀，胡注云在今當陽縣東南百二十里，皆非其故地。紀勝七八荆門軍景物上，謂長坂在當陽縣東北三十里，亦非。蓋縣治西移，坂名亦西移耳。王建荆門行云，「峴亭西南路多曲，櫟林深深石鏃鏃，看炊紅米煮白魚，夜向雞鳴店家宿。」（全唐詩五函五册建集二。）即描寫此段道中情景也。

荆門以南仍多林木，盛弘之云道東有綠林山，去江陵百里，茂林蓊鬱，蓋即王匡聚衆處。唐世仍見此山名，在當陽縣東南一百二十里，與荆門以北之櫟林非一地。又南至江陵左近亦林木甚茂。蓋自樂鄉以南至江陵，茂林深密，連成一片歟。

御覽五七引盛弘之荊州記云：

「江陵縣東一百里有綠林山，茂林蓊鬱，襄陽大道經由其西，所謂當陽之綠林也。」

按上考荊門以北之櫟林，及此綠林山，皆出盛弘之荊州記，櫟綠音近，似爲一地。然盛記明云櫟林在武寧樂鄉間，而綠林則在江陵東百里，地望頗異。輿地紀勝七八荊門軍景物下綠林山條云：「元和志云，在當陽縣東南一百二十里，漢光武起兵于此。輿地廣記云即所謂當陽之長坂也，曹公追劉備而張飛拒之於此。按元和志綠林是光武起兵處，屬當陽，櫟林自屬長林。」此辨兩者非一地，蓋是。按所謂光武起兵即指王匡聚衆於綠林山，見後漢書劉玄傳。章懷注：「綠林山在今荊州當陽縣東北。」此唐人謂山在當陽之最早者。御覽五七又引五端休江陵記：「城西北六十里有大林。」「州城東北十二里有曹公林。」連同上文櫟林、綠林、團林觀之，大抵自宜城蠻水以南行丘陵地帶，固多森林，連成一片耳。

自襄陽至宜城爲南北水陸商旅繁會之道，故宜城大隄多聲色之娛，自樂鄉至江陵二百數十里間，鄉聚旅舍亦甚多，各鄉聚民戶或多至數百家，旅舍亦利「女兒停客」，蓋仍大堤之風習歟？

唐會要八九疏鑿利人目云：

「（貞元）八年三月，嗣曹王皐，爲荊南節度使。……自荊至樂鄉凡二百餘里，旅舍鄉聚凡十數（舊傳作數十），大者皆數百家，楚俗佻薄，舊不鑿井，悉飲陂澤，乃令合錢鑿井，人以爲便。」（舊一三一李皐傳略同。）

此見宜城以南道中仍甚繁榮，北夢瑣言六：「隴西李璩……常〔嘗〕宰襄州樂鄉縣，京兆僑于是邑常來干擾，李亦祇奉不厭。」蓋唐末中原人士南遷，此道中民戶當更多。而王建荊門行云：「欲明不待燈火起，喚得官船過蠻水，女兒停客茆屋新，開門掃地桐花裏。」（全唐詩五函五册建集二。）女兒停客蓋仍大堤之風習耳。

惟接近江陵地區，地勢平衍卑下；南北分裂時代，據守江陵者往往於江陵北境堰水以斷陸道，如吳之陸抗，五代之高氏及南宋紹興間、開禧間事，皆然，目的在斷絕北方政權遣兵南伐之便利，此以軍事而改變地貌也。惟唐統一之局，陸運便捷，故江陵北程得有如此繁榮耳。

三國志吳書一三陸抗傳云：

「初江陵平衍，道路通利。抗勑江陵督張咸作大堰遏水漸漬平中（通鑑作平土）以絕寇叛。(羊)祜欲因所遏水浮船運糧，揚聲將破堰以通步軍。抗聞，使咸亟破之。……祜至當陽，聞堰敗，乃改船以車運，大費損功力。」

按此似為守江陵者遏水阻敵今存史料之最早見者，通鑑七九晉泰始八年，書此事。胡注：「今江陵有三海八櫃，引諸湖及沮漳之水注之，瀰漫數百里，即作堰之故智也。」按五代高保勗豬水為北海，以阻北道；南宋紹興間，櫃上下海為遏敵之計；開禧元年再築上中下三海，繼又引沮漳及諸湖之水注三海，綿亙數百里，瀰漫相連，又為八櫃，開禧三年春，金兵犯荊門，距江陵百餘里而去，即以三海八櫃之險也。詳輿地紀勝六四江陵府卷景物目上。

綜　　結

中國南北交通之主要路線，自古有東西中三道。西道踰秦嶺山脈，取嘉陵江河谷至巴蜀，東道由河淮平原至吳越，中道由白河河谷南接漢水至荊楚。三道之中，以中道為最盛，蓋古代中國之政治經濟文化中心在渭汾下游與河洛平原，地居黃河流域之中部，故中道發展最居優勢。且西道極艱險難行，東道雖行平原博野，但無天然河流南北通貫，惟中道由白河北運，已近河洛，旁及關中，由漢水南航，以通荊、鄂、湘、贛，遠達嶺表，故水陸兼通，亦為東西兩道所不及；而中道之主幹則荊襄道也。

荊襄道者，由山南東道節度使治所襄州首縣之襄陽，至荊南節度使治所荊州首縣之江陵，全程約五百里。此道開通極早，秦、漢統一以後，自又增加其繁榮。至魏晉南北朝分裂時代，不但爲南北用兵之主要軍道，亦爲南北走私貿易之主要商道。如東晉時代，北國苻健於豐陽（今山陽）立荆州，使與南方「通關市，來遠商。」以充國用。北魏崔寬爲陝城（今陝縣）鎭將，以「路與南通，販貿往來，家產豐富。」南朝雍州（治襄陽）刺史亦常以此致富，如曹虎性「吝嗇」，而「日食荒客常數百人」，「得錢五千萬」。其爲經營走私貿易亦可知。齊武帝布衣時，商行於襄樊間，作估客樂，又名商旅行，亦見走私貿易之盛。其主要路線，則由漢水北出襄陽，抵南陽，更北屆河洛，旁及關中；荆襄道則此商道之南段也。唐世，荆襄全線置驛，交通臻於鼎盛之時代，使臣、墨客、商旅、運漕，遺留史料頗多，故途程所經，旅運之盛，皆可得而詳。

先論其陸驛行程：襄陽城西置漢陰驛，規模宏壯。由城東南行六里至桃林古館，東濱漢水，爲一津渡處；又三里，至峴山，亦濱漢水；此二地皆爲士大夫祖餞之所。峴山相近有鳳林山，置關，濱江頗險。又循漢水西岸南行，約二十里至鹿門山，爲龐德公、孟浩然、皮日休諸人隱處。又南歷疏口；有襄河驛者，疑在此地段。又南至宜城縣（今縣南），去鹿門約六十五里。縣東九里漢水西岸有故大堤城，劉宋以胡人流寓者立華山郡，後魏改置宜城縣，周名率道，天寶元年復名宜城，貞元末始西遷。縣北約二十餘里道中有善謔驛，柳宗元有詩 。縣西南行九里至宜城驛 ，即漢宜城縣故城，亦即楚之鄢城也，韓愈有記，劉禹錫有歌。又南三十里至故蠻城，置蠻水驛，崔櫓有蠻溪渡詩。其地卑下，泥淖，徐商就高開路，徑捷易行。又南約八十五里至樂鄉縣（今圖有樂鄉關）。又南約八十里至荆門縣（今縣），王建有荆門行，劉禹錫有復縣記，皆見其當荆襄要道，置關，置館驛。又南至團林驛（今有團林鋪）。又有武寧驛，蓋在團林之南，崔櫓有詩 。又南至觀風驛， 近山谷， 地鹵少泉，崔黃中有記。又西南至白碑驛，在江陵西北四十餘里，近紀山後梁二帝陵，蕭嵩立碑，其石瑩白故名。又南約三十里至紀南故城，即楚之郢都，置紀南驛，羅隱有詩。又南十五里至荆州治所江陵縣，北去荆門約近二百里，置江陵驛、臨沙驛、五花館，以待賓客。

此驛道之西側，又有一道，由襄陽西南行一百四十里至南漳縣（今縣），又南三十里至四望山，又南沿漳水經麥城（今當陽東南五十里）之東，亦南至江陵，此荆襄驛道之輔線也。

荆襄道雖以陸驛爲主，但水運亦直通，且極盛。即由襄陽下漢水，舟行經宜城縣東九里之古大堤城東，又經郢州治所之古石城（今鍾祥）西，至揚口，亦謂之中夏口，在漢水南流折而東流處。由此改浮揚水西南航，經船官等湖，至江陵。揚水亦有漕河之名，即今之西荆水也。漢水行舟，大者可至三千石，揚水行舟雖不及此，當亦不甚小。唐中葉以後，河淮間若有叛亂，汴河水運受阻，則江南租賦，往往集於江陵，至百餘萬石，蓋賴此水道漕運至襄陽也。襄陽以北，西北溯漢水固通舟楫，而溯丹水至商州（今商縣）之水運亦頗盛，至於襄陽直北，溯白河亦至南陽。商州至長安，南陽至洛陽，陸道皆不甚遠，故此荆襄大道水陸兩運皆發達。而水運航程，南至荆鄂達湘贛，北至商州與南陽，實爲中國中古時代南北天然水運航線之最長亦最盛者。

荆襄水運既藉漢水及其支流，而此段漢水地勢卑下，故沿岸往往築堤，或長逾百里，濱江城市尤藉大堤爲之障防，如北端之襄陽，自漢代以來即築堤防洪，唐世圜城堤長至四十三里；南端之江陵，自晉以來亦屢見築堤廻護；中途之宜城古城尤有大堤城之名；斯則爲此一地帶江岸與城市之特殊狀貌，爲他處所稀有者。此道既水陸兩運並盛，陸道自宜城以南行於深林茂密之丘陵地帶，而宜城以北百餘里，則行於漢水西岸，且或即長堤爲驛道。江上盛舟楫，堤上馳車馬，車騎舟航停泊處，即形成或大或小之商旅市場，大堤城即在此條件下所形成者。城當襄陽南下水陸兩道之分途處，亦即爲荆襄道中之最大運站歇脚點，由此西南陸驛至江陵，由此東南舟行分至江陵與鄂、岳，故尤爲荆襄幹道繁會之最。加以地方有平野水利之饒，楚置鄢都，當非偶然；而自漢以來，中原有亂，宜城即爲北人流寓繁聚之地，常顯富盛。宜城之地理與歷史條件既促成其繁富之地位，加以宜城美酒，天下馳名，亦提高商旅停駐之興緻，是以酒樓客館相望，李善夷大堤曲云，「酒旗相望大堤頭，堤下連檣堤上樓。」正見其盛況。商旅過往既衆，故聲色之娛之行業亦應運而生，自南朝至唐世，樂府詩歌中有一種極常見之題目，曰「大堤曲」「襄陽曲」，多唱詠歌妓妖艷、商旅冶遊之情愫。如南朝詩云，「大堤諸女兒，花艷驚郎目。」又云「妖姬慣數錢」「貰酒逐神仙」。唐人詩云，「南國多佳人，莫若大堤女，魂處自目成，色授開心許。」「三三五五結同心，意欲取郎千萬金！」此類詩歌即以大堤當南北水陸要道商旅繁會爲背景而產生者。

大堤東南，漢水東岸有石城，即郢州治所（今鍾祥）。世傳「石城樂」「莫愁樂」，描寫歌妓爲少年追逐與商旅留連之情調，李商隱石城詩，亦是此類，皆屬艷歌，與「大堤曲」同，其產生之背景亦同。

考中古時代，聲色之娛之興盛，亦惟襄陽、宜城、大堤特爲顯著，殆如先秦之邯鄲，明、清之秦淮矣。然中古交通繁盛之道路與都市亦不少，何以此道特多妖姬聲色之娛？頗疑或與蠻夷聚居漢水兩岸及晉宋時代西域胡人流寓大堤置華山郡有關。西南少數民族之女性遠較漢人爲開朗活潑而擅歌舞，西域胡人重商，其婦女亦活躍自由。此地區既多蠻夷聚居，又多胡人流寓，而商旅繁會，故其婦女以當爐歌妓爲業，習爲風尚，至唐不衰歟？尚待進一步證實也。

參看圖十五、二十三

一九七六年九月十四日初稿，一九七七年七月十五日再稿，九月八日增訂畢功，時寓九龍獅子山下霞明閣。刊「中央研究院」成立五十周年紀念論文集。一九八四年十二月一日增補。一九八五年九月十七日初校，十一月十五日二校定稿。

篇貳玖　成都江陵間蜀江水陸道

引　言

長江水道及沿岸陸路爲中國南方東西交通之骨幹，無論物資運輸或軍事行旅，皆賴此水陸道，尤以水運爲主。

中古時代，尚以岷江爲長江之主源，故成都府爲當時西南部最大都市，亦爲長江上游最大都市，江陵府爲當時南中國中部最大都市，亦爲長江中游最大都市。此兩大都市皆經濟繁榮，人文蔚盛，其間交通運輸主要有賴長江上半段之蜀江水陸道，故此水陸道在中國中古時代，對於軍事攻防、政治控制、物資流通、文化傳播，皆發生重要作用。唐代且沿途置水陸館驛，以利旅運，蓋重之也。

本文就蜀江此道沿途所經之地點景觀一一考明，末節尤致意於峽江水運在當時交通上之地位，蓋峽江水運不但爲東西交通之大動脈，亦蜀中物資北運兩京之大動脈也。第三節附論峽江鹽產之利，與夔州戶口之盛，蓋夔府當此道之中段，居峽江險扼之上口，不但爲軍事必爭，亦因鹽利之富，商賈之便，故致繁榮，僅次於成都、江陵之居間大都市，前人蓋以其僻處山城，未能留意，故特表而出之。

（一）全程所經諸州間里程總計

由益州成都府沿岷江水陸兩路南行，蓋陸道二百里至眉州(今眉山)，又東南一百四十里至嘉州（今樂山），又東南水路三百五十里、陸路三百二十里至戎州（今宜賓），又循大江而東，水路三百一十里、陸路三百四十里至瀘州（今瀘縣），又東微北七百五十里或水路七百里，實約近五百里至渝州（今重慶），又東水路三百四十里、陸路四百六十里至涪州（今涪陵），又東微北水路三百五十里至忠州（今忠縣），又東微北水路二百六十里至萬州（今萬縣），又東水路三百里至夔州（今奉節東十里白帝城），又東水路三百三十里至歸州（今秭歸西約十里），又東微南水路二百里至峽州（今宜昌），又東微南水路三百三四十里至荆州江陵府（今江陵）。除成都、江陵首尾兩府外，中經眉、嘉、戎、瀘、渝、涪、忠、萬、夔、歸、峽十一州，全程最少三千六七百里，多則約四千里，而水程爲主。

通典、元和志、寰宇記各州皆記相距里數，略有參差，列表如次：

	通典	元和志	寰宇記	備註
益眉間	（缺）	200 300〔200〕	200 200	
眉嘉間	130 139	240〔140〕 140	240〔140〕 130	
嘉戎間	350 350	陸320 水350，陸320	水陸350 565〔368〕	
戎瀘間	350 350	水310，陸340 水310 陸240〔340〕	水310，陸240〔340〕 320	
瀘渝間	750 750	水700 水700	760 （缺）	實距約 500 里上下

渝涪間	460 460	水340 水340	460，　水340 460，　水340	
涪忠間	350 350	350 （缺卷）	350 水350	
忠萬間	水260 （缺）	（缺卷）	水260 （缺）	
萬夔間	298 198〔298〕	（缺卷）	水300 水300	
夔歸間	333 332	（缺卷）	330 132〔332〕	330里，蓋水程
歸峽間	190 190	（缺卷）	200 200	
峽荆間	340 340	（缺卷）	340，　水330 水330	

據此表，主要爲水程，可互相校正，書之如綱文。總和最少三千六七百里，大數近四千里。備註中有兩處校訂。其一，瀘渝間里距。上列三書記載，多或七百五六十里，少亦七百里，似太多。又元和志、寰宇記所載，合江西至瀘州，江津東至渝州，皆僅一百二十里，共二百四十里；合江至江津間似無四百六十里以上之距離。然九域志八，亦云瀘州東至渝州七百六十里，東北至渝州六百九十五里，渝州無至瀘州之里程，但云西南至昌州五百一十里，昌州遠較瀘州爲近。則以上三者所記七百至七百五六十里，亦自有據，非誤書。然兩州間有合江、江津兩縣，觀兩縣各至本州之里距及吳船錄等書所記，瀘、渝間實不踰五百里，詳下文。此云七百里、七百五六十里，不知何代之計程也。其二，夔、歸間里距。前表列通典兩條皆作三百三十餘里；寰宇記一作三百三十里，一作一百三十二里。九域志六歸州條作三百三十里，夔州條作二百三十八里，約計蓋三百三十里之譜。作「一百」「二百」皆形譌。復檢元和志三〇涪州，李吉甫疏云：「涪州……去江陵一千七百餘里。」又寰宇記一二〇涪州，「東至江陵府水路一千七百七十里。」輿地紀勝一七四涪州景物目同。上列自涪州至荆州之里程無大乖誤，若夔、歸間作三百三十里，則水路總和正爲一千七百

七十里，與三書所記總里數極合，益知作「三百」者爲正。

（二）成都府至萬州行程

其詳細行程之可考者：成都正南微西行四十里至雙流縣（今縣），當二江之間故名，有二江驛。又四十里，中經新穿水口至新津縣（今縣），本新津市，周閔帝置縣，有三江驛，新津渡。

成都南行，陸路必經雙流、新津，此觀自然形勢可知。蜀檮杌下，「孟昶歸命……，萬民擁道，哭聲動地，……自二江至眉州沿路百姓慟絕者數百人。」此即經雙流至眉州之證。其詳程，並詳成都清溪南詔驛道篇。

自此分途：一路西南驛道至雅州，爲入越巂通南詔道；一路正南微東乃今考之水陸驛道也。此道由新津南行五十四里中經天社山古道至彭山縣（今縣或稍北），在犍爲武陽故城東南五里，當新津大江與成都大江合流處之西七里。

唐、宋志書，眉州北至成都二百里，一統志眉州卷云一百九十里，略合。已知新津北至成都八十里，彭山南至眉州六十六里，則新津至彭山應爲五十四里。檢一統志爲四十五里，相差不大。縣與汶江之相對方位見元和志三二。城西北五里有漢代犍爲故城，卽蜀王開明退據之武陽城也。此據元和志三二眉州彭山縣目書之。而寰宇記七四謂「武陽城在縣東北十五里。」今從志。說詳下文。按犍爲郡治所本在戎州（今宜賓）大江之南，後南蠻扳亂，郡屢內徙，嘗治武陽，在成都南一百五十里，見華陽國志三蜀志。

華陽國志三蜀志，犍爲郡治武陽縣。「渡大江，昔人作大橋，曰漢安橋，廣（卽長）一里半，每秋夏水盛斷絕，歲歲修理，百姓苦之。建安二十一年，太守南陽李嚴乃鑿天社山，尋江通車道，省橋梁三津，吏民悅之。」按縣當新津大江與成都大江之會，此橋與山不知究在何處。檢水經注三三江水注，「有鄗江，……出江原縣，首受大江，東南流至武陽縣，注於江(注於成都來之江)。

縣下江上舊有大橋，廣一里半，謂之安漢橋（與志異），水盛歲壞，民苦治功，漢太守李嚴鑿天社山，尋江通道，此橋遂廢。」據此似橋在合流之下，楊氏水經注圖即如此繪之。然元和志三一新津縣，「太社山在縣南三里，在城郭南百里（？），北枕大江，南接連嶺，每益土有難，人多依焉。」則山在新津縣南，大江之南，惟里數可能有譌誤。檢一統志眉州卷山川目，「天社山在彭山縣東北二十里，接新津縣界。明統志，漢建安間，李嚴鑿天社山通東〔車〕道，即此。」「東北」當作「西北」，蓋山之北首約居新津、彭山之間，北臨新津至彭山之江流，南向則蜿蜒甚遠也。北首正當唐道所經，必循李嚴所通之道，漢安舊橋當亦在此區江上，非彭山以東兩巨流會合後之江也。

縣既當新津大江與成都大江兩流之會。故由成都府城東南之合江亭舟行亦至此，與陸道會合。

杜翁絕句云：「門泊東吳萬里船」（詳注一四），成都通水運自不待言。范成大吳船錄上，成都小東郭合江亭，「蜀人入吳者，皆自此登舟，其西則萬里橋。」一統志成都府卷古蹟目，「合江亭，在府東南二江合流處，唐韋皐建。宋呂大防記，亭為唐人宴餞之地，名士題詩往往在焉，俯而觀之，滄波渺然……商船漁艇，錯落遊衍，一府之佳觀也。」則古代成都水運可能較今為盛。

彭山南十五里至鼎鼻山，山形孤起，東臨汶江。相近有彭亡城，亦名彭模城，即平無、平模也；皆為中古軍道必爭之地。

續郡國志，蜀郡武陽縣「有彭亡聚。」劉昭注，「岑彭死處。南中志曰，縣南二十里彭望山。益州記曰，……有彭祖冢，上有彭祖祠。」按岑彭由外江伐蜀，「拔武陽」，營於彭亡，為降卒所刺殺，見後漢書列傳七岑彭傳。又晉書九八桓溫傳，永和二年伐蜀，「軍次彭模，……三戰三捷。」宋書四八朱齡石傳，義熙九年伐蜀之譙縱，「大衆自外水（即岷江）取成都」，譙縱使侯輝、譙詵「率衆萬餘屯彭模，夾水為城。十年六月，齡石至彭模。」奮戰破其南北兩城，「乃舍船步進」取成都。通鑑一一六晉義熙九年紀作平模。云「去成都二百里。」按江水注，「江水自武陽東至彭亡聚，………謂之平模水，亦曰外水。此地有彭冢，言彭祖冢焉。」是彭望、彭亡、彭模、平模實爲一地，音之變耳。當在彭山（漢武陽）以南，接近眉州地區。檢元和志三二，彭山縣有「彭亡城，亦曰平無城。」謂岑彭所改。寰宇記七四云：「彭亡山亦名平模山。」地望正合。又有平無之名，無、亡音義皆同。岑彭伐蜀營於此，桓溫伐蜀、朱齡石伐蜀之主戰場亦在此處，知爲自古軍道所重也。

通鑑一一六，述朱齡石克平模後事云：「齡石捨船步進」，打鼻守將潰奔，縱遂棄成都出走。則打鼻當在彭模至成都道上，或與彭模相近。檢元和志三二云：「鼎鼻山亦曰打鼻山，在（彭山）縣南十五里……山形孤起，東臨江水。」鼎鼻在彭山縣南十五里。前引南中志，彭望山在武陽縣南二十里，則正與打鼻地望相當，是二地相近也。其云去成都二百里，蓋舉成數耳。①

又南至眉州治所通義縣（今眉山），在汶江西五里，北去彭山六十五里。

此見元和志三二；寰宇記七四，作六十里。

縣東七里江東有蟇頤山，下臨大江，稱蟇頤津（今玉津），卽孟昭圖被沈處。

新二〇八田令孜傳，在成都，貶拾遺孟昭圖爲嘉州司戶，「使人沈于蟇頤津。」寰宇記七四眉州通義縣，「蟇頤山在州東七里，形如蝦蟆頤。」通鑑二五四述孟昭圖事，胡注，「山臨江津，今有孟拾遺祠。」吳船錄上，「眉州城外卽玻瓈江也，多時水色如此，方夏潦怒濤漲，皆黃流耳。江上小山名蟇頤，川原平

① 前引元和志，武陽故城在彭山縣西北五里，而寰宇記作東北十五里。是不同。寰宇記又云「彭女山在縣東北十里。……又名彭亡山，亦名平模山」。「魚鳧津在縣東北二里，一名彭女津，在彭亡山南，居導江、皂江等水會之處。」亦皆與元和志不同。一統志眉州卷山川目：「彭亡山在彭山縣東十里，亦名彭望。」「鼎鼻山在彭山縣東北。」是皆據寰宇記書之。又云：「輿地廣記，今縣南十餘里之打鼻山乃古鼎鼻山，縣東北之鼎鼻山乃其支峯耳。」是蓋調和之說耳。然檢輿地廣記，實無此文，不知編者所據何書也。今按劉昭注引南中志，彭望山在武陽縣南二十里。合之元和志所書古城及打鼻山地望，正與打鼻山相近；而寰宇記云武陽故城在彭山縣東北十五里，山在縣東十里，則在故城南五里，是與南中志不相應，故據元和志書之；且參二百里之文，亦較合。又元和志，彭山縣在州北六十六里，寰宇記云六十里，一統志彭山南至眉州四十里；疑元和志後，縣治已南遷，寰宇記六十里仍據舊程書之耳。

遠，似江浙間。」紀要七一眉州，「蟇頤山，州東七里，自象耳山連峯壁立，西瞰玻璃江五十餘里，至此磅礴蹲踞，形類蟆頤，……大江流至山下曰蟆頤津。」又云「蟆頤山在江之東岸，江流至此，瑩若玻璃，因名玻璃江，亦曰蟇頤津。……志云，州東四里有玉津，即玻璃江渡口也。」則蟇頤津即宋人所記之玻瓈江，亦即今玉津也。

又南六十里至青神縣（今縣），在汶江西三里。又南二十二里至青神故城，治思蒙水口；唐武德元年北移今治。

此見元和志三二、寰宇記七四眉州青神條。按思蒙水由西北向東南流入汶江，是縣治亦在漢水西岸。

又南二十八里至開峽驛，中經熊耳峽，宋名湖瀼峽，有古道，傳爲諸葛武侯所開，驛蓋以此受名。又南十二里至平羌縣，近江水，寶歷二年北移治開峽驛。平羌置關，似當此道。又南十八里至嘉州治所龍遊縣(今樂山)。

元和志三一嘉州，平羌縣南至州一十八里，而寰宇記七四，作州北三十里。但下文述沿革云：「本漢（？）平羌戍……周保定元年置平羌縣。……大業七年移就大江。寶歷二年又移於開峽驛，去舊縣十五里。」是兩書時代之縣治已不同。蓋本在嘉州北十八里，近大江，寶歷間北徙至州北三十里也。關見新唐志。一統志嘉定府卷關隘目，關在樂山縣北。「舊志，白崖山南有廢臨江關。蓋即平羌之譌。」檢白崖山在樂山縣北十里。既有臨江之名，則當在此道上。寰宇記七四云：平羌縣有「熊耳水，一名熊耳峽。故老云，武侯鑿山開道，即是熊耳峽，東即古道。」輿地廣記二九，「龍遊縣有熊耳峽，諸葛忠武鑿山開道，蓋今湖瀼峽云。」按元和志三一云：「熊耳峽在縣東北三十一里。」是當在青神故城南，開峽驛之北。所鑿古道殆即南北古道也。輿地紀勝一四六嘉定府景物目下，「熊耳峽在龍游縣北六十里湧佛山之上，諸葛武侯鑿山開道，蓋今湖瀼峽。」里距略相當。惟唐、宋志書所稱熊耳峽可能與江水注及續郡國志南安縣目劉昭注引華陽志所稱熊耳峽，已非一地，參看水經注疏。

以上自眉州至嘉州一段行程，大抵沿汶江西岸南行，據地志，參地理形勢得之。檢吳船錄上，由眉州經中巖、青衣，入湖瀼峽，由平羌舊縣至嘉州，凡百二十里。中巖其半途也。與上文所考行程略合，卽一道也。

至於宋世所發現之東漢南安長造平鄉道碑，其工程在武陽西南通青衣（雅州境）越巂（今西昌）道上，不在今考循江而南之道上也。

隸續一一南安長王君平鄉道碑：「維平鄉明高大道，北與武陽，西與蜀郡青衣、越巂通界……由涪山上，隨沿回曲，……危難……登高望天，車馬不通……磐岩橫道，臨大江……永元七年十月南安長右扶風……王君……遣掾何童……崖，平碓……通直廣大，……車馬馳驅，無所畏難，……去危就安，萬世無患……」大意尙可曉。洪氏跋云碑在嘉州夾江縣。輿地紀勝一四六碑記目有漢和帝時開道碑，「在夾江縣西」，卽此。按青衣在唐雅州境，越巂唐爲巂州（今西昌），是由彭山西南通雅巂之道無疑。又水經注三六青衣水注，「青衣水逕平鄉，謂之平鄉江。益州記曰，平鄉江東逕峨眉山，在南安縣界。」則碑云「臨大江」卽青衣水，平鄉縣當在今夾江縣西北，不當彭山沿汶江南行之道尤明。

龍遊卽漢之南安縣治，本蜀王開明故都。青衣、沫水（卽大渡河）合流於城西，又東會汶江於城東南，故城當三水之會。汶江東岸連山競秀，有九頂、凌雲之盛。青衣、沫水（卽大渡水）流急勢勁，滙入汶江，衝擊東岸山麓，石崖高聳，開元中僧海通鑿爲彌勒大像，高三十六丈，面對青、沫，遠望三峨，形勢峻偉，迄今完好，爲西南藝術勝蹟。

江水注，「江水又東南逕南安縣……縣治青衣江會，衿帶二水矣，卽蜀王開明故治也。」楊疏以爲卽今樂山縣治，是也。一統志嘉定府卷古蹟目以爲在今夾江縣西北二十里南安鎮，大誤。

九頂山凌雲寺大佛像，爲中國罕有之名勝，宋明人記之甚詳。今可考者，以范成大吳船錄所記爲最早，其卷上云：

「泊嘉州，渡江遊凌雲，在城對岸。山不甚高，綿延有九山頭，故又名九頂，舊名青衣山。……躋石磴，登凌雲寺。寺有天寧閣，卽大像所在。嘉爲衆水之會，導江、沫水與岷江皆合於山下，南流以下犍爲。沫水合大渡河由雅州而來，直擣山壁，灘瀧險惡，號舟楫至危之地。唐開元中，浮屠海通始鑿山爲彌勒佛像以鎮之，高三百六十尺，頂圍十丈，目廣二丈，爲樓十三層。自頭面以及其足，極天下佛像之大，兩耳猶以木爲之。佛足去江數步，驚濤怒號，洶湧過前，不可安立正視，今謂之佛頭灘。佛閣正面三峨，餘三面皆佳山。衆江錯流諸山間，登臨之勝，自西州來始見此耳。東坡詩，『但願身爲漢嘉守，載酒常作凌雲遊。』……」

此頗扼要，得其勝概。輿地紀勝、方輿勝覽（一統志嘉定府卷山川目九頂山、烏龍山兩條有詳引）皆有記述；明人蜀中名勝記尤詳。詩家吟詠今存者，當以岑參爲最早。其凌雲寺詩云，「寺出飛鳥外」，「下看三江流。」薛能凌雲寺詩云，「像閣與山齊，何人致石梯。」（皆見輿地紀勝一四六引。）司空曙題凌雲寺云：「春山古寺遶滄波，石磴盤空鳥道過，百丈金身開翠壁，萬龕燈焰隔煙蘿。」（全唐詩五函四册。）吳宗旦題九頂大像圖云：「嘉州石佛名天下，回視新昌可子孫。」（紀勝一四六引。）皆能得其形勢。邵博記云：「天下山水之勝在蜀，蜀之勝曰嘉州，州之勝在凌雲寺，寺之南山又其勝也。」（同上。）余就讀樂山三年有餘，屢遊其地，大像依然完好，形勢峻偉，前人詩文，殆非過誇。② 據司空曙詩，大像外另有「萬龕」，蓋小龕極多。考范成大凌雲九頂本注：「初登山時，巖壁上悉鑱爲小佛，不知其數。」（石湖詩集一八）是也。

又南蓋三十里至玉津縣，在汶江東岸（約今龍池壩，牛花溪），城內置玉津鎮，皆以江有璧玉津受名。

此據元和志三一、寰宇記七四嘉州玉津縣條書之。志作二十九里，官本作三十九里，故一統志嘉定府卷古蹟目引作三十九里。然寰宇記作三十里，與二十九

② 一統志嘉定府卷山川目又有「大佛山在榮縣南一里，中有佛像，高四十七丈，闊十五丈，架殿十層。北麓有眞如崖，有龍洞，深廣容數百人。」不知何代所彫。

爲近，故從之。水經注三三，「江水又東至南安，爲壁玉津，故左思云東越玉津也。」則津名極早。陸游有舟過玉津詩（劍南詩稿一〇）。其今地，一統志古蹟目引舊志，「今有犍爲壩，在（犍爲）縣北九十里，一名龍池壩，卽古玉津縣治。」又關隘目，牛花溪在犍爲縣北九十里。今圖有牛華谿，地望相當。

又南一百零六里至犍爲縣，在大鹿山南一里，西臨汶江，（今縣東南十餘里岷江東岸。）本周沈犀郡武陽縣也。縣南有懲非津（今縣南二十里孝女渡），卽孝女叔先雄投江出父尸處。相近有青溪驛（今縣東南青溪口），杜翁有詩。大抵成都南來之陸路多行汶江之西，至壁玉津渡江至玉津縣，行江之東，至犍爲縣，渡懲非津，復行江之西。唐末，縣治北徙十餘里，置於汶江西岸，（約今縣治。）去玉津九十里。

元和志三一，縣在州東南一百五十六里，「五」爲「三」之譌，詳下文。是去玉津縣一百零六里。地望及故郡縣，亦據志書之。惟寰宇記七四云，縣在州東南一百二十里；輿地紀勝一四六，同。則在玉津南九十里，與元和志不合。檢一統志嘉定府卷，犍爲縣在府東南一百二十里。則寰宇記與紀勝所記犍爲縣治所，正卽今縣治。豈元和志誤耶？按記又云：「隋開皇三年，……於大鹿山下置犍爲縣。……唐上元元年隸嘉州。天福元年，獠叛，移於江西岸，南臨大江。」校勘記，「天福，案圖經作天復。」檢輿地紀勝一四六，亦作天復。是唐代末年移於汶江西岸，蓋同時北移若干里耳；若據元和志當北移三十六里。然實考之，當北移十餘里，志文「五十」乃「三十」之譌。何者？嘉、戎間相距三百五十里，陸路三百二十里，此點諸書無大差異（見前表），而元和志三一與寰宇記七九皆云義賓縣東南至戎州一百六十里，則義賓北至嘉州，少僅一百六十里，多不過一百九十里，若犍爲北至嘉州有一百五十六里，則犍爲南至義賓，少僅四里，多亦不過三十四里，殊太近。又記七四嘉州犍爲縣，云：「導江水在縣。東二十步，自玉津縣界來，經本縣一百三十里入戎州義賓縣界。」此謂縣界。按玉津北至嘉州三十里，義賓東南至戎州一百六十里，而嘉州至戎州陸路三百二十里，則玉津至義賓正當爲一百三十里。則所謂縣界卽指縣城言，卽玉津至義賓一百三十里也。是玉津至犍爲間絕不能有一百二十六里之程，故疑志文「五十」爲「三十」之形譌。則唐代舊治僅在唐末新治之南十六里，非三十六里也。且元和志三一云，「大鹿山在縣北一里」，「沈犀故城在縣東南三里。」檢一統志嘉定府古蹟目引舊志，沈犀故城「在今縣東南十五里。」山川目「犍爲山在縣南十五里，卽元和志之大鹿門〔山〕。」里距正合。復考輿地紀勝一四六，犍爲縣，「祥符四年徙治懲非鎭。」宋史八九地理志，同。是宋代前期縣又徙治。按寰宇記七四云：「懲非津在縣南二十里，渡導江水。」卽渡汶江也。是則當在唐代舊治之南，極相近。檢一統志嘉定府卷津梁目，「孝女渡在犍爲縣南二十里，昔有女子見父溺水，遂投水中，三日抱父屍出水上，因名。上有孝女祠祀後漢叔先雄。」則懲非津卽今之孝女渡。考輿地紀勝一四六嘉州碑記目有孝女碑，「在犍爲清溪口楊洪山下」，卽記東漢永建初孝女叔先雄投江出父屍故事。檢一統志嘉定府卷山川目，「清水溪在犍爲縣南二十里，源出敍州府屏山縣界，東流至孝女渡入江，曰清溪口。」是此津渡當在今犍爲清溪口，在縣南二十里。檢今圖，卽清水河口也。此溪之地望能確指如此。唐縣舊治蓋在此北不遠，宋代前期徙治懲非鎭，殆卽回復唐代舊治耳。杜翁有宿青溪驛奉懷張員外十五兄之緒詩（詳注一四），爲離開成都南行至戎州途中作。詳注引輿地紀勝，青溪驛在嘉州犍爲縣。檢紀勝一四六嘉定府全卷未缺，但無此條。然前引紀勝碑記目，犍爲有清溪口，卽今清水河入汶江之口。此青溪驛因此清溪受名無疑。詩云：「漾舟千山內，日入泊荒渚。」是爲水驛，必在清溪口左近不遠處。然則縣治、津渡、水驛皆在今犍爲南二十里清水溪入汶江水口地區。觀今圖，嘉定、敍府間流入汶江之水，此清水溪爲最大，設治於此地區固宜。

又南蓋五十四里（？）至義賓縣（約今龍溪水口），又一百六十里至戎州。

元和志三一，戎州治僰道縣。有義賓縣，東南至州一百六十里。寰宇記七九，更名宜賓縣，方向里距同。輿地紀勝一六三，宣和元年更名宣化。引皇朝郡縣志，在州北一百二十里。考范成大吳船錄卷下，犍爲舟行一百二十里至宣化縣，又一百二十里至敍州，卽唐戎州。則義賓濱汶江，當大道，里距不同，豈已有遷徙耶！據寰宇記七九，縣在狼川。胡林翼圖（楊氏水經注圖之底圖），今犍爲縣南清水河之南至敍府宜賓間有大沐溪、龍溪、眞溪三水，東流入江。蜀中廣記一五宜賓縣，引輿地紀勝，宜賓（今縣）北一百二十里有眞溪驛（今本紀勝無此條）；一統志嘉定府卷山川目沐溪條，在犍爲縣南五十里，「龍溪在縣東南六十里，亦東流入江。」則就里距言之，龍溪入汶江口，正當在今宜賓縣西北一百六十里之譜，疑卽古狼川，乃唐義賓所治。

戎州治僰道縣（今宜賓），在汶江（岷江）之南，馬湖江（金沙江）之北，兩江夾流，會於城東。會昌三年，因大水，遷於汶江北岸。地當長江兩大上源之會，而由烏蒙山脈北流之黑水（南廣河）、石門江（小江、橫江）兩水入江之口分在縣治東西不遠處。衆流交滙，故自昔爲西南交通樞紐形勝之地；秦通五尺道，漢開僰門道，隋唐石門道，皆由此起端，循黑水、石門江南通滇、黔，遠達安南（越南），成爲中國中古時代經營西南之一中心根據地。唐置戎州都督府，遠統金沙江以南之姚（今姚安）、昆（今昆明）、郎（今曲靖）等十餘州，卽其一例。

此節考論，皆詳漢唐時代川滇東道篇；並參看漢晉滇越通道篇與唐代滇越通道篇。

州治西北近處天蒼山，有乾封間修道碑，地近汶江，當卽修此道。

輿地紀勝一六三敍州碑記目，「唐古戎道記，在州治之對天蒼山崖壁間，唐人所書，筆畫勁正，乃唐乾封二年詹君秀修復此道而爲之記。」檢一統志敍州府卷山川目，天蒼山在宜賓縣西二里，上有前代屯兵墩臺遺跡，崖壁間有唐詹居秀修復古戎州道記。其北有天蒼灘，當近大江。

州西北二十里有五色懸崖大灘，傳曾爲李冰施工處，殆亦爲此道交通也。

水經注三三江水注：「（僰道）縣有蜀王兵蘭。其神作大灘江中，崖峻阻險，不可穿鑿。李冰乃積薪燒之，故其處懸巖猶有赤白玄黃五色焉。赤白照水玄黃，魚從僰來，至此而止，言畏崖嶼，不更上也。」按此段約取華陽志三蜀志，而稍詳，蓋別有取材。一統志山川目稱赤崖山，云「明統志，赤崖山在府治西北，崖岸壁立瞰大江，色若綺霞。舊志，亦名朝陽崖，在縣西北二十里。」

又州治西馬湖江上，鐵索橫截，以斷蠻人出沒之路，謂之鎖江，此則循江上溯之道也。

吳船錄下：「至敍州……山谷謫居時屢有鎖江亭詩。……鎖江者，舊戎州在對江平坡之上，與夷蠻雜處。馬湖江自夷中出，合大江。夷自馬湖舟行必過舊州下，故聯鎖於江口以防其出沒。今徙州治於南岸，而鎖江之名猶存，猶置鎖中流，但攔稅而已。」參看石湖詩集一九敍州登鎖江亭詩本注。輿地紀勝一六三敍州景物目鎖江條：「有鎖江亭，兩岸大石屹立，因置鐵絙，橫截其處，控扼夷羌之處也。」

鎖江有韋皐紀功碑，蓋皐經營雲南由此南入石門道也。

石湖詩集一九江安道中詩注：「今鎖江對岸廢城，下臨馬湖，有韋皐紀功碑，巋然荒榛中。」按鎖江西南正爲石門道。

戎州東行十五里至南廣水口，其東近處有魚津，鴛鴦圻，卽貞婦黃帛沉江出夫尸處。又東三十五里至南溪縣（今李莊鎭對岸），南臨大江。又七十里至舊戎城（今南溪），宋初移南溪治此。

元和志三一戎州，南溪縣在州東五十里，汶江經縣南，去縣十步。九域志七作東南五十二里，是相同。而寰宇記七九，云在州東一百二十里。吳船錄下同。按宋史八九地理志，敍州南溪縣，「乾德中，移治舊奮城。」是宋初移治。按新唐志，戎州有奮戎城，乾符二年置，宋志蓋脫戎字。一統志敍州府卷古蹟目：「按舊志，有奮戎州在今縣西七十里，舊置李莊驛於此，蓋卽唐時縣治。

……今治卽奮戎城也。」則唐治在州東五十里，宋治在州東一百二十里；九域志誤以唐治爲宋治也。

南廣水口在戎州東十五里，見吳船錄下。御覽一六六戎州，引郡國志，「南溪縣西三十里有魚津，津南有鴛鴦圻。」又引益部耆舊傳：「僰道有張眞者娶黃氏女名帛，眞……過江，船覆沒，帛……自沉於水……抱夫屍出於灘下，故名鴛鴦圻。」按郡國志爲唐代地書，則魚津卽在戎州東二十里，南廣水口東約五里也。

又東四五十里至綿水縣，在江流由北而南之西岸，去江十五里（今江安西）。綿水上下，道中有灘，宋世見稱爲張旗三灘，謂湍勢奔急，張旗之頃已過三灘也。自縣又東一百一十里至江安縣，晉漢安縣也，北濱大江（約今納溪）。有清溪鎭，唐末徙南寧州治之，可能卽在綿水、江安間之清溪水口。江安又東北五十里至瀘州治所瀘川縣（今瀘縣）。

元和志三三瀘州，綿水縣「東至州一百六十里，本江陽縣地，晉於此置綿水縣，汶江水經縣東十五里。」是在瀘州正西頗遠，近大江。而舊唐志，「晉置綿水縣，當綿水入江之口也。」考江水注，「綿水至江陽縣方山下，入江，謂之綿水口，亦曰中江。」一統志瀘州卷山川目，山在州西。是綿水口卽中江入大江之口。既在此水口，卽濱大江，不能有十五里之距離，更不可能在州西一百六十里。且此綿水口，卽瀘州治所之瀘川縣治，更不容有綿水縣。檢楊氏唐地理志圖繪綿水縣於今江安、納溪間怡樂溪入江之口，以怡樂溪卽古綿水。再檢一統志瀘州卷山川目，怡樂溪果有綿溪之名，在江安縣東南四十里；今圖有怡樂鎭。又明史四三地理志，瀘州江安縣「北濱大江，有綿水西南流入之，謂之綿水口。」則舊唐志之綿水非江水注之中江、綿水無疑。然一統志，江安在州西南僅一百十里，若在怡樂溪口，則去州治僅七八十里，亦不合，疑晉始置在此綿水口，唐已移於今江安以西地區。元和志云，「汶江水經縣東十五里。」按此段江流正自北而南，此縣在江西十五里，就大方位言，在大江之南。按奮戎城西至戎州一百二十里，綿水縣東至瀘州一百六十里，戎瀘間水路三百一十里，陸路三百四十里，則奮戎至綿水間多則六十里，少則三十里，今姑書作四五十里。張旗三灘之奔湍，見吳船錄下及石湖居士詩集一九江安道中本注。

元和志三三又云，江安縣東北至州五十里，本晉漢安縣。「汶江水經縣北八十步。」是亦在江南。又云：「方山在縣西北十三里。」上引江水注，方山距中江入大江之口不遠。一統志瀘州卷山川目引方輿勝覽，方山在瀘州西三十五里。是亦唐江安縣去州不太遠之證，知「五十」不譌。檢一統志瀘州卷，納溪縣東北至州四十里，就方位里距言，正當即唐江安縣治，或在舊城稍東耳。而吳船錄下，江安縣至瀘州一百二十里；輿地紀勝一五三作一百二十五里，而無綿水縣，是與元和志異。檢九域志七，「乾德五年，省綿水縣爲鎮，入江安。」是蓋省綿水入江安，而遷江安縣治西近廢綿水縣治耳。

清溪鎮　新四三下地理志諸蠻州條云：「南寧州，……武德元年，開南中，因故同樂縣置，治味。……天寶末沒於蠻，因廢。唐末復置州于清溪鎮。」按唐末中國軍力甚微，此清溪鎮不會遠至滇黔腹裏。考蜀道驛程記下，江安、納溪間有清溪。檢一統志敍州府卷山川目，「清溪在長寧縣東北七十里。方輿勝覽有涇灘，瀑布自山頂飛流而下數十丈，下爲深潭。舊志，其下流爲清溪，下合淯溪。」紀要七〇，略同。據統志引勝覽，此溪地名甚古。檢胡林翼圖（水經注圖之底圖），納溪縣西與怡樂溪（即古綿溪）間有清溪。此區左近，自古爲南通滇黔道口，唐於此置鎮，復置州，極有可能。

瀘州當中江水（即綿水）入大江之口，南臨大江，北去中江三里，兩江會於城東，形勢略同戎州。百石大船上航蜀江止於此處。

州治形勢略據元和志三三書之。紀要六六四川大川條：「輿程記，自江源至成都九百九十里，水不甚急。自瀘以東，長川亘浸，悉委於岷江，而波流益以浩衍，百石大船止於瀘州。自瀘以西，江水漸狹也。」按唐代大江水運當不能優於此。

州治江中有黃龍灘，世傳尹吉甫子伯奇自沉故事。又東經樊石灘、大附灘一百二十里至合江縣（今縣），當安樂溪（今赤水河）入江之口。相近有漢世故符縣，當巴符關路。

方位里距據元和志三三、寰宇記八八，書之。元和志三三，「本漢符縣地也，晉穆帝於此置安樂縣，梁改置安樂戍。」寰宇記八八，「本漢符縣地，梁於安樂溪置安樂戍於此，周武帝保定四年改爲合江縣。唐元和十三年移於舊縣，以便水陸貿遷之宜，從東川節度使李逢吉之請也。樂溪水從牂柯生獠界流來，入汶江。」巴符關路，詳漢唐川滇東道考。按此安樂水已見於華陽志三與江水注，水源南通南寧州平夷縣、鄨縣。檢輿地紀勝一五三瀘州景物目，「鄧綰令此邑時，其詩引云，安樂溪自合江縣西南山來，流入于江，源遠莫測其所從，其深廣可容大舟，其平如鋪。」此即今圖赤水河無疑。觀鄧綰所記，水不湍急，舟行較平穩，此殆亦古代循此水道南通滇黔之一因。

華陽國志三蜀志，「江陽縣郡治，治江、雒（即中江水、綿水）會，有方山蘭祠。江中有大闕、小闕。季春黃龍堆沒，闕即平。」江水注又於此述尹吉甫子伯奇自沉故事。檢輿地紀勝一五三瀘州景物目下，黃龍堆在瀘川縣。樊石、大附兩灘，皆見江水注。

又東過成湍灘，舊有孝女碑，紀先尼和女自沉出父尸故事。又東有牛尾驛，蓋在江北不遠處。（約今車對河口之東。）又東經萬壽縣（約今永安鎮地區），在江北二里。又東經七門灘，大石橫江，凡七處，望之若門，故名。又東七十里至江津縣，在江東一里，以江之津爲名，有茅壩驛。自合江至此共約二百七十里。又一百二十里至渝州治所巴縣（今重慶）。

成湍灘及孝女碑事，見華陽國志三蜀志及江水注。

元和志三三渝州，萬壽縣「東北至州三百八十里。」「大江水經縣，去縣二里。」而一統志重慶府卷引作二百八十里。按寰宇記一三六，「廢萬壽縣在州西南三十里，……皇朝平蜀後，廢入江津縣南一里。」此條顯有奪文。紀要六九巴縣條，萬壽廢縣在府西南九十里。紀要考證多粗，此蓋難信。按元和志三三云，綿綾山在縣西八十五里。輿地紀勝一七五引作綾錦山。寰宇記八八昌州永川縣，「綾錦山在縣南八十，山之花木如錦。」此必一山，是萬壽縣在永川縣東南一百數十里，當在今圖永安鎮地區。按江津東北至渝州一百二十里，此處至江津不應有二百四十里之距離。前就通典、元和志、寰宇記所作之行程表，瀘渝間七百五六十里，水程七百里，九域志亦合，水道迂曲，並非不可能。然吳船錄下，瀘州東至合江一百二十里，又二百四十里至江津縣，又八十里至恭州，即唐渝州也。合計四百四十里。又一統志重慶府卷山川目大江條引舊志，岷江自合江縣界東北流一百八十里至江津縣，又一百七十里至府城東。連瀘州東至合江一百二十里計之，共四百七十里。則宋及明、清計程，皆不出五百里。又即就元和志、寰宇記言，合江西至瀘州，江津東至渝州，各爲一百二十里；若兩州間七百里以上，則合江、江津間有四百六十里以上之里程，爲南宋初期范成大紀程之兩倍，殊不合理。余以爲范氏紀程較近事實，惟江津至渝州之數過少，（一統志作一百三十里，與元和志、寰宇記極相近。）大約瀘渝間不踰五百里，合江、江津間約二百五十里之譜耳。

牛尾驛　輿地紀勝一六一昌州景物下，「牛尾驛有鄭國華留題云：龍尾道中退朝客，雕鞍寶馬黃金勒，誰憐遠使足馳驅，夜半孤村牛尾驛。」考九域志七昌州永川縣有牛尾鎮，則永川有牛尾地名不能遲於北宋前期。觀詩云龍尾道，似且爲唐人，③疑此爲唐驛。按蜀中廣記一七重慶府永川縣，亦引鄭國華此詩。又引志云：「鐵山鎮在治東三十里。……六十里有牛尾驛。」是此驛當在永川縣東六十里或九十里。又元和志三三昌州永川縣，「大鐵山在縣東南八十里。」寰宇記八八，作縣南八十里，大抵在縣東南方向，牛尾驛當亦東南，非必正東。又元和志三三云大足縣東南八十里有牛門山；寰宇記八八同；且云：「山長三百里，岩石巉巖，有雙峯對伍，如牛之狀。」按大足、永川相距一百五十里，此山甚長，牛尾者蓋此山之尾閭耳。又按永川北至大足一百五十里，觀地

③ 吳曾能改齋漫錄七龍尾道條：「唐含元殿前龍尾道，自平階地凡詰曲七轉，由丹鳳門北望，宛如龍尾下垂於地焉，兩垠欄悉以青石爲之，故謂之龍尾道。」似宋代京師無此名。

圖則南至大江當約百里。是牛尾地已近大江。一統志重慶府卷山川目侯溪條，松子漑在永川縣南一百里，今圖正在大江北岸，車對河口之西，然則牛尾驛當在車對河之東，去大江不遠處，蓋即大江上下之一驛耳。

七門灘形勢，見輿地紀勝一七五渝州景物目。按寰宇記一三六，江津縣條云「後周閔帝元年，於縣理置七門郡，領江州一縣。」郡蓋亦以七門灘受名。又蜀中廣記一七江津縣引志云，「治西有石門，號龍門灘，即龍門峽也。」或亦指七門灘而言。然一統志重慶府山川目，石門即龍門峽，在江津西南一百二十里，似又非七門灘。

江津縣東北至渝州里程，見元和志三三與寰宇記一三六。記云：「南齊永明五年，江州縣自郡城移理楚〔僰？〕漢〔溪〕口，即今理是也。後周……改江州爲江陽縣；隋開皇三年，……改江陽爲江津縣，以地在江之津爲名。……大江在縣西一里，楚〔僰？〕溪水在縣□十四里，西北流入大江，去縣西一里。」此述地望甚明。又引地志云：「江州縣理有茅壩驛。」是此驛名極早。通鑑二六〇乾寧三年，許存爲萬州刺史，走屯茅壩。胡注：「蜀人謂平川爲壩。宋白曰，渝州江津縣有茅壩驛。」

渝州以下爲入峽路。江行八里，南岸塗山，高七里，有禹廟，傳爲禹娶處。又東接石洞峽，去州二十里，爲蜀漢置關處，似即古陽關，乃巴國拒楚三關之一。又東，山頗高險，古蓋有黃葛峽之名。又東經明月峽，去州八十里，峽西二里有三搥石。峽首南岸，壁高四十丈，有圓孔如滿月，故名。有古灘城者，傳爲巴子置津立城處，在巴縣東七十九里，蓋在此峽之首歟？又東一百五十里至樂溫縣（今長壽西北五十里）。又東南經杜詩所見之黃草峽九十五里至鷄鳴峽，南岸有枳縣故城。又十五里至涪州治所涪陵縣（今縣）。

元和志三〇涪州，樂溫縣東南至州一百一十里。寰宇記一二〇，同。檢一統志重慶府卷古蹟目，樂溫在今長壽西北五十里。蓋今萬順場、明月壩地區，詳天寶荔枝道篇。

渝州塗山始見於華陽國志二巴志；寰宇記一三六，辨其非。輿地紀勝一七五，更證濠州之塗山爲實，此處爲非。其實此種傳說何止三四處？皆屬傳說，見中國文化之傳播，不必定指何處爲正。

江水注云：

「江水東逕陽關、巴子梁，江之兩岸猶有梁處，巴之三關，斯爲一也。延熙中，蜀車騎將軍鄧芝爲江州都督治此。江水又東，右逕黃葛峽，山高險絕，無人居。江水又左逕明月峽，東至梨鄉，歷鷄鳴峽，江之南岸有枳縣治。華陽記曰，枳縣在江州巴郡（趙作巴郡江州。是）東四百里，治涪陵水會。」

此段江水經歷一關三峽，至枳即唐涪州。陽關巴子梁居首。按寰宇記一三六渝州巴縣目，「塗山東接石洞峽。」「州東北二十里有石洞峽，即劉備置關之所，東西約長二里 。」 一統志重慶府卷關隘目 ，以爲酈注之陽關即寰宇記之石洞峽，蓋略得之。所謂三關，見華陽志二巴志云，「巴楚數相攻伐，故置扞關、陽關及沔關。」沔關即搦關。次爲黃葛峽，詳下文。再次爲明月峽，始見華陽國志三，「其（巴）郡東枳有明月峽，廣德嶼。」初學記八引華陽志，又益之云：「峽首南峯石壁有圓孔如明月。」其詳，見寰宇記一三六巴縣目。而一統志重慶府卷山川目引府志，在縣東五十里。與寰宇記異。又輿地紀勝一七五重慶府古蹟目，「古灘城在巴縣東七十九里，岷江岸，周回一百步，濶五尺。故老相傳云，巴子於此置津立城，因名。」準之地望，當即寰宇記一三六之明月峽首。最東鷄鳴峽，在涪陵縣西十五里 。 見元和志三〇涪州本縣目 ，與酈注合。

黃葛峽、黃草峽　前引江水注 ，黃葛峽在明月峽之西 ，則在渝州東不過數十里。又初學記八江南道，引益州記曰：「黃葛峽有相思崖，芳泉周灌，俗謂之神窟。」云在涪州。此亦較古之史料也，並作黃葛峽。而唐世則見有黃草峽。如杜翁黃草詩云：「黃草峽西船不歸。」（詳注一五。）元稹有黃草峽聽柔之琴（全唐詩六函十册、稹集二一）。元和志三〇涪州，「上元二年，因黃草峽有獠賊結聚，江陵節度呂諲請隸於江陵，置兵鎭守。」通鑑二二四大曆四年，楊子琳自瀘州聚兵東下，「涪州守捉使王守仙伏兵黃草峽，子琳悉擒之，擊守仙於忠州。」觀元和志、通鑑兩條，其地顯在涪州，通鑑尤見在涪州之西。胡注引杜翁詩注：「黃草峽在涪州之西。」是也。仇氏詳注云：「黃草峽在涪州上流四十里。」明史四三地理志，涪州，「大江由長壽縣流入，東逕黃草峽，又東逕鐵櫃山，又東逕州城北。」則唐之黃草峽在涪州之西應無可疑，要在長壽以下，姑不論其里數。通鑑黃草峽，胡注引水經注黃葛峽，謂「意即此峽也。」按初學記引益州記黃葛峽，以爲在涪州，是亦已視唐之黃草峽爲唐前所見之黃葛峽，不始於胡注。自後兩名視爲一峽，（楊疏即謂葛草形近錯出。）而地望則有涪陵之西與巴縣之東之異，如上述黃草峽在涪陵之西，紀要六九亦以兩者爲一峽，云在涪州西。蜀游日記云，黃葛峽在明月峽之下百餘里，（楊疏引。）是並以黃葛峽即黃草峽，在涪陵西也。而酈注楊疏：「考名勝志引圖經云，塗山之足有古黃葛樹，其下有黃葛渡。一統志謂爲黃葛峽也。則峽在今巴縣東。」是謂在巴縣之東也。一統志重慶府卷山川目，黃葛峽，在巴縣東。引舊志，與圖經同。而雞鳴峽條又記黃草峽，在涪州西。是兩存之。就唐世言，黃草峽在涪州之西，自無問題，若酈注述次不誤，是在明月峽之西者，當別爲一峽，即明、清黃葛渡處，在巴縣之東也。今姑亦並書如綱文。

涪州涪陵縣在大江之南，涪陵江（黔江、烏江）之西，二水會於城東，爲通黔中道口。其處蜀江波濤洶怒而濁黃，黔江安流而清澈，成一對比，范成大有扼要狀述。

吳船錄下：「（船）至涪州，排亭之前，波濤大洶，濆淖如屋，不可梢船，過州入黔江泊。此江自黔州來合大江。大江怒漲，水色黃濁，黔江乃清，冷如玻璃，其下悉是石底。自成都登舟至此，始見清江。」參石湖詩集一九有詩。

城北有石梁（今名白鶴梁）申入大江中，石壁有唐或唐前人刻石爲魚形，以識水紋，今日調查凡得唐、宋人題刻百數十段，可資研究古代川江水紋史。

涪陵石魚識水位，可能始於唐，亦可能唐前已有。今存最古史料有二。其一寰宇記一二〇黔州風俗條云：

「開寶四年，黔南上言，江心有石魚見，上有古記云，廣德元年二月，大江水退，石魚見，部民相傳豐稔之兆。」

其二輿地紀勝一七四涪州景物上云：

「石魚在涪陵縣下江心，有雙魚刻石上，每一魚三十六鱗，一銜萓草，一銜蓮花。有石秤石斗在旁。三五年或十年方一出，出必豐年。唐大順元年鐫。古今詩甚多。劉忠順有詩見在石上。」（同卷詩目，引劉忠順詩云：「七十二鱗波底鐫，一銜萓草一銜蓮，出來非爲貪香餌，奏去應同報稔年。」）

按此爲涪陵石魚兩條最古最重要史料。後代金石家多有著錄，題名者蓋一百數十家，龔廷方四川涪陵石魚題刻文字的調查，有較詳報告（文物1963年 7 期）。據寰宇記、輿地紀勝及大觀元年龐恭孫題記，唐人所刻至少有廣德元年、大和某年、大順三年三段題刻。則此石魚至遲始刻於唐代前朝。

涪州東行近處，大江中有銅柱灘，最峻急。吳船錄下謂峯猪灘既險且長，蓋音之轉耳 。灘東爲錦繡洲 。 又東經文陽灘，黃石灘，東望峽，至豐都縣，古平都也（今酆都）。

江水注云：

「江水又東逕涪陵故郡北。……又東逕文陽灘，灘險難上。江水又東逕漢平縣二百餘里（？），左自涪陵東出百餘里而屆于黃石，東爲桐柱灘，又逕東望峽，東歷平都。峽對豐民洲，舊巴子別都也。華陽記曰，巴子雖都江州，又治平都，卽此也。有平都縣，……縣有天師治，兼建佛寺，甚清靈。縣有市肆，四日一會。」

據此，黃石、桐柱灘當在涪州東百里以上，近平都，卽近今酆都也。按通典一七五涪州涪陵縣，「後漢岑彭破公孫述將侯丹於黃石，即此，今謂之黃石灘。」此黃石灘殆卽指酈注之黃石， 以爲岑彭破侯丹處 。 後漢書光武紀， 建武十一年，彭破丹於黃石。李賢注：「即黃石灘也」；下引酈注云云，更確指之。後世史地家皆承此說。如寰宇記一二〇、輿地廣記三三，皆然。紀要六九涪州橫石灘條已辨涪州橫石，非岑彭戰場之黃石，是也。此事極明，而水經注王氏合校及楊氏疏皆仍唐宋人之誤，何耶？

酈注桐柱灘亦近平都，此恐誤書。按寰宇記一二〇涪州涪陵縣銅柱灘，「周地圖記云，涪陵江中有銅柱灘，昔人於此維舟，見水底有銅柱，故名銅柱灘。灘最峻急。」下文亦引周地圖記云「銅柱之東有錦繡洲。」是此灘津似近涪陵。檢明史四三地理志涪州條，涪陵江入大江，江口有銅柱灘。紀要六九涪州橫石灘條，「銅柱灘在涪陵江口，最峻急。」此與寰宇記爲近，恐當在涪州東不甚遠。紀要同條又云：「又州東十里有羣豬灘，水落見羣石如豬。」按吳船錄下，「壬子，發涪州，過羣豬灘，旣險且長，水雖大漲，亂石猶森然，兩傍他舟皆蕩兀驚怖號呼。」而不記另一險急之銅柱灘。「銅柱」、「羣豬」音相近，又皆因水底所見爲名，疑實一灘，本名銅柱，譌爲羣豬。灘險且長，後人更分稱兩灘耳，故紀要並記之也。

豐都，南濱大江，縣北平都山，爲道教勝地，仙都觀中多唐人題刻，有晉、隋、唐三殿，隋殿繪事尤奇絕。

此參見寰宇記一四九忠州豐都縣條及吳船錄下。范書記之尤詳，凡三百餘字。輿地紀勝一七三忠州碑記目載平都山唐碑十五。方輿勝覽六一咸淳府(忠州)，「景德宮在平都山，舊名仙都觀，………自豐都縣東行二里許始登山，石徑縈廻，可一二里，平瑩如掃，林木邃茂，夾徑皆翠柏，殆數萬株。有老柏十數，云皆千年物。麂鹿時出沒林間，與人狎甚。」此眞川東一名勝處。

又東北百餘里至忠州治所臨江縣（今忠縣）。州西二里有虎鬚灘，石梁三十餘丈橫截江中，夏斷行旅。

江水注：「(平都) 江水右逕虎鬚灘，灘水廣大，夏斷行旅。江水又東逕臨江縣南。」寰宇記一四九忠州治臨江縣，在豐都東九十二里。據一統志忠州卷，相距一百一十里。吳船錄下，豐都數十里至竹平，又七十里至忠州。虎鬚灘今名倒鬚灘。一統志忠州卷山川目大江條，「舊志，州西二里有石梁，亙三十餘丈，横截江中，俗呼倒鬚灘，即水經注所謂虎鬚灘也。」紀要六九，略同。按方言八：「虎，江、淮、南楚之間，或謂之於䖘。」郭注：「今江南山夷呼虎爲䖘，音狗竇。」音近，故古今異寫也。

近處有建初二年修道碑及丁房雙闕、江原君闕、嚴孝子碑等漢刻；及屈原碑，亦宋初以前立，蓋近楚地矣。

此並見輿地紀勝一七三忠州碑記目。屈原碑，云見九域志，是宋初以前建。惟今本九域志無此文。

州城荒僻如鄉村，杜翁嘗寓此，白居易嘗貶官，皆有詩狀其景觀。過江南岸有禹廟，杜翁五律一首，氣象森靈宏壯，眞千古絕唱。

杜翁題忠州龍興寺所居院壁（詳注一四）云：「忠州三峽內，井邑聚雲根，小市常爭米，孤城早閉門。」白居易初到忠州贈李六（白集一八）云：「吏人生梗都如鳥，市井疏蕪只抵村，一隻蘭船當驛路，百層石磴上州門，更無平地堪行處，虛受朱輪五馬恩。」皆寫狀山州荒僻。又杜翁禹廟（詳注一四）云：「禹廟空山裏，秋風落日斜，荒庭垂橘柚，古屋畫龍蛇，雲氣生虛壁，江聲走白沙，早知乘四載，疏鑿控三巴。」詳注引錢箋，「方輿勝覽，禹祠在臨江縣南，過岷江二里。」此詩狀近江深山之禹廟，最能傳神，千載之下讀之，猶令人神往！

又東約五十里，江中有黃華浦（今皇華洲）。又五十里至故石城（約今石寶寨），四面懸絕，南臨大江。又約三十里至武寧縣（今有武陵鎮），亦南臨大江。

江水注，由臨江縣「又東得黃華水口，江浦也。左逕石城南，庾仲雍曰臨江至石城黃華口一百里。」按忠、萬間二百六十里，據寰宇記一四九，武寧在萬州西南一百三十里，正居兩州之間。張編地圖集，忠縣、萬縣正中間有武陵地名，（疑陵字誤寫。）在江北岸，當卽武寧故地。王周有過武寧縣詩（全唐詩十一函六册）。石城亦見寰宇記一四九忠州臨江縣條，云「故石城在縣東一百里，岷江之北。李雄之亂，巴西郡寄理此城。其城四面懸絕。」卽酈注之石城。檢輿地紀勝一七七萬州景物下，「石寶寺在武寧縣西三十里，平地突出一峯如屏，有石巋然其間，故號石筍，後因寺焉。」地望正與石城相當。今圖，忠縣、武陵間有石寶寨較偏近武陵，卽石寶寺故名，疑卽故石城也。酈注，黃華水口之江浦，熊疏：「名勝志引志云，卽皇華洲也，在忠州東五十里，江浦周廻可二十里。」檢一統志忠州卷山川目黃華水條引舊志，同。而熊疏云：「蜀游日記，自忠州東下五十里有黃華州，一曰黃華城。是城卽在洲上，故下引庾仲雍說稱石城黃華口。」是否爲一，尙難辨，今姑據里數書之。

又東北約七八十里至壤塗（約今瀼渡場），江中有湖灘，水勢險急。又五六十里至萬州治所南浦縣（今萬縣）。

武寧縣屬萬州，在州西南一百三十里，見寰宇記一四九。江水注，石城「又東至平洲，洲上多居民。又東逕壤塗而歷和灘。又東逕界壇，是地巴東之西界。」趙釋：「名勝志云，瀼塗驛在萬縣南六十里，江中有石似胡人，名曰胡灘。杜少陵詩『不是怕胡灘』者是矣。瀼壤形似，和胡音聯故也。」按胡灘見輿地紀勝一七七萬州景物目上，云「在州南五十里，灘石有若胡狀。」而杜翁宴忠州使君姪宅詩實作湖灘。詳注一四：「峽程記，四百五十灘，有清水、重峯、湖灘。一統志，湖灘在夔州府萬縣西六十里，其水甚險，春夏水泛，江面如湖。」檢一統志，湖皆作瀰。而紀要六九萬縣大江條則作湖灘，云：「宋嘉熙中，蒙古渡湖灘，施夔震動。卽此。」是爲一渡口。檢胡林翼地圖（水經注圖底圖），萬縣西南有瀼渡溪，流入大江。張編地圖集，武陵至萬縣間有瀼渡場，蓋其地。惟兩圖所繪皆稍偏南。

萬州東濱大江，隔江有岑公巖，廣六十餘丈，深四十餘丈，狀若華蓋，下虛爲洞，以清幽勝。城西有石龍。城南三里江中有千金島，高數丈，屹立中流。上游十里有新婦灘，以北岸崖壁間隱出婦人面形故名。州東二里，大江中有使君灘，本名羊腸虎臂灘，晉楊亮赴任梁州，覆船於此，故更名。

千金島、新婦灘見寰宇記一四九及輿地紀勝一七七。紀勝云，新婦灘在州南二十里。沈佺期十三四時嘗從巫峽過他日偶然有思云：「使君灘上草，神女館前雲。」（全唐詩二函五册。）使君灘，江水注本名羊腸虎臂灘。酈注本之盛弘之荆州記作益州刺史楊亮。（楊疏證益爲梁之誤。）寰宇記一四九記其地望；惟作姚亮，亦誤。

吳船錄下，「萬有西山及岑公洞可遊。岑叟事見嚴挺之碑，隋末避地得道。洞隔漲江，不暇往。」按輿地紀勝一七七萬州古蹟目，「岑公巖在大江之南，廣六十餘丈，深四十餘丈，一石巖溜盤結，狀若華蓋，左爲方池，有泉湧出巖簷，遇盛夏，注水爲簾，松篁藤蘿，蓊鬱葱萃，眞神仙窟。唐刺史馬冉云，南溪有仙洞，咫尺非人間。范蜀公詩云，洞居獨嵌空，壁溜珠玉濺。推此則洞之清幽可想矣。」下文仙釋目又引嚴挺之碑。碑記目引元和八年段文昌岑公洞記，則此巖洞在唐世已極爲士丈夫所激賞。

石龍　江水注，「江水又東，會南北集渠……又東逕石龍，而至於博陽二村之間，有盤石，廣四百丈，長六里而復（有餘），殆于阻塞江川，夏沒多出，基亘通渚。又東逕羊腸虎臂灘。」楊疏引名勝志謂卽萬縣西之盤龍磧也。一統志同。

荆益交通要以沿岷水大江之水陸路爲主，然萬州以上至益州，江流南曲爲弓形，迂迴甚遠，古人於益萬間往往逕取弦線之陸路，故萬州居三峽之上游，當荆益上下水陸之會，宋置擺鋪遞，萬州以下循峽江而行，萬州以上卽取弦線直西至成都，然此直線陸路度越山嶺，雖使命徒行爲便，但貨運蓋有困難，故萬州雖爲交通形勢之地，亦殊荒僻。此種形勢，蓋唐前已然，不始於宋。

南宋由成都至臨安置擺鋪遞，其成都至萬州僅需時四日二時五刻，卽取川中捷徑，詳輿地紀勝一七七萬州古蹟目擺鋪條。又紀勝一七七萬州詩目引陸游偶憶萬州短歌，「硤中天下最窮處，萬州蕭條誰肯顧。」又范成大吳船錄下，萬州「在江濱，邑里最爲蕭條，又不及恭（即渝州）、涪。蜀諺曰，益、梓、利、夔，最下忠、涪，恭、萬尤卑。然泝江入蜀者至此即捨舟而徒，不兩旬可至成都，舟行即須十旬。」則客旅入蜀亦如擺遞至萬州取陸路也。范氏本人入蜀時即然，見其石湖居士詩集卷一六所載各詩。故萬州顯爲三峽上行至成都之水陸分途所在地。張白雲濟川亭記稱，萬州「北環梁山，南帶長川，扼東巴楚，有舟車之會。」（輿地紀勝一七七萬州風俗形勝目引。）正謂此也。

（三）萬州雲安至夔府行程彙論峽江鹽產

萬州又東六十里至彭溪口，即開江口也（今雙江鎮）。又東約五六十里至萬戶城，宋見有萬戶驛，即漢朐忍城。又東三十里至雲安縣（今雲陽）。皆在大江北岸。

江水注，使君灘下，「江水又東，彭水注之。水出巴渠郡獠中。……彭溪水又南逕朐忍縣西六十里，南流注於江，謂之彭溪口。」熊疏以彭溪水即今臨江；楊圖，同。是也。則彭溪口即今雙江鎮地，蓋開江又有小江之名，小江入大江，故有雙江之名耳。吳船錄下，萬州下行「六十里至開江口，水自開州東合大江。」則宋名開江。按隋志，巴東郡臨江縣有彭溪，唐或仍舊名。

後漢書吳漢傳李賢注，「朐忍故城，在今夔州雲安縣西萬戶故城。」舊唐志，夔州雲安縣，「漢朐忍縣，屬巴郡。故城曰萬戶城，縣西三十里。」是萬戶城即朐忍故城，在雲安縣西三十里。而寰宇記一四七雲安縣，「朐忍城，漢縣，在萬戶城西三十一里。」輿地紀勝一八二雲安軍古蹟目朐忍城條，同。而引固陵集載李熹朐忍記：「余泊舟雲安之西三十里萬戶驛下，橫石灘上，土人云今驛之左右則朐忍故城也。」則云在萬戶西三十里者，非也。又前引江水注，朐忍在彭溪東六十里。檢吳船錄下，開江口東至雲安八十里，益證朐忍即在雲安西三十里，不得更西三十里也。蜀中廣記二三雲陽縣條云「萬戶驛即萬戶壩，去縣西四十里。」是明仍有萬戶之名。寰宇記一四七，雲安縣，「蜀江在縣南三百步。」即今雲陽縣。前引江水注，彭溪水南逕朐䏰縣西六十里，則朐䏰亦在江北。下文云，「江水又東右〔左〕逕朐䏰縣故城南，……縣治故城，跨其山阪，南臨大江。」尤在江北岸之證。

雲安縣西三里有博望灘，縣東五里有下瞿灘。又縣南江心有石長百餘丈，狀若龍脊，宋世見有龍脊灘之名。

此三灘見輿地紀勝一八二雲安軍景物目及古蹟目。江水注：「江水又東右〔左〕逕朐䏰縣故城南。……又東逕瞿巫灘，即下瞿灘也，又謂之博望灘，左則湯溪水注之。」則灘名在唐前已有之，惟以下瞿、博望爲一灘，蓋不能辨，或尚未分名耳。

雲安有客館，蓋名荊王。又雲安縣境有龍目驛，當通開州道，不知是否近大江在此道上？

龍目驛見寰宇記一三七開州目，云：開州「東至夔州雲安縣龍目驛一百九十里，從驛至夔州二百二十里。」惟不能斷此驛是否近江？可能爲雲安縣北之一驛名，東去夔州另有驛道，非沿江行也。

李羣玉有雲安詩云：「樹暗荊王館，雲昏蜀客舟。」又有送鄭京昭之雲安詩云：「空留荊王館，巖嶂深蒼然。」（全唐詩九函三册。）是雲安有客館，蓋名荊王。

杜翁居雲安，詩篇甚多，有足見此山城之景觀者，似頗富庶。

杜翁子規云：「峽裏雲安縣，江樓翼瓦齊；兩邊山木合，終日子規啼。」客居云：「客居所居堂，前江後山根；下塹萬尋岸，蒼濤鬱飛翻。」「人虎相半居，相傷終兩存。」（詳注一四。）據子規詩，似不瘠貧。

蓋峽江沿岸上自忠州下至歸州皆產鹽，而以雲安爲盛，故有商賈魚鹽之利，爲蜀都奇貨、南國金錫所聚，館驛亦頗可考，事非偶然。

李貽孫夔州都督府記：「西水行二百里得縣曰雲安，商賈之種，魚鹽之利，蜀都之奇貨，南國之金錫而雜聚焉。」（全唐文五四四。）按此爲會昌時代，見雲安市面頗繁榮，商貿甚盛，主要者蓋由鹽利。通鑑二七七後唐長興元年，「孟知祥累表請割雲安等十三鹽監隸西川，以鹽直贍寧江屯兵。(五月)辛卯，許之。」胡注：「雲安縣……唐屬夔州，後改爲雲安監。又夔州大昌縣、萬州南浦縣漁陽監皆有鹽官，隸寧江軍巡屬；而所謂十三監未知盡在何所？」據輿地紀勝一八二雲安軍目，後唐明宗長興二年升雲安縣爲雲安監。是即贍軍之次年。又據九域志八，夔州爲寧江軍節度。檢唐書方鎮表，唐末於夔州置鎮江軍節度，蓋五代又有寧江之名，是以雲安等十三監鹽利贍夔府屯兵也。胡注於雲安等十三監，僅另舉大昌與南浦之漁陽兩監。按元和志記劍南鹽井頗詳，惜山南峽江諸州已闕佚。所可檢者，舊唐志云，夔州雲安縣本漢朐䏰縣，有鹽官。(本作監官，輿地紀勝引作鹽官，是。）新唐書食貨志，先列多利之大鹽監十，就中之一爲大昌。又云順宗「增雲安、漁陽、塗瑤三監。」而新唐書地理志述峽江上下之鹽利最詳云：

忠州治所臨江縣「有鹽」。

萬州治所南浦縣，「有塗瑤(溢？)監、漁陽監鹽官二。」

夔州治所奉節縣，「有永安井鹽官。」雲安、大昌亦各有鹽官。

歸州治所秭歸縣及巴東縣皆有鹽。

此諸縣鹽利必多在十三監之數。復考峽江鹽產，古史記載頗早，宋以下亦頗多可參證處，玆再述證如下：

漢書地理志，巴郡朐䏰縣「有橘官，鹽官。」南郡巫縣「有鹽官。」華陽國志一巴志，桓帝永興二年（154），巴郡太守但望上疏云：「謹按巴郡圖經，……屬縣十四，鹽鐵五官，各有丞史。」似巴郡鹽官已不只一個。常璩又述諸縣鹽井之近江流者云：

「臨江縣，枳東四百里，接朐䏰。有鹽官，在鹽、塗二溪，一郡所仰。其豪門亦家有鹽井。」

按臨江卽唐之忠州，朐䏰卽唐之雲安。又考江水注云：

「江水又東逕臨江縣南，……縣有鹽官，自縣北入鹽井溪，有鹽井。……江水又東會南北集渠，（按楊圖在今萬縣。）南水出涪陵縣界，謂之陽溪，北流逕巴東郡之南浦僑縣西，溪硤側，鹽井三口，相去各數十步。以木爲桶，徑五尺，脩（名勝志引作燒）煑不絕 。溪水北流注於江，謂之南集渠口。……江水又東 ，右〔左〕逕朐忍縣故城南，……又東逕瞿巫灘 ，卽下瞿灘也，又謂之博望灘，（在雲安近處，見上。）左則湯溪水注之。水源出縣北六百餘里上庸界，（此卽今東瀼河。）南流歷縣，翼帶鹽井一百所，巴川資以自給。粒大者方寸，中央隆起，形如張繖，（戴云，繖卽古傘字。）故因名之曰繖子鹽。有不成者，形亦必方，異於常鹽矣。王隱晉書地道記曰，入湯口四十三里，有石煑以爲鹽。石大者如升，小者如拳，煑之水竭鹽成，蓋蜀火井之倫，水火相得乃佳矣。……江水又東逕巫縣故城南。……又東，巫溪水注之。溪水導源梁州（略）宣漢縣東，又南逕建平郡泰昌縣南，又逕北井縣西，東轉歷其縣北。南有鹽井，井在縣北，故縣名北井，建平一郡之所資也。鹽水下通巫溪，溪水是兼鹽水之稱矣。……又南入於大江。」

此段記忠州以下至巫縣數百里間，產鹽凡四區，玆取前後史料疏勘如下。

其一，臨江縣北鹽井溪有鹽官。臨江縣卽唐地志之忠州治所臨江縣也，今忠縣地。一統志忠州卷山川目涂溪條引華陽國志：臨江縣鹽官，在鹽涂二溪。又引酈注臨江縣條。續云：「舊志，涂溪源出梁山縣蟠龍山……東南流入州界，經涂井至石寶寨入江，涂井在州東八十里。按輿圖作涂井河。其西又有㳌溪河，自州北境發源東南流徑㳌井西，又南入江。㳌井在州東北二十里許，此卽華陽志之鹽溪，水經注之鹽井溪也。舊志失載。」又鹽井條，「通志：忠州鹽井，上井三眼，中井八眼，下井二十四眼；酆都縣鹽井一眼。」當包括塗井、㳌井而言。塗井、㳌井正卽華陽志之鹽、涂二溪，新唐志之塗㳌監也。惟新唐志屬萬州，就地望言，蓋新志誤記之耳。白居易爲忠州刺史，有九日題塗溪詩（全唐詩七函四册），是其證。

其二，南集渠之鹽井三口，以木爲桶，徑五尺，蓋取鹽技術尙甚原始，與今不同。熊疏以爲南集渠即今渡口溪，西北流至萬縣東南入江。是也。檢一統志夔州府卷山川目，「長灘鹽井在萬縣南一百里。通志，今縣境鹽井凡六眼。」蓋其地歟？新唐志不載此井，而萬縣有漁陽監鹽官。豈其地耶？

其三，朐䏰縣之湯溪鹽井一百所，出特異之傘子鹽。楊疏引書鈔一四六，「荆州記云，朐䏰縣北岸有陽〔湯〕溪，溪內有鹽井百二十所，巴峽一川悉資此鹽，周於賨海。又鹽水自凝生繖子鹽，大者方寸，中央隆越，形如張繖。」（御覽八六五引，繖皆作傘。）按此即漢志之朐䏰鹽官及新唐書地理志、食貨志之雲安鹽官也。杜翁十二月一日云：「負鹽出井此溪女」（詳注一四），時在雲安，此溪即指雲安之湯溪矣。九域志八雲安軍轄雲安縣及雲安監，縣有章井鹽場，團雲鹽井；監在軍縣東北三十里，蓋亦爲鹽而設。輿地紀勝一八二雲安軍景物上，「雲安監四圍九井，歲產鹽二十九萬二千二百一十斤；雲安縣二井，歲產五萬三千七百九十斤。」所產能詳如此，度唐世已盛，故孟知祥請割峽江鹽井十三監，以雲安爲稱首也。一統志夔州卷山川目雲陽鹽井條引通志，今縣境鹽井凡十眼，即承漢、唐而來。

其四，巫縣北巫溪水北井縣之鹽井。熊疏謂巫溪即今大寧河。是也。楊疏：「文選・蜀都賦，濱以鹽池。劉注，鹽池出巴東北井縣，（檢劉注原文，北下有新字。）水出地如湧泉，可賨以爲鹽。方輿勝覽，寶山在大寧北十七里，山半有石穴，出泉如瀑布，即鹽泉也。」又按寰宇記一四八大寧監，「本夔州大昌縣前鎮煎鹽之所，在縣西六十九里。溪（即酈注之巫溪）南山嶺峭壁之中有鹽井〔泉？〕湧出，土人以竹引泉置鑊煎鹽，皇朝開寶六年置監以收課利。」此當爲一大鹽產地，大昌在夔州東北六十四里，當即今圖巫山縣北大昌鎮，大寧監則今巫溪縣也。此即漢地志之巫縣鹽官、新唐志之大昌鹽官所在，酈注以爲建平一郡所資者。至於新唐志之永安井，則在夔州治所奉節縣，非此地。

綜上所考，酈注可謂最詳，然未述及新唐志之奉節永安井與歸州之秭歸、巴東兩縣鹽產。考奉節鹽產史料，似以李貽孫夔州都督府記爲最早，以在永安宮之南，故名永安井，詳後文夔州鹽鐵之利條。歸州兩縣產鹽又見九域志六歸州目云，秭歸有青林鹽井，巴東有永昌鹽井。一統志宜昌府卷山川目，巴東鹽井在縣北八十里。引縣志，元時嘗置鹽課司，後廢。

雲安東行一里至湯口，即湯溪水（今東瀼河）入江之口；溪流翼帶鹽井百餘，產鹽爲盛，粒大者方寸，狀如張傘，曰傘子鹽，自漢以來置鹽官。

江水注等史料，詳前引。輿地紀勝一八二雲安軍景物上，湯溪在縣東一里。即今東瀼河無疑。

又東經東陽峽，有東陽灘，落牛灘，至巴鄉村南，通約三十餘里。村民昔稱善釀，名巴鄉清。又東八十里至南鄉峽，又四十七里至夔州。

此段途中所經及巴鄉清酒，見江水注。惟東陽峽見陳子昂合州津口別舍弟至東陽峽步趁不及詩與入東陽峽與李明府舟不相及詩（全唐詩二函三册子昂集）。寰宇記一四八，夔州奉節縣，「南鄉峽在縣西四十七里。盛弘之荆州記云，南鄉峽西八十里有巴鄉村，善釀酒，故俗稱巴鄉清酒。」又云：「龍洞溪在州西一百里 。輿地志云，永安宮西有南鄉峽 ，峽西八十里有溪，……即是龍洞溪，善釀酒之村也。」是里程可知者。按李貽孫夔州都督府記，「西水行二百里得縣曰雲安。」（全唐文五四四。）寰宇記一四七雲安軍，亦云「雲安縣上水去（夔）州二百里。」然下文述四至，則云東至夔州一百三十里，西至萬州一百四十三里。九域志八雲安軍目，同 。是東西略均 。參夔萬間總距離三百里，則雲安至萬州應無二百里之遙，亦不止一百三十里。吳船錄下作一百五十餘里，似爲近之。其時夔州已西移至瀼西今奉節縣，則唐之夔州西至雲安應有一百六十餘里，即雲安至巴鄉約三十餘里之譜。

夔州本漢魚復縣，居三峽上口，自古爲軍事重地，巴置江關以禦楚，漢置江關都尉 ，劉宋置三巴校尉，皆以控扼峽江之險也 。齊置巴州，梁置信州，北周因之。三巴校尉已具統府雛型 ；周置信州總管府 ，初統信、臨（今忠縣）等七州，是川東地區之大江南北諸州皆其管區；其後更增管新、遂、普、合、瀘、戎六州；則蜀中之大江南北，西起宜賓，東至奉節，皆屬統督。蓋將以伐陳，故增重上游軍勢也。隋信州總管區擴及川東、鄂西及貴州東北部。唐初承之，初管十九州，貞觀中定管夔、歸、萬、忠、涪、渝、合七州，是上自今重慶、合川，下至今湖北秭歸，皆其統區。安、史亂後，置夔州防禦使，統夔、歸、峽（今宜昌）、忠、萬五州，唐末升爲鎭江軍節度使，五代有寧江之名，入宋爲寧江軍節度，復置爲夔州府路，與益、梓、利三路並稱四川。故夔州自古爲江流重鎭。

自漢至南朝置縣置州，皆詳各史地志，紀要六六有綜合述說。北周置總管府，詳拙作中國地方行政制度史第四册北朝第二章第三節北周總管區。隋置總管府，詳拙作隋總管府考（中國學志第六卷）。唐代前期置都督府，詳拙作括地志都督府管州考（唐史研究叢稿第四篇）。後置夔州防禦使，見新唐書六七方鎭表。杜翁送蜀州柏二別駕云，「遷轉五州防禦使」（詳注一八）是也。升鎭江軍節度，亦見方鎭表。而九域志八，夔州爲寧江軍節度。考通鑑二七七後唐長興元年，孟知祥請以雲安等十三鹽監隸西川，以鹽直贍寧江屯軍，則五代已更名也。

其治所在瞿唐峽口灩澦堆北崖白帝山（今奉節東十三里）、赤岬山（今奉節東十五里）上。兩山連峙，赤岬高大在北；白帝在南，臨江石壁特峻。漢魚復故城據白帝山，周二百數十步，公孫述更名白帝城。又就赤岬山築赤岬城，周七里餘。兩城南北連基，共據山險。唐夔州治古赤岬城，而民居閭閻與白帝城相接，故雖「白帝、夔州各異城」，然說者多混爲一，稱爲白帝城。東臨東瀼溪（今鐵柱溪），高二百餘丈；西南臨大江，高近千丈，闞之眩目；惟兩山間馬嶺（今奉節東十里）差爲委迤，古人塹山爲路，羊腸數回，以利上下。杜翁乘酒縱騎「直下八千尺」有若「電轉」，終致墜馬者，蓋唐世已增鑿稍就平夷歟？白帝城東南斗上至白帝廟、越公堂，下臨瞿唐險濤。其堂「內無撐柱」，尤稱「奇構」。城西約十里爲大瀼溪口（今分水河，在奉節東一里）。其間平地可二十餘里，江山迴濶，爲入峽所無，劉備築永安宮城（今奉節）在瀼西一里，有武侯廟。周天和元年 (566) 陸騰曾徙信州治此，宣政元年 (578) 復還故治。宮城南臨大江，東南江中灘上有諸葛故壘及八陣圖，縱橫百丈，夏沒冬出，迄唐宋踰六百年，六十四蕝尚可辨識，亦一奇也。夔州首縣曰奉節，在州城西四里瀼東地區（今縣東約六七里）。相近有先主廟，廟東有瞿唐驛。縣西南江中，八陣圖下三里有長磧，宋世亦有龍脊灘之名。磧上有鹽泉十四，置永安井鹽官經理之，公私贍仰，與柑橘爲奉節兩大富源。夔城既長江上流重鎭，常爲統府，又有鹽鐵柑橘之利，故戶口甚多，瀼之東西已及萬家，而赤岬、白帝兩城閭閻繚繞達於山巔，加以東瀼之東白鹽山亦有千戶，人煙稠密可以想見。新唐志記夔州四縣共一萬五千六百餘戶，只是著籍戶數耳。

此段考證別詳附篇五唐代夔府地理與民戶生計。

（四）三峽行程及其景觀

夔州城南江中有灩澦堆，當瞿塘峽口，亦名廣溪峽，爲三峽之首。兩崖千丈競峭，上入雲漢，其勢欲接，中豁一口，江流灌注，洶湧電激，爲舟航險惡之最。如此險程，中經瞿唐灘、黃龍灘凡十五里至大溪口，山始稍遠，水始差濶。

江水注「東逕魚復故城南」下云：

「（城）南開水門，……水門之西，江中有孤石爲淫預石，多出水二十餘丈，夏則沒。……江水又東逕廣溪峽，斯乃三峽之首也。其間三十里，頹巖倚木，厥勢殆交。北岸……有白鹽崖……。峽中有瞿塘、黃龍二灘。夏水回復，沿泝所忌。瞿塘灘上有神廟，尤至靈驗。……饗薦不輟。」

按瞿塘灘，當即在瞿塘口東不遠。黃龍灘，見寰宇記一四八引荊州記云「三峽之首，北岸白鹽峯下有黃龍灘，水最急，沿泝所忌。」則亦在入口不遠處。淫預石卽灩澦堆，最爲有名。杜翁有灩澦堆詩（詳注一五）。據李貽孫夔州都督府記，灩澦乃巨石，在州城直南一里。則廣溪峽卽州城直南之峽也。楊炯有廣溪峽詩，亦云「廣溪三峽首。」（全唐詩一函十册。）而寰宇記一四八云：

「瞿唐峽在州東一里，古西陵峽也，連崖千丈，奔流電激，舟人爲之恐懼。」

「灩澦堆周圍二十丈，在州西南二百步蜀江中心瞿唐峽口。多水淺，屹然露百餘尺，夏水漲，沒數十丈，其狀如馬，舟人不敢進。又曰猶與，言舟人取途，不決水脈，故曰猶與。諺曰：灩澦大如襆，瞿唐不可觸；（按此出梁簡文帝滟預歌。）灩澦大如馬，瞿唐不可下；灩澦大如鼈，瞿唐行舟絕；灩澦大如龜，瞿唐不可窺。（諺語參看唐國史補下。）」

陸游入蜀記六云：

「瞿唐峽，兩壁對聳，上入雲漢，其平如削成，仰視天，如疋練。」

此兩條狀其形勢甚悉，但作瞿唐峽。考杜翁有白帝城放船出瞿唐峽（略）四十韻（詳注二一），又秋興詩云「瞿塘峽口曲江頭」，長江詩云「衆水會涪萬，瞿塘爭一門。」（詳注一四。）又有瞿唐兩崖、瞿唐懷古兩詩（詳注一八），亦皆作瞿塘、瞿唐峽，蓋盛唐以下多稱瞿塘也。其瞿唐兩崖云：

「三峽傳何處？雙崖壯此門。入天猶石色，穿水忽雲根。猱玃鬚髯古，蛟龍窟宅尊。羲和多駁近，愁思日車翻！」

瞿唐懷古云：

「西南萬壑注，勍敵兩崖開；地與山根裂，江從月窟來；削成當白帝，空曲隱陽臺；疏鑿功雖美，陶鈞力大哉！」

此兩律及長江詩，皆極寫瞿唐峽之形勢，又較散文描述更能得峽門峻險之意境，令人讀之，神遊共賞！至於舟行瞿唐之親身歷驗，則以范成大之吳船錄下所記最爲具體，玆節錄如下，以見古代舟航經瞿唐天險之實況：

「（七月）丙辰泊夔州。早遣人視瞿唐水勢，僅能沒灩澦之頂，盤渦散出其上，謂之灩澦撒髮。人云如馬尚不可下，況撒髮耶？是夜水忽驟漲，渰及排亭；……及明走視灩澦，則已在五丈水下。或謂可以僥倖，乘此入峽，而夔人猶難之。……丁巳，水長未已，……遂決解維。……至瞿唐口，水平如席，獨灩澦之頂猶渦紋瀺灂，舟拂其上以過；搖艣者汗手死心，皆面無人色，蓋天下至險之地。……每一舟入峽數里，後舟方敢續發，水勢怒急，恐猝相遇，不可解拆也。……峽中兩岸高巖峻壁，斧鑿之痕皴皴然。而黑石灘最號險惡，兩山束江驟起，水勢不及平；兩邊高而中窪下，狀如茶碾之槽，舟檝易以傾倒，謂之茶槽齊，萬萬不可行。余來水勢適平，免所謂茶槽者。……十五里至大溪口，水稍濶，山亦差遠，夔峽之險紓矣。」

瞿塘險程中，古置江關，卽瞿唐關，爲古代江流用兵之要。杜翁云「防隅一水關」是也。按入峽三里有三鈎故鎭，古人鐵鎖斷江處，殆卽關之故址歟？

寰宇記一四八夔州，「三鈎鎭在州東三里，舊時鐵鎖斷江，浮梁禦敵處也。（一本作『造舟爲梁，施戰床于上，以禦寇。』）鎭居數溪之會，故曰三鈎。唐武德二年廢。」按通鑑二六五天祐元年，「趙匡凝遣水軍上峽，攻王建夔州。……萬州刺史張武作鐵絙，絕江中流，立柵於兩端，謂之鏁峽。」同書二六九梁乾化四年，高季昌上峽攻夔州，卽爲鐵絙所阻，船不得進，致敗。紀要六六瞿唐關條：「宋景定五年，守將徐宗武於白帝城下巖穴，設欄江鎖七條，長二百七十七丈五尺，五千一十五股，又爲鐵柱二，各六尺四寸。」④蓋以江面仄狹，江流勁急，故古人屢有鎖江之設計也。一統志夔州府卷關隘目，瞿唐關「卽古江關，漢書地理志，魚復縣，江關都尉治。後漢書，公孫述遣田戎出江關。注，華陽國志曰，巴楚相攻，故置江關（按今本華陽志作扞關）。舊在赤岬城，後移在江南岸，對白帝城，故基在今魚復縣南。（按此條在岑彭傳。）括地志，江關在魚復縣南二十里江南岸。地理通釋，古江關卽今瞿唐關。」按古江關大抵在瞿唐峽口，蓋卽三鈎鎭也。杜翁峽口云：「開闢當天險，防隅一水關。」又云「時淸關失險。」（詳注一八。）王洙注，「峽口有關，斷以鐵

④ 按明王嘉言瞿塘峽記：「峽在城東十二里，兩岸雙峙，中貫大江，蓋全蜀之門戶。峽口石盤上樹鐵柱二根，山畔崖穴中有鐵索七條；柱高六尺四寸，索長二百七十七丈五尺，蓋昔人置以截江者。柱於夏水秋泛則汩，多春復見。」見奉節縣志三六藝文志。當卽紀要所據，但難證爲宋代遺跡。

鎖。」殆指此。惟括地志云在白帝城南二十里大江南岸，則似在上引吳船錄之大溪口。未知孰是？此關爲歷代江流用軍之要，紀要六六已有詳論，可參看。

唐世，峽上有堰，時人以爲決之可灌江陵，則堰必甚大，灌溉之利甚溥，不知究在何處？

通鑑二六九梁乾化四年，「峽上有堰，或勸蜀主乘夏秋江漲，決之以灌江陵。毛文錫諫曰，高季昌不服，其民何罪！陛下方以德懷天下，忍以鄰國之民爲魚鼈食乎！蜀主乃止。」

大溪口又東約五里至虎鬚灘。

一統志夔州府卷山川目，「虎鬚灘在奉節縣東三十里。杜甫詩，瞿唐漫天虎鬚怒，即此。」又有黑石灘，亦云縣東三十里，下引吳船錄。按今奉節縣東三十里，則約在瞿唐口東二十里之譜，大溪口東五里之譜。

又東至巫山縣（今縣），去州蓋八九十里之譜，東有巫山故名。縣西北二百步有楚王宮，在陽臺古城內。陽雲臺高一百二十丈，南枕大江，傳爲楚王遊處。

新唐志巫山縣有巫山。江水注：「郭仲產云，按地理志，巫山在縣西南，而今縣東有巫山，將郡縣居治無恒故也。」一統志夔州府卷山川目，縣仍在山之西。餘詳寰宇記一四八。關於去州里程，李貽孫夔州都督府記云州東水行一百七里，寰宇記作七十二里，九域志作七十五里。吳船錄下，瞿唐口至大溪十五里，又七十里至巫山縣，里數參差不相應。都督府記又云州西水行二百里得雲安。知其書程多盈，今故書之如此。而一統志云巫山縣在府東一百三十里，豈陸程耶？

地故夔國，楚置巫郡，吳置建平郡，故城「緣山爲墉，周十二里一百一十步，東西北三面皆帶傍深谷，南臨大江。」

此見江水注。

許渾詩有雲陽驛，司空曙詩有雲陽館，蓋巫山館驛耶？當詳考。

許渾有秋晚雲陽驛西亭蓮池詩云：「葉殘花敗尙維舟」，「神女暫來雲易散。」（全唐詩八函八册渾集六。）此必峽江水驛，決非渭北之雲陽。豈即巫山縣驛歟，抑神女館之水驛耶？又司空曙有雲陽館與韓紳宿別詩云，「故人江海別，幾度隔山川。乍見翻疑夢，相悲各問年。孤燈寒照雨，濕竹暗浮煙。」（全唐詩五函四册。）末句「濕竹」云云，恐非陝北景觀。按曙有蜀中詩多首，如益州北樓陪宴、題凌雲寺（嘉州）、發渝州等，是嘗舟行蜀江，疑此詩亦在蜀江行旅至雲陽館時所作耶？然巫山只有陽雲臺，不作雲陽，似又不類，姑存待考。此外張子容有雲陽驛陪崔使君郘道士夜宴詩（全唐詩二函七册），則不能判其爲渭北之雲陽，抑此巫山之雲陽驛也。

城東有巫溪鹽水（今大寧河），源遠流長，旁帶鹽井，南注大江。鹽水口東行卽入巫峽，首尾百六十里，程長爲三峽之最。

此見江水注。參之寰宇記一四八巫山縣條，知酈注蓋多本之於盛宏之荆州記。楊炯巫峽詩云：「三峽七百里，唯言巫峽長。」（全唐詩一函十册。）與盛、酈之說合。下引吳船錄，「自縣行半里卽入峽。」則巫峽上口卽在巫溪水口東之近處。

峽中「灘瀧稠險，濆淖洄洑，其危又過夔峽。」入峽三十五里，中經新崩灘至神女祠，一名朝雲廟，在江南岸，卽神女館也。大巫山十二峯皆在北岸，爲三峽中最高峯，蓋大巴山脈爲江流所斷，此處則山脈之中脊也。峯下爲琵琶峽，蓋因水激清音受名。兩岸山脚直插江中，上入霄漢，其勢欲接，舟行峽中，舉頭僅見天數尺，而纖麗奇峭，煙雲映發，如是者百里，眞遊覽之奇觀，中國南北名山未有能比擬者。且山旣高峻，水復幽深，水蒸氣鬱結，多雲雨，故有雲雨神話故事之產生。景奇而富神秘感，唐人過者多題詩，以千計。有極佳者，白居易且爲之擱筆。

江水注云：

「江水又東逕巫峽。……歷峽東逕新崩灘。此山漢和帝永元十二年崩，晉太元二年又崩。當崩之日，水逆流百餘里，湧起數十丈。……其頹巖所餘，比之諸嶺，尚爲竦桀。其下十餘里有大巫山，非惟三峽所無，乃當抗峯岷、峨，……其翼附羣山，並概青雲，更就霄漢辨其優劣耳。神孟涂所處。……又帝女居焉，宋玉所謂天帝之季女名曰瑤姬，未行而亡，封于巫山之陽……日爲行雲，暮爲行雨，……爲立廟號朝雲焉。其間首尾百六十里，謂之巫峽，蓋因山爲名也。」

此爲寫巫峽新崩灘、大巫山及神女廟之較早史料。寰宇記一四八，「巫山，盛宏之荊州記云，沿江峽三十里（王氏地理書鈔輯本作二十里，麓山精舍輯本同。）有新崩灘，至巫（奪『山』字），峽因山名也。」據下引吳船錄，至少有三十里。琵琶峽見沈佺期巫山高詩云：「巫山峯十二，合沓隱昭回，俯眺（一作聽）琵琶峽，平看雲雨臺。」（全唐詩二函五册。）是琵琶峽在巫山十二峯下。紀要六九巫山縣，琵琶峽在縣治西。豈明代地望耶？酈注之朝雲廟，唐人詩篇多稱神女，如沈佺期十三四時嘗從巫峽過他日偶然有思詩云，「使君灘上草，神女館前雲。」（全唐詩二函五册。）劉禹錫有巫山神女廟詩（全唐詩六函三册，禹錫集八）。

後人描述巫峽景況者，以陸游與范成大最爲具體。陸氏入蜀記六云：

「二十三日過巫山凝眞觀，謁妙用眞人祠，眞人卽世所謂巫山神女也。祠正對巫山，峯巒上入霄漢，山脚直插江中，議者謂太華、衡、廬皆無此奇。然十二峯者不可悉見，所見八九峯，惟神女峯最爲纖麗奇峭，宜爲仙眞所宅。」

范氏吳船錄下云：

「丁巳……至巫山縣宿。縣人云，昨夕水大漲，灩澦恰在水底，故可下夔峽；至巫峽則不然，恰須水退十丈乃可。是夕水驟退數丈。……戊午，乘水退下峽，灘瀧稠險，濆淖洄洑，其危又過夔峽。三十五里至神女廟。廟前灘尤洶怒，十二峯俱在北岸。……最東一峯尤奇絕，其頂分兩歧，如雙篸插半霄。最西之峯似之而差小，餘峯皆鬱嵂非常，但不如兩峯之詭特。……自縣行半里卽入峽，時辰巳間，日未當午，峽間陡暗如昏暮，舉頭僅有天數尺耳。兩壁皆是奇山，其可儗十二峯者甚多，煙雲映發，應接不暇，如是者百餘里，富哉其觀山也。……神女廟乃在諸峯對岸小岡之上。所謂陽雲臺、高唐觀，人云在來鶴峯上。……廟中石刻引墉城記，瑤姬西王母之女，稱雲華夫人，助禹驅鬼神，斬石疏波，有功見紀。今封妙用眞人，廟額曰凝眞觀。……巫峽山最嘉處，不問陰晴，常多雲氣，映帶飄拂，不可繪畫……行雲之語，亦有所據依耶？」

峽中風景旣以巫山十二峯爲最，故神話中之神女祠，亦在此處，唐人題詩蓋以千計，劉禹錫、白居易以爲沈佺期、王無競、李端、皇甫冉四詩最佳，不復敢題云。語出雲溪友議（廣記一九八白居易條引）。其實劉賓有詩，見前引。

神女館又東約一百二十里之譜至巴東縣（今縣西蓋十五里），巫峽之名蓋盡於此歟？巴東蓋巴陵故城也，唐世峽程中有萬年驛，疑在此處。又有上牢關，亦約在此地區。又東約四十里之譜至石門灘。灘北岸有山，上合下開，謂之石門，洞達東西，爲緣江步道所由，卽劉備敗遁燒鎧斷道處。又東約四十餘里至歸州治所秭歸縣（今縣西約十里）。

前文總論諸州間之里距，夔、歸間爲三百三十里，蓋水程也。按寰宇記一四八，巫山縣在夔州東南七十二里，九域志八作七十五里；前文已據夔府記與吳船錄折衷作八九十里。寰宇記同卷，巴東縣在歸州西六十里，九域志六作六十四里，而吳船錄下，巴東至歸州九十里。檢紀要七八，亦作九十里，一統志宜昌府卷作九十五里。據紀要巴東縣雙城條，「通志，縣西十五里有舊縣城，縣蓋治於此，宋南渡後移今治。」則唐代巴東至歸州至少應有九十里。是巫山至巴東當有一百五六十里。再檢紀要六八巴東縣，「西至四川巫山縣百六十里。」又卷六九巫山縣，「高唐驛在縣治西，水驛也。輿程記，江行自高唐驛而東九十里至萬流驛入湖廣歸州境，又七十里卽巴東縣。」（下述巫山至巴東陸程則一百八十里。）正爲一百六十里。而吳船錄下，巫山縣東行三十五里至神女廟，此下描寫巫山十二峯甚詳。又云「二十里至東奔灘」，又「二十里過歸州巴東縣。」似巫山至巴東僅七十五里者。疑第一個「二十里」上脫「百」字，或巫山描寫既繁，所謂「二十里至東奔灘」，不知自何處算起也。

萬年驛　太平廣記一六六敬昭道條，「夔州征人舒萬福等十人行次巴陵，渡灘溺死。昭道因使巴、渝，至萬年驛，夢此十人祈哀……乃召驛吏問之，吏對如所夢。昭道卽募善游者出其尸。（出大唐新語。）」按使巴、渝而至萬年驛，出巴陵溺死者尸，則此巴陵決非洞庭岳陽之巴陵，而當在今川東地區。考江水注云，「枳之巴陵」。枳於唐爲涪陵縣，則其地古有巴陵之名。又寰宇記一四八歸州巴東縣，「後周天和三年，於巴陵故城置樂鄉縣，隋開皇十八年，改樂鄉爲巴東縣。」則巴東縣古亦有巴陵之名。疑此驛在巴東，今姑書之如此。

上牢關　杜詩「上牢下牢修水關」，上牢可能在秭歸西七十里，詳下文下牢鎭條，則當去巴東不遠。

石門　江水注：「江水又東逕石門灘。灘北岸有山，山上合下開，洞達東西，緣江步路所由。劉備爲陸遜所破，走逕此門……乃燒鎧斷道……」云云。寰宇記一四八，石門山在巴東縣東北三十五里，亦敍劉備事。入蜀記六云「舟中望石門關，僅通一人行，天下之至險也。」

巫峽下口　江水注云巫峽首尾一百六十里，則下口當卽在巴東縣。而麓山精舍輯本盛弘之荆州記中，「信陵縣西二十里有巫峽。」（引自文選郭景純江賦注。）是謂巫峽下限在信陵之西二十里。檢江水注，信陵縣在大江北岸，秭歸之東不知若干里。云「東傍深溪，溪源北發梁州上庸縣界，南流逕縣下而注於大江。」楊圖以爲卽今興山南流之香溪。是也。檢一統志宜昌府卷山川目，香溪在歸州東十里，則巫峽下口約在今秭歸縣西不逾十里處。下文考證，唐宋之歸州約在今秭歸縣西約十里之譜，是巫峽下口，卽唐秭歸縣地也。如此則巫峽下口之兩種下限不同，蓋峽程起迄本難斷限耳。

秭歸，漢之舊縣，故歸子國；或云歸卽夔，爲楚所滅者。此城傳爲劉備所築，故稱劉備城。吳置建平郡，爲上游重鎭。唐始置州，有館。城南江中人鮓甕灘，雍塞江流，聲如暴風雨至，上連叱灘，皆險絕。晉王濬伐吳，建平太守於江磧各要害處以鐵鎖横截江面，又作鐵錐長丈餘，暗置江中，以拒舟艦，故州西有鎖水頭之名，蓋卽因巫峽下口據灘鎖江也。

劉備城以下，見江水注。吳郡、唐州，見通典一八三及寰宇記一四八。

吳船錄下，「二十里至東奔灘，高浪大渦，巨艑掀舞，不當一槁葉，或爲渦所使，如磨之旋，三老挽招竿，叫呼力爭以出渦。二十里過歸州巴東縣，……九十里至歸州。未至州數里曰叱灘，其險又過東奔，土人云黃魔神所爲也。連接城下大灘曰人鮓甕，很石横臥，據江十七八。」黃魔神事詳寰宇記一四八歸州目。人鮓甕、叱灘亦見入蜀記六。咤灘又見廣記一〇七王沔條引酉陽雜俎述元和中事，則唐世已有此名；人鮓甕疑亦舊名也。王周再經秭歸云，「夜來孤館重來宿，枕底灘聲似舊年。」（全唐詩十一函六册。）蓋驛館也。按入蜀記六云，「州前卽人鮓甕，……灘聲常如暴風雨至。」又范成大秭歸郡圃絕句云：「市聲蕭條鼓静，惟有叱灘喧萬雷。」本注：「叱灘卽黃魔灘，下連人鮓甕。」（石湖詩集一九。）故王周詩云然。又范成大人鮓甕本注：「在歸州郭下，長石截江，據江三之二，水盛時，濆淖極大，號峽下最險處。」（石湖詩集一六。）此寫人鮓甕最具體。

吳人鎖江事，詳通鑑八一晉太康元年紀；參輿地紀勝七四歸州景物目下。

秭歸東七里有丹陽故城，周八里餘，東北兩面臨絕澗，南臨江，面帶溪，險峭壁立，傳爲楚子熊繹之始都。又東有夔城，亦南臨江，唐興山縣治。稍東有信陵故城，東傍深溪，卽香溪也，去秭歸蓋二十里之譜。丹陽對岸亦有故城，城東有歸鄉故縣。北岸諸城相近處傳有屈原田宅、宋玉宅、昭君村。歸州至瘠貧，而關涉古史文化有如此者。

「深溪」以上皆見江水注；惟「七里」及「唐興山縣治」，據輿地紀勝七四歸州目引元和志。紀勝引元和志云，丹陽城在秭歸縣東七里。又輿地志作八里。

而王象之曰，「丹陽城在秭歸東三里，今屈沱楚王城是也。」通鑑八一胡注，同，惟作八里。作三里者，蓋誤。前文已論酈注之深溪即今之香溪無疑。再檢寰宇記一四八，歸州興山縣，「香溪在邑界，即王昭君所遊處。」則香溪之名最遲唐世已有之。一統志云在秭歸縣東十里。紀要七八，同。然元和志、輿地志既云丹陽故城在縣東七八里；又通典一八三歸州，古夔子國城在郡東二十里。寰宇記同。則唐代秭歸在香溪之西至少二十里之譜，決不止十里。若非一統志記述有誤，則唐縣當在今縣西十里之譜也。再檢一統志宜昌府卷山川目，白狗峽在州東南十五里，新灘在州東南二十五里；而輿地紀勝七四，白狗峽在州東三十里；吳船錄下，新灘在州東南三十五里。則唐宋之歸州秭歸縣在今縣西約十里無疑。按一統志宜昌府古蹟目歸州故城條，宋、元、明屢遷治所，今城非唐宋故地宜矣。

興山縣故城，一統志云在今縣南。按舊唐志，「興山，武德三年，分秭歸縣置，舊治高陽城；貞觀十七年移治大清鎮；天授二年移治古夔子城。」輿地紀勝七四歸州興山縣條引元和志，「其城南枕江，西帶山，東臨香溪水。」是即在大江北岸之夔城、信陵地區，去今興山縣治甚遠。紀勝七四又引晏公類要，「端拱二年移治香溪北。」寰宇記一四八謂縣在州北八十五里。謂此新治也。又一統志，「宋史地理志，歸州興山縣，開寶元年移治昭君院，端拱二年又徙香溪北。縣志，宋末，縣令郭永忠徙今治。」則宋世屢徙，非唐故地矣。

丹陽對岸故城，歸鄉故縣及屈原田宅並見江水注。寰宇記一四八亦有屈大夫宅與王昭宅兩條。輿地紀勝七四歸州古蹟目，歸鄉城在秭歸東五里。又有屈大夫宅及廟，或遠或近不能定。又有宋玉宅，在州東五里，引杜詩「江山故宅空文藻」。昭君村在州東北四十里，引杜詩「生長明妃尚有村」。亦見吳船錄下。又劍南詩稿一〇歸州重五本注：「屈平祠在州東南五里歸鄉沱，蓋屈平故居也。」卷一一建寧重五詩本注：「屈沱蓋屈原故居，楚人謂江之別流爲沱。」陸氏入蜀記六，「歸之爲州纔三四百家」，「城中無尺寸平土。」「州倉歲收秋夏二料麥粟粳米，共五千餘石，僅比吳中一下戶耳。」范氏吳船錄下亦云「峽路州郡固皆荒涼，未有若歸之甚者。……余嘗論歸爲州僻陋，爲西蜀之最，而男子有屈、宋，女子有昭君，閥閱如此，政未易忽。」

香溪又東約十里至白狗峽，兩面絕壁如削，壁龕間隱出白石如狗形。又東經空舲峽，山高峻，水湍急，謂空舟乃可過也；宋以後有新灘者，蓋在此峽中。又東至太清鎮，去白狗約五十五里，唐初興山縣治此。

白狗峽　江水注，歸鄉故城「南面重嶺，北背大江，東帶鄉口溪。」溪於狗峽西入江。峽崖龕中，石隱起有狗形。輿地紀勝七四，「白狗峽在秭歸縣東三十里。」下引荆州記、元和志甚詳。據此里程，當在香溪、唐興山縣東約十里。入蜀記六云，十五日，「離新灘，過白狗峽，泊舟興山口」，遊玉虛宮，地臨香溪。（參一統志宜昌府卷山川目玉虛洞條。）亦峽在香溪下不遠之證。

空舲峽　通典一八三歸州秭歸縣有空舲峽。寰宇記一四八歸州秭歸縣，「空舲峽在縣東一百二里。荆州圖記云，此峽絕崖壁立數百丈，飛鳥所不能棲，有一火爐〔燼〕插在崖間……至今猶曰插竈。」輿地紀勝七四，稱絕崖壁立，湍水迅急，舟上艱難，舲中載物悉下乃能得過，故名。江水注作東界峽，引盛弘之謂之空舲峽，以爲宜都（峽州），建平（歸州）二郡之界。據寰宇記里程，當在太清鎮下約二十里。然據酈注，在狼尾灘上游頗遠。檢宋人記載，狼尾在秭歸東八十里；清人記載，狼尾在宜昌縣西九十里（即去秭歸約百里），詳下文。則空舲應在太清鎮之上游。又據紀要七八，空舲在歸州東三十里，白狗下十里；一統志宜昌府山川目，空舲在歸州東四十里，白狗東二十五里。疑明、清記載反爲正確，寰宇記一四八有零二里之文，本有可疑也。復按吳船錄無空舲峽，而白狗下「三十里至新灘。此灘惡名豪三峽，……石亂水洶，瞬息覆溺，欲脫險者，盤博陸行，以虛舟過之。」入蜀記六，亦無空舲而有新灘，須虛舟而過。疑新灘即在空舲峽中。惟據入蜀記與紀勝，新灘乃宋天聖中山摧所形成；吳船錄下以漢、晉時山崩說之，則誤以新崩灘爲新灘也。

太清鎮　通典一八三歸州秭歸縣，「太清鎮在縣東南八十五里，吳置以備蜀，居三峽要衝，塞山蠻寇掠之道。」寰宇記一四八，同。輿地紀勝七四歸州景物目下，「元和郡縣志云，在秭歸縣東七里。……孫權於此置城以備蜀，號曰吳城，開皇七年於此置太清鎮。唐書地理志云，秭歸縣東南有大清鎮，天寶六年廢。」云七里，蓋誤。舊志，興山縣，「貞觀十七年移治大清鎮，天授二年移治古夔子城。」

又東經流頭灘（今宜昌西約百里），水激奔瀑，魚鼈不能游。又十里經宜昌縣故城北，又東經狼尾灘（今宜昌西約九十里），人灘，兩灘相接。狼尾灘上有安蜀故城，陳禦隋師於此，爲楊素所敗。北岸有白沙，宋見爲市，有楚故城。又東經鹿角之險至黃牛灘（今宜昌西約八十里），在黃牛山下，一稱黃牛峽。兩岸最外高崖間有石色如人負刀牽牛狀，人黑牛黃分明。崖高而水湍紆，行者謠曰，「朝發黃牛，暮宿黃牛；三朝三暮，黃牛如故。」蓋就上水而言耳。

此段江程所經，除安蜀城、白沙、楚故城外，大抵據江水注。距宜昌里數見一統志。吳船錄下，黃牛峽在歸州東一百一十五里，又東六十里以上至峽州。按藝文類聚九四引袁山松宜都山川記，自峽口泝江百餘里至黃牛灘，今據一統志書之。

寰宇記一四七峽州目引荆渚記，夷陵有安蜀故城。通典一八三，同。紀勝七四歸州古蹟目，「安蜀城在秭歸縣東八十里。巴東志云，在狼尾灘上，故壘猶存。」又景物目引六朝攻守圖，狼尾灘上有安蜀城。隋書四八楊素傳，引舟師趣三峽，軍至流頭灘，陳將戚欣以青龍百餘艘屯兵數千人守狼尾灘。……其地險峭。素以「灘流迅激，制不由人。」乃水陸三路夜襲之，欣敗走。其中一路「趨白沙」。通鑑一七六謂「自北岸趨白沙」是也。考入蜀記六，黃牛峽上游有白沙市，其地有楚故城，宋名城下，正卽楊素用兵之白沙矣。蓋陸路由北岸擊狼尾灘之側翼也。杜翁白帝城放船出瞿塘峽將適江陵四十韻(詳注二一)云：「鹿角眞趨險，狼頭如跋胡。」狼頭殆近狼尾灘。入蜀記六，由黃牛峽上行「過鹿角、虎頭、史君諸灘」乃至城下白沙市。則鹿角之險在白沙之下，黃牛峽之上也。又此考安蜀故城在狼尾灘上。然隋伐陳之役，楊素傳見有安蜀城似在西陵峽以下，地望無考。

黃牛三日如故之言，乃就上水而言，觀入蜀記六，十月九日宿黃牛廟，十一日仍回望黃牛峽，可證。范成大謂「回首卽望斷」（吳船錄下），以爲「如故」之語乃好事者之言。此忘其爲順流下峽矣。

又東入西陵峽。峽長二十里，然仍有黃牛峽之名，蓋彼此混稱耳。下至下牢鎭而峽盡。杜詩有松門峽者，蓋黃牛、西陵之一段歟？黃牛、西陵兩峽水紆山高，疊崿秀峯，奇構異形，遊者以爲勝絕奇觀，有過巫陽。下牢鎭戍置關，陳禦隋師，曾於峽口歧亭綴鐵鎖橫江截流，復爲楊素所敗，蓋在此處。相近有三遊洞，在下牢溪口內，爲元、白等三人所發現，故名。又西，南岸山上有蝦蟆碚，泉出石上，陸羽品爲天下泉水之四。凡此皆登臨之勝境。

江水注，黃牛下，「江水又東逕西陵峽。」下引袁山松宜都記稱述黃牛以下峽程之景象甚悉，以爲山水奇觀。藝文類聚六亦引袁山松宜都記曰，「自西陵泝江西北行三十里入峽口。其山行周迴隱映，如絕復通，高山重嶂，非日中夜半，不見日月。」卽西陵峽也。吳船錄下云：「至黃牛峽，……自此以往，峽山尤奇。江道轉至黃牛山之背，謂之假十二峯。過假十二峯之下，兩岸悉是奇峯，不可數計，……不可以言語形容，超妙勝絕，殆有過巫陽。黃牛峽盡，則扇子峽。」所謂扇子峽蓋卽酈注之西陵峽也。此云山水勝絕，特指黃牛峽而言。然范石湖詩集一九假十二峯詩云：「巴東三峽數巫陽，山入西陵更鬱蒼，何以假爲非確論，直疑溟涬弟高唐。」本注：「卽黃牛峽山，自此直至平喜壩，千峯重複，靡不奇峭。」又扇子峽詩云：「玆行看山眞飽諳，今晨出峽仍窮探，南磯北磯白鐵壁，千峯萬峯蒼玉篸，橫前直疑江已斷，崛起競與天相攙，蜀山欲窮此盤礡，禹力已盡猶鐫劖。」本注，「兩岸山尤奇，殆過巫峽。」則范氏稱山水勝絕實亦兼黃牛、西陵兩峽而言，與袁山松同感。

寰宇記一四七峽州夷陵縣，「西陵峽在縣西北二十五里。」輿地紀勝七三，「西陵峽在夷陵縣西北二十五里。元和郡縣志云，吳志云，陸遜破劉備，還屯夷陵，守峽口以備蜀，卽此也。又荆州記曰，自縣泝江二十里入峽口，名西陵峽，長二十里，層巖萬仞，所謂三峽之一也。」是峽長二十里，下口在夷陵縣西二十五里也。又同書同卷下牢鎮條引元和郡縣志，「在夷陵縣（脫方向）二十八里，隋於此置峽州，貞觀九年移於步闡壘，其舊城因置鎮。」檢新唐志峽州夷陵縣，下牢鎮在縣西北二十八里。則郎在峽口之內耳，蓋據險爲城也。杜翁春夜峽州津亭留宴云，「始知雲雨峽，忽盡下牢邊。」（詳注二一。）亦其證。廣記一〇七王沔條引酉陽雜俎，「吒灘至於下牢鎮三百餘里。」三百當作二百。而輿地紀勝七四歸州景物下，謂「下牢溪在秭歸縣西七十里。」蓋誤。然杜翁秋風云：「秋風淅淅吹巫山，上牢、下牢修水關。」（詳注一七。）舊注：「上牢，巫峽；下牢，夷陵。十道志：三峽口地曰峽州，上牢、下牢，楚、蜀分畛。」紀勝蓋以上牢爲下牢歟？若七十里不誤，則上牢當在巴東縣近處。

上文諸證，黃牛峽下爲西陵峽，宋或稱扇子峽。然舊一六六白居易傳，元、白「三人於峽州西二十里黃牛峽口石洞中置酒賦詩。」則直至下牢仍有黃牛之名，蓋峽名混殊，得甲乙通稱耳。

下牢既當峽口爲關。按隋書四八楊素傳，素旣下狼尾灘，遂「率水軍東下，舟艦被江。……陳南康內史呂仲肅屯岐亭，正據江峽，於北岸鑿岩綴鐵鎖三條，橫截上流以遏戰船。素……登陸……先攻其柵，仲肅軍夜潰。……仲肅復據荆門之延洲。」通鑑一七七胡注，以爲仲肅郎據西陵峽，是也。

松門峽　杜翁寄薛三郎中璩：「聽說松門峽，吐藥攬衣巾。」（詳注一八。）按薛時在荆州，翁將欲下峽，先寄此詩，云「聽說松門峽」，是去夔州必甚遠。然此峽旣極險惡，必在下牢峽口以上。一統志宜昌府卷山川目，「松門峽在東湖縣西，宋歐陽修有島嶼松門數里長，懸崖對處碧峯雙之句。」⑤蓋與杜詩所詠爲一地，但亦不詳所在，惟歐陽入峽不深，疑松門郎黃牛、西陵峽中之一段有此異名耳。又檢紀勝七三峽州景物下，「松門山在遠安縣，嘗置松門寨。」按唐宋遠安縣在今縣北十五里，雖距大江有相當里程，然所屬松門寨在宜昌上游之江岸固有可能。至於杜翁返照詩云：「荻岸如秋水，松門似畫圖；牛羊識僮僕，既夕應傳呼。」（詳注一五。）與荻岸爲對，只是普通名詞，不足徵松

⑤　按歐陽松門詩，爲夷陵九詠之一，見居士集一〇。

門峽近夔門也。

三游洞蝦蟇碚　三游洞在下牢戍，峽州西二十（？）里北峯下，爲元稹、白居易及弟知退同游所發現，見白氏三游洞序（全唐文六七五）。其景觀及宋人遊覽之盛，參入蜀記六。歐陽修三游洞云：「惟應洞口春花落，流出巖前百丈谿。」本注，「卽下牢溪也。」（居士集一。）是洞卽在下牢溪口內。蝦蟇碚在下牢之西，見入蜀記六；碚在南壁，見吳船錄下。兩書皆描述碚之景觀甚詳，並參輿地紀勝七三峽州景物下。

自夔門入峽下迄下牢鎭出峽，凡五百餘里，古稱七百里，蓋水陸行程皆紆，里程固不能準。峽中因地異名，而三峽最著，故總稱三峽。然三峽名稱所指亦不盡同。大抵酈注至唐初以廣溪峽、巫峽、西陵峽爲三峽；盛唐時代，夔門之峽號爲三峽之首者，已稱爲瞿塘峽；廣溪之名遂泯。而杜詩常以巫峽該諸峽爲稱。蓋巫峽最長，巫山最高，最富神秘感，亦最有名，故得總稱之耳。

御覽五三引庾仲雍荆州記：「巴陵（類聚無陵字）楚之世，有三峽，明月峽、廣德峽、東突峽，卽今之巫峽、秭歸峽、歸鄉峽。」（參類聚六引。）又引峽程記：「三峽者，卽明月峽、仙山峽、廣澤峽。其有瞿塘、灩澦、鸗子、屛風之類，皆不預三峽之數。」而酈氏江水注白帝城下，述江水所逕云：「江水又東逕廣溪峽，斯乃三峽之首也。……又東逕巫峽……有大巫山……其間首尾一百六十里，謂之巫峽。……江水又東逕西陵峽，……所謂三峽，此其一也。」則以廣溪、巫峽、西陵爲三峽。此與荆州記、峽程記所說皆大異。考楊炯有廣溪峽、巫峽、西陵峽三詩（全唐詩一函十册）云「廣溪三峽首，曠望兼川陸。」「三峽七百里，唯言巫峽長。」是唐初所指仍如酈注所記。然前引杜詩所詠，皆作瞿唐峽，不作廣溪峽，蓋盛唐已習用瞿唐之名。然寰宇記一四八夔州，「三峽山謂西峽、巫峽、歸峽。」同條下文又云：「瞿唐峽在東一里，古西陵峽也。」是瞿塘峽亦有西陵之名，上文所謂「西峽」實奪「陵」字，而同書一四七峽州夷陵縣，「西陵峽在縣西北二十五。」此當卽前條之歸峽，是前後兩卷頗爲錯雜矣。

杜翁夔州諸詩屢稱巫峽，凡十餘見。多爲泛指夔門以東之峽程而言，非專指巫山縣以東之狹義巫峽而言。玆舉其最顯著者如：

返照：「返照開巫峽，寒空半有無，已低魚復暗，不盡白鹽孤。……」（詳注一五）

雷：「巫峽中宵動……」（詳注一五）

峽中覽物：「巫峽忽如瞻華岳，蜀江猶似見黃河。」（詳注一五）

覆舟：「巫峽盤渦曉，黔陽貢物秋……」（詳注一八）

巫峽敝廬奉贈侍御四舅詩（詳注一九）

此諸詩皆在夔州所作，寫目睹景物，而云巫峽，不云瞿塘；其巫峽敝廬一詩，尤爲稱夔門瞿塘峽爲巫峽之鐵證，知杜翁住夔州時所謂巫峽大多即指瞿唐峽也。又江梅云：「故園不可見，巫岫鬱嵯峨。」（詳注一八。）見螢火云：「巫山秋夜螢火飛」（詳注一九）。大歲日云：「巫山坐復春」（詳注二一）。所見之山亦皆在夔州城者，而云巫山，亦以巫山統羣山耳。

大抵自夔門迄巫山縣爲瞿唐峽程，峽險在近灩澦十餘里地段；自巫山東經巴東縣下迄秭歸爲巫峽程，高峻處在神女館、巫山十二峯地段；自秭歸迄下牢鎭爲西陵峽程，上包白狗、黃牛兩峽，高險處在空舲、黃牛地段；然綜觀三峽五百餘里，舟程隨處有驚險。蓋大巴山脈本極高峻而廣濶，爲江流切斷，時或崩頽成灘，計凡數百，隨處石磯突兀，河床不平，加以峽程上口與下口之海拔差距極大，而江水流量豐盛，洪流奔騰於降差極大之仄狹多灘河道中，流速大，漬淖多，舟航極爲困難，雖具高度操舟技術，亦難策安全；范石湖稱其險處，「渦漬大如屋，九死爭船頭。」是也。若值夏秋水漲，水位變化尤大，同一地段，數小時中，水位差距常達數丈，操舟者更難把握時機，尤易致覆溺之禍，故唐人語曰「五月下峽，死而不弔！」

各段峽程灘險處，上文已多略述，御覽五三引峽程記曰：

「瀘、合、遂、蜀四郡，皆峽之郡。自巒江、桔栢、淹、導等江至此二百八十江，會于峽前，次荆門，都四百五十灘（五十，寰宇記作十五）即有清水、重峯、胡灘、漢灘、忽雷、閃電、咤灘、瀨灘、狼尾、使君、主簿灘（本脫灘字，據寰宇記補）皆使君主簿沉舟之所，遂以爲名，其他不悉。」

按此文明有奪譌，寰宇記八八瀘州合江縣目，所引亦有奪譌。一統志夔州府卷山川目引作韋莊峽程記，則唐末記錄也。灘名雖有夔門以上者，要在三峽爲多。灘險駛舟諸險狀，已見前引吳船錄各條。范詩見石湖詩集一五峽州至喜亭。又卷一六有刺濆淖詩序云：「濆淖，盤渦之大者，峽江水壯則有之，或如一間屋。相傳水行峽底，遇暗石則濆起，已然下旋爲渦；然亦未嘗有定，或無故突然而作，叵測也。舟行遇之，小則欹傾，大則與齎俱入，險惡之名聞天下。」此最具體言之。唐國史補下云：「蜀之三峽，河之三門，南越之惡谿，南康之贛石，皆險絕之所。……大抵峽路峻急，故曰朝發白帝，暮徹江陵，四月五月爲尤險時。……舊語曰，五月下峽，死而不弔。」蓋謂覆溺之禍，事屬尋常耳。故李白荆州歌曰：「瞿塘五月誰敢過」也。（全唐詩三函四册白集三。）按范成大下峽在七月尾八月初，尙非最危險時期，所親歷諸端危懼已如彼，可想見五月下峽之更可怕！

峽程之險惡如此，但風景奇絕。蓋瞿塘以壯偉勝，西陵以秀峭勝，巫峽則以高聳霄漢，煙雲飄渺勝。如此者連山夾水數百里，眞大自然風景之奇觀，不但爲中國境內山水風景之稱首，卽論世界已發現之山水景色似亦無與比肩。蓋三峽之中山高峻而奇麗，水豐盛而湍激；加以地處北溫帶，草木暢茂，靈猿所聚，而兩岸夾崖往往如鐵壁，直入雲霄，勢欲相接；致天惟一線，益顯峽谷幽深；舟行其中，令人有迥非人世之神秘感，如此者數百里。世界源遠流長水量豐富之有數大河皆不具備如此諸條件，或有其奇麗與壯峭，但似無綿延逾兩百公里者，宜其不能相頡頏，允推蜀江三峽爲曠世之奇觀矣。前代文人旅程過此，幾無不賦詩爲文，計當千百篇。其最稱佳構者，無逾盛弘之一文，與李白一詩。江水注云：「自三峽七百里中，兩岸連山，略無闕處，重巖疊嶂，隱天蔽日，自非亭午夜分，不見曦月。至於夏水襄陵，沿泝阻絕，或王命急宣，有時朝發白帝，暮到江陵，其間千二百里，雖乘奔御風，不以疾也。春冬之時，則素湍綠潭，迴清倒影，絕巘多生怪柏，懸泉瀑布，飛漱其間，清榮峻茂，良多趣味。每至晴初霜旦，林寒澗肅，常有高猿長嘯，屬引淒異，空谷傳響，哀轉久絕。故漁者歌曰，巴東三峽巫峽長，猿鳴三聲淚沾裳！」此採盛弘之荊州記之文也，後世寫景散文無逾於此者。南朝文士愛自然，樂山水，故多地記山水記之作，弘之居官江陵，必親遊三峽，宜其有此佳構。李白詩曰，「朝辭白帝彩雲間，千里江陵一日還，兩岸猿聲啼不住，輕舟已過萬重山！」亦本盛記變化而來，而空靈清逸，諸家峽詩亦莫能比肩矣。

寫三峽者，以范成大吳船錄最爲具體眞切，多錄見前文，然尚遠不若江水注此段一百五十餘字之有神韻能引人入勝。酈注寫景文爲後世寫景文之楷模，世傳柳宗元多得益於酈注，事或不虛。此段寫三峽一百五十餘字，又酈注寫景之最佳最長者。然酈氏爲北人，未至三峽，絕不能有如此一篇佳作。及讀御覽五三引盛弘之荊州記，與此僅數字之異，而有奪譌，方輿勝覽五七夔州三峽條引盛記，同。乃知酈注之所本。弘之居官江陵，留意山水，著荊州記，固當親歷其境也。李白一詩，爲千古絕唱，應無異議。杜翁居夔府三年，寫峽景詩甚多，然杜長於寫實，以刻肖勝，以雄渾沉實勝；至於空靈一路固應讓李白擅場也。

（五）峽州至江陵府行程

下牢東南下行，中經步闡故城南，城在故城洲上，蓋杜詩之古城店；又東，凡二十八里至硤州治所夷陵縣，在大江北岸，（今宜昌。）白起燒夷陵，蓋即其地，對岸則陸抗故城也。中國史上建國於長江中下游者，恒以此爲西門重鎮。

州名，唐作硤，後改為峽，詳入蜀記六。

下牢至硤州里程，已見前下牢鎮西陵峽條；餘見江水注，參紀要七八夷陵廢縣目。按紀勝七三峽州景物下引元和志，隋於下牢鎮置峽州，「貞觀九年移於步闡城。」而風俗形勝目又引元和志，謂「郡城，陸抗所築之壘也。」是兩不相應。檢舊唐志硤州條，「貞觀九年自下牢鎮移治陸抗故壘。」寰宇記一四七，同。核以江水注，作陸抗故城為是，但在故城北岸；作步闡城者，誤也。若治步闡城，則非故夷陵矣。吳志陸抗傳云，「拜鎮軍將軍，都督西陵，自關羽（集解，關羽灘在益陽）至白帝。」後上疏曰：「臣父遜……陳言，以為西陵，國之西門……若有不守……則荊州非吳有也。」西陵即夷陵之易名。此見荊吳政權視夷陵為重鎮。

杜翁有行次古城店汎江作奉呈江陵幕府諸公詩（詳注二一）。注家多以陸抗故城當之。按陸抗故城謂陸抗舊城耳，其地並無「故城」之名，惟步闡城在故城洲上，是洲有故城之名。杜詩古城店疑在此，不在陸抗故城。

周武帝以夷陵地扼三峽之口，故置峽州，隋唐承之。有夷陵水館，蓋又名津亭。其津渡曰西陵渡。

李涉有秋夜題夷陵水館（全唐詩七函一〇册），夷陵館又見夷陵女郎空館夜歌（同書一二函七册）。又雍陶夷陵城詩云「唯有郵亭階下柳」（同書八函六册）。蓋亦此城館驛。

杜翁有春夜峽州田侍御長史津亭留宴得筵字詩（詳注二一）。又自帝城放船出瞿塘峽（略）將適江陵漂泊有詩云：「津亭北望孤」（詳注二一），注家以為亦峽州津亭，未知確否？又嚴維酬王侍御西陵渡見寄：「郢曲西陵渡，秦官使者車。」（全唐詩四函九册。）按夷陵，吳曰西陵，西陵峽以此名，稱「郢曲西陵渡」者，當即夷陵津渡歟？

夷陵東南三十里至荊門、虎牙二山間，稱為楚之西塞。荊門在大江南岸，上合下開若門；虎牙在大江北岸，石壁色紅，間有白文如牙。江中有虎牙灘，水勢急峻，但視三峽，殊爲平夷。公孫述遣將依山作浮橋橫江以斷水路，營壘跨山以塞陸路，終爲岑彭所敗。劉備敗於猇亭，地近虎牙山。楊素三敗陳師於荊門之延洲，蓋亦與荊門山相近歟？

寰宇記一四七峽州，虎牙山在夷陵縣東南三十里，荊門山在宜都縣西北五十里。（兩縣相距六十里，此五應爲三之譌。）引袁山松宜都山川記云，「南崖有山名荊門，北崖有山名虎牙。虎牙山有石壁，其色黃，間有白文，如牙齒形。」又輿地紀勝七三峽州景物下，「虎牙山在夷陵東南三十五里。盛弘之荊州記云，南荊門、北虎牙，二山臨江，楚之西塞。」又云：「下有急灘，名虎牙灘。」參看江水注。范成大峽州至喜亭詩云：「適從稠灘來，白狗連黃牛。渦漬大如屋，九死爭船頭。人鮓尙脫免，虎牙不須憂。」（石湖詩集一五。）則視三峽已平夷不足數矣。

岑彭破公孫述數萬衆於此，詳後漢書本傳。劉備自秭歸進軍緣山截嶺，營於夷道猇亭，爲陸遜所敗，見蜀志先主傳。一統志荊州府卷古蹟目，「猇亭在宜都縣北三十里大江北岸，一名興善坊，今名虎腦背市。」按宜昌、宜都間六十里，虎牙居正中，猇亭在宜都北三十里，江之北岸，正卽虎牙地，故稱虎腦背市也。陳將呂仲肅屯岐亭，據江峽，敗潰後退據荊門之延洲，復爲楊素所敗，見隋書楊素傳。據陳軍退屯次第，此當卽荊門山地區。而一統志荊州府卷山川目，以爲延洲卽水經注所云枝江東北十里之迤洲，待考。

又東南三十里至宜都縣（今縣），故夷道也，在江南，當夷水（卽清江）入江之會。唐初曾置江州、東松州。縣北濱江有合江亭，爲祖餞之所。

方向里程見寰宇記一四七、輿地紀勝七三。與江水、夷水之關係，見江水注與寰宇記。唐初置州名，見舊唐志。合江亭，唐建，見一統志荊州府卷古蹟目及其所引北夢瑣言記路巖事。

又東南約百里至枝江縣（今縣東、江北岸），縣在百里洲上。江水於洲首岑頭洲派別，南爲外江，北爲內江，縣在外江之北九里。有南亭，枕驛道。

峽荆間水程三百三十里，減宜都上行及枝江經松滋至荆州里程，則宜都、枝江間當百里。江水經云，「又東過枝江縣南，沮水從北來注之。」酈注：「江汜〔沱〕枝分，東入大江。縣治洲上，故以枝江爲稱。地理志曰，江沱出西，東入江，是也。……盛弘之曰，縣舊治沮中，後移出百里洲西，去郡百六十里。縣左右有數十洲槃布江中，其百里洲最爲大也。中有桑田甘果。……自縣西至上明（按在江南），東及江津，其中有九十九洲。……」寰宇記一四六荆州枝江縣，「蜀江在縣南九里。」又引荆州圖記：百里洲「其上寬廣，土沃人豐，波潭所產，足穰儉歲，特宜五穀。州首派別，南爲外江，北爲內江。」外江即蜀江也。又輿地紀勝六四引元和志：「岑頭洲在枝江縣。洲長百里，其西首曰岑頭，昔岑彭討公孫述，曾經憩於此。」南亭見皇甫湜枝江縣南亭記（全唐文六八六）。記云，亭「俯湖水，枕大驛路。」又云：「使纓歎戀，停車止征，實爲官業，而費家貲。」似即一驛亭。

循內江東至荆州治所江陵縣（今縣市）蓋一百二十里。

通鑑一八九武德四年紀，考異引太宗實錄、李孝恭傳，「進師至清江（按即夷水口），銑遣其將文士弘，以兵拒戰，擊走之，追奔至於百里洲。士弘收兵復戰，又敗之，追入北江，銑悉兵以拒之。……(李)靖……進兵擊之……入其郛郭，攻其水城克之。」此北江即荆州圖記之內江無疑。寰宇記一四六，枝江在州西一百二十里，輿地紀勝，同。當即略循北江而東行，乃捷徑也。

若循外江，則約四十里至松滋縣（今縣西北二里），在蜀江（即外江）南一里。江上有松滋渡，官渡也，爲大江南北重要津渡處。縣治有江亭，即館驛。地當東西南北交通之會樞，故唐人詩篇甚多。

寰宇記一四六，荆州松滋縣在州西南一百二十里，而枝江縣在州西一百二十里；輿地紀勝六四，里數亦同。則兩縣不同道。又云蜀江在枝江縣南九里，松滋縣北一里。蜀江卽外江，亦卽南江，大江正流也。吳船錄下，由枝江縣下行四十里至松滋縣，又「二百十里至荊南之沙頭。」「二百」當是「百二」之倒誤。范氏此行在淳熙中，據一統志荊州府卷古蹟目，此時枝江尚在唐代舊治，而松滋則已移在今縣治西北二里。則唐代兩縣距離亦約四十里也。

入蜀記五，「泊灌子口，蓋松滋、枝江兩邑之間。灌子口一名松滋渡。」杜翁有泊松滋江亭詩（詳注二一），卽下峽後所經也。又孟浩然有秋日陪李侍御渡松滋江及陪張丞相自松滋江東泊渚宮兩詩（全唐詩三函三册浩然集二）。竇常有之任武陵寒食日途次松滋渡先寄劉員外禹錫詩（全唐詩四函十册）。劉禹錫有松滋渡望峽中及酬竇使君寒食日途次松滋渡先寄示四韻兩詩（全唐詩六函三册禹錫集六、八）。司空圖有松滋渡詩（全唐詩十函一册）。常詩云：「雲際離離上峽船」，「江轉數程淹驛騎」。圖詩云：「步上短亭久，看回官渡船」，「更堪斑竹驛，初聽鷓鴣啼。」據此諸詩，知松滋當東西南北交通之會樞，有官渡，有江亭，蓋卽驛館。輿地紀勝六四江陵府景物上，「江亭在松滋縣治後。」按唐六典七水部郎中條，「其津無梁，皆給船人，量其大小難易以定其差等。」注，「荊州洪亭松滋渡……船各一艘，船別六人。」是亦大津官渡之一也。「洪亭」蓋「江亭」之形譌。

又東微北逾百里至江津，在百里洲之東洲鸞尾洲處，當南北兩江已合流尚未再分南北江處。津南爲馬頭岸，津北爲沙頭市（今沙市）。沙頭爲江陵城南之濱江水碼頭，爲上下船檣之所聚，蓋卽兩晉南北朝之奉城江津戍、江津口之故地。則沙市爲南北津渡之要衝久矣。又北行大堤十五里至荊州江陵府治所之江陵縣城。

吳船錄下「庚午，發楊木寨八十里至江陵之枝江縣，四十里至松滋縣，二百十（百二十之倒誤）里至荊南之沙頭，宿沙頭，一名沙市。辛未，泊沙頭，道大堤入城。」又陸氏入蜀記五，「泊沙市。自公安至此六十里。自此至荊南陸行十里，舟不復進矣。」沙頭卽沙市。是宋世由大江正流下行經枝江、松滋先至沙頭，上行經公安亦先至沙市，再陸行入江陵城也。輿地紀勝六四江陵府景物目下，「沙頭市去城十五里，四方之商賈輻湊，舟車駢集。」陸游阻風云，「沙市三日風，萬鼓鳴船頭。」（劍南詩稿十。）亦見舟航之盛。按此種形勢，至遲自唐已然。杜翁送王十六判官云，「買薪猶白帝，鳴櫓已沙頭。」（詳注一八。）元稹泛江翫月云，「闤咽沙頭市，玲瓏竹岸牕，巴童唱巫峽，海客話神龍。」（稹集一一。）王建送從姪擬赴江陵少尹云：「沙頭欲（一作且）買紅螺盞，渡口多呈白角盤。」（全唐詩五函五册建集四。）已見沙頭市爲荆南水碼頭且很繁榮也。沙頭又見新五代史六六楚世家。蘇軾美陂魚（東坡先生詩一三）作沙頭店。陸氏及後世作沙市，蓋省稱耳。

江水注云：

「江水又東逕燕尾洲北，合靈溪水。……江水又東得馬牧口……江水又東逕江陵縣故城南………（承前『縣江有洲』）此洲始自枚迴，下迄于此（燕尾洲），長七十餘里。洲上有奉城，故江津長所治，舊主度州郡貢於洛陽，因謂之奉城，亦曰江津戍也。戍南對馬頭岸。昔陸抗屯此，與羊祜相對，大宏信義。北對大岸，謂之江津口，故州亦取名焉，江大自此始也。」

按寰宇記一四六荆州江陵縣，「梅迴洲在縣西南六十里。荆州志云，自籍洲次東大洲有三名城（？）首曰梅迴。……中名景里，下有鷰尾。荆南志云，此洲北江呼爲薔薇江，始自梅迴，下迄鷰尾，上有奉城，故江津長所居。家語曰，江出岷山，其源可以濫觴，及至江津，不方舟避風，不可以濟。」又云：「故奉城在鷰尾洲上，郭仲産荆州記云，江津長車〔住〕之，領百家，主渡江南諸州貢奉，謂之奉城。」⑥ 合觀兩書所記，鷰尾洲約當在江陵城之正南。上有奉城，爲江津長治所，主江南貢輸。其北爲江津口，南爲馬頭岸。考通鑑一一四晉義熙元年紀，劉毅伐江陵桓氏，「諸軍至馬頭，桓振挾帝出屯江津。」胡注：「江津城在江陵南，臨江湝。」又二六六梁開平二年，淮南遣李厚「將水軍萬五千趣荆南，高季昌逆戰，敗之於馬頭。」胡注：「荆南治江陵，在江北，南岸曰馬頭岸，正對沙市。」又一八九武德四年紀，胡注，「江陵南岸即

---

⑥ 此條據史語所藏乾隆癸丑（1793）重梓本，文海影印本多奪文。但鷰尾，乾隆本前作鶯尾，後作燕尾。

馬頭岸」。則馬頭岸之名至唐末元初仍見存，在江南；江北即爲沙市，蓋即三國、兩晉、南朝之江津口。則沙頭市之居交通要衝，其繁榮久矣。沙頭、江津以東又分南北江，北江蓋即夏水，詳荊州東行道。

荊州江陵府自楚以來即爲大江中游之大都會，唐代仍爲南方人口常逾百萬之一大都市，蓋大江東西水運與華北嶺南之南北陸運交會於此，成爲當時中國四方舟車湊聚之地，故館驛頗多，常見詩筆。如江陵驛、臨沙驛，或在江干；有五花館，蓋在城內；皆爲迎使待賓之所。除東西京及汴州外，城郊館驛之可考者，無如江陵，此正見其交通要衝之地位。

江陵在唐代爲一大都市，另詳都市篇。館驛之可考者：（A）司空曙有題江陵臨沙驛樓詩（全唐詩五函四册曙集二）。（B）羅隱有宿荊州江陵驛（一作館）詩（全唐詩十函四册隱集四）。司空曙云「風柳入江樓」，羅隱云「醉送征帆萬里心」，皆寫江景，蓋驛多近江岸。杜翁在江陵詩亦屢次提到驛。如舟月對驛近寺云，「更深不假燭，月朗自明船；金刹青楓外，朱樓白水邊。」舟中云，「風餐江柳下，雨臥驛樓邊；結纜排魚網，連檣並米船。」（皆詳注二一。）皆足見其所詠之驛亦江邊水驛，惜未著驛名。此外南部新書癸：「荊南舊有五花館，待賓之上地也，故蔣肱上成汭詩云，不是上臺名姓字，五花賓館敢從容？」輿地紀勝六四江陵府景物目下引孔氏六帖，略同。檢一統志荊州卷古蹟目，五花館在江陵城內。未知是否爲故地？

（六）總論全程及峽江水道在唐代交通上之地位

以上所述，自涪、渝以上大抵皆兼蜀江水道與緣江陸道而言，涪、忠以下，尤其夔門以下，則多就大江水道而言，然緣江亦有陸路，可通行旅。

前於篇首引唐代及宋代早期志書，瀘州以上，述兩州間距離常水陸並舉，足見水陸皆暢通；瀘州下迄渝、涪，地平少險，渝、涪下迄萬、夔，山勢亦非峻峭，雖地志所記多取水路，疑亦有陸路通行。夔門以下，山皆高峻，似難陸行，然其實仍有陸路可通。蜀志先主傳，猇亭之敗，「先主自猇亭還秭歸，收合離散兵，遂棄船舫，由步道還魚復。」是唐以前漢、魏時代自歸州至夔州有陸道相通也。又隋書楊素傳，由信州「引舟師趣三峽，軍至流頭灘。」陳將戚欣據狼尾灘爲守禦計。素自率舟師夜襲，而「遣開府王長襲引步卒從南岸，擊欣別柵；令大將軍劉仁恩率甲騎趣白沙北岸。」是亦唐以前兩岸皆有陸路之明證。唐代以後宋代陸道尤見暢通，如入蜀記五，舟行至江陵府，「劉帥丁內艱，分迓兵之半負肩輿自山路先歸夔州。」范成大、胡長文由荆州入蜀，亦皆水陸兼行。詳下文。

其行程，蓋夷陵以上至秭歸多行江南，秭歸以西蓋多行江北。范成大入蜀，其峽州夷陵以上，吏士全取陸道，本人除秭歸至巫山取水道外，餘程亦皆取陸路。沿途詩篇所見，夷陵陸路西行於江南，經土門、桃花鋪、覆盆鋪、小望州、大望州、一百八盤、小墨坡、八場坪、鑽天三里、蛇倒退、大丫隘、胡孫愁、判命坡、千石嶺、山盤坡、荒口、四十八盤、周平驛、白狗峽，渡江北至玉虛洞，抵秭歸。巫山陸道西北經燕子坡、鬼門關等地，入瞿唐關。途中山高勢峭，鳥道崎嶇。范詩云，「鑽天嶺上已飛魂，判命坡前更駭聞，側足三分垂壞磴，舉頭一握至孤雲。」（范石湖集十六。）具見高險萬狀。唐有覆盆驛，即范詩之覆盆鋪，則唐世歸峽間亦行江流之南也。

前石門條述劉備敗退取石門隘道，是其秭歸以西之行程取道江北。據范石湖詩集十五諸詩本注，自荆州登舟至夷陵（峽州），由夷陵登陸至秭歸（歸州），由秭歸復登舟至巫山，而吏士仍取陸路至巫山，由巫山復取陸路至夔門，以避黑石諸灘，則亦陸行爲多。綱文所述諸地名什九皆其詩題，諸詩皆道艱險，不詳引。又吳船錄下，繼任蜀帥胡長文入蜀，亦由夷陵陸行至歸鄉沱，渡江至歸州，「余前入蜀時，亦以江漲不可泝，自此路來，極天下之艱險。」蓋江漲水險，多取陸路也。

五代王周有路次覆盆驛詩云，「如何却向巴東去，三十六盤天外盤。」（全唐詩十一函六册。）按周詠三峽詩甚多，此必即范詩之覆盆鋪無疑，是唐代陸道殆即范氏所行之陸道，王氏所詠之覆盆驛在峽州夷陵縣以西蓋不過數十里之江南山中。

惟益荆交通主要仍取大江水道。益州至涪州約近二千里，宋人記程，舟航下水緩行十三日程，急行不踰十日。涪州以下，江程一千七百七十里，水急灘險，蓋難定日程，然其捷速可知。范成大由涪陵舟行不滿九日至沙頭，其夔州至峽州五百餘里僅三日，即爲一例。李白詩云「十日三千里」，「巴船去若飛」，非溢詞也。按張儀說楚王曰，秦軍下峽，大舟「日行三百餘里。」（史記張儀傳。）則唐前千載已有此經驗矣。然上水日程，則往往爲下水之五倍。陸程雖更紆險，更艱困，然較泝流行舟仍爲迅速，故荆州西行上峽者往往捨舟取徒也。

益、涪、荆間之里程，即據前文之總計。元和志三〇涪州，李吉甫奏云：「涪州……去江陵一千七百餘里。」與前文計程亦略合。輿地紀勝一七四涪州景物目上，「蜀江……經嘉、敘、瀘、重慶至城下。自成都登舟十三程至此，會合黔江，過忠、萬、雲安、夔、歸、峽至荆南一千七百七十里。」寰宇記一二〇，亦云一千七百七十里。則更與前文計程之總和全合。

關於江水行舟每日里程，唐六典三度支郎中條云：

「水行之程，舟之重者泝河三十里，江四十里；……沿流之舟，……河日一百五十里，江百里。……其三峽砥柱之類，不拘此限。」

是江河泝流之日行里數皆較沿流加倍以上至五倍，三峽當又過之。上引紀勝記成都水程至涪州十三日，不記上水日數，及陸行日數。按成都至涪州約二千里，涪州至萬州六百里，則成都舟行至萬州約十七日。若以吳船錄核之，嘉州至涪州不過七日，涪州至萬州僅兩日，共九日；若由成都直下萬州，約二千六百里，至多需時十一日。李白巴水歌（引見蜀中廣記二五）以爲日行三百里，實非溢詞。而吳船錄云，由萬州，「泝江入蜀者至此即捨舟而徒，不兩旬可至成都，舟行即須十旬。」此謂萬州陸行至成都不兩旬，雖蓋取東西直線，然以此度之，循大江陸行，恐亦不過二十日耳。然則不但舟行上水爲下行日程之九倍，少亦六倍，即陸行日程亦遠較上水行舟爲少。范氏由涪陵至沙頭僅九日程，見吳船錄下。若僅以夔州以下計之，范氏由夔州下行三日至峽州，又二日到沙頭。而陸氏入蜀記，由荊州上行八日至峽州，又十五日至白帝城。（皆不計停泊日程。）則峽程中，上泝日程亦是下行之五倍。是則范氏云萬州泝流至成都需百日，雖過誇；但少亦當要四五十日，仍視陸行逾倍。

峽江水陸行程皆極艱險難行如此，然唐代入巴、蜀、黔、滇（今四川、貴州、雲南）者，不但吳楚之人取道峽江水程，即中原河渭人士之西南行至成都平原者亦多擇取峽江水路爲往來路線，尤其携有笨重行李者更多取峽江水道下行，此僅觀杜詩已屢見不鮮；至於北人之進出今四川東部及黔中者，更不待言。蓋巴山、劍嶺以南去長安雖甚近，或不踰二千里，然越秦嶺與劍巴兩重險阻，轉不若峽江水程之爲便，蓋路雖倍紆，但省脚力也。

寰宇記一二〇、一四九黔、涪、忠、萬四州目，皆記有兩道通長安：其一由黔州取黔江水路至涪州，然後順江而下至江陵府，轉陸路北入關。另一路舟行至萬州，直北取陸路，經開州（今開縣），通州宣漢縣（今萬源境），洋州，出秦嶺，詳天寶荔枝道篇。又由通州西北接金牛驛道，詳巴山諸谷道篇。然考之史傳詩文，其長安至忠、涪、黔諸州而取陸路者，惟見霍王元軌之廢徙黔州，取陸道經陳倉一例（通鑑二〇四），而取峽江水路者則甚多，例如：

白居易在忠州送客歸京，取道三峽。（白集八送客歸京）

李十赴黔中，取道三峽。（全唐詩五函八册權德輿獻歲送李十兄赴黔中詩）

竇鞏自京師赴黔南，取道荊州上峽。（唐詩紀事三一竇鞏條，又元稹集一八送友封詩）

蕭遘由起居舍人貶播州司馬，途經三峽。（舊一七九本傳）

此僅就確屬來往京師與忠、黔等州者而言，至於由長江中下游入蜀，或可疑者，皆不錄。

不但沿流諸州赴長安取峽江水道也，且如通州（今達縣）去江流已數百里，若直北取洋州入駱谷路僅一千五百餘里；但由通州至長安，仍有取峽江水道者，茲續論之。

通典一七五通州目云：

「去西京取益昌郡（利州，今廣元）驛路二千五百里（本脫百字，據寰宇記補），東取洋川郡（洋州此時理西鄉）駱谷路約有一千五百七十六里。去東京取盛山郡（開州，今開縣）下水經三峽，出江陵、襄陽、臨汝等郡，至東京，水陸相承二千八百七十五里（七十五，記作九十）。」（寰宇記一三七，略同。）

又開州目云：

「去西京一千七百二十七里。去東京，後〔從〕郡水路至江陵郡一千四百六十八里，從江陵郡水陸相承至京二千六百七十九里。」（參看寰宇記一三七）

是至長安雖北行有兩條陸路，然至洛陽則取峽江水路。不特至洛陽取水路也，且有至長安亦不以迂廻為遠而取峽江水道者。例如元稹貶通州，有澧西別樂天博載（略）三月三十日相餞送詩云：「忽到澧西總回去，一身騎馬向通州。」（全唐詩六函九册稹集一九。）此下有題漫天嶺（略）、蒼溪縣寄揚州兄弟、新政縣、到通州日見樂天詩諸詩（全唐詩六函十册稹集二〇）。是由長安西南取駱谷道至興元，再取金牛道至廣元，然後沿嘉陵江經蒼溪、閬中、新政諸縣，折東至通州也。然白居易有夷陵遇微之詩，其全題為「十年三月三十日別微之於豐〔灃〕上，十四年三月十一日夜遇微之於峽中，停舟夷陵三宿而別，言不盡者以詩終之。」詩云：

「豐〔灃〕水店頭春盡日，送君上馬謫通州；夷陵峽口明月夜，此處逢君是偶然。……君還秦地辭炎徼，我向忠州入瘴煙！」（全唐詩七函七册居易集一七）

是元稹雖取陸路到通州任，然其下任回長安，則東取峽州水路也。復考元集二一，通州後有黃草峽聽柔之琴二首。又書劍云，「渝工劍刄皆歐冶」，「泊船黃草夜思君。」則稹離通州之歸程，不但不取陸路北歸，且似亦非東取開州陸路至萬、夔，而逕沿渠江南下至渝州，再沿大江經黃草峽也。足見時人之喜水行而畏陸程如此。

不但山南黔中取峽江水路至中原兩京也，即成都平原劍南兩川之北向兩京者，亦往往捨金牛驛道，而取峽江水路至荊州再折北行。此僅杜詩已屢見。例如：

聞官軍收河南河北詩，述其計劃中之北歸途程云：「即從巴峽穿巫峽，便下襄陽向洛陽。」（詳注一一）

奉送崔都水翁下峽詩云：「無數涪江筏，鳴橈總發時。」（詳注一二。）注家或謂崔公回京，或謂入洛。按都水使爲中央使職，疑回京爲長。

哭嚴僕射歸櫬：「素幔隨流水，歸舟返舊京，…… 一哀三峽暮，遺後見君情。」（詳注一四。）按嚴櫬啓程必始成都。

聞房相公靈櫬自閬州啓殯歸葬東都有作：「他日嘉陵涙，仍霑楚水還。」（詳注一四）

別蔡十四著作：「主人薨城府，（按謂郭英乂。）扶櫬歸咸秦；巴道此相逢，會我病江濱。」（詳注一四）

奉漢中王手札：「剖符來蜀道，（按王貶蓬州。）歸蓋取荊門。」（詳注一五）

按第一、二詩，翁在成都或客梓州，其餘四詩皆作於寓雲安、夔州時。此外涪江泛舟送韋班歸京、泛舟送魏十八倉曹還京兩詩（皆詳注一二）大抵亦爲在梓州時送人由水路回京者。足見當時由川西、川中返京洛者多取道峽江水程也。又如宋高僧傳六唐彭州丹景山知玄傳，「下三峽，歷荊、襄，抵於神京資聖寺。」亦一佳例。且如杜詩六事中，三爲靈櫬，足見笨重行李寧取道峽江水程迂廻江陵、襄陽而北；若取金牛道北出劍門，踰巴山，越秦嶺，實遠較水路轉荊、襄爲困難也。復考太平廣記四三二周雄條引北夢瑣言云：

「景福、乾寧之時，三川兵革，虎豹晝行，任上貢輸，梗于前邁，西川奏章，多取巫峽。」

是則平時奏章例取金牛驛道，若陸道阻梗，亦改取峽江水路。杜翁夔州入宅詩云：「相看多使者，一一問函關。」（詳注一八。）蓋亦喪亂中事歟？余嘗考唐人踰秦嶺取金牛驛道來往劍南者固甚多。大抵行李輕便者多取秦嶺、巴、劍之陸驛；若重裝行旅，則取水程爲佳耳。

且峽江雖險，但河牀深，水量富，能行數千斛乃至萬斛之大舟，不但爲巴蜀與吳楚物資流通之大動脈，卽巴蜀物資之北濟中原，亦取峽江水道較爲便捷。

大量物資運輸尤取水路爲便，舊書一九〇文苑傳中陳子昂傳，上疏云：

「臣竊觀蜀爲西南一都會，國家之寶庫……人富粟多，順江而下，可以兼濟中國。」

此中國指中原而言。通典一七七河南府河陰汴渠，引坤元錄云：

「隋煬帝大業元年，更令開導，名通濟渠，西通河洛，南達江淮，……其交、廣、荆、益、揚、越等州運漕商旅往來不絕。」

此謂益州物資商旅亦取道汴河北上，正可與子昂疏相印證。蓋峽江雖險，但河床深，水量富，能行大舟。前於瀘州條，據紀要六六引輿程紀，百石大舟止於瀘州。及下會嘉陵、黔江，流量益大。隋書四八楊素傳，拜信州（卽夔州）總管，使伐陳。下云：

「素居永安，造大艦，名曰五牙。上起樓五層，高百餘尺，左右前後置六拍竿，並高五十尺，容戰士八百人。」

又杜翁夔州歌十絕句之七云：

「蜀麻吳鹽自古通，萬斛之舟行若風。」（詳注一五）

足見峽江舟船之巨大，陸游所乘舟千六百斛，（入蜀記五。）蓋私人行旅，尙非用大舟耳。

唐世長江上游通過峽江與長江中下游運輸交通之盛，據上引諸史料已自可見。杜翁另有數詩及盧綸一詩，亦可證明此一論點，續引如次：

杜翁客居云：「蜀麻久不來，吳鹽擁荊門，西南失大將，商旅自星奔，……舟子候利涉，亦憑節制尊。」（詳注一四）（按時在雲安。）

又白鹽山云：「白牓千家邑，清秋萬估船。」（詳注一五）

又柴門云：「風煙渺吳蜀，舟楫通鹽麻。」（詳注一九）（按時在夔州。）

又灩滪云：「舟人漁子歌回首，估客胡商淚滿襟，寄語舟航惡年少，休翻鹽井擲黃金。」（同上）

盧綸送何召下第後歸蜀云：「水程通海貨，地利雜吳風。」（全唐詩五函二册綸集五）

大抵峽江水運交通開闢極早，巴、楚交爭即以峽江水道爲主線；故秦取蜀巴，居楚上游，即以水師下峽威脅楚國。然秦、漢時代，長江中下游尚未大開發，故巴蜀物資之輸出，仍以巴山秦嶺棧道爲主要運輸線。至唐，長江流域之開發遠較秦、漢時代爲優，故巴、蜀、吳、楚之水運大盛，巴蜀物資且由峽江水道轉輸中原也。

巴、楚交爭，沿峽江置關，華陽志所言當可信。及秦國併取巴蜀，張儀說楚王曰：

「秦西有巴蜀，大船積粟，起於汶山，浮江以下，至楚三千餘里。舫船載卒，一舫載五十人，與三月之食，下水而浮，一日行三百餘里，里數雖多，然而不費牛、馬之力，不至十日而距扞關。扞關驚，則從境以東皆城守矣，黔中、巫郡非王之有。」（史記張儀傳）

此見戰國時代峽江已能通航頗大之船隻，知其時峽江水運已非大難事。然史記貨殖傳又云：

「巴蜀亦沃野，地饒巵薑、丹沙、銅鐵、竹木之器。南御滇、僰，僰僮；西近邛、筰，筰馬旄牛。然四塞，棧道千里，無所不通，唯褒斜綰轂其口，以所多易所鮮。」

則至秦漢時代，巴蜀物資之進出主要仍恃秦、蜀間之棧道，峽江水運並不重要；蓋因其時長江中下游尚未大開發或水運技術亦尚有問題，不及八九百年後之唐世也。

復次，峽程數百里，南北兩岸皆高山峻嶺，故農產不豐，其生業除鹽利外，富源無多，而地扼江流，爲長江流域上下交通之唯一通道。唐世水運既盛，故其人多以操舟商賈爲業；此觀杜翁最能行詩，最能想見。

杜翁最能行云：

「峽中丈夫絕輕死，少在公門多在水；富豪有錢駕大舸，貧窮取給行艓子。小兒學問止論語，大兒結束隨商旅；欹帆側柂入波濤，撇漩捎濆無險阻。朝發白帝暮江陵，頃來目擊信有徵；瞿唐漫天虎鬚怒，歸州長年行最能。」（詳注一五）

此詩極見峽中人民以操舟商賈爲業。夔州歌云：「長年三老長歌裏，白晝攤錢高浪中。」（詳注一五。）正見其習於操舟生涯也。並參看上引諸杜詩。陸氏入蜀記五云：「沙市堤上居者，大抵皆蜀人；不然則與蜀人爲婚姻者也。」蓋川東地薄於農業，而有操舟之利，故多下水賈於吳、楚，而羈居於峽下之水碼頭也。

惟其所操駛之舟船，其形制與設備皆與三峽以下荆、吳之舟船不同。其舟不張帆而牽以竹索曰百丈，不用柂而揃以梢，不用篙而使戙，此皆形制不同而作用無殊者。蓋水急石危，非下江舟船之梢篙風帆所能駛者。大抵蜀江舟船皆然，迄今如故。此亦自然環境所形成之特殊形制也。

杜翁十二月一日詩（鏡銓一二）云，「百丈誰家上瀨（一作水）船。」按陸游入蜀記五，舟上行至荆南，「倒檣竿，立艣床。蓋上峽惟用艣及百丈，不復張帆矣。百丈以巨竹四破爲之，大如人臂。予所乘千六百斛舟，凡用艣六枝，百丈兩車。」峽中舟船不用檣帆而用艣及百丈，此其大異處。五代人王周曾官巴蜀，有峽中詩多首，並有誌峽船具詩（全唐詩十一函六册），其序云：

「峽山之船與下之船……其狀一也。執而爲用者，或狀殊而用一，或狀同而名異，皆有謂也。下之船有檣，有五兩，有帆，所以使風也；尾有柂，傍有棚。上者以其山曲水急，下有石，皆不可用也。狀直如艫，前後各一者，謂之梢，船之斜正欹側，爲船之司命者。梢類柂，其狀殊，而船之便於事者悉不如梢，作梢詩。艫槳橈櫂拔，使其進而無退，利涉川澤，爲船之陳力者。艫幾槳類，其狀同而異名也。在船有力悉不如艫，作艫詩。峽水湍峻，激石忽發者謂之濆，淹洑而漩者謂之腦，岸石壁立，濆之忽作，篙力難制；以其木之堅韌竿直，戟其首，以竹納護之者，謂之戙，竹爲綌而勾其戙者，謂之納，爲船之良輔者。戙與篙狀殊而用一也。在船獨出，悉不如戙，作戙詩。崖石如齒，非厤枲紉繩之爲前牽；取竹之筋者，破而用枲爲韌以續之，以備其牽者，謂之百丈，繫其船首者謂之陽紐，牽之者擊鼓以號令之，人聲灘亂，無以相接，所以節動止進退。牽之防碍者謂之下綽，濟其不通，爲船之先進者。枲與竹狀殊而用一也。在船先容悉不如百丈，作百丈詩。予祇命憲局，沿泝巴賨，抵瞿塘，耳目熟於長年三老輩矣，船具之於船有力者，作詩以稱之。」

此狀梢、艫、戙、百丈之形式功用略悉，諸詩復以韻體歌詠之，不悉錄。惟序文述百丈語意稍晦，玆續錄百丈詩一段云：

「山束峽如口，水漱石如齒；孤舟行其中，薄冰猶坦履。孱顏屹焉立，洶湧勃然起；百丈爲前牽，萬險即平砥。破之以篔簹，續之以厤枲，礪之堅以節，引之直如矢。杼軸連半空，長短隨兩涘；……長繩豈能繫，朽索何足擬？苟非綌之爲，胡爲力行此？」

此述百丈之製造、形式、作用及其使用之背景皆甚悉，視散體序文爲顯豁。余在四川，所見今日川江之民船仍全存此制。

參看圖十四、十五

一九七五年十月十八日初稿，一九七九年九月二十一日增訂，刊香港中文大學中國文化研究所學報第十一卷。一九八四年十一月九日訂正。一九八五年九月二十二日初校增訂，十一月十九日二校定稿。

一九三八年春，母校武漢大學避敵寇之逼，遷四川嘉定（樂山縣），余與同學數人乘民生公司小輪，溯江入川。三峽中，晝駛夜泊，不只一日，余終日手持蜀中名勝記一册，坐立船頭，觀賞風物，與古人詩文相印證，幾於忘食。深感峽中不但風景奇絕，而氣氛意境尤迥異人世，令人有憑虛凌雲，飄飄欲仙之感，乃悟到巴蜀迷信意識特濃之故，巫山雲雨之神話，不過諸般神話之特富浪漫情調者耳！道教非起自巴蜀，而巴蜀之道教最盛，固亦有其自然環境之背景也。十年前寫此文時，評賞詩文，回憶往事，仍意興盎然。今日校稿，藉復回味，又不覺神往，而逝者如斯，將近五十年矣！聞葛洲壩水利工程已使三峽景觀大異往昔。蓋下游水位提高，江面增廣，水爲之平，山爲之卑，兼且兩岸漸得開發，自然景貌固當改觀，大失原始幽邃氣氛，不復能引人飄然遐想，只當憑古人詩文想像味之矣！一九八五年九月二十四日校後識。

附篇五　唐代夔府地理與民戶生計

夔州居三峽上口，自古爲長江上游軍事重地，南北朝、隋唐時代，常置軍府，兼統三峽上下千里沿江諸州，故有夔府之名。加以劉備託孤，諸葛設陣，下迄唐代杜翁寄寓，詩作豐富，益使夔府白帝之名膾炙人口，成爲歷史名城。然此山城之地理形制與戶口生計，史無詳錄，茲就杜翁詩篇，參稽他籍，述論如次：

其一，白帝夔州各異城　元和志闕卷逸文夔州條錄通鑑地理通釋所引一條云：

> 「白帝山卽州城所據也，與赤甲山接。初公孫述……號白帝城，城周廻七里。西南二里，因江爲池，東臨瀼溪，惟北一面小差逶迤，羊腸數轉……然後得上。」

是謂唐夔州城卽古白帝城。按劉禹錫夔州刺史廳壁記云：「梁爲信州，初城於瀼西，後周大總管龍門王公述登白帝，嘆曰，此奇勢可居，遂移府於今治。……隋初楊素以越公領總管，又張大之。」（全唐文六〇六。）又李貽孫夔州都督府記亦云：「州初在瀼西之平（據酈注與寰宇記當脫地字）上，宇文氏建德中王述徙白帝城，今衙是也。」（全唐文五四四。）此兩記皆與元和志相應，故後人皆以爲信州治白帝城，如通鑑一六九陳天康元年紀可爲代表。然杜翁夔州歌云：「白帝夔州各異城」（詳注一五），翁寓夔州近郊三年之久，此語肯定不誤，何以與志文及劉、李兩記皆異？

檢通典一七五，奉節縣有赤甲、白帝兩城。考初學記二四：「魚復縣西北赤甲城東南連白帝城，西臨大江。」水經江水注述夔州形勢最詳云：

> 「江水又東逕諸葛亮圖壘南……又東（朱本『東』下有『南』字是也。）逕赤岬城西，是公孫述所造，因山據勢，周廻七里一百四十步，東高二百丈，西北高一千丈，南連基白帝。山甚高大，不生樹木，其石悉赤，土人云如人袒胛，故謂之赤岬山。……江水又東逕魚復縣故城南，故魚國也。……地理志，江關都尉治。公孫述名之爲白帝。……蜀……爲巴東郡，治白帝山（一統志，今奉節縣東十三里）。城周廻二百八十步，北緣馬嶺（楊疏在今奉節縣東十里），

接赤岬山（一統志，今縣東十五里）。其間平處南北相去八十五丈，東西七十丈，又東傍東瀼溪（今鐵柱溪），卽以爲隍，西南臨大江，闞之眩目，惟馬嶺小差委迤，猶斬山爲路，羊腸數回，然後得上。益州刺史鮑陋鎭此，爲譙道福所圍，城裏無泉，乃南開水門，鑿石爲函道，上施木天公，直下至江中，有似猿臂，相牽引汲，然後得水。水門之西，江中有孤石爲淫預石。江水又東逕廣溪峽，斯乃三峽之首也。」

按淫預石卽灩澦堆，廣溪峽卽瞿唐峽。據此，三峽上口灩澦堆北岸本有兩古城，南北連基。其一赤岬城在北偏西，依赤岬山，爲公孫述所築，周廻七里餘。其二卽魚復故城，在南偏東，公孫述改名白帝城，依白帝山。城甚小，周廻不到一里，蓋高踞崖岸，爲一堡壘耳。故杜詩云：「白帝高爲三峽鎭」也。杜詩又云：「白帝、夔州各異城」，夔州殆必治古赤岬城，夔爲大州，常爲統府，固宜治赤岬大城，非治白帝小城也。然杜翁夔州歌又云：「赤甲、白鹽俱刺天，閭閻繚繞接山巓。」（詳注一五。）是唐世夔州城住民極多，致閭閻繚繞，達於山巓。兩城旣連基，勢必房舍相接，連爲一片，故城雖各異，但閭閻市廛實已不分，白帝城較出名，故唐人或含混書之，以爲夔州卽治白帝城耳。通典一七五云奉節縣，「有魚復縣故城，在北，赤甲城是也。」寰宇記一四八從之。以魚復卽赤岬城，亦以地相毗連，致有混誤。

兩城形勢，江水注述之已詳，又李貽孫記云：

「王述徙白帝城，今衙是也。東南斗上二百七十步得白帝廟。白帝，公孫述自名也……鏄山險濤，望之驚貽。……直南城一里，得巨石爲灩澦，地載之險，此其淵壑。……城東北約三百步有孔子廟，赤甲山之半，廟本源乾曜觧，常〔嘗〕爲郡參軍。」

此云白帝城東南斗上白帝廟，東北上赤岬山爲孔子廟，正見其時白帝、赤甲兩城合視爲一，而兩城與兩山之關係亦由此更明，可爲酈注之輔證。又寰宇記一四八奉節白帝城條，引盛宏之荆州記云：「巴東郡峽上北岸有一山孤特甚峭，巴東郡據以爲城。」此亦白帝山之形勢也。由此言之，瞿唐峽上口之北，崖岸高聳，上有兩峯，南爲白帝山，孤特甚峭，北爲赤岬山，甚高大，兩峯間有山勢較低之極小平地。赤岬城、白帝城分別據此兩峯建築，而相連基，東臨東瀼，西臨大江，崖岸陡高，蓋近千丈，望之眩目。惟白帝城北之馬嶺，差見委迤，可斬山爲路，羊腸而上。杜翁醉爲馬墜羣公攜酒相看云：

> 「騎馬忽憶少年時，散蹄迸落瞿唐石，白帝城門水雲外，低身直下八千尺，粉堞電轉紫遊韁，東得平岡出天壁，江村野堂爭入眼，垂鞭嚲鞚凌紫陌。……」（詳注一八）

殆即乘一時豪興循馬嶺路騰馬而下，「不虞一蹶終損傷」也。「直下八千尺」正與酈注「千丈」相印證。杜翁上白帝城云：「城峻隨天壁」（詳注一五），峻壁插天，正亦好寫照。

至於州城之移徙。前引唐人劉、李兩記，皆謂州初治瀼西之平地，即永安宮城，周建德中王述始徙治白帝。然寰宇記一四八夔州，「武帝天和元年，自白帝城移理於永安宮南五十步，宣政元年，州復還白帝城，仍置總管府。」按通鑑一六九陳天康元年，「信州舊治白帝，（陸）騰徙之於八陣灘北。」即周天和元年也，可爲寰宇記強證。是州城本在白帝，後徙瀼西之永安宮，本非在瀼西也；宣政元年（即建德末）復還故治耳。

其二，奉節縣、瞿唐驛　夔州治所之縣曰奉節，然不在州城。寰宇記一四八夔州，奉節縣「去州四里」，不云方向。但下文云：「八陣圖在縣西南七里。」通鑑一六九陳天康元年，胡注引夔州圖經（源乾曜曾編圖經），亦云在縣西南七里。據李貽孫記，州左五里得鹽泉十四，又西稍南三里得八陣圖。是八陣圖在州城之西南八九里，即縣在州城之西或西南四里也。舊唐志夔州，奉節「漢魚復縣，……今縣北三里赤甲城是也。」里距亦相當。但「北」似當作「東北」爲準確。又李記云：「瞿塘驛西有蜀先主宮，瀼西有諸葛武侯廟。」下文考證，此先主宮即先主廟，在永安宮東六里，即在大瀼水之東約五里，奉節縣西約一里之譜。據李記，驛在先主廟之東，當即在奉節縣治左近。杜翁從驛次草堂復至東屯茅屋云：「峽裏歸田客，江邊借馬騎」（詳注二〇），劉禹錫別夔州官吏云：「青帳聯延喧驛步」（全唐詩六函三册），王周夔州病中云：「孤燈孤驛若爲眠」（全唐詩十一函六册），皆當即此驛。杜詩詳注引鶴注：「此從驛借馬，暫次瀼西之草堂而復至東屯也。」是驛去江邊不遠，蓋縣亦然。

其三，永安宮與八陣圖　寰宇記一四八夔州奉節縣引荆州圖副云：「永安宮南一里渚下平磧上周廻四百十八丈，中有諸葛孔明八陣圖。」通鑑一六九胡注引夔州圖經，同。則永安宮城卽在八陣圖之北岸。酈注於赤岬城、白帝城前有一節述永安宮、八陣圖云：

「江水又東逕南鄉峽，東逕永安宮南，劉備終於此，諸葛亮受遺處也。其間平地可二十許里，江山廻潤，入峽所無。城周十餘里，背山面江，頹墉四毀。……江水又東逕諸葛亮圖壘南，石磧平曠，望兼川陸，有亮所造八陣圖，東跨故壘，皆累細石爲之。自壘西去，聚石八行，行八聚，聚（本脫『八聚聚』三字，據寰宇記引盛弘之荆州記補。）間相去二丈，因曰八陣。……皆圖兵勢行藏之權。（寰宇記引盛記，『皆』上有『八陣及壘』四字，壘與圖爲兩事尤顯。）」

此述永安宮城形勢極顯，而在八陣圖稍西。蓋實在八陣西北，故亦得謂八陣在宮城之南。前引寰宇記，八陣圖在奉節縣西南七里。則宮城東至縣蓋亦約七里之譜。元和志逸文：「永安宮在（奉節）縣東七里。」（據通鑑地理通釋引。）「東」必「西」之譌。

陸游入蜀記六云：

「夔州，州在山麓沙上，所謂魚復永安宮也。宮今爲州倉，而州治在宮西北，甘夫人墓西南。景德中，轉運使丁謂薛顏所徙，比白帝頗平曠，然失關險，無復形勢。在瀼之西，故一曰瀼西，土人謂山間之流通江者曰瀼云。州東南有八陣圖。」

此述方位尤明，宋代徙州於此，卽今奉節縣所在也。宮城在瀼水之西。方輿勝覽五七夔州有大瀼水，卽此。瀼水之西謂之瀼西。杜翁詩題屢稱瀼西。又云「瀼東瀼西一萬家」，謂大瀼水之東西地區也。一統志又引舊志云：水在奉節縣東一里。是永安宮城與宋以後之夔州城，在瀼水之西一里之譜。而八陣圖正約在西瀼水口之灘上耳。瀼之意義，前人皆取入蜀記之說；然杜翁秋日夔府詠懷，「陣圖沙北岸，市塹瀼西巔。」宋本集注杜詩二九引杜翁自注：「江水橫通山谷處，方人謂之瀼。」詳注一九引此稱爲原注。按杜詩詳注他篇亦偶有原注，亦卽杜翁自注。如聞官軍收河南河北，原注：「余田園在東京。」（詳注一一）是也。此杜翁釋瀼與陸說小異。陸謂山谷之水流入大江者；此則謂江水橫通山谷者，不必爲長流。照陸說，則峽江兩岸流入大江之溪水無不可稱瀼者，其義極廣；杜翁此說則較狹，似較長。杜翁住夔三年之久，當以此說爲正。前人皆忽略杜翁此注，惟取陸說耳。大抵峽江流狹，崖岸高聳，惟瞿唐峽口上之一小段，當西瀼水入江處，地勢開朗，江流較寬，中有沙洲，故諸葛得於洲之北部接江岸處，佈置縱橫各百丈之八陣圖，以爲禦敵之憑藉也。記述此處八陣圖，以荊州圖副與盛弘之荊州記爲詳，前文所引江水注，即據盛記入錄者，但有奪文，已據寰宇記所引補正。寰宇記又引荊州圖副凡八十七字，與盛說小異。又通鑑一六九陳天康元年胡注引夔州圖經，實刪略圖副者，但與寰宇記所引，文有小異，（如「各高五尺」作「五丈」。）且多「又有二十四聚」云云十七字。劉賓客嘉話錄亦有一段較眞切之描述（太平廣記三七四八陣圖條引），可見唐代尚存之景觀。又宋本集注杜詩三一八陣圖趙彥材注云：「自杜公至今又數百年，行客云，方水落時，於石磧就視，則茫茫然一磧耳；及登高而望，乃隱隱見其行列。」是至宋世仍能辨其遺蹟也。凡此皆爲研究八陣圖今存之最基本史料。

其四，先主廟、武侯廟　杜翁有謁先主廟詩，詳注一五引方輿勝覽，「廟在奉節縣（即今縣）東六里。」今本勝覽五七脫東字。其時州縣已西移近永安宮城，則廟當在瀼水之東約五里之譜。又杜翁「屢入武侯祠」，有詩多首。其上卿翁請修武侯廟：「尙有西郊諸葛廟，臥龍無首對江濆。」（詳注二〇。）是在州城以西，南對江濆。又其詠懷古跡之四云：「蜀主窺吳幸三峽，崩年亦在永安宮；翠華想像空山裏，玉殿虛無野寺中。古廟杉松巢水鶴，歲時伏臘走村翁；武侯祠屋常鄰近，一體君臣祭祀同。」此詠永安宮也。詳注一七引原注：「殿今爲臥龍寺，廟在宮東。」再詳「武侯祠屋常鄰近」句，則武侯祠即在永安宮無疑，是在瀼西也。（鏡銓一三引寰宇記，「諸葛祠」在先主廟西。檢今本寰宇記實無此文。）

杜翁夔州十絕句云「武侯祠堂不可忘，中有松柏參天長。」又有古柏行云：「孔明廟前有古柏，柯如青銅根如石。霜（一作蒼）皮溜雨四十圍，黛色參天二千尺。君臣已與時際會，樹木猶爲人愛惜。」（詳注一五。）蓋眞蜀漢時植歟。一統志夔州府卷祠廟目，「武侯廟在府治八陣臺下，唐時夔州治白帝，廟在西郊，……宋乾道中，王十朋移建於此。」則南宋以下，已非故地。古柏亦不知何時凋殘矣。

其五，白帝城之白帝廟與越公堂　前論夔州城形勢已引李貽孫夔府記云，白帝城「東南斗上二百七十步得白帝廟。白帝，公孫述自名也，……朧宇飾偶，煥如神功，……罅山險濤，望者驚貽。」又云：「越公堂在廟南而少西，隋越公素所爲也。奇構隆敞，內無撐柱，夐視中脊，邈不可度，五逾甲子，無土木之隙。」蓋越公堂之建築技術頗爲特異。杜翁陪諸公上白帝城頭宴越公堂之作云：「此堂存古制」（詳注一五），蓋亦就此點而言。又云「城上俯江郊」，「落構垂雲雨」，則見其俯視江流，高絕雲際。詳注引原注：「畫像尚存。」則近二百年物矣。陸游入蜀記六亦記此兩建築，白帝廟尚存古蹟，越公堂已爲新築。方輿勝覽五七夔州：「白帝廟在奉節縣東八里舊城內，有三石筍猶存。」此即新廟也。

其六，鹽鐵柑橘等富源　新唐志，夔州奉節縣「有鐵。有永安井鹽官。」按鐵無考。奉節縣志七，「窨浸巖，距縣東北六十五里，其山險峻，中產鐵礦。」不知是否爲唐代產鐵地。三峽上下皆產鹽，雲安尤盛，已詳篇貳玖第三節考證。夔府近郊鹽產蓋亦頗盛。李貽孫夔府記云：「（州）城之左五里得鹽泉十四，居民煮而利焉。又西而稍南三里得八陣圖。」則在八陣圖之東北三里，州城之西五里也。寰宇記一四八引荊州圖副云：「八陣圖下東西（統志引作東南，南與西皆當作北，或衍文）三里有一磧，東西一百步，南北廣四十步，磧上有鹽泉井五口，以木爲桶，昔常取鹽，即時沙壅，多出夏沒。」此即李記之鹽泉，蓋至唐已有更多生產，故杜翁夔州詩亦屢及鹽井事。如負薪行謂夔州處女，「筋力登危集市門，死生射利兼鹽井。」（詳注一五。）秋日夔州府詠懷云：「煮井爲鹽速，燒畬度地偏。」（詳注一九。）灩澦云：「寄語舟航惡年少，休翻鹽井擲黃金。」（詳注一九。）此當多指八陣圖下之鹽井而言，近永安宮，故新志有永安井鹽官也。檢一統志夔州府卷山川目鹽泉井條：「舊志，七泉井在府東江心八陣圖下，水可煮鹽。又有上溫井，下溫井，在龍脊灘南。通志，今縣東南三里江濱沙磧有井四五口，夏秋水沒，春冬始見。井水泛沙而出，味鹹，俗呼臭鹽井，所謂在八陣圖下者即此。」奉節縣志引舊志：「下溫井、上溫井在龍脊灘南，近歲水落，井出，村民四集，煮鹽供食，官府因榷其利以濟。」按方輿勝覽五七夔州，龍脊灘在城東三里，狀若龍脊，夏沒冬見。縣志七，龍脊灘在治東三里江中，是即李記之鹽泉，至近古仍未盡絕也。

夔州柑橘自漢已盛產。漢地志，巴郡魚復、朐䏰兩縣皆有橘官。華陽志一，巴東郡魚復縣有橘官。新唐志，夔州貢柑橘。盧綸送夔州班使君云：「千家橘柚川」（全唐詩五函二册），亦見夔州盛產。杜詩屢詠柑橘。下引夔州歌謂城中「楓林橘樹丹青合」（詳注一五），是不但郊外多柑橘，即城中亦盛植之。杜翁亦自經營柑橘園，如寒雨朝行視園樹云：「柴門雜樹向千株，丹橘黃甘北地無。」（詳注二〇。）又有將别巫峽贈南鄉兄瀼西果園四十畝（詳注二一），此果園蓋即以柑橘爲主。產柑甚大，故即事云：「三寸黃柑」（詳注二〇）。據宋書劉義康傳，柑大三寸者爲上品。其阻雨不得歸瀼西甘林云：

「園甘長成時，三寸如黃金；諸侯舊上計，厥貢傾千林。邦人不足重，所迫豪吏侵；客住暫封殖，日夜偶瑤琴。」（詳注一九）

足見奉節產柑質優量豐，然爲豪吏所侵，反不敢植。暮春題瀼西新賃草屋云，「此邦千樹橘，不見比封君。」（詳注一八。）蓋即爲豪吏干擾歟？

又杜翁夔州歌云，「東屯稻畦一百頃，北有澗水通青苗。」（詳注一五。）又行官張望補稻畦水歸云，「東屯大江北，百頃平若案；六月青稻多，千畦碧泉亂。插秧適云已，引溜如溉灌；更僕往方塘，決渠當斷岸。……」（詳注一九，次首爲行官張望督促東渚耗稻。）皆見東屯平田百頃，植稻，有陂塘灌溉之利。一統志夔州府卷古蹟目，「東屯在奉節縣東。杜甫自瀼西移居東屯詩，『白鹽危嶠北，赤岬故城東。』輿地紀勝，公孫述於東瀼水濱墾稻田，因號東屯，稻田水畦，延袤可得百餘頃；前帶青溪，後枕崇岡，樹木葱蒨，氣象深秀，去白帝五里而近，稻米爲蜀第一。」則東屯農產亦夔城之一富源也。此外夔州當大江上游中游水道交通要地，杜詩隨時觸及。如夔州歌云「蜀麻吳鹽自古通，萬斛之舟行若風。」（詳注一五。）自亦增加夔州城之繁榮。

其七，戶口　唐代夔州管奉節、雲安、巫山、大昌四縣。通典一七五，夔州戶一萬四千七百二十六，口七萬七千三百三十一。寰宇記一四八，唐開元戶一萬五千九百。新唐志，天寶元年戶一萬五千六百二十，口七萬五千。所記皆唐代盛世全州四縣戶口之總數，則夔州城及其近郊至多不過四五千戶。其實不然。按杜翁夔州歌（詳注一五）云：「瀼東、瀼西一萬家。」瀼西謂瀼水之西永安宮地區，瀼東謂瀼水之東奉節縣、瞿塘驛地區，皆平地也，是瀼水東西平地共約萬家。又云：「赤甲、白鹽俱刺天，閭閻繚繞接山巔，楓林橘樹丹青合，複道重樓錦繡懸。」此見夔州城甚爲富庶。前論唐夔州城實跨白帝、赤岬兩城，民舍範圍殆踰十里，而「閭閻繚繞接山巔」，足見居民衆多，然山勢高峻，又去瀼水十里，自不能計入瀼東區。且杜詩排次先有此絕，次詠「瀼西瀼東」，然後詠「東屯」，顯見三區分詠，知此萬家不包括「繚繞接山巔」之州城閭閻而言。此外，白鹽山詩云：「白牓千家邑」（詳注一五），是白鹽山亦有住戶。按江水注，江水逕魚復故城南，又東逕廣溪峽，「北岸山上有神淵，淵北有白鹽崖，高可千餘丈，俯臨神淵。」初學記八引荆州記亦云「峽之首北岸曰白鹽峯。」是山在大江之北。一統志夔州府卷山川目，云「在奉節縣東十七里，隔江。」似謂在江南；非也。且寰宇記一四八，「白鹽山在州城澗東，山半有龍池。」龍池卽酈注之神淵。「州城澗東」卽前文引酈注，白帝城「東傍東瀼溪」之東也。則一統志「隔江」當作「隔溪」爲正無疑。方輿勝覽五七夔州，「白鹽山在城東十七里，崖壁五十餘里，其色炳耀，狀若白鹽。」按白帝山在縣東十三里，赤甲山在縣東十五里，方位正合。卽白鹽山在赤甲、白帝兩山兩古城之東，而隔一東瀼溪（今鐵柱溪）。杜翁入宅云：「奔峭背赤甲，斷崖當白鹽。」（詳注一八。）新宅在赤甲，面對白鹽斷崖，正見其形勢。紀要六九奉節白鹽山條，「明初伐蜀，湯和分軍出赤岬、白鹽兩山間，遂克夔州。」蓋卽由東屯、東瀼溪進兵也。白鹽與夔州城區（赤甲、白帝兩城）已隔一深溪，而仍有民戶千家。尤見夔城地區居民之殷盛。合赤甲、白帝之夔州山城，大瀼水東西平地之永安奉節兩城及東瀼溪東之白鹽山地區，民戶當不下兩萬戶，知正史地志所記皆非眞實戶口，只是著籍之戶口耳。復考周書四四李遷哲傳，留鎭白帝，「諸蠻畏威，各送糧餼，又遣子弟入質者千有餘家。遷哲乃於白帝城外築城以處之。」則北周時代，白帝城外已住諸蠻送質子弟千餘家，想像當時白帝城原居戶當遠多於此數，且有不少軍隊駐戍，戍軍亦賴平民之供應也。足見南北朝時代，夔州地區居民不少，盛唐承平百數十年，民戶增至不下兩萬，正不足異。

茲綜上所考作夔州城郊示意圖如次：

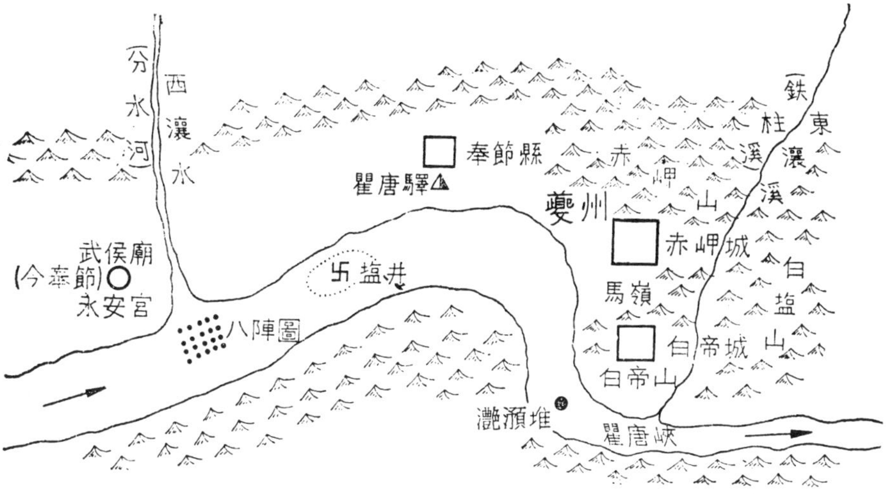

此篇本爲成都江陵間蜀江水陸道篇第三節末段綱文之目文，此次編入全書，以此段目文頗長，且所考諸多不關交通，故抽編增訂，獨立爲篇，期較醒豁。一九八五年九月二十三日初校，並增訂。十一月二十日二校定稿。

附篇六　唐代三峽水運小記

三峽扼長江中游，自夔府至宜昌約三百公里，河床爲兩岸崇山所束，既仄且深。蜀江滙集唐代西南青海、川、康、滇、黔諸省河流，水量已極豐盛，流至夔門，爲峽谷所隘，而降差又極大，故流勢湍急，奔騰汹湧，狀至險惡。杜翁詩云：「衆水會涪萬，瞿塘爭一門」，又云：「高江急峽雷霆鬥，翠木蒼藤日月昏」者，眞實景也。如此險惡水程，綿長至三百公里，對於上下交通，自屬一大障礙。然就古史所見，先民利用三峽水運殆不甚遲。春秋時代巴楚相攻，巴置陽關，楚置扞關，爲守禦計，皆濱江流①，足見其時巴楚交通已以三峽水程爲主要通道。其後楚將莊蹻「將兵循江上略巴蜀黔中以西……至滇池」，留王其地，亦取道峽江西行②。及秦滅巴蜀，居楚上游，張儀威脅楚王曰：

> 「秦西有巴蜀，方船積粟，起於汶山，循江而下，至郢三千餘里，舫船載卒，一舫載五十人，與三月之糧，下水而浮，一日行三百餘里，里數雖多，不費馬汗之勞，不至十日而距扞關。扞關驚，則從竟陵以東皆城守矣，黔中巫郡，非王之有已。」（戰國策楚策一）

此雖說詞，且未必爲張儀之言，然爲先秦史料，則無疑，足可徵知戰國時代三峽江程已能通航頗大之船隻，殆亦無可疑。然史記貨殖傳云：

> 「巴蜀亦沃野，地饒卮薑、丹沙、銅鐵、竹木之器。南御滇僰，僰僮；西近邛笮，笮馬、旄牛。然四塞，棧道千里，無所不通，惟褒斜綰轂其口，以所多易所鮮。」

是則至西漢時代，巴蜀物資之進出，主要仍恃秦蜀間之棧道陸運；峽江水運並不重要。此蓋因其時長江中下游楚越之地尙未大開發，且或水運工具與技術亦尙有問題，致峽江水運之安全性太少歟？

---

① 參看華陽國志一巴志及水經注三三江水注。

② 見史記一一六西南夷傳，參考拙作楚秦黔中郡地望考（刋責善半月刋二卷一九期）。

吳蜀與東晉南朝對於長江流域之開發頗爲致力，對於三峽水運無疑亦有增強。今四川雲陽尙存梁鄱陽王蕭恢題名云：

「天監十三年十二月，鄱陽王任益州，軍府五万（萬）人從此過。」（八瓊金石補正一一）

按鄱陽王蕭恢原任荆州刺史，移官益州，取道雲陽。雲陽臨江，足見南朝後期，峽江水程之運輸量已極可觀。其後隋代初年，楊素爲信州總管，居永安（今奉節）。隋書本傳述其經營伐陳事云：

「造大艦名曰五牙，（據下文，五牙大艦至少四艘以上。）上起樓五層，高百餘尺，左右前後，置六拍竿，並高五十尺，容戰士八百人。……次曰黃龍，置兵百人。自餘平乘舴艋等各有差。及大舉伐陳，以素爲行軍元帥，引舟師趣三硤……舟艫被江。……巴陵以東，無敢守者。」

是南北朝末期，三峽江面已能行如此大舟，則當時峽江水運在工具與技術上皆當已大有進步。

至唐代盛世，長江中下游益加開發，峽江上下之水運亦隨而興盛，盧綸送何召下第後歸蜀詩云：

「水程通海貨，地利雜吳風。」（全唐詩五函二册盧集五）

此即長江上下游水上交通必甚興盛之一佳證。杜翁寓巴蜀甚久，其在成都時，詩云：「門泊東吳萬里船」，此已見長江通航之長遠。及寓雲安（今雲陽）夔府（今奉節），吟詠涉及蜀江三峽之水運者尤多。例如：

客居：「蜀麻久不來，吳鹽擁荆門，西南失大將，商旅自星奔。」（杜少陵集詳注一四。）按時寓雲安（今雲陽）。

夔州歌：「蜀麻吳鹽自古通，萬斛之舟行若風。」（同上一五。）按時寓夔州。

白鹽山：「白牓千家邑，清秋萬估船。」（同上）

柴門：「風煙渺吳蜀，舟楫通鹽麻。」（同上一九）

灩澦：「舟人漁子歌回首，估客胡商淚滿襟。」（同上）

觀此諸詩，更見吳蜀舟船通航物資商貿之盛。夔州歌云萬斛之舟，可與楊素所造五牙高百餘尺之大舟相印證，事極可信，非詩人溢詞也。宋世陸游入蜀，所乘爲千六百斛舟，（入蜀記五。）蓋私人行旅，不必用大舟耳。

三峽江運之盛如此，故陳子昂疏云：

「蜀爲西南一都會，國家之寶庫……人富粟多，順江而下，可以兼濟中國。」（舊唐書一九〇文苑陳子昂傳）

按子昂所謂中國卽指中原而言，謂劍南物資取蜀江下三峽再北濟中原兩京也。其後杜佑引坤元錄述汴渠事云：

「隋煬帝大業元年，更令開導，名通濟渠，西通河洛，南達江淮……其交、廣、荊、益、揚、越等州，運漕商旅往來不絕。」（通典一七七河南府河陰縣條）

此則劍南物資取峽江到江陵，更東下揚州，再由汴河北運兩京，正卽子昂所議者。蓋長安至劍南之陸道交通，分由駱谷、褒斜、散關數路至漢中，再循金牛道入蜀，其行程雖不過兩千華里，然皆爲險峻危絕之棧道，雖經秦漢魏晉北魏及唐代屢次鑿修，然爲地形限制，車馬陸運之運輸量仍極有局限。③峽江舟航技術既已達到相當水準，長江上下游航運商貿已盛，故政府欲取給巴蜀物資者，自亦採取峽江水運，雖途程逾五六千里至七八千里④，爲秦蜀陸道之數倍，然節省人畜物力極多，固不必以道里計也。

至於使臣往還或私人行旅之行李無多者，自以取秦蜀棧道爲捷徑，故唐世秦蜀棧道行旅甚盛⑤。然亦有取道三峽水程者。其攜有笨重行李或進出今四川東部及貴州者更以取峽江水道爲多。玆續證之。

先論兩川（今四川西部）至長安洛陽之行旅，有取道三峽者，如觀全唐詩二函三册所錄陳子昂諸詩，可知其由家鄉遂州（今遂寧）赴京師，係取道合州、萬州、東陽峽、白帝城、空舲峽、荊門、江陵、樂鄉、襄陽而北上。是一顯例。又白居易商山路有感小序（白集二〇）云，「前年夏，予自忠州刺史除書歸闕，時刑部李十一侍郎、戶部崔二十員外亦自澧、果二郡守徵還，相次入關，皆同此路。」則不但忠州入關取水道，卽果州（今南充）入京，北取金牛道甚近，而亦向東南迂經三峽水路也。如此事例，杜詩所見尤多，如：

---

③　詳拙作：㈠漢唐褒斜驛道篇（本書第三卷篇拾玖）；㈡通典所記漢中通秦川驛道篇（本書第三卷篇貳拾）；㈢駱谷驛道篇（本書第三卷篇拾捌）；㈣金牛成都驛道篇（本書第四卷篇貳叁）。

④　劍南物資下峽，由江陵北運，水陸相承五千里以上，若由揚州北運則七八千里以上。

⑤　參考③各篇。

聞官軍收河南河北詩，述其計劃中之北歸途程云：「即從巴峽穿巫峽，便下襄陽向洛陽。」（詳注一一。）按翁時寓梓州（今三臺）。

奉送崔都水翁下峽詩云：「無數涪江筏，鳴橈總發時。」（詳注一二。）注家或謂崔公回京，或謂入洛。按都水使爲中央使職，疑回長安爲長。

哭嚴僕射歸櫬詩云：「素幔隨流水，歸舟返舊京……一哀三峽暮，遺後見君情。」（詳注一四。）按嚴櫬啓程必始於成都。

聞房相公靈櫬自閬州啓殯歸葬東都有作云：「他日嘉陵涙，仍霑楚水還。」（詳注一四）

別蔡十四著作詩云：「主人薨城府（按謂郭英乂），扶櫬歸咸秦。巴道此相逢，會我病江濱。」（詳注一四）

奉漢中王手札云：「剖符來蜀道（按王貶蓬州），歸蓋取荊門。」（詳注一五）

按第一、二詩，翁在成都或客梓州，其餘四詩皆作於寓雲安、夔州時。此外涪江泛舟送韋班歸京、泛舟送魏十八倉曹還京兩詩（皆詳注一二），大抵亦爲在梓州時送人由水路回京者。足見當時由今川西、川中返長安洛陽者，不少取道峽江水程也。又如宋高僧傳六唐彭州丹景山知玄傳：「下三峽，歷荊襄，抵於神京資聖寺。」亦一佳例。且如杜詩六事中，其三爲重要人物之靈櫬，足見笨重行李多取道峽江水程迂廻江陵、襄陽而北；若取金牛道北出劍門，踰巴山，越秦嶺，實遠較水路轉荊襄爲困難也。舊五代史一三三高季興傳：

「（後唐）魏王繼岌平蜀，盡選其寶貨浮江而下，船至峽口，莊宗遇禍，季興盡邀取之。」

此更成都笨重物資之運輸不取陸路而取水路之一證。惟此時都洛陽，更當下取三峽水路耳。

復考太平廣記四三二周雄條引北夢瑣言云：

「景福乾寧之時，三川兵革，虎豹晝行，任土貢輸，梗于前邁，西川奏章，多取巫峽。」

是則平時奏章例取金牛驛道，若陸道阻梗，亦改取峽江水路。杜翁夔州入宅詩云：「相看多使者，一一問函關」（詳注一八），蓋亦散亂中事耳。

次論黔中與京洛間之行旅。元和志三〇黔州目云：

「西北至上都，取江陵府路三千六百五十里，北取萬、開州路二千五百七十里。」（寰宇記一二〇，略同。）

按黔州治所在今四川省東南角彭水縣，唐時置都督府，遠控今貴州東北半部。取江陵府路，卽取三峽水路也。取萬州（今萬縣）、開州（今開縣）路，卽先由水路下行至萬州，再取陸路北經開州踰巴山山脈取子午谷道至長安，卽荔枝道也。而通典一八三，黔中郡「去西京三千五百六十里。」此卽元和志所謂取江陵府道無疑。是通典惟記三峽水道。蓋陸道雖捷，但行旅者仍以取峽江水道爲多耳。今茲考之事例，其由長安赴黔中，取秦蜀陸道者有霍王元軌廢徙黔中取道陳倉之一例。（舊唐書六四本傳。）而取道峽江水程者則較多，例如：

蕭遘由起居舍人貶播州司馬（州屬黔中統轄，在今遵義縣），途經三峽。（舊唐書一七九本傳、全唐文八一六袁循修黃魔神廟記）

竇鞏自京師赴黔南取道荊州上峽。（唐詩紀事三一竇鞏條，又元稹集一八送友封詩）

李十赴黔中，取道三峽。（全唐詩五函八册權德輿獻歲送李十兄赴黔中詩）

此三事皆由京師取峽江上水赴黔中；若由黔中返京洛，循蜀江爲下水，必更多取峽江水程矣。權德輿送主客仲員外充黔中選補使序（全唐文四九一）云：

「今君道劍門，抵左綿、銅梁、玉壘，喬木可辨，晝錦星軺，其樂何如？又想夫歸自涪陵，出於南荊，沿巴峽之風水，冒陽臺之雲雨，昏旦萬狀，發於歌詩。」

此則自秦蜀驛道去，而自三峽水路回也。至於黔中物資之北運京師，更當取峽路，杜翁覆舟詩云：「巫峽盤渦曉，黔陽貢物秋。」（詳注一八。）卽其一例，可與陳子昂疏、坤元錄相印證。

不但蜀江以南黔中諸州與京洛間之行旅多取峽江水路，縱或蜀江以北今四川東北境，北取陸道至長安不過千里或一千數百里，然亦有寧迂途取三峽水程者。例如：通州（今達縣）北至長安之陸路有三：西北取利州（今廣元）驛路二千五百里；正北取洋州（此時州在今西鄉）駱谷路一千五百餘里；東北取金州（今安康）子午谷路，道里更近。⑥是皆北踰巴山秦嶺至長安，多不過二千五百里，少或僅千餘里。若取峽江

⑥ 利州驛路、洋州駱谷路皆見通典一七五通州目。金州路，通典失記，卽古子午谷路、唐荔枝道，分別詳子午谷道篇、天寶荔枝道篇。

水道至京師，里程逾三千五百里，則通州至長安宜若皆取陸路北行。但實不盡然。考元稹貶通州刺史，有灃西別樂天博載（略）三月三十日相餞送詩云：「忽到灃西總回去，一身騎馬向通州。」（全唐詩六函九冊稹集一九。）下有題漫天嶺（略）、蒼溪縣寄揚州兄弟、新政縣、到通州日見樂天詩諸詩（同上及一〇冊稹集二〇）。漫天嶺在今廣元、寧強間，蒼溪今縣，新政在今南部縣東南，是由長安西南取駱谷道至興元府（今南鄭縣），再取金牛驛道至利州，然後沿嘉陵江經蒼溪、閬中、新政諸縣折東至通州也。然白居易有夷陵遇微之詩，其全題爲「十年三月三十日別微之於豐〔灃〕上，十四年三月十一日夜遇微之於峽中，停舟夷陵，三宿而別，言不盡者，以詩終之。」詩云：

「豐〔灃〕水店頭春日盡，送君上馬謫通州，夷陵峽口明月夜，此處逢君是偶然。……君還秦地辭炎徼，我向忠州入瘴煙！」（全唐詩七函七冊居易集一七）

是元稹雖取秦嶺陸路到通州任，然其下任回長安則東取峽江水路也。復考元集二一，通州後有黃草峽、聽柔之琴二首；又書劍詩云：「渝工劍刃皆歐冶」、「泊船黃草夜思君」。黃草峽在渝州（今重慶）、涪州（今涪陵）間蜀江中，則元稹離通州之歸程，不但不取巴山秦嶺之陸路北歸，且不東取陸路經開州（今縣）至萬州再取水路下峽，而逕由渠江南下至渝州再沿蜀江東下，故經黃草峽也。足見唐人之喜水行，而畏陸程如此，殆亦由於峽江水運已大便，故不惜迂途數千里耳。

峽江水運之盛且爲行旅者所樂行如此，故沿江置驛，此亦見杜翁詩。其喜觀卽到復題短篇云：

「江閣嫌津柳，風帆數驛亭。」（詳注一八）

此謂自己在江閣待望，嫌津柳之礙目，觀弟風帆上峽，數驛亭以計程，是沿江置驛之強證。惟今可考之三峽中驛館，僅瞿塘（今奉節東）、雲陽（在今巫山或其東）、萬年（疑在今巴東）、覆盆（今宜昌西，江南岸）與夷陵水館（在今宜昌）五館驛而已。⑦失考之水驛或水陸驛必踰於此數無疑。

至於峽江舟航之速度亦頗可考見。盛弘之荆州記云：「或王命急宣，有時朝發白帝，暮到江陵。」（御覽五三引。）此卽李白「朝辭白帝彩雲間，千里江陵一日還」

⑦ 詳前成都江陵間蜀江水陸道篇。

之所本。但實際情形，下水舟航雖速亦不至此。考唐六典三度支郎中條云：

「水行之程，舟之重者泝河日三十里，江四十里，餘水四十五里；空舟泝河四十里，江五十里，餘水六十里。沿流之舟則輕重同制，河日一百五十里，江百里，餘水七十里。其三峽砥柱之類不拘此限。」

據此，峽江水行，下水必日逾一百里，上水必不及四五十里。考李白巴水歌云：「十日三千里」、「巴船去若飛」（蜀中廣記二五引），正與前引張儀之說詞「一日行三百餘里」相契合。然疑李詩即本張儀說詞，不足證唐代實情。考范氏吳船錄下，由涪州下行二日至萬州。夔州下行三日至峽州。據通典及寰宇記，涪萬兩州間六百里，夔峽兩州間五百三十餘里，則蜀江中日行正當可三百里，范氏於三峽中日行不足二百里者，蓋特愼緩之。至於上水則大爲滯緩。據唐六典所記，已知不能逾四五十里。考陸游入蜀記，由峽州上水十五日至白帝城（不計停泊日數），平均日行不過三十五里，與六典之言相契合，視下水殆十分之一，此亦峽江水運之一特殊現象也。

綜上所論，峽江水程，不但爲東西物資商貿之主要運道，且爲劍南物資北濟京洛之主要運輸線，亦爲公私行旅往來東西南北之重要交通線，沿江置驛，故峽江水運在當時東西南北交通上之地位極爲重要。然其水程仍極危險。李肇國史補下云：

「蜀之三峽，河之三門，南越之惡谿，南康之贑石，皆險絕之所。……大抵峽路峻急，故曰朝發白帝（今奉節縣東），暮徹江陵，四月五月爲尤險時，……舊語曰：五月下峽，死而不弔。」

此列舉諸水程險處，而三峽最長，實險之最，「死而不弔」，蓋謂覆溺之禍，事屬尋常耳。李白荊州歌曰：「瞿塘五月誰敢過」（全唐詩三函四册白集三），正謂此也。杜翁有大歷三年春白帝城放船出瞿塘峽將適江陵詩四十韻云：

「擺闔盤渦沸，欹斜激浪輸，風雷纏地脈，冰雪曜天衢。……惡灘寧變色。……死地脫斯須！」（詳注二一）

亦正見驚險萬狀。范成大稱其險處，「渦漬大如屋，九死爭船頭。」（石湖詩集一五峽州至喜亭詩。）亦可想見。古人詳狀三峽行舟之險者，莫過於范氏吳船錄，可取參看。惟彼下峽乃在七月八月，已非最險惡時期矣。

峽江水程險惡，其原因不外有三：其一，江水豐盛，爲崇山所束，江面旣狹而河床又多暗石惡灘之阻。其二，峽程上下海拔差距太大，致水流急速。其三，夏水襄陵，數小時間水位升降常至數丈，而各區段航行宜低宜高絕不一致⑧。有此諸因，故舟行其間，下行極速，上行極緩，各見險惡，擳不由人，縱具特殊操舟技術，亦往往有失事之懼。不但操舟須具技術，其船具亦多與吳楚舟船大異。舉其著者，其舟不張帆，而牽以竹索，稱為百丈；不用柂，而擳以梢；不用篙，而使用戙；此皆形制不同而作用無殊者。唐末五代王周曾官巴蜀，有誌峽船具詩並序，道之甚詳，（全唐詩十一函六册，蜀江水陸道篇已引。）蓋水急石危，非吳楚舟船之柂篙風帆所能駛者。大抵蜀江舟船皆然，迄今民船皆如故，此亦特殊環境所形成之特殊形制也。

復次，三峽間數百里，及其上游雲安、萬、忠等地，南北兩岸皆高山峻嶺，故農產不豐，其生業除鹽利外，富源無多。而地扼江流，為長江流域上下交通之唯一通道。唐世峽中上下水運既盛，故其人多以操舟商賈為業。杜翁最能行詩云：

> 「峽中丈夫絕輕死，少在公門多在水，富豪有錢駕大舸，貧窮取給行艓子，（集注引趙彥材云，『舊注云，峽人富則為商旅，貧則為人操舟。』）小兒學問止論語，大兒結束隨商旅，欹帆側柂入波濤，撇漩梢濆無險阻，朝發白帝暮江陵，頃來目擊信有徵，瞿塘漫天虎鬚怒，歸州長年行最能。」（宋本集注杜詩一三、詳注一五）

此最能想見峽中人民長於操舟、習為商賈之狀況。夔州歌云：「長年三老長歌裏，白晝攤錢高浪中」，亦正見其習於操舟生涯也。陸氏入蜀記五云：「沙市堤上居者，大抵皆蜀人；不然則與蜀人為婚姻者也。」此雖宋世，然參考杜詩，可以想見唐代情形。蓋川東之地，薄於農業，而有操舟之利，故多下水賈於吳楚，而羈寓於峽下之水碼頭也。

參看圖十五

一九七五年十一月一日稿，刊新亞生活月刊第三卷第三期。一九八四年十一月十三日增補。一九八五年九月二十三日初校，十月二十日二校增訂定稿。按此文有與篇二十九第六節重複處；為讀者便利，亦不刪落；好在此為附篇，稍有重復，固亦無妨。

⑧ 參看范成大吳船錄下。

篇叁拾　嘉陵江中江水流域縱橫交通線

山南劍南地區蜀江、巴嶺之間，其大水曰嘉陵江、涪江、渠江與沱江，嘉陵東受渠江，西受涪江，最爲大水。惟其西南之沱江獨流入蜀江，水經謂之洛水，酈注謂之綿水，亦名中水，隋文避諱改名內江①，元和志名中江水，亦稱綿水。此篇述此諸水流域之交通路線，故命篇如此。此區交通中心，大抵皆在嘉陵、涪水流域，如閬、果、梓、遂諸州是也。

*　　　　*　　　　*

嘉陵江爲山南劍南間之大水，興州（今略陽）以上至同谷（今成縣）自漢以來屢經開鑿通水運，興州以下更通舟楫。

> 興州、同谷間水運，詳中古時代仇池山區交通網（第三卷）。
>
> 元和志二二興州，「南沿流至興元府三泉縣一百五十里。」寰宇記一三五，同。是興州以下通舟楫也。三泉以下當更通水運。陸游有（由興州）赴成都泛舟自三泉至益昌謀以明年下三峽詩（劍南詩稿三）。利州益昌以下水運，見下引通鑑二七一梁貞明六年紀。

興州沿江流南下，經三泉（今寧強北，江東一里），利州（今廣元），閬州（今閬中），果州（今南充），合州（今合川），至渝州（今重慶），爲山劍區南北交通一幹線，其行程略可曉。按金牛驛道循嘉陵江東側南下，

---

① 宋書四八朱齡石傳，義熙九年，劉裕遣齡石伐蜀，「與齡石密謀進取曰，劉敬宣往年出黃虎，無功而退。賊謂我今應從外水往；而料我當出其不意，猶從內水來也。如此必以重兵守涪城，以備內道。若向黃虎，正隊其計。今以大衆自外水取成都，疑兵出內水，此制敵之奇也。而慮此聲先馳，……別有函書，全封齡石……曰至白帝乃開。……至白帝，發書曰，衆軍悉從外水取成都，臧熹朱林於中水取廣漢，使羸弱乘高艦十餘，由內水向黃虎。……譙縱果備內水，使其大將譙道福以重兵戍涪城。」果中計大敗。按川中古有外中內三水之稱，此最分明。通鑑一四二胡注：「沈約宋書，資江爲中水，涪江爲內水。」卽指此傳而言，其外水卽岷江也。惟隋文改中水爲內江，其名始混。唐以後，又復故。惟隋亦改北周之中江縣爲內江縣，則至今未改，仍滋疑惑。

至利州西南四十五里益昌縣（今昭化），主道離開嘉陵江，西南行入劍門關至成都府。別一道由益昌仍沿江流南下七十里至葭萌縣，在嘉陵水北。又南，中經青山約一百一十八里至蒼溪縣（今縣），劉滄有宿蒼谿館詩，殆卽此縣。又五十七里至閬州治所閬中縣（今縣），利閬間共凡二百九十里。

通典一七五閬州目，寰宇記八六閬州目、一三五利州目，閬利南北距二百九十里，一作二百八十八里。而益昌在利州西南四十五里，故益昌南至閬州當爲二百四十五里。

葭萌縣　屬利州，據元和志二二，縣在州南一百十五里，嘉陵江經城南，則在益昌南七十里水道上。宋會要方域一二之三，天聖六年，上封者言，「自利州入閬州，由葭萌寨並有私路入川。」陸游由興元泛嘉陵江經利州至閬中途中有夜抵葭萌詩。

蒼溪縣　屬閬州，寰宇記八六云州東南五十七里，當作西北。一統志保寧府卷古蹟目所引不誤。則北至葭萌一百一十八里。記又云嘉陵江在縣東一里。「東」亦疑當作「西」。元稹有蒼溪縣寄揚州兄弟詩，在灃西別樂天等相餞送（赴通州任）、題漫天嶺蘭若兩詩後。（全唐詩六函九册稹集一九。）蓋卽由金牛道南下經利、閬赴通州任而作也。劉滄宿蒼谿館詩有「巴山夜雨」「秦塞舊山」「聽猿吟」等語。當在山南境，殆卽蒼溪縣客館歟？

青山　一統志保寧府卷關隘目，「青山鎭在蒼溪縣西三十里，爲西路之衝，唐貞觀中最盛。」此語當有所承傳。陸游泛嘉陵江至閬中有太息一首，「宿青山鋪作」，在夜抵葭萌之後，閬中作之前。（劍南詩稿二。）則此青山亦在利閬道中，當在縣西北八十餘里也。

閬州沿流，東南七十里至南部縣（今縣），在嘉陵江西一里。又七十里至新政縣，在江東十里。又南七十五里至相如縣（今蓬安），在江西岸。又西南八十五里至果州治所南充縣（今縣），在江西岸。共凡三百里。

閬果南北里程見通典一七五、寰宇記八六。南部、新政屬閬州，相如屬果州，地望里程皆見寰宇記兩州目。寰宇記，新政縣，「嘉陵江在縣東十里，南流。」是縣在江水西。按新政實在水東，記誤，詳下文蓬州西行條。考顏眞卿鮮于氏離堆記，上元之歲，「貶於蓬州，沿嘉陵而出新政。」按蓬州治蓬池，在今儀隴縣東南六十里。眞卿由嘉陵江南下至新政東折至蓬州甚近。是即行此道也。

果州「當舟車往來之衝」，有平陽（阿？）館，去州一日程，但不知方位。由果州南沿流一百零五里至漢初縣，在嘉陵江北一里。又八十五里至新明縣，在江西岸。（約今武勝、舊定遠縣。）又一百一十里至合州治所石鏡縣（今合川）。嘉陵江於合州東北十里，左（東）受渠水，經州城東，復右（西）與涪水會於城南，故有合州之名，頗具交通形勢。

宋程巠社稷壇記（一統志順慶府卷風俗目引），果州「當舟車往來之衝，民喜商賈而怠穡事。」其交通之地位可見。暢當自平陽（一作平阿）館赴郡（全唐詩五函四册），「晨興平陽（一作平阿）館，見月沈江水，溶溶山霧披，肅肅沙鷺起，奉恩謬符竹，伏軾省頑鄙，何當施敎化，愧迎小郡吏，寥落火耕俗，征途青冥裏……」按當有南充謝郡詩。小傳云終果州刺史。疑此館在果州歟？寰宇記八六果州，「南至合州水陸相兼三百里。」元和志三三合州目，同。而通典果州目作四百四十里，不足據。

漢初鎭　屬合州，元和志三三，在州西北一百九十五里，寰宇記一三六作一百九十里。皆云在水北一里。是在水道上，去果州一百零五里也。

新明縣　屬合州，西南至州一百一十里，見元和志三三。宋屬廣安軍。寰宇記一三八，「武德二年分石鏡之東北界，於溪水中索鉞洲上爲新明縣。……聖歷三年，刺史張柬之以舊縣多水害，奏移於嘉陵江西岸，北連靈巖山。」據此，縣濱嘉陵江，必當此道上，約今武勝縣（舊定遠）治。又按輿地紀勝一五九合州人物目，陳子昂徙家漢初，七世同居，「唐旌表其門，雙堠今存。新明鎭孝義驛即其故宅。」疑即故縣所在，南宋有驛，未知所自。

嘉陵、渠江、涪水會合情形，見元和志三三、寰宇記一三六合州石鏡縣目。

合州南至渝州治所巴縣（今重慶）陸路二百里，水路一百六十里，卽古巴國所都。渝州東北至長安二千三百餘里，卽泝嘉陵江經合、果、閬至利州，上大驛道也。

通典一七五合、渝兩州目皆作二百里，惟作東西，方向不確。而元和志三三，渝州正北至合州一百六十里。按寰宇記一三六，合渝兩目分作二百里、二百五里。而合州目又云：「東至渝州二百里，水路一百六十里。」是水陸之異耳。按元和志，渝州「東北至上都二千八百一十里。」合州「東北至上都二千六百五十里。」寰宇記，合州至長安里數同。渝州「東北泝流取合州路至長安二千八百一十里。」是取水路爲南北通道。然此兩數目皆太大，必有誤。何者？利州去長安，元和志作一千二百五十里，通典作一千三百四十里。按利州至長安，不外取興州與興元府兩道，則此兩數字大體可信，而利、閬、果、合、渝州間不過一千零五十里，則渝州取嘉陵水道向北上不過二千三百餘里耳，云二千八百餘里者若不誤，則取水路繞經江陵歟？當計之。

由利州水道至閬中。閬中爲嘉陵江水三面（西南東）迴環，兼復四山迴合，形勢險固，而地當嘉陵水道之中游，兼爲西蜀東道之衝，成爲川北一重鎮，故爲巴國後期所都，北朝置隆城鎮以統蠻獠，皆以地居衝途且險固也。

巴國本都江州（今重慶），後都閬中，見華陽國志一巴志。北魏置隆城鎮，見北魏書獠傳。御覽一六七引地形志，「閬中居蜀漢之半，當東道要衝。今郡城卽士〔古〕之閬中城，後謂之隆城是也。」又引後魏典略：「此州古有隆城，堅險，因名隆州。」通典一七五亦云閬州「前臨閬水（嘉陵別名），却據連岡」，「當東道衝要」，而稱爲高城者，諱「隆」字耳。

亦以江山迴合，故風景絕佳，杜翁於此多所賞詠，至云「閬中勝事可腸斷，閬州城南天下稀。」

杜翁在閬時間甚促，而屢詠其勝，上兩句見閬水歌（詳注一三）。

由閬州向西微南陸行三百一十五里至梓州（今三臺），又二百二十里至漢州（今廣漢），與大劍入蜀之驛道合。唐世此道爲大劍入蜀驛道之輔線，故古稱閬中「當東道要衝」也。

由閬梓至漢州爲金牛成都驛道之輔線，觀高崇文入蜀之行程與前蜀王衍北征之回程可以徵知。通鑑二三七，元和元年，詔高崇文與山南西道節度使嚴礪同討劉闢，礪由興元取劍州，崇文由斜谷經興元、閬州、梓州，敗闢於德陽，經漢州，至成都。是礪行劍閣驛道，而崇文取南線閬梓道也。同書二七一，梁貞明六年，蜀主北征南歸，發安遠城，至利州，從閬州守將之請，「泛江而下，龍舟畫舸輝映江渚。」至閬州。又經梓州，至成都。是亦取此道也。復按杜翁於寶應、廣德間，送嚴武還朝，至綿州，因南至梓州，旋復西至漢州，東往閬州，從閬州回梓州，旋再往閬州，擬下三峽。會嚴武復鎮西川，又由閬州西經梓州歸成都。是杜翁兩度往返於此道也。

又杜翁有閬州奉送二十四舅使自京赴任青城及閬州東樓奉送十一舅往青城兩詩（詳注一二），是其二十四舅由京入蜀亦取此道，十一舅則同行者。蓋此道雖較劍門道爲紆遠，但稍平坦，故西蜀長安間行旅頗取此途，故稱閬中爲東道要衝也。宋會要方域一二之三，天聖六年，「上封者言西川往來商旅，有公平（下文作『憑』）者，則由劍門經過，無者並自閬州往來。」此仍如唐代，劍門道爲主，閬州道爲輔。至於閬州至梓州，又至漢州之方向里距，通典一七六閬中、梓橦、德陽三郡目記之甚詳，元和志、寰宇記亦無大歧異。

其行程可知者，由閬州西行七十里蓋至晉安縣（今南部西北四十里），又西約一百五十二里至鹽亭縣（今縣），又九十三里至梓州治所郪縣（今三臺），在涪江水西四里，爲東川節度使治所，有慶瑞驛。

杜翁來往閬梓間，有行次鹽亭縣聊題四韻詩（詳注一二），是道經鹽亭也。元和志，縣在梓州東北九十三里；寰宇記同。今縣爲三臺、閬中公路所經，蓋古道也。又寰宇記八六閬州，有晉安縣在州西七十里。一統志保寧府卷古蹟目引舊志，晉安在今南部縣西北四十里。度其形勢，當在梓閬道上。是晉安、鹽亭間當爲一百五十二里。

梓州有慶瑞驛，見輿地紀勝一五四潼川府景物目下，云「唐肅宗時建，有樹連理。」當有據。又云，「棠陰館，在郡圃，畫歷任太守遺像七十七人。」不知是否爲唐代舊館。

閬梓道中雖非絕險，但亦溪谷山徑，頗荒蕪，有毒害。

杜翁有發閬中詩（詳注一二）云，「前有毒蛇後猛虎，溪行盡日無村塢，江風蕭蕭雲拂地，山木慘慘天欲雨。」原注「多末自閬還梓。」此第一次由閬州還梓州所作。又自閬州領妻子却赴蜀山行三首（詳注一三）云：「長林偃風色，廻復（一作首）意猶迷。」「棧懸斜避石，橋斷却尋溪。」「僕夫穿竹語，稚子入雲呼，轉石驚魑魅，抨弓落狖鼯。」此第二次由閬回梓時作。觀二詩足見道中情景，亦非大道坦途。

梓州西行一百一十五里至玄武縣（今中江），在中江水北一里。又一百零五里至漢州治所雒縣（今廣漢），與大劍驛道合，西南至成都府。

玄武去州及中江水之方向里距，見元和志三二。寰宇記八一不記中江水。杜翁有題玄武禪寺屋壁詩（詳注一一），蓋即來往漢梓途中作。又通鑑二三七，高崇文至梓州。七月癸丑，「破劉闢之衆萬人於玄武。」按崇文到梓州後，數道進兵，此其一道也。檢栗棘庵南宋地圖，大道正經中江。

惟梓、漢、成都地區，地已稍平，由玄武可經金堂縣（今縣東南二十里古城鎮）直達成都府，不必定經漢州治所。

通鑑二五九，昭宗景福元年，王建大舉攻彭州楊晟；楊守亮時攻梓州，乃遣將符昭救之，「徑趨成都，營三學山。」胡注：「金堂縣東北十里有三學山。」此即梓州可直通成都，不經漢州之證。栗棘庵藏宋輿圖拓本，潼川府（梓州）

中江縣（唐玄武）有路經懷安軍、金堂縣通成都，當即本之唐道也。元和志三一，金堂縣在漢州南五十二里，中江之西，以金堂山受名。一統志成都府卷古蹟目引舊志，金堂故城「在縣東南二十里金堂峽口，今爲古城鎭。」

金堂縣東北十里三學山不遠處有靈龕驛，薛能有詩，卽當成都通東川梓州之大道，疑在三學山近處。

廣記一六七廖有方條引雲溪友議：「廖有方，元和乙未歲下第遊蜀，……後廖君自西蜀廻，取東川路，至靈龕驛，驛將迎歸私第。」是成都梓州間有此驛。復考薛能有行次靈龕驛寄西蜀尙書詩云：「從辭府郭常廻首，欲別封疆更感恩。」（全唐詩九函二册能集三。）此離成都北歸將出西川封疆之作也。按東川封疆西極於玄武，西川此一地區之東疆極於廣漢、金堂、金水一線，前論玄武西至成都有廣漢、金堂兩道，則此驛在廣漢之東，卽在金堂之東。今按薛能此詩之前一詩雨霽北歸留題三學山云：「遠樹平川半夕陽，錦城遥辨立危牆，……靈龕一望終何得，謬有人情滿蜀鄉。」再前一詩三學山開照寺云：「聖跡留巖險，靈燈出混茫。」（同上。）則靈龕當去三學山不遠。前引通鑑胡注，三學山在金堂縣東北十里。一統志成都府卷山川目引明統志，「山在縣東北十里……有佛跡，石理溫潤，非世間追琢所能。下有隘口，壁立千仞，惟一路可通人騎，謂之三學隘。」則靈龕亦可能卽在三學山。

由閬州東北行，二百八十里至巴州。又東北踰巴山至梁、洋。

閬州、巴州間方向距離，見通典一七五、寰宇記八六閬州目。通梁、洋，詳山南巴山諸谷道篇。

由閬州東行微南三百里至蓬州治所大寅縣，廣德元年更名蓬池，濱流江水。（今儀隴東南六十里，約永興場地區。）又東約近四百里至通州治所通川縣（今達縣）。濱宕渠水，有江館，蓋名丁溪，元稹有詩。又東約三百里至開州治所盛山縣，廣德元年更名開江（今開縣）。又東一百九十里至雲安縣龍目驛（約今雲陽西五六十里）。又二百二十里至夔州治所奉節縣（今縣）。

寰宇記記山南道南部（今川東）諸州至長安途程頗詳，且可據以窺知閬州東至夔州爲一條頗爲重要之東西交通線，玆條錄如下：

蓬州至長安，「取閬州路一千七百六十里。」「東南至開州六百八十里。」（卷一三九）

達州「東北至西京（洛陽）取開州下水，經三峽，出江陵至襄、鄧、汝等州，（水）陸路共二千八百九十里。」東北至長安，「取利州驛路二千五百里。」（卷一三七）（按此兩條皆本通典一七五通州目）

開州「東至夔州雲安縣龍目驛一百九十里，從驛路至夔州二百二十里。」「北取通、洋兩州路至長安一千四百三十里。」（卷一三七）

按達州卽唐之通州，宋初乾德二年改名。取利州驛路，若非西取蓬州，卽北取巴州。若取蓬州，則閬、蓬、通、開至夔州爲一條東西交通路線，沿途諸州可取此線通長安。縱取巴州，亦見蓬州西取閬州至長安，通州東取開夔至長安，而蓬通間有大路可通。元稹由長安赴通州任，取金牛道，沿嘉陵水而下，有題漫天嶺、蒼溪縣、新政縣諸詩（全唐詩六函九册、一〇册稹集一九、二〇），是由閬州、新政經蓬州至通州也。此蓬通相通之明證。故知閬、蓬、通、開、夔爲一東西重要交通線無疑。又蓬州西取閬州至長安，又云東南至開州六百八十里。按蓬開不相接，必經通州。此亦閬、蓬、通、開爲通道之明證。

閬蓬兩州東西距三百里，蓬通兩州東西距四百四十里，皆詳通典與寰宇記。惟寰宇記一三九蓬州目又云，「正東微南至達州三百二十里。」未知孰是。蓬州目又云東南至開州六百八十里，和亦不合。今姑作約近四百里。

通開兩州間，通典兩州目皆云三百里。寰宇記兩目所記互有參差。按開州目云西北至達州石鼓縣一百二十八里，但石鼓縣在達州東僅六十里，則「一百」必「二百」之譌。其和亦近三百里，故從通典。開夔間，寰宇記所記最明，通典云開州東至夔州四百六十里，亦僅小異。關於龍目驛，按寰宇記一四七，雲安軍東至夔州一百三十里，吳船錄下，云一百五十餘里，一統志作一百四十里，則龍目驛當在雲安縣西或西北六七十里之譜。

通州丁溪館　元稹有通州丁溪館夜別李景信詩，「山深虎橫館無門，夜集巴兒扣空木。」（元集二六。）又見樂天詩，「通州到日日平西，江館無人虎印泥。」（元集二〇。）白居易有和微之詩，題云「微之到通州日授館未安見塵壁間有數行字讀之即僕舊詩」云云。詩云「雨淋江館破牆頭。」則通州有江館蓋即名丁溪館歟？按通州今達縣，濱臨渠江也。

蓬州治所　通典，治大寅縣。寰宇記一三九云，廣德更名蓬池。「驗江水一名流江水，西來自儀隴界，東流經縣理北，又東南流入良山縣。」州有儀隴縣，在州西北六十里。儀隴縣西三十里有儀隴山，為流江水所出。按唐代儀隴縣在今縣治，則蓬州治所之蓬池縣在今儀隴東南六十里流江水上，約今圖（張編地圖集・四川人文圖）永興場地區。

至於諸州間所經，除雲安縣龍目驛外，可考者惟蓬州西三十里之芳溪館，又西蓋一百三十里至新政縣，在嘉陵江東十里，（約今新鎮壩。）又循江西北行七十里至南部縣（今縣），又七十里至閬州。

顏眞卿鮮于氏離堆記（八瓊補正五九），「閬州之東百餘里有縣曰新政……乾元改號上元之歲，……猥自刑部侍郎……貶貳於蓬州，沿嘉陵而路出新政。」是由京師赴蓬州任，取道閬州與新政縣再折東行也。又元稹有感夢詩云：「十月初二日，我行蓬州西，三十里有館，有館名芳溪，荒郵屋舍壞，新雨田如泥，……忽然寢成夢，……慘慘即路歧。……前經新政縣……。」（元集七。）揣詩意，乃通州後作，蓋由通州西行經蓬州，又西三十里至芳溪館，又西至新政縣也。新政，寰宇記八六云在閬州東一百四十里，武德四年割相如、南部二縣置。按南部縣即今縣治，相如縣即今蓬安縣，則新政縣當在此兩縣間。寰宇記八六閬州新政縣，「嘉陵江在縣東十里，南流。」則縣在嘉陵江西。而楊圖置於江東。機栗棘庵南宋地圖，新政縣正在江東。按記又有西水條，云「在縣東三十五里，南流入嘉陵。」檢西水實在嘉陵江之西，則寰宇記西水條「縣東」

必「縣西」之譌。意者楊氏所見本嘉陵江條「縣東」亦作「縣西」，我所見本實譌。今檢張編地圖集四川省圖，南部縣東南有新鎮壩，地望相當，正在嘉陵水之東，蓋其故地矣。

達州、開州間，中經新寧縣（今開江），在達州東一百七十五里。

按栗棘庵南宋地圖，達開間路線中經新寧縣，據寰宇記一三七，縣屬達州，在州東一百七十五里。此即今開江縣，正應為大道所經。

果州亦為南北水道與東西陸路之交通樞紐。由成都東行約一百五六十里至金水縣（今金堂東南七十里淮州鎮），又東南經飛烏縣（今中江東南一百七十里約今永豐場地區）二百九十里至遂州治所方義縣（今遂寧），又東北經蓬溪縣（今縣）一百七十五里至果州治所南充縣（今縣），又東二百八十里至渠州治所流江縣（今渠縣），又東經梁山縣（今縣）四百五十里至萬州治所南浦縣（今萬縣）。此道最直。南宋置擺鋪遞，自成都至臨安需時一月，其成都至萬州間只四日二時五刻，殆略取此道歟？

栗棘庵藏南宋地圖拓本，有一明顯道路由成都府東之懷安軍（金水）東南經飛烏，至遂寧府（小溪），又東北經蓬溪，② 順慶府（南充）。由府又東經渠州（流江），梁山軍（梁山），萬州（南浦），雲安軍（雲安），至夔州。按范成大石湖居士詩集卷一四至一六有自桂林經湖南入蜀諸詩。其卷一六所收有關旅程者自東而西有：夔州竹枝歌，雲安縣，萬州，（原注：自此後登陸。）橫溪驛感懷，峽石鋪，（原注：由萬州至此山頂皆有長石如城壁，亙數峯不斷，峽山至是亦稍開廣，間有稻田。）蟠龍嶺，（原注：自峽、歸、夔、萬至於梁山五郡間不知其幾嶺，梁山之蟠龍、峯門尤為高峻。然下嶺即有平陸，吏卒皆相賀。）蟠龍瀑布，峯門嶺遇雨泊梁山（今縣），鄰邱驛大雨，墊江縣，巾子

② 此圖，遂寧、順慶兩府間有蓬溪縣，是否在道上，不太明顯。按今當公路，檢唐宋志書，兩府間里距為一百七十五里，據一統志，遂寧東北至蓬溪七十五里，蓬溪東北至南充一百一十里，數據正合，則道經蓬溪也。

山又雨，鄰山縣（今大竹東南），沒水鋪，金山嶺，明日至鄰水（今縣）又雨，望鄉臺，（詩云：「從此蜀川平似掌，更無高處望東吳。」）早晴發廣安軍（按今縣），嘉陵江過合州漢初縣下，（按縣在今南充東南約一百里嘉陵岸。）新晴行郪水上與涪江相近，小溪縣，（原注：屬遂寧。按即府治，唐之方義縣。）茸山道中感懷，曉發飛烏，遂寧府始見平川喜成短歌。觀此諸詩，其行程東西兩段即梁山軍以東，遂寧府以西，皆與地圖拓本相同，惟中間一段取稍南路線，經果合二州間之漢初縣耳。輿地紀勝一七七萬州古蹟目云：

> 「擺鋪遞，紹熙三年制置，邱公崈所置也。自成都至行在凡四千二百餘里。公謂邊防軍政……事多稽遲，恐緩急之際有悞機會。於是奏擺鋪三。自成都至萬州，以四日二時五刻，從鋪兵遞傳。自萬州至應城縣九日，應城至行在十四日，則以制司承局承傳。回程如之。惟應城回至萬州又加四日。每月初三、十八日，兩次排發。若有急切軍期，即不拘此。行在都進奏院排發亦如之。」

是南宋時代，成都通行在之擺鋪，取陸路經萬州，成都、萬州間只四日餘，所行若非地圖所示，即范詩所記者。意者地圖所記當為大道，且最直。檢通典、元和志、寰宇記、九域志各州目，皆有方向里距可尋，今取之以為唐道所行，當不誣也。按宋遂寧府治小溪，即唐代遂州治方義。遂州以東州縣之今地不待論。惟其西之金水、飛烏兩縣當稍詳考如下：

懷安軍　地圖，治金水縣，唐舊縣也。元和志三一，金水縣有大渡津在縣北三十里。金堂縣在中江之西。又寰宇記七六，懷安軍治金水縣，在中江之東，在金堂縣東南五十里。檢一統志成都府卷古蹟目金堂故城條引舊志，「舊縣治在（今）縣東南二十里金堂峽口，今為古城鎮。」又懷安故城條，宋為軍，元升為懷州。今按張編地圖集・四川人文圖，金堂峽北口有趙家渡，南口有淮州鎮，在中江之東。淮州鎮當即元之懷州、宋之懷安軍、唐之金水縣故地，趙家渡疑即古大渡津或金堂縣。其至成都里數，據寰宇記、九域志約書之。金水、金堂兩縣間有大渡津，著之地志，必為一大津渡處，即大道所經之明證。中江縣亦西南經此至成都也。今自三臺、中江有公路經趙家渡至新都、成都，殆亦古道耳。

飛烏縣　元和志三三，梓州飛烏縣在州西南一百四十里。「郪江水經縣北，去縣四十里。」又寰宇記八七遂州，「西北至梓州飛烏縣界九十五里。」（至某某界往往即指到某某地。）又一統志潼川府卷古蹟目引舊志，飛烏在中江縣東南一百七十里。檢張編地圖集·四川人文圖，當在 E 105° 永豐場地區。

又輿地紀勝一七九梁山軍碑記目舊梁山驛碑條，「驛在軍東四十里，耆舊相傳，李唐時有白虎蛟龍爲民害，民至遷居以避之，韓昌黎嘗按部經行，二害乃去，作碑識之。今名其地爲碑坳。碑猶存於溪側，其字漫滅不可復識。」按韓愈似不曾來此。蓋韓姓某人官此有碑，亦不知其爲唐驛抑宋始置也。

由綿州南沿涪水一百三十里至梓州治所郪縣（今三臺），又二百五十里至遂州治所方義縣（今遂寧），又果州西南行一百七十五里亦至遂州。遂州又西南陸行一百四十里至普州治所安岳縣（今縣），又一百七十里至資州治所盤石縣（今資中），又東南沿中江水（隋改名內江）六百三十里至瀘州治所瀘川縣（今瀘縣）。此並通長安之大道也。

寰宇記八八瀘州，「西（北）泝流至資州六百三十里，自資州陸路至長安二千三百三十里，計二千九百六十里。」此云長江北岸之瀘州取中江水道北行經資州至長安爲一道。檢元和志云：

瀘州「西北至資州泝流六百三十里，自資至上都三〔二〕千三百三十里。」（卷三三）

資州「東北取遂州路至上都二千三百三十里。」（卷三一）

遂州「東北至上都二千二十里。」（卷三三）

是則瀘、資、遂爲一通長安之大道。又檢普州目，「東北至上都二千一百六十里。」而普州東北至遂州一百四十里。（普州目作一百三十里，此據遂州目。）西南至資州一百七十里。（此據資州目，普州目譌「一」爲「二」。）其和三百一十里，正爲資遂至長安之差，則資州至遂州必經普州。是即瀘、資、普、遂爲一道也。

又遂州到長安不外向北微西取梓州路，或東北取果州路。元和志云遂州東北至長安二千二十里。取何道歟？按同書，遂州西北至梓州二百五十里，梓州「至上都取綿州路一千八百六十四里。」與遂州至長安里距不合。再檢寰宇記，果州「東北至長安一千八百五十里。」而果州西南至遂州一百七十五里。其和爲二千二十五里。則遂州至長安二千二十里者，謂取果州路也。寰宇記遂州目，「東北取果州路至長安一千八百四十三里。」是亦取果州，但里數不合。然元和志綿州目，「東北至上都一千七百三十四里。」「東南至梓州一百三十里。」其和恰爲梓州目所云「東北取綿州路至上都一千八百六十四里。」梓綿爲一常行之道無疑。梓遂間沿渠江，必暢通，賈島寄令狐相公詩云：「策杖馳山驛，逢人問梓州，長江那日到，行客替生愁。」（全唐詩九函四册。）按長江屬遂州，在遂州北五十里，而云「問梓州」，正爲經梓州赴遂州之證。且梓遂間不過二百五十里，而沿江道中置三縣，且見有驛（詳下文），可見此間經濟繁榮，人口衆多，交通發達，爲大道。則遂州北出梓州、綿州一線亦爲南北大道可斷言也。

此諸州間所經縣驛有可考者。如綿、梓間經涪城縣，正居兩州間涪江南岸。

元和志，梓州，涪城縣在州西北六十里。檢寰宇記八二，縣在州西北六十五里，北濱涪城水，則在道中無疑，且去兩州之里數略均。記又云「香積山在縣東南三里，北枕涪江。」按杜翁有涪城縣香積寺官閣詩云「寺下春江深不流」（詳注一二），即此處，蓋往來綿梓間作也。

梓州東南六十里至射洪縣（今縣），東臨涪江水，有梓潼水自東來會。又東南六十五里至通泉驛，見杜詩。又十五里至通泉縣，在涪江西三里。（今射洪東南七十里，蓋柳樹稍北。）又六十里至長江縣，南臨涪江。又五十里至遂州。

射洪、通泉兩縣去梓州之里距，長江縣去遂州之里距，及此三縣與涪水之關係，皆詳元和志與寰宇記。杜翁有早發射洪縣南途中作及通泉驛南去通泉縣十五里山水作兩詩（詳注一一），即行此道中。蜀中廣記五四射洪縣條引志云，「治南五十里通泉古驛，即杜甫題詩處。」是元明時代古驛仍存。此處置驛，必爲大道。前引賈島寄令狐相公詩，亦見其由梓州赴官長江乃取此道。

遂、普間，中經安居縣，北臨安居水（今安居壩）。

元和志，普州安居縣在州北八十里，安居水南八十步。寰宇記作七十里。檢一統志潼川府卷古蹟目引舊志：「今有安居鋪，在遂寧縣西南四十里，即故縣也。」按遂普間僅一百四十里，舊志之說蓋得之。今圖有安居壩，爲公路所經，即舊志之安居鋪無疑。公路卽承古道耳。

普、資間當略循今濛溪河而行，古地名無考。資、瀘間循中江水而下，當經內江縣（今縣），富義縣（今富順），皆東臨中江水。富義有富義井，在城西南，月出鹽三千六百六十石，爲劍南最大鹽井。

皆見元和志資州目。濱臨中江水，知必爲大道所經。

宋世，內江縣井壩發現漢世修道磨崖碑，則內江自古爲大道所經，殆卽當此道歟？

隸續一五漢安長陳君閣道碑云：

「永建五年……漢安長蜀郡青衣陳君到官，……。此道本有根〔棧？〕閣二百餘丈，□□□穿陷壞絕，車馬殭頓，常以農時發民……治，歲歲造更直三十餘萬。君躬自案行，……省去根閣，令就土著，長無勞費，爲萬世基，百姓行人讙悅歌詠。……辭曰，惟此故道，險阻危難，根閣阸（闕）臨江緣山，……」

洪氏跋云：「漢安舊屬犍爲，今爲資州內江縣。」檢續郡國志集解引一統志，云漢安在今江安縣東。但引水經注，洛水東逕資中縣，又逕漢安縣，謂之綿水。是又當爲內江地。考輿地紀勝一五七資州碑記目：「漢永建五年漢安脩棧道記，在內江縣界，磨崖字，今已磨滅。」又古迹目，「內江縣井壩有古棧閣遺跡，紹興間士人得碑刻於崖腹間，乃永建五年漢安長蜀郡青衣陳君，以此道棧閣陷車馬，因移道於崖上，過客得免顛躋，見有碑存。」是此磨崖卽在內江縣境無疑。據此刻石，其地在漢世已爲要道所經，可能卽在此道上。

又綿、梓沿涪江水而下至遂州後，再沿流東南七十里至青石縣，在水北一里，宋世見有珠玉驛（約今玉溪），又東南水路五十九里至青石山，漢世石裂爲巴蜀之界，產青石爲天下之最。

見元和志三三、寰宇記八七遂州目；惟珠玉驛見輿地紀勝。紀勝一五五遂寧府景物目下珠玉溪條引圖經，「青石縣有珠玉驛。」按寰宇記云「珠玉溪地有珠玉村，因名。」今圖遂寧縣東南有玉溪地名，在涪水東側，地望正相當，疑卽其地。

又東南至合州石鏡縣。遂合間陸路二百六十里，水路三百七十里。

此取元和志三三合州目。遂州目僅記二百六十里。檢寰宇記，兩州目，同；惟「七十」作「八十」。

涪江水運甚盛，蓋自綿至合、渝多取水路而行也。

杜翁奉送崔都水翁下峽：「無數涪江筏，鳴橈總發時」，「白狗、黃牛峽，朝雲暮雨祠。」（詳注一二。）按此在梓州作，足見涪江中下游水運之盛。

成都東南一百五十里至簡州治所陽安縣（今簡陽東二里），又沿中江水一百里至資陽縣（今縣），又一百二十里至資州。

此見元和志三一成都府、簡州、資州三目，惟簡資間本作三百二十里，據通典、寰宇記校正爲二百二十里。

由普向南偏東行三百一十五里至大足縣（今縣），又南六十五里至昌州治所靜南縣（今大足南約五六十里舊州壩），又東南九十里至永川縣（今縣），又六十里或九十里至牛尾驛，接近大江北岸。此亦昌州通長安之大道也。

元和志三三昌州：「北取普州、遂州路至上都二千五百四十里。」「正南至瀘州，取合江縣路三百八十里。」「正北微西至普州三百八十里。」按普州東北至上都二千一百六十里，里距正合。又按唐昌州治靜南縣，在大足縣（今縣）西南六十五里，永川縣西北九十里。志云正南取合江縣路至瀘州，是此道南段必取今永川車對河道而行無疑，故約書之如此。牛尾驛在永川東南六十里或九十里，去大江北岸不遠，詳成都江陵間水陸道篇。

川中大水，除宜賓以下之長江外，皆由北向南流，亦皆通舟楫，故南北交通多取水路，即陸道亦沿水道而行也。

川中自北向南流諸水，除泯江外，如中江水（內江、沱江）、涪水、嘉陵江、渠江，皆通舟楫，此在唐代皆有明證。

嘉陵江最大，通舟楫，已詳上文。杜翁放船詩云：「送客蒼溪縣，山寒雨不開，直愁騎馬滑，故作放船廻。……江流大自在，坐穩興悠哉。」此見嘉陵江上放船穩健，但亦通陸道馬行也。三省山內風土雜識：「嘉陵江兩面夾以高山，水流湍急，然至陝西之略陽，其流已鉅，可通舟楫。」蓋其來久矣。

涪江　水運之盛，觀前引杜翁奉送崔都水翁下峽（鏡銓一〇）可知。

渠江　如元稹南昌灘，「渠江明淨峽逶迤，船到明灘拽笭遲。」（全唐詩六函一〇册稹集二〇）

中江（內江）　元和志三三瀘州，「西北至資州，泝流六百三十里。」此即泝中江水也。

參看圖十四、十五

此篇初稿不記何時撰成。一九八四年九月改訂。一九八五年九月二十三日初校，十一月二十日二校。

篇叁壹　川滇西道

—成都清溪通南詔驛道—

唐代成都南通南詔有兩道。一道南經嘉州至戎州，取石門道，經曲、靖等州至柘東。一道西南經邛州、雅州，出邛崍關，經黎州，渡大渡河，出清溪關，經嶲州，渡瀘水，經姚州，接南詔境內之東西驛道。蠻書卷一稱前者爲「北路」，後者爲「南路」。「南路」者，就唐而言，新一五八韋皐傳，「繇黎州出邛部，直雲南，置清溪關，號曰南道。」是也。至於「北路」，蓋就南詔而言耳。若就成都通南詔而言，則石門道當曰南道，清溪道當曰西南道。若就兩道之相對方位言，石門道當曰東道，清溪道當曰西道。曰北曰南，殊滋眩惑。二道之中，邛崍清溪道尤重要，爲唐詔屢次用兵之主線，通使往還亦取此道爲多。

按此道早在西漢已漸開通。三國志蜀志張嶷傳云：

「初越嶲郡自丞相亮討高定之後，叟夷數反，………太守不敢之郡，只住安上縣，（上本作定，錢大昕據華陽國志改作上。是也。）去郡八百餘里。其郡徒有名而已。時論欲復舊郡，除嶷爲越嶲太守。嶷……之郡，誘以恩信，蠻夷皆服。……蘇祁邑君冬逢……已降復反，嶷誅逢。逢妻旄牛王女，（一統志，旄牛故城在今清溪縣南。）嶷以計原之。……在官三年，徙還故郡。……漢嘉郡（一統志，故城在今雅安縣北）界旄牛夷種類四千餘戶，其率狼路。……郡有舊道經旄牛中，至成都，既平且近；自旄牛絕道已百餘年，更由安上，既險且遠。嶷遣左右賫貨幣賜路，重令路姑（即冬逢妻）喻意；路乃率兄弟妻子悉詣嶷。嶷與盟誓，開通舊道，千里肅清，復古亭驛。奏封路爲旄牛㽛毗王。」

是漢世舊道經今雅安入西昌，途程千里，且置亭驛也。近譚君宗義已有較詳考證，見所著漢代國內陸路交通考蜀郡越嶲道篇。

當唐盛時曾極力經營雲南。中葉貞元時代，爲欲西制吐蕃，故一面加強軍事建設，一面與南詔通使修好。末葉則南詔屢寇成都，唐爲守禦之計，亦不得不加意經營。故終唐之世，此道皆爲西南入蠻之孔道，置館驛。當時多有記其驛程者，如蠻書卷一雲南界內途程，如新唐書地理志巂州目載貞元十四年內侍劉希昂使南詔道，姚州目載巂州至姚州路線里程。又宋人武經總要前集卷一九亦記其途程。①唐代驛道中，此道史料記述可謂最豐。前在臺灣，姚從吾先生由日本購得向覺明先生蠻書校注，以示余，讀之狂喜，以其大有助於唐代西南地理之研究也。及來港，此爲余首先搜購之對象。向先生於蠻書此道驛程校注頗詳，余初以爲將來撰「交通圖考」時可逕錄其文，不必再費工夫。不意今發篋檢視歷年累積之資料，大多爲向注所未及，且蠻書本文亦有可增補處，爰復奮力爲此文。但未發之覆必仍甚多也。

*　　　*　　　*

由成都府西南行四十里至雙流縣（今縣），有二江驛。

蠻書卷一雲南界內途程第一：「從府城至雙流縣二江驛四十里。」按咸通十年，南詔入寇，圍成都，進退皆經雙流，見新書二二二中南蠻傳及通鑑二五二。元和志二一成都府，雙流縣「北至府四十里。」寰宇記七二作「東北」是也。元和志又云：「本漢廣都縣也。隋……改爲雙流，因以縣在二江之間，仍取蜀都賦云帶二江之雙流爲名也。」是縣與驛皆以兩江夾流受名。驛當即在縣治。

又西南經新穿水口至新津縣（今縣）四十里，有三江驛、新津渡，在縣東新津市。

蠻書續云：「至蜀州新津縣三江驛四十里。至延貢驛四十里。」按新書南蠻傳，咸通十四年，復由黎、雅窺成都，「至新津而還。」即此道也。新穿水口見通鑑。通鑑二五二咸通十一年紀，南詔寇成都，敗退，「蠻至雙流，阻新穿水，造橋未成，狼狽失度。三日橋成乃得過，斷橋而去。」胡注：「九域志，蜀州新津縣有新穿鎮。」又中和二年，阡能反，據邛州，高仁厚引兵擊之，通

① 武經總要前集一九益利路黎州目：「西控吐蕃，南捍蠻界。東南至邛部川蠻十一日程（一本無日字。本注：西南夷之種也。居漢蠻越巂郡地，其酋長自稱百郡都鬼王。）西至戎州（？）。州西南百三十里渡大渡河，出獐州口（一本州作川，是也），清溪關，二百三十里至巂州界。又四百九十里至巂州，（本注：巂州卽西南夷也，控滇笮之要，扼蕃蠻之口，共八日程。巂州今廢。）又三百六十里與南詔分界，卽雲南國。」

鑑二五五述其事甚詳。今約其行軍路線如次：

雙流→　穿口→　新津→　延貢→　邛州阡能寨。

胡注：「穿口，卽新津新穿口也。」「雙流……而南至新穿口，又南至新津，又南至延貢，又南至阡能寨，度其道里相去，各不過四五十里。」似新穿口在雙流南數十里者。然雙流、新津相距不過四五十里，（蠻書作四十里，一統志成都府卷沿革目作五十里。）顯有未合。檢新南蠻傳述咸通十一年事云：「酋龍知不敵，夜徹營南奔，至雙流，江無梁，計窮，將赴水死。……僞和以紓急，……三日梁成而濟，卽斷梁，按隊緩驅。」是新穿水當在雙流之南不遠。一統志成都府卷關隘目：「新穿鎭在新津縣東北，其地有新穿水。……舊志，新穿口在（新津）縣東北四十里。」（按此時雙流已廢入新津縣。）是卽在雙流南郊不過數里，或十里也。

新津渡　元和志三一蜀州新津縣「東有新津渡，謂之新津市，周閔帝元年於此立新津縣。」一統志成都府卷津梁目：「新津三渡在新津縣東三里。首文井江，次羊馬河，三石魚河、金馬河，爲建昌道要路，江勢衝激，俗有難過新津渡之謠。」殆卽元和志之新津渡也。

三江驛　向注云：「當卽今三江口，在新津縣北。自雙流直西至三江驛，故只四十里。」考蜀檮杌卷上云：「(陳)敬瑄廢處雅州，……旣行，(王)建遣殺於三江。」當卽此三江驛。以今地求之，殆卽前引一統志新津三渡之三江歟？則在縣東。又紀要六七新津縣，「縣東三里有三江上渡，又東二里曰三江下渡。志云，大江之水自崇慶州流經縣北十里曰白馬江，繞流縣南一里，又東與二江下流合，故曰三江。」又云：「修覺山，(在)縣東南五里，有修覺寺。（按此卽杜詩遊修覺寺之寺。）……下有渡曰三江渡，以岷江、皂江、白馬三江並列而名。」是三江之名固應在縣之東部不遠，亦卽縣治之驛也。

又西四十里至安仁縣境之延貢驛（今大邑東南二十里有延貢寨）。又四十里至邛州治所臨邛縣（今邛崍），有臨邛驛。

延貢驛　蠻書續云：「至延貢驛四十里，至臨邛驛四十里。」向注：「延貢驛，今地無考。據新唐書地理志雅州榮經注：『並置靜寇軍，故延貢地也。』則延貢驛蓋在今榮經縣境內。」按此說非也。榮經縣在雅州治所之西南一百十里，而此延貢在邛州之東北四十里，相去二百里以上，何得在榮經境？據前引通鑑，延貢亦當在新津與邛州之間。玆引通鑑一段原文於次：

「仁厚……至雙流……謂降者曰……即遣汝歸（邛州），……過穿口、新津寨下……比至延貢，可歸矣。（叛軍）羅夫子置九寨於延貢，其衆前夕望新津火光，已不眠矣。及新津人至，羅夫子脫身棄寨奔阡能，其衆皆降。明日，羅夫子至阡能寨，……計未定，日向暮，延貢降者至。」

是延貢東距新津，西距邛州皆甚近。胡注：「九域志，邛州安仁縣有延貢寨。……縣在邛州東北三十八里②。」則此驛殆即安仁縣驛歟？一統志邛州卷關隘目，「延貢寨在大邑東南二十里。」未識是唐故地歟？

臨邛驛　按邛州治臨邛縣，此殆縣驛也。一統志，新津西至邛州界三十里，邛州東至新津縣界六十里，共距九十里，與蠻書八十里亦略合。又元和志三一，邛州東北至上都二千一百七十里，成都府東北至上都二千一十里。是邛州東北至成都一百六十里。蠻書所記自成都四驛至臨邛驛，亦一百六十里。則此驛道爲府州間之主要官道，且不僅唐末爲然矣。

按此爲驛道。又蜀州（今崇慶）東南四十里有唐興縣，本唐隆縣、唐安縣，（約今崇慶東南之江原鎮。）有客館，杜翁有記，當東通成都，蓋取道雙流。蜀州西南至邛州八十里，蓋中經大邑。此亦一道也。

杜翁有唐興縣客館記（杜工部文集注解一、全唐文三六〇）。檢元和志三一蜀州有唐興縣，在州東南四十里。「本漢江原縣地，後魏於此立犍爲郡，隋開皇三年罷郡，又徙僰道縣於此。……武德元年於廢州置唐隆縣，屬益州。垂拱二年割入蜀州。先天元年以犯諱改爲唐安，至德二年改爲唐興縣。」杜記即此後不久作也。度此縣歷史，當甚重要，有大道，故有客館。檢張編地圖集，崇慶東南有江原鎮，蓋其地或相近。地在蜀州東南，正居今崇慶雙流之間，疑即取

② 按寰宇記七五，亦作三十八里，今本元和志作二十八，然一統志邛州卷引亦作三十八里。「二」字蓋譌。

雙流至成都也，今有汽車道。又蜀州西南至邛州八十里，元和志兩州目略同。大邑屬邛州，去州四十九里。觀今圖，東去崇慶、南至邛崍正約三與五之比，今亦有汽車道。地無險阻，蓋通行已久。故今因唐興客館書之。

又五十里至順城驛。又四十里至百丈縣（今百丈鎮），有百丈驛。又四十里至名山縣，有順陽驛。又四十里至雅州治所嚴道縣（今雅安西），有延化驛。

蠻書續云：「至順城驛五十里。至雅州百丈驛四十里。至名山縣順陽驛四十里。至嚴道縣延化驛四十里。」按元和志三一，邛州西至雅州一百七十里。又述雅州與邛州東北至上都里程之差亦爲一百七十里。皆與蠻書之臨邛驛至嚴道縣延化驛里距適同。嚴道縣爲雅州治所，則延化驛即州縣治所之驛也。又元和志三二雅州目，百丈縣西南至州八十六里，名山縣西南至州四十三里③。則與此百丈驛、順陽驛至嚴道里數亦略合。此百丈驛當即在百丈縣治，順陽驛即在名山縣治也，即今名山縣治。蜀中廣記五二，名山縣「百丈驛，則唐百丈縣焉。」一統志雅州府卷古蹟目亦云明百丈驛在此。

州治在雅安山上，宋祥符間以地多嵐瘴，徙山之麓。

輿地紀勝一四七雅州風俗形勝目：「州治舊在雅安山上，大中祥符間，國子博士何昌言爲守，以地多嵐瘴，聞于朝廷，徙山之麓。」又引祥符中張旦新遷衙城記：「西蜀之襟帶，南詔之咽喉。」是州治舊在山上，蓋指唐以來而言。

縣東平羌水上有繩橋，當在此道上。

寶刻類編六有新置平羌江繩橋記，在雅州，咸通七年，上官樸撰，蓋巨源書。輿地紀勝一四七雅州碑記目，亦載此碑云，原在嚴道縣平羌橋。按元和志三二，雅州嚴道縣，平羌水經縣東二里。蓋即此橋所在。

---

③ 寰宇記七七雅州，百丈縣在州東北八十里；名山縣，州東四十五里。九域志七，名山縣，州東北四十里。

由嚴道縣延化驛西南行二十七里至長墳嶺，道至險惡。嶺南數里近處置管（？）長墳關及奉義驛。又七十五里至榮經縣，有南道驛。又六十里至漢昌。石門戍可能在榮經、漢昌道上。漢昌又南約十里至邛崍關。關在邛崍山脈中之九折坂。嶺坂高寒，迴曲險峻，而爲自古南北夷漢交通要衝，即王尊叱馭驅車處也。隋大業十年置關，爲開元十三中關之一，亦爲雅、黎分界處，有天寶六年開道記。度其地當在今大相嶺山脈中，（今道東有大雪山 E 102°50′、N 29°35′ 海拔 3940 公尺。）經歷代開鑿，今已漸就平夷矣。關南又約二十里至皮店。又五十里至黎州之潘倉驛，蓋曾爲州治。

蠻書續云：

「從延化驛六十里至管長賁關。從奉義驛至雅州界榮經縣南道驛七十五里。至漢昌六十里。④屬雅州，地名葛店。至皮店三十里。至黎州潘倉驛五十里。」

按此段顯有脫譌。尤顯明者，如「管長賁關，從奉義驛」云云。向云：「管長賁關疑即元和志之長墳嶺。」按元和志三二，雅州治嚴道縣，「長墳嶺在縣西南二十七里，道至險惡。」是亦在道上，蠻書之管長賁關與嶺有涉必矣。疑「管」爲衍文。然里數亦相差太遠。檢唐宋地書多記載此一段路程之里數，茲以元和志爲主，分注他籍如次：（少數係據兩數之差而定）

成都府　東北至上都二〇一〇里。（通典二三七〇里，寰宇記二〇一〇里）

邛　州　東至成都府一六〇里。（九域志一六〇里）

至上都二一七〇里（通典二五一五里，寰宇記二〇一〇里，顯誤）

雅　州　東北至邛州一七〇里。（通典二〇〇里，一〇〇里；寰宇記二〇〇里，一八〇里；九域志一六〇里。）

至上都二三四〇里。（通典二七二〇里；寰宇記二二四〇里。）

黎　州　東北至雅州二四〇里〔黎州目誤作三四〇里〕。（通典二四〇里；寰宇記二四〇里；九域志三〇〇里。）

④　四庫館臣曰此句上有脫文。向氏校注曰：此處疑有脫文，唯似在此句之下，不在其上。

至上都二五八〇里。（通典二九五五里；寰宇記三五八〇里，必二五八〇里之誤。）

嶲　州　北至黎州六五〇里。（通典六一〇里；寰宇記六五〇里。）

至成都府一二九〇里〔但嶲益兩州至上都里數之差爲一二二〇里〕。（通典一二〇〇里。）

至上都三二三〇里。（通典三五七〇里。）

據此，元和志書事最爲完備少譌，即由成都府一百六十里至邛州，又一百七十里至雅州，又二百四十里至黎州，又六百五十里至嶲州。自成都至嶲州，其和一千二百二十里。較通典所記多二十里；而元和志嶲州目之一千二百九十里之「九」字必譌無疑。就中雅黎間之距離，元和志、通典、寰宇記相一致，惟九域志雅州目、黎州目皆作三百里，蓋黎州治所先後有遷徙也。今檢蠻書所記里數：成都至邛州，至雅州，里數皆與元和志等書合。蠻書不記黎州治所，然非潘倉驛，即其南六十里之黎武城，殆無可疑，詳下文。若潘倉驛爲州治所，則雅黎相距二百七十五里；若黎武城爲州治所，則雅黎相距三百三十五里；皆較唐宋諸志書二百四十里、三百里兩說各多三十五里。又元和志三二，雅州榮經縣北至州一百十里。檢一統志雅州卷沿革目，雅安至榮經縣九十里。大約兩地距離當在百里左右，不會超過太多。蠻書之榮經縣南道驛當即縣治，若六十里不誤，則去州一百三十五里，亦不合。故蠻書此段（雅黎間）所書里距似有誤。若長賁至嚴道縣之里距，取元和志說作二十七里，則雅州至潘倉驛（州治之一）二百四十二里，雅州至黎武城（州治之二）三百零二里，雅州至榮經縣一百零二里，則適相合，故疑蠻書此段首句「從延化驛六十里至管長賁關」有誤。惟蠻書所書里數甚整齊，疑此處「六」爲「三」之壞字耳。至於奉義驛當即在關近處，（就距離言，已不容太遠。）疑「奉義」前之「從」字爲衍文也。

漢昌、皮店皆無考。元和志三二，雅州榮經縣，「石門戍在縣西南三十五里。」就方向觀之，可能在道上，則當榮經漢昌之中道也。又隸釋四有蜀郡太守何君閣道碑云：「蜀郡太守平陵何君遣掾臨邛舒鮪將徒治道造尊楗閣袤五十五丈，……，建武中元二年六月。」按輿地紀勝一四七雅州碑記目，漢蜀郡太守治道碑，「在滎經縣西三十里，建武中元二年立。」又會健閣記，「建武中元二年，其碑在滎經縣西三十里，景谷懸崖間。」是一碑誤引爲二也，當距石門戍不遠。

邛崍關　爲極有名險要處，而蠻書不記。按元和志，雅州滎經縣有邛來山，在縣西五十里，邛來鎭在縣西南八十七里；亦不記邛來關。新志，雅州滎經縣「有邛崍山，有關。」而寰宇記七七雅州滎經縣目詳記之云：

「邛崍關在縣西南七十里。隋大業十年置。約山據險，當雲南大路，以扼蕃夷之要害。唐亦因之不改。」

按唐六典六刑部司門郎中條：「餘關（非四面關）有驛道及四面關無驛道者爲中關。」本注：中關一十三，雅州邛萊關爲其一。是此關當驛道無疑，且前期已置也。天寶間，章仇兼瓊經營南詔，蓋嘗增修此關道，故有天寶六年兼瓊撰邛崍關開路記也（輿地紀勝一四七雅州碑記目）。安史亂後，南詔入寇多由此關，中國守禦出擊亦憑此關。試舉數事於次：

舊一九六吐蕃傳：大曆十四年十月，吐蕃、南蠻三道入寇，「一自雅黎，過邛崍關。」新南詔傳略同。舊一一七崔寧傳及會要九九南詔蠻目皆省「關」字。

舊一七四李德裕傳：大和六年，「復修邛崍關，移嶲州於臺登城，以扞蠻。」舊紀、通鑑二四四，同。時當南詔入寇圍成都大掠之後，蓋關防被破壞。

通鑑二五〇咸通二年紀：「南詔寇嶲州，攻邛崍關。」

新二二二中南詔傳：咸通十年，「蠻攻黎州……自邛崍關圍雅州，遂擊邛州。」

又「乾符元年……破黎州，入邛崍關，掠成都。……詔徙天平軍高駢領西川節度使……收邛崍關，復取黎州。」通鑑二五二，同。

通鑑二六九後梁乾化四年十一月，「南詔寇黎州。」胡注引九國志：「王宗播出邛崍關至潘倉，大破蠻衆。」

是則，此關不但當驛道，且爲軍事要衝，寰宇記所記至確。元和志偶失書耳。

關之位置，寰宇記云在榮經縣西南七十里。通鑑二四四大和六年紀胡注引李心傳曰：「邛崍關近榮經，去黎州六十里。」按關在榮經縣西南七十里，縣在雅州西南一百一十里，雅州至黎州二百四十里，則關西南至黎州正當爲六十里，李心傳之說是也。方輿勝覽五六黎州，「邛崍山在州北，……有邛崍關，邛〔去〕州七十里，昔有楊氏婦造閣其上。」亦略近之⑤。關既東北至榮經縣七十里，南至黎州六十里，合之蠻書里程，當在漢昌、皮店間。

復考此區道路自古稱爲至險。漢書七六王尊傳：「先是琅邪王陽爲益州刺史，行部至邛郲九折阪，歎曰，奉先人遺體，奈何數乘此險？……及尊爲刺史，至其阪，問吏曰，此非王陽所畏道耶？吏對曰是。尊叱其馭曰：驅之。王陽爲孝子，王尊爲忠臣！」是極稱邛崍九折阪之險阻也。續郡國志，蜀郡屬國嚴道縣「有邛崍九折坂」。劉昭注：

「華陽國志曰：道至險，有長嶺若棟八渡之難，楊母閣之峻，昔楊氏倡造作閣故名焉。邛崍山本名邛莋，故邛人、莋人界也。巖阻峻，廻曲九折，乃至山上，凝冰夏結，多則劇寒。」

是則具體狀之矣。元和志，邛來山在榮經縣西五十里，九折坂在縣西八十里，即王尊傳、華陽志所指之地區。上引方輿勝覽五六黎州，邛崍山、邛崍關，在黎州北七十里。是關即在漢書、華陽志所稱述處。一統志雅州府卷山川目大關山條：「在榮經縣西八十里。明統志，山勢極險隘，當西南夷要路。按此即古之邛崍也。今入清溪縣界，西南去縣五十里。又有小關山，在清溪縣東北六十里。宋何充於邛崍創大小兩關倉及岩屋百餘間，關破盡節。」以里距論之，邛崍關誠當即在大小兩關山，關外即九折阪歟？否則亦不會太遠矣。檢今日地圖，有大相嶺山脈，自西北向東南横亙榮經、青溪（漢源）兩縣間，而比較靠近青溪縣。一統志雅州卷山川目云：「大相公嶺在榮經縣西一百里，相傳漢諸葛亮南征經此，上有諸葛廟。縣志，嶺有虛閣險崖。」又黃和繩西康旅行記（責善半月刊第一卷二十一期）云：

---

⑤ 蜀中廣記三五邊防記黎州目引勝覽亦作「距州七十里邛崍關。」通鑑二四四胡注又引祝穆曰，「邛崍關在嶲州北九十里。」按一統志雅州卷關隘目引勝覽：「關南去嶲州九百里。」今本胡注誤也。

「由雅安……第一天行七十里到榮經。……翌日僅行四十里左右到鳳儀堡。……第三天翻大相嶺。從嶺脚登山巓有六十華里，其高可知。幸不甚陡。據云山上終年下雨，一到嚴多，冰雪載途，行旅極難，如遇大風，則有飛沙走石的奇觀。我上山時……山上雲深霧重，浩然雲海，蔚爲壯觀。大相嶺自昔爲邊防重地，一夫當關之處所在皆有，氣象雄奇，爲談天下山川形勢者重視。翻大相後，下山三十里即到漢源。」

據此，就里距言，正即爲邛崍關、九折坂所在；就嶺上形勢與情景言，與華陽志等書述九折阪亦相近。唐之邛崍關必在今雅安榮經道中大相嶺山區，無疑。大約元和志之邛崍山乃大相嶺山脈之東麓較高峯巒，由此向西五六十里皆爲山區，下山爲九折阪，邛崍關則介乎其間耳。

潘倉驛　以里距論之，當爲黎州治所，故蠻書云黎州潘倉驛。然參之其他史料，州治又可能在驛南六十里之黎武城。蓋前後曾徙治，尚有其他史料可參證，並詳下節。

潘倉驛蓋在潘倉嶂。又南經山口城六十里至黎武城（今漢源縣、舊青溪縣 E 102°40′· N 29°35′），即黎州武侯城，曾爲黎州所治。黎州城在大道翻過山脈後之半山中，東西高山萬重，至爲險固，且爲唯一向南通行之孔道。

蠻書續云，黎州潘倉驛「至黎武城六十里，至白土驛三十五里。」本注：「過漢源縣十里。」是漢源縣在黎武城南二十五里也。檢元和志三二，漢源縣在黎州郭下。然寰宇記七七黎州，漢源縣在州南三十里。蓋曾徙治耳。又檢蜀中廣記三五邊防記黎州目引志云：「國初……築沈黎城，今司治也。……而漢唐宋之黎州則理在漢源縣，今廢爲鎭，去司南二十五里。」又一統志雅州卷古蹟目引明統志云：「隋縣在司城南三十里，唐徙治於州郭，改故縣爲鎭。」後世傳聞，不無乖譌。然唐世縣治曾在州南二十五里或三十里殆無疑。今圖漢源縣南有漢源場蓋其地歟？今取蠻書此條合而觀之，漢源縣正在黎武城南二十五里，則黎武城曾爲黎州所治，殆無疑矣。復檢新志，黎州有武侯、大定、潘倉等十一城。考元和志三二黎州，「貞元二年，節度使韋臯……於州城北故武侯城遷迤置堡三所，爲州城之援。」是武侯城在黎州城北郊。檢寰宇記七七黎州，「諸葛武侯祠在州北城外三里。」又蜀中廣記三五邊防記黎州目引志云：「州北三里有武侯城，侯築故堡壕塹猶存，紹興中重建侯祠。」則祠城一地，即在州北三里也。又考通鑑二六九後梁乾化四年紀，十一月，南詔寇黎州。蜀主遣王宗播等擊之。下文述其用兵次第云：

「丙辰，敗之於潘倉嶂。……壬戌，又敗之於山口城。十二月乙亥，破其武侯嶺十三寨。辛巳，又敗之於大渡河。」

胡注云：

「路振九國志，王宗播出邛崍關至潘倉，大破蠻衆。追奔至山口城。則潘倉在邛崍之南，山口城又在潘倉之南也。」

綜此言之，邛崍關南，以次經潘倉嶂，山口城，武侯嶺。潘倉嶂當卽潘倉驛所在；武侯嶺當卽武侯城所在，位于州城北郊，地望與蠻書之黎武城相當。是亦黎武城卽州治之證。蓋黎州城與武侯城極近，故合名爲黎武城耳。且就雅、黎間里距而言，前文比勘通典、元和志、寰宇記，雅黎間距離皆爲二百四十里，是黎州治所固當在蠻書之潘倉驛。然九域志七，黎雅兩州距離獨爲三百里。則又當在蠻書之黎武城矣。蓋邊疆州治時有進退，固亦常有。

檢元和志三二黎州，「州城東西南三面並臨絕澗，唯北面稍平。貞元二年節度使韋皐鑿北面隍塹深澗⑥。」又通典一七五黎州洪源郡：「東去一里卽至高山萬重，更無郡縣。」「西北去郡二里高山萬重。」「西南去郡一里高山萬重。」寰宇記七七黎州，「郡之四向周三四里，皆是高山萬重。」皆足見此州城之險固，蓋爲唯一向南通行之徑道。然此黎州所指，不知潘倉驛抑黎武城也。按李璜川南雅屬寧屬之遊（大成第五期）云：「翻過大相嶺到了漢源縣，原名清溪縣，縣城位於四山之間，市街居民稀少。……漢源街（按卽今圖之漢源場）在縣西二十餘里，已在大相嶺南坡下，地勢開展，阡陌交通，與山半之縣城大異其趣。……漢源街（按此卽唐漢源縣）既在平疇，而又扼西通前藏、南下寧屬

⑥　蜀中廣記三五黎州目引元和志「北面稍平」下續云：「地多井泉，與諸城戍烽火相通，誠西南之險要。」蓋曹學佺語。

之要道，因之漢蕃玀苗各種農牧民衆均來此街互市。」此述今漢源縣與其西南二十餘里漢源場之地形交通情形甚詳悉，明證唐之黎州城即今漢源縣，唐漢源縣即今漢源場也。

由黎武城南行二十五里至漢源縣（今漢源場）；在山脈南麓，地勢已開展。又十里至白土驛，又四十里至通望縣，有木筤驛，又南十里至大渡河。

木筤驛以上，見蠻書，並參前條。

通望縣木筤驛，本注云：「去大渡十里。」不知在大渡河南抑在河北。按元和志三二，黎州有通望縣，「北至州九十里。」「大渡水經縣北二百步。」是在水南。然寰宇記七七黎州，通望縣在州東南九十里。「大渡水在縣南十五里。」⑦是又在河北。檢九域志七，黎州南至大渡河一百里，東南至大渡河一百二十里。按同書又云，黎州在雅州西南三百里，是以黎武城爲州治。今通望縣木筤驛在黎武城南七十五里，固應在河北矣。蓋唐中葉縣治在河南，去州九十里，後徙在河北十里或十五里。寰宇記述後期事，而去州里距仍抄舊籍耳。

大渡河在黎州黎武城南近百里，湍急難渡，稱爲至險，爲南北天然界限。河之南北廣置軍城鎮戍，以重守禦，多爲韋皋、李德裕經營之績。

方輿勝覽五六黎州大渡河條云：

「唐時大渡之戍一不守，則黎、雅、邛、嘉、成都皆擾。（宋初）建隆三年，王全斌平蜀，以圖來上。議者欲因兵威復越嶲，藝祖以玉斧畫此河曰，外此，吾不有也。于是爲黎之極邊。曩時河道平廣，可通漕舟，自玉斧畫河之後，河之中流忽陷下五六十丈，河流至此，澎湃如瀑從空而落，舂撞號怒，波濤洶湧，船筏不通，名爲噎口，殆天設險以限夷狄也。」

按此蓋因宋祖事而神其說耳。實則天險蓋自古而然。唐世於河南北置鎮戍頗多，詳元和志三二黎州漢源縣、通望縣目及寰宇記七七通望縣目。多爲韋皋、

⑦ 本作五十里，誤。一統志雅州府卷山川目大渡河條引寰宇記亦作十五里。

李德裕所建。輿地紀勝一六三敍州風俗形勝目：「李衞公築伏義、禦侮二城。李衞公贊曰：伏義城在大渡河北，以水爲險，使迤邐接黎州。自黎州直出山箐，築禦侮于平川，以山爲險，使迤邐接雅。」按寰宇記李德裕所築有伏羲城，殆字形有譌。

渡河南行三十里至望星驛，曾置關。道中有瘴川口，蓋在此關、驛前後。

蠻書木筤驛至望星驛四十五里，是望星在河南三十五里也。向云無考。按新書南蠻傳，乾符初，高駢「收邛崍關。復取黎州。……戍望星、清溪等關。」此望星地望與此驛相當，是且置關矣。武經總要前集一九，黎州「西南百二十里渡大渡河，出瘴川口、清溪關二百三十里至嶲州界。」是大渡河南至清溪關間有瘴川口。按寰宇記七七，黎州漢源縣條：「漢水在縣西百二十里，從和姑鎮山谷中經飛越縣界至通望縣（原脫『飛越縣』及『至』字，據蜀中廣記補）入大渡河，不通舟船，每至春多有瘴氣生，中人爲瘧疾。」蜀中廣記三五引志云：「漢水俗呼流沙河。」即今名。但在大渡河之北，非此瘴川。然此瘴川固亦當在同一地區，惟在大渡河之南耳。度其地當在望星前後。

望星又南五十里至清溪關，在清溪峽。明代志書云，「古隘堡南，隘廣不盈丈，兩岸壁立千仞，峽內溪流淙淙，即古清溪關也。」蓋得之。其地約在今平夷堡南十二里、平壩堡（E 102° 32′·N 29° 14′）北二十里處。然唐中葉關址似在大渡河南不遠處，其後南徙耳。此關爲唐防制南詔、吐蕃之要隘，故當時即稱此道爲清溪道。

蠻書云，望星驛「至清溪關五十里。」按清溪關不在唐六典所記二十三關之列。然通鑑二一八至德元年紀：「南詔乘亂陷越嶲、會同軍，據清溪關。」則此關蓋置於天寶中鮮于仲通經營南詔時代，至安史亂時爲南詔所據。蠻書一雲南界內途程末節云：「清溪峽，乾元二年置關。」蓋收復後重置耳。其後韋皐經營西南邊防，此關大顯。玆舉數事如次：

通鑑二三三貞元四年紀：「吐蕃始疑雲南，遣兵二萬屯會川，以塞雲南趣蜀之路。……分兵……七千寇清溪關。……臯遣黎州刺史韋晉……破吐蕃於清溪關外。……吐蕃……復以衆二萬寇清溪關，……嶲州經略使劉朝彩出關連戰……大破之。」

新一五八韋臯傳：「繇黎州出邛部，直雲南，置清溪關，號曰南道。」新二一五上突厥傳序：「至韋臯鑿青谿道以和羣蠻，使道蜀入貢。」通鑑二四九大中十三紀，同。

通鑑二四四大和四年紀：「上命（李）德裕修塞清溪關以斷南詔入寇之路。或無土，則以石疊之。德裕上言，通蠻細路至多，不可塞，惟重兵鎮守可保無虞。……恐議者又聞一夫當關之說，以爲清溪可塞。臣訪之蜀中老將，清溪之旁大路有三，自餘小徑無數，皆東蠻臨時爲之開通，若言可塞，則是欺罔朝廷。要須大渡北更築一城，迤邐接黎州……以大兵守之方可。」

舊紀，咸通十年「十一月，南詔蠻……衆二萬寇嶲州。定邊軍節度都頭安再榮守清溪關，爲賊所攻。再榮退保大渡河北，去清溪關二百里，隔水相射。」通鑑二五一、會要九九，同。

凡此諸事皆足見此關爲此道要衝，且逕以青溪名道也。又武侯祠堂碑陰（八瓊六八）有臨淮郡王陳孝陽，具銜爲都督嶲州諸軍事、守刺史、充本州經略使、清溪關南都知兵馬使。亦以關爲要隘，故以爲軍區之分野也。元和志、寰宇記皆不記此關，殊失之。惟新志，嶲州「有清溪關，大和中節度使李德裕徙于中城。」

關之位置，據上引蠻書所記驛程，累積計之，在黎州潘倉驛南二百三十里，在黎武城南一百七十里。然同卷末節又云：

「黎州南一百三十里有清溪峽。乾元二年置關。關外三十里卽嶲州界也。」

同一卷中相抵觸如此！本可卽視「一百」爲「二百」之譌，然同一條中連下文計之，自黎州至臺登共六百四十里，已相當黎嶲間之距離。其時嶲州治所在臺登之南，則此「一百」似又不誤。不能遽改「一百」爲「二百」也。今試取其他史料爲之比證如次：

前引舊紀，咸通十年安再榮守清溪關，退屯大渡河北，「去清溪關二百里，隔水相射。」會要同。前文已明大渡河在黎州南約百里。則黎州至清溪關至少近二百里也。又前引武經總要前集一九，黎州「西南百二十里渡大渡河，出瘴川口、清溪關二百三十里至嶲州界。」按黎嶲兩州界在關南數十里或百餘里，詳下文。則關至黎州亦當近二百里。是蠻書卷一前段驛程二百三十里或一百七十里甚確。然則後節「一百三十里」之說必誤歟？是又未必。下文引新志嶲州目記貞元十四年劉希昂使南詔路線，自清溪關至州共五百二十里。據元和志，黎嶲相去六百五十里（即可視爲貞元時代）。則黎州至青溪關恰應爲一百三十里。一統志雅州卷關隘目引舊志云：「關在黎大所南一百三十五里。」紀要六六，同。蓋正其地。故云蠻書卷一末節一百三十里之說亦未必誤也。復檢蠻書此節述清溪關峽在黎州南一百三十里。下文述事全屬天寶前後事，最後云：「貞元十年十月」「十一年正月」云云，乃「置兵固守，邛南驛路由此遂通。」是明述韋皐時事。與元和志述事及劉希昂奉使時代正相合。至於蠻書卷一前節述驛程，蓋咸通事制，舊紀、會要述咸通十年事，亦正同時；武經總要所述蓋亦唐末事；故此三處亦互相吻合。然則凡屬唐中葉史料皆與一百三十里合，凡屬唐末史料又皆與二百三十里或一百七十里合。故蠻書前述驛程至黎州潘倉驛共二百三十里，至黎武城共一百七十里，此屬唐末事，固不誤；後云關在黎州南一百三十里亦未爲誤，惟當是乾元貞元時事耳，則在大渡河南不遠矣。蜀中廣記三五邊防記黎州目：「按今（黎州）司南九十里有古清溪關，乃韋皐所鑿以通好南詔者。」里數固屬太近，然謂大渡河近處有清溪故關，爲韋皐所築，蓋可信矣。復考新志嶲州目云：「有清溪關。」按清溪關本在黎州境，此繫屬嶲州，是南徙矣。（州境前後自亦有移動。）蓋唐代中葉清溪關本在大渡河南不遠處，後南徙至蠻書所記望星驛南五十里耳。⑧

如上所考，乾元、貞元間，關在大渡河南不遠處，其後南徙至蠻書驛程所記之處。然究當今何地？向注引嘉慶一統志雅州府關隘目：「今越嶲廳北一百二十

---

⑧　新志此條，「關」下接云：「大和中，節度使李德裕徙于中城。」如屬上讀，則謂李德裕徙關于中城也。如紀要六六及一統志雅州卷皆然。然據志書體例，此文亦可能指徙州治而言。故下文卽接云西南有昆明軍也。是以此處從愼不引作徙關是李德裕事。

五里有古隘堡，其南隘廣不盈丈，兩岸壁立千仞，峽內溪流淙淙，即古清溪關也。」按蠻書與新志皆記清溪關南至臺登之驛程，累積計之，蠻書作三百五十五里，新志作三百五十里，引詳下文。臺登在今冕寧縣東，清之越嶲廳即今越嶲縣，在冕寧東北約一百三十里。若如一統志所記，則古清溪關只在今冕寧東北二百五十里之譜；殊不合。復按明清地書記古清溪關者，一統志以前有蜀中廣記、天下郡國利病書及方輿紀要。紀要六六引土夷考云：

「今越嶲衞東北二百二十五里有古隘堡，其南隘廣不盈丈，兩岸壁立千仞，峽內溪流淙淙，即古清溪關也。」

是此古隘堡在冕寧東北三百五十里之譜，正當古清溪關地，知一統志「一百」爲「二百」之譌。且蜀中廣記三四邊防記越嶲衞目亦引土夷考云：大渡河南岸爲臨河堡，歷大樹堡、哂經關等地。累積計之，共六十五里至平夷堡。下文云：

「平夷堡……十二里至古隘堡……其南隘廣不盈丈，兩岸壁立千仞，峽內水淙淙奔流，即韋皐所置清溪關也。……二十里至平壩堡，輶軒于此設食焉。……又十里至鎭遠堡……又十里爲鎭夷堡，………又十五里即鎭西千戶所，……去所五里爲海棠關。」

下文續述至越嶲衞里程。自古隘堡至越嶲，累積計之共一百八十里。（郡國利病書六八引土夷考全同。）此累積之數雖較紀要所引云二百二十五里爲少。然去冕寧亦已逾三百里。知此平夷南十二里、平壩北二十里之古隘堡蓋眞古清溪關所在。且大樹、哂經、平壩、海棠皆見於申報館圖及張編地圖集，則此關舊址眞可實指矣。惟此爲蠻書所記之關址，似非韋皐所置之關址耳。

關至險峻，蓋本爲南北唯一通道，唐中葉以後，山險漸闢，故李德裕云「關旁大路有三，小徑無數」也。

此關險峻，觀前文轉引土夷考之文可知。又一統志雅州府卷關隘目清溪關條引舊志云：「其地連山帶谷，夾澗臨溪，倚險接關，恃爲控禦。」可合看。唐世極重此關之守禦價值，故大和四年詔德裕塞此關以絕南詔入寇之道。然唐末此地已漸開闢，故德裕上言云云，謂東蠻臨時所開也。詳前引。

關南六十里至大定城。又五十里至達士驛，爲黎、巂二州界。又三十里至新安城。又六十里至菁口驛。又三十里至永安城，當滇笮要衝，蓋即邛部舊縣治（今越巂北）地區。又五十里至滎水驛，蓋即水口。又越木瓜嶺（今小相公嶺介在越巂冕寧間）三十五里至初裹驛。又四十里至臺登城，即舊臺登縣治（今冕寧 E 102°10′·N 28°35′ 東約二三十里），有平樂驛，北去關三百五十五里。

自清溪關而南之驛程，今存兩節重要史料。一即蠻書，另一則新書地志巂州下記貞元十四年內侍劉希昂使南詔所經驛程。今先將兩書所記自清溪關至臺登城之城驛里程並列如次：

〔貞元使程〕
清溪關 —(110)— 大定城 — 達士城 —(120)— 菁口 — 永安城（當滇笮要衝）—(120)— 水口 — 木瓜嶺 — 臺登城

〔蠻書驛程〕
清溪關 —60— 大定城 —50— 達士驛（黎巂州界）—30— 新安城 —60— 菁口驛 —80— 滎水驛 —35— 初裹驛 —40— 臺登城平樂驛

觀此兩種記錄：貞元使程，清溪至臺登三百五十里⑨，蠻書驛程三百五十五里，里程與城驛名稱皆大體相合。綜合觀之，可就蠻書驛程稍加補正述之如綱文。惟邛部縣水口及木瓜嶺數地名尚須另加說明。玆並其他各城驛之尚有別出史料足資比勘者，分別論之如下：

大定城　向注引元和志漢源縣目：「大定城在州南二百三十里，乾元二年改和集鎮置。」按自黎武城計之，至大定城正爲二百三十里。又新志，巂州有和集縣，貞觀八年置。元和志已無此縣，豈先爲縣，後爲鎮，再改置大定城歟？然

⑨　就中達士城經菁口至永安城，今本通作二百二十里；今據百衲本。又一統志雅州卷古蹟目大定城條引新志，亦作一百二十里。是也。

地望是否一致亦殊難定。

新安城　向注云無考。而於後文（同卷末節）「臺登西南八十里至普安城」下注云：新志，嶲州有新安城。「疑普安或係新安之誤。」按新志之新安城當引以注此處之新安城。向注蓋忽略一般地志述事之文法，以爲新志所記之新安城在嶲州之西南歟？又考新書二二二下南蠻傳兩爨蠻條云：「嶲州新安城傍有六姓蠻。」御覽九二四引雲南行記：「新安城路多緣山，盡爲森林，其上多鸚䳇飛鳴。」皆即其地。又御覽九四二引雲南記：「新安城蠻婦。」云云。按御覽屢引雲南記，或題韋齊休之名，是此書爲齊休所撰者。齊休以長慶三年使雲南，（參蠻書校注序及附錄二。）是長慶中已有此城也。復考唐會要八六城郭目：

「咸通六年四月，西川節度使牛叢奏于蠻界築新安城、遏戎州，功畢。時南詔入寇姚嶲，陳許大將顏復戍嶲州，奏築二城。」⑩

蓋此時重築之也。又五代會要三〇南詔蠻目：

「天成……二年……九月，……黎州狀申，雲南……續有轉牒……自鸛拓，入弄棟……又入平夷、新安、寧遠、標莎，差人轉送黎州。」

是此城至五代仍存，當大道也。

永安城　新志云：「城當瀘笮要衝。」在臺登城北一百二十里。按新一五八韋臯傳云：

「繇黎州，出邛部，直雲南，置清溪關。號曰南道。」

又蠻書卷一末節有兩條云：

「黎州清溪關出邛部，過會通至雲南，謂之南路。」

「清溪峽，乾元二年置關，關外三十里即嶲州界也。行三百五十里至邛部川，故邛部縣之地也。下南一百三十里至臺登縣。」

是邛部亦當此道，在臺登北一百三十里也。又檢元和志嶲州，邛部縣西南至州二百六十里。臺登縣正南微西（本誤作「北」，據一統志引文改）至州一百七十里。是兩縣相距爲九十里。蓋邛部川範圍較廣，邛部縣治則在臺登之北不過

⑩ 舊紀同年書事全同。唯「新」字下有「城」字，衍文。

百里也。新志之永安城蓋在縣治以北地區。

水口　當即蠻書之滎水驛歟？蓋當滎水之口耳。

初裹驛　按新二二二下兩爨蠻條，「又有初裹五姓，皆烏蠻也，居邛部、臺登之間。」百衲宋本作「初褁。」蠻書此驛在邛部、臺登之間，則字當作「初裹」，因部族受名也。

木瓜嶺　蓋在初裹驛之南北。向注「木瓜嶺或即今小相公嶺。」檢一統志寧遠府卷山川目：「小相公嶺在越巂廳南五十里。舊志：形勢高聳，石磴崎嶇，自麓至頂凡十五里。漢諸葛武侯所開。」按冕寧東北至越巂縣一百三十里⑪。則小相公嶺在冕寧東北約七八十里。唐之臺登縣在今冕寧縣東，即去小相公嶺不到七八十里。比勘新志，木瓜嶺正其地矣。

平樂驛在臺登城，當即臺登舊縣，唐末廢爲城，故蠻書本注「古縣，今廢。」臺登縣在今冕寧縣東。按隋書地理志邛部縣下云：「舊置邛部郡。又有平樂郡，開皇初並廢。」地去臺登不遠，驛蓋因古郡名而命之。

黎巂二州分界，蠻書本條云在達士驛，是在清溪關南一百一十里。而蠻書同卷末節述乾元、貞元事云「關外三十里即巂州界。」與此亦異。蓋亦時代不同耳。

新安、臺登道上，唐中葉曾置瞿笮館，山高道崎，可能即在今小相公嶺上（約 E102°25′·N28°30′ 南北）。

御覽九二四引雲南行記：「瞿笮館，磴道奇危，又過兩重高山，上下各十四五里。山頂平，四望無人煙，多鸜鵒。」按前條引雲南行記云：新安城路緣山松林，「其上多鸜鵒飛鳴。」則此館當即在新安路上。復考御覽一六六巂州目引九州要記曰：「臺登縣有奴諾川鸜鵒山，黑水之間，若水出其下。」寰宇記八〇巂州臺登縣目引九州要記作「奴諾川、鸜鵒山。」又越巂縣目亦云：「鸜鵒山，山多鸜鵒，得名。」是鸜鵒山因多鸜鵒受名，當在越巂、臺登兩縣之間，故兩屬之也。又考五代會要三〇南詔蠻目，天成二年，黎州狀申，雲南有上皇

⑪　一統志寧遠府卷，越巂在府北稍東三百六十里，冕寧在府北稍西二百三十里。

帝舅奏疏一封，「自虁拓……入弄棟……自鸚䳇、邵膳……入平夷、新安……轉送黎州。」此鸚䳇殆即鸚䳇山而置城歟？固當大道也。瞿竿既多鸚䳇，似當在新安至鸚䳇道上。今按臺登（今冕寧東）至越嶲（今西昌）間沿今安寧河行，殊少大嶺。有大嶺相當於瞿竿館者，惟今越嶲縣至冕寧縣間之小相公嶺。一統志寧遠府卷山川目：「小相公嶺在越嶲廳南五十里。舊志，形勢高聳，石磴崎嶇，自麓至頂凡十五里。漢諸葛武侯所開。……今設兵防汛，商旅稱便。」此云「石磴崎嶇，自麓至頂凡十五里」，正與雲南行記述瞿竿館形勢里程相同。故可證知此館在今小相公嶺，亦即新志所記之木瓜嶺也。蓋道由今越嶲河谷度此大嶺入安寧河谷耳。

由臺登南行四十里至蘇祁驛。又四十里至嶲州三阜城，州城在三阜山上，大和中李德裕所徙置，蓋即貞元時代之普安城，本爲重兵駐守處。又南經蘇祁舊縣（今禮州 E 102°12′·N 28°）約八九十里至沙野城，即越嶲舊縣（約今西昌），在東瀘水（今雅礲江）東二百里，嶲州舊治也。

蠻書續云：

臺登城「至蘇祁驛四十里（本注『古縣』）。至嶲州三阜城四十里。（本注：『州城在三阜山上。』）至沙也城八十里。（本注：『故嶲州；大和年移在臺登。』）至儉浪驛八十里。」

新志，嶲州「有新安、三阜、沙野、蘇祁……九城。」下文記貞元使程云：

「臺登城又九十里至蘇祁縣，又南八十里至嶲州。又經沙野二百六十里至羌浪驛。」

是兩書所記城驛名稱相同，而里距多不合。據蠻書所記，嶲州故治沙也城，在臺登南一百六十里。太和年，北徙治三阜城，在臺登南八十里。新志，臺登至嶲州一百七十里，則略合。又檢元和志三二，嶲州治越嶲縣。臺登縣「正南微西至州一百七十里。」此時州治尚未遷徙，在臺登南一百七十里，與蠻書、新志皆合。蓋沙野城距嶲州舊治越嶲縣（今西昌）不遠，唐末州縣已北徙，故謂至「沙野城，故嶲州」也。然據上引新志記程，沙野當在嶲州故治之南或頗遠。又蜀中廣記三四邊防記建昌衞目，「打沖河千戶所在衞西百四十里，唐之沙野城。」又見同書鹽井衞目及卷五二。此似與新志記程相當，或亦前後異地耶？今姑據蠻書書之。

由上所論，嶲州故治越嶲縣在今西昌，太和中北徙至三阜城，在臺登（今冕寧東）與故城之間。考舊紀，太和六年，「西川修邛崍關城，又移嶲州於臺登城。」舊一七四李德裕傳：「德裕（太和）六年復修邛崍關，移嶲州於臺登城，以扞蠻。」新傳及通鑑二四四太和六年紀，略同。則蠻書所謂太和年移在臺登者，即德裕事也。據蠻書，新治在臺登南八十里之三阜城，蓋在臺登縣境，非臺登治所，兩唐書及通鑑皆小誤。又按蠻書同卷後節云：「黎州……行三百五十里至邛部川，故邛部縣之地也。下南一百三十里至臺登，西南八十里至普安城，劍南西川節度使重兵大將鎮焉。」此謂天寶貞元間事也。疑唐末三阜城即其地。故德裕移州於此也。嶲州越嶲縣，西至東瀘水二百里，見元和志及寰宇記。東瀘水即今雅礱江，蓋道路多迂曲。

蘇祁驛　蠻書以爲即蘇祁故縣。然據新志，蘇祁縣在嶲州舊治北八十里，此蘇祁驛南五十里。檢元和志，蘇祁縣在嶲州西北二十五里，疑太近。都不合。按蜀中廣記三四邊防記建昌衞目，「禮州千戶所……在衞北六十里，漢之蘇示縣也。……隋名蘇祇，唐名蘇祁……元置禮州。」此相傳之舊說也，蓋有所承，或可信。蠻書云故縣在臺登南僅四十里，絕不可信。蓋德裕徙州城至臺登南八十里處，因亦移蘇祁之名於新州治所與臺登之間耳。若蘇祁舊縣本在此，則嶲州新城之地當在蘇祁縣境，不得云徙置臺登矣。

由嶲州故治南行二十七里至西瀘舊縣，在瀘水東一百一十二里。又三里蓋至姜磨戍。又五十里至儉浪驛，即羌浪驛。又七十里至俄準嶺，一名陽蓬嶺，嶺南舊置俄準添館。唐中葉以後，以此嶺館與南詔分界。

蠻書云，沙也城「至儉浪驛八十里，至俄淮嶺七十里。下此嶺入雲南界。」而新志記貞元驛程云：「嶲州又經沙野二百六十里至羌浪驛。又經陽蓬嶺百餘里至俄準添館。陽蓬嶺北嶲州境，其南南詔境。」武經總要前集一九，嶲州「又三百六十里與南詔分界。」里距正同。儉浪卽羌浪一音之異寫無疑。向注：「俄淮、陽蓬或卽一嶺異稱。俄淮與俄準添館亦疑爲一地。俄淮嶺下應有館舍，當卽新唐書之俄準添館耳。」所論是也。按新書南詔傳，貞元十五年：「(韋)皐命……韋良金以二萬五千人屯嶲州，約南詔，有急皆進軍，過俄準添城者，南詔供饋。」是亦以此嶺爲國界也。字作「準」，蓋蠻書脫譌爲「淮」耳。然兩書里距大異。新志，嶲州至羌浪二百六十里，殆必譌，卽據蠻書書之。

然新志姚州本注云，「自嶲州南至西瀘，經陽蓬、鹿谷、菁口、會川……至瀘州。」則西瀘亦當大道。檢元和志三二，嶲州西瀘縣東北至州二十七里。瀘水在縣西百一十二里。又有姜磨戍在縣西南三里。舊志，西瀘「梁置可縣，隋治姜磨戍，武德七年移於今（治），天寶末年改爲西瀘。」似戍亦大道所經。

由嶺北至成都府凡一千四百七十里左右，置驛三十有餘，並屬西川管轄，差官人軍將專知驛務。

蠻書云：「已上三十二驛，計一千八百八十里，並屬西川管，差官人軍將（原作將軍，向注據盧校乙改。）專知驛務。」四庫館臣案云：「上文惟三十驛，計一千四百九十五里，與此數不符。」按實計之，共三十驛一千五百里。今書里數，惟嚴道縣至管長墳嶺、管長墳關有所改訂，共一千四百七十里。縱此里數不能盡確，但決不會有一千八百八十里。然若就新志所記永安城至臺登二百二十里，嶲州故城至羌浪驛二百六十里，羌浪至俄準添館百餘里，如此計之，殆亦一千八百里，故蠻書此數之誤，殆亦有所本歟？

由嶺而南入南詔境。經鹿谷七十里至菁口驛。又三十里至芘驛。又六十里至會川鎭，卽會川縣治，（在今會理縣北約一百二十里以上，蓋今分水嶺E102°25′‧N26°50′地區。）天寶中曾置會同軍，作爲經營雲南之根據地。又五十五里至目集館（蓋今大龍嶺稍北地區）。此道自臺登以南略沿孫水（今安寧河）東岸行，至目集分途。一路蓋仍沿水流方向西南行七十里至河子鎭城，蓋曾置瀘州。又三十里至瀘水（今金沙江）。另一路自目集館向正南行，亦七十里至南詔所置會川都督府（今會理 E 102°16′·N 26°30′治西），當亦向南渡瀘水。

元和志三二，巂州「南至瀘渡四百五十里。」則自唐代晚期漢蠻界嶺至瀘水約三百里也。檢蠻書續云：

「雲南蠻界。從巂州俄淮嶺七十里至菁口驛。三十里至芘驛。六十里至會川鎮，差蠻三人充鎮。五十五里至目集館。七十里至會川，有蠻充刺史，稱會川都督。從目集驛至河子鎮七十里。瀘江，乘皮船渡瀘水。」

新志於姚州、巂州兩注述貞元十四年劉希昂使南詔驛程。其姚州條注云：

「自巂州南至西瀘，經陽蓬、鹿谷、菁口、會川四百五十里至瀘州，乃南渡瀘水。」

其巂州條注云：

「巂州又經沙野二百六十里至羌浪驛，又經陽蓬嶺百餘里至俄準添館。陽蓬嶺北巂州境，其南南詔境。又經菁口、會川四百三十里至河子鎮城。又三十里渡瀘水。」

核此三條，蠻書從漢蠻國界俄淮〔準〕嶺至河子鎮城二百八十五里，近瀘水。卽自巂州至此四百三十五里。新志姚州條，自巂州至瀘州近瀘水處四百五十里。與蠻書合。巂州條之「二百六十里」顯誤，說見上。其云自國界陽蓬嶺至河子鎮城四百三十里，與前條自相矛盾，當有誤。蓋以巂州至河子城之距離爲界首至河子城之距離耳。故自巂州舊治至瀘水約四百五十里。元和志所記最確。卽自唐詔界嶺至瀘水約三百里也。故可綜合上列三條材料書之如綱文。然有所當補釋者，如會川縣鎮之地望及目集館以南之分途方向等。玆續考述如次：

會川縣、會川鎮、會同軍　舊說在今會理縣治附近，見紀要七四會川衞目及一統志寧遠府卷古蹟目。按前引蠻書記南詔會川府北至巂州四百三十五里。檢紀要云，會川所（今會理）去建昌衞（今西昌）五百里。又蜀中廣記引土夷考所記，會川所去建昌里程爲四百八十五里。舊說謂南詔會川府在今會理附近，蓋得之。然唐之會川縣鎮及會同軍則不然。按元和志三二巂州，「會川縣，北至州一百七十里。」寰宇記八〇，同。然元和志又云，「會川縣本漢會無縣……高宗上元二年於其地置會川縣。天寶初又於縣側立會同軍，在今州南三百七十里是也。」則前條一百七十里，「一」爲「三」之譌無疑。又寰宇記云：「會川縣………唐上元二年移邛都縣於會川鎭城內安置，以獠寇道路川原並會於此川，故名縣。」是縣、鎭、軍皆一地，在嶲州之南三百七十里也。今觀上引蠻書、新志三條，皆經會川。據蠻書，會川鎭在嶲州南三百一十里，在南詔會川府北一百二十里，與此里距亦無大異。蓋縣軍縱非原會川鎭地，相去當亦不遠，皆絕非今會理縣治附近。前人皆混唐之縣鎭軍與南詔之府爲一地，以爲皆卽今會理縣治附近。誤也。然則唐會川縣鎭之地望可得知歟？按蜀中廣記三四寧番衞目引土夷考，自建昌衞南行至分水嶺三百零五里。由嶺又南六十里大龍驛。一統志寧遠府卷關隘目，大龍驛在會理西北六十里。卽分水嶺在今會理縣北或稍偏西一百二十里。則唐之會川縣鎭及會同軍當在今分水嶺或稍北地區耳。通鑑二三三貞元四年紀，「吐蕃發兵十萬將寇西川，亦發雲南兵。雲南內雖附唐，外未敢叛吐蕃，亦發兵數萬屯於瀘水。」韋皐設間，「吐蕃始疑雲南，遣兵二萬屯會川，以塞雲南趣蜀之路。」蓋雲南出軍瀘北，駐屯會川府地區，吐蕃則進駐會川縣鎭以阻其北進耳。

會同軍，前引元和志云天寶初置。按新書南詔傳，述鮮于仲通、李宓經營南詔事。下云：「會安祿山反，閤羅鳳因之，取嶲州會同軍，據淸溪關。」蓋此軍本置以經營雲南者。

至於目集以南之分途及方向。蠻書既云自目集館至南詔會川都督府七十里，復云從目集驛至河子鎭七十里，渡瀘水。下文接述河子鎭至姚州道。「館」「驛」當爲一地無疑。若此述程不重誤，則自目集向南當分兩道，一至會川府，一至河子鎭，路程相同。蠻書述程以河子鎭道爲主，參之新志亦然，此蓋晚唐以前之驛道直至唐末未改者。而目集至會川府則別爲一道。考御覽九七四引雲南記曰：「唐韋齊休聘雲南，會川都督劉寬使使致甘蔗。」是長慶中，已置會川都督。使使致甘蔗，正見齊休奉使入雲南，不經過會川府，此亦目集館驛以南分途之證。至於此兩道方向之判斷本甚難。所可知者：會川都督府既在今會理縣治地區。河子鎭不在其西北，即在其東北。然此鎭既去瀘水渡口僅三十里，觀地圖形勢，鎭之惟一可能位置當在會理西北，安寧河下流之小河、迷易街、猛浪壩地區。（張編地圖集。）若在會理東北，則去金沙江當在百里以上，殊不合矣。且姚州本在會川府正西南，又後世官道亦在會理以北鐵匠房、摩挲營地區分途，一路向正南至會理，再南渡金沙江，一路向西南略沿安寧河經迷易司又西渡金沙江也。（據申報館新地圖，參張編地圖集。）故可斷知河子鎭在今會理西北安寧江下流，目集至河子城渡瀘水之驛道當略如後世之鐵匠房、迷易司向西渡金沙江之一道矣。前條據蜀中廣記引土夷考及一統志寧遠府卷，建昌向會川所之官道經大龍驛，驛在今會理縣西北六十里，唐之目集館驛殆即在大龍地區或稍北耳。

瀘州，見前引新志姚州條。觀其地望，即在河子鎭地區無疑。又按通鑑二二六大曆十四年紀胡注：「自瀘州南渡瀘水六百五十里至羊苴咩城。」即指此瀘州也。不知何時置。

瀘水有瀘津關，岩岸高險，水急石巉，牛皮爲船始得渡。傳爲諸葛亮渡瀘處，乃盛唐時代對南詔之第一線國防險阻，故置關，蓋亦天寶中也。

通典一六七嶲州會川縣「有瀘水，諸葛亮五月渡瀘即此。」即前引蠻書與新志所謂瀘水渡處也。寰宇記八〇嶲州會川縣瀘水條述之最詳云：

「瀘水，按十道記云：水出蕃中，入黔府，歷郡界，出拓州，至此有瀘津關。關上有石岸，高三千丈，四時多瘴氣，三四月間發，人衝之死。非此時，中人多悶吐。唯五月上伏卽無害。故武侯征越嶲，上疏云，五月渡瀘，深入不毛之地。按地記云，今昆明道渡所見有武侯道在。按十道記，水峻急而多巉石，土人以牛皮爲船，方涉津溪。」

同書八八瀘州瀘川縣亦載瀘津關云：

「瀘津關，有瀘峯高三千丈，地多瘴氣，若三四月經之必死。非時猶令人悶吐。若五月上旬渡之卽無害。故武侯五月渡也。」

按此兩處記載顯屬一事，必有一誤。輿地紀勝一五三潼川府瀘州景物目下引郡國志，述事與寰宇記瀘川縣條同。續云：「相傳以爲卽今之寶山，而李臯西山堂記云，以常璩華陽國志及辛怡顯雲南錄考之，乃在越嶲之地明甚，非瀘之寶山也。」是古人已以在會川爲正。今檢太平御覽六五瀘水條，與寰宇記嶲州目全同。觀「入黔府」云云，似瀘川縣爲近。然同書一六六嶲州條引十道記曰：「越嶲有瀘水，四時多瘴氣，三四月間發。」云云，與寰宇記嶲州條全同。次引地記，又次引十道記，「水浚而巉石」云云，亦皆與寰宇記嶲州條同。是十道記明指爲越嶲。又新志，嶲州會川縣「有瀘津關。」輿地廣記三〇嶲州會川縣亦云：「有瀘津關。瀘水出曲羅，東下三百里始曰瀘水。兩峯有殺氣，暑月舊不行。……其水下合繩水、若水、孫水、淹水，逕馬湖，總曰馬湖江，東北至敍州，與岷江合。」所述尤明。皆不稱瀘州瀘川縣之大江爲瀘水，亦不云置瀘津關也。且上引諸記載或多本之於水經注。酈注三六若水注：「堂琅縣西北行……有瀘津，東去縣八十里，水廣六七百步，際數十丈，多瘴氣，鮮有行者。晉明帝太寧二年李驤等侵越嶲，攻臺登縣。寧州刺史王遜遣將軍姚岳擊之，戰於堂琅，驤軍大敗，岳追之至瀘水。」又云：「禁水又北注瀘津水，又東逕不韋縣北，向東北流，兩岸皆高山數百丈，瀘峯最爲傑秀，孤高三千餘丈……水之左右馬步之徑裁通，而時有瘴氣，三月四月逕之必死，非此時猶令人悶吐。五月以後行者差得無害，故諸葛亮表言五月渡瀘。……益州記曰，瀘水源出曲羅嶲，下三百里曰瀘水，兩峯有殺氣，暑月舊不行，故武侯以夏渡爲艱。瀘水又下合諸水而總其同焉，故有瀘江之名矣。」按堂琅在今會澤縣地區。益州記之瀘水出曲羅者，（曲羅在臺登西，見蠻書卷一末節。）乃東瀘水（見元和志嶲州目），卽今之雅礱江。故酈注所述瀘水皆就今敍府（宜賓）以西之金沙江或其支流而言；無及今瀘縣者。故唐宋志書承之如此。寰宇記之編輯本多疏忽，蓋因江陽有瀘州之名而誤重書之耳。故就史料溯源竟尾，益可證唐之瀘水、瀘津關在會川，不在後代之瀘州也。且余嘗遊瀘縣，亦不見有瀘峯三千丈之險。此種景象暑毒情形殆亦屬會川之瀘津也。元和志云，嶲州南至瀘渡四百五十里，卽此津矣。其地望當據蠻書與新志，在河子鎮，去鎮三十里；關亦在其地。通鑑二三三貞元四年紀，胡注：「瀘津關在會川東南三十里。」

恐誤。後世承之，如紀要七四，會川衞有瀘津關，在「衞東南三十里，唐時爲南蠻要路，今廢。」此在今會理縣東南，亦非唐關所在。又此關當驛道，而不見於唐六典卷六刑部郎中條，蓋開元二十五年尚未見置。安史之亂，此地已陷南詔，則當置於天寶間。舊紀，天寶十年「四月，劍南節度使鮮于仲通將兵六萬討雲南，與雲南王閤羅鳳戰于瀘川，官軍大敗，死於瀘水者不可勝數。」殆即鮮于仲通經營南詔時所置歟？又考通典一八七邊防典哀牢條，神功二年張柬之上表曰：「乞省罷姚州，使隸嶲府，歲時朝覲同之蕃國。瀘南諸國〔軍？〕悉廢，瀘北置關，百姓非奉使入蕃，不許交通來往。」疏雖未納。然置關瀘水，固已萌於此奏矣。

渡瀘而南，二十里至末栅館。又七十里至伽毗館。又八十里至清渠鋪。又渡繩橋，經渠桑舊驛七十四里至藏傍館。又六十里至陽褒館，蓋哀州舊治（今大姚之東）。又過險峻大嶺七十里至弄棟城，在弄棟川，本姚州舊治（今姚安 E 101°17′・N 25°30′）。

蠻書續云：「從河子鎮至末栅館五十里，至伽毗館七十里，至清渠鋪八十里，渡繩橋（本注：『雲南行記云渠桑驛。』）至藏傍館七十四里，至陽褒館六十里，過大嶺險峻極。從陽褒至弄棟城七十里，本是姚州，舊屬西川。」按前引新志，河子鎮至瀘水三十里，故瀘州至末栅館當爲二十里。蠻書繩橋本注引雲南行記有渠桑驛，殆即在繩橋處。計自瀘水至姚州三百七十四里。按新志嶲州注：「度瀘水又五百四十里至姚州。」姚州注：「南渡瀘水，經襃州、微州三百五十里至姚州。」嶲州條「五百」蓋「三百」之形譌，則里距亦大體符合。向注：「陽褒館疑即哀州。」按舊志，哀州「在京師西南四千九百七十里，南接姚州。」寰宇記七九，同。是哀州在姚州之北。檢紀要一一六，姚州姚安軍民府即唐姚州治。大姚縣在「府北三十里。」縣東有楊波廢縣，即唐哀州所治縣。是路出今大姚縣之東也。

姚州，通典一七六姚州，「麟德元年於昆明之弄棟川置姚州。其人多姚姓。」又唐會要七三：「麟德元年五月八日於昆明之弄棟川置姚州都督府，每年差兵募五百人鎮守。」通鑑二〇一置府同。似以此時置州府者。然元和志三二姚州，「武德四年，安撫大使李英以此中人多姓姚，故置姚州，爲瀘南之巨屏。」舊志姚州「武德四年置，在姚府舊城北百餘步。」「蜀劉氏……置雲南郡而治於弄揀〔棟〕，晉……置寧州。武德四年安撫大使李英以此州內人多姓姚，故置姚州，管州二十二。麟德元年移姚州治於弄揀〔棟〕川。」寰宇記七九略同。惟「弄揀」作「弄棟」是也。則先置姚州，麟德元年徙治弄棟川耳，非始置也。其地舊說在今姚安縣。按蠻書六雲南城鎮：「弄棟城在故姚州。川中南北百餘里，東西三十餘里，廢城在東巖山上。當川中有平巖，周廻五六頃，新築弄棟城在其上。」舊城蓋唐置姚州城，新城蓋南詔所築弄棟城也。據此形勢，故址當尙可尋。

由弄棟城又八十里至外彌蕩館。又蓋近百里至求贈館，即佉龍驛（今普淜、英武關地區 E 101°・N 25°20′），與南詔境內東西驛道相銜接。

蠻書續云：「從弄棟城至外彌蕩八十里。從外彌蕩至求贈館，至雲南城七十里。」下述向西至陽苴咩城驛程。四庫館臣按云「求贈館下有脫文。」向注：「自巂州至陽苴咩城，道至求贈館，遂與自安南府城至陽苴咩城道合。本書卷首安南道，自沙却至求贈館一日，自求贈至雲南驛一日，則此處求贈館下所脫必爲『□□里，從求贈館』凡七字也。」所補是也。然照蠻書此段一般體例，只補「□□里」即可。按新志巂州條本注述貞元使程云，「姚州又南九十里至外診蕩館，又百里至佉龍驛，與戎州往羊苴城路合。」又新志戎州條記貞元十年袁滋由石門道入南詔云：「柘東城又經安寧井……曲水……石鼓……，渡石門至佉龍驛，又六十里至雲南城。」外診蕩館、佉龍驛即蠻書之外彌蕩、求贈館無疑。一形譌，一音轉耳⑫。則外彌蕩至求贈當近百里也。

又新志姚州條注：「姚州西距羊苴咩城三百里」按姚州至求贈館已近二百里。合蠻書所記求贈以西之驛程，殆四百里有奇，非三百里也。

---

⑫ 外診蕩即外彌蕩，向注已言。佉龍即求贈，鈴木俊亦已先言，見其所著論南詔之意義與六詔之住地，刋東洋學報第十九卷。

又蠻書記安南府至陽苴咩城驛程，沙郤館至求贈館一日，至雲南城一日。向注，「沙郤館即舊鎮南州。」「雲南城在今雲南城南八十里安南坡。」此說大抵可取。檢張編地圖集，今鎮南縣西有沙橋鎮，可能爲沙郤之遺音。又一統志大理府卷，雲南縣東南七十里有安南關，爲通省大路。檢今圖，祥雲縣（舊雲南縣）東南有雲南驛，殆其地歟？然則求贈館當在今普淜、英武關地區。

綜觀此道，經邛、雅、黎、嶲、姚五州治所，全程約二千二百五十里上下。道中舊時十里刻一石人以記程，唐世仍有存者。

寰宇記七四嘉州犍爲縣：「石人，蜀記云，昔孔明南征蠻中，十里刻一石人。今黎、嶲之路尚有存者。」輿地紀勝一四六嘉定府景物目，同。蓋黎州道中舊有此制也。

沿途多山坂險峻，水急石巉，往往利用繩橋、皮船以濟，可謂爲此區之特殊交通建設與交通工具。

此道有邛崍，清溪兩關之險，大渡、瀘水之限，及其他高山峻嶺，多稱險惡，上文已個別述之。而白居易蠻子朝（白長慶集三）云：「蠻子朝，汎皮船兮渡繩橋，來自嶲州道路遙。」具見此道之特殊交通設施。大繩橋可考者，如平羌繩橋與渠桑驛繩橋，並詳前文。元和志三二嶲州昆明縣目：「凡言笮者，夷人于大江水上置藤橋，謂之笮。其定笮、大笮，皆是近水置笮橋處。」寰宇記八〇嶲州越嶲縣目略同。此藤橋殆即所謂繩橋之類耳。蓋西川康滇道中多有之，不限於此一道也。牛皮爲船，瀘水津渡即用之，見御覽六五及一六六引十道記，寰宇記亦引之，蠻書亦言之，並已詳前文。元和志三二嶲州西瀘縣：「瀘水在縣西一百二十里。水峻急而多石，土人以牛皮作船而渡，一船勝七八人。」蓋西南山險水急，中多奇石，故用牛皮爲船，亦不限於此道也。

此道雖旅途險惡，然對於唐與南詔之交通，至關重要。當唐盛時，即利用此道控制南詔，其後南詔北侵，亦皆以此道爲主線。

通典一八七南蠻哀牢條，神功元年張柬之上表云：「延載中，司馬成琛請於瀘南置鎭七所，遣蜀兵防守。自此蜀中騷擾，于今不息。伏乞省罷姚州，使隸巂府，歲時朝覲，同之蕃國。瀘南諸國悉廢，瀘北置關，百姓非奉使入蕃，不許交通往來。」疏奏，不納。據此，唐代前期顯以此道控制南詔，故張柬之建撤退之策，放棄姚州，退守瀘北，使諸蠻內屬巂府也。其後屢次用兵皆從此道，如：册府九八七云：中宗神龍三年六月，姚、巂道討擊使侍御史唐九徵擊姚州叛蠻，俘虜三千計。玄宗開元十七年二月，巂州都督張審素攻破蠻，拔昆明城及鹽城，殺獲萬人。此二事皆其例。復考舊一九七南詔傳：「鮮于仲通爲劍南節度使，張虔陀爲雲南太守，……待之不以禮。舊事，南詔常與其妻子謁見都督，虔陀皆私之，有所徵求。」新二二二上南詔傳作「舊事，南詔嘗（通鑑亦作常，嘗之譌。）與其妻子謁都督，過雲南，太守張虔陀私之，多所求丐。」通鑑二一六亦作「過雲南。」檢兩志，姚州非都督府，此天寶時制，故虔陀官只爲太守。謁都督過雲南者，謂經過雲南北謁巂州都督也。尤爲以巂州清溪道控制南詔之強證。

中葉以後，南詔屢次北侵西川。今就新書南詔傳所記簡條其進軍路線如次：

天寶末，李宓率十萬軍擊之，敗於大和城。會安祿山叛，南詔「因之，取巂州會同軍，據清溪關。」

大曆末，南詔與吐蕃，聯兵三路入寇，「一侵黎、雅，叩邛峽關。」

太和三年，南詔入侵，「掩邛、戎、巂三州，陷之，入成都。」掠子女工技數萬，還兵渡大渡河。⑬

咸通十年，南詔「入寇，以軍綴青溪關」，密引衆「出沐源，闚嘉州。」其酋「自將督衆五萬侵巂州，攻青溪關。屯將杜再榮絕大度河，退保北涯。蠻攻黎州，……自邛峽關圍雅州，遂擊邛州，……進攻成都。」爲唐援兵所敗，退軍經雙流、邛州而歸。

咸通十四年，「復寇蜀，絙舟大度河，橋成而濟，黎州陷，遂攻雅州，……

⑬ 雍陶有哀蜀人爲南蠻俘虜五章（全唐詩八函六册）。一，初出成都聞哭聲。二，過大渡河泣望鄉國。三，出青溪關有遲留之意。四，別巂州一時慟哭。五，入蠻界不許有悲泣之聲。卽詠此次事。

入邛州，成都大震。……至新津而還。」

乾符元年，「掠略嶲、雅間，破黎州，入邛崍關，掠成都。」詔徙高駢爲西川節度使。「收邛崍關，復取黎州，……戍望星、清溪等關。南詔懼。」

是新傳所記各次入寇西川，大抵皆由清溪、邛崍關道；惟大和三年由戎、嶲兩道並進耳，但此次退軍仍取道大渡河也。故知此道爲南詔進兵主要路線。

其當和好時期，唐、詔通使亦以此道爲主。史料所見，惟貞元中袁滋奉使取石門道爲例外。蓋其時清溪道有吐蕃之逼，故臨時復開石門道置行館耳。

前引白居易蠻子朝云：「蠻子朝，……來自嶲州道路遙。」又新二一五上突厥傳序：「韋皐鑿青溪道以和羣蠻，使道蜀入貢。」足見南詔入朝進貢，例取嶲州清溪道。如新南詔傳：「舜化立……遣使款黎州修好，昭宗不納。」又册府九八〇，天成二年，「黎州狀，雲南使趙和於大渡河南起舍一間，留信物十五籠並雜牋詩一卷，遞至闕下。」又云：「續有轉牒，稱督爽大長和國宰相布燮等上皇帝舅奏疏一封，自鶴柘（會要作鸛拓）發遞，歷機美、白崖爽等，又入弄梗（會要作弄棟，是）、演習、白鸚鵡郡（會要白作自，郡作部）、繕裔爽等，又入平夷、新安、寧遠、標涉，差人轉送黎州。」（五代會要三〇南詔目略同。）此二者皆其實證。

至於唐代使臣入南詔，亦多取此道。如新志嶲州目所記清溪關以南驛程，即明云：「貞元十四年內侍劉希昂使南詔由此。」又玉海一六唐雲南行記條：「晁氏志：韋齊休，二卷。長慶三年從韋審規使雲南，記往來道里及見聞。序謂雲南所以能爲唐患者，以開道越嶲耳。若自黎州之南清溪關外盡斥棄之，疆埸可以無虞。」是齊休出使取此道也。向覺民云，據御覽所引雲南記，齊休實經雅州、名山、榮經、新安、嶲州、會川等地，其取青溪關道無疑矣。（唐代記載南詔諸書考略，收入唐代長安與西域文明。）惟貞元十年袁滋有豆沙關題記，證知爲取石門道。（此刻蠻書校注已引。）然據此刻，係韋皐臨時使「馬益統行營兵馬開路置驛。」蠻書更云：石門道「天寶中鮮于仲通南溪下兵亦由此路，後遂閉絕，僅五十年來。貞元十年，南詔立功歸化，朝廷發使册命，而邛部舊路方有兆吐蕃侵鈔隔關〔閡？〕。其年七月，西川節度韋皐乃遣巡官監察御史馬益開石門路，置行館。」按邛部舊道卽清溪道。是清溪道爲經常遵行之道，石門道偶因舊道有吐蕃之逼，故開通之耳，非徑道也。故蠻書記其驛程亦遠較清溪道爲簡略。

至於一般行旅大抵亦取此道。故薛能詩云：「越嶲通遊客，苴咩鬧聚蚊」也。

此出薛能聞官軍破吉浪詩，見通鑑二二六大曆十四年紀胡注引。是此道有不少私人遊旅。考太平廣記一六六吳保安條云：郭仲翔任姚州判官，爲南蠻所俘。保安由蜀往贖，財不足，「因住嶲州」「經營財物」欲以贖仲翔。保安妻子在遂州，饑寒不能自立，「乃率弱子駕一驢，自往瀘南，求保安所在。」途中糧盡，猶去姚州數百里。（出紀聞。）是唐盛時，保安及其妻入姚州皆取此道，是其例也。

此道自盛唐以至唐末皆重要如此，故自始卽置驛，以迄唐末，驛館尙能完備，是以蠻書能詳記之。

蠻書所記驛程，上文已詳引。廣記一六六吳保安條云，保安妻途中糧盡，猶去姚州數百里，哭於道左。時姚州都督楊安居「乘驛赴郡」，見而義之，「謂曰吾至前驛，當候夫人，濟其所乏。」旣至驛，安居賜保安妻錢數千，給乘令進。（出記聞。）時郭元振卒不久，蓋開元初歟？是盛唐時已置驛也。

參看圖十六

一九六八年九月十日初稿，十八日補訂。刋唐史研究叢稿。一九八四年十一月九日增訂。一九八五年九月二十四日初校，十一月二十四日二校定稿。

篇叁貳　漢唐川滇東道

——戎州石門通南詔道——

引　言

自秦漢迄今，四川通雲南之主要通道有東西兩線。西道由成都西南取雅安，南渡大渡河，經西昌，渡金沙江至姚安及洱海地區。東道由成都南沿岷江至宜賓，渡江南出石門（今豆沙關），經昭通至曲靖及滇池地區。西道自漢世已通行，但開闢歷史不詳，至唐爲川滇間主要交通路線，置館驛。東道則秦漢兩朝曾極力鑿闢，蓋其時中國由巴蜀經營雲南不遺餘力。經營方式，以開通道路爲首要工作，故秦開五尺道，漢通夜郎道，以利通使與征伐；而商業、移殖，亦因此而大盛。度其勢，當時川滇交通似以東道爲主也。至三國、兩晉時代，今滇東曲靖平原，華人移殖頗多，成爲朝廷經營雲南之中心根據地。南朝末期，中央勢力不能控制此一地區，地方爨民割據自主。及周隋南取巴蜀，遂再向南經營雲南。開皇五年開石門道通南中，唐代前期承周隋既定政策，經營甚力。武德末，於南寧州（今曲靖）置總管府，統督瀘水（今金沙江）以南恭（今昭通）、協（今昭通、大關間）、盤（今盤縣）、昆（今昆明）、姚（今姚安）等十六州，仍以南寧爲中心根據地也。其後移都督府於戎州（今宜賓），統督範圍如故，則以戎州爲控制雲南之道口耳。故在唐代仍爲一重要交通線。及吐蕃強盛，西道交通受到威脅，東道更形重要。譚君宗義撰漢代國內陸路交通考（蜀郡越嶲道節）及拙作上篇成都清溪通南詔驛道，已就漢唐時代西道交通情形詳爲考論。唐代川滇東道，蠻書與新志皆有記載，地名多所異同，但大體爲一條路線。向覺民先生撰蠻書校注，考論南詔境內之民族、生業、風習諸端，功力極深。惟向先生非深於古地理者，判斷亦稍粗率，致程途多乖。如謂曲、靖州故地在今曲靖縣；則由曲靖西至昆明平地三百里間爲 十二 日程 ，而宜賓南至曲靖一千五百里以上之千古險道乃僅十九日程；此絕不合理者！其實蠻書所記之曲州、靖州故地非今曲靖也。故今再就此道開通之歷史與行程詳爲考論，以爲治史者之一助。

（一）秦漢時代巴蜀通夜郎、滇池道

長江上游有岷江、金沙江兩大源，交會於宜賓縣。此種形勢，最易發展爲交通中心。秦漢時代，於會口之南置縣曰僰道。史記西南夷傳，武帝使唐蒙經營夜郎，以通南越，元光五年 (BC 130)「發巴蜀卒治道，自僰道指牂牁江。」華陽國志稱此事爲「開僰門通南中」。按僰道縣在今宜賓縣與慶符接境地區，夜郎在今雲南東鄙霑益、宣威地區，牂牁江指今黔江上源之北盤江而言，是唐蒙所開乃自今宜賓南通滇東宣威、曲靖及毗鄰黔西地區之道也。

漢僰道故治　華陽國志三蜀志，「僰道縣在南安東四百里，………高后六年城之，治馬湖江（今金沙江）會。水通越嶲，本有僰人，故秦紀言僰僮之富。漢民多，漸斥徙之。」是此縣築城甚早，地當兩水之交，觀江水注尤明。水經注三三江水注，「江水東南過僰道縣北，若水淹水合從西來注之。」按江水卽岷江，若水淹水合流卽馬湖江，今金沙江。是漢代舊治卽在岷江之南，兩源之交也。復考蜀中廣記一五敍府宜賓縣條引圖經：「僰道縣故址有三。漢武帝時在中方鄉，卽今西南，與長寧縣接。」一統志敍州府卷古蹟目僰道故城條，引舊志圖經，「漢址在府西南中方鄉，接慶符縣界。」紀要與統志同；皆與廣記所引小異。要在今宜賓縣南境，接慶符、長寧縣界也。然廣記亦云在府西南，疑接慶符爲正確。

唐蒙開僰門通夜郎牂牁道　史記一一六西南夷傳述武帝使唐蒙由僰道開道通夜

郎、牂牁江事原委甚詳，玆約其大意如下：

武帝時，唐蒙使南越，「南越食蒙蜀枸醬。蒙問所從來。曰道西北牂牁，牂牁江廣數里，出番禺城下。蒙歸至長安，問蜀賈人。賈人曰，獨蜀出枸醬，多持，竊出市夜郎。夜郎者臨牂牁江，江廣百餘步，足以行船。」蒙乃上書，請「通夜郎道」。上許之，使蒙「將千人，食重萬餘人，從巴蜀筰關入，遂見夜郎侯多同。……蒙厚賜，喻以威德，約為置吏……乃以為犍為郡。發巴蜀卒治道，自僰道指牂牁江。」

按漢書六武帝紀，元光五年「夏，發巴蜀治南夷道」，即此。又按史記一一七司馬相如傳，「會唐蒙使略通夜郎西僰中。」「唐蒙已略通夜郎，因通西南夷道，發巴、蜀、廣漢卒，作者數萬人治道，二歲道不成，士卒多物故，費以巨萬計。」下文載其難蜀父老云：「今罷三郡之士，通夜郎之塗，三年於玆，而功不竟。」其艱難不易為功可知。然漢書食貨志，「唐蒙、司馬相如始開西南夷，鑿山通道百餘里。」華陽國志四南中志亦云，「卒開僰門，通南中。」按武帝以後，屢次用兵南中，蓋終鑿通百餘里也。

夜郎國、牂牁郡中心地帶　前文所述，唐蒙通道，主要為通夜郎、牂牁江。檢漢書地理志，牂牁郡十七縣，首故且蘭，領縣有夜郎；續志同，惟省都夢一縣。且蘭為治所，補注引洪亮吉曰，以沅無二水所出證之，縣在黃平州以西、都匀府以北左近界中，即貴筑、貴定、清平等地。先謙曰，據溫水注、存水注，縣當兼有今郎岱、永寧、安順、鎮寧等境。續志集解又引阮元云在今安順等府境，馬與龍云在安順府永寧州西南境。是洪說在今黔省中部，餘說在黔省西南部。夜郎為故國，補注引紀要，國在今桐梓縣東。通志稿，縣在今霑益州，兼宣威地。先謙曰，宣威、霑益西界。按牂牁郡以故且蘭、夜郎兩縣最有名，而前人釋地不同如此。近代考論牂牁地望者多家，亦難定論。姑先就班志補注及續志集解所引前人對於各縣之釋地如下：

故且蘭　釋見上。（黔省中部或西南部。）

鐔封　雲南通志稿，今廣南北境及西林、西隆境。（滇桂接境處。）馬與龍云，今廣西州（瀘西縣）東。（滇省東境。）

鐔縣　一統志，今遵義府城西。（黔省北境。）

漏臥　紀要云今羅平州，汪士鐸云今師宗南境。（滇省東境。）通志稿，安順府鎮寧州等處。（黔省西南境。）

平夷　一統志，今平夷縣地。（滇省東境。）

同竝　鄒安鬯云，今澂江府河陽縣地。（滇池東。）

談指　紀要，今桐梓縣西南。（黔省北境。）志稿，當今安南郎岱等處。（黔省西南境。）李兆洛云，今大定府。（黔省西部。）

宛溫　一統志，今羅平州地。（黔省東境。）王先謙云，今普安縣。（黔省西境。）

毋斂　徐松云今定番州西南；王先謙曰，荔波縣地。（黔省南部。）

夜郎　釋見上。（一在黔省北境，一在滇省東境。）

毋單　王先謙曰，今臨安府寧州（即今華寧）。（滇省中東部。）

漏江　王先謙曰，疑今通海縣地。（滇省中東部。）

西隨　通志稿，當今廣南南境及越南界內。（滇省東南境及越南北鄙。）

都夢　通志稿，當今開化、廣南南境，及越南界內。（同上。）

談稾　通志稿，今南寧平夷二縣境；李兆洛云今陸涼。（滇省東境。）

進桑　通志稿，在越南交岡境，又云越南臨洮府東北，及廣西鎮安府皆是。（桂省西端及越南北鄙。）惠棟云，臨安府東南境。（滇省東南境。）

句町　惠棟云，廣南府北境。（滇桂黔接境處。）王先謙云，當在今廣西百色、泗城（今凌雲）、鎮安（今天保）、寶城之間。（桂省西端。）（西南夷傳補注又云通海縣東北五里。）

據此，這十七縣之前人解釋，惟故且蘭、鐔縣、談指、毋斂四縣在今貴州省境無異說。漏臥、宛溫在滇黔接境處，夜郎在滇東抑在黔北，說各異，而以滇東爲多。其餘鐔封、平夷、同竝、毋單、漏江、西隨、都夢、談稾、進桑、句町十縣皆在滇省東南境，或稍跨越南北鄙及桂省西端。是前人舊說，牂牁郡之中心在今雲南省東南接黔桂西鄙，不在黔省也，貴筑、貴定地太偏東，決非郡治所在，前人多稱故且蘭在清安順府境，或指爲永寧，殆略得其實。南臨北盤江，即古牂牁江。檢楊氏水經注圖亦然。考史記一一六西南夷傳，「行誅頭蘭，頭蘭常隔滇道者也。已平頭蘭，遂平南夷爲牂牁郡。」漢書九五西南夷傳，頭蘭作且蘭是也。漢書地理志顏注，「應劭曰：且音苴。師古曰，音子閭反。」是音近形異。史記考證引姚範說，頭蘭且蘭爲兩事。可謂無識。漢代經營滇中，以蜀郡爲基地，且蘭能隔滇道，可爲在黔省西部，不在中部之強證。舊一九七南蠻傳牂牁蠻條，「北去充州一百五十里，東至辰州二千四百里，南至交州一千五百里，西至昆明九百里。」新二二二下，同。是則唐世牂牁蠻仍在滇東黔西地區，絕不在黔省中部也。或曰，班志云，「故且蘭，沅水東南至益陽入江。」若在今永寧地區，與此不合。應之曰，洪說即據此。按古人對於邊疆地理知識，不甚正確，事極常見。如班志下文鄨縣，有「不狼山，鄨水所出，東入沅。」鄨縣在今遵義地區，無異說，此「沅」明指今烏江而言，古稱延江水，王氏補注謂沅爲延之誤，是也。故且蘭條沅水殆亦延水之誤，或音近誤寫，或以沅水爲大水，發源武陵以西，而不悉其詳，且蘭境有水東流，遂揣測爲沅水耳，不足深據也。考史記一一六西南夷傳，「楚威王時，使將軍莊蹻將兵循江上，略巴蜀黔中以西，……至滇池。」經略巴、蜀、黔中，黔中在今湖北西南清江流域至貴州東北境。① 則蹻由大江上溯烏江而西也，而華陽國志四南中志云「莊蹻泝沅水，出且蘭以伐夜郎。」此指延江爲沅江之又一旁證矣。且據此條可知夜郎當在且蘭之西，前人多以爲夜郎在今滇省東境霑益宣威地區，蓋略得之；紀要以爲在今黔省北境之桐梓則方向不合矣。

夜郎國中心地帶既在今雲南東部霑益、宣威地區，牂牁江即今黔江上源之北盤江，後置牂牁郡治且蘭，在今貴州西南部安順、永寧地區。則唐蒙通道即自今宜賓南行至滇東、黔西地區無疑。下條引蜀都賦注，唐蒙道通益州郡；江水注，唐蒙道通建寧郡，尤此道指向乃今滇東之明證。

故南北朝人指證此道南通益州郡、建寧郡，塹山鑿石，建置棧閣，寬或踰丈，長踰二千里，工程可謂艱巨。

---

① 拙作楚秦黔中郡地望考，責善二卷十九期。

水經注三三江水注云：

「過僰道縣北。……漢武帝……使縣令南通僰道，費功無成，唐蒙南入斬之，乃鑿石開閣，以通南中，迄於建寧二千餘里。山道廣丈餘，深三四丈，其塹鑿之迹猶存。」

按酈注此條具見此道闢鑿情況。又續郡國志犍爲郡南安縣「有魚泣津」。劉昭注引蜀都賦注云：

「魚符津數百步，在縣北三十里。縣臨大江岸，便山嶺相連，經益州郡，有道廣四五丈，深或百丈，塹鑿之蹟今存。昔唐蒙所造。」

集解引錢大昭曰，據吳漢傳，泣當作涪，是也。又云符涪聲相近，故蜀都賦注作符。此固可通。然南安縣在今樂山縣（水經注疏及圖），在僰道西北四百里（前引華陽志三），與唐蒙通益州道無涉。考寰宇記七九戎州南溪縣有魚津。引郡國志云「南溪縣西三十里有津，津南有鴛鴦圻。」而一統志敍州府卷山川目，作魚符津，在南溪縣西。引寰宇記此條，並引陳壽益部耆舊傳述鴛鴦圻，以僰道人張貞過江溺死事得名。按敍瀘地區，古代地以符名者頗多，如符縣、巴符關、符黑水亦名黑水，皆其例，詳後文。蓋此津本名魚符津，省名魚津，亦猶符黑水省名黑水也。此與南安之魚涪津有別，蜀都賦注作者，蓋誤引魚符津事以說魚涪津歟？元和志三一，南溪在戎州東五十里，一統志以爲今李莊鎮地，是也。則魚符津在僰道東僅二十里。下文考證，漢道循南廣河，而河口在戎州東十五里，則此津固與唐蒙道口不相遠。故此段如指僰道魚符津，事最合。然若指南安魚涪津，則唐蒙通道時，或亦在南安施工歟？要之無論如何，此指唐蒙通南中道事自無問題。賦注云經益州，酈注云迄於建寧，皆今滇省東部，則唐蒙通道所達主要在今滇東地區也。

華陽國志記蜀漢時代此道之情況云：「自僰道至朱提有水步道。水道有黑水及羊官水，至險難行。步道渡三津，亦艱阻。故行人爲語曰，猶溪、赤木（酈注作水），盤蛇七曲，盤羊烏櫳，氣與天通，看都濩泚，住柱呼尹〔伊〕，庲降賈子，左儋〔擔〕七里。又有牛叩頭、馬搏頰（原缺頰，據酈注補）坂。其險如此。」按黑水即南廣河，朱提在今昭通，庲降都督在今平彝或曲靖。今宜賓有道南循南廣河谷（古黑水）經慶符至筠連，西南度入石門江（即橫江）河谷，經鹽津、大關至昭通（古朱提縣），又東南經威寧、宣威（古夜郎）至曲靖（古庲降都督），蓋即略循唐蒙古道歟？此道所經爲四川盆地與雲南高原之連接地帶，尤其北段宜賓至昭通航空距離不過一百五十餘公里，而海拔由約 300 公尺陡升至 1800 公尺以上，且有高達3159公尺之高峰，自必地形複雜，河谷幽深，故艱險難行如此也。

華陽國志四南中志朱提郡南泰縣條，「自僰道、南廣有八亭道通平夷。」平夷在今曲靖東平彝縣地區。是即鄰近漢夜郎地區者，當即唐蒙新道也。又同卷南廣郡條，詳記「自僰道朱提有水步道」云云，如綱文所錄，以爲庲降賈道。按同卷前文云，建安末，以李恢爲庲降都督，「治平夷縣」，後加建寧太守領交州刺史，「移治味縣。」味縣在今曲靖縣。是此段所記亦即指唐蒙新道而言無疑。水經注三六若水注全錄此文。趙云：「按說文，濩雨流霤下貌。又廣韻，布濩流散也，泚汗出也。言行道艱苦流汗也。呼尹當作呼伊；住杜呼伊，停杖呼其儔類也。惟看都二字義難通曉。」足見此道艱險難行。據上引華陽志兩條，此道中經朱提。關於朱提所在，楊疏引明一統志，朱提山在敍州府西南五十里。檢紀要七〇敍州府，與此相同。又云朱提縣在府西南。而清一統志敍州府卷山川目疑其太近，云當非漢時故山。今按若水注又云：

「朱提，山名也。應劭曰在縣西南，縣以氏焉。犍爲屬國也，在郡南千八百許里，建安二十年立朱提郡，郡治縣故城。郡西南二百里得所綰堂琅縣。」

楊疏又引謝鍾英說，堂琅縣在今東川府北巧家廳東以扯汎。（今圖作以車汎。）敍府、東川相去近千里，是楊氏自相矛盾矣。按犍爲郡，前漢或治南廣，或治僰道，或治武陽，② 續志治武陽，在今彭山縣東，於諸治爲最北。彭山至敍府宜賓至多七八百里。是朱提故地當在宜賓之南千里之譜，則清統志所疑是也。明志及紀要顯誤。續雲南通志稿一一，以爲漢朱提郡在今昭通縣，殆近是矣。

② 詳拙作漢書地理志縣名首書者即郡國治所辨，「中央研究院」院刊第一輯。

昭通西南至東川北境正當有二百里。一統志東川府卷亦以堂琅廢縣在其境。然則華陽志所記此條淶降賈道乃由今宜賓南行經昭通至曲靖、平彝地區，此即唐蒙新道，殆無可疑。

至於此道北端行程，前引華陽志兩條，其一記此道艱險，而繫於南廣郡；其一云自僰道南廣通平夷。是此道北端顯與南廣有關。按南廣故城在今珙縣西南。華陽志又云，「水道有黑水、羊官水。」若水注述兩水道，同。熊疏云黑水卽漢志南廣之符黑水。檢酈注三三江水注，「江水又與符黑水合。水出寧州南廣郡南廣縣，……導源汾關山北流，…… 又北逕僰道入江， 謂之南廣口。」熊疏，「元和志謂之南廣水。寰宇記，黑水從胡藍生獠界出。今曰黑墩河，出鎮雄州東北。」按熊說黑水卽符黑水，卽今黑墩河，是也，卽今圖之南廣河，南廣故城正在此流域。惟元和志之南廣水則非是。元和志云，南廣水在開邊縣西北一里。據蠻書及寰宇記，開邊縣當馬湖（今金沙江）與朱提（今石門江，卽橫江）兩江之會口，在今安邊場之南岸無疑。詳後文。志文若不誤，其南廣水必指朱提江卽今之橫江而言 ，非今南廣河也 。 水道行舟之黑水旣卽今之南廣河，此道北段之南廣故城又在此水流域，是唐蒙道極有循今南廣河谷西南行之可能。檢張編地圖集·雲南人文圖，昭通北通宜賓大道之北段，循橫江而下，經豆沙關、鹽津、普渡河、灘頭、安邊場至宜賓；而申報館中國分省新圖，則鹽津以北，向東度入南廣河流域，經筠連、高縣、慶符三縣至宜賓。檢昭通縣志一方輿志道里目，正有此兩道。循橫江而下者爲唐道，詳下文。而漢之南廣縣在今南廣河流域， 今置縣亦極密， 頗疑唐蒙取途於此也 。 紀要七〇宜賓縣目，僰道城，「圖經，漢武帝時治中方鄉，在今府西南，接慶符縣界。卽元光五年發巴蜀卒治道處。」卽此說也。蜀中廣記一五敍府慶符縣引本志云，「漢陽山在縣北八十里，漢武通西南夷，自此山之南皆漢地，故（舊）云諸葛武侯征蠻過此。今崖壁上鐫武侯征蠻故道六字猶存。」武侯未必過此，但可爲漢道舊說之一證 。 又華陽志四南中志，「（晉）元帝世 ， 刺史王遜移朱提郡治南廣，……後刺史尹奉却郡還舊治。」此亦顯露蜀通朱提道本經南廣之消息，可爲旁證。

綜上所考，則唐蒙道當由今宜賓南循南廣河經慶符、筠連，向西度入橫江流域，至鹽津經大關至昭通，又東南取威寧宣威路至曲靖也。

宜賓至昭通之航空距離及海拔，參看 ONC–H–11。

然唐蒙開此道前，第一次使夜郎乃由符縣巴符關入。此縣、此關在今合江縣西南，是此地區先有道西南通滇東，與唐蒙新道南端蓋略相同，北端則異。此舊道殆即今合江縣南赤水河西南行經敍永、畢節、威寧、宣威至曲靖之汽車道歟？

前引史記西南夷傳述唐蒙首次使夜郎事云：

「乃拜蒙爲郎中將，將千人，食重萬餘人，從巴蜀筰關入，遂見夜郎侯多同。」

漢書九五同傳，無蜀字，筰又作莋。補注引王念孫曰：「巴莋關本作巴符關。水經云，江水東過符縣北邪東南，鰼部水從符關東北注之。注云，縣故巴夷之地也，漢武帝建元六年以唐蒙爲中郎將，從萬人出巴符關者也。是符關即在符縣，而縣爲故巴夷之地，故曰巴符關也。漢之符縣在今瀘州合江縣西，今合江縣南有符關，仍漢舊名也。若莋地則在蜀之西，不與巴相接，不得言巴莋關矣。隸書符字作苻，與莋相似，又涉上下文莋字而誤。史記作巴蜀筰關，多一蜀字，於義尤不可通，蓋因上文巴蜀而衍。舊本北堂書鈔政術部一四引漢書，正作巴符關。」按此節論證極精。輿地紀勝一六六長寧軍卷末，「瀘州志以（漢）符縣爲今之合江縣，故於安樂溪敍云，有會水源通南寧斸州，由平夷郡北流，逕巴符關，合安樂水入於江。」此亦較早期記錄作巴符也。唐蒙由巴符關入夜郎，當即由今合江南之赤水河西南行，經威寧至霑益、曲靖一帶，今圖有汽車道由納溪南經敍永、畢節、宣威、威寧、曲靖至昆明，蓋略循古道，惟北端小異耳。

又按此道自唐蒙一行後，不見記載。蜀中廣記三六邊防永寧司條：「通志云，晉置永寧縣，……唐改置藺州。……唐書，天寶載伐南詔，由西路進，起瀘州，泝永寧，走赤水，達曲靖，古味縣也。設郵傳自元始。」（紀要七三永寧司條略同。）云唐取此道伐南詔雖不足據，（詳下文下兵南溪條。）但元已置郵。此爲今道今存之最早記載。天下郡國利病書一〇八烏撒入蜀舊路條，所記驛距極詳。蜀道驛程記下云：「抵納溪縣，縣南有支江通永寧衞，爲滇南孔道。」即此。此明清舊道，今已建爲汽車道。

再追溯「秦時常頞略通五尺道」，似當通滇池者。故華陽國志以爲道通寧州，唐代志書以爲道在郎州，以通滇國者。按寧州在今曲靖縣，唐史名郎州。是則若非巴符關道，殆即唐蒙新道之前身歟？疑莫能明矣。

史記西南夷傳又云，楚莊蹻「循江上略巴、蜀、黔中以西，……至滇池……以其衆王滇。」下接云，「秦時常頞略通五尺道，諸此（當乙）國頗置吏焉。十餘歲秦滅。及漢興，皆棄此（諸）國而開〔關、閉〕蜀故徼，巴蜀民或竊出商賈，取筰馬、僰僮、髦牛，以此巴蜀殷富。」下文接述武帝屢遣使至滇國，最後「以兵臨滇」始來降，以爲益州郡。則此五尺道似當指通滇池道而言，故元和志三一戎州目謂「秦軍破滇通五尺道」也。又華陽國志四南中志述寧州（今曲靖縣）沿革，即以爲秦五尺道所通者。史記正義引括地志，亦謂「五尺道在郎州」，唐郎州即晉之寧州，今之曲靖縣地區也。是則秦五尺道與漢代新舊兩道之南段當爲一道，至少相近。而北端起點不可知，殆即漢代新舊兩道之一歟？

就交通形勢言，僰道當諸水之會，較符縣爲佳，而僰門道又較巴符關道爲近捷，且僰門道所經之朱提縣，農業相當發達，又爲成分特優之銀產地，故唐蒙開通以後，成爲漢代巴蜀通南中之主線，而朱提文化開發亦爲南中之冠。是以華陽國志與江水注皆特詳述之。

漢地志，犍爲郡，「朱提，山出銀。」食貨志下，王莽制，「朱提銀重八兩爲一流，直一千五百八十；他銀一流直千，是爲銀貨二品。」續郡國志作山出銀銅。劉昭注：「南中志，舊有銀窟數處。諸葛亮書云，漢嘉金，朱提銀，采之不足以自食。」是朱提之銀最爲優良。此亦開發之一條件也。又華陽國志四南中志：朱提郡，「先有梓潼文齊初為屬國（都尉），穿龍池，溉稻田，為民興利，亦為立祠。」「其民好學，濱犍為，號多士人，為寧州冠冕。」蓋因地方富庶，又當通巴蜀大道，故文化開發亦較高也。

而魏晉之世，朱提又見有道西南二百里至堂螂縣（今昭通、會澤間，蓋以車汎西至巧家地區），南達寧州。蓋循今以禮江、車洪江而上行也。故其時朱提南至寧州、建寧郡實有東西兩道。而寧州取西道西北至堂螂，又西北繩索牽援而上八十里渡瀘水（今金沙江），至越嶲（今西昌），此則古代四川通雲南兩道之聯絡線也。

此節考證，詳成都西南邊區東西交通諸道篇下篇第四節。

（二）唐代劍南通南寧（今曲靖）、昆川（今昆明）道
（附論唐末南寧又名曲靖之由來）

隋唐時代，此道益闢，然唐初已見此道北段改循朱提江（今橫江、小江）而上。及唐中葉以後，南中之地盡失，此道官方交通僅為通南詔使節，故朱提以南之路程專取西線經今會澤（東川）直至昆明，不必經威寧、曲靖矣。茲續考如次：

唐代戎州治僰道縣，即漢舊縣也，而治所在岷江（即汶江）西南岸，馬湖江（今金沙江）之北，二流挾城滙合於城東，會昌三年遷治岷江之北。宋世因之。稱為交通形勝之地。

元和志三一戎州治僰道縣，「汶江流經縣東北，去縣十步。」又蠻書二山川江源篇：「瀘水……東北入戎州界，為馬湖江，至關〔開〕邊縣門，與朱提江合流戎門〔州〕南城，入外江。」③是唐代治所在南北兩源間。輿地紀勝一六三敘州沿革條，「唐初復為戎州……移治南溪。太宗時徙僰道，在蜀江之西三江

③　〔　〕中字係據向氏校注訂正。然戎門亦可通，漢代固稱棘道為棘門也，見前引。

口。……杜少陵過此戎州東樓賦詩，即三江口也。……武宗時以大水，移於蜀江之北，即今治也，在會昌三年。」又景物下，「花臺寺在州治大江之西。……州治自會昌三年遷於江北。」蜀中廣記一五敍府宜賓縣條引圖經云：「僰道縣故址有三。漢武帝時在中方鄉，即今西南，與長寧縣接。唐太宗徙於蜀江之右三江口，即今府治。武宗會昌中，以大水復徙於蜀江北岸，即今舊州。」一統志敍州府卷古蹟目云，會昌三年馬湖江水漂蕩，（縣）隨州移北岸。是則屢經遷徙矣。

輿地紀勝一六三敍州卷風俗形勝目引譙炎東樓記：敍州「自漢以來號爲重地，蓋控扼石門、馬湖諸蠻。」又引史公亮宜賓縣譙樓記，「敍州古僰道，枕大江。州雖小，而實當舟車之衝，冠蓋往來相望。」此兩條皆能得其形勢。

天寶十年鮮于仲通由戎州南溪（戎州東五十里，今李莊）下兵征雲南，取石門（今豆沙關 E 104°5′·N 28°）道經靖州、曲州（今昭通），是仍唐蒙舊道，由南廣河谷度入石門江河谷也。

舊一九七南詔傳，天寶九年閣羅鳳圍殺雲南太守張虔陁，明年劍南節度使鮮于仲通「率兵出戎、巂州……進兵逼太和城，爲南詔所敗。」新二二二上南詔傳云，「仲通自將出戎、巂州，分二道進攻曲州、靖州。……進薄白崖城，大敗引還。」是仲通大軍東西並進。其東路軍取戎州、靖州、曲州道也。蠻書一，「從石門外出魯望昆州至雲南，謂之北路。……天寶中，鮮于仲通南溪下兵，亦是此路。後遂閉絕。」新一五八韋皐傳，「乃遣幕府崔佐時由石門趣雲南，而南詔復通。石門者，隋史萬歲南征道也。天寶中鮮于仲通下兵南溪，道遂閉。」是仲通戎州之兵由南溪道經石門也。復考南詔德化碑（金石萃編一六〇）云：「豈意節度使鮮于仲通已統大軍取南谿路下。」又云「仲通大軍已至曲、靖。」此異原之史料亦謂仲通由南溪進兵，經曲州、靖州也。綜此諸條，可知仲通取道南溪、石門、靖州、曲州。石門以下與蠻書及新志所記之道同，詳下文。而大軍首途則由南溪。檢元和志，南溪縣在戎州東五十里，一統志敍州府卷古蹟目，謂在今縣西李莊驛，是也。又山川目，南廣水即漢書地理志及水經注之符黑水。水經注，此水「北逕僰道入江，謂之南廣口。」吳船錄，發敍州十五里，南廣江來合大江。前論唐蒙道當行南廣河流域度入石門江流域，此南廣口在僰道東十五里，在南溪縣西亦不過三十五里，則所謂下兵南溪者殆循南廣河谷而上，亦即唐蒙舊道也。前引蜀中廣記三六邊防永寧司條及紀要七三永寧司條，皆謂天寶中伐南詔，起瀘州，泝永寧，走赤水，達曲靖；非也。

然戎州西南略沿馬湖江（今金沙江）上行六十五里至開邊縣（今安邊場），當馬湖江、朱提江（一名石門江，今橫江、小江）之會。

元和志三一戎州，「開邊縣，東北至州六十五里。」本在縣北一百三十里野容川，隋開皇六年置，唐肅宗上元元年廢，代宗永泰二年復置於此。寰宇記七九戎州，廢開邊縣「在馬湖朱提兩江口置。」此指永泰以後之縣址也。前引蠻書卷二山川江源篇，「馬湖江至關〔開〕邊縣門，與朱提江合流。」與寰宇記合。向氏校注謂其地當在今安邊場，是也。

唐初，曾以開邊、石門（今豆沙關）、朱提（今昭通）三縣置南通州，蓋即以通道爲名。亦已見此道北端另有循朱提江（今橫江）而南上之一線。

新唐書地理志，戎州開邊縣條，「貞觀四年，以石門、開邊、朱提三縣置南通州。五年析置鹽泉縣以隸之。八年曰資州。是年州廢，以石門、朱提、鹽泉置撫夷縣及開邊，隸戎州。」開邊縣當朱提江口，見上文；元和志三一，戎州開邊縣有「鹽泉鎮，在縣西南八十里。」當即鹽泉廢縣故地。石門約在今豆沙關地區，朱提在今昭通縣，詳下文。是此諸縣皆今橫江沿岸，置州名南通州，蓋即通道而名歟？

其行程：由開邊縣南略循朱提江河谷上行七十里至曲州新址，天寶中經營雲南失敗所徙置者，相近有鹽泉鎮。

新唐書地理志戎州開邊縣條，錄貞元十年袁滋使南詔行程甚詳。首云「自縣南七十里至曲州。」則在戎州西南一百三十五里。按寰宇記七九，「曲州在州西南九百里，天寶中因雲南破，移在開邊縣界，去縣一百二十七里。」謂在戎州都督府西南也。故地原在今昭通縣，詳後文。天寶中北徙於此。「去縣」當是「去州」之誤。鹽泉鎮在開邊縣西南八十里，見前引元和志，當與新曲州相近。

又南四百八十里至石門鎮（今大關北一百九十里豆沙關 E104°5′·N28°），宋世有阿蒙壩之名，不知所始。石門去戎州十日程，共六百一十五里；下臨朱提江，東西兩山皆石崖，壁立萬仞，傍兩崖皆有閣道，寬一步，斜亙三十餘里。唐蒙開道當於此有疏鑿之功。隋開皇五年重鑿。唐天寶中經營南詔失敗，南中之地盡失，此道遂閉。貞元十年，袁滋使南詔，又重修之，置館驛。

蠻書卷一雲南界內途程第一云：

「從石門外出魯望、昆州〔川〕至雲南，謂之北路。……從戎州南十日程至石門。上有隋初刊記處云，開皇五年十月二十五日，兼法曹黃榮領始益二州石匠，鑿石四孔，各深一丈，連偏梁橋閣，通越析州、津州。蓋史萬歲南征出於此也。越析州今西河〔洱〕河東一日程，越析州諧長故地也。津州未詳其處。天寶中鮮于仲通南溪下兵，亦是此路。後遂閉絕，僅五十年來。貞元十年，南詔立功歸化，朝廷發使册命。而邛部舊路方有兆吐蕃（新一五八韋皐傳作『至是蠻經北谷近吐蕃』）侵鈔隔關〔閡？〕。其年七月，西川節度韋皐乃遣巡官監察御史馬益，閉〔開〕石門路，量〔置〕行館。石門東崖石壁，直上萬仞，下臨朱提江流，又下入地中數百尺，惟聞水聲，人不可到。西崖亦是石壁，傍崖亦有閣路。横濶一步，斜亙三十餘里，半壁架空，欹危虛險。其安梁石孔即隋朝所鑿也。」

此所記石門形勢甚詳，云去戎州十日程。同書卷一〇，述貞元十年袁滋奉使回，南詔遣大將及柘東副使「送至石門。從石門更十日程到茂〔戎〕州。」又新志續云：「（曲州）又四百八十里至石門鎮，隋開皇五年率益漢二州兵所開。」則石門置鎮，北至戎州十日程，六百一十五里也。日行六十里，於事正合。而元和志三一，戎州「西南至石門鎮三百里。」則絕不須十日。殆必字譌。然武經總要前集一九，亦作三百里，則元和志字譌久矣，或撰述之誤歟？然亦可能由於唐代後期地名北徙。一統志敍州府卷山川目，以古石門道之石門在慶符縣南五里，則北至宜賓僅一百二十餘里，更後世地名矣。至於石門故地則在今豆沙關，其證如下：

前引蠻書，貞元十年韋皐遣巡官馬益開石門路。校注云：案今雲南大關縣之豆沙關有唐貞元十年袁滋摩崖題名。其文云：

「大唐貞元十年□□□□九月二十日，雲南宣慰使內給事俱文珍，判官劉幽巖，小使吐突承璀，持節册南詔使御史中丞袁滋，副使成都少尹龐頎，判官監察御史崔佐時，同奉恩命赴雲南，册蒙異牟尋爲南詔。其時節度使尚書右僕射成都尹兼御史大夫韋皐署巡官監察御史馬益統行營兵馬，開路置驛，故刊石記之。　　　　袁滋題」

據校注附錄，豆沙關屬鹽津縣境。今檢地圖，在鹽津之南，大關之北。按此摩崖最早著錄見輿地紀勝一六三敍州卷碑記目，云在石門界。則今豆沙關卽古石門也。此道古稱石門道，袁滋奉使過此，題記疏鑿之功，自亦當題在石門。續雲南通志稿一七二藝文志金石目引大關廳志，有册南詔碑，「在距城一百八十里豆沙關，危巖壁立，下有石刻」云云，卽此摩崖，謂在大關城北一百八十里也。昭通縣志一道里目云大關北一百九十里，略合。而一統志昭通府卷關隘目，「豆沙關在大關同知治雄魁城西南一百五十里，前臨大河，爲下方咽喉。」方向顯誤，里距亦不合，然述其形勢與廳志合，與蠻書所記石門形勢亦正同。卽古石門亦無疑矣。據昭通縣志道里目，昭通北至大關一百六十里，又一百九十里至豆沙關，又四百五十里至敍府，視唐代志書所記雖有一百六十里之差，殆山路崎嶇，千餘年來，多經修鑿，且計程欠確耳。

石門，宋世見有阿蒙壩之名，見輿地紀勝一六三敍州卷景物下，詳後引。

又蠻書錄開皇五年鑿修刊記，並云「蓋史萬歲南征出於此也。」向氏校注論史萬歲南征當自西寧州（唐之巂州，今西昌）南入，非此石門道，以爲蠻書誤記。按輿地紀勝一六三敍州風俗形勝目引韋南康贊，已云敍之石門乃隋史萬歲南征之道。不始於蠻書。且向論史萬歲事縱屬正確，然史萬歲用兵在開皇十七年（通鑑一七八），而爨書所錄摩崖在開皇五年，不必爲一事。考隋書三七梁睿傳，周末上書隋公，請定南寧曰，「其處去益路止一千，朱提北境即與戎州接界。……即請略定南寧。自盧戎以來，軍糧須給，過此即於蠻夷徵稅，以供軍馬。」高祖深納之，故早有自戎州出師經朱提略定南寧州之籌劃。又考元和志三二曲州，漢武帝於此置朱提縣，「開皇四年，開置南中，立爲恭州。」又同書三一戎州，開邊縣，開皇六年所始置。以開邊爲名，足徵當開皇五年前後果已在此地區經營開拓矣。爨書指爲史萬歲事，或有未確，然開皇五年曾爲疏鑿，殊有可能也。至於紀要一一三雲南重險有石門條，謂鮮于仲通下兵南溪，石門道閉，及韋皐重開石門，皆在大理北八十里，則大誤。而卷七〇敘州府又謂「隋史萬歲入南中路經石門，唐韋皐亦由此以通南詔。」則又自相矛盾矣。

明代志書記古人詩云：「石城門峻誰開闢，更鼓誤聞風落石，界天白嶺勝金湯，鎮壓西南天半壁。」正足見其形勢。

蜀中廣記一五敘府宜賓縣，「石門江在府西南百三十里，俗呼橫江，又名小江。唐書韋皐傳，石門即隋史萬歲南征之道。古有詩」云云如上。不知何時代人所作。紀要七〇宜賓縣石城山條，以爲史萬歲所賦④，自誤無疑。

石門「閣外至（蒙）夔嶺七日程」；又二日程至魯望，唐代前期置曲州，即漢代朱提縣也。其詳細行程：由石門「直經朱提江，下上躋攀，傴身側足，又有黃蠅、飛蛭、毒蛇、短狐、沙虱之類。」故路極艱險難行。「第三程至牛頭山，山有諸葛古城，館臨水（今灑雨河），名馬安〔鞍〕渡。」此水蓋即七曲水，「上源從阿等〔竿？〕路部落（今灑雨河發源大黑山、馬鞍山），遶蒙夔山，又東折，與朱提江（今洛澤河）合。第五程至生蠻阿（旁、猛）部落（約今大關縣 E 103°55′ · N 27°40′）。」去石門二百二十五里。「第七程至蒙夔嶺（今昭通北山）。嶺當大漏天，直上二十里，（今灑雨河東，昭通北山峰海拔 3159 公尺。）積陰凝閉，晝夜不

④ 圖書集成・職方典六〇三敘州府卷，同。

分。從此嶺頭南下八九里，青松白草，川路漸平。」有阿夔部落者，在此嶺南麓，去阿旁〔蒙、猛〕部一百九十里。嶺居阿蒙、阿夔兩部落間，故有蒙夔之名。「第九程至魯望（今昭通小高原盆地，西南境尚有魯甸縣），即蠻漢兩界，舊曲、靖之地也。曲州、靖州廢城及丘墓碑闕皆在。依山有阿竿〔等？〕路部落」，蓋依魯望南山也。（今昭通南大黑山、馬鞍山，爲灑雨河所出。）以上引號中文，皆直錄蠻書，以爲靖州亦在魯望，頗可疑。魯望曲州去石門九日程，去戎州十九日程，其北山之南麓阿夔部去石門四百一十五里，去戎州一千零三十里。寰宇記，曲州北至戎州九百里，大數略相近。今觀此道大約由今宜賓縣略循金沙江，西南行至安邊(E 104° 30′·N 28° 35′)，折南循石門河（即橫江）東岸而上，即古朱提江也。至豆沙關（E 104° 5′·N 28°），即古石門，渡江，循石門江之西源灑雨河而上，或循灑雨河之東源五塞河而上，（今道取五塞河路。）至高原盆地之昭通縣(E 103° 45′ · N 27° 15′)。宜賓安邊海拔約 300 公尺，豆沙關地區約 1000～1500 公尺，灑雨河東側，昭通北山，約即古蒙夔山者，高峯達 3159 公尺，爲四川通雲南道上之最高點。其北麓約 2000 公尺，南麓昭通 1950 公尺。而自安邊至昭通航空距離僅約一百五十五公里。在此短距離內，高度變化之大如此，加以氣候惡劣，宜其道途迂遠，艱險難行，故自漢魏以來即有「牛叩頭」「馬搏頰」「盤蛇七曲」「氣與天通」等狀詞也。

蠻書述此段行程極詳，故據原文直錄，以引號「　」識之。其加〔　〕或（　）者，除〔蒙、猛〕外，皆據向氏校注改或補正也。新志亦續云：「(石門鎮）又經鄧枕山、馬鞍渡二百二十五里至阿傍部落，又經蒙夔山百九十里至阿夔部落。」所經地名馬鞍、蒙夔與蠻書相同，則鄧枕山與蠻書之牛頭山略相當。新書二二二下南蠻傳兩爨條，烏蠻種分七部落，其二曰阿猛，其三曰夔山。夔山部當即此阿夔部。經蒙夔山至阿夔部，則當在蒙夔山之南麓，而在魯望稍北，或其北境。今觀蠻書云戎州至魯望曲州十九日程，新志云戎州至阿夔部一千零三十里，略相合；而寰宇記七九，曲州故地在戎州西南九百里，大數固亦相近也。下文續討論魯望、曲州、七曲水、蒙夔山嶺、阿竿部、阿夔部、阿旁〔蒙、猛〕部之今地所在及石門有阿蒙𪧐之名。惟靖州一地不在魯望，當在蒙夔山之北，俟本節末與協州一並討論。

阿旁〔蒙、猛〕部及阿蒙𪧐　蠻書「第五程至生蠻阿部落。」校注據上引新志，於阿下補旁字，是也。又按新書南蠻傳，烏蠻七部，除最後一部在今越嶲外，其一、三、四、五、六部皆在此道上；惟第二部曰阿猛，居地無考，疑即此阿旁，音近異寫耳。復考輿地紀勝一六三敍州卷景物下，「石門江，其源自靖州番部中流出，二百餘里至阿蒙𪧐，有韋南康碑。自此可方舟至闕〔開〕邊縣合馬湖。」此碑即指袁滋題名無疑。則石門又有阿蒙𪧐之名。蒙、猛、傍蓋皆一音異寫，以阿夔部在蒙夔嶺之南例之，阿蒙部在石門之南，故石門又有阿蒙𪧐之名也。

魯望、曲州及阿竿部落　元和志三二曲州，郡名朱提，管朱提、唐興二縣。即漢朱提郡縣也。新志戎州都督府羈縻州條，亦云曲州「故朱提郡。」檢續雲南通志稿一一，昭通府，漢爲朱提郡，唐爲曲州。是謂在今昭通縣也。而向氏蠻書校注云：

> 「魯望即魯望川。魯望，元爲越州。元史卷六十一地理志曲靖路越州條云：『越州在路之南，其川名魯望。』……今曲靖、陸良之間猶有地名越州。漢末經營雲南，置建寧郡，即在今曲靖，晉改寧州，隋置恭州、協州。唐武德初，改恭州爲曲州，析協州爲靖州。……所謂邱墓碑闕，大約指爨龍顏、寶子諸墓及碑而言。二爨墓在今陸良，俱舊曲、靖二州地，故云。」

按此段以蠻書之魯望即元代越州之魯望川，在今曲靖縣南，唐之曲州、靖州亦即今之曲靖縣。檢紀要七〇敍州府宜賓縣廢協州條及一一四曲靖府南寧縣廢恭州條，亦以唐故曲州、協州在今曲靖府境。按南寧州、曲州、靖州皆大州，南寧州治味縣，在今曲靖縣，無異說，亦無可疑。紀要及校注謂曲州、靖州亦在今曲靖。皆大誤也。

按蠻書詳記程數。先云「從戎州南十日程至石門。」又云：「（石門）閣外至蒙夔嶺七日程」，而下文復稱石門「第七程至蒙夔嶺。」則所謂程者指日程而言，無疑。自魯望、曲州北行至戎州（今宜賓）十九日程，下文又云：「凡從魯望行十二程方始到柘東。」柘東，今昆明縣。按今曲靖西南至昆明不過三百里，（一統志曲靖府卷。）路平，易行，最多五日可達，何至須十二日？而曲靖北至宜賓，直線距離爲曲靖至昆明之三倍以上，（近代實際記程則五倍以上。）路極艱險，何以僅比曲靖昆明間多六日程？則魯望、曲州之非今曲靖，不待辯可知矣。檢宋史四九六蠻夷四，「敍州三路蠻，西北曰董蠻，正西曰石門蠻，東南曰南廣蠻。……石門蕃部與臨洮土羌接，唐曲、播等十二州之地……蓋古浪稽、魯望諸部也。」此亦見曲州、魯望去敍州（唐戎州）、石門不應太遠，亦即不應遠在今曲靖縣之一證。

然則魯望、曲州究在今何地？今檢申報館中國分省新圖、張編地圖集及美國ONC–H–11，就大體之方位、地形與里距言，不外昭通、會澤（東川）、威寧三地之一。若專就里程而言，蠻書，魯望北至今宜賓十九日程，南至今昆明十二日程；新志，阿夔部北至宜賓一千零三十里，南至昆明九百里；則威寧之可能性較大。然細加研索，則又當在今昭通無疑。何者？石門在豆沙關，有摩崖尚見在，可爲鐵證，已詳上文。欲求魯望當以此爲基本據點。新志，石門北至戎州六百一十五里，南至阿夔部四百一十五里。今豆沙關北至宜賓四百五十里，南至昭通三百五十里，（昭通縣志卷一交通目。）而威寧至豆沙當在五百里左右（若經昭通則六百三十里），則就比例言，魯望、阿夔當在昭通，不遠在威寧。然此非強證，今作進一步探討。檢橫江即石門江，有三源，中源爲洛澤河（續雲南通志作洛驛河），西源爲灑雨河，二流相會，過豆沙關，與東源白水江會合。蠻書云石門下臨朱提江，石門南行直下朱提江，則朱提江正流當指中西二源，不指白水江。下文又云，石門外第三程至牛頭山馬鞍渡，馬鞍渡水從阿等部來，繞蒙夔山，又「東折與朱提江合。」則指中源洛澤河爲朱提江正流，而路程則取道西源之灑雨河谷也。是則蠻書行程由豆沙關向西南略循灑雨河谷指向昭通，非向正南略循洛澤河谷經彝良至威寧也。復檢昭通縣志卷一山川目，灑漁河上源有二，一爲擦拉河，河出魯甸境大黑山，山之北支爲馬鞍山，在昭通西南二十五里。一統志昭通府卷山川目，灑魚河發源馬鞍山，山在府治西南三十里。擦拉河源出大黑山，山在府治西南四十里。蠻書云馬鞍渡水出阿等部落，又云依山有阿竿部落，新唐書二二二下南蠻傳兩爨蠻條，東爨烏蠻「分七部落，一曰阿芋路，居曲州、靖州故地。」校注以爲等竿芋爲一字形譌，是也。然則此阿等〔竿〕部落正在今昭通縣之南山地區無疑。而鄰近之魯望平原與曲州亦即在昭通地區無疑矣。然則續雲南通志云漢朱提郡、唐曲州皆在今昭通，雖無所據，然眞得其地矣。今昭通西南五十里尙有魯甸縣（續雲南通志），昭通城西二十五里有高魯山，擦拉河又名高魯河（昭通縣志），得非魯望之遺音歟？或曰，昭通居宜賓、昆明之間而偏北。昭通縣志一交通目，北經五塞、大關、豆沙關至宜賓八百里。南至昆明有兩道，西南經會澤至昆明九百三十里。東南至威寧，又九百一十里至昆明。此皆視北去宜賓爲遠。又同卷疆域，昭通距會垣七百九十里，此當即指取會澤道，亦與北去宜賓里數相當。而蠻書、新志，魯望、阿夔部北至戎州十九日程，一千零三十里，南至柘東十二日程、九百里，日程里距得非太不均衡？應之曰，檢 ONC-H-11，宜賓、安邊海拔 1000 呎，豆沙關地區約 3000～5000 呎，其東北、東南數十里處分別有高達 6020 呎、9782 呎之山峯，昭通盆地海拔 6413 呎，其北山通道所經地區有高達 10361 呎之山峯，北麓則約 7000 呎。自安邊至昭通，航空距離僅約一百五十五公里，而海拔差距 5400 呎，加以途中高峯疊起，故此段地形變化極大。而昭通以南通道所經皆爲 6000～7000 呎之高原，地形變化甚小。地形變化大，古代交通必艱險迂遠，經千年修鑿而漸縮短行程，此理之當然，無足異也。

蒙夔嶺、阿夔部及七曲水　魯望、曲州既在今昭通之高原小盆地，則蒙夔山嶺自當即今昭通北山。山峯高逾萬呎，而山北谷地、山南盆地皆約六七千呎。蠻書云，自北來「直上二十里」，「嶺頭南下八九里青松白草川路漸平」，形勢極合。又蠻書云「嶺當大漏天，……積陰，凝閉，晝夜不分。」檢元和志三二曲州目云：

「七曲水在州西北三十里。溺水在七曲水北百三十里。（此處當有奪譌。）

南北四百里，東西七百里，窮年密霧，未嘗覩日月輝光，樹木皆衣毛深厚，時時多水濕，晝夜沾灑，上無飛鳥，下絕走獸，唯夏月頗有蝮蛇，土人呼爲漏天也。」

此亦描述曲州北山，與蠻書相契合，雖不必一山，要在同一地區也。檢一統志昭通府卷山川目，「雪山在大關東南六十里，陰雲密霧，積雪不消。」當在昭通北百里。又昭通縣志卷一山川目云：「王家山在城北七十里，終年煙鎖霧環，陰雨連緜，叢林深箐，夏日積雪不化，此大涼山也。（按此山在灑雨河西。）」及氣候目云「九十月至次年二三月間，…… 北方冷空氣向南流動，故多東北風，但北嶺居高臨下，形勢狹長，又因大關角奎兩河崖谷深下，炎熱如焚，冷空氣被最低氣壓所迫，溯河谷向上流動，故北嶺時見白霧彌漫，而朔風卽來，砭人肌骨。」此與唐人描述曲州北山之氣象正同。蒙夔山卽今昭通北山，則阿夔部當在此山南麓，卽今昭通北境也。又灑雨河爲昭通境內之大水，流經城西四十里處（一統志），通過北山向北流，前論北山地形變化極大，河流自多曲折。縣志山川目，昭通之北境有五塞河，源出城北四十里，流經五馬海……三塞、五寨，北入山腹，潛行至大關界，會灑雨河。五寨河「自五馬海起，兩面皆係高山，爲通川大路，涉水而過，行人苦之，俗有七十二道脚不乾之語。」此灑雨河之支源也。想灑雨河幹流當亦相類，所謂七曲水者，殆卽今灑雨河歟？而灑雨之名蓋亦由多雨之故歟？前論蠻書馬鞍渡之河水卽今灑雨河，然則亦卽元和志之七曲水歟。華陽志已稱此道有「盤蛇七曲」之險，則七曲之名舊矣。意者，曲州得非因七曲水之河谷道路曲折而受名歟。

以上陸道大抵循朱提江卽石門江及其西源灑雨河之河谷而上行。石門以下可通舟楫，惟河流湍急，舟行灘石中，殊爲驚險。

輿地紀勝一六三敘州卷景物下，「石門江……至阿蒙壩，有韋南康碑，自此可方舟，至關〔開〕邊縣合馬湖江。」按韋南康碑當卽指石門袁滋摩崖。是此下通舟。紀要七三烏蒙軍民府撒由河條引志云：「府北六百里，有上獠蠻江，卽撒由（卽灑雨河）、龍王洞（卽五寨河）二河下流也。兩山夾水五百餘里，中多巨石，湍流峻急，如萬馬之奔，舟行灘石中，甚險側，經三十餘灘，而始出峽，至敍州合大江。」按府在今昭通縣；撒由河即灑雨河；龍洞河，據昭通縣志即五寨河。則此上獠蠻江即古朱提江、今横江無疑，是謂通航亦在石門以下也。

至於魯望曲州以南之行程，蠻書云，「過魯望第七程至竹子嶺。嶺東有暴蠻部落，嶺西有盧鹿蠻部落。第六〔八〕程至生蠻磨彌殿部落。此等部落皆東爨烏蠻也。」「第九程至制長館，於是始有門閣廨宇迎候供養之禮，皆漢地。凡從魯望行十二程，方始到柘東（今昆明）。」而新志云：「(阿夔部落）又百八十里至諭官川，又經薄哼川百五十里至界江山下，又經荆溪谷、瀲溹池三百二十里至湯麻頓，又二百五十里至柘東城。」共凡九百里。兩書地名無一相同，然全部日程里距則甚契合。蓋皆記魯望西南行一道。制長館與湯麻頓蓋即一地或極相近，約今尋甸地區。磨彌殿部落約在今霑益西北地區，盧鹿蠻部落蓋在今會澤地區，暴蠻部落蓋今宣威或其西南，界江山約在今老尖山之西歟？其行程蓋由今昭通向南微西行渡牛欄江至會澤(E103°25′·N26°23′)地區，再南循牛欄江上源車洪江流域而上，經霑益西境，及尋甸縣至昆明也，沿途海拔高度極少變化，故較平坦易行。

蠻書云魯望至柘東十二日程，新志云，阿夔部（部在魯望北）至柘東九百里，平均每日約行七十里左右，似正當爲一道。前引昭通縣志，西南取東川會澤縣至昆明九百三十里，另一昭通至昆明里距爲七百九十里，當亦此道。此外一道東南取威寧路，威寧至昆明九百一十里。檢一統志昭通府及大定府卷，昭通東南至威寧二百八十里。則昭通東南取威寧路至昆明共一千一百九十里，而西南取會澤路最多不過九百里上下。蠻書云十二日程，新志云九百里，是知必取西南道，無疑，不東南迂廻威寧也。

據上文討論，昭通至昆明間，唐代里程與近代里程，皆約九百里上下，無大變動，蓋行高原中，海拔無大變化，路本較平坦，故千年以來無大改進也。蠻書云，制長館至柘東三日程，新志云湯麻頓至柘東二百五十里，地平易行，日行八十里，正自相當，故疑為一地，至少相近。以今地勘之，當在今尋甸地區無疑。復按新唐志羈縻州目，南寧州七縣，有升麻、泉麻；又麻州，貞觀二十二年析郎州置。郎州即南寧州，在今曲靖。是此區地名多有以麻名者。蠻書卷四、卷六，皆有升麻川。校注引錢坫、徐松新斠注地理志集釋，謂升麻川即今尋甸。則頓名湯麻，殆亦有故歟？制長館既約在今尋甸，則磨彌殿部約當在今尋甸東北數十里。檢元史六一地理志，霑益州，「唐初置州，天寶末沒于蠻，為僰刺二種所居，後磨彌部奪之」。州領三縣，首交水，「治易陬龍城，其先磨彌部酋蒙提居之，後大理國高護軍逐其子孫。」則唐代後期磨彌部住地在今霑益地區，大道殆過此部西境，疑循以禮河渡入牛欄江上流車洪江河谷，經今霑益西境至尋甸也。則暴蠻盧鹿兩部地望大體可知。至於新志之界江山，就里程推之，似與今圖高約九千呎之老尖山相近，蓋其西麓耶？檢ONC-H-11，牛欄江上流至尋甸間航空里距約一百五十公里間，兩山高度皆約七千呎，與昭通平地只數百呎之差，則此道易行可知。

而第八程至磨彌殿部處（今霑益西境）又有分道東南行至南寧州治所味縣，即今曲靖縣（E 103°48′・N 25°33′），蜀置庲降都督及建寧郡，晉置寧州，皆相近地。蓋周隋入蜀始加南字。唐初南寧州置總管府或都督府，統督瀘水（金沙江）以南恭（即曲州）、盤、協、昆、姚等十六州，為一大都督區。蓋其地處雲南高原東部，地多平衍，產業豐實，華人移寓亦多，故為漢晉以來經營雲南之一中心根據地也。

華陽國志四南中志，蜀先主置庲降都督，治平夷縣。後置建寧郡，以都督李恢兼太守，「加安漢將軍，領交州刺史，治味縣。」「泰始六年，以益州大，分南中四郡為寧州。」「太康三年罷寧州，置南夷校尉，持節統兵鎮南中，統五十八部夷族。」後復寧州，以刺史領南夷校尉。紀要一一四，平夷在今陸良縣，味縣在今曲靖縣西。一統志曲靖府卷古蹟目，南寧、味縣故城在今曲靖縣西十五里平川中。平夷廢縣在今曲靖縣境。所指相去不遠。按八瓊室金石補正一〇劉宋寧州刺史爨龍顏碑，建寧同樂縣人，累世爲建寧太守。龍顏官至「龍驤將軍、護鎮蠻校尉、寧州刺史。」碑在今陸良縣東南二十里貞元堡。同書九東晉建寧太守爨寶子碑，亦建寧同樂縣人，碑在今曲靖縣南七十里楊族田（續雲南通志稿一七一引南寧縣志作楊旗田）。則厎降、建寧、寧州大抵在今曲靖地區，無疑。

通典一八七西爨條，「梁元帝時，南寧州刺史徐文威」云云，似南朝後期已有南寧州之名。竊意，州名例一字，南寧當對寧州而言，但南朝無寧州。檢隋書地理志，北地郡「後魏置豳州，西魏改爲寧州，大業初復曰豳州。」疑此寧上加南字蓋始於後周得蜀以後。隋書三七梁睿傳，疏稱「南寧州，漢世牂柯之地。」時在周末，蓋此州名之最早見者。

兩書地志郎州條，「武德元年開南中置南寧州」，治味縣。武德四年置總管府，管南寧、恭、協、昆、尹、曾、姚、西濮、西宗九州。五年僑治益州。七年改爲都督府，增督西寧（卽昆州南之黎州）、（西）豫、西（疑脫平字，卽盤州）、利、南雲、磨、南籠七州。八年移都督復治味縣，旋改名郎州，罷都督。（兩志有歧異，今不深究。寰宇記七九略同。）開元五年復名南寧州。則唐初此州曾爲一大都督區，統督瀘水（今金沙江）以南十餘州也。又新書二二二下南蠻傳兩爨蠻條；貞觀二十三年，以爨蠻之西徒莫祇蠻等地置五州，「隸郎州都督府」，永徽初，有都督任懷玉。此時討定西南夷，遂「罷郎州都督，更置戎州都督。」又云「以爨歸王爲南寧州都督，居石城」，歸王被害，「以其子守隅爲南寧州都督。」時在天寶世。大約高宗初始罷都督府，其後以蠻酋爲都督也。

曲靖地區爲雲南東部大平原，觀ONC–H–11，至明顯。按隋書三七梁睿傳，周末，上書隋公曰，「南寧州，漢代牂柯之郡，其地沃壤，多是漢人。」又通典一八七南蠻西爨條，述南朝末年事云，「南寧之地，廣袤二千餘里，俗多華人。」蓋自漢代經營雲南，皆以此地爲中心，故華人徙寓爲多也。

建寧郡、寧州、南寧州，因時異名，皆在今曲靖地區，爲漢晉以來，中國經營雲南之中心根據地，已如上考。其地與前考之磨彌殿部極相近，地非崇山，有道相通自不待言。且前引華陽志、水經注，李驤由越嶲攻寧州，寧州刺史遣兵敗之於堂琅。此尤寧州與此道聯絡之明證，且開通甚早，不始於唐也。

唐史稱南寧州北接曲州，曲州北接協州，協州北接戎州，後分協州北境置靖州。南寧州在今曲靖，曲州故治在今昭通，已詳上文。協州在曲州北約百里，當在蒙夔嶺北，靖州故地又在協州之北約八十里，石門之南，皆今大關縣地區。唐代前期，於今雲南東北境，自宜賓至曲靖之廣大地區，惟置此諸正州，南北相接，自當爲一通道，以制南中諸蠻。此道固有即爲上考之道之可能。然其時南寧州置都督府爲統制南中諸蠻之軍政重鎮，與兩漢、蜀、晉時代之形勢無異，是石門道之南段亦可能因唐蒙漢道之舊，即由今昭通東南取威寧、宣威至曲靖也。及天寶年間，鮮于仲通經營雲南失敗，唐室勢力僅能保石門爲塞，乃北徙靖州於石門之北，徙曲州於戎州開邊縣之南，徙協州於靖、曲兩新治之間，約漢南廣縣故地（今珙縣西南），而石門以南至南寧重鎮皆淪棄不守，石門以南之交通，惟與南詔通使耳。故自昭通以南，不取東南之威寧道；而取西南之會澤道，直趨昆明，此即上文所考蠻書、唐志所記之捷道也。而唐蒙舊道經威寧至曲靖者蓋仍爲商道未廢，故迄明清乃至今日仍爲川滇交通之要道也。至於南寧西至柘東，平原坦途，不待論矣。

南寧、曲、協、戎四州南北相接，見舊唐書地理志戎州都督府目，寰宇記七九亦同。按中古地理書無如此書法，蓋唐初於此一廣大地區，惟置此諸正州南北一字排列，以控南北通道，以制南中諸蠻，故史家如此書之。靖州乃後分協州所置者。

又按此種形勢，自漢唐蒙開道由僰道經朱提至夜郎，即今日由宜賓經昭通、威寧、宣威至曲靖之大道，已見前考。唐代前期形勢仍無異於兩漢、三國、兩晉時代，蓋仍取道威寧也。唐宋時代史家記戎州至南詔之道里有三千三百里、二千三百里、二千七百三十五里三種數字。其二千七百數十里，係指蠻書與新志所記袁滋所行之道而言。二千三百里，二字顯爲三字之形譌，則蓋指昭通東南經威寧、曲靖之道而言也，詳下文總計里數條及注⑨。

曲州故治、新治及南寧州之地望已考論如上，茲補論協州與靖州地望如次：

協州　寰宇記七九末節，「協州在州（戎）西南八百里。天寶中因雲南離叛，被破，今移置，在州西南四百九十三里。」謂在戎州都督府西南也。通典一七六，戎州「西南至羈縻協州四百一十里。」此當指已北徙者，里距稍異，要當去戎州四百里以上也。按寰宇記又云曲州故城在戎州西南九百里，是協州故治當在曲州北約百里之譜，度其地望當在蒙夔嶺之北，約今大關南境；北徙新治當在石門之北矣。元和志三二協州，「今州卽（漢）犍爲郡之南廣縣也。」按漢南廣縣在今南廣河流域珙縣西南，疑此爲北徙後之協州新址。

靖州　前引蠻書，靖州與曲州同在魯望。按新書地志，戎州都督府羈縻州，有靖州，「析協州置。」寰宇記七九，「靖州在州西南五百一十里」，「古靖州在州西南七百二十里」，謂在戎府西南也。是亦前後有遷徙，蓋皆天寶間與曲、協州同時北徙也。度其地望，靖州故治當在協州之北約八十里，並分協州北部置，地望約在今大關地區，蠻書混書於魯望耳。其北徙新治則當在協州新治之南，然亦石門之北矣。此論既擬定，復檢輿地紀勝一六三敍州卷景物下，「石門江，其源自靖州蕃部中流出二百餘里至阿蒙壩，有韋南康碑。」碑卽袁滋石門摩崖，則靖州在石門南二百里上下，正今大關地區矣。

唐代戎州石門道，南至曲州，驛道西南趨昆川，而商道或仍東南趨南寧州，已考論如上。今所當論者：今曲靖縣既爲唐南寧州所在，何以唐末又有曲靖州之名，致後世學人誤以爲曲州、靖州之故地歟？按唐代前期今雲南省東部，有烏白兩蠻。其分佈於石門以南靖、協、曲州迤南之山岳地帶者，曰烏蠻。上文所見阿傍（猛、蒙）、阿夔、阿竿（或作等）、暴蠻、盧鹿蠻、磨彌殿等部落皆其類也。其分佈於南寧州以西，自石城（今霑益），西至滇池四周，迤西至龍和城（今老雅關）之一廣大平原地帶者，曰白蠻。大體言之，烏蠻在東北，白蠻在西南，故又對稱東西兩爨。

天寶中，經營雲南失敗，棄曲、協、靖三州故地，徙石門以北，三州烏蠻亦有隨州北徙者，如魯望曲州蠻民有徙居戎州馬鞍山者，是其徵也。及南詔強盛，兵迫西爨白蠻西徙居於永昌，而南寧州至滇池地區之廣大平原地帶，空少人煙，原居山岳地帶之東爨烏蠻，遂乘虛徙居西爨白蠻故地。其原居靖州、曲州、魯望川故地者，蓋多徙居南寧州故地，遂併曲靖兩州之名以名南寧故地，謂之曲靖州，亦有魯望川之名。自此相沿迄今千載，南寧兼有曲靖之名，川有魯望之目，此則地名隨民族徙遷之又一佳例；前人指稱唐代前期曲州靖州即在南寧，則大誤也。

蠻書四名類篇云：

「西爨，白蠻也；東爨，烏蠻也。當天寶中，東北自曲、靖州，西南至宣城，邑落相望，牛馬被野。在石城、昆川、曲軛、晉寧、喻獻、安寧至龍和城，謂之西爨。在曲、靖州、彌鹿川、升麻川，南至步頭，謂之東爨。風俗名爨也。」

而新書二二二下南蠻傳兩爨條云：

「兩爨蠻，自曲州、靖州西南昆川、曲軛、晉寧、喻獻、安寧距龍和城，通謂之西爨白蠻；自彌鹿、升麻二川南至步頭，謂之東爨烏蠻。」

按新傳殆約取蠻書爲主要資料，省文過當，致頗混亂。然改曲靖州爲曲州、靖州，則是也。但頗疑蠻書曲下本有州字，後代淺人據後代名稱擅刪改之耳。向氏校注據曲靖州之名，指爲今縣，雖大誤；然謂石城今霑益，昆川今昆明，曲軛今嵩明至昆明地，晉寧、安寧皆今縣，龍和城今老雅關地，彌鹿川今師宗、彌勒地，升麻川今尋甸，步頭今建水，宣城無考。所釋多數尚可信⑤。則自南寧州以西即今曲靖、霑益以西至滇池地區之雲南東部最大平原地帶，爲西爨白蠻故地；而北自曲州、靖州，南至彌鹿川、升麻川或更南至步頭，（今蒙自南紅江岸之蠻耗地區。）⑥即今大關、昭通以南至尋甸之山岳地帶，或更南至蒙

⑤　惟彌鹿川疑本在升麻川之北；在師宗彌勒者，乃後徙之地。又步頭亦有問題，說詳⑥所見拙作。

⑥　詳唐代滇越道篇。

自以南之蠻耗，則爲東爨烏蠻故地。此其分地可另得佐證如下。

其一，蠻書此條下文續云：

「初爨歸王爲南寧州都督，理石城，襲殺孟聘孟啓父子，遂有升麻川。歸王兄摩湴，湴生崇道，理曲軛川，爲兩爨大鬼主，崇道弟日進、日用，在安寧城。……崇道殺日進，又陰害歸王 。 歸王妻阿姹，烏蠻女也 。 走投父母。……」

按新書南蠻傳兩爨條，孟聘、孟啓爲「東爨首領」，是也。是寧州都督爨歸王一族系爲西爨白蠻。又通典一八七西爨條，「西爨者，南寧之渠帥」，下文及寰宇記一七九、新書南蠻傳兩爨條，高祖以西爨弘達爲昆州刺史還鄉。是則南寧州爲西爨根據地，昆州、安寧城，皆其分地，升麻川本東爨烏蠻分地，後爲西爨白蠻所奪也。

其二，新書南爨傳兩爨條云：

「烏蠻……其種分七部落：一曰阿芋路，居曲州、靖州故地；二曰阿猛；三曰夔山；四曰暴蠻，五曰盧鹿蠻，二部落分保竹子嶺；六曰磨彌斂；七曰勿鄧。」

按此七部，除勿鄧在西昌以北越嶲山地外，其餘自第一至六部落皆在石門以南靖州、曲州南至制長館道上，即自今大關、昭通、會澤南至尋甸以北之山岳地帶，已詳前考。與此合。而所謂彌鹿川、步頭若果在今師宗、彌勒、蠻耗，則分佈烏蠻蓋頗少，或後期遷入者，樊綽誤書爲天寶中事耳。

其三，蠻書續云：

「閣羅鳳……以兵圍脅西爨，徙二十餘萬戶於永昌城；烏蠻以言語不通，多散林谷，故得不徙。是後自曲靖州、石城、升麻川、昆川南至龍和以來，蕩然兵荒矣。……烏蠻種類稍稍復振，後徙居西爨故地，……」

新傳略同 ， 亦作曲靖州。「昆川南」下有「北」字，是 。 是謂西爨故地在平原，東爨故地在山谷，前論兩蠻分地之地理狀貌正如此。及西爨白蠻被迫西徙永昌，南寧、石城以西至滇池之平原地區遂空少人煙，東爨烏蠻乃乘虛遷住西爨故地之平原地帶，南寧州而有曲靖州之名當亦起於此時。蓋原住曲、靖兩州之烏蠻南遷至南寧州，遂合併舊住兩州之名，以名新居之地為曲靖州，故樊綽蠻書已有曲靖州之名。唐末南寧已有曲靖州之名，元史地理志今曲靖地區有魯望川之目，此正足見民族之遷徙，地名之移植；而後世史家，以為唐代前期曲州、靖州及魯望川即在此地，則大誤矣。

至於曲州故地魯望之蠻部有北遷至戎州者，則見新書南蠻傳兩爨條。其文云：

「又有魯望等部落，徙居戎州馬鞍山。」

按前引蠻書，魯望即曲州故地，有馬鞍渡水。又寰宇記七九，曲州在戎州西南九百里。天寶中雲南叛離，移在戎州開邊界。據新志開邊縣條，在縣南七十里大道上。並詳前考。蓋此部落本居魯望曲州故地，與州同時北徙者，馬鞍山蓋亦地名隨民族遷徙之一例。

（三）唐代昆川柘東城通南詔陽苴咩城道

昆明滇池地區西至大理洱海地區，地非險阻，當早有通道。魏晉南北朝時代，中國僧侶西赴天竺多有取牂牁道者，大抵必經滇池洱海也。

漢代經營西南夷之動機本在欲繞道滇池、天竺以通中亞。又義淨大唐西域求法高僧傳卷上云：

「那爛陀東四十驛許……有一故寺，但有塼基，厥號支那寺。古老相傳云，……于時有唐僧二十許人從蜀川牂牂〔牁〕道而出，………王見重，遂施此地。……準量支那寺至今可五百餘年。」

按義淨此書之作，約當武后時代，七世紀末葉；五百年前當在漢末，大約東晉或南朝前期事耳。取牂牁道，至天竺，本注云，「蜀川去此寺有五百餘驛。」當即取牂牁道至寧州，再西經滇池、洱海地區也。

今昆明地區，隋及唐初置昆州（約今昆明市）。南詔贊普鍾十四年，於州南十餘里築柘東城（約今昆明縣），唐代宗永泰元年（765）也。城西臨昆池（今滇池）為蠻書所記南詔八節度之一，東疆之重鎮，有別都之目。

後改稱善闡府。其地卽莊蹻所都，在城西；漢武時，郭昌平滇，置郭昌縣，在城東十餘里穀昌村；則自古爲軍政控扼要地也。

蠻書二山川江源云：「昆池在柘東城西，南北百餘里，東西四十五里。……柘東城北十數餘里官路有橋渡此。水濶二丈餘，清深迅急，至碧鷄山下爲昆州，因水爲名也。」據此可知柘東約當今昆明縣，昆州則約今昆明市。

蠻書六雲南城鎭云：「雲南、柘東、永昌、寧北、鎭西及開南、銀生等七城則有大軍將領之，亦稱節度。貞元十年，掠吐番鐵橋城，今稱鐵橋節度。」是八節度也。其述柘東城云：

「柘東城，廣德二年，鳳伽異所置也。其地漢舊昆州⑦，故謂昆池。東北有井邑城隍。城西有漢城，土俗相傳云是莊蹻故城。城之東十餘里有穀昌村，漢穀昌王故地也。」

此述其建置與歷史，亦見其形勢。同書二山川江源篇，「昆池在柘東城西。」尤足顯其方位。考鄭回南詔德化碑（萃編一六〇）云：

「贊普鍾……十二年冬，詔候隙省方……次昆川，審形勢。言山河可以作藩屛，川陸可以養人民。十四年春，命長男鳳伽異於昆川置柘東城，居二詔，佐鎭撫。於是威懾步頭，恩收曲靖。」

此述建置與形勢尤詳。按向校云，閣羅鳳以天寶十一載叛唐稱贊普鍾元年，其十四年當爲代宗永泰元年，是築城較蠻書後一年，當以碑爲正。莊蹻事盡人所知，郭昌以武帝元封間平滇亂，置郭昌城以威之，後改名穀昌，見華陽國志四，漢志有穀昌縣，皆詳向注所引。漢無昆川之名，此漢指唐而言。寰宇記七九，郞州，唐置都督府，所管有昆州，後隸戎州。新唐志羈縻州目，戎州所督有昆州，是也。卽此昆川，在今昆明。復檢蠻書一雲南界內途程篇，柘東城又名鄯闡。五代會要三〇南詔蠻目，云「唐中和年僖宗在蜀，命嗣王龜年使雲南，……時不到苴咩城，只達善闡廻。」卽達此城無疑。復考新二二二上南蠻

⑦ 蠻書所謂漢，不一定指漢代，有時指唐而言，謂漢人也。如蠻書六雲南城鎭篇，曲驛，「有大覽賧、小覽賧，漢舊覽州也。」亦同此例。又同書一〇附載玷蒼山盟文，稱唐爲漢，曰漢皇帝，尤爲泛證。

傳，「王都羊苴咩城，別都曰善闡府。」是且爲別都矣。上引德化碑云，鳳伽異置柘東城「居二詔」者，謂詔之副貳，亦別都之謂矣，足見此城之重要。復檢元史六一地理志，雲南省中慶路，閣羅鳳「其子鳳伽異增築城曰柘東，六世孫券豐祐改曰善闡。」據蠻書校注附錄三世系表，勸豐祐以西元824至859年間在位，是改名當在唐之文武宣宗時代也。

柘東城西行一日程八十里至安寧城，置館（今安寧治西南隅），本漢連然縣，唐初置安寧縣，天寶中築安寧城，東控兩爨，南開步頭路通安南都護府。經營失敗，南詔據之，置城使。其地自漢鹽產豐盛，爲南中所仰。唐世五井產鹽仍盛，故或稱安寧鹽井。又西一日程至龍和館（約今老雅關地），一日程至沙雌館（約今舍資地區），又一日程至曲水，置館驛（約今楚雄治），置城使。有大小覽瞼，唐置羈縻覽州。東去安寧城三百一十里。又西一日程至石鼓驛（今鎮南東三十里有石鼓村，與呂合鎮相近）。蓋又一日程至沙却館（約今鎮南治西三十里之沙橋鎮），館東有欠舍川。又西渡石門（蓋今英武關），一日程至佉龍驛，一名求贈館（約今普淜驛），與清溪關南行經巂、姚入南詔之驛道相會合。東去曲驛二百二十里，北去姚州一百八九十里。又西行一日程六十（一作七十）里至雲南城，置驛（今雲南驛），唐置羈縻信州。天寶中，南詔破姚州雲南郡，移其民於此置雲南城，爲八節度之一。又西一日程四十里至波州、品瞼賧，置波大驛（今品甸），又一日程四十里至白崖城、勃弄瞼，置驛（今鳳儀東南四十里白岩甸）。城在勃弄川，依山而築，引水環繞，爲南詔貴族聚居地，置城使，爲南畿之重鎮，鮮于仲通征南詔，兵敗於此。又西四十里至渠斂趙館（舊趙州，今鳳儀），本河東州也。村邑連甍，溝塍彌望，爲白蠻大族王楊李趙四姓聚居地。又三四十里至龍尾城（今下關），居點蒼南麓，南臨洱水，一橋南渡，爲南詔向東西南三道之總樞紐，形勢險固，李宓江口之敗即此。又折北二十五里至大和城（今大和村），本河蠻地，開元末，南詔逐而徙都之。城高丈餘，負山面海，城中豐碑今存，即南詔德化碑也。又北十五里至陽苴咩城（今大理治）。

柘東城西至南詔首都陽苴咩城之行程，新唐書地理志與蠻書所記共凡六條材料，玆先迻錄如下：

（甲）新書四二地理志戎州開邊縣條記貞元十年袁滋奉使行程云：

「至柘東城，又經安寧井三百九十里至曲水，又經石鼓二百二十里渡石門至佉龍驛，又六十里至雲南城，又八十里至白崖城，又八十里至龍尾城，又四十里至羊苴咩城。」

（乙）新書四三下卷末錄賈耽所記安南通天竺道中之一段，云：

「……至柘東城，八十里至安寧故城，又四百八十里至雲南城，（雲本作靈，依向校改。）又八十里至白崖城，又七十里至蒙舍城，又八十里至龍尾城，又十里至大和城，又二十五里至羊苴咩城。」

（丙）蠻書一雲南界內途程篇記柘東城西至陽苴咩城之行程云：

「從柘東節度城至寧寔〔安寧〕館，安寧館本是漢（安）寧郡城也。從安寧城至龍和館一日，至沙雌館一日，至曲館一日，至沙却館一日，至求贈館一日，至雲南驛一日，至波大驛一日，至白巖驛一日，至龍尾城一日。李謐伐蠻，於龍尾城誤陷軍二十萬衆，今爲萬人冢。至陽苴咩城一日。」

（丁）同書同篇記成都府至陽苴咩城之驛程，其求贈館以南諸驛，與上條之西段略相同云：

「從弄棟城至外彌蕩八十里。從外彌蕩至求贈館□□里。從求贈館（本脫以上七字，依向校補。實則補『□□里』三字卽可。）至雲南城七十里，至波大驛四十里，（此處又脫『至白崖城四十里』一句。詳後白崖城條。）至渠藍趙館四十里，至龍尾城三十里。從龍尾城至陽苴咩城五十里。」

（戊）蠻書六雲南城鎮篇有云：

「雲南城……東第二程有欠舍川，大都部落。第三程至石鼓驛，舊化川也。第四程至曲驛，有大覽賧、小覽賧，漢舊覽州也。」

(己)蠻書一〇南蠻疆界接連諸蕃夷國名篇有一段記袁滋奉使時自安寧城以西至陽苴咩城沿途情形云：

「十五日至安寧城，(寧本作南，依向改。)城使段伽諸……去城五十里迎候。十九日到曲驛，鎮使楊盛……去驛一十里迎接。二十一日過欠舍川。(欠本作吹，依向改。)……二十三日至雲南城，節度蒙酋物……去城一十里迎候。……二十四日到白崖城，城使尹瑳……去城五里迎候。……渠斂道中路客館，館前父老二百餘人，……路迎馬前；大軍將喻于俭……去城五里迎候。……入龍尾城客館。……二十六日過大和城，……南詔蒙異牟尋出陽苴咩城五里迎。……貞元十年十月二十七日陽苴咩城具儀注設位，……宣勅書讀册文訖。……」

按吳承志、伯希和、鈴木俊、岑仲勉、向達對於此段行程皆用過功夫。⑧ 玆先就此六條史料列表於下(在次頁)，再參取諸家成績，作進一步之比勘說明。

綜觀上表，兩書六條所記行程，大體相合，而亦見小有脫譌處，今分述如下：

安寧城　或云館，置驛也；或云井，鹽井也；皆一地無疑。史料乙，柘東西至安寧故城八十里。按蠻書六雲南城鎮篇，「安寧城去柘東城西一日程，連然縣故地也。」日程正合。續雲南通志稿二四，唐蒙氏築城，在今縣治西南隅。按漢地志，連然縣屬益州郡。舊唐志，昆州，漢益州郡地。武德初招慰置，有安寧縣。則安寧之名不遲於唐初。蠻書四名類篇兩爨蠻條云：

「(爨)崇道理曲軛川，爲兩爨大鬼主。崇道弟日進、日用在安寧城。及章仇兼瓊開步頭路，方於安寧築城，羣蠻騷動，陷殺築城使者，玄宗遣使勅雲南王蒙歸義討之。」(新書二二二下南蠻傳，略同。)

此事南詔德化碑(萃編一六〇)有較詳記述云：

「初節度章仇兼瓊……遣越嶲都督竹靈倩置府東爨，通路安南，賦重役繁，

⑧ 吳承志著唐賈耽記邊州入四夷道里考實卷三，文海出版社影印劉氏求恕齋叢書本。伯希和 (Pelliot) 著、馮承鈞譯交廣印度兩道考，商務印書館史地叢書本。鈴木俊著論南詔之意義與六詔之住址，東洋學報第十九卷。岑仲勉著六詔所在及南詔通道一段之今地，中外史地考證上册，香港太平書局出版，1966年。向達著蠻書校注，中華書局出版，1962年。

甲	乙	丙	丁	戊	己
柘東城	柘東城	柘東城			（柘東城）
	（80里）				
安寧井	安寧故城	安寧館城			十月十五日至安寧城
（390里）		（一日）			
		龍和館			
		（一日）			
		沙雌館			
	（480里）	（一日）			
曲水		曲館		曲驛	十九日至曲驛
				（一程）	
石鼓（220里）		（一日）		石鼓驛	
				（一程）	
		沙却館		欠舍川	廿一日過欠舍川
石門		（一日）		（二程）	
佉龍驛		求贈館	求贈館		
（60里）		（一日）	（70里）		
雲南城	雲南城	雲南驛	雲南城	雲南城	廿三日至雲南城
		（一日）	（40里）		
（80里）	（80里）	波大驛	波大驛		
		（一日）	（40里）		
白崖城	白崖城	白巖驛			廿四日至白崖城
	（70里）		渠藍趙館		渠斂
（80里）	蒙舍城	（一日）	（30里）		
	（80里）				
龍尾城	龍尾城	龍尾城	龍尾城		入龍尾城
	（10里）				
（40里）	大和城	（一日）	（50里）		廿六日過大和城
	（25里）				
羊苴咩城	羊苴咩城	陽苴咩城	陽苴咩城		廿六至陽苴咩城

政苛人弊。被南寧州都督爨歸王、昆州刺史爨日進……南寧州大鬼主爨崇道等陷殺竹倩，兼破安寧。天恩降中使……委先詔招討……諸爨畏威懷德，再置安寧……。」

是蓋先雖置縣，但無城。玄宗時代始築城，並開步頭路，以東制兩爨，且南由步頭通道安南也。碑下文述唐與南詔交惡事又云：

「豈意節度使鮮于仲通已統大軍取南谿路下，大將軍李暉從會同路進，安南都督王知進自步頭路入，……王以爲惡止虔陀……即便就安寧，再申衷懇，城使王克昭執惑昧權，繼違拒請；遣大軍將李克鐸等帥師伐之，……城破將亡。……」

凡此皆足見唐視安寧爲經營南中之中心，然究地遠，爲南詔所取，仍置城使也。其地所以重要，除地居兩爨、南詔、安南之衝外，又有鹽井之利。漢志，連然「有鹽官」，華陽國志四南中志，晉寧郡「連然縣，有鹽泉，南中共仰之。」是開發已早，鹽利甚溥。蠻書七雲南管內物產云：

「其鹽出處甚多，煎煮者少。安寧城中皆石鹽井，深八十尺，城北又有四井，勸百姓自煎。……升麻、通海已來諸爨蠻皆食安寧井鹽。」

是在唐世，安寧鹽井之利，仍爲四方所仰。故南詔德化碑云：

「安寧雄鎮，諸爨要衝，山對碧鷄，波環碣石，鹽池鞅掌，利及牂、歡，城邑綿延，勢連戎、僰，乃置城監，用輯攜離，遠近因依，閭閻櫛比。」

此足見其形勢與鹽利繁榮也。盛產鹽故史料甲條即稱安寧井，又寰宇記七九，姚州「東至安寧監(鹽)井二百五里。」戎州「西南取曲協州並南寧州、安寧監(鹽)井路至南詔所居羊咀羊〔哶〕城三千三百里」。皆即以鹽井爲稱也。

龍和館、沙雌館　皆僅見於史料丙。蠻書四名類篇，「西爨，白蠻也。……在石城、昆川、曲軛、晉寧、喻獻、安寧至龍和城，謂之西爨。」此地名大抵自東向西數之，龍和城在安寧之西，即此安寧西一日程之龍和館也。吳氏考實，「祿豐有龍和城，偏北，道所不經。」未知是否其地。校注引袁嘉穀滇繹卷二爨世家考，謂即老雅關。蓋略近之。沙雌館無考，檢張編地圖集·雲南人文圖，昆明、楚雄道上，祿豐、廣通間有「舍資」地名，紀要一一六，廣通縣東四十里有舍資驛，縣東五十里有舍資河，得非沙雌之遺音歟？檢岑氏文，已先言之。

曲水、曲館驛　史料甲作曲水。史料丙作曲館，去安寧三日程，即去柘東四日程。戊作曲驛，在雲南城東四程。己亦作曲驛，去安寧可能爲四日程。四者當爲一地。史料戊蠻書六雲南城鎮篇，校注引新書南蠻傳，覽州以貞觀二十三年置，隸郎州都督府，又見新地志羈縻州目，屬戎州都督府。又引光緒鎮南州志卷三，曲驛當在今楚雄城。按前引史料甲、丙、己三條，曲驛約居安寧城、雲南城之間，或微偏西；史料戊，曲驛在雲南城東四程，即四日程。雲南城在今雲南縣東南六十里之舊城雲南驛，石鼓驛在今鎮南東三十里，則曲驛正當在今楚雄縣治地區矣。紀要一一四，雲南府（今昆明市）西南至楚雄府四百一十五里，與甲條里數亦略相當。鈴木謂在今廣通附近，似稍偏東；今從舊說。

石鼓驛、沙却館　史料甲，由曲水西經石鼓、渡石門至佉龍館二百二十里。又六十里至雲南城。據史料戊，石鼓置驛。元史六一地理志，鎮南州「在路（威楚路，今楚雄）北，昔樸落蠻所住，川名欠舍，中有城，曰鷚和。至唐時，蒙氏併六詔，征東蠻，取和子、鷚和二城置石鼓縣，又於沙却置俗富郡，沙却即今州治。……元憲宗……七年，立欠舍千戶、石鼓百戶。至元二十二年改欠舍千戶爲鎮南州。」向氏校注引正德雲南志卷五，「廢石鼓縣在鎮南州東三十里。」「石鼓山在鎮南州東三十里，上有石行列如鼓，舊石鼓縣以此爲名。」光緒鎮南州志，「石鼓城在州東三十里石鼓村。」此石鼓驛當即其地。又吳氏考實引滇行日錄云，楚雄西行五十里至呂合，三十五里至鎮南州。今圖有呂合鎮，是與石鼓村相近，即唐石鼓驛爲相近也。

又據元志，鎮南州爲欠舍千戶改名，又云沙却即州治，則沙却館即在欠舍，亦即今鎮南縣治地區矣。鈴木疑沙却蓋石鼓之異名，非也。然即據元史置沙却館於今鎮南縣，其事仍有可疑。其一，試比觀史料甲、丙、戊、己四條：

甲：曲水西至佉龍驛二百二十里，又六十里至雲南城。

丙：至曲館一日，至沙却館一日，至求贈館一日，至雲南驛一日。

戊：雲南東第二程有欠舍川，第三程至石鼓驛，第四程至曲驛。

己：十九日到曲驛，二十一日過欠舍川，二十三日至雲南城。

是雲南城東至曲驛之距離，戊己皆爲四日程，甲亦當爲四日程，惟丙爲三日程。按下文考證，求贈館即佉龍驛，則曲館至求贈二百二十里，二日行之，殊不合理。疑丙條「曲館一日」下實脫「至石鼓館一日」一句。其二，雲南城在今雲南縣（即祥雲縣）東南之雲南驛，此無可疑。則前人考證謂求贈館在今雲南驛東南六十里之普淜，當亦無問題。吳氏考實引滇行日錄云，由鎭南州西行三十里至沙橋，六十里至天神鸚鵡塘，三十里至普淜。若沙却館即在今鎭南縣，則一日行一百里，與前後日行里數亦不平衡，況此段道中甚險峻，更非一日可行也。疑沙却館當在鎭南縣西三十里之沙橋，今圖有沙橋鎭，蓋沙却之遺音也。惟地與今鎭南縣治毗鄰，元志粗略言之，固無不可耳。詳審己條文意，欠舍川似在沙却館之東，蓋舊館在川西，而元之鎭南州則在川東耳。

石門　惟見於史料甲，云曲水「經石鼓二百二十里，渡石門至佉龍驛，又六十里至雲南城。」雲南城在今雲南驛，佉龍驛即今普淜，詳下文。則石門當在普淜之東。據紀要一一六鎭南州英武關、沙橋驛兩條及姚州普淜驛條，及吳承志書引滇行日錄等書，鎭南州西三十里至沙橋驛，又四十里至英武關，又三十里至普淜驛，又六十里至雲南驛。紀要引志云，「英武關躡山脊，越峻阪，箐莽陰翳，行者寒心，爲郡境之險。」又引滇程記，亦云其處「道列巨箐危石，爲險陁之所。」吳云，「關在峽中，有門控扼，疑卽古石門。」殆爲近之。頃得讀方國瑜史萬歲南征之石門關（滇史論叢），亦主此說，云親過英武關六次，「關設於坡頭，坡下峽谷，路兩旁石壁高數十丈如列屏，林茂陰翳，蓋古所謂石門也。其地在姚安縣境普淜與沙橋之間。今地圖，普淜之外有小石門，或以英武關爲大石門也。」

佉龍驛一名求贈館　史料甲，雲南城東六十里爲佉龍驛；而史料丁，雲南城東七十里爲求贈館；史料丙，求贈館西至雲南城一日程；則甲之佉龍與丙丁之求贈，地望顯相當。按丁條蠻書原文云，「從弄棟城至外彌蕩八十里，從外彌蕩至求贈館（□□里，從求贈館）至雲南城七十里。」弄棟即姚州。檢新書地志嶲州條，記貞元十四年劉希昂使南詔路云，「姚州又南九十里至外診蕩館，又百里至佉龍驛，與戎州往羊苴咩城路合。」外彌蕩顯卽外渗蕩，則佉龍卽求贈亦絕無疑，鈴木之說是也。然謂在今鎮南，則大誤。紀要一一六姚州，普淜驛「在府西南百五十里，西至大理府雲南縣六十里。南（東南）至楚雄府鎮南州百里。」吳承志以爲卽古佉龍驛，是矣。

雲南城驛　史料六條皆記之，惟丙作雲南驛。蠻書六雲南城鎮篇，雲南爲八節度之一。「雲南城，天寶中閣羅鳳所規置也。嘗爲信州地。城池郭邑皆如漢制。州中南北二十餘里，東西四十五里，……諸葛亮分永昌東北置雲南郡，斯卽其地也。」按信州爲戎州都督府所領羈縻州之一，見新唐志羈縻州目。又按天寶中，姚州稱雲南郡，置都督。南詔德化碑云，天寶中，圍攻雲南都督張虔陀，「虔陀飲酖，寮庶出走。王以爲惡止虔陀，罪豈加衆！舉城移置，猶爲後圖。」蓋卽此時移姚州之雲南名稱與民衆於此，另建城郭，爲後日節度之一也。紀要一一七雲南縣，「雲南故城在縣南」，「雲南驛在縣東，其相近有古城村，或以爲古雲南郡城也。」校注：「雲南城舊址當在今祥雲縣南雲南驛一帶，此處所云南北二十餘里云云，當卽指今普淜至雲南驛一帶之壩子。」當略得之。

又案史料甲，柘東城至曲水驛三百九十里，又二百二十里至佉龍驛，又六十里至雲南城，共六百七十里；史料乙，柘東城至安寧城八十里，又四百八十里至雲南城，共五百六十里。兩數字相差頗巨。余始疑甲條三百里之「三」爲「二」之譌。然雲南城在今雲南縣之雲南驛，縱有問題，亦相去不遠。檢續雲南志稿四，雲南縣東至省城六百八十里，又檢大理、趙州至省城里數，可知雲南驛至昆明總在六百里以上，故未必誤。且甲條柘東至羊苴咩城八百七十里，與續志稿大理府至省城八百九十里之數亦相當。故依甲條書之。

波大驛　史料丙條，波大驛東至雲南城、西至白崖城皆一日程；丁條，驛在雲南城西四十里。按雲南至白崖八十里，則丙丁兩條相應。考蠻書四名類篇，「章仇兼瓊開步頭路，方於安寧築城，羣蠻騷動，陷殺築城使者，玄宗遣使勅雲南王蒙歸義討之。歸義師次波州，……。」新書二二二下南蠻傳兩爨條，略同。是有波州在大道上。又蠻書六雲南城鎮篇，雲南城「西隔山有品賧，亦名清字川，嘗爲波州。大池遶山，長二十餘里。波州廢地在池東南隅。」校注：「元郭松年大理行記，紀其自雲南州西行途程云：又西行三十餘里至品甸。按唐史嘗置波州，亦名清子川。其川澤土壤不減雲南。……甸中有池名曰清湖，灌漑之利，達於雲南之埜。……云云。……品甸即本書之品驗賧，今猶存品甸之名也。大池云云，即郭氏行記之清湖，今亦名品甸海。」是此波州在雲南城西三十餘里。就方位里距及當道各點觀之，波大驛當即在波州，今品甸地。蠻書卷一校注「今案楊愼滇載記，謂段思平逃匿，得奇戟於品甸波大村云云。……波大村當即其（波大驛）遺址。」是也。

白崖城驛　史料甲乙己皆作白崖城，丙作白巖驛。其去雲南城，兩作八十里，一作一日程，一作二日程，皆無不合。惟史料丁有脫文，詳下條。白崖爲六瞼之一。蠻書卷五六驗篇云：「白崖謂之勃弄瞼。」末節述此城近兩百字，玆節錄如次：

「白崖城在勃弄川，天寶中附於忠、城、陽等五州之城也。依山爲城，高十丈，四面皆引水環流，惟開南北兩門，南隅是舊城，周廻二里；東北隅新城，大曆七年，閣羅鳳新築也，周廻四里。……城內有閣羅鳳所造大廳。……川東西二十餘里，南北百餘里，清平官以下，官給分田悉在，南詔親屬亦住此城傍。……」

據此知此城爲南詔南關外之一重鎭，且爲貴族聚居之地。新二二二上南蠻傳，鮮于仲通「進薄白崖城，大敗引還。」即此。檢元郭松年大理行記云：

「（由品甸）又山行三十里至白崖甸，其地形南北袤，大小略與雲南品甸相埒，居民輳集，禾麻蔽野。縣西石崖斬絕，其色如雪，故曰白崖，赤水江回環曲折，經於其中。」

按史料甲、乙兩條，皆云雲南城至白崖城八十里；據丙、丁兩條，兩城間有波大驛，驛東至雲南城四十里，則西至白崖城當亦爲四十里。是則郭氏所述之白崖即唐代行程之白崖城無疑。作三十里者，亦猶雲南城至波大驛唐程四十里，郭氏亦作三十餘里也。又白崖城至龍尾城，唐程八十里。按大理行記云，白崖「又山行四十里至趙州甸，即趙瞼也。……川行三十里至河尾關，即洱水之下流也。架木爲樑，長十五丈，……如虹蜺然。……河尾橋之西有關焉，北入大理，名龍尾關。」是白崖在趙州東四十里也。而向氏引正德雲南志云，「白崖城在趙州東南九十里。」檢紀要一一七、一統志大理府卷古蹟目，皆同。此與大理行記不合，亦與唐程白崖至龍尾城八十里不合，（龍尾卽今下關，在趙州西三十里。）必誤無疑。復按其今地，鈴木與向氏皆指爲今之紅崖。向氏且謂紅崖由白崖改名。然檢續雲南通志稿四趙州輿圖，趙州東南赤水江之東有白岩地名，白岩東南有紅崖驛；又卷二八關哨汎塘目，趙州有紅崖汎，又有白崖塘。又紀要一一七趙州白崖瞼江條，白崖江、赤水江並見。則白崖、紅崖非一地，崖色各有特徵，亦未能相改也。是則白崖城，卽元代之白崖，今仍名白岩，一作白崖，明清人誤指白崖卽紅崖，遂謂在趙州東南九十里耳。

渠藍趙館　史料丁，雲南城「至波大驛四十里，至渠藍趙館四十里，至龍尾城三十里。」向氏引琳琅本補校，渠藍趙，按二卷一頁、五卷三頁並作渠斂趙，斂與藍蓋一聲之轉。是也。史料已亦有渠斂之名。此段無白崖城，觀渠藍趙去雲南之里距，似卽白崖城，然亦不可通。其一，渠館西至龍尾城僅三十里，則龍尾至雲南僅一百一十里，決無如此之近。其二，已條，過白崖城後，又過渠斂城，有館，然後再入龍尾城客館。是渠藍趙顯爲白崖、龍尾間之一城館。且其三，蠻書五六瞼篇；「渠斂趙，本河東州也。……州中列樹夾道爲交流，村邑連甍，溝塍彌望，大族有王、楊、李、趙四姓，皆白蠻也。」是渠斂趙爲一州之名，與白崖顯非一地。然則丁條「至波大驛四十里」下當脫「至白崖城四十里」七字。蠻書此段本多脫譌，如「至求贈館」下脫里數卽其例。然則此條雲南城至龍尾城亦一百五十里也。其今地，蠻書五六瞼篇，向注引正德雲南志三，趙州在大理府城南六十里，南詔蒙氏爲趙川瞼，皮羅閣置趙郡，閣羅鳳改趙州。向氏以爲卽此渠斂趙地，今鳳儀縣。是也。

龍尾城　上引六條史料除戊條外，皆有此城。蠻書五六瞼篇，「龍尾城，閣羅鳳所築，縈抱玷蒼南麓數里，城門臨洱水下，河上橋長百餘步。過橋分三路，直南蒙舍路，向西永昌路，向東白崖城路。」續雲南通志稿二八，太和縣龍尾關亦曰下關。引郭松年行記：「自趙州行三十里，有河尾橋，橋西爲龍尾關、南詔閣羅鳳所築，最險固，高壁危構尙存。」又引明一統志，關「在點蒼山南，其右有……天橋，洱河之水過其下，兩崖石險，人不可渡。」唐末元明所記如此，形勢瞭然。向注：「龍尾城即今下關。……自此公路西達保山，東至紅崖以通昆明，南去巍山（即蒙化縣），與千餘年前樊氏所記仍復無殊。南詔時代之龍尾城當在洱水北，以洱水爲其天塹，李宓江口之敗，即在此。」是也。

蒙舍城　前考白崖城在今趙州東南四十里，龍尾城在今趙州西三十里之下關，中間不過七八十里。史料甲云八十里，丙作一日程，是也。而乙條，白崖城又七十里至蒙舍城，又八十里至龍尾城，共一百五十里，與其他各條多不合。按蒙舍爲蠻書六瞼之一，即南詔之發祥地，在今蒙化縣治。詳向氏校注頁一二一。上考龍尾城引蠻書五，龍尾城南過橋分三路，東向白崖，南向蒙舍，則白崖、蒙舍顯非一道，乙條賈耽所記疑非經常行程。或因特殊事故而繞道蒙舍城耳，故今不列。

大和城　各條所記龍尾城至陽苴哶城或作四十里，或作三十五里，或作五十里，或曰一日程，大抵相當，不足論。而乙已兩條，中經大和城。檢新二二二上南蠻傳，「開元末皮邏閣逐河蠻，取大和城……夷語，山陂陀爲和，故謂大和。……天子詔賜皮邏閣名歸義……册爲雲南王，……於是徙治大和城。」德宗時代，異牟尋與吐蕃入寇，大敗。「異牟尋懼，更徙苴哶城，築袤十五里。」又蠻書五六瞼篇：「大和城……開元二十五年，蒙歸義逐河蠻，奪據大和城，……蒙歸義男等初立大和城，以爲不安，遂改㓾陽苴哶城。大和城北去陽苴哶城一十五里，巷陌皆壘石爲之，高丈餘，連延數里不斷。城中有大碑，閣羅鳳清平官鄭蠻利之文，論阻絕皇化之由。」據此，大和城本南詔舊都，北至陽苴哶城十五里，與乙條龍尾城十里至大和城，二十五里至陽苴哶城者不同。向注：「古大和城在今大理城南十五里，猶名大和村，負山面海，形勢依然。此處所云之大碑，即指傳世之南詔德化碑而言，豐碑丈餘，覆以碑室，今猶立於下關至大理公路路西也。」有碑見在，可徵里數，當以十五里爲正。而龍尾至大和蓋二十五里也。

陽苴哶城，南詔閣羅鳳贊普鍾十三年築，唐代宗廣德二年也。大曆末年，南詔寇唐敗歸，懼而徙都之。其城西倚點蒼，東扼洱水（卽洱海），周圍十五里，規制甚壯偉。

新書二二二上南詔傳，大曆十四年異牟尋立，悉衆二十萬入寇，大敗而還，「異牟尋懼，更徙苴哶城，築袤十五里。」蠻書五六瞼篇陽苴哶城條，稱爲「南詔大衙門」，下述規制甚詳，但不及廣袤形勢。元郭松年大理行記云，「（大和）又北行十五里至大理，名陽苴哶城，亦名紫城，方圍四五里，卽蒙氏第五主神武王閣羅鳳輦〔贊〕普鍾十三年甲辰歲所築，時唐代宗廣德二年也，自後鄭、趙、楊、段四氏皆都其中。是城也，西倚蒼山之險，東挾洱水之沍，龍首關於鄧州之南，龍尾關於趙瞼之北。昔人用心，自以爲金城湯池，可以傳之萬世。」蠻書校注，引正德雲南志卷三大理府古蹟，「羊苴哶城在城北，自蒼山直接洱水，城有九重。」按方圍四五里，蓋卽周圍十八里，與十五里亦相近。城有九重，不知何指。城名陽苴哶者，向氏校注云：「譯以漢言，或卽神京也。」文長不錄。

綜　　結

雲南之入中國版圖，始於漢，然秦代實已開始由巴蜀向南開拓，漢武帝更極力經營雲南，置郡縣。惟四川盆地與雲南高原間，海拔由一千呎以下，於航空距離一百數十公里間陡升至五六千呎以上，故兩省邊緣地帶，崇山峻嶺，氣候惡劣，致交通困難，故經營雲南之首要方法爲鑿通道路，以利軍事之控制、經濟之交流與文化之灌輸。

中國史上四川通雲南之主要交通路線有東西兩道。西道以雅安爲基地，西南逾大渡河，經西昌南行至雲南西部；東道以宜賓爲基地，南經昭通至雲南東部。漢代兩道皆已通行，而似以東道爲主。

東道開通之最早歷史不能詳。信史所見，秦通五尺道，雖行程不詳，要爲東道無疑。唐蒙始通夜郎，雖自符縣巴符關（今合江西南）入。然旣與夜郎要約，遂發巴蜀卒數萬人開道二千餘里，自僰道（今宜賓縣南），指牂牁河（今北盤江），欲以伐南越，則以長江兩大源岷江與金沙江之會爲起點，自此遂奠東道之永恒基礎。至隋唐續有鑿修，然最險阻之北段行程，則大抵無大改變。

唐蒙通道，大抵由僰道（今宜賓）循黑水（今南廣河）而上，至南廣縣（今珙縣西南，南廣河上游），西南度入朱提江（今橫江、小江）河谷，復循江而上至朱提縣（今昭通），產銀質最優良，文化開發亦爲南中之最。又南至夜郎、牂牁地區，即今雲南東緣、貴州西鄙之威寧、宣威、霑益、曲靖、普安、永寧一帶。其後蜀置庲降都督（今曲靖地區），晉置寧州（同前），爲經營雲南之中心根據地，華人徙寓亦甚衆。而朱提又見有道西南行二百里至堂螂縣（今會澤北，以車汎西至巧家境），又南亦至寧州。故漢晉古道，朱提以南實有東西兩線。又堂螂西北越高山繩索牽攀八十里至瀘津（今巧家西金沙江上，或稍下游），渡津西北至越嶲（今西昌）。此則越嶲、建寧（即寧州）間之通道，亦川滇交通東西兩道之聯絡線也。華陽國志稱僰門以南道至險惡，行人有「牛叩頭」、「馬搏頰」、「盤蛇七曲」、「氣與天通」之喻；又稱「庲降賈子，左擔七里。」蓋亦其時川滇間主要商道也。

隋開石門，唐鮮于仲通下兵南溪，出石門，伐南詔，及貞元間袁滋奉使，皆取川滇東道也。蠻書卷一及新書地志戎州節記此道頗詳，地名頗有不同，然皆同此一道無疑。今以此兩項記載爲基礎，綜合唐籍考得其行程如次：

唐道北端有兩線。其一唐蒙舊道，即由戎州宜賓南取今南廣河谷度入橫江河谷者。其一由戎州西南行六十五里至開邊縣（今安邊場），當朱提江（即石門江，今橫江）入馬湖江（今金沙江）處。又南循朱提江河谷上行七十里至曲州新址，天寶中經營雲南失敗時所內徙者。又南與唐蒙道合，經靖州新址，亦天寶中所徙者，南至石門鎮（今大關北一百八十里豆沙關），下臨朱提江，去戎州十日程六百一十五里，可通舟楫，惟極湍險。

石門東西兩山壁立，直上萬仞，隋開皇五年，加工鑿闢，傍崖鑿孔，植木爲棧閣，道濶一步，斜亙三十餘里，半壁架空，下臨無地，但聞水聲。袁滋過此，摩崖題記。由石門渡江，偃身側足，上下攀躋，又有蟲毒之害。第三日程至牛頭山，有諸葛石城，臨馬鞍渡水（今灑雨河）。第五日程至阿旁〔蒙、猛〕部落（約今大關縣）。

去石門二百二十五里。第七日程至蒙夔嶺（今昭通北山），嶺當大漏天，直上二十里，（今測海拔 3159 公尺。）積陰凝閉，晝夜不分。南下嶺八九里，青松白草，川路漸平，有阿夔部落，去石門四百一十五里。第九日程至魯望（今昭通境），舊曲州、靖州所在也。依山（蓋南山）有阿竿〔等？〕路部落。大抵此道由今宜賓略循金沙江西南行至安邊場，折南循石門河（即橫江）東岸而上，即古朱提江也。至豆沙關，即古石門，渡江，循石門江之西源灑雨河而上，或循灑雨河之東源五寨河而上，越高嶺至高原盆地之昭通縣。宜賓、安邊海拔約 300 餘公尺，豆沙關約 1000 餘公尺，灑雨河東、昭通北山約即古蒙夔山者，高峯達 3159 公尺，爲四川通雲南道上之最高點，南麓昭通平原約 1900 公尺。自安邊至昭通之航空距離僅約一百五十公里，在此短距離內，高度變化之大如此，加以氣候惡劣，百毒叢侵，宜其道途迂遠，艱險難行，故自漢魏行人有牛叩頭、馬搏頰等狀詞也。

魯望、曲州而南第七日程至竹子嶺，東有暴蠻部落，西有盧鹿蠻部落。第八日程至磨彌殿部落（今霑益西北地區）。沿途所見部落，皆東爨烏蠻也。第九日程至制長館，始有門閣廨宇供候之禮，蓋又名湯麻頓，或相近。又三日程至昆川，南詔置柘東城（今昆明）也。去阿夔部落九百里。此段行程蓋由今昭通向南微西行至會澤，或其東境，再南循車洪江河谷而上，經霑益西境及尋甸至昆明也。沿途海拔高度極少變化，故較平坦易行。又由磨彌殿部有分道東南行至南寧州治所味縣，即今曲靖縣，蜀置庲降都督及建寧郡，晉置寧州，皆相近地，蓋周隋復置，始加南字以別于渭水流域之寧州耳。唐初經營雲南，置南寧總管府，統瀘水（金沙江）以南恭（即曲州）協、盤、昆（昆明）、姚（姚安）及南寧等十六州。蓋其地處雲南高原東部之廣濶平原，產業豐實，華人移寓亦多，故自漢迄唐皆以此爲經營雲南之中心根據地。惟自天寶間，伐蠻（南詔）失敗，盡棄石門以南，南寧已非唐有，故蠻書、新志所記唐詔通道由昭通直趨昆明，不經南寧矣。

於此所當補述者，向氏蠻書校注以石門南第九程至魯望舊曲州、靖州者即爲南寧州，今曲靖之地。此實大誤。按蠻書稱魯望至柘東十二程，本書已明言程爲日程，今曲靖西至昆明平路三百華里，何竟需十二日？宜賓南至曲靖直線距離爲曲靖至昆明之三倍，而崇山峻嶺，迂回曲折，何以只需十九日？兩相對比，此絕不可能者。然今曲靖本古建寧郡，置寧州，隋唐爲南寧州，何以唐末又有曲靖之名，致後世學人誤以爲曲州、靖州之故地歟？曰唐代前期雲南東境有烏白二蠻，烏蠻住石門以南曲、靖、協等州之山谷地帶，卽前文述及之諸部落是也。白蠻則住南寧、滇池之平原地帶。唐室經營雲南失敗，盡棄石門以南地，徙曲州靖州之名於石門之北，烏蠻有與州同徙者，故唐代後期石門以北有曲、靖之名，亦有烏蠻也。而南詔兵威日盛，脅迫白蠻西徙於永昌，蓋以增加其生產力；於是南寧之地遂空，故石門以南曲州、靖州故地之烏蠻有乘機南徙以實南寧平原者，遂併曲靖兩州之名以名南寧故地，謂之曲靖州。自此相沿迄今千載，南寧兼有曲靖之名，此則地名隨民族遷徙之一佳例；以爲曲、靖故地則非矣！

滇池西至洱海，地非險阻，當早有通道。東晉南朝之僧侶多有取牂牁道至天竺者，亦必取道於此。然行程不明。唐室極力經營雲南，南詔又爲西南勝國，唐詔通使，行程始詳。

唐於昆池（滇池）置昆州，在池東，傳爲莊蹻故都。南詔得之，置柘東城，爲八節度之一，又稱善闡府，有別都之目。城西八十里一日程至安寧城（今縣），地盛產鹽，爲南中所仰，天寶中置城，東控兩爨，南開步頭（今蠻耗）通路安南都護府。後爲南詔所奪。又西一日程至龍和館（約今老雅關）。一日程至沙雌館（約今舍資）。一日程至曲水驛（約今楚雄），置城使，本唐羈縻覽州也，東去安寧城三百一十里。又一日程至石鼓驛（今鎮南縣東三十里有石鼓村）。又一日程至沙却館（約今鎮南縣西三十里沙橋鎮），館東有欠舍川。又西渡石門（約今英武關），一日程至佉龍驛，一名求贈館（約今普淜驛），與川滇交通之西道相會合，東去曲驛二百二十里，北去姚州一百八九十里。又西行一日程六七十里至雲南城，置驛（今雲南驛），唐置羈縻信州，南詔置雲南城，爲八節度之一。又西一日程四十里至波州、品贍睒，置波大驛（今品甸）。又一日程四十里至白崖城、勃弄睒，置驛（今鳳儀東南白岩甸）。城在勃弄川，爲南詔貴族聚居地，置城使，爲南畿之重鎮。鮮于仲通南征，兵敗于此。又西四十里至渠斂趙館（舊趙州，今鳳儀），本河東州也，爲白蠻大族聚居地。又三四十里至龍尾城（今下關），居點蒼南麓，南臨洱水，一橋南渡，爲南詔向東西南三道之總樞紐，故形勢險要，李宓南征，兵敗江口，卽此。又折北二十五里至大和城（今大和村），開元末，南詔徙都之，卽德化碑所在。又北十五里至陽苴咩城（今大理治），大曆末年徙都之。其城西倚點蒼，東扼洱水，形勢險固，規制壯偉。自此至元滅大理（西元 1253），歷數姓，爲西南偏方之國都，凡四百七十餘年。

綜觀戎州宜賓縣至南詔國都陽苴咩城，袁滋奉使驛程經石門、靖州、曲州、湯麻頓至柘東城，凡一千九百三十里，又西八百七十里至陽苴咩城，共凡二千八百里⑨。若曲州至柘東城間取唐蒙故道，經南寧州，則全程當逾三千里。

參看圖十六

一九七四年八月初稿，一九七五年四月二十日訂正。刋「中央研究院」「總統蔣公」逝世周年紀念論文集。一九八四年十一月十七日增訂。一九八五年九月二十九日中秋之夜初校復訂，十一月二十六日二校定稿。

⑨ 新書地理志戎州開邊縣條，載袁滋奉使道由開邊至南詔國都里程極詳，前文已逐一徵引，綜合計之爲二千七百三十五里，加開邊東北至戎州六十五里，共爲二千八百里。通鑑二一四開元二十六年紀，胡注：「唐戎州開邊縣西南七十里至曲州，又二千五百里至雲南城。」殆卽取新志此條，而減去（新）曲州以北與雲南城以西之路程也。知新志此條，宋末以來，數字未譌。而元和志三一戎州條，「西南至南詔所居羊苴咩城二千三百里。」寰宇記七九戎州「西南取曲、協州，並南寧州、安寧監（鹽）井路至南詔所居羊咀羊〔咩〕城三千三百里。」皆不合。檢通鑑二三四貞元九年紀，胡注引宋白說，與寰宇記全同。唯作二千三百里，似今本寰宇記三千爲二千之形譌，然三千實較合理，蓋袁滋奉使道不經南寧州，寰宇記所記之道經南寧州，當爲唐蒙故道，較迂遠，應有三千里以上也。惟此等處甚難斷定，今姑不論。

篇叁叁　成都西南邊區東西交通諸道

引　言

劍南西徼，北自松州（今松潘），南至嶲（今西昌）、姚（今姚安），航空距離約近一千公里。徼外諸少數民族，部落以千百數，其西則吐蕃國境。自劍南入諸蕃落，遠至吐蕃，雖爲橫斷山脈所限，山高谷深，至爲險阻，然仍隨處有通道可尋。前撰岷山雪嶺地區交通網篇，對於西徼之北段諸通道已指證詳明，自雅（今雅安）、黎（今漢源縣或其南漢源場），南出嶲、姚至南詔（今大理），則西徼南段之南北通道也，亦已見前撰成都清溪南詔驛道篇。今此篇所考，乃就成都清溪南詔道東西兩側分出之諸路線續作研究，以期成都西南邊區雅黎嶲三州境內之交通情況能有進一步之瞭解。文分上下兩節，上節考此三州西通徼外諸道，下節考此三州東通岷江、瀘水（今金沙江）沿岸諸道，取與成都清溪南詔驛道篇並觀之，則成都西南邊區交通之情況可以大明，亦治中古時代劍南西南軍政商貿及邊疆民族文化史者之一助也。

上　雅、黎、嶲三州西通徼外諸道

（一）雅州西通徼外生羌入吐蕃三道

雅州治嚴道縣（今雅安）。武后垂拱四年，欲「自雅州開山通道，出擊生羌，因襲吐蕃。」因陳子昂諫止。

按此見通鑑二〇四垂拱四年紀。其詳見陳子昂諫雅州討生羌書（全唐文二一二）。

開元中，以雅州附近生羌部落置羈縻州五十七，隸雅州都督府。

諸羈縻州名稱，詳見新唐書四三下地理志。參看寰宇記七七雅州條。州數有異同，姑不論。

則仍經營徼外諸羌，自亦有道可通，惟似未大舉開道耳。按雅州當劍南西徼之交通要道，內通西川諸州，外爲生羌走集。前考成都西南通清溪關至南詔一線之驛道卽由雅州穿過，故雅州可東北由驛道至成都，西南由驛道踰大渡河、出清溪關及瀘津關至南詔。此外雅州西出徼有三道，東至嘉州，亦有道可通。玆先考西出徼外三道。

雅州西出近徼諸蠻羈縻州，遠通吐蕃諸城鎮，其道有三。一曰夏陽道，卽靈關道，由雅州西北行。二曰和川道，卽唐志之夔松道，宋世之碉門道，由雅州西北轉正西行。三曰始陽道，則由雅州西南出之道也。

新唐書二二二下南蠻傳下松外蠻條云：

「雅州西有通吐蕃道三，曰夏陽，曰夔松，曰始陽，皆諸蠻錯居，凡部落四十六。」

下文記四十六部之名，在距州三百里外至六百里外。是三道經此諸部落西通吐蕃也。寰宇記七七雅州條末亦有夏陽路、和川路之名。而輿地紀勝一四七雅州景物目下碉門寨條引皇朝郡縣志云：

「自雅州西通蕃之路有三，曰靈關，曰碉門，曰始陽。而靈關去吐蕃路險而遠，始陽則所可防者不過滎經之苦蒿壩一路；惟碉門最爲要害，兩山壁立，一水中貫，設禁門以限華夷。自靈關之外，則與威、茂州諸蕃接，自苦蒿平〔坪〕外，則與黎州五部落及諸羌接。」

此亦三道。按宋之威、茂，分別在今汶川、茂縣，黎州在今清溪（漢源），則靈關道顯出雅州西北行，始陽道顯出雅州西南行，碉門道蓋出正西之道也，故云最要。紀勝同目背日山條云：「在盧山西，即碉門道，太陽所不照，故名。」此即顯見碉門道在靈關道西南。又風俗形勝目道路序引唐人謝湜題名記云：「（州）西通碉門，南通沈黎，北通盧山。」尤爲碉門道乃出正西之證。

宋世三道之方向甚明，以唐書之三道勘之，第三道相同，而唐書之第一第二兩道與宋郡縣志所記名稱不同。考新一五八韋皐傳述貞元十七年，奉詔九路出兵攻吐蕃。其中一道云：

「路惟明自靈關、夏陽攻逋租、偏松城。」

而舊一四〇韋皐傳云：「雅州經略使路惟明等兵三千趨吐蕃租松城。」舊一九六下吐蕃傳作「雅州經略使路惟明與三部落主趙日進等率兵三千進攻逋租、偏松等城。」是路惟明由雅州出靈關、夏陽攻吐蕃之逋租、偏松城也。明夏陽道亦即靈關道，由雅州出西北者。然則唐書之夔松道當即宋之碉門道耳。而唐世較早較著之名稱則爲和川道，詳下文。

(1) 靈關、夏陽道　華陽國志稱蜀國望帝之統治，「以褒斜爲前門，熊耳、靈關爲後戶。」史記司馬相如傳亦云定西夷，「通零關道。」則先秦兩漢已置靈關，爲通西南徼外之孔道。其地當在今漢源以南大渡河地帶。至於唐代靈關則在今盧山縣西北，非漢之靈關，前代史家或混爲一談，誤也。

華陽國志三蜀志：

「望帝……自以功德高諸王，乃以褒斜爲前門，熊耳、靈關爲後戶，玉壘、峨眉爲城郭，江灊綿洛爲池澤，以汶山爲畜牧，南中爲園苑。」

此所舉皆蜀中重要地名，關涉軍防交通與生計。以靈關爲後戶者，褒斜爲東北通秦川中原之孔道，靈關則西南通徼外諸蠻之孔道也。其地當即漢代之靈關。考史記一一七司馬相如傳云：

「是時邛筰之君長聞南夷（指滇國及夜郎等）與漢通，得賞賜多，多欲願爲內臣妾，請吏比南夷。天子問相如。相如曰，邛、筰、冉駹者近蜀，道亦易通，秦時嘗通爲郡縣，至漢興而罷。今誠復通，爲置郡縣，愈於南夷。……乃拜相如爲中郎將……略定西（漢書有南字，誤）夷，邛、筰、冉駹、斯榆之君皆請爲內臣 。除邊關，關益斥，西至沬若水，南至牂牁爲徼。通零關（漢書作靈山）道，橋孫水，以通邛都（漢書作邛莋，是）。」

按此段述經略西夷而通零關。檢漢書地理志及續郡國志，越巂郡皆有靈關道，零靈通用，即一地無疑。王先謙引一統志，故城在今盧山縣西北。今檢一統志雅州府卷古蹟目：「靈關廢縣在盧山縣西北。」下引漢書地理志，越巂郡有靈關道；唐書地理志，唐初置靈關縣，武德六年省。但統志作者又云：「按今縣（盧山縣）界南去越巂甚遠，且中隔沈黎、旄牛之地，不應越巂所統之縣反出沈黎之北，疑此別一靈關，乃漢後所置。」今按前人釋地，大渡河之北，今雅安、天全、漢源（清溪），西漢爲蜀郡境，後漢爲蜀郡屬國境，越巂轄縣皆在水南，不應靈關道一縣乃越在蜀郡屬國之北，與越巂郡其他諸縣不相接。一統志作者所疑，是也。楊圖置於西昌之東，雖亦以意爲之，然當在雅安西南、西昌以北則可斷言。今盧山西北之靈關，乃唐代縣關，其準確地望詳下文。

唐代靈關今存史料以楊志本、任令則兩碑爲最早，顯示唐代前期此關路已重要。

嚴識元潭州都督楊志本碑（全唐文二六七）云：

「遷邛州司馬，兼平戎軍、靈關道支度運糧使。七羌九兵，時間暴梗，……密徑通蜀，窮關抵駹……。」

此在武后世。任令則碑（金石續編八）云：

「朝議大夫□(益)州大都督府別駕、專知和州〔川〕靈關兩道遊奕使。」①此在開元時代。是在唐代前期，靈關道已見重要。

考其行程，由雅州循平羌水河谷西北上行約三十二里至多功峽（今飛仙關 E 103°．N 30°5′），置多功鎮。又約四十里（五十里？）至盧山縣（今縣）。縣東臨羅帶水；西南近浮圖水，一名車盧水。又循浮圖水河谷而上六十里至靈關（今關 E 102°50′．N 30°17′），一稱盧關。有峽口如門，濶三丈，長二百步，形勢險峻。關外卽夷獠界，置靈關鎮以控之。由靈關西北出至吐蕃之野城（約今懋功縣地區）。由雅州行八日程至蕃界，又三日行至此城，共凡五百七十里。

多功鎮，見元和志，詳下文和川道條。

通典以下之唐宋志書，對於靈關有頗詳之紀錄，茲略引如次：

通典一七六雅州盧山縣，「有靈山關，關外卽夷獠界。」

元和志三二雅州盧山縣，「東南至州七十里。」「靈關鎮在縣西北六十里車靈山在（衍？）下。山有峽口似門，濶三丈，長二百步。關外卽夷獠界。」

舊唐書地理志雅州盧山縣，「盧山在縣西北六十里章盧山下，有山硤，口開〔濶〕三丈，長二百步，俗呼爲盧關。關外卽生獠也。」

寰宇記七七雅州盧山縣，在州西北七十里。「靈關鎮在縣北八十二里，四向（面？）險峻，控帶蕃蠻，一夫守之，可以禦百。」「靈關山在縣北二十里，峯嶺嵯峨，山聳十里，傍夾大路，下有山峽，口濶三丈，長二百步，俗呼爲重〔當作盧〕關，通蠻貊之鄉，入白狼〔狗〕夷之界。」「靈關路在縣界，去蕃界八日程。從界去吐蕃野城三日程。其險也，以繩爲橋。外不知里數。」（輿地紀勝一四七引此三條略同。白狼作白狗，是。）

此諸書所存各條，互有詳略，亦各有脫譌。惟「盧」「靈」蓋音近互用，非必有誤。元和志有車靈山，而水則作車盧水，亦其旁證。寰宇記此條，「去蕃界

① 所闕一字，跋文以爲「揚」字。按碑在陝西武功縣，碑云：「乃將□四夷掃萬□爲□□□作邊長城……寢疾終於官舍。」銘云，「歸途劍閣，返葬墳塋。」是所闕必爲「益」字，「和州」當是「和川」，卽此文所考雅州外徼三道中之靈關、和川兩道也。跋者誤釋「和川」爲「和州」，遂又臆測爲「揚州大都督府」耳。

八日程，從界去吐蕃野城三日程。」似自靈關算起。然通典一七六，雅州「西北到吐蕃野城界五百七十里。」寰宇記雅州四至條亦云，「西北至吐蕃野城縣界五百七十六里。」「西北至吐蕃偏松城九日程，約五百里。」則此十一日程實當自雅州算起，非自靈關算起也。

按元和志盧山「浮圖水一名車盧水，經縣西南五里。羅帶水經縣東五十步。」張編地圖集・四川人文圖，盧山縣有東西兩水會於城南。東水發源於大邑、邛崍之西姚店子西北之貝母山，南流經盧山縣治東；西水發源於寶興縣西北懋功縣東南之加薩山，東南流經盧山縣西，與東水會於城南不遠處。則元和志所記盧山縣之形勢與今圖全同，今縣治卽故城無疑。由加薩山發源之水卽古車盧水；今圖，水北之靈關亦可信爲古靈關所在，或不相遠。以此推之，吐蕃野城當在今懋功地區。惟通典一七六，奉州雲山郡，「東至維川郡（維州）風流鎮四十里，南至吐蕃野城八十里。」奉州在今理縣西南約百里，雜谷腦、邱地之間，詳岷山雪嶺地區交通網篇第七節茂州西通吐蕃兩道。若此八十里不誤，則野城又當在今懋功之東頗遠（約二百里），於雅州爲正北，非西北也。是與下文雅州正北之道爲一道，姑存待考。或通典八十里謂入野城之境歟？

蜀中廣記三二邊防引保志云：

> 「西北生蕃有孟董十八寨，……謂之孟董蕃，亦名董卜韓胡。唐時哥鄰董臥庭等求內附，處其衆于維㶚等州，居小鐵圍山，去縣（保縣）可七八日程，東抵雜谷八稜碉，模坡河在東，如卜河在北，卽古之孫水也。南流雅州，以牛皮爲船……永樂八年歸附。……貢道有三，一由雜谷八稜碉出保縣，一由清溪口出崇慶州，一由靈關出雅州。近與雜谷不睦，故直由雅安。」

按唐代保州在今理縣西北約三百里，近雜谷河，亦詳上文。明之保縣雖未必其地，要不太遠，且云雜谷，卽今圖之雜谷腦，則孟董蕃亦約在今懋功地區，其所行，正卽唐宋以來之古道耳。

此出靈關西北行也。若出靈關直北行，則至保州、維州，與茂州、維州西出吐蕃之道相聯絡。

新一五八韋皋傳云：

「（貞元）九年……命大將董勔、張芬分出西山靈關，破峨和、通鶴、定廉城，踰的博嶺，遂圍維州。」

按權德輿有中書門下賀劍南西川節度使去八月十八日於雍〔雅〕州靈關路大破蕃寇拔木破城並破通鶴軍天寶城應擒生斬級（略）等狀（全唐文四八四），殆即指此事而言。維州在今理縣北雜谷河北岸，的博嶺、定廉城、天寶城皆在縣西或數十里，或百數十里，皆在今雜谷河流域。由靈關出師而破天寶城，圍維州，是由今雅州西北行，經盧山、靈關、寶興，又直北至雜谷河流域也。前引嚴識元潭州都督楊志本碑（全唐文二六七）云：「遷邛州司馬兼平戎軍、靈關道支度運糧使。」此平戎軍當即茂州西北之平戎城，則約在 E 103°・N 32° 地區或稍東，並詳篇貳伍岷山雪嶺地區松茂等州交通網第七節。是其地與靈關南北相去甚遠，以一人兼任兩地運糧使，知必有道路聯絡也。此亦靈關北通維州之旁證。

關外置羈縻九州，寰宇記稱為夏陽路九州，皆吐蕃降附部落。又所通之逋租、偏松城，逋租為西山八國之一，偏松則吐蕃一城，蓋在野城東南境。

靈關為雅州北通維州、茂州，西北通吐蕃野城之要道，已如上考。此道又名夏陽道，然夏陽之地望仍不可曉，姑存待考。又前文引新唐書韋皋傳，路惟明自靈關夏陽攻逋租、偏松城。則此兩地亦在靈關西北出之道上。前引寰宇記七七雅州四至條云，「西北至吐蕃偏松城九日程，約五百里。」則偏松固與野城相近，蓋在其東或東南。逋租為西山八國之一，亦見新唐書韋皋傳。又寰宇記七七雅州舊管投降吐蕃部落（貞元中）條，「吐蕃逋租城首領籠官馬東煎等部落在夏陽路安置。」此亦見逋租與夏陽之關係，蓋亦在維州西南徼外歟？夏陽路羈縻州九，去雅州大抵五百數十里，亦見寰宇記。

(2) 和川、夔松道　新唐志之夔松道，當正名為和川道，與靈關道並稱。唐代初年已見和川鎮之名，故道與同名也。

新唐書南蠻傳之夔松道，前文考證，以爲即宋之碉門道。復考紀勝一四七雅州景物目下碉門寨條又引皇朝郡縣志云：「榮經縣之和川鎭，即今之碉門寨。」是碉門舊名和川。前引任令則碑，開元中專知和州、靈關兩道遊奕使。「州」爲「川」之誤釋無疑。則唐代前期已名和川，且與靈關並爲要道。寰宇記七七雅州，「管和川、夏陽等羈縻州四十六。」就中夏陽路九州，和川路三十七州。又貞元間吐蕃降附七部落之一嵬龍城首領鑠羅莽等部落在和州〔川〕路安置，另兩部落在夏陽路安置。是亦即和川、靈關兩路並列也。復考山左冢墓遺文·唐登州司馬王慶墓誌，「除雅州和川鎭將。」時在龍朔（西元661～663）稍後，萬歲通天元年（西元 696）之前，事又在任令則事之前五六十年。和川道即與鎭同名矣。然則新志所記唐世之夔松道，又名和川道，而和川之名更較早較著。新唐志云，雅州「有和川、始陽、靈關、安國四鎭兵。」是亦以和川代夔松也。故此道應以和川標名，宋世稱爲碉門道也。

和川道、和川鎭蓋以和川水受名，宋世名碉門水，即今發源於瀘定縣東北境、東流經天全城南之水也。由雅州西北循平羌水河谷上行三十二里至多功峽，有漏閣之名，置多功鎭（今飛仙關）。宋人宇文溥稱之爲天下之至險。由此分途：多功西北循浮圖水河谷上行爲靈關道。多功正西渡繩橋，循和川水河谷上行爲和川道，約十餘里爲始陽鎭，又約四十餘里至和川鎭（約今天全 E 102°50′· N 30°5′），又西至吐蕃大渡河，去雅州五日程。又西渡河至吐蕃之松城（約今康定地區），去雅州九日程。度此道行程約略相當於今之雅安西經飛仙關、天全、瀘定至康定之汽車道。

關於和川道行程，寰宇記七七雅州目有兩條重要史料，引錄於下：

嚴道縣條，「和川路在縣西界，去吐蕃大渡河（紀勝引有界字）五日程，從大渡河西郭至吐蕃松城四日程。羌蠻混雜，連山接野，鳥路沿空，不知里數。」

榮經縣條，「和川水在縣北九十里，從羅繩巖古蠻界東流入縣。」

是和川路在雅州治所嚴道縣西境，其水經榮經縣北九十里處。按元和志，榮經縣在嚴道縣西南一百一十里，則和川水正即發源於今瀘定北境、東流經天全城南、至雅州之水也。又檢輿地紀勝一四七雅州景物目下云：

「碉門水發源有二，其一在馬鞍山，其一自小魚溪，東至始陽，與榮經水合，滙於多功峽，與盧山水同注於平羌江。」

「平羌江，元和志在嚴道東北城下。(檢今志文作『經縣東二里』。)寰宇記云在名山縣，上源曰邛崍水，又名平鄉水，西北自嚴道縣流入，至眉州洪雅縣界下，又名青衣水。圖經云：平羌水自盧山發源，至嚴道之多功峽，合碉門、榮經三（二？）江抵郡城下，自此而東即與陽山江（即大渡河）合流滙於凌雲九頂之前。」

此更明示碉門水即今發源於瀘定北境流經天全城南之水也。所謂多功峽者，檢一統志雅州府卷關隘目云：

「飛仙關在盧山縣東南五十里，接雅安縣界，亦曰飛仙閣，跨多功河，即古漏閣也。宋宇文溥新路賦，惟天下之至險，有嚴道之漏閣焉，孤峯上絕於青天，湍波下走於長川，斷崖橫壁立之岸，飛溜濺千丈之泉。」（按宇文溥此賦見紀勝漏閣條。）

是在盧山縣東南，去雅安約二三十里，跨多功河，地極險要。檢今圖，有飛仙關，地望正合。元和志云嚴道縣西北三十二里有多切鎮，必即一地而字以形譌耳。則多功之名在宋以前已有之。紀勝雅州景物目上云：「繩橋在嚴道縣多功路，舊名高橋，以繩架棧，下瞰峽江，亦險要之一。」又景物目下老君溪條云：「自盧山多功峽而上，兩江合流，一從和川，一從盧山。」凡此皆見今瀘定東流經天全城南、又東南至雅安之水，即古和川水，宋名碉門水；臨水之飛仙關即古漏閣，下臨多功峽，唐置多功鎮。自此西北出爲靈關道，自此正西出則和川道也。新唐志雅州有四鎮兵，首爲和川鎮，當在和川道上。地望無考。然元和志，雅州「西北至西山谷口和順鎮九十里。」疑「順」爲「川」之增衍。若此說可信，則當在今天全縣或稍東。寰宇記云雅州取和川路西至吐蕃大渡河五日程，從大渡河西郭至吐蕃松城四日程。大渡河當即今河，松城在河西。一統志雅州府卷，打箭鑪廳在府西五百九十里。正當爲九日路程，疑吐蕃松城即今打箭鑪也。然寰宇記此條第二「大渡河」下有「西郭」二字，（蜀中廣記三五所引亦同。）而紀勝引此條第一「大渡河」下有「界」字。則此大渡河又似指一城而言，未敢定。然不害松城之為今打箭鑪即康定也。

此道左近置羅巖等羈縻州三十七，佔雅州所統羈縻州五分之四，若干吐蕃降附部落亦在此區安置。且此道為直西出吐蕃之中道，故地位最居緊要，視靈關道或且過之。

通典一七六雅州，西至羈縻羅巖州界三百八十里。寰宇記七七，同。記又云雅州「管和川、夏陽等羈縻州四十六。」就中和川路三十七，佔絕大多數。又云吐蕃逋租城與嘉靖州降戶部落皆在夏陽路安置。足見此區羈縻部落最多，又當雅州直西渡大渡河至吐蕃之中道，故紀勝稱「碉門最為要害」也。

武后長壽元年張玄遇率大軍迎吐蕃降附部落，至大渡水西，勒石紀功，蓋即取此道歟？

舊一九六上吐蕃傳上：「如意元年，吐蕃大首領曷蘇率其所屬并貴川部落請降，則天令右玉鈐衞大將軍張玄遇率精卒二萬充安撫使以納之。師次大渡水，曷蘇事洩，為本國所擒。又有大首領昝捶率羌蠻部落八千餘人詣玄遇內附，玄遇以其部落置葉川州……仍於大度西山勒石紀功而還。」通鑑二〇五長壽元年紀云，軍至大渡水西。考異云據唐紀、實錄。是此次行軍曾至大渡河西岸勒石紀功。一統志雅州府卷古蹟目，葉川州在打箭鑪界。按西川通越大渡河之道雖不只一路，然最近而較易行之道惟和川道，玄遇勒石在打箭鑪境，固最合理之揣想也。

(3) 始陽道　多功鎮西不遠之和川道上有始陽鎮，當榮經水向北流入和川水處。此道蓋即由始陽鎮略循榮經水河谷向西南上行者。

前引新書南蠻傳，雅州西徼外之第三道曰始陽。據前引輿地紀勝引皇朝郡縣志，此道出榮經苦蒿壩，當為南道。檢新書地理志雅州有四鎮兵，和川、靈關兩鎮之外，有始陽鎮，蓋爲鎮守此道而設。輿地紀勝雅州古跡目，「始陽鎮在盧山縣西四十里，路通西羌。輿地廣記云，今周公山始陽鎮本漢徙縣，屬蜀郡。晉曰徙陽，屬漢嘉郡。西魏曰始陽，唐以爲鎮。」又景物目下，「碉門水……東至始陽，與榮經水合，滙於多功峽，與盧山水同注於平羌江。」則始陽當在今天全東流之水與榮經北流之水合流處，即今飛仙關之西約十里處。一統志雅州府卷關隘目，「始陽鎮在今天全州東二十里」，雍正七年設州同駐此。可能去古鎮地不遠歟？始陽路蓋即由此向西南略循榮經水而行耳。

（二）黎、嶲西通徼外吐蕃南詔諸道

黎、嶲兩州西徼亦各有道通吐蕃境。黎州治漢源縣（今縣或其南之漢源場），西行至飛越縣（約今宜東鎮 E 102°30′. N 29°40′），在飛越水（今流沙河）上，置鎮兵。又西踰飛越嶺（黎州西約百里）至廓清鎮城，去黎州一百八十里，西臨大渡河，河西即生羌蠻界。貞元中韋皐九道出師，黎州經略使王有道過大渡河，深入吐蕃界，及李晟拔飛越、廓清等城，絕大渡河，蓋皆此道也。舊日有大道由雅安西南經榮經、清溪（即漢源）折西逾大渡河至康定，凡八站，曰麻柳場、鳳儀堡、清溪、宜東、化林坪、瀘定、瓦斯溝、至康定，每站相去約六七十里，其雅安至清溪即唐代成都清溪通南詔驛道之一段，自清溪以西約即此古道耳。

通典一七六黎州，「西去郡界廓清鎮百六十里。」元和志三二黎州，「西至廓清城一百八十里。其城西臨大渡河，河西生羌蠻界。」寰宇記七七黎州，與元和志同，惟「城」作「縣」。舊一九六下吐蕃傳下，貞元十七年，韋皐九道出師，「黎州經略使王有道率三部落郝金信等二千過大渡河，深入吐蕃界。」舊一四〇、新一五八韋皐傳略同。當即由此道也。又舊一三三李晟傳，吐蕃寇劍南，晟出師，踰漏天，拔飛越、廓清、肅寧三城，絕大渡河，虜乃引退。或亦此道；惟進軍蓋由始陽道轉入此道，故先拔漏天。又按元和志，漢源縣「飛越山在縣西北一百里，山西北兩面並接羌戎界。儀鳳二年置飛越縣，天寶初廢。」

寰宇記七七黎州漢源縣「廢飛越縣……唐儀鳳四年分漢源於飛越水置縣。」據此，縣當在飛越山南飛越水上，在漢源縣西不到二百里。新唐志，黎州有飛越鎮兵，當亦此處。一統志雅州府卷古蹟目，飛越廢縣在清溪縣（即漢源縣）西北。黃和繩西康旅行記（責善一卷二一期），由雅安入康定有大小兩路。大路取道榮經、漢源，由漢源西行四十里至泥頭鎮，即古飛越縣。又翻飛越嶺，至花林坪，經冷磧、瀘定，至康定。又王清泉蓉康旅憶（華僑日報一九七四年四月十日），記雅安至康定八天旅途甚詳，玆特錄如下：

「由雅安至康定共分八站，即廂柳場、鳳儀堡、清溪、宜東、化林坪、瀘定、瓦斯溝、康定。每站相隔約六七十里，全線共長約五百多華里。每天走一站。此五百多里中，除前兩站有三四十里較爲平坦外，餘者均係山路……且多半是崎嶇的羊腸狹路……尤其是第三、五兩天，翻越大相嶺（在榮經、清溪間）和飛越嶺。這兩個山頂都在海拔三千公尺左右，上坡四五十里，下坡十餘里，翻山時，坡陡路滑，不能坐轎，要手持木杖，足着草履，步步緩行。有時走在上有懸崖下臨深淵的峽道上，仰視俯瞰，心旌搖搖，幾不能鎭定。到瀘定下游之龍壩館，即與大渡河相遇，直到瓦斯溝後，才與它分離。此行沿途風景莊嚴雄偉，與江南秀麗景物迥然不同，如叢山壁立，高不可仰，嶺頭積雪，光芒萬丈，瀑布湍流，潺潺盈耳，峯壑險絕，動人心魄。有時坐轎遙望，蒼茫的遠山，銀色的積雪，蔚藍的天空，白雲繚繞，色調分明，身臨其境，眞覺胸曠神怡！」

此節頗能描繪川西旅途風貌，故備錄之。檢張編地圖集·西康人文圖，漢源（即清溪）、康定間自東而西北有宜東、化林坪、冷磧、瀘定、瓦斯溝等地名，即上引黃王兩文所行之大路，其東段實循流沙河谷而上行。上徵唐代，飛越水當即今流沙河，飛越山當即今飛越嶺，飛越縣鎭在山嶺東西，約今宜東地區，廓清鎭近大渡河，殆今化林坪、瀘定地區歟？今道即承唐代古道而行耳。

巂州治越巂縣(今西昌)。州北臺登縣(今冕寧東約二三十里)之直北八十里柳強鎭，後名保塞城，吐蕃稱爲北谷，有道西通吐蕃曩恭節度地區。

舊一九六下吐蕃傳下云：

「（貞元）五年十月，劍南節度使韋皐遣將王有道等，與東蠻兩林、苴那時、勿鄧、夢衝等，帥兵於故巂州臺登北谷，大破吐蕃青海、臘城二節度，殺其大兵馬使乞臧遮遮、悉多楊朱，斬首二千餘級，其投崖谷赴水死者不可勝數……蕃衆日却，數年間，盡復巂州之境。」②

按蠻書一雲南界內途程：「臺登直北去保塞城八十里，吐蕃謂之北谷，天寶以前巂州柳強鎭也。自入吐蕃，更增修嶮，因城下有路向曩恭地。」是臺登直北向北谷、柳強鎭爲一道，路通曩恭。按舊吐蕃傳，貞元十六年再破吐蕃，吐蕃酋帥兼監統曩貢臘城等九節度嬰嬰等舉部來降。兩唐書韋皐傳同。曩恭當卽曩貢，當爲吐蕃一重地。臺登城在今冕寧縣東約二三十里，（詳成都清溪通南詔驛道篇。）則柳強鎭，吐蕃稱爲北谷者，當在孫水（今安寧河）上游之一谷地，路通吐蕃之一節度曩恭地，故爲頗重要之道口。

又由臺登直西行一百五十里至曲羅（約今瀘寧及其西地區），當瀘水縈廻三曲處，爲磨些部落所居。其西入吐蕃境。新南蠻傳云「劍山當吐蕃大路」者，其地置戍守捉在曲羅東南，瀘水之東，蓋今冕寧西山，當此道也。

蠻書一雲南界內途程：「臺登城直西有西望川，行一百五十里入曲羅。瀘水從北來，至曲羅，縈廻三曲，每曲中間皆有磨些部落。……瀘水從曲羅南經劍山之西，又南至會同川。」此瀘水卽今雅礱江無疑，曲羅正卽今瀘寧地帶，瀘水在此帶流程曲折。復考新書二二二下南蠻傳下松外蠻條，「劍山當吐蕃大路，屬石門柳彊二鎭，置戍守捉。」據上引蠻書，劍山在曲羅東南瀘水東岸，則當在今冕寧西南雅礱江東岸旄牛山脈之南端。

巂州治所越巂縣（今西昌）西南行二十七里至西瀘縣，在孫水（今安寧河）東岸。縣西南三里有姜磨戍，蓋防孫水而置。由縣渡孫水一百一十二里至瀘水（今雅礱江），「水峻急而多石，土人以牛皮作船而渡，一船

② 舊一四〇韋皐傳略同，新紀亦作臺登北谷。通鑑二三二作「臺登谷」疑脫文。

勝七八人。」渡口蓋在今中河關西。又西一百六十里至昆明縣（今鹽源 E 101°35′·N 27°35′），俗稱鹽井，本漢定笮縣也。

舊一九六下吐蕃傳下，貞元十七年，韋皐九道出師，其最南路，云「嶲州經略使陳孝陽與行營兵馬使何大海、韋義等及磨些蠻三部落主（舊一四〇韋皐傳作磨些蠻、東蠻二部落主）苴那時率兵四千進攻昆明（舊韋皐傳有城字）、諾濟城。」新一五八韋皐傳略同，云：「道西瀘攻昆明、諾濟。」檢元和志三二嶲州，「西瀘縣東北至州二十七里。」「溫湯水在縣西山下十二里。」一統志寧遠府卷山川目，溫水在西昌縣北，西流入安寧河。亦引元和志溫湯水條。則西瀘縣必在安寧河之東。安寧河，古代及現代亦有孫水之名。元和志又云姜磨戍，在縣西南三里。疑卽爲防孫水而置者。

元和志又云西瀘縣有「瀘水在縣西百一十二里」云云，如綱文所引。張編地圖集·西康地形圖，其渡口當在今中河關之西。西去則爲鹽源縣，卽唐昆明縣也。元和志云，昆明縣東北至嶲州三百里，則東至瀘水約一百六十里。昆明縣，卽漢定笮縣，有鹽井在縣城中，爲一大產鹽中心，故漢置都尉治此。唐盛時亦置昆明軍，屯兵五千餘人。兵員之衆多，爲西南諸軍之最。蓋亦以其有鹽井之利也，故唐世或直稱昆明爲鹽井。如張九齡勅嶲州都督許齊物書（全唐文二八五）云，「蕃兵已向南取鹽井。」又勑吐蕃贊普書（同書二八七）云，「昆明卽嶲州之故縣，鹽井乃昆明之本城。」卽其例。

昆明縣，開元中置昆明軍，管兵五千二百人。又南至寧遠軍（蓋今寧蒗 E 101°·N 27°20′ 地區），管兵五百人，蓋可南與雲南軍（今姚安 E101°20′·N 25°30′）相應接。

通典一七二州郡序目下，劍南節度使所統有昆明軍，「越嶲郡南，開元中移置，管兵五千二百人，馬二百匹。」寧遠軍，「越嶲郡西，昆明縣南，開元中置，管兵五百人。」雲南軍，「管兵二千二百人。」元和志三一，同；惟多「雲南今姚州」一句。按今鹽源縣西南寧蒗地區，自元明有永寧州府之名，疑與唐寧遠軍之名稱有承沿之關係歟？

明代紀錄，自建昌（今西昌）西南二十里至高山堡，渡瀘河（此瀘河即今安寧河）二十里至沙坪堡驛，又十五里至紙房堡，又十里至瀘州堡，又十里至德力堡，又十里至河口驛，即打冲河（今雅礱江，古瀘水）也，河東有中前所（今有中河關），河西有中左所。打冲河兩山壁立，水勢洶湧，建索橋，長四十二丈，以通行商旅，稱爲邊陲之天險。由河西行，經梅子堡，祿馬堡，紹興堡，平川驛，杭州堡，雙橋堡，土功堡，馬蝗堡，新添堡，鴛鴦堡，涼山堡，高山堡，菁口堡，至鹽井衛，置鹽井驛。去打冲河一百八十里。此殆即唐代之故道耳。又云自鹽井至雲南永寧府界七百八十里，至麗江府界五百里。唐代昆明軍通寧遠軍，殆與此道相當歟？未能定也。

此行程堡驛皆見蜀中廣記三四邊防鹽井衛條引土夷考；天下郡國利病書六八四川鹽井衛條所引同。按張編地圖集・雲南人文圖，西昌、鹽源間雅礱江東岸有中河關，關東有高山堡，江西有平川站，即土夷考之高山堡、平川驛也。知其打冲河即今雅礱江，古之瀘水，其所謂瀘河則今安寧河，古之孫水也。

蜀中廣記與郡國利病書又引上南志云：

「衛（即鹽井衛）東北百八十里打冲河索橋，兩山壁立，水勢洶湧，狼牙相拒，舟楫不通。橋兩崖用大石堆砌，樹洞門二座，每洞樹將軍柱一百八根，洞門外立井口大柱四根，上穿篾纜十八條，繫於將軍柱上，纜上鋪板三十六道，兩旁用小纜掛繫如槽，橫亙四十二丈，邊陲之天險也。」

此爲西南索橋寫實之最具體且較早之資料，故詳錄之。

兩書又引莊安世渡瀘初略云：「瀘州一帶馱運入鹽井，必經索橋，約路二百八十里。」路程與唐代略相當。殆即唐代古道耳。據元和志，唐代尚未建索橋，不知何代始建。

蠻書云，「昆明城在東瀘（即雅礱江）之西，去龍口（南詔國都北六十五里，今鄧川之南）十六日程。正北有諱苴川，正南至松外城，又正南至龍怯河（約今永勝即永北 E 100°40′·N 26°45′ 地區）；西南至小婆城，又西南至大婆城；西北至三探覽城，又西北至鐵橋東城。其鐵橋上下及昆明、雙舍至松外之東，邊近瀘水（泛指金沙江及雅礱江下游而言），並磨些種落所居之地。」則昆明城去南詔國都陽苴咩城十七日程，不知取龍怯河道，抑取大小婆城道，抑或取鐵橋道也。鐵橋在劍川（今劍川 E 99°50′·N 26°30′ 南）之北三日程，約在今麗江縣（E 100°15′·N 27°）西北四百餘里，近金沙江，傳爲隋開皇中所建。南詔於其地置節度使，置驛，南通國都陽苴咩城。

此段錄自蠻書卷六雲南城鎮篇。「及昆明」之「及」本作「乃」，依向校臆改。向氏校注云：「小婆、大婆、三探覽俱在今麗江區，龍怯河、雙舍則是渡瀘水即金沙江北岸地區。總而言之，諱苴川、松外、龍怯河、雙舍俱在今鹽源以南金沙江北岸，以及金沙江自南向東北遶過玉龍雪山復向南流一段之江東面，即舊永北廳今寧蒗彝族自治縣以內。鐵橋東城應在金沙江東岸，邊近瀘水即指金沙江而言。……東瀘……即今雅礱江……磨些族自稱納西族，今尚聚居於麗江區金沙江左右也。」所指約可信。又卷三六詔篇：「越析一詔也。亦謂之磨些詔，部落在賓居，舊越析州也。……貞元中……（詔主）波衝兄子于贈提携家衆……東北渡瀘，邑龍佉沙，（新書南蠻傳越析詔傳作龍佉河。）方一百二十里，周迴石岸，其地總謂之雙舍。」向注，賓居在今賓川境內。東北渡瀘即渡金沙江。然則龍佉河、雙舍當即舊永北廳、今永勝縣地區，其地有程海。大婆、小婆等，固當在其西北麗江地區也。

又蠻書此段云，昆明城西北至三探覽城，又西北至鐵橋東城。同卷又云：

> 「貞元十年，掠吐蕃鐵橋城，今稱鐵橋節度。」「鐵橋城在劍川北三日程，川中平路有驛，貞元十年，南詔蒙異牟尋用軍破東西兩城，斬斷鐵橋，大籠官已下投水死者以萬計。今西城，南詔置兵守禦。」

是鐵橋城爲一大軍事重鎮，在劍川北三日程。又云鐵橋城北九睒川。向氏校注引元史六一地理志麗江路軍民宣撫司，「巨津州昔名羅波九睒，北接三川鐵橋，西鄰吐蕃。……今州境實大理西北陬要害地。……至元十四年於九睒立巨津州，蓋以鐵橋自昔爲南詔、吐蕃交會之大津渡，故名。」又引正德雲南志一一麗江軍民府，「巨津州在府西北三百里。唐爲羅婆九睒，……至元間於九睒置巨津州，屬麗江路，本朝因之。」一統志麗江府卷古蹟目，「鐵橋城在麗江縣西北舊巨津州北一百三十里鐵橋南。唐書，天寶初，南詔叛唐，于磨些九睒地置鐵橋，跨金沙江以通吐蕃來往之道。……府志，橋所跨處，穴石錮鐵爲之，冬月水清，猶見鐵環在焉。城在鐵橋南，……今遺址尙存。」雖云遺址尙存，惜未註明究在何處。向氏校注云：「今麗江西北金沙江右岸有巨甸，疑即屬古巨津州。按圖，巨甸南有橋頭汛，或即州治也。」所測頗有可能。檢申報館中國分省新圖，劍川向北有大道，循金沙江西岸至巨甸，乃離開金沙江河谷，折而西北經維西，再循瀾滄江東岸北行入西康境。檢張編地圖集・雲南人文圖，巨甸在 E 99° 55′・N 27° 3′，其西有甸尾地名，皆在金沙江之西岸，此道今已建爲汽車道，殆即略循古道耳。然則鐵橋所跨蓋爲金沙江之支流，非必跨渡金沙江主流歟？若渡金沙江至中甸地區，則該區山最高峻，恐非大道所宜也。又檢胡蔚增訂本南詔野史卷下南詔古蹟條，「鐵橋，麗江縣城西北三百里廢巨州北一百三十里。州本唐時羅婆九睒地，橋跨金沙江。」並與前引書同。又云「隋文帝開皇間所置。」蓋傳說有之歟？

鐵橋有大道通陽苴咩城。蠻書六雲南城鎭篇述之云：

「寧北城在漢楪榆縣之東境也。………北地有𣸣川，又北有樻川，又北有郎婆川，又北有桑川，即至鐵橋城北九賧川。」

故漢楪榆縣即今大理地。則此條所述由寧北城直北至鐵橋之途程，即南詔國都陽苴咩城北至鐵橋城之途程也。鐵橋爲通吐蕃大道，又爲南詔重鎭，故鐵橋南至國都必爲一大道。

綱文所引蠻書云，昆明城去龍口十六日程，按同書五六瞼篇云：「大釐城南去陽苴咩城四十里，北去龍口城二十五里。」又云「邆川城……南去龍口城十五里。」則龍口城在南詔國都陽苴咩城之北六十五里，即今大理北六十餘里，接鄧川縣。是昆明城去龍口十六程，即去陽苴咩城十七日程也。惟其路線不能確知，或由昆明正南經龍怯河，或西南經小大婆城，或西北取鐵橋城折而南行，皆未可知。所可知者，惟取鐵橋城爲較大之道耳。

南詔野史云，大中十三年西川軍自建昌襲滇，戰於古宗。本注云古宗在麗江府鐵橋以北。若事屬可信，則唐軍由嶲州西南經昆明至鐵橋也。

胡本南詔野史卷上豐佑條：「宣宗己卯大中十三年，陷播州。……西川節度使……僥倖邊功，發兵十萬襲滇，自建昌（即唐嶲州）入。佑命子世隆爲坦綽，同王嵯巔戰於古宗，殺唐兵數萬人，立銅柱於界上。」本注：「古宗，今麗江府鐵橋以北。」

下　雅、黎、嶲三州東通岷江瀘水（金沙江）沿岸諸道

（一）雅州東通嘉州道

雅州東北經邛州至成都有驛道，已詳成都清溪通南詔驛道篇。雅州東南循青衣水河谷而下，經洪雅（今縣）、夾江（今縣）兩縣城南，至嘉州（今嘉定、樂山）凡三百二十里，亦通舟楫。

元和志三一，嘉州「正西微北至雅州三百二十里。」考隸續一一南安長王君平鄉道碑云：

「維平鄉明高大道，北與武陽，西與蜀郡青衣、越嶲通界（闕）制由涪山上，隨沿回曲，（闕）危難……（闕）登高望天，車馬不通……（闕）崖橫道，臨大江（闕）或墮不止，（闕）復爲民害。永元七年十月，南安長王君……興利除害……因民力（闕）崖平碓，……通達平直，廣大道（闕）……車馬馳驅，無所畏難，商市（闕）……百姓如願……恩及子孫，去危就安，萬世無患……。」

洪氏跋云，碑今在嘉州夾江縣。按漢南安在今夾江縣西北二十里。武陽在今彭山縣東，青衣在今雅安縣北。據此碑，漢代自今彭山西南經夾江，又西至雅安，爲一道，南通越嶲。碑云「臨大江」即青衣江也。夾江東南近處即爲嘉定

樂山縣。元和志三一嘉州，夾江縣東南至州七十五里，青衣水經縣西。大抵此道沿青衣水河谷而行。元和志三二眉州洪雅縣，「青衣水一名平羌水，經縣南一里。」是道當經洪雅。考蜀中廣記一一洪雅縣，「此縣之（脫西字）十里修文山，即雅江所注，……名曰龍潭。又二十里，其地多竹，爲竹箐山，石甃梯磴，盤折而上，唐宋所設也。又十里爲隱蒙山，晉處士龐居正字隱蒙，隱此。又二十里爲花溪……又二十里思經山，則與雅安分界矣。」檢一統志嘉定府卷山川目，修文山在洪雅縣西北十里；竹箐山在縣西六十里，昔人嘗置關其巔；思經山在縣西八十里，與雅州分界。此即明代尚行之道，蓋漢唐以來之舊道耳。

又一統志嘉定府卷山川目青衣水條引舊志述此水所經形勢甚詳，沿途灘巖「皆多石梁，爲行舟患。」是通舟楫。考陳谿彭州唐昌縣建德草市歇馬亭鎮等記（全唐文八〇四）云：「公（吳行魯）……復昇于犍爲。雅之南千里，縣道峯堡相觸，早夕軍食跂俟於犍爲。公智出事先……風波助意，舟檝如飛，……諸軍飫飽。」犍爲即嘉州，是又雅州以南之軍旅仰食於嘉州，嘉雅運漕頗恃舟檝之明證，是必有取青衣水道者，知青衣水運由來已久。

（二）黎、嶲東北通嘉州道

由嘉州溯大渡河即陽山江上行至黎、嶲，爲唐中葉嘉眉饋給黎嶲戍卒之運道。

新一八〇李德裕傳云：

「舊制歲抄運內粟贍黎嶲州，起嘉眉，道陽山江而達大度，乃分餉諸戍，常以盛夏至，地苦瘴毒，輦夫多死。德裕命轉邛雅粟，以十月爲漕始，先夏而至，以佐陽山之運，饋者不涉炎月，遠民乃安。」

按輿地紀勝一四六嘉定府卷景物目上，「沫水今曰陽江。」一統志雅州府卷山川目大渡河條引地理通釋，「大渡河一名羊山江。」紀要六六四川省大川條及七二嘉定州陽江條，同。又方輿勝覽五二嘉定府，有陽江，「蜀南方之水所交會。」則大渡河在宋代有陽江、羊山江之名。觀李德裕傳此條，陽山江亦即指大渡河無疑。「道陽山江而達大度」者，黎雅驛道間大渡河岸，隋文帝置大渡鎮，煬帝改爲陽山鎮，唐改置陽山縣，後更名通望縣，屬黎州，詳元和志三二黎州及寰宇記黎州、嶲州兩卷。地當驛道跨越大渡河處，(參看成都清溪通南詔驛道篇。）故爲重鎮。此傳蓋謂由嘉、眉運糧，溯大渡河西至陽山、大渡鎮地區，以給黎、嶲戍卒耳。輿地紀勝一四六嘉定府碑記目，有李德裕石闕，「舊市鎮有名灘曰墨崖，其上有唐李德裕領重兵過此九字。」據紀要七二嘉定州目，舊市鎮在州西南。是德裕進兵黎嶲卽由此路，親歷其地，故深知其險惡也。

然大渡河流最爲湍急，全部運程非必皆取水運，蓋其流域亦實有陸路由嘉州通黎、嶲。通典云，嘉州「西南到越嶲郡生蠻界五百九十里。」恐非專就大渡河水運而言。

通典所記，見卷一七五嘉州目；寰宇記七四，同。九域志七嘉州目亦云「西南至嶲州五百九十里。」知此可能爲唐宋時代相當通行之道。

通典此道行程雖難確考，然可由明初道路推論之。考明初曹震云：「峨眉至建昌（今西昌）有古道，平易可行。」其行程由峨眉縣西南行六十里至龍池場（在峨眉山南），又二十里至大圍關，二十五里至虎皮岡。至此始分兩歧。右路又西經金口廠（今有金口河鄉鎮）楠木園（今有撈木廠）至黎州境。抗日期間所修樂西公路卽取此線，今日成昆鐵路亦略取此線也。左路由虎皮岡向南渡中鎮河（蓋卽指大渡河歟？）至陽村（今有楊村在峨邊縣北），又西南蓋取越嶲河谷道或取其東之一小河谷道（在峨邊縣西）度入清水河上游河谷至建昌（今西昌）地區。此道蓋較小，今圖無路可尋。

曹震語，見紀要七二峨眉縣目靖夷堡條。又其土地關條記此道云：

「縣西南四十里。邊略，縣地西南二邊，鄰松坪、木瓜、大小赤口等處。自縣三十里至高橋，又十里至土地關，二十里至龍池場，二十里至大圍關，五里至鐵索橋，五里至射箭下坪，三里至射箭上坪，此縣之舊界也。坪外八里至黑龍溪，四里至虎皮岡，始分兩岐：右路由上馬勝溪至金口廠，為邛部司新附之民，名歸化鄉，有陽化堡設焉。由金口廠二十里至楠木園，五十里至天池，八十里至萬家石，三十里至松坪，則黎州境內矣。左路由下馬勝溪至古金寺，渡中鎮河，有中鎮巡檢戍之，又十七里至太平坪墩。墩有兩岐，右路過陽村，行百里，乃玀猓，玀猓，亦新附蠻種也。左路上蠻鬼岡，岡勢險峻，樹木叢雜，入多徂春，煙霧不收，雨雪層積，即蠻人亦鮮踪跡。又十五里至空木，即永寧墩，八里乃至栖鷄坪，今築平夷堡處，城池候館咸備焉。由栖鷄坪五里至冷溪，二十里至熱水河，十里至四百囤，又二十五里至西河，設有鎮遠墩，過墩四十里為殺馬溪，懸崖峭壁，中逼河流，人過此者，兩頭牽索，緣索而步，至下山處名為溜馬漕，又五十里則木瓜夷種巢穴也。」

此節述峨眉縣西南通西昌之道極詳，甚罕見，故備錄之。張編地圖集・四川、西康圖，今峨眉縣西南，峨眉山之南有龍池，其西南，大渡河北有金口河，金口之西有黃木場，西接漢源境，已建為汽車道，即抗日期間所修之樂西公路（樂山至西昌）線，今日成昆鐵路亦略循此線。此線亦即紀要引邊略所記峨眉西南行右出之道也。同圖，金口東南，大渡河南，峨邊縣之北有楊村地名，其南路線雖不能詳，以勢度之，若非循越嶲河谷而南上，即循其東之一小河谷（經峨邊縣西）而上，越寒婆嶺（即蠻鬼岡歟？）地區，度入清水河上游至越嶲縣、西昌縣地區也。一統志寧遠府卷關隘目，熱水汛在西昌西北熱水河旁，為大小涼山諸夷出入要路。蓋即邊略之熱水。今圖在西昌東北，是也，故為大小涼山諸夷要路；一統志作西北，誤也。此道蓋較險峻，疑為曹震所指之左道也。

據此上推唐世，蓋自嘉州西南行三十里至蘇稽戍（今鎮），又四十五里至峨眉縣（今縣），又二十里至儀鳳年間重置之羅目縣（今木羊鎮羅目街）。又一百八十三里，蓋中經龍池（今池 E 103°20′・N 29°25′）至舊沐州，以沐川（今清水河）受名，蓋在大渡河南岸，（今峨邊縣北，約今沙坪鎮 E 103°12′・N 29°10′。）實為此一地區之交通要地。由此地區略沿大渡河谷折西行，蓋至定蕃城，銅山城，又西約二百里至通望縣、通望軍（今漢源南，大渡河南北），當成都經雅州、黎州通嶲州、南詔驛道之大渡河渡口處。此即曹震所謂右路。今成昆鐵路即略取此舊道也。

元和志三一嘉州，「羅目縣東北至州九十五里。……麟德二年，招慰生獠，於今縣西南一百八十三里置沐州及羅目縣。前上元三年，州縣俱廢。儀鳳三年重置，屬嘉州。」重置羅目縣既在舊州縣東北一百八十三里，而屬嘉州，則嘉州經新縣至舊沐州必有道路。

又吳船錄上，由嘉州經蘇稽鎮至峨眉縣。余登峨眉山，亦循此道。檢元和志三一，蘇稽戍在嘉州西南三十里。又云峨眉縣在州西七十五里，羅目縣在州西南九十五里。寰宇記七四，兩縣里距同。蜀中廣記五二峨眉縣條，「縣南三十里即羅目址，……今木羊鎮羅目街是。」又檢一統志嘉定府卷古跡目，羅目廢縣在峨眉縣西南。又山川目，羅目江在峨眉縣南，左右兩源發於峨眉山麓，至羅目廢縣合流爲江。引舊志，在峨眉縣南二十里。上引元和志，羅目、峨眉兩縣去州正差二十里，則由州至羅目當必經峨眉縣也。

前引紀要，龍池場在峨眉縣西南六十里。檢一統志嘉定府卷山川目，明統志云，龍池在縣西南四十里。蓋場在池南。考寰宇記七四，峨眉縣目，引李膺記，「峨眉山下有池，袤十里，號龍池。」則其名甚古。明代此道所經，蓋唐代已然。

舊沐州羅目縣，元和志云在新羅目縣西南一百八十三里。寰宇記云舊羅目在嘉州西南二百七十里。地望實同。則在峨眉縣西南兩百里之遙。一統志嘉定府卷建置目，峨邊廳在府西二百六十里，唐置沐州及羅目縣，廳即羅目舊縣也。所指雖非大誤，然檢元和志羅目縣目，「大渡水在縣北二百步。」而寰宇記云，「大渡河一名沬水，在縣南一百八十步。」皆在水濱而相對方位則相反。按羅目新縣在峨眉縣西南二十里，不能濱大渡河。兩書所記地望蓋麟德始置之舊沐州、舊羅目縣耳。又按州以沐名，殆與沐川有關，沐川則今清水河（上游稱馬邊河）也，河在大渡河之南，則沐州始置必在大渡河之南，不得在河北，故元和志爲正。宋會要方域一八之二七，沐川寨，嘉定四年成都府路提刑李埴奏云，「緣沐川一寨，在嘉定境內，迫近成都，實夷入寇之要路。」蓋謂此也。沐川與沐州相近，知沐州爲此區要地。其地約在今峨邊縣北大渡河南岸，距今峨邊縣治尚有相當距離。檢張編地圖集・四川兩圖，縣北大渡河南岸有沙坪地名（約 E 103° 12′・N 29° 10′）似爲頗重要鎮集，蓋眞其地矣。

定蕃城等　元和志三二黎州，「定蕃城在通望軍東一百八十里。」「要衝城在通望縣東十三里。」寰宇記七七黎州通望縣，「廢通望軍在大渡河南三十里，唐至德元年置，今廢。」又廢銅山城在縣東二百里，廢定蕃城在縣東二百十里，廢要衝城在縣東十三里，皆貞元中韋臯築。按通望縣、軍，在今漢源縣南大渡河岸，元和志云在大渡河南岸，寰宇記云在河之北。蓋先後有移動歟？要爲雅黎南通嶲州南詔驛道之大渡河渡口處，詳成都清溪關通南詔驛道篇。此諸城當皆沿大渡河南北而築者，是必東西相通無疑。就方向里距度之，定蕃城、銅山城當接近舊沐州，即由沐州向西略沿大渡河谷而下至通望地區也。

通典所記之道，蓋由嘉州西南行經羅目縣至沐州二百七十八里，又三百一十餘里至嶲州。度其方向里距，顯與曹震所記明代之左路略相當，蓋即經今峨邊縣直指西昌者。

通典所記此道之南段取線雖不明，但此道必經沐州，上考沐州地望在大渡河南岸之沙坪、峨邊地區，應不爲誤。今觀地圖，自沙坪、峨邊西南至西昌之距離，正與東北至嘉州之距離，略相當而稍盈，適合三百一十里之數。故就方向與里距言，可測知此道必經峨邊地區直西南行至西昌也。而其可能之路線有二，其一，經今峨邊縣城，渡入清水河上游至西昌，清水河即沐源川，參看下文（三）嶲州東北通犍爲戎州道。其二取今越嶲河谷至西昌也。

又武經總要云，黎州「東南至邛部川蠻十一日程」。蓋亦循大渡河東南至沐川流域都鬼蠻界也。

武經總要前集一九，益州路，黎州「東南至邛州郡（修訂本作『邛部川』是也）蠻十一日程。」本注：「西南夷之種也，居漢蠻（？）越嶲郡地。其酋長自稱百郡都鬼王。」按蠻殆即唐書南蠻傳之勿鄧蠻。由黎州東南行十一日程，必即循大渡河谷而行至沐川（今清水河）流域也。

（三）嶲州東北通犍爲、戎州道

嶲州北境又有兩小道。其一取沐源川（今清水河，上游曰馬邊河）流域東北至犍爲縣（今縣東南十餘里，岷江東岸），高駢置鎮於沐川以遏南詔入寇之路。其一取馬湖江（今金沙江）道，東至戎州（今宜賓），高駢於戎州上游二十里之馬湖鎮置平夷軍，亦以遏南詔入寇之路也。今圖，西昌有汽車道東北經昭覺、雷波，循金沙江北岸，經屏山至宜賓，蓋即略循此古道也。

輿地紀勝一四六嘉定府碑記目引張無盡沐川寨記云：

「南蠻東北接境，常挾吐蕃以爲中國患。蓋其路，一出大渡河，一出沐川源〔沐源川〕，一出馬湖江等。其狹邪之徑曰榮經，曰八面菁，曰黑水，曰中鎮，曰賴因，曰龍水，曰陰川；而沐川之路常爲嘯集之地。」

按南蠻一本作南廣，誤。就此三路而言，要當由黎州嶲州東北通嘉州、戎州而言。大渡河路，上文已詳。沐川、馬湖兩路亦自唐已然。考新二二二中南蠻傳云：「（咸通）十年，乃入寇，以軍綴青溪關，密引衆伐木開道經雪岐，盛夏，卒凍死者二千人，出沐源，闚嘉州，破屬蠻，遂次沐源。」通鑑二五一，咸通十年十一月，蠻進寇嶲州，唐軍守清溪關，「退屯大渡河北，與之隔水相射。……蠻密分軍（或本軍下有閱木二字）開道，逾雪坡，奄至沐源川，……遂陷犍爲。」胡注，「沐源川在嘉州羅沐縣界。麟德二年開生獠，置羅目縣及沐州。………今嘉州犍爲縣有沐川鎮。」新傳又云，高駢「築戎州馬湖、沐源川、大渡河三城，列屯拒險，料壯卒爲平夷軍，南詔氣奪。」通鑑二五二乾符二年，云高駢「修復邛崍關、大渡河諸城柵，又築城於戎州馬湖鎮，號平夷軍，又築城於沐源川，皆蠻入蜀之要路也。各置兵數千戍之。」是沐川道至遲唐末已通行，爲大渡河以南，通犍爲之要道。又考南詔野史（胡本）上卷勸龍晟條，「元和九年，晟寇嘉定州……至嘉定之沐源川。」是時間更早。檢紀要七二犍爲縣目，沐源川「縣西南百里，自馬湖府沐川長官司流入界，經縣南入於大江。今縣南有清水溪，源出馬湖界，……下流至孝女渡入江曰清溪口，即故沐源川矣。」是也。則沐源川道當由今越嶲縣東北經峨邊南境，馬邊北境，取清水河流域東至犍爲者。蓋由沐川上游（今清水河上游稱馬邊河）北經沐州渡大渡河東北至嘉州，由沐川上游東行則至犍爲也。高駢築城於馬湖鎭，號平夷軍。按駢有築羅城成表（全唐文八〇二）云，「平夷鎭之隄防，焉能跋涉，大渡河之把截，誰敢過從。」鎭蓋即此軍城也。馬湖道則循金沙江而下至戎州者耳。通鑑二五二，胡注：「馬湖鎭當馬湖江之要。」是也。馬湖江即今宜賓上游之金沙江。元和志三一戎州，僰道縣有馬湖戍，在縣西二十一里。新志戎州有馬湖鎭，當即一地。檢張編地圖集・西康人文圖與四川人文圖，自西昌至宜賓已通汽車，中經昭覺、雷波、屏山，其東段實沿金沙江北岸而行，殆即古馬湖道也。

而馬湖江（今金沙江）亦通水運，由馬湖部落浮舟十餘日至戎州。

輿地紀勝一六三敍州景物目下，「馬湖江源出沈黎……從馬湖部落之後舟行十餘日方至平夷，合石門江，至三江口，會于蜀江。」按平夷蓋指高駢所置平夷軍，石門江即今橫江（又名小江），詳川滇東道篇（戎州石門通南詔道）。此雖說宋事，必唐世已然。

按蜀漢時代，越嶲蠻反，諸葛亮遣龔祿居安上，去越嶲八百里，遙領太守。其後亮南征，亦「自安上由水路入越嶲」。前人論安上之地望，或以爲在今峨邊（E 103°8′・N 29°5′），則水路謂越嶲河也。或以爲在今屏山境（E 104°6′・N 28°40′），則水路謂馬湖江，今金沙江也。考之南齊志與舊唐志，後說爲強，則唐宋時之馬湖江道早已見史矣。

華陽國志三蜀志云：

「章武三年，越嶲高叟大帥高定元稱王恣睢，……破沒郡土。……丞相亮遣越嶲太守龔祿住安上縣，遙領太守。安上去郡八百里，有名而已。」

同書四南中志云：

「建興三年春，亮南征，自安上由水路入越嶲。……夏五月，亮渡瀘，進征益州。」

三國志四三蜀書張嶷傳云：

「越嶲郡自丞相亮討高定之後，叟夷數反，殺太守龔祿、焦璜。是後，太守不敢之郡，只住安定〔上〕縣，去郡八百餘里，其郡徒有名而已。時論欲復舊郡，除嶷爲越嶲太守。……在官三年，徙還故郡。」

是安上必當蜀通越嶲之道，且安上以南有水道也。張嶷傳下文又云：

「旄牛夷種類四千餘戶，其帥狼路。……嶷厚加賞賜，輒不爲患。郡有舊道經旄牛中，至成都，既平且近。自旄牛絕道已百餘年，更由安上，既險且遠。嶷遣左右齎貨幣賜路，……與盟誓，開通舊道，千里肅清，復古亭驛。」

是由成都去越嶲本有兩道：一道由旄牛，道平且近，置亭驛；一道由安上，道險且遠。盧弼集解，「郡國志，蜀郡屬國旄牛，劉昭注引華陽國志曰，旄地也，在邛崍山表。………一統志，旄牛故城在今四川雅州府清溪縣（即今漢源縣）南五十里。」則此所謂平近之舊道，即唐代成都西南經雅州、黎州南通嶲州、南詔之驛道也。然則安上道必在旄牛道之東。盧弼集解引謝鍾英曰：「安上水路入越嶲，……（安上）故城當在峨邊、越嶲兩廳之間。武侯所由水路，即今峨邊廳越嶲河（今圖一作越西河）至越嶲。」此一說也。而張澍蜀典卷一曰，「安上在今屏山縣。」方國瑜諸葛亮南征路線考申此說曰，「南齊書・州郡志，寧州有安上郡，列在東朱提郡之後。注曰，建武三年（496），刺史郭安明置。舊唐書地理志戎州，武德元年（618）置安上縣，七年改朱提。此安上地名即沿蜀時之舊。張澍所說近之。」（滇史論叢。）耕望按，據南齊志與舊唐志，蜀之安上當南近寧州、朱提，故張澍之說爲長。

（四）嶲州東南渡瀘津入曲州（今昭通）、寧州（今曲靖）道

華陽國志云，越嶲「會無縣（今會理 E102°15′・N26°30′ 地區）路通

寧州，渡瀘得住狼縣，故濮人邑也。」「三縫縣（今會理東南）一曰小會無，通道寧州，渡瀘得蜻蛉縣（今大姚）。」是漢世，越巂南境至少有兩道南通寧州。三縫渡瀘，至蜻蛉，蓋西南行；疑會無渡瀘蓋東南行，住狼得非堂螂邪？

按此條引文，見華陽志三蜀志。三縫，續郡國志，同；漢志作三絳。今地皆從通說。

兩晉南北朝時代，越巂（今西昌）有道東南通瀘水（今金沙江），有瀘津。渡水而東八十里至堂螂縣（今巧家、以車汎間）。堂螂東北行二百里至朱提郡（今昭通），堂螂東南行至寧州（今曲靖）。酈注極狀瀘津、堂螂道攀木援繩將若階天，爲南中之至險。唐世雖無明確史料可尋，但唐代初年，巂州治中吉弘使南寧（即寧州），極可能出此道。是爲川滇西道（成都清溪通南詔道）與川滇東道（戎州石門通南寧、昆川道）之東西聯絡線。今圖，西昌南之德昌縣（E 102°15′· N 27°25′）有舊路東南循會通河谷而下，經寧南（E 102°55′· N 26°55′），渡金沙江至巧家（E 103°5′·N 26°50′），由巧家東北踰轎頂山區至魯甸、昭通，由巧家東南行至會澤（東川），蓋即兩晉南北朝隋唐之故道也。

華陽國志四南中志云：

「王遜爲南夷校尉、寧州刺史。……李雄遣叔父驤破越嶲，伐寧州（今曲靖，舊名南寧），遜使督護雲南姚岳拒驤於堂螂縣。」

又水經注三六若水注云：

「建安二十年立朱提郡。……郡西南二百里得所綰堂螂縣，西北行上高山，羊腸繩屈八十餘里，或攀木而升，或繩索相牽而上，緣陟者若將階天。故袁休明巴蜀志云，高山嵯峨，巖石磊落，傾側縈廻，下臨峭壑，行者扳緣，牽援繩索。三蜀之人及南中諸郡，以爲至險。有瀘津，東去縣八十里，水廣六七百步，深數十丈，多瘴氣，鮮有行者。晉明帝太寧二年，李驤等侵越嶲，攻臺登縣，寧州刺史王遜遣將軍姚岳擊之，戰於堂螂，驃軍大敗，岳追之，至瀘水，赴水死者千餘人。」

是堂螂當寧州通越巂道，亦當朱提通越巂道。王遜事又見晉書八一王遜傳。楊疏，此瀘水即經文「東北至犍爲朱提縣西爲瀘江水。」極是。據此，堂螂縣在朱提西南二百里，而在瀘津東八十里，卽在此段金沙江東八十里。則當在今昭通、會澤間。前人指爲以車汎，然去金沙江太遠，或當在其西之巧家地區，距金沙江不遠處。此瀘津在堂螂縣西北，按張編地圖集·西康地形圖與西康人文圖，西昌之南德昌縣有舊道東南經普格、寧南（披沙），又東渡金沙江至巧家，巧家東北越轎頂山，渡牛欄江經魯甸至昭通，巧家東南至會澤（東川）；昭通、魯甸、會澤皆在川滇道上。寧南（披沙）、巧家地區之一段金沙江上，ONC-H-11，且有兩個汽車道渡口，古瀘津殆在此處。古堂螂縣西北通越巂，東南通寧州，東北通朱提二百里，正卽今圖巧家之形勢，今之路線亦卽古之路線也。唐世史料未詳，然通典一八七邊防三，昆彌國條云：「唐武德四年，巂州治中吉弘使南寧，因至其國。」新唐書二二二下南蠻傳下爨蠻條同。南寧卽寧州，今之曲靖。其最捷近之路線，亦此道也。

參看圖十六

一九七七年一月十日初稿，一九八二年三月二十九日增訂，刊香港中文大學中國文化研究所學報第十三卷。一九八四年三月五日增訂，九月二十五日再訂。一九八五年九月三十日初校，十一月二十七日二校定稿。

篇叁肆　黔中牂牁諸道

引　言

唐代，南詔通唐有五道。其一爲瀘關、清溪關道，其行程略相當於近年完工之成昆鐵路，惟北段頗異。其二爲石門關道，由今昆明東北經昭通至宜賓。其三爲葉榆水、古湧步道，由今昆明東南取盤龍江至越南之河內。其四爲牂牁、黔中道，由今昆明向東微北經曲靖、貴陽、至涪陵。其五爲取南盤江通邕州道。瀘關、清溪關道直至成都，最便捷，經常置驛，行旅亦最多；但中葉以後，受吐蕃威脅，不能通行，故通使取石門道。三、四兩道亦能通行，而南盤江邕州道則最僻荒。蠻書一〇南蠻疆界接連諸蕃夷國名條錄貞元十年安南都護趙昌奏狀云：

「蠻王蒙異牟尋……遣和使乞釋前罪。……緣道遐阻，伏恐和使不達，故三道遣。一道出石山〔門〕，從戎州（今宜賓）路入。一道出牂牁，從黔府（今彭水）路入。一道出夷獠，從安南（今河內）路入。」①

此卽第二、三、四道也。同書同卷雲南界內程途條云，「從邕州路至蠻苴咩城，從黔州路至蠻苴咩城，兩地途程，臣未諳委。」此卽第五第四道也。五道中之第一道置驛，最可詳考。二、三道亦曾置驛，余亦已分別考論。② 惟經牂牁至黔府道及南盤江

① 參考蠻書一〇劍南巡官崔佐時盟文。通鑑二三四，貞元九年條云，三道遣使，「各齎生金、丹砂詣韋皐。……三分皐所與書爲信，皆達成都。」

② 第一道，卽瀘關、清溪關道，詳篇叁壹成都清溪通南詔驛道。第二道卽石門關道，詳篇叁貳漢唐時代川滇東道。第三道卽古湧步道，詳篇叁陸唐代滇越道。

邕州道，皆幾全部行於邊疆民族之轄境，蠻書不記其置驛。邕州道俟研究嶺南地區交通時再略考之；今就牂牁黔府道略爲考論，並及黔中牂牁四達交通線。惟寰宇記一二〇黔州目云：「雜居溪洞，多是蠻獠。」輿地紀勝一七六黔州目引舊經云：「路途闊遠，亦無館舍，凡至宿泊，多依溪嵓，就水造餐，鑽木出火。」而蜀中廣記一九引此，以爲摩圍山唐人刻石之語。則其地經濟文化極落後，道路所經甚少人功之經營也。

黔中境內既山高谷深，道路未經人工開闢，故行旅困難，太平廣記四八三南州條引玉堂閒話云：

「王蜀有劉隱者，……嘗說少年賫益部監軍使書，案于黔巫之南，謂之南州。州多山險，路細，不通乘騎，貴賤皆策杖而行，其囊槖悉皆差夫背負。夫役不到處，便遣縣令主簿自荷而行。將至南州，州牧差人致書迓之。至則有一二人背籠而前，將隱入籠內，掉手而行，凡登山入谷，皆絕高絕深者，日至百所，皆用指爪攀緣，寸寸而進， 在于籠中， 必與負荷者相背而坐 ， 此即彼中車馬也。洎至近州，州牧亦坐籠而迓于郊。」

按南州在今綦江縣，尚未深入黔中境域，行旅已艱難無比，而以人負籠爲交通工具，則迄今川黔一帶攀登山險者仍用之，稱爲揹子，正見此段描述之不虛也。

（一）黔中牂牁主道

史稱自黔州西南行二十九日程至南寧州，接昆明部落。又云昆明部落在黔州西南三千里。又云牂牁蠻東至辰州二千四百里，西至昆明九百里。又云南詔三道遣使入唐，其一道出牂牁，從黔府入。按黔州在今四川省東南角彭水縣，辰州在今湖南省西北部沅陵縣，南寧州在今雲南省東境曲靖縣 ， 昆明部落約即今昆明縣市地區 ， 牂牁部落核心地帶約在北盤江上游 N 26° 地區 、 今貴州省西南境以關嶺永寧爲中心之小平原 。 檢視地圖，此四事所記實爲一道，即由昆明部族（今昆明縣市）東行經南寧州（今曲靖）至牂牁部族（今關嶺永寧地區），又東度入黔江（烏江）流域下行至今貴州省東北境，分爲兩道。其一仍循黔江下行，東北至黔州（今彭水）

達涪州（今涪陵）。此爲牂牁諸族入貢通使之主道。其一，東行度入沅江流域，下行至辰州（今沅陵），惟蓋少通行。

宋史四九六西南夷傳，謂涪州爲牂牁、南寧州蠻人入中國路。按此道開通甚早，莊蹻入牂牁至滇池即行此路。至唐及北宋前期，此黔中、牂牁、南寧、昆明通道之主要史料有下列七條：

(A)蠻書一〇載趙昌奏狀云南詔蒙異牟尋三道遣使入唐，「一道出牂牁從黔府路入。」詳前引。

(B)寰宇記一二〇黔州目：「南寧州本清溪鎭，唐末置，在黔州西南二十九日行。從南寧州至羅殿王部落八日行，與雲南接界。」武經總要前集一九卷末羈縻南寧州條同；惟無「唐末置」三字。新唐書地理志諸蠻州條亦有去黔州二十九日行之文。

(C)武經總要前集一九黔州目，「西南行二十九日至南寧州，接雲南昆明部落。」

(D)五代會要三〇昆明國條：「昆明部落在黔州西南三千里，山路險阻。……後唐天成二年八月，昆明大鬼主、羅殿王、普露靜王九部落各差使者隨牂牁來朝貢。」

(E)舊唐書一九七南蠻傳牂牁蠻條：「首領亦姓謝氏。其地北去充州一百五十里，東至辰州二千四百里，南至交州一千五百里，西至昆明九百里。」五代會要三〇牂牁蠻條全同。武經總要前集一九羈縻牂州條引五代志述其東西南三面所至亦全同。又云其地在「宜州之西陸行四十五日程。」

(F)同上牂牁蠻條，大曆貞元間，朝貢不絕。「元和三年五月，勅自今已後委黔南觀察使差本道軍將充押領牂牁、昆明等使。」

(G)唐會要九八昆彌國條：「一曰昆明……武德四年……遣使朝貢，因求內附，自是每歲不絕。其使多由黔南路而至。」寰宇記一七九昆彌國條略同。

按上列七條所涉地名，有黔州、辰州，其今地爲一般人所知，無異說。南寧州、昆明、牂牁皆須稍加說明如次：

南寧州　此州建置甚早，至南北朝末期始加南字，在今雲南省曲靖縣地區，本無異說。惟（B）條寰宇記云「本清溪鎮、唐末置」，下接云在「黔州西二十九日行」云云，似謂唐末新置之南寧州者。按新唐書地理志諸蠻州條有較詳之敘述云：「南寧州，漢夜郎地，武德元年開南中，因故同樂縣置，治味。……天寶末，沒於蠻，因廢。唐末復置州于清溪鎮。去黔州二十九日行。縣七：味、同樂（下略）。」是以南寧州仍即指唐初承南北朝末期所置之舊州而言。唐末復置南寧州於清溪鎮，未必在南寧舊地。然此條諸書所謂在黔州西南二十九日行者即指舊南寧州，今曲靖縣地無疑，與清溪鎮無涉。羅殿國則在今曲靖西南，昆明東南，今不詳論。

昆明　通典一八七昆彌國條云：

「昆彌國一曰昆明，西南夷也，在爨之西，洱河爲界，（此處當有脫譌。）即葉楡河。……唐武德四年，巂州治中吉弘使南寧，因至其國，諭之，至十二月遣使朝貢。貞觀十九年（略），梁建方討蠻，降其部落七十二，戶十萬九千三百。」（寰宇記一七九，同。）

按巂州約今西昌地區，南寧在今曲靖地區，此昆明必即在滇池地區（今昆明縣市境）無疑，故云在爨之西又有十萬餘戶也。又唐會要九八昆彌國條，「近又封其別帥爲滇王。」亦在滇池地區之證。

牂牁　（E）條，牂牁東至辰州二千四百里，西至昆明九百里。按舊傳下文，牂牁爲此地區一大部落，「勝兵數萬人」，唐代前期已常來朝，大曆貞元以後，遣使更頻繁，或接連數歲朝貢，或且一歲再來，其與唐之關係甚爲密切，故此所記行程當極可信。昆明既在今昆明地區，辰州在今沅陵，則牂牁必在今貴陽以西頗遠。又按此道必經今曲靖地區，曲靖即古南寧，西至昆明三百里，③則牂牁西至南寧之里程約爲南寧至昆明之兩倍。今觀地圖，此牂牁當在北盤江流域，N 26° 地區，即鎮寧、晴隆（舊安南）、（舊）關嶺（舊永寧，在今永寧之南）地區。檢紀要一一四曲靖府及一二一普安州、永寧州，曲靖至永寧五百三十里，里距亦略相當。又檢ONC-H-11，關嶺、永寧爲曲靖、貴陽間唯一小

③　紀要一一四，曲靖府條作二百九十里，一統志曲靖府卷作三百里。

平原，黎明公司全圖④及申報館中國分省新圖，此處亦爲小盆地平原，舊傳稱牂牁「土氣鬱熱，多霖雨，稻粟再熟。」又云「勝兵數萬人」。此必爲一大部族，稻粟產業尚佳，此小盆地平原地形亦頗適合。且(D)條云牂牁在宜州之西四十五日程，又云南至交州一千五百里。宜州在今宜山，交州在今河內，釋牂牁在今關嶺、永寧地區亦頗相當。漢牂牁郡治故且蘭，前人多釋爲今安順、鎮寧、永寧（卽舊關嶺）等地境。⑤此釋漢地，容或尚不能定；但云唐代牂牁部落所在，則絕無可疑，蓋舊唐書本傳及五代志述其四至道里甚詳，不容誤解也。惟此所考乃就牂牁國之統治中心而言，其國地大數千里，故今貴陽以東仍是其地，詳下文。

綜上所引史料，昆明、南寧、牂牁入唐之路實爲一道，惟東端或至黔州或至辰州而已，而由黔州入唐爲主道，亦極明顯，不待繁辭。黔州道卽爲入唐主道之一，故唐末南詔入寇亦往往出黔中，如通鑑二五二咸通十四年，南詔寇西川，又寇黔南。黔中經略使秦匡謀以兵少不敵，棄城奔荆南。又同書二四九，大中十三年，大禮遣兵陷播州。播州則黔中最西南之正州也。

此黔中、牂牁、昆明道之行程有可稍詳者。自涪州（今涪陵）循涪陵江（一名巴江水，今烏江、黔江）東南水行一百六十里至武龍縣，在涪陵江北（今武隆在江南）。又水行四十里至信寧縣，在涪陵江西南二里（約今江口鎮）。又水行一百三十里至黔州治所彭水縣（今縣），在涪陵江東、彭水（今郁江）之南。

元和志三〇涪州，「東南至黔州水路三百三十里。」黔州目，亦合。寰宇記一二〇涪州「南至黔州水路三百四十里。」亦合。兩書並記黔州地望與涪陵江、彭水之關係，則卽今彭水治也。下文檢討武龍、信寧兩縣之里程。

先述信寧　元和志，黔州信寧縣，「東南至州一百三十里。」「涪陵江水去縣二里。」寰宇記一二〇黔州，信寧去州之方向里數同。又云「涪陵江在縣東二

④　測繪者爲「聯勤總部測量署」。

⑤　參看漢書地理志補注及續郡國志集解。

里，北流入涪州武陽〔龍〕界。」則信寧在黔州西北一百三十里，涪陵江西南二里。檢今圖，當在江口鎮地區。

次論武龍縣　元和志，涪州武龍縣「西北至州二百五十里。」「涪江水在縣南屈北流，注於蜀江。」寰宇記涪州武龍縣條方向里數同。又寰宇記一二〇，黔州「西北水路至涪州武龍縣二百七十里。」合計涪、黔間水程爲五百二十里，與上文三百三十里之記錄不合。檢輿地紀勝一七四涪州武龍縣「在州南一百六十里。」乃知上引兩項記錄「二百」皆「一百」之譌，實際里程則涪州東南至武龍一百六十里，又一百七十里至黔州，而武龍、信寧則相距四十里。檢今圖有武隆縣，地望略相當，但在江南。寰宇記云，武龍縣有「蜀江門灘，在縣前巴江水中。」此亦考地之一標記。

黔州東南復水行一百三十里至洪杜縣，在涪陵江東岸。（今龔灘。）

元和志三〇黔州，洪杜縣，北至州一百三十里。寰宇記一二〇，洪杜縣條云州之東北一百三十里。按下文云「涪陵江在縣西一百步，北流入彭水縣界。」是知「東北」當作「東南」。又按下文明黔、思兩州間仍通水運，此縣既臨江，知亦水道也。又按寰宇記云「麟德二年移理龔湍，即今縣理。」檢今圖烏江東有唐岩江來會，會口地名龔灘，地望正相當，必其地矣。

又東南水行一百五十里，多或二百里，至思州治所務川縣，在涪陵江東岸。（約今沿河縣。）唐初以其當牂牁要路，故置務州，旋改名思州。

御覽一七一引十道志，「隋開皇十八年始置務川縣。……唐武德元年，以務川當牂牁要路，置務州。貞觀八年改爲思州。」通典一八三思州目，略同。據舊唐書地志，武德元年事，從招撫使冉安昌之奏。武經總要前集一九，稱此州爲「西入西南番路」，即承此說。

元和志三〇思州，「西北水路至黔州二百八十里。」州治務川縣，「內江水一名涪陵水在縣西四十步。」寰宇記一二二思州，亦云「巴江水出西南牂牁界，經費州，從當州西過。」然其記程云，「北至黔州二百八十七里，水路三百五十里。」「西北水路至黔州三百一十里。」武經總要前集一九，亦云思州北至黔州三百五十里。頗爲參差，蓋亦難準，今姑就最少最多兩書之。其地當在今沿河縣南。通典一八三，思州「東北到黔中郡黔江縣百九十里。」寰宇記一二二同。黔江在今縣東南二十里，則思州當即在沿河，不能南去太遠。檢一統志思南府卷古蹟目引府志，思州故城「即沿河司，所謂城子頭。」甚可據。而楊氏唐地志圖，繪思州於費州之南。按輿地紀勝一七八思州風俗形勝目，「思州舊城去今思州城一百八十里。此據涪州夏判官說。夏判官嘗沿檄〔徼〕到思州，自黔州先至舊州而後至思州。」是宋代思州嘗南移一百八十里。後代志書蓋因此譌誤而楊氏沿襲之耳。

又南水行三百里至思王縣（約今思南），又五十里至慈頭灘，又十里至多田縣，在涪陵江北岸，其地稍平，多墾田爲名。（約今龍庭江與烏江會口之北岸。）又西南四十里至費州治所涪川縣，在涪陵江南岸。（約今鸚鵡河與烏江會口之南岸。）

元和志三〇思州，思王縣「北至州水路三百里。」寰宇記一二二同。又云「守慈山在州南三百五十里接費州多田縣，東臨內江水慈頭灘。」內江水即涪陵水，思王縣在涪陵水上，此山與灘在縣南五十里涪陵江西岸。紀要一二二貴州鎮遠府鎮遠縣條云，唐思王縣在縣東八十里思南縣南，則與涪陵水無涉矣，必誤無疑。

元和志三〇思州，「南至費州水路四百里。」費州目，同。寰宇記一二二思州目亦全同。而費州目云，「北至思州水陸路五百里。」有一百里之差。按兩書所記兩州至長安里程之差，皆四百里上下，則作水路四百里爲正。元和志，費州治涪川縣，「內江水經縣北一百五十步。」是在江南。又元和志費州多田縣「西南至州四十里。」「涪陵江水經縣南五十步」是在江北。寰宇記費州多田縣，所記里距同。「武德三年務州刺史奏置，以地土稍平，墾田盈畛，故以多田爲名。」「涪陵水自西南來經縣南五十步，又北流入思王縣界。」與志合。

檢今圖，思南之南不遠石阡縣北，有龍庭江自南流入烏江，查ONC-H-11，此處爲一小盆地，海拔僅 2000 呎，殆其地歟？

檢紀要一二二貴州思南府「多田廢縣在府西北四十五里。」明清志書記黔中地區之唐代州縣，地望多誤；惟此條與唐宋志書合。然則費州治所當在其西，即石阡縣西北，鸚鵡河由北來流入烏江會口處之南岸，其地亦較平。

又西南一百九十里至牂牁別部之充州（約今餘慶境），本正州，天寶三年降爲羈縻州。

元和志三〇費州，「正南微西至牂牁充州一百九十里。」寰宇記一二一同。此謂充州在牂牁部族境也。新唐書四三下，黔府所統羈縻州有充州。「武德三年以牂牁蠻別部置，縣七。」本下州，天寶三年降格。州在費州正南微西一百九十里，當在今餘慶縣境。下文引元和志，獎州「西南泝流至牂牁充州七百里。」亦與此相當。

又西南蓋仍略循涪陵江河谷而上，行牂牁國境約一千一百里至牂牁國都，即牂州也，治建安縣（約今關嶺永寧地區）。開元中降爲羈縻州。

寰宇記一二二，「牂州、牂川郡，今理建安縣。……按梁氏十道志云，在開元初猶有此郡，後之郡國記錄，乃無此州之名。」則所謂「今理建安縣」者謂唐初期也。檢舊一九七南蠻傳牂牁蠻條，「武德三年遣使朝貢，授（謝）龍羽牂州刺史，封夜郎公。」是即牂牁國之中心地帶。故新書四三下江南道黔州都督府諸蠻州牂州條云，「建安本名牂牁」也。新志又云：「武德三年，以牂牁首領謝龍羽地置，四年更名牁州，後復故名。」初爲下州，開元中降爲羈縻州。事實上自始即羈縻耳，改牂牁爲建安亦是虛文。前考牂牁在今貴州西南境北盤江流域舊關嶺地區，東北至石阡地區，蓋一千里以上。檢寰宇記，牂州「東北至長安五千六百三十七里。」下文，「建安縣，三鄉。漢牂牁郡也。國志云，京西南五千六百三十七里，即牂牁是也。」按元和志、寰宇記皆云，費州「取江陵路至上都四千三百三十五里」，則費州西南至牂牁一千三百里，即牂牁去充州約一千一百里也。

又西約六百里至南寧州（今曲靖），爲三國迄唐經營雲南之根據地。又西約三百里至昆彌國，唐置昆州，南詔置拓東城，善闡府。

行程里距皆詳前文。南寧州爲蜀晉迄唐，中央經營雲南之根據地，及唐於昆明置昆州，南詔置城府，皆詳漢唐川滇東道篇。

（二）黔州東通辰州道

黔中觀察所管實兼烏江及沅江兩流域，中間隔一高嶺。

元和志三〇黔州序敍，「今辰、錦、敍、獎、溪、澧、朗、施等州，實秦漢黔中郡之地，而今黔中及夷、費、思、播隔越峻嶺。東有沅江水及諸溪並合東注洞庭湖，西有巴江水，一名涪陵江，自牂牁北歷播、費、思、黔等州北注岷江。」武經總要前集一九，「黔州管黔內思、南、費、溱、夷、播六州，東與施、溪、錦、獎（脫辰字）五州隔一高嶺。」今觀地圖誠然。

然仍有道東西相通。唐代志書稱牂牁東至辰州二千四百里，前文謂即牂牁黔中道東段分歧度入沅江流域者，卽踰嶺而東至辰州也。此度嶺之道且有兩線。其一由思州南境之思王縣東南陸行度入辰水河谷（今有辰水、錦水、麻陽江三名）二百里至常豐縣（今銅仁），又循辰水東行水程二百里至錦州治所盧陽縣（今麻陽西三十里）。又東北水程經麻陽（今縣東）、辰溪（今縣）、盧溪（今瀘溪西南）三縣，凡三百六十八里至辰州治所沅陵縣（今縣）。

元和志三〇思州，「東南至錦州常豐縣五百里。」寰宇記一二二，同。按紀要一二二，常豐縣條引志云在銅仁府西南五里。則地在今思南縣東南不出二百里處。前考思州水路南行三百里至思王縣，約在今思南縣。則思州東南至常豐縣五百里者，蓋由思州南取水路三百里至思王縣，再東南陸行度入辰水⑥河谷。

⑥　據水經注圖作辰水；今有辰水、錦水、麻陽江三名。

思王、常豐間僅二百里也。

通典一八三，錦州「西北到當郡常豐縣水路二百里。」而元和志三〇，常豐縣東南至錦州四百里。按之地圖與一統志，四百必誤無疑。

錦州東北至辰州，諸書所記里數極參差。通典一八三，辰州西南到錦州水路三百六十八里。而錦州目，至辰州六百七十里，蓋陸路歟？而元和志三〇錦州目，「東北水路至辰州七百里。」辰州目，方向里數均合。寰宇記補闕一一九辰州目亦合，惟錦州目作水路九百里，必誤。然七百里與三百六十八里皆爲水程，仍必有一誤。檢一統志沅州府卷，麻陽縣東至辰溪縣界一百三十里。辰州府卷記里自相參差，然辰溪東北至辰州不踰一百七十里，西至麻陽不踰二百里可知也。查今日地圖，麻陽水路至辰州亦斷不踰四百里，則通典所記最爲正確，其他皆誤。又按唐代辰州所領有麻陽、辰溪、盧溪三縣，各在今同名之縣附近，皆近水道，知必經此三縣也。

通典一八三思州寧夷郡，「東南到盧溪郡（辰州）一千六百里。」寰宇記一二二作「東南至辰州麻陽縣一千六百里。」按上考里程之和爲一千零六十八里，蓋通典誤六十爲六百，寰宇記承之又衍麻陽縣耳。

另一路自牂牁充州（約今餘慶）向東度入沅水上游無水河谷（今潕水、巫水），水陸兼程七百里，中經梓薑縣（約今鎮遠）至業州治所夜郎縣（今晃縣），天寶元年更縣名峨山，大曆五年更州名獎州。又由費州東行水陸相兼五百七十里亦至獎州。獎州沿流蓋一百二十里至巫州治所龍標縣（約今芷江），大曆五年改名敍州。又東北沿流五百三十八里或陸程三百二十里至辰州治所沅陵縣（今縣）。此道見賈耽皇華四達記，殆卽牂牁東至辰州二千四百里通道之東段歟？

武經總要前集二〇辰州條云：

「按皇華四達記，（辰州）二百四十里卽十里（此二字衍文）敍州界，又一百二十里至獎州，又一百八十里至允〔充〕州，又百里至牂州，又五十里至矦州，又五十里至吐州。」

按此文顯有奪譌，如侯州，吐州，字必有誤，各州距離亦可能有誤。然述辰、敍、獎、充、牂五州爲一通道，則可信。可能卽牂牁東至辰州二千四百里之路線也。玆據通典、元和志、寰宇記三書所記，以證此道，兼詳里程。

充州至獎州　元和志三〇獎州，本夜郎縣，長安四年於縣置舞州，開元中改鶴州、業州，天寶元年改縣爲峨山，大曆五年改州爲獎州。「西南泝流至牂牁充州七百里。」又通典一八三，業州治峨山縣，南及西南皆云「至兗〔充〕州梓橦〔䕺〕縣界四百里。」檢寰宇記一二二充州領四縣，其一梓橦〔䕺〕⑦。是亦謂業州（卽獎州）西南至充州也。按獎州，紀要八一，峨山廢縣在沅州西百里。沅州卽今芷江縣。其西百里，約今晃縣。楊圖置獎州於淸之晃州，是也。天下郡國利病書一〇八普安入黔舊路條「晃州，州廢名存，土人相傳，此地爲古夜郎，無據焉爾。」蓋不知唐獎州有夜郎之名，而土人相傳固亦往往有據也。前考充州約在今餘慶地區，其東通晃縣之水路卽潕水，七百里雖嫌多，然山區委曲，亦非不可能。武經總要作一百八十里，則必有奪誤無疑。又元和志，獎州有梓䕺縣，「東北至州水路四百里。建中四年自牂牁洞外充州割屬獎州。」獎州旣在今晃縣，則梓䕺必在今鎭遠殆無可疑。沿無水⑧舟行至獎州也。

獎州至敍州　元和志三〇，獎州「東沿流至敍州八百里。」敍州「西泝流至獎州八百里。」寰宇記補闕敍州目「西泝流至獎州九百里。」按志云敍州治龍標縣，貞觀八年置巫州，天授中改沅州，開元中後爲巫州，大曆五年改敍州。檢通典一八三業州，東南到巫州界五百九十里。巫州「西南到泝沅□入朗八百里。」顯有奪譌，蓋卽泝沅水至業州也。似元和志水程八百里之說爲是。敍州今地，明淸志書有兩說。紀要八一，沅州潭陽廢縣條，唐巫州治龍標城，在今沅州西南五十里；則在獎州東不過數十里。而一統志沅州府卷古蹟目以爲唐巫州在今黔陽縣，以駁舊志在沅州府治之舊說。所持理由亦不充分。且縱在今黔陽，上去獎州（今晃縣）水程至多四、五百里，故仍不合。反觀總要引皇華

---

⑦　梓橦當卽下文引元和志梓䕺之形譌。

⑧　無水，見水經注圖；今作潕水，巫水。

記，敍州至獎州一百二十里，則在沅州卽芷江之可能性甚大。且總要云辰州西南至敍州三百二十里，又引皇華記，辰州至敍州界二百四十里。此若就陸道言，敍州在芷江之可能性亦大，申報館中國分省圖正有一徑捷陸道也。故今姑置敍州於芷江。八百、九百、五百九十里之說，蓋均傳襲之譌歟？

敍州至辰州　敍州北沿流五百三十八里至辰州，見元和志三〇敍州、辰州兩目。通典一八三，兩目亦合。然上引總要，辰州西南至敍州三百二十里；又引皇華記，辰州至敍州界二百四十里，蓋陸路也。

費州至獎州　元和志三〇，費州「東至獎州，水陸相兼四百里。」又獎州「西南〔北〕泝流沿溪至費州五百七十里。」又通典一八三業州（獎州）「西至涪川郡（費州）五百里。」寰宇記一二一費州，「東至獎州水陸相兼六百里。」武經總要前集二〇亦謂獎州西至費州六百里。則費州東行亦至獎州，水陸相兼蓋五百七十里爲正。

至明代極力經營貴州，始定此路爲通雲南之主道，置驛亭。其行程自雲南治城，東經板橋，楊林，易龍（今易隆），馬龍，南寧，白水，平夷，亦資孔，普安，新興，安南，關嶺，安莊（今鎭寧），普定（今安順），平壩，威清（今清鎭），貴州治城，龍里，新添（今貴定），平越，清平（今鑪定），興隆（今黃平），偏橋（今施秉東），鎭遠，清浪（今清溪），平溪（今玉屏），晃州，至沅州（今芷江），凡一千八百九十里。蓋大體遵行唐代故道耳。

按明代行程，詳見天下郡國利病書一〇八普安入黔舊路條，云據楊太史滇程記述之甚詳，凡二千數百字，極可參看。此記亦云「沅水泝舟通鎭遠而止，近泱石櫟，通至偏橋。」與元和志極合。惟里數太少，顧書亦屢云某處至某處號若干亭，實若干亭，實亭數皆較號亭數爲多。又黃向堅尋親紀程（知不足齋本）所行亦此路，時在順治辛卯，亦可參看。日本藏有萬曆二十五年貴州通志，其卷一有貴州全省輿圖⑨，其東西通道，由曲靖東經平夷、普安、安南、關嶺、

⑨　此圖爲李中淸先生所影示。

安莊、普定、平垻、威清、貴陽、龍里、新添、平越、清平、偏橋、鎮遠、清浪、平溪、晃州，至沅州，此即楊氏滇程記之道也。

又由黔州東行二百里至黔江縣（今縣東南二十里），本石城縣，天寶元年改名，在阿蓬水（今唐岩河）南一里。又東度入酉水河谷水陸相兼五百里至三亭縣（今保靖西百里以上）。又東沿酉水，水路三百七十里至溪州治所大鄉縣（約今永順南境），當近酉水。又東微南水路三百六十八里至辰州治所沅陵縣。唐初數道並進，擊蕭銑，黔州刺史出辰州道，蓋此路線歟？

舊五六蕭銑傳，武德四年，唐擊蕭銑，其中一軍，「黔州刺史田世康趣辰州道。」又華陽國志八大同志，王濬伐吳，「別遣參軍將軍由涪陵入，取武陵，合巴陵。」亦此道也。按元和志三〇記黔辰間路線甚詳云：

辰州，「正西微北水路至溪州三百六十八里。」

溪州，「正東微南至辰州三百六十里。」

溪州，「三亭縣，東至州水路三百七十里。」「自縣西水陸相兼五百里至黔江縣，又西三百里至黔州。」

是即此道路線甚明。水路即酉水也。溪州當在今永順之南境，去酉水不遠。三亭，通說在今保靖西，度其地當在西百里以上，亦去水不遠。黔江縣，一統志酉陽州卷古蹟目石城廢縣條，在黔江縣東南二十里。按寰宇記一二〇黔州黔江縣「阿蓬水一名太平水，東北自施州清江縣界西南流經縣北一里，又南入洪杜縣界。」阿蓬水必即今唐岩江，則古縣治在今唐岩江之南，與今縣隔江二十里。關於黔江縣西至黔州里程，元和志此條作三百里，而黔州條作二百里。檢輿地紀勝一七六，作一百八十里。故今書作二百里。

觀五代溪州彭士然事，溪州至昆明、南寧、牂牁之關係且甚密，蓋此州在湘黔交通上亦有相當之地位。

新五代史六六楚世家云：溪州刺史彭士然降。「溪州西接牂牁兩林，南通桂林象郡。希範乃立銅柱以爲表。…於是南寧州酋長莫彥殊率其本部十八州，都雲酋長尹懷昌率其昆明等十二部，牂牁張萬濬率其夷播等七州，皆附於希範。」

（三）渝、夔間之江南陸道

由渝州西一百二十里蜀江南岸之江津縣（今縣）南泝僰溪水（今綦江）二百三十里至南州治所南川縣（今綦江），又南二百七十里至溱州治所榮懿縣（今綦江、桐梓間），江津南陸程三百六十里亦至溱州。溱州正南微東二百里或二百四十里至珍州治所夜郎縣（今桐梓東二十里夜郎里），又南二百里至播州治所遵義縣（今遵義西），又東北二百四十里至夷州治所綏陽縣（約今湄潭地區），又東北五百八十里或六百里至黔州。此實渝、涪間蜀江南側諸正州間之一弧形路線。

元和志三〇溱州目云：

「東北取珍、播、夷路至黔州一千三百里。」

按寰宇記一二二，全同。是明顯爲一條頗重要交通線。又按元和志記各州間里距及各州至長安之里程如下。通典、寰宇記有異者，附記於括弧中。

溱州正南微東至珍州二百里；東北至上都三千四百三十四里。（典作三千四百八十里，記作三千四百三十里。）

珍州北至溱州二百四十里，（記同。）東南至播州二百里，（記作三百里。）至上都五千五百五十里。（記作四千五百五十里，是。）

播州東北至黔州八百里，（典作東北至夷州三百里。）東北至上都取江陵路四千三百五十五里。

夷州西南至播州二百四十里，（典作三百，記作二百四十。）北至黔州五百八十里，（典、記皆作六百。）東北至上都取江陵路四千一百五十五里。

黔州南至夷州五百八十里（一本脫八十），西北至上都取江陵府路三千六百五十里。

據此諸里程，溱州正南微東至珍州二百或二百四十里，又二百里至播州，又東北約二百四十或三百里至夷州，又北約五百八十或六百里至黔州，其和果約一千三百里。又觀珍播夷黔去長安之里程，其鄰接兩州去長安里程之差，亦約近兩州間之里距。故溱珍播夷黔爲通長安之頗重要路線無疑。惟溱州通長安之里距非珍州至長安里距與珍溱間里路之和。此當作何解？考寰宇記一三六渝州江津縣有「溱南二州大路」。引四夷縣道記云：

「江津縣在今郡北〔西〕一百二十里。縣南陸路三百六十里至溱州。又自江津縣路南尋僰溪水路二百二（三）十里至南平州。」

按元和志渝州目全同，惟北作西，是；又尋作循，「二百二」作「二百三」而已。此顯爲一大路。元和志同目云；東北至上都二千八百一十里。又溱州目云，東北至南州二百七十里。南州目，南至溱州里距同。則自溱州北經南州與江津縣至渝州共六百二十里，加渝州至長安二千八百一十里，正爲三千四百三十里，知溱州至長安之里數，謂北取南州、渝州路，非東取黔州路也。合而觀之，自渝州之西，蜀江岸之江津縣南泝僰溪水路至南州，又南經溱州、珍州、播州，折東北經夷州至黔州，又折西北順流至涪州，復與蜀江水道銜接，成爲一弧形通道甚明。

關於此諸州縣治所之今地，明清志書多誤。玆條述如次：

南州治南川縣　紀要六九，謂南州城在今南川縣治。「一統志，綦江縣南九十里卽廢南平軍，似誤。」按元和志，南州治南川縣，北至渝州江津縣二百三十里。檢一統志渝州府卷，江津縣，南及東南至綦江縣界皆爲一百五十里，綦江縣西北至江津縣界八十里，其和正爲二百三十里，則南川縣卽在今綦江縣。紀要謂在南川縣，乃宋以後之南平也。

溱州治榮懿縣　前文引元和志，南州向南微西二百七十里至溱州，又由江津陸行三百六十里亦至溱州。一統志重慶府卷古蹟目云在綦江縣南接桐梓縣界，地望正確。參稽下條之珍州地望，則溱州約當在今綦江桐梓之正中間地區。

珍州治夜郎縣　一統志遵義府卷古蹟目，廢珍州，在桐梓縣東正安州西。按前引元和志，珍州北至溱州二百四十里，東南至播州二百里。溱州正南微東至珍州二百里。南州南二百七十里至溱州，又南微東二百里或二百四十里至珍州。其和約近五百里。檢一統志渝州府卷，綦江南至桐梓縣界一百七十五里。遵義府卷，桐梓北至綦江縣界二百六十里。其和爲四百三十五里，則珍州當即在今桐梓地區，去正安很遠。一統志遵義府卷古蹟目夜郎廢縣條引名勝志，「桐梓縣有夜郎里，乂曰夜郎城，在今縣東二十里。」疑即唐珍州治夜郎縣故地也。

播州治遵義縣　一統志遵義府卷古蹟目謂在今遵義縣西。大略可信。

夷州治綏陽縣　一統志遵義府卷古蹟目綏陽故城條，「在今綏陽縣治東北綏陽山。」又引黔記：「今爲綏陽場，在龍泉縣（按今鳳崗縣）西北二十里。」按前引元和志、寰宇記，夷州西南至播州二百四十里，北至黔州五百八十里或近六百里。又檢元和志、寰宇記，夷州東北至思州（元和志字譌爲涪）四百里，東南至費州三百里，則今綏陽、鳳崗皆非其地，其地當在今湄潭境。

此道至險峻，而溱州南北尤甚，蓋婁山山脈東西阻隔、高峻難行也。

本文引言已錄廣記載玉堂閒話一節，述至南州道路之險，實則南州只是黔中邊緣地帶，尚未入險境。近人朱偰黔游日記（東方雜誌第四十卷第十二期），由重慶經綦江、東溪、趕水場、降龍山（九龍三溝）、新站、吊死灣、七十二灣至山頂花秋坪，下桐梓縣。又南直上婁山關，關高踞嶺上，爲黔北要隘。下嶺至遵義，爲入黔以來之稍平處。又南過一嶺至烏江岸。渡江至息烽，抵貴陽。描述甚詳，其險峻處在桐梓南北，至稱爲兇山惡水。可想像古代艱難之一斑。

又由黔州東行二百里至黔江縣（今縣東南二十里），又東北約三百里至施州治所清江縣（今恩施），又東北一百三十里至建始縣（今縣），又約九十里至大石嶺驛，王周有詩，又北踰南陵山，下百八盤過江至巫山縣。此爲長江以南黔州通夔州巫山縣之陸道也，路極險峻。北宋紹聖間黃山谷貶官黔州，由巫山縣陸行上南陵山一百八盤，至建始縣，又經小猿叫驛（今恩施東約七、八十里），浮塘驛，至施州，又西南經驢瘦嶺鋪、歌羅驛（今恩施西南約百里），至黔江縣，又西經四十九渡（今縣西三十五里）至黔州。嶺渡驛鋪之名，蓋有承唐之舊者。今圖有汽車道由彭水經黔江，咸豐，宣恩，恩施，建始，至巴東，大抵即因唐、宋舊道而拓建者，惟東端小異耳。

杜翁寄裴施州（詳注二〇）云：「幾度寄書白鹽北，苦寒贈我青羔裘。」是在夔州作。又鄭典設自施州歸（同上）云：「旅兹殊俗遠，竟以屢空迫，南謁裴施州，氣合無險僻，攀援懸根木，登頓入天石，青山自一川，城郭洗憂慼。聽子話此邦，令我心悅懌……孟多方首路，強飯取崖壁，歎爾疲駑駘，……駕馭何所益？我有平肩輿，前途猶準的，翩翩入鳥道，庶脫蹉跌厄。」此兩詩見杜翁在夔州時屢有信使往來施、夔間，激起翁之雅興，擬去施州一遊。但道路險惡，攀援根木，鳥道入天，故擬捨馬騎用肩輿以策安全。又王周有施南路偶書及大石嶺驛梅花詩。（全唐詩十一函六册。）偶書云：「大石嶺頭梅欲發，南陵坡上雪初飛，苦無酒解愁成陣，又附蘭橈向秭歸。」本注：「俗謂大市嶺即音之譌。近時歲再去秭歸寄家處。」是南陵去施州道上有大石嶺，晚唐、五代見置驛。檢一統志夔州府卷關隘目，「大石嶺關在巫山縣南八十里，明嘉靖中建。」又陸游入蜀記六，「抵巫山。……市井勝歸、峽二郡。隔江南陵山極高大，有路如線，盤屈至絕頂，謂之一百八盤，蓋施州正路。」又蜀道驛程記下，「抵巫山縣，……陽雲臺在縣治西北五十步。……陽臺之南為南陵山，有舊南陵縣址，山凡一百八盤。」是此路即由巫山縣城正南上南陵山一百八盤南行，八十里有大石嶺驛。此去施州路必經建始縣。

通典一八三施州，北至雲安郡五百里。同書一七五夔州至施州方向里數同。元和志三〇，施州北至夔州亦五百里。武經總要前集一九，夔州南至施州里數同。然九域志八，夔州南至本州界一百二十五里，自界首至施州二百里。施州北至本州界二百（一作一）里，自界首至夔州一百二十五里。則南北才三百二十五里。是大不同。今檢一統志，施南府卷山川目，「大石嶺在恩施縣東北二百里，一名仙掌嶺。」則施州去巫山不踰三百里。檢今圖亦合。按元和志，施州惟清江、建始兩縣，建始南至州一百三十里。則建始至夔州當為一百七十里之距離正合。疑通典「五百」乃「三百」之譌，後書因循亦誤。或者約三百里至巫山，又上行之夔，約計五百里耳。

施州西南行有路通黔州，唐施州屬黔州觀察使即其徵。元和志三〇，施州「南至黔州四百八十五里。」通典一八三，黔中郡「東北到清江郡五百五十里。」數字略相合。而通典同卷清江郡目，「南至黔中郡七百里」「西南到黔中郡界五百八十里。」自相抵觸。檢九域志八，黔州東北至本州界二百五十九里，自界首至施州一百五十二里。其和四百一十一里。施州目略同。似又太少。檢一統志施南府卷，「西南至酉陽州黔江縣界三百十五里。」而元和志三〇，黔江縣屬黔州，西至州二百里。則五百里之說，約略得之。

綜上所述，由巫山縣南經建始縣，至施州，又西南經黔江縣至黔州。此道黃山谷曾行其全程。山谷詩集注一二，錄紹聖二年入黔中紀行有下列諸詩：

竹枝詞：「浮雲一百八盤縈，落日四十八渡明，鬼門關外莫言遠，四海一家皆弟兄。」

夜宿歌羅驛：「竹竿坡面蛇倒退，摩圍山腰胡孫愁。」「命輕人鮓甕頭船，日瘦鬼門關外天，北人墮淚南人笑，青壁無梯聞杜鵑。」

題驢瘦嶺馬鋪

行次巫山

上南陵坡：「蛇退猿啼百八盤。」

題小猿叫驛

馬上口號呈建始李令

次浮塘驛見張施州小詩次其韻

將次施州先寄張使君

謫居黔南十首

據此諸詩，山谷所行之全程中，除百八盤之外，有小猿叫驛、浮塘驛、歌羅驛、驢瘦嶺鋪、四十八渡等地名。浮塘驛顯在施州之東北不太遠。其餘諸地亦有可約知者。Ⓐ一統志施南府卷山川目「猿啼山有二。一在恩施縣東八十里，林木深茂，啼猿聲韻，比諸山最多。一在恩施縣西，多常積雪，又名雪嶺。」疑此驛可能與縣東者有關。Ⓑ同卷同目「瘦驢嶺在恩施縣西，宋陸游詩所謂瘦驢嶺在施黔間也。」Ⓒ同書酉陽州卷山川目，「小歌羅山，在黔江縣東北五十二里。又有大歌羅山，在縣東北一百九十二里，接施南府界，舊置歌羅驛於此。」當卽山谷詩所詠者。Ⓓ蜀道驛程記下，「四十九渡水，今黔江縣柵山卽其處。」檢一統志酉陽州卷山川目，「柵山在黔江縣西三十五里，兩山壁立若門，中寬衍，有平陸數頃，可以耕屯。」是則山谷由巫山縣渡江而南攀百八盤上南陵大山，至建始縣，又經小猿叫驛，浮塘驛，至施州，又西南經驢瘦嶺鋪，歌羅驛，至黔江縣，又西經四十九渡至黔州也。此諸嶺渡驛鋪之名當有承襲唐代者。

又施州向東九百里至峽州，蓋循清江而行，或取水道。

通典一八三峽州夷陵郡「西南到清江郡九百里。」施州清江郡條方向里距合。此道當略循清江而行無疑。後漢書列傳七六南蠻傳，「廩君乃乘土船從夷水至鹽陽。」章懷注：「盛弘之荊州記曰：曰廩君浮夷水射鹽神于陽石之上。案今施州清江縣水一名鹽水，出清江縣西都亭山。」此雖神話，然可徵夷水卽清江水，古通舟楫。至於陸道當亦略循清水河谷而行。

（四）播州牂牁道及牂牁通桂、邕、安南道

播州爲黔中區最西南之正州。其東南七十里至牂牁境之巴江鎭，蓋在涪陵水上，與前考黔州循涪陵水西南通牂牁、南寧、昆明之大道相聯絡，鎭南卽牂牁之琰州。

元和志，播州「東北〔南〕至牂牁北界巴江鎭七十里。東南至牂牁州二百二十里。」寰宇記，播州「東南至牂牁北界巴江鎭七十里。」「東南至牂牁琰州三百二十里。」當以記爲正，志文有脫譌。按元和志黔州目，「西有巴江水一名涪陵江，自牂牁北歷播、費、思、黔等州北注岷江。」則涪陵江亦有巴江之名。檢一統志遵義府卷山川目，烏江在府城南八十里。烏江卽巴江、涪陵水，則此巴江鎭當與今烏江爲近，蓋卽在江上，爲鎭扞之所。

由牂牁部族核心之牂州南循北盤江而下，經西趙明州，度入右江下行至邕

州（今邕寧），又循左江而上西南至交州（今河內）。又一道由牂牁牂州東南四十五日行（日數？）至宜州（今宜山），蓋亦取道北盤江，但下行紅水河，度入龍江（柳江上游）至宜州，又東至柳州（今市），桂州（桂林）也。此兩道當久通，唐初侯弘仁復開之。

通鑑一九五貞觀十三年紀云：

「渝州人侯弘仁自牂牁開道經西趙出邕州，以通交、桂，蠻俚降者二萬八千餘戶。」

胡注：「牂牁之別帥曰羅殿。今廣西買馬路，自桂州至邕州橫山寨二十餘程，自橫山至杞國二十二程，又至羅殿十程。此即侯弘仁所通者。」按胡注之道未必爲侯弘仁所通者。前引舊一九七南蠻傳牂牁蠻條，其地「南至交州一千五百里。」五代會要三〇牂牁蠻條全同。此殆指侯弘仁道也。牂牁蠻在北盤江上游，度其形勢，此道必東南行，循北盤江接右江下至邕州，再折循左江西南至交州也。惟其道不只一千五百里。舊南蠻傳，西趙蠻，貞觀二十一年以其地置明州，據通鑑此條，地在牂牁之南。關於邕州南至交州之道，雖不能詳。然明代萬曆間，鄧鐘撰安南圖志，述廣西入交州道甚詳，謂宋行之。其道有三，一自憑祥州入，出鎮南關，至諒山；一道自思明府入，過思陵州；一道自龍州入，過七源州；諸道總會於安越縣。此大抵與今道相同。所謂宋行之，實本之唐前古道可知。

又武經總要前集一九，羈縻牂州條引五代志，牂州在「宜州之西四十五日程。」按宜州在今廣西宜山，度其形勢，當循北盤江、紅水河、龍江而行，經今天峩、河池至宜山，又東至柳州、桂州。通鑑稱侯弘仁通道亦至桂州，殆此道。考華陽國志四南中志，光武帝時，夜郎遣使由牂牁江繞經番禺（今廣州）入貢，非唐宜州道即唐邕州道也。

又唐初於南謝部族置莊州，地在牂牁牂州西南蓋一百五十里；又百里有桂嶺關，一作柱蒲關，傳爲漢牂牁郡之柱蒲關故地。若爲故關，則此州與關似在牂州南循北盤江度入右江之道上，難確考矣。

武經總要前集一九黔州羈縻州條云：

「健州東北至牂牁州百里，西南至莊州五十里，又百里至桂蒲關。」

按寰宇記一二二，牂州治建安縣，「古牂牁郡城，……今有古城在郡西。」有「柱蒲關，漢書云，牂牁郡有柱蒲關。」即漢地志所記者。水經溫水注所引同。武經總要之桂蒲關必柱蒲關之形譌。檢初學記八引漢事，已譌柱爲桂，不始於北宋。然新唐書地志羈縻州條，黔府所轄有莊州「本南壽州，貞觀三年以南謝蠻首領謝彊地置，四年更名。……故隋牂牁郡地，南百里有桂嶺關。」是與柱蒲明爲一關而名異。若爲漢代故關，當以柱蒲爲正。今姑不論。途程置關必爲要道；就方向言，似當在牂牁向西微南之通南寧、昆明道上。然若爲漢關故地，則似當在牂牁向南微東循北盤江而下之道上。何者？漢志記牂牁郡有二關，皆當在邊徼。其一在西隨，約今雲南東南角文山、河江縣境是也。⑩ 唐牂牁向西至南寧地區乃漢牂牁中心區域，無置關之必要，故疑此關當爲牂牁南入今廣西境之邊關也。

參看圖十七

一九七五年十一月二十九日初稿，一九七六年九月二十三日增訂。
一九七八年十一月十六日復訂，刋史語所集刋第五十本第二分册。
一九八四年十一月二十日檢定。一九八五年十月一日初校，十一月二十八日二校定稿。

---

⑩ 見漢書地理志。參看漢晉滇越通道篇。

篇叁伍　漢晉時代滇越道

伯希和云，「唐以前中國人開拓雲南與東京（河內）交通之事，尚無跡可尋。」實則中國史料所見，滇越間早有通道。西漢時代牂牁郡進桑縣爲郡南部都尉治，置關，幾出入。進桑約在今河江縣（E 105°·N 22°50′）境。是卽滇越有通道之明徵。故東漢初年，馬援在交趾，上言欲自交趾出進桑至賁古（約今彌勒 E 103°30′·N 24°30′ 地區），擊益州（今昆明）也。就水經注所記，此道行程，北由賁古縣東南行，沿葉楡水（今龍盤江）而下，經西隨縣（約今開化、文山縣，E 104°15′·N 23°25′ 地區），出進桑關（今河江地區），至麊冷縣（約今富壽 E 105°10′·N 21°25′ 地區），達交趾郡（今河內地區）。

伯希和交廣印度兩道考（馮承鈞譯本）上卷陸道考云：

「唐以前中國人開拓雲南與東京（今河內）交通之事，今尚無跡可尋，六世紀初年之水經注似未言及此。」

按此論未確。考之水經注，實已有頗詳紀錄。其卷三七葉楡水注，經云：

「東南出益州界，入牂柯郡西隨縣北，爲西隨水，又東出進桑關，過交趾麊泠縣北，（麊一作麋，下同；漢志作麊。）分爲五水，絡交趾郡中……。」

酈氏於「益州界」下注云：

「葉楡水又東逕賁古縣北，東與盤江合。盤水出律高縣東南盢町山，東逕梁水郡北，賁古縣南，……建武十九年，伏波將軍馬援上言，從麊泠出賁古擊益州。臣所將駱越萬餘人，便習戰鬥者二千兵以上，弦毒矢，利以數發，矢注如雨，所中輒死。愚以行兵此道最便，蓋承藉水利，用爲神捷也。」

又於「進桑關」下注云：

「進桑縣，牂柯之南部都尉治也。水上有關，故曰進桑關也。故馬援言從麊泠水道出進桑王國至益州賁古縣，轉輸通利，蓋兵車資運所由矣。自西隨至交趾，崇山接險，水路三千里。」

按馬援此事，范書不載，楊疏以爲「當本他家後漢書」。是東漢初年，由交趾之麊泠，經進桑關、西隨縣、賁古縣，至益州郡爲一通道。下文引三國志陳留王紀，吳交阯呂興殺太守，欲歸魏，乃遣吏「詣進乘縣，因南中護軍霍弋上表自陳。」進乘即西漢之進桑，亦爲進桑關通滇越之強證。此道蓋多循葉榆水而上行也。① 故欲知此道行程，當先知酈注葉榆水此段，相當於今之何水。

按水經注所記之葉榆水，清代學人釋者多家：或謂今紅江（禮社江、元江、富良江），陳澧漢書地理志水道圖說（卷七）主之。或謂當爲漾備江，下流入瀾滄江，王先謙漢書地理志補注（葉榆條、秦臧條）主之。且謂酈注以葉榆水東入滇池、合盤江爲誤書。而楊氏水經注圖，則以酈注之葉榆水上源爲紅江上流之禮社江；下游（即上文所引賁古、西隨以下一段）實指今盤龍江（清水河）而言。今就酈注所述詳審觀之，楊圖之說，最得其正，不可易。蓋古人地理知識不夠，又在西南邊徼，酈氏北人，對於西南邊徼地理更爲隔膜，乃至張冠李戴，不足爲異也。惟楊、熊兩疏皆未辨明酈注葉榆水之下游一段何以即是今盤龍江；今特補爲疏說，作水經注葉榆水下游即今盤龍江辨。附刊本文之後，以釋讀者之疑。

此段葉榆水既爲今盤龍江，則馬援欲行之道當即略循今盤龍江河谷而上行，蓋水陸兼濟之道也。玆再就上引酈注涉及通道諸地名略指今地如次：

賁古縣、梁水郡　漢地志，賁古縣屬益州郡；續志同。紀要一一五云，其地在臨安府（建水縣）東南。漢地志補注引雲南通志稿云，據酈注以爲當在今師宗以北，羅平州東及貴州興義府；與臨安無涉。而熊疏疑即今彌勒縣。按漢地志、續志，此縣皆屬益州郡，不屬牂柯郡，則其地東在雲南東部與貴州接境處之可能性不大。通志稿之說似難置信。復考華陽國志四南中志，賁古縣爲梁水

① 酈注明云，進桑關在葉榆水上，馬援欲由水道入關至葉榆水上之賁古，則取道葉榆河谷而上甚明。楊疏及圖既以葉榆水此段係指今盤龍江而言；而楊疏又云：「按馬援從麊冷水道出進桑，是由富良江水道上溯；然至益州賁古，中隔溫水，蓋兼開陸路轉輸，故云兵車資運所由。」是又云由富良江上溯，何耶？

郡三縣之一，而梁水郡「在興古郡之盤南」；晉地志賁古卽屬興古郡，宋書州郡志，梁水郡「晉成帝分興古郡立」是也。② 是則梁水郡、賁古縣皆當在興古郡治之南，而據上引葉榆水注，賁古縣當在梁水郡治之北，卽賁古介在興古、梁水兩郡治之間。又考水經注三六溫水注，溫水自滇池地區東南流經毋單縣，西側有大池澤河流甚多。又南逕興古郡之毋棳縣東，南橋水合梁水由西來會。「溫水又東南逕律高縣南，劉禪建興三年分牂柯置興古郡，治宛溫縣。晉書地道記治此。溫水又東南逕梁水郡南………劉禪分興古之盤南置郡于梁水縣也。」則興古郡、梁水郡皆在溫水之東側不太遠，卽在今南盤江上游（開遠以北）之東側不甚遠也。賁古在興古、梁水兩郡間，則其地在今彌勒之說最爲近是。臨安東南之說，亦嫌稍南，更絕不會遠在滇、黔接境處矣。

律高縣　兩志屬益州郡。王先謙引通志稿，今彌勒縣地。楊疏，同。蓋與賁古爲同一地區，而在賁古西北歟？

漢興縣　華陽國志四南中志，縣屬興古郡。楊疏，當在今廣西州境。按廣西州，今瀘西縣，恐亦太北。

西隨縣　兩志屬牂柯郡；華陽國志，亦爲梁水郡三縣之一。則其地當在今滇越鐵路以東。續志集解引李兆洛說，在元江州東，是西至 E 102° 地區，非也。漢地志補注引雲南通志稿云，當在廣南（府）南境及越南界內。按西隨屬牂柯郡，當在賁古之東南，觀酈注似亦如此。則通志稿之說當略近之。惟酈注云：「自西隨至交趾，崇山接險，水路三千里。」里距雖失之過大，然參之漢地志，當亦有千里之譜。③ 疑其地尙在今中國境內，蓋文山縣地區，故云崇山接險，水路三千里也。楊圖繪於河內西北之宣光，在河內與中越國界之間，則距交趾極近，且何云崇山接險耶？

進桑縣　漢地志屬牂柯郡，「南部都尉治，有關。」卽酈注進桑關也。續志作進乘。據酈注，在西隨之東，當在今中越接境處，或稍南，可能卽河江或其南境。據 ONC-J-11，其地當高原夾谷下落到平原地區，爲設關置尉之最適宜地

② 晉書八一王遜傳，「分永昌爲梁水郡。」蓋誤記，梁水郡與永昌郡壤地不相接。

③ 漢地志，西隨縣「麋水西受徼外，東至麋泠入尙龍溪，過郡二，行千一百六里。」此可爲旁證。

段。補注引通志稿，在越南交岡。今圖無此地名。楊圖置於宣光東南，則太偏南。牂柯郡境，何得遠伸至交趾郡附近耶？此決不可能者。

麊泠縣　漢地志，麊泠縣屬交趾郡，都尉治。據酈注，當在交趾郡治之北或西北不太遠。紀要一一二安南國太原府，麊泠城在府西。楊氏水經注圖置於河內西北之臨洮。檢對「國防研究院」世界地圖集第一册越南北部圖，約在今富壽地區。按元和志三八峯州，漢「置交趾郡之麊泠縣地也。」「東南至安南府一百三十里。」度今日富壽至河內之方位里距，亦略相當，則明、清舊說殆不誤。

前引酈注葉榆水之一段流程所涉地名，已詮次如上，則漢世通道當由今河內向西北略循盤龍江（清水河）而上，經宣光、河江，入雲南東南隅，經文山（開化），盡盤龍江源，渡南盤江，又北經彌勒，西北至昆明也。今檢申報館中國分省新圖，有舊道循盤龍江而上，經文山，向西北至開遠，北達昆明，不繪經彌勒一線。張編地圖集・雲南人文圖，文山至開遠爲汽車道，而開遠有汽車道東北經彌勒、路南、宜良至昆明。此二圖皆似文山不向北直通彌勒者。考天下郡國利病書一〇八越西路考云，由雲南治城東歷湯池、宜良凡十七亭至路南州。又東南十五亭至彌勒州，又東南七亭至竹園村，「其地坦平，可通輪。竹園東南八亭至江邊，江闊六十餘丈，……橋岸有坡，崎嶇，……波〔渡？〕江上坡亦崎嶇，歷大百戶，有普世隆寨，……。」按張編地圖集，彌勒南有竹園街，竹園東南有江邊街，臨南盤江，江之東南有大百戶，當盤龍江源頭，則彌勒北通昆明，南通盤龍江源，固有古道也，殆即漢世故道歟？

或曰雲南東南流入越南之大水爲紅河（富良江）。盤龍江較小，交通路線多沿水而行，古人道路何以捨大河而取較小河谷？按此當有歷史及地理因素。考蠻書六雲南城鎮篇云：

> 「通海城南十四日程至步頭，從步頭船行沿江三十五日出南蠻。夷人不解舟船，多取通海城路，賈勇步，入眞、登州、林西原，取峯州路行。」

是則唐世山地夷民仍不習舟船，故捨沿江水路寧取陸路而行也。漢代夷人習慣，當不大異，操舟技術當更不能較唐爲佳，疑漢世捨紅河大水而取盤龍河谷而行，殆亦此道陸行較多之故歟？且唐代夷人取林西原道，按新唐志，安南都護府所管羈縻州有林西州及西原州。新二二二下南蠻傳，西原蠻居邕桂之西，兵陷桂管諸州，至道州。則林西州、西原州當在今廣西西境，最遠當仍在紅江以北，不應在紅江以南。然則唐世夷人所取之道仍在富良江東北側，可能即漢代循盤龍江而行之故道歟？詳下唐代滇越通道篇。

馬援欲循此道由交趾入益州郡，則此道開通必在東漢初年以前無疑。且漢地志既云牂柯郡進桑縣爲南部都尉治，有關。按都尉例治軍事交通要害地。既置關，尤必當交通要道，此不待論者。即就漢地志南疆諸郡言，記關者除牂柯郡之進桑縣外，合浦郡之合浦縣，鬱林郡之雍鷄縣，蒼梧郡之謝沐縣、荔浦縣，皆有關，蒼梧郡又有離水關。按漢合浦縣在今廣東合浦縣境，自古迄今皆當廣東通越南要道。④漢雍鷄縣在今廣西崇善縣，當廣西通越南之鐵道；漢荔浦縣在今廣西荔浦縣，謝沐縣在今湖南永明縣，皆在湖南通廣西道上，⑤蒼梧郡在今蒼梧縣，離水關當在縣西離水（今桂江）上；則漢地志所記南疆諸關，皆當要道也。進桑爲都尉治，又有關，則西漢時代此路已大通爲要道。蓋其時交趾郡（今河內）向北到內地，有東及東北、西北三孔道，即置三關以扼之。東循海岸至合浦，入合浦關；東北略循今桂越鐵路，入雍鷄關；西北行則略循葉楡水河谷入進桑關也。惟川滇道雖經唐蒙鑿修，然太險峻，不能有效的控制滇中諸蠻，致此交趾西北通牂柯郡、益州郡之進桑關道利用之時間或較少，故遂不爲人所知歟？然仍非不能行，故馬援乃有由交趾進兵益州之擬議也。

此道至東漢末年仍見通行，如劉巴由交趾經牂牁至益州，即此道；而交趾太守士燮與益州時通音信，許靖由交趾西北至益州，殆亦由此一道耳。

逮東漢末年三國時代，此道仍通行。如三國志三九蜀書劉巴傳，巴由荆楚「遠

---

④　葉楡水注引交州外域記，越王令二使者典主交趾、九眞二郡民，漢遣伏波將軍路博德討越王，至合浦，越王令二使者擧二郡降。華陽國志四南中志，泰始中，交趾太守馬融遣將攻合浦，大破吳軍。七年吳大擧攻取交趾，虜融，傳送秣陵，至合浦，病卒。皆較古例證。

⑤　此道今仍爲大道。看申報館中國分省新圖。史記一一三南越傳，元鼎五年伐南越，故歸義越侯二人，「出零陵或下離水，或抵蒼梧。」蓋一由離水經今桂林，一由謝沐、荔浦直達蒼梧也。

適交趾……復從交趾至蜀。」裴注引零陵先賢傳云：

「巴入交趾，……與交趾太守士燮計議不合，乃由牂牁道（一作遁）去，爲益州郡所拘留。」

巴由交趾經牂牁至益州郡，正即進桑道也。又如同書三八蜀書許靖傳，靖由南海（今廣州）「循渚岸」（實取合浦道）至交趾。其與曹公書曰：

「欲……歸死闕庭，而荆州水陸無津，交部（此時交州在今廣州）驛使斷絕，欲上益州，復有峻防，故官長吏一不得入。前令交趾太守士威章（士燮字威章）深相分託於益州兄弟，又靖亦自與書，辛苦懇惻，而復寂寞，未有報應。」

是交趾有道通蜀中必爲盡人皆知之事實，故許靖在交趾極圖由此入蜀也。惟其時劉璋在蜀，爲政治考慮，不欲某些故官長吏進入防區，故許靖由交趾入蜀之希望受阻。然同傳後文云：「後劉璋遂使招靖，靖來入蜀。」是仍遂初志也。又同書四九吳志士燮傳，爲交趾太守，附於孫權，「誘導益州豪姓雍闓等率郡人民使搖〔遙〕東附。」同書五二吳志步騭傳，「益州大姓雍闓等殺蜀所署太守正昂，與燮相聞，求欲內附。」按此益州指益州郡而言，在今雲南中部滇池地區。然則由許靖、雍闓兩事觀之，士燮在交趾，固常與益州部、益州郡有信使相往來也。

三國末年，魏滅蜀，吳國交趾人呂興殺太守，遣使「詣進乘縣」，因南中護軍霍弋上表於魏。進乘卽進桑，南中治今曲靖縣，是仍與漢道不異。當時此道行旅蓋頗盛，故晉初陶璜謂「寧州（南中更名）興古（今羅平地區）接據上流，去交趾郡千六百里，水陸並通，互相維衞」也。惟此道沿途實「崇山接險」，絕非坦途，故南中八志有「鳥道」之名。

華陽國志四南中志云：

「咸熙元年（魏滅蜀之明年）吳交趾郡吏殺太守孫靖，內附魏。……（魏）南中監軍霍弋表遣建寧爨谷爲交趾太守，……泰始元年（即次年）谷等徑至郡。」

又三國志四魏書陳留王奐紀，咸熙元年條云：

吳交阯呂興殺太守，欲歸誠於魏。乃「遣都尉唐譜等詣進乘縣，因南中都督護軍霍弋上表自陳。」

此與南中志所記爲一事，而有遣吏「詣進乘縣」之文。進乘卽西漢之進桑，更見進桑關道歷兩漢三國皆通行也。

南中志又述太安中李毅爲寧州刺史，下云：

「夷愈強盛，破壞郡縣。……會毅疾甚，軍連不利，晉民或入交州，或入永昌。……光熙元年春三月，毅薨，子釗任洛還赴，到牂柯路塞，停住交州，……三年乃得達。丁喪，文武復逼釗領州府事，……懷帝乃下交州使救助之。……交州刺史吾彥遣子威遠將軍咨以援之。」

按寧州卽南中監軍所部改置，治所在今曲靖地區。是西晉末年，寧州、交州直接通道之證。蓋其時李特亂益州，故洛陽至寧州須迂道經交州，而交州亦得出兵救援寧州也。寧州既在今曲靖，由交州至寧州，正當取盤龍江路，如馬援所指之道矣。

又考晉書五七陶璜傳，晉武帝時，璜爲交州牧，上疏曰：

「寧州興古接據上流，去交阯郡千六百里，水陸並通，互相維衞。」

按興古爲寧州之屬郡，蜀漢所置，治宛溫縣，見水經注三六溫水注，前文已引。宛溫，漢縣，一統志云今羅平；楊疏謂今宣威南。檢續郡國志劉昭注引南中志，「縣北三百里有盤江，廣數百步，深十餘丈。」參此條去交阯郡之里程，則羅平之說爲可信，不得北至宣威也。此條明云寧州興古郡至交阯郡一千六百里，有水陸道可通；興古在今羅平地區，其南行入交阯，正當卽循盤龍江而行，卽馬援所指之舊道也。

按前引水經注，「自西隨至交阯，崇山接險，水路三千里。」見此道險峻。近讀影宋本新刊校定集注杜詩卷十三鄭典設自施州歸，集注趙彥材曰：「南中八志曰，交阯郡治龍編縣，自興古鳥道四百里。蓋以其險絕，獸猶無蹊，人所莫由，特上有飛鳥之道耳。」後此諸卷集注又屢引南中八志此條。興古郡，蜀漢所置，其通龍編，正卽此道，其險可見。「四百里」者，蓋前奪「一千」字耳。

此皆信史所見滇越道之早期史事也。若就傳說言之，滇越通道可追溯至戰國時代矣。

史記一一三南越傳索隱云：

「姚氏案廣州記云：交趾有駱田，仰潮水上下，人食其田，名爲駱人，有駱王，駱侯。……後蜀王子將兵討駱侯，自稱爲安陽王，治封溪縣，後南越王尉他攻破安陽王，令二使典主交趾、九眞二郡人。」

水經葉榆水注引交州外域記，略同。按續郡國志，交趾郡有封溪縣。安陽王事雖屬傳說，但當有所據。蓋秦滅蜀時，蜀王室之一支避秦鋒而南徙，侵至交趾，敗駱侯而王其地耳。是則，似紀元前四世紀末，已見蜀與交趾有通道矣；惟此蜀王子之由蜀入交趾是否即經雲南，亦不能確斷耳。

參看圖十七

一九七四年九月十一日初稿，刊香港中文大學中國文化研究所學報第八卷第一期。本爲常行體，一九八四年十二月一日增訂改作。一九八五年十月一日初校，十一月二十九日二校定稿，增補杜詩集注一條。

附篇七　水經注葉榆水下游即今盤龍江辨

上文漢晉時代滇越道篇，提到清代學人釋葉榆水者，意見頗歧。如陳澧云今紅河（禮社江、富良江）；王先謙云當爲漾備江，下流入瀾滄江；而楊守敬以爲上源指今禮社江，即今圖馬龍河（紅河上游），下游則指今盤龍江而言。余謂楊說最得其正，惟楊熊兩疏皆未有所辨釋，今爲補疏如次：

水經注三七葉榆水，經云：

「益州葉榆河出其縣北界，屈從縣東北流，過不韋縣，東南出益州界，入牂牁郡西隨縣北，爲西隨水；又東出進桑關，過交趾羞泠縣北，分爲五水，絡交趾郡中……東入海。」

酈注云：

「（葉榆）縣之東有葉榆澤（今洱海），葉榆水所鍾。……不韋縣……北去葉榆六百餘里，葉榆水不逕其縣。……葉榆水自縣（似指葉榆縣）南逕遂久縣東，又逕姑復縣西，……又東南逕永昌邪龍縣，……于不韋爲東北。葉榆水自邪龍縣東南逕秦臧縣南，與濮水同注滇池澤（今滇池）于連然（今安寧）、雙柏縣也。葉榆水自澤又東北逕滇池縣南，又東逕同竝縣南，又東逕漏江縣，伏流山下復出蝮口，謂之漏江。（按華陽國志四南中志，漏江『九十里出蟥口』。）……葉榆水又逕賁古縣北，東與盤江合。盤水出律高縣東南監町山，東逕梁水郡北，賁古縣南，水廣百餘步，深處十丈，甚有瘴氣。……盤水又東逕漢興縣……北入葉榆水。……葉榆水又東南絕溫水①而東南注於交趾。……」

是經、注皆云水出葉榆縣，注且云鍾爲葉榆澤，然後流出。按漢地志，益州郡葉榆縣「葉榆澤在東」。葉榆縣在今太和縣，葉榆澤即今洱海，此無疑者。由洱海流出之水，誠惟漾備江，下流入瀾滄江。然討論此問題，當就經、注本身去理解，不能全據

① 「絕溫水」謂穿過溫水。此語本不通。但古人確有此觀念。如謂濟水橫截黃河，即爲顯例。實卽兩水相會，然後分流，仍用原名耳。下文引溫水、僕水流程，與葉榆水同會大澤，又各分流，皆是此意。

今日詳明之地理知識爲論斷。經、注皆云東南至交趾麊泠，東入海，則其所指，絕非瀾滄江可知。檢續雲南通志稿卷二〇及一二，紅河又名元江、富良江，上流稱禮社江。江有二源：東源發雲南縣梁王山，西南流下白巖，經彌渡南至蒙化，合西源；西源發蒙化西北八十里花判山。檢今圖，白崖距洱海東南岸不過數十里，其西源與洱海南端更接近，與由洱海西南流出之漾備江只一山之隔，古人地理知識未精，且其時瀾滄江在徼外，所知更少，故經、注皆以爲洱海西南流出之水即禮社江之上源，此可理解者，故就發源洱海東南流經牂牁郡南境，至交趾郡入海言之，此惟禮社江及其下游稱紅江、富良江者足以當之，此亦無可疑者。然酈注自不韋縣以下至「東南絕溫水」之一段敍事，所見古地名甚多。其梁水郡、賁古縣、律高縣之大致地望已見前考，讀者或疑余說有牽就盤龍江流域之嫌，今姑存不論；而先就漏江以上諸名順着酈注之前後次序略釋如次（不注出處者，皆據漢地志補注或續志集解）：

不韋縣　漢地志屬益州郡，續志屬永昌郡。一統志，今保山縣治。

遂久縣　兩志屬越嶲郡，前人釋地皆云在金沙江之北，永勝、中甸、鹽源地區。

姑復縣　兩志屬越嶲郡，舊說不外雅礱江、金沙江合流處至大姚、元謀地區。

邪龍縣　漢地志屬益州郡，續志屬永昌郡，舊說不外今蒙化至楚雄地區。

秦臧縣　兩志屬益州郡，舊說在今富民、祿豐等縣地區。

滇池澤　今滇池。

連然縣　兩志屬益州郡，在今安寧縣。

滇池縣　兩志屬益州郡，故城在今晉寧縣東。

同竝縣　兩志屬牂牁郡，是亦在滇池東也。舊說今瀓江縣地，楊疏謂宜良縣東，相去不遠。

漏江、漏江縣　兩志，縣屬牂牁郡。王先謙引雲南通志稿，漏江即今杞麓湖，縣即今通海縣。楊疏云，當在今路南東，楊圖置於白龍潭、黑龍潭，蓋以兩潭爲漏江歟？據續雲南通志稿卷七，潭在路南州東十餘里。楊疏又云「按蜀郡賦劉注，漏江在建寧，有水道伏流，數里復出，故曰漏江。華陽國志四，九十里出蟠口。」按酈注明云漏江在滇池以東，與劉注在建寧者相合，若通海杞麓湖在滇池正南，去建寧亦太遠。故以楊說爲近是。

綜觀上列地名表，酈注「南逕遂久縣東，又逕姑復縣西。」究應作如何解釋，與酈注葉榆水下游即今盤龍江之說關涉甚少，今姑不論。然連然縣、滇池縣、滇池澤之傳統所釋今地則絕無可疑者。是酈氏心目中之葉榆水，由今洱海東南流入滇池，又由滇池東流也。檢照今日地圖，絕無一河流與此略相當者。蓋益州、牂牁皆邊徼蠻荒之郡，中華人士，瞭解本少，惟洱海至滇池一段交通路線上，使臣商賈往返較多，稍有瞭解，道南不乏大水，且有水自滇池之西南向東北流入池中，故誤以葉榆水由洱海東南流經大道之南境至滇池而滙入也。在古代邊徼地理知識貧乏時代，此種錯誤極有可能，不足為奇也。

然此仍不足證明酈注之葉榆水下游即今盤龍江。欲證明此點，當比觀酈注所述溫水行程始能得之。同書三六溫水經云：「溫水出牂牁夜郎縣，又東至鬱林廣鬱縣為鬱水。」酈注云：

> 「溫水自（夜郎）縣西北流，逕談藁，……又西逕昆澤縣南，又逕味縣（今曲靖近地）。……溫水又西南逕滇池城，池在縣西，周三百許里。……溫水又西會大澤，與葉榆、僕水合。溫水又東南逕牂牁之毋單縣，……橋水注之。水上承俞元之南池，縣治龍池洲，周四十七里，一名河水，……後立河陽郡治河陽縣，縣在河源洲上，又有雲平縣，並在洲中。橋水東流至毋單縣，注于溫。溫水又東南逕興古郡之毋棳縣東……與南橋水合。水出縣之橋山，東流……注于溫。溫水又東南逕律高縣南，……又東南逕梁水郡南，……溫水東南逕鐔封縣北，又逕來惟縣東，而僕水右出焉。」

玆釋其重要地名如下：

夜郎縣　今地雖不能確指，但在滇黔接境地區無疑。

味縣　今曲靖、南寧縣地區。

滇池城　即滇池縣，在今滇池東無疑。

毋單縣　漢地志、續志皆屬牂牁郡。楊圖繪於彌勒縣西，南盤江之東側，蓋得之。漢地志補注引通志稿疑毋棳之譌，非也。

俞元縣　兩志屬益州郡。補注引華陽國志，縣在河江洲上。一統志，今河陽縣地。楊圖亦然。

毋棳縣　兩志屬益州郡。據通志稿，今寧州、華寧縣。楊圖置於縣南。

來惟縣　漢地志作來唯縣，屬益州郡。據補注及所引通志稿，約在今蒙白、開化（文山）地區，已略近之。下文論定，當在建水縣（舊臨安府）南北地區。據此，溫水自滇黔接境地區西南流經滇池縣，又西與葉榆、僕水滙入同一大澤，卽滇池澤或其東之一大澤（楊圖以楊宗海當之），然後溫水又東南流經毋單縣境，毋棳縣東，律高縣南，梁水郡南。此段流程之西側，有橋水、南橋水，上承南池等大澤。故知毋單、毋棳、來惟之今釋大致不差，然則此溫水上流卽今南盤江之上流（開遠以北，江水由北而南之一段），斷可知矣。經、注固亦謂溫水卽鬱水也。楊圖所繪甚是。今合觀溫水注，葉榆水注，酈氏所理解者，葉榆水與僕水同由西南注滇池澤，溫水則由東北注入滇池澤，或其東一大澤，而實相連貫。然後溫水（酈氏之意包括僕水）由澤向東南流，經南池等大澤之東，毋單縣境，毋棳縣東，又經律高縣南，梁水郡南，又南逕鐔封、來惟兩縣東北，僕水向右（卽向南）分出，而溫水則向東流為鬱水。葉榆水由滇池澤向東流經滇池縣南，同竝縣南，又東逕滇江縣，河流伏流山下復出，又經賁古縣東北，又逕律高縣東，梁水郡東，又東南絕溫水，而東南流至交趾入海。據此形勢，可作水經注所述水道流程如A圖，為便於比照計，復作今滇池東南諸水流程如B圖，並列如次：

A 水經注滇池東南諸水流程圖

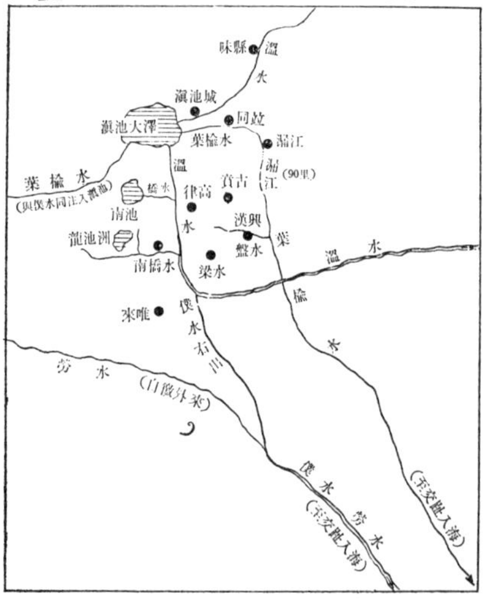

B 今昆明滇池東南諸水流程圖

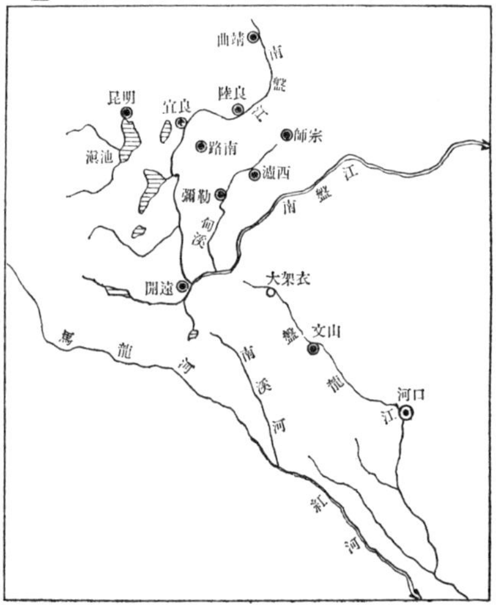

比觀此兩圖形勢，A圖滇池大澤之南、溫水之西有頗多大池澤，支分入兩橋水，東流入溫。此段溫水自非B圖今之南盤江上流（宜良至開遠一段）莫屬。溫水注，在來惟縣東有「僕水右出」之文。檢酈注三三江水注附載一段云：

「僕水又南逕永昌郡邪龍縣，……又逕寧州建寧郡，……歷雙柏縣，……又東至來唯縣入勞水。水出徼外，東逕其縣，與僕水合。僕水（前人校本，多謂此僕水二字爲衍文）東至交州交趾郡羗泠縣，南流入於海。」

按僕水逕邪龍、雙柏，與前引葉榆水注云與僕水同注滇池澤相應。綜觀酈氏之意，蓋謂葉榆、僕水、溫水皆注滇池澤，然後葉榆東流，而溫水、僕水合流而南，至來唯東境，又分流，溫水東流（今南盤江至開遠折而東流），而僕水右出，即向南分出也。此向南分出之僕水流入出自徼外之勞水，東至交趾郡入海。勞、僕二水合流之後，或稱勞水，或稱僕水，此不關緊要，然其爲今之紅河、富良江則無問題。檢今日地圖，南盤江與富良江雖不相通流，然富良江之一支源曰南溪河（即滇越鐵路所行之河谷）其上源與南盤江之一源大屯海（在開遠縣南）② 極相近，至多僅一小嶺之隔（在N23°30′稍南），古人地理知識不精，視爲通流，以爲僕水由溫水（今南盤江）分出，南流入勞水（富良江），此不難理解者。然則綜觀酈氏三注，溫水由滇池地區南流至來唯，分出之僕水南入勞水，東南至交趾入海者，即指今南盤江南流至開遠處，然後南接蒙自之南溪河入富良江，更東流至越南入海之水道也。

此點既明，今再觀據酈氏溫水、葉榆水兩注所作之A圖，則酈注此段葉榆水所指，自必在今南盤江上流（開遠以北）之東，即在滇越鐵路以東，亦在今富良江以東地區。今觀任何地圖，皆無一水自滇池地區東流，又橫過開遠以東之一段南盤江流，再東南流入越南河內境入海者。有之，惟盤龍江可略相當。張編地圖集・雲南地形圖，盤龍江上源距南盤江（自開遠東流一段）極相近。觀 ONC-J-11，尤其相近，幾乎連接起來。而在此盤龍江源頭地區，南盤江之北有一支源曰甸溪，由瀘西縣（舊廣西）彌勒縣南流入南盤江。深信酈氏葉榆水此段即指甸溪與盤龍江而言。甸溪上源誠與滇池地區之各水不相接，然酈注本云此間有漏江，水流地下而復出，正見酈氏亦知其不

② 此據張編地圖集・雲南地形圖；而ONC-J-11，此海爲富良江另一支源（在南溪河之西）之水源。此水源與南盤江之一源更相近，故不礙此一推論。

相接也。而甸溪南入南盤處之南岸不遠卽爲盤龍江之源頭，故云「葉榆水又東南絕溫水而東南注於交趾」也。然則今盤龍江誠非由葉榆澤東南流下之葉榆水，然酈注此段所述之葉榆水卽爲今日之盤龍江，亦卽馬援所欲取途之道，亦無疑也。而熊疏云賁古縣在今彌勒縣，亦誠爲最接近之推測矣。

或曰，如水經注疏、水經注圖及此辨所論，酈注述水與實際水道不合者太多，楊、熊兩氏及子之說得無可疑？曰，酈氏爲一千五百年前之北方人，當時南朝政府尙不能控制滇、黔地區，北朝人對於此一地區更爲隔膜，酈氏據圖記撰述，仍大體不差，此已難能；其頗多不合事實，誤以不相通流之兩河爲通流者，誠不足怪。通鑑二四三，唐長慶三年紀胡注：「邕州宣化縣有左江、右江二鎭。左江出七源州界，至合江鎭與右江水合爲一水。右江源出峨利州界，與雲南大槃水通。」按大槃水卽今南盤江，右江卽今右江，在廣西西南境，實不與南盤江通流。胡氏時代已後酈氏七百餘年，宋與大理通好，西南邊區貿易甚盛，且宋亡前二十六年卽宋寶祐元年（1253）元已滅大理，有其地，胡氏以寶祐四年登第，書成於宋亡之後。③其對於滇、桂宜有較深之認識，但仍有此誤。且卽今日地理書、地理圖亦多誤記誤繪者，更無怪乎酈氏有相類之誤述，亦非楊、熊兩氏與余曲解酈注也。

參看圖十七

一九七四年九月十一日初稿，刊香港中文大學中國文化研究所學報第八卷第一期。一九八四年十二月一日檢定。一九八五年十月一日初校，十一月二十八日二校定稿。

③ 詳章鈺胡刻通鑑正文校宋記述略，標點本資治通鑑。

篇叁陸　唐代滇越道

南朝時代，中央政權甚弱，對於滇、越無力積極經營，滇、越通道之史事似無所聞。隋代經營雲南頗力，唐室繼之，伸展勢力於今雲南省境，置姚州都督府（在今姚安）以控制雲南中北部，置戎州都督府（在今宜賓）以控制雲南東北部（南及今曲靖、昆明），因此與當地部落政權發生衝突，滇、越交通史事又復頗常見於史册。如駱賓王兵部奏姚州破賊設蒙儉等露布（全唐文一九九），「南通交趾，枕銅柱以爲鄰。」時在高宗中葉，是爲中古時代重見雲南通交趾之消息。蠻書七雲南管內物產篇，「天寶八載，玄宗委特進何履光統領十道兵馬，從安南進軍伐蠻國（南詔），十載已收復安寧城並馬援銅柱。」又據南詔德化碑（金石萃編一六〇），「節度使鮮于仲通已統大軍取南谿路下，大將軍李暉從會同路進，安南都督王知進自步頭路入。」此在何履光前事之後。下文又云：天寶十三載，雲南（姚州）都督李宓、廣府節度何履光及中使薩道懸遜總秦隴英豪，兼安南子弟，伐南詔。足見唐室經營雲南，以安南進兵爲主要路線之一。中葉以後，南詔復欲通和，蠻書一〇卷末載，貞元十年，安南節度使趙昌奏狀云：「東蠻和使到安南，……蠻王蒙異牟尋……恐和使不達，故三道遣，一道出石門，從戎州路入；一道出牂牁，從黔府路入；一道出夷獠，從安南路入。」是通使長安且迂取此道。蠻書六雲南城鎮篇，「臣今春見安南兵馬使郭延宗曾奉使至柘東……館穀勤厚。」是南詔、安南間亦直接有信使往來。至唐代末年，則南詔屢次進兵圍安南，① 交通路線之暢通可知。故自唐貞元間賈耽對於此道已有詳細之記錄，唐末樊綽撰蠻書亦有詳細記錄，史料可謂甚豐。惟邊方地名，今已多難考。故近代留意古代滇越交通問題者，不但個別地名爭論甚多，而且所取路線亦未能深解，故仍當盡一番功夫仔細辨析之。

*　　　　*　　　　*

---

① 此會昌六年、咸通三年、四年事，看蠻書校注·附錄四大事年表。

新唐志附錄賈耽安南通天竺道條及蠻書界內途程條述安南府西北至柘東城（今昆明）、安寧城（今縣）之行程皆甚詳，且顯為同一條路線。比勘觀之：自安南府（今河內）西北陸行經交趾縣、太平縣，百餘里至峯州，水行一百三十里。又水行兩日蓋一百三十里至登州（當即恩樓縣），又三日二百四十里至忠誠州，又兩日二百里至多利州，又兩日蓋二百里至奇富州（即朱貴州），又兩日蓋一百四十里至甘棠州，皆生獠也。又三日至下步，又四日至黎武賁柵，又五日至古湧步（賈湧步），去甘棠十二日程，四百五十里（?），去安南二十五日程，一千五百五十里，（與總計里數小異。）「並是水路。其大中初，悉屬安南府管係」。大中八年，數處陷屬南詔。「從古勇步登陸」，經矣符館、曲烏館、思下館、沙隻館、南場館，至曲江館，各一日程，凡約五百六十里。此段行程，中經浮動山，天井山，湯泉、祿索、龍武等州，皆爨蠻，舊安南境。龍武東南去古勇步蓋二百四十五里。西北入劍南境，至曲江（今曲溪）蓋約三百二十里。由曲江又一日至通海城（今縣），一日至絳縣，更名江川縣（今縣），一日至晉寧驛（今縣），一日至鄯闡柘東城，一日至安寧城，皆日行八十里。自柘東東南至古勇步，陸行十日程，約九百六十里；至安南府，水陸相兼三十五日程，約二千四百餘里。

賈記與蠻書所記史料極詳，寰宇記、元和志等處亦有記載，玆先將此諸基本史料，條列如次：

(甲)新唐書四三下地理志末附載賈耽入四夷七道，其六安南通天竺道云：

「安南經交趾、太平，百餘里至峯州。又經南田百三十里至恩樓縣，乃水行，四十里至忠城州，又二百里至多利州，又三百里至朱貴州，又四百里至丹棠州，皆生獠也。又四百五十里至古湧步，水路距安南凡千五百五十里。又百八十里經浮動山，天井山，山上夾道皆天井、間不容跬者三十里，二日行至湯泉州。又五十里至祿索州，又十五里至龍武州，皆爨蠻，安南境也。

又八十三里至儻遲頓，又經八平城，八十里至洞澡水，又經南亭百六十里至曲江，劍南地也。又經通海鎭百六十里渡海河、利水，至絳縣，又八十里至晉寧驛，戎州地也。又八十里至柘東城，八十里至安寧故城。」

（乙）蠻書卷一雲南界內途程云：（據校注本）

「從安南府城至蠻王見坐苴咩城，水陸五十二日程，只計日，無里數。從安南上水至峯州兩日，至登州兩日，至忠誠州三日，至多利州兩日，至奇富州兩日，至甘棠州兩日，至下步三日，至黎武賁柵四日，至賈勇步五日。已上二十五日程，並是水路。大中初悉屬安南管係，其刺史並委首領勾當。大中八年，經略使苛暴，川洞離心，疆內首領旋被蠻賊誘引，數處陷在賊中。從賈勇步登陸至矣符管〔館〕一日，從矣符管〔館〕至曲烏館一日，至思下館一日，至沙隻館一日，至南場館一日，至曲江館一日，至通海城一日，至江川縣一日，至進寧館一日，至鄯闡柘東城一日。從柘東節度城至安寧館一日。」

（丙）蠻書卷六雲南城鎭篇又有一段較略而極重要之記載云：

「通海城南十四日程至步頭，從步頭船行沿江三十五日出南蠻。夷人不解舟船，多取通海城路賈勇步入眞、登州，林西原，取峯州路行。」

（丁）寰宇記一七〇交州、峯州兩條云：

交州「西北至岑〔峯〕州陸路 一百三十 里 。」「 西至姚州水陸相兼約二千里。」（同書七九姚州條，同，惟譌水陸爲水路。）

峯州「東南至安南府陸路一百三十里。西北沿西道江至古勇步約八十里，至入〔八〕平城約一千二百里，至桃（姚）州二千里。」（按此條奪譌特甚，然路線極可參考。）

此外，元和志安南府條、新唐志姚州條及蠻書名類篇，亦簡記雲南至安南之路程，如下：

元和志三八，安南都護府「西北至姚州水陸相兼未有里。」

新唐書地理志，姚州「東南距安南水陸二千里。」

蠻書四名類篇，「柘東城去安南城三十九日程。」

按賈氏之古湧步 ， 即樊氏之賈勇步 ， 自不待言。（以下作者論說統一作古湧步。）綜觀賈氏所記及樊氏所記之主要者皆爲古湧步道，寰宇記所記亦爲同一道也。故知此道爲主線。而賈記、蠻書途中所經地名亦多相同，可合勘述之如綱文。所當稍作解釋者：

其一，乙條安南至峯州兩日，甲條作百餘里。按丁條，交州至峯州一百三十里，元和志三九，峯州「東南至安南府一百三十里」，亦正二日路程。又甲條經交趾、太平至峯州者，按元和志三九，安南府治宋平，所屬交趾縣東南至府一十五里，太平縣東南至府六十里。蓋安南府一日行至太平縣，又一日至峯州也。

其二，甲條峯州一百三十里至恩樓縣，乙條峯州至登州兩日，恩樓縣蓋卽登州之縣名，或前後名也。此道經登州，亦見丙條。

其三，甲條恩樓水行四十里至忠城州，乙條登州至忠誠州三日程。按乙條總日程與各地間日程之和相吻合，此三日當不誤，則甲條「四十日」上當脫「二百」。蓋全程多日行八十里也。

其四，甲條之朱貴州與乙條之奇富州當爲一地，則不應有三百里，兩日程至多二百里。故臆改。

其五，甲條丹棠必卽乙條之甘棠，疑甘爲正。路程兩日，故疑「四百里」當作「百四十里」。

其六，乙條甘棠至古勇步十二日程，甲條僅四百五十里，而此里數，加前文路程里數之和，與下文全程之和一千五百五十亦不相遠，是又未必大誤。蓋此段路程已入山區，上水行舟殊有困難耶？

其七，甲條曲江經通海鎭百六十里至絳縣，乙條曲江館一日至通海城，又一日至江川縣。按絳縣與江川縣前後名，詳後文。二日程正約一百八十里。

其八，甲條晉寧驛至柘東城八十里，乙條進寧館至柘東城一日程。按蠻書六雲南城鎭「晉寧州在柘東城南八十里晉平川。」亦正合一日八十里之數。

此道詳程雖明，然究取何條路線，則有問題。前人論者，皆以爲取今紅河路，所謂水行，卽浮紅河（富良江）也。但實考之，仍卽漢晉以來之葉榆水道，即今盤龍江道，非紅河道也。其古勇步蓋約西漢之西隨縣，今文山縣（E 104°15′·N 23°25′）地段。其東南至安南府諸地名，皆在今盤龍江沿岸；其西北至栝東城諸地名則在盤龍江源頭西北經今開遠，曲溪，通海，江川，晉寧至昆明之道中也。

前條所引甲、乙兩條所記行程極詳，久為史家所注意，故前人已多次研討，如吳承志、伯希和、杉本直治郎、方國瑜及向達皆有論述②，各有貢獻，然待進一步論證之處尚甚多；且賈、樊兩家所記詳程史料所行之路線尚有可商者，此為根本問題，至關緊要，今試就個人所見論辨如次：

前人皆謂史料甲新唐志與史料乙蠻書卷一所述路程為同一條路線，略沿紅河河谷而行，如伯希和交廣印度兩道考上卷雲南交趾一道之開拓云：

「吾人所研究八九世紀之路程，峯州（白鶴及山西）至蒙自一段，頗難確知為何地；然其必由紅河較便之道無疑，則應位置賈耽、樊綽之地名於紅河沿岸矣。」

可為代表，前此之吳承志，後此之向達，皆無異說，似成定論者。今按賈、樊兩家所詳述之行程為一條路線，是也；但謂沿紅河而行，則尚待商榷。檢一統志安南卷云：

「入交道三，一由廣西，一由廣東，一由雲南。……雲南亦有兩道。其一道由蒙自經蓮花灘，入交州之右隴關，下程瀾峒，循洮河源右岸，四日至水尾州，又八日至文盤州，又五日至鎮安縣，又五日至夏華縣，又二日至清波縣，又三日至臨洮府，洮水即富良江上流。……臨洮三日至山圍縣，又二日至興化府，即古多邦城。自興化一日白鶴神廟三岐江，又四日至白鶴縣，渡富良江。其一道自河陽隘，循洮水左岸，十日至平源州，又五日至福安縣，又一日至宣江州，又二日至端雄府，又五日至白鶴三岐江，然皆山徑，欹側

② 吳承志撰唐賈耽記邊州入四夷道里考實卷三，劉氏求恕齋叢書本；伯希和著、馮承鈞譯交廣印度兩道考，商務印書館史地叢書本；向達著蠻書校注卷一及卷六，中華書局本，1962年日本杉本直治郎著阿倍仲麻呂(朝衡)傳研究，方國瑜著步頭之方位，皆見蠻書校注卷六引。近讀方氏滇史論叢，收步頭之方位文，其說未易。

難行。其循洮江右岸入者，地勢平夷，乃大道也。」

洮江即紅河。據蠻書校注卷一，此段所述兩道詳細情形，當本之李文鳳越嶠書與鄧鍾安南圖志。檢安南圖志，誠然。則元明以來之通道乃循紅河而行也。故前人釋唐代兩項詳細路程紀錄，皆以循紅河河谷之道當之。然此問題若深一層追究，頗爲複雜。其中關鍵有二，其一，古湧步是否即爲丙條之步頭？其二，史料丙所謂「夷人不解舟船，多取通海路賈勇步」云云，究何所指？

玆先論第一問題，古湧步即賈勇步，是也。然前引史料丙蠻書卷六條有步頭地名，爲南詔通安南水路之起點。吳承志遂謂「步頭之名實出古湧。」似謂爲一地者。伯希和交廣印度兩道考卷上有步頭之方位一節，云：

「步頭一名惟見於自雲南至東京路程之中，而在自東京至雲南之兩種詳細路程中，不見此名。……則步頭即爲蠻書之賈勇步、賈耽之古湧步，蓋蠻書言從步頭船行，而賈耽謂至古湧步水路也。」

此更明指步頭與古湧步爲一地矣。蓋步頭至安南爲水路，古湧步至安南亦爲水路，二名又各有「步」字，宜其有此大意之論斷！惟方國瑜撰步頭之方位一文，以爲非是。向氏蠻書校注並引伯氏、方氏之文，無所決斷；而尋其意，向仍偏主一地之說也。

今按方氏步頭之方位（據最近刊滇史論叢）據史料丙蠻書卷六之文，以爲「賈勇步當非步頭」。此論極有理。若爲一地，樊氏在同一條前後二十餘字中，斷不致互歧其名！

按步頭爲當時一軍鎭交通要地。蠻書所記除前引史料丙條外，其卷四名類篇述兩爨之分佈云：

「在曲、靖州，彌鹿川，升麻川，南至步頭，謂之東爨。……及章仇兼瓊開步頭路，方於安寧築城，羣蠻騷動，陷殺築城使者。」（新二二二下南蠻傳，同。）

按「開步頭路」者，即欲由越巂（今西昌）經安寧（今縣）至步頭以通安南。鄭回南詔德化碑（金石萃編一六〇）云：

「初節度章仇兼瓊不量成敗……遣越巂都督竹靈倩置府東爨，通路安南，賦重役繁，政苛人弊，被南寧州都督爨歸王（略）爨崇道等陷殺竹倩，兼破安寧……。」

可證。德化碑下文又述天寶中鮮于仲通伐南詔事云：

「節度使鮮于仲通已統大軍取南谿路下，大將軍李暉從會同路進，安南都督王知進自步頭路入，既數道合勢。……」

此又步頭路通安南之一證。下文又述其後南詔強盛事云：

「贊譜鍾……十四年春（唐代宗永泰元年）命長男鳳迦異於昆川置柘東城，居二詔，佐鎮撫，於是威懾步頭，恩收曲靖。東爨悉歸，步頭已成內境。……」

則步頭固爲南詔東南之一要地，道通安南。其後南詔一直維持強勢，唐室日衰，且步頭在南詔陪都柘東城東南不遠，而去安南三十五日程，不可能復爲安南都護府所據有。而據史料甲新唐志記賈耽說，唐代中葉，古湧步西二百四十五里之龍武州尚屬安南都護府轄境。又據史料乙蠻書卷一，大中初年，賈勇步尚屬安南管轄，至大中八年因經略使苛暴，州洞始被誘引歸屬南詔。則賈勇步當在步頭之東或東南頗遠（二百五十里以上），決非卽步頭之強證也。

步頭與賈勇步既非一地，然則果如方國瑜說，步頭約在今元江，賈勇步約在今蠻耗歟？曰此又不然，方說亦無的證。按舊說步頭在今建水縣，係出元史六一地理志。檢元史地志臨安路，云：

「建水州在本路之南，近接交趾，爲雲南極邊，治故建水城，唐元和間蒙氏所築，右〔古〕稱步頭，亦云巴甸，每秋夏溪水漲溢如海，夷人謂海爲惠，䢢爲大，故名惠䢢，漢語曰建水，歷趙楊李段數姓皆仍舊名。」

此所述地貌及地名演變本末甚詳。向注謂，「其所據必爲所得大理圖籍。非有確證，元史之說不可遽廢。」是也。且巴甸水盛，漲溢如海。元史又云，蒙自縣治亦「下臨巴甸」。則巴甸廣濶可知。是西通建水，東連蒙自，爲一水道。南朝唐宋時代稱江滸繫舟可上下處爲步，③ 步頭卽水碼頭，建水地貌形勢如此，固爲良好之水運起程碼頭也。此亦建水卽古步頭之一輔證。然檢申報館中

③　蠻書校注頁一四九有詳悉證明。

國分省新圖及張編地圖集·雲南地形圖與人文圖，蒙自之大屯海雖與紅河支源南溪河之源頭極接近，但不相通。再檢續雲南通志稿卷五臨安府輿圖、建水縣輿圖，繪水道甚詳明，並有文字敍述水道源流，皆不見有相通之跡。④ 則步頭即今建水之說，仍可商也。

按伯希和交廣印度兩道考卷上步頭之方位條，旣稱步頭即賈勇步，並承襲舊說在今之建水；但卷下附錄一賈耽陸路條，又稱賈勇步似爲今蠻耗，亦卽謂步頭似卽今之蠻耗也。是其本人已疑不敢斷。日本杉本直治郎討論賈勇步問題，根據各家調查紀錄，謂紅河通航，上游止於蠻耗，⑤ 地在紅河北岸，申報館地圖，自蒙自有大道南通蠻耗，則就航道形勢論之，步頭在今蠻耗，誠最合理。然則元史紀事亦不能盡可憑以說唐史也。例如南詔之銀生城、開南城當在今雲南南部景谷、普洱境。而元史地志以威楚當之，卽在今景東縣治，是移北數百里。⑥ 此卽元史不足堅信之一證。蓋自唐之亡，至元兵入大理收圖籍，已三百五十年，雲南統治者已更歷數姓。數百年間，因國勢之弱強，而有徙移，此固常有之事也。至於蠻書卷六：「通海城南十四日程至步頭」一語，與傳世其他史料無一能契合。蠻書文字脫譌本多，不必泥。或者「十」爲衍文，詳下文。前引史料甲，通海城北至柘東（今昆明）不到三百里，史料乙作三日程。通海城卽今通海縣，詳下文。今檢視地圖，通海南至蠻耗之距離與北至昆明之距離，其比例不到兩倍，則四日程亦稍合。若在建水，則距通海最多不過兩日程，是更不合矣。

---

④ ONC-J-11 蒙自大屯海下通紅河，恐不足據。

⑤ 蠻書校注卷六雲南城鎭頁一四六引。

⑥ 蠻書六雲南城鎭：「銀生城在撲睒之南，去龍尾城十日程。」「又開南城在龍尾城南十一日程，……水路下彌臣國三十日程，南至南海。」同書卷一〇：「水眞臘國、陸眞臘國，與蠻鎭南相接，蠻賊曾領馬軍到海畔，見蒼波洶湧，悵然收兵却國。」「女王國去蠻界鎭南節度三十餘日程。其國去驩州一十日程。」向氏校注，「鎭南應卽本書卷六南詔七節度中之開南，今景東也。」今按鎭南卽開南，極是；指爲今景東，則可商。此項今釋卽本之元史六一地理志。元地志威楚、開南等路條，「蒙氏銀生節度卽今路也。」元之威楚卽今景東，故舊說南詔之銀生、開南卽今之景東，向氏承之耳。按龍尾城卽今大理縣南之下關，無異說。在下關南十日程、十一日程，則當有七八百里之距離，然景東縣在下關之南不過三百六十里，其非南詔之銀生、開南可知。水陸眞臘卽今高棉及寮國南部地，蠻書云鎭南與眞臘接界，尤不可能只在大理之南才三四百里。故知銀生、開南當在今景谷、普洱境。蠻書七物產，「茶出銀生城界法山」，今雲南普洱正產茶名地也。

至於古湧步究在何處，此與第二問題有連帶關係，玆合併論之。

按前據史料甲新唐志所記賈氏語及史料乙蠻書卷一，已明古湧步當在步頭之東或東南二百五十里以上。再檢史料甲賈氏詳程，古湧步西北陸行二百四十五里至龍武州，仍在安南都護府轄境，又三百二十三里至曲江，又中經通海鎭一百六十里至絳縣，又八十里至晉寧驛，又八十里至柘東城。檢史料乙蠻書卷一所記詳程，由賈勇步登陸行六日至曲江館，又一日至通海城，又一日至江川縣，又一日至晉寧館，又一日至柘東城。是曲江以北路程地名多同，惟通海、晉寧間之一程，一作絳縣，一作江川耳。伯氏交廣印度兩道考卷下附錄一賈耽路程陸路條已據續雲南通志稿、歷代地理韻編等書，就此諸地名作今釋如下：

曲江館　曲江水東流，其津渡之處在臨安（建水）之北八十里。（望按今曲溪縣在曲水南岸，古曲江館當相近。）

通海鎭城　據新唐書二二二上，南詔設二都督，其一治通海。續志稿，古通海土城在今通海縣治東五里。

絳縣、江川縣　韻編謂絳縣舊城在今江川縣東。續志稿云在江川縣南四里，今名碌雲異城。

晉寧館驛　續志稿云，晉寧舊縣土城在今晉寧縣治西北五里，又云今縣治西二里。

上列今釋，極可信，無異說。則此路由今昆明南下經晉寧、江川、通海至曲溪縣（曲江南岸）也。天下郡國利病書一〇八載越西路考，由雲南治城，南行，經呈貢凡九亭至晉寧州，又九亭至江川縣，又七亭至通海縣，又八亭至曲江驛。則自唐經元明至今，行程皆同也。

再檢賈、樊兩種紀錄，曲江北至柘東城，一作三百二十里，一作四日程，恰相合。而曲江東南至古湧步，一作五百六十八里，一作六日程，亦大體契合。大約曲江東南至古湧步之距離爲曲江北至柘東城距離之一倍半有餘。步頭水路至安南，當取紅江而行，殆無可疑。若如前人舊說，古湧步水路至安南亦循紅江而行，即與步頭水路爲一道。則此古湧步當在今河口、老開以南地區之紅河岸。然前引基本史料丙明謂通海賈勇步道非即步頭水道，且云由通海、賈勇步入眞、登州、林西原，取峯州路至安南。此條僅六個地名，而通海、賈勇、登州、峯州皆在史料乙之道中，可知其與乙條大體爲同一條路線。

基本史料甲、乙兩詳程與丙條通海、賈勇步、林西原道既爲同一路線，則與步頭水道必非同一路線。步頭水道乃今紅河，事無可疑，則賈勇步道行紅河之西南側歟？抑行紅河之東北側歟？曰此可從三方面研究。

其一，新唐書地理志末記安南府所領羈縻州，有德化州、郎茫州，皆爲「永泰二年以林覩符部落置。」郎茫州有縣二，其一古勇。當卽古勇步置縣也。檢舊地志，德化州，「永泰二年四月於安南府西界、牂柯南界置。」郎茫州條雖無「牂柯南界」四字，但同爲一部落分置兩州，應相去不遠。按此牂柯當就漢世牂柯而言（唐牂柯在紅河北甚遠），余考漢牂柯郡縣最南邊之進桑關，當在今滇越接境處之南北。⑦ 卽就傳統舊說言，漢世牂柯郡境亦不逾紅河而南，則此德化、郎茫二州及其所轄之古勇縣，當在紅河之北，不在其南也。

其二，史料丙所見之路線中有眞、登州、林西原及峯州。考蠻書四名類篇云：

> 「桃花人，本屬安南林西原七綰洞主大首領李由獨管轄，亦爲境上戍卒。……自大中八年被峯州知州官申文狀與李涿，請罷防冬將健六千人，不要味、眞、登州界上防遏。其由獨兄弟力不禁，被蠻柘東節度使與書信，將外甥嫁與李由獨小男，……自此之後，七綰洞悉爲蠻所管。」（新二二二中南蠻傳中，有此一段，惟無味、眞、登、峯四州名。）

此所見地名大多在史料丙所見之路線中，而似統屬於峯州者。新二二二下南蠻傳下，「貞元七年，始以驩、峯二州爲都督府，驩在安南，限重海，與文單、占婆接，峯統羈縻州十八，與蜀爨蠻接。」蓋味、眞、登皆在十八州之列也。峯州在安南西北，所管味、眞、登州致煩朝廷派六千人戍守，關乎安危可知。唐末勢衰，一切採取守勢，南疆形勢，以守邕、桂西疆最爲迫切，此六千人戍守，當亦在紅河之北，不應在河南也。

其三，史料丙有林西原，上引蠻書四，亦有林西原。蠻書四又云：「南蠻去安南峯州林西原界二十二日程。」檢新唐書地理志，安南府所管羈縻州有西原

⑦ 詳上漢晉時代滇越道篇。

州、林西州，當卽林西原地。考新二二二下南蠻傳下西原蠻條云：

西原蠻「居邕、桂之西」，「有黃氏居黃橙洞，……其地西接南詔。天寶初，黃氏彊，與韋氏、周氏、儂氏相脣齒，爲寇害。據十餘州。」至德後稱王，「攻桂管十八州」，圍邕州，陷橫、潯、貴、欽等州。「黃氏、儂氏據州十八，（邕管）經略使至，遣人詣治所，稍不得意輒侵掠諸州。……其後儂洞最強，結南詔爲助。……邕管節度使辛讜以從事徐雲虔使南詔結和，齎美貨啖二洞首領……與之通驩。」

據此，是西原蠻黃氏、儂氏大抵皆在邕、桂之西，尤在邕州之西，約今廣西西部至雲南接境地區。又宋史四九五蠻夷三廣源州條云：

「廣源州蠻儂氏，州在邕州西南鬱江之源，地峭絕深阻，……其先韋氏、黃氏、周氏、儂氏爲首領。」其後儂智高叛，破邕州，爲狄青所敗。「智高復趨邕州，夜焚城遁。由合江口入大理國，得屍五千三百四十一。」

此尤黃儂等姓西原蠻在今廣西西境至雲南東部之明證。卽林西原係指今滇、桂接境之一較廣泛地區，或南及北越境地，但去紅河尙甚遠也。

綜觀以上三證，前引基本史料甲、乙、丙三條所記由通海經古湧步、眞州、登州、林西原，至峯州達安南府之一道，可省稱爲古湧步道者，當行於紅河以北地區無疑，不行於紅河之南也。

古湧步道旣行於紅河之北，而甲、乙兩條所示，古湧步去安南亦爲水道，二十五日程，一千五六百里，惟較步頭水程三十五日差少十日程，故夷人常取途於此耳。

古湧步道自此步以下，旣亦爲水道，行於紅河之北。按之地圖，非取盤龍江道莫屬矣。考葉榆水注云，漢代馬援欲由交趾取葉榆水道，入進桑關出賁古擊益州。楊守敬注疏及水經注圖，皆以爲酈氏此段葉榆水卽指今盤龍江而言，余又從而證成其說，詳上漢晉時代滇越道篇。則唐代古勇步道殆卽漢代故道耳。古湧步道旣取盤龍江而行，則古勇步之地望當在盤龍江岸，無疑。今觀地圖，曲溪東南之開遠卽有汽車道東南通盤龍江上游之文山（開化）地區。復考天下郡國利病書一〇八雲南二越西道考云，由雲南省城南經呈貢、晉寧、江川、通海至曲江驛（今曲溪縣），又南經臨安府，東南至阿迷州，又東逾橋（望按當是渡南盤江）經馬者、矣馬驛、多梳鋪、木瓜鋪，至羅臺驛，踰山至架衣莊，又東經彌勒灣至廣南府入廣西境。檢張編地圖集・雲南人文圖，阿迷州即今開遠縣，其東行汽車道上有馬者哨、野馬邑（當即矣馬驛），又東至盤龍江源頭有大架衣，又東有彌勒灣，是則曲江東南至盤龍江流域早有通道之明證。唐代曲江東南至古湧步，當即取此道至大架衣，再東南循盤龍江河谷而下耳。前據史料甲、乙，證知古湧步西北至曲江之距離當爲曲江北至柘東城距離之一倍半有餘，以此度之，則古湧步當在今文山（開化）地區，北回歸線之南北，就古湧步東南至安南水路一千五百五十里，西北至柘東陸路九百六十里而言，雖稍失比例，但北段路較坦，故不爲過。且史料甲云，由古湧步西北行「又百八十里經浮動山、天井山，山上夾道皆天井、間不容跬者三十里。」按盤龍江發源於差黑海，檢 ONC–J–11，其處湖泊羅列，密若繁星，可想見地形地質殆有特殊處，所謂浮動山、天井山者，蓋其地歟？

通海陸行至古湧步、再由水道下安南之路線既爲今盤龍江，非紅河；古湧步之地望亦略可推知。其餘賈、樊兩氏所記之地名甚多，其在安南至古湧步之間者，大抵在今盤龍江兩岸，其在古湧步至曲江之間者，大抵在今文山經盤龍江源至曲溪道上也。

至於步頭，則在今紅河（富良江）沿岸，似蠻耗（E103°22′・N22°55′）地，或在其西北，建水直南之紅河岸，或在其北，蒙自南之南溪河岸，未可知也。步頭以下亦水道通安南。此已開元明清水道之漸；但在唐世，似仍不若漢晉以來沿盤龍江舊道之重要也。

前文引資料丙，「通海城南十四日程至步頭。從步頭船行沿江三十五日出南蠻。」前引近代學人諸說，以步頭在今蠻耗者居多。此誠有可能。按此文「十四日」，余在十年前，此文初刊稿已疑此文「十」爲衍文。近讀方國瑜步頭之方位（刊近版滇史論叢）云岑仲勉先生早有此疑（隋唐史卷一第三十一節），方氏亦贊同其說。蓋步頭最遠之可能地在今蠻耗，其北去通海至多五六日程，斷不需十四日，故這條史料最可能之錯誤爲衍「十」字。若果爲四日，卽步頭最遠之可能地爲蠻耗，仍有在較近之地之可能。且此條資料云，步頭「船行沿江三十五日出南蠻」，是尙未至安南府城，至安南府城當近四十日。觀今地圖，蠻耗至河內似不當需此日數，故又疑步頭或在今蠻耗稍西北上游，或在蒙自南之南溪河岸也。然無他證，姑存不論。

參看圖十七

一九七四年九月三十日中秋初稿，十月三日增訂，刊香港中文大學中國文化研究所學報第八卷第一期。本爲常行體，一九八四年十二月五日增訂改作。一九八五年十月三日初校，十一月二十八日二校定稿。十二月十八日本卷三校畢。

附：本卷綱文古地名引得　　廖華淑

四　劃

五　劃

七　劃

八　劃

九 劃

十　劃

十一劃

十二劃

十三劃

十四劃

十 五 劃

十 六 劃

十七劃

十八劃

十九劃

二十劃

二十一劃

二十二劃

二十三劃

二十四劃

二十五劃

二十六劃

二十七劃

三十一劃

唐代交通圖考

第五卷 河東河北區

嚴耕望◎著

北京聯合出版公司 Beijing United Publishing Co.,Ltd. · 后浪

唐代交通圖考

第五卷　河東河北區

目　　次

篇叁柒　太原北塞交通諸道

引　言

太原自見史以來，即為北方軍事重鎮。唐起太原，建為北都，更在政治上居有特殊地位。唐代北方強鄰，先後有突厥與回紇，北敵南侵與中國防禦之重點有四，自東而西數之，曰幽州（今北平），置范陽節度使；曰太原府（今晉源），置河東節度使；曰靈州（今靈武西南十里），置朔方節度使；曰涼州（今武威），置河西節度使；皆為大軍鎮，亦為中國通北疆之主要交通中心。而靈州與太原府位居中間，為國都長安之屏障，故在軍事上尤見重要，亦為南北國際交通之兩條最主要幹線。蓋唐代北方長期強鄰為回紇。回紇舊都在娑陵水上，其水即今外蒙古北境之色稜格河。其後，牙帳南徙於烏德鞬山與昆河之間，在今和林（西庫倫 Erdeninjo, E102° 40′·N47° 10′）之北偏西蓋不到五十哩，鄂爾渾河（Orhon）左岸之黑城子（Khara-balgasun）。其至唐之主道係由該城東南行凡一千五百里至鸊鵜泉，又南入高闕（河套西北狼山口 E107° 25′·N41° 20′ 或石蘭吉口 E107° 30′·N41° 20′）凡三百里至西受降城，其地在北河（今黃河故道即五加河）西岸。由此直南取靈州道至長安約二千一二百里；由此東循黃河取單于都護府（後置振武軍，今歸綏城西南三四十里），又東南入雁門關經太原府至長安，約近三千里。雁門、太原道雖迂遠，然太原以南途程平坦，經濟繁榮，其北亦頗富庶，故沿途供應較易；靈州道雖較逕捷，然靈州以南有橫山山脈之阻，途程艱險且人煙稀少，其北更屬沙漠地帶，故沿途供應困難；是以唐代前期，兩道行程各有優劣。

及安史亂後，吐蕃強盛，侵據原州（今固原），屢擾鹽、夏（橫山山脈北麓），北侵西城，致西城、靈州南至長安之道不能暢通；故唐與回紇之主要通道，惟存太原一線。凡使節往還，商貿行旅，莫不由之。若河上（河套）有軍事行動，恒以天德軍(E109°·N41° 稍西北地區，烏梁素海東北水濱）、三受降城爲前線據點，以振武軍爲支援基地，西控天德與三城，而太原又爲振武之支援基地也。而國疆東北部之河北三鎮叛服不常，太行東麓之南北驛道交通亦時見阻隔。故唐代中葉之後，國都長安西北至回紇惟有太原一道，東北通幽州、嬀州，亦往往取太原雁門道，是以太原府在北塞交通與軍事支援方面之重要性更爲增加。

此篇以太原府爲基點，考其與北塞間諸交通線。其一，太原正北經忻代出雁門關，西北經朔州（今朔縣）通單于都護府（今歸綏西南）及河上三城道。其二，太原西北取汾水上游谷道出樓煩關（今寧朔西南有樓煩嶺）亦至朔州，此爲太原北出之輔線。其三，雁門關內，由代州（今代縣）東北取滹沱河谷道至嬀州（今懷來）、幽州。其四，代州雁門關正北通雲州（今大同）道。其五，以雲州爲中點，西通單于都護府及河上三城，東經武州（今宣化）、新州（今涿鹿東北）、嬀州至幽州，此爲北疆之主要東西交通線。其六，汾水、滹沱河上游似可通水運，桑乾河水運且相當發達。此諸道構成以太原府爲中心基地之倒三角形交通系統，使太原成爲唐代北疆政治、軍事以及商業貿易上之最大中心。下文即就上列六點分別詳考之。

（一）太原北出雁門關西北通單于府及河上三城道

寰宇記錄北朝人所撰入塞圖與冀州圖皆有太原西北出塞之途程。入塞圖云：「從晉陽（即太原）西北行百八十里至新興（今忻縣），又西北行二百五十里至馬邑（今朔縣），又東北行二百五十里至平城（今大同）。」「從平城西北行五百里至雲中（今歸綏、呼和浩特西南），又西北行（脫二百）五十里至五原，又西北行二百五十里至沃野鎮（唐天德軍之北六十里），又西北行二百五十里至高闕（在今狼山山脈中約 E107°25′–30′·N41°20′），又西北行二百五十里至郎君戍，又直北三千里燕然山，又北行千里至瀚海。自晉陽至瀚海有此路。」冀州圖云：「入塞三道，自周、秦、漢、魏以來，前後出師北伐，唯有三道。其中道，正北發太原，經雁門（今代縣）、馬邑（今朔縣）、雲中（今歸綏西南），出五原塞，直向龍城，即匈奴單于十月大會祭天之所也。」

按此兩條見寰宇記四九雲州雲中縣目青坡道條引。觀其地名，皆爲北朝圖籍。入塞圖尚記平城東北行之道，冀州圖尚有東道發中山出遼西及西道發隴西出敦煌兩道，皆不錄。

諸地名之今地，皆詳後文。沃野鎮爲北魏六鎮之自西第一鎮。元和志四天德軍目云：「沃野故城在軍城北六十里，即是後魏時六鎮從西第一鎮也。」按天德軍城在今烏蘭鄂博之東、烏梁素海東北水濱，已詳長安北通豐州天德軍驛道篇。則沃野故城當在其北約六十里處，參以上文所引入塞圖西至高闕二百五十里之言，地望亦略合，然則準以今圖，其經緯度略可知也。

按此爲今存最早而有系統之交通史料，至可寶貴。觀此兩條所述路線方向略同，惟入塞圖所記，由馬邑東北至平城，始折向西至雲中；冀州圖所記，由馬邑直至雲中，無平城一轉耳。觀中古出師途徑，馬邑固可直向西北至古雲中，不必繞經平城。唐代史料所見，朔州（即馬邑）向西北至單于都護府（即古雲中地）尤爲主道。蓋唐代北方強敵先突厥，後回紇，對於中國之壓力，主要在河套地區，不在太原正北之大同地區也。其行程大略如次：

太原府正北行一百八十里至忻州（今縣），又一百六十里至代州（今縣），又西北一百二十里至朔州（今縣），又西北三百五十里至單于都護府，即振武軍（今歸綏、呼和浩特西南約三四十里 E111°30′·N40°40′），又西微南一百二十里至東受降城（今托克托西約十里黃河北岸）及勝州

（今托克托西約二十餘里黃河南岸十二連城約 E111°．N40°13′）。又由朔州直西北四百二十里亦至勝州。勝州又西微北約三百里至中受降城，卽安北都護府（約今包頭西昆都倫河口之西賈格爾旗廟E109°20′，或稍東），又西北二百里至天德軍（見前），又西一百八十里至西受降城，其地在北河（今五加河，卽黃河故道）西岸（今狼山縣西北狼山東南麓約 E107°25′–30′．N41°15′）。又西北出高闕塞（今狼山山脈之一谷口，經緯度詳前）三百里至鸊鵜泉。

武經總要前集一七忻州目云：

「三受降城路：自州北九十里入朔門西界，又三十里至朔門〔州〕，又三百四十里至單于都護府，號振武軍，又西百二十里至東受降城，又西二百里安北都護府、至〔中〕受降城，（原注：『在黃河北拂雲堆上』。）又西二百里至天德軍，又西二百里至西受降城，又三百里至鸊鵜泉。」

按此所記全爲唐代州府軍城，北宋始終未入版圖，是必承抄唐代紀錄無疑。按朔州至單于府三百五十里，此條第二「朔門」卽「朔州」之譌；又忻州至朔州不只百二十里，此間必有奪譌。然由太原北出忻州西北經朔州至單于府，則無疑也。由單于府而西所歷軍城至鸊鵜泉，正是唐代此道西北通回紇之大道。今檢元和志所記太原、忻、代、朔、單于五府州去長安、洛陽之里程及鄰州府間相去之里程，列表如下。寰宇記所記，以圓括弧（　）識之，通典所記，以方括弧〔　〕識之。

	單于府	朔州	代州	忻州	太原府
至長安里數	取太原路 1920 (1930) 〔2250〕	1720 (1720) 〔1770〕	1600 (1600) 〔1640〕	1440 (1440) 〔1480〕	1260 (1600) 〔1300〕
至洛陽里數	1700 (1700) 〔2000〕	1350 (1350) 〔1340〕	1230 (1330) 〔1320〕	1070 (1700) 〔1060〕	890 (890) 〔885〕
鄰州相距里數	350 350 (357) 〔350〕	120 (120, 224) 〔120, 140〕		160 (110) 〔250〕	180 180 (180, 180) 〔180, 180〕

此表府州排列，自左至右，即自北至南之順序。觀此數據，元和志所記最爲齊整，寰宇記大同，惟偶有譌字。通典亦略同。據元和志，自朔州以南，兩鄰接州府間之里距，即爲此兩州府去長安里數之差，去洛陽里數之差亦大同，可知朔、代、忻、太原爲一大道通兩京者。惟單于府與朔州間相距三百五十里，準確里程爲三百五十七里，① 而此兩府州去長安之差僅二百里，是不相合。按元和志、寰宇記記單于府去長安路程明云「取太原路」，則經朔州爲最近捷之途徑。觀地圖，單于府至朔州決不只二百里。今審視上表朔州以南，各州至長安與至洛陽之差皆爲三百七十里。元和志、寰宇記記單于府至洛陽皆爲一千七百里，則去長安應爲二千零七十里；如此則與朔州去長安之差亦正爲三百五十里，故知諸書記單于府至長安之里數皆誤，而其去太原、長安、洛陽亦實經朔、代、忻至太原也。綱文里數有與武經總要異者，皆據元和志、寰宇記以正之。至於單于府以西之行程及朔州、勝州間之行程，皆詳後文或另文。

又由天德軍蓋略循大同川北行六十里至北魏沃野鎮故城，又北行踰陰山約二百四十里至木剌山可敦城，亦當磧口；天寶間曾置橫塞軍，移置安北都護府於此。其地約在今烏拉特中旗黑沙圖地區(約 E108° 10′·N41° 50′)。由此西行，當亦至鸊鵜泉。

此節詳第一卷附篇二唐代安北單于兩都護府考。

鸊鵜泉爲唐通回紇兩道之總道口，蓋爲一大泉，故爲胡騎聚集飲馬之地，亦漢胡貿易之互市場所。其地約在今烏尼烏蘇地區，亦有即今頁噶泉之可能。由此西北行一千五百里至回紇衙帳，在今西庫倫北北西約七十里鄂爾渾河 (Orhon) 左岸之黑城子 (Kharabalgasun)。

此並詳第二卷篇拾伍唐通回紇三道。

---

① 寰宇記五一，朔州「北至單于大都護府三百五十七里。」下文又云，「廢單于都護府在州西北三百五十七里。」此蓋爲準確里數；通典、元和志取其大數耳。

雲中、單于府地區，爲塞北漠南最肥沃地區，北方少數民族渡磧南徙者常以此爲中心根據地，故其地與中國北方重鎮之太原關係尤切，大隊行旅皆直接往來。如北魏初期踰漠而南都定襄之盛樂，道武帝因之南取并州，即取此道。隋世突厥勢衰，南居大利城，煬帝北巡楡林（即唐勝州，今托克托西黃河內），至其部落，亦取此道。

魏書二太祖紀：皇始元年八月「己亥，大舉討慕容寶。帝親勒六軍四十餘萬，南出馬邑，踰于句注。…… 九月戊午，次陽曲，乘西山臨觀晉陽。…… 并州平。」按時魏都雲中之盛樂，馬邑即唐之朔州，句注即朔州東南之雁門關，陽曲在并州北，皆詳下文。是此行即取此道。隋煬帝於大業三年四年兩度北巡河套地區。通鑑一八〇大業三年，紀其北巡路線，由并州過雁門，至馬邑，駕頓楡林郡，又幸啓民可汗帳。雁門即代州，馬邑即朔州，楡林即勝州（今托克托之河西）。是亦取此路也。

至於隋及唐代前期用兵突厥，更常見出此道，且常以此道爲中軍主線。

通鑑書隋代及唐代前期數次北伐突厥事云：

開皇三年，衞王爽爲行軍元帥，分八道出塞，爽親督李充等出朔州道，遇沙鉢略可汗於白道，大破之。（卷一七五）

開皇十九年，左僕射高熲出朔州道，右僕射楊素出靈州道，上柱國燕榮出幽州道。（卷一七八）

開皇二十年，楊素出靈武道，史萬歲出馬邑道，萬歲出塞至大斤山。（卷一七九）

貞觀三年，詔數道擊突厥，李靖爲定襄道行軍總管。四年正月，靖自馬邑進屯惡陽嶺，夜襲定襄，進破頡利於陰山。又與李世勣會兵於白道。（卷一九三）

調露元年十一月，裴行儉爲定襄道行軍大總管，總督豐州、幽州，三路並進。明年春，行儉行軍經朔州至單于府，大破突厥於黑山。餘黨走保狼山。（卷二〇二）

按白道在單于都護府正北，今歸綏北數十里，有白道梁。貞觀四年之定襄，爲定襄古城，卽後魏之雲中，詳胡注引宋祁、宋白說。黑山在中受降城東北八十里，見胡注。觀此諸史事，朔州北出道爲一重要軍道，且常爲數道並出之中軍路線；蓋敵人入侵多由白道、陰山，卽北河以北諸磧口也。

安史之亂，回紇登里可汗將兵入援，取道三城，經忻州至太原。其後唐與回紇國交較睦，罕見用兵，而通使往來，尤見此道爲兩國交通之最主要幹線。按長安至回紇逕捷之道，爲取靈武路（今靈武西南十里）或夏州路（今橫山縣西百里長城外之白城子），而東取太原府路最爲迂遠。然貿易通使，在較早時期，固見有取靈武路者；但盛唐以後，南北交往，如遣使，如貢、遺，如公主和蕃，例取太原路。卽由長安東北行繞經河中府（今永濟）、太原府、忻、代、朔州，至單于府（卽振武軍）出塞，或更西至高闕出塞也。中國防禦卽以振武爲前線基地，西控天德軍、三受降城，而太原又爲振武之支援基地。故至晚唐，此道仍維持驛道規制，三城地帶有所經營，或遠自太原轉餉供應之。

舊一九五迴紇傳，安史之亂，肅宗賞迴紇之功，每歲送絹二萬匹至朔方軍，使彼自取。又宣宗遣使冊回鶻可汗詔（全唐文八〇），「朕……爰命使者將遠撫之。……軺車甫至於靈武，蕃使已及於塞垣。」朔方軍卽靈武，此爲唐代後期，取道捷徑靈武極稀見之兩例。至於取道太原，則極常見，玆條述史證以明之。

通鑑二二二，寶應元年，「回紇業已起兵至三城，……上遣殿中監藥子昂往勞之於忻州南。」「可汗欲自蒲關入，由沙苑出潼關。」同書二二三，廣德元年，「初僕固懷恩受詔與回紇可汗相見於太原。……及史朝義既平，詔懷恩送可汗出塞，往來過太原。」可見太原爲回紇往來之主線。此猶可謂回紇用兵目標在洛陽也。下文所列三類史事，皆以京師長安爲目標或出發點。

唐使入蕃　舊一二七源休傳，「奉使回紇。休至振武，軍使張光晟已殺回紇突董等。上初欲遂絕其使，令休還待命於太原，久之方遣。」及還，「將至太原」云云。是休使回紇，去回皆經太原及振武軍。又通鑑二四六，會昌元年，「回鶻烏介可汗引兵……南渡磧，屯天德軍境上；……求册命。」二年，遣「苗縝册命烏介可汗，使徐行，駐於河東。」河東卽太原，是此次出使亦取此道也。

回紇使入唐　通鑑所記回紇遣使或入貢路線之可知者有下列各條：

大曆十三年三月，回紇使還，過河中。（卷二二五）

建中元年八月，回紇使者董突（張作突董）等自京師歸國，至振武，橫暴無厭，振武留後張光晟殺九百餘人。（卷二二六）

貞元十二年八月，「回鶻梅錄入貢，過太原。」（卷二三五）

太和四年，「先是回鶻入貢及互市，所過，恐其爲變，常嚴兵迎送防衞之。」柳公綽爲河東節度使，「大闢牙門，受其禮謁。」（卷二四四）

太和七年，李載義爲河東節度使，「回鶻使者李暢入貢。」（同上）

觀此諸條，多經太原。云過河中、振武者，雖有取道慈隰石嵐之可能，然最大可能仍取太原道，殆可斷言。下述回紇迎公主使臣亦取此道。

公主和蕃　通鑑二一〇，玄宗先天元年正月乙未，「宴突厥楊我支。以金山公主示之。……會上傳位，婚竟不成。」考異引太上皇實錄云：命皇太子送金山公主往幷州，今〔令〕幷州長史薛訥發兵於汾州迎太子，幽州都督裴懷古發兵赴黑山道，朔方大總管解琬發兵赴單于道。② 此事雖未果行，然足見其擬議中之降蕃路線，乃取汾、幷西北至單于府出黑山至突厥也。又唐會要六和蕃公主雜錄條，貞元四年，迴紇可汗「使其宰相等……及其妹骨咄祿毗伽公主……來迎可敦。凡遣人千餘納聘馬三千匹。上令朔州及太原分留迴紇七百餘人；其宰相大首領至者，館於鴻臚寺。」（同書九八迴紇條及舊一九五本傳同。）通鑑二三三貞元四年，「時回紇之衆逆公主者在振武。」卽此一事。是亦見蕃使入朝，公主出蕃，皆取太原、朔州、單于府道也。又新二一七回鶻傳，穆宗時，可汗請婚，許之，遣使來逆女，「部渠二千人，納馬二萬。……詔許五百人至

② 溫公考異以他書不載此事，不足信，故不採。岑仲勉先生以爲可能有此擬議；嗣和親不成，事亦停頓，故他書從略耳。說見通鑑隋唐紀比事質疑太子送金山公主條。

長安，餘留太原。」此亦見取太原道。復考雍陶有陰地關見入蕃公主石上手跡詩（全唐詩八函六册），按關在汾州。是此公主入蕃亦取太原道無疑。蓋皆由太原西北經朔州單于府耳。

以上所考，皆見單于府以南之路程。然少數史料已見道經黑山、天德軍、三受降城。復考舊唐書憲宗紀，元和八年十月「壬辰，振武奏回紇千騎至鸊鵜泉。」新二一七上回鶻傳，元和中，「可汗以三千騎至鸊鵜泉，於是振武以兵屯黑山，治天德城備虜。」又新二一八沙陀傳李國昌節，大中時，回鶻「寇天德，乃徙節振武。」此皆見對回紇防禦線，以振武爲基地，遠控黑山、天德軍至通回紇道口之鸊鵜泉也。振武又以太原爲支援基地，故振武以西有所經營，或由太原遠爲供應，如嚴郢奏五城舊屯兵募倉儲等數疏云，「今若發兩京關輔人於豐州浚渠營田，……其糧穀從太原轉餉，運直至多。」（全唐文三七二。）即其一例。又新一七一石雄傳，「會昌初，回鶻入寇……牙五原塞下，詔雄爲天德防禦副使，兼朔州刺史，……選沙陀（略）雜虜三千騎，夜發馬邑（朔州），且登振武城，……穴城夜出……直擣烏介帳。」是後期偶有用兵，亦以太原爲基地也。

唐末之置驛　太原之北有烏城驛、三交驛，中葉善陽嶺有善陽館，皆詳後文。李德裕條疏邊上事宜狀（全唐文七〇五），「慮邊上奸人走投回鶻，爲其設計，令在雲、朔等州斷天德、振武驛路。」則晚唐時代，雁門以北至振武軍或更西至河上三城仍置驛也。

蓋突厥、回紇入長安，取靈州道、夏州道，雖較近捷，然原、慶、鄜、延以北，或屬半沙漠地帶，或爲橫山所阻隔；靈、夏以北，更屬荒漠，人煙疏少，供給困難。而太原道，路旣較平，且沿途富庶，惟朔州以北乃較荒落耳，故唐與突厥之交通以此道爲主。觀先天中金山公主和蕃擬議中之行程可知。逮中葉以後，吐蕃兵據原州，侵逼靈、鹽；靈、夏兩路略近荒廢，唐、回交通更唯太原一道可循矣。元和八年李吉甫疏云：「頃年每有迴鶻消息，常須經太原取驛路至闕下。及奏報到，已失事宜。」故請置新宥州（約今鄂托克廟 E108°5′·N39°5′ 地區），自夏州（今橫山縣西一百里白城子，約 E108°50′·N38°）經宥州至天德軍，置館驛，俾乘傳奏事，四日餘可達。（元和志四新宥州目。）然觀其後史事，似未著大效，蓋事勢然也。交通既以此道爲主，軍事防禦因亦增重，故以振武軍爲北河諸軍城之支援基地，太原府又爲振武軍之支援基地，故舊劉沔傳云：「朝廷以太原重地，控扼諸戎」也。

今就此道之詳細行程考述如次：太原府北行，有烏城驛、秦城驛。

舊一九下僖宗紀，乾符六年十一月，以代北制置等使康傳圭爲河東節度使，由代州赴任。「兩都虞候張鍇、郭朏迎於烏城驛，並殺之。」明年廣明元年，沙陀踰雁門關逼忻州；二月進「逼太原，陷太谷；康傳圭遣大將伊釗、張彥球、蘇弘軫分兵拒之於秦城驛，爲沙陀所敗。」通鑑二五三，略同。但云，「蘇弘軫擊沙陀於太谷，至秦城遇沙陀。」則烏城驛必在晉陽北行道上，秦城驛縱不在此道上，亦必在道東不遠。

有虎北口，在汾水之北。

通鑑二八〇，後晉天福元年，「九月，契丹主將五萬騎……自揚武谷而南……辛丑……至晉陽，陳於汾北之虎北口……敬瑭出北門，見契丹主。」又云「契丹主雖軍柳林，其輜重老弱皆在虎北口；每日暝，輒結束以備倉猝遁逃。」云云。是道上有虎北口，在汾水之北。

府北十五里有古城。又北十五里或稍遠至三交驛；有三交寨，蓋在驛北。宋平北漢，徙并州治此。

圓仁入唐求法巡禮行記三云：

「五臺縣向西南行三十里過胡陁河，到建安寺宿，……西南行三十里到忻州定襄縣七巖寺，……西南行三十里許到胡村……行三十里許到采村，……行三十五里到名〔石〕嶺鎮南關頭，……行二十里許到大千普通院，……行二十五里至蹋地庄，……行二十五里到白楊普通院，……更行十五里到三交驛歇，次入定覺寺庄，見水碾，名爲三交碾，更行十五里到古城普通院，……行十五里到太原府。」

按五臺、定襄皆今縣。檢一統志忻州卷山川目，七巖山在定襄縣東南十八里。由此西南行約近一百里至名嶺鎭，鎭南行約一百三十里至太原府，則此名嶺鎭卽石嶺鎭之形譌無疑。此述石嶺至太原府之行程所經甚詳，可據書古城與三交驛。寰宇記四〇幷州，「太平興國四年平晉，移州於三交寨，陽曲縣界。」武經總要前集一七幷州，云「移州治三交。」按宋以陽曲爲郭下縣，是三交寨必相近，與三交驛亦不相遠。一統志太原府卷古蹟目，三交城在陽曲縣北十五里，似稍遠。

又按三交口，宋初極重視，爲軍事要地。宋史太宗紀，太平興國四年，「命潘美屯河東三交口。」檢同書二五八潘美傳，是年征太原，美爲北路都招討，平太原，繼征范陽。「及班師，命兼三交都部署，留屯以捍北邊……美嘗巡撫至代州」云云。又卷二七二楊業傳，「遷代州兼三交駐泊兵馬都部署。」合觀潘美事，此卽陽曲之三交口；非代州別有其地也。

又北至陽曲縣，治木井城（今縣），去太原府約七十里。

通鑑二二五，大曆十三年，回紇寇太原；河東大將逆戰，遇虜於陽曲。檢元和志一三太原府，治太原、晉陽兩縣；陽曲縣理木井城，南至府七十里。而寰宇記四〇幷州，治陽曲縣。平晉縣在州南三十里。又云「皇朝平僞漢，其太原城中晉陽、太原二縣並廢毀，置新城於城北，改曰平晉縣。」則平晉新城與舊府城不相遠。按唐陽曲縣一般皆以爲卽今縣所在，唐晉陽太原縣卽今晉源縣（舊名太原縣），相距不應有七十里。檢一統志，太原府陽曲縣北至忻州界一百十里，忻州南至陽曲縣界四十里，是陽曲北至忻州一百五十里。按唐代太原府北至忻州一百八十里，則陽曲至府至多不過四十里。然以石嶺鎭在陽曲縣北七十里論之，則陽曲正當在太原府北七十里。或元和時代縣治本與宋以後不同歟？今姑據元和志書之。

又北行經百井凡七十里至石嶺鎭。鎭在嶺南，隸陽曲縣。鎭東側近，有故洛陰城，隋洛陰修寺碑云「南西兩峪，觀重驛如往來」，謂此驛道也。嶺上或踰嶺置關（今關），隸忻州定襄縣。石嶺關「山勢回抱，號爲險阻」，且其路僅容單車，故爲太原府北之重要屏障，安史亂後，且置軍以鎭之。

百井　通鑑二二五，大曆十三年，回紇入寇，敗河東軍於陽曲。十四年紀稱爲「百井之敗」，是在陽曲縣。又二五三，廣明元年二月，「時沙陀已還代北。(康)傳圭遣都教練使張彥球……追之；壬戌，至百井，軍變，還趣晉陽。」又二五四，中和元年，李克用北還，留居代州，鄭從讜遣教練使論安等軍百井以備之。又二七九，後唐清泰元年，「契丹入寇，北面招討使石敬瑭，奏自將兵屯百井以備。」具見百井爲太原以北之軍事要地。廣明元年條胡注「百井鎭在太原陽曲縣。」大曆十四年條胡注，「按東都事略·張齊賢傳，柏井在幷州城北四十里。宋朝徙幷州城於陽曲縣。」是在陽曲之北四十里。檢九域志四作百井寨。

石嶺鎭、關、軍　舊六一竇靜傳，武德初，爲檢校幷州大總管府長史。「以突厥頻來入寇，請斷石嶺以爲鄣塞。復從之。」新二一五上突厥傳，武德八年，頡利寇代州，使張瑾兵屯石嶺。「瑾未至屯，虜已踰石嶺圍幷州。」張瑾事，通鑑一九一，同。又通鑑二〇七，長安二年三月，突厥破石嶺，寇幷州。又二二〇，乾元元年，烏承玼奔太原，李光弼表充石嶺軍使。又舊一九下僖宗紀，乾符六年十一月，以「河東行軍司馬雁門代北制置等使石嶺鎭北兵馬代北軍等使康傳圭」爲河東節度使。舊五代史二五唐書武皇紀，武皇率諸部萬人趨雁門，將入援京師，「太原鄭從讜以兵守石嶺關」以阻之。（新唐書沙陀傳略同。）據此諸條，石嶺爲太原以北之軍事險隘可知，安史亂後置鎭，置軍，置關。新唐志，忻州定襄縣有石嶺關。寰宇記四二定襄縣條，「石嶺關甚險固。」元和志一三太原府陽曲縣，「石嶺鎭在縣東北七十里。」寰宇記四〇，同。蓋嶺爲太原府陽曲縣與忻州定襄縣之分界處，鎭在嶺之南，關在嶺之北。前引圓仁入唐求法巡禮行記三，自石嶺鎭至三交驛約近一百里，又南至太原府三十里或三十餘里。與元和志所記太原北至陽曲七十里，又東北七十里至石嶺鎮之和略相合。又武經總要前集一七，石嶺關在忻州南三十里。按忻州南至太原府一百八十里，是里距亦合；惟鎮在嶺南，關在嶺北，故有十里之差耳。武經總要又稱石嶺關「山勢回抱，號爲險阻，路可行單車，舊有關城控扼。慶歷中，關南削山爲城。」此見其形勢，且明關在嶺北，然石嶺鎮亦有南關之名，故圓仁云南關頭也。檢一統志太原府卷關隘目，「石嶺關巡司在陽曲縣東北一百二十里，北去忻州四十里，爲并、代、雲、朔要衝，勢甚險固。」南北里距皆稍盈，實即一地。

洛陰城　隋洛陰修寺碑（山右石刻叢編三）云，「當縣伽藍一□在洛陰城內」，「洛陰府官并鎮義人等…… 敬造斯館於勝田，晉北代南，正當琬□之所……，南西兩峪，觀重驛如往來，北東兩嶺，每截雲以□漢。」按碑在陽曲縣羅陰村。跋云：「按通志金石記，洛陰修寺碑，仁壽中車騎將軍王整立，在陽曲縣城東北七十里洛陰城。魏地形志，陽曲有洛陰城，即水經注洛陰水所經也。隋爲洛陰府，置屯戍之地。唐分置羅陰縣，後省。」據此方向里距，此城寺即在嶺鎮側近，驛即當此驛道，嶺即石嶺也。

由嶺北行約四十里至忻州治所秀容縣（今忻縣），又北五十里至忻口（今地），滹沱水由北南流歷此谷口，忻川水自西來會於口南，兩山夾峙，甚爲險固。

石嶺鎮去陽曲七十里，去太原府約一百四十里，推知鎮北至忻州之里數。前引武經總要，關在州南三十里，亦合。

通鑑一八二，大業十一年，始畢可汗圍煬帝於雁門（即代州），會諸郡援兵至忻口，始畢解圍去。舊五代史九九漢書高祖紀上，爲河東節度；契丹寇入雁門，帝破之於忻口。通鑑二九二，周顯德元年，契丹屯忻、代之間，爲北漢之援，符彥卿入忻州，契丹退保忻口。宋史二五五張永德傳，周世宗進攻太原，永德「北控忻口，以斷契丹援路。」此見忻口爲雁門以南之要隘。通鑑胡注：「九域志，忻州秀容縣有忻口寨。……杜佑曰，隋置忻州，因忻口爲名。」檢寰宇記四二忻州秀容縣條引水經注：「滹沱南歷忻中口，俯會忻川水，水出西管涔東山。」（今本酈注已佚。）一統志忻州卷關隘目，「忻口在州北五十五里，兩山相夾，滹沱水經其中。魏土地記，漢高祖出平城之圍，還軍至此，六軍忻然，因名。山之西，舊有忻口城，相傳即漢高祖所築。」檢元和志一四代州，崞縣東北至州五十里。（寰宇記四九譌爲十五。）武經總要前集一七，代州崞縣「南至忻州忻口砦六十里。」又云忻口砦「居兩山之口，最爲險要，南至忻州五十里。」按代、忻間相去一百六十里，里距正合。

口北即唐林縣（今原平南），在沙河北二里，東濱滹沱水。又北至崞縣（今縣），亦東濱滹沱水，去忻口六十里。

舊六九劉世讓傳，高祖問備邊策。世讓曰：突厥南寇，徒以馬邑爲其中路耳。請於崞城置一智勇將，數出奇兵芟踐其禾稼，馬邑不足圖。又通鑑一九〇，武德六年，頡利帥衆攻馬邑，上命劉世讓救之，至松子嶺不敢進，還保崞城。又二五三，乾符五年，沙陀焚唐林、崞縣，入忻州境。此諸條具見崞縣當軍道。檢元和志一四代州，崞縣東北至州五十里，滹沱水在縣東二百步。唐林縣東北至州一百一十里，滹沱水在縣東，沙河在縣南二里。寰宇記四九，略同，惟無沙河一條。按前引武經總要前集，崞縣西南至忻口砦六十里，則唐林縣當與忻口極相近。武經總要一七忻州忻口砦，「城北唐林縣。」意亦極近。檢一統志代州卷古蹟目，引新志，唐林故城在崞縣南四十里。又引括地志，原平故城在崞縣南三十五里。按今圖有原平鎭，則唐林蓋在口北約二十里原平鎭之南。

又東北五十里至代州治所雁門縣（今代縣），南臨滹沱水，即古上館城。州南二十里有東陘關，似亦在此道上。

方向里距，見元和志一四。寰宇記四九代州雁門縣條，滹沱水在縣南。又代州條，後魏明帝移雁門郡置廣武東古上館城內，即今府城是也。

通典一七九代州，「郡南三十里有東陘關 ，甚險固 。」寰宇記四九雁門縣，同。考舊一二〇郭子儀傳，舉兵出單于府 ，進收雲中、 馬邑 ，開東陘 。新傳同。通鑑二一七天寶十四載紀，作東陘關。胡注，「時河東太原閉關以拒秀巖，子儀既破秀巖，始開關。」則關似在道上。

代州西北行三十五里至西陘山，爲滹沱、桑乾兩河分水嶺；古稱勾注塞（按勾一作句），與盧龍、飛狐並稱爲天下之阻分隔內外者。開皇長城自西徂東經此山。其山東西高巖峭拔，中路盤旋崎嶇，然爲北方敵軍南侵之最主要險隘道口。唐於絕頂置雁門關，以斷寇道。北宋置雁門、西陘兩砦，東西分列，極相近。谷道十餘，多通車騎，蓋視唐更開闢矣。然西陘與雁門之爲兩陘道，或實不自北宋始。

呂氏春秋一三有始篇，山有九塞，句注爲其一。高注，在雁門。又淮南子四地形訓，與呂覽同。高注：「在雁門陰館勾注也。」此爲勾注險塞之較早見者。隋書地理志，雁門郡雁門縣，有關官。新唐志，代州雁門縣，「有東陘關、西陘關。」豈隋、唐始置關耶？東陘關，見前。通典一七九代州雁門縣，「有句注山，一名西陘山。」元和志一四代州目，「今按句注在州西北三十五里，雁門縣界西陘山。」寰宇記四九代州目，同，云據河東記。又元和志代州雁門縣，「句注山一名西陘山，在縣西北三十里。晉咸寧元年句注碑曰：蓋北方之險有盧龍、飛狐、句注爲之首，天下之阻，所以分內外也。」寰宇記代州雁門縣條云：「水經注云：雁門郡北對句注，東陘其南，九塞之一也。晉咸寧元年勾注碑曰」云云。是元和志亦出酈注，惟酈注滹沱水篇今已佚。紀要四〇代州，句注山，在州西北二十五里。雁門山在州北三十五里，「與勾注岡隴相接，故勾注亦兼雁門之稱。」則本爲兩山而相接。一統志代州卷關隘目引州志，「關舊在雁門山上，東西山巖峭拔，中路盤旋崎嶇，唐於絕頂置關。元時關廢。明初移今所……形勢雄勝，即勾注故道也。西抵寧武、偏頭，東連紫荆、倒馬，……爲山西之屏垣。」形勢可見。然經歷代開闢③，谷徑已不只一途。武經總要前集一七，代州之東繞東北至西北，建砦十三，其雁門砦「西至

③ 如漢書武帝紀，元光五年，發卒治雁門阻險。

西陘〔陘〕砦，北至契丹界有谷路二，濶五十步，一纔通車騎。」西陘〔陘〕砦「在州西北三十里，卽西陘〔陘〕山也，自古匈奴入寇之路，北至契丹平寇鎭，谷路十二，十通車騎，二通行人。」可見谷道甚多，守備亦不易也。

前引紀要，雁門與勾注兩山岡隴相接，故得兼稱。據總要所記，則北宋前期，西陘、雁門亦爲兩陘，分別置砦。復考宋史二七二楊業傳云：

「帝（太宗）以業老於邊事，復遷代州。……會契丹入雁門，業領麾下數千騎自西京〔陘〕而出，由小陘至雁門北口，南嚮背擊之，契丹大敗。」

此尤爲相近兩陘口之明證。時在太宗初年，足證其爲兩陘不自宋始。

又隋書地理志雁門郡雁門縣有長城。楊氏考證，「在代州北三十里，西自雁門關，東至馬蘭口。」就方位里距論之，關正當在隋長城之口。

雁門關既爲南北大防，故在軍事上，極見重要性。通鑑一八〇隋仁壽四年，漢王諒反於晉陽，兵圍代州。「詔朔州刺史代人楊義臣……帥馬步二萬夜出西陘」救之。同書二〇二永隆元年，裴行儉由定襄（代州）出朔州至單于府，大敗突厥於黑山。明年又書「裴行儉軍于代州之陘口，多縱反間」云云，以弱突厥。此見代、朔間之要道經雁門關。又二四六會昌二年，回鶻烏介可汗「往來天德、振武之間，剽掠羌渾，又屯杷頭烽北」；遣使「借天德城，詔不許。」以河東節度劉沔兼招撫回鶻使，「令沔屯雁門關」以備之。尤見此關隘之重要。其餘前代史事，紀要四〇山西名山條徵之已詳，玆不贅。通鑑二八〇後晉天福元年，契丹主出兵援石敬瑭，曰：「始吾自北來，謂唐必斷雁門諸路，伏兵險要，則吾不可得進矣。使人偵視，皆無之，吾是以長驅深入，知大事必濟也。」此正見雁門爲南北之阻。舊五代史七五晉高祖紀，請「以雁門以北及幽州之地」爲契丹主壽，亦正以雁門爲南北之大防，分隔內外者也。

句注陘南口之南二十里有漢廣武故城，卽高祖械繫婁敬處。陘之北口有下館城，卽陰館故城。

漢廣武故城，見寰宇記四九雁門縣目。下館城，見通鑑一八八武德四年紀胡注。寰宇記五一朔州鄯陽縣有「陰館城，今名下館城。」一統志朔平府卷古蹟目，陰館故城，漢縣，引舊志，「在朔州東南八十里。」按朔州去陘正八十里，詳下文。則當卽陘之北口，與胡注合。

出西陘、雁門關向西微北行八十里至朔州治所鄯陽縣（今朔縣），卽古馬邑城也。南臨馬邑川，爲陘北桑乾河上游之小盆地。農產較豐，故南北用兵往往以此爲中頓基地。

朔州東南至代州一百二十里。元和志一四朔州鄯陽縣，「勾注山在縣東八十里。」寰宇記五一作東南八十里。前考西陘山在代州西北三十五里，里程正合。元和志云，史記曰，匈奴圍韓王信於馬邑，卽今州理。「昔秦人築城於武周塞以備胡，城將成而崩者數矣；有馬馳走，周旋反覆，因依而築，城乃不崩，故名。」按此出水經注一三㶟水注引搜神記。且酈注述㶟水在此地區有三源。其一馬邑川，「出馬邑西川，俗謂之磨川，……東逕馬邑縣故城南。」此源居中最長。其北一源在朔州北山，所謂洪源七輪，謂之桑乾泉。其南一源謂之㶟水，出雁門關北。檢 ONC-G-9，朔縣地區，地形平衍，河流交錯，宜其爲陘北之軍政中心。其例之可見者，如李靖出馬邑大敗突厥，詳下文惡陽嶺條。石雄發馬邑徑趨回紇烏介可汗之牙，見舊書一六一石雄傳。又如舊六九劉世讓傳，「高祖問以備邊之策，世讓答曰：突厥南寇，徒以馬邑爲中路耳。……請於崞城置一智勇之將，多儲金帛，有來降者厚賞賜之，數出奇兵略其城下，芟踐禾稼，敗其生業，不出歲餘，彼當無食，馬邑不足圖。」此見馬邑爲北方敵人入寇之根據地，而所恃在能就地給養也。

西陘之西七十里又有土墱，當東魏武定長城之東端，亦爲唐、宋時代代州西北通朔州之一道口。

武經總要前集一七代州，代、忻十三砦，西陘砦「西至土墱七十里。」土墱砦「北至契丹寰州界，有谷路三，皆通行人。」九域志，代州崞縣有土墱寨。作墱爲正。考魏書一二孝靜紀，武定元年，「齊武獻王召夫五萬於肆州北山築城，西自馬陵戍，東至土隥。」按寰州在今朔縣東。

又崞縣之西三十里有揚武谷，亦爲北通雁門關之一路。

舊一九五回紇傳，大曆十三年，寇太原，敗河東軍於陽曲；代州都督張光晟破之於羊武谷。通鑑二二五，同。胡注引九域志，代州崞縣有陽武寨。同書二八〇後晉天福元年，「九月，契丹主將五萬騎，號三十萬，自揚武谷而南，……代州刺史張朗、忻州刺史丁審琦嬰城自守。……辛丑，契丹主至晉陽。」考異曰：「代州今有楊武寨，其北有長城嶺、聖佛谷，今從漢高祖實錄作揚武。」考武經總要前集一七，代州西境有揚武砦。「北至契丹朔州界，有谷路一，通行人。」檢一統志代州卷關隘目，陽武谷堡「在崞縣西三十里陽武山谷中，西去蘆板寨堡四十里，（武經總要作樓板砦，又四作三。）南去陽武村三十里，宋故砦也，元建爲關。」檢今圖，崞縣西有陽武地名是也。復考舊五代史七五晉高祖紀，契丹主此次用兵，實「自雁門而南。」據遼史三太宗紀，九月丁酉入雁門，戊戌次忻州，已亥次太原。則仍由雁門南下取揚武谷路也。

又崞縣西北八十里有石門關，當亦爲北出朔州之一道，但不經雁門關。意者由忻口西北出揚武谷、石門關，亦至朔州，近代汽車道蓋卽略循此故道而行歟？

寰宇記四九代州崞縣，「石門關在縣西北八十里。」新唐志亦云崞縣有石門關。通鑑二八〇天福元年紀稱「雁門諸路」。胡注云「雁門有東陘、西陘之險，崞縣有陽武、石門之隘。」度其地望，在雁門關西南甚遠，而北對朔州，蓋直通朔州者。今圖有汽車道，由忻口西北經陽武、寧武，至朔縣，疑因故道，而石門卽在此道中歟？惟乏實證。

朔州西北行三百五十里至單于都護府治所金河縣，置振武軍。其地在金河（今大黑河）之南，雲中川（一名白道川）中，約在今歸綏城（呼和浩特，E111°40′·N40°50′）西南約三四十里。途中次第經善陽嶺，惡陽嶺。善陽嶺南去朔州約二百一十里，北去單于府約一百四十里，約在今和林格爾西南大紅城（E111°45′·N40°10′）地區。隋大業三年，「築長城，西距榆林，東至紫河（今紅河上源？）。」蓋西據緣胡山（今紅河口之北）。今自山以東，和林格爾之南，紅河之北迤東至涼城、豐鎮尙有遺蹟。善陽嶺即此段長城之一嶺口耳。惡陽嶺又在善陽北長城之外。唐世置善陽關、善陽館，武元衡有詩，蓋即在善陽嶺；以其爲太原、馬邑西北出之主道，又當長城嶺口，故關館並置也。

朔州至單于府里數，見前文。置軍及治所金河縣，皆見元和志四。單于府今地及白道川，已詳長安東北通勝州振武軍驛道篇。

長城　隋書三煬帝紀，大業三年北巡，六月次榆林郡。七月「發丁男百餘萬築長城，西距榆林，東至紫河，一旬而罷。」四年七月「發丁男二十餘萬，築長城自榆林谷而東。」通鑑一八〇、一八一書此兩條。檢隋志，定襄郡治大利縣，「有長城，有陰山，有紫河。」通典一七九單于府金河縣「有長城。有金河，上承紫河及象水，又南流入河。」又朔州善陽縣，「有紫河發源於此。」按金河即今歸綏南之大黑河，無異說。然其源去唐之善陽縣（今朔縣）太遠，絕不在善陽境；發源於善陽境者惟酈注之中陵水，今之紅河耳。一統志歸化城卷山川目，謂紫河即古中陵水。王國良中國長城沿革考頁五六引明史卷四一地理志，大同縣「西北有金河，又有紫河，皆流入大河。」因斷云紫河即今紅河，是也。④地在北疆，通典誤合爲一水耳。是此次所築長城，蓋西自今托克托地區，（隋榆林郡縣在黃河東流折而南流處。）東至今紅河上游，即在雲中故城、定襄故城之南。通鑑一九六，貞觀十五年，突厥俟利苾可汗率部落「建牙於故定襄城。」奏請「爲國家一犬，守吠北門。若薛延陀侵逼，請從〔徙〕家屬入長城。」旋果不能禦，「帥部落入長城，保朔州。」尤爲長城在定襄故城以南之強證。考綏乘七要隘考云：

「古長城在歸綏境者，故蹟久湮。其南境城址，起清水河之北，緣胡山以東，跨和林格爾之南，直抵涼城、豐鎮，乃隋大業所築也。與明代外邊，分

④　觀 ONC-F-8，紫河仍有即爲今黑河、岸水河上源之可能。

山前、山後，俗名二道邊牆。其在清水河之南，偏關之北者，爲明代大邊，今亦久廢。」

按緣胡山早見於漢志、酈注。漢地志雲中郡楨陵縣，「緣胡山在西北。」河水注，「河水南入楨陵縣西北緣胡山……縣在山南……北去雲中城一百二十里。」下文述河會樹頹水，樹頹水上游名中陵水，即今紅河也。則山在今紅河口之北。綏乘五山川考上，和林格爾之山，「循紅河而抵黃河東岸有緣胡山。」古今地望不異。而綏乘所指之大業長城則建於紅河之北也。此與前列史證極相契合，其爲隋唐長城應可無疑。

善陽嶺、惡陽嶺　前於長安通勝州振武軍驛道篇白道川條引舊一九九下鐵勒傳，「朝廷立李思摩爲可汗，處其部衆於漠南」，薛延陀夷男不悅。貞觀十五年，「勒兵二十萬屯白道川，據善陽嶺以擊思摩。……詔英國公李勣……踰白道川至青山」擊之。通鑑一九六貞觀十五年紀略同；云突厥「帥部落入長城，保朔州。」胡注：「善陽嶺在朔州善陽縣北」，是也；而四年紀胡注又云，「善陽嶺在白道川南。」前文考證，白道川即雲中定襄故地之金河（今黑河）流域小平原。故此兩注，一謂在善陽縣北，一謂在白道川南，實相吻合，無誤。然所指太廣泛，地望不明。檢寰宇記三八振武軍金河縣，「善陽嶺在縣北一百四十里，秦長城枕之。」此條方位顯誤，疑「北」當作「南」。考通鑑二三九，元和八年，振武軍亂，詔「以夏綏節度使張煦爲振武節度使，將夏州兵二千赴鎮，仍命河東節度使王鍔以兵二千納之。」「正月甲戌，王鍔遣兵五千會張煦於善羊柵。乙亥，煦入單于都護府。」胡注「善羊當作善陽。」是。尤爲善陽嶺在單于府（與故定襄城相近）以南之強證，然去單于府已不過一日程。急行軍一日程正當有一百四十里，足證寰宇記里數可信，爲一條寶貴史料，惟譌「南」爲「北」耳。善陽嶺在單于府南一百四十里，即當在朔州西北二百一十里。觀今日地圖，正當在紅河地帶，其爲長城之一嶺口殆可斷言。寰宇記云「秦長城枕之」，實即前考之紅河北之隋長城耳。然此嶺究在紅河之上游抑在下游，仍當進一步研討。

檢綏乘四疆域考下，歸綏縣道徑條述四達之道云：「南經西大河，至和林格爾界上土城，古定襄道也，爲入殺虎口舊道。東南經東大河至涼城界西溝門，古參合陘也，爲入殺虎口新道。」是歸綏南行有東西兩道，東爲古參合陘道，西爲古定襄道。近代以來，以殺虎口爲塞道總會，故云皆入殺虎口。再觀張編地圖集・河北山西人文圖，今朔縣西北至歸綏有東西兩道，在平魯分途。東道北經右玉出殺虎口長城，經涼城。西道西由敗虎堡出長城，經清水河縣城，及和林格爾城。唐道以西道之可能性較大，所謂定襄道也。前引通鑑記元和九年事，張煦由夏、綏北來，必取麟州（今神木）道，其渡河處當在君子津（今河曲偏關）地區。其會師地點在今清水河縣地區，決不會東在殺虎口地區，殆可斷言。此即唐道近乎今日之西道之明證。復考魏書三太宗紀，永興三年八月，詔尉古眞統兵五千鎭西境太洛城。五年五月乙亥，行幸雲中舊宮之大室。七月「丙戌，車駕自大室，西南巡諸部落」，「遂南次定襄大落城，東踰十嶺山，田於善無川。」河水注有太羅水，引十三州志曰：「武州縣在善無城西南百五十里，北俗謂之太羅城。」觀酈注所述，此城當在今清水河縣之南。檢上圖清水河縣西南至黃河間，長城之北有大羅地名，必即其地。大落即太洛，亦即太羅。則大落城爲軍事要地，有通道至善無也。善無在今右玉縣南。檢今圖，大羅有道東通清水河，又東入長城經敗虎堡至平魯。此即魏帝由大洛城至善無之舊道矣。而魏帝此行實由雲中舊宮之大室向南行至大洛城即大羅城，則所行亦是今之西道，更足爲唐行西道之先例。

善陽嶺旣在紅河流域，而所行道又爲西道，則此嶺當在紅河下游地帶。然則其地蓋在今紅河之北（隋唐長城在河北）、和林格爾城之南歟？若準以地圖里距，當在和林格爾之西南，大紅城地區，北去單于府金河縣正約當有一百四十里之譜也。

復考武元衡有單于罷戰却歸題善陽館詩（全唐詩五函七册元衡集二）云：「單于南去善陽關……。」則單于府南行道中有善陽關，置善陽館，當卽在善陽嶺；蓋以其地當長城嶺口，爲要道，故置關且置館也。

善陽嶺之地望旣定，再考惡陽嶺。舊六七李靖傳：貞觀初，「突厥諸部離叛，……靖……率驍騎三千自馬邑出其不意，直趨惡陽嶺以逼之。頡利可汗……大懼，相謂曰，唐兵若不傾國而來，靖豈敢孤軍而至？……四年，靖進擊定襄破之。……頡利可汗大懼，退保鐵山，……請舉國內附。又以靖爲定襄道行軍總管，往迎頡利。頡利……潛懷猶豫，……靖……督軍疾進，師至陰山……頡利畏威先走，部衆……潰散。」新九三同傳略同。陰山之役，云自白道襲之。通鑑一九三貞觀四年，略同。胡注：「惡陽嶺在定襄古城南，善陽嶺在白道川南。」又云：「隋志雲州定襄郡治大利城，即文帝所築以處突厥啓民可汗者也，李靖所襲破者當是此城，唐謂之北定襄城。」又引宋祁曰：「古定襄城，其地南大河，北白道，畜牧廣衍，龍荒之最壤。」引宋白曰：「朔州北三百餘里定襄故城，後魏初之雲中也。」按靖所破爲北定襄無可疑，地在長城以北，歸綏以南，與後所置單于府相近。惟惡陽嶺似惟此一見，而胡注與善陽嶺比而論之，惡陽在定襄城南，善陽在白道川南。城爲點，川爲面，其意惡陽地望在善陽之北。觀李靖傳書事，惡陽嶺必去朔州已甚遠，而去定襄古城則甚近，已在長城外，故謂「靖豈敢孤軍而至」也。胡注所云殆甚有據。

單于都護府、振武軍治所金河縣，在漢代定襄郡成樂縣、後魏故都盛樂城之北近處。唐初所置單于都護府，本不在此處，至玄宗時代始復置於此。天寶四年於府治置金河縣，因縣北金河（一名紫河，今黑河）受名。同時徙置振武軍於府城，管兵九千人，馬一千六百匹。中葉以後，吐蕃侵逼朔方，靈、鹽、夏、銀失於控御，振武一軍加節度銜，遂爲唐代河套東北黃河內外地區之軍事控扼中心，亦爲唐通回紇唯一幹道之中心樞紐。其地在塞外極罕見之平衍沃壤，稱爲雲中川、白道川。宋祁稱「其地南大河，北白道，畜牧廣衍，龍荒之最壤。」誠非虛言。有此優良之地理條件，故能爲歷代北疆之軍政重地也。

府、軍、縣之建置，及漢魏故地，皆見元和志四單于大都護府目，惟「單于都護府城」今本譌爲「東受降城」，考證已言之。其今地及遷徙情形，皆詳篇八長安東北通勝州振武軍驛道篇及附篇二安北單于兩都護府考。

宋祁語見通鑑一九三貞觀四年紀胡注。

由單于府西南西行約四十餘里至北魏雲中故宮，又西四十里至秦漢雲中故城（今托克托城東北約二三十里），皆在金河即古芒干水（今黑河）之南，白渠水（今岸水河）之北。又西三十餘里至東受降城，在黃河北岸，近金河口（今托克托城西約十餘里）。中宗景龍二年張仁愿置，兼置振武軍。天寶四載，軍移單于府；東城如故，管兵七千人，馬一千七百匹。由城西南渡河八里至勝州治所楡林縣，故城今存，曰十二連城，在托克托城西南約二十二三里黃河西南灣內。又由朔州西北行四百二十里亦至勝州，蓋亦中經善陽嶺歟？勝州向西微北三百里至中受降城，在黃河外拂雲堆神祠，約在今賈格爾旗廟(昆都倫河口之西約E109°20′)或稍東，亦景龍二年張仁愿置，管兵六千人，馬二千匹。開元二年移安北都護府治此。中城西北行二百里至天德軍，天寶末年置，在北河（今黃河故道五加河）東北岸去河五里，大同川西，約今烏蘭鄂博之東烏梁素海東北水濱，E109°·N41°西北地區；又西南渡河（北河，今五加河）一百六十里至豐州治所九原縣，其地在西河之東一百三十五里，北河之南四十里，約今狼山與晏江間，約 E107°40′–50′·N41° 地區；又西北八十里渡河，河外有西受降城，由天德軍直西行一百八十里亦至西城；城在北河（黃河故道，今五加河）西北岸(約 N41°15′·E107°25′–30′)，與中城、東城同時置，管兵七千人，馬一千七百匹。其西北即高闕塞，爲狼山之一谷口，在今狼山口(E107°25′·N41°20′)或石蘭吉口（E107°30′·N41°20′），乃戰國以來西北著名重要軍事隘道。西城西北出塞三百里至鸊鵜泉（其地詳前），爲通回紇道之磧口。並詳前文。

此段或前文已有考論，或詳長安東北通勝州振武軍驛道篇、唐代安北單于兩都護府考、長安北通豐州天德軍驛道篇及長安靈州道及靈州在西北交通上之地位篇。惟諸文未涉勝朔間直線通路。按勝朔間直線交通路線里程，唐宋地書鮮記，惟通典一七三，勝州「東至河四十里，去馬邑四百二十里」一條。寰宇記三八勝州目，同。是必由勝州直東南行，不經單于府也。寰宇記又云勝州去雲州四百里。是亦不經單于府者。疑此道亦經善陽嶺歟？

（二）太原西北汾水河谷出樓煩關道

太原府「西北取乾燭谷路至嵐州（今縣）三百二十里。」乾燭谷即羊腸坂，漢及北魏置羊腸倉，地在陽曲縣西境。蓋此道循汾水河谷上行，經陽曲縣西境乾燭谷、羊腸坂倉，在汾水之南，煬帝曾改名爲深谷嶺。坂谷以西五十三里至古交城（今古交村 E112°7′·N37°55′ 濱汾水，在陽曲西約百里）。羊腸相近、汾水之北有天門關（今關在陽曲西北六十里）。倉關夾汾南北，未必爲一道，然天門西行不遠即渡汾而南，是合爲一道矣。

取乾燭谷路里數，見寰宇記四〇幷州目。但文海影本作二百三十里。檢通典一七九，幷州、嵐州兩目，皆作二百五十里。元和志一四嵐州目作三百三（官本作二）十里。按元和志，嵐州「南至上都取太原路一千五百八十里。」幷州「西南至上都一千二百六十里。」敦煌發現諸道山河地名要略殘卷（羅氏鳴沙石室佚書本）全同。則其差正爲三百二十里。觀地圖亦必三百里以上無疑。

羊腸坂、羊腸倉　通典太原府陽曲縣，「有乾燭谷，即羊腸坂也。」寰宇記四〇，同。觀今地圖，谷當在縣之西境，是由太原向北行取陽曲西境，即當循汾水河谷而行。據此，羊腸坂在陽曲縣西境，即在唐太原府治西北頗遠。而元和志一三太原府交城縣條云：

「羊腸山在縣東南五十三里，石磴縈委，若羊腸。後魏于此立倉。今嶺上有故石墟，俗云太武帝避暑之所。」

按同書，交城在府西南八十里，是此羊腸山在府西南殆踰百里，似非一地。復檢寰宇記五〇大通監交城縣條引郡國志，內容與元和志相同，且云即羊腸坂也。又引皇甫謐曰：「羊腸塞在龍山，即晉陽西北九十里。」是元和志所記原非當時羊腸山與交城縣之相對位置，而爲前代郡國志所記山坂與縣城之相對位置。其羊腸山坂實在晉陽西北九十里也。復考水經注六汾水注云：

「汾水又南逕汾陽縣故城東。……漢……立屯農積粟在斯，謂之羊腸倉，山有羊腸坂，在晉陽西北，石磴縈行〔委〕若羊腸焉，故倉坂取名矣。……又南逕秀容城東。……又南出山。」

是尤羊腸坂在晉陽西北汾水右旁之明證。一統志太原府卷古蹟目，汾陽故城在陽曲西北九十里。又山川目，「羊腸山在交城縣東北一百二十里，一名羊腸坂。」是也。不在唐代迄今交城之東南也。檢元和志交城縣云：開皇間分晉陽置交城縣，「取古交城爲名。……天授二年，長史王及善自山北故交城縣移就郤波村置。」寰宇記，同。惟謂古交城在「縣西北。」是志記兩書已明交城有故新之分。寰宇記又云，交城山在縣北一百三十五里。檢一統志太原府卷山川目交城山條，同。又云古交城治此。又古蹟目，交城故城「今名古交村，在縣北汾水、孔河交流處。」檢張編地圖集・河北山西圖，交城縣北，陽曲縣西，汾水上有古交地名，當數水之會，正其處。郡國志云羊腸坂在交城東南五十三里，謂此交城無疑，非唐迄今之交城也。通典一七九嵐州宜芳縣，「有古秀容城，即漢汾陽縣，屬太原郡，積粟所在，謂之羊腸倉，石磴縈委，若羊腸焉。」秀容城即前引汾水注之秀容，所記羊腸地望亦合，與唐迄今之交城無涉。

羊腸倉，元和志與寰宇記以爲北魏所置，而汾水注謂漢已置。考後漢書列傳六鄧訓傳，「永平中，理滹沱石臼河從都慮至羊腸倉，欲令通漕太原。」則倉自漢代已見置，蓋北魏仍之耳。

又寰宇記五〇交城縣羊腸山條云：「即晉陽西北九十里，古西河、上郡置關於此，隋煬帝大業四年經此幸汾陽宮，改名深谷嶺。」按淮南子四墬形訓，九山之目，羊腸居其一。高注：「今太原晉陽西北九十里通河西、上郡關曰羊腸坂。」通典一七九太原府交城，「有羊腸山，隋煬帝改爲深谷嶺。」則寰宇記所本之早期史料也。然則羊腸早有關防，唐宋及後代天門關殆因故關而置耳。

天門關　新唐書地理志，太原府陽曲縣有天門關。考歐陽修河北奉使奏草卷下乞免差人往岢嵐軍築城再奏（歐陽文忠集册一四）云：「成德軍……路出土門……至幷州，又出天門關，經憲州，飛鳶軍，入洪谷。」按宋憲州治樓煩縣，在今靜樂縣南七十里，今圖有樓煩地名，東濱汾水。觀此形勢，歐陽所述由幷州至憲州路線當亦略循汾水河谷而行。檢紀要四〇太原府治陽曲縣，有天門關在府西北六十里，路通舊嵐管州。「其東北崖，煬帝爲晉王時所開，名楊廣道。宋靖康初，金人圍太原，朔州守臣宗翊將兵赴援，由寧化憲州出天門關，敗沒。時府州帥折可求亦統麟府之師三萬涉大河，由岢嵐憲州赴援，將出天門，金據關拒之。」所述兩事亦皆見憲州東行過天門關至太原府也。關在陽曲縣西北六十里，一統志太原府關隘目同。張編地圖集・河北山西人文圖，古交、陽曲之正中間，汾水之北有天門關，卽其地矣。

汾水渡　宋史二八九高繼宣傳，「知幷州，俄（元昊）寇麟府，繼宣帥兵營陵井，抵天門關。是夕大雨，及河，師半濟，黑凌暴合，舟不得進。……已而凌解，師濟。……」則天門以西卽由河北渡河而南也。

又循汾水河谷西北行至樓煩監牧城，開元中築，唐末置憲州及樓煩縣，在水西岸，（今樓煩鎭 E111°50′・N38°8′。）東去太原府二百四十里。

舊唐書地志，憲州治樓煩縣，「舊樓煩監牧也。……舊樓煩監牧，嵐州刺史兼領。貞觀〔元〕十五年，楊鉢爲監牧使，遂專領監司，不係州司。龍紀元年，特置憲州於樓煩監，仍置樓煩縣。郡城，開元四年王毛仲築。」寰宇記四二及新唐志，略同。九域志四，嵐州領樓煩縣，在州南八十里。檢紀要四〇靜樂縣，有樓煩城，「在縣南七十里，……今爲樓煩鎭。……志云，鎭東臨汾水。」今圖，水西有樓煩地名，與兩書所述里距相當，卽其地也。嵐州東去太原府三百二十里，見前引；據九域志，樓煩縣在州南八十里，知其東去太原府里程。

憲州東南六十里，唐末有雁門關，亦東臨汾水，西倚高山，必爲此道所經。此爲另一雁門，與代州之雁門關有別。

寰宇記四二憲州天池縣，「雁門關在州東南六十里，屬天池縣雁門鄉。其關東臨汾水，西倚高山，接嵐、朔州。」此關亦爲大道所經無疑。疑爲唐末所置。

又有孔河館者，當因孔河受名，疑與古交城相近，蓋亦在此道上。

舊唐志，憲州天池縣，在「州西南五十里置。本置於孔河館，乾元後移於安明谷口道人堡下。」寰宇記四二，同。按一統志太原府卷山川目，孔河「源出交城縣西北龍鬚山，東南逕馬蘭城北，又東逕故交村南，注汾。」又古蹟目，交城故城，「今名古交村，在汾水、孔河交流處。」檢張編地圖集，古交之西正有一水西源於岔口地區，流至古交入汾水。是孔河也。若即唐宋之孔河，則館在道上。

樓煩縣北出有東西兩道。西道北北西行八十里至嵐州治所宜芳縣（今嵐縣），再北行經岢嵐軍（今縣）至草城川（約E111°40′‧N39° 今五寨、三岔堡地區），地平坦。由川西北行至偏頭（今偏關）達勝州（今托克托城西十餘公里黃河之內十二連城，約E111°‧N41°13′–15′）。由川東北行至朔州。

樓煩北至嵐州方向里數，見上引九域志四。由嵐州北出之道，別詳下黃河汾水間南北交通線篇。

東道由樓煩向北微東行約七十里至靜樂縣（今縣），由縣西行四十五里至嵐州，與西道合。由縣向北微東行約二百六十里至朔州治所鄯陽縣（今朔縣）。

樓煩北至靜樂縣里數見紀要四〇靜樂縣樓煩城條。靜樂縣西至嵐州里數，見元和志一四、寰宇記四一嵐州目。

元和志，嵐州東北至朔州三百七十四里。朔州目，方向里距同。寰宇記兩州目，亦皆同。而通典嵐州、朔州兩目皆作南北距三百里。差異頗大。按嵐州東北至朔州大路必經靜樂，則靜樂至朔州當約三百三十里，或約二百六十里。下文考天池在靜樂縣北一百三四十里，在今寧朔縣西南六十里。又檢一統志寧朔府卷及朔平府卷，寧武東北至朔州約九十里，則以今日里距衡之，通典似較合，又以此一地區各州間里距及今圖參之，靜樂朔州間似亦不應有三百里以上，故從通典書之，約二百六十里。

其行程之可考者：由靜樂北行八十里至伏戎城（約今寧化堡），隋樓煩郡治，蓋卽酈注之代城也，東濱汾水。唐末五代置固軍，宋置寧化軍，蓋其地。又北行七十里至樓煩關，約在今寧武縣（E112°20′·N39°）西南十里上下之樓煩嶺、分水嶺，北宋與契丹以橫嶺爲界，地頗相當。隋築長城，起合河縣（今興縣西北五十里蔚汾水口之南岸）北之合河關（縣北三十五里），東循岢嵐河谷（今嵐猗河），經嵐谷縣（今岢嵐）北境，循管涔山脈（卽蘆芽山脈），又東循恆山山脈，至靈邱縣（今縣）北七十里，又東入飛狐縣（今淶源）北界，循太行山脈至幽州，全長千餘里，大抵因古蹟增修。樓煩關、雁門關皆此長城之嶺口也。明代置寧朔關（今縣西南）與偏關、雁門關，並稱三關，而位居中，最爲要衝，古樓煩關地望蓋與相當。出關約一百一十里朔州，與太原府正北出經忻、代至單于府之驛道相會合。

樓煩關　隋書煬帝紀，大業三年，北幸楡林郡（今托克托城西黃河內）。八月南歸，「癸巳，入樓煩關。壬寅，次太原。」是由樓煩關道，南至太原。隋書地理志，樓煩郡靜樂縣有關官。謂此關也。元和志一四嵐州，靜樂縣，「樓煩關在縣北一百五十里。」下文引寰宇記，寧化軍南至靜樂六十里，（據至嵐州里數當作七十五里。）北至契丹界橫嶺六十里，自嶺至朔州一百里。則樓煩故關當與橫嶺相近。檢一統志寧武府卷山川目，「樓煩嶺在寧武縣西南七里。省志作六番，皞縣志作六盤；府志，六盤嶺盤行六折而上；皞志之名得實矣。按六番義猶六盤；而云樓煩，則當是其本號耳。三名音皆頗近，傳訛以此。」又「分水嶺在寧武縣西南十里。」按寧武東北至朔縣約九十里，故關當卽在今分水嶺、樓煩嶺地區無疑。

隋長城　元和志一四嵐州合河縣云：

「隋長城起縣北四十里，東經幽州，延袤千餘里，開皇十六年，因古蹟修築。」

寰宇記四一嵐州合河縣，同。元和志又云「後魏於蔚汾谷置蔚汾縣。……武德七年改爲臨津縣，貞觀元年改爲合河縣，以城下有蔚汾水，西與黃河合，故曰合河。黃河在縣西二里，合河關在縣北三十五里。」寰宇記並同。是合河縣在蔚汾河口，其北三十五里有合河關，長城起點蓋又在關北五里，亦可能即在一地。今檢地圖，城蓋循嵐猗河谷而築者。自此以東，元和志、寰宇記屢見記述如下：

(A)嵐谷縣，「古長城從東北朔州界入本縣界，六十里，北過西九十里入嵐州和合〔合河〕縣界，即秦之長城也。」（寰宇記五〇岢嵐軍目）

(B)靜樂縣，「長城，隋圖經云，因古跡修築長城，起合河縣北四十里，東經幽州，延袤千里。」（寰宇記四一嵐州目）

(C)靈邱縣，「開皇長城自繁峙經縣北七十里，東入飛狐縣界。」（元和志一四蔚州目；寰宇記五一，同。）

就（A）條言，雖云秦長城，（此處是否有秦長城，頗有問題。）然西至合河之隋長城本因古跡修築，故此條可視爲隋長城線。是其城自朔州西南經嵐谷北境西境而至合河。嵐谷在今岢嵐縣治，則此長城正當循今嵐猗河谷而築者。此河，中古時代名岢嵐河，見寰宇記五〇嵐谷縣條。據（B）條，靜樂縣有長城，蓋其北境與朔州接壤處。長城線經嵐谷北，靜樂北，入朔州，是必因管涔山脈之西北麓而築者。檢武經總要前集一七岢嵐軍目川谷城堡條云：「草城川，川口濶一里餘，川中有古城。景德中築長城，控扼賊路。」草城川在今五寨、三岔堡地區，（詳黃河汾水間南北交通線篇。）正在管涔山（蘆芽山）之西北麓，蓋即因隋長城故跡耳。據（C）條，由繁峙縣東經靈邱北七十里處，是必循恒山山脈而行無疑。又東入飛狐縣境，又必因太行山脈至幽州，即至幽州北境居庸關迤東一線也。綜上所見，開皇長城自合河至管涔山北麓之一段見於地書記載，自繁峙北之恒山山脈迤東至幽州之一段亦見於地書記載；惟管涔山北麓至繁峙縣北境，其間之長城線不詳。今檢視地圖，西陘山、雁門關正在此條線上，此二險隘今當長城線，實亦隋長城線無疑。樓煩關正在管涔山之北麓，東望西陘、雁門，其爲隋長城之一嶺口，殆可斷言。考通鑑二八〇後晉天福元年，考異曰：「代州今有楊武寨，其北有長城嶺，聖佛谷。」今崞縣西有陽武地名，地望略相當，惟稍南耳。（參第一節太原單于府道揚武谷條。）則今代縣、崞縣、寧朔間，宋有長城嶺，尤爲今長城即隋唐古長城之明證。

伏戎城、寧化軍　元和志又云，「伏戎城在縣北八十里，隋樓煩郡所理也。」寰宇記四一，靜樂縣目，「冀州圖云，樓煩城在縣東北七十里。」必卽一地。其爲大道所經，雖無確證，然此道經樓煩關至靜樂，而隋置郡城在縣北八十里，一云東北，就方向言，正當在此道上。山區置郡，爲地形所限，必爲此大道所經無疑。考水經注六汾水注，「又南逕一城東，憑墉積石，側枕汾水，俗謂之代城。」合校引董祐誠，以爲伏戎城之誤。是也。濱臨汾水，亦增加大道所經之可能性。又按寰宇記五〇寧化軍，「本嵐州之故〔固〕軍，東北接蕃界，皇朝太平興國六年，改爲寧化軍。」而通考三一六「本嵐州地，劉崇置固軍，太平興國四年徙軍城稍南，改爲寧化縣，五年置軍。」九域志四，略同。寰宇記記其四至云，「南至嵐州靜樂縣六十里，正南以（？）西至嵐州一百二十里，北至契丹界橫嶺六十里，自嶺至朔州一百里，東南至天門關二百四十里，西南至岢嵐軍一百五十里。」旣云至嵐州一百二十里，則南到靜樂當爲八十里，「六」字形譌。檢紀要四〇，寧化城果在縣北八十里，是也。九域志所記較詳，方向里距亦略合。是在靜樂東北八十里，朔州西南一百六十里，其和較靜樂至朔州之實際里數，亦略相當。疑軍城卽在樓煩故城，橫嶺卽樓煩關故地也。檢一統志，寧武府卷關隘目，寧化司，在寧武縣西一百里；古蹟目寧化舊城條，作西南一百里，是也。

樓煩關西南有隋煬帝所置汾陽宮，蓋去大道不甚遠，北朝君主屢遊天池，亦名祁連池。池在燕京山卽管涔山上，在今寧武縣西南六十里。隋宮近天池之南而建，南至靜樂一百二十里。

隋書地志，靜樂縣有汾陽宮。隋煬帝紀，大業四年置。通鑑一八一，大業四年，「四月，詔於汾州之北汾水之源，營汾陽宮。」檢元和志一四嵐州靜樂縣，「隋汾陽故宮在縣北一百二十里。」又云「天池在縣北燕京山上，周廻八里，陽旱不耗，陰霖不溢。」下述池水與桑乾河潛通之說，本之酈注也。又云「隋煬帝嘗於池南置宮，每夜風雨吹破，竟不成。今池側有祠，謂之天池祠。」寰宇記四一，略同。記又云「天池俗名祁連汭，在縣東北一百四十里。」「汾陽宮，大業四年置，末年廢。在縣北百二十里。」又水經注六汾水經云：「出太原汾陽縣北管涔山。」注引十三州志，「出武州之燕京山，亦管涔之異名也。」元和志云，管涔山在靜樂縣北一百三十里。通鑑一八二，大業十一年四月，帝幸汾陽宮避暑。八月巡北塞。考異引雜記，七月帝幸雁門，先至天池。明天池在宮之北。據此諸條，燕京山即管涔山，其上有天池，在靜樂縣北一百三四十里，又名祁連池，漢夷殊名耳。汾陽宮即在山池之南不相遠。通鑑胡注，「按煬帝起汾陽宮環天池。」似甚是。然下文云：「詳見後五臺註。」此係指卷二四八會昌五年紀注而言。按該注謂五臺有四埵，去臺各一百二十里。西埵有煬帝因天池所造宮室。此則去靜樂之天池甚遠，非其地也。靜樂天池在今寧武縣西南六十里，見一統志寧朔府卷山川目。

復考天池為北朝以來之有名勝景，故帝王屢遊幸之。如通鑑一五七梁大同三年紀，高歡遊汾陽之天池。卷一七二陳太建八年，齊主（後主）與馮淑妃獵於天池。又卷一六七陳永定二年，齊主（文宣）北巡至祁連池。胡注，「祁連池即汾陽之天池，北人謂天為祁連。」是也。又元和志云，後魏孝文帝以金珠穿魚七頭放此池云云。則帝王遊幸不始於齊。復考汾水注述劉曜隱於管涔山，山神遣使奉謁趙皇帝獻劍故事。上引高歡遊天池事，云得奇石，以為當王之瑞。又通鑑二八四，後晉開運元年，楊光遠自謂「嘗以紙錢祭天池而沉，人皆言當為天子。」蓋北人以為天池有神異，故野心家常假之以惑衆，或以自誤也。蓋其地風景殊異，又久有神異之說，故帝王亦多巡幸，煬帝擇勝地起宮室，此為首選，蓋有由也。

天池既為北朝帝王常幸之勝地，煬帝三次北巡，前兩次歸程及第三次去程皆取此道，故必拓修，可馳驛馬，成為太原北出之一重要交通線。

北朝君主屢幸天池，已詳前引。北齊書五〇高阿那肱傳，「周師逼平陽，後主於天池校獵，晉州頻遣馳奏，從旦至午，驛馬三至。」是可馳驛。

通鑑卷一八〇、一八一，大業三年八月，帝北巡幸至楡林（即勝州），幸啓民可汗帳，由樓煩關經太原南歸。明年三月，又駕幸五原（即豐州），因出塞巡長城。四月，詔營汾陽宮，幸之，大圍獵。是必亦由此道經太原無疑。是兩次北巡，皆取此道南歸。又同書一八二，大業十一年三月，行幸太原。四月幸汾陽宮避暑。八月巡北塞，會始畢來襲，馳入雁門至太原。是第三次由此道出也。前引紀要四〇陽曲縣天門關條，「其東北崖，煬帝爲晉王時所開，名楊廣道。」蓋相承紀錄如此，事當可信。則煬帝經營此道甚力，特喜取途也。

且此道大抵循汾水河谷而行。而汾水亦通舟楫或木筏，故漢世有鑿通呼沱、汾水之上源以漕山東之粟以實太原倉儲之構想。

前考古交城、雁門關、樓煩監、靜樂縣、伏戎城，皆臨汾水，天門關縱不臨汾水，但亦相近，是此道略循汾水河谷而行無疑。漢代通漕呼沱、汾水之計劃，詳第六節代北水運。

綜之，此道全程六百里，行於管涔山（蘆芽山）呂梁山與雲中山脈間之汾水河谷中，兩側山脈南北平行而甚逼近，沿途風景當甚幽麗，而天池尤爲勝境，且有靈異之說，爲北朝君主所向往遊幸弋獵之所，貴族士大夫亦常往來於山光水色間，殆無可疑，交通相當發達亦可想見。加以有水運之利，亦增加此道在南北交通上之價値，宜其爲中古時代太原以北之一重要交通線。度其情勢殆僅亞於忻、代、雁門道，而史家皆甚忽視，非經詳檢史證無以明之。

（三）代州東北通蔚、嬀、幽州道

今山西省東北部有兩座名山。其一，恆山。恆山山脈由西南之管涔山走向東北，高峯疊起，有句注山，饅頭山，鐵角嶺，恆山，六稜山，皆高逾二千公尺，成爲一堵南北天然阻障。其二，五臺山，高近二千九百公尺，爲山西、河北間太行山脈北段之主峯。恆山山脈之西北側有桑乾河由西南流向東北，幾與山脈平行。恆山山脈之東南側，五臺山脈之西北側，則有滹沱河由東北流向西南，亦幾與南北兩山脈平行，至忻口折而東南橫斷太行山脈，東流入海。滹沱河行走崇山之間，形成天然之險阻通道。其橫越太行東流入河北平原之河谷徑道，於古史似不顯著；而滹沱河上源河谷之東西通道則甚顯著，玆稍詳考論之。

按恆山山脈與太行、五臺山脈間仍有相當距離，形成帶狀谷原，適宜人類居住，故自古開置郡縣。兩漢於忻口之北皆沿流置鹵城（在河源）、葰人（今繁峙）、廣武（今代縣）、原平（今崞縣南）四縣，隋置雁門郡，領雁門（今代縣）、繁峙、崞縣、五臺、靈邱（皆今縣）五縣，皆在滹沱河上游流域之狹長地帶，惟靈邱已出滹沱上源之範圍，而在滱水（唐河）上源，此亦正見其西與繁峙、雁門連爲一道也。

山脈走向與高度皆見張編地圖集・河北山西地形圖，參考 ONC-G-9。

兩漢及隋代置郡縣，分別見於各代正史地志，今地參用楊氏歷代輿地沿革圖。

唐承隋置代州雁門郡，惟省原平入崞縣，又分靈邱置安邊縣（興唐，今蔚縣），置蔚州，而交通形勢則如故。蔚州東接嬀州（今懷來），嬀州南由居庸關（今關）至幽州（今北平），爲太行主要陘道之一，故幽州西北取嬀州路，折西南經蔚、代、太原府，爲通長安之一道。

隋代雁門郡東轄靈邱縣，而此縣又兼有今蔚縣之地，故其時雁門郡轄境甚狹而極長，顯呈一條仄帶型。唐代分置代蔚兩州，而蔚州西通長安之路仍取代州。元和志一四代、蔚兩州目，代州西南至上都一千六百里，東北至蔚州四百里；而蔚州西南至長安二千里，恰爲前兩數字之和。寰宇記同。此爲明證。兩書又記蔚嬀間交通路線極具體，詳後文。居庸關道另詳後幽州北塞交通諸道篇一。

大抵河北道北部幽嬀諸州，其至長安例取太行東麓之驛道，自不待言。然唐代中葉以後，河北藩鎭跋扈，河北北部諸州與長安之交通反賴山北之嬀、蔚、代州、太原道，故王建詩云「近聞天子使，多取雁門歸」也。足見此道在唐代後期尤爲重要。

按幽州西南通長安，固當取太行山東麓驛道，然中葉以後河北往往有軍亂，則幽州與長安之交通或取山北之蔚州雁門道。王建題江臺驛（全唐詩五函五册建集五）云：

「水北金臺路，年年行客稀，近聞天子使，多取雁門歸。」

按楊巨源有題范陽金臺驛詩（全唐詩五函九册）。則王建此詩謂范陽與長安使節往來多取道代州雁門也。又李益幽州賦詩見意時佐劉幕（全唐詩五函三册）云：「征戍在桑乾，年年薊水寒，殷勤驛西路，此去向長安。」注：「一作題太原落漠驛西堠。」按桑乾在代州雁門關北。此亦見幽州來往長安取居庸北出之道也。玆再就通鑑所記舉數證如次：

大歷九年，朱泚由范陽入朝，至蔚州有疾。胡注「此自幽州西出山後，取太原路入朝。」（卷二二五）

建中四年，涇原兵變，李晟自定州「引兵出飛狐道，晝夜兼行至代州，……自蒲津濟，軍於東渭橋。」（卷二二九）

元和五年，幽州節度使劉濟之討王承宗也，以長子緄掌幽州留務。次子總詐使人從長安至太原，過代州，將至幽州。（卷二三八）

以上三例皆可爲王建詩之強證。又如會昌五年，「（代州）五臺僧多亡奔幽州，……（幽州節度）張仲武乃封二刀付居庸關曰，有游僧入境則斬之。」（卷二四八。）景福二年，「幽州將劉仁恭將兵戍蔚州。……戍卒奉仁恭爲帥，還攻幽州，至居庸關。……」（卷二五九。）此雖局部之行程，然亦見代蔚爲入幽州之一要道。上列蔚代間來往之例證，大體應取前述之滹沱河谷道，經靈邱，繁峙縣，然有些例證亦不能排除由蔚州西行開皇長城之北桑乾河谷，再入雁門至代州之可能。

今考其行程如次：代州東北循滹沱河谷上行六十里至繁峙縣（今縣），在開皇長城之南十里，「三面枕澗，東接峻坂，極爲險固。」東又六十里至大堡戍，隋開皇十八年故縣治，後移武州城，唐聖曆二年徙今治。大堡又東北約七十里至瓶形（今平型關 E 113° 50′・N 39° 20′），當滹沱與滱水兩河上源之分水嶺，當太行陘道，故地處要衝。又東約八十里至靈邱縣（今縣），隋世嘗西屬代州，唐屬蔚州。縣在滱水河谷，亦當太行陘道。又東北七十里至直谷關，「開皇長城西自繁峙縣經（靈邱）縣北七十里，（今廣靈南山巔有長城。）東入飛狐縣（今廣靈南）界。」此關蓋當長城口。又東北六十里至蔚州治所興唐縣（今蔚縣）。其地，垂拱中置橫野軍，北極高四十度（今圖 N 39° 50′），開元十二年兼置安邊縣。蔚州舊治靈邱，天寶元年移州治此，至德二年，更縣名興唐。其地南當飛狐口，爲太行重要陘道之一，故橫野軍統兵七千八百人或多至三萬人以鎮之。

元和志一四，代州領繁峙縣，在州東六十里，並述其形勢云云，及故治大堡戍事。寰宇記四九，同。

瓶形　九域志四代州繁峙縣有瓶形、梅廻等七寨。宋史六八，亦有此兩砦。金史二六地理志，繁峙有瓶形、梅廻等七鎮。按武經總要前集一七代州沿邊諸砦，首爲瓶形砦「距河三里，北至梅廻砦十五里。東北至契丹靈丘縣界，有谷路三，二通車騎，一通行人。東南至契丹飛狐縣界。」次爲梅廻砦，「距河三里，北至麻谷砦八里，東北至契丹蔚州界，有谷路三，通車騎。東至契丹靈丘縣界。」是此二砦在北宋中葉以前已有之，瓶形在南，梅廻在北，相去十五里，皆東通靈邱者。隋代靈邱屬雁門郡，唐代屬蔚州，而蔚代間有通道，北宋中葉既有此兩砦道，當有爲唐代故道者。考元和志一四蔚州靈邱縣，「㳻水出縣西枝廻山，懸河五丈，湍激之聲響動山谷，樵𣟄之士咸由此度，巨木淪渚，久乃方出，或落崖石，無不粉碎。」寰宇記五一，同。王氏合校水經注一一，引作枚廻，則即總要之梅廻，枝字形譌。觀此條，其時此徑僅爲樵伐之路，恐非通道。瓶形地名，雖唐世無考。然一統志代州關隘目，平刑關巡司，「在繁峙縣東一百三十里，卽故瓶形寨。……路通靈邱縣，西北連渾源州大寨口，南接正定府阜平縣，最爲扼要之地。」是地當交通要道。或唐世卽由此以通蔚代，惟不知是否有瓶形之名耳。今姑書之。

靈邱縣、橫野軍、蔚州、安邊縣　此諸州、縣、軍之建立、遷徙，皆見元和志一四及寰宇記五一蔚州目。會要七〇，河東道，亦云「蔚州安邊縣，開元十二年七月置，在橫野軍。」就中橫野軍，前人嘗有爭議。按元和志云，「橫野軍置在州城內。」寰宇記同。是元和時代此軍仍在蔚州治所也。然唐會要七八節度使目云：

「橫野軍初置在飛狐，復移於新〔蔚〕州。開元六年六月二十三日，張嘉貞移于古代郡大安城南，以爲九姓之援。天寶十三載十二月一日，改爲大〔天〕德軍。」

是前後徙遷不定，天寶末乃爲天德軍。又通鑑二一六，天寶八載三月，木剌山築橫塞軍條，胡注云：「橫塞軍本名可敦城。按宋白續通典，橫塞軍初置在飛狐，後移蔚州。開元六年，張嘉貞移於古代郡大安城南，以爲九姓之援，天寶十二年，改爲天德軍。參考諸書，橫塞軍卽橫野軍。」岑仲勉先生曰，宋白說本自會要，誤也，舉三證以明之。（通鑑隋唐紀比事質疑橫塞軍條。）今按新一三三王忠嗣傳，「築大同、靜邊二城，徙清塞、橫野軍實之。」此亦誤，⑤無怪宋白、胡三省之承誤也。考肅宗命郭子儀充兵馬都統詔，「宜令子儀都統諸道兵馬使……取邠、慶、朔方路，過往收大同、橫野、清夷，便收范陽。」（全唐文四三。）舊一六一李光進傳述子儀進兵次第，同。舊一二〇郭子儀傳惟少「清夷」一軍名。大同軍在馬邑，⑥清夷軍在嬀州（今懷來），以大同、橫野、清夷、范陽次第言之，正見其時橫野仍在蔚州地區。可爲岑說增補一證。李吉甫注意邊防軍政，其書明云在蔚州城內，宜可信。復檢通典一七二，河東

⑤ 按王忠嗣碑云：「公始以馬邑鎭軍，守在代北，外襟帶以自隘，棄奔衝而蹙國。河東，乃城大同於雲中，徙清塞、橫野，張吾左翼。朔方，則並受降爲振武，築靜邊、雲內，直彼獯虜。」此明白分河東、朔方言之，新傳混爲一談，以爲皆在天德，故誤。

⑥ 天德軍雖在古大同城，然唐世未置大同軍。且若指後之天德軍故大同城而言，則更足證橫野軍與後之天德軍非一地。

節度使所統云：

「橫野軍，安邊郡東北百四十里，開元中河東公張嘉貞移置，管兵七千八百人，馬千八百匹。西南去理所九百里。」

按安邊郡即蔚州，則軍在州之東北一百四十里。又敦煌本諸道山河地名要略殘卷亦云，蔚州橫野軍在州東一百四十里。（羅氏鳴沙石室佚書本。）亦不在州城。然通典一七九，蔚州東北至嬀川郡（嬀州）四百四十里，西至雁門郡（代州）二百六十里。此明就蔚州舊治靈邱縣時代而言。靈邱東北一百四十里，正即蔚州新治之安邊縣也。又云代州南至太原府五百里，東至安邊郡二百六十里，即本書所記太原府東北至蔚州故治靈邱縣七百六十里，再加一百四十里至蔚州新治安邊縣，正爲九百里。故通典與地名殘卷所記橫野軍治所亦在蔚州之新治，與元和志實同。復考舊書三五天文志，記開元中所測各地北極高之度數，與今北緯度數皆極相近。云蔚州橫野軍北極高四十度。新志同。今蔚縣在 N 39° 50′，亦正相當。然考册府元龜九九二云：

「（開元）六年二月戊子制曰，……其蔚州橫野軍，宜移於山北古代郡大安城南，仍置漢兵三萬人，以爲九姓之援。」（通鑑二一二開元六年紀據此書之。）

則會要之說固亦有所本。新書地理志，蔚州，靈邱縣北有太安鎭。岑氏云殆即其地。（突厥集史上册卷九編年頁四〇五。）是也。或者一時遷至山北大安城南，後復還治故地，開元十二年又就軍城置安邊縣耳，且統漢兵三萬人，顯爲臨時措施。

各州縣間之里程　代蔚間相去四百里，及靈邱東北至蔚州一百三十里，皆見元和志、寰宇記。則靈邱至代州爲二百七十里，即靈邱至繁峙應爲二百一十里。一統志大同府卷，繁峙、靈邱間相去一百九十里，古今略同。通典一七九蔚州安邊郡西至雁門郡二百六十里，正即就蔚州舊治靈邱縣而言無疑。武經總要前集一六下蔚州條引賈耽曰：「（州）西行一百九十里至靈邱縣，又二百里至代州。」其和不誤，各別里數蓋有問題，然道經靈邱縣，可得實證矣。

直谷關與隋長城　新書地理志，蔚州靈邱縣有直谷關。寰宇記五一蔚州靈邱縣，「直谷關在縣北七十里。」檢一統志宣化府卷關隘目，「直峪口在蔚州西南六十里，路通山西靈邱縣，即唐之直谷關。」又大同府卷關隘目，「直谷關在廣靈縣南，接蔚州界。」又直峪口「在廣靈縣南十五里直峪山下，兩岸壁立，一徑幽杳，路達靈邱縣。」蓋地當蔚縣、靈邱、廣靈三縣之間，就蔚縣言，在縣西南六十里也。則西南至靈邱約七十里。復檢元和志蔚州靈邱縣，開皇長城云云。寰宇記，同。又云，「按邢子勵云，飛狐界古長城也。」檢一統志大同府卷古蹟目，「開皇長城在廣靈縣南山巔。」是也。由靈邱縣北七十里東入飛狐縣界，以方向里距度之，直谷關當即長城之一口耳。又按隋書地理志，雁門郡繁峙縣有長城。楊氏考證云在縣北十里。又雁門縣有長城。考證云「在代州北三十里，西通雁門關，東至馬蘭口。」按一統志代州卷關隘目小石堡條，堡西十里有馬蘭谷堡，在山陰縣南三十里。蓋開皇長城自雁門以西迤東循恆山山脈，經繁峙縣北，靈邱縣北，至飛狐境，或建於山巔也。

蔚州「東北至蔚州界孔嶺關一百里，從關至嬀州（今懷來舊縣 E 115°40′·N 40°25′）一百五十里。」魏土地記云，「下洛城（今涿鹿）西南九十里有協陽關，關道西通代郡（今蔚縣東或東北）。」唐世孔嶺關道蓋即此古道歟？則由蔚州東北行入協陽關水谷，經協陽關，孔嶺關，又東至嬀州治所懷戎縣也。

蔚州東北孔嶺關道，見元和志一四蔚州八到條。寰宇記，同。是蔚、嬀間相去二百四十里。通鑑二五九，乾寧元年，胡注引宋白說同。而通典蔚嬀兩州目皆云相距四百四十里。此就蔚州舊治靈邱而言，而又稍盈耳。（嬀州曾徙治，可能本在更東。）否則四百爲二百之譌。

孔嶺關又見新五代史四八高行周傳。云行周，嬀州人，父思繼，在孔嶺關，有兵三千人。即此關也。按此關當屬興唐縣。而新書地理志，靈邱縣「其北有孔嶺關。」以屬靈邱。蓋開元十二年分靈邱置安邊縣前，地屬靈邱，新志乃抄襲開元以前之舊志耳。

魏土地記之文，見水經注一三㶟水注。注云：「㶟水又東逕潘縣故城北，東合協陽關水。水出協溪。魏土地記曰」云云。下洛城在今涿鹿縣，代郡在今蔚縣東北，（參楊圖。）據酈注，協陽關水入灅水之口，在今涿鹿縣西南僅二十里。檢 ONC-F-8, F-9, G-9，涿鹿縣西南實有一水自西南流入桑乾河，即古協陽關水也。古道必行此水河谷，水上有關。就里度距之，唐孔嶺關又當在古協陽關稍東北，亦可能爲一地也。

嬀州，其地先於垂拱中置清夷軍，統兵萬人，長安中移州縣就軍城置。又南入居庸關二百一十里至幽州（今北平）。此並詳下文第五節雲州東西交通線及篇肆玖幽州東北塞諸道一。

以上爲嬀、蔚、代州一線之通道，其西南段略循滹沱河谷而下行。又自蔚州西行於開皇長城之外，即恆山山脈之北，略循桑乾河谷而上至朔州；或入雁門關亦至代州。

通典一七九蔚州安邊郡目，除記西至代州雁門郡里數外，又云「西北到馬邑郡（朔州）四百六里。」朔州馬邑郡目作「東至安邊郡四百六十里。」寰宇記兩州目，同。元和志兩州目亦記西東里距，惟數字有差異耳。則蔚朔兩州有直接通道無疑。旣能至朔州，即能在未到朔州前折入雁門關至代州。度其形勢，此道當行於恆山山脈之北桑乾河谷地。惟無具體實例可稽。

滹沱河谷與桑乾河谷間雖有恒山山脈之阻障，然谷口隘路越過山脈以聯繫兩河谷之通道亦甚多。最著者爲兩河谷帶形小平原間之西端有西陘、雁門關隘道，地望見前。迤東，北宋前期見有南北通車騎之谷道數處，其中至少有胡谷、大石谷兩道在宋初以前已通行。胡谷在雁門縣東北六十里，大石谷在繁峙縣北（今有大石堡）。此外又有石銘陘道，在靈邱縣西北八十里，則唐以前已見史之舊道也。

胡谷、大石谷　武經總要一七代州云：「凡沿邊十三砦，起代州至忻州。……每砦各當川谷之口，控胡騎走集。」首瓶形砦、梅廻砦，是東通靈邱之谷道，已見前考。梅廻之北有麻谷砦，麻谷（西）南有義谷砦，別無可考。義谷西北三十里有大石砦路，以次而西有茹越、胡谷、雁門等砦。雁門亦已見前考。玆錄其餘三谷砦如次：

大石砦，距河一里，西至茹越砦六十里，北至契丹界，有谷路□□（脫兩數字），□（通）車騎，一通行人。

茹越砦，距河二里，西南至胡谷砦四十里，北至契丹應州界，有谷路七，三通車騎，四通行人。

胡谷砦，距河三里，西至雁門砦，北至契丹應州界。

此諸谷路多不只一線，且多通車騎。元豐九域志四代州目，亦記此諸砦。宋遼邊防攻守，谷道可能增闢。總要爲北宋中期作品，所記必多有爲唐五代之舊路。今就可知地望者略列如次：

胡谷　宋史二六五張齊賢傳，雍熙中，「遼兵自胡谷入寇，薄城下。」謂薄代州城也。時在宋代初年。統志代州卷關隘目引州志，谷在州東北六十里。

茹越谷　總要，在胡谷東四十里。一統志代州卷關隘目，「茹越口堡在繁峙縣北六十里。東至小石口堡二十里，北至應州四十里。宋故寨也。」又大同府山川目，茹越山在應州南四十里，屏列如壁。蓋此山之陘口也。

大石谷　宋史二六五張齊賢傳，端拱元年，遼兵又自大石路南侵。同書二七二楊業傳，述此次戰事，擬議由代州出兵，由大石路至應州，以護雲朔應寰四州之民之南徙。又同書二九〇張耆傳，眞宗「以耆歷河東，稔邊事，召……問地里險易狀。耆因言，雲應朔蔚四郡間遣人以文移至幷代間，非覘邊虛實，卽欲熟道路。宜密諭代州，使自雲應蔚至者，由大石谷入，自朔至者，由土墱入，餘間道皆塞之以示險。」皆見大石路爲一主要道路，且必自唐五代已顯示其在南北交通道上之地位。前引總要，大石在茹越口東六十里。檢一統志代州關隘目，茹越口堡東二十里爲小石口堡，小石東五里爲大石口堡，皆在繁峙北。又大同府山川目，「大石峪在應州東南三十里，相近有小石峪，皆南通代州繁峙縣。」關隘目，「大石口在應州南三十里，與繁峙縣接界。」張編地圖集·山西人文圖有大石堡小石口地名。總要常有譌字，疑六十里未確。

據此而言，總要所記雁門以東，靈邱以西，向北通車騎之諸谷道中，在唐世已通行者，至少當有胡谷、大石谷兩道。

石銘陘道　元和志一四，蔚州靈邱縣，「石銘陘嶺，在縣西北八十里，上有石銘，題言冀州北界，故謂之石銘陘。」寰宇記五一，同。按此文後半採自水經注一一滱水注。此即滱水河谷道，詳太行飛狐諸道篇。

（四）代州雁門關北通雲州道

由代州出雁門關直北微東三百六十里至雲州治所雲中縣（今大同）。此爲太原府北通正北邊塞之主線。又由朔州（今縣）東北行，與上線合，則爲三百四十里。

元和志、通典、寰宇記三書記雲州南與朔、代、太原及長安之交通關係如次：

元和志一四，雲州西南至太原府七〇〇里，至上都一九六〇里。朔州東北到雲州三四〇里。

通典一七九，雲州南至代州界一六〇里，去西京二七〇〇里。朔州東北到雲州二六〇里。

寰宇記四九，雲州南至代州界一六〇里，西南至太原府七〇〇里，去長安一九六〇里。朔州東北至雲州二六〇里。

綜觀元和志、寰宇記所記，雲州去長安一九六〇里，⑦ 去太原七〇〇里，其差一二六〇里，正爲太原府至長安之里數，故知此兩數字極正確，通典之二七〇〇里顯誤。

雲州南至太原不外取朔、代兩州路。今觀三書皆記朔州東北通雲州之里數，但或作三六〇里，或作二六〇里。量度今圖，朔縣至大同之距離決不只二六〇里。檢一統志朔平府卷，朔州至大同府懷仁縣界二一〇里；大同府卷，懷仁縣東北至府七〇里，西南至朔州界九〇里。則朔州至大同府三七〇里。此爲最捷之里程，則元和志作三四〇里爲正，作二六〇里者，「二」爲「三」之譌。

元和志不記雲代間之里程，通典、寰宇記亦僅記雲州南至代州界一六〇里，似

---

⑦ 羅氏鳴沙石室佚書本・諸道山河地名要略殘卷，亦作一九六〇里。

雲代間無直接通道，而雲州至太原、長安須先至朔州轉代州者。然朔州至太原四六〇里，朔雲間三四〇里，其和八〇〇里，又不合。今按代州至太原三四〇里，其與七〇〇之差三六〇里，較雲朔間三四〇里僅多二〇里，若繞道朔州，是不合。今檢視地圖，雲代間，直接里程正當有此里數。則雲州西南至太原、長安，實向南直取雁門路至代州，固無庸向西南迂廻朔州也。復檢歸綏縣志・經政志交通目，引綏遠旗志，山西太原北出道，經忻州至代州雁門驛，又「五十里至代州廣武邊站，六十里至山陰縣山陰驛，六十里至應州安銀子驛，六十里至懷仁縣百安驛，七十里至大同縣甕城驛。」按雁門在代縣西北三十餘里，則此驛道三百三十餘里，正略如唐代之通道矣。

新一七一劉沔傳，回鶻入寇，沔以河東節度使「進屯雁門關。虜寇雲州，沔擊之，……敗其衆。……軍還次代州。」卽取代州雁門北出雲中道。前代史例如魏書三太宗紀，泰常八年，閏四月，由洛陽北歸，經河內，登太行，至晉陽。五月，「還次雁門，皇太子率留臺王公迎于句注之北。」亦卽此雲州通太原道。同年「八月，幸馬邑，觀於㶟源。」則行唐代雲州西南通朔州道。大約雁門以北桑乾河之帶形平原中，通道四達無碍也。

代雲大道，由代州出雁門關直北行略循㶟水河谷（桑乾河南源，今名黃水河）而下，至桑乾鎭，在桑乾水、㶟水合流後枝津之南岸，約在今應縣(E113°10′·N39°35′)西北不遠。本北魏桑乾郡故地，隋置鎭。又由朔州東北行三十里至馬邑縣，在桑乾水西三十里。大同軍本治此，開元末徙治雲州。又東北行，與代雲道合，至桑乾鎭。

桑乾鎭　隋書六一郭衍傳，授朔州總管，築桑乾鎭。按隋書地理志，馬邑郡善陽縣，「有後魏桑乾郡，後齊以置朔州及廣寧郡。後周，郡廢。大業初，州廢。」足見桑乾郡在北朝爲一要地，郭衍所築桑乾鎭當卽其地。楊氏北魏地形圖之桑乾郡，隋地理圖之桑乾鎭，皆置於今山陰、⑧應縣之間桑乾河之南。而

⑧　此爲舊山陰縣(E112°58′·N39°28′)，以下皆同。最近地圖，山陰縣移於桑乾水之北，當鐵路。

一統志大同府卷古蹟目，桑乾廢郡在山陰縣南。是不同。檢水經注一三㶟水注，桑乾水與㶟水合流之後，有枝水南分，正流逕黃瓜堆，枝水逕桑乾郡北，復合於黃瓜之東北。按㶟水卽今桑乾河南源之黃水河。今圖，黃水河與桑乾正流會於山陰縣之東北，應縣之西。一統志大同府卷山川目，黃水河東北流至應州西北八里，入桑乾河，卽古濕〔㶟〕水也。則桑乾郡、鎭當在應縣之北或西北不遠。楊氏繪郡、鎭於山陰、應縣之間，尙略得之，不能在山陰縣南也。以地望形勢度之，此必爲南北大道所經。郭衍傳又云「所部有恒安鎭，北接蕃境，常勞轉運。衍乃選沃饒地置屯田，……民免轉輸之勞。」下乃云「又築桑乾鎭。」按通鑑一七八隋開皇十九年，「代州總管韓洪等將步騎一萬鎭恆安，達頭騎十萬來寇，韓洪軍大敗。」同書一九二貞觀元年，初苑君璋引突厥陷馬邑，退保恆安。胡注兩條皆以爲卽魏之代都平城，是也。元和志一四雲州目已明言之。則隋世代朔與今大同間之軍事關係可見，故卽北朝重地，而重建鎭守以加強南北聯繫之中站耳。

馬邑縣、大同軍　元和志一四朔州，馬邑縣「西至州三十里。」「開元五年分鄯陽縣於州東三十里大同軍城內置馬邑縣。建中年間，河中節度使馬燧權移州於馬邑縣。」寰宇記五一，略同，惟「分鄯陽縣」下作「東三十里置大同軍以戍邊，復於軍內置馬邑縣。」則似大同軍亦新置。然通典一七二，河東節度使所統有大同軍，在「雁門郡北三百里，調露中，突厥南侵，裴行儉開置，管兵九千五百人，馬五千五百匹。南去治所八百餘里。」元和志，同。則軍之地望實在雲州，今大同縣，不在朔州東三十里之馬邑縣。復考王忠嗣碑（金石萃編一〇〇）云，「公始以馬邑鎭軍，守在代北，外襟帶以自隘，棄奔衝而促國。……乃城大同於雲中。」馬邑鎭軍卽指大同軍而言，則先在馬邑郡境，後徙至雲中卽雲州也。參之兩傳，其北徙非開元末卽天寶初。是則仍以元和志所書爲正，卽調露中裴行儉置大同軍於朔州之東三十里處，開元五年兼置馬邑縣。開元末，軍城北徙雲州以張軍勢。

又元和志云縣在朔州東三十里。但又云桑乾河在縣東三十里。寰宇記，同。又云「源出北山下。」參之水經注㶟水注述桑乾水源及今日地圖，則馬邑縣必在朔州之東北，不在正東。

由鎭稍北行至黃花堆，北朝名黃瓜堆，在桑乾水、㶟水合流後正流之北岸，武州塞水來會之處。約今懷仁縣 (E 113° 5′·N39° 50′) 南二三十里處。北魏初期於其處築新平城，一謂之小平城。道武帝於堆南㶟水（卽桑乾水）之南築㶟南宮，規制甚壯，疑卽桑乾郡地。又堆西以次有早起城，日中城，日沒城，皆北魏所置。蓋其地乃代都之南之一重地也。

舊一〇九黑齒常之傳，垂拱「三年，突厥入寇朔州，常之又充大總管，……追躡至黃花堆，大破之。」通鑑二〇四垂拱三年紀，同。同書二三七，元和四年，沙陀「（李）執宜始保神武川之黃花堆。」垂拱三年胡注：「意卽黃瓜堆。按朔州有黃花堆，在神武川。」岑仲勉亦謂「瓜花音近，黃花堆卽黃瓜堆無疑。」（突厥集史卷八頁三二〇。）按黃瓜堆屢見於北朝史料。如北齊書一七斛律金傳，由雲州「稍引南出黃瓜堆，爲杜洛周所破。」是在雲州卽故平城之南。復上考魏書一序紀穆帝條云：

「六年，城盛樂以爲北都，脩故平城以爲南都。帝登平城西山，觀望地勢，乃更南百里，於㶟水之陽黃瓜堆築新平城，晉人謂之小平城，使長子六脩鎭之，統領南部。」

是黃瓜堆在平城之南百里㶟水（今桑乾河）之北，魏初築新平城，「卽小平城」，爲南疆重鎭。同書二太祖紀，天興六年，「行幸南平城，規度㶟南，面夏屋山，背黃瓜堆，將建新邑。」其後三年，卽天賜三年「發八部五百里內男丁，築㶟南宮，門闕高十餘丈，引溝穿池，廣苑囿，規立外城方二十里。」是在黃瓜堆南㶟水之南所築㶟南宮，規制頗壯。足見黃瓜堆爲平城之南之一環境優良處。復考水經注一三㶟水注云：

「㶟水（今桑乾河之南源黃水河，流經舊山陰縣南者）又東北，左會桑乾水（今桑乾水之北源）。（陰館）縣西北上平洪源七輪，謂之桑乾泉（在今朔縣北境）。……桑乾水自源東南流，右會馬邑川水（今桑乾河正源，流經朔縣城南者）。……桑乾水又東南流，水南有故城，東北臨河。又東南，右合灅水。……桑乾水又東，左合武州塞水。水出故城東南，流出山，逕日沒城南，……東有日中城，城東又有早起城，亦曰食時城，在黃瓜阜北曲中。其水又東流，右注桑乾水。桑乾水又東南逕黃瓜阜曲西，又屈，逕其堆南。徐廣曰，猗盧廢嫡子曰利孫于黃瓜堆者也。」

據此，黃瓜堆在桑乾水與灅水會合後之下游，正流又有武州塞水自左來會之處。上文桑乾鎮條，已明桑乾、灅水會於應縣之西北八里處。則黃瓜堆當在今山陰縣東北頗遠，應縣之西北，懷仁縣之南境。懷仁縣東北至大同七十里，魏書序紀云堆在平城（即今大同）之南百里，地望正相合，然則其地在今懷仁之南約三十里處歟？然一統志大同府卷山川目，武周塞水在懷仁縣南七十里。又古蹟目，黃花城「即後魏之新平城。」「金史地理志，金城縣有黃花城。舊志有黃昏城，在山陰縣北四十五里，一名永安城。蓋花昏聲相近而訛。」又山川目，黃花山，「即古黃瓜堆。金史地理志，山陰縣有黃嶺。舊志謂之黃花山，在縣北四十里，東接應州，北接懷仁縣界。」然則序紀百里之說只取大數，實約在今懷仁、山陰之間當可斷言。然則黃花堆、桑乾郡實在同一地區，桑乾郡可能即灅南宮之地耳。至於一統志寧武府卷山川目，黃花嶺在寧武縣北，跨神池縣界。據同目下文神池條，明代已有此嶺名；然非中古時代之黃花堆也。

又東北百餘里至雲州。州西南五十里有神堆柵，在大道上。

魏書序紀謂黃瓜堆在平城南百里，僅指大數，實應一百以上至百二三十里，詳上文。通典一七九雲州雲中郡「西南到神堆柵九十里。」寰宇記四九，同。（文海影本作神雄鎮柵，誤。）考新二一八沙陀傳，李匡威「壁雲州北郊，克用自神堆引軍夜入雲州。」通鑑二五九，景福元年，「（河東）李克用北巡至天寧軍，聞李匡威、赫連鐸將兵八萬寇雲州。……克用潛入新城，伏兵於神堆……遷入雲州。」即此。胡注，「神堆即神武川之黃花堆。」誤。

（五）雲州東西交通線——單于府、雲州、幽州道

雲州即北魏之代都平城，爲唐代北疆重鎭之一，開元末王忠嗣徙大同軍治此，管兵九千五百人，馬五千五百匹。雲州本有雲中守捉兵七千七百人，馬千二百匹，是軍與守捉同置矣。然雲中守捉城亦可能在州西北。

通典一七二，河東節度使所統大同軍，「雁門郡（代州）北三百里。調露中，突厥南侵，裴行儉開置。」管兵馬云云。「南去治所八百餘里。」元和志一三，同。按裴行儉所置大同軍本在朔州東北三十里，開元末王忠嗣北徙至雲州，以張國勢，詳前文。

然雲中郡本有守捉。通典同前卷云，「雲中郡守捉，東南去單于府二百七十里。調露中，裴行儉破突厥置，管兵七千七百人，馬千二百匹，東南去理所八百里。」元和志，略同。雲中郡守捉，當在雲州境。新志，雲州、雲中郡「有雲中樓煩二守捉城。」亦以守捉在雲州境。則通典、元和志前一「東南」當作「西北」。然通鑑二一五，天寶元年述諸節度統兵節，胡注，「雲中守捉在單于府西北二百七十里。」卽據通典、元和志原文書之，則旣非漢魏雲中，又非唐代雲中，且單于府西北二百七十里，則去治所太原府千數百里，皆不合。是則「東南」爲「西北」之誤應無可疑。蓋裴行儉同時置大同軍與雲中郡兵，分在朔、雲兩州，開元末始徙大同軍至雲中。然據新志所書，雲中守捉城似與雲中城有別，或在雲州雲中城之西北歟？故去單于府僅二百七十里也。

由雲州西北至單于都護府三百里。府治金河縣，在金河（今黑河）南岸，約今歸綏城（近名呼和浩特，E 111°40′・N 40°50′）西南三四十里。（約E 111°30′・N 40°40′。）雲州、單于府間僅知中經靜邊軍，而地望不明，故此三百里之路線不詳。然單于府稍南白渠水（今岸水河）南之盛樂城（約今和林格爾北十公里土城子，E 111°45′・N40°26′）爲北魏故都，都西四十里有雲中故宮，在白渠水北。後雖遷都平城，但先王陵寢在雲中，謂之金

陵。北魏前期，帝王隨時四出，行幸狩獵，而往來於兩都之間更史不絕書，或一年兩次。其行程大約由平城向北略循如渾水即御河（今御河）上行，四十里至燕昌城，在羊水（今淤泥河）北岸，爲燕王慕容垂所築。又北經永固縣，旋鴻縣（約今豐鎮或稍西），旋鴻池（E113°·N40°30′），又西行鹽池（今岱海 E113°40′·N40°35′）之南岸地帶，至參合陘，亦謂之倉鶴陘，在鹽池西南不足四十里處。（約 E112°25′·N40°25′，在今長城外。）陘東南，魏置參合縣，縣西二十里有漢沃陽故城，縣北十里有漢雁門郡西部都尉故城，皆在沃水之北，蓋地沃而當陘道，故漢魏皆見爲重地也。出陘西行卽至雲中故都。

單于府、金河縣之今地及北魏盛樂城、雲中宮之今地，皆詳長安東北通勝州振武軍驛道篇及唐代安北單于兩都護府考（本書附篇二）。

北魏前期諸帝多葬雲中之金陵，帝王常西幸雲中，或一年兩次，皆詳見魏書各帝本紀，但中間所經多不詳。惟卷七下高祖紀，太和二十一年，正月北巡，次於太原、平城，謁永固陵，幸雲中，謁金陵。按永固陵在平城之北，是此次行程循今御河而北至雲中無疑。又慕容垂兩次伐魏，魏書二太祖紀書其第二次來伐云：

「皇始元年春正月，大蒐于定襄之虎山，因東幸善無北陂。三月，慕容垂來寇桑乾川，陳留公元虔先鎮平城……邀擊失利，死之。垂遂至平城，西北踰山結營，聞帝將至，乃築城自守，疾甚，遂遁走，死於上谷。」

時魏都雲中，垂第一次西征西至雲中、五原；此爲第二次，仍以雲中爲目標。其平城西程乃「西北踰山」。檢晉書一二三慕容垂載記，述此次行軍云：

「（垂）過平城北三十里疾篤，築燕昌城而還。寶等至雲中，聞垂疾，皆引歸。及垂至于平城……。」

復考水經注一三㶟水注云：

「如渾水又東南流逕永固縣。縣以太和中因山堂之目以氏縣也。右會羊水。水出平城縣之西苑外武州塞，北出東轉，逕燕昌城南。按燕書，建興……十一年，垂衆北至參合（按此爲參合陂，在平城以東。）……寢疾焉。轝過平城北四十里，疾篤，築燕昌城而還，卽此城也，北俗謂之老公城。羊水又東注于如渾水，亂流逕方山南。」

按如渾水卽今由豐鎭南流經大同之御河。舊五代史二五唐書武皇紀，雲州有御河。則御河之名，唐已有之，蓋原自北魏者。羊水約卽今淤泥河。則此城在今大同縣西北約四十里處。卽此道由平城向西北行。又同書三河水注云：

「中陵水又西北流逕善無縣故城西，……地理志，雁門郡治。……又西北流，右會一水……謂之吐文水。……中陵水又北分爲二水。一水東北流，謂之沃水，又東逕沃陽縣故城南……又東北逕沃陽城東，又東合可不泥水。水出東南六十里山下，西北流注沃水。沃水又東，逕參合縣南，魏因參合陘以卽名也。北俗謂之倉鶴陘，道出其中，亦謂之參合口。陘在縣之西北，卽燕書所謂太子寶自河西還師參合，三軍奔潰，卽是處也。魏立縣，以隸涼城郡。西去沃陽縣故城二十里。縣北十里有都尉城。地理志曰，沃陽縣，西部都尉治者也。……其水又東合一水，水出縣東南六十里山下，北俗謂之災豆渾水，西北流注於沃水。沃水又東北流注鹽池。地理志曰，鹽澤在東北者也。今鹽池西南去沃陽縣故城六十五里。池水……東西三十里，南北二十里。池北七里卽涼城郡治。池西有舊城，俗謂之涼城也，郡取名焉。……中陵川水自枝津西北流，右合一水於連嶺北。水出沃陽縣東北山下，北俗謂之烏伏眞山，水曰諳升袁河，西南流逕沃陽縣，左合中陵川。亂流西南與一水合，北俗謂之樹頽水。」

按中陵水卽今紅河，此無可疑。此段描寫中陵水之上游流程極詳，而下游則極略，蓋參合陘當交通要道，沃陽、參合爲中古時代之要地。酈氏曾於太和十八年從孝文北巡至雲中陰山，當從此地區通過，故能詳悉如此。楊氏水經注圖繪之亦詳，雖大體能與清圖相應，惟繪沃陽、參合縣於今長城之南，以參合陘爲今長城之一陘口，則有問題。按今日所能檢照之地圖，較清代地圖爲詳，當亦較正確。今以美國 ONC-F-8 圖，參考張編地圖集・河北山西地形圖、人文圖爲底本，並參考楊圖，將中陵水、如渾水兩水系重繪如次：

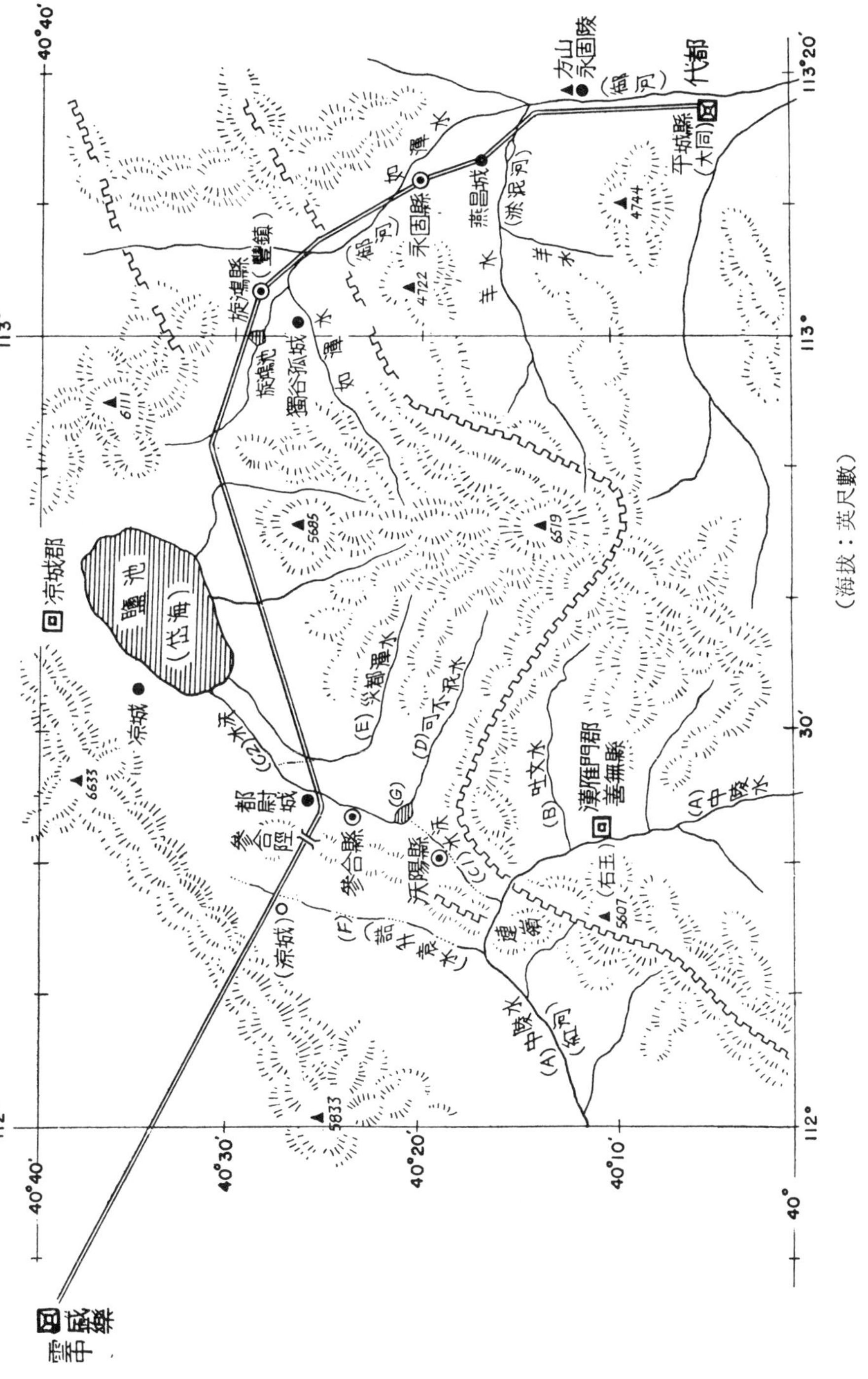
代都
平城縣（大同）
方山
永固陵
永固縣
燕昌城
旋鴻縣（豐鎮）
旋鴻池
獨谷孤城
如渾水
羊水
鹽池（岱海）
涼城郡
涼城
參合陘
都尉城
參合縣
沃陽縣
漢雁門郡
善無縣
吐文水
中陵水
雲中
盛樂
4744
4722
6111
5685
6519
6633
5607
5833
（海拔：英尺數）

ONC 圖繪紅河、岱海地區之河湖山脈與長城均甚詳，但多無名稱，今以 A. B. C. D 分別作諸水之代稱。清圖及今圖皆無 C1，而 C2 上接D水爲一條河流。中陵水分枝，其一東北流爲沃水，楊圖以沃水即 C2 之上游，今已湮淤，是也。今從之。張編地圖集，虎北口外，F 水之東，尙有一短水流入紅河，蓋其遺跡。其餘所繪河流亦遵楊圖。（惟楊氏底圖無 E 水。）與楊圖大不同者，惟沃水枝分在今長城之北，沃陽、參合亦皆繪於今長城之北耳。我所以如此繪置者，其理由有三：第一，枝分沃水之方向，兩云東北，一云東行，若枝分處在長城之南，則直北行，非東北行也，故分枝當在長城之外，況長城外今尙有遺跡可尋。第二，量度 ONC 圖，鹽池至長城之最近的航空距離至少二十五公里，實際里距，必在七十華里以上⑨，今酈注明言沃陽東北至鹽池六十五里，參合縣在沃陽東（實東北）二十里，參合陘與都尉城更在縣北，則去鹽池不過三四十里，是必在今長城之北，無疑。且參合縣在沃水會可不泥水之下游，更絕不可能在長城之南也。一統志大同府卷古蹟目參合故城條，謂魏參合縣「應在朔平府邊牆外」，是也。第三，魏世參合縣屬涼城郡，固宜在長城山嶺之北。漢世沃陽縣若在長城之南，則直在山嶺上，似亦無如此設縣之理，且去善無太近，何以毗附郡治設縣，而越嶺遠統廣大邊區耶？度此諸問題，則此地三名固應在今長城之北無疑。中陵水分流後之西北一枝所出連嶺，則爲今長城外之一嶺，ONC 圖於今長城外尙有一段長城，蓋即因此嶺而建耳。

如渾水上游圖，雖略取楊圖，惟楊圖只按酈注繪製，未能參取今圖比合。今觀 ONC 圖，豐鎭縣西，N40° 30′·E113° 處有一小湖，當即古旋鴻池，古旋鴻縣當即今豐鎭縣，或稍西耳。如此，則如渾水出旋鴻縣西南五十餘里，亦正契合。

觀上地圖，參合陘爲一要道，故酈注謂「道出其中」。漢於此地區置沃陽縣、都尉城，水以沃名，亦可能表徵地方之肥沃。總之，漢魏於此經營甚力，又地

⑨ 唐代大尺長度在 29.6-31.1 厘米之間。小尺長度爲 24.75 厘米。唐代一里等於 1500 尺，則唐里最長爲 466.5 米，最短爲 371 米。（參看王冠倬從一行測量北極高看唐代的大小尺，文物 1964 年第 6 期。）北朝里長當亦相差不遠。

當平城與雲中之中地，必爲大道所經。上引酈注，謂慕容寶「還師參合，三軍奔潰，卽是處也。」按寶敗潰之參合，乃平城以東之參合陂，詳附篇八北魏參合陂地望辨。然酈氏爲北魏時代人，且河水注上文云「余以太和十八年從高祖北巡屆于陰山之講武臺」云云。檢孝文紀，是年七月「壬辰，車駕（由平城）北巡。戊戌謁金陵。」酈氏從行，對於此地區之交通地理應更熟習，而於參合陘徵引慕容寶敗潰事，雖是誤引史事，然必參合陘爲平城通盛樂雲中之大道所經，故有此誤；若非大道所經，酈氏亦將不會有此誤者也。又前引太祖紀，皇始元年，大蒐於定襄之虎山，因東幸善無北陂。慕容垂入寇，西北踰山，而聞帝至。按善無附近無陂，ONC 圖，右玉北長城之北有一小湖，卽圖之（G），疑卽道武帝所幸者，正迎慕容垂西向之道也。

由代都平城西至參合之可能路線有二：其一，由燕昌城直西出，循羊水上游達可不泥水或災都渾水上游，此爲南道。其一，沿如渾水河谷而上，經燕昌城，永固縣，旋鴻縣，而西行鹽池南面，西出參合陘，此爲北道。觀 ONC 圖，南道雖非絕不可通，但山區廣大且甚高，通行究較艱難。且今圖淤泥河發源於 E113° 以西之長城地區。酈注所記之羊水出平城西苑外，北出東轉，明爲今淤泥河下游之一小支源，而其源遠流長之主源則不之記，足見當時人對於此水上源之山區不甚知悉，酈氏更未親歷其地。此卽可證兩都間之大道必非此線。而北道循較大河谷而上，又行鹽池南側，地勢較低，而迂迴亦不多。且如渾水沿流置縣置城甚密，此卽顯示交通便利。且魏書本紀屢見幸旋鴻池，如卷五高宗紀，和平三年，觀漁於旋鴻池。卷七高祖紀，太和八年，行幸旋鴻池。太和十八年八月，幸陰山，遂東巡，歷懷朔、武川、撫冥諸鎭，甲子至柔玄鎭。乙丑南還，戊辰車駕次旋鴻池，庚午謁永固陵（在方山）。柔玄鎭在今興和縣稍北，南還三日而至旋鴻池，又二日而至永固陵，方位日程亦合。此諸條皆見代都循如渾水北至旋鴻池爲一交通大道，宜其爲今鐵路所取線也。由旋鴻池而西，無高山之阻，應爲西去參合陘道所取途。故今姑定北魏諸帝西幸雲中，乃取道於此線。元和志一四雲州，述魏道武帝都平城云「東至上谷軍都關，西至河，南至中山隘門塞，北至五原。」按五原實在平城之西，而云「北」者，蓋正以由平城北行也。

此道既爲北魏兩都間之主要大道，唐代盛世，雲州西至單于府之交通當仍取此大道。中經靜邊軍，軍東南至雲州一百八十里，西北至單于府一百二十里，度其地當在鹽池西南之參合陘地區。

元和志一四雲州，「西至靜邊軍一百八十里。」同書四單于府「東南至河(東)界靜邊軍一百二十里。」寰宇記四九雲州、三八振武軍（即單于府），與志同，不脫「東」字。又云雲州「正西微北至單于都護府三百里。」其和正合。舊一二〇郭子儀傳，天寶十四載，爲靈武太守、朔方節度使，「遂舉兵出單于府，收靜邊軍，……進收雲中，馬邑，開東陘。」即循此道而東討也。通鑑二一七天寶十四載條述事較詳云：「安祿山大同軍使（在雲州）高秀巖寇振武軍，朔方節度使郭子儀擊敗之，子儀乘勝拔靜邊軍。大同兵馬使薛忠義寇靜邊軍，子儀使左兵馬使李光弼、右兵馬使高濬、左武鋒使僕固懷恩、右武鋒使渾釋之等逆擊，大破之，坑其騎七千，進圍雲中。」足見此爲安史之亂初期的一次決定性戰役，中興大將幾全參與，顯露頭角，亦以見靜邊軍地位之重要。其後通鑑仍兩見此軍。卷二三九元和八年，振武軍亂，節度使李進賢奔靜邊軍。卷二五三乾符五年，考異引唐末三朝見聞錄及實錄，謂此年沙陀首領寇石窯、白泊，至靜邊軍。亦見此軍至唐末仍見在。唐之雲州大同軍即北魏之平城，單于府近在北魏雲中宮東北三四十里，雲州、單于府間之交通當循北魏兩都間之故道，行鹽池之南。以東西里距之比例度之，靜邊軍正當在鹽池西南參合陘地區。漢魏於此置縣置都尉，唐亦置軍，正以其地處衝要耳。

唐末雲州、單于府間又有定邊軍之名，豈靜邊之易名耶？未能定也。

册府元龜七：後唐獻祖（李國昌）爲振武節度使。乾符五年，城爲吐渾赫連鐸所陷，武皇帝（李克用）「至定邊軍，迎獻祖歸雲州。」（事亦見新二一八沙陀傳，但無軍名。）是雲州與單于府振武軍間有定邊軍也，頗疑即靜邊之更名歟？

又雲州西北四十餘里，一云百餘里，有故單于臺，極可能在道上。

通典一七九雲中郡雲中縣，「單于臺在今縣西北百餘里。漢孝武元封元年勒兵十八萬騎出長城北登單于臺。」元和志一四，同。惟作「四十餘里」，未知孰是。若四十餘里，則當在燕昌城地區，若百餘里，則可能在旋鴻池地區，但亦可能在今豐鎮之北。

雲州東經清塞、天成等軍，武、新、嬀等州至幽州，大數凡七百里。其行程，由雲州東北行一百二十里至清塞軍（今陽高南）。軍本在蔚州西，開元天寶之際，王忠嗣北移至此，以張國勢。州東北三十里平城故城與白登臺蓋在道上。又州東六十里有牛皮關（今牛皮嶺下）不知是否在此道上。清塞軍相近有漢代參合縣故城，城東有參合陂，爲北魏初期之軍政要地，道武帝拓跋珪大敗慕容寶於此，實爲燕亡魏興之關鍵。自軍又東六十里至天成軍（今天鎮），又東九十里至納降守捉城，唐末置懷安縣（今舊縣址 E 114° 32′·N 40° 32′ 之東二十里）。

元和志一四雲州云：

「東至幽州七百里。」「東至清塞城一百二十里，又東至天成軍六十里，又東至納降守捉九十里，與幽州分界。」

寰宇記四九雲州作「東至天城軍」「東至納降守捉」「東至清塞城」里數全同，是皆從州城計之，大誤。然云：「東取寧武、嬀州路至幽州七百里。」⑩ 則極有用。玆先論清塞與天成。

清塞軍　一統志大同府卷古蹟目，清塞軍在陽高縣南。按陽高縣在府東北一百二十里，里距正合。然新志，蔚州「西有清塞軍，本清塞守捉城，貞元十五年置。」按軍在雲州東一百二十里，不得遠屬蔚州。考王忠嗣碑（金石萃編一〇〇）「公始以馬邑鎭軍守在代北，外襟帶以自隘，棄奔衝而蹙國。河東，乃城大同於雲中，徙清塞、橫野，張吾左翼。」則清塞本在較南地方，忠嗣城大同，

⑩ 通鑑二五三乾符五年紀，胡注引宋白續通典，同。

北徙清塞以張國勢力。其事在開天之際。

天成軍　新二一八沙陀傳，赫連鐸攻李克用之天成軍。通鑑二五九，景福元年，李匡威寇雲州，李克用由雲州出擊，「追至天成軍」，皆卽此。一統志大同府卷古蹟目，天成軍，今天鎭縣治。按天鎭縣在大同府東北一百八十里，里距正合。而新志，蔚州「東北有橫野軍，乾元元年，徙天成軍合之，而廢橫野軍。」是乾元元年曾南徙至蔚州之東北。蓋其後復徙舊治，而橫野軍亦恢復建置也。

參合陂　詳後附篇八北魏參合陂地望辨。

納降守捉城、懷安縣　元和志云守捉城在天成軍東九十里。檢一統志大同府、宣化府兩卷，天鎭東至懷安縣（張編地圖集懷安縣東北舊懷安 E 114° 32′ · N40° 32′）六十里。則此守捉城可能在清懷安縣東二三十里處。按新志，新州所領有懷安縣。一統志宣化府卷古蹟目，（唐）舊縣在今縣（張編圖集之舊址）東二十里。則與守捉城地望相當，蓋唐末改守捉城置懷安縣，屬新州。

平城故城、白登臺　水經注一三㶟水注：「一水南逕白登山西。服虔曰，白登臺名也，去平城七里。如淳曰，平城旁之高城若邱陵矣。今平城東十七里有臺，卽白登臺也。臺南對岡阜，卽白登山也。」元和志一四，雲中縣，「白登山在縣東北三十里。」寰宇記四九雲州雲中縣，「白登臺在縣東北三十里。」卽匈奴圍漢高於平城之白登。又引冀州圖云：「古平城在白登臺南三里，有水焉。城東西八里，南北九里。」就方位言之，當在此道上。唐宋志書與酈注里數不同者，蓋唐宋雲中縣已視北魏平城爲小耳。

牛皮關　新志，雲州有牛皮關。一統志大同府卷關隘目，關在大同縣東六十里牛皮嶺下。但不知其詳明方向，若在縣東北，則可能在此道上。

又東微北約九十里至武州治所文德縣（今宣化），又東微南略沿于延水（今洋河）河谷，經永定關及鷄鳴山西（今有鷄鳴驛）之茹縣故城，凡約五十里至新州治所永興縣（蓋今涿鹿東北）。本漢下洛縣，有堯廟。城南六十里有漢涿鹿故城及黃帝祠、蚩尤城等古蹟，在中國古代史話中居重要地位。

北魏前期置燕州及廣寧郡，爲東疆重鎮。唐末置新州，後唐置威塞軍，爲代北節度之一。又東經叚莊，寧武軍，凡約八十里至嬀州治所懷戎縣（今懷來 E115°40′．N40°25′，中國圖已西移），以嬀水受名，即秦漢上谷郡治之沮陽縣也。城內有清夷軍，垂拱中置，管兵萬人，馬三百(？)匹。

舊五代史二六唐書武皇紀下，述李克用由雲州東取幽州之進軍次第云，乾寧元年「十一月，進攻武州。甲寅，攻新州。十二月，李匡儔命大將率步騎六萬救新州，武皇……逆戰，燕軍大敗。……新州降。辛亥，進攻嬀州。壬子燕兵復合於居庸關拒戰，……復敗。甲寅，李匡儔……棄城而遁。」新唐二一八沙陀傳，略同。通鑑二五九乾寧元年紀亦略同，云新州之戰在叚莊。考異引唐太祖紀年錄，「十一月壬辰，大軍拔蔚寇，進收楊門、九子。戊戌下武州。甲寅攻新州。」小地名不詳。胡注，新州在嬀州西北，叚莊在新州東南。是也。

武州　新志有武州，領縣一，文德。遼史四一地理志，西京道，歸化州「本漢下洛縣，元魏改文德縣，唐升武州。僖宗改毅州，後唐太祖復武州。」一統志宣化府卷，武州、歸化州即宣化治。

新州、威塞軍　新志有新州，領永興懷安等四縣。遼史四一西京道，奉聖州，「本唐新州，後唐置團練使，總山後八軍。……同光二年升威塞軍。……東南至南京三百里，西北至西京四百四十里。」一統志宣化府卷，新州、奉聖州即保安縣，今名涿鹿。按一統志宣化府卷古蹟目，漢下洛縣在保安州（今涿鹿）西。晉置廣寧郡治焉。後魏兼置燕州於此。魏書穆羆傳，太和十六年，除燕州刺史，鎭廣寧。即此。勘之㶟水注，地望相當。㶟水注又引魏土地記曰，「去平城五十里」，蓋「五百里」之譌。下洛城南有堯廟、城南六十里爲漢涿鹿故城、黃帝祠、蚩尤城，並詳此注。復考通鑑二六九後梁貞明三年，「晉王之弟威塞軍防禦使存矩在新州，驕惰不治。」又二七八後唐長興三年，以石敬瑭爲河東節度使，兼大同、振武、彰國、威塞等軍蕃漢馬步總管。前條胡注引薛居正曰：「唐莊宗同光二年七月，昇新州爲威塞軍節度使，以嬀、儒、武三州隸之。」（按此見舊五代史三二）

雞鳴山、茹縣故城及永定關　新五代史七三四夷附錄云：胡嶠隨蕭翰入契丹，居七年，當周廣順三年，亡歸中國，道其入蕃所經云：

「自幽州西北入居庸關，明日又西北入石門關……又三日至可汗州……又三日至新武州，西北行五十里有雞鳴山，云唐太宗北伐聞雞鳴於此，因以名山。明日，入永定關，此唐故關也。又四日，至歸化州。又三日登天嶺。……」

按天嶺以東北，爲向北通遼上京之路。歸化州以南，則入居庸關路，即今考之道也。歸化州即唐武州，可汗州即唐嬀州（詳下文），新武州約與唐新州相當，則武州東南至新州，中經永定關與雞鳴山。關爲唐代故關。田村實造引㶟水注，謂北魏已有鳴雞山之名，[11]是也。按㶟水注云：「于延水（今洋河）又東逕茹縣故城北，王莽之穀武也。世謂之如口城。魏土地記曰，城在鳴雞山西十里，南通大道，西達寧川。于延水又東南逕鳴雞山西。魏土地記曰，下洛城東北三十里有延河東流，北有鳴雞山……每夜有野雞羣鳴……于延水又南逕且居縣故城南，……東南流注㶟水。」是鳴雞山在于延水北，而茹縣故城則在水南，當大道，唐道蓋同。又寰宇記七一嬀州懷戎縣「鳴雞山在縣東〔西〕北七十里。」田村實造引察哈爾通志二，雞鳴山在宣化城東五十里[12]。以里距論之，此山與新州城應甚相近。

嬀州、清夷軍　寰宇記七一嬀州，「理懷戎縣。……北齊置北燕州，隋廢。……唐武德七年……復北齊舊名。領懷戎一縣。貞觀八年改爲嬀州，因其中嬀水爲名。長安二年移治舊清夷軍城，兼管清夷軍兵萬人。」清夷軍建置時代與兵馬數，見通典一七二。舊一九四上突厥傳默啜條，襲我靜難及平狄、清夷等軍，即此。高適有使清夷軍入居庸關詩（全唐詩三函十册適集四）。按㶟水注此處有清夷水，即今嬀河，是軍亦因水受名也。武經總要一六下，嬀州「石晉割賂契丹，周世宗時，戎主避歸周之名，改爲克汗州。」其地在今懷來縣。此即漢上谷郡治之沮陽縣，參看水經注圖。

---

[11] 田村實造撰遼宋交通資料注稿，刋東方史論叢第一。

[12] 同[11]。

寧武軍　前引寰宇記，雲州東取寧武媯州路至幽州七百里。按新志，媯州「西有寧武軍。」則寧武卽軍名，在道上。通鑑二五三乾符五年，李國昌、克用父子，陷遮虜軍，進擊寧武及岢嵐軍。亦可能卽此軍也。

諸州里距　前引元和志、寰宇記雲州目，皆云東南至幽州七百里。雲州東經清塞軍、天成軍至納降城之累積里距爲二百七十里。今按元和志幽州、媯州卷皆已佚。檢通典一七八，媯州南至幽州二百里，東南至幽州一百五十里。幽州目，北至媯州二百一十里。又卷一七二州郡序目，清夷軍在媯川郡城內，南去理所（幽州）二百十里。寰宇記七一媯州目、六九幽州目，作二百里、二百一十里、二百九十里不等。而兩州去長安里距之差亦爲二百里。大抵實數二百一十里，大數二百里。然則納降城東至媯州約二百二三十里。檢視今圖，亦略相當。復檢一統志宣化府卷，西南至懷安一百二十里，東南至保安（卽涿鹿）六十里，東南至懷來一百五十里。卽由懷安經宣化、保安至懷來共二百七十里，而唐納降城在懷安東二十里，故古今里距略相當，略加均匀，可書之如綱文。

又由天成軍東南行一百八十里至蔚州，又東北至媯州，亦是一道。

元和志一四蔚州，「北至天成軍一百八十里。」蔚州東北通媯州，詳第三節代州東北通蔚、媯、幽州道。

媯州又東南行入居庸關（今關），又循㶟餘水（今沙河）河谷而下行至昌平縣（今縣西），又南九十三里至幽州治所薊縣（今北平），西北去媯州凡約二百一十里。

媯幽間相距里程，已詳上文。寰宇記六九幽州，昌平縣在州西北九十三里。又李德裕論幽州事宜狀（全唐文七〇二）亦云，「昌平縣去幽州九十里。」居庸關詳篇肆玖幽州北塞諸道一：居庸關北出塞外兩道。

上文所考唐代雲州（今大同）東至幽州（今北平）、西至單于府（今歸綏西南三四十里）之通道，又西至河上勝、豐兩州及三受降城，是卽河套東經雲中，通幽、燕之大道也。地志所記，前乎此者，晉太康地理志云：五原塞「又北九百里得造陽。」（即唐代嬀州、今懷來。）後乎此者，武經總要云，「振武軍、單于府……東南至幽州一千二百里。」皆與此道略相當。

寰宇記三八麟州銀城縣引晉太康地理志，「自北地郡北行九百里得五原塞，又北九百里得造陽。」晉書七一嬀州懷戎縣目亦引此，以爲誤。按史記匈奴傳，「燕亦築長城自造陽至襄平，置上谷、漁陽、右北平、遼西、遼東郡，以拒胡。」集解引韋昭曰，造陽在上谷。正義，按上谷郡今嬀州。是也。晉志云五原塞又九百里得造陽者，即謂由五原東至造陽也。正即此道。古人於方位往往不甚了解，只要出塞便云向北，此例甚多，不可泥。武經總要文見該書前集一六下。九百里顯屬太少。云一千二百里者，就前文紀程而言，似太多；然今觀地圖，一千二百里，殊爲正確，紀程不足準也。

前史所見，漢末田疇由幽州「出塞傍北山直趨朔方（河套北境）至長安」，爲最早見之事例。

三國魏志一一田疇傳，幽州牧劉虞遣使長安。「疇乃更上西關，出塞，傍北山，直趣朔方，循間逕去，遂至長安致命。」按朔方郡在今河套內，所行之路線雖不能詳，要與唐代之幽、雲西通單于府、勝、豐道略相當，惟中段或者行於雲、代之間耳。

唐代安祿山之亂，至德中，李泌建策，使建寧王「並塞北出，……以取范陽，覆其巢穴。」事不果行。上元中詔郭子儀統諸軍「取邠（陝西邠縣）、慶（甘肅慶陽）、朔方（寧夏靈武西南）路」，「略高闕」（河套西北隅狼山山脈之一道口，約 E107°25′–30′·N41°20′），「出雲中」（河套東北隅歸綏托克托地區），「收大同（山西大同）、横野（察哈爾蔚縣）、清夷（即嬀州，今察哈爾懷來），便收范陽。」是仍李泌之前策；又爲魚朝恩所阻。此爲中古時代之一大戰略構想，雖事不果行，然擬定進軍路線正卽今考之道，亦見此爲北疆之一交通大道也。

通鑑二一九至德元載，李泌建策云：

「令李光弼自太原出井陘，郭子儀自馮翊入河東，…… 勿取華陰，使兩京之道常通，陛下以所徵之兵軍於扶風，與子儀、光弼互出擊之。彼救首則擊其尾，救尾則擊其首，使賊往來數千里，疲於奔命，我常以逸待勞，賊至則避其鋒，去則乘其弊，不攻城，不遏路。來春復命建寧爲范陽節度大使，並塞北出，與光弼南北犄角以取范陽，覆其巢穴。」（參看新一三九李泌傳）

胡注云：「泌欲使建寧自靈（今寧夏靈武西南十里）、夏（今陝西橫山西百里長城外白城子），並豐（今河套西北狼山晏江間）、勝（今綏遠托克托西二十餘里，黃河西十二連城）、雲（今山西大同）、朔（今山西朔縣）之塞，直擣嬀（今察哈爾懷來）、檀（今河北密雲），攻范陽之北，光弼自太原取恆、定，以攻范陽之南。」是也。明年，隴西諸師皆會，江淮庸調亦至，「李泌請遣安西及西域之衆，如前策並塞東北，自歸、檀南取范陽。」帝急切欲復兩京，故不果行。此爲中古用兵之一大戰略構想。其後上元元年九月，詔郭子儀爲諸道兵馬都統，舊一二〇郭子儀傳云，使「取邠、寧〔慶〕、朔方、大同、橫野徑抵范陽。」今存肅宗命郭子儀充諸道兵馬都統詔（全唐文四三）云，「取邠、慶、朔方路，過往收大同、橫野、清夷，便收范陽及河北。」又云「今將略高闕，出雲中。」是仍擬實施李泌前策，復爲魚朝恩所阻不果行。而其所擬行軍路線正取今考之道，卽由朔方並河取三受降城，又東經單于府、雲、武、新、嬀等入州居庸關路也。

（六）代北水運考略

太原至北塞間之陸上交通已考論如上。在此地區內之主要河流爲桑乾河，次爲滹沱河上游，又次爲汾水上源。桑乾河流域在太古時代本爲一大橢圓形湖泊，其後逐漸乾涸，成爲一條河流。至北朝及隋唐時代，水運似尙相當盛。滹沱河上游與汾水上源亦通舟楫或木筏，故漢世有鑿通滹沱、汾水之上源以漕山東之粟西實太原倉儲之構想。因爲此三條河流在唐代均有水運之利，故曾置代北水運院或水陸發運使以司其事。

後漢書列傳六鄧訓傳：

「永平中理虖沱石臼河，從都慮至羊腸倉，欲令通漕太原。吏人苦役連年，無成，轉運所經三百八十九隘，前後沒溺，死者不可勝算。建初三年拜訓謁者，使監領其事。訓考量隱括，知大功難立，具以上言。肅宗從之，遂罷其役，更用驢輦，歲省費億萬計，全活徒士數千人。」

水經注六汾水注述此事詳略互異云：

「羊腸倉，山有羊腸坂，在晉陽西北。……漢永平中，治呼沱石臼河。案司馬彪後漢郡國志，常山南行唐縣有石臼谷。蓋資承呼沱之水轉山東之漕，自都慮至羊腸倉，將憑汾水以漕太原，用實秦、晉。苦役連年，轉運所經凡三百八十九隘，死者無算。」

按呼沱河上源在山西之崞縣、代縣、忻縣、繁峙縣地區，崞忻地區有兩上源發於雲中山脈，與汾水上源極相近。石臼河古代爲呼沱河之一支流，在今河北平山縣北，東流入呼沱。蓋自此修鑿，欲因呼沱河中上游以通汾水上游，藉可通漕也。此固爲一難以成功之偉大構想，然亦必汾水與呼沱兩河之上游本能通小舟或木筏，故能使人興起此項難以實行之構想也。

關于唐代水運事，韋澳諸道山河地名要略殘卷（羅氏鳴沙石室佚書本），代州「刺史理所，兼置代北水運院。」王重民敦煌古籍敍錄頁一一一諸道山河地名要略條釋之云：「考代北水運，地理、食貨兩志均不載，惟新唐書盧坦傳記遣吏案泗州刺史薛謇爲代北水運時畜異馬不獻事，及坦表韓重華爲代北水運使事。册府元龜卷四百九十八載『開成三年四月，度支使杜悰奏，水運院舊制在代北，開成二年移院振武；臣得水運使司空輿狀，言移院不便，請依舊移代。從之。』則兩史紀傳亦不之及。此卷代州有使院，蓋在杜悰奏復之後也。」今按新二一八沙陀傳，「乾符三年，段文楚爲代北水陸發運、雲州防禦使。」通鑑二五三，繫於乾符五年，作「大同防禦使兼水陸發運使」。可補王氏跋文。

居其任者或頗見績效，積穀饋運，有助邊疆防務，非徒具文也。

新書盧坦傳所記兩事，本之李翺故東川節度使盧公傳（全唐文六四〇）。盧公傳云：「以韓重葉（一作華）爲代北水運使，開廢田，列柵二十，益兵三千人，歲收粟二十萬石。」又云，「或上封告泗州刺史薛謇爲代北水運使時，畜馬四百匹，有異馬不以獻者。」已見所職有相當作用。又劉禹錫故福建等州都團練觀察使薛公碑（全唐文六〇九）云：「貞元中，上方與丞相調兵食……乃授監察御史裏行，充京兆〔代北〕水運使，局居雁門，主穀糴，具舟檝，募勇壯且便弓矢者，爲榜夫千有餘人，隸尺籍伍符，制如舟師，詔以中貴人護之，聲震塞上。每發粟泝河北行，涉戎落，以饋緣邊諸軍及乘障者，雖河塞廻遠，必尅期如合符，一歲中省費萬計。」按「京兆」必「代北」之譌，觀下句「局居雁門」可知。此段書事容有誇譽處，要可見其職任，強能者居之，固當有其績效也。

參看圖十八、十九

一九七八年三月稿，分別刋新亞學報第十三卷及香港中文大學中國文化研究所學報第十卷上册。一九八四年一月九日改訂。一九八五年十一月二十六日初校。一九八六年一月十日二校定稿。

附篇八　北魏參合陂地望辨

魏書二太祖道武帝紀登國十年條云：

「六月還幸河南宮（在河套內）。秋七月，慕容垂遣其子寶來寇五原。……十月辛未，寶燒船夜遁。十一月己卯，帝進軍濟河。乙酉夕至參合陂。丙戌大破之。」

按同書九五慕容垂傳述此次戰事云：十月寶燒船夜遁，十一月太祖濟河「急追之，晨夜兼行，暮至參合陂西，寶在陂東，營於蟠羊山南水上。」是參合陂當五原東至中山、幽州之軍道。其東有蟠羊山。

此次戰事所在地參合陂之地望，酈氏水經注三河水注首先指出。其文云：

「中陵水又北分爲二水。一水東北流，謂之沃水，又東逕沃陽縣故城南。……沃水又東，逕參合縣南，魏因參合陘以即名也，北俗謂之倉鶴陘，道出其中，……即燕書所謂太子寶自河西還師參合，三軍奔潰，即是處也。魏立縣以隸涼城郡。……沃水又東北流注鹽池。」

是酈氏指爲鹽池（今岱海）西南參合陘及魏置參合縣地區，在今右玉縣北長城外，前文太原北塞交通諸道篇第五節雲州東西交通線已詳論之，此無疑者。酈氏爲北魏後期人，似極可信。酈氏雖未言有陂，然今觀 ONC-F-8，其處實有一小湖泊，與魏置參合縣相近，指爲參合陂，固無不可。是酈氏以爲燕魏戰場之參合陂在平城西北二百里（實不只二百里）之譜，魏置參合縣地區也。通鑑一〇八晉太元二十年胡注亦從之。

然漢書高祖紀，十一年「將軍柴武斬韓王信於參合。」漢書地理志有參合縣，屬代郡。酈氏灅水注云，敦水東流逕參合縣故城南。其城在高柳城之東，而高柳則「在平城東南六十七里。」故此參合縣故城在平城之東約百里以上。一統志大同府卷古蹟目謂在今陽高縣東北。是也。統志此條雖不言參合陂即在此參合故城；然同卷山川目，「蟠羊山在陽高縣東。」下引魏書太祖紀，天賜四年五月北巡，自參合陂東過蟠羊山。又引通鑑晉太元二十年紀燕魏參合陂之戰，燕軍於陂東蟠羊山。是統志作者以爲兩軍戰場之參合陂即在漢代參合故城也。是在平城東北百里以上，亦近二百里之譜。楊氏北魏地形志圖，置參合陂於今陽高縣，蓋從統志此說也。然一統志歸化城六廳卷山川目亦有蟠羊山，「在綏遠城北六十五里，蒙古名衣馬圖。」下文亦引魏書太祖紀天賜四年北巡事爲證。則又謂參合陂在今歸綏地區矣。（或者亦可勉強解爲鹽池西南地區如酈說。）足見統志作者亦無定見。

再次，紀要四四大同縣參合城條，述慕容寶兵敗事，前文以爲參合陂在漢參合故城，後文又以爲在河水注之參合縣、參合陘，且爲酈注加一「參合陂」之名。兩地東西相距約四百里，不意顧氏乃疏粗如此！或者顧氏根本不知漢代參合故城與後魏參合縣參合陘之非一地耶？

復按魏書一〇三蠕蠕傳，「天興五年，社崘……遂犯塞，入參合陂，南至豺山及善無北澤。」丁謙魏書外國傳補地理考證云：善無北澤「即朔平東北代哈泊。」「參合陂即今大同府北邊牆外之奇爾泊。泊之北有伊瑪圖山，伊瑪圖譯言蟠羊。考晉書後燕載記及十六國春秋，慕容寶伐魏，軍還至參合陂，營蟠羊山南水上，可爲確證。」又云：「水經注將參合陂水混入㶟水篇，謂脩水入之，殊誤。」是丁氏新說，在清代之奇爾泊，即今圖之蘇木海子（E113° 20′·N40° 50′）。

綜上所述，關係魏燕興亡之參合陂戰役，其地望所在，前人至少有三說。其一，酈氏河水注以爲在鹽池西南參合陘、後魏置參合縣地區（約 E112° 25′·N40° 25′）。其二，一統志以爲在今陽高縣漢代參合故城地區（約 E113° 50′·N40° 20′）。惟無確證；亦不自堅。其三，丁氏考證以爲即今蘇木海子（E113° 20′·N40° 50′），以蟠羊山爲證。至於顧氏紀要，在同一條中即前後矛盾，且所指亦即第一、二兩說之地，故無自立之說。玆就以上三說提出檢討，進而研究北魏前期參合陂之正確地望。

先論丁氏新說。丁氏僅據蠕蠕傳一條，而此條實不能確證其在何處。或者丁氏以傳文「入參合陂，南至豺山及善無北澤。」擬善無北澤即今代哈泊（今圖岱海），蠕蠕軍由北而南，先至參合陂，故指爲代哈泊東北之奇爾泊也。實則指善無北澤即今代哈泊已有問題。① 而北敵南侵亦不必爲一股一路。蓋一股入參合陂南至豺山。② 一股

① 此泊在北朝稱爲鹽池，明見河水注，至今爲一大湖，不得稱之爲澤。疑善無北澤者或當爲鹽池西南沃水流域，ONC-F-8 尙繪有一小湖泊，其西南亦爲草澤地帶。

② 豺山在平城參合陂間，見魏書二道武帝紀天興六年、天賜五年兩條。

至善無北境。此亦極可能。故執此一條，絕難定其在善無北澤之北也。至於「伊瑪圖」之譯言「蟠羊」，按山在泊北，不在泊東，且北人以羊爲主要畜牧對象，凡山勢有形似蟠羊者，何莫不可名之爲蟠羊山？故此一千數百年後之今名，絕不足以爲證。若今蟠羊山之名可以作證，則前引一統志大同府東之陽高縣有蟠羊山，歸綏城東六十五里有蟠羊山，究以何者爲正邪？故丁氏之說之證據實太薄弱，不足深論。況慕容寶由幽州西至五原亦絕無必要向北迂廻經今蘇木海子之北之理！至云水經注將參合陂水混入㶟水篇，此則丁氏誤讀酈注。其實㶟水注只云雁門水「積而爲潭」，其陂長二十里，廣十五里，有敦水注之。敦水導源西北少咸山，「東流逕參合縣故城南」，並無參合陂之名，亦不言潭與參合城之關係。若㶟水注果稱此潭爲參合陂，則酈氏已有兩說，而此說爲正矣。此亦丁氏之疏也。

其次，酈氏爲北魏後期人，明指魏燕戰場之參合在鹽池（今岱海）西南之參合陘魏置參合縣地區，宜最可信。然就當時戰爭形勢，與北魏初期諸帝巡幸之行程論之，仍見酈氏爲誤書。玆詳爲討論如次：

按酈注一三㶟水注云：

> 「羊水……東轉逕燕昌城南。按燕書，建興十年，慕容寶（或作垂誤，第一次西征，垂未親行）自河西還，軍敗於參合，死者六萬人。十一年，垂衆北至參合，見積骸如山，設祭弔之。……六軍哀慟，垂慚憤嘔血，因而寢疾焉，轝過平城北四十里疾篤，築燕昌城而還。卽此城也。」

又晉書一二三慕容垂載記，亦先述慕容寶西征，有參合之敗。下文述垂親征，「至參合，見往年戰處，積骸如山」云云。垂慚憤，「因而寢疾，乘馬輿而進，過平城北三十里，疾篤，築燕昌城而還。」魏書二太祖紀，皇始元年，亦云「慕容垂來寇桑乾川，……遂至平城，西北踰山結營，聞帝將至，乃築城自守，疾甚，遂遁走，死於上谷。」所謂築城自守者卽燕昌城也。是垂之此行僅過平城北三四十里卽病篤不能進，因築燕昌城暫守而還，未嘗西至鹽池西南參合陘地區。垂僅至平城西北數十里而還，則燕書及晉書載記前述垂至參合見積骸如山者，必在平城以東，不在平城以西，斷可知矣。且魏書一五常山王遵傳云：

> 「慕容寶之敗也，別率騎七百，邀其歸路，由是有參合之捷。」

按太祖紀登國十年條，遵受命「塞其中山之路。」中山爲燕國都城，在今河北定縣。塞其中山歸路，必指中山西北太行山諸陘道如飛狐、隘門道而言，地在今蔚縣靈邱地帶。北去平城以東地區不遠，故能有助於大捷。若燕軍尚在平城西北兩百里外鹽池之西南，塞中山之道何有於大捷耶？此亦參合陂必在平城以東之一強證。抑猶有可論者：前引道武紀述此次戰事，十月辛未，寶由五原河津燒船夜遁，十一月己卯，帝濟河追擊，乙酉至參合陂，丙戌破之。慕容垂傳云，十月寶夜遁，十一月，太祖「濟河，留輜重，簡精鋭二萬餘騎急追之，晨夜兼行，暮至參合陂西」，次晨大敗寶軍。按自辛未至乙酉凡十五日，自己卯至乙酉暮凡七日，而五原河津東至鹽池（今岱海）西南魏後期所置之參合縣，至多不過五百里，寶既燒船夜遁，何需十四五日？拓跋珪既簡精鋭輕騎急追，何需七日？此皆不合事實者；惟平城以東之參合故城西去五原約九百里，故一退一進需如此日程也。

復按魏書帝紀自昭皇帝（卷一）至太宗明元帝（卷三）泰常八年三卷書中，參合陂凡十三見。昭皇帝約當西晉元康中（291–299），泰常八年爲劉宋景平元年（423），則西晉末終東晉世一百三四十年間（三世紀末至五世紀初），此陂爲代魏境內之要地，其後雖太武帝之好動，四出巡幸，本紀亦未見參合陂之名。玆就昭帝至明元帝本紀所記可考此陂之方位地望者，條箋如下：

（A）魏書一序紀云：

> 「昭皇帝諱祿官……分國爲三部。帝自以一部居東，在上谷北濡源之西。……以文帝之長子桓皇帝諱猗㐌統一部，居代郡之參合陂北。以桓帝之弟穆皇帝諱猗盧統一部，居定襄之盛樂故城。」

按此條明云代郡之參合陂，卽當在今陽高地區，絕不能解爲盛樂東南之參合陘地區。且三分部族東西並列，濡水卽今灤河，其源在獨石口地區，盛樂在今歸綏之南，參合陂在今陽高地區，卽東西距離略均；若在參合陘，則距盛樂太近，事必不然。下文昭帝十年十一年兩見桓帝在參合陂事，皆顯見其所部。昭帝崩後，穆帝「總攝三部，以爲一統」，故北魏前期都城建在盛樂。若桓帝不死而統攝三部，則統一之都城必先在參合陂地區矣。

（B）同上序紀云：

昭成皇帝（什翼犍）建國二年（339）「夏五月，朝諸大人於參合陂，議欲定都灅(㶟)源川。」五年「夏五月，幸參合陂。秋七月七日，諸部畢集，設壇埒，講武馳射，因以爲常。八月還雲中。」

按此條雖不能顯示參合陂之準確地望，但見此陂爲其國境內之重地，且於此議都㶟源川，此川卽今桑乾河，正在今陽高之南近處，蓋地已近㶟源而議都之也。同書二道武帝紀云，天興六年七月，「車駕北巡，……東北踰罽嶺，出參合、代谷。九月，行幸南平城，規度灅南，面夏屋山，背黃瓜堆，將建新邑。」正與前事相同。按此時已都平城，則參合在平城之東，又近代谷，其爲陽高之參合無疑。

（C）魏書二太祖道武帝紀云：

天賜四年「五月北巡，自參合陂東過蟠羊山，……遂東北踰石漠至長川，幸濡源。……七月，車駕自濡源西幸參合陂……乃還宮。」

按濡源在獨石口塞外，於當時魏代國境爲最東地區。其時都平城，長川亦在平城以東地區，參天興二年紀尤明③。是此次行巡，實東北行，亦參合陂在平城以東，不在平城以西之明證。

（D）同上又云：

天賜五年「正月，行幸豺山宮，遂如參合陂，觀漁於延水，至寧川。」

（E）魏書三太宗明元帝紀云：

神瑞二年四月「己卯，東駕北巡。五月丁亥，次於參合，東幸大寧。」

按此兩條見延水、寧川、大寧三地名。考㶟水注，有于延水，楊圖擬爲今洋河及東洋河、西洋河是也。大寧城，楊圖在今張家口，亦略得之。有寧川水，流於小寧縣（今萬全）之西，南入于延水，其會口在雁門水（今南洋河）入于延水口之東，卽張編地圖集舊萬全稍西之一水也。是此兩次皆由平城東行，亦證參合陂在平城以東，無疑。

（F）同上紀又云：

泰常八年六月「丙辰，北巡至於參合陂，遊於蟠羊山。秋七月，幸三會、屋侯泉。……八月，幸馬邑，觀於灅源。」

---

③ 道武紀，天興二年，車駕北巡，分東中西三道大襲高車。「常山王遵等三軍從東道出長川。」又卷三太宗紀，泰常二年十有二月，「壬申，幸大寧長川。」大寧在今張家口，皆見長川在東方。

按蟠羊山見於一統志，因爲有後世附會之嫌，今姑不論。㶟水注，有三會亭，三會城，其南有神泉水，有靈應。本紀之三會卽此城亭無疑。屋侯泉蓋卽神泉歟。酈注所述，緊接在參合城之東。楊圖繪於今陽高、天鎭之間，是也。此亦見參合陂在東巡道上。

以上就慕容垂之行程言之，參合陂不得在平城以西；又就魏書前期本紀所見之參合陂之方位考之，皆在平城以東或東北地區，無一在平城以西或西北者。平城之東或東北，卽當在漢代參合縣故城地區矣。然則一統志以參合陂在漢參合故城，雖無確證，然眞得其地矣。檢㶟水注云：

「雁門水又東南流屈而東北，積而爲潭，其陂斜長而不方，東北可二十餘里，廣一十五里，蒹葭藂生焉。敦水注之。其水導源西北少咸山之南麓，東流逕參合縣故城南。地理風俗記曰，道人城北五十里有參合鄉，故縣也。敦水又東……注雁門水。」

是漢參合故城之東近處果有一陂，長二十里，廣十五里，熊疏指此爲參合陂是也。前引魏書慕容垂傳，寶退軍營於陂東之蟠羊山，及所引帝紀天賜四年、泰常八年兩條，亦與垂傳契合。一統志大同府山川目，蟠羊山在陽高縣東，蓋眞北魏故山，非後世附會之名也。且前引序紀，昭成帝朝諸大人於參合陂，遂議定都㶟源川。天興六年，出參合、代谷遂行幸南平城，規度㶟南新邑。泰常八年至參合陂遊蟠羊山，幸三會、馬邑，觀於㶟源。則參合陂不但爲東北出至濡源大寧之道，亦且南近㶟水之上游，固非爲丁謙所說在今蘇木海子，亦非爲酈氏所指在鹽池西南之參合陘也。丁氏本臆說，不足論。酈氏魏人，何以有誤？意者，參合故城之參合陂既蒹葭藂生，可能漸見淤塞，自北魏前期太武帝以後卽鮮見遊幸其地者，或亦此故歟？其陂既漸淤塞，而鹽池西南有蒼鶴陘，當平城西通雲中之大道，「蒼鶴」音近「參合」，不免世俗相傳，有以慕容寶兵敗故事爲說者，酈氏未能詳察，致有此誤耳。至東魏天平二年，更因而置參合縣（見地形志）。此亦後人編輯前史往往以今事說前事之一佳例矣。

參看圖十八

一九七八年三月稿，附刊新亞學報第十三卷唐代太原北塞交通圖考之後。一九八四年增訂，一九八五年十一月三十日初校複訂。一九八六年一月十一日二校定稿。

篇叁捌　黃河汾水間南北交通線

太原西北通單于都護府、振武軍道爲唐代通北塞之最主要交通線。此道中間重鎮爲朔州（今朔縣）。朔州西南取嵐（今縣）、石（今離石）、隰（今縣）、慈（今吉縣）四州路，又西南取龍門關渡河，亦爲一重要大道。

元和志一四嵐州目云：

「南至上都，取太原路一千五百八十里，取石、隰路一千三百七十五里。」

又卷一二隰州目云：

「西南取慈州路至上都八百八十五里。」

按嵐州在今嵐縣，石州在今離石，隰州在今隰縣，慈州在今吉縣，此已見自嵐州向南微西經石州、隰州、慈州，爲通長安之一要道。檢栗棘庵所藏宋輿地圖，嵐州經石隰至慈州正有一道。

元和志一二慈州、絳州兩目，慈州西南至上都六百八十五里，絳州西南至上都五百九十里，而慈州東南至絳州二百四十里，故知慈州至上都不經絳州，當經絳州西境之某地。

按同州西至長安二百五十里，同州東北至韓城縣二百里，又東北五十里爲龍門山，而龍門津關在山南，渡津至龍門縣二十二里，並詳長安太原驛道篇，則自長安至龍門縣約五百里。檢元和志慈州目云，西至龍門縣一百八十里。加龍門縣西至長安之里數，正約六百八十五里之譜。是知慈州至長安道係西南取龍門津路也。

又檢元和志一四朔州、嵐州兩目，皆云嵐州東北至朔州三百七十四里。而樓煩關居其間，詳太原北塞交通諸道篇，此亦要道，可西南通長安也。

考舊紀，僖宗中和二年，「沙陀李克用……以部落之衆一萬七千騎，自嵐石州路赴河中。」通鑑二五五中和二年紀，同。下云：「不敢入太原境，獨與數百騎過晉陽城下與（鄭）從讜別。」以與從讜有隙也①。是即嵐石道爲太原晉絳驛道之輔線之一證。

其較詳行程：由龍門東北至慈州治所吉昌縣（今吉縣）一百八十里，疑略循黃河東岸地帶而行。慈州北行約一百一十四里至大寧縣（今縣），故浮屠鎮也。又五十里至橫城，隋楊諒築以絕蒲州兵道。又北三十五里至隰州治所隰川縣（今隰縣）。

元和志一二，慈州北至隰州二百里。按圖，中間必經大寧縣。縣屬隰州，元和志云卽齊所築浮圖鎮，東北至州八十六里。而寰宇記四八，作六十八里。檢一統志隰州卷，大寧縣在州西南九十里，則當從元和志。亦可推知慈州至大寧里程。又元和志隰州治所隰川縣，「故橫城在縣南三十五里，隋仁壽四年，楊諒作逆，遣僞將吳子通屯兵築城於此，橫絕蒲州道。」是亦必在此大道上。

隰州曾置驛，韓偓有詩。

韓偓有隰州新驛（全唐詩十函七册偓集二）及隰州新驛贈刺史（同上集三）兩詩。

隰州又北微西九十里至石樓縣（今縣），又東北一百一十里至平夷縣（今中陽，舊寧鄉）。石樓縣北有上平津關，不知是否在此道上。平夷又北循寧鄉水河谷而下五十里至石州治所離石縣（今縣）。離石爲戰國以來之名城，亦爲五胡發難者劉淵之故居。

元和志隰州、石州兩目，皆見隰石兩州南北距二百五十里。寰宇記四二石州目，同。元和志，石州平夷縣，東至州五十一里。而寰宇記作州南五十里。檢

① 舊五代史二五唐書武皇紀，武皇「自陰地趨晉絳……至河中。」與舊紀、通鑑不同。按太原之路爲從讜所斷，當以紀、鑑爲信。

一統志汾州府卷古蹟目引元和志，「東」作「北」。按平夷縣即今中陽縣，舊名寧鄉，在離石正南，東字顯誤。觀今日地圖，此縣必爲此道所經。檢栗棘庵輿地圖，亦然。又元和志云，寧鄉水在縣西南一百五十步。寰宇記，同。此水今名同，正當爲此道所循。

又元和志，隰州石樓縣「東至州九十里。」而寰宇記云在州西北一百六十里。按石樓縣即今縣治，則元和志「東」當作「東南」，記則里數有誤。按石樓名城，就形勢里距而言，隰州至平夷二百里間當經之，里距亦略合。檢栗棘庵輿地圖，誠然。

上平關　新唐志，隰州石樓縣「北有上平津。」考通鑑二六七梁開平二年，「岐王所署延州節度使胡敬璋寇上平關。」胡注：「金人疆域圖，隰州石樓縣有上平關。按延州東至隰州百三十里耳，胡敬璋蓋渡河來寇也。」關津當爲一地，在縣北，若道經石樓，即當經此關津歟？

北齊伐石樓山胡，北由離石赤𨂂嶺，南由隰州黃櫨嶺，南北夾攻破取之，蓋即取此道南北進兵也。

北齊書一七斛律金傳云：

「三〔二〕年高祖（高歡）出軍襲山胡，分爲二道，以金爲南道軍司，由黃櫨嶺出，高祖自出北道，度赤𨂂嶺，會金於烏突戍，合擊破之。」

按元和志一四石州治所離石縣，有「離石山，今名赤洪嶺，在縣西五十步。」高歡所度必此嶺。同書一二隰州治所隰川縣，「黃櫨谷水出縣東北黃櫨谷。」則黃櫨嶺當近隰州治，即金所由隰州出也。南北夾攻，即取此道。又北齊書四文宣帝紀，天保五年條云：

「帝討山胡，從離石道，遣太師咸陽王斛律金從顯州道，常山王演從晉州道，掎角夾攻……遂平石樓。」

按地形志，顯州，永安中置，治汾州六壁城。通鑑一六五胡注云蓋在隋西河郡境。則自東出也。晉州一軍則向西北出，必經隰州。是則仍是南北夾攻，另增側擊一軍耳。

石州向北略循離石水又名赤洪水上行約九十里至方山縣（今縣南約五十里）。又東北一百六十里至嵐州治所宜芳縣（今嵐縣），天寶中統兵三千人。

元和志石州、嵐州兩目，一作南北距二百五十里，一作二百四十里。寰宇記四二，石州北至嵐州二百九十里。而四一嵐州目，南至石州二百三十里。今從元和志，姑作二百五十里。

嵐州統兵數見通典一七二河東節度使統軍條。元和志一三，同。

元和志，石州方山縣南至州九十里。寰宇記，同。檢一統志汾州府卷古蹟目方山故城條引舊志，有方山鎮在州（永寧州，即石州）北一百四十里。今圖方山縣地望相當於方山鎮，則唐代方山縣在今縣之南約四五十里。考元和志、寰宇記，嵐州之南未置縣，則自方山直至嵐州約一百六十里。

通典一七九石州離石縣，「漢舊縣，後漢南單于庭左國城在此，有離石水，一名赤洪水，高歡大破爾朱兆於赤洪嶺，蓋近此。」又方山縣，「有赤洪水源，東流入離石縣界。」元和志一四，離石縣，「離石山今名赤洪嶺，在縣西五十步。」下述高歡事。方山縣，「赤洪水在縣南五十里。」寰宇記四二，方山縣條錄通典，離石縣條錄元和志，又云，「離石水今名赤洪水，東北從方山縣界流入。」檢今圖，仍名離石水，正當爲大道所循也。

嵐州北出有東西兩道。東道，由州東行四十五里至靜樂縣（今縣）。又東北出樓煩關至朔州，即太原北出之西道也。

元和志一四嵐州、寰宇記四一嵐州，皆見嵐州東至靜樂里距。縣北一百五十里樓煩關當南北要道，則自州東行四十五里即接太原、樓煩關之大道也，詳太原北塞交通諸道篇。

西道由州向北微西行，中經飛鳶，洪谷，凡九十里至嵐谷縣（今岢嵐）。縣東二里有岢嵐山，置岢嵐鎮。

元和志一四嵐州，嵐谷縣南至州九十里。寰宇記五〇岢嵐軍，理嵐谷縣，東南至嵐州九十里。正確方位在嵐州之正北微西。元和志，嵐州治所宜芳縣，「岢嵐山在縣北九十八里，高二千餘丈，西北與雪山相接。」「岢嵐鎭在縣西北九十八里。」寰宇記四一，同。山與鎭當相近，且近嵐谷縣。元和志嵐谷縣條云，「隋大業三年置岢嵐鎭，壓草城川賊路，長安三年於此置嵐谷縣。」寰宇記嵐谷縣條，同。又云岢嵐山在縣東二里。是則岢嵐山卽在嵐谷縣東二里，鎭亦在同處，元和志記鎭與山於宜芳縣，蓋襲抄嵐谷縣建置前之志書耳。

飛鳶、洪谷，詳下文。

嵐谷縣、岢嵐鎭，自隋以來卽云當草城川賊路。按此縣鎭已近北塞，當要道，唐武后時已置岢嵐軍，統兵多時至六千人以鎭之。其後軍廢，唐末復見置。其北出主道爲草城川路，平坦易行，卽今五寨（E111°50′·N38°55′）、三岔堡（E111°40′·N39°10′）地區。由此北出，西北行，經偏頭（今偏關）循河至勝州。由此東北行二百數十里至朔州。又由洪谷東北行經遮虜軍，亦至朔州。疑北段實一道。

通典一七二，河東節度使統軍，有岢嵐軍，「樓煩郡（嵐州）北百里。長安中李迥秀置，管兵千人。」元和志一三，同。而諸道山河地名要略殘卷（羅氏鳴沙石室佚書本）云，「嵐州故城，武德中爲岢嵐鎭，大足中加兵三千，其後李迥秀又加兵至六千人，號爲岢嵐軍。開元後廢之。論者以爲此地爲突厥之北衞〔要衝〕，不可久廢。」② 以爲嵐州故城，蓋誤，蓋其地本屬宜芳，因此致譌歟？此軍開元後雖廢，但其後復置。新志嵐州嵐谷縣條書事有歧，姑不詳論。至唐末仍見岢嵐軍，爲沙陀所攻，見下文所引通鑑二五三乾符五年紀。

元和志一四嵐州嵐谷縣云，「隋大業三年置岢嵐鎭，壓草城川賊路。」寰宇記五〇岢嵐軍及嵐谷縣兩目皆同。兩書述唐事，三處小異，參校言之：唐長壽中李迥秀置軍，長安三年，分宜芳縣於此置嵐谷縣，神龍二年廢（元和志作景龍年），開元十二年重置縣。宋復爲軍。此可與上條置軍事合看。

---

② 寰宇記四一嵐州宜芳縣目有此條，惟「北衞」作「要衝」，是也。而「開元後」作「開元中」，誤。

寰宇記五〇岢嵐軍，北至嵐州火山軍（今河曲縣東北八十里，近偏關縣）一百六十里。東北至朔州一百六十里。西北至嵐州定羌軍（今保德）一百二十里。軍屬於州，似爲宋以前之舊制，故下文云，「火山軍在嵐州火山下，皇朝平晉，復置。」據寰宇記此條書事，嵐谷北出有數道。東北至朔州必不止一百六十里。檢九域志四，岢嵐軍東北至朔州二百八十里，是也。寰宇記字譌。至於上文屢見之草城川路則不詳。考通考三一六輿地二，岢嵐軍，「景德中，築畏〔長〕城於草城川口，以爲控扼。其草城川、峩婆谷、洪谷、朝〔胡〕谷四路皆契丹界。」復考武經總要前集一七岢嵐軍目川谷城堡條云：

「草城川　川口闊一里餘，川中有古城，景德中築長城，控扼賊路。

峩婆谷、胡谷　二谷地形甚狹，北至契丹界。

洪谷　唐乾符中沙陀部寇河東，戰於洪谷，即此地，亦匈奴入寇之處。谷在軍東一十餘里，有平路接契丹界雲〔雪〕山，③容車騎之地。

飛鳶堡　堡之北西，即草城川、洪谷、峩婆谷、胡谷四路至契丹界。僞漢劉崇嘗建軍，本朝慶曆中修葺，重復險固，以兵戍守。」

據此，四路皆通契丹界，而飛鳶堡似爲四路總滙。檢宋史八六地理志，岢嵐軍嵐谷縣有洪谷，而飛鳶堡則屬嵐州宜芳縣，當在嵐谷縣之南。洪谷在岢嵐軍東十里，爲平路，通車騎。通鑑二五三，乾符五年，「李國昌……與李克用合兵陷遮虜軍，進擊寧武及岢嵐軍。」八月，「沙陀攻岢嵐軍，陷其羅城，敗官軍於洪谷。」胡注：「洪谷在岢嵐軍南。」「遮虜軍在洪谷東北，亦曰遮虜平。……朔州西至岢嵐軍二百二十里。此李國昌合雲朔之兵，……既陷遮虜……西擊岢嵐也。」是洪谷東北經遮虜可至朔州。而胡注，洪谷在岢嵐軍南。與武經作軍東十餘里者，小異。考歐陽修河北奉使奏草卷下（萬有文庫本歐陽永叔集册一四）乞免差人往岢嵐軍築城再奏云：「成德軍……路出土門，……至并州，又出天門關，經憲州（今靜樂），飛鳶軍，入洪谷，方至岢嵐。」蓋洪谷在岢嵐之東偏南，並證飛鳶果在岢嵐之南也。其時沙陀根據地正在朔代地區，

③ 元和志、寰宇記及本書皆見嵐谷之東、宜芳之北有雪山，即今蘆芽山脈，此「雲」字當爲「雪」之形譌。按寰宇記五〇寧化軍，有雪山、蘆箭尖山，則唐宋已有蘆箭之名，即蘆芽也。

當即取此道也。

又據武經，峩婆谷、胡谷及草城川三路皆向北至契丹，兩谷路甚狹，而川路則頗寬廣，故元和志、寰宇記及武經皆記此道。復考歐陽修河東奉使奏草卷上（萬有本歐陽永叔集册一三）屢次提到草城川云：

「岢嵐草城川正當北界要害之地，去年北人來侵疆界，光濬應機拒守……」（舉米光濬狀）

「岢嵐當草城川一路，地形平坦，與北虜止隔界壕，不比代州尙有險固…。」（再舉米光濬狀）

「岢嵐軍地接草城川口，無險可恃。」（論西北事宜劄子）

益可見草城川爲岢嵐之北出道，平坦易行，在交通上當爲岢嵐北出之主道。按此三奏章皆在仁宗慶曆中，其時已置火山軍，而草城川與契丹止隔界壕，故似非通火山軍之路，度其形勢似當在火山軍之東。檢紀要岢嵐州，「五寨堡在州北，……嘉靖十六年築，……鎭西衞五所屯牧於此，故名五寨，四野平曠，居民蕃滋，寇往往窺伺。」「三岔堡在五寨北五十里，嘉靖十八年築，……堡當四達之衝，偏關商旅盡出其途，亦要地也。」今檢張編地圖集·河北山西地形圖及 ONC-G-9，岢嵐之北惟五寨、三岔堡地區最平坦，爲一小盆地。又 ONC-G-9 及胡林翼圖，五寨地區河流甚多，皆發源於管涔山，西流會合，入黃河，所謂草城川當卽此諸川水，草城川路卽出此地區無疑。

草城川旣在岢嵐之正北，約今五寨、三岔地區。復考武經總要前集一六上卷末論曰，「岢嵐軍馬出草城川路入朔州界。」又一六下朔州條云，「南至南界茂城川口四十里，川口至岢嵐軍三十里。」朔州至岢嵐必不止數十里，數字有奪譌無疑。秉疑此「茂」字亦「草」之形譌。是岢嵐東北至朔州亦取草城川也。

復考遼史四一地志，「寧邊州鎭西軍……本唐隆鎭。」武經總要前集一七卷末云：

「唐龍鎭，舊遙隸幷州，景祐以前西北蕃部互市良馬之所，酋長來氏世其職，亦受契丹及夏國封爵，東南（當作西南）至火山軍久良津，北至故勝州。……今陷於賊。」

據此可知唐隆鎮在交通上之地位，其地在今偏關縣東。同書同卷又云，岢嵐軍「至韓光嶺五十里。」火山軍所領之偏頭砦「在軍城北一百二十里，控韓光嶺，僞漢天會中築。」是岢嵐北經韓光嶺至偏頭砦爲要道，故云控韓光嶺也。偏頭砦在火山軍北一百二十里，審其形勢，必在東北，卽近今偏關地區。是則五代宋初，岢嵐軍西北至今偏關地區當爲一要道。復考天下郡國利病書四六引王近愚包修城垣疏略，謂中路甯武關、東路雁門關、西路偏頭關，號曰三關，「偏頭關千戶所迤南一百八十里爲岢嵐州，內設鎭西衞，衞有五千戶所。」則明代由偏關至岢嵐爲一重要通道更爲明顯。此種形勢必唐世已然，不始於五代、宋、明也。

前引武經總要，唐龍鎭北至故勝州。此卽唐之勝州。同書同卷又云，嵐州樓煩郡「西北至岢嵐界五十里，以鹿鳴峽爲界，至契丹勝州共一百八十里。」契丹勝州在唐勝州之黃河東岸，里程雖誤記過少，爲一通道則可信。

參看圖十八、十九

一九七七年十月三十一日草稿，一九八四年九月二十六日增訂。
一九八五年十一月二十八日初校。一九八六年一月十一日二校定稿。

篇叁玖　晉絳與潞澤間之烏嶺道

冀州圖云，長子「有大道入壺口，東出達襄國（今邢臺），西登奚斯巨嶺以達河東，徑阻千里。」是今山西南部古代有東西行之大道，西至汾水下游，東踰太行山至邢臺地區也。然行程不詳。

冀州圖所記，見寰宇記四五潞州長子縣條，云「鹿谷山在縣西」，下引冀州圖云云。本脫「嶺」字，又「徑」作「陘」，校者據山西通志增改，是也。按漢書地志上黨郡首長子縣，「鹿谷山，濁漳水所出。」檢今圖，濁漳水正出長子之西北地區。

唐代有烏嶺道由晉、絳東通潞州，史傳極常見，似與冀州圖所記大道之西段略相當。其道由晉州東行七十八里至神山縣（今浮山）。其城東西高四丈，南北兩面絕崖險固。又東四十四里至烏嶺。又由絳州之翼城縣（今縣東南十五里）東北行七十五里亦至烏嶺（約E112°·N35°55′或稍東山交村）。烏嶺山脈南北長約百里，縱亙於汾、沁兩水之間，酈注曰「嶺上東西有通道」，又云卽穆天子傳所謂「西絕鈃隥」也。嶺道東西四十里。下嶺又東三十里至冀氏縣（今岳陽東南一百二十里，約N36°稍南），東濱沁水，西去神山一百一十四里。又東行五十八里至刁黃嶺，嶺道約三十餘里。下嶺又東五十里至長子縣（今縣），又東北五十里至金橋，又二里至潞州治所上黨縣（今長治）。冀州圖所記亦由長子「西登奚斯巨嶺」，蓋卽烏嶺歟？

李德裕論石雄請添兵狀（全唐文七〇二）云：

「訪聞冀氏去潞州最近，才二百里已下，於此進兵，最當要害。翼城亦是大路，須備賊奔衝。」

按此項由西路攻上黨之觀念，實由杜牧所建議，參看牧上李司徒相公論用兵書

（全唐文七五一）。通鑑二四七會昌三年，記此次用兵形勢，採四面圍攻之策。其西路，「河中節度使陳夷行以步騎一千守翼城（今縣），步兵五百益冀氏（晉州東一百九十二里，詳下文）。」旋以李彥佐爲晉絳行營節度使，「令進軍翼城」，石雄副之。復「以石雄代李彥佐爲晉絳行營節度使，令自冀氏取潞州，仍分兵屯翼城以備侵軼。……石雄代李彥佐之明日，卽引兵踰烏嶺，破五寨。」李德裕稱其軍屯「距上黨纔百五十里。」而（劉）稹以「安全慶守烏嶺，李佐堯守彫黃嶺，（胡注，嶺在潞州長子縣西。）」爲拒守之計。會上黨內部有變，石雄由烏嶺至上黨。是由晉、絳東經冀氏，越烏嶺至潞州也。同書二五八，大順元年，張濬以孫揆爲昭義節度，將兵三千人趣潞州。「揆發晉州，李存孝聞之，以三百騎伏於長子西谷中，……突出擒揆，及（略）牙兵五百餘人，追擊餘衆於刁黃嶺，盡殺之。」刁黃嶺卽彫黃嶺。是由晉州東至潞州，又中經刁黃嶺及長子縣。又同書二六六，梁開平二年，以匡國（河中）節度使劉知俊「爲潞州行營招討使」，旋「慮岐人侵同、華，命知俊休兵長子旬日，退屯晉州。」是行此道。新五代史五〇王峻傳，「劉旻攻晉州，峻爲行營都部署，……別遣陳思讓、康延沼（昭）自烏嶺出絳州，與峻會。」考宋史二六一陳思讓傳，劉崇遣李瓌「自團柏軍於鵶子店」，思讓敗之於虒亭西。俄又與康延昭「自烏嶺路至絳州。」檢一統志潞安府關隘目，「虒亭驛在襄垣縣西北六十里虒亭鎭，與屯留縣接界，北達沁州。」是亦由潞州出發，西行此路。又通鑑二六八梁乾化二年，河中朱友謙「告急于晉。……晉王自將自澤潞而西，遇康懷貞於解縣，大破之。」殆亦此道也。

按元和志一二晉州，冀氏縣西至州一百九十二里。「沁水在縣東一里。」寰宇記四三，在州東二百一十里，沁水同。檢一統志平陽府卷古蹟目，「冀氏故城在岳陽縣東南一百二十里。……縣志，冀氏故城，今名冀氏鎭。」檢視今圖，冀氏當在 N36° 或稍南、沁水西岸。又元和志，神山縣（今浮山）西至州七十八里。岳陽縣西南至州一百五十里。寰宇記同。則冀氏西至州當取道神山，不經岳陽。是神山、冀氏間當約一百一十餘里。又元和志一五潞州，長子縣東北至州五十二里。寰宇記四五，略同。按晉州東至潞州三百九十里，元和志與寰宇記之晉州、潞州兩卷無異說，則冀氏東至長子當約一百四十里之譜。烏嶺、刁黃嶺皆當在冀氏東西道上。又元和志一二絳州，翼城縣西南至州一百里。寰宇記四七，同。是當在烏嶺西南。

烏嶺　按烏嶺似始見於隋書地理志，云絳郡翼城縣「有烏嶺山。」元和志屢記烏嶺，可考地望，玆錄列如下：

晉州冀氏縣，「烏嶺山在縣西三十里。」（寰宇記同。）

又岳陽縣，「烏嶺山在縣東三十里。」（寰宇記作一十四里。）

又神山縣，「黑山今名烏頭山，在縣東四十四里，黑水出焉。」（寰宇記同，作烏嶺山。）

沁州和川縣（今圖沁源縣南數十里有和川鎭，在沁水西），「烏嶺在縣西十六里。」（寰宇記同，屬晉州。）

寰宇記所記略同。但卷四七絳州翼城縣、卷四四澤州沁水縣各有一條云：

翼城縣，「烏嶺山（校云烏原本譌馬，據隋志改正）在縣東七十五里，南北有長嶺，嶺上東西有通道，穆天子傳云鈃鐙，即此也。」

沁水縣，「黑嶺山在縣西五十里，唐李德裕詩烏嶺全坑跋扈臣，是也。① 周宇文諱黑，改爲烏嶺。」

檢視今圖，汾、沁兩水間，北自平遙南至黃河，山脈縱貫數百里不斷，唯浮山、長子間卽 N36° 地區之山勢較低，正卽前考之烏嶺道所通過者。然則雖云大嶺，實際上仍爲汾沁間山脈縱貫數百里間之地勢最低地帶，宜其爲古代大道所取途也。

檢 ONC-G-9 及張編地圖集・河北山西地形圖，汾沁兩水間，北自平遙南至黃河皆爲山脈，北段自安澤（岳陽）、洪洞以北，卽 N36° 15′ 以北，爲太岳山脈，山峯多在五千呎以上至八千餘呎；南段浮山縣以南，卽約 N35° 50′ 以南，亦是五千呎以上至七千餘呎；惟 N36° 之南北，山峯較低，約在三千至五千呎之間，正卽上考烏嶺古道所通過之地區。

① 唐詩紀事四八李德裕離東都平泉詩云，「黑山永破和親虜，烏嶺全坑跋扈臣。」

此晉州東至潞州道，蓋爲唐代河東道南部之東西交通主線。其南絳、澤兩州間亦有通道，全程四百四五十里。由絳州正東行渡汾水五十里至曲沃縣（今縣），縣南二里有晉都新田故城。由縣又正東五十里至翼城縣（今縣東南十五里），又東行一百四十里至沁水縣（今縣），又東南九十里至陽城縣（今縣），又正東一百二十里至澤州治所晉城縣（今縣）。翼城、沁水之間當烏嶺山脈之南闆，故此道與烏嶺有關。

元和志一二絳州、一五澤州，皆云絳澤間東西四百四十里。寰宇記四四、四七，作四百五十里。觀今圖，新絳東有汽車道經曲沃，翼城，沁水，陽城，至晉城，爲最直車道，而此諸縣亦正卽唐代縣治，或極相近。檢元和志，絳州東至曲沃五十里，東至翼城一百里；澤州西至陽城一百一十里，西北至沁水二百里。寰宇記所記相同；惟澤州西至陽城作一百二十里。正與所記總里程多十里相合。則此線所經各縣間之里距可知也。今日汽車道正循古道而行耳。前引通鑑二四七，會昌三年，令石雄「自冀氏取潞州，仍分兵屯翼城，以備侵軼。」蓋卽爲此道設防也。又綜觀前引通鑑諸條，烏嶺山甚大，居神山、冀氏、岳陽、和川、翼城、沁水六縣之間，東西廣約三十餘里，北至岳陽、和川之間，南至翼城、沁水之間，則南北長約百里之譜。寰宇記引穆天子傳事，見水經注六汾水注，經云：「南過臨汾縣東。」注云：

「天井水出東陘山西，南北有長嶺，嶺上東西有通道，卽鈃隥也。穆天子傳曰，乙酉，天子西絕鈃隥，西南至鹽，是也。」

按東陘山，亦見隋志翼城縣條，蓋與烏嶺接連爲一山脈耳。② 陘山正就通道而言。其嶺南北長，東西狹，形勢正合。蓋此山嶺自北而南，爲汾水沁水之分水嶺，東西大道越嶺而過也。檢一統志平陽府卷山川目，「中條山在浮山縣東四十里，東接烏嶺，南通翼城，北達岳陽草峪嶺，（草峪嶺條，在岳陽縣東南七十里。）俗稱橫嶺。」此明卽烏嶺山脈。檢黃河北岸之中條山本以狹長受名

② 一統志平陽府卷山川目已先言之。惟分水嶺條又以爲酈注之天井水、東陘山及長嶺在臨汾西接隰州蒲縣界，則自相抵牾矣。

（一統志解州卷山川目），蓋此烏嶺南北狹長，故亦有「中條」名，又以其橫隔東西，故又有「橫」名也。

刁黃嶺　寰宇記四三晉州冀氏縣，「刁黃山在縣東五十八里。」卷四五潞州長子縣，「發鳩山在縣西南五十六里，濁漳水出焉。」又云：「濁漳水……其源出刁黃山。按冀州圖云，刁黃山在縣西六十里，一名發鳬山，漳水出焉。」則刁黃嶺正居冀氏與長子之間，東西去各五六十里之譜。檢一統志潞安府卷山川目，刁黃山在長子縣西五十里。平陽府山川目，刁黃山「在岳陽縣東南。……新志在縣東南一百五十里，高八里，長二十里，接潞安府長子縣界。」正見古今同名。

金橋在潞州城南二里，當通蒲關大道，詳洛陽太原驛道篇。通鑑二六八，梁乾化二年，晉王自澤潞而西至解縣，亦頗有取此道之可能。

崔祐甫記稷山汾橋，謂上黨之繇卒商賈取途此橋至關中，則烏嶺道及其南道爲河東道東南境西通關中之要道可知也。

崔祐甫汾河義橋記（全唐文四〇九）云：「絳人有成橋於稷山縣南汾河水上。」「初玆縣有具舟之役，鄰邑有官修之梁，自太原、西河、上黨、平陽至於絳達於雍，繇卒迫程，賈人射利，濟舟爲捷，渡口如肆。」云云。是謂潞州取道於此西入關，謂潞州實就河東道東南境諸州而言。

參看圖十九

一九七七年十月十九日稿，一九八五年九月三日校訂。十一月二十八日初校。一九八六年一月十一日二校定稿。

篇肆拾　太行白陘道與穴陘道

黃河流域主幹山脈，在河渭之南曰秦嶺、崤山，踰河而北曰中條、太行。太行山脈西南自黃河北岸，向東北蜿蜒，東連燕山山脈，直達山海關海濱。山脈連珠，高峯疊起，海拔多在兩千公尺以上。山脈東南爲河北平原，山脈西北爲山西高原，地貌全異，而以峯巒連珠間中斷之谷陘爲平原高原間之東西通道，稱爲陘道，其數甚多，中古時代之顯名者，述征記述之云：「太行山首始於河內，自河內北至幽州，凡百嶺連亙十二州之界，有八陘。第一曰軹關陘……第二太行陘，第三白陘……第四滏口陘，……第五井陘，第六飛狐陘，一名望都關，第七蒲陰陘，……第八軍都陘。」（元和志一六懷州太行陘條引。）其第一軹關陘，已詳篇伍中條山脈諸陘道；第二太行陘，已詳篇肆洛陽太原驛道；此卷續考第三白陘以下諸陘道，而自白陘始。

*　　　　*　　　　*

白陘爲中古時代太行八陘之第三陘，在白鹿山（今輝縣西五十里）稍西，爲澤州陵川縣（今縣）南通懷州修武（今縣）、共城（今輝縣）兩縣之隘道。

元和志一六懷州河內縣目云：

「太行陘在縣西北三十里。……述征記曰，太行山首始於河內。自河內北至幽州……有八陘。第一曰軹關陘，今屬河南府濟源縣。……第二太行陘，第三白陘。此兩陘今在河內……。」

按此引述征記，所云河內，當指漢晉河內郡而言。然於軹關陘，云今屬河南府濟源縣，則指唐代府縣而言；但下文井陘、飛狐、蒲陰三陘皆在中山，又指古代郡國而言；故「此兩陘今在河內」者，未必謂在唐代之河內縣，可能指唐之河內郡，即懷州，亦即漢晉之河內郡。唐之懷州河內郡領河內、修武、獲嘉等五縣。檢一統志衞輝府卷山川目太行山條：「在輝縣西五十里，接修武縣界，有白陘，太行第三陘也。」則正當修武、獲嘉之北境，於漢晉隋唐皆河內郡境。似即古白陘故地無疑。

一統志衞輝府卷山川目又云：「白鹿山在輝縣西五十里，接修武縣界。水經注，長泉水出白鹿山。元和志，在共城縣西五十四里。舊志，山西與太行接連，上有天門谷、百家巖。盧思遠西征記云，有石自然爲鹿形，遠視皎然獨立，故以白鹿名。」唐共城卽今輝縣。則白鹿山與太行白陘甚近。天門亦見元和志一六衞州共城縣目。豈白陘、白鹿之名有相互關係歟？要當山西陵川南通修武、共城（卽今輝縣）之道也。一統志澤州卷關隘目，陵川縣南（紀要作東南）八十里有五度關，接輝縣界；陵川縣南六十里有永和關，接修武界；蓋與古白陘相近歟？

又武德縣（今沁陽東南四十里）北一百零六里有太斛故關，在太行山上。此蓋太行陘以東之一南北交通輔線。

元和志一六懷州武德縣，「故太斛關在縣北一百六里太行山。」又云「太行山，縣北五十里。」則關深入山中。寰宇記五三及新志，同。然其地無考。要在太行陘之東，無疑。

又潞州東行經壺關縣（今縣）出穴陘嶺（約今玉峽關 E113°40′·N36° 地區）至林慮縣（今林縣）達相州（今安陽），共凡三百五十里。壺關縣東南一百六里有羊腸坂，蓋在道上。

元和志一五潞州，「東取穴陘嶺路至相州三百五十里。」又一六，相州西至潞州里數同。寰宇記五五相州目，亦同。而四五潞州目作二百六十里，又作亢陘嶺。「二百」之「二」字形譌，但「穴」「亢」不知孰是，疑「穴」爲正。按潞州東至相州當中經壺關縣與林慮縣。元和志，壺關縣西北至潞州三十里。林慮縣東至相州一百一十里。寰宇記略同。

又元和志，壺關縣有「羊腸坂在縣東南一百六里，沾水出焉。」寰宇記同。又云「一名洞口。」又云「玉匱云，抱犢山東北去恆山之南數百里。南有穴，行三百里出美陽西七十里洞口。」檢寰宇記五五林慮縣，林慮山在縣西二十里，其北峯即「林慮之嶠嶺抱犢固也，南接太行，北連恆嶽。」則此美陽卽太行山區一地名，非遠在長安以西之美陽也。其西七十里之洞口，卽羊腸坂，又名洞口者。又寰宇記，壺關縣有鼠穴地名。曰洞口，曰鼠穴，則所謂穴陘者殆在此一帶，或卽羊腸坂道之異名歟？紀要四二壺關縣，「羊腸坂在縣東南一百六里。漢志，壺關有羊腸坂，是也。坂長三里，盤曲如羊腸。戰國策，周樊餘謂楚王，韓兼兩上黨以臨趙，卽趙羊腸以上危。」則此道極古，爲三羊腸之一。檢張編地圖集・河北山西人文圖，壺關縣舊有大道，東經平順，出玉峽關至合澗鎭，分爲兩路：一路東北行數十里卽至林縣，東通安陽；一路東南行約百餘里至輝縣。檢一統志潞安府卷關隘目，玉峽關「在壺關縣東南一百二十里，舊曰風門口，在隆慮萬山之巔，勢極險峻。」此與羊腸坂方位地望略同，當相近。又㭎林關「在壺關縣東南一百二十里，羊腸坂南出之道，路通河南輝縣。」則謂東南通輝縣也。又云「十八盤隘在壺關縣東南八十五里，盤回險僻，路通河南林縣楊家石塘口。」又彰德府志五林縣，西三十里有槐林，西取十八盤路，經草場纏，搽豬嶺，爲去潞州之路。是謂東通林慮縣也。疑元和志所記之穴陘嶺道，卽壺關縣東南之羊腸坂道，與今十八盤、玉峽關道略相當，東通林慮至相州，東南通共城（今輝縣）也。

參看圖十九

不知何年初稿。一九八四年十一月二十七日增訂，一九八五年十一月三十日初校定稿。一九八六年一月十一日二校畢。

篇肆壹　太行滏口壺關道

古代河東河北地區卽今山西河北省境之東西通道皆越太行山脈爲陘道。此區南境，古道由蒲州（今永濟）東行中條山脈之北，出軹關陘（今濟源西十里）至河內（今沁陽）以東，是爲最南一線。雁門、五臺以南，由太原東行，出井陘關（今平定東八十里）至恆（今正定）、趙（今縣），是爲此區中部之最大交通路線，中古近古時代經常置驛，今之正太鐵路卽略取此線故道而行。井陘道與軹關陘道之間，聯貫東西之大道首推壺關（今黎城東北二十五里）道。冀州圖云，鹿谷山（今長子縣西）「有大道入壺口，東出襄國（今邢臺），西登奚斯亘嶺（卽烏嶺）以達河東（卽蒲州永濟縣），徑阻千里。」卽此古道也。東晉十六國及北朝時代，鄴城（今臨漳西二十餘里、磁縣東南十餘里）爲重地，往往爲偏霸國都。其西北不遠處有滏口（今磁縣西北四十八里），爲此道東出之一要陘。由鄴城西北行六十餘里入滏口，西越太行山，出壺關，西至上黨（今長治）達河東（蒲州）；又出壺關西北經襄垣（今縣）達太原；又由滏口西北越太行黃澤關（今武安西八九十里）至遼州（今縣），亦達太原。諸道皆以滏口爲樞紐，故稱滏口道，爲中古太行八陘之一。唐稱𨚗口（今武安西）道，唐末至宋曰吳兒谷道，蓋吳兒峪卽古壺關，在太行山脊之西，爲隘道西口，滏口、𨚗口在太行山脊之東，爲隘道東口，史稱不同，實皆古壺關道也。唐置澤潞節度使，以太行山西之高地爲軍政核心，而兼統太行山東之邢（今邢臺）、磁（今磁縣）、洺（今永年）三州，旣資三州財力之支濟，兼以鍥入河北，期能抑制河北三鎮之勢力。李絳論澤潞事宜狀云，「澤潞五州據山東要害，河北連結，惟此制之，磁、邢、洺三州入其（謂河北三鎮）腹內，國紀所在，實繫安危。」（全唐文六四六。）正謂此也。但此鎮之地分在崇山兩側，仍能成爲一完整之實力者，正藉此道之聯繫也。今就北朝隋唐史事，考見此道之較詳行程，以爲讀中古史者之一助。

*　　　　*　　　　*

滏口陘爲太行八陘之第四陘，早爲東西交通要道。

元和志一六懷州河內縣目引述征記曰：「太行山首始於河內，自河內北至幽州，凡有八陘。……第四滏口陘，對鄴西。」是此陘早爲東西交通要道。

其地在邯鄲西南，磁州滏陽縣（今磁縣西三里）西北四十五里，有滏山，一名鼓山。山中有陘道，故名。「山嶺高深，實爲險阨。」

淮南子四墬形訓：「釜出景。」高誘注：「景山在邯鄲西南，釜水所出，南澤入漳。其原浪沸湧正，勢如釜中湯，故曰釜，今謂之釜口。」續郡國志魏郡鄴縣，「有故大河，有滏水。」劉昭補注引魏都賦。檢左思魏都賦（文選六）云：「北臨漳滏，則多夏異沼。」李善注：

「漳滏二水名，經鄴西北，滏水熱，故曰滏口，水有寒有溫，故曰多夏異沼也。冀州圖，鄴西北鼓山，山上有石鼓之形，俗言時自鳴。劉邵趙都賦曰神鉦發聲。俗云石鼓鳴則天下有兵革之事。山海經曰，神囷山，滏水出焉。郭璞曰，經鄴西北入漳。」

是滏水之名極早，水經注有此水，今本已佚；趙本有補文云：「御覽引水經注，滏水發源出石鼓山南巖下，泉源奮湧，若滏之揚湯矣。其水多溫夏冷，崖上有魏世所立銘。水上有祠，能興雲雨。又東流注於漳，謂之合口。又曰水經注云，浮圖澄別傳曰，石虎時自正月不雨至六月，澄日詣滏祠，稽首暴露……於是雨徧千里。」則酈注記之甚詳，蓋爲當時名地。至滏山具體方位，前引淮南子高誘注，在邯鄲西南。元和志一五磁州滏陽縣目云：

「鼓山亦名滏山，在縣西北四十五里，滏水出焉，泉源奮湧，若滏水之湯，故以滏口名之。八陘第四曰滏口陘，山嶺高深，實爲險阨。」

寰宇記五六，則兼採水經注與元和志述之。記又引隋圖經與魏地記，皆作滏口山。又引宋永初古今山川記，「鼓山有石鼓形二所，南北相當。俗語云，南鼓北鼓，相去十五。」蓋兩峯相去十五里，中斷爲陘道歟？據元和志，山在滏陽西北四十五里。方位即在邯鄲西南也。紀要四九磁州目滏水條引郡縣志，與元和志同。而一統志彰德府卷山川目，鼓山在武安縣南三十里，一名滏山。按元和志，武安在磁州西北九十里，寰宇記作九十五里。則武安南三十里者爲北鼓，滏陽西北四十五里者爲南鼓，皆不誤。

滏陽地望　一統志廣平府卷古蹟目，滏陽故城今磁州治。又引舊志，「有故滏陽城在今州西三里。」按一九五三年在磁縣西南四公里滏陽村簸箕冢內發現北魏司馬興龍墓，有誌完好，云興和三年十一月日「葬於鄴城西北十五里釜陽城西南五里平岡土山之陽。」（鄭紹宗北魏司馬興龍墓誌跋，文物 1979 年第 9 期。）則舊志正確無譌。而鄴城正確位置約在今磁縣之南偏東十餘華里，不到二十里。檢一統志彰德府卷、紀要四九，鄴故城在臨漳縣西二十里，地望甚合。

滏口陘道在中古時代爲太行東西重要通道，尤以北齊爲盛。蓋東魏、北齊都鄴城（今臨漳西二十餘里、磁縣東南十餘里，約 E114°22′·N36°20′），而以晉陽爲軍政中心，諸帝往來兩宮，或一年數次，大抵皆取道於此陘也。

鄴都地望，詳上滏陽地望條及篇四四太行東麓南北走廊驛道。

前史記五胡十六國至北朝時代滏口用兵事甚詳，紀要四九武安縣滏山條有扼要綜述云：

「滏山在縣東南二十里，即滏口。……晉永和六年，石趙冉閔作亂，趙將張沈據滏口。太玄十九年，慕容垂攻西燕，遣慕容楷出滏口，既而垂亦引大軍自滏口出。是也。後魏主子攸建義初，羣賊葛榮圍鄴，爾朱榮自晉陽東出滏口討平之。永安三年，魏主使楊津督并肆等九州諸軍事。津留鄴召募，欲自滏口入并州，不果。既而……高歡……請就食山東，遂自晉陽出滏口。……太昌初，高歡自鄴入滏口，擊爾朱兆於晉陽。後周建德五年，克晉陽，將趣鄴，齊主遣尉世辯覘周師，出滏口登高阜西望。（按此見北齊書尉景傳，而其謀實出高孝珩，見廣寧王孝珩傳。）蓋滏口爲自鄴西出之要道。」

據此足見五胡北朝時代滏口爲鄴城西出之要道。北齊書一神武紀，高歡自晉陽出奔，中經襄垣，滏口，至鄴。其後高歡誅兆，專朝政，遷魏都於鄴，而自居晉陽，常來往於兩地間。惜途經不詳。考續高僧傳（大正藏本）二五道豐傳，「居相州鼓山中，……齊高往來并、鄴，常過問之。」則實亦取道滏口也。其後諸帝雖都鄴城，但幾乎每年皆幸晉陽，或一年數次，蓋亦取此道無疑。

故其時雖爲山道險峻，然仍列樹青松，且置驛，今可考者有繞澗驛名。

續高僧傳二五圓通傳，鼓山石窟寺北五里有繞澗驛。時在北齊世。帝王常行之道，置驛通使固宜。同傳又云：「自神武遷鄴之後，因山上下並建伽藍，或樵採陵夷，或工匠窮鑿。……近有從鼓山東面而上，遙見山巔大道，列樹青松……。」云云。此列樹青松之山巔大道，可能卽爲通驛之大道，而山林亦漸見開闢也。北齊書八後主紀，武平七年十二月丁巳夜，帝棄晉陽東走，庚申至鄴。通鑑一七二，亦謂丁巳夜由晉陽出奔。則自晉陽至鄴纔三日。按唐代太原東經遼州（卽儀州）至磁州約近七百里，又二十七里至鄴城，詳後文。三日間行七百餘里，山道而能如此速度，是必已修鑿就平夷也。

隋及唐初，兵家進軍仍常重此道。至安史亂時，杜翁詩云「滏口師仍會」，似爲此處用兵具滏口之名之最後見者。其後滏口之名似漸晦不彰。

隋書四五楊諒傳，煬帝卽位，諒發兵四出，「大將軍余公理出太谷，以趣河陽；大將軍綦良出滏口以趣黎陽；大將軍劉建出井陘，以略燕、趙；柱國喬鍾葵出雁門；署文安爲柱國，（與）……大將軍茹茹（略）直指京師。未至蒲津……。」是五道並出，滏口爲其一也。又舊五六梁師都傳，說處羅可汗入寇。「處羅入自并州，（令）突利可汗與奚、霫、契丹、靺鞨入自幽州，合於竇建德，經滏口道來會於晉絳。」未果。是亦以滏口爲一主道也。杜翁詩句，見其秋日荆南送石首薛明府三十韻（詳註二一）。舊三九地理志磁州昭義縣，「永泰元年，廉察使薛嵩特置於滏口之右故臨水縣城。」元和志一五磁州昭義縣，東南至州四十里。寰宇記五六作三十五里。又云「滏口泉在縣西一里，出鼓山南脚。」則縣置在滏口東側。此後似少見滏口之名。

然此通道固無大異，唯所提及之谷道名稱或已頗異。蓋滏口在太行山脈之東麓，爲橫斷太行山脈東西通道之東口，本非最高險處，只緣東近鄴城，故特顯於東晉、南北朝時代耳。

如通鑑二四八會昌五年，昭義兵亂，「李德裕奏請詔河東節度使王宰以步騎一千守石會關，三千自儀州（今遼縣）路，據武安，以斷邢洺之路。」詳下文引李德裕潞州事宜狀（全唐文七〇三）。其他事例詳下吳兒峪、黃澤關道條。

今史料所見，唐末至五代北宋，此地相近之要隘，有吳兒峪在滏口之西，黃澤關(E113° 50′·N36° 52′) 在滏口西北，蓋分別當滏口西行至潞州（今長治）及滏口西北行至太原之大道上，而居扼險之地位者。

武經總要前集一七并忻寧化岢嵐軍路條云：

「通河北路，自土門路，即古之井陘口，通眞定府、定州。……黃澤關路，遼州正控其要……。吳兒谷路，潞州界，由谷入邢洺磁州界。」

按黃澤關、吳兒谷兩路，唐末已見，吳兒谷路即古壺關路，見史尤早，殆與土門路等。

吳兒谷，唐中葉以前，以古壺關名，即春秋以來有名之壺關也。在黎城縣（今縣）東北二十五里，接涉縣西南境，約今山西河北境上白巖山 (E113° 35′·N36° 35′) 之南。

舊五代史四八後唐末帝紀下，「幽州趙德鈞以本軍二千騎與鎮州董溫琪由吳兒谷趨潞州。」通鑑二八〇晉天福元年紀，述此事。胡注，「吳兒谷在潞州黎城東北，涉縣西南。」檢一統志潞安府卷關隘目云：

「古壺關在黎城縣東北二十八里太行山口吾兒峪 。左傳，哀公四年夏，伐晉取壺口。杜預注，潞縣東有壺口關。唐書地理志，黎城縣有壺口故關。元和志，古壺關在縣東二十五里。春秋，齊國夏伐晉取八邑 ，有盂口 ，即壺口也，聲相近，故有二名。金史地理志，黎城縣有白巖山，故壺口關。通志，壺口故關，路通河南涉縣，即今吾兒峪也。縣志，關在西井鎮有古關堡。按吾兒峪在黎城縣東北，壺口山在長治縣東南，跨壺關縣界。相去百餘里。壺口關本以山名，壺關縣復因關名，則壺口山之有關，舊矣。府志乃云壺口關即今吾兒峪，而長治縣壺口山之關竟缺不載。通志亦仍其訛，所引注尤多混淆。今兩存正之。」

按壺口關之名始見於漢書地理志，云上黨郡有此關，但不明地望。長治有壺口山誠是。然通典一七九潞州黎城「有壺口故關」。元和志云，古壺關在縣東二十五里，卽黎城縣東。又杜預云在潞縣東，亦指黎城境而言。則黎城東壺關之名爲古，胡注謂吳兒谷亦在黎城東北，卽今吾兒峪。則中古壺關卽今吾兒峪，甚明，至少相近。至於長治之壺口關乃另一事，今姑不論。據此而言，唐末宋初迄今所謂吳兒谷路，卽古壺關路，在黎城縣（今縣）東北二十五里，接涉縣西南界。正當今山西、河北分界地帶。金史地志云在白巖山。檢今圖，黎城東北，涉縣西北，有白巖山在兩省界上，關蓋在其南歟？其地當潞州東通邢洺磁三州之衝，而正在滏口之西，則由關谷東出至少有一路經滏口也。

由潞州治所上黨縣（今長治）東北行四十里至潞城縣（今縣），本漢潞縣，卽春秋赤狄潞子國也。又東北八十里至黎城縣（今縣）。襄垣東偏南四十里有井谷故關，約當襄垣、潞城、黎城三縣接壤處，蓋當此道西循濁漳水而上通襄垣武鄉達太原之道耳。黎城又東北二十五里至吳兒谷，古壺關口也。又三十五里至涉縣（今縣）。

元和志一五潞州，潞城縣南至州四十里，黎城縣西南至州百二十里，涉縣南至州一百八十里。寰宇記四五潞州，潞城縣西南至州四十四里，涉縣西南至州一百八十里，餘相同。寰宇記所書方位爲正。餘已詳上條。

井谷關，見元和志一五潞州襄垣縣目。云：「關在縣東南四十里，置在天井谷內，深邃似井，因此爲名。魏武初遷鄴，於此置關。周建德六年廢。」新志亦云縣東有井谷故關。度其地正在襄垣東接潞城、黎城境。前引高歡事，由太原經襄垣出滏口至鄴，當取此關道。又通鑑一五五梁中大通四年七月，爾朱兆據晉陽，高歡引兵入滏口，軍於武鄉以討之。亦此道也。通太原道已詳洛陽太原驛道篇。

涉縣當潞州東逾太行山通邢洺磁三州之系口，爲昭義節度使境內東西交通要衝，故三州軍糧以濟山西潞澤者，多儲於此。涉縣吳兒谷之南潞河（卽濁漳水）出太行山口，名徽子口，亦爲交通輔線之一隘道。

李德裕論昭義軍事宜狀（全唐文七〇三）云：「緣涉縣正當山東系口，絕是要地，有鎮兵五百人已下，去潞府一百六十里。軍糧至多，潞府官健月糧皆在此請受。恐潞府叛兵急則投竄涉縣，搖動三州，切要國家先遣兵把捉。……昭義舊都押衙焦長楚，……劉從諫降黜，……今在邯鄲。若……令鎮守涉縣兼把捉潞河徽子口，至爲穩便。」按此狀最能見涉縣在此道上之形勢，故詳錄之。潞河徽子口者，元和志一五潞州潞城縣「漳水一名潞水，在縣北。闞駰曰，潞水在縣北。……土俗尙謂濁漳爲潞水也。」蓋潞城縣東濁漳水下游出太行山之口，有徽子口之名，亦爲東西交通之一輔助隘道也。

由涉縣東南行一百六十里至磁州治所滏陽縣（今磁縣西南三里），此卽元和志所紀磁、潞間之通道。滏口，唐置昭義縣，蓋仍爲大道所經。

元和志一五，磁州西至潞州三百四十里；而寰宇記五六，作三百八十里。按潞州東北至涉縣一百八十里，則涉至磁似以一百六十里爲正。檢一統志彰德府卷，涉縣至安陽二百二十里，則涉至磁正當約一百六十里。

元和志一五磁州，昭義縣東南至州四十里。本臨水縣，後廢。永泰元年復置，更名昭義。寰宇記五六，磁州昭義縣在州西三十五里。「滏口泉在縣西一里，出鼓山南脚，流至縣界。」舊志「置於滏口之右故臨水縣城。」是卽在滏口之下耳。

由涉縣東北行約百餘里至武安縣（今縣）。武安又東微南行至邯鄲縣（今縣）。武安亦太行山東要隘，戰國秦軍「軍武安西」，「武安屋瓦盡振」，以逼邯鄲，已見其形勢。唐平澤潞，李德裕亦以「把斷武安」以絕澤潞之山東軍糧爲要務也。又由涉縣東北出滏口亦至邯鄲。趙都邯鄲故城在今縣西南十里，俗稱趙王城。由邯鄲東行至洺州治所永年縣（今縣），州西去涉縣約二百七十里，此即元和志所記潞洺間之通道。

秦軍武安事，見史記八一廉頗藺相如傳述趙奢事。唐平澤潞事，見李德裕潞州事宜狀（全唐文七〇三）云，「望賜王宰密詔，……令一千人守石會關，令三千人取儀州（即遼州，今縣）路把斷武安。緣（澤潞）軍糧兵馬多在山東，但遣邢州（今邢臺）不通，自然駐旬月不得。」又云「惟要於武安路……遙爲聲援，最切在令山東斷絕，即立可誅翦。」具見武安在太行東西交通上之重要性。

通典一七九潞州上黨郡，東北到洺州廣平郡武安縣界二百四十里。寰宇記四五潞州目，同。是由涉縣至武安縣界僅六十里，然觀兩縣實際里距約百里以上，六十里僅就縣西界而言。元和志一五，潞州東北至洺州四百五十里。此即取涉縣至武安縣或由涉縣經滏口無疑。則涉至洺約二百七十里也。觀今圖，里距亦略合。邯鄲故城，詳太行東麓南北走廊驛道篇。

德宗建中二年，太原節度使馬燧、潞州節度使李抱眞合兵東下壺關，收邯鄲、雙岡、盧家砦，破田悅於臨洺，即此道也。然一云軍出滏口（邯鄲西），即滏口與壺關吳兒谷爲同一隘道，蓋壺關吳兒谷在太行山脊之西，爲隘道西口，滏口在太行山脊之東，爲隘道東口。且此滏口之名安史亂時已見史。蓋此陘道，南北朝以滏口名，唐代前期中期以滏口名，晚唐至宋以吳兒谷名，皆即古壺關道也。

通鑑二二六建中二年紀，「薛嵩之死也，田承嗣盜據洺相二州，朝廷獨得邢、磁二州及臨洺縣。悅欲阻山爲境，曰邢磁如兩眼在吾腹中，不可不取。乃遣兵馬使康愔等將八千人圍邢州，別將楊朝光將五千人柵於邯鄲西北，以斷昭義救兵，悅自將兵數萬圍臨洺。」又二二七，續云：「河東（太原）節度使馬燧、昭義（澤潞）節度使李抱眞……合兵八萬東下壺關，軍于邯鄲。……燧等進攻朝光柵，悅將萬餘人救之，燧命大將李自良等禦之於雙岡，令之曰悅得過，必斬爾。……燧推火車焚朝光柵，斬朝光。……進軍至臨洺……悅兵大敗，……引兵夜遁。……馬燧帥諸軍進屯鄴。」考異引舊田悅傳，「師自壺關東下，收賊盧家砦。」又引燕南記，「燧與抱眞兵八萬自潞府東下壺關，先收邯鄲盧家砦，朝光戰死。」胡注，「雙岡在邯鄲西北，臨洺之西，亦名盧家疃。」按其時相州鄴城爲田悅根據地，此云東下壺關，必非潞州東南之壺關縣壺關口，而爲吳兒谷之壺關。田悅兵據「邯鄲西北，以斷昭義救兵」，正指此路而言。李抱眞由潞州東北行，馬燧由太原府東南行，亦正得會師於此也。

通鑑書此事云燧與抱眞合兵「東下壺關，軍于邯鄲。」而舊一三四馬燧傳則云燧與抱眞合軍救臨洺，「軍出嵉口……次邯鄲。」則嵉口與壺關實即一道。又按通鑑二二六，書此戰事之前，云邢曹俊說田悅曰：「今頓兵堅城之下（謂圍臨洺），糧竭卒盡，自亡之道也。不若置萬兵於嵉口以遏西師，則河北二十四州皆爲尙書有矣。」事本舊一四一田悅傳。胡注：「嵉口當西山之下，直相州之西。」同書二一七至德元載，李蕚說顏眞卿曰，「聞朝廷遣程千里將精兵十萬，出嵉口討賊，賊據險拒之，不得前。今當引兵先擊魏郡，執祿山所署太守袁知泰，納舊太守司馬垂使爲西南主人，分兵開嵉口，出千里之師。」此本舊一二八顏眞卿傳。胡注：「嵉口在洺州邯鄲縣西，蓋即壺關之險也。又按舊唐書，嵉口在相州西山。」復考舊一九五迴紇傳，「河北悉平，懷恩自相州西出嵉口路而西，可汗自河陽北出澤潞與懷恩會，歷太原……。」舊一二一僕固懷恩傳，同。綜此而言，嵉口一路，在唐代前期及中葉皆極顯名，地在相州西北、邯鄲之西，當太行山東西隘道，蓋壺關吳兒谷在山脊隘道之西口，嵉口則爲山脊隘道之東口，其實一道，故馬燧、李抱眞東下太行，可云「下壺關」亦可云「出嵉口」。出口之後可東指邯鄲、洺州，可東南指相州、鄴城也。

又由武安東北行一百二十里至邢州治所龍岡縣（今邢臺），去涉縣不到二百五十里。此即李德裕策劃把截武安以斷潞邢之通路也。

通典一七八，邢州「西南到廣平郡武安縣百二十里。」李德裕策，見前引潞州事宜狀。

涉縣當太行山口，向東分通磁、洺、邢三州，故李德裕云「正當山東系口」，武經總要云由吳兒谷「入邢、洺、磁州界」也。

皆詳前引。

考之前史，戰國趙奢解閼與之圍，即取此道。魏武圍鄴，「武安長尹楷屯毛城（今涉縣西），通上黨糧道。」操旣拔鄴，高幹「執上黨太守，舉兵守壺關口。」亦此道也。

史記八一廉頗藺相如傳，「秦伐韓，軍於閼與。……（趙）王乃令趙奢將救之。兵去邯鄲三十里。……秦軍軍武安西，秦軍鼓譟勒兵，武安屋瓦盡振。……趙奢……堅壁留二十八日不行。……秦間……以報秦將。……趙奢……乃卷甲而趨之，二日一夜至，令善射者去閼與五十里而軍，……大破秦軍。……」中古學人釋此事，或云閼與即武安西南五十里之閼與山，或云潞州閼與聚。（此傳及秦紀三家注，參史記地名考頁四九五。）按此傳敘事有矛盾，云武安屋瓦盡振，則應在武安西不遠之閼與山，云卷甲趨之二日一夜至，則應在閼與聚。但不論如何，秦趙兩軍之進出必經武安西之隘道，即今考之壺關、吳兒谷道也。

尹楷、高幹事皆見三國志魏武紀建安九年、十年條，參見袁紹傳。

曹魏經營鄴都，歷晉南北朝，屢爲偏霸國都，滏口、壺關當鄴都西山路口，故此道尤顯重要。冀州圖云，長子縣西鹿谷山「有大道入壺口，東出襄國，西登奚斯巨嶺以達河東，徑阻千里。」襄國即邢州，河東即蒲州，「壺口東出」即此大道，「西登奚斯巨嶺」，即烏嶺道西通晉、絳、解、蒲者，東西聯貫，實黃河以北之主要東西幹線也。

冀州圖所記鹿谷山東西大道，見寰宇記四五潞州長子縣目。烏嶺路詳晉絳澤潞間烏嶺道篇。宋史二六一陳思讓傳，「劉崇僭號太原，周祖……遣思讓率兵詣磁州，控扼澤、潞。……俄遣王峻援晉州，以思讓……爲……排陣使，令率軍自烏嶺路至絳州，與大軍合。」即此通貫東西之大道也。

黃澤嶺，北朝已見史，在儀州治所遼山縣（今遼縣）東南一百二十里、磁州武安縣（今縣）西不逾八九十里之太行山脈中，當太原東南行經儀州（即遼州）越太行山脈通邢、洺、磁、相諸州之大道。

魏書地形志上樂平郡遼陽縣「有黃澤嶺」。此似最早見者。通鑑書唐末五代用兵，屢及黃澤關事，條錄如次：

昭宗光化三年，劉仁恭「求援於河東，李克用遣周德威將五千騎出黃澤，攻邢、洺以救之。」胡注：「黃澤關在遼州遼山縣黃澤嶺。」（卷二六二）

梁貞明元年，魏人反梁，求救於晉。晉王遣「李存審自趙州進據臨清。……晉王引大軍自黃澤嶺東下，與存審會於臨清。」胡注：「魏收志，樂平郡遼陽縣有黃澤嶺。隋改遼陽爲遼山縣，唐帶遼州。」（卷二六九）

同年，晉王與劉鄩相持於魏。「劉鄩以晉兵盡在魏州，晉陽必虛，……乃潛引兵自黃澤西去。……晉王……亟發騎兵追之，會陰雨積旬，黃澤道險，堇泥深尺餘，（鄩軍）士卒援藤葛而進，皆腹疾足腫，死者什二三。……至樂平，糗糧且盡，又聞晉（晉陽）有備」乃由邢州還。（同上）

周廣順元年，「北漢主發兵屯陰地、黃澤、團柏。」周遣「陳思讓將兵戍磁州，扼黃澤路。」胡注，漢「屯黃澤者，欲窺邢趙。」又云「磁州西北當黃澤關路口。」（卷二九〇）

據此，黃澤當太原東南通太行山東邢洺磁諸州之通道無疑。劉鄩西襲，舊五代史二八唐莊宗紀二述之云，「山路險阻，崖谷泥滑，（鄩軍）緣蘿引葛，方得稍進，顛墜巖坂陷于泥淖而死者十二三。」具見此道之險阻。又前引通鑑皆云黃澤、黃澤嶺。僅云嶺。舊五代史唐莊宗紀及劉鄩傳（卷二三）、梁末帝紀（卷八）亦皆只云黃澤、黃澤路；而新五代史劉鄩傳（卷二二）、周德威傳（卷二五）則作黃澤關，前引胡注亦作關，與前引武經總要作關者合。頗疑唐五代未必置關，新傳以後事誤着「關」字歟？檢紀要四三遼州，「黃澤嶺在州東南百二十里太行山上。」一統志彰德府卷關隘目，「黃澤岩在武安縣西一百二十里。按山西遼州界，山勢盤曲，亦名十八盤。」遼州卷山川目略同。是此嶺在遼州遼山縣與磁州武安縣之正中間。然觀今圖，黃澤關東至武安無百里以上之距離。下文引元和志，儀洺間相去三百六十里，前文論涉至洺州二百七十里，則武安永年間應有一百五十里，則黃澤至武安應不逾九十里。統志蓋誤歟？遼州，唐初置，不久改名箕州，先天元年改名儀州，見元和志一三。後梁復名遼州，見寰宇記四四。

黃澤西北行一百二十里至儀州治所遼山縣（今遼縣，近易名左權）。儀州西北至太原府有南北兩道。南道由州正西行一百一十里至榆社縣(今縣)，又西接石會關、軒車嶺道。北道由州西北行九十里至平城縣（今和順西一百里儀城鎮）即趙簡子平都故城也。縣西北十四里有北八賦嶺，縣西南三十里有南八賦嶺，統名遼山，海拔 1735 公尺 (E113° 5′·N37° 25′)，故州縣有遼名。魏書地形志已見此嶺名。二嶺懸崖曲磴，道其出間，西北至榆次縣（今縣）蓋不踰一百五十里歟？又西五十六里至太原府（今晉源）。元和志所記全程三百四十五里者，疑取南道。

元和志一三儀州，「西北至太原府三百四十五里。」太原府目，方向里距全同。寰宇記四四遼州目亦同。此仍就并州舊治而言。按儀州領榆社縣，東至州一百一十里，縣西即接石會關通太原道，詳洛陽太原驛道篇。此爲遼州通太原之一道。又北齊書四九方伎宋景業傳，「顯祖應天受禪，乃之鄴，至平城都，諸大臣沮計，還至并州。」此事又見卷三〇高德政傳，亦作平城都。卷四二陽休之傳作平陽郡。而通鑑一六三梁簡文大寶元年紀作平都城。按元和志一三平城縣，「開皇十六年於趙簡子所立平都故城置平城縣，屬遼州。」則通鑑爲是。齊書皆誤。（參看高德政傳標點本校記。）是北朝末期太原至鄴大道中經平都城也。元和志儀州平城縣在州西北六十里。寰宇記四四作九十里。檢一統志遼州卷古蹟目引元和志亦作九十里。又引金史地志，縣廢爲儀城鎮；舊志，鎮在和順縣西一百里。則九十里爲正，「六」字形譌。

八賦嶺　魏書地形志，樂平郡樂平縣有八賦嶺。元和志遼州平城縣，「八賦嶺在縣西南三十里，武鄉水所出。」寰宇記，平城縣「北八賦水在縣西北一十四里，出北八賦嶺，東流入遼山縣界。南八賦水在縣西三十里，出南八賦嶺，東流入榆社縣界。」檢一統志遼州山川目，八賦嶺「有南北二嶺，南嶺在和順縣西一百二十里，北嶺在和順縣西北一百二十里，亦名八縛嶺。魏書地形志，樂平縣有八賦嶺。……縣志，南北二嶺兩山對峙，如八字然。」又關隘目，「其嶺有二，懸崖曲磴，設二關於嶺口，西南曰青龍關，赴平汾要路，西北曰黑虎關，赴太原要路。二關之間置巡司守之。」是此嶺見史已久，交通形勢顯然，此道必出其間西北至榆次縣。又元和志，儀州遼山縣「因縣西北遼山爲名。」一統志八賦嶺條，謂此嶺卽遼山，是也。

榆次西去太原里程，見元和志一三太原府目。寰宇記四〇謂縣在幷州南七十里者，其時州治已北移也。

元和志所記儀州通太原道三百四十五里，若取八賦嶺路，則平城至榆次二百里。測之地圖，似太多。疑取榆社西石會關道，較迂遠，故得此里程歟？然亦難定也。

劉鄩踰黃澤嶺欲襲太原而至樂平（今昔陽）者，蓋欲北取平定大道西行，以避儀州以西諸嶺之險歟？或有其他戰略之考慮歟？未敢定也。

劉鄩由黃澤西襲事，已詳前引。按元和志，儀州「北至太原府樂平縣一百十里。」寰宇記四四，遼州「北至平定軍樂平縣一百七十里。」按元和志通例不記至鄰州某縣里數，此爲特例，蓋亦常行之道也。兩書里數不同，觀今圖，志文蓋脫「七」字。

黃澤嶺東南約八九十里至武安縣（今縣），又東約一百五六十里至洺州治所永年縣（今縣）。至武安，自可東北至邢州，東南至磁州。

元和志一三儀州，「正東微南至洺州三百六十里。」卷一五洺州目同。嶺在儀州東南一百二十里，及嶺去武安里數見前。則武安至洺州里數可知。

又由儀州向南微東行一百九十五里至黎城縣，亦可東出至武安縣。

儀州至黎城道，見寰宇記四四遼州目。

武安西南五十里有固鎮驛，據太行之險，當武安、涉縣、滏口、黃澤嶺之衝，爲四地道口。觀此形勢，實即唐前期常見史之鼓口地區。唐末曾徙昭義縣置此，蓋有如北朝之滏口。其地置驛，則潞、儀東通磁、洺諸道當亦時或置驛也。

舊一七下文宗紀，開成四年八月丙辰，「磁州移昭義縣於固鎮驛。」考舊五代史一一四周世宗紀，顯德元年，「潞州奏河東劉崇入寇。……詔天雄軍節度使符彥卿領兵自磁州固鎮路赴潞州。」宋史二五一符彥卿傳，略同。命「領兵從磁州固鎮路，壓其（潞州）背。」通鑑二九一周顯德元年，謂「自磁州固鎮出北漢軍後。」胡注：「磁州武安縣有固鎮，自此西北行至遼州，北漢軍時已攻潞州，符彥卿若至遼州界，則出其後矣。」又考舊五代史五〇唐書宗室傳，李克修「平潞州，……爲昭義節度使。光啓二年九月，克修出師山東，收復邢、洺（謂欲復此二州）。十一月拔故鎮，孟方立遣將呂臻來援，戰於焦崗，大敗之。……進拔武安、臨洺諸屬縣。」通鑑二五六，云擒「呂臻於焦崗，拔故鎮，武安，臨洺，邯鄲，沙河。」胡注，「九域志，洺州武安縣有固鎮鎮。」謂故鎮即固鎮也。檢九域志二，固鎮爲鎮不誤，但縣屬磁州。綜此而言，固鎮當潞、儀（遼）、磁、洺、邢諸州之通道無疑。檢一統志彰德府卷關隘目，「固鎮關在武安縣西五十里，即古固鎮，據太行之險，道出澤、潞、遼（即儀）、沁諸州。」山川目，焦岡在武安西六十里。紀要四九彰德府武安縣目，固鎮關條同。又固鎮城條，引道里記，「固鎮至遼州三百十一里。」又通鑑二四八會昌四年胡注，亦云固鎮鎮北至遼州三百餘里。按昭義縣本置在滏口，曾移置於此，則其地屬昭義，又亦當西南通涉縣至潞州之路，故在武安西五十里者，蓋實西南，故先拔固鎮，後戰於武安西六十里之焦岡也。其去遼州亦不當有三百里以上，疑爲二百之誤歟？抑此數字根本錯誤歟？

武安之西又有新口路，武宗會昌三年所開以通儀、磁者。其地約在黃澤嶺之南不遠處。

舊五代史二梁書太祖紀，天復元年，遣氏叔琮等伐太原。「叔琮等自太行路入，魏博都將張文恭自磁州新口入，葛從周以兗、鄆之衆自土門路入，洺州刺史張歸厚以本軍自馬嶺入，定州刺史王處直以本軍自飛狐入。」卷二六唐書武皇紀略同。通鑑二六二天復元年胡注，「武宗之討劉稹也，自遼州開新路達於磁州武安縣，故謂之新口。」檢一統志彰德府卷關隘目，「新口在武安縣西，唐會昌三年」云云，與胡注同。地屬磁州，在武安縣西。其詳無考，疑與黃澤爲近歟？

黃澤關道之北有青山口道。由邢州西北行經青山縣（今內邱西南青村），以縣西二十里青山受名。其山幽深險絕，但爲入太行山道口，謂之青山口，唐末五代常爲東西用兵要道，由此可西踰太行至儀州，亦可西北踰太行至儀州之樂平縣（今昔陽）。

通鑑於唐末五代屢書河北河東統治者東西用兵青山口事，如：

光化元年「朱全忠……會魏博兵擊李克用。夏四月丁未，全忠至鉅鹿城下，敗河東兵萬餘人，逐北至青山口。……以從周……守邢洺磁三州。」（卷二六一，參舊五代史一六梁書葛從周傳。）

同年十月，「李克用遣其將李嗣昭、周德威將步騎二萬出青山，將復山東三州。壬寅進攻邢州，葛從周出戰大破之，嗣昭等引兵退入青山。」（同上，參舊五代史三五唐書明宗紀。）

光化三年八月，「李嗣昭又敗汴軍於沙門河（沙河？）……拔洺州。」九月，朱全忠自將中軍三萬涉洺水置營，李嗣昭棄城走。從周設伏於青山口，邀擊，大破之。（卷二六二，參舊五代史一六葛從周傳。）

晉天福元年，石敬瑭叛唐。九月，唐主詔遣四路由河陽、青山、飛狐、慈隰進兵。其青山路云，「詔天雄節度使兼中書令范延光將魏州兵二萬，由青山趣榆次，……屯遼州。」（卷二八〇，參舊五代史四八唐書末帝紀。）

觀此諸條，青山口爲唐末五代時，河東出軍東下太行之要道。元和志一五邢州有青山縣，「東南至州五十里。……開皇十六年……置，……縣界有青山，因名。」「黑山一名青山，在縣西二十里，幽深險絕，爲逋逃之藪，以周太祖諱黑，改黑山爲青山。」寰宇記五九內邱縣目，謂廢青山在州北五十里。方向小誤。檢一統志順德府卷古蹟目引內邱縣志，青山故城，在縣西南青山村。由此西踰太行入河東境。

唐末五代又見有馬嶺、馬嶺關（約今關，而今圖與黃榆關地望互譌）之名，（約 E114°・N37°18′。）在邢州西北一百六十里，亦當河東東出之要路，而實與青山口爲一道。

舊五代史三五唐書明宗紀，「武皇遣大將軍李嗣昭率師下馬嶺關，將復邢、洺；梁將葛從周以兵應援，嗣昭兵敗，退入青山口。」足見此關爲河東通邢、洺之路。然此即前引通鑑光化元年十月事。通鑑云嗣昭等出青山，亦退入青山口。則青山，馬嶺似卽一道。其證一。又舊五代史二六唐書武皇紀下，「天祐三年正月，魏博旣殺牙軍，魏將史仁遇據高唐以叛，……　武皇遣李嗣昭率三千騎攻邢州以應之，遇汴將牛存節、張筠於青山口，嗣昭不利而還。」而通鑑二六五天祐三年紀云，存節張筠「伏兵於馬嶺，擊嗣昭敗之，嗣昭遁去。」此其證二。

馬嶺當河東下太行路口，復有他證。如通鑑二六一光化二年，「葛從周……自土門攻河東，拔承天軍，別將氏叔琮自馬嶺入，拔遼州樂平，進軍榆次。」同書二六二天復元年，朱全忠「遣氏叔琮等將兵五萬攻李克用」，分自太行、磁州新口、土門、馬嶺、飛狐五路並入。其馬嶺路云「洺州刺史張歸厚入自馬嶺，……引兵至遼州。」（參看舊五代史二梁太祖紀，二六唐書武皇紀。）其西行之路至遼州、樂平、榆次，亦與青山口路同。

檢一統志平定州卷山川目，「馬嶺在州樂平鄉東南一百里，舊有關，接直隸順德府邢臺縣界，五代末爲守險之地。」即此馬嶺也。樂平鄉即今樂平縣（昔陽縣）。又遼州卷關隘目，「松煙鎮在和順縣東四十里，又東十里爲馬嶺曲鎮。」又順德府卷山川目，「馬嶺在邢臺縣西北一百六十里，其地峻險，爲戍守要地。……府志，嶺邊牆二道，外有溝澗，名曰鬼谷溝。」又凌霄山，「在邢臺縣西北七十里，徑路崎嶇……西坡下爲黃谷巖。又西北二十里爲溫居山，又西北二十里即馬嶺口。」紀要一五順德府邢臺縣，「馬嶺在府西北百三十里，其地峻險，有馬嶺口。」據此諸條，馬嶺在樂平縣東南一百里，邢州治所邢臺縣西北一百六十里，嶺東有馬嶺口，爲入太行道口，嶺西今有馬嶺曲之名，在和順縣東五十里。檢張編地圖集・河北山西人文圖，此地區有馬嶺關在北，黃榆關在南，相距不遠。再檢一統志順德府卷關隘目，「黃榆關，在邢臺縣西北黃榆嶺上，……自黃榆南爲馬嶺口，清風嶺口，夫子巖口，莊兒口，……」又山川目，黃榆嶺、清風嶺皆在邢臺縣西北一百六十里，皆險道，而黃榆，南去清風嶺三十里。則今圖南北地望互誤，而馬嶺蓋在黃榆之南不過二十里耳。

蓋由邢州治所龍岡縣（今邢臺）西北行五十里至青山縣（今內邱西南青村），又二十里至青山口，又九十里至馬嶺，唐末置馬嶺關（今有關）。由關嶺西南行五十里以上至和順縣（今縣），又西南八十五里至儀州治所遼山縣（今遼縣）。又由關嶺又西北行亦百餘里至樂平縣（今昔陽），由縣西行至榆次（今縣）。由縣北行接井陘西通太原驛道。

通典一七八邢州，西北到太原府樂平縣五十里。此顯有脫文。而寰宇記作五百里，恐亦太多。然邢州西北至樂平（今昔陽）有一大道可知也。檢張編地圖集・河北山西人文圖所繪馬嶺關、黃榆關之地望，雖南北倒誤，然兩關間繪一大道，西北通昔陽，東南通邢臺。此正即通典、寰宇記所記之大道無疑。其行程蓋約三百里之譜。

又元和志，邢州「西踰山至儀州二百三十五里。」通典一七八邢州目、一七九儀州目，皆作二百四十里，寰宇記邢州目作二百二十六里，皆略同。而寰宇記遼州目云東北至邢州三百四十二里。就校勘常例言，當以二百三四十里爲正。然前引一統志，和順縣東至馬嶺曲鎮五十里，其地當在馬嶺之西。元和志，和順南至儀州八十五里，則儀州東北至馬嶺關必在一百四十里以上，故由儀州取馬嶺道至邢州必三百里有餘，疑寰宇記遼州目爲最正。且觀今日地圖，遼縣、邢臺間，若云二百四十里，唯航空距離爲可能耳。

此青山口、馬嶺關道在唐末甚見重要，而新唐志云，太谷縣「東南八十里馬嶺上有長城，自平城（今遼縣西北九十里、和順縣西百里之儀城鎮）至於魯口（今河北饒陽）三百里，貞觀元年廢。」疑卽此馬嶺，則北朝已見重要。事當繫入樂平縣，而誤植於太谷縣歟？

新唐志太原府太谷縣條有此二十六字。按平城縣名，屬儀州（卽後遼州），其今地詳上文考儀州西至太原府道條。魯口，元和志一七深州饒陽縣，「州理城，晉魯口城也，公孫泉（卽淵）叛，司馬宣王征之，鑿滹沲入泒水以運糧，因築此城，蓋滹沲有魯沲之名，因號魯口。後魏道武帝皇始三年車駕幸魯口，卽此城也。」寰宇記六三，同。據魏書太祖紀，皇始元年多，由幷州東出井陘，幸魯口城。明年正月，大饗羣臣於魯口。據寰宇記，又卽後魏虜渠口，置虜口鎮，後爲縣。是此長城，與太谷似無關聯。按馬嶺在樂平縣東南百里，樂平亦隸太原府，豈樂平縣下之文錯入太谷縣下耶？惟自平城東至魯口至少五百里，亦不只三百里。前引一統志順德府巻山川目，「馬嶺在邢臺縣西北一百六十里，其地峻險，爲戍守要地。……府志，嶺邊牆二道，外有溝澗名曰鬼谷溝。」殆卽中古之長城耶？新唐志旣誤入於太谷，後人附會，故紀要四〇、一統志太原府巻山川目皆云太谷縣東南七十里有馬嶺，蓋後人據唐志而名之。而紀要將唐末五代用兵進出馬嶺事盡係於此，則大誤，不可通解。

又文宗開成元年，開夷儀山路，東由邢、洺，西通太原、晉州。夷儀嶺在儀州之東，邢州之西一百五十七里，似在馬嶺稍南，本有古道西北至樂平，東南通襄國，此時重開之耳。

唐會要八六道路目，「開成元年四月，昭義節度使奏請開夷儀山路，通太原、晉州。從之。」舊唐書一七下文宗紀下同。元和志一三儀州，「因州東夷儀嶺爲名。」又一五邢州龍岡縣，「夷儀嶺在縣西百五十七里。」寰宇記五九邢州龍岡縣目，同。又云：「故夷儀城在縣西一百四十里，今俗謂之隨宜城。」而通典一七八邢州龍岡條，「縣西」作「縣北」，誤。寰宇記又引晉地道記云：「樂平東南有夷儀嶺，道通襄國」。邢州即古襄國，則此本爲古道，蓋壅塞，今重開，或拓寬平耳。按前考馬嶺，引一統志，馬嶺、黃榆嶺皆在邢臺縣西北一百六十里，今此夷儀嶺在縣西約百六十里。是亦太行山脈中一嶺耳，疑在馬嶺黃榆之南。

參看圖十九、二十一

一九七八年初稿，一九七九年十一月四日訂正畢，刋史語所集刋第五十一本第一分。一九八四年十一月增訂，一九八五年十一月三十日初校增補定稿。一九八六年一月十一日二校。

篇肆貳　太行井陘承天軍道

井陘先秦時代已知名，呂覽稱爲天下九塞之一。述征記始見有太行八陘之說，井陘爲八陘之第五陘。

呂氏春秋一三有始篇，井陘爲九塞之一。高誘注，「井陘在常山井陘縣，通太原關。」淮南子四墬形訓，及高注並同。元和志一六懷州河內縣：「連山中斷曰陘。述征記曰，太行山首始于河內。自河內至幽州凡有八陘。……第五井陘，第六飛狐陘，一名望都關，第七蒲陰陘。此三陘在中山。」按唐代自恆趙以北至於定州，包括西山地區皆在古中山國境。

此陘道自昔爲山西太原東通河北之最主要大道，故唐世置驛，至今爲正太鐵路線。

史記始皇紀，十八年，大興兵攻趙，「王翦將上地，下井陘。」三十七年東巡迴，崩於沙丘（在鉅鹿），秘不發喪，「遂從井陘抵九原。」淮陰侯傳，韓信下井陘擊趙；趙聚兵井陘口，李左車獻計曰：「井陘之道，車不得方軌，騎不得成列。」此爲井陘要道明見史文之最早者。後代史不絕書，唐安史之亂，河東河北屢經用兵，此道尤顯，故有承天軍之建置也。

唐代，太原府東取井陘路至恆州五百里，至趙州五百六十里。

元和志一七恆州，「西取井陘路至太原府五百里。」又趙州「西踰山至太原府五百六十里。」同書一三太原府，東至趙州，東北至恆州，里數合。

其行程，由太原東行五十六里至榆次縣（今縣），又九十四里至壽陽縣（今縣），本名受陽，貞觀十一年更名，置驛，韓愈奉使鎮州，有夕次壽陽驛詩。

方向里距及受陽更名，並詳元和志一三太原府。朱校昌黎集卷一〇，有夕次壽陽驛題吳郎中詩後。按其前爲奉使常山早次太原呈副使吳郎中，後爲鎭州初歸詩。（全唐詩五函一〇册，同。）是壽陽驛必卽此壽陽縣驛，韓、吳奉使由太原東至鎭州常山郡往來途中經壽陽之作也。舊五代史九九漢高祖紀，晉少帝爲契丹所虜北行，漢帝「率親兵趨土門路，邀迎晉帝，至壽陽，……乃還。」亦道經壽陽之一事例。

又東一百一十里至廣陽縣（今平定 E113°35′·N37°48′ 東南三里），本石艾縣，天寶元年更名。

此見元和志一三。藝文影印畿輔叢書本，廣陽西南至府三百六十里。考證云官本「三」作「二」。按太原府至恆州五百里。檢一統志平定州卷，西至壽陽一百里。則「三」必「二」之譌無疑。寰宇記五〇平定軍，「舊廣陽縣城在軍東南三里。」卽唐城。通鑑二一九至德二載，史思明圍攻太原不克。「使人取攻具於山東，以胡兵三千衞送之，至廣陽。」此唐世道經廣陽之證。

縣當此區太行諸谷道之西口。由縣東行八十里至井陘故關，卽井陘口，亦名土門，卽百里陘道之西口也。兩山險隘，關居其中，故關水經其下。由縣東北行亦八十里至葦澤故關，在井陘故關之北或西北蓋十里至二十里之譜，當澤發水源。井陘關蓋漢前故關，韓信下井陘擊趙蓋由此入。葦澤關蓋卽董卓壘地，在澤發水源之西，北朝已置關，安史之亂，張奉璋守東路故關，於葦澤故關處築軍城，爲守禦之要，今存承天軍城記云，扼寇虜口喉築城，「繚崇埔于巖半，百雉雲矗，冠小城於峯巓，萬仞天削。」蓋當道口據高險以鎭之，故朝廷賜號爲承天軍以旌之。唐末又有娘子關之名，在軍城之稍東北或十里澤發水源之東，蓋因其地有妬女泉、妬女祠而名歟？自唐築軍城，此谷道之重要性已居井陘故關之上，故用兵常取此路。長慶二年韓愈奉使宣慰鎭州來同亦皆出此道，有題名記。迄今娘子關路仍爲此一地區太行山東西孔道之主線。

漢書地理志，上黨郡「有上黨關、壺口關 、 石研關 、 天井關。」師古曰研音形。前人皆稱石研卽井陘關也。通典一七九太原府廣陽縣條只云「縣東故關甚險固。」史記九二淮陰侯傳，正義曰：「井陘故關在幷州石艾縣東十八〔八十〕里，卽井陘口。」此似唐人記此關之最早者。按魏書地形志上，幷州樂平郡石艾縣「有井陘關、葦澤關、董卓城、妒女泉及祠。」則北魏已有井陘、葦澤兩關。新唐志，太原府廣陽縣，「本石艾縣，東有井陘故關，東北有盤石故關、葦澤故關。」是且有三關。檢元和志一三太原府廣陽縣目云：「井陘故關在縣東北八十里。」下引史記韓信下井陘破趙殺陳餘事。並謂「今按井陘亦名土門。」又云：「葦澤故關在縣東北八十里。」兩關去縣之方位里距相同，而不明相對位置。檢寰宇記五〇平定軍平定縣目，與元和志同，惟不云土門；又井陘故關條，「東」下無「北」字。前引新志，亦謂井陘關在縣東，葦澤關在縣東北。又通鑑二一九至德二載條，胡注：「廣陽，……井陘關在其東，葦澤關在其東北，皆通山東之道。」是井陘關居南，葦澤關在井陘關之稍北地區。紀要四〇平定州目葦澤關條引通志，云在井陘北十里。而天下郡國利病書一一北直眞保鎭疆域條云，故關北至娘子關二十里。未知孰是，要不太遠。

井陘故關之形勢　一統志正定府卷關隘目，「固關在井陘縣西南四十里，接山西平定州界，舊曰故關。自山西道出井陘，此爲控扼之要。」又平定州卷山川目，故關山「在州東九十里，兩山險隘，關居其中，卽古井陘口。」又澤發水條，「故關水在州東五十里，東流入故關，今澤發水。」按水經注一〇濁漳水注：「桃水出樂平郡之上艾縣，東流，……東逕靖陽亭南，故關城也。又北流逕井陘關 ，下注澤發水。」則酈注之桃水實卽今之故關水耳。綜上引山水形勢，此故關之形勢可見。

又寰宇記五〇平定軍四至條云：

「東北至娘子關接鎭州井陘縣界九十里。」

按此似爲娘子關之始見者。通鑑二四二，長慶元年，「裴度自將兵出承天軍故關以討王庭湊。」胡注：「故關卽娘子關也。宋朝……以承天軍爲寨，屬平定縣。平定，唐之廣陽縣也。」又二八六天福十二年紀胡注：「承天軍在井陘縣娘子關西南，太原府廣陽縣界。」是娘子關、承天軍極相近，關在東北，軍城在西南，以關爲外衞也。考金石續編八有承天軍城記與鐵元始像讚，爲一石之兩面。陸耀遹曰，「在山西平定州東北九十里娘子關坡底老君廟內。」則胡注至可信。明清志書承之，是也。而度其地，亦當卽魏書地形志、元和志、寰宇記所記之葦澤關。紀要四〇平定州葦澤關，「州東北八十里，卽唐之承天軍，俗曰娘子關。」一統志平定州卷關隘目亦云然。蓋就地區言之不誤，惟未細析耳。然九域志一〇河北路承天軍，「建隆元年以眞定府娘子關建爲關。」則宋軍與唐軍稍異其地亦有可能。

元和志一三太原府廣陽縣目又云：「董卓壘在縣東北八十里。水經注曰，澤發水出董卓壘東。」「妒女祠在縣東北九十里澤發水源。」「澤發水一名阜漿水，亦名妒女泉，源出縣東北董卓壘東。今其泉，初出大如車輪，水色青碧。泉傍有祠，土人祀之，婦人袨服靚裝，必興雷電，故曰妒女。……其水東北流入井陘縣。」寰宇記五〇平定縣目，同，惟「澤發」作「畢發」，又加「郡國志云子推妹也」數字。校以水經注一〇濁漳水注，作澤發是也。但無「出董卓壘東」一句。承天軍在娘子關西南近處，承天軍城記云：「此城……接妒女之靈泉。」則娘子關與妒女泉相近。紀要四〇平定州目，葦澤關俗曰娘子關，以妒女祠而名。蓋是。

據此，董卓壘與葦澤關皆在廣陽縣東北八十里，而在澤發水源之西，水源卽妒女祠娘子關所在地，在縣東北九十里，知葦澤關卽在董卓壘，蓋古人本在此據高憑險置壘，亦稱董卓城，北朝置關，唐又置承天軍也。唐末五代又於澤發水源妒女祠處置娘子關以爲外衞耳。

承天軍　一統志平定州卷關隘目引舊志，以唐乾元初置。按道士胡伯成承天軍城記（金石續編八）謂祿山之亂，元戎薊公（李光弼）申命張公奉璋守東山路口時所作，述築城緣起與地理及軍城之形勢甚詳。記以大曆元年撰，張公仍在任。按李光弼之任始於至德元年正月，至乾元二年遷朔方，舊志之說宜可信。自此以後，屢見承天軍當軍道之要。紀要一四井陘縣承天鎭條、一統志平定州卷關隘目皆歷舉唐五代故事。金石續編陸氏跋曰：「自奉璋築承天城於此，至今，山曰承天山，都曰承天都也。以諸史證之：唐穆宗長慶元年，裴度將兵出承天軍故關，以討王庭湊；昭宗光化二年，朱全忠遣葛從周自土門攻河東，拔承天軍；天復元年，朱全忠別將白奉國會成德軍自井陘入拔承天軍；梁開平五年，趙王王鎔會晉王李存勖於承天軍；漢天福二年戍承天軍，契丹襲擊之，戍兵潰，焚其市邑，葉仁魯將步騎大破契丹，復取承天軍；皆卽此地。戰壘猶存，謂用武之險塞矣。」蓋自張奉璋建軍之後，葦澤關、承天軍一路爲此一地區東西交通之主道，其南之井陘故關殆居次要矣。迄今仍以娘子關爲主道，蓋始於唐之建置也。

又寰宇記五〇平定縣目妬女祠條，引唐書，高宗將幸汾陽，緣道出妬女祠，恐致風雷之異，擬「更開別道以避之。」明清志書皆承此說。按此事見舊唐書八九狄仁傑傳，云「高宗將幸汾陽宮……幷州長史李冲玄以道出妬女祠，俗云盛服過者必致風雷之災，乃發數萬人別開御道。」仁傑諫止之。新一一五，同。按高宗以顯慶五年正月由東都幸幷州。汾陽宮，隋煬帝所置，在汾水之源，今靜樂縣北寧朔縣南。由太原西北至汾陽宮，不當取道井陘地區，疑狄仁傑傳乃另一妬女祠，非此地。若果卽此澤發水源之妬女祠，則唐代前期已爲主道，不待承天軍建置以後矣。

承天山韓愈題名，見山右石刻叢編八，云與「副使尚書駕部郎中吳丹，長慶二年二月十五日由此路同往鎭州，其月二十日廻……」鎭州卽恆州，今正定縣。

由軍城出娘子關凡七十里至井陘縣（今縣東三十里微水村 E 114°10′・N 38°1′，卽中國圖集新縣治），由井陘故關東北行約七十里，亦至井陘縣。地當控扼之要，隋及唐初曾置井州，以東南八十里井陘山爲名。

寰宇記五〇平定軍，「東北至娘子關接鎭州井陘縣界九十里。」同書六一鎭州井陘縣，「今縣城當控扼之要。」是此道東至井陘縣。按元和志一七恆州，「西取井陘路至太原府五百里。」又井陘縣條，「東南至州九十里。」寰宇記六一鎭州目井陘縣條，同。前考承天軍西至太原府共三百四十里，則軍城東至井陘縣當爲七十里。檢一統志正定府卷古蹟目，井陘故城在今井陘縣北。不明里數。復檢同書沿革目，井陘縣在府西南一百三十里，西至平定州界三十五里。又平定州卷，東至正定府井陘縣界九十五里。是今平定、井陘界卽在娘子關，與唐宋相同。則今井陘縣西至娘子關三十五里，東至正定縣一百三十里，而唐宋井陘縣西至娘子關六十里，東至正定縣九十里，故知故縣實在今縣之東約三十里，蓋偏東北也。復檢一統志同上卷目，天威故城「在井陘縣東北五十里。宋史地理志，復置井陘縣，徙治天威軍，卽縣治置軍使（按事在熙寧八年）……今謂之威州城，亦曰井陘店。」此爲宋縣，唐縣當在稍南地區。檢 1974 年地圖出版社中國地圖集，井陘縣東北移至微水鎭，其北不遠有威州小地名。雍正井陘縣志一山川目，微水村在縣東三十里。則此圖集之最近新井陘縣治正相當於唐代井陘縣治也。

井陘山及置井州事，皆見元和志、寰宇記。元和志作陘山，疑脫「井」字。皆詳下引。

隋嘗分井陘縣置葦澤縣，蓋以故葦澤關受名，當亦爲大道所經。其地或在承天故城東十餘里今娘子關外，或在更東北約三十里，卽明清迄民國井陘縣治（E114°‧N38°）或近處。（中國地圖集作舊井陘。）

隋書地理志恆山郡井陘縣條，嘗分置葦澤縣，大業初廢。蓋卽故關爲名。舊唐書地理志，鎭州井陘縣目，唐初復置葦澤縣，貞觀元年廢。檢一統志正定府卷古蹟目，廢縣在井陘縣西南三十里。按前考隋唐井陘縣在明清井陘縣東北三十里之譜，統志此條，不知就明清井陘縣而言，抑本於古地志轉抄而來，蓋統志本多此例也。若在明清縣西南三十里，則在娘子關外不遠處；則雍正井陘縣志古蹟目謂城在縣西三十里娘子關地，是也。若抄襲古地志，則在隋唐縣西南三十里，卽約在明清舊縣治地區矣。

又唐末有天長鎭，亦在明清至民國井陘縣治（E114°‧N38°），爲大道所經。

通鑑二五九，昭宗景福元年三月，「李克用、王處存合兵攻王鎔。癸丑，拔天長鎮。」旋敗退。二年二月，「辛巳，攻天長鎮，旬日不下。鎔（由鎮州）出兵三萬救之，克用逆戰於叱日嶺下，大破之。」元年胡注，「天長鎮在滹沱河東北。」按雍正井陘縣志二坵墓目，「隆慶三年大水，西校場崩土出一大墓，乃軍使董獻墓，云唐大中十二年十一月六日終於天長鎮之私舍，以十三年正月二十二日，卜葬於天長鎮三里私塋。」則鎮在明清時代之井陘縣，即民國之井陘縣治，胡注誤。

由井陘縣東北行四十里至鹿泉縣，以土門口南山下有鹿泉故名。至德元年更名獲鹿（今縣）。又東北二十里至石邑縣（約今石家莊、石門縣），又東北三十里至恆州（鎮州）治所眞定縣（今正定）。

元和志一七恆州，井陘縣東南至州九十里。寰宇記六一，方向里距同。而九域志二，作眞定府西南八十九里。按之地圖，九域志方向正確。元和志又云獲鹿縣東北至州五十里，石邑縣東北至州三十里，皆在道上故可計各縣間之距離。通鑑二一七，至德元年，「光弼遣裨將張奉璋以兵五百戍石邑。」胡注：石邑縣在常山郡西南，「戍兵多於餘縣者，所以通太原之路也。」按張奉璋守土門，戍石邑，而築承天軍，正以職在守此陘道之全程也。

王士禎蜀道驛程記卷上，康熙十一年奉使入蜀，七月六日宿新樂縣伏城驛；七日過眞定府治所眞定縣，南渡滹沱，宿獲鹿縣；八日向西行入土門口，經井陘縣，宿胡桃園；九日西行，十餘里間石壁最奇，入井陘舊關，經柏井驛，宿平定州。云柏井驛有柏井故城，裴度駐兵承天軍即此。按井陘舊關與娘子關爲南北兩道口，承天軍在娘子關道。則王氏此條之井陘舊關與承天軍必有一誤。檢一統志平定州關隘目，「柏井驛在州樂平鄉東北七十里，其東四十餘里，與故關相接，本柏井鎮」，金置。是王氏取故關路，而謂承天軍在柏井則誤也。王氏雖取故關路，但眞定西至井陘縣，則與娘子關路爲一道。今日鐵路即取獲鹿、井陘縣入娘子關也。

元和志獲鹿縣，開皇十六年置鹿泉縣，以鹿泉受名。「鹿泉出土門口南山下，皇唐貴族有土門崔家爲天下甲族，今土門諸崔是也。」寰宇記略同；惟省崔家事。更名獲鹿，元和志云貞觀二年，而寰宇記云至德元年。檢舊書地志，元和志誤。

由井陘故關東經天長鎮，井陘縣，至獲鹿縣道，即明清時代之驛道。明清道經微水村東十里之白石嶺，甚險峻。相近有青石嶺，險隘，車騎不能乘，傳爲唐之叱日嶺，即李克用敗王鎔處。明清道，蓋本之唐代舊路也。

雍正井陘縣志卷二鋪舍目，「由縣而東三十里微水，四十里白石嶺。……」又云：「舊由北路抵獲鹿九十里，萬曆四十六年……改北而南，東抵獲鹿七十里，今仍之。」按之唐代里距，唐代井陘縣治即在微水，西至天長鎮（明清縣治）三十里，東至獲鹿四十里。適與明清里距相合。疑唐代故道本如此，宋北遷縣治於今威州鎮，故改道而北，至萬曆中又改復唐代舊路也。雍正縣志八藝文目有吳茂陵白石嶺建茶棚碑記，「邑東三十八里白石嶺，……見地巖巒奔集，僅通一徑，而崎嶇爲尤甚。」然大道必經山巔，故建茶棚以濟行旅。疑亦爲唐道所經。前考天長鎮條引通鑑，李克用下天長鎮，又逆戰鎮軍於叱日嶺。此本之舊五代史二六唐書武皇紀。下文續云進兵下井陘，謂出土門也。按一統志正定府卷山川目，青泉嶺在井陘縣東北三十五里，本名叱日嶺。檢雍正井陘縣志，白石嶺在縣東四十里；「青石嶺在縣東北三十五里，舊名叱日嶺，險峻狹隘，車騎不能乘。」民國縣志圖，白石嶺在微水之東，青石嶺在北，未知是否果爲古叱日嶺也。

有井陘口，又名土門口，在獲鹿縣西蓋稍南十里，即太行八陘之第五陘也。以井陘縣東南八十里有井陘山，其山四面高，中央下，似井故名。井陘口蓋即山脈之尾閭隘口耳。

通典一七八常山郡鹿泉縣，「井陘口在此，今謂之土門。」元和志一七恆州獲鹿縣，「井陘口今名土門口，縣西南十里，即太行八陘之第五陘也，四面高，中央下，似井故名之。」據下文所引，「太行」以下二十字本之述征記。而井陘縣目(井)陘山條亦云：「在縣東南八十里，四面高，中央下，如井，故曰井陘。」寰宇記六一鎮州此兩縣目亦皆與元和志同，惟「陘山」上不脫「井」字。又志與記皆云土門口在獲鹿西南十里，王氏驛程記則作向西行，蓋縣西稍偏南耳。就方位里距計之，山在井陘縣東南八十里，則在獲鹿縣西偏南頗遠，與井陘口之關係應不甚密。而兩處皆形容爲四面高中央低如井，不知指山而言，抑指道口處而言。據民國二十三年井陘縣志關隘目，謂此土門口、井陘關「久已無險可言。」必其地原不甚高，則井字山形，當指山而言矣。復檢一統志正定府卷山川目，井陘山在井陘縣東北，與獲鹿縣接界。引舊志云，山在井陘縣北五十里。是與唐宋志書所記井陘山之方位不同。蓋古今之異也。而井陘關乃在廣陽井陘兩縣之間。按統志又云，「縣境諸山錯列，大約與陘山相接連，皆太行之支隴也。」蓋井陘山爲此區名山，而諸山盤錯，隨處多可膺此一名耳。

又有抱犢山，四面險絕，蓋在隘口之北近處。有封龍山亦名飛龍山，與井陘山連接，爲同一山脈，餘脈北走至井陘口，故酈注云飛龍山北即井陘口也。

隋志，恆山郡石邑縣「有封龍山、抱犢山。」通典一七八常山郡石邑縣，「有卑山，……今名抱犢山，西〔四〕面危絕。」元和志一七獲鹿縣，「葦山今名抱犢山，韓信伐趙，使輕騎二千人持一赤幟從間道葦山而望，後遂改爲葦山。後魏葛榮之亂，百姓因山抱犢而死，故以爲名。」下文云即道家北嶽之佐命，列福地之數。寰宇記六一同，惟不述道家事。檢一統志正定府卷山川目，山在獲鹿縣西八里。是即在井陘口之北不遠處。故王士禎蜀道驛程記上云，入土門口，抱犢等峯在焉。通鑑一八〇隋仁壽四年，「李子雄遂發幽州兵步騎三萬自井陘西擊諒（楊諒），時（諒將）劉建圍戍將張祥於井陘，子雄破建於抱犢山下，建遁去。」即以山當土門道口也。

又元和志獲鹿縣，「飛龍山在縣南四十五里。」下引前趙錄，王浚遣將祁宏大敗石勒於飛龍山。同書趙州元氏縣，飛龍山在縣西北三十里。寰宇記獲鹿縣，有「一名討〔封〕龍山」一句，餘並同。又引水經注云：「洨水東經飛龍山北，即井陘口。」（今本酈注佚此條。）下述神祠事。元氏縣云，山在西北五十里。檢一統志，獲鹿、元氏相距九十里。地望契合。則此山當亦約在唐井陘縣東南三四十里地區，在井陘山之北或東北，而在井陘口之南，故酈注云然。

井陘故關在廣陽東八十里之井陘土門已見前考。而獲鹿此處之井陘口、土門口，新唐志亦云有「故井陘關，一名土門關。」疑爲廣陽東井陘故關之重出誤書。

新唐志，於太原府廣陽縣已書東有井陘故關，見前引。而鎮州獲鹿縣又云，「有故井陘關，一名土門關。」此即上考獲鹿西南十里之井陘口、土門口無疑。惟此前諸書似不言此處置關。前考廣陽東八十里之井陘故關，引魏書地形志、史記正義、元和志、寰宇記爲證，確然甚明，通典亦云廣陽東地有故關也，皆不言獲鹿縣之井陘口有井陘關。惟水經注一〇濁漳水注云：

「綿蔓水上承桃水。水出樂平郡之上艾縣，東流，世謂之桃水。東逕靖陽亭南，故關城也。又北流，逕井陘關，下注澤發水。①亂流東北逕常山蒲吾縣西，而桃水出焉，（謂與澤發水分流。）南逕蒲吾縣故城西，又東南流逕桑中縣故城北，世謂之石勒城。……桃水又東南流逕綿蔓縣故城北，……自下通謂之綿蔓水。綿蔓水又東流逕樂陽縣故城西，右合井陘山水。水出井陘山，世謂之鹿泉水，東北流屈逕陳餘壘西，俗謂之故壁城。……其水……東注綿蔓水。……」

按此井陘關所在不甚明。楊氏水經注圖以爲桃水在北，即今桃河，澤發水在南，即今沾河，二水合流爲今治水（治河）。置董卓壘於沾河上游，置靖陽亭故關城於明清民國時代之舊井陘縣東，治水之北；置井陘關於井陘山，（此爲前考唐代井陘山，非近代之井陘山。）而在澤發水桃水合流後治水之東。此似與新唐志相合，但楊氏此圖與酈注原文不合，實大誤。

按酈注原文，桃水出上艾縣（今平定東南）境，即東逕靖陽亭故關城南，又北流逕井陘關。水逕此關，然後下合澤發水。而楊圖置此關於合流之後，顯與酈氏原文不合。且酈注，兩水合流之後，歷經蒲吾、桑中、綿蔓三故縣，至樂陽

① 王氏合校引趙釋曰：太平寰宇記平定軍平定縣下引水經注云，澤發水逕董卓壘東。今本無之。耕望按寰宇記此條本自元和志廣陽縣目。

縣故城西始右合井陘山水。按蒲吾故城在今平山縣東南二十里。井陘山水即鹿泉水，出井陘山（非今井陘山），其流甚短，而井陘口又在井陘山之東約三十里以上處。則酈注之井陘關顯在獲鹿西南十里井陘口之西甚遠，非新唐志此條之井陘關也。

今按桃水、澤發水，若楊氏擬爲今之桃水、治水爲不誤，則其合口在明清民國舊井陘縣治之東南橫口村，在唐代井陘縣治（今微水村，即最新縣治）西南甚遠，即酈注之井陘關當在唐代井陘縣治之西南甚遠，絕無爲獲鹿縣西南十里井陘口之可能。抑猶有進者，楊圖之誤仍不只此。今姑以酈注之桃水即今桃河，但澤發水絕非今之治河。治河在今平定縣東南境，與松溪水相近，在桃水之南，東北流，左合桃水。但澤發水源在唐代廣陽縣（今平定）東北八十里，董卓壘之東妬女祠，東北流入井陘縣境，此明見元和志一三太原府廣陽縣目，且引水經注爲說。一統志平定州卷山川目述此水不誤。是此水在桃水之北，不在其南。楊圖顯誤，其董卓壘之地望自亦絕誤也。復檢民國井陘縣志第二編地理目河流條，綿蔓河源出壽陽縣東，東流至平定縣界曰桃水。又東流，有南川水、陽勝水、嘉水、石門河、清玉峽水、澤發水、綿水、太谷水以次注入。經石峽，至娘子關東五里，入縣境之南峪村，乃更名綿蔓河，「又東流經北峪村南，與北峪泉合……經乏驢嶺口……至縣城南門外。」則澤發水爲一小水，在娘子關外井陘縣極西境已合於綿蔓河。酈注井陘關既在澤發水入桃水處之上游，則必在明清民國之井陘縣（即娘子關外三十里者）西甚遠。抑猶有進者。一統志平定州卷山川目，綿蔓水即桃水，發源壽陽縣境，其流頗長，似亦不眞經井陘故關。而澤發水條云：「在州東北九十里，……東北流入井陘縣境。……又故關水，在州東五十里，東流入故關，合澤發水。」則酈注謂桃水出上艾縣東流「東逕靖陽亭南，故關城也，又北流逕井陘關，下注澤發水」者，實指故關水而言。故關水下注澤發水，然後澤發水下合今之桃水，爲綿蔓河。然則此關之地望更西矣，必與澤發水源娘子關不相遠。亦必即魏書地形志及唐宋志書所記廣陽東八十里之井陘關，非獲鹿西南之井陘口也。蓋廣陽縣東井陘關，關西近處築關城，如葦澤關、娘子關之關內有承天軍城。酈注之桃水即今故關水，先逕故關城南，再北流逕井陘關，地固不遠。故新志此條實無他佐證，疑重出誤書者；後代志書相承以爲關在獲鹿之土門，皆誤也。

由此言之，獲鹿西南之土門口又稱井陘口者，古籍記載不云有關。史記淮陰侯傳云「聚兵井陘口」，明在井陘縣東獲鹿縣地區，而正義以石艾縣東之井陘關當之，雖屬誤注，然適足證明獲鹿實無關也。

然此井陘口又名土門口者，誠卽趙將陳餘「聚兵井陘口」，韓信下井陘，「出井陘口」之故地，後人稱爲韓信臺，西入井陘路達太原必自此始。蓋太行此陘道，東西長達百里，西口在廣陽東八十里，東口在獲鹿西南十里，皆兩崖夾峙，中崩一線爲通路，故皆有井陘口、土門口之名。唯中古史料所見，其置關乃在西口，不在東口耳。蓋此東西百里之陘道，最高險處在西端，西端井陘口在山西高原東緣，海拔在一千呎以上，愈東地勢愈低，至東口已漸就平夷，勢不能太險，故古人置關重在西口也。東口地勢雖已夷下，但仍爲入陘道向西必經之路口，亦卽百里陘道之始。故古代地理記述，稱太行八陘之一者，仍於此述之也。

史記九二淮陰侯傳云：「信與張耳以兵數萬，欲東下井陘擊趙。趙王、成安君陳餘聞漢且襲之也，聚兵井陘口，號稱二十萬。廣武君李左車說成安君曰：……韓信涉西河……乘勝而去國遠鬥，其鋒不可當。……今井陘之道，車不得方軌，騎不得成列，行數百里，其勢糧食必在其後。願足下假臣奇兵三萬人，從間道絕其輜重；足下……堅營勿與戰。彼前不得鬥，退不得還，吾奇兵絕其後，……不至十日，而兩將之頭可致於戲下。」韓信知此計不用，「乃敢引兵遂下。未至井陘口三十里，止舍。……平旦……鼓行出井陘口，趙開壁擊之。」此段史料，正見井陘道既險且長，所謂井陘口明卽獲鹿西南十里之井陘口。正義謂獲鹿縣卽趙壁，是也。故此路口有韓信臺之名。御覽四十五，隋圖經曰：「韓信山圓峻，俗呼爲韓信臺，又呼爲土門口，西入井陘卽向太原路是也。」舊書一四二李寶臣傳，「祿山使董精甲扼井陘路，軍於土門。安慶緒僞署爲恆州刺史。……及思明敗，不受朝義之命，乃開土門路，以納王師。」足見此地當東西交通之要，一軍守此，即斷東西之路也。

井陘道東西之長度，就唐代里程計之，廣陽東至恆州二百四十里，此道西口在廣陽東八十里，東口在獲鹿縣西南十里，獲鹿去恆州五十里，故此陘道東西兩口間恰爲一百里。西端仍在山西高原，東端已接河北平原，海拔差距雖未得正確數據，但觀 ONC-G-9 圖及張編地圖集·河北山西地形圖，可略知東西海拔差距當在一千呎以上。此道聯接高原與平原地帶，大抵循谷踰山而行，故愈西愈高亦愈險，詳下文。

大抵井陘道全程由獲鹿西南十里之土門口井陘東口向西行三十里至井陘縣（今微水村），又三十里至故葦澤縣，唐末置天長鎭（明清民國井陘縣）。於此分途，北道西行三十里至娘子關、承天軍城，南道向西微南行四十里至井陘故關、靖陽亭故城。兩關向西皆至廣陽縣治（今平定東南三里）。

天長鎭即明清民國之井陘縣及其以東之里距已見前考。民國井陘縣志第二編關隘目，雪花山在縣西三里，「正太路蜿蜒於山麓，舊驛路斜抱於山南，實娘固（即故關）兩關道路之交點。」雍正井陘縣志二關隘目，娘子關在縣西南三十里。「古井陘口即今之固關也，在縣西南四十里，……明正統二年始名故關，後又改故爲固。」此其里距之明見者。同書卷二鋪舍目，由縣治而東十里西河，二十里橫口，三十里微水，四十里白石嶺，五十里上安，六十里下安，又四里許獲鹿縣界。由縣治而西十里黑板橋，二十里龍窩，三十里界堠。此即至固關者。王士禎蜀道驛程記，由獲鹿西入土門口，經井陘縣，龍窩寺，胡桃園，入井陘舊關，經柏井驛至平定，即此驛道也。今正太鐵路於舊井陘縣西郊與舊驛道分途。按舊井陘縣治即唐天長鎭，唐道以北取承天軍城娘子關爲主，是舊井陘縣治在唐世似已爲北道所經，疑今日兩道分途，實亦本之古道耳。

明清時代驛道取井陘故關，是南道，蓋秦漢之主道；而葦澤關爲北道，乃後起。唐置承天軍城於葦澤關，後置娘子關，取代故關爲主道。不知何時又改以南道爲主，故明清驛傳由南道，至近代鐵路復行北道也。此陘道全程百里，皆行於嶺谷間，故極險峻，史記述李左車之言曰：「車不得方軌，騎不得成列」，足見仄隘難行。清代民國志書所載資料，仍見其險峻狀況，宛然蜀道。大抵自東而西，地勢愈高，山谷愈險，風景亦愈奇。

雍正井陘縣志一形勢目，「固關之險，控帶西南，抱犢之雄，延亘東北，」此即狀此道之東西口。同書卷八藝文目載康熙知縣周文煊災民利弊申詳云：「東西官道，山石嶙峋，備極險峻，……一經雨雪，時有觸崖墜石之患。」其驛務六則云：「險同蜀道。」又知縣吳茂陵陘山驛八苦詳文稱此驛道全程，「皆高山峻嶺，亂石懸崖，馬匹俯仰奔馳，多所踣斃。」蓋陘道誠險，造成驛政困難，故歷任知縣屢爲此申述也。光緒井陘縣志三六藝文目收前人詩篇詠此道艱險者頗多，如趙執信井陘道歌云：

「初緣細路行逾上，風中一線秋空浮，徑廻兩壁競奇詭，坐令谿谷成深幽，久行只畏前路絕，下視尋丈何能投，尖勢忽落不自覺，天宇頓被蒼崖收，……人如迴飈激下葉，……已覺心氣俱沮喪，……嗟乎絕險天所設，左車當日眞良謀！」

如王士禎自獲鹿至井陘雜詠云：

「才過鹿泉上，呀然開土門，崖崩一線路，……障日山多暝！」

皆能狀此道迄近古之險峻形勢。是以今日正太鐵路在井陘縣境不過百里，而迂廻峪間，過石隧道五（乏驢嶺者最長），土隧道一，越大鐵橋四，車行其間，忽高忽低，曲折如蛇行。（民國井陘縣志交通目。）然東西段情形亦有不同。雍正井陘縣志云：「固關在縣西南四十里。……按古井陘口有二，西則固關，東則獲鹿之土門是也，而固關依藉爲重。」民國井陘縣志關隘目云：就向東而言，本縣「固無處非關隘。」一轉而西向，「出縣境而西，又步步登高，大有高屋建瓴之勢。」「至於東部井陘關一名土門關，原係歷史上之名稱，久已無險可言。」此兩條已見百里陘道全程西險東夷之形勢。王士禎蜀道驛程記云，入土門口，「巖鄣蜒蜿相屬」。由井陘縣西過龍窩寺、胡桃園至井陘舊關，「十餘里間，石壁最奇。」②亦見西口高險，故石壁最奇也。

此陘道雖艱險難行，然此一帶太行山脈南北數百里地段中，仍僅此處斷陘爲唯一可行之大孔道，故見史二千年來，山西河北之中部之交通一直以此道爲主線；唯西段出口或在井陘關或在稍北之承天軍、娘子關耳。

紀要一〇直隸重險井陘條云，「井陘關在眞定府獲鹿縣西十里，山西平定州東九十里。呂氏春秋，天下九塞，井陘其一。……徐廣曰陘，山絕之名。趙武靈王二十年，使趙希並將胡代趙與之陘，蓋並將胡代趙之兵，與諸軍向井陘之側也。始皇十八年，王翦攻趙下井陘。三十七年，始皇死，行從井陘抵九原。二世二年，趙王武臣使李良略太原，至石邑，秦兵塞井陘，未能前。漢三年，韓信下井陘擊趙，趙聚兵井陘口。」下文引晉太玄十八年以下至五代凡二十六事，③以爲井陘道爲東西軍事交通要道之證，其述太行其他陘道未有如此陘事例之多者，正見此道在古代東西交通上之重要性。宋以下事例未詳。宋會要方域一〇之二：「(慶曆）五年九月二十七日，北作坊使武繼隆言，竊見河北西山有土門路自眞定府與河東往來相接，景德年已前，勾抽河東軍馬策應河北出入大路。」又歐陽修河北奉使奏草卷下乞免差人往岢嵐軍築城再奏云：「本路與河東近便，惟成德軍最近，其路出土門經天威軍、平定軍至并州。」（歐陽文忠集第十四册。）平定軍卽唐廣陽縣，今平定縣；天威軍本唐天長鎭，明清民國之井陘縣治，石晉置天威軍，有宋元豐八年中山馬宜之天威軍石橋記可證，見民國井陘縣志疆域目。此兩條已見宋亦以此爲東西最大通道也。民國志交通目云井陘縣境驛道「雖不得方軌」，但仍爲全境唯一大道。而今日築鐵路以聯貫山西河北兩省者，亦惟取此舊道一線。亦正見此地區太行山脈之斷陘亦唯此陘爲大耳！

廣陽東北七十里又有盤石故關；盂縣東北六十里白馬山上有白馬關，北魏所置，蓋卽唐末縛馬關；皆東通平山縣（今縣），本房山縣，至德更名。

② 雍正志古蹟目亦云：「龍窩在縣西南二十里，石壁峭立，古柏崖生」。

③ 其實史事之可舉者遠不只此數，不繁枚列耳。

兩關方位里距及北魏置，皆見元和志一三太原府卷廣陽、盂縣目。寰宇記五〇平定軍目、卷四〇太原府盂縣目所記並同。檢一統志平定州卷山川目，白馬山「在盂縣東北七十里。……舊志，在縣東北八十里，接直隸正定府平山縣界。」又關隘目白馬關條，同。又引州志，一名牧馬關，又名伏馬關。盤石故關在州東北，引州志，一名石門口，通正定府平山縣界。是皆通平山縣路也。又有六嶺山在盂縣東北七十里，六嶺關在縣東北六十里。檢張編地圖集・山西河北地形圖與人文圖，盂縣東北，兩圖分別有白馬山、六嶺關，白馬在西，六嶺似在東。東北近滹沱河，即接平山。此當即古白馬關路。州志，白馬關又名伏馬關。按新唐二一一鎭冀王鎔傳，「克用出縛馬關，敗鎭兵於平山，因進攻鎔外壘。」縛馬即伏馬，亦即白馬，皆一音之轉也。復檢一統志正定府卷關隘目，白馬關「在正定縣西北。舊志，唐時鎭州有白馬關臨滹沱河，旁有白馬岡故名。金大定十七年，滹沱河決白馬岡，關始廢。」此當爲另一地，或宋以後故關向東移置歟？又一統志正定府卷山川目，車道嶺「在平山縣西三十里，山嶺積石，不生草木，下有深川，鳥道盤曲。又十八盤嶺，在縣西百二十里。」疑此爲盤石故關之路歟？

井陘關之南百里又有黃沙嶺口（今圖黃岩山 E113°55′·N37°35′），爲樂平縣（今昔陽）東通贊皇縣（今縣）至邢洺之一道。

新九四劉世讓傳，武德中，「爲檢校并州總管，竇建德之援王世充也，世讓率萬騎出黃沙嶺，襲洺州。」是并州東南至洺州之一道口。按胡伯成承天軍城記（金石續編八）述張奉璋築承天軍後，續云：「公又於黃沙口築德化城，示懷也；慕容隘築滅胡城，示威也；復聯建三堡，絕細逕也。由是南北千里，東西兩鄉，飛禽走獸不得橫絕矣。」陸氏跋云：「黃沙路即黃沙嶺，在平定東南，山谷袤延六十餘里，亦與承天相近，慕容隘則未能確指何地。」又舊五代史二八唐書莊宗紀二，天祐十一年，「帝親將自黃沙嶺東下，會鎭人進軍邢、洺。」惟同書八梁書末帝紀作黃澤嶺，未知孰是。

檢一統志平定州卷山川目，「黃沙嶺在州東樂平鄉，東接直隸正定府贊皇縣界。」又正定府卷山川目，「黃沙嶺在贊皇縣西七十里，……即寰宇記所謂黃石山也。」又關隘目，「黃沙嶺口在贊皇縣黃沙嶺下，北去固關一百里。明正統四年置巡司，今裁。其北三十里即元氏縣之青草峪口。又十八盤口，其縣西十八盤嶺下。又南有斷立口、泥橙子口、虎寨溝口，俱屬固關南路。」古今地名大辭典黃沙嶺條，在山西昔陽縣東一百二十里。張編地圖集・河北山西地形圖，昔陽縣東有黃岩山，蓋其以東之嶺道通贊皇縣者。

明清時代，自黃沙嶺口之南二十里後溝口（在昔陽縣東一百十里），向北緣歷山徑，至故關一百二十里，至龍泉關（阜平縣西七十里五臺山之東E113°50′·N38°55′）五百一十里，至倒馬關六百八十里，內三關邊牆至後溝口而始竟。按此小徑，唐宋時代已漸通行。

此段明清交通小徑，見紀要一四贊皇縣黃沙嶺口條引里道記。考夢溪筆談卷二四云：

「北岳恆山，今謂之大茂山者是也。……今飛狐路在大茂之西，自銀冶寨北出倒馬關，度虜界，却自石門子冷水鋪，入缾形梅回兩寨之間至代州。今此路已不通，唯北寨西出承天關路可至河東，然極峭狹。」

檢一統志正定府卷，阜平縣「本漢靈壽及南行唐二縣地，宋咸平三年析置北寨，金初改曰北鎮，明昌四年置阜平縣。」是宋世由娘子關至今阜平縣有山谷小徑也。一統志同卷關隘目，龍泉關在阜平西七十里，有下上二關，相距二十里，明正統、景泰間築，東北至倒馬關一百五十里，西至山西五臺縣一百八十里。長城嶺在其西二十里，則明清之故關至龍泉關小徑蓋大體本之於宋之北寨至承天軍小徑耳。又前考黃沙嶺口引承天軍城記，築承天軍城，又於黃沙口、慕容隘築城，「復聯建三堡，絕細徑也。由是南北千里，東西兩鄉，飛禽走獸不得橫絕矣。」則承天軍城南至黃沙口之百里間，必有聯絡，疑即明清時代故關以南之小徑道。云南北千里者，蓋宋代北寨至承天軍小徑亦大體本之唐前古徑耳。

參看圖十八、十九、二十一

一九七九年十一月五日初稿，同月十日補訂。一九八五年九月十一日校訂，十二月一日初校增訂。一九八六年一月二十一日二校定稿。

篇肆叁　太行飛狐諸陘道

引　言

太行山脈自黃河北岸之王屋山向東北蜿蜒迄燕山山脈，航空里距八百餘公里。此一高聳山脈，屏列於黃河大平原之西北側，爲大平原與山西高原之分界嶺。自山以西爲高原地貌，故山脈西側坡度徐緩；東側則斷層下陷爲廣大平原，故坡度陡峻。古人稱「連山中斷」爲陘，太行山脈屢見中斷處，自昔利之作爲溝通平原與高原間之東西交通路線。就中要道有八，自西南向東北次第名之，一曰軹關陘，二曰太行陘，三曰白陘，四曰滏口陘，五曰井陘，六曰飛狐陘，一名望都陘，七曰蒲陰陘，八曰軍都陘，總稱爲太行八陘。

此八陘中，飛狐、蒲陰、軍都三陘當中國古代北塞之東段。而飛狐、蒲陰又實一道之北南兩口，故此道於八陘中途程爲最長。自曹操由無終出盧龍塞伐斬蹋頓，而盧龍塞道之名大著，故晉咸寧元年句注碑云：「北方之險，有盧龍、飛狐、句注爲之首，天下之阻，所以分別內外也。」句注即雁門，與盧龍並爲中古時代最有名之北塞險道，飛狐與並列，且南與蒲陰陘爲一道，其險阻修長，行旅艱辛可知，其在北塞地帶南北交通上之地位亦可知。惟自隋代以後，飛狐南之定州（今縣）在政治軍事上之地位，不如雁門南之太原與居庸南之幽州（今北平），亦不如盧龍南之薊州（今薊縣）之爲邊防重鎮，故飛狐之名遠不如雁門、居庸、盧龍之顯著。迨明清時代建都北平，京師防衞，首重內三關。三關者，居庸之外，卽倒馬、紫荆，此兩關卽古飛狐南道，地位始見顯著。實則，居庸、盧龍地太偏東，句注南行仍在高原山地，皆不若飛狐居中，南接河北平原之優越條件，故北魏都平城時期，帝王南巡，及南北使節往還，絕大多數取道廣昌（今淶源）恆嶺，不取句注、雁門也。

飛狐道，先秦時代已見史，趙世家，武靈王滅中山（今定縣），而代（今蔚縣）道大通，卽爲此道，惟無飛狐之名耳。飛狐口之名，始見於史記酈生傳，時在楚漢之際，地在今蔚縣與淶源兩縣之間，南北陘道七八十里，形勢險峻。

淶源縣，漢置廣昌縣，地近飛狐陘之南口，故隋易名飛狐縣。太行山脈多斷陷盆地。此爲一種較特殊之地貌，四周高山環繞，邊緣斷裂陡峭，而中間陷落爲波狀起伏之黃土丘塬，與寬淺河谷。飛狐縣卽爲此類之典型盆地。縣北山脈由縣西走向東北，最高處達二千六百餘公尺，卽飛狐口所中斷者，可謂爲北塞之北線，隋開皇長城卽循此山脈而築者。縣南山脈，由縣西南走向東南，復折向東北，海拔較低，最高處約一千一二百公尺，可謂北塞之南線，此卽今長城線，亦漢長城線。縣境水道有二：西境滱水卽唐河，發源於今恆山之南，東南流，橫截北塞之北線山脈，流入縣境。橫截處在飛狐之西，曰隘門口，亦有石門、天門之名。滱水又東南，橫截南線山脈，入河北定州境。東境有淶水，卽拒馬河，主源發於飛狐口南，東流橫截南山入河北易州境。酈注所見，飛狐口、隘門口分別置飛狐關、石門關（一曰天門關）。隘門下游之滱水截南山處有倒馬關，卽今關所在；淶水截南山處有子莊關，卽今紫荆關。倒馬、子莊之間有五廻嶺，爲徐水發源地，所謂五廻道也。漢世守在南線，置常山關與五阮關，晉人分別稱之爲望都關、蒲陰陘者，卽酈注之倒馬關、五廻嶺道；前人以五阮關、蒲陰陘卽今紫荆關，非也。凡此五個陘關，圍列於漢廣昌縣、唐飛狐縣、今淶源縣境之周緣，五道並出，分達塞垣內外諸州郡。古代之飛狐道，蓋僅就飛狐口南北通達者而言；及隋改縣名爲飛狐，則凡此五道莫不可膺飛狐道之名矣。

此篇就飛狐盆地四出諸關陘與此諸關陘通達塞垣內外諸州郡之行程，以及此諸道可總稱爲飛狐道者在中古南北交通上所居之地位，作一詳實之研究。又飛狐盆地以東，隔小五臺山，有嫣（今懷來）、易（今易縣）間之故城鎮道；盆地以西，隔恆山古岳（今大茂山），有五臺山進香道。故城鎮道地理毗鄰，考附此篇之末。五臺山進香道在交通上之地位頗重要，材料亦較詳，則獨立爲篇。凡此研考，皆聊備讀中古史者之一助云耳。

（一）飛狐口及飛狐地區四出諸關隘

太行山脈北段，即五臺山、恒山（兼古今言）迤東至燕山之一段山脈，東西橫亙於 N39°～40° 地帶，高峯海拔達二千六百餘公尺，爲南北交通之阻，亦爲中國早期北塞之東段。先秦時代，此段山脈之南北，分別建立中山國與代國，皆非華夏民族。代國據有北麓之桑乾河谷盆地，都於代城，在今蔚縣東郊。中山國據有南麓，今河北西部石家莊以北易水以南地區，建都中山，在今靈壽或定縣地區。趙國居兩國之南，據有今山西中部與河北西南部。其後，趙國發展，先出雁門，東兼代地。中山雖在趙國勢力包圍之下，但甚強，且北有崇嶺之阻，能與趙抗。趙武靈王胡服騎射，國力大振，遂屢伐中山，至代地，終滅中山，而「代道大通。」

> 史記趙世家，簡子作寶符，藏於常山，曰「從常山上臨代，代可取也。」是春秋末年已見有道從恆山北通代國。至武靈王十九年「王北略中山之地，至於房子（今高邑縣西南），遂之代。」此後屢攻中山。「二十六年，復攻中山，攘地北至燕、代。」惠文王二年，「主父行新地，遂出代，西遇樓煩王於西河。」「三年，滅中山……。起靈壽，北地方從，代道大通。」大抵中山、代國間雖有高山之阻，但有通道，趙簡子已有自常山北取代地之志，其後武靈王屢由中山北行代地，終滅中山，使代道大通也。

此先秦時代，中山北通代國道，即今考之飛狐道也；唯當時不見飛狐之名耳。

上文述中山北通代國道，明取今淶源縣（E114°40′·N39°20′）地區，即漢廣昌、唐飛狐地區也。惟不見通道之名。鹽鐵論九險固第五〇，大夫歷舉先秦諸國之險，有曰「趙結飛狐、句注、孟門。」即明指先秦時代中山與代國間之通道爲飛狐道，且與句注、孟門並列也。

飛狐之名，始見於史記酈生傳「距蜚狐之口」云云。地在代南至中山道中，時在楚漢之際。然觀酈生說辭，雖虛張聲勢之言，亦足見其名必先秦已著，人所共知爲天下用兵極重要隘道之一。呂覽所記天下九塞，無飛狐之名，但有「疵處」，顯有譌誤，頗疑即「飛狐」涉注文而形譌歟？

史記九七酈生傳，漢楚相拒於滎陽、成皋間，酈生說漢王曰：

「塞成皋之險，杜太行之道，距蜚狐之口，守白馬之津，以示諸侯效實形制之勢。」

按成皋、太行、白馬津皆爲先秦時代天下知名、人所共知之交通軍事要道。（見史記先秦諸列傳，詳史記地名考此三地名條。）楚漢之際去先秦極近，酈生口中以飛狐與此三地名並提，即其險阨之名不在三地之下，且必先秦已知名也。至於飛狐地望，史記集解云：「如淳曰上黨壺關也。駰案，蜚狐在代郡西南。」正義，「蔚州飛狐縣北百五十里有秦漢故郡城；（按指代郡。）西南有山，俗號爲飛狐口也。」漢書四三酈食其傳顏注：「如淳曰上黨壺關也。臣瓚曰，飛狐在代郡西南。師古曰，瓚說是；壺關無飛狐之名。」又史記文帝紀後六年條，集解曰：「如淳曰在代郡，蘇林曰在上黨。」漢書文紀顏注惟引如淳曰在代郡。又後漢書列傳一〇王霸傳，李賢注：「飛狐道在今蔚州飛狐縣，北通嬀州懷戎縣，即古之飛狐口也。」觀上引史漢三處注文，蘇林云在上黨，如淳既云在上黨，又云在代郡，（疑史記集解「如淳曰」下脫「在代郡，蘇林曰」六字。）此二人皆三國魏人，其後註家皆云在代郡，師古斷在代郡，是也。酈注一三㶟水注已是此說。且王霸傳云，爲上谷太守，「治飛狐道……自代至平城三百里。」又史記一一〇匈奴傳述文帝後六年事云：「趙屯飛狐口。」是西漢前期飛狐即在代郡，絕非上黨別有一飛狐也。又御覽五三引晉太康地記，「常山曲陽縣有恆山坂，號飛狐口。」晉書地理志上，冀州常山郡上曲陽縣，亦云「恆山在縣西北，有坂號飛狐口。」亦在故代城與中山之間，與漢及唐以下同，上黨無飛狐之名。復按御覽引太康地記「有恆山坂號飛狐口」下續云「上（脫黨字）壺關縣有羊腸坂。」或者此兩坂齊名，古人往往並提，蘇林有飛狐在上黨壺關之說，殆涉此而誤歟？

前據酈生之言，飛狐爲先秦天下險塞之一，當爲人所共知。然呂氏春秋一三有始覽，列舉大汾、冥阨、荆阮、方城、殽、井陘、疵處、句注、居庸爲天下九塞。淮南子四墬形訓，相同；惟「疵處」作「令疵」。皆不提飛狐之名。何耶？今按兩書「疵處」「令疵」之異，已顯有譌誤。淮南高注「令疵在遼西」，此尚無脫譌痕跡，而呂覽高注「令疵處則未聞」，無端多出「令」字，此尤可疑。復按下文第三節引史記文帝紀，後六年，匈奴大入寇，使周亞夫等三將屯長安近郊；又使中大夫令勉爲車騎將軍，軍飛狐；故楚相蘇意爲將軍，軍句注；將軍張武屯北地；以禦外塞。此爲文帝時一件大事，故朝廷作隆重軍事佈署也。疑兩書本作飛狐，高氏以令勉事入注，後來傳刻脫譌，又以注文混入正文耳。飛狐於漢已爲東北塞外，注家以爲在遼西，亦不足怪。惟此只是獻疑，未敢論定也。

飛狐口之詳實地望在今蔚縣（E114°30′·N39°50′）南、淶源縣（E114°40′·N39°20′）北。爲兩縣間之通道。蓋有崇峻山脈東西橫亙於兩縣之間，中斷爲陘道，得通行旅。道分南北兩段，南段今名爲黑石嶺，北段今名爲北口峪。北口峪即狹義之飛狐口（E114°32′·N39°35′），其北口在先秦代王故城西南六十里，兩漢代縣、北魏代城、唐代蔚州、今蔚縣之南四十里。而廣義之飛狐道則包括南段黑石嶺口道而言，其口在漢廣昌縣、隋唐飛狐縣、今淶源縣之北二三十里（或云五十里）。唐世，蔚州治所興唐縣與飛狐縣南北相距一百五十里，則飛狐道之全程約八九十里之譜。此一地區，山皆黑石如鐵，夾道兩旁，峯高崖峻，壁立如刀削，故有鐵壁之稱，而道極仄狹，砂磧崎嶇，迤邐蜿蜒，一線微通，北段狹義之飛狐口三四十里間尤甚。檢今地圖，南段山高不踰一千二百餘公尺，北段山高至二千六百餘公尺，蓋山愈高道愈險也。北魏時代，於北口置飛狐關。出關則一片塞外草原氣象，故晉人句注碑以飛狐與句注、盧龍並列爲北方巨險之首，「天下之阻，所以分別內外」也。

前文已明飛狐坂、飛狐口在代地之南，而其具體詳實地望始見於水經注。酈注一三㶟水注云：

「祁夷水又東北得飛狐谷，即廣野君（酈生）所謂杜飛狐之口也。蘇林據酈公之說，言在上黨，即實非也；如淳言在代是矣。晉建興中，劉琨自代出飛狐口奔於安次，即於此道也。魏土地記曰，代城南四十里有飛狐關，關水西北流逕南舍亭西。又逕句瑣亭西，西北注祁夷水。祁夷水又東北流逕代城西。……城圓匝而不方，周四十七里，開九門。」

據此，北魏前期已置此關，在代城南四十里。一統志宣化府卷古蹟目代縣故城條，引明統志，代王故城在蔚州東二十里。紀要四四蔚州代王城在州東北二十里。引志云，九門遺址俱存。是也。是北魏飛狐關在代城南四十里，即唐蔚州、今蔚縣之南四十里，而在故代國代郡城西南六十里之譜也。復檢一統志宣化府卷關隘目，「州志，飛狐口在州（蔚州）東南六十里，北口在州南三十里。」古今說者有十里之異。

又元和志一四蔚州，飛狐縣「本漢廣昌縣，……仁壽元年改爲飛狐縣，因縣北飛狐口爲名也。」飛狐縣即今淶源縣，是隋唐飛狐口在此縣之北。檢一統志易州卷關隘目云：

「飛狐口在廣昌縣（今淶源）北，其地兩崖峭立，一線微通，迤邐蜿蜒，百有餘里。……舊志，飛狐口在廣昌縣北二十里，山北諸州之襟喉也。今其地東走宣化，西趨大同，商賈畢集於此，紫荊、倒馬兩關恃飛狐爲外險。」

是其地近在廣昌縣即今淶源縣北二十里，此爲南口，故隋唐此縣有飛狐之名也。然縣北與谷口里數有異說。光緒廣昌縣志卷一諸山目，黑石嶺口在縣北五十里，路通宣化，嶺後即飛狐峪，又名北口峪。與舊志二十里之說不同。大抵蔚縣至淶源間隔一山嶺，以其爲石山，色黑，故名黑石嶺，其間有夾隘陘道稱爲飛狐道，至於南北口去兩縣之距離甚難定，視說者所指起訖而異耳。

按元和志，飛狐縣「西（寰宇記作西北是，實北微西耳。）至州一百五十里。」寰宇記同。一統志易州卷作一百三十里。光緒廣昌縣志疆域說，同。而廣昌志諸山目黑石嶺條引明人楊嗣昌飛狐口記云一百四十里。此古今里數之異耳。則飛狐南北口間隘道蓋約八九十里，最險隘段蓋四五十里。故王化南詩云，「四十飛狐峪」也。（引詳下條）

此隘道雖在秦漢世已著名，然水經注、元和志皆未述其險峻狀況。前引一統志云，「兩崖峭立，一線微通，迤邐蜿蜒，百有餘里。」此則明清之說矣。光緒廣昌縣志卷一有數條記錄，更足顯示其險況，節錄如次：

「黑石、北峪……巉崖陡峻，砂磧崎嶇，一線中通，兩山壁立。」（疆域說）

明人楊嗣昌飛狐口記：「近蔚三十里名北口者，即飛狐口……山如兩翼分張，皆北向，而色紫黯如古鐵，形豎削如指掌。……北口間得沙石細路……而左右山忽卓地起，如千夫拔劍，露立星攢……如此三十里。」（黑石嶺條）

清人王化南多日過飛狐峪詩：「四十飛狐峪，中留一線天，黑山迎馬立，黃草與雲連。」（形隘黑石嶺口條）

飛狐道南口之南，漢置廣昌縣，北魏置廣昌鎮，隋改置飛狐縣（今淶源）。唐承之，卽因飛狐口受名也。

魏書一一二上靈徵志上，兩見廣昌鎮，皆爲太和九年事，一云「靈丘、廣昌鎮」，一云「司州靈丘、廣昌鎮」，必卽漢廣昌縣無疑。隋改名飛狐縣，見元和志一四。

飛狐縣殆爲恆山（今山 E113°45′·N39°40′）以東、小五臺山（E115°·N39°55′）以西之一小山谷平原，四面山脈環繞，北方山脈卽爲飛狐陘所中斷之山脈，最高處海拔二千六百餘公尺，西山次之，東南山脈較低，海拔最高處約一千零六十餘至一千二百餘公尺。縣境之主要水道爲滱水，卽唐河，發源於渾源縣南境，今恆山之南，穿過飛狐縣北山山脈，流經縣之西境，南入唐縣境；其次爲淶水，即拒馬河，發源於飛狐縣之南北山脈中，流經縣治，東南入易縣、淶水縣境。

此據張編地圖集·河北山西地形圖，及 ONC-G-9

飛狐縣北之山脈中，除中斷爲飛狐陘，北魏置飛狐關，爲自古有名之南北要道外，其西滱水流經之隘門口，在靈丘縣（E114°5′·N39°25′）東南十五里，一稱石門、天門，五代、宋初又有龍門之名。其地高峯秀嶂，「壁立直上，層崖刺天，有石道，極險陋。」古未知名，至北魏都平城，先以都中山之慕容燕爲強敵，後以河北爲外府，車駕屢次行幸，及行旅往來，取隘門爲多，有文成帝御射臺碑。以其直當平城通中山（定州）道，飛狐口居東偏，反見次要，故於隘門置石門關，又有天門關之名，與飛狐關並譏行旅也。自此而隘門之名始著。

元和志一四蔚州靈邱縣，「隘門山，亦曰隘口，在縣東南十五里，壁立直上，層崖刺天，有石道極險陋，後魏明元帝置義倉之所。」寰宇記五一蔚州靈邱縣目同，惟「石道」作「古道」，又有「今呼爲龍門」五字。今按此道始見於水經注一一滱水注云：

「滱水又東逕靈邱縣故城南，……自縣南流入峽，謂之隘門，設隘于峽，以譏禁行旅。歷南山，高峯隱天，深溪埒谷。其水沿澗西轉，逕御射臺南，臺在北阜上。臺南有御射臺碑。南則秀嶂分霄，層崖刺天，積石之峻，壁立直上，東駕沿泝，每出是所遊藝焉。滱水西流又南轉東屈，逕北海王詳（獻文帝之子）之石碣南，御射碑石柱北，而南流也。」

足見此隘門即滱水河床之一段。御射臺者，魏書五高宗文成帝紀，四次南幸中山，就中兩次，明云過靈丘。其和平二年云，二月行幸中山。「靈丘南有山，高四百餘丈，……帝彎弧發矢，出山三十餘丈，過山南二百二十步，遂刊石勒銘。」即此事也。北海王詳石碣者，魏書二一上北海王詳傳，獻文帝之子，孝文帝之弟，「高祖自洛北巡，……至高宗射銘之所，詔諸弟及侍臣皆試射遠近，唯詳箭不及高宗箭所十餘步。高祖嘉之，……遂詔勒銘，親自爲制。」此殆即石碣所由來也。參觀上引元和志，爲明元帝置義倉之所。是在射臺、立碣之前。蓋帝王南巡中山多出隘門道也。「石道極險陋」疑亦北魏幾次修道時之工程。復考元和志一四雲州目云：「後魏道武帝又於此建都（平城），東至上谷軍都關，西至河，南至中山隘門塞，北至五原，地方千里，以爲甸服。」甸服標此隘門塞爲南境，其爲南方主道亦可知，其重要性又非飛狐口可比矣。

復考水經注一三灅水注云：

「祁夷水……又東北逕石門關北，舊道出中山故關也。又東北流，水側有池。按魏土地記曰，代城西南三十里有代王魚池。……祁夷水又東北得飛狐谷，即廣野君所謂杜飛狐之口也。」

是飛狐口西有石門關，爲通中山之道，度其形勢，應與上引滱水注之隘門道相近。檢一統志大同府卷山川目，隘門山在靈邱縣東南，周二十里。下引滱水注與寰宇記，是即唐代靈邱縣東南十五里之隘門也。同卷關隘目，「石門口在靈邱縣東二十里，壁立直上，徑最險隘，舊名隘門口關。宋楊延朗嘗守此。」是亦明取元和志、寰宇記之成文。元和志、寰宇記以爲一地是也，蓋山在南，石門關在山之東，亦即隘門關也。上引滱水注云，「隘門設隘於峽，以譏禁行旅」，謂此關矣。然則北魏於飛狐、隘門兩關並置，而隘門又有石門之名耳。

復考魏書三太宗明元帝紀，泰常七年，十月壬辰「車駕南巡，出自天門關，踰恆嶺。」實出此路。然此道中恆嶺之北，不見有天門之名。但同書一一二下靈徵志下，太祖天興三年事，見有代郡天門關。按此時代郡，乃在今蔚縣，則此天門關必即隘門之石門關無疑。

復檢一統志宣化府卷關隘目，「隘門關，在蔚州西南四十里石門峪，亦曰石門口，兩山對峙，中通一線，路通山西靈邱縣。明洪武中設巡司。」按元和志，靈邱縣東北至蔚州一百三十里，一統志宣化府卷沿革目，同，則此隘門關又名石門者，近蔚縣而遠靈邱，非上文所考中古隘門、石門之故地，蓋形勢相近，而借用舊名耳；否則「四十里」必誤。

飛狐縣之南境，自西迤東之山脈中，中古時代則有三關。漢書地理志，代郡有常山關、五原〔阮〕關。常山卽恆山，常山關當在代郡西南，代郡與常山郡接境之恆山（古恆山今大茂山，約 E114°15′·N39°10′ 地區）山脈中，實卽水經注及唐、宋以下之倒馬關（E114°35′·N39°5′）。地在古恆岳嶺口之東十里，故漢有常山關之名也。關亦在滱水河谷中，居隘門之下游，在唐代唐縣（今縣西南三十五里城子里）西北約一百二十里，今唐縣西北一百五十里，淶源縣西南七十里，一云九十里。山路險峻，北臨唐河（滱水）處，夾谷連崖萬丈，「關山險隘，最爲深峭」，馬行其間，喘價爲倒，故名。

代郡常山關始見於漢地志。後漢書列傳七九南匈奴傳云，建武十三年，「漸徙幽并邊人於常山關、居庸關已東。」李賢注以前志代郡常山關爲說。漢志補注：「寰宇通志，倒馬關在唐縣西北，漢置，名常山關。」按通典一七八定州望都縣，「倒馬故關在縣西北，極險要。」元和志一八定州唐縣，「倒馬故關在縣西北一百一十三里，以滱水東經倒馬關，山路險峭，馬爲之倒，因名。」寰宇記六二，同；惟作一百二十里。又續云「漢置關戍於此。」但未指爲漢之何關。考漢書高帝紀，十一年詔曰「代地居常山之北。」又水經注一三㶟水注：「梅福上事曰，代谷者，恆山在其南，北塞在其北。谷中之地，上谷在東，代郡在西。」代郡置關而名常山，必在郡之南境無疑。檢漢地志，常山上曲陽縣，「恆山北谷在西北。」又史記趙世家正義引地道記，「恆山在上曲陽縣西北百四十里。」元和志一八定州恆陽縣，「恆山在縣北百四十里……是爲北嶽，漢以避文帝諱，改曰常山。」卽今大茂山。是常山主峯在常山郡境，餘脈東北行爲代郡與常山郡之境界耳。而廣昌縣卽今淶源縣，漢志屬代郡，則常山關且當在廣昌縣之南境。考水經注一一滱水注，經云，「東南過廣昌縣（唐飛狐，今淶源）南。」注云：「滱水東逕嘉牙川，有一水南來注之。水出恆山北麓……逕嘉牙亭東，而北流注于滱水。水之北山行卽廣昌縣界。滱水又東逕倒馬關。」則倒馬關之名亦極早，地在廣昌縣（唐飛狐）之南，恆山（古恆山）卽常山山脈中。與漢代郡之常山關，南北地望相當。注家以北朝已見史之倒馬關當漢代之常山關，殆甚確。且代郡隔常山南鄰爲常山郡與中山國，常山郡居西，中山國居東，楊氏漢書地理志圖，郡與國之北境略以滱水（即唐河）爲界，關名常山，以晉以後之關度之，誠非倒馬關莫屬矣。一統志易州卷關隘目，倒馬關西十里爲岳嶺口。保定府卷關隘目，岳嶺口即古恆山口也。此亦一證。

滱水注：「滱水又東逕倒馬關」下描述其形勢云：

「關山險隘，最爲深峭，勢均詩人高岡之病良馬，傳險之困行軒，故關受其名焉。關水出西南長溪下，東北歷關注滱。滱水南，山上起御坐於松園，建祇洹于東圃，東北二面岫嶂高深，霞峯隱日，水望澄明，淵無潛甲，行李所經，鮮不徘徊忘返矣。」

此爲倒馬關最早最細之寫照。元和志約述之耳。光緒四年刊唐縣志卷一關隘，引王恪倒馬關詩云：「關南已突兀，關北尤偉怪，連崖萬丈夾，一道唐河界，……地險固金湯，結構雲端寨，上丁歷級登，前騶氣喘憊……」亦可增加吾人對此關形勢之認識。

倒馬關今日南北所至之里距，據一統志保定府卷關隘目，東南至唐縣一百五十里。按唐代之唐縣在今縣西三十餘里，與元和志、寰宇記所記亦相合。同書易州卷關隘目，關在廣昌縣南七十里；而光緒廣昌志作九十里，天下郡國利病書一一直保鎮疆域條亦作九十里。

漢志，代郡之五原關，「原」爲「阮」之音譌，當亦在郡之南境塞上，常山關之東。東漢仍見史。

漢志，代郡有常山關、五原關。考漢書成帝紀，陽朔二年「秋，關東大水，流民欲入函谷、天井、壺口，五阮關者，勿苛留。」顏注：「應劭曰……五阮在代郡。如淳曰阮音近捲反。師古曰：阮音其遠反。」後漢書列傳八〇烏桓傳，「光武初，烏桓與匈奴連兵爲寇，代郡以東，尤被其害。居止近塞，……其在上谷塞外白山者，最爲強富。建武二十一年，遣伏波將軍馬援將三千騎出五阮關掩擊之。」李賢注，「關在代郡。」又說文一四下，「阮，代郡五阮關也，從阜，元聲。」則字當作阮，漢志譌作原。（參漢志補注。）觀成帝紀、烏桓傳，知關當在代郡南境塞上。據烏桓傳，又當在代郡東南境，與上谷爲近，則當在常山關之東也。

前代學人或以爲五阮關即酈注之子莊關、金元以後之紫荊關（E115°10′．N39°25′）。按紫荊之名，唐及北宋已見，所謂紫荊嶺口也，且爲驛道所經。其地爲淶水即拒馬河水所逕，關在嶺上，水之南岸，在今易縣西八十里，淶源縣東一百里。酈注之子莊關地望與此極相當，誠有一關古今名之可能，至少極相近，且疑「紫荊」即爲「子莊」一音之譌變。至於漢代之五阮關即後世之紫荊關之說，無任何直接或間接史料證據可尋，反不若視爲北魏隋唐以下之五迴道（今淶源東南）之較近事理也。

五阮關，漢末以下無考。紀要一〇直隸重險條云：

「紫荊關在保定府易州西八十里，山西廣昌縣（今淶源）東北百里，路通宣府、大同。山谷崎嶇，易於控扼，自昔爲戍守處，即太行蒲陰陘也。……或曰即古之五原關（本注，原一作阮。）……水經注謂之子莊關。宋人謂之金坡關。志云，以山多紫荊樹，因改今名。」

按一統志易州卷關隘目亦云在易州西八十里，西去廣昌縣一百里，餘亦略同；惟不云五原關。同卷山川目，紫荊嶺「在州西八十里，嶺上即紫荊關。」是關嶺同在一處。

關於紫荊之名，前引紀要云宋人謂之金坡關。一統志云金元以來，皆名紫荊。考武經總要一六下北番地理．南京關口目，「紫荊嶺口，幽州西南二百里，嶺口之南屬易州，北即山後蔚州界。」又云易州「西北至紫荊嶺一百里。」此明即後世之紫荊關所在，則其名可溯至北宋也。復考唐會要八六道路目，太和二年，定州奏請移驛道於易州西紫荊嶺路修治，（引詳第二節第(4)目。）則更可上溯至唐代，且爲驛道所經也。

關於紫荊關與子莊關之關係，水經注一一易水注云：

「易水出西山寬中谷，東逕五大夫城南，……又東，左與子莊溪水合。水北出子莊關南，流逕五公城西，……東南入於易水。」

據此，子莊關即在易水上源之北不太遠。一統志易州卷山川目子莊溪水條引易水注此條。又引舊志云，「有水自紫荊關南流入白澗，即此。」又紀要一二易州子莊溪條，「即紫荊關水，自紫荊關流逕州南，舊志謂之子莊溪。」是子莊溪即發源於紫荊關南。參以楊氏水經注圖及今日諸圖，酈注之子莊關誠當與今紫荊關極相近，且子莊、紫荊之音亦可能有相當關係，疑爲一關，殆甚是。復檢一統志易州卷山川目淶水條引廣昌縣志云：

「拒馬河在縣南半里，源出七山下，少東與淶水合流。淶水在縣東一里，源出北崖古塔，下通拒馬河，經紫荊關，流入淶水縣界。」

今檢光緒廣昌縣志卷一，與此相同。是紫荊關爲淶水即拒馬河所逕。蓋關雖當淶水而設，而檢今圖，水道由此北北東行，而關通易州之路則向東南行，向南弓出爲一弧形，（申報館圖舊道及今汽車道皆如此。）此正下接關南易水北源之子莊溪水，故中古時代關名與關南之子莊溪水相同，而不與淶水拒馬相同，此固非不可能者。

至於漢之五阮關，或指爲今之紫荊關。按五阮關，在常山關之東，固無大問題，亦有即紫荊關之可能，但毫無史料線索可尋，故難言之，一統志作者不引或者之說，是也。

五迴道者，始見於酈注，爲飛狐縣（即廣昌縣）南通定州之要道也。嶺在今滿城縣西北九十里，易縣西南一百二十里；淶源縣東南三十里有凝靜庵口（浮圖峪 E114°50′·N39°20′ 稍南），嶺在其東南。嶺高四十餘里，二十餘里中委折五迴，方達上嶺，故名。道出其東南，循徐水源頭隨水流轉，委曲回環，「巖嶂深高，壁立霞峙」，殊爲險峻。北魏太武帝太延元年，東巡中山、鄴城，取此道回平城，射矢踰山，立御射碑三銘於此。唐武后世，突厥默啜由飛狐恆嶺道入寇，虜趙定男女，由五回道北歸，故當時有斷塞岳嶺、五迴等路之議。

水經注一三㶟水注引魏土地記曰：

「代南二百里有廣昌城，南通大嶺。」

同書一一滱水注述滱水之一東源徐水云：

「博水又東北，徐水注之。水西出廣昌縣東南大嶺下，世謂之廣昌嶺。嶺高四十餘里，二十里中委折五廻，方得達其上嶺，故嶺有五廻之名。下望層山，盛若蟻蛭，實兼孤山之稱，亦峻竦也。」

此見五廻嶺之形勢。魏土地記所謂「南通大嶺」卽此嶺也。元和志一八易州滿城縣，「五廻嶺在縣西北五十里，高四十許里。」寰宇記六七易州滿城縣目，作九十里。按元和志，易州五廻縣東至州七十里，開元二十三年刺史盧暉奏置。「在五廻山東麓，因名之。二十四年刺史田琬以其險隘，東遷於五公城，在今易縣西五十里。」度此形勢，山距滿城必不止五十里，寰宇記云九十里較可信。復檢一統志易州卷山川目五廻山條引舊志，「在州西南一百二十里，亦曰五廻嶺。」又關隘目，「凝靜庵口，在廣昌縣東南三十里，北接浮圖峪，路通州界五廻嶺。」「浮圖峪口在廣昌縣之東三十里，路通紫荊關。」則嶺在凝靜庵口東南不太遠，北去浮圖峪亦不太遠。紫荊關在易州西八十里，廣昌縣東一百里，則嶺又當在紫荊之西四五十里之譜，其方位至明。

滱水注下文又述徐水源頭形勢及太武帝東巡事云：

「徐水三源奇發，齊瀉一澗，東流北轉，逕東山下，水西有御射碑。徐水又北流西屈，逕南崖下，水陰又有一碑。徐水又隨山南轉，逕東崖下，水際又有一碑。凡此三銘，皆翼對層巒，巖嶂深高，壁立霞峙。石文云，皇帝以太延元年十二月車駕東巡，逕五廻之險邃，覽崇岸之竦峙，乃停駕路側，援弓而射之，飛矢踰于巖山，刊石用讚元功，夾碑竝有層臺二所，卽御射處也。徐水東北屈逕郎山…。」（此注尙有逸文，見寰宇記六七易州滿城縣條。）

按魏書四世祖紀，太延元年十月甲辰，行幸定州，十一月至冀州及鄴城，明年正月還宮。酈注此段所記卽此次事。云十二月者，是由定州北歸取五廻道也。足見爲一南通定州之一要道。

唐武后時默啜入寇定州，取五廻道北歸，詳後文。

前論漢常山關約當後世之倒馬關，以其當常山之北口，故名常山關。五阮關既在常山關之東，五迴嶺亦在常山關之東，「五」既相同，「阮」「迴」音義似亦相近，故亦疑五阮關乃當五迴嶺而建置，故有五阮之名也。

前文引成帝紀、烏桓傳，知五阮關當在代郡東南境塞上，地在常山關之東。論其形勢，正當在五廻嶺至紫荆關地段。按「阮」從「元」，「元」有回環之意，音亦相近，故疑即五廻道，既當常山口置常山關，則當五廻口置五阮關，於理亦長，疑非紫荆關也。

至於紫荆關雖非漢關，但子莊亦中古之關，明清志書稱此關「崖壁峭矗，狀如列屏，爲易州之巨防。」蓋自中古亦已爲一較重要之險隘關口也。

此語見紀要一〇直隸重險紫荆關條。又云「山谷崎嶇，易於控扼。」一統志易州卷關隘目引舊志略同，云「爲京師西偏重地。」又同卷山川目，紫荆關「峯巒環列……眞天設之險。」並見此處峯巒屏列，陡峭如壁立之狀。

是則中古時代，恆山（兼古今兩山言）以東，小五臺山以西之廣昌、飛狐縣地段，四山環繞。向北有兩道通過北山山脈：東道取飛狐口，北通代城，唐曰蔚州。西道取滱水河谷，曰隘門，或曰天門、石門，西北通平城，唐曰雲州。北魏於兩地分別置飛狐關與石門關，石門關亦曰天門關。向南則有三道，通過南山山脈：西道取隘門下游之滱水河谷，經恆岳（古岳）東緣，漢置常山關，北魏以下曰倒馬關，南通定州。東道取淶水即拒馬水河谷，度入易水北源子莊溪水河谷，北魏有子莊關，即後世之紫荆關，東通易州。中道取五迴嶺路，亦南通定州，蓋即漢置五阮關處。晉末郭緣生述征記稱太行八陘，其第六飛狐陘，一名望都關，即常山關、倒馬關道；其第七蒲陰陘即五迴嶺道，蓋即漢五阮關道，前人以爲即紫荆關道，非也。

元和志一六懷州河內縣太行陘條云：

「連山中斷曰陘。述征記曰：太行山首始于河內。自河內北至幽州，凡有八陘。……第五井陘，第六飛狐陘，一名望都關，第七蒲陰陘，此三陘在中山。」

按述征記當即郭緣生所撰者。姚振宗云：「據所存諸佚文，似緣生從宋武北征慕容超，西征姚泓時所記，並在晉義熙中也。」（隋書經籍志考證卷二十一）故八陘之說不能遲於晉世。

紀要一一直隸重險條，紫荆關卽太行蒲陰陘也。一統志易州卷關隘目，亦云紫荆關卽太行八陘之蒲陰陘，於望都陘無說。按漢地志，中山國領縣有望都、曲逆兩縣。東漢更曲逆名爲蒲陰。晉書地理志，望都、蒲陰兩縣仍皆屬中山國。則此兩陘卽以所在之縣境或南達之縣而命名也。據一統志保定府卷古蹟目，望都故城在今縣西北三十里，地近今唐縣。蒲陰故城，據紀要一二完縣曲逆城條，在今完縣東南二十里。則此太行兩陘係南北行之兩陘道也。檢視地圖，由今望都西北之唐縣北行，正値倒馬關，由完縣北行，正値五廻嶺。則望都陘當卽倒馬關道，漢之常山關道；蒲陰陘當卽五廻嶺道，漢之五阮關道也。通典一七八定州目，倒馬關繫於望都縣，卽此意矣。寰宇記六二定州望都縣亦云倒馬關在邑界。且晉書一四地理志冀州常山郡，「上曲陽，恆山在縣西北，有坂號飛狐口。」直以飛狐爲恆山之一坂，正與述征記以飛狐陘卽望都關說合，卽指飛狐口西南經恆岳嶺口之常山關、倒馬關，南入中山之道也。其東之南北通道卽五廻嶺道。至於紫荆關乃廣昌、飛狐縣東通易州之路，易州及關皆在易水之北，不但晉世非中山國境，卽漢世亦非中山國境，故一統志指爲蒲陰陘者，必非事實。

由此言之，廣昌、飛狐、淶源古今異名同地之山谷小平原地區，爲古代南北交通之樞紐，由此向北向南皆有兩道，另有向東一道（紫荆關道）。五道之口皆爲極險峻之隘口或崇嶺，分別置關。西北隘門，一曰天門、石門，北魏置石門關，一曰天門關，西北通平城。北出飛狐口，北魏置飛狐關，通古代城，卽唐之蔚州。南出望都陘，漢置常山關，卽北魏以下之倒馬關；東南出五迴嶺，漢置五阮關；皆南通古中山地，卽魏唐之定州。東取淶水上源河谷折入易水北源，魏置子莊關，即唐宋以後之紫荊嶺關，東通易州。此五關口中，飛狐口近在先秦相當強盛之代國都城之南郊，爲南通塞內中山、燕、趙之要道，故飛狐之名最先著。漢代守在北塞之南麓，故因廣昌平原南緣山河隘口置常山、五阮兩關，晉因之曰兩陘。北魏前期都平城，守在塞北，故分別置石門、飛狐兩關。是以自魏以前，凡由飛狐口南下諸道皆可謂飛狐道，蓋以常山關、倒馬關道爲主；及隋唐改廣昌縣曰飛狐縣，則其南北東五關之道，皆可謂之飛狐道矣。

前考飛狐口道，其廣昌以南取何道不可知，要當在飛狐道一名之範圍內。前引晉書地理志上，以爲飛狐口即恆山坂；述征記謂飛狐陘，一曰望都陘；此明指倒馬關道爲飛狐道。蓋此道經恆山，或近恆山，固應爲北出飛狐口之最早知名之要道也。劉琨由代取飛狐口奔安次（今縣 E116°45′·N39°25′ 西北），疑取五廻道或子莊道，是廣昌向東南之道也。皆爲飛狐道。唐改廣昌縣名飛狐縣，凡此地段之通道皆可稱爲飛狐道，固不待言。復考夢溪筆談二四云：

「北岳恆山（約 E114°15′·N39°10′ 地區），今謂之大茂山者是也。半屬契丹，以大茂山分脊爲界。岳祠舊在山下，……今祠乃在曲陽……有李克用題名云……因師自飛狐路即〔却〕歸雁門。（按今存碑作太原。）今飛狐路在大茂之西，自銀冶寨北出倒馬關，度虜界，却自石門子冷水舖，入鉼形梅回兩寨之間，至代州。今此路已不通。」

此爲古人述飛狐道最詳之一段記載，故通鑑胡注三度徵引。（卷二二九建中四年，卷二四二長慶元年，卷二六二天復元年。）按李克用取飛狐路至河東，必只經飛狐縣不經飛狐口，沈括所述飛狐道即取倒馬關，隘門（一名石門），靈邱，西經鉼形寨至代州也。鉼形寨即今平型關（E113°50′·N39°20′）。此即代州通蔚州道，已詳太原北塞交通諸道篇第三節代州東北通蔚嬀幽州道。此亦只經飛狐縣地段，不經飛狐口也。

至宋世，五臺縣東南至鎮州三百五十里之行程，蓋取滹沱河谷者，亦有飛狐路之名，則非所當矣。

通鑑二八〇，後晉天福元年，呂琦謂忻州刺史丁審琦曰，「不若早帥兵民自五臺奔鎮州。」胡注：「自五臺縣東南至鎮州三百六十里，即取飛狐路也。」按下文五臺山進香道篇，鎮州西北經今阜平至南臺，又西南至五臺縣，約四百五十里以上；此云五臺縣東南至鎮州三百六十里者，必較逕捷，當取滹沱河谷道直至鎮州，此去飛狐地段已遠。

（二）飛狐地區四出諸道之行程

恆山（兼古今言）以東、小五臺山以西之飛狐縣（漢廣昌、今淶源）地區，中古時代四出交通諸關陘已考論如上，茲再考此諸關陘南北通達諸道之行程。

(1) 飛狐口北出與倒馬關南出諸道——望都陘等道

元和志云，蔚州「東南至定州，取轆轤山路四百九十里。」「南（本譌作東）至恆州，取秦〔恆〕嶺路四百九十里。」轆轤山即古恆山南麓之一山，故實爲一道，至定州實約四百二十里之譜，不能如到恆州之里程也。此道由倒馬關微向西，經北嶽恆山（古岳）之南，可謂西道，蓋亦漢晉之主道。而由關直南取兩嶺路，直趨唐縣（今縣西南三十五里）至定州，爲另一道，蓋不踰四百里，可謂中道。至於晉之鴻上關道，則東道也。

元和志此條，見卷一四蔚州八到條。按同書一八定州目，「西北至蔚州四百七十里。」寰宇記五一蔚州目，與元和志同，惟「東至」作「南至」是也，東字顯譌。兩書「秦嶺」亦「恆嶺」之音譌。寰宇記，定州及鎮州兩目，亦皆作四百九十里。復檢通典一七八，鎮州、定州北至蔚州亦皆四百九十里；但同書一七九蔚州南至鎮州四百里，東南到定州四百九十里。又九域志二，眞定府（鎮州）「北到蔚州四百九十里。」定州「西北至蔚州三百八十里。」是不同。按秦嶺即恆嶺之音譌，實即古恆山地區，而轆轤山亦在恆山南區，詳下文。故此兩道實即一道，恆州在定州之西南一百二十里，由蔚州南行同一道路，斷無皆爲四百九十里之理。按唐世蔚定間官道取倒馬關者，必經飛狐縣。元和志蔚州目，飛狐縣西（當作西北）至州一百五十里。寰宇記作一百里。檢一統志宣化府卷，蔚州東南至廣昌縣治（即唐之飛狐）一百三十里，則寰宇記脫「五十」兩字。又檢一統志易州卷關隘目，倒馬關在廣昌縣南七十里。而光緒廣昌縣志一疆域說，南至倒馬關九十里，天下郡國利病書一一直隸直保鎮疆域條亦作九十里。則蔚州南經飛狐縣至倒馬關約二百二三十里之譜。又據下文所考，自倒馬關西經轆轤山，折南經和家砦，恆陽縣（曲陽），至定州約近二百里，則自蔚州經倒馬關，恆嶽嶺，至定州全程約四百二十里之譜，知九域志與通典一七九蔚州目似較正，餘皆涉蔚州至恆州之里程而譌也。然續郡國志二中山國上曲陽縣，「恆山在西北。」注引晉地道記，「自縣北行四百二十里，恆多山坂，名飛狐口。」按自曲陽（即恆陽）東南到定州六十里，則正有四百九十里之數，或者唐以前之計程本爲四百九十里，唐宋志書只承襲前代志書之舊文耳。且據晉地記此文，倒馬關西取恆嶽嶺、轆轤山路殆爲漢晉之古道，恆山爲北嶽，固宜早取此道也。

又元和志一八定州，唐縣東南至州五十里，倒馬關在縣西北一百一十三里。寰宇記六二定州目同；惟「一十三」作「二十」。檢一統志保定府卷關隘目引元和志亦作「二十」，今從之。則由關南經唐縣至定州不踰一百七十里。加關北至蔚州之里程，約共四百里之譜。此路經兩嶺與軍城砦，詳下文。此道在轆轤山道之東，然更東又有鴻上關道，故此道可謂中道也。

其行程之可知者：由飛狐縣（今淶源）向北微西行二三十里，入飛狐陘（今黑石嶺），陘道八九十里，出北口飛狐故關（今北口峪），又四十里至蔚州治所興唐縣（今蔚縣）。飛狐陘爲天下巨險，前已述論。

此段行程與飛狐口形勢，前文考證已詳。

蔚州東北行一百里至孔嶺關，又一百五十里至媯州治所懷戎縣（舊懷來）。

又蔚州西北至雲州治所雲中縣（今大同）亦爲一道，雖唐世里距不詳，但漢世早通行，光武且詔加工修治，凡三百餘里，唐世當能通行。韋鎰有望湖驛詩，可能在此道上。至今飛狐口仍爲東走宣化，西走大同，商賈畢集之地也。

通媯州道，見元和志、寰宇記，已引詳太原北塞交通諸道篇第三節代州東北通蔚媯道。通典一七九蔚州飛狐縣，「飛狐口在縣北，漢之飛狐道通媯川郡（媯州）懷戎縣。」元和志一四蔚州飛狐縣，略同。更見飛狐北出，以通媯州爲主。蔚雲間通道，唐宋志書皆不記。然後漢書列傳一〇王霸傳，拜上谷太守，與匈奴左南將軍連戰於平城下。建武十三年，「詔霸將弛刑徒六千餘人，與杜茂治飛狐道，堆石布土，築起亭障，自代至平城三百餘里。」按代即唐之蔚州，此當由代南之飛狐道起，西北至平城三百餘里也。

韋鎰有經望湖驛詩，云：「大漠無屯雲，孤峯出亂柳，前驅白登道，顧失飛狐口，遙憶代王城，俯臨恆山後。」（全唐詩一一函七册），當在飛狐以北道中作。觀「前驅」「顧失」一聯，以在蔚雲間道中之可能性爲大。

一統志易州卷關隘目飛狐口條引舊志云：「山北諸州之襟喉也。今地東走宣化，西趨大同，商賈畢集於此。紫荆、倒馬兩關，恃飛狐爲外險。」按此種形勢自漢已然，唐當亦如之。

自飛狐縣向南微西七十里一云九十里至倒馬關（今關 E114°35′·N39°5′），即漢之常山關，晉之望都關，東北臨滱水，西南拒恆嶽口，形勢險峻，故有倒馬之名。已詳前文。

自倒馬關以南，有西取轆轤山，中取南北嶺，東取鴻上關，凡三道。西道取轆轤山者，即恆嶺道也。由倒馬關西行十里至嶽嶺口，即恆山口也。又西行經恆山（古地望）之南轆轤山，再向南至恆陽縣（今曲陽）。「高宗調露中，用兵突厥，恆州長史披山刊木構橋梁，以通運路，路由北嶽。」蓋謂此道也。宋代於山南至恆陽間置和家砦，在軍城砦（今鎭 E114°40′·

N38°58′）西南七十里，北砦（今阜平縣E114°12′·N38°50′）東北五十五里，恆陽縣西北九十里。中古時代，於恆陽縣祠北岳，唐世恆嶽觀在縣南百餘步，恆嶽下廟在縣西四十步，今廟中尙存唐碑五，李克用中和五年題名碑尤資考證。由縣又東南六十里至定州（今定縣）。由關至州全程約近二百里，此殆爲廣昌、飛狐以南可考見之最早古道。胡三省云：「自廣昌東南山南出倒馬關，至中山上曲陽縣，關山險隘，實爲深峭，石磴逶迤，沿塗九曲。」卽此道也。其北段狹處纔十步或僅通單騎，故至艱險。

轆轤山見武經總要。其前集一六上定州目云：

「安王口鋪，北至界首嶽嶺路約五十里，……東至古道口鋪約十里，南至和家口鋪約八里，西北至輅轤谷約三十里。鋪北山路，惟通單騎。」

「和家口鋪，北至界首嶽嶺路約八十里，……東北至古道口鋪約二十五里，南至和家砦約七里，北至安王口鋪約八里。」

「板谷口鋪，西北至界首破胡嶺約六十里，……東至和家砦約十里，南至五柳口鋪二十里，西南至北砦約六十里，北至安王口鋪二十里，……今移在輅轤谷。」

「五柳口鋪，西北至界首破胡嶺約九十里，……東南至曲陽縣約一百一十里，南至沙河五里，……北至板谷口鋪二十里，西北約五十里至輅轤谷口。」

按此接連四條，三見輅轤谷，必與轆轤山有關且相近。此谷似爲一東西橫列之谷，五柳口鋪條之輅轤谷口似爲西口，約在北砦（今阜平）東北五六十里至六七十里，迤東似去板谷口不遠，而安王口鋪條所見輅轤谷，蓋此谷之較東地段。再檢此四條之前嶽嶺口鋪與古道口鋪兩條，安王口鋪東至古道口鋪十里或十五里，又東三里至嶽嶺口鋪。據一統志易州卷關隘目，嶽嶺口在倒馬關之西十里。則輅轤谷較東地段，當在倒馬關之西或西北不下三十里地區。

又綜此四條，可就方位里程節要如下：

安王口鋪：北至嶽嶺路五十里；西北至輅轤谷約三十里；東至古道口鋪十里或十五里，又東三里至嶽嶺口鋪；南至和家口鋪八里，又南七里至和家砦。

而和家口鋪東北至古道口鋪二十五里。

又檢同書同卷和家砦條云：

「北至界首嶽嶺路約八十里，……東北至軍城砦七十里，……東北至嶽嶺口鋪約三十五里，東北至古道口鋪約三十里，直東至龍泉鎮約六十里，東南至曲陽縣約九十里，曲陽縣至定州約六十里。北至和家口鋪約七里，直北落西至安王口鋪約一十五里，……西南至北砦約五十五里。至安王鋪口山路濶處約一百步，狹處約一十步，安王口鋪以北至界首約五十里，山路惟通單騎。」

按前引一統志，嶽嶺口在倒馬關之西十里。又一統志保定府卷關隘目，「岳嶺口在唐縣西北一百二十里，古恆山口也。」合而觀之，宋世此道由關西行十里至嶽嶺口鋪，又三里至古道口鋪，又十五里至安王口鋪，蓋轆轤山之南，故有谷在鋪之西北三十里也。安王口南十五里至和家砦，在軍城砦西南七十里，北砦東北五十五里。由和家砦東南行九十里至曲陽縣，又六十里至定州。由關至定州，合計一百九十三里，大數約二百里。唐道經轆轤山，又此有古道口之名，蓋亦承唐前舊道耳。曲陽縣，唐曰恆陽，以在恆山之陽也。元和志一八定州，恆陽縣東至州六十里，「恆山在縣北百四十里，……是爲北嶽。」據此里距，此道仍經恆嶽之南，轆轤山蓋南麓近處之一山名耳。

唐恆嶽嶺路銘，見集古錄目五、寶刻叢編六、寶刻類編八。集古錄目跋云云，見綱文所引，續云「故以嶽嶺爲名。碑以調露二年二月立。」所增修者當卽此道中也。按通鑑二〇二調露元年十月，單于大都護府突厥反，寇定州，必此時所修者也。

恆嶽觀，恆嶽下廟，皆見元和志定州恆陽縣目。一統志定州卷祠廟目，北嶽廟條，引舊志，北嶽廟在縣西附城，距恆山百餘里，廟中有唐碑五。李克用題名碑見金石萃編一一七，引詳第三節末段。

前引史記趙世家，簡子作寶符，藏於常山，曰「從常山上臨代，代可取也。」是春秋末已見有道從恆山北通代國。世家又云，武靈王二十一年，「攻中山……合軍曲陽，攻取丹丘、華陽、鴟之塞。」正義：「括地志云，上曲陽故城在定州曲陽縣西五里。按合軍曲陽卽上曲陽也，以在常山郡也。」所釋是也。又釋丹丘云「蓋邢州丹丘縣也。」則非其地。考證云今曲陽縣。檢一統志定州卷古蹟目，丹邱城，「在曲陽縣西北。十三州志云，上曲陽有丹邱城。或曰丹邱，恆山別名也，城在山上，因名。」又正義釋華陽，引括地志云：北岳有五別名，其三曰華陽臺。則此三地，大抵皆在曲陽及其以北地區，卽循曲陽北向恆山之道，亦略相當於唐代轆轤山道也。

胡三省語，見通鑑一五二梁大通二年注。北段狹處情形見武經總要，前文已引。

中道取南北嶺者，由關直南微東行一百里至八渡故關。在恆水、滱水會口之南（今唐縣西六十里橫河口之南），相近又有馬溺故關。又二十里至唐縣，西臨滱水。（今唐縣西南三十五里城子里。）

元和志一八定州唐縣，倒馬故關在縣西北一百一十三里，寰宇記作一百二十里，定作「二十」，詳前文。一統志保定府卷關隘目，倒馬關在唐縣西北一百五十里。而不詳唐代之唐縣故城所在。檢光緒唐縣志卷一古蹟目錄張惇德唐縣故城考，以爲唐縣故城有三，漢置唐縣在今縣東北二十五里故城村，或訛爲固城。隋置唐縣在今縣西三十里雹水村，卽戰國左人城。唐聖歷元年移治，故城在今縣西南三十五里城子村，俗名城子里。按元和志，唐縣，「滱水一名唐水，西去縣一百五十步。」「孤山，蓋都山也，縣東北五十四里。」檢一統志保定府卷山川目，望都山卽元和志之孤山、都山。引舊志，在今縣東北十八里。又唐水卽滱水，引舊志，逕縣西南二十里。再參以今縣去關一百五十里之數，則唐代唐縣故治誠當在今縣西約三十里之譜，張氏之說宜頗可信。

八渡關、馬溺關　元和志定州唐縣，「八度故關（在）縣西北二十里。」寰宇記六二定州唐縣，「八度故關在縣西北二十里，有水屈曲八度，流水之上置關，因名。蓋漢戍也。」按水經注一一滱水注云：

「滱水又東，恆水從西來注之，自下滱水兼納恆川之通稱焉。……滱水又東，右苞馬溺水。水出上曲陽城東北馬溺山，東北流逕伏亭。晉書地道記曰，望都縣有馬溺關。中山記曰：八渡、馬溺是山曲要害之地，二關勢接，疑斯城卽是關尉宿治，異目之來，非所詳矣。」

是則八度故關相近又有馬溺故關，酈注疑卽伏亭所在地。其地在滱水之西，當恆水入滱水會口之下游，則其地可指矣。光緒唐縣志關隘目引康熙志，以爲卽今唐縣西六十里之橫河口十八渡，檢光緒志疆域圖說，橫河口當恆水，而十八渡在水北，與酈注不合，實當在橫河口之南也。

又東南五十里至定州治所安喜縣（今定縣）。自關至州全程約一百七十里。

此見元和志及寰宇記六二定州目。

今唐縣西北至倒馬關之路有三：由縣北微西行，經城子嶺，行滱水之東，經北鴻城，周家堡，西至關，此東路也。由縣西北楊莊嶺，西渡滱水，經十八盤，葛洪山之東，西北至關，此中路也。由縣西橫河口北行，經十八渡，赤岳，軍城鎭，下葦子，上葦子，南嶺子，北嶺子，至關，軍城（E114°40′·N38°58′）在關南六十里，此西路也。清代志書云，三道皆崎嶇，不可以車。

按此見光緒唐縣志·疆域圖說。

南北朝通使，道出南北兩嶺間，是今之西路，唐代當取此路，卽此所考之中道也，疑亦北魏道武帝天興元年「治直道自望都鐵關鑿恆嶺至代五百里」者。宋世，此路之南嶺闊九步，北嶺闊十五步，僅通單騎；但近代已通汽車。

水經注一一滱水注云：

「滱水自倒馬關南流，與大嶺水合。……滱水又屈而東合兩嶺溪水。水出恆山北阜，東北流，歷兩嶺間。北嶺雖層陵雲舉，猶不若南巒峭秀。自水南步遠峯，石磴逶迤，沿途九曲，歷睇諸山，咸爲劣矣，抑亦羊腸邛崍之類者也。齊宋通和，路出其間。其水東北流注於滱水。」

則南北朝通使，取南北兩嶺路，卽今之西路也。復檢一統志保定府卷關隘目，軍城鎮，「在唐縣西北九十里，（本倒譌爲十九里），南去曲陽縣八十里，北至倒馬關六十里。宋楊延昭於此築城屯軍。金時置鎮。明洪武初置馬驛於此。」考武經總要前集一六上，有軍城砦，上葦子鋪，下葦子鋪，上葦子鋪西北至南嶺子一十五里。雖總要所述邊疆砦堡之方位里距往往自相牴牾，甚且矛盾，此卷所述尤多此類情形，甚難董理；然參之光緒志，可知此一砦兩鋪爲一通道，及其南北次第，與光緒志合。是宋亦取今西道也。檢今日諸圖，軍城鎮在恆水上游之北岸，略居倒馬關與恆水滱水會口之間，則此道蓋取恆岳東緣耳。南北朝行此道，蓋即晉之望都關道。北魏道武帝治直道鑿嶺事，見第三節引帝紀，蓋就此道加工耳。宋代亦行此道，唐代之唐縣在軍城直南，當亦行此道無疑。據武經總要一六上之下葦子鋪、上葦子鋪兩條，北行山道，惟通單騎，又兩嶺口鋪條，南嶺闊九步，北嶺闊一十五步。

東道取鴻上關者，晉之鴻上關，蓋即先秦鴻之塞，約在北緯三九度，滱水之濱，蓋行今之東道，亦中古倒馬關以南之東道也。其南又有委粟故關，疑亦在今東道歟？

前引滱水注，兩嶺溪水注于滱水，下文續云：

「（滱水）又東 ，左合懸水。……滱水又東流歷鴻山，世謂是處爲鴻頭，疑即晉書地道記所謂鴻上關也。關尉治北平，而畫塞於望都東北，去北平不遠，兼縣土所極也。滱水於是左納鴻上水。……滱水又東逕左人城南。應劭曰，左人城在唐縣西北四十里。縣有雹水，亦或謂之爲唐水也。水出中山城之西如北。城內有小山，在城西側，而銳上，若委粟焉，疑即地道記所云望都縣有委粟關也。……今此城于盧奴城（今定縣）北如西六十里。城之西北，泉源所導……西流歷左人亭注滱水。……滱水又東，恆水從西來注之。」

據此，兩嶺溪水入滱水會口之東，左有懸水口，再東歷鴻山，有鴻上水自左來會，酈氏疑即晉世鴻上關所在，當可信。一統志保定府卷古蹟目，鴻城即酈注所引晉書地道記之鴻上關。舊志，今鴻城社在縣西北七十里。光緒唐縣志作縣北七十五里，在滱水東南流折而西南流之轉折處之東岸。考寰宇記六二定州唐縣，「鴻山關 ，今名鴻城。」下引酈注 。又引九州要記曰，「中山有鴻山關者，昔項羽」云云，又曰：「鴻城俗呼爲鴻郎城。」惜皆不云方位。據酈注，關在左人城西北，左人城則在漢之唐縣西北四十里，漢之唐縣在今唐縣東北二十五里。則關在今唐縣北或微西之滱水河谷，去今唐縣約六十里上下。復考史記趙世家，武靈王二十一年，「攻中山，……趙與（疑爲人名）之陘，合軍曲陽，攻取丹丘、華陽、鴟之塞。」集解：「徐廣曰，鴟一作鴻。」正義：「徐廣曰，鴟一作鴻。鴻上故關，今名汝城，（疑汝爲鴻之形譌。）在定州唐縣東北六十里，本晉鴻上關城也。又有鴻上水，源出唐縣北葛洪山，接北岳恆山，與鴻上塞皆在定州。」則鴻上關塞之名極早，在唐代唐縣東北六十里。以此勘之張編地圖集・山西河北圖及 ONC–G–9 ，此關塞當約在 N39° 稍南地區之滱水側近。清代志書，所記約略可信。

此段酈注又提到委粟關，疑在中山城。新唐志，定州唐縣「北有委粟故關。」地在倒馬關、八度關之東。楊氏水經注圖置於今唐縣。按酈注，中山城在鴻上關以南滱水之東至少二三十里之中山城，城在盧奴城之西北六十里。檢一統志定州卷，定州西北至唐縣正爲六十里，唐縣又在滱水之東三十里之譜，地望正合，楊圖是也。

(2) 飛狐縣西北出隘門通平城道

上考由蔚州南入飛狐口，更南入倒馬關通定州之道，蓋先秦兩漢之飛狐主道也。北魏建都平城，東南至山東，則取滱水河谷經靈邱隘門爲主，由廣昌鎮入倒馬關。其廣昌以北之行程，則西北西約九十里至靈邱縣（今縣 E114°5′・N39°25′），道中有隘門之險，一名石門關、天門關，在靈邱東南十五里。由靈邱又西北略循滱水河谷上行八十里至石銘陘嶺，題云冀州北界。地在今恆山之南，靈邱、渾源兩縣之正中間(約 E113°50′・N39°30′)，蓋亦開皇長城之一口也。

一統志易州卷，廣昌縣西至靈邱縣界五十里；大同府卷，靈邱縣東至廣昌縣界四十里。則此兩縣東西距九十里。檢光緒廣昌志疆域說，正作九十里。中古時代當略同。隘門，已詳前考。

元和志一四蔚州靈邱縣，「石銘陘嶺在縣西北八十里。上有石銘，題言冀州北界，故謂之石銘陘。」寰宇記五一，同。按此出水經注一一滱水注。經云：「滱水出代郡靈邱縣高氏山。」注云：「出縣西北高氏山。山海經曰，高氏之山，滱水出焉。……其水東南流。山上有石銘，題言冀州北界，故世謂之石銘陘也。」按寰宇記五一蔚州靈邱縣，「高是山在縣西北七里。」一統志大同府卷山川目翠屏山條引作七十里，是也。則所謂「山上有石銘」者卽滱水源頭之高氏山也。一統志大同府卷山川目，滱水在渾源州南，出翠屏山，山在州南七里，秀麗如畫屏，滱水出其東麓，一名高氏山。又恆山在州東南二十里。則石銘陘之地望可確指。據一統志，渾源、靈邱相距一百五十里，則陘在兩縣正中間，翠屏山之東，恆山主峯之南也。

元和志靈邱縣條又云：「開皇長城西自繁峙縣經縣北七十里，東入飛狐縣界。」寰宇記同。以此度之，石銘陘正當長城地帶。

踰陘嶺長城口又西北約七十里至渾源縣（約今縣），唐末置，又西北約一百二十里至雲州治所雲中縣，卽漢魏之平城（今大同）也。

一統志大同府卷沿革目，「渾源州，在府東南一百二十里。唐爲雲中縣地，後分置渾源縣，屬應州。五代晉初，隨州入遼。」又古蹟目，崞縣故城，漢置，在今渾源縣西二十里橫山左側。唐末改置渾源，東徙今治。按遼史地理志五，應州渾源縣，唐置。檢兩唐志皆無之，蓋唐末有此縣也。據一統志，渾源東南至靈邱縣界一百一十里，由界至靈邱縣治四十里，共一百五十里。若唐縣果卽今縣治則里距可約知。唐宋志書不記雲州東南至蔚州、易州、定州之里程。一統志，大同府卷云，渾源州在府東南一百二十里，今據此約書之。又按天下郡國利病書一一倒馬關條，北至廣昌縣九十里，西至大同府五百里。據上文所考累計，自關經廣昌、靈邱、石銘陘，至渾源共三百三十里，則渾源至府應爲一百七十里，蓋五百里只是約數，或者由廣昌北取飛狐口道，必當有五百里之程。

北魏太武帝詔張黎發定州民伕通莎泉道。莎泉縣名，亦水名，在靈邱之西。水又名兹水，發源高是山西南之枝迴嶺。蓋由靈丘西取莎泉河谷或仍北出石銘陘，或另西北出枝迴嶺，未可定也。

魏書四世祖太武帝紀，太延二年，「詔廣平公張黎發定州七郡一萬二千人通莎泉道。」又見卷二八張黎傳。按地形志上，北靈邱郡領靈丘、莎泉兩縣。隋書地理志中，雁門郡靈丘縣，「後齊省莎泉縣入焉。」考水經滱水注，「水出高氏山，東南合溫泉水，又東，莎泉水注之。水導源莎泉南流，水側有莎泉亭，東南入於滱水。滱水又東逕靈邱縣故城南。」則滱水可謂有三源。據楊氏水經注圖，及今溫泉水之名，知溫泉水爲東源，莎泉水乃西源也。莎泉縣當在靈邱之西北，以水受名也。復檢元和志一四，蔚州靈邱縣，「滱水出縣西北高是山。」「兹水出縣西枝迴山，懸河五丈，湍激之聲，響動山谷，樵枚之士咸由此度，巨木淪渚，久乃方出，……土地記云，枝迴嶺與高是山連麓接勢。」寰宇記五一靈邱縣目略同。又云：「山海經云，高是之山，滋水出焉。土地記云，鹵城東三十八里有枝迴嶺，北與高是山，連麓接勢，通爲高是山。」一統志大同府卷山川目，滋水在靈邱縣西南二十里，一名莎泉水。謂在縣西南二十里處，注入滱水也。今檢 ONC-G-9 圖，此三源甚顯，所謂通莎泉道者，可能由靈邱西取莎泉河谷，仍北出石銘陘道，亦可能直循莎泉水河谷，北出枝廻嶺，未能斷定也。

又由靈邱西行約八十里至宋之瓶形砦，向西至代州，此亦飛狐道之一也。

第一節引夢溪筆談二四，「北岳恆山，今謂之大茂山，……今飛狐路在大茂之西，自銀冶寨北出倒馬關，度虜界，却自石門子，冷水鋪，入缾形、梅回兩寨之間至代州。今此路已不通。」按缾形砦即今平型關，梅回砦當與枝回山有關。缾形寨在靈邱西約八十里，西通代州，詳太原北塞交通篇第三節代州東北通蔚嬀幽州道。

(3) 飛狐縣東南五廻嶺道——蒲陰陘道

由飛狐縣東南行三十里至今凝靜庵口。此口北近浮圖峪口，東南近五迴嶺。由嶺循徐水源頭（今雷溪，卽大柵河上源）東南行約九十里至滿城縣（今縣近處），蒲陰故城在縣南三十里之譜。此卽古蒲陰陘道也。武經總要云，北平軍出飛狐口入蔚州界，當卽此道。今圖有一舊道，由浮圖峪東南行，經王安鎭之南，黃土嶺之北，沿大柵河上源至桑岡(E115°·N39° 13′)，又東南經管頭，北臺魚鎭，至滿城，蓋卽此古道之後身耳。

水經注一一滱水注，滱水東北逕博陵縣故城（今蠡縣南）南，又東北逕侯世縣故城（今蠡縣東北）南，又東北，左會博水。博水於注入滱水之前，卽注口之上流不遠處，與徐水會合。酈氏述徐水云：

「(徐）水西出廣昌縣東南大嶺下，世謂之廣昌嶺，……嶺有五迴之名。……徐水三源奇發，齊瀉一澗。……」

下述太武帝太延元年車駕東巡，逕五迴嶺，沿途立三御射碑事。已詳前考五迴嶺條。下文續云：

「徐水東北屈逕郎山，又屈逕其山南，衆岑競舉……極地險之崇峭。……徐水又逕北平縣。……徐水又東南流歷石門中，世俗謂之龍門也，其山上合下開，……飛水歷其間……傾澗洩注，……奇爲壯猛……東南出山逕其城中。……其水又東流……又東逕蒲城北，又東逕清苑城，又東南與盧水合。」

是此徐水發源於五迴嶺，東南逕蒲城北。趙一清曰，蒲城卽今滿城。極是。一統志保定府卷山川目徐河條引舊志，「徐河源發易州五迴嶺，東南流逕滿城縣（脫北字）十里，名大册河……至清苑縣北十五里爲徐河。」同書易州卷山川目徐水條，引明統志，「雷溪在易州西南，發源五迴嶺，卽徐河上流也。灘石湍急，聲聞數里，若雷鳴然，金泰和中賜名。」亦與酈注所寫徐水之源頭景觀相合。檢張編地圖集·河北山西地形圖與人文圖，所繪大柵河，與酈注及一統志所述相合。人文圖且繪一舊道，由浮圖峪東南經王安鎭之南，黃土嶺之北，至桑岡，又東南經管頭，北臺魚鎭，至滿城。前考五迴嶺，引元和志、寰宇記，五迴嶺在滿城西北九十里，蓋卽今圖舊道之前身也。復按述征記之望都陘、蒲陰陘皆就陘道南達之縣而言。蒲陰縣卽曲逆縣，據紀要一二曲逆城條，在今完縣（E115° 10′・N38° 50′）東南二十里，據一統志保定府卷沿革目，滿城（E115° 20′・N38° 58′）西南到完縣治所四十五里，則蒲陰故城在今完縣、滿城之正中間而稍南，約在滿城縣南三十里也。則古蒲陰陘道殆與今圖之舊道略相當。

又武經總要前集一六上眞定路塘水條，述胡馬南牧，王師禦虜有六路。其一，「北平軍路部署出飛狐口路入蔚州界。」按宋北平軍卽今完縣治，是當卽古蒲陰道也。

唐道由五迴嶺至滿城之九十里道中，當經五迴故縣治，開元二十三年置，相近有峩院。是年易州刺史盧暉開北山通車道三所，置館驛，峩院爲其一道，因置此縣，在嶺之東麓故名。二十四年以其險隘，東遷縣治於五公城，在易縣西五十里，則不在此道上。

金石萃編八三唐易州鐵像碑云：

「大唐開元二十七年歲次己卯五月壬辰朔三日甲午建。

□□□（授堂金石跋作「開北山」）通車道三所：官坐鎭，白楊谷，峩院。

置縣三：五迴，樓亭，板城。每驛旁造店一百間，……已上並盧君造。」

按此碑以開元二十七年建，而稱建置人盧暉爲前太守。按元和志一八易州五迴縣，「東至州七十里，……開元二十三年刺史盧暉奏置，在五迴山東麓，因名之。二十四年，刺史田琬，以其險隘，東遷於五公城，在今易縣西五十里。」寰宇記六七易州滿城縣條繫此事，同。又云廢樓亭縣、廢板城縣，皆盧暉同時置，「天寶後廢。」

五迴縣本置在五迴山東麓，其地望已略明，地雖險隘，必以當道，故置縣於此也。復按一統志易州卷山川目，「峩山在州西百里，諸峯森列，故名。」此殆與峩院有關聯。又古蹟目，「五迴廢縣，在州西一百里。」則峩院當與五迴縣相近，於此開道，卽於此置縣也。又山川目，「黃土嶺在州西南九十里，路達廣昌縣，有城，舊設兵防禦。」則五迴縣與峩院又當在今圖黃土嶺之稍北地帶，正在浮圖峪之南，亦正當今圖所繪浮圖峪至滿城之舊道也。然縣治旋遷置於五公城。據酈注一一易水注，五公城在易水之北，則非此道所經矣。

官座鎮與樓亭縣，蓋當易州西通子莊關、紫荆關道，白楊谷與板城縣，蓋當易州北通嬀州道，皆詳後文。

唐代中葉，易、定、蔚州間有白石嶺，其南路驛道險峻，太和二年移驛道於易州之西紫荆嶺路。白石嶺當在今白石山（E114°40′·N39°12′海拔1887公尺）左近，白石嶺驛道亦卽五廻嶺驛道耳。

唐會要八六道路目：「其年（太和二年）定州奏，當管白石嶺南路，官驛險峻，請移於易州西紫荆嶺路修置。從之。」按此白石嶺南路必在紫荆嶺路之西。新二一二藩鎭盧龍朱克融傳，克融據幽州，「縱兵掠易州，敗兩縣，寇蔚州。易州刺史柳公濟戰白石嶺，斬三千級。轉寇定州。」此白石嶺當在易、定、蔚州間，必卽唐會要之白石嶺也。一統志易州卷山川目，白石山在廣昌縣南二十五里。又張編地圖集·河北山西地形圖，五廻嶺之主峯名白石山，經緯度及海拔皆甚詳明，唐世白石嶺必在此山左近，然則白石嶺驛道卽五廻嶺驛道無疑。

又有安陽關在北平縣（今完縣東北）西北二十五里安陽川口，卽晉以來之陽安關也，當亦在此道上。武經總要云「安陽口趨北山路」，蓋謂此道也。

元和志一八定州北平縣，在州東北八十三里。有安陽故關，在縣西北二十五里。寰宇記六二，同。按北平縣在今完縣東北。疑此關在此道上。武經總要一六上定州路，「北平軍治北平縣，……西北至安陽川口三十里。」又卷末論曰：「定州安陽口，趨北山路。」所謂北山路，卽蒲陰陘五廻嶺路耳。

復按續郡國志：中山國，「蒲陰，本曲逆。」注：「晉地道記曰，有陽安關。」水經注一一滱水注，「蒲水出西北蒲陽山……東南流，……南逕陽安亭東。晉書地道記曰，蒲陰縣有陽安關。蓋陽安關都尉治。……蒲水又東南歷壙，逕陽安關下，名關皐，爲唐頭坂。出關北流，又東流，逕夏屋故城，實中險絕。……其水又東南流，逕蒲陰縣故城北……。」則此陽安關卽元和志之安陽關無疑，蓋本作陽安，後作安陽。

安陽口東北十五里，宋初置魚臺口鋪（今圖有北臺魚鎮E115°12′·N39°）。口闊約半里，當驛道之衝，蓋承唐驛道歟？

武經總要前集一六上北平軍，「魚臺口鋪南至北平軍三十里……西南合入安陽口十五里……耆老傳言，賊馬多於此入。易州未陷時，皆驛路也。魚臺口闊約半里。」今檢張編地圖集·河北山西人文圖，浮圖峪至滿城之舊道上，靠近滿城處有北臺魚鎮，疑即宋魚臺之倒譌。

(4) 飛狐縣東取子莊關（紫荊嶺）通易州道

元和志云，易州「西北至蔚州取飛狐路三百六十里。」是必由易州西至飛狐縣，再折北出飛狐口至蔚州也。是即當中經紫荊嶺，即子莊故關，今紫荊關；太和二年且置驛道也。蓋由州西取子莊溪水上源河谷而行，故關以子莊名。今圖繪易州西至紫荊關道，正向南弓出，由東南入關，非由正東入關，此仍承中古之行程耳。然開元二十三年盧暉開官座鎮道，置樓亭縣，在易州西北四十里；明清志書，此地西通紫荊關，蓋別一道歟？

元和志此條見卷一八易州八到條。寰宇記六七易州目，同。武經總要前集一六下，易州「西北至紫荊嶺一百里，趨飛狐口至蔚州三百八十里。」謂經紫荊嶺，是也。考唐會要八六道路目，太和二年，「定州奏，當管白石嶺南路，官驛險峻，請移於易州西紫荊嶺路修置。從之。」是唐已名紫荊嶺，且為驛道也。今易縣西至紫荊關八十里，又西一百里至淶源縣（即唐之飛狐縣），又北百五十里至蔚縣，里程略相當。紫荊關即中古之子莊關，至少相近，子莊溪水與紫荊關段道之向南弓出，並詳前考子莊關。

按前考五迴嶺蒲陰陘道引唐易州鐵像碑記開元二十三年盧暉開易州北山三道置三縣事，就中有官座鎮道與樓亭縣。檢一統志易州卷古蹟目，樓亭廢縣「在州西北。水經注，淶水逕樓亭北，左屬白澗溪。……舊志，樓亭廢縣在州西北四十里奇峯口，今為樓亭社。」山川目，「奇峯嶺在州西北四十里，有奇峯口，口外烏龍金水諸溝，衝要處也。」「官座嶺在州西北五十里，四山環拱，一徑而入，儼若官座，舊有官座巡司，又西五里有官座口，皆戍守處。」又關隘目，「奇峯口在州西北四十里，內連紫荆關四十里，外通金水口六十里。其西二十里，曰官座嶺口，其東北三十里曰東峪口，又十里曰沙峪口，外通馬水口一百四十里。」「烏龍溝口在州西紫荆關西北六十里，接廣昌縣界，外口要衝也。……其東北曰金水口，在紫荆關北八十里，……又東卽馬水口也。」「馬水口在淶水縣西北二百里。其地山勢雄壯，巖岫相連，舊稱京師右輔。明永樂八年始設守軍。……本朝順治十年，改設都司，兼轄大龍門，金水口。」據此諸條，樓亭之名已見於水經注一二巨馬河注，在今易縣西北四十里之奇峯口，其西十里卽官座嶺，稍西爲官座嶺口，唐鐵像碑之官座鎭當卽其地，盧暉通官座鎭道，遂於其東樓亭故地置樓亭縣耳。按一統志易州卷山川目紫荆嶺條、關隘目紫荆關條，皆云在州西八十里。奇峯口之樓亭故縣，既在易州西北四十里，又云內連紫荆關四十里，則當亦在易州西通紫荆關道上之正中間，殆無可疑。此蓋北道也。

（三）中古時代飛狐道在北塞南北交通上之地位

今山西北部，河北北緣，自西而東有管涔山、恆山、太行北段、軍都山、燕山諸山脈，如鏈相接，爲中國北方之一天然障塞，亦爲中國北出草原交通之阻。其間南北交通之陘道雖甚多，但自古最著名重要者則有三處。一曰句注陘，卽雁門。二曰飛狐陘。三曰軍都陘，卽居庸。呂氏春秋記天下九塞，有句注、居庸，而無飛狐。然史記所見，則有句注、飛狐，且記蘇厲之言曰：「秦踰句注，斬常山而守之，代馬胡犬不東下。」是尤句注、常山兩道並舉之明證，常山道卽廣義之飛狐道也。而不見有軍都、居庸之名，亦不記其地段爲交通要道。頗疑呂覽實有飛狐而奪譌；史公不記軍都居庸者，蓋其地偏東，先秦西漢前期尚未顯重要作用歟？

呂氏春秋有始覽與淮南子墬形訓所列九塞，分別有「疵處」、「令疵」，疑本作「飛狐」，因涉注文而譌誤，已詳第一節。

史記屢見句注。今就先秦事言之，如趙世家云，羊腸之西，句注之南；張儀傳云，趙襄子約與代王遇於句注之塞；匈奴傳云，趙襄子踰句注，而破幷代，以臨胡貉；又云趙有代，句注之北。飛狐口之名始見酈生傳，在楚漢相爭時代；又見文帝紀及鹽鐵論九險固篇；皆與句注並列，詳後引。考趙世家，武靈王遣將「合軍曲陽，攻取丹丘、華陽、鴟之塞。」華陽卽恆山，鴟一作鴻，卽晉之鴻上關，皆在飛狐之南，亦卽指飛狐道而言也。已詳第二節。復考趙世家又云，惠文王十六年，蘇厲爲齊遺趙王書曰：

「秦以三郡攻王之上黨，羊腸之西，句注之南，非王有已。踰句注，斬常山而守之，三百里而通於燕，代馬胡犬不東下，昆山之玉不出，此三寶者，亦非王有已。」

正義云：「言秦踰句注山，斬常山而守之，西北代馬胡犬不東入趙，沙州昆山之玉亦不至趙矣。」所釋是也。常山卽指中山、代國間之恆山山脈，實卽指廣義之飛狐道也。惟舉大名常山，不舉小名之飛狐耳。此尤爲先秦時代句注、飛狐兩地段並舉之明證。綜此而言，史記固屢見句注，亦屢見飛狐。而據史記地名考，無居庸、軍都之名，亦不見相當於其地之其他名稱，故在漢代早期以前，居庸、軍都殆未顯其重要性歟？

至班固作地理志，此三地區或置關，或其所在之縣爲都尉治，皆見其爲軍道交通之要。

漢書地理志：太原郡廣武縣，「河主、賈屋山在北。都尉治。」師古注：「賈屋山卽史記所云趙襄子北登夏屋者。」補注引王念孫曰：「河主當作句注。此因句字譌作可，而注字之水旁又移置於可之側，故譌爲河主二字。後雁門郡下云句注山，在陰館。……句注山在陰館之南，廣武之北，故兩記之。」是也。地志下文，代郡有五原關、常山關，上谷郡居庸縣「有關。」代郡常山關卽倒馬關，五阮關卽五迴嶺道，皆在飛狐口之南，分爲兩道也。已詳前文。

自曹操出盧龍塞，伐烏桓，斬蹋頓，而盧龍之名大著，故西晉咸寧元年句注碑曰：「蓋北方之險，有盧龍、飛狐、句注爲之首，天下之阻，所以分別內外也。」是飛狐與句注、盧龍並列，且居居庸之上矣。

按咸寧元年（275）句注碑，見元和志一四代州雁門縣句注山條引。寰宇記四九代州雁門縣目，同，云出水經注，則元和志亦據水經注書之也。酈注此條當在滹沱水注，惜此篇已佚，賴唐宋志書存之。蓋此時塞外胡人勢力膨脹，故時人特注意其內外之阻也。

曹操伐斬蹋頓事，詳篇伍壹幽州東北塞諸道三：歷代盧龍塞道。自是盧龍塞始顯史册。至東晉時代，前燕慕容儁三道入塞伐石趙，儁自中道入盧龍塞，而大修治之，盧龍之名益著，爲中原通東北塞外之主道，故酈注詳記之，亦詳見上文。

北魏統一北方，都平城，又見句注、飛狐、軍都（居庸）並重，而盧龍偏東，故不之及。

沈約宋書索虜傳，拓跋燾既死，劉興祖建議伐之，欲使「定州刺史取大嶺，冀州刺史向井陘，幷州刺史屯雁門，幽州刺史塞軍都，相州刺史備太行。」大嶺即五迴坂大嶺，亦即飛狐道之一也。所列五軍，井陘、太行不當北塞，其當北塞三軍卽取此三陘道。此正時人北塞三道並重觀念之顯現。至於北魏時代，前期都平城，君主南巡十餘次，其所進出者，靈邱、飛狐道爲多，其次雁門，居庸最少，但不見曾取他道者，詳後文。

隋代，雁門、居庸、盧龍三地段，有關官，而飛狐地區不見記錄。至唐代，雁門、飛狐、居庸三地段仍疊置關防。按雁門南之太原，居庸南之幽州，皆爲北疆防禦之第一等重鎭，故疊置關防以衞之，定、易地位雖不能與太原、幽州爲比，然飛狐地段當北塞交通之要，不下雁門，居庸，故亦仍舊貫，疊置關防也。

隋書地理志中，雁門郡雁門縣有關官，樓煩郡靜樂縣有關官。按卽雁門關與其西之樓煩關也。分別當太原北出長城塞之長城口，詳太原北塞交通諸道篇。又隋志，涿郡昌平縣有關官，北平郡盧龍縣有關官。按昌平關官即居庸關、軍都關，詳篇肆玖幽州東北塞諸道一：居庸關北出塞外兩道篇。盧龍之關官蓋於盧龍塞置關也，仍為幽州之東北屏障而設。而飛狐地段不見置關之記載。

唐代各地置關，新唐志記之最詳。今檢新志三，忻州定襄縣有石嶺關，代州雁門縣有東陘關、西陘關，崞縣有石門關，太原府陽曲縣有赤塘關、天門關，憲州天池縣有雁門關，嵐州靜樂縣北有樓煩關。按石嶺、兩陘、石門四關皆當太原北出雁門及其相近長城口之道，天門關、雁門關（此別一關，非長城陘嶺之雁門）、樓煩關當太原西北循汾水河谷通朔州道；皆詳太原北塞交通諸道篇。惟赤塘關無考。又新志三，蔚州靈丘有直谷關、孔嶺關，定州北平縣西北有安陽故關，唐縣西北有八度故關、倒馬故關，又有委粟故關。按直谷、孔嶺兩關在飛狐之北，安陽以下四關在飛狐之南，皆此區南北出入之關也。又新志三，幽州昌平縣北十五里有軍都陘，西北三十五里有納款關，即居庸故關，亦謂之軍都關。嬀州有永定、窯子二關，懷戎縣有居庸塞，有鐵門關。按此諸關大抵皆當幽州北山諸陘谷道也，詳幽州東北塞諸道一：居庸關北出塞外兩道篇。以上為唐代黃河以東當長城塞置關之大要。此諸關很明顯集中在長城之三地段，即古雁門陘、飛狐陘、軍都陘地區也。

然亦即以易定兩州在政治、軍事、經濟、文化上之地位不及太原、幽州之崇高，且飛狐諸道紛出，甚為複雜，不易為史家所清晰了解，遂一若此地段之南北通道不關緊要，殊為忽視。其實不然，而北魏一代更以此一地區之南北通道為最主要之南北交通線，此則更出一般史家所能想像者。今就飛狐地段在中古歷代南北交通上所居之地位作進一步之觀察。

前文已論自先秦時代，此地區當南北交通之要道，為天下控扼要道之一，故楚漢之際，酈生有「塞飛狐之口」之言。其後高祖由平城南歸，及北擊陳豨，皆取此道。文帝後六年，匈奴大入寇，遣將分屯飛狐、句注、北地以禦之。光武帝建武十三年，詔上谷太守王霸「治飛狐道，堆石布土，築起亭障，自代至平城三百餘里。」足見漢世極重此道，視為北通塞外之重要通路。漢地志，代郡置常山、五阮兩關，在廣昌之南，卽北魏以下之倒馬關、五迴嶺者，實扼長城塞而建置也。

漢高七年，爲匈奴圍於平城（今大同），圍解南歸，道經曲逆，過趙至洛陽，見高祖紀與陳平世家。曲逆在今完縣東南。又高祖十年陳豨反代地，高祖自往，由邯鄲擊之，見高祖紀。是皆取道古中山代國間之隘道無疑。

史記一〇文帝紀，「後六年冬，匈奴三萬人入上郡，三萬人入雲中。以中大夫令免爲車騎將軍，軍飛狐；故楚相蘇意爲將軍，軍句注；將軍張武屯北地；河內守周亞夫爲將軍，居細柳；宗正劉禮爲將軍，居霸上；祝茲侯軍棘門；以備胡。」觀此軍事佈置，周亞夫以下三將，分屯長安城之西、東、北三面，以內衞京師；張武以上三將，分屯北塞要衝，以嚴邊疆守禦。蓋匈奴入上郡，直指長安，故內嚴京師守衞，外屯北地也，敵入雲中，今歸綏、呼和浩特地區，威脅太行東西，今山西、河北地區，故軍屯句注、飛狐也。具見飛狐地帶爲太行以東之最重要北塞通道。鹽鐵論九險固篇，大夫曰「趙結飛狐、句注……」亦見此意。

建武時代詔王霸修道事，見後漢書列傳一〇王霸傳，又見初學記二四道路條引東觀漢記。

漢地志常山、五阮關，詳前引。按後漢書章帝紀，元和三年二月「戊辰，進幸中山，遣使者祠北嶽。出長城。癸酉，還幸元氏。」由至中山之日，至出長城，還幸元氏，中間不過五日。按中山國在今定縣，元氏卽今縣地。則所出長城必卽中山代國間有長城，非靈丘北之長城也。漢志常山、五阮兩關，其地望已詳前論，正在此長城線上。檢今圖，卽今之長城線也。復考武經總要前集一六上，「定州中山郡（今定縣）……北至長城口一百六十里，至蔚州四百九十里。」前文據元和志、寰宇記，定州至唐縣五十里，唐縣至倒馬關一百二十里，則北宋長城線亦卽在倒馬關一線，蓋皆承漢以來之舊也。

晉世，塞北胡人勢力強盛，此地段當北塞孔道，故沿滱水節節置關，明見晉書地道記，此卽前考倒馬關以南沿途諸關也。而劉琨自代取飛狐口道奔幽州，即為當時行旅之一史例。

晉書地道記所記沿滱水之關，自北而南有鴻上關、馬溺關、委粟關，又有陽安關。並詳前引水經注——滱水注及續郡國志注。

御覽一六三蔚州條引晉書曰：「建興中，劉琨自代出飛狐口奔於安次。」按今晉書六二劉琨傳，為并州刺史，寄寓平城。應幽州刺史段匹磾之邀，「由是率衆赴之，從飛狐入薊。」不言至安次。據斠注引文選（卷二五）盧子諒（諶）答魏子悌詩，「寄身蔭四嶽（指劉琨），……共更飛狐厄。」李善注引晉中興書，與御覽同。安次在今縣西北。

東晉時代，北方苻堅覆亡之後，慕容燕（後燕）與拓跋魏先後興起為兩大勢力。慕容垂都中山，拓跋珪都平城，以句注、飛狐為境界。垂征魏失敗而死，珪以皇始元年（396）大舉伐燕，由句注取并州，東出井陘，攻中山，滅燕，置行臺。天興元年（398）乃「發卒萬人治直道，自望都鐵關鑿恆嶺至代五百里。」卽自中山取望都陘倒馬關道北歸。太宗南巡，則「自天門關踰恆嶺」，而南經鄴至洛陽，復由晉陽北出句注還平城。此猶分別出入句注陘與望都陘、石門關兩道也。

此見魏書二太祖紀皇始元年二年條，天興元年條及同書三太宗紀泰常七年八年條。望都陘卽倒馬關道，鑿恆嶺踰恆嶺，狹義言之，當指前考軈轆山道或兩嶺道。

至世祖太武帝時代，九次踰塞南巡，一次南伐。就中一次幸幽州還幸上谷，蓋由廣昌東出，由軍都陘而歸；兩次南巡由廣昌、定州而南，遂西幸上黨等地，蓋由句注陘回至平城；一次從何道出入皆不詳；其餘六次由廣昌、定州出入，卽取飛狐道也。

據魏書四世祖紀，始光四年幸中山，太延元年幸定州至鄴，五年幸定州，太平眞君四年幸中山至恆山之陽，八年幸中山，此五次去回皆取廣昌道。據滱水注，太延元年幸定州，其十二月回京取五迴道且立三碑，即廣昌道之一也。十一年南伐，雖不明由何道進出，但南行時「曲赦定冀相三州死罪以下，發州郡兵五萬分給諸軍。」由枋頭經彭城臨大江，是亦取中山路。其回程，以正平元年二月癸未次於魯口，三月己亥至自南伐。按魯口在今河北饒陽縣，而己亥去癸未只有十六日，則其北歸亦取中山定州路無疑。太延三年行幸幽州，還幸上谷。按由幽州至上谷（今懷來）當取軍都陘居庸關道，但曰還幸，知其去時未經上谷，是必取廣昌道也。又太平眞君六年幸定州，遂幸上黨，西至吐京，還京；九年二月幸定州，遂西幸上黨，三月還宮。此兩次由廣昌至定州，似由幷州出句注北還也。又眞君十一年正月幸洛陽，至懸瓠，四月還京，此次出入取何道，皆不詳。

高宗文成帝四次南巡，就中三次皆由靈丘、中山出入，一次蓋由軍都陘出巡，而由中山回京。

魏書五高宗紀，興安二年行巡信都、中山。興光元年幸中山、信都，還幸靈丘。和平二年幸中山至鄴，還幸靈丘回京，在靈丘射踰南山，刊石勒銘。惟太安四年行幸廣寧溫泉宮，遂東巡平州，登碣石山，轉幸信都，觀射於中山，置宮。則去時蓋取軍都陘或別道，而回程仍取中山、靈丘道也。

高祖孝文帝太和中兩次南巡，其出入取靈丘、廣昌道與取句注道各一次；十八年遷都之役，則取靈丘、中山道南下。

魏書七高祖紀，太和五年車駕南巡中山至信都，復還中山，講武於唐水之陽，遂北歸。是出入皆取靈丘、廣昌道。十七年南伐，由肆州幸幷州，南經懷州至洛陽，明年仍由句注陘北還。是出入皆取句注道。而十八年遷都，由平城次於中山之唐湖，經信都，鄴城，至洛陽，是又取廣昌道也。則來往五次行程中，仍以取靈邱、廣昌道爲多。

由此言之，北魏前期都平城時代，君主踰塞南巡，來回行程之可知者，絕大多數取靈邱、廣昌道，廣昌而南，大抵取倒馬關恆嶺道，亦有取五迴嶺道者，皆可謂廣義之飛狐道也。而甚少取句注陘、雁門關道，至於取軍都陘、居庸關道，則僅一去一回而已。足見靈邱、廣昌、恆嶺道在當時南北交通上居於最顯著之首要地位，遠非句注（雁門）所能比擬，蓋山東河北戶口殷盛，物資豐實，爲魏廷之外府，特爲朝廷所重視，遠非山西地區所能及。且沿途雖靈邱、恆嶺險過句注，但其南北皆平易坦途，又非句注以南隨處有山谷之阻也。至於軍都陘（居庸關）道，則太偏東隅，南下中原固不必迂途。且南北通使亦取靈邱倒馬路，正見此道行程實較山西句注（雁門）道爲便利耳。

水經注一一滱水注：「滱水自倒馬關南流，與大嶺水合。水出山西南大嶺下，東北流出峽，……東北流注于滱水。滱水又屈而東合兩嶺溪水。水出恆山北阜，東北流，歷兩嶺間。北嶺雖層陵雲舉，猶不若南巒峭秀。自水南步遠峯，石磴逶迤，沿途九曲，……抑亦羊腸邛崍之類者也。齊宋通和，路出其間。其水東北流注于滱水。」此在倒馬關之南，恆山之東北、滱水之西側，爲宋齊通使之路。相信魏使南行，亦必由此。

遷都之際，諸官眷屬蓋亦多取此途。其他史例諒必仍多，故孝文帝詔書謂靈邱郡「當諸州路衝，官私所經，供費非一」也。而文人學士亦多有紀行之作，故酈注於滱水一篇，述其沿途風物特爲詳贍盡文章之美也。

魏書七下高祖紀下，太和十七年至洛陽，九月定遷都之計。十月，幸鄴城，「詔安定王休率從官迎家於代京，車駕送於漳水上。」休從鄴北行，必出恆嶺靈丘道，所迎家眷想必亦多從此道也。如魏書七九成淹傳云：「時遷都，高祖以淹家無行資，勑給事力，送至洛陽，並賜假日，與家累相隨。行次靈丘，屬蕭鸞遣使，勑驛馬徵淹。」此即一例。孝文詔書，見魏書七上高祖紀上太和六年條。滱水注在水經注卷十一，下文多有徵引，玆不贅。酈注體例，寫景之文不必盡爲己出，而採擇豐富，加以潤色耳。滱水注可能爲酈氏親歷之作，亦可能據他人行紀而增潤之者。

北魏前期，靈丘恆嶺道既爲南通中原之最主要交通線。故元和志稱北魏都平城時代甸服之四至云「南至中山隘門塞」，不云雁門塞也。

元和志一四雲州目云：「後魏道武帝又於此（平城）建都，東至上谷軍都關，西至河，南至中山隘門塞，北至五原，地方千里，以爲甸服。」按平城正南應舉雁門，而中山隘門乃在東南，五原於平城亦爲西北西，更非正北，所以舉隘門、五原爲南北所至者，正以交通言之也。北魏前期諸帝，屢次行幸五原，謂之北幸，詳諸帝紀。

是以魏代前期諸帝亦屢詔加工修治此道。正史所見，除上引太祖道武帝滅燕時發卒鑿恆嶺至代五百里外，世祖太武帝太延二年發定州一萬二千人通莎車道，高祖孝文帝太和六年發五萬人治靈丘道。前後凡三次，工程皆甚大。

按此兩事，分別見魏書四世祖紀上，及七上高祖紀上。莎車、靈丘皆詳前文。

且於靈邱、廣昌並置軍鎮。按北魏前期，於軍事要地置軍鎮，統軍鎮攝，鎮將權位在州刺史之上。此兩鎮皆當京師平城南通山東河北之要道，故特置之也。

靈丘、廣昌兩鎮，並兩見魏書靈徵志上，廣昌鎮又單見魏書高湖傳，皆在北魏前期。廣昌卽漢代廣昌縣、唐飛狐縣、今淶源縣也，靈丘卽漢及今之靈丘縣，在廣昌之西百十里。皆詳拙作魏晉南北朝地方行政制度下册北魏軍鎮章。

孝文遷都洛陽以後，以中原虎據之形勢，圖併江南，此道在交通上之作用與重要性遂大減。但北朝末期，塞北寇亂，軍事進退仍往往取靈邱、廣昌道，或飛狐口、廣昌道。

通鑑：梁普通六年八月魏柔玄鎮民杜洛周反於上谷，圍燕州刺史崔秉，魏以幽州刺史常景兼尙書爲行臺討之，屯軍都關居庸關爲守禦計；（卷一五〇。）而崔秉帥衆棄城奔定州。（卷一五一。）按上谷在居庸之北，燕州在今涿鹿縣，其奔定州當取飛狐口道。又普通七年，魏以左衞將軍楊津爲定州刺史兼北道行臺，津由靈丘入定州。（卷一五一。）大通二年，杜洛周圍定州，刺史楊津遣子詣柔然頭兵可汗求救，頭兵遣將帥精騎一萬南出，「前鋒至廣昌，賊塞隘口，柔然遂還。」（卷一五二。）是其進出皆取靈丘、廣昌道無疑。

又通鑑一六九陳天嘉四年九月戊子，周遣楊忠「將步騎一萬與突厥自北道伐齊。」「齊人守陘嶺之隘。」「突厥木杆、地頭、步離三可汗以十萬騎會之。」十二月「己丑，自恆州三道俱入。」「己未，周師及突厥逼晉陽。」大敗。突厥引兵由陘嶺出塞。胡注引唐志代州雁門縣之東陘關、西陘關釋陘嶺，是也。按隋書二二五行志上，後齊河清二年，「突厥二十萬衆毀長城寇恆州。」即此事。則此次用兵，楊忠與突厥由北道伐齊，齊堅守晉陽北門之雁門、陘嶺，忠與突厥乃由靈丘廣昌地區破長城南下恆州，再西入井陘至晉陽也。及兵敗，突厥乃直北由雁門陘嶺而歸。此爲一大迂迴遠襲，亦顯見北齊北塞，仍以雁門陘與靈邱廣昌爲兩重要陘道也。

由上以觀，魏世交通多由靈丘至廣昌，入倒馬關，掠恆嶺至定州；或由廣昌取五迴道亦至定州。然晉代已視望都關（即倒馬關）爲飛狐陘之主道，則魏世所行之道亦廣義之飛狐道也。及隋改廣昌縣爲飛狐縣，則凡此地區之通道皆蒙飛狐道之名固宜。

關於唐代此道見史之可述者，唐初，東北羣雄或結北敵入侵，往往出入於飛狐地段。

舊五五高開道傳，武德元年，開道自立爲燕王，都漁陽。三年降唐，授蔚州刺史。旋叛，與劉黑闥連和，攻易州。又引突厥，頻來爲寇，恆定幽易等州皆罹其患。後地入唐，置嬀州。按唐嬀州今懷來縣，其入恆定當取道飛狐地區。又劉黑闥傳，武德四年舉兵於漳南縣，北連懷戎賊帥高開道及突厥，突厥遣將從之，進陷相洺等州，爲太宗所敗，奔突厥，復借突厥兵來寇至定州。按漳南屬貝州，懷戎今懷來縣，黑闥與開道突厥勾結，其進出必取定州之北飛狐地區無疑。

高宗調露元年，單于大都護府突厥叛寇定州，亦取此道，定州長史曾增修恆嶺道以便軍運。

調露中定州長史修恆嶺路有碑，見集古錄目，引詳第一節轆轤山道條。按通鑑二〇二，調露元年十月，單于府突厥反，寇定州。必此時事也。

武后時代，突厥默啜強盛，南寇唐境，河北之定趙受害最深，其進出亦由恆岳之飛狐、五迴路。

舊一九四突厥傳上默啜條，「自恆岳道，寇蔚州，陷飛狐縣，俄進攻定州，殺刺史孫彥高……盡抄掠趙定等州男女八九萬人從五回道而去。」新二一五上突厥傳上，略同。又舊七七閻立德傳，默啜「率衆自恆岳道攻陷趙定二州。」舊六則天紀，亦云默啜掠趙定男女「從五迴道而去。」又八九狄仁傑傳與紀同。按此事爲唐前期河北道一次最大之外患。據此諸記載，默啜兵由蔚州飛狐縣入倒馬關取恆嶺道至定州，其回程則取五迴道也。又通鑑二〇六，聖曆元年八月「癸丑，默啜寇飛狐。乙卯，陷定州，殺刺史孫彥高。」其間才二日，亦必自飛狐直南攻定州之證。

故當時有詔「斷塞居庸、岳嶺、五迴等路，以備突厥。」又有人奏請於飛狐口累石爲牆，灌以鐵汁。事雖不行，然具見飛狐爲當時北敵入寇之險隘。

舊一八五下良吏傳下宋慶禮傳：「則天時，侍御史桓彥範受詔於河北斷塞居庸、岳嶺、五迴等路，以備突厥，特召慶禮以謀其事。」新一三〇宋慶禮傳云「鄣斷居庸、五回等路」，省岳嶺字。又張鷟判文有「將軍任秀狀稱於蔚州飛狐口累石爲牆，灌以鐵汁，一勞永逸，無北狄之憂」一條。(全唐文一七三。) 蓋實未行。惟張鷟判詞云：「飛狐險陘，與天地而同開。」又玄宗賜李光書云，「朔川兵馬，飛狐要害，委卿經略，隨事防虞。」(全唐文四〇。) 具見地險，爲防禦要道。

且其地不但爲南北交通要道，亦爲幽、定西至代州、太原府之要道。此在唐世及五代，所見史例甚多。

舊一三三李晟傳，建中中，治兵河北，居定州。會京師有變，帝幸奉天，詔晟赴難。晟「引軍踰飛狐，師次代州，……自河中由蒲津而軍渭北。」此爲唐中葉有名之事例。又太平廣記一〇八寧勉條，勉爲北都裨將。「以兵四千，軍於飛狐城。時薊門帥驕悍……反書聞闕下，文宗皇帝詔北都守攻其南。詔未至，而薊門兵夜伐飛狐。（出宣室志）」此雖小說家之言，但必飛狐爲太原幽州間之一重要通道也。如新二一二藩鎮盧龍傳，朱克融即由易州寇蔚州。即其例。其他幽州取代州、經太原府至京師之史例尙多，王建題江臺驛詩且云，「近聞天子使，多取雁門歸。」詳太原北塞諸道篇第三節代州東北通蔚嬀幽州道。其中當有取飛狐道者。故杜牧上澤潞劉司徒書曰：「東縈太原，排飛狐，緩不二十日，與燕遇於易水南。」（全唐文七五一）

唐末史例，如天復元年朱全忠六道攻太原，氏叔琮自太行入，葛從周自土門入，魏博將張文恭自新口入，張歸厚以邢洺之衆自馬嶺入，定州王處直自飛狐入，晉州侯言自陰地關入。（舊五代史梁太祖紀，唐武皇紀，通鑑二六二。）劉仁恭在幽州，李匡威「使將兵戍蔚州。」會燕亂，率師趨幽州，兵敗奔太原。後藉太原師爲幽州帥。光化三年，朱全忠伐劉仁恭，仁恭乞援於李克用。「克用使周德威出飛狐」救之。（新二一二劉仁恭傳。）後梁乾化二年，周德威東出飛狐，與趙將王德明、義武（定州）將程巖會於易水，進攻燕，下祁溝關，進迫幽州。（通鑑二六八，舊五代史二七唐莊宗紀，新五代史二五周德威傳。）後晉天福元年，契丹圍唐兵於太原晉安寨，唐主命幽州趙德鈞「自飛狐踵契丹後。」（通鑑二八〇。）此並太原與幽定間之軍事行動進出於飛狐地區也。而尤有名之事例，則爲李克用北岳廟題名（金石萃編一一七）云：

「河東節度使（銜略）隴西郡王李克用以幽鎭侵擾中山（定州），領蕃漢步騎五十萬衆親來救援，與易定司空（王處存）同申祈禱。翌日，過常山（鎭州）問罪。時中和五年二月二十一日，克用記。……至三月十七日，以幽州請就和斷，遂却班師，再謁睟容，兼申賽謝。便取飛狐路，却歸河東。二十一日，克用重記。」

按此題刻在曲陽縣北岳廟。李克用先在岳廟祈禱，再南向常山問罪，知其本由飛狐南下也；及回兵，亦擬取飛狐路却歸河東。知克用此次太原、易定間之來回行程皆取飛狐路也。

故安祿山謀亂，先修飛狐塞，名防北寇，實慮太原之師耳。

新一三三王忠嗣傳，「安祿山城雄武，扼飛狐塞，謀亂，請忠嗣助役，因欲留其兵。」按通鑑二一五天寶六載，祿山「託以禦寇，築雄武城。」即此事。託以禦寇是也，而實謀亂耳。檢新唐地志，薊州有雄武軍，故廣漢川也。是在幽州之東，而飛狐則在幽州之西，以其爲通太原道口，故預爲防遏也。

會昌中，盧弘宣爲義武（易定）節度使，朝廷賜粟三十萬斛，儲飛狐西以濟其軍，此必由太原忻代所運致，具見飛狐道雖險，蔚州西至代州道亦非易行，但不僅通行人馬，且能通大量物資之運輸，其在交通上之價值由此可見。

新一九七循吏盧弘宣傳：「徙義武節度使……詔賜其軍粟三十萬斛，貯飛狐。弘宣計輓費不能滿直，敕吏守之。明年春，大旱，敎民隨力往取。時幽魏饑甚，獨易定自如。至秋，悉收所貸，軍食以饒。」按通鑑二四八會昌五年，書此事云，賜粟三十萬斛在飛狐西。此時雁門以北已亂，慮無餘糧以濟易定，當由長城以南之代州沿滹沱河谷道所運致也。代蔚間滹沱河谷道，已詳太原北塞交通諸道篇第三節。

安史亂後，河北之幽州、成德（鎭冀等州）、魏博三鎭跋扈，呈獨立狀態，中央僅能作名義上之羈縻而已，但終能以澤潞節度使兼統山東之邢、洺、磁三州，且能在易定建立義武一鎭，直屬中央。前者乃利用滏口壺關道，使澤潞一鎭控制山東三州，以鍥入成德與魏博兩鎭之間；後者卽利用飛狐道以申展中央勢力於河北，以鍥入成德與幽州兩鎮之間；以此犬牙相錯，間開河北三鎮，使不能聯爲一氣也。

澤潞節度藉滏口壺關道兼統山東之邢洺磁三州，詳北朝隋唐滏口壺關道篇。河北諸鎮中，張孝忠以易定歸中央，其後歷任節度，非親中央，即由中央自任命者，詳吳廷燮唐方鎮年表卷四。新一四八張孝忠傳，孝忠爲義武節度使卒。子茂昭繼。會「王承宗（成德節度）叛，詔河東、河中、振武、義武合軍爲恆州北道招討，茂昭治廩庑，列亭候，平易道路，以待西軍。」西軍即河東、河中、振武三鎮之軍，則自飛狐道或相近之道而入，而以義武一鎮爲攻成德之基地也。故幽州帥李可舉曰，「易定本燕趙屬」，約鎮州王鎔共取之也。見新二一二藩鎮盧龍傳。

附：易嬀間之故城鎮道

元和志云：「易州北至嬀州（今懷來縣E115°40′·N40°27′）取故城頭路四百里。」「頭」爲「鎮」之譌，在兩州接境處，去兩州各約二百里。此蓋由易州西北行四十里至開元二十三年所置之樓亭縣，縣西官座鎮，即是年所開之道也。又西北渡巨馬河，沿河折北行，經小鬻，大鬻，又循巨馬河之北源紫石溪水河谷，再向北上行經聖人城，大亘，（約今馬水口、大龍門地區 E 115°15′·N 39°50′。）又北度入涿水河谷，故城鎮蓋在紫石溪水、涿水南北分流之分水嶺地區。又循涿水河谷而下，經涿鹿城（今涿鹿東南六十里，懷來西南六十里）、阪泉至嬀州也。開元二十三年又開白楊谷道，置板城縣。谷在易州北，巨馬河之南，板城在淶水縣（E115°45′·N 39°50′）北，兩地相近。可能由易州北出此道，循巨馬河谷西北上行至紫石水口之西大鬻地區、與上述通嬀州之道相接歟？

元和志此條，見卷一八易州八到條。寰宇記六七易州，「北至嬀州懷戎縣南界廢故城鎭二百里。」檢通典一七八易州目，與寰宇記同，惟無里數。則作「鎭」爲是。其地當在兩州正中間之接境處。

前考五迴嶺蒲陰陘道引易州鐵像碑，記開元二十三年盧暉開北山三道，置三縣。就中有官座鎭道與白楊谷道，樓亭縣與板城縣。官座鎭與樓亭縣相近，在易州西北四十里，已詳前考。並已引一統志易州卷各條，樓亭廢縣所在地之奇峯口外通金水口、馬水口。檢張編地圖集·河北山西人文圖，紫荊關之北數十里，巨馬河西岸有鎭東，鎭東之西有金水口，兩地之北，巨馬河北源紫石溪水之西岸有馬水口，約在 N39° 50′，爲長城之一口。又檢申報館中國分省圖，有一舊道，自易縣西北經鎭東，折向北經馬水口，其東相近有大龍門，又北出長城經禪房村（E115° 3′· N40° 3′）分兩道，其一直北至涿鹿縣，其一東北至懷來縣，此乃易縣北出之道也。考水經注一二巨馬河注云：

「即淶水也……東逕廣昌縣故城南。……淶水又東北逕西射魚城東南而東北流，又逕東射魚城南，又屈逕其城東……又逕三女亭西，又逕樓亭北，左屬白澗溪……。淶水又北逕小黌東，又東逕大黌南，蓋霍原隱居教授處也。徐廣云原隱居廣陽山，教授數千人，爲王浚所害。……淶水又東北歷紫石溪口，與紫水合。水北出聖人城北大亘下，東南流……逕聖人城東，……又東南右會擔車水。……又南注於淶水。」

則此淶水東北流一段及北源之紫石溪水一帶，古代頗開發，故有小黌、大黌、聖人城之名也。復考水經注一三㶟水注，經云：「又東過涿鹿縣北。」注云：

「涿水出涿鹿山，……東北流，逕涿鹿縣故城南，……黃帝與蚩尤戰於涿鹿之野。……其水又東北與阪泉合。……魏土地記曰，下洛城東南六十里有涿鹿城，城東一里有阪泉，泉上有黃帝祠。……泉水東北流與蚩尤泉會。水出蚩尤城。……魏土地記稱涿鹿城東南六里有蚩尤城。……涿水又東逕平原郡南，……涿水又東北逕祚亭北，而東北入㶟水。……㶟水又東南，左會清夷水。……水出長亭南……又西逕沮陽縣故城北，秦上谷郡治此。……闞駰曰：涿鹿東北至上谷城六十里。」

按下洛城在今涿鹿縣治西，上谷郡治沮陽縣，在今舊懷來縣治南，唐置嬀州，涿鹿縣故城在下洛城東南六十里、上谷城西南亦六十里，涿水河谷中。檢ONC-F-9實有此水，其上源與紫石溪水之上源隔嶺而相近。此水河谷亦多古蹟名勝，是必亦早經開發地區。上引申報館中國分省圖，有舊道由易縣西北踰巨馬河至鎮東，折北行河之西及其北源紫石溪水之西，經馬水口，出長城，東北至懷來之路線，正即循此紫石溪水與涿水兩河谷而行也。此兩河谷既開發極早，是必此道亦早已通行。就地形論之，唐之易州與嬀州之通道，最可能之路線，亦唯此線，且四百里之行程亦略相合。故城鎮南去易州，北去嬀州各二百里者，蓋即此兩水南北分流之分水嶺地區耳。而官座鎮、樓亭在易州西北四十里者，亦正在此舊道中。

至於白楊谷道與板城縣。檢一統志易州卷古蹟目，板城廢縣在淶水縣北。此必不當易州通紫荊關道。又同卷山川目，白楊嶺「在州西北。水經注，白楊水出迺縣西山白楊嶺下。舊志，嶺在州西北四十里，路通蔚州，嶺多白楊故名，俗訛爲白羊。」按白楊嶺見水經注一一易水注。據注文，白楊嶺在白馬山以東地區。熊疏引寰宇記（卷六七），白馬山在易縣北十八里。則白楊嶺當在易縣北或東北，不在西北。是亦不在易州西通紫荊關之道上。古迺縣即今淶水縣，是白楊谷與板城甚相近。前引一統志易州卷關隘目，馬水口「在淶水縣西北二百里。」又云「柏連澗口在縣西北二百五十里，又東北二十里曰道水口，又十五里曰定樂安口，又五里曰大龍門口。」此諸地在紫石溪水上游地區，其計里自淶水縣，不自易州治。是淶水縣西北至馬水口、大龍門口必有通道，蓋即循巨馬河谷西北上行，與由鎮東北通馬水口之道相合也。唐開白楊谷道，置板城縣，當即在紫石溪口以東，易州之北，淶水縣西北地區。

參看圖十八、二十一

一九八〇年三月七日初稿，二十二日增補，四月六日寫引言，刊新亞學報第十四卷。一九八五年九月六日增訂，補白石嶺一條。十二月四日初校復訂。一九八六年一月十四日二校定稿。

篇肆肆　五臺山進香道

元和志一七，恆州（鎮州）「西北取五臺山路至代州五百三十里。」同書一四，代州「東南取崩石嶺至恆州五百四十里。」此即一道，惜崩石嶺無考。

通典一七八恆州常山郡、一七九代州雁門郡兩目，皆作五百四十里。寰宇記六一鎮州、四九代州目皆同。記亦云崩石嶺。

今按此道行程之五臺山東南一段尙可考見於圓仁之入唐巡禮行記。行記云，由鎮州節度府（今正定）正北行二十里至使莊。蓋王武俊之莊園墓地也，疑即故權城。又正北行二十里至南接村。又正北行二十五里至行唐縣（今縣）。又西北行二十五里至黃山八會寺，時稱上房普通院。普通院者，備僧俗行旅寄宿，長有粥飯，但非必備。自此以西皆上行山嶺谿谷間。計西北二十里至劉使普通院。又西北二十五里至兩嶺普通院，以兩嶺並峙受名。（今雙嶺山東之兩嶺口。）又西北三十里至菓菀普通院。又西三十里至解□普通院（約今阜平縣 E114°12′·N38°50′），院甚大，可宿百餘人以上。又二十里至淨水普通院。又西行踰兩重嶺，三十里至塘城普通院。又西十五里至龍泉普通院（今龍泉關驛 E113°45′·N38°55′ 之東二十里龍泉下關）。又西二十里至張花普通院。又十里至茶鋪普通院。又西十里踰大復嶺（約今長城嶺），山巖崎峻，爲溪流東西分水嶺，實太行山脊。過嶺西下，有向南、向西兩道。由西道行二十里至角詩普通院。又西三十里至停點普通院，地近南臺，可北望中臺頂峯。又西轉北三十二里至竹林寺，蓋五臺山之南口也。

圓仁入唐求法巡禮行記卷二述其開成五年四月由鎭州（即恒州）西北行上五臺山之一段行程云：

「二十一日……到鎭州節度府。……齋後向正北行二十里到使庄……宿。二十二日，……正北行二十里到南接村……斷中……正北行二十五里到鎭州界行唐縣。……二十三日……西北行二十五里到黃山八會寺斷中，……時人稱之爲上房普通院，長有飯粥，不論僧俗來集，便僧（衍文）宿，有飯即與，無飯不與，不妨僧俗赴宿，故曰普通院。……齋後向西北入山尋谷行……爲國信山。從上房行得二十里到劉使普通院宿，便遇五臺山金閣寺僧義深等往深州求油歸山，五十頭驢，馱油（？）麻油去。……二十四日天陰，發從山谷西北行二十五里，見遇一羊客駈五百許羊行。過一嶺，到兩嶺普通院，院主不在，自修食。……山谷行西北三十里到菓菀普通院，宿。……二十五日雨，……尋谷向西行三十里，到解□普通院。巡禮五臺山送供人僧尼女人共一百餘人同在院宿。二十六日天晴，……向□行山谷二十里到淨水普通院。……山風漸涼，……踰兩重嶺，西行三十里到塘城普通院。過院西行，嶺高谷深，……西行十五里，申時到龍泉普通院宿，後丘上龍堂裏出泉淸冷。……二十七日發從山谷向西行二十里到張花普通院，共九僧斷中。……行谷十里，到茶鋪普通院，過院西行十里踰大復嶺。嶺東溪水向東流，嶺西溪水向西流。過嶺西下，或向西行，或向南行。……山巖崎峻，欲接天漢。……從茶鋪行三十里，薄暮到角詩普通院宿。院無粥飯。二十八日，入平谷西行三十里，巳時到停點普通院。未入院中，向西北望見中臺（卷三作中臺頂），伏地禮拜。此即文殊師利境地。（卷三作文殊師利所居淸涼山，五臺之中臺也。）……狀如覆銅盆。……齋後見數十僧巡禮南臺去。……晴天忽陰，晚際見其歸來，被雹打破笠子。五月一日天晴，擬巡臺去。……從停點西行十七里，向北過高嶺十五里到竹林寺斷中。……竹林寺有六院，……都有四十來僧。此寺不屬五臺。」

按此段述事見此道爲河北朝山之主要路線，亦爲一般商旅行人之重要交通線。沿途每隔二三十里即置一普通院，供僧俗駐宿，尖食其中，可謂爲特供之設備。

六七日行程中，見山中寺僧一行驅驢五十頭由深州運油，又有羊販一次驅羊五百頭，又嘗百餘人同宿一院中，足見此道雖爲山路，但交通甚繁盛，爲重要道路也。據此記載，由鎮州北行六十五里至行唐縣。又西北七十里至兩嶺普通院，又西北一百三十五里至龍泉普通院，又西行四十里至大復嶺，爲溪流東西分水嶺。過嶺西下，有南西兩路，圓仁取西路行五十里至停點普通院，北望中臺頂峯。停點去南臺甚近，蓋不超過十餘二十里，故數十僧可於下午來回也。又西行折北三十二里至竹林寺，實五臺山口也。卷三述其拜山後，西南赴太原、長安之行程，仍從竹林寺西南經南臺至五臺縣，過定襄縣至名嶺鎮，實石嶺鎮之形譌也，即接代北雁門南通太原之驛道。石嶺鎮南行道，詳太原北塞交通諸道篇第一節太原西北通單于都護府及河上三城道。

按申報館中國分省新圖·山西河北圖，有大道由正定北經行唐，略循沙河河谷西北行經曲陽，阜平，龍泉驛，折西南經五臺縣，定襄縣，至忻縣。張編地圖集·河北山西人文圖，有汽車道，行經略同，惟龍泉驛作關，是卽因明清舊道而築者。今就圓仁所行經之地名有與今地名相同或相當，而里距可曉者，檢對於下：

行唐縣　此縣卽今縣治。元和志一七恆州，行唐縣南至州七十里。一統志正定府卷，同。與圓仁所云在州北六十五里者相合。

龍泉普通院　據圓仁所記，此地東南至行唐縣一百九十五里，至鎮州二百六十里。由此西行踰大復嶺至五臺山，西南至五臺縣、定襄縣。檢一統志正定府卷關隘目，龍泉關在阜平縣西七十里，有上下兩關，皆明代所建，爲戍守要地。東北至倒馬關一百五十里，西至五臺縣一百八十里，長城嶺在其西二十里。又沿革目，阜平縣在府西北二百十里，東南至行唐縣界六十里，行唐縣在府北七十里，西北至阜平縣界（本誤作治）八十里，則由正定府至龍泉關之道，可中經行唐、阜平兩縣。由府北行七十里至行唐，又西北一百四十里至阜平，又西七十里至龍泉關也。共二百八十里，與圓仁記相合，由關西出之路線亦同，可斷圓仁記之龍泉院卽今龍泉關驛之地無疑；然爲下關（今圖有東下關 E114°·N38°55′），非上關（今圖龍泉關 E113°45′·N38°55′），參看下大復嶺條。

兩嶺普通院　圓仁記，此院在行唐縣西北七十里。檢一統志正定府卷關隘目，兩嶺口巡司，「在行唐縣西北七十里，明洪武七年置巡司。」又山川目，「雙嶺山在今唐縣西北八十里，有雙嶺並峙。」此即圓仁所記者亦無疑。

大復嶺　圓仁由龍泉院西行四十里至此嶺，爲道中最高處，即太行山脊，爲東西分水嶺。檢一統志正定府卷山川目，長城嶺「在阜平縣西九十里。東至龍泉關二十里。嶺路陡峻，直上二十里。」此雖非必大復嶺，然形勢略相當。或長城嶺仍非最高山脊歟？或稍南北地區歟？惜不得親履其地驗之。然一統志正定府卷關隘目，龍泉關在阜平縣西七十里，有上下兩關，相距二十里，下關明正統中置，景泰中復於西北置上關。長城嶺陡上二十里，然上關不在嶺巓又甚明。以此推之，蓋上關在嶺之東麓，嶺去關二十里者，指嶺麓至下關而言。唐龍泉院在今下關（約 E114°·N38°55′ 或稍西），故去嶺巓四十里也。據圓仁記，龍泉即在院中，顯示先置下關，地在龍泉，故名。後置上關，乃因下關而名耳，非龍泉所在也。以此言之，則大復嶺正即今長城嶺矣。

解□普通院　圓仁記，此院東南去行唐縣一百三十里，西去龍泉院六十五里，則其地望與今阜平縣略相當，且同宿之供人僧尼一百餘人，必爲大普通院，蓋其地較廣平，故北宋咸平中分行唐置北砦，金置阜平縣也，詳宋史地理志二及一統志正定府卷沿革目。

此外，圓仁記之使莊，在鎭州節度府正北二十里。「此莊即鎭州節度使王太尉之莊。太尉墓堂安在於中，……太尉薨後，經今三世矣。」按新二一一藩鎭列傳鎭冀節，王武俊官至檢校太尉兼中書令，子士眞、士眞子承宗相繼爲節度使。承宗卒，武俊養子廷湊繼任，卒贈太尉，子元逵繼立，開成五年見在任。記云經今三世，則此太尉指武俊無疑。其墓莊在府正北二十里。按元和志，恆州治眞定縣，故權城即古之犍鄉也，縣北二十里，漢賈復破青犢於眞定之犍鄉即此。疑即其地。蓋地名權城，故武俊即以爲莊園寓居墓葬耶？

由停點院西行至南臺。由此西南行約三日至上房普通院。又一日經思陽嶺（五臺縣東北十八里）至大賢嶺普通院，「路從嶺上過，當嶺頭有重山門樓」，（蓋卽今閣嶺山。）卽五臺南山門也。又五里至五臺縣（今縣）。又西南三十里過胡〔滹〕陁河，又西南三十里至定襄縣（今縣）。由縣又西四十五里至忻州治所秀容縣（今忻縣）。圓仁由定襄西南行三十里許到胡村普通院，又三十（一作二十）里許到宋村普通院，又三十五里到名〔石〕嶺鎭南關頭普通院，蓋亦經秀容南下，或別一道耳。

圓仁行記卷三，「從停點普通院西行十七里許，向北過一高嶺，行十五里，到竹林寺。」七月拜山事畢，仍「取竹林路」西南至長安。一日，「從竹林寺前，向西南踰一高嶺，到保磨鎭國金閣寺。」出金閣寺三門，尋嶺向南上坂行二十里到南臺西頭。三日由南臺出發，至定襄縣，所經略如綱文所述。按由停點院西行折北過高嶺至竹林寺，回程由竹林復出高嶺至南臺，疑一般行旅不必繞經竹林寺；由停點院可能直西至南臺歟？然莫能詳矣。

大賢嶺　一統志代州卷山川目，「閣嶺山在五臺縣東北十里，舊名白雲山，五臺由此而入，跨山爲道，跨道爲閣，俯瞰縣城，如在履舄之下。」此與圓仁記所述大賢嶺路形勢契合，當卽一地，惟里數小異耳。

由定襄向西四十五里至忻州，見元和志及寰宇記四二，惟元和志方向在州西，字誤。圓仁由定襄西南行凡九十五里至名嶺鎭南關頭普通院，「名」爲「石」之形譌。按石嶺鎭南關在忻州南四十里，詳太原北塞交通諸道篇第一節唐代太原西北通單于府及河上三城道。加忻州東至定襄里距，共八十五里，與圓仁記亦僅十里之異，可能爲一道，亦可能別行私道。

此道亦大抵爲明清大路與今汽車道所承襲。唯唐宋志書所記恆代間五百四十里路之西段，卽五臺山以西之行程者，則非此道。蓋由竹林寺西北行山路直指代州歟？則其程約爲一百五六十里，崩石嶺當在此道中。

按前引圓仁記，由恆州至大復嶺整三百里，下嶺西行五十里至停點院，又西北三十二里竹林寺，據其規模，蓋五臺山南區之大寺。元和志明云取五臺山路，若由此寺至代州，則應有一百五十八里。惟行程無考。

參看圖十八

一九八〇年春稿。一九八五年十二月五日初校增訂，一九八六年一月二十五日二校定稿。

篇肆伍　太行東麓南北走廊驛道

引　　言

洛陽、大梁爲黃河南岸古代兩大都市，由此兩都市北渡黃河，沿太行山脈走廊北行至幽州，爲古今中原通向東北之最主要大道，故古代建都往往在此道中。如夏胤甲居西河，商盤庚遷殷，周都洛陽，戰國趙都邯鄲，魏居鄴遷大梁，燕都薊有易下都，非此道中，卽居此道之兩端。而戰國七雄，加周爲八，其都城更半在此一道上。東晉南北朝時代，中山、襄國、鄴城亦爲偏霸所都。古代國都叢聚於此道一條路線上，其在古代交通上之重要性可以想見。惟古代史料簡略，至唐乃可確考其州縣所經。全線置驛稱爲「大官道」，故寰宇記謂新鄉臨清關當「自河內入汲郡大驛路」，唐秦府君墓誌（京畿冢墓遺文下）亦云東當臨洺縣「大官道」也。考周書三一韋孝寬傳，赴相州總管任，知相州有變，自湯陰馳還，所經「驛馬悉擁以自隨。」則北朝此道已置驛矣。其在唐世，館驛名稱可考者，有積閏、武陟、石梁、陳橋、白馬、盆金、漳亭、邯鄲、槀城、欒城、醴泉、焦同、懷德、金臺十四驛，武丁、大明兩館。唐代後期，河北藩鎭割據，關於此地區之詩文史料已少，猶能考得如許諸館驛名號，正見此道在南北交通上之重要性也。

(一) 全程所經諸州間里程總計

太行山東麓之南北驛道，即洛陽東北通幽州之驛道，其行程可據通典、元和志、寰宇記三書所記之里數比勘定之：即洛陽東北渡河至懷州(今沁陽)一百四五十里。又東微北至衞州(今汲縣)二百六十里，去洛陽四百或四百一十里。諸書紀程皆云衞州去洛陽三百九十里者，取溫縣(今縣)捷道，不經懷州也。衞州又北微東至相州(今安陽)一百九十里，去洛陽五百八十里。又北至磁州(今磁縣)六十五里，去洛陽六百四十五里。又東北至洺州(今永年)一百一十或二十里，去洛陽七百六十里。又北微西至邢州(今邢臺)九十里或一百二十里。惟邢去洛陽取洺州西北之臨洺縣直南經磁州至相州二百六十五里，即邢去洛八百四十里。邢州又北微東至趙州(今趙縣)一百九十里，去洛陽一千零三十里。又北微西至恆州(今正定)一百里，去洛陽一千一百三十里。又東北至定州(今定縣)一百二十里。惟定去洛陽不取恆州，而取恆州東南之稾城縣路直至趙州一百九十五里，即定去洛一千二百二十五里。定州又東北至易州(今易縣)二百五十里，去洛陽一千四百七十五里。又東北至幽州(今北平)二百一十里，去洛陽一千六百八十五里。是幽州西南至洛陽之驛道，大抵歷經太行東麓諸州，惟捷道計程，不經恆、洺、懷三州城。

唐宋志書記唐代太行山東麓之南北諸州間距離及各州至洛陽之里程可綜錄如下表：

出處 路段	通典	元和志	寰宇記	舊志	
洛陽至懷州	140 140	150 150	140 140	140	
懷州至衞州 〔衞去洛〕	260 206, 260 〔390〕	260 260 〔390〕	260 350 〔390〕	〔390〕	

衞州至相州 〔相去洛〕	190 190 〔560〕	190 〔580〕	? 112,156 〔580〕	〔606〕	
相州至洺州 〔洺去洛〕	180 180 〔760〕 (去西京1580)	180 〔660〕 (去上都1620)	225 185 〔760〕 (去長安1620)	〔857〕 (去京師1585)	
相州至磁州 〔磁去洛〕		65 65 〔645〕 (去上都1540)	50 60 〔700〕 (去長安1540)	〔665〕 (去京師1485)	磁爲隋舊州唐永泰元年復置
磁州至洺州 〔洺去洛〕	洺州西南至相州滏陽界70 〔760〕	110 〔660〕 (去上都1620)	110,110 120 〔760〕 (去長安1620)		
洺州至邢州 〔邢去洛〕	洺北至邢州南和50，西北至邢州沙河60，邢南至邢州臨洺65 〔850〕 (去西京1670)	120 120 〔840〕 (去上都1900)	90 邢南至洺州臨洺65 〔840〕 (去長安1700)	〔857〕 (去京師1655)	
邢州至趙州 〔趙去洛〕	170 179,195 〔1310〕 (去西京1850)	190 〔1030〕 (至上都1890)	179 175,195 〔1030〕 (至長安1890)	〔1033〕 (至京師1843)	
趙州至恆州 〔恆去洛〕	100,170 100 〔1130〕 (去西京1770)	100 〔1130〕 (至上都1990)	100 100 〔1130〕 (至長安1990)	〔1136〕 (至京師1760)	
恆州至定州 〔定去洛〕	124,120 120,120 〔1200〕 (去西京2200)	120 恆東南至稾城60，從縣至定120 〔1225〕 (至上都2085)	124,540 124,173 〔1220〕 (至長安2085)	〔1200〕 (至京師2906) (此當爲2096)	
趙州至定州 〔定去洛〕	317 317 〔1200〕	趙東北至稾城70，從縣至定 120 ，定西南取稾城路至趙195 〔1225〕	315 315 〔1220〕	〔1200〕	

定州至易州 〔易去洛〕	易西南至定州北平140 〔1462〕 (去西京2197)	250 〔1475〕 (至上都2345)	易西南至定州北平縣147 〔1475〕 (至長安2335)	〔1463〕 (至京師2334)	
易州至幽州 〔幽去洛〕	214 〔1680〕 (去西京2523)	210 (缺卷)	214 214 〔1680〕 (至長安2545)	〔1600〕 (至京師2520)	

依據上表所列，四種地書，所記南北鄰州間之里距，及各州至洛陽里距，或頗參差，難免譌誤。玆相互比勘，爲之論定，且以觀洛陽東北通幽州之大道，是否各州皆所取經。

①洛至懷　元和志作一五〇里，餘三書作一四〇里，姑並書之。

②懷至衞與衞去洛　懷衞間，三書皆作二六〇里，惟寰宇記衞州目作三五〇里，顯誤。衞去洛，四書所記皆爲三九〇里，無異說。然各書洛懷間與懷衞間里距之和，多則四一〇里，少亦四〇〇里，皆稍盈於三九〇里之數。按洛陽北渡河陽津，可直東經溫縣至武陟，不經懷州，當較經懷州爲捷，三九〇里蓋捷道也。詳後文。

③衞至相與相去洛　衞相間，通典、元和志皆作一九〇里，寰宇記顯有譌誤。一九〇里加衞去洛，共五八〇里，正與元和志、寰宇記所記契合。通典作五六〇，小譌。

④相至洺與洺去洛　相洺間，通典、元和志皆作一八〇里，寰宇記兩數之一亦略合。則洺至洛應從通典、寰宇記作七六〇里，元和志「六百」、舊志「八百」皆字譌。

⑤磁州爲永泰中復置，故通典不記。據元和志、寰宇記，相州北至磁州六〇或六五里，磁州東北至洺州一一〇或一二〇里，其和正約當一八〇里，則相洺間一八〇里當實經磁州。通典時代，尚未於滏陽置磁州，而杜氏特記洺州西南至相州滏陽縣界七十里者，實爲特例。蓋滏陽地居中古時代太行八陘之第四陘滏口陘道之口，特爲衝要，固亦宜爲相洺間大道所經也。然元和志相州目，臨漳縣西南至州六十里，成安縣西南至州一百五十里。檢今圖，成安北

至永年（唐洺州治）已甚近，則此一八〇里亦有取道臨漳、成安二縣不經滏陽之可能，蓋相洺間東西兩道，皆約一八〇里歟？

⑥洺至邢與邢去洛　通典未記兩州間里程。元和志作一二〇里，寰宇記作九〇里。按兩書洺州目，皆云臨洺縣在洺州西北五〇里，而通典云邢州南至洺州臨洺縣六五里，其和一一五里，則元和志殆指取臨洺縣道。又通典，洺州北至邢州南和縣五〇里，洺州西北至邢州沙河縣六〇里。檢元和志邢州，沙河縣在州南三十五里，南和在州東北三八里，（方向小誤。）寰宇記，沙河縣條作一百三十五里，衍「一百」字，南和縣在州東南四〇里，則寰宇記作九〇里者，蓋取南和縣，或取沙河縣道。故一二〇與九〇里之說皆不能謂為誤。

⑦相邢間直達道　據上文④⑤⑥三條，似相州北至邢州中間，必經洺州。然元和志相州目云：「東（當作北或東北）取臨洺縣北至邢州二百六十五里。」按洺州目云，臨洺縣東南至州五十里，寰宇記方向里距同。則元和志此條所記之道，直取臨洺縣，不經洺州也。途程亦稍捷直。此道為元和志所特記，據上表，元和志所記邢州至洛陽八四〇里，相州至洛陽五八〇里，相差正為二六〇里，是取此道，不必經洺州也。

⑧邢至趙與趙去洛　三書所記此三州間之里距最為分歧。按趙州至洛陽一〇三〇里無問題，通典「一千三百十里」，必衍「百」字。則趙邢二州至洛陽里程之差為一九〇里，是元和志為正。

⑨趙至恆與恆去洛　兩州間一〇〇里，恆去洛一一三〇里無問題，知恆州取趙州至洛陽。

⑩恆至定，趙至定及定去洛路線　恆定間有一二〇、一二四里兩種數字，蓋大數、實數之異，則定州取恆州道至洛陽當為一二五〇里或一二五四里；然四書所記定州至洛陽作一二〇〇、一二二〇、一二二五，皆與此數相差頗大。按元和志，趙州「東北至槀城縣七十里，從縣至定州一百二十里。」定州「西南取槀城路至趙州一百九十五里。」趙州至洛陽一〇三〇里既無異說，則定州南取槀城路，南經趙州至洛陽應為一二二五里，與元和志、寰宇記

所記定州去洛陽里程全合，故知兩書所記定州去洛里程實取此道，不經恆州也。即如通典、舊志所記一二〇〇里，必亦此道也。且元和志恆州目亦云，「東南至稾城縣六十里 ， 從稾城北至定州一百二十里。」足見稾城實爲恆、趙、定三州間之交通中心。

⑪定至易與易至洛　定易里距 ， 僅元和志定州目云 ：「 東北至易州二百五十里。」易州目及通典、寰宇記皆不記。然元和志、寰宇記皆云易州西南至洛陽一四七五里，通典、舊志數字亦相近。減定州去洛一二二五里，正爲二五〇里，則元和志所記最確，且易州至洛即取道定州也。

⑫易至幽與幽去洛　易至幽有二一〇、二一四兩數，無大差異。幽州去洛陽里程，通典、寰宇記皆作一六八〇里，元和志缺卷。按一六八〇里與易州去洛一四七五里之差爲二〇五里，知幽州去洛里程即取道易州，蓋實一六八五里也。

以上爲東都洛陽東北至幽州之主線。其由汴州北上行此道者，由汴州北至滑縣（今滑縣）二百一十里，又西北渡河一百三十里至相州。其與上述主線之會合處在蕩陰縣。

元和志七汴州目及八滑州目，皆作南北距二百一十里。又滑州北至相州一百三十里，卷一六相州目，東南至滑州一百三十里。蓋滑州在相州正南微東也。則相汴間三百四十里。通典記事稍自混亂，今不取。而寰宇記卷一開封府北至滑州二百二十里，此取通典。又卷九滑州，「東（當作西）北取黎陽路至相州一百三十里。」「東（當作南）至東京二百二十里。」又五五相州，「東南至東京三百五十里。」是與元和志有十里之異，路線則同。然檢寰宇記磁州目，南至相州六十里，南至東京四百里，則相州至東京仍當作三百四十里，故從元和志書之。

洛陽相州道與汴州相州道會合點爲蕩陰，詳後文。

（二）洛陽至相州詳程

洛陽東行經積潤驛，石橋店，折北渡河至河陽，去洛陽七八十里；又由洛陽東北白馬坂渡河亦至河陽。河陽南臨盟津，唐建浮橋，爲全國第一大橋，爲南北交通之樞紐。安、史亂後，置河陽三城節度使，屏障洛京，兼制北道，故稱「都城之巨防」也。

此節已詳洛陽太原驛道篇。

由河陽東行經溫縣（今縣）至武陟縣（今縣），在沁水西南岸，有武陟驛，即北朝之永橋鎮，置永橋領民大都督處，蓋架沁水爲浮橋也。又東北經獲嘉縣（今縣）東至新鄉縣（今縣），在清水南一里，去河陽約二百六七十里。又東十八里至臨清關，當驛道。新鄉有臨清驛，當在縣城或此處。又東三十里至衞州治所汲縣（今縣）。志書所記衞州西南至洛陽三百九十里者，即此道也。又由河陽東北行六七十里至懷州治所河內縣（今沁陽），又東微南循沁水四十七里至武德縣，在沁水南二里，又東五十三里至武陟縣，此蓋非主道也。

周書三一韋孝寬傳，相州總管尉遲迥反，詔孝寬由洛陽伐之，軍經河陽，武陟，至鄴城。又隋書四十宇文忻傳，迥遣子惇，盛兵武陟，忻先鋒擊走之，進臨相州。是武陟爲必經之地。武陟驛見太平廣記一四八張嘉福條。（出朝野僉載）。然河陽至武陟可有兩道。其另一道，由河陽東北至懷州治所河內縣，道中北朝置高頭驛，詳洛陽太原驛道篇。懷州東經武德至武陟，及二縣皆北臨沁水，皆觀元和志自明。第五節引册府元龜一一三所記太宗征遼路線，由河陽二日而至武德，即此道也。此非洛陽東北至衞、相以北之主道。其主道則取溫縣至武陟，不經懷州也。玆續論之。

舊五代史六梁太祖紀六，乾化元年十一月，由魏縣回洛陽，道中所經：丁亥次衞州，戊子晨次新鄉，夕止獲嘉，己丑次武陟，庚寅次溫縣，辛卯次孟州，壬辰至洛陽。是由衞州至洛陽取溫縣路，不經懷州也。同書七，乾化二年二月北巡，甲子發自洛師（洛陽），夕次河陽，乙丑次溫縣，丙寅次武陟，「懷州刺史段明遠迎拜於境上。」丁卯次獲嘉，戊辰次衞州之新鄉，己巳晨發衞州。此亦取溫縣路，不經懷州也。復考北齊書四一傅伏傳，「以戰功稍至開府、永橋領民大都督。周帝前攻河陰，伏自橋夜渡入守中潬城。南城陷，被圍二旬不下。」通鑑一七二陳太建七年紀，書此事，亦云「傅伏自永橋夜入中潬城。」又通鑑一七四陳太建十二年紀，相州總管尉遲迥反，「懷縣永橋鎭將紇豆陵惠以城降迥。」隋書四二李德林傳，「韋孝寬爲東道元帥，師次永橋，爲沁水泛漲，兵未得渡。」謂伐尉遲迥也。俱見永橋爲河陽東北通衞、相道所經，且爲軍事重要據點。通鑑一七二胡注：「按懷縣有永橋鎭。懷縣，隋唐爲懷州武德縣。宋白曰，隋大業十一年，移修武縣於永橋，即今武陟縣。」據元和志，武德、武陟皆在沁水南岸，武德在懷州至武陟之中途，而永橋則在今武陟縣也。領民大都督爲重職，乃河陽三城之後衞，而居懷州東南之永橋，不居懷州以南地區，已知主道不經懷州；傅伏由永橋夜入中潬城，更爲不經懷州而直西南至河陽之明證。是則唐以前大道已如此，不始於後梁也。按前據唐、宋志書，皆云衞州西南至洛陽三百九十里，而洛、懷間與懷、衞間里距之和多則四百一十里，少亦四百里，皆盈於此數，故疑三百九十里者乃取溫縣之捷道。

新唐書一八七諸葛爽傳，爽據河陽，與魏博節度使韓簡戰於新鄉、獲嘉間。獲嘉在懷州東北一百六十里，新鄉在衞州西四十八里，及新鄉縣在清水南一里，皆見元和志與寰宇記，而懷衞間相去二百六十里，故各縣間之里距可知。檢一統志衞輝府卷沿革目，獲嘉在府西南九十里，新鄉在府西南五十里，亦略合。至於新鄉去河陽里數，考杜牧罪言云：「新鄉距盟津一百五十里。」（全唐文七五四。）按前引唐宋地書，衞州去洛陽三百九十里，而河陽西南至洛陽七八十里，新鄉東至衞州四十八里，則新鄉西南至河陽即盟津約二百六十七十里，杜氏此文「一百」必「二百」之譌。

臨清關　隋書煬帝紀，仁壽四年即位。十一月「幸洛陽。丙申，發丁男數十萬掘塹，自龍門東接長平、汲郡，抵臨清關，度河至浚儀……，以置關防。」又通鑑一八二大業九年，楊玄感反於滎陽，遣玄挺由河內向洛陽，「修武民相帥守臨清關。玄感不得度。」似爲此關見史之始。隋書地理志，河內郡新鄉縣有關官，即此關也。檢新唐書地理志，衞州新鄉縣「東北有故臨清關。」又寰宇記五六衞州新鄉縣，「臨清關在縣東北四十八里，自河內入汲郡大驛路。」按新鄉至衞州才四十八里，此云關在新鄉東北亦四十八里，疑誤。檢一統志衞輝府卷關隘目，臨清關在縣東二十里。引寰宇記作十八里，是也，今本寰宇記衍「四」字。則關東至衞州三十里，蓋在新鄉與汲縣界上。

臨清驛　全唐文九八九有唐衞州新鄉縣臨清驛造彌勒像碑，云驛長孫璧。按「中央研究院」史語所藏此碑拓，云「唐衞州新鄉縣臨清驛長孫氏石像碑」，以開元七年四月八日立。

衞州東北六十八里至衞縣（今衞縣集，在淇縣東北、濬縣西南五十里），「城西二十一里有朝歌故城（今淇縣東北），殷之故都也。」漢置朝歌縣，後魏移治所，大業三年更名衞縣。又衞州東北五十里有淇門鎮（今淇縣東），蓋亦在大道上。

周書三一韋孝寬傳，宣帝崩，隋文輔政，遣孝寬爲相州總管，進至朝歌。是朝歌當大道。檢元和志一六衞州，衞縣西南至州六十八里。本漢朝歌縣，大業三年改名衞縣。殷之朝歌故城，亦見元和志。按寰宇記五六衞州衞縣，漢朝歌縣在殷代故城，「後魏移朝歌於今衞縣東一里，此城始廢。」衞縣及朝歌故城之今地，皆見一統志衞輝府卷古蹟目。所謂殷之故城者，史記殷本紀正義引括地志云：「竹書紀年，自盤庚徙殷，至紂之滅，二百五十三年，更不徙都。紂時稍大其邑，南距朝歌，北據邯鄲沙丘，皆爲離宮別館。」都城中心仍在安陽殷墟也。

淇門　陳子昂征東至淇門答宋之問（全唐詩二函三册），「南星中大火，將子涉清淇」，「若向遼陽戍，悠悠天際旗。」此淇門可能泛指衞州地區，未必爲一小地名。然此地區實有一小地名曰淇門。紀要四九衞輝府汲縣，淇門鎮在「城東北五十里。唐大順初，朱溫寇魏、博，分遣其將（略）龐師古等下淇門、衞縣。五代梁龍德二年，與晉軍夾河相持，戴思遠襲陷衞州，又攻陷淇門及共城、新鄉等縣。九域志，汲縣有淇門鎭。元人運道，自封邱中欒鎭陸道至淇門。明初，徐達定中原，規取河北，自中欒渡河，下衞輝，至淇門鎭。是也。」子昂此詩之淇門亦可能實指此鎭也。檢一統志，淇縣在汲縣北五十里，則淇門鎭即在淇縣之東。

衞縣又北六十二里至宜溝（今鎭），一作師宜溝，又名長沙溝。又北二十里至蕩陰縣（今縣），在蕩水之南。又北九里至羑里，傳爲紂拘西伯之所。又北三十一里至相州治所安陽縣（今縣）。

通鑑九八晉永和五年紀，後趙彭城王遵自河內李城舉兵向鄴，丙戌軍于蕩陰，己丑至安陽亭。同書一五一梁大通元年紀，魏相州刺史安樂王鑒據鄴城叛，魏遣源子邕等攻鄴，子邕行及湯陰，乘勢進拔鄴城，斬鑒，傳首洛陽。是洛陽鄴城道中經湯陰。又周書三一韋孝寬傳，「宣帝崩，隋文帝輔政。時尉遲迥先爲相州總管，詔孝寬代之。又以小司徒叱列長乂爲相州刺史，先令赴鄴。孝寬續進，至朝歌，迥遣大都督賀蘭貴齎書候孝寬。孝寬……遂稱疾徐行，又使人至相州求醫藥，密以伺之。旣到湯陰，逢長乂奔還。」足見朝歌、湯陰皆爲衞州北至相州之大道所經。按元和志一六，蕩陰以蕩水受名，在相州南四十里。寰宇記五五，同。前論衞相間相去一百九十里，知衞縣、蕩陰間之里距當爲八十二里。

宜溝　舊五代史六梁太祖紀六，乾化元年，時都洛陽，九月幸相州，道經河陽，甲辰至衞州，乙巳至宜溝，丙午至相州。是衞相道中經宜溝。檢寰宇記五五相州蕩陰縣，「長沙溝一名師宜溝，在縣南二十里。」（文海影本據河南通志改作宜師溝。）古今地名大辭典，宜溝鎭在湯陰縣南二十五里，明崇禎中築，今平漢鐵路經之。即此地也。

羑里　元和志一六相州蕩陰縣，「牖里一名羑里，在縣北九里，紂拘西伯之所也。」寰宇記五五，同。又云：「北臨羑水。」就方位言，應爲大道所經。范成大石湖居士集十二使金紀行詩，次第有舊滑州，扁鵲墓（本注：在湯陰），羑里城，（本注：在羑河上，四垣儼然。）相州諸詩，是果爲大道所經也。

安陽爲殷代後期都城，殷墟小屯在城西南數里。中古時代亦常見爲南北軍道所經，故隋文帝毀鄴城，即遷相州治此。有石梁驛，一作左梁驛。

北朝相州皆治鄴城。通鑑一七四陳太建十二年紀，楊堅使韋孝寬討平尉遲迥，「徙相州於安陽，毀鄴城及邑居。」故唐相州治此。即殷紂故都所在。紀要四九彰德府安陽城條，「晉土地記，安陽城在鄴城南四十里。永安初，東海王越奉乘輿伐成都王穎，前鋒至安陽。永和五年，後趙石遵舉兵河內，自蕩陰進至安陽。太和五年，苻堅伐燕，自帥精銳，發長安，趣洛陽，七日而至安陽。太元八年，慕容垂謀復燕祚，自河陽趣鄴，至安陽。」足見其爲南北大道所經。石梁驛　通鑑一八二隋大業九年，樊子蓋鎖送（韋）福嗣、（李）密等詣高陽。「行至魏郡石梁驛，飲防守者。」考異曰：「河洛記曰左梁驛。今從蒲山公傳。」按煬帝改相州爲魏郡。

安陽城西南十五里有愁思岡，近大道，爲郭子儀破安慶緒處。

通鑑二二〇乾元元年紀，郭子儀濟河，拔衞州，安慶緒北走鄴，「收餘兵拒戰於愁思岡，又敗。」胡注：「岡在鄴城西。據歐史，在相州湯陰縣。薛居正曰，湯陰縣界有一岡，土人謂之愁死岡。」而寰宇記五五相州安陽縣，「愁思岡，隋文帝改曰崇義岡。」是在安陽。紀要四九彰德府安陽縣目，岡在城西南二十里。而一統志彰德府卷山川目，作西南十五里，引府志作縣南十五里。

陳存詩有武丁館者，蓋在衞縣北至安陽之道中歟？

陳存有寓武丁館詩云：「虛館無喧塵，綠槐多晝陰，俯視古苔積，仰聆早蟬吟。」（唐詩紀事四〇。）按此館不知所在，疑當或在安陽以南之道中歟？

（三）汴州至相州詳程

汴州爲唐代黃河大平原中第一大城市，故長安、洛陽之兩京大路驛東延止於此，即為唐代中葉第一大驛道之終點，故館驛頗多，可考者有大梁驛，臨汴驛，上源驛。五代建都，又見有赤倉驛，懷信驛，班荆館，並改上源驛為都亭驛。

隋書五六令狐熙傳：「上祠太山還，次汴州，惡其殷盛，多有姦俠。於是以熙為刺史。下車禁游食，抑工商，民有向街開門者，杜之，船客停於郭外星居者，勒為聚落，僑人逐令歸本。」足見北朝末汴州已繁盛。杜翁遠懷云：「昔我遊宋中，惟梁孝王都，名今陳留亞，劇則貝魏俱，邑中九萬家，高棟照通衢，……。」（詳注一六）按陳留即汴州。此詩提出汴、宋（今商邱）、貝（今清河）、魏（今大名）四州，皆在黃河南北大平原中，宋、貝、魏繁劇比肩，而以汴州居首也。此無異說汴州為黃河平原第一大都市。唐會要六一館驛目，貞元二年十二月勅節文，「從上都至汴州為大路驛，從上都至荆南為次路驛。」是長安至汴州為當時第一重要驛道，蓋以汴州之盛，故兩京大路驛東延至此也。

汴州諸驛，別詳洛陽汴州驛道篇（第六卷）。

由汴州北行出酸棗門，七里至七里店，又約十三里，中經劉子陂至赤岡，又約二十里至陳橋驛，又約十里至封邱縣（今縣），又約七十里至胙城縣，又北微東九十里，中經沙店（今沙店E114°27′·N35°30′）至滑州治所白馬縣（今滑縣 E114°30′·N35°35′）。又封邱東北經韋城亦至滑州。

舊五代史一〇三漢隱帝紀下，郭威鎮鄴都，京師有變，率軍入京，中經澶州、滑州、封邱南下，漢帝以慕容彥超拒守，彥超「大軍駐於七里郊。」車駕「幸七里店軍營。王師陣於劉子陂，與鄴軍相望。」彥超兵敗，帝逃歸至玄化門，為門者所拒，遇害。又同書一一〇周太祖紀，威由鄴都南下，以十一月十六日至澶州，十七日至滑州。十九日漢帝遣神武等軍屯赤岡，是夜俱退。二十日漢帝整陣於劉子陂。二十一日，漢帝軍敗遇害，威進至玄化門，不得入，「回車自迎春門入。」通鑑二八九後漢隱帝乾祐三年十一月紀，威亦歷澶州，滑州，壬午至封丘，慕容彥超以大軍屯七里店，神策統軍袁嶬等屯赤岡。癸未，南北軍遇於劉子陂。甲申，彥超戰敗，隱帝宿於七里寨，乙酉，將回宮，爲玄化門守軍所拒，旋遇害，威亦不得入玄化門，乃自迎春門入城。論此次事件，郭威南行，先至澶州，再折西到滑州，蓋別有布署，可不論，其滑州南行路上地點次第甚明，今自南數之：

玄化門　通鑑胡注：「玄化門，大梁城北面東來第一門也。本酸棗門，梁開平元年改曰興和門，晉天福三年改曰玄化門。」「迎春門，汴城東面北來第一門也，本名曹門，梁開平元年改曰建陽門，晉天福三年改曰迎春門。」

七里店　據舊史漢隱紀「七里郊」之言，即去城七里耳。

劉子陂　舊史漢隱紀校點本據影庫本粘籤云，「劉子陂，東都事略宋延渥傳作留子陂。考通鑑、歐陽史俱作劉。」又按宋史二五五宋偓傳亦作留。今姑從舊史。度其地必在七里店之北，赤岡之南。

赤岡　除見前引史事外，又舊五代史九一符彥饒傳，天福初，爲滑州節度使，爲禁軍拘送闕下，「行及赤岡」云云。同書九九漢高祖紀上，天福十二年三月「壬寅 ，契丹主發自東京還本國。是日宿于赤崗。……契丹自黎陽濟河，遂趨相州。」遼史四太宗紀下，同。通鑑二八六書契丹此次入出汴京事云，契丹由相州經封丘，天福十二年正月丁亥朔入汴京，日暮復出屯於赤岡。三月壬寅契丹主發大梁北歸，夕宿赤岡，丙午自白馬渡河。是赤岡爲汴北要地。復考通鑑二五七僖宗光啓三年，蔡兵屯於赤岡 。 此似較早見者 。 一統志開封府卷山川目，「赤岡在祥符縣東北二十里。水經注，渠水東南逕赤城北，即赤岡也。」按此見水經注二二渠水注，其地當在汴州之西，非城北。寰宇記一開封府浚儀縣，「赤城在縣西南二十五里」是也 。 復按水經注七濟水注，「濟瀆又東逕封邱縣北，……又東逕大梁城之赤亭北而東注。」此赤亭殆與赤岡有關，或相近也。

封邱縣　舊五代史八一晉少帝紀，天福八年，由鄴都返京亦經封邱。元和志七汴州，封邱縣南至州五十里。寰宇記一作六十里，今姑從志。

皐門村、陳橋驛、韋城不見於上引諸條，玆續考如下：

皐門村　舊五代史一一〇周書太祖紀，威入定京師後，旋契丹入寇，威率軍至澶州，兵變擁立爲帝，回師「至七里店，羣臣謁見，遂營於皋門村。」通鑑二八九漢隱帝乾祐三年紀，同。胡注，「皋門村，蓋在皋門之外。……蓋以郭門之外有村，遂呼曰皋門村，合於毛氏詩傳，皋門村屬開封縣，薛史云，王檀葬于開封縣之皋門原，以是知之。」蓋又在七里店之南也。

陳橋驛　舊五代史一〇九杜重威傳，北伐，降於契丹，從契丹主南行，至東京，統晉軍屯於陳橋。新五代史五二，同。又新五代史二九景延廣傳，遼主德光南下至封丘，延廣請降。德光北返，將虜延廣北行，至陳橋，自殺。通鑑二八六晉天福十二年紀，同。胡注：「九域志，開封府浚儀縣有陳橋鎭。」按舊五代史一二〇周恭帝紀，顯德七年正月辛丑朔，詔今上率兵北禦契丹。「癸卯發京師。是夕宿於陳橋驛」云云。宋史一太祖紀，同。則置驛之地。一統志開封府卷關隘目，陳橋鎭在祥符縣東北四十里。地望正合。東京夢華錄六元旦朝會條，注引王明清玉照新志四，陳橋在京師陳橋封丘二門之間，唐爲上元驛，後來以陳橋驛爲班荆館。此說非也。

胙城縣、韋城縣　舊五代史一〇〇漢高祖紀下，天福十二年，杜重威反於鄴都，帝北征，經韋城，至鄴都。又通鑑二二五大曆十一年，李靈耀據汴州叛，兵敗北遁，擒於韋城。又二八九後漢乾祐三年，郭威至澶州，爲將士擁立，回朝，經韋城，七里店。胡注引九域志，韋城在滑州東南五十里。檢元和志八、寰宇記九滑州，韋城縣在州東南六十里。據上引史例，封邱至滑州似當東北經韋城。然雲麓漫鈔八記自東京至女眞御寨云，「東京四十五里至封邱縣，皆望北行，四十五里至胙城縣，腰頓。四十五里至渡河沙店。四十五里至滑州館。」是封邱北經胙城，沙店，不經韋城。又范成大石湖居士集一二北使紀行詩之漸水詩云：「黃流日夜向南風，道出封邱處處逢。」本注：「黃河將決，其地則伏流先出，名曰漸水。河身日徙而南，過封邱至胙城界中已有漸水。」是封邱北亦經胙城。按元和志八滑州，胙城縣北至州九十里，寰宇記云在州西南九十里，明清志書云在延津縣北，蓋實在滑州之南微西耳。檢今圖，開封北至滑縣之汽車道中，近滑縣處有沙河小地名。紀要一六大名府滑縣有沙店城，在縣南三十里。宋建炎初，宗澤守東京，召王彥於太行山，使屯滑州之沙店。

郎此。當卽雲麓漫鈔之渡河沙店。則宋迄今之大道，實取胙城縣，唐蓋亦然；經韋城者，蓋特例，或為分出澶州滑州之道也。封邱至胙城里距，據封邱南至汴州，胙城北至滑州之里距推知。

滑州白馬縣，本古滑臺，縣東北三十四里有白馬山，縣北三十里有白馬津，故州縣受名。「州城卽古滑臺城，城有三重，又有都城，周二十里。」「城甚高峻，堅險，臨河亦有臺。」「黃河去外城二十步（一作二里）。」常有水患。大曆中，滑衞節度使令狐彰嘗開河道，元和中鄭滑節度使薛平復尋黃河故道，開鑿以分水勢。咸通中，蕭倣復以河流逼城，移河四里。

「二十步」以上皆見元和志八滑州目。「一作二里」及薛平事，見唐會要八九疏鑿利人目・元和八年條及舊一二四薛平傳。令狐彰事見寶刻類編五唐令狐彰開河碑。蕭倣事見舊一七二本傳。

縣置白馬驛，石刻有滑臺新驛者，規制甚壯，卽此驛也。

舊二〇下哀帝紀，天祐二年六月貶裴樞等。「樞等七人已至滑州，皆併命於白馬驛，……投屍於河。」通鑑二六五天祐二年紀，同。胡注：「白馬驛在滑州白馬縣。」按寶刻類編八及寶刻叢編五皆有滑臺新驛記。叢編五引集古錄目云：「唐滑亳節度使李勉撰，李陽冰篆。勉使同州別駕裴万增廣驛舍，以大曆九年八月立此碑於驛中。」按崔祐甫滑亭新驛碑陰記（全唐文四〇九）：「論者謂華之普德，虢之閿鄉，自昔為郵亭之甲，今玆白馬，可以抗衡。」記稱尚書汧公所創，卽李勉也。

滑州向北沿黃河東岸行，不到三十里至白馬津，一名黎陽津，在白馬山西二十里鹿鳴城西南隅，是為南北交通要津，於唐代黃河諸津渡中，地位僅次於蒲津、河陽津，蓋與太陽津略均。由此西渡河至黎陽縣（今濬縣 E114°30′・N35°40′ 東北近處），縣南七里有黎陽山，卽古大伾山。晉灼曰：「黎山在其南，河水經其東，其山上碑云，縣取山之名，取水之陽以為名。」

縣東一里大河西岸，高齊置白馬關，東臨白馬津，宇文周改名黎陽關。關南近處有黎陽鎮故城，唐更名白馬鎮。隋置黎陽倉，傳云在黎陽山之南約二十里處。此一地區，西有黎陽山，東有白馬山，大河流經其間，爲津渡之要，故兩岸繁置縣、鎮、關、津、倉城，有白馬、黎陽之名也。

黎陽縣與黎陽山　通典一七八衞州黎陽縣，「大伾山今名黎陽東山，又名青檀山，在縣南七里。」按此本之括地志（見史記夏本紀「至於大伾」正義所引）。元和志一六衞州黎陽縣目所記亦同。晉灼指其命名，見漢書地理志上魏郡黎陽縣條師古注引。紀要一六濬縣目黎陽廢縣條以爲應劭語。顧氏多疏誤，此蓋其一。

白馬山　元和志八滑州白馬縣，「白馬山在縣東北三十四里。」「黎陽津，一名白馬津，在縣北三十里鹿鳴城之西南隅。」寰宇記九滑州白馬縣有白馬山條。則鹿鳴城、白馬津當在白馬山之西。檢河水注五，山「西去白馬津可二十里。」則津與山之相對位置及距離可考。

白馬津、關　元和志八滑州白馬縣目，「黎陽津一名白馬津，在縣北三十里鹿鳴城之西南隅。酈食其說漢祖曰，守白馬之津，塞飛狐之口，以示諸侯，則天下知所歸矣。謂此津也。」同書一六衞州黎陽縣目，「白馬故關在縣東一里五步。」下亦引酈食其說。又云：「後更名黎陽津。……高齊文襄征潁城，仍移石濟關於此，即造橋焉，改名曰白馬關，周又改名黎陽關。」寰宇記九滑州白馬縣不記津、關事，而於卷五七通利軍黎陽縣目云：「黎陽津在縣東一里五步，一名白馬津。」下引酈食其說及文襄以下事，文字皆同。知河上爲津，津西岸即關城所在，在黎陽縣東一里也。故新唐志，黎陽縣「有白馬津，一名黎陽關。」至於新一六六杜牧傳，作罪言云，「黎陽距白馬津三十里。」乃指白馬縣而言，文士言非準確耳。又按志云津在白馬縣北三十里，自白馬縣至黎陽縣最少當有三十三、四里。然寰宇記通利軍目云，「東至白馬縣，隔黃河二十五里，南至白馬縣，隔黃河二十七里。」軍即治黎陽縣。是不合。再檢元和志白馬縣目云，「鹿鳴故城，在縣北三十里。」則前引志云「三十里」者係指鹿鳴城而言。津在城西南隅，宜去白馬縣不到三十里也。黃河津渡甚多，在中國歷史上，白馬津之重要性，僅次於蒲津與河陽津，其見史之事例，紀要一六滑縣白馬津條與濬縣黎陽廢縣條引述已詳，玆不贅。元和志云置關者，北齊書四二陽斐傳云，「石濟河溢，橋壞，斐脩治之。又移津於白馬，中河起石潬，兩岸造關城，累年乃就。」是不但西岸有關城，東岸亦有關城，且於河水中流起石潬，如河陽之制。隋地志中，汲郡黎陽縣有關官，即此關也。唐六典七工部卷水部郎中條，「其大津無梁，皆給船人，量其大小難易以定其等差。」本注：「白馬津船四艘，龍門、會寧、合河等關船並三艘。」亦見白馬重於龍門等津關也。

白馬鎮　元和志衞州黎陽縣目，「黎陽鎮故城，在縣東南一里，古翟遼城也。翟遼於此僭號，皇朝改曰白馬鎮。」寰宇記五七，同。按前引本志云，白馬關在縣東一里五步。則鎮在關南近處。

黎陽倉　隋地志中，汲郡黎陽縣有倉。同書食貨志，「開皇三年……詔於蒲、陝、虢、熊、伊、洛、鄭、懷、邵、衞、汴、許、汝等水次十三州，置募運米丁。又於衞州置黎陽倉，洛州置河陽倉，陝州置常平倉，華州置廣通倉，轉相灌注，漕關東及汾、晉之粟，以給京師。」黎陽爲南北交通之要，又置倉儲，故煬帝征遼東，命楊玄感「於黎陽督運。」事見隋書七〇玄感傳。通鑑一八一，大業七年「七月，發江淮以南民夫及船，運黎陽及洛口諸倉米至涿郡，舳艫相次千餘里……。」明年又「敕運黎陽、洛陽、洛口、太原等倉穀，向望海頓（在遼西界）。」足見黎陽倉儲之盛。又隋書七〇李密傳，「宇文化及鈑逆，率衆自江都北指黎陽，兵十餘萬。」「密遣徐世勣守倉城，化及攻之不能下。……化及盛修攻具，以逼黎陽倉城。」通鑑一八四義寧元年，「徐世勣言於李密曰，天下大亂，本爲饑饉，今更得黎陽倉，大事濟矣。……開倉恣民就食，浹旬間，得勝兵二十餘萬。」亦證此倉之盛，且爲兵家必爭之地也。其規制雖不詳，然通鑑一八〇，大業二年，「置洛口倉於鞏，……築倉城，周回二十餘里，穿三千窖，窖容八千石以還，置監官并鎮兵千人。」度黎陽倉規模應不太小於洛口，故盛穀之多，爲隋末起事者所據以招徠兵民也。復考金石萃編一二一大伾山寺准勑不停廢記，題名有「前黎陽發運使（略）檢校工部尚書兼御史大夫上柱國孫郜」及鎮遏使、鎮將、知稅、水軍指揮使、□□州倉、寄倉專官等職稱。此石雖後周顯德六年立，然與隋事合觀，知唐世當亦置倉，爲發運要地也。惟通典、元和志、新唐志，不記倉城，括地志似亦未記①，惟寰宇記五七黎陽縣目云「倉城，冀州圖云在縣西南隅，袁紹聚糧之所。」亦不言隋倉在此。通鑑述隋唐之際史事，黎陽倉凡五見。胡注只云在黎陽縣，亦無方位。惟一統志衞輝府卷古蹟目云：「黎陽倉城在濬縣西南三十里，……相傳袁紹聚粟之所，亦即隋置倉處。」未知確否？

黎陽向北微西約六十里至湯陰縣（今縣），接洛陽東北通相州驛道。

通鑑二八四，後晉開運二年，契丹大舉入寇，詔張從恩等守相州。契丹使趙延壽踰安陽水，環相州而南。詔神武統軍張彥澤將兵趣相州，延壽等至湯陰，聞之，引還相州。馬全節等擁大軍在黎陽，不敢進。觀此條，湯陰顯然爲相州、黎陽間往來大道所經。雲麓漫鈔八，東京至女眞御寨行程，由濬州（即黎陽）七十里至湯陰，又三十五里至相州。又范成大石湖居士詩集一二，舊滑州詩後，次第有扁鵲墓、相州諸詩。其扁鵲墓詩本注云，在湯陰，伏道路旁。皆見黎陽北經湯陰至相州也。

以上五代及宋世之史例也。復考岑參臨河客舍呈狄明府詩云：「黎陽城南雪正飛，黎陽渡頭人未歸，河邊酒家堪寄宿，主人小女能逢衣。故人高臥黎陽縣，……隔河東郡人遙羡，鄴都唯見古時丘，漳水還如舊日流。」（全唐詩三函八册參集二。）按此指黎陽縣臨白馬津之客舍而言，非臨河縣，此即唐人行滑州通相州道也。又高適自淇涉黃河途中作詩云：「南登滑臺上，却望河淇間。」（全唐詩三函十册適集二。）亦其例。

按前引唐宋志書，滑州至相州一百三十里，檢元和志，湯陰北至相州四十里，寰宇記同。前論黎陽至滑州隔河二十五里以上至三十里，則黎陽、湯陰間約六十里也。參之雲麓漫鈔及一統志所記，亦無大差異。

① 一統志黎陽倉城條雖引括地志，但檢王恢括地志新輯與賀次君括地志輯校皆不見。

（四）相州至幽州詳程

相州北渡安陽橋，卽洹水也，十五里至韓陵山（今七里岡），又十餘里至野馬岡，經草橋至鄴縣，卽故鄴城（今臨漳西二十餘里，磁縣東南亦約十餘里，約 E114°25′·N36°20′）之大慈寺也，去相州治所四十里。鄴城爲北朝相州治所，屢爲魏晉北朝之偏霸政權所都，故稱鄴都。

鄴縣在相州之北四十里，見元和志一六、寰宇記五五。一統志彰德府卷及紀要四九，皆云鄴都故城在臨漳縣西二十里。按一九五三年，磁縣西南四公里滏陽村簸箕冢內，發現北魏司馬興龍墓，有誌完好，云興和三年十一月「葬於鄴城西北十五里、釜陽城西南五里平岡土山之陽。」（鄭紹宗北魏司馬興龍墓誌跋，文物 1979 年 9 期。）檢一統志廣平府卷古蹟目，滏陽故城在今磁州治。又引舊志，在今磁州西三里。今臨漳西北至磁縣四十里，故鄴城正當在臨漳西二十里或稍多，磁縣東南十餘里或至二十里也。

通鑑一七四陳太建十二年紀，胡注：「煬帝於鄴故都大慈寺置鄴縣。」卽元和志之鄴縣也。蓋視故都遠爲狹小矣。

安陽橋　通鑑二八四晉開運二年，「契丹寇邢、洺、磁三州，……入鄴都境。（胡注，此鄴都當作相州。）」張從恩等「陳於相州安陽水南。」「從恩留步兵五百守安陽橋。……契丹數萬騎已陣於安陽水北，……契丹……踰水，環相州而南。」是此橋卽在相州安陽城北。一統志彰德府卷津梁目，「橋在安陽縣北四里安陽河上，亦名洹橋。元至元間，伐石改建，東徙里許，更名鯨背橋，許有壬有記。」

韓陵山　元和志，安陽縣，「韓陵山在縣東北十五里。東魏丞相高歡破爾朱兆衆於此山。」寰宇記安陽縣云在「縣東北十七里。劉公幹詩曰，朝發白馬，暮宿韓陵。」是亦大道所經，蓋在道東。一統志彰德府卷山川目，引舊志，俗名七里岡。

野馬岡、草橋　隋書四〇宇文忻傳，隋文輔政，相州總管尉遲迥逆命，隋文遣忻討之，「進臨相州。迴遣精甲三千伏於野馬岡 ， 欲邀官軍 。 忻……斬獲略盡，進至草橋，迴又拒守，忻率奇兵擊破之，直趨鄴下。」此路線次第甚明。一統志彰德府卷山川目，野馬岡在安陽縣北三十三里。則北至鄴城不過七里。草橋當又在其北。

又有榆林店，在鄴縣南十餘里，當亦近大道。

舊五代史八三晉少帝紀，開運二年，「契丹寇邢、洺，犯鄴都西北界。……王師與契丹相拒於相州北安陽河上，皇甫遇……率前鋒與敵騎戰於榆林店。」亦見通鑑二八四。是此店在鄴縣與安陽之間。紀要四九，榆林店在臨漳縣西南四十里。按鄴縣在臨漳西二十里，則店在鄴縣南蓋十餘里也。

鄴城自昔稱「平原千里，運漕四通。」唐人亦謂「鄴城最當官路，使命來往，賓客縱橫。」城北有萬金驛。

平原千里云云，見御覽一五六引魏書崔吉語 。 唐人語 ， 見張楚與達奚侍郎書（全唐文三〇六）。

通鑑二二一乾元二年紀，郭子儀等九節度軍圍安慶緒於鄴城，史思明自魏州引兵而西救慶緒。三月壬申，官軍步騎六十萬「陣於安陽河北」，兩軍合戰，因天氣突變，兩軍皆潰。胡注謂此安陽河實指滏水。是也。考異引邠志：「三月六日，史思明輕兵抵相州，郭公率諸軍禦之 ， 戰于萬金驛 。 賊分馬軍並滏而西，……」云云。似當在城北滏水流域。

又有漳亭驛者，或當亦在鄴縣境歟？

韋莊有漳亭驛小櫻桃詩（全唐詩十函九册莊集三）。按莊嘗北至相州，此驛有在鄴縣北漳水上之可能，今姑置於此，以待考。

五代時期，鄴都見有大明館，更名都亭驛。

舊五代史八〇晉高祖紀，天福六年八月壬子，改鄴都「大明館爲都亭驛。」

鄴縣西北五里至紫陌，又二十里至磁州治所滏陽縣（今磁縣西三里），南臨滏水，故名。

元和志一五、一六磁州、相州兩目皆云南北距六十五里。而鄴縣南至相州四十里，則鄴至磁州二十五里。寰宇記五六磁州，南至相州六十里，東南至相州鄴縣二十七里。今姑作二十五里。

紫陌　通鑑一五九，梁大同十一年三月，「東魏丞相歡入朝于鄴，百官迎於紫陌。」胡注：「鄴都記，紫陌在鄴城西北五里。」按高歡自晉陽來朝，必出滏口經滏陽至鄴都，是知紫陌當鄴城西北至滏陽大道，蓋鄴都西北祖餞處。十六國及北朝時代常見史册，紀要四九臨漳縣紫陌條已詳徵之，茲不贅。

滏陽西北有滏口，爲太行八陘之第四陘，當西通太原與潞州之孔道，已詳滏口壺關道篇。今考之道則由滏陽東北行四十里至臺城，又四十里至邯鄲縣（今縣），戰國趙都邯鄲故城在西南十里，宋世仍見延袤數十里，今經發掘顯示，爲一座規模宏偉布局複雜之都城。

故城在今邯鄲縣西南十里，俗呼爲趙王城，見一統志廣平府卷古蹟目。石湖居士詩集一二趙故城詩，本注：「在邯鄲縣南，延袤數十里。」蓋宋世故蹟尚甚大。今代發掘，顯示此城極大，詳文物考古工作三十年頁四一。

臺城　范成大攬轡錄，由相州北經臺城鎮，又三十里至邯鄲縣，過沙州至柏鄉縣。按九域志二河北西路，磁州滏陽縣有臺村鎮。而一統志廣平府卷古蹟目臺城條引九域志作臺城鎮。統志又引舊志，「在磁州東北二十里，亦曰臺城岡，北去邯鄲五十里。相傳趙王所築避暑臺。」而州志「在州北四十里，有堡。」又邯鄲故城條引輿程記，趙王城西南二十里至臺城崗。按趙王城在今邯鄲西南十里，即臺城在邯鄲西南三十里，南去磁州四十里也，與攬轡錄合。北宋已有此鎮，傳爲趙王故蹟，是唐世當亦在大道上，故著此名。

邯鄲既自古爲南北大道所經，故趙建都於此。唐代亦必當大道，故王建詠邯鄲詩云「門前長安道，去者如流水。」邯鄲館驛，亦屢見唐人詩篇。

王建邯鄲主人詩，云云。（全唐詩五函五册建集一。）此外張籍有宿邯鄲館寄馬磁州詩（全唐詩六函六册），馬戴有邯鄲驛樓作（同上九函二册），又劉言史泊花石浦詩云：「杜鵑啼斷回家夢，半在邯鄲驛樹中。」（同上七函九册。）白居易邯鄲至除夜思家云：「邯鄲驛裏逢冬至。」（同上七函三册居易集一三。）

又北六十五里至臨洺縣（舊臨洺關E114°28′·N36°50′，近移永年縣治此），北濱洺水受名。當「大官道」，卽驛道也。

臨洺受名，見元和志一五及寰宇記五八洺州目。

元和志一六相州目云，「北至磁州六十五里」，「東北至洺州一百八十里。」又云「東（當作北）取臨洺縣路北至邢州二百六十五里。」此是特別書法。按洺州治永年縣，地偏東，蓋大道不必經洺州，而逕過州西之臨洺縣也。石湖居士詩集一二北使紀事諸詩，於邯鄲有詩四首，下卽臨洺鎮，邢臺驛，無洺州詩，殆卽未經州城也。京畿冢墓遺文卷下唐故秦府君墓誌銘：「塋向在臨洺縣西南，去城三里，……西望三文□，北望狗山寺，西北趙家河……東大官道。」（天祐十九年葬。）卽此大道也。按邯鄲南經滏陽至相州一百三十五里，又通典一七九、寰宇記五九皆云邢州南至洺州臨洺縣六十五里，則邯鄲至臨洺亦六十五里。

又北二十五里渡沙河，又北五里至沙河縣（今沙河東一里），又北三十五里至邢州治所龍崗縣（今邢臺西南），當有驛。

前引通典、寰宇記，皆云邢州南至洺州臨洺縣六十五里。又元和志一五及寰宇記皆云邢州沙河縣北至州三十五里，（記今本衍「一百」二字。）又云「沙河在縣南五里。」則彼此里距可知。范成大攬轡錄，邯鄲縣北過沙河；又其石湖居士集一二，臨洺鎮詩後接邢臺驛，卽行此道也。

竇牟奉使至邢州贈李八使君云，「茂陰延驛路，溫液逗官渠。」（全唐詩四函十册。）此雖未指明邢州驛名，但置驛自不待言。

又由相州東北至洺州治所永年縣（今縣）一百八十里，中間當經臨漳縣

（今縣），成安縣（蓋今縣北頗遠）。永年西南黃龍鎮，似亦在此道上。又由洺州西北五十里至南和縣（今縣），又四十里至邢州。此可視爲相邢間之東道。南和城北有隋開皇中鄉人宋文彪等所造澧水石橋，數年而成，頗爲雄偉，時在趙州安濟橋建築之前不久。

通典一七八，相州、洺州兩目皆云南北距一百八十里。元和志一六相州，北至磁州六十五里，東北至洺州一百八十里。方向不同，明爲兩路。按志又云相州所屬臨漳縣西南至州六十里，成安縣西南至州一百五十里，觀形勢當在道上。惟一統志廣平府卷沿革目，成安縣，西南至臨漳縣治二十五里。與元和志異，疑唐縣必非今縣地。

通典一七八洺州北至邢州南和縣五十里。而寰宇記五九邢州，南和縣在州東南四十里。元和志，「南和西南至州三十八里」，南爲北之誤。此洺邢間之道也。

黃龍鎮　舊五代史二梁書太祖紀二：「河東遣李進通襲陷洺州。……帝遣葛從周自鄴縣渡漳水，屯於黃龍鎮，親領中軍涉洺而寨。晉人懼而宵遁，洺州復平。」通鑑二六二光化三年紀，略同。檢一統志廣平府卷關隘目，黃龍鎮在永年縣西南。又引金人疆域圖，永年縣有黃龍鎮。

澧水石橋　金石萃編四〇洺州南和縣澧水石橋碑，碑額篆書「大隋洺州南和縣澧水石橋碑」十二字。文云：

「洺州南和縣者，……縣城之北有澧水焉，其水也，上弘七里之源，旁吸百原（泉）之口，控清弘濁，冬□夏涼。……厥水之上雖有舊橋，每經汎長（漲），隋（隨）流濎壞，車牛陷溺，行李□辛。有縣老人宋文彪等……各竭資產，兼相勸化，敬造石橋，以濟行者。以開皇十一年，龍集於淵獻，月纏於降婁，爰共經始，數年乃就。碧柱浮空，煙雲等色。……其詞曰……邯鄲北走，澧源旁射……。」

下一刻爲邢州南和縣澧水橋後碑，碑額篆書「大隋邢州南和縣澧水石□橋靈槧文碑」十六字。文字磨滅特甚，所可見者有下列緊要字句：

「邢州南和縣」「□波現於七里，百□毀壞」「縣老人宋文彪等」「兼相功獎，營斯上業，遂於開皇季（年）也。歲次鶉□，乃求工異域，採玉珍山，鼉柱通泉，龍梁接漢，參差巧鏤，□模妙樂之堦，彫琢精奇，狀下閣□……」「但以修營往日，功就今時。」「辭曰，……灃水橫流，□泉旁澍，……□彫寶柱，楯鏤花□，車□雷動，馬□……」

按元和志一五邢州南和縣，開皇三年屬洺州，十六年改屬邢州。此橋以開皇十一年經始，數年乃成，前碑作於十六年之前，故云洺州南和縣，後碑作於十六年之後，故云邢州南和縣也。參看王氏跋尾及所引授堂金石跋。觀今存文句，灃水在南和縣城北，上承七里、百泉兩水，橋當南北交通要道，建制規模似不小，且柱楯雕鏤精妙，故數年始成。灃水，今作灃水，及七里河、百泉河，今仍故名，詳一統志順德府卷山川目。

邢州北行五十八里至內邱縣（今縣），本中邱縣，隋避諱更名。

此見元和志一五、寰宇記五九邢州目。石湖居士詩集一二北使紀行詩，邢臺驛、柳公亭後即內邱梨園詩。通鑑二八九後漢乾祐三年紀，鎮州、邢州奏，契丹主將數萬騎入寇，攻內丘。胡注引九域志，在州北四十七里；范成大北使錄，邢州三十五里至內邱縣。里距不同，當從元和志。

內邱北至趙州治所平棘縣（今趙縣）可有東西兩路。東路由內邱東北經堯山縣（今縣，亦名唐山），本柏人，故城在縣西北十二里。又北經柏鄉縣（今縣）及漢鄗城故城至趙州。西路由內邱北經臨城縣（今縣），又東北四十五里至高邑縣（今縣），又東北五十五里至趙州。趙州南至邢州一百九十里，疑取西道歟？未能定也。

內邱至趙州間所經，唐代史料雖可確徵，但觀諸縣地望，最可能有此兩道。范成大攬轡錄，沙河以北過柏鄉縣。又石湖居士詩集一二北行紀程詩，內邱梨園後，次第有大寧河（在內邱北）、柏鄉，唐山（即堯山），光武廟（在柏鄉北），

> 趙州石橋（在城南），是由內邱東北逕堯山、柏鄉至趙州也。按元和志一五邢州目，堯山縣西南至州八十里，柏人故城在縣西北十二里，即漢高祖從平城過趙，趙相貫高壁人於柏人，欲要高祖處。又一七趙州目，柏鄉縣北至州六十一里。光武帝即位於鄗南千秋亭，因改名高邑，隋於漢鄗城南十八里改置柏鄉縣，又云高邑故城在縣北二十一里，本漢鄗縣也。寰宇記並同。按光武紀，由南平棘（今趙縣）南行，至鄗即位，乃南至懷，正行此道。由兩漢之兩帝行事觀之，當時蓋以此爲主道也。魏書太祖紀，天興元年正月，「車駕自中山行幸常山之眞定，次趙郡之高邑，遂幸于鄴。」亦此道也。五代時期，柏鄉、高邑尤見爲南北用兵必經之地。然通鑑二八六，後漢天福十二年，契丹主由中原北歸，其相州以北行程云，乙亥「至臨城得疾，及欒城病甚。……丙子，至殺胡林而卒。」臨疾所行，必大道而捷近者。據元和志一七趙州目，臨城縣東北至州一百里，欒城縣東南至州三十九里。是趙邢間取西道。又高邑縣在趙州西南五十五里，應在臨城至州一百里之道上。然柏鄉北微西至高邑甚近，柏鄉至趙州亦可能取道高邑歟？此區地形平衍，道路四通，皆甚難定。

趙州城南約五里有大石橋，跨洨水上，爲隋開皇後期至大業初李春所建，時間或稍後於南和石橋。此橋後代稱爲安濟橋，即今日聞名中外之趙州橋。橋長五〇・八二公尺，面寬九公尺，中間爲車道，兩旁爲行人道。此橋建築有幾項特點：其一，一般長橋例爲多拱（洞），即在水流中立石柱若干，以承橋重，兩柱間各開一拱，以通水流；而此橋爲單拱，自此岸至彼岸，只用一拱，兩堍間跨度長達三七・三七公尺，此極不易。其二，一般石拱橋，其拱多呈半圓形，稱爲穹隆拱。跨度三七・三七公尺，則其弧矢（即拱頂至拱脚水平線之垂直距離）應爲一八・六八公尺；但此橋乃平拱，石拱只爲圓弧之一小段，弧矢僅七・三二公尺，此種結構尤屬難能。其三，一般橋之兩端拱肩皆實心；而此橋兩肩各開兩小拱，謂之敞肩拱，爲世界今存最早之敞肩拱橋。其四，橋拱共寬約九公尺，由二十八股拱圈並列聯鎖而成，（每股約三〇餘公分。）上鋪石板爲橋面，並採取種種有效技術設計，使二十八股拱圈嵌聯固牢，不易離開。總之，此橋設計儘量顧到而且達成四項原則：一、減少對水流之阻遏，且可節省石料。二、減低行車坡度。三、堅固耐久。四、建修施工方便。加以外型空靈，雕飾優美，爲一堵龐大之藝術品。迄今一千三百數十年不但基本完好，（中間二十股拱圈仍爲隋代原始建築。）而且拱圈兩脚下沉水平差只達五公分，此爲橋梁最嚴格之考驗。按洨水河床係粗砂層，耐壓力有限，經科學驗算，此橋臺之反應力與砂基耐壓力適相當，李春計算之正確，建築技術之精巧，今日工程師仍嘆爲觀止！

趙州石橋自古有名，且迄今尙基本完好。就文獻資料所記，以朝野僉載爲最早。太平廣記三九八石橋條引之曰：

「趙州石橋甚工，磨壠密緻如削焉。望之如初月出雲，長虹飲澗，上有勾欄，皆石也。勾欄並爲石獅子。龍朔中，高麗諜者盜二石獅子去，後復募匠修之，莫能相類者。至天后大足（當作聖曆）年，默啜破趙、定州，賊欲南過，至石橋，馬跪地不進，但見青龍臥橋上，奮迅而怒，賊乃遁去。」

此條略見此橋之形制與雕刻之工精，致啓異國之盜心，且有神話故事之出現也。後代有關此橋之神話故事甚多，當以此條爲最早。稍後有柳渙趙郡洨河石橋銘（全唐文二九八）及張嘉貞石橋銘序（全唐文二九九），皆作於武后末至玄宗初年。柳銘云：

「於繹工妙，冲訊靈若，……信梁而奇，在啓爲博，北走燕薊，南馳溫洛，……藝入侔天，財豐頌閣……。」

張序云：

「趙郡洨河石橋，隋匠李春之跡也。製造奇特，人不知其所以爲。試觀乎用石之妙，楞平碪鬥，方版促郁，緘穹隆崇，豁然無楹，吁可怪也！……甃百象一，仍餬灰璺，腰纖鐵蹙，兩涯嵌四穴，蓋以殺怒水之蕩突！雖懷山而固護焉。非夫深智遠慮，莫能創是！其欄檻華柱，鎚斲龍獸之狀，蟠繞挐踞，睢盱翕欻，若飛若動，又足畏乎！……目所覯者，工所難者，比於是者，莫之與京！」

此將石橋之創作者與一拱無柱及兩端四小拱之形制以及石雕藝術之精，更進一步描述出來，以爲天下橋梁製作之工無與爲比。及德宗時代，又有張彧作趙郡南石橋銘（全唐文五一六），亦以爲狀麗奇異之雄勝。寰宇記六〇趙州平棘縣目洨〔洨〕水條云：

「水經云，洨〔洨〕水又東經平棘縣南。有石橋跨水，濶四十步，長五十步。橋東有兩碑。」

按今本水經注已佚此條。其「有石橋」以下十八字，乃寰宇記編者語，非酈注語也。此爲文獻中第一次記載此橋之長寬度，但顯不合理，疑有脫譌。其後歷代行旅多有詩文贊述，趙州志中所收甚豐。余所別見者，范石湖詩集一二有趙州石橋詩，本注云「以鐵筍卯貫石捲篷，不類人工。」河朔訪古記卷上：「趙州城南平棘縣境，通津有大石橋曰安濟，長虹高跨。通衢上分作三道，下爲環洞，兩堍復各爲兩洞，制作精偉。闌楯刻蹲獅，細巧奇絕。華表柱上，宋臣使金者，刻題甚多，不能盡讀。……匠者曰，李春，隋時人也。」此兩則所述皆具體無浮詞。近三十年來，中國政府頗注意古蹟之保存，此橋曾加以修理，列爲全國重點文物保護單位之一。撰文報導者甚多，余所見有茅以昇之重點文物保護單位中的橋（文物 1963 年9 期），聞悟之安濟橋（文物 1976 年 5 期）及建築科學研究院建築史編委會之中國古代建築史第五章第六節安濟橋（1980年版）。茅文最早，述之亦最詳。本節綱文多本於此。茅文又云金石滙目分編云，在安濟橋下發現「唐山石工李通題名石」有「開皇十□」年字樣，近又發現若干斷碣殘碑，說者以爲開皇年興修，大業初年完成，蓋略近之。②

趙州北至定州有直北行及西北繞經恆州兩道。由趙州直北行七十里至槀城縣（今縣），又北微東一百二十里至定州治所安喜縣（今定縣），此爲主道。槀城驛在安史亂時甚顯名，屢見史册。

② 張嘉貞、張彧兩石皆已在橋下掘出，另發現唐人兩石，其一劉超然新修石橋記，作於貞元九年；其一崔恂石橋咏。

元和志一七趙州，「東北至槀城縣七十里，從縣至定州一百二十里。」又一八定州，「西南取槀城路至趙州一百九十五里。」只有五里之差。通典一七八趙州，「東北到博陵郡（定州）三百十七里。」定州條同。寰宇記六〇趙州、六二定州，皆與通典同。此必二百十七之譌。元和志數字與定趙兩州去洛陽之差相合。故從之。

觀志書所記，趙州北經槀城至定州，爲主道。通鑑二一七天寶十四載十一月甲子，安祿山反於范陽，甲戌至博陵（即定州）南，至槀城，常山（恆州）太守顏杲卿勢不能拒，姑往迎之，祿山分軍西守井陘，而自率大軍南下。十二月丁亥，自靈昌（滑州）渡河。是定趙間即取藁城，即槀城也。同年下文又云杲卿據常山起義。「有頃高邈自幽州還，且至藁城，杲卿使馮虔往擒之。」亦是此道。考異引肅宗實錄，云擒於驛廳。又引殷亮顏杲卿傳，「其日邈至于滿城驛，杲卿令崔安石、馮虔殺之。」按滿城在定州之北甚遠，杲卿不能使人往殺邈。檢舊一八七下忠義顏杲卿傳，「槀城尉崔安石報高邈還至蒲城，即令馮虔（略）與安石往圖之。詰朝，高邈之騎從數人至槀城驛，安石皆殺之。」按「蒲」「滿」古書常互譌，即以此「蒲城」而言，水經注一一滱水注，徐水「又東逕蒲城北，又東逕清苑城。」趙一清曰，蒲城即滿城。是也。通鑑考異又引肅宗實錄，藁城尉崔安石報高邈已宿上谷郡界。上谷郡即易州，滿城正爲易州境之屬縣也。蓋安石探悉高邈已至易州之滿城，而報杲，杲命圖之於槀城也。殷文蓋合滿城、槀城爲一而致誤。

又由趙州西北行，約四十里至欒城縣（今縣），有欒城驛。又約六十里至恆州治所眞定縣（今正定）。欒城、眞定間有醴泉驛。州南附郭又有焦同驛，地臨滹沱河。

趙州至恆州一百里，元和志一七趙州目及寰宇記六〇趙州、六一鎭州，皆同，方向作南北，實東南微西北也。元和志，欒城屬趙州，在州西北三十九里。又通鑑二八六，天福十二年四月，胡注，欒城縣在鎭州南六十三里。今書約數。杜荀鶴有宿欒城驛却寄常山張書記詩（全唐詩十函八册荀鶴集三）。其後史事，如通鑑二八五後晉開運三年十一月，杜威等至中度橋，契丹遣兵出晉軍之後，襲取欒城。又二八六，契丹主侵晉北歸，及欒城病甚，至殺胡林而卒。又范成大石湖居士詩集一二，趙州石橋後次第有欒城、呼沲河、眞定舞諸詩，是取此路也。

醴泉驛、焦同驛　舊一八七下忠義顏杲卿傳，天寶十四載，攝常山（恆州）太守。祿山反，使其將蔣欽湊守土門。杲卿召欽湊至郡計事，設計殺之於傳舍。其日，祿山將高邈自幽州南至藁城，又設計殺之於藁城驛。旋聞賊將何千年自東都來趙郡，杲卿又遣馮虔等「伏兵於醴泉驛，千年至，又擒之。」又顏眞卿顏杲卿碑（全唐文三四一）及通鑑二一七天寶十四載紀，書事略同。碑於醴泉驛事云：「俄頃，醴泉驛候騎報何千年發趙郡，（崔）安石以（翟）進玉馳襲而擒之。」通鑑胡注，「醴泉驛在常山郡界，南直趙郡。」是也。按此時欒城縣隸趙郡，則醴泉驛必在欒城至恆州之間。至於殺蔣欽湊事，碑云：「欽湊至，公俾參軍李峻（略）翟進玉縋於城南門，密令驛長蔡行儀醉以酒而斬之。」是在城南，但亦無驛名。而通鑑考異引河洛春秋，「僞以祿山命追井陘鎭兵（即欽湊兵）就恆州宴設……於州南焦同驛，……密於酒中置毒，……盡斬，棄尸於滹沱河中。」則驛名可考，地臨滹沱河。按元和志，恆州治所眞定縣，「滹沱河南去縣一里。」是即州城之南郭驛名也。

滹沱河在州城南一里，東南下游有中渡橋，去城五里，當南北大道，爲杜重威降契丹處。

舊五代史一〇九杜重威傳，開運三年，重威在瀛州，「聞契丹主南下，乃西趨鎭州，至中渡橋，與契丹夾滹水而營。……時契丹游軍已至欒城，」重威密議請降。新五代史三三王淸傳述此事，淸謂重威曰，「今去鎭州五里。」舊九五王淸傳作五百里，衍百字。是當在欒城至恆州道上。石湖居士詩集一二北行紀行詩，欒城後即呼沲河與眞定舞。呼沱河詩本注云：「即光武渡水處，去眞定南五里。」即此道在州南五里處渡河，必中渡橋也。

又由邢州北之臨城縣直北經元氏亦至恆州。

舊五代史二五唐書武皇紀上，大順二年，以李存孝爲邢州刺史，奉命北擊鎭州王鎔，「存孝董前軍攻臨城，鎭人營於臨城西北龍尾崗，」唐兵敗之，「拔臨城，進攻元氏。」是由邢州直達恆州，不經趙州也。又通鑑二六二光化三年紀，朱全忠自洺州移兵攻鎭州王鎔，「下臨城，踰滹沱，攻鎭州南門，焚其關城。全忠自至元氏，鎔懼……請和。」是亦此路。

由恆州東北行渡滋水又名沙河，凡七十里至新樂縣（今縣），又五十里至定州治所安喜縣（今定縣）。

元和志一七，恆州「東北至定州一百二十里。」寰宇記六一鎭州、六二定州作東西距一百二十四里。略相合。元和志，新樂東北至州五十里。寰宇記，同。按舊五代史一三七契丹傳，莊宗圍鎭州，契丹大舉入寇，由幽州南「攻易、定，至新樂，渡沙河。」莊宗應戰，敗之於新城，契丹乃北渡沙河，退保望都。莊宗進駐定州。又見新五代史二四郭崇韜傳。通鑑二七一後梁龍德二年紀書之尤詳悉。胡注引范成大北使錄：「自眞定府七十里過沙河至新樂縣。又四十五里至定州。」按元和志與寰宇記，此處無沙河之名。而恆州眞定縣有「滋水，北去縣三十里。」即今圖之滋水，實即五代史、通鑑並胡注之沙河也。

開元十四年四月，恆州置恆陽軍，在州郭。定州置北平軍，在州城西三里。安史亂後，定州爲易定義武軍節度使治所。恆州爲恆冀成德軍節度使治所，元和十五年避穆宗名，改州名鎭州。

新志鎭州目，本恆州，「元和十五年避穆宗名更。」「有恆陽軍，開元中置。」又定州「有義武軍，建中四年置。」「西北有北平軍，開元中置。」按通鑑二一三開元十四年四月「辛丑，於定、恆、莫、易、滄五州置軍以備突厥。」胡注：「定州置北平軍，恆州置恆陽軍，莫州置唐興軍，易州置高陽軍，滄州置橫海軍。」檢元和志一八定州目恆陽縣末書云：「北平軍在州西三里，開元十年置。」蓋脫「四」字。節度使，不待證。

定州有懷德驛，蓋在州南。

舊書昭宗紀，光化三年九月，「朱全忠引三鎭之師攻鎭州。」王鎔懼降。全忠遣將「張存敬遂自深冀進軍攻瀛、莫，……遂西行陷祁州，大敗中山（定州）將王處直軍於沙河北，進屯懷德驛，遂攻定州。節度使王郜奔太原。」又一八二王處存傳，云存敬入祁溝，郜遣處直拒之，兵敗，「退營沙河，汴人進擊，營於懷德驛，處直之衆奔撓，城中大恐。」事又見舊五代史二〇梁劉捍傳、張存敬傳，及新五代史二一梁臣張存敬傳。按祁州在今河北安國縣，沙河即前文所見之沙河，即滋水也。則懷德驛當在今安國縣之西，定縣之南。蓋定州附郭之驛也。舊五代史二梁太祖紀作懷德亭。

定州東北五十里至望都縣（今縣），又三十三里至北平縣（今完縣東），又東北約四十三里至滿城縣（今縣），本漢北平縣，北魏置永樂縣，天寶元年更名，貞元十五年置永清軍。又東北一百零四里至易州治所易縣（今縣），開元十四年四月置高陽軍。

永清軍、高陽軍皆見新唐志，高陽軍年月見通鑑二一三，詳前引。

舊一八七下顏杲卿傳：「槀城尉崔安石報高邈還至蒲城，即令（略）安石往圖之。詰朝，高邈之騎從數人至槀城驛。」按高邈自幽州南還至蒲城，或作滿城，滿城爲正，詳前槀城驛條。是大道經滿城。元和志一八易州，滿城東北至州一百四里。寰宇記六七作一百里。今姑從志。滿城即今縣。

通典一七八易州，「西南到博陵郡（定州）北平縣一百四十里。」寰宇記作一百四十七里。按北平縣在今完縣治。檢一統志保定府卷沿革目，滿城西南到完縣治四十五里。故今從記。通典不記西南到定州里程，而記到定州北平縣里程，寰宇記從之，是必經此縣到定州也。元和志，北平在定州東北八十三里，寰宇記作八十里。

易定路線中經滿城、北平，勢必中經望都。舊五代史一三七契丹傳，莊宗圍鎭州（恆州），契丹由幽州南陷涿郡，「攻易、定，至新樂，渡沙河。」莊宗移師敗之，進至定州，契丹退保望都。此其證。通鑑二七一龍德二年紀書此事。胡注：「望都在定州東北六十里，范成大北使錄，自定州又五十里至望都縣。」

又雲麓漫鈔八，東京至女眞御寨行程，自中山驛五十里至望都縣。皆此路也。元和志、寰宇記皆作東北五十里。

諸城間之里程可考如上，其和二百三十里，與前考易定間二百五十里者稍不合，未能詳也。

易州東北行四十二里至淶水縣（今縣）。又東北約四十八里至范陽縣（今涿縣），中經祁溝關，即宋初岐溝關（今岐溝店），曹彬北伐大敗處。范陽縣，大曆中置涿州，有金臺驛。又四十里至良鄉縣（今縣西南二十里），又二十里至閻溝，五代初周德威移良鄉治此（今良鄉），又六十里至幽州治所薊縣（今北平西南郊）。

易州至幽州，通典、寰宇記作二百一十四里，元和志作二百一十里，前文定從大數。下文祁溝關條引周德威由飛狐出師，會定鎭軍於易水，破燕之祁溝關，取涿州至幽州，即此道也。惟經淶水縣無明文可考。然唐世，易州東北僅有一淶水縣，即今淶水縣。元和志一八易州，淶水縣西南至州四十二里。隋開皇元年置范陽縣，十年改名永陽縣，屬幽州，十六年改屬易州，十八年改名淶水縣，以近淶水爲名，即巨馬河也。寰宇記六七易州易縣，淶水廢縣條略同，以太平興國六年併入易縣。此縣實屬幽州，時屬易州，必東北至幽州有通道。按之今圖，淶水東北即涿縣，於唐爲范陽縣，屬幽州，見通典一七八（幽州）、寰宇記七〇（涿州），元和志缺幽州卷，故不詳。寰宇記，涿州本范陽縣，舊名涿縣，武德元年爲幽州屬邑，七年改涿縣爲范陽縣。大曆四年，幽州節度使朱希彩奏請於范陽縣置涿州。舊唐志略同。按寰宇記，涿州東北至幽州一百二十里，同書六九幽州卷，同。則易州至涿州應爲九十里。又寰宇記，幽州，良鄉縣在州西南八十里。則淶水至涿州之里距，涿州至良鄉之里距可知。然雲麓漫鈔八東京至女眞御寨行程，涿州至良鄉縣六十里，又六十里至燕京永平館。與此不合。按通鑑二七八後唐長興三年，「幽州城門之外虜騎充斥，每自涿州運糧入幽州，虜多伏兵於閻溝掠取之。及趙德鈞爲節度使，城閻溝而戍之，爲良鄉縣，糧道稍通。」胡注：「良鄉，漢古縣，趙德鈞移之於閻溝耳。匈奴須知，閻溝縣北至燕六十里，古良鄉空城南至涿州四十里。蓋契丹得燕之後，改良鄉縣爲閻溝縣，而所謂古良鄉空城即趙德鈞未移縣之前古城也。」則唐代以前之良鄉縣固在涿州東北四十里，幽州西南八十里；宋代良鄉乃趙德鈞所徙置，在故城東北約二十里，故西南至涿州，東北至幽州皆六十里也。檢一統志順天府卷，兩面里數亦均作七十里，卽承宋以後之新城耳。

祁溝關　舊五代史九七盧文進傳，從李存矩自新州率軍南行至祁溝關，兵亂，害存矩於傳舍。是置驛，但地望不詳。考新唐書一八六王處存傳，「光化三年，朱全忠使張存敬攻幽州，以瓦橋濘潦，道祁溝關。」是當在瓦橋之西。新五代史二五周德威傳，「劉守光僭號於燕，晉遣德威將三萬出飛狐以擊之。德威入祁溝關，取涿州，遂圍守光於幽州。」是在飛狐至涿州道上。而據王處存傳，當在易州以東地區。通鑑二六八後梁乾化二年，「春正月，德威東出飛狐，與趙王將王德明、義武將程巖會于易水。丙戌，三鎭兵進攻燕祁溝關，下之。戊子，圍涿州。」胡注：「祁溝關在涿州南，易州拒馬河之北。自關而西至易州六十里。」則當在淶水、涿州之間。復考宋史五太宗紀，雍熙三年，詔北伐，三月，曹彬克涿州。五月，「曹彬之師大敗于岐溝關，收衆夜渡拒馬河，退屯易州。」同書二五八曹彬傳，略同。地望與唐末之祁溝關極相應。一統志順天府卷關隘目，「岐溝關在涿州西南三十五里，卽今岐溝店市。」其爲一地無疑。復考水經注一二聖水注，涿縣故城西南有奇溝，楊氏水經注圖，置於今涿縣、淶水之間，而去涿爲近，是也。此卽上考祁溝、岐溝之故地矣。

金臺驛　楊巨源有題范陽金臺驛詩云：「六國唯求客，千金遂築臺，若今逢聖代，憔悴郭生回。」（全唐詩五函九册。）又王建有題江臺驛詩云：「水北金臺路，年年行客稀，近聞天子使，多取雁門歸。」（同上五函五册建集五。）疑「江臺」當作「金臺」，至少金臺路卽金臺驛大路也。

按燕昭王爲郭隗築黃金臺事，始見於水經易水注及李善文選注引王隱晉書，（見文選二八樂府鮑昭放歌行注。）皆云在易州；惟任昉述異記云在幽州燕王故城中。清代學者皆定從易水注與王隱書，以爲幽州金臺乃後人慕好賢之名而附會築之。詳王氏合校水經注一一易水注引趙一清說及楊氏注疏以及一統志順天府卷古蹟目黃金臺條。今按易爲燕下都之地，古屬幽州境。檢魏書一〇六上地形志，幽州屬郡范陽郡領固安縣，縣有金臺。此與任昉年代相當，故昉謂幽州，亦與王隱書、酈氏注不相勃，非別一說也；後代幽州金臺乃屬附會耳。楊巨源詩題作「范陽金臺驛」，卽唐之范陽縣驛也。本名涿縣，寰宇記七〇涿州目云，武德改名范陽，大歷四年，朱希彩奏請於范陽縣置涿州。地雖與酈注所述金臺地望小異，但范陽之名，本時移易州境，時移涿州境也，惟此詩所錄乃此時范陽縣今涿縣地無疑。至於今北平，在天寶間雖有范陽郡之名，范陽節度使亦理其地，然去古金臺太遠，必非楊詩所指。且王建詩云云，明指幽州燕京以南之大道而言，謂成德、魏博兩鎭阻隔，燕南大道不便，故天子有使至幽州，多取塞北由雁門而歸，不取此金臺驛道也。

復考宋史二六〇崔翰傳，太平興國四年，從征契丹，「至金臺驛，大軍南向而潰。」地在定州以北。又二七五孔守正傳，太平興國中，「從征范陽，至金臺驛，詔（略）先趨歧溝關。……時契丹兵在涿州東。」是地在涿州以南。考雲麓漫鈔八東京至女眞御寨行程條，望都縣七十里至保州金臺驛，又七十里至固城，又一百里至涿州。是驛在保州，今保定淸苑縣。此爲五代宋初事，蓋已南移矣。

（五）重要史例與走廊古都

此道古代行旅用兵之史例至多，今就唐五代時期之史例略舉一二。如太宗貞觀十九年伐高句麗，由洛陽出發，經河陽，武德，汲郡（衞州），安陽，鄴城，平棘，定州，至幽州；回程由幽州經易州至定州；卽此道也。

册府元龜一一三記太宗出師班師路線云，貞觀「十九年二月庚戌，發雒陽宮。辛亥次河陽。……癸丑次武德。……戊午次汲郡。壬戌次安陽。癸亥次于鄴。三月壬申次平棘。……丁丑幸定州。壬辰發定州。四月丁未發幽州。」以下東北行渡遼次安市城。九月班師。十月「丙午次營州。」「十一月辛未次幽州。

庚辰次易州。丙戌幸定州。」由此西幸太原。按武德在懷州東四十七里，沁水南二里，（見元和志一六。）汲郡卽衞州，安陽卽相州，鄴在相州北，爲州舊治所，平棘卽趙州，則太宗往返，皆取此道，惟回程，定州以南改道入太原耳。

文士詩篇所見亦多取此道者，岑參送郭乂雜言云，「何時過東洛，早晚度盟津，朝歌城邊柳嚲地，邯鄲道上花撲人」，又云「博陵無近信」。一首所見五個地名皆在此道上，尤足爲代表。

此詩收入全唐詩三函八册參集二。郭乂爲定州人，由京師經洛陽北歸家鄉爲官，岑參送之也。博陵卽定州，朝歌在衞相間道上，邯鄲在磁邢間道上，並詳前文，是卽行此道也。又王宏從軍行云：「十五學劍北擊胡，羗歌燕筑送城隅，城隅路接伊川驛，河陽渡頭邯鄲陌。」（全唐詩一函八册。）亦此道也。

至於白馬津通汴州道。白馬津自戰國以來稱爲南北津渡之要，東晉十六國時代，慕容德自鄴城南奔，從白馬渡河，北魏孝文帝南巡洛陽，定遷都之計，亦於滑臺設壇起宮，宣佈遷都事，具見其地在北朝交通上之重要。

白馬津自古衝要，詳紀要一六大名府滑縣目白馬津條。慕容德事見前。孝文事見魏書七下高祖紀太和十七年條。

隋煬帝卽位，漢王諒自太原發難，五路出兵。一軍綦良出滏口趣黎陽，塞白馬津；一軍余公理出太谷，自太行，下河內，趣河陽；一軍裴文安趣蒲津，直指京師；另兩軍分出井陘與雁門，略燕、代。其滏口趣黎陽，卽相州通汴州道，爲三路向南主道之一也。

諒五路出師，見隋書四五漢王諒傳，參同書六三史祥傳。

五代時期多都汴梁，南北用兵，尤見常取此道，如晉漢之際，契丹主大舉入寇，自易、定趣恆州，杜威降於中渡橋，契丹遂自邢、相而南，以降將張彥澤爲先鋒，渡白馬津入滑州至大梁，晉以亡。及契丹北歸，仍自白馬渡河，經相、磁，至臨城得疾，及欒城，病甚，至殺胡林而卒。及晉帝北遷，亦循此道。

此見通鑑二八五及二八六。中渡橋在恆州東南，臨城在趙州南，欒城在恆州南。並詳前文。

下迄南宋，與金通使，仍取此道爲主。雲麓漫鈔八記自東京至女眞御寨行程曰：「東京四十五里至封丘縣。皆望北行。四十五至胙城縣，腰頓。四十五里至渡河沙店。四十五里至滑州館。二十五里至濬州。七十里至湯陰縣，腰頓。三十五里至相州安陽館。六十里至磁州滏陽驛，腰頓。七十里至邯鄲縣館。四十里至臨洺鎭。七十里至信德府邢臺驛。三十五里至皇甫村驛。柏鄉縣。（文有脫譌。）五十里至趙州平棘驛。一百里至眞定驛。六十里至新樂縣。五十里至中山驛。五十里至望都縣。七十里至保州金臺驛。四十里至梁臺驛。三十里至固城。五十里至馬村鋪。五十里至涿州本道館。六十里至良鄕縣。六十里至燕京永平館。」以下東行至女眞御寨。又據范成大北使紀行詩，東京以北經封丘，滑州，湯陰，羑里城，相州，鄴城，邯鄲，臨洺鎭，邢臺驛，內丘，柏鄉，趙州，欒城，眞定，定州，望都，安肅，白溝，固城鎭，范陽驛（涿州），定興，良鄕，盧溝，燕賓館。所記略同，視唐道惟不經易州耳。具見宋世，汴梁與燕京間之交通仍與唐道無大差異也。

范成大紀行詩，見石湖居士詩集卷一二。

按太行山脈東麓，東至於海，皆平原廣野，河流交錯，湖泊亦多，而自天津東南之渤海灣頭西至保定地帶，更見河湖密佈，上推古代當更多水澤。沮洳之地，交通不便，故宋代因之，多置塘濼，以限遼騎，當時人謂「自邊吳淀至泥姑海口，綿亙七州軍，屈曲九百里，深不可以舟行，淺不可以徒涉，雖有勁兵，不能度也。」惟「自邊吳淀西望長城口，尙百餘里，皆山阜高仰，水不能至，契丹騎馳突，得此路足矣。」曾公亮亦曰：「自保州邊吳泊西距長城口，廣袤五十里，可以長驅深入，乃中國與匈奴必爭之地。」泥姑口卽今直沽口，邊吳泊在今安新縣西，保定東北，則太行以東之南北主要交通惟賴靠近太行山脈東麓之一線，此爲自遠古以來之形勢，故唐道如此，唐以前亦如此，可稱爲太行以東之南北走廊，古代立國建都亦往往在此走廊上。如夏代胤甲居西河，在今安陽地區；商代盤庚遷殷，卽今安陽殷墟，「紂時稍大其邑，南距朝歌，北據邯鄲，及沙丘，皆爲離宮別館。」是南北百餘公里，皆在此道中。戰國時代，趙都邯鄲，魏曾都鄴（約本文前考之鄴城），後遷大梁（卽汴州），燕都薊（今北京），有下都易（今易縣境），周都洛陽，是戰國七強，加周爲八；而四國所都，非此道之兩端，卽在中間路線上。中山國實亦列強之一，早期所都，亦近此路線。又如東晉南北朝時代，後趙都襄國（今邢臺），徙鄴城，前燕都鄴，後燕都中山（定縣），東魏、北齊都鄴城，亦皆在此道中也。中國古代國都叢於一條路線者，未有如此道之多也，尤見此一路線在古代南北交通上居於特殊重要之地位。

今河北省境，古多陂湖澤藪，天津地區西至保定尤甚，此只觀水經注相關諸篇（參水經注圖），卽可徵知。其卷一四鮑邱水注末段云：「五里水……東南流注巨梁河，亂流入于鮑邱水。自是水之南，南極滹沱，西至泉州、雍奴，東極于海，謂之雍奴藪，其澤野有九十九淀，枝流條分，往往逕通，非惟梁河、鮑邱歸海者也。」此爲一段總括性之說明。按巨梁水入鮑邱水處在今天津東北，雍奴在今武清縣（天津西北），酈注滹沱流經今雄縣、霸縣之南，入海。足見此地區湖陂之多。

宋代塘濼及當時議論，見宋史九五河渠志五。曾公亮說見武經總要前集一六上邊防眞定府路塘水論。宋史與總要兩說有「百餘里」「五十里」之異者，邊吳泊以西至太行山脈，可有遠近之異，長城口亦難實指爲那一段長城也，故實際上只能約估言之。大抵靠近此走廊東側，即今保定地區較平坦，又無水澤之阻，西側近山，無論步騎皆不易行。故自古交通局限於保定南北之涿、易、定、恆一線也。

夏代胤甲居西河之今地，參看拙作夏代都居與二里頭文化（大陸雜誌第六十一卷五期）。

盤庚及紂都，見史記殷本紀正義引竹書紀年。

中山國早期中心在今唐縣地區，後都在今平山縣三汲村地區，詳文物考古工作三十年頁 43-44（文物出版社）。

參看圖二十一、十八、十九

一九八一年五月十四日初稿，一九八四年七月二十六日增訂，一九八五年十二月六日初校定稿。一九八六年一月二十七日二校。

篇肆陸　河陽以東黃河流程與津渡

黃河自盟津（孟津、即河陽津）以下，流於廣大沖積平原中，因沙多而流緩，河道易致淤塞，隨時可能有改道之事故發生。惟自東漢明帝至唐代末葉八百餘年間，黃河河床最爲穩定，流程甚少變化。在此期間，有兩部重要地理書記載黃河流程相當詳明，即水經注與元和志。兩書所記幾無差別，寰宇記之編輯雖在宋初，但所記黃河實全本之元和志。故歷史所見黃河流程雖變動極大，但中古時代，却極穩定，亦有詳明之記載也。前人胡渭與岑仲勉前輩，已取元和志所記，標出唐代黃河下游之流程，今玆兼取元和志、寰宇記作更詳密之比勘，以明唐代孟津以下之流程，兼及入海一段唐代中葉末葉亦有變遷之史實，俾治中古史者取便引據。

本文雖考黃河流程，但重心主旨尤在此段流程中聯貫大河南北之津渡。蓋唐代黃河下游大平原，經濟繁榮，人文蔚盛，交通發達，而南北交通爲大河所限，惟賴河上津渡爲之連貫，故河上津渡對於河南、河北兩道之交通至關緊要。史乘、地志所見河上津梁甚多，玆以隋唐五代史料爲中心，考見當時河上諸津及其在南北交通中所起之作用。

大抵漢唐政治中心在長安與洛陽。恃山西高原爲屏障，河北平原爲外府，故河上津渡以蒲津與盟津爲最重，大陽津次之。（陜州河上，北對平陸，即古茅津。）是以唐六典稱巨梁者，以河陽津（即盟津、孟津）、蒲津、大陽津爲稱首，皆造浮橋以濟。前於卷一洛陽太原驛道篇、長安太原驛道篇及長安洛陽驛道篇，已分別論述之。今此篇專考河陽以下，隋唐五代時期所見之河上津渡，俾讀史者有所依憑，瞭識中古時代黃河南北之交通軍事形勢焉。

*　　　*　　　*

河水由盟津（孟津，即河陽津）東流逕首陽山北，至偃師縣（今縣）北，去縣約十餘二十里。漢平縣故城在偃師縣西北二十五里，首陽山近處，北對河津，曰小平津，一名平陰津，在盟津下游僅五六里，故古代志書往往指爲盟津，而實爲兩地。唐六典，河陽津稱巨梁，置水手二百五十人；又有平陰津，無梁，有渡船二艘。此其別也。

小平津屢見於後漢書，如靈帝紀、列傳五九何進傳、六一皇甫嵩傳、六二董卓傳。史記夏本紀，道河東至於盟津。正義引括地志：「盟津……亦曰孟津，又曰富平津。水經云小平津，今云河陽津，是也。」是謂小平津卽孟津、富平津。然皇甫嵩傳，靈帝末，詔「自函谷、大谷、廣城、伊闕、轘轅、旋門、孟津、小平津諸關，並置都尉。」此卽靈帝紀中平元年所置八關都尉也，故李賢卽以八關注之。則孟津、小平津必非一地，必非一津。復考董卓傳，「時河內太守王匡屯兵河陽津，將以圖卓，卓置疑兵挑戰，而潛使銳卒從小平津過津北，破之。」是兩津異地而相近甚明。

靈帝紀，中平六年條，李賢注：「小平津在今鞏縣西北。」通典一七七河南府鞏縣，「故小平縣城在縣西北，有津曰小平。」是謂在鞏縣西北，在盟津下游頗遠。然括地志云：「故平縣城在偃師縣西北二十五里。」① 寰宇記五河南府偃師縣，「平縣故城，漢平縣故城也，在今縣西北二十五里。」則又在偃師西北二十五里，非鞏縣西北。而寰宇記同卷鞏縣目又曰「小平縣城，漢縣，廢城在今縣西北，有河津，曰小平津，卽城之隅也。」是又與通典相同，蓋舊說兩地分傳，未能定也。

按前引董卓傳，小平津雖非河陽孟津，但相去應不遠。又河水注五云：

「河水又東逕平縣故城北，……王莽之所謂治平矣，俗謂之小平也，有高祖（孝文帝）講武場。河北側岸有二城相對，置北中郎府，徙諸徒隸府戶并羽林虎賁領隊防之。河水南對首陽山，上有夷齊之廟，……又有周公廟。……河南鈎陳壘，世傳武王伐紂，八百諸侯所會處，……河水於斯有盟津之目。……故曰孟津，亦曰盟津，……又曰富平津。」

此更混而爲一，蓋卽括地志謂小平津卽河陽津之所本歟？此云南對首陽山。元

① 賀次君輯括地志輯校三據通鑑地理通釋卷九平監條引錄。又一統志河南府卷古蹟目引括地志，同。蓋同一來源。

和志五河南府偃師縣目雖不記小平津，然云「首陽山在縣西北二十五里。」寰宇記，同。則正與前引括地志、寰宇記，小平縣故城與偃師縣之相對方向里距相同，蓋城卽在首陽山耳。復按漢書地志河南郡平陰縣，顏注引應劭曰，「在平城南，故曰平陰。」又周本紀，秦滅東周。正義引括地志，「河陰縣城本漢平陰縣，在洛州洛陽縣東北五十里。十三州志云在平津大河之南也，魏文帝改曰河陰。」又曹相國世家「絕河津」。正義引括地志，「平陰故津在洛州洛陽縣東北五十里。」（皆據賀次君輯括地志輯校頁一六九引錄。）檢元和志五，偃師縣在洛陽東北七十里，鞏縣在洛陽東北一百四十里。平縣在平陰之北，云在偃師西北二十五里，地望正合，卽十三州志所謂平津大河，不得在鞏縣境也。又按元和志，盟津在偃師縣西北三十一里，寰宇記同。則小平津在盟津下游僅五六里耳。

又上引括地志云平陰故津。考史記高祖紀，秦二世三年，沛公「北攻平陰，絕河津。」漢二年三月「下河內，……南渡平陰津，至雒陽。」則平陰有津渡，殆卽小平津耳。六典分別記河陽橋與平陰津，見卷七工部尚書水部郎中條。

河水又東逕鞏縣（今縣）北，溫縣（今縣）南，有五社渡，一名五社津。又東，右受洛水，謂之洛口，隋置洛口倉。洛口之西，鞏縣之北，有山臨河，酈注謂之崟原邱，其下有穴，謂之鞏穴，直穴有鮪渚。五社津蓋卽藉此山此渚爲之歟？

河水注五，盟津之東。經云「又東過鞏縣北。」注云：「河水于此有五社渡，爲五社津。建武元年，朱鮪遣……（略）將三萬人從五社津渡，攻溫，馮異遣校尉與寇恂合擊之，……追至河上，生擒萬餘人。」下文云：「洛水於鞏縣，東逕洛汭，北對琅邪渚，入於河，謂之洛口矣。」則津在洛口稍西。隋建洛口倉，亦利津渡之便也。通典河南府鞏縣，「縣北有五社渡，一名五渡津。」元和志五、寰宇記四河南府鞏縣目與酈注，同。通典「五渡」蓋「五社」之譌。又按河水注云，「（鞏）縣北有山臨河，謂之崟原邱，其下有穴，謂之鞏穴，……直穴有渚，謂之鮪渚，成公子安大河賦曰，鱣鯉王鮪，春暮來遊，……故河自鮪穴已上又兼鮪稱。」疑五社津即利用崟原邱及鮪渚爲之歟？寰宇記五鞏縣目，云崟原邱在縣西南三十五里，蓋西北之譌，里數疑亦太多。

又元和志五河南府，鞏縣西至府一百四十里，溫縣西南至府一百三十里，而分在大河南北，蓋此津卽聯繫溫鞏者。

河水又東逕武德縣（今沁陽、武陟之正中間，沁水南岸）南，去縣約三十里。

元和志一六懷州，武德縣西至州四十七里，北至沁水二里。按武陟縣西北至州一百里，知武德在今沁陽、武陟之正中間。志云，「平皐陂在縣南二十三里，……周廻二十五里。」寰宇記五三，同。續云「陂南卽黃河。」則河在縣南約三十里之譜。

河水又東逕汜水縣（今縣）北，汜水卽故成皋、虎牢之險。縣東北三十五里有板渚。有板渚津，北對武陟。隋自武陟開永濟渠，引沁入清，北通涿郡（今北平）；自板渚開廣濟渠，引河入汴，南達江都（卽揚州），蓋藉此津爲聯繫也。

河水注五，河水「又東合汜水，……又東逕板城北，有津，謂之板城渚口。」按通鑑一八〇隋大業元年紀，「開通濟渠……自板渚引河，歷滎陽入汴。」又一八九武德四年紀，竇建德、郭士衡合軍十萬，「軍於成皋之東原，築宮板渚。」檢元和志五河南府汜水縣，「黃河自鞏縣界流入。」「板渚在縣東北三十五里。」寰宇記五二孟州汜水縣黃河條，同。「板城，城東北三十里有津，亦謂板渚。」按板渚在汜水縣東北三十五里，則正當北對武陟。通濟渠既自板渚引河而南，永濟渠乃自武陟引沁而北，（此詳永濟渠篇。）則此津正好南由板渚口接汴水，北由沁水接永濟渠。

蓋又有九鼎渡者，當滎陽（今縣）通河內（今沁陽）道中，疑在汜水縣上下之一津渡也。

太平廣記三九五張應條，「唐張應自滎陽被命至河內郡，涉九鼎渡……及北岸。（出三水小牘。）」此雖爲筆記小說家言，但有此渡殆可信，當爲黃河津渡。河內郡即懷州，在今沁陽縣，故疑此渡在汜水上下。

河水又東逕河陰縣（今廣武縣治或近處）北，隋開皇七年，梁睿於汜水縣東北五十里處，開渠置堰，引河水入汴水，以通運漕，是爲梁公堰。其後大業中又於上游板渚口別引河入汴，但唐代仍以梁公堰爲汴口，東流爲通濟渠。開元中遂於堰東二十里、汴渠之北大河之南置河陰縣以便運漕。

河陰　通典一七七河南府河陰縣，「開元二十三年分汜水、滎澤、武陟三縣地，於輸場東置，以便運漕，即裴侍中耀卿立。其汴渠在縣南二百五十步。」元和志五，同。惟「年」下有「以地當汴河口」六字。參看寰宇記五二孟州河陰縣目。一統志開封府卷古蹟目，河陰故城在滎澤縣西。檢行政區域簡表（第十一版頁一二七），民國二十年併滎澤、河陰二縣置廣武縣，設治於河陰舊城。則明清之河陰縣即在今圖之廣武，唐縣縱非同地，要亦不遠。

汴口堰　通典同上目又云：「汴口堰在縣西二十里，又名梁公堰。隋文帝開皇七年，使梁睿增築漢古堰，遏河入汴也。」元和志五，同。寰宇記五二，略同。據此，開皇七年，梁睿於此開渠口爲堰，遏河水入汴渠。且據三書所記，古已有渠引河水入汴。又據此，汴渠口在河陰西二十里，又元和志同卷汜水縣目，「汴口去縣五十里，今屬河陰。」則此開皇七年之汴口，東至河陰縣二十里，西南至汜水縣五十里，而在煬帝引河處板渚之東約十五里，是爲兩地，而寰宇記五二孟州汜水縣目，「河侯神，在縣東北四十里，隋開皇通渠之日，於大河分流處立此祠，今商賈禱祀不絕焉。」論里距似在板渚、汴口之間，但又云開皇通渠之大河分流處，即汴口也。疑不能明。或者開皇時代開汴渠口雖在汜水東北五十里，河陰之西二十里，但大業又於汴口上游板渚處別開一口，惟至唐代，汴渠仍以開皇所開爲渠口也。

河水又東逕滎澤縣（今廣武東北，舊滎澤縣北五里河床中）北，去縣十五里。

元和志八鄭州滎澤縣，「滎澤，縣北四里。」「黃河，北；去縣十五里。」寰宇記九，記滎澤，不記黃河。檢一統志開封府卷古蹟目，河陰故城在滎澤縣西，滎澤故城在今滎澤縣北五里，隋置，明洪武八年，爲河水所圮，遷今治。按行政區域簡表（第十一版），民國二十年併滎澤河陰二縣爲廣武縣，理河陰故城，則隋唐滎澤故城當在今圖廣武縣之東北不甚遠處。

河水又東逕原武縣（今縣）北，去縣二十里；獲嘉縣（今縣）南，去縣四十里。自獲嘉南渡河，連河床寬度計之，約八九十里至原武，又南六十里至鄭州。

元和志八鄭州原武縣，「黃河，縣北二十里。」寰宇記九，同。又寰宇記五三懷州獲嘉縣，「黃河在縣南四十里。」而元和志一六獲嘉目失記。檢通典一七七鄭州，「北至河內郡獲嘉縣界黃河，中河九十六里。」而寰宇記鄭州目云，「北至懷州獲嘉縣八十里，卽以黃河中流爲界，共九十里。」顯有奪譌。按鄭州北至獲嘉必中經原武。元和志，原武東至鄭州六十里，「東」顯爲「南」之譌，則鄭州北經原武至黃河南岸八十里，蓋河面甚寬，故云「中河九十六里」也。則鄭州北渡河至獲嘉約一百四五十里。惜津渡名稱不詳。

河水又東逕陽武縣（今縣）北，去縣三十里；新鄉縣（今縣）南，去縣殆約二十里之譜。

元和志八鄭州陽武縣，「黃河，縣北三十里。」寰宇記二開封府陽武縣，作二十五里。又元和志一六衞州新鄉目不記黃河；但汲縣目云黃河西自新鄉縣界流入，經縣南，去縣七里。又黃河上游經獲嘉縣南，去縣四十里，則經新鄉縣南，去縣當不踰三十里。復檢張編地圖集．河南人文圖及一統志衞輝府、懷慶府兩卷，陽武在新鄉東南，相距五十五里，則唐世黃河經新鄉縣南，去縣殆不過二十里之譜。

河水又東逕酸棗縣（今延津北約三十里）北，去縣二十里；衞州治所汲縣（今縣）南，去縣七里。汲縣南河上有石濟津，又名棘津，蓋南對滑州酸棗縣，故又有酸棗津之名。衞、鄭間二百三十里，蓋衞州南渡河，中經酸棗、陽武、原武至鄭州也。又酸棗東北至滑州一百二十里，東南至汴州百里，故爲一交通中心，置酸棗驛，張祜有詩。又有金堤驛，隋置金堤關，蓋在酸棗南境，或更南也。

汲縣　賀次君括地志輯校二衞州汲縣，「南津一名石濟津，又名棘津，在衞州汲縣南，文公渡河伐曹，即是也。」（據史記晉世家、衞世家、遊俠傳正義所引。）元和志一六衞州治所汲縣，「黃河西自新鄉縣界（鄉本誤作安）流入，經縣南，去縣七里，謂之棘津，亦謂之石濟津。」寰宇記五六衞州汲縣目，同，鄉字不誤。續云「故南津也。」

酸棗　元和志八滑州酸棗縣，「黃河在縣北二十里。」寰宇記不記。酸棗今地，一統志衞輝府卷古蹟目，「酸棗故城在今延津縣北十五里。」前人即據此定唐酸棗縣地望。按統志下文引述皆春秋至秦漢間事，（紀要四七延津縣酸棗城條同。）末云「城內有後漢酸棗令劉孟陽碑。」是此城實指春秋迄漢之酸棗故城也。元和志滑州酸棗縣，「酸棗故城在縣西南十五里，六國時韓王所理處，舊址猶存。」寰宇記二開封府酸棗縣，同。是唐之酸棗又在漢酸棗縣故城東北十五里，即在今延津縣北約三十里也。由此推之，唐代黃河當在今延津縣北五十里處。檢一統志衞輝府治汲縣，延津縣在府南七十里。唐代黃河既在汲縣南七里，若以河中渡程十里計之，里距甚合。若唐縣只在今延津縣北十五里，則河中渡程當在二十里以上，殊不合。

棘津、石濟津　前引元和志一六，黃河經衞州治所汲縣南，「去縣七里，謂之棘津，亦謂之石濟津。」下文續云，「左傳云，晉伐曹，曹在衞東，假道於衞，衞人不許，還自南河濟，是也。宋元嘉中，遣（略）垣護之以水軍守石濟，亦是此處。」寰宇記五六，並同。檢通鑑一二五宋元嘉二十七年紀，垣護之爲前鋒，「據石濟，在滑臺西南百二十里。」按魏書四下世祖紀，太平眞君十一年，「車駕止枋頭，詔長孫眞率騎五千自石濟渡，備玄謨遁走。」即此次事。又通鑑一七四陳太建十二年，周楊堅輔政，相州總管尉遲迥起兵，東郡守于仲文不從，（治白馬。）迥遣宇文胄自石濟、宇文威自白馬濟河，二道攻仲文，仲文走。是白馬、石濟兩路並進。棘津者，通鑑八八晉永嘉六年紀，石勒自葛陂北至東燕，自棘津濟河，敗汲郡向冰於枋頭，遂長驅至鄴。又九九晉永和八年紀，謝尙使戴施據枋頭，施自倉垣徙屯棘津，帥壯士入鄴。就史料所見，此兩名屢見於東晉南北朝時代，唐世似少見。按北齊書四二陽斐傳：「石濟河溢橋壞，斐修治之。又移津於白馬，中河起石潬，兩岸造關城，累年乃就。」此次移津至白馬，且起中潬，造關城，蓋自此棘津石濟大衰於白馬歟？

石濟地望，元和志、寰宇記記載詳明，即在汲縣南七里。通鑑記宋元嘉事，云石濟在滑臺西南一百二十里。按通典一七八，衞州東南到滑州一百三十里，元和志一六，衞州東渡河至滑州一百一十五里，里距皆相當，可證元和志、寰宇記所記極正確。而水經注書石濟津、靈昌津上下位置與元和志恰相反，疑誤；或作其他解釋。詳下靈昌津條。

石濟當南對酸棗者。通鑑二九一後周顯德元年紀，胡注，「酸棗津，在大梁東北。」東當作西。蓋以南岸碼頭言之，謂之酸棗津也。通典一七八衞州，「南至靈昌郡（滑州）酸棗縣七十五里。」②志書體例，記至他郡屬縣之里數，殊爲例外，此必大路無疑，故通鑑屢見酸棗之名。其卷五九漢獻帝初平元年，關東諸侯起兵討卓，袁紹與冀州兵屯河內，曹操與兗徐兵屯酸棗，孔伷統豫州兵屯潁川，袁術屯魯陽，足見酸棗爲交通要衝。

檢元和志一六衞州「東渡河至滑州一百一十五里」，「正南渡河至鄭州二百三十里。」通典、寰宇記所記里數大同小歧。衞州南至鄭州當中經酸棗，蓋又南經陽武、原武也。元和志鄭州卷，陽武縣西南至州一百里，參以地圖，當此道無疑。衞州東至滑州誠不必中經酸棗，然中經酸棗亦僅稍迂，寰宇記作一百三

② 按元和志衞州治汲縣，南至黃河七里，又滑州酸棗縣在州西南一百二十里，北至黃河二十里，則衞州南至酸棗斷無七十五里。前考酸棗在汲縣南不過三十餘四十里，今汲縣南至今延津縣乃七十里，通典「七十五」必有誤。

十二里，或卽中經酸棗之里程歟？又寰宇記二，酸棗縣屬開封府（卽汴州），在府西北百里，則衞州渡河經酸棗東南至汴州也。

酸棗驛　張祜有題酸棗驛前碑詩（全唐詩八函五册祜集二）。

金堤驛　王建有早發金堤驛詩（全唐詩五函五册建集一）。考舊五代史二一梁徐懷玉傳，「光啓初，蔡寇屯金堤驛，懷玉將輕騎連破之。」「又從破蔡賊於板橋。」同書二二梁牛存節傳，「屬蔡寇至金堤驛，犯酸棗、靈昌，存節日與之鬥。」據兩唐書秦宗權傳，蔡寇流竄，北至衞滑，勢極強盛，朱全忠僅能據汴州自守，板橋在汴城西，酸棗在汴城西北百里，滑州西南百二十里，靈昌在滑州西南七十里。此驛當在酸棗、靈昌西南地區。檢元和志滑州酸棗縣，「金堤在縣南二十三里，漢文帝時，河決酸棗，東潰金隄，卽此也。」又鄭州滎澤縣，東南至州五十里，金隄在縣西北二十二里，漢文時河決酸棗，潰金隄。明帝永平十二年，詔「王景築隄，起自滎陽，東至千乘海口千餘里，……此隄首也。」據上引舊五代史兩傳，此金堤驛當在酸棗縣之南者。復考舊五三李密傳，由東郡至滎陽，中經金堤關。地望與此金堤驛相近，疑卽一地，隋世置關也。

汲縣東南又有杏園渡。杏園，蓋黃河南岸一地名，安史亂時，此渡屢見史册，甚顯重要，郭子儀卽由此渡河，進圍安太清於衞州。至唐中葉，竇牟有杏園渡詩。此渡疑在石濟、棘津之東，或卽同一津渡而前後異名，未可知也。

通鑑二二〇乾元元年，郭子儀等九節度討安慶緒，「郭子儀引兵自杏園濟河，東至獲嘉，破安太清，……太清走保衞州，子儀進圍之。……魯炅自陽武濟，季廣琛、崔光遠自酸棗濟，……皆會子儀於衞州。」胡注：「九域志，衞州汲縣有杏園鎮，獲嘉縣在衞州西九十里。」又舊一二四令狐彰傳，史思明僞署爲滑州刺史，戍滑臺，暗與朝廷通款。「時彰移鎭杏園渡，遂爲思明所疑。思明乃遣所親薛岌統精卒圍杏園攻之。」同書一四五李忠臣傳，乾元元年，鄴城敗後，「拜濮州刺史、緣河守捉使，移鎭杏園渡。」又一統志衞輝府卷關隘目引杜詩「土門壁甚堅，杏園渡亦難。」具見此渡在安史亂時甚重要。其後竇牟有杏園渡詩云：「衞郊多壘少人家，南渡天寒日又斜，君子素風悲已矣，杏園無復一枝花！」（全唐詩四函一〇册。）地在衞州無疑。胡注據九域志在汲縣，是也。紀要四九衞輝府汲縣，「杏園鎭在府城東南。」一統志同。地在唐衞州城東南，何以通鑑云自杏園濟河，東至獲嘉，然後才進圍衞州？檢兩唐書郭子儀傳，皆無東至獲嘉破安太清事，豈溫公小疏著此「東」字耶？姑存待考。魯炅等自陽武濟，自酸棗濟者，豈卽取石濟津耶？

河水又東逕靈昌縣（今滑縣西南七十里）西北，去縣十里；衞縣（今濬縣西南五十里衞縣集，在淇縣東境）西南，去縣二十六里，河岸有靈昌津，卽古延津。南岸馬頭在靈昌縣東北二十二里，蓋與宋渡河沙店（今滑縣西南三四十里處有沙店地名）相近。此津北對衞縣，與太行東麓驛道相銜接，南岸馬頭當白馬津南通汴州之驛道，故此津實爲白馬津驛道之輔線。按曹操所築枋頭，在唐代衞縣東南，去河八里。（約在今方城村。）地當南北交通衝途。其東南文石津，南通東燕，與此靈昌津相近，疑亦先後名。

元和志八滑州靈昌縣，「東北至州七十里。」「黃河在縣北十里。」「延津卽靈昌津也，在縣東北二十二里。初石勒伐劉曜，至河渚，不得渡，時流澌下流，因風結冰，濟訖冰泮，勒自以爲得天助，故號靈昌津。……又曹公北救劉延，至延津。皆此津也。」寰宇記九滑州靈河縣目，同；惟黃河在縣西十里，蓋實西北也。又二十二里作二十五里。靈河卽靈昌之更名。則此津南岸馬頭在滑州西南不到五十里處，而括地志輯校三滑州靈昌縣，「延津在滑州靈昌縣東七里。」（據仲尼弟子傳正義所引。）里距稍異，今從元和志。考雲麓漫鈔八記東京至女眞御寨之行程云，「東京四十五里至封丘縣，皆望北行，四十五里至胙城縣，腰頓。四十五里至渡河沙店。四十五里至滑州館。」檢紀要一六大名府，滑縣有沙店城，在縣南三十里，宋建炎初，宗澤守東京，召王彥於太行山，使屯滑州之沙店，卽此。又檢今圖，開封北至滑縣之汽車道中，近滑縣處有沙店地名，當卽宋之渡河沙店也。云渡河，必宋時臨河岸爲津渡處，就里距方位言之，正當在唐靈昌津南岸馬頭處。

寰宇記五六衞州衞縣，引冀州圖：「枋頭城在縣南，去河八里。」則黃河逕衞縣南。元和志一六衞州衞縣，「延津在縣西二十六里。魏曹公遣于禁渡河守延津，即此。」寰宇記五六，同。蓋實西南也。是兩書雖不言在衞縣西南之里數，然既記延津之里距，即知黃河在縣西南之里距矣。

按延津、靈昌津，大有名於魏晉南北朝之世，故趙王石虎採石欲於此爲中濟，如河陽、蒲津之制也，並詳紀要一六滑縣靈昌津條，玆不詳引。唐世此津仍爲津渡之要，通鑑二一七天寶十四年紀，安祿山反，自定趙南下，十二月丁亥，「自靈昌渡河，以絙約敗船及草木橫絕河流，一夕，冰合如浮梁，遂陷靈昌郡。」至陳留，「庚寅，太守郭納以城降。」靈昌郡即滑州，陳留郡即汴州也。此渡河處即靈昌津。蓋相、汴間交通，以白馬津爲主線，靈昌津爲輔線，蓋當時唐軍主力守白馬，故祿山叛軍由西翼渡河取滑州至汴州也。魏書三太宗紀泰常八年，幸鄴，幸汲郡，至於枋頭，濟自靈昌津，幸陳留，東郡，路線略同。

枋頭城、文石津　上引魏書太宗紀，至枋頭濟自靈昌津。按元和志一六衞州衞縣目，「枋頭故城在縣東一里，建安九年，魏武在淇水口下大枋木爲堰，遏淇水令入白渠，以開運漕，故號其處爲枋頭。」下述桓溫伐慕容暐至枋頭，爲慕容垂所敗；後垂又敗劉牢之於枋頭。寰宇記五六衞縣目，略同，惟不言在縣東一里。紀要一六濬縣枋頭城條歷舉東晉北朝史事尤詳。是枋頭爲南北用兵之要，蓋亦以南對河津耳。枋頭故城，元和志云在衞縣東一里。而寰宇記云，「淇水出共山東，至今縣西一里，又南流二十三里與清水合入河，謂之淇水口。又北征道里記云，枋頭城……淇水經其後，清水經其前。……冀州圖云，枋頭城在縣南去河八里。」是枋頭在縣南殆十里以上，其去河則八里也。紀要一六枋頭城條謂在今濬縣西南七十里淇門渡。一統志衞輝府卷古蹟目，同。近人黃盛璋曾親至其地考察，謂黃河故道尚多可踪跡，淇門渡爲古淇口，其北八里，今有東西方城村，里距與寰宇記正合，故斷云故枋頭在今方城村。（曹操開鑿運河及其貢獻，歷史研究 1982 年 6 期。）所指蓋是。文石津見通鑑八七、八八晉永嘉四年、六年紀並胡注及紀要四九。靈昌縣即分東燕置。

酈注石濟、靈昌津　關於石濟、靈昌兩津之地望，元和志、寰宇記所載分明；前引史例，方位亦契合。而河水注云：

「河水自武德縣……東至酸棗縣西，濮水東出焉。……河水又東北，通謂之延津，石勒（事略）號是處爲靈昌津。（澹臺子羽及石虎造浮橋不成事略。）河水又逕東燕縣故城北，河水於是有棘津之名，亦謂之石濟津，故南津也。（春秋晉伐曹事、伐陸渾事、宋元嘉中垣護之事皆略。）河水又東，淇水入焉。又東逕遮害亭南。……河水又東，右逕滑臺城北，……下有延津……今時人謂此津爲延壽津。」

據此所述次序，上下西東與元和志、寰宇記恰相反，然與石濟去滑臺一百二十里，靈昌近滑臺之史事不合，惟最後「下有延津」，與前考相合。楊氏注疏云，「蓋延津其總名，餘乃隨時隨地變名耳。」可備一說。檢新唐志，衞州新鄉縣，「東北有臨清關，東南有故延津關。」寰宇記五六衞州新鄉縣，「延津關在縣東南三十五里，東南過河入滑州大路。」是又與酈說相合。今考唐史，固當以元和志之明確記載且合於其他史例者爲定論；酈注之說姑不深究。

又有李固鎭約在衞縣、黎陽縣間之黃河北岸，近清淇二水合流處（今新鎭E114°25′·N35°32′左近）。此段黃河，北宋時代見有李固渡，亦前代古渡也。

通鑑二五七文德元年三月，朱全忠移軍滑州，遣朱珍救樂從訓。珍「自白馬濟河，下黎陽、臨河、李固三鎭，進至內黃。」胡注：「元豐九域志，澶州有臨河縣，在州西六十里。魏州魏縣有李固鎭。薛史晉紀，鄴西（此指魏州）有栅曰李固，清淇合流在其側。」岑仲勉先生曰：「按舊五代史一九朱珍傳，濟舟於滑，破黎陽、臨河、李固三鎭，軍于內黃，無疑爲通鑑所本，但鎭字是廣義。」③又曰：「據地理今釋，唐黎陽縣今濬縣東北。臨河縣，開州（今濮陽）西六十里，亦即九域志所謂澶州西六十里也。惟胡注所言李固兩處，似均不合。考樓鑰北行日錄有李固渡，據我考證，在滑州與胙城之中間，唐時地本濱河（黃河

③　按薛史一六葛從周傳，亦云「從太祖渡河，拔黎陽、李固、臨河等鎭，至內黃。」

變遷史頁四〇五），李固鎭或在渡口之北岸也。」（通鑑隋唐紀比事質疑頁三六八。）檢黃河變遷史引金史二七河渠志，「大定八年六月，河決李固渡，水潰曹州城，分流于單州之境。」又引樓鑰北行日錄卷上，記乾道五年（即大定九年十月北使）事曰：「車行四十五里飯封丘，又四十五里宿胙城縣，車行四十五里到黃河，因河決打損口岸……今歲措置，只就淺水冰上積柴草爲路里餘，車馬行其上。此李固渡本非通途，浮橋相去尙數里。馬行三里許，飯武城鎭，一名沙店。車行四十五里宿滑州。」同書卷下記乾道六年正月南回事云：「滑州又四十五里武城鎭，早飯，馬行至黃河，去程所行李固渡口以冰泮水深，柴路不可行。」岑據此，斷云「是李固渡在胙城、滑州之中間，本當日臨河的地方。」是也。復考宋史三六〇宗澤傳，金人破眞定取慶源（趙州），自李固渡渡河。又云澤爲副元帥，言急會兵李固渡斷敵歸路。則北宋已有之。雲麓漫鈔八記東京至女眞御寨云：「胙城四十五里至渡河沙店，四十五里至滑州館。」前引樓鑰日錄，沙店又名武城鎭，只在李固渡北三里，蓋實一渡耳。今圖仍有沙店小地名。是李固渡之準確地望，今尙可指。岑氏前文斷云，「李固鎭或在渡口之北岸。」甚有理據。則臨河在黎陽之東，李固鎭在黎陽之西南約衞州衞縣之東南，蓋屬內黃縣，在縣南，故珍渡河先取三縣鎭，然後至內黃也。若李固鎭在魏縣境，則在內黃之北，事勢不合，故岑氏云然。且胡注引薛史晉紀，「鄴西有柵曰李固，淸淇合流在其側。」檢張編地圖集・河北山西人文圖，淸（今圖之衞河）淇二水會於淇縣東南，今地名新鎭，（一統志衞輝府卷關隘目，新鎭在濬縣西南五十里，接汲縣界。）沙店（即古李固渡南岸）在其東南不踰十里處，則唐之李固鎭當即在今新鎭左近，其地五代屬鄴都（魏州），故云鄴西也。是以胡注引九域志雖誤，但引薛史則不誤，且可據以定李固鎭之準確地望。此段黃河之北岸，唐五代旣已置鎭名李固，則河津李固之名雖至宋始見史，要可測知唐五代或已有此津渡之名也。

河水又東逕滑州治所白馬縣（今滑縣）西北近處，白馬縣本古滑臺城，黃河逼近城垣，常有水患，大曆中滑衞節度使令狐彰、元和中鄭滑節度使薛平先後曾加修治。咸通中，義成（即鄭滑）節度使蕭倣復以滑臨黃河，西北堤壞，乃移河四里，故唐末河水已去城五六里。

元和志八滑州治所白馬縣，「黃河去外城二十步。」寰宇記九作十二里（疑有譌誤）。而唐會要八九疏鑿利人目，記元和八年薛平事作「二里」。未知孰是，要極相近也。令狐彰事，見寶刻類編五唐令狐彰開河碑。薛平事，見唐會要及舊薛平傳，詳下條。又舊一七二蕭倣傳，爲滑州刺史充義成軍節度使，「滑臨黃河，頻年水潦，河流泛溢，壞西北堤，倣奏移河四里。」時在咸通中。按太平廣記三〇二韋秀莊條，開元中爲滑州刺史，「初時黃河俯近城下，此後漸退，至今五六里也。」（出廣異記。）所述雖神話，要亦城近黃河，故有此一段城隍神與河神激鬥而敗之的故事也。

河水又北流三十里，逕鹿鳴故城西近處，黎陽縣（今濬縣東北近處）城東近處。元和八年，魏博節度使田宏正應鄭滑節度使薛平之請，於黎陽境開古河道，「南北長十四里，東西濶六十步，深一丈七尺。」以分水勢，以減輕河洪對於白馬城侵毀之壓力。其新河在黎陽縣之西南地段。

元和志八滑州白馬縣，「鹿鳴故城在縣北三十里。」「黎陽津，一名白馬津，在縣北三十里鹿鳴城之西南隅。」是黃河逕鹿鳴城西南近處。元和志一六衞州黎陽縣目雖不記黃河，然云：「白馬故關在縣東一里五步，酈食其說高祖曰，杜白馬之津，即此地也，後更名黎陽津。」寰宇記五七通利軍領黎陽一縣，所記與元和志同。又云東至白馬縣，隔黃河二十五里；南至白馬縣，隔黃河二十七里；東南至白馬縣黃河中心一十五里。則黃河亦逕黎陽縣東南近處，置關津也。

薛平、田弘正分河事，唐會要八九疏鑿利人目，元和八年「十二月，魏博觀察使田宏正奏，準詔開衞州黎陽縣古黃河道，從鄭滑節度使薛平之請也。先是，滑州多水災，其城西去黃河二里，每夏漲溢，則浸壞城郭，水及羊馬城之半。平詢……得古河道於衞州黎陽縣界，遣從事……以水患告於宏正，請開古河，用分水力。宏正遂與平皆上聞。詔許之。乃……鑿古河，南北長十四里，東西濶六十步，深一丈七尺，決舊河以注新河，遂無水患。」舊一二四薛平傳，略同，亦云「滑州城西距黃河二里」，「決舊河以分水勢。」是新舊兩河並流也。沈亞之有魏滑分河錄（全唐文七三七）詳記其事，云「鑿河北黎陽西南，役卒萬人，間流二十里，復會於河，其壖田凡七百頃皆歸屬河南。」是所施工在黎陽西南境。

按黎陽縣近郊多山邱，大伾爲自古名山，唐名黎陽東山，在縣南約十里。白馬山在白馬縣東北三十四里，西直鹿鳴故城。河上有津，曰白馬津。南岸馬頭在鹿鳴城西南隅，去白馬山二十里；北岸馬頭在黎陽縣東一里，置黎陽關，一名白馬關；亦置黎陽鎮，又名白馬鎮；故津亦有黎陽之名。此段黃河流逕黎陽山、白馬山之間，爲南北津渡之要。蓋此津南向經胙城，封邱，至汴州；北向分至相州與魏州，皆北通幽州。汴州爲關東僅次於洛陽之大城，魏相次之，皆經濟繁榮，軍政重鎮，故此津當南北陸路交通幹道之樞紐，於唐代黃河諸津渡中，地位僅次於蒲津與河陽津。且此津北近永濟渠，故又爲水運之一中心。隋置黎陽倉，使楊玄感督運；至五代，仍見置黎陽發運使。皆以見黎陽、白馬在關東之東西南北水陸交通上之特殊地位。

此段考證已詳太行東麓南北走廊驛道篇及河北平原南北兩道篇，並參看隋唐永濟渠篇。張述爲鄭滑李僕射辭官表（全唐文七一七）云，「此州（滑州）當四達之地，控兩河（河南、河北）之境。」劉三復滑州節堂記（全唐文七四六），「是鎮股臂梁、洛，咽喉齊、魏。」正藉此津交通之利也。

河水又東北逕臨河縣（今濮陽西六十里、濬縣東北約三四十里）南，去縣五里。

元和志一六相州臨河縣，「黃河，南；去縣五里。」寰宇記五七澶州臨河縣，同。又引冀州圖云：「河水西從河內郡界流入，至黎陽，而東北至臨河西十里，王莽河出焉。」檢一統志大名府卷古蹟目臨河故城條，引明統志，在開州西六十里。然沿革目，開州西至滑縣界七十里，西南至濬縣治九十里。故臨河故城雖在開州境內，但實西近濬縣，在濬縣東約三四十里。按寰宇記五七通利軍，治黎陽，北（蓋東北）至澶州臨河縣四十三里。里距略合。開州即今濮陽縣。

河水又東逕濮陽縣（今縣西南二十里）北，去縣十五里；清豐縣（頓邱西二十五里）南，去縣五十里；澶州治所頓邱縣（今清豐西南二十五里）南，去縣三十五里。

濮陽　元和志一一濮州濮陽縣，「黃河，北；去縣十五里。」按河水注五，「河水東北流而逕濮陽縣北，爲濮陽津。」檢一統志大名府卷古蹟目，濮陽故城「在開州西南二十里，本古帝邱。明統志又有帝邱城在滑縣東北七十里土山村，即衞成公所徙。蓋即濮陽城，境相接也。」按開州即今濮陽縣。

清豐　元和志一六澶州清豐縣，「東至州二十五里，黃河在縣南五十里。」寰宇記五七澶州清豐縣，在州西南五十五里，黃河在縣南里數同。去州里數從元和志。

頓邱　元和志一六澶州治頓邱縣，「黃河在縣南三十五里。」檢一統志大名府卷古蹟目頓邱故城條引明統志，在清豐縣西南二十五里。

濮陽北對頓邱，相去三十六里。河上有濮陽津，自古爲津渡之要。唐末五代，此段河津又有德勝渡之名，蓋即古濮陽津也。後梁貞明中，晉軍已拔濮陽，遂跨河津築德勝南北兩城（北城即今濮陽縣，或左近不遠），以浮橋聯繫之，此津在南北用兵上更爲重要。蓋五代多都汴京，而魏州爲河北第一重鎭，此津居其間，爲南北交通衝途也。晉天福三年，更南移澶州及頓邱縣於德勝，蓋治北城。四年又於澶州故城置德清軍。開運元年，於新澶州置鎭寧軍節度使。二年，德清軍北移二十五里，置軍城於陸家店（今清豐北、南樂南各約二十里），南至新澶州（德勝城，今濮陽左近）、北至魏州（今大名東）皆七十里，以加強南北軍道之控扼。

濮陽津　元和志一六澶州治頓邱，「南至濮州濮陽縣三十六里。」中隔黃河，有津渡。河水注五，經云，「東北過衞縣南，又東北過濮陽縣北，瓠子河出焉。」注云：「河水東北流而逕濮陽縣北，爲濮陽津。故城在南，與衞縣分水。城北十里有瓠河口，有金堤，宣房堰。」下述漢東郡太守王尊事。按濮陽「濱河距濟，介南北之間，常爲津要」，紀要一六開州目，言之頗詳。其在唐代，濮陽津名，見於舊一四五劉玄佐傳。新二二五上史思明傳，乾元二年思明稱帝於魏州，「兵出寇河南。身出濮陽，使令狐彰絕黎陽，朝義出白高，周萬志自胡良渡河，圍汴州。」蓋濮陽在魏州之直南，故思明自出濮陽，即取濮陽津也。濮陽北對頓邱，相去三十六里，唐置澶州於頓邱，與濮陽南北夾河津爲城守，以通魏、汴。汴、魏自唐前期已爲黃河平原兩個最重要最繁榮之城市，至唐代末年，分別爲黃河南北兩個最強大藩鎮汴宋節度與魏博節度之軍政中心，此澶州、濮陽間之河津，爲汴、魏直線交通之津梁，故尤顯衝要。五代時期，梁、晉、漢、周皆都汴，此津形勢更見增重。又有德勝渡之名，後梁貞明中，晉軍於黃河兩岸建德勝南北城。

德勝城、德勝津渡及後晉新澶州　舊五代史二九唐莊宗紀三，天祐十六年（即梁貞明五年）正月，「李存審城德勝，夾河爲柵。」（按上年十二月已拔濮陽。）四月，「梁將賀瓌圍德勝南城」，兩軍水陸戰鬥至烈。十月，帝至魏州，「發徒數萬，以廣德勝北城。」下文屢與梁軍接戰，互有勝負。通鑑自卷二七〇梁貞明四年以下，歷書德勝事甚詳，玆條列如次：

梁貞明四年十二月，「晉軍至德勝渡。……京城大恐。」胡注：「德勝渡在濮州北，河津之要也。」（卷二七〇）

貞明五年正月，「晉李存審於德勝南北築兩城而守之。」胡注：「唐澶州治頓丘縣。自築德勝南北城，及晉天福三年，遂移澶州及頓丘縣於德勝，以防河津，懼契丹南牧也。宋景德澶淵之役，猶在德勝；熙寧以來，澶州治濮陽，又非石晉所移之地。」（卷二七〇）

同年四月，「（梁）賀瓌攻德勝南城，百道俱進」，不克。八月晉將李存進「造浮梁於德勝。或曰浮梁須竹笮、鐵牛、石囷，我皆無之，何以能成！存

進不聽，以葦笮維巨艦，繫於土山巨木，……人服其智。」（卷二七〇）

同年十月，「晉王如魏州，發徒數萬，廣德勝北城，日與梁人爭，大小百餘戰，互有勝負。」（卷二七一）

晉天福三年十一月，「澶州舊治頓丘，帝慮契丹爲後世之患，……徙澶州跨德勝津，并頓丘徙焉。」胡注：「按九域志之澶州，距魏州一百三十里，德勝之澶州，晉人議者以爲距魏州一百五十里，有二十里之差。蓋自澶州北城抵魏州止一百三十里，若自南城渡河并浮梁計程，則一百五十里。」（卷二八一）

天福六年「二月壬辰，作浮梁於德勝口。」（按此取舊史七九，史作「浮橋」。）胡注：「是爲澶州河橋。」（卷二八二）

開運元年八月「癸亥，置鎭寧軍於澶州，以濮州隸焉。」（卷二八四）

後漢天福十二年（開運四年）契丹入汴，以邪律郎五爲鎭寧節度使，性殘暴，賊帥王瓊「夜襲據南城，北渡浮航，……圍郎五於牙城。」胡注：「澶州牙城，蓋在北城。」（卷二八六）

據此，五代後期，此津渡南北城爲南北用兵極重要據點，蓋梁、晉以下皆都汴京，而魏州爲河北最重要城鎭，此處地當南北要道故也。但寰宇記五七澶州，不著德勝之名，而書澶州及治所頓邱事又極混亂不清，所幸通鑑貞明五年胡注述事分明，得其大要。參看天福三年胡注，更見落實。紀要一六開州德勝城條，歷述五代、宋事云，「蓋澶州徙治不一，大約唐治故頓邱城，石晉時治德勝，宋始治濮陽。」亦略取胡注。又云「宋人以澶州爲大梁北門，安危所繫也。」實則梁晉已然，不自宋始。

據胡注，德勝、濮陽非一地。檢舊五代史二九唐莊宗紀，天祐十六年，梁將賀瓌圍德勝南城，爲晉軍設計敗之，「追襲至濮陽。」此尤非一地之證。紀要一六，開州，濮陽廢縣，今州治也。德勝城在州東南五里。又引（明）一統志云，「今州南有故德勝城。」一統志大名府卷古蹟目，德勝故城，有南北二城，今州（開州）治卽北城也。宋景德澶淵之盟時，澶州本治南城，熙寧十年南城圮於水，移治北城，卽今開州。與紀要又小異。大抵州縣治所遷徙不常，今已難董理，要當淸開州附近，即今濮陽治附近也。

德清軍　寰宇記五七德淸軍，「理陸家店。本舊澶州。晉天福三年，移澶州於德勝寨，乃於舊澶州置頓邱鎭，取縣爲名。（按本唐頓邱縣治。）四年，……改鎭爲德淸軍。開運二年十一月，又移德淸軍於陸家店置，在新澶州之北七十里。」「南至舊澶州二十五里，至澶州七十里，北至南樂二十五里，至魏府七十里。……西南至淸豐縣二十里。」此段書事最明。通鑑二八三後晉天福八年十二月，聞契丹將入寇，「丙辰，遣使城南樂及德淸軍。」蓋增築更堅也。又二八四開運二年，「初高祖置德淸軍於故澶州城。及契丹入寇，……議者以爲澶州（新州城）、鄴都（即魏州）相去百五十里，宜於中途築城，以應接南北。從之。三月戊戌，更築德淸軍城，合德淸南樂之民以實之。」就里距言之，不但合兩縣之民，新城實亦居南樂與德淸舊城（即澶州故城、頓邱故城）之間也。

濮陽津、德勝渡「當兩河（河南道、河北道）之驛路」，五代時置水運什長，蓋亦本之唐者。

寰宇記五七澶州，「當兩河之驛路。」此不論澶州新舊城皆然。又舊五代史九九漢書高祖紀，天福十二年，契丹入汴滅晉，以族人朗五爲澶州節度使，水運什長王瓊，搆賊帥張乙，得千餘人，中夜竊發，自南城殺守將，絕浮航，入北城，朗五據牙城以拒之。按此時德勝津梁，爲交通之要，固當有水運隊伍，唐世當已有之，惟無考耳。

唐世由此北至澶州治所頓邱縣，又北六十里至昌樂縣（今南樂西），又五十里至魏州。

河津北至澶州，見前考。元和志一六澶州，北至魏州一百一十里。又魏州，昌樂北至州五十里。一統志大名府卷古蹟目，昌樂故城在今南樂縣西北。按今南樂在大名東南亦五十里，是故城在今縣西不遠處。

由此南行，經韋城（今滑縣東南六十里），蓋亦經匡城（今長垣），封丘

（今縣），至汴州。

通鑑二二五，大曆十一年，李靈曜據汴州叛，詔馬燧、李忠臣諸軍擊之。田承嗣遣田悅救靈曜，敗唐軍於匡城，乘勝進軍汴州，大爲忠臣、馬燧所敗，靈曜北遁，至韋城，被俘。按靈曜蓋欲遁入魏州歸承嗣，是韋城、匡城當魏、澶通汴州道。又卷二八九，後漢乾祐三年十二月壬子，郭威至澶州，癸丑，將士擁立。丙辰南行至韋城，戊午至七里店，旋入汴京。尤爲韋城當澶汴大道之明證。元和志八滑州，韋城縣西北至州六十里，匡城縣西北至州一百里。而寰宇記二汴州長垣縣，本唐匡城縣更名，西南至開封府一百里。宋長垣即今縣治。又舊五代史晉書七少帝紀，天福八年二月己未，車駕發鄴都（此指魏州），甲子次封邱，乙丑至東京。蓋亦渡德勝津也。今有汽車路自濮陽向南微西經長垣、封丘至開封，此殆即唐宋古道也。

大抵汴州爲唐代黃河平原第一大城，五代梁晉漢周迄宋皆都之。其北通河北，主要有兩道，即西北取滑州渡白馬津，至黎陽抵相州；東北取濮陽德勝渡至頓丘，抵魏州。唐於頓丘置澶州，後晉移州縣之名於德勝城，且置節度使，與滑州節度東西並峙，重河津也。自唐以前，白馬津最有名，蓋爲太行東麓驛道南渡黃河之主道；唐中葉以後，魏博節度治魏州，爲河北第一強鎮，直南渡濮陽津至汴州，汴州地位亦更重要，爲五代京師，故濮陽、德勝渡之形勢有凌駕白馬津之勢，此則軍政形勢之轉移也。

白馬、德勝兩津之間，又有白皋（今滑縣北）、胡梁（今滑縣東北接濮陽境）、楊村（今濮陽西十五里楊村鋪）三津渡。史思明稱帝於魏州，自統大軍取濮陽津路，使大將及子朝義分取白馬津、白皋渡、胡梁渡，四路會師於汴州，此爲白皋、胡良見史之始。白皋渡緊接白馬津下游。胡梁渡次之，北對六明鎮，後晉置大通軍，有浮橋。楊村渡在德勝津上游十八里，至晉、梁河上之戰始顯名史册，然其地似在瓠子口，則漢武塞瓠子之故地也。

新二二五上史思明傳，思明稱帝，「兵四出寇河南，身出濮陽，使令狐彰絕黎陽，朝義出白高，周萬志自胡良，渡河圍汴州。」通鑑二二一乾元二年紀書此事，白高作白臯。胡注：「良或作梁。白臯、胡良皆河津濟渡之要，在滑州西(？)北岸。」又通鑑二八一後晉天福二年，范延光據魏州叛，詔楊光遠屯滑州。六月辛丑，「光遠奏引兵踰胡梁渡。」七月，「光遠自白臯引兵趣滑州」，聞滑州軍亂。此亦見白臯、胡良相近，皆去滑州不遠。

白臯渡又見於舊五代史三五唐書明宗紀一，由相州趨白臯渡濟河至汴州。通鑑二七四，後唐天成元年，書此事，云自白臯濟河至滑州。由滑至汴也。紀要一六滑縣，白臯渡在縣北。一統志衞輝府卷津梁目，同。

胡梁渡又見於通鑑二八四後晉開運二年，契丹入寇，正月，詔景延廣自滑州引兵守胡梁渡。又舊五代史八〇晉書天福六年十月己丑，「詔以胡梁渡月城爲大通軍，浮橋爲大通橋。」前引通鑑二八一天福二年條，胡注：「此即史思明所濟胡良渡也，在滑州北岸澶州界。」是胡梁渡當在白臯之東。紀要一六滑縣，一統志衞輝府卷津梁目，皆云滑縣東北接濮陽境，蓋是。又按通鑑二八一晉天福二年，「馮暉、孫銳引兵至六明鎮，(楊)光遠引之渡河，半渡而擊之。暉、銳衆大敗，……走還魏。」胡注：「六明鎮在胡梁渡北。」又二九一後周顯德元年，河決八口，其一六明鎮。胡注，「六明鎮在大通軍。大通軍即胡梁渡也。晉天福四年建浮橋，置大通軍。」蓋六明鎮即在胡梁渡之黃河北岸。

楊村　通鑑書梁唐河上之戰，屢見楊村地名。其卷二七〇梁貞明五年，晉王擊梁，軍德勝，梁將王瓚將兵五萬，自黎陽渡河，「據晉人上游十八里楊村，夾河築壘，運洛陽竹木造浮橋，自滑州饋運相繼。」晉人亦造浮橋於德勝。胡注，楊村據德勝上游也。又二七一，有楊村北城。又二七二後唐同光元年，梁將王彥章自滑州「陰遣人具舟於楊村，夜命甲士六百，皆持巨斧，載冶者，具鞴炭，乘流而下，……彥章引精兵數千，循河南岸，趨德勝……因以巨斧斬浮橋，……南城(德勝南城)遂破。」胡注：「楊村順流趣德勝，水程十八里耳。」是楊村在此時亦爲南北津渡，在德勝上游十八里。一統志大名府卷關隘目，楊村在今開州(今濮陽)西南十五里楊村鋪。復考寰宇記五七澶州濮陽縣，「瓠子口，漢武帝塞瓠子河口……在縣西南一十七里河津是也。」則楊村距瓠子口實極相近，所謂河津，蓋即指楊村渡而言歟？

河水又東逕濮州治所鄄城縣（今濮縣東二十里）北，去縣二十一里。有靈津關，蓋津渡處，北通魏、博。河水又東北逕臨黃縣（今觀城東南）東南，去縣三十五里，有盧津關，一名高陵津，蓋南對范縣（今縣東南二十五里有范縣故治）。其東北下游又有委粟故關。

鄄城、范縣　元和志一一濮州「北至黃河二十里。」又治所鄄城縣，「黃河，北；去縣二十一里。」

寰宇記一四濮陽，「北隔黃河二十里，渡河至魏府一百六十里。」治所鄄城縣，「黃河西自濮陽縣界流入，北，去縣二十一里。又東流入范縣界。」是河在濮州治所鄄城北二十一里無疑。新唐志，濮州鄄城縣北有靈津關。蓋即河上津渡處，北通魏州者。隋書地理志，東平郡甄城縣有關官。蓋謂此也。黃河逕范縣，兩書范縣目皆不記，以勢度之，當逕范縣西境，里距不詳。復按河水注五，「河水又東逕鄄城縣北，故城在河南十八里。……河水又東北逕范縣之秦亭西，……河水又東逕……范縣西，而東北流。」是與唐代河床略同。下文所見臨黃東南高陵津，蓋南對范縣者。

臨黃　元和志一六澶州臨黃縣，「黃河，南；去縣三十六里。」「盧津關，古高陵津，縣東南三十五里。」寰宇記五七澶州觀城縣有廢臨黃縣，記事同，惟無「六」字；又「古」作「今名」。新志亦云臨黃縣「東南有盧津關，一名高陵津。」通鑑二七二，後唐同光元年，梁遣段凝爲帥，「凝將全軍五萬，營於王村，自高陵津濟河，剽掠澶州諸縣，至于頓丘。」則自南濟河也。按河水注，「河水又東逕甄城縣北。……河之……北岸有新臺，鴻基層廣，高數丈，衞宣公所築新臺矣。……爲盧津關。臺東有小城，崎嶇頹側。臺址枕河，俗謂之邸閣城，疑故關津都尉治也。」則此津關建置已古。河水注下文續云，「河水又東北逕范縣之秦亭西，……又東北逕委粟津。」是津渡甚密。

河水又東北逕朝城縣（今縣西四十里）東，去縣二十九里；莘縣（今縣）南，里距不詳；武水縣（今聊城西南五十里）南，去縣二十二里。

朝城　元和志一六魏州朝城縣，「黃河在縣東二十九里。」寰宇記五四，同。按唐縣在今縣西四十里，是黃河在今縣之西十里也。

武水　元和志一六博州，武水縣「東北至州六十里。」「黃河，南；去縣二十二里。」寰宇記五四博州聊城縣記廢武水縣，與元和志同，云「黃河在武水縣南二十里。」「周廣順二年，河決衝沒。顯德二年，割屬聊城縣。」今地見一統志東昌府卷古蹟目，與唐宋志書合。

莘縣　元和志一六魏州，莘縣西至州一百里，寰宇記五四，作七十五里，皆不書黃河所經。然考舊二〇下哀帝紀，天祐三年魏博羅紹威奏章，河水實逕莘縣境，詳注⑤。且唐莘縣卽今縣，河水經朝城武水，必當經莘縣。縣屬魏州，是河北，則河當在縣東南。

河水又東逕博州治所聊城縣（今縣西北十五里）南，去縣四十三里；陽穀縣（今縣東北三十里）北，去縣十二里；盧縣（今東阿北六十里，聊城東南四五十里）北，天寶以前，去縣一里，縣故濟州治也。

聊城　元和志一六博州治聊城縣，「黃河，南；去縣四十三里。」寰宇記五四，同。

陽穀　元和志一〇鄆州，陽穀縣東南至州七十五里，黃河在縣北十二里。寰宇記一三，同。其今地，紀要三三引志，在今縣北五十里；而一統志兗州府卷古蹟目，在今縣東北三十里。按就其去鄆州之方向里距言，不當在今縣北五十里；統志方向里距較合理，故從之，且當在東北東也。

盧縣　元和志一〇、寰宇記一三鄆州盧縣，皆不記去黃河里距。然皆云碻磝津在縣北一里，則至少可知，天寶以前，黃河在縣北一里。兩書所記，盧縣爲故濟州治所。天寶十三載，州爲河所陷廢，然縣仍見在，改屬鄆州。其今地，一統志東昌府卷古蹟目濟州故城條云在今東阿北六十里，是也，詳下碻磝津條。

自唐中葉迄五代，史册屢見楊劉渡，爲博州（聊城）、鄆州（東平）間重要津渡，南北用兵尤所重視。其地約在聊城、陽穀間黃河上，蓋陽穀東北境，今東阿縣北六十里處。五代末期，黃河屢決楊劉，蓋遂漸喪失其要津之地位。

元和志、寰宇記皆不記楊劉渡，然正史、通鑑則屢見，且爲博州、鄆州間極重要津濟處，其事皆在元和志成書之後。紀要三三東平州東阿縣有楊劉鎮條，綜述史事最簡要云：

「縣北六十里，舊臨河津，亦曰楊劉鎮，（按九域志東阿有此鎮。）唐元和十三年，淄青拒命，魏博帥田弘正……自楊劉渡河，直指鄆州……距鄆州四十里築壘，城中大震。（按淄青李師道治鄆州東平。）乾寧三年，朱全忠將葛從周引兵救魏博……復濟河，屯楊劉，擊鄆帥朱瑄。朱梁開平五年，晉王存勗攻魏州，朱全忠遣兵自楊劉濟河，……助魏帥羅周翰城守。乾化五年，晉軍入魏州，梁將劉鄩軍於魏縣（按在魏州西），梁主遣軍屯楊劉，爲鄩聲援。貞明三年，晉王存勗自朝城乘冰堅渡河，急攻楊劉，拔之。……後唐同光初，遣李嗣源襲鄆州，自德勝趣楊劉，夜渡河，徑抵鄆州，拔其城。梁尋遣王彥章克德勝南城，浮河東下，攻楊劉……唐將李周悉力拒守。唐主亦引兵自澶州馳救，彥章旋爲唐兵所敗。既而唐主復自朝城至楊劉濟河，入鄆州，遂進兵滅梁。石晉天福八年，契丹入寇，至黎陽，遣何重進守楊劉鎮。」

據此可見楊劉鎮津渡在唐末五代軍事交通上之重要性。今再就正史通鑑所記最足見其地望者稍詳論之。

其一事，田弘正自楊劉渡河擊鄆州。舊一七〇裴度傳，元和十三年，平盧淄青節度使（治鄆州）李師道拒命，詔諸道討伐，魏博「田弘正奏請取黎陽渡河。」度曰：「且秣馬厲兵，候霜降水落，於楊劉渡河，直抵鄆州，但得至陽穀已來下營，則兵勢自盛。」「乃詔弘正取楊劉渡河。及弘正軍既濟河而南，距鄆州四十里築壘，賊勢果蹙。」舊一四一田弘正傳亦云，「自楊劉渡河築壘，距鄆四十里。」而一二四李師道傳云，弘正「自楊劉渡河，距鄆州九十里下營，再接戰，破賊三萬衆。……復於故東阿縣界破賊五萬。」此似爲楊劉見史之始。通鑑二四〇元和十三年，書裴度策劃及田弘正渡楊劉事，全取裴度、田弘正兩傳。又十四年正月「丙申，田弘正奏敗淄青兵於東阿。」「丙午，田弘正奏敗平盧兵於陽穀。」胡注：「此自楊劉直進，不復迂其路至陽穀也。舊史李師道傳曰距鄆州九十里，田弘正傳曰四十里。考異曰，河南記云，營於陽穀西北。今從實錄。」今按九十里及陽穀西北之說，未必不可信。蓋又向前推進至四十里處耳。據元和志、寰宇記，東阿在鄆州西北四十五至五十里，陽穀在州西北七十至七十五里，而唐代陽穀故城在今縣東北三十里處，正在今東阿縣之西北；營於陽穀西北，正當是九十里也，蓋由楊劉渡河而南不遠處。復按通鑑元和十四年二月紀，李師道遣都知兵馬使劉悟將兵萬餘人「屯陽穀以拒官軍，……及田弘正渡河」，悟軍戰數敗。都使爲大將，駐軍陽穀，以拒官軍，參之裴度策劃，亦以渡河取陽穀爲初步目標，知楊劉渡必與陽穀相近也。

另一事，晉王李存勗與梁人河上之戰。玆專取通鑑所書述之。其卷二七〇，貞明三年十二月，晉王在魏州。「戊辰，晉王畋于朝城。是日，大寒，晉王視河冰已堅，引步騎稍渡。梁甲士三千戍楊劉城，緣河數十里，列柵相望，晉王急攻，皆陷之。進攻楊劉城……卽日拔之。」四年八月，「晉王自魏州如楊劉，引兵略鄆、濮而還，循河而上，軍於麻家渡。」又二七二後唐同光元年閏四月，「壬寅，遣嗣源將所部精兵五千，自德勝趣鄆州。比及楊劉，日已暮，陰雨道黑……夜渡河至城下，鄆人不知。李從珂先登，……癸卯旦，嗣源兵盡入，遂拔牙城。」胡注：「九域志，鄆州東阿縣有楊劉鎭，臨河津。東阿東南至鄆州六十里。……李嗣源之兵自德勝北城而東，循河北岸而行，至楊劉渡口。自楊劉取徑道至鄆州城下，不經東阿縣治所。」通鑑又云：梁主聞鄆州失守，大懼，起王彥章爲將。五月，彥章破德勝南城，勢大振。帝命「棄德勝北城，撤屋爲栰，載兵械浮河東下，助楊劉守備。」以通鄆州之路，「彥章亦撤南城屋材，浮河而下，各行一岸，每遇灣曲，輒於中流交鬥……一日百戰，互有勝負。」自是相持大戰於楊劉。按此爲唐末五代時期一次極有名之爭奪戰，而以德勝、楊劉爲爭持之重點。故稍詳引之。貞明三年十二月戊辰，晉王由朝城趁冰渡河，即日拔楊劉城。按前文引元和志，河在朝城縣東二十九里，則渡河至楊劉殆不逾百里。李嗣源以壬寅日暮至楊劉，當夜渡河襲鄆州，癸卯旦進入牙城。又是年十月，帝由朝城至楊劉，「壬申，帝以大軍自楊劉濟河，癸酉至鄆州。」則楊劉去鄆州亦不過數十里至百里。度其地當在朝城（今縣西四十里）以東至聊城（今縣西北十五里）以南、陽穀（今縣東北三十里）以北之一段河程中。九域志一鄆州，東阿在「州西北六十里」，縣有楊劉鎮。一統志泰安府卷關隘目，引舊志，「楊劉鎮在東阿縣北六十里。舊有城臨河津，今黃河舊堤隱隱可見，而城跡不可考。」紀要三三兗州府東平州，略同。其地當是。然唐之陽穀在宋迄今陽穀之東北三十里，東阿之西北，北至當時黃河十二里，而元和志、寰宇記又皆不記東阿有黃河，則唐時楊劉未必屬東阿境。據上文所證與陽穀之關係至切，疑即在聊城陽穀之間之河上，蓋陽穀東北境歟？通鑑二八五晉開運三年，「河決楊劉，西入莘縣，廣四十里。」似楊劉在莘縣東四十里者，地望亦合。

河決楊劉　岑仲勉先生曰，「由三國初至唐末幾近七百年是黃河最安靖的時期。」（黃河變遷史頁三三〇。）但到唐末五代，復常見洪流冲決與人爲決河，其中多次決口在楊劉。據岑書所列，梁貞明四年，謝彥章攻楊劉，築壘自固，決河水瀰漫數里，以限晉兵。（通鑑二七〇。）晉開運三年七月，河決楊劉、朝城、武德。（新五代史九。）楊劉之決，西入莘縣，廣四十里，自朝城北流。（通鑑二八五。）周顯德元年十一月，遣李穀治河，役徒六萬。初「河自楊劉至於博州百二十里，連年東潰，分爲二派，滙爲大澤，瀰漫數百里，又東北壞古堤而出，灌齊、棣、淄諸州，至於海涯。」（通鑑二九二。）最後一次尤見嚴重，可能影響楊劉作爲重要河津之地位。

德勝、楊劉之間，沿河又有潘張、麻家口、景店、鄒家口等民戶聚居點，皆大河津渡處。

通鑑二七〇梁貞明四年，「晉王自魏州如楊劉，引兵略鄆、濮而還，循河而上，軍於麻家渡，賀瓌、謝彥章將梁兵，屯濮州北行臺村，相持不戰。」胡

注：「麻家渡蓋在濮州界。」又二七二後唐同光元年，「梁將王彥章潛師破德勝南城，遂進攻潘張、麻家口、景店諸寨，皆拔之。」胡注：「凡此皆河津之要，晉人立寨守之。」按梁軍由德勝順流而下也，參稽貞明四年事，此等地名蓋皆黃河南岸、濮州之境，但不能詳。同書二八四後晉開運元年二月，契丹入寇，帝在澶州，大軍守黎陽，分兵守麻家口、楊劉鎮、馬家口及河陽。舊五代史在卷八二晉少帝紀。是麻家口甚見重要。紀要三四濮州，潘張村在州西北，西南距楊村五十里，麻家渡在州東北。

楊劉以東黃河下游，以次有鄒家口、馬家口，皆津濟處。馬家口在博州東境，與楊劉皆爲博州東南通鄆州之要津，南北用兵，常所爭奪處。

馬家口　通鑑二七二，後唐同光元年六月，唐梁兩軍相持於楊劉，郭崇韜謀之曰，今「彥章據守要津，意謂可以坐取東平。……臣請築壘於博州東岸，以固河津，既得以應接東平，又可以分賊兵勢。」會范延光亦「請築壘於馬家口以通鄆州之路。」帝從之，使崇韜將萬人「至馬家口渡河築城。」胡注：「所謂博州東岸也。」此梁唐河上之戰也。又二八三，後晉開運元年正月，竇儀奏：「博州刺史周儒以城降契丹，又與（鄆州）楊光遠通使往還，引契丹自馬家口濟河，……虜若濟河與光遠合，則河南危矣。」又二八四開運元年二月，命石贇守麻家口，何重建守楊劉鎮，白再榮守馬家口，安彥威守河陽。（按此時帝在澶州，大軍守黎陽。）未幾，周儒引契丹自馬家口濟河，以應楊光遠。船數千艘渡兵，大爲晉軍所敗。此契丹寇晉之戰也。其地，通鑑已云在博州之東。

鄒家口　上引通鑑二七二後唐同光元年，郭崇韜至馬家口築城。下文續云，崇韜築新城凡六日，彥章聞之，將兵數萬急攻新城，帝自楊劉引大軍救之。「彥章解圍，退保鄒家口，鄆州奏報始通。」「七月丁未，帝引兵循河而南，彥章等棄鄒家口，復趨楊劉。」戊午，「彥章等聞帝引兵已至鄒家口，己未，解楊劉圍，走保楊村。」據此，博州之東河上有馬家口，地在楊劉之下流，而馬家口與楊劉之間又有鄒家口，皆爲津渡處。紀要三三東平州馬家口條，「在州西北，其西南爲鄒家口，又西即東阿縣之楊劉鎮。」是也。

按黃河此段流程中，東晉南北朝時代，史册常見有碻磝津，爲南北東西交通之要，北齊與蕭梁互通聘使，更常取此津途。唐代志書記此津在盧縣城北一里。盧縣即北朝至唐天寶十三年間之濟州治所，北魏於津置濟州關，隋末廢。唐六典有濟州津者，當即此津。其地西北至博州（聊城，今縣西北十五里）五十里而盈，東南至鄆州（東平）約一百二十里。此津約在今聊城、東阿間，則地與前考唐代中葉以後之楊劉略相近，或稍東北鄒家口、馬家口地段歟？濟州城以天寶十三載爲洪水所毀，州廢而縣屬鄆州。自此碻磝津渡，除地志外，遂不復見於史册，疑亦漸廢，其在南北交通上之地位，蓋遂爲楊劉所興代歟？

河水注五：

「河水……又東北逕東阿縣故城西，而東北流……逕昌鄉亭北，又東北逕碻磝城西。述征記曰，碻磝津名也，自黃河泛舟而渡者皆爲津也。其城臨水，西南崩於河。宋元嘉二十七年，……王玄謨……前鋒入河，平碻磝守之……以沙城不堪守……毀城而還。……魏立濟州治此。河水衝其西南隅，又崩于河，即故茌平縣也。經曰大河在其西，……西與聊城分河。」

按此爲較早期地書之記載。通典一八〇濟州「今郡理（盧縣）即古碻磝城。沈約宋書作敲鼲字，碻磝津有城，故以爲名。」下引水經注。又云，「後魏太常八年於此立濟州中城；其外城，後魏正光中刺史刁宣所築。後周武帝築第二城，即碻磝故城也。」元和志一〇鄆州盧縣約取上文，續云：「濟州至天寶十三載，州爲河所毀廢。」又云：「碻磝津在縣北一里，後魏於此置關，名濟州關，隋末廢。」寰宇記一三，同。隋志，濟北郡盧縣有關官。蓋此關也。此津關在晉南北朝時代，在軍事上至爲重要。紀要三一濟南府長清縣碻磝城條，以城在今長清境，雖誤，然歷述晉永和八年以下用兵置關事，凡東晉四事，劉宋七事，魏、周四事。至隋末廢關，蓋南北統一，關非緊要也。按紀要所彙錄雖詳，但遺落史事尚不少，其重要者，如陳太建九年周師入鄴，齊後主東走，渡河入濟州，使高阿那肱守濟州關覘候周師，自與后妃東奔青州。事見北齊書八後主紀及通鑑一七三。濟州關即碻磝津關也。又如北齊書三四楊愔傳，「爲聘梁使主，至碻磝戍。」又四三李稚廉傳，「濟州控帶川陸，接對梁使。」是梁齊通使皆取道碻磝津也。此具見其在南北交通上之重要性。唐六典七水部郎中條，濟川津有船兩艘，南宋本「川」作「州」。④蓋即此津也。

其地望，紀要謂在長清縣西北。而一統志東昌府卷古蹟目，濟州故城「在茌平縣西南，即碻磝城也。……按濟州在濟水西岸，爲漢茌平縣地，水經注、元和志歷歷可證。其所治盧縣，蓋亦元魏時僑置，非漢縣也。後人但以長清縣有故盧縣，不復分別，並以濟州入之，誤矣。」按河水注，碻磝城在東阿東北，西對聊城。通典，濟州南至東平郡（鄆州）一百二十里，西至博平郡（博州）五十里，北至博平郡七十里，西北到博平郡五十四里，西南到濮陽郡（濮州）二百四十里。元和志，盧縣東南至鄆州一百里。寰宇記五四博州，南至舊濟州七十里，東南至舊濟州五十四里，舊濟州即盧縣之州也。又鄆州盧縣，州西北二十里者，蓋「西北」下脱「百」字。寰宇記即錄自通典者。據此三書所記方位里距，參以九域志一鄆州陽穀縣「有黄河、碻磝津」之言，則盧縣、碻磝津故城在今茌平縣西南亦頗遠，當於聊城、東阿之間求之，東南至今東平約一百二十里，西北至聊城五十里或稍盈，元和志博州、鄆州間渡河一百八十里者，（寰宇記鄆州目作一百七十里。）蓋取此道也。度其地當與唐中葉以後之楊劉相近或在楊劉黄河之下游不遠處。故九域志云地在陽穀縣境，蓋其時盧縣已廢入陽穀也。至於紀要云長清縣西北者，乃漢之盧縣，非唐之盧縣也。

河水又東逕平陰縣（今縣）北，去縣十里。有四口故關，即四瀆津關，在聊城縣東微南八十里，長清縣（今縣南）西南五十里，蓋在平陰東北境黄河上。

元和志一〇鄆州平陰縣，「黄河去縣十里。」寰宇記一三，同。皆不言與縣之相對方位。按縣屬河南道之鄆州，當在黄河之南或東，蓋河在縣北十里。

四口故關　河水注五：河水逕碻磝津，下文續云：「又東北流逕四瀆津。津西

④　據玉井是博南宋本大唐六典校勘記，刊支那社會經濟史研究。

側岸臨河有四瀆祠，東對四瀆口。河水東分濟，亦曰濟水受河也。……自河入濟，自濟入淮，自淮達江，水徑周通，故有四瀆之名也。」元和志一六博州聊城縣，「四口故關在縣東南八十里，隋置。」同書一〇齊州長淸縣，「廢四口關，在縣西南五十里，後魏置，武德九年廢。」寰宇記一九齊州長淸縣條，同。其卷五四博州聊城縣，亦云隋初置，但作「縣東八十里，一名四瀆口。」下引水經注。新志亦云聊城東南，長淸西南。唐宋志書皆云四口故關，不云四瀆津。然就其方位里距觀之，此故關當在平陰之北。一統志東昌府卷關隘目，云在茌平縣南，蓋東南也。一般言之，唐代黃河之流程與酈注時代無大異，可信唐時此關仍在河上。長淸今地詳下長淸條。

河水又北逕唐初茌平縣（今縣西二三十里）東，博平縣（今縣西北三十里博平鎭）東，里距皆不詳。長淸縣（今縣南）北，去縣五十五里。又北逕高唐縣（今縣）東，去縣四十五里；平原縣（今縣或其西南）南，去縣五十里，河上有張公渡，蓋即古平原津也。

茌平　通典一八〇博州聊城縣「漢茌平縣故城，在今縣東。」元和志一六博州聊城縣，「茌平故城在縣東五十三里在茌山之平地。」（茌原作茬。）檢舊唐志，武德四年平竇建德，置博州，所領有茌平。貞觀元年省入聊城。是亦唐縣也。河水自平陰北至高唐，流程甚長，當逕茌平東境也。

高唐　元和志一六博州高唐縣，「黃河在縣東四十五里。」寰宇記五四，同。又引十三州志，「高唐縣有爵堤，以捍河水。」

博平　元和志一六博州，博平縣西南至州七十里。寰宇記五四作七十五里。皆不云黃河逕其境。考舊二〇下哀帝紀，天祐三年魏博羅紹威奏事，河水實逕博平縣東境，引詳注⑤。按元和志，高唐縣在博州東北一百一十里。寰宇記惟無北字。河水既逕博州城東南，又逕高唐城東，固當亦逕博平縣東也。

長淸　元和志一〇齊州長淸縣，「黃河，北；去縣五十五里。」寰宇記一九作五十里。按一統志濟南府卷古蹟目，長淸故城在長淸縣西南。而下文引舊志在今縣東南三十里。是上下文不全合，今姑作縣南。

平原　元和志一七德州平原縣，「黃河在縣南五十里」。寰宇記六四，同。

張公渡、平原津　史記秦始皇本紀，三十七年，親巡天下，「竝海西至平原津而病。」正義：「今德州平原縣南六十里，有張公故城。城東有水津焉，後名張公渡。恐此平原郡古津也。」按河水注五，「大河又北逕張公城，臨側河湄，衞〔魏〕青州刺史張治此，故世謂之張公城。水有津焉，名之曰張公渡。河水又北逕平原縣故城東。」此卽張守節所指者，在平原南六十里，正與元和志黃河在縣南五十里略相合。按北齊書四五文苑顏之推傳，齊將亡之際，送珍寶「向青州，且守三齊之地」，以之推爲平原太守，「令守河津。」蓋謂此津也。又元和志一七德州長河縣，「張公故關，縣東南七十里。」新唐志亦云德州長河縣東南有此故關。按唐之德州治所在今陵縣，長河縣在其西北五十里，今德縣；平原在州西南四十六里，張公渡城又在平原之南六十里。是關在津渡之北頗遠，非一地。紀要謂唐志之張公故關卽張公渡，恐誤。

據圓仁行記，此段黃河逕禹城縣（今縣西南十七里）西藥家口，有津渡，去縣四十里。又東逕禹城北，卽平原之南也。寰宇記云黃河在禹城南七十里，誤。

圓仁入唐求法巡禮行記卷二，開成五年四月七日，由章邱縣西行，八日到臨邑縣界雙龍村。九日，正西行十五里到古縣，是前臨邑縣城廓。又西二十五里，到禹城縣界鷰塘村。十日，「正西行四十里到禹城縣。……過城西行十里到仙公村。」十一日，「正西行三十里，午時到黃河渡口，時人喚爲藥家口。……河濶一町五段許，向東流也。……渡口南北兩岸各有渡口。……此藥家口多有舟船，貪載往還人。……河南屬齊州禹城縣，河北屬德州界，過河北岸斷中。……正西行三十五里申時到德州平原縣界趙館村。」是黃河流逕禹城縣西四十里藥家口，有津渡。又東逕縣北，河北岸卽平原縣境也。而寰宇記一九齊州禹城縣，「黃河在縣南七十里，上從長淸縣來，東北入臨邑縣。」元和志一〇齊州禹城縣失記黃河。檢地圖，寰宇記此說顯有問題，況與圓仁行記大乖歟！復按元和志一〇齊州禹城縣，「東南至州一百五十里。本漢祝阿縣。……天寶元年改名禹城縣，以縣西南三十里有禹息故城，因而爲名，在州西北八十五里。」而寰宇記齊州禹城縣目云，在州「西北八十三里，」「漢爲祝阿縣。」下云「天寶元年」至「八十五里」，與元和志同。下文續云：「乾元二年，逆黨史思明侵河南，守將李銑於長清縣界邊家口決大河，東至縣，因而淪溺。今理遷善村。」又云：「廢禹城在縣南八十里。」下文重述乾元二年時事。據元和志，禹城縣在齊州西北一百五十里，而寰宇記云八十五里，是去州城兩者有六十七里之差，即前後地望根本不同。而寰宇記「廢禹城在縣南八十里」者，此「縣」又實指元和志時代之縣而言。寰宇記雜鈔材料，往往混亂，此又其一例。元和志，縣在州西北一百五十里，正約當今禹城地區，若寰宇記在州西北八十三里者果爲宋初之縣，則黃河在南七十里更不可能。眞不知其如何顚倒錯亂也。頗疑黃河實在寰宇記時代禹城（在州西北八十五里）之北七十里，記誤北爲南歟？未可知也！

河水又東北逕臨邑縣（今縣南約六七十里 N37° 地帶）北，去縣七十里；德州治所安德縣（今陵縣）南，去縣八十里。河岸有灌家口草市。河上有鹿角故關（今臨邑北十五里），亦大河津渡處。由關西北至德州七十五里；東南至臨邑七十里，又六十里至齊州（今濟南市）。大業三年關廢。貞元末，李納爲平盧淄青節度使，鎮鄆州（今東平），於德州南跨河築三汊口城以通魏博，說者謂在今陵縣東南，若此說不誤，似即此津歟？

臨邑　元和志一〇齊州臨邑縣，「黃河在縣北七十里。」寰宇記一九齊州臨邑縣，惟記古黃河在縣南二十里，不記當時黃河；而於禹城縣條云黃河「東北入臨邑縣。」臨邑今地頗有問題。紀要三一濟南府臨邑縣，「臨邑城，縣北三十五里。」一統志濟南府卷古蹟目，「臨邑故城，在臨邑縣北。」岑仲勉黃河變遷史第九節隋唐的黃河注六五，「元和志稱臨邑南至齊州六十里。則地理今釋以唐之臨邑爲今臨邑縣北三十五，顯有錯誤，北當作南。」今按寰宇記云臨邑在齊州北五十里，故知唐之臨邑在今濟南城北不過五六十里。檢紀要，今臨邑南至濟南府一百五十里；一統志作一百四十里。則唐縣不但不得在今縣北三十五里，縱改「北」爲「南」亦尚不足。以里距言之，在今縣南至少六七十里處。度其地必在 N37° 之南北地帶。楊氏唐地理志圖，置臨邑於今縣與歷城縣之正中間，頗得其實。

安德　元和志一七德州治所安德縣，「黃河，南；去縣十八里。」寰宇記六四，作「八十里」。必有一倒譌。按元和志、寰宇記，臨邑南至齊州五六十里，而安德爲德州治所，「正南微東渡河至齊州二百四十五里」。則臨邑西北至安德縣約一百八九十里，黃河逕臨邑北七十里，下游又逕滴河縣南，則中間逕安德縣南八十里處之可能性較大。若中逕安德縣南十八里處，則曲折似太大，或較少可能也。且觀鹿角關地望亦以八十里爲正。

灌家口草市　寰宇記六四德州安陵縣，「福城，元和二年，橫海軍節度使鄭權奏，德州安德縣渡黃河，南鄰齊州臨邑縣，有灌家口草市。頃者，成德軍于市北十里築城名福城。城緣隔黃河，與齊州臨邑縣對岸，又居安德、安平（一本作平昌，皆無考）、平原三縣界，疆境闊遠，易動難安，請於此置縣，以歸化爲名。詔從之。今廢爲鎮。」

鹿角故關　元和志一〇齊州臨邑縣，「鹿角關在縣西北七十里，大業三年廢。」又一七德州安德縣，「鹿角故關，縣東南七十五里。」寰宇記六四安德縣目有此關，惟脫「南」字。新志齊州臨邑縣亦記此故關。一統志濟南府卷關隘目，「鹿角關在臨邑縣北十五里，接陵縣界，古大河所經也。……蓋跨大河，以鹿角津爲名。齊乘有平原嶺，在德州東南七十里，嶺下有鹿角津。」紀要三一略同。按今臨邑縣在唐縣之北至少六七十里，故關在今縣北十五里也。

三汊口城　通鑑二三四貞元八年，「初李納以棣州蛤蜦有鹽利，城而據之。又戍德州之南三汊城，以通田緒之路。及李師古襲位，王武俊……引兵屯德棣，將取蛤蜦及三汊城，……上遣中使諭止之。」九年「上命李師古毀三汊城，師古奉詔。」胡注，「王武俊敗朱滔，得德棣二州，蛤蜦猶爲納戍，納又於德州南跨河而城守之，謂之三汊，以交魏博，通田緒。」按舊一二四李正己傳述事較詳，「於德州南跨河而城守之」即本之舊傳。舊傳又稱爲三汊口城。紀要三一濟南府陵縣，三汊口城在縣東南。一統志濟南府卷古蹟目同。若此說不誤，殆即在鹿角故關地段歟。

河水又東逕滴河縣（今商河）南，去縣十八里；臨濟縣（今章邱縣西北二十里臨濟鎭）北，去縣八十里。

滴河　元和志一七棣州滴河縣，「黃河在縣南八十里。」寰宇記六四，「黃河在縣南一十八里。」里數「八」「十」互倒。岑書第九節隋唐的黃河注六六，據錐指引元和志亦作十八里。似「十八」爲正。且就上下游所經論之，其逕滴河境，亦當在縣南十八里，不當遠在縣南八十里也。

臨濟　元和志一〇齊州臨濟縣，「黃河在縣北八十里。」寰宇記一九齊州臨濟縣，不記黃河。

河水又東逕棣州治所厭次縣（今惠民東南）南，去縣三里；鄒平縣（今縣北孫家鎭，在齊東縣東南四十里）西北，去縣八十里。蒲臺縣（今縣）西南，去縣七十五里。下游入海，流程不詳。

厭次　元和志一七棣州治厭次縣，「黃河在縣南三里。」寰宇記六四，同。按棣州今地，各家之說不同。一統志武定府卷古蹟目，厭次故城條引舊志，厭次自古凡六徙，述次甚詳，但未言唐之厭次究在後代何處。紀要三一武定州厭次廢縣條，今州治。下文又引城邑考，「唐棣州城在今州東南六十里，五代梁華溫琪爲刺史，苦河水爲害，南徙十餘里。……宋李仕衡……復以州治洿下，徙州西北七十里。……今州治卽仕衡所移也。」武定卽今惠民縣。岑書又云今惠民縣南七十里。古今地名辭典云在惠民縣南十里。皆不知所據。今檢元和志記棣州西南至德州（今陵縣）二百四十里，南至淄州（今淄川縣）二百一十里，正北微西至滄州（今滄縣東南四十里）二百五十里，西南至齊州（今濟南）二百五十里，東北至大海二百里。參通典一八〇，略同。元和志又記蒲臺縣（今縣）西北至棣州七十五里。據此諸方向里距，棣州正當在今惠民縣附近，不能在其南太遠，恐六七十里之說未可信。

鄒平　元和志一一淄州鄒平縣，「黃河，西北；去縣八十里。」寰宇記一九淄州鄒平縣，「黃河西北自齊州臨濟縣東流入，經縣西北，去縣八十里。」

蒲臺　元和志一七棣州蒲臺縣，「黃河，西南；去縣七十五里。」寰宇記六四濱州蒲臺縣，惟少「五」字。此下河床所經不詳。

然乾元以後，河流改道逕棣州之北，故賈耽謂棣州宜隸河南，寰宇記亦稱舊黃河逕渤海縣（今濱縣）西北，去縣六十里也。至唐末景福二年 (893) 河又改道，蓋復南行故道歟？

權德輿貞元十道錄序（全唐文四九三），「魏公……考迹其疆理，以正謬誤……樂安自乾元後，河流改故道，宜隸河南。」樂安郡即棣州。是乾元以前，河水逕棣州之南，故屬河北道，至乾元改道，乃流經棣州之北。而元和志所記則仍改道前之河道也。復考寰宇記六四濱州渤海縣，「舊黃河在縣西北六十里，景福二年後，河水移道，今枯。」按渤海，元和志爲棣州屬縣，在州東七十里。此段黃河至唐末景福二年始因改道而枯，就其方向里距言，似即乾元後所改之新道，或其一段。至景福又復改道。可能仍南行略如乾元以前之故道歟？楊氏唐書地理志圖，繪黃河於棣州厭次與渤海兩縣之南，而於兩縣之間，別繪一支東北出，逕渤海縣之西北境，云「景福二年河改從北行」。檢岑書唐代河患目（頁三二一）亦是此意，且本之胡氏錐指。是皆不但未讀權德輿貞元十道錄序，且未會寰宇記之本意。⑤

*　　　　*　　　　*

唐代黃河自河陽以下之流程與河上之津渡已詳考論如上。其自西而東之津渡，以

⑤ 舊唐書二〇下哀帝紀，天祐三年四月「戊申，魏博羅紹威奏：臣當管博州聊城縣、武陽、莘縣、武水、博平、高堂等五縣，皆於黃河東岸，其鄉村百姓渡河輸稅不便，與天平軍管界接連，請割屬鄆。從之。」按此時只在朱全忠篡唐前一年，鄆州天平軍由全忠兼領，羅紹威顯然受全忠壓力，致割河東之地以屬鄆。惟此文有欠明晰，因此可有兩種解釋。第一解，聊城縣及武陽（即朝城）等五縣，凡六縣皆在大河之東。第二解，此六縣皆有鄉村在大河東岸。前考黃河本流逕此諸縣之東南，若第一解爲正，則此前不久黃河曾有一次大決，徙道逕此諸縣之西。此爲一次大遷徙，但史無可考。若第二解爲正，則此文欠醒，或者「其鄉村」當作「有鄉村」，斷句。以意度之，第二解似爲長，蓋鄉村輸稅，例送縣城，若其時此諸縣城果在河東，則鄉村輸稅固無不便也。且聊城即博州治所，若並聊城亦在河東，割屬鄆州，則博州已難自立矣。惟究當作何解釋仍不能斷。好在此事只在唐亡前一年，姑置不論。

次言之：曰小平津，一名平陰津，在偃師縣（今縣）西北二十五里首陽山北，去河陽津不過數里之遙，爲河陽之輔津。曰五社津，在鞏縣（今縣）北，北對溫縣（今縣）。曰板渚津，在汜水縣（今縣）東北三十五里，北對武陟縣（今縣），相近又有九鼎渡，皆所以北通懷（今沁陽）、衞（今汲縣）。曰棘津，一名石濟津，一名酸棗津，在衞州治所汲縣南七里，南對酸棗縣（今延津北約三十里），分別通鄭州（今市）與汴州（今開封）。曰杏園渡，在汲縣東南，見重於安史亂時。曰延津，一名靈昌津，在靈昌縣（今滑縣西南七十里）東北二十二里，北對衞縣（今濬縣西南五十里衞縣集，在淇縣東境）枋頭故城（衞縣東南今有方城村），此殆爲白馬津之輔津。曰白馬津，在滑州治所白馬縣（今滑縣）北三十里鹿鳴城西南隅，西對黎陽縣（今濬縣東），在縣東一里，一名黎陽津，置黎陽關，一名白馬關，爲相（今安陽）、汴交通之主線。曰白皋渡，緊接白馬津下游。曰胡良渡，在鹿鳴城東北，接濮陽境，北對六明鎮。曰楊村渡，在德勝渡上游十八里。（今有楊村鋪。）曰濮陽津，在濮陽縣（今縣西南）北，北對澶州治所頓丘縣（今清豐西南二十五里），爲魏（今大名東）、汴交通之主線，唐末五代，見稱爲德勝渡。曰靈津，置靈津關，在濮州治所鄄城縣（今濮縣東二十里）北，北通魏、博。曰麻家渡，蓋在鄄城東北境。曰高陵津，又名盧津，置盧津關，在臨黃縣（今觀城東南）東南三十五里，南對范縣（今縣東南二十五里）。曰碻磝津，在濟州治所盧縣（今聊城東阿間，聊城東南約四十里）北一里，故又名濟州津，北朝置濟州關。關西北對博州治所聊城縣（今縣西北十五里），東南通鄆州治所東平縣（今縣西北），爲博、鄆間要津。天寶十三載，河毀濟州城，津亦漸衰廢。中葉以後有楊劉渡者，大顯於史册。其地在博州東南，陽穀縣（今縣東北約三十里）之北，爲博、鄆之津要，蓋即代碻磝津而興起者。楊劉下游，以次有鄒家口、馬家口，皆河上津濟處。馬家口在聊城東境，亦當東南通鄆州之路。曰四瀆津，舊置四口關，在聊城縣東微南八十里，長清縣（今縣南）西南五十里，蓋平陰縣（今縣）北境。酈注云濟水受河，自河入濟，自濟入淮，自淮達江，故名。曰張公渡，在平原縣（今縣或其西南）南五六十里，蓋即古平原津，爲德州（今陵縣）南通鄆（東平）、齊（今濟南）要津。曰鹿角故關（今臨邑北十五里）蓋亦津渡處，在德州治所安德縣（今陵縣）東南七十五里，臨邑縣（今縣南六七十里）西北七十里，當齊（今濟南）、德（今陵縣）通路。此外，獲嘉（今縣）、新鄉（今縣）南渡河至原武（今縣）通鄭州（今市），及鹿角關下至入海之一段流程，皆當有南北津濟處，惜津名無考。

上列諸津渡雖各有其客觀之地理形勢，但亦因時代不同，政治形勢有異，而顯晦不常。戰國秦漢時代，惟白馬最顯史册，故張儀說趙王云秦守白馬之津，張耳、陳餘屬武臣，從白馬渡河，北略趙地，酈食其說漢王塞白馬之津。蓋古代河北平原之中東部多澤地，南北交通以太行東麓之南北走廊爲唯一主線。此道交通由邯鄲南下，西南渡盟津至洛陽，東南渡白馬津至大梁，故白馬居趙（邯鄲）、魏（大梁）之間，兼且東達齊、魯，實爲東方黃河平原之第一衝途。漢末、十六國及北朝時代，黃河下游大平原爲天下兵爭之地，河上津渡乃多顯現，計有棘津（石濟津）、延津（靈昌津）、濮陽津、高陵津、碻磝津、四瀆津、張公渡（平原津）、鹿角津及其他不見唐史者，如倉亭津等；而白馬、碻磝最爲衝要。隋唐盛時，黃河南北大平原，經濟益見繁榮，人文益見蔚盛，汴州形成爲大平原中之第一大城，亦爲北方除長安洛陽兩都外之最大都市。（繁榮可能在洛陽之上。）其次則汴州東南之宋州（今商邱）與河北之魏州（今大名）與貝州（今清河），故杜翁謂宋州「名今陳留（汴州）亞，劇則魏、貝俱」也。汴宋北渡黃河至魏、貝，更北經冀（今縣）、深（今縣）、瀛（今河間）、莫（今任邱北至雄縣間）至幽州，成爲河北道中部之南北交通幹線，與先秦以來太行東麓走廊之南北幹線，東西並列，宋代河北分東西路，其形勢固本唐代之此一交通形勢也。白馬津南通汴、宋，北出則分指相、魏兩州，爲河北兩大縱貫幹線之樞紐，形勢增重，故六典記大津無梁者，以白馬爲稱首，論形勢者，或謂「當四達之地，控兩河之境」，或謂「股臂梁（汴州）洛（洛陽），咽喉齊、魏」也。

安史亂後，下逮唐末五代，魏博一鎭，於河北爲最強，魏州之地位顯越相州而上之。河南之汴州宣武一軍，更由東夏之重鎭一變而爲朱溫興霸之根據地，再變而爲梁晉漢周之國都。政治中心顯著東移，而汴魏交通尤以澶州濮陽津爲逕捷，故至唐末五代，此津地位增重，稱爲德勝渡，跨河築城，置浮橋，建節鎭，遂開宋遼時代，兩國用兵通使以澶州爲衝途之漸。又唐代汴州以東之節鎭，以鄆州東平最爲壯雄，楊劉渡爲西北通魏博之捷津，遂襲代北朝以來碻磝津之地位，其地望亦正相近也。及晉王李存勗與梁人河上之戰，以德勝、楊劉爲上下游兩個主戰場，各興舉國之師以爭之者，皆欲爭取大河南北之控制權也。於晉王，非取此兩津，不能進兵河南，以制梁之死命；於朱梁，非守此兩津，不能保汴京之社稷。終至晉取劉楊入東平，朱梁勢絀，迅即覆亡。此正見河上之形勢，津渡之巨防也。

總上以觀，漢唐盛世，政治中心居西偏，盟津以東之河上津渡，惟白馬爲最著。自漢末迄北朝，自唐中葉至五代，黃河下游大平原爲兵爭之地，政治中心亦漸東移，於是河上諸津湧現史册，白馬以東之最著者，有澶州之濮陽津、德勝渡，當汴、宋北通魏、貝之幹道；有濟州之碻磝津、楊劉渡，爲鄆、兖（今滋陽）北通博、德（今陵縣）之要津。此則政治局勢演變之影響也。

參看圖二十一

一九八三年五月十六日初稿，二十六日再稿，六月二十二日增訂。
一九八五年八月繪圖時復訂，十二月六日初校，一九八六年一月二十八日二校增訂定稿。

篇肆柒　隋唐永濟渠

引　言

隋開運河在中國運河史上居於極重要之地位，蓋其工程南達餘杭，北通涿郡（幽州），西連京、洛，使南北交通暢活，且與兩京取得直接聯繫，故史稱「隋氏作之雖勞，後代實受其利」也。然唐史顯示，聯繫黃河與江淮之通濟渠所發揮之作用爲最大，故前人多所致意，近代中外學人考論者亦數家；而聯繫黃河北通幽燕之永濟渠，則殊少措意。就我所知，近代學人之觸筆此渠者，惟張崑河有隋運河考（禹貢第七卷第一二三合期）與岑仲勉先生黃河變遷史有永濟渠一目（頁三〇二至三一一）而已，皆非專力於永濟渠作深入之研究者。按永濟渠在唐代交通運輸上之價值誠不若通濟渠之顯著。然此渠不但爲聯繫東都洛陽與東北重鎭幽州之直接渠道，且可由滄德航海至平州（今盧龍治）與遼東，或亦可由獨流口（今天津市西靜海西北獨流鎭）東北循曹操所開泉州渠及新河故瀆通漕平州。故隋氏用兵遼東，以黎陽（今濬縣東）爲漕運中心；唐代前期，爲備突厥、契丹，軍糧饋運亦藉此渠。如陳子昂上軍國機要事（全唐文二一一）云，「即日江南、淮南諸州租船數千艘已至鞏洛，計有百餘萬斛，所司使勅往幽州，納充軍糧。」此必取永濟渠水運無疑。故至安史亂起，清河（今縣）尙豐積有備邊之軍資，稱爲天下之北庫也。是則此渠對於當時東北交通實具有不可輕忽之重大作用。惟安史亂後，河北爲藩鎭割據，唐室資糧全恃東南，是以通濟渠之作用益顯；而永濟渠不在唐室威令所及範圍之內，故其作用乃晦而不彰耳。

此篇分爲三節。第一節論證渠道上游開鑿之取線。此爲本文撰述重點之所在，亦前賢所未能深入探究者。第二節考新鄉東北至獨流口之渠道所經，可稱爲渠道之中段。此則元和志、寰宇記等唐宋志書所已紀述者，岑書多已綜錄，今惟更加詳悉而已。第三節考幽州東南至獨流口之渠道所經，可謂爲渠道之北段。此則宋代志書稍見表露，而爲前賢所未留意者。盡此三節，隋開永濟渠道藉可大明，卽隋唐時代河北道南北交通之大動脈仍能歷歷可指也。

（一）永濟渠上游開鑿取線之辨證

隋書煬帝紀云，大業四年「正月乙巳，詔發河北諸郡男女百餘萬，開永濟渠，引沁水，南達于河，北通涿郡。」他處所見紀事略同。惟通鑑考異引大業雜記云：「三年六月，敕開永濟渠，引汾水入河，於汾水東北開渠，合渠水至于涿郡二千餘里，通龍舟。」「汾」爲「沁」之形譌，「渠水」蓋「清水」之形譌。此云「於沁水東北開渠」，最爲詳明。卽分沁水爲兩支，主流仍南達于河，開渠分津之支流東合清水，北通涿郡也。

隋書記開永濟渠事，除煬帝紀外，其卷二四食貨志亦云，是年「引沁水南達于河，北通涿郡。」册府元龜四九七邦計部河渠二，所記與煬紀一字不異。通鑑一八一隋煬帝大業四年條，惟易「開」爲「穿」耳。雜記作三年六月者，蓋發勅擬議，與正式下詔興工，固當有先後也。

又考異引雜記，加按語云：「按永濟渠卽今御河，未嘗通汾水，雜記誤也。」溫公正文作沁水，謂雜記作「汾」誤。蓋「汾」「沁」形近，且古音亦相近，故致譌誤耳。岑先生以爲張崑河說（黃河變遷史頁三〇七），非也。

至於雜記「開渠合渠水」之「渠水」爲「清水」之譌者，須稍詳說明如下：

按由沁水開渠東北至涿郡，楊氏隋書地理志圖卽以爲引沁入清，張岑兩家亦以爲引沁入衞，皆是也。楊張兩家無說，岑先生則專引明淸沁河故道入衞爲證，詳下文。其實明淸沁河故道入衞，只可爲隋渠道之輔證，不足以證明隋代永濟渠之果入衞也。

今按衞河上源古曰清水，發源於今獲嘉縣北境之太行山脈中，水經注九清水注及元和志一六、寰宇記五三（懷州）、五六（衞州）載之甚詳。懷（今沁陽）、衞（今汲縣）之間，北阻太行，南臨黃河，爲一狹長地帶，自西向東流之河道，僅有衞河上源之清水，不見他水，更無渠水之名。水經注記水道極詳盡，此處亦無渠水。且此書撰述只在大業開渠前八十餘年，在此八十年中，亦未必能形成一條頗大之河流。且若果有另一水名渠水者，則必在清水之南或清水之北。若在清水之北者，清水既發源於此地區北境之太行山脈中，隋人分引沁水東行，亦不可能越過清水而合入此渠水。若在清水之南者，中古黃河河床在今黃河之北頗遠，元和志一六衞州目，黃河「流經汲縣南，去縣七里，謂之棘津。」寰宇記五六衞州目，同；又云新鄉縣有「延津關在縣東南三十五里，東南過河入滑州大路。」則黃河在新鄉、汲縣南甚近。元和志又云清水在新鄉縣北一里。寰宇記同，又云清水在汲縣北三里。是新鄉汲縣地區，清水與黃河南北距離少僅十里，多亦不過三十六里，可謂極相近，亦不容另有一條頗大之水道與之平行東流也。故可斷言，此「渠水」之「渠」必即爲「清」之壞字無疑，涉上文「渠」字而誤耳。復考九域志二衞州汲縣有黃河、御河。檢元和志一六衞州汲縣目及寰宇記五六同目，皆不言汲縣有御河。按御河即永濟渠，非小河，汲縣北逼山區，南距黃河僅十里，故汲縣南北，除清水外皆不容另有一河，是此御河亦即指清水而言無疑。此亦隋人開渠引入清水之一強證。

是此項工程，一方面濬治沁水下游南注黃河之一段。一方面於沁水左岸開一渠口，分引沁水東流注入清水以通涿郡。蓋沁水雖本入河，然水濁多沙，湍激之勢踰於黃河，非加功濬治不能大通漕運。而新開渠道工程尤巨，且其下游長達二千里，雖多循舊河道，然亦當有須增濬處，故分引沁水東流之新渠道，尤爲主要工程也。

此項工程之基本史料，俱如上引，隋書記載雖過略，但參以雜記之文，其事甚明。第以沁水本自入河，致讀者易生疑惑，岑仲勉先生曰：「據水經注九，沁水本來是流入黃河的一支，何需乎引？」（見前揭黃河變遷史第九節第二目隋代的間接治河永濟渠條。）可爲代表。按沁水發源於山西境，南流至武涉縣東南入黃河，自漢代迄今兩千年，各書所記無異說，此觀漢書地理志上黨郡穀遠縣條並顏師古注及吳卓信漢志補注卷七穀遠縣條所引諸書可知也。然明史八七河渠五，常居敬曰：「沁水多沙，入漕反爲患。」又紀要四九懷慶府武陟縣，「明朝永樂九年，沁河溢，淹沒縣境田廬，詔修決口以禦之。蓋沁河多沙而橫暴也。」又一統志懷慶府卷山川目，「按沁水至武陟界，與黃會合，其湍激之勢，較黃河益甚，而武陟東岸之蓮花池、金屹嶹最其衝射要害處。」又明史八七河渠志五沁河條，萬曆三十三年范守己言，「近者十年前，河沙淤塞沁口，沁水不得入河，自木欒店東決岸，奔流入衞。」是沁水既多沙湍激，至稱橫暴，加以沁口承流之黃河復多沈沙，自易淤塞，且有淤塞之史例，則欲大通漕運，自必再事修濬。史稱引沁入河，雖有語病，此乃中古文體，強爲駢儷，以辭害意之過耳。岑書引趙世暹解隋紀此段文字云：「引沁水」應屬上文「開永濟渠」爲一句，「南達于河」二句係全渠通道 。 按此解於事理雖可通 ， 但文句殊欠順，若爲先秦古典，尙可說；中古文字，則絕少此類型語句。況同書食貨志只云「引沁水南達于河，北通涿郡」，更無法如趙氏斷句；而岑先生反以爲然，何耶？

惟此開渠分沁水東北通涿郡之重要渠道，隋書兩處所記皆不詳，故前人研究者張、岑兩家皆置重於此，擬議云引沁入衞，是也。但究其實，雜記已明言之， 楊氏隋地理志圖亦據以繪圖 。 蓋「開渠合清水」，清水卽衞河也。

張崑河隋運河考（禹貢第七卷第一二三合期）云：

「沁水至修武境南入黃河，今雖不通衞河， 在昔時尙有一流直達衞河。讀史方輿紀要新鄉縣：『沁河在縣西，今涸。一統志，沁河故道，自懷慶府武陟縣入獲嘉縣境，下接新鄉縣，又東北接汲縣界，北抵清河。』此道與衞水之道同，當卽爲引沁入衞之道。」

此謂開渠乃引沁入衞。證雖不強，然大要得之。岑先生亦曰「開永濟渠，主要在引沁入衞。」其主要論證，卽元明清三朝仍見沁衞時或相通。玆錄其所提最早證據卽元代之史證兩條如下：

元史一六四郭守敬傳，世祖中統三年，守敬面陳水利事云：「懷孟沁河雖澆灌，猶有漏堰餘水，東與丹河餘水相合，引東流至武陟縣北，合入御河，可灌田二千餘頃。」

同上五一五行志二，順帝至元三年，「六月，衞輝淫雨，至七月，丹沁二河泛漲，與城西御河通流。」

明代沁河與衞河時通時塞，沁河常泛溢，更必入衞河，此於明史八七河渠五沁河、衞河條言之已詳，岑書已引用不少，且及行水金鑑、水道提綱、清史稿、東華錄，以見清代之情況，文長不復多列。

至於所開渠道上承沁水之渠口與下入清水之水口各在何處，則殊難定。楊氏隋志圖置上口（分引沁水處）於今武陟、懷慶（沁陽）間，約在武陟西四五十里；置下口於獲嘉之北，入清水，合稱永濟渠。而岑氏似主元明清之沁河故道，包括孟姜女河，以爲卽隋渠遺跡，此本一統志之舊說也。

岑書頁三〇二至三〇七專論永濟渠當是引沁入衞，所引證據主要爲明清志書所記沁河故道，雖未明言卽隋故跡，然其意可知也。又引看河紀程，「沁河故道俗名孟姜女河。」以爲「這條故道也許一部分是大業所開的遺跡。」且於注五二云「大業故跡，似以孟姜女河爲近似。」其意尤顯。至於一統志之意見，其衞輝府卷山川目沁河條云：「沁河故道自武陟縣流入獲嘉縣南，又東南經新鄉縣南，又東北經汲縣北入清河。」並加按語云：「沁河支流，自武陟縣紅荆口，經衞輝入衞河，隋大業中開永濟渠，嘗引以通涿郡。」更明白言之矣。

明清志書所謂沁河故道者，自懷慶府武陟縣東北流，經修武縣西南，又經獲嘉縣西南，又東經新鄉縣南，又東北至汲縣北入清水，卽衞河。並指爲卽元人郭守敬所謂沁、丹餘水自武陟北，東引入御河也。然其注入清水處，或云在新鄉西，或云在獲嘉境，或更云修武城西有沁水。又或云武陟分流六十里通衞，或云百里、百二十里，亦大不同。蓋通塞不常，氾濫所行，亦各異道耳。

明史八七河渠志五沁河條云：

「沁河至武陟縣，與黃河合。其支流自武陟紅荆口經衞輝入衞河。元郭守敬言，『沁餘水引至武陟，北流合御河灌田。』此沁入衞之故跡也。」

按郭守敬擬議已詳前引元史一六四郭守敬傳。檢紀要四九衞輝府新鄉縣，「沁河在縣西，今涸。」引明一統志云：「沁河故道自懷慶府武涉縣入獲嘉縣境，下接新鄉縣，又東北接汲縣界，北抵清河。」嘉慶一統志衞輝府卷山川目沁河條：「沁河故道自懷慶府武陟縣流入獲嘉縣南，又東南經新鄉縣南，又東北經汲縣北，入清河。」方向稍詳，且指爲隋永濟渠故道。同書懷慶府卷山川目沁水條：「其枝河自武陟縣北，東引入修武縣，經縣西南，又東入衞輝府獲嘉縣界。」此亦卽沁河故道也，云經修武縣西南境。綜此諸條記事，可知其全程所經，與元史所記方向似略合。清一統志云，經新鄉縣南，入汲縣境，是其與清水合口在新鄉之東，而紀要云沁河在新鄉縣西，又云修武縣西有沁河，是不同。復考明史八七河渠志五沁河條，景泰四年，劉清請「濬岡頭百二十里以通衞。」王晏亦言「開岡頭置閘，分沁水，使南入黃，北達衞。」又行水金鑑二一引續通考，嘉靖初，胡世寧奏，「舊聞沁水至荆口分流一道，六十里通衞河，近年始塞。」同書五六引小谷口薈蕞，武陟「東北有蓮花池，在沁河東岸，地名木欒店，去衞河百里。」（此兩條皆岑書引。）又紀要四九懷慶府武陟縣蓮花池條，「東去衞河百里。萬曆十五年，沁從此決，衞輝府之獲嘉、新鄉俱受其患。」按武陟東北至新鄉不止一百二十里，而明代嘉靖以前沁水通衞故道僅六十里，其入衞水口當在獲嘉以西，劉清擬議濬開渠道亦只一百二十里，入衞水口亦當在新鄉以西，不在新鄉之東也。且上引史料述沁河故道及沁決受患處，或經修武，或不提修武，似亦有異。或者元明時代，沁衞通塞不常，所謂沁河故道亦不一道也。

至於此故道之上口，卽元明時代分沁東流處，大抵在武陟縣東北沁水弓出處之東岸，地名木欒店，又名蓮花池，（武陟東北四里。）或云在紅荆口，或在馬曲灣，皆相去不遠。時或決大樊口，則在武陟縣西約三四十里之沁水北岸。

明史八七河渠志五沁河條云：「其支流自武陟紅荆口經衞輝入衞河，……此沁入衞之故跡也。」下文云「宣德九年，沁水決馬曲灣經獲嘉至新鄉」入衞。嘉靖六年，胡世寧言，沁水自紅荆口分流入衞，近年始塞。萬曆十五年，沁水決武陟東岸蓮花池、金屹嵦，一云決木欒蓮花口而東，新鄉獲嘉盡淹沒。三十三年范守己言，十年前河沙淤塞沁口，沁水不得入河，自木欒店東決岸，奔流入衞，河形直抵衞滸，至今存也。又紀要四九懷慶府修武縣，沁水「在縣西，萬曆中，沁水決于武陟縣東之大樊口，縣首受水患。」是沁水分津入衞，或潰決入衞，大抵自武陟之紅荆口，或云木欒店、蓮花池，或云馬曲灣，或云大樊口。檢紀要四九懷慶府武陟縣蓮花池條，「在縣東北沁河東岸，地名木欒店。其相鄰者，地名金屹嵦，東去衞河百里。」「木欒在沁河北岸，與大樊口相鄰。」一統志懷慶府卷山川目蓮花池條，「武陟縣東北木欒店，亦名蓮花口。」又關隘目，木欒店「在武陟縣東北四里，瀕沁河，邑中市集之最。」是木欒、蓮池之地望可確指；張編地圖集・河南圖，武陟縣東北尚著此地名。紅荆口當亦在其左近。馬曲灣當在馬曲村左近，村在武陟東，見乾隆懷慶府志四古蹟目。大樊口，上引紀要云在武陟東，而一統志懷慶府卷沁水條引舊志，嘉靖三十五年決武陟縣西北大樊村，是不同。考乾隆懷慶府志六河渠志，趙夐麗修沁河傅村隄碑，增隄四處，起傅村決口，紆折而西曰大樊，曰小東，曰南王。又民國續武陟縣志九沁水條，自沁陽東至武陟，北岸村莊十六個，其第七爲北樊，八爲大樊，則必在縣西北頗遠，當在三十里以上也。

所謂孟姜女河者，由武陟縣直東流經新鄉縣西南，折東北經延津縣北境之故胙城縣（延津北三十五里）境，北達汲縣，亦稱爲沁河故道。按此道當僅爲明清時代最南線之沁河故道，或爲中古黃河故道；絕非隋永濟渠故道也。

行水金鑑一六二引看河紀程，「沁河故道俗名孟姜女河，自武陟縣流經胙境（今延津北三十五里），北行與汲相接，在漢隄西，久塞。」（岑書頁三〇五引。）又一統志衞輝府卷山川目，除沁河故道外，又有孟姜女河，云「卽沁河故道，自新鄉縣西南任旺村白水坡折而東北，由延津界西馬村達汲縣小白古橋入衞河。每年天雨時如此，否則僅有其形。」同書懷慶府卷山川目沁水條，「有舊沁河，在原武縣西北。」蓋卽所謂孟姜女河之西段。是此孟姜女河故道由武陟直東經原武北境，延津北境，折而北至汲縣。檢 ONC-G-9，武陟縣東有一小水由東向西流入沁河，可能卽此故道之西段。因爲東段不詳，看似由東向西流耳。岑書引行水金鑑，又加按語云，「這條故道也許一部分是大業所開遺跡。」注五二又強調此項意見。按孟姜女河故道，至少東段，顯與前文所述沁河故道、由新鄉東北直達汲縣者之流程不同，故一統志亦分別記之。按延津縣北至衞輝府治所汲縣七十里，胙城故城在延津縣北三十五里，（方向里距皆據一統志。）卽在汲縣之南亦三十五里。據元和志一六，寰宇記五六、五三，唐代黃河在汲縣南七里，新鄉縣東南三十五里（延津關），獲嘉縣南四十里，則今延津縣北境之胙城故縣境實在隋唐黃河之南，然則此孟姜女河亦稱爲沁河故道者，蓋元明時代沁水屢次潰決東流之一故道耳。若果爲隋唐之故跡，則至少東段（獲嘉以東）當爲隋唐黃河故道，絕非隋分沁水東流之永濟渠故道也。又按紀要四九衞輝府新鄉縣黃河條，「縣境有漢隄。志曰，自獲嘉西南四十里至縣（謂新鄉縣）南，又東北至胙城縣，又北接汲縣，皆有漢隄。」則看河紀程所謂「在漢隄西」者，蓋漢隄爲漢代黃河南岸之隄防，隄西故河道正卽黃河故道也。

而前述由武陟紅荆口、木欒店分津東北流經修武、獲嘉、新鄉之諸北線沁河故道，其中之一當有爲隋代永濟渠故道之可能，然究取何道亦難定。按水經注之沁水、清水兩注，丹水爲沁水之東源，由太行山北，向南流出山，逕鄈城（今博愛西北）西，又南分爲東西兩支。西支爲主流，向南流入沁水。東支爲光溝水。光溝東南流又分津爲界溝水，界溝東南流又分津爲長明溝水，光溝、界溝之主流皆南流亦注入沁水，而長明溝水則東流逕雍城（在州縣故城西北三十五里）南，又東注入吳澤陂，陂水東流入清水，即衞水之上源。且長明溝水於州縣故城（即唐武德縣，在沁水南岸，西至今沁陽、東至武陟各約五十里）之北境，亦分津南流爲白馬湖，湖水南流爲白馬溝水。白馬溝水又南分爲兩支：其一南流入沁水；其一東流爲蔡溝水，仍東注長明溝水。則北朝末期，清水（即衞水）之最西源頭，實上承丹水在今博愛縣西北地區之分津，其流向略與沁水南北平行，相距不到三十里。在此段平行流程中，且有白馬湖、白馬溝水、蔡溝水爲之直接聯繫通津，其聯繫點在今武陟縣西北約五十里之州縣故城北岸白馬水口，而蔡溝水南距沁水殆不踰十里，其關係可謂至爲密切。

水經注九沁水注云：

「丹水出上黨高都縣故城東北…… 東南出山（太行山），逕鄈城西，……京相璠曰，河內山陽（今修武西北三十五里）西北六十里有鄈城。①……丹水又南，光溝水出焉。丹水又西逕苑鄉城北，南屈東轉，逕其城南，東南流注于沁，謂之丹口。……沁水又東，光溝水注之。水首受丹水，東南流，界溝水出焉。（光溝水）又南入沁水。沁水又東南流，……逕中都亭南，左會界溝水。水上承光溝，東南流，長明溝水出焉。（界溝水）又南逕中都亭西，而南流注于沁水也。」

是則丹水於鄈城西南地區向東南分津爲光溝水；光溝東南流，分津爲界溝水；界溝東南流，分津爲長明溝水。光溝、界溝主流雖皆仍南歸丹水下游之沁水，但長明溝水則未見下落。復檢同書同卷清水經云，「清水出河內修武縣（今獲嘉）之北黑山，東北過獲嘉縣（今新鄉西南十二里）北。」注云：

「黑山在縣（修武縣，今獲嘉縣）北白鹿山東，清水所出也。…… 清水又東南流，吳澤陂水注之。水上承吳陂于修武縣故城（今獲嘉）西北。……魏土

① 據此當在今修武西北九十五里，即約今博愛西北境。乾隆懷慶府志四古蹟目云在府城東北四十里清化鎭，與酈注稍有不合。蓋在鎭北，即今博愛縣北也。

地記曰，修武城西北二十里有吳澤水陂，南北二十許里，東西三十里，西則長明溝水入焉。……水（長明溝水）上承河內野王縣（今沁陽）東北界溝，分枝津爲長明溝，……（長明溝）東逕雍城（故州縣西北三十五里）南，……又東逕射犬城北。……長明溝水東入石凋，東流，蔡溝水入焉。水上承州縣（今沁陽武陟間，相去各五十里）北白馬溝，東分謂之蔡溝，東會長明溝水。（長明溝）又東逕修武縣（今獲嘉）之吳亭北，東入吳陂。陂水東流，謂之八光溝，而東流注于清水。」

是則由丹水再三分出枝津之長明溝水實東流入清水，即入衞水也。且此段所記，注入長明溝水之蔡溝水，乃自白馬溝分出。檢沁水注，長明溝水自界溝水分出後，東流復分爲兩水。其一東流仍名長明溝水，下游入清。其一南流爲白馬湖，湖水南流爲白馬溝水。白馬溝水南流又分爲二，「一水東出爲蔡溝，一水南注于沁。」是則清水最西之上源爲分自丹水之長明溝水。此溝水與沁水南北平行已極相近。復按清水注云，長明溝水東逕雍城南。據一統志懷慶府卷古蹟目雍城條，「魏土地志，州縣有雍城。郡國縣道記，故雍城在武德縣西北三十五里。」又射犬城條引光武紀更始二年章懷注，射犬城在武德縣北。按唐武德縣即故州縣，西至沁陽縣、東至武陟縣，皆約五十里之沁水南岸。（參元和志、寰宇記。）則雍城在沁水之北不到三十里，即長明溝水與沁水南北相距不會超過三十里也。復有白馬湖、白馬溝水、蔡溝水爲之聯繫，更直接通津矣。又據酈注，白馬溝水分津爲蔡溝水處及南注沁水處，皆在州縣故城北，州縣故城即唐武德縣治，東至武陟縣約五十里。是則北朝末期，清水最西上源與沁水直接聯繫通津處在武陟西微北不過五十里之譜。而清水最西上源之北支爲上承丹水之長明溝水，與沁水南北平行，相距不到三十里。南支蔡溝水與沁水平行，相距可能不到十里，② 且與沁水直接通津。岑書之「水經注九所記，丹水只流入沁水，並無支流分入清水。」（頁三〇五。）又云：「水經注沒有隻字提及沁、衞的聯繫。」（頁三〇六。）殊非事實。

② 一統志懷慶府（今沁陽縣）卷山川目白馬溝水條引府志，白馬湖在府東北二十里。則在沁水北應不到十五里，蔡溝水又在湖之南。

以清代言之，長明溝水名小丹河，又名預河，自河內縣（今沁陽）東北境由大丹河分津東流，逕清化鎮（今博愛治）南，鎮在河內東北四十里。又東逕武陟縣北，又東逕修武縣南五里，又東入吳澤陂，陂水又東逕獲嘉縣北，至新鄉縣西合河鎮，注入清水。

一統志懷慶府卷山川目長明溝水條云：

「在河內縣城東北，與河（丹河）分流，經清化鎮南，又東經武陟縣北，又東經修武縣南，流入衞輝府獲嘉縣界，一名預河，今曰小丹河。……明統志，預河在修武縣（今縣）南五里，……東入衞河。修武縣志，小丹河舊在縣南五里，明嘉靖間改流縣北爲三里河，萬曆十三年復導經縣南，附城而東，經獲嘉縣入衞。」

按同書衞輝府卷山川目小丹河條云，「在獲嘉縣北，自修武縣流入，經縣東，北合清水入衞。一曰蔣河。」參胡林翼地圖，實經獲嘉縣北而東也。又行水金鑑一六二看河紀程，小丹河流至新鄉縣城西合河鎮，與衞河合。是上下流程皆可知也。

清化鎮者，一統志懷慶府卷關隘目，鎮在河內縣東北四十里。金史地理志，河內有清化鎮。明正德中築城。檢行政區域簡表，民國十八年於鎮置博愛縣。而紀要四九，武陟縣有清化鎮，在縣東北四十里。疑誤。

又一統志不言入吳澤陂。檢胡林翼地圖，小丹河經修武縣南，北注吳澤，則與清水注所記長明溝水東注吳澤陂、陂水又東流注清水全同。吳澤陂之地望，前引清水注，在修武縣西北二十里，即清代獲嘉縣西北二十里。檢一統志衞輝府卷山川目吳澤陂條，云在獲嘉縣西北；而引獲嘉縣志，在縣西南十三里，名三橋陂，一名太白陂。蓋陂水南北寬二十餘里，其東北岸在縣之西北，東南岸在縣之西南也。又紀要四九懷慶府卷修武縣有吳澤陂，在縣北十里。蓋陂水東西廣三十里，其西端在明修武縣之北也。皆與酈注合，胡林翼圖亦大體得之。但民國修武縣志總圖已無此陂。

小丹河以南，白馬湖、蔡溝水仍見在，東流經武陟縣西北，修武縣南，又東入小丹河。而白馬溝南入沁水之水口已淤塞，蓋改道東流爲上清河，經武陟縣西北十七里，疑合入蔡溝。別有東道山河亦經武陟西北十七里，在蔡溝之南，流向相同，東經修武縣南，似直接入清水，已淤廢。

小丹河以南，一統志懷慶府卷山川目有數條記事，可窺見白馬湖、白馬溝水與蔡溝水之遺蹟：

白馬溝水條，引府志，「白馬湖在府（河內縣，今沁陽）東北二十里。今湖水流入小丹河。」

古蔡溝水條，「在河內縣東北，分流入武陟縣，經縣西北，又東經修武縣南，又東合於小丹河。」又引武陟縣志，「上清河在縣西北十七里，上通河內小丹河，舊自白馬溝南流入沁。後沁水淤塞，始改從今道。」

東道山河條，「在武陟縣西北十七里，源出太行山，經府城（今沁陽）東北流入縣境，復由縣西北，東經修武縣東流入衞。今淤。」

按此諸水首尾不盡全。所可知者，白馬湖仍見在，但白馬溝入沁之口已淤塞，湖水盡入小丹河。蔡溝水上游不詳，蓋仍由白馬湖東流，其流程與酈注同。上清河似實指白馬溝水，不能入沁，改而東流，經武陟縣西北十七里處，下游不詳，疑合入蔡溝水也。東道山河，詳見乾隆懷慶府志卷三山川目武陟縣條，云「在縣西北十七里，源出太行山，至河內楊儀橋，逕石澗村，歷武陟北，達修武城南三橋坡東流入衞河，淤塞已久，乾溝尚存。」是與上清河同經武陟縣西北十七里處，與上清河之關係當甚切。其水在小丹河、蔡溝水之南，下游流向亦與蔡溝水相同，所謂源出太行山者，蓋小丹河以南之一山，爲太行餘脈耳。

再以今圖勘之，沁河、丹河、小丹河，都無大不同，ONC–G–9有一水，姑標稱A水，無疑爲小丹河，與沁河平行而東，相距常在十至十二公里上下，至武陟縣北，距縣只約十公里。其南有一水，姑稱B水，由沁陽東境東流，去沁河只約三四公里，稍北經武陟縣西北境，去縣約七八公里，又東北入修武、獲嘉境。此與酈注及明清志書所記相契合，即古蔡溝水也。

而修武、獲嘉及武陟北境水道甚繁，一水甚壯大，西接B水，東流經武陟北約五公里處，折東北至獲嘉城西，尾閭不詳，而約當酈注之吳澤陂南岸，今姑稱爲C水，似卽一統志之東道山河故跡也。

今圖指張編地圖集・河南兩圖、申報館中國分省新圖、中國地圖集（1974年版）及美國 ONC-G-9（百萬分之一）。據 ONC 圖，小丹河至武陟縣北，距縣只約十公里。檢乾隆懷慶府志三山川目，小丹河在武陟縣西北二十里，其與今圖相契合如此！

由此言之，沁、丹下游東北至清水（衞河上源）間之水道，自北朝迄今，基本上無大變化，惟元明時代，屢由武陟東北潰決東北流入衞河耳。今試就水經注與近代地圖所記沁水下游東北至清水地區之水道，並參考一統志及楊氏水經注圖作略圖如後頁：

據此圖所示，大業開渠前約八十年，卽北魏末期，清水西源長明溝水、吳澤陂水實爲丹水之分津，而與沁水下游之關係至切，其直接聯繫處則在今沁陽、武陟兩縣正中間州縣故城（武陟西約五十里沁河南岸）對岸之白馬溝水口，楊氏隋地理志圖所繪永濟渠上口之位置，實卽此水口，不無理據。然由武陟遡沁水而上，循蔡溝水而下，迂廻百里，亦殊可疑。按修武、獲嘉之地勢遠較武陟爲低下，而清水西源之長明溝水、蔡溝水又過武陟北十餘二十里（華里）處，東北流入修武、獲嘉境，則由武陟開渠分引沁水直北注入蔡溝，或另鑿短渠，與蔡溝平行，最爲順理成章且省工役者；明嘉慶以前，「沁水自紅荊口分流一道六十里通衞河。」可能眞隋之遺跡矣。今 ONC 圖之C水，疑爲東道山河之故跡者，經武陟北約十里處，東北流近古吳澤陂，正約六十里之譜，而線條特粗，蓋遺跡寬廣，殆卽明代前期之沁河故道，亦隋渠之故道歟？淸人張鵬云：「引沁由小丹河入衞。」此正隋人之故智矣。

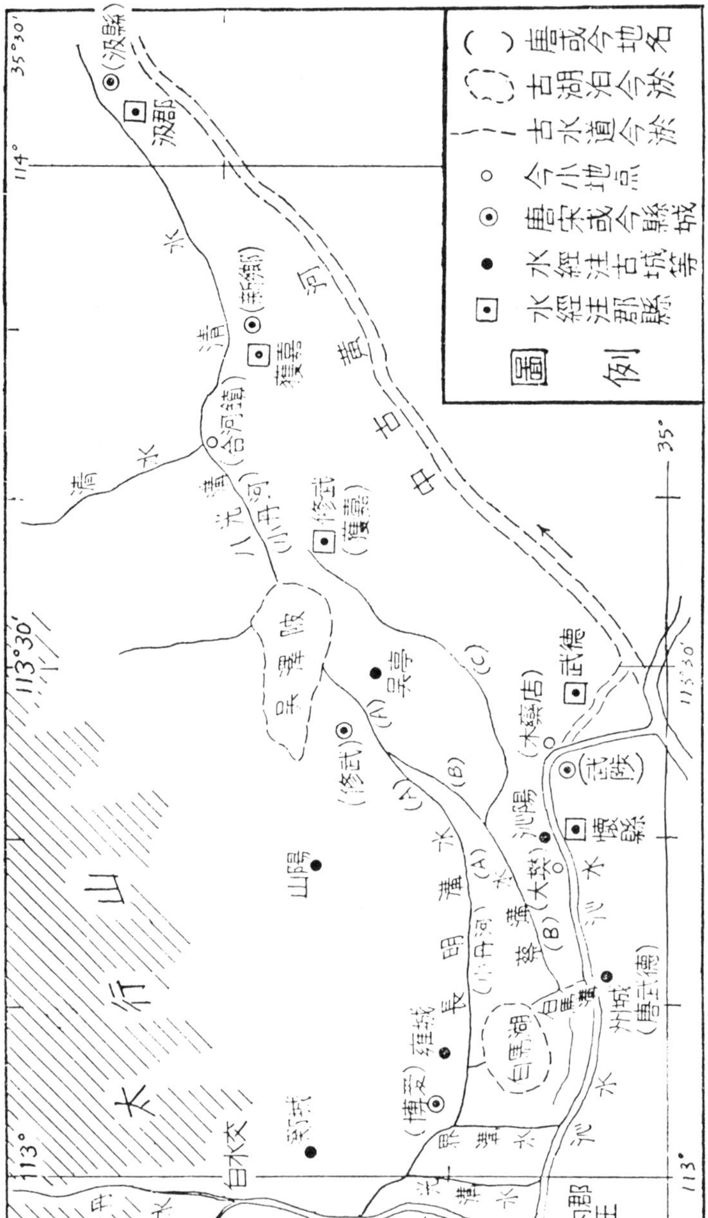
圖例
水經注郡縣
水經注古城等
唐宋或今縣城
今小地點
太行山
吳澤陂
山陽
武德
懷縣
汲郡
獲嘉
修武
白馬湖
天井關
太行關
113°
114°
113°30′
35°
35°30′
112°50′
35°10′

修武地勢，見紀要四九修武縣目，云「沁水在縣西。萬曆中，沁水決於武陟縣東（按當作西，說詳前）之大樊口，縣首受水患。蓋縣地較之大樊口下十五丈餘。」是修武縣在經度上雖與武陟略同，在緯度上較武陟爲北，且較近太行山區，似地勢可能較高，但實際地勢則遠較武陟爲低。武陟地區既有數水東北流入修武境，隋人因地勢循舊水道鑿渠相通，最省工役，宜爲優先考慮之渠道也。明嘉慶以前武陟分流六十里通衞之渠道，見前論明清沁河故渠所引嘉靖初年胡世寧奏章。

張鵬爲吏部尚書，康熙六十年有此奏，詳乾隆懷慶府志卷六河防目。

據上所論，隋開永濟渠，最上源之主要工程，係於今武陟縣東北鑿渠分引沁水北入長明溝水（縱取他線，下流仍入長明溝）東注吳澤陂，又東流會清水。故宋元時代武陟東北河道及汲縣以西之清水仍存御河之名。清代志書，小丹河有預河之名者，預河卽御河，小丹河亦卽古長明溝水也。

宋史九二河渠志二，蘇轍謂今建議者言，「昔大河在東，御河自懷衞經北京」云云。是宋世懷衞間有御河之名。又九五河渠志五，「御河源出衞州共城縣百門泉，自通利（卽黎陽）乾寧入界河達于海。」共城百門泉正卽清水源頭，是宋世直指清水上游爲永濟渠也。又前引元史一六四郭守敬傳，沁丹餘水引至武陟縣北，合入御河灌田。同書五一五行志至元三年，丹沁泛濫，與衞輝城西御河通流。是元代汲縣以西仍存御河之名也。

又一統志懷慶府卷山川目，「長明溝水……一名預河，今曰小丹河。」紀要四九懷慶府修武縣，「預河在縣南五里……東注于衞輝府之衞河。」修武南五里，正卽小丹河。是明清時代小丹河有預河之名，「預」「御」一音。

然自元和志云，永濟渠係「南自汲郡（卽衞州汲縣）引清淇二水東北入白溝。」宋初寰宇記承之。一若沁水分流入清及衞州治所汲縣以西之清水河段皆非永濟渠者，故兩書記渠道所經自汲縣東北之衞縣始。

元和志一六貝州永濟縣，「永濟渠在縣西郭內。……南自汲郡引清淇二水東北入白溝，穿此縣入臨清。按漢武時河決館陶，分爲屯氏河，東北經貝州冀州而入渤海，此渠蓋屯氏古瀆，隋氏修之，因名永濟。」寰宇記五四魏州永濟縣目，同；惟「貝州、冀州而入渤海」作「魏郡、清河、信都、渤海入海。」又同書五八貝州清河縣，「永濟渠……南自汲縣引清淇（本譌作漳）二水入界。」此皆明指清淇二水合流入白溝始爲永濟渠。兩書記永濟渠流經州縣甚詳，但皆在汲縣以東，詳後文；其西則隻字不提。

蓋分沁入清爲渠，沁水入河之口雖有南接汴口直入通濟渠之便，但清水是條小河，浮舟容量不大，加以沁河多沙水濁，渠道易致淤塞，分沁入清，未必有極高之漕運價值，此正明人所謂「沁水多沙，入漕反爲患也。」故卽在隋末，汲郡以西永濟渠西段之漕運價值似已不大，而清淇合口稍東之黎陽倉，南臨黃河，北濱永濟渠，反爲征遼物資北運之最主要起運點。下迄唐元和時代，已二百年之久，分沁入清之永濟渠段必久經淤塞，完全失去漕運之價值。當時所謂永濟渠者實僅衞州汲縣以東至幽州之河段耳，故元和志就當時事實記之。宋史以下諸正史志書仍指汲縣以西之清水河段爲御河者，蓋追書故跡，仍存舊名。至於一統志小丹河卽古長明溝水仍有預河之名者，世代口傳，僅存其音矣。

沁口接汴口　元和志五河南府河陰縣，汴渠在縣南二百五十步。卽汴河通濟渠之口也。按唐河陰縣在清代河陰縣城東，卽今廣武縣東，正北對沁水入河處。隋書六八閻毗傳，「將興遼東之役，自洛口開渠達於涿郡，以通運漕，毗督其役。」北史六一，同。洛口實亦去汴口不遠。通鑑一八一，大業七年二月乙亥，「帝自江都行幸涿郡，御龍舟渡河入永濟渠……。四月庚午，車駕至涿郡。」誠爲迅速。

清水水量　光緒東華錄三五，周恆祺奏，衞水上流僅能行百餘石小船。入館陶，與二漳合流，水勢始大。（岑書頁三〇六引。）按行百石船者，係指館陶以西而言。衞河上源清水出輝縣（舊共城）西境，至汲縣（舊衞州治），流程尚短，料汲縣以西，百石小船殆亦不能行也。

明人一句　係明常居敬語，見明史八七河渠志五沁河條。同卷衞河條，所記略同。下文又云，泰昌元年，河總王佐言，「衞河流塞，惟挽漳、引沁、闢丹三策。挽漳難，而引沁多患。」又紀要四九武陟縣目，「沁水多沙而橫暴。」皆見沁水多沙，引入清水，實不利漕運。一統志懷慶府卷山川目沁水條，「沁水惟善變，舊由（武陟）縣東南二十里入河，後又徙去縣四十餘里，（萬曆）十八年水漲，又徙由賈村入河，去縣僅十五里。」下述清代順治至嘉慶間屢次溢決事。正見沁水多沙，致河道易雍溢也。

黎陽爲漕運重點　通鑑一八一，大業七年、八年，敕運黎陽、洛口、太原諸倉穀至涿郡及望海頓。又一八二，大業九年紀追述前事云：「帝伐高麗，令(楊)玄感於黎陽督運。」按楊玄感督運事，見隋書七〇本傳，玄感爲故相楊素之子，有盛名於世，時官禮部尚書，以如此有重望之大臣，督運黎陽，不駐永濟渠之上口地區者，蓋以永濟渠至黎陽地區，距黃河極近，黃河舟運集於黎陽倉，陸運入永濟渠，轉舟至爲方便，實遠較入沁河轉永濟渠爲便捷也。此種形勢，至五代未變。金石萃編一二一有大伾山寺准勑不停廢記。其題名有「前黎陽發運使（略）檢校工部尚書兼御史大夫上柱國孫郃」及鎭遏使、鎭將、知稅、水軍指揮使、□□州倉、寄倉專官等職稱。具見黎陽歷隋唐爲河北漕運重點，下至五代仍置倉置發運使，爲要職也。按一統志衞輝府卷古蹟目，黎陽倉城在濬縣西南三十里。則在唐衞縣東北二十里，正當清淇合流之東不遠處。又寰宇記五六衞州衞縣，延津在縣西二十六里。按此爲黃河渡津也。則衞縣東南、東北皆去黃河極近，而永濟渠亦經縣南，（詳後文。）故此段渠道去黃河更近，可能只數里之隔。黎陽倉南臨黃河，北濱永濟渠，故最爲河、渠轉運中心。

綜上所考，隋開永濟渠，係自沁水下游，約在唐迄今武陟縣（隋始置縣，在唐縣東二十里）之北近處開渠口，分沁水東北流，蓋與長明溝水

（今小丹河）合。長明溝水自鄈城故城（今博愛北境）之西北，由丹水分津東流逕修武縣（今縣）南，東北流注入吳澤陂。新渠入長明溝處當在修武縣南境。陂南北廣二十里，東西長三十里，西至修武縣北十里，東至獲嘉縣（今縣，酈注修武縣）西北二十里，陂水東流爲八光溝水（今小丹河），又東至新鄉縣（今縣，酈注獲嘉縣西）西北，與清水合。自武陟縣所開渠口至此，爲永濟渠之最西段流程。與清水會合後之流程，卽清水之流程，則史志可詳。

（二）新鄉東北經衞魏貝德滄等州至獨流口之流程

清水發源於獲嘉縣北共城縣（今輝縣，酈注獲嘉縣東北）西北之黑山（在白鹿山之東），南流，右受八光溝水後，水量漸盛，隋代利用之爲永濟渠道，又東逕新鄉縣（今縣）北，去城一里。

清水發源，詳水經注九清水注，參寰宇記五六衞州共城縣目。逕新鄉縣北一里，見元和志一六衞州新鄉縣目；寰宇記五六，同。按水經清水注，清水過獲嘉縣北及汲之新中鄉。新中鄉卽唐宋之新鄉縣，獲嘉故城在其西，是亦逕新鄉縣北也。此段清水已名御河，詳前文引宋元明清史志。

又東北十八里逕臨清關。關臨清水，當懷衞大驛路，置臨清驛。

隋書煬帝紀，仁壽四年十一月，「發丁男數十萬，掘塹，自龍門東接長平、汲郡，抵臨清關，度河至浚儀，以……置關防。」又通鑑一八二大業九年，楊玄感反於黎陽，遣玄挺由河內向洛陽，「修武民相帥守臨清關。」玄感不得度。似爲此關見史之始。隋書地理志，河內郡新鄉縣有關官，卽此關也。檢新唐書地理志，衞州新鄉縣「東北有故臨清關。」又寰宇記五六衞州新鄉縣，「臨清關在縣東北四十八里，自河內入汲郡大驛路。」按新鄉至衞州才四十八里，此云關在新鄉縣東北四十八里，疑誤。檢一統志衞輝府卷關隘目，臨清關在縣東二十里。引寰宇記作十八里，是也。今本寰宇記衍「四」字。則關東至衞州三十里。關名臨清，必清水所經也。

全唐文九八九有唐衞州新鄉縣臨清驛造彌勒像碑云驛長孫璧。按「中央研究院」史語所藏此碑拓本云「唐衞州新鄉縣臨清驛長孫氏石像碑」，以開元七年四月八日立。此驛可能即在臨清關。

又東北三十里逕唐衞州治所汲縣（今縣）北，去城三里，去黃河十里。九域志云，縣有御河，即此清水也。

清水經云，清水又東過汲縣北。按寰宇記五六衞州治所汲縣，「清水在縣北三里，入於河。」「黃河西自新鄉縣界流入，經南縣，去縣七里，謂之棘津。」黃河一條本之元和志一六衞州汲縣條。又按九域志二衞州汲縣有黃河、御河。據元和志、寰宇記，黃河在縣南僅七里，城南至黃河之間不容再有一大河曰御河，則御河必經城之北。而縣北三里即是清水，又不能踰清水而另有一河；是此御河必指清水而言無疑，在城北三里也。

又東北至衞縣（今濬縣西南五十里衞縣集，在淇縣東境）東南，與淇水合。淇水源出共城縣（今輝縣治）西北沮洳山，東南流逕衞縣西一里，又南流合清水。清淇合流後本東南入河，謂之清口，亦曰淇口。漢末建安九年，曹操於合口之北「下大枋木爲堰，遏淇水令入白渠（白溝）以開運漕，故號其處爲枋頭。」地在黃河北八里。（今淇口渡北八里方城村。）其清水蓋仍南入河。酈注所見，枋堰久廢，後魏孝明帝熙平中復通之。其漕渠歷枋頭城北，向東流出；而淇水故瀆仍南逕枋頭城西，而南流，復分爲二水。其一東流逕枋頭城南，蓋仍與漕渠故瀆合流而東。其一南流，仍注清水，合流入河；然每當河、清水盛，亦北入漕渠，故云「水流上下，更相通注」也。隋因清水爲永濟渠，至此處，蓋略循曹氏舊蹟，而稍變更結構。曹氏專引淇水東入白溝，而隋永濟渠，則兼「引清淇二水，東北入白溝」也。新唐書地理志云，衞州衞縣「御水有石堰一，貞觀十七年築。」蓋即此區之河段矣，但不詳石堰所在。

三國志魏武紀，建安九年，操討袁尚。正月由黎陽「濟河，遏淇水入白溝，以通糧道。」水經注九淇水注云：

「淇水又南歷枋堰。舊淇水東南流，（按『東南』朱本作南東，全趙戴王改南爲口，屬上斷句。熊云當作東南。今從之。）逕黎陽縣界，南入河。地理志曰，淇水出共，東至黎陽入河。溝洫志曰，遮害亭西十八里至淇水口。是也。漢建安九年，魏武王于水口下大枋木以成堰，遏淇水東入白溝，以通漕運，故時人號其處爲枋頭。是以盧諶征艱賦曰，後背洪枋巨堰，深渠高隄者也。自後遂廢。魏熙平中復通之。故渠（楊云此曹操所開）歷枋城北，東出。今瀆破故堰。其堰悉鐵柱木石參用。其故瀆（楊云此淇水舊道）南逕枋城西。又南分爲二水：一水南注清水，（按即仍合清水入河，故河水注云『河水又東，淇水入焉。』）水流上下更相通注，河清水盛，北入故渠，自此始矣。一水東流逕枋城南，東與菀口合。（楊引一統志菀水在濬縣西南）。」

按此爲清淇關係與曹操作枋堰引淇水入白溝之早期較詳史料，綱文已就所能理解之形勢扼要述之。其清淇合流入河謂之清口，亦即淇河口，則見酈注九清水注。

據上引酈注，清淇合流本入河，曹操堰淇水東入白溝，而清水仍舊入河，後雖堰壞流亂，但亦非盡東入白溝。而寰宇記五六衞州新鄉縣目引水經注云：「淇水南與清水合而入白溝。」與今本酈注不同。然寰宇記同卷衞縣目引北征道里記云：「枋頭城故虞國之險，淇水經其後，清水經其前，」亦與今本酈注契合。又元和志一六衞州衞縣目，「建安九年，魏武在淇水口下大枋木爲堰，遏淇水令入白渠以開運漕。」寰宇記衞縣目枋頭城條同。亦皆與今本酈注契合。是知寰宇記新鄉縣目引酈注之文，實編者誤會酈注本意，不足爲據。而所以有此誤會者，蓋亦有故。考元和志一六貝州永濟縣目云：「永濟渠在縣西郭內，南自汲郡引清淇二水東北入白溝。」寰宇記五四魏州永濟縣目，同。又寰宇記五八貝州清河縣目永濟渠條作「南自汲縣（按縣當作郡，淇水只流經汲郡之衞縣，不入汲縣境）引清淇二水入境。」是隋開永濟渠，並引清淇二水東入白溝，與曹操只引淇水者不同。然則寰宇記新鄉縣目所述內容實爲隋開永濟渠事，而誤歸之酈注耳。

惟據酈注，僅知清淇合口及枋頭故城當在朝歌故城東南，其時尚未置衞縣，故與衞縣之相對位置，當別論之。按元和志一六衞州衞縣目，漢置朝歌縣，大業三年更名衞縣，殷都朝歌故城在城西二十一里。寰宇記五六衞州衞縣目，「朝歌故城在今縣西二十二里，紂所都。漢以爲縣。後魏移朝歌（縣）於今衞縣東一里，此城遂廢。」則酈注時代，朝歌縣城已非殷都故城，酈氏記此地區事甚詳，而始終只就殷都故城言，惜未涉筆北魏當時之朝歌縣位置，致清淇合口、枋頭城與當時之朝歌縣隋改名衞縣縣城之相對位置不明。按元和志衞縣目云「枋頭故城在縣東一里」，下述建安九年魏武在淇水口下枋爲堰事。似清淇合口與枋頭城皆在隋唐衞縣東南近處。然寰宇記衞縣目云：淇水「東至今縣西一里。又南二十三里，與清水合入河。」又引冀州圖云：「枋頭城在縣南，去河八里。」「白溝起衞，在縣南，出大河北入魏郡。」則枋頭城南至河才八里，而在衞縣南二十里以上，與元和志不合。今雖甚難確定，然要當在衞縣之東南耳。一統志衞輝府卷古蹟目，衞縣故城，在濬縣西南五十里，枋城在濬縣西南八十里，即今之淇門渡。紀要一六大名府濬縣目所記略同，惟八十作七十耳。若此說不誤，則寰宇記云在衞縣南二十餘里之說是也，元和志誤。又按枋頭城實在淇門渡北八里之方城村，詳盟津以東黃河流程與津渡篇。

衞縣地望　檢一統志衞輝府卷古蹟目，「衞縣故城在濬縣西南五十里，隋縣也。……元和志，衞縣在衞州東北六十八里。縣志，今爲衞縣集。」按同書同卷沿革目，濬縣、淇縣東西距八十五里，淇縣在汲縣北五十里，則衞縣集當在淇縣、濬縣間，而西近淇縣。

白溝即曹操因宿胥故瀆而加功者，宿胥舊口在黎陽西南約五十里、清淇合流入河水口之東約二十里處。禹河本由此北流，周定王五年始改道東流

也。曹操引淇水東流因宿胥故瀆為白溝，隋引清淇二水合流亦東入白溝，形勢實同。

上引淇水注「東與菀口合」下續云：

「淇水右合宿胥故瀆。瀆受河于頓邱縣遮害亭東，黎山西，(當於西字斷句。)北會淇水處立石堰，遏水令更東北注。魏武開白溝，因宿胥故瀆而加其功也。……淇水又東北流，謂之白溝……。」

又河水注云：

「河水又東，淇水入焉。又東逕遮害亭南。漢書溝洫志曰在淇水口東十八里，有金隄，隄高一丈。自淇口東地稍下，隄稍高，至遮害亭高四五丈。(志文止此，皆賈讓言。下又云黎陽南七十餘里至淇口。) 又有宿胥口，舊河水北入處也。」

此兩條見枋頭、淇口以東，黎陽以西，河水、淇水、宿胥瀆及白溝間之相互關係。寰宇記五六衞州衞縣目引冀州圖云，「白溝起衞，在縣南，出大河，北入魏郡。」謂白溝出大河者，即指宿胥故瀆而言耳。隋開永濟渠引清淇二水亦東北入白溝，其形勢當略相同。但不知宿胥口故瀆是否完全斷絕耳。

永濟渠因白溝又東北逕黎陽縣（今濬縣東北近處）北境。

永濟渠流逕黎陽縣境，東北入臨河縣西北境，見寰宇記五七澶州臨河縣目，引詳下臨河縣條。岑云，九域志二黎陽縣有永濟渠。今檢九域志，實無此文。渠逕黎陽境，按黎陽城南臨黃河，故知渠必流逕縣城之北也。

又東北逕臨河縣（今濮陽西六十里，濬縣東約三四十里）西北境，去城三十三里。

寰宇記五七澶州臨河縣目：「黃河，南；去縣五里。」「永濟渠在縣西北三十三里，自黎陽入界，東北入魏州內黃界。隋大業六年增修。今名御河。」九域志二澶州臨河縣有永濟渠。按一統志大名府卷古蹟目臨河故城條引明統志，在開州西六十里。然沿革目，開州西至滑縣界七十里，西南至濬縣治九十里。故臨河故城雖在開州境內，但實西近濬縣，在濬縣東約三四十里。開州即今濮陽縣。

又東北逕內黃縣（今縣）北，去縣二百步，即故白溝。

元和志一六相州內黃縣，「永濟渠本名白渠，隋煬帝導爲永濟渠，一名御河。北；去縣二百步。」寰宇記五四魏州內黃縣目亦云，「渠，北；去縣二百步。」即在縣治北二百步也。③ 九域志一大名府內黃縣亦云有御河。上引寰宇記，渠由臨河縣西北境東北流入。

又北逕洹水縣（今成安東南、魏縣鎮西南皆三十里）西，去縣二里，即故白溝。

元和志一六相州洹水縣，「永濟渠，西；去縣二里。」寰宇記五四魏州洹水縣，「白溝今名永濟渠。」檢一統志大名府卷古蹟目，洹水故城，在故魏縣西南三十里，成安縣東南亦三十里。按元和志，縣屬相州，在州東北一百二十里；寰宇記，縣屬魏州，在州西南九十三里。又魏縣在魏州西四十里，方位州距皆略合。

渠水於內黃縣境左受湯水與黃澤陂水；於洹水縣境，又左受洹水（安陽河）與鸕鷀大陂之水。自此以下，水量益富。

元和志一六相州內黃縣目，「湯水，南；去縣七里。黃澤在縣西北五里。」寰宇記五四魏州內黃縣目黃澤條同。其湯水條引水經曰，「蕩水又東北至內黃縣入於黃澤。」檢酈注九蕩水注，經有此文。注云，「蕩水又逕內黃城南。……東注白溝。」蓋澤在湯水之北，會流入白溝，即入永濟渠也。

元和志一六相州洹水縣目，「洹水西自堯城縣界流入。」（按堯城縣目，洹水

---

③ 岑云，元和志「北去縣」謂在縣北，與「北至」不同。是也。古代志書記方位，往往有如此書法。酈注云，白渠逕縣南。按其時縣治在唐縣治西北十九里。

在縣北四里。）寰宇記五四魏州洹水縣目同。按水經注九洹水注，經云洹水出上黨泫氏縣，東北出山過鄴縣南，又東過內黃縣北，東入於白溝。注：「洹水逕內黃縣北，東流注于白溝，世謂之洹口也。」注又云，「洹水……東逕殷墟北。……又東，枝津出焉，東北流逕鄴城南，謂之新河。……（新河南水）東會坰溝，又東逕鸕鷀陂，北與臺陂水合。陂東西三十里，南北（此下有脫文）注白溝，河溝（熊曰『河』爲『坰』形譌，是也。）上承洹水，北絕新河，……東北流注于白溝。」是枝津亦東北入白溝也。隋唐洹水下游是否仍分枝不可知，但洹水仍東入白溝即永濟渠，則無疑。鸕鷀陂，唐世仍見存。元和志相州洹水縣目，此陂「在縣西南五里，周廻八十里，蒲魚之利，州境取資。」又臨漳縣目，「鸕鷀陂在縣東南三十里。」寰宇記魏州洹水縣目、相州臨漳縣目與志同，是必仍入永濟渠也。

渠水又東北逕魏縣（今大名西約三十五里，蓋即今魏縣鎭）境，即故白溝水，蓋在縣南。

通典一八〇魏州魏縣，「白溝水，煬帝引通濟渠，亦名御河。」通爲永之誤。寰宇記五四魏州魏縣，「白溝水，北接館陶界，隋煬帝導爲永濟渠，亦名御河，南自相州洹水縣界流入。」元和志一六魏州魏縣目不記。然記云相州洹水縣，必承唐末以前舊文，（寰宇記時代，洹水已改屬魏州。）惜不明縣南抑縣北。按元和志云，「舊漳河在縣西北十里，新漳河在縣西北三十里。」記略同。似縣北不容另有御河，故疑經縣南；度其形勢，亦當經縣南，東至魏州郭下也。

又東入魏州治所貴鄉縣（治州城郭下）境，逕魏州城（今大名東約十里南門口、北門口及前後東門口諸村間）西石灰窯。開元二十八年，刺史盧暉自石灰窯堰渠水改道益近城，稱爲西渠，下注魏橋。「夾水製樓百餘間，以貯江淮之貨。」

通典一八〇魏州目云：

「開元二十八年九月，刺史盧暉移通濟渠，自石灰窠引流至州城西，都注魏橋，夾州製樓百餘間，以貯江淮之貨。」

按舊書玄宗紀以下諸書屢記此事，文字稍有參差，可互校正。玆條列如下：

舊紀「移」作「開」，「窠」作「巢」，「州城」下作「而西却涯魏橋。」

唐會要八七漕運目，與通典全同，惟「移」作「開」。

寰宇記五四魏州魏縣白溝水條引唐史，與通典同，惟「徙」亦作「開」，「通濟」作「永濟」，「夾州」作「夾水」。又「年」上脫「八」字，且無月。又同卷魏州治所大名縣西渠條，與通典同，惟無「州」「都」兩字，又「夾州」作「夾水」，又多「故有西渠之名」一句。

新唐書地理志魏州貴鄉縣，「有西渠，開元二十八年，刺史盧暉徙永濟渠，自石灰窠引流至城西，注魏橋，以通江淮之貨。」

通鑑二二七建中三年紀，胡注，與新書地志同，惟「窠」作「窰」。又卷二七五後唐天成二年紀胡注同。

按此諸條多作通濟渠，誤；惟寰宇記白溝水條及新志以及胡注作永濟渠，是。舊紀「石灰巢」必形譌，作「窠」亦誤，惟作「窰」爲正。舊五代史二七唐書莊宗紀，天祐八年「二月戊午，師次洹水。……己未，魏帥羅周翰出兵五千，塞石灰窰口，周德威以騎掩擊，迫入觀音門。」又一四一五行志，同光三年七月，「鄴都（即魏州）奏御河漲，於石灰窯口開故河道，以分水勢。」五代會要一一水溢目，同。又通鑑二七五後唐天成二年紀亦作石灰窯。皆其證。諸書多作「夾州」，惟寰宇記兩條皆作「夾水」，爲正。「州城西都」不辭，「都」疑當作「郭」。然舊紀「却涯」，「涯」固必「注」之形譌，但「却」可能最正確，作「都」皆「却」之形譌也。「却注」者，原本由州城西稍遠處之石灰窰下注魏橋，盧暉於石灰窰堰渠水使稍東益近州城，以便夾水置樓貯貨，然下游仍回到魏橋，故云「却注魏橋」也。下文永濟渠仍即白溝，亦可爲旁證。最重要者，通典作「移」渠，以下各書或作「移」，或作「徙」，或作「開」。「開」者，舊渠道或仍保留，而別開一新渠道也。「移」「徙」者，封閉舊渠，使改道也。是大異。按前引舊五代史五行志，「鄴都奏御河漲，於石灰窯口開故河道，以分水勢。」五代會要同。則移徙爲正；此時渠漲，故復於石灰窯口疏通舊渠道以分水勢也。

魏州永濟渠道，至建中三年，曾因戰事而兩度改變，田悅先引御河入城南流，繼又堰渠入王莽故河，王莽河在魏州之西、魏縣之東，詳舊唐書一三四馬燧傳及通鑑二二七建中三年紀，④戰後蓋又復歸開元舊道，故五代時期因渠漲而復開石灰窰故道也。

又紀要一六大名府元城縣目御河條，「在府城南，亦曰通濟渠，一名永濟渠。即隋大業中所開，淇衞諸水之下流也。……謂之南白溝。唐咸亨中，李靈龜爲魏州刺史，鑿永濟渠以通新市，百姓利之。」此條當有所據，姑存待考。

魏州故城之今地，見史念海河山集二集頁三七。

又東北逕元城縣（治州城東郭下）北境。

九域志一大名府元城縣有御河。金史二六地理志，大名府元城縣有漕運御河。按元和志一六，魏州郭下有兩縣，貴鄉縣管西界，元城縣管東界。則永濟渠西由魏縣流來即入貴鄉縣境，然後東流或東北流入元城縣境也。

又東北逕館陶縣（今縣西南四十里館陶鎮）西，去縣十里，仍白溝故瀆也。

元和志一六魏州館陶縣，「白溝水本名白渠，隋煬帝導爲永濟渠，亦名御河。西，去縣十里。」寰宇記五四，同。金史二六，大名府館陶縣「有漕運御河。」

又東北逕永濟縣（今臨清南約今館陶縣治）西郭內，渠濶十七丈，深二丈四尺，故縣以受名，本張橋行市也。

元和志一六貝州永濟縣，「大歷七年，田承嗣奏于張橋行市置，西井（？）永濟渠，故以爲名。」寰宇記五四魏州永濟縣目有此條，惟「西井」作「西臨」，是也。元和志又云：「永濟渠在縣西郭內，濶一百七十尺，深二丈四尺，……

④ 寰宇記大名縣目，王莽河在縣東三里，尙待商酌。

穿此縣入臨清。」寰宇記，「縣西郭內」作「縣西南」，又無濶深丈尺數。

又東北逕臨清縣（今縣南八里），在城西門外。

元和志一六貝州臨清縣，「永濟渠在縣城西門外。」寰宇記五四魏州臨清縣目失記。按通鑑一八三，大業十二年，「遣太僕卿楊義臣討張金稱，……義臣引兵直抵臨清之西，據永濟渠爲營。」又舊五代史二梁書太祖紀，光化二年，燕軍攻魏州，敗北，葛從周「遂逐燕軍，北至於臨清，擁其殘寇於御河，溺死者甚衆。」事又見新五代史二一葛從周傳及通鑑二六一光化二年紀。又宋史九二河渠志二，元豐四年，臨清徐曲御河決口。此並臨清有永濟渠之證。

又東北逕貝州城南近郭處。州郭下有兩縣，清河（今縣）在西，在渠西北十里；清陽（今清河東）在東，本在渠東孔橋，開元中移置渠西州城東郭下。此段渠道近孤女冢，本名孤女渠。

元和志一六，貝州郭下有清河、清陽兩縣。清河目云，「永濟渠，東南；去縣十里。」清陽目不記。寰宇記五八，清河目與志同。又續云，「南自汲縣引清淇二水入界，近孤女冢，元號孤女渠，隋煬帝征遼，改爲永濟，俗呼御渠。」其清陽目云：「唐永昌元年，緣清陽地久積鹹鹵，遂西移于永濟渠之東孔橋置。開元二十二年，又移清陽縣於今州城東永濟渠之西，卽今邑。」則清河治州西郭下，清陽治州東郭下，故清陽東臨渠，而清河則在渠西北十里也。涑水記聞九，「貝州城南臨御河」，則總州城而言。至金代，金史二六地理志下仍記恩州清河縣有永濟渠。

又東北逕東武城縣（今武城西十里），在縣南；縣東二里有義王橋，蓋架渠水上。又渠北有弦歌臺。

元和志一六貝州，東武城縣在州東北四十二里，不記永濟渠事。寰宇記五八貝州武城縣，「故武城縣在縣北十里。……唐調露元年移於永濟渠北義王橋西二里，今縣外城基是也。」又云「弦歌臺在御河北。」又九域志二、金史二六地理志下，皆云恩州武城縣有永濟渠。又宋史九五河渠志五御河目，紀熙寧二年事云，「先是議者欲於恩州武城縣開御河約二十里入黃河北流故道。」恩州卽唐之貝州。

又東逕歷亭縣（今恩縣西四十里）。縣本在渠南，後移置渠西。

元和志一六貝州歷亭縣目惟云：「開皇十六年於此置歷亭縣。」寰宇記五八貝州歷亭縣，「隋開皇十六年，於今縣東永濟渠南置歷亭縣。……後以其地下隰鹹鹵，移就盤河置，在古歷城西七十里，今理是也。」按後移就盤河，似移徙不遠。不知在何時。宋史六一五行志一，開寶六年，歷亭縣御河決。九域志二恩州目亦記歷亭縣有永濟渠。金史二六地理志，同。

又東北逕漳南縣（今恩縣西北六十里衞河南岸）東境，去縣五十里。歷亭、漳南之間，渠水流程蓋與高鷄泊通波。

元和志一六貝州漳南縣，「永濟渠在縣東五十里。」寰宇記五八，同。按志與記皆云歷亭在州東北一百里，漳南在州東北一百一十里。又就今地言，歷亭在恩縣西四十里，漳南在恩縣西北六十里，而渠近歷亭城東，在漳南之東五十里，是必先流經歷亭東南，再入漳南東境也。

舊一八一樂彥禎傳，爲魏博節度使，「其子從訓，……王鐸自滑移鎭滄州，過魏郊，從訓（略）先伏兵於漳南高鷄泊，俟之至，圍而害之。」按漳南縣在今恩縣西北六十里，高鷄泊在今恩縣西北，已淤。其地正在漳南縣之南境，卽當永濟渠道也。

又東北逕長河縣（今德縣）西，去縣十里。有白橋架渠水上。

元和志一七德州長河縣，「永濟渠，縣西十里。」又舊唐志德州長河縣，「漢廣川縣……後廢。隋於舊廣川縣東八十里置新縣，今治是也。尋改爲長河縣，爲水所壞。元和四年十月，移就白橋，於永濟渠西岸置縣，東去故城十三里。十年又置河東小胡城。」元和志所書卽置於白橋也。寰宇記時代，長河縣已廢入將陵縣，但德州將陵縣仍抄元和志之文。是仍謂在故長河縣西十里，非將陵縣西十里也。又九域志二永靜軍（唐景州）將陵縣有永濟渠。金史二五地理志，景州將陵縣有永濟渠。此兩書時代，將陵即在唐長河縣故治。

白橋，觀舊志之文，知架渠水上。又通鑑二四〇元和十二年，王承宗「遣兵入東光，斷白橋路。」胡注，「白橋跨永濟渠」。是也。

又北蓋逕將陵縣（今陵縣北約五十里、吳橋東南境）西境及安陵縣（今景縣東十七里衞河西岸）東。安陵縣置於白社橋，橋疑架渠水上。

元和志一七德州，將陵縣南至州五十里，安陵縣南至州一百里。寰宇記六四，同；惟安陵作州西北一百里，方向較詳確。寰宇記又詳安陵縣沿革云：「漢立安陵縣……今微有遺址。開皇六年，又分東光縣於今縣東二十里新郭城再置，今安陵故縣是也。大業二年廢。唐武德四年復立。貞觀十七年……隸德州。永隆二年移於柏杜橋，即今理。」舊唐志景州安陵縣條略同，云本隋宣府鎭。又「柏杜」作「白社」。一統志河間府卷古蹟目，安陵故城條引舊志，「在今吳橋縣西北二十五里衞河東窰場店南里許，魏晉故縣也。其唐所移之伯社橋，在今景州東十七里衞河西岸。」將陵縣故城，一統志濟南府卷古蹟目，僅云在今德州東，不得其詳。然唐世將陵既在德州北五十里，德州即今陵縣治，則將陵當在今吳橋縣南或東南。

元和志不記將陵縣有永濟渠。寰宇記將陵縣目雖有「永濟渠在縣西十里」一條；然細審之，此目自「廢長河縣」以下，漳河水、永濟渠、張公故關三條，皆錄元和志長河縣目之原文，（只增「今併入將陵」五字。）此唐長河縣事，非將陵縣事也。故寰宇記此條未足爲唐將陵縣有永濟渠之證。至於移將陵縣於長河廢縣（今德縣）置，據宋史八六地理志（永靜軍目），乃景祐元年事，寰宇記時代尙未徙也，故記仍云在德州北五十里。岑氏誤讀寰宇記之文，以爲寰宇記之將陵縣已卽今之德縣，非也。然岑書引金史二五地理志，吳橋縣有永濟渠。按金之吳橋縣卽今縣，參以下流所經，此段渠道當實經將陵西境，安陵之東，即今衞河河道耳。

又北逕弓高縣（今景縣東北四十里、東光西四十里）東境；及東光縣（今縣）西郭外，去縣二百步。有橋架渠水，在東光城西四里，通兩縣間。又渠水於東光南境分枝，東北流逕滄州治所清池縣（今滄縣東南四十里）東郭外，東北入海，是爲浮水。

元和志一八，景州管縣五，有東光；文已佚。寰宇記六八，定遠軍，本景州，治東光縣，「永濟渠在縣西二百步。」九域志二永靜軍（唐景州）治東光縣，有永濟渠。金史二五地理志景州目同。又通鑑二四〇元和十二年三月，「王承宗遣兵二萬入東光，斷白橋路。」胡注引宋白曰：「（東光）縣西四里有永濟渠，渠上有橋，當自縣通弓高之路。白橋跨永濟渠，在德州長河縣。」是東光縣西四里處別有橋通弓高，非白橋也。通鑑二六八後梁乾化三年，楊師厚等「自弓高度御河而東逼滄州。」蓋即渡此橋歟？

又據通鑑此文，御河似經弓高縣東境。按紀要一三河間府景州，弓高縣在今景縣東北四十里，地名大辭典云在今東光縣西四十里。檢視地圖，說異而實略同。而寰宇記六八，定遠軍治東光縣，「廢弓高縣在軍東四十里。」則應在今東光東四十里，非西四十里，似宜從之。然據通鑑此文及前引通鑑二四〇元和十二年紀胡注引宋白說，弓高明在東光之西，可斷今本寰宇記「東」必「西」之譌誤。

寰宇記六五滄州清池縣，「浮水源自東光縣南界永濟渠分出，東北流經州理南十里，又北經城東一里，又東北入於海。」按水經注九淇水注有浮水故瀆，但所述流程與此頗異。參水經注圖南一卷中頁。

渠水又東北逕南皮縣（今縣），蓋在西境。

元和志一八景州南皮縣，文已佚。寰宇記六五滄州南皮縣目不記永濟渠。但州治清池縣目，「永濟河在縣西三十里，自南皮縣入乾寧軍，今亦呼爲御河。」是實記之也。又九域志二滄州南皮縣有永濟渠。金史二五地理志，同。

又北逕滄州治所清池縣（今滄縣東南四十里）西境，去縣三十里，地卑，多築堤防以障之。

寰宇記六五滄州清池縣目記渠水在縣西三十里，見前引。新唐書三九地理志，滄州清池縣，「西北五十五里有永濟堤二，永徽二年築。」「南三十里有永濟北堤」，開元十六年築。蓋皆因永濟渠而築者。

又北逕長蘆縣（今滄縣）。舊縣在渠西，開元十六年移置渠東一里。

元和志一八滄州長蘆縣目，不記永濟渠。舊唐書地理志，滄州長蘆縣，「舊治永濟河西，開元十六年移於今治。」寰宇記六五滄州清池縣目，「廢長蘆縣，州西四十四里，……縣元在永濟渠西，開元十四年大雨，城邑漂沉，十六年移於永濟渠東一里，即今縣也。皇朝乾德二年割入清池縣。」

縣北十五里有薩摩陂，周廻五十里，有蒲魚之利，蓋與渠水通波歟。

薩摩陂見元和志一八滄州長蘆縣目。寰宇記六五滄州清池縣目廢長蘆縣條照錄元和志文。周廻五十里大陂，論方位正當在渠水北流之道中，故疑相通波。

又北逕乾寧軍治所乾寧縣（今青縣），在城南十步，每日潮水兩至。渠南七十步有蘆臺古城，故軍又有蘆臺之名。

寰宇記六八乾寧軍，「理馮橋鎮，本古蘆臺軍地，後爲馮橋鎮，臨御河之岸，接滄霸二州之界。」治所乾寧縣目，「舊名永安縣，與軍同置，在城下。……御河在城南一十步。每日潮水兩至。其河從滄州南界流入本軍界。」按通鑑二六二，昭宗光化三年六月，「劉仁恭將幽州兵五萬救滄州，營於乾寧軍。」胡注，「乾寧軍在滄州西一百里，蓋乾寧間始置此軍也。」蓋是。

寰宇記乾寧軍目又云：「蘆臺古城在御河南七十步，周廻二里，基址猶存。」按通鑑二六七梁開平二年，「劉守文舉滄德兵攻幽州……兵至蘆臺軍，爲守光所敗。」同書二七五後唐天成二年紀亦見蘆臺軍名。胡注：「蘆臺軍臨御河之岸，周建乾寧軍。」是軍又名蘆臺也，顯因蘆臺古城名。

軍南三十里，宋見有范橋鎭（約今新集鎭），爲渠水所逕。又軍南有老鴉堤，蓋亦渠堤也。

九域志二乾寧軍，范橋鎭在「軍南三十里，有永濟渠。」岑云：「馮集梧校稱，錢本苑作范。按太平廣記一〇、金史二五均作范橋。」檢馮校及廣記實無此文。然一統志天津府卷關隘目范橋鎭引九域志亦作范。又引縣志，「今有新集鎭，在（靑）縣南三十里。」蓋其地。

通鑑二六二光化三年，劉仁恭將幽州兵救滄州，營於乾寧軍。葛從周自滄州將精兵「逆戰於老鴉堤，大破仁恭。」兩五代史梁太祖紀略同。通鑑胡注，「老鴉堤在乾寧軍東南。」檢一統志天津府卷隄堰目，「老鴉堤在靑縣東南，……舊築隄於此，防衞河之溢。」此段衞河即永濟渠。

又北逕大城縣（今縣）東境，去城五十里。

寰宇記六七霸州大城縣「西北去州九十五里」，「永濟渠在縣東五十里。」按元和志諸州屬縣目，例云「西北至州若干里」，此義最明，卽縣在州東南若干里。寰宇記例改書爲「東南若干里」，亦卽州之東南也。惟記霸州之文安、大城兩縣，皆變例書之。文安縣云：「西北去州五十五里」，大城縣云：「西北去州九十五里」。如此書法，表面意義，謂在州東南五十五里、九十五里。然若照元和志、寰宇記習慣書法作解，則是在州西北五十五里、九十五里。如本文考渠水所逕內黃條下引元和志內黃縣目，永濟渠「北，去縣二百步」，寰宇記同。意謂渠在縣北二百步，非謂北至縣二百步也。此爲兩書通例。此條「西北去州九十五里」，若照通例作解，卽大城縣在州西北九十五里。然九域志二霸州大城縣：「州東南一百五里。」是實在州之東南，不在西北也。又寰宇記大城縣目亦云「滹沱河在縣北一百三十里。」則縣治在滹沱之南甚遠，必在州南，絕不得在州之西北也。故寰宇記文安、大城兩目之「西北去」等於「西北至」，作者自亂其書例耳。大城縣故址卽今大城縣治，見一統志順天府卷古蹟目東平舒故城條。

又北流至獨流口，北宋置獨流寨（今靜海西北十八里獨流鎮），渠水至此或稍北，與由古北口入塞南流之潮河（下游即今北運河）會合，東流入海。

寰宇記六八乾寧軍乾寧縣目云：

「舊名永安縣，與軍同置，在城下。……御河在城南十步，每日潮水兩至。其河從滄州南界流入本軍界，東北一百九十里入潮河，合流向東七十里，於獨流口入海。水西通淤口、雄、霸等州水。」

按一統志順天府卷山川目白河、潮河兩條：潮河即古鮑邱水，發源塞外，自古北口流入塞，經密雲東；白河即沽水，由古北口之西入塞，東南流經密雲西；兩水又南流會合，流經懷柔縣城東，通州城北，香河縣西，武清縣東，「又東南至三角淀，會諸水南通御河，是爲直沽。按白河下流，即今之北運河。」寰宇記此條正云御河北至乾寧軍北，與潮河合，再東流入海；然其水「西通淤口、雄、霸等州水。」即御河潮河雖合流東北入海，然亦西通淤口、雄、霸等州也。惟記云獨流口在御河、潮河合流後再東流七十里入海處，即入海口也。然據武經總要前集一六上，釣臺砦「南至乾寧軍六十里，北至獨流砦六十里，砦城居其中，沿御河一路獨有稻田務。」獨流砦東經沙渦等七砦至鮫臍港鋪，共凡一百二十六里。則獨流砦在海口之西至少一百三十里以上，非御河、潮河合流後之入海口。又考通鑑二九四後周顯德六年四月，自滄州至乾寧軍。「乙未，大治水軍，分命諸將，水陸俱下。」「丁酉，上御龍舟，沿流而北……。己亥至獨流口，泝流而西。辛丑至益津關，契丹守將終廷輝以城降。」復西至瓦橋關。胡注：「九域志，獨流口在乾寧軍北一百二十里。金人疆城圖，涿州管下固安縣有獨流村。」按益津關即霸州，在今霸縣治。檢九域志二，乾寧軍有獨流北寨，獨流南寨，皆在軍北一百二十里。地與北獨流口相當，故胡注逕以說獨流口也。一統志天津府卷關隘目，「獨流砦在靜海縣北」。下引九域志。又引靜海縣志云：「今有獨流鋪，在縣西北十八里，即獨流砦。」是也。周世宗由乾寧軍沿流北行至獨流口，乃泝流而西至益津關，則獨流口決不在御河潮河合流而東之入海口，而當在兩河合流處或其南，寰宇記記事小誤。

綜上所考，自八光溝水流入清水後之大段永濟渠流程，中經新鄉（今縣）北一里，汲縣（衞州治所，今縣）北三里，衞縣（今濬縣西南五十里，淇縣東境）南境，黎陽（今濬縣東近處）西北近處，臨河（今濬縣濮陽間，近濬縣）西北三十三里，內黃（今縣）北郭外，洹水（今成安東南三十里）西二里，魏縣（今大名西三十五里魏縣鎮）南境，貴鄉（魏州治所，今大名東約十里）西郭，元城（同前）北境，館陶（今縣西南四十里館陶鎮）西十里，永濟（約今館陶縣）西郭內，臨清（今縣南八里）西郭外，清河、清陽（皆貝州治所，今清河縣）東南近處，東武城（今武城西十里）南，歷亭（今恩縣西十里）近郊，漳南（今恩縣西北六十里）東五十里，長河（今德縣）西十里，將陵（今陵縣北約五十里吳橋東南境）西境，安陵（今景縣東十七里）東境，弓高（今景縣東北四十里）東境，東光（今縣）西郭外，南皮（今縣）西境，清池（滄州治所，今滄縣東南四十里）西三十里，長蘆（今滄縣）西一里，乾寧（今青縣）城南近處，大城（今縣）東五十里，凡二十八縣；至獨流口（今靜海西北十八里獨流鎮），與由北向南流來之潮河相會合，東流入海。檢水經注九清水、淇水兩注，新鄉、汲縣、衞縣一段固即酈注之清水流程；其衞縣以東，北至獨流口約五百公里（就直線言）之流程，實亦與酈注之淇水、清河（淇水下游名清河）流程略相一致；惟館陶東北至弓高、東光間約一百五十公里之流程在酈注清河流程之東，相距常約數公里至二三十公里，而平行東北流；具見永濟渠之工程實多循漢魏北朝之舊河道也。再勘以今圖，則今日衞河流程幾全循隋唐之永濟渠故道。蓋當時相地勢高下之宜，循前代舊河之跡，取線得當，故能河床穩定，迄今不改也。

酈注清水注，流逕新鄉、汲縣之北，衞縣之南，已詳前引證。其淇水注述枋頭以東歷逕故縣，有頓丘（今清豐西南二十五里）西，內黃（唐迄今縣西北十九里）南，魏縣（唐縣西約五里）東，館陶（即唐縣）西北，平恩（今邱縣西）

東，清淵（今臨清西南四十里）西，廣宗（今威縣東二十里）南，（此下稱為清河。）信鄉（今夏津西）西，信成（今清河西北）西，清陽（今清河東）西，陵鄉（在東武城西南七十里）西，東武城（今武城西）西，復陽（今武城東北）西，棗強（今縣東南）西，廣川（今棗強東三十里）南，歷縣（今故城北）南，修縣（今景縣）東南，東光（今縣東二十里）西，南皮（今縣東北八里）西，浮陽（今滄縣東南四十里，或云即唐清池縣）西，至泉州縣（今武清東南四十里）北入滹沱。自枋頭以東至魏縣、館陶，大抵為白溝故道，清淵、廣宗以下，則名清河。取永濟渠道與之對照，先循白溝與之相同，東光以北亦相同，惟中間一段有所不同，但河床流程相去不遠，而平行東北流也。

復按枋頭以東至魏州北境之一段渠道即古白溝，前史屢見明文，殆無可疑。而元和志又云館陶以北蓋因漢代屯氏河故瀆，殆不足信。

元和志一六貝州永濟縣目述永濟渠云：「按漢武時河決館陶，分為屯氏河，東北經貝州、冀州而入渤海。此渠蓋屯氏古瀆，隋氏修之，因名永濟。」寰宇記五四魏州永濟縣目亦有此段，中間一句作「東北經魏郡、清河、信都、渤海入海。」按元和志魏州館陶縣云，「永濟渠亦名御河，西；去縣十里。」又云「屯氏河俗名屯河，在縣西二里。」又貝州夏津縣云「屯氏河在縣北」，不記永濟渠。寰宇記此兩縣目並同。岑書引元和志此兩條，謂元和志本身不相應。又引新唐書一七二，杜中立為義武節度使，以滄地積卑，「引御水入之毛河，東注海。」毛河即屯河，以為御河非屯氏河故瀆之強證。今按岑說是也。寰宇記六五滄州清池縣，「永濟河在縣西三十里，自南皮縣入乾寧軍。」又云「毛河在縣西南五十七里，從南皮來。」此亦不相應之一證。又元和志一六貝州臨清縣，永濟渠在縣城門外。而寰宇記五四魏州臨清縣，「屯氏河在縣西一十五里」。亦見永濟渠與屯氏河有相當距離。惟古人敘事向不嚴格，據此諸條史證，可以斷言永濟渠道與屯氏河故瀆，絕非完全相一致。但渠道之部分河段係利用屯氏河故道，亦非絕無可能；列舉一兩條不同之證據仍不足以證明永濟渠之流程與屯氏河故道絕不相涉也。（其實元和志亦是疑辭。）

又隋代末年，嘗疏漳渠入柳溝，與永濟渠合流。其合口當在臨清、清河地段。然清河縣以北，仍屢見漳水在永濟渠道之西，常有若干距離，此或因漳水之入永濟通塞不常，或因漳水本有清濁兩道之別歟？近代漳水仍由館陶入衞，而另一支東北流於衞河之西，至青縣始入衞河，則與隋唐形勢仍不相遠！

寰宇記五八貝州清河縣目記永濟渠及枯漳渠云：

「永濟渠，東南；去縣十里。（此錄元和志）……」

「枯上漳渠者，濁漳渠也，源自上黨。城塚記云：鄴城北有漳水，即鄴郡臨漳是也。枯下漳渠者，清漳渠也。自鄴縣界來，非濁漳也。隋大業中，制使姚暹疏決，從上漳渠水入此渠，亦名姚暹河。煬帝征遼回，泛舟於此，謂之回鑾河。大業十三年，竇建德於廣平郡（即洺州今永年縣）又疏此水入柳溝，遂與永濟合。」

按此清、濁漳與今日流程不同。據此條，竇建德由洺州疏下漳渠入柳溝，下與永濟渠合。檢同書五九邢州平鄉縣，「濁漳水今俗名柳河，在縣西南十里。」縣（即今平鄉縣）在邢州（今邢臺）東九十里，時屬邢州，時屬洺州。又同書五四魏州宗城縣，「枯漳河在縣東二十七里。」（此條元和志貝州宗城縣目同。）平鄉即今縣治，宗城在今威縣東三十里，蓋由平鄉南境疏枯漳東至今威縣五十餘里，此即極近臨清、清河之永濟渠道矣，蓋於此東合渠水也。金史二七河渠志漕河目，「漳水東北爲御河。」不知是否指此處。光緒東華錄三五，光緒六年周恆祺奏，衞水上流僅能行百餘石小舟，入館陶與二漳合流，水勢始大。（此條岑書頁三〇六引。）仍與隋唐枯漳入永濟渠處相近也。

然唐宋志書有下列諸記載：

清河縣有永濟渠，又有漳渠。（九域志二恩州目）

漳南縣，永濟渠在縣東五十里，漳水在縣北四十六里。（元和志一六貝州漳南縣目；寰宇記五八同目，略同，作枯漳河。）

東光縣有永濟渠，又有漳河。（九域志二永靜軍目）

清池縣，西北五十五里有永濟堤二，西北六十里有衡漳東堤，西四十里有衡漳堤二。（新唐地志三）

是清河縣以北，仍有漳水，與永濟渠並存也。據漳南縣條，漳水在渠水之西或且頗遠；據清池縣條，漳水在渠水之西或極近。又寰宇記六五滄州清池縣目廢乾符縣條，「衡漳河在縣西六十里。」按乾符縣在滄州北一百里，今滄縣東北，青縣東南境。渠水逕乾寧縣城（今青縣），此衡漳河必在渠西不遠處。亦並存也。一統志天津府卷山川目漳河條云：「按漳水自山東邱縣（在館陶西北）分流：一北行至冀州合滹沱，所謂新漳河也。一東北行至青縣合滹沱入衞，所謂老漳河也。今自上流改由館陶入衞，（即永濟故道）二支皆微。」所謂館陶入衞，蓋復隋末故跡；所謂老漳河，即上引各條行於永濟渠西之舊漳河也。

（三）幽州東南至獨流口之流程

西自瓦橋關（宋置雄州，今雄縣）、益津關（宋霸州，今霸縣）向東流來之古巨馬河（與今大清河道略相當），亦至獨流口，會永濟渠水，東入海。故獨流口實有三條河流由南北西三方面來會，東流入海。而由獨流口向西泝巨馬河上行至淤口關，宋初置破虜軍，亦名信安軍（今霸縣東五十里信安縣）。此段水道亦名御河、永濟河，逕淤口關城北近處，蓋即因古巨馬水道而修治者。

上節獨流口條引通鑑二九四，周世宗由乾寧軍沿流而北，至獨流口，又泝流而西至益津關，復西至瓦橋關。又引寰宇記六八，並加疏說，即御河北流至乾寧縣北獨流口或稍北，與由北向南流來之潮河滙合，東流入海，但亦「西通淤口、雄、霸等州水。」霸即益津關，雄即瓦橋關。所謂淤口、雄、霸等州水者即酈注之巨馬水（參看楊氏水經注圖），亦即約今之大清河。是則唐五代時期於獨流口或稍北合流入海者，不僅有由南流來之永濟渠與由北流來之潮河，亦有由西流來之巨馬河。世宗即由獨流口向西泝古巨馬水，經淤口至益津關，又西至瓦橋關也。

淤口關，見舊五代史九五梁漢璋傳。寰宇記六八，「破虜軍，古淤口關，周顯德六年收復關南，于此置寨。至皇朝太平興國六年，割霸州永清、文安縣三百一十七戶屬焉。」「西至霸州五十里。」⑤又云：「永濟河自霸州永清縣界來，經軍界，下入淀泊，連海水。」上引寰宇記云獨流口「水西通淤口、雄、霸等州水。」即此淤口關無疑。又武經總要前集一六上塘水目云：

「一塘水東滄州界，……西至乾寧軍，沿御河津。」

「一東起乾寧軍，西信安軍御河西。」

「一東起信安軍御河，西至霸州莫金口。」

按九域志二信安軍目，「太平興國六年，以霸州淤口砦建破虜軍。景德二年改信安。」宋史八六地理志同。是信安即破虜，在今霸縣東五十里之信安鎮。據此兩書記載，唐五代時期，此地置淤口關，附近河段即巨馬河，有御河、永濟渠之名也。按記又云軍東北至界河三十步，西北至界河二十步。軍境甚狹小，所謂界河蓋即巨馬河、永濟渠歟？又九域志二信安軍有李詳寨，在軍東六十里，有界河、滹沱河。此處地近巨馬河、永濟渠，而云界河，似亦以渠水爲界河之證。是渠在淤口關城之北近處也。

蓋永濟渠自幽州（隋涿郡）東南，逕安次縣城（今縣西北四十五里舊州頭）東郭外，縣本耿橋行市也，在常道故城東五里。又東南逕永清縣（今縣）境（蓋東境），又東南至淤口關（今信安）北，注入巨馬河。渠水注巨馬河後合流而東，仍稱御河、永濟渠，東流至獨流口。

前條引寰宇記六八破虜軍目，「永濟河自霸州永清縣界來，經軍界，下入淀泊，連海水。」是永濟渠經永清縣境。唐宋永清縣即在今縣治。又同書六九幽州安次縣，在州「東南一百里。本漢舊縣，縣東枕永濟渠。」「武德四年移於城東南五十里石梁城置。貞觀八年又自石梁城移理於今縣西五里魏常道城置。開元二十三年，又自常道城移就耿橋行市南置，即今縣理也。」所謂「縣東枕永濟

⑤ 寰宇記霸州目、破虜軍目皆有平曲城，亦見州軍間相去五十里。

渠者」，實指「今縣理」而言，非就漢舊縣而言也。檢一統志順天府卷古蹟目安次故城條，引寰宇記此文。下文云元升爲東安州，明降爲縣（東安縣）移今治。又引縣志，「漢安次故城在今縣（東安）西北四十里，基址尚存，俗呼古縣，又東安舊州在古城西五里，俗呼舊州頭，今皆有集。石梁城在今縣東南，舊州東南五十里。」按東安縣，民國仍改名安次縣。縣志所載治所遷徙極爲分明，漢縣在今縣西北四十里古縣集，武德縣在今縣東五里或十里，開元迄明初，在今縣西北四十五里舊州頭，而貞觀縣則在開元縣西五里故常道城也。又按一統志順天府卷沿革目，東安縣在府東南一百四十里，而寰宇記云在幽州東南一百里。又後漢書光武紀上，建武元年紀，李賢注，安次「今幽州縣也，故城在縣東。」皆合若符契。縣志詳確若此，殊難得，故備錄之。是永濟渠由幽州東南流蓋一百里逕安次縣（今舊州頭）東郭外，又約五十里逕永清縣（今縣）境，蓋亦東境，又東南至淤口關，宋置破虜軍、信安軍者（今信安鎮）。渠水於此與巨馬水（約今大清河）合而東流至獨流口也。

此段渠道亦可稱爲永濟渠之北段。其流程之西北半段（安次以北）蓋因桑乾水河道而濬治者，東南半段（安次以南）蓋因酈注之滹沱枯溝與八丈溝水而濬治者；下入巨馬河，自卽利用之以爲渠道。此段渠道東南合巨馬河，至獨流口，與由懷衞東北歷魏貝德滄等州而來之永濟渠合，形成一條南北通貫之運漕水道也。

按據上段引文，永濟渠逕開元以後之安次縣東郭外，而縣在故常道城之東五里。考水經注一二巨馬河注：「巨馬水東逕益昌縣故城南。……又東，八丈溝水注之。水出安次縣東北平地，東南逕安次城東。……又南，右合滹沱枯溝，溝自安次西北，東逕常道城東，安次縣故城西，……又東南至泉州（今武清東南四十里）西南，東入八丈溝，又南入巨馬河。」則此段永濟渠蓋因酈注之滹沱枯溝、八丈溝水而濬治者。又按水經注一三㶟水注，水逕薊縣（今北京）城南，東至雍奴縣（今武清東八里）西，東入笥溝。笥溝卽沽水，又名潞河，卽今北運河，亦卽前文之潮河。則酈注之桑乾水尾程在今永定河之北，而永濟渠之永清以南一段，則在今永定河之西南甚遠，故永濟渠之幽州至安次一段，蓋略循桑乾水而濬治者，而安次東南至巨馬河一段，則非桑乾水故道也。至於今日永定河雖即桑乾水，但明清以來，北平以下之河道，屢經變遷，多與酈注之㶟水及隋唐之永濟渠不同，亦不足相比擬矣。桑乾水（㶟水）、滹沱枯溝與八丈溝之流程，參看楊氏水經注圖中卷中頁，惟繪製不精。

按後唐明宗長興三年，幽州趙德鈞奏：「新開東南河，自王馬口至淤口，長一百六十五里，闊六十五步，深一丈二尺，以通漕運，舟勝千石，畫圖以獻。」按此所開新河與永濟渠北段流程之關係雖不能詳，但可據以推度永濟渠勝舟當亦甚大。

此事見舊五代史四三唐書明宗紀九長興三年六月壬子朔條。淤口當即淤口關地，但王馬口地望不詳。

參看圖二十、二十一

一九八二年一月二日初稿，四月十四日增訂，五月一日重訂。刊史語所集刊第五十三本第一分。一九八五年九月二日復訂，十二月二日初校，一九八六年一月二十九日二校定稿。

附篇九　曹操所開平虜泉州新河三渠考略

三國志魏武紀，建安十一年條云：

「遼西單于蹋頓尤彊……公將征之，鑿渠，自呼沲入泒水（原注泒音孤），名平虜渠；又從泃河口（原注泃音句）鑿入潞河，名泉州渠，以通海。」

通鑑六五漢獻帝建安十一年紀作「鑿平虜渠、泉州渠以通運。」惟「通海」「通運」小異。按三國志一四董昭傳云，太祖將征蹋頓，「患軍糧難致，鑿平虜、泉州二渠，入海通運，昭所建也。」則通海謂渠道之所終，通運謂渠道之作用也。至其渠道，董昭傳集解引謝鍾英曰：「平虜渠在今直隸天津府滄州南，首起饒陽，東至滄州。泉州渠首起今順天府武清縣南，東北逕寶坻，北入泃河。」參見魏武紀集解引吳熙載及一統志，說皆略合。所釋是也。一統志（順天府卷山川目）作滄州北，尤正。然皆無所證明，其流程亦不詳悉。

考說文一一上云：

「泒水起雁門葰人戍夫山，東北入海，从水瓜聲。」

按漢書地理志，葰人縣屬太原郡。蓋東漢前期屬雁門郡也。續志無此縣，蓋後省。晉書地理志復見此縣，亦屬雁門。唐初沙門慧祥古清涼傳（大正藏史傳部第二〇九四）卷上引酈道元水經注云：「晉永嘉三年雁門郡葰人縣百餘家避亂入此山。」（今酈注已佚。）是近五臺山。紀要云今繁峙縣北，一統志云今繁峙縣南。要當在五臺山北境。古清涼傳上又云：

「北臺……其山正北延二十里，連繁峙縣界大柏谷。谷中有水，源出北臺，流注滹沱。山海經云，泰戲之山，滹沱之水出焉。郭璞注云，今滹沱出雁門鹵城縣南武夫山。括地志云，泰戲、武夫卽一山也。今名派山（原注音孤），卽在臺東，去繁峙縣九十里。」

寰宇記四九代州繁峙縣略同，又云：「滹沲河源出縣東南泒阜山。」元和志一四代州繁峙縣略同，亦云山在縣東南九十里，惟無泒山之名。紀要四〇代州繁峙縣泰戲山條，以爲滹沱即泒水。按魏武紀既云鑿滹沲入泒水，其非一水可知。考寰宇記六二定州安熹縣云，「天井澤在縣東南四十七里，周廻六十二里。水經注，泒水歷天井澤南，……俗名天井淀。」又初學記八河北道核山條，引水經注，恆州行唐縣，泒水北流逕大核山。（寰宇記以下參水經注趙補泒水注，但引初學記作定州，誤。）趙補泒水注云，大核山疑大泒山之譌，大泒山在今阜平縣西北五里。蓋是。是泒水與滹沲之流程亦不同。趙云蓋泒水與滹沲同出一山。是也。楊氏水經注圖以爲即今沙河。檢張編地圖集·河北山西地形圖，滹沲、沙河皆出繁峙東南之五臺山區。滹沲西南流，繞經五臺縣南，東南出太行山脈。沙河東北流，折東南出太行山脈，經阜平縣、行唐縣，至定縣（唐安熹縣）東南，正即古泒水之流程也，楊說極是。而滹沲河至定縣以南地區，則流於沙河之南。復考後漢書光武帝紀上，李賢注云：

「呼沲河舊在饒陽（今縣）南，至魏太祖曹操因饒河故瀆，決令北注新溝水，所以今在饒陽縣北。」（通典一七八深州，同）

又元和志一七深州饒陽縣目云：

「滹沲河北去縣（謂在縣北）四十五里。」

「州理城，晉魯口城也。公孫泉（淵）叛，司馬宣王征之，鑿滹沲入派〔泒〕水以運糧，因築此城，蓋滹沱有魯沲之名，因號魯口。後魏道武帝皇始三〔二〕年車駕幸魯口，即此城。」

又寰宇記六三深州饒陽縣目，除州理城一條相同外，又云，

「饒陽縣即後魏虜渠口，置虜口鎮於此，後爲縣。」「虜口鎮即今理也。」

據此諸條記載，鑿滹沲入泒水者，所記人雖有異，然其事即在饒陽可知也。即泒水本流經饒陽之北，滹沲本流經饒陽之南，曹操鑿引滹沲北入泒水也。虜渠口者即平虜渠之口。此名當始於曹操；至於後魏，南人貶稱之爲虜，似不可能改名此爲虜渠，蓋改虜口爲魯口耳。故謂平虜渠首起饒陽，是也。

復考水經注一〇濁漳水注，經云：「又東北至昌亭，與滹沱河會。」注云：

「漳水又東北逕武邑郡南，……又東逕武強縣北，又東北逕武隧縣故城南。……衡漳又逕東昌縣故城（今武邑東北）北，經所謂昌亭也。………衡漳又東北，左會滹沱故瀆，謂之合口。」

此下經不再言滹沱，最後云「過章武縣西，又東北過平舒縣（今大城縣治）南，東入海。」而注云：

「衡漳又東逕建成縣故城（今交河東）南，……衡漳又東，左會滹沱別河故瀆，又東北入清河，謂之合口。又逕南皮縣（今縣東）之北皮亭而東北。……清漳逕章武縣故城西，……枝瀆出焉，謂之濊水，東北逕參戶亭（今青縣西南三十里），……應劭曰，平舒縣西南五十里有參戶亭，故縣也，世謂之平虜城。枝水……又東北分爲二，……一水北注滹沲，謂之濊口，清漳亂流而注于海。」

據此，經云漳水與滹沱合口在昌亭（今武邑東北）之東北，而注謂之滹沱故瀆，至下文參戶（今青縣西南三十里）之北始云注入滹沱，此酈氏當時之滹沱也。宋史九五河渠志，「滹沱河源於西山，由真定深州乾寧（今青縣）與御河合流。」即酈注之滹沱也。又清胡林翼圖，有一水自獻縣東至青縣仍名滹沱，即酈注滹沱之遺跡。經文則漢之滹沱耳。蓋泒水與滹沱同發源於五臺山區之泰戲山（泒山），東南流入河北境，泒水（今沙河）經定州（今定縣）之南，滹沱經恆州（即鎮州今正定）之南，皆東流入清漳（清漳合爲一水）。中間在定州東南至饒陽地區，最相接近，曹操爲運軍糧至盧龍、遼西，故於饒陽鑿滹沱令北入泒水，使之合流東北向盧龍也。以滹沱較泒水爲大，故二水合流即名滹沱，至參戶之北入清漳，此酈注之滹沱也，實即泒水河道；至於由饒陽南境向東流至昌亭之漢代滹沲河道，即水經之滹沲河道，則水絕淤塞，故酈注謂之滹沲故瀆矣。魏武紀鑿呼沲入泒水名平虜渠，故上游鑿口有虜渠口之名，下游入清漳地區有平虜城之名也。

平虜渠下游尚可作進一步之考證。元和志一八滄州治清池縣（今滄縣東南四十里）。州領有魯城縣，在州北一百里，本鹽官，開皇置魯城縣。其下述事云：

「大海在縣東九十里。」

「平魯渠在郭內，魏武北伐匈奴開之。」

寰宇記六五滄州清池縣目記之較詳云：

「廢乾符縣在州北一百里。本漢章武縣地，後魏於今理置西章武縣，高齊省。隋開皇十六年，又於西章武縣故城置魯城縣，遙取長蘆縣北平虜城爲名，仍改虜爲魯者，蓋惡故虜之字也。……乾符（略）二年改爲乾符縣。……平虜渠在縣南二百步，魏建安中於此穿平虜渠以通運漕，北伐匈奴，又築城在渠之左。大海在縣東一十四里。」①

則平虜渠不止於酈注參戶故城北即平虜城北之滹沲入清漳處，且東絕清漳至滄州直北百里之鹽官處，後置縣，移用平虜城之名，又改爲魯城也。按元和志，滄州長蘆縣在州西北四十里②「參戶故城一名木門城，在縣西北四十里。」即在今滄縣西北四十里，一統志云在青縣西南三十里，地望甚合。則隋置魯城縣即新平虜城，郭下有故平虜渠者，即在故平虜城之東數十里。一統志順天府卷古蹟目乾符縣故城條：「舊志，故城在州（今滄縣）東北八十里。名勝志，魯城在州東北七十里，又二十里爲乾符縣。」則正當酈注滹沱（即平虜渠）與清漳合口之東數十里不到百里地也。此爲曹操平虜渠最下游之可考者。唐會要八七漕運目：「神龍三年，滄州刺史姜師度……約舊渠傍海穿漕，號爲平虜渠，以避海南，運糧者至今賴焉。」舊唐書一八五下良吏姜師度傳云，「約魏武舊渠，傍海穿漕，號爲平虜渠，以避海艱，糧運者至今利焉。」參新唐書一〇〇姜師度傳。即此渠至唐五代仍濟用也。③

至於泉州渠，除魏武紀與通鑑外，似僅見於水經注。其卷一四鮑邱水注，經云：「南至雍奴縣北，屈東入海。」注云：

「鮑邱水（今潮河自古北口南流）又東南，逕漁陽縣故城（今密雲縣西南）南，漁陽郡治也。……又西南歷狐奴城（今順義縣東北三十里）東，又西南流注于沽河，亂流而南。……入潞（今通縣東），通得潞河之稱矣。……又南逕潞縣故城西。……屈而東南流逕潞城南。（此文潞縣城上下當着笥溝之名，見沽水注，參熊疏。）……鮑邱水自雍奴縣故城（今武清縣東八里）西北，舊分笥溝水東出，今笥溝水斷，衆川東注，混成一瀆，東逕其縣北，又東與泃河（今泃河）合。水出右北平無終縣西山，……流逕平谷縣（今縣東北）……又東南逕平谷縣故城東南，……泃河又東南逕臨泃城（今三河縣東南）北，屈而歷其

① 東至海里數當從元和志，觀州東至海一百八十里，東北至海口二百五十里可知。

② 本衍「三百」字，校寰宇記可知，即今滄縣治。

③ 曹操所開平虜渠下段在唐滄州境。姜師度以滄州刺史「約舊渠傍海穿漕，號爲平虜渠。」自亦當在滄州境。而新唐書三九地理志三薊州目，以姜師度所開平虜渠在薊州。紀要一一從之，云薊州南有平魯渠，引新唐志云云。皆誤也。

城東，側城南出……又南入鮑丘水。鮑丘水又東合泉州渠口。故瀆上承滹沱水于泉州縣（今武清縣東南四十里），故以泉州爲名，北逕泉州縣東，又北逕雍奴縣東，西去雍奴故城一百二十里。自滹沱北入，其下歷水澤一百八十里入鮑丘河，謂之泉州口。陳壽魏志曰，曹太祖……從泃口鑿渠逕雍奴泉州以通河海者也。今無水。鮑丘水又東，庚水（今薊運河上源之一，楊圖熊疏以沽河當之，今圖作州河。）注之。……庚水世亦謂之爲柘水也。……庚水又南逕北平城（按此爲晉北平郡城，即徐無縣，今遵化縣西）西，而南入鮑邱水，謂之柘口。鮑丘水又東逕右北平郡故城（東漢右北平郡治土垠，今豐潤縣東）南，又東，巨梁水（今還鄉河）注之。……自是水之南，南極滹沲，西至泉州、雍奴，東極于海，謂之雍奴藪。其澤野有九十九淀，枝流條分，往往逕通，非惟梁河、鮑邱歸海也。」

按此段寫鮑邱水流程及泉州渠皆甚詳。然云泉州渠出滹沱水，不云出潞河，與魏武紀異。復檢同卷沽河注，經云：

「沽河（今白河，與上文庚水又名沽河者異）從塞外來，南過漁陽狐奴縣（今順義縣東北）北，西南與濕餘水合爲潞河，又東南至雍奴縣（今武清縣東八里）西，爲笥溝，又東南至泉州縣（今武清縣東南四十里）與清河合，東入于海。清河者，派河尾也。」

注云：

「沽河（今白河）出禦夷鎮西北九十里丹花嶺下，……南逕安樂縣故城（今順義縣西南）東，……俗謂之西潞水也。……又南逕狐奴縣故城西。……沽水又南，濕餘水注之。沽水又南，左會鮑丘水，世所謂東潞也。沽水又南逕潞縣（今通縣東），爲潞河。魏土地記曰，城西三十里有潞河是也。㶟水（桑乾河）入焉，俗謂之合口也。又東，鮑邱水于縣西北而東出。」「沽河又東南逕泉州縣故城東，……又東南合清河，今無水。清、淇、漳、洹、滱、易、涞、濡、沽、滹沱同歸于海，故經曰派河尾也。」（楊疏謂派爲衆流之義，極是。）

又卷一三㶟水注，經云：

「㶟水（桑乾河）……過廣陽薊縣（今北平）北，又東至漁陽雍奴縣西，入笥溝。」

注云：

「笥溝，潞水之別名也。」

按灅水即桑乾河自無問題，沽水即今白河，鮑丘水上游即今潮河，下游即今鮑丘河、薊運河下游，大體亦無問題。綜此三水之經及注所記，可扼要說明如下：

鮑邱水（今潮河）入塞（今古北口），南逕狐奴城（今順義東北三十里）東。沽河（今白河）入塞（在古北口之西）南逕狐奴城西，濕餘水自右來注之。沽水又南，左會鮑邱水。沽河、鮑邱兩水合流而南，逕潞縣（今通縣東）西，去城三十里。此下有潞河之名，故上源鮑邱水亦稱東潞，沽水亦稱西潞也。潞河又東南至雍奴縣（今武清東八里）西北，又名笥溝水，灅水（桑乾水）自西來會；而笥溝又分枝東出，仍謂之鮑邱水。此鮑邱水東流，逕雍奴縣北，又東流，有泃水自北來會，謂之泃口，又稍東，有泉州渠自南來會，是爲泉州口，即魏武所開泉州渠之下口也。鮑邱水又東，有庚水、巨梁水由北次第來會，合流而南（約今薊運河下游）入海。漢世（即經文時代）笥溝（即沽河、潞河）仍直南流逕泉州縣（今武清東南四十里）東，又南，與由南向北流來之清河相會合，其會口蓋即在唐宋時代之獨流口（今靜海縣西獨流鎮）北境，又折而東流入海。清河實合淇、漳、洹、滱、易、涞、滹沱等水而來，今又會沽、潞之水，故酈注云「清、淇、漳、洹、滱、易、涞、濡、沽、滹沱同歸於海」，經云「派河尾」也。但酈注時代，笥溝已淤斷無水，沽河、灅水、濕餘水皆循鮑邱水東注矣。泉州渠者由清沽等合流後之河段即「派河尾」開口，引水向北流逕泉州縣東，又北逕雍奴縣東，去縣一百二十里，又北入鮑邱水，謂之泉州口。此渠全長一百八十里，以其首起泉州縣南境，故以受名。沽河即潞河下接鮑邱水（由笥溝分流而東者），此渠北入鮑邱水處蓋近泃口，故魏武紀云：「從泃河口鑿入潞河」也。酈注時代笥溝已斷，不南與清河諸水合流，而滹沱亦即魏武之平虜渠，故云泉州渠上承滹沱水，即上承清、漳、滹沱等河之尾段也。二者實非有異歧。前考平虜渠東行，不止於滹沱與清漳會合處之滱口，而復絕清漳，東至鹽官，後置魯城即新平虜城。蓋又由魯城折北入清漳、滹沱諸河之尾，復由諸河尾之北岸泉州縣境開渠北流入鮑邱水，謂之泉州渠也。鮑邱水注云泉州渠歷水澤一百八十里者，即行於雍奴藪中也，酈注時代已無水。今圖，寧河、天津間有七里海，蓋古雍奴藪遺跡耳。而泉州渠上口殆卽在今天津地區。楊圖所繪雖不精，然大要得之。

魏武所開，除平虜、泉州二渠外，據酈注所記，尙有新河，亦漕渠也。此見水經注一四濡水注云：

「濡水（今灤河）自孤竹城（今盧龍縣南）……東南流逕樂安亭（今樂亭縣東北二里）南，東與新河故瀆會。瀆自雍奴縣（今武清縣東八里）承鮑邱水東出，謂之鹽關口。魏太祖征蹋頓，與泃口俱導也，世謂之新河矣。陳壽魏志云：以通海也。新河又東北絕庚水（今薊運河），又東北出，逕右北平（治土垠，今豐潤縣東），絕泃渠之水。（趙云一統志引此文作巨梁水，是也；此誤文。巨梁水今還鄉河。）又東北逕昌城縣（舊說灤縣西南，實當在今唐山南）故城北。……新河又東分爲二水，枝瀆東南入海。新河自枝渠東出，合封大水（楊圖淸之陵河，今圖沙河、唐河，又名陡河），謂之交流口。水出新安平縣故城（灤縣西，當在今唐山縣東）西，…… 又東南流，龍鮮水注之 …… 亂流南會新河（會口在今唐山以南，唐河沙河合流之南），南注于海。……新河又東出海陽縣（令支故城南六十里，今灤縣西南，蓋接灤寧西北境），與緩虛水會。水出新安平縣東北，…… 流逕令支城（今遷安縣南），西南流，與新河合，南流注于海。……新河又東與素河（淸圖有素河，卽今泝河）會，謂之白水口。水出令支縣之藍山，南合新河，又東南入海。新河又東，至九過口，枝分南注海。新河又東逕海陽縣故城南，……魏土地記曰，令支城（今遷安南）南六十里有海陽城者也。新河又東，與淸水（今大淸河）會。水出海陽縣，東南流逕海陽城東，又南會新河，又南流……注海。新河東絕淸水，……又東，左迤爲北陽孤淀。……新河又東會于濡。濡水又東南至絫縣（今昌黎縣南）碣石山……世名之天橋柱也。」

按此段述曹操所開新河極詳明，亦一新渠也。注云此瀆自雍奴縣承鮑邱水東出，與泃口俱導，則實西與泉州渠相銜接。渠口曰鹽關口，向東絕庚水（今薊運河），逕土垠縣（今豐潤東十里），蓋南境，絕巨梁水（今還鄉河），又東逕昌城縣（今灤縣西南境蓋唐山南境）北，絕封大水（今沙河唐河合口之下游，又名陡河）謂之交流口，又東入海陽縣境（今灤縣西南蓋接灤寧西北境），絕緩虛水，又絕素河（今素河又名浉河）謂之白水口；又東至九過口，又東逕海陽縣城南，又東絕清水（今大清河），又東，左迤爲北陽孤淀，又東逕樂安亭（今樂亭東北二里）南，東注濡水（今灤河），合流入海。參以今圖（張編地圖集之河北山西圖爲主），此新河西自今武清縣東一百三四十里處，東經寶坻南境，寧河北境，唐山南境（唐河沙河合流處之南），灤寧南境，樂亭城南，與灤河會於縣東。蓋略與海岸平行而東，去海岸通常不過五十里上下，以避海上風濤之險。一統志永平府卷山川目新河故道條引樂亭縣志，「有新河套，在縣西二十五里，夾於清灤之間，蓋即古新河也。」甚是，尤似爲北陽孤淀之遺跡。

三渠旣通，西自河北中部之饒陽虜渠口（今饒陽縣）東抵濡河（今灤河）接盧龍。河北物資可自饒陽取平虜渠東漕至平虜城（今青縣西南三十里）北之滱口，絕清漳而東至鹽官，後置新平虜城即魯城（今滄縣東北七八十里），折北渡諸河尾（清漳滹沱巨馬沽潞諸河之總滙，即今天津地區之海河），約於今天津地區循泉州渠東北入鮑邱水，曰泉州口，約在今武清縣東一百二三十里處。又循由鮑邱水所開之新河渠東逕今唐山南境（唐河沙河合口之南）歷絕由北南流入海諸水，逕今灤寧南境，樂亭城南，東入灤河。三渠東西銜接，全部漕程約逾千里，不啻爲中古時代東北交通運輸之一條大動脈，對於當時東北之軍事、政治、經濟、商業皆有甚大之作用。而饒陽地居河北地區之正中間，旣當長渠之口，且可西泝泒水（今沙河）、滹沱，兼取陸道，踰太行，又復當河北地區之南北幹線，南馳貝（今清河）魏（今大名），北趨幽燕，（此幹道詳篇四八河北平原南北交通兩道篇。）爲河北地區東西南北交通之紐，故在中古時代，饒陽魯口（即虜渠口）顯有較突出之地位。如燕慕容儁伐趙、魏，魯口爲重要攻守地，見晉書慕容儁傳及通鑑九八晉永和六年紀；北魏道武帝入塞，定河東、河北，而兩幸魯口，大饗羣臣，見魏書本紀。又北朝有長城自平城（今山西遼縣西北九十里儀城鎭）東至魯口，見新唐書地理志太原府太谷縣條（詳篇四一滏口壺關道）。至唐代前期，饒陽猶以地當水運樞紐，軍旅之虞，而畸形繁榮。喬潭饒陽縣令廳壁記（全唐文四五一）云：

「多奇士，好帶劍，侈服，多佳人，善彈弦跕躧。其地虜口，近擊柝之虞，其川滹沲（即平虜渠），有泛舟之役。廣輪七十里，編戶二萬計，行或擊轂，市或駕肩，日中奇贏，雜弊爲寙，機女狹其幅利，染工多其姦色，業不可廢，訟由是興……」

此足見其繁榮之梗概。往讀此諸史事，不瞭其故；今日論之，蓋可知其背景之所在矣。

此諸漕渠，至唐代前期，不但平虜渠之西段，仍保存其在水運上之價值，卽東段亦尚未全廢，故姜師度爲滄州刺史，仍能循曹氏傍海故渠遺跡，而重修之也。至於泉州渠與新河渠，在唐初，亦尚可利用，此觀舊唐書七七韋挺傳可知。據傳，貞觀十九年，太宗征遼東，以挺父曾爲隋營州都督，曉營州事，故令其督運軍糧。下文云：

「挺至幽州，令燕州司馬王安德巡渠通塞。……… 造船，運米而進。自桑乾河下至盧思臺，去幽州八百里。逢安德還曰，自此之外，漕渠雍塞。挺以北方寒雪，不可更進，遂下米於臺側，……待開歲發春，方事轉運。……太宗不悅，……乃遣繁峙令韋懷質……檢覆渠水。懷質還奏曰，挺不先視漕渠，……運米卽下，至盧思臺，方知渠閉，欲進不得，還復水涸，乃便儲之。」（新書九八略同。）

按盧思臺地望無考。然今天津南北地區有蘆臺古地名三個，且似同見於唐末五代，置蘆臺軍。其一，在今靑縣治，五代置乾寧軍，見寰宇記六八乾寧軍目，已云蘆臺古城，詳篇四七隋唐永濟渠，玆不贅。又一統志順天府卷古蹟目新倉鎭條引金劉希顏新建寶坻縣記云：

「唐末劉仁恭帥燕，其子守光置蘆臺軍於海口鎭。及唐同光中，趙德鈞鎭其地，因蘆臺鹵地置鹽場，相其高埠平潤，因置榷鹽院，謂之新倉，以貯鹽。遼置新倉鎭。……（金）大定十一年……明年……置縣，謂鹽乃國之寶，取如坻如京之義，命之曰寶坻。」

明蔣一葵長安客話六寶坻縣條，略同。是謂在今寶坻縣治也。此其二。又一統志同卷同目有蘆臺軍，「在寧河縣東南，去寶坻縣一百六十里。五代時劉守光置。俗名將臺。」又見紀要十一通州寶坻縣駐馬臺條。今圖寧河縣南仍見有蘆臺鎭。此其三。韋挺傳之盧思臺可能在此三地之一，亦可能皆不是，但必在與桑乾水有關聯之漕渠道上。

按桑乾水即酈注之㶟水。前考泉州渠引沽河、鮑邱水、㶟水諸經及注，沽水、鮑邱水合流為潞河，至雍奴縣（今武清東八里）西北，又名笥溝，㶟水自西來會。笥溝仍向南流；而分一枝東流，仍名鮑邱水。但至酈道元時代，此南流之笥溝已枯斷，沽水、㶟水皆因鮑邱水向東流注。此鮑邱水誠流經寶坻南不遠處，然寶坻去幽州不踰二百里（一統志云一百八十里），與八百里之程相差太遠，故不可能在今寶坻。余考永濟渠最北一段，即幽州東南至安次（今縣西四十五里舊州頭）、永清（今縣）之一段流程係循桑乾水河道而濬治者，（詳隋唐永濟渠篇。）則所謂「自桑乾河」而下，即取永濟渠道也，此時去煬帝開永濟渠不過三十餘年，渠道必未廢，正當利之以漕運軍資也。循此渠而下有捷迂兩道。捷道由幽州東南逕安次、永清，至今信安鎮（霸縣東五十里）入巨馬河，又東經獨流口（今獨流鎮），折東北，由諸河尾（今海河）取泉州渠東北行入鮑邱水，又東行曹操所開新河渠至平州（今盧龍），寧河縣南之蘆臺鎮地近新河渠道（看圖），惟計里程當不逾六百里。其迂道則循永濟渠北段至獨流口後，折南泝永濟渠中段百里至今青縣，即寰宇記稱為蘆臺古城者，再東循平虜渠至魯城縣（今滄縣東北七八十里，青縣之東），折北絕諸河尾，由泉州故渠，入新河故渠，亦近今蘆臺鎮。如此則青縣、寧河兩蘆臺皆在道上。然此道太迂，除非獨流口至泉州渠南口間因諸河會流，水盛浪惡不能行，乃必避之而取平虜渠道耳。若取此道，則青縣之蘆臺去幽州亦不過四百里上下，而寧河之蘆臺乃有約七百里以上之水程。故若蘆思臺即上列三蘆臺之一者，仍以寧河南蘆臺鎮之可能性為最大。按前引一統志，於寶坻與寧河之蘆臺鎮，皆云唐末劉守光置蘆臺軍，顯為一軍兩地傳其名耳，必有一誤。復按前引金劉希顏寶坻記云唐末劉守光置蘆臺軍於海口鎮。寶坻去海岸一百六十里以上至二百里，不得稱為海口；寧河之蘆臺，長安客話六蘆臺條云：「蘆臺地近海口，煎沙成鹽，白如玉屑。莊禪詩云，蘆臺極目際平沙，利博誰憐害亦賒？」此即寧河之蘆臺可能有海口之名。考通典一七八，薊州漁陽郡南至三會海口一百八十里。按薊州即今薊縣，今蘆臺鎮當薊運河入海口（即古鮑丘水口）在薊縣正南微東正約一百八十里處，是唐代前期今蘆臺鎮地區有海口之名也④。蓋劉守光置蘆臺軍本在寧河之

④ 寰宇記六五滄州，「東北至海口二百五十里」。此為別一海口，約指今天津、塘沽海口而言，詳篇四八河北平原南北交通兩道。

蘆臺鎮，後乃移其名於寶坻耳。故比較論之，寧河之蘆臺，於三地中爲最古，又就漕道而言，亦最可能爲此地，然則韋挺傳之盧思臺蓋卽今寧河南之蘆臺鎮歟？否則亦當在幽州東南循桑乾水、永濟渠、巨馬河、諸河尾、泉州渠、新河渠之漕渠道中。此文校稿旣竣，嗣續檢得通鑑一九七貞觀十九年條云，「春正月，韋挺坐不先行視漕渠，運米六百餘艘至盧思臺側，淺塞不能進。」胡注：「此漕渠蓋卽曹操伐烏丸所開泉州渠也，上承桑乾河。」是前人早有此見。據韋挺傳，此漕道於冬寒水枯季節雖不能通航，但春夏水盛，當仍可通航，是曹氏三渠至唐初仍能濟用也。

參看圖二十、二十一

一九八二年四月二十九日初稿，五月二日訂正。刊大陸雜誌第六十五卷一期。一九八五年十二月九日初校增訂，一九八六年一月三十日二校續訂定稿。

篇肆捌　河北平原南北交通兩道

河北地勢平衍，用兵所向皆通，文士行旅亦少紀錄可尋，欲知唐代河北道之交通幹線，唯有就通典、元和志、寰宇記、舊唐志所記至長安、洛陽里數及寰宇記所記至開封里數，以觀其所當經之州以推求之。唯諸書所記各州去長安、洛陽、開封之里數頗有參差，諸州間之里距亦有參差，爲求實證可信，先就諸書所記黃河以北、幽州以南之相鄰諸州間之相距里數仔細比勘，得其較正確數字，作圖如右：

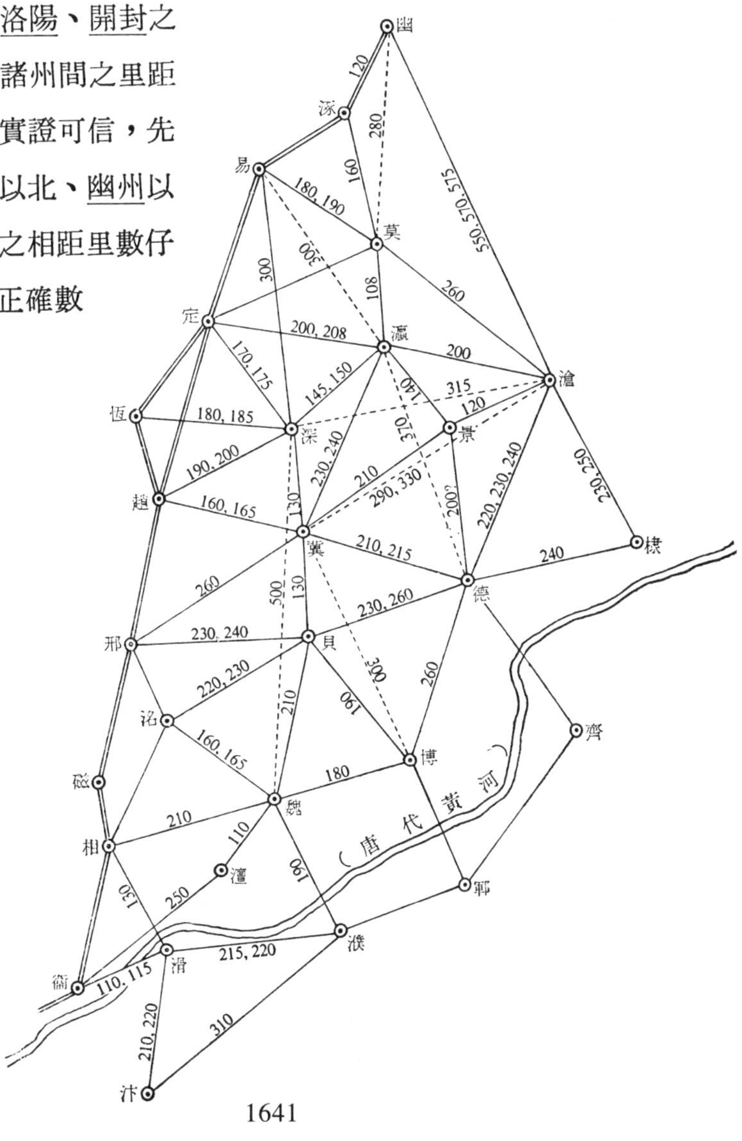

此圖數字係據通典、元和志、寰宇記比勘而成，玆爲詳悉，以A、B、C依次分別代表三書，說明如下：（里距數目字後，皆省里字。）

①汴滑間　A、C兩州目凡三見，皆作二百二十。而B兩目皆作二百一十。差異甚小。據C磁州至汴州里程計之，此處當作二百一十。詳篇四五。

②衞滑間　A兩目皆作一百一十。B衞目作一百十五；滑目作一百五十，當爲一百十五之誤。

③滑濮間　A、C兩目三作二百二十，一作二百一十五，B滑目作二百一十五。

④汴濮間　A濮目作三百一十。

⑤滑相間　A滑目作一百一十。B相目作一百三十，C滑目同。當作一百三十。

⑥衞澶間　B、C兩州三見，皆作二百五十。

⑦澶魏間　B、C澶目皆作一百一十。

⑧魏濮間　A兩目皆作一百六十。B魏目一百九十。C魏目與B同；濮目一百六十，或二十加一百六十，疑「六」爲「九」之形譌。

⑨相魏間　A、B、C六目中之四目作二百一十；惟C魏目作一百六十，又作一百一十，必「二百」之譌。

⑩魏博間　B、C四目皆作一百八十。

⑪魏洺間　B兩目作一百六十五，C魏目一百六十。

⑫魏貝間　A、B、C六目皆作二百一十。

⑬博貝間　A兩目皆作一百三十。B、C四目皆一百九十。定從一百九十。

⑭博德間　A、B德目皆作二百六十。B博目一百六十，字譌。

⑮貝冀間　A、C四目皆作一百三十；惟B貝目二百一十，誤。

⑯貝邢間　A、B、C六目之五皆作二百三十，惟A貝目二百四十。

⑰貝洺間　B洺目作二百二十，C洺目作一百三十，「一百」字譌。

⑱貝德間　A兩目皆作二百六十。B兩目皆作二百三十。C兩目一同A，一同B。

⑲德棣間　A、B、C六目之五皆作二百四十。C棣目作二百，蓋脫文。

⑳邢冀間　A邢目及C兩目皆作二百六十。A冀目三百六十，「三百」形譌。

㉑冀趙間　A、B、C六目之四作一百六十，二作一百六十五。

㉒冀深間　A、B、C六目皆作一百三十。

㉓冀景間及景滄間　A無景州，其冀滄間，冀目作三百五十，滄目作三百三十。B冀景間，兩目皆作二百一十；景滄間，景目作二百二十，滄目作一百二十。C無景州，改爲定遠軍，東至滄二十五加九十三，亦約一百二十之數，知B景目「二百」爲「一百」形譌，即冀景間二百一十，景滄間一百二十，其和三百三十，正即A滄冀間里數。然C滄目，西南至冀州二百九十里，是小歧。

㉔德景間　惟B景州目作二百，餘目不記。

㉕德冀間　A兩目皆作二百一十。B、C四目皆作二百一十五。

㉖德滄間　A德目二百二十，滄目二百三十。B兩目及C德目皆作二百四十。C滄目三百四十。當定作二百四十，少或二百二三十。

㉗棣滄間　A兩目皆作二百三十，但棣目另有一數作二百五十。B兩目皆作二百五十。

㉘冀瀛間　A兩目皆作二百三十。B冀目二百四十。C一作二百三十，一作二百四十。按此道中間當不經深州。

㉙深趙間　A深目作一百九十。B深目作二百。

㉚深恆間　B兩目皆作一百八十。A深目同。C深目一百八十五。

㉛深定間　A兩目皆作一百七十。C一作一百七十五，一作一百七十三。

㉜深易間　A、C深州目皆作三百。

㉝深瀛間　A兩目皆作一百五十。C兩目同。B深目一百四十五。

㉞深滄間　A深目三百一十五。C深目同。疑此道實經景州。

㉟景瀛間　B景目、C定遠軍（即景）目皆作一百四十。

㊱景滄間　B景目作二百二十，滄目作一百二十里。C定遠軍（即景州）目作二十五里加九十三里。則B「二百」爲「一百」之譌。

㊲瀛定間　A瀛目二百零八。C定目同，瀛目譌爲二百八十。B定目作二百，

是大數。

㊳瀛易間　A瀛目二百一十。C瀛目三百。按今圖當以三百里爲正，疑當中經莫州。

㊴瀛莫間　A兩目皆作一百八。C兩目同。

㊵瀛滄間　A瀛目作二百，滄目一百二十。二百爲正。

㊶滄莫間　A兩目皆作二百六十。C莫目同。

㊷滄幽間　A滄目作五百七十。B滄目作五百五十。C滄目五百七十五，幽目五百五十。

㊸莫易間　A兩目、C易目皆作一百八十。B易目、C莫目皆作一百九十。

㊹莫涿間　C兩目皆作一百六十。

㊺涿幽間　C兩目皆作一百二十。

㊻莫幽間　A、C四目皆作二百八十。按此道當中經涿州。

㊼冀博間　A冀目作三百。按蓋即中經貝州。

㊽瀛德間　C瀛目作三百七十。按蓋即中經景州，惟里數稍盈。

㊾深魏間　C深目作五百。按深魏兩州中隔冀貝兩州，此種書法極不尋常。檢魏貝間二百一十，貝冀間、冀深間皆爲一百三十，其和四百七十里，此五百里者蓋取大數歟？

依據此圖，以勘諸書所記各州至長安、洛陽、汴州之里程，可知河北地區，除西部太行山脈東麓走廊之南北驛道外，仍有兩條南北交通幹線。其一，洛陽東北行三百九十里至衞州（今汲縣）。又東北二百五十里至澶州（今清豐西南二十五里）。又東北一百一十里至魏州（今大名東約十里）。又正北二百一十里至貝州（今清河）。又北一百三十里至冀州（今冀縣）。然志書所記，冀州至長安、至汴州，皆取相州路，實經邢州至相州也。冀州又北微西一百三十里至深州（今深縣東北五里）。又東北一百五十里至瀛州（今河間）。又冀州向北微東二百三四十里至瀛州，蓋不經深州也。然志書所記，深州取趙州路至長安、洛陽，瀛州至兩都亦取深、趙，皆非南取冀州路也。瀛州又北微西一百零八里至莫州(今任邱北三十五里,居任邱、雄縣間)。又北微西一百六十里至涿州(今涿縣)。又北微東一百二十里至幽州(今北平)。志書云,莫州北至幽州二百八十里,實即中經涿州也。

先據通典、元和志、寰宇記及舊唐志四書所記各州西南至長安、洛陽之里數及寰宇記所記各州南至開封府(汴州)之里數,作總表如下,而以A、B、C、D分別以次代表四種書名。

	至長安	至洛陽	至汴州	備注
幽	A.2523 C.2545 D.2520	A.1680 C.1685 D.1600	C.1285	
易	A.2197 B.2345 C.2335 D.2334	A.1462 B.1425 C.1475 D.1463	C.1446	
莫	A.2310 C.2295(取瀛州) D.2310	A.1444 C.1445 D.1430	C.1100	
瀛	A.2210 C.2195(取深州) D.2200	A.1340 C.1555〔1355?〕 D.1302	C.1100	
深	A.2050 B.2050(取趙州) C.2500〔2050〕(取趙州) D.2013	A.1250 B.1320 C.1330 D.1250	C.900	
冀	A.1950 B.1900(取相州) C.1920(取相州) D.1978	A.1100 B.1400〔1040?〕 C.1400〔1040?〕 D.1100	C.720(取相州)	

貝	A. 1810 B. 1820 C. 1825 D. 1782	A. 990〔960〕 B. 960 C. 960 D. 993〔963〕	C. 610	
魏	A. 1560 B. 1610 C. 1610 D. 1590	A. 750 B. 750 C. 150〔750〕 D. 750	C. 400	
澶	B. 1500 C. 1500 D. 1485	B. 630 C. 670 D. 685	C. 250	
滄	A. 2310〔2210?〕 B. 2220 C. 2220 D. 2218	A. 1380 B. 1360 C. 1360 D. 1383	C. 1200	
景	B. 2100 C. 2100 D. 2900	B. 1240 C. 1240 D. 1300	C. 820	C. 定遠軍即唐之景州
棣	A. 2210 B. 2290 C. 2290 D. 2210	A. 1370 B. 1420 C. 1430 D. 1370	C. 1100	
德	A. 1982 B. 2050 C. 2500〔2050〕 D. 1982	A. 1238 B. 1790〔1190〕 C. 1190 D. 1138〔1238?〕	C. 950	
博	A. 1770 B. 1790 C. 1990 D. 1701	A. 930 B. 930 C. 930 D. 947	C. 510	

茲據此表，以論定各州至洛陽經常取道之途徑如下：

①澶取衞州至洛　通典無澶州。元和志，澶州西南至東都六百三十里，至上都一千五百里；寰宇記澶州至長安同，至洛陽六百七十里。按衞州至洛陽三百九十里，上圖衞澶間二百五十里，其和六百四十里，較元和志所記只盈十里。復勘澶去長安一千五百里，長安洛陽間不踰八百六十里，則洛至澶正應爲六百四十里。故知澶至洛取衞州路。

②魏取澶州至洛　通典，魏州去東京七百五十里，元和志同。寰宇記作一百五十里，「一」顯爲「七」之壞字。上圖澶魏間一百一十里，故知魏至洛取澶州路。

③貝取魏州至洛　據寰宇記，貝魏至開封里差二百一十，至洛陽里差同，此即貝魏間之里距，是貝至洛經魏州也。

④冀取邢州至兩京　冀州南行經貝魏爲大道應無問題。然志書所記，冀州至長安、至汴州皆取相州。按冀至洛一千一百里，而邢至洛八百四十里，其差二百六十里，正卽邢冀間里距，則取相州者，必經邢州也。

⑤深、瀛取趙州至兩京　通典，深州去長安二千五十里。元和志、寰宇記，深州取趙州路至長安，一作二千五十里，一作二千五百里。參之去洛陽里距，「百」當爲「十」之譌。則深去洛陽當爲一千二百五十里。按趙至洛一千零三十里，其差二百二十里，與趙深距略相當。然深魏間共約五百里，深冀貝魏間累積計之爲四百七十里，魏去洛七百五十里，其和一千二百五十里或一千二百二十里，亦與深去洛里程相合，卽兩路均無不合也。至於瀛州至洛，舊志云至長安二千二百里，寰宇記取深州略同，則去洛當約一千三百四十或一千三百五十五里。然瀛州取冀州路至洛亦爲一千三百四五十里。是兩道亦相當。

⑥莫取瀛州路至長安　明見志書。莫州向北微西一百六十里至涿州，又北微東一百二十里至幽州。志書云莫州北至幽州二百八十里，蓋卽中經涿州也。

其二，由魏州東北行，一百八十里至博州（今聊城）。又北北東二百六十里至德州（今陵縣）。又東二百四十里至棣州（今惠民南十里）。德州向北微東行二百四十里至滄州（今滄縣東南四十里），然滄州亦西南取冀州路至洛陽。滄州又北行一百里至乾寧軍（今青縣），又西北四百五十里至幽州。又滄州「東北至海口二百五十里，又至平州五百里。」莫州「東北至平州八百里。」蓋莫、滄兩州皆東北行至海口即今天津、塘沽地，又東北五百里至平州（今盧龍）也。

①博取魏州至洛　按魏去洛七百五十里。通典，博州去東京九百三十里，元和志、寰宇記，皆同。上圖魏博間一百八十里，故知博至洛當取魏州路。

②德取博州至洛　通典，德州去西京一千九百八十二里，去東京一千二百三十八里。按此兩數之差七百四十四里，與兩京間里程不合，必有問題。元和志，德州至上都二千五十里，至東都一千七百九十里，亦有問題。寰宇記，德州去長安二千五十里，去洛陽一千一百九十里。按長安洛陽間八百六十里，則德至洛陽正當爲一千一百九十里，元和志「七百」必「一百」之譌。上圖，德博間二百六十里，故知德至洛取博州路。

③棣取德州至洛　按通典、舊志，棣州至洛一千三百七十里；而元和志、寰宇記，棣至洛一千四百二三十里。按上圖，德棣間二百四十里，其差一千一百八十里，約即德去洛之數，知棣取德州至洛。

④滄取德州、冀州兩路至洛　滄州至洛，最少一千三百六十里，最多一千三百八十三里，德州去洛一千一百九十里，其差一百七十及一百九十三里，皆與滄德間距離不合。而滄州去洛與冀州去洛之里距相差三百里左右，與滄冀間里距略相當，疑滄州去洛里數，實取冀州也。然德至滄爲一大道仍無可疑。

⑤滄州至幽州　元和志一八，滄州西北至幽州五百五十里。通典作五百七十里。寰宇記滄州目作五百七十五里，幽州目作五百五十里。武經總要一六上高陽關路，滄州北至幽州亦作五百五十里。按諸州間里距，通常以元和志較準確，今定從志。寰宇記六五滄州「北至乾寧軍九百一十里。」按乾寧軍在今青縣治。「九百」顯誤。檢同書六八乾寧軍目，在滄州北固不遠，云南至東京一千三百里，而滄州南至東京一千二百里，則州軍南北相距一百里。考通鑑二六二光化三年紀，朱全忠遣葛從周北擊劉仁恭，「拔德州」，進圍劉

守文於滄州。「劉仁恭將幽州兵五萬救滄州，營於乾寧軍。」胡注：「乾寧軍在滄州西一百里，蓋乾寧間始置此軍也。」一統志引胡注，「西」作「北」是也，蓋北北西方向。據通鑑此條，幽州至滄州，取乾寧軍路，蓋即五百五十里，路經乾寧也。武經總要一六上，滄州「北至乾寧軍九十里，至幽州五百五十里」，亦寓經乾寧之意。

⑥滄莫東北至平州路　通典一七八，莫州「東北到北平郡（平州）八百里」，「東南到景城郡（滄州）二百六十里。」又一八〇，滄州「西北到文安郡（莫州）二百六十里，東北到北平郡五百里。」檢寰宇記六六莫州至平州、滄州方向里距同。而六五滄州目云，「西北至莫州二百六十里，東北至海口二百五十里，又至平州五百里。」是莫州東北至平州八百里無異說；而滄州東北至平州之路，先到海口二百五十里，又五百里始至平州。通典有脫文，蓋滄州東北至平州斷不只五百里也。而莫州東北至平州八百里，當亦經海口地段。此海口就去滄州方向里距言，必指今天津、塘沽無疑。

第一道可稱爲河北平原之中部縱貫線，史朝義衞州之敗，循魏貝線向北逃退，蓋欲返根據地之幽州，僕固瑒等尾隨追擊，由衞州東北經昌樂縣（今南樂），魏州（今大名東約十里），臨清縣（魏州北一百五十里，貝州南六十里，今縣南八里），貝州（今清河），下博縣（屬冀州，州北一百里，深州南三十里，今深縣南），莫州（今任邱北三十里），至歸義縣（莫州西北六十五里，今雄縣西北三十五里）；朝義兵潰，退走范陽縣（今涿縣），守將不納，其幽州守將李懷仙已降唐，朝義乃折向平州（今盧龍）東逃。此見朝義沿此中部縱貫線，取衞、魏、貝、冀、深、瀛、莫諸州路，欲北返幽州，僕固瑒跟踪追逐之也。此爲一例。其後幽州帥朱滔「自河間（瀛州）悉師而南，踰貝州，次清河」，以救田悅於魏州，中間亦經深州。此亦唐世用兵取河北平原中部縱貫線之一史例也。

僕固瑒追朝義事，詳舊一二一僕固懷恩傳。通鑑二二二寶應元年、廣德元年紀，書此事尤悉云：朝義衞州之敗，北奔魏州，瑒追之，「長驅至昌樂東」，又敗之。朝義走貝州，瑒追至臨清，朝義自衡水引兵三萬還攻瑒，瑒又敗之，追逐，大戰於下博東南，朝義又敗奔莫州，守將田承嗣說朝義，令親往幽州發兵救莫州，朝義北行，至歸義，復大爲瑒等所敗，乃北奔至范陽縣（即涿縣），守將李抱忠不納，時幽州李懷仙已降唐，乃東奔廣陽，亦不納，自縊於溫泉柵。據元和志，昌樂在魏州南五十里，臨清在貝州西南六十里，衡水在冀州北四十里，下博在冀州北一百里。

朱滔救田悅事，綱文所引見新二一〇藩鎭田悅傳；而舊一四一田承嗣傳，滔又實經深州。

後晉天福八、九年，契丹主大舉南侵，其主力由任邱（屬莫州，今任邱治）下貝州，次元城（魏州治所），寇南樂，攻黎陽，晉帝親至澶州，分遣諸將守麻家口、楊劉鎭（今東阿北六十里）、馬家渡（今東平西北）及河陽。博州刺史降契丹，引其軍自馬家口渡河，與晉軍戰于戚城（今濮陽北七里），又戰於馬家口，皆敗，又集大軍陳於澶州城北，知晉軍仍盛，乃退兵。「契丹主自澶州北分爲兩軍，一出滄、德，一出深、冀而歸。」是南侵主力及北歸之深、冀一路皆亦此線。兩年以後，開運三年十月，以鄴都（按此鄴都即魏州）留守杜威爲北面行營招討使，征契丹，敕牓云：「先取瀛、莫，安定關南，次復幽、燕，盪平塞北。」十一月，威率諸將「自鄴北征，師次瀛州城下，貝州節度使梁漢璋戰死，…… 遂收軍而退，行次武強（今縣），聞戎王入寇，欲取直路自冀、貝而南。」此其路線與前次契丹南下路線相同。即契丹南下與晉人北上用兵皆取唐代河北中部之南北縱貫線也。

天福末年契丹主南伐事，詳舊五代史八二晉少帝紀二、遼史四太宗紀下及通鑑二八三、二八四。開運三年事，詳通鑑二八五及舊五代史八五晉少帝紀五。

北宋時代，宋遼通使，取滑州、大名府（即唐魏州）、恩州（即唐貝州）、冀州、雄州（莫州北）路至幽州；日本栗棘庵所藏宋輿地圖拓本，河北之南北主道仍有大名府、恩州、冀州、深州一線，是仍唐代河北平原中部之南北交通幹線也。

續通鑑長編記宋遼通使往往涉及信使所經州名，玆錄數條如次：

祥符六年九月丙午，「河北安撫司言，契丹使往來，路由冀州。」（卷八一）

天禧五年二月丙寅，「祠部員外郎任中行言，送伴契丹使至瀛州……」（卷九七）

元豐二年十二月丙申，「增雄州公使錢二千緡……，州當國信往來頓舍之地，非他郡比故也。」（卷三〇一）

元豐五年三月甲辰，「詔司農寺，于大名府公使庫錢內撥錢千緡與相州；及于恩冀二州公使錢內各撥錢千五百緡與邢、趙、磁三州。候遼使行舊路日依舊。」（卷三二四）

是宋遼使節通常取滑州、大名府、恩、冀、雄州道；其取相、磁、邢、趙道乃是暫時措施。大名即唐之魏州，恩州即唐之貝州，而雄州置在唐歸義縣境，前引僕固懷恩傳，史朝義兵敗，欲返幽州，由衞州經魏、貝、莫等州至歸義縣而兵潰，知宋遼國信使道正即唐之滑、魏、貝、冀、瀛、莫州通幽州道也。

栗棘庵藏宋輿地圖拓本中所記路線，見青山定雄著栗棘庵所藏之輿地圖（東洋學報第三七卷第四號，昭和三十年），參看青山定雄唐宋時代交通與地誌地圖之研究末袋裝輿地圖影印本（影本不清楚）。

其較詳行程之可知者：由衞州東北行五十里至淇門（今淇縣東），又七十里至黎陽縣（今濬縣東近處），又一百三十里至澶州治所頓丘縣（今清豐西南二十五里）。又東約六十里至昌樂縣（今南樂），又北五十里至魏州治所貴鄉縣（今大名東約十里）。然史料所見，衞至魏又取內黃道，蓋由黎陽東北至內黃縣（今縣治），又東北經洹水縣（魏縣西南三十里）、魏縣（今大名西三十五里）至魏州。內黃置驛，見於蘇圖元文。

前考魏州西南至洛陽實取澶州、衞州道，而衞澶間相距二百五十里，澶魏間相距一百一十里。據地圖，衞至澶必經黎陽。元和志衞州黎陽目，縣在州東北一百二十里，則縣東北至澶當約一百三十里。又元和志、寰宇記皆記澶州北至魏州一百一十里，元和志魏州昌樂縣目，縣北至州五十里；而寰宇記云州南十五里，當是乙譌①。按昌樂縣當在澶魏道中。前引舊僕固懷恩傳，史朝義兵敗北逃，瑒追之，由衞州經昌樂至魏州，其證一。又通鑑二八三晉天福八年紀，朝廷聞契丹將入寇，「遣使城南樂及德清軍」以備之。南樂即昌樂易名，德清軍即澶州，此其證二。則澶州至昌樂約六十里也。

然舊五代史一梁太祖紀，唐大順中，渡河取黎陽、臨河，攻魏，魏軍於內黃，梁敗之，魏請降。又卷二，唐光化二年，幽州劉仁恭大舉南伐，先陷貝州，進攻魏州，梁遣朱友倫等先屯於內黃，與燕軍戰於內黃北，大破之，逐北至臨清。天祐三年，梁復救魏，且誅牙軍。梁王次于內黃，馳騎至魏。同書六，乾化元年十月由相州幸魏。癸丑發駕，乙卯次洹水，丙辰至魏縣。十一月還京，以壬午次洹水，癸未至內黃，甲申至黎陽，丁亥次衞州，下經新鄉、獲嘉、武陟、溫縣、孟州至洛陽。同書七，乾化二年二月復北巡，甲子發洛陽，至衞州，己巳晨發衞州，夕止淇門，辛未蹕黎陽，癸卯次內黃，甲戌次昌樂，丁丑次永濟，戊寅至貝州。還駕自黎陽至東都（汴州）。則其來往衞魏間，及來往東都、滑州、魏州間，皆經黎陽、內黃；內黃東北，則或東北取洹水、魏縣道，或直東取昌樂，再折北至魏州也。按元和志一六，魏州魏縣東至州四十里。寰宇記五四，魏州魏縣在州西四十里，洹水縣在州西南九十三里，內黃縣在州西南一百四十里。就方向里距言，固當爲一道，里距亦略相當。且蘇圖元崔令尹頌德記（全唐文八一九），「重修驛署」，「再構旗亭」，此內黃也，是置驛。

淇門　前引舊五代史七，乾化二年，梁帝北巡魏貝，由衞州東北經淇門至黎陽。又通鑑二七五，後唐天成二年三月，以皇子從榮鎭鄴都，命范延光將兵送之，且制置鄴都軍事。延光還至淇門，聞盧臺亂，發滑州兵復如鄴都。按此鄴都即

① 通鑑二八三後晉開運元年紀胡注引九域志，南樂縣在魏州南四十四里。

魏州，觀四月書事益明。是亦魏州囘洛經淇門之證。淇門在衞州東北五十里，今淇縣稍東，已詳前太行東麓南北驛道篇。

魏州當永濟渠南北水運中心，附郭置貴鄉、元城兩縣，自唐代前期已爲河北道一大城市，觀杜、李兩詩已可概見。中葉以後，爲魏博節度使治所，更見重要。唐末中和中樂彥禎「板築羅城，約河門舊堤，周八十里。」城中有大名館，有銅臺驛。

杜翁遣懷（詳注一六）云：

「昔我遊宋中，惟梁孝王都，名今陳留亞，劇則貝魏俱，邑中九萬家，高棟照通衢，舟車半天下，主客多歡娛。……」

此就黃河南北大平原中之諸大城市相較，陳留卽汴州，最爲繁榮，而宋貝魏次之也。以此詩側觀魏州之繁榮殆無不可。而李白魏郡別蘇明府因北遊（全唐詩三函五册白集一四）云：

「魏郡接燕趙，美女誇芙蓉，淇水流碧玉，舟車日奔衝，青樓夾兩岸，萬室喧歌鍾，天下稱豪貴，遊此每相逢。」

此詩更爲正面之寫照。通典一八〇魏州目：「開元二十八年九月，（魏州）刺史盧暉移通〔永〕濟渠，自石灰窠〔窰〕引流至州城西都〔却〕注魏橋，夾州〔水〕製樓百餘間，以貯江淮之貨。」新唐書地志略同。唐會要八七漕運目、寰宇記五四魏州大名縣皆同，記作「夾水」是也。別詳隋唐永濟渠篇。交通發達，通江淮之貨，卽爲市容繁榮之一因。

樂彥禎大築羅城事，見舊一八一本傳。

大名館　册府元龜一四都邑二，後晉天福六年八月壬子，勅改鄴都大名館爲都亭驛。按此鄴都指唐魏州而言，後唐天成三年改稱鄴都也。

銅雀驛　通鑑二六八，梁乾化二年秋，北面都招討使楊師厚軍於魏州，久欲圖取天雄軍。「至是，師厚館於銅臺驛」，天雄牙內都指揮使「潘晏入謁，執而殺之，引兵入牙城，據位視事。」胡注：「因銅雀臺以名驛。然銅雀臺在鄴，不在魏州。」按曹魏於鄴置銅雀臺，然此魏之名早已東移至今大名地區，因此亦有銅雀驛之名，固不足異。至乾化二年後十餘年之後唐天成三年，鄴都之名亦移此矣。

魏州東北五十里至館陶縣（今縣西南四十里館陶鎮），在永濟渠東十里。又五十里至永濟縣（今臨清南，約即館陶縣治），大曆七年置於張橋行市，以永濟渠在縣西郭內故名。見置驛。又五十里至臨清縣（今縣南八里），西臨永濟渠，即清河，故名。自唐代中葉，已爲魏貝間重鎮，置鎮遏使。又六十里至貝州治所清河縣（今清河）。

通鑑二七四，後唐明宗天成元年二月，魏博指揮使楊仁晸戍瓦橋，代歸，至貝州。部兵皇甫暉作亂，殺仁晸，逼趙在禮爲帥，「焚掠貝州」，「擁在禮南趣臨清、永濟、館陶，所過剽掠，……入鄴都。」時已改魏州爲鄴都也。據此，貝魏間似經此三縣。又通鑑二二九興元元年，「朱滔引兵……入魏境，田悅供承倍豐。……丁丑，滔至永濟，遣王郅見悅，約會館陶，偕行渡河。」同書二六九梁貞明元年，魏叛梁附晉，晉王進至臨清，南至永濟，遂入魏。又舊一二一僕固懷恩傳，子瑒追史朝義，由昌樂經魏州、臨清至貝州。新五代史二一梁臣葛從周傳，從周救魏，入于魏州，敗燕軍於館陶門，追至於臨清。此亦三縣在魏貝南北道中之證。檢元和志一六及寰宇記五四、五八，館陶在魏州東北五十里，② 在永濟渠東十里，永濟在貝州西南一百一十里（志），在魏州北九十里（記），永濟渠在西郭內，臨清在貝州西南六十里，魏州東北一百五十里，永濟渠在西門外。而諸志書所記魏貝間里距皆爲二百一十里，正爲此諸縣間（包括兩州治所縣）里距之和，知此三縣皆在道中也。一統志東昌府卷關隘目，「南館陶鎮在館陶縣西南四十里，舊縣治也。」是今地可具體指證。則永濟縣略在今館陶縣左近。永濟有驛，見通鑑二六九梁貞明元年紀，云「晉王進屯永濟，張彥……詣永濟謁見，王登驛樓語之曰」云云。是置驛，不知是否即名永濟。

② 參看通鑑二二九興元元年紀胡注及一九〇武德五年紀胡注。

臨清以西臨清河受名，隋改清河爲永濟渠也。唐世已爲貝魏間之重鎮。（通鑑凡六見。）新五代史二五唐臣周德威傳，莊宗與劉鄩相持於魏，鄩度太原空虛，潛軍襲之，爲周德威所截，鄩與德威「俱東爭趣臨清，臨清有積粟，且晉軍餉道也，德威先馳據之，故莊宗卒能困鄩軍而敗之。」同書二二梁臣劉鄩傳略同，云「急趨臨清，爭魏積粟。」是魏之積粟所在也。考舊一四一田弘正傳，「當季安之世，爲衙內兵馬使……季安以人情歸附，乃出爲臨清鎮將，欲捃摭其過害之。」又唐韓國昌神道碑（山左金石志一三），「祖朝，魏博節度押衙，兼臨清鎮遏都知兵馬使。」則唐中葉已特置鎮將，爲劇職。復考郭若虛圖畫見聞誌六王舍城寺條：「魏之臨清縣東北隅有王舍城佛刹，內東邊一殿極古，四壁皆吳生畫禪宗故事……循例接勞北使及使遼還者過，則縣大夫自請遊觀，仍粉牓誌使者姓名。」此亦見臨清久已爲名城，且爲宋遼使臣所必經也。一統志山東臨清州卷古蹟目，臨清故城在今臨清州南八里，又清淵故城在今臨清西南四十里，並辨兩地非一地。而張蓬洲清河識地（大陸雜誌六二卷六期）以爲後魏迄唐之臨清縣在「今臨清縣西三十五里西倉南五里。」是以清淵爲臨清也。疑誤。

貝州東南近臨永濟渠，都市東西直徑蓋十里以上，郭下置清河、清陽兩縣。地當水陸交通要衝，戶口衆多，都市繁榮，故杜翁已謂「劇則魏貝俱」也。而在軍事上尤居於重要地位，故唐代前期聚集大批財物軍械於此，以備河北軍用，號爲「天下北庫」；後期河北強鎮魏博節度使雖治魏州，然軍儲仍集於貝州，故特置鎮將爲劇任，以大將爲之，故至五代仍稱「城堅兵多」也。

元和志一六貝州郭下有清河、清陽兩縣。其清河縣目云：「永濟渠，東南；去縣十里。」寰宇記五八，同。謂城在渠水西北十里也。考涑水紀聞九，「貝州城南臨御河。」是小異。復檢寰宇記五八清陽縣條，「古清陽縣城在縣東南三十五里。」「唐永昌元年，緣清陽地久積鹹鹵，遂西移於永濟渠之東孔橋置。

開元二十二年，又移清陽縣③。於今州城東，永濟渠之西，即今邑也。」則貝州郭下本僅清河一縣，在永濟渠西北十里。其清陽縣本在渠之東，開元中移於渠西，州城之東。故開元以後，可謂州城南臨渠水也。亦可知州之都市範圍東西蓋十里以上。

唐代府州治所郭下置兩縣者，據元和志、寰宇記，除西北東三都外，惟汴、鄆、魏、貝、幽、揚、蘇、越、福九州及河中、成都兩府而已，以其戶口衆多，都市繁榮也。而魏貝相接，相距不過二百一十里，尤為特例。

杜翁詩，已見前魏州條引。考新一五三顏眞卿傳，李崿說眞卿曰，清河「有江淮租布備北軍，號天下北庫。」即貝州。通鑑二一七至德元年紀，有較詳之記載，蓋皆本之殷亮顏魯公行狀。行狀（全唐文五一四）記李華（即崿）之言曰：

「國家舊制，江淮郡租布貯於清河，以備北軍費用，為日久矣，相傳為天下北庫。今所貯者有江東布三百餘萬疋，河北租調絹七十餘萬，當郡綵綾十餘萬，（通鑑合作『帛八十餘萬匹』。）累年稅錢三十餘萬，（通鑑有緡字。）倉糧三十餘萬，（通鑑有斛字。）時（通鑑作昔）討默啜甲仗藏於庫內五十餘萬（通鑑有事字），編戶七十萬，見丁十餘萬，（通鑑作戶七萬，是；丁作口，非。）計其實，足以三平原（德州）之富，料其卒，足以二平原之彊。」

此見唐代前期，貝州清河郡之富庶及其在河北軍事上之重要性。中葉以後雖魏博節度治魏州，然舊五代史九五晉書吳巒傳，「初國家以甘陵水陸要衝之地，慮契丹南侵，乃飛輓芻粟以實其郡，為大軍累年之備。」新五代史二九、通鑑二八三作貝州，古今名也。是衝要之地位不減。通鑑二六九梁貞明元年，晉已得魏，而貝州不服，北結滄德以拒晉。晉王曰：「貝州城堅兵多，未易猝攻」，故先攻德州。此正見貝州之堅強。

貝州北至冀州治所信都縣（今冀縣）一百三十里，中間當經南宮縣（今縣西北三里），在冀州西南六十二里。

---

③　此陽本作河，據一統志廣平府卷古蹟目清陽故城條改正。

兩州里距見前。相去甚近，中間所經，不見史例。檢元和志、寰宇記之貝、冀兩州目，冀州正南、貝州正北亦不見縣名。惟冀州西南有南宮縣，其里距，志作六十二里，記作二十六里，按今圖，志爲正。此卽光武帝自薊南馳至南宮遇大風雨之地也。今日清河、冀縣間汽車道經南宮，蓋唐代亦然。

唐宋志書云，冀州西南取相州路至長安。前考實取道邢州至相州。其冀邢間二百六十里。蓋冀州西南六十二里至南宮縣（今縣西北三里），又西南約八十里至鉅鹿縣（今縣治南），又西南約八十里至任縣（今縣治），又西南三十八里至邢州治所龍岡縣（今邢臺），蓋行大陸澤之東南沿岸地帶。

觀今地圖，冀縣西南至邢臺至少可有兩道，冀縣西南經南宮、鉅鹿、任縣至邢臺，此爲北線；由南宮西南經廣宗、平鄉、南和至邢臺，此爲南線。按元和志，冀州南宮縣在州西南六十二里；邢州鉅鹿縣西（實西南）至州一百十九里，任縣西南至州三十八里。觀今圖，鉅鹿、任縣間，鉅鹿、南宮間皆正約八十里，總和二百六十里，適相合；而南線則較迂。故疑取北線，此正大陸澤之東南沿岸地帶也。大陸澤見下文。

冀州北行四十里至衡水縣（今縣西南），在長蘆河西。城南臨長蘆河，卽衡漳故瀆，縣以受名。又北六十里至下博縣（今深縣東南三十里），貞元十年置永寧軍。縣南長蘆橋，架長蘆水上。又縣南二十里有漢下博故城，卽光武帝自滹沲南出失道處，爲白衣老人指蹤向信都，正卽此道。五代時期，下博地名李晏口，周顯德二年，以其當契丹寇路，乃跨長蘆河築城，置靜安軍，以固邊防，蓋卽唐下博地區。下博又北三十里至深州治所陸澤縣（今深縣東北五里），在大陸澤東北緣之北三里，故縣以受名。

衡水縣　在冀州以北四十里，及其與長蘆河之關係，見元和志一七冀州目；寰宇記六三略同，惟云州西北四十五里。當在道上。

下博縣　舊一二一僕固懷恩傳，史朝義欲北逃幽州，僕固瑒追踪經臨清、貝州、下博至莫州。元和志一七，下博南屬冀州，在州北一百里，有長蘆橋云云。而寰宇記六三，下博北屬深州，而云在州「北二百里」，顯誤，當作「南三十里」。此縣置軍，惟見新唐志。

漢下博故城事見元和志，云在下博縣南二十里。按後漢書光武紀，更始二年，自薊南奔，經饒陽，渡呼沱河，進至下博城西，白衣老人曰：「信都郡爲長安守，去此八十里。」里距正合。

靜安軍　五代會要二四，周顯德「二年三月，以李晏口爲靜安軍。李晏口當契丹入寇之路，築城屯軍，爲邊防，人甚賴之。」舊五代史一一五周書世宗紀，顯德二年「三月辛未，以李晏口爲靜安軍，其軍南距冀州百里，北距深州④三十里，夾胡盧河爲壘。」檢通鑑二九一周廣順二年九月，「契丹將高謨翰以葦栰渡胡盧河入寇，至冀州，……劉誠誨等屯貝州以拒之，契丹聞之，遽引兵北渡。」又二九二周顯德二年，正月，「契丹自晉漢以來，屢寇河北，輕騎深入，無藩籬之限。……言事者稱深冀之間有胡盧河，橫亘數百里，可浚之以限其奔突。是月，詔忠武節度使王彥超、彰信節度使韓通將兵夫浚胡盧河，築城於李晏口，留兵戍之。」胡注引丁度曰：「胡盧河即衡漳之別名。」按元和志一七冀州衡水縣，「縣在長蘆河西，長蘆河則衡漳故瀆也。」是胡盧河即長蘆河。前考冀深間南北距一百三十里，下博在冀州北一百里，則北至深州三十里，縣又濱臨長蘆河，則李晏口靜安軍正當即在唐下博縣，或其左近。宋史八六地理志二，深州治靜安縣，「本漢下博縣，周置靜安軍。」是也。惟此實爲唐代之下博縣，非漢代之故城，宋志只統概言之耳。⑤

深州治陸澤縣　元和志一七深州，「開皇十六年於饒陽置深州，以州西故深城爲名。大業二年廢深州。武德……四年復置，貞觀十七年又廢。先天元年，今理重置。」今理即陸澤縣。通典一七八深州目，首饒陽縣，陸澤居末，但深州

④　深本作恒，校點本據通鑑胡注引薛史改正。

⑤　通鑑二九二胡注：「冀州蓨縣東北有李晏鎭，時築城屯軍，以爲靜安軍。」按元和志一七，蓨縣屬德州，在州西北一百二十里。寰宇記六三，蓨縣屬冀州，在州東北七十里。前考德冀東西相距二百一十五里，則蓨縣必在衡水縣之東，不在衡水之北六十里處。故蓨縣東北之李晏鎭非置靜安軍之李晏口，胡注實誤。

下本注：「今理陸澤縣。」兩唐志皆治陸澤縣，先天二年重置，未別述治所。寰宇記六三深州目深州本條亦與元和志同；而陸澤縣條云，「開元中自象城析置，……貞元中，以饒陽立深州，長慶以後移深州理於是邑。」與通典、元和志皆不合。疑誤記。

大陸澤　通典一七八深州陸澤縣，「禹貢大陸澤亦在此。」元和志，「縣南三里即大陸之澤，因名之。」又鹿城縣（今東鹿縣北三十五里）「東至州二十五里。」「大陸澤在縣南十里。」同書一七趙州昭慶縣「東〔西〕北至州九十里。」（東當作西，參寰宇記。）「廣阿澤在縣東二十五里。爾雅曰晉有大陸，廣阿即大陸別名。淮南子曰鉅鹿。大陸、廣阿咸一澤也。」寰宇記六〇昭慶縣，「大陸澤，爾雅謂晉有大陸。呂氏春秋，晉之大陸，趙之鉅鹿。按隋圖經云，大陸、大鹿、廣阿即一澤而異名。」又元和志一五邢州，鉅鹿縣「西至州一百十九里。」「大陸澤一名鉅鹿，在縣西北五里。……澤東西二十里，南北三十里。」寰宇記五九邢州鉅鹿縣，略同，復強調廣阿澤，一名大陸，一名鉅鹿，一名大麓，一名沃川。按昭慶縣在今隆平縣東，則大陸澤廣大，西南自今隆平、鉅鹿，東北至東鹿、深縣之南，元和志云陸澤縣南三里，蓋已東北邊緣矣，大道行澤之東。

唐宋志書云深州取趙州路至長安。蓋由深州西行二十五里至鹿城縣（今東鹿北三十五里），又西南循大陸澤西北沿岸地帶一百七十五里至趙州治所平棘縣（今趙縣）。

按元和志，「深州西南至上都取趙州路二千五十里。」「西南至趙州二百里。」檢元和志、寰宇記，深趙間惟鹿城一縣在深州西二十五里，鹿城趙州間無縣可尋。按深州治所陸澤縣及鹿城縣皆南臨大陸澤，此澤迤西南至趙州東南之昭慶縣與鉅鹿縣，則此道當行大澤之西北岸地帶。

深州東北三十里蓋緣堤而行至饒陽縣（當在今縣西南二三十里），即晉魯口城，司馬懿征公孫淵，鑿滹沲運糧時所築。蓋滹沲有魯沲之名，地當渠口也。後魏道武帝幸此城，大饗羣臣。魯口又名虜口，地當虜渠口，置虜口鎭。是此城自魏晉北朝已爲交通要衝，故隋置深州及唐初深州，皆治此縣。先天元年復置深州，雖治陸澤縣，然郡名仍稱饒陽。其戶口殷盛，都市繁榮，蓋實在州治陸澤之上。饒陽又東北三十五里至蕪蔞故城，又十里至蕪蔞亭，傳爲光武帝自薊南馳至此饑甚，馮異進豆處。又七十五里至瀛州治所河間縣（今縣）。

饒陽縣　元和志一七、寰宇記六三深州目，皆云饒陽縣在州東北三十里。而紀要、一統志皆云唐饒陽即在今縣治。然據一統志深州卷沿革目，饒陽縣在州東北六十里，東北至河間縣治九十里。深州即唐之深州所在，河間亦卽唐之河間所在，唐之深瀛間相距一百五十里，亦正即饒陽距兩州里距之和。則唐之饒陽應在今縣西南三十里，不在今縣治。隋及唐初置深州於此，詳元和志、寰宇記並舊唐志。

魯口、虜口之名及地望，據元和志與寰宇記，並參魏書太祖紀二。通鑑一八九武德四年紀胡注：「饒陽縣則魏虜渠口，置虜口鎭於此。」即本寰宇記。

蕪蔞故城及蕪蔞亭皆詳元和志及寰宇記，本自後漢書列傳七馮異傳。

喬潭饒陽縣令廳壁記（全唐文四五一）云：

「（饒陽）多奇士，好帶劍侈服，多佳人。…… 其地虜口，近擊柝之虞，其川滹沲，有泛舟之役，廣輪七十里，編戶兩萬計，行或擊轂，市或駕肩，日中奇贏，雜弊爲竄，機女狹其幅利，染工多其姦色，業不可廢，訟由是興。」

此極寫其都市繁榮盛況。潭爲天寶十三年進士，蓋即作於天寶中也。按元和志，深州開元戶四萬二千二百一十五。通典，天寶戶四萬八千八百五十八，⑥是饒陽一縣戶居全州之半，足見殷盛。

瀛州又北六十里至任邱縣（今縣），漢任邱故城在縣南二十六里，元始二

⑥ 舊唐志深州天寶戶萬八千八百二十五，口三十四萬六千四百七十二，新志承之。「戶」「萬」間皆脫「四」字。

年中郎將任邱築，以防海口，故名。縣北四十三里至莫州治所莫縣（今任邱北三十五里）。州以景雲二年置。瀛州北至任邱道中，宋初雍熙中見有君子館，蓋唐五代之舊歟？

通典、寰宇記皆記瀛莫間南北距一百零八里。舊唐志，莫州本瀛州之鄚縣，景雲二年於縣置鄚州。開元十三年，以鄚字類鄭字，改爲莫。寰宇記六六莫州，任邱縣在州南四十三里。今圖，河間北至雄縣汽車道，中經任邱、鄚州故城，即古道也。則任邱南至瀛州當爲六十五里。

宋史二五九劉廷讓傳，雍熙三年，知雄州，又徙瀛州兵馬都部署。契丹來侵，與戰君子館。事又見同書四六三外戚賀令圖傳。考武經總要前集一六上邊防眞定府路，莫州「唐景雲中分瀛州屬邑置，州南縣（？）君子館路至瀛州百餘里。」是在瀛莫道上。又金史二五地理志中，河間府治河間縣，有君子館。是又當在瀛州北不遠至任邱縣道中。

莫州以先天元年置渤海軍；開元十四年又置唐興軍，當在唐興縣，在州西五十里；皆以備突厥也。

新唐志，莫州「有唐興軍，開元十四年置。北又有渤海軍。」按通鑑二一〇先天元年八月「乙巳，於鄚州北置渤海軍。」又二一三開元十四年四月「辛丑，於定、恆、莫、易、滄五州置軍以備突厥。」胡注云，「莫州置唐興軍。」按通鑑此兩事，皆見册府元龜九九二。唐長孺唐書兵志箋正卷二有說，不詳引。按唐志莫州所領有唐興縣，「如意元年析河間置」，嘗隸易州。檢寰宇記六六莫州莫縣，廢唐興縣在縣西北五十里。地名大辭典以爲在今安新縣東南，蓋略得之。

莫州又北緣堤岸行三十里至瓦子濟橋，簡稱瓦橋，唐末置瓦橋關。後周顯德六年置雄州（今雄縣），以其地南臨易水，北有巨馬河，所謂「當九河之末，控扼幽薊」，爲軍事重地，故宋人稱之爲「河北咽喉」，且爲宋遼兩方信使出入境之固定道喉也。

寰宇記六七雄州目云：「本涿州歸義縣之瓦子濟橋，在涿州南，易州東，當九河之末。舊置瓦橋關，周顯德六年，收復三關，以其地控扼幽薊，建爲雄州。」「南至莫州三十里。」又治所歸義縣條，「本涿州之屬邑，在州（雄州）北，唐末移於瓦橋，晉建軍城，周世宗收復三關，立雄州於此。易河在縣南門外，從秦〔易〕州流入，下至霸州。巨馬河在州北三十里，西北從易州流入，下至霸州。」此述雄州形勢及建置沿革頗詳悉，以其爲宋初軍事要衝也。東齋記事五，「王安簡公奏，河北朝廷根本，而雄州河北咽喉。」按舊一四二李寶臣傳，幽州朱滔出軍，寶臣密選卒掀之，戰於瓦橋。又見同書一四一張孝忠傳。此瓦橋之最早見者，即瓦子濟橋之簡稱。通鑑二二五大曆十年紀書此事。胡注引宋白說，即承用寰宇記文。胡氏又曰：「瓦橋，古易京之地，在莫州北三十里，唐置瓦橋關。」按通鑑二六八梁乾化三年三月，「周德威遣裨將李存暉等攻瓦橋關。」此似爲關名見史之始，時去唐亡不過五年，蓋果唐末已置關也。其置雄州在周顯德六年五月己酉，時世宗北伐入此關，見通鑑二九四。

上引諸書皆云雄州南至莫州三十里。武經總要前集一六上邊防眞定府路莫州條云：「北緣隄岸至雄州三十里。」蓋地多水澤，故築堤通行旅也。

續通鑑長編五八景德元年十二月載澶淵之盟所訂誓書云：助遼軍旅之費，「每歲以絹二十萬匹，銀一十萬兩，……令三司差人般送至雄州交割。」又七一，祥符二年二月乙未，「初契丹使蕭知可等至白溝驛，與送伴使陳知微酌酒爲別。」又十二月癸卯，「契丹國母蕭氏卒，契丹……遣（略）耶律信寧馳騎來告，涿州先牒雄州，雄州以聞。」又七四，祥符三年十月辛亥，「雄州言，契丹涿州移牒言，本國將征高麗，遣（銜略）耶律寧奉書來告。……及寧至涿州，李允則（時知雄州）……遣使臣伴送赴闕。」又九六，天禧四年十二月乙酉，「樞密院言，契丹使自雄州至京，館舍給使臣諸司人例物，比每歲稍厚。」又三二二，元豐五年正月癸卯，「雄州言，準涿州牒，奉留守指揮，準樞密院劄子，以夏國遣使入朝，稱爲南朝無名起兵討伐，不知事端，指揮燕京留守司委涿州移牒雄州，聞達南朝。……上批，夏國……（云云從略）……意在間惑，……令雄州具此移牒涿州。」及前後此類紀事頗多，具見雄州、涿州爲宋遼通牒信使往還之道喉。其卷七九，大中祥符五年十月己酉，王曾爲契丹國主生辰使，其所記行程，亦自雄州北白溝驛始。又路振乘軺錄亦自白溝起程。（據田村實造遼宋交通史料注稿引。）復檢傅樂煥宋人使遼語錄行程考（北京大學國學季刊第五卷四號），據王曾、宋綬、薛映、陳襄及武經總要（此書凡五條）諸記錄共九條，作宋臣使遼所經館驛名稱表，此九條皆自雄州白溝驛北經新城、涿州、良鄉縣至幽州，然後東北行。是知宋遼澶淵之盟後，兩國信使往還，例以雄州、涿州爲南北道喉也。

瓦橋關西北至歸義縣（今雄縣西北）蓋三十五里，亦南臨易水，蓋在今易水、巨馬河會合爲白溝水處，合口之南，宋初見有白溝驛。縣本屬幽州，大歷中改屬涿州，唐末移就瓦橋。

通鑑二二二廣德元年紀，史朝義困於莫州，突圍，欲親往幽州發兵救莫，北行經歸義至范陽縣。胡注云此卽涿縣，非幽州范陽郡薊縣之范陽，故「史以縣字別之，其地在薊南。」又引宋白曰：「南至莫州一百六十里。」是也。是歸義縣在莫涿道中。胡注又引宋白續通典：「唐歸義縣在瓦橋關北。」按前引寰宇記六七雄州治所歸義縣條，已云唐歸義縣本在雄州北，唐末移於瓦橋，後置雄州。一統志保定府卷古蹟目，唐歸義故城，在今雄縣西北三十五里。又引寰宇記，「縣在涿州南一百二十里。」按此見寰宇記七〇涿州歸義縣條。然寰宇記莫州目、涿州目皆云兩州南北距一百六十里，⑦而雄州目，南至莫州三十里。則涿雄間當爲一百三十里。又檢九域志二，雄州南至莫州三十里，北至涿州一百二十里。則涿雄間當爲一百二三十里無疑，姑從多數作一百三十里。檢一統志保定府、順天府兩卷沿革目，雄縣西北至新城縣七十里，又北六十里至涿州，共一百三十里，仍如宋世。宋代雄州卽治瓦橋關所在之新歸義縣，若舊歸義縣北至涿州一百二十里，則在新縣之北近處，至多十里，疑寰宇記涿州目歸

⑦ 通典時代，涿州尚未置，元和志缺莫、涿卷。

義縣條所謂州南一百二十里者，乃誤以新縣說舊縣地望耳。疑一統志三十五里之說似甚可信。否則下條所見大易、易京故城且在今雄縣之南，不在雄縣之西北矣。縣在雄州西北三十五里，下文新城縣條引北宋行記，雄州西北三十五里至白溝驛，在白溝河南岸，則唐縣卽在河北岸耳。白溝驛詳下文。

縣臨易水及改隸移置情形，並詳寰宇記七〇涿州目，參雄州目。

唐歸義縣城東南十五里有大易故城，乃燕桓侯之別都。又縣城之南十八里有公孫瓚易京故城。其地南臨易水，東通遼海，瓚盛修營壘，極高固，積穀三百萬，以待天下之變者。石季龍惡其固，毀之。

大易故城，見寰宇記七〇涿州目歸義縣條。易京故城形勢見同條，又見通典一七八幽州目歸義縣條及後漢書公孫瓚傳並李賢注、三國志同傳並集解，皆云在歸義縣南十八里。一統志保定府卷古蹟目，「易京城，在雄縣西北。」引水經注，易京城在易城（卽大易城）西四五里。

歸義又北至新城縣（今縣），去瓦橋關七十里，去歸義縣蓋三十五里。又北六十里至涿州治所范陽縣（今涿縣），接定、易通幽州驛道至幽州。

遼史四〇地理志四，宋王曾上契丹事曰：「自雄州白溝驛渡河四十里至新城縣，古督亢亭之地。又七十里至涿州。」按續通鑑長編七九，事在眞宗祥符五年十月。又粵雅堂叢書本續談助三，大中祥符元年路振所作乘軺錄云：「十二月四日過白溝河，卽巨馬河也。五日自白溝河北行至新城縣四十里，新城屬涿州，地平無丘陵。六日自新城縣北行至涿州六十里，地平……。」⑧ 按寰宇記七〇涿州新城縣「六十里」，謂縣在州南六十里也。遼史四〇地理志涿州條，亦云新城縣在州南六十里。檢一統志保定府、順天府兩卷沿革目，新城北至涿州亦六十里。是新城縣在州南六十里，當大道，王曾云七十里，數稍盈。寰宇記云，「新城縣，後唐天成四年析范陽縣置。」似非唐代縣。然舊唐志，涿州新城縣，「大曆四年析置。」新志云，「大和六年以故督亢地置。」新志本

⑧ 據養德社刊東方史論叢第一輯田村實造遼宋交通史料註稿轉錄。

之唐會要七一州縣改置條下。又遼史地志，涿州新城縣，「唐大曆四年析固安縣置，後省，後唐天成四年復析范陽縣置。」則實唐縣也。

王曾所記白溝驛，比觀路振乘軺錄，當即在白溝河南岸，即巨馬河南岸。據上引兩段宋人紀程，白溝驛北至涿州一百里，則在雄州西北三十里。檢今圖，易水自定興東來，拒馬河自涿縣、固安縣之間南來，會於雄縣之西北約三四十里處，地名白溝河，蓋即古驛故地矣。

唐宋志書皆云莫州至幽州二百八十里，即由莫州北經瓦橋關，又北微西至涿州，又北微東至幽州也。及宋遼通使，仍以雄州、涿州爲信使路線。然莫州瓦橋關（即雄州）直北經固安縣（今縣南）亦至幽州，行程當約二百二三十里。

通典一七八莫州、幽州兩目皆云南北距二百八十里。寰宇記六八莫州目、六九幽州目，皆同。按兩書記幽涿間一百二十里，涿莫間一百六十里，其和正爲二百八十里，知莫州北至幽州實中經涿州也。此唐及五代末、宋初之行程也。前引大中祥符中路振、王曾兩次出使行程，皆由雄州經新城、涿州至燕京，是仍取唐代舊路。

然通鑑二九四周顯德六年四月癸卯，「上入瓦橋關」。五月丙午議取幽州，「趣先鋒都指揮使劉重進先發，據固安。上自至安陽水，命作橋，會日暮，還宿瓦橋。」以病南歸。按舊五代史一一九周書世宗紀六，顯德六年五月乙巳朔，帝駐蹕瓦橋關，「侍衞親軍都指揮使李重進及諸將相繼至行在。……己酉，……先鋒都指揮使張藏英破契丹數百騎於瓦橋關北，攻下固安縣。」是攻下固安、將取幽州之先鋒部隊實由瓦橋出發也。胡注引匈奴須知：「固安縣西北至燕京一百二十里。」又引金人疆域圖，「雄州西北至燕京三百二十里。霸州至燕京三百五十五里。」檢今圖，雄州直北取固安路至幽州，較經涿州路爲捷近，霸州至幽州當更近。固安北至幽州一百二十里，則南至雄州當不超過一百五十里。檢一統志順天府卷沿革目，固安縣在府南一百二十里，南至雄縣界九十二里。又保定府卷沿革目，雄縣雖不記北至固安界之里數，但雄縣甚小，南北距只四十二里，南至任邱縣界十二里，則北至固安界當爲三十里，即雄縣北至固安亦約一百二十里也。頗疑金人疆域圖兩個「三百」皆爲「二百」之譌。寰宇記六七，霸州「北至幽州二百里。」九域志一二，同。亦其證。一統志順天府卷，霸州在府南一百八十里。里數更少。

又由莫州東北行七十里至益津關，唐末或五代初置，周世宗取之置霸州（今霸縣）。南至瀛州一百九十里；北至幽州二百里，蓋亦經固安縣。

通鑑二九四，周顯德六年，世宗北伐。四月，由乾寧軍西行，辛丑至益津關，癸卯入瓦橋關。五月己酉，以瓦橋關爲雄州，益津關爲霸州。此即今雄、霸兩縣。益津關見史似始此。然寰宇記六七霸州，本「幽州之古益津關也，晉天福初陷虜廷，周顯德六年收復，因置霸州。」永清縣條亦云即古益津關。則其置關當在晉天福以前。一統志順天府卷古蹟目益津廢縣，「唐爲永清縣地，置益津關於此，後入遼。」直以爲唐代置關；或有可能，殆不遲於五代之初也。其去莫、瀛、幽三州之距離，皆見寰宇記。胡注引金人疆域圖，霸州至燕京三百五十五里，顯誤，參看上條。

上考由衞州黎陽北經魏貝至幽州之道，縱貫河北道之中部，南段大抵緣永濟渠流向而行，中段離開渠道而正北行於鉅鹿大澤（大陸澤、廣阿澤）之東，北段則行東西窪地間之較高乾地帶。蓋今保定以東至渤海灣之間，河湖交錯，水澤最多，而安新、雄縣、任邱間之白洋淀，文安縣東之文安窪，尤爲諸水之會，唯河間、任邱、雄縣、霸縣，居窪、淀之間，地稍高乾，故南北交通宜唯此一線，且莫雄間仍須緣堤而行也。宋人奏事云，「雄州河北咽喉」，此亦天然形勢所形成者。

保定以東之地形，觀今日地圖自瞭，前於太行東麓驛道篇，亦有說明。而明人蔣一葵長安客話卷六述之最爲簡明。其苑家口條云：「保定地故窪澤，水自西北來者九，曰盧溝、拒馬、夾河、琉璃、桑乾、胡良、烏流、白澗、白溝，是爲北九河，從雄縣而下，滙於毛兒灣。（本注：保、雄一帶稱九河下梢卽此，非禹疏九河也。）水自西南來者六，於（當作曰）黑羊、一畝泉、方順、唐河、沙河、磁河，是爲南六河，從任邱而下，滙於五官淀。南北並經玉帶河達苑家口。獨以一河承受諸水，河身狹隘，氣勢憤激，……如昔人所稱呂梁洪云。」其古廣陵條云：「文安縣在（霸）州南六十里。……霸故苦多水，而文安形如釜底，尤爲諸水所滙。」下述苑家口在此境。

莫、雄間緣堤行及宋人奏事，並詳前引。

此中部縱貫幹線之外，其東又有一條縱貫支線，亦卽前文所謂第二線。其行程自魏州向東微北行一百八十里至博州治所聊城縣（今縣西北十五里），中間經堂邑縣（今縣西十里），在博州西六十里；又蓋經冠氏縣（今冠縣北），在魏州東北六十里。

元和志一六、寰宇記五四之魏、博兩州目，記其相對方位里距皆詳確。

殷亮顏魯公行狀（全唐文五一四），李華合平原（德州）、清河（貝州），博平（博州）「三郡之師屯於博平郡堂邑縣西南十里，袁知泰遣其麾下將……率二萬人來拒戰，三郡之兵……大敗之。……其日，魏郡東南面女牆一百五十步無故而崩，知泰走投汲郡。」是博平至魏郡經堂邑也。元和志一六博州，堂邑縣東至州六十里，是也；寰宇記作州東六十里，誤。

又按元和志一六魏州，冠氏縣西至州六十里；寰宇記五四，云在魏州東北六十里，方向更確。道經堂邑，就方向里距言，當亦經冠氏也。

博州東北至德州治所安德縣（今陵縣）二百六十里，中間所經不詳。以方位里程度之，博平縣（今縣西北三十里博平鎭）在博州東北七十里，高唐縣（今縣治）在博州東北一百一十里，平原縣（今縣）在德州西南四十六里，皆可能在道中。德州城，壁塹高深，傳爲顏魯公之制。張祜有平原路上題郵亭殘花詩，蓋德州平原郡或平原縣道中也。似亦置驛。

博州東北至德州二百六十里，元和志博州目及寰宇記博、德兩目皆同，惟元和志德州目作一百六十里，字譌。其間所經不詳。惟元和志一六，博州之屬縣，博平西南至州七十里，高唐西南至州一百一十里；寰宇記五四，博平在州東北七十五里，高唐在州東一百一十里（東當作東北）；此兩縣似當在道中。又元和志一七，德州之屬縣，平原東北至州四十六里；寰宇記六四，方向里距同；此縣似亦當在道中。

紀要三一濟南府陵縣故德州城條，云卽今陵縣治，城周二十餘里。又引元王惲云：「德州城，壁塹高深，城門內起直城前障、壅蔽內外，左右墁道，其尾相屬，相傳顏魯公制也。」明永樂初，徙其甓以築德州新城，此城遂廢。

張祜郵亭殘花詩，一作平原路上題郵亭殘花（全唐詩八函五册祜集二），郵亭卽驛亭也。

德州東北至滄州治所清池縣（今滄縣東南四十里）二百四十里，中間蓋經樂陵縣（今縣西南三十里），南北去兩州里距略均。

唐宋志書記德、滄間里距，多作二百四十里，少至二百二三十里。前文已詳。兩州間，唐置縣甚多，然不能定其是否爲此道所經。惟元和志一八滄州，樂陵縣北至州百三十五里，漢縣，屬平原郡，開皇初屬滄州。寰宇記六五，作一百二十五里。按其地在今樂陵縣西南三十里，就方位里距言，當在道中。

然滄州西南到魏州亦可略循永濟渠線經臨清，不取德博路，行程似較逕捷；或逕由魏州浮永濟渠水運至長蘆縣（今滄縣）也。

通鑑二六一，光化二年，幽州劉仁恭發幽滄等十二州兵南下，拔貝州，攻魏州，兵敗，「燒營而遁，汴魏之人長驅追之，至臨清，擁其衆入永濟渠，殺溺不可勝紀，……自魏至滄五百里間，僵尸相枕。」按舊五代史二記此事云，「仁恭奔滄州。」是仁恭由魏州退至臨清，奔回滄州也。按由魏州東北取博德道至滄州共六百八十里，此云五百里，雖云大數，仍當逕捷也。度其形勢，當略循永濟渠道而行歟？又舊一八一樂彥禎傳，爲魏博節度使，「其子從訓，天資悖逆，王鐸自滑移鎮滄州，過魏郊，從訓見其女妓，利之，先伏兵於漳南高鷄泊，俟鐸之至，圍而害之。」(參舊一六一王鐸傳。）按漳南縣屬貝州，在州東北一百一十里，在今恩縣西北六十里衞河南岸，高鷄泊在今恩縣西北，已淤。此尤魏州至滄州，平時行旅不取博德之明證，或當取貝州路歟？復考舊五代史二梁太祖紀，天祐三年七月，自魏班師。八月以滄州未平，復命北征。九月丁卯，營於長蘆。閏十二月，以澤潞有事，遂自長蘆班師。同書三，開平元年正月丁亥，帝廻自長蘆，次于魏州。校點本引容齋續筆：「滄州還師，悉焚諸營資糧；在舟中者，鑿而沉之。」按寰宇記六五滄州清池縣，「廢長蘆縣，州西北四十四里，⑨……縣元在永濟渠西，開元十四年，大雨，城邑漂沉，十六年移於永濟渠東一里，即今縣（廢縣）也。」是濱臨永濟渠，即今滄縣治。梁軍糧在舟中者，蓋梁軍亦浮永濟渠由魏州至滄州西之長蘆縣也。

滄州爲唐代河北道渤海灣頭之海運中心，舟航甚盛。開元十四年，置橫海軍以鎮之。中葉更置滄景節度使。

渤海海運見史已久，至東晉十六國時，尤顯其盛。通鑑九六，晉咸康四年，「趙王虎遣渡遼將軍曹伏將青州之衆戍海島，運穀三百萬斛以給之，又以船三百艘運穀三十萬斛詣高句麗。……又令青州造船千艘，以謀擊燕。」又咸康六年，「趙王虎命司、冀、靑、徐、幽、幷、雍七州之民五丁取三，四丁取二，合鄴城舊兵，滿五十萬，具船萬艘，自河通海，運穀千一百萬斛于樂安城（今樂亭縣）……欲以擊燕。」此見當時渤海灣海運之盛，然尚未專指滄州。又一一六，晉義熙十年，「河間人褚匡言於燕王跋曰，陛下龍飛遼碣，舊邦族黨，傾首朝陽，……請往迎之。……章武臨海，舟楫可通，出於遼西臨渝，不爲難也。跋許之。……匡與跋從兄買、從弟睹，自長樂帥五千餘戶歸于和龍（今朝陽）。」按馮跋族黨在長樂，即信都，今冀縣。章武有二，一在今滄縣東北八十里，一在今大城縣，亦近滄州。此明滄州地段，在東晉時代已爲河北海運之一要道也。入唐，滄州海運尤見發達。舊三七五行志，開元十四年七月，「滄州大

---

⑨ 元和志一八滄州，長蘆縣東南至州三百四十里，顯誤。

風，海運船沒者十一二，失平盧軍糧五千餘石，舟人皆死。」尤見滄州爲河北通遼碣之海運中心。新一九七薛大鼎傳，「徙滄州。無棣渠久廞塞，大鼎浚治屬之海，商賈流行。里民歌曰，新溝通，舟楫利，屬滄海，魚鹽至，昔徒行，今騁駟……。」亦正以疏渠通海以增商賈之利耳。安史亂時，尤多渤海海運之史例，詳第八卷河運與海運。

橫海軍　元和志一八滄州，云「在州城西南，開元十四年置。」新志同，續詳之云，「天寶後廢。大歷元年復置。」

滄州西北約三十餘里至長蘆縣（今滄縣），北周大象三年置。隋開皇十六年、唐武德四年皆曾置景州。縣本在永濟渠西，開元十四年大雨，城邑漂沉，十六年移於渠東一里。循渠而北約六十餘里，中經老鴉堤至乾寧軍，一名蘆臺軍，地名馮橋鎭（今青縣），蓋唐末乾寧中置軍，在御河即永濟渠北岸。其南岸有蘆臺古城，故軍又有蘆臺之名也。長蘆、乾寧皆當渠，爲水運要地。

寰宇記六五滄州，「北至乾寧軍九百一十里。」又六八乾寧軍，「東北至滄州九十三里。」按乾寧軍在今青縣治，此兩條皆顯有錯誤，參之九域志二，滄州西北至軍不逾一百里，則前條當是九十一里，此亦志書常見之譌誤形式；後條北當作南；即滄州西北至軍九十餘里也。

又元和志一八滄州，長蘆縣「東南至州三百四十里。」而寰宇記六五滄州清池縣條，「廢長蘆縣，州西北四十四里。」則志文當爲三十四里之譌。就方位形勢言，滄州至乾寧，必中經長蘆。長蘆北至乾寧當約六十里之譜。檢一統志天津府卷關隘目，「長蘆鎭，在青縣南七十里，即古長蘆廢縣也。舊爲都轉運使司所駐。」里距亦略合。

長蘆沿革及與永濟渠相對位置，並詳寰宇記滄州清池縣條。

乾寧軍　通鑑二六二，昭宗光化三年六月，「劉仁恭將幽州兵五萬救滄州，營於乾寧軍。」此似爲軍名見史之始。胡注：「乾寧軍在滄州西(北)一百里，蓋乾寧間始置此軍也。」蓋是。同書二六七梁開平二年，「劉守文舉滄德兵攻幽州，……兵至盧臺軍，爲守光所敗。」又同書二七五後唐天成二年，帝以「烏震三將兵運糧入幽州。」「二月戊子，以震爲河北道副招討，……屯盧〔蘆〕臺軍。」下文述先「出奉節等九指揮三千五百人，使軍校龍晊部之，戍盧臺軍以備契丹。」及盧臺軍亂事。胡注「盧臺軍臨御河之岸，周建乾寧軍。」檢寰宇記六八乾寧軍，「理馮橋鎮，本古盧臺軍地，後爲馮橋鎮，臨御河之岸，接滄霸二州之界。幽州割據，僞命升爲寧州，周世宗顯德六年，收復關南，却爲乾寧軍。」下述與御河相對位置及盧臺古城。則唐末於此置乾寧軍，以地在蘆臺，故後有蘆臺軍之名，至周顯德中又復舊名。至於一統志順天府卷古蹟目，「蘆臺軍，在寧河縣東南，去寶坻縣一百六十里，五代時，劉守光置，俗名將臺。」又關隘目，有蘆臺鎮。今圖亦著。然實非唐宋蘆臺軍故地也。

上引光化三年、天成二年兩事，已見此軍在軍事形勢上之地位。又通鑑二九四後周顯德六年三月，上發大梁北伐。「四月庚寅，韓通奏自滄州治水道入契丹境，柵於乾寧軍南。……辛卯，上至滄州，即日帥步騎數萬發滄州。……壬辰，上至乾寧軍，契丹寧州刺史王洪舉城降。」旋即進軍，北至獨流口，西指益津關。此尤見此軍在交通軍事上之地位，蓋因永濟渠之水運作用也。

老鴉堤　通鑑二六二，光化三年，「劉仁恭將幽州兵五萬，救滄州，營於乾寧軍，葛從周留張存敬氏叔琮守滄州寨，自將精兵逆戰於老鴉堤，大破仁恭，……仁恭走保瓦橋。」事見舊五代史一六、新五代史二一葛從周傳。胡注「老鴉堤在乾寧軍東南。」是也。

乾寧軍又北一百二十里至獨流口，宋置獨流寨（今靜海西北十八里獨流鋪）。由此西北至幽州約三百三十餘里。其行程當爲下列兩線之一。其一，由獨流口西行五十里至淤口關（今霸縣東五十里信安鎮），宋初置破虜軍，又名信安軍，在永濟渠南岸。又西五十里益津關，宋置霸州（今霸縣），折北經固安縣（今縣南），即霸州至幽州道。其二，由獨流口北行，經安次縣（今縣西北四十五里舊州頭），在永濟渠西岸，又西至幽州。而安次以南，蓋經淤口關、永清縣（今縣），蓋皆永濟渠所經也。此道爲唐宋志書所記滄州北通幽州道之可能性最大。宋初契丹南牧，常以霸州與信安軍（即淤口關）爲歸路，其信安軍路即此道也。然由獨流口直北經武清縣（今縣東）至幽州亦當通行爲一道，此即元明運河路線也。

通鑑二九四，後周顯德六年四月辛卯，上發滄州，壬辰至乾寧軍。「乙未，大治水軍，分命諸將水陸俱下。」「丁酉，上御龍舟沿流而北，舳艫相連數十里。己亥，至獨流口，泝流而西。辛丑至益津關，契丹守將終廷輝以城降。」復西至瓦橋關。胡注：「九域志，獨流口在乾寧軍北一百二十里。金人疆域圖，涿州管下固安縣有獨流村。」益津關在今霸縣，已見前考。檢九域志二，乾寧軍有獨流北寨、獨流南寨，皆在軍北一百二十里。地與此獨流口相當，故胡注逕以注獨流口也。寰宇記六八乾寧軍乾寧縣，「御河在城南一十步，每日潮水兩至。其河從滄州南界流入本軍界，東北一百九十里入潮河，合流向東，七十里於獨流口入海。水西通淤口、雄、霸等州水。」此文雖不明晰，但即此獨流口無疑。（字當作獨或濁，今姑不論。）永濟渠至此，合潮河，下流入海，上通淤口、霸、雄也。故世宗由此泝流而西至益津關。

淤口者，寰宇記六八，「破虜軍，古淤口關，周顯德六年，收復關南，于此置寨。至皇朝太平興國六年，割霸州永清、文安縣三百一十七戶屬焉。」「西至霸州五十里。」⑩ 又云：「永濟渠自霸州永清縣界來，經軍界，下入淀泊，連海水。」此即世宗由獨流口泝流西行者，故上引寰宇記云獨流口「水西通淤口、雄、霸等州水。」即此淤口關無疑。關軍近永濟渠。按記又云軍東北至界河三十步，西北至界河二十步。所謂界河蓋即此所謂永濟渠歟？又武經總要一六上塘水目：「一塘水東滄州界，……西至乾寧軍沿御河津。」「一東起乾寧軍，西信安軍御河西。」「一東起信安軍御河，西至霸州莫金口。」按宋史八六地理志，信安軍目，「太平興國六年，以霸州淤口砦建破虜軍。景德二年，改爲信安軍。」是信安軍即破虜軍。御河即永濟渠，此亦淤口關仍沿永濟渠之

---

⑩ 同書霸州目、破虜軍目，皆有平曲城，亦見州軍間相去五十里。

證。

前據唐、宋志書，滄州西北至幽州五百五十里或五百七十里。按滄州西北至莫州二百六十里，莫州北至幽州二百八十里，無異說，共五百四十里，里距甚相當。然通典、寰宇記皆云西北至莫州若干里，北至幽州若干里，似非一道。若由滄州北行則經乾寧軍。由軍北行則經獨流口，由軍西北行則直至益津關，世宗置霸州。若此五百六十里上下之道係直取益津關不經獨流口者。按寰宇記六七，霸州，東南至乾寧軍一百四十五里。九域志二霸州目，東南至乾寧軍一百六十里；乾寧軍目，西北至霸州一百八十里。乾寧在滄州北九十餘里，霸州北至幽州二百里，則其總和至多四百八十里，少或四百四十里。是不合。若此道係北取獨流口者。按獨流口在乾寧軍北一百二十里，觀地圖，獨流口西至霸縣里距略相當，檢一統志天津府卷，靜海縣西至霸縣治一百二十里，即獨流西至霸縣亦逾百里，則滄州北經乾寧軍、獨流口、霸州至幽州總約五百二十里，所差不大，有爲唐宋志書所記滄州北通幽州道之可能。然獨流口向北另有一道。續論如下：

按今北平與靜海獨流鋪之間，自漢以來置縣甚繁，足見早已爲一經濟繁榮、人口衆多地區，其間必有通道無疑。唐代置縣，則有安次（今縣西北四十五里舊州頭）、武清（今縣東）、永清（今縣治）諸縣。考寰宇記六九幽州，武清、永清皆在幽州東南一百五十里，不當在同一道上。安次縣在州「東南一百里，本漢舊縣。東枕永濟渠。……唐武德四年移於城東南五十里石梁城置。貞觀八年，又自石梁城移理於今縣西五里魏常道城置。開元二十三年，又自常道城移就耿橋行市南置，即今縣理也。」檢一統志順天府卷古蹟目安次故城條，引寰宇記此文。下文云元升爲東安州，明降爲縣（東安縣），移今治。又引縣志：「漢安次故城在今縣（東安縣）西北四十里，基址尙存，俗呼古縣；又東安舊州在古縣西五里，俗名舊州頭；今皆有集。石梁城在今縣東南，舊州東南五十里。」按縣志所載極爲分明，漢縣在今縣西北四十里古縣集，武德縣在今縣東五里或十里，開元迄明初，在今縣西北四十五里舊州頭也。又按一統志順天府卷沿革目，東安縣在府東南一百四十里，而寰宇記云在幽州東南一百里，又後漢書光武記上，建武元年，李賢注，安次「今幽州縣也，故城在縣東。」皆合若符契。縣志準確若此，殊難得，故備錄之。安次既東枕永濟渠，又位於幽州至獨流口之直線上，故當爲交通路線所經也。安次西北至幽州一百里，觀審地圖，其東南至獨流口固當有二百里之譜，里距亦略相當。唐宋志書所記滄州北通幽州五百數十里之行程，極有取此道之可能，蓋安次爲永濟渠所經也。

至於安次至獨流口間，亦有經永清縣與淤口關之可能。何者？前考淤口關，引寰宇記六八破虜軍條，本古淤口關，在霸州東五十里，「永濟渠自霸州永清縣界來，經軍界，下入淀泊，連海水。」永清縣、破虜軍幅員皆甚小，卽其城必近永濟渠。朱偰云：永濟渠以今地言之，「從天津以北大概是利用永定河，當時還叫做盧溝。」（中國運河史料選輯第三編第七章隋永濟渠。）蓋是。今永清卽在永定河南岸，舊州頭則在河之北境，唐世此道殆循河渠而行耳。惟永清以下之永定河則非隋永濟渠之舊。復考武經總要一六上塘水目：「咸平景德，（契丹）頻年南牧，霸州、信安軍並胡馬歸路。」信安軍卽破虜軍之易名，宋初爲遼騎來往南北大道，必本之五代以前，是亦唐世大道所經之旁證。寰宇記六九幽州，永清縣在州東南一百五十里。度其東南至獨流口至少亦有一百五十里，里距亦甚契合。檢今日地圖，正有一條公路由霸縣、靜海縣正中間之勝芳北行經信安鎮、永清縣、舊州頭，蓋卽沿承唐宋古道耳。

又按一統志天津府、順天府兩卷山川目之南運河、北運河條，南運河北流經滄州城西，入青縣（古乾寧軍）境，又北逕靜海縣城西，至天津縣西，與子牙河、北運河合，曰三岔河。其北運河則自通州東，受潮白二河之水，逕州南，又東逕香河縣西，武淸縣東，又南合南運河，東流入於海。此雖爲元明之制，但此段南運河卽古永濟渠，北運河實亦循舊河道而導之也。武淸縣，據寰宇記六九，本漢之雍奴縣，天寶初更名武淸，在幽州東南一百五十里。此地久爲戶口甚多、開發已久之地區，宜有南北通道。據一統志前揭兩卷，武淸縣西北至順天府一百二十里，南至靜海縣界一百五十里，由界首南至靜海縣城六十里，共凡三百三十里，若如寰宇記所記武淸西北至幽州一百五十里，則其和三百六十里，加獨流口南至滄州二百二十里，正爲五百五十里或五百八十里，與唐宋志書記滄州西北至幽州之里數恰合，雖也可能只是巧合，但此道在唐宋時代已通行必無問題，但未必是幹道耳。

參看圖二十一

一九八一年十一月三日初稿，一九八四年九月十三日增補，一九八五年十二月十一日初校，一九八七年二月一日二校定稿。

篇肆玖　幽州東北塞諸道一

—居庸關北出塞外兩道—

幽州北行九十三里至昌平縣（今縣西）。

寰宇記六九幽州，昌平縣在州西北九十三里。又李德裕論幽州事宜狀（全唐文七〇二）亦云，「昌平縣去幽州九十里。」

又西北循灅餘水（今沙河）河谷上行出居庸關。居庸關又名軍都關，唐又有納款關之名，爲中古太行八陘之最北陘道，是爲天下之險。古關城蓋即今上關、關城之地，置關使以守之。其地西至媯州約八十里。關外二十里居庸關山，即今八達嶺，最爲高險，下視關城如在井底。唐於古夏陽川置防禦軍，疑在其地或嶺北川中。關東南爲軍都陘，在昌平西北十五里，一稱下口，即今南口。古稱居庸關陘道四十里，即北由居庸關山南至軍都陘之道，亦即今八達嶺至南口四十里之陘道。北口高聳在漢居庸縣南，故置關以居庸名，南口在漢軍都縣境，故又有軍都關之稱。此長距離之陘道，「兩山夾峙」而「層深」，「一水旁流」而湍急，「側道褊狹」，或僅五步，「路才容軌」，而關垣「崇墉峻壁」，誠爲不攻之險，故唐世又有鐵門關之名。

呂氏春秋一三有始篇，山有九塞，居庸爲其一。高注，「居庸在上谷沮陽之東，通居都關也。」此爲我所見最早之居庸關史料。其次淮南子四墬形訓，與呂覽同。高注同，惟「居都關」作「運都關」。按漢書地理志上谷郡居庸縣「有關」，又有軍都縣。居都、運都即軍都。是居庸關有關，軍都無關，高誘注「通居都關」者，謂居庸爲通居都縣之關也。東漢時代，史事屢見。後漢書光武紀下，建武十五年二月，「徙雁門、代郡、上谷三郡民，置常(山)關、居庸關以東。」以避匈奴之逼。通鑑四三記此事。卷五〇安帝元初五年、建光元年兩記鮮卑寇上谷攻居庸關事。又卷六〇獻帝初平四年，田疇「上西關，出塞，傍北山，直趣朔方，循間道至長安。」胡注以爲卽居庸關，是也。檢水經注一四濕〔㶟〕餘水注云：

「濕〔㶟〕餘水出上谷居庸關東，關在沮陽城（上谷郡治）東南六十里，居庸界，故關名矣。更始使者入上谷，耿況迎之于居庸關，卽是關矣。其水導源關山，南流，歷故關下。溪之東岸，有石室三層，其戶牖扇扉悉石也，蓋故關之候臺矣。南則絕谷，累石爲關垣，崇墉峻壁，非輕功可擧，山岫層深，側道褊狹，林障邃險，路才容軌。曉禽暮獸，寒鳴相和，羈官遊子，聆之者莫不傷思矣。其水歷山南逕軍都縣界，又謂之軍都關。……其水南流出關，謂之下口，水流潛伏十許里也。」

㶟餘水卽今沙河，出居庸關之東。此段描述居庸關甚詳悉，爲最早期之一段狀述史料。據此注文，居庸關爲一段山谷陘道，北口在沮陽縣東南六十里，南口在軍都縣境，故亦謂之軍都關。軍都亦漢地志之縣名，在今昌平縣境。今有南口之名，蓋古下口也。考魏書八二常景傳云：

「杜洛周反於燕州（今涿縣、唐新州），仍以景兼尚書爲行臺，與幽州都督平北將軍元譚以禦之。……別勑譚西至軍都關，北從盧龍塞，據此二嶮，以杜賊出入之路。又詔景，山中嶮路之處，悉令捍塞。景遣府錄事參軍裴智成……守白㟴，都督元譚據居庸下口。俄而安州（略）戍兵反，結洛周……自松岍赴賊，譚勒別將崔仲哲等截軍都關以待之。仲哲戰沒，洛周又自外應之，腹背受敵，譚遂大敗，……詔以（略）李琚爲都督，代譚征下口。」

按此段述事，雖不能據以瞭解居庸、軍都、下口之地理排列次序，然首尾相連之形勢則甚顯，且其東有盧龍塞，相近處尚有諸多小陘也。

隋書地理志涿郡昌平縣有關官。通典一七八幽州昌平縣，「古居庸關在縣西北，齊改爲納款。淮南子云，天下九塞，居庸是其一也。」寰宇記六九，同。是隋唐屬幽州昌平縣。而新唐志幽州昌平縣與嬀州懷戎縣兩記之。蓋關路甚長，就地境而言，本南北兩屬也。居庸關使，見通鑑二六八後梁乾化三年。繆荃孫元和志闕卷逸文卷一順州目，「有納款關亦謂之居庸關，其北有防禦軍，古夏陽川。」（錄自永樂大典四六五七。）新志嬀州幽州兩條所記較詳云：

嬀州懷戎縣，「東南五十里有居庸塞，東連盧龍、碣石，西屬太行、常山，實天下之險。有鐵門關。」

幽州昌平縣，「北十五里有軍都陘，西北三十五里有納款關，即居庸故關，亦謂之軍都關。其北有防禦軍，古夏陽川也。」

據此，關似又有鐵門關之名，其北有防禦軍。關之北口在懷戎縣東南五十里。與酈注在沮陽東南六十里者相合。其南口似在昌平西北三十五里，又似五十里，新志省字，往往有此病。

寰宇記六九昌平縣，「軍都山又名居庸山，在縣西北十里。」與新志略合，但於居庸關，不云里數。考武經總要前集一六下北蕃地理燕京關口目云：

「居庸關，幽州西北一百二十里。關之西北二十里即居庸關山。一路西至嬀州，一路北至儒州。」

按通鑑二四六會昌元年，胡注亦云：「今居庸關在燕京之北一百一十里。」則唐宋時代，關在幽州西北一百一二十里，此自就關之南口而言。檢寰宇記六九，昌平縣在幽州西北九十三里，則南關在昌平西北約二十里上下。按嬀州至幽州二百一十里，（詳太原北塞交通諸道篇第五節。）南關在幽州西北一百一二十里，北關在嬀州東南五十里，則關道之長約四五十里。一統志順天府卷關隘目，引程大昌北邊備對云：「居庸關，太行山最北之第八陘也。東西橫亙五十里，而中間通行之地才闊五步。」又武經總要前引條，明本云「兩山夾峙，一水旁流，關跨南北四十里，懸崖峭壁，最爲要險。」是亦四五十里。與上文所論相合。如此長谷陘道，而懸崖峭壁，中間仄處闊才五步，誠爲險峻。復檢紀要一一昌平州居庸關條引志云：

「州西北二十四里爲居庸關南口，有城，南北二門。自南口而上，兩山之間，一水流焉，道出其上，十五里爲關城，跨水築之，亦有南北二門，又有水門，宣德三年，命修居庸關城及水門者也。又八里爲上關，有小城，南北二門。又七里曰彈琴峽，水流石罅，聲若彈琴。又七里爲青龍橋，道東有小堡。又三里卽延慶州之八達嶺矣。嶺上有城，南北二門，元人以此爲居庸北口。」

按唐代昌平州在今縣之西，則今南口城卽新唐志之軍都陘，亦卽唐關道之南口；關道四五十里者，卽指今南口至八達嶺之一段四十里道路而言。八達嶺卽古居庸關山也。據明九邊考四宣府鎭條，居庸關三十里至岔道，二十里至榆林驛，三十里至懷來衞。則八達嶺至懷來約六十餘里，亦正與古代記載關在懷戎縣東南里距略合，此適可爲證。

一統志順天府關隘目，八達嶺有城，「今有把總戍守。」又宣化府卷山川目，「八達嶺在延慶州南三十五里居庸關城外，東南去居庸上關十七里，爲往來之要衝，元時以此爲居庸北口，上有城，設兵戍守。昌平山水記，自八達嶺下視居庸關若建瓴，若闚井，昔人謂居庸之險不在關城，而在八達嶺。」是八達嶺之衝要，又在正關之上，元明清皆置戍城守，唐代當同。新唐志云，其北有防禦軍，蓋卽今八達嶺相近歟？然志云古夏陽川，或在嶺北川原耶？又前引武經總要云，「居庸關山，一路西至嬀州，一路北至儒州。」儒州在今延慶縣治。此正卽今八達嶺北至延慶，西至懷來之道矣。

五代胡嶠陷虜記云，居庸關外又有石門關，「關路崖狹，一夫可以當百，此中國控扼契丹之險也。」頗疑亦卽居庸關北口之居庸關山，今八達嶺之地。然亦可能爲今石峽峪口，則在八達嶺西行之途中，未能親履其地爲之勘定也。

新五代史七三四夷附錄云，胡嶠在契丹七年，周廣順三年歸國，自述入虜中行程云：「自幽州西北入居庸關。明日又西北入石門關，關路崖狹，一夫可以當百，此中國控扼契丹之險也。又三日至可汗州。」則唐末五代有此關。田村實造引路振乘軺錄曰：「有四路，一曰榆關路，二曰松亭關路，三曰虎北口路，四曰石門關路。」又曰「石門關在幽州西一百八十里。其險絕悉類虎北口，皆古控扼奚虜要害之地。」此石門關亦明指居庸關路而言，以里距論之，蓋即八達嶺處。而田村引察哈爾通志卷三延慶縣條，「石峽峪口，南通昌平白羊城口，（西）與懷來接壤，山路崎嶇，單騎可行，亦八達嶺迤西之要口也。」就田村所引察哈爾志言之，此關當在今八達嶺西至懷來道中。然胡嶠過居庸關，不言其險要，次日至此關乃大書其崖狹，爲控扼契丹之險。而觀其形勢，實如古代之居庸關山，今八達嶺之地，路振亦以與虎北口相比擬，不言居庸關，故疑石門關實即居庸關北口之居庸關山，今八達嶺也。至於里距，去幽州一百八十里，較去八達嶺稍遠一二十里，然古人記載里程本不能太拘也。姑存待考。

居庸陘道雖既險且長，然爲幽州近處通往山北之最主要孔道，故自先秦兩漢以來皆極重視，用兵通使與商貿往來，莫不由之。唐代後期，河北騷亂，據幽州者，或將軍糧物資儲存於關外諸州鎮，有如太原資糧西儲於羊腸之倉，以確保糧儲之安全，此亦見關塞雖險而交通仍暢也。

李德裕論幽州事宜狀（全唐文七〇二），「幽州雄武軍使張仲武已將兵馬赴幽州。雄武軍使今日奏事官吳仲舒到臣宅……答臣云，只繫人心歸向。……臣又問萬一入不得，即有何計？仲舒云幽州軍糧並儲在嬀州及向北七鎮，若萬一入未得，却於居庸關守險，絕其糧道，幽州自存立不得。」通鑑二四六會昌元年，記此事。胡注：「檀州有大王、北來、保要、鹿固、赤城、邀虜、石子𪨗七鎮。」

出居庸關山西行五六十里至嬀州治所懷戎縣（今懷來 E115°40′.N40°27′，中國圖集西移），置清夷軍，即秦漢上谷郡治之沮陽縣也。

按嬀州東南至幽州二百一十里，已詳太原北塞交通諸道篇第五節。勘計里程，知居庸關山西至嬀州里數。嬀州置軍及故地亦皆詳該篇。

嬀州北行分東西兩道。一道西北行經新州（今涿鹿東北），武州（今宣化），又西至雲州（今大同），已詳太原北塞諸道篇。一道北行九十里至張說新築長城，又五十里至廣邊鎮，故白雲城也，唐末置廣邊軍（今鵰鶚堡 E115°42′·N40°40′東）。又東北五十里至赤城，東臨沽水（今白河），北魏前期築長城，東起赤城，置赤城鎮（今赤城縣東赤城山上），爲東北攻防軍事交通重地。又循沽水西岸北行三十餘里至獨固門（今雲州堡東北五里龍門山峽），地當沽水河床東狹處，兩岸崖壁升聳，疏通若門，北魏夾岸築城，憑險守固，故名。又北約三十餘里至禦夷鎮故城，據沽河注、濡水注及皇華四達記所記，鎮城在沽水東源大谷、尖谷二水之間，約今雲州堡、獨石城（E115°40′·N41°25′）之正中間，N41°10′地段，（貓兒峪東或東北之三山堡，今圖貓兒峪在東源紅山水之西。）北魏太和中置此鎮爲東北重鎮。又北三十里至獨石（今獨石城南一里），一石極巨大，平地孤拔，聳立槃天，故名。又東北一百二三十里至陘山，地多豐草，地下丈餘多堅冰，爲奚及契丹避暑地，即所謂炭山也。炭山殆即清代迄今所名之黑龍山，又名富谷山，亦名巴延圖屯古爾山（巴延崑兒）者。濡水注云，禦夷鎮北一百四十里有禦夷故城，在濡水（今灤河）上游東西兩源（東灘河、西連淵水）之間，蓋北魏前期之故城也，是約在今沽源縣之東、大灘鎮之西，約 E 115°50′·N41°35′ 地區，地與此炭山略相當，蓋相近也。

武經總要前集一六下北蕃地理篇雲州四面諸州目嬀州條云：（影四庫本）

「嬀州……東南至幽州二百里。…… 北至張說築長城九十里。禦夷鎮，後魏築長城，今契丹改爲望雲縣。按皇華四達記，嬀州北一百四十里至廣邊鎮，一名白城。又東北五十里至赤城。又百（明修本作北）七十里至鎮城。陘山在鎮城西北，即奚、契丹避暑之處，今曰炭山。」

按此引皇華四達記一條，當爲賈耽書，是一條極寶貴史料，（當止於「之處」或「至鎮城」。）是即由幽嬀北經赤城、禦夷鎮故城至陘山之通道也。檢寰宇記七一嬀州四至條云：

「北至張說新築長城九十里。又云至廣遼城舊名白雲城一百八十里。」

此與四達記、武經總要所記當爲一路。而廣邊、廣遼當有一譌，里數亦頗異。按北至張說長城一條，本之通典一七八嬀州目。又新唐志嬀州目，有廣邊鎮兵。州治所懷戎縣「北九十里有長城，開元中張說築。」「北有廣邊軍，故白雲城也。」復考通鑑二六八後梁乾化三年，李嗣源與高行周追元行欽至廣邊軍。胡注：「宋白曰，廣邊軍在嬀州北一百三十里。高行周兄弟本貫廣邊軍鵰窠村。」考異歷引諸書，亦作廣邊軍。是作廣邊爲正，寰宇記作廣遼，形近致譌。白城即白雲城之簡稱，里距亦當作一百三四十里；一百八十里，蓋至赤城之里距歟？又據胡注，廣邊軍有鵰窠村，此軍所轄地區當甚小，軍治必近此村。紀要一八開平衞鵰鶚堡條，及延慶右衞廣邊軍條，謂軍近鵰鶚村，卽今鵰鶚堡，是也。一統志宣化府卷古蹟目，云在鵰鶚堡東。檢今圖，見有此堡，在赤城縣南、龍關縣東，當北通赤城道，卽其地矣。

古禦夷鎮　上引皇華四達記云赤城「又百七十里至鎮城」，卽禦夷鎮城。明修本作「又北七十里。」按武經總要前集同上嬀州條又云：「禦夷鎮，後魏築長城（？），今契丹改爲望雲縣。」檢一統志宣化府卷古蹟目，雲州故城在赤城縣北。長安客話八邊鎮雜記雲州堡條，「雲州置自前元，古望雲川地，距赤城三十里。」紀要一八萬全都司雲州堡條，「本望雲川地，契丹常爲遊獵之所，……其後號爲御莊，尋置望雲縣，屬奉聖州，金因之，元置雲州治焉。……明初改置雲州驛。宣德五年，於河西大路，築城置戍，……堡當南北通衢。堡北五里曰龍門口，……爲衝要之處。」檢今圖，赤城縣北有雲州堡，在 N41° 之北。若武經總要禦夷鎮卽遼望雲縣之說爲可信，則在今赤城縣北三十里之雲州堡。然四達記云禦夷鎮在赤城北七十里，一本作百七十里，則顯在今雲州堡北至少三四十里之遙。前撰北魏軍鎮考（魏晉南北朝地方行政制度北朝第十一章），其禦夷鎮條（頁七〇七至七一〇）引沽水、鮑邱水、濡水三注，推論禦夷鎮當在今沽源縣、獨石口或稍東數十里地區。今再就此三注作更進一步之推勘如下：

水經注一四濡水注云：

「濡水出禦夷鎮東南。其水二源雙引，夾山西北流，出山合成一川。（卽胡林翼圖之上都河，乾隆內府輿圖之商都必拉，發源於獨石口東南百數十里。）又西北逕禦夷故城東，鎮北百四十里。北流，左則連淵水（淵一作泉）注之。水出故城東，西北流逕故城南，又西北逕綠水池南，……其水又西屈而北流，又東逕故城北，連結兩沼，謂之連淵浦，又東北注難河（即上文之濡水源，合流處約在 E 115°50′·N 41°40′）。難河右則汙水入焉。水出東塢南，西北流逕沙野南，北人名之曰沙野（蓋 E 116°·N 41°45′ 之綠洲，張編地圖集有砂梁地名），鎮東北二百三十里。西北入難河。濡難聲相近，狄俗語訛耳。濡水又北逕沙野西，又北逕箕安山東（御製濡水源考云似即今多倫鄂博圖，ONC 有 LO-TO-SHAN），屈而東北流逕沙野北，東北流逕林山北（清人各家皆云當作松林山，今多倫西山，海拔 1598 公尺）……濡水又東北流逕孤山南，東北流，呂泉水注之。……濡河又東，盤泉入焉。……濡河又東南，水流廻曲，謂之曲河，鎮東北三百里。又東出峽，入安州（治所約在今隆化縣）界。」

按此條述濡水（今灤河）流程，隨處皆以禦夷鎮定其方位。（呂泉水之一源曰三泉水，其源在鎮東北四百里，太遠未錄。）檢楊氏水經注圖，其所據底圖爲胡林翼圖，灤河上源曰上都河，其源頭在獨石口城東南東，赤城縣之東北東，去兩城之距離略相當。又檢乾隆內府輿圖（「國防研究院」重印本改稱清代一統地圖）大同府·歸綏幅亦相同（名商都必拉）。其源頭緯度顯在雲州堡之北，即禦夷鎮之緯度必高於今雲州堡也。而酈注所記，另有禦夷故城，在鎮北一百四十里。濡水西源連淵水發源於故城東，繞經城南、西、北三面，乃東北與濡水主源（上都河，即三道河）合流。御製灤河濡水源考（王氏水經注合校本卷首）以此爲灤河主源，云「出獨石口外東北一百餘里，巴延屯圖古爾山」，北流七十餘里，「三道河自東來滙之」。所謂三道河即胡林翼圖之上都河上源也。①

① 張編地圖集·熱河察哈爾人文圖雖未將上都河即三道河繪出，但獨石口東北有三道河小地名，更爲三道河即胡圖上都河之明證。實際上，濡水即今灤河，有東西兩源，東源出獨石口之東南百餘里，西源出獨石口之東北百餘里，水經注、乾隆內府輿圖及胡林翼圖以東源爲主，乾隆御製灤河源考以西源爲主。而一統志承德府卷山川目灤河條謂發源於巴延屯圖山，從御製文也；而卷五四八御馬廠卷山川目又云灤河俗名上都河，即古濡水也，源出獨石口東南山中，是又從酈注以來之通說也。

然則禦夷故城當在今獨石口外一百三十里之譜，而禦夷鎮當卽在獨石口之同一緯度上。故就上引濡水注而論，楊氏水經注圖，所擬定之禦夷鎮與禦夷故城之地望極爲合理。

復檢水經注同卷鮑邱水注云：

「鮑邱水出禦夷北塞中，南流逕九莊嶺東，俗謂之大榆河。又南逕鎮東南九十里西密雲戍西。又南，左合道人溪水。水出北川，南流逕孔山西，又歷密雲戍東，左合孟廣峒水。……水出峒下，……西逕孔山南。……峒水又西南至密雲戍東，西注道人水，亂流，西南逕密雲戍城南，右會大榆河。有東密雲，故是城言西矣。大榆河又東南流，白楊泉水注之，……又東南，龍芻溪水自坎〔北〕注之。大榆河又東南出峽，逕安州舊漁陽郡之滑鹽縣南，左合縣之北溪水，……世謂之斛鹽城，西北去禦夷鎮二百里。」

按此段述西密雲戍、滑鹽縣，皆見與禦夷鎮之相對方位與距離。惟此兩地之地望向無定論，楊氏水經注圖，置西密雲戍於潮河（卽鮑邱水）上游，在獨石口城之正東，同一緯度線上；置滑鹽縣於古北口之南。按古北口西北至雲州堡之航空里距約一百四十公里，其實際陸程當在四百華里以上，故楊氏所擬滑鹽位置絕不正確。而潮河源頭，自清乾隆內府輿圖、胡林翼圖及近代中外各圖，皆繪於獨石口城之東北，緯度高於獨石口城甚遠，上游支源較多，據酈注，西密雲戍亦在上源地段，知楊圖所置地望當甚合理。

再檢同卷沽河注云：

「沽河出禦夷鎮西北九十里丹花嶺下，東南流，大谷水注之。水發鎮北大谷溪，西南流逕獨石北界，石孤生，不因阿而自峙。② 又南，九源水注之。水導北川，……南流至獨石，注大谷水。大谷水又南逕獨石西，又南逕禦夷鎮城西，魏太和中置以捍北狄也。又東南，尖谷水注之。水源出鎮城東北尖溪，西南流逕鎮城東，西南流注大谷水，亂流南注沽水。（沽水）又南出峽。夾岸有二城，世謂之獨固門，以其藉險憑固，易爲依據，巖壁升聳，疏通若門，故得是名也。沽水又南，左合乾溪水。……沽水又西南逕赤城（今赤城

② 一統志宣化府卷山川目，獨石在獨石城南一里。引此注，「石」上有「其」字。

縣東北三五里山中）東。趙建武年，并州刺史王霸爲燕所敗，退保此城。城在山阜之上，下枕深隍。……河有赤城之號矣。沽水又東南與鵲谷水合。水有二源，南即陽樂水（今龍門水）也。出且居縣……東南流……歷女祁縣故城（今龍關縣東）……又東，左與候鹵水合。③水出西北山，東南流逕候鹵城北。城在居庸縣（今延慶東）西北二百里，故名云候鹵，太和中更名禦夷鎮。又東南流注陽樂水。陽樂水又東南傍狼山南，……又逕赤城西，屈逕其城南，東南入赤城河。」

按此段述沽水源頭，與禦夷鎮關係尤切。沽河有東西兩源。主源在西，發於禦夷鎮西北九十里之丹花嶺，（蓋即今獨石水。）副源大谷水在東，發於鎮城之北，（蓋今紅山水。）西南流逕獨石之北，又南逕獨石西，又南逕鎮城西，又東南，左受尖谷水。水發源於鎮城東北，流逕城東，又西南，右入大谷水。大谷水又南，右入沽水主源。沽水又南出峽，峽名獨固門。此見禦夷鎮城在獨石之南或東南，皆在沽水東源大谷水之東，鎮城更夾在大谷水與大谷水東源尖谷水之間，二谷水合流處在鎮城之南，沽水與大谷水合流處在鎮南更遠，再南始入獨固門。

酈注描寫獨石與獨固門地形特殊，爲考古地理之最好標記。先言獨石。一統志宣化府卷山川目，獨石「在赤城縣北獨石城南一里。……宣鎮志，在開平城（即指獨石城）南，一石屹起平地，上可構屋數楹，有獨石神廟。」又長安客話八邊鎮雜記，「獨石城距馬營堡三十里，城南平城（當作地）屹起一石，故名獨石，而城因以此名。張開府佳胤有獨石行：獨石城南一片石，突兀霜空削如壁，古松屈鐵盤雲根，紫翠千峯莽相射，陸海俄翻灣瀕堆，流沙直接崑崙脈，奇標眼底不常見，誰其置之巨靈蹟。……鄭開府汝壁登獨石亭詩云：……孤根疑拔地，遠勢欲檠天，鎮朔當三面，名城寄一拳。」皆狀此石之平地孤拔特異狀，古今不能有大變化，亦即酈注所寫描之獨石無疑，是禦夷鎮必在今獨石城之南不太遠亦無疑。次論獨固門。考遼史四一地理志，奉聖州龍門縣，「有龍門山，石壁對峙，高數百尺，望之若門，徼外諸河及沙漠潦水，皆於此

③ 按張編地圖集有一水由赤城西境南流至龍關縣東，注入龍門水。

趣海。雨則俄頃千仞，晴則清淺可涉，實塞北控扼之衝要也。」紀要一八萬全都司雲州堡，「龍門山，堡東北五里。兩山石壁對峙」云云，全抄遼志原文。又云「龍門川，堡東北五里，合獨石、紅山二水從龍門峽南流。」一統志宣化府卷山川目龍門山條指此即酈注之獨固門。以形勢論之，絕無可疑。今雲州堡在其南五里，知酈注此處所記之禦夷鎮必在今雲州堡之北至少二三十里以上亦無疑。是前引明修本武經總要錄皇華四達記云赤城北七十里至鎮城者，真得其實矣，四庫本作「百七十里」，誤。

復考長安客話八邊鎮雜記，有赤城堡、雲州堡、馬營堡、獨石城各條，赤城北三十里至雲州堡，又北三十里至馬營堡，又北三十里至獨石城。又一統志宣化府卷關隘目，獨石口「在赤城縣東北一百里，府東北三百十里，其南十里爲獨石城。」則赤城縣北至獨石城九十里，雲州堡北至獨石城六十里。馬營堡居雲州堡、獨石城之正中間。又長安客話八馬營條云：

「馬營堡，即元雲州大貓兒峪也，與雲州堡相距三十里。宣德七年，議分哨馬營於雲州之北，因即營城焉，命總兵楊洪守之。……宣府北路諸城，馬營爲要。其北舊有二堡，東曰君子堡，西曰松林堡，在西山之間，土極平饒。」

是馬營堡爲此一地區之軍事要衝，明史一七三楊洪傳，宣德間，城西貓兒峪守之，屢引兵出塞，大著功勳。正見其戰略地位之重要。又檢一統志宣化府卷關隘目，馬營堡在赤城縣西北六十里，西至邊界二十五里，北至邊界三十里。松樹堡在馬營堡西，君子堡在松樹堡北，皆明築。紀要一八開平衞，松樹堡「一望平川，無險可倚。」而松樹、君子兩堡之西則盤道山阻。又山川目，總高山在獨石城東北十里，登眺可見遼海，東山在獨石城東三十里，極高峻，上有墩臺，可瞭三百餘里。④ 雷山在馬營堡東五十里，上有雷神廟，下多積雪堅冰。則獨石城、馬營堡之東及東北面，高山環繞，可遠瞭敵情，兼峙屏障，西面兩堡，地極平饒，可容軍屯，而馬營堡居中總要，以獨石城爲蔽衞，誠爲邊徼之戰略要地。北魏禦夷鎮城既在雲州堡之北至少二、三十里，或至四十里，地望

---

④ ONC-F-9 獨石口東南有海拔 2251 公尺高山。

正與元、明以來貓兒峪置馬營堡者略相當，疑卽其地。惟檢張編地圖集・熱河察哈爾人文圖，沽水有東西兩源，貓兒峪在東源西岸，在雲州堡北甚近，其北有三山堡，在東源之東。又申報館中國分省新圖，三山口與上圖相當，而馬營城（卽貓兒峪）在西源西岸。申報館新地圖，馬營城與貓兒峪分爲兩地。城在兩源之西，峪在兩源之間，當大道。禦夷鎭故城旣在東源之東，若今圖繪貓兒峪於東源之西爲不誤，則古鎭城當在其東或東北三山堡處。（兩圖三山堡皆在獨石與雲州堡之正中間，且在東源之東。）至於沽水兩源之今名則見一統志宣化府卷山川目沽河條引畿輔通志云，「其源有二，皆自塞外流入。一曰獨石水，由獨石城，爲西河；一曰紅山水，由紅石山，逕獨石城東，爲東河；俱流至城南而合，又南逕龍門山下，名龍門川，又南逕雲州堡東……。」其與獨石之相對方位又與酈注小異。

又按一統志承德府卷山川目，白河源出獨石口外瑪尼圖嶺，卽沽河也。楊氏水經注圖卽以酈注沽河發源之丹花嶺在今獨石口外之馬尼圖嶺。一統志五四八御馬廠卷山川目，「鐵幡竿嶺在牧廠南界，直獨石口北十三里，土人名廝尼圖嶺。」是在口外甚近。前引一統志宣化府卷關隘目，獨石口在獨石城北十里，馬營堡只在獨石城南三十里，則只在馬尼圖嶺南五十三里，與酈注禦夷鎭城在丹花嶺東南九十里之說似不相應。蓋嶺在口外十三里，僅指嶺之南麓而言，沽河源頭可能實在嶺之北麓，故今沽源縣乃在獨石隘口之外約近百里也。且山區隘道委曲，千數百年前道路取線固難與今完全吻合矣。

前引沽河注之首段所述獨石口南之禦夷鎭之地望旣詳論如上，約在今獨石口南三十里之譜。前引濡水注，禦夷故城蓋太和以前北魏前期所置故城也。此城居濡水兩上源（東源難河，西源連淵水）之間，在鎭北一百四十里，是當在今獨石口之北一百里之譜。檢今圖（ONC-F-9 及張編地圖集），當在沽源縣之東、大灘之西，約 E 115°50′・N 41°35′ 地區灤河兩上源之間也。

又沽河注前引一段之下文又云，候鹵水上源之候鹵城，太和中更名禦夷鎭。按上考獨石南之禦夷鎭城在大谷水之東。沽水上源由丹花嶺東南流於大谷水之西，此候鹵水又在沽水之西，云出西北山，東南流逕候鹵城北，城在居庸縣西北二百里，太和中更名禦夷鎮。此候鹵城與上考獨石南之禦夷鎮城中間隔三條水，絕對不是一城，豈禦夷鎮城後有遷徙耶？抑酈氏之誤記歟？

綜合上考，鮑邱水注雖記禦夷鎮東南至西密雲戍與滑鹽縣之里距，但此兩地之地望皆無定說，故不能據以定鎮城之地望。濡水注屢見禦夷鎮與其他地名之相對方位與里距，然據此注，可指爲鎮城地望之範圍仍甚廣。惟據沽河注，鎮城在獨石之南不遠，又夾在沽河東源之大谷、尖谷兩水之間，二水合流後（今紅山水）右入沽水，又南逕獨固門。獨石與獨固門地形特殊，今可確指，參以賈耽所記里距，禦夷鎮城必在今獨石城與雲州堡正中間之貓兒峪或稍東無疑。楊氏水經注圖位置此鎮殊太偏東。持此以驗濡水注所記濡源在鎮東南，沙野在鎮東北二百三十里，曲河在鎮東北三百里，無不盡合，轉以推論鮑邱水注之西密雲戍當在今潮河上游之大閣鎮（張編地圖集・熱河察哈爾人文圖 N41° 10′ 之潮河岸）地區，濡水注又有禦夷故城在鎮北一百四十里者，即在今獨石口長城外約一百里之處也。按魏書孝文帝紀，太和十八年八月行幸懷朔、武川、撫冥、柔玄諸鎮還宮，「詔六鎮及禦夷城人」云云，蓋其時尚未置禦夷鎮，只有禦夷城，即此所謂禦夷故城也。其地突出塞外，是年置鎮，乃退居羣山環繞之內以策安全歟？至於沽河注所謂候鹵城太和中更名禦夷鎮者，蓋太和中先置禦夷鎮，但仍太突出前線，守禦不易，因而內徙鎮名於候鹵城耳，非太和始置禦夷鎮之故地矣。

赤城鎮　前考禦夷鎮引沽河注，沽水南出獨固門峽，又西南逕赤城東，趙建武年，幷州刺史王霸爲燕所敗，退保此城。城在山阜之上，下枕深隍，故河有赤城之號。河水又東南與鵰谷水合。按獨固門即雲州堡東之龍門峽，鵰谷水即今龍門水，兩地間今有赤城縣。檢一統志宣化府卷山川目，赤城山「在赤城縣東二里，山石多赤，古赤城在其上。」又紀要一八開平衞赤城堡，「其地有古赤城。……赤城山，堡東五里，山石多赤，志云古赤城在北山。坐據高險，最得形勝，蓋即此山矣。」是古赤城即在今縣之東山上。按此赤城在東晉北朝時代極爲顯著，酈注記趙建武（石虎年號，西元 335–349）年間事，似爲見史之最早者。其次通鑑一〇七晉太元十六年（391）六月甲辰，燕趙王麟破賀訥於赤城，禽之。胡注引河水注雲中楨陵縣南之赤城，又引魏書太祖紀登國三年幸東赤城。按麟破訥在東赤城，即今考之城；胡注兼引楨陵之赤城，誤也。北魏道武帝拓跋珪崛起塞外，赤城更屢見史册，如魏書太祖紀，登國二年多幸濡源，遂幸赤城，三年四月幸東赤城，五月北征庫莫奚，七月還赤城，六年六月慕容賀麟破賀訥於赤城，帝救之。太宗紀，神瑞二年車駕東巡，六月辛酉次于濡源，丁卯幸赤城，南幸上谷。泰常八年二月築長城，起自赤城，西至五原，延袤二千餘里。皆即此赤城也。具見爲當時軍事交通重地。復考魏書五二趙逸傳，神䴥三年以後拜赤城鎭將，「綏和荒服，十有餘年。」是太武帝時且置鎭，爲北魏最早期幾個重要軍鎭之一。蓋地當北魏東疆軍事要衝，居長城東端之起點，故特見重要，爲一名鎭也。

陘山、遼稱炭山　前引武經總要媯州條錄皇華四達記云，媯州北行至故禦夷鎭，又云「陘山在鎭城西北，即奚、契丹避暑之處。」武經作者釋之曰「今曰炭山。」是鎭城西北通陘山，即宋遼時代之炭山也。武經總要同卷同篇蕃界有名山川目又云：

「九十九泉，水經曰，阻〔沮〕陽城東八十里有牧羊山（羊當作牛），山下有九十九泉，即滄海〔河〕之上源也。後魏多住九十九泉。遼主（明本遼作虜）每南牧，多聚謀于此。南至雲州，北至炭山。」

「炭山本匈奴避暑之處，地多豐草，掘丈餘即有堅冰，賈耽所說，媯州西北八十（明修本作百）里至陘山，即奚、契丹避暑之處。唐史載契丹之地，西至冷陘是也。今遼（明修本作胡）中目爲炭山，近更名爲雙山（明修本作嫑山）。自幽州西北路清河館，即居庸關，雕窠館，赤城口，始有居人，望雲縣受賜州（遼史地理志五歸化州有愛陽川）凡十日程至炭山。」

炭山條所記即前引媯州條所記承賈耽以來之媯州北通禦夷鎭、炭山道。九十九泉在媯州東北，今延慶縣東北地區，其北至炭山，道亦略相當。此三處所提及之炭山在赤城、禦夷以北絕無可疑。按幽州西北出居庸關至媯州二百里，至少三日程，媯州北行九十里至長城，又四十里廣邊鎭（雕窠館），又五十里赤城，又六十里禦夷鎭，又三十里獨石，至少四五日程，則陘山即炭山在獨石北亦不過二三日程耳。同上蕃界有名山川目又云：

「落黎泊東至炭山，西至鹽泊，南有退渾都（明本作部）落，北至狗泊。」

「狗泊西鴛鴦泊，北韃靼國界，東南炭山。」

是炭山又在狗泊東南。按金史二四地理志，「昌州，天輔七年降爲建昌縣，隸桓州。明昌七年，以狗濼復置，隸撫州。縣一，寶山，有狗濼，國言押恩尼要。」又張德輝嶺北紀行，「由嶺（扼胡嶺，即野孤嶺，在今張家口西北六十里）而上則東北行，始見毳幕氈車，逐水草畜牧而已，非復中原之風土也。尋過撫州（今張北縣）……北入昌州（今寶昌地區）。……州之東有鹽池，周廣可百里，土人謂之狗泊，以其形似故也。」姚從吾先生校注（臺灣大學文史哲學報第十一期），狗泊即蓋里泊，在撫州東北，王國維認爲即今太僕寺牧場東之克勒湖。檢胡林翼圖，獨石口正西北百餘里處有克勒湖。張編地圖集・熱河察哈爾人文圖，沽源縣西近處有鹹池甚大（E115°20′・41°42′），蓋其地。一統志五四八御牧廠卷山川目，庫勒泊在牧廠南五藍城西北，直獨石口北八十里。方位里距亦略相當。則武經總要此兩條所提到之炭山亦見在獨石口外不太遠處。復考新五代史七二四夷附錄契丹傳，「漢城在炭山東南灤河上，有鹽鐵之利。」漢城經姚從吾先生考證，是通名，非專指一地之專名。此論雖極碻，但仍須承認炭山旁誠有一漢城。（說阿保機時代的漢城，東北史論叢上册。）且不論漢城如何，但不碍歐陽氏炭山在灤河上源西北之說。又通鑑二六六梁開平元年胡注引宋白曰：「阿保機居漢城，在檀州西北五百五十里。城北有龍門山，山北有炭山，炭山西是契丹、室韋二界相連之地。其地灤河上源，西有鹽泊之利。」是謂炭山在檀州西北五百五十里以上，龍門山（也許即指雲州堡東北龍門山、古獨固門而言）之北，灤河上源。是歐陽、宋白亦皆以炭山在獨石口外也。綜上所論，北宋早期中期學人皆以爲炭山在灤河上源，曾公亮更五次提及，在獨石之北不太遠處。而遼史四一地理志五歸化州條云：

「有炭山，又謂之陘頭，有涼殿，承天皇后納涼於此。山東北三十里有新涼殿，景帝納涼於此，唯松棚數陘而已。斷雲嶺極高峻，故名。」

按遼歸化州本唐之武州，治文德縣，在今宣化縣治。地去獨石口外殆四百里，後世學人有炭山在今萬全縣西南之說，殆卽因遼志此條記事而來。如紀要一八萬全都司，「炭山在司西百二十里，灤水源於此。」下引遼史地理志以實之。且云，「山有斷雲嶺，極高峻。」又如一統志宣化府卷山川目，「炭山在萬全縣西南四十里。」下亦引遼志此文。又引五代史阿保機漢城在炭山東南灤河上，宋白曰龍門山北有炭山；而加按語云：「此則又一炭山，在今獨石口外，非此山也。」是統志編者尙知遼於獨石外有炭山，而顧氏竟不能辨矣！至楊氏繪遼地理志圖，亦置炭山於張家口、萬全縣之西南。其實遼志記炭山於歸化州，雖相距太遠，但亦有故。遼於南京幽州之直北僅置歸化（今宣化）、奉聖（今涿鹿）、可汗（今懷來）、儒（今延慶）四州，治所皆儘量靠近南疆，而獨石口內外，未別置州。奉聖州統望雲縣（治今雲州堡），其北疆當至獨石口無疑，是去州治亦三百五十里左右。獨石口西南至宣化這條長城塞歷史已久，遼世，塞內之地蓋盡屬奉聖州，塞外之地蓋盡屬歸化州，蓋以宣化東北至濡水源頭炭山之地，在一條交通大道上，⑤ 此正古人規劃行政區域之重要原則也。遼代獨石口外地屬宣化州，故遼志記之，是也。後人蓋疑其遠，而指宣化近處斷雲嶺爲炭山，其實遼志所記本爲兩山，非一山也。復考路振乘軺錄云：

「虜名其國曰中京，府曰大定。……中京南至幽州九百里，……北至上國（疑當作京）一千里，……曰臨潢府。……西至炭山七百里。炭山卽黑山也。地寒涼，雖盛夏必重裘。宿草之下，掘深尺餘，有層冰。……山北有涼殿，虜每夏往居之。」（宋朝事實類苑卷七七契丹條引）

按遼中京大定府在今平泉縣東北一百八十里老哈河北岸之大寧故城址（E119°·N41°30′），上京在今林東波羅城（E119°23′·N43°57′），南至中京實際爲六百九十里。以此三項里距論之，炭山在獨石口東北，亦極契合，若云在今宣化縣西百里、數十里，則去中京必一千里以上，決非其地矣。

賈耽記之陘山卽遼主避暑地之炭山旣在獨石口外，然究爲何山？箭內亙遼代の漢城と炭山（東洋學報一一卷三號，及蒙古史研究頁八二九）謂在灤河發源地

⑤ 北魏前期諸主常由大寧幸濡源，詳北朝隋唐東北塞外東西交通線篇。大寧今張家口地。元代大都至上都之西線輦道，亦取此線。見袁驪元史論叢（商務出版）。

黑龍山一脈之西北端。檢申報館新地圖，黑龍山爲白河東源黑河之發源地。按黑龍山之說不始於箭內亙。乾隆帝灤河濡水源考證（王氏合校水經注卷首）云：

「灤河源出獨石口外東北一百餘里巴延屯圖古爾山。……歐陽修云，灤水出炭山東北，胡三省通鑑注因之。……今考獨石口外無所謂炭山者，惟巴延屯圖古爾山。據努三（帝遣循考灤河源者）云，土人名其山爲黑老山。按昔人有謂濡水出黑龍山者，龍老音轉承訛，黑龍山之言，似不爲妄。今巴延屯圖古爾山其陽石色黝黑，所謂炭山，或即指此。」

又自注云：

「山爲興安正幹，自張家口向東至獨石口外爲大山，……與興安大嶺相連屬，出泉處，較興安山梁尤爲特出。山陽山陰，樹大茂密，與他山異，信爲名山。山陽爲民人居址，山陰皆察哈爾蒙古游牧地。」

觀此文描寫此山景觀，誠有爲遼主避暑地炭山之可能。地在獨石口外東北百餘里。又檢一統志五四八御牧廠卷，「在獨石口東北一百四十里博羅城。」「富谷山在牧廠東南，土人名巴顏崑兌（兒？），直獨石口東北一百三十三里。」疑即巴延屯圖古爾山，有富谷山之名，亦見爲漠南邊緣資源豐富之地。地在獨石口東北百餘里至百三十里，以曾公亮所記自幽州北至炭山十日程計之，獨石至炭山應只二三日程，亦極相合。

契丹炭山既即今之黑龍山、富谷山，亦即巴延屯圖古爾山，在獨石口外東北百里以上至百三十里，與前引濡水注，禦夷故城在禦夷鎮北一百四十里，濡水兩上源之間者，地望正略相當，疑亦其地，至少亦相近也。按前說禦夷故城當在今沽源縣東，大灘之西，灤河兩上源之間，約 E 115° 50′•N 41° 35′ 地區。檢 ONC–F–9，其近處有海拔 1648 公尺之高山，疑即相近也。

又按明清迄今居庸關北出兩道，即在關外近處分途，西道至懷來，東道至延慶。此在北宋已然。其東道即北接赤城、獨石、炭山道也。唯在唐世無史料可證。

長安客話八岔道條，「四海冶西至岔道一百四十里。出居庸關，北往延慶州，西往宣鎮，路從此分，故名八達嶺，是關山最高者。」前八達嶺分通懷來、延慶，自明代已然。復按前引武經總要前集一六北蕃地理燕京關口目，「居庸關山，一路西至媯州，一路北至儒州。」儒州即今延慶縣。則北宋舊道已然。惟唐世無考。但上考魏書明元帝紀，神瑞二年，東巡至濡源，丁卯幸赤城，南次石亭，幸上谷，壬申幸涿鹿。有由赤城南經今延慶乃西至涿鹿之可能。復檢水經注一三㶟水注，於清夷水上源記述極詳，且引魏土地記，「沮陽城（即今懷來）東八十里有牧牛山，下有九十九泉，即滄河（即清夷水）之上源也。」又云山上有道武皇帝廟。度其地望正當在今延慶縣地帶。疑明元帝「南次石亭」實取道此地也。惟仍不知當時清夷水上源九十九泉地區是否能直南通居庸關耳。

參看圖二十二

一九八二年七月初稿，一九八五年一月十八日增訂，十二月十二日初校，一九八六年二月二日（農曆一九八五年十二月二十四日）二校定稿。

篇伍拾　幽州東北塞諸道二

——古北口通奚王衙帳道——

新唐志檀州燕樂縣條云：「東北百八十五里有東軍、北口二守捉。北口，長城口也。又北八百里有吐護眞河，奚王衙帳也。」此記幽州東北經檀州出古北口至奚王衙帳之通道也。玆可稍詳考之如次：

由幽州東北行三十五里過齊（北齊）長城，又約五十五里至燕州，地在桃谷山。州本在營州之東，以處粟末靺鞨突地稽部，武德中移置幽州城內，開元中移置此山，唐末曰順州（今順義）。又八十里至檀州治所密雲縣（今縣）。

寰宇記七一，燕州本隋置遼西郡以處突地稽部落，武德元年改燕州，旋移置幽州城內。「開元二十五年，移治所於幽州北桃谷山。」「東至檀州八十里，西至幽州九十里。」又武經總要前集一六下北蕃地理順州條，亦云（西）南至幽州九十里，東北至檀州八十里。據遼史四〇，唐末改燕州爲順州，故兩州去幽、檀之里程相同。按順州即今順義縣，應在幽檀道上。考宋大中祥符元年，路振乘軺錄，由幽州北行「三十五里過長城」，五十里（謂自幽州）至孫侯館，由館至順州三十里。「自順州東北行至檀州八十里。」（田村實造遼宋交通資料注稿錄自粵雅堂叢書本續談助卷三。）通鑑二六八乾化三年紀胡注引沈括說，略同。於宋遼時代，幽州東北至檀州實經順州。即唐世幽檀道中經燕州也。遼志云「南有齊長城」，即乘軺錄所述之長城也。遼志校勘記云，「按此地非齊境，索隱謂齊當作燕。昌平山水記則謂北齊天保中所築。」又按武經總要前集一六下北蕃地理，幽州「東北至中京：出北門，過古長城，至望京四十里，又過溫餘河，大廈陂，五十里至順州，東北過白璵河七十里至檀州。」所記行程尤詳。

州城內有威武軍，萬歲通天元（二？）年置，本漁陽軍，開元十九年更名，管兵萬人。

唐六典五兵部郎中條，幽州節度所統有此軍。通典一七二范陽節度使統此軍，云「密雲郡城內，萬歲通天二年置，管兵萬人，馬三百匹。西南去理所（幽州）二百里。」而新唐書地理志檀州密雲郡云「威武軍，萬歲通天元年置，本漁陽，開元十九年更名。」又唐會要七八節度使目，「威武軍，大足元年置，在檀州，開元十九年九月二十七日改爲威武軍。」置年不同，又失本名，蓋句首「威武軍」爲「漁陽軍」之譌，詳盧龍道篇。

由州東北行七十五里至燕樂縣，已入山區，又山行約三十里至古北口（今地）又名虎北口，隘道四十餘里，「兩邊陡峻，中有路，僅容車軌」。地當長城塞，置障塞軍，統兵五千人。開元十九年，移置於薊州（今縣）北二百里盧龍古塞，更名靜塞軍；舊地改置北口守捉。口外五十里，過一大山，高五里，曰摘星嶺（今十八盤嶺，在三岔口之北、鞍匠屯之南），卽劉仁恭軍道所踰以討契丹處。又約百里至東軍守捉城（約今灤平地）。

檀州至燕樂縣之方向里程，見寰宇記七一檀州目。

古北口、長城、障塞軍、北口守捉　隋書地理志，安樂郡燕樂縣有長城，考證云在縣北。按楊氏考證，於東北地區所言長城皆指今長城言。今考通典一七八檀州密雲郡（今密雲）有下列兩條：

「東北到長城障塞一百十里。」

燕樂縣「有長城。」

檢寰宇記檀州目，全同；惟「東北」一條，「長城障塞」一本作「長安障塞軍」。此「安」字顯爲「城」之誤，而有「軍」字，可注意。按寰宇記又引開元十道要略云，「斯地（檀州）爲燕之邊陲，管障塞軍五千。」則作障塞軍是也。通典奪「軍」字。（武經總要前集一六下，亦云檀州「東北至長城障塞百里。」）綜此而言，燕樂縣有長城，西南去檀州一百十里，卽去燕樂縣三十五里也，其地有障塞軍。

篇首綱文引新唐書地理志檀州燕樂縣條云：

「東北百八十五里有東軍、北口二守捉。北口，長城口也。」

是燕樂縣長城口已有北口之名。通鑑二六八後梁乾化三年紀，「晉將劉光濬克古北口。」即此古北口。同書二八四後晉開運二年，「契丹主還至虎北口。」胡注，「此乃幽檀以北之古北口」，是也。此三條似爲古北口之最早見史者，名虎北口。考武經總要前集一六下北蕃地理篇燕京州軍目云：

「古北口山，幽州正東二百七十里，兩邊陡峻，中有路僅容車軌。本范陽防扼奚契丹之所，最爲隘口。」

此見古北口之險峻，本唐代防禦奚及契丹之要塞。明修本云，「下有澗，巨石磊塊，凡四十五里。」檢通考三四六契丹傳中，據三朝契丹傳述燕京至中京、上京通道，描述古北口一段文字幾全相同，是皆據王曾上契丹事述之也。①而通鑑二六九後梁貞明三年紀胡注引金虜行程云：「唯渝關、居庸可以通餉饋，松亭、金坡、古北口只通人馬，不可行車。」則車軌蓋亦難通矣。

上引總要云，古北口在幽州正東二百七十里，則去檀州不過百里。而據新志之文，古北口似在燕樂縣東北一百八十五里，去檀州二百五六十里。通鑑二一六天寶十年胡注謂長城口在燕樂縣東北百八十五里，即據此而言。然志云有東軍、北口二守捉，未必同在一處。按通鑑二六八乾化三年紀，胡注引沈括說，檀州東北五十里有金溝館，自館東北行六十餘里至古北口。又引匈奴須知，虎北口南至燕京三百里，檀州南至幽州一百六十里。而寰宇記七一，檀州西至幽州一百九十里。則古北口西南至檀州亦只一百一二十里，至多不過一百四十里。又路振乘軺錄，檀州至虎北口不過九十五里。②而通考三四六錄三朝契丹傳所記奉使者自雄州至契丹上京之驛程亦云，檀州「北漸入山，五十里至金溝館。……自（此）入山，屈曲登陟，無復里候，但以馬行記日景而約其里數。

---

① 王曾上契丹事，見續資治通鑑長編七九眞宗大中祥符五年十月己酉條。

② 田村實造遼宋交通資料注稿採粵雅堂叢書本續談助卷三，今據以轉引；下文所引，同。田村稿刊東方史論叢第一册。

……九十里至古北口。」按此實出王曾上契丹事，見注①；遼史三九地理志所引，文同。是所記少或不到百里，多則一百四十里，蓋馬行記日影而約其里數，故伸縮性甚大，然古北口西南至檀州亦斷不至有二百五十里之程。又傅樂煥宋人使遼語錄行程考（北京大學國學季刊第五卷四號）所製宋臣使遼所經館驛名稱表，其中七家取道古北口，而檀州至古北口間皆僅金溝館一驛，亦為中間不能有二百五十里距離之強證。大抵應為一百一二十里。檢郡國利病書三，密雲縣東北至古北口一百里，一統志順天府卷關隘目，古北口關在密雲縣東北一百二十里。天然形勢，古今里距略無大異也。然則前考通典、寰宇記云檀州東北一百十里至長城障塞軍者，正卽古北口，亦卽隋唐長城所在，當時燕樂縣之東北三四十里也。新唐志燕樂縣條「東北百八十五里有東軍、北口二守捉；北口，長城口」者，里程乃就東軍守捉言，而北口守捉則在燕樂縣東北不過三四十里之古北口也。

據上所考，古北口在檀州東北百十里，當長城塞，開元十道要略云置障塞軍，而新志云置北口守捉。按薊州有靜塞軍，在州北二百里盧龍古塞，為障塞軍所改置，時在開元十九年，後又遷置薊州城內，詳盧龍道篇。蓋古北口長城塞本置障塞軍，開元十九年東移軍至薊州北盧龍塞，更名靜塞軍，其古北口則置北口守捉，故開元要略所記乃前期之制，新志所記乃後期之制耳。

東軍守捉　新唐志檀州燕樂縣此條記事，顯為由檀州東北行經燕樂，古北口，東軍守捉城，至奚王衙帳之行程。所謂「百八十五里」者乃指東軍守捉言。此守捉城必在古北口外東北通奚王衙帳之道上，去古北口約一百四五十里之譜。考武經總要前集一六下北蕃地理篇幽州四面州軍目北安州條云：

>「後魏置安州，……契丹今建為北安州，……東北至中京二百五十里，西南至北口二百八十里，……西北至柳河五十里。」

按中京卽大寧城，今平泉縣東北一百八十里有大寧城故址，亦稱大明城、大名城，音之轉譌也。地在老哈河北岸（約 E119° 5′·N41° 30′），詳後文。柳河卽今伊遜河（Ihson），詳下文墨斗軍條引路振乘軺錄。遼之北安州，前人說法極為紛紜，或云在今豐寧縣境內，或云在今隆化縣卽皇姑屯古城，或云在灤平縣西南，有古城，參見紀要、一統志、熱河志及滿洲歷史地理卷二，而楊氏遼地理圖，置於今承德縣治。以武經總要所記去中京、北口、柳河三項里距計之，承德之說似最可能。東軍守捉城西距古北口、東距遼之北安州之里程略相等，而西去北口乃山路迂曲，直線距離必較短，故東軍城當在今灤平縣地區。檢一統志承德府卷山川目，十八盤嶺在灤平縣西南一百里。說者以爲卽摘星嶺，在古北口之北五十里，詳下摘星嶺條，則灤平西南至古北口一百五十里，正與古東軍城去古北口里程相當。

摘星嶺　路振乘軺錄云「自虎北館東北行，……下虎北口山卽入奚界……五十里過大山，名摘星嶺，高五里，又謂之辭鄉嶺。」田村實造引彭汝勵鄱陽集（遼史拾遺卷三所收），望雲嶺，自古北口五十里至嶺上，南北使者各置酒三盞，乃行。又引王曾云度德勝嶺，盤道數層，俗名思鄉嶺。以爲皆卽此山嶺。又引熱河志六八，「按思鄉嶺，今十八盤嶺……在灤平縣。」又六五，「大十八盤嶺在灤平縣西南一百十里，其南四里爲小十八盤。」又引巴林記程云：「由古北口行有關廳，在山下北門內。……出關卽在山溝、亂石內行三十里至三岔口，早尖，又十里入山口，石多難行，旋登十八盤嶺，甚高。下嶺五里許，又登山，亦名十八盤稍，又十餘里至安〔鞍〕匠屯。」此述道中景觀甚詳。③按三岔口、鞍匠屯皆見於張編地圖集·熱河察哈爾人文圖。是摘星嶺地望可考。再考舊五代史一三七契丹傳，「劉仁恭鎭幽州，素知契丹軍情僞，……乘秋深入，踰摘星嶺討之。」新二一九契丹傳，同。事亦見通鑑二六四天復三年紀。新五代史七二契丹傳且云劉仁恭「數出兵摘星嶺攻之。」則唐世軍道亦過此嶺也。

又東北蓋二三十里之譜至墨斗嶺，一名度雲嶺，置墨斗軍，捍禦奚界。其地在灤河東十里、柳河（今伊遜河，指伊遜河與飲馬圖河合流後之河段）之西二十里，卽今灤平、承德兩縣之間，灤河北岸。（約 E107°30′·N41°。）又東二十里過柳河（蓋今伊遜河入灤河口之稍北河段），蓋唐、奚故國界

③　田村實造遼宋交通史料注稿，東方史論叢第一冊。

也。

武經總要前集一六下北蕃地理篇．蕃界有名山川目云：

「墨斗嶺亦名慶雲嶺，在德勝嶺之北百二十里，唐置墨斗軍使，禦捍奚界。」

同書同卷幽州四面州軍目云：「北安州，後魏置安州，築城在幽州之北，正當松漠之地，契丹今建爲北安州。墨𣁾嶺……，灤河、柳河皆在其境。西北至柳河五十里。」是墨斗嶺在北安州境，西南去德勝嶺百二十里。考續通鑑長編七九大中祥符五年十月己酉條王曾使還言：

「古北口兩旁峻崖，中有路，僅容車軌。……又度德勝嶺，盤道數層，俗名思鄉嶺。八十里至新館。（據路振乘軺錄，虎北口至新館六十里。）……四十里至臥如來館。……過烏灤河，東有灤州，因河爲名。又過木斗嶺，（遼史木作摸。）一名渡雲嶺，長二十里許。又過芹菜嶺，七十里至柳河館，河在館旁。」

遼史三九地理志三中京大定府目，錄王曾上契丹事，相同，略省。校勘記云：「摸斗嶺，……摸原誤黑，行程錄作墨。按陳襄使遼語錄、沈括使遼圖抄、蘇頌使北詩並作摸，據改。」復考路振乘軺錄云：

「十五日，自虎北館東北行至新館六十里。下虎北口山……五十里過大山，名摘星嶺，……又謂之辭鄉嶺。十六日，自新館行至臥如館四十里。……十七日自臥如館東北行至柳河館六十里。……三十里過灤河，四十里過纏斗嶺，……六十里過柳河。（以上三個里數皆自臥如館算起）」

按此卽一條路線，武經總要所記亦是此交通線，纏斗嶺卽墨斗嶺，德勝嶺卽摘星嶺也。是墨斗嶺在灤河之東十里、柳河之西二十里地帶。據武經總要，此嶺去摘星嶺一百二十里，卽去古北口一百七十里；據乘軺錄，此嶺去摘星嶺九十里，去古北口一百四十里；但參之王曾所記里數，仍當爲一百二十里及一百七十里。灤河爲一明白無可爭議之基點，田村實造據師說，謂柳河卽今伊遜河，是也，當指伊遜河下游，卽已右受飲馬圖河後之一段，嶺蓋在今灤平與承德之正中間，灤河北岸，伊遜河之西也。

開元二年薛訥大軍出檀州道至灤河山峽中，爲契丹所敗，蓋卽在東軍、墨斗軍前後歟？

舊九三薛訥傳：「開元二年夏，詔與左監門將軍杜賓客、定州刺史崔宣道等率衆二萬出檀州道以討契丹等。……六月，師至灤河遇賊，時旣蒸暑，諸將失計會，盡爲契丹等所覆。」通鑑二一一開元二年紀云：「（訥）出檀州，擊契丹。……行至灤水山峽中，契丹伏兵遮其前後，從山上擊之，唐兵大敗。」按此次行軍必卽出古北口至東軍守捉、墨斗軍地段之灤河山峽處。胡注引新志薊州東北至鹽城守捉，又東北渡灤河說之。誤也。薊州東北出爲盧龍道，詳歷代盧龍道篇。

由唐奚國界東北至吐護眞河、奚王衙帳。吐護眞河又名土河，卽今老哈河。奚王衙帳者，遼置中京大定府，今名大寧故城，在寧城④凌源間老哈河上游之北岸（E119°5′·N41°30′）。

前引新唐志燕樂縣條，「北口，長城口也。又北八百里有吐護眞河，奚王衙帳也。」奚王衙帳者，遼史三九地理志三，中京大定府，「（聖宗）統和二十四年（宋景德三年），五帳院進故奚王牙帳地。二十五年城之，……號曰中京，府曰大定。」是遼之中京大定府卽奚王牙帳故地。遼大定府卽今平泉東北一百八十里老哈河北岸之大寧故城，老哈河卽遼金時代之土河，卽吐護眞河。此兩點，分別見於一統志承德府卷古蹟目大寧舊城條與山川目老河條。近人考證都無異說，且謂土河卽吐護眞水，皆是也。大寧故城在寧城、凌源兩縣之間，又名大明城、大名城，音之轉耳。據張編地圖集·熱河察哈爾人文圖，約在E119°5′·N41°30′地點。一統志承德府卷古蹟目云，「今其城，……蒙古稱察罕蘇巴爾城，周二十里許。」文物考古工作三十年頁七七有較詳測量數據。然此爲奚人後期（約唐玄宗以後）衙帳；其早期衙帳在此北約五百里之西喇木倫河上游今巴林橋北，詳歷代盧龍道篇。

④ 此據張編地圖集；中國圖集移治大寧城東之天義鎮。

唐代墨斗軍東北至吐護眞水奚王衙帳之路線雖不可考，然宋遼通使之館道行程則尙能詳。今以路振乘軺錄爲本，略參王曾所記述之：由墨斗嶺東行二十里過柳河（今伊遜河下游將入灤河處），傍河東岸有柳河館。又六十里過契丹嶺，又名松亭嶺，又二十里至打造部落館，又五十里至牛山館，又六十里至鹿兒峽館，又過蝦蟆嶺八十里至鐵漿館（今平泉附近），又過石子嶺八十里至富谷(音浴)館（今平泉北約六十里，蓋與黃土梁相近），又八十里至通天館，又三十里至契丹中京大定府。全線大方向由西南向東北行，共凡四百八十里，沿途山勢平遠，唯契丹嶺、鹿兒峽稍險峻，至石子嶺出山至平原，度其取線蓋與今灤平、承德、平泉之汽車道略相當。

路振乘軺錄由幽州東北經順州、檀州、虎北館、摘星嶺，至纏斗嶺（墨斗嶺）。又二十里過柳河至柳河館。此下行程云：

「十八日過（自？）柳河館東北行至部落館八十里：十里過小山，六十里過契丹嶺。（王曾作松亭嶺。）十九日，自部落館東北行至牛山館五十里，山勢平漫。二十日，自牛山館東北行至鹿兒館六十里，地勢微險。二十一日，自鹿兒館東北行至鐵漿館八十里，山勢平遠。二十二日，自鐵漿館東北行，至富谷（音浴）館八十里，平勢平遠。二十三日，自富谷館東北行，至通天館八十里，山□（遠？）路平。二十四日，（以上據粵雅堂叢書本續談助卷三。）自通天館東北行至契丹國三十里，山遠路平。……虜名其國曰中京，府曰大定府。」⑤

此所記自柳河館東北至契丹中京大定府路程甚詳悉。又續通鑑長編七九大中祥符五年十月己酉條載王曾上契丹事所記行程云：

「至柳河館，河在館旁，西北有鐵冶。……過松亭嶺，甚險峻，七十里至打造部落館，有蕃戶百餘，……鍛鐵爲兵器。東南行五十里至牛山館，八十里至鹿兒峽館，過蝦蟆嶺，九十里至鐵匠館（遼史作鐵漿館），過石子嶺，自

⑤ 田村實造遼宋交通資料注稿輯自皇朝事實類苑卷七七契丹條。

北漸入山（遼史入作出，是），七十里至富谷館，居民多造車者，云渤海人。正東望馬雲山，山多鳥獸材木，國主多於此打圍。八十里至通天嶺（遼史作館），二十里至中京大定府。」（遼史三九地理志三中京目引王曾上契丹事，館程里數全同，而較省略。）

此兩條館程全同，武經總要前集一六下北蕃地理篇・燕京州軍目全取王曾而約省之。檢傅樂煥宋人使遼語錄行程考（國學季刊五卷四號），取王曾、宋綬、薛映、陳襄及武經總要其他條目作宋臣使遼所經館驛名稱表（獨無路振），其檀州至中京大定府一段，六家（武經兩條）全同。惟薛映記與武經一條無通天館；陳襄語錄，通天館作長興館耳。是上引路振及王曾兩條所經館驛行程極正確，惟里數小異，不足論。且自柳河館東北至大定府全程皆爲四百六十里。此諸館之今地，惟柳河與富谷兩館可考。柳河館，前文據田村說，柳河係指今伊遜河與飲馬圖河合流後之河段，渡口當在下游，近入灤河處。富谷館，按一統志承德府卷古蹟目，「富峪故城在平泉州北，明初築。永樂初廢。明史地理志，富峪城距行都司一百二十里。」行都司即大寧故城。田村引蒙古遊牧記謂即富谷館故地，是也。方位里距正合。柳河至富谷之間諸館今地雖不能定，但沿途蓋丘陵地帶，山勢平遠，過鐵漿館東北之石子嶺，乃全出山。又富谷館既在今平泉與大寧故城道上，在平泉東北不過六十里之譜，則此段路線必經今承德、平泉兩縣近處，與今承德、平泉之汽車道略相當，而鐵漿館即在今平泉附近，或稍西南一二十里耳。

墨斗嶺以西經古北口至幽州之道，唐既與宋遼使程相同；墨斗以東，以地形方向論之，當亦無大異。蓋宋遼使程即本之唐通奚王衙帳之故道耳。宋人記程，謂遼中京大定府南至幽州九百里，與五代會要謂奚王所居南至幽州之里數，全同，正以遼京與奚帳同在一地，行程路線亦全相同也。至於唐志八百里之言，起算地點既不明，不足深論。

按由伊遜河與灤河合流處至大寧故城，其方向係由西南向東北行，但大寧故城正西地區有七老圖山脈，由北向南延伸至平泉北境，故伊遜河、灤河合流處通大寧故城之路線，勢必東經承德繞經平泉，然後再折北微東至大寧故城。前考宋遼交通路線如此，上推唐世當亦相同。按北魏伐北燕，其北道一軍由白河流域赤城地區東取凡城至柳城，柳城今朝陽，凡城在朝陽西南約二百里之喀喇沁左翼旗地區，則其凡城以西必即取承德、平泉線，詳東北塞外東西交通線篇第三節。則此道開通已久，宋承唐，唐又承之前代耳。

奚王牙帳去幽州里程　前引新唐志，檀州燕樂縣「東北百八十五里有東軍、北口二守捉，北口，長城口也。又北八百里有吐護眞河，奚王衙帳也。」此可能有二解。其一，燕樂縣東北一百八十五里，又八百里至奚王牙帳。其一，古北口又北八百里至奚王牙帳。燕樂東北百八十五里即前考之東軍守捉城，由此東北至今大寧故城不過五百里，數字相差太大。若自古北口算起，⑥ 前考東軍守捉在古北口東北約一百五十里，又二三十里至墨斗軍，又二十里過柳河至柳河館，宋人路振、王曾兩家紀錄，柳河至中京大定府皆爲四百六十里，則北口至大定府即奚王帳亦不過六百五十里。或者自檀州治所數之，則踰七百五十里，較爲近之。據王曾所記爲七百九十里，則此八百里蓋果自檀州算起歟？亦古人文字之疏也。遼中京去檀州幾八百里，則去幽州踰九百里。路振乘軺錄云：「中京南至幽州九百里」，即取大數而言。復考五代會要二八奚目，「居陰涼川，東去營府五百里，南去幽州九百里。」是與宋人記遼中京去幽州之里程亦正相同。

參看圖二十二

一九八二年秋初稿，一九八三年元旦改訂畢，一九八四年五月八日校閱，刋史學彙刋第十三期錢穆先生九十歲祝壽論文集。一九八五年春檢閱，十二月十二日初校，一九八六年二月三日二校定稿。

---

⑥ 通鑑二一六天寶十年紀胡注引此條即自長城口算起。

篇伍壹　幽州東北塞諸道三

—歷代盧龍塞道—

引　言

中國東北部河北平原與內蒙察熱草原間有燕山山脈自西徂東，高峯疊起（海拔常在 1000 公尺至 2050 公尺），隔限南北。山南傾斜度大，急落爲丘陵平原，山北傾斜度小，舒展爲高寒草原。地貌既殊，生業遂異。宋人云：「山之南地，則五穀百果、美木良材，無所不有」；其北「則山童水濁，鹵脊彌望，黄草白葦，不知其極；蓋天設此以限南北也。」（許亢宗奉使行程錄，參通鑑二六九胡注引金虜行程。）然連珠高峯間常斷爲谷陘，最大者爲潮河與灤河兩河谷，成爲古代南北交通之要道，即古北口道與盧龍等道也。西晉句注碑曰：「蓋北方之險有盧龍、飛狐、句注爲之首，天下之阻，所以分內外也。」句注卽雁門關，飛狐卽史記酈生傳說高祖塞飛狐之口（今蔚縣西南北口峪），爲中古時代中原正北出塞兩主道；東北出塞，則盧龍爲首要險陘也。

余研究唐代東北塞道，其一爲盧龍道。新唐志薊州條記其行程九十餘字，十餘地名，可謂甚詳悉，實本之賈耽皇華四達記。然此諸地名中，除吐護眞河、奚王衙帳兩地外，皆難確指，不得不上考漢、魏、兩晉至北朝，下究宋、遼、明、清諸道，以推論唐道之所經，乃發現各個時代名稱與道口不盡相同，玆分別考論如次：

（一）漢、魏、晉及北朝盧龍塞道

晉咸寧元年(275)句注碑曰，「蓋北方之險有盧龍、飛狐、句注爲之首，天下之阻，所以分內外也。」句注卽雁門關，在唐代州（今代縣）西北三十五里，卽今關址；飛狐關在唐蔚州（今蔚縣，古代國西二十里）西南四十里，今北口峪；盧龍則今考之道也。盧龍與句注、飛狐並稱爲北塞險阻之首，足見其險峻及其在北塞內外交通上之地位。

句注碑見元和志一四代州雁門縣目；寰宇記四九代州雁門縣目同，云出水經注；蓋元和志亦據水經注書之也。按酈注此條當在滹沱水注。惜此篇已佚，賴唐、宋兩志書存此條耳。句注道，已詳太原北塞交通諸道篇第一節，飛狐道已詳秦漢迄唐飛狐道篇。

按此道史料可徵，最早可上溯至西漢。漢地志右北平郡治平剛，領縣有無終與白狼，平剛至此兩縣必有通道。按平剛在今黑城古城址，其地在今平泉縣與其東北大寧故城遺址之間，甸子之南、黃土梁子之北、老哈河西岸（約 E118°45′．N 41°20′）。無終在今河北薊縣，白狼在今大凌河上游、喀喇沁左翼旗駐地之河水西岸（約 E119°40′·N41°）。是自今薊縣東北出塞，經平泉、黑城，折東微南至大凌河上游，復東北循大凌河谷至朝陽，古已有通道，云出盧龍，卽盧龍道也。

漢地志右北平郡首列平岡縣，卽郡府所治。三國志一一田疇傳，太祖伐蹋頓，軍至無終。疇說太祖曰：「舊北平郡治在平岡，道出盧龍，達于柳城。自建武以來，陷壞斷絕，垂二百載，而尙有微徑可從。」下文述行軍路線，「出盧龍，歷平岡，登白狼堆，去柳城二百餘里。」此尤爲郡治平岡之鐵證，並有道自無終出盧龍至平岡，又東經白狼堆至柳城也。柳城在今朝陽縣。平岡故地，前人無考，今據考古資料，極可能在今平泉與大寧故城間之黑城；白狼前人說皆誤，詳審酈注，實在今喀喇沁左翼旗駐地之大凌河西岸；並詳下文。

至建安中，曹操出盧龍塞，北伐烏丸，其名始大著。事見三國志魏書武帝紀與田疇傳。云烏丸蹋頓居遼西柳城（今朝陽）。建安十二年，曹操伐之，軍至無終（今薊縣）。東道（大略由今山海關地段出塞）水潦，不通車馬。田疇導之尋西漢通平岡舊道，北上徐無山，出盧龍塞口（今潘家口西北），東北至平岡故城（今黑城遺址，見上），又東至白狼山（今凌源舊建昌縣南境），山在白狼縣（今喀喇沁左翼旗駐地之大凌河西岸）西或西北境，大敗烏丸聯軍於凡城（蓋山東境），斬蹋頓，遂循白狼水（今大凌河）河谷至柳城。此行並於盧龍塞口築盧龍城，在酈注高石水（今瀑河）入濡水處之南，黃洛水（今鐵門關水）入濡水處（在今長城北）之北，當濡水剛入塞之西岸，即今在灤河入長城塞處潘家口外、瀑河口南、鐵門關水口之北之灤河西岸。（約在 E118°15′·N40°30′。）至唐、宋時代，仍有盧龍廢戍之名，史稱據隋開皇長城，實即隋以前之古長城也。所謂「塞外道絕不通，乃塹山堙谷五百餘里」者，係就出塞後經平岡至白狼、凡城而言，加白狼、凡城東北至柳城二百許里，無終東北至盧龍城亦二百里，恰爲九百餘里，故曹操表疇之功云，「塗由山中九百餘里」也。至於「越白檀之險」者，蓋塞外近地險坂屬白檀縣東境，非經其治所。紀要誤以後代白檀在今密雲者爲漢之白檀，以爲曹操由今薊縣廻軍西北經今密雲出古北口者，想像不經之言耳。

三國志魏書武帝紀建安十二年條云：

「北征三郡烏丸，……夏五月至無終。秋七月大水，傍海道不通，田疇請爲鄉導，……引軍出盧龍塞。塞外道絕不通，乃塹山堙谷五百餘里，經白檀，歷平岡，涉鮮卑庭，東指柳城。未至二百里，虜乃知之。尙、熙與蹋頓（略）等將數萬騎逆軍。八月，登白狼山，卒與虜遇，……縱兵擊之，……虜衆大崩，斬蹋頓。……九月，公引兵自柳城還。」

同書一一田疇傳云：

「田疇……右北平無終人也。……公孫瓚……拘之軍下。……疇得北歸……遂入徐無山中，營深險平敞地而居，……百姓歸之，……至五千餘家。……建安十二年，太祖北征烏丸……（疇）隨軍次無終。時方夏水雨，而濱海洿下，濘滯不通，虜亦遮守蹊要，軍不得進。……疇曰，此道秋夏每常有水，淺不通車馬，深不載舟船，爲難久矣。舊北平郡治在平岡，道出盧龍，達於柳城；自建武以來，陷壞斷絕，垂二百載，而尚有微徑可從。今虜將以大軍當由無終，不得進而退，懈弛無備。若嘿回軍，從盧龍口，越白檀之險，出空虛之地，路近而便，掩其不備，蹋頓之首可不戰而擒也。太祖……乃引軍還，……虜……誠以爲大軍去也。太祖令疇將其衆爲鄉導，上徐無山，出盧龍，歷平岡，登白狼堆，去柳城二百餘里，虜乃驚覺。……太祖與交戰，遂大斬獲，追奔逐北，至柳城。」

此爲田疇導曹操破蹋頓路線之兩條最主要材料，始見盧龍口、盧龍塞道之名。此兩條皆云兩軍遭遇戰場在白狼山。而同書三〇烏丸傳，述此事云，「潛軍詭道，未至（柳城）百餘里，虜乃覺，尚與蹋頓將衆逆戰於凡城，……太祖……臨陣斬蹋頓首。」云兩軍戰場在凡城。通鑑六五述此事，胡注「白狼山蓋在凡城」，是也。疑城在山之東。又田疇傳裴注引先賢行狀載太祖論疇功表云：「疇率宗人避難於無終山，北距盧龍，南守要害。……王旅出塞，塗由山中，九百餘里，疇帥兵五百，啓導山谷，遂滅烏丸。」此云疇住無終山，卽徐無山也。盧龍在無終山之北。又云塗由山中九百餘里，卽無終至柳城全程里距。

據以上諸引文，曹操此次行軍，本擬由無終向東取濱海道趨遼西柳城，故先一年開新河渠，由雍奴（今武清東）泃口引鮑邱水東流，絕濱海諸水（由北向南流入渤海諸水）至樂安（今樂亭）入濡水（今灤河）以通軍糧，別詳附篇九曹操所開平虜泉州新河三渠考略。但軍行至無終，發現東道水潦，不通車馬，且東道爲通行大道，敵軍防守甚嚴，客軍不得進。故田疇想到西漢無終北通郡府平岡之舊道也。此道北上徐無山，出盧龍塞口，經白檀之險，歷平岡，東指柳城。軍至白狼山左近之凡城，去柳城二百里，蹋頓始發覺，倉卒率軍應戰，操臨陣斬之，遂至柳城。玆就無終、柳城間諸地名考證如下：

徐無山　寰宇記七〇薊州治漁陽縣，「無終山一名翁同山，又名陰山，在縣北四里。」又水經注一四鮑邱水注引搜神記，「無終山高八十里，而上無水，(陽)雍伯置飲焉。」又引陽翁伯碑云，「居於縣北六十里翁同之山。後路徙於西山之下，陽公又遷居焉。」寰宇記之漁陽縣卽漢之無終縣。是山在縣北，山中有不小之道路，故翁伯置飲以便行旅也。田疇蓋引曹軍由無終縣北上無終山卽徐無山，道出盧龍塞。

盧龍塞、盧龍城　水經注一四濡水注云：①

「濡水又東南，五渡水（今老牛河）注之。……濡水又與高石水（今瀑河又名豹河）合。水東出安樂縣（今平泉西南）東山，西流歷三會城南，西入五渡川，下注濡水。濡水又東南逕盧龍塞。塞道自無終縣東出，渡濡水，向林蘭陘，東至清陘（一作青陘，是）。盧龍之險，峻坂縈折，故有九𡶬之名矣。燕景昭元壐二年，遣將軍步渾治盧龍塞道，焚山刊石，令通方軌，刻石嶺上，以記事功，其銘尚存。……按盧龍東越青陘至凡城二百許里；自凡城東北出，趣平岡故城可百八十里；向黃龍則五百里。故陳壽魏志，田疇引軍出盧龍塞，塹山堙谷，五百餘里，逕白檀，歷平岡，登白狼，望柳城。……濡水又東南逕盧龍故城東，漢建安十二年魏武征蹋頓所築也。濡水又南，黃洛水注之。水北出盧龍山，南流入于濡。濡水又東南，洛水合焉，水出盧龍塞，西南流注濡水。濡水又屈而流，左得去潤水（去字衍文），又合敖水。二水並自盧龍，西注濡水。濡水又東南流逕令支縣故城（今遷安西）東。……」

按此段述濡水（卽今灤河）與盧龍塞之關係甚詳悉。五渡水卽今老牛河，高石水卽今瀑河（豹河），一統志承德府卷山川目已爲指證；令支縣故城在今遷安縣西，一統志永平府卷古蹟目亦已言之。楊圖皆從之，是也。按今灤河左受瀑河之後，由潘家口入塞，此見一統志遵化州卷山川目及永平府卷山川目灤河條

① 王念孫曰，濡字當作渜，今名灤河，仍是一音，濡則渜之形譌。是也。

引舊志。則自灤河入塞處之潘家口以東之一段山脈，皆爲盧龍塞也。酈注且指明黃洛水所出爲盧龍山，魏書地形志上，平州北平郡所領昌新縣「有盧龍山。」蓋卽同一山。按一統志承德府卷山川目，烏龍山「在府東南二百五十里，古盧龍山也，盧龍塞當在其地。水經注，盧龍之險，峻坂縈折，故有九崢之名矣。」又永平府卷山川目，都山「在遷安縣東北一百五十里，一名烏都山，唐開元二十一年，郭英傑與契丹戰於烏都山（按兩唐書通鑑皆無烏字）卽此。山高三十里，周倍之，傑出塞外，爲盧龍之鎭山，雪積其巔，經夏不消。其水中分，東歸渝，西入灤。」紀要一七遷安縣有都山條，略同；惟「東北」作「北」，又「烏都」作「馬都」，蓋形譌。今檢視張編地圖集・熱河察哈爾地形、人文圖，都山在 E 118°45′・N 40° 30′，海拔 2050 公尺（ONC–F–9 作 5640 呎），爲此區最高山，就方位里距及皆有盧龍山之名言之，承德府東南二百五十里之烏龍山，亦卽此都山也。上引濡水注，黃洛水北出盧龍山，南流入濡。此水卽今鐵門關河，詳下文。按一統志永平府卷山川目，鐵門關河「在遷安縣西北一百六十里，源出口外，自鐵門關入口，西流出喜峯口關，轉西至潘家口入灤河。」則其源頭正在今都山地區，此尤都山卽酈注盧龍山之強證。山在灤河入潘家口長城塞之東百里以上，宜此一段山脈皆有盧龍塞之名也。

盧龍塞之泛稱　按劉敞公是集二二鐵漿館詩云，「稍出盧龍塞，回看萬壑青。」（轉引自傅樂煥文，詳第二節。）敞之旅程實出古北口，是宋人亦視古北口爲盧龍塞也。又通鑑一七八開皇十八年紀，「漢王諒軍出臨渝關。」胡注，「臨渝關在柳城西四百八十里，所謂盧龍之險也。」又一八二大業九年紀，李密爲楊玄感謀曰：「長驅入薊，據臨渝之險。」胡注亦稱爲盧龍之險。是又以臨渝關爲盧龍塞也。是蓋幽州以東迄於海濱之長城塞，皆泛稱爲盧龍塞也。恐非古義。

又按上引濡水注，濡水入盧龍塞，又逕曹操所築盧龍故城東。又南，歷受黃洛水、洛水、濶水、敖水四水，皆北出盧龍，或曰山，或曰塞。檢一統志永平府卷山川目灤河條引舊志，灤河「至喜峯口外，有柳河、寬河（卽瀑河）、鐵門關水俱流入之，東南至潘家口入團亭，下與瀫水合，又至中峯山與恆河合，又過唐山與長河合，又南流逕遷安縣西三里。」則瀑河以南四水正與酈注高石水以下四水一一相當。而鐵門關水即酈注之黃洛水，在今潘家口長城之北，瀓水等三水則在潘家口長城之南，然則曹操所築盧龍故城，當在今潘家口長城之外鐵門關水口之北、瀑河口之南、灤河西岸，約E118° 15′·N40° 30′地區。(ONC-F-9 。張編地圖集·熱河察哈爾人文圖略合。）又潤水即今恆水，至今中峯山入灤河，山在遷安西北一百里（見一統志永平府卷山川目），則盧龍塞南麓在遷安北一百里以上。大抵今長城乃沿盧龍古塞南麓一線而築，古塞實在今長城之北也。

唐、宋盧龍廢戍與隋開皇長城　通典一七八薊州，「東北到北平郡（平州）石城縣界廢盧龍戍二百里。」寰宇記七〇薊州目，同；惟加一句云，「戍據隋開皇長城置。」檢視今圖，實指灤河入塞地區而言，所謂廢盧龍戍者，殆即曹操所置盧龍城故戍也，所謂開皇長城實亦因漢、魏長城之故蹟耳。又通典同卷平州目云，盧龍塞在盧龍縣西北二百里，寰宇記平州目同，可能即指廢盧龍戍而言，然實不只二百里；亦可能即指戍東一段長城而言，未必專指戍城而言也。

白狼山、白狼縣　前引三國志田疇傳與魏武紀，白狼山去柳城二百餘里，而烏丸傳，凡城與白狼山相近。考水經注一四大遼水注云：

> 「白狼水出右北平白狼縣東南，北流，西北屈逕廣成縣故城南，……又西北，石城川水注之。水出西南石城山，東流逕石城縣故城南，……北屈逕白鹿山西，即白狼山也。……其水又東北入廣成縣，東注白狼水。白狼水北逕白狼縣故城東。……白狼水又東，方城川水注之。」

則白狼縣、白狼山皆在白狼水上源地帶。張穆蒙古游牧記卷二喀喇沁部左翼旗條，推論白狼水即今大凌河，極正確。則此縣與山皆在今大凌河上源也。至於其較詳確地望，楊圖以今大凌河最南最長之源流，即發源於凌南（中國地圖改名爲建昌，E119° 50′·N40° 50′）南境之生機河爲石城川水，以忒布克河（發源於凌南之西、凌源之南，約 E119° 10′·N40° 50′）爲白狼水主源；而置白狼縣於今凌源縣（舊建昌）南忒布克河源，② 置白狼山於喀喇沁左旗之東。松井等以爲生機河爲白狼水主源，忒布克河乃石城川水。其說白狼山位置與楊圖相同，而白狼縣在今大城子之東。（滿洲歷史地理第二編漢代之滿洲白狼縣條、石城縣條。）今詳審酈注本文，其主源顯爲今生機河無疑，松井說爲正。白狼縣、白狼山者，張穆游牧記同條又云，旗東「三十里有白鹿山，蒙古名布祜圖，古白狼山也。」楊圖與松井皆據此以定白狼山地望也。然酈注本文，白狼山在石城川水之東，似應在白狼水主源（今生機河）之西。一統志承德府卷祠廟目，「白鹿山祠在建昌縣（今凌源）境，北魏建，魏書地形志，建德郡石城縣有白鹿山祠，祀白鹿山。今在喀喇沁左翼旗東境。」是古今兩地不同。又同卷山川目，布祜圖山卽白鹿山，亦兩地並記。一在喀喇沁左旗東三十里，而魏書地形志之白鹿山在石城縣。元一統志云白狼山在建州（今凌源）南二十五里，淸一統志作者於此引酈注以爲在石城。今審酈注本文，亦疑在凌源縣南者爲是。左翼旗東三十里者，乃明、淸之名也。然則凡城亦在今凌源南境，或當在山之東境。白狼縣，酈注明言在白狼水與石城川水合流後之西，下游始與方城川水合，松井以爲在今大城子之東，雖已近之，然仍疑過北，實卽今之喀喇沁左翼旗駐地，惟在大凌河西岸耳③。地在 E119°40′·N41°，當大凌河上源諸水滙流處，宜爲此一地區之政治中心，古今不易也。其東北去朝陽正約二百華里，而西去凡城、白狼山則甚近。

凡城及其在交通上之地位　前引三國志魏武紀、田疇傳及烏丸傳，曹操行軍登白狼山覘敵境，蹋頓逆戰於凡城。凡城當與白狼山相近，或在其東境，是亦在今凌源（舊建昌）南境。此外凡城之名又屢見：晉書地理志上平州目，慕容熙以荆州刺史鎭凡城，高雲以并州刺史鎭白狼。又一統志承德府卷古蹟目引十六國春秋：

「慕容皝遣子恪擊敗趙兵，乘勝追之，築戍凡城而還。又(石)虎使鎭遠將軍石成入寇凡城，不克。又趙撫軍將軍李農率衆三萬，攻燕凡城。」

是凡城當燕（卽龍城）趙交通軍事要道。又通鑑一〇六晉太元十年紀云：

② 此蓋本之一統志承德府卷古蹟目。

③ 今旗駐地，各圖多在河東，中國地圖集 37 遼寧省圖，北徙至大城子。

「燕王垂……遣慕容農出蠮螉塞，歷凡城，趣龍城。」

按此時垂實在趙地，此亦見趙地東北出塞經凡城至龍城也。此地當軍道，又見魏書九七馮跋傳及通鑑一二二宋元嘉十年紀。魏書四上世祖紀作瓦城，形譌。前引濡水注云：

「盧龍東越青陘至凡城二百許里；自凡城東北出，趣平岡故城可百八十里；向黃龍則五百里。」

按前引三國志紀傳，曹操行軍先至平岡，再至白狼山與凡城，而酈注此文似先至凡城，次平岡，次黃龍，與三國志不合。松井等疑酈注之平岡、凡城兩地名互相顚倒，（滿洲歷史地理第一卷第二篇漢代之滿洲，頁一五五。）其言似可信。然青陘，王先謙合校指爲今盧龍縣北之青山口，楊圖所繪之位置相同。檢視今圖，地望極相當，應不大謬。紀要引舊志在龍城西南四百餘里，地望亦與今青山口相當，則此說久矣。說詳後文。自今青山口東北至凌源（舊建昌）南境正約二百許里，自此（凌源南境，凡城故地）東北至朝陽亦約二百數十里至三百里之譜；自此西北至平岡故城（即今黑城，詳下文）則不到二百里。然則酈注此文實非顚倒，謂青陘東北至凡城二百許里，下文分述兩路：自凡城西北（方向小誤，不足深論）至平岡百八十里；自凡城更東北至黃龍三百里，惟「三」形譌爲「五」；若「五」字不誤，則自青陘經凡城計之耳。此出青陘之盧龍道與曹操所行之盧龍道本自不同，酈氏當北朝之末，青陘道蓋爲盧龍塞之主道，兼有石刻可證，故詳言之。此道遠較曹操軍道爲徑捷，殆爲東晉十六國至北朝時代薊城（今北平）、無終（今薊縣）東北通黃龍、柳城之主道，故屢見十六國春秋，而酈注所記亦特詳也。

平岡　紀要一八大寧衞，平剛城在營州西南五百里。此說實無他證。松井等以爲即今之平泉，（滿洲歷史地理頁一五三。）亦無強證。按前引三國志魏武紀、田疇傳皆見由無終出盧龍塞，先至平岡，後至白狼山、凡城。魏武紀云，「引軍出盧龍塞，塞外道絕不通，乃塹山堙谷五百餘里，……歷平岡，……東指柳城。」按白狼、凡城東北至柳城二百餘里，在烏丸蹋頓境，道必通行，則此五百餘里實指盧龍塞外經平岡至白狼山、凡城而言。前引濡水注，凡城至平岡一百八十里，則塞外至平岡卽曹氏盧龍城至平岡當約三百里之譜。是平岡當在今平泉縣東北地方無疑。近年考古工作者在老哈河兩上源黑里河（北源）與五十家子河（南源）合流處之西北岸，發現黑城故城址，位居平泉縣與大寧故城址之間，參閱張編地圖集・熱河察哈爾人文圖，在八里罕甸子之南，黃土梁子之北，約E118°45′・N41°20′，東北至大寧故城址約四十五公里。據馮永謙等寧城縣黑城古城址調查（考古 1982 年 2 期），此處有三古城址。外羅城南臨黑里河，東牆外一華里卽爲老哈河，其城東西 1800 公尺，南北 800 公尺，爲秦漢時代所建築。黑城較小，在外羅城內之中北部，爲遼及元、明建築。羅城北牆外，有花城，甚小，南牆爲外羅城北牆所壓，建築時間較早。外羅城內發現漢代遺物極多，有「千秋萬歲」瓦當，明刀、半兩、五銖、大布黃千（疑「黃」當作「一」）、貨泉、小泉直一等錢幣，「漁陽太守章」、「白狼之丞」等封泥，「部曲將印」、「假司馬印」等銅印，（文字皆極明顯），及王莽始建國錢範作坊遺址。此地河谷寬廣，爲南通塞內，北達草原之天然通道，而城制規模旣大，遺物亦豐，作者認爲不是一般縣城，當爲重要郡城遺址，故疑爲右北平郡治之平剛城遺址。（並參看遼寧寧城縣黑城古城王莽錢範作坊遺址的發現，文物 1977 年第 12 期。）此項推測，極有可能。其地東經凌源縣（建昌）至喀喇沁左旗，正約二百華里之譜，西南經平泉至瀑河口南之灤河入塞處，約三百華里之譜，其和與三國志所謂五百餘里正相當也。

統上所考，曹操行軍，由無終（今薊縣）東北出盧龍塞（今潘家口西北，灤河入塞處），又東北經平岡（今黑城遺址，E 118°45′・N 41°20′），又東至白狼山、凡城（今大凌河上游喀喇沁左翼旗之西，凌源南境），又東北沿白狼河谷至柳城。「塞外道久荒廢，塹山堙谷五百里」者，指盧龍塞口至白狼而言，白狼至柳城二百里，在蹋頓統轄近地，自仍暢通；至於無終東北至盧龍塞之距離，通典一七八薊州「東北至北平郡（平州）石城縣界廢盧龍戍二百里。」寰宇記七〇，同，且云「戍據隋開皇長城置。」蓋卽曹操所築盧龍城舊址，或相近，則無終至盧龍塞口亦二百里。此三項數字之和恰九百餘里。故曹操表疇之功云，「塗由山中九百餘里」也。今觀地圖，此道誠較由薊縣東經山海關地區至朝陽略爲近捷。④故前引田疇建策，云「路近而便。」裴注引先賢行狀載太祖命，亦曰「開塞導逆，供承使役，路近而便，令虜不意」也。至於「越白檀之險」者，按漢書地理志，漁陽郡領有白檀縣，補注：「一統志，故城今承德州西，古北口東北百四十里。……一統志稿云，金志興州興化縣有白檀鎮，泰和三年升爲宜興縣，北漢白檀縣也。」檢今本一統志承德府卷古蹟目無此文，惟關隘目白檀鎮條引金志云在灤平縣境。楊氏水經注圖據濡水注繪於灤平縣北灤河之濱，是也。漢世塞外縣城甚少，所轄皆廣數百里。今潘家口東北至漢平剛縣城，西北至漢白檀縣城，里距略相當，其口外之地不屬平岡管轄，即屬白檀管轄，而其地與白檀城同在濡水河谷中，其屬白檀縣管轄之可能性較大。曹軍由今潘家口地區出塞，蓋近塞地險屬白檀管轄，故云「越白檀之險」，亦云「經白檀」，非必經白檀縣治也。而紀要一一昌平州密雲縣白檀廢縣條云「在縣南，漢置，以縣有白檀山而名。建安中，曹操歷白檀，即白檀故城也。」又云白檀山在縣南二十里，亦引曹操行軍事。不知此廢縣及山皆在塞內，縣爲後代所置。山亦後代之名也。曹操行軍自無終，由濡水入塞處北出，並築盧龍城於其地，何得直西行三百里至今古北口塞內之今密雲縣境？其卷一八平剛城條又述曹操行軍事云：「水經注，自無終東出盧龍塞，又東至凡城，東北趣平剛，此爲正道。今自徐無轉而西北，故經白檀，乃歷平剛，所謂行兵無人之地也。自徐無至平剛，路迂而險。自平剛至柳城，則近而便矣。」按若取道今密雲縣，勢必出古北口，其道極迂遠。信口開河，隨意作解，此固才人之通病也。

唯酈注又云，盧龍塞道「自無終東出，渡濡水，向林蘭陘，東至清陘（清一作青）。盧龍之險，峻坂縈折，故有九𡌫之名矣。燕景昭元璽二年（晉永和九年，353）遣將軍步渾治盧龍塞道，焚山刊石，令通方軌，刻石嶺上，以記事功，其銘尚存。」又曰「盧龍東越青陘至凡城二百許里」云云。青陘即今之青山口關，在遷安縣西北一百二十里，西接大喜峯口六十

④ 通典一七八，平州西至薊州三百里，東至營州七百里，共一千里。寰宇記，同。

里，喜峯口又在潘家口之東若干里，是青陘雖與潘家口外曹氏所築盧龍城同稱爲盧龍塞道，而實非一道，蓋即前燕慕容儁遣步渾所開者。蓋由青陘東北直趨盧龍山（今都山 E 118°50′・N 40°30′）地區，「至凡城二百許里」，「向黃龍則五百里」也；視曹氏舊道迂經平岡者，尤爲逕捷矣。按儁以晉永和六年春三路入塞伐趙，使慕容霸「自東道出徒河(今錦州西北)，慕輿于自西道出蠮螉塞（今地待考），儁自中道出盧龍塞」，而遣慕輿埿先爲「鑿山除道」；旣克薊城（今北平），徙都之，乃復使步渾大治盧龍塞道，蓋以便新舊兩都之交通耳。此次工程蓋甚大，至北魏末期仍取此道，故酈注能詳，而與曹氏軍道牽合言之，不知已非曹氏舊道矣。

按酈注此段已引詳上文。其青陘、清陘，前後不同，趙本皆作青陘，王氏合校云當作青，楊疏亦云清陘皆當正作青陘。按通鑑九六晉咸康四年紀胡注及紀要一八大寧衞凡城條引此文亦皆作青陘，是也。王氏合校與楊疏皆以青陘即今青山口。考紀要一八大寧衞「索草汗陘」條，引舊志，青陘在龍城西南四百餘里。亦正與今青山口地望略相當。檢紀要一一遵化縣洪山口關條，「潘家口在縣東北四十里，嘉靖三十八年，朶顏導把都兒入犯，度灤河，由潘家口而西，大掠薊州。其東曰團亭寨。又東即喜峯口也。」喜峯口關條引志曰：「自喜峯口至永平府遷安縣之青山口凡七口。」同書一七遷安縣青山口關條云：「縣西北九十里，⑤……西接遵化縣境之大喜峯口，相距六十里。」則青山口在潘家口灤河入塞處之東六十里以上，據紀要所記，明代爲塞內外交通要道。酈注之青陘殆誠即今青山口，則非復曹操行軍之故道矣。按元璽爲前燕慕容儁年號，二年爲晉永和九年（353），豈慕容儁另闢之新道耶？考魏書九五徒何慕容廆傳，儁旣襲位，「聞石氏亂，乃礪甲嚴兵，將爲進取之計，鑿山除道，入自盧龍，尅薊城（今北平）而都之。」又晉書一一〇慕容儁載記，儁率三軍南伐，「出自盧龍，次于無終」，攻取薊城（今北平）都之。即與魏書所記爲一事。按

⑤ 一統志永平府卷關隘目，「青山口關在遷安縣西北一百二十里，西至喜峯口六十里，其南爲青山營。」按喜峯口在縣西北一百七十里，則似作一百二十里爲正。九十里或爲青山營歟？

前涼慕容儁引兵伐趙事，通鑑書在卷九八，晉永和六年（350）春，云「二月燕王儁使慕容霸將兵二萬，自東道出徒河（今錦州西北），慕輿于自西道出蠮螉塞，（松井等指爲今古北口，乃以意言之。）儁自中道出盧龍塞以伐趙。」「命慕輿埿槎山通道。」儁軍至無終（今薊縣），霸軍取樂安（今河北樂亭縣）與儁會師於臨泃（今三河縣東）。三月乙巳拔薊（今北平）。此前一年，通鑑云燕國君臣議伐趙，儁曰：「鄴中雖亂，鄧恆據安樂（胡注云當作樂安，是也），兵強糧足。今若伐趙，東道不可由也，當由盧龍。盧龍山徑險狹，虜乘高斷要，首尾爲患，將若之何？」故次年起兵，「儁自中道出盧龍塞，……命慕輿埿槎山通道。」此即魏書所謂「鑿山除道」也。蓋此爲臨時工程。及敗趙，徙都薊（今北平），爲圖新都薊城與舊都龍城（今朝陽）間交通之便捷，故又使步渾大治盧龍道耳，時已在用兵後之三年矣。今覩地圖，青山口東微北不遠即是都山，都山即濡水注所記黃洛水發源之盧龍山也，此已見前說。疑步渾所開青陘道即東經都山之南北，至大凌河上源古白狼山、凡城地區矣。白狼山、凡城已詳前考。此道較曹操循濡水河谷北出至平剛故道大爲逕捷矣。此道由盧龍青陘東北至凡城不過二百許里，又東北至柳城，故東晉十六國時代，凡城當趙、燕交通軍事之要道也。

（二）遼代松亭關通中京大定府道　附明清喜峯口道

北宋時代，遼之中京大定府，在今熱河省平泉縣東北一百八十里、老哈河北岸之大寧故城，又名大明城（E119°5′·N41°30′）。大定府西南至幽州有東西兩道，西道取古北口，東道取松亭關。兩道之分歧點在鐵漿館，即今平泉縣近處，或西南一二十里處。

遼大定府在今老哈河北岸之大寧故城。老哈河即遼、金時代之土河，即吐護眞河。此兩點分別見於一統志承德府卷古蹟目大寧舊城條與山川目老河條。近人考證都無異說，且謂即唐吐護眞水。皆是也。大寧故城在寧城⑥與凌源兩縣之

⑥　此指張編地圖集；中國地圖移治大寧城東之天義鎭。

間，又名大明城、大名城，音之轉耳。據張編地圖集・熱河察哈爾人文圖，約在 E 119° 5′・N 41° 30′ 地點。一統志承德府古蹟目云，今其城蒙古稱察罕蘇巴爾城，周二十里許。文物考古工作三十年頁七七有較詳測量數據。

武經總要前集一六下北蕃地理篇戎狄舊地目中京大定府條云：「南至幽州九百里。一路由松亭關；一路由古北口。」劉敞鐵漿館詩（公是集二二，轉引自傅樂煥宋人使遼語錄行程考，國學季刊五卷四號）云：

「稍出盧龍塞，（按此指古北口。）回看萬壑青，曠原開磧口，別道入松亭。」

本注：

「此館以南屬奚，山溪深險；以北屬契丹，稍平衍，漸近磧矣。別一道自松亭關入幽州，其徑易，虜常秘，不欲漢使知。」

前考古北口路通中京道，已論定鐵漿館約在今平泉縣附近或西南一二十里。劉敞使契丹係取古北口路至鐵漿館，觀此詩，當時遼中京西南通幽州之古北口與松亭關兩道，實以此館為分途也。

松亭關道者，武經總要云由幽州燕京「正東微北至松亭關四百五十里」，由關「北趨澤州路至中京四百五十里。」故關在燕京至中京途程之正中間。今考此關約在今遵化縣東北一百二十里之松亭山，在今灤河入塞處潘家口外，柳河口（E118° 10′・N40° 40′）之南，灤河西南，去河五十里處，（約 E118° 10′・N40° 30′ 地區。）與曹操伐烏丸時所築盧龍故城略相近。顧氏紀要以為在今喜峯口東北一百二十里，蓋誤以明初徙置之關址為宋、遼故關也。

武經總要前集一六下北蕃地理篇燕京州軍目云：

「幽州……改燕京……正東微北至松亭關四百五十里。」

下文（幽州）關口目述入番之路十數，松亭為其一，云：

「松亭關……幽州東北四百八十里，北趨澤州路，至中京四百五十里。」

則由燕京向東微北行至松亭關四百五十里，或四百八十里；又北經澤州至中京四百五十里，共約九百里或稍多，而關當兩京途程之正中間。按（幽州）關口目又云松亭關，「關東北五十里至灤河。」又元史六四河渠志一灤河目，亦云「由松亭北，經遷安東，平州西。」是亦謂松亭在灤河之南也。復考通鑑二六九後梁貞明三年紀胡注引金虜節要云，「景州之東北乃松亭關。」檢遼史四〇地理志四景州條，「遵化縣本唐平州買馬監。」是卽在今遵化縣，地當通塞北草原要道，故唐置買馬監於此也。是宋遼時代之松亭關在今遵化縣東北、灤河西南之長城塞地區無疑，其地去河五十里。西通燕京，取道遵化也。檢覶地圖，幽州燕京向東微北至灤河入塞地帶，亦必經薊州（今縣）、遵化無疑。檢通典一七八、寰宇記七〇，薊州西至幽州二百十里，則松亭關必在薊州東北二百四五十里地帶；又檢紀要一一，薊州在京師順天府東二百里，又東一百二十里至遵化縣。一統志遵化州卷，州西至京師三百二十里。則宋松亭關當在今遵化縣東北一百二三十里之譜。金史二四地理志上，灤州有松亭關，州卽今灤縣。按上考地望接灤州西北境，是此條亦無不合。

復考宋史三一九劉敞傳云：

> 「奉使契丹，…… 契丹導之自古北口至柳河，回屈殆千里。（按此實過誇不實，傅樂煥已言之，見所著宋人使遼語錄行程考，國學季刊第五卷四號。）敞質譯人曰，自松亭趨柳河，甚徑且易，不數日可抵中京。」（此本之東都事略七六劉敞傳）

按當時柳河有二：其一，劉敞所到之柳河，卽古北口道中墨斗嶺東二十里之柳河，卽今伊遜河下游也，有柳河館，已詳古北口通奚王衙帳道。其二，卽此傳所云自松亭趨柳河者，在松亭關之北。檢一統志承德府卷山川目，柳河「源出馬蘭關外霧靈山下，東流至板谷嶺，逕府南境，又東至柳河口入灤河。」今觀張編地圖集・熱河察哈爾地形、人文兩圖，有柳河、柳河口，柳河口在下板城之南，約 E118° 10′・N40° 40′ 地區（參 ONC-F-9），則松亭關又在此處之南也。

綜上所考，宋代松亭關在今遵化縣東北一百二三十里，柳河口之南、灤河西南岸，去河五十里處，即在此區最高山峯五指山之東，約 E118°10′·N40°30′ 地區。此與曹操所築盧龍城極相近矣。復檢一統志遵化州卷山川目，有松亭山，「在州東北一百二十里，上多古松。」蓋即宋代松亭關所在，今山尚存遺名耳。

顧氏紀要以爲宋、遼松亭關在喜峯口東北一百二十里，一統志從之。此蓋明初徙置之關，詳下文論明、清道。

今稍詳此道之行程：即由幽州東行二百一十里至薊州治所漁陽縣（今薊縣），又東北六十里至石門峽（金迄今石門鎮），又五六十里至唐買馬監，後改升遵化縣（今縣），又東北一百二十里至松亭關（今有松亭山）。

通典一七八薊州，西至范陽郡（幽州）二百十里。寰宇記七〇薊州目同。

石門峽　紀要一一薊州石門鎮，「州東六十里，山峽嶄絕壁立，其中洞開，俗呼爲石門口。……宋宣和五年，遼蕭幹敗宋兵於石門鎮，遂陷薊州，寇略燕城，爲郭藥師所敗，幹走死。今爲石門鎮驛。宣德三年，征兀良哈，自石門驛出喜峯口，是也。志云石門峽在遵化縣西五十里，蓋境相接。」一統志遵化州卷關隘目石門鎮條，即云在州西五十里。知宋、明皆爲出塞大道所經。惟紀要一一，遵化縣在薊州東一百二十里，紀程小異耳。又金史二四地理志上，薊州遵化縣有石門鎮，則最遲金代已置鎮。按水經注一四鮑邱水注，灅水「出右北平俊靡縣……東南逕石門峽，山高嶄絕，壁立洞開，俗謂之石門口。漢中平四年，漁陽張純反，殺右北平太守劉政、遼東太守陽紘。中平五年，詔中郎將孟益，率公孫瓚討純，戰于石門，大破之。」孟益戰石門是否爲此石門，雖有問題，然此石門之名已久及其形勢可知也。

遵化東北至松亭關，詳前考松亭關條。遵化者，遼史四〇地理志四，南京景州，「本薊州遵化縣，重熙（元年即宋明道元年）中置。」「遵化縣，本唐平州買馬監，爲縣來屬。」而紀要一一薊州遵化縣條，「唐於此置馬監及鐵冶，後唐始置遵化縣。」未知所據。唐於此置買馬監，蓋即因當塞道之口耳。

出松亭關北趣柳河（今柳河口？）二百餘里至澤州（今平泉稍南處），相近或稍北有鐵漿館（今平泉近處），與古北口東北通中京之路相會合。

古北、松亭兩關通中京之路會合於鐵漿館，已詳前引劉敞鐵漿館詩。

澤州　武經總要前集一六下北蕃地理篇幽州四面關口之松亭關條云：

「幽州東北四百八十里，北趣澤州路至中京四百五十里。」

是澤州在松亭關北，關北至中京，中經澤州也。同書同卷中京四面諸州目云：

「澤州，松亭關北，遼澤之地。東至利州百里，北至中京百里，西至北安州二百里，南至平州二百五十里，西至松亭關二百里。」

按此條記里程頗誤，如北至中京，南至平州，皆斷不只此里數，然方向大體不誤，惟「西至松亭關」之「西」字當爲「南」之誤，或「西」下脫「南」字無疑，不待詳說。是其地總在今平泉地區之大範圍內。

檢遼史三九地理志三，中京屬州澤州、廣濟軍條云：

「開泰中置澤州，有松亭關、神山、九宮嶺、石子嶺、灤河、撒河。屬中京。統縣二，神山縣，神山在西南。」

按松井等滿州遼之疆域（滿洲歷史地理第二卷）引熱河志六十，「考神山在今平泉州治，當時縣治又在神山東北，近倚州治，是遼澤縣（當作州）城當在今平泉州治北喀喇沁札薩克公旗界，自是以南至邊城外皆爲神山縣地。」又引同書六六，「拜蔡山，漢名神山，在平泉州屬喀喇沁右翼南一百五十里。遼史地理志，中京澤州有神山。元一統志，神山在惠州西南十三里。按元惠州即遼澤州，在今平泉州南境，與此方位相合，當即古神山也。」據此，則遼之澤州治所準確地望雖不可知，要在今平泉縣附近無疑。考金史地理志上，大定府神山縣即遼澤州治所之神山縣，章宗承安二年嘗置惠州。檢紀要一八大寧衞惠州城條，「大寧衞西南二百里。志云本（略）遼置澤州……宋宣和四年，金取遼中京，遂下澤州是也。金承安中改置惠州，泰和四年罷；元復置惠州。」又檢一統志承德府卷古蹟目，「會州故城在平泉州南二十里，本遼澤州地，元改置惠州，後訛爲會州。」下文述會州故城之高大及民戶繁盛狀況。按大寧衞故城在平泉東北一百八十里，惠州後稱為會州，在衞西南二百里，正在平泉南二十里也。

柳河　前考松亭關引宋史三一九劉敞傳，自松亭趣柳河甚徑易，不數日可至中京。是柳河在松亭關北道上。又引一統志承德府卷山川目，「柳河源出馬蘭關外霧靈山下，東流至板谷嶺，逕府南境，又東至柳河口，入灤河。」今檢張編地圖集・熱河察哈爾地形、人文兩圖，皆有此河及河口之名，柳河口正當在前考松亭關之北，是其地也。而一統志同卷目豹河條，「豹河在平泉州東北，亦名瀑河，亦名柳河，……西南流，……逕古會州城之東，……又南逕寬城之東，亦名寬河，又西南流……入灤河，古高石水也。」是豹河亦有柳河之名。蓋明初廢松亭故道，而東取喜峯口道，循豹河河谷北行，遂移松亭關之名於喜峯口北一百二十里；松亭北出本有柳河，豹河乃亦有柳河之名歟？

鐵漿館當山溪深險漸盡處，由此東北行過石子嶺七八十里出山至富谷館（今平泉東北約六七十里處），疑在今黑城或稍南，即西漢平岡故城或稍西也。又八十里至通天館，又二三十里至遼中京大定府。

路振乘軺錄云：⑦

「二十二日，自鐵漿館東北行，至富谷（音浴）館八十里，山勢平遠。二十三日，自富谷館東北行，至通天館八十里，山□路平。二十四日，（以上據粵雅堂叢書本續談助卷三。）自通天館東北行至契丹國三十里，山遠路平。（以上據皇朝事實類苑卷七七契丹條。）」

又王曾上契丹事云：

「鐵漿館過石子嶺，自此漸出山，七十里至富谷館，八十里至通天館，二十里至中京大定府。」（按通考二四六契丹傳實引王曾文，館名里數同，而較詳。）

又武經總要前集一六下北蕃地理篇燕京州軍目云：

「又九十里至鐵漿館，自北塹山，七十里至富谷館，又八十里至通天館，又

⑦　錄自田村實造遼宋交通資料注稿，東方史論叢第一冊。

二十里至中京。」

按此三條所記，自鐵漿館至中京之館名全同，惟全程有一百九十里與一百七十里之異，不足深論。檢傅樂煥宋人使遼語錄行程考（國學季刊第五卷四期）末附宋臣使遼所經館驛名稱表：宋綬上契丹事，富谷館、通天館亦同；惟陳襄語錄通天館作長興館，薛映記缺此一館名耳。

富谷館　蒙古游牧記二，喀喇沁部中旗條引王曾此文，續云：「熱河志，案鐵漿館在平泉州境內，富谷館在平泉州東北境內。元一統志載大寧路古蹟曰，富谷有站。宋范鎮行富谷道中詩云，路回山陟轉，沙漫水平流。蘇頌富谷館書事詩有云，沙底暗冰頻踠馬，嶺頭危徑罕逢人。……曾肇亦有富峪山頭一騎歸之句。今無考。穆按富谷即富峪，明初於此置衞。……富峪衞在新城衞（按在大寧舊衞西南六十里）西南。」檢一統志承德府卷古蹟目，「富峪故城在平泉州北，明初築，置衞，永樂初廢，明史地理志，富峪城距行都司一百二十里。」行都司即遼之中京，則據里數言之，當在今平泉東北約六七十里之譜，今黑城故城西南不遠處，黑城即前考之西漢右北平郡治所平岡故城也。惟前引考古資料，今黑城遺址，外羅城爲漢代建築，其內小城爲遼代及明代建築。余頗疑即遼之富谷館，明之富峪城，惟其東北通大寧城之里距前後有變異耳。

至於明、清志書謂松亭故關在喜峯口北或東北一百二十里，地與寬河相近者，實非遼代松亭關舊址。按明初以喜峯口爲通北塞主道。出喜峯口關東北一百二十里，於瀑河東岸築寬城（今地），由此循河東北行，一百二十里築會州城（今平泉縣南二十里）。又一百二十里築富峪城（平泉東北蓋約百里）。又六十里築大寧新城，又六十里至大寧故城，即遼之中京大定府。全程四百八十里。蓋明初有意經營東北塞外，故沿途大築城防，而貪松亭關之古名，因此亦移其關名於此道之寬城地區，實則非宋、遼時代之故關也。唯明人所築之會州城，即遼之澤州，富峪城亦即遼道之富谷館，則遼、明兩代之出塞道口雖不相同，但澤、會以北之路線實相同也。

一統志永平府卷關隘目喜峯口巡司條云：

「喜峯口巡司在遷安縣西北一百七十里，西南去遵化州七十里。……關口有來遠樓，可容萬人，明時駐兵戍守，爲薊邊重地。……其北一百二十里有松亭關。東北去舊大寧衞三百六十里，遼、金時故關也。」

是明言明、清時代之松亭關卽宋、遼時代之故關址。方輿紀要有三條材料詳記松亭關及其通大寧之行程，亦云關在喜峯口北或且云東北一百二十里。玆備錄之。

其一，紀要一一薊州遵化縣松亭關條云：

「松亭關在喜峯口北百二十里。遼人自燕京之中京，每至松亭趣柳河。……明洪武二十年，大帥馮勝出松亭關討納哈出。建文初，大寧帥劉貞等引兵出松亭關，駐沙河，攻遵化，燕王馳援，貞等退保松亭。旣而燕王謀取大寧，諸將曰，大寧必道松亭關，關門險塞，守備方嚴，恐難猝拔，乃從別徑趣大寧，還收松亭，是也。大寧廢後，松亭亦棄不守。」

其二，同縣喜峯口關條云：

「喜峯口關，縣東北七十里，三衞屬夷入貢通衢也。關城周三里，關口有來遠樓，可容萬人。道里記，由喜峯口東北六十里曰椴木峪關，又六十里曰松亭關。自松亭關，至大寧廢衞，凡三百六十里，爲控禦之要。宣德三年，車駕由喜峯口大敗三衞之衆於寬河。嘉靖十年，三衞連兵入犯喜峯口，自此益增兵戍守，爲薊邊重地。」

其三，卷一八大寧衞會州城條云：

「衞（卽遼中京）西南二百四十里，明初置。又二百四十里卽遵化縣之喜峯口也。志云，喜峯口，北六十里爲椴木谷砦，又六十里至富民城，松亭關在焉。其相近者曰寬河。自是而東北曰松山，曰會州，各六十里。由會州而東（當作東北），曰東莊，曰富峪驛，又東北至新城（卽大寧縣城），大寧，亦各六十里，共四百八十里。洪武二十年，馮勝北征納哈出，出松亭關，築大寧、寬河、會州、富峪四城，是也。建文初，燕王取大寧，還至會州，簡閱將士。宣德二年，兀良哈犯大寧，經會州，將及寬河。時上親歷諸關砦，駐蹕薊州之石門驛，聞之曰，今出喜峯口，路隘且遠，當出其不意擒之。遂北至寬河，進戰，兀良哈大敗，…… 遂進次泠嶺，又北至會州，乃班師。是也。」

按此三條記明代初年，由薊州石門驛，東北趨喜峯口，出關東北六十里至椵木谷關，又六十里至富民城，有松亭關，相近有寬城。又東北經松山、會州、東莊、富峪驛、新城至大寧故城，相距各六十里，自喜峯至大寧共凡四百八十里，而寬城、會州間又經泠嶺。洪武二十年，馮勝出松亭關築寬河、會州、富峪、大寧四城，相距各一百二十里。而一統志承德府卷古蹟目謂所築大寧城爲新城。若此說不誤，則距富峪城僅六十里，又六十里始至大寧故城也。今檢地圖，此道即出喜峯口東北循瀑河河谷而行者，喜峯口外東北有寬城，濱瀑河，其東北有泠嶺，知今遵化縣東北渡灤河出喜峯口經寬河、泠嶺至平泉之汽車道，即此明初之大道也。

綜觀紀要與一統志所記，松亭故關在喜峯口東北一百二十里，與寬河城相近，且明確指認即宋代松亭關所在。近代學人多承其說，如日本田村實造遼宋交通與遼國內經濟發展，即爲一例。今檢地圖，汽車道出喜峯口東北行過南天門至寬河（約 E118°27′・N40°35′），在灤河之東頗遠，顯與武經總要云關東北至灤河五十里之說，不但不符合，而且與灤河之相對位置完全相反。今按前考宋代松亭關已引紀要與一統志，遵化在順天府（即唐、宋幽州）東三百二十里。遵化東北至喜峯口之里程，一統志遵化州卷云一百二十里，而永平府卷關隘目喜峯口條作七十里。紀要一一遵化縣亦云關在縣東北七十里。檢明代驛遞制度頁三五，遵化驛至灤陽驛五十里，又六十里至喜峯口，則一統志一百二十里之說爲正。（觀今圖亦必踰百里。）是則由順天府即宋、遼時代之幽州東北經薊州、遵化縣、喜峯口至兩書所言之松亭關，凡五百六十里。前引兩書又明云此松亭關東北去舊大寧衞三百六十里。此與前引武經總要，幽州正東微北四百五十里至松亭關，又四百五十里至中京（即明代大寧舊衞）者，絕不相應。兩書所說之松亭關西南去幽州，東北去遼中京之里程旣與宋人記載相差太遠，而與灤河之相對位置，又適相反，吾人可斷言，兩書所說之松亭故關絕非宋代之松亭故關。蓋明初移道，因亦移松亭關之名於新道，明、清志書不察，以爲眞宋代之故關耳。

明之會州即金、元之惠州、遼之澤州，已詳前考遼之澤州條。富峪城東北至大寧故城一百二十里，前引宋人行程錄，富谷館東北至中京（即大寧故城）一百一十里，一說一百里，名稱既同，里距亦相差不大，其爲一地或相近無疑。是則至少會州以北經富峪城至大寧故城之二百四十里行程，與宋、遼之松亭關道全同，而此亦西漢時代盧龍通平岡道也。

（三）遼代中京大定府北通上京臨潢府道

由中京大定府正北行，八十里至臨都館。又四十里至官窰館（約今西橋頭地區）。又七十里至松山館（約今赤峯縣南三十里之遮蓋山地區）。遼置松山州、松山縣（今遮蓋山西北二十里），當商賈會衝，蓋與館相近，或在館北。又七十里至崇信館（今赤峯縣北）。又九十里至廣寧館。又五十里至姚家館。又五十里至咸寧館。又三十里渡潢水石橋，即今巴林橋(E118°30′·N43°17′)。橋旁有饒州，南臨潢水（今西喇木倫河），本唐置饒樂府以處奚，後爲契丹所據，置饒州，以處渤海降俘。又五十里至保和館，有保和縣，蓋相近。又渡黑河（今察罕木倫河），東北行七十里至宣化館，有宣化縣，蓋相近。又東北五十里至長泰館(約今查干烏蘇地區)，有長泰縣，蓋在館北地區。館西二十里有祖州，州西約三里至祖山口，即阿保機山陵也（約在 ONC–F–9 圖之 E119°10′·N43°55′ 地區）。由館又東北四十里至上京臨潢府，今波羅城，即高麗城子（ONC 圖 E119°23′·N43°57′)，其故址也。由上京南至中京全程六百九十里。

中京正北至上京之行程有數條重要材料，而皆本於大中祥符九年薛映所上之行程記。玆引述如下。通考三四六契丹傳錄三朝契丹傳云：（括弧中文字係據遼史與續通鑑長編校訂）

「自中京至（正之譌）北八十里至臨都館，又四十里至窰館（窰上脫官字），又七十里至松山館，又七十里至崇信館，又九十里至廣寧館，又五十里至姚家館，又五十里至咸寧館，又三十里度潢水石橋，旁有饒州，蓋唐朝嘗於契丹置饒樂州也，渤海人居。又五十里至保和館，度黑河，七十里至宣化館，又五十里至長館（長下脫泰字），館西二十里許有佛寺民舍，云卽祖州，亦有祖山，山中有阿保機廟，所服韡尙在，長四、五尺許。又四十里至上京臨潢府。自過崇信館，契丹舊境，蓋其南皆奚地也。」

按三朝契丹傳卽太祖、太宗、眞宗三朝國史契丹傳。三朝國史一百五十卷，修成於仁宗天聖九年（見續通鑑長編卷一〇九）。此爲宋代早期之史料。按續資治通鑑長編卷八八大中祥符九年九月己酉條錄薛映奉使所上行程，及遼史三七地理志一上京道目所錄大中祥符九年薛映記，皆與此相同。比勘觀之，遼史「中京正北八十里」下無「至臨都館，又四十里至官窰館，又七十里」十六字。續通鑑長編「廣寧館」下無「又五十里至姚家館」八字，又館西「二十里」作「十里」，「阿保機」作「按巴堅」。其餘各館名里距全同。尤可怪者，行程所至，偶旁述他事，亦相同，如潢水石橋帶述饒州，長泰館帶述祖州、祖廟，最後帶述契丹與奚之舊日境界，不但敍事同，文句亦絕相同，足證通考所載三朝契丹傳之行程卽薛映所記之行程也。惟遼史與續通鑑長編分別有十六字與八字之脫文，通考所引館名亦偶有脫一字者，可互相正補。所以知兩書分別脫十六字、八字，非通考有衍文者，又可據武經總要前集知之。其書一六下北蕃地理戎狄舊地目中京條云：

「中京僞造號大定府。……北至上京六百九十里：正北八十里至臨都館，又四十里至宮室（官窰之形譌）館，又七十里至松亭（山之譌）館，又七十里至崇信館，又九十里至廣寧館，又五十里至桃砦館，又五十里至咸寧館，又三十里渡漢（潢之譌，又脫水字）石橋，傍有饒州，蓋唐朝常（當作嘗）於契丹至（置之譌）饒樂州。又五十里至保和館，又七十里渡黑水河至宣化館，又五十里至長泰館，西二十里卽祖州。又四十里至上京。」

觀此段文字，不但館名（字有形譌）及里距與上引薛映記絕同，帶述他事之文字亦同，實亦採自薛映記無疑。惟前有總結「六百九十里」一句，恰卽後文里程之總和，可知各館間之里數亦都正確無脫無譌。遼史及續通鑑長編所載，其總和皆不達此數。且總要同卷饒州條云「在潢水之北石橋旁」「南至中京五百里」。據前引中京條及通考所引薛映記，中京正北至潢水石橋四百八十里，饒州在橋北近處，正當爲五百里，而遼史所載，只三百七十里，續通鑑長編所載只四百三十里，皆不達五百之數，知其皆有脫文，非通考、總要有衍增。且觀今地圖，大寧故城北至西喇木倫河，（蒙古語，「西喇」黃也，「木倫」河也，卽古潢水。）無論取何路線，均不只三百七十華里，更見遼史必有脫文無疑。

關於此詳明行程之今日路線，馮承鈞譯牟里（Joseph Mullie）東蒙古遼代舊城探考記有大致不誤之擬定。牟里定線之方法，先定上京臨潢府與潢水石橋之今地，作爲基本指標，然後推論其路線。玆亦依從其線索作進一步之論證。

上京臨潢府　一統志五三六巴林卷古蹟目臨潢舊城條云：

「按遼史，臨潢府其側臨潢縣。又曰臨潢縣，天贊初南攻燕、薊，以俘人戶散居潢水之北，縣臨潢水，故以名也。似臨潢必在西喇木倫河之濱。而又言涞流河自西北南流，遶京三面，東入於曲江，其北東流爲按出河。則臨潢又去西喇木倫河遠矣。金史臨潢府，臨潢縣，倚，有金粟河，未知……卽遼史所云涞流河否也？但證以薛映所記道里，……渡潢水又二百三十里（按實二百一十里，此誤將長泰館西至祖州二十里計入）而至臨潢，中間所謂渡黑水河，卽今喀喇木倫，今巴林之南者也。今巴林東北一百四十里，當烏爾圖綽農河會和戈圖綽農河之處，有波羅城址，周十二里，內有三塔，久廢，疑卽古之臨潢。但史所云涞流河遶京三面，又疑古城當在和戈圖綽農之東岸，巴林與阿嚕科爾沁接界處耳。」（參看張穆蒙古游牧記三昭烏達盟巴林部目。）

按此段論說甚精，馮承鈞譯牟里（Joseph Mullie）東蒙古遼代舊城探考記，以久在巴林勘察所得，證實波羅城爲遼上京故址。其文頗繁，今約綜其說於次：遼史地志，上京臨潢府，涞流河自西北南流遶京三面，東入於曲江，有南北二城，南曰漢城，高二丈，不設敵樓，北曰皇城，高三丈，設敵樓（按此處稍誤會原文意，但無礙全文之論證）。以此形勢論之，參以在祖州東北之相對位置，非今波羅城莫屬。今波羅城當巴顏河（一作布雅乃河，按今名白音戈洛河）與二赤木倫河（Uldzi-Muren，按即一統志之烏爾圖綽農河，ONC-F-9作 Wu-erh-Chi-Mulin，張編地圖集作飲馬河）滙流處。有南北二城，北城高厚，有敵樓（馬面）痕跡，南城低薄，無敵樓痕跡。巴顏河自西向東流，穿過南城數處，流入二赤木倫河。巴林旗內古城址之廣大重要者莫過此城，而形勢規模與遼志所記相應，又在祖州之東四十里，當爲遼上京遺址無疑；沙畹以今白塔子（今西喇木倫河上源經棚城南）當之，非也。按此問題經牟里考察論證後，已無異說。1962年勘測巴林左旗林東鎭之遼上京遺址，周圍約十四公里，即此波羅城也。文物考古工作三十年頁七八有扼要報導。復檢洲杰內蒙古昭盟遼太祖陵調查散記（考古 1966 年 5 期），遼太祖陵在林東鎭西約三十公里，（文物考古工作三十年作二十三公里，蓋就山口言。）正與薛映所記方向里距相契合，波羅城即遼之上京必矣。檢 ONC-F-9 圖，約在 E119°23′（張編地圖集約 E119°15′）・N43°57′ 地點。

此城自一統志以下皆稱爲波羅城，而張編地圖集標名有高麗城子。按蒙古游牧記三巴林部條引一統志說，臨潢府在今波羅城。又云：「方輿紀要（按卷一八附考）臨潢城東南有金新羅寨。正隆五年，契丹西北路將撒八反，爲其下所殺，推移剌窩斡爲主，擁衆東適至臨潢府東南新羅寨攻臨潢，圍其城。即此。」按此事見金史一三三移剌窩斡傳，正隆五年即宋紹興三十年。遼、金常遷東方民族於今熱河省境，故此有新羅寨之名歟？今圖作高麗城子，蓋即由新羅之名而來，一統志作波羅城，未知是否與新羅寨之名有關。今圖高麗城子當即波羅城，至少極相近，日本圖說中國の歷史（册六、頁三九）以爲高麗城子即遼上京臨潢府，是也。

潢水石橋　張穆蒙古游牧記三昭烏達盟巴林部目云，「熱河志，潢水石橋在今巴林旗界內，……今尙存。承德府志，土人呼爲巴林橋，在赤峯北潢江兩岸。」是古人早經認此石橋即今巴林右翼旗南之巴林橋（E118°30′・N43°17′）。牟里考察更確定此一結論，其理由有二：一則潢河河床爲沙質，流水不斷冲運黃沙，河身甚寬，兩岸亦多沙洲，建橋於此種不堅固之地盤上殊爲不易。惟有南北兩岸崖石相去不遠處，可利用爲橋基，建橋較易。潢水上此種地貌只有兩處，其一爲橋頭，另一卽巴林橋址。橋頭在巴林橋西約一百五十華里以上（在經棚東南），就北去臨潢府之里距方向言，殊爲不合；去黑水河一百五十里以上，亦太遠。而今巴林橋在黑水河南約五十華里，平時河床乾涸，南岸有兩岩石相接，相去兩三丈，北岸又有一岩石，只以橋聯接此三岩石，卽完成建橋工作，故施工甚易。此天然之特殊條件，他處所未有也。按牟里擬定遼代潢水石橋卽在此處，極是。檢日本栗棘庵藏宋輿地圖拓本（青山定雄唐宋時代交通與地志地圖之硏究附圖版 8），地望正合。其地東北至林東鎮之波羅城正約二百華里之譜，此亦爲一項有力之理據。

松山館　遼史地理志三，中京所統州云：

「松江州（江爲山之譌）、勝安軍，…… 開泰中（元年當宋祥符五年，1012）置。統和八年（宋淳化元年，990）省，復置。……統縣一，松江縣（江爲山之譌），本漢文成縣地，邊松漠，商賈會衝。開泰二年（宋祥符六年）置縣。有松山川。」

而金史地理志上，大定府領松山縣，「遼松山州勝安軍松山縣。」中華校點本遼志校記參百官志四及本紀開泰二年二月條，改從金志，是也。松井等已言之（滿州歷史地理第二卷頁六七）。松井引熱河志九七，「松山故城在赤峯縣境。元一統志謂松州東南至大寧路。……今縣境地名小烏珠穆沁，有廢城址，高四五尺，周四里，正當平泉州境大寧故城之西北，與元一統志東南至大寧二百二十里之方位相合，當爲故松山城。又元一統志載，遮蓋山在松州東南二十里，山在今翁牛特旗（按今圖，右旗卽赤峯縣）南境。今小烏珠穆沁廢城南十餘里卽遮蓋山，有金皇統三年靈峯院千佛洞碑。其銘云，縣之東南，有山孤嵐，名曰遮蓋，雲影毵毵。……所稱縣之東南者，殆卽松山縣也。」牟里雖否定小烏珠穆沁故城之說，而指爲盔甲山半拉劍川流域中之兎兒都（Txolatho）西城子村附近之舊城址。然亦就遮蓋山金碑爲說，實不相遠也。檢一統志承德府卷山川目，遮蓋山在赤峯縣屬翁牛特右翼南三十餘里，有洞，土人稱爲大碾子洞

（有詳記），有金皇統三年劉子初撰遮蓋山靈峯院千佛洞碑，亦引元一統志，山在松州東南二十里，有古寺石洞石佛。按翁牛特右旗即在赤峯縣側近。則松山州縣即在今赤峯縣（E 118° 57′・N 42° 17′）南不過一二十里處，東南至大寧城二百二十里。而據薛映記，中京北至松山館一百九十里，疑此館即在遮蓋山附近。所謂松山或即金、元迄今之遮蓋山歟？

中京北至石橋之路線　關於此段行程之路線，牟里云：

「其所經之路程，大致首途於今日之大明（即大寧故城），經西橋、樓子店、糖房營子而抵赤峯縣。此道山岳甚多，不容另覓他道。此外有一道循老河行，經二十家子、高糧桿子店、沒里河、大拉明安，而抵赤峯，然又與正北之記載不合，薛映必未經行此途。」

按檢張編地圖集，大寧故城北至巴林石橋，南段行程誠有此兩線，皆可謂之「正北」，不能以「正北」二字爲取捨。惟松山館既在今赤峯縣之南，已如上考，知薛映行程當取西線，即西橋（E119° 5′・N41° 50′）線也。

松山館北至石橋之行程，牟里以爲必由赤峯經大木頭溝，再經四道溝梁，烏丹城，而抵石橋。自赤峯至烏丹城一百八十里，自烏丹至石橋一百二十里，都三百里。按此里數正與薛記之松山館北至石橋里數相當。烏丹城遺址今存，係元代所築，有碑可證，見一統志承德府卷古蹟目。今圖，赤峯北至烏丹城（翁牛特左旗，E119°・N42° 56′）⑧之唯一汽車道，中經大木頭溝，四大道，即牟里所擬之道也，相信亦爲薛映所行者。

饒州地望　饒州在潢水石橋旁，但在今西喇木倫河之南或北，牟里不能論定。按照薛記行文，在河北之可能性較大。復考武經總要前集一六下上京四面諸州目，「饒州，唐建饒樂府都督，以處奚人部落，契丹建爲饒州，在潢水之北，石橋旁，以渤海人居之。」是果在潢水之北也。

石橋以北之行程與祖山　薛映記云，石橋又北五十里至保和館，又渡黑水河七十里至宣化館。黑水河，牟里云即今察罕木倫河。按一統志五三六巴林卷山川目已具此意見。是也。是保和館當在今察罕木倫河之南，宣化館在河之北。按

⑧　經緯度據 ONC-F-9，參他圖；張編地圖集失之太西。

遼史地理志一，上京臨潢府所領有保和、宣化兩縣，皆在京南，蓋分別與此兩館相近，或即其地。檢視張編地圖集·熱河察哈爾人文圖，保和館當在察罕木倫河之南近處，而宣化館則在河北，去河較遠，此道即今圖之大板上東北通巴林左翼旗、林東鎮之汽車道，宣化館或在今查干烏蘇地區歟？

薛記，宣化館又五十里至長泰館，又四十里至上京。而長泰館西二十里許即祖州、祖山。按遼史地理志，上京所領有長泰館，在京西北，則當在長泰館之北也。

按祖州、祖山，牟里已作一番頗詳之考古調查。考古 1966 年 5 期有內蒙古昭盟遼太祖陵調查散記云，陵墓在林東鎮西約三十公里之深山中，（文物考古工作三十年頁七八云在鎮西二十三公里。）陵東約一公里半有祖州遺址。觀其繪圖，祖州在林東鎮之正西，則薛記此一段道路果如今之汽車道，由西南向東北行也。祖州、祖山，惜調查記未標經緯度。但云從另一山峯登上海拔 1300 米以上之高處，俯瞰祖山山谷內外情勢。檢 ONC-F-9 圖，林東鎮正西微南航距約二十公里處有高峯，海拔 4321 呎，恰恰 1300 餘公尺，其地在 E119°8′·N43°54′，遼之祖山，蓋在其稍北之一山谷歟？

（四）唐代薊州東北出盧龍古塞通奚及契丹衙帳道

唐代薊州漁陽郡（今薊縣）北當盧龍塞路，東通平州出臨渝關路，故在交通軍事上居於衝要地位。開元十九年九月於州北二百里盧龍古塞置靜塞軍，蓋古北口之障塞軍移防於此，改名建置者。其後復移置郡城內，管兵萬一千人至萬六千人。又有雄武軍，在廣漢川，蓋在州北境。

唐六典五兵部郎中條，幽州節度使所統有靜塞軍與威武軍。檢通典一七二州郡序目，范陽節度所統有此兩軍，云：

「靜塞軍，漁陽郡城內，管兵萬一千人，馬五百匹。」（A）

又唐會要七八節度使目云：

「漁陽軍在幽州北盧龍古塞，開元十九年九月十七日改爲靜塞軍。」（B）

「威武軍，大足元年置，在檀州。開元十九年九月二十七日改爲威武軍。」（C）

又新唐書地理志三云：

薊州漁陽郡，「南二百里有靜塞軍，本障塞軍，開元十九年更名。」（D）

檀州密雲郡，「有威武軍，萬歲通天元年置，本漁陽，開元十九年更名。」（E）

按此五條所書頗爲參差，靜塞軍原名既有異，駐地又各殊，唐長孺唐書兵志箋正二云未知孰是。檢寰宇記七一，檀州「東北至長安障塞軍一百一十里。」又引開元十道要略云，「以斯地爲燕之邊陲，管障塞軍五千。」長安顯爲長城之譌，地在古北口，詳古北口通奚王衙帳道。是更增加混亂，難以董理。然若稍加詳細研析，亦有可討論處。

其一，（D）條新志「南二百里」之「南」必爲「北」之誤。何者？按（B）條靜塞軍在「幽州北盧龍古塞」，顯然在檀薊北境之長城塞上，塞稱盧龍，更當在薊州之北境（疑幽爲薊之誤）。檢寰宇記，薊州「北至廢長城塞二百三十五里」，「東北至平州石城縣界廢盧龍戍二百里，戍據隋開皇長城置。」是此軍固當在薊州北二百里也。且通典薊州漁陽郡云，「南至三會海口一百八十里」（寰宇記，南作東，顯誤），是州南二百里已是海濱，當時形勢，薊南海濱，絕不當置軍且以靜塞爲名。

其二，（B）條云漁陽軍更名靜塞軍，（D）條云障塞軍更名靜塞軍，時間皆爲開元十九年，則漁陽、障塞當有一誤。檢唐六典五兵部郎中條與通典一七二九節度條，皆已無漁陽、障塞之名，是開元末至天寶間，此二軍已改名無疑。按（C）條改名前後皆名威武軍，必有一誤。與（E）條合而觀之，（C）條之首「威武軍」蓋誤，蓋即「漁陽軍」也。又會要之（B）（C）兩條，靜塞軍與威武軍之受名皆在開元十九年九月，可能亦同日，（C）條句首「威武軍」既爲「漁陽軍」之誤，則（B）條句首「漁陽軍」亦誤，或即「障塞軍」歟？至於（A）條，通典云靜塞軍在漁陽郡城內，蓋開元末至天寶間事，已由城北二百里之盧龍古塞移入城內也。按賈循任靜塞軍營田使，蓋在此時，見新一九二忠義本傳。其兵數，舊唐書地志作萬六千人，通鑑二一五天寶元年紀胡注從之。是蓋時間不同，兵員有異歟？

雄武軍見新唐書兵志。新地志，薊州「有雄武軍，故廣漢川也。」然方位不詳。按通鑑二一五天寶六年，「安祿山潛蓄異志，託以禦寇，築雄武城，大貯兵器，請（王）忠嗣助役。」又二四六會昌元年，張仲武爲雄武軍使。胡注皆引新志此條說之，蓋是。觀此兩事，軍當在薊州之北境。復考李德裕論幽州事宜狀（全唐文七〇二），幽州雄武軍使張仲武行向幽州，至昌平縣，去幽州九十里，却令歸鎮。此亦軍當在薊州北境之證，否則回幽州不須至昌平縣也。

新唐書地理志云，薊州「東北九十里有洪水守捉，又東北三十里有鹽城守捉，又東北渡灤河，有古盧龍鎮，又有斗陘鎮。自古盧龍北經九荆嶺，受米城，張洪隘，度石嶺，至奚王帳六百里。又東北行，傍吐護眞河五百里至奚、契丹衙帳，又北百里至室韋帳。」此蓋本之賈耽皇華四達記。

武經總要前集一六下北蕃地理幽州四面州軍目灤州條云：「按賈耽所說，自薊州西北一百二十里至鹽城把守，又至渡灤河至盧龍鎮。」按明修本，「把守」作「守他」，皆「守捉」之誤。又「至」作「西北」。又狹義盧龍塞在薊州東北、平州西北，此「西北」並「東」之誤。然可知新志此段，蓋本之賈記。

參稽前文所考前後時代諸道行程，此道之行程亦可略知：志云薊州東北「至奚王帳六百里」者，即由薊州東北行，經石門峽（今石門鎮）九十里至洪水守捉，又東北三十里至鹽城守捉（今遵化縣），置買馬監，蓋即因地當東北塞道也。又東北渡灤河，至古盧龍鎮，北經九荆嶺（約今青山口 E 118°35′·N 40°25′ 地區），即酈注所記前燕加工開鑿之青陘道，九荆嶺即盧龍九崢之異寫耳。又北蓋與明代喜峯口塞外通大寧道相側近，北經石嶺，即遼道之石子嶺（今平泉東北不遠處），又東北約一百五十里之譜至奚王帳，即遼之中京大定府也（今大寧故城 E119°5′·N41°30′）。

按參稽前考諸史證，新志此條記錄諸地名之可知者，條列如次：

其一，「至奚王帳」自即古北口道所見之吐護眞河奚王衙帳。遼人攘奪爲中京、大定府，地在今大寧故城無疑。古北口道，詳另文。

其二，石嶺，熱河志六八，以爲即遼道之石子嶺，是也。在今大寧故城西南約一百五十里上下，今平泉東北不遠地區。

其三，鹽城守捉，紀要一一，薊州遵化縣，在州東百二十里。「鹽城在縣北，唐守捉城也。」即指此守捉。按遵化縣既爲遼之松亭道及明之喜峯口道所必經，遼史地理志四景州條又云「遵化縣本唐平州買馬監。」則必當北通塞外大道，故於此置買馬監也。其地西南至薊州百二十里，則即唐之鹽城必矣。

其四，洪水守捉，地望雖不可確考。然薊州、遵化道中有石門鎭。此石門之名，水經注已見，其卷一四鮑邱水注云，「灅水又東南逕石門峽，山高嶄絕，壁立洞開，俗謂之石門口。」下述公孫瓚大破張純於石門事。雖或有以柳城石門事誤著於此之嫌(看王氏合校)，然稱爲石門口，應爲一通道路口。一統志遵化州卷關隘目，石門鎭在州西南五十里。下引酈注此文。又檢紀要一一薊州，有石門鎭在州東六十里，亦引酈注。又云「宋宣和五年，遼蕭斡敗宋兵於石門鎭，遂陷薊州。今爲石門鎭驛。」則自古爲軍事交通之衝，而居薊州與遵化之間，唐道必亦經此地區。度之里距，洪水守捉蓋在其東。檢鮑邱水注，「灅水又東南逕石門峽」下接云：「灅水又東南流，謂之北黃水，又屈而爲南黃水，又西南逕無終山。」所謂洪水者，得非黃水之異寫歟？

其五，此條古盧龍鎭之所指最爲關鍵問題。按志云：「東北渡灤河，有古盧龍鎭」，「北經九荊嶺。」此古鎭必在灤河之東，非曹操所築之盧龍城無疑。在灤河之東，是當在明道之喜峯口以南或晉及北朝道之青陘今青山口西南。而云「經九荊嶺」者，前引濡水注，此處盧龍有「九崢」之名。就嚴格古音標準言之，「荊」「崢」雖不相通，但不太嚴格論之，亦可通，（周法高先生說。）且地旣相近，又皆冠「九」字，應視爲一地無疑。（此點參考周法高、丁邦新兩位先生意見。）然則唐志此道殆即酈注所記前燕步渾所鑿之盧龍道即青陘道歟？前燕所鑿爲酈注所記之盧龍道，「盧龍東越青陘，至凡城二百許里，自凡城東北出趨平岡故城可百八十里。」按前考平岡故城在今黑城，即在今平泉東北通大寧故城之道中，是青陘道自可通奚王牙帳；惟自平岡故城又東北行百里耳；但道頗迂，即自青陘經凡城至唐之奚王帳可五百里。按薊州至鹽城守捉一百二十里；前考遵化東北至喜峯口一百二十里，青山口在喜峯之東又六十里，唐之鹽城即今遵化，則東北至青山口至少當有一百五十里。即青陘西南至薊州至少二百七十里。唐志云薊州至奚王帳全程六百里，則唐道之盧龍、青陘至奚王帳不能超過三百五十里，故知唐道必不東北迂經凡城故城，而當直北趨奚王帳。此與前考之明代喜峯口通大寧道略相當。蓋青山口與喜峯口東西距僅六十里，其塞外之北出道宜略相近，或竟爲一道。檢紀要一七永平府卷遷安縣，「青山口關，縣西北九十里（一統志作一百二十里，是也，已詳第一節論東晉北朝盧龍道）。……西接遵化縣境之大喜峯口，凡七關口，相距六十里。……郡志，大青山關……迤西有橫山，其北即遵化縣接境之董家口也。」一統志永平府卷關隘目鐵門關條，「其東曰董家口堡，接青山口。」是青山口與董家口極相近。又紀要一一薊州遵化縣喜峯口關條，「李家口，喜峯口東第三口也。……董家口在李家口東，其北十里曰桃樹峪，又北六十五里，地名聶門，又北三十里曰龍鬚門，又北七十里即廢會州也。」是董家口爲喜峯口東之第四口，亦見其與大青山口極相近。董家口北出有道至會州故城，即青山口必能北通會州故城，與喜峯口北出之大道相會合。且紀要一七遷安縣青山口關又云，「萬曆初，朶顏長昂犯喜峯口，戚繼光勒兵去青山敗却之。」又見同書一一喜峯口關條引志作「出青山口。」則喜峯、青山兩口之外，不遠處已道相接矣。

唐志盧龍道既承北朝取前燕所開之盧龍、青陘道，故此條云古盧龍鎭在灤水之東，而通典亦稱曹魏於河西所置盧龍城爲廢戍矣。唯此曹氏盧龍古戍道仍可通行，並未盡廢，故北宋路振、曾公亮皆謂松亭關道爲唐代范陽節度控扼奚虜要害之一，古堡石壘基堞尚存也。

通典一七八薊州漁陽郡，「東北到北平郡石城縣界廢盧龍戍二百里。」寰宇記七〇同，且云「戍據隋開皇長城置。」此當指曹魏故鎭而言，已詳前考曹氏用兵取盧龍道條。然路振於大中祥符元年所上乘軺錄云，虜入幽州之路有四，「其險絕悉類虎北口，皆古控扼奚虜要害之地也。」松亭關路爲其一。（宋朝事實類苑卷七七契丹條引。）又曾公亮武經總要前集一六下北蕃地理燕京關口目云：「幽州……唐范陽節度使之地，古北口、松亭關、野狐門〔關〕等路並立保〔堡〕障，至今石壘基堞尚存。」知宋、遼時代之松亭關路，唐亦通行，爲防禦奚人之一道。據前文考證，松亭路實與曹魏盧龍城道相近也。

志云自奚王帳（今大寧故城）「又東北行傍吐護眞河五百里至奚、契丹衙帳」者，此奚、契丹衙帳卽遼之饒州，在潢水石橋（今巴林橋 E118°30′·N 43°17′）之北，南臨潢水，卽今西喇木倫河也。其地自北朝以來爲奚人根據地，置衙帳處。唐初爲置饒樂都督府以羈縻之，潢水一名饒樂水也。契丹根據地本在營州之北四百數十里潢水中下游之南境，唐初亦於其建衙處置松漠都督府以羈縻之。其後契丹漸強，溯潢水西侵奚境，奪其衙帳，而自遷衙帳於奚衙故地，事當在天寶以前。唐復因之於饒樂府故地特置松漠府以羈縻之。奚人被逼，乃南遷五百里至吐護眞水（今老哈河）上游，別建新衙，卽今大寧故城也。故志云自薊州東北取盧龍道至奚王帳六百里者，乃其後期之衙帳；又東北五百里至奚、契丹衙帳者，乃奚王早期之衙帳，契丹攘奪其地，亦曾建衙，故志云「奚、契丹衙帳」也。

遼史三九地理志三·中京大定府，「（聖宗）統和二十四年（宋景德三年），五帳院進故奚王牙帳地，二十五年城之，……號曰中京，府曰大定。……有土河。」是遼之中京大定府卽奚王牙帳之故地也。檢新唐書二一九北狄奚傳云，其國多依土護眞水。同書三九地理志檀州燕樂縣，「北口，長城口也，又北八百里有吐護眞水，奚王衙帳也。」土護眞水卽土河，是與遼志所說奚王衙帳地望相合。近代考證，公認土河、吐護眞水卽今老哈河，遼之中京大定府在今平泉縣東北一百八十里老哈河北岸之大寧故城，又名大明城，已詳前考。且前引三朝契丹傳採錄薛映記云，中京正北二百六十里至崇信館，又二百二十里度潢水石橋，又二百一十里至上京臨潢府。「自過崇信館，契丹舊境，其南皆奚地也。」（續通鑑長編八八與遼史地理志一所引薛映記相同，惟各有脫文耳。）是則不但奚王衙帳在吐護眞水上游，且其故地亦僅限於衙帳以北二百六十里崇信館以南地區，其北皆契丹故地也。其實不然。卽就本節所引新唐志薊州條所云，「自古盧龍至奚王帳六百里。」又東北「傍吐護眞河五百里至奚、契丹衙帳。」顯然有兩處奚王衙帳，南北相去五百里。前一奚王帳卽遼志之中京大定府，其北五百里之奚王帳必在潢水近處，卽在今西喇木倫河之南北。復考魏書一〇〇庫莫奚傳，「登國三年，太祖親自出討，至弱洛水南，大破之。」又通典二〇〇北狄庫莫奚傳云：「初爲慕容晃所破，……竄匿松漠之間，其地在今柳城郡之北，…… 後稍強盛 …… 理饒樂水北，卽鮮卑故地。一名如洛環水，蓋饒樂之訛也。……隋代號曰奚。……奚部落並在今柳城郡東〔西〕北二千餘里。」又舊一九九下北狄奚國傳，「東接契丹，西至突厥，南拒白狼河，北至霫國，自營州西北饒樂水以至其國。……貞觀二十二年，酋長可度者率其所部內屬，乃置饒樂都督府，以可度者爲（略）饒樂都督。」按白鳥庫吉云，弱洛水、饒樂水、如洛環水皆指今西喇木倫河而言（史學雜誌第二十一篇第七號，東胡民族考）。則北朝至唐初，奚人根據地本在今西喇木倫河流域，立衙於水北，在朝陽西北甚遠處，是正在今西喇木倫河上游、遼之上京臨潢府地區。前引薛映記，「潢水石橋旁有饒州，蓋唐朝嘗於契丹置饒樂州。」在臨潢府南二百一十里。據上文所考，饒樂州乃奚人故地，唐爲置饒樂都督府，卽奚王衙帳所在，非契丹故地也。蓋契丹人攘奪其地甚早（天寶以前，詳下文）。故已忘其爲奚人故地，反以爲自己故地耳。復考武經總要前集一六下北蕃地理篇上京統州目，「饒州，唐建饒樂府都督，以處奚人部落，契丹建爲饒州，在潢水之北石橋傍，以渤海人居之，……南至中京五百里。」此更明白言之，卽薛映所記遼中京北至上京道中之饒州在潢水石橋旁潢水北岸者，本爲奚人衙帳，唐爲置饒樂都督府以羈縻之，後始爲契丹所奪，更名饒州耳。其地南至遼中京五百里，里距正與唐志所記奚王帳北至奚、契丹衙帳之里數全同，其爲一地自無可疑。

綜上考論，北朝至唐代前期（至少唐初），奚王衙帳本在潢水石橋之北，南臨潢水，唐爲置饒樂都督府；契丹根據地本在營州之北四百數十里處（詳臨渝關東北通柳城契丹遼東道篇），在奚之東。其後契丹漸強，沿潢水西侵奚境，奪其衙帳饒樂府地；奚人避契丹之逼，南遷至吐護眞水上游，另建新衙，卽今大寧故城。至唐代末期復爲契丹所奪。至宋初，契丹於此建爲中京。故奚王實有前後兩衙帳。唐志所記極爲正確，非有衍譌也。奚人早期衙帳在潢水石橋之北近處，橋卽今巴林橋(E118°30′·N43°17′)，詳前考，則故衙之地可知矣。

然志云「奚、契丹衙帳」者，按奚據饒樂水(卽潢水)上游之廣大平原，而建牙於石橋近處，蓋必其地有優勝者，如前文所云，潢水河床廣濶多沙，甚少能建橋處，此處地形特殊，易於建橋，爲南北交通之樞紐，固宜爲部族建牙佳處。頗疑契丹始奪奚人衙帳饒樂府，利其地理環境佳勝，卽自遷衙於此，故唐志云然。余此項推論，非純出臆測，亦有相當佐證。檢遼史地理志一饒州條云，「本唐饒樂府地，貞觀中置松漠府。」按唐貞觀中，於營州北潢水南契丹部落置松漠都督府，於潢水上游石橋地段奚部落置饒樂都督府，分別羈縻兩蕃。其後兩蕃衙帳遷徙，府號亦隨而遷移，如奚王衙帳南遷五百里至吐護眞水，仍名饒樂都督府。此條云「本唐饒樂府地，貞觀中置松漠府」，時間雖誤，然舊饒樂府後曾置松漠府，則殊可信。是契丹逼奪奚王衙帳地，卽自遷衙於此也。至於上京臨潢府乃阿保機所經營，已是唐末五代時事。蓋由潢水石橋北遷二百里建爲上京耳。且遼史地理志上京稱臨潢府治臨潢縣，云「縣臨潢水，故以爲名。」按上京臨潢縣去潢水二百一十里，何得云「縣臨潢水」？致後代學人不得其解，如滿州歷史地理第二卷頁八二，臨潢府注四。以今思之，阿保機以前之契丹衙帳旣卽奚人衙帳，在石橋旁，南臨潢水，其置縣宜有臨潢之名；阿保機徙帳於潢水之北二百里，建置上都，乃因仍舊名爲臨潢，此地名遷徙之一例耳。

至於契丹遷衙至潢水石橋奚王衙帳舊地之時間，亦可討論：按舊二〇〇上安祿山傳，天寶十一載，祿山率軍五六萬討契丹。「去平盧千餘里，至吐護眞河，……又倍程三百里，奄至契丹牙帳。」屬久雨，弓箭漲濕，大爲契丹所敗，走投平盧城。新傳略同，惟作「晝夜兼行三百里，至天門嶺。」通鑑書於十載云，「過平盧千餘里至土護眞水，遇雨，祿山引兵晝夜兼行三百餘里，至契丹牙帳。」兵敗「得入師州（胡注，師州治營州之陽師鎭）……至平盧。」是此次用兵，過平盧（卽營州）至土護眞水，又行三百里至契丹牙帳。按吐護眞水在營州西北；是此次行軍，由營州西北行過吐護眞水，又三百里始至契丹牙帳，正約在今巴林橋地區，則契丹移帳於此是天寶以前事。松井等契丹勃興史（滿鮮地理歷史研究第一）據此條謂契丹牙帳已遷移，是也；然謂遷在今老哈河與西喇木倫河交滙處，則非矣。復考通鑑二〇六則天神功元年三月，王孝傑擊契丹，敗歿。「萬榮之破王孝傑也。於柳城西北四百里，依險築城，留其老弱婦女、所獲器仗資財，使妹夫乙冤羽守之，引精兵寇幽州。……突厥默啜……發兵取契丹新城，……圍新城三日，克之，盡俘以歸。」萬榮軍中聞之，惱懼，「奚人叛萬榮」，與唐軍前後合擊，萬榮兵潰走死。胡注，「新城卽前契丹所築，在柳城西北者。」按契丹舊衙本在柳城正東北五百里，約今庫倫旗（卽小庫倫E121°45′・N42°45′），別詳下渝關通柳城契丹遼東道篇。此新城在柳城西北四百里，其地正在安祿山傳所云契丹衙帳之同一方位，則契丹遷衙或初步遷衙意圖，當在武后之世。潢水石橋在柳城西北雖不只四百里，蓋四百之數只是粗估。其地本侵佔奚人故地，奚人乘萬榮之危而叛與唐軍合勢，固有由矣。

奚部後期衙帳旣在遼之中京大定府，前期衙帳又在遼中京北通上京臨潢府途中之饒州，且一度爲契丹部族之衙帳，則新唐志所記由後期奚王帳東北傍吐護眞河五百里至奚、契丹衙帳者，其行程當與前考遼代中上兩京間通道之中京至饒州段略相當，唯唐志云，「東北行，傍吐護眞河五百里」，似其行程之南段與前錄薛映記所述，由中京正北行之行程稍異，而由今大寧故城東北循老哈河谷而下，至黑水鎭（約E119°25′・N42°5′）、熱水地區，折西北行至赤峯地區，始直北渡潢水石橋（今巴林橋E118°30′・N43°17′）至遼之饒州。其地南臨潢水，爲奚王早期衙帳，後爲契丹攘奪，亦置衙帳於此。至阿保機始北徙二百一十里置上京臨潢府，而臨潢之名仍本之建衙於奚王故帳時代也。

按此節全由上文考證之成果推衍而來。今觀地圖，大寧北至赤峯可東西兩路線。薛映記由中京正北經松山館，松山在今赤峯南，大寧故城之北微西，故必取西線經西橋頭，如牟里所指；而唐志云「東北行，傍吐護眞河」，則似取東線經黑水鎭，故當不同。

志云「又北百里至室韋帳」者，「百」上蓋脫一數字，或「百」爲「千」之譌。唐世室韋諸部之最西者曰烏素固部，當俱輪泊（今呼倫池，約E117°30′·N49°）之西南，南至潢水至少一千里也。

據通典二〇〇、舊唐書一九九下、新唐書二一九室韋傳，室韋部族甚衆，大抵在營州東北，近者三千五百里，遠者六千二百里。舊傳云，「今室韋最西與廻紇接界者烏素固部落，當俱輪泊之西南。」新傳略同。按俱輪泊即今呼倫池，此無可疑者，則其徧帳南至潢水至少數百里或千里以上，故此文必有脫譌。

綜　　結

中國東北有燕山山脈自西徂東，盡於海濱，分隔南北爲截然不同之兩種地貌，而賴連山中斷之谷陘爲南北交通之道口。陘道之顯名史册者，有居庸、古北、盧龍、渝關（今山海關）四道，而在中古前期，盧龍之名尤著，與飛狐、句注（雁門）並稱爲北方之首險，「天下之阻，所以分內外也。」然盧龍道歷代名稱與道口不盡相同，本文已詳爲考論，玆綜合述之。

其一，盧龍之名，始見於曹操伐滅烏丸蹋頓事。此漢、魏古道，由今灤河之西出塞，曹操所置盧龍鎭在今遵化縣東北灤河入長城處之潘家口外，瀑河口之南、鐵門關水口之北之灤河西岸（約E118°15′·N40°30′）。曹氏行軍，由無終（今薊縣）東北至盧龍塞城約二百餘里；出塞經西漢白檀縣東境之險坂，及右北平郡治所平岡縣（今黑城遺址，約 E118°45′·N41°20′）；又東微南至白狼河（今大凌河）上游白狼縣（今喀喇沁左旗駐地之河水西岸，約 E119°40′·N41°）之西白狼山（今凌源縣、舊建昌縣南約二三十里處），去塞城凡約五百里，與蹋頓戰於凡城（蓋山東境），大破之。又東北循白狼河谷至柳城（今朝陽）二百餘里。故史稱九百里也。顧氏紀要以爲取道今密雲縣，是出古北口。才人之言，徒騁臆說，不知酈注已明指曹氏盧龍城之準確地望也。

其二，晉及北朝，東北用兵屢見盧龍道事。最著者晉永和六年前燕慕容儁伐趙，東西中三道並出，「儁自中道出盧龍塞。」松井等以喜峯口釋之。大致言之，似甚是；而實未深考。按酈注云，儁用兵後之三年，復遣步渾加工開鑿盧龍塞道，令通方軌。其道「東出渡濡水（即灤河）…… 至青陘」，云「盧龍之險，峻坂縈折，有九𥰭之名」，並舉石刻爲證。青陘蓋今青山口（約 E 118° 35′・N 40° 25′）。所謂「盧龍東越青陘至凡城（今凌源舊建昌縣東南境）二百許里」、「向黃龍（今朝陽）則五百里」者，蓋由今青龍河上游達大凌河上游，又東北至朝陽，即燕之故都。其時儁徙都薊城（今北平），此項工程，蓋所以加強新舊兩都之交通運輸耳。青山口在喜峯口東六十里，非一地也，更非復曹氏行軍之故道矣。

其三，宋、遼時代曰松亭關路。顧氏紀要與一統志謂宋、遼松亭故關在今喜峯口東北一百二十里，與寬河相近。按此蓋明初徙置之故關，非宋、遼時代之故關也。宋人所記之關址，位於柳河口（E 118° 10′・N 40° 40′）之南，灤河西南，去河五十里，約在灤河入今長城處之潘家口外，遵化縣東北一百二十里松亭山地區（五指山之東）。自關西南經遵化、薊州至燕京四百五十里。自關東北趨柳河（約今柳河口）二百餘里至澤州（今平泉南近處）；相近有鐵漿館（約今平泉縣），與古北口東北通中京之館道相會合。由此東北過石子嶺八十里至富谷館，又一百一十里至中京大定府。府在吐護眞河（今老哈河）北岸（約 E 119°・N 41° 30′），西南至松亭關亦四百五十里。按此松亭關與曹操所築盧龍城極相近，富谷館亦與漢平岡故城極相近，故此道約即漢、魏之盧龍道也。

其四，據薛映記，遼中京正北行歷兩館一百九十里至松山館（約今赤峯南三十里之遮蓋山地區）。又北歷四館二百九十里渡潢水石橋，即今巴林橋（E 118° 30′・N 43° 17′）。橋北置饒州，南臨潢水（今西喇木倫河）。又東北歷三館二百一十里至上京臨潢府，即今波羅城，又名高麗城（O N C圖，E 119° 23′・N 43° 57′）。此遼代中京、上京之通道，共凡六百九十里。其行程之今地，牟里 (Joseph Mullie) 曾親蒞考察，已能具體言之，本文多所取據。

其五，明代初年，有意經營塞外大寧故地，以喜峯口爲出塞主道口。關口置來遠樓，可容萬人，以徠塞外少數民族之商貢。口外沿瀑河而北，以次築寬城（今地），會州城（今平泉稍南），富峪城（今平泉東北不到百里約黑城地區），相去各一百二十里。又東北一百二十里至大寧故城，中間築大寧新城，以強軍道。故城即遼之中京大定府，而會州即遼之澤州，富峪城即遼之富谷館。則遼明兩代出塞道口雖異，但北段路線實同。明代東移出塞道口於喜峯口，蓋貪松亭之古名，乃並徙關於喜峯口北一百二十里之寬城近處耳；紀要與一統志以爲此即宋、遼時代之故關，誤矣。

其六，前引唐志所記之盧龍道，其盧龍故鎭既在灤河之東，又北經九荊嶺，疑即酈注所記前燕增修盧龍、青陘道中之九綽之險，是唐道即兩晉迄北朝末期酈注時代之盧龍道也。唐承北朝，去酈注時代尤近，即承其道，固不足異。惟唐志所記，非由青陘、九綽東北通營州柳城之故道，而爲由九綽直北通吐護眞河（今老哈河）上游奚王帳之行程耳。奚王帳即遼之中京大定府、明之大寧故城，「度石嶺」蓋即遼道之石子嶺，則唐道北段，與遼、明兩代之行程實相同，與漢、魏古盧龍道北段亦相同也。且據路振、曾公亮所記，宋、遼時代之松亭關亦爲唐代防禦奚虜要害之一，是在唐代，漢、魏古盧龍道仍與晉及北朝之盧龍九綽道並存也。

綜上以觀，自漢迄明、清時代，薊州東北出塞之大道要不離灤河入塞處之東西地帶，東西擺移，約有一百華里之幅度。灤河於燕山山脈之北，左受瀑河，滙流入塞。此一地區，灤河之西，近有五指山，海拔 1324 公尺；遠有五龍山，海拔 2050 公尺，爲灤潮兩河之分水嶺。灤河之東有都山，即酈注之盧龍山，海拔 2050 公尺。灤河夾在兩大高山之間，形成南北交通之有利地形，故歷代出塞大道皆於此一地帶東西擺移也。

至於唐志云奚王帳又北五百里至奚、契丹衙帳者，當稍作解釋。按自北朝至唐初，奚部族據有潢水（又名饒樂水，今西喇木倫河）上游之南北地區，契丹部族據有潢水中下游以南地區。契丹建衙於營州柳城（今朝陽）東北四百九十里處，約在今綏東故治小庫倫，即庫倫旗（E 121° 45′・N 42° 45′）。奚人建衙於橫水石橋，即今巴林橋（E 118° 30′．N43° 17′）之北近處，南臨潢水，即饒樂水。此爲契丹與奚之早期衙帳也。唐初，就兩族衙帳，分別置松漠都督府與饒樂都督府，册其王爲都督以羈縻之，稱爲兩蕃。其後契丹漸強，西侵奚部，奪其建衙地而自居之，事當在天寶以前。奚避契丹之逼，南遷五百里，傍吐護眞水（又名土河，今老哈河）別建新衙，即唐志所記薊州東北出盧龍六百里所至者。蓋至唐末，復爲契丹所奪，後又建爲中京大定府，即今大寧故城（E 119°．N41° 30′），而唐志所謂「奚、契丹衙帳」者，乃潢水石橋之奚王故帳，契丹取之，亦曾建衙，故唐志並書之，非有衍文也。至遼太祖阿保機，復北遷二百一十里，建衙於今林東之波羅城（ONC圖 E 119° 23′．N43° 57′），是爲上京臨潢府。臨潢之名蓋仍本之石橋故衙耳。前人多疑怪臨潢之名，不得其解，不知阿保機之前固曾建衙於潢水之濱也。

遼既建新衙於波羅城，以石橋故衙本名饒樂府，故改置饒州。前引薛映記，饒州地當遼代中上兩京館道交通之衝，南至中京四百八十里，故唐志所記奚王新舊兩帳間之五百里路線雖不可確知，然里數既相近，可推知其與薛記行程當無大異。惟薛記云由中京正北行，而唐志云「東北行傍吐護眞河」爲異耳。蓋其路線之南段有異，至今赤峯以北，必無大異。至於唐志云「又北一百里至室韋帳」者，室韋最西部族衙帳在俱輪泊（今呼倫池）西南，則此文「百」上必脫一數字，或「百」爲「千」之譌誤歟？

參看圖二十二

一九八二年十二月二十七日初稿，三十一日增訂，一九八三年三月十日正補，刋香港中文大學中國文化研究所學報第十四卷。一九八五年九月七日復訂，並釐正編次。十二月二十二日初校，一九八六年二月四日二校。

篇伍貳　幽州東北塞諸道四

——渝關通柳城契丹遼東道——

（一）幽州東至臨渝關道

幽州東行六十里至潞縣（今通縣東八里甘棠鄉，在潞水之東）。又九十里至三河縣（今縣東南三數里），蓋臨泃故城也。又八十里至薊州治所漁陽縣（今薊縣），即無終故城也。

寰宇記六九幽州目、七〇薊州目，兩州東西距二百一十里。檢一統志順天府卷，薊州在府東一百八十里，而通州西至府四十里，東至三河七十五里，三河又東至薊州七十里，明在一道上。蘇同炳明代驛遞制度第二篇建置・北直隸驛路圖，北京往遼東路，由北京會同館東行四十里至通州舊城東關潞河水馬驛，又七十里至三河縣南關三河驛，又七十里至薊州南門外漁陽驛。按寰宇記幽、薊兩目所記，幽州正東惟潞縣一縣，在州東六十里；薊州正西惟三河一縣，在州西六十里。通鑑二七八，後唐長興三年，「初契丹既強……寇抄盧龍諸州皆遍，……幽州東十里之外，人不敢樵牧。(趙)德鈞於州東五十里城潞縣而戍之。近州之民始得稼穡。至是，又於州東北百餘里城三河縣以通薊州運路。」

是唐代幽州東通薊州，中經三河，當亦中經潞縣。潞縣在今通縣東八里甘棠鄉，潞水之東，詳一統志順天府卷古蹟目潞縣故城條。三河在今縣東南三里，泃河之南，臨泃故城，見同卷古蹟目臨泃故城條。是明清驛道即唐代故道也，惟里數小異。

薊州城內，開元末至天寶初有靜塞軍，管兵一萬一千至一萬六千人，馬五百匹。

此見通典一七二州郡序目，詳盧龍道篇。

由州東南行八十里至玉田縣（今縣），本玉田驛，萬歲通天元年移無終縣於此，更名。又東一百里至石城縣（約今豐潤東、榛子鎮西），唐初置臨渝縣，蓋隋臨渝宮也，萬歲通天二年更名石城。又東一百四十里至平州治所盧龍縣（今縣），有盧龍軍。軍以天寶二年置，在城內，管兵萬人，馬五百匹。又有柳城軍，永泰元年置，蓋在縣南境。（傳在今昌黎縣西南六十里靜安社。）

寰宇記七〇薊州，「玉田縣在州東南八十里。本漢無終縣，唐乾封二年於廢無終縣置，名無終，屬幽州。萬歲通天二年改爲玉田縣。」按唐會要七一河北道，「無終縣，萬歲通天元年，移就玉田驛，因改爲玉田縣。」是與故無終地望不同。又按洪皓松漠紀聞與張棣金虜圖經（三朝北盟會編二四四）皆云薊州七十里至玉田縣，又二百四十里到平州，許亢宗行程錄亦經玉田縣，是在道上。

通典一七八平州北平郡、薊州漁陽郡東西距三百里，又云薊州東南到北平郡石城縣百八十五里，平州西北到石城縣百四十里，是實三百二十五里，三百里乃大數。寰宇記七〇薊州、平州兩目，東西里距同，惟薊州目云「南至平州石城縣二百八十里」，「南」上奪「東」字，又譌「一百」爲「二百」。又平州目云「東北至石城縣一百四十里」，譌「西」爲「東」。石城縣條云「州西一百四十里」，亦州目「東」爲「西」之譌之證。

石城縣，唐初置及後改名，皆見寰宇記平州本縣條。兩唐志同。其今地，一統志永平府卷古蹟目石城故城條云：「舊志謂唐石城縣即今撫寧。今考通典，縣在平州西北，薊州東南，與寰宇記同，知不在撫寧也。……遼志謂唐石城在灤州西南三十里，亦與通典不合。今州西榛子鎮，南去開平城五十里，疑即唐故縣也。」今按寰宇記七〇薊州目，玉田縣在州東南八十里。即今縣。檢一統志遵化州卷，玉田東至豐潤七十三里，唐石城在玉田東當爲一百里，當在今豐潤之東約三十里，故一統志作者以豐潤東榛子鎮當之。然洪皓松漠紀聞及張棣金虜圖經（同上）皆云玉田縣東至榛子店一百二十里，又一百二十里至平州。而上文推定玉田東至石城一百里，石城東至平州一百四十里，則石城當在豐潤與榛子鎮之間歟？

隋書地理志中，北平郡舊置平州，統盧龍一縣，有臨渝宮。考煬帝紀，大業十年三月壬子，行幸涿郡；癸亥，次臨渝宮；四月甲午，車駕次北平。則臨渝宮在北平郡之西，當即唐之石城。唐置縣本名臨渝，蓋即因宮名之也。車駕所駐，正即驛道所經之證。

檢蘇同炳明代驛遞制度第二篇建置，薊州漁陽驛東至玉田縣八十里，又東八十里至豐潤縣，又東一百里至遷安縣西南七家嶺驛，又東六十里至永平府，是明驛道仍承唐線。

盧龍、柳城兩軍，建置年見新唐志。盧龍軍在城內及管兵馬數，見通典一七二。柳城軍傳在今昌黎西南，見一統志永平府卷古蹟目。

又東一百八九十里至臨渝關（今山海關），簡稱渝關，又音近形譌爲楡關，史文常與勝州之楡關相混淆。

漢置臨渝縣，隸遼西郡，漢志云「渝水首受白狼，東入塞外。」此臨渝地名見史之始。按渝水即今大凌河，則漢之臨渝縣當在今長城之外，前人已略有定論矣。後世臨渝地名，蓋取古名，實非故地。

臨渝關省稱渝關，一名楡關　此關自隋開皇後期屢見載籍，即就通鑑例之，有下列諸條：

隋開皇十八年，高麗寇遼西，詔伐之。六月「漢王諒軍出臨渝關，值水潦，餽運不繼。」（卷一七八）

大業九年，帝伐高麗，楊玄感督運於黎陽，謀於李密。密曰：「天子出征，遠在遼外，……南有巨海，北有強胡，中間一道，理極艱危。公擁兵出其不意，長驅入薊，據臨渝之險，扼其咽喉，……可不戰而擒。」（卷一八二）

唐貞觀十九年，帝征遼東，還「至營州，……聞太子奉迎將至，從飛騎三千人馳入臨渝關。」（卷一九八）

萬歲通天元年，「七月辛亥，以春官尚書梁王武三思爲榆關道安撫大使，……以備契丹。」（卷二〇五）

開元八年，營州都督許欽澹遣安東都護薛泰討契丹可突干，兵敗，「營州震恐，許欽澹移軍入渝關。」（卷二一二）

開元二十一年閏三月，「幽州道副總管郭英傑………將精騎一萬及降奚擊契丹，屯於榆關之外，……奚持兩端，……英傑戰死。」（卷二一三）

天寶元年，平盧節度使統榆關守捉。（卷二一五）

天復三年，「盧龍節度使劉仁恭習知契丹情僞，……阿保機遣其妻兄阿鉢將萬騎寇渝關，仁恭遣其子守光戍平州，……伏兵執之。」（卷二六四）

後梁貞明三年，「幽州北七百里有渝關，下有渝水通海。」（卷二六九）

此諸條，自開皇至貞觀三條皆作臨渝關，武后以後，或作渝關，或作榆關。按隋唐時代，勝州榆林郡別有榆關。如隋書文帝紀，開皇三年三月城榆關。①隋書地志，榆林郡，開皇三年置榆關總管，是也。通鑑一七六陳至德二年，隋以賀婁子幹爲榆關總管，亦是勝州榆關。此則榆林關之省稱也。但上引各條榆關，皆卽平州之渝關、臨渝關無疑，非勝州之榆關也。通鑑胡注：「顏師古曰渝音喩。（按此見漢書地志臨渝縣條。）今多讀如榆。」（卷一八二，大業九年。）又曰：「渝音諭，又音榆。」（同卷大業十年。）蓋臨渝關爲本名，省稱渝關；榆關則音變譌稱，與勝州之榆關相混矣。不可不辨。

---

① 一統志永平府卷關隘目山海關條引作渝關。誤。

臨渝關今地　據上引通鑑諸條，已可知臨渝關在幽平東北通營州之要道中，下文再考其準確地望。通典一七八平州北平郡，「東南到榆林關（此名又與勝州榆林關相混）百八十里。」又治所盧龍縣，「臨閭關，今名臨榆關，在縣城東一百八十里。」又一七二，平盧節度使治柳城郡，所統有渝關守捉，在「柳城郡西四百八十里，管兵三千人，馬百匹，去理所二百二十里。」又寰宇記七〇平州盧龍縣，「臨餘山，本名臨渝山，音譌爲餘，有關通胡之路，在今縣東一百八十里。」又平州四至條云，「東北至榆關守捉百九十里。」武經總要前集一六下北蕃地理平州條亦作東北百九十里。此諸條所記，皆是此一關，在盧龍縣東一百八九十里。又通典一七二渝關守捉條云在「柳城郡西四百八十里」，又云「去理所二百二十里」者。按通典平州北平郡、營州柳城郡兩目，此兩州郡東西距七百里，寰宇記此兩州目亦同，守捉城在營州西四百八十里，即在平州東二百二十里，大數亦略合。所謂「去理所二百二十里」者，謂去平州理所，以地屬平州也。又考五代會要二九契丹傳，「榆關去幽州七百一十四里。」② 舊五代史一三七契丹傳，「榆關南距幽州七百里。」此爲大數。前考幽薊間相距二百一十里，薊平間相距三百二十里，大數三百里，則渝關在平州東一百八十四里至二百零四里，折衷大數爲一百九十里。故知各書所記里數雖有參差，要以一百九十里爲最折衷數字。渝關在平州東近二百里，故契丹入汴，晉少帝北遷，過幽州，經薊州，平州，始出榆關至錦州也。事見舊五代史八五晉少帝紀及新五代史一七晉家人傳。而新唐書地理志繫此關於平州石城縣，云「本臨渝（縣），……萬歲通天二年更名。有臨渝關，一名臨閭關。」是在平州治所之西，蓋因石城有臨渝之名，故誤繫關於此耳。

至於此關今地，紀要一〇直隸重險條云：渝關，「今名山海關，在永平府撫寧縣東百里。……近志（卷一七撫寧縣條作『一統志』），舊渝關在撫寧縣東二十里。明初，徐達將兵至此，以其非控扼之要，移建於舊渝關東六十里。按通典、通釋並云，渝關在平州盧龍縣東百八十里，則關實隋唐以來故址也。」又卷一七永平府撫寧縣山海關條云：「或曰：遼金時以渝關爲腹裏地，故址漸

② 通鑑二六六開平元年紀，胡注引宋白曰作一百七十四里，實亦此數，唯「一」「七」互譌耳。

湮，今縣東二十里之渝關乃其驛遞之所，因渝關舊名耳。明初修復故關，增置屯營。其於金元時之渝關（驛遞），仍置郵驛，今關蓋漢唐舊址，非明朝創建也。」一統志永平府卷關隘目山海關條，略同。按紀要，撫寧縣在永平府東八十里，是山海關在府東一百八十里。一統志，山海關在臨榆縣東門，而縣在府東一百七十里。則與唐代渝關在平州東一百八九十里之距離全合，知古渝關卽今山海關無疑。

復考武經總要前集一六下北蕃地理幽州四面州軍目：

「遼〔遷〕州……臨榆關在州東北五里。先是平渤海，遷其民置州以居之，仍名其邑曰遷民。東至萊州七十里，西至潤州四十里，南至海州（州字衍）三十里。…… 潤州…… 東至遼〔遷〕州四十里，西至榆關四十里，南至海三十里。」

按「遼州」皆「遷州」之形譌，觀遼史地理志三遷州條自知。是遼世，遷州東五里有臨榆關，關東六十五里爲萊州。遷州西四十里爲潤州，又西四十里復有榆關也。此榆關在平州東約百里。又松漠紀聞及金虜圖經，皆云平州東一百一十里至榆關，又四十里至潤州，又四十里至千州，又八十里至萊州。（滿洲歷史地理第二卷松井等著許亢宗行程錄所見遼金時代之滿洲交通路引。）千州卽遷州。一統志永平府卷古蹟目，遷民故城，今臨榆縣治，卽山海關也。松井等許亢宗行程錄所見遼金時代之滿洲交通路亦承此說，是也。是金之榆關亦在遷州西八十里，而在平州東百一十里，卽遼之西渝關，而不著東臨榆關之名。又許亢宗奉使行程錄，（天下郡國利病書卷一二。）自灤州一百里至營州，又一百里至潤州，中經渝關，在營州東六十里，自潤州八十里至遷州。「遷州東門外十數步卽古長城，所築遺址宛然。」灤州在今灤縣。營州，據松井等說在今昌黎縣。距離雖異，然渝關在遷州之西，而遷州東門外有長城遺址，蓋卽古臨渝關也。是則遼金時代渝關誠已西移至今昌黎與山海關之間，與隋唐臨榆故關地望不同。按今圖，撫寧縣東有榆關鎮，殆卽遼金之榆關；至明乃復東移至隋唐故關處更名山海關耳。松井等不知遼金榆關與隋唐榆關本非一地，混爲一關，仍從明一統志云在今撫寧縣東榆關村，見所著許亢宗行程錄所見遼金時代之滿洲交通路（滿洲歷史地理第二卷）。說遼金是，上論隋唐則非。

（二）渝關、柳城道及渝關柳城之形勢與軍戍

渝關在隋唐長城東端，關城東臨渝水入海處，故有臨渝之名。其地三面皆海，北有兔耳山、覆舟山，皆斗峻不可越。山下有道循海岸東北行，狹處廣纔數尺，僅通一車。關西亂山至進牛柵凡六口，柵戍相接，爲戍守之要。蓋長城循山而西，此諸柵口蓋多長城口也。

新一九二忠義賈循傳，爲「楡關守捉使。地南負海，北屬長城，林埌岑翳，寇所蔽伏。循調士斬木開道，賊遁去。」時在安史亂前。此似爲唐史言臨渝關形勢之最顯者，蓋隋開皇長城東止海隅於此。許亢宗奉使行程錄云：「遷州東門外十數步即古長城，所築城址宛然。」按此錄寫於北宋末年宣和間。遼金之遷州在今臨楡縣山海關處，亦即隋唐臨渝關，此長城遺址即隋唐長城東端也，惟不知始創何時耳。

復考通鑑二六九後梁貞明三年紀，胡注引宋白曰：

「渝關關城下有渝水入大海。其關東即海，北有兔耳山、覆舟山，山皆斗峻。山下尋海岸東北行，狹處纔通一軌。三面皆海，北連陸。關西亂山，至進牛柵凡六口，柵戍相接，此所以天限戎狄者也。」

此爲今存描述渝關最早較詳之史料。新五代史七二契丹傳及通鑑上條本文所記各略有省益，今斟酌參取書之如綱文。③

關既當長城東端盡處，背山面海，形勢險峻，而爲平營間交通孔道，中原東北出塞至遼東、渤海、朝鮮，此爲最主要咽喉，故開元天寶中置渝關守捉，統兵三千人，馬一百匹，以鎭之。諸蕃互市亦於此進行。

關當東北交通孔道，觀前引諸史料已可知，不必詳引。

③ 紀要一七永平府撫寧縣撫寧城條及兎耳山條，山在縣西七里。下引宋明用軍故實。疑此爲渝關西徙後之兎耳山，非舊地。

通典一七二州郡序目，平盧節度使所統有渝關守捉，管兵三千人、馬百匹。舊書地志作三百人，誤，據節度使所統總兵額可知。

太平廣記一二七館陶主簿條：「唐冀州館陶縣主簿姓周……顯慶中，奉使於臨渝關牙市。（出法苑珠林）」是諸蕃互市亦有在此關者。

出渝關東北行四百八十里至營州治所柳城縣（今朝陽）。此為東北出塞交通之最主要幹線。此路雖緣海出關，然其北段必仍循白狼水（今大凌河）河谷而下行也。唐置東西狹石、綠疇、米磚、長楊、黃花、紫蒙、白狼等戍以扼契丹於渝關。其地或近關城，守長城諸口；或沿關北大道建置，且有距關頗遠者，如白狼戍當在白狼河上游地區。又白狼口當契丹路，應亦在此道中也。

大凌河自遠古以來即為內地通東北塞外之要道，此觀近年鋤頭考古發現可知。隋唐渝關通營州道之主線，亦必循此河谷而行。

新唐書地志三，平州「有溫溝、白望、西狹石、東狹石、綠疇、米磚、長楊、黃花、紫蒙、白狼、昌黎、遼西等十二戍。」而新五代史七二四夷附錄契丹傳云：「距幽州北七百里有榆關，……唐時置東西狹石、淥疇、米磚、長揚、黃花、紫蒙、白狼等戍，以扼契丹於此。」同一人著作，而契丹傳只取狹石至白狼八戍者，蓋此八者與榆關關係較切歟？如通鑑二六九貞明三年記渝關云「自關東北循海有道，道狹處纔數尺，旁皆亂山，高峻不可越。比（胡注比當作北）至進牛口，舊置八防禦軍，募土兵守之。」胡注即引新五代史之八戍為說。據通鑑此文所記，此八戍防禦軍似沿關北道路向北建置者，至進牛口為最北處。而胡注引宋白曰，「關西亂山，至進牛柵凡六口，柵戍相接。」則又不在道上，乃自關而西，蓋戍長城諸口也。是兩說不同，今亦難論定。如兩峽石，屢見唐籍，通鑑二〇五萬歲通天元年，曹仁師、張玄遇等與契丹戰于硤石谷。又二〇六神功元年，王孝傑將兵十七萬，與孫萬榮戰于東硤石谷，兵敗死之。舊九三王孝傑傳，「軍至東峽石谷，遇賊，道隘………墮谷而死。」張說奏狀云，「深入寇境。」似去關頗遠。然伯玉集七國殤文作榆關峽口（通鑑唐紀比事質疑引），則又似去關不遠。然此諸戍亦必有沿關北道路建置，且在關外甚遠者。如白狼戍即爲一例。此戍地望雖難確指在今何處，然水經注一四大遼水注所記白狼故城在今熱河省喀喇沁左旗治所之大凌河西岸，約 E119°40′·N41°，地當大凌河上游諸水滙流處（此詳歷代盧龍道篇）。唐代此白狼戍縱非酈注故城，但在今大凌河上游地區，殆亦無疑。是在關北頗遠處。復考杜牧燕將錄（全唐文七五六）云，「譚忠者，絳人也，……燕牧劉濟與二千人，障白狼口。」原注：「山名，契丹路。」按此道正東北通契丹路（詳下文），白狼口蓋亦在白狼水上游，與此道不無關涉。又如紫蒙戍，紀要一八大寧衞，「紫蒙川在營州西北。晉書載記，秦漢之間，東胡邑于紫蒙川，晉時南匈奴別部宇文氏國于此，爲慕容皝所滅。唐志，平州有紫蒙、白狼、昌黎等戍。蓋平州之北境，契丹之南界也。開元二十一年，幽州節度使張守珪初平契丹，大閱于紫蒙川以鎮撫之。即此。」其地雖仍不能確指，但在渝關長城之北則可斷言。松井等滿洲歷史地理第一卷頁三四六，擬爲今之西喇木倫河，似不足信。

漢志有柳城縣（今朝陽以南），漢末蓋爲烏丸蹋頓所都，前燕慕容皝於柳城之北、龍山之陽置和龍宮都之，並改柳城爲龍城，又有黃龍之名。後燕、北燕續都於此。北魏滅燕，置營州，兼置和龍鎮，州刺史兼鎮都大將，領護東夷校尉，鎮撫東北諸蕃落。

柳城縣本漢置，三國志魏書三〇烏丸傳，「建安十一年，太祖自征蹋頓於柳城。」蓋漢末烏丸實都於此。通鑑九六晉咸康七年，「燕王皝築城於柳城之北、龍山之西，立宗廟宮闕，命曰龍城。」事詳寰宇記七一營州目引十六國春秋及水經注一四大遼水注。寰宇記云：

「十六國春秋慕容皝傳云，柳城之北、龍山之南，所謂福德之地也。可營制規模，築龍城，構宮廟，改柳城爲龍城縣。九年遂遷都龍城縣，入新宮。十二年號新宮曰龍和宮（當作和龍宮）。」

大遼水注云：「白狼水東北逕龍山西，……又北逕黃龍城東」，所述慕容皝建宮事略同，而云「號新宮曰和龍宮。」是也。自後以龍城名，而酈注又有黃龍城之名，隋書亦屢稱之爲黃龍，（如長孫晟傳、陰壽傳。）其地在今朝陽縣治。

前燕都此，後燕慕容寶亦自鄴還都龍城，旋爲馮跋所滅，跋仍都龍城，史稱北燕。故十六國時代屢爲東北偏霸國都。北魏滅北燕，置營州，治和龍城，兼置和龍鎮，任其職者兼刺史與鎮都大將兩職，仍領護東夷校尉，詳拙作北魏軍鎮制度考（中國地方行政制度史第四册北朝地方行政制度第十一章），故爲北魏東北邊疆最主要軍政中心，以威制東北塞外諸部族。魏書一〇〇庫莫奚傳，「及開遼海，置戍和龍，諸夷震懼，各獻方物。」正以此也。

隋代承之，置營州總管府，爲恒置三十府之一，唐代前期置營州都督府，爲四十四府之一，都督兼護東夷校尉，校尉後改稱東夷都護，皆所以威制東北諸蕃者，而龍城之名改復柳城。

隋總管府詳拙作隋代總管府考（中國學誌第六本），唐都督府詳拙作括地志序略都督府管州考（唐史研究叢稿第四篇）。隋書四七韋沖傳云：

「拜營州總管。沖寬厚得衆心，懷撫靺鞨、契丹，皆能致其死力。奚霫畏懼，朝貢相繼。高麗嘗入寇，沖率兵擊走之。」

是隋代營州總管府所以鎮撫東北諸蕃也。又舊書八三張儉傳云：

「遷營州都督，兼護東夷校尉。……其後改東夷校尉爲東夷都護，仍以儉爲之。」（參新一一一本傳）

是唐初營州都督實兼護東北諸蕃，東夷都護可視爲安東都護之前身。儉此任行事，見於册府元龜三五七將帥部立功目云：

「張儉，貞觀初……爲簡〔檢〕校營州都督府事。營州所管契丹、奚、霫、靺鞨諸蕃，皆鄰接境，……高麗引衆數千來寇，儉率鎮兵及諸蕃首領邀擊之，斬獲略盡。」（參新唐書本傳）

是與韋沖事絕相類，蓋其職皆在鎮撫東北諸蕃奚、霫、契丹、靺鞨、高麗也。

至開元七年置平盧節度使於柳城，二十八年加押兩蕃（奚與契丹）及渤海、黑水等四府經略使，實亦兼統室韋，管兵三萬七千五百人，馬五千五百匹。所統有平盧軍，領兵一萬六千人，馬四千二百匹，在營州城內；盧龍軍在平州城內；懷遠軍在故遼城，後省爲守捉；燕郡守捉，後更置鎮安軍；及渝關、汝羅、巫閭、襄平等守捉城；以及安東都護府，在柳城東南二百七十里；又有五柳（在州南）、靜蕃等戍，陽師、三合等鎮。爲唐代盛時東北邊疆之重鎮。

此綱文參取唐會要七八節度使目、通典一七二州郡序目、新書三九地理志營州目及四三下羈縻州河北道目書之，不欲一一詳考。新書兵志所記頗誤，參看唐長孺唐書兵志箋正。而唐六典五兵部郎中條記八節度使，平盧軍爲幽州節度所統十軍之一，蓋一時罷節度使，併入幽州節度也。

關於節度所統，通典一七二云，「鎮撫室韋、靺鞨。」而會要七八云，「開元二十八年二月除王斛斯，又加押兩蕃及渤海、黑水等四府經略處置等使。」兩書不同。按張九齡敕平盧(節度)使烏知義書（全唐文二八五）云：「勑平盧節度營州都督烏知義，……契丹及奚一心歸我，不有將護，豈云王略。……渤海、黑水近復歸國，亦委卿節度，想所知之。」則當時實統管四蕃，通典以奚及契丹屬范陽節度，故只云室韋、靺鞨。

北魏以來，和龍、柳城見爲東北重鎮，主要原因在其爲東北交通樞紐，外通諸蕃之孔道，故諸蕃互市及與華人互市，多於此地進行。安祿山、史思明皆以營州雜胡，通六蕃語而爲互市牙郎，正以其地爲諸蕃互市場也。

魏書卷一〇〇所記最爲具體，玆錄數條如下：

勿吉國傳，在高句麗北，自和龍北二百餘里有善玉山，又東北行五十三日到其國。下文述太和中遣使貢馬五百匹，道從難河，「從契丹西界達和龍。」又失韋國傳，在勿吉北千里，路出和龍，北入契丹，又北行二十七日至其國。

又契丹國傳，在庫莫奚東，和龍之北數百里。

魏書記其行程甚詳，下文再論。又隋書五一長孫晟傳云：

「開皇元年……授晟車騎將軍，出黃龍道，齎幣賜奚、霫、契丹等，遣爲嚮導，得至處羅侯所。」

此尤爲中國使臣出使東北諸蕃必由龍城之顯例。魏書契丹國傳又云：

「顯祖時，使莫弗紇何辰奉獻，……歸……言國家之美，……於是東北羣狄聞之，莫不思服。悉萬丹部、何大何部、伏弗郁部、羽陵部、日連部、匹絜部、黎部、吐六于部等，各以其名馬文皮入獻天府，遂求爲常。皆得交市於和龍、密雲之間，貢獻不絕。」

此極見和龍爲東北諸夷來華互市之場所。復考舊七五韋雲起傳云：

「會契丹入抄營州，詔雲起護突厥兵往討契丹部落。啓民可汗發騎二萬，受其處分。雲起分爲二十營，四道俱引。……契丹本事突厥，情無猜忌，雲起既入其界，使突厥詐云向柳城郡，欲共高麗交易，勿言營中有隋使，……契丹不備，……（雲起）馳騎襲之，盡獲其男女四萬口。」

足見諸夷互市於營州爲習見之事，故契丹不疑也。舊二〇〇上安祿山傳，爲營州柳城雜胡，「解六蕃語，爲互市牙郎。」新傳同。殆卽在營州任事。復檢同卷史思明傳，「營州寧夷州突厥雜種胡人也。……與安祿山同鄉里，……初事特進烏知義……解六蕃語，與祿山同爲互市郎。」按烏知義正爲平盧節度使，則二人爲互市牙郎正在營州柳城矣。此亦營州爲諸蕃互市地之強證。

（三）營州柳城通奚與契丹道及兩蕃外通邊遠諸蕃道

營州柳城外通東北諸蕃國大要有三道。其一，東北至契丹牙帳，通東北諸國道。其二，西北踰松陘至奚王牙帳通北蕃道。其三，東至遼東城通東方諸國道。茲先論東北契丹道。由營州東北行九十里至契丹國界，由界首至其衙帳四百里。其地約今庫倫旗（小庫倫，卽綏東故治，E 121°45′·N 42°45′），北魏使臣由營州東經今義縣，折北經今阜新地區至其衙帳。

通典、寰宇記所記衙帳在營州東北四百九十里，仍與北魏記錄相近。

魏書一〇〇契丹傳：「在庫莫奚東，……有部落於和龍之北數百里。」隋書八四北狄契丹傳，「契丹……居黃龍之北數百里。……開皇末，其別部四千餘家背突厥來降。……以部落漸衆，遂北徙，逐水草，當遼西正北二百里，依託紇臣水而居。東西亙五百里，南北三百里，分爲十部。」按隋書三〇地理志，「遼西郡，舊置營州」，治柳城縣。是遼西郡、和龍、黃龍皆即營州。契丹本居營州柳城之北數百里，隋末居柳城之正北二百里也。檢通典一七八營州柳城郡，「東北到契丹界九十里，至契丹衙帳四百里。」寰宇記七一營州目，抄錄此文，「九十里」下有「自界」二字，通典脫文耳。復按五代會要二九契丹傳云：「契丹本鮮卑之種也，居遼澤之中、潢水之南。遼澤去榆關一千一百二十里。榆關去幽州七百一十四里。其地東南接海，東際遼河，西北包冷陘，北界松陘，山川東西三千里，地多松柳，澤饒蒲葦。」此兼前後期疆域言之，而說其中心根據地，仍指早期衙帳而言。如云遼澤之中、潢水之南，是其證。又記去榆關里數。按前考營州去榆關四百八十里，大數五百里，則去營州六百二十里，仍與通典、寰宇記略相近也。④是則自北朝以來至少至唐初，契丹衙帳在營州之北或東北，近或二百里，多或五百里上下也。

松井等契丹勃興史云，「今朝陽東有義縣，義縣西北里餘大凌河左岸萬佛洞，洞內有刻文，後魏使者赴契丹，途經此地所刻記者。（此刻係明治四十二年箭內亙所發現。）則後魏時代契丹中心根據地蓋在今綏東縣（小庫倫）方面。」（滿鮮地理歷史研究報告第一。）按此說甚有可能，綏東縣在義縣直北微東約三百數十里至四百里，據魏書、隋書所記方位里數，參以此石刻與小庫倫地理條件，固當有此一推論。今圖，義縣有汽車道，北經蒙古珍王府（土默特左翼旗，在阜新縣西）至綏東縣故治（錫埒圖庫倫旗，即小庫倫），疑北魏使臣由營州東經今義縣折北至契丹衙帳故道也。通典、寰宇記所記契丹衙帳在營州東北四百九十里者，仍在此地區，五代會要所記仍是此方位也。

④ 通鑑二六六後梁開平元年胡注引路振九國志，「契丹古匈奴之種也，代居遼澤之中，潢水南岸，距榆關一千一百里，榆關南距幽州七百里。」此亦言早期根據地。可參看。

由契丹東北通勿吉、失韋諸國，魏書記其通道最顯。即由營州東北取契丹道，渡洛孤水，又名如洛瓌水，即潢水（今西喇木倫河），又東北至太魯水，又名太㳇河（今洮兒河）。由此分南北兩道：南道船行下難河，又名那河（今嫩江），入速末水，即粟末水（今松花江），至勿吉國。國在今東流松花江之南、長白山之北。說者謂其中心在 E 126°．N 45° 地帶，蓋略近之。北道渡太㳇河，東北陸行渡蓋水，一作善水（蓋今雅魯河），過犢了大山，周回三百里，至失韋國，約在今嫩江上游或黑龍江東南流段。勿吉即唐之靺鞨，失韋即唐之室韋也。

魏書一〇〇勿吉傳云：

「勿吉國，在高句麗北，…… 去洛五千里。自和龍北二百餘里有善玉山，山北行十三日至祁黎山，又北行七日至如洛瓌水，水廣里餘，又北行十五日至太魯水，又東北行十八日到其國。國有大水，闊三里餘，名速末水。其地下濕，築城穴居，屋形似塚，開口於上，以梯出入。……延興中，遣使乙力支朝獻。太和初，又貢馬五百匹。乙力支稱，初發其國，乘船泝難河西上，至太㳇河，沉船於水，南出陸行，渡洛孤水，從契丹西界達和龍。……乙力支乃還，從其來道，取得本船，汎達其國。」

按自此屢次來朝，太和初貢馬五百匹，十七年使人婆非等五百餘人來朝，富有商貿性質，則在北朝此道暢通也。按勿吉在高句麗之北，又云「國南有徒太山，魏言大白。」顯爲長白山脈。是國在舊吉林省中南部。津田左右吉推論在今松花江上下游大曲灣之間，其勢力中心蓋在今石頭城子（E 126°．N 45°）地區，大致不遠。（勿吉考，滿鮮地理歷史研究報告第一。）

據白鳥庫吉考證，太魯水、太㳇河，即新唐書它漏河，遼金史之滔爾河，今之陶爾河（即洮兒河）。速末水即唐書之粟末水（又作涑末水），今之松花江。難河即唐書之捺水、那河，今黑龍江。洛孤水、如洛瓌水即今西喇木倫河。（滿洲歷史地理第一卷三二二頁引史學雜誌第二十一編東胡民族考。）按此所釋，除難河、捺水外，皆正確。難河、捺水，津田左右吉以爲今嫩江，（津田著勿吉考、室韋考，滿鮮地理歷史研究報告第一）是也。何者？卽據上引文，已知其決非今黑龍江。復檢舊唐書一九九下室韋傳云：

「那河之北，有古烏丸之遺人，今亦自稱烏丸國。…… 其北大山之北有大室韋部落。其部落傍望建河居。其河源出突厥東北界俱輪泊，屈曲東流，經西室韋界，又東經大室韋界，又東經蒙兀室韋之北，落俎室韋之南，又東流，與那河、忽汗河合，又東經南黑水靺鞨之北，北黑水靺鞨之南，東流注于海。」

按俱輪泊卽今呼倫池，絕無問題，則此望建河顯爲黑龍江上游之額爾古納河及黑龍江幹流而言亦無可疑，則那河之北去今黑龍江中游頗遠，中隔大山，蓋卽大興嶺山脈，則難河顯爲今之嫩江，其音仍相近。至於下文云「東流與那河、忽汗河合」者，忽汗海卽今鏡泊湖，忽汗河卽今牡丹江，與那河皆爲今松花江之主要支源，故松花江兼此兩名耳。是則勿吉入營州路線，由速末水（今松花江）水道，轉泝難河（一名那河，今嫩江），復改入太魯水（一名太瀰河，今洮兒河），捨舟陸行，西南渡洛孤水（一名如洛瓌水，卽潢水，今西喇木倫河），南經契丹西界至和龍城。其時勿吉與高句麗爲敵國，故向北繞道以避高麗之逼也。又魏書一〇〇失韋傳云：

「失韋國在勿吉北千里，去洛六千里。路出和龍北千餘里入契丹國，又北行十日至啜水，又北行三日有蓋水，又北行三日有犢了山，其山高大，周回三百餘里，又北行三日有大水名屈利，又北行三日至刃水 ，又北行五日到其國。有大水從北而來，廣四里餘，名捺水。國土下濕。」

是國必在今松花江北頗遠處。白鳥庫吉釋此諸地名，以啜水擬今綽爾河，屈利水擬今嫩江，捺水擬今黑龍江，（滿洲歷史地理第一卷三二三頁引史學雜誌第二十三編東胡民族考。）似不切當，所擬失韋居地亦太北遠。津田左右吉室韋考（滿鮮地理歷史研究報告第一）以爲捺水卽難河，唐稱那河，卽今嫩江，魏代室韋蓋在今齊齊哈爾附近，唐代此族仍在故地不變。所論大要得之。張博泉等東北歷代疆域史綜合各家意見，謂啜水今綽爾河；蓋水，北史作善水，今雅魯河；犢了山今雅魯河北、嫩江西之特特庫勒山；刃水今音河；屈利水今諾敏河；捺水今嫩江上游；而失韋當在今嫩江上游北至黑龍江一帶（頁七二）。此所擬失韋地望較津田爲北。按上引本傳云捺水極大，廣四里餘，又云國土下濕，以地形度之，其中心根據地，不當在 N48° 以北，故仍以齊齊哈爾地區之可能性爲大，南去勿吉千里亦相合。惟渡今西喇木倫河、洮兒河東北至齊齊哈爾，途中似無周回三百餘里之大山，故仍疑莫能定也。或者此捺水並非難河、那水，果今黑龍江耶？若然，則當在黑龍江由西北向東南流之一段。故無論如何，此道由和龍北經契丹國，又東北渡今西喇木倫河、洮兒河、雅魯河，又東北出者。是此道之西段，實與勿吉來朝路線之西段略相當，殆可視爲一條路也。

次論松陘嶺、奚國牙帳道。唐初奚王故牙帳在遼代潢水石橋（今巴林橋，E 118°30′‧N 43°17′）之北近處，潢水即古饒樂水（今西喇木倫河）也。由營州柳城西北行百里至松陘嶺（約今大青山，E120°5′‧N41°45′，或相近地），爲唐、奚、契丹三國舊分界處。踰嶺西北行奚境，渡吐護眞水（今老哈河），又三百里以上乃至其牙帳。由奚王帳又北通霫國及突厥東部、室韋西部。奚帳北行千里至室韋最西部族之烏素固部，在俱輪泊（今呼倫池、E 117°30′‧N 49°）西南，是通今外蒙古東部之道也。

舊一九九下奚國傳：「所居亦鮮卑故地，……在京師東北四千餘里，東接契丹，西至突厥，南拒白狼水，北至霫國。自營州西北饒樂水以至其國。」通典一七八營州柳城「西北與奚接。」又二〇〇庫莫奚傳，「理饒樂水北。」本注：「一名如洛環水，蓋饒樂之訛也。」「奚部落並在今柳城郡東北二千餘里。」按此「東北」必爲「西北」之譌。奚國故帳本在潢水即饒樂水（今西喇木倫河）中上游潢水石橋（今巴林橋，E 118°30′‧N 43°17′）之北近處，已詳盧龍道篇。其地東南至今朝陽不過五六百里，至多不踰一千里，疑通典「二千」爲「一千」之譌。其道行程不詳，所可知者，新四三下地理志錄賈耽入四夷道之第一道云：「營州西北百里曰松陘嶺，其西奚，其東契丹。」武經總要前集一六下北蕃地理，興中府營州「西北至松陘嶺百里，舊奚界。」通鑑二一四，開元二十七年，「使平盧軍使烏知義擊叛奚餘黨於横水之北。」胡注云横水當作潢水，是也。又引志云「自營州度松陘嶺北行四百里至潢水。」即此松陘嶺也。連山中斷爲陘，松陘蓋營州西北至奚王牙帳之道口。檢今圖，朝陽西北境有大山脈，自西南向東北，横亙於朝陽、建平之間，曰努魯兒虎山，高峯大青山在朝陽西北不到百里處，當朝陽、建平交通道口，唐道若非即此道，亦當在此南北地帶。復考舊二〇〇上安祿山傳，天寶十一載，祿山率大軍討契丹，「去平盧千餘里，至土護眞河……又倍程三百里至契丹牙帳。」大爲契丹所敗，走投平盧城。新傳云「至土護眞河………晝夜行三百里，次天門嶺。」通鑑書於天寶十載，云「過平盧千餘里至土護眞水遇雨，祿山引兵晝夜兼行三百餘里至契丹牙帳。」是其行軍路線係由平盧西北踰吐護眞水，又三百里至天門嶺，接近契丹牙帳也。⑤則嶺當在今老哈河西北三百里地，熱河志六八云，天門嶺當在老河北，潢水之南，赤峯縣境內。雖未必在赤峯境內，但在兩河之間則絕無問題，惟正確地望則無可考耳。所可知者，此次用兵，由營州（即平盧軍）西北行渡吐護眞水（今老哈河）又三百里至天門嶺，契丹牙帳又在其北，祿山兵敗仍退歸營州。此時契丹牙帳即奚王故牙帳在潢水石橋者，契丹奪取而自遷牙於此，故新唐書地志稱爲「奚契丹衙帳」也。考詳盧龍道篇第四節唐代薊州東北出盧龍塞通奚及契丹衙帳道。然則此條史事即唐初營州西北通奚國之道之證也。

此潢水石橋之奚、契丹衙帳北通室韋帳道，亦見新唐書地志，並詳盧龍道篇。霫國緊接奚國之北，奚既北通室韋西部，自當可至霫國。復考隋書五一長孫晟傳，開皇初，晟「知攝圖（沙鉢略）、玷厥（達頭）、阿波、突利（處羅侯）等……俱號可汗，分居四面，內懷猜忌」，乃獻離間之策，請「通使玷厥（西突厥），說合阿波，則攝圖廻兵，自防右地。又引處羅，遣連奚、霫，則攝圖分衆，還備左方。」遂使晟「出黃龍道，齎幣賜奚、霫、契丹等，遣爲嚮導，得至處羅侯所，深布心腹。」是突利可汗處羅侯居突厥東部，由黃龍至其所，

⑤　兩書渤海大祚榮傳亦有天門嶺，似爲一地。

當取道奚、霫也。

（四） 營州柳城東通遼東城道

最後論營州正東通遼東道，亦東北出塞交通之最主要幹道，故隋唐兩代伐高句麗，大軍主力多取渝關至營州柳城線。如開皇十八年，漢王諒出師，大業九年煬帝親征，貞觀十九年太宗親征，皆取此道，明見載籍。

通鑑一七八，開皇十八年六月，詔伐高麗，「漢王諒軍出臨渝關。」師出臨渝關，又見隋書八一高麗傳。而隋書四〇王世積傳，「遼東之役，世積與漢王並爲行軍元帥，至柳城。」是此次遠征軍主力出渝關經柳城也。又通鑑一八二，大業九年，李密說楊玄感曰：「天子出征，遠在遼外，……南有巨海，北有彊胡，中間一道，理極艱危。公擁兵……長驅入薊，據臨渝之險（新李密傳作榆林），扼其咽喉。」而隋書六五薛世雄傳，會楊玄感作亂，煬帝班師，至柳城。是煬帝征遼亦取臨渝至柳城道也。又通鑑一九七，貞觀十九年伐高麗，五月「李世勣軍發柳城，……若出懷遠鎭者。」按世勣爲遠征軍元帥，是主力。又一九八，是年十月，帝還「至營州，……從飛騎三千人馳入臨渝關。」還過營州，又見新二一九北狄契丹傳。是太宗親征高麗，大軍主力亦出此線也。

至於營州以東之行程，新唐書四三下錄賈耽入四夷道，其營州入安東道云：「營州東百八十里至燕郡城。又經汝羅守捉，渡遼水至安東都護府五百里。府故漢襄平城也。」此卽皇華四達記之節文，是營州東至安東都護府故城，大數七百里也。

武經總要前集一六下北蕃地理篇中京四面諸州目宜州條引皇華四達記云：「營州東百八十里凡九遞至燕郡城，自燕郡城東經波羅寺抵（明修本作汝羅守捉）渡遼州七十（明修本作十七）里驛至安東都護府，約五百里。」

按此與新唐志所錄同屬一條，唐志省去驛遞數，而武經奪譌特甚，除「汝羅守捉」與「十七」當從明修本外，又譌「遼水」爲「遼州」，復衍「里」字。武經又補一句云，「今以契丹地圖校，至東京五百二十里，東京即安東都護治所。」蓋實五百二十里，大數五百里，即全程大數七百里也。

其較詳行程今可略考如次：自柳城東行，凡九（六？）驛一百八十里或二百里至燕州（約今義縣）。本汝羅故城，隋大業八年置遼西郡，統遼西、懷遠、瀘河三縣，以處粟末靺鞨降附酋長突地稽部落，旋更名燕郡，唐武德初更名燕州總管府。州廢，置燕郡守捉城。貞元二年置鎮安軍。

寰宇記七一燕州目云：

「隋北蕃風俗記云：初開皇中，粟末靺鞨與高麗戰不勝，有厥稽部渠長突地稽者率忽賜來部（六部名稱略）凡八部勝兵數千人，自扶餘城西北舉部落向關內附，處之柳城。柳城乃燕郡之北（西？）。煬帝大業八年，爲置遼西郡，並遼西、懷遠、盧〔瀘〕河三縣以統之。……唐武德元年，改爲燕州總管府，領遼西、懷遠、盧河三縣。其年廢瀘河縣。……貞觀元年廢都督府，仍省懷遠縣。」

同書六九幽州幽都縣條引郡國縣道記，與隋北蕃風俗記略同，惟「煬帝八年爲置遼西郡」。下云，「以突地稽爲太守，理營州東二百里汝羅城。」可考見其地望。又寰宇記七一，燕州遼西縣，「隋大業八年置，屬遼西郡，與郡同在汝羅故城，至十一年寄理柳城。」故新唐書三九地理志幽州目幽都縣條云，「隋於營州之境汝羅故城置遼西郡以處粟末靺鞨降人。」復考武經總要前集一六下北蕃地理篇中京四面諸州目宜州條引皇華四達記，上文已引錄。武經總要作者補足一句云，「今以契丹地圖校，至東京五百二十里。東京即安東都護治所。」又云：

「州（宜州）城即古之燕郡城是也。本遼西之地，……在營州之東，……東醫巫閭山，西至霸州二百里，南至錦州九十里。」

據此諸條，隋置遼西郡以處粟末靺鞨部落，在營州東一百八十里或二百里之汝羅故城。唐改名燕州，其地東至安東都護府故治即遼之東京五百二十里，大數五百里。遼置宜州，地在霸州（卽唐之營州，今朝陽）東二百里，錦州北九十里，醫巫閭山之西。檢一統志錦州府卷古蹟目，宜州在今義縣東北二十五里，錦州在今錦縣治。而錦縣、義縣南北距恰九十里。則隋遼西郡後改名燕郡、唐初更名燕州者，卽在今義縣治附近無疑，或果東北二十五里也。

又前引諸條，隋遼西郡，唐初爲燕州總管府，又有燕郡之名。按隋書六五薛世雄傳，「會楊玄感作亂，班師，帝至柳城，以世雄爲東北道大使行燕郡太守，鎭懷遠。」則隋末已易名燕郡。又新唐志營州目，「東有鎭安軍，本燕郡守捉城，貞元二年爲軍城。」唐會要七八節度使目，「鎭安軍，貞元二年四月二十二日，於燕郡守捉置。」則燕州廢後之沿革可考。

又柳城東五十里有醫巫閭山祠，疑近此大道。

寰宇記七一營州柳城縣，「醫巫閭山祠在縣東五十里。」新唐志營州柳城縣「有東北鎭醫巫閭山祠。」按此山脈雖在燕州之東，然立祠於營州東境，以便祠祀，與歷史上一般祀山事例亦無不合，故寰宇記五十里之說亦可能不誤。但當近交通大道也。

燕州又東經汝羅守捉城，踰醫巫閭山脈，約一百二十里至巫閭守捉城。城近山，遼置閭州，與顯州（約今北鎭東三十里處，北鎭舊名廣寧）地相近。又東約二百三五十里渡遼河，又約一百五十里至安東都護府故城（今遼陽），其渡口約在今遼中縣西境。

汝羅守捉　新唐書地志營州條云：

「有鎭安軍，本燕郡守捉城。……又有汝羅、懷遠、巫閭、襄平四守捉城。」按燕郡本汝羅故城。觀此文，唐汝羅守捉當與燕郡守捉異治。前引皇華四達記，（唐志四三下及武經總要前集一六下宜州條。）自燕郡城東經汝羅守捉城，渡遼水十七驛至安東都護府，約五百里。則唐汝羅守捉在燕州東行道中，疑在醫巫閭山脈之西也。

巫閭守捉　新唐志又有巫閭守捉城。按武經總要前集一六下北蕃地理篇蕃界有名山川目，醫巫閭山，「唐築巫閭守捉城，契丹改爲閭州。又置乾州、顯州，在山之南，二州相去七里。」是城當近醫巫閭山。又同卷東京四面諸州目，雖無閭州條，但有顯州條，東至東京四百八十里，「西至宜州百二十里，南至乾州七里，北至醫巫閭山。」乾州條，「在醫巫閭山之南，古遼澤之地，……東至顯州八里。」又遼史地理志一，閭州「近醫巫閭山，在遼州西一百三十里。」又遼志二，顯州在山東南，因人皇王葬山中，爲顯陵，置州以奉之。是此三州皆在醫巫閭山之南或東南，相距皆極近。檢一統志錦州府卷沿革目，廣寧縣在義州東九十里，「漢置無慮縣，……唐置巫閭守捉城，屬營州。遼世宗置顯州奉先軍，……金天輔七年升州爲廣寧府。」其後皆名廣寧，爲東北軍事重地。又古蹟目，舊閭州在廣寧縣東北。按趙彥衞雲麓漫鈔八錄御寨行程，廣寧府三十里至顯州。則義州東至舊顯州正爲一百二十里，與上引武經總要顯州條絕同。唐巫閭守捉城近顯州，則在今廣寧縣東北蓋亦三十里上下也。

巫閭城以東之里程　按皇華四達記，燕郡城東至安東府約五百里，武經總要以契丹地圖校之，爲五百二十里，賈耽記具大數耳。又按武經總要前集一六下北蕃地理篇東京條，「西至遼河百五十里」，前考燕郡城東至巫閭城約一百二十里，則巫閭城東至遼河約二百三五十里。復考雲麓漫鈔八錄御寨行程，廣寧府東至顯州三十里，顯州東經兎兒堝至遼河大口二百二十五里。許亢宗行程錄，由顯州經兎兒渦至遼河百一十里。里程亦合。惟通典一七八，營州「東至遼河四百八十里」，則巫閭城東至遼河只一百八十里，可能爲先後計里之異，今據賈記書之。　又上引武經總要，東京（唐安東故城）西至遼河一百五十里。又御寨行程，由遼河大口平津館七十三里至廣州廣平館，復望北行七十里至瀋州。按瀋州即今瀋陽，廣州在其西南七十里，則御寨行程之渡遼河大口必在今遼中縣西境，蓋遼金時代，由此渡遼河，東北行一百四十餘里至瀋州；東南行一百五十里至東京也。

此外，道中尚有數地名，稍加論次：其一懷遠鎮　按隋唐屢征高麗之大軍行程，其營州以東有懷遠鎮，時或置懷遠縣，爲集糧屯軍之所，蓋爲中國東北邊境接近高麗之重鎭。度其地當亦在醫巫閭山東麓地境，說者以爲在今廣寧（即北鎭）地區，約略近之。

通鑑一八一，隋大業七年，帝謀討高麗，詔「發民夫運米積於瀘河、懷遠二鎭。」又隋書煬帝紀，大業十年，帝東征，四月次北平（平州），七月癸丑，次懷遠鎭，甲子，高麗遣使請降，八月班師。同書八一高麗傳，帝東征，「至遼水」，高麗困弊，乞降，帝「頓於懷遠鎭，受其降款。」又隋書六五薛世雄傳，會楊玄感作亂，帝班師，「至柳城，以世雄爲東北道大使、行燕郡太守，鎭懷遠。」此見隋世懷遠鎭爲東北重鎭，當柳城東通高麗大道。復考新八六高開道傳，隋末，亡海曲，「自臨渝至懷遠，皆破有之，復引兵圍北平。」似亦見在臨渝北出道上。又通鑑一九七，貞觀十七年六月，「鄧素使高麗還，請於懷遠鎭增戍兵以逼高麗。」十九年伐高麗，「李世勣軍發柳城，多張形勢，若出懷遠鎭者，而潛師北趣甬道，出高麗不意，……自通定濟遼水，至玄菟。」此仍隋世之形勢，且見其爲接近高麗之前線重鎭。前考燕州，引寰宇記七一所錄隋北蕃風俗記，煬帝大業八年置遼西郡三縣，有懷遠。唐武德元年改燕州總管府，統三縣，亦有懷遠，貞觀元年廢，即此懷遠鎭無疑。其地在柳城東至遼東道中，但在遼水之西無疑。松井等以爲當在今廣寧（即北鎭）附近，（滿洲歷史地理第一卷第六篇隋唐二朝高句麗遠征地理，頁三七九。）雖無確證，然大體近之，其東盡屬遼澤地帶，恐不易建大軍城也，故今姑從其說。

天寶二年二月，安祿山奏置懷遠軍於故遼城；又有懷遠守捉城，疑非其故地。

天寶二年置懷遠軍，見會要七八節度使目。營州有懷遠守捉城見新唐書三九地理志。按隋及唐初懷遠鎭似非遼城，疑不在其處。日野開三郎雖有說，然究莫能定也。見其所著隋遼西郡硏究。（史淵五五輯）

其二望海鎭　煬帝征遼回師，道經望海鎭，在營州境禿黎山，然地望皆不可考。

大業拾遺記云：「煬帝征遼回，次於柳城郡之望海鎮。」（太平廣記四六三瑞鳥條引。）又隋書八禮儀志三，大業七年征遼東，「行幸望海鎮，於禿黎山爲壇，祀黃帝。」檢地理志中，營州柳城縣有禿黎山。然其詳無考。

其三遼澤　按太宗東征，渡遼澤、東西二百餘里泥淖不通人馬者，乃指巫閭以東今廣寧（北鎮）以東、遼水以西之沼澤地帶；所謂渤錯水蓋指今饒陽河歟？

通鑑一九七，貞觀十九年，征遼，五月「車駕至遼澤，泥淖二百餘里，人馬不可通。將作大匠閻立德佈土作橋，軍不留行。」（按此全取兩書本傳，傳云立德塡道造橋。尤顯。）又一九八，九月自安市城班師，「乙酉至遼東，丙戌渡遼水。遼澤泥潦，車馬不通，命長孫無忌將萬人，翦草塡道，水深處以車爲梁，上自繫薪於馬鞘以助役。冬十月丙申朔，上至蒲溝，駐馬，督塡道，諸軍渡渤錯水，暴風至，士卒沾濕，多死者。」按册府一一七親征目書此事云，「渡遼水，至渤錯水，十里間，遼澤餘潦，車馬不通」云云。則遼澤最泥濘處當在遼水西至渤錯水處，廣度約十里。此種泥濘情形，至五代仍見，陸氏南唐書一八契丹傳，公乘鎔表云，「遼東以西，水潦壞道，數百里車馬不通。」復按許亢宗行程錄云：

「第二十三程，自顯州九十里至兎兒渦。第二十四程，自兎兒渦六十里至梁魚務。離兎兒渦東行卽地勢卑下，盡皆萑苻，沮洳積水。是日凡三十八次渡水，多被溺，名曰遼河，瀕河南北千餘里，（脫『東』？）西二百里，北（衍文）遼河居其中，其浸如此，隋唐征高麗，路皆由此。秋夏多蚊虻，不分晝夜，無牛馬能致。行以衣被包裹胸腹，人皆重裳，而被衣；坐則蒿草薰煙，稍能免。務寒，依水際，居民數十家，環繞瀰望皆荷花。水多魚。……第二十五程，……離梁魚務東行六十里卽過遼河，以舟渡，闊狹如淮。過河東，亦行淀五十里舊廣州。」

則遼澤最惡處在遼河西六十里梁魚務，所謂渤錯水蓋指今饒陽河而言。又前於巫閭守捉條引武經總要一六下，顯州在醫巫閭山南，又南七里爲乾州；又云乾州在山南，「古遼澤之地」。則山之東南已是遼澤之地，蓋西至醫巫閭山、東至遼河皆遼澤也。許錄描寫遼澤景觀甚詳，可作唐事參考，惟今日已無此景觀。

以上所考，乃營州東行至安東故城之主道。而李世勣伐高麗，軍至柳城，揚言取懷遠鎮路，而潛師北自通定鎮（約今新民地區）渡遼水至玄菟故城（今瀋陽地帶）。此蓋偏道，亦北道也。

通鑑一九七貞觀十九年紀，述伐高麗事云：

「李世勣軍發柳城，多張形勢，若出懷遠鎮者；而潛師北趣甬道，出高麗不意。夏四月戊辰朔，世勣自通定濟遼水，至玄菟，高麗大駭。」

胡注：「通定鎮在遼水西，隋大業八年伐遼所置。甬道，隋起浮橋渡遼水所築。」「陳壽曰，漢武帝開玄菟郡，治沃沮，後為夷貊所侵，徙郡句麗縣。西北有遼山，遼水所出。」按隋書八一東夷高麗傳，煬帝渡遼水，食盡班師，「唯於遼水西拔賊武厲邏，置遼東郡及通定鎮而還。」胡注通定，據此而說也。紀要三七遼東都司廣寧衞，通定鎮在衞東百八十里，近遼水。又瀋陽中衞崇信城條，「元菟城在衞東北，……公孫度據遼東，復置元菟郡於遼東東北二百里，晉因之。即此城矣。隋大業八年伐高麗，分遣薛世雄出元菟道，唐貞觀十八年征高麗，拔元菟郡，皆謂此城也。」所指甚是。松井等以玄菟在今瀋陽附近（滿洲歷史地理第一卷第一篇漢代之朝鮮，頁九四），通定鎮在今新民縣附近（同書第六篇隋唐二朝高句麗遠征之地理，頁三八七），約略得之。

按前考契丹衙帳約在今綏東縣故治小庫倫（即庫倫旗，E121°45′．N42°45′），由營州東經今義縣，折北經今阜新地區，至其衙帳。李世勣取北道至通定鎮者，疑即取營州東北赴契丹衙帳道，由燕郡（今義縣）北向經今阜新，乃折東至今新民縣地區耳。今有鐵路由朝陽經義縣，阜新，新民，渡遼河至瀋陽，殆與李世勣軍道略相當。又按今京瀋鐵路（北寧路）由山海關沿海岸經錦州治，又經北鎮東境，至新民，與朝陽東經義縣、阜新之鐵路相會合，同渡遼河至瀋陽。是今兩條鐵路皆取隋唐北道渡遼河。而前考隋唐用兵，與遼金使程皆以南道爲主，由北鎮直東渡遼河至遼中，分至遼東（今遼陽）、瀋州（今瀋陽）。今道以北道爲主者，蓋自古南北兩道皆遼澤低窪，不受車馬，至明末，清太祖定瀋陽，修疊道直西達遼河一百二十里。疊道者，蓋築土石爲道，高出地面，廣三丈，以通車馬。自此遂以北道爲主，至今爲鐵路取線也。

松井等謂今道（北寧鐵路，卽京瀋路）蓋爲清初所開。引高士奇扈從東遊日錄云：

「辛亥，駐蹕永安橋。先是從瀋陽至遼河百餘里間，地皆葑泥洼水，不受車馬，故自廣寧（卽北鎭）至瀋陽向以遼陽爲孔道。太祖高皇帝初定瀋陽，命旗丁修除疊道，廣可三丈，由遼河一百二十里直達瀋陽，平坦如砥，師旅出入便之。疊道外仍多葑泥。」（出自松井某文所引，筆錄時失記。）

按一統志奉天府卷津梁目，「永安橋在承德縣（卽今瀋陽）西三十里，蒲河經其下，俗名大石橋。本朝崇德六年勅建。初太祖高皇帝命修疊道百二十里，太宗文皇帝復建永安橋，以便行旅，至今賴之。」下文記康熙諸帝御製永安橋詩數首，凡三詩題疊道云云。按此顯爲隋唐之北道。松井等謂此道爲清初所開，雖非事實，然因清初加功修築爲疊道，遂替代南道爲遼河東西交通上之主道，則信而有徵矣。

（五）　臨渝關外沿海通道史略

以上所考，出臨渝關北經營州折東至遼東，蓋由今凌南循大凌河谷而行者，此爲中古時代渝關、遼東間交通之主線。而今北寧路出山海關沿海岸而行者，於古史亦頗可考。按北宋末宣和七年，許亢宗奉使賀金主登位，著行程錄，自雄州首程，經燕山府（卽幽州），薊州，灤州（今灤縣），營州（今昌黎），潤州（今山海關西、秦皇島西北海陽鎭），遷州

（今山海關），習州（今興城、舊寧遠西南），錦州（今縣市），顯州（今北鎮東約二十五里），兎兒渦，梁魚務，過遼河，經廣州（今瀋陽西南七十里）至瀋州（今瀋陽）。洪皓松漠紀聞、張棣金虜圖經與趙彥衞御寨行程所記，自潤州、遷州至顯州，又經兎兒渦，梁魚務，渡遼河大口，經廣州至瀋州，與許錄路線全同，御寨行程云廣州望北行七十里至瀋州，則兩宋時代，渝關外濱海路線已與今日相同，惟由北鎮東境（遼顯州）渡遼河後，折北行至瀋陽，與今道由北鎮東境更東北繞經新民乃東南渡遼水至瀋陽者爲不同耳。

許亢宗行程錄，見大金國志卷四〇，及三朝北盟會編卷二〇，天下郡國利病書卷一二有轉錄。張棣金虜圖經，見三朝北盟會編卷二四四。趙彥衞御寨行程，見其雲麓漫鈔卷八，說郛四二有轉錄。今地據松井等滿洲歷史地理第二卷第二篇見於許亢宗行程錄之遼金時代的滿洲交通路。

再上考五代時期，此道亦已通行。如晉少帝北遷，道由幽州，過薊州，平州，出楡關，又行七八日至錦州，又數十程渡遼水至黃龍府（今吉林農安縣），卽顯取濱海路線也。

此見舊五代史八五晉少帝紀。

復上考東晉、北朝、隋唐時代，此濱海之道卽已通行。如東晉永和六年，燕王慕容儁三路出師南伐趙，東道兵二萬出徒河（今錦州）至樂安（今樂亭東北）。北齊文宣帝伐契丹，至平州，親從西道趣長塹，取白狼水（大凌河）河谷北出；使潘相樂自東道趣青山，擊契丹別部，青山亦在徒河境，在營州東一百九十里。（當在今義縣南。）此兩東道，蓋亦今濱海道也。又隋及唐代前期，有瀘河鎭，當伐高麗軍道，故爲軍糧所聚，與懷遠鎭相同。瀘河又名彭盧水，卽古唐就水，今名小凌河，則瀘河鎭近今錦州，亦當臨渝關（今山海關）外濱海運道也。是則中古時代臨渝關外通遼東，固以營州柳城爲主線，但緣海一線亦已居於相當重要之地位也。

東晉徒河道　通鑑九八晉永和六年紀：

「二月，燕王儁使慕容霸將兵二萬自東道出徒河，慕輿于自西道出蠮螉塞，儁自中道出盧龍塞，以伐趙。……霸軍至三陘，趙征東將軍鄧恆惶怖，焚倉庫，棄安樂遁去，（胡注，安樂當作樂安。下文同。是也。）……徒河南部都尉孫泳急入安樂，撲滅餘火，籍其穀帛。霸收安樂、北平兵糧，與儁會臨渠（今三河縣東南）。」

按徒河在今錦州西北，樂安在今樂亭縣東南，則此東道顯爲濱海通道。

北齊青山道　北齊書四文宣帝紀，天保四年，述討契丹事云：

「十月丁酉，帝至平州，遂從西道趣長塹。詔司徒潘相樂率精騎五千自東道趣青山。辛丑，至白狼城。壬寅，經昌黎城。復詔安德王韓軌率精騎四千東趣，斷契丹走路。癸卯，至陽師水，倍道兼行，掩襲契丹。甲辰，帝親踰山嶺，……奮擊大破之，虜獲十萬餘口……。樂又於青山大破契丹別部。……丁未至營州。」

按通鑑一六五梁承聖二年紀，全錄此文，惟「至營州」上有「還」字，是也。胡注：「曹操征烏桓，出盧龍塞，塹山堙谷五百餘里，後人因謂之長塹。」松井等引齊書此段，而注云，青山，今義州歟？白狼城在今朝陽西南大凌河西；昌黎城在白狼城東北，大凌河東。（滿洲歷史地理第一卷頁三二七。）雖不能準確，然帝出西道是循大凌河谷而北下無疑，潘相樂出東道當即循海岸線路。考魏書九五徒河慕容廆傳，廆代領部落，由遼東「徙於徒河之青山。」通典一七八營州目，「漢徒河縣之青山在郡城東百九十里。」蓋當在今義縣之南歟？此所謂東道正當由渝關東北緣海行經今錦縣至義縣地區也。

隋唐瀘河鎮道　上文考懷遠鎮，引通鑑一八一，大業七年，謀伐高麗，詔運米積於瀘河、懷遠二鎮。又隋書四三觀德王雄傳，「遼東之役，……出遼東道，次瀘河鎮，遘疾而薨。」足見瀘河鎮亦當遼東軍道，地位幾與懷遠同樣重要。又唐登州司馬王慶墓誌，爲營州都督府瀘河鎮將，時在龍朔年間，（山左冢墓遺文。）則唐代前期仍有此鎭也。寰宇記七一燕州目，大業八年置遼西郡，幷遼西、懷遠、瀘河三縣以統之。武德元年，廢瀘河縣。蓋仍爲鎭。是與遼西（燕州）、懷遠當不相遠。考漢書地理志遼西郡狐蘇縣，「唐就水至徒河入海。」是徒河近海濱。補注，「寰宇記（按卷七一），彭盧水一名盧水河，即唐就水也，後魏風土記（按原文『魏』下有『輿地圖』三字）云，水至徒河入海，與地平，故曰平盧，謌爲彭盧。」瀘河鎭當因瀘河受名，即盧河也，其下游至徒河入海。漢志有徒河縣，補注引一統志，在今錦州西北，陳澧疑即今小凌河，是也。則隋唐之瀘河鎭當與今錦州相近，或即古徒河縣歟？若此說不誤，則隋唐進兵伐遼東，渝關外濱海一道，亦爲一輔線也。

參看圖二十二

一九八二年十一月初稿，一九八三年二月一日補訂畢功，一九八五年十二月二十一日初校，一九八六年二月五日二校定稿。

篇伍叁　北朝隋唐東北塞外東西交通線

引　言

北朝隋唐北疆或疆外之東西交通線尚有可略考者，如北魏北疆之六鎮交通線，如北魏前期諸帝屢次東巡及征討庫莫奚以及五代胡嶠陷虜記所行路線，又如北魏伐馮燕、通使契丹交通線。此篇綴拾史料，得其梗概，亦治中古史者之一助也。

（一）北魏六鎮東西交通線

北魏前期都平城（今大同），向東微南行至幽州，向西微北行至盛樂（今和林格爾北土城子）、雲中故宮（盛樂西四十里），前於太原北塞交通諸道篇已詳之。此東西道之北，有六鎮東西一線排列，自西而東數之，曰沃野，曰懷朔，曰武川，曰撫冥，曰柔玄，曰懷荒。其建置在世祖太武帝時代，蓋以鎮撫邊疆高車降俘也。沃野鎮在唐代天德軍北六十里，約今圖烏梁素海之北，E108°50′·N41°20′地區。其東懷朔鎮，在五原，塞水（流於E111°20′線上之水？抑克魯庫河？）上源之西南，去沃野二百五十里，約今固陽縣（E110°4′·N41°4′）地區。又東武川鎮，在白道之北，白道中溪水（流經白道嶺西者）上游，約今武川縣（E111°25′·N41°8′–10′）地區。又東撫冥鎮，去武川一、二日程，約今陶林縣(E112°35′·N41°20′)地區。

又東柔玄鎮，去撫冥二、三日程，約今興和縣（E113°50′·N40°50′）或稍北E113°52′·N41°地區。又東懷荒鎮，在大寧（今萬全卽張家口）西北百里，約今張北縣（舊興和E114°40′·N41°10′）地區。沃野西至高闕二百五十里，懷荒東南接大寧通濡源，是爲最北邊疆之東西交通線。

二十餘年前撰北魏六鎮考（刊亞洲史學家第二次會議論文集），編入魏晉南北朝地方行政制度下北朝地方行政制度第十一章北魏軍鎮。至今意見雖無大異，然少數鎮之地望，有更明確之論證。玆就原文，稍加訂正，改作如次：

六鎮爲北魏前期之重要建置。後代學人論其地望者多家，就中以沈垚六鎮釋（載落帆樓文集）最能得其大要。然近百年來，學者仍多誤會。今稍詳徵史料，重爲考述之。

元魏北邊有所謂「六鎮」。魏書高宗紀，太安五年十二月戊申，詔曰：「六鎮、雲中、高平、二雍、秦州，遍遇災旱」云云。是六鎮一詞之最早見者。其後如顯祖紀，皇興元年九月，「詔賜六鎮貧人布三匹。」高祖紀，太和十八年，「詔六鎮及禦夷城人年八十以上」云云。又魏書五四高閭傳，於高祖時上書論禦邊之策，屢云六鎮。魏書一八廣陽王深傳，詔復鎮爲州，「會六鎮盡叛」。是終北魏之世有「六鎮」之名也。

六鎮者當指沃野、懷朔、武川、撫冥、柔玄、懷荒六鎮而言。何者？肅宗改北邊諸鎮爲州，主要者指六鎮言，而魏書酷吏酈道元傳云：「肅宗以沃野、懷朔、薄骨律、武川、撫冥、柔玄、懷荒、禦夷諸鎮並改爲州。」則六鎮必在此八者之中。據前引高祖紀太和十八年詔書，稱「六鎮及禦夷城人」，則禦夷自不在六鎮之列。且禦夷鎮爲太和中所置，明見於水經注（詳後禦夷鎮條），決不在高宗時已見於史之「六鎮」之列。或以禦夷爲六鎮之一，誤也。復檢元和志四記北魏六鎮之西三鎮云：

「沃野故城在軍（天德軍）城北六十里，卽後魏時六鎮從軍（當作西，蓋誤爲東，又譌爲軍）第一鎮也。」（天德軍條）

「光祿城東北有懷朔古城。其城卽後魏六鎮從西第二鎮。」（東受降城條）

「武川城，今名黑城，後魏六鎮從西第三鎮，在軍（振武軍）北三百里。」（同上）

據此，北魏六鎮係由沃野向東數之，薄骨律不在其列也。然則酈道元傳八鎮中之最東禦夷鎮與最西薄骨律鎮皆不在六鎮之列，而所謂六鎮卽沃野、懷朔、武川、撫冥、柔玄、懷荒是矣。此其證一也。

又高祖紀，太和十八年書事云：

「八月……甲辰，行幸陰山，觀雲川。丁未，幸閱武臺，臨觀講武。癸丑，幸懷朔鎮。己未，幸武川鎮。辛酉，幸撫冥鎮。甲子，幸柔玄鎮。乙丑，南還。所過皆親見高年，問民疾苦。……丙寅，詔六鎮及禦夷城人年八十以上而無子孫兄弟，終身給其廩粟。」

巡幸四鎮，親見高年，問民疾苦，旋卽下詔加惠於六鎮及禦夷城之孤老，則此條紀事所幸之懷朔、武川、撫冥、柔玄四鎮，必皆在六鎮之列無疑。加以元和志所記最西第一鎮沃野，已得其五矣。然則所未知者惟懷荒一鎮是否列在六鎮之一耳。按懷荒置鎮極早，不能遲於太延初年（詳後文），又介在柔玄、禦夷之間（詳下文柔玄鎮條），自沃野向東數之，此適爲第六鎮，其爲六鎮之一亦無疑。則六鎮卽爲沃野、懷朔、武川、撫冥、柔玄、懷荒之證二矣。

玆再就各鎮地望略加考論如下：

沃野鎮　魏書三八刁雍傳，爲薄骨律鎮將。眞君七年上表云：「奉詔，高平、安定、統萬及臣所守四鎮，……運屯穀五十萬斛，付沃野鎮。」是沃野置鎮不能遲於太武帝時也。又一九城陽王長壽傳：「皇興二年封。……出爲沃野鎮都大將。」此鎮將之可考者。其時代當在孝文初。關於沃野鎮之地望，前引元和志四，已明在唐天德軍北六十里。又新唐書地理志末附載賈耽所記通四夷七道，其三爲夏州塞外道，云自夏州北行六百七十餘里至安樂戍。「戍在河西壖。其東壖有古大同城。今大同城，故永濟柵也。北經大泊，十七里至金河。又經故後魏沃野鎮城，傍金河，過古長城，九十二里至吐俱麟川。」按同志豐州中受降城條云：「大同川有天德軍。……乾元後徙屯永濟柵，故大同城也。……北有安樂戍。」是賈耽所記，亦謂後魏之沃野鎮在唐天德軍北不到九十里地也。按唐天德軍之地望今已有考古資料可確證在今烏梁素海之東北水濱。檢今圖，約在 E109°·N41° 之西北不遠處，已詳篇七長安北通豐州天德軍驛道篇（頁 253），則其北六十里，約當在 E108°50′·N41°20′ 地區矣。

懷朔鎮　魏書地形志上云：

「朔州，本漢五原郡。延和二年置為鎮，後改為懷朔。孝昌中改為州。後陷。」

按北魏始興之時，漢五原之名仍見在。如太祖紀，登國六年九月，帝襲衞辰五原，屠之；於棝陽塞北樹碑記功。又登國九年「三月，帝北巡，使東平公元儀屯田於河北五原至於棝陽塞外。」是其證。此志云「本漢五原郡，延和二年置為鎮。」置為五原鎮也。其後改名懷朔。此為六鎮中建置年代之唯一可確考者。按漢五原郡在今綏遠包頭西北地區。而郡城之確實地望已難詳考。關於北魏懷朔鎮之地望，主要材料有下列三條。

水經河水注：「河水又東流，石門水南注之。水出石門山。地理志曰，北出石門障。即此山也。西北趣光祿城。……城東北即懷朔鎮城也。其水自障東南流逕臨沃城東，東南注於河。」

又：「芒干水（今黑河）又西南，逕雲中城北，白道中溪水注之。……芒干水又西，塞水出懷朔鎮東北芒中，南流經廣德殿西山下。……其水歷谷南出（趙本有陰字）山，西南流入芒干水。」

元和志四東受降城條：「光祿城東北有懷朔古城。其城即後魏六鎮從西第二鎮。在今中城界向北化柵側近也。」

按綏乘（六山川考及卷首地圖），以為石門水即今昆都倫河，是也。又中受降城在今昆都倫河口之西，賈格爾齊廟之東，約 E109°30′ 處，黃河之北岸，詳篇八長安東北通勝州振武軍驛道。則魏之懷朔鎮當在今固陽縣（E110°4′·N41°4′）地區。復考寰宇記四九雲州雲中縣條引入塞圖云：

「從平城西北行五百里至雲中。又西北五十里至五原。（雲中至五原決不止五十里。沈垚改十為百，蓋略近之。亦可能脫『二百』字。）又西北行二百五十里至沃野鎮。又西北行二百五十里至高闕……。」

按此條記里程方位尤詳，且高闕因地形立名，易可追究。前於篇六長安西北通靈州驛道及靈州四達交通線，已證其即今之狼山口（E107°25′・N41°20′）或石蘭計口（E107°30′・N41°20′）。據入塞圖此條記事，沃野東至懷朔，西至高闕皆爲二百五十里。沃野、高闕既已知，則懷朔當在今固陽地區更無可疑。

武川鎮　魏書一五遼西公意烈傳，拓跋叱奴爲武川鎮將，但時代不明。觀前引高祖紀太和十八年孝文北巡諸鎮次第，已可知武川在懷朔之東。至於具體說明其地望者，前引元和志四東受降城條云：

「武川城，今名里〔黑〕城，後魏六鎮從西第三鎮，在軍北三百里。」

又水經河水注云：

「芒干水又西南逕白道南谷口。有城在右，縈帶長城，背山面澤，謂之白道城。自城北出有高阪，謂之白道嶺。……芒干水又西南，逕雲中城北，白道中溪水注之。水發源武川北塞中。其水南流，逕武川鎮城，城以景明中築（望按蓋重築）以禦北狄矣。其水西南流歷谷，逕魏帝行宮東，世謂之阿計頭殿。宮城在白道嶺北阜上……。」

據河水注，武川鎮在白道嶺之北。據元和志，鎮在軍北三百里。按東受降城隸屬振武軍，故此謂「軍北」即振武軍之北也。軍在今歸綏（即呼和浩特）西南不遠處，亦詳篇八長安通勝州振武軍驛道。白道嶺，地貌特異，今仍舊名，在歸綏北三十里，又名白道梁，則武川鎮正即今武川縣地區也。並詳篇九天德軍東取諾眞水汊通雲中單于府道（頁287）。

撫冥鎮　魏書一六京兆王黎傳，世仁，「高祖時除使持節、安北將軍、撫冥鎮都大將。」又一九安定王休傳，「蠕蠕犯塞，出爲使持節、征北大將軍、撫冥鎮大將。」又一六陽平王熙傳，元篤爲北中郎將撫冥鎮將。皆在孝文帝時。足見爲一重鎮。惜其建置時代無考。然周書二八史寧傳，「魏平涼州，祖灌，隨例遷於撫寧鎮，因家焉。」觀「隨例遷」「因家焉」之文句，與史傳常見之遷武川懷朔文例相同，是撫寧亦北鎮也。然實無考。疑史寧傳「撫寧鎮」卽「撫冥鎮」之形譌。魏平涼州在太武帝太延末年，則其時已有撫冥鎮也。

至於其地望，前引高祖紀述太和十八年北巡諸鎮次第云：八月「甲辰，行幸陰山，觀雲川。丁未，幸閱武臺。癸丑，幸懷朔鎮。己未，幸武川鎮。辛酉，幸撫冥鎮。甲子，幸柔玄鎮。乙丑，南還。」據此，武川東至撫冥僅一二日程，由撫冥東至柔玄亦僅二三日程。則撫冥在武川、柔玄二鎮之間，或略偏西，或未必偏。武川鎮既在今武川縣，柔玄鎮在興和縣北亦見下文。檢視今圖，則撫冥鎮正當在今綏遠之陶林縣地區。檢譚其驤中國歷史地圖集第四册武川禦夷等鎮圖，置撫冥鎮於四子王旗附近，似亦無確證。

柔玄鎮　魏書四四羅結傳，子斤，從太武平涼州，「除長安鎮都大將。會蠕蠕侵境，馳馹徵還，除柔玄鎮都大將。」是太武帝時已有柔玄鎮也。又京兆王黎傳：世仁，「高祖(時)……轉都督柔玄、撫冥、懷荒三鎮諸軍事、鎮北將軍、柔玄鎮將。」是柔玄鎮將之又一可考者，且見此三鎮必相毗連。據前引高祖紀行幸次第，柔玄緊接撫冥之東，六鎮東西排列，則懷荒必又在柔玄之東，以地遠不至，亦猶沃野在懷朔之西，地遠不至也。而拓跋世仁以柔玄鎮將兼督撫冥懷荒二鎮者，亦正以柔玄居中，兼督東西兩鄰鎮也。通鑑一四九，梁普通四年紀，胡注引宋白曰：「懷荒鎮在柔玄鎮之東，禦夷鎮之西。」是也。而楊守敬北魏地形志圖繪懷荒於撫冥、柔玄之間，方位殊誤。且魏書五〇慕容白曜傳：弟子契，「正始初……轉都督禦夷懷荒二鎮諸軍事、平城鎮將。」禦夷在六鎮東端之東。若如楊圖，柔玄在懷荒之東，則在懷荒禦夷之間，慕容契不容都督禦夷懷荒兩鎮而不督居間之柔玄鎮也。此亦足證楊圖所繪柔玄懷荒兩鎮之方位必東西倒置無疑。

然則柔玄鎮究在何處？考水經灅水注云：

「灅水又東，左得于延水口。水出塞外柔玄鎮西長川城南小山。山海經曰，梁渠之山無草木，多金玉，脩水出焉，東南流逕且如縣故城南。……于延水出縣北塞外，即脩水也。」

按漢且如縣在今綏遠興和縣境。據此注，柔玄鎮又在且如之北。又于延水即今洋河，據民國四年參謀部百萬分之一圖及 ONC-F-8，洋河有東西兩源，東源出興和縣北，西源出興和、平地泉（集寧）之間以北地區，則柔玄鎮當在今興和縣或稍北，約 E113°52′·N41° 地區也。

懷荒鎮　魏書四〇陸俟傳：「出爲平東將軍、懷荒鎮大將。未朞，諸高車莫弗訟俟嚴急，待下無恩，還請前鎮將郎孤。世祖詔許之。」後又從駕征破涼州，遷長安鎮都大將，擒蓋吳。按破涼州事在太延末年，擒蓋吳事在眞君七年，則任懷荒大將必在太延末年以前。而俟之前又有懷荒鎮將郎孤。是懷荒鎮之建置不能遲於太延初（太延只有五年）。又一六陽平王熙傳，比陵以太延五年爲司空，除安遠將軍懷荒鎮大將。是亦置鎮不能遲於太延年間之證。懷荒鎮將之可考者，除郎孤、陸俟、拓跋比陵外，又如魏書一五陳留王虔傳：侄建，位鎮北將軍、懷荒鎮大將。又三九李寶傳，「高宗初，代司馬文思鎮懷荒」。周書一九達奚武傳，「祖眷，魏懷荒鎮將。」皆是也。其大將可考者於六鎮中爲最多，可見爲一重鎮。

其地望在柔玄之東，已見前考。玆復稍詳論其地。考寰宇記四九雲州雲中縣青波道條引入塞圖云：

「……馬邑又東北二百五十里至平城。又直東行二百二十里至高柳城。又東行一百八十里至代郡城。又東北行一百七十里至大寧城，當涿郡懷從縣（岑仲勉隋唐史卷上隋史第十四節引作懷戎縣，是也。）北三百里也。從大寧西北行百里至懷荒鎮。又北行七百里至榆關，又北行二百里至松林。又北行千里方至瀚海。」

按懷戎縣，在今察哈爾涿鹿縣西南七十里。又漢有廣寧縣，晉置廣寧郡，亦曰大寧，在今宣化縣西北。漢又有寧縣，爲上谷西部都尉治，亦在今宣化縣西北。楊守敬漢地理志圖，置寧縣於萬全，而廣寧在稍東地區。本篇下文引㶟水注及楊地圖，認爲置大寧於今張家口東南，是也。檢視今圖，懷荒鎮當在今萬全（張家口）以北之張北縣（E114°40′・N41°10′）地區。至於地形志上：「蔚州，永安中改懷荒禦夷二鎮置，寄治幷州鄔縣界。」此謂以懷荒禦夷二鎮之流民置蔚州，非其原地也。

六鎮之名稱、地望以及其建置或見史之時代已略考如上。北魏前期，北邊軍鎮與此六者之性質相類者甚多。例如此六鎮外，東有禦夷，西有薄骨律。另外可考之名鎮有統萬、高平、鄯善、涼州、敦煌等鎮。何以沃野至懷荒等六鎮獨有「六鎮」之目？

前考六鎭建置或見史傳之年代：懷朔本名五原，以延和二年置。其餘諸鎭之建置，懷荒鎭不能遲於太延初，撫冥鎭不能遲於太延末，沃野鎭不能遲於眞君初，柔玄鎭不能遲於太武帝世。惟武川一鎭無考。然武川正當白道嶺，爲中古時代中國通漠北之第一主道，北魏北伐亦常以白道爲中軍主力路線。其東西五鎭皆置於太武世，當時以白道地位之重要，不容不置鎭，則武川鎭之建置亦必在太武世，決無可疑也。懷朔鎭旣置於延和二年，延和只有三年，太延只有五年，則懷荒、撫冥、沃野三鎭見於史傳之年代後於懷朔鎭建置年代少僅一、二年，多亦不過五、七年，其餘二鎭亦太武帝所置。則此五鎭之建置，縱後於懷朔，亦決不過數年。

考陸俟傳云：

「出爲平東將軍、懷荒鎭大將。未朞，諸高車莫弗訟俟嚴急，待下無恩，還請前鎭將郎孤。世祖詔許之。徵俟還京，……言於世祖曰：陛下今以郎孤復鎭，以臣愚量，不過周年，孤身必敗，高車必叛。……明年，諸莫弗果殺郎孤而叛。」

是懷荒鎭所統大抵皆高車也。復考天象志云，（神䴥）二年五月，北征蠕蠕，大破之，「遂降高車，以實漠南，闢地數千里。」又世祖紀神䴥二年條述伐蠕蠕事，最後云：「冬十月振旅凱旋，……列置新民於漠南，東至濡源，西曁五原陰山，竟三千里。詔司徒平陽王長孫翰、尙書令劉潔、左僕射安原、侍中古弼鎭撫之。」按西至五原陰山，東至濡源，正是六鎭地帶，懷荒鎭卽在其中。懷朔鎭始置於延和二年，僅後於此事三年有餘。頗疑神䴥二年冬始置降民於漠南時，僅詔平陽王等四人鎭撫之，尙無定制。至延和二年置懷朔鎭（時名五原），其他五鎭亦同時所建置，東西並列，以鎭撫降民，且備禦北寇，故有「六鎭」之名耳。「六鎭」一詞始見於太安五年詔書，後於此時亦不過二十六年耳。禦夷鎭尤與懷荒鎭地近勢接，而不連稱「七鎭」者，正以其建置在後，故也。

六鎭之建置已考論如前。以其邊防重要，故保存體制直至肅宗孝明帝正光五年八月丙申，始改建爲州，事見肅宗紀。（參見廣陽王深傳及北齊書魏蘭根傳。）是六鎭建置前後凡歷九十二年（433-524）而後廢也。

至於入塞圖所云：「從大甯西北行百里至懷荒鎮，又北行七百里至榆關，又北行二百里至松林，又北行千里方至瀚海。」此一道爲北朝北疆直北行之道，無其他史料可資比勘，姑存待考。

按入塞圖一段，見寰宇記四九雲州目雲中縣條。

（二）　大寧東北經濡源通奚契丹道

北魏前期都平城，君主屢屢東幸大寧、濡源，且向更東方之庫莫奚與北燕馮氏用兵。跡其行幸與用兵，可略識當時之交通路線：

其一，由平城東行經參合陂（今陽高東），蟠羊山，又東至大寧，卽廣寧（今張家口），有長川。又東北蓋循黑城川河谷東北行，經去畿陂（今沽源西克勒湖或西南）至濡源（今灤河源），蓋駐禦夷故城，城夾在濡水東西兩源之間，約今沽源縣東大灘鎮西（E115°50′·N41°35′）。其後孝文太和中置禦夷鎮（今獨石口塞內，在赤城北六十餘里，約 N41°10′ 沽水東岸），在故城南一百四十里，亦以鎮濡源地區也。又折南行至赤城（今赤城縣東近處），太武帝時見置鎮。又南至魏上谷郡（今延慶縣），城東牧牛山、九十九泉，山上建道武帝廟。又循清夷水河谷下行，西至秦漢上谷郡治沮陽故城（今懷來舊縣），又西至涿鹿縣（今縣東南四十里，縣舊名保安），有黃帝廟，又西北還至大寧。

魏書前期諸帝本紀，記其東方行幸征伐事，兹節錄數條如下：

A．道武帝登國二年 (387) 十月癸卯，幸濡源。十一月遂幸赤城。十二月巡松漠，還幸牛川。

B．同上三年二月東巡。四月幸東赤城。五月癸亥，北征庫莫奚。六月大破之，渡弱落水。七月還赤城。

C．天賜四年 (407) 五月北巡，自參合陂東過蟠羊山，遂東北踰石漠，至長川，幸濡源。七月自濡源西幸參合陂。

D．明元帝永興四年（412）七月東巡，戊子，臨去畿陂觀漁。庚寅，至于濡源。西巡幸北部諸落。

E．神瑞二年四月（415）北巡。五月丁亥，次于參合，東幸大寧。丁未，田于四岬山。六月戊午，幸去畿陂，觀漁。辛酉，次于濡源。射白熊於頹牛山。丁卯，幸赤城。南次石亭，幸上谷。壬申，幸涿鹿，登橋山，觀溫泉。使使者以太牢祠黃帝廟。至廣寧，登歷山，祭舜廟。七月還宮。校勘記引北史作癸酉幸廣寧。

F．泰常三年（418）五月東巡，至于濡源及甘松。遣長孫道生等精騎二萬襲馮跋，又命延普自幽州北趨遼西爲聲勢，帝自突門嶺待之。道生至龍城。

G．太武帝延和元年（432）六月庚寅，東駕伐和龍。七月己未，至濡水。庚申，遣奚斤發幽州民及密雲丁零萬餘人運攻具出南道，俱會和龍。帝至遼西，己巳，車駕至和龍。九月乙卯，車駕西還。十月癸酉，車駕至濡水。十一月乙巳，車駕至自伐和龍。

以上七條所見重要地名，除涿鹿（今縣東南四十里，涿鹿舊名保安）、和龍（卽龍城今朝陽）爲學人所習知者外，須稍加解釋。玆先釋濡源以西以南諸地如下：

濡源、禦夷故城　濡水卽今灤河，其源頭在今察哈爾獨石口塞外。北魏前期，君主屢幸濡源。按濡水注，太和中所置禦夷鎮之北一百四十里有禦夷故城者，夾在濡水東西兩源之間，約今沽源縣之東、大灘鎮之西，E 115° 50′‧N 41° 35′地區，此蓋北魏前期所置之城防也，詳下文。前期君主屢幸濡源，蓋卽駐駕於此。其後孝文太和中置禦夷鎮，在今獨石口塞內，赤城縣北六十餘里，卽雲州堡北三十里，約北緯 41° 10′，沽河源之東岸，詳幽州東北塞諸道一：居庸關北出塞外兩道篇。此鎮亦所以鎮濡源也。

赤城　赤城又名東赤城，據沽水注，此赤城在禦夷鎮之南，當陽樂水與沽河會合處之稍北地區，今仍有赤城縣，地相近。太武帝時代見置赤城鎮，爲東北軍事要地，詳魏晉南北朝地方行政制度下冊第十一章北魏軍鎮及本書居庸關北出塞外兩道篇。

參合陂、蟠羊山　陂在漢代參合縣故城東近處，即在今陽高縣東，山又在陂之東，詳附篇八北魏參合陂地望辨。

大寧、長川　北魏前期諸君主常幸大寧、廣寧、長川。按大寧、廣寧同地，而魏書三太宗紀，泰常二年十二月「壬申幸大寧長川」，是長川亦在大寧或相近。水經注一三㶟水注，黑城川水有三源「總爲一川，東南逕黑土城西，又東南流逕大寧縣西，而南入延河。延河又東逕大寧縣故城南，地理志云廣寧也。」楊氏水經注圖以黑城川水即今張家口之拜察河，置大寧、廣寧於拜察河之東，洋河之北，張家口東南，是也。

去畿陂　此陂明確地望無考。按D條，戊子臨此陂觀漁，庚寅即至濡源，中間才一日。E條，戊午幸此陂觀漁，辛酉次于濡源，中間才二日。則由此陂東或東北至濡源不過一兩日路程，即去濡源不遠處，或即今沽源縣西之克勒湖歟？否則當爲其南之一湖，此地區湖泊固甚多也。

上谷　秦漢上谷郡在舊懷來縣（指舊縣，中國圖集西移治沙城堡），而㶟水注，魏上谷郡治居庸，楊圖置於今延慶，是也。

經此一番詮釋，諸帝東方行幸，往往經參合陂，大寧，至濡源，又南經赤城，上谷，折西至涿鹿，復還至大寧，如綱文所書者。檢水經注一三㶟水注，「于延水又東，黑城川水注之。水有三源，出黑土城西北，奇源合注，總爲一川，東南逕黑土城西，又東南流逕大寧縣西，而南入延河。延河又東逕大寧縣故城南，地理志云廣寧也。……有大寧城。」則大寧城西之黑城川水自北而南流。檢視今圖，此道蓋即循黑城川水而東北上行至去畿陂。至於牧牛山以西，蓋又沿清夷水而下行者也。

其二，由濡源北魏前期所置禦夷故城東北經松漠，即所謂平地松林（今經棚以西、西喇木倫河上源），東至庫莫奚衙帳（今巴林橋，E 118°30′·N 43°17′），道武帝伐庫莫奚即取此道。

前引魏書帝紀A條，登國二年幸濡源，遂幸赤城，巡松漠。B條，明年東巡赤城，遂北征庫莫奚，渡弱落水，復還赤城。按魏書二六長孫肥傳，登國初，

「自濡源擊庫莫奚」。是此次行軍亦自濡源出征也。庫莫奚即隋唐時代之奚，建衙於潢水之北石橋之旁，其地在今巴林橋（E118°30′·N43°17′）之北近處，詳盧龍道篇。弱落水即潢水，今西喇木倫河也，說詳白鳥庫吉東胡民族考（史學雜誌第二十一編）。檢視今圖，道武行軍，蓋由今灤河上源度入西喇木倫河之上源地區也。二年巡松漠者，已示知其必在濡源之北或東北境。按中古時代云松漠者，大抵在今西喇木倫河流域爲多。契丹舊衙在今朝陽北四五百里，唐爲置松漠都督府，是在今西喇木倫河中下游。又遼史三太宗紀上，天顯八年，「西狩，駐蹕平地松林。」時都上京臨潢府。是松林在其西。又十二年，「幸平地松林，觀潢水源。」此松林顯在今西喇木倫河上源地區(N43°·E117°–118°)。又武經總要前集一六下北蕃地理上京諸州目，饒州「在潢水之北，石橋旁。……西南至平地松林百里。」石橋即今巴林橋地（E118°30′·N43°17′）。檢日本栗棘庵藏宋輿地圖拓本，（青山定雄唐宋時代交通與地志地圖之研究附圖版8。）石橋之西潢水上源地帶，標注云:「平地松林廣數千里」(千字極清晰)，是其地也。又明人羅洪先廣輿圖云，「自慶州西南至開平，地皆松，號曰千里松林。」(禹貢半月刊第四卷五期李素英明成祖北征紀行附刊。）紀要一八附考廢慶州條引北邊紀事云，「舊慶州在大寧北六百餘里，西南至開平八百餘里，地皆大松，號曰千里松林。」是明人又稱爲千里松林。其地理範圍則一。張穆謂平地松林在克什克騰旗（駐今經棚，約 E117°30′·N43°20′）西境。(蒙古游牧記卷三克旗目。）是也。復考武經總要前集一六下北蕃地理，北安州「後魏置安州，築城在幽州之北，正當松漠之地。」按魏安州治所在今隆化縣（見濡水注），其西北地區，魏、遼皆不見置州郡，蓋魏之安州、遼之北安州之西北境統轄廣遠，至平地松林地帶。潢水上源地區之地貌，固亦高原漠磧，而多松林，故亦有松漠之稱也。古今地名辭典以此平地松林釋松漠，（頁四九七。）是也，惟有以偏概全之病耳。

潢水上源之平地松林地帶西南去濡源已不過數百里，魏道武帝由濡源巡松漠，疑即到此平地松林地帶，蓋以覘庫莫奚虛實，故明年即統大軍伐之也。又北齊書四文宣帝紀，天保三年，「帝親討庫莫奚於代郡，大破之，獲雜畜十餘萬。」

庫莫奚之能到代郡，蓋亦循此道而西耳。

其濡源至平地松林間之路線行程，據濡水注所記，由禦夷故城沿濡水河谷北行約百里至沙野（今有砂梁地名，E116°·N41°50′），西南去禦夷鎮二百三十里。又東北約一百六七十里至呂泉水、三泉水合流南入濡水處，西南去禦夷鎮四百里，地與元代上都（今昭乃木蘇城，E116°10′·N42°20′）相近。又沿濡水河谷東北行，度入弱洛水（卽潢水，今西喇木倫河）上源，卽平地松林地帶也。

水經注一四濡水注云：

「濡水出禦夷鎮東南，…… 西北逕禦夷故城東，鎮北百四十里，北流，左則連淵水（淵一本作泉）注之。水出故城東，西北流逕故城南，又西北逕綠水池南，池水淵而不流。其水又西屈而北流，又東逕故城北，連結兩沼，謂之連淵浦；又東北注難河（卽上文濡水東源）。難河右則汙水入焉。水出東塢南，西北流逕沙野南，北人名之曰沙野，鎮東北二百三十里，西北入難河。濡難聲相近，狄俗語訛耳。①濡水又北逕沙野西，又北逕箕安山東，屈而東北流逕沙野北，東北流逕林山北（『林』上，前人皆謂脫松字）。水北有池，潭而不流。濡水又東北流逕孤山南，東北流，呂泉水注之。水出呂泉塢西，東南流，屈而東逕塢南，東北流，三泉水注之，其源三泉雁次合爲一水，鎮東北四百里，東南注呂泉水。呂泉水又東逕孤山北，又東北……注濡河。濡河又東，盤泉入焉。水自西北，東南流注濡河。濡河又東南，水流廻曲，謂之曲河，鎮東北三百里。又東出峽，入安州界。……」

此段描述濡河上源流程所經可謂極詳，且檢視今圖（ONC-F-9，張編地圖集·熱察人文圖及中國地圖集三六內蒙圖），絕大部分皆可勘合。按酈注所述以禦夷鎮爲計程基點。本卷幽州東北塞諸道一：居庸關北出塞外兩道篇，曾極仔細比勘沽水注及武經總要引皇華四達記之文，斷此鎮城在今獨石城與雲州堡之正

① 按濡本字爲渜，故與難音近，今又名灤也，濡字形譌。

中間，北緯 41°10′ 地段之沽河東源兩谷水之間，獨石城南約三十里。據此爲基點以論上段注文所見有里距之地名如下：

禦夷故城　此必建置禦夷鎭前，即北魏前期所建之故城，但未置鎭耳。此城在濡水（今灤河）東西兩源（難河爲東源，連淵水爲西源）之間，而在禦夷鎭北一百四十里，則必在今沽源縣東，大灘鎭之西，約 E115°50′·N41°35′ 地區，與奚及契丹避暑勝地之炭山相近，亦詳前篇。則炭山之被北蕃重視，蓋其來久矣。

沙野　按注文，濡水東源之難河左受連淵水後，又北流，有汙水自東南來會，沙野在會口之東或東南，汙水之北，南去禦夷鎭二百三十里，即去禦夷故城九十里，去今獨石口約二百里。檢 ONC-F-9 圖，E115°50′·N41°50′ 處有一水自東南向西北流入上都河（即灤河上游），此水之上源有沙漠綠洲，張編地圖集·熱河察哈爾圖有砂梁之名，其西南去獨石口正約二百里，去前考禦夷故城處正約百里，可斷今之砂梁即古之沙野，惟沙野所指係較大範圍耳。

箕安山、孤山　乾隆濡水源考（王氏合校水經注卷首）以爲似即多倫鄂博圖。按 ONC-F-9，上都河之此段河床西岸有一條山脈，自 E115°10′·N41°50′ 地區向東北蜿蜒於上都河西岸，至 E116°30′·N42°30′ 地區，稱爲 TA-MA-CH'UN-SHAN 山脈，靠近沙野之河床西岸曰 LO-TO-SHAN，蓋即酈注之箕安山。孤山當亦爲此山脈東段之一山，約在 E116°·N42°20′ 地區。

松林山　即今多倫縣（E116°30′·N42°10′，張編地圖集在 E116°20′·N42°10′）之西，上都河東南岸地區之山叢，高峯海拔 1598 公尺。

呂泉水口及三泉水之三泉合流處　據酈注，濡水東北逕孤山南，左有呂泉水、三泉水合流來會。諸泉皆發源於孤山之西北，三泉水之三源泉合流處在禦夷鎭東北四百里。度注文上下文形勢，其地必在上都河北流折而東流河段之北岸，西南去鎭城四百里也。檢紀要一八萬全都指揮司，開平衞（治獨石城）在司東北三百里，又東北至故開平衞四百里。故衞即元之上都城。檢元史五八地理志一上都路條及一五七劉秉忠傳，本世祖居地，爲巨鎭，劉秉忠受命相宅於桓州東灤河北，建城郭於龍岡，尋置開平府，爲上都。是元之上都，亦在灤水北岸。西南去獨石城四百里，即去禦夷鎭稍盈四百里，則與酈注之三泉合流處之地望略相當，或稍東耳。復檢紀要一八開平故衞引元史，稱其地「山多材木，水饒魚蝦，鹽貨狼藉，畜牧蕃息」，故建上都，足見上都地位有其天然條件。按酈氏濡水、鮑邱水兩注，沿水地名往往標明其去禦夷鎭之方向里距，如上段所見之禦夷故城、沙野、曲河，與此三泉水之三源合流處，以及鮑邱水注之西密雲戍、斛鹽城皆然。就中禦夷故城、西密雲戍、斛鹽城皆爲軍政要地；沙野爲沙漠綠洲，亦必爲塞外之一要地；三泉合流地區，蓋泉水豐盛，相近又有呂泉水，想亦爲沙磧地帶之一顯著地點，故酈氏亦特標其西南去禦夷鎭之方向里程也。酈注所寫此諸泉會流處在禦夷鎭東北四百里，既與元代上都之方位里距略相當，又同在上都河北岸，其地相當重要，又與上都略同，故縱非即元之上都，要必甚相近。檢一統志五四八牧廠卷御馬廠古蹟目，開平舊城「在灤河北岸，巴哈呼爾虎之麓，土人呼爲兆奈曼蘇默城，直獨石口東北二百二十五里，即元上都。」又山川目，「小呼爾虎山在牧廠北少東，……當兆奈曼蘇默城之北，大呼爾虎山在其西北，疑即古臥龍山……舊開平城北三里。元上都北枕龍岡即此山。」志述故城及兩山在獨石口外二百二三十里，誤。據 ONC 圖，航空里距有此里程，陸程必不只此，紀要云四百里，是也。近代考古調查，上都古城遺址，位於正藍旗五一牧場境內，蒙語名兆奈曼蘇默忒城，即一百零八座廟之意，城牆、街市、宮殿、官署、園囿、民居、寺院等建築遺跡皆可明顯看出。參看文物考古三十年頁八一，詳情見賈淵杰元上都調查報告（文物1977年5 期)。則一統志所記大小呼爾虎山南之兆奈曼蘇默城爲元之上都，已無可疑。檢申報館中國分省圖，上都河北岸有昭乃木蘇城，在 E 116° 之東；張編地圖集·察熱人文圖，在 E116° 稍西。又檢 ONC-F-9，有 Sung Su Man Pet 城。皆即兆奈曼蘇默忒城之異音也。ONC 圖，城在 E116° 10′·N42° 20′，南臨上都河，（在今多倫縣西北直線距線約 30 公里。）北依海拔 1698 公尺之高山，疑酈注諸泉即在此城西北近區。楊氏水經注圖，以上都河北岸多倫諾爾城西之一水爲酈注呂泉、三泉兩水合流者，大略得之。多倫諾爾蓋即上都古城也。

庫莫奚衙帳，東沿潢水河谷下行至契丹衙帳，地在營州東北約五百里，潢水南，約今庫倫旗處（小庫倫，即綏東故治 E121°45′·N42°45′）。再東北行，則通室韋、渤海諸部。

契丹衙帳之今地及東北道，詳幽州東北塞諸道四：渝關通柳城契丹遼東道篇。

此由大寧東北行至濡源循濡水河谷東北度入潢水上游之大道，歷唐至五代，仍見通行。如胡嶠陷虜記所錄行程，自歸化州（今宣化縣）三日踰天嶺（今獨石口外之偏嶺），嶺外黃雲白草不可窮極，一片荒漠氣象。又三四日至黑榆林，寒甚。又一日入斜谷，長五十里，高崖峻谷，仰不見日。又二日渡潢水，黑水（今察罕木倫河，在西喇木倫河之北），至儀坤州（契丹上京之東境）。此段行程殆即略循前考之道。後唐時代，契丹部族自黑榆林西至雲州（今大同），亦循此道。禦夷故城近遼之炭山，呂泉、三泉合流入濡水處亦近元之上都，尤見此道爲歷代漠南之東西交通孔道也。

新五代史七三·四夷附錄第二錄胡嶠陷虜記，自幽州西北出居庸關，歷可汗州（唐嬀州，今懷來舊縣），新武州（今涿鹿），至歸化州（唐武州，今宣化縣），下續云：

「又三日登天嶺。嶺東西連亙，有路北下，四顧冥然，黃雲白草，不可窮極。契丹謂嶠曰，此辭鄉嶺也，可一南望而爲永訣。……又行三四日，至黑榆林，時七月，寒如深冬。又明日入斜谷，谷長五十里，高崖峻谷，仰不見日，而寒尤甚。……又行二日，渡湟水。又明日渡黑水。又二日至湯城淀，地氣最溫。……又二日至儀坤州。」

按歸化州在今宣化，地近魏之大寧（今張家口東南）。天嶺，紀要一八開平衞目，偏嶺「衞北四十五里，或曰即天嶺也。」下引胡嶠記。續云，「蓋譌偏爲天也。成祖北征，自獨石度偏嶺至開平之隰寧驛是也。」按明開平衞在獨石城，一統志宣化府卷山川目，亦云在獨石城北四十五里，是在獨石口塞外。胡嶠記，由歸化州東北至湟水（即潢水）上游共行十日，三日至天嶺，正當在獨石口外地區。黑榆林又見舊五代史七〇張敬達傳，云唐長興四年遷雲州，「時契丹率族帳自黑榆林至。」是亦此路。其地及斜谷地望雖不可考，但由天嶺六七日而渡潢水，其路線總不出灤水上游（即上都河）河谷地區，縱非即前考路線，要亦只小異耳。以程計之，此兩地約當在由灤水河谷度入潢水河谷地段。儀坤州，武經總要前集一六下北蕃地理，有宜坤州，在上京東北二百里。栗棘庵藏宋輿地圖拓本，宜坤州在上京東境。　黑水，牟里以爲即巴林橋北林西之察罕木倫河（馮譯東蒙古遼代舊城探考記頁二四）是也。檢日本栗棘庵藏宋輿地圖拓本，正合。

（三）　禦夷鎮東通柳城道

其三，由濡源禦夷鎮東南行九十里（？）至西密雲戍（約今大閣鎮E116°30′·N41°10′地區）。又東蓋經安州（今隆化），三藏口（今承德北），安樂縣（今承德、平泉之間），又東經建德郡治白狼城（今凌源南），東至和龍，即營州柳城也。若不經安州、三藏口，則當東南取唐代墨斗嶺道而東。此並塞外近地之東西道也。

上引魏書帝紀材料F條，明元帝東巡至濡源及甘松，遣長孫道生伐馮跋，至龍城，帝自突門嶺待之。G條，太武帝伐和龍，車駕經濡水、遼西，至和龍。F條，伐馮跋路線係自濡源東經甘松、突門嶺至和龍。檢紀要一八大寧衞目突門嶺條云，在「衞西南，其西有甘松陘。晉建元二年慕容皝滅宇文部，石虎遣兵自甘松出救之，不及。」下文即引魏書泰常三年此條紀事。按建元二年事見通鑑九七，胡注，「宇文國都遼西紫蒙川」，「甘松在濡源之東，突門嶺之西。」紀要即據此言之。雖不能定其確實地望，然紫蒙川既在遼西境②，石虎出兵相救必當向東北，出古北口或盧龍塞地段，則甘松當在濡源之東南頗遠處，而去古北、盧龍邊塞不太遠也。度其地或當在今灤平、承德、平泉地帶。是此次行軍係由濡源向東南，取長城塞外近地之東西通道。復考水經注一四鮑邱水注，

② 參考通鑑二一四開元二十二年張守珪出師紫蒙川條。

「水出禦夷北塞中，南流逕九莊嶺東，……又南逕鎮東南九十里（？）西密雲戍西，又南左合道人溪水……。」參詳下文，此戍必在潮河上游，距源頭不遠處，云在禦夷鎮東南九十里，禦夷鎮即所以鎮濡源者，在今獨石口塞內，赤城縣北六十餘里，即雲州堡北約三十里，具詳幽州東北塞諸道一：居庸關北出塞外兩道篇。檢張編地圖集·熱察人文圖，此西密雲戍當在今大閣鎮（約 E116° 30′·N41° 10′）地區，現在仍爲此地區之一交通中心，中國地圖集，移豐寧縣治此。

北魏於此置戍，又云西北去禦夷鎮九十里（里數疑有脫譌），是必有道可通。蓋魏元明帝由濡源南行至後置之禦夷鎮地帶，又東南至西密雲戍，又東南至甘松、突門嶺（即今承德東西地帶）遙爲長孫道生支援也。至於太武行軍路線，雖不能詳，然至遼西，亦必取近塞道，惟不知是否亦自濡源耳。復考魏書一〇八禮志一，「和平元年正月，帝東巡，歷橋山，祀黃帝，幸遼西，望祀醫無閭山。」歷橋山，至遼西，是經今涿鹿而東，其道更南，可能自赤城或其南直東行歟？

西密雲戍以東之路線雖難確考，但要不外兩途：其一，東南取唐代墨斗嶺東至奚王牙帳道，其行程已詳古北口通奚王衙帳道篇。此行於今承德、平泉之南境者。其二，由西密雲戍直東取安州路。無論取安州路或取墨斗嶺路，皆東經建德郡白狼城，再東至和龍，即營州治所也。

按古北口、盧龍塞之北，今承德、平泉地帶，北魏置州郡頗不少。據地形志所記，西有安州，治方城，統密雲、廣陽、安樂三郡；東有營州治和龍城，統昌黎、建德、遼東等郡。玆考此道之可能的相關地名如下：

建德郡白狼城　前引魏書本紀史料，F條、G條伐和龍事，皆長城南北兩道並進，而以長城外一軍爲主力。考通鑑一二三宋元嘉十三年紀（魏太延二年）二月辛未，魏娥清、古弼將精騎一萬伐燕，平州刺史拓跋嬰帥遼西諸軍會之。夏四月，「娥清、古弼攻燕白狼城克之。」燕王棄和龍奔高麗。是即在G條史事之明年，仍採南北兩道並進，而以北道爲主力之戰略。是白狼城爲塞北之東西軍道所經。復考北魏韓貞造像記（羅福頤滿洲金石志一）有「前建德郡丞沃連戍軍主呂安辰」，下文戍名又作沃黎，又云「沃利戍軍主呂安辰、隊主劉都」「沃黎之西」，是此刻即在建德郡境。而有「尉喻□丹使員外散騎常侍昌黎韓貞」。羅振玉跋云所缺爲「契」字，是也。按記以「景明三年五月九日造」，則此使契丹者必出古北口或盧龍塞，經此處東至營州達契丹也。參看渝關東北通柳城契丹遼東道篇。檢地形志上，營州建德郡治白狼城。是建德郡白狼城在北魏前期，當塞北之東通和龍道，北魏後期亦當出塞後之東通營州道，營州即故和龍也。檢一統志承德府卷古蹟目，謂此白狼城在清建昌縣南，即今凌源縣南，蓋魏之白狼城與漢白狼異地也。參看歷代盧龍道篇。

安州　州治方城，統密雲、廣陽、安樂三郡。按水經注一四濡水注，「濡水又東南，索頭水注之。水北出索頭川，南流逕廣陽僑郡西，魏分右北平置，今安州治。又南流注于濡。」楊圖以索頭水即今伊遜河，置安州治所於伊遜河與飲馬圖河合流處，是也，即今圖隆化縣治，張編地圖集・熱察人文圖有安州古城址。按隆化地在大閣鎮直東，魏世由西密雲戍直東至此區之唯一州城，固宜。

三藏口　通鑑九六晉成帝咸康四年，段遼自密雲山分遣使求迎於趙、燕。趙王虎遣麻秋帥衆三萬，燕王皝自帥諸將皆來迎。遼密與燕謀覆趙軍。皝「伏精騎七千於密雲山，大敗麻秋於三藏口。」按濡水注，安州東有武列水，一名三藏水。其水三源，曰西藏水、中藏水、東藏水，三川派合，故曰三藏水。三藏水又南，右受龍泉水，龍芻水，又南入濡水。趙釋引紀要，東西中三藏水合處曰三藏口。楊圖以承德城東之熱河爲三藏水。此本之一統志承德府卷山川目熱河條，是也。則三藏口當在今承德城北避暑山莊之北。趙燕之戰，燕軍自和龍而來，三藏口蓋亦當軍道歟？

安樂縣　前引地形志，安州所統有安樂郡。按濡水注，左受三藏、武列水，「又東南，五渡水注之。水北出安樂縣丁原山，南流逕其縣故城西，本三會城也。其水……又南流注于濡。」楊圖以今老牛河爲五渡水，此亦本之一統志承德府卷山川目老牛河條，是也。則安樂故城本三會城者，在今承德、平泉之間地區。地處要衝，爲唐及宋遼道所經，可能亦爲魏道所經也。

入塞圖云出塞三道。其「一道東北發向中山，經北平、漁陽，向白檀、遼西，歷平岡，出盧龍塞，直向匈奴左地，即左賢王所理之處。」此漢魏至北朝，東北出塞之國際交通道，殆與上考之道有略相當處。

入塞圖一段，見寰宇記四九雲州目雲中縣條。中山即唐之定州，蓋由定州出飛狐口，經代州，又東經右北平、漁陽郡也。

參看圖二十二

一九八三年二月十六日、農曆正月四日初稿，二十一日增補。一九八五年九月十日復訂，十四日增北魏六鎮交通線，並釐定節次。十一月二十八復增補，本書前五卷全部完稿。十二月二十二日初校。本卷初校畢功，明日返香港寓所。一九八六年二月七日（農曆除夕前一日）二校定稿。本卷二校畢事。三校由廖華淑小姐負責清校。

附：本卷綱文古地名引得　廖華淑

二　劃

三　劃

四 劃

五　劃

六　　劃

七　劃

八　劃

九　劃

十　劃

十一劃

十二劃

十三劃

十四劃

十五劃

十六劃

十七劃

十八劃

十九劃

二十劃

二十一劃

二十二劃

二十三劃

二十四劃

二十六劃

二十七劃

唐代交通圖考

第六卷　河南淮南區

第一至六卷引用書目及綱文古地名引得

嚴耕望◎遺著
李啓文◎整理

北京聯合出版公司 Beijing United Publishing Co.,Ltd. · 后浪

整理弁言

李啓文

嚴師歸田先生畢生力作唐代交通圖考原擬分十卷（見第一卷內之總目錄），然以精力、時間等諸項因素所限，晚年又擬寫至第八或第七卷止。[1] 一九八四年，歸田師返歷史語言研究所工作，將其中第一至五卷交史語所出版；而第六卷之絕大部分篇章，殆亦寫就。一九九六年六月十五日，歸田師赴臺檢查身體，並出席七月初舉行之「中央研究院」院士會議；期間嘗語人曰，待十月中返港後，即撰寫第六卷之最後一篇。[2] 詎天地不仁，十月九日，歸田師溘然長逝，第六卷竟成闕典！雖然，唐代交通圖考既有開山斧之宏觀史識，又有繡花針之考證功夫，[3] 則第六卷雖未終篇，自有其學術價值，足供參考，故許倬雲教授提議倩人整理；杜正勝所長亦以此卷既爲歸田先生之遺作，允爲出版，以續前篇。蓋光輝具在，所見自同。斯第六卷能付梓之因緣也。

歸田師此卷，原有擬目二紙，今先將首頁所書照錄如下：

---

1 一九九四年秋，歸田師嘗語諸生，唐代交通圖考擬寫至第八卷止。承嚴師母段畹蘭先生賜示，謂歸田師晚年又擬寫至第七卷止；或其時健康已不如前，撰著計畫復有改變。

2 見廖伯源，嚴耕望先生傳略，載充實而有光輝——嚴耕望先生紀念集（臺北：稻禾出版社，1997年版），頁218。

3 見許倬雲，良史與君子——敬悼嚴耕望（歸田）先生，原載香港新亞生活月刊（香港中文大學 新亞書院出版）第二十四卷第三期（1996年11月15日）；又收入氏著，九六文錄——中國人文探索（臺北：臺灣書店，1998年版）。

「　　　　第六卷　河南淮南區

篇伍肆　洛陽鄭汴驛道及汴州館驛

篇伍伍　洛南三關

篇伍陸　洛陽鄭汴南通漢東淮上諸道

（一）洛陽鄭州與漢東淮上間各州至東都路線略測

（二）伊闕南取魯陽三鵶通鄧襄道

（三）轘轅東南通許蔡南達淮上漢東道

（四）洛陽鄭汴南取宛葉走廊通襄陽漢東道

——伏牛桐柏間宛葉走廊道——

（五）漢東東西聯絡道

篇伍柒　桐柏山脈諸關道

篇伍捌　洛陽鄭汴東通海岱遼東新羅道

篇伍玖　海岱地區南北交通道

篇陸拾　洛汴東南通淮南水陸道

篇陸壹　荆門以東大江沿流市場與津渡　　　」

次頁所書，則爲：

「篇△△　汴渠兩側東南通江淮諸輔道

（一）以彭城爲樞紐之故汴渠水陸道

（二）盱眙陸通揚州之九驛道

（三）陳潁蔡水潁水道與淮南道宣歙道

篇△△　志書所見中原東南通江淮諸道紀略

〔啓文案，此行嚴師其後又加橫線删去，並於其上批示：「（此篇删去，分入他篇）」〕

篇△△　通濟渠漕驛道

篇△△　揚州城及其南達江岸水陸三道

篇△△　汴渠兩側東南通江淮諸輔道

〔啓文案，此篇名稱與上所錄者同。〕　　　」

以上即爲嚴師當初所擬唐代交通圖考第六卷之目次。

今存第六卷之稿本，共兩種，其一爲「原稿」，其二爲「抄本」，[4] 皆由篇伍肆至篇伍玖，另有附篇十齊長城地理考略。[5] 所謂「原稿」，指嚴師手稿本。所謂「抄本」，係廖華淑小姐及鄭嫣菱小姐[6] 將原稿之影印本（副本）再謄錄於「『中央研究院』歷史語言研究所講論會稿紙」上之本子。今所見原稿及抄本，皆有嚴師其後增改之手迹，蓋歸田師之增改，時或以原稿爲之，時或以抄本爲之，二者孰爲最後稿本，實未能定，故整理時須綜合二本而定稿（如嚴師所云抄本當參原稿改訂），並查核所引各條史料；凡此，皆於校記中說明。所出校記，以括號【】識之。

據嚴師原先計畫，第六卷擬撰十餘篇（篇目見上），其中篇伍柒及篇伍玖已先後發表。[7] 篇陸拾洛汴東南通淮南水陸道，在篇伍玖內曾提及，然篇名則作中原東南通江淮諸水陸道。[8] 既爲水陸道，則原先計畫當擬就水道及陸道二者分別撰述。水道方面，最要者當爲通濟渠，故原來所擬篇目，即有「通濟渠漕驛道」一篇。然嚴師於通濟渠之撰述，益發鑽研，越加深入，竟寫成二十餘萬字之稿本，其中第六卷原擬篇目中之「盱眙陸通揚州之九驛道」、「揚州城及其南達江岸水陸三道」，皆已歸入通濟渠論述範圍之內，此則與原擬之計畫有異。故嚴師又擬將此踰二十萬字之稿改作「隋唐通濟渠考」，別作專著出版，[9] 而其中兩章，亦已先後發表。[10] 今此二十餘萬字隋唐通濟渠考稿本，史語所已計畫另行出版，庶亦副嚴師之素願也。

---

[4] 第六卷原稿篇伍肆首頁貼有一小紙，上有嚴師手寫上下兩行批示：「副本已付抄，抄本當參此原稿改訂。」余整理此卷時於校記中所言之「原稿」、「抄本」兩詞，本此。

[5] 齊長城地理考略嘗發表於董作賓先生九五誕辰紀念集（臺北，1988年）。

[6] 此承耿慧玲女史面告。

[7] 篇伍柒發表於臺北「中央研究院」第二屆國際漢學會議論文集・歷史與考古組（下册）（1989年），題目作「中古時代桐柏山脈諸關道」。篇伍玖發表於香港新亞學報第十六卷（下）（1993年），題目作「唐代海岱地區南北交通兩道」。

[8] 見新亞學報第十六卷（下），頁32。

[9] 參嚴師隋唐通濟渠在交通上之功能（載香港香港中文大學中國文化研究所學報第21卷，1990年）及唐代揚州南通大江三渠道（載香港新亞學報第十七卷，1994年）兩篇之序言。

[10] 此兩章即隋唐通濟渠在交通上之功能及唐代揚州南通大江三渠道。

至於中原東南通江 淮之陸道方面，嚴師所已撰寫者，似僅成一節，此節今已置諸隋唐通濟渠考之首，別詳此書之校記。

綜上而言，唐代交通圖考第六卷今所見者惟篇伍肆至篇伍玖，另有附篇十，凡柒篇。嚴師擬返港後續寫第六卷餘下之篇章，或即原擬篇陸拾之陸道及篇陸壹歟？無奈天不假年，竟成永恨！

余隨歸田師問學，然根基淺薄，才性疏愚，雖入寶山，所獲無多。承嚴師母段畹蘭先生錯愛，囑余整理此卷。許倬雲教授又多方聯絡，取得聯合報文化基金之贊助；杜正勝所長與蘇基朗教授更爲聯合申請得「蔣經國國際學術交流基金」，俾作整理之經費。香港中文大學歷史系陳學霖教授、蘇基朗教授又爲提供工作空間，俾能利用系內設施。前輩美意，感紉殊深。余受命以來，常懷愧怍，蓋「履歷卑淺，超昇名任」，[11] 雖云整理，實見辱師門，勢「將取笑於當時，貽醜於來葉」；[12] 知我罪我，其惟歸田師乎？

一九九九年六月廿三日初稿，

九月十日改訂；

二〇〇二年三月十二日再訂。

11 見魏書卷二一上廣陵王傳。

12 見魏書卷二四張袞傳附張倫傳。

唐代交通圖考

第六卷　河南淮南區

目　　次

篇伍肆　洛陽鄭汴驛道及汴城館驛

洛陽爲唐代之陪都，與長安相對言，稱爲東都，一稱東京。汴州自北朝末期以來，已稱殷盛，多姦俠。至唐代尤爲黃河下游大平原之第一大都市，且爲東方〔一〕交通之總樞紐，中葉以後，方鎮跋扈，汴州地當漕道咽喉，於政局安危，尤所急切，故置宣武節度使以鎮，統兵或至十萬人。而其位置又與長安、洛陽同在一條東西軸線上，故西東兩都之驛道東延至汴州，稱爲大路驛，爲唐代全國交通網之總樞軸。

汴州在東方都市中之地位　隋書五六令狐熙傳，「上祠太山還，次汴州，惡其殷盛，多爲〔二〕姦俠，於是以熙爲刺史。〔三〕下車，禁游食，抑工商，民有向街開門者杜之，船客停於郭外置〔四〕居者勒爲聚落，僑人逐令歸本。」足見自北朝末期當已繁盛。至唐，杜翁遺懷（詳注一六）一詩最能見其地位，云：「昔我遊宋中（宋州，今河南 商邱），惟梁 孝王都，名今陳留（即汴州）亞，劇則貝（今河北 清河）、魏（今河北 大名）俱。」則東方都市中，宋與貝 魏不相上下，而皆次於汴州也。詩又寫狀宋州市容云，「邑中九萬家，高棟照通衢；舟車半天下，主客多歡娛。白刃讐不義，黃金傾有無；殺人紅塵裏，報答在斯須。」全是一副繁榮都市氣象，汴州當又過之也。

汴州在東方交通中之地位　汴州即古大梁，史記 張儀傳，魏「地四平，諸侯四通輻湊」，故自古爲中原交通樞匯之地。唐人論政更極重視汴州在東方半壁山河中所居之交通地位，如陸贄議汴州逐劉士寧事狀（全唐文四七五）云，「梁 宋之間，地當要害，鎮壓齊 魯，控引江 淮。」元稹賀汴州誅李忻表（同書六五〇）云，「汴州抱〔扼〕吳 楚之津梁，據咽喉之要地。」白居易與韓宏詔（同書六六四），「朕以梁 宋之地，水陸要衝，運路咽喉，王室藩屏。」劉寬夫汴州糾曹廳壁記（同書七四〇），「大梁當天下之要，總舟車之繁，控河朔之咽喉，通淮 湖之運漕，……當四會五達之通莊。」是北通河朔，東通齊 魯，南極江 淮之要道，今觀此圖考[五]謂爲「當四會五達之通莊」，誠非虛語。

宣武節度使　新 方鎭表二，河南，至德元載，置河南節度使，治汴州，領郡十三。此爲汴州置府之始，其後廢置、增損統州不常，至建中 興元中始爲定額。元和志七，汴 宋節度使管汴 宋 亳 潁四州。此即興元以來之制也。舊 地志一，宣武節度管四州同。蓋終唐世不改。宋史九三河渠志三，至道元年，參知政事張洎奏列德宗時各鎭軍額，宣武六萬人。蓋較經制。而韓愈宣武節度使董公（晉）行狀（全唐文五六七），「汴州自大曆來多兵事，劉玄佐益其師至十萬。」此蓋一時之制。

大路驛　唐會要六一館驛目，貞元二年十二月敕文：「從上都至汴州爲大路驛，從上都至荊南爲次路驛。知大路驛官，每一周年無敗闕，與減一選，仍任累計。次路驛官，二周年無敗闕，與減一選，三周年減兩選。」可見洛陽東通汴州之驛道之地位，與兩都間驛道相同，猶在長安東南出武關驛道之上，即洛陽 汴州間驛道交通之繁忙不在兩都間驛道之下。圓仁入唐求法巡禮行記四會昌五年條，圓仁被勅還俗回國，「先還俗僧林宗 信觀相儀〔議〕，情願許相送到汴州。汴[六]去京一千四百里。見他慇重，不阻其情也。」此正見汴州爲大路驛之終端，朋友慇懃相送，最遠至此而止也。

今洛陽東至開封，中經偃師、鞏縣、汜水、滎陽、鄭州、中牟六縣市，此蓋自古皆然，無大差異。今惟就唐代洛 汴間所經州縣館驛關梁倉儲逐一述之，以見當時利用此道之情形而已。

洛陽直東大道之行程，古代記錄以班昭東征賦爲最早見。昭子曹成爲陳留長，昭從子之任，由洛陽出發，述沿途所經云，宿偃師，歷鞏縣，看成臯之旋門，歷滎陽而過卷。惟此東仍循當時黃河南岸而行，未直至陳留。

曹大家東征賦，收入文選卷九。滎陽過卷而東，歷原武，陽武，封丘，平丘，長垣，此沿河而行，非直至陳留也。

次爲蔡邕由大梁應徵至洛陽，途經中牟，圃田，管邑，滎陽，虎牢，洛汭，至偃師而病，作述行賦以記其事。此即漢代汴 洛道之全程，與今道無大差異。惟虎牢以西，途中之地貌，遠較今日爲峻阻耳，此殆開闢尙在初步之故。

蔡邕述行賦，收入嚴可均全後漢文六九。文長，描寫虎牢以西之道路狀況尤詳，不繁錄。

唐代洛陽東經鄭州至汴州大路驛四百二十里。置驛當在十個以上。歐陽修云，「洛陽至東京六驛」，急行一日一夜可達。據成尋記，汴州西行，惟中牟、鄭州、滎陽、鞏縣置驛，蓋外加經鞏縣至洛陽二驛也；置驛較疏矣。

元和志七汴州，西至東都四百二十里，寰宇記一東京、三西京，同。通典作四百里。按元和志八鄭州，西至東都二百八十里，東至汴州一百四十里。寰宇記九鄭州目，同。是四百二十里爲正確，且中經鄭州；四百里蓋大數耳。

按下文考證，鞏縣西南至洛陽一百四十里，驛名可考者有積潤、曲洛、孝義三驛，偃師縣當置驛，尙不在內。鞏縣以東二百八十里，驛名可考者雖僅須水、管城兩驛，但相距僅二十里。可見置驛甚密，不在長安 洛陽驛道之下，則全程置驛當在十個以上無疑。而歐陽修洛陽牡丹記（歐陽文忠公集・居士外集二二），「洛陽至東京六驛，……（留守）歲遣衙校一員，乘驛馬，一日一夕至京師（進花）。」考成尋參天台五臺山記五，記東京西行驛鋪甚詳。惟中牟縣置三異驛，鄭州置奉寧驛，滎陽縣置滎陽驛，鞏縣置上驛；由此西至河陽縣渡河北行，上五臺山。據此觀之，其赴洛陽，蓋加偃師至洛陽兩驛也。是宋制置驛較稀矣。

惟唐世史料，未見有記其較詳行程者。

李翺來南錄（全唐文六三八），僅云經灃口，鞏縣，由汴口泛汴水，及河陰，次汴州。圓仁入唐求法巡禮行記四，由長安東返，東都以東，只云經鄭州到汴州，餘亦不詳。

至五代，多都開封，帝王屢次來往洛陽 開封間，始明確知其中經偃師、鞏縣、汜水、滎陽、鄭州、中牟六州縣治所，與今道同。

五代君主來往洛陽、開封間之行程，記錄較詳者有下列多次：

梁 太祖 開平三年正月赴西京（洛陽）。甲戌，發東都（開封），次中牟縣。乙亥，次鄭州。丙子，次汜水縣。戊寅，次偃師縣。己卯，入西都（舊史四梁書 太祖紀四）。

又乾化二年四月戊寅，車駕發自東京（開封），夕次中牟縣。五月庚辰，發自鄭州，至滎陽，夕次汜水縣。癸未，發自汜水，午憩任村頓；夕次孝義宮，次偃師。甲申至都（洛陽）。（同上紀七）

唐 莊宗 同光四年三月，由洛京幸汴州，中經滎澤，至萬勝鎮（在中牟），未至汴州，旋師；次汜水，過罌子谷，次石橋，至京（舊史 唐書 莊宗紀八）。【七】

又明宗 天成四年二月自汴歸洛。甲子，發駕歸京，宿中牟。乙亥，屆鄭州，中經堰師（此見舊史）。【八】庚午，自石橋發駕，入上東門（冊府一一四巡幸三、舊史 唐書 明宗紀六）。

晉 高祖 天福二年三月由洛巡汴。庚辰卯時離京，至積潤驛，留司官班辭。辛巳寅時，離偃師，至孝義食。巳時至鞏縣，壬午丑時離鞏縣，汜水食。上馬至滎陽。四月癸未朔丑時離滎陽，至須水食。是日至鄭州（此見舊史）。甲申，至中牟。丙戌巳時入汴州（冊府一一四巡幸三、舊史 晉書 高祖紀二）。

以上凡五條，知其確經綱文所列州縣治所。

今稍詳其行程：出東都 洛陽 上東門，略循漕渠之北向東行二十餘里，至漢 魏 洛陽故城，即古成周也，故城西三里白馬寺在道上。又平樂園，近大道，蓋漢 平樂觀地，在寺南。有積潤驛，去東都約三十里，蓋即在洛陽故城中。此爲洛東大道第一驛。由此東北渡河陽橋通河東、河北道；正東出旋門、虎牢關通海 岱 江 淮道；故爲洛京城東公私迎送之所。

漕渠在洛水之北，與洛水並行而東，詳通濟渠篇。[九]

洛陽故城　元和志五河南府 洛陽縣，故城在隋 唐 洛陽城東二十里，洛水東北三里。寰宇記三，「二十里」上奪「東」字。又通鑑一八三隋 義寧元年紀，胡注，「隋營東都城，東去故都十八里。」是不踰二十里也。然史記項羽本紀，封申陽爲河南王，都雒陽。正義引括地志，「洛陽故城在洛州洛陽縣東北二十六里，周之所築，即成周也。」[一〇]疑本來距離二十六里，唐城後又擴大，致距離縮短歟？抑計算起訖點有異歟？又檢紀要四七[一一]河南府 洛陽縣，洛陽故城在府東北二十里。是承元和志者。而一統志河南府卷古蹟目，洛陽故城在今洛陽縣東北三十里，即故成周城也。今此故城經探查發掘，位於今洛陽市東十五公里，大城作長方形，東西北三面保存較好，南墻被洛河沖毀，西墻殘長約四二九〇、北墻長約三七〇〇、東墻殘長三八九五公尺，南墻長度暫以東西墻間距四二六〇公尺計算，大城周長約十四公里（文物考古工作三十年，頁二八三）。此距離較準確，今姑書作二十餘里，亦折衷言之也。

白馬寺　鄭剛中西征道里記，六月九日，「石橋店，白馬寺，宿西京。」則白馬寺在道上。按洛陽伽藍記四，城西有白馬寺，「漢 明帝所立也。……寺在西陽門外三里，禦道南。」[1] 則在故城西三里，即唐 東都之東約二十里處。檢一統志河南府卷寺觀目，寺在洛陽縣東二十里，今則爲十二公里（白馬寺，頁一）。

平樂園　通鑑一八四，隋 義寧元年六月，李密由洛口「復率眾向東都，丙申，大戰于平樂園，……東都兵大敗。」胡注：「此蓋漢 魏 平樂觀之地爲園。[一二]然漢 魏 平樂觀在洛城西，隋既遷營新都，則平樂園當在都城東。」檢水經注一六穀水注，平樂觀在白馬寺南，寺觀皆在洛陽故城西門外，穀水西岸。

---

1 西面四門，西陽爲南頭第二門。

積潤驛　已詳篇一兩京館驛、篇四洛陽太原驛道。兩京館驛篇引冊府一一四，唐 莊宗 同光元年事、唐 明宗 天成二年事、晉 高祖 天福二年事，皆見此驛爲洛 汴道上之第一驛。按驛在洛陽城東約三十里，石橋之西。石橋即在故城東面北來第一門上東門外，則驛當在故城。又元和志引華延儁洛陽記，洛陽故城東西七里。據今發掘測記，北城東西三七〇〇公尺，亦略合，則驛正當即在故城中。

驛東有石橋店，在故城上東門外。晉世，洛城東門外有石橋多座，駕陽渠、穀水上，巨石爲之，規制高壯，圓拱洞下，可通大舫。石梁塢蓋在其地，故至唐有石橋店之名也。

按石橋店在積潤驛東北至河陽道中，亦見前篇一兩京館驛、篇四洛陽太原驛道。前引舊史 唐莊宗紀、冊府一一四，已皆見石橋在洛陽東通汴州大道上。一統志河南府卷古蹟目，石梁塢「在洛陽縣東、故洛城東、洛水北。晉 永嘉末，將軍魏浚聚流民屯洛北石梁塢。……大寧三年，劉曜將劉岳攻後趙，拔孟津、石梁二戍。」考水經注一六穀水注云：

「穀水（北支逕城北）又東屈南逕建春門石橋下，即上東門也，……橋首建兩石柱，……銘云，陽嘉四年乙酉壬申詔書，以城下漕渠東通河 濟，南引江 淮，方貢委輸，所由而至，……水南即馬市石橋[一三]……。」

「渠水（穀水中支逕城中）分上下歷故石橋（此爲上西門外石橋）東入城，……逕太倉南，出東陽門（此爲中東門）石橋下，注陽渠。……」

「穀水（南支逕城南）又南，東屈，逕津陽門南，故津門也（洛城南面西頭第一門）。……又東逕開陽門南，……故建陽門也（洛城南面東頭第一門）。……穀水于城東南隅，……轉曲而東注鴻池陂。[一四]……又東左合七里澗。……澗有石梁，即旅人橋也。……凡是數橋，皆壘[一五]石爲之，亦高壯矣。……朱超石與兄書云，橋去洛陽宮六七里，悉用大石，下圓以通水，可受大舫過也。」

按七里澗即上接穀水北支之馬市石橋下（參楊氏水經注圖・洛陽城圖），所謂「凡是數橋」，顯指上引文所見之諸橋，且[一六]見洛陽故城東門外穀

水 陽渠水上石橋甚多，且甚高壯也。在軍事時期宜有石梁塢之建置。此諸橋塢地望正與唐代石橋店相當。

又東至偃師縣（今縣），去洛陽七十里。縣西二十里有尸鄉，在陽渠 穀水之北，即田橫乘傳詣洛自剄處。尸鄉者，其處「澤野負原，夾郭多墳隴」，傳爲亳殷故都，一云帝嚳故都。按今發現二里頭文化遺址，內涵豐富，疑爲夏末殷初故都，正與古尸鄉隔洛水南北相對。

前引諸史料，五代君主巡幸洛陽、汴州間，例經偃師。又續高僧傳二六釋轉明傳，[一七]「帝（煬帝）往江都，行達偃師。」此較早之史例。元和志五河南府，鄾師縣[一八]西南至府七十里。寰宇記五，同。

尸鄉　通典一七七，偃師有尸鄉。按史記九四田儋傳，田橫「乘傳詣雒陽，未至三十里，至尸鄉廄置，……自剄。」正義：「齊 田橫墓在偃師西十五里。」漢書 高祖紀下五年條亦作三十里，惟無尸鄉之名。漢 地志，河南郡 偃師有尸鄉，殷所都。續 郡國志一，河南 匽師有尸鄉。劉昭注引帝王世紀，「尸鄉在縣西二十里。」又水經注二三汳水注，「今河南 偃師城西二十里尸鄉亭。」則田橫自剄之尸鄉在偃師西二十里，洛陽故城東三十里。按唐世，洛陽故城在東都東二十餘里，偃師縣在東都東七十里，故城與偃師間當有四五十里之距離，則尸鄉故地確然可指矣。[一九]

按水經注一六穀水注引漢官典職曰，「偃師去洛四十五里」，是矣。然則尸鄉故地，確然可指矣。

又漢志云，尸鄉，殷所都。檢穀水注，陽渠水由洛陽故城東，「又東流逕漢 廣野君 酈食其廟南，……又東逕亳殷南。……班固曰，尸鄉，故殷湯所都者也。故亦曰湯亭。薛瓚漢書注、皇甫謐帝王世紀並以爲非，以爲帝嚳都矣。晉太康記、地道記並言田橫死于是亭，故改曰尸鄉；非也。余按司馬彪郡國志，以爲春秋之尸氏也。其澤野負原，夾郭多墳隴焉。」[二〇]

按今發現二里頭文化遺址，在偃師西南九公里、伊水北五公里、洛水南岸（E112°42'・N34°42'）。內容豐富，考古家推論爲夏代故都，至殷商初期仍繼續繁榮發展。[2] 上考尸鄉在偃師西二十華里，則正在古文化遺址之正北，隔洛水相望，古史傳稱亳殷、帝嚳所都，誠有徵矣。

偃師縣東有曲河〔洛〕驛，在洛水北，以洛水之曲受名。

寰宇記四，【二一】河南府 偃師縣，「曲洛，穆天子傳云，天子東遊于黃澤，宿于曲洛。今縣東洛北有曲河驛，以洛水之曲爲名。洛經其南。」此條先標「曲洛」，下述此驛因洛水受名。又九域志一西京 偃師縣亦有曲洛之名。疑此驛當作曲洛驛，「河」字形譌。又按此驛當入兩京館驛篇，彼篇失收爲憾。

偃師東北行七十里至鞏縣（今縣）。兩縣間古大驛道由偃師取北坡 義堂路。天寶七載，以北坡路迂，改由偃師東山開新驛路至孝義橋，北坡路遂廢。孝義橋架洛水上，爲六典所記天下四大造舟爲梁之一，所須竹索，或云取河陽橋退者，或云配宣 饒等州造送。【二二】其地自北魏以來置孝義驛。唐末五代又見有孝義鎮（今鎮，中國圖集還鞏縣治此），在洛水北，【二三】東北渡洛去鞏縣二十里，西南去偃師蓋五十里。【二四】

前引舊五代史 梁太祖紀，乾化二年，車駕由汴至洛，道中次第經汜水，孝義宮，偃師。又冊府一一四，晉 高祖由洛巡汴，辛巳離偃師，至孝義食，巳時至鞏。是偃師東至鞏縣間經孝義。考南齊書五七魏虜傳，僞咸陽王愃謀反事敗，「欲走渡河，……雨暗迷道，至孝義驛。」是北魏時代已有孝義驛。又考法苑珠林九四【二五】：「貞觀……十七年，（孫迴）璞奉勑馳驛往齊州療齊王 祐疾，還至洛州東孝義驛」云云。唐臨冥報記卷中，同。廣記三七七孫迴璞條，亦記此事。又廣記三一一蕭曠條，「太和處士蕭曠，自洛東還，【二六】至孝義驛，夜憩於雙美亭。（出傳記）」當皆即南齊

---

2 參看拙作夏代都居與二里頭文化，大陸雜誌第六一卷第五期、嚴耕望史學論文選集；河南考古學會編夏文化論文選集；中國先秦史學會編夏史論叢。

書之孝義驛也。復考通典一七七河南府 偃師縣，「天寶七載四月，河南尹韋濟奏於偃師縣東山下開驛路通孝義橋，廢北坡 義堂路也。」元和志五，同。寰宇記五河南府 偃師縣目云，「廢北坡 義堂路，此古大驛路。」下述天寶七載開路通孝義橋，與通典、元和志同。續云「故此路廢矣。」新唐 地志云，濟「以北坡道迂」，故「開新道通孝義橋」，於義更明。唐會要八六道路目述此事，與通典、元和志同，而云「齊澣」，又脫「廢」字，誤矣。是則偃師東通孝義橋之古驛道乃取北坡 義堂路；天寶七載，以古道迂遠，故由偃師東山開新驛道至孝義橋也。唐六典七工部尚書・水部郎中條，「天下造舟之梁四：河三，洛一。」河三謂蒲津、大陽、盟津（河陽）；「洛則孝義也。」是此橋在洛水上，駕舟爲之，甚大且重要。下文又云「所須竹索取河陽橋退者以充」，但水部式云「配宣 饒等州造送」，下文洛州他橋【二七】「取河陽橋故退者充」，似六典有脫文。又寰宇記五，鞏縣，「鞏王廟在縣西二十里孝義鎮西山立〔上〕。」九域志一河南府，偃師縣在京東六十里。永安縣在京東八十五里，有孝義鎮。按宋 永安縣係分偃師、鞏縣所置，此鎮即寰宇記之鎮。綜上所考，孝義橋、孝義驛、孝義鎮當在一地，在鞏縣西南二十里，即去偃師五十里也。檢張編地圖集・河南人文圖，鞏縣西南不遠處正有此鎮，在洛水之北，【二八】即古鎮地無疑。　按此驛亦當入篇一兩京館驛，彼篇亦失收爲憾。

宋代洛水上有黑石頭渡，在孝義橋南五里，今有黑石關在洛水南。黑石之名，隋末已見史，蓋亦古渡也。

通鑑一八四隋 義寧元年，李密據洛口，王世充自東都趨偃師，「與密夾洛水相守」。十月「壬寅，王世充夜渡洛水，營於黑石。明日，分兵守營，自將精兵陳於洛北。李密聞之，引兵渡洛逆戰。密兵大敗，……帥麾下精騎渡洛南，餘眾東走月城（胡注，蓋臨洛水築偃月城，與倉城相應。），世充追圍之。密自洛南策馬直趣黑石，……」據此偃師、鞏縣間有黑石地名，在洛水之南。考鄭剛中西征道里記，由洛口倉西行二十五里過黑石頭渡，又西宿偃師縣。正其地也。檢一統志河南府卷關隘目，黑石渡鎮，

「在鞏縣西南二十五里，洛水津渡處。」又張編地圖集·河南人文圖，鞏縣西南洛水北[二八]有孝義鎮，鎮西南洛水南有黑石關，皆即古關鎮地。[二九]

鞏縣城東南原上有興洛倉，隋 大業二年置，地當洛水入河口之南，故又名洛口倉，穿三千窖，窖容八千石以還，以備東方租賦之儲運。因倉築城，周回二十餘里，置監官并鎮兵千人。唐 開元中裴耀卿建節級漕運（轉般法）之策，復置此倉為節級漕運之一環。北宋見為洛口鎮，蓋亦隋唐之制歟？

元和志河南府 鞏縣，「洛水東經洛汭北對琅邪渚，入河謂之洛口。」洛口置倉及其規模，詳通鑑一八〇隋 大業二年紀。隋書 地理志，河南郡 鞏縣有興洛倉，即洛口倉也。裴耀卿請置武牢洛口等倉疏（全唐文二九七），以為舊制，江南租庸調等取江 淮 汴 洛直運至東都之法，廢時失事，建議「河口元置武牢倉，江南船不入黃河，即於倉內便貯。鞏縣置洛口倉，船從黃河不入洛水，即於倉內安置。爰及河陽倉、柏崖倉、太原倉、永豐倉、渭南倉，節級取便，例皆如此。水通則隨近轉運，不通則且納在倉，不滯遠船，不憂欠耗，比於曠年長運，利便一倍有餘。」事實施行，果見利便。則唐仍置此倉。鄭剛中西征道里記，「又孟店，汜水縣，鷺坡子（當乙），洛口鎮。……洛口牆數圍，問之，即所謂洛口倉者。」度鎮名當早有之。隋置倉，有鎮兵千人，是已有鎮之實矣。

鞏縣東行二十里至罌子谷，道路險狹。河水注之黃馬坂 黃馬關蓋相近或稍東。又有橫嶺、百花谷亦皆相近地名也。

舊二〇〇上安祿山傳，祿山反，過滎陽，「次於泥〔汜？〕水 罌子谷，將軍荔非守瑜蹲而射之，殺數百人，……祿山不敢過，乃取谷南而過……。」新二二五上，同，無「泥水」字。舊一〇四封常清傳亦云祿山「陷陳留，入罌子谷。」此時罌子亦見新二〇二文藝 蘇源傳。[三〇]又舊五代史 唐書 莊宗紀八，同光三年，[三一]由洛幸汴，未至而返，回程次汜水，過罌子谷，「道路險狹」。同書明宗紀一，天成元年四月，由汴入洛，道經滎澤至罌子谷。檢一統志 山川目，[三二]罌子峪在鞏縣東二十里，接開封府 汜水縣界。按水經注五河水注云，「河水自洛口又東，……右逕黃馬坂北，謂之黃馬關，孫登之去楊駿，作書與洛中故人處也。河水又東逕旋門坂北，今成皋西大坂者也，升陟此坂，而東趣成皋也。」參下旋門坂條，此黃馬坂、黃馬關當在唐史罌子谷相近處。檢一統志開封府卷關隘目，黃馬關在汜水縣西十五里。若果古關，則當在罌子、旋門之間歟？

橫嶺、百花谷　通鑑一八三，隋 義寧元年，李密、翟讓「自羅口襲興洛倉，破之。」越王 侗使裴仁基「將所部兵自汜水而入，以掩其後。」密讓「選驍雄分為十隊，令四隊伏橫嶺下，以待仁基。」「倉城之戰，仁基失期不至，聞劉長恭等敗，懼不敢進，屯百花谷。」胡注，「百花谷蓋在汜水縣西，鞏縣東南。」檢一統志河南府卷山川目，「橫嶺在鞏縣東三十里，接開封府 汜水縣界。」「百花谷在鞏縣東南三十餘里，接汜水縣界。」是兩地極相近。若果為隋 唐故地，則在罌子谷東南黃馬、旋門均相近也。

又東二十里至汜水縣（今縣西北汜水西），在大伾山上，即漢 成皋縣，後更名。本春秋 鄭之制邑。縣西南十里有旋門關，在旋門坂上，為漢末洛陽八關之一，實虎牢關之南峽口也。虎牢故關即成皋關，一名汜水關，故關城在縣東南二里處。古稱洛陽在四關之內，左即此關。魏 孝文都洛，置（東）中郎將府以鎮之。成皋故縣、故關當在一處。隋 大業元年，置城皋關于虎牢城西邊黃河 汜水上，並置虎牢都尉府，關府兼置，蓋重其地也。其城北門曰玉門，南門曰成皋。北門北臨黃河，崖岸峻峭，岧岧孤危，高四十餘丈，勢盡川陸。城東則汜水發源於方山（縣東南三十二里），北流逕城東，逼玉門下，入大河，益增加關縣之形勢。惟縣與關之相對位置，古今遷徙有異，或同地，或小異。然要在汜水西大伾山上，今縣則在水東矣。

元和志五河南府 汜水縣，西南至府一百八十里。則在鞏縣東四十里，即在嬰子谷東約二十里也。虎牢都尉府，見隋書 地理志中滎陽郡目。

旋門關　元和志河南 汜水縣，「旋門關在縣西南十里，即八關之一。」寰宇記五二孟州 汜水縣目同。另一條作旋門坂。按後漢書 靈帝紀，中平元年，置八關都尉。皇甫嵩傳，靈帝末，詔函谷、大谷、廣成、伊闕、轘轅、旋門、孟津、小平津諸關並置都尉。即靈紀之八關，旋門爲其一也。考班昭東征賦（文選九）云，「望河 洛之交流兮，看成皐之旋門；既免脫於峻嶮兮，歷滎陽而過卷。」此爲旋門見於文獻之最早者。次有張衡東京賦（文選三）云「東門于旋」。至漢末列爲洛陽八關都尉之一。至河水注始見其地望與形勢，上文嬰子谷條已引之。元和志述其地望尤明確。一統志開封府卷關隘目，「旋門關在汜水縣西南十里。……縣志，旋門關，今峭關[3] 之南峽口也。自旋門而東至板城渚，【三三】皆成皐關之道。」紀要五二，【三四】略同，惟無峭關一句。

汜水縣、虎牢關　元和志河南府 汜水縣，「開元二十九年，（縣）自虎牢城移於今理。」此不明其相對位置。又成皋故關條云，「在縣東南二里。」寰宇記五二孟州 汜水縣 成皋故關條同。又云：「洛陽記云，洛陽在四關之內，左成皐關。（按記當止此。）隋 大業九年，移成皋關於虎牢城西，邊黃河，當汜水之上。按故關在縣東，今在縣西。」考大業雜記，大業元年「十二月，置城皐關于武牢城西，邊黃河 汜水之上。」則寰宇記「九年」爲「元年」之譌。關在城西也。而汜水縣蓋與關相近。隋書 地理志中滎陽郡 汜水縣「即武牢也。……大業初置武牢都尉府。」關府兼置，蓋重其地。新志三孟州 汜水縣，「有虎牢關，東南有成皋故關，西南有旋門故關。」似唐關與縣同治，成皐故關在東南也。此似最醒豁。復檢史記項羽本紀，漢王走成皋，正義引括地志，「成皋故城在洛州 汜水縣西南二里。」與元和志方位不同。而淮南衡山傳，正義曰，「成皋故城在河南溷〔汜〕水縣東南二里。」又與元和志同。賀次君曰，淮南衡山傳 正義當亦引括地志，項羽紀 正義引文「西」爲「東」之誤。（括地志輯校三。）

---

3 即虎牢關。紀要四六河南重險條，虎牢關一名成皋關，亦曰古峭關。又云宋 眞宗 祥符四年，改爲行慶關。一統志開封府卷古蹟目成皋故城條引舊志，明 洪武二年改虎牢關爲古崤關。峭崤當有一形譌，今姑不詳論。

似可信。關縣同城或極相近，縣更名汜水，故關有汜水關之名，見新五代史八晉高祖紀天福二年。

寰宇記汜水縣目又云，「宋武帝北平關洛，置司州。後魏（元）明帝置北豫州。太和十九年，罷州置中郎將府。孝靜[三五]天平元年罷府，又置北豫州。」按此中郎將府，據隋書地理志中滎陽郡汜水縣條乃東中郎將府，以鎭東關也。

寰宇記又云，成臯故關，「南門名成臯，北門名玉門。」按顏師古等慈寺塔記銘（萃編四二）云，「冠蓋往來，趣玉門而隱軫。」即此。又續郡國志一河南尹成睪縣，劉昭注，「史記曰，成睪北門名王〔玉〕門。」檢史記項羽紀，漢王「出成皋北門，渡河走脩武。」高祖紀作成皋玉門。則南北門之名稱久矣。

上引各書，皆僅記關縣之相對位置，但關縣究在何處，並未具體說明。檢水經注五河水注云：

「河水又東逕旋門坂北，今成皋西大坂也。[三六]……河水又東逕成皋大伾山下。……成皋縣之故城在伾上，[4] 縈帶伾阜，絕岸峻周，高四十許丈，城張翕險崎而不平，春秋傳曰，制，巖邑也，虢叔死焉，即東虢也。……穆天子傳曰，天子射鳥獵獸于鄭圃，……補[三七]虎，……爲柙畜之東虢，是曰虎牢矣。……秦以爲關，漢乃縣之。城西北隅有小城，周三里，北面列觀臨河，岧岧孤上。景明中，言之壽春，路值茲邑，升眺清遠，勢盡川陸。……河水南對玉門。……門東對臨河，……山勢峻峭，不容防捍。……河水又東合汜水。水南出浮戲山，世謂之[三八]方山也。……汜水又北逕虎牢城東，……又北流注於河。」

按酈道元曾親履其地，故此述關縣故城地望形勢最詳悉，其故地可確指矣。

按大河自孟津以東，北岸雖極平衍，但南岸仍多邱山之阻。洛口之西有首陽山，爲邙山東閭；洛口之東，原坂相屬，黃馬、旋門諸坂迤東漸

---

[4] 春明退朝錄卷中，「孟州汜水縣有武牢關城，城內有山數峰，一峰上有唐昭武廟。按李德裕會昌一品集載昭武廟乃神堯太宗塑像。」是城中仍有山。

高，至大伾山，峻拔四十餘丈，大伾山之東，餘脈爲廣武山，山勢漸盡，東入平野。此段山坂，殆爲嵩山餘脈向北伸展，爲方山，爲大伾，南北連屬，直抵河岸，爲東西交通之阻。古人緣河開闢大伾山路，遂爲中原東西交通之孔道，故自漢世已云「絕成皋之口，天下不通。」成皋爲巖邑，不但爲歷代兵家必爭之地，且爲中原爭衡之關鍵性戰略地帶，此亦地理形勢使然，非偶然也。

此段論大河南岸之地形，觀前文，參以ONC-G-9圖自瞭。大伾山東廣武山，詳篇六〇洛汴東南通淮南水陸道。【三九】左傳隱公元年，鄭莊公曰，「制，巖邑也。」此論成皋之險之始見者。其後歷代用兵事例，紀要四六河南重險虎牢條已詳之，不具引。最爲史家所注目者，漢 高祖與項羽屢爭成皋之險而勝之，卒定天下。劉敬傳，說高祖曰，「與項羽戰滎陽，爭成皋之口，大戰七十，小戰四十。」正以爭成皋之口爲致勝之關鍵，故特標舉言之。又唐 太宗圍王世充於東都，竇建德引大軍來救，唐軍先據虎牢，扼其咽喉，建德敗滅，世充亦亡，而唐之江山大定，亦以此役爲關鍵也。故賈至虎牢關銘序（全唐文三六八）云：

「天地定位，三川據其極；王侯設險，虎牢擁其要。扼之以五嶽，維嵩崒焉；迫之以四瀆，洪河突焉；宜其咽喉九州，閫閾中夏，……漢祖守之，以臨山東，……強楚躑躅而不進，……太宗據之以拒河朔，克擒醜夏，僞鄭袒縛。……漢氏昭於前載，我唐光於茲日。其創業之主，戡難定功，咸在斯地，意者天開險固，爲霸王之器乎？」

呂溫成皋銘（全唐文六三〇）命意大同。正以成皋在古代戰略上之價値，漢 唐興王戰役最能顯現無遺也。「絕成皋之口，天下不通」，語見史記一一八淮南衡山列傳。按蔡邕述行賦（全後漢文七四）【四〇】述虎牢以西至洛陽之路況，遠較今日爲險惡，殆由開闢尚在初期之故。故其在古代軍事上之重要性，又遠在後代之上也。

汜水東行四十里至滎陽縣（今縣）。等慈寺在汜水西【四一】七里，當大道。滎陽西道中有長坎，傳爲楚 漢 鴻溝，滎陽縣即古大索城。小索城在其北四里。京縣故城在縣東南二十里。而京 索二水亦皆出縣南，故此即京 索古戰場也。滎陽東行，次第渡索水，京水，四十里至須水驛，濱臨須水，唐初置縣，北宋見爲鎮。又二十里至鄭州治所管城縣（今鄭州市）。

前引五代史、冊府元龜記五代君主往來洛陽、汴梁間之途程，梁 乾化二年，由開封入洛，鄭州、汜水間，中經滎陽。晉 天福二年由洛巡汴，汜水、鄭州間，中經滎陽、須水。但唐 莊宗 同光四年，由洛幸汴，中經滎澤，通鑑二七四亦云經滎澤，是不同。考鄭剛中西征道里記紹興乙未六月五日宿鄭州。六日須水鎮，宿滎陽縣。七日孟店，汜水縣，宿鞏縣。是亦經滎陽，不經滎澤。復考冊府一一三，高宗 麟德二年東封泰山，經滎陽，衛南，濮陽而東。舊紀，中間亦經原武，蓋滎陽至衛南道中，其滎陽至原武間可能中經滎澤，然滎陽則必經也。故就事例言，滎陽似爲主線。復就里距計之：汜水縣西至河南府一百八十里，元和志、寰宇記鄭州西至河南府皆爲二百八十里，則汜水東至鄭州一百里。又兩書記滎陽東至鄭州六十里。檢一統志開封府卷，汜水與滎陽東至開封府里距之差正爲四十里。紀要四七鄭州，兩縣東至鄭州之差亦同。由汜水東至滎陽四十里，又六十里至鄭州，正爲一百里。故知鄭州西至河南府二百八十里者，當取道滎陽也。此亦今日之鐵路線。至於滎澤，一統志開封府卷古蹟目，滎澤故城在今滎澤縣北五里，隋置。清 滎澤在今廣武縣，故城已淪入河域。若此道經滎澤，必較迂遠。元和志，滎澤東南至鄭州五十里，寰宇記作六十里。又元和志河南府 河陰縣，分汜水 滎澤 武陟三縣地置，在滎澤西，西南至府二百三十里，即西南至汜水五十里，是滎澤西南至汜水當在六十里以上。紀要四七鄭州 河陰縣在州西北五十里，西南至滎陽縣三十里，河陰舊城在縣東，即唐縣也。則西南至汜水當在七十里以上，是汜水東行，若取道滎澤至鄭州，當在一百三十里以上，非元和志、寰宇記所記鄭州西至東都二百八十里，汴州西至東都四百二十里之道也。

滎陽縣諸故蹟　史記 殷本紀，帝仲丁遷于隞。正義引括地志，「滎陽故城在鄭州 滎澤縣西南十七里。殷時敖地。」賀次君括地志輯本[四二]卷三云，詩地理考卷三敖條引括地志，「敖地」下有「周時名北制，在敖山之陽」十字。按滎澤縣在滎陽縣東北。其他京 索故蹟皆見元和志八鄭州 滎陽縣目，參寰宇記九同目。按舊史七四唐書 朱守殷傳，明宗 天成初，爲汴州節度使。明宗東巡汴州，至京水，[5] 守殷叛。是渡京水之具體史例。滎陽東行渡索水、京水，又參看濟水注及水經注圖南五卷西二頁。

等慈寺　見元和志河南府 汜水縣目。云「在縣東七里。王師既破建德，詔於戰所起寺立碑，紀功焉，令顏師古爲碑文。」寰宇記五二，同。按此碑仍存，碑文見金石萃編四二。碑云，「冠蓋往來，趣玉門而隱軫，……信康莊之都會。」寺在縣東，正在東通滎陽道上也。

須水驛　前述五代君主來往洛 汴間。晉 天福六年，【四三】帝東巡，四月癸未朔離滎陽至須水食，是日至鄭州。又通鑑二七六後唐 明宗 天成四年，二月甲子帝發大梁，丁卯宰相崔協卒於須水。又鄭剛中西征道里記，五日宿鄭州。六日，侯家莊，須水鎮，宿滎陽縣。是須水在滎陽縣、鄭州間大道上。考舊史五八唐書 崔協傳，從明宗還京，卒於須水驛。是其地置驛。又按舊唐志，鄭州目，武德四年置須水縣，貞觀元年廢。又九域志一鄭州滎陽縣有須水鎮。是前曾置縣，北宋見爲鎮，蓋重要地。一統志開封府卷關隘目，須水鎮在滎陽縣東四十里，有須水橋爲邑民走集處。又山川目，須河在滎陽縣東四十里，鄭州西二十里。則其地在州縣間，濱臨須水也。

楚 漢 鴻溝　通典一七七鄭州 滎陽縣，「鴻溝在縣西，即楚 漢分界【四四】之所。」寰宇記九，同。鄭剛中西征道里記，六日宿滎陽縣。七日洪溝店，「道旁隸三大字曰漢 洪溝。今雖草莽間似有長坎，然必非楚與漢畫者。」【四五】

管城縣本周封管叔之國，隋 開皇十六年置縣。鄭當東方通兩京大路，使車旁午。縣置驛，蓋名管城，本在城內，大和二年，以傳車通夕，四門不禁，難期警備，故移驛置城西，規制甚壯，劉禹錫有新驛記。

---

[5] 本作涼水，校點本據通鑑改京水。檢新史五一朱守殷傳亦作京水。又范延光傳，明宗至滎陽，守殷反。正即此京水所在。

管城沿革見元和志八、寰宇記九鄭州 管城縣目。圓仁入唐行記四，稱鄭州當兩京大路。考李商隱爲舍人絳郡公上李相公啓（全唐文七七七）云，「鄭之爲地，……孔道所因，使車旁午；送迎或闕，則怨讟流詞；館餼稍乖，則職司貽辱。」劉禹錫管城新驛記[四六]云：「大和二年閏三月，滎陽守（楊）歸厚上言，臣治所直天下大逵，肘武牢而咽東夏，誰何宜謹，啓閉宜度。先是驛於城中，驛遽不時，四門牡鍵，通夕弗禁，請更於外隧，永永便安。制曰可。」下文述新驛之規制極詳，不備錄。唐會要八六道路目，云「不〔本〕置在州城內，使命往來，出入非便。伏請准汝州例，〔移〕驛路於城西。勅旨，宜依。」具見鄭州東西交通繁忙。雞肋編云，有紀事詩曰：「東西只有一條街，……半夜三更有界牌。」正足爲鄭州交通之寫照，此亦自唐已然也。

縣西有永福湖。縣東有圃田澤，去縣三里。上承曹家陂，下至中牟縣西北七里處。周禮豫州藪也。渠水注云，「西限長城，東極官渡，北佩渠水（志作陂），東西四十許里（志作五十里），南北二十許里（志作二十六里），中有沙岡，上下二十四浦，津流徑通」，「水盛則北注，渠溢則南播。」又李氏陂在縣東四里，周迴十八里，亦名僕射陂，以魏 孝文賜李沖受名。天寶六載，更名廣仁池。[四七]

此條綱文，除圃田澤、永福湖外，皆據元和志八，寰宇記八[四八]鄭州 管城縣目書之。圃田澤亦見上目，參賀次君括地志輯校三鄭州目。水經注二二渠水注記之極詳。元和志鄭州 管城縣只云在縣東三里，但中牟縣目詳書之。寰宇記，同。今參酈注，爲綱文。新志，鄭州 管城縣亦載僕射陂，云「天寶六載更名廣仁池，禁漁採。」楊氏唐地理志圖繪於縣東南。理或然也。

永福湖見三水小牘卷上永福湖水條。

鄭州東經圃田約三十五里至白沙，又三十五里至中牟縣（今縣東六里）。

中牟縣當鄭 汴大道，見前述五代帝王行幸所引諸史料。新二〇八宦者 王守澄傳，「弟守涓，自徐州監軍召還，（賜）死於中牟。」亦其例。檢元和志鄭州 中牟縣，西至州七十里。

圃田、白沙者，鄭剛中西征道里記，六月四日宿中牟。五月白沙鎮，圃田，宿鄭州。檢九域志一開封府 中牟縣有白沙、圃田、萬勝三鎮。又一統志開封府卷關隘目，白沙鎮在中牟縣西三十里。紀要四七開封府 中牟縣萬勝鎮條，「白沙鎮在縣東三十七里。」祥符縣 朱仙鎮條，白沙鎮在城西三十里。皆誤。【四九】今圖鄭州、中牟之正中間仍有此鎮，即其地。考之唐籍，韓愈宣武節度使董公（晉）行狀（全唐文五六七），由東都留守，出爲宣武節度使，公「遂行，……及鄭州，……宿圃田。明日食中牟，……宿八角。明日……諸將至，遂逆以入（汴）。」又李紳到宣武三十韻小序（全唐詩八函一冊紳集三），七月十日至圃田，十二日到汴州。時在開成元年，由東都留守赴宣武任。是唐代早有圃田之名。又【五〇】考通鑑二一八至德元年，令狐潮圍張巡於雍丘。頃之，賊步騎七千餘眾屯白沙渦，巡夜襲，大破之。考異引張中丞傳，「六月九日，賊將瞿伯玉據圉城。十二日，賊屯白沙渦。十四日夜，巡擊【五一】破之。七月十二日，潮、伯玉至雍丘，又破之。」胡注引九域志白沙鎮爲說。按此注頗有問題。若果即九域志之白沙鎮，則此白沙鎮，唐史已見，在道上也。縱或白沙渦非此鎮，但白沙鎮自北宋至今長存不廢，相信唐 五代亦已當有之也。故書入綱文。復按一統志開封府卷古蹟目，中牟故城條引縣志，「故城在今縣東六里，明 天順中移今治。」紀要四七中牟縣 中牟舊城條，同。則白沙鎮於唐世當在中牟縣西三十六里，故西去鄭州、東去中牟，皆當約三十五里。

中牟北十二里有官渡城，名曹公臺（今縣東北），北臨汴渠，爲津渡處。渡汴而北至陽武，蓋通酸棗津之道也，即曹 袁 官渡之戰處。【五二】

通典一七七鄭州 中牟縣，「北十二里，有中牟臺，是爲官渡城，即曹公袁紹相持之所。」元和志鄭州 中牟縣，「官渡臺，俗號中牟臺，亦名曹公臺，在縣北十二里。曹操破袁紹於此。」寰宇記二開封府 中牟縣，同。又云「故基在河南，是爲官渡城。」復參後漢書九獻帝紀，建安五年，「曹操與袁紹戰於官度，紹敗走。」章懷注：「裴松之北征記曰，中牟臺下臨汴水，是爲官度，袁紹、曹操壘尚存焉。在今鄭州 中牟縣北。」此云下臨汴水，即汴水渡口也。檢水經注二二渠水注，「渠水又左逕陽武縣故城南，東爲官渡水。又逕曹太祖壘北。有高臺謂之官渡臺，渡在中牟，故世又謂之中牟臺。建安五年，太祖營官渡，袁紹保陽武。……合戰，（太祖）不利，紹進臨官渡，起土山地道以逼壘，公亦起高臺以捍之，即中牟臺也。今臺北土山猶在。」檢三國志 魏武紀，酈注敘事不誤。則官渡者，即汴渠渡口，南接中牟，北接陽武，蓋通酸棗津之道也。檢一統志開封府卷古蹟目，官渡城在中牟縣東北，紀要四七中牟縣同條作東北十二里。按唐 中牟縣在今縣東六里，則唐縣之北，正即今縣之東北也。

中牟又東約四十里至八角（鎮），又東經板橋店至汴州治所開封縣（今開封市）。板橋在州西二十里，蓋濱臨汴渠，爲汴城西行公私宴餞之所。

八角鎮　前引韓愈宣武節度使董公（晉）行狀（全唐文五六七），由鄭州東行經圃田、中牟，宿八角。明日，汴州諸將至，逆以入州。又通鑑二五六光啓元年，「十月癸丑，秦宗權敗朱全忠于八角。」胡注：「九域志，汴州 浚儀縣有八角鎮。」鄭剛中西征道里記，六月四日，由汴京西行，經「八角鎮，醋溝，宿中牟。」是此鎮在汴州西至中牟道中。按一統志開封府卷關隘目，八角鎮在祥符縣西南三十里。而紀要四七開封府 祥符縣，八角鎮在順天門外。按順天門爲汴州西面三門之南門，蓋門外三十里歟？中牟去開封七十里，故疑鎮去中牟四十里也。

板橋店　白居易板橋路（全唐詩七函四冊居易集一九），「梁苑城西二十里，一渠春水柳千條；若爲此路今重過，十五年前舊板橋。曾共玉顏橋上別，不知消息到今朝。」又李商隱有板橋曉別（全唐詩八函九冊商隱集二）云，「回望高城落曉河，長亭窗戶壓微波；水仙欲上鯉魚去，一夜芙蓉紅淚多。」似當與白詩爲一地。按梁苑，本指宋州 睢陽郡，水經注、通

典 州郡典及元和志、寰宇記所記漢 梁孝王園囿，一名竹園，一名兔園，皆云在宋州，可證，詳汴路篇宋州條。[五三]是此詩所言，似應在宋州西二十里有板橋也。然廣記二八六板橋三娘子條引河東記：「唐 汴州西有板橋店，店娃三娘子者……有舍數間，以鬻餐爲業，……多有驢畜，往來公私車乘有不逮者，輒賤其估以濟之，……故遠近行旅多歸之。元和中，……趙季和……過是宿焉。客有先至者六七人，皆據便榻……。」稱爲店，有客舍經營旅客食宿且賃驢者，即通典七所謂夾路列肆驛驢也（序言已引）。是板橋又在汴州之西。

按汴西板橋屢見唐史。舊一三四馬燧傳，燧與李忠臣會師平汴州 李靈曜之亂，知忠臣暴戾，以功讓之，不入汴城，「引軍退舍於板橋」。通鑑二二五大曆十一年紀云，燧「引軍西屯板橋。」又舊史 梁書 太祖紀，光啓三年，「賊（秦宗權）將張晊屯於北郊，秦賢屯版〔板〕橋，各有衆數萬，樹柵相連二十餘里。」通鑑二五七光啓三年，同，作板橋，是也。胡注：「據舊史，板橋在汴州城西。」由北郊至城西，連延二十餘里，正即此板橋店矣。然則板橋店在汴州城西二十里無疑。復考冊府一一四後晉 開運三年二月壬午，「帝辰時乘馬幸南莊，沿河射鴨子，向西至板橋沙灘，……巳時回至南莊。」正見在城西不遠。[五四]而王士正隴蜀餘聞（叢書集成本），「板橋在今中牟縣東十五里。」疑非故地。又紀要四七開封府 祥符縣，板橋在城西七里。一統志開封府卷津梁目，板橋在祥符縣北七里。皆引大曆十一年事，似亦非其地也。然此所見，皆在汴州西郊，無在宋州 梁苑者，故白詩云，「梁苑城西二十里」者，此梁苑實指汴州而言。又蔣伸授鄭朗汴州節度使制（全唐文七八八）云，「梁苑故都」。李紳拜宣武節度使（全唐詩八函一冊紳集三），[五五]「地嫌梁苑舊池臺」。到宣武三十韻，「七月趨梁苑，三年謝尹京」（同前），謂由河南尹東都留守遷宣武節度也。此梁苑亦指汴州而言。又劉寬夫汴州糾曹廳壁記（全唐文七四〇），「大梁當天下之要，……有梁園 兔苑之遺事。」是不但稱大梁爲梁園，且名曰兔苑矣。按梁孝王本都大梁（即唐之汴州），後徙睢陽，築梁園，曰梁苑、兔園，蓋因此傳譌以故都大梁爲梁苑耳。

隋 汴州城在通濟渠北兩三里，渠以大業元年引黃河及汴水爲之，以通江淮漕運。唐 建中年間，築羅城，城區為之擴大。五代多都汴州，建為開封府，羅城亦屢經擴建，汴渠乃經城中而過，故王文正云，「渠水貫都東下」也。

隋志，滎陽郡 浚儀縣有通濟渠。通典一七七汴州，「有通濟渠，隋 煬帝開，引黃河水以通江 淮漕運，兼引汴水，即浪宕渠也。浪宕與蒗【五六】蕩同。」寰宇記一開封府 開封縣，「通濟渠在縣南三（一作二）里。隋 大業元年以汴水迂曲，迴復稍難，自大梁城西南鑿渠引汴水入，號通濟渠。」元和志七河南府 浚儀縣，「琵琶溝水西自中牟縣界流入通濟渠，[6]隋 煬帝欲幸江都，自大梁城西南鑿渠引汴水，即蒗宕渠也。」三書稍有出入，可互證。據上引寰宇記開封縣目，煬帝開渠在城南二三里。然同書開封府目又云，「通濟渠，即煬帝所開，以通江 淮漕運，經中而過。」則渠又經城中而過。檢宋史 地理志，東京新城周迴五十里百六十五步。「汴河上水門，南曰大通，北曰宣澤；汴河下，南曰上善，北曰通津。」則汴河貫經城中也。觀成尋參天台五臺山記卷四，汴河亦經城中。按汴州城自隋至宋初，屢經擴建，如寰宇記開封府目，「建中時築羅城。」五代會要二六城郭目，「周 廣順二年正月，詔開封府修補京師羅城。」顯德二年四月詔曰，「將便公私，須廣都邑，宜令所司於京城四面，別築羅城。」本注：「至三年正月，發畿內（略）丁夫十餘萬，築新羅城。」至此已較隋城擴大甚多矣。意者始開通濟渠時，經汴州城南兩三里處，其後屢次擴大城區，至五代末，汴渠轉已經城中而過，故寰宇記云然。【五七】故王文正筆錄云，「自天子建都，而汴水貫都東下。」【五八】

唐代汴州城郭下置浚儀、開封兩縣。開封治所在城內，蓋東城，管東界；浚儀治所亦在城內，蓋西城，管西界。至於戰國 魏都大梁故城為秦軍所灌毀者，則在城西近處，戰國 秦 漢 開封故城則在汴城之南五十里處。

---

6 一般在「渠」字斷句，疑當在「入」字斷句。

大梁故城　漢地志，陳留郡 浚儀縣，「故大梁。魏惠王自安邑徙都此。」【五九】通典一七七汴州，「魏惠王自安邑徙居大梁，即今浚儀縣也。」元和志汴州目，同。寰宇記開封府目，「魏惠王自安邑徙都大梁，即今西面浚儀縣故城是也。」案下文浚儀縣目，「古浚儀城二，一在縣東三十里，一在縣北四里。」不云縣西。疑即縣北四里者，若「北」字不誤，於州城仍得謂之西面也。

郭下兩縣及開封故城　元和志七汴州 開封縣，「郭下。理東界。本漢舊縣。」「隋 開皇六年復置開封縣，……貞觀元年廢。延和元年，於城內別置開封縣，管東界。」寰宇記一開封府 開封縣，「本漢縣，……今縣西十五里開封古城，是漢理所。」「貞觀元年，併入浚儀。延和元年，又析浚儀，於州城內別置今縣。管東界。」下文又有一條云，「開封故城在縣西十五里，鄭莊公所築。」疑元和志有脫文。元和志汴州 浚儀縣，「郭下。理西界。本漢舊縣，……故大梁也。魏惠王自安邑徙此，因浚水爲名。後魏於此置梁州，周 宣帝改爲汴州。」寰宇記開封府 浚儀縣，「今居郭內開封故城，即今爲理之所也。」又云「古浚儀城二，一在縣東三十里，一在縣北四里。」是唐 浚儀亦非故地。而據此條，開封故城亦在郭內，與城西十五者又不同。

就上文引寰宇記言，開封故城在唐 開封縣（即今市）西十五里，亦可能即唐 汴城西境。而紀要四七開封府 祥符縣目，開封廢縣在府南五十里。一統志開封府卷古蹟目，開封故城在祥符縣南五十里。是實相同。就史料記錄時代先後論其價值，當從寰宇記。然水經注二二渠水注云：

「渠水……又東逕大梁城南，……竹書紀年，梁 惠成王六年四月甲寅，徙都于大梁，是也。……其水更南流，逕梁王 吹臺東，……又謂之繁臺城。渠水于此有陰溝 鴻溝之稱焉。……渠水右與汜水合。水上承役水于苑陵縣，……汜水又東逕大梁亭南，又東逕梁臺南，東注渠。渠水又東南流，逕開封縣，睢 渙二水出焉。右則新溝注之。其水出逢池。池上承役水于苑陵縣（今新鄭東北約四十里），別爲魯溝水，東南流逕開封縣故城北，漢 高祖……封陶舍爲侯國也。……魯溝……東南入百尺陂，即古之逢澤也。……其水東北流爲新溝，新溝又東北流……注渠。」

按元和志開封縣，梁王吹臺在縣東南六里。寰宇記作縣南五里。詳觀上段引文，開封縣在大梁城之南頗遠。前考大梁故城即在唐汴州西城，或城西北四里處。則開封故城必不在城西，故寰宇記謂開封故城在唐開封城西十五里者必誤無疑。疑今本「十五」當爲「五十」之乙譌，又譌「南」爲「西」也。明清志書作「南五十里」者，蓋承傳古代志書之文，反爲不誤矣。【六〇】

渠水注云，大梁城「其國多池沼。」按梁地平衍下濕，古代陂澤固甚多。其著者如沙海，如逢澤，如牧澤。沙海在大梁故城西北蓋十二里，殆爲戰國時代魏國君臣常所休閒集議大事處。隋文帝復引汴水注之，以習舟伐陳。唐已涸。逢澤在大梁故城之南蓋二十里以上，迤邐西南至尉氏（今縣）北郊，長殆六七十里，名顯史册，即秦孝公稱霸，使公子少官帥師會諸侯朝天子處。唐名蓬池，天寶中更名福源池，禁漁採。牧澤在大梁故城東南數里處。舊方十五里，亦謂之蒲關澤。右有梁孝王吹臺，亦謂之繁臺，繁蒲音近，唐末五代猶見存。但不見牧澤之名，蓋已淤涸。

沙海　元和志開封縣，「沙海在縣北二里，戰國策，齊欲發卒取周九鼎。顏率說曰，大梁之君臣欲得九鼎，謀於沙海之上，爲日久矣。即謂此也。隋文疏鑿舊跡，引汴水注之以習舟師，以伐陳。陳平之後，立碑其側，以紀功焉。今無水。」寰宇記，同；惟云「在縣西北十二里。」紀要四七開封府祥符縣即據元和志、寰宇記書之，亦云「府城西北十二里。」一統志開封府山川目，引舊志亦作十二里。疑元和志脫「十」字。

蓬池　元和志汴州開封縣，「逢澤在縣東北十四里。今號蓬池，左傳【六一】所謂逢澤也。」[7] 寰宇記開封縣，同；又云天寶六年改爲福源地〔池〕。新志汴州開封縣，「有福源池，本蓬池，天寶六載更名，禁漁採。」此云逢澤在開封東北十四里。然史記秦本紀，孝公「十九年，天子致伯。二十

7 逢澤本作蓬澤，據校記改。【六二】

年，諸侯畢賀。秦使公子少官率師會諸侯逢澤，朝天子。」集解引徐廣曰，「開封東北有逢澤。」正義引括地志曰：「逢澤亦名逢池，在汴州浚儀縣東南十四里。」徐廣說，方位與元和志、寰宇記同，而括地志獨異。考漢地志河南郡開封縣，「逢池在東北。或曰宋之逢澤也。」續郡國志河南尹開封縣劉昭注：「左傳，哀十四年，逢澤有介麇。杜預曰在縣東北。……徐廣曰逢池也。」故疑東北十四里爲正。然上文論唐前開封故城，實在唐開封縣城之南五十里，則漢志、杜預、徐廣云澤在開封縣東北者，乃就唐以前故城言，唐開封縣已北移五十里；而元和志、寰宇記仍直錄舊志原文，未及釐正耳。實則池澤當在唐縣之南，括地志作東南十四里者，或反正確。然亦爲「十四里」，仍疑括地志本作「東北」，後乃譌爲「東南」，故不敢據謂池澤在唐開封縣之東南十四里也。

據上考論，逢澤、逢池在唐以前開封故城（唐迄今開封南五十里）東北十四里，即當在汴州（浚儀、開封）之南。一統志開封府山川目，古逢澤在祥符縣南。紀要四七開封府浚儀縣目蓬澤條，作縣南二十四里。【六三】又漢志王氏補注引舊志作二十里，或當可能。據前引渠水注，逢澤亦當在唐汴州今開封市西南頗遠也。復考寰宇記開封府尉氏縣又云，「蓬池在縣北五里。按述征記曰，大梁西南九十里尉氏有蓬池。阮籍詩云，徘徊蓬池上，回首望大梁。即此是也。」據元和志、寰宇記，尉氏在汴州南一百里，即今尉氏縣治，則此澤池蓋狹長，南北殆六七十里，故自古爲大梁開封以南之名地也。其歷史故實，詳紀要四七開封府浚儀縣蓬陂條及漢地志河南郡開封縣王氏補注。

牧澤、吹臺　水經注二二渠水注：「渠水又北曲，【六四】分爲二水，續述征記曰，汳沙到浚儀而分也。汳東注，沙南流，其水（沙）更南流，逕梁王吹臺東。陳留風俗傳曰，縣有倉頡師曠城，上有列仙之吹臺。北有牧澤，澤中出蘭蒲，上多儁髦（趙上改土）衿帶。牧澤方十五里，俗謂之蒲關澤，……梁王增築，以爲吹臺，城隍夷滅，略存故跡。今層臺孤立于牧澤之右矣。」下述臺基形制甚詳，因乞活憑居，「世謂之乞活臺，又謂之繁臺城。」元和志汴州開封縣，「梁王吹臺在縣東南六里，俗號繁臺。」寰宇記作縣南五里，「其後有繁氏居其側，里人乃以姓呼之。」按渠水注，王校引趙釋，據日知錄，繁古音蒲。則繁臺仍與蒲關澤音相一致。

此臺至唐末仍見在，通鑑二五五中和四年，「尙讓以驍騎五千進逼大梁，至于繁臺。」是也。寰宇記又云，「朱梁開平二年，改繁臺爲講武臺，此即吹臺也。」但史冊所見，仍曰繁臺，如通鑑二八七後漢天福十二年（947），「契丹留幽州兵千五百戍大梁，帝（漢劉知遠）入大梁，……盡殺之於繁臺之下。」然牧澤之名迄未一見，蓋唐世已淤涸。

汴州爲東方半壁山河之交通樞紐，舟車輻湊，故自隋已見爲東方繁會之地，唐代盛時，爲黃河大平原中之第一大都市，是以兩都交通之大路驛向東伸延至此也。隋書地志，河南郡浚儀縣【六五】有關官，以譏出入。唐則天下久歸一統，東方關防多已撤除，無內外之禁，況汴郊地平衍，無險塞，舟車繁會，亦無以禁之也。而建置館驛則甚多。今考唐五代汴州城內外，先後見史之館驛，有上源驛，在西城，唐代前期已置，天寶十一年以其隘陋頹朽，不足應交通之盛繁，故擴建新驛，高適有記。至唐末朱全忠欲害李克用於此驛，其名始大著史册。朱梁都大梁，又更名爲都亭驛。有垣陽驛，在城南，開元二十六年已見史。有大梁驛，靈一或清江有詩。有臨汴驛，姚嵘有詩。有懷信驛，後周世宗建，以待江南二使。有赤倉驛，亦後周世宗建，旋更名通吳驛。有班荊館，後晉天福二年見，在城郊，一云景陽門外，一云封邱門外。共凡六驛一館。至少前四驛爲唐置。唐代州城內外館驛可考者，除兩京外，惟汴爲多矣。【六六】

汴州在隋代及唐盛時之繁榮情況，略見於隋書令狐熙傳及杜甫遣懷詩，已引見篇四五太行東麓南北走廊驛道（第五卷）。其諸館驛略考如下：

垣陽驛　唐會要七〇州縣改置目上・河南道，「鄭縣，開元二十六年三月二十四日，復汴州南垣陽驛置。」舊志亳州鄭縣，「開元二十六年移於汴城垣陽驛置。」寰宇記一二亳州鄭縣，「唐開元二十六年移于大梁南垣陽鐸〔驛〕以置之。」文海影本作「二年六月」誤，又奪「垣」字。【六七】是汴州城南有此驛，爲州驛名之最早見史者。

上源驛　舊唐 僖宗紀，中和四年五月，李克用破黃巢。「甲戌次汴州，節度使朱全忠館克用於上源驛。……是夜置酒郵舍，克用既醉，全忠以兵圍驛，縱火燒之。」新二一八沙陀傳述此事云，「克用留兵於郊，入舍上源館。」又新五代史一四唐家人傳，「太祖（克用）……還軍過梁，館于封禪寺。梁王邀太祖入城，置酒上源驛。」按此事經過，通鑑二五五中和四年紀述之最詳。是驛在城內。據新五代史一梁太祖紀，封禪寺在北郊，此驛蓋亦在城內之北部歟？又舊五代史三梁太祖紀，開平元年，「四月，唐帝御札勅宰臣張文蔚等備法駕奉迎梁朝。……（文蔚）離鄭州。丙辰，達上源驛。」即唐 天祐四年也。新史三五唐六臣傳述此事云，「四月甲子，文蔚等自上源驛奉寶冊，[六八]……朝梁于金祥殿。」通鑑二六六後梁 開平元年，同。想此驛為汴州城內之大驛。

此驛因上述兩事，大顯史冊，事皆在唐末。但其建置則極早。考高適有陳留郡上源新驛記（全唐文三五七）云，陳留太守元公為河南連帥之三歲，壬辰年，以舊驛卑狹，大而新之。按壬辰為天寶十一載，則舊驛之創置久矣。又云浚儀令裴勝董其事，則驛在汴州西城，經此次改建，規制已甚大。

又舊史七九晉書 高祖紀，天福五年八月「戊子，改東京 上源驛為都亭驛。」冊府一四都邑二作九月戊子。五代會要二六館驛目作五年九月。亦見此驛於汴城內為最大。自後史冊所記，皆作都亭驛，見舊史一三一周書孫晟傳、新史三三死事 孫晟傳。玉海一七二宋 都亭驛條，謂上源所改之都亭驛「在光化坊，舊制待河西蕃部，其後專館契丹使。」樓鑰北行日錄上，述金國 南京（即宋 開封府）事云，「入都亭驛，五代 上元〔源〕驛基，本朝以待遼使，猶是古屋。」[六九]是此驛至金仍見在。

玉海同卷又有祥符 都亭西驛條，「舊曰上源西驛，在惠寧西坊，掌河西藩[七〇]部貢奉，祥符元年改今名。」按上源為唐 五代舊名，此云上源西驛，似晉 天福五年以前已見在。是有兩上源驛也。然上述上源驛已在西城，何以又有上源西驛？且下引同書同卷懷遠驛條，宋之都亭驛乃由懷信驛改名，地在城東，非唐末以來之上源驛，晉改名為都亭驛者，疑西驛即故上源驛也。

大梁驛　靈一有同使君宿大梁驛詩，又清江有喜皇甫大夫同宿大梁驛詩，皆載全唐詩十二函第一冊。按此二詩只有數字之異，檢全詩清江小傳，「大曆 貞元間，與清晝齊名」；靈一亦中葉人。則不論爲何人之詩，皆見爲唐中葉之驛也。

臨汴驛　姚嶸有題大梁臨汴驛詩（全唐詩十二函八冊諧謔二）。某君簽云，出雲溪友議。

懷信驛　舊五代史一一八周書 世宗紀，顯德五年五月「辛丑，幸懷信驛。」冊府一一四，同。五代會要二六館驛目，「（顯德）五年五月，以城東新驛爲懷信驛，待江南二使也。」宋會要 方域一〇之一三驛傳雜錄，「（開寶）七年六月，以知制誥李穆監懷信驛事。太宗 太平興國二年八月四（日），詔改懷信驛爲都亭驛。先是，周 世宗初平淮甸，江南國主李景稱蕃，置是驛以館其來使。至是以江左平定，故改。」玉海一七二懷信驛【七一】條云，「初，周 世宗 顯德五年，【七二】江南稱藩，城東置懷信驛，以待其使。辛丑幸。皇朝興國二年八月四日，改爲都亭驛，以領【七三】契丹使。」是驛在城東，爲周末所置，宋改爲都亭驛者，與前上源驛所改者有別。

赤倉驛　五代會要二六館驛目，「顯德四年四月，改赤倉驛爲通吳驛。初，世宗始議圖南，命於赤倉置驛。至是以其名識之。」玉海一七二懷遠驛條有「顯德」至「通吳驛」十四字。【七四】

班荆館　舊五代史一一一周太祖紀二，廣順元年八月乙未，幸班荆館。冊府一一四，同。又舊五代史九五晉書二一白進奉傳，【七五】「范延光據鄴爲亂」，奉進北屯滑臺，軍士執滑州刺史符彥饒送京師，「戮于班荆館北。」按范延光反，在後晉 天福二年。檢通鑑二八一天福二年，符彥饒被執，送大梁，斬於班荆館。胡注：「左傳，楚 伍舉與聲子相善，伍舉出奔，聲子遇於鄭郊，班荆相與食而言。杜預注曰，班，布也；布荆坐地共議。以班荆名館，取諸此也。此館必在汴州郊外。」是也。是五代中期已見有此館，創建必更早。復考玉海一七二宋 都亭驛條，先述晉改上源驛爲都亭驛，在光化坊。續云：「又景陽門外有班荆館，爲近〔迎〕餞【七六】之所，隸北驛。」北驛不明，疑「北」可能爲「此」之譌。又夢華錄六元旦朝會條都亭驛，注引王明清玉照新志四，「陳橋在京師陳橋、封丘二門之間，唐爲上源驛。【七七】……後來以陳橋驛爲班荊館，爲虜使迎餞之所。」又引周城宋東京考十一，「班荊館在封邱門外之東，即陳橋驛，改以待番使之所。」按陳橋驛在汴州城北四十里，近封丘縣，詳篇四五太行東麓南北走廊驛道（卷五，頁1524），此云陳橋驛改名班荊館，蓋誤。又兩處所記地望亦不同，待考。

一九八六年六月十二日起草，七月十五日初稿；

一九八七年五月七日增訂。

【校記】

【一】案原稿及抄本「東方」下有「東南、東北」字樣，但原稿其後刪去此四字，抄本未刪。東方可該東南、東北，且目文中有「汴州在東方都市中之地位」及「汴州在東方交通中之地位」二節，則原稿刪之是也。

【二】案「爲」，隋書（北京：中華書局點校本，1973年版。以下簡稱「點校本隋書」）卷五六令狐熙傳作「有」（頁1386）；清 乾隆 武英殿本（臺北：藝文印書館影印，1956年版。以下簡稱「殿本」）熙傳（頁686下），同。

【三】案點校本隋書 令狐熙傳「刺史」前有「汴州」二字（頁1386）；殿本（頁686下），同。

【四】案「置」，點校本隋書作「星」（頁1386）；殿本（頁686下），同。

【五】案「圖考」疑爲「壁記」之筆誤。

【六】案「汴」，小野勝年入唐求法巡禮行記の研究第四卷（東京：鈴木學術財團，1969年版。以下簡稱「小野氏研究四」）會昌五年（845）五月十三日條，作「州」（頁137）；又顧承甫、何泉達點校之入唐求法巡禮行記（上海：上海古籍出版社，1986年版。以下簡稱「點校本行記」），「汴」作「州」（頁185）；又白化文、李鼎霞、許德楠修訂校註之入唐求法巡禮行記校註（石家莊：花山文藝出版社，1992年版。以下簡稱「校註本」），「汴」亦作「州」（頁464）。

【七】案抄本此條左旁，嚴師以鉛筆批示：「按往程取汴渠路。」

【八】案原稿及抄本皆作「堰師」。檢舊五代史（北京：中華書局點校本，1976年版。以下簡稱「點校本舊五代史」）卷四〇明宗紀六，作「偃師」（頁548）；清 乾隆 武英殿本（臺北：藝文印書館影印，1956年版）明宗紀（頁290下），同。

【九】案此條係原稿新增，抄本無。「通濟渠篇」，乃嚴師初時之構思（參本卷整理弁言），其後因撰寫通濟渠之篇幅大增，擬作專著另行發表，曰隋唐通濟渠考，參嚴耕望，隋唐通濟渠在交通上之功能・序言（載香港中文大學文化研究所學報第21卷〔1990年〕，頁35）。

【一〇】案檢史記（北京：中華書局點校本，1959年版。以下簡稱「點校本史記」）卷七項羽本紀 正義，作「周公所築，即成周城也。」（頁318）；清 乾隆 武英殿本（臺北：藝文印書館影印，1956年版）卷七（頁151下），同。

【一一】案河南府 洛陽縣在紀要卷四八（見讀史方輿紀要〔北京：中華書局據國學基本叢書本重印，1955年版。以下簡稱「國基本紀要」〕卷四八，頁2041），此處作「四七」，疑筆誤。

【一二】案檢資治通鑑（北京：中華書局點校本，1956年版。以下簡稱「點校本通鑑」）卷一八四，胡注「蓋」後有「即」字，「園」後有「也」字（頁5740）。

【一三】案「水南即馬市石橋」乃嚴師概括之言，穀水注原文爲：「水南即馬市也，……又東逕馬市石橋。」參水經注疏（段熙仲點校、陳橋驛復校，南京：江蘇古籍出版社，1989年版。以下簡稱「點校本水經注疏」）卷一六穀水注（頁1402-1403）。

【一四】案「轉曲而東注鴻池陂」係嚴師概括言之，非酈注原文。穀水注原文爲：「穀水又東，南轉，屈而東注，謂之阮曲，云阮嗣宗之故居也。穀水又東注鴻池陂。」（此處斷句，蓋據點校本水經注疏〔頁1436〕；參楊守敬水經注圖・洛陽城圖。）

【一五】案「壘」，永樂大典本水經注（北京：文學古籍刊行社影印，1955年版。以下簡稱「大典本」）作「累」（頁317）；趙一清水經注釋（清乾隆五十九年（1794）小山堂雕本，臺北：華文書局股份有限公司影印，1970年版）作「纍」（頁928）；戴震校殿本水經注（陳橋驛點校，上海：上海古籍出版社，1990年版。以下簡稱「點校殿本水經注」）亦作「纍」（頁335）。

【一六】案「且」疑爲「可」之筆誤。

【一七】案檢日本 大正版大藏經（臺北：中華佛教文化館大藏經委員會影印，1957年版。以下簡稱「大正藏本」）卷五〇史傳部二續高僧傳（No. 2060），釋轉明傳在卷二五，其校記云，宋本、元本作卷二六（頁643）。嚴師此處作卷二六，疑非據大正藏本。

【一八】案原稿及抄本皆作「鄾師縣」。檢畿輔叢書刻本元和郡縣圖志（臺北：藝文印書館影印，1965年版。以下簡稱「畿輔叢書本元和志」）卷五河南府，作「偃師縣」（葉四）；又點校本元和郡縣圖志（賀次君點校，北京：中華書局，1983年版。以下簡稱「點校本元和志」）卷五河南府（頁132），同。

【一九】案抄本此句下嚴師新增「按水經注……」一條史料，結尾亦有「然則尸鄉故地，確然可指矣。」之語，疑新增史料時未刪此句，故與下文重複。

【二〇】案陳橋驛點校之殿本水經注，此兩句作：「其澤，野負原夾，郭多墳隴焉」（頁336）；陳氏如斯斷句，其義難通。陳氏水經注校釋（杭州：杭州大學出版社，1999年版），此兩句又點作：「其澤，野負原，夾郭多墳隴焉」（頁299）；「其澤，野負原」亦不辭。段熙仲點校之水經注疏，此兩句作：「其澤野負原，夾郭多墳隴焉」（頁1440）；與嚴師此處之斷句同。檢大典本水經注，此兩句作：「其澤野負原夾郭。多墳壠焉。」（頁317）與嚴師及段氏之斷句異。細審酈注，「負原夾郭」乃並列結構之短語（二者皆為動賓短語），「其澤野負原夾郭」，乃描述尸鄉四周之地理景觀，謂尸鄉之「澤」及「野」既「負原」又「夾郭」，其主語為「澤野」。「多墳隴（隴壠同）焉」，謂尸鄉城之澤野多墳隴也。若作「夾郭多墳隴焉」，則墳隴似在城郭之四周，與在城野上者有異。

【二一】案檢清 嘉慶八年（1803）萬廷蘭刻本太平寰宇記（臺北：文海出版社影印，1963年版。以下簡稱「萬刻本寰宇記」），河南府 偃師縣在卷五，其曲洛條：「穆天子傳曰」云云。本篇下文敘韋濟開驛路通孝義橋，亦引寰宇記五河南府 偃師縣，此處作「四」，蓋筆誤。

【二二】案此句原稿新增，抄本無。

【二三】案原稿及抄本皆作「北」，嚴師蓋據張編地圖集。檢張編地圖集・河南人文圖，孝義鎮正標示在洛水之上，嚴師遂以為鎮在水北，實則鎮在水之南；今中國地圖集之孝義鎮，皆在洛河之南（如中華人民共和國地圖集、中華人民共和國分省地圖集等皆然）。又據中華人民共和國地名詞典・河南省（北京：商務印書館，1993年版。以下簡稱「地名詞典・河南省」），1928年至1963年，鞏縣治站街鎮（即張編地圖集所治之鎮），1963年後即遷治孝義鎮。站街鎮在孝義鎮東北七公里洛河右岸，孝義鎮東北5.5公里洛河畔有老城，北魏前即爲縣治。隋 開皇十六年（596），縣治遷洛口村，在孝義鎮東北15.5公里洛河右岸，其地有興洛倉遺址（以上並見詞典頁41、42各分目）。嚴師下文謂孝義鎮在唐「鞏縣西南二十里」，則唐 鞏縣故城疑即在今孝義鎮東北15.5公里之洛口村。

【二四】案抄本第一頁前貼有嚴師手寫小紙張，上書：「孝義驛東至汴州，必要據成尋記五增補。p. 102-3」上文敘成尋自東京（唐 汴州）西行，中經中牟縣，有三異驛；鄭州有奉寧驛；滎陽縣有滎陽驛；鞏縣有上驛；則「增補」者，蓋指此諸驛歟？

復案，檢大日本佛教全書第27冊（東京：佛書刊行會，1917年版）內之參天台五臺山記，上述之中牟縣 三異驛、鄭州 奉寧驛、滎陽縣 滎陽驛、鞏縣 上驛，在頁82-83內（總頁碼爲402-403），時成尋自東京西行；其頁102（總頁碼爲422），則僅敘鄭州 奉寧驛、中牟縣，時成尋東旋。然則嚴師此條資料之「p. 102-3」，乃此本（大日本佛教全書第27冊）總頁碼402-3之筆誤，抑或別據另一版本歟？

【二五】案檢法苑珠林（大正藏卷五三事彙部上，No. 2122），「唐 孫迴璞」條在卷九四（頁979中－下）；此本珠林爲百卷本。若一百廿卷本法苑珠林（四部叢刊初編・子部，上海：商務印書館縮印明 萬曆刊本，1936年版），則孫迴璞條在卷一一三（頁1343下－1344下）。嚴師此處作卷九四，蓋據百卷本珠林。

【二六】案「還」，明 談愷刻本太平廣記（臺北：藝文印書館影印，1970年版）卷三一一蕭曠條作「遊」（葉一）；清 黃晟刻本（臺北：新興書局影印，1962年版）同卷同條（頁927下），同；又點校本太平廣記（北京：中華書局，1961年版）同卷同條，亦作「遊」（頁2459）。

【二七】案原稿及抄本俱作「洛州他橋」，惟檢王重民敦煌古籍敘錄（北京：商務印書館，1958年版）引羅振玉雪堂校刊群書敘錄卷下敘水部式（伯二五〇七）則云：「孝義橋所須竹䉛，配宣 饒等州造送，其洛水中橋竹（羅氏自注：此三字已不可見，參以他條，知是此三字。）䉛取河陽橋故退者充」（頁127）。是嚴師此處之「洛州他橋」，羅氏以爲乃洛水中橋。復檢黃永武新編之敦煌古籍敘錄新編（臺北：新文豐出版公司，1986年版）第七冊所附伯二五〇七號（案新編頁69-88每頁左右側「中縫」位置皆誤植作斯二五〇七號）原件照片（頁88），「其」字以下已漫漶（「洛」字僅存右半），疑羅氏說洛水中橋是也。

【二八】案孝義鎮在洛水之南，參上第【二三】條校記。

【二九】案原稿此段文字下，嚴師以鉛筆書：「洛陽 鞏縣間沿洛水多古代君王都居地，除」；第二行則書：「（此間暫空）」。

復案，檢地名詞典・河南省，黑石關「在鞏縣 孝義鎮西南6公里洛河兩側。東側稱東黑石關，屬孝義鎮。西側爲西黑石關，屬康店鄉。」（頁40）張編地圖集・河南人文圖之黑石關在洛河南，蓋即東黑石關。

【三〇】案原稿及抄本皆作「蘇源」，蓋漏寫「明」字。蘇源明，見新唐書卷二〇二文藝本傳。

【三一】案原稿及抄本皆作「三年」，「三」乃「四」之筆誤，同光四年由洛幸汴事已見上文引。

【三二】案此處「一統志」後疑漏寫「河南府卷」，瞿子峪見嘉慶重修一統志（上海 涵芬樓景印清史館藏進呈寫本，四部叢刊續編・史部，商務印書館，1934年版。以下簡稱「一統志」）卷二〇五河南府山川目。

【三三】案原稿及抄本皆作「板城渚」。檢一統志卷一八七開封府關隘目旋門關條，作「板域渚」，一統志之「域」乃「城」之誤，板城渚口，見水經注卷五河水注（參點校殿本水經注，頁92）。

【三四】案原稿及抄本皆作「五二」，疑筆誤。紀要五二爲陝西卷；旋門關，在紀要卷四七開封府 鄭州 汜水縣。

【三五】案萬刻本寰宇記卷五二孟州 汜水縣目，「孝靜」後有「帝」字（頁418下）。

【三六】案點校殿本水經注卷五河水注，此句「大坂」後有「者」字（頁90）；大典本（頁89），同。

【三七】案「補」，點校殿本水經注作「捕」（頁90）；大典本（頁89），同。此處作「補」，蓋筆誤。

【三八】案點校殿本水經注此句「之」後有「曰」字（頁91）；大典本（頁90），同。

【三九】案「洛汴東南通淮南水陸道」，又作「中原東南通江淮諸水陸道」，前者爲嚴師所擬篇陸拾之篇名，後者則見諸篇伍玖海岱地區南北交通兩道內。洛 汴東南通淮南之水道，其要者厥爲通濟渠，故有隋唐通濟渠考之作，參上第【九】條校記。

【四〇】案上文謂「蔡邕述行賦收入嚴可均全後漢文六九」，原稿原作「七四」，後嚴師改正作「六九」（並用紅色圓珠筆在原稿旁書「改」字，以圓圈圈之），此處仍作「七四」，蓋漏改。

【四一】案等慈寺在汜水縣東七里，下文之目文可證，此處作「西」，蓋筆誤。

【四二】案「輯本」乃「輯校」之筆誤。上文「汜水縣、虎牢關」條已引賀書，亦作「括地志輯校」。

【四三】案原稿及抄本皆作「六年」，上文引冊府一一四巡幸三及舊史 晉書 高祖紀二，乃二年事，此處「六」爲「二」之筆誤。

【四四】案「界」，校點本通典（北京：中華書局，1988年版）卷一七七鄭州 滎陽縣作「境」（頁4662）；萬刻本寰宇記卷九鄭州 滎陽縣 鴻溝條則作「界」（頁89上）；宋本太平寰宇記（北京：中華書局影印，2000年版。以下簡稱「宋本寰宇記」）卷九（頁53下），同。

【四五】案檢鄭剛中北山集（文淵閣四庫全書本，上海：上海古籍出版社影印，1987年版，第1138冊）卷一三西征道里記，「洪溝店」、「漢 洪溝」之「洪」，皆作「鴻」（頁142上），嚴師原稿用「洪」，或以洪鴻通。

【四六】案劉禹錫管城新驛記見全唐文卷六〇六，此處疑漏寫「全唐文六〇六」。

【四七】案抄本此條綱文旁，嚴師以鉛筆批示：「移入另篇　要改」。

【四八】案原稿及抄本俱作「八」，「八」當爲「九」之筆誤。鄭州 管城縣在寰宇記卷九，上段目文敘管城沿革，亦作「寰宇記九」。

【四九】案「皆誤」者，謂紀要所敘白沙鎮兩條資料，前者之方向誤，後者之里距誤。原稿及抄本在引紀要「白沙鎮在（中牟）縣東三十七里」後，原有「東爲西之誤」五字，原稿其後刪去，並增「祥符縣……皆誤」三句。

【五〇】案「又李紳到宣武三十韻小序……又」此條，係抄本新增。抄本此頁（頁16）並貼有小紙條，上有祖詠夕次圃田店資料，今錄之如下：「祖詠夕次圃田店（二函九冊）：『前路入鄭郊，尙經百餘里。馬煩時欲歇，客歸程未已。』」據原稿（頁33），本亦有引祖詠此詩，但原稿將圃田置於中牟以東（抄本已改正，參下第【五二】條校記）。今抄本已改，置圃田於中牟之西，但祖詠夕次圃田店詩則未補入綱文及目文內。

【五一】案「擊」，點校本通鑑作「襲」（頁6989），此處疑筆誤。

【五二】案綱文「中牟北十二里有官渡城」云云，抄本有鉛筆批示，謂「移入另文，此要改」。據上段目文引九域志，謂中牟縣有白沙、圃田、萬勝三鎮，前二者於目文中已言之，批示謂「此要改」者，疑改添萬勝鎮之資料。檢原稿（頁33），綱文「中牟北十二里有官渡城……」後之一段綱文，原作：「中牟又東至圃田店，祖詠有詩。宋置鎮。其北有萬勝鎮，濱臨汴水，當漕道，但似不當東通汴州城大驛道。……」其下之目文，即敘圃田店及萬勝鎮。蓋嚴師初以為圃田在中牟之東，後發覺其實在西（原稿頁33貼有一小紙條，乃韓愈宣武節度使董公（晉）行狀〔全唐文五六七〕有關圃田之資料，其下有批示「圃田當在中牟之西」），故其後於抄本中改正綱文，謂「鄭州東經圃田約三十五里至白沙，又三十五里至中牟縣。」又將韓愈此條有關圃田之資料添入目文以應。然萬勝鎮則尚未敘述。故於抄本「中牟北十二里有官渡城」一段綱文旁批示曰：「移入另文，此要改」。

復案，原稿（頁33）上引綱文：「中牟又東至圃田店，……其北有萬勝鎮」云云，其目文內已寫有萬勝鎮一段文字，今引錄如下：

「萬勝鎮　前引五代諸帝來往洛、汴間諸史料，就中舊五代史 唐莊宗紀，由洛陽幸汴，至萬勝鎮，感大勢已去，仍還洛。通鑑二七四後唐 明宗 天成元年，亦書此事，云帝至萬勝鎮，聞嗣源已據大梁，即命旋師。胡注，『萬勝鎮在中牟縣，東距大梁不過數十里。』又二四二長慶二年，李岕據宣武（汴州）叛，以義成（滑州）節度使韓充為宣武節度，充入汴境，軍于千塔，敗宣武兵於郭橋，進軍萬勝。舊史 梁書 太祖紀，光啓三年，『賊（秦宗權）將盧瑭領萬餘人於圃田北萬勝戍，夾汴水為營，跨河為梁，以扼運路。』新二二五下秦宗權傳，宗權將盧瑭『進屯萬勝，夾汴而柵，將梁以濟師。』通鑑二五七光啓三年書此事稍略。則萬勝鎮戍之名甚早，在圃田北，濱汴水。而在中牟境圃田之北，似不在東至汴州城之驛道上，五代君主東行，惟唐 莊宗至此，蓋有他故。」

【五三】案此處所謂「汴路篇」者，疑即嚴師原擬篇陸拾洛汴東南通淮南水陸道之陸道。

【五四】案「復考冊府……城西不遠。」據原稿增補，抄本無。

【五五】案檢全唐詩（揚州詩局刻本〔？〕，臺北：復興書局影印，1967年版）第八函第一冊李紳集三，詩題作「拜宣武軍節度使」（頁2912上）。此處疑省稱。

【五六】案「蒗」，校點本通典作「莨」（頁4663）。清 乾隆 武英殿本（上海：商務印書館影印，萬有文庫第二集十通第一種，1935年版。以下簡稱「殿本」）則作「筤」（頁941下）。

【五七】案「至五代末」及「故寰宇記云然」二句，據原稿增補，抄本無。

【五八】案「故王文正筆錄云」此條，係抄本新增者，原稿無。

【五九】案檢漢書（北京：中華書局點校本，1962年版。以下簡稱「點校本漢書」）卷二八上地理志，陳留郡 浚儀縣下本注，無「都」字（頁1559）。又王先謙漢書補注（清 光緒二十六年〔1900〕虛受堂刊本，臺北：藝文印書館影印，1956年版）此條（頁703上），同。

【六〇】案嚴師此條所考至確。檢清 乾隆五十八年（1793）化龍池藏版太平寰宇記（以下簡稱「化龍池版寰宇記」）卷一開封府 開封縣目，謂「今縣南五十里開封故城，是漢理所」（葉四）；而宋本寰宇記，正作：「今縣南五十里開封古城，是漢理所」（頁14下－15上）。是今本（萬刻本）里距與方位皆誤。

【六一】案「傳」，點校本元和志卷七汴州 開封縣目逢澤條作「氏」（頁176）；畿輔叢書本（卷七葉二），同。

【六二】案此處「據校記改」之「校記」，指點校本元和志卷七校勘記（頁191）。

【六三】案檢國基本紀要四七開封府 祥符縣目蓬陂條：「即蓬澤也，在縣東南二十四里。」（頁1976）原稿及抄本謂「開封府 浚儀縣目蓬澤條」，又謂「縣南二十四里」，或概括而言。下文「詳紀要四七開封府 浚儀縣 蓬陂條」，「浚儀縣」亦「祥符縣」之筆誤。

【六四】案「曲」，趙一清水經注釋卷二二渠水注作「屈」（頁1202）；點校殿本水經注（頁437）、大典本（頁414），並同。此處作「曲」，蓋筆誤。

【六五】案原稿及抄本皆作「河南郡」。檢隋書卷三〇地理志中，浚儀縣在滎陽郡。上文已引隋志，滎陽郡 浚儀縣有通濟渠，此處作「河南郡」，蓋筆誤。

【六六】案抄本此段綱文旁，嚴師以鉛筆批示：「當附見其軍政上之地位，看方鎮表。」

【六七】案檢文海影萬刻本寰宇記卷一二亳州 酇縣，謂「唐 開元二年六月移於大梁南陽驛以置之」（頁112上），誠如嚴師所言，作「『二年六月』誤，又奪『垣』字」，但「驛」字不誤。復檢化龍池版寰宇記同卷同目，正作：「唐 開元二十六年移于大梁南垣陽驛以置之」（葉一八）。

【六八】案「寶冊」，新五代史（北京：中華書局點校本，1974年版。以下簡稱「點校本新五代史」）卷三五唐六臣傳作「冊寶」（頁376）；清 乾隆 武英殿本五代史記（臺北：藝文印書館影印，1956年版）同卷（頁182上），同。

【六九】案「古屋」，知不足齋叢書本北行日錄（臺北：興中書局影印，1964年版）卷上乾道五年（1169）十二月九日條，作「故屋」（頁6137下）。

【七〇】案「藩」，元 至元六年（1340）慶元路儒學刊本玉海（臺北：華聯出版社影印，1964年版。以下簡稱「慶元路刊本玉海」）卷一七二祥符 都亭西驛條，作「蕃」（頁3263上）；清 光緒九年（1883）浙江書局刊本（〔南京〕江蘇古籍出版社、〔上海〕上海書店聯合出版影印，1987年版。以下簡稱「浙江書局刊本」）同卷同條，亦作「蕃」（頁3166上）。

【七一】案原稿及抄本皆作「懷信驛」，檢慶元路刊本玉海卷一七二，無「懷信驛」條，止有「景德 懷遠驛」條，云：「初，周 世宗 顯德五年五月，……以館契丹使。」（頁3263上 ）浙江書局刊本同卷同條（頁3166上），同。嚴師上文及下文已引玉海卷一七二懷遠驛條，此處作「懷信驛」，疑筆誤。

【七二】案慶元路刊本玉海卷一七二景德 懷遠驛條，「五年」後有「五月」二字（頁3263上）；浙江書局刊本同卷同條（頁3166上），同。又參上條校記。

【七三】案「領」，慶元路刊本玉海作「館」（頁3263上）；浙江書局刊本（頁3166上），同。又參上第【七一】條校記。

【七四】案慶元路刊本玉海卷一七二景德 懷遠驛條，本注但云：「四年四月，改赤倉驛爲通吳驛。」（頁3263上）凡十二字。浙江書局刊本同卷同條（頁3166上），同。

【七五】案檢舊五代史卷九五晉書二一，乃白奉進傳，此處蓋筆誤，下文引本傳，即作「奉進」。

【七六】案「近〔迎〕餞」，浙江書局刊本玉海卷一七二宋朝 都亭驛、班荆館條，作「近餞」（頁3165下）；而慶元路刊本同卷同條，則作「迎餞」（頁3262下）。

【七七】案檢鄧之誠東京夢華錄注（香港：商務印書館，1961年版），作「上元驛」（頁169）。

篇伍伍　洛南三關

長安居關中四塞之地；洛陽居伊 洛谷地，亦一小型四塞之地，故博物志謂「周在三河，四險之國也。」蓋北依邙山山脈，雖不甚高，但外有大河之限，亦爲險阻，南有伊闕、嵩山山脈，自西徂東，跨據數縣，爲洛陽南面之屏障。其北河之津渡，南山之陘口，遂成爲洛陽進出之交通要道與關防重地。張衡東京賦曰：「西阻九阿，東門于旋，盟津達其後，太谷通其前，迴行道乎伊闕，[1] 邪徑捷乎轘轅。」按九阿在新安（今縣），即指函谷關而言，當洛陽西入關中之孔道；旋門在成皐（今汜水），即虎牢關道之西端，當洛陽東通黃河大平原之孔道；盟津在洛陽東北，爲北通山西高原與河北平原之要津；太谷、伊闕、轘轅皆在洛陽南面之山脈中，爲通鄧、襄、許、蔡，南達江 漢、江 淮之道口，誠亦可謂四塞矣。

博物志文，見寰宇記三河南府目引。[一]
張賦見文選卷三。李善注：「穆天子傳曰，天子西升九阿。郭璞曰今新安縣十里有九阪。[二]阻，險也；阿，曲也。」按漢移函谷關於新安，地望與九阿相當，蓋即利此九曲之形勢。關詳篇二長安洛陽驛道。又薛綜注：「謂東有旋門，在成皐西南十數里，阪形周屈，故曰于旋。」按一統志開封府卷關隘目，旋門關「在汜水縣西南十里。」又引縣志，「自旋門而東至板域渚，[三]皆武牢關[四]之道。」餘詳篇五四洛陽鄭汴驛道。盟津道詳篇四洛陽太原驛道及篇四五太行東麓南北走廊驛道。

漢末靈帝 中平元年置八關都尉，以嚴洛陽之防禦。八關者，函谷、太

---

1 伊闕在漢代洛陽城之西南，故云迴行。

谷、廣成、伊闕、轘轅、旋門、孟津、小平津。廣成在伊闕南出之道中，小平津在孟津下游不過數里，爲其輔津，故此八關，實仍東京賦之六道也。

後漢書 靈帝紀，中平元年置八關都尉。列傳六一皇甫嵩傳，靈帝末，詔「自函谷、大谷、廣成、伊闕、轘轅、旋門、孟津、小平津諸關，並置都尉。」此即靈紀之八關也。廣成詳下文。小平津，別詳篇四六河陽以東黃河流程與津渡。

唐代洛陽四出諸道，惟西通關中驛道主線之最東一段乃取南線經永寧、宜陽，與漢道以北線新安 函谷關爲主者爲小異；其餘諸道，大要與漢相同。武后時張知泰「奏置東都諸關十七所，譏斂出入。」名稱雖不詳，要必包括以上所述漢世諸關道也。

永寧、宜陽道，詳篇二長安洛陽驛道。
知泰事見新一〇〇張知謇傳，下文云：「百姓驚駭，樵米踊貴，卒罷不用，議者羞薄之。」雖爲徵斂關卡稅而設，要亦見關口甚多。

此諸關道者，旋門、函谷、盟津、小平津四關及宜陽道乃洛陽東西北三面之要道，已別有考論，今就洛南屏障伊闕、嵩山山脈中之伊闕、太谷、轘轅三關道，略作考論。

洛南三關道，自西而東數之曰伊闕，曰太谷，曰轘轅，自昔並稱，曹植洛神賦曰，「背伊闕，越轘轅，經通谷，陵景山」，三道並舉者，非其行程歷經三道，乃並舉洛都南行諸道以示離京之意耳，故古稱三塗之險，或指謂此三道口矣。下文分別考論之。

曹植洛神賦（文選一九）云，「余從京域，言歸東藩，背伊闕，越轘轅，經通谷，陵景山。」按通谷即太谷，伊闕、通谷、轘轅三道口，自西而東，並列於洛南山脈中，一次行程只取一道，不會歷經三道，曹賦並舉三道，只見三道並稱，表離京之意；至於景山在偃師縣南二十里，在通轘轅道中，只取配韻耳。復考周本紀 集解徐廣引周書 度邑，武王曰，「吾將因有夏之居，[五]南望過于三塗。」伊水注亦引周書此語，下文為之說曰，「或言宜為轘轅、大谷、伊闕；皆為非也。」足見古人有以此三道並稱為三塗者。

一曰伊闕，亦稱龍門，偶稱禹門，一名鍾山。在洛陽城直南約二十里，於漢代洛陽為西南近四十里處，故張衡賦謂「迴行道乎伊闕」也。水經注云：「兩山相對，望之若闕，伊水歷其間北流，故謂之伊闕矣，春秋之闕塞也。」為自古洛陽南面之交通道口，軍防險阨，於三道中尤為衝要。

古籍述伊闕，以水經注一五伊水注最能寫狀其形勢，故綱文直錄之。元和志五河南府 伊闕縣目略同。

左傳五二昭二十六年「晉 知躒、趙鞅帥師納王，使女寬守闕塞。」杜注：「闕塞，洛陽西南伊闕口也。」此似為伊闕見史之始。史記 魏世家，吳起對武侯曰：「夏桀之居，左河、濟，右太華，伊闕在其南，羊腸在其北。」[六]此以伊闕為洛陽南面險阸之代表也。其後歷見史籍，紀要四八洛陽 伊闕山條[七]已有綜述，茲就通鑑所記最見交通要道、軍防形勢者除靈帝八關都尉外，再錄數條如次：

隋 煬帝 大業二年三月庚午，上發江都；四月庚戌，自伊闕陳法駕入東京。（卷一八〇）

大業九年，楊玄感反，攻東京城不下，「收兵得五萬餘人，分五千守慈磵道，五千守伊闕道。」（卷一八二）

唐 肅宗 乾元二年，李光弼論東京不能守之狀曰，「守之則氾水、崿嶺、龍門皆應置兵。」（卷二二一）

憲宗 元和十年，「時淮西兵犯東畿，防禦兵悉屯伊闕。」（卷二三九）

僖宗 乾符五年，黃巢攻葉、陽翟，「詔曾元裕將兵徑還東都，發義成兵三千守轘轅、伊闕、河陰、武牢。」（卷二五三）

此諸事皆足見伊闕爲自古交通軍防衝要之史證。故紀要云「宋祁曰，伊闕，洛陽南面之險也；自汝 潁北出，必道伊闕，其間山谷相連，阻阨可恃。」

其地望，史記 秦本紀，昭襄王十三年，白起攻韓 魏於伊闕，斬首二十四萬。正義引括地志：「伊闕在洛州南十九里。」楚世家頃襄王六年正義所引，同。故白氏遊龍門詩云「南出鼎門十八里」也（詳後引）。按元和志五河南府目，「其宮（洛陽宮）北據邙山，南直伊闕之口。」是在洛陽正南十八九里也。

紀要四八伊闕山條又引舊志，山之東曰香山，西曰龍門。按伊水注引傅毅反都賦曰：「因龍門以暢化，開伊闕以達聰。」是早在東漢初已有龍門之名。又御覽四二闕塞山條引洛陽記曰，「闕塞山在河南縣，……俗名龍門。」同書一五六京都下條引韋述兩京記曰，「初，隋煬帝登北邙，觀伊闕，顧曰：此龍門耶？」遂建新都（元和志五，寰宇記三，並同）。則龍門實統伊闕東西兩山而言。又白居易香山寺新修經藏堂記云，「龍門 香山寺」（全唐文六七六）；[八]修香山寺記，「龍門十寺，觀遊之勝，香山首焉。」（同上）則龍門得統水東之香山而言，無疑。蓋既稱爲門，即必兼東西兩山也。惟唐代既稱東山爲香山，即白居易所寓居者，分別言之，西山乃專龍門之名耳。又劉滄題龍門僧房（全唐詩九函六冊）云，「靜室遙臨伊水東」，「禹門山色度寒磬」。是亦伊水東稱龍門之一證，而龍門又有禹門之稱也。按伊水注，伊闕，「昔大禹疏以通水。」蓋水道險峻，若有疏鑿之功者，古人皆以爲禹蹟矣。又周本紀赧王三十四年，正義曰：「伊闕山今名鍾山。」是唐又有鍾山之名。

龍門險仄既爲交通之阻，暴雨季節亦易有雍塞之患，故歷代鑿拓，漸見平夷，今日能通汽車，殆非一日之功。

水經注一五伊水注云：

「伊水又北入伊闕。……闕左壁有石銘云，黃初四年（西元223）六月二十四日辛巳大出水，舉高四丈五尺，齊此已下。蓋記水之漲減也。右壁又有石銘云，元康五年（西元295），河南府君，循大禹之軌，部督郵辛曜、新城令王琨、部監作掾董猗 李褒斬岸開石，平通伊闕。石文尚存也。」

按此一段文字爲寶貴史料，說明兩事。其一，中國史上最佳之水紋[九]紀錄，見於石刻，而石刻水紋紀錄又以此條爲最早，至可寶貴。元和志五河南府 伊陽縣，伊水「多雨暴漲，諸峽束水之處，其高或七八丈。」下引酈注黃初四年石銘。足見伊水常見暴漲。考後漢書 安帝紀永初元年冬十月「辛酉，新城山泉水大出。」章懷注引東觀記，「突壞人田，水深三丈。」按伊闕即新城縣北境，故酈注錄元康五年石刻，新城令爲斬岸開石工程主持人之一，城在伊闕上游，是又一次大水也。又檢兩唐書 五行志，伊 洛兩水皆易暴漲，如開元十年「伊水泛漲，毀都城南龍門 天竺、奉先寺，壞羅郭東南角，平地水深六尺已上」（舊志）。二十九年「伊 洛及支川皆溢，害稼，……溺死千餘人」（新志）。咸通四年「東都暴水，自龍門毀定鼎、長夏等門」（新志）。皆其例。蓋洛陽西南山崇谷深，一遇暴雨便致塞谷成災也。爲期交通暢利，洪水暢流，故歷代不乏開鑿之功，上引酈注記西晉 元康五年「斬岸開石，平通伊闕」，即爲一例。白居易倡導開八節灘、九峭石事（詳下文），爲又一例。

再者伊闕 龍門不但逼近洛都，爲交通孔道，且爲洛都四郊山水之最勝境，加以石壁露峭，石質堅硬，爲理想之刻石造像處，北魏朝野佞佛，在代都時期已在近郊雲崗大規模雕造佛像，遷洛以後，更利用此龍門勝處繼續造像，大建梵宇。唐代承之，規劃更偉。龍門石窟，遂爲中國佛教石雕藝術史上不朽之勝蹟。

龍門山水　白居易修香山寺記，「洛都四野，山水之勝，龍門首焉。」（全唐文六七六）

石質　龍門兩山基本上屬于古生代寒武紀到奧陶紀之石灰岩，距今約五六億年，石質堅硬，宜于雕造。參看龍門石窟藝術第一章概說及中國地質科學院編中華人民共和國地質圖（1976年）。

龍門石刻，敘論者已多，茲不贅。伊水注記伊闕云：「東巖西嶺，並鐫石開軒，高甍架峰。」則當時不但雕石造像，且憑崖架峰之梵宇結構，必殊壯觀。

二曰太谷。此谷道，漢 魏至北朝時代屢見載籍，亦名通谷。隋 唐時代，在洛陽城東南五十里，於漢 魏 洛陽則爲正南，里距亦差近，故張衡賦謂「太谷通其前」，而伊闕、轘轅各偏西東也。太谷關在谷口內，今名水泉關，兩岸陡絕，山徑崎嶇，利於戍守。由關東南四十五里至潁陽縣（今潁陽鎮，在登封縣西南七十里）。潁陽蓋分兩道，其一東行蓋七十里至登封（今縣），接轘轅道。其一東南行約五六十里至汝州治所梁縣（今臨汝），接伊闕道。

張衡東京賦（文選三），「盟津達其後，太谷通其前。」薛綜注：「太谷在輔氏北，洛陽西也（西蓋南之誤）。洛陽記曰，太谷，洛城南五十里，舊名通谷。」又前引曹植洛神賦，「背伊闕，越轘轅，經通谷，陵景山。」李善注引華延洛陽記，與薛綜注所引者相同。皇甫嵩傳李賢注云大谷在洛陽東南。元和志五河南府 潁陽縣，「太谷口在縣西北二十五里（一統志引作三十五里）。【一〇】孫堅停兵太谷，距洛陽九十里，即此谷。」「太谷故關在縣西北四十五里，何進八關之一也。」寰宇記五，同；惟「二十五」作「三十五」，是也。又寰宇記三洛陽縣，「大谷在縣東五里。」下引孫堅事。而一統志河南府山川目引作「東南五十里」，是也。按潁陽縣西北至洛陽九十里，正合。一統志河南府卷古蹟目潁陽縣，金廢爲鎮；舊志，潁陽鎮在登封西南七十里。又山川目引舊志，大谷口即今之水泉口。又關隘目大谷關條引舊志，「今爲水泉關，兩岸陡絕，山徑崎嶇，可以戍守。」檢張編地圖集・河南人文圖，洛陽東南有水泉關（洛陽登封 伊川 偃師間，約E112°35'・N34°30'），又東南有潁陽鎮，方位里距亦合。

潁陽南通汝州者，按通典一七七汝州「西（脫北字）至河南府 伊闕縣，又北至府百八十里」。此汝州西北取伊闕關道也。下文又云：「去東京一百五十里。」此必較捷徑路。按潁陽縣在洛陽東南九十里，檢視今圖，潁陽鎮只在汝州西北約五六十里，汝州去東京百五十里者，蓋直北取潁陽、太谷道逕至洛陽也。三國志 吳書 孫堅傳，由南陽進軍，大敗董卓軍於梁縣境，「進軍大谷，拒洛九十里」，遂入洛陽。梁即唐之汝州，即此道也。又今潁陽鎮東至登封七十里，當亦古道也。是大谷道至潁陽分別與伊闕道、轘轅道相併合。

考北齊書二七破六韓常傳云：

「除洛州刺史。常啓世宗曰，常自鎮河陽以來，頻出闕口（疑當作闕口）、太谷二道，北荆已北（荆本作制，據標點本校勘記改），洛州以南，所有要害，頗所知悉，而太谷南口去荆路踰一百，經赤工坂，是賊往來【一一】東西大道，中間曠絕一百五十里，賊之糧餼，唯經此路。愚謂於彼選形勝之處，營築城戍，安置士馬，截其遠還，自然不能更有行送。世祖【一二】納其計，遣大司馬斛律金等築楊志、百家、呼延三鎮。」

按築三鎮事又見同書一七斛律金傳，云「於宜陽築」此三戍。檢魏書一〇六中地形志中，北荆州，領伊陽（治伏流城）、新城（治孔城）、汝北（最後治楊志塢）三郡，據楊氏地形志圖，地在今臨汝縣以西，伊陽、嵩縣地區。是在宜陽東南，故金傳云「於宜陽」也。復按斛律金傳，是時「侯景據潁川降於西魏」，西魏使其大都督李景和「欲從新城赴援侯景，……侯景之走南豫，西魏……王思政入據潁川。」故常傳謂賊往來東西大道也。

三曰轘轅。轘轅山在緱氏縣東南四十六里，縣在洛陽東南六十三里。故關城在山上。今有轘轅關，在偃師縣東南五十五里，鞏縣西南七十里，登封縣西北二十八里，即故關也。坂路險隘回旋，凡十二曲，將去復還，故以受名。

轘轅為洛陽東南重要關隘，自春秋以來常見史冊。紀要四八鞏縣 轘轅山條綜述史事最簡要，云：

「左傳襄二十一年，晉 欒盈奔楚過周，王使候出諸轘轅。戰國策，張儀曰，秦下兵三川，塞轘轅、緱氏之口。史記，沛公伐秦，南出轘轅。漢三年，從轘轅至陽城。……武帝時，淮南王 安謀反，欲塞轘轅、伊闕之道。建武九年，帝幸緱氏，登轘轅。靈帝時，爲河南八關之一。建安初，曹操奉獻帝遷許，從轘轅而東。晉 懷帝 永嘉二年，群盜王彌自許昌入轘轅，敗官軍於伊北，遂逼洛陽。……三年，……王彌……南出轘轅，掠豫 兗而東。四年，劉聰使其子粲犯洛陽。[一三]粲出轘轅，掠梁、陳、汝、潁間。五年，劉曜、石勒等陷洛陽。勒引兵出轘轅，屯許昌。後魏 永安二年，元顥入洛，敗於河橋，[一四]輕騎南走，自轘轅南出，至臨潁，爲人所殺。[一五]唐 武德二年，討王世充，王君廓攻轘轅，克之。……四年，王君廓與世充將單雄信相持於洛口，[一六]世民援之，至轘轅。……乾符元年，黃巢侵逼東都，詔發兵守轘轅、伊闕、河陰、武牢。」

其地望，左傳襄二十一年，杜注：「轘轅關在緱氏縣東南。」張衡東京賦（文選三），「迴行道乎伊闕，邪徑捷乎轘轅。」薛綜注：「轘轅坂十二曲，道將去復還，故曰轘轅。」史記 曹相國世家，正義引括地志：「轘轅故關在洛州 緱氏縣東南四十里。十三州志云轘轅道凡十二曲，是險道。」（括地志輯校三）元和志五河南府 緱氏縣，「轘轅山在縣東南四十六里。」即關所在。下文與杜注及薛綜注同。寰宇記五，同。皆就緱氏縣而指其方位。按元和志，緱氏縣西北至府六十三里。本古滑國，秦 漢爲縣，「大業十年移據公路澗西，憑岸爲城，即今縣是也。」寰宇記五，略同，而述前後遷徙甚詳。其遷據公路澗西下，復云「今近孝敬陵西置。」是宋初又曾遷徙。一統志河南府卷古蹟目詳引寰宇記，此句作「今迴向南近孝敬陵西置。」是在唐縣之南。一統志云偃師縣南二十里；又引偃師舊志，有故縣村，在今偃師縣西南十五里。今圖，偃師縣南有緱氏鎮，[一七]有汽車道。皆不知爲唐縣地抑宋縣地也。[一八]然元和志、寰宇記，偃師縣在府東北七十里，當時洛陽東南至緱氏六十三里，不經偃師也。

緱氏縣地望既約在今偃師南之緱氏鎮，則今圖之轘轅關即唐前故關地址無疑。又紀要四八登封縣，「轘轅關在轘轅山上。」山在縣西南七十里。又登封縣，「轘轅關在縣西北。縣與鞏縣以轘轅嶺爲界，置關於上。」一統志河南府卷山川目，轘轅山，引舊志，「山在偃師縣東南五十五里，鞏縣西南七十里，登封縣西北二十八里，當太室之西，少室之北，一名嵺嶺。」此最分明。今圖轘轅關正當此位置。[一九]

按轘轅又名嵺嶺、嵺坂，轘轅關又名嵺坂關，蓋陘道西北段曰鄂坂，東南段曰轘轅，亦得兩名通稱也。

晉書一四地理志上，河南郡 陽城縣有鄂阪關。通鑑八四晉 惠帝 永寧元年，趙王 倫聞三王起兵，使孫輔等帥兵七千自延壽關出（胡注：晉志河南緱氏縣有延壽城。按晉志河南 新城縣有延壽關），張泓等帥兵九千自嵺阪關出，司馬雅等帥兵八千自皐關[二〇]出以拒冏。此似爲嵺阪之名最早見者。又通鑑一五三梁 武帝 中大通元年，五月，魏使爾朱世隆鎮虎牢，爾朱世承鎮嵺岅。又二二一唐 肅宗 乾元二年，李光弼云若守東京，「則汜水、嵺嶺、龍門，皆應置兵。」北齊書一七斛律金傳，「金率眾，從嵺坂送米宜陽。」新二一四彰義 吳元濟傳，董重質說元濟，請「自嵺嶺三日襲東都。」按通典一七七河南府 登封縣有嵺嶺故關。元和志五河南府 緱氏縣目，「轘轅山在縣東南四十六里」，即轘轅關所在，詳前引。又云「鄂嶺坂在縣東南三十七里。晉八王故事曰，范陽王保於鄂坂，後於其上置關。」則鄂坂蓋在轘轅關西北僅九里。故一統志河南府卷山川目轘轅山條引舊志，山在偃師縣東南五十五里，一名鄂嶺也。蓋一條陘道，長若干里，西北段曰鄂坂，在今偃師東南五十五里；東南段曰轘轅，在登封西北二十八里也。晉 陽城縣在今登封縣東南三十五里告成鎮。故晉志云陽成有鄂坂關。

此關地當洛陽東南出淮上黃 淮平原之要衝，故用兵行旅，常見史册也。

前引紀要述古代用兵出此關者甚詳，篇五六洛陽鄭汴南通漢東淮上諸道將續有考論。

凡此三關即爲三道：洛陽正南微西爲伊闕道，此道南通汝、鄧至江、漢；洛陽東南東爲轘轅道，此道東南通許、蔡，至江、淮；太谷道居伊闕、轘轅兩道之間，與兩道相應接。張衡東京賦云，「西阻九阿，東門于旋，盟津達其後，太谷通其前，迴行道乎伊闕，邪徑捷乎轘轅。」曹植洛神賦曰，「余從京域，言歸東藩，背伊闕，越轘轅，經通谷，陵景山。」景山在通轘轅道上，是皆三道並舉也。而李光弼論守東京，云崿嶺、龍門應置兵，崿嶺即轘轅道；黃巢將犯東都，詔守轘轅、伊闕；是皆僅舉兩道，蓋太谷東南至潁陽，蓋分兩道，分別與伊闕、轘轅兩道相併合，是洛南道口有三，而東南通達，則合歸兩途也。

東京賦（文選三），洛神賦（文選一九），見前引文。洛神賦注引河南郡圖經，「景山，緱氏縣南七里。」而寰宇記五河南府 緱氏縣，「景山在縣東北八里。」蓋縣治前後多次遷徙，要去景山不遠，是景山實在洛陽通轘轅道上，故洛神賦實指南行三路，惟以景山配韻耳。且以歸東藩而言，固當取轘轅道，景山實所經行也。

李光弼論守東京及黃巢時事，前考伊闕，已徵引。不重出。

一九八三年七月撰成初稿，八月增訂。

一九八七年五月三十日（端節前一日）改編增訂畢。

【校記】

【一】案萬刻本寰宇記卷三河南府目引博物志，作「周在中樞，三河之分，風雲所起，四險之國也。」（頁33上）宋本寰宇記略同，惟「風雲」作「風雷」（頁26下）。嚴師綱文所引，乃概括之言。

【二】案南宋 淳熙八年（1181）尤袤刻本李善注文選（臺北：石門圖書有限公司影印，1976年版）卷三張衡東京賦，李注引穆天子傳郭璞曰，「今新安縣」前有「旋」字（頁53下）；宋末刊本增補六臣註文選（臺北：華正書局影印，1974年版），李善注引郭璞語，亦有「旋」字（頁63下）；又清嘉慶十四年（1809）胡克家刻本文選（北京：中華書局影印，1977年版），李注引郭璞語，亦有「旋」字（頁53下）。是今本（無論爲尤刻抑胡刻）文選此條，「郭璞曰」三字下皆有「旋」字。然東京賦明云「西阻九阿，東門于旋」，則旋門（坂或關）在東，九阿在西。李善注既引穆天子傳「西升九阿」，又引郭璞注以釋九阿，則今本文選此條之「旋」字實誤，似爲衍文。檢清 洪頤煊校穆天子傳（平津館叢書本，見百部叢書集成之四二，臺北：藝文印書館影印，1967年版）卷五，「天子西征，升于九阿」，郭璞注：「疑今新安縣十里九阪也」（葉六）。然則今本文選此條之「旋」，乃「疑」字之誤刻。高步瀛文選李注義疏（曹道衡、沈玉成點校，北京：中華書局，1985年版。以下簡稱「點校本義疏」）乃「集大成著作」（點校本義疏·前言，頁1），於此亦無說（頁528）。嚴師從地理角度審視，引今本文選李注此條而不錄「旋」字，是也。

【三】案一統志之「板域渚」，「域」乃「城」之誤。板城渚，見水經注卷五河水注，又參篇伍肆【校記】第【三三】條。

【四】案檢一統志卷一八七開封府關隘目旋門關條，作「成皋關」（葉一七）。惟國基本紀要卷四七鄭州 汜水縣 旋門關條則云：「自旋門而東至板城渚口，皆成皋關之道。」（頁2031）

【五】案點校本史記卷四周本紀 集解徐廣引周書 度邑此句，「居」後有「也」字（頁130）；殿本（頁75下），同。

【六】案吳起對魏武侯語，見史記卷六五吳起傳。嚴師引作魏世家，蓋誤記。檢嚴耕望史學論文選集（臺北：聯經出版事業公司，1991年版）第一篇夏代

都居與二里頭文化 附記三（頁30），謂「篇中引史記 吳起傳，初刊稿誤作魏世家，承王仲孚先生提示改正。」圖考本篇引吳起對魏武侯語作魏世家，或承前之誤，未及改正。

【七】案檢國基本紀要卷四八河南府 洛陽縣，乃「闕塞山」條，云：「在府西南三十里。亦曰龍門山，亦曰伊闕山；一名闕口山，一名鍾山；又爲龍門龕。」（頁2046）下文再引紀要四八伊闕山條，疑亦「闕塞山」之筆誤。

【八】案檢全唐文卷六七六，「龍門 香山寺」此語在白氏香山寺白氏洛中集記內，非在香山寺新修經藏堂記中，或嚴師誤記。

【九】案「紋」，疑爲「文」之筆誤；下二句之「紋」亦然。「水文」，蓋指水之變化與運動之現象。

【一〇】案畿輔叢書本元和志卷五河南府 潁陽縣 太谷口條，謂「在縣西北二十五里」（葉十）；然點校本元和志同卷同條則作「三十五里」（頁138）。嚴師此處作「二十五里」，疑據畿輔叢書本。

【一一】案「往來」，北齊書（北京：中華書局點校本，1972年版。以下簡稱「點校本北齊書」）卷二七破六韓常傳，作「往還」（頁378）；清 乾隆武英殿本（臺北：藝文印書館影印，1956年版。以下簡稱「殿本」）常傳（頁180下），同。

【一二】案「世祖」，點校本北齊書作「世宗」（頁379）；殿本（頁180下），同。本條上文引常傳已作「常啓世宗」（抄本誤抄作「世祖」），下文又引北齊書 斛律金傳，敘「於宜陽築」三戍；據金傳，築三戍在「世宗（高澄）嗣事」、東西魏相爭之時，其時高洋（顯祖）尚未受禪，則此處之「世祖」（世祖即高湛，見北齊書卷七），蓋筆誤。

【一三】案國基本紀要卷四八河南府 鞏縣 轘轅山條，此句「粲」後有「等」字（頁2061）。

【一四】案國基本紀要此句，「敗」前有「既而」二字（頁2061）。

【一五】案抄本第1頁上貼有一小紙條，其上所記，即係元顥南走臨潁之史料，今錄之如下：

「通鑑153，梁武 中大通元年紀，北海王 顥入洛，兵敗，自轘轅南出臨潁，爲縣卒所殺。」

【一六】案國基本紀要此句，「單雄信」後有「等」字（頁2061）。

【一七】案「緱氏鎮」，張編地圖集・河南地形、人文圖皆作「猴氏鎮」。

中國地圖集（如中華人民共和國地圖集、中華人民共和國分省地圖集等）則作「緱氏」（村）。

【一八】案檢地名詞典·河南省偃師縣圖（頁98），今偃師縣治（城關鎮〔舊名槐廟鎮；1935年以前縣治偃師老城，在槐廟鎮東南2.5公里〕）南17公里有緱氏村（即張編地圖集·河南地形、人文圖之猴氏鎮），縣治南8公里則有顧縣村。其顧縣村條引乾隆偃師縣志：「顧縣係宋 緱氏古城，即今顧縣鎮」（頁101）。此顧縣村，當即一統志卷二〇六河南府古蹟目緱氏故城條所引偃師舊志之故縣村。據偃師縣圖，顧縣村東南、緱氏村東北，即爲孝敬陵（又參中國文物地圖集·河南分冊〔北京：中國地圖出版社，1991年版〕之「偃師縣文物圖」〔頁100-101〕）。一統志緱氏故城條引寰宇記作「今迴向南近孝敬陵西置」者，或即指自顧縣村迴向南之緱氏村復置耶？要之，今顧縣村、緱氏村一帶似爲宋縣城所在。嚴師草此文時，地名詞典及文物地圖集皆尚未出版，故未資利用也。

【一九】案有關轘轅之史料，原稿目錄後及原稿本篇第2頁上分別附有一張及兩張小紙條，今錄之如下。前者爲：

「史記 高紀：『南攻潁陽，屠之。因張良遂略韓地轘轅。』索隱：『按，十三州志云河南 緱氏縣，以山爲名。一云轘轅，凡九十二曲，是險道也。』」

後者其一云：

「史記 淮南王安傳，王曰，今我令『周被下潁川兵，塞轘轅、伊闕之道。』正義：『轘轅（啓文案，今本史記「轅」下有「故關」二字，此處或漏抄）在河南 緱氏縣南四十里。伊闕故關在河南縣南十九里。』」

其二云：

「漢45伍被傳，淮南王曰，『周被下潁川兵，塞轘轅、伊闕之道。』」

【二〇】案原稿「自皋關」下加專名號，檢點校本通鑑卷八四晉 惠帝 永寧元年紀，作「帥兵八千自成皋關出（胡注：晉志，河南 成皋縣有成皋關）」（頁2657）。成皋關，已詳篇伍肆，此處原文本作成皋關，但行文時漏寫「成」字而未覺，遂誤於「自皋關」下加專名號耳。

篇伍陸　洛陽鄭汴南通漢東淮上諸道

目　次

（一）志書所記中原江漢間諸州至洛陽汴州路線略測

洛陽鄭汴爲中原核心地帶，亦爲東方交通之樞軸，洛陽之南雖多山岳，但其東南則平原地貌居多，無大險阨處，故交通四達，可謂無所不通，欲瞭解唐代洛汴以南之交通主線，惟有就當時志書所記各州通洛陽及汴州之官道所取之路線，參以其他零碎史料述證之。

先就通典州郡典、元和志、寰宇記所記中原與漢東淮上間諸鄰州相距之里數及此三書與舊志所記各州至洛陽之里數，以及寰宇記所記各州至汴州之里數，作綜合比論，顯見各州北至洛汴可能之路線如次。

爲方便計算，先據此諸書作中原漢東淮上間諸州鄰距圖及漢東淮上以北諸州北至洛汴里數表如下：

中原漢東淮上間諸州鄰距圖

A通典　B元和志　C寰宇記　＋兩州目所記里數相同

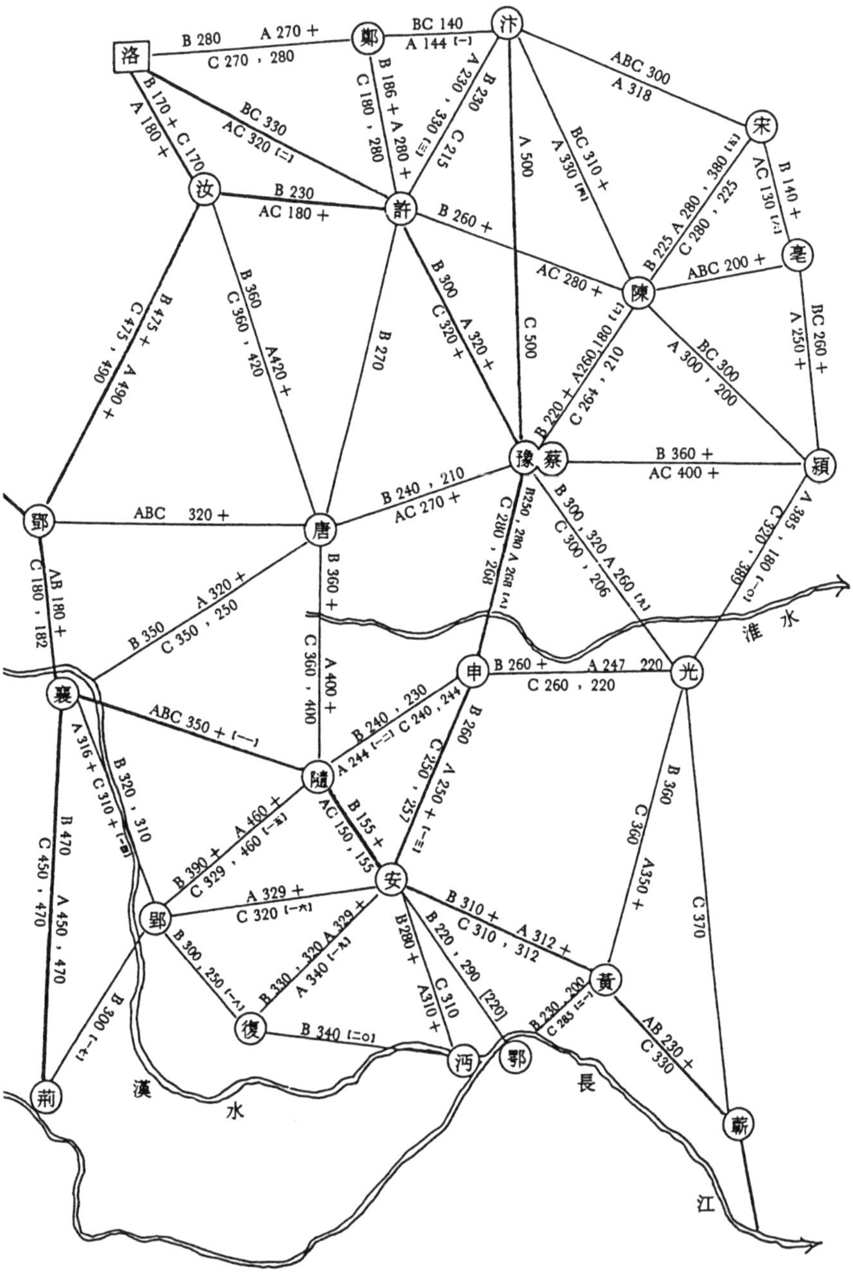

漢東淮上以北諸州北至洛汴里數表

	至洛陽				至汴州
	A 通典	B 元和志	C 寰宇記	D 舊志	C 寰宇記（九域志）
汝	150-180	170	170	180	400(450)
鄧	670	645		670	800(750)
襄	850	827【二二】	855	853	900(950)
荊	1312		1395	1315	1885(1500)
唐	640	520	700	646	700(700)
許	330	340	330	400	215(215)
豫蔡	670	620	620	670	470(450) 500
光	975	920	1320	925	900(800)
申	942	942	900	943	750(750)
郢	1309	1125	1025	1149	1200(1200)
隨	1080	1165	1165	1008	1100(900)
安	1299	1160	1200	1190	1100(1100)
鄂	1530	1530【二三】	【二四】	1530	1410(1410)
黃	1470	【二五】	1700	1470	1900(1900)
蘄	1824	【二六】	1824（取蔡州）	【二七】	缺(1600)
陳	700	660	700	717	245(245) 315【二八】

就各州北至洛陽路線言，汝州西北取伊闕道至洛陽一百七八十里。通典又云一百五十里者，蓋北取潁陽縣入大谷關道也。

汝州去洛陽，元和志汝州目及河南府目皆作一百七十里。通典兩目皆作一百八十里，其汝州目云「西至河南府伊闕縣，又北至府百八十里。」寰宇記同，而作一百七十里。是西北取伊闕道，蓋主線。而通典汝州目又云，「去東京一百五十里。」此蓋捷道，取潁陽縣入太谷關，詳篇五四【二九】洛南三關。

鄧州北至洛陽，通典作六百七十里，元和志作六百四十五里，皆北取汝州路也。

鄧州去洛陽，通典、舊志作六七〇里，元和志作六四五里。按通典汝鄧兩州目，皆云相距四九〇里，汝州至東都一八〇里，其和恰爲六七〇里，故知通典所記鄧州至洛陽里數，係取汝州路也。又元和志汝鄧兩州目，皆云相距四七五里，汝州去東都一七〇里，其和亦恰爲本志所記鄧州去洛陽之里數，故元和志所記里數雖與通典不同，但仍係取汝州路也。

襄州北至洛陽，通典作八百五十里，元和志作八百二十五里，皆北取鄧州路也。

通典，襄州北至鄧州一八〇里，去東京八五〇里，寰宇記大同，則襄至洛里數恰爲襄鄧里距與鄧州至洛里距之和。又元和志，襄州北至洛陽八二五里；鄧州南至襄州一八〇里，北至洛陽六四五里，其和亦爲襄州去洛陽里數之和。故此三書所記，皆見襄州至洛陽取鄧州路也。

許州西至洛陽有經陽翟縣與經汝州兩道，由州西北取陽翟路入轘轅關，凡三百三十里，由州西取汝州路入伊闕關則四百里。

許州去洛陽，三書各條所記多作三三〇里，或稍盈虧，惟舊志作四〇〇里。按元和志河南府目，「東南取崿嶺路至陽翟縣二百四十里，從縣至許州九十里。」是三三〇里者取陽翟入轘轅關也。舊志四〇〇里者，按許 汝里距，通典、寰宇記兩州目皆作一八〇里，惟元和志汝州目作二三〇里，觀地圖此兩州相距斷不只一八〇里，故元和志為可據，加汝州至東都一七〇里，正為四〇〇里，故知舊志所記乃取汝州路。

蔡州西北取汝州 襄城縣及汝州治所梁縣路至洛陽六百二十里；或取許州路亦約六百二十里。通典、舊志云蔡州至洛陽六百七八十里者，蓋取許州路又經汝州也。

蔡州本豫州，其去東都里數，通典、舊志作六七〇里，元和志、寰宇記作六二〇里。按蔡州西北至東都可有汝、許兩路。先就汝州勘之。按元和志，汝州南至蔡州四五〇里，寰宇記，同。汝州西北至東都一七〇里，其和六二〇里，故知元和志、寰宇記所記，實取汝州路也。通典雖不記豫（即蔡）汝里距，但云豫州「西北到臨汝郡 襄城縣二百八十里」，寰宇記，同。【三〇】檢襄城西北至汝州一四〇里，則蔡州西北取襄城路至汝州四二〇里，與四五〇之數不相遠，是知蔡 汝間路線當經襄城也。再勘許州路，許 蔡里距，通典、寰宇記兩州目皆作三二〇里，元和志三〇〇里。按三書所記許州西北至東都有三二〇及三三〇兩數字，則蔡去洛陽六二〇者亦可能取許州路也。復檢許 汝距，通典、寰宇記皆作一八〇里，則許州西取汝州路至洛陽當為三五〇或三六〇里，加許 蔡距三〇〇或三二〇里，則通典、舊志蔡州去洛陽六七〇里者，蓋取許州，又經汝州也。

申州東北取蔡州路至洛陽九百里或九百四十二里。

申州西北至洛陽，通典、元和志皆作九四二里，舊志九四三，字形小譌，惟寰宇記作九〇〇。就元和志、寰宇記言，申州東北至蔡州二八〇里，蔡州至洛陽六二〇里，其和正為九〇〇里，似最正確。然就通典言，申州至蔡二六八里，蔡州去洛陽六七〇里，其和九三八里，與本書申州去東都里距亦極相近。故不論如何算法，申州至洛陽皆取蔡州路無疑。

光州西北取蔡州路至洛陽九百二十里，或九百七十五里。

光州西北至東都，通典作九七五里，元和志九二〇里，舊志九二五里，寰宇記一三二〇里（此顯誤）。按光 蔡距離，元和志兩州目作三二〇、三〇〇里，寰宇記光州目作三〇〇里，加兩書蔡州至東都六二〇里，正得九二〇里，知取蔡州路。通典作九七五者，本書記蔡州至東都六七〇里也。

唐州西北取汝州 葉縣、龍興縣及汝州治所梁縣路至洛陽五百二十里，而西北取方城、葉縣、郟城縣路則六百四十里。

唐州去洛陽，通典作六四〇里，元和志五二〇里，舊志六四四里，【三一】寰宇記七〇〇里。寰宇記之說姑不論，其五二〇、六四〇兩說乃因路線小異，詳後第四節宛葉道末段唐州條。

隨州北取唐州路至洛陽約一千餘里，西北取襄州路折北至洛陽一千一百六十五里。又西北取襄州路至長安一千四百三十五里，漢東諸州及江南西道諸州西北至長安者多取隨 襄路也。

隨州西北去洛陽，通典作一八〇〇里，【三二】舊志作一〇〇八里。而元和志、寰宇記皆作一一六五里。按隨州北去洛陽不取襄州則取唐州路。檢三書襄 隨兩州目，皆云相距三五〇里。若取襄州路至洛陽，據元和志，襄州去洛陽八二五里，其和一一七五里，較之隨州去洛陽里數僅盈十里；而本志記隨至唐三六〇里，唐至洛陽五二〇里，其和八八〇里，與一一六五之數相差太遠。故可信元和志、寰宇記所記隨至洛陽一一六五里者，實取襄州路也。至於通典、寰宇記所記唐 隨相距皆作四〇〇里，而通典唐去洛陽六四〇里，[1] 其和一〇四〇里，若唐 隨間取元和志三六〇里，其和一〇〇〇里，則舊志一〇〇八里蓋取唐州路也，通典一八〇〇里，「八百」蓋衍「百」字歟？

---

[1] 寰宇記作七〇〇里，顯有問題，姑不論。

隨州西北取襄州路至長安者：檢隨州至長安，元和志作一四〇三里，寰宇記一四三五里，通典一四〇〇里，舊志一三八八里，各不相應。但總在一四〇〇里上下。就形勢言，隨州至長安取襄州路之可能性爲大。檢襄州至長安里數，通典作一〇八〇里，[三三]元和志一二五〇里，寰宇記一八〇五里，舊志一一八二里，寰宇記絕誤無疑。按襄州至長安必取鄧州路，鄧州至長安不過九〇〇里稍盈（通典、舊志作九二〇，[三四]元和志九五〇，寰宇記九〇五），而襄 鄧距一八〇里，則襄州至長安以通典一〇八〇里最爲近正，[三五]寰宇記「八百」爲「八十」之譌。襄 隨距三五〇里，隨州取襄州路至長安正應一四三〇里，故寰宇記最正，元和志「三」下脫「十」或「十五」字耳。

隨州爲漢東諸州西北至長安所必經，詳下安 黃 蘄諸州條。江南西道諸州多取道隨州至長安者，明見寰宇記，玆臚列如下：

洪州，「西北至長安三千八百里，取隨州路二千七百五里。」（卷一〇六）

信州，「西北至長安三千六百三十四里，取隨州路三千二百五十里。」（卷一〇七）

饒州，「西北至長安三千一百三十里，取隨州路二千七百里。」（同上）

虔州，「西北至長安四千一百二十五里，取隨州路三千一百四十五里。」（卷一〇八）

吉州，「西北至長安三千六百五里，取隨州路三千二百二十五里。」（卷一〇九）

撫州，「西北至長安三千三百五里，取隨州路二千九百二十五里。」（卷一一〇）

足見江南西道諸州多取隨州路至長安；其另一路，里數皆較多，不知取何州路，待考。

安州北至洛陽，元和志云一千一百六十里，乃東北取申州、蔡州路，寰宇記、舊志略同。通典云一千二百九十九里者，蓋西北取隨州路歟？

安州去東都里數，通典作一二九九，元和志作一一六〇，寰宇記作一二〇〇，舊志作一一九〇，各不相應。按通典、寰宇記隨 安兩目，相距一五〇或一五五里，元和志兩目皆一五五里，則安州去東都，若西北取隨州 襄州路，當爲一三二〇里，與前列四數皆不合，惟通典一二九九之數稍相近。又按安州東北至申州，通典二五〇里，寰宇記兩目分別作二五〇、二五七里，元和志申州目二六〇里，而四書記申州至東都，三作九四二里，惟寰宇記作九〇〇里，故若安州東北取申州路至東都多則一一九〇或一二〇〇里，少則一一五〇或一一六〇里。且只就元和志計之，安至申二六〇里，申至蔡二八〇里，蔡去洛陽六二〇里，其和正爲一一六〇里。然則元和志、舊志、寰宇記所記安州去洛陽里數，係取申州路，故元和志云東北至東都也。而通典所記一二九九，若「二」字非「一」之形譌，則有西北取隨州路之可能。按寰宇記一三二安州目，西北至長安「取隨州路一千五百九十里。」又前引江南西道之洪、信、饒、虔、吉、撫諸州目皆云取隨州路至長安若干里。蓋隨 襄爲大道，故江西諸州皆取道隨州至長安；而安州及其東黃、蘄諸州亦西取隨州路至長安也。因而亦有取隨州路至洛陽者，然恐非常制。

黃州西北取安州、申州路至洛陽一千四百七十里。

通典、元和志及舊志，黃州北至東都一四七〇里，寰宇記有奪譌。按三書安 黃兩州目記兩州相距三一〇或三一二里，其差一一六〇里，正爲元和志所記安州取申州路至洛陽之里數，故知黃州至洛陽一四七〇里者乃取安州、申州路也。又通典黃州目，西至安州三一二里，西北至申州五六〇里。按安州目，東至黃州三一二里，北至申州二五〇里，其和五六二里。則黃州西北至申州五六〇里者，中經安州也。通典及其他唐 宋志書記四至之常例，只及鄰州，不記越州之里程，黃州此條記西經安州至申州之里程者，實爲特例，蓋亦以黃 安 申州道特爲顯著之大道歟？

蘄州西北取黃、安、申、蔡路至洛陽，惟志書云一千八百二十四里，似有誤。

蘄州去洛陽，通典、舊志、寰宇記皆云一八二四里，寰宇記且云係「取蔡州路」，蓋經黃、安、申至蔡州也，惟里數甚難勘計。蓋若取黃 安 申 蔡州路，黃州至洛陽一四七〇里，加黃 蘄間二三〇里，只爲一七〇〇里，是不合。【三六】若取黃 安 隨 襄路，乃爲一八五五里，似相近，則此數字若不誤，則實不取蔡州路也。

大抵江西、嶺南與河 洛中原來往之行旅，多取蔡 申 安 黃 蘄 江州路，或蔡 光 黃 蘄 江州路，故蘄 黃 安爲南北交通之道喉也。

續高僧傳二八釋智光傳，仁壽創塔，詔送循州（今惠陽），途經許州、番州（今廣州）至循州。此非取申 安路即取光 黃路也。又一七南岳慧思傳，由嵩陽欲赴南岳，道經光州，權止大蘇山。此取光 黃路也。輿地紀勝四七蘄州官吏目，引容齋四筆云，江左初平，太宗選張齊賢爲江南西道【三七】轉運使，路過蘄州，見南劍州、建州、江州、虔州犯囚解赴京師者甚眾云云（今檢四筆不見此條）。【三八】則江西、福建公私行旅皆取此道北至中原也。紀要七六湖廣 黃陂縣 沙武口條，「縣東南五十里，上連武湖，下通大江，亦曰沙口，……又曰武口。張舜民曰，武口在陽邏洑西北十餘里，距汴京纔十八驛，二廣、湖 湘皆由此而濟，蓋要地也。」此亦見黃、安爲南北交通之衝。

綜觀上述，洛陽以南漢東淮上諸州北赴東都 洛陽之途程，可得其概略：其一，由最南之蘄州，西北經黃 安 隨 襄，折北經鄧 汝至洛陽，鄧州又爲西入武關通長安之孔道。其二，隨州直北取唐州路亦經汝州至洛陽。其三，安州東北取申 蔡 許 汝至洛陽。而江南西道諸州亦取蘄 黃 安隨 襄州路至長安，取蘄 黃 安 申 蔡州路至洛陽也。

至於各州北至汴州之路線，據寰宇記（參九域志），蔡州北至汴州四百七十里。又申州（信陽軍）東北至汴州七百五十里，取蔡州路也。安州東北至汴州一千一百里（實一千里），取申州路也。鄂、沔（漢陽軍）北至汴州一千四百一十里（實一千三百一十里），取申州路也。故汴、蔡、申、安、沔、鄂爲一南北交通幹線，亦爲據志書可推知汴州南通江 漢之唯一幹線；其他路線皆難確指。

按寰宇記，汴州南至蔡州五〇〇里，但蔡州目云四七〇里。據九域志，蔡州目亦作四七〇里。兩書信陽軍（申州）目皆云北至東京七五〇里，按蔡申距二八〇里，正爲申 蔡兩州去汴州之差，故知申州北至汴州，取蔡州路也。申州南行惟安州一線，雖安州目云去汴州「一千一百」里，大於申州北至汴州、南至安州之和一百里，然安州北行唯此一道，疑「一百里」爲誤記。又寰宇記不記安 鄂里距，然安 沔（即漢陽軍）間三一〇里，沔 鄂隔江相望，即安 鄂里距亦約此數。而鄂州去汴州，兩書皆云一四一〇里，減三一〇里，正爲一一〇〇里，即鄂州北取安州路經申 蔡至汴州也。前據紀要七六引張舜民曰，武口（今武昌東北、黃陂南江濱）「距汴京纔十八驛，二廣 湖 湘皆由此而濟」，蓋指此道也。

本節就志書所記，推論中原洛陽 鄭 汴南至漢東淮上有東西兩路線，西線由洛陽南經汝州 鄧州至襄陽，東線由洛陽東南經許州至蔡州，又由汴州正南亦至蔡州，由蔡州南經申 安至黃 鄂。而習鑿齒襄陽記云，襄陽渡沔，經南陽出方城關，爲通周（洛陽）、鄭、晉（包括汴州）、衛之道。至中古時代，史例所見，此道交通仍盛，惟襄 鄧以北取宛 葉路，皆非州之治所，致志書所記，不能顯現耳。故中古時代中原南達漢東淮上之幹道實有三線，下文分別稍詳考之。

（二）洛陽伊闕南取魯陽三鵶通鄧襄道

洛陽南至襄陽之官道，據通典，襄州北至洛陽八百五十里；自洛陽南至汝州一百八十里，又南四百九十里至鄧州，又一百八十里至襄州，其和與總程相合。元和志，襄州北至洛陽八百二十里；[三九]自洛陽至汝州一百七十里，又南四百七十五里至鄧州，又一百八十里至襄州，其和亦與總程相合。里數雖稍參差，但其路線皆中經汝州、鄧州也。

此於前節已詳爲比論。[2] 復考通典一七五通州目云：

「去東京取盛山郡（開州）下水，經三峽，出江陵（荆州）、襄陽（襄州）、南陽（鄧州）、臨汝（汝州）等郡至東京，水陸相承二千八百七十五里。」

是亦襄州北至東京之官道中經鄧州、汝州之強證。

下文稍詳其行程：洛陽南稍東一百七十八十里至汝州，中經伊闕縣（今嵩縣東北九十里，約今伊川縣），即取伊闕道也。

通典，汝州「西（據下『至伊闕縣』條，此脫北字）至河南府伊闕縣，又北至府一百八十里。」元和志作一百七十里，不言所經。但寰宇記八，汝州「西北自伊闕縣至西京一百七十里。」是亦經伊闕縣，即必取道伊闕。伊闕縣今地詳下文。

白居易遊龍門歌云，「南出鼎門十八里，莊店邐迤橋道平。」此見洛陽南至伊闕道中之景貌。

唐代志書，洛陽南至伊闕十九里，已詳前引。白氏秋日遊龍門醉中狂歌，見白氏長慶集六二【四一】（全唐詩七函六冊白集二九），又香山避暑二絕（全唐詩七函七冊白集三三）亦云「一路涼風十八里」。

伊闕置龍門驛，又名石像驛，蓋俗稱也。

---

2 寰宇記各州間之里距與元和志相同，惟襄、鄧兩州無至洛陽之里數，【四〇】故不取比勘。

龍門驛見舊八六許王素節傳等處。石像驛名見通鑑二〇六聖曆元年紀考異，詳唐兩京館驛考。

龍門下有龍門潭，其南有八節灘，白居易開之，以利船筏。

白居易有開龍門八節石灘詩二首（全唐詩七函八冊白集三七），序云：「東都龍門潭之南有八節灘、九峭石，船筏過此，例及【四二】破傷，舟人檝師推挽束縛」云云。詩有云「鐵鑿金鎚殷若雷，八灘九石劍稜摧，竹篙桂檝飛如箭，百筏千艘魚貫來。」蓋伊水水運頗盛，而灘石櫛比，白氏倡為開鑿之也。一統志河南府卷山川目闕塞山條，「有八節灘，在龍門下」，蓋實在其南。觀宮大中龍門石窟藝術之龍門石窟平面圖可知。

自龍門驛循伊水河谷向南上行，約二十里至彭婆館（今鎮），又南二十里至白沙館（今鎮或非其地），又南至伊闕縣（約今伊川縣），北至伊闕南口四十五里，至洛陽七十里。縣本古戎蠻子國，漢置新城縣，隋開皇十八年更名。有伊川驛者，雖地望無考，要當在伊水道中。

龍門驛、彭婆館、白沙館，皆詳篇一兩京館驛。

伊闕縣，元和志五河南府伊闕縣目，「北至府七十里，古戎蠻子國，漢為新城縣，……開皇十八年，……改為伊闕縣。」伊闕山「在縣北四十五里」，伊闕故關，同。按史記高祖紀「新城三老」正義引括地志，略同，云取伊闕山為名，是也。是其地在洛陽南七十里，伊闕南口之南四十五里。又一統志河南府卷古蹟目新城故城條引元統志，伊闕故城在嵩州東北九十里，則其地約在今圖之伊川縣治處。

伊川驛　王宏從軍行詩云，「十五學劍北擊胡，羌歌燕筑送城隅，城隅路接伊川驛，河陽渡頭邯鄲客。」【四三】（全唐詩一函八冊）按宏唐初人，此驛必在伊水道中，姑存此處。

伊闕縣東南行四十里至石城驛，一作石壕驛（今臨汝鎮）。臨汝縣舊在驛西南二十里紫邏川（舊伊陽〔今名汝陽〕東約十里地），以南臨汝水受名，不當驛道。貞元八年移就此驛，在汝水北二里。由此又東南六十里至汝州治所梁縣（今臨汝），在汝水北三里，劉禹錫詩有臨泉驛，蓋在梁縣境。又漢 梁縣故城，即周之梁邑，在西南四十里，汝水之南；蠻中聚，即戎蠻子國，亦在縣西南境，俗名麻城。

元和志五河南府，「東南至汝州一百七十里。」又六汝州目，所記方向里距同。寰宇記八汝州，「西北自至（衍文）伊闕縣路至西京一百七十里。」是此一百七十里，中經伊闕縣也。而寰宇記三河南府「南至汝州一百八十里。」里數稍參差。復檢通典一七七河南府，南至臨汝郡一百八十里，臨汝郡「西至河南府 伊闕縣，又北至府一百八十里。」是亦中經伊闕縣，惟「八」「七」小異耳。

臨汝縣、石城驛　元和志六汝州，臨汝縣東南至州六十里。「先天二年置，貞元七年，刺史陸長源奏請割梁縣西界二鄉以益之，乃自下縣升爲上縣。」寰宇記八汝州 龍興縣條附記臨汝縣事最詳云：

「廢臨汝縣在州西〔四四〕六十里。本漢 梁縣地，唐 先天元年十二月割置〔四五〕於今縣西南二十里紫邏川置，以邑城南〔四六〕臨汝水。（略）爲邑之稱。至貞元八年，刺史陸長源以舊縣荒殘，因移於東北李城驛側近，當大路。周 顯德三年廢入梁，〔四七〕其地爲鎮。」

按舊一八地理志一〔四八〕汝州 臨汝縣云貞元八年「以梁縣西界二鄉益之，兼移縣於石壕驛。」輿地廣記九梁縣有臨汝鎮，敘事與舊志同，惟作石城驛。是一驛而三書異名，蓋石城爲正，舊志多譌字，蓋杜翁石壕吏，其名最熟，不免傳刻致譌耳。寰宇記所記方向里距及舊地最詳悉，可據。是必在伊闕縣東南至汝州之驛道上，里距亦可知也。舊縣在紫邏川者，一統志汝州卷山川目，紫邏山「在伊陽縣東十里，相傳山口乃大禹所鑿，導汝水自東出。杜甫送賈至出汝州詩，雲山紫邏深，即此。九域志，梁縣有紫邏山。」伊陽，今更名汝陽，名實乃符。是唐代前期臨汝舊縣在今伊陽縣東約十里地段，於勢正合。

梁縣及其故城以及蠻中聚，詳元和志六、寰宇記八汝州 梁縣目及水經注二一汝水注，參一統志汝州卷古蹟目梁縣故城條。

臨泉驛　劉禹錫有奉送浙西李僕射相公赴鎮詩，本注云，「奉送至臨泉驛，書札見徵拙詩，時在汝州。」詩有「遙望旌旗汝水頭」之句。按禹錫以大和八年七月移汝州刺史，十一月李德裕出鎮浙西，途經汝州，故有是詩（參卞孝萱劉禹錫年譜）。是此驛必在汝州治所近處。檢一統志汝州卷山川目，除歷史上極有名之兩溫泉外，別有泉水七處，有在州近郊者。

又有廣成澤在汝州西四十里汝水之北，周迴百里，東南流入汝水，東漢置廣成苑，爲帝王校獵講武之所，馬融上廣成頌，即此；中平元年，置八關都尉，廣成其一，即此苑地。隋 大業元年置馬牧，唐 太宗亦曾蒐獵於廣城澤。澤北有溫泉，亦自漢以來之一名勝。唐代見名廣成湯，安 史亂前，帝王常在東都，亦屢幸此湯，度澤與溫湯，在臨汝縣境；有廣城驛，當在澤東南臨汝至梁縣六十里間之驛道上。

廣成澤、廣成關　續 郡國志一河南尹 新城縣「有廣城聚。」劉昭注補：「有廣城苑」。伊水注引河南十二縣簿【四九】云「廣成澤在新城縣界黃阜。」又後漢書 和帝紀，永元五年二月戊戌詔，「自京師離宮果園上林廣成囿悉以假貧民，恣得采捕，不收其稅。」又安帝紀，永初元年二月丙午，「以廣成游獵地……假與貧民。」李賢注：「廣城，苑名，在汝州西。」桓帝紀延熹元年冬十月「校獵廣成，遂幸上林苑。」李賢注，苑在今汝州 梁縣。列傳五六陳蕃傳，「延熹六年，車駕幸廣成校獵，蕃上疏諫曰……人君有事於苑囿」云云。復檢列傳五〇上馬融傳云：「永初……四年拜爲校書郎中。……是時鄧太后臨朝，騭兄弟輔政，……以爲文德可興，武功宜廢，遂寢蒐狩之禮，息戰陣之法。……融……以爲文武之道……無或可廢。元初二年，上廣成頌以諷諫。」其序云，元年已來，荒弃禁苑，十有餘年，以過禮數。宜幸廣成講武校獵。其頌云，「大漢之初基也，宅茲天邑，……揆厥靈囿，營于南郊」；下述因山環瀆以遮禽獸，坰場區宇，恢曠廣大，有神泉怪石，草木鳥獸及校獵之盛況。最後云「北轅反旆，至自新城，背伊闕，反洛京。」是自東漢建國，即闢廣成澤地爲苑囿，作爲帝王游獵習兵之所，永初初廢其事，假與貧民，旋馬融上此賦以諫。後又復之，故桓帝又數幸廣成校獵也。前考漢末八關都尉，其一爲廣成關，通鑑五八靈帝 中平元年紀，書此事，胡注，「廣成在河南 新城縣。」是也。廣成澤地在洛都南屏地區，又爲帝王最常行幸校獵處，故置關都尉也。隋 煬帝 大業元年置馬牧，見元和志六汝州 梁縣目。唐 太宗 貞觀十一年三月辛亥，大蒐於廣城澤，見舊書 本紀。其地誠在漢 新城縣，於唐則在梁縣西也。元和志六汝州 梁縣，「廣成澤在縣西四十里，……周迴百里。」【五〇】寰宇記八，亦云縣西四十里。據下引汝水注，澤在水北，則亦當伊闕縣東南至梁縣百里之道上，蓋在臨汝縣境去城不遠處。

廣成湯　水經注二一汝水注：「汝水又東，與廣成澤水合。水出狼皋山北澤中」。「其水自澤東南流逕溫泉南，與溫泉水合。溫水數源，揚波于川，左泉上華宇連蔭，【五一】茨甍交拒，方塘石沼，錯落其間，頤道者多歸之。其水東南流注廣成澤水。澤水又東南入于汝水。」據此，廣成澤在汝水北，東南流入汝水。澤北又有溫泉水，東南流入廣成澤水。溫泉上建築都麗，爲一名勝幽棲處，殆即廣成頌所謂「神泉側出，丹水涅池」也。紀要五一汝州 梁縣 廣成澤條云：「又有湯泉，在苑中，泉有九源，東南流，注廣成澤。……後魏主修 永熙二年，狩於嵩陽，【五二】遂幸溫湯，即梁縣之溫湯也。煬帝于此置溫泉頓。唐 儀鳳元年，幸汝州 溫湯，後又屢幸焉。武后 聖曆三年，亦幸汝州 溫湯。又開元十（疑脫『四』字）年幸汝州 廣成湯泉。金志，廢主亮 正隆六年，命環汝州百五十里內州縣商賈，悉赴溫湯買市，時將遊汝州 溫泉【五三】云。」按寰宇記八汝州 梁縣，「溫湯在縣西四十里」，下引汝水注，又云「唐 聖曆三年正月，則天駕幸，今有石碑斷折。」則溫泉與澤東至汝州之里數相同，蓋在澤之東北緣。

廣城驛　鄭愔有貶降至汝州廣城驛詩云「秋澤廣城寒」，「近郊憑汝海，遐服指江干。」（全唐詩二函六冊）則汝州 廣城澤近處有廣城驛。按臨汝東南至梁縣六十里中間當有驛，蓋即此驛，澤在汝州西四十里，則驛蓋在澤之東。

貞觀中曾置清暑宮，一名襄城宮，在臨汝縣南汝水之南。其地在鳴皐山南，前臨汝水，旁通廣成澤，旋以暑熱多毒虺，罷賜百姓。

新唐志，臨汝縣「有清暑宮，在鳴皐山南，貞觀中置。」檢唐會要三〇諸宮目，貞觀「十四年八月五日，營襄城宮。初，太宗將幸洛陽，遣將作大匠閻立德訪可清暑之地，以建離宮，遂于汝州西山，前臨汝水，旁通廣城澤，以置宮焉。役工一百九十萬。……至十五年三月七日幸襄城宮，及至，暑熱甚，又多毒虺，（略）罷其宮，分賜百姓。」此即新志之清暑宮無疑。按寰宇記八汝州 梁縣，「明皐山……一名狼皐山，在縣西南六十里。水經注云，汝水自狼皐山東出峽，謂之汝阨。」是即臨汝縣南，汝水之南也。

又去州三十里，近汝水及官渠，有鬱陽驛，蓋在城西歟？

三水小牘下，「廣州刺史張謀孫……性貪侈，聚斂不倦……府罷，北歸於汝墳，於郡三十里【五四】鬱陽驛南汝水之上構別業，窮極華敞。嘗鑿一池，欲北引官渠水漲之。」按地近汝水，必在汝州東西之驛道上。又近官渠，官渠蓋爲廣成澤宮苑而建，則驛又似當在汝州之西，去州三十里歟？則與廣成驛相近，豈前後異名耶？未可知也。【五五】

汝州不但當伊闕道南出主線之樞紐，且西北數十里至潁陽縣，入大谷關，亦可向北微東一百一十里至登封縣入轘轅關，故可稱爲三谷關道之總道口。加以州境山川阻深，爲東都南方之天然屏障，安 史亂後，常置東都畿防禦使或節度使，所統區域，雖廣狹無定制，但至少兼統汝州，蓋汝州與東都 洛陽之安危最爲關切也。

據新書 方鎭表，安 史亂後，東都常置東都畿觀察防禦或節度使，統轄範圍，或兼統鄭 汝 懷 陝，或兼統汝 唐 鄧，無定制，但汝州通常爲基本督區，鎮東都者至少兼統汝州也。如大曆十四年復置東畿觀察使，領汝州。建中四年升東畿 汝州節度，自此直至唐末，使名時有升降，但東畿使職至少兼領汝州，則始終無大變化。如新書一三五哥舒曜傳，德宗時，先爲東都 汝州行營節度使，後爲東都畿 汝節度使。舊一七四李德裕傳，宣宗即位，「出爲東都留守、東畿 汝都防禦使。」是其例。

此種形勢，不僅因爲汝州逼近洛南，亦以其爲南通鄧州達江 漢，東南通許州達江 淮兩孔道之樞紐。其東通許州者，可有兩道。其一，汝州向東微北一百七十里至陽翟縣（今禹縣），又東微南九十里至許州（今許昌），共凡二百六十里。另一道，則由汝州東南行八九十里，中經薛店（今郟縣西三十里）至郟城縣（今郟縣），在汝水東七里。隋置關官。有神龜驛，在縣西，韓愈有宿神龜驛詩。又東五六十里，中經長橋驛（今郟縣東三十里長橋鋪）至襄城縣（今縣）。郟城、襄城間，汝水北有摩陂，魏 明帝更名龍陂，唐置龍陂監，養馬。襄城在汝水北一里，爲洛陽東南控扼要地，北朝置關。襄城又東北九十里，中經潁橋鎮（今鎮在縣東北二十里）至許州。許州東南行，詳下第三節。

通典一七七汝州、許州兩目皆記兩州間一百八十里。寰宇記兩州目皆同。而元和志六汝州，東至許州二百三十里，許州目不記。觀今圖，兩州間當在二百里以上，一百八十里必有問題。其路線，可有南北兩條，其一北線：通典一七七汝州「東北到河南府 陽翟縣百七十里。」寰宇記七許州，陽翟東南至州九十里。此爲一道，即轘轅東南通許州道也。其二南線：元和志汝州目，東南八十里有郟城縣，一百四十里有襄城縣，各有去汝水里數。寰宇記「八十」作「九十」，餘相同。觀下神龜驛條引韓詩，知兩縣與汝州在一道上。唐 宋志書汝州東南至襄城一百四十里，檢一統志許州卷，襄城在許州西南九十里，其和正合元和志所記二百三十里之數。即汝州、郟城、襄城、許州爲一道也。觀下潁橋鎮條引通鑑哥舒曜事，此道尤顯。

薛店　紀要五一汝州 寶豐縣，薛店在縣東；引奉天記，建中四年，討李希烈，官軍自汝州前進至薛店，爲賊所敗。而一統志汝州卷關隘目，亦舉討李希烈事，云在郟縣西三十里。檢張編地圖集·河南人文圖，郟縣西道上有薛店地名，一統志是也。

神龜驛及隋關　朱校昌黎集一〇宿神龜招李二十八馮十七詩云：「夜宿驛亭愁不睡，幸來相就蓋征衣。」詩題本注：「龜下或有驛字」（全唐詩五函一〇冊愈集九，同。）據詩句，固當爲館驛。檢新定九域志（古蹟）卷一，汝州有「神龜驛臺，隋 開皇初獲龜。」按此書成於北宋 崇寧之前（據元豐九域志點校本前言），則北宋實有此驛，蓋承唐置者。【五六】按韓從裴度征淮西，事定，由蔡州回京，詩集次第有郾城晚飲，酬別留後侍郎，同李二十八夜次襄城，同李二十八員外從裴相公野宿西界，過襄城，宿神龜，次硤石，和李司勳過連昌宮諸詩。若次序未亂，則此驛當在襄城以西地段。檢一統志汝州卷古蹟目，神龜臺在郟縣西，隋 開皇初，曾獲神龜於此。韓愈所宿必在此無疑，是此驛在郟縣西，蓋即縣驛也。　郟城，隋置關官，見隋書 地志。

長橋驛　杜牧岐陽公主墓誌（全唐文七五六），公主由許州入京，以開成二年十一月薨於汝州 長橋驛。檢一統志汝州卷關隘目，「長橋鎮在郟縣東三十里，今爲長橋鋪。九域志，郟城縣有長橋鎮。」今圖，郟縣東道上尚有長橋地名。墓誌之長橋驛當在此地。

襄城縣　周書三五崔猷傳：「（王）思政初領【五七】兵襄城，後欲於潁川爲行臺治所。……致書於猷。……猷復書曰：……襄城控帶京洛，實當今之要地，如有動靜，易相應接。潁川既鄰寇境，又無山川之固，……莫若頓兵襄城，爲行臺治所，潁川置州，……則表裏膠固，人心易安。」具見襄城戰略地位。水經注二一汝水注，襄城置關。

摩陂、龍陂監牧　摩陂及其更名，詳宛葉道節。唐會要六六群牧使目，「今又有樓煩監牧使、龍陂監牧使等。」本注：「檢校起置年月未獲。」一統志汝州卷山川目，摩陂，魏更名龍陂；引明統志，唐 龍陂監在此。

潁橋鎮　通鑑二二八，建中四年，李希烈叛，由許州進陷汝州，朝廷以哥舒曜爲東都 汝州節度使討希烈，曜至郟城，克汝州。希烈遣兵攻曜至襄城。曜旋得襄城，進兵至潁橋，遇大雨，還保襄城。胡注引九域志，襄城縣有潁橋鎮。檢一統志許州卷，襄城東北至許州九十里，潁橋鎮在襄城北（東北）二十里。此即元和志云二百三十里之路線，且見潁橋在襄城至許州道上也。檢張編地圖集・河南人文圖，今襄城東至許昌道中有此鎮。

汝州南通鄧州道者，前據通典及元和志，汝州南至鄧州之官道，少則元和志云四百七十五里，多則通典云四百九十里。其路線又如何？按汝州、鄧州間交通，自古有魯陽關路與宛 葉路兩道。茲先論魯陽關路。此路一名三鵶谷路，著名史册。

魯陽、三鵶爲中原通襄 宛之要道，史籍常見其事例。如三國志 魏書一二毛玠傳，「陳留 平丘人也，……避亂荊州，……聞劉表政令不明，遂往魯陽。」又司馬芝傳，河內 溫人也。「避亂荊州，於魯陽山遇賊。」是也。茲就最足見魯陽、三鵶爲襄 宛北通汝 洛之軍道者，舉數例如下：

其一，董卓擅朝，義軍四起，孫堅由南陽進兵魯陽，移東[五八]梁東（梁縣即唐之汝州），敗卓軍於陽人，去魯陽百餘里，復進軍大谷，入雒陽。旋還軍魯陽。初平三年，堅征荊州，擊劉表，遂圍襄陽。（三國志 吳書 孫堅傳）

其二，晉 太和元年，南陽督護趙億據宛城降燕，燕遣趙盤自魯陽戍宛。後敗退仍歸魯陽，途經雉城。（通鑑一〇一）

其三，晉 太元三年，秦王 堅數道攻襄陽，其一道征虜將軍石越「帥精騎一萬出魯陽關」。（通鑑一〇四）

其四，北魏 孝文帝 太和二十三年三月庚辰由洛陽南伐，癸未次梁城（即唐 汝州），丁酉至馬圈（今鄧縣東北七十里），庚子帝疾甚，北次穀塘原，甲辰詔徵太子於魯陽踐阼。四月丙午朔，帝崩於穀塘原，梓宮還至魯陽發喪，還京（魏書 孝文紀）。據魏書四五韋閬傳附韋珍傳，此次南伐時車駕亦經魯陽郡。

其五，梁 普通六年，「魏方有事於西北，二荊、西郢群蠻皆反，斷三鵶路。」「時群蠻引梁將曹義宗等圍魏 荊州，魏都督崔暹將兵數萬救之，至魯陽，不敢進。」別遣王羆等「將兵一萬，自武關出，通三鵶路，以救荆州。」（通鑑一五〇）胡注荆州治穰城。檢地形志，是也。又魏書五七崔孝芬傳，荆州刺史李神儁爲梁將圍攻，詔遣孝芬赴援，「路由三鵶，賊已先據。」即同時事。

其六，梁 大同六年，「東魏大行臺侯景出三鵶，將復荆州；魏丞相泰遣李弼、獨孤信……出武關，景乃還。」（通鑑一五八）

其七，賀拔勝爲荆州刺史，史寧爲勝軍司，「隨勝之部。值荆蠻騷動，三鵶路絕，寧先驅平之。」（周書二八史寧傳）

觀此七事，魯陽、三鵶路顯爲由洛陽、汝州南通南陽、鄧 襄之要道，魏書、北周書此類事尤多不勝舉。【五九】

魯陽即唐之魯山縣（今縣），魯陽關在其西南，即三鵶谷路，南接向城縣（今南召東南，南陽北六十里）。三鵶者，自南數之，向城北約十里有百重山，山北即第一鵶路口。漢置雉縣故城及雉衡山以及山南之皇后城，蓋在此地段。又北約六十里有分嶺山，一名分水嶺。嶺北（元志作松嶺東，蓋是；大方向曰北）爲第二鵶路口，即魯陽關，漢故關也（約E112°40'・N33°35'，今交口鎮稍南）。關爲鄧 汝二州分界處，亦即向城、魯山兩縣分界處（正即今南召、魯山兩縣界），南去向城七八十里，北去魯山七十里。自關又東北五十里爲第三鵶，北周置三鵶鎮以禦高 齊，故一名平高城，在魯山縣西南十九里。分水嶺有兩水分流，酈注皆稱爲魯陽關水。一水東北流，蓋逕關北，又逕魯山縣西七里處入滍水（今沙河）。一水南流（今鵶河？），蓋逕關城，南流入淯水（即今白河）。三鵶道蓋即略循此兩水河谷而行者，險峻處在魯陽關地段，酈注云，「左右連山插漢，秀木干雲」，並引張景陽「朝登魯陽關，峽路峭且深」詩以狀之。故魏 孝文南伐，謂「三鵶險惡」，以名將守之也。檢今圖，此一地區，爲伏牛山脈之東段。東側諸山海拔多踰七百公尺，西面諸山海拔多踰一千二百至一千五百公尺以上，關道取途其間之南北分流兩水河谷中，故爲南北交通之險隘。山既高廣，谷深且長，故一遇暴雨，便致谷塞成災，如伊闕也。

魯陽關、三鵶谷道爲重要隘道。唐代志書與寰宇記等有較詳敘說，茲先條錄之。

通典一七七汝州（臨汝郡）魯山縣條云：

「漢 魯陽縣，今有魯陽關。……後周置三鵶鎮，在縣西南十九里，亦名平高城，以禦齊。高 齊則於縣東北十七里置魯城以禦周。」

又鄧州（南陽郡）向城縣條云：

「有魯陽關及魯陽山。……北重山有縣北【六〇】（通鑑一五〇梁 普通六年胡注引通典作『百里山在鄧州 向城縣北。』是也，但山名或當作百重），即是三鵶之第一（胡注引有鵶字）。又北分嶺山，嶺北即三鵶之二鵶也。其第三鵶入臨汝郡（汝州）魯山縣界。」

元和志六汝州 魯山縣目云：

「魯山在縣東北十里。」「魯城在縣東北十七里，高 齊置以禦周。」

「魯陽關水俗謂之三鵶水，經縣西七里。其關三鵶鎮在縣西南十九里，後周置以禦高 齊，亦名平高城。」

又卷二一鄧州 向城縣云：

「魯陽關在縣北八十里（新志亦云向城縣北八十里有魯陽關），今鄧 汝二州于此分境。荆 豫徑途，斯爲險要。張景陽詩云，朝登魯陽關，狹路峭且深。」

寰宇記八汝州 魯山縣條，與元和志略同，有譌字。而云「三雅水南自鄧氏（州之譌）向城縣流入關。」「三雅路在縣西南七十里，接鄧州 南陽縣（按此時向城廢入南陽）界。」【六一】可參考。又卷一四二鄧州 南陽縣附述廢向城縣，下云：

「分水嶺在縣北七十里，山海經（『水經注』之誤，詳下引）云，南水自嶺南流，北水從嶺北注，故俗名此嶺爲分頭嶺，即三鴉之第二鴉也。從此而北五十里，爲第三鴉，入汝州界。」

按「縣北七十里」謂向城故縣之北也。此段有爲他書所未見者。又元大一統志殘卷三六五南陽府古蹟目魯陽關條云：「關去向城古縣八十五里，松嶺山東。」松嶺可能即分嶺之譌。又三鴉路條云：

「在南陽縣北七十里。分二路，東北帶西而行者，謂之三鴉路，中有石山（據嘉慶一統志南陽府卷山川目百重山條，『石』上脫『亂』字）、鯉魚山、柘禽山，即行人來往趨西洛之便路也。石川（山？）爲第一鵶路口，分水嶺爲第二鵶路口，今在汝州界者，第三鵶路口也。」

此條亦有助三鵶路之研究。

再上考水經注三一述魯陽關之形勢。滍水注云：

「滍水右合魯陽關水。水出魯陽關外分頭山 橫嶺下夾谷，東北入滍。」【六二】（據下文，水入滍處在魯山以西，而魯山在滍水北。滍水即今沙河。）

淯水注云：

「淯水……又東，魯陽關水注之。水出魯陽縣 分水嶺，【六三】南水自嶺南流，北水從嶺北注，故世俗謂此嶺爲分頭也。其水南流逕魯陽關。左右連山插漢，秀木干雲，是以張景陽詩云，朝登魯陽關，峽路峭且深；亦司馬芝與母遇賊處也。關水歷雉衡山西，南逕皇后城西，建武元年，世祖遣侍中傅俊持節迎光烈皇后于淯陽。……皇后道路歸京師，蓋稅舍所在，故城得其名矣。山有石室，甚飾潔，相傳名皇后浴室，又所幸也。關水又西南逕雉縣故城南。……光武獲雉于此山，以爲中興之祥，故置縣以名焉。關水又屈而東南流注于淯。淯水又東南流逕博望故城東，【六四】郭仲產曰，在郡東北百二十里。」

按上引諸文，大都述說途經里距甚明，但尚有須先作一番說明或補證者。其一，上引元統志殘卷云石川爲第一鵶，在南陽縣北七十里。又據一統志南陽府卷古蹟目，向城故城條引元統志，向城縣在南陽縣北六十里，則第一鵶當在向城縣北十里。其二，第二鵶魯陽關南去向城之里數有七十、八十、八十五三說，八十五里之說見元統志，唐代志書非七十里即八十里，則魯山至向城間少爲一百四十里，多則一百五十里。其三，魯陽關，張景陽詩已云爲關，是西晉世。新唐書 地志鄧州 向城縣北八十里有魯陽關；汝州 魯山縣「有漢故關」，即魯陽關也。是謂漢代已置關，似可信。其四，雉縣、皇后城，據酈注所記，似應在道上。復考通鑑一〇一晉 太和元年十二月，「南陽督護趙億據宛城降燕。……燕人遣南中郎將趙盤自魯陽戍宛。」二年，「荊州刺史桓豁（略）攻宛，拔之。趙億走，趙盤退歸魯陽。豁追擊盤於雉城，擒之。」是魯陽當宛 洛通道之又一證，而雉縣亦居此道上也。據寰宇記一四二鄧州 南陽縣目附記廢向城縣，雉衡山在其境。

檢一統志南陽府卷古蹟目，雉縣故城在南召縣南，引元統志，故城在南陽縣北八十里豫山後。則在向城北當約十里、二十里，正在第一鵶地段也。其五，今圖係指張編圖集第三冊河南兩圖，中國地圖集 河南省圖及ONC-G-9。今圖有交口鎮，在E112°40'・N33°40'稍南，雲陽鎮在E112°44'・N33°25'，皆當南北汽車道，蓋即古魯陽關之南北也；張編地圖集，交口正在今魯山、南召交界稍北處，疑更近古魯陽關。檢一統志汝州卷山川目，交口山在魯山縣西南五十里，兩山相交故名。正當在古魯陽關稍北一二十里，然則今圖之魯山、南召分界線正即唐代魯山 向城分界線，亦汝、鄧兩州分界線也。又ONC圖，此地區有一水東北流至魯山縣城之西南，入汝水；【六五】另一水南流入白河，蓋即酈注之南北兩魯陽關水也。其六，舊三七五行志，開元八年，「鄧州 三鵶口大水塞谷，……漂溺數百家」，出大蛇十圍以上。新三六五行志同。按豫西崇山多深谷，大雨暴至，易至谷塞，伊闕最爲顯著，已詳上文。三鵶口形勢略同，而谷道較伊闕深長得多，故更易致大水塞谷也。惟去都城較遠，故少記載耳。依據上引諸史料，再參以此六點說明與補證，可綜述如綱文。孝文謂「三鵶險惡」云云，見魏書四五韋珍傳。

據此所考，魯陽關 三鵶谷路，南自向城北至魯山一百四五十里。據元和志，魯山北至汝州一百五十里，向城西南至鄧州一百九十里；汝 鄧交通若取此魯陽關道經魯山、向城，則全程爲四百八九十里，與通典、元和志所記汝、鄧官道之里距極相合。知兩書所記之官道當即取魯陽關路，中經魯山、向城也。而宛 葉道則較迂。下文再考汝州至魯山與向城至鄧州之行程所經。

魯山縣因縣東北十里有魯山受名。北至汝州一百五十里，而實中經龍興縣（今寶豐E113°2'・N33°52'），置龍興鎮，即由汝州東南行九十里至龍興，在汝水南四十五里，又西南六十里至魯山縣也。縣東北十七里有高 齊所置魯城，以禦周，必在道上。龍興縣城「本通鵶城，即後漢 賈復城也」。「後魏 太和二十三年，孝文親征馬圈，【六六】行至此城，昏霧，得三鵶引路，遂過南山，故號通鵶城。」魯陽關路有三鵶之名，蓋亦本此。

綱文龍興縣城下所引原文，見元和志六汝州 龍興縣目。是南北官道必經龍興縣。按元和志云，龍興縣在汝水南四十五里，西北至州九十里，魯山縣北至州一百五十里。寰宇記八，同。檢視今圖，今道正由汝州東南繞經寶豐，折西南至魯山，寶豐、魯山間正約六十里之譜，蓋爲山岳所限，勢必繞道而行。龍興置鎮，見三水小牘上。

魯山及魯城皆見元和志魯山縣目，已引詳上文魯陽關 三鵶路條。

由魯山縣南行，中經魯陽關 三鵶谷道凡一百三十五里或一百四五十里至向城縣（今南陽東北六十里，約居南陽、南召兩縣間）。【六七】縣置驛，名稱無考，可能即以縣名。向城又南二十里至西鄂故城，張衡故宅餘址猶存。又南五十里至南陽縣，有南陽驛。

魯山至向城里程已詳前。元和志二一鄧州：向城西南至州一百九十里，南陽縣西至州一百二十里。寰宇記一四二，鄧州有南陽縣，在州西北一百二十里，「西」當作「東」。據此，向城至南陽當七十里。元統志云六十里，無大異。

元結請省官狀上來大夫（全唐文三八一），「方城縣舊萬餘戶，今二百戶已下，其南陽、向城等縣更破碎於方城。……今河路阻絕，郵驛在其供承……」云云。是方城、南陽、向城三縣必皆有驛，南陽有南陽驛，方城有方城驛，詳下文，向城蓋亦名向城驛歟？

西鄂故城及張衡宅亦見元和志向城縣目。淯水注，「淯水又東南逕西鄂故城東。」「淯水又南，洱水注之。水山弘農郡 盧氏縣之熊耳山，東南逕酈縣北，……又逕西鄂縣南。水北有張平子墓，……有平子碑。……余夏景驛途，疲而莫究矣。」是酈氏旅途，親經其地，是亦當驛道矣。

南陽驛，見孟浩然等人詩，已詳篇十六藍田武關驛道。

南陽即漢之宛縣，西由武關入長安，北由魯陽入洛陽，故爲東西兩都南通江 漢大道之會口，史公已稱「宛亦一都會」，王莽立天下五市，宛爲南市，正以交通形勢使然，故張衡有南都之目。唐代此一地區之政治中心雖移在穰縣，爲鄧州治所，長安出武關驛道直通穰城，但仍有驛道經南陽與洛陽南行之驛道相會合，始西南至穰縣，故南陽仍爲繁會之地。

按漢書 高祖紀，沛公戰雒陽東，從轘轅至陽城，與南陽守齮戰犨東，破之。遂南略南陽郡，齮走保城守宛，旋降附，沛公乃攻武關入秦。犨縣在今魯山縣東南五十五里，是正南陽當洛陽南下、長安東南出之交通會點之顯例。史公語見史記 貨殖傳；王莽五市，見漢書 食貨志。張衡有南都賦，載文選卷四。長安出武關驛道，詳篇十六藍田武關驛道。

南陽西南一百二十里至鄧州治所穰縣（今鄧縣），州「道百越之繁會，爲兩都之南蔽」。又南一百八十里至襄州，並詳藍田武關驛道篇。

（三）洛陽鄭汴南取許蔡桐柏三關通漢東道[六八]

元和志云，洛陽「東南取崿嶺路至陽翟縣二百四十里，從縣至許州九十里。」即由洛陽向東微南行六十三里至緱氏縣（今緱氏鎮或不遠處），又東南中經緱嶺（緱氏山）三十七里至崿嶺，又約九里至轘轅關，又約二十六里至登封縣（今縣約E113°・N34°28'）。高宗將有事於中岳，分陽城 緱氏置，去洛陽一百三十五里。嵩高山（太室）在縣北八里（主峰海拔1260公尺[六九]）；啓母祠在縣東北七里；少室山在縣西十里（主峰海拔1440－1466公尺[七〇]），潁水所出。登封大道東南行通過兩山之間，凡三十五里至告成縣（今登封東南告成鎮），本漢 陽城縣，即夏禹所居之陽城也。武后 萬歲登封元年因封中岳更名。又自鞏縣南經羅口踰方山（嵩山北，汜水縣東南三十二里）亦至告成，此則嵩山中一小道也。告成又東南七十里，中經陽關聚至陽翟縣（今禹縣），漢 潁川郡治。唐中葉以後，以地處要衝，置陽翟鎮遏使。陽翟又東南九十里至許州治所長社縣（今許昌）。

元和志云云，見卷五河南府八到目。[3] 按周書一九宇文貴傳，東魏 潁州長史賀若統據潁川來降，貴自洛陽率步騎救之，軍次陽翟，遂入潁川。潁川即唐之許州。此爲稍前之史例。又元和志河南府 陽翟縣，亦云西北至府二百四十里。而寰宇記七許州目，陽翟隸許州，在州西北九十里，與元和志同。餘並詳前文及元和志河南府各縣目。惟禹都陽城、陽翟鎮、陽關聚及羅口 方山道，下文另標目詳之。據綱文引元和志河南府八到目，東南至許州三百三十里；而許州卷作三百四十里。通典兩目分別作三百二十里、三百三十里，都無大異。按通鑑六二，漢 建安元年，「（獻帝）車駕出轘轅而東，遂遷都許。」又八六晉 永嘉二年四月，王彌入許昌，五月入自轘轅，敗官軍於伊北，遂至洛陽。是皆出此道也。

緱氏縣、緱嶺　史記 曹相國世家，「從攻陽武，下轘轅、緱氏，絕河津。」通鑑二〇六聖曆二年「二月己丑，太后幸嵩山，過緱氏。」「丁酉，自緱氏還。」又宋之問奉使嵩山途經緱嶺（全唐詩一函十冊之問集一）。是皆行此道，由轘轅經緱氏至洛陽也。曹參世家 正義引括地志，「轘轅故關在洛州 緱氏縣東南四十里。」元和志五河南府 緱氏縣，西北至府六十三里。緱氏山，在縣東南二十九里（寰宇記作二十里）；轘轅山在縣東南四十六里；鄂嶺坂在縣東南三十七里。是由洛陽東南經緱氏縣，緱氏山即緱嶺，又經鄂嶺至轘轅關也。一統志河南府卷古蹟目，緱氏故城在偃師縣二十里。【七一】今圖有緱氏鎮，里距相當，當即其地，今仍爲汽車路所經。

禹都陽城　此爲古老傳說，而實頗足信採，今告成 登封 臨汝 偃師一帶發現二里頭文化遺址甚多，詳拙作夏代都居與二里頭文化（大陸雜誌第六十一卷五期、嚴耕望史學論文選集）。

陽翟鎮　唐末置陽翟鎮遏使，見新五代史四三氏叔琮傳。權德輿請加置留

3 中華地志叢刊本校勘記：「考證：東南官本作西南，是。」按實東南爲正。

鎭兵二千人狀（全唐文四八七），「陽翟當蔡州要路，鎭兵不滿三百人。」蓋當東通許 蔡之路也。

陽關聚　後漢書 光武紀，王莽遣王尋 王邑將兵百萬到潁川，光武將數千兵，徼之於陽關。李賢注：「聚名也。酈元水經注曰，潁水東南逕陽關聚，聚夾潁水相對。在今洛州 陽翟縣西北。」

羅口 方山道　通鑑一八三隋 義寧元年二月「庚寅，（李）密、（孟）讓將精兵七千人出陽城，[七二]踰方山，自羅口，襲興洛倉，破之」（按此出隋書 李密傳）。胡注：「隋志，陸渾縣有方山，鞏縣有興洛倉。魏收地形志，鞏縣有長羅川。羅口蓋即長羅川口。水經，羅水出方山，西北流，謂之長羅川，又西北過訾城東北，而入于洛。括地志，方山在洛州 汜水縣東南三十二里，汜水所出也。」同書一八六武德元年，又見羅口之名。胡注，「自襄城北出則羅口。」按胡注引地形志、水經注、括地志，是也。此爲嵩山北脈之一小山；引隋志陸渾 方山，地太遠，非其地也。

又許州西經汝州亦至東都。許 汝間，諸志書多作一百八十里，不知所經。惟元和志云，汝州東至許州二百三十里，則取道襄城（今縣）也。襄城東北潁橋鎭亦在通許州道上。

此已詳第二節伊闕南取魯陽三鵶通鄧襄道。

許州治所長社縣（今許昌）。元和志陳 許節度使（忠武軍）治此。漢末曹 魏 許都 許昌故城在城東約二三十里。按許州地居洛陽之東南，鄭州之正南，汴州之西南，故自古爲一交通都會之地。其正北通鄭州道，俟第四節再詳。其東北至汴州道，志書所記二百三十里，中經尉氏縣（今縣），蓋亦經鄢陵縣（今縣），鄭伯克段於鄢，晉 楚戰於鄢陵，漢置縣，故城在縣西北十八里。

許 汴距，元和志作二百三十里，寰宇記作二百一十五里，通典兩州目分別作二百三十里、三百三十里。「三百」顯譌。[七三]則唐人志書二百三十里也。考通鑑二二七、二二八，建中三年，李希烈徙鎭許州，自稱天下都元帥，與李納謀共襲汴州，遣別將董待名取尉氏。又二四二，長慶二年，李岕據汴州，自稱留後，忠武節度使李光顏將兵二萬五千討李岕，屯尉氏。是尉氏在許 汴道中。胡注：「尉氏，在汴州西南，許州東北。」檢元和志七汴州，尉氏縣北至州一百里。寰宇記一開封府，同。紀要四七開封府 尉氏縣，「府南九十里，西南至許州百三十里。」其和二百二十里，正約許汴之里距。又元和志，許州領鄢陵縣，西南至州七十五里。寰宇記一開封府，領鄢陵縣，在府南一百五十里。[七四]其和二百二十五里，亦正即許汴間之里距。按今道由開封經尉氏、鄢陵至許昌，蓋即古道也。鄭伯事、晉 楚戰事，皆據元和志、寰宇記書之。

漢 魏 許昌故城　元和志許州 許昌縣，「故許昌城，縣南四十里，即許國故城。許昌宮在許昌故城中。楊修作許昌宮賦，即此宮也。」寰宇記七許州 許昌縣，同。按兩書皆云許昌縣在州治長社縣東北五十五里，則許昌故城當在州城之東約二三十里之譜。檢紀要四七，許昌城（漢 魏城）在州東三十里，蓋是。

州置驛，蓋許州南北道通常皆置驛也。

唐會要七〇州縣改置目上河南道 仙州條，開元十一年欲廢仙州，崔沔議曰：「若以州管皆新戶，驛長難供；唐 許州路僻戶少，均出旁州，非無成例。」則唐州 許州於開元中皆置驛也。

許州東南六十里至臨潁縣（今縣），在龍脾岡上，岡東西長五十里，沃壤可居。又東南六十里至郾城縣，舊在溵水南，開元十一年，因大水，移治水北（今郾城）。郾城當「陳 宋之衝，淮 河之會，舟車輻委」，為南北軍道之要。齊 桓公伐楚，盟諸侯於召陵，故城在縣東四十五里。唐 元和中伐淮西 吳元濟，裴度以統帥駐郾城督諸軍，築城於郾城東南二十里之沱口；吳元濟重兵駐郾城東南三十里之洄曲以禦之；皆當在道上。由郾城東南經沱口、溵曲，蓋一百一十里至上蔡縣（今縣），在汝水東十五里，蔡岡西十里。縣東有武津館。又七十里至豫州治所汝陽縣（今汝南，E114°20'・N33°），寶應元年，避代宗諱，更名蔡州。「商旅殷繁」，爲汴 宋以南之一大都市。【七五】

元和志八，許州「正南微東至蔡州三百里。」而寰宇記七，作三百二十里。又一一蔡州目，里數同，惟譌許爲海。通典一七七兩州目亦皆作三百二十里。當從之。然郾城縣，元和志南隸蔡州，東南至州一百八十里；寰宇記北隸許州，西北至州一百二十里。是郾城在兩州道中，里距之和三百里，故姑取大數。

豫州更名及治所，皆據元和志、寰宇記書之。惟元和志九，蔡州治所，或作汝南。按寰宇記治汝陽，云「汝南縣城，唐 貞元七年正月，割汝陽縣汝水之南地置縣。續元和十三年勑停，以地復歸汝陽縣。」則汝南置縣甚暫。「商旅殷繁」，見隋段濟墓誌（芒洛冢墓遺文續上）。【七六】

召陵地望，見元和志及寰宇記。郾城當軍道之要，爲南北用兵必爭之地，觀兩書引宋 元嘉二年劉緬說可知。綱文「陳 宋之衝」云云，見唐郾城縣丞張孚墓誌（八瓊五六）。唐中葉伐吳元濟，爭郾城及元濟重兵駐溵曲事，詳通鑑二四〇元和十二年紀。胡注：「蓋溵水於此回曲，因以爲名。」檢紀要四七郾城縣目，溵曲在縣東三十里。縣有蔡水，在城東南五里，即汝水也。又有澧河經縣南境，至縣東合汝河東南流，其處謂之溵曲。則溵曲實當在城東南。檢一統志許州卷山川目，作縣東南三十里。是也。當近大道。

沱口　通鑑二四〇元和十二年，裴度征淮西，駐節郾城，「帥僚佐，觀築城於沱口；董重質帥騎出五溝，邀之，……勢將及度。」胡注：「九域志，郾城縣有沱口鎮。」一統志許州卷關隘目，沱口鎮在郾城縣東南二十里。是沱口與溵曲北南相接，當皆在道也。

關於許 蔡間所經，前文已明中經郾城。按許州東南至郾城一百二十里，據元和志、寰宇記，臨潁在州東南六十里，就方向里據【七七】言，參以今道，知唐代臨潁當亦在許州至郾城道中。通鑑二三五，貞元十五年八月，陳 許節度使曲環蕘，蔡州吳少誠遣兵掠臨潁，敗陳許留後兵，遂圍許州，即此道也。

上蔡縣　元和志九蔡州目，在州北七十里；蔡岡在縣東十里，周廻五十里。汝水西去縣十五里。寰宇記蔡州目，作州北五十五里，又「十五」作「五十」。按「五十」蓋乙譌。檢紀要五〇汝寧府，上蔡縣在府北七十五里，一統志汝寧府卷作七十里，知元和志爲正。按紀要又云，上蔡北至許州郾城縣百里，則元和志郾城東南至蔡州一百八十里者，當中經上蔡，與今道同。

武津館　舊三五天文志，開元十二年測影，蔡州上蔡縣武津館，北極高三十三度八分。檢一統志汝寧府卷古蹟目，武津故城在上蔡縣東；劉宋置縣；魏書地形志，汝陽郡武津有武津城。蓋開元時代見置館。

上文所考爲蔡州（豫州）北取許州至東都道。別一路由蔡州西北行二百八十里至汝州襄城縣（今縣），蓋中經上蔡、郾城，至襄城也。襄城西北一百四十里，中經郟城縣（今郟縣）至汝州，又西北至東都。裴度督諸軍討淮西，即取此道經襄城縣，過白草原（縣東二十五里）至郾城入蔡州。韓愈由蔡州回京，亦取此道，經郾城，襄城，郟城縣神龜驛而西也。

元和志六汝州，「南至蔡州四百五十里。」寰宇記八汝州目，同，作東南，更正確。惟不言所經。檢通典一七七荆河（豫）州，「西北到臨汝郡（汝州）襄城縣二百八十一里。」【七八】寰宇記蔡州目，同，云二百八十四里。襄城西北至汝州一百四十里，即蔡州西北取襄城路至汝州四百二十餘里也。與四百五十之數略合。按前考蔡州向北微西經上蔡至郾城一百八十里。檢一統志許州卷，郾城縣「西北至襄城縣治一百十里。」其和二百九十里，正約通典所記之里程，知通典二百八十里之說即中經上蔡、郾城也。通鑑二四〇，元和十二年，裴度爲淮西諸軍宣慰處置使，「過襄城南白草原，淮西人以驍騎七百邀之。鎭將（略）擊卻之。」度「行元帥事，以郾城爲治所。（八月）甲申，至郾城。」則度之赴郾城正取道襄城也。

一統志許州卷山川目，「白草原在襄城縣東二十五里。」
韓愈由蔡州回京取道襄城及郟城 神龜驛，已詳上節汝州東南通許州道條。按韓氏宿神龜驛詩之前首爲過襄城詩云，「郾城辭罷過襄城，潁水 嵩山刮眼明；已去蔡州三百里，家人不用遠來迎。」（朱校昌黎集一〇，全唐詩五函十冊愈集九。）是由郾城直西北趨襄城，故云三百里；非經過許州也。

又蔡州直北約四百七十里至汴州。此即汴州南通淮上、江 漢交通幹線之首段。其途中所經可考者有鄢陵縣（今縣），郾城縣（今縣），是亦當經尉氏、上蔡兩縣也。

通典一七七，汴州「南至汝南郡五百里。」寰宇記一開封府，同。而一一蔡州，作「北至東京（開封）四百七十里。」檢九域志一蔡州，去東京四百五十里。又云「北至本州界一百里，自界首至東京三百五十里。」今姑折衷作四百七十里。其所經之縣有可考者：通鑑二三四貞元九年，宣武都知兵馬使李萬榮逐節度使，自攝留後事。淮西節度使吳少誠聞變，發兵屯郾城，有窺伺汴州意。是郾城當蔡 汴道也。又二六七梁 乾化元年，蔡州兵亂，王存儼定之，自領州事，以眾情馳奏。東京（汴州）留守博王 友文發兵討之，兵至鄢陵。是鄢陵亦當蔡 汴道也。則尉氏、上蔡必亦爲大道所經無疑。又按通鑑二五五中和四年五月，黃巢「引兵東北趣汴州，屠尉氏。」舊 僖宗紀，是年四月，黃巢「退保偃城」。【七九】五月「癸亥，沙陀追黃巢而北。丁卯，次尉氏。」是黃巢由偃城欲東北趣汴州，途經尉氏也。是尤當偃城北通汴州道之證。【八〇】

復按習鑿齒襄陽記曰，楚有北東兩津，「其東則從漢津渡江夏，出平皋關也，通陳 蔡 齊 宋之道。」此節所考即其道也。是蔡 陳東北經宋至齊爲古代交通之一幹線，以唐道擬之，由蔡州東北經五樓、溵水縣（今商水）二百二十里或二百六十里至陳州（今淮陽），或亦當經上蔡縣（今縣）。又東北經柘城縣（今縣）二百二十五里或二百八十里至宋州（今商邱）。又東北經虞城（今縣西南三里）、單父（今單縣南半里）、金鄉（今縣）、任城（今濟寧）四縣，凡四百一十七里至兗州（今滋陽西二十五里）。又東北即魯 齊之道矣。

習氏襄陽記，第四節有詳引。據前諸鄰州相距里數圖，蔡州東北至陳州有二百二十里、二百六十里兩說，陳州東北至宋州有二百二十五里、二百八十里兩說，其餘殆字形之譌。宋州東北至兗州，通典宋 兗兩州目，皆云四百一十七里，寰宇記宋州目，同。元和志兗州目作四百里者，取大數也。

蔡 陳間所經　通鑑二三五，貞元十六年二月，以韓全義爲蔡州四面行營招討使，統諸軍討吳少誠。五月，與少誠將吳秀、吳少陽戰于溵南廣利原，兵敗，退保五樓。七月，全義與少誠軍戰于五樓，復大敗，退保溵水縣城。九月，少誠逼溵水（縣），全義退保陳州。是溵水縣在蔡 陳道上也。胡注：溵南，溵水之南，五樓在溵水縣西南；九域志，溵水縣在陳州西南八十里。檢申報館中國分省新圖，汝南東北至淮陽舊道，中經商水 上蔡，蓋即古道也。

陳 宋間所經　元和志七宋州，柘城縣東北至州一百一十里。寰宇記一二，云在宋州西南八十里，雖里數有異，然就方位言，當在道上。寰宇記，「泓水在縣西北三十五里，春秋僖公二十二年，宋人及楚人戰於泓。」按此即宋 襄公不禽二毛，不鼓不成列故事，正見其地當宋 楚大道也。

宋 兗間所經　宋州東北至兗州四百一十七里。按寰宇記一四單州，本宋州之單父縣，朱 梁 開平初，單父縣置鄆州，後唐 同光二年改鄆爲單州。西南至宋州一百五十里，[4] 東北至兗州二百七十里，其和四百二十里，則宋兗四百一十七里者，必取單父路也。又通鑑二一二開元十三年，帝東封泰山，還至宋州，是由兗州至宋州也。游芳任城縣橋亭記（萃編八三）云，開元十三年「告成於岱，……玉軑【八一】之旋也，則南指陳 宋，故行宮御路，次夫任城焉。」則兗州西南至宋州，道經任城也。按今圖，商邱東北至瑕邱大道，中經虞城、單縣、金鄉、濟寧四縣，此皆唐縣，惟任城今名

[4] 按記云宋州北至單州一百八十里。然元和志，宋州 單父縣在州東北一百四十九里。則東北一百五十里爲正。

濟寧，單父今名單縣耳。疑今此道全程亦唐道也。

蔡州治所汝陽縣即古懸瓠城，汝水經縣西南二里，屈曲若垂瓠，故名。漢 汝南郡治平輿，在城東六十二里。懸瓠爲南北朝兵爭之名城，元和志淮西 申 光 蔡節度使治此。地當中原海 岱地區南入淮上江 漢諸道之樞紐，故自古爲重鎭也。

州治懸瓠故城及其地貌見元和志、寰宇記。水經注二一汝水注，「汝水又東逕懸瓠城北，……今豫州刺史汝南郡治此。[八二]城之西北，汝水枝別左出，西北流，又屈西，東轉，又西南會汝，形若垂瓠。」狀其地貌尤顯。[八三]按懸瓠城爲南北朝時代南北戰爭中極著名軍事要地，先屬劉 宋，置司州；後入魏，置豫州 汝南郡，兼置懸瓠鎭將。詳拙作魏晉南北朝地方行政制度北朝第十一章北魏軍鎭，參元和志、寰宇記蔡州目。紀要五〇汝寧府 汝陽縣目平輿城條，錄晉 南北朝時代懸瓠城事甚詳，可參看。而以爲在平輿縣。按元和志，平輿縣在蔡州治所汝陽縣東六十二里，一統志仍採元和志、寰宇記之說，是也。紀要誤繫。

蔡州南行有西東兩道，分別至申州與光州。先考西道。蔡州正南微西二百七十里至申州治所義陽縣治之仁順城（今信陽），在淮水之南三十七里，溮水北岸。其道蓋由蔡州南取眞陽縣（今正陽北），但亦可能西南取朗山縣（今確山），里距略同，未能定也。但不論何線，四望故城（今確山東南七十里）、白狗故城（眞陽西南七十里，蓋近淮水北岸）皆與大道相近。

元和志九蔡州目，南至申州二百五十里，而申州目作北至蔡州二百八十里。檢通典一七七，汝南郡（蔡州）南至義陽郡（申州）二百六十里；一八三，義陽郡北至汝南郡二百六十八里。又寰宇記一二二信陽軍[八四]（即申州）目，與元和志相同；而一一蔡州目，則云南至申州二百六十八里。

蓋通典最正，大數二百七十里也。明 清志書云南北距二百七十里（詳後文），即唐代里距矣。

申州治所義陽縣　舊唐志云，魏立義陽郡，晉「自石城移居仁順，【八五】今州理也。」檢一統志汝寧府卷古蹟目，義陽故城在今信陽州南四十里，「亦曰仁順城。」紀要五〇信陽州目，同，惟不言仁順城。是皆以爲在今信陽縣南四十里也。按元和志，申州治義陽縣，「淮水西自唐州 桐柏縣界流入，東北經縣，去縣三十七里。」寰宇記信陽軍 信陽縣目，同。檢紀要五〇信陽州，淮水在州北四十五里，城北五十里有長臺渡。一統志汝寧府卷津梁目，長臺渡在信陽州北五十里。關隘目，長樂關一名長臺關，在州北五十里。檢張編地圖集・河南人文圖及ONC-G-9，信陽北淮水上有長臺關，即渡口也。以此里距爲準，信陽之北，淮水最近信陽城處正約三四十里，則唐之申州即在今信陽縣治，不在更南四十里也。且紀要五〇，汝寧府 信陽州目，州在府西南二百七十里。一統志汝寧府卷，同。是唐之蔡州申州間里距與今汝南、信陽間里距略同，亦唐之申州當即在今信陽，不得更南四十里之旁證。復考水經注三〇淮水注，淮水又東得獮口，水源南出大潰山，東北逕仁順城南，故義陽郡治。舊治在獮水南石城山上，因梁希（？）侵逼，徙治此城。則仁順城在獮水之北，今獮水之名仍存，經今信陽城之南，可信古仁順城即今信陽；指謂南四十里者，蓋更古之石城山故治耳。

真陽縣、朗山縣　元和志，蔡州 真陽縣，「北至州一百里。淮水經縣南，去縣八十里。」寰宇記，同；惟「一百」作「八十」。按真陽在今正陽縣北。檢紀要五〇汝寧府，信陽州在府西南二百七十里。又一統志汝寧府卷，信陽州在府西南二百七十里，東北至正陽縣界七十里；而正陽縣在府南一百二十里，西南至信陽州界七十里；則府南取正陽，又西南至信陽，共二百六十里，與二百七十里之數相近，今圖已通汽車。而此道方向里距適與唐 宋志書記蔡州至申州之道合，疑即唐道經真陽也。但元和志蔡州目，朗山縣東北至州九十一里，淮水經縣理南，去縣百二十里。寰宇記，同。前引兩書，申州在淮水南三十七里，則朗山南至申州約一百六十里，則元和志蔡州目云南至申州二百五十里者，即可能西南取道朗山縣再南行至申州也。按朗山縣在今確山縣治。檢紀要汝寧府，確山縣在府西南九十里，南至信陽州一百七十里，其和亦二百六十里，是汝寧府南至信陽二百七十里，亦有取道確山之可能，即唐道亦有可能也。故疑不能定。

四望故城　魏書 地形志中，蔡州治鮦陽縣 新蔡城，新蔡郡治四望城。元和志，蔡州 朗山縣，「四望故城在縣東南七十里。後魏 太和十一（？）年，豫州刺史王肅於四望陂南築之以禦梁。【八六】梁 太清二年，豫州刺史羊鴉仁以二魏交逼，糧運懸斷，乃棄懸瓠，歸於義陽。上表曰，臣輒率所領，縮還舊鎮；仍命【八七】夏紹等停四望城防備。即此城也。」寰宇記，同。【八八】據此所記，四望城必當蔡州、申州要道，就方位里距言之，當在朗山南行道中，亦可能在真陽南行道中也。

白狗故城　魏書 地形志中，西淮州治豫州界白苟堆。首淮川郡爲州治。領縣二，首真陽縣。是白苟堆當在真陽縣境。寰宇記蔡州目，真陽縣「本漢慎陽縣地。……梁爲白狗堆戍於此。故後魏將堯雄曰，白狗，梁之北面重鎮。即此。」又云「白狗城在縣西南七十里。」參看紀要五〇汝寧府 真陽縣 白苟城條、一統志汝寧府卷古蹟目。在真陽西南七十里，固可能在真陽西南行道上，亦不能排除在朗山南行道上之可能。檢張編地圖集，確山南道與正陽西南行道在淮水之北已合爲一道，其會合點明港，正約在正陽西南七十里處。

宋初，信陽見有白雪〔雲〕驛，疑承唐 五代之舊。

輿地紀勝八〇信陽軍景物目下引王得臣麈史【八九】：「鄭工部文寶將漕陝西，……後謫（監）郢州 京山縣稅，【九〇】過信陽軍之白雪驛，作詩云：……五原功業有誰知，……白雪關頭一望時。」據宋史 文寶傳，少事南唐，以太宗末得罪南遷，時入宋不過三十餘年，疑此亦唐 五代舊驛也。又「白雪」字，五代詩話三引麈史【九一】作「白馬」；又一統志汝寧府卷關隘目，「舊有白雲驛，在州東北，宋置，明廢。」則「白雪」可能爲「白雲」之形譌；「白馬」則誤。

申州古申國也，魏 文帝始置義陽郡，宋 元嘉末置司州，後北入魏爲郢州，南入梁復爲司州，周武平齊，改名申州。其地南境，先秦有冥阨之險，爲天下九塞之一，即左傳大隧、直轅、冥阨三隘。南北朝置西中東三關，曰平靖，曰黃峴，曰武陽，是爲義陽三關。至唐，分別名爲平靖（今關）、百雁（今武勝關）、禮山（今九里關）三關，並爲南北交通重要隘道。

申州沿革詳元和志九申州目。志本作義陽縣，當作郡，參校勘記引考證。[九二]
冥阨三關別詳篇五七桐柏山脈諸關道。

三關之中，蓋尤以平靖關爲主道。申州西南行二百六十里至安州治所安陸縣（今縣E113°40'・N31°16'）。道由申州西南行九十里至平靖關（今關E113°55'・N31°50'）。又六十五里至應山縣（今縣），又一百零八里，至安州。應山南道中，有大化鎮，在州北九十里。

元和志九申州，「南至安州二百六十里。」卷二七安州目不記。檢通典一八三，申州「南至安陸郡二百五十七里。」安州「北至義陽郡二百五十里。」寰宇記一三二，信陽軍（申州）「南至安州二百五十里」，安州「北至信陽軍二百五十七里。」是安 申南北距二百五十七里，大數二百六十里。

平靖關、應山縣　元和志安州目，應山縣南至州一百八里。「平靖關因古平靖縣爲名。……在州北一百七十里，在縣北六十五里，北至申州九十里。」又申州目義陽縣，「故平靖關城在縣南七十六里。」寰宇記信陽軍目所記與元和志義陽縣條同。[九三]按元和志應山縣條書事最分明。且關至申 安兩州之和正爲二百六十里，知此關爲主道，且經應山縣也。故今據書之如綱文。其平靖關別詳桐柏山脈諸關道。又按元和志兩條記事，平靖關在義陽縣南有九十里、七十五里之異者。按水經注三〇淮水注，溮水「逕仁順城南，故義陽郡治。……晉 太始初……本治在石城山上，因梁希

（？）侵逼，徙治此城。」檢元和志申州 鍾山縣「西至州四十里。[5] 淮水經縣北四十里。」「石城在縣西南二十一里石城山上，本晉 義陽縣所理。」而史記 魏世家 正義引括地志，有石城山事，而「西南」作「東南」。未知孰是。但義陽故治之石城在州之南無疑，其去平靖關應較近；七十五里之說可能爲更早期（義陽治石城時代）之紀錄歟？

舊一五一伊慎傳，「進兵圍安州，……（李）希烈遣其甥劉戒虛將騎八千來援，慎分兵迎擊，戰于應山，擒戒虛。」新八〇曹王臯傳及通鑑二三一興元元年紀，並同。按希烈爲淮西節度，在蔡州，其出兵安州 應山，必取道申州也。下引通鑑條亦其例。

大化鎮　通鑑二八二晉 天福五年，安州 李金全叛，降唐，帝遣馬全節、安審暉以汴 洛 陳 蔡 唐 申之兵討之。唐遣鄂州屯營使李承裕將兵「入據安州」，五月【九四】「甲辰，馬全節自應山進軍大化鎮，與承裕戰于（安州）城南，大破之，……入據【九五】安州。丙午，安審暉追敗唐兵於黃花谷。……丁未，審暉又敗唐兵於雲夢澤中，虜承裕。……唐將張建崇據雲夢橋拒戰，審暉乃還。」此條見申州入安 鄂道之行程。胡注，「大化鎮，屬應山縣」。在縣南至安州道上，紀要七七德安府 安陸縣 漴頭鎮條，「大化鎮在府北九十里。」蓋其地。胡注又云「九域志，安州 安陸縣有雲夢鎮。今安陸縣南五十里有雲夢澤。宋白曰，……後魏 大統十六年，於雲城古城置雲夢縣。」按宋白說本之元和志、寰宇記。志又云，雲夢縣北至州七十里，雲夢澤在縣西七里。記云縣在州東南六十里。雲夢澤在州治所安陸縣東南，闊數十里，南接荊湖。按此雲夢澤地今蓋已淤，故諸圖皆不見。黃花谷、雲夢澤皆在安州南通鄂州道上。

申州取百雁（今武勝關）、禮山（今九里關）兩關南行，亦至應山縣及安州。

此詳篇五七桐柏山脈諸關道。

---

5 寰宇記作八十里，一統志引作十八里。紀要亦作十八里。

安州當長安出武關經鄧襄東南行及洛陽鄭汴取許蔡申南行之總道口，以南達江南西道至嶺南，故爲南北交通之樞紐重地。

按前文第一節，安州東北取申蔡路至洛陽。又隨州條，江南西道諸州取隨州路至長安，是必先經安州也。而蘄州、黃州條，乃取安申蔡州路至洛陽，即江西諸州當經蘄黃安州，折北取申蔡路至洛陽也。故安州爲黃蘄以南江西諸州北通長安、洛陽之道口，北行至此而分途也。度嶺南北行出大庾者，亦當以此爲分途也。

安州南行七十里至雲夢縣（今縣），有黃花谷在縣北道中，縣西有雲夢澤，道中又有雲夢橋，蓋相近地。

黃花谷、雲夢澤、雲夢橋皆見前引通鑑二八二晉天福五年條。元和志二七安州，雲夢縣在州南七十里，雲夢澤在縣西七里。

雲夢東南行二百二十里至鄂州治所江夏縣（今武昌），蓋中經黃陂縣（今縣）。鄂州西北取安州路至長安，則安鄂間爲大道也。

元和志二七安州，「東南至鄂州二百九十里。」鄂州，西北至安州里距同。【九六】通典、寰宇記雖不記安鄂間里距，但通典一八三，安州南及東南至漢陽郡（沔州）皆三百十里，寰宇記同。沔州東至鄂州只隔江七里，故元和志里數爲可信。復按元和志，鄂州西北至上都二千二百六十里，安州西北至上都一千九百七十里，其差正爲二百九十里，則鄂州至上都即取安州路也。

前條引通鑑二八二晉天福五年晉唐爭安州事，知安州東南至鄂州道經雲夢縣，縣在安州南七十里，則雲夢至鄂州當爲二百二十里。參地圖形勢，又當中經黃陂。雲夢東南至黃陂約一百二十里，黃陂南至鄂州正約百里，於程恰合。

此蔡 申 安州道雖為南北交通一主線，但因經過桐柏山區，故仍顯相當荒僻，平日行人似亦不多。

張祜途中逢李道實遊蔡州（全唐詩八函五冊祜集一），「征馬漢江頭，逢君上蔡遊；野橋經亥市，山路過申州；僻地人行澀，荒林虎跡稠。」此殆祜遊江 漢間逢李道實將北遊蔡州送別之作，多少可顯示此道交通之狀況。

次言蔡州向南之東道：蔡州東南渡淮水至光州治所定城縣（今潢川），亦有東西兩道。東道東南行六十二里至平輿縣（今縣），又九十里至新蔡縣（今縣），折南行約三十里至褒信縣（今包信集E115°·N32°35'），又南七十五里渡淮水，又六十七里至光州，全程三百二十餘里，大數三百里。西道正南行一百里至眞陽縣（今正陽），又東南一百里至新息縣（明 清及中國圖息縣，張編圖息縣故治，E114°40'·N32°25'），又南五里渡淮水，亦至光州，全程大數約二百五十里。光州西，淮水之南，有嘉鹿館，蓋在通新息道上。

元和志九，蔡州「東南（或譌作北）至光州三百二十里。」光州西北至蔡州三百里。寰宇記一二七光州卷，同。按元和志，光州西北至東都九百二十里，蔡州西北至東都六百二十里，其差三百里，則三百為正，或為大數，其詳則三百二十里也。然通典一七七，汝南郡「東南到弋陽郡（光州）淮水中流為界二百里。」卷一八一，弋陽郡「北至汝南郡 褒信縣 淮水中流分界六十七里。」寰宇記一一蔡州，與通典同，而云二百六里。又光州治所定城縣，「淮水北去縣六十七里。」是總和又為二百七十里上下。復檢九域志一，蔡州東南至光州二百四十五里，卷五光州目作二百五十里，又不同。九域志時代較後，尙可以道路重修或改易為解；通典、寰宇記在元和志前後，而寰宇記蔡州、光州兩目又依違於通典、元和志之間致自相歧異，何耶？按蔡州、光州之間，唐置五縣，皆在淮北，隸屬蔡州，元和志記其去蔡州之方位里距皆甚詳：平輿縣（今縣，見中國圖集）

西至州六十二里，新蔡縣（今縣）西北至州一百五十里，褒信縣（今包信集，E115°・N32°35'）[6] 西北至州一百八十里，真陽縣（今正陽）北至州一百里，新息縣（明 清及中國圖集之息縣，E114°40'・N32°25'）[7] 西北至州二百里。據上引通典所記兩條，蔡 光間路程有取道褒信縣之可能，然元和志褒信縣條又云，「淮水經縣南，去縣七十五里。」則由蔡州東南至褒信一百八十里，又七十五里至淮水，渡淮至光州，共三百二十二里，非通典所記之二百六十七里，反與元和志蔡州目所記相一致。而蔡州南境最靠近淮水之新息縣，元和志云，「淮水自西流入，經縣南，去縣五里。」寰宇記，同。則自縣南淮水北岸西北至蔡州二百五里，卻與通典、寰宇記所記蔡州東南到光州 淮水中流爲界之里數相同。檢中國地圖集，汝南東南通潢川有東西兩道。東道東南經平輿（E114°35'・N32°55'），新蔡（E115°・N32°42'），包信集（E115°・N32°35'），南渡淮至潢川。西道南經正陽（E114°22'・N32°36'），又東南經息縣（即張編圖集之息縣故治），渡淮至潢川。疑唐代實亦有此兩道，東道經褒信縣至光州三百二十二里者，即元和志蔡州目所記之詳數，光州目作三百里者乃大數也。西道經新息縣至淮水二百五里者，即通典與寰宇記蔡州目所記之里程也，渡淮至光州當亦六七十里，九域志所謂二百五十里者，蓋亦就西道而言也。

至於兩道北段所經，觀前引元和志所記平輿、新蔡西北去蔡州之方位里程，無疑當時亦皆在褒信西北至蔡州之道上。【九七】又蔡州南至真陽縣一百里，觀今圖，正陽亦正在汝南、息縣（張編地圖集之息縣故治）之正中間，唐代新息西北至蔡州二百里者，亦正當經真陽也。

嘉鹿館　三水小牘下：「乾符戊戌歲，【九八】大理少卿徐煥……授弋陽郡。……出京，……歷崤、函，度東周，由許、蔡，……既渡長淮，宿於嘉鹿館，則弋陽之西境也。」事又引見廣記三一二徐煥條引。

光州南行有五關通黃州。穆陵關居中，蓋亦爲主道。由州西南行三十里

6 申報館中國分省新圖及张编地圖集息縣移治此。

7 申報館中國分省新圖及张编地圖集・河南人文圖作息縣故治，縣政府移治包信集，一統志云在息縣東北七十里。

至光山縣（今縣），又南一百三十里至穆陵關，在穆陵山上（今經扶、新縣南分水嶺E115°・N31°30'地區）。又南微東一百里至麻城縣（今縣東十五里），又西南一百里或一百一十里至黃州治所黃岡縣（今縣北一百二十里，黃陂東一百二十里，約E114°55'・N30°50'地區[九九]）。穆陵關東一百里有陰山關（今經扶、新縣東，約E115°10'-15'・N31°35'地區），又東有定城關（今商城西南九十里，約鮎魚山水庫）；穆陵關西八十里有白沙關（今經扶、新縣西南），又西六十里有大活關（今大勝關E114°30'-35'・N31°45'）。此諸關皆光 黃兩州之通道也。

此別詳篇五七桐柏山脈諸關道第二節。

黃州西南約二百三十里渡江至鄂州治所江夏縣（今武昌），蓋中經黃陂縣（今縣）。

通典一八三黃州南至鄂州二百八十五里，鄂州北至黃州里數同。寰宇記一一二鄂州目，同。是此數字無奪譌。元和志二七鄂州正北微東至黃州二百里，而黃州目作西南至鄂州二百三十里。是志與通典不相合。按黃州南至鄂州非西取黃陂縣路，即南取邾城故城（今黃岡，即唐末以後之黃州）路。寰宇記一三一黃州西南至鄂州一百五十里。是黃州已南遷後之里距，即邾城故城至鄂州之方向里距。按元和志黃州，大江水經州南一百一十八里，故邾城在州南一百二十里。加一百五十里，與二百八十五里之數不相遠。是通典所記蓋取邾城路歟？又黃州西至黃陂一百二十里，黃陂南至鄂州亦應有此里數。元和志，鄂州「正北微東」至黃州二百三十里，正見取黃陂路矣。復按紀要七六黃州府 黃陂縣 沙武口條，「在縣東南五十里，上連武湖，下通大江，亦曰沙口，……又曰武口。張舜民曰，武口在陽邏洑西北十餘里，距汴京纔十八驛，二廣 湖 湘皆由此而濟。」武口在黃陂、鄂州道稍東，知此道於北宋時代爲南北幹道。又武口西有灄口。紀要同上黃陂縣 灄口城條，「在縣南四十里。水經注，江水逕魯山南，左得湖口水，又東合灄口水。胡氏云，灄口在武口之上，對岸即夏浦。陳 大建五年，郢州刺史李綜克齊 灄口城；唐 天復三年，楊行密遣將李神福圍鄂州，州帥杜洪求救於朱全忠，全忠遣兵屯灄口，爲洪聲援。是也。」此亦見爲南北用兵要地。檢張編地圖集・湖北人文圖，灄口正在今黃陂 鄂州間汽車道上（E114°22'・N30°42'）。其近地今有名盤龍城者，鋤頭考古，發現商代中期文化遺存極豐（一稱早商文化，較殷墟文化爲早），文化形態與鄭州 二里岡早商文化幾完全相一致。詳湖北省博物館等盤龍城1974年度田野考古紀要（文物1976年2期）。足見此道發展蓋極早，至唐 宋迄今承之也。

綜上所考，許 蔡南下，東南取光州踰南山諸關，至黃州，達鄂州；西南取申州，踰三關至安州，亦達鄂州。此中原直南越淮源桐柏山脈抵江 漢之大道也，似又以西線申 安道爲盛。

按此許 蔡南下之光 黃與申 安兩道，雖皆踰桐柏山脈關隘之阻，然山區究不深邃崇峭，未爲極險，故自古利之，以爲南北交通要道。前引襄陽記曰，楚有北東兩津。其東津「從漢津渡江夏，出平皋關，是通陳 蔡齊 宋之道。」平皋關即在桐柏諸關之列，亦即古冥阨之險，於唐即上考之道也。

輿地紀勝七六復州景物目上，引孫宗鑒東皐雜錄曰：「自蔡州南至信陽軍（申州）始有山路險隘，迤邐至安陸（安州），又兩驛至復州，皆平地也。」此主要就申 安路而言，山險地貌不多。今觀地圖，桐柏山脈諸峰除主峰太白頂外，無踰一千公尺者。諸關南北道實頗平坦易行，參看喻宗漢吳師入郢之戰及有關問題探討（楚史論叢 初集）【一〇〇】第二節述九里關之形勢。

襄陽記云云，見寰宇記一四五襄州目引。續郡國志四南郡 襄陽縣 劉昭補注引荊州記，略同。詳下節徵引。

（四）洛陽鄭汴南取宛葉走廊通襄陽漢東道

習鑿齒襄陽記曰：「襄陽……楚國之北津也。楚有二津。[一〇一]從襄陽渡沔（漢水），自南陽界出方城關是也，通周 鄭 晉 衛之道。其東，則從漢津渡江夏，出平皐關[一〇二]是也，通陳 蔡 齊 宋之道。」今考之道即舊楚之北津也。按周 鄭 晉 衛中原南通江 漢流域之荊 楚，中有伏牛、桐柏山脈之阻，惟伏牛東南麓有帶形平地（仄狹處僅二三十公里），西南與南陽盆地相連接，東北與許 鄭 黃河平原相連接，成爲南北交通走廊，此即襄陽記所謂襄陽出方城關北達中原之大道也。

習氏襄陽記見寰宇記一四五襄州目引。續 郡國志四南郡 襄陽縣 劉昭注引荊州記略同，蓋本之習氏書。

秦嶺山脈迆東爲伏牛山脈，東西橫亙於N33°30'線上，高峰海拔多達2000公尺以上，最東端盡處在方城縣東北，海拔仍達686公尺（E113°10'・N33°25'），此即方城山（詳下文）。桐柏山脈起自E113°・N32°20'地區，向東南斜出，至E114°30'・N31°40'地區，[一〇三]接大別山脈，主峰太白頂（桐柏山）亦達1149公尺。[一〇四]而伏牛東北有嵩嶽盤結，主峰1440公尺，伏牛 桐柏間雖屬低山區，然盤結面廣，亦多海拔700-900公尺之山峰。方城縣（E113°・N33°15'）東北地區，東西山脈極相接近，西即方城山，東山有南北兩峰，在北者，海拔534公尺，與方城山東西相對，距離約三十公里；在南者，海拔835公尺，與方城山南北相對，距離約二十五公里。方城山東北即葉縣。故中原與荊 楚之間實阻崇山，惟方城 葉縣地區與東北之許 鄭 黃河平原、西南之南陽盆地，同屬洪積沖積平原地帶，可爲南陽盆地、江 漢流域東北通許 鄭 黃河平原之交通走廊，[8] 故自古利之，爲南北交通幹線也。

---

[8] 地形參看ONC-G-9，张编地圖集・河南人文圖，中國地圖集五二河南省圖、九中國地貌圖、五中國地形圖、六中國地質圖。

按此伏牛山脈東南麓南北走廊大道可追溯上古新石器時代，蓋已交通頗暢，殷 商時代更有進一步之發展，故中原新石器文化與殷 商青銅文化之南播，荆 楚首受其影響。

此點，篇二八荆襄驛道與大堤豔曲・引言已略有說明。

而文獻記載，則當以春秋 魯 僖公四年（B.C.656）屈完「楚國 方城以爲城」一語爲最早之暗示。蓋其時楚國實視伏牛、桐柏兩山脈及其間聯綿不斷之一列長山（由方城縣之東向東南申展至淮水北岸，亦多700-900公尺之山峰）爲北疆之城防，而此天然防線之中段有缺口，在方城山（E113°10'・N33°25'），故四十年後，【一〇五】魯 文公三年，晉 陽處父伐楚「門于方城」也。至魯 昭公十九年，楚大城城父（今郟縣東南四十里），使太子建居之，「以通北方」。城父即在方城之外。亦見方城爲楚之北道要隘，故呂氏春秋以爲天下九塞之一矣。

方城山與長城　左傳五，僖公四年，楚 屈完對齊 桓公曰：「楚國 方城以爲城，漢水以爲池。」杜注：「方城山在南陽 葉縣南，……言其險固，以當城池。」漢地志南陽郡，葉「有長城，號曰方城。」續 郡國志四南陽郡，「長城」作「長山」。元和志二一唐州 方城縣，「梁於此置堵陽郡，隋改置方城縣，[9] 取方城山爲名也。」「方城山在縣東北五十里。即沮 溺耦耕處。」下引屈完語。又卷六汝州 葉縣，「方城山在縣西南十八里」，下引屈完語。黃城山「一名苦菜山，在縣西二十五里，即長沮 桀溺耦耕處。」是黃城山在方城山西北而相近。故通典一七七唐州 方城縣條云，「有方城山，一名黃成山」也。按方城縣即今縣（E112°58'・N33°15'），葉縣在今縣南三十里舊縣店（E113°20'・N33°30'）。方城山西南去方城縣，東北去葉縣（唐縣）之距離約爲二與一之比，檢ONC-G-9，其處有海

[9] 按北魏已置方城縣，不始於隋。

拔686公尺之山峰（E113°10'・N33°25'），即方城山，【一〇六】此山西北有海拔884公尺之山峰，即黃城山，蓋伏牛山脈盡端之兩峰也。

方城山686公尺，其東別有兩山，海拔分別爲534、835公尺。方城山與此兩山之間相距不過二十餘至三十公里。自此以西，即伏牛山脈，皆高山峻險。自此東南經泌陽（E113°20'・N32°42'，即唐之唐州治所比陽縣）東北，至信陽之北淮水北岸，亦有一列長山，連珠數峰，多達700-900公尺。惟方城山與兩東山之間豁開一門，可爲南北通道，然仍多山坡丘陵，林莽鬱盛，故爲軍道險阻。呂氏春秋一三有始篇、淮南子四墬形訓列舉天下九塞，方城皆居其一。是以屈完有此語也。

水經注三一潕水注述方城事極詳云：

「潕水之左即黃城山也。有溪水出黃城山，東北逕方城。郡國志曰，葉縣有方城。郭仲產曰，苦菜 于東之間有小城名方城，東臨溪水，……當因山以表名也。苦菜即黃城也，及于東，通爲方城矣。世謂之方城山水，東流注潕水。故聖賢冢墓記曰：南陽 葉邑 方城西有黃城山，是長沮 桀溺耦耕之所。有東流水，則子路問津處。尸子曰，楚狂接輿耕于方城，蓋于此也。盛弘之云，葉東界有故城，始犨縣（今魯山縣東南五十里），東至瀙水（今沙河北源，約E113°30'・N33°15'地區），達〔逕〕【一〇七】比陽（今泌陽E113°20'・N32°42'）界，南北聯聯數百里，號爲方城，一謂之長城云。酈縣（今內鄉東北十里）有故城一面，未詳里數，號爲長城，即此城之西隅。其間相去六百里。北面雖無基築，皆連山相接，而漢水流其南。故屈完答齊 桓公云，楚國 方城以爲城，漢水以爲池。郡國志曰，葉縣有長山，曰方城。指此城也。」

按此段引文，「蓋于此也」以上述方城山、方城城，見爲孔子旅途所經。自「盛弘之」以下，記楚國所築長城，亦名方城。其東段由犨縣東南至比陽，聯延數百里。[10] 蓋即循方城山以東向東南走向之一列長山而築者。其西段由犨縣向西南數百里，則借「連山相接」之山脈爲天然屏障，不假基築，惟至酈縣境乃復版築爲城也。王國良中國長城沿革考，疑此長城乃戰

10 通典一七七唐州 比陽縣，「方城山自比陽相比連百里，號曰方城，亦曰長城。」即指此，但記事不完。

國時代楚勢已衰時所築（頁一四），蓋得其實；惟築城以前，蓋亦已憑藉山勢以禦敵，如人工建築之長城，故屈完有「方城以爲城」之語。

方城山既居東西山勢連綿之中點，其東麓又爲山脈連綿之缺口，成爲南北交通大道之險阨處，楚築長城必於此置關，襄陽記之方城關，即指此要隘地段而言無疑。隘口之外爲葉縣，葉固楚之重地也。

左傳七文公三年，[一〇八]秋，「楚師圍江」（今河南 正陽縣東南故江城）；「冬，晉以江故告于周。王叔桓公、晉 陽處父伐楚以救江，門于方城，遇息公 子朱而還。」杜注，息公 子朱爲楚伐江之帥；楚解江圍，故晉師亦還。按左傳屢見「門于」之辭，如卷一六襄公十八年，晉會諸侯伐齊，齊侯禦諸平陰，「塹防門而守之」，「諸侯之師[一〇九]門焉」，下文又有「范鞅門于雍門」，「門于揚門」，「門于東閭（門名）」。同年楚師伐鄭，「子庚門于純門，信于城下而還。」又卷二十八定公八年，「正月公侵齊，門于陽川。」[一一〇]杜注，「攻其門」，是也。此云「門于方城」，即謂由方城隘道口入楚也，此似爲南北用兵取道方城隘道最早見最明顯之實例。按江國遠在冥阨之外，晉師雖大張旗鼓，實難直救，故師臨方城，逼楚北門，所以緩楚國圍江之師耳，實救於江之危亡，故次年楚仍滅江，晉無如之何也。

又左傳二四昭公十九年，「楚子之在蔡也，……生大子建。……費無極言於楚子曰：晉之伯也，邇於諸夏，而楚辟陋，故弗能與爭。若大城城父而寘大子焉，以通北方，王收南方，是得天下也。王說，從之。」杜注：「城父，今襄城 城父縣。」元和志六汝州 郟城縣，城父故城在縣東南四十里。一統志汝州卷古蹟目，父城故城在寶豐縣東四十里，是郟縣正東南也。是在葉縣故城北不到百里，亦方城山隘口之外也。此爲方城隘道乃楚國北門北通中原之又一證。[一一一]

秦 漢以下，載籍漸詳，方城隘口之外爲葉縣（故城在今縣南三十里舊縣店），東北達黃河兩岸；隘口之內，先後置堵陽縣（一作赭陽），方城縣（今縣），西南達漢水流域。此一通道可謂爲宛 葉走廊，雖仍窄狹多草木，頗爲深險，然中原周 鄭 晉 衛南通江 漢，仍以此爲唯一之較坦徑途，古人南北用兵行旅，多進出於宛 葉，良有以也。略舉其例：秦漢時代，如高祖由雒陽取轘轅、陽城道，破犨縣（今魯山東南五十里、葉縣西），下宛城（南陽），入武關；後又由武關「出軍宛 葉間。」光武起事南陽，取宛城，降昆陽（今葉縣南，在葉縣故城北二十五里）。〔一一二〕王莽遣將王邑等發雒陽，欲至宛，道出潁川（陽翟，今禹縣）、昆陽，與光武兵遇，大敗還雒。後數年，光武自堵陽（今方城）親征鄧奉於南陽，戰于瓜里津、小長安。安帝幸宛，不豫，還幸葉，崩於道。皆其事。

宛 葉走廊道甚窄狹且深草木，詳下引三國志 李典傳。
漢代事例，譚宗義漢代國內陸路交通考 潁川南陽道已略論列，高祖事見史記、漢書 高祖紀、灌嬰傳、張良傳等處。光武、王邑事，見漢書 王莽傳下及後漢書 光武紀。光武征鄧奉事，見光武紀及水經注，詳本節末瓜里津條。安帝事，見後漢書 安帝紀。後兩事，譚文失引。

漢末南北用兵，史例尤常見：如曹洪擊荊州，戰於舞陽（今縣西）、葉縣（今縣南三十里舊縣店）、堵陽（今方城東六里）、博望（今南陽東北六十里博望鎮，E112°40'．N33°12'），還屯葉。劉備屯新野（今縣南），進兵博望，至葉縣，設伏敗夏侯惇而還。曹操由洛陽軍郟縣東南之摩陂（今郟縣、襄城間），以爲徐晃、曹仁 襄 樊前線之聲援。皆是也。

曹洪事　三國志 魏書九曹洪傳，「別征劉表，破表別將於舞陽、（舞）陰、[11] 葉、堵陽、博望，有功。」又武帝紀，「南陽、章陵諸縣復叛爲（張）繡，公遣洪〔一一四〕擊之，不利，還屯葉，數爲繡 表所侵。」是洪 繡 表用兵皆進出於宛 葉道上也。

---

11 陰疑舞陰脫文，檢盧弼集解已先有此說，是也。舞陰在今泌陽（E113°20'．N32°42'）西北六七十里。〔一一三〕

劉備事　三國志 蜀書先主傳，曹公擊先主，先主奔劉表，表禮之，「使屯新野（今縣南）。」又「使拒夏侯惇、于禁等於博望。久之，先主設伏，一旦燒屯僞遁，惇等追之，爲伏兵所破。」曹公南征劉表至宛。先主退屯樊，過襄陽。據趙雲傳 注引雲別傳，博望之戰，雲有功。而三國志 魏書一八李典傳，「劉表使劉備北侵至葉，太祖遣典從夏侯惇拒之。備一旦燒屯去，惇率諸軍追擊之。典曰，賊無故退，疑必有伏。南道狹窄，草木深，可不追也。」【一一五】惇等不聽，「果入賊伏裏。」綜合三傳所記，此次軍事進退於新野、宛城、博望、葉縣之間，並見此一走廊道之狹窄且深草木也。

曹操 摩陂事　三國志 魏書 武帝紀，建安二十四年，關羽圍曹仁於樊城，操遣徐晃救之，自率大軍自洛陽南征，軍摩陂。通鑑六八，「操……南救曹仁，……駐軍摩陂，前後遣殷署、朱蓋等凡十二營詣晃。」魏書一七徐晃傳，晃解樊城之圍，回軍亦至摩陂。皆見曹操親征計劃，亦取宛 葉道也。摩陂亦見三國志 魏書 明帝紀，太和六年，「九月行幸摩陂，治許昌宮。」次年青龍元年「春正月甲申，青龍見郟之摩陂井中。二月丁酉，幸摩陂。……改年，改摩陂爲龍陂。」是摩陂在郟縣，蓋東通許昌也。水經注二一汝水注云：

「汝水又逕郟縣故城南，……滍水注之，水出魯陽縣。……汝水又東南，左合藍水，水出陽翟縣。……汝水又東南流與白溝水合。水出夏亭城西，又南逕龍城西，城西北即摩陂也。縱廣可十五里。魏 青龍元年（略），改摩陂曰龍陂，其城曰龍城。其水又南入于汝水。汝水又東南，與龍山水會，……汝水又東南逕襄城縣南。……」

據此，摩陂在郟縣、襄城間之汝水北。寰宇記八汝州 襄城縣有龍城條。一統志汝州卷山川目，陂在郟縣東南。觀汝水注，實在兩縣之間，汝水之北。操將用兵襄 樊，而軍摩陂，知其欲取道宛 葉走廊，非魯陽關道也。

南北朝時代，南北用兵，仍見宛 葉走廊爲常取之大道，如齊 永明中，陳顯達軍向宛 葉討桓天生。建武元年，盧淵受命攻南陽，而先攻赭陽（漢晉 堵陽，今方城東六里），取葉倉。建武四年（魏 太和二十一年），魏孝文帝大軍向襄陽，而沿途攻赭陽、宛城、新野、鄧城（今樊城北二十里），過鬧溝至樊城（今城，襄陽北岸），皆其例。

通鑑一三六齊 永明五年，正月，荒人桓天生據南陽故城，請兵於魏，將入寇。詔護軍將軍陳顯達等水軍向宛 葉以討之。
又一三九齊 建武元年，魏命盧淵攻南陽，淵以軍中乏糧，請先攻赭陽以取葉倉。魏主許之。胡注，赭陽即漢 晉之堵陽縣。按在今方城縣東六里。
又一四一齊 建武四年八月，「上遣軍主直閣將軍胡松助北襄城太守成公期戍赭陽（今方城東六里）。」「初，魏遷洛陽，荊州刺史薛真度勸魏主先取樊、鄧。真度引兵寇南陽，太守房伯玉擊敗之。魏主怒，……遂引兵向襄陽，……眾號百萬。……辛丑，【一一六】魏主留諸將攻赭陽，自引兵南下；癸卯，至宛，夜襲其郛，克之。房伯玉嬰內城拒守。……丁未，魏主發南陽，留太尉咸陽王 禧等攻之。己酉，魏主至新野，新野太守劉思忌拒守。……十一月……丁酉，魏敗齊兵於沔北。……雍州刺史曹虎與房伯玉不協，故緩救之，頓軍樊城。【一一七】……庚午，魏主南臨沔水。戊寅，還新野。……永泰元年春正月，……魏……攻新野，丁亥，拔之。……沔北大震。……湖陽戍主蔡道福，……赭陽戍主成公期，……舞陰戍主黃瑤起，……相繼南遁。……庚戌，魏主如南陽。二月……甲子，魏人拔宛。……庚午，魏主如新野。……三月壬午朔，崔慧景、蕭衍大敗於鄧城。[12] ……慧景……諸軍……相繼皆遁。……慧景過鬧溝，……橋皆斷壞，……士卒赴溝死者相枕。……魏主將大軍【一一八】追之，晡時至沔。……庚寅，魏主將十萬眾，……圍樊城。」按此次行軍中，又有一條云魏右軍府長史韓顯宗將別軍屯赭陽，敗胡松軍，亦至新野會魏主。是別軍亦循此道也。

唐 五代用兵亦然，如魯炅以南陽太守爲南陽節度使，進兵葉北，以禦安祿山；張從恩將大梁兵，由葉縣進兵鄧州。皆循宛 葉走廊而攻守也。

---

12 按此謂鄧城故城，在樊城北二十里，詳篇一六藍田武關驛道。

通鑑二一七，至德元載，「置南陽節度使，以南陽太守魯炅爲之。將嶺南、黔中、襄陽子弟五萬人屯葉北，以備安祿山。」「魯炅立柵於滍水（水經注圖，即今沙河，流經葉縣北）之南」。又二一八至德元載五月「丁巳，炅眾潰，走保南陽。」是唐代用兵仍進出宛 葉道中。又二八二晉天福六年，安從進舉兵攻鄧州，鄭王遣宣徽南院使張從恩等將大梁兵，就李建崇兵於葉縣以討之。按鄧州在南陽西，是仍由葉進兵擊取南陽地區。

其私人行旅，如李德裕云：「予自荆 楚，保釐東周，路出方城間。」謂荆南節度下任北歸東都，此最明白之史例。

此見舊一七四李德裕本傳。

蕭穎士登宜城故城賦更明記由洛陽出轘轅，經汝墳、郟、葉，歷宛 鄧至襄陽之全程甚詳，參之王建詩，此當爲一般行旅者所常取途。蓋三鵶道雖已開闢，然行於深山，究不若宛 葉道之平坦易行也。

蕭穎士登宜城故城賦（全唐文三二二）云：「變之始也（安 史亂起），予旅寓於淇園，初提挈而南奔，崩波滑臺，逼迸夷門（汴州），亡車徒於鼎城（洛陽），擯圖集【一一九】於轘轅，背維嵩，遵汝墳，迴環乎郟 葉，飄泊乎穰 宛，……市蕭條以罕人，盜充斥以盈路，……略南鄉之左鄙，淩北津之勁渡」；下述至襄陽，又經楚 鄢至宜城。其洛陽 鄧 宛間明取轘轅 郟葉道。又王建江陵使至汝州（全唐詩五函五冊建集五）云，「回看巴路在雲間，寒食離家麥熟還；日暮數峰青似染，商人說是汝州山。」按江陵北至汝州必經南陽，南陽以北非取三鵶道，即取方城 葉縣道。玩此詩意，似寫作當時，在宛 葉平坦道上；若行三鵶道，則一路皆在崇山之中，其高度遠過江陵以北大道，似不得謂「回望巴路在雲間」，似亦不得謂至汝州見青山也。

綜上所考，此道顯爲古代黃河流域南通江 漢之大道。自葉以北，西北至洛陽，東北至許 鄭。其唐代通洛陽之道，自洛陽出伊闕，至汝州。由州東南經郟城（今縣[一二〇]）或龍興（今寶豐），至葉縣（今縣南三十里舊縣店），折西南經方城（今縣，舊裕州）至南陽。

> 汝州東南經郟城 葉縣至南陽，明見蕭穎士賦。宛 葉間必經方城無疑。按今圖，郟 葉間汽車道，中經襄城。檢元和志六汝州，葉縣[一二一]西北至州八十里，葉縣西北至州二百一十里，其差一百三十里，即郟 葉間一百三十里；寰宇記八汝州，郟城至州九十里，葉縣至州二百里，其差一百一十里，即郟 葉間一百一十里。驗之一統志汝州卷郟縣條、許州卷襄城縣條、南陽府卷葉縣條，郟縣東南至襄城六十五里，襄城西南至葉縣六十里，則郟縣經襄城至葉縣一百二十五里，至葉縣舊治（唐 宋縣）一百五十五里，與元和志、寰宇記皆不合。又一統志郟縣條，東南至葉縣治九十里，則至葉縣舊城一百二十里，爲元和志與寰宇記之折衷數。故疑唐道自郟城直東南至葉縣，不中經襄城也。至於汝州東南經龍興縣至葉縣，明見元和志唐州目，詳下文。

其較詳行程可略考者：汝州東南行八九十里，中經薛店至郟城縣，置神龜驛。又東南一百二十里之譜，至葉縣（今縣南三十里舊縣店，E113°15'・N33°32'）。郟城東南四十里有父城故城（今縣東有父城保）、葉縣北二十五里有昆陽故城（今葉縣或稍南）當皆在此道上。其汝州取龍興路者，由州東南行九十里至龍興縣（今寶豐），又九十里至葉縣。龍興東南二十五里有滍陽故城，當亦在道上。

> 汝州至郟城道，詳前第三節汝州東通許州條。郟 葉道，詳上條。
>
> 父城故城　元和志六汝州 郟城縣，「父城故城[13] 在縣東南四十里，故殷時應國也。左傳，楚大城城父，使太子建居之。」楚城城父事，見左傳昭公十九年，詳前春秋 楚國 方城條。度其地當在道上，或近道北。

---

13 父城一作城父。按春秋 楚國 城父，漢置父城縣。

昆陽故城　元和志六汝州葉縣，「昆陽故城在縣北二十五里。後漢世祖破王邑王尋之處。」參前漢代用兵宛葉道條。唐代其地當仍在道上。

龍興縣　元和志二一唐州，「北至汝州葉縣一百八十里。自葉縣取龍興路至汝州一百八十里。」又六汝州，龍興縣「西北至州九十里。」知葉縣龍興間當亦九十里。

滍陽故城　元和志，汝州龍興縣，「滍陽城一名應城，在縣南二十五里，後魏置滍陽縣。」一統志汝州卷古蹟目，滍陽故城本爲縣，貞觀九年省。舊志，今爲滍陽鎮，在寶豐縣東南三十里。檢今圖有此鎮，【一二二】在寶豐、葉縣道中。

葉本春秋楚國縣，曾遷許於此；後使沈諸梁尹之，稱葉公。秦漢爲縣。唐武德中曾置葉州，貞觀初曾置魯州，開元二年置仙州，【一二三】以王喬得仙受名，二十六年廢。大歷初復置，仍廢。

此詳參元和志六、寰宇記八汝州葉縣目，及唐會要七〇州縣改置目上。

由葉縣折向西南，入方城山（葉縣西南十八里，方城東北五十里，E113°10'・N33°25'）東麓隘口，約八九十里至方城縣（今縣E112°58'・N33°15'），在堵水（赭水）之北，漢置堵陽縣，北魏更名方城。方城驛見楊巨源詩。

此詳元和志二一唐州方城縣目及六汝州葉縣目，參寰宇記一四二唐州方城縣目。志云更名在隋代，又無葉縣至方城之里距。按更名時代之誤，考證與校勘記已糾之。【一二四】至於葉縣方城間之里距，按元和志，方城山在葉縣西南十八里，在方城縣東北五十里，兩縣目皆指爲屈完「楚國方城以爲城」之方城山。則此兩縣相距至少七十里或以上。檢一統志南陽府卷，裕州在府東北一百二十里，葉縣在府北二（本譌爲一）百三十里，則葉縣至裕州當爲一百一十里。又葉縣南至裕州界六十里。裕州北及東北至葉縣界皆六十里，則今葉縣西南至裕州一百二十里，漢唐葉縣在今縣南三十里舊縣店，而清之裕州即唐方城縣，則唐代葉縣西南至方城縣，當約八九十里也。

方城驛　下文引元結請省官狀，知方城當驛道。考楊巨源有方城驛逢孟侍御詩（全唐詩五函九冊）云，「走馬溫湯直隼飛」，疑即指汝州溫湯歟？【一二五】

方城西南約六十里至博望故城（今博望鎮E112°40'・N33°12'），在淯水（白水）西。【一二六】又約六十里至南陽縣，在淯水西三里，即故宛城（今南陽）也。有南陽驛，見孟浩然諸人詩。

元和志二一，寰宇記一四二，方城縣屬唐州，故其去南陽里距不詳。檢一統志南陽府卷，裕州在府東北一百二十里。裕州即唐之方城縣，則唐世方城去南陽之里距當與此數相差不大，故姑作一百二十里計。

前引史料，博望縣在宛葉道上。考史記四六田敬仲完世家，宣王條，正義引括地志，「博望故城在鄧州向城縣東南四十五里。」檢一統志南陽府卷古蹟目，博望故城在南陽縣東北六十里。向城故城在南召縣南。博望在南陽東北六十里，即在方城西南亦六十里也。蘇同炳明代驛遞制度頁九〇，赭陽驛在裕州城內，六十里至博望驛，又六十里至宛城驛，是也。今圖尙有博望地名，正居方城、南陽中道。故城在淯水西，【一二七】見下引水經淯水注。

南陽縣在淯水西三里，見元和志二一鄧州南陽縣。置驛詳篇十六藍田武關驛道。

又南陽北蓋四十里，有瓜里故津，梁淯水，在宛葉道上。

水經注三一淯水注：「淯水又東南流逕博望故城東，【一二八】……又東南逕西鄂故城東，……又西南逕史定伯碑南，又西爲瓜里津。水上有三梁，謂之瓜里渡，自宛道途東出堵陽，西道方城。（按堵陽方城在同一方向，何云東西，疑『方』當作『向』？）【一二九】建武三年，世祖自堵陽西入，破虜將軍鄧奉怨漢掠新野，拒瓜里，上親搏戰，降之夕陽下，遂斬奉。郡國志所謂宛有瓜里津、夕陽聚者也。」檢光武紀，是年，「帝自將征鄧奉，幸堵陽，……大破鄧奉於小長安，斬之。」即此次行軍也。一統志南陽府卷津梁目，瓜里橋在南陽縣北四十里。當與古津相近。

南陽又西南三十七里至小長安故城，在淯水東，又二十三里至淯陽故城，漢縣，魏置南陽典農都尉治此。又六十里至新野縣（今縣南），在淯水東二百步。

小長安、淯陽縣　水經注三一淯水注：「淯水又南入縣（淯陽縣），逕小長安。司馬彪郡國志曰，縣有小長安聚。謝沈漢書稱光武攻淯陽不下，引兵欲攻宛，至小長安，與甄阜戰，敗于此。淯水又西南逕其縣故城南，……縣，故南陽典農治，後以爲淯陽郡。」寰宇記一四二鄧州 南陽縣，「小長安城在縣南三十七里，淯水之東。」後漢書 光武紀，伯升破莽將嚴尤等於淯陽，進圍宛城。李賢注，淯陽故城在今鄧州 南陽縣南，淯水之陽。一統志南陽府卷古蹟目，在南陽縣南六十里。

新野縣　前考新野在南陽南道上。淯水注，「淯水又南入新野縣，枝津分派，……左積爲陂。……淯水又南與湍水會，又南逕新野縣故城西……。」元和志二一鄧州 新野縣，西北至州七十里。淯水，西，去縣二百步。一統志南陽府卷古蹟目，新野故城在今縣治南。而沿革目，新野縣在府東南五十里，顯誤。檢蘇同炳明代驛遞制度頁九〇，南陽府城內宛城驛南六十里至林水驛，又六十里至湍陽驛，在新野縣城內。則新野在南陽之南一百二十里，是也。

又南約八十餘里至鄧城故城，春秋 鄧國；又二十二里至安養縣，天寶元年更名臨漢，貞元二十一年又更名鄧城，縣南臨漢水，即古樊城（今樊城）。又南渡漢水二十里至襄州治所襄陽縣（今縣）。

鄧城故城以下，已詳篇一六藍田武關驛道，然韓愈順宗實錄三，「是月（五月），以襄州爲襄府，徙臨漢縣於古城曰鄧城縣。」是貞元二十一年更名時有遷徙。今姑不深論。新野至鄧城故城約八十餘里者，按明代驛遞制度頁六二、九〇，新野城內臨湍驛【一三〇】南至呂堰驛六十里，又七十里至襄陽城西門外漢江驛。是今新野縣南至襄陽一百三十里也。據元和志，鄧城故城在襄陽北四十二里，是在今新野南八十八里，即新野故城至鄧城故城不到此里數。

唐都長安，以洛陽爲陪都，故此宛 葉道之北端，顯以西北至洛陽爲主道，但東北通黃河平原自亦爲重要幹道，此即前引襄陽記所謂通鄭 晉衛之道也。其途程蓋由葉縣東北經汝墳故城（今葉縣東北十五里汝墳店）至襄城縣（今縣），又東北經潁橋至許州治所長社縣。

元和志六汝州 襄城縣，西北至州一百四十里。襄城本秦 漢舊縣，屬潁川郡，隋 唐時代，時屬汝州，時屬許州，開元四年至二十六年於葉縣置仙州，襄城屬之。按葉縣、襄城實古道，明 清驛道，葉縣城內強水驛【一三一】至襄城城內新城驛六十里。詳後引明代驛遞制度，唐道當亦通行。

汝墳故城　一統志南陽府卷古蹟目，「汝墳故城，在葉縣東北十五里，北齊改昆陽所置。隋志潁川郡 汝墳。……縣志，今有汝墳店。」又津梁目，汝墳橋在葉縣北滍水上，明 天啓中建；蓋即在汝墳店地。

襄城、潁橋東通許州，詳前第二節。

許州自古爲中原之一軍事重鎭，其西北通洛陽，東北通汴州，皆已詳前文。玆述其北至鄭州道。由州北行六十里至長葛縣（今縣北，今縣舊名宛陵）縣治長箱城，東魏 清河王 高岳築。縣西一里長社故城，西魏 河南行臺王思政進據潁川，高岳大軍十萬圍之，引洧水灌城，執思政，即此城。又北三十六里至新鄭縣，在洧水南三里（今縣）。春秋 鄭國都新鄭，韓滅鄭，徙都之，故城在縣北洧水之北。新鄭又北九十里至鄭州治所管城縣（今鄭縣 鄭州市）。春秋 晉 楚 邲之戰，在縣東六里。鄭州固自古爲南北軍事交通之會也。

此段綱文多據元和志八鄭州 許州目書之。長葛縣屬許州，在州北六十里；新鄭縣屬鄭州，在州西南九十里。按兩州目皆云兩州間南北距一百八十六里，故知長葛、新鄭間當約三十六里。

鄭國故都　據元和志新鄭縣目，鄭 韓所都似即在唐之新鄭縣。然史記 鄭世家，「伐鄭，兵於洧上」，正義引括地志，「洧水在鄭州 新鄭縣北三里，故新鄭城南。」則故城在唐城之北，隔洧水也。檢一統志開封府卷山川目，洧水經新鄭縣北，是與唐縣同。而張編地圖集河南兩圖及中國地圖集 河南省圖，新鄭縣乃在水北，豈清末又遷而北耶？甚可疑。

晉 楚 邲城之戰，爲春秋大戰爭之一，元和志八鄭州 管城縣，「邲城，縣東六里，晉 荀林父帥師與楚子戰於邲，即此城也。」

又自襄城北約七十里至陽翟縣（今禹縣），又東北四十里至黃臺故城，又約五十里亦至新鄭縣，此爲古道，亦明 清驛道也。

襄城、陽翟地相接，明 清驛道相通七十里，詳後引明代驛遞制度及蜀道驛程記。按漢志，陽翟，秦 漢置潁川郡，襄城爲屬縣。元和志五，隋置襄城郡，陽翟爲屬縣，是自有道相通無疑。權德輿請加置留鎮兵二千人狀（全唐文四八七）云：「留鎮將士雖有三千八百餘人，偃師、陽翟、登封、告成等分鎮。」又云：「陽翟當蔡州要路，鎮兵不滿三百人。……陽翟只隔襄城，便與偃城【一三二】接界，寇盜侵軼，事資隄防，……」此明偃城、襄城、陽翟、登封在一條線上也。故襄城至陽翟爲大道可知，明 清承之耳。

陽翟、新鄭亦相接，明 清驛道相通九十里，見下文引明代驛遞制度及蜀道驛程記。按戰國時代，韓都陽翟；及滅鄭，徙都之，有道相通，殆亦無疑。

黃臺故城，下文引蜀道驛程記，道由禹州經黃臺至新鄭。按寰宇記七許州陽翟縣，「黃臺在縣東北四里，東魏 天平二年曾於此置黃臺縣，屬陽翟郡。隋廢。」一統志開封府卷古蹟目黃臺廢縣條引寰宇記作四十里，是也。度唐代大道必亦經此。

新鄭西南三十里有陘山（今蓮花山E113°30'・N34°28'之東山），爲楚之北塞。山勢中斷爲陘，即中原入楚 宛 葉道之北端隘口也。隋志，新鄭有關官，蓋其地歟？

史記 楚世家，成王十六年，「齊 桓公以兵侵楚，至陘山。」續 郡國志一河南尹，密有陘山。即此。楚世家 正義：「括地志云：陘山在鄭州西南一百一十里。即此山也。」又宣王十一年，「魏聞楚喪，伐楚，取我陘山。」正義：「括地志云，陘山在鄭州 新鄭縣西南三十里。」魏世家，襄王六年，「魏伐楚，敗之陘山。」正義引括地志同。按元和志八鄭州，新鄭縣「東北至州九十里。」「陘山，縣西南三十里。」其和一百二十里，是兩條所指實一山也。元和志又云，「史記，魏敗楚於陘山。」是與正義皆以魏取陘山即新鄭之陘山也。關於齊侵楚之陘山，正義亦引杜預云：「陘，楚地。穎川 召陵縣南有陘亭。」是爲兩說。檢左傳僖公四年，春，「齊侯（桓公）以諸侯之師侵蔡，蔡潰，遂伐楚」，楚不服。「師進，次于陘。夏，楚子使屈完如師，師退，次于召陵。」爲盟而還。是齊桓所至之陘，似當如杜說在召陵。然新鄭、召陵兩地相距亦不爲遠，固難定說。但無論如何，魏所取之陘山在新鄭則無疑。按連山中斷爲陘，此殆爲宛 葉道北端一道口耳。一統志開封府卷山川目云：

「陘山，在新鄭縣西南，亦作邢山，與大騩山並峙，接長葛縣西界。爾雅疏，山形連延，中忽斷絕者曰[一三三]陘。左傳隱公十一年，王與鄭人蘇忿生之田陘。又僖公四年，齊侯伐楚，師進，次于陘。戰國策，蘇秦說楚 威王曰，楚地北有分陘（按楚策一作『汾陘』）之塞。又說韓王曰，韓南有陘山。史記，魏 襄王六年，伐楚，敗之陘山。後漢書 郡國志，密有陘山。是也。水經注，溴水東逕陘山北。括地志，陘山在鄭州新鄭縣西南三十里。……山海經有少陘之山，太平御覽謂在滎陽；則正義新鄭近之。滎陽，春秋爲鄭，戰國爲韓，蓋南北之隘道。楚爲塞以禦北方。故於韓曰南有陘山，於楚曰北有陘塞。其地一也。縣志，自陘山西南達於襄 鄧，群山延亙，故以陘山爲南北之塞。」

此段敘論簡明，形勢顯然，稱爲「南北之隘道」，是也。蓋自中原西南入楚大道，自此始入山隘也。又按此文云「與大騩山並峙，接長葛縣西界。」大騩山爲自古名山，一統志同目云：「大騩山在禹州北，亦曰具茨山。……元和志，在密縣東南五十里。……開封府舊志，大騩山在禹州北四十里，接密縣東界、新鄭縣西南界。……明統志，在新鄭縣西南四十里。」是大騩山在西，【一三四】與陘山西東並峙也。「接長葛縣西界」者，正見大道穿陘山東部斷絕爲陘隘處而過也。

今檢張編地圖集·河南省地形圖，新鄭西南、禹縣東北之正中間有蓮花山（約E113°30'·N34°28'），海拔670公尺，ONC-G-9亦有一峰（EN略同）標高735公尺，殆即陘山、大騩山也，【一三五】陘道在山東，故云新鄭西南三十里也。ONC圖南北汽車道正經此山之東側而過，即古道也。隋志 滎陽郡 新鄭縣有關官，當即此處，殆即此隘道歟？

以上所考，即襄陽記所謂襄陽舊楚之北津，由襄陽北渡漢水經南陽出方城關通周 鄭 晉 衛之道也。此道爲中原南通江 漢最坦之途徑，唐世沿途置驛，爲交通幹線，明 清承襲，即今日之汽車道。

洛陽至汝州間置驛，頗多可考，已詳前第二節伊闕南通鄧州道。元結與韋尚書書（全唐文三八一），「昨者，有詔使結得詣京師，至汝上，逢山龜亦承詔詣京師，結與山龜俱得乘郵而來。郵長待結，頗如龜者。」按結自南陽來，但不知確取宛 葉道，抑魯陽道。南陽置南陽驛，見孟浩然諸人詩，引詳篇一六藍田武關驛道；但不明是否爲宛 葉道而設。考李華臨淄縣令廳壁記（全唐文三一六）云：「天寶 至德之間，狂虜南侵，南陽爲戰地，地荒人散，千里無煙；猶以郵置之衝，……權置官吏。」正即此道置驛之明證一。唐會要七〇州縣改置目上仙州條，開元十一年，欲廢仙州。崔沔議曰：「若以州管皆新戶，驛長難供……」云云，則此宛 葉道置驛之明證二。又元結請省官狀上來大夫（全唐文三八一）云，「方城縣（略）、南陽、向城等縣，……破碎，……郵驛在其供承」云云，此爲此道置驛之明證三。前考方城驛即在此驛道上也。明代驛遞制度·河南省驛路表，管鄭驛（鄭州）南經郭店驛（新鄭北四十里），又四十里至永新驛（新鄭縣），九十里清潁驛（禹州），七十里新城驛（襄城縣），六十里強水驛[一三六]（葉縣），六十里保安驛，六十里赭陽驛（裕州），六十里博望驛，六十里宛城驛（南陽縣），六十里林水驛，六十里湍陽驛（新野縣），六十里呂堰驛，七十里漢江驛（襄陽縣）。至漢江驛（襄陽縣）。[一三七]又蜀道驛程記卷下，回程，由襄陽、樊城，經新野縣，林水驛（小長安），南陽縣，博望驛，裕州，扳倒井，龍泉店，葉縣舊城，葉縣，襄城縣，閆寨保，禹州，黃臺，新鄭縣，至鄭州過河。是明 清驛程相同。檢今圖，即今汽車道也。

此道南段主線驛路向西南斜出至南陽、襄陽；但自方城、葉縣各有道至唐（今泌陽）、隨（今隨縣）。方城支線由縣東南行一百六十里至唐州治所比陽縣（今泌陽E113°20'・N32°42'）。此道行於方城縣東境至比陽縣東南境一列長山之內側者。葉縣支線，由縣正南行一百八十里亦至比陽，乃穿越長山而行者。州置驛。

元和志二一唐州治比陽縣（今泌陽），方城縣東南至州一百六十里。檢ONC-G-9圖，今有汽車道，其東北側為一列連山，山峰多達700-900公尺，此即方城長山之東段，楚之長城（方城）即沿此長山而築者。此道即在楚 長城之內側而平行者。同書唐州八到條又云，北至汝州 葉縣一百八十里。寰宇記一四二，同。則葉亦有道直至唐州。詳下文。則此道必穿越上述長山而南行者。

唐州置驛，見前轘轅南取魯陽三鵶通鄧襄道節引唐會要七〇州縣改置目上仙州條。

元和志，唐州「北至汝州 葉縣一百八十里，自葉縣取龍興（今寶豐E113°3'・N33°52'）路至汝州一百八十里。」其云唐州西北至東都五百二十里者，即取此路也。而通典所記，唐州西北至汝州四百二十里者，取方城、葉縣、龍興縣路也。但此路至東都不到六百里，而云六百四十里者，蓋取方城、葉縣、郟城縣路至汝州，不經龍興也。

元和志二一唐州八到條記事特詳，而與通典參差頗大。寰宇記時代，唐州雖已遷治泌陽縣（今唐河E112°50'·N34°40'），但四至八到條仍只兼取通典、元和志述之。茲就三書唐州、汝州兩目所記唐 汝兩州交通路線析別論之如下：

元和志二一唐州，「北至汝州 葉縣一百八十里，自葉縣取龍興路至汝州一百八十里。」共三百六十里。寰宇記一四二唐州錄此條，全同。按元和志又云，「西北至東都五百二十里」，「西北至上都，取葉縣路一千三百四十里。」同書記汝州至東都一百七十里，則此三百六十里不誤。此一路也。而通典一七七唐州，北至汝州四百二十里，汝州東南到唐州里數同。寰宇記一四二唐州目，雖採元和志云北至葉縣一百八十里，又經龍興一百八十里至汝州；但亦採通典云北至汝州四百二十里。此顯爲兩條不全相同之路線。茲核計里數，唐州西北至方城一百六十里，方城至葉縣八九十里，加葉縣取龍興路至汝州一百八十里，恰爲四百二三十里，則通典所記至汝州路者，中經方城、葉縣、龍興三縣也。元和志三百六十里，則不經方城耳。再者，通典雖云西北至汝州四百二十里，但又云「去東京六百四十里」，「去西京千四百八十里」。其差爲八百四十里。按東西兩京相距八百五十里上下，則此兩數字皆不誤，此六百四十里之路線又如何？曰通典云汝州北至河南府一百八十里，核之里程，唐州至方城一百六十里，又八九十里至葉縣，葉縣西北取郟城縣路至汝州二百一十里，加至東都一百八十里，其和六百三四十里，則其路線又中經郟城，不經龍興也。通典、元和志所記唐州至汝州、東都里程參差複雜如此，故詳爲辨析之。

唐州南行三百六十里至隨州治所隨縣（今縣），中間當經桐柏山（今太白頂E113°17'·N32°22'，海拔1140公尺）區。此路可能之路線有二：其一，由州東南行一百二十里至桐柏縣（今縣東六十四里故縣鎭E113°35'·N32°27'），折西南經桐柏山東（今桐柏縣），至隨州。其二，由州西南行七十里至平氏縣（今平氏鎭E113°10'·N32°32'），折南經桐柏山西，至唐城縣（今隨縣西北九十里唐縣鎭E113°7'·N32°），又東南九十里至隨州。【一三八】

元和志二一唐州，南至隨州三百六十里，隨州目所記方向里距同。寰宇記一四四隨州，與元和志同，而一四二唐州，云西至隨州四百里，蓋本之通典。

元和志唐州領縣，有桐柏縣在州東南一百二十里，平氏縣在州西南七十里。一統志南陽府卷古蹟目，平氏故城在桐柏縣西；桐柏故城在今縣東，今有故縣鎮在縣東六十四里。檢今圖，有平氏鎮及（桐柏）固縣，經緯度可曉。按張編地圖集・湖北人文圖，桐柏（在桐柏山之東）有汽車道南經唐縣鎮之東至隨縣；申報館中國分省新圖・河南圖，隨縣西北唐縣鎮有舊道北通吳山店、三合店；ONC-G-9、ONC-H-12，兼有此兩道，且向北延申。就方向里程言，皆有為元和志所記三百六十里之道之可能。

又唐州屬縣有泌陽（今唐河E112°50'・N32°40'），在州西一百里。唐末以州郭殘破，且不居要路，移州治泌陽。由方城南循赭水（今趙河、唐河）下行約九十里至青臺城（今青臺店），又七十里至泌陽縣，又西南六十里至湖陽縣（今唐河南八十里湖陽鎮E112°45'・N32°27'），縣北有花山。又南亦約六七十里至棗陽縣（今縣）。縣東南三十五里有漢舂陵故城，光武以先祖封邑，更名章陵。又東南至隨州，去棗陽二百里。

元和志二一唐州，泌陽縣東至州一百里。寰宇記一四二唐州，治泌陽縣，以地有泌水經其陽，故以為名。又云「州城舊治比陽，唐末移於泌陽。」按舊紀哀帝天祐三年六月己亥，「權知唐州事衛審符奏，州郭凋殘，又不居要路，請移理所於泌陽縣。從之。」【一三九】是唐末遷移唐州治所之故可知也。

唐末，州徙治泌陽，故寰宇記一四二唐州治泌陽，仍領方城縣，在州北一百六十里。九域志一，唐州領方城縣及方向里距並同。

青臺鎮　通鑑二四〇元和十二年，「李愬遣方城鎮遏使李榮宗擊青喜城，拔之。」胡注：「九域志，……（方城）縣有青臺鎮。此作青喜，筆誤。」蓋是。檢一統志南陽府卷古蹟目，青臺城在唐縣（即唐河）北七十里，接裕州（即方城）界，今為青臺店。

湖陽縣、花山　寰宇記一四二，唐州治泌陽縣，湖陽縣在州西南六十里。水經注二九比水注，光武外祖樊重，湖陽人，光武即位，「詔湖陽為重立廟，置吏奉祠，巡祠章陵，常幸重墓。」按光武紀屢幸章陵，即舂陵也，在唐 棗陽縣東南三十五里，詳下條。則湖陽當舂陵之北道也。光武紀，建武十六年【一四〇】四月，幸潁川，進幸葉、章陵，蓋由葉經堵陽（即方城），湖陽，至章陵歟？檢一統志南陽府卷古蹟目，湖陽故城在唐縣（唐河）南八十里。又唐縣南至襄陽府 棗陽縣界八十里，棗陽北至唐縣界六十里，是清代兩縣相距一百四十里。今圖，唐河（清 唐縣）通棗陽汽車道上正中間有湖陽鎮，即其地。其南至棗陽當亦約六七十里之譜。

又舊五代史一二九李建崇傳：「天福七年冬，襄州 安從進搆逆，率眾寇南陽。時建崇領步騎千餘屯于葉縣。開封尹鄭王遣宣徽使張從恩（略）率在京諸軍會建崇軍拒賊，至湖陽縣之花山，遇從進軍，建崇接戰，大敗之。」通鑑二八二晉 天福六年，胡注：「九域志，唐州 湖陽縣有花山錫場。【一四一】今按花山在湖陽北。」檢一統志南陽府卷山川目，花山在唐縣南六十里。即其地。

棗陽、舂陵故城　元和志二一隨州屬縣有棗陽（今縣），東南至州二百里。舂陵故城「在縣東南三十五里。漢 景帝子長沙王 發子舂陵 節侯之邑也。世祖即位，幸舂陵，……改曰章陵。」又云後漢 世祖宅在縣東南三十里，世祖父南頓君陵在縣東二十七里。

唐州治所比陽縣，北魏置東荊州以處蠻酋桓誕，兼置沘陽鎮。

通鑑一三三宋 泰豫元年，「大陽蠻酋桓誕擁沔水以北、滍 葉以南八萬餘落降於魏。……魏以誕為征南將軍、東荊州刺史、襄陽王；……使起部郎京兆 韋珍與誕安集新民，區置諸事。」胡注：「東荊州治比陽縣。」又一三五齊 建元元年，「義陽民謝天蓋自稱司州刺史，欲以州附魏。魏 樂陵鎮將韋珍引兵渡淮應接。……略七千餘戶而去。」胡注：「魏置樂陵鎮於比陽，在今唐州界。」按魏書四五韋珍傳，高祖初，以桓誕為東荊州刺史，令珍為使，與誕招慰群蠻，置郡縣而還，除左將軍、樂陵鎮將。後有謝天民【一四二】事，詔珍率在鎮士馬渡淮援接，有功，「高祖詔珍移鎮北陽。」則樂陵鎮自是別地，蓋青州 樂陵郡 樂陵縣也，不在比陽。胡注誤。又按珍移鎮北陽。同書四二寇讚傳，弟臻，高祖南遷前，官振武將軍、北陽鎮將。北陽地名無考。但芒洛冢墓遺文 三編有寇臻墓誌，云爲沘陽鎮將。沘陽即比陽，則珍 臻兩傳「北」皆「比」之形譌也。魏書「比」「北」往往互譌，如北部尚書譌爲比部尚書，是又一例。詳拙作魏晉南北朝地方行政制度 北朝第十一章北魏軍鎮沘陽鎮條。

又於舂陵故城置南荊州。其東南六七十里處溠水東岸，梁置下溠戍，入魏爲下溠鎮，即唐之唐城縣（今隨縣西北九十里唐縣鎮E113°7'・N32°）也。

隋書 地志下，舂陵郡，後魏置南荊州。通典一七七隨州 漢東郡領棗陽縣，「有漢 舂陵故城，在今縣東。……後魏置南荊州。……梁 下溠戍，在縣（棗陽縣）東南百餘里。後魏 宣武（帝） 正光（始？）初南伐，破之，置鎮。」寰宇記一四四，同；惟云下溠戍，梁 天監中置，在縣東南一百里。正光皆誤。按舂陵故城實在唐 棗陽縣東南三十五里，見前引元和志。下溠戍、下溠鎮在唐之唐城縣，在隨州西北一百五里，亦見元和志。寰宇記作一百五十里，誤。一統志德安府卷古蹟目，古唐城在隨州西北九十里。今圖有唐縣鎮，在溠水東岸。

魏末李愍除南荊州刺史，道懸瓠西行，由比陽復舊路立郵亭三百餘里赴任所。蓋由比陽西南經平氏、湖陽而行歟？否則由比陽西取泌陽折南經湖陽至舂陵也。

北齊書二二李元忠傳附宗人愍傳云：

「太昌初（西532），……出爲南荊州刺史。……此州自孝昌以來，舊路斷絕，前後刺史皆從間道始得達州。愍勒部曲數千人，徑向懸瓠。從北

〔比〕陽[14] 復舊道，且戰且前，三百餘里，所經之處，即立郵亭，蠻左大服。梁遣其南司州刺史任思祖、隨郡太守桓和等率馬步三萬，兼發邊蠻，圍逼下溠戍。懸躬自討擊，破之。……轉行東荆州，仍除驃騎將軍、東荆州刺史。……天平二年卒。」

此云李懸來往東荆、南荆之間，不外綱文所舉兩道。其泌陽 湖陽道已詳前文。其平氏、湖陽道者，元和志二一唐州，屬縣有平氏，東北至州七十里，湖陽縣東北至州一百六十里。張編地圖集・河南人文圖，有平氏鎮（E113°10'・N32°32'）、湖陽鎮（E112°45'・N32°27'），中間又有祁儀鎮，三地與泌陽（唐 比陽）在一條直線上。而湖陽 平氏距離較平氏 泌陽距離亦稍大。申報館中國分省新圖，棗陽東北有舊道經湖陽、祁儀，折西北至唐河（唐 泌陽）；祁儀東至平氏甚近，宜能通行爲一道也，故湖陽至比陽一百六十里，必是東行九十里至平氏，又七十里至比陽也。魏書 高祖紀太和二十二年，破宛城，三月庚寅，幸樊城。辛丑，行幸湖陽。乙未，次比陽。辛亥，行幸懸瓠。所行蓋即李懸傳所謂舊路耳。

釋自在自洛京南往江州 都昌縣，行經葉縣，至隨州示寂。不知取比陽路，抑取泌陽路也。

自在事，見宋高僧傳一一唐洛京伏牛山自在傳，時在元和 長慶中。

（五）漢東東西聯絡道

前於第一節，已據唐及宋初志書所記各州至東都之里距，說明蘄 黃安州北取申 蔡爲一經常遵行之通道，而寰宇記又云安 蘄取隨州路至長安，江南西道各州亦多云取隨州路至長安，而江西至隨州又必經安州，故知襄 隨 安 黃 蘄爲一條重要幹道，聯絡漢東東西地區者。韓愈由袁州

14 魏書「北」「比」往往互譌，此「北」爲「比」之形譌無疑。校勘記〔一四三〕引册府六九一作「比湯」，改傳文「北」爲「比」，是也。參前比陽鎮。

回京即取此道，孟浩然南遊回襄陽，路經郢中、蔡陽，杜荀鶴經安陸入關，亦是此道也。【一四四】

韓愈由袁州回京行程，見韓昌黎集一〇，有自袁州還京行次安陸先寄隨州周員外、題廣昌館、寄隨州周員外、酒中留上襄陽李相公四詩相連續，即由袁州北還經安州、隨州、棗陽（置廣昌館）至襄州也。又杜荀鶴有將入關安陸遇兵寇（全唐詩十函八冊荀鶴集二），亦取此道。又通鑑二四九大中十二年，江西軍亂，上以光祿卿韋宙爲江西觀察使，討平之。宙過襄州，經江州至洪州。此又由長安到江西取此路之例也。

茲稍詳其途程所經如次：

由襄州東渡漢水，至蔡陽故城（今有蔡陽鋪，約E112°30'・N32°5'），置蔡陽館，孟浩然有夕次蔡陽館詩。又東至棗陽縣（今縣），去襄陽一百五十里。棗陽本漢 蔡陽縣地，後漢分置襄鄉縣，周改廣昌，隋更名棗陽。置廣昌館，在縣南，韓愈有題廣昌館詩。

元和志二一隨州西至襄州三百五十里，襄州東至隨州里數同。寰宇記隨、襄兩州目亦皆同。而兩書隨州領棗陽縣在州西北二百里，則襄州至棗陽一百五十里也。

蔡陽館　兩書皆云棗陽本漢 蔡陽縣地。一統志襄陽府卷古蹟目，蔡陽故城在棗陽縣西南，並引後漢書 注已云然。檢張編地圖集・河南、湖北兩人文圖，襄陽、棗陽間稍偏東有蔡陽鋪，當即其地。孟浩然夕次蔡陽館（全唐詩三函三冊浩然集二）詩云，「聽歌知近楚，投館忽如歸；魯堰田疇廣，章陵氣色微；明朝拜嘉（一作家）慶，須著老萊衣。」此前一詩爲歸至郢中。浩然家襄陽，此爲南遊返鄉途中之作，即此蔡陽地無疑。

廣昌館　元和志，隨州 棗陽縣，後漢分蔡陽置襄鄉縣，周改廣昌，隋更名棗陽。韓愈有題廣昌館詩（全唐詩五函十冊、韓昌黎集一〇）云，「丘墳發掘當官路，何處南陽有近親。」注：「館在隨州 棗陽縣南。」是即棗陽縣舊名爲館名也。

然隨州 棗陽西經襄州再折北經鄧州至西京，於道實迂；折東北經南陽至東都，於道更迂。疑鄧州東南經新野，有道通棗陽；南陽有道經泌陽、湖陽至棗陽，更爲顯見之大道也。

通鑑二三五貞元十六年，「山南東道節度使于頔……誣鄧州刺史元洪贓罪，朝廷不得已，流洪 端州，遣中使護送至棗陽，頔遣兵劫取歸襄州，……表洪責太重。」則中使護送洪經棗陽，而未先過襄州也。據新書方鎮表四，元和中，曾置唐 隨 鄧三州節度使，治唐州，徙治隨州。則鄧至唐 隨自有道相通，不必經襄陽也。新野爲鄧州屬縣，在州東南七十里，中使送洪蓋取鄧州 新野道至棗陽，或取南陽、泌陽道至棗陽。泌陽南經湖陽至棗陽爲大道，已見前考；南陽、泌陽（今唐河）間通道，雖未見具體史證，然地平相接，今爲汽車通衢，必古道也。至於新野至棗陽，考黃滔有經安州感故鄭郎中及新野道中詩（全唐詩十函十冊滔集二）。按滔 閩人，數度入長安應試，前一詩爲赴長安途中作，後詩爲出長安返鄉途中作，其取途蓋經鄧州、新野、隨州、安州也。

棗陽東南三十五里至舂陵故城，北魏置南荊州。又東南六七十里至唐城縣（今唐縣鎮），濱臨溠水；有唐城館，見孟浩然詩。北魏置下溠鎮，在溠水東岸。

州縣城鎮詳上節唐州南道條。孟浩然有唐城館中早發寄楊使君詩（全唐詩三函三冊浩然集二）。

又東南一百零五里至隨州治所隨縣（今縣）。州西北約四十里道上有厲鄉，[一四五]北境厲山有神農 烈山氏傳說。通鑑胡注云，「自棗陽至厲鄉，道路交錯，號九十九岡。」

隨州、隨國及神農傳說，皆見元和志二一及寰宇記一四四隨州目。志云，唐城縣東南至州一百五里；記云一百五十里，誤。

厲鄉　通鑑二三一興元元年，曹王 皋敗李希烈，下安州。「又擊希烈將康叔夜於厲鄉，走之。」胡注引九域志，隨州 厲鄉村有厲山。綱文引胡氏語，即見此注。按元和志、寰宇記皆云厲山一名烈山，在隨縣北一百里。而一統志德安府卷山川目，厲山一名烈山，在隨州北四十里。古蹟目，厲鄉在隨州北厲山店。檢今圖，隨縣西北至唐縣鎮道上有厲山（店？鎮？）地名，去隨縣約三四十里，即其地，蓋主山在縣北百里，鄉店在山之南麓耳。

隨州即左傳「漢東之國隨爲大」之隨國故地。漢置縣，西魏置并州，改名隨州。唐代此州爲南北交通要衝，故寰宇記黃州目、安州目及江南西道諸州目，多云取隨州路至長安也。

隨州沿革詳元和志二一隨州，參一統志德安府卷古蹟目隨縣故城條。寰宇記淮南道 黃州目、安州目及江南西道 洪、信、饒、撫、吉諸州目皆云取隨州路至長安若干里，已引詳第一節。

隨州東有四望山。王建有四望驛松詩，驛當近此山，或即州東南第一驛歟？

前於篇二八荆襄驛道與大堤豔曲襄陽西南至漳南[一四六]條引舊書 梁崇義傳及通鑑二二七書崇義敗於四望事，胡注，「今隨州 隨縣之東有四望山。」彼篇雖據一統志置該四望於漳南縣南，然不害隨縣東亦有四望山。一統志德安府（安州）卷山川目，四望山「在隨州東，山最高，四望皆見。」又槎山「在安陸縣東北五十里，脈自應山縣 四望山來，蔚然特起，上多怪石，望之青翠可愛。」壽山在安陸縣西北六十里，北接隨州界，東北接應山縣界。檢張編地圖集・湖北地形圖，壽山在安陸北北西，涓水之東，則四望山當在壽山之北。隨州爲南北交通大道，置驛，按王建有四望驛松詩（全唐詩五函五冊建集五），極可能在此地區，去州不能過四五十里。蓋隨州東南第一驛歟？

由隨州沿溳水東南下行經四望驛一百五十五里至安州治所安陸縣（今縣E113°40'・N31°16'），漢舊縣也。城三重，西枕溳水，在禹貢陪尾山南六十里。縣西北二十里溳水上有地名漴頭，在道上。

四望驛見前條，餘除漴頭外皆據元和志二七安州目、二一隨州目書之。

漴頭　通鑑一六三梁 大寶元年，楊忠自隨郡圍安陸，柳仲禮自襄陽馳歸救之，忠銜枚夜襲，敗仲禮於漴頭。胡注：「杜佑曰，漴音崇，水所衝曰漴。考異曰，太清記作潼頭。」紀要七七德安府 安陸縣 漴頭鎮，在城西北二十里。「今名石淙村。」

又有溳川館，見李涉詩，蓋在安州南北溳水道中。【一四七】

李涉經溳川館寄使府群公（全唐詩第七函十冊涉集）云：「溳川水竹十家餘，漁艇蓬門對岸居；大勝塵中走鞍馬，與他軍府判文書。」按涉小傳，曾應陳 許辟，可【一四八】詩可能爲寄陳 許使府而作，【一四九】此館顯在溳水側岸。【一五〇】

梁末江陵 湘東王 繹使司州刺史柳仲禮鎮竟陵，以圖襄陽。仲禮擊降安陸郡（唐 安州），進兵襄陽。襄陽 岳陽王 詧乞援於魏，魏 宇文泰使楊忠都督三荊等十五州諸軍事，鎮穰城（唐 鄧州），以經營江 漢。忠進兵降下溠城，拔隨郡，進圍安陸。仲禮回師救安陸。此爲南北用兵漢東而沿上述路線爲進退之顯例。

此事詳見通鑑一六二、一六三梁 太清三年、大寶元年條，不詳錄。

安州在漢東東西聯絡線襄 隨 蘄 黃驛道上，又北當義陽三關通陳 蔡 許 鄭之郊，故爲南北交通之樞紐。

安州北當義陽三關，已詳前第三節及下桐柏山脈諸關篇。

由州蓋南行經黃花谷七十里至雲夢縣（今縣），在雲夢澤東七里。又東一百二十里至黃陂縣（今縣），漢末劉表以其地當江 漢之口，使黃祖築城鎮遏，以禦東吳，故名黃城鎮；南北朝末期，改置南司州、黃陂縣。縣南有武湖。又東微北一百二十里至黃州治所黃岡縣，在舉水東岸（今縣北一百二十里，約新洲地，E114°50'・N30°50'），本漢 西陵縣（故城在唐縣西二里），蕭 齊置齊安縣，開皇中更名。

州縣沿革據元和志二七。

通典一八三黃州目、安州目，皆云東西距三百一十二里。元和志二七兩目皆作三百一十里，取大數。此道當經雲夢、黃陂兩縣。按元和志二七安州目、黃州目，黃陂縣東隸黃州，東北至州一百二十里；[15] 雲夢縣北隸安州，北至州七十里；知此兩縣間相距一百二十里。唐 黃州治所黃岡縣之今地，別詳桐柏山脈諸關道篇。黃花谷詳第三節轘轅通許蔡南達淮上漢東道。

黃州置驛，但驛名無考。

國史補上：「王嶼爲相，尙鬼神之事，分遣女巫遍禱山川。有巫者少年盛服乘傳而行，……橫行州縣間。至黃州，左震爲刺史。震至驛，而門扃不啓……。」舊一三〇王璵傳及通鑑二二〇乾元元年紀採此事，是黃州置驛之明證，但驛名不詳。復考宋高僧傳二二宋潭州延壽院宗舍傳，[一五二]「渡彭蠡，至黃州驛前，屹然立終。……時馬舖使臣爲營喪務，造塔於立終處，則開寶二年也。」似黃州驛以州名，但亦可能指謂黃州之驛，非專名黃州驛也。

15 此里數極正確，東北實東微北耳。校勘記[一五一]云：「考證：宜作『東南至州二百二十里。』黃陂即今縣，黃州今黃州府。」此皆誤以宋之黃州爲唐之黃州也。詳桐柏山脈諸關道篇。

黃州東南行約一百六十里至蘄水縣（今浠水、清 蘄水，E115°15'・N30°25'），濱臨浠水。劉 宋置浠水縣，北齊置蘭溪鎮，武德中復浠水縣，天寶六年更名。又東南七十二里至黃州[一五三]治所蘄春縣（清及民國蘄春縣東北約五六十里之漕河鎮、今蘄春縣，E115°25'・N30°15'），在蘄水東岸，漢舊縣也。蘄口在西南約五六十里大江北岸。

通典一八二蘄州目、[一五四]一八三黃州目皆作東西距二百三十里。元和志二七黃州、蘄州兩目里距皆同，但皆作西北至東南向，是也。

蘄州 蘄春縣　楊氏唐地理志圖置蘄州及縣於宋末迄民國之蘄春縣，即大江北岸E115°20'・N30°5'。而譚氏中國歷史地圖集第五冊唐代圖，置於中國地圖集之蘄春縣，即漕河鎮，在民國 蘄春縣之東北約五十里處，E115°25'・N30°15'。檢一統志黃州府卷古蹟目，蘄春故城在蘄州（即民國之蘄春）西北；引州志，「舊城在州治西北，宋 景定四年遷麒麟山，即今治也。」麒麟山亦即民國縣治。此云舊城（宋 景定以前縣城）在清 蘄州及民國 蘄春縣西北，不明里數。又檢紀要七六蘄州 蘄春廢縣，今州治。「城邑考，故羅州城在州北六十里，北齊所築，即州舊治也。宋（略）景定四年，蒙古據白雲山，州將王益遷州治麒麟山，即今治矣。四面匯江為池。」則舊州縣治當在民國 蘄春縣治北六十里。考水經注三二蘄水經云，「蘄水出江夏（郡） 蘄春縣北山，南過其縣西，又南至蘄口，南入于江。」則宋末迄民國之蘄春縣近此蘄口，[16] 而故城當在民國 蘄春縣東北若干里，亦在蘄水口之上游若干里也。又寰宇記一二七蘄州四至條，「東北至西京（洛陽）……水路取蘄水南下揚州……四千一百二里。」此亦見州不在蘄水口之一證。紀要引城邑考，故城在今州北六十里，若此數字正確，則唐代故城固當在今漕河鎮，即中國圖集之蘄春縣（E115°25'・N30°15'）也。一統志「西北」當作「東北」，實則北北東耳。

蘄水縣　沿革見元和志。黃 蘄兩州相去二百三十里，以勢度之，當中經蘄水縣，元和志、寰宇記蘄水東南至蘄州七十二里。參之今圖，蘄水西北至

---

16 一統志黃州府卷關隘目，蘄口鎮在蘄州西三十里。觀张编地圖集，蘄春誠在蘄水入江水口東若干里之江濱。

唐之黃州（約今新洲）正約一百六十里之譜，故此二百三十里之途程必取蘄水縣路無疑，則即今之汽車道矣。

蘄口　見前引蘄水經，蘄水入大江之口也。通鑑二二九興元元年，「上命包佶自督江 淮財賦泝江詣行在，至蘄口，遇（吳）少誠入寇。」即此蘄口。九域志五蘄州 蘄春縣有蘄口鎮。一統志黃州府卷關隘目，蘄口鎮「在蘄州（張編地圖集・湖北人文圖之蘄春縣濱大江者）西三十里，蘄水入江之口也，……今謂之桂口塘。」按又云，古名永安戍。蓋非其地。

蘄州東行五十里至廣濟縣（今縣），武德四年置永寧縣，天寶元年更名，在大江北一百二十里。又東九十里至黃梅縣（今縣[一五五]），因縣北黃梅山受名，在大江北一百里。縣西南七十里有九江故城，黥布所築。縣西北四十里有雙峰山，為禪宗四祖道信道場。縣東北二十六里有馮茂山，為禪宗五祖宏忍道場。漢 尋陽故城在縣北，故蘭城，溫嶠移於江南。

此段綱文除尋陽故城外皆據元和志二七、寰宇記一二七蘄州 廣濟、黃梅兩縣條綜合書之。一統志黃州府卷山川目，黃梅山在黃梅縣西北四十里；隋書 地理志，黃梅縣有黃梅山。又雙峰山在黃梅縣西北三十里，一名西山，一名破斧山。[一五六]馮茂山在縣東北二十五里，亦名東山；引名勝志，山為馮茂所施，故名。山頂有池，生白蓮花，又名蓮峰。

尋陽故城　通典一八二江州 尋陽縣，「尋，水名也。漢舊縣在江北，今蘄春郡界，晉 溫嶠移於此。」寰宇記一一一江州，引尋陽記云，「本在大江之北，今蘄州界古蘭城是也。」溫嶠為守，移於此。參看一統志黃州卷古蹟目。

黃梅南行七十五里至臨江驛，在江濱太子洑，宋之問有題黃梅臨江驛詩，崔融、胡皓皆有和詩。

宋之問有途中寒食題黃梅臨江驛寄崔融（全唐詩一函十冊之問集二）云，「可憐江浦望，不見洛陽人。」崔融、胡皓皆有和宋之問寒食題黃梅臨江驛（同上二函二冊融集、六冊皓集）。輿地紀勝四七蘄州古蹟目：「太子驛在黃梅縣南七十五里，舊傳，梁 武帝於此得子，號太子驛，唐改臨江驛。」是去縣治里距可考。按元和志二七蘄州 黃梅縣，「太子洑在江之岸，梁 武帝初下建業，留丁貴嬪於此，生太子，因以為名。」蓋驛即在太子洑也。

蘄州 江津渡蓋即在臨江驛南江上，官船一艘，渡子六人。由驛渡江三十五里至江州治所潯陽縣（今九江），本宋 湓口城也，置九江驛。

江津渡　唐六典七工部水部郎中條記大江津渡甚少，蘄州 江津渡為其一，具見此津為重。

臨江驛與江州隔江里距　蘄州東南至江州，元和志二七蘄州、二八江州兩目皆作二百五十里。【一五七】通典一八一蘄州、一八二江州兩目皆同。按元和志蘄州，廣濟縣西至州五十里，黃梅縣西至州一百四十里；寰宇記同。前據紀勝，黃梅南至臨江驛七十五里，則蘄州至江濱臨江驛共二百一十五里也。是驛南渡江至江州當為三十五里。檢九域志五蘄州，「東南至本州界二百一十五里，自界首至江州三十五里。」里距恰合如此！

九江驛　唐大和上鑑真東征傳，天寶中，自廣州北歸，至江州，「太守親從潯陽縣至九江驛，大和上乘舟，【一五八】與太守別。」又六祖壇經・行由品第一，五祖送惠能出江口，直至九江驛。箋注：大明一統志五十二，九江驛即九江府 潯陽驛也。

以上為漢東之東西聯絡主線，道南又有沿漢水一線，由襄州東南沿漢水至郢州治所長壽縣（今鍾祥）三百一二十里。長壽即古石城，在漢水東十步。又東南至復州治所竟陵縣（今天門）陸路二百五十里，水路三百里。又東至沔州治所漢陽縣（今漢陽）陸路三百四十里，水路七百里。又東渡江至鄂州治所江夏縣（今武昌）七里。

此據元和志二一襄州、郢州、復州目及二七鄂州、沔州目所記無大歧異，約略書之，不詳考述。

由安州西南至復州治所竟陵縣（今天門）三百三十里，又南一百三十里至沔陽縣（今縣），[一五九]又南至岳州治所巴陵縣（今岳陽）水路五百里。

此據元和志二一復州目書之。寰宇記一四四復州目，同，惟復州至沔陽作陸路一百四十里。又元和志二七岳州目，「五百」作「五百五十」。按輿地紀勝七六復州景物目上，引孫宗鑒東皐雜錄，「安陸又兩驛至復州，皆平地也。」即行此道。

綜　結

習鑿齒襄陽記曰：「楚有二津。」「襄陽，楚國之北津，從襄陽渡沔（漢水），自南陽界出方城關是也，通周 鄭 晉 衛之道。其東，則從漢津渡江夏，出平皐關[一六〇]是也，通陳 蔡 齊 宋之道。」此爲古代荊 楚北通中原之兩幹道。迄中古時代，此兩道仍爲江 漢地區北通中原之要道，惟唐以洛陽爲東都，故本篇以洛陽爲中心考述之，而附及鄭 汴（古魏國即晉也）陳 宋南達江 漢之幹道。又自漢 晉以來，洛南有魯陽關道，魏 孝文南征，有三鵶故事，三鵶道乃大顯，至唐尤爲志書所記洛陽通鄧 宛之主道。故此篇所考南北交通主道有三。其一西道，即三鵶道：由伊闕經汝州南行於伏牛山脈 魯陽 三鵶谷中，至南陽 鄧 襄，路最險峻，亦最逕捷之道也。其二東道：由轘轅經登封、陽翟（今禹縣）至許州，由州北行至鄭州，由州東北行至汴州，故爲中原南行一道口。許州折南經蔡州（今汝南）分踰桐柏山脈諸關，至安（今安陸）黃（今黃岡北一百二十里）。此道視西道爲平易，即襄陽記漢津江夏道之大體方向，惟故楚道終點包括蔡州東北通陳 宋 魯 齊之道，今亦附述之。其三中道，即宛 葉走廊道：行於伏牛山脈東麓與豫南低綏長山間之仄狹平原地帶。其北段自葉縣 襄城分東西兩支——西支西北至洛陽（習記之周），東支東北至鄭 汴。其南段主線西南通鄧 襄，而自葉縣 方城有支道東南通唐州（今泌陽）至隨州。此即襄陽記故楚北津，由南陽出方城關通周 鄭 晉 衛之道也。道最平易，爲故楚北出之主道，亦中古荆 楚北通中原之主道也。唐代三道皆置驛，而宛 葉走廊道尤常置。

南北三道外，所附考者，漢東之東西交通道，亦即南北三道南端之聯絡線，而西京 長安、東都 洛陽以及汴州與江南西道及嶺南東道間來往之行旅，大多取此道渡江（江 蘄間江津渡），湖南、嶺南西道之趨長安 洛陽，殆亦有取岳 鄂路至安 黃者，故此漢東聯絡道亦爲唐代南北交通幹線之重要一環，常置驛。

全文考論既竣，述其梗概如此，參看地圖，尤當瞭然。

於此所欲申論者：黃河 長江皆由西平行東流，中隔崇山峻嶺，南北交通困難，惟至伏牛山脈盡處，始有帶形平原南接江 漢 南陽盆地，北接黃河沖積平原，南北交通始見坦途，此即宛 葉走廊也，加以漢水、白河、唐河由北南流，益縮短此道之南北陸程，增加南北交通之便利。宛葉以東，雖有豫南低緩山地，但盤據不廣，故東許、蔡道亦復平阜坦途，惟桐柏山脈稍見隘阻耳。中國古代文化搖籃在黃河流域之中原，中原文化南向影響長江流域文化或起交互作用者，似以彩陶文化、河南 龍山文化與江 漢盆地之京山 屈家嶺文化之關係爲最早，正亦藉此一交通形勢促成之。其後夏代二里頭文化繁殖於伊 洛 嵩陽地區，殷 商吸收夏文化，發展爲鄭州 二里岡文化，此文化時代早於殷墟文化，故或稱之爲早商文化（盤庚以前，非先商）。此類文化在中原廣泛分佈，其在江 漢、湖北 贛北，亦有發現，而以黃陂南境盤龍城所發現之商城遺址與銅器群最爲重要，地在武漢市北五公里之灄口（約E114°22'・N30°42'）地區，城牆大體可辨，宮殿基址保存良好，保存青銅遺物極豐富，諸器雖爲本地所製，但其形制與鄭州 二里岡上層文化遺物幾完全相一致。鄭州 二里

岡與黃陂 盤龍城南北直線距離五百公里，在約三千三百年前，兩地文化狀貌竟相同如此，實可驚異，而此兩商城正居此篇所考中原通江 漢地區重要交通線之南北兩端，尤見宛 葉走廊道、許 蔡 桐柏道之早已肩負其歷史任務，不自春秋 戰國始也。

參看圖△△【一六一】

一九八三年八月撰成草稿第一二兩節。九月回臺灣 史語所工作。因爲前五卷出版事，暫置此稿。

一九八五年十二月在臺任滿返港，時第五卷各篇亦已校稿竣事。一九八六年三月中旬，開始續撰此篇；五月二十八日全篇草稿完成，嗣續增補；六月二日撰成綜結。一九八七年五月復全盤增訂，局部易稿；六月五日畢功。

【校記】

【一】案檢校點本通典卷一七七鄭州 滎陽郡「東至陳留郡（汴州）百四十四里」（頁4661）；同卷汴州 陳留郡「西至滎陽郡（鄭州）百四十里」（頁4662）。此處疑漏寫「140」。

【二】案檢校點本通典卷一七七洛州 河南府「東南到潁川郡（許州）三百二十里」（頁4651）；然同卷許州 潁川郡「西北到東京三百三十里」（頁4667），其校勘記謂「三十」原作「二十」，據北宋本等改（頁4683）。嚴師此處作「AC320」，或只取河南府所載至許州之里數（元和志之里數亦然）。本篇第三節引元和志及通典，即河南府、許州兩目里距並列。

【三】案檢校點本通典卷一七七汴州 陳留郡「西南到潁川郡（許州）二百三十里」（頁4662）；同卷許州 潁川郡「東北到陳留郡（汴州）二百三十里」（頁4667），其校勘記云：「二」原作「三」，據北宋本改（頁4684）。嚴師此處作「A230，330」，其「330」疑據殿本（頁942上）。

【四】案檢校點本通典卷一七七陳州 淮陽郡「西北到陳留郡（汴州）三百二十里」（頁4668）；其校勘記謂原作「二百三十里」，據北宋本乙改（頁4684）。殿本同卷同目，正作「二百三十里」（頁942中）。此處作「A330」，未知何據。

【五】案檢校點本通典卷一七七宋州 睢陽郡「西南到淮陽郡（陳州）二百八十里」（頁4664）；同卷陳州 淮陽郡「東北到睢陽郡（宋州）二百八十里」（頁4668），其校勘記云：「二」原作「三」，據北宋本等改（頁4684）。殿本同卷陳州 淮陽郡目則作「東北到睢陽郡三百八十一里」（頁942中）。嚴師此處作「A280，380」，疑據殿本，但亦知「三八〇」爲字形之譌（參本篇第三節）。

【六】案檢校點本通典卷一七七宋州 睢陽郡「南至譙郡（亳州）一百三十里」（頁4664）；同卷亳州 譙郡「北至睢陽郡（宋州）百四十里」（頁4665）。復檢萬刻本寰宇記卷一二宋州目，「南至亳州西界一百三十二里」（頁104下）；宋本寰宇記（頁60上），同。則此處似宜作：「A130，140 C132」。

【七】案檢校點本通典卷一七七陳州 淮陽郡「西南到汝南郡（蔡州）界二百六十里」（頁4668）；同卷蔡州 汝南郡「東北到淮陽郡（陳州）二百八十里」（頁4670），其校勘記云：「二」原作「一」，據北宋本改（頁4684）。殿本同卷蔡州 汝南郡目，正作「一百八十里」（頁942下）。嚴師此處作「A260，180」，疑據殿本。

【八】案檢校點本通典卷一七七蔡州 汝南郡「南至義陽郡（申州）二百六十里」（頁4670）；卷一八三申州 義陽郡「北至汝南郡（蔡州）二百六十八里」（頁4873）。此處蓋漏寫「260」。然本篇第三節敘蔡 申二州里距，則仍列二六〇里及二八〇里。

【九】案檢校點本通典卷一七七蔡州 汝南郡「東南到弋陽郡（光州）淮水中流為界二百里」（頁4670）；卷一八一光州 弋陽郡「北至汝南郡 褒信縣 淮水中流分界六十七里」（頁4812）；是蔡州至光州之里距合共二百六十七里。本篇第三節亦謂通典所記為二百六十七里；此處作「260」，疑筆誤。

【一〇】案檢校點本通典卷一七七潁州 汝陰郡「南至弋陽郡（光州）三百八十五里」（頁4669）；惟卷一八一光州 弋陽郡無東北到潁州 汝陰郡之里數（頁4812）。此處之「180」未知何據？

【一一】案元和志與寰宇記襄 隨二州目所記里數同為三百五十里是也，惟今本通典所記襄 隨里距並非同作三百五十里。檢校點本通典卷一七七襄州 襄陽郡「東至漢東郡（隨州）三百五十里」（頁4675）；同卷隨州 漢東郡「西至襄陽郡（襄州）一百五十里」（頁4677），此條之「一百」（殿本亦作「一百」〔頁943下〕）顯為「三百」之訛，校點本於此無說。嚴師謂通典襄 隨兩州目皆云相距三五〇里誠是（見本篇第二節），但似未指出殿本作「一百」之誤。

【一二】案檢校點本通典卷一八三申州 義陽郡「西南到漢東郡（隨州）二百四十四里」（頁4873），嚴師此處作「A244」是也。又檢同書卷一七七隨州 漢東郡「東北到義陽郡（申州）二百四十里」（頁4677），其校勘記謂「『義』原訛『襄』，『二』原作『一』，據北宋本改」（頁4688）。嚴師此處未錄「240」，或以殿本此處作「東北到襄陽郡（襄州）一百四十里」（頁943下），故未取。

【一三】案檢校點本通典卷一八三安州 安陸郡「北至義陽郡（申州）二百五十里」（頁4869）；同卷申州 義陽郡「南至安陸郡（安州）二百五十七

里」（頁4873）；則通典所記申 安兩州目之里距不盡同。本篇第三節引通典申 安二州之里距，正作「二百五十七里」及「二百五十里」。此處之「A250＋」，蓋筆誤。

【一四】案檢萬刻本寰宇記卷一四四郢州目，「北至襄州三百一十里」（頁293下）；卷一四五襄州目，「東南至郢州三百七十里」（頁298上）；則此本所記襄 郢兩州目之里距不盡同。復檢化龍池版寰宇記卷一四四郢州目，「北至襄州三百一十六里」（葉六）；卷一四五襄州目，「東南至郢州三百七十里」（葉三）；是此本所記襄 郢兩州目之里距亦不盡同。

【一五】案檢萬刻本寰宇記卷一四四隨州目，「南至郢州四百六十里」（頁291下）；同卷郢州目，「東至隨州四百六十里」（頁293下）。然則此處似應作：「C460＋」，今作「C329，460」，或別有所據歟？

【一六】案檢萬刻本寰宇記卷一四四郢州目，「東至安州三百二十九里」（頁293下）；化龍池版寰宇記同卷同目（葉六），同。是此二本所記郢州至安州之里距，與通典所記數字相同；此處作「C320」，疑筆誤。

【一七】案檢校點本通典卷一八三荆州 江陵郡「東北到富水郡（郢州）二百二十里」（頁4863-4864）；同卷郢州 富水郡「西至江陵郡（荆州）二百八十里」（頁4868）。則此處漏寫「A220，280」。復檢萬刻本寰宇記卷一四四郢州目，「西至江陵府二百八（疑下脫『十』字）里」（頁293下）；卷一四六荆州目，「北至郢州三百里」（頁305下）。則此處亦漏寫「C208（？），300」。

【一八】案檢萬刻本寰宇記卷一四四郢州目，「南至復州三百里」（頁293下）；同卷復州目，「北至郢州，私路二百五十里，官路三百里」（頁295上）；則此處漏寫「C300＋」。復檢校點本通典卷一八三復州 竟陵郡「北至富水郡（郢州）四百里」（頁4867）；同卷郢州 富水郡「南至竟陵郡（復州）四百里」（頁4868）；則此處亦漏寫「A400＋」。

【一九】案此條安 復二州之里距A重出，當有誤。檢校點本通典卷一八三復州 竟陵郡「東北到安陸郡（安州）三百四十里」（頁4867）；同卷安州 安陸郡「西南到竟陵郡（復州）三百四十里」（頁4869）。復檢萬刻本寰宇記卷一三二安州目，「西南至復州三百四十里」（頁219上）；卷一四四復州目，「東北至安州三百四十里」（頁295上）。然則此處安 復二州之里距當作：「AC340＋」。

【二〇】案檢校點本通典卷一八三復州 竟陵郡「東至漢陽郡（沔州）五百里」（頁4867），同卷沔州 漢陽郡「西至竟陵郡（復州）五百里」（頁4871）；此處似漏寫「A500＋」。復檢萬刻本寰宇記卷一四四復州目，「東至舊沔州，陸路三百四十里，水路七百里」（頁295上），陸路里數與元和志同；然卷一三一漢陽軍（沔州）目，「南至復州，陸路八百里，水路七百里」（頁216上），其陸路里數又異。嚴師或以此而未列C之數據歟？

【二一】案檢校點本通典卷一八三黃州 齊安郡「南至江夏郡（鄂州）二百八十五里」（頁4870）；同卷鄂州 江夏郡「北至齊安郡（黃州）二百八十五里」（頁4871）。本篇第三節敘黃州至鄂州里數亦引通典，謂二州之里距同；此處蓋漏寫「A285＋」。

【二二】案檢點校本元和志卷二一襄州八到目，「北至東都八百二十五里」（頁528）；畿輔叢書本（卷二一葉二），同。本篇下文（綱文）亦云：「襄州北至洛陽，……元和志作八百二十五里」；則此處之「827」蓋筆誤。

【二三】案檢點校本元和志卷二七鄂州八到目，「西北至東都一千四百里」（頁644）；畿輔叢書本（卷二七葉二），同。此處作「1530」，疑筆誤。

【二四】案檢萬刻本寰宇記卷一一二鄂州四至八到條，「北至西京一千五百三十里」（頁91上）；宋本寰宇記（頁183上），同。原稿此處蓋漏寫。

【二五】案檢點校本元和志卷二七黃州八到目，「東北至東都一千四百七十里」（頁652）；畿輔叢書本（卷二七葉一〇），同。本篇下文亦云「通典、元和志及舊志，黃州北至東都一四七〇里」；則此處蓋漏寫。

【二六】案檢點校本元和志卷二七蘄州八到目，「西北至東都一千七百里」（頁655）；畿輔叢書本（卷二七葉一二），同；此處蓋漏寫。參本篇第【三六】條校記。

【二七】案檢舊唐書（北京：中華書局點校本，1975年版。以下簡稱「點校本舊唐書」）卷四〇地理志三蘄州目，「至東都一千八百二十四里」（頁1579）；清 乾隆 武英殿本舊唐書（臺北：藝文印書館影印，1956年版。以下簡稱「殿本舊唐書」）同卷（頁782下），同。本篇下文（目文）亦云：「蘄州去洛陽，通典、舊志、寰宇記皆云一八二四里」；則此處蓋漏寫。

【二八】案檢萬刻本寰宇記卷一〇陳州四至八到條，「西北至開封府三百一十里」（頁90下）；宋本寰宇記（頁55下），同。又萬刻本寰宇記卷一開封府四至八到條，「東南至陳州三百一十里」（頁20上）；宋本寰宇記（頁14上），同。是兩處數據皆作「310」，與此作「315」異。

【二九】案洛南三關係篇伍伍，此處作篇五四，蓋筆誤。

【三〇】案檢萬刻本寰宇記卷一一蔡州四至八到條，「西北至汝州 襄城縣二百八十四里」（頁97上），與通典所記里數微異。然化龍池版寰宇記同卷同條，正作「二百八十里」（葉三），與通典所記里數同。

【三一】案本篇之漢東淮上以北諸州北至洛汴里數表內，唐州至洛陽之里數，舊志作六四六里，此處作「六四四里」，疑筆誤。

【三二】案校點本通典卷一七七隨州 漢東郡「去東京一千八十里」（頁4677），其校勘記云：「『十』北宋本、傅校本、明抄本、明刻本、王 吳本作『百』，非。」（頁4688）殿本亦作「一千八十里」（頁943下）。本篇之漢東淮上以北諸州北至洛汴里數表，隨州至洛陽之里數引通典則書作「1080」，與校點本及殿本同，但與此處目文謂「通典作一八〇〇里」異。檢原稿（頁4），里數表原作「1800」，其後改作「1080」，疑嚴師於起草本篇時，誤將「一千八十里」作「一八〇〇里」；其後或發現里數表內之數字有誤，遂改正，然內文則未相應改之，故仍作「一八〇〇里」；但下文疑一千八百之「八百」衍「百」字，是也。

【三三】案檢校點本通典卷一七七襄州 襄陽郡「去西京千一百八十里」（頁4675），殿本（頁943中），同；嚴師此處及下文皆謂通典作一〇八〇里，疑筆誤。

【三四】案檢校點本通典卷一七七鄧州 南陽郡「去西京九百三十里」（頁4673），其校勘記云，「三」原作「二」，據北宋本改（頁4686）。殿本同卷同條，正作「九百二十里」（頁943上）。嚴師此處謂通典作九二〇，疑據殿本。

【三五】案若據今本通典襄州至長安一千一百八十里算，則通典與舊志所記（一一八二）相若，然與由襄州經鄧州（一八〇里）至長安（九二〇或九三〇里）共一一〇〇（或一一一〇）里，則尚有七、八十里之差距也。

【三六】案元和志記蘄州至洛陽之里數適爲一七〇〇里（參本篇第【二六】條校

記），則蘄州西北至洛陽正取黃、安、申、蔡路也。嚴師於漢東淮上以北諸州北至洛汴里數表中因漏寫元和志此條數據，故爲通典、舊志、寰宇記之一八二四里所惑；然綱文謂此數字「似有誤」，是也。

【三七】案「江南西道」，檢輿地紀勝（清 咸豐十年〔1860〕粵雅堂雕本，臺北：文海出版社影印，1962年版。以下簡稱「粵本紀勝」）卷四七蘄州官吏目張齊賢條，作「江南西路」（頁341上）。又清 道光二十九年（1849）刊懼盈齋本輿地紀勝（北京：中華書局影印，1992年版。以下簡稱「懼本紀勝」）同卷同條，亦作「江南西路」（頁1914）。

【三八】案張齊賢爲江南西路轉運使事，見容齋四筆卷一三國初救弊條，國學基本叢書本容齋隨筆五集（上海：商務印書館，1935年初版）及校點本容齋隨筆（上海：上海古籍出版社，1978年版）均有，嚴師謂「今檢四筆不見此條」，疑誤記。

【三九】案據元和志卷二一襄州目，北至洛陽八百二十五里，本篇第一節引元和志已云八百二十五里；此處謂「八百二十里」，蓋漏寫「五」字。本節下文據元和志計算自洛陽至汝州一七〇里，又南四七五里至鄧州，又一八〇里至襄州，其和適爲八二五里，正「與總程相合」，更可證此處漏寫「五」字。

【四〇】案寰宇記無鄧州至洛陽之里數是也，但襄州至洛陽之里數則爲八五五里（見卷一四五襄州），本篇第一節之漢東淮上以北諸州北至洛汴里數表亦已引錄，此處謂「襄、鄧兩州無至洛陽之里數」，疑誤記。

【四一】案檢宋刻本白氏長慶集（北京：文學古籍刊行社影印，1955年版），此詩在卷二九（頁757）；此處作「六二」，疑筆誤。

【四二】案「及」，宋刻本白氏長慶集卷三七作「反」（頁959）。檢朱金城白居易集箋校（上海：上海古籍出版社，1988年版）卷三七，亦作「反」，其校語謂全唐詩作「及」字誤（頁2551）。

【四三】案檢全唐詩一函八冊王宏從軍行，作「……羌歌燕筑送城隅；城隅路接伊川驛，河陽渡頭邯鄲陌。」（頁310上）則此處「城偶」之「偶」，乃「隅」之筆誤。而「邯鄲客」之「客」，疑亦筆誤。

【四四】案檢萬刻本寰宇記卷八汝州 龍興縣廢臨汝縣條，「西」下有「南」字（頁80下）；宋本寰宇記同卷同條（頁45下），同。

【四五】案萬刻本寰宇記「置」下有「縣」字（頁80下）；宋本寰宇記（頁45下），同。

【四六】案萬刻本寰宇記「城」下無「南」字（頁80下）；宋本寰宇記有「南」字（頁45下）。

【四七】案萬刻本寰宇記「梁」下有「縣」字（頁81上）；宋本寰宇記（頁45下），同。

【四八】案舊唐書 地理志一在卷三八，於志則爲一八；此處作「舊一八」，疑筆誤。

【四九】案點校殿本水經注卷一五伊水注，「縣」下增「境」字（頁311）；大典本無「境」字（頁293）。

【五〇】案畿輔叢書本元和志卷六汝州 梁縣 廣成澤條，作「百里」（葉一一）；點校本元和志同卷同條則作「一百里」（頁166）。

【五一】案原稿及抄本上句於「川」字斷句，作「揚波于川」，「左」字下屬。檢點校殿本水經注卷二一汝水注，此二句斷句作「揚波于川左泉上，華宇連蔭」（頁401）；陳橋驛水經注校釋（頁374），同。點校本水經注疏則作「揚波于川左」，楊守敬於「左」字下疏云：「川指廣成澤水，澤水東南流，逕溫泉南，是溫泉在澤水之左也。」（頁1746）其說可取。大典本亦作「揚波於川左」（頁380）。

【五二】案「嵩陽」，國基本紀要卷五一汝州 廣成澤條，作「嵩高」（頁2232）。檢顧祖禹讀史方輿紀要稿本（上海：上海古籍出版社影印，1993年版。以下簡稱「紀要稿本」），亦作「嵩高」（第5冊，頁754）。復檢魏書（北京：中華書局點校本，1974年版。以下簡稱「點校本魏書」）卷一一出帝紀，永熙二年十二月「丁巳，車駕狩於嵩陽。己巳，遂幸溫湯。」（頁289）是魏書原作「嵩陽」。

【五三】案「溫泉」，國基本紀要作「湯泉」（頁2232）；紀要稿本（第5冊，頁755），同。復檢金史（北京：中華書局點校本，1975年版）卷五廢帝亮傳，正隆六年四月「戊申，詔汝州百五十里內州縣，量遣商賈赴溫湯置市」（頁113）；「丁卯，次溫湯。」（頁114）紀要作「湯泉」，蓋別稱；嚴師引作「溫泉」，疑筆誤（紀要之「買市」則爲「置市」之誤）。

【五四】案檢宛委別藏本三水小牘（臺北：臺灣商務印書館影印，1981年版，第84冊）卷下張謀孫鑿池犯太歲條，「郡」下有「西」字（頁50），則鬱陽驛確在汝州城西三十里，當在廣城驛之東。嚴師謂「在汝州東西之驛道上」，又疑此驛「在汝州之西」，是也。

【五五】案嚴師所引三水小牘，蓋據雲自在龕叢書本（北京：中華書局排印，1960年版。以下簡稱「排印本小牘」），此本「郡」下脫「西」字（頁31），故以為鬱陽驛與廣成驛或前後異名。今據宛委別藏本，則鬱陽驛可確知也（參上條校記）。

【五六】案「檢新定九域志……蓋承唐置者。」係據原稿新增者補入。

【五七】案「領」，周書（北京：中華書局點校本，1971年版。以下簡稱「點校本周書」）卷三五崔猷傳作「頓」（頁615），其校勘記謂據宋本、汲本及北史本傳改（頁629）。

【五八】案「移東」，三國志（北京：中華書局點校本，1959年版。以下簡稱「點校本三國志」）卷四六吳書 孫堅傳作「移屯」（頁1096）；此處之「東」，蓋筆誤。

【五九】案原稿頁2及頁8分別夾有二紙條，皆為魯陽資料，錄之如下。

其一云：

「請以南中郎將帶魯陽郡

　魏19中任城，P.475」

檢點校本魏書卷一九中任城王（元澄）傳：「時四中郎將兵數寡弱，不足以襟帶京師，澄奏宜以……南中帶魯陽郡……」（頁475）。原稿頁2所附紙條之資料，蓋即此。

其二云：

「魏74尒朱榮傳：

自述壯志，『今秋欲……校獵嵩原，……仍出魯陽，歷三荆，悉擁生蠻，北填六鎮。回軍之際，因平汾胡。……』」

此條見點校本魏書卷七四尒朱榮傳（頁1653-1654）。

【六〇】案「北重山有縣北」，校點本通典卷一七七鄧州（南陽郡）向城縣條，作「百重山在縣北」（頁4674），其校勘記云：「『百』原訛『北』，據北宋本、傅校本改。」（頁4686）殿本通典同卷同條，正作「北重山在縣北」（頁943中），嚴師此處作「北重山」，疑據殿本。但已知「北」字或誤，故下文謂「但山名或當作百重」，是也。至於「有」字，乃「在」之筆誤耳。

【六一】案萬刻本寰宇記卷八汝州魯山縣三鵶路條，作「三鵶路……接鄧州高陽縣界」（頁80下）。鵶、雅通，「高陽」則為「南陽」之誤刻，唐宋鄧州無高陽縣。宋本寰宇記同卷同條，正作「南陽縣界」（頁45下）。而上條萬刻本「三雅水南自鄧氏」云云，宋本寰宇記正作「三鵶水南自鄧州」（頁45上）。

【六二】案檢點校殿本水經注卷三一滍水注，此句作「東北出入滍」（頁594），「北」下有「出」字；大典本（頁561），同。

【六三】案檢點校殿本水經注卷三一淯水注，此句作「水出魯陽縣南分水嶺」（頁597），「縣」下有「南」字；大典本（頁564），同。圖考本篇上文敘分嶺山（分水嶺）為向城、魯山兩縣分界處，則分水嶺在魯陽縣（唐魯山縣，即今縣）之南是也；此處蓋漏寫「南」字。

【六四】案「博望故城東」，點校殿本水經注此句「望」下有「縣」字（頁597）；大典本（頁564），同。復案，此句之「東」疑為「西」之譌，參下第【一二七】條校記。

【六五】案原稿及抄本皆作「汝水」，「汝」當為「滍」之誤。上文已引水經注卷三一滍水注及淯水注，敘分水嶺下兩魯陽關水，一北流，東北入滍；一南流，東南注淯。又謂「滍水即今沙河」，則北魯陽關水所入者乃滍水，非汝水也。滍水入汝遠在北魯陽關水入滍之後。此處之「汝」，蓋筆誤。

復案，嚴師據ONC圖，謂「此地區有一水東北流至魯山縣城（案抄本誤抄作『域』）之西南」，檢地名詞典・河南省，魯山縣（縣治）城關鎮西南十八公里有交口村（即張編地圖集・河南人文圖之交口，E112°48'・N33°37'〔經緯度蓋據中國地名錄（北京：中國地圖出版社，1995年第2版），頁108〕），在瀼河上游支流交匯處（頁148），瀼河東北流入沙河；然則嚴師所謂「此地區有一水東北流至魯山縣城之西南」者，蓋即今之瀼河，又即酈注之北魯陽關水也。又趙永復編水經注通檢今釋（上海：復旦大學出版社，1985年版），亦以北魯陽關水當今之瀼河（頁82），是也。

【六六】案點校本元和志卷六汝州 龍興縣目，此句作「孝文帝親征馬圈」（頁169），「文」後有「帝」字；畿輔叢書本（卷六葉一四），無「帝」字。

【六七】案向城縣之地望，一統志卷二一一南陽府古蹟目向城故城條但云「在南召縣南」；又引元統志，謂「在南陽縣北六十里」。檢地名詞典·河南省，今南召縣（縣治）城關鎮（E112°25'·N33°28'）東南33公里處有皇路店鎮（E112°39'·N33°15'，張編地圖集·河南人文圖亦有此名），爲南召縣轄鎮，「扼古宛、洛大道要衝。北魏、隋、唐爲向城縣治。」「鄭 南西路經此。」（頁510）又參中國文物地圖集·河南分冊之南召縣文物圖（頁232），及文物單位簡介目南陽縣 向城故城條（頁566）。嚴師草本篇時，此二書尚未出版，故未資利用，然謂向城故城「約居南陽、南召兩縣間」則是也。

【六八】案本節標題，原稿及抄本原作：「洛陽鄭汴南取許蔡通淮上漢東道」，原稿及抄本首頁目次下第三節之標題亦然。但抄本首頁目次下第三節標題，嚴師其後又改作：「洛陽鄭汴南取許蔡桐柏三關通漢東道」，故今將本節舊有標題改如嚴師所訂者以應。

【六九】案檢地名詞典·河南省 名勝目嵩山條，太室山主峰峻極峰，海拔1494公尺（頁732）。

【七〇】案據地名詞典·河南省嵩山條，少室山之最高峰玉寨山，海拔1512公尺（頁732）。

【七一】案檢一統志卷二〇六河南府古蹟目緱氏故城條：「在偃師縣南二十里」（葉三），此處「偃師縣」下漏寫「南」字。

【七二】案檢點校本通鑑卷一八三隋 義寧元年二月庚寅條，李密等將精兵七千人，出陽城，「城」下有「北」字，作「出陽城北」（頁5720）。嚴師謂通鑑此處所載，「出隋書 李密傳」。檢點校本隋書卷七〇李密傳，作「出陽城，北踰方山」（頁1628），則有「北」字是也，嚴師蓋漏寫「北」字。而點校本通鑑以「北」字上屬，似未若點校本隋書之以「北」字下屬爲佳。

【七三】案「三百」爲「二百」之譌是也，校點本通典卷一七七許州至汴州即爲二百三十里（參上第【三】條校記），嚴師草此文時，校點本通典尚未出版。

【七四】案萬刻本寰宇記卷二開封府 鄢陵縣目，在府「東一百五十里」（頁31上）；宋本寰宇記同卷同目，亦作在府「東一百五十里」（頁25上）。「東」乃「南」之譌。嚴師謂縣「在府南一百五十里」，是也。

【七五】案「『商旅殷繁』……一大都市」二句，據原稿增。

【七六】案「商旅殷繁」二句，據原稿增。

【七七】案「據」，疑爲「距」之筆誤。

【七八】案「二百八十一里」，校點本通典卷一七七汝南郡（豫州）目，作「二百八十里」（頁4670）；其校勘記云：「『十』下原有『一』，據北宋本、傅校本、明抄本、明刻本、王 吳本刪」（頁4684）。殿本同卷同條，正作「二百八十一里」（頁942下）。嚴師此處作「二百八十一里」，疑據殿本。

【七九】案偃城之「偃」，當作「郾」。漢志潁川郡有郾縣；說文，郾，潁川縣，从邑匽聲。是郾城之「郾」，與偃師之「偃」似各別。檢點校本舊唐書卷一九下僖宗紀，中和四年四月條，亦作「郾城」（頁718）。嚴師此處作「偃城」，蓋筆誤。本段下文兩處偃城之「偃」，亦皆筆誤。又參下第【一三二】條校記。

【八〇】案「又按通鑑……通汴州道之證。」一段，係據原稿新增者補入。

【八一】案「軑」，清 嘉慶十年（1805）刊本（經訓堂藏板）金石萃編（嚴耕望編，石刻史料叢書〔臺北：藝文印書館影印，1967年版〕甲編之六）卷八三任城縣亭記，作「軑」（葉三）。王氏跋尾云，「軑，廣韻，特計切，音地；正韻，度奈切，音大」；又謂「玉軑出離騷」云云（葉七）。此處之「軑」，疑筆誤。

【八二】案檢點校殿本水經注卷二一汝水注，此句「治」下無「此」字（頁409）；大典本（頁388），同。此處之「此」，疑衍。

【八三】案原稿頁2夾有一小紙條，上書：

「懸瓠城在汝水南岸

鑑，147，天監七年，P.4587」

檢點校本通鑑卷一四七梁 武帝 天監七年，「冬，十月，魏 懸瓠軍主白早生殺豫州刺史司馬悅，自號平北將軍。……魏以尚書邢巒行豫州事，將兵擊白早生。……巒……長驅至懸瓠，……因渡汝水，圍其城。」（頁4586-4587）紙條上所書資料，蓋指此。

【八四】案信陽軍在寰宇記卷一三二，下文引寰宇記信陽軍，亦作「一三二」；此處作「一二二」，蓋筆誤。

【八五】案檢點校本舊唐書卷四〇地理志三申州 義陽縣，此句作「晉自石城徙居於仁順」（頁1549-1550）；殿本同卷（頁782下），同。

【八六】案點校本元和志卷九蔡州 朗山縣，此條有校勘記，謂王肅「築四望當在二十一年」，又謂「梁」宜作「齊」（頁254）。

【八七】案「命」，點校本元和志作「留」（頁240）；惟畿輔叢書本作「命」（卷九葉一八）。

【八八】案萬刻本寰宇記卷一一蔡州 朗山縣 四望故城條，與元和志所述微異。上引志文「……於四望陂南築之以禦梁」句，記無「梁」字；又志「糧運懸斷」句，記作「糧運斷絕」（頁99下）。嚴師此處，乃概括言之。

【八九】案王得臣所撰者乃麈史，檢粵本紀勝卷八〇信陽軍景物目下白雪驛條所引，「麈」作「塵」（頁474下），蓋誤刻；懼本紀勝同卷同條，正作「麈」（頁2609），不誤。嚴師此處作「塵史」，疑據粵本紀勝。

【九〇】案粵本紀勝此句，「謫」後有「監」字（頁474下）；懼本無「監」字（頁2609）。

【九一】案「塵史」，檢五代詩話（叢書集成本據粵雅堂叢書本排印，長沙：商務印書館，1937年版）卷三鄭文寶條，作「麈史」（頁151）。嚴師此處作「塵史」，蓋筆誤。

【九二】案此處所謂「校勘記引考證」，指點校本元和志卷九校勘記第〔七四〕條（頁254）。

【九三】案萬刻本寰宇記卷一三二信陽軍 信陽縣，「故平靖關城，縣西南七十六里」（頁222下）；是記作「西南」，而志則作「南」，微異。

【九四】案「五月」，檢點校本通鑑卷二八二晉 天福五年，南唐 李承裕入據安州在六月癸卯。下文甲辰，馬全節進軍大化鎮，入安州；丙午，安審暉追敗唐兵於黃花谷；丁未，審暉又敗唐兵於雲夢澤中，皆六月事。復檢點校本舊五代史卷七九晉書五高祖紀，天福五年五月，壬寅，少府監致仕尹玉羽卒。下文敘癸卯、甲辰事與通鑑同。舊五代史考異於「壬寅」下謂「壬寅上疑脫『六月』兩字」（頁1040），是也。舊史 高祖紀天福五年「夏四月丙申朔」，其五月丙寅朔，六月乙未朔（見董作賓，中國年曆總譜，香港：香港大學出版社，1960年版，頁118），故壬寅爲六月八日，癸卯爲六月九日，甲辰爲六月十日，丙午爲六月十二日，丁未爲六月十三日（新五代史卷八晉 高祖紀繫李承裕入安州於六月癸卯下）。嚴師此處引通鑑作「五月」，蓋筆誤。

【九五】案點校本通鑑無「據」字（頁9214）。

【九六】案點校本元和志卷二七鄂州目，「西北至安州二百九十里」（頁644）。同卷安州目，「東南至鄂州二百九十里」（頁650）；其校勘記云：「殿本同，它本作『二百二十里』」（頁663）。嚴師此處謂二州里距同者，疑據點校本。然畿輔叢書本元和志，安州至鄂州之里距則爲「二百二十里」（卷二七葉七），本篇第一節中原漢東淮上間諸州鄰距圖中，安 鄂二州之里距標作「B220，290〔220〕」，其數據似又據畿輔叢書本。

【九七】案嚴師此段首句「至於兩道北段所經」之「兩道」似誤。綱文明云蔡州東南渡淮至光州有東西兩道，東道東南行至褒信縣；西道正南行經真陽縣，又東南行至新息縣。若此，則西道北段絕非「皆在褒信西北至蔡州之道上」者。據上段目文引元和志，謂「由蔡州東南至褒信一百八十里，又七十五里至淮水」云云，及本段下文謂「又蔡州南至真陽縣一百里」云云，則「至於兩道北段所經」之「兩道」，似爲「東道」之筆誤，意謂東道「由蔡州東南至褒信一百八十里」，中經平輿與新蔡如綱文所示也。若「兩道」之「兩」字不誤，則此處之「兩道」，當指元和志所載：蔡州至光州三百二十里，光州至蔡州三百里——此兩州里距，皆經褒信、新蔡、平輿三縣（實則同屬東道，惟南行北行兩項數據有異耳）；而非指自蔡州南行之東道及西道而言。

【九八】案宛委別藏本三水小牘卷下，此條（黑水將軍靈異條）無「歲」字（頁41）；惟排印本小牘則有「歲」字（頁25）。嚴師此條蓋據排印本。

【九九】案原稿（頁73）此段綱文旁，嚴師以鉛筆批示：「當校桐柏山諸關道，看是否已有改動。」檢篇五七桐柏山脈諸關道第二節光黃間諸關道，唐代黃州治所黃岡縣在「今縣北微西一百二十里，黃陂縣東微北一百二十里，舉水之東，約新洲地，E114°50'・N30°50'」。新洲，中國地圖今作新洲縣，其地理坐標爲E114°48'・N30°51'（見中國地名錄〔第2版〕，頁257）。

【一〇〇】案喻宗漢文題曰「吳師入郢之戰有關問題探討」，無「及」字；載楚史論叢・初集（武漢：湖北人民出版社，1984年版），頁93-121。

【一〇一】案檢萬刻本寰宇記卷一四五襄州目所引習鑿齒襄陽記，「楚有二津」後有「謂」字（頁297上）；化龍池版寰宇記同卷同目（葉一），同。

【一〇二】案「平皐關」，萬刻本寰宇記無「平」字，但作「皐關」（頁297上）；化龍池版寰宇記有「平」字，作「平皐關」（卷一四五葉一）。

【一〇三】案檢地名詞典・河南省桐柏山條，其地理坐標爲E112°45'~114°01'・N31°40'~32°46'，其範圍東至河南省 信陽縣（E114°05'・N32°06'）飛沙河谷地、湖北省 應山縣（E113°46'・N31°36'）應山河谷地（頁619）。復檢中華人民共和國地名詞典・湖北省（北京：商務印書館，1990年版。以下簡稱「地名詞典・湖北省」）桐柏山條，其地理坐標爲E112°43'~114°04'・N31°24'~32°45'（頁367-368），是桐柏山之範圍，東面似未至E114°30'者。嚴師作E114°30'，疑筆誤。

【一〇四】案「1149公尺」，下文敘唐州南行至隨州，中經桐柏山，其太白頂海拔則爲1140公尺，與此異。檢地名詞典・河南省及湖北省，桐柏山主峰太白頂海拔1140公尺；其他中國地圖集（如中華人民共和國地圖集、中華人民共和國分省地圖集、河南省交通圖冊等）皆作1140公尺，則1140公尺是也。此處作「1149」，蓋筆誤。

【一〇五】案上文敘魯 僖公四年，當西元前656年；下文敘魯 文公三年，當西元前624年。二者相距三十二年。嚴師云「四十年後」，或取其大數歟？

【一〇六】案檢地名詞典・河南省方城山條，其地理坐標爲E113°04'~113°15'・N33°23'~33°29'，在方城縣（縣治）城關鎮（E112°59'・N33°15'）東北，其主峰小頂山（亦名黃石山）海拔761.8公尺（頁609）。方城山之西爲七峰山（E112°56'~113°00'・N33°22'~33°25'），在方城縣 城關鎮北，主峰海拔791公尺（同書，七峰山條，頁609）。復檢中國文物地圖集・河南分冊之方城縣文物圖（頁234），七頂山（當即七峰山）之西有老李山（約E112°55'・N33°23'），海拔686公尺，但已在方城縣城關鎮之西北耳。

【一〇七】案「達〔逕〕」，點校殿本水經注卷三一潕水注作「達」（頁606）；

大典本（頁573），同。趙一清水經注釋作「逕」（頁1649），蓋據朱箋改；參王先謙合校本水經注（清 光緒二十三年〔1897〕新化 三味書室據長沙 王氏本重刊，成都：巴蜀書社影印，1985年版）卷三一㵋水注（頁505上）。嚴師用王氏合校本，或據趙說，故「達」字後加「〔逕〕」。然盛弘之此處敘楚國所築長城之範圍，故下文有「南北聯聯數百里」語，似「達」字較勝。

【一〇八】案「七」當為「八」之筆誤。文公三年「楚師圍江」事在左傳卷八，參明翻相臺本春秋經傳集解（北京：文學古籍刊行社影印，1955年版〔以下簡稱「翻相臺本左傳」〕，頁528）。

【一〇九】案「諸侯之師」，翻相臺本左傳卷一六襄公十八年作「諸侯之士」（頁112）；復檢清 嘉慶二十一年（1816）阮元刻本十三經注疏（臺北：藝文印書館影印，1960年版）左傳（卷三三），亦作「諸侯之士」（頁577下）；又楊伯峻春秋左傳注（修訂本）（北京：中華書局，1990年第2版），亦作「諸侯之士」（頁1037）。此處之「師」，蓋筆誤。

【一一〇】案「陽川」之「川」當為「州」之筆誤。陽州，又見左傳襄公三十一年（傳），昭公二十五年（經、傳），定公八年（傳）；參楊伯峻、徐提編，春秋左傳詞典（北京：中華書局，1985年版，頁732）。

【一一一】案抄本第1頁上貼有小紙條，上載中原與楚之二通道史料，今錄之如下：

「中原入楚二道

史記41越世家：『齊 威王使人說越王曰：……韓、魏固不攻楚。韓之攻楚，覆其軍，殺其將，則葉、陽翟危。魏亦覆其軍，殺其將，則陳、上蔡不安。』此即指兩路。」

【一一二】案昆陽故城在今葉縣治，見一統志卷二一一南陽府古蹟目昆陽故城條（葉八）。今葉縣治所仍曰昆陽鎮（E113°20'・N33°37'）（見地名詞典・河南省，頁141）。嚴師謂昆陽在「今葉縣南，在葉縣故城北二十五里」，蓋據元和志。點校本元和志卷六汝州 葉縣，「昆陽故城在縣北二十五里」（頁168），唐 葉縣故城在今葉縣南三十里舊縣店（村）。

【一一三】案點校本元和志卷二一唐州 比陽縣目，「舞陰故城在縣西北六十五里」（頁539）；一統志卷二一一南陽府古蹟目舞陰故城條引元和志，作「在比陽縣西北六十里」（葉三）；而盧弼三國志集解（臺北：藝文印書館影印，1956年版。以下簡稱「盧弼集解」）卷九曹洪傳引一統志，又謂舞陰故城在「今南陽府 泌陽縣西北七十里」（頁299下）。三者里數皆異，故嚴師謂在今泌陽縣西北六七十里。檢地名詞典・河南省，舞陰故城在今泌陽縣治泌水鎮（E113°19'・N32°43'）西北29公里古城寨村（頁463）；城垣遺蹟尚存，參中國文物地圖集・河南分冊之泌陽縣文物圖（頁198）及文物單位簡介目泌陽縣舞陰故城條（頁457）。

【一一四】案「洪」，點校本三國志 魏書一武帝紀作「曹洪」（頁15）；盧弼集解（頁39上），同。

【一一五】案「可不追也」，點校本三國志 魏書一八李典傳，作「不可追也」（頁534）；盧弼集解（頁484下），同。此處疑筆誤。

【一一六】案據點校本通鑑卷一四一齊 建武四年紀，此辛丑係九月辛丑（頁4413）。

【一一七】案點校本通鑑敘曹虎頓軍樊城，係齊 建武四年十二月庚申事（頁4416）。

【一一八】案「大軍」，點校本通鑑作「大兵」（頁4421）；此處之「大軍」，疑筆誤。

【一一九】案「集」，全唐文（清 嘉慶十九年〔1814〕刊本，臺北：啓文出版社影印，1961年版）卷三二二蕭穎士登宜城故城賦作「籍」（頁4126下）；此處之「集」，疑筆誤。

【一二〇】案唐 郟城縣今曰郟縣，參一統志卷二二四汝州 郟縣條；張編地圖集及中國地圖集皆作郟縣。本篇第二節綱文謂由汝州東南行，中經薛店「至郟城縣（今郟縣）」；第三節綱文亦謂襄城西北至汝州，「中經郟城縣（今郟縣）」。此處作「今縣」，「今」下蓋漏寫「郟」字。

【一二一】案此處「葉縣」之「葉」字當係「郟城」之筆誤。檢點校本元和志卷六汝州，郟城縣「西北至州八十里」（頁168）；葉縣在郟城之南微東，郟城西北至汝州較葉縣西北至汝州爲近，故目文下句即謂「葉縣西北至州二百一十里」。

【一二二】案張編地圖集・河南（地形、人文）圖，仍有滍陽鎮之名，惟今日其地已闢作白龜山水庫，故近年出版之中國地圖集（如中華人民共和國地圖集、中華人民共和國分省地圖集〔第二版〕等）已無滍陽之名。檢中國文物地圖集・河南分冊之平頂山市文物圖，今平頂山市（E113°17'・N33°44'）薛莊鄉有西滍村（頁80）及北滍村（同書文物單位簡介目，頁70），皆在白龜山水庫北側，其附近又有應國墓地古蹟；是張編地圖集之滍陽鎮，當在中國地圖集之薛莊鄉以南一帶。復檢河南省志・文物志（鄭州：河南人民出版社，1993年版）第五章陵墓滍陽 應國墓地條云：「應國墓地位于平頂山市西20公里的薛莊鄉原滍陽鎮（白龜山水庫淹沒區）西」（頁236）；是張編地圖集之滍陽鎮地，已淹沒於水庫中矣。

【一二三】案檢唐會要（北京：中華書局據國學基本叢書本重印，1955年版。以下簡稱「國基本唐會要」）卷七〇州縣改置目上仙州條，「開元二年，析許、魯、唐三州，復置仙州。」（頁1252）而點校本元和志卷六汝州 葉縣，「開元三年於縣置仙州」（頁167）；又襄城縣則謂「開元四年置仙州」（頁168）。檢點校本舊唐書卷三八地理志一汝州 葉縣，「開元四年，置仙州」（頁1431）；殿本舊唐書同卷同條（頁725下），同。清 乾隆 武英殿本新唐書（臺北：藝文印書館影印，1956年版。以下簡稱「殿本新唐書」）卷三八地理志二汝州 葉縣，「開元二年……置仙州」（頁453下）；然點校本新唐書（北京：中華書局，1975年版。以下簡稱「點校本新唐書」）同卷同條，則謂「開元三年……置仙州」（頁984），與殿本異。又點校本舊唐書卷八玄宗紀上，開元三年二月，「析許州、唐州，置仙州」（頁175），殿本舊唐書同卷同條（頁118上），同。然萬刻本寰宇記卷八汝州 葉縣則謂「開元四年，析唐、許二州之屬邑，又置仙州」（頁78下）；宋本寰宇記（頁43下），同。檢國基本紀要卷五一南陽府 裕州 葉縣，又謂「開元三年，置仙州」（頁2226）；紀要稿本同卷同目（第5冊，頁739），同。又一統志卷二一〇南陽府建置沿革目葉縣，「開元四年，置仙州」（葉五）。是諸書所記不盡相同。作「二年」者，唐會要及殿本新唐志；作「三年」者，元和志（葉縣）、舊紀、點校本新唐志、紀要；作「四年」者，元和志（襄城縣）、舊志、寰宇記、一統志。本篇下文又謂「開元四年至二十六年於葉縣置仙州。」

【一二四】案此處所謂「考證與校勘記」，指點校本元和志卷二一校勘記第〔六六〕條所引考證及點校者按語（頁553）。

【一二五】案原稿第1頁貼有唐代方城之資料，今錄之如下：

「馬戴有方城懷古詩：『申胥枉向秦庭哭，靳尚終貽楚國羞。』即此方城。（唐語林二，校證：『原出金華子』）」

檢唐語林校證（周勛初校證，北京：中華書局，1987年版）卷二文學門，有馬戴方城懷古詩，校證謂「原出金華子」（頁161）。

【一二六】案「西」疑爲「東」之譌，參下條校記。

【一二七】案今圖之博望鎮（E112°42'・N33°09'）雖在方城與南陽中道，但在今白河（古淯水）之東。檢點校殿本水經注卷三一淯水注：「淯水又東南流，逕博望縣故城東。」（頁597）楊守敬水經注圖（南六西二）即置博望故城於淯水西。然譚其驤主編之中國歷史地圖集第二冊（北京：地圖出版社，1982年版），博望故城在淯水東（頁22-23，49-50）。檢地名詞典・河南省，今方城縣（縣治）城關鎮（E112°59'・N33°15'）西南28公里即爲博望鎮（方城縣轄鎮），爲西漢博望縣治所；「鎮區沿古驛道兩側延伸」（頁506），今仍有博望城遺址（頁504）。其地正在白河（古淯水）東岸。又參中國文物地圖集・河南分冊之方城縣文物圖（頁234），及文物單位簡介目方城縣博望故城條（頁572）。然則若非水道改變，淯水注「逕博望縣故城東」之「東」當爲「西」之譌。

【一二八】案點校殿本水經注卷三一淯水注，此句「博望」後有「縣」字（頁597）；大典本（頁564），同。又淯水注此句「博望縣故城東」之「東」，疑爲「西」之譌，參上條校記。

【一二九】案點校本水經注疏卷三一淯水注「西道方城」句，熊會貞疏：「潕水注……云，『酈縣有故城一面，未詳里數，號爲長城，即此城之西隅。』則宛西亦有方城矣。」（頁2602）是熊氏以爲「西道方城」之方城，即「酈縣有故城一面」之故城，乃方城之西隅也。

【一三〇】案在新野縣城內者乃湍陽驛，見蘇同炳明代驛遞制度（臺北：中華叢書編審委員會，1969年版，頁90）。檢清乾隆十九年（1754）刊本新野縣志（臺北：成文出版社影印，1976年版）卷二建置志郵置目亦有湍陽驛，原注：「明季在城東南隅玉皇廟故址」云云（頁121）。是湍陽驛不誤。本篇上文引蘇書已作湍陽驛，此處作「臨湍驛」，或因鄧州內有臨湍縣，故筆誤而書作臨湍驛耳。

【一三一】案「強水驛」之「強」，當爲「溠」字之誤，參下第【一三六】條校記。

【一三二】案「偃城」，全唐文卷四八七權德輿請加置留鎮兵二千人狀作「郾城」（頁6294上），郾城之「郾」，嚴師每寫作「偃」（參上第【七九】條校記），疑筆誤。下文之「偃城」亦然。

【一三三】案「曰」，一統志卷一八六開封府山川目陘山條作「名」（葉一五）。

【一三四】案一統志謂大騩山亦曰具茨山，檢地名詞典・河南省具茨山條，其地理坐標爲E113°16'~113°39'・N34°17'~34°28'，在河南省中部密縣（E113°23'・N34°32'）、禹州市（即張編地圖集之禹縣，E113°23'・N34°09'）、登封縣（E113°01'・N34°27'）、新鄭縣（E113°43'・N34°23'）四地交界處，「名稱沿用至今。山呈東北西南走向，長40公里，寬平均12公里。一般海拔600-700米。主峰具茨峰，海拔787米」（頁609）。

【一三五】案檢地名詞典・河南省陘山條，在禹州市（即張編地圖集之禹縣）市區「東北20公里，與新鄭、長葛兩縣交界處。……古爲南北要塞。……陘山之名沿用至今。山勢東北西南走向，長4公里，寬1.5公里，主峰海拔330米……。山上有鄭子產墓。」（頁609-610）復檢中國文物地圖集・河南分冊文物單位簡介目長葛縣子產墓，謂在後河鎮寨（E113°39'・N34°14'）北5公里陘山主峰上（頁325）。後河鎮寨在長葛縣西北境，「陘山南麓」（地名詞典・河南省後河鎮條，頁324）。是陘山誠如一統志所言，「與大騩山（具茨山）并峙，接長葛縣西界」。但其主峰之高度與嚴師所引者相差頗大。檢河南省・地名志（鄭州：河南人民出版社，1993年版）第三章第一節山峰目陘山條，亦作「海拔330米」（頁341）。嚴師據張編地圖集・河南地形圖所指之蓮花山，似屬大騩山。

【一三六】案「強水驛」，蘇同炳明代驛遞制度作「渰水驛」（頁89），然字書似無「渰」字。檢清 同治十年（1871）刊本葉縣志（臺北：成文出版社影印，1976年版）卷二建置志 街道目，有滍水驛巷，原注：「在縣署東」（頁147）。是蘇書渰水驛之「渰」，乃「滍」字之譌。點校殿本水經注卷三一滍水注云：「滍水又東南，逕昆陽縣故城北，昔漢 光武與王尋、王邑戰于昆陽，敗之。」（頁596）此昆陽故城即今葉縣治（E113°20'・N33°37'），參上第【一一二】條校記。葉縣城內之滍水驛，蓋取城北之滍水爲名。嚴師或將蘇書內誤植之「渰」錯看作「強」，故此處書作「強水驛」。

【一三七】案「至漢江驛（襄陽縣）」此句直至下文「即今汽車道也」一段，在原稿內（頁105）係另紙貼上者；疑嚴師貼上此段文字後，未刪「至漢江驛（襄陽縣）」此句，故與上文語意重複。

【一三八】案下文第五節綱文謂唐城縣「東南一百零五里至隨州治所隨縣（今縣）」，與此異。檢一統志卷三四三德安府古蹟目古唐城條，謂「在隨州西北九十里」（葉一八）。是此處之「九十里」，蓋據一統志而言；第五節綱文之「一百零五里」則據元和志。

【一三九】案「舊紀哀帝 天祐三年六月己亥」條，係原稿增改者，抄本無。

【一四〇】案「十六年」乃「十七年」之譌。下文「幸潁川，進幸葉、章陵」云云，據後漢書（北京：中華書局點校本，1965年版。以下簡稱「點校本後漢書」）卷一下光武紀，係建武十七年夏四月事（頁68）。又點校本通鑑卷四三建武十七年，「夏，四月，乙卯，上行幸章陵。」（頁1390）是此處之「十六年」，蓋筆誤。

【一四一】案「花山錫場」，點校本通鑑卷二八二晉 天福六年，胡注引九域志作「花山銀場」（頁9230）；復檢元豐九域志（王文楚、魏嵩山點校，北京：中華書局點校本，1984年版。以下簡稱「點校本九域志」）卷一唐州 湖陽縣有花山銀場（頁29）。此處之「錫」，蓋筆誤。

【一四二】案「謝天民」之「民」乃「蓋」之筆誤。上文引通鑑卷一三五齊 建元元年謂「義陽民謝天蓋」云云，此處又引魏書卷四五韋珍傳；據點校本魏書卷四五韋珍本傳，作「蕭道成 司州民謝天蓋」（頁1013），則此處之「謝天民」，或涉「司州民」而致誤。

【一四三】案此處所謂校勘記，指點校本北齊書卷二二校勘記第〔九〕條（頁327）。

【一四四】案「孟浩然南遊……亦是此道」四句，據原稿增補，抄本無。

【一四五】案「勵鄉」，下文引通鑑胡注，及目文所引諸條，皆作「厲鄉」；點校本漢書卷二八上地理志，南陽郡 隨縣有「厲鄉，故厲國」，顏注：「厲讀若賴。」（頁1565）是古來皆作「厲鄉」。綱文此處之「勵鄉」，疑筆誤。

【一四六】案「漳南」當爲「南漳」之筆誤，「襄陽西南行一百四十里至南漳縣（今縣）」，見圖考第四卷篇二八荆襄驛道與大堤豔曲，頁1061。下文「置該四望於漳南縣南」之「漳南」，亦爲「南漳」之筆誤。

【一四七】案「中」，原稿作「上」，抄本作「中」。

【一四八】案「可」疑爲「其」字之筆誤。

【一四九】案原稿及抄本此條綱文及目文，皆爲嚴師以另紙書寫而剪貼於頁內者（原稿頁123，抄本頁71）。原稿於引李詩後，止作：「此館顯在溳水側岸。」無「按涉小傳……使府而作」三句。

【一五〇】案抄本此段目文最後一句爲：「館則當在安州南北溳水上。」（其上句爲：「……寄陳 許使府而作，」）原稿此段目文最後一句爲：「當在安州南北溳水道上無疑。」（其上句爲：「此館顯在溳水側岸。」）但其後删去。故今從原稿，以「此館顯在溳水側岸。」作目文最後一句。

復案原稿此段綱文及目文旁，嚴師以鉛筆批示：「此條移入第（三）節」。疑欲移於第三節綱文「安州南行七十里至雲夢縣……」一段下。

【一五一】案此校勘記指點校本元和志卷二七校勘記第〔七一〕條（頁666）。

【一五二】案檢大正藏本宋高僧傳（No. 2061）卷二二，傳主爲「宗合」（頁852中）；又點校本宋高僧傳（范祥雍點校，北京：中華書局，1987年版）卷二二（頁570），同。此處「宗舍」之「舍」，蓋筆誤。

【一五三】案「黃州」當爲「蘄州」之筆誤。上文謂自「黃州東南行」，下目文又有「蘄州 蘄春縣」條，可證。

【一五四】案「一八二」乃「一八一」之譌。蘄州 蘄春郡在通典卷一八一，下文引通典蘄州，亦作一八一。此處之「一八二」，蓋筆誤。

【一五五】案唐 黃梅縣故城似在今黃梅縣西北。檢一統志卷三四〇黃州府古蹟目永興故城條，「在黃梅縣西北。南齊置縣，隋初改名新蔡，後改名黃梅。元初移治而此城廢。……縣志，黃梅舊城，在今縣西白花坂，元初移於今治。」（葉二五）是隋 唐 黃梅縣故城在今黃梅縣西。

【一五六】案「破斧山」，一統志卷三四〇黃州府山川目雙峰山條，作「破額山」（葉一三）；此處疑筆誤。

【一五七】案檢點校本元和志卷二七蘄州「至江州二百五十里」（頁655），畿輔叢書本（卷二七葉一二），同；點校本卷二八江州「西北至蘄州二百八十九里」（頁676），畿輔叢書本（卷二八葉七），同。是兩州目里距，並非「皆作二百五十里」。

【一五八】案「大和上乘舟，與太守別」句，大正藏本唐大和上東征傳（No. 2089遊方記抄之七），作「大和上乘舟與大守別去」（頁992上），「別」後有「去」字，「太守」作「大守」；大太通。又汪向榮校注唐大和上東征傳（北京：中華書局，1979年版），此句作「和上乘舟與太守別去」，「和上」前無「大」字（頁79）。

【一五九】案此處所謂「今縣」，似指張編地圖集・湖北（地形、人文）圖之沔陽縣，中國地圖集則爲沔城鎮（E113°13'・N30°11'）。中國地圖集之沔陽縣遷治仙桃鎮（E113°27'・N30°22'），即張編地圖集沔陽縣東北29公里之仙桃（鎮）；今並改沔陽曰仙桃市。

【一六〇】案「平皐關」，萬刻本寰宇記卷一四五襄州目引習鑿齒襄陽記，無「平」字（頁297上）；化龍池版寰宇記（卷一四五葉一），有「平字」。參上第【一〇二】條校記。

【一六一】案「圖△△」疑爲「圖二十三」（若篇伍肆亦有配圖則爲圖二十四）。本篇草圖未見，疑未繪就，然讀者可據綱文以爲圖（參以有關地圖），則篇內所考，自可瞭然。

篇伍柒　桐柏山脈諸關道[一]

引言

桐柏山脈由今信陽西境向東南申展，經信陽之南為桐柏中段，有海拔930、824公尺之高峰。又東至潢川西南境，為桐柏東段，海拔稍降，山脈南北幅度亦較狹，且有數處低勢缺口。又東南至安徽西境，為大別山脈，於潢川正南有海拔1008公尺高峰，又東南更高達1835公尺（E115°45'．N31°10'-15'）。信陽即古義陽郡，唐之申州；潢川，春秋黃國，唐為光州。義陽南山，中古時代自西而東有平靖、黃峴、武陽三關之阨，合稱義陽三關，為南北交通要道，亦即春秋戰國著名隘道冥阨之險，稱為天下九塞之一。光州西南山勢低緩處，亦自西而東置大活、白沙、穆陵、陰山、定城五關，或稱為南關，蓋亦古代吳楚交通隘道。魯定公四年（B.C.506）吳師捨舟淮汭，敗楚師於柏舉（舉水流域），渡漢入郢，疑即取桐柏東段大別西側此諸隘道也。今分別稍詳論之。

（一）義陽三關——申安間三關道

南齊書州郡志下：司州，「泰始中，立州於義陽郡，有三關之隘。北接陳汝，控帶許洛。自此以來，常為邊鎮。」是為義陽三關見志書之始。然未列三關之名。

齊志只云義陽有三關之隘。初學記八淮南道三關條，「齊志曰後魏置平靖關於義陽，故云義陽有三關之塞。」元和志二七安州 應山縣，「澧〔禮〕山關……即齊志所謂武陽關。」按齊志實未指出三關名稱，此疑誤引。

三關險阨，當南北兩朝接境處，疆埸之上一彼一此，故屢見紀傳，置戍主。所謂三關者，東關、西關、黃峴關。又有武陽、平靜之名。武陽即東關，黃峴似爲中關，平靜一作平靖，蓋即西關歟？

義陽三關，魏書八世宗紀屢見。如正始元年八月乙酉，元英攻義陽，拔之。辛卯，又大破衍將，仍淸三關。永平元年八月，[二]郢州治中督榮祖及三關戍主侯登、陽鳳省等以城南叛。遣中山王 英督步騎三萬以赴。二年正月丙申，英進逼蕭衍 長薄戍，丁酉，拔武陽關，擒其將馬廣等，進攻黃峴、西關。衍將馬仙琕棄西關，李元履棄黃峴，遁走。延昌三年三月，三關別將李世哲大破群蠻。又魏書六一田益宗傳，「景明初，蕭衍遣軍主吳子陽率衆寇三關。」此皆義陽三關也。魏書一九下元英傳，先後兩次取三關，其第二次取三關述事最詳云：

「郢州治中督榮祖潛引蕭衍軍，以義陽應之，三關之戍並據城降衍。……詔英南赴義陽。……既次義陽，將取三關。英策之曰，三關相須如左右手，若克一關，兩關不待攻而定。……東關易攻，宜須先取。……英恐其並力於東，乃使長史李華……向西關，分其兵勢；身督諸軍向東關。先是，馬仙琕使（略）馬廣……拒屯於長薄，……英至長薄，馬廣夜遁入武陽，英進師攻之。……六日而廣等降。於是進擊黃峴，……又討西關，……果如英策。」

通鑑一四七梁 天監八年紀，書此事，惟黃峴作廣峴。胡注，「東關即武陽關，西關即平靖關。」此即義陽三關也。

南朝梁書亦屢書三關爭奪戰。如卷一〇鄧元起傳：「（齊）永元末，魏軍逼義陽，……蠻帥田孔明附于魏，自號郢州刺史，寇掠三關，規襲夏口。元起率銳卒攻之，……斬獲萬計，……仍戍三關。」此在齊末，爲魏書所未記。又一七馬仙琕傳，天監中，「遷南義陽太守，……遷都督司州諸軍事、司州刺史。……魏 中山王 元英率眾十萬攻懸瓠，仙琕遣（馬）廣（略）守三關……英破懸瓠，……又破廣，……魏軍遂進據三關。」此即元英傳事。自此地入於魏。惟梁書三武帝紀下，普通五年十二月乙巳，李國興攻平靜關，剋之。辛丑，楊法乾攻武陽關；壬寅，攻峴關，並剋之。通鑑一五〇梁 普通五年紀，書事同；[三]惟平靜作平靖。又云國興進圍郢州，不克。胡注，此義陽三關也。蓋其時北魏有六鎮之叛，故梁乘機復據三關。峴關自即黃峴關，及武陽，並與魏書所見相同。此有平靖關，胡注指爲西關，蓋是。然則黃峴即中關歟？

魏書 地形志，武陽關在南司州 宋安郡之樂寧縣，黃峴關在宋安郡之東隨縣，今地詳後引元和志。

地形志中記義陽及其鄰近州郡關隘頗多。其南司州，領齊安、義陽、宋安三郡。宋安郡，劉彧置，魏因之。領縣二。樂寧有成〔武〕陽關，東隨有黃峴關。[1]

隋書 地志下，義陽郡 禮山縣有關官，不悉其詳。唐代仍有三關之目，或謂之三門。通典始明指爲平靖、武陽、黃峴三關。

高宗冊郇王素節申州刺史文（全唐文一四）云，「合九州之遙塗，控三門之險路。」即謂義陽三關也。前引初學記八淮南道三關條云「後魏置平靖關於義陽，故云義陽有三關之塞，此其一也。」史記六九蘇秦傳，「以塞鄳阸爲楚罪。」正義：「申州有平清〔靖〕關，蓋古鄳縣之阸塞。」通典一八三申州 義陽郡，錄齊志之文。本注：「今義陽縣界有故平靖關；其武陽、黃峴二關，在安陸郡 應山縣界。」此三關名稱與魏書、梁書所見相同，而略見其地望。

---

1 溫校據元和志，謂此成字爲武字之訛。校勘記[四]從之，是也。武陽關已屢見魏書、梁書及通鑑，詳前引。

至元和志始於諸關地望有詳明之記載，宋人承之，益增明悉。所謂三關者：禮山關，即古武陽關，西北至申州（今信陽）一百五十里，西南至應山縣（今縣）一百三十里，至安州（今德安、安陸）二百四十里，東至大活關（約今大勝關）一百里，約今九里關（E114°15'-20'・N31°50'）地。其西北山（今金頂山）海拔764公尺，東南山（今朝天山）海拔800公尺。百雁關，蓋古黃峴關，在禮山關西一百里，北至申州九十里，南南西至應山縣九十里，至安州二百里，約今武勝關（E114°5'・N31°47'）地。其東鷄頭山（今鷄公山）海拔824公尺。宋以下志書以爲九里關，非也。平靖關，在百雁關西六十里，北至申州九十里（一作七十六里），南至應山縣六十五里，至安州一百七十里，即今平靖關（E113°55'・N31°50'）地。平靖、百雁間山峰海拔920公尺。

元和志二七黃、安兩州目記北境關口甚詳明。其黃州目云，陰山關在麻城縣東北一百一十里，西至穆陵關一百里，穆陵西至白沙關八十里，白沙西至大活關六十里，大活西至安州 禮山關一百里。其安州 應山縣目云：

「禮山關[2] 因古禮山縣爲名。武德八年縣廢，即齊志所謂武陽關也。在州東北二百四十里，在縣東北一百三十里，北至申州一百五十里。」

「百雁關，按圖經云，昔有雁息其上，故以爲名。在州東北二百里，在縣北九十里，北至申州九十里，[3] 東至禮山關一百里。」

「平靖關，因古平靖縣爲名。後魏 大統十七年置，隋 大業二年廢。齊志云，義陽有三關，此則其一。在州北一百七十里，在縣北六十五里，北至申州九十里，東至百雁關一百六十里。」

又卷九申州治所義陽縣目云：

「故平靖關城，在縣南七十六里，舊有此關，不知何代創立。按義陽有三關之塞，此其一也。武陽、黃峴二關，在安州 應山縣界。長老云，此關因山爲障，不營濠隍，故名平靖。」

---

2 禮或作澧、作灃，皆誤；詳考證及校勘記。[五]

3 校勘記[六]：輿地紀勝隋州景物白雁關條引作北至信陽九十里。按實同。

按寰宇記安州目不記三關，惟有申州目（即卷一三二信陽軍）一條，與元和志同。而義陽上著齊志二字，誤也。

元和志所記七關，方位里距分明，又別有黃峴之名。東自陰山，西至大活之地望另詳下文。禮山關即古武陽關，東至大活關一百里；西一百里至百雁關，又西一百六十里至平靖關。大活關在今大勝關地區，詳下文，則其西之禮山關、百雁關、平靖關當於今大勝關以西次第求之。今仍有平靖關，據元和志，唐 平靖關北至申州（今信陽）七十六里或九十里，南至應山縣（今縣）六十五里，至安州一百七十里。按之今圖，即今平靖關地無疑。則百雁關、禮山關（古武陽）必在今平靖、大勝兩關之間。

前考南北朝時代義陽三關，武陽爲東關，平靖爲西關，黃峴當居東西之間。輿地紀勝八〇信陽軍景物目上三關條云：

「平靖關，今名行者坡，在軍南七十五里。又武陽關，今名大寨嶺，在東南九十里。有黃峴關，今名九里關，在南百里。」

通鑑一四三齊 永元二年紀胡注釋三關，與紀勝同。又前引通鑑一四七梁 天監八年紀胡注，東關即武陽關，西關即平靖關。是紀勝及胡注亦以黃峴居中甚明，而指爲宋之九里關。紀要四六河南重險黽阨條、又七七德安府孝感縣 九里關條及一統志漢陽府卷關隘目九里關條，皆承之，以爲黃峴關即今九里關。至於武陽關即唐 禮山關者，一統志德安府卷關隘目禮山關條云，「今名武勝關。」是黃峴反居古東關 武陽之東。似於史不合，亦與元和志所記方位相乖違。至楊守敬北魏地形志圖，置武陽關於今九里關，置黃峴關於今武勝關，與前人之說不同而最合理。惟其唐地理志圖，又置大活關於今九里關，置武陽關於今武勝關，置平靖關於今關地，置百雁關於今平靖關西之黃土關。是楊氏兩圖自相乖異，而置百雁於平靖之西，顯與元和志所記方位相反，必誤無疑。蓋楊氏粗疏，固無深究也。

今按魏書 地形志中，南司州 宋安郡領縣二：樂寧有成〔武〕陽關，東隨有黃峴關。又光州亦有宋安郡，領樂寧，宋安二縣。蓋前後紀錄，而並記之耳。[4] 檢一統志光州卷古蹟目宋安故城條，在光山縣西，樂寧地蓋毗鄰。開皇中皆省入樂安縣。元和志，光州 仙居縣，本宋置樂安縣，天寶中

[4] 楊氏北魏地形志圖前附札記已明此意。

更名，在光州西一百里。據寰宇記一二七光州 仙居縣目，南仙居山在縣西南二百里。知仙居所領甚廣大，故宋安 樂寧故城當在仙居治所之西。即在光州之西百里以上或二百里也。又隋書 地志下義陽郡 禮山縣，「舊曰東隨，開皇九年改焉，有關官。」新唐志五安州 應山縣，武德四年析置禮山縣，八年省禮山。一統志德安府卷古蹟目，禮山故城在應山縣東，是也。以此言之，地形志之東隨縣在西，在今應山縣東，約今禮山縣（E114°20'・N31°30'）境。檢乾隆內府輿圖（頁一四五），黃陂縣北北東，豫 鄂接境處之鄂省境內有仙居亭，殆與唐代仙居縣有關。[七]樂寧在東，在今潢川縣西南百里以上，或百數十里至二百里地區。即黃峴關在西，武陽關在東。亦即武陽關在今九里關地區之可能性較大。按今九里關正在禮山縣故城之北（可能正北），就元和志所記，武陽關在安州東北二百四十里，在應山縣東北一百三十里，北至申州一百五十里言之，地望正與今九里關合。輿地紀勝、通鑑胡注云在信陽東南，方位尤準確。則前人謂古黃峴關在今九里關，非也。由此言之，據元和志所記百雁關之方位里距，當即今之武勝關，至少相近。且寰宇記安州 應山縣條，「鷄頭山在縣東北九十里。」此即今日武勝關東之鷄公山，其里距與元和志所記百雁關去應山縣之里距正同。此亦一證。

紀要四六河南重險條，黃峴關亦名百雁關。又七七德安府卷應山縣 平靖關條，同。就形勢言之，此說應可信。新唐志安州 應山縣云，「有故黃峴、武陽、百雁、平靖四關。」以黃峴、百雁分別列之，縱屬可信，蓋亦相去不遠也。

至於平靖關，今名仍舊，以元和志所記方位里距度之，古今為一地無疑。然云「東至百雁關一百六十里」，於勢未合。蓋既云百雁關、平靖關皆在申州南九十里（且另條云平靖關在州南七十六里），則兩關相距幾不可能有一百六十里。按元和志前文屢云某關去某關一百里，此條蓋誤衍「一百」二字耳。

（1）禮山關（武陽故關，今九里關）當澴河東源（大悟河），今可行大車，關北平原無險，關南亦帶形盆地，偶有丘陵而已，故元英云易攻也。其道西北行經長薄故戍一百五十里至申州，東北行蓋約二百里至光州（今潢川），西南行經應山縣至安州。而武湖水（今水）上源地區，南北朝時代見置延頭戍，控扼南北要道，蓋西北至武陽關（今九里關），東北則出大活關（約今大勝關）。故謝晦兵敗，北遁延頭，圖奔北魏；田益宗議取義陽，而欲先由光州出南關（陰山關等）抗延頭也。

關路形勢　喻宗漢吳師入郢之戰及有關問題探討【八】（楚史論叢 初集）第二節述今九里關之形勢云：關北有澴水由河南來，南流過關，再往大悟城直下江漢平原。關口現建界牌水庫，關城遂沒。其處兩山錯列，據土人云，水庫未建前，澴水從山間穿過，傍水可行大車。關口以北，爲河南平原；往南經三里公社至大新一帶，儼然爲一長條盆地，南過大新，始偶有丘陵，道不難行。是此關南北通道實甚平坦易行。按澴水之名最遲南北朝已有之，詳下百雁關條。張編地圖集仍名澴河，中國圖集・湖北省圖作大悟河。

延頭戍　通鑑一二〇宋 元嘉三年二月，謝晦敗歸江陵，携弟遯等七騎北走，己卯，至安陸 延頭，爲戍主光順之所執。[5] 蓋晦本約魏南蠻校尉王慧龍爲援，時慧龍進圍項城，晦欲投之也。胡注：「水經注，武湖水上通安陸之延頭。九域志，武湖爲潢州界，【一〇】蓋此湖上接延頭也。」又一四四齊 中興元年，魏 東豫州刺史田益宗上表請取義陽曰：「請使兩荆之眾，西擬隨 雍；……二豫之軍，直據南關，對抗延頭。」胡注：「二豫謂魏置豫州於汝南、東豫州於新息也。南關，謂陰山關。延頭，在安陸界。」按水經注三五江水注：「江水……東會龍驤水口。水出北山蠻中。江之左有武口。水上通安陸之延頭，……南至武城。俱入大江。」檢張編地圖集・湖北人文圖，武湖水（中國圖集作灄水）發源於今大勝關南，南流經黃陂縣東。而乾隆內府輿圖（頁一四五）及胡林翼圖（楊守敬諸圖之底圖），武湖水有東西兩源，東源近大勝關，西源近九里關。酈注云水上通安陸之延頭，則應指西源而言。延頭戍蓋在今禮山縣境。延頭北行，殆北出武陽

---

[5] 按宋書、南史本紀、列傳皆同。寰宇記一三一黃州 黃陂縣，「武湖在縣南二十里，宋謝晦……被武湖戍主執送建業。」【九】不知何據。

關（今九里關）；否則，蓋東北出大活關（今大勝關）也。大活關詳下文。

長薄戍　前引魏書 元英傳，英督諸軍向長薄。先是馬仙琕使馬廣屯拒長薄，英至長薄，廣夜遁入武陽關。英進攻克之。世宗紀作長薄戍。是在東關 武陽之北，爲武陽之前哨也。

（2）百雁關（黃峴故關、今武勝關）道之路線雖不詳，但其南道蓋略循澴河中源之河谷而行歟？

今澴河有三源，京漢鐵路 武勝關南段略循其中源而行。按環河見寰宇記一三二安州 孝感縣條，云「環水在縣北一十五里，[一一]源出應山縣西鷄頭山。[一二]初流一百步，遶山環流，因名環水，南流吉陽城東過，下通雲夢汉川縣界。」又云「廢吉陽縣在縣北六十里，本安陸縣地。……保定九年於此置澴州。」則澴水之名最遲可追溯至南北朝時代。鷄頭山見史亦早。魏書 地形志中，南司州 宋安郡所領樂寧縣有鷄頭山。前論此樂寧縣在光州西一百里地區，應即此山名之最早見者。寰宇記安州 應山縣條，「鷄頭山在縣東北九十里。有二山遠相向如鷄頭欲鬥之狀。」前引元和志，百雁關（即黃峴關）在縣北九十里，正相當。即今武勝關東之鷄公山，海拔824公尺。[一三]山南河流即澴河之中源，古道蓋即略循此源河谷而南，略如今京漢路線歟？

（3）平靖關在大龜山上，即酈注之大潰山也。「因山爲隘，[一四]不營濠湟，[一五]故名平靖。」但其北，「大小石門，皆鑿山爲道，以通往來。」關北泉水流入申州，即溮水（今溮河）也，北道蓋即略循此水河谷經賢首山（在溮水東岸）下行。關南大道蓋亦略循發源於大龜山之澴水西源（今太平河）而南行，經應山縣至安州也。

元和志記此關方位及去南北州縣之里程，已詳前引。其申州 義陽縣條云「長老云，此關因山爲隘」云云，如綱文。此語又見御覽一六九申州條、

寰宇記一三二信陽軍 信陽縣條。[一六]

一統志德安府卷關隘目平靖關條，「在應山縣東北七十里，接河南……信陽州界，……俗名恨這關。」下引元和志及諸史。其引地理通釋云：「此關……有大小石門，皆鑿山爲道，以通往來，荆 楚守隘之地也。」又山川目：大龜山，「在應山縣東北六十里，一名高貴山。山北有泉，流入河南……信陽州，太平河發源於此，其巔爲平靖關。」太平河「在應山縣東太平鎮，源出大龜山。」檢寰宇記一三二安州 應山縣條，「大龜山在縣北六十里。荆州記云，義陽郡南一百三十里，有石自然若龜形。」則晉 南北朝已有大龜山之名。關北有大小石門，有助對於此關之認識。輿地紀勝八〇荆湖北路 信陽軍風俗形勝目，引莫汲之言曰：

「三關險矣，關外百里皆險也。若敵[一七]人得信陽，將與我分險而守。營要陂以抗武陽，營鷄頭以抗平靖，營石門以抗黃峴。若棄信陽，是舉三關併棄之也。信陽與三關，勢如首尾，將欲全三關，必先固守信陽！」

按石門在平靖關外，明見前引地理通釋。鷄頭則在今武勝關東，即古黃峴關東。然則紀勝引莫汲之言，鷄頭、石門互爲譌錯耳。

澴水出鷄頭山，見前黃峴關條引寰宇記。按之今圖，即澴河西源之太平河也。

澌水、大潰山、賢首山，見水經注三〇淮水注云：「淮水又東得澌口，水源南出大潰山，東北流，翼帶三川，亂流北注澌水。又北逕賢首山西，又北出，東南屈逕仁順城南，……又東北注于淮水。」[一八]按仁順城即申州治所。此大潰山即寰宇記以後之大龜山，又名高貴山者。賢首山兩見通鑑。其卷一四〇齊 建武二年，魏四路南伐，劉昶、王肅攻義陽。王廣之引兵救之，去城百餘里，不敢進。蕭衍請先進，間道夜發，徑上賢首山，去魏軍數里，與城中相應，大敗魏師。又一四五梁 天監二年，魏 元英督諸軍向義陽，司州刺史蔡道恭遣楊由帥城外居民三千餘家保賢首山爲三柵。按一統志汝寧府卷山川目，「賢首山在信陽州西南七里，峰巒秀麗，亦名賢隱山。」即其地。

此三關北出則會道申州（即義陽、今信陽），南行則會道安州（今德安之安陸）。故三關北與義陽為唇齒，相依存；南為「安 沔障蔽」，亦謂「安鎖三關」為之支援也。

南北朝時代，南北戰爭皆見義陽與三關為一體，難以獨存。前引宋人莫汲云，「信陽與三關，勢如首尾」，指點尤明。「安鎖三關」，見杜牧浙西觀察使崔公（鄲）行狀（全唐文七五六）。宋末，宋 金抗衡中，京荆制置司申奏，【一九】「三關為德安府後門，所以障蔽安 沔」，此仍南北朝之形勢也。

德宗初，淮西 李希烈叛，侵據安 隨等州，曹王 皋遣將敗之於應山 厲鄉（今隨縣北），遂復安州，下平靜（即平靖）白雁等關，希烈始不敢南掠。

舊一三一李皋傳，「希烈又遣兵援隋州，【二〇】皋令伊慎擊於厲鄉，大破之，復平靜 白雁等關。」新八〇曹王皋傳詳之云，「遣伊慎、王鍔攻安州，未下，希烈遣……步騎八千援之，皋命李伯潛迎擊於應山，俘之，遂下安州。」「希烈別遣兵援隋州，皋破之厲鄉，因下平靜、白雁關，賊遂不敢南略。」此正見安州 應山與諸關之關係，隨州則諸關西南向漢上之道也。

（二）光黃間諸關道

南北朝時代，桐柏山脈中，除義陽三關之外，又有大活、白沙、穆陵、陰山、定城諸關，蓋所謂南關也。此諸關皆見於元和志。他如符載保安鎮陣圖記（全唐文六八九）：「春二月，逆師自穆陵、陰山、白沙三大關支下而進，威聲炎炎，如無枝梧，緣道邏守，已陷六七，……乃命兵馬使伊慎……」云云。此建中中淮西 李希烈叛逆，西南侵犯漢東蘄黃，並出諸關也。此正吳師入郢之故道矣。茲分述諸關如次：

（1）穆陵關，一作木陵關，南北朝時代，南北用兵頗重此關。關在穆陵山上。山爲黃水（今潢河）東源之發源地，在今經扶縣（新集，中國圖集作新縣，E114°55'・N31°35'-40'）南或東南，約今分水嶺（E115°・N31°30'）地區。由關東北循黃水河谷下行至光山縣（今縣）一百三十里，至光州（今潢川）一百五十里。【二一】由關向南微東一百里至麻城縣（今縣東十五里故城），又南微西一百或一百一十里至黃州治所黃岡縣（今縣北微西一百二十里，黃陂縣東微北一百二十里，舉水之東，約新洲地，E114°50'・N30°50'地區）。關當光州通黃州道要衝，山路峭壁，委折而上，用兵行旅，頗所取途。

穆陵關　梁書二八夏侯夔傳，爲司州刺史領安陸太守。天監八年，【二二】率裴之禮、任思祖「出義陽道，攻平靜、穆陵、陰山三關。」梁書三武帝紀下，大通元年作進軍三關。通鑑一五一，書事與傳同。此似爲穆陵、陰山兩關見史之始。水經注三〇淮水注有木陵關，在弋陽郡西南光城（今光山）之西南黃水上源，詳下引。水經注釋者及紀要五〇（光山縣目）皆以爲即穆陵關，是也。下引元和志即「木」「穆」互出。

其地望，淮水注記之甚詳云：

「淮水又東北合黃水。水出黃武山，東北流，木陵關水注之。水導源木陵山，西北流，注于黃水。黃水又東逕晉 西陽城南，又東逕光城（今光山縣）南，光城左郡治。【二三】……又東北逕弋陽郡東，……又東北入于淮。」

按光城在今光山縣，弋陽郡在今潢川縣（舊光州）左近。今流經光山、潢川城南之水仍名潢河（清圖名黃河或小黃河），是木陵關水爲黃水之東源。檢視張編地圖集・河南人文圖及中國地圖集・河南省圖，並參ONC-H-12，木陵山當在經扶縣（新集，近升格爲新縣，E114°55'・N31°35'-40'）之南或東南地區。再檢元和志記此關尤詳云：

光州 光山縣：「木陵故關在縣南一百三十二里（寰宇記一二七，同；無『二』字），齊 陳二境。齊置此關以爲禁防，周因不改。隋 開皇九年平陳後廢。」（卷九）

黃州 麻城縣：「陰山關……在縣東北一百一里，西至穆陵關一百里。」【二四】「穆陵關西至白沙關八十里。在州北二百里，至光州一百四十九里，在縣西北一百里。」（卷二七）

此述關之方向里距已極詳明。新唐志黃州 麻城縣「西北有木陵關，在木陵山上。」通鑑二四〇唐 元和十二年紀胡注從之。又輿地紀勝四九黃州景物目下穆陵關條云：「穆陵山見方輿記。元和志云，【二五】在麻城縣西北八十八里，關在穆陵山上。」按元和志無穆陵山條；但云關在山上，爲可信。[6] 據此詳明方位里距以核上文據淮水注擬定潢水東源（木陵關水）之地望，合若符契。即其木陵山在今經扶縣（新縣）之南，約E115°・N31°30'地區，有分水嶺爲豫 鄂兩省分界線，其東有海拔1060公尺之黃毛尖山（ONC-H-12作3307呎）。【二六】

黃 光交通線及黃州地望　通典一八一，光州 弋陽郡「西南到齊安郡（黃州）三百五十里。」一八三黃州 齊安郡作北至弋陽郡，里數同。元和志二七黃州，「北至光州三百六十里。」九光州惟云「西南至大別山三百里」，不見至黃州里數。寰宇記一二七光州「南至□州三百六十里。」蓋脫「黃」字。據此言之，光、黃間通道三百五六十里也。前引元和志記穆陵關東北至光山縣一百三十二里，至光州一百四十九里，東南到麻城縣（今縣）一百里，而在黃州北二百里。其去兩州之和正約三百五十里，知此道即中經麻城縣、穆陵關也。據此論之，黃州在關南二百里，麻城縣西南一百里。黃州治黃岡縣，今縣在麻城之南殆約二百里，殊不合。按寰宇記一三一黃州治所黃岡縣，「隋於此立郡理。南唐 中和五年【二七】隨州移就大江邊。」「舊州城在縣西北一百一十七里，舊州河在縣西北一百一十二里。」是黃州及其治所黃岡縣，自唐末五代已南移至大江邊，即今黃岡縣。唐代州縣乃在今縣西北一百一十七里也。又按元和志，黃州治黃岡縣，「大江水西自黃陂縣界流入，經州南一百二十八里。」黃陂縣東北至州一百二十里，麻城縣南至州一百一十里，度此方向里距及去大江距離，唐 黃州治所黃岡縣、寰宇記名舊州城者，當在今圖E114°50'・N30°50'地

---

6 寰宇記黃州 麻城縣，「木陵山，山上有城，在縣東南一十里。」疑方位里數有誤；否則，非淮水注之木陵山也。

區。張編地圖集・湖北人文圖有新洲鎮；中國圖集・湖北省圖置新洲縣，其東有舊街（E114°55'・N30°50'）。此殆其地歟？[二八]要不相遠。又江水注，舉水西南逕梁 司 豫二州治湖陂城，又西南逕顏城南，又西南逕齊安郡西。楊圖位湖陂城於今麻城縣，齊安郡在其南，是也。唐代黃州 齊安郡即承此齊安郡而來（見元和志），是在舉水之東，今新洲及舊街固在舉水之東也。此亦爲可供參考之一旁證。其地東北至麻城正約百里、百二十里，與前文引唐代志書東北經麻城、穆陵關至光山、光州之方向里程無不契合矣。至於紀要云唐末移治邾城，即今黃岡縣治者。檢寰宇記黃州目，州治黃岡縣，麻城縣在東北一百七十里，黃陂縣在西北一百八十里，舊州城在黃岡縣西北一百一十七里，知寰宇記時代黃岡已遷在今治，舊州城乃唐代州治，亦縣治也。紀要之說極正確。

用兵行旅史例　中古用兵行旅之取道穆陵關者，前引梁書二八夏侯夔傳外，如陳書一三周炅傳，定州（今麻城縣西北）刺史田龍升「以江北六州（謂安 蘄 江 衡 司 定）七鎮叛入于齊，」齊遣高景安應之。龍升使弋陽太守田龍琰陣於亭川，景安陣于水陵、陰山，爲聲援。隋書地理志考證九引作「木陵」是也，水字形譌。是沿潢水進出於今潢川、光山、麻城間也。新唐八〇曹王皐傳，子道古鎮鄂 岳，「自將出穆陵關，……再入申，不能下。」[二九]通鑑二四〇唐 元和十二年紀，同；有月日。是由鄂 岳北出此關至今信陽也。溫庭筠途中有懷[三〇]（全唐詩九函五冊庭筠集七）：「亭皋汝陽道，風雪穆陵關。」又戴叔倫過陳州（又玄集上），「栖栖陳 蔡間，……又出穆陵關。」蓋皆由蔡州南行經光州入穆陵關道中作。此皆可考見用兵行旅之史例，[三一]殆爲中古頗爲重要之南北通道也。

（2）陰山關，南北朝後期已見史。地在湋水（今白露河）上游。水發源於垂山（約今小界嶺地區），稍北逕陰山，置陰山關，地在穆陵關東百里，麻城縣東北百餘里，黃州東北二百一十里，約在今經扶縣（新集鎮，中國圖集作新縣）東、豫 鄂分界處小界嶺（一作兩界嶺，約E115°10'-15'・N31°35'）之稍北地區。

陰山關除前引魏書 田益宗傳、梁書 夏侯夔傳外，魏書一九中任城王澄傳，「遣長風戍主奇道顯攻蕭衍 陰山戍，破之。」通鑑一四五梁 天監二年三月「庚辰，魏 揚州刺史任城王 澄遣長風城主奇道顯入寇，取陰山、白藁二戍。」胡注，「據水經注，陰山關在弋陽縣西南。唐志，黃州 麻城縣東北有陰山關。」又前考穆陵關引陳書 周炅傳，齊將高景安陣于水〔木〕陵、陰山。是亦陰山關地。檢水經注三〇淮水注云：

「淮水又東北，淠水注之。水出弋陽縣南垂山，西北流，歷陰山關，逕二城間，舊有賊難軍所頓防。【三二】西北出山，又東北流逕新城戍東，……又東北注淮。俗曰白鷺水。」

檢今圖，潢河之東有白露河，東北流入淮水，即此淠水無疑。楊圖繪陰山關於今白露河上源之東，略得之。復檢元和志二七黃州 麻城縣目云：

「陰山關北至光州 殷城縣二百里，在州東北二百一十里，【三三】在縣東北一百一（殿本『一』下有『十』字，是）里，西至穆陵關一百里。」[7]

此所記更詳明。檢張編地圖集・河南 湖北兩人文圖、中國地圖集・河南省 湖北省兩圖及ONC-H-12，白露河源在經扶縣（新集，近更名新縣）東，有小界嶺（一作兩界嶺），約在E115°10'-15'・N31°35'，古垂山蓋相近。據元和志，關在黃州東北二百一十里，麻城縣東北一百一十里，穆陵關東百里，與酈注恰相當。

紀要七六黃州 麻城縣目大城關條：「陰山關在縣東北陰山上，不甚高峻，而橫斜盤繞，北望二十里皆見。」此見其形勢。然此文似出李𡨋奏章。輿地紀勝四九黃州景物目上五關條引李𡨋奏乞復五關之險云：「大城關山勢不甚高峻，而橫斜盤繞，據高臨下，北望二十里，皆在目中。」則是形狀大城關者。紀要大城關條，云「縣北九十里，接河南 羅山縣界。」下文附記「又陰山關」云云如上引，則誤以大城關形勢爲陰山關形勢也。但紀要同條又云，「宋 嘉定中，金人破黃土、白沙關，亦由小徑犯大城，入關內，趣陰山關，遇宋遊兵」云云，似大城在北相近，入大城再入陰山也。

關道南段蓋循發源於垂山之陽之垂山水（今白塔河）河谷下行，入舉水

---

7 輿地紀勝四九黃州景物目下陰山關條誤引元和志。

河谷至麻城縣。垂山水東岸次第有南口故戍，方山故戍。又有長風故城在關南八十餘里，亦可能在此道中。而穆陵關南行之道蓋於麻城以北與此道合，又西南行至黃州也。

垂山水、南口戍、方山戍　水經注三五江水注云：

「舉水出龜頭山西北逕蒙蘢戍南，【三四】梁 定州治。……舉水又西流，左（熊疏改作右，是也）合垂山之水。水北出垂山之陽，與弋陽 浰水同發一山。……水之東有南口戍。又南逕方山戍西，西流注于舉水（今舉水）。又西南逕梁 司 豫二州東。蠻田魯山爲刺史，治湖陂城，亦謂之水城也。舉水又西南逕顏城南，又西南逕齊安郡西，倒水注之。」

據此所記，舉水有中東西三源，皆發北山。主源居東，出龜頭山。中源發垂山之陽，是爲垂山水；垂山之陰，則浰水北流入淮。此兩源南流會合，又西南流逕司 豫二州治所湖陂城東，又西南逕齊安郡西，右受倒水。按今圖，舉水今仍舊名，垂山水則白塔河也。楊圖置司 豫二州治所湖陂城於今麻城縣，甚是。陰山關在垂山之北浰水上源，其北至光州之道，當即循浰水河谷而下行。垂山水南流經麻城，則關南之道，蓋即循垂山水（今白塔河）南行歟？則南口戍、方山戍皆當在道中也。

長風城　魏書六一田益宗傳云：

「景明初，蕭衍遣軍主吳子陽率眾寇三關，益宗遣光城太守梅興之步騎四千，進至陰山關南八十餘里，據長風城，逆擊子陽，大破之。」

通鑑一四三齊 永元二年紀胡注：「陰山關在弋陽縣界。宋 文帝 元嘉二十五年，以豫部蠻民立十八縣，長風其一也，屬西陽郡。」[8] 又通鑑一四五梁 天監二年，魏 元澄「遣長風城（一作戍）主奇道顯入寇，取陰山、白藁二戍。」亦其地。一統志黃州府卷古蹟目，長風故城在麻城縣西北。是也。按此云長風城在陰山關南八十餘里，似在光州（即弋陽）陰山關南道上，然云據長風逆擊子陽，似又在義陽三關之南，但若在三關南道中，則去陰山關應不只八十餘里，故仍姑置於此。

---

8 下文引九域志舒州 懷寧縣有長風鎮爲說，誤。

關道北段，蓋由浉水（今白露河）源頭下行，至光州。但志云二〔一〕百里至殷城縣，在澮水（灌水）東五里（今商城西南約五十里，鲇魚山水庫E115°25'・N31°40'地區），當是另一道。由殷城又北一百二十里至光州。申報館圖，商城舊道西北至潢川，東北至固始，西南有小道經雙門關、黃山〔土〕崗至麻城，蓋承中古故道歟？

元和志九光州 殷城縣，「北至州一百二十里。」「定城關在縣南四十里」。而寰宇記一二七光州 固始縣，「廢殷城縣在縣南一百二十里，……今併入固始縣。」「定城關在縣西四十里」。此「縣西四十里」乃就廢殷城縣而言，非就固始縣而言也。又寰宇記，「廢殷城縣在縣南一百二十里」者，亦就對光州治所定城縣而言，非廢屬固始縣後對固始而言。檢一統志光州卷關隘目，「定城關在商城縣西南九十里。」此正見殷城縣、定城關皆在光州（今潢川）之南，不得在固始之南也。按元和志云殷城縣在光州南一百二十里。檢一統志光州卷及今圖，商城縣在光州正東南一百二十里，則唐 殷城縣當在今商城縣之正西或西南約五十里之譜。一統志光州卷古蹟目，殷城故城在商城縣西。宋初避宣祖諱，改今名。明 成化十一年，復置縣於今治。此只云今縣西，未明里距。元和志又云，殷城縣在澮水東五里。澮水見水經 決水注，云決水世謂之史水。史水西北，灌水注之。水出大蘇山，俗謂之澮水。檢視今圖，仍名灌河，流經商城城西。則唐代殷城縣當在今商城縣西南鲇魚山水庫地區（E115°25'・N31°40'）。前引淮水注，陰山關在浉水上源，即在今白露河上源。由白露河上源東北至水庫至多百里之譜。然前引元和志，「陰山關北至光州 殷城縣二百里。」殊爲不合。疑「二百」爲「一百」之譌。何者？按通典、元和志記黃 光間三百五六十里，前考穆陵關道，黃州東北取穆陵關道至光州正爲三百五六十里，無問題。陰山關道縱稍迂遠，亦不致太多。今核陰山關去麻城一百一十里，去黃州二百一十里，及殷城北至光州一百二十里，皆無可疑。若陰山關至殷城縣二百里，其和五百三十里，較穆陵關道迂遠一半。觀視今圖，似亦不可能。若陰山關至殷城一百里，全程四百三十里，則極爲合理。前考陰山關、殷城縣之地望皆甚明，據今圖，其間相距至多一百里，而綜計全程，此關縣間亦應有一百里，故疑元和志「二百」爲「一百」之譌也。復按寰宇記一三一黃州四至條，「東北至光州 固始縣五百七十七里。」按此時黃州已南遷至邾城，在唐代黃州（今麻城縣南約百里）之南一百二十里，大江之濱。照寰宇記各州四至條書例，此項數字可能承襲唐代志書，自舊州城起算，亦可能自新遷治所（今黃岡即古邾城）起算。前據元和志、寰宇記、一統志，唐 殷城縣當在今商城縣西南約五十里之譜。又據一統志，商城在固始縣西南一百二十里，則唐代殷城當在固始縣西南約一百七十里。陰山關既在唐代黃州東北二百一十里，若陰山關至殷城縣二百里，則自黃州東北至固始累積里數之和正約五百七八十里，與全程甚契合，似「二百里」不誤。然若自黃州新治所計之，即加舊州城南至新治所一百二十里，則陰山關至殷城縣又當作一百里爲正確。再審寰宇記諸州四至條，大多抄錄通典，亦或抄錄元和志，但黃州四至條「東至蘄州一百五十二里」，「南至鄂州 武昌縣隔大江對岸」，「西北至安州五百五十里」，顯就黃州新治所而言，故與通典、元和志不同；東北至固始「五百七十七里」亦非兩書所有，當亦自新治所計之也。然則陰山至殷城當爲「百里」，幾可斷言矣。

（3）定城關，在殷城縣（今商城西南五十里，約鲇魚山水庫地區）南或西南四十里，高 齊以南迫陳境，因置此關。隋廢。此道蓋由殷城南行，循澮水（今灌河）河谷而上，經大蘇山西，越大別山西側隘口，南達舉水上源蒙籠故戍，至麻城縣也。南嶽 慧思由大蘇山至南嶽，蓋即行此道歟？蘇東坡由新息南行，似亦可能取此道也。

定城關　元和志九光州，殷城縣北至州一百二十里。「定城關在縣南四十里。」「高 齊以南迫陳境，因置此關，隋廢。」寰宇記一二七，同；惟「縣南」作「縣西」。新唐志亦云縣西有定城關。按元和志記事多較寰宇記爲正確，且若在縣西，則似在陰山關至殷城縣道上，而去陰山關不過六十里，似無此必要，故當以元和志爲正，或在縣之西南耳。則在今鲇魚山水庫（E115°25'・N31°40'）之南，去商城縣約八九十里之譜也。此關只在殷城西南四十里，必在陰山關以東地區。楊氏唐書地理志圖，繪定城關於陰山、穆陵兩關之間，顯誤。蓋定城關只在殷城縣西或南四十里，即不得遠在陰山關之西。且元和志云，陰山關西至穆陵關一百里，又西八十里至白沙關，又西六十里至大活關，又西一百里至禮山關，次第分明，極見陰山、穆陵之間並無其他一關也。

灌水、蒙蘢戍　檢視今圖，灌河（即澮水）發源於大別山脈中，約E115°15'-20'・N31°25'地區，水源之南踰山即爲舉水上源。江水注，「舉水出龜頭山，西北流逕蒙蘢戍南，梁 定州治，蠻田秀超爲刺史。舉水又西流，左（熊疏謂左爲右之譌，是也）合垂山之水。」按元和志二七黃州 麻城縣，「龜頭山在縣東南八十里，舉水之所出也。」舉水今亦仍舊名，其上源今名閻家河，約在E115°15'-20'・N31°20'-25'，即與灌河水源同出一地區，分向南北流耳。蒙蘢戍在南北朝頗見重要，紀要七六黃州 麻城縣，「蒙龍城在縣北，梁 天監十三年，司州 蠻 田魯生及弟魯賢、超秀[9] 來降，以魯生爲北司州刺史，魯賢爲北豫州刺史，超秀爲定州刺史。魏收志，南定州治蒙龍城，領弋陽、汝陰、安定、新蔡、北建寧諸蠻郡。……天監十四年，超秀復以定州降魏，後復入於梁。大寶初，定州刺史田祖龍欲以州迎邵陵王 綸，不果。陳 大建五年，田龍升以州叛降齊，詔周炅討平之，于是盡復江北之地。隋 開皇初，州廢。」據此，設治於蒙蘢城戍之定州在南北朝時代頗見重要，而叛服於南北兩朝之間，必與山脈之北有大道可通。此道固可云西取陰山關道，但直北踰嶺循澮水（灌水）河谷下行經殷城達光州，似爲更捷，故高 齊以南迫陳境，因置此關也。

大蘇山與慧思、東坡行程　決水注，灌水「導源廬江 金蘭縣西北東陵鄉大蘇山。」按灌水發源於商城縣南頗遠地區，則大蘇山在縣南應不甚近。一統志光州卷山川目，大蘇山在商城縣東南五十里，疑大蘇山幅員甚大，縣東南五十里蓋指山之北麓而言耳。考續高僧傳一七陳南岳慧思傳云：欲往南岳，以「齊 武平（？）之初，背此嵩陽，領徒南逝，……初至光州，值梁 孝元傾覆，……權止大蘇山，數年之間，歸徒[三五]如市。其地陳 齊邊境，兵刃所衝，……相從跨險而到者，填聚山林。……後在大蘇，弊於

9 按秀超、超秀諸書記載有歧。

烽警，山侶栖遑，不安其地，又將四十餘僧，徑趣南岳，即陳 光大年……。」是思由洛南往南岳，取道光州，滯留大蘇山，南朝信向者跨險而至，終以當南北烽火之地，仍南赴南岳。其南行固有取陰山關、穆陵關路之可能，而取道定城關南行之可能性更大。又輿地紀勝四九黃州景物目下，「春風嶺，在麻城縣，嶺多梅花，東坡自新息渡淮由是嶺，見於詩詠。」檢一統志黃州府卷山川目，春風嶺在縣東九十里，「一名東界嶺。」若紀勝不誤，是東坡南行至黃州（今黃岡），亦以取此道之可能性爲大。【三六】

又南宋有虎頭關，在麻城縣東北七十里，「兩山千仞，一澗衝激」，「形勢最險」，可能即在定城故關南行道上歟？

輿地紀勝四九黃州景物目上五關條，「李𡋯奏乞復五關之險。夫虎頭關形勢最險，兩山千仞，一澗衝激，自經殘破，城牆猶存，……行者沿澗而過。」下文黃土關、白沙關等似在其西。紀要七六黃州府 麻城縣，虎頭關「縣東北七十里，接河南 商城縣界。」下述宋 淳祐六年、開慶元年，元兵攻此關事。次云黃土關在縣北九十里接光山縣界，次述白沙關。就方位論之，似即在古定城關南行道中也。

（4）白沙關，南北朝時代已見史，梁置沙州治白沙關城，蓋即白沙戍也。其地在黃武山（今經扶E114°55'．N31°35'-40'之南或西南豫 鄂界上）、白沙山（今經扶西，東接黃武山）之南，倒水（今又名浮橋河）上源之東，東至穆陵關八十里，東南至麻城縣（今縣東十五里）九十里，即在今經扶縣（新縣）西南，黃安縣（紅安）東北，倒水之東，鄂省邊境，約E114°40'．N31°30'地區。

魏書 地形志中，「沙州，蕭衍置，魏因之，治白沙關城。」是南北朝時代已有此關。魏書八世宗紀，景明四年十一月「乙亥，鎮南將軍元英大破蕭衍將吳子陽於白沙。」通鑑一四五梁 天監二年胡注，白沙在齊安郡界。按此當與白沙關城為近，或竟即關城也。

唐代白沙關，元和志有明確之記載。其卷二七黃州目有兩條云：

黃陂縣，「白沙關西至大（活）關[10] 六十里，在州西二百四十里，北至光州界二十五里。」

麻城縣，「穆陵關西至白沙關八十里。」

新唐志黃陂縣，只云北有白沙關。按此關在穆陵、大活兩關之間，且距光州界只二十五里，則不可能在黃州之西二百四十里，疑「州西」必「州北」之誤，至少「西」下脫「北」字。紀要七六黃州府 黃岡縣 鹿城關條，「白沙關在府西北二百四十里」，即承襲中古時代志書之舊文也（去今黃岡縣已不只此里數）。就元和志所記關之四至方向里距論之，其地當在今經扶縣（新集、新縣，E114°55'・N31°35'-40'）西南、湖北省邊境地區。然寰宇記一三一黃州治所黃岡縣目，「白沙關在縣北一百二十里。」其地望遠較元和志所記為南。

考此一地區，水經注兩見白沙地名。其卷三五江水注云：

「舉水……又西南逕齊安郡（即唐 黃州）西，倒水注之。水出黃武山，南流逕白沙戍西，又東南逕梁 達城戍西，東南合舉水。」

按此白沙戍當即白沙關城，至少相近。倒水、舉水今皆仍舊名（倒水又名浮橋河，舉水又名閻家河）。檢今圖，倒水發源於黃安縣東北、經扶縣西南之豫 鄂界上，約E114°45'・N31°30'-35'地區，即古黃武山約在此處。又前考穆陵關引淮水注，黃水亦發源於黃武山，北流，右合木陵關水。就今潢河源頭論，山亦當在此一地區。是白沙戍固當接近今豫 鄂接界處。又卷三〇淮水注云：

「淮水又東，右合壑水。水出白沙山，東北逕柴亭西，俗謂之柴水。……柴水又東逕黃城西，故弋陽縣也。……又東北入于淮，謂之柴口。」

檢張編地圖集・河南兩圖，作砦河；中國地圖集・河南省圖作寨河，即酈注之柴水無疑。其發源地在經扶縣（新縣）西北不遠，約E114°35'-40'・

10 各本均無活字，但一統志黃州府卷關隘目引文有活字，是也。

N31°45'。則酈注之白沙山實緊接黃武山之西北，倒水源頭即在白沙山之東南近地，即白沙戍在白沙山東南不遠處，其命名必有互相關係。蓋黃武山爲黃水、倒水之分水嶺，黃水發於山陰，稍東北右受穆陵關水，又東北流入淮；倒水發於山陽，經白沙戍西，南流入江；黃武山西近接白沙山，白沙戍在兩山之南；黃武山東近接穆陵山，穆陵山上有穆陵關。白沙關在穆陵關西八十里，即在白沙戍處，今豫 鄂接境處山脈之南鄂省邊境。據此言之，元和志、水經注所記唐代與北朝 白沙關戍之地望，極相契合。且一統志黃州府卷關隘目，白沙關「在麻城縣西北九十里，西接黃安縣界，北接……光山縣界。」又紀要七六黃州 麻城縣 虎頭關條云，「白沙關亦在縣北九十里，西至大勝關六十里，東北至光山縣百四十里。」是明 清時代之白沙關仍在唐關舊地。故知寰宇記白沙關在黃州治所黃岡縣北一百二十里之說必誤，且不得以唐末南遷爲解也。或者「一百」爲「二百」之形譌歟？

宋世，由麻城縣西北經大安山踰此關北達汴州，又李埴疏云白沙關與黃門關密邇，「虜人往來，俱由此關。」此蓋仍中古以來之形勢也。

宋代取白沙關道至汴州，見一統志黃州府卷山川目大安山條。【三七】

（5）大活關，亦南北朝置，梁置湘州，治此。唐代其地在黃州治所黃岡縣（今黃陂 麻城兩縣間，舉水東岸）北二百三十五里，黃陂縣（今縣）北一百九十或二百里，白沙關西六十里、禮山關（武陽關，今九里關）東一百里。度其地約即今大勝關（E114°30'-35'．N31°45'）或稍南。今圖，大勝關汽車道北通羅山，南通黃陂至武漢，爲南北交通要道，蓋中古時代已然。

魏書 地形志中，「湘州，蕭衍置，魏因之。治大治關城。」校勘記，【三八】「此治爲活之誤。」是也。新唐志黃陂縣北有大活關。元和志二七黃州目，有三條涉及此關云：

黃岡縣，「大活故城在縣北二百三十五里。隋於此置關鎮。」

黃陂縣，「大活關東北至光州二百八里，西至安州 禮山關（一本禮作澧，誤）一百里，在縣北二百里。」

又，「白沙關西至大（活）關六十里。」[11]

寰宇記一三一黃州 黃陂縣亦有一條云，「大濶關在縣東南一百九十里。」「濶」爲「活」之譌，「南」爲「北」之誤。是此關在黃州治所黃岡縣（今縣北一百二十里，約在麻城、黃岡之間）北二百三十五里，黃陂縣北二百里或一百九十里，白沙關西六十里，禮山關（今九里關）東百里處。約在今大勝關（E114°30'-35'・N31°45'），或稍南。按元和志云，白沙關西至大活關六十里，而紀要七六黃州 麻城縣 虎頭關條作白沙關西至大勝關六十里，蓋以大活關、大勝關爲古今名歟？檢一統志漢陽府卷，黃陂縣北至羅山縣界一百八十里。大勝關在羅山、黃陂兩縣界上，亦當羅山南通黃陂之要道，此一百八十里，即爲黃陂北至大勝關之里數，與唐 宋時代黃陂北至大活關之里數相近，益增加大活、大勝爲前後名之可能性。

（三）先秦冥阨及吳師入郢道

中古時代，桐柏山脈中段有義陽三關，又東南，桐柏、大別兩山脈間山勢低緩處有陰山、定城、穆陵等關，已詳考如上。上尋先秦，春秋有大隧、直轅、冥阨之險，戰國總稱冥阨，爲天下九塞之一，殆即中古之義陽三關也。而光州西南陰山、穆陵、定城等所謂南關者，其在先秦，蓋亦已通行，魯定四年（B.C.506）吳師入郢，蓋即取此道，循舉水下達漢東也。唐 德宗初年，李希烈以淮西叛，逾淮水而西南，分兵入穆陵、陰山、白沙三關侵漢東，即爲唐代史例。

李希烈事已引見前第二節序首。左傳二七定公四年，經云，「十有一月庚

11 本奪活字，據一統志黃州府卷關隘目引文補。

午，蔡侯以吳子及楚人戰于柏舉，楚師敗績。……庚辰，吳入郢。」傳云：

「冬，蔡侯、吳子、唐侯伐楚，舍舟于淮汭（杜注，吳乘舟從淮來，過蔡而捨之），自豫章（杜注，豫章，漢東江北地名）與楚夾漢。左司馬戌謂子常曰，子沿漢而與之上下，我悉方城外以毀其舟，還塞大隧、直轅、冥阨（杜注，三者漢東之隘道），子濟漢而伐之，我自後擊之，必大敗之。……史皇謂子常，……若司馬毀吳舟于淮，塞城口而入（杜注，城口，三隘道之總名），是獨克吳也。子必速戰。……乃濟漢而陳，自小別至于大別（杜注，此二別在江夏界）。三戰。……十一月庚午，二師陳于柏舉。闔廬之弟夫槩王……先擊子常，……楚師亂，吳師大敗之。……五戰及郢。……庚辰，吳入郢。」

按魯 定四年（B.C.506），吳師入郢爲春秋時代一次大戰爭，故經 傳書之皆甚詳。杜注亦甚悉。此段記事關涉桐柏山脈交通隘道者有二。其一大隧、直轅、冥阨，其二柏舉。

大隧、直轅、冥阨，杜注指爲漢東之隘道。按冥阨常見於國策、史記。如楚策四，莊辛謂楚 襄王曰，「君王……不知夫穰侯方受命乎秦王，填黽塞之內，而投乎黽塞之外。」【三九】引詳戰國策釋地及史記地名考，不繁列舉。呂氏春秋 有始覽云，天下九塞，冥阨爲其一。高氏訓解引左傳事言之，是也。淮南子 墜形訓所云九塞全同，惟冥阨作澠阨，高注又以弘農澠池爲解。按此「澠」明即「冥」之同音異寫，非澠池。漢 地志，江夏郡有鄳縣。「蘇林曰，音盲。師古曰，音萌，又音莫耿反。」續 郡國志四，江夏郡 鄳縣。劉昭曰：「史記曰，無忌說魏 安僖王曰，秦不敢攻冥阨之塞。徐廣云即此縣也。」即與左傳爲一地。地形志中，南司州治齊安郡，所領「鄳縣，有石城山。」水經 淮水注云，溮水南出大潰山，東北逕賢首山西，又屈逕仁順城南，故義陽郡治（即今信陽）。又東歷金山北，義陽故城北，「又東逕石城山北。山甚高峻，史記曰魏攻冥阨。音義曰，冥阨或言在鄳縣 葙山也。……溮水逕鄳縣故城南，……又東逕七井岡南，又東北注于淮。」此見地望較詳。史記四四魏世家，無忌說魏王曰，秦伐楚，攻冥阨之塞。正義引括地志，「石城山在申州 鍾山縣東南二十一里，魏〔秦〕攻冥阸即此。」又六九蘇秦傳，塞鄳阸。正義：「申州 羅山縣本漢鄳縣。申州有平淸〔靖〕關，蓋古鄳縣之阸塞。」此直指石城山、平靖關爲冥阨矣。至於大隧、直轅，則故籍中似未別見。輿地紀勝八〇信陽軍風俗形勝目，義陽三關謂平靖、武陽、黃峴三關是也。左傳大隧即黃峴關，直轅 冥阨乃武陽 平靖也。通鑑一四三齊 永元二年胡注同。此爲余所見義陽三關分別當左傳三隘之始。後代皆承之，詳紀要四六河南重險黽阨條。按左傳楚司馬戌所言大隧 冥阨等三地當即今信陽南山之隘道，應屬可信，然分別確指爲中古之某關，似無的證。

柏舉者，杜注不云何地。考江水注云：江水北岸有舉洲，北對舉口。「舉水出龜頭山，西北流，逕蒙蘢戍南，梁 定州治，蠻田秀超爲刺史。舉水又西流，左（熊疏謂左當作右，是）合垂山之水，……又西南逕齊安郡西，倒水注之。……舉水又……南流注于江，謂之舉口。」下引左傳「吳 楚陳于柏舉」事。京相璠曰，「漢東地矣。」是以柏舉在大江北岸舉水入江處。而元和志二七黃州 麻城縣，「龜頭山在縣東南八十里，舉水之所出也。春秋吳 楚戰於柏舉，即此。」紀要七六黃州 麻城縣，龜峰山在縣東六十里，舉水之源，一名龜頭山。又縣東北三十里有柏子山。春秋柏舉，蓋合柏山、舉水而名。是以柏舉在舉水上源。觀左傳吳「與楚夾漢」，楚師濟漢而陳，自小別至于大別之形勢，柏舉決戰似不可能在今麻城東、舉水上源之山林地帶，酈注時代較早，其說似亦較長。頃讀喻宗漢吳師入郢之戰有關問題探討（楚史論叢 初集），前後分析軍政形勢，大體頗佳，其謂吳師入楚，係取義陽三關路，猶有可說（按喻文此點實本之顧氏大事表），但謂柏舉在今雲夢縣南，且指點具體，未免穿鑿。今按柏舉，前人皆就舉水爲說，傳統意見，未可輕廢。要其地當與舉水有關，或在其中下游地區。吳師會蔡軍，由今潢川（唐 光州）固始捨舟登陸，蓋西南取桐柏、大別間山勢低薄地帶，[12] 達舉水上游，循舉水西南行，與渡漢之楚軍相角逐，最後柏舉一役，而勝負大定。古史材料不夠，固難作極準確之指證也。至於喻文謂吳師必由義陽三關者，在當時戰略未免冒險，蓋楚將司馬戌策劃，明云「我悉方城外以毀其舟，還塞大隧、直轅、冥阨。」戌所統方城之軍應爲楚軍一支勁旅，大隧 冥阨等隘即義陽三關亦應無疑，方城

12 即前文所考中古之陰山、定城、穆陵等關地區。

之去三隘不過四百里之譜，吳師遠道來攻，豈有不顧慮腹背受敵之危險？且司馬戌云「毀其舟，還塞大隧」三隘，是知吳師捨舟登陸必在大隧 冥阨三隘之東（淮水通航可能即到此爲止），似當即今潢川、固始地區。其地正當蔡國直南，而在大隧三隘之東二百六十里或三百里以上，其西南則有較大隧三隘山勢低緩之隘道，南通江 漢流域。吳師既在此捨舟，即當折南行取此隘道南入江 漢，既捷近數百里，又遠離方城 楚軍，於計爲得，固不必繞道大隧 冥阨等隘，既迂遠且有腹背受敵之危險也。大約大隧 冥阨爲楚國與中原交通之孔道，吳 楚東西交通固不必亦取此道。據喻文，作者蓋未計及今潢川、固始西南山隘之一道耳。實則此道在中古既爲交通要道，上推春秋 戰國，當亦已通行，故吳師由此進入，乃有柏舉之役也。至於司馬戌云塞冥阨三隘，自後擊之，或爲戌事先之測度，且其兵力亦只能有效控制冥阨三隘，更東三百里之隘道殆已無力控制，吳師蹈隙而入，乃有柏舉之捷，而司馬戌 方城之軍亦不能發生阻截作用也。

一九八六年三月下旬起草，四月十三日草成，經一再增訂，四月二十五日初稿完成。嗣續增訂，一九八七年四月一日定稿。此爲自臺返港後所寫第一篇。

補　記

此稿二校時發現劉長卿有詩四首，與桐柏山諸關道有關係，不知撰文時何以全數遺漏。此四詩收入全唐詩第三函第一册劉長卿集卷一。其一奉使至申州傷經陷沒云：「獨憐溮水上，時亂亦能清。」其二穆陵關北逢人歸漁陽云：「逢君穆陵路，匹馬向桑乾；楚國蒼山古，幽州白日寒。」其三安州道中經溳水有懷云：「征途經溳水，忽似到秦川。」此三詩聯篇，次即步登夏口古城作。同卷後又有使還至（一作自）菱陂（一作波，一作坡）驛渡溮水作云：「清川已再涉，疲馬共西還」，「蒼蒼閉古關」。據此諸詩，劉長卿宦遊南北，屢取桐柏山道，曾經安州、申州，亦經穆陵關，兩涉溮水，水上有菱陂驛。又李涉有經涓川館寄使府群公詩（全唐詩七函十册）云：「涓川水竹十家餘，漁艇蓬門對岸居；大勝塵中走鞍馬，與他軍府判文書。」此大勝不知何所指，豈即今大勝關耶？本文前考唐 大活關即今大勝關地，若此詩大勝指關而言，則唐代後期已有大勝之名矣。故此五詩爲本篇上佳史料，但恐版面挪動太大，引起其他錯誤，而又無再度親校機會，故附記於此，暫不補入正文；俟圖考第六卷刊佈時，再作增補。

1988年7月30日校後記。

提　要〔四〇〕

桐柏山脈爲中國古代南北交通之阻，亦爲南北用兵必爭之地帶。東周以前，中國史上之兵爭只在黃河流域，自春秋時代荊 楚崛起於江 漢流域，與中原諸國爭強，桐柏山脈之隘道遂漸顯於史册，如冥阨爲天下九塞之一，即在此山脈中。至南北朝時代，更以此一地區爲競逐爭奪之焦點，所謂義陽三關是也。三關者，曰武陽，是爲東關；曰平靖，蓋即西關；曰黃峴，地居兩關之間；各置戍城守。

唐代南北統一，此三關仍爲南北交通要道，故有三門之稱。據元和志所記，有禮山關，即古武陽關，西北至申州（今信陽）一百五十里，約今九里關地（E114°15'-20'・N31°50'）。曰百雁關，蓋古黃峴關，在禮山關西一百里，北至申州九十里，約今武勝關地（E114°5'・N31°47'），宋代以下志書以爲九里關，非也。曰平靖關，即故關，在百雁關西六十里，東北至申州九十里，約即今關（E113°55'・N31°50'）。

申州之東爲光州（今潢川）。光州之南自南北朝以來復有五關，東西排列。曰大活關，在禮山關東一百里，約今大勝關地（E114°30'-35'・N31°45'）。又東六十里曰白沙關，在今經扶縣（新縣）西南（E114°40'・N31°30'地區）。又東八十里曰穆陵關，在今經扶縣南或東南，約今分水嶺（E115°・N31°30'）地區。又東百里曰陰山關，在今豫鄂分界處小界嶺之稍北地區。又東爲定城關，在今商城縣西南約九十里。其東即大別山脈高峻山嶽地區矣。

此諸關至唐代雖南北統一，已失其守險之作用，但在南北交通上之作用仍甚大，時人行旅，往往取途；而黃、蘄及江西諸州之北赴洛京者更例取此諸關北經申、光爲捷道也。至南宋時代，又以此諸關爲守險之地矣。

本頁原附《南北朝隋唐時代桐柏山脈諸關道圖》，現移至地圖集袋內，本頁留白。

【校記】

【一】案本篇嘗發表於「中央研究院」第二屆國際漢學會議論文集（臺北：「中央研究院」，1989年版。以下簡稱「漢學會議論文集」）·歷史與考古組下冊，頁651-673；今存抽印本（封面上嚴師以鉛筆書「有校處」三字）。然抽印本內所載，本篇文字仍有脫譌而未爲嚴師所校核者。今據原稿、抄本（本篇抄本爲影印本，其原本疑已於當年寄交漢學會議論文集之編輯委員會排印），並參考抽印本整理。

【二】案「八月」，檢點校本魏書卷八世宗紀，郢州司馬彭珍、治中督榮祖等謀叛，係永平元年（508）九月庚子事（頁206）。復檢點校本通鑑卷一四七梁 天監七年（508）紀，亦繫「魏 郢州司馬彭珍等叛魏」於九月庚子（頁4586）。此處作「八月」，疑筆誤。

【三】案點校本通鑑卷一五〇梁 普通五年紀，作「楊乾」（頁4689）；梁書（北京：中華書局點校本，1973年版。以下簡稱「點校本梁書」）卷三武帝紀下作「楊法乾」（頁69）；二者微異。

【四】案此處所謂校勘記，指點校本魏書卷一〇六地形志中校勘記第〔五二〕條（頁2603-2604）。

【五】案此處之「考證及校勘記」，指點校本元和志卷二七校勘記第〔五六〕條所引張駒賢考證及點校者之按語（頁664）。

【六】案此處之「校勘記」，指點校本元和志卷二七校勘記第〔五七〕條（頁664）。

【七】案檢乾隆內府輿圖（即清代一統地圖〔臺北：「國防研究院」、中華大典編印會影印，1966年版〕），仙居亭遠在光山縣西南、豫 鄂接境處之鄂省境內（頁145）。然據地名詞典·河南省，今光山縣（縣治）城關鎮（E114°54'·N32°01'）西北24公里有仙居店村（E114°39'·N32°04'），在竹竿河（淮河支流，自南而北注於淮河）東岸，其地即南朝 樂安縣治、唐 宋 仙居縣故城所在（頁578）；遺址「面積約24萬平方米」（見中國文物地圖集·河南分冊·文物單位簡介目光山縣 仙居店遺址條〔頁496〕；又參此書光山縣文物圖〔頁210〕）。是唐代仙居縣故城，不在豫 鄂接境處之鄂省境內。嚴師據寰宇記卷一二七光州 仙居縣目，南仙居山在縣西南二百里，因謂「仙居所領甚廣大」，則乾隆內府輿圖（頁145）內在光山縣西南遠處之仙居亭，或與南仙居山有關，故蒙其名。嚴師謂此仙居亭「殆與唐代仙居縣有關」，是也。

【八】案喻宗漢文題乃「吳師入郢之戰有關問題探討」，無「及」字。本篇下文第三節引喻文，即無「及」字，是。

【九】案「建業」，萬刻本寰宇記卷一三一黃州 黃陂縣 武湖條，作「建鄴」（頁215下）；化龍池版寰宇記同卷同條（葉四），同。

【一〇】案「武湖爲潢州界」句，點校本通鑑卷一二〇宋 元嘉三年紀，胡注作「武湖在黃州界」（頁3783）；此處之「爲」及「潢」，蓋筆誤。

【一一】案「環河」、「環水」之「環」，萬刻本寰宇記卷一三二安州 孝感縣作「澴」（頁219下）；化龍池版寰宇記同卷同條，則作「環」，且但云「環水在縣十五里」（葉四），無「北」字。

【一二】案「應山縣西」之「西」疑爲「東」之誤刻。檢萬刻本寰宇記卷一三二安州 孝感縣條，作「西」（頁219下）；化龍池版寰宇記同卷同條，亦作「西」（葉四）。然上文（目文）及本段下文引寰宇記（卷一三二）安州 應山縣，謂「鷄頭山在縣東北九十里」，是鷄頭山在應山縣東。一統志卷三四三德安府山川目雞頭山條，亦謂「在應山縣東北九十里」（葉九）。嚴師此處引寰宇記孝感縣條，未指出「西」字之誤，疑據萬刻本。

【一三】案檢地名詞典·河南省鷄公山條，其地理坐標爲E114°05'·N32°49'，在「豫 鄂交界處，爲大別山西段，西北——東南走向。一般海拔700米，主峰鷄公頭海拔784米」（頁621）。然中國地圖集·河南省及湖北省，鷄公山海拔俱爲744公尺，中國文物地圖集·河南分冊之信陽縣文物圖，鷄公山海拔亦爲744公尺（頁207）。嚴師此處謂鷄公山海拔824公尺，蓋據張編地圖集·湖北地形圖。

【一四】案「隘」，上文引元和志卷九申州 義陽縣「故平靖關城」條，作「障」。檢點校本元和志卷九申州 義陽縣，亦作「障」（頁244）；畿輔叢書本同卷同條（葉二一），同。參下第【一六】條校記。

【一五】案「湟」，上文引元和志卷九申州 義陽縣「故平靖關城」條，作

「隍」。檢點校本元和志卷九申州 義陽縣，亦作「隍」（頁244）；畿輔叢書本同卷同條（葉二一），同。此處之「湟」，蓋筆誤。

【一六】案檢影宋本太平御覽（北京：中華書局影印，1960年版）卷一六九州郡部申州條引輿地志，作「此關因山爲障」（頁824上）。又萬刻本寰宇記卷一三二信陽軍 信陽縣，則作「此山因關爲障」（頁223上），其「關」與「山」誤倒；化龍池版寰宇記同卷同條，則作「此關因山爲嶂」（葉一一）；皆不作「隥」。

【一七】案「敵」，粵本紀勝卷八〇引莫汲之言作「虜」（頁474上）；懼本同卷則作「敵」（頁2605）。

【一八】案「淮水」，點校殿本水經注卷三〇淮水注此句無「水」字（頁577）；大典本（頁546），同。本篇下文第三節引淮水注此句，止作「又東北注于淮」，亦無「水」字。是此處之「水」蓋誤衍。

【一九】案「京荆制置司」，乃「京湖制置司」之筆誤。下文引「三關爲德安府後門」云云，見宋會要輯稿（北京：中華書局影印，1957年版）方域一二之一〇嘉定十五年九月十二日條（頁7524下）。

【二〇】案「隋州」，點校本舊唐書卷一三一李皐傳，作「隨州」（頁3640）；殿本同卷（頁1807下），同。隋州即隨州。

【二一】案篇伍陸洛陽鄭汴南通漢東淮上諸道第三節綱文敘光州「西南行三十里至光山縣（今縣），又南一百三十里至穆陵關」，是光州至穆陵關共一百六十里，與此微異。又篇伍陸原稿（頁73）上引綱文旁，嚴師以鉛筆批示：「當校桐柏山諸關道，看是否已有改動。」今兩篇所敘光州至穆陵關之里數有異者，以元和志之記述不同故也。篇伍陸謂光州與穆陵關相距一百六十里，蓋據元和志卷九光州 光山縣 木陵故關條，「在縣南一百三十二里」，而光山縣「北至州三十里」；其和正一百六十二里。篇伍柒此處謂由穆陵關至光州一百五十里者，蓋據元和志卷二七黃州 麻城縣 穆陵關條，「至光州一百四十九里」。要之，光州至穆陵關之里距約一百五六十里。

【二二】案「天監八年」，點校本梁書卷二八夏侯夔傳，「出義陽道，攻平靜、穆陵、陰山三關」（頁420），係普通八年（527）事。同書卷三武帝紀下，普通八年三月改元爲大通，故紀繫「司州刺史夏侯夔進軍三關」

（頁71）於大通元年（527）春正月。復檢點校本通鑑卷一五一，亦繫夔攻三關於梁 大通元年（527）正月（頁4722）。嚴師此處作天監八年（509），疑涉上文第一節元英取三關事（在天監八年）而筆誤。

【二三】案「光城左郡治」句，蓋據殿本水經注（王氏合校本同）。點校本水經注疏卷三〇淮水注此句，楊守敬改作「南光城郡治」（頁2511）。

【二四】案此處所引元和志卷二七黃州 麻城縣 陰山關條資料，似據畿輔叢書本（葉一二）。此本敘陰山關各句之次序，與點校本同卷同條（頁654）適相反。又「一百一里」，點校本作「一百里」。本節下文敘陰山關引元和志本條，謂「一百一里」應以殿本之作「一百一十里」爲是。又參下第【三三】條校記。

【二五】案「元和志」，粵本紀勝卷四九黃州景物目下穆陵關條，作「元和郡縣志」（頁351上）；懼本紀勝同卷同條（頁1968），同。此處蓋省稱。

【二六】案嚴師所謂「有分水嶺爲豫 鄂兩省分界線」者，正今之黃毛尖山。檢地名詞典·河南省黃毛尖條，其地理坐標約E115°02'·N31°33'，「在新縣縣治新集鎮（E114°52'·N31°37'）東南19公里，豫、鄂交界處。爲大別山第二高峰，海拔1011米。山勢呈東西走向，……面積約10平方公里。」「南坡水……屬長江水系；北坡水……屬淮河水系。爲一江、淮分水嶺。」（頁622）嚴師謂黃毛尖山海拔1060公尺，蓋據張編地圖集·湖北地形圖。

復案原稿（頁17續）下原有一段文字，在上段目文「再檢元和志記此關尤詳云：」之下，但兩旁以紅色圓珠筆括上。此段文字，係引輿地紀勝敘木陵關山路之險者，綱文謂「山路峭壁，委折而上」，此二句即據紀勝所引。然本篇發表於漢學會議論文集時，亦未補於目文內，未知何故。今錄原稿所引紀勝敘木陵關之資料如下：

「輿地紀勝四九黃州景物目上五關條引李臯奏乞復五關之險云：『木陟〔陵〕關山路峭壁，委折而上』云云。見其形勢。而紀要七六黃州 麻城縣 虎頭關條，以之形狀白沙關，容或相似？」

【二七】案中和係唐 僖宗年號，當西元881-884年，萬刻本寰宇記卷一三一黃州黃岡縣，正作「南唐」（頁215上）。檢化龍池版寰宇記同卷同條，此二句作：「隋于此立郡理焉。唐 中和五年」（葉三），是萬刻本「南唐」之「南」，乃「焉」之誤刻。

【二八】案篇伍陸洛陽鄭汴南通漢東淮上諸道謂隋 唐 黃州治所黃岡縣在今新洲縣。檢地名詞典・湖北省新洲縣，亦謂隋 唐 黃岡縣治即今新洲縣（縣治新洲鎮，E114°48'・N30°51'）（頁53）。

【二九】案「穆陵關」，點校本新唐書作「木陵關」（頁3584）；然殿本新唐書同卷則作「穆陵關」（頁1195下）。本篇原稿（頁20）此節上貼有一小紙條，上書：

「舊131曹王皐傳，子道古，用兵於申 安間，『自帥兵出穆陵。』新80作木陵關。」

此條資料，可與正文所引相參照。

【三〇】案「途中有懷」，原稿及抄本（影印本）皆作「途中有憶」，「憶」蓋筆誤。漢學會議論文集內所載，已刊作「途中有懷」（頁661），或嚴師校稿時改正歟？今從之。

【三一】案有關「用兵行旅之史例」，本篇原稿第16頁背後貼有一小紙條，上書：

「穆陵路

全詩十函九冊王貞白隨計：『冒雨投前驛，侵星過斷橋；何堪穆陵路，霜葉更瀟瀟。』

按此詩前爲曉泊漢陽渡，則此蓋此穆陵關也。」

檢全唐詩十函九冊王貞白集，隨計詩在頁4195下。

又原稿第20頁尚貼有一小紙條，上書：

「穆陵關

全詩二函十冊王昌齡集四送薛大赴安陸 p.803」

檢全唐詩二函十冊王昌齡集四送薛大赴安陵云：「津頭雲雨暗湘山，遷客離憂楚地顏；遙送扁舟安陸郡，天邊何處穆陵關。」（頁803上）

復案本篇抄本（影印本）第14頁上亦貼有二小紙條，其一乃劉長卿四詩連篇（參本篇嚴師之補記）；另一則爲穆陵關資料，上書：

「穆陵關（安陸）

劉長卿使次安陸寄友人（三函一冊，集五）p.859」

檢全唐詩三函一冊劉長卿集五使次安陸寄友人云：「新年草色遠萋萋，久客將歸失（一作問）路蹊；暮雨不知溳（一作須）口處，春風只（一作共）到穆陵西。……」（頁859）

又本篇抄本（影印本）第1頁右旁，嚴師以紅色圓珠筆批示：「穆陵關加新材料」，疑上引王貞白、王昌齡、劉長卿三家詩，即所謂新材料也。

【三二】案原稿及抄本（影印本）此句，「賊難軍」三字下加專名號。點校殿本水經注卷三〇淮水注，則斷句作「舊有賊難，軍所頓防」（頁580）；陳橋驛水經注校釋（頁530）、點校本水經注疏（頁2514），同。

【三三】案「二百一十里」，點校本元和志卷二七黃州麻城縣陰山關條，作「二百里」（頁654）；此處似據畿輔叢書本（葉一二）。參上第【二四】條校記。

【三四】案檢點校殿本水經注卷三五江水注，此句「西北」後有「流」字（頁662）；大典本（頁622），同。點校本水經注疏，楊守敬於「龜頭山」下作疏，是以「西北流逕蒙蘢戍南」爲句（頁2906）。本節下文敘定城關，第三節敘柏舉，皆引江水注「舉水出龜頭山西北流」，亦有「流」。然則此處蓋漏寫「流」字。

【三五】案「徒」，大正藏本續高僧傳（No. 2060）卷一七陳南岳衡山釋慧思傳作「從」（頁563上），此處疑筆誤。

【三六】案本篇原稿第30頁背後貼有一小紙條，其上所書，係有關蘇東坡自新息南行至黃州之資料者，錄之如下：

「蘇東坡集十一

觀此卷諸詩，東坡赴黃州，道經蔡州新息渡淮。」

檢東坡集（日本內閣文庫、宮內廳書陵部藏宋刊本，日本古典研究會影印〔古典研究會叢書・漢籍之部，第十六卷〕，1991年版）卷一一，其中載東坡自蔡州南行赴黃州之詩作，依次有：正月十八日蔡州道上遇雪次子由韻二首，過新息留示鄉人任師中，過淮，書麐公詩後（有敘，謂「過加祿鎮南二十五里大許店」云云），游淨居寺（有敘，謂「寺在光山縣南四十里，大蘇山之南，小蘇山之北」），梅花二首（其一云「半隨飛雪渡關山」），戲作種松，萬松亭（有敘，謂「麻城縣令張毅，植萬松於道周以芘行者，且以名其亭」云云），張先生（有敘，謂先生「黃州故縣人」），陳季常所蓄「朱陳村嫁娶圖」，宿黃州禪智寺，初到黃州（頁143-146下）。此諸篇即爲東坡自蔡州南行至黃州途中所作。

檢孔凡禮蘇軾年譜（北京：中華書局，1998年版）卷一九元豐三年

（1080），正月十八日，東坡於蔡州道上遇雪，過新息，渡淮，至光山淨居寺遊。二十日，過麻城 春風嶺，作梅花二首（頁471）。若春風嶺在麻城縣東，則東坡此行似由定城關道。然淨居寺在光山縣南四十里，木陵故關又在光山縣南一百三十二里（見元和志卷九光州 光山縣），則淨居寺距穆陵關不過九十二里。紀勝卷四九黃州景物目下萬松嶺條，「在麻城縣西一百里，縣令張毅夾道植松萬株，立亭其中，號萬松亭」（粵本，頁351上；懼本，頁1969）。是萬松嶺在麻城縣西。又九螺山條，「在麻城縣 故縣鎮，有張憨子，為九螺山逸人」（粵本，頁351上；懼本，頁1969）。此張憨子，即東坡張先生詩之張先生（參蘇軾年譜，頁471-472）。一統志卷三四〇黃州府山川目謂九螺山「在麻城縣西南七十里岐亭鎮」（葉一〇）。是九螺山亦在麻城縣西。東坡所遊之淨居寺既在光山縣南四十里，即在殷城縣之西。若春風嶺在麻城縣東，則東坡遊淨居寺後，須東行至殷城縣，越定城關，再過麻城縣東之春風嶺，復至麻山縣西之萬松嶺。如此迂迴繞道，似非其實。嚴師謂東坡南行取定城關道之可能性為大，似尚可商榷。一統志卷三四〇黃州府山川目謂春風嶺在麻城縣東九十里（此說承用紀要卷七六黃州府 麻城縣 萬松嶺條所言），頗疑「東」乃「西」之譌。

【三七】案本篇原稿第1頁背後貼有一小紙條，乃嚴師年青時以自來水筆所抄錄之白沙關資料，今錄之如下：

「輿地紀勝卷四十九淮南路 黃州

景物下

白沙關，晏公類要云，在黃崗縣北。元和郡縣志、唐志，在黃陂縣。今按齊安志，在麻城縣。不同。」

【三八】案此處之校勘記，指點校本魏書卷一〇六中校勘記第〔六一〕條（頁2605）。

【三九】案「而投乎黽塞之外」句，檢校點本戰國策（上海：上海古籍出版社，1978年版）卷一七楚策四，此句「投」後有「己」字（頁560）。

【四〇】案本篇發表於漢學會議論文集時，別撰有提要一則，今並附於此。

【四一】案本篇原稿夾附嚴師手繪之「南北朝隋唐時代桐柏山脈諸關道圖」影印紙乙張，係由兩紙拼貼而成者（以下簡稱「手繪圖」），圖內面積約

41cm×52cm，其原本疑已於當年寄交漢學會議論文集之編輯委員會。此圖經繪製後，載漢學會議論文集・歷史考古組下冊，頁673（以下簡稱「刊印圖」）。「刊印圖」內所載，發源於垂山，自南向北流入淮水之淠水（今白露河），誤植作「淠水」，「手繪圖」作「淠水」，不誤。今依「手繪圖」所示，回改作「淠水」。

復案，此圖右下方大江東岸、蘄口以南之「（蘄春）」，指張編地圖集・湖北（地形、人文）圖之蘄春縣治，中國地圖集此地今名蘄州鎮（E115°20'・N30°04'）。1953年蘄春縣遷治於漕河鎮（E115°24'・N30°14'），在蘄州鎮（即張編地圖集之蘄春縣治）東北21公里（見地名詞典・湖北省，頁145）。

篇伍捌　中原東通海岱遼東新羅道[一]

引言

河南道東部海 岱地區，有泰山山脈自西而東橫劃爲南北兩區域：泰山山脈之陰屬海岸平原，地勢平衍，交通暢易；泰山山脈之陽，東至於海，南至臨沂，山勢起伏，爲地形複雜之山嶽丘陵地帶，交通頗阻。就唐代志書所記，泰山山脈南北各州去兩都之里程，顯可勘知有南北兩條東西交通線。其一行於山脈之陰，聯貫山北諸州爲一行政區域；其一行於山脈之陽，聯貫山南諸州爲另一行政區域。北道坦平，沿線多魚鹽之利，且爲越海通遼東 海東之國際交通線，故交通繁夥，[四]置館驛。南道委蛇於山區河谷間，館驛無考。本篇就此兩道作較詳研究，並及北道渡海通遼東道及渡海通新羅諸港口。

（一）根據志書推測泰山南北兩幹線之略程

欲知唐代河南道東部之東西交通幹線，最可靠之方法，唯有就通典、元和志、寰宇記所記此一地區各州至長安、洛陽之里數，及諸鄰州間相距之里數，核計各州至長安、洛陽所當經過之州。

為方便計算，先據此諸書作洛鄭與海岱間諸州鄰距圖及洛鄭與海岱間諸州西至長安洛陽里數表如下，以便核計：

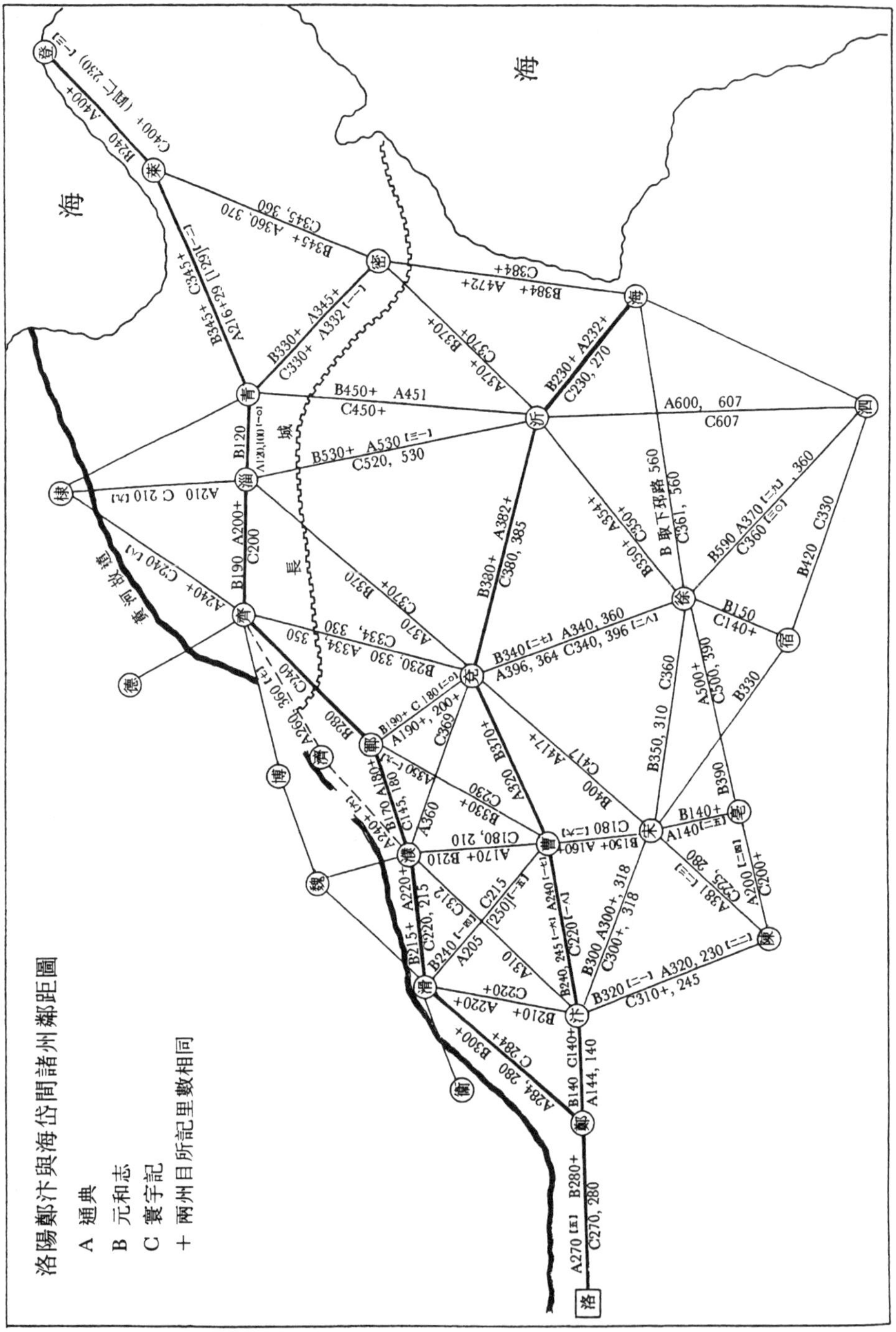
洛陽鄭汴與海岱間諸州鄰距圖
A 通典
B 元和志
C 寰宇記
+ 兩州目所記里數相同

洛鄭與海岱間諸州西至洛陽長安里數表

（A 通典　B 元和志　C 寰宇記　D 舊唐志）

州名	至洛陽	至長安	至汴州
滑	A 526 B （無） C 158〔580？〕 D 530	A 1360 B 1440 C 1440 D 1440	C 220
濮	A 735 B 795 C 795 D 735	A 1580 B 1655 C 1655 D 1570	C 312
濟	A 980 C 870	A 1820 C 1720	
鄆	A 910 B 965 C 1000 D 973	A 1760 B 1820 C（無） D 1697	C 600
齊	A 1345〔1245？〕 B 1200〔1245〕 C 1245 D 1244	A 2108 B 2105 C 2180 D 2069	C 900
淄	A 1446[三二] B 1435 C 1240 D 1425	A 2305 B 2295 C 3025 D 2133	C 845
青	A 1607〔1507〕 B 1555 C 1550 D 1507	A 2460 B 2405 C 2415 D 2250	C 1130
萊	A 1853 B 1900 C 1900 D 1852	A 2706 B 2760 C 2760 D 2599	C 1500
登	A 3370〔2370〕 B 2140 C 2370 D 2071	A 3125 B 3000 C 3000 D 3150	C 1950

密	A 1869 B 1885 C 1885 D 1869	A 2700 B 2745 C 2745 D 2530	C 1500
汴	A 400 B 420 C 420 D 401	A 1240 B 1280 C 1250 D 1350	
曹	A 650 B 665 C 665 D 657	A 1470 B 1525 C 1525 D 1453	C 222
兗	A 1160 B 980 C 1000 D 1070	A 1958 B 1895 C 2000 D 1843	C 600
沂	A 1435 B 1415 C 1415 D 1430	A 2251 B 2275 C 2275 D 2254	C 1000
海	A 1769 B 1640 C 1885 D 1454 [三三]	A 2587 B 2505 C 2745 D 2570	C 1460

大體言之，元和志所記最爲整齊，絕少參差脫譌處。核志文，鄭 汴東通海 岱地區有泰山北道與泰山南道兩路線，分列如下：

泰山北道：元和志云，登州（今蓬萊）「西南至上都三千里，西南至東都二千一百四十里。」核以登州以西諸州去兩都之里數及諸州間相距之里數，知登州西取萊（今掖縣）、青（今益都）、淄（今淄川）、齊（今濟南）、鄆（今東平西北）、濮（今濮縣東南）、滑（今縣）、鄭（今縣）八州路至洛陽。即由洛陽東行二百八十里至鄭州，折東北行三百里至滑州，又東二百一十五里至濮州，又東一百七十里至鄆州，又東北二百八十里至齊州，又東一百九十里至淄州，又東一百二十里至青州，又東微北三百四十五里至萊州，又東北二百四十里至登州，其和正爲登州去東都之里程。

據上圖表，登、萊去洛陽里距之差二四〇，萊、青去洛陽里距之差三四五，青、淄去洛陽里距之差一二〇，齊、鄆去洛陽里距之差二八〇，【三四】鄆、濮去洛陽里距之差一七〇，皆正即兩州間相距之里數。惟淄、齊去洛陽里距之差二三五，較淄 齊間相距里數多四十五里。參之ACD所記齊州去洛陽里數，則元和志作「一千二百里」者，必脫「四十五」三字，即淄、齊去洛陽里數之差亦正爲一九〇也。

又濮州去洛陽七九五里，但滑州失記去洛陽里數。檢滑去鄭、鄭去洛里數之和爲五八〇，可視爲滑州去洛陽之里距，加滑 濮間二一五，其和正爲七九五，是知濮州至洛陽即取滑 鄭路也。據此言之，元和志所記之主道，由洛陽東經鄭 滑等八州至登州，共凡二一四〇里。凡此道中之州，其去長安、洛陽，皆取此道也。

又密州（今諸城）去兩都亦取青、淄而西。蓋密州雖偏在東南，不在上述交通線上；然密州在泰山山脈東闆之北，居濰水上游，濰亦渤海水系，同屬海岸平原也。

按元和志，密州、青州去洛陽里數之差三三〇，正即兩州間之里距。寰宇記亦【三五】所記亦合。

至於寰宇記，滑 濮至洛陽道，與元和志同；其齊州以東，所記里數，大多與元和志相同或相近，蓋皆與志所記爲一道也。惟云鄆州至洛陽一千里，則蓋取曹 汴路耳。五代多都汴，宋亦都汴，其取汴州路固宜。

按寰宇記，汴去洛陽四二〇里，汴 曹間二二〇，曹 鄆間二三〇里。然又云曹去洛陽六六五里，鄆去東京（汴州）六〇〇里，是自相乖異。勘以通典、元和志，此「二百二十」當作「二百四十」或「二百四十五」，「二百三十」必爲「三百三十」之譌。加四二〇，其和九九〇，故知鄆去洛陽一〇〇〇里者，取曹 汴路也。

但通典所記齊州以西路線與元和志小異，即齊州西取濟（今聊城東南四五十里、東阿北六十里處）、濮、滑州路，北渡白馬津，經衛州（今汲縣）至洛陽。濟州以天寶十三載廢，故不見於元和志。齊州以東，通典所記里數甚混亂；但齊州東至登州僅淄 青 萊一路，不能別有一道。

就通典言，滑 濮 鄆去兩京里數皆較元和志所記各少五六十里之譜。檢其衛州目，西至東京三九〇里，東至滑州一一〇里，東南至滑州一三〇里；滑州目，至衛州兩數同。是滑州西取衛州路至東京，共五〇〇里或五二〇里，則通典云滑州西至洛陽五二六里者，西取衛州路也。再核以濮 鄆去洛陽里數，及滑 濮 鄆間里數，知通典所記濮 鄆至洛陽里數，亦皆取衛州路也。

通典不記鄆 齊間里數。但濟南郡（齊州）目云，西南至濟陽郡（濟州）三六六里，濟陽郡目云，東北到濟陰郡二六〇里，「陰」爲「南」之譌。[1]此兩項里數「三百」「二百」當有一誤。檢通典，博 齊間爲二九〇或二九八里；元和志，鄆 齊間二八〇里，寰宇記作二四〇里。以此度之，濟 齊間當爲二六〇里。【三七】

按通典，濟州西至洛陽九八〇里，減濟 濮間二四〇里，其差七四〇里，正約濮去洛里數，則濟亦取濮至洛陽。又齊州西至洛陽一三四五里，「三百」當爲「二百」之譌，即當爲一二四五里（與去長安里數亦合），減齊濟間二六〇里，其差九八五里，正約濟去洛陽里數，【三八】故知齊西至洛，中經濟、濮、滑、衛四州也。

泰山南道：元和志記之亦最正確。其海州目云，「西至上都取沂 兗

---

1 此據影宋本。殿本作「東北到博平郡二百六十里」，更誤。蓋前文已明北及西北去博平郡五〇、七〇里，不得有二六〇之里距。【三六】

路二千五百五里，西至東都一千六百四十里。」此爲河南道東部諸州西至洛陽、長安路線之唯一詳明見於志書者。兗州西至洛陽，必取道曹汴鄭無疑。即由洛陽東行二百八十里至鄭州，又一百四十里至汴州（今開封），又二百四十里至曹州（今曹縣西北五六十里韓集東地），又三百七十里至兗州（今滋陽西二十五里），又東南三百八十里至沂州（今臨沂），又二百三十里至海州（今東海），其和正爲一千六百四十里。惟海州目又云，「西至徐州，取下邳（今邳縣東）路五百六十里。」若由徐而西，加徐、宋、汴、鄭、洛間之里距，共爲一千六百三十里，則海州西至洛陽有南北兩道，里距略均。

此段記程全據元和志，以其所記各項數字，絕相勘合，無參差，亦無奪譌，最爲可信。通典、寰宇記所記往往自相乖違，故姑存不論。

按海州南道即今隴海鐵路線，路較平坦；海州北道行山谷間，自較險峻，行旅貨運當取南道。惟唐中葉，兗沂海三州常在半割據政權之平盧節度區內，而汴宋則分別屬宣武、武寧兩節度區，[三九]故海州西至兩都常取沂兗路，元和志據以述交通路線耳。至元和十四年平李師道，分置兗海沂密節度區，終唐世未大變動，海州西行更當取此道矣。唐末兗州節度使朱瑾爲朱溫所攻，退經沂州至海州，即一史例。

檢唐書方鎮表二及吳氏唐方鎮年表卷三泰寧目，自寶應廣德間，沂海二州漸成爲淄青平盧節度使之領州，興元貞元間，兗沂海更成爲平盧節度使區之固定轄州，在李正己世代統治下凡三十餘年。至元和十四年平李師道，始分兗海沂密四州置兗海觀察使，後升節度使，加泰寧軍號；先治沂州，徙治兗州。自後迄唐之亡，無大更張。而徐州常爲徐宿泗濠武寧軍節度使治所，宋州則爲汴宋宣武軍節度使領區。在此種政治形勢下，海州西通汴、洛，固當西北取沂兗路也。朱瑾事見舊史一三本傳。

（二）鄭汴東通泰山之陰濱海平原線：
鄭汴東通萊登驛道及其支線

上節據元和志所記，洛陽東通泰山之陰之大道，中經鄭 滑 濮 鄆 齊 淄 青 萊八州至登州。今就鄭州以東之路線稍詳其行程：

由鄭州北北東行六十里至原武縣（今縣E113°45'・N35°），在黃河南二十里，即戰國 龍賈所築陽池城。卷縣故城在西北七里，班昭東征賦所謂「歷滎陽而過卷」也。原武又東四十里至陽武縣（今縣，近更名原陽），在黃河南三十里，即漢 原武故城，其陽武故城在東南二十八里，即東征賦「食原武之息足，宿陽武之桑間」也。

舊 高宗紀，麟德二年十月丁卯，將封泰山；十一月丙子，次于原武。東征賦載文選卷九。餘據元和志八、寰宇記九鄭州目及寰宇記二開封府 陽武縣目，參合書之。唐代原武、陽武皆鄭州屬縣。志云原武南至州六十里；記作州西九十里，誤。今以實地度之，在州之北北東也。志又云陽武西南至州一百里。檢一統志懷慶府卷沿革目，陽武、原武東西距四十里，則陽武西南至州一百里者，中經原武也。

博浪沙在陽武南五里，張良擊秦皇處。汴渠即通濟渠，經縣南，蓋亦在博浪沙亭之南。

此處元和志八及寰宇記二。

又東北約八十里至酸棗縣（今延津E113°58'・N35°3'[四〇]之北約三十里），隋置關官。黃河在縣北二十里，有酸棗津，即古石濟津。戰國 秦漢 酸棗故城在縣西南十五里，張祜詩有酸棗驛，在故城。

唐 酸棗縣地望當在今延津縣北約三十里；明 清志書以漢代故城當之，非也。及津渡名稱，皆詳篇四六河陽以東黃河流程與津渡。云八十里者，就鄭 滑里距及陽武、酸棗各去本州里數計之。隋關官見隋書 地理志中滎陽郡目。

兩驛亦詳前篇。今按張祜題酸棗驛前碑（全唐詩八函五冊祜集二）云：「蒼苔古澀自（一作字）雕疎，誰道中郎筆力餘；長愛當時遇王粲，每來碑下不關書。」又王建有題酸棗縣蔡中郎碑（全唐詩五函五冊建集五）云：「蒼苔滿字土埋龜，風雨銷磨絕妙詞；不向圖經中舊見，無人知是蔡邕碑。」即一碑無疑，在酸棗驛前也。檢隸釋五載此碑，洪跋引水經云酸棗城有縣令劉孟陽碑，則碑在戰國 秦 漢之故城，非唐縣所在。然則唐置酸棗驛，乃在故城，不在當時縣城也。

又東北五十里至靈昌縣（今滑縣西南七十里），黃河在縣西北十里。縣西南五十三里有金堤故關，隋 大業中置，地近酸棗。又王建詩有金堤驛，可能亦在此地段。

元和志八滑州 靈昌縣東北至州七十里。寰宇記，同，云後唐 同光元年更名靈河。按元和志云酸棗東北至滑州一百二十里，則兩縣相距五十里也。其與黃河方位里距亦見兩書。

金堤關　前篇引舊五三李密傳，東郡（今滑縣）至滎陽，中經金堤關。按彼時位此關於酸棗之南。今按寰宇記九滑州 靈河縣，「廢金堤關在縣西南五十三里。漢文時，河決酸棗，東潰金堤。大業二年置關，十三年廢。」度其地當近酸棗縣。隋書 地理志云，滎陽郡 酸棗縣有關官，殆即此關。

金堤驛　王建有早發金堤驛詩（全唐詩五函五冊建集一）。此驛見舊五代史 梁書 徐懷玉傳、牛存節傳，篇四六黃河流程已引之，並約略判斷此驛當在酸棗南境。今按舊史 梁書 太祖紀一光啓三年條亦見此驛，【四一】與前引兩傳所記爲同一事。金堤關既在靈昌西南五十三里，近酸棗東境，此驛可能與關爲近。

靈昌東北七十里至滑州治所白馬縣（今滑縣），西臨黃河。靈昌東北二十二里處途中有靈昌津（約今沙店集E114°25'．N35°28'），即古延津，北通衛縣 枋頭（約今方城村），爲河上重要渡口之一。

靈昌屬滑州，在州西南七十里，見元和志、寰宇記。餘詳前篇四六黃河流程。

滑州治古滑臺城。有白馬驛，規制甚壯。其北三十里有鹿鳴故城，東有白馬山，西臨白馬津，即黎陽津，爲中古河上重要津濟處，地位僅次於蒲津、河陽津。滑州置鄭 滑 義成軍節度使，爲中原之一重鎭，即以地控白馬津，爲南北交通樞紐之故。又曾置鄭 滑鹽鐵巡院，蓋亦在節度使治所地。

鄭 滑巡院，見白居易知汴州院官盧蒙可檢校倉部員外郎．陝府院官盧台可兼侍御史．鄭滑院官李克恭可試大理評事．獨孤操可衛佐並依前知院事同制（全唐文六五八）。【四二】餘皆詳篇四六河陽以東黃河流程與津渡及篇四五太行東麓南北走廊驛道。【四三】

鹿鳴又東約二十五里至衛南縣（今滑縣東六十里），治古楚丘城東南四里處。蓋略與臨河縣隔河相對。

前引舊 李勣傳，高宗東封泰山，道經衛南。【四四】元和志，滑州 衛南縣在州東五十五里。寰宇記五七，縣屬澶州，在州南六十里。又云「古白馬城在縣西二十里。」參合觀之，蓋在白馬津南岸鹿鳴城東約二十五里之譜。臨河縣詳篇四六黃河流程。

楚丘故城　通典一八〇滑州 衛南縣，「衛 文公自曹邑遷楚丘，即此城。」舊志一滑州 衛南縣，「隋 楚丘縣，……治古楚丘城。儀鳳元年，移治西北濱河之新城。永昌元年，又移於楚丘之城南。」古楚丘城者，寰宇記五七澶州 衛南縣，與通典同。又云「楚邱城在縣西北四里。……城冢記云，齊 桓公築楚邱之城是此也。」

五代時期，酸棗 白馬上下有常樂驛，近河岸，其地無考，衛南境有長樂故縣，殆其地耶？

通鑑二九一後周 顯德元年，「詔前登州刺史周訓等塞決河。先是，河決靈河、魚池、酸棗、陽武、常樂驛、河陰、六明鎮、原武，凡八口，至是，分遣使者塞之。」胡注：「九域志，滑州 白馬縣有靈河鎮，魚池亦在滑州界，酸棗津在大梁東北，陽武在鄭州，河陰在孟州東南，六明鎮在大通軍，大通軍即胡梁渡也。……原武在鄭州之北。」按此諸地名，上起河陰，下至六明鎮，除六明鎮外，皆在黃河南岸，疑常樂驛亦在黃河南。但地望無考。檢隋書 地志中，東郡 衛南縣，「大業初，廢西濮陽入焉。又有後魏 平昌、長樂二縣，後齊並廢。」則衛南縣境有長樂故縣名，當在縣南或西南也。又檢魏書 地形志上，司州 東郡有平昌縣，「孝昌二年分白馬置，治平昌城。」有長樂縣，「武泰初，分涼城置，有盤（祠）。」檢河水注，「河水舊于白馬縣南泆通濮 濟，……謂之白馬瀆。故瀆東逕鹿鳴城南，又東北逕白馬縣之涼城北。耆舊傳曰，東郡 白馬縣之神馬亭，……所謂白馬山也。……亭上舊置涼城縣治此。」則涼城縣治白馬山，即長樂縣當與白馬山相近，是在衛南縣西境矣。頗疑五代之常樂驛即在長樂故城歟？

衛南又東八十里至濮陽縣（今縣西南二十里），有清丘驛在東南，似不在此道上。黃河在縣北十五里，河上有濮陽津，北通頓丘縣至魏州，爲自古津渡之要。唐末五代有德勝渡，顯名史册，蓋亦此津也。

按濮陽，元和志滑 濮兩州距二百一十五里，衛南西去滑州五十五里，濮陽東至濮州八十里，知衛南、濮陽間當爲八十里，其餘除清丘驛外，皆詳篇四六河陽以東黃河流程與津渡。

清丘驛　通鑑二七二，後唐 同光元年，晉將李紹興敗梁兵於清丘驛南。胡注：「春秋，晉 宋 曹 衛同盟于清丘。杜注曰，[四五]清丘今在濮陽縣東南。此因古地名以名驛也。」檢元和志一一濮州 臨濮縣有清丘，在縣西三十五里。寰宇記一四，同。按臨濮在濮州南六十里，即今濮縣南六十里之臨濮集（E115°25'・N35°27'）。其西三十五里，則在濮陽縣東南頗遠，似非在此道上；疑或在汴州通濮陽道上歟？

又東八十里至濮州治所鄄城縣（今濮縣E115°24'・N35°47'東南二十里舊城集），即曹植封地。縣有永定驛。黃河在州北二十一里，有靈津關，北通魏、博。

元和志一一濮州 濮陽縣東至州八十里，校勘記[四六]引括地志作八十六里。紀要、一統志皆云濮州 鄄城縣在今濮縣東二十里。檢張編地圖集・河南人文圖，濮縣東南約二十公里有鄄城故治，濮縣、鄄城故治正中間有舊城集。二十華里者應指舊城集而言，[四七]實東南也。其餘，除永定驛外，皆詳篇四六河陽以東黃河流程與津渡。

永定驛　舊五代史一二九周書 翟光鄴傳，「光鄴，……濮州 鄄城人。父景珂，……梁 貞明初，唐 莊宗始駐軍於河上，景珂率聚邑人守永定驛，固守踰年，後爲北軍所攻，……眾潰。」新史四九同傳，略同。按舊志濮州 鄄城縣，「武德四年，分置永定縣。八年，併入鄄城。」則唐代鄄城縣境有永定地名，此永定驛即在鄄城縣境也。

又由汴州東北經陳橋驛（州北四十里），封丘縣（今縣），韋城縣（今滑縣東南六十里），濮陽縣（今縣西南二十里），至濮州，此蓋五代及北宋 開封東北通鄆 青之常道也。濮陽東南有青丘驛，[四八]可能在此道上歟？

通鑑二六五天祐二年，二月，青州 王師範「舉族西遷，至濮陽，素服乘驢而進，至大梁。」是青 鄆西至汴州，中經濮州 濮陽縣也。新五代史一三梁家人傳・太祖后張氏傳，「太祖已破朱瑾，納其妻以歸，后迎太祖於封丘。」是梁祖由鄆 兗還汴州，道經封丘縣也。通鑑二二五大曆十一年，汴宋節度留後李靈曜叛，爲諸道兵圍攻，棄城夜遁，至韋城，爲永平將所擒；時魏 博 田承嗣遣田悅援靈曜，蓋欲北逼魏州也。是韋城在汴州北通濮陽津至魏州道中。又舊五代史一〇〇漢高祖紀下，天福十二年，杜重威反於鄴都，帝北征，經韋城至鄴都，時鄴都即魏州。[2] 此亦汴 魏大道中經韋城之證。綜上史料，知青 鄆西至汴州，中經濮州、濮陽縣、韋城縣、封丘縣也。陳橋驛在封丘縣南十里，詳篇四五・頁1524。

又宋史七真宗紀，祥符元年，東封泰山，車駕經澶州，鄆州。又宋史四八三陳洪進傳，子文顥，「大中祥符初，議東封，以濮州馳道所出，命知州事，頓置供擬頗勤至。……駕至。」是宋代開封東北取濮州，爲東通鄆州之大道也。

濮州東北六十里至范縣（今縣東南二十里范縣故城E115°45'・N35°50'），其東二十八里有故城，傳爲夏代顧國。

此條據元和志一一、寰宇記一四濮州 范縣條書之。【四九】范縣舊說在今縣東南二十里，檢張編地圖集・山東人文圖有故城。【五〇】按濮州東至鄆州，范縣當在道上。

范縣東六十五里至壽張縣（今東平西南），高宗東封時過此。又東北四十五里至鄆州治所東平縣（今縣西北十五里）、須昌縣（在州南四十五步）。濟水南自鄆城縣（今縣東十六里）界北流逕須昌西，去縣二里。有清水石橋，在縣西三里，隋 仁壽元年造，長四百五十尺，石作華巧，與趙州石橋相埒。按清水即濟水，架濟水上，蓋即當此道也。

高宗東封，經壽張至鄆州，見前引舊書 孝友傳。【五一】元和志，濮州 范縣在州東北六十里；范縣故城在今縣東南二十里。又鄆州 壽張縣在州西南四十五里；壽張故城在今東平縣西南，而在今壽張之南。據此方向里距，濮、鄆間當經此兩縣，兩縣間當爲六十五里也。檢一統志曹州府卷、泰安

---

[2] 前篇四五，頁1526，誤用此條，當更正。

府卷，濮縣、范縣間七十里，范縣、壽張間五十里，壽張、東平間一百里，[五二]其和二百二十里。蓋今范縣、壽張皆在故縣之北，故道皆向北弓出，其程較迂，今東平又在故城之東南十五里，故較唐代濮鄆道多四五十里也。

濟水、清水石橋　元和志一〇鄆州郭下有東平、須昌兩縣，濟水、清水石橋各爲一條。寰宇記一三僅清水石橋一條。據水經注八濟水注，此處「濟水通得清水之目」，是此橋即架濟水上。在州西，渡濟水，當即西通壽張之道矣。此橋長度，元和志云四千五百尺，一作四百五十丈。寰宇記作四百五十尺。志校記[五三]以樂史近實，是也。

寰宇記云鄆州「西北渡河取朝城縣（今縣西四十里）路至魏州（今大名東約十里）二百三十里」者，蓋即取壽張、范縣渡河至朝城也。

此條見寰宇記一三鄆州四至條。[五四]其五四魏州亦云「東南渡河至鄆州二百三十里。」元和志一六魏州目，東南至鄆州二百四十里。當爲一道。

鄆州北行一百二十里至盧縣（今聊城、東阿間），縣北臨黃河，即古碻磝津，久著史册，爲南北交通之要。其地自北朝至唐代前期，置濟州，有濟州關。天寶十三載，爲洪水所毀，州廢，盧屬鄆州，北通博州。唐末五代有楊劉渡者，略即其地也。

此詳篇四六河陽以東黃河流程與津渡。

鄆州治所須昌縣濱臨濟水，又當東西南北交通要衝，故自唐代前期已因民戶殷盛，分置宿城縣於漢東平故城，在州治東南三十二里。貞元四年，徙淄青平盧節度使治鄆州，統鄆曹濮齊兗淄青登萊沂海密十二州，爲東域最大方鎮。同時改宿城爲東平，移就郭下。至元和十四年，平李師道，分其地爲三鎮，鄆曹濮節度使治鄆州，號天平軍，仍爲一大鎮。有驛在城東北二里，宋初有臨鄆驛、砂溝驛，祥符元年，東封駕經此州，分別改爲迎鑾驛、翔鑾驛，其舊名當有承沿於唐者。

節度統轄及徙治、軍號皆見新書 方鎮表二，按鄆 曹 濮節度加軍號，在元和十五年七月乙巳，見通鑑二四一。

寰宇記一三鄆州 須城縣（須昌更名）廢東平縣條，「漢縣故城在今鄆州東南三十二里，隋於故城置宿城縣，仍置須昌縣於今所。唐 貞觀八年，州自鄆城移於須昌縣。後廢宿城縣。景雲三年，以郡邑頗大，人物繁極，復分須昌置宿城縣。貞元四年，改宿城爲東平縣，移就郭下。太和四年，改爲天平縣。六年七月廢天平縣入須昌縣。」[3] 此所記州郭兩縣，分合甚詳。貞元四年徙東平於州郭者，當以平盧節度使徙治鄆州之故也。

州驛　唐辛仲方墓誌（山左冢墓遺文），「咸通九年，閏十二月一日合葬於州城東北約二里驛城之原」，題作「故天平軍仗義將判官」，則此爲鄆州之驛也。考宋會要 方域一〇之一四驛傳雜錄，「大中祥符元年五月九日，改鄆州 臨鄆驛曰迎鑾，砂溝驛曰翔鑾。」玉海一七二祥符 迎鑾驛條，同。按宋史一〇四禮志七，真宗東封經鄆州，故有改名事。

鄆州東北至平陰縣（今縣E116°25'・N36°18'），唐道一百二十里，宋道九十里，蓋皆中經東阿縣，唐 東阿在今縣（E116°15'・N36°10'）西二十五里阿城鎮（E116°5'・N36°10'），宋縣在今縣南十二里舊縣鎮，故唐道爲迂遠。

鄆州東北至齊州，平陰、長清殆爲唯一之路線。但元和志一〇鄆州，平陰縣西南至州一百二十里（或本脫「一百」字）；而寰宇記一三，平陰縣在鄆州東九十里；是不同。按元和志記鄆 齊間二百八十里，寰宇記作二百四十里，所差略同，疑兩書所記鄆州至平陰之路線有異，何者？鄆州至平陰之路程，可能中經東阿縣。按元和志，鄆州 東阿縣南至州五十里，即春秋

[3] 舊志有此條，有錯字，[五五]又無「以郡邑」至「繁極」九字。

柯地，漢以來之東阿縣。檢一統志兗州府卷古蹟目，東阿廢縣，「在陽穀縣東北五十里。……漢置東阿縣，後漢以下因之。自宋 開寶八年，遷縣治於今東阿縣之南穀鎮，而故城遂墟。今屬縣界，謂之阿城鎮。」紀要三三東平州 東阿縣 東阿故城條，在縣西二十五里。即秦時之東阿，「隋 唐縣皆治此。」「宋 開寶八年徙縣治南穀鎮，太平興國二年徙治利仁鎮；紹興三年，金人徙治於新橋鎮；明 洪武八年徙今治，【五六】蓋即故穀城也。今東阿舊城入陽穀界內，謂之阿城鎮。」檢張編地圖集・山東人文圖，陽穀縣東約四五十里、東阿縣西約二十餘里處有陶城鎮地名（E116°5'・N36°10'），【五七】參照中國地圖集・山東省圖，東阿鎮（此即東阿縣，後遷縣於黃河之北）之西同一位置有阿城，則張編圖集「陶」爲「阿」之形譌。是唐 東阿縣在今東阿縣（E116°15'・N36°10'，中國圖集作東阿鎮）西二十五里之阿城鎮。【五八】又地典東阿縣，【五九】宋移東阿縣治南穀鎮。在今東阿縣南十二里。檢張編地圖集，東阿縣縣南有舊縣鎮，即宋初遷治之縣也。【六〇】自鄆州東北至平陰，若取道東阿，則唐道迂遠，故爲一百二十里；宋道捷近，故云九十里也。

唐 東阿縣西二十里又有東阿故城，漢縣也，晉 太康後省。大抵東阿居河濟交逼匯流地區，地勢低下，易被水患，故歷代遷徙不常。然阿縞阿膠爲自古著名之重要工業產品，濟用甚廣。

前引紀要、統志雖以漢 唐 東阿爲一地，然元和志東阿縣條已云「東阿故城在縣西二十里，漢 東阿縣城也，晉 太康後省」，即魏志程昱所守者。寰宇記同。【六一】是唐縣已非漢縣。【六二】又水經注五河水注云，河水「又東北逕東阿縣故城西。」又云「河水又東北與鄧里渠合。水上承大河于東阿縣西，東逕東阿縣故城北，故衛邑也。」則北朝已有東阿及東阿故城之別，是唐以前早有移徙矣。然難辨其地，故前姑據紀要、統志書之。今檢中國地圖集・山東省圖，東阿縣又徙治於民國 舊縣（E116°15'・N36°10'）之北銅城驛（E116°15'・N36°20'），則自北朝迄今，東阿治所至少已六次遷徙矣。

又河水注云：

「東阿……故衛邑也。……大城北門內西側皋上有大井，其巨若輪，深六七丈，歲嘗煮膠以貢天府，本草所謂阿膠也。故世俗有阿井之名。縣出佳繒縑，故史記云，秦 昭王【六三】服太阿之劍，阿縞之衣也。」

此述東阿兩項特產，阿膠與阿縞。按史記 李斯列傳，斯上書諫逐客云：「必出於秦然後可，則……阿縞之衣，錦繡之飾不進於前。」集解：「徐廣曰，齊之東阿縣，繒帛所出。」則東阿之高級絲織品自先秦已有名。阿井、阿膠，元和志、寰宇記皆錄酈注之文。按魏 吳普等所述神農本草卷一獸上品六種，其一阿膠。名醫曰，「出東平郡，煮牛皮作之，出東阿。」此見本草之始。唐 蘇敬新修本草一五阿膠條，詳述一百七十餘字，略云：「出東阿，故曰阿膠。今都下能作之，用皮亦有老少。膠則有清濁，凡三種。清薄者書畫用；厚而清者……作藥用之；……濁黑者可膠物用，不入藥也。」經史類證大觀本草【六四】一六阿膠條述之尤詳，並及阿井製膠之法。云「今鄆州皆能作之，以阿縣城北井水作者【六五】爲真。」中古時代，此項工業殆爲重要經濟作業也。據唐本草所述，其用途有書畫、入藥、膠物三種。庾信哀江南賦（全後周文八）云，「阿膠不能止黃河之濁」，蓋爲一種強力之膠物劑，故信有此語耳。

平陰縣，黃河在縣北十里，有春秋 齊國 平陰故城，在縣東北三十五里；有齊故長城，春秋 戰國之際所築，其始工在周 威烈王十八年（B.C.408）之前，後續有增築。故長城西端起唐 平陰縣（今縣）北二十九里河水（古濟水）南岸，東經平陰故城南，有防門，在故城南三里。又東歷泰山北岡上，又東經淄州 淄川縣（今縣）西南境，兗州 博城縣（今泰安東南不遠）北境，迤邐而東，經沂山，一名小泰山（E118°38'．N36°12'），穆陵關（E118°42'．N36°8'），千餘里，又東南繞經密州 諸城縣（今縣）南三四十里處，循山脈北緣東趨，至大朱山（約即E119°50'．N35°50'處海拔502之高山）入海。山在琅邪臺（E119°54'．N35°38'）之北六十里，或云長城至琅邪臺入海，非也。

元和志一〇、寰宇記一三鄆州平陰縣皆云，「黃河去縣十里」，不明在河之南北；實在河南，詳篇四六黃河流程。

平陰故城　見元和志、寰宇記，所書相同。水經注八濟水注，「濟水又北逕平陰城西。……平陰城南有長城，東至海，西至濟河，道所由名防門，去平陰三里，齊侯塹防門，即此也。」此即唐宋志書所記之平陰故城，在長城之北者。

齊長城　此長城建築大體年代及向東走向之詳細情況，別詳附篇十齊長城地理考略。

河濟東流，至平陰北境四瀆口，河脉相接，河水東分入濟，「自河入濟，自濟入淮，自淮達江，水徑周通，故有四瀆之名也。」

按此引文見水經注五河水注及卷八濟水注。四瀆口在平陰縣北，參水經注圖南三卷中頁及前黃河流程篇。

平陰東當泰山山脈之西端，西臨河濟交流之匯口，故自古爲東西交通之樞紐，軍事控扼之重地。古史所見，左傳襄公十八年（B.C.555），晉侯會諸侯之師伐齊，「齊侯禦諸平陰，塹防門而守之」，「諸侯之師[六六]門焉。」此爲春秋一次大戰事。及齊築長城以平陰爲端首，以其地西臨水，東阻山，因故防門爲道口也。其在中古交通軍事上之形勢，異聞錄劉惟清條最能顯見，亦見其當滑、濮、鄆諸州東通青齊、北通滄景之館驛孔道也。

晉會諸侯伐齊事，見左傳一六，此爲人所習知者。

廣記三四六劉惟清條云：

「平陰北把關南禦（？）並山濱濟，空闊百里，無人居，地勢險阨，用兵者先據此爲勝，迄今天陰日暮，鬼怪往往而出。長慶三年，[六七]平盧節度使（時治青州）薛苹遣牙門將劉惟清使於東平（鄆州），途出於此。時日已落，……遙見幕幄營伍旌旗人馬甚眾，……計……可五六萬人也。惟清不知，甚駭之，……夜闌，方及前驛。會同列將運釗自滑使還，亦館於此。……不二三日至東平。……後四年，李同捷反於滄景，時天下兵皆由平陰以入賊境。……（出異聞錄）」

按此雖筆記小說家言，然人名地名年份史事皆正確無訛，其言平陰地理形勢及其在當時交通軍事上之作用，更顯爲當時一般人所認知者，故爲一條極有價值之史料也。

平陰又東北經長城 防門，平陰故城，八十里至長清縣（今縣南微西三十里）。隔馬山（E116°45'・N36°22'）在縣東南三十五里，清水在縣西南十里，濟水經縣北十里處，黃河經縣北五十五里處，淯〔涓〕溝泊周約百里，在縣西南五〔五十〕里，故此縣亦東逼山，西多水澤，爲交通隘道。【六八】

長清屬齊州，方位里距見元和志一〇齊州。平陰至齊州西逼濟水（今黃河），東逼隔馬山（今山，簡名馬山），中間必取長清無疑。鄆 齊距二百八十里減平陰至鄆州里距及長清至齊州里距，即平陰、長清間之里距，應爲八十里。

長清今地　一統志濟南府卷古蹟目，長清故城「在長清縣西南，……宋史地理志，……至道二年徙城於縣之刺榆店，即今治。舊志，故城在今縣東南三十里。」按此文前云縣西南，後云縣東南三十里，自相乖違。前撰黃河流程篇，只略書爲今縣南，未加深論。按唐 長清縣西近水泊，疑當在今縣之西南。又元和志、寰宇記，長清縣有隔馬山，在縣東南三十五里。一統志濟南府卷山川目，隔馬山在長清縣南六十里，張編地圖集・山東地形圖，長清南有馬山（E116°45'・N36°22'），即隔馬山也。足證唐代長清故城當在今縣西南不少於三十里，不在東南，統志引舊志，東南爲西南之誤無疑。然唐代故城在齊州西南僅八十里，與今長清去濟南七十里之差距不大，故疑故城在今縣南微西三十里耳，非正西南也。

隔馬山及水泊皆據元和志與寰宇記書之。泊名，元和志作淯溝，一作涓溝，寰宇記作湄溝，考證【六九】：「水經注云，濟水東北與湄溝合，水上承湄湖，淸涓均恐形近之譌。」是也。又元和志云泊在西南五里，寰宇記作五十里，疑記爲正。

長淸又東北四十里至豐齊縣，本漢 茬縣，因縣東北茬山受名。天寶元年更名豐齊，有豐齊驛。濟水經縣西二十六里處。元和十五年，縣廢入長淸，驛名不改。豐齊又東北四十里至齊州治所歷城縣（今濟南市）。

元和志一〇齊州 豐齊縣「東北至州四十里，本漢 茬縣，取縣東北茬山爲名。……隋 大業二年省入歷城縣。武德元年重置，天寶元年改爲豐齊。」寰宇記一九齊州 青淸縣，【七〇】「廢豐齊縣城在縣東北四十里，唐 憲宗 元和十五年隸入當縣。」此其置廢及其去長淸與齊州之方向里距。元和志又云，「濟水，西，去縣二十六里。」是亦近濟水也。

就兩書所記方位言，當在此道上。考通鑑二四一元和十四年，劉悟入鄆州，誅李師道，遣使招攝登州刺史李文會，至豐齊驛，斬之。又二六四天復三年，朱友寧攻博昌，考異引編年錄，【七一】「五月辛亥，（全忠）卻離歷下，宿豐齊驛。甲寅，上（全忠）到汶陽。」下文又往返歷下 汶陽一次。此即豐齊縣之驛也，在齊州西南，胡注云，據梁 敬翔編遺錄，豐齊驛當在齊州東南，非也。

上考濮州東經鄆州至齊州道，爲唐中葉以後之主道，但在天寶十三載濟州爲河水所毀廢之前，則似以中經濟州治所盧縣（今陽穀、東阿間）爲主道。開元十三年玄宗東封泰山，取道濟州，刺史裴耀卿於境內，西起陽穀（今縣東北三十里），東盡長淸，置三橋十驛，當有因舊驛橋而增修者，非盡新置也。

舊九八裴耀卿傳，「（開元）十三年，爲濟州刺史。其年，車駕東巡，州當大路。……時大駕所歷凡十餘州，耀卿稱爲知頓之最。」新一二七同傳，「爲濟州刺史，濟當走集。……會天子東巡，耀卿置三梁十驛，……

爲東州知頓最。」考孫逖唐齊〔濟〕州刺史裴公德政頌（全唐文三一二）云，「西自於陽穀，東盡於長清；造舟爲三橋，置騎爲萬驛；闢野爲兩頃，除道爲九逵。」是十驛者西自陽穀，東盡長清也。檢通典一八〇濟州，轄境西自陽穀，東至長清，平陰亦屬濟州，必在道上。

再檢通典齊州（濟南郡）、濟州（濟陽郡）記兩州間之里距及去兩京之里距如下：

齊州：西南至濟陽郡三六六里。
　　去西京二一八〇里。[4]
　　去東京一三四五里。

濟州：東北到濟陽【七三】郡[5] 二六〇里，蓋三六〇之譌。
　　去西京一八二〇里。
　　去東京九八〇里。

此兩州所記里距雖有兩處脫譌，但經合理校正後，則一切吻合，即兩州去兩京里數之差爲三六〇、三六五，與兩州間里距三六〇、三六六正相合。知通典所記齊州至兩京里程實取道濟州，即唐代前期濟州爲通齊 青 萊 登之主道，非經鄆州也。

宋 曾鞏知齊州，「徙傳舍，自長清抵博州（今聊城西北十五里）以達于魏（今大名東），凡省六驛。」蓋唐代由齊州取長清、平陰、鄆州道，西渡河，經朝城至魏州；此時改由長清直西渡河，經博州至魏州也。

曾鞏事，見宋史三一九曾鞏傳。唐代齊州西通魏州，取道鄆州渡黃河，明見於圓仁行記二開成四年九月新羅僧諒賢述登 萊西上五臺山路線條，引詳本節後段。經鄆州至魏州，誠較長清直西渡河爲迂遠也。

齊州治歷城縣，即古歷下城也，歷山在城南五里，故以受名。城南逼山脈，而水澤瀰漫，爲自古用兵重地。

---

4 本作二千一百八里，但與去東京里數之差只七五三里，【七二】殊不合，「八」下當脫「十」，或「八」上脫「八十」字，補足之，則一切吻合。

5 影宋本作「濟陰郡」，字譌；殿本作「博平郡」，大誤。【七四】

此參見元和志一〇、寰宇記一九齊州，及紀要三一。元和志引述征記曰，「歷城到營城三十里。自城以東，水瀰漫數十里，南則逼山，實爲險固。」按寰宇記歷城縣云，「營城在縣西二十七里」，下文引三齊記，「歷城縣東四十里有營城。」此雖東西矛盾。但下文又云，隋置營城縣，武德八年「省入平陵縣」。則營城在縣東明矣。又元和志引文，「自城」之城所指不明，就地貌言，歷城縣東正有此景觀。

齊州東北東七十里至全節縣，在濟水南四十里（約今龍山鎮E117°22'・N36°42'，或極近處）。縣東南十五里有平陵故城，縣東南二十三里有巨合故城。

元和志一〇齊州 全節縣在州東北七十里。下有濟水、巨合城兩條。平陵故城見寰宇記 一九齊州 歷城縣廢全節縣條。
元和志云，全節縣在州東北七十里。又云濟水流經長淸縣北十里，又東北流經全節縣北四十里，又流經章邱縣西十七里，[6] 則此縣必在州東微北，非正北無疑。檢一統志濟南府卷關隘目，龍山驛「在歷城縣東七十里。」張編地圖集・山東人文圖有龍山地名（E117°22'・N36°42'），正在濟南之東微北膠濟鐵路線上。又中國地圖集・山東省圖亦有龍山，且東南接連處有平陵城地名，則唐 全節縣即在今龍山或極近處無疑。【七五】今鐵路線即古道也。再檢元和志云章邱縣東二十五里有龍盤山，寰宇記作縣南二十八里，則龍山之名蓋亦頗早，元和志「東」爲「南」之譌。

又東經亭山縣（今濟南東南九十里，章邱E117°28'・N36°50'西南六十里）北境長白山（今圖白雲山E117°45'・N36°45'及其西最高峰摩訶山）之南，凡約一百二三十里至淄州治所淄川縣（今縣）。

齊州東至淄州，元和志云一百九十里，通典、寰宇記作二百里。可知全節至淄州里數。

---

[6] 圓仁行記云，自章丘西行十五里至濟河渡口。與此合。

按全節東北爲章邱縣（舊縣EN見綱文；中國圖集移南，置於明水），在齊州東北一百二十里，見寰宇記。章邱東南至淄川絕不只七八十里，故知唐道不經章邱，而直東行也。元和志齊州，長白山在章邱縣「東南三十里，高二千九百丈，周迴六十里。」在亭山縣「東北六十里，齊記曰，於陵城西三里有長白山，陳仲子夫妻所隱也。」縣在州東南九十里（一統志濟南府卷山川目[七六]引齊乘，亭山故城在章邱縣東南六十里。東南當作西南）。則長白爲章邱、亭山之界山，道路當行於山南亭山境內，略如今膠濟鐵路也。

長白山一作常白山，東西兩峰海拔652、910公尺，[七七]爲自古名山，稱爲泰山副嶽，春秋 陳仲子隱此。其故宅傳在山東近處，置古泉驛，張說有詩。此驛疑在此道上，則道蓋緣長白山南麓而行，經此驛至淄州也。長白山中有醴泉寺，在山北谷中，爲唐世名寺，士子多習業其中。寺有新羅院，蓋新羅僧常寄寓也。

長白山　此山名，開元三年章丘縣醴泉寺誌公碑（萃編七〇、八瓊補正五〇）作常白山。此爲自古名山，參看一統志濟南府卷山川目，云宋 范文正公讀書其中。余撰唐代士人習業山林寺院之風尙（唐史研究叢稿），[七八]此長白山有三例。醴泉寺今見在。唐代此寺極盛，在山北坡谷中，西北至章邱縣三十五里，東至長山縣四十里，規制甚壯，爲唐名寺，有新羅院。圓仁行記二，過此寺，記述近四百字，可參看。

古泉驛　張說有古泉驛詩（全唐詩二函四冊說集二）云，「昔聞陳仲子，守義辭三公；……長白臨河上，於陵入濟東；我行弔遺跡，感歎古泉空。」本注：「於陵仲子宅也。」檢寰宇記一九淄州 長山縣，「本漢 於陵縣地也。……漢 於陵縣在今縣理南二十五里於陵故城是也。……長白山，在縣西南四十里。按顧野王輿地志云，……長白山，陳仲子夫妻所隱處。」前引元和志亭山縣 長白山條，「齊記曰，於陵城西三里有長白山，陳仲子夫妻所隱也。」則於陵子宅當即在長白山東南處。

復考濟水注，「隴水[七九]（今孝婦河）又西北至梁鄒（今鄒平北）東南，與魚子溝水合。水南出長白山東柳泉口，山即陳仲子夫妻之所隱也。……其水又逕於陵縣故城西，……北流注于隴水。」按隴水即今孝婦河，即今圖發源於博山縣，北流經鄒平、長山之間，北入清河（古濟水）之水也。據此，長白山東古有柳泉之名。合校：「淄川縣志，柳泉在縣北十五里，旁植高柳，可飲可憩。漢書 地理志，北海郡有柳泉縣，即其地也。」唐之古泉驛蓋即因此受名。【八〇】其地在長白山與淄川縣之間，張說此行即在齊淄 青道上，而其道蓋緣山之南麓而行，東至淄州也。

淄州 淄川縣，古般陽城也，皆因水受名。淄水出縣東南六十里原山，「土石黑」，「波流若漆」，是煤層已露。

此據元和志一一淄州目書之。寰宇記一九，「六十」作「七十」。元和志云，淄水「土石黑，數里之中波流若漆，故謂之淄水」，是唐代煤層已露也。

淄州東北行約五十五里至金嶺驛（今金嶺鎮E118°10'．N36°47'），又二十五里至臨淄縣（今縣北），有淄水驛。臨淄爲齊國都城數百年之久。縣北百步外城中有丘，淄水出其前，即營丘。其他故蹟名勝甚多。

按圖，淄川、益都間隔山脈，而古都臨淄在山北，今淄川、益都間大道繞經臨淄，亦地勢使然。古道當同，道中有金嶺驛。金嶺驛見於圓仁行記二，開成五年四月三日，由青州向西行，云：

「出城向北行二十里，到益都縣界石羊村 陳家飡……。齋後西北行十五里，到臨淄縣界淄水驛。西行二十五里到金嶺驛東王家宿。」【八一】

見此驛在臨淄縣西二十五里處。此驛至唐末仍見置，見舊五代史一九朱珍傳，珍與青州軍大戰於此，地在青州西，博昌（今博興）南，正其地矣。金史 地理志，淄州有金嶺鎮。檢一統志青州府卷關隘目，金嶺鎮「在益都縣西七十里，與淄川縣接界，舊置驛及遞運所。」里程亦略合。張編地圖集山東兩圖，臨淄西有金嶺鎮，正其地矣。【八二】按元和志，青州 臨淄縣南至州四十里。寰宇記一八作東南，是也。則臨淄西南至淄川當爲八十里，知淄川至金嶺里距。

營丘及其他，見元和志、寰宇記青州 臨淄目。

圓仁由登 萊 青向西行至金嶺驛，又西北西行五十一里至長山縣（今縣）古縣村，又十里至長山縣，在濟水東南三十五里。又西經長白山北谷醴泉寺，凡七十五里至章丘縣（今縣），又西十五里渡濟水，又二十五里至臨濟縣（今章邱西北二十里臨濟鎮[八三]），又西四十五里至臨邑縣故城，又西經禹城，渡黃河，歷德州 平原縣境，沛〔貝〕州 夏津縣境，唐〔貝〕州 開元寺，清河縣境（蓋西境），冀州 南宮縣，唐陽縣，趙州 寧晉縣境，趙州 開元寺，鎮州 鸞〔欒〕城縣，至鎮州，西北上五臺山。此蓋淄 青西北通鎮 定大道。又長山、章丘間元和中有濟陽縣（今鄒平），在濟水北。縣南一里有八會津，「相傳水陸所湊，其路有八，故名。」疑即濟水津渡處。圓仁行濟水之南，未渡此津也。

除八會津外，圓仁此段行程見其行記卷二開成五年四月條。長山縣在濟水東南三十五里，見元和志一一淄州 長山縣目。此蓋淄 青西北通鎮 定之一大道也，故附著於此。

八會津　元和志一一淄州 濟陽縣，東南至州九十四里。八會津在縣南一里，相傳云云。又云，「濟水在縣南，又東北入高苑縣界。」此津蓋即在濟水上。而新志云八會津在高苑縣南。檢舊志一，淄州 高苑縣，「景龍元年，分置濟陽縣。元和十五年併入高苑。」故新志云津在高苑境也。按高苑縣即今縣治，[八四]濟陽故縣則在今鄒平縣治。圓仁由長山西行至章丘西渡濟水，則必沿濟水南岸行，未渡此津也。

又青州西北至棣州（今惠民縣E117°30'・N37°30'東南）三百二十三里，中經博昌縣、博昌鎮（今博興），青城鎮（今青城縣[八五]），蓋亦經臨淄縣西北行也。此爲大河南北最東聯絡線。

舊一二四薛平傳，元和末爲平盧節度使（鎮青州）；長慶元年，遣師援棣州，刺史餽給稍薄，兵士怨怒，「宵潰而歸，仍推突將馬狼兒爲帥，行及青城鎮，劫鎮將李自勸，并其眾；次至博昌鎮，復劫其鎮兵，共得七千餘人，經逼青州城。」按元和志青州 博昌縣，東南至州一百二十里。在濟水南岸。蓋縣置鎮兵也，在今博興縣治。唐 宋志書不見青城縣之名。一統志武定府卷沿革目，青城縣在惠民縣東南六十里，晉置鄒縣，唐 宋爲青城鎮，元 太宗七年置青城縣。按薛平傳之青城鎮即此。觀此路線，博昌東南至青州一百二十里者，必經臨淄也。

臨淄東南四十里至青州治所益都縣（今縣北），堯山在城西北十里。山南有廣固故城在縣西四里（今縣西北八里），有大澗，甚廣固，故名。大澗蓋即五龍口歟？南燕 慕容氏都廣固，劉裕滅南燕，毀其城，築城於陽水北曰東陽城，即唐 青州之東城。其後又於水南築城曰南陽城（即明清縣城）。兩城南北相對，抱水如偃月。

此段綱文，參元和志一〇、寰宇記一八青州 益都縣目及紀要三五青州府益都縣目、一統志青州府卷古蹟目書之；紀要述之尤悉。圓仁行記二，「過州城西北，去城十里有堯山，上有堯王廟。」

州城有蓬萊驛。

蓬萊驛　獨孤及東平蓬萊驛夜宴平盧楊判官醉後贈別姚太守置酒留宴（全唐詩四函七冊及集二）【八六】題下小注：「題上一無東平二字」。按詩云「驛樓漲海壖」，亦非東平所應有之景觀。檢舊一六八獨孤郁傳，「父及，天寶末，與李華 蕭穎士等齊名，……位終常州刺史。」新一六二獨孤及傳，「天寶末，以道舉高第，補華陰尉。」後爲常州刺史，卒年五十三。按前文已明平盧節度使治所由青州遷鄆州（東平）在貞元四年，據兩傳所記獨孤及年世，其作此詩絕少在貞元四年後之可能。復考唐詩紀事二七獨孤及條，時號獨孤常州。「善乎崔公祐甫之言曰，常州之文」云云。

祐甫爲相，以建中元年六月薨於位，則及爲常州，必在此前，亦此詩不得作於貞元四年以後之旁證，故此詩必作於平盧節度使仍在青州時，即此驛在青州，不在東平，題名無「東平」二字，是也，殆後代淺人所妄加耳。南部新書庚，會昌中，薛宜僚充新羅冊贈使，留滯青州郵傳一年，蓋即此驛歟？

青州自南北朝以來，常爲泰山山脈以北之軍政中心。唐中葉常爲平盧節度使治所，以淄 青 登 萊 密爲基本轄區，故爲東疆之一重鎮。以此諸州除密州外東西一線排列，爲交通要道，東北遠通遼東、海東諸藩國，故例加押新羅 渤海兩蕃使，有新羅院；亦偶加海陸兩運使之職。

平盧軍節度使例加押兩蕃使、或加海陸運使，已詳前總論此道節。[八七]前引史料，安 史亂後平盧軍節度使本治青州，貞元、元和中曾遷治鄆州，皆加兩蕃使職。元和十五年軍額仍移置青州。舊一二四薛平傳云，元和末，李師道平，析東平十二州爲三道，「以淄 青 齊 登 萊五州爲平盧軍，以平爲節度觀察使，[八八]仍押新羅 渤海兩蕃使。」舊 穆宗紀，元和十五年七月，「平盧軍新加押新羅 渤海兩蕃使，賜印一面，許置巡官一人。」則軍使復歸青州，兩蕃使職亦移至青州也。青州有新羅院，見圓仁行記卷二。

青州東行有兩道，一道向東微北至萊、登，一道東南至沂、密。今先言東通萊、登道。青州東行三十餘里至韭味店，[八九]又三十餘里至壽光縣界半城村，又三十餘里至孤山村，又約二十五里至北海縣（今濰縣），縣城東西二里，南北一里。開皇中置濰州。縣東蓋東北四十五里至王耨村[九〇]（今昌邑西南二十里王耨店），又二十里至芙蓉驛，相近有昌國故城（今昌邑E119°20'・N36°52'），周十二里，地面多古代遺物。又東傍膠水行四十五里渡河，又三十五里[九一]至三�村，[九二]在膠水縣（今平度）西北三十里處。又四十里至潘村，又約二十里至件臺館，[九三]地近海浦。又一十五里至萊州治所掖縣（今縣），去青州三百四十五里。[九四]萊州領東萊守捉使，兵千人。州城東西一里，南北二里餘，外廓縱橫各約三里。其驛有東西廳。城外西南置市。東北二三十里有萬里沙，西北十七里有海神祠（今東海神廟）。萊州東行十五里至平徐村，又十五里至中李村，又三十里至圖丘館，又三十里至徐宋村，又二十五里至乘夫館，又二十五里至戰齋館，又二十里至黃縣（今縣）界九里戰村（？），又四十里至王徐村，又三十里至登州治所蓬萊縣（今縣），去萊州二百三四十里。

圓仁行記二開成五年三月條記其自登州至青州一段行程云：

「十二日平明發，向西行卌里到王徐村 羨慶宅斷中，便發向卌里到黃縣界九里戰村……宿。……十三日……西行廿里到戰齋館，……齋後發，西行廿五里到乘夫館喫茶，行廿五里到萊州 掖縣界徐宋村……宿。……十四日，發，行卌里到圖丘館 王家斷中。……齋後行十里到喬村 王家喫茶；行廿里到中李村……宿。……十五日，發，行十五里到平（一作牢）徐村，……齋後行十五里到萊州。州城東西一里，南北二里有餘，外廊〔廓〕縱橫各應三里；城內人宅屋舍盛全，出城外東南龍興寺宿。……州城外西南置市。……十六日……西北行十五里，……傍北海浦行廿餘里，到壹〔臺〕村 法雲寺宿。……知館人了事，臺館本是佛寺，向後爲館；時人喚之爲件臺館。【九五】……十七日……西南行錯入密州路，行五里，……得赴正路，行十五里到潘村。……齋後，發，行卌里到膠水縣界三埠村【九六】……宿。……東南去村三十里有膠水縣。十八日，行五里，過膠河渡口，【九七】……傍河行十五里到青州 北海縣界田莊。……齋後，傍膠河行卌里到芙蓉驛東耿村 耿家宿。去耿家西一里有古城，時人喚之爲昌國城。【九八】……十九日……行廿里到王耨村，……齋後，行卌五里，【九九】到北海縣 觀法寺宿。……縣城東西二里，南北一里，是先代濰州，今爲北海縣。廿日……西行廿里，野中逢渤海使從上都歸國。更行五里到孤山村，……齋後卌里到壽光縣界生城村……宿。……廿一日發，行卌里到菲味店，【一〇〇】……齋後，行卌里，【一〇一】到青州府 龍興寺宿。……從登州五百四十里。……廿四日，……向新羅院安置。」

此段記程相當詳悉，茲作幾點說明如下：

其一，其取線，由青州東行，經北海縣治，膠水縣（今平度）北三十里處，萊州城（今掖縣），黃縣（今縣）至登州城（今蓬萊）。此線亦即當時驛道，故所經有館驛名。

其二，里數核計：青 萊間六日程，【一〇二】三百二十五里有餘，【一〇三】萊 登間四日程二百三十里。檢元和志一〇，青 萊間三百四十五里，萊 登間二百四十里。通典一八〇、寰宇記二〇，青 萊間里數並同，【一〇四】而登 萊間兩書皆作四百里，似誤。然寰宇記登州目，「如意元年，又於牟平縣置登州，領文登 牟平 黃三縣。神龍三年，自牟平徙登州於蓬萊鎮南一里，析黃縣置蓬萊縣於州理，即今登州所理也。」則四百里者乃神龍以前舊志之原文，神龍以後當爲二百四十里。是圓仁記登 萊間二百三十里與志書略同，故即可據此書之。至於青 萊間三百二十五里者，【一〇五】檢元和志，青州 北海縣在州東南一百三十里，圓仁記爲一百一十五里，少十五里，則青萊間里距之差，只在青州、北海間。【一〇六】今青州、北海間據元和志書之，北海至萊州亦據圓仁記書之。

其三，昌國故城。上引圓仁記，「昌國城」下云：「城周十二里，東西闊，南北狹。城內見有百姓家三十戶住。問村老，即云，廢此城以來一千餘年，不知何王住處。城內地中，今見拾得金銀珠玉古錢馬鏁等，多有寶物，散在地中，每雨下後拾得云云。」此顯爲一古代城郭，遺物暴露地面。檢今圖，此地段有昌邑縣（E119°20'・N36°52'），疑其命名與此古城有關涉。復檢一統志青州府卷古蹟目，都昌故城，漢 都昌縣在今昌邑。又漢 地志 補注，在今昌邑縣西二里。楊圖從之。則此古城殆即漢 都昌縣故地歟？復按此古城與芙蓉驛相近，西至北海縣僅六十五里，適與今昌邑去濰縣里距略合（一統志萊州府，濰縣東北至昌邑縣治八十里）。又芙蓉驛西行二十里至王耨村。檢一統志萊州府卷關隘目，「王耨店在昌邑縣西南二十里，舊設遞運所，久革。」張編地圖集・山東人文圖，昌邑縣西南近處正有王耨地名。則此古城正即今昌邑縣無疑。芙蓉驛亦在今昌邑縣近地無疑也。

萊州領守捉兵，見通典一七二州郡二、舊 地志一及通鑑二一五天寶元年紀。

萬里沙、海神祠　元和志一一萊州 掖縣，「海神祠在縣西北十七里。」「萬里沙在縣東北三十里，郊祀志，武帝 元封元年，大旱，禱萬里沙。」括地志輯校三萊州 掖縣條，據玉海二一引作二十里。又檢漢 地志，東萊郡 曲成縣有參山 萬里沙祠。即此萬里沙也。檢一統志萊州府卷祠廟目，東海神廟在府城西十八里。即此海神祠也。

州驛　唐會要六二出使目，「麟德二年十月，徵劉仁軌，次於萊，舍於驛西廳。夜已久，有御史……令移卻，仁軌遽就東廳。」

登州治蓬萊縣（今縣），本蓬萊城，傳爲漢 武帝所築，以望蓬萊山。貞觀八年置蓬萊鎮，屬黃縣。駱賓王有蓬萊鎮詩。神龍三年，自牟平縣徙登州於蓬萊鎮南一里，析黃縣置蓬萊縣，即州治也。刺史領東牟守捉使，兵千人。

刺史領守捉兵，見通典、舊志、通鑑，卷數詳上萊州條。駱詩見全唐詩二函三冊賓王集二。【一〇七】餘據元和志一一、寰宇記二〇登州及其蓬萊縣、牟平縣目。

州城東西一里，南北一里。城西至海四里，北至海三里，圓仁云一里半。海岸有明王廟，臨海孤標。開元二十二年移平海軍於海口。城東有市，城南街東有新羅館、渤海館，以待新羅 渤海使節。

元和志、寰宇記皆云北至海三里，西至海四里。其餘不詳。而圓仁行記二開成五年三月條述登州城則甚詳，云：

「登州都督府城東（西）【一〇八】一里，南北一里。城西南界有開元寺，城東北有法膜（？）寺，【一〇九】東南有龍興寺，更無別寺。城外側近有人家。城下有蓬萊縣。開元寺僧房稍多，盡安置官客，無閑房，有僧人來，無處安置。城北是大海，去城一里半。海岸有明王廟，臨海孤標。城正東是市。……城南街東有新羅館、渤海館。」

此條多可補唐 宋志書之闕略。按一統志登州府卷古蹟目，蓬萊閣「在府城北丹崖山上。縣志，舊爲海神廟。宋 治平中，知州朱處約移廟於西偏，于廟故基建閣，爲州人遊賞之所。」同卷山川目有丹崖山條。圓仁行記之明王廟即此海神廟，在丹崖山下也。[一一〇]

平海軍　見舊 玄宗紀上，開元二十二年九月辛巳，「移登州 平海軍於海口安置。」蓋即州城之海口歟？是即舊蓬萊鎭也。

驛道不止於登州城，而更向東申延至文登縣。其行程：據圓仁行記，自登州東南緣海行，二十里至安香村。又二十里至望仙鄉。又三十里至竪泰（？）。又二十里至故縣館，即漢 牟平故城也。又十里至牟城村。又二十里至芝陽館，在芝罘之南，故名。又三十里至牟平縣[一一一]（今縣E121°35'・N37°25'）。去登州一百五十里。[一一二]實約二百里。如意元年曾置登州於此，神龍三年始移置於蓬萊。牟平又東七里至奮東村。[一一三]自此離開海岸，折東南行，約三十里至龍泉村（今龍泉湯E121°45'・N37°22'）斜山館。又三十里至招賢館。又三十里至文登縣（今縣E122°2'・N37°12'），去牟平百里。實爲一百二十五里。武德中，以縣人不從賊黨，置登州於此以旌之，是爲州名建置之始。貞觀元年州廢。文登又東南五十里至望海村。又二十里至勾當新羅使張押衙宅。又南不遠至赤山村 新羅院，在赤山浦海港內。赤山即斥山（今斥山集E122°22'・N36°52'），在文登縣東南七十里以上約近百里之濱海地。

登州建置遷徙始末，詳寰宇記二〇登州目及元和志一一登州目。餘見圓仁行記。

圓仁行記二，開成五年二月、三月條，記其由文登縣 青寧鄉 赤山浦 新羅院西至登州治所蓬萊縣之路線云：

「開成五年二月……十九日，齋後，出赤山 新羅院入縣。院主僧法清相送到勾當新羅使張押衙宅。……得縣牒。廿日……辭別押衙……主僧法清等，相別了，向北行廿里，到望海村 王家斷中。齋後，北行五十里，夜到文登縣，入惠海寺 極樂閣梨院宿。廿一日，早朝，入惠聚寺，權覓住處。……文登縣者，渤澥之西根，唐國之東境。秦皇御宇，駕幸此地……，因立佛寺，號之惠聚，今在縣南。……廿五日……縣（西）行卌里，〔一一四〕到招賢館宿。……廿六日……早朝，出招賢館，行卌里，到龍泉村 斜山館斷中。……緣腳痛，不得發行，便於館宿。廿七日，……（此處脫里數）到輂東村〔一一五〕……斷中。……西北傍海行七里，至〔一一六〕牟平縣。……縣城東西一里半，南北二里已上。廿八日，廬山寺設登州刺史烏君齋。〔一一七〕……廿九日……西北行卅里至芝陽館，……齋後行廿里至〔一一八〕牟城村……宿。[7] 三月一日，……行十里到〔一二〇〕故縣館。西北行廿里到豎〔一二一〕泰（？）……。齋後望西北行卅里，到蓬萊縣管內望仙鄉 王庭村寺宿。〔一二二〕……二日，……行廿里到安香村……齋。行廿里到登州，入開元寺宿。登州去赤山浦四百里。……從登州〔一二三〕界赤山到登州，行路人家希，總是山野。牟平縣至登州，傍北海行。……」

按上條引文地名，除文登縣、牟平縣外，尚有可加說明者：

其一，赤山。據上文，出赤山 新羅院至勾當新羅使張押衙宅，又北行七十里至文登縣。按同書卷四會昌五年八月條，到文登縣，請往當縣東界勾當新羅所，覓舟卻歸本國。「長官准狀，牒送勾當新羅所，去縣東南七十里，管文登縣 青寧鄉。」則新羅所之準確地望在文登縣東南七十里，亦可謂之東界也。則赤山當在文登縣東南七十里以上之海濱。又按此段文字之前，述圓仁附朝貢使船泊，由東海縣北駛，著陸處在登州 牟平縣 陶村之南，去縣百六十里。由此東至乳山，又東至赤山浦、赤山村，係文登縣清寧鄉境。息新羅 法花院。又云「去赤山浦東南，涉少海〔一二四〕有嶋與東岸接連，是吳 干將作劍處，時人喚爲莫耶嶋。」是乳山、赤山、莫耶嶋，自西而東排列，而莫耶嶋在赤山浦東南近處。檢張編地圖集·山東人文圖、中國地圖集·山東省圖，文登之南海濱，自西而東有乳山集（E121°27'·N36°50'），斥山集（E122°22'·N36°52'），莫邪島（E122°30'·N36°50'），乳山集、莫邪島即行記舊地固無疑；其斥山集當

---

[7] 牟平至登州記程一百五十里，較志書所記少五十里。〔一一九〕本疑此處或脫三十日記程。但行記本卷前段抄錄開成五年曆日，二月小。則實無三十日。知此處並無脫佚。

亦即行記之赤山也。檢一統志登州府卷山川目，有斥山在榮成縣南一百二十里。關隘目，有赤山寨在文登縣東南一百二十里。舊有巡司。則行記之赤山村地望，今仍可準確查究。即今文登縣東南百里之斥山集無疑。復考寰宇記二〇，文登縣有斥山。引爾雅，「東北之美者有斥山之文皮焉。」則斥山之名至少自中古已然，圓仁記作赤山，蓋音之異寫耳。

其二，龍泉村、斜山館。據行記之文，二十七日下所脫當爲三十里之譜，則龍泉村在牟平之東南約四十里之譜。檢張編地圖集・山東人文圖，牟平東南有龍泉湯（E121°45'・N37°25'），正其地矣。【一二五】

其三，芝陽館。記云在牟平縣西三十里。【一二六】檢一統志登州府卷沿革目，寧海州（即牟平）在府東南二百一十里，福山縣在府東南一百三十五里，則州縣間七十五里，即此芝陽館，約在今牟平、福山之正中間，【一二七】其地正在芝罘島之南，故有芝陽之名也。

其四，故縣館。寰宇記二〇登州 蓬萊縣，「牟平故城，漢爲縣，理於此，在縣東南九十里故城是也。高 齊 天保七年，移於今黃縣東七十三里馬嶺山南置。隋廢。唐 武德三年又置。貞觀元年又廢。」按行記之故縣館正在蓬萊縣東南九十里，是即寰宇記所記之牟平故城無疑。【一二八】

其五，全程里數不足。據上引文牟平縣至登州一百五十里。【一二九】按元和志、寰宇記皆云牟平在州東二百里。一統志登州府卷沿革目云，寧海州在府東南二百十里，即牟平縣也。觀地圖，亦當有二百里。則圓仁所記里程顯然不足。【一三〇】又上引文，文登至牟平約一百里。按元和志，文登西北至州三百二十五里，而寰宇記作二百八十里。檢一統志登州府卷，文登在府東南三百三十里，寧海州（牟平）在州東南二百十里。檢地圖，應正確，則元和志所記里數爲正。又上引文，文登南至勾當新羅 張押衙宅七十里，押衙宅當即在赤山地區，去新羅院不遠。赤山已是文登南海口，里程在百里之譜。由此可知圓仁自赤山至登州之一段記程，里數皆短少約四五分之一，【一三一】惟末云登州至赤山浦四百里，仍能近實耳。

登州經文登縣至赤山浦四百里，雖行山野中，人煙稀少，但實爲唐代東通海東新羅等國之海上捷道，寰宇記登州 文登縣所記之通路，【一三二】「西北自黃縣界更〔東〕經烏趣 石阜二山之間，又東經縣理，東達于海。海東諸國朝貢，必由于此道。」[一三三]即上文所考之登州經文登縣，東南至赤山浦之道也。赤山浦爲東對海東新羅諸國之交通商貿港口，入唐朝貢及唐廷使節，多由此出入，新羅僑民尤多，登州爲置勾當新羅所專司其事，並詳後第（四）節。

登州至赤山浦四百里一段路況，詳前引圓仁行記。寰宇記一段，見卷二〇登州 文登縣通路條。所謂「東達于海」，即赤山浦海口，詳後第四節赤山浦條。按此條可能錄自唐 神龍三年以前之志書，有出括地志之可能。黃縣即包括唐 蓬萊縣而言也。故知此道大體即上考登州經文登縣至赤山浦之道也。

以上所考爲泰山之陰之東西幹道。又有支線自青州東南至密州。密州治所諸城縣（今縣），在濰水流域，地形上與淄 青同屬海岸平原，故唐置淄 青節度使，常領密州；密州至兩京亦恒取道青 淄也。

唐 淄 青節度使，常領密州，參看唐書 方鎮表。元和志一一密州，西至上都二千七百四十五里，西至東都一千八百八十五里，與青州至兩都里數之差，分別爲三百四十里、三百三十里。寰宇記二四密州，西至長安、洛陽里數同，其與本書青州至長安、洛陽之差分別爲三百三十里、三百三十五里。三百三十里正爲兩書所記青州、密州間之里距。故知密州西至長安、洛陽即取道青州也。續高僧傳二八僧世傳，[一三四]仁壽四年，勑送舍利密州，「行達青州」，即一史例矣。

青州東南至密州三百三十里。其道由青州東行一百三十里至北海縣（今濰縣），折東南七十三里至輔唐縣（今安邱），本漢 安丘縣，乾元二年更名。地在汶水（今東汶河）南岸。城西水南有孫嵩、管寧、邴原、王修等墓，縣東接高密縣境有鄭康成墓。縣南境有浯水故堰，溉田數萬頃，固一富庶地也。又東南一百二十里至密州治所諸城縣。

青州 益都縣東南至密州 諸城縣可有南東兩道。南道取臨朐、穆陵關路，東道取北海（今濰縣）折東南經安丘縣（今縣）。穆陵道險，關東南仍山嶺重重，而北海 安丘爲平衍，今日汽車道即取此線也。按元和志、寰宇記皆云青州、密州相距三百三十里。元和志又云北海西至青州一百三十里，安邱東南至密州一百二十里；寰宇記一八，濰州（即北海縣）南至密州 輔唐縣七十三里。其和三百二十七里，【一三五】里程恰合，是行此路無疑，則今道即古道也。

安丘縣在汶水南及漢 魏名賢冢墓、浯水故堰，皆參見水經注二六濰水注及元和志一一密州 輔唐縣目、寰宇記二四密州 安邱縣目。

諸城，本漢 東武縣，琅邪郡治。隋 開皇十八年更名。縣因岡爲城，周三十里。西臨濰水，東近盧水，南屏諸山，有長城。東北四十六里有濰水故堰，蓄爲塘，方二十餘里，溉田萬頃。又東南濱海，有鹵澤九所，有煮鹽之利。故地險而富庶。

此條參見元和志一一、寰宇記二四密州 諸城縣目，及水經注二六濰水注。長城詳附篇十齊長城地理考略。

諸城東南一百四十里至琅邪山（E119°54'・N35°35'），始皇作層臺於其上，謂之琅邪臺。又自諸城東行一百八十里至大珠山（今膠縣南一百二十里，琅邪山北六十里濱海地）。

水經注二六濰水注云：

「琅邪，山名也，越王 句踐之故國也。句踐并吳，欲霸中國，徙都琅邪。始皇二十六年，滅齊以爲郡，城即秦皇之所築也。遂登琅邪，大樂之，山（疑『山』當在『大』前）【一三六】作層臺于其上，謂之琅邪臺。臺在城東南十里，孤立特顯，出于眾山上，下周二十里餘，傍濱巨海，……刊石立碑，紀秦功德。」

此殆琅邪臺最早較詳之史料。元和志一一密州 諸城縣，「琅邪山在縣東南一百四十里。」下文採酈注。寰宇記二四密州 諸城縣 琅邪山條亦略同。但云，「在瑯琊城東南十五里，……上有始皇碑。碑上有六百字可識。……」檢張編地圖集、中國地圖集及ONC-G-10，其經緯度可曉。【一三七】

大珠山乃齊 長城之終點，唐代爲密州南航海州，東航新羅之海口，在國際貿易上當有相當地位。別詳第（四）節。

齊 長城終點詳附篇十齊長城地理考略。

洛陽東通登 萊道之全程已略考述如上，唐人行旅者當甚多，然紀錄可尋者則甚少，茲舉其可知者，如高宗東封泰山，途經鄭 滑 濮 鄆 濟至齊州，折南上泰山，即取此線之西段也。

冊府一一三巡幸二，高宗 麟德二年「十月丁卯，發東都赴東岳。十一月己卯，到【一三八】滎陽。丁亥，至衛南，幸司空李勣舊宅。【一三九】戊子，至濮陽。十二月至齊州，停十日。丙辰，發靈巖頓至于泰岳之下。」是高宗東封泰山，取道滎陽、濮陽至齊州，再轉南上泰山也。滎陽屬鄭州，在州西六十里，經鄭州，事又見李邕鄭州大雲寺碑（全唐文二六三）。濮陽屬濮州，在州西八十里，事又見唐會要二七行幸目。衛南縣屬滑州，在州東五十里，【一四〇】舊六七李勣傳，居滑州之衛南。麟德東封泰山，次滑州，武后親自臨問其寡姊。又舊一八八孝友傳，鄆州 壽張人張公藝，九代同居。麟德中，高宗有事泰山，路過鄆州，親幸其宅。是由濮州東經壽張至鄆州也。然蕭楚材、薛克構皆有奉和展禮塗經濮濟詩（全唐詩一函九冊），是又曾經濟州。就地望言，經鄆州似不當又北北西經濟州；或者帝王出幸，有枉道事歟？是高宗東封，取鄭、滑、濮、鄆、濟至齊州也。

其鄆 齊以東之史例，如圓仁由登州 文登縣（今縣）向西經登 萊 青三州，又西經臨淄 長山兩縣，渡濟水、黃河，向河北 五臺山方向行。其長山以東即行此道。又其在赤山院時新羅僧諒賢爲述上五臺山之路線云，由文登縣，歷登 萊 青 淄 齊五州至鄆州，由鄆北渡黃河，經魏府至鎮州入山。此殆當時海東僧徒朝拜五臺山之常道，故能口述所經州縣里程詳悉。此即取今考之路線而行，至鄆州始離開此道折北入河北境也。

圓仁行程詳其行記二，下文將詳爲引證。其所記新羅僧諒賢之說，見同書同卷開成四年九月條云：

「一日己卯，問錄往臺山行李州名里數。過八箇州，到五臺山，計二千九百九十來里。從赤山村到文登縣百三十里，過縣到登州五百里。從登州行二百廿里到萊州。行【一四一】萊州行五百里到青州。過【一四二】青州行一百八十里到淄州。從淄州到齊州一百八里。【一四三】過齊州到鄆州三百里。從鄆州行，過黃河到魏府一百八十里，過魏府到鎮州五百來里。從鎮州入山行五日，約三百里，應到五臺山。依新羅僧諒賢口說記之。」

此所言州名次第皆極正確，里數雖不全正確，但亦得其大體。此必新羅僧人朝拜五臺山之經常程也。

按淄 青 萊 登爲出海通新羅 渤海兩蕃大道，中葉以後，淄 青 平盧節度使不論治青州，抑治鄆州，例加押兩蕃使，或且加海陸運使，故唐廷遣使及蕃使往還皆取此途經鄆 青等州。諒賢所說、圓仁所行皆即此道也。

平盧節度使加海陸運及押兩蕃使　新書 方鎮表二，永泰元年，「淄 青 平盧節度增領押新羅 渤海兩蕃使。」時平盧節度治青州。檢舊 紀，代宗 大曆十年二月甲申，以平盧 淄 青節度觀察海運押新羅 渤海兩蕃等使、青州刺史李正己檢校左僕射。又德宗 興元元年八月，淄 青節度使承前帶陸海運押新羅 渤海兩蕃等使，宜令李納兼之。此皆仍在青州。又舊 紀，德宗貞元八年八月辛卯，以李師古爲鄆州大都督府長史、平盧 淄 青節度觀察海運陸運押新羅 渤海兩蕃等使。其時已遷治鄆州。是平盧軍節度使治所不論在青州抑在鄆州，皆加海陸運及押兩蕃諸使也。【一四四】

使臣來往及商貿　舊一九九上新羅傳，貞元十六年，授金俊邕爲新羅王，

「令司封郎中兼御史中丞韋丹持節冊命。丹至鄆州，聞俊邕卒」云云，事又見韓愈韋丹墓誌（全唐文五六六）。又南部新書庚，會昌中薛宜僚充新羅冊贈使，由青州泛海。是中國使臣東行取此道也。圓仁行記二，開成五年三月十九日到北海縣。「廿日，早發，西行廿里，野中逢渤海使從上都歸國。」廿一日到青州。廿八日「聞渤海王子先日來到，擬歸本朝，【一四五】待勅使來發去。」又元稹有青州道渤海慎能至王姪大公則等授金吾將軍放還蕃制及青州道渤海大定順王姪大多英等授諸衛將軍放還蕃制（全唐文六四七），是兩蕃使臣來往皆取此道也。復考冊府九九九互市目，「開成元年六月，淄 青節度使奏，新羅 渤海將到熟銅，請不禁斷。……」則兩蕃與唐互市亦由此道矣。【一四六】

此道既是東域大道，且爲國際交通線，故全程置驛，前文所考，自鄭 滑至極東之登州 文登縣，見於唐人載籍之館驛名稱已不少。韓翃送王光輔歸青州詩云，「蟬聲驛路秋山裏」，正見其全程置驛也。惟不知青州東南至密州 大珠山之支線是否亦置驛耳。

韓詩收入全唐詩四函六冊翃集三。

（三）鄭汴東通泰山之陽山嶽丘陵線：鄭汴曹兗沂海道

汴州東行，蓋經靜戎鎭，一名東明鎭（今蘭封【一四七】東北二十里），去州九十里。又東至考城縣（今縣【一四八】東南五里），去州一百五十里。又東蓋四十三里至冤句縣（曹州西四十七里），又東四十七里至曹州治所濟陰縣（今曹縣西北五六十里，約韓集E115°22'・N34°58'東地）。

曹州治所今地　一統志曹州府卷古蹟目只云在今曹縣西北。檢紀要三三曹州府 曹州 曹縣 濟陰城條，【一四九】在縣西北六十里。地典作七十里。【一五〇】按元和志一一曹州治濟陰縣，古曹國、定陶故城在縣東北四十七里。紀要定陶縣 陶城條，在縣西。一統志定陶故城在定陶西北四里。地典同。若定陶故城地望不誤，則濟陰故城固當在今曹縣西北至少三十里以上，不能太近。又元和志，曹州屬縣有考城（今縣東南），東北至州九十五里；有成武（今城武[一五一]）西至州一百里。參合觀之，曹州治所濟陰縣當在今曹縣西北航距約四十里韓集[一五二]（張編地圖集，EN見綱文）東地。

宛句　新史四二王珂傳，「（唐）莊宗自鄆入京師（汴京）」，「唐兵已過宛朐。」又舊史 梁書一〇末帝紀，「晉軍過曹州。」舊史 唐書六莊宗紀，由鄆州，下中都（今汶上），中經曹州，直趨汴京。是晉軍由鄆州先下中都，再取曹州及宛朐縣至汴京。元和志一一曹州，宛朐縣東至州四十七里。寰宇記一三，同。[一五三]

考城　元和志曹州，考城縣東北至州九十五里。宋初，考城縣割屬開封府，寰宇記二開封府，考城縣在府東一百五十里。按汴 曹相距二百四十里，考城東至曹州九十五里，西至汴州一百五十里，正當在道中。按元和志，考城，「漢以爲菑縣。……孝章帝柴於岱宗，過菑縣，詔御史……改菑縣爲考城縣。」是自古在通兗州道上也。

靜戎鎮、東明鎮　寰宇記二開封府，東明縣在府東九十里，「即府界靜戎鎮之地，尋爲東明鎮，西南去陳留縣八十里，在東昏城之東，皇朝建龍〔隆〕四年七月，於本鎮城置縣，仍以東明爲名。」按元和志七汴州，陳留縣有東昏故城，「本漢縣，縣（陳留縣）東北九十里，即陽武之戶牖鄉，陳平之故里也。」以方位度之，當在道上。

曹州治中城，一名左城，蓋古陶丘也。城東二十里有曹南山，城東北五里有左岡，岡阜連屬，林木交映。城南有氾水，城東北二十里有漢祖壇，傳爲高祖即位處。

以上綱文皆據元和志、寰宇記書之，以見其形勢。此州古蹟極多，不繁列。

曹州東北行四十七里至定陶鎮，即定陶故城（今縣西北四里）。周 曹國，一名陶，漢爲定陶縣。城東北約四十餘里有菏澤。禹貢，徐州貢道，「浮於淮 泗，達于菏」，即此。菏澤蓋菏水所瀦。「菏水俗謂之五丈溝，亦名南濟水，西自考城縣界來，東經陶丘北，又東至於菏（澤）。」故爲古代東方之一水運中心。是以范蠡之陶，「以爲陶天下之中，諸侯四通，貨物所交易也。」居陶爲陶朱公，史公亦云陶亦一都會也。唐廢縣爲鎭。宋初，「東疏菏水，漕轉兵食，於鎭置發運務」，升轉運司，復建爲廣濟軍；亦以當交通要衝。所謂疏菏水，蓋即疏五丈溝爲五丈河也。

定陶鎭、廣濟軍　元和志一一曹州，濟陰縣在郭下。「古曹國，在縣東北四十七里，故定陶是也。定陶故城，堯所居也。」寰宇記一三曹州 濟陰縣目，略同。同卷廣濟軍目，理定陶縣。漢爲定陶縣。「貞觀元年省。唐三百年，只爲鎭戍。至周 廣順中，於定陶建廩庾，差[8] 鹺之利。皇朝乾德元年，東疏菏水，漕轉兵食。於鎭置發運務。開寶元年，尋改爲轉運司。太平興國二年，轉運使和峴奏請升定陶鎭爲廣濟軍。至四年，……置定陶縣。」此段史料既見唐代置鎭，且見地在東方漕運上之重要性，故備錄之。

菏澤、五丈河　禹貢，徐州貢道，「浮於淮 泗，達于河。」說文（水部）、水經注，「河」皆作「菏」。禹貢又云，「河溢爲滎，東出陶丘北，又東至於菏。」菏即菏澤。詳顧頡剛先生禹貢注釋（中國古代地理名著選讀第一輯）。元和志曹州 濟陰縣目云，「菏澤在縣東北九十里，故定陶城東北。……禹貢曰，導菏澤，被孟豬。」寰宇記略同。而有「菏水俗謂之五丈溝」云云一條。按宋史九四河渠志四廣濟河條，「導菏水，自開封，歷陳留、曹、濟、鄆，其廣五丈，歲漕上供米六十二萬石。」謂之五丈河。蓋即循五丈溝而加工耳。

陶朱公事、陶一都會　見史記 貨殖列傳。

定陶又東微北至鉅野縣（今縣南），後周 廣順二年置濟州。古大野澤，

---

[8]「差」，一統志曹州府卷古蹟目引作「榷鹽」，是也。

一名鉅野，在縣東五里，南北三百里，東西百餘里，爲爾雅十藪之一。西狩獲麟處，有獲麟堆，在縣東十二里。

寰宇記一四濟州，治鉅野縣。「周 高祖 廣順二年平兗州，迴至鉅野，因詔於此復置濟州。」是在兗 汴道上也。又云西南至曹州一百五十里，東北至兗州一百三十五里。此里數與通典、元和志所記曹、兗間里距皆不合。按，記又云任城縣在濟州東七十五里，元和志一〇兗州，任城在州西七十六里，其和一百五十里，亦非記所記之一百三十五里，觀今圖，鉅野西南至曹絕不止一百五十里，東北至任城亦不止七十五里，今姑不書里數。

大野澤、獲麟堆　兩書所記相同。

唐末見有待賓館，蓋在鉅野東北境。

舊史 梁書二三賀瓌傳，「乾寧二年十月，太祖親征兗 鄆。十一月，瑄（朱瑄時爲鄆州節度）遣瓌……援朱瑾（時爲兗州節度）。師次待賓館，斷我糧道。【一五四】太祖偵知之，自中都（今汶上）引軍夜馳百餘里，遲明至鉅野東，與瓌接戰，【一五五】兗人大敗，瓌竄于棘塚之上。」新史二三，略同。據此，待賓館當在鉅野東北境。

又東至任城縣（今濟寧）。又東北七十六里至兗州治所瑕丘縣（今滋陽西二十五里）。

按鉅野東至兗州可能之路線惟有經任城，故書之如此。元和志二一兗州，【一五六】任城縣東至州七十六里，「東」當作「東北」。

但曹、兗間可能有南北兩道。上述爲北道。其南道，由曹州正東行一百里至成武縣（今城武）。又東蓋九十里至金鄉縣（今縣），又東北一百零四里亦至任城縣，又東北七十六里至兗州。元和志，曹 兗間三百七十里，蓋就南道言；通典云三百二十里，蓋北道耶？

元和志，成武屬曹州，在州東一百里；金鄉屬兗州，在州西南一百八十里。金鄉至兗州必經任城。按元和志曹 兗間相距三百七十里，若以此線度之，減成武至曹州里數及金鄉至兗州里數，其差九十里，與今圖城武、金鄉間里距略相當，則志所指蓋此道歟？

按自戰國以來，韓 魏東至齊 魯道中有「亢父之險，車不得方軌，馬不得並行」者，舊說在任城（今濟寧）南五十里，實則在縣西南，於唐，當在金鄉東北至任城道中，或相近也。

齊策一，蘇秦說齊 宣王曰：

「秦攻齊，……倍（蘇秦傳作背）【一五七】韓 魏之地，至衛（一作過衛）陽晉之道，徑亢父之險，車不得方軌，馬不得並行，百人守險，千人不能過也。」

按史記六九蘇秦傳，集解，【一五八】「陽晉，地名，蓋適齊之道，衛國之西南也。」正義，「陽晉故城在曹州 乘氏縣西北三十七里。」是也。又亢父，高誘注：「今任城縣。」正義：「故縣在兗州 任城縣南五十一里。」檢一統志濟寧州卷古蹟目，亢父故城在州南五十里。即據正義爲說也。檢漢 地志下，任城、亢父兩縣皆屬東平國。[9] 而瑕丘縣（今滋陽西二十五里【一五九】）、東緡縣（今金鄉東北二十里）皆西屬山陽郡（今金鄉西北四十里）。任城即今濟寧縣治。[10] 則亢父似不得在今濟寧正南五十里之遙。且濟寧正南五十里處適在南陽湖中或近岸處，似不當爲東西大道所經。檢一統志濟寧州卷山川目，州東南有山地，西南亦有山地。ONC-G-10，東南之山較遠，西南之山較近。若亢父故城在任城東南，則漢代絕不能屬東平國（若屬東平國，則瑕丘絕不能西屬山陽郡）。且據前引齊策，亢父似當魏國東通齊國道。復考後漢書 光武紀，建武五年，「龐萌、蘇茂圍桃城。帝時在蒙，因自將征之，先理兵任城，乃進救桃城，大破萌等。」李

---

9 蘇秦傳 索隱云，地理志縣名，屬梁國。誤。

10 一統志、紀要皆云即今濟寧治，而譚氏圖集第二冊西漢東郡北海間諸郡圖置於今濟寧東南三四十里處，不知何據。【一六〇】蓋誤。

賢注：「任城國有桃聚，故城在今兗州 任城縣北」。蒙「屬梁國，故城在今宋州北。」通鑑四一，建武五年，董憲使蘇茂「助龐萌圍桃城。帝時幸蒙，……自將輕兵，晨夜馳赴，至亢父，或言百官疲倦，可且止宿；上不聽，復行十里，宿任城，去桃城六十里。」則亢父顯在汴 宋 曹州地區東通任城之道上，即當在金鄉、任城道中也。宜在任城之西南。ONC-G-10，濟寧（即古任城）西南，金鄉之北爲山區，高峰海拔919呎，【一六一】亢城故城【一六二】殆在其東南境山地歟？【一六三】

任城有陽門橋，「跨泗之別流，當魯之要術」，蓋在城之近郊，開元十三年，玄宗東封時重修。

游芳任城縣橋亭記（萃編八三）云，開元十有三年，「告成於岱，翠華之往也，則北巡濟 河；玉軑之旋也，則南指陳 宋；故行宮御路，次夫任城焉。陽門橋者，跨泗之別流，當魯之要術，初隨時以既濟，因大駕而改功，……剷金堰於馳道，甃石門以飛橋，夾以朱欄，揭以華表……」文以開元二十六年作。清代此碑記在濟寧州學泮池之東。據此記，玄宗封泰山，回程南經兗州治所及任城縣（今濟寧），向西南取道宋（今商丘）、陳（今淮陽），西回兩京，此橋當在任城縣治不遠處道上。然云「跨泗之別流」，今泗水不經濟寧縣治，故王氏跋文以爲此橋「當在兗州府城東五里金口插，……碑額稱任城者，想在唐時，任城疆域甚廣，橋亭所在已屬任城境也。」按清 兗州府即唐之兗州，唐 兗州郭下有瑕邱縣，府東五里之金口插必在瑕邱境內；任城在州西南七十餘里，絕不可能轄及州城東五里之地，不知王氏何以有此奇想。又按魯西諸水之水道隨時有變化，就兗州府附近言，只觀一統志兗州府卷山川目西沂水、洙水、汶水、泗水諸條，便見分合不常，今泗水不流經濟寧近郊，不能排除唐代泗水有流經任城近郊之可能，況水經注二五泗水注、郗水注，【一六四】郗水亦蒙泗水之名，亭記亦云「跨泗之別流」，即跨其支流，更不妨其在縣之近郊也。【一六五】

兗州當洙 泗二水之會，其匯流處在城東，有薛公豐兗渠，隋 薛胄所建，饒灌漑轉運之利。又城東南七里有堯祠，李白詩數見；祠南有石門，並見李 杜詩，皆爲士大夫宴集之所，疑與渠相近。

元和志一〇兗州 瑕丘縣，洙水，東，去縣二十三里。泗水，東自曲阜縣界流入，與洙水合。堯祠在縣東南七里，洙水之西。寰宇記二一兗州目，同。考隋書五六薛胄傳，爲兗州刺史。「先是，兗州城東，沂 泗二水合而南流，汎濫大澤中。胄遂積石堰之，使決令西注，陂澤盡爲良田；又通轉運，利盡淮海，百姓賴之，號爲薛公豐兗渠。」檢水經注二五泗水注、郲水注，沂水注入泗 郲。此云沂 泗，即指郲 泗言無疑。

堯祠、石門　李白詩數見堯祠，如秋日魯郡堯祠亭上宴別杜補闕范侍御（全唐詩三函五冊白集一四）、魯郡堯祠送吳五之瑯琊、魯郡堯祠送竇明府薄華還西京、魯郡堯祠送張十四遊河北（皆同上白集一五[一六六]）。按前引元和志、寰宇記，堯祠在瑕丘縣東南七里，洙水之西。又白有魯郡東石門送杜二甫（同上集一六），「何時石門路」，「秋波落泗水」云云。而堯祠送竇明府云，「強扶愁疾向何處，角巾微服堯祠南；長楊掃地不見日，石門噴作金沙潭；……廟中往往來擊鼓，堯本無心爾何苦！」則石門即在堯祠近處也。復考杜翁有劉九法曹鄭瑕丘石門宴集（詳注一、鏡銓一），詳注引邵注，指爲平陰縣之石門，非也；鏡銓引李白石門送杜甫詩，以爲在魯郡東，是矣。杜詩云，「掾曹乘逸興，鞍馬到荒林」，「能吏逢聯璧」，瑕丘官吏何能大批到數百里外之平陰耶？

州當中原東入泰山山區之道口，亦爲泰山東西兩側南達彭城三道之總道口，故爲東方之一交通中心，自南北朝以來，爲見史之名城。唐中葉以後，常爲兗 海 沂 密 泰寧軍節度使治所。置館驛。宋初有葛石驛、知溝驛，大中祥符元年東封歸程過兗，分別改名回鑾驛、太平驛，舊名當有承唐驛者。而知溝驛實在乾封至兗州道中。

兗州爲泰山東西地區南達彭城三道之總口，詳下海岱地區南北交通兩道篇。

館驛　兗州爲一交通中心，必置館驛。舊一四〇張建封傳，「安祿山反，令僞將李庭偉……至魯郡，太守韓擇木具體[一六七]郊迎，置於郵館。」是也。但名稱無考。按宋會要 方域一〇之一四，大中祥符元年「六月十四日，改兗州 葛石驛曰回鑾，知溝驛曰太平。」玉海一七二祥符 迎鑾驛條，同。蓋真宗東封泰山，迴經兗州也。此兩驛舊名當有本之於唐者。又檢宋史七真宗紀，祥符元年十月，辛亥，封祀泰山；壬子，禪社首；癸丑，受朝賀。甲寅，復常膳，次太平驛；丙辰，次兗州。則太平驛在乾封至兗州道上，不在州城也。

兗州東南至沂州三百八十里，觀地圖形勢，此必最捷道；且必由兗州向東循泗水而上，又東南沿水經注之治水即小沂水（沂水西源）而下至沂州也。今已建汽車道。其行程：兗州東行四十五里至曲阜縣（今縣[一六八]），古魯城在縣理西南三里，伯禽所都。漢爲魯縣，隋 開皇十六年爲曲阜縣。魯城甚大，考古所知，東西約四公里，南北約三公里，城牆周長約十二公里，泗 洙二水自縣東境合流，經城北，復分爲二，南爲泗，北爲洙。沂水（西沂）源自縣東南尼山，西北流經城南，支津北入泗，故城在諸水迴環中。城中有曲阜，長七八里，縣治城在阜上；有闕里，在縣治西南三里。

泗 洙 沂三水三面環抱魯城，詳水經注二五泗水注、洙水注，並參楊氏水經注圖。魯城考古詳文物考古工作三十年頁191。餘據元和志兗州 曲阜縣目，寰宇記同目。

曲阜東行五十五里至泗水縣（今縣），濱臨泗水，水出縣東陪尾山。尼山在縣南五十里。封禪書，禪梁父，在縣北八十里，西接徂徠山。

元和志，泗水縣西南至州一百里，寰宇記作一百十一里，其餘亦據兩書。

又東，由泗水河谷度入治水（沂水西源，今名祊河）河谷，東南至費縣（今縣），去泗水縣一百九十里。春秋 魯 季氏 費邑、漢 費縣故城在縣西北二十里治水北岸。又有顓臾故城，魯附庸也，在縣西北八十里，東蒙山南治水之南。其南約十里有漢 南武陽故城，宋曰武陽，隋 開皇十六年改曰顓臾，貞觀元年省入費縣。

按兗 沂間三百八十里，泗水至兗州一百里，費縣至沂州九十里，兩縣間當爲一百九十里。檢一統志兗州府卷，泗水東南至費縣界七十里；沂州府卷，費縣西北至泗水縣界一百二十里，其和正合此數。

費邑故城　水經注二五沂水注，「治水又東南流，逕費縣故城南。地理志，東海之屬縣也。爲魯 季孫氏【一六九】之邑，……後季氏爲陽虎所執，弗擾以費畔，即是邑也。」寰宇記沂州 費縣，「故費城在縣西北二十里」。

顓臾故城　沂水注，「治水又東南逕顓臾城北。郡國志曰，縣有顓臾城。季氏將伐之，孔子曰，昔者先王以爲東蒙主，社稷之臣，何以伐之爲？冉有曰，今夫顓臾固而便近于費者也。」寰宇記沂州 費縣，「故顓臾城在縣西北八十里。顓臾 風姓，伏羲之後。論語，季氏將伐顓臾，魯附庸也。」按同條，「東蒙山在縣西北七十五里，在蒙山之東，故曰東蒙。」顓臾即在山南治水之南也。

南武陽故城　漢志泰山郡有南武陽縣，沂水注，治水出泰山（郡）南武陽縣之冠石山。王氏引孫校曰冠石山在今費縣北。一統志沂州府卷古蹟目，南武陽故城在費縣西北七十里。下述其沿革甚詳。紀要三三沂州 費縣 顓臾城條謂在顓臾故城南十里，引志，與一統志同。

此段道路行於蒙山山脈與尼山山脈之間，道北蒙山聯珠高峰多達海拔一千公尺，故道較險峻。然在春秋時代，此道似已爲魯 越交通道；南朝退出齊 魯地區後，仍常遣軍至龜 蒙山區從事游擊，亦從此道進入，故在古代交通上已具重要性，宜其頗多故城也。

蒙山爲自古名山，魯頌「奄有龜 蒙」即此。元和志一一沂州 費縣，蒙山在縣西北八十里。寰宇記，同，又云東蒙山，見上引。今按蒙山山脈自西北而東南，長約一百公里，最高峰龜蒙頂（E117°50'・N35°34'）海拔達1150公尺，[一七〇]其東西數峰亦近1000公尺。與治水南崖之尼山山脈[一七一]相距甚近，故道較險峻。

南北朝時代，此道頗見軍事行動。如通鑑一三三宋 泰始七年，上命（略）垣崇祖經略淮北。崇祖自郁洲將數百人入魏境七百里，據蒙山。十一月，魏 東兗州刺史（治瑕丘）于洛侯擊之，崇祖引還。」又一四六梁 天監五年，「上遣將軍角念將兵一萬屯蒙山，招納兗州之民，降者甚眾。……魏（略）統軍畢祖朽……擊念，走之。」按此兩條皆即此處之蒙山。垣崇祖進軍蒙山，當取此道；角念進屯蒙山，恐亦取此路，皆與魏之兗州對抗，足徵當時南北用兵，頗重此道。又紀要三三沂州 費縣 東陽城條，「五梧城在縣西，哀二十五年，公至自越，季康子、孟武伯逆於五梧，公宴於五梧，即此。」若五梧地望不誤，則爲吳 越北通魯 兗之舊道久矣，故沿途置邑不少。

費縣東南循治水河谷九十里至沂州治所臨沂縣（今縣），城當沂水西岸，爲兩主源會流處。又東南一百一十里至羽山，又一百二十里至海州治所朐山縣（今東海[一七二]）。去洛陽全程一千六百四十里。

元和志一一沂州，費縣東南至州九十里。寰宇記二三，同。又元和志沂州治所臨沂縣，「羽山在縣東南一百一十里，與海州 朐山縣分界。」又海州治所朐山縣，羽山在縣西北一百里。考證[一七三]云，路史引作百二十里。而寰宇記作九十里。按此爲兩州之界山，就方位里距言，似即在二百三十里之道也。

（四）登萊渡海通遼東道及赤山大珠山通新羅道

自青州以東，此道所經州縣，或緣海岸，或去海不遠，大抵皆有海運之利。如青州，如掖縣北五十里之三山浦，如黃縣北二十里之大人故城，如蓬萊 牟平間之八角口（E121°10'・N37°38'），如文登縣東一百八十里之成山，皆可出海或北航遼東，或東航海東諸國也。

青州　青州北航渤海，古多有徵，詳海運篇。【一七四】今按南部新書庚：「薛宜僚，會昌中……充新羅冊贈使，由青州泛海船，【一七五】頻阻惡風雨，至登州，卻漂回青州，郵傳一年。……薛到外國，……數日卒。【一七六】」則唐赴新羅亦有自青州發航者。

萊州 三山浦　魏書一〇〇高句麗傳：「高祖時，……光州於海中得（高麗主）璉所遣詣蕭道成使餘奴等送闕，高祖詔責璉。……正光初，光州又於海中執得蕭衍所授（高麗主）安寧東將軍衣冠劍佩，及使人江法盛等，送於京師。」按魏 光州治掖縣，隋改爲萊州。隋及唐屢次用兵伐高麗，皆海陸並進，其海路皆云自萊州渡海。魏 光州至隋及唐初之萊州，其轄境皆兼有唐 如意元年以後之登州境，上引史證所謂光州、萊州得兼登州言之，未必在掖縣，然不能排除掖縣亦爲海口之可能。且新二二〇東夷 高麗傳云，太宗欲大舉伐高麗，詔萊州刺史李道裕儲糧械於三山浦、烏湖島。【一七七】烏湖島在登州 蓬萊縣北海道中，詳下文。其三山浦者，考史記 封禪書，始皇祀八神，「四曰陰主，祠三山。」索隱：「顧氏按：地理志，東萊 曲成有參山，即此三山也，非海中三神山也。」按曲成縣在今掖縣東北。檢寰宇記二〇萊州 掖縣目，「三山在縣北五十里，海之南岸。」紀要三六萊州府 掖縣 高望山條，作三山島，下錄寰宇記之文。此殆即唐 貞觀伐高麗時儲糧械處之三山浦。於此儲糧，必即由此發運至遼東無疑。

黃縣 大人故城　元和志一一登州 黃縣，「大人故城在縣北二十里，司馬宣王伐遼東，造此城，運糧船從此入。今新羅 百濟往還常由於此。」寰宇記二〇，同【一七八】。[11] 新二二〇高麗傳，將伐高麗，「於是北輸粟營州，東儲粟古大人城。」是自漢 魏迄唐，大人城皆爲海運發航地。【一七九】

蓬萊、牟平間八角海口　宋史四八七外國 高麗傳，淳化四年，高麗遣白思

11 下有「大海在縣北三里……」一條，係前文州四至八到目之衍文，故不足據此說黃縣。

柔貢方物，宋遣陳靖使高麗存問。「靖等自東牟趣八角海口，得思柔所乘海船及高麗水工，即登舟自芝岡島順風泛大海，再宿抵甕津口登陸，行百六十里抵高麗之境曰海州」，又一百八十里至其國。按時在宋開國後不過三十餘年，八角海口見爲東通高麗之海口，上推三十餘年當已有此一航線。檢一統志登州府卷山川目 海條，「福山有之罘、海洋山城後、八角、蘆洋諸海口。」張編地圖集・山東人文圖，福山縣西北海岸有八角口（E121°10'・N37°38'），【一八〇】是在唐代蓬萊（登州）牟平之間也。【一八一】

文登縣 成山　舊八三蘇定方傳，顯慶五年，授熊津道大總管，討百濟。自城山濟海至熊津江口，大敗百濟，進圍其都城，降之。新一一一同傳，略同。通鑑二〇〇顯慶五年紀作成山，是也。按栗棘庵所藏宋末輿地圖拓本，文登有路東通成山。元和志一一登州 文登縣，成山在縣東北一百八十里。此即秦始皇東遊登成山勒石紀功處；亦封禪書、郊祀志，齊有八祠，七曰日主，祠成山處。至唐已爲東航新羅 百濟之海口也。一統志登州府卷山川目成山條，引齊乘，成山在文登縣東北一百五十里。

復考圓仁行記又云，日本使僧「九隻船在青山浦，更有渤海交關船同泊彼浦。」其地似與赤山浦相近。又云「赤山東北隔海去百許里，遙見山，喚爲青山，三峰並連，遙不【一八二】炳然，此乃秦始皇於海上修橋之處。始皇又於此山向東，見蓬萊山、瀛山、胡山，便於此死。其時麻鞋，今見在矣。見舊老說，便得知之。」按元和志一一登州 文登縣，「成山在縣東北一百八十里，……始皇……東游，登成山。」「海在縣南六十里，縣東北一百八十里。……縣東北海中有秦始皇 石橋，今海中時見有堅石似柱之狀。」則此所謂青山，似實即成山。就觀地圖，赤山東北至成山，固僅一百數十里也。然「成山無藏船之處」，詳下文赤山浦港節論寰宇記文登縣通路條，故成山非一主要港口也。

而最主要之航線，則爲登州 蓬萊縣海口北通渤海北岸都里鎮（約今旅順）一線。其次文登縣東南赤山浦及密州 大珠山東航新羅線。泰山南道終點之海州在海運上亦有相當作用。茲分別略考之。

（1）蓬萊縣通都里鎮海道　蓬萊縣北一里臨海岸，置蓬萊鎮，爲北渡渤海通新羅、渤海等國之最主要港口。擇諳悉海性者爲海師、拖師，主海運。由鎮出海北航三十里至大謝島（今長山島E120°45'・N37°56'）。貞觀二十年伐高麗，置鎮，旋廢。又二十里至沙門島（今北長山島E120°43'・N37°59'）。宋 太祖且詔免此島民戶賦役，專力濟渡女眞貢馬者。又約七十里至鼉島（今陀磯島E120°45'・N38°10'）。又約六十里至歆島（今大欽島E120°48'・N38°20'）、末島（約今木島或即小欽島）。又約六十里或八十里至烏湖島（今南隍城島E120°55'・N38°25'），南去登州二百六十里。貞觀二十年置鎮，積糧，備伐高麗。永徽元年廢。又北微東渡烏湖海，亦約二百六十里至馬石山（今老鐵山E121°8'・N38°42'）東之都里鎮（今旅順E121°12'・N38°48'），今大連（Dairen）蓋古都里之遺音。都里鎮南去登州海程五百二十里，揚帆一日一夜可達。今旅順 黃金山有開元二年持節宣勞靺鞨使崔昕〔一八三〕石刻，即從此道也。由此北北東陸行至安東都護府（今遼陽）約六百里。由此東北「傍海壖，過青泥浦（今大連灣），桃花浦，杏花浦，石人汪，橐駝灣，烏骨江，八百里。」即鴨綠江口。由江口東南緣海行至新羅國都，東北溯江行至渤海國都。崔忻奉使靺鞨，其都里鎮以北之行程，蓋即取此線歟？

元和志一一登州八到條云：

「北至海三里，西至海四里。當中國往新羅 渤海過（寰宇記無過字，是。）大路。」

「正北微東至大海北岸都里鎮五百二十里。」

寰宇記二〇登州四至八到條，同；惟「二十里」作「三十里」。

按新唐書 地理志七下錄賈耽通四夷七道，其登州通新羅 渤海道條云：

「登州東北海行，過大謝島，龜歆島，末島，烏湖島，三百里。北渡烏湖海，至馬石山東之都里鎮二百里。東傍海壖，過青泥浦，桃花浦，杏花浦，石人汪，橐駝灣，烏骨江，八百里。」

下文分兩道：其一，南傍海壖行至新羅王城。其一，自鴨綠江口泝流水陸行至渤海王都。檢武經總要 前集一六上登州附見條云：

「登州，……東西北三面距大海各五里。一路至女真界，揚帆一日一夜至馬石山。按【一八四】皇華四達記，北渡海至馬石山五百里。舊女真國，今契丹界。……一路往三韓。【一八五】海行東北，歷大謝、鼉、歆、【一八六】烏湖等島，約三百里。又【一八七】傍海岸，歷青泥鋪，桃花鋪，杏花鋪，【一八八】駱駝灣，【一八九】約八百里。自其【一九〇】江口，即新羅界。」

此即據賈耽皇華四達記爲說也。又通鑑一九九，貞觀二十二年四月烏湖鎭【一九一】將古神感浮海擊高麗條，胡注云：

「烏湖鎭當置於海中烏湖島。【一九二】自登州東北海行，過大謝島，龜歆島，淤島，而後至烏湖島。又三百里，北渡烏湖海。」

此當亦承自賈記爲說。觀上列三條，似各有譌誤，如「龜歆」、「鼉歆」之一必形譌。又新志龜歆島、烏湖島之間有末島，胡注作淤島，亦不同。茲先論馬石山、都里鎭，次及其南至登州間之諸島。

都里鎭、馬石山　水部式（鳴沙石室佚書），「安東 都里鎭防人粮，令萊州召取當州經渡海得動人諳知風水者，置海師貳人，拖師肆人，隸蓬萊鎭，令候風調海晏，併運鎭粮，……年滿聽選。」此爲都里鎭之最早見史者。亦見蓬萊鎭之置海師、拖師。蓬萊鎭已見前第二節。考武經總要 前集一六下東京目引皇華四達記云：

「自安東府東南至平壤城八百里，西南至都里海口約六百里。」

此即水部式、賈記、元和志之都里鎭無疑，在都里海口者。以形勢方位及去安東府（今遼陽）約六百里度之，此都里鎭海口，必在今遼東半島之尖端旅順、大連地區。大連（Dairen）與都里音近，疑今大連即古都里之音轉耳。松井等謂都里即今旅順，馬石山即旅順西之老鐵山（滿洲歷史地理第一卷第六篇隋唐二朝高句麗遠征の地理第四節），蓋略得之。蓋登州北航，固當以旅順地區爲著陸點。下文據紀要引海道考，登州北至旅順五百五十里。一統志奉天府卷山川目 海條，亦云明時海運皆自登州城抵旅順口五百五十里，並引全遼志 海道考。殆即承中古舊制耳。近代於旅順 黃金山發現鴻臚井石刻，云「勅持節宣勞靺鞨使鴻臚卿崔忻井兩口，永爲記驗，開元二年五月十八日造。」[12] 其行此道無疑。

12 惜忘記錄出何書，當檢滿洲金石志。【一九三】

烏湖島置鎮　上引賈記資料，登州至都里鎮間渤海航程五百里或五百二三十里，烏湖島略居正中。檢寰宇記二〇登州 蓬萊縣目云：

「烏湖戍在縣北海中二百六十里，[13] 置烏湖島上。……貞觀二十年，為伐東夷，當要路，遂置為鎮。至永徽元年廢。」

此言地望里距及鎮戍置廢甚詳。考舊一九九上東夷 高麗傳，貞觀二十二年，詔「萊州刺史李道裕運糧及器械，貯於烏湖島，【一九五】將欲大舉以伐高麗。」新二二〇東夷 高麗傳，同。又通鑑一九九貞觀二十二年四月「甲子，烏湖鎮【一九六】將古神感[14] 將兵浮海擊高麗，……戰於易山，破之。」此見烏湖島置鎮，在渤海航道上之重要性，且必為一相當大之中間島嶼也。松井等以今隍城島擬之（同上），蓋是。【一九七】

大謝島　此島為此條航線中島嶼之最近登州者。寰宇記登州 蓬萊縣，「大謝戍在縣北海中三十里，周迴百二十步，【一九八】亦唐太宗征高麗時興焉，【一九九】與烏湖戍同時置。」松井等謂可能即今大竹山島，疑太遠。檢一統志登州府卷山川目，「長山島在蓬萊縣北三十里，東西長三十里，若馬鬣然。縣志，凡海道至登州，不得入水城者，必於此駐泊。」是即大謝島無疑。【二〇〇】

鼉歌島或龜歆島　此兩島名之一必形譌。松井等僅據新唐志作龜歆島，謂今欽島（同前）。考紀要三六登州府 蓬萊縣 登州營條云，「宋 慶曆三年郡守郭志高奏置刀魚巡簡〔檢〕，出【二〇一】兵三百戍沙門島，備禦契丹。仲夏居鼉磯島，以備不虞，秋冬還南岸。」則鼉字為正，龜字譌也。又云，「海道考，由新開海口（即登州營，在丹崖山北）西北至沙門島六十里，又正北行一百二十里（據一統志，自縣治算起），至砣磯島，又北至欽、木二島六十里，又北至南半洋六十里，又北至北半洋二十里，又北經雙島、洋頭窪、黃洋、川平島、和尚島，共二百餘里至遼東 鐵山 旅順口，通計五百五十里。」按此條記明代由登州 蓬萊縣北航渤海至遼東 旅順口之航程所經甚詳。其南半洋、北半洋，即今南隍城島、北隍城島無

13 齊乘四作「三百六十五里」，「三」字形譌。【一九四】

14 冊府九八五有此條，作烏胡鎮將石神感。

疑，[15] 亦唐 烏湖島也。蓋其地約居航程之半，故云半洋耳。砣磯顯即鼉磯，其北次第有欽島，木島，然後始至隍城島。一統志登州府卷山川目，「鼉磯島在蓬萊縣西北一百三十里，沙門島北七十里。」然則唐代志書，「龜」固「鼉」之形譌，「歌」亦「㰭」之形譌，【二〇二】且鼉、㰭爲兩島，非一島，㰭島即今之欽島也。

末島、淤島　新唐志，㰭島、烏湖島間有末島，通鑑胡注作淤島。據上引海道考作木島。「末」「木」之一當爲形譌；或者當作沒島，故又有淤島之名也，待續證。以今圖勘之，或當即今之小欽島歟？【二〇三】

沙門島　除賈耽記一系統所見諸島外，又有沙門島。通鑑二九三後周 顯德四年三月癸丑，前許州司馬韓倫流沙門島。寰宇記登州 蓬萊縣，「沙門島在縣北海中五十里。」考宋會要 蕃夷三之一，女真「地多良馬，常至中國貿易」，自太祖 建隆二年，每年兩度來貢方物。四年八月，詔登州免沙門島人戶常租、麴錢、雜科及州縣差役，【二〇四】「止令多置舟檝，濟渡女真馬來往。」足見此島當此海道航線，且爲重要據點也。上引紀要，此島在登州營西北六十里。一統志登州府卷山川目，同。又引齊乘云，「海艘南來，轉帆入渤海者，皆望此島以爲表識。」然今圖無此島之名。就去登州之方位與里距論之，當即中國圖集・山東省圖之北長山島，張編圖集・山東人文圖之小黑山島，【二〇五】ONC-G-10海拔540呎之小島，E120°43'・N37°59'。【二〇六】

都里鎮去安東府與新羅、渤海兩國之方向路程，皆已詳前引皇華四達記。其傍海東北行途中有青泥浦、杏花浦等地名。松井等云今大連舊名青泥窪，似其地。按若大連舊果有青泥之名，此說當可信。又中國圖集・遼寧省圖，大連東北海岸有杏樹屯（E122°10'・N39°25'），【二〇七】有爲古杏花浦之可能，姑記之。

都里鎮北有卑沙城，「四面懸絕，惟西門可上」，蓋在今金縣東北大黑山（E121°45'・N39°5'）。隋 唐伐高麗，渤海水軍登陸，皆先取此城，蓋

15 中國圖集與ONC-G-10皆作隍城島，張編圖集作城隍島。檢一統志登州府卷山川目作隍城。又奉天府卷山川目 海條引全遼志作黃城島。故當作隍城爲正；城隍倒誤。

地居遼東半島瓶頸咽喉，不論北至安東府或東北至鴨綠江口，皆所取途，在古代戰爭中居於極重要地位，故高麗重兵駐守，來伐之軍非先取之，不足以固軍道安全也。

通鑑一九七貞觀十九年，「張亮帥舟師自東萊渡海，襲卑沙城。其城四面懸絕，惟西門可上。程名振引兵夜至，副總管王大度先登，五月己巳，拔之，獲男女八千口。」又一八二隋 大業十年，右驍衛大將軍來護兒以舟師自東萊伐高麗。七月「護兒至畢奢城，高麗舉兵逆戰，護兒擊破之，將趨平壤。」胡注，畢奢城即卑沙城，是也。然舊一九九、新二二〇東夷 高麗傳，貞觀十九年事作沙卑城；舊六九、新九四張亮傳，亦作沙卑城。何者倒譌，尚未能斷。按此時尚未分東萊置登州，登州地尚屬東萊也。卑沙城蓋爲隋 唐水軍登陸後通往高麗必經之要道，而地極險固，故兩朝伐高麗，皆戰於此城。檢一統志奉天府古蹟目，「大黑山城，在寧海縣（今金縣）東大黑山上。全遼志，在金州城東十五里。山頂有古城，在鳳凰山之左，方約二里，內有二井；四面懸絕，惟西一門可上，不知何代壘砌。唐 張亮帥舟師渡海，攻沙卑城，……意即此。[16] 按志所引沙卑城，與遼志（遼史地理志）在海州者不同。此爲近是。但唐時沙卑爲高麗重鎭，不當狹小如此，蓋亦昔人避兵處耳。」按此城形勢與唐 卑沙城極相符合。檢ONC-G-10，金縣東有高山（E121°45'・N39°5'）海拔2175呎，即全遼志之大黑山、鳳凰山也。地扼遼東半島之仄狹咽喉，自旅 大北北東通瀋陽，或東北通鴨綠江口，皆必經過此山附近，故在古代軍事交通上居於極衝要之地位。蓋軍事堡壘，大軍經過，必先克之，非必爲大城也。

（2）赤山浦及其東通新羅海道　赤山浦爲文登縣東南百里之一海浦（今有斥山集E122°28'・N36°54'），在巖岑迴環中，爲一天然海港。由浦

16 滿洲金石志六明重修勝水寺碑：「郡城東去二十里有小山一峙，[二〇八]曰大黑山，松柏森鬱，……翼鳳山，枕鯨海，……絶頂有井二眼，山畔有城一圍，昔唐 太宗避兵所制，傳所謂卑沙城是也。」[二〇九]

東南莫邪島（今莫邪島E122°32'・N36°50'）出海，東航新羅，得好風兩三日可達，新羅著陸處蓋在清海鎮。海東諸國朝貢商貿往還，常取途此浦，唐廷使臣入新羅者亦常以此浦爲發航地。故此港浦實爲唐代海岱地區東航新羅之一重要海運港口。寰宇記云，文登縣有通路，「東經縣理，東達于海，海東諸國朝貢必由于此道。」實即就上考自登州東南經文登縣，又東南至赤山浦出海東航之路而言耳。登萊南迄密州、海州、楚州之緣海地帶，新羅人僑寓頗多，擅海上交通之利，赤山浦既爲唐境海航之起碇地，又爲新羅人入唐之登陸地，故僑寓尤衆，蓋多從事海運商貿活動者。有赤山法花院，俗稱新羅院，新羅人張寶高（張保皋）所建，置莊，歲收數百石，專供新羅僧衆，法會常聚衆至二百數十人，皆新羅人也，足見新羅僑寓之衆。蓋以唐代法令，東航海東者，非經特許，不能於他處發航出海，惟登州沿海爲東疆地極處，僑民出入較能自由，而赤山浦又最居東隅，且形勢優良，故特見繁榮也。其地既爲唐土東航新羅之重要港口，而新羅僑民又衆多如此，故登州特於此置勾當新羅所，遣押衙常駐，專勾當文登縣界新羅民戶事，是赤山浦殆爲東海岸之一國際商港，但爲中國史乘所失載耳。

圓仁行記卷一、卷二，開成四年，記其附舶由東海縣緣海北駛至赤山浦事，略云：

四月十七日初著陸處，土人云是「登州牟平縣唐陽陶村之南邊，去縣百六十里，去州三百里。從此東有新羅國，得好風兩三日得到。」十九日，船到邵村浦，在陶村西南。廿五日，出邵村浦向乳山去。明日巳時至乳山（下述乳山形勢甚詳）。「新羅人卅餘騎馬乘驢來迎，押衙駕新羅船來相看。」【二一〇】五月一日，問留住事，未獲許可。四日辰時，自乳山舉帆，至望海村東浦桑嶋北邊結纜。六日，新羅譯語道玄向押衙宅去。十四日，州押衙來舶上問人數。六月三日，因居留事未獲允許，乃因風遙指赤山去，風不便。五日遲明，懸帆，午後到赤山西邊，漸入山南。七日未申，到赤山東邊泊船。「其赤山純是巖石高秀處。即文登縣

清寧鄉 赤山村。山裏有寺，名赤山法花院，本張寶高初所建也。長有莊田，以充粥飦。[二一一]其莊田一年得五百石米。冬夏講說。……當今新羅通事押衙張詠及林太史[二一二]王訓等專勾當。」八日，謁寺家，諸僧三十有餘。廿七日，聞張大使灾（交？）關船[二一三]二隻，到且〔赤？〕山浦。[二一四]廿八日，大唐天子差入新羅慰問新即位王之使、青州兵馬使吳子陳、崔副使、王判官等卅餘人登來，寺裏相看。夜頭，張寶高遣大唐賣物使崔兵馬司來寺慰問。七月十四日，往真莊村 天門院，相看法空闍梨。此師曾至本國，歸來二十年。夜宿其院。十六日，聞人道舶船昨日發去，到泊船處覓船不見，乃俱登赤山院，便見州使四人，「運日本國朝貢使粮七十石米[二一五]著，……緣朝貢使已發，不得領過。」廿一日，「本國相公已下九隻船來泊赤山浦。」[二一六]廿三日，「泊船處九隻船並不見，知夜頭同發。」[二一七]

赤山浦今地，已詳前第二節。據此段記事，赤山浦 法華院爲張寶高所建，莊田甚多，僧三十餘人，此即新羅院也。相近又有天門院，僧人有曾至日本者。又赤山有新羅遣來大唐賣物使。數日之內，日本使臣船舶兩批駐泊，又離去。唐遣賀新羅新王即位使亦由此出海。又卷四，大中元年閏三月，唐「入新羅告哀兼弔[二一八]祭冊立等副使試太子通事舍人賜紫金魚袋[二一九]金簡中、判官王朴等，到當州牟平縣南界乳山浦，上船過海」，因故，「仍從文登界過海。」蓋亦自赤山浦出海也。凡此種種情形，足見赤山浦實爲一國際航運港口。

又卷二，開成四年十一月條述赤山 新羅院講經事云，「講經禮懺皆據新羅風俗」，「依新羅語音」，「其集會道俗，老少尊卑，總是新羅人，但三僧及行者一人，日本國人耳。」開成五年正月十五日山院法花會，「集會男女，昨日二百五十人，今日二百來人。」院中集會禮佛，一次至二百人以上，可見此處新羅僧眾僑民之多，正見其爲新羅僑民之集中地也。地爲國際海運港口，新羅僑民眾多，故有新羅通事押衙等官員。按此官職又見卷四會昌五年八月條云：

「到文登縣，……入縣見縣令，請……自覓舟却歸本國，長官准狀，牒送勾當新羅所，去縣東南七十里，管文登縣 青寧鄉。廿七日，到勾當新羅所，勑平盧軍節度同十[二二〇]將兼登州諸軍事押衙張詠，勾當文登縣界新羅人戶……」

是此職爲登州特置之職位，專管縣界新羅僑民者。

前引文，土人云「從此東有新羅國，得好風兩三日得到」者，正以此一地區，經常有海舶往來於唐與新羅之間，故土人皆知之甚悉也。按同書卷四，圓仁記其回國路線事，先循汴水到楚州，復往返海 密 登州間，最後仍由赤山浦附新羅人金珍船渡海，以大中元年「九月二日午時從赤浦[二二一]渡海」，出赤山 莫琊口向正東行，一日一夜，至三日平明向東望，見新羅國西面[二二二]之山，……四日曉向東見山，……是新羅國西熊州西界。」是圓仁回國所附新羅舶正由赤山浦東渡，兩三日便到新羅境。此正爲一事例。莫琊口者，按行記二開成四年六月廿九日條云，「赤山浦東南涉少海[二二三]有島，與東岸連接，[二二四]是吳 干將作劍處，時人喚爲莫邪島。」[二二五]又同年八月亦記莫耶島，方位相同，即此莫邪口。蓋海舶由赤山浦開出，至莫邪島出海東航也。

按行記卷四，會昌五年七月在楚州，請從此過海歸國，縣司不肯，云，「當州未是極海之處，……事須遞到登州地極之處，方可上歸國。」[二二六]此當是朝廷法令，遊客僑民出境必須「遞到登州地極之處」，他地不得出海，圓仁前後屢次要求出海返國，皆爲地方官所拒絕，當即此故。赤山浦爲登州東南之極地，外人進出爲易，故卷四會昌五年八月條，圓仁向文登縣申請「自覓舟，却歸本國，長官准狀」，即牒勾當新羅所處理也。此蓋亦赤山浦特別繁榮之一背景歟？

又按此航道，中國史籍實亦有記載，如寰宇記二〇登州 文登縣通路條云：

「通路：西北自黃縣界更〔東〕經烏趣 石皇二山之間，又東經縣理，東達于海。海東諸國朝貢，必由于此道。」

按道由西北，經文登縣治所，更東達于海，其出海口，非成山即赤山。考通鑑七二魏 太和六年，吳使周賀乘海之遼東求馬。田豫料其還程必經成山，「成山無藏船之處」，遂勒兵擊賀，斬之。故成山雖可出航，但非發航之良港，故在唐代，成山在海運不見有顯著之地位。前考赤山浦形勢天然，在唐代海上交通上有顯著之地位，則此所謂「東達于海」，爲海東諸國朝貢貿易所「必由」者，非赤山浦莫屬矣。

清海鎮　圓仁行記二，開成五年二月十七日，留狀上崔押衙，逃參五臺山後回國計劃云，「却歸赤山，從清海鎮轉向本國。」又有上清海鎮 張大使書一封。即前文所見張寶高也。按新二二〇東夷 新羅傳，張保皐自其國來爲武寧軍小將，「後保皐歸新羅，謁其王曰，遍中國以新羅人爲奴婢，願得鎮清海，使賊不得掠人西去。清海，海路之要也。王與保皐萬人守之。自大和後，海上無鬻新羅人者。」即行記之張寶高其人也。然則清海鎮爲新羅通唐海道之港口，殆略與唐之赤山浦東西相對，故圓仁計劃自赤山發航至清海鎮，然後再轉回日本也。

海岸地帶新羅僑民及其活動　圓仁入唐巡禮，往來於楚 海 密 登諸州之間，除上文所見赤山浦有眾多新羅人僑寓之外，下列各事亦顯楚州以北沿海地帶亦有不少新羅人聚居，並從事海上運輸行業：

開成四年三月，附大使舶自楚州返國，船九隻，除本國水手外，「更雇新羅人諳海路者六十餘人」，分配各船。

四月至海州，共議渡海航線，或云由海州渡海，或云北航密州 大朱山渡海，定從海州直渡。圓仁等離船未行，僞稱新羅僧，先住楚州，將往密州。適逢有新羅船載炭自密州來，向楚州去，船上新羅人十餘。

圓仁等到宿城村 新羅人宅暫息。

海州押衙四縣都遊奕使勾當蕃客朝議郎試左金吾衛張實。

（以上卷一）

開成四年四月十九日，到邵村浦下矴。新羅人乘小船來，聞張寶亮與新羅王子事，差新羅譯語道玄云云。廿六日，泊乳山西浦，新羅人三十餘騎馬乘驢來。押衙駕新羅船來。廿九日，道玄與新羅人商量云云。

六月到赤山浦 新羅院諸事（不錄）。

七月廿三日，新羅僧聖林說五臺山事。

九月一日，新羅僧諒賢說赤山至五臺山途程。

十一月一日，赴新羅人王長文宅喫齋。

開成五年二月十四日，依新羅僧常寂請往劉村【二二七】看白石彌勒像，聽新羅人王憲夢佛故事。

三月到登州，城南街東有新羅館、渤海館。

二十一日到青州，廿四日向新羅院安置。

四月六日到長山 醴泉寺向新羅院安置。

（以上卷二）

會昌五年回程，七月三日「到楚州先入新羅坊，見總管當州同十[二二八]將薛、[二二九]新羅譯語劉〔劉〕慎言，[二三〇]云云。」請往登州。「八日，發，劉譯語有書狀，付送登州已來路次鄉人，所囑安存，與作主人等事。上船入淮。」九日「到漣水縣，……緣楚州譯語有書付送漣水鄉人，所囑令安存，兼計會留鈎之事。……先入新羅坊，……隅〔遇？〕[二三一]崔暈……，曾爲清海鎮兵馬使，……遇國難，逃至漣水住。」

六年二年四月在文登。[二三二]廿七日，新羅人王宗從揚州將日本國 性海法師書來。五月一日王宗却歸揚州。

大中元年閏三月，由乳山雇新羅人鄭客車載衣物傍海行至密州界大朱山，附新羅人陳忠炭船至楚州。六月到楚州，新羅坊總管劉慎言專使迎接。旋又附楚州 新羅坊 王可昌船北航至峄山，回乳山。八月附新羅人金珍舶過海回國。

（以上卷四）

據此，除赤山外，楚州及漣水縣各有新羅坊，寓新羅僑民，置總管勾當；海州有押衙四縣遊奕使兼勾當蕃客事；乳山 新羅僑民亦甚多；楚州 劉譯語書付沿途鄉人，囑其照顧圓仁一行，足見沿途州縣皆有新羅僑民不少；又登州有新羅館、渤海館；青州及醴泉寺有新羅院；日本大使九船返國，僱新羅諳海路水手六十餘人操舶；圓仁來往赤山、乳山、密州、楚州間，數次搭新羅人商船，或雇新羅人車運；又兩度見到新羅商船自密州運炭至楚州；最後回國亦附新羅商舶成行；可以想見北自登州、南至楚州沿海地區有新羅人僑寓眾多，從事海上運輸行業也。

（3）大珠山及其東通新羅海道　大珠山（約今膠南縣[二三三]東濱海靈山衛E120°8'・N35°55'[二三四]）即古州山。東南海中三十里有句游島（今靈山島E120°10'・N35°48'）。據崔琰賦，由州山入海經句榆（即句游）南至郁州（今東海縣），殆爲秦 漢以來常行之海航線。

封氏聞見記六[二三五]朱山條，[二三六]「密州之東，臨海有二山，南曰大朱，北曰小朱，相傳云仙人朱仲所居也。按……此西北數十里有春秋時淳于城。淳于，州國也。吳 楚之人謂居爲于，古謂州爲朱，然則此山當名州山也。漢末，崔琰于高密從鄭玄學，遇黃巾之亂，泛海而南，作述初賦。其序云，登州山以望滄海。據其處所，正相合也。大朱東南海中有句游島，去岸三十里，俗云句踐曾游此島，故以名焉。述初賦又云，朝發樓臺，[二三七]回盼兮句榆；頓食兮島山，暮宿兮郁州。郁州，今海州 東海縣，在海中。晉書，石勒使季龍討青州刺史曹嶷，嶷欲死保根餘山。[二三八]然則句榆、根余皆是一山，亦音[二三九]之訛變耳。」此條述事，似可追溯大朱山航海事至先秦兩漢時代，故備錄之。大珠山之今地，已詳附篇十齊長城地理考略。紀要三六萊州府 膠州，「靈山在城（膠州城）東南百二十里海中，志云在靈山衛南三十里。」前引封氏聞見記，句游島正在大朱山東南三十里海中，必其地無疑。

據圓仁記，大珠山相近有駮馬浦。[二四〇]山浦地不但[二四一]爲密州南航海州之港口，亦爲東航新羅之一發航地，且似爲海船造修之一較佳處，不少新羅商民僑寓其地，故在唐代海上貿易上當有相當地位，亦赤山浦之亞歟？

圓仁行記一，開成四年，由楚州附大使船出航，船九隻，「本國水手之外，更雇新羅人諳海路者六十餘人，每船或七或六或五人。」四月至海州，「共議渡海。新羅水手申云，自此北行一日，於密州管（內）東岸有大珠山。今得南風，更到彼山，修理船，即從彼山渡海，甚可平善。節下應之，而諸官人不肯。……第二船頭長岑宿禰申云，其大珠山，計當新羅正西。……彼新羅與張寶亮[二四二]興亂相戰，得西風及乾坤風，定著賊境。……所以自此（海州）渡海，不用向大珠山去。」定議，「第二三五七九船，從此過海，[二四三]……第一四六八等船，爲換作船調度，先擬往密州界修理船，從彼過海。」因風變，皆由海州過海，但又因風向，「第三船流著密州 大珠山；……其他八船，[二四四]海中相失，不知所去。」據此所記，大珠山顯然爲一海上港口，常有船停泊，且爲海舶東航新羅之發航地，亦爲一船舶修理處，故新羅水手云然，第一四六八船亦有先至大珠山修船之擬議也。又大使九船既自海州過海，而圓仁離船著陸，適遇一船，船人云「吾等從密州來，船裹載炭，向楚州去。本是新羅人，人數十有餘。」行記四，大中元年，閏三月十七日「到密州 諸城縣界大朱山 駮馬浦，【二四五】遇新羅人陳忠船載炭欲往楚州。」是密州 諸城縣 大朱山常有新羅船載炭往楚州販賣也。凡此種切，皆見大珠山爲密州東海濱之一港口，南航海州、楚州，東航至新羅，蓋亦尋常事，而居民當有不少新羅僑民也。

相近有勞山（E120°35'・N36°12'，海拔1130公尺【二四六】），據圓仁記，亦爲海航停泊處。玄宗世，方士姜撫以仙人不死術惑人，事敗，請採藥牢山，遂逃去，殆附舶出海歟？

行記四，大中元年六月，圓仁在楚州，九日，得唐人長江、【二四七】新羅人金珍等書云：五月十一日，從蘇州 松江口發航往日本國；廿一日到萊州界崪山，諸人商量，往赤山，且在崪山相待。十日，復金珍書，便船往崪山，「却擬向崪山渡海。」十八日晚，發航。廿六日，到崪山，而金珍船已往赤山浦；留書，在乳山相待。則崪山亦海航停泊處，且得發航至海東也。按新唐書二〇四方術 姜撫傳，「撫內慚悸，請採【二四八】藥牢山，遂逃去。」有附外國船出海之可能。按崪山即勞山，元和志一一萊州 即墨縣（今縣），「大勞山 小勞山在縣東南三十八里，晏謨齊記曰，太白（泰山）自言高，不如東海 勞。昔鄭康成領徒於此。」寰宇記二〇，記之較詳。此固一自古名山也。

按春秋 戰國時代，吳 越與齊已有海上交通，當有商貿之利。瑯邪有琅邪山，即墨（秦 漢故城在今平度東南六十里）有勞山、不其山，皆濱海，故爲遊覽饒富之地。

故籍所見，齊 桓公將東遊，南至琅邪；齊 景公欲遵海而南，放於琅邪；下有句踐徙都，秦皇、漢武巡幸諸故事，是爲早期海濱遊覽之勝地。而史記 高祖本紀，六年，田肯說高祖曰，「夫齊，東有琅邪、即墨之饒。」漢書 高帝紀下，同。師古曰，「二縣近海，財用之所出。」是琅邪不但爲遊覽之勝地，亦且富於財賦，蓋漁鹽之外，或又有商業利益也。史記 越世家，「范蠡浮海出齊。」是吳 越與齊早有海上交通。瑯邪在膠州灣之西南，即墨在膠州灣之北，皆有濱海之地，地形優越，宜有商貿之利矣。

晉末，法顯自印度附商舶東歸，本期在廣州登陸，風飄至長廣郡 牢山南岸，商舶復回向揚州。長廣郡治不其城，亦秦 漢以來名所。

法顯傳末記其附商舶東航事云，「即便西北行求岸，……到長廣郡界牢山南岸，……太守李嶷……迎接經像，歸至郡台。【二四九】商人於是還向揚州。」是歲甲寅，晉 義熙十二年。【二五〇】按晉書 地理志下，青州領長廣郡，郡領三縣，首不其侯國，是治不其城也。檢漢書 地理志上，瑯邪郡不其縣，「有太乙【二五一】僊人祠九所，及明堂，武帝所起。」

南北朝時代，不其爲青州海道通南朝之海口，南朝爭青州，常從海道出兵，至不其登陸。按其地在今即墨縣西南二十七里，則在膠州灣東北之近岸地，宜爲交通便利處。北朝 青州刺史有與南人私通商貿，殆亦由此海道也。

通鑑一三二宋 明帝 泰始三年，沈文秀據東陽降於魏，攻青州刺史明僧暠。帝使劉懷珍自山陽（今淮安）將步騎「浮海救之，至東海（今漣水縣北），僧暠已退保東萊。懷珍進據朐城（今東海縣南），……遂進至黔陬（今膠縣西南）。……文秀所署長廣太守劉桃根將數千人戍不其城（今即墨西南不其社【二五二】）。……懷珍……襲不其城，拔之。……文秀……乃遣使請降，帝復以爲青州刺史。」又泰始四年，三月，魏圍崔道固於歷城，[二五三]上遣道固兄子僧祐「將兵數千從海道救歷城，至不其。」八月，魏攻圍沈文秀於東陽，上以文秀弟文靜統高密等五郡軍事，「自海道救東陽，至不其城，爲魏所斷，因保城自固」，敗死。是不其、黔陬在今膠州灣之東西兩岸，南師由海道赴援青州（即東陽城），恆取道於此。又通鑑一一九宋 景平元年，竺夔守東陽，爲魏軍圍攻，移鎮不其城。蓋亦以不其城臨海，爲南朝海道支援青 齊之基地也。考魏書四二酈範傳，爲青州刺史，鎮將元伊利表範云，「造船市玉，與外賊交通。」此事容爲誣告，但北朝 青州刺史必多與南朝作海上走私貿易者，故元伊利云然也。其海上貿易路線殆即由不其、黔陬與南國通商也。按寰宇記二〇萊州 即墨縣，不其城，「漢縣，屬瑯琊郡，在縣西南二十七里古城，是也。今約周十餘里。……晉於此置長廣郡。」[二五四]

五代時期，兩浙 錢氏藉向中央進貢之名，而在青 密等州置回易務，從事走私貿易，獲取非法利潤。至北宋，密州 板橋鎮（今膠縣，在膠州灣西北岸）遂成爲京東路之海上貿易中心，此正古所謂「琅邪、即墨之饒」也。

五代 北宋 密州爲海上貿易中心　續通鑑長編三四一元豐六年十一月戊午條云：

「知密州 范鍔言：轄下板橋鎮，隸高密縣，正居大海之濱，其人煙市井交易繁夥，……東則二廣 福建 淮 浙之人，西則京東 河北（日比野丈夫增『河東』二字，蓋據後文，是也。）三路之眾，絡繹往來，……欲乞於本州置市舶司，於板橋鎮置抽解務，籠賈人專利之權，以歸之公上。……每歲上供，必數倍於明 廣二州……。」（據日比野丈夫北宋時代の京東路（宋代史論叢）檢讀。下條同。）

奏中並見商貨多犀角、象牙、香藥及諸寶貨。至元祐三年始置密州市舶司。同書四〇九是年三月乙丑條云：

「戶部狀：（銜略）范鍔……奏，……本鎮自來廣南、福建、淮、浙商旅乘海船販到諸香藥[二五五]諸雜稅物，乃至京東、河北、河東等路商客般運見錢絲綿綾絹，往來交易，買賣極為繁盛。……板橋市舶之法……就緒，則海外之物積於府庫者，必倍多於明 杭二州。何則，明 杭貿易止於一路，而板橋有西北數路商賈之交易，其絲綿縑帛又番[二五六]商所欲之貨，此南北之所以交馳而奔輳者，從可知矣。……戶部勘當欲依范鍔等奏。從之。改板橋鎮為膠西縣，軍額以臨海軍為名。」

按宋於密州置市舶司，於州屬高密縣 板橋鎮置抽解務，以籠南北海上貿易之利，並升鎮為膠西縣，即今膠縣，地在膠州灣西北岸。此為膠州灣居海上貿易上重要地位，明見載籍之始。復考舊五代史一一二周書 太祖紀三，廣順三年條云：

「兩浙弔祭使（略）李知損責授登州司馬。……知損銜命江 浙，所經藩郡，皆強貸於侯伯，為青州知州張凝所奏，故有是命。」

同書一〇七漢書 劉銖傳云：

「移鎮青州。……先是，濱海郡邑，皆有兩浙回易務，厚取民利，自置刑禁，追攝王民。前後長吏利其厚賂，不能禁止。銖即告所部，不得與吳 越徵負，擅行追攝。浙人惕息，莫敢干命。」

又五代史補五契盈屬對條云：

「時（廣順初）江南未通，兩浙貢賦自海路而至青州。」[二五七]

按使兩浙必經青州，又兩浙貢賦自海路至青州，其出海地、著陸地不外密 萊 登三州，而密州最近兩浙，亦最近青州，其奉使者自當取密州道，而入貢者亦以在密州境起運之可能性最大。而觀劉銖傳一條，更知兩浙因進貢而於青 密等州境置回易務，大做走私貿易生意，賺取非法利潤也。由此發展下去，至北宋，密州在南北海運貿易上遂居於極顯著之地位矣。

是則戰國 秦 漢時代瑯邪 即墨在東疆經濟上居有顯著之地位，晉 南北朝時代，長廣郡 不其城尤見為青州與南朝海上進出之基地，五代 吳越在青 密等州之商業活動頻繁；北宋時代，密州 板橋鎮在南北海運貿易上居於極重要之地位，至設市舶司於密州，設抽解務於板橋鎮。凡此前後時代南北海上商貿發達之情形，其集中地皆在今膠州灣東西濱海近處。唐代大珠山既多新羅人聚居，又見爲南航海州，東航新羅之港口，勞山亦有泊舟之紀錄，比對前後歷代史實，大珠山地帶，在唐代亦當爲相當發達之海上交通貿易中心無疑。李洞自述其平生遨遊詩云，「題詩在廣府，【二五八】附舶出青州」，殆即於大珠山 勞山地帶著陸歟？

李洞詩句見其上昭國水部從叔郎中（全唐詩十一函二冊洞集一【二五九】）。

由此看來，膠州灣沿海地帶，在歷代南北海運史上具有甚顯著之地位，則今日青島市之發展固有其歷史之背景矣；而觀前代紀錄，海上船舶往往因風飄至此一地帶著岸，或者季風海流之方向又其發展之一基本因素歟？

（4）海州海口　大珠山南沿海至海州（今東海縣），南北分裂時代，爲沿海軍事重鎮。唐代有蕃客寄寓，蓋多新羅人也。亦可東航日本。

圓仁行記一，開成四年，到海州，有「海州押衙兼左二將十【二六〇】將四縣都遊奕使勾當蕃客朝議郎試左金吾衛張實」銜名，按此帶沿海多新羅僑民，詳赤山浦節，此所謂蕃客，蓋亦多新羅人也。

前大珠山節引圓仁行記一，開成四年，日本使船九隻，在海州議渡海回國路線，新羅水手建議北航至大珠山，再出海東航，而日本船長主張由海州直東渡海，卒從船長議，然因風飄流，仍著大珠山及其以北海岸。此次由海州直向東渡海之舉雖失敗，但可知必先有東渡成功者，故此次日本水手有此擬議也。

按南北分裂時代，東海爲軍事重地，前大珠山節引通鑑，劉懷珍自山陽至東海，進據朐城，至黔陬、不其。又通鑑一七六陳 禎明二年（隋 開皇八年）十一月，隋九路伐陳，【二六一】青州總管燕榮「出東海」。胡注，「此蓋使燕榮以青州之師出朐山，渡海以攻南沙也。」檢隋書七四酷吏 燕榮傳，「伐陳之役，……率水軍自東萊傍海，入太湖，取吳郡。」是以青州之水軍，由東萊傍海至東海，又南至吳郡也。紀要二二淮安府 海州，「州阻海連山，爲南北襟要，六朝時，置重鎮於此，以掣肘索頭南寇之鋒。……蓋水陸交通，可左可右，用兵之際，未始非形勢所關也。王應麟曰，海 泗者，東南之籓蔽，得泗可以取淮北，得海可以收山東。」此雖不限於海道，但據南北海路之衝，固其天然形勢也。

一九八六年十一月二十九日撰成第一二節初稿，十二月七日撰成第三節初稿；一九八七年五月二十五日續撰第四節初稿，並改編增補全篇畢。

【校記】

【一】案本篇標題，嚴師其初擬目時，作：「洛陽鄭汴東通海岱遼東新羅道」（參本卷整理弁言），而原稿本篇封面則書作：「中原洛汴東通海岱遼東新羅道」；原稿第1頁頂端本篇標題，初作：「鄭汴東通海岱遼東新羅道」，其後嚴師又刪去「鄭汴」二字，改作「中原」。抄本本篇封面，有嚴師手寫本篇標題，即作：「中原東通海岱遼東新羅道」，或據原稿第1頁所改而定名；今從之。

【二】案本篇第一節標題原作：「志書所記泰山南北兩幹線」，正文內之標題亦然，但原稿（頁1）此處其後增改作：「根據志書推測泰山南北兩幹線之略程」，今從之，並將正文內第一節標題相應增改。

【三】案本篇第二節之標題，「驛道」後原無「及其支線」四字。但正文內第二節標題，原稿（頁13）及抄本（頁7）於「驛道」後皆有此四字，故此處相應增。

【四】案「繁黟」之「黟」，乃「黟」之筆誤。

【五】案檢校點本通典卷一七七洛州 河南府「東至滎陽郡（鄭州）二百七十里」（頁4651），其校勘記云：「『七』原作『一』，據北宋本改」（頁4680）；殿本同卷同條，正作「二百一十里」（頁939下）。又校點本通典卷一七七鄭州 滎陽郡「西至河南府（洛州）二百七十里」（頁4661），殿本同卷同條（頁941上），同。嚴師撰寫本篇時，校點本通典尚未出版，疑據殿本。此處似漏寫「210」此項數據。

【六】案萬刻本寰宇記卷一四濟州目四至八到條，「西北至濮州一百四十五里」（頁127下）；化龍池版寰宇記同卷同條（葉八），同。然濮州在濟州西南，而非西北。嚴師或以此條方向、里距皆與通典所記異，故不取歟？

【七】案檢校點本通典卷一八〇齊州 濟南郡「西南到濟陽郡（濟州）三百六十六里」（頁4771），殿本同卷同條（頁958上），同。嚴師此處作「360」，疑筆誤；本節下文及第二節內引通典本條，即作「三六六里」。至於同書另一數據「260」，乃濟州東北至齊州之里距；然「260」乃「360」之訛，嚴師於下文已言之，參下第【三六】、【七四】條校記。

【八】案檢萬刻本寰宇記卷一九齊州目四至八到條，「北渡河至棣州三百五十三里」（頁165下），又「東北至棣州二百四十里」（頁166上）；同書卷六四棣州目四至八到條，「西南至齊州二百五十里」（頁499上）。則此處至少漏寫「250」一條。

復案檢點校本元和志卷一〇齊州目八到條，「東北渡河至棣州三百五十里」（頁276），其校勘記引張駒賢考證：「棣州八到云『二百五十』，此誤」（頁288）。同書卷一七棣州目八到條，「西南渡河至齊州二百五十里」（頁497），其校勘記引考證云：「齊州作『三百五十里』，恐誤」（頁507）。則此處至少漏寫「B250」。

【九】案檢萬刻本寰宇記卷六四棣州目四至八到條，「南至淄州一百八十里」（頁499上）；此處似漏寫「180」。

復案檢點校本元和志卷一一淄州目八到條，「北渡河至棣州二百一十里」（頁309）；同書卷一七棣州目八到條，「南至淄州二百一十里」（頁497）。則此處亦漏寫：「B210＋」。

【一〇】案檢校點本通典卷一八〇青州 北海郡「西至淄川郡（淄州）一百二十里」，又「西南到淄川郡（淄州）一百里」（頁4770），殿本（頁957下），同；嚴師此處作「A120，100」，蓋據北海郡目。又校點本通典卷一八〇淄州 淄川郡「東至北海郡（青州）一百二十里」（頁4772），其校勘記云：「『二』原作『八』，據北宋本、傅校本、遞修本、明抄本、明刻本、王 吳本改」（頁4792）；殿本此條正作「一百八十里」（頁958上）。又校點本淄川郡下再有一條，「東北到北海郡（青州）一百里」（頁4772），其校勘記云：「『一』原作『二』，據北宋本改」（頁4792）；殿本此條正作「二百里」（頁958上）。嚴師似據殿本，此處未取淄川郡目此二條數據，或以殿本之「180、200」與「120、100」差距較大，故不錄焉。

復案檢萬刻本寰宇記卷一八青州目四至八到條，「西至淄州一百二十里」，又「西南至淄州一百里」（頁154上）；同書卷一九淄州目四至八到條，「東至青州一百二十里」，又「東北至青州一百里」（頁162下）。則此處蓋漏寫「C120＋，100＋」。

【一一】案檢校點本通典卷一八〇青州 北海郡「東南到高密郡（密州）三百一十九里」（頁4770），其校勘記云：「『高密』原訛『樂安』，今參照中國歷史地圖集第五冊唐河南道圖訂改。『九』原作『二』，據北宋本、傅校本、遞修本、明刻本、王 吳本改」（頁4790）。殿本此條正作「東南到樂安郡三百一十二里」（頁957下）；嚴師或據殿本，故未錄北海郡此條數據。

【一二】案檢校點本通典卷一八〇青州 北海郡「東至東萊郡（萊州）界二百一十六里」（頁4770），同卷萊州 東萊郡「西南到北海郡（青州）界二十九里」（頁4774）。嚴師此處作「A216＋29〔129〕」，其〔129〕謂通典之29里當作129里（萬刻本寰宇記卷二〇萊州四至八到條，「西南至青州界一百二十九里」〔頁177下〕，可證）；此處之「＋」，似爲加減符號之「＋」，而非本圖圖例之「＋」（兩州目所記里數相同）。蓋216里加129里爲345里，正與元和志及寰宇記所記青、萊兩州里距相同。

【一三】案檢點校本入唐求法巡禮行記卷二開成四年（839）九月一日條，「從登州行二百廿里，到萊州」；此蓋「依新羅僧諒賢口說記之」（頁68）。據本篇第二節目文引行記卷二開成五年（840）三月各條數據合計，登萊間則爲二百三十里。

【一四】案檢點校本元和志卷八滑州目八到條，「東南至曹州二百四十里」（頁198）；同書卷一一曹州目八到條，「西北至滑州二百里」（頁291）。此處蓋漏寫「200」。

【一五】案檢校點本通典卷一七七曹州 濟陰郡「西北到靈昌郡（滑州）二百五里」（頁4666）。同書卷一八〇滑州 靈昌郡「東南到濟陰郡（曹州）二百五十里」（頁4756），其校勘記云：「『陰』原訛『陽』，據北宋本、傅校本、遞修本、明抄本，明刻本改」（頁4786）；殿本此條正作「東南到濟陽郡二百五十里」（頁955中）。濟陽郡即濟州，在滑州東北，中隔濮州（濮陽郡）。是殿本此條之「濟陽郡」顯譌，但其方位、里距不誤。嚴師此處之「250」，或指殿本此條數據而言，但已知「濟陽」爲「濟陰」之誤，故以方括號示之。

【一六】案檢點校本元和志卷七汴州目八到條，「東北至曹州二百四十五里」（頁176）；畿輔叢書本同卷（葉一），同。又點校本元和志卷一一曹州目八到條，「西南至汴州二百四十五里」（頁291）；畿輔叢書本同卷（葉一），同。則此處應作：「B245＋」；今作「B240，245」，疑筆誤。

【一七】案檢校點本通典卷一七七曹州 濟陰郡「西南到陳留郡（汴州）二百四十里」（頁4666）。同卷汴州 陳留郡「東北到濟陰郡（曹州）二百四十五里」（頁4662），其校勘記云：「『五』原脫，據北宋本、傅校本、明抄本、明刻本補」（頁4682）；殿本此條正作「東北到濟陰郡二百四十里」（頁941中）。嚴師草此文時，校點本通典雖未出版，但若據殿本，則此處應作「A240＋」。

【一八】案檢萬刻本寰宇記卷一開封府目四至八到條，「東北至曹州二百二十里」（頁20上）；宋本寰宇記同卷同條（頁14下），同。又萬刻本寰宇記卷一三曹州目四至八到條，「西南至東京二百二十二里」（頁120上）。此處似漏寫「222」；抑或以寰宇記所記汴 曹間之里距本有誤（參本節下文），故只錄其卷一之數據歟？

【一九】案檢校點本通典卷一八〇鄆州 東平郡「南至濟陰郡（曹州）三百五十里」，又「西南到濟陰郡（曹州）四百里」（頁4762）；殿本此條（頁956中），同。是鄆州至曹州之里數本目有二條數據，嚴師此處但作「A350」，或以「400」此條數據可疑（通典卷一七七曹州〔濟陰郡〕東北到濟州〔濟陽郡〕亦爲四百里），故不錄歟？

【二〇】案檢萬刻本寰宇記卷二一兗州目四至八到條，「西北至鄆州一百八十里」（頁183上）；同書卷一三鄆州目四至八到條，「東南至兗州一百三十五里」（頁115下）。嚴師未錄「135」此條數據，或以此數字與180、190、200諸數相距較大歟？

【二一】案檢點校本元和志卷七汴州目八到條，「東南至陳州三百一十里」（頁176）；畿輔叢書本同卷（葉一），同。又點校本元和志卷八陳州目八到條，「西北至汴州三百一十里」（頁211）；畿輔叢書本同卷（葉一五），同。是此處應作「B310＋」；今作「B320」，疑筆誤。

【二二】案檢校點本通典卷一七七汴州 陳留郡，無至陳州 淮陽郡之記載。同卷陳州 淮陽郡，「北至陳留郡（汴州）雍丘縣二百二十里」；又「西北到陳留郡（汴州）三百二十里」（頁4668），其校勘記云：「原作『二百三十里』，據北宋本乙改」（頁4684）。殿本此條正作「西北到陳留郡二百三十里」（頁942中）。嚴師若據殿本，則此處止作「A230」，今作「A320，230」，未知何據？

【二三】案檢校點本通典卷一七七宋州 睢陽郡「西南到淮陽郡（陳州）二百八十

里」（頁4664），其校勘記云：「『二』原作『一』，據北宋本、傅校本、明抄本、明刻本、王 吳本改」（頁4682）；又同卷陳州 淮陽郡「東北到睢陽郡（宋州）二百八十里」（頁4668），其校勘記云：「『二』原作『三』，『十』下原有『一』，據北宋本、傅校本、明抄本改刪」（頁4684）。殿本此條正作「東北到睢陽郡三百八十一里」（頁942中）。嚴師此處但作「A381」，似據殿本陳州 淮陽郡目條。

復案檢點校本元和志卷八陳州目八到條，「東北至宋州二百二十五里」（頁211），則此處蓋漏寫「B225」。

【二四】案檢校點本通典卷一七七亳州 譙郡「西至淮陽郡（陳州）二百里」（頁4665）；同卷陳州 淮陽郡「東至譙郡（亳州）二百里」（頁4668）；則此處應作「A200＋」。

復案檢點校本元和志卷七亳州目八到條，「西至陳州二百里」（頁185）；同書卷八陳州目八到條，「東至亳州二百里」（頁211）；則此處亦漏寫「B200＋」。

【二五】案檢校點本通典卷一七七宋州 睢陽郡「南至譙郡（亳州）一百三十里」（頁4664）；殿本同卷同條（頁941下），同。又校點本通典卷一七七亳州 譙郡「北至睢陽郡（宋州）百四十里」（頁4665），其校勘記云：「『睢』原作『淮』，據北宋本改」（頁4682）；殿本此條正作「北至淮陽郡一百四十里」（頁941下）。嚴師此處之「A140」，疑據殿本亳州 譙郡目（蓋已知「淮陽」爲「睢陽」之誤），然亦漏去宋州 睢陽郡目下「130」此條數據。

復案檢萬刻本寰宇記卷一二宋州目四至八到條，「南至亳州西界一百三十二里」，「東南至亳州 譙縣界一百八十里」（頁104下）；宋本寰宇記同卷同條（頁60上），同。此二條數據僅止於州界及縣界，嚴師或以此而不錄歟（本圖宋州與徐州間無「A」之數據〔通典卷一七七宋州 睢陽郡「東至彭城郡（徐州）西界二百十里」〕，或亦以止於州界而不錄歟）？

【二六】案檢萬刻本寰宇記卷一三曹州目四至八到條，「南至宋州一百八十里」（頁120上）。同書卷一二宋州目四至八到條，「西北至曹州二百八十里」（頁105上）；宋本寰宇記此條亦作「二百八十里」（頁60上）。此條數據與通典、元和志及寰宇記曹州目所錄者差距達一百里（或以上），寰宇記宋州目此條之前爲「西南至陳州二百八十里」，則「西北至曹州二百八十里」之「二」，或涉上條而致誤歟？嚴師或以此數據有誤而未錄「280」。

【二七】案檢點校本元和志卷九徐州目八到條，「西北至兗州三百四十里」（頁224）；畿輔叢書本同卷同條（葉二），同。又點校本元和志卷一〇兗州目八到條，「東南至徐州三百四十里」（頁264）；畿輔叢書本同卷同條則作「東南至徐州一百三十里」（葉八）。嚴師此處之「B340」，疑據畿輔叢書本元和志而止取徐州目之數據。

【二八】案「C340，396」此二條數據，見萬刻本寰宇記卷二一兗州目四至八到條（頁182下）；惟同書卷一五徐州目四至八到條，別有「北至兗州三百里」（頁134上）一條，嚴師或以此條數據里數較少而未取歟？

【二九】案檢校點本通典卷一八〇徐州 彭城郡「東至臨淮郡（泗州）三百七十一里」（頁4778），其校勘記云：「『一』原無，據北宋本、遞修本補」（頁4794）；殿本此條正作「東至臨淮郡三百七十里」（頁959中）。嚴師此處作「370」，疑據殿本。

【三〇】案檢萬刻本寰宇記卷一五徐州目四至八到條，「東南至泗州四百六十里」（頁134上）；化龍池版寰宇記同卷同條（葉三），同；與此作「360」異。

【三一】案檢校點本通典卷一八〇沂州 瑯琊郡「西北到淄川郡（淄州）五百三十里」（頁4784）。同書同卷淄州 淄川郡「東南到瑯琊郡（沂州）五百二十里」（頁4772），其校勘記云：「『二』原作『五』，據北宋本改」（頁4792）。殿本此條正作「東南到瑯琊郡五百五十里」（頁958上）。嚴師若據殿本，則此處蓋漏寫淄川郡（淄州）目之數據。

【三二】案校點本通典卷一八〇淄州 淄川郡「去東京一千四百四十七里」（頁4773），其校勘記云：「『七』原作『六』，據北宋本、傅校本、明刻本、王 吳本改」（頁4792）；殿本此條正作「去東京一千四百四十六里」（頁958上）。嚴師此處作「1446」，疑據殿本。

【三三】案檢點校本舊唐書卷三八地理志一河南道 海州，「至東都一千七百五十四里」（頁1445）；殿本（頁731下），同。此處作「1454」，蓋筆誤。

【三四】案「齊、鄆去洛陽里距之差二八〇」句欠安。據上表引元和志，「齊州至洛陽一二〇〇里，鄆州去洛陽九六五里」，兩數之差爲二三五里，較兩州間相距之二八〇里，少四十五里。下文雖證知元和志齊州去洛陽里數「一千二百里」必脫「四十五」三字，但此處亦不得謂「齊、鄆去洛陽里距之差二八〇」。

【三五】案「亦」字衍，蓋筆誤。

【三六】案檢校點本通典卷一八〇濟州 濟陽郡目，「東北到濟南郡（齊州）二百六十里」（頁4759），其校勘記云：「『濟南』原訛『博平』，據北宋本、傅校本、遞修本、明抄本、王 吳本改」（頁4787）；殿本同卷同條，正作「東北到博平郡二百六十里」（頁955下）。嚴師草此文時，校點本尚未出版，然此處據影宋本，謂濟陰郡之「陰」爲「南」之譌，是也。又參本篇第【七】、【三七】、【三八】、【七四】條校記。

【三七】案此處謂「濟 齊間當爲二六〇里」，係據通典博 齊間里距（二九〇，二九八）、元和志鄆 齊間里距（二八〇，寰宇記作二四〇）而「度之」者，此「二六〇里」與下文所證相牴牾。本篇第二節引通典卷一八〇齊（濟南郡）與濟（濟陽郡）兩州去兩京里數以計算其差，證濟 齊間之里距爲三六〇（或三六六）里。然則此處謂「濟 齊間當爲二六〇里」者，或嚴師撰寫本節時之估計，其後在第二節論證濟 齊間之里距爲三六〇（或三六六）里時，此處未暇改正，故與下文不相應。又參本篇第【七】、【七四】條校記。

【三八】案通典卷一八〇記齊州（濟南郡）去洛陽里數爲一三四五里，嚴師此處謂「『三百』當爲『二百』之譌」，蓋本於上段目文估計「濟 齊間當爲二六〇里」而爲言。但本篇第二節論證通典所記齊州（濟南郡）至長安里數之「二一〇八里」乃「二一八〇里」之譌（參本篇腳注4），從而證知濟 齊「兩州間里距三六〇、三六六」爲合，則齊州至洛陽之一三四五里實不誤（本篇第二節引通典此條亦不言數字有誤）。若以齊州至洛陽之一三四五里，減去齊 濟間之里距三六〇里（即嚴師在第二節內所論證之數字），其差亦爲九八五里，「正約濟去洛陽里數」（通典作「九八〇里」）。故上里數表中齊州西至洛陽之「1345」實不誤。嚴師此處謂「『三百』當爲『二百』之譌」，蓋承上段末句「濟 齊間當爲二六〇里」而立論，迨撰寫第二節論證濟 齊間里距爲三六〇（或三六六）里時，此處未暇相應改正。又參本篇第【七】、【七四】條校記。

【三九】案檢點校本新唐書卷六五方鎮表二及吳廷燮唐方鎮年表（北京：中華書局點校本，1980年版）卷二宣武目，汴 宋常屬同一節度使區之固定轄州。據新 表二及吳表卷三感化（即武寧）目，建中三年（782）至興元元年（784）間，嘗置徐 海 沂 密觀察使，治徐州。貞元四年（788），置徐 泗 濠三州節度使（此時海 沂則屬平盧節度使），治徐州；後雖廢又復置，然至永貞元年（805）改曰武寧軍時，皆未嘗領宋州。本段（綱文）下文謂至元和十四年（819）始「分置兗 海 沂 密節度區」，目文內又謂宋州「爲汴 宋 宣武軍節度使領區」，則嚴師此句「而汴 宋則分別屬宣武、武寧兩節度區」之「宋」字，疑係「沂」之筆誤。

【四〇】案今河南省 延津縣之地理坐標爲E114°11'・N35°08'，見地名詞典・河南省，頁235；又參中國地名錄（第2版），頁263。嚴師此處作E113°58'・N35°3'，疑誤記。

【四一】案檢點校本舊五代史卷一梁書 太祖紀一，金隄驛見於光啓二年（886）末敘事中（頁7）。嚴師此處作光啓三年（887），疑誤記。

【四二】案檢全唐文卷六五八白居易此文題，「汴州院官」後有「侍御史」三字（頁8493上）。

【四三】案本篇原稿封面與第1頁之間夾附兩小紙條，其上所錄資料，係與鄭 滑義成軍節度使及鄭 滑巡院有關者，錄之如下。

其一（此小紙條以自來水筆書寫，疑係嚴師年青時所抄錄者）：

「全文七六三沈珣授李業鄭滑節度使契苾通振武節度使制：『鎮臨白馬，介趙 魏之封陲。地控黑山，振羌 渾之衝要。』」

檢全唐文卷七六三沈珣此制（頁10025下），首二句蓋敘滑州形勢之衝要，如嚴師所言：「地控白馬津，爲南北交通」之樞紐也。

其二：

「鄭 滑

都市商業之盛

全文623宋申錫義成節度使李聽德政碑」

檢全唐文卷六二三，止收宋申錫一文，即此義成軍節度使李公（聽）德政碑銘 并序。序內謂李聽「拜義成軍節度使、鄭 滑 潁等州觀察處置等使、兼滑州刺史」，又謂「戎馬之地，……三河之所殷會，四方之所枕帶」，「重裝大賈，通行晝夕；岑熙之犬不驚吠，黃霸之路不拾遺」。

其銘內，又有「商歸市井，農復田疇。甍棟雲羅，轡馬川流」之語。或即嚴師所謂「都市商業之盛」之資料歟？

【四四】案上文所引乃舊 高宗紀，非「舊 李勣傳」。檢點校本舊唐書卷六七李勣傳，「麟德初，東封泰山，詔勣爲封禪大使，乃從駕。次滑州。」（頁2487）無「道經衛南」之記載。然本篇下文又引舊 勣傳，謂勣「居滑州之衛南。麟德初東封泰山，次滑州，武后親自臨問其寡姊」云云；檢舊勣傳，「其姊早寡，居勣舊閭，皇后親自臨問」（點校本，頁2487）。是勣之姊居於衛南故宅，故嚴師此處謂「高宗東封泰山，道經衛南」也。

【四五】案檢點校本通鑑卷二七二後唐 同光元年紀，胡注引杜注，作「杜預註曰」（頁8888），此處作「杜注曰」，蓋省稱。

【四六】案此處所謂校勘記，指點校本元和志卷一一校勘記第〔二二〕條（頁316）。

【四七】案張編地圖集·河南及山東地形、人文圖中之鄄城故治（屬山東省），即今中國地圖集之山東省 鄄城縣治鄄城鎮（E115°30'·N35°34'）；其舊城集即今中國地圖集之舊城鎮（E115°30'·N35°40'），「爲鄄城縣轄鎮，在鄄城鎮北12公里，（今）黃河南岸；從秦至明曾爲縣治、濮州治」（見中華人民共和國地名詞典·山東省〔北京：商務印書館，1994年版。以下簡稱「地名詞典·山東省」〕舊城鎮條，頁471）。至於張編地圖集之濮縣（屬山東省），即今中國地圖集河南省 范縣（E115°29'·N35°54'）轄鎮濮城鎮（E115°22'·N35°43'），「在范縣城西南21公里」，「隋爲濮州治，1913年爲濮縣治」（見地名詞典·河南省濮城鎮條，頁305），在今黃河下游之北。嚴師據紀要及一統志，謂唐 濮州 鄄城縣即舊城集（舊城鎮，E115°30'·N35°40'），是也。

【四八】案「青丘驛」，上兩段綱文作「清丘驛」，此處之「青」，疑筆誤。

【四九】案萬刻本寰宇記卷一四濮州 范縣目，「故顧城，在縣東南二十八里，夏之顧國也。」（頁126下）化龍池版寰宇記同卷同條（葉六），同。此與元和志卷一一濮州 范縣目故顧城條之作「在縣東」微異。

【五〇】案張編地圖集·山東人文圖之范縣故治，即中國地圖集·河南省圖范縣城東南之舊范縣（約E115°41'·N35°49'），又稱舊城，「在范縣城東南21公里，臨黃大堤西側」（見地名詞典·河南省舊城條，頁306）。

【五一】案前文並未引舊書 孝友傳，本節下文始引之，嚴師此處謂「見前引」，疑誤記。

【五二】案嚴師此處據一統志曹州府卷（一八一）及泰安府卷（一七九）敘濮縣（清 濮州）至范縣間、范縣至壽張縣間、壽張縣至東平縣（清 東平州）間之里距，蓋濮縣（清 濮州）及范縣屬曹州府，東平縣（清 東平州）屬泰安府，惟壽張縣則屬兗州府（卷一六五）。檢一統志卷一八一曹州府建置沿革目，范縣「東至兗州府 壽張縣界二十里」（葉五）；同書卷一六五兗州府建置沿革目，壽張縣「西至曹州府 范縣界三十里」（葉五），故嚴師謂「范縣、壽張間五十里」。又壽張縣「東至泰安府 東平州界五十里」（卷一六五葉五）；同書卷一七九泰安府建置沿革目，東平州「西至兗州府 壽張縣界五十里」（葉三），故嚴師云「壽張、東平間一百里」。然則嚴師於上文「曹州府卷」及「泰安府卷」中間，蓋漏寫「兗州府卷」。

【五三】案此處之「志 校記」，指點校本元和志卷一〇校勘記第〔六〕條（頁281）。

【五四】案萬刻本寰宇記卷一三鄆州目，此條作「南北西至度河取朝城縣路……」（頁115下），其「南北西至」四字顯誤；化龍池版寰宇記同卷同條作「西北至渡河取朝城縣路……」（葉三）。嚴師此處作「西北渡河取朝城縣路」云云，是也。

【五五】案此處謂「有錯字」，疑據殿本舊唐書（頁730下）。點校本舊唐書卷三八地理志一鄆州 須昌縣條，其錯字已據寰宇記、新志及通鑑胡注改正（頁1443）。

【五六】案檢國基本紀要卷三三東平州 東阿縣 東阿故城條，此句「明」後有「朝」字，「八年」後有「又」字（頁1450）。紀要稿本此卷雖漫漶，但此條仍可見「明」後有「朝」，「八年」後有「又」（第4冊，頁322）。

【五七】案「陶城鎮」，張編地圖集・山東人文圖作「陶城埠（鎮）」，在陽穀縣東約二十七八公里、東阿縣西約二十公里處（皆直線航距）。嚴師謂在「陽穀縣東約四五十里」，或以華里計算歟？

【五八】案中國地圖集・山東省圖之阿城鎮，今屬陽穀縣，在陽穀縣治陽穀鎮（E115°46'・N36°06'）之東微北25公里，小運河西岸（見地名詞典・山東省阿城鎮條，頁372），其地理坐標爲E116°03'・N36°09'（此據中國地名錄〔第2版〕，頁58，故與嚴師所標示之E116°5'・N36°10'微異）。

【五九】案此處所謂「地典」，疑指臧勵龢等編之中國古今地名大辭典（上海：商務印書館，1931年初版。嗣後續有重印），其東阿縣條，在頁485。

【六〇】案檢地名詞典・山東省平陰縣 舊縣條，舊縣（約E116°15'・N36°06'）今爲鄉名，在平陰縣治平陰鎮（E116°27'・N36°17'）西南27公里，「因處古穀邑之南，曾名南穀。北宋 開寶二年（公元969年）東阿縣治遷此（啓文案，據一統志及紀要，乃開寶八年〔975〕，此處作『二年』，疑誤）。太平興國二年（公元977年）縣治遷利仁鎮（今大吉城）（啓文案，大吉城〔約E116°14'・N36°04'〕在平陰鎮西南30公里），自此南穀名舊縣。原屬東阿縣，1947年劃歸平陰縣」（頁36）。嚴師謂舊縣鎮「即宋初遷治之縣」，是也。

【六一】案萬刻本寰宇記卷一三鄆州 東阿縣 東阿故城條，「在縣西二十里，漢阿縣城，……」（頁118下），「漢」下脫「東」字。化龍池版寰宇記同卷同條，正作「漢 東阿縣城」（葉九），「漢」下有「東」字。

【六二】案元和志（卷一〇）及寰宇記（卷一三）皆謂鄆州 東阿縣「春秋時爲齊之阿地也，漢爲東阿縣」，嚴師據紀要（卷三三），謂唐 東阿縣故城在今阿城鎮（E116°03'・N36°09'）。檢地名詞典・山東省陽穀縣 阿城鎮條，鎮「西北2公里有齊 阿邑故城遺址和古阿井」（頁372）。又檢清葉圭綬續山東考古錄（王汝濤等點注，濟南：山東文藝出版社，1997年版。以下簡稱「點注本續山東考古錄」）卷一九兗州府下陽穀縣目，「周，齊 柯邑，一曰阿邑，一曰東阿」（頁527）。點注者謂齊 柯邑「遺址在今陽穀縣 陽穀鎮東北25公里小運河右岸，阿城鎮西1里處，今稱阿邑故城」（頁503注①）。然則元和志及寰宇記所敘之漢 東阿故城即在此地歟？但志、記皆云「在縣西二十里」，或里數有誤耶？

復案，點注本續山東考古錄卷一九兗州府補遺陽穀縣目引唐書・藩鎮・劉梧傳（啓文案，「梧」乃「悟」之誤植）：「魏師踰河取盧縣，壁阿井城中」，葉氏云，「按：阿井城即漢 東阿縣城，亦可爲唐 東阿非漢治之證」（頁538）。檢點校本新唐書卷二一四藩鎮・劉悟傳，上引傳文斷句作「壁阿井，城中飛語……」（頁6013），「城中」二字下屬。雖然，葉氏謂「唐 東阿非漢治」，正可爲嚴師「唐縣已非漢縣」之旁證。

【六三】案此處作「秦 昭王」，蓋據殿本水經注。楊守敬謂「昭」字衍，見點校本水經注疏卷五河水注楊疏（頁471-472）。

【六四】案「類證」乃「證類」之筆誤。參四庫全書總目提要卷一〇三子部 醫家類 證類本草條。

【六五】案「者」，重修政和經史證類備用本草（宋 淳祐九年己酉〔1249〕張存惠原刻晦明軒本，北京：人民衛生出版社影印，1957年版）卷一六獸部阿膠條，作「煮」（葉一一）。然清 光緒三十年甲辰（1904）武昌 柯氏重校刊本經史證類大觀本草（武昌醫館叢書，北京：中國書店影印，1989年版）同卷同條，則作「者」（葉一一）。

【六六】案「師」乃「士」之筆誤，參篇伍陸洛陽鄭汴南通漢東淮上諸道【校記】第【一〇九】條。

【六七】案檢談愷刻本太平廣記卷三四六劉惟清條，「長慶三年」後有「春」字（葉五）；黃晟刻本同卷同條（頁1000上），同；又點校本太平廣記同卷同條，亦有「春」字（頁2741）。

【六八】案原稿第12與第13頁間夾有一小紙條，係有關長清縣爲交通隘道之資料，今錄之如下：

「長清

新志齊州 長清縣，『西南有四口關，武德中廢。』

元和志一〇齊州 長清縣，『廢四口關在縣西南五十里，後魏置，武德九年廢。』」

【六九】案此處所謂「考證」，指點校本元和志卷一〇校勘記第〔九九〕條所引張駒賢之考證（頁289）。

【七〇】案「青清縣」乃「長清縣」之筆誤。

【七一】案檢點校本通鑑卷二六四唐 天復三年紀，考異所引有唐太祖紀年錄、梁太祖實錄、編遺錄等（頁8610），嚴師此處所引史料，出編遺錄。今作編年錄，或涉考異 紀年錄之「年」字而誤書。

【七二】案若本作二千一百八里（2108里），則與去東京里數（1345里）之差爲七百六十三里（763里）；此處作「七五三里」，疑誤算。

【七三】案「濟陽」乃「濟南」之筆誤。濟州即濟陽郡，齊州乃濟南郡；齊州（濟南郡）在濟州（濟陽郡）之東北，嚴師知影宋本及殿本皆字譌，本欲改作「濟南」，但因筆誤，故此處仍書作「濟陽」耳。

【七四】案校點本通典卷一八〇濟州 濟陽郡目，已改作「東北到濟南郡二百六十里」（頁4759），其校勘記云：「『濟南』原訛『博平』，據北宋本、傅校本、遞修本、明抄本、王 吳本改」（頁4787）。嚴師草此文時，校點本尚未出版，但已判郡名及里數皆譌，則較校點本猶有進者也。參本篇第【七】、【三六】條校記。

【七五】案地名詞典・山東省，龍山爲今章丘縣轄鎮，在章丘縣治明水鎮（E117°31'・N36°42'。啓文案，張編地圖集山東兩圖之章邱縣治綉惠鎮〔即舊章丘，E117°30'・N36°48'〕，在明水鎮北11公里）西16公里，「唐爲全節縣治，……北宋設龍山鎮」（頁29）。萬刻本寰宇記卷一九齊州歷城縣目，「廢全節縣在故東平陵西北十五里」（頁167上）。據上引地名詞典・山東省 章丘縣圖（頁27），龍山鎮東有東平陵故城遺址；同書東平陵故城條，謂遺址「在章丘縣 明水鎮西13公里」，故城「總面積361萬平方米。……漢代重修的城垣殘壁猶存」（頁695）。嚴師據寰宇記及今圖，謂「唐 全節縣即在今龍山或極近處無疑」，極是。龍山鎮之地理坐標，據中國地名錄（第2版），乃E117°21'・N36°43'（頁137），與嚴師所標示者微異。

【七六】案「山川目」當爲「古蹟目」之筆誤。檢一統志卷一六三古蹟目亭山故城條，「在章邱縣西南」，下文即引齊乘，謂「故城在縣東南六十里」云云（葉二）。

【七七】案上段綱文謂長白山即今圖白雲山及其西最高峰摩訶山，檢張編地圖集・山東地形圖，白雲山海拔652公尺、摩訶山海拔810公尺，此處作「910公尺」，蓋筆誤。復檢地名詞典・山東省長白山條，其地理坐標爲E117°31'~117°50'・N36°42'~36°54'，「面積350平方公里」，「西北一東南走向，主要山峰有摩訶山、……白雲山……，一般海拔600米，最高峰沫湖頂海拔826米」（頁481）。

【七八】案此文載於唐史研究叢稿內之題目名稱，乃唐人習業山林寺院之風尙。

【七九】案「隴水」之「隴」，殿本水經注卷八濟水注作「隴」（頁169），楊守敬則謂「隴」乃傳抄之誤，當作「瀧」（見點校本水經注疏，頁753）。

【八〇】案王氏合校所引，蓋據趙氏刊誤。趙氏引淄川縣志之說，熊會貞以爲「出於後世傅會」，不足爲酈注之證（見點校本水經注疏，頁755）。至於趙氏謂漢志北海郡 柳泉縣即濟水注此處之柳泉，尤誤（參上引熊疏）。嚴師謂「唐之古泉驛蓋即因此受名」，蓋指酈注之柳泉口而言。

【八一】案此段引文之「二十里」及「二十五里」，點校本行記卷二開成五年（840）四月三日條，分別作「廿里」及「廿五里」（頁98）；又日本 小野勝年入唐求法巡禮行記の研究第二卷（東京：鈴木學術財團，1966年版。以下簡稱「小野氏研究二」）同卷同條，亦分別作「廿里」及「廿五里」（頁341）；又校註本行記，亦作「廿里」及「廿五里」（頁250）。復檢日本 京都 東寺 觀智院藏本（東京：東洋文庫影印，1926年版。以下簡稱「東本」）卷二，亦作「廿里」及「廿五里」（頁129）。又「臨淄縣」及「淄水驛」之「淄」，惟點校本行記作「緇」（頁98）。

【八二】案張編地圖集山東兩圖之金嶺鎮，中國地圖又稱之爲金嶺回族鎮，「在辛店鎮（張編地圖集亦有辛店之名，E118°18'．N36°48'）西9公里，膠濟鐵路以北側」，「古時爲驛站，唐 乾封時即稱金嶺驛」（見地名詞典．山東省金嶺回族鎮條，頁93）。金嶺鎮之地理坐標，據中國地名錄（第2版），乃E118°12'．N36°48'（頁111），與嚴師所標示者微異。

【八三】案臨濟鎮，中國地圖作臨濟村（約E117°16'．N36°58'），在章丘縣治明水鎮（E117°31'．N36°42'）西北35公里，西距今黃河3.7公里，隋爲朝陽縣（後改爲臨濟縣）治，參見地名詞典．山東省臨濟村條，頁30。

【八四】案張編地圖集山東兩圖之高苑縣治，即今中國地圖集．山東省圖高青縣治田鎮（E117°49'．N37°10'）東南14公里之高城鎮（E117°57'．N37°06'）。「1948年高苑縣與青城縣合併爲高淸縣，縣治遷田鎮」，此高苑縣舊治遂簡稱爲高城（見地名詞典．山東省高城鎮條，頁100 101）。

【八五】案張編地圖集山東兩圖之青城縣治，即中國地圖集．山東省圖高青縣治田鎮（E117°49'．N37°10'）西12公里之青城鎮（E117°42'．N37°11'）。1948年高苑縣與青城縣合併，「置高青縣，以兩縣首字得名」，遷治田鎮（參見地名詞典．山東省高青縣目，頁100）。

【八六】案檢全唐詩四函七冊獨孤及集二，此處詩題中「平盧」之「盧」作「盧」（頁1488下）。平盧軍，見下文。嚴師此處作「盧」，或以盧盧通歟？

【八七】案本篇本節（第二節）上文敘「貞元四年，徙淄 青 平盧節度使治鄆州」時，但謂見新書 方鎮表二，並未言及「平盧軍節度使例加押兩蕃使」云云。抄本（頁20）此句旁有一用鉛筆畫上之大「？」符號，或嚴師複檢此本時，發覺上文未述及加兩蕃使職而置問號於此。實則平盧節度使加海陸運及押兩蕃使之史例，見於本節後文，嚴師或誤記，故此處謂「已詳前總論此道節」耳。

【八八】案「以平爲節度觀察使」句，點校本舊唐書卷一二四薛平傳作「以平爲節度、觀察等使」（頁3526），「觀察」後有「等」字；殿本舊唐書（頁1750下），同。

【八九】案「菲味店」之「菲」，乃「韮」字之誤，參下第【一〇〇】條校記。

【九〇】案「王耨村」之「耨」，此處綱文作「耨」，其下目文則作「㖿」。檢點校本行記卷二開成五年三月十九日條，作「㖿」（頁93）。小野氏研究二（頁304）及校註本（頁240）亦然。東本（頁117）亦作「㖿」。㖿與耨同，嚴師或因今地名王耨店，故此處寫作「耨」。

【九一】案渡膠河後至三嵲（埠）村僅五里，非三十五里，詳下第【九七】條校記。

【九二】案「三嵲村」之「嵲」疑「埠」字之訛，參下第【九六】條校記。

【九三】案「又約二十里至件臺館」此段行程有誤，參下第【九五】條校記。

【九四】案萊州去青州之里距，以圓仁行記卷二所載，只二百八十五里（或二百九十里，因錯行五里），嚴師此處謂「三百四十五里」，蓋據元和志（卷一〇青州目、卷一一萊州目）。但嚴師此處所列，其中兩項數據有誤，詳下第【一〇三】條校記。就嚴師此段綱文所列，自「青州東行三十餘里……」直至「又一十五里至萊州治所掖縣（今縣）」止，所列數據凡十一條，其和亦止三百三十五里或三百四十里。參下第【一〇三】條校記。

【九五】案檢點校本行記卷二開成五年三月「十六日，早朝，常住供喫粥。寺家無飯，各自求食。齋後雨下，不發」（頁93）。小野氏研究二（頁298）及校註本（頁239）同。東本（頁15）亦同。是圓仁此日因雨而未發。嚴師所引「十六日」後由「西北行十五里」直至「時人喚之爲件臺館（啓文案，『件臺館』之『件』，點校本作『伐』，小野氏研究二作『件』，今不論）」之一段行程，乃同年二月廿八日事。其時圓仁從牟平縣（今縣，E121°35'・N37°23'）城東盧山寺發，西北行約四十里至法雲寺（見點校本，頁84；小野氏研究二，頁230；校註本，頁219）。嚴師誤將此段二月廿八日之行程羼入三月十六日中，蓋所據版本錯簡（參下第【一一六】條校記），將二月廿八日之行程誤移入三月十六日內，致綱文於潘村後，誤書作「又約二十里至件臺館，地近海浦」。其實自潘村東北行，若不「錯入密州路」，則行十五里即可到萊州城。

復案，嚴師所據之行記，乃臺北 文海出版社影印者（無出版年份。以下簡稱「文海影印本行記」），凡一百一十四頁，每頁上下兩欄。頁114末，有大正四年（1915）六月卅日高楠順次郎識語，則文海之本子，乃據大日本佛教全書之排印本而影印者也。其「西北行十五里」至「時人喚之為件臺館」，見此本頁52上。又嚴師亦購有點校本及校註本行記各一冊，然未暇以之校正本篇，致此處所引行記之里程有誤耳。

【九六】案「三峼村」，點校本行記卷二開成五年三月十七日條，作「三埠村」（頁93），小野氏研究二（頁299）及校註本（頁239）亦然。惟文海影印本作「三峼村」（頁53下），故嚴師從之。檢東本（頁115），「埠」字左上角不从土而似冫，蓋古鈔本以行書謄寫，故文海影印本作「峼」，然字書似無「峼」字。

【九七】案據行記卷二，圓仁於十七日「齋後發，行卅里，到膠水縣界三埠村 劉清宅宿。……東南去村三十里有膠水縣。十八日，行五里，過膠河渡口。」（點校本，頁93）是圓仁於十七日晚宿於三埠村 劉清家，翌日即起行，行五里，便渡膠河，未嘗往村東南之膠水縣城也。嚴師於綱文中謂渡膠河後「又三十五里至三峼（埠）村」，似誤。

【九八】案「時人喚之為昌國城」句，點校本行記卷二開成五年三月十八日條，無「為」字（頁93），小野氏研究二（頁301）及校註本（頁239）亦然。文海影印本（頁53下）及東本（頁116）亦無「為」。此處之「為」，疑誤衍。

【九九】案「行卌五里」，點校本行記卷二開成五年三月十九日條，作「行『卌』五里」（頁93），校註本則作「行『卌』五里」（頁240）；小野氏研究二所引行記文，亦作「行『卌』五里」，但小野氏之日本譯文，則作「四十五里」（頁304）。文海影印本作「行『卌』五里」（頁54上），故嚴師從之。檢東本，則作「行『卌』五里」（頁117）。是文海影印本及點校本作「卌」不誤。小野氏所引圓仁文，「卌」誤植作「卅」；校註本承此誤，亦錯植作「卅」。

【一〇〇】案「菲味店」之「菲」，點校本行記卷二開成五年三月廿一日條，作「韮」（頁94）；校註本作「韭」（頁241）；小野氏研究二則作「韮」（頁308）。檢東本，作「韮」（頁118）。文海影印本作「菲」（頁54上），但「菲」字外圍似有一圓圈，其下邊圓線適從「非」字底經過，又似「韮」。嚴師此處作「菲」，蓋據文海影印本。

【一〇一】案「行卅里」，點校本行記此處作「行『卌』里」（頁94）；小野氏研究二（頁308）及校註本（頁241）皆作「行『卅』里」。文海影印本作「行卅里」（頁54上），嚴師從之。檢東本，作「行『卅』里」（頁118）。則點校本此處之「卌」蓋誤植。

【一〇二】案據行記卷二所載，開成五年三月十五日，圓仁「出（萊州）城外東南龍興寺宿」；十六日因「雨下，不發」；「十七日平明，發」；至廿一日「到青州府 龍興寺宿」（見點校本，頁92-94）。故青萊間行程實止五日（十七至廿一日）。嚴師所據文海影印本因誤將二月廿八日一段行程羼入三月十六日內，故謂「青 萊間六日程」。

【一〇三】案上綱文謂萊州治所掖縣（今縣）「去青州三百四十五里」，蓋據元和志。若以嚴師所列自青州至萊州各段里程之數據合計，其和爲三百三十五里或三百四十里，見上第【九四】條校記。但若據上引行記卷二所記青 萊間各段里程合計，則青 萊間僅二百八十五里（或二百九十里，因有五里「錯入密州路」）。嚴師「三百二十五里有餘」或「三百四十五里」之數，其中兩項數據有誤：其一，圓仁於三月十六日未出發，嚴師因所據文海影印本錯簡，將二月廿八日之行程誤移入三月十六日內，故綱文「又約二十里至件臺館」，目文「西北行十五里，……傍北海浦行廿餘里，到壹〔臺〕村 法雲寺宿」所載之「廿餘里」乃誤加入者，參上第【九五】條校記。其二，圓仁在十七日晚宿於膠水縣界三埠村 劉清宅，翌日即發，「行五里，過膠河渡口」，實未至在村東南三十里之膠水縣城（參上第【九七】條校記），故綱文渡河後「又三十五里至三崞（埠）村」，實多出三十里。然則圓仁自萊州城（張編地圖集之掖縣，中國地圖集之萊州市治萊州鎮，E119°56'・N37°10'）至青州城（張編地圖集之益都縣，中國地圖集之青州市治益都鎮，E118°21'・N36°41'）所走之路程，似即今日益都鎮東至濰坊市（張編地圖集之濰縣，即唐 北海縣，E119°03'・N36°40'），又東北經昌邑縣（E119°23'・N36°51'），又東北至萊州鎮此一段公路（即煙濰公路）之路程。其里程爲二百八十五里（或二百九十里），與元和志、寰宇記、通典所載之三百四十五里，相差約四十里。今日自濰坊市（唐 北海縣）另有一公路東至平度（唐 膠水縣，E119°56'・N36°47'），乃另一條煙濰公路（參中國分省公路交通地圖集〔北京：中國地圖出版社，1994年第3版〕，頁19），元和志、寰宇記、通典所載青 萊間里距三百四十五里，或指此段自青州（今益都鎮）東行，經北海縣（張編地圖集之濰縣、中國地圖集之濰坊市），又東經膠水縣（今平度縣），然後北上萊州（今萊州鎮）之路線歟？

【一〇四】案通典卷一八〇青州 北海郡但記「東至東萊郡（萊州）界二百一十六里」（校點本，頁4770）；同卷萊州 東萊郡則僅記「西南到北海郡（青州）界二十九里」（頁4774），「二十九里」前當脫「一百」兩字，參本篇第【一二】條校記。

【一〇五】案據行記卷二所載，圓仁所走青 萊間之里程爲二百八十五里（或二百九十里），參上第【一〇三】條校記。

【一〇六】案青 萊間里距之差，不僅在青州、北海間。嚴師因所據文海影印本行記錯簡，誤將二月廿八日一段行程羼入三月十六日內，致有此說，詳上第【一〇二】、【一〇三】條校記。

【一〇七】案檢全唐詩二函三冊，蓬萊鎮詩在賓王集三（頁487下）；嚴師此處作「賓王集二」，蓋筆誤。

【一〇八】案點校本行記卷二開成五年三月二日條，無「西」字（頁86）。文海影印本（頁48上），亦無。檢東本（頁89），亦無（啓文案，東本此頁有錯簡，今不論）。小野氏研究二於「東」下補一「西」字（頁249）；校註本（頁222），同。

【一〇九】案文海影印本行記卷二開成五年三月二日條作「法膜寺」（頁48上），「膜」字下考云：「膜字有疑」，故嚴師於「膜」字後加「？」。點校本作「法照寺」（頁86）；校註本（頁222），同。小野氏研究二亦作「法照寺」，其校勘云：「抄本昭下作火，照之異字」（頁249）。檢東本（頁89），其字雖似「膜」，但左邊偏旁从

「日」，不从「月」，小野氏謂「照」字，是。

【一一〇】案「在丹崖山下也」之「下」疑爲「上」之筆誤。上文引一統志卷一七三登州府古蹟目蓬萊閣條，明云在「丹崖山上」，又謂此閣「舊爲海神廟」，則海神廟在丹崖山之上。而圓仁行記原文敘明王廟謂「臨海孤標」，似亦示此廟非在平地上者。

【一一一】案自芝陽館東行，約七十里始至牟平縣，不止三十里也，詳下第【一一七】條校記。

【一一二】案據圓仁行記卷二所載，牟平縣去登州之里程約一百九十里，不止一百五十里也。參下第【一一九】條校記。

【一一三】案「奮東村」之「東」乃「車」之筆誤，參下第【一一五】條校記。

【一一四】案文海影印本行記卷二開成五年二月廿五日條，此句作「縣行卅里」（頁46下），無「西」字；其「縣」字下考云：「縣下恐脫西字」，故嚴師此處補「西」字。點校本無「西」字（頁84），其校勘記亦引上舉之考語（頁114）。小野氏研究二則於「縣」前補一「從」字，作「從縣行卅里」（頁226）；校註本（頁217），同。檢東本（頁87），亦無「西」字。

【一一五】案「奮東村」，文海影印本行記卷二開成五年二月廿七日條，作「奮車村」（頁47上）。點校本亦作「奮『車』村」（頁84）；小野氏研究二（頁228）及校註本（頁218），並同。檢東本（頁88），亦作「車」。嚴師此處作「東」，蓋筆誤。

【一一六】案「至」，文海影印本行記作「到」（頁47上）。點校本亦作「到」（頁84），小野氏研究二（頁228）及校註本（頁218），並同。檢東本（頁88），亦作「到」。

【一一七】案此句「廬山寺」之「廬」，點校本行記卷二開成五年二月廿八日條，作「盧」（頁84）。文海影印本（頁47上）、小野氏研究二（頁230）、校註本（頁219）皆作「廬」。東本則作「瀘」（頁88）。

復案，點校本（頁84）、小野氏研究二（頁230）、校註本（頁219），記圓仁於二月廿八日在盧山寺喫齋，「村人於堂前同齋。各自所將飯食各自喫。」圓仁於齋「後發，西北行」約四十里至「法雲寺宿」。又謂「館前有二塔」，其一碑文記「造此寶塔云云」。點校本卷二校勘記第〔五八〕條云，「各自所將飯食各自喫」句以下，「至

『造此寶塔云云』，原本錯簡，記入三月十六日事中。……小野亦移改，今從移於此。」（頁114）檢東本，則於「各自所」下已錯簡（頁89），「所」字以下之文字錯簡，出現於頁109內。文海影印本則「各自所」在頁47上，「所」字以下之文字錯簡，出現於頁52上（即本年三月「十六日早朝，常住供喫粥，寺家無飯，各自求食。」之後）。小野氏已改正之，見其行記の研究第二卷頁230。據點校本移改後所記，圓仁齋「後發，西北行十五里，……傍北海浦行廿餘里，到壹村（啓文案，小野氏增改作件臺村）法雲寺宿。知館人了事。臺館本是佛寺，向後爲館，時人喚之爲伐臺館（啓文案，小野氏改作「件臺館」。檢東本〔頁110〕，乃『件』字）」（頁84）。是圓仁此日（二月廿八日）所走之里程爲十五里叉廿餘里，共約四十里。嚴師因所據文海影印本錯簡，將此日行程置於三月十六日上引文字之後，故上綱文謂自潘村東行「叉約二十里至件臺館」，目文則引「西北行十五里」、「傍北海浦行廿餘里」此段行程於三月十六日之下。

【一一八】案「至」，點校本行記卷二開成五年二月廿九日條作「到」（頁85），小野氏研究二（頁241）、校註本（頁221），俱作「到」。檢東本（頁111），亦作「到」。文海影印本作「到」（頁47上），其二月廿九日因錯簡而重出之一段文字（在頁52下），亦作「到」。

【一一九】案牟平至登州之里距，據行記卷二所記，實超過一百八十五里（約一百九十里）。嚴師因所據文海影印本錯簡，少算自牟平縣西行至法雲寺一段約四十里之里程，故謂「少五十里」。實則圓仁所記，較元和志所載只少十餘里耳。

【一二〇】案「到」，點校本行記卷二開成五年三月一日條作「至」（頁85）。小野氏研究二作「到」（頁243），校註本（頁221），同。檢東本，亦作「至」（頁111）。文海影印本作「到」（頁47上），但其三月一日因錯簡而重出之一段文字（在頁52下），則作「至」。

【一二一】案「豎」，文海影印本行記（頁52下）及點校本（頁85）皆作「竪」。小野氏研究二作「堅」（頁243），校註本（頁221），同。檢東本（頁117），此字不从「土」，似非「堅」字。

【一二二】案原稿於「王庭村寺」下加專名號，是此寺名「王庭村」。點校本行記但於「王庭村」下加專名號（頁85）；小野氏研究二之日本譯文，亦謂到王庭村之村寺內宿（頁243）。

【一二三】案「登州」，文海影印本行記卷二開成五年三月二日條，「登」後無「州」字（頁48上）；點校本亦無「州」字（頁86）。小野氏研究二「登」後亦無「州」字，但於「登」前補一「文」字，作「從文登界赤山……」（頁249）；校註本（頁222-223），同。檢東本（頁90），「登」下亦無「州」字。

【一二四】案「少海」，文海影印本行記卷二開成四年六月廿九日條，作「少海」（頁34上）；點校本亦作「少海」（頁63）。小野氏研究二改「少」爲「小」，作「小海」（頁63）；校註本（頁170），同。

【一二五】案龍泉湯今爲村名，在牟平縣治寧海鎮（E121°35'・N37°23'）東南18公里，崑崙山北側（見地名詞典・山東省龍泉湯條，頁168）。

【一二六】案行記敘芝陽館在牟平縣西實不止三十里，開成五年二月廿八日圓仁自牟平縣「西北行十五里」，又「傍北海浦行廿餘里」，故此日約行四十里。嚴師所據文海影印本因有錯簡，將此段行程誤置於三月十六日（參上第【一一七】條校記），故謂芝陽館在牟平縣西三十里，實則館在縣西約七十里處。

【一二七】案芝陽館既在牟平縣（今縣E121°35'・N37°23'）之西約七十里處（見上條校記），則不得在「今牟平、福山之正中間」。牟平、福山間既爲七十五里，則館當約在福山（E121°15'・N37°29'）之東五里，正在芝罘島之南微西。

【一二八】案一統志卷一七三登州府古蹟目牟平舊城條，「在今福山縣界」。檢點注本續山東考古錄卷一一登州府上福山縣目，「牟平縣故城在西北三十里今古縣社（原注：俗作古現），……即漢 牟平無疑」（頁322）。點注者謂「故城即今煙臺市 福山區 福山鎮西北15公里古現鎮」（頁314注②）。又檢地名詞典・山東省，今煙臺市 福山區 福山鎮（即張編地圖集之福山縣，E121°15'・N37°29'）西北15公里磁山腳下，有古現鎮（E121°08'・N37°34'），「曾爲漢 牟平縣城址，故名古縣」，後衍爲今名，「古迹有三十里堡 漢墓群和三十里堡 牟子國故城遺址」（頁141）。

【一二九】案據行記卷二，牟平縣至登州約一百九十里，不止一百五十里也，參上第【一一九】條校記。

【一三〇】案圓仁所記里程非不足，嚴師因所據文海影印本錯簡，二月廿八日少計約四十里，故云「不足」耳，參上第【一一七】、【一一九】諸條校記。

【一三一】案圓仁自赤山至登州一段記程，惟二月廿七日自龍泉村 斜山館西行至輂車村一段未有里程。嚴師謂圓仁所記里數短少約四五分之一，蓋所據文海影印本錯簡，少計二月廿八日一段約四十里之行程耳。

【一三二】案「通路」，萬刻本寰宇記卷二〇登州 文登縣，作「道路」（頁175上）。然化龍池版寰宇記同卷同條，正作「通路」（葉五）。

【一三三】案「必由于此道」句，萬刻本寰宇記無「于」字（頁175上）；化龍池版寰宇記有「于」字（葉五）。

【一三四】案檢大正藏本續高僧傳（No. 2060），僧世傳在卷二六，此卷目錄之校記云，宋本、元本等作卷二八（頁677）。嚴師此處作「二八」，或據宋、元諸本耶？

【一三五】案北海縣西至青州一百三十里，安邱縣東南至密州一百二十里，北海縣南至輔唐縣（即安邱縣）七十三里，三項數據之和乃三百二十三里。嚴師此處作「三百二十七里」，疑筆誤。

【一三六】案楊守敬刪「大樂之山」四字，並於上句「遂登琅邪」前增「二十八年」四字，見點校本水經注疏，頁2264。

【一三七】案寰宇記之瑯琊城，即今琅玡鎮（E119°51'・N35°41'），在膠南市治膠南鎮（即張編地圖集・山東人文圖膠縣南之王哥莊，E119°58'・N35°52'）西南24公里，又曰夏河城（見地名詞典・山東省琅玡鎮條，頁73）。琅玡鎮東南不遠處即爲琅邪臺，今作琅玡臺，在膠南鎮（王哥莊）西南26公里，三面環黃海，今仍有二世瑯琊臺刻石，尙存十三行八十六字云云（見地名詞典・山東省琅玡臺條，頁644）。至於琅邪山之經緯度，嚴師作E119°54'・N35°35'，中國地名錄（第2版）琅玡山條則作E119°53'・N35°48'（頁122）；然地名錄之「48'」顯誤，蓋在琅玡山西北之琅玡鎮（即夏河城），其緯度纔N35°41'，觀中國地圖集・山東省，琅玡山之緯度與在其正西之潮河鎮（E119°30'・N35°38'）略相當，則琅玡山之經緯度似爲E119°53'・N35°38'。嚴師之「N35°35'」，似稍南。

【一三八】案「到」，明刻初印本冊府元龜（香港：中華書局影印，1960年版）

卷一一三巡幸二高宗麟德二年條，作「至」（頁1349下）。

【一三九】案「舊宅」，明刻初印本冊府元龜作「舊居之宅」（頁1349下）。

【一四〇】案檢點校本元和志卷八滑州衛南縣，「西南至州五十五里」（頁199）；畿輔叢書本同卷同條（葉三），同。是衛南縣在滑州之東（微北）五十五里。此處作「五十里」，或取其大數歟？

【一四一】案「行」，文海影印本行記卷二開成四年九月一日條作「從」（頁36下）。點校本（頁68）、小野氏研究二（頁99）、校註本（頁180）亦俱作「從」。此處之「行」，或涉下文「行五百里」而筆誤。

【一四二】案「過」，點校本行記作「從」（頁68）。文海影印本（頁36下）、小野氏研究二（頁99）、校註本（頁180）俱作「過」。檢東本，作「過」（頁39）。

【一四三】案「一百八里」，文海影印本行記（頁36下）、點校本（頁68）俱作「一百八里」，東本（頁39），同。小野氏研究二增補作「一百八十里」（頁99），校註本（頁180），同。

【一四四】案抄本第26頁旁（即本節前文「青州自南北朝以來」一段綱文之旁），貼有一小紙條，上載平盧節度使加押兩蕃使之另一史例，今錄之如下：

「舊二〇上昭宗紀大順二年三月，『以青州權知兵馬留後王師範檢校兵部尚書，兼青州刺史、御史大夫，充平盧軍節度觀察使、押新羅渤海兩蕃等使。』」

【一四五】案「本朝」，文海影印本行記卷二開成五年三月廿八日條，作「本鄉」（頁55下）；點校本（頁96）、小野氏研究二（頁329）、校註本（頁247），並同。東本（頁125）亦作「本鄉」，然其「鄉」字寫來似「卿」。此處作「本朝」，疑筆誤。

【一四六】案原稿第25頁夾有一小紙張，上記青州與渤海交通市易史料一則，可作此條（使臣來往及商貿）之補充資料，今錄之如下：

「舊124李正己傳

為淄青節度使統十五州，『市渤海名馬，歲歲不絕。』

青州與渤海交通市易」

【一四七】案張編地圖集河南兩圖之蘭封縣，即中國地圖集・河南省圖之蘭考縣治城關鎮（E114°48'・N34°49'），參地名詞典・河南省蘭考縣目，頁81-82。

【一四八】案張編地圖集河南兩圖之考城縣，即中國地圖集·河南省圖蘭考縣治城關鎮（E114°48'·N34°49'）東北20公里之堌陽鎮（E114°58'·N34°57'）。大清一統輿圖（即楊守敬唐地理志圖、水經注圖等諸圖之底圖）之考城縣，則爲張編地圖集·河南人文圖考城縣治東南、民權縣治（李壩集）東北之舊考城，亦即中國地圖集·河南省圖民權縣治城關鎮（E115°08'·N34°38'，在老城〔即李壩集〕東南4公里）東北21.5公里之北關鎮（E115°17'·N34°47'）。

【一四九】案檢國基本紀要卷三〇，曹州屬兗州府（頁1341），嚴師此處作「曹州府」，或涉上文引一統志曹州府卷而筆誤。

【一五〇】案檢中國古今地名大辭典濟陰縣條，但云「在今山東 曹縣西北」（頁1280），無里數。

【一五一】案張編地圖集山東兩圖之城武縣，中國地圖集·山東省圖作「成武縣」。

【一五二】案今韓集鎮在曹縣治曹城鎮（E115°32'·N34°49'）西北26公里（見地名詞典·山東省韓集鎮條，頁450），其經緯度，據中國地名錄（第2版），爲E115°21'·N34°59'（頁83）；與嚴師所標示者微異。

【一五三】案「宛朐縣」，元和志卷一一曹州、寰宇記卷一三曹州，皆作「冤句縣」，「宛句」、「宛朐」與「冤句」，蓋一音之轉。

【一五四】案「道」，點校本舊五代史卷二三梁書 賀瓌傳作「運」（頁313）；殿本同卷瓌傳，亦作「運」（頁171上）。

【一五五】案「與瓌接戰」，點校本舊五代史 瓌傳作「與瓌等接戰」（頁313）；殿本（頁171上），同。

【一五六】案元和志卷二一屬山南道，兗州在卷一〇。然兗州於寰宇記則在卷二一，嚴師此處蓋將寰宇記之卷數誤繫於元和志。

【一五七】案「（蘇秦傳作背）」，檢點校本史記卷六九蘇秦傳，作「倍」（頁2258）；殿本史記 蘇秦傳，亦作「倍」（頁902上）。又南宋 黃善夫刻本史記（縮印百衲本二十四史，北京：商務印書館影印，1958年版）蘇秦傳，亦作「倍」（頁776上）。

【一五八】案檢點校本史記卷六九蘇秦傳，下文所引「陽晉，地名，……西南也」，乃索隱引劉氏語（頁2258）。嚴師此處作「集解」，蓋誤記。

【一五九】案原稿（頁74）但作「（今滋陽）」，「陽」字與「）」之間漏空，未寫「西二十五里」。抄本（頁42）則補上（但非嚴師手蹟），是。前二段綱文內即謂瑕丘縣在「今滋陽西二十五里」。

復案，張編地圖集山東兩圖之滋陽縣治，即中國地圖集・山東省圖之兗州縣治兗州鎮（E116°49'・N35°33'）。檢一統志卷一六六兗州府古蹟目，瑕丘故城「在滋陽縣西二十五里」。然點注本續山東考古錄卷一八兗州府上滋陽縣目云，「瑕丘縣故城在東北五里。舊說在縣西二十里，非也。……舊唐志瑕丘下云：『宋置兗州於魯 瑕邑故治，隋因置瑕丘縣。』是隋縣即漢治，歷有明據」（頁479）。點注者謂魯 負瑕邑「遺址在今兗州縣 兗州鎮 兗州老城東北2公里處」（頁480注①）。

【一六〇】案檢地名詞典・山東省，今微山縣治夏鎮（E117°07'・N34°48'，夏鎮亦見於張編地圖集・山東人文圖）西北61公里有仲淺村（約E116°42'・N35°13'），在今南陽湖東岸，泗河入湖口南；「西漢至南朝 宋，任城縣治所在此」（頁249）。復檢點注本續山東考古錄卷二五濟寧直隸州本州目云，「任城縣故城在東南四十里今仲家淺」（頁658）。點注者謂「遺址在今微山縣 夏鎮西北16公里南陽湖東岸魯橋鎮 仲淺村」（頁661注⑥）。據地名詞典・山東省 微山縣圖（頁248），仲淺村在微山縣治夏鎮西北直線航距約60公里處，則「16公里」蓋「61公里」之誤。譚圖及上引地名詞典・山東省之資料，或皆據續山東考古錄，故置漢 任城縣故城於今濟寧（E116°35'・N35°24'）東南三四十里處也。

【一六一】案張編地圖集山東兩圖之濟寧縣，即中國地圖集・山東省圖之濟寧市。檢張編地圖集・山東地形圖，濟寧縣西南、金鄉縣之北，除有數處稍高地區（面積不廣）外，絕大部分為海拔50公尺內之平原，似非山區，亦無高山。復檢地名詞典・山東省濟寧市目，「市境西部屬魯西南黃泛沖積平原，地勢平緩，海拔41-60米」（頁232）；嚴師據ONC-G-10，謂此區為山區，似誤。

【一六二】案「亢城」當為「亢父」之筆誤。

【一六三】案亢父故城確如一統志卷一八三濟寧州古蹟目所言，在州南五十里，但非正南，乃南微西耳。今考古發掘，已知亢父故城「在濟寧市（即清 濟寧州、張編地圖集之濟寧縣，E116°35'・N35°24'）市郊區南22公里，喻屯鄉（E116°31'・N35°13'）城南張村北，洙趙新河與蔡河之間。」「城址大致呈方形，城牆遺迹依稀可見。城東西、南北均長

1200米，南、北、西三面尚有護城河遺迹。……平陰－徐州公路經其側」（見地名詞典・山東省亢父城遺址條，頁694-695）。點注本續山東考古錄卷二五濟寧直隸州本州目，「亢父縣故城在南五十三里」（頁658）。點注者亦謂「亢父邑故址，即今濟寧市區南22公里喻屯鄉城南張村北遺址」（頁661注⑦）。城南張村，見山東省地圖冊（北京：中國地圖出版社，2001年版。以下簡稱「北京版山東省地圖冊」）濟寧市市中區、任城區、兗州市、汶上縣圖（頁75-76），正在喻屯鄉（E116°31'・N35°13'）東南約4公里處。據地名詞典・山東省 濟寧市區圖（頁232），亢父城遺址，正在今南陽湖西岸。嚴師謂亢父在任城縣（今濟寧）西南，蓋草此文時地名詞典尚未出版，未資參考；然謂亢父「當在金鄉東北至任城道中，或相近」，則是也。

【一六四】案此處「郲水注」及下一段目文內「郲水注」之「郲」，點校殿本水經注卷二五（頁503）、大典本（頁479）、趙一清水經注釋卷二五（頁1373），俱作「洙」。

【一六五】案抄本第42頁旁貼有一小紙條，爲嚴師所記有關任城縣之史料，今錄之如下：

「全文350李白兗州任城縣令廳壁記

『其城池爽塏，邑屋豐潤，……故萬商往來，四海緜歷，實泉貨之橐籥，爲英髦之咽喉，……今鄉二十六，戶一萬三千三百七十一。』」

【一六六】案檢全唐詩三函五冊，魯郡堯祠送張十四遊河北在白集一六（頁986下），嚴師謂此詩亦在白集一五，疑誤記。

【一六七】案「具體」，原稿（頁79）作「具体」。檢點校本舊唐書卷一四〇張建封傳，作「具禮」（頁3828）。嚴師或因將「禮」字誤看作「體」，故原稿書作「具体」。

【一六八】案「（今縣）」，原稿（頁80）本作「（今縣）」，後又於「縣」字之上加「東北三里」；其後嚴師又用鉛筆刪去「東北三里」四字。檢一統志卷一六六兗州府古蹟目魯國故城條，謂在「今曲阜縣治」，又云：「按……縣志之古城（啓文案，此古城在曲阜縣城北三里，名古城村，見本條所引縣志），乃唐時之曲阜，非魯城也。」是唐 曲阜縣似在今曲阜縣北三里。然古魯城甚大，今曲阜（張編地圖集曰曲阜縣；中國地圖集曰曲阜市）城區即在故城西南隅，唐及宋初曲阜縣治，即在今曲阜市 周公廟附近（參曲阜魯國故城〔濟南：齊魯書社，1982年版〕，頁215）。故嚴師刪「東北三里」四字是也。

【一六九】案「季孫氏」，點校殿本水經注卷二五沂水注但作「季孫」（頁502），無「氏」字；大典本（頁478）亦無「氏」字。

【一七〇】案張編地圖集・山東地形圖龜母頂海拔1150公尺，但中國地圖集・山東省圖之龜蒙頂則作海拔1156公尺。檢地名詞典・山東省龜蒙頂條，又謂「海拔1150米」（頁492）。復檢北京版山東省地圖冊・平邑縣圖（頁131-132），龜蒙頂海拔1150公尺。又檢另一山東省地圖冊（濟南：山東省地圖出版社，1995年版。以下簡稱「濟南版山東省地圖冊」）臨沂市圖（頁63-64），龜蒙頂之高度，亦作海拔1150公尺。則1150公尺為是。

【一七一】案檢地名詞典・山東省尼山條，「在曲阜市 曲阜鎮東南22公里，曲阜（E116°59'・N35°35'）、泗水（E117°35'・N35°39'）、鄒縣（E116°58'・N35°24'）三縣市交界處」，「西北一東南走向，……面積10平方公里」（頁494）。「尼山又是山東省南部津浦鐵路以東、泗河以南、祊河以西連綿丘陵的總稱」（頁495）。祊河，即水經注卷二五沂水注之治水，其上源曰浚河。檢張編地圖集・山東地形圖，尼山正在泗水縣以南、浚河以西。嚴師此處謂「治水南崖之尼山山脈」，似誤。

【一七二】案張編地圖集・江蘇安徽（地形、人文）圖之東海縣治海州鎮，即中國地圖集・江蘇省圖連雲港（E119°10'・N34°36'）市區西部之海州（E119°08'・N34°34'）。中國地圖集・江蘇省圖之東海縣治牛山鎮（E118°45'・N34°32'）。

【一七三】案此處所謂考證，指張駒賢之考證，見點校本元和志卷一一校勘記第〔四一〕條所引（頁317）。

【一七四】案此處之「海運篇」，似指嚴師原來計劃中所擬撰之第八卷河運與海運（參唐代交通圖考第一卷前之總目錄）。

【一七五】案「由青州泛海船」句，叢書集成初編本南部新書（據學津討原本排印，上海：商務印書館，1936年版）庚薛宜僚條，作「由青州泛海」，「船」字下屬（頁73）。又中華書局上海編輯所排印之南部新書（以學津討原本為藍本，用粵雅堂叢書本校勘，北京：中華書局，

1958年版。以下簡稱「排印本南部新書」）同目同條，亦於「海」字斷句，「船」字下屬（頁81）。

【一七六】案「數日卒」，叢書集成初編本南部新書作「數日而卒」（頁74）；排印本南部新書（頁81），同。

【一七七】案「烏湖島」之「湖」，點校本新唐書卷二二〇東夷 高麗傳作「胡」（頁6195）；殿本同卷（頁2524下），同。

【一七八】案萬刻本寰宇記卷二〇登州 黃縣 大人故城條，作在縣「東北」二十里（頁176上）；化龍池版寰宇記同卷同條（葉八），同。是寰宇記此條之方位與元和志微異。

【一七九】案原稿第25頁附有嚴師所記大人城資料之小紙張，可作補充，今錄之如下：

「冊府498漕運目

『太宗 貞觀十七年，時征遼東。……令太僕少卿蕭銳於河南道諸州轉糧入海。至十八年八月，銳奏稱海中古大人城西去黃縣二十三里，北至高麗四百七十里，地多甜水，山島接連，貯納軍糧，此為尤便，詔從之。於是自河南道運轉米糧，水陸相繼；渡海軍糧，皆貯此。』」

【一八〇】案張編地圖集・山東人文圖之八角口，今為八角村，在福山鎮（即張編地圖集之福山縣治，E121°15'・N37°29'）「西北20公里，八角灣西岸」（見地名詞典・山東省八角條，頁141）。據地名詞典・山東省煙臺市區圖（頁134），八角在古現鎮（E121°08'・N37°34'）正北微東約7公里處，則其經度約與古現鎮相當。嚴師作E121°10'，似稍東。

【一八一】案原稿第25頁附有二小紙張，其上所載，乃宋初使臣屢由登州出發之資料，今錄之如下：

「宋487外國 高麗傳

自宋初國使臣往還屢言道由登州。如淳化四年陳靖『自東牟趣八角海口』，『登舟自芝岡島順風泛大海』。如天禧三年登州言高麗使至秦王水口，覆舟。『往時高麗人往反，皆自登州。（熙寧）七年，遣其臣金良鑑來言，欲遠契丹，乞改塗由明州詣闕。從之。』」

【一八二】案「不」，點校本行記卷二開成四年七月廿三日條作「交」（頁64）；

小野氏研究二則作「不」（頁71），然校註本又作「交」（頁172）。文海影印本則作「不」（頁34下）；檢東本，作「不」（頁29）。

【一八三】案此處之「昕」乃「忻」之筆誤，下文即作「忻」，參下第【一九三】條校記。

【一八四】案「按」，明 弘治、正德間重刻紹定本武經總要·前集（北京：中華書局影印，中國古代科技圖錄叢編初集④，1959年版。以下簡稱「弘正間刊本武經總要·前集」）卷一六登州附見條，作「接」（葉二九）；四庫全書本武經總要（四庫全書珍本初集，上海：商務印書館影印，1934年版。以下簡稱「四庫本」）則作「按」（葉三七），是。

【一八五】案「三韓」，弘 正間刊本武經總要·前集作「二韓」（葉二九）；四庫本作「三韓」（葉三八），是。

【一八六】案「歌」，弘 正間刊本武經總要·前集作「歆」（葉二九）；四庫本作「歌」（葉三八）。

【一八七】案「又」，弘 正間刊本武經總要·前集作「入」（葉二九）；四庫本則作「又」（葉三八）。

【一八八】案「桃花鋪」、「杏花鋪」之「鋪」，弘 正間刊本武經總要·前集作「浦」（葉二九）；四庫本則作「鋪」（葉三八）。

【一八九】案「駱駝灣」之「駝」，四庫本武經總要·前集作「駝」（葉三八）；弘 正間刊本作「馱」（葉二九），馱即馱，馱又與駝通。

【一九〇】案「其」，弘 正間刊本武經總要·全集作「具」（葉二九）；四庫本作「其」（葉三八），是。

【一九一】案「烏湖鎮」，點校本通鑑卷一九九貞觀二十二年四月甲子條，作「烏胡鎮」（頁6256）。

【一九二】案「烏湖鎮」及「烏湖島」之「湖」，點校本通鑑胡注俱作「胡」（頁6256）。

【一九三】案抄本第52頁此條旁，抄手（疑係鄭嫣菱小姐）已代查出崔忻石刻出處，故以鉛筆書：「卷一井闌題名」六字。檢滿洲金石志（羅福頤校錄，臺北：藝文印書館影印，1976年版）卷一井闌題名，即錄此石刻，然原文僅二十九字，嚴師此處所引，文末多一「造」字。參羅氏跋尾（頁62-63）。

【一九四】案檢四庫本齊乘（四庫全書珍本四集，臺北：臺灣商務印書館影印，

1973年版）卷四烏湖戍條，作「二百六十五里」（葉二三），「二」字不誤。宋元地方志叢書（臺北：大化書局影印，1980年初版）第1冊收有清 乾隆四十六年（1781）刊本齊乘，上述之烏湖戍條（頁427下），其「二百六十五里」，印刷斑駁不清，「二」字絕似「三」字。嚴師藏書中，嘗購有此套大化書局影印之宋元地方志叢書，本條腳注謂「三」字形譌，疑即據此本而言（啓文案，宋元地方志叢書影印本齊乘上述「二」字模糊不清，承梁庚堯先生於檢閱本卷整理稿（初稿）時賜示；余因憶及歸田師嘗購有此套大化書局影印本叢書，故在校對本篇時修改本條校記如上，並向梁先生致謝。然梁先生謂「中國地志研究會編印之宋元地方志叢書」云云，此套叢書之原版，余未見，今所據者，乃大化書局重刊本，亦即歸田師所購置者）。北京 中華書局1990年影印出版之宋元方志叢書，第1冊亦收有上述乾隆四十六年刻本之齊乘，其印刷亦不甚清晰，但卷四烏湖戍條（頁581下），則無大化書局影印本之斑駁，「二百六十五里」數字至爲清晰。

【一九五】案「烏湖島」，點校本舊唐書卷一九九上東夷 高麗傳作「烏胡島」（頁5326）；殿本同卷（頁2666上），同。

【一九六】案「烏湖鎭」之「湖」，點校本通鑑作「胡」（頁6256），參上第【一九一】條校記。

【一九七】案「松井等以今隍城島擬之（同上）」句，「隍城島」原作「城隍島」，嚴師其後將「城隍」二字乙正作「隍城」。檢松井等原文，亦謂烏湖島即今城隍島（見滿洲歷史地理第壹卷〔東京：南滿洲鐵道株式會社，大正二年（1913）版〕第六篇隋唐二朝高句麗遠征の地理，頁385）。復檢日本原東亞同文會編支那省別全誌所附山東省全圖（見中國分省地圖〔一九一八年——一九四四年〕，日本 凌雲書房株式會社重印，1981年版），作北城隍島、南城隍島（頁12）。申報中國分省新圖（丁文江等編，1939年第四版）山東圖，但作城隍島（頁30）；張編地圖集・山東地形、人文圖則作北城隍島、南城隍島。然檢大清一統輿圖（中卷東一），則作北隍城島、南隍城島，是原作隍城島。嚴師謂「隍城爲正，城隍倒誤」（見本篇注15），是也。據上引資料，最遲至民國初年時已將隍城誤倒爲城隍。復檢地名詞典・山東省，北隍城島（E120°55'・N38°23'）近似等腰三角形，「東西長2.8

公里，南北寬1.9公里，面積2.5平方公里」（頁547-548）；南隍城島（E120°54'・N38°22'）呈不規則長條形，「長3.1公里，寬1.6公里，面積1.7平方公里」（頁548）。地名詞典・山東省謂北隍城島即唐烏湖島（頁547）。

【一九八】案「周迴百二十步」句，萬刻本寰宇記卷二〇登州蓬萊縣大謝戍條，作「周迴一百二十二步」（頁174上）；化龍池版寰宇記同卷同條，則作「周迴百二十步」（葉三）。

【一九九】案萬刻本寰宇記此句無「興焉」二字（頁174上）；化龍池版寰宇記則有（葉三）。

【二〇〇】案明清之長山島，實包括今北長山島（E120°43'・N37°58'）而言，張編地圖集・山東地形、人文圖承之，只有長山島之名。中國地圖集・山東省圖則細分爲北長山島及南長山島（E120°44'・N37°55'）；然二島間有玉石街連接。南長山島爲廟島群島中最大島，面積12.75平方公里，南距蓬萊頭6.6公里；唐大謝島蓋即南長山島（參地名詞典・山東省北長山島、南長山島條，頁550、551）。

【二〇一】案「出」，國基本紀要卷三六登州府蓬萊縣登州營條作「水」（頁1554）。檢紀要稿本，亦作「水」（第4冊，頁577）。

【二〇二】案弘正間刊本武經總要・前集，「歌」作「歆」，然字書似無「歆」字，當即「歆」字之訛；再譌變而爲四庫本之「歌」。然則此字遞變之迹可瞭然矣。

【二〇三】案地名詞典・山東省南隍城島條，謂南隍城島（E120°54'・N38°22'）即唐之末島云云（頁548）。然紀要卷三六登州府蓬萊縣登州營條引海道考，謂由新開海口北行，至砣磯島，又北至欽、木二島，又北至南半洋、北半洋；嚴師謂南半洋、北半洋即今南隍城島、北隍城島，是；則木島（末島）似非今南隍城島也。

【二〇四】案檢宋會要輯稿蕃夷三之一，太祖建隆四年（963）八月「下詔登州曰：沙門島人戶等地居海嶠，歲有常租，……」，下言免租賦、差役等（頁7711下），是所免者似非專指沙門島一島之人戶。復檢弘正間刊本武經總要・前集卷一六上登州附見條，謂「開寶年（968-976）以前，女真內附，產良馬，通中國貿易，詔登州大謝島等人戶（啓文案，四庫本此句作『詔登州大謝島人戶等』（葉三八））特免地租」（葉二九），可證免地租等包括大謝島、鼍、歆等新唐志所言之諸島也。

【二〇五】案張編地圖集・山東地形、人文圖中之小黑山島，並非中國地圖集・山東省圖之北長山島，二者有別。今所見一般中國地圖集（如中華人民共和國地圖集、中華人民共和國分省地圖集〔第5版〕等）之山東省圖，在蓬萊市治登州鎮（E120°45'・N37°48'）以北之海島，皆只標示南長山島、北長山島、大黑山島、廟島（在南長山島西、北長山島西南）等，卻無小黑山島之名；而張編地圖集・山東人文圖中卻有長山島、小黑山島、大黑山島、廟島等，而無北長山島之名；故嚴師遂以爲中國地圖集之北長山島即張編地圖集之小黑山島。檢地名詞典・山東省 長島縣圖（頁169），北長山島與小黑山島各別。小黑山島（E120°39'・N37°58'）正處於大黑山島（E120°37'・N37°58'）與北長山島（E120°43'・N37°58'）之間，「西距大黑山島1.3公里，東距北長山島3公里」，「面積1.2平方公里」，較北長山島之面積7.8平方公里爲小（參地名詞典・山東省小黑山島、北長山島條，頁550）。復案地名詞典・山東省廟島條，謂廟島（E120°41'・N37°57'）即宋之沙門島云云（頁550）。

【二〇六】案檢地名詞典・山東省北長山島條，其經緯度爲E120°43'・N37°58'（頁550），則嚴師所標示之E120°43'・N37°59'，蓋指今北長山島而言。

【二〇七】案檢中國地名錄（第2版），杏樹屯之經緯度爲E122°09'・N39°17'（頁259）；據中國地圖集・遼寧省圖，杏樹屯東北約二十公里有李家屯，其經緯度爲E122°17'・N39°23'（見中國地名錄〔第2版〕，頁125），則嚴師所標示杏樹屯之緯度似稍北。

【二〇八】案檢滿洲金石志卷六，羅氏所錄之碑文，此句無「小」字（頁576）。

【二〇九】案羅氏所錄碑文，此句「也」作「已」（頁576）。

【二一〇】案嚴師此處所引行記，乃撮要之文。檢點校本行記卷二開成四年四月廿六日條，云：「新羅人卌餘騎馬乘驢來，云：『押衙潮落擬來相看，……』……不久之間，押衙駕新羅船來。」（頁56）文海影印本（頁30）、小野氏研究二（頁13）、校註本（頁155-156），並同。

【二一一】案「以充粥飦」，點校本行記卷二開成四年六月七日條，作「以充粥『飯』」（頁62）；文海影印本則作「以充粥飦」（頁33下）。小野氏研究二作「以『宛』粥『飦』」，其校語謂「飦」乃「飯之俗字」，是；而其日文譯文「宛」又作「充」（頁50），則「宛」乃誤植。然校註本仍作「以『宛』粥『飯』」（頁166），未改正。檢東本，作「以『充』粥『飦』」（頁22），其「充」字雖係行書，但似非「宛」字，若作「以宛粥飯」，於文義難通。

【二一二】案「太史」，文海影印本行記作「太使」（頁33下）；點校本作「大使」（頁62）。小野氏研究二亦作「大使」，其校語云：「抄本作太，前文作大，仍從大」（頁50）；校註本（頁166），同。檢東本（頁23），作「太使」如小野氏所言。嚴師此處作「太史」，「史」字疑筆誤。

【二一三】案「灾（交？）關船」，文海影印本行記卷二開成四年六月廿七日條，作「灾關船」（頁34上），其「灾」字下考云：「灾恐交字」。故嚴師此處「灾」後加「（交？）」。點校本作「交關船」（頁63）；小野氏研究二亦作「交關船」（頁59），其校語謂「交，抄本似灾」，故改作「交」（頁60）；校註本（頁169），同。檢東本（頁25），此字雖似「灾」，但其下半似从大而非从火；而「關」字則似「開」。

【二一四】案「且〔赤？〕山浦」，文海影印本作「旦山浦」（頁34上），其「旦」字下考云：「旦或赤字」。嚴師此處之「且」，疑本作「旦」，但書寫時第二筆之直勾與最後一筆之橫線相連，故似「且」字。點校本作「『旦』山浦」（頁63），其校語云：「『旦』，全書本考云：或作『赤』」（頁110）。小野氏研究二亦作「旦山浦」（頁59），其注釋謂或赤山浦之誤（頁61）。校註本亦作「旦山浦」（頁169），但無注釋。檢東本（頁25），似「旦」字。

【二一五】案「米」，文海影印本行記卷二開成四年七月十六日條，作「米」字（頁34下）。點校本亦作「米」（頁64）。小野氏研究二亦作「米」（頁67），其校語謂「抄本似未字，暫擬米」，又謂「或来字之誤」（頁68）。校註本則逕改作「來」（頁171）。檢東本（頁28），似「米」而不似「来」。

【二一六】案點校本行記卷二開成四年七月廿一日條，此句「泊」後有「此」字（頁64）。小野氏研究二（頁69）及校註本（頁171），並同，俱有

「此」。檢東本（頁28），亦有「此」字。文海影印本之「此」字模糊不清，似有若無（頁34下），故嚴師未錄「此」字。

【二一七】案文海影印本行記卷二開成四年七月廿三日條，「知」前有「便」字（頁34下）；點校本（頁64）、小野氏研究二（頁71）及校註本（頁172），並同，皆有「便」。檢東本（頁29），亦有「便」字。

【二一八】案「弔」，點校本行記卷四大中元年（847）閏三月十日條作「予」（頁199）。小野氏入唐求法巡禮行記の研究第四卷（東京：鈴木學術財團，1969年版。以下簡稱「小野氏研究四」）作「吊」，其校語謂「抄本作予，以意改之，或可作弔」（頁278）；校註本仍作「予」（頁505）。文海影印本則作「弔」（頁110下）。

【二一九】案「紫金魚袋」，文海影印本行記作「緋魚袋」（頁110下）；點校本（頁199）、小野氏研究四（頁278）及校註本（頁505），並同，皆作「緋魚袋」。

【二二〇】案「十」，點校本行記卷四會昌五年（845）八月廿七日條作「軍」（頁194）。文海影印本（頁107下）、小野氏研究四（頁230）及校註本（頁491），皆作「十」。

【二二一】案「赤浦」，文海影印本行記卷四大中元年九月二日條，作「赤浦」（頁112上）；點校本（頁202），同。小野氏研究四於「赤」後補「山」字，作「赤山浦」（頁306）；校註本（頁514），同。

【二二二】案「面」，文海影印本行記（頁112上）及點校本（頁202），皆作「面」。小野氏研究四作「南」（頁307），校註本（頁515），同。

【二二三】案「少海」，文海影印本行記卷二開成四年六月廿九日條作「少海」（頁34上）；點校本（頁63），同。小野氏研究二改作「小海」（頁63）；校註本（頁170），同。參上第【一二四】條校記。

【二二四】案「連接」，文海影印本行記作「接連」（頁34上）；點校本（頁63），同。小野氏研究二（頁63）、校註本（頁170）亦皆作「接連」。本篇第二節引行記卷二此條，亦作「接連」。此處作「連接」，蓋筆誤。

【二二五】案「莫邪島」，文海影印本行記作「莫耶嶋」（頁34上）；小野氏研究二（頁63），同。點校本則作「莫耶島」（頁63）；校註本（頁170），同。本篇第二節引行記卷二此條，作「莫耶嶋」。「嶋」即

「島」，「耶」與「邪」通。

【二二六】案「方可上歸國」，文海影印本行記卷四會昌五年七月三日條，作「方可上船歸國者」（頁104下）；點校本（頁189）、小野氏研究四（頁195）、校註本（頁480），並同。此處「上」後疑漏寫「船」字。

【二二七】案「剗村」之「剗」，文海影印本行記卷二開成五年二月十四日條作「剗」（頁43上）；然點校本作「劉」（頁79），小野氏研究二（頁197）、校註本（頁208）俱作「劉」。檢東本（頁71），似爲「劉」字之行書，其字形與同年三月十七日條「到膠水縣界三埠村 劉清宅宿」（頁115-116）之「劉」字同，左邊偏旁似非「登」字。

【二二八】案「十」，點校本行記卷四會昌五年七月三日條作「軍」（頁189）。文海影印本（頁104下）、小野氏研究四（頁194）、校註本（頁480），皆作「十」。

【二二九】案「薛」，文海影印本行記（頁104下）、點校本（頁189），皆作「薛」。點校本之校語云：「『薛』原作『薩』，全書本作『薛』，據改」（頁208）。小野氏研究四亦作「薛」，但誤植作「薜」（頁194）；校註本則改正作「薛」（頁480）。

【二三〇】案「剗〔劉〕慎言」，文海影印本行記作「剗慎言」（頁104下）；點校本則作「劉慎言」（頁189）。小野氏研究四（頁194）、校註本（頁480）亦俱作「劉慎言」。

【二三一】案「隅〔遇？〕」，文海影印本行記卷四會昌五年七月九日條作「隅」（頁105下）；點校本作「遇」（頁191），其校語云：「『遇』原作『隅』。全書本考云：『隅』恐『遇』字。丙子本作『遇』，今據改」（頁209）。小野氏研究四仍作「隅」，其校語云：「案遇或偶之誤」（頁208）。校註本同，亦作「隅」（頁484），其校語與小野氏同，謂「可能爲『遇』或『偶』之誤」（頁485）。

【二三二】案原稿（頁108）此句作「六年二年四月在文登」，「二年」兩字，蓋誤衍。抄本（頁61）將此句抄作「六年二月四日在文登」。檢行記卷四，圓仁於會昌五年（845）八月廿四日已「到文登縣」，準備「自覓舟，却歸本國」（點校本，頁194；文海影印本，頁107下）；其時正值會昌滅法，故仍留於文登過冬。嚴師此處謂「四月在文登」，是也。但行文時誤衍「二年」兩字。抄本中，抄手將此句抄改作「六年二月四日在文登」，反誤。蓋行記卷四無會昌六年（846）二月四日條；且下文之「廿七日」，正承上句四月而言，非指二月也。

【二三三】案中國地圖集・山東省圖之膠南縣治王哥莊（E119°58'・N35°52'），即張編地圖集・山東人文圖膠縣南之王哥莊。張編地圖集但有膠縣，無膠南縣。膠南縣係1946年析膠縣南部置者，1990年又撤縣置市，其縣治王哥莊今又曰膠南鎮（參地名詞典・山東省膠南市目，頁71-72）。

【二三四】案大珠山並非在今靈山衛附近，張編地圖集及中國地圖集皆無大珠山之名，故嚴師以爲大珠山約在今靈山衛。檢地名詞典・山東省 膠南市圖（頁72），則大珠山與小珠山之地理位置顯然。大珠山在膠南市南部，大珠山鎮（在膠南鎮〔即王哥莊，E119°58'・N35°52'〕南6公里，大珠山北麓）之南直線航距約3公里、張家樓鄉（又稱張家樓集，E119°52'・N35°48'）之東微南直線航距約6.5公里處，其地理坐標約E119°58'・N35°46'，山勢西北一東南走向，主峰大寨頂，海拔486公尺。小珠山則在膠南市東北部，靈山衛鎮（E120°08'・N35°56'）西北，膠南鎮（王哥莊）之東北，其地理坐標約E120°06'・N35°57'，爲膠南市與青島市 黃島區界山；山勢東南一西北走向，面積約35平方公里，主峰大頂，海拔724公尺（參地名詞典・山東省大珠山、小珠山條，頁508-509）。北京版山東省地圖冊・膠南市圖（頁19-20）則標示大珠山及大頂，前者海拔486公尺，後者海拔724公尺。嚴師謂在今靈山衛者，其實乃小珠山也。參附篇十齊長城地理考略【校記】第【四一】、【四二】條。

【二三五】案「六」當爲「八」之筆誤。檢雅雨堂叢書本封氏聞見記（叢書集成初編，上海：商務印書館，1936年版。以下簡稱「雅雨本」），下文所引之「二朱山」條在卷八（頁96-97）。又趙貞信封氏聞見記校注（北京：中華書局，1958年版。以下簡稱「校注本」），「二朱山」條亦在卷八（頁65-66）。

【二三六】案雅雨本（頁96）及校注本（頁65），此條名稱皆作「二朱山」。二朱山，謂大朱山及小朱山也。

【二三七】案「朝發樓臺」，雅雨本（頁97）及校注本（頁66），「發」後皆有「兮」字。

【二三八】案「根餘山」，雅雨本（頁97）及校注本（頁66），皆作「根余山」。

【二三九】案「音」，雅雨本（頁97）及校注本（頁66）俱作「聲」。

【二四〇】案駮馬浦，或作「駐馬浦」，參下第【二四五】條校記。

【二四一】案本條「（3）大珠山及其東通新羅海道」，自綱文「大珠山（約今膠南縣東濱海靈山衛E120°8'・N35°55'）」起，直至目文此處「不但」爲止一段文字，係據原稿（頁109之續）新增入者，抄本無。

【二四二】案「張寶亮」，點校本行記卷一開成四年四月二日條，作「張寶高」（頁38）。小野勝年入唐求法巡禮行記の研究第一卷（東京：鈴木學術財團，1964年版。以下簡稱「小野氏研究一」）亦作「張寶高」（頁476），其校語云：「高，抄本似亮，以意改之」（頁477）。校註本亦作「張寶高」（頁135）。文海影印本則作「張寶亮」（頁23下）。

【二四三】案文海影印本行記卷一開成四年四月三日條，此二句作「第二三五七九等船，從此過海」，其「船」字下考云：「船，東本無」（頁24上）；點校本無「船」字（頁39），其校語云：「全書本『等』下有『船』字」（頁53）。小野氏研究一則增「船」字，謂「以意補之」（頁481）；校註本從之，亦增「船」（頁136）。嚴師此處似漏寫「等」字。

【二四四】案「其他八船」，文海影印本行記卷一開成四年四月十一日條，作「其八隻船」（頁27下）；點校本（頁44）、小野氏研究一（頁513）、校註本（頁146），並同。

【二四五】案「駮馬浦」，點校本行記卷四大中元年閏三月十七日條作「駐馬浦」（頁199）。文海影印本（頁111上）、小野氏研究四（頁284）、校註本（頁507），俱作「駮馬浦」。

【二四六】案張編地圖集・山東地形圖，嶗山海拔1130公尺，然中國地圖集・山東省圖，嶗頂海拔1133公尺。檢地名詞典・山東省嶗山條，其地理坐標爲E120°20'~120°43'・N36°03'~36°26'，面積390平方公里，「主峰巨峰，又名嶗頂，海拔1133米」（頁504）。

【二四七】案「長江」，文海影印本行記卷四大中元年六月九日條，作「江長」（頁111下）；點校本（頁200）、小野氏研究四（頁291）、校註本（頁509），並同，皆作「江長」。嚴師此處作「長江」，蓋筆誤。

【二四八】案「探」，點校本新唐書卷二〇四方術 姜撫傳作「求」（頁5812）；殿本新唐書同卷（頁2323下），同。

【二四九】案「歸至郡台」，思溪藏本法顯傳（北京：文學古籍刊行社影印，1955年版），作「歸至郡治」（頁107）；又章巽法顯傳校注（上海：上海古籍出版社，1985年版），亦作「歸至郡治」（頁173）。章氏於「治」字未作校注，似諸本皆作「治」。嚴師此處作「台」，疑筆誤。

【二五〇】案晉 義熙十二年歲次丙辰（416），甲寅則爲義熙十年（414）。法顯抵青州 長廣郡界牢山南岸爲義熙八年（壬子，412）。法顯傳末所記「是歲甲寅」，「係法顯紀錄紀行完竣之年」（見法顯傳校注，頁178注〔11〕引足立喜六語），而「晉 義熙十二年」則爲跋文之首句。嚴師謂「是歲甲寅，晉 義熙十二年」者，蓋有等版本（如上引思溪藏影印本，頁108）此二句連寫，未曾分出故也（參法顯傳校注，頁178注〔11〕）。

【二五一】案「太乙」，點校本漢書卷二八上地理志上琅邪郡 不其縣條，作「太一」（頁1585），王先謙漢書補注亦作「太一」（頁751下）。嚴師此處作「太乙」，蓋「太乙」即「太一」也。

【二五二】案張編地圖集山東兩圖及中國地圖集・山東省圖，皆無不其社之名。嚴師謂不其城在「今即墨西南不其社」，蓋據一統志（見一統志卷一七四萊州府古蹟目不其故城條）。點注本續山東考古錄卷一四萊州府下即墨縣目亦云，「不其縣故城在西南二十七里今不其社」（頁389）。點注者云，「遺址在今青島市 嶗山區駐地北16公里半城陽鎮北側」（頁392注②）。檢地名詞典・山東省 青島市區圖（頁42），今青島市 嶗山區治李村鎮（E120°25'・N36°09'）西北十七公里有城陽鎮（E120°22'・N36°17'，城陽之名亦見張編地圖集・山東人文圖），「以居西漢 不其縣城之陽得名」，附近「有不其縣城遺址」（頁56）。城陽鎮正在今即墨市治即墨鎮（E120°27'・N36°23'）西南，疑即一統志之不其社也。

【二五三】案檢點校本通鑑卷一三二宋 明帝 泰始四年（468），「慕容白曜圍歷城經年，二月，庚寅，拔其東郭；癸巳，崔道固面縛出降。」（頁4144）是本年二月白曜已得歷城。嚴師此處謂「三月，魏圍崔道固於歷城」者，蓋以「三月」領下文「上遣道固兄子僧佑」云云耳。

【二五四】案抄本第61頁後夾有四小紙張，係從高僧傳中錄出兩條史料，分別記錄東萊郡及長廣郡爲出海港口之資料。今綜合錄之如下。

其一條：

「青州 東萊郡爲海口

僧傳2佛馱跋陀羅傳

『迦維羅衛人，……至交趾，乃附舶循海而行。……至青州 東萊郡，聞鳩摩羅什在長安，即往從之。』」

另一條：

「長廣郡爲出海港口

僧傳2曇無讖傳末

『宋 太祖資給，遣沙門道普，將書吏十人西行尋經。至長廣郡，舶破傷足，因疾而卒。臨終歎曰，涅槃後分與宋地無緣矣。』」

檢大正藏本高僧傳（No. 2059）卷二曇無讖傳，「臨」前有「普」字（頁337上）；又校注本高僧傳（湯用彤校注，北京：中華書局，1992年版）同卷同目（頁80），同。

【二五五】案檢清 光緒七年（1881）浙江書局刊本續資治通鑑長編（上海：上海古籍出版社影印，1986年版。以下簡稱「浙本長編」）卷四〇九哲宗元祐三年三月乙丑條，此處但作「販到香藥」（頁3872上），「香」前無「諸」字。點校本續資治通鑑長編（北京：中華書局，第二十八冊，1992年版。以下簡稱「點校本長編」）同卷同條，亦無「諸」字（頁9956）。嚴師此處作「諸香藥」，「諸」字蓋涉下文「諸雜稅物」而誤衍。

【二五六】案「番」，浙本長編作「蕃」（頁3872下）；點校本（頁9956），同。蕃番通。

【二五七】案五代時兩浙與青州之貿易，原稿第1頁前附有一小紙張，上記兩浙與青州茶貨貿易史料，可爲補充，今錄之如下：

「浙西與青州茶貿易

冊府484經費目

『梁 太祖 開平二年十一月，兩浙節度使奏，差使押茶貨往青州迴變供軍布衫送納。』」

檢明刻初印本冊府元龜此條，「衫」下有「段」字（頁5792）。

【二五八】案檢全唐詩十一函二冊李洞上昭國水部從叔郎中，此句作「題詩在瓊府」（頁4302下）。嚴師此處作「廣府」，蓋筆誤。

【二五九】案李洞此詩在洞集二（頁4302下），嚴師此處作「洞集一」，蓋筆誤。

【二六〇】案「十」，點校本行記卷一開成四年四月七日條作「軍」（頁42）。文海影印本（頁26下）、小野氏研究一（頁499）、校註本（頁141），皆作「十」。

【二六一】案檢點校本通鑑卷一七六陳 禎明二年（588）十月「甲子，隋以出師，有事於太廟」，下敘命伐陳各將自某地出師，凡八路（頁5497-8）。復檢點校本隋書卷二高祖紀下，開皇八年（588）十月，命各將自某地出師，亦凡八路（頁31）。嚴師此處謂「九路伐陳」，疑誤記。

附篇十　齊長城地理考略[一]

水經注二六汶水注引竹書紀年云：

「晉 烈公十二年（B.C.408），[二]王命韓 景子、趙 烈子、翟員伐齊，入長城。」

「梁 惠成王二十年（B.C.351），[三]齊築防以爲長城。」

是齊築長城必在B.C.408之前，至少數年或一二十年，其後續有增築，非一時成之也。按周 烈王二十三年（B.C.403）韓 趙 魏始列爲諸侯，在齊有長城之後，則齊築長城不能遲於春秋 戰國之際。復考左傳一六襄公十八年（B.C.555），晉侯會諸侯之師伐齊，「齊侯禦諸平陰，塹防門而守之廣里。……諸侯之師[四]門焉。」此防門即下文所考長城西端進出之門，雖不能即視爲長城，但可能爲長城工程構想之萌芽，時在春秋獲麟絕筆之前七十四年，孔子卒前之七十六年，則齊國築長城以禦敵之觀念，可能甚早。紀元前408年齊既已有長城，疑其始建或當不能遲於紀元前五世紀中期歟？其時越國正強，楚國亦盛，北逼齊國南境，故齊築長城以自保，固有可能也。但不論如何，皆當在春秋 戰國之際，當據當時國際形勢續詳論之。

管子 輕重篇丁，「長城之陽，魯也；長城之陰，齊也。」按此雖不足據以定長城建築之時代，但實爲今存言齊 長城地望走向之最早者。其次則續 郡國志三濟北國 盧縣「有平陰城。有防門。……有長城，至東（疑『至東』當作『東至』）海。」又史記 楚世家頃襄王十八年，裴駰集解，「濟北 盧縣有長城，東至海也。」此較管子所言地望走向更明，平陰即長城之西端也，其地正即齊 魯接境地區。長城界隔齊 魯者，當就齊 長城之西段言；其東段，則爲隔絕齊 楚而建置者，見下文引史記正義所引太山郡記，然亦可能本爲隔絕齊 越而建置者，楚滅越，爲齊 楚界矣。

關於齊 長城之起迄[五]所經，史記正義引諸書述之最詳云：

「太山郡記云：太山西北有長城，緣河徑太山千餘里，至琅邪臺入海。齊記云：齊 宣王乘山嶺之上，築長城，東至海、西至濟州千餘里以備楚。括地志云：長城西北起濟州 平陰縣，緣河歷太山北岡上，經濟〔淄〕州 淄川即〔縣〕西南、[1] 兗州 博城縣（今泰安東南不遠）[2] 北，東至密州 瑯邪臺【八】入海。蓟代記云：齊有長城巨防，足以爲塞也。」（楚世家頃襄王十八年「還蓋長城以爲防」條）

「齊 長城西頭在濟州 平陰縣。太山記云：（與上條引太山郡記同，從略。）括地志云，所侵處在密州南三十里。」（趙世家成侯七年「侵齊至長城」條。按此即謂密州南三十里有長城故蹟。）

其他諸地書，亦屢見齊 長城之記載，如水經注八濟水注云：

「濟水又北，逕平陰城西。……平陰城南有長城，東至海，西至濟河，道所由名防門，去平陰三里。齊侯塹防門，即此也。」

下文又云：

「隴水【九】（今孝婦河）南出長城中，北流至般陽縣故城（今淄川）西南，與般水會。水出縣東南龍山，……西北逕其城南，……應劭曰，縣在般水之陽，故資名焉。其水又南屈，西入隴水。隴水北逕其縣西，北流，……又西北至【一〇】梁鄒縣故城（今鄒平北，實東北）南，又北屈逕其城西，……北注濟。」

同書二六汶水注，經云：「汶水出朱虛縣 泰山。」（按此即巨洋水注之東小泰山，亦即周禮 職方氏青州鎮山之沂山，詳趙釋。）注云：

「山上有長城，西接岱山，東連琅邪巨海，千有餘里，蓋田氏之所造也。竹書紀年（晉 烈公、梁 惠成王時兩條，已引見前文，茲不複錄。）……

---

1 括地志輯校三頁144，改「川」爲「州」，而「濟」字不改。按長城起平陰縣東北，平陰爲濟州最東境，長城實不經濟州。且先云「歷太山北岡上」，後云「經濟州」，尤不合。故疑「濟」當作「淄」，謂經淄州 淄川縣西南境，兗州 博城縣北境耳。此條皆州縣並舉，不單言州，尤爲明證。又按此條前後言縣皆加「縣」字，「即」乃「縣」之譌文。

2 一統志泰安府卷古蹟目博縣城條，【六】在府東南，宋 開寶中移縣於岱嶽鎮，此城遂廢。按始皇紀二十八年，遂上泰山。正義：「泰山一曰岱宗，……在兗州 博城縣西北三十里。」則博城故城在今泰安東南必不遠。【七】

史記所謂齊威王越趙侵我，伐長城者也。伏琛、晏謨並言，水出縣東南峿山，山在小泰山東南【一一】者也。」（王校引刊誤，列舉史記齊長城事。）

通典一八〇州郡：

濟州平陰縣，「故長城首起縣北。」

淄州淄川縣，「古齊長城。」

密州諸城縣，「古齊長城東南自上大朱山起，盡州南界二百五十里。」[3]

元和志一〇濟州平陰縣【一二】云：

「故長城，首起縣北二（或作一）十九里，齊湣王【一三】所築。蘇代謂燕王曰，齊有長城巨防，足以為塞，是也。」「平陰故城，在縣東北三十五里。左傳曰，晉侯伐齊，齊侯禦諸平陰。」

寰宇記二三沂州沂水縣：

「古長城在縣北九十五里，東南起自宿〔密〕州莒縣界西北二百五十里，至淄州〔川〕縣界。史記曰，齊有長城巨防以為塞，是也。」

又二四密州諸城縣：

「大朱山在州東南一百八十里，隣海岸，上有秦（當作齊）長城迹存。」

「故齊長城在今縣南四十里，東南至海，迤邐上大朱山起，盡州南界二百五十里。今古跡依約猶存。」

據此諸中古記載，以張守節正義引括地志等書述齊長城起訖及中間所經最為全面，參之續郡國志、水經注及唐迄宋初志書，齊長城西端起於齊平陰故城（今縣東北三十五里）西南數里處，此即齊國西疆防線之起點。地在唐平陰縣（今縣）北二十九里，濟水（今黃河）南岸。故城南三里有防門，即長城口，為東西通道，左傳襄公十八年（B.C.555）晉會諸侯伐齊，齊禦諸平陰，塹防門為守，即此。後築長城，蓋緣濟水（太山郡記作河，實指濟，今則黃河矣）迤邐東北蜿蜒於泰山北岡上，經唐代兗州博城縣（今泰安東南三十里）北境、淄州淄川縣（今縣）西南境，即濟水注所記之般陽縣（今淄川）南，隴水（今孝婦河）上源處。又東經小泰山即沂山（E118°38'・N36°12'）岡上，唐代沂州沂水縣（今

---

[3] 一統志萊州府卷山川目，大珠山條引作「起自齊西防門，東逾泰山穆陵，至朱山海濱而絕。」內容不實。

縣）北九十五里處仍有長城遺蹟。又東南經密州 諸城縣（今縣）南三四十里處。又東南盡於海。其盡海處，太山郡記、括地志皆云瑯邪臺，而通典、寰宇記云在大珠山（今膠縣南一百二十里），在諸城東南一百八十里，自珠山至縣南一段二百五十里，故跡仍存。水經注則云「東連琅邪巨海」，則未確指一地。

按宋初以前人記齊 長城之取線起訖略可知如此；茲取讀史方輿紀要、嘉慶一統志所記明 清時代齊 長城遺蹟，及其他史料稍詳勘之如次：

（一）肥城縣西北五十里古長城　紀要三一濟南府 肥城縣，「肥城故城在縣西。……志云，縣北五十里有古長城。」一統志泰安府卷古蹟目，「古長城在肥城縣西北五十里。」檢統志同卷沿革目，肥城北至長清縣界二十里；濟南府卷沿革目，長清南至肥城界七十里；相距九十里。檢張編地圖集・山東人文圖，兩縣接境果近肥城。肥城北界近，而西北境甚闊遠。古長城既在肥城縣北境，距城五十里，必在西北五十里處無疑，非正北也。檢元和志一〇齊州 長清縣（今縣西南三十里），「隔馬山在縣東南三十五里。左傳曰，晉侯伐齊，齊師遁，夙沙衛殺馬於隘以塞道，後因爲隔馬山。」一統志濟南府卷山川目，隔馬山在長清縣南六十里。是在今長清、肥城兩縣界上。檢張編地圖集・山東地形圖，兩縣間有馬山（E116°45'・N36°22'，海拔517公尺），即隔馬山無疑。[一四]則長城故跡應在隔馬山之西或西北、唐 長清故城之南，蓋循山之西緣，經長清故城南，又循山之北緣山岡而東也。

（二）泰安縣西北長城嶺、章邱縣 萊蕪縣間長城嶺　紀要三一濟南府 泰安州，有長城嶺「在州西北六十里。……蓋即泰山岡阜，以古長城所經而名也。」又章邱縣有長城嶺，「縣南九十里，與萊蕪縣接界。志云，嶺間有古長城，昔齊宣王所築。」又萊蕪縣 萊蕪谷條，「長城嶺在縣北九十里，地勢高爽，林木鬱茂，蓋戰國時長城經其上。今譌長春嶺。」[一五]一統志泰安府卷山川目，長城嶺「在府西北六十里」；濟南府卷山川目，章邱縣有長城嶺；並與紀要同。檢視今圖（張編地圖集・山東地形 人文兩圖、中國地圖集・山東省圖及ONC-G-10），泰安西北六十里之長城嶺約在E117°稍東，N36°25'地區。[一六]又章邱縣 長城嶺在縣南九十里與萊蕪接界，萊蕪縣北九十里亦有長城嶺。檢一統志，章邱縣南至萊蕪縣界正九十里，萊蕪縣北至章邱縣界亦九十里，則此兩處所記長城嶺實即一地。觀張編地圖集山東兩圖，兩縣分界線在錦陽關（E117°30'．N36°30'），南北里距亦均。當即長城嶺，古長城經其處。【一七】而濼水【一八】上源東至錦陽關一線正在泰山主峰玉皇頂（E117°6'．N36°15'，海拔1524或1545公尺【一九】[4] 之北，正古史所謂泰山北岡、在淄川西南、博城之北者。

（三）淄川縣南境長城遺跡東至諸城縣南長城遺跡　一統志青州府卷古蹟目長城條云：

「長城在臨淄縣南，與沂水接界，俗名長城嶺。西至濟南府 淄川縣南界。東至沂州府 沂水、莒州之北，又東至諸城南（下引水經注、史記正義、寰宇記諸書，從略[5]）。……舊志，古長城在臨朐東南一百五里，諸城南五十里。【二〇】按古長城因山爲之，蜿蜒千里。」

是淄川縣南界，臨淄縣南與沂水縣接界處，臨朐縣東南一百五里處，莒縣北境，諸城縣南五十里處，皆有古長城遺跡。此諸點有進一步檢討之必要。

其一，先論臨朐縣東南一百五里處之長城遺跡　檢一統志青州府卷沿革目，臨沂縣【二一】南至沂水縣界一百五里，東南至安邱縣界九十三里。則古長城在臨朐東南一百五里者不得就東南至安邱縣界而言，而實指南南東至沂水縣界而言，即長城故跡在臨朐、沂水接境處也。又同卷山川目，大峴山「在臨朐縣東南一百五里。……齊乘，大峴山即穆陵關也，爲齊南天險。」關隘目，穆陵關「在臨朐縣南一百里大峴山上，南接沂州府 沂水縣界。……隋 地志，【二二】北海郡 臨朐有穆陵山。沂水雜記，沂水縣北一百里有將軍峴，……山北有關曰穆陵關。」下引齊乘。檢張編地圖集・山東人文圖，臨朐縣南微東，與沂水縣接境處有穆陵關（E118°42'．N36°8'），當兩縣交通大道，與兩縣南北距離亦略均。則長城故蹟當在關城大峴山山岡中。【二三】故一統志沂州府卷古蹟目云，「長城之入莒者，自穆陵東歷巨平山四十里」云云（詳下引）。紀要三六萊州府 膠州 大珠山條引通

---

[4] ONC-G-10作5671呎，是1729公尺，大不同。

[5] 其所引正義引括地志文云，「由穆陵關至密州 琅邪臺入海。」按正義引括地志，實無穆陵關之名。

典，高密 諸城縣「有古長城自齊西防門，東逾泰山、穆陵，至大朱山海濱而絕。」一統志萊州府卷山川目大珠山條，同。【二四】通典諸城縣條實無穆陵之名，兩書誤引。又前引一統志青州府卷古蹟目所引正義引括地志，亦誤衍穆陵關。兩書引古籍所以屢次誤衍穆陵者，正見明 清時代，穆陵有長城故蹟，故屢有此譌也。復按前引汶水注，朱虛縣 泰山即沂山（E118°38'・N36°12'）上有長城，沂山即在穆陵關西北不遠。蓋長城由沂山山岡東南經大峴山、穆陵關也。【二五】

其二，諸城縣南五十里處之長城遺跡　按前所引史記正義引括地志，長城在密州（即諸城）南三十里；寰宇記，齊 長城在諸城縣南四十里。又紀要三五青州府 諸城縣 琅邪城條，「縣南七十里有長城。」與此云五十里不同。或爲同一段遺跡，或不同，不足深論。檢一統志青州府卷山川目，諸城縣南境最近之山，有昆山，縣西南六十里；馬耳山，縣西南五十里；石屋山，縣西南三十二里；轉頭山，縣南四十里；常山，縣南二十里；烽火山，縣東南二十里；盧山、徐山、鄣日山、五弩山，皆縣東南三十里；石門山，縣東南六十里。此諸山大多去縣三十里之譜，且大多見於中古史乘，頗爲知名（元和志諸城縣有盧山在縣東南）。齊長城蓋即沿此諸山岡而築者。檢張編地圖集・山東地形圖及ONC-G-10，即沿今山東省東南海岸山脈（沭水東側，高峰海拔740公尺，在諸城南約六十里【二六】）之北緣而建者，約N35°50'地帶，去縣近處當不逾三四十里，疑即建於常山、烽火山、盧山、徐山等山岡上，此諸山皆見於中古地書者。蓋長城自穆陵關東南沿箕屋山脈東緣走向諸城之南，又沿此諸山岡向東蜿蜒者。

其三，淄川縣南界之長城遺跡　古代志書皆云長城經淄川縣南境，一統志亦同。按一統志青州府【二七】卷沿革目，淄川縣南至青州府 博山縣界三十里。青州府卷沿革目，博山縣南北距二十七里，北至淄川縣界十二里，若長城在今淄川南界，當在今圖淄川、博山之間，約N36°35'地帶。其地平衍，又較此西長城、此東長城大爲向北突出，殊爲可疑。復按博山縣係清 雍正十二年始分淄川、萊蕪等縣所新置，疑上引一統志青州府卷古蹟目長城條，「西至濟南府 淄川縣南界」者，乃雍正十二年以前之志文，其時淄川南界實在今博山縣之南。檢紀要三一濟南府 淄川縣 昌國城條，「縣南有古長城，戰國時齊所置。」其時尚未置博山縣，淄川縣南界固當在今博山縣南。檢視地圖，今博山縣南正爲山區，西與錦陽關相接，於勢絕合。故可測知此段長城當在今博山縣或南境，【二八】非今淄川縣南境也。復按前引濟水注述「隴水南出長城中，北流至般陽縣故城（今淄川）西」，又西北流逕梁鄒縣故城（今鄒平北）西，注入濟，甚詳。檢寰宇記一九淄州 淄川縣，「籠水古名孝水。……今按水自發源去縣五十里，始流經州西，去城一百五十步，有般水注之，又流入長山縣界。」長山即在梁鄒故城之東。籠水即隴水，發源去般陽縣（今淄川）五十里，正當在今博山縣境內。檢楊氏水經注圖（南三東一），孝婦河發源於今博山縣城近處（張編地圖集・山東兩圖及ONC-G-10亦皆繪有此水【二九】），楊氏即標爲隴水是也。則余上文所論，此段長城實經今博山縣境，非經淄川縣境，絕無可疑矣。惟古代志書云經淄川縣南境，則不誤，但雍正十二年已割淄川南境置博山縣，而嘉慶一統志仍抄襲舊志原文，則誤耳。

其四，「臨淄縣南與沂水接界」問題　按一統志青州府卷，臨淄縣南北距纔四十里，東面、南面及西南面皆爲益都縣所包圍，地既平衍，又絕不與沂水縣接境；且臨淄爲齊國都城，長城巨防應不逼近國都，此必誤書，不足據以定齊 長城果經臨淄縣南境也。

（四）莒縣北境長城遺蹟跨安邱縣界　前引一統志青州府卷古蹟目長城條云，長城經沂州府 沂水及莒州之北。又一統志沂州府卷古蹟目云：

> 長城「在莒州北，俗名長城嶺。齊記，宣王乘山嶺，築長城，西起齊州，東至海，以備楚。長城之入莒者，自穆陵東歷巨平山四十里，接高柘嶺，遠望如長虹，轉而南，絕浯水，入諸城界，【三〇】至膠州入海。」

又紀要三五青州府 諸城縣 琅邪城條引志云：

> 「古長城起自平陰，連亙泰 蒙 萊蕪，跨安邱，至縣境。」

按漢 地志，琅邪郡 靈門縣有「壺山，浯水所出，東北入淮〔濰〕。」濰水注，「（浯）水出浯山，世謂之巨平山也。」是壺山即浯山，音同，異寫，亦名巨平山也。一統志沂州府卷山川目，「壺山在莒州北。」青州府卷山川目，「峿山在安邱縣西南六十里，一名巨平山。」是此山，在穆陵之東四十里，在莒縣之北，莒縣、安邱界上，【三一】東北至安邱六十里，即長城由穆陵東經莒縣、安邱境上，故有長城嶺也。高柘山，漢地志琅邪郡 靈門縣有高柔山。師古曰柔即柘字。濰水注，高柔山西接浯山，是在浯山之東；一統志沂州府卷山川目壺山條，引顧炎武肇域記，巨平山在高柘山西四十里，即高柘山在巨平之東四十里。檢視地圖，穆陵關東微南有鶯山（海拔371公尺），在浯水上源，疑即峿山或相近；【三二】高柘山則在其東E119°稍東地區，浯水上源之北也。【三三】

（五）長城東端絕海處　前所引史記正義引太山郡記及括地志，皆云長城至琅邪臺入海，而通典、寰宇記云長城東端在大朱山，且起大朱山西至密州南界二百五十里，遺跡仍存。就紀要、一統志言，雖皆雜引古史，並存琅邪臺與膠州 大朱山兩說，但未自言至琅邪者。而紀要三五青州府 諸城縣 琅邪城條引括地志「至密州 琅邪臺入海。」下引志云（蓋明代方志）：

「古長城起自平陰，連亙泰 蒙 萊蕪，跨安邱，至縣境。又迤邐至膠州 大珠山東入海，南去琅邪臺六十里。初爲齊 越界，【三四】後齊 楚分界處也。今故跡依約猶存。」

又一統志沂州府卷古蹟目長城條云：

「長城之入莒者，自穆陵東歷巨平山四十里，接高柘嶺，遠望如長虹，轉而南，絕浯水，漸入諸城界，至膠州入海。」

是明 清志書皆明云長城東端盡處在膠州，即大珠山，且確指在琅邪臺之北六十里；不云東端在琅邪臺，有遺跡。疑長城東端實在大珠山，水經注云「東連琅邪巨海」者，大珠山亦在琅邪海域也。琅邪臺著名史冊，括地志等遂確指爲琅邪臺耳！亦可能張氏正義引文誤著臺字，未能定也。幸此段長城，至清代仍依約可辨，唐 宋時代必保存良好，故通典、寰宇記特爲著之較詳。且琅邪，古史傳稱越王 句踐曾徙都之，築樓觀。徙都事雖未必可信，但曾築樓觀，則極有可能。是琅邪臺 越地，齊築長城似少東盡於此之可能也。

至於大珠山之地望，密州 大珠山屢見於圓仁入唐巡禮行記卷一，去海岸不遠，蓋爲當時一名山。紀要三六萊州府 膠州，「大珠山，州南百二十里，濱海。上有石室。珠一【三五】作朱。」下引通典。一統志萊州府卷山川目大珠山條略同。又關隘目，古鎮「在膠州西南一百二十里，大珠山前。明 洪武八年置巡司。」蓋在膠州南南西一百二十里也。檢今圖無此山及古鎮名。【三六】按張編地圖集、中國地圖集皆有琅邪山，在E119°54'・N35°38'。大珠山在其北六十里，膠縣之南南西百二十里，則當在靈山衛西南，約E120°・N35°50'地區。【三七】又按紀要同條又云，「靈山在城（膠州城）東南百二十里海中。志云在靈山衛南三十里。」一統志同目靈山條亦同。惟未引志云三十里，而云靈山衛在州東南九十里。【三八】檢同上兩圖，皆有靈山衛、靈山島，以方位里距比論之，大珠山正當在上擬經緯度處。張編圖集有王哥莊（E119°58'・N35°50'），中國圖集升置膠南縣。【三九】觀此兩圖及ONC-G-10，其地東臨靈山灣頭，西接山東省東南海岸山脈。ONC-G-10，西有海拔502公尺之山峰（E119°50'・N35°50'），【四〇】東有海拔701公尺山峰（E120°5'・N35°56'），【四一】南亦有山，大珠山蓋即在今膠南縣（舊王哥莊）近地，濱臨海岸靈山衛處。【四二】長城蓋緣諸城南山，稍折東北至此盡於海岸。

（六）此外，春秋時代齊 魯間交通之徐關，約在今博山縣東或東南萊蕪谷中；晉 南北朝時代之馬耳關，為兗州東北通般陽（今淄川）、東陽（今益都）之孔道，在今萊蕪縣東北七十里，約在今博山縣南境或西南境；並詳篇五九海岱地區南北交通兩道第四節西道下，茲不贅。度此兩關，皆當即長城之關口也。

上文就古代史乘地志所記齊 長城之起訖走向及清代志書所記長城遺跡詳作比勘分析，可知齊築長城之取向，全在齊國南疆山脈之內緣。其西端起點在今平陰縣北二十九里黃河（古濟水）東岸，緣河東北，折向東，蜿蜒於泰山北岡，循泰山山脈而東，經沂山，穆陵關，歷嵋山（又名巨平山），高柘山，折東南東，循箕屋山脈東坡，繞經諸城縣南，去縣三四十里，沿海岸山脈之北緣，東至大珠山，盡於海岸。其沿途所經之可知者：西段端首有防門，在齊 平陰故城（今平陰E116°25'・N36°18'東北三十五里）南三里，濟水（今黃河）東岸。長城緣濟東北趨，至長清故城（今縣西南三十里）南，折東，緣隔馬山（馬山，E116°45'・N36°22'，海拔517公尺）北岡，東趨，今肥城西北五十里有遺跡，約在隔馬山西麓。又東緣山岡東行，今有長城嶺，為萊蕪、章邱兩縣界，南北去縣皆九十里，度其地約在今錦陽關（E117°30'・N36°30'）。自隔馬山東趨一線，在泰山 玉皇頂（海拔1524或1545公尺）之北，即括地志云「歷泰山北岡上」也。又東經今博山縣（E117°52'．N36°30'）南，古屬淄川縣南境。濟水注云，隴水（今孝婦河）出長城中，即此段長城也。晉 南北朝時代置馬耳關（今萊蕪東北七十里，博山縣南），蓋在此段長城線上。春秋 徐關則在稍東萊蕪谷中，殆亦長城之一關口也。又東經沂山即小泰山（E118°38'．N36°12'，海拔1032或1070，一作944公尺【四三】）及其東南之大峴山，大峴北坡即穆陵關（E118°42'．N36°8'）；兩山皆當臨朐、沂水接界處，南北去縣里程略均。又東四十里經峿山即巨平山（疑即今圖之鶩山E118°53'．N36°5'），又東四十里經高柘山，在浯水上源之北；兩山在安邱、莒縣界上，城址故跡猶存，遠望如長虹。又折東南東，蓋略循箕屋山脈東坡，繞經諸城縣（E119°22'．N36°）南三四十里處，沿海岸山脈北岡，即常山、烽火山、盧山、徐山、鄣日山等山，向東微北趨大珠山，盡於海岸。大珠山北至膠縣一百二十里，南至琅邪臺（琅邪山E119°54'．N35°38'）六十里，約在今膠南縣（王哥莊升置，E119°58'．N35°52'）近處，東盡海岸。自諸城南境東至大珠，有故長城遺跡二百五十里，依稀尚存。酈注云長城「東連琅邪巨海」者，大珠亦屬琅邪海域也；正義引括地志云東至琅邪臺入海者，或衍臺字，或有誤解耳。

一九八六年十月二十八日初稿，

一九八七年四月八日增訂。

【校記】

【一】案本篇曾發表於董作賓先生九五誕辰紀念集（1988年）內（頁95-101）。就紀念集內所載而言，篇中文字似未經校訂，魯魚亥豕者不少，其注釋又混入於正文之內。今據原稿及抄本整理，並將原文內之注釋檢出，列爲腳注，以副圖考之體例。

【二】案檢董作賓中國年曆總譜上編附錄二春秋戰國表，晉 烈公十二年當周 威烈王十八年，即紀元前408年（頁324）；嚴師此處作「（B.C.408）」，似據董譜。然檢方詩銘中國歷史紀年表（上海：辭書出版社，1980年新1版）之戰國紀年表，晉 烈公十二年當周 威烈王二十二年，即紀元前404年（頁24-25）；與董譜所記相差四年。復檢范祥雍古本竹書紀年輯校訂補（上海：上海人民出版社，1957年版）附篇 戰國年表，晉 烈公十二年亦當周 威烈王二十二年，即紀元前404年（頁92）。又方詩銘、王修齡古本竹書紀年輯證（上海：上海古籍出版社，1981年版）晉紀第〔八〇〕條，亦以驫羌鐘銘文與汶水注此條紀年互證，謂晉 烈公十二年當周 威烈王二十二年（頁94-95），亦即紀元前404年。又王可夫、李民合編之中華通史大曆典（成都：四川民族出版社，1996年版）上卷，亦以晉 烈公十二年當周 威烈王二十二年，即紀元前404年（頁1121）。

【三】案董作賓中國年曆總譜，梁 惠成王（即魏 惠王）二十年當周 顯王十八年，即紀元前351年（頁332-333）。范祥雍古本竹書紀年輯校訂補亦以魏 惠成王二十年當周 顯王十八年，即紀元前351年（頁97），與董譜同。惟方詩銘等古本竹書紀年輯證 魏紀第〔七三〕條，謂梁 惠成王二十年當齊 威王七年（頁126）；而方氏中國歷史紀年表則以魏 惠王（即梁 惠成王）二十年、齊 威王七年，並當周 顯王十九年，即紀元前350年（頁26-27）。又王可夫等中華通史大曆典上卷，亦以魏 惠王（即梁 惠成王）二十年、齊 威王七年，並當周 顯王十九年，即紀元前350年（頁1175）。

【四】案「師」乃「士」之筆誤，參篇伍陸洛陽鄭汴南通漢東淮上諸道【校記】第【一〇九】條。

【五】案「起迄」之「迄」，疑爲「訖」之筆誤（「訖」作「至」解，與「迄」

通）；下文「按宋初以前……」句，及本篇最後一段首句「上文就古代史乘……」，正作「起訖」。

【六】案「博縣城」，一統志卷一七九泰安府古蹟目作「博縣故城」（葉二〇）；此處蓋漏寫「故」字。

【七】案下文謂唐 博城縣在「今泰安東南三十里」，篇伍玖海岱地區南北交通兩道則謂在今泰安東南、汶水北岸之舊縣鎮。檢地名詞典・山東省，舊縣（E117°12'・N36°06'）今爲村名，「在泰安市區東南12公里汶河北岸，……唐爲乾封縣治，宋初將縣城移治岱嶽鎮（今泰安市區），故名舊縣」（頁275）。唐 乾封縣，即博城縣（參元和志卷一〇、寰宇記卷二一兗州 乾封縣）。

【八】案「瑯邪臺」之「瑯邪」，點校本史記卷四〇楚世家 正義引括地志，作「琅邪」（頁1732）；殿本同卷同條，作「瑯琊」（頁684上）。琅瑯同，邪即琊。

【九】案「隴水」之「隴」，殿本水經注卷八濟水注作「隴」（見點校殿本水經注，頁169），楊守敬謂「隴」乃傳抄之誤，當作「瀧」（見點校本水經注疏，頁753）；又參篇伍捌中原東通海岱遼東新羅道【校記】第【七九】條。

【一〇】案「至」，點校殿本水經注卷八濟水注作「逕」（頁169）；大典本（頁159），同。濟水注敘隴水北逕般陽縣西，北流，先言「又西北至梁鄒東南……」，後始云「又西北逕梁鄒縣故城南」。嚴師此處作「至」，或涉上文「又西北至梁鄒」而筆誤。

【一一】案「東南」，點校殿本水經注卷二六汶水注但作「東」，無「南」字（頁523）；大典本（頁498）亦無「南」字。此處疑涉上句「縣東南」而誤衍。

【一二】案濟州之「濟」，乃「鄆」字之筆誤。天寶十三載（754），濟州 盧縣爲洪水所毀，州廢，「其所管五縣，並入鄆州」（見點校本舊唐書卷三八地理志一鄆州目〔頁1442-3〕），故元和志無濟州，而平陰縣則在卷一〇鄆州也。

【一三】案「齊 湣王」之「湣」，畿輔叢書本元和志卷一〇鄆州 平陰縣故長城條，作「滑」（葉六）；點校本同卷同條則作「湣」（頁262）。齊 湣王之「濬」，即「閔」，點校本之「湣」，疑誤植。嚴師此處或據點校本元和志。

【一四】案檢地名詞典・山東省馬山條，「古名隔馬山，又名格馬山。在長清縣城關鎮（E116°43'・N36°33'）南21公里處。……海拔512.3米」（頁482）。

【一五】案「今謂長春嶺」句，國基本紀要卷三一濟南府 泰安州 萊蕪縣 萊蕪谷條，作「今謂爲長春嶺」（頁1389）。紀要稿本同卷同條（第4冊，頁129），同。此處蓋漏寫「爲」。

【一六】案今仍有長城嶺之名。檢地名詞典・山東省長城嶺條，「在濟南市 歷城區南部，是泰安、濟南的天然分界線。因春秋 齊在嶺上築長城，故名。……海拔869.8米。……西起清陽臺，沿泰安市北境蜿蜒向東、東北延伸至章丘縣境四界首（啓文案，四界首『因處原章丘、歷城、泰安、萊蕪四縣界交會點，故名。』見地名詞典・山東省四界首條，頁481），全長21公里。……嶺上有齊築長城城牆石基遺址」（頁480）。據同書濟南市區圖（頁7），長城嶺正在西營鎮（E117°12'・N36°31'，屬濟南市歷城區轄鎮，張編地圖集・山東人文圖亦有西營）之南，濟南與泰安分界處。嚴師謂「約在E117°稍東，N36°25'地區」，是也。

【一七】案今中國地圖集・山東省無錦陽關之名，據張編地圖集・山東地形、人文圖，錦陽關在章邱縣（啓文案，張編地圖集章邱縣治綉惠鎮〔E117°30'・N36°48'〕，1958年遷縣治於明水鎮〔E117°31'・N36°42'〕，綉惠鎮遂又名舊章丘）之南不遠處；檢地名詞典・山東省章丘縣圖（頁27），今文祖鎮（E117°31'・N36°36'）南與萊蕪市（即張編地圖集之萊蕪縣，E117°39'・N36°12'）交界處有磨池嶺，北距明水鎮22公里，「海拔689米，面積1.2平方公里」，「齊 長城經此」（地名詞典・山東省磨池嶺條，頁481）。嚴師謂古長城所經之錦陽關，疑即此磨池嶺。

【一八】案嚴師此處所言之濼水，蓋據張編地圖集山東兩圖。張編地圖集山東兩圖所標示之濼水，其實乃玉符河（清代亦名玉符河），亦即水經注卷八濟水注之玉水（參楊守敬水經注圖「南三中」）。

【一九】案泰山主峰玉皇頂之高度，中國地圖集・山東省作海拔1524公尺；張編地圖集・山東地形圖則作海拔1545公尺。檢地名詞典・山東省泰山條，謂此山「主體盤亙于泰安、濟南兩市交接地帶，面積426平方公里。主峰天柱峰（玉皇頂），在泰安城北9公里，海拔1532米，爲山東省第一高峰」（頁479）。則其數據又與上引二地圖集所標示者不同。

【二〇】案檢一統志卷一七一青州府古蹟目長城條，此句作「諸城縣南五十里」（葉一〇），「城」後有「縣」字。

【二一】案「臨沂縣」之「沂」當爲「朐」之筆誤。本條主旨在論臨朐縣（E118°32'・N36°31'）東南一百五里處之長城遺跡，不應忽然插入臨沂縣（E118°20'・N35°04'）。且清代無臨沂縣，1913年改沂州府治蘭山縣爲臨沂縣，始復有臨沂之名（參地名詞典・山東省臨沂市目，頁382）。一統志卷一七〇青州府建置沿革目臨朐縣條，正敘「南至沂州府 沂水縣界一百五里」（葉四）。

【二二】案「隋 地志」，一統志卷一七一青州府關隘目穆陵關巡司條，作「隋書地理志」（葉一五），此處蓋省稱。

【二三】案檢地名詞典・山東省穆陵關條，「在沂水縣 沂水鎮（E118°38'・N35°46'）北41公里與臨朐縣（E118°32'・N36°31'）交界處。爲戰國時齊長城關隘。古址在東亙數百里的大峴山上。……分水嶺埡口海拔約320米，南北長約200米，東西寬約200米」（頁509）。同書齊 長城條，謂古長城遺址之在沂水縣 沂水鎮北50公里穆陵關兩側者，「殘牆斷續可見，高約3~5米」（頁694）。嚴師謂「長城故蹟當在關城大峴山山岡中」，可以此佐證。

【二四】案一統志卷一七四萊州府山川目大珠山條所引通典，「自齊西防門」句，「自」前有「起」字；又「至大朱山海濱而絕」句，一統志無「大」字。是一統志與紀要所引通典微異。本篇注釋3已引一統志此條，可參。

【二五】案檢地名詞典・山東省沂山條，其地理坐標爲E118°31'~118°42'・N36°06'~36°21'，「爲臨朐、沂水二縣界山，……長70公里，寬40公里，面積650平方公里」（頁489）；其「名勝古迹有……穆陵關、齊國 長城遺址等」（頁490）。然則大峴山、穆陵關皆在今沂山之內也。

【二六】案檢中國地圖集・山東省，諸城縣南直線航距約30公里處有五蓮山，海拔706公尺，在松柏林（又名松柏鄉，E119°20'・N35°44'）東南。然檢黃河流域地圖集（北京：中國地圖出版社，1989年版）・黃河下游區域圖

（頁288-289），諸城縣南直線航距約25公里處之高山，僅標示馬耳山，海拔亦706公尺，在松柏鄉（E119°20'・N35°44'）東北。二者不同。檢濟南版山東省地圖冊・濰坊市圖（頁35-36），松柏鄉東北約6公里處爲馬耳山，海拔706公尺；松柏鄉東南約9公里處爲五蓮山，海拔515公尺。復檢山東省地圖（單張）（北京：中國地圖出版社，1998年版），松柏（鄉）東北爲馬耳山，海拔706公尺；松柏（鄉）東南爲五蓮山，海拔515公尺。檢地名詞典・山東省五蓮山條，在五蓮縣 洪凝鎮（E119°12'・N35°44'。啓文案，五蓮縣，1947年置，治洪凝鎮；張編地圖集山東兩圖但有洪凝鎮，無五蓮縣）東南18公里，「主峰海拔515米」（頁505）；同書馬耳山條，「在五蓮縣 洪凝鎮東14公里。……主峰海拔706米。是魯東南沿五蓮山地最高峰」（頁505）。然則在今山東省東南海岸山地最高峰者乃馬耳山，非五蓮山；且似無海拔740公尺者。又同書五蓮縣目云，「名勝古迹有……齊 長城遺址」（頁228）。五蓮縣北與諸城市（1986年諸城改縣爲市，今名諸城市）接境，嚴師謂齊 長城沿今山東省東南海岸山脈之北緣而建者，疑即在馬耳山北緣而過也。

【二七】案「青州府」當爲「濟南府」之筆誤。下文敘淄川縣「南至青州府 博山縣界三十里」，見一統志卷一六二濟南府建置沿革目（葉二）。若淄川縣與博山縣同屬青州府，則「博山縣界」前無須重舉「青州府」三字。

【二八】案檢地名詞典・山東省博山區目，博山區（即張編地圖集之博山縣）「南靠泰 沂山地，西依原山，東有岳陽山，境內山巒起伏」（頁83）。同書原山條，「跨萊蕪市、淄博市和章丘縣境。……面積約150平方公里，主峰海拔797米，……名勝古迹有……齊 長城等」（頁484-485）。又鳳凰山條，「在淄博市 博山區西北部，……面積1.9平方公里，……西部有齊 長城遺址」（頁485）。又岳陽山條，「在淄博市 博山區中部，……面積約30平方公里，……主要山峰有黑山……等。……黑山有齊 長城 亮兵臺」（頁485）。同書淄博市博山區圖（頁83），博山區（E117°51'・N36°31'）城區東南2.5公里，黑山西麓有山頭鎮，其地之「名勝古迹有……齊 長城遺址」（地名詞典・山東省山頭鎮條，頁85）。嚴師謂「此段長城當在今博山縣或南境」，正可與上述各條相參證。

【二九】案張編地圖集山東兩圖及中國地圖集·山東省雖皆繪有此水，但俱未標示此水名稱。檢黃河流域地圖集·黃河下游區域圖（頁288-289）及大汶河流域圖（頁352），則有孝婦河之名。復檢地名詞典·山東省孝婦河條，「即孝水，亦名籠水或隴水。……幹流發源於淄博市 博山區 神頭，向北流經博山區……」（頁529）。

【三〇】案檢一統志卷一七七沂州府古蹟目長城條，此句作「漸入諸城界」（葉二一），「入」前有「漸」字。

【三一】案嚴師謂峿山「在莒縣、安邱界上」，蓋據上引一統志卷一七一青州府古蹟目長城條（長城經「沂州府 沂水、莒州之北」）、卷一七七沂州府古蹟目長城條（「長城在莒州北，……長城之入莒者，自穆陵東歷巨平山四十里，接高柘嶺」）而爲言。一統志卷一七〇青州府建置沿革目安邱縣條，「西南至沂州府 莒州界七十五里」（葉五）；是清代安邱縣與莒州有部分接界。清 莒州即今莒縣，故嚴師謂峿山「在莒縣、安邱界上」。但今日地圖上安丘縣南與沂水縣、東南與諸城市（即張編地圖集之諸城縣）接界；莒縣則在沂水縣與諸城市之下，並不與安丘縣接界（參地名詞典·山東省 安丘縣圖〔頁205〕、莒縣圖〔頁412〕）。故峿山於今圖中並非「在莒縣、安邱界上」。峿山之地望已可考得（參下條校記），正在今安丘（E119°11'·N36°24'）境西南隅，近臨朐（E118°32'·N36°31'）、沂水（E118°38'·N35°46'）兩縣交界處。

【三二】案今中國地圖集不見鶖山之名，據張編地圖集·山東地形圖，鶖山之地理坐標約E118°53'·N36°05'，在渠河（張編地圖集山東兩圖未標示渠河之名）上游南岸。檢地名詞典·山東省 安丘縣圖（頁205）。安丘縣之南及東南爲渠河，乃安丘縣南與沂水縣、東南與諸城市（即張編地圖集之諸城縣）分界之界河。同書渠河條云：「又名浯河，……古稱浯水，……有兩源：一源在郚山（即大安山）南麓，另一源在太平山西麓。兩源於安丘縣 孔家莊匯流，沿安丘與沂水、諸城界，蜿蜒向東北流」（頁532）。則此處之郚山（大安山），當即漢志之壺山、濰水注之浯山（巨平山）、一統志之峿山，然安丘縣圖並未標示郚山（大安山）之位置。檢濟南版山東省地圖冊·濰坊市圖（頁35-36），亦無標示郚山（大安山）之位置，但今渠河上游及汶河（濰河支流）上游地方，有郚山鄉。又檢山東省地圖（單張），亦有郚山（鄉）之名，但亦無標示郚山（大安山）之位置。據地名詞典・山東省，安丘縣治安丘鎮（E119°11'・N36°24'）西南37公里有店子村，乃「郚山鄉人民政府駐地」（頁209），則郚山鄉蓋治店子村；其地理坐標，約E118°50'・N36°13'。再檢北京版山東省地圖冊・安丘市圖（頁45-46。啓文案，安丘市，即地名詞典・山東省之安丘縣；1990年設市），郚山鄉之東微北約5公里處，正標示大安山山峰所在，海拔467公尺。大安山之南約4公里處，正爲渠河上游支源之一，即上引地名詞典・山東省渠河條所謂「一源在郚山南麓」者。然則郚山（大安山）之地望可確知，其地理坐標，約E118°53'・N36°14'。

復案一統志卷一七〇青州府山川目太平山條，「在安邱縣西南八十里，……上有長城嶺」。據上引地名詞典・山東省 安丘縣圖，縣西南境正有太平山，「在安丘鎮西南48公里，……爲安丘（E119°11'・N36°24'）、臨朐（E118°32'・N36°31'）、沂水（E118°38'・N35°46'）三縣界山，……山頂南沿有春秋 齊 長城遺址」（頁490）。其地理坐標，約E118°44'・N36°12'。綜觀地名詞典・山東省 安丘縣圖及沂水縣圖（頁417），太平山適在穆陵關東北不遠處；嚴師謂「長城由穆陵東經莒縣、安邱境上，故有長城嶺」，是也。

【三三】案檢地名詞典・山東省 安丘縣圖（頁205），渠河（即浯河，古浯水）上游西北岸有石埠子鄉（即張編地圖集山東兩圖之石埠鎮，E119°28'・N36°44'），在安丘鎮（E119°11'・N36°24'）南35公里（地名詞典・山東省石埠子條，頁208）。石埠子之西又有大老子村（E118°57'・N36°08'），在安丘鎮西南38公里，乃「安丘縣 柘山鄉人民政府駐地」（地名詞典・山東省大老子條，頁208。山東省地圖（單張）正標示作「柘山（大老子）」。柘山鄉，又見濟南版山東省地圖冊・濰坊市圖〔頁35-36〕、黃河流域地圖集・黃河下游區域圖〔頁288-289〕；北京版山東省地圖冊・安丘市圖〔頁45-46〕則作柘山鎮）。石埠子西北、大老子東北有城頂山，在「安丘鎮西南35公里，爲庵上（鎮）、輝渠（鄉）、雹泉（鎮）（張編地圖集・山東人文圖亦有雹泉，E119°05'・N36°14'）、柘山（鄉）四鄉鎮界山，……又名書院山（啓文案，一統志卷一七〇青州府山川目亦有書院山，『在安邱縣東南八十里』；若『東南』不誤，則與此處之書院山同名異地）。頂部有戰國時齊國古長城遺址，故名」（地名詞典・山東省城頂山條，頁490）。其地理坐標，約E119°01'・N36°12'。城頂山既爲柘山鄉之界山，其頂部又有古長城遺址，則漢志、酈注之高柘，一統志之高柘山，或即此山歟？

【三四】案檢國基本紀要卷三五青州府 諸城縣 琅邪城條，此句作「初爲齊 越分界」（頁1524）；「越」後有「分」字。紀要稿本同卷同條（第4冊，頁502），同。

【三五】案「一」，國基本紀要卷三六萊州府 膠州 大珠山條作「亦」（頁1544）。紀要稿本同卷同條（第4冊，頁552），同。

【三六】案今一般地圖皆無大珠山及古鎮之名，然地名詞典・山東省之膠南市圖（頁72），則大珠山、小珠山及古鎮之名稱及地理位置皆已標示。古鎮營在膠南市治膠南鎮（舊名王哥莊，亦即張編地圖集・山東人文圖之王哥莊，E119°58'・N35°52'）「西南12公里，古鎮口灣北岸。……明設巡司，建炮臺戍守，稱古鎮，亦稱古鎮口」（地名詞典・山東省古鎮營條，頁73）。至於大珠山，詳下條校記。嚴師草此文時，地名詞典・山東省尚未出版，故云「今圖無此山及古鎮名」。

【三七】案嚴師謂大珠山當在靈山衛西南，是。據上引膠南市圖，大珠山在靈山衛鎮（E120°08'・N35°56'）西南直線航距約20公里處，「三面臨海」（地名詞典・山東省大珠山條，頁508）。其地理坐標，約E119°58'・N35°46'，參篇伍捌中原東通海岱遼東新羅道【校記】第【二三四】條。

【三八】案上文謂「一統志同目靈山條亦同」者，指一統志卷一七四萊州府山川目靈山條。此處謂「而云靈山衛在州東南九十里」者，則見同書同卷古蹟目靈山廢衛條。嚴師蓋綜合言之。

【三九】案中國地圖集之膠南縣，係1946年析膠縣南部置，縣治王哥莊。1990年撤縣置市，王哥莊今又曰膠南鎮，參地名詞典・山東省膠南市目（頁71-72）。

【四〇】案今膠南市境、靈山灣西岸之山，惟大珠山與小珠山。檢地名詞典・山東省大珠山條，「在膠南市南部，三面臨海。……主峰大寨頂，海拔486米」（頁508）。其地理坐標，約E119°58'・N35°46'；嚴師據ONC-G-10所言海拔502公尺之山峰，疑即大珠山。

【四一】案檢地名詞典・山東省小珠山條，「在膠南市東北部。爲膠南市與青島

市 黃島區界山，……面積約35平方公里。……主峰大頂，海拔724米」（頁508-509）。其地理坐標約E120°06'．N35°57'；嚴師據ONC-G-10所言海拔701公尺之山峰，疑即小珠山。參篇伍捌【校記】第【二三四】條。

【四二】案「濱臨海岸靈山衛處」句，抄本（頁9）無「靈山衛」三字；本篇發表於董作賓先生九五誕辰紀念集時，此處亦無「靈山衛」三字（頁100）。今據原稿（頁17）增補。

復案大珠山雖在靈山衛鎮西南，但較諸小珠山，則大珠山並不近靈山衛。大珠山在膠南鎮（即王哥莊，E119°58'．N35°52'）正南直線航距約10公里、張家樓鄉（即張編地圖集．山東人文圖之張家樓，E119°52'．N35°48'）之東微南直線航距約6.5公里處，與靈山衛鎮（E120°08'．N35°56'）之直線航距約20公里；而小珠山則在靈山衛鎮西北直線航距約5公里處。

【四三】案中國地圖集．山東省沂山之高度爲海拔1032公尺，山東省地圖（單張）亦作1032公尺。張編地圖集．山東地形圖沂山之高度則爲海拔944公尺。檢地名詞典．山東省沂山條，「主峰玉皇頂，海拔1031米」（頁489）；濟南版山東省地圖冊．濰坊市圖（頁35-36）及臨沂市圖（頁63-64），沂山之高度，亦作海拔1031公尺。北京版山東省地圖冊．臨朐縣圖（頁55-56），沂山之高度爲海拔1031公尺；但同書安丘市圖（頁45-46），臨朐縣內沂山之高度，又作海拔1032公尺。是諸書所記之數據不盡相同，且同一書內所記，亦前後相異。又參上第【二五】條校記。

【四四】案本篇原稿附有嚴師手繪「中古時代齊長城遺跡圖」影印本乙幅（其原本或已於當年寄交董作賓先生九五誕辰紀念集之編輯委員會），面積約49cm×21cm。此圖原載董先生紀念集第101頁。今「中央研究院」歷史語言研究所出版品編輯委員會將此手繪圖重行編繪印製，並附上圖例，以副圖考之體例。又圖內大珠山之位置微誤（參上第【四〇】、【四二】條校記），但不予改正，以存原圖所定位置之舊貌。

篇伍玖　海岱地區南北交通兩道[一]

目　次

（一）東西兩道及其用兵史例

中古時代，海 岱地區，有東西兩條重要之南北交通線。西線自青 齊分由泰山東西兩側，南循汶 泗經兗州（瑕丘，今滋陽[三]西二十五里）至徐州（彭城，今銅山）；東線由青州（廣固、東陽，今益都）南踰大峴山、穆陵關，循沂水河谷，經沂州（琅邪，今臨沂）至下邳（今有遺址，約E117°53'・N34°7'）。

按此兩道，在晉末、南北朝時代，南北用兵，屢見其例，而尉元言之最明。宋 泰始二年，魏 尉元督諸軍南侵，經無鹽（今東平東二十里），瑕丘（兗州，今滋陽西二十五里），至彭城。表曰：「下邳水陸所湊」，敵若「向彭城，必由清 泗，過宿豫，歷下邳」；若「趨青州，路亦由下邳入沂水，經東安（今沂水縣西南三十里）。」是元由西道南下取彭城，而表言東西兩道之途程也。此其一。

魏書五〇尉元傳，天安元年，薛安都以彭城內附，請師救援。顯祖使元都督諸軍赴之。宋 東平太守無鹽（今東平東二十里）戍主申纂、兗州（治瑕丘）刺史畢眾敬降附，元長驅而進入彭城。據通鑑一三一宋 泰始二年紀，魏師至無鹽，十一月壬子至瑕丘。是尉元大軍南下，自東平經兗州至彭城也。尉元傳下文上表云云如綱文所引。續云：「今若先定下邳，平宿豫，鎮淮陽，戍東安，則青 冀諸鎮可不攻而克。」是明齊地南行有東西兩道也。通鑑一三二宋 泰始四年紀云，（宋）東徐州刺史張讜以團城降魏，魏以中書侍郎高閭與讜對爲東徐州刺史（治團城，即東安）。李璨與宋降人畢眾敬對爲東兗州刺史（治瑕丘）。是亦以東西兩道而特重之，如尉元之策也。

復考此前，晉 永和十二年，燕 慕容恪經營齊地，圍段龕於廣固（青州），晉遣荀羨由下邳進兵琅邪（今臨沂城北），陽都（今臨沂北境），欲救龕。聞廣固已陷，還屯下邳；而留軍分守琅邪、泰山（泰山郡，今泰安境），旋復由下邳水道北征至東阿（今陽穀東北五十里阿城鎮）。琅邪 陽都當東道，泰山 東阿在西道。是由東道赴青州；及退兵，仍東西道並守，旋復由西道北征也。此其二。

晉書七五荀崧傳附羨傳，「除北中郎將，徐州刺史、監徐 兗二州（略）諸軍事，……又領兗州刺史，鎮下邳。……及慕容儁攻段蘭〔龕〕於青州，詔使羨救之。儁將王騰、趙盤寇琅邪、鄄城，……羨……擒騰，盤迸走。軍次琅邪，而蘭〔龕〕已沒，羨退還下邳。留將軍諸葛攸、高平太守劉莊等三千人守琅邪，參軍戴逯 蕭鍇二千人守泰山。是時，慕容蘭以數萬眾屯汴〔卞〕城，……羨自光水引汶通渠，至於東阿以征之，臨陣斬蘭。」通鑑一〇〇晉 永和十二年紀略同。云羨至琅邪，進攻陽都，克之。而慕容儁作慕容恪，段蘭作段龕。儁爲燕主，恪爲統軍大將，蘭則誤（參晉書 校記）。胡注，「余謂汴當作卞，魯國 卞縣城也。劉昫曰，兗州 泗水縣，卞縣古城也。」晉書 校記引斠注：「惜抱軒筆記曰，魯郡有卞縣，與汶水東阿近，故右軍有一帖云，荀侯定居下邳，復遣兵取卞城，正指此事。」是羨先由東道循沂水河谷北征至琅邪、陽都，後又由西道北征，至於東阿也。

又晉末義熙五年慕容超據廣固（今益都），劉裕征之，由下邳循沂水河谷進軍，經琅邪（今臨沂），東莞（今沂水縣），越大峴（即穆陵關），陷廣固；而偏師自瑕丘經魯城（今曲阜），泰山（今泰安），東入萊蕪谷路至臨淄。是主力取東道，偏師取西道也。而燕臣公孫五樓策劃，中軍守大峴，一軍由兗州背擊裕軍。超不從。琅邪、東莞、大峴爲東道，而兗州、瑕丘、[四]萊蕪谷爲西道。是攻守雙方皆取兩道也。此其三。

宋書一武帝紀上，慕容超據青州，義熙五年，公北討，「四月，舟師發京都，泝淮入泗。五月至下邳，留船艦輜重，步軍進琅邪。」遂北入大峴，陷廣固。晉書一二八慕容超載記，劉裕來伐，公孫五樓策之曰，「宜據大峴，使不得入。[五]……可徐簡精騎二千，循海而南，絕其糧運；別敕段暉率兗州之軍，緣山東下，腹背擊之，上策也。」超不聽。其夏，王師次東莞，度大峴，敗燕兵於臨朐，進圍廣固。通鑑一一五晉 義熙五年紀，略同。胡注：「南燕 兗州治梁父（今泰安南六十里）。」是劉裕由東道循沂水河谷進兵，而公孫五樓策劃，東道守，而西道攻也。至於晉之偏師，史雖不記，但從征記之作者伍緝之由瑕邱東北取萊蕪谷路至臨淄，明即劉裕北伐時事，詳後文萊蕪谷路條。是此次北伐，裕主力取東道，別有偏師取西道也。

其後宋 元嘉二十七年，魏 太武帝南侵，由枋頭濟河至東平（無鹽，今東平東二十里），命諸將分道並進，永昌王 仁自洛陽出壽春，高涼王 那自青州趨下邳，車駕自中道經鄒山（今鄒縣東南二十里），次彭城，趨盱眙。是中道即海 岱地區南北交通之西道，那由青州趨下邳，即東道也。此其四。

此見魏書四下世祖紀下真君十一年條，及宋書九五索虜傳。太武中軍路線，下文考兩道節有詳引。

（二）東道——沂水、大峴山道

茲先考東道：取東道之顯著史例，除上引劉裕由下邳取沂水、大峴路伐南燕，荀羨由下邳進兵琅邪、陽都欲救段龕於廣固，及魏 高涼王 那由青州出下邳之外，宋 檀道濟由南兗州北出大峴，軍臨朐，解東陽之圍，亦此道也。

檀道濟事，見宋書四三檀道濟傳及通鑑一一九宋 景平元年紀，下文大峴條有詳引。

東道南端起點爲下邳。下邳縣，春秋 邳國，即張良遇黃石公處。韓信爲楚王，都下邳，漢爲縣（今黃墩湖西之[六]城湖南岸有舊邳州遺址，E117°53'・N34°7'），地當沂 泗二水之會，四周環水。西六里有嶧陽山。此城自古爲兵家必爭之重鎮，故築城三重，甚險固。

下邳當泗 沂二水之會，見水經注二五沂水注云：「沂水于下邳縣北，西流分爲二水，一水于城北，西南入泗；一水逕城東，屈從縣南，亦注泗，謂之小沂水。水上有橋，徐 泗間以爲圯，昔張子房遇黃石公于圯上，即此處也。」此述下邳爲沂 泗迴環甚詳悉。又泗水注，下邳城有三重，大城、中城、小城。中城即呂布所守，小城爲晉中興北中郎將荀羨、郗曇所治。元和志九泗州 下邳縣，略採酈注，並云在嶧陽山東六里，在淮水北六十里。[七]亦云，「下邳城有三重，大城周迴一十二里半。中城周四里，呂布所守也。魏 武帝擒呂布於白門，即大城之門也。小城累塼堅峻，周二里許。西南又有一小城，周三百七十步，征虜將軍石崇所築也。」[八]
下邳歷代沿革，詳紀要二二淮安府 邳州 下邳縣條。其今地，明 清志書多云即今邳州治。紀要引志云，「今州東三里有土城故址，即下邳舊城。今城金人所置。」但沂水注 合校引孫校曰，「下邳故城，今州東三十里。」泗水注楊疏云，「在今邳州西南。」楊氏水經注圖（南五東一）繪下邳於今邳縣南頗遠。檢張編地圖集・江蘇安徽地形圖，邳縣南約七八十里處有古邳鎮遺址，在黃墩湖西、城湖南岸，約E117°53'・N34°7'處。復檢中國地圖集・江蘇省圖有古邳地名。[九] ONC-G-10有舊邳州地名，其EN與張編圖集略相當。此真邳州故城，下邳城爲相近矣。元和志、寰宇記云東北至郯城故城一百五十里。地望亦正合。張編地圖集・江蘇安徽地形圖，此遺址西有山，爲近區所無。ONC圖，此山海拔600呎，於此地區爲突兀矣。傳即古嶧陽山，恐未然也。

由下邳東北循沂水河谷上行六十里，至良城故城（蓋近今邳縣），在水東。又九十里至郯城故城，春秋 郯國，漢爲縣，東漢 徐州治此。唐初曾置郯城縣，在水東（今郯城西南有故城）。又北有襄賁故城，在水西（今郯城西北）。又北至沂州治所臨沂縣（今縣），南去下邳二百七十七里。縣在沂水西一里。治水自西北流經城北，入沂水。開陽故城蓋在縣城北、治水南岸，乃春秋 鄅國，魯 哀三年，城啓陽，即此。漢爲開陽縣，東漢、晉爲琅邪國都。由縣北渡治水，五十里至臨沂故城（今縣北五十里臨沂社），在沂水西，漢縣也。其南有王導故宅（今臨沂東北三十八里）。

元和志一一沂州，「東〔西〕南至泗州 下邳縣二百七十七里。」而寰宇記一七淮陽軍，治下邳，「北至沂州 臨沂縣二百三十里。」里距頗異。檢今圖，元和志爲合理。且記亦云，古郯城在下邳東北一百五十里。郯城故城北至臨沂斷不止八十里也。又按元和志書例，各州四至只記至他州里數，不記至他州某縣之里數，沂州此條記至下邳之里數，實爲特例，正見沂州至下邳爲要道耳。臨沂在沂水西一里及王導故宅皆見元和志、寰宇記。記云，王宅在臨沂東北三十八里，臨沂故城南三里。

臨沂故城、開陽故城　水經注二五沂水注，經云：

「南過瑯琊[一〇]臨沂縣東。又南過開陽縣東。又南[一一]過襄賁縣東，屈從縣南西流。又屈南，過郯縣西。又南過良城縣西。又南過下邳縣西，南入於泗。」

此條經文已甚詳明。注云：

「沂水又南逕臨沂縣故城東。郡國志曰，瑯邪有臨沂縣，故屬東海郡。有治水注之。水出泰山（郡） 南武陽縣之冠石山，……南流，注於沂。沂水又南逕開陽縣故城東，縣故鄅國也。……後更名開陽。……縣故琅邪郡治也。」「郯故國也，少昊之後。」

此見臨沂故城、開陽故城與治水之相對關係。前引宋書 武帝紀上，北討慕容超，舟師泝淮入泗。至下邳，步軍進琅邪。琅邪即此開陽故城也。據上引酈注，開陽故城當在治水注入沂水處之南。而一統志沂州府卷古蹟目開陽故城條云，「齊乘，開陽城在州北十五里，舊志有古城社，在州東北十五里，即古開陽也。」若在州北十五里，則當在治水之北，與酈注不合。【一二】今據酈注書之。至於臨沂故城，一統志沂州古蹟目臨沂故城條引舊志，「有臨沂社在州北五十里，故縣治此。」與水經注合。【一三】

良城故城　寰宇記一七淮陽軍治下邳縣，「古良城在今縣北六十里。」下述沿革。前引沂水經，沂水南過良城縣西。據上文考下邳今地，則此良城當在今邳縣近地。

郯城故城　元和志，沂州 下邳縣，【一四】「故郯城在縣東北一百五十里。」寰宇記淮陽軍 下邳縣目，同。沂水經，「又東過襄賁縣東，屈從縣南，西流，又屈南過郯縣西。」在良城之北。據此，沂水於襄賁之東南，由南流折而西流，復折而南流。合校引孫校曰：「今郯城縣西南有郯縣故城。」檢今圖，郯城縣西，沂水流程正有此形勢，即郯縣故城地望當不誤。【一五】襄賁故城當在其北。一統志沂州府卷古蹟目，襄賁故城在蘭山縣西南一百二十里。紀要三三沂州，同。蘭山即今臨沂縣。則在今郯城縣西北不遠，沂水南流折西流之西北岸。【一六】

由臨沂故城循沂水西岸北行，渡蒙山水（今東沂水）至陽都故城。春秋 陽國，在沂水西（約E118°25'．N35°22'），後代稱爲諸葛城（今沂水東有葛溝店）。蒙山水口南、沂水東岸有中邱故城（約今湯頭E118°28'．N35°17'），春秋 魯邑也。中邱城與相近之王僧辯城亦皆有諸葛城之名。諸葛亮 陽都人，故諸城多以受名也。由陽都城北渡桑泉水（今汶河），又北渡時密水，至東安故城，漢縣也（約E118°30'．N35°40'），在沂水西。又北約三十里東渡沂水至沂水縣（今縣），去沂州 臨沂縣二百里，即東莞故城、團城故城，南北朝時代爲軍事要地，北魏置團城鎮。

東莞、團城鎮　通鑑一一五義熙五年，劉裕伐南燕 慕容超，由下邳經琅邪，「六月己巳，裕至東莞」，北過大峴。晉書一二八慕容超載記亦云其夏王師次東莞。考沂水注云：

「沂水又東南逕東莞縣故城西，與小沂水合。……漢 武帝 元朔二年封城陽共王子吉爲東莞侯，魏 文帝 黃初中立爲東莞郡。東燕錄謂之團城。劉武帝北伐廣固，登之以望王難〔五龍〕。魏 南青州治。」

是東莞即十六國時代之團城，在沂水之東。元和志沂州，沂水縣南至州二百里，本漢 東莞縣，開皇十六年爲沂水縣。寰宇記，同，且云，「縣理城本漢 東莞縣城也。南燕於此置團城鎮，去東安郡三十里。城圓，因名團城。」一統志沂州府卷古蹟目，東莞故城，今沂水縣。是也。

東安、陽都　沂水注，「東南逕東莞縣故城西，與小沂水合。」下云：

「沂水又南，與閭山水合。……沂水南逕東安縣故城東，而南合時密水。水出時密山。……時密水東流逕東安城南，漢封魯孝王子強爲東安侯。時密水又東南流入沂。沂水又南，桑泉水北出五女山，東南流。（孫校曰五女山在今蒙陰縣西南，有桑泉水出。）……逕蒙陰縣故城北，……又東南與㠑嵎水合。水……俗謂之汶水也。東逕蒙陰縣，注桑泉水。……桑泉水又東南，……入于沂。沂水又南逕陽都縣故城東，縣故陽國也。……沂水又南，與蒙山水合。水出蒙山之陰，東流逕陽都縣南，東注沂水。……沂水南逕中邱城西。……沂水又南逕臨沂縣故城東……。」

此述沂水自東莞故城下至臨沂故城之流經甚詳。其東安城在東莞城（今沂水）南行、沂水右岸（西岸）第二水口之北。檢今圖，當在界湖（中國圖集之沂南縣）北之一水口之北，【一七】約E118°30'・N35°40'地區。桑泉水甚大，顯即今圖之汶河；蒙山水即今圖之東汶河，【一八】陽都故城在沂水西，此兩河入沂水口之間，約E118°25'・N35°22'地點。

東安　前引魏書 尉元傳，表曰，「下邳水陸所湊，……賊……趨青州路，【一九】亦由下邳入沂水，經東安。」是東安在道上。前引寰宇記，團城去東安郡三十里。一統志沂州府卷古蹟目東安故城條引舊志，在今沂水縣南三十里。與上文所擬定之地望甚合。【二〇】

陽都　通鑑一〇〇晉 永和十二年，段龕據廣固，燕 太原王 恪攻圍之，龕所署徐州刺史陽都公王騰降燕，以故職還屯陽都。龕來求救，詔徐州刺史荀羨將兵救之，羨至琅邪，進攻陽都，克之，獲王騰。會龕已敗亡，羨還屯下邳。是荀羨進軍即循此路線，而陽都在道中也。一統志沂州府卷古蹟目陽都故城條引齊乘，沂水南逕諸葛城，蓋即故縣（陽都縣），以諸葛氏本陽都人，故名。又中邱城條，在蘭山縣（今臨沂）東北三十里，魯隱七年夏，城中邱；引高士奇春秋地名考，「今沂州東北有中邱城，或謂之諸葛城，以諸葛武侯嘗居此地，故名。」又王僧辯城條，在蘭山縣東北；引齊乘，土人呼諸葛城。今按中邱城已見上引沂水注，在蒙山水（今東沂河）入沂水口之南，沂水之東，約今圖湯頭（E118°28'・N35°17'）。王僧辯城，已見元和志、寰宇記，在縣東北五十里。按王僧辯似不可能曾在此築城。諸葛亮琅邪陽都人，陽都故城在臨沂縣東北，故此地區稱諸葛城者非一也。檢一統志沂州府卷關隘目，有葛溝店，「在莒州西南百二十里，接沂水縣界，舊置巡司，本朝康熙十六年裁。」檢今圖，葛溝正相當於沂水注所記陽都城之地望，惟在水東耳。【二一】

沂水縣北行度入沭水上源，大數一百里至大峴山。山在小泰山即沂山（E118°38'・N36°12'）東南。從征記云：「直度山二十五里，崖坂峭曲，石徑幽危」，刁雍所謂「大峴之南，處處狹隘，車不得方軌」也。故爲齊南險阻，與沂山皆爲齊長城所經。唐時又名將軍峴。春秋有穆陵之名，所謂穆陵山者，殆即大峴。唐中葉曾置穆陵關於山北（今關E118°42'・N36°8'），元和初廢。由關西北行掠沂山東北側約六十里至臨朐縣（今縣）。山東北四里有五壇，傳爲劉裕用兵時祭五帝處。縣東南三十五里，道中有破車峴，道徑險惡，故名。縣東臨朐彌水（巨洋水、巨蔑水、今瀰河），因以受名。沿水上下，劉裕北伐廣固營壘尚存。由縣循水而北，四十里至青州治所益都縣，即南燕廣固城、南北朝之東陽城也。南去沂州四百五十里。

沂山、大峴山、穆陵關　元和志一一沂州沂水縣述縣北有三山云：

「沂山，在縣北一百二十四里。周禮，青州其鎮沂山。

穆陵山，在縣北一百九十里。管仲曰，賜我先君履，南至於穆陵，是也。

大峴山，在縣北九十里。宋 高祖北伐，……（文長從略）……師過大峴，高祖喜曰，天贊我也。……伍緝之從征記曰：大峴去半城八十里，[1]【二二】直度山二十五里，崕坂峭曲，石徑幽危，四岳、三塗不是過也。」

寰宇記二三沂州 沂水縣，同。【二四】惟增云，沂山即小泰山。【二五】又云大峴山西接小泰山。是大峴在沂山之東，而相連接。按沂水縣北境不當有一百九十里之遠，兩書「一百九十里」必有譌誤。

又按此三山，沂山見史最早。其名歷代不晦，參看一統志青州府卷山川目沂山條。檢今圖，約在E118°38'．N36°12'，海拔944公尺，一作1032公尺。【二六】

大峴山，似以宋書 武帝紀、晉書 慕容德載記爲最早見。前引宋武紀、慕容德載記及通鑑一一五晉 義熙五年紀，劉裕北伐慕容超，舟師自淮入泗，至下邳，步進至琅邪，六月至東莞。超不聽大臣堅守大峴險阻之意見，裕「過大峴，燕兵不出，裕舉手指天，喜形于色」，曰「吾事濟矣。」與燕軍戰于臨朐南，大敗之，圍廣固。又宋書四三檀道濟傳及通鑑一一九宋 景平元年紀，述檀道濟救東陽事云：道濟爲南兗州刺史。景平元年，魏將叔孫建圍青州刺史竺夔於東陽城，道濟帥師救之。刁雍謂建曰，「賊畏官軍突騎，以鎖連車爲函陳。大峴已南，處處狹隘，車不得方軌，雍請（略）據險以邀之，破之必矣。」建不從。四月己巳，道濟軍於臨朐。壬申，建等燒營而遁。道濟至東陽，追虜不及，還鎮廣陵。此事亦略見魏書 刁雍傳。又宋書六四何承天傳，請徙兗 冀之民於泰山之南，「北阸大峴」爲守。通鑑一二四元嘉二十三年紀略同。以此見大峴爲東晉、南北朝前期，青州南通淮 泗之軍道要阻，極爲兵家所重，史家亦特致意詳記之。故魏書地形志中青州 齊郡 盤陽縣條及水經注二五沭水注【二七】皆記此山。其後志

---

1 校記【二三】引考證，「半」宜作「牟」，下引春秋宣九年根牟及洪亮吉說爲證。按沭水注，大弁山與小泰山連麓，水出山，東南流，「逕邳鄉南，南去縣八十許里。城有三面而不周於南，故俗謂之半城。」即此半城，不誤。

書幾無不記之矣。前引元和志，所略一節，即此宋 武伐廣固事也。

穆陵之名雖早見於左傳，然杜注並無指證。寰宇記沂水 穆陵山條引伏琛齊記曰，「賜履南至於穆陵者，泰山南，龜山北，穆陵山是也。」此爲山名之始見，然所指地望不合。其後，隋書 地理志中，北海郡 臨朐縣，有逢山，沂山，穆陵山，大峴山。此爲穆陵山與沂山、大峴山並記之始。通典一八〇沂州，同。元和志、寰宇記亦從而三山並錄。沈亞之雜記（全唐文七三六）云：

「沂水北一百里有峴曰將軍，甚靈，民置祠於路左，享之不已。……西南有山曰鞍山，山北有關謂之穆陵，李師古不臣，作鎮於此，防遏不意。元和初，罷之。西有沂山，山有廟，則東安公也。」

此爲穆陵關見載籍之始，新唐志沂州 沂水縣亦從而記此關。據沈記，將軍峴當即大峴，穆陵關極相近。前引元和志、寰宇記「一百九十里」者，蓋衍「九十」或「一百」，或「九」「十」之一爲衍文也。而後代志書則悉不記穆陵山。一統志沂州府卷山川目，沂山在沂水縣北一百十里；大峴山在沂水縣東北一百二十里。無穆陵山之名。又青州府卷山川目，沂山在臨朐縣南九十里。大峴山在臨朐縣東南一百五里；引齊乘，「大峴山即穆陵關也，爲齊南天險。」又同卷關隘目，【二八】穆陵關巡司，「在臨朐縣南一百里大峴山上，南接沂州府 沂水縣界。」又引縣志，「穆陵關，元 至正壬辰，命益都路副達魯噶齊建兵室，創戍樓，把截於此。」亦無穆陵山之名，而關即在大峴山上。紀要三〇山東重險惟穆陵關一條，亦云「在臨朐縣東南百有五里，大峴山上。」而無穆陵山之名。蓋大峴、穆陵實一山，穆陵關即置於大峴山也。檢今圖，穆陵關約在E118°42'・N36°8'處，地在沂山之東南而相近。據前引史料，大峴山、穆陵關南去沂水、北去臨朐里距雖略有參差，要在一百里上下。按通典、元和志、寰宇記所記青 沂兩州間相距四百五十里，沂水南至沂州二百里，臨朐北至青州四十里，是臨朐至沂水當爲二百一十里，則山關南北皆約百里之譜，里距亦合。

沭水上源　水經注二五沂水經云：「出泰山（郡）蓋縣 艾山。」是沂水上源在沂水縣之西北頗遠。又二六沭水注，水出大弁山，「東南流，逕邳鄉南，……又東南流，左合峴水。水北出大峴山，東南流，逕邳鄉東，東南流注於沭。」是發源於大峴山東南流之峴水爲沭水之北源，此道由沂水縣北北東至穆陵關正必經沭水上源地區也。

齊 長城　詳附篇十齊長城地理考略。

沂山東北側及五壇　寰宇記沂州 沂水縣 沂山條，「山之東北四里，又有五壇，是宋 武北伐南燕，於此立壇以祭五帝處也。」按沈亞之雜記，沂山「山北十里【二九】有樹五檀。」里距不同，壇檀字亦異。宋 武祭五帝未必可信，但必在道上。故有此傳說，即此道出穆陵關，經沂山東北地也。觀今圖正合。

破車峴　見元和志青州 臨朐縣，「破車峴，在縣東南三十五里。按峴高七十丈，周迴二十里，道徑險惡，因名。」寰宇記，同。

臨朐縣名　元和志青州 臨朐縣，北至州四十里。本漢縣也。「東有朐山，因以爲名。」寰宇記，同。按水經注二六巨洋水注，「又逕臨朐縣東，【三〇】……應劭曰，臨朐，山名也，故縣氏之。朐亦水名。其城側臨朐川。……城上下沿水，悉是劉武皇北伐廣固營壘所在矣。」是謂縣以山受名久矣。然酈注云「城側臨朐川」，又云「巨洋水即國語所謂具水矣。袁宏謂之巨昧，王韶之以爲巨蔑，亦或曰朐瀰，皆一水也。」此明以濱臨朐水爲名，此例至多；於山似不能謂之臨也。楊疏，「今水正逕城下」。又朐山，元和志云在縣東南二里，寰宇記作七十里，紀要亦作二里。楊疏引縣志在瀰水東岸。是「七十」字誤。

按宋書六四何承天傳，元嘉中，上安邊論，請內徙界首之民，「青州民移東萊、平昌、北海諸郡，兗州、冀州移泰山以南，南至下邳，左沭右沂，田良野沃，西阻蘭陵，北阨大峴，四塞之內，其號險固。」此即東道所經之區域，四塞險固而田良野沃，故春秋古國甚多，中古仍藉沂水爲南北之通衢也。

（三）西道上——徐兗北通鄆齊道（南北交通主線）

西道南端起點爲徐州治所彭城縣（今銅山）。由下邳西北西行至彭城。南北朝時代，由彭城北歷沛縣（今縣），鄒山（今鄒縣東南二十里），兗州 瑕丘，東平 無鹽（今東平東二十里），至黃河 碻磝津（今聊城、東阿間）。如魏 太武、尉元南侵皆取此道；孝文南巡，由淮上班師，亦取此道北歸。

前引魏書 尉元傳及通鑑一三一宋 泰始二年紀，尉元受命南侵，自東平 無鹽，經瑕丘至彭城。復考魏書四下世祖紀下真君十一年條，述太武南侵事云：「車駕止枋頭（今濬縣西南淇門渡北方城村），……濟河，……遂至東平。蕭斌之棄濟州（碻磝津），退保歷城，乃命諸將，分道並進」。永昌王 仁自洛陽出壽春，尚書長孫真趨馬頭，楚王 建趨鍾離，「高涼王 那自青州趨下邳，車駕自中道。十有一月辛卯，至於鄒山。……壬子，次於彭城，遂趨盱眙。」據宋書九五索虜傳，燾自碻磝至鄒山，「趨苞橋，……沛民燒苞橋。」下文自彭城至淮上。是太武自枋頭渡河，東至濟州 碻磝津，乃折南經鄒山，沛縣，至彭城也。碻磝即在東平北不過百十里。是太武南下路線與尉元大同。其後魏 孝文帝南巡，魏書 本紀述其由淮上鍾離班師，歷邵陽（邵陽洲在鳳陽東北三十八里淮水中），下邳，彭城，小沛（今沛縣東北），瑕邱，魯城，碻磝，折西經滑臺，至石濟渡。是與太武南侵為同一路線。

至南北朝末期，齊都鄴城，南北通使，取道濟州 碻磝津與徐州 彭城，是仍此道也。

北齊書三四楊愔傳，「為聘梁使主，至碻磝戍。」又四三李稚廉傳，天平中，「詔以濟州控帶川陸，接對梁使，尤須得人。」梁使取濟州路，必取徐州 彭城路無疑。又北史二四崔㥄傳，魏收聘梁過徐州，㥄子瞻【三一】聘陳，亦過彭城。足見南北通使亦取此道。

唐代徐州西北至兗州三百四十里，又一百九十里至鄆州，又一百二十里至濟州。鄆州即東平，濟州 濟州津即碻磝津也。

徐、兗、鄆三州交通方向里距，據元和志三州目書之。通典、寰宇記大體相合。又通典一八〇，鄆 濟間南北距一百二十里。天寶末，濟州廢，故元和志、寰宇記不記。

徐 兗間中經沛、滕、鄒三縣。由徐州西北行約一百二三十里至沛縣（今縣），漢 高祖起此。縣西臨泡水（即豐水），東臨泗水，有泗水亭。東南六十五里有微山（今山E117°12'・N34°40'，在微山湖中），上有微子墓。由縣東北約七八十里至滕縣（今縣），去州二百里。縣西南十四里有滕國故城，東南四十三里有孟嘗君 薛城故城。又由縣北北西行約八十里至鄒縣（今縣）。又六十里至兗州治所瑕丘縣。鄒縣本春秋 邾國地，漢置南平陽縣，後縣廢，徙鄒縣治此。邾國，魯附庸，更名鄒，漢爲縣，故城在唐縣東南二十六里，鄒山之陽。山在縣東南二十二里（E117°2'・N35°20'），一名嶧山，高秀獨出，海拔650公尺，【三二】積石相臨，殆無土壤，玲瓏峭特，爲齊 魯諸山之最。石間多孔穴，相連可屋居。秦 始皇刻石在北巖，唐 開元間似尚存，故杜翁詩云，「孤嶂秦碑在」也。然刻文已焚，空餘碑石耳！

按前引魏書 太武紀、孝文紀，彭城、瑕丘間，道過小沛（今沛縣東北）、鄒山，其於唐道，即過沛縣、鄒縣也。滕縣居此兩縣間，亦必過之，且里數亦相契合。

沛縣　元和志九徐州，沛縣東南至州一百四十三里。微山上有微子冢，去縣六十五里。泗水西北流入，東去縣五十步。泡水即豐水也，西去縣一百五十步。泗水亭在東南一百步。【三三】寰宇記一五徐州，沛縣在州南一百十里，【三四】泗水亭在縣東南二里。【三五】微山在縣東南，上有微子冢，山下有故沛城存焉。微山有方位，可補元和志。檢今圖，山在微山湖中，海拔272呎。【三六】泗水亭里距小異，姑不論。縣去州里數有三十餘里之差。檢一統志徐州府卷，在府西北一百二十里，今參合滕縣里距書之。

滕縣　據元和志書之。志云南至州二百里，寰宇記作一百九十四里，今取大數。則沛 滕間約七八十里也。

鄒縣　據元和志一〇兗州 鄒縣目書之。[三七]惟今本奪至州方位里數。校記[三八]引史記 樊酈滕灌列傳 正義云，「鄒，兗州縣，在州東南六十里。」檢寰宇記二一兗州 鄒縣目，亦作東南六十里。是也。參之徐 兗間里數，則滕 鄒間約八十里。紀要三二兗州府，鄒縣東南至滕縣九十里，亦略合。

嶧山　元和志一〇兗州 鄒縣，「嶧山一名鄒山，在縣南二十二里。禹貢曰，嶧陽孤桐，即此。秦 始皇二十六〔八〕年觀禮於魯，刻石於嶧山。」[2]按寰宇記二一兗州 鄒縣目作二十里。一統志兗州府卷山川目，在縣東南二十里。檢ONC-G-10，鄒縣東南約二十里處（E117°2'・N35°20'）有海拔2132呎山峰，是也。[四〇]考水經注二五泗水注云：

「漷水又逕魯國 鄒山東南，而西南流，春秋 左傳所謂嶧山也。邾 文公之所遷，今城在鄒山之陽，依巖阻以墉固。……京相璠曰，地理志，嶧山在鄒縣北。……山東西二十里，高秀獨出，積石相臨，殆無土壤，石間多孔穴，洞達相通，往往有如數間屋處〔居？〕，其俗謂之嶧孔，遭亂輒將家入嶧，外寇雖眾，無所施害。晉 永嘉中，太尉郗鑒將鄉曲保此山，胡賊攻守不能得。今山南有大嶧，名曰郗公嶧。山北有絕巖，秦始皇……登於嶧山之上，命丞相李斯以大篆勒銘山嶺，名曰書〔晝？〕門。」

按此為狀形此山之早期最詳史料。又見續郡國志二魯國 騶縣條劉昭注、通典一八〇魯郡 鄒縣條、寰宇記二一兗州 鄒縣條，可參看。紀要三二兗州府 鄒縣 邾城條、嶧山條及一統志兗州府卷山川目鄒嶧山條，亦可參看。

嶧山石刻　宋書九五索虜傳，元嘉二十七年，「（拓跋）燾登鄒山，見秦始皇石刻，[四一]使人排倒之。」然杜翁登兗州城樓（詳注一）云，「孤嶂秦碑在」，則開元 天寶時代，此石刻似仍見在，蓋魏 太武雖仆其碑，但其地旋復歸宋，復為植立，固宜。然檢石墨鐫華一秦嶧山石刻[四二]條云：「唐 封演謂魏 太武登山，排倒此碑，然猶模拓者多，邑人疲于奔命，聚薪

2 校記[三九]：「按通鑑 秦始皇紀 注引括地志作三十二里。史記 夏本紀 正義與此同。」檢通鑑 始皇紀胡注引括地志，實亦作二十二里。惟史記 始皇紀 正義引國系作三十二里。字譌。

焚之。有縣宰取舊文勒于石。其後[四三]徐鉉得模本，鄭文寶刻于長安。自此刻者甚眾，評者謂長安第一，鄒縣最下。而杜甫詩又云，嶧山之碑野火焚，棗木傳刻肥失真。據此數說，則嶧山舊石亡在開元之前，其翻本，或以石，或以木矣！」則開元時代，碑石雖存，但刻文已毀矣。

山南山下，唐以前曾置驛，名郗公驛，以郗鑒受名，規制甚大。

上條引泗水注，記嶧山事云，郗鑒將鄉曲保此山避胡賊，「今山南有大嶧，名曰郗公嶧。」而寰宇記二一兗州 鄒縣引郡國志云，「鄒山古之嶧山也。[四四]……晉太尉郄鑒[四五]避胡賊[四六]于此。山下有大驛，名郄公驛。」是在嶧山之南山下，作「驛」，是驛名。按寰宇記引郡國志，史源不一定後於酈注。又按爾雅七釋山，「屬者嶧」。郭注，「言駱驛相連屬。」主山本名嶧，云山之南面山下「有大嶧名郗公嶧」，殊不可解，且山水亦甚少因人受名，疑此字當從郡國志作驛，因郗鑒曾居此而受名，於理爲順。其地在鄒縣南正約三十里。

鄒縣西北六十里至兗州治所瑕丘縣。

此見寰宇記等，前鄒縣條已詳引。

兗州東鄰曲阜即春秋 魯國。春秋時代，泰山之北，齊也；泰山之南，魯也。兩國間主道有二，分別取泰山之東西側相交通。東道行於泰山之東，西道行於泰山之西。如魯 桓三年正月，與齊侯會於嬴（今萊蕪西北四十里），結姻好。九月，齊侯送女於讙（今肥城西南），魯公與會，親迎之。是正月之會取東道，九月之會取西道也。其後魯 宣會齊侯于平州（在萊蕪西），魯 定會齊侯于夾谷（今萊蕪南三十里），是皆取東道。而魯 桓會齊侯于濼（今歷城西），遂如齊；魯 莊夫人姜氏會齊侯于穀（今東阿）；魯 莊盟齊侯于柯（今陽穀東北五十里阿城鎮）；魯 昭如齊，齊侯唁于野井（今長清東北）；是皆取西道也。

嬴、讙之會　左傳二桓公三年，經云：「正月，公會齊侯于嬴。」傳云，「會於嬴，成昏于齊也。」經又云：「九月，齊侯送姜氏于讙。公會齊侯于讙，夫人姜氏至自齊。」杜注：「讙，魯地，濟北 蛇邱縣西有下讙亭。」一統志泰安府卷古蹟目，下讙城在肥城縣西南。是齊侯送女至讙，蓋經泰山之北，折經泰山之西也。嬴之地，杜注云：「齊邑，今泰山 嬴縣。」一統志同卷嬴縣故城，「在萊蕪縣西北。……水經注，汶水又西南逕嬴縣故城南。……縣志，古城在西北四十里，北汶水之北，俗名城子縣。」是齊侯來嬴必經泰山之東也。

平州之會　左傳一〇宣公元年，經云，三月，「公會齊侯于平州。」杜注：「平州，齊地，在泰山 牟縣西。」一統志泰安府卷古蹟目，牟縣故城在萊蕪縣東二十里。平州城在萊蕪縣西。是齊 魯之會，在泰山之東也。

夾谷之會　左傳二八定公十年，經云，「夏，公會齊侯于夾谷。」傳云：「夏，公會齊侯于祝其，實夾谷，孔丘相。」杜注，「夾谷，即祝其也。」一統志泰安府卷山川目，「夾谷峽，在萊蕪縣南三十里，接新泰縣界，左爲龍門崖，右爲鳳凰山。」是兩君之會亦在泰山之東也。[3]

濼之會　左傳二桓公十八年，「公會齊侯于濼。公與夫人姜氏遂如齊。」杜注：「濼水在濟南 歷城縣西，北入濟。」是桓公如齊，取道泰山之西也。

穀之會　左傳三莊公七年，經云：「夫人姜氏會齊侯于穀。」杜注：「穀，齊地，今濟北 穀城縣。」按穀城，今東阿縣。【四七】

柯之盟　左傳三莊公十三年，「公會齊侯，盟于柯。」杜注，「此柯，今濟北 東阿。齊之阿邑，猶祝柯，今爲祝阿縣也。」【四八】按今陽穀縣東北五十里阿城鎮。【四九】

野井之會　左傳二五昭公二十五年，經云：「九月己亥，公孫于齊，次於陽州，齊侯唁公于野井。」傳云，「乙亥，【五〇】公孫于齊，次於陽州。齊侯將唁公于平陰，公先至于野井。」杜注：「陽州，齊 魯竟上邑」，「濟

---

3 紀要三一濟南府 淄川縣，夾谷山在「縣西南三十里，一名祝其，……其陽即齊 魯會盟處。」按齊 魯屢會，皆近魯遠齊，疑統志爲正。若紀要爲正，亦取道泰山之東也。至於寰宇記二二海州目，指爲海州 懷仁縣，必誤。

南 祝阿縣東有野井亭。齊侯來唁公，公不敢遠勞，故逆之至野井。」[五一]一統志泰安府卷古蹟目陽州城條引彙纂，「今山東 兗州府 東平州東北有陽州城，是也。」又祝阿故城，在長清縣東北；引寰宇記，在長清東北四十五里。又元和志一〇濟州 平陰縣，[五二]「平陰故城在縣東北三十五里。」是魯公奔齊，取泰山西道，齊侯由泰山之北，逆之於今平陰、長清線上也。

又如延陵季子適齊，喪子於嬴（今萊蕪西北）、博（今泰安東北）之間；孟子「自齊葬於魯，反於齊，止於嬴。」皆取東道也。樂正子春弟子適齊，過肥（今肥城），取西道也。

孟子事，見孟子二公孫丑篇。水經注二四汶水注，「奉高縣……泰山郡治也。縣北有吳 季札子墓，在汶水南曲中。季札之聘上國也，喪子於嬴 博之間，即此處也。」又參元和志一〇兗州 乾封縣目。汶水注又云，「泌水……出肥成縣東北原，[五三]……樂正子春謂其弟子曰，子適齊，過肥。」即今肥城縣。

東道即唐代之兗 淄道，程捷而路險。西道可能有二，即唐代之兗 鄆道與兗 齊道，程迂而平易。而此三道，在南北朝時已明見史册。如宋 泰始間，尉元由東平 無鹽東南下取瑕丘、彭城，慕容白曜亦由此道至瑕丘，旋由瑕丘北攻歷城（齊州），而遣將東北取般陽 東陽。是一時之事而三道並見也。

事見通鑑一三一、一三二宋 泰始二年、三年紀，參看魏書五〇尉元傳、慕容白曜傳。尉元事前已引。其餘下文再詳。

茲先論西道兩線：[五四]

兗州西北至鄆州一百九十里。由兗州西北行九十里至中都縣（今汶上），本隋 平陸縣，天寶元年更名。孔子爲中都宰，故城在縣西南三十九里，一名殷密城。由縣又北二十四里渡汶水，又北，中經遞坊鎮，一作遞公鎮，七十六里至鄆州治所東平縣（今縣西北十五里【五五】），在濟水東二里。

元和志一〇鄆州東南至兗州一百九十里。同卷兗州目，方向里距同。按觀地圖，此道當經今汶上縣，唐曰中都。舊五代史 梁書二一王彥章傳，「彥章渡汶，以略鄆境，至遞坊鎮，爲晉人所襲，彥章退保中都」，兵敗被擒。晉王問曰，「何不保守兗州，此邑（謂中都）素無城壘，何以自固？」新史三二略同。按彥章攻鄆州不克，退保中都，蓋即欲退保兗州也。元和志，中都在鄆州東南一百里。則東南至兗州九十里。檢圖正合。
中都舊名及孔子 中都宰故城以及汶水，皆見元和志及寰宇記一三鄆州 中都縣目。
遞坊鎮見前引王彥章傳，舊史 唐書五莊宗紀作遞公鎮，參附注。【五六】其地在汶水以北。據一統志泰安府卷關隘目，鎮在東平州南。
鄆州地望詳洛陽東通登萊道篇。【五七】

鄆州西北至濟州治所盧縣故城（今聊城、東阿間），渡濟州津，即東晉南北朝時代之碻磝津，南北朝聘使常所取途。天寶十三年，城爲洪水所毀，濟州亦廢。至唐代後期，故津河上，又有楊劉渡興起，爲鄆 博間交通津要，形勢如故。

濟州、碻磝津興廢及楊劉渡，詳篇四六河陽以東黃河流程與津渡（頁1578-9）。南北朝末期，南北聘使皆取碻磝津道，已詳前引。

又兗州正北微東至齊州（今濟南）三百三十里。其間所經不詳。若以今道擬之，參以唐前故事，則當由州正北行五十里至龔丘縣（今寧陽）。漢 寧陽故城在縣南十七里；汶陽故城在縣東北五十四里。據酈注，城在水南（今大汶口西），而魯 汶陽之田土田沃饒者乃在水北。又北經肥城故城（今縣），長清縣（今縣南），至齊州治所歷城縣（今濟南）。此正樂正子春弟子過肥適齊之道也。

通鑑一二一宋 元嘉七年，到彥之還保東平（胡注，東平郡時治須昌），「欲焚舟步走，……乃引兵自清入濟，南至歷城，焚舟棄甲，步趨彭城。」當即由歷城經兗州至彭城也。又一三一宋 泰始三年，[五八]「（慕容）白曜自瑕丘引兵攻崔道固於歷城。」此則兗州北通歷城之道矣。[五九]
元和志一〇兗州，「正北微東至齊州二百三十里。」同卷齊州目作正南微西至兗州三百三十里。據寰宇記二一兗州目，「三百」爲正。又一九齊州目作三百三十四里。今取大數。
此三百三十里之路線，不知所經。按龔丘縣（今寧陽）在兗州北五十里，今檢地圖，寧陽有汽車道北經肥城至長清，則通濟南之道也。前引左傳，桓公三年，齊侯送姜氏於讙，公與齊侯會，迎姜氏。杜預有注，酈注亦詳，地在蛇丘縣西。蛇丘故城在今肥城縣南，讙在今寧陽北、肥城西南，正齊 魯古道經此之證。又通鑑一三二宋 泰始三年，慕容白曜拔無鹽，下肥城，進兵歷城，於肥城獲粟三十萬斛。是其地頗當鄆 齊軍道之要。胡注引李賢曰：「肥城縣故城在今濟州 平陰縣東南。」即今肥城縣也。按前引汶水注，樂正子春弟子適齊，過肥；則亦魯通齊國之道也。以與今道合觀，蓋唐道即由兗州北經龔丘縣，肥城故城，北至長清，與今道同。[六〇]
龔丘縣及兩故城，皆據元和志書之。據水經注二四汶水注云：「汶水又西逕汶陽縣故城北，而西注。……又西逕蛇丘縣南。……汶水又西，蛇水注之。水出縣東北泰山，西南流逕汶陽之田，齊所侵也。自汶之北平暢極目，僖公以賜季友。」則汶陽之田在水北，而城乃在水之南也。檢今圖，地居大小汶水合流處大汶口之下游。

至於高宗由齊州經靈巖頓登封泰山，禪社首，南下泰山至曲阜者，蓋非大道矣。

舊 高宗紀，麟德二年十二月，丙午御齊州大廳。丙辰發靈巖頓。乾封元年正月戊辰朔，車駕至泰山頓。己巳升山行封禪之禮。庚午禪於社首。丙戌發自泰山。甲午次曲阜縣。按此乃上山之道，蓋非常道也。

（四）西道下——兗州東北通淄青道（萊蕪谷道）

次論齊 魯交通之東道。此道蓋即水經注所記之萊蕪谷道。泰山、魯山、沂山一脈自西而東橫亙於今山東省境，分全省爲南北兩部。萊蕪谷者即此東西橫貫山脈在淄川 博山南境之斷陘。西南端谷口在今萊蕪縣（E117°40'·N36°13'）西南約三十里處。東北端谷口在今臨淄縣（春秋 齊都之南）西南（約E118°10'·N36°40'地段），淄水東北流，由此谷口出山，口南谷中有萊蕪故城，漢置縣，在水北（今淄川東南六十里，約今泰河鎮E118°10'·N36°35'）。按淄 汶二水同發源於原山（今博山西南E117°48'·N36°25'處有海拔866公尺山峰[六一]），淄水循萊蕪谷東北段，東北流入齊；汶水西南流入魯，蓋部分河段亦在萊蕪谷中。谷長一百數十里，水流其中，道亦行其中，兩壁連山，林木蔭翳，甚爲險峻，從征記至以懸度擬之。春秋 齊 晉 鞍（今平陰東）之戰，齊侯敗績，自徐關（今博山縣東）入；旋齊 國佐由盧（今長清南二十五里）、穀（今東阿）回國，齊侯盟之於徐關，蓋齊侯、國佐皆取此谷道東歸歟？

水經注二四汶水注，經云，「汶水出泰山（郡）萊蕪縣（故城，漢置縣）原山，西南過其縣南。又西南過奉高縣（今泰安東南十七里）北，屈從縣西南流。」注云：

「萊蕪縣在齊城（謂臨淄）西南，原山又在縣西南六十許里。……從征記曰，汶水出縣，西南流。又言自入萊蕪谷，夾路連山百數（十）里。[4]水隍多行石澗中，出藥草，饒松柏，林藿綿濛，崖壁相望。或傾岑阻徑，或迴巖絕谷。清風鳴條，山壑俱響。凌高降深，兼惴慄之懼；危蹊

---

[4] 熊疏，「名勝志引此，數下有十字。」度今圖，蓋是。

斷徑，過懸度之艱。未出谷十餘里，有別谷在孤山，……余時逕此，爲之躊躕，爲之屢眷矣。……汶水又西南，逕嬴縣故城南。」

又卷二六淄水注，經云，「淄水出泰山 萊蕪縣 原山，東北過臨淄縣東。」注云：

「淄水出縣西南山下，世謂之原泉。地理志曰，原山，淄水所出；故經有原山之論矣。……東北流，逕萊蕪谷，屈而西北流，逕其縣故城南。從征記曰，城在萊蕪谷，當路阻絕，兩山間，道由南北門。……淄水又西北轉逕城西，又東北流與一水合，水出縣東南。……淄水又北出山，謂之萊蕪口，東北流者也。淄水自山東北流逕牛山西，又東逕臨淄故城南，【六二】……又北逕其城東……。」

按此兩條，所謂泰山郡 萊蕪縣乃漢縣。魏書 地形志中，齊州 東清河郡 貝丘縣「有萊蕪城。」據元和志一一，淄州治淄川縣，本宋置貝丘縣，開皇十八年更名。蓋宋置縣，後入魏，屬東清河郡也。又據元和志一〇兗州 萊蕪縣目，漢 萊蕪縣故城「在今淄州東南六十里。」即漢代萊蕪縣地望可確指。在今淄川縣東南六十里，淄水河谷之北岸。檢張編地圖集・山東省兩圖，約在泰河鎮地。【六三】據酈氏此注，原山在萊蕪故城西南六十里，而元和志一一淄州治所淄川縣，「淄水出縣理東南原山，去縣六十里。」是與酈注不合，疑元和志誤錄舊文。按紀要三一濟南府 淄川縣，原山在「縣南九十里，西去萊蕪縣七十里。」一統志泰安府卷山川目，原山在（今）萊蕪縣東北七十里；引明統志作八十里。蓋爲得之。然今淄川南有博山縣。檢一統志青州府卷沿革目博山縣條、濟南府卷沿革目淄川縣條，博山縣在淄川縣南四十二里，則萊蕪故城約在今博山縣東不太遠處，原山當在今博山縣南境。檢ONC-G-10，博山縣西南約三十里處（E117°48'・N36°25'）有海拔2839呎之山峰，東北去淄川，西南去萊蕪，里距略相當，蓋即原山之一峰也。【六四】

據酈注此兩條及其所引從征記，萊蕪谷長一百數十里，道行其中，夾路連山，極險峻，至以懸度擬之。而萊蕪故城即在谷中。淄水發源於原山，循谷東北流，逕城西，又東北流出山區，謂之萊蕪口，即谷口也。此在萊蕪故城之北、淄水流程中。觀ONC-G-10所繪地形狀況，此谷口當在E118°10'・N36°40'地區、淄水流程中。張編地圖集・山東地形圖亦同。又

紀要三一濟南府 泰安州 萊蕪縣，萊蕪谷在縣西南。一統志泰安府卷山川目，萊蕪谷在縣西南三十里，接泰安府界。其去東北口正有一百數十里。其走向由西南而東北，是即東西橫亙山東省境主幹山脈之一斷陘耳。

徐關　左傳一二成公二年，晉率諸侯師及齊侯戰于鞌，齊師敗績，「遂自徐關入。」又左傳一三成公十七年，高弱以盧叛。齊侯使崔杼、慶克帥師圍盧。「國佐從諸侯圍鄭，以難請而歸，遂如盧師，殺慶克，以穀叛。齊侯與之盟于徐關而復之。」鞌，杜注，「鞌去齊五百里。」通典一八〇濟州 濟陽郡 平陰縣條，「左傳，齊 晉戰鞍城，亦在縣東。」寰宇記一三鄆州 平陰縣條，同。盧，自春秋以下爲名地。一統志濟南府卷古蹟目，盧縣故城，在長清縣南，春秋 齊邑；引舊志，在今縣南二十五里。穀，亦見左傳三莊公七年經，「夫人姜氏會齊侯于穀。」杜注：「穀，齊地。今濟北穀城縣。」今東阿縣境。[六五]徐關，一統志青州府卷關隘目，徐關在博山縣東。是鞌、盧、穀皆在泰山西南地區，齊侯敗於鞍，由泰山南路入徐關，當取萊蕪谷道返國都。國佐由盧 穀返齊，蓋亦取此谷道，故與齊侯盟於徐關也。

酈注於淄、汶、泗、洙諸水篇屢引從征記，知作者伍緝之行程歷瑕丘（今滋陽[六六]），魯城（曲阜），泰山（今泰安），嬴縣（今萊蕪西北四十里汶水之北），又東入萊蕪谷，經萊蕪故城（今博山東淄水河谷中）出萊蕪口，至廣固、臨淄地。蓋劉裕北伐廣固，主力取沂水 大峴道，而遣偏師自彭城，歷瑕丘，取萊蕪谷道；作者從行，因有此記也。

水經注除上引兩條錄從征記外，淄水注又屢引從征記，如曰「廣固城北三里有堯山祠」云云，「（女）水西有桓公冢，甚高大」云云，「（澠）水出臨淄縣北，逕樂安、博昌南界，西入時水」云云。汶水注又引從征記曰，「嬴縣（今萊蕪縣西北四十里汶水之北）西六十里有季札兒冢」云云，「泰山有下中上三廟，牆闕嚴整」云云。又水經注二五泗水注引從征記曰，「洙 泗二水交于魯城東北十七里。」云云。同卷洙水注引從征記曰，「杜（預）謂顯閭，閭丘也」云云，地在瑕丘（即兗州，今滋陽西）。按此書，隋書 經籍志、舊唐書 經籍志、新唐書 藝文志皆不見著錄。據前引元和志一一沂州 沂水縣條引從征記記大峴山，知此書撰者爲伍緝之。據上引記萊蕪谷事及此諸條，其行程顯然經今滋陽、曲阜、泰安、萊蕪，東北入萊蕪谷至益都（即廣固）、臨淄。曰廣固，不曰東陽，頗疑劉裕北伐廣固，大軍主力取沂水、大峴道，而遣偏師由西道，取萊蕪谷路會師廣固，伍緝之隨偏師征行，故有此記也。

原山盤亙於今博山縣境，北接淄川，東接益都，西接章邱南境，一名馬耳山，北魏有馬耳山祠。陘谷中有馬耳關，在今萊蕪縣東北七十里，晉 南北朝已屢見史，爲兗州通般陽（唐 淄州，今淄川）、東陽（舊廣固，唐 青州，今益都）之要道。通東陽即取前考萊蕪谷東北段；通般陽，則直北行，蓋所謂馬耳谷歟？【六七】

魏書五〇慕容白曜傳云：

白曜南赴徐州，「到瑕丘，……會（房）崇吉與從弟法壽盜或 盤陽城以贖母妻，白曜自瑕丘遣將軍長孫觀等率騎入自馬耳關赴之。觀至盤陽，諸縣悉降。」

又三八刁雍傳云：

「雍遂於河 濟之間招集流散，……擾動徐 兗。……劉裕遣將李嵩等討雍，雍斬之於蒙山，於是眾至二萬，進屯固山。……雍又侵裕青州；雍敗，乃收散卒保於馬耳山。」

按此兩傳所見馬耳關、馬耳山當在一地，或相近。又通鑑一一四晉 義熙三年，秦王 興還南燕主超母妻，下云：

「超親帥六宮迎於馬耳關。」

同書一二一宋 元嘉七年，云：

「到彥之、王仲德……還保東平。……彥之聞洛陽、虎牢不守，……欲引兵還，……焚舟步走。王仲德曰，……虜去我猶千里，……若遽捨舟南走，士卒必散。當引舟入濟，至馬耳谷口，更詳所宜。彥之先有目疾，……乃引兵自清入濟，南至歷城，焚舟棄甲，步趨彭城。……青、兗大擾。」

胡注：「馬耳谷口即馬耳關。」據此四事，晉 南北朝時代，馬耳關爲泰山迤東橫貫齊 魯間山脈中之一重要南北關口。據慕容白曜傳，此關爲瑕丘（兗州）通盤陽（今淄川）之要道；據刁雍傳，當亦通青州 東陽城（即舊廣固，今益都）。以釋慕容超親迎母妻事，亦合。超都廣固，秦還其母妻，蓋取道泰山之南，故超迎之於此。則馬耳關必與前考萊蕪谷道相近。到彥之不從王仲德之策，而自歷城即焚舟棄甲南歸彭城，亦見馬耳谷在泰山以東地段。以萊蕪谷道釋之，亦無不合。

復考魏書 地形志中，兗州 泰山郡 嬴縣，「有馬耳山祠，汶水出焉。」嬴縣在今萊蕪縣西北。前引汶水注，發源於原山。紀要三一萊蕪縣 原山條，據地形志此文，謂馬耳山即原山。是也。亦與上引慕容白曜、刁雍事及慕容超迎母事絕相契合。檢一統志泰安府卷關隘目，馬耳關「在萊蕪縣東北七十里原山西麓。」又山川目，原山「在萊蕪縣東北七十里，高二十餘里，……東接益都，西接章邱，北接淄川，聳出群山之上。一名馬耳山，舊有馬耳山關，爲扼要【六八】之所，亦曰馬耳谷。」此所記雖爲今地，然即古代關山亦無疑。所謂原山在萊蕪縣東北七十里者，即指關而言耳。由兗州（瑕丘）東北至盤陽（淄川）、東陽（廣固）者，道至原山 馬耳關，若由關東北至東陽，則循淄水上源，行於萊蕪谷東北段中；若由關北至盤陽，則爲另一道，蓋即所謂馬耳谷矣。復考水經注於齊境兩記馬耳山。其一，卷八濟水注，經云「又東北過臺縣北」。注云，關盧水「導源馬耳山，北逕博亭城西，西北流至平陵城。」楊圖繪山於章邱縣南境。又二六濰水注，上源之一涓水出馬耳山。楊圖繪山於今諸城縣之南。按楊圖所繪皆正確。前引一統志，馬耳山甚大，東接益都，西接章邱，則濟水注之馬耳山即此山無疑。至於濰水注之馬耳山，則距原山太遠，自是別一山耳。

此齊 魯間萊蕪谷、馬耳關道，其在唐世，即兗州東北通淄州（淄川）道，唐 宋志書多謂三百七十里，實當逾四百里。其路線，由兗州治所瑕丘縣（今滋陽西北二十五里）東北行四十五里至曲阜縣（今縣），故魯國。又東北入汶水河谷，至博城縣，本漢 博縣，長安元年更名乾封（今泰安東南三十里舊縣鎮E117°12'・N36°8'），西南去兗州一百六十里。汶水在縣南三里，泰山在縣西北三十里，置岳廟。春秋 戰國 陽關故城在縣南二十九里，汶水東岸。乾封又東一百里至萊蕪縣（今縣[六九]）。道中有奉高故城（今泰安東北十七里），在水南，吳 季札子墓在城北水南曲中。有嬴縣故城（今萊蕪西北四十里），在水北。自萊蕪縣境入萊蕪谷，黃巢死於狼虎谷，即此處。入谷東北經原山、馬耳關至淄州，蓋約一百五十里之譜。而原山以東萊蕪谷、徐關道當仍存在，東北通青州道也。

元和志一一淄州，「西南至兗州三百七十里。」寰宇記一九淄州目、二一兗州目，並同。九域志一兗州，東北至本州界三百二十里，自界首至淄州五十里。是總程與元和志、寰宇記亦同。但淄州目，南至本州界五十四里，自界首至兗州三百八十里，其總程四百三十四里。是踰四百里，爲特異。參今地圖，似爲最正。

參稽汶水流程、唐置縣名及前考路線，此踰四百里路程，當中經曲阜、乾封、萊蕪三縣，入萊蕪谷，至原山西麓馬耳關，又北至淄州。考通鑑二五六中和四年六月，「武寧將李師悅與尙讓追黃巢至瑕丘，敗之。巢眾殆盡，走至狼虎谷。丙午，巢甥林言斬巢兄弟妻子首，將詣時溥。」舊二〇〇下黃巢傳，「黃巢入泰山，……至狼虎谷，巢將林言斬巢……首，……送徐州。」胡注：「狼虎谷在泰山東南萊蕪界。」一統志泰安府卷山川目，萊蕪谷，「府志，亦名狼虎谷。……狼虎，蓋萊蕪之轉音也。今亦名降寇集。」是黃巢由兗州 瑕丘，經泰山東至萊蕪，即當經曲阜、乾封、萊蕪至萊蕪谷也。茲就此三縣去兗州里程計之：

曲阜縣　元和志一〇兗州，曲阜縣「西北至州四十五里。」而寰宇記二一兗州 曲阜縣目，在州東三十里。是不合。檢一統志兗州府卷，曲阜縣在府東三十里。紀要三二兗州 曲阜縣條，同。似寰宇記爲正。然紀要滋陽縣瑕丘城條，[七〇]在府西二十五里，明 洪武十八年改築府城，因移縣於今治。一統志兗州府卷古蹟目，瑕邱舊城條亦云在滋陽縣西二十五里。則元和志爲正，曲阜西南至州至少四十五里也。

博城、乾封縣　元和志一〇兗州 乾封縣，西南至州一百六十里。本齊之博邑，延陵季子適齊，子死，葬於嬴 博之間。至漢 武帝，分嬴 博立奉高縣。後魏改為博平。隋 開皇十七年改為博城縣。長安元年改博城縣為乾封縣。泰山在縣西北三十里；岳廟在縣西北三十里，泰山之南。汶水源出原山，西南流經縣理南，去縣三里。寰宇記二一，同；【七一】惟改名乾封年分小異。檢紀要三一泰安府【七二】奉符廢縣條，引志云，古博城在今州東南三十里，乾封初為乾封縣。宋 開寶五年，移縣治岱岳鎮，即今州治也。一統志泰安府卷古蹟目，博縣故城條略同。是隋 唐縣在今泰安縣東南三十里。檢張編地圖集・山東人文圖，泰安東南、汶水北岸有舊縣鎮（約E117°12'・N36°8'），殆即其地。【七三】奉高故城及季札子墓在水南，皆見水經注二四汶水注。

萊蕪縣　元和志一〇兗州，萊蕪縣西南至州二百六十里。本嬴故地，長安四年於廢縣置萊蕪縣，取漢舊名。寰宇記二一，同。檢一統志泰安府卷古蹟目嬴縣故城條，引縣志，「古城在（萊蕪縣）西北四十里，北汶水之北，俗名城子縣，即故嬴地也。」【七四】

徐 淄間里距【七五】　按萊蕪西南至兗州二百六十里，若兗 淄間三百七十里，則萊蕪至淄州僅一百十一里。然紀要三一濟南府 泰安州，萊蕪縣東北至淄川縣一百六十里。一統志泰安府卷，萊蕪縣東北至博山縣界八十里；青州府卷，博山縣西至萊蕪縣界三十里，南至萊蕪縣界十五里。又前據一統志，博山縣北至淄川四十二里，則萊蕪東北至淄川（唐 淄州）多則一百五十二里，少亦一百三十七里。是明 清志書與一百一十里之數均不合，即與兗 淄間三百七十里之數不合，但與九域志淄州目作四百三十四里者反略相近。今觀地圖，萊蕪與淄川間亦絕不只一百一十里，則兗 淄間當在四百里以上無疑。

陽關故城　陽關屢見左傳。史記四六田敬仲完世家，威王「六年，魯伐我，入陽關。」正義引括地志，「魯 陽關故城在兗州 博城縣南二十九里，西臨汶水。」水經注二四汶水注，「汶水又西南逕陽關故城西，本鉅平縣之陽關亭矣。」檢紀要三二兗州府 寧陽縣 陽關城條，在寧陽縣東北。蓋故關已入寧陽縣東北境也。【七六】

徐關　杜詩兩見徐關。其一臨邑舍弟書至苦雨（詳注一）云，「徐關深水府，碣石小秋毫。」其二送舍弟穎赴齊州（詳注一四）云，「徐關東海西」。按此可就故蹟言，可就當時關防言。然春秋有此關，清代志書仍見此關址，而萊蕪通青州亦當有道。故疑唐代仍當有此關道，惟兗 青已不接境，故唐 宋志書不記耳。

綜　結

綜此所考，東道以下邳（今遺址E117°53'・N34°7'）爲起點。下邳居泗 沂二水之會，當今考東西兩道之口，故爲淮北重鎭。東道由下邳而北，緣沂水河谷上行，先蓋行於水東，至郯城故城（今縣西南），春秋郯國也。由此渡沂水至襄賁故城（今郯城西北），又緣沂水西岸北行至沂州治所臨沂縣（今縣），地居治水（今枋河[七七]）入沂水處，南去下邳二百七十七里。城北近處有開陽故城，春秋 鄅國也。由州北渡治水至臨沂故城，又北渡蒙山水（今東沂水）至陽都故城，春秋 陽國也。諸葛亮爲陽都人，故此城及相近城邑多有諸葛之名（今水東尚有葛溝店）。又北渡桑泉水（今汶河），時密水，至東安故城（約E118°30'・N35°40'）。自襄賁至此皆緣沂水西岸行。東安東北渡沂水至沂水縣（今縣），南去沂州二百里，即東莞故城、團城故城也，爲東晉 南北朝時代之重鎭。由此離開沂水，度入沭水上源，約一百里至大峴山、穆陵關（今關E118°42'・N36°8'），古稱齊南之險阻，極爲兵家所重。又西北行於沂山（E118°38'・N36°12'）東北側，約一百里至臨朐縣（今縣）。又北四十里至青州治所益都縣（今縣），即古東陽城、廣固城也。南去沂州四百五十里。全程七百二十七里。

西道由徐州 彭城而北，歷沛縣（今縣），滕縣（今縣），鄒縣（今縣）至兗州治所瑕丘縣（今滋陽西二十五里），去彭城三百四十里。兗州北行有西中東三道：西道西北行經中都縣（今汶上），渡汶水，經遞坊鎭至鄆州治所東平縣（今縣西北十五里），在濟水東二里，去兗州一百九十里。鄆州又西北一百二十里至濟州治所盧縣故城（今聊城、東阿間），渡河而北即博州。濟州河津即古碻磝津，爲南北津渡之要。天寶末，河水毀濟州城，此津亦廢；至唐末復有楊劉渡，顯名史册。中道由兗州北行經龔丘縣（今寧陽），渡汶水，經肥城故城（今縣），長清縣（今縣南），至齊州治所歷城縣（今濟南），共凡三百三十里。此即樂正子春弟子由魯適齊之道也。東道即古代齊魯交通捷徑。由魯國（今曲阜）東北循汶水河谷上行，入萊蕪谷經徐關至齊國（今臨淄北）。就唐言之，由兗州東行，經曲阜縣（今縣），又東北入汶水河谷，經博城縣，更名乾封（今泰安東南三十里舊縣鎮），又經萊蕪縣（今縣），東入萊蕪谷，黃巢走死狼虎谷，即此。谷道即泰山、原山、沂山山脈之斷陘，長一百數十里，甚峻狹深險。循谷東北行，經原山（今博山縣南）之南，度入淄水河谷下行，經萊蕪故城（在水北，約今泰河鎮地），漢縣也。出谷口至青州治所益都縣（今縣）。又由萊蕪谷中，北踰原山馬耳關，至淄州治所淄川縣（今縣），去兗州四百餘里，此即南北朝兗州通般陽（今淄川）之道也。

按此西道之北段三線，東線汶水萊蕪谷道爲古代齊魯交通之捷徑。而西線爲中古時代黃河南北交通之主線，南北用兵與通使，多取此道，由碻磝津渡河，經東平（鄆州）、瑕丘（兗州）至彭城（徐州）也。且此西線之西側，又有清泗水道，略與此陸路相平行，如桓溫、劉裕北伐中原，皆舟師經彭城北航，歷任城（今濟寧）、中都（今汶上）境，入河濟。尉元南侵，亦請起濟兗諸州粟，「沿清運致」彭城。此殆即酈注所謂四瀆津口者（今平陰東北境），「河水東分濟，……自河入濟，自濟入淮，自淮達江，水徑周通，故有四瀆之名。」今檢地圖，亦正元代運河之取線矣。別詳中原東南通江淮諸水陸道篇。[七八]此西線之西道，既居黃河以南大平原之東緣，爲南北交通走廊，又有水路與之相輔，宜其在南北交通史上居於重要幹線之地位矣。

一九八七年二月二十四日初稿，

五月四日增訂。

【校記】

【一】案本篇曾發表於香港新亞學報第十六卷（下）——紀念錢穆先生論文集（1993年），題目作：「唐代海岱地區南北交通兩道」（以下簡稱「學報本」）。今據原稿、抄本，並參考學報本整理。

【二】案本篇發表於新亞學報時，第三節標題括號內之文字作「西道主線」；然原稿及抄本皆作「南北交通主線」。檢原稿，正文第三節內有兩處新增之文字（參本篇第【五四】、【五九】條校記），而本節標題括號內依舊作「南北交通主線」，未從學報本之改作「西道主線」。且「綜結」一節內，又言「西線之西道」「在南北交通史上居於重要幹線之地位」；故今仍從原稿，此節標題括號內作「南北交通主線」。

【三】案張編地圖集山東兩圖之滋陽縣（治兗州鎮），即中國地圖集山東省之兗州縣（治兗州鎮，E116°49'・N35°33'），參地名詞典・山東省兗州縣目（頁240-241）。又參篇伍捌中原東通海岱遼東新羅道【校記】第【一五九】條。

【四】案原稿（頁4）及抄本（頁3）「兗州」後有「瑕丘」兩字，學報本（頁3）無。據綱文，劉裕「偏師自瑕丘經魯城（今曲阜），泰山（今泰安），東入萊蕪谷路至臨淄」，下目文又引胡注，謂其時（晉 義熙五年〔409〕）「南燕 兗州治梁父（今泰安南六十里）。」則此處之兗州固指梁父言，非北魏之兗州（治瑕丘）也。北魏 兗州治瑕丘，蓋承宋 文帝者（參魏書卷一〇六中地形志中、元和志卷一〇、寰宇記卷二一兗州目）。故今仍從原稿及抄本，於「兗州」後補回「瑕丘」二字。惟瑕丘在梁父西南，劉裕偏師取西道北上，順序應爲瑕丘、兗州（梁父）、萊蕪谷也。

【五】案「使不得入」，學報本作「使之不得入」（頁3）；原稿（頁4）及抄本（頁3）皆無「之」字。檢晉書（北京：中華書局點校本，1974年版）卷一二八慕容超載記，此句無「之」字（頁3181）；又晉書斠注（民國戊辰年〔1928〕刊本，臺北：藝文印書館影印，1956年版）同卷同條（頁2041上），同。是學報本之「之」字衍。

【六】案「黃墩湖西之」五字，據原稿（頁6）新增者補。

復案今中國地圖集已無黃墩湖之名，下文所言之城湖，亦不復見於今圖，蓋此兩湖已淤，但仍有黃墩鄉（E118°02'・N34°08'）存焉，在皂河鎮（張編地圖集・江蘇安徽（地形、人文）圖亦有皂河，E118°07'・N34°02'）西北約10公里處。

【七】案檢點校本元和志卷九泗州 下邳縣目，「淮水，自縣西流入，去縣六十里」（頁233）。不言淮水在縣北或縣南。復檢點校殿本水經注卷二五泗水經：「（泗水）又東南過下邳縣西，又東南入于淮」（頁498、499）。是下邳縣在淮水之北。嚴師此處引元和志，謂下邳縣「在淮水北六十里」，蓋并酈注而綜合言之。

【八】案「征虜將軍石崇所築也」句，原稿（頁6）「石崇」後無「之」字，然抄本（頁4）及學報本（頁5）則有。檢點校本元和志卷九泗州 下邳縣縣理城條，此句「石崇」後無「之」字（頁233）；畿輔叢書本同卷同條，亦無「之」字（葉一一）。

【九】案檢中華人民共和國地名詞典・江蘇省（北京：商務印書館，1987年版。以下簡稱「地名詞典・江蘇省」）古邳條，古邳今爲鄉名，屬睢寧縣，在睢寧縣治睢城鎮（E117°57'・N33°54'）北23公里，爲古邳州治，現仍名舊州，亦稱古邳鎮（頁88）。其地理坐標，據中國地名錄（第2版），爲E117°52'・N34°07'（頁74），與嚴師所標示者微異。

【一〇】案「瑯琊」，王氏合校本水經注卷二五沂水經作「瑯邪」（頁430上）。點校殿本則作「琅邪」（頁501）。檢大典本，亦作「琅邪」（頁477）。朱箋本作「瑯邪」，熊會貞云：「經、史俱作『琅』，瑯字出漢劉衡碑，俗字。此書（啓文案，謂水經注）琅、瑯錯出，作瑯者，後人所改」（見點校本水經注疏，頁2166）。嚴師用王氏合校本，此處作「琊」，或以邪、琊通故也。

【一一】案「南」，王氏合校本水經注作「東」（頁430下）；點校殿本（頁430），同。檢大典本，亦作「東」（頁478）。本篇下文引沂水經，亦作「又東過襄賁縣東」，則此處之「南」，或涉上句「又南過開陽縣東」而筆誤。

【一二】案楊守敬水經注圖（南四東一）繪開陽故城於清 沂州（即今臨沂縣，中國地圖集曰臨沂市）之北、治水（今祊河，其北源曰浚河）入沂水處南岸。然譚其驤主編之中國歷史地圖集第二冊西漢兗州、豫州、青州、徐州刺史部圖則置開陽城於治水之北（頁19-20）。檢地名詞典・山東省，臨沂（E118°20'・N35°04'）市區北8公里有鄅古城村（約E118°21'・N35°09'），「爲西周 鄅國都城舊址」云云（頁397），其地正在沂水西岸、治水（今祊河）之北。譚圖與地名詞典・山東省所言似同一史源，或即據當地方志資料也。檢點注本續山東考古錄卷二〇沂州府上蘭山縣目，謂「開陽縣故城，在北十五里」（頁543）；其說與一統志同。然點注者「據臨沂市地名志・啓陽考證」，謂開陽城「非今鄅故城，應是今臨沂城」，又謂「近年來臨沂城 金、銀雀山發掘大批戰國和西漢墓葬，……城東有大型封土琅邪冢。……均係今臨沂城即啓陽、開陽、琅邪國都的有力證明。而今鄅古城不具備上述條件」云云（頁542-543注②）。沂水注敘治水（今祊河）自西北而東南注于沂後，沂水始南逕開陽縣故城東，若今臨沂城即開陽縣故城所在，正與酈注相合也。

【一三】案點注本續山東考古錄卷二〇沂州府上蘭山縣目，亦謂「臨沂縣故城，在北五十里今臨沂社」（頁543），與一統志說同。然點注者謂臨沂縣「故城遺址，在今臨沂城北7公里，沂河西岸諸葛城村。故城遺址高出地面2-3公尺，周長4公里半」（頁546注②）。檢地名詞典・山東省，臨沂（E118°20'・N35°04'）市區北17公里有諸葛城，約E118°24'・N35°11'，在沂河西岸，「漢爲臨沂縣治」云云（頁393）。據同書臨沂市圖（頁392），諸葛城約在臨沂市東北直線行距約17公里處，則上引點注者之「7公里」蓋誤植。

【一四】案「沂州 下邳縣」之「沂州」當爲「泗州」之筆誤。下邳縣見元和志卷九泗州，本篇上文已引之。

【一五】案古郯國故城遺址，經考古發掘，已知在今郯城縣治郯城鎮（E118°20'・N34°36'）北側。「故城址輪廓清晰，呈不規則四邊形。周長4696米。城牆係黃土夯築，基寬40米，頂寬15米，高40米。今僅存西、北城墻局部。東、西、南、北四門，爲青石砌築。」參地名詞典・山東省郯國故城條（頁693）。

【一六】案今山東省 蒼山縣治卞莊鎮（E118°02'・N34°51'。啓文案，張編地圖集山東兩圖皆無蒼山縣，其縣治卞莊鎮，當即張編地圖集・山東人文圖之座城鎮）南21公里有長城鎮（E118°03'・N34°41'，張編地圖集・山東人文圖亦有長城，正在座城鎮之南約20公里），「漢爲襄賁縣治」云云（見地名詞典・山東省，頁403）。檢點注本續山東考古錄卷二〇沂州府上郯城縣目，「襄賁縣故城，在西少北六十里，今長城店」（頁552），點注者亦云，襄賁縣故城遺址「在今蒼山縣駐地卞莊南21公里長城鎮」（頁554注②）。

【一七】案嚴師此處所謂「當在界湖……北之一水口」者，此水今名姚店子河，正在東安故城（參下第【二〇】條校記）之南不遠處自西而東流入沂河（參地名詞典・山東省 沂水縣圖，頁417）。今沂水縣治沂水鎮（E118°38'・N35°46'）西南15.5公里有姚店子鎮（又作姚家店子，E118°31'・N35°42'），正在「姚店子河之陽」（見地名詞典・山東省姚店子鎮條，頁419）。然則此姚店子河，正沂水注之時密水也。

【一八】案此處所謂「東沂河」，蓋據張編地圖集山東兩圖，中國地圖集則名之曰蒙河，「因發源於蒙山，故名」，「沂州府志稱其爲蒙山水」，流經垛莊（E118°09'・N35°32'，張編地圖集・山東人文圖亦有垛莊）、青駝鎮（E118°17'・N35°24'，張編地圖集・山東人文圖亦有青駝寺），「至臨沂 東莊村西入沂河」（地名詞典・山東省蒙河條，頁526）。

【一九】案「趨青州路」，本篇第一節第二段綱文引魏書 尉元傳，此句作「趨青州」，「路」字下屬。檢點校本魏書卷五〇尉元傳，表云：「若賊向彭城，必由清 泗過宿豫，歷下邳；趨青州，路亦由下邳入沂水，經東安。」（頁1111）亦以「路」字下屬。

【二〇】案東安故城之遺址，經考古發掘，已知在今沂水縣治沂水鎮（E118°38'・N35°46'）「南14.5公里沂河西岸，前城子、後城子、黃崖頭三村之間。……城址南北長約1000米，東西寬約700米。現尙存城墻殘址一段，長25米，寬3米，高2～3米。」參地名詞典・山東省東安故城遺址條（頁695）。檢同書沂水縣圖（頁417），東安故城遺址在姚店子鎮（E118°31'・N35°42'）之東、東斜午村（E118°37'・N35°40'。啓文案，張編地圖集・山東人文圖誤作「斜干」）之西，約E118°33'・N35°42'處。

【二一】案葛溝雖約當沂水注所記陽都城之地望，惟在水東，似與酈注不合。檢地名詞典・山東省，葛溝鄉（E118°29'・N35°20'）今屬沂南縣（頁

435），據沂南縣圖（頁434），葛溝西北不遠處有磚埠鄉，約E118°27'・N35°21'，「在界湖鎮（E118°27'・N35°33'）南19公里，沂河西岸」；其「東1公里孫家黃疃北有漢 陽都故城遺址」（頁436）。其地望正與沂水注所記相合。檢點注本續山東考古錄卷二一沂州府下沂水縣目，「陽都縣故城，在西南百二十里，今魏王城」（頁575）；點注者謂「漢之陽都縣故城遺址，在今沂南縣駐地南19公里磚埠鄉之黃疃、汪家莊之間。遺址內曾出土過商 周和漢代文物」（頁577注④）。

【二二】案注釋1內之文字，抄本（頁9）及學報本（頁10）皆混於正文之內（學報本整篇皆無注釋），原稿（頁15）有批示作「（注1）」。今將此段文字列爲腳注1，以副圖考之體例。

【二三】案此處所謂「校記」，指點校本元和志卷一一校勘記第〔五三〕條（頁318）。

【二四】案萬刻本寰宇記卷二三沂州 沂水縣 大峴山條，其所引從征記謂大峴去半城八十里，「直度山十五里」（頁201下）；與元和志之作「二十五里」不同。又其所引從征記，謂「四岳、三塗不足過也」（頁202上），與元和志之作「不是過也」亦異。

復案，化龍池版寰宇記同卷同條引從征記曰：「大峴去半城八十里」句後，別有一「〇」中斷，然後作「直度山十五里，崖坎峭石，曲徑幽危，四岳 三塗，不足過也。……」（葉七）似「直度山」爲一山名。然據元和志，則「崕坂峭曲」云云乃狀大峴山者，或寰宇記版本不同，傳刻各異。然萬刻本及化龍池版寰宇記，「直度山」下俱作「十五里」，與元和志之作「二十五里」異；又二者皆作「不足過也」，則較元和志之作「不是過也」爲勝。

【二五】案萬刻本寰宇記卷二三沂州 沂水縣 沂山條，較元和志增漢書 郊祀志公玉帶云云一條，然僅謂「東泰山」「即沂山也」（頁201下），無「小泰山」之名。檢點校本漢書卷二五下郊祀志下此條，顏注引臣瓚曰：「東泰山在琅邪 朱虛界，中有小泰山是。」（頁1247）又水經注卷二六巨洋水經：「巨洋水出朱虛縣 泰山北」，注：「泰山即東小泰山也」，熊會貞疏：「此山本名東泰山，又號小泰山，以別於泰山」（點校本水經注疏，頁2202-3）。然則沂山又有東泰山、東小泰山、小泰山之號也。

【二六】案沂山之高度，張編地圖集·山東地形圖作海拔944公尺，中國地圖集·山東省圖作1032公尺；山東省地圖（單張）亦作1032公尺。檢地名詞典·山東省沂山條，其地理坐標爲E118°31'~118°42'·N36°06'~36°21'，「爲臨朐、沂水二縣界山」，「長70公里，寬40公里，面積650平方公里。主峰玉皇頂海拔1031米」（頁489）。又濟南版山東省地圖冊·濰坊市圖（頁35-36）及臨沂市圖（頁63-64），沂山之高度，亦作海拔1031公尺。北京版山東省地圖冊·臨朐縣圖（頁55-56），沂山之高度爲海拔1031公尺；但同書安丘市圖（頁45-46）臨朐縣內沂山之高度，又作海拔1032公尺。參附篇十齊長城地理考略【校記】第【二五】、【四三】條。

【二七】案沭水注在水經注卷二六，本篇下文（目文）「沭水上源」條即引水經注「二六沭水注」云云，此處「二五」乃「二六」之筆誤。

【二八】案一統志青州府山川目在卷一七〇，關隘目則在卷一七一。嚴師此處謂「同卷」，疑誤記。

【二九】案「十里」，全唐文卷七三六沈亞之雜記作「十餘里」（頁9627下），「十」後有「餘」字。

【三〇】案「又逕臨朐縣東」，點校殿本水經注卷二六巨洋水注，此句作「又逕臨朐縣故城東」（頁510），「縣」後有「故城」二字；大典本（頁485）、王氏合校本（頁435上），並同，俱有「故城」二字。

【三一】案「瞻」，檢北史（北京：中華書局點校本，1974年版）卷二四崔㥄傳，「㥄子瞻」（頁874）；清 乾隆 武英殿本（臺北：藝文印書館影印，1956年版）同卷同傳（頁388下），同。此處之「瞻」，蓋筆誤。

【三二】案檢地名詞典·山東省嶧山條，「在鄒縣 城關鎮（E116°58'·N35°24'）東南10公里，津浦鐵路東側。……主峰五華嶧，海拔545米」。「山南麓有春秋 邾國故城遺址，殘垣斷壁尚存」（頁496）。又參下第【四〇】條校記。

【三三】案檢點校本元和志卷九徐州 沛縣，「泗水亭，在縣東一百步」（頁227）；畿輔叢書本同卷同條（葉五），同。「東」後俱無「南」字。

【三四】案萬刻本寰宇記卷一五徐州，沛縣在州「西一百十里」（頁136上）；四庫本（上海：上海古籍出版社影印文淵閣本，1987年版）亦作在州「西一百十里」（第469冊，頁129上）。然化龍池版寰宇記此條則作在州「西一百四十里」（卷一五葉八）。

【三五】案萬刻本寰宇記卷一五徐州 沛縣目，泗水亭「在縣東南二里」（頁136下）。然四庫本則作「在縣東南一里」（第469冊，頁129下）；化龍池版寰宇記此條亦作「一里」（卷一五葉九）。

【三六】案272呎約合82.9公尺。檢地名詞典・江蘇省微山島條，島在微山湖中，「制高點微山，俗稱鳳凰臺，海拔91.6米」（頁658）。

【三七】案綱文所敘鄒縣沿革，並非全據元和志卷一〇兗州 鄒縣目書也。元和志鄒縣目但言「本漢 騶縣地，故邾國，魯之附庸，魯 穆公改邾爲鄒」（點校本，頁266；畿輔叢書本，卷一〇葉一〇）；不言「漢置南平陽縣」。嚴師綱文所言，其實亦據寰宇記。檢萬刻本寰宇記卷二一兗州 鄒縣目鄒城條，「漢爲縣，又曰南平陽縣」（頁187上）。

【三八】案此處所謂校記，指點校本元和志卷一〇校勘記第〔三五〕條（頁283-284）。

【三九】案此處所謂校記，指點校本元和志卷一〇校勘記第〔三七〕條（頁284）。

復案此條注釋2之文字，學報本置於正文之內（頁16），抄本已列爲腳注（頁14）；原稿（頁25）亦有批示：「（注2）」。

【四〇】案2132呎約合649.8公尺；今嶧山主峰五華嶧，海拔545公尺，參上第【三二】條校記。

【四一】案「石刻」，檢宋書（北京：中華書局點校本，1974年版）卷九五索虜傳，作「刻石」（頁2350）；清 乾隆 武英殿本（臺北：藝文印書館影印，1956年版）同卷同傳（頁1135上），同。

【四二】案「石刻」，四庫本石墨鐫華（上海：上海古籍出版社影印文淵閣本，1987年版）卷一，作「刻石」（第683冊，頁457下）。然知不足齋叢書本（嚴耕望編，石刻史料叢書・乙編之七）同卷同條，正作「石刻」（葉三）。

【四三】案「後」，知不足齋叢書本作「后」（卷一葉三）；四庫本（第683冊，頁457下），同。

【四四】案萬刻本寰宇記卷二一兗州 鄒縣 嶧山條所引郡國志，作「鄒山之右嶧山也」（頁187上）；四庫本（第469冊，頁186下–187上），同。然化龍池版寰宇記同卷同條，正作「鄒山古之嶧山也」（葉一一）。

【四五】案「郄鑒」之「郄」，萬刻本寰宇記作「郄」（頁187上）；化龍池版寰宇記（卷二一葉一一），同。然「郄」，廣韻（周祖謨廣韻校本，北京：中華書局，1960年版）卷五陌部，綺戟切，入聲，即「卻」（頁513）；「郗」，同書卷一脂部，丑飢切，平聲（頁55）。二者音義皆殊。正字通（清 康熙二十四年〔1685〕清畏堂刻本，見續修四庫全書·經部·小學類〔上海：上海古籍出版社影印，1995年版，第235冊〕）邑部「郗」字云：「郗與郄別，……後世因俗書相亂，不復分郗郄爲二姓」（頁598上）。萬刻本及化龍池版寰宇記此條「郄鑒」及下文「郄公驛」之「郄」，蓋誤刻。

【四六】案「賊」，萬刻本寰宇記作「越」（頁187上），蓋誤刻。化龍池版寰宇記正作「賊」（卷二一葉一一）。

【四七】案此處所謂「今東阿縣」，蓋指張編地圖集山東兩圖之東阿縣（E116°16'·N36°10'），亦即明 清以來之東阿縣。一統志卷一七九泰安府古蹟目穀城故城條云，「今東阿縣治。春秋時，齊 穀邑，……秦曰穀城」（葉二二）。然「1947年東阿縣移治銅城，此城爲鎮，從此始劃歸平陰縣」（見地名詞典·山東省東阿鎮條，頁35）。今中國地圖集·山東省圖東阿縣治銅城鎮（E116°15'·N36°20'），參篇伍捌中原東通海岱遼東新羅道第二節唐 東阿縣條。

【四八】案「今爲祝阿縣也」，檢翻相臺本左傳卷三莊公十三年杜注此條，末句無「縣也」二字（頁203）。

復案，嚴師引杜注，於「今濟北 東阿」句後作句號，「齊之阿邑」後作逗號，疑筆誤。杜注之意，謂「盟于柯」之柯，即齊之阿邑，西晉時爲濟北（國） 東阿縣。蓋柯阿相通，猶祝柯（見襄公十九年經），西晉時爲濟南郡 祝阿縣。點注本續山東考古錄卷一九兗州府下陽穀縣目，葉氏引春秋莊公十三年杜注此條，謂「杜氏猶祝阿云云，見柯、阿二字可通用耳」（頁527）。是也。然則嚴師所引杜注此二句之句號與逗號應互易。十三經注疏分段標點本（臺北：新文豐出版公司，2001年版）春秋左傳注疏卷九莊公十三年「冬，公會齊侯，盟于柯」之杜注，標點作：

「此柯，今濟北 東阿，齊之阿邑。猶祝柯今爲祝阿。」（頁382下）是。另一十三經注疏整理本（北京：北京大學出版社，2000年版）春秋左傳注疏同卷同條，杜注之逗號與句號（頁284上），與新文豐十三經注疏分段標點本同（啓文案，北京大學出版社之十三經注疏整理本，人名、地名皆不加專名號〔標號〕）。

【四九】案此處謂「今陽穀縣東北五十里阿城鎮」者，乃概括言之。篇伍捌第二節論證今阿城鎮（E116°03'・N36°09'，在今陽穀縣治陽穀鎮〔E115°46'・N36°06'〕東25公里，見地名詞典・山東省阿城鎮條，頁372）乃唐 宋 東阿縣治，並據元和志卷一〇鄆州 東阿縣條，謂「東阿故城在縣西二十里，漢 東阿縣城也，晉 太康後省」，是漢 晉時之東阿縣故城在今阿城鎮之西。參篇伍捌【校記】第【六二】條。

【五〇】案「乙亥」之「乙」乃「己」之筆誤。上文引經謂「九月己亥」，此處引傳，當作「己亥」。檢翻相臺本左傳卷二五昭公二十五年傳，作「己亥」（頁1807）。

【五一】案「故逆之至野井」，翻相臺本左傳卷二五昭公二十五年經杜注，此句「之」後有「往」字（頁1790）。

【五二】案「濟州」當爲「鄆州」之筆誤。上文已云「天寶末，濟州廢，故元和志、寰宇記不記。」是此處之「濟」字蓋誤書。平陰縣於元和志屬鄆州，參附篇十【校記】第【一二】條。

【五三】案王氏合校本（頁415下）及楊守敬水經注疏（點校本，頁2080），此句俱作「出肥成縣東北原」。點校殿本則作「出肥成縣東白原」（頁481）。

【五四】案上段綱文自「而此三道」以下直至本段綱文「茲先論西道兩線」（并中間一段目文），係據原稿（頁31）增補。

【五五】案原稿（頁30）但作「十五里」，抄本（頁19）內，抄手誤抄作「七十五里」；學報本（頁20）亦誤植作「七十五里」；俱誤衍「七」字。一統志卷一七九泰安府古蹟目須昌故城條，「舊志，鄆州故城，在今州西十五里」（葉二二），是「十五里」爲正。據寰宇記卷一三鄆州 須城縣（須昌更名）廢東平縣條，唐 貞元四年（元和志卷一〇鄆州 東平縣目作「三年」），改宿城縣爲東平縣，並移於鄆州治所，與須昌縣同倚郭。唐須昌縣故城，即秦 漢 須昌縣故城。檢點注本續山東考古錄卷七泰安府下東平州目，「須昌縣故城在西北十五里」（頁234），是葉書亦作「十五里」，與一統志引舊志說同。點注者謂故城「即今東平縣 州城鎮西埠子坡村」（頁238注⑫）；又謂唐 須昌「即今東平縣 州城鎮北15公里埠子坡村」（頁241注②）。張編地圖集山東兩圖之東平縣治州城鎮（E116°18'・N35°54'）；中國地圖集・山東省圖，舊治州城鎮，1982年11月，縣政府自州城鎮遷往其東14公里之東平鎮（E116°26'・N35°56'）（參地名詞典・山東省東平鎮條、州城鎮條，頁295）。上引點注者兩條資料，其一謂須昌縣故城在「今東平縣 州城鎮西」，另一則謂「北15公里」，前後矛盾。檢北京版山東省地圖冊泰安市肥城市、東平縣圖（頁99-100），州城鎮（E116°18'・N35°54'）西北直線航距約9公里處，有後埠子（村），正在東平湖中部東岸凹位處，其地理座標，約E116°15'・N35°57'。此後埠子（村），疑即所謂埠子坡村；縱非，埠子坡村當亦在其附近。一統志及續山東考古錄皆謂須昌縣故城在東平州（清 東平州即張編地圖集山東兩圖之東平縣，縣治州城鎮）西（西北）十五里，則上引點注者之15公里，疑係「15里」之譌。十五里，亦近9公里之譜也。

【五六】案此處所謂「附注」，指點校本舊五代史卷二九唐書五莊宗紀同光元年九月戊辰條，「至遞公鎮」句下之附注（頁408）。

【五七】案此處所謂「洛陽東通登萊道篇」，即篇伍捌中原東通海岱遼東新羅道，鄆州地望見該篇第二節。又參上第【五五】條校記。

【五八】案檢點校本通鑑，宋 泰始三年（467）在卷一三二，下文敘「慕容白曜自瑕丘引兵攻崔道固於歷城」，見同卷八月事（頁4140）。本篇上文已云尉元、慕容白曜南下「事見通鑑一三一、一三二宋 泰始二年、三年紀」，下文又引「通鑑一三二宋 泰始三年」，則此處之「一三一」，蓋筆誤。

【五九】案自「又一三一宋 泰始三年」至此句「……通歷城之道矣。」係據原稿新增者補。

【六〇】案目文自「通鑑一二一宋 元嘉七年」起，至「與今道同」止，原稿在第33頁內。此頁左邊，嚴師以鉛筆批示：「此頁文字當調整。」

【六一】案檢地名詞典・山東省 淄博市博山區圖（頁83），原山在博山區（即張編地圖集之博山縣）西約6公里處。同書原山條，「主峰海拔797米」（頁485）。

【六二】案檢點校殿本水經注卷二六淄水注，此句作「又東逕臨淄縣故城南」（頁515），「臨淄」後有「縣」字。王氏合校本（頁438上）、大典本（頁489）、點校本水經注疏（頁2225），並同。

【六三】案泰河鎮，中國地圖集作太河（鄉）（E118°08'・N36°31'），其地附近今闢作太河水庫，參地名詞典・山東省太河水庫條（頁570）。檢點注本續山東考古錄卷一五青州府上博山縣目，「萊蕪故城在東五十五里今城子莊，亦名古城莊」（頁402）。點注者謂漢 萊蕪縣「遺址在今淄博市淄川區（啓文案，淄川區即張編地圖集山東兩圖之淄川縣）城子莊村」（頁403注④）。地名詞典・山東省萊蕪市（即張編地圖集之萊蕪縣）目亦謂「西漢 萊蕪縣治所在今淄川 城子莊」（頁278），疑據葉書而云然。惟地名詞典・山東省 淄博市淄川區圖（頁88），未有標示城子莊之位置。檢濟南版山東省地圖冊・淄博市圖（頁19-20），淄川區內未見城子莊之名；山東省地圖（單張）亦然。復檢北京版山東省地圖冊淄博市張店區、周村區、淄川區、博山區圖（頁27-28），淄川區東南境有城子（村），正在淄川區與博山區（即張編地圖集之博山縣）接壤處，當即上述之城子莊。其地望，正在今淄河上游東岸，源泉鎮（E118°02'・N36°26'，屬博山區）東北約3公里、太河鄉（E118°08'・N36°31'，屬淄川區）西南直線航距約12公里處；其地理坐標，約E118°04'・N36°27'。

【六四】案2839呎約合865.3公尺，當即本節綱文所言「海拔866公尺山峰」。檢地名詞典・山東省原山條，「跨萊蕪市、淄博市和章丘縣境」，「呈西南—東北走向，長約100公里，面積約150平方公里，主峰海拔797米」（頁484-485）。是原山之面積，蓋跨三縣市，但其主峰之高度，仍不及800公尺；2839呎之數據，疑誤。

【六五】案此處所謂「今東阿縣境」，蓋泛指張編地圖集山東兩圖之東阿縣。張編地圖集之東阿縣治東阿鎮（E116°16'・N36°10'），然東阿鎮於1947年劃歸平陰縣，中國地圖集・山東省圖東阿縣治銅城鎮（E116°15'・N36°20'），參上第【四七】條校記。

【六六】案「（今滋陽）」，本篇第一節第一段綱文及綜結一節，皆謂瑕丘在「今滋陽西二十五里」，本段下文（目文）又謂瑕丘在「今滋陽西」，下兩段綱文又謂瑕丘縣在「今滋陽西北二十五里」；是此處「滋陽」後至少漏寫「西」字。又參篇伍捌【校記】第【一五九】條。

【六七】案原稿（頁41）於此段綱文左邊，嚴師以紅色圓珠筆批示：「（此處要改，作只通淄川。）」即兗州（瑕丘）通般陽（唐 淄州，今淄川）只一道，惟直北行。下文（目文）亦謂「若由關東北至東陽，則循淄水上源，行於萊蕪谷東北段中；若由關北至盤陽，則爲另一道，蓋即所謂馬耳谷矣。」是馬耳谷道僅指由馬耳關直北行往盤陽（今淄川）一道耳。

【六八】案「要」，一統志卷一七九泰安府山川目原山條作「險」（葉一〇）。

【六九】案此處謂唐 萊蕪縣即今山東省 萊蕪縣，蓋據紀要（卷三一濟南府 泰安州 萊蕪縣）及一統志（卷一七九泰安府建置沿革目萊蕪縣條）。楊守敬唐地理志圖（南一卷中）亦置唐 萊蕪縣於今縣。譚其驤主編之中國歷史地圖集第五冊（北京：地圖出版社，1982年版）唐都畿道河南道圖（頁44-45），置唐 萊蕪縣於今萊蕪縣東北。檢地名詞典・山東省萊蕪市（即張編地圖集之萊蕪縣）目，其敘萊蕪之沿革，謂北魏徙嬴縣於「今文字村」，又謂「長安四年（公元704年）於北魏 嬴縣故城復置萊蕪縣，屬兗州（啓文案，此據元和志卷一〇）」，「金徙今治，……元、明因之」（頁277）。是唐 萊蕪縣似不治今萊蕪縣，然紀要及一統志皆不言金徙萊蕪縣於今治。國基本紀要卷三一濟南府 泰安州 嬴城條，「或云，萊蕪縣北二十里有故嬴城」（頁1384）；紀要稿本同卷同條（第4冊，頁118），同。此故嬴城必非春秋時齊之嬴邑（春秋時齊邑嬴在今萊蕪西北城子縣村，見上文第三節「嬴、讙之會」條目文，又參下第【七四】條校記），或北魏時之嬴縣耶？檢續山東考古錄卷六泰安府上萊蕪縣目，「後魏 嬴縣故城在北八十里，今文字城。……元和志：『萊蕪縣，後魏移古嬴縣於此。』又云：『韶山在縣西北二十里。』今韶山（原注：一作杓山），在文字城西北二十里，其明證已」（頁223）。點注者云：「後魏 嬴縣城，即今萊蕪市城區東北24公里文字村」（頁224注⑦。啓文案，點注者此處謂後魏 嬴縣在今萊蕪東北24公里文字村，是，但上第【六三】條校記引葉書卷一五敘漢 萊蕪故城之地望，點注者竟又謂萊蕪縣「唐 長安四年（704年）復置，治嬴故城，遺址在今萊蕪市城區西北16公里羊里鄉 城子縣村」〔頁403注④〕，是又誤將春秋時齊之嬴邑

〔即秦 漢 嬴縣故城〕作北魏之嬴縣故城，實前後矛盾。檢地名詞典·山東省 萊蕪市圖（頁277），並無標示文字村之位置，但有勺山，「在萊蕪市城區北19公里」，「又名韶山」，「東北靠與博山交界的古齊 魯通道」（地名詞典·山東省勺山條，頁483）。檢濟南版山東省地圖冊·萊蕪市圖（頁55-56），常莊鄉（E117°52'·N36°19'，在萊蕪「市區東北25公里」，「辛泰鐵路經村北」〔地名詞典·山東省常莊條，頁282〕）之西約2公里處有南文字村（約E117°51'·N36°19'），辛泰鐵路經其南，參照地名詞典·山東省 萊蕪市圖，南文字村西北距勺山（韶山）十餘公里。然則續山東考古錄之文字城，蓋即今之南文字村歟？否則亦當在南文字村附近。

【七〇】案「滋陽縣」，檢國基本紀要卷三二兗州府，作「嵫陽縣」（頁1404）；紀要稿本同卷同目（第4冊，頁161），同。嵫陽縣，紀要謂「洪武十八年（1385）復置」。一統志卷一六五兗州府建置沿革目滋陽縣條，謂明「成化七年（1471）改嵫爲滋，本朝因之」（葉二）。

【七一】案檢萬刻本寰宇記卷二一兗州 乾封縣目，作「東嶽廟」（頁188上）；化龍池版寰宇記同卷同目（葉一四），同。與元和志之作「岳廟」微異。

【七二】案「泰安府」，國基本紀要卷三一作「泰安州」（頁1383）。本節上文及下文引紀要三一亦作「泰安州」，則此處之「府」蓋筆誤。

【七三】案張編地圖集·山東人文圖之舊縣鎮，即中國地圖集·山東省圖之舊縣村，「在泰安市區東南12公里汶河北岸」，「唐爲乾封縣治，宋初將縣城移治岱嶽鎮（今泰安市區），故名舊縣」（見地名詞典·山東省泰安市 舊縣條，頁275）。其地理坐標，據中國地名錄（第2版），乃E117°12'·N36°06'（頁115），與嚴師所標示者微異。

【七四】案檢地名詞典·山東省，今萊蕪市（即張編地圖集之萊蕪縣，E117°39'·N36°12'）市區西北16公里有城子縣村（約E117°35'·N36°20'），「即春秋時齊之嬴邑故址，俗稱城子縣」（頁279）。春秋時之嬴邑與北魏時之嬴縣地望不同，見上第【六九】條校記。

【七五】案「徐 淄間里距」之「徐」當爲「兗」之筆誤。上文（綱文）已明言唐世兗州東北通淄州道之里距「實當逾四百里」，本條目文即引紀要、一統志等資料，論證自萊蕪西南至兗州及東北至淄州里距之和，即「兗淄間當在四百里以上」，實與徐州無涉。

【七六】案水經注卷二四汶水注敘汶水逕陽關故城西後，「又南，左會淄水」，「世謂之柴汶」。柴汶「西逕陽關城南，西流注于汶水。」然後敘「今汶上夾水有文姜臺」（參水經注圖「南三中」）。檢地名詞典·山東省，今泰安市區南26公里大汶河（即上引酈注之汶水）北岸有大汶口鎮（E117°06'·N35°57'，張編地圖集山東兩圖亦有大汶口），「附近有新石器時代大汶口文化遺址和春秋時文姜臺遺址」（頁275）。據同書泰安市區圖（頁267），大汶口鎮正在柴汶河（即張編地圖集山東兩圖之小汶河）流入大汶河處西北岸。然則陽關故城當在大汶口鎮以東、良莊鎮（又名東良莊，E117°14'·N35°57'）西北，柴汶河與大汶河交會處東岸，約E117°13'·N35°59'處，其地正在泰安邊境，近寧陽交界處。

【七七】案枋河，清代曰葥河，中國地圖集亦曰葥河。

【七八】案中原東南通江淮諸水陸道篇之水道，其中已寫成專篇（專著）者，即隋唐通濟渠考（尚待出版）。

附：本卷綱文古地名引得

二劃

三劃

四劃

五劃

六劃

七劃

八劃

九劃

十劃

十一劃

十二劃

十三劃

十四劃

十五劃

十六劃

十七劃

十八劃

十九劃

二十劃

二十一劃

二十二劃

二十四劃

二十五劃

二十七劃

二十九劃

三十劃

後　記

李啓文

唐代交通圖考第六卷，一九九八年秋余初次整理後，即寄呈「中央研究院」歷史語言研究所。史語所出版品編輯委員會將此稿重行排版，翌年(1999)8月寄還，囑校對。時編委會秘書于志嘉女史並囑將隋唐通濟渠考再整理，擬另行出版。[1] 余念隋唐通濟渠考係唐代交通圖考第六卷所衍生者，故兩年資助計畫雖已滿期，仍願再以一年時間，爬梳此稿，遂將校對圖考第六卷排印稿之工作擱置。無奈路歧人困，偃蹇而難行。通濟渠考之整理，空慚寸進；圖考第六卷之校稿，卻已塵封。王靜安先生硤石之懷，蓋可與共。[2]

二○○○年夏，余致書於于志嘉女史。承于女史仗義聯絡，史語所黃寬重所長暨諸前輩體諒，翌年(2001)，史語所復津貼若干，俾作校對整理圖考第六卷、魏晉南北朝佛敎地理稿及隋唐通濟渠考諸稿之資。既蒙渥恩，迭遭謬眷，於是自二○○一年一月始，復重行校對整理唐代交通圖考第六卷，冀可於此年之內畢功，用爲歸田師逝世五周年之紀念也。

二○○○年秋，余兼職於香港大學課程學系，爲稻粱謀也。授課之餘，職同幕客；塵事鞅掌，枉耗時光。圖考第六卷之整理，時遭窒礙。

[1] 按原定整理歸田師遺著之兩年資助計畫，首年(1997-1998)整理唐代交通圖考第六卷，次年(1998-1999)則整理魏晉南北朝佛教地理稿，隋唐通濟渠考不與焉。此稿(隋唐通濟渠考)踰二十萬字，歸田師擬將之另出專著，參本卷整理弁言。

[2] 王靜安先生有六月二十七日宿硤石詩，見靜庵詩稿。

原欲校畢此卷以紀念歸田師逝世五周年之心願，一再懸空。歲月蹉跎，此卷校畢時，距歸田師之委化，已五年半矣。付梓遷延，事非得已，幸讀者諒之。

歷史地理研究，每多涉地名及人名，歸田師正式出版之論著，此二者必加專名號（標號），[3] 然今學人所出版之論著，地名及人名鮮有標號，似與今日電腦科技之發達背道而馳。余初次整理本卷（第六卷）時，曾致書於劉錚雲先生（時任出版品編輯委員會秘書），請依圖考前五卷之體例，地名人名等加專名號（標號），書名篇名等加曳引號。承杜正勝先生（時任史語所所長）及出版品編輯委員會諸前輩慨然照准，余銘戴之餘，別有所感。蓋專詞之加標號，既能醒目，復可識名，[4] 有「助讀者之理解」也。[5]

唐代交通圖考各篇，皆附地圖（或數篇共用一圖）。本卷（第六卷）今存七篇（參本卷整理弁言），篇伍柒及附篇十有嚴師手繪地圖影印本存焉（其手繪原圖或已於當年寄交有關編委會），其餘各篇之手繪圖，今仍未見，疑未繪就。余爬梳此卷，但就校勘文字及核實史料二者而爲之。至於繪圖，則事既專業，非一蹴而即就；況規則所限，惟自擬始可行；縱免余越俎代謀之罪，亦非余目前境況之所能繪畫者也。昔楊守敬與熊會貞據酈注以爲水經注圖，今讀者閱嚴師此卷，亦可據綱文以爲圖，則篇內所考，自可瞭然。

---

3 參嚴耕望，嚴耕望史學論文選集（臺北：聯經出版事業公司，1991年版），序言，頁ii。

4 專名之加標號，除方便識別外，復有助於版本之認識。余整理篇伍陸時，引明翻相臺本左傳校勘。其初，誤以「翻相臺」爲專名，後承梁庚堯先生賜示，謂「翻」字下不應加標號。余再檢辭書，始悉翻者，翻刻之謂也（參篇伍陸【校記】第【一〇八】條）。又余整理篇伍捌時，有關地名詞典，謂亢父城遺址在「喻屯鄉城南張村北」，參以所附地圖，遺址確在喻屯鄉之南，遂以爲亢父城遺址在喻屯鄉城之南、張村之北。迨得閱新出版之地圖册，始知「城南張」乃村名，上引之資料，蓋謂亢父城遺址在喻屯鄉 城南張村之北（參篇伍捌【校記】第【一六三】條）。是古今地名之加專名號，可免讀者誤解也。

5 同註3。

歸田師之論著，素以史料富贍，論證周詳見稱。余受命整理其遺著，然才性疏愚，何堪扛鼎；更因客觀環境所限，每趑趄而難前。幸賴臺 港師友相濟，稍紓余困。廖師伯源先生、蔣秋華兄及賴信川君，先後爲余影印大日本佛教全書相關資料；李銳清兄又在日本 京都大學圖書館代影印東洋文庫本入唐求法巡禮行記第二卷。諸篇校對，始得依憑。香港中文大學歷史系主任蘇基朗先生多年來爲余商借研讀室於大學圖書館內，既省爭席之煩，[6] 復有安置諸篇校稿之利。扁舟既濟，余遂得穿梭於各圖書館之間；[7] 兼職之餘，復蹤步於馮平山圖書館之內；[8] 再濟以新亞研究所圖書館庋藏之線裝古籍；諸篇之整理，差幸粗成。此中，史語所出版品編輯委員會常務召集人邢義田先生、現任秘書陳玉美女史時加策勵；助理陳靜芬小姐既代爲打字，又兼訂正，三改四校，不以爲煩；出版品編輯委員會又爲編次卷一至卷六引用書目初稿[9] 及卷一至卷六綱文古地名引得。[10] 諸賢拱護，以匡不逮，唐代交通圖考第六卷，終能付諸剞劂。

唐代交通圖考前五卷出版後，或謂其中有誤考者。蓋千慮一失，無缺爲難，此亦學術研究所不能避免者。歸田師嘗言：

>「好在學術不是一個人的事，每個人只能盡其在我，儘可能做出自己的成績，以供大家參考，再做進一步的工作。」[11]

---

6 考試期間，大學圖書館內座無虛設，此固常有之現象也。

7 香港中文大學圖書館之書籍，佛藏、道藏等藏於山麓下之牟路思怡圖書館；歷史、方志類則置於半山（本部）之大學圖書館；石刻、文學類（如全唐文、全唐詩等）又藏於山頂之錢穆圖書館。

8 馮平山圖書館，今在香港大學圖書館總館四至六樓。

9 史語所出版品編輯委員會編次之卷一至卷六引用書目，頗簡略，余於是將圖考各卷檢讀一過，重行編製，稿成，凡三萬字（詳卷一至卷六引用書目・附言）。承陳玉美女史聯絡，史語所以此復津貼若干，謹致謝忱（2002年11月13日記）。（按：卷一至卷六引用書目暨綱文古地名引得，本所將另行出版。）

10 圖考第六卷付梓在即，倉卒之間，卷一至卷六綱文古地名引得竟未暇校對，功虧一簣，不無遺憾（2002年11月13日記）。

11 見劉健明，筆耕室受教記，載充實而有光輝——嚴耕望先生紀念集（臺北：稻禾出版社，1997年版），頁96。案劉文增改後，又以獨立奮鬥・盡我所能——追悼嚴耕望先生爲題，載於文史知識（北京：中華書局）1998年第8期，上引嚴師之言，見頁10。

本卷（第六卷）今存七篇，除篇伍柒、附篇十及篇伍玖嘗發表外，其餘各篇，歸田師或未嘗仔細校閱，故上述誤考之問題，或亦有之。歸田師治史，「有縫必彌」，[12] 余不敏，整理本卷時，在校記內試爲之彌縫補闕。然歸田師此書（唐代交通圖考）體大思精，夙有定論；而余於本卷（第六卷）之補苴材輕質薄，殆可斷言。然則所謂彌縫，徒惹續貂之諷；所謂補闕，難辭喧奪之嫌。余堅信，若天假以年，歸田師得重閱此卷，則其漏闕終可彌縫，遺亡自當掇拾，固毋待余之師心而自用者也！

二〇〇二年二月五日起草（此日爲辛巳年十二月廿四日，乃歸田師八十有七之冥壽，正以之紀念也），三月二十六日初定，四月三日改訂，十一月十三日增訂，時卷一至卷六引用書目稿成。

---

[12] 見嚴耕望，治史答問（臺北：臺灣商務印書館，1985年版），第拾叁則，頁49-66。

唐代交通圖考

第一至六卷引用書目及綱文古地名引得

嚴耕望◎遺著
李啓文◎整理

唐代交通圖考

第一至六卷引用書目及綱文古地名引得

目　　次

引用書目

附言

唐代交通圖考·引用書目，初稿係歷史語言研究所出版品編輯委員會所編者。本年三月，承編委會惠寄，囑校閱。時余方校核第六卷諸篇，未暇瀏覽。迨四月初諸篇校畢，再檢視此初稿，始覺書目內尚待增補者頗多，時第六卷既將付梓，若引用書目草草而就，似有功虧一簣之嫌，於是將第一至六卷重行檢讀一過，檢出歸田師撰寫本書時所引用之古代文獻、前輩學者及今人之論文、專著、遊記、考古報告，以至臺北、香港報章登載之資料等。然世務卒卒，檢讀全書，若坡陀委折，時斷時續；搜尋書目，如走馬看花，遺漏難免。復以史語所編委會已排備出版第六卷，函電交馳，屢加督趣，余不敏，雖欲再行校閱而不果，終難辭爲德不卒之譏，知我罪我，其惟歸田師乎！

近十餘年來，電腦科技發達，文書處理，尤勝刀筆；資料儲存，更過蘭臺。余以客觀環境所逼，去歲 (2001) 十月，始能購得電腦，肄習其中；輸入搜尋，似蒙童之初學；字型格式，如稚子之再摹。此引用書目，即余自行打字輸入，重新輯錄者。雖然，本書目之編製，實建基於史語所編委會之初稿，余之增改，蓋踵事增華耳。然此中尚有可言者：

（一）嚴師此書之基本史料（如正史、石刻史料、全唐文、全唐詩等），不少皆爲其壯歲讀書時所筆錄者，[1] 其所用諸書之版本，已不能詳，[2] 故今所示之書目，除嚴師所遺留而可查證者外，大抵以余在香港中文大學圖書館、香港大學 馮平山圖書館、新亞研究所圖書館所檢得者爲據（參第六卷後記）。

（二）嚴師所引論著，偶有誤書作者或書名者，[3] 今於此書目內并更正之。

---

[1] 歸田師「自一九四六、四七年已開始搜錄『唐代人文地理』材料」，見嚴耕望，治史經驗談（臺北：臺灣商務印書館，1981），頁81；又參師著，錢穆賓四先生與我（臺北：臺灣商務印書館，1992），頁77。

[2] 嚴師所用正史，主要者為臺北 藝文印書館影印出版之二十五史，及北京 中華書局點校本二十四史；兩唐書則並用百衲本；見嚴耕望，治史答問（臺北：臺灣商務印書館，1985），頁106。

[3] 作者名誤書者，如第5卷，第51篇云：「松井等以為生機河為白狼水主源，……（滿洲歷史地理第二編漢代之滿洲……）」（頁1712）；又謂「松井等疑酈注之平岡……（滿洲歷史地理第一卷第二篇漢代之滿洲，頁一五五）」（頁1713）。今檢滿洲歷史地理（白

（三）嚴師所引論文，偶有失其出處者，余檢讀各卷時，試代爲查證，[4] 然以時間敦迫，未暇一一檢出，尙祈讀者見諒。

（四）余於本書第六卷校記內所引諸書，有未爲嚴師生前所引用者，有近年始出版者，皆以「＊」標示。

（五）本書目分爲四類：一、傳統文獻，內含近人點校、注釋之版本，以及近世出土之敦煌文獻；二、近人論著；三、地圖；四、辭典。除第二類（近人論著）外，其餘三類，皆以書名首字之筆劃爲序排列。

鳥庫吉監修，東京：南滿洲鐵道株式會社，1913），第1卷，第2篇，漢代の滿洲（啟文案，原書目次「滿洲」誤植作「滿州」），作者為稻葉岩吉，非松井等。又如第5卷，第52篇云：「松井等引齊書此段，而注云，青山，今義州歟？……（滿洲歷史地理第一卷，頁三二七。）」（頁1771）今檢滿洲歷史地理第1卷，頁327，此文為南北朝時代の滿洲，乃滿洲歷史地理第1卷，第5篇，作者乃箭內亙，非松井等。又第52篇云：「松井等以玄菟在今瀋陽附近（滿洲歷史地理第一卷第一篇漢代之朝鮮，頁九四）」（頁1768）。今檢滿洲歷史地理第1卷，第1篇，漢代の朝鮮，作者乃白鳥庫吉及箭內亙，亦非松井等也。

書名誤書者，如第3卷，第19篇云：「李壽碑（羅季書褒中古跡輯略）」（頁707）。今案「羅季書」乃「羅秀書」之誤植。「羅秀書」，又見同篇頁725、747，不誤。然羅氏此書，書名為「褒谷古蹟輯略」，第19篇作「褒中古跡輯略」（頁707）、「褒中古蹟輯略」（頁740）、「褒谷古蹟集略」（頁713、721、747、774），皆誤。又如第5卷，第49篇云：「北魏前期諸主常由大寧幸濡源。……元代大都至上都之西線輦道，亦取此線。見袁驥元史論叢（商務出版）。」（頁1692，注5）今案「袁驥」乃「袁冀」之誤植。袁氏 商務出版之元史論著，乃元史研究論集（臺北：臺灣商務印書館，1964）；嚴師謂「元代大都至上都之西線輦道」云云，見袁冀元史研究論集第15篇，元王惲驛赴上都行程考釋（原載〔臺北〕大陸雜誌，第34卷第12期，1967年6月）。

[4] 如第1卷，第6篇引松田壽男東西交通上之居延（頁207，注6），未引出處。今檢得此文乃松田壽男所撰之東西交通史における居延についての考，原載〔東京〕東方學論集，第1，1954年2月；又收入氏著，松田壽男著作集第4卷，東西文化交流Ⅱ（東京：六興出版株式會社，1987）。又同篇云：「曾見黃盛璋有一文談到西天路竟，今手頭無書參考」（頁207，注6）。今查得黃盛璋此文乃敦煌寫本「西天路竟」歷史地理研究，原載〔上海〕歷史地理，創刊號，1981；又收入氏著，中外交通與交流史研究（合肥：安徽教育出版社，1995）。又如第2卷，第12篇引西嶋定生 吐魯番出土文書所見之均田制施行狀態（頁488），未寫出處。今查得此文原載西域文化研究第二・敦煌吐魯番社會經濟資料（上）（西域文化研究會編，京都：法藏館，1959），頁151-292。又如第5卷，第50篇但引滿洲歷史地理第2卷，未寫篇名。今查得此文乃松井等所撰之滿洲に於ける遼の疆域，載滿洲歷史地理第2卷，第1篇。又如第5卷，第52篇引高士奇扈從東遊日錄，謂「出自松井等某文所引，筆錄時失記」（頁1769）。今查得此文即同篇（第52篇）頁1750已引之松井等所撰許亢宗の行程錄に見ゆる遼金時代の滿洲交通路，載滿洲歷史地理第2卷，第2篇，高士奇日錄，見此書頁136，注（二）。

（六）第一類「傳統文獻」大抵以書名首字之筆劃爲序排列，若涉及後人整理之版本，仍以次列於該條文獻之後，如：朱文公校昌黎先生集，次於韓昌黎集之後；影宋本太平寰宇記補闕及宋本太平寰宇記，次於太平寰宇記之後；蓋以類相從。

（七）第二類「近人論著」，以作者或編者之姓名筆劃爲序，其論著先列論文，後排專著，皆以刊印時間先後爲序。若專著爲古代文獻校注本，雖已置諸第一類（傳統文獻）之內，仍列寫書名於本類，不嫌重出。蓋前者以文獻（書名）爲宗，後者以人爲主也。

李啓文謹識

二〇〇二年八月十八日初稿，十一月十三日改訂。

一、傳統文獻（含近人點校注釋本及敦煌文獻）

八瓊室金石補正，清・陸增祥撰，吳興 劉氏 希古樓刊本，見嚴耕望編，石刻史料叢書，臺北：藝文印書館影印，1967，甲編之9。

入唐求法巡禮行記，唐・〔日本〕圓仁撰，見大日本佛教全書，臺北：文海出版社影印，無出版年份。

＊入唐求法巡禮行記，第2卷，日本 京都 東寺 觀智院藏本，東京：東洋文庫影印。

＊入唐求法巡禮行記，顧承甫、何泉達點校，上海：上海古籍出版社點校本，1986。

＊入唐求法巡禮行記校註，〔日本〕小野勝年校註，白化文、李鼎霞、許德楠修訂校註，石家莊：花山文藝出版社，1992。

＊入唐求法巡禮行記の研究，〔日本〕小野勝年著，東京：鈴木學術財團，第1卷，1964；第2卷，1966；第3卷，1967；第4卷，1969。

入蜀記，宋・陸游撰，叢書集成初編本（據知不足齋本叢書本排印），上海：商務印書館，1936。

九國志，宋・路振撰，叢書集成初編本（據守山閣叢書本排印），上海：商務印書館，1937。

九邊考，見皇明九邊考條。
又玄集，唐・韋莊編，見唐人選唐詩・十種。
三水小牘，唐・皇甫枚撰，雲自在龕叢書本，北京：中華書局點校本，1960。
＊三水小牘，宛委別藏本，臺北：臺灣商務印書館影印，1981。
三省山內風土雜識，清・嚴如熤撰，叢書集成初編本（據問影樓輿地叢書本排印），上海：商務印書館，1936。[5]
三省邊防備覽，清・嚴如熤輯，道光刻本，見續修四庫全書，上海：上海古籍出版社影印，1995，史部・地理類，第732冊。
三國史記，宋・〔高麗〕金富軾撰，朝鮮 中宗七年（1512）慶州重刊本，東京：學習院東洋文化研究所影印（學東叢書第一），1964。
三國志，晉・陳壽撰，南朝宋・裴松之注，北京：中華書局點校本，1959。
三國志集解，盧弼集解，臺北：藝文印書館影印，1956。
三朝北盟會編，宋・徐夢莘編撰，清 光緒四年（1878）袁祖安活字排印本，臺北：文海出版社影印，1962。
大方廣圓覺修多羅了義經略疏註，唐・宗密述，見大正新脩大藏經，臺北：中華佛教文化館大藏經委員會影印，1957，經疏部，第39冊，No.1795。
大元大一統志殘卷，元・孛蘭肸、岳鉉等修，清 袁氏 貞節堂鈔本，臺北：「國立中央圖書館」影印（玄覽堂叢書・續集），1985。
元一統志，趙萬里校輯，北京：中華書局，1966。
大明一統名勝志，明・曹學佺編撰，崇禎三年（1630）刻本，見四庫存目叢書，臺南：莊嚴文化事業有限公司影印，1996，史部，第167冊。
大金國志，金・宇文懋昭撰，見國學基本叢書，上海：商務印書館，1936。
大唐六典，唐・李林甫等修撰，日本 近衛公府藏享保甲辰（1724）刊本，京都：京都帝國大學文學部影印，1935。
宋本大唐六典，北京：中華書局據古逸叢書三編本影印，1991。

[5] 叢書集成初編本三省山內風土雜識，作者為嚴如煜。檢中國西北文獻叢書（蘭州：蘭州古籍書店影印，1990），第4輯，西北民族文獻，第11卷（總第127冊），亦收有雜識一書，目錄題作「民國 嚴如煜」其版本係據關中叢書，乃「陝西通志館印」者。今案此二本雜識之作者「嚴如煜」，皆「嚴如熤」之譌。嚴如熤，清 嘉慶進士，道光時，復將雜識增輯為三省邊防備覽，清史稿有傳（北京 中華書局1977年出版之點校本清史稿，在卷361，列傳148；臺北「國史館」1989年出版之第12冊清史稿校註，在卷368，列傳148）。

大唐西域求法高僧傳，唐・義淨撰，見大正新脩大藏經，臺北：中華佛教文化館大藏經委員會影印，1957，史傳部三，第51冊，No.2066。

大清一統志（五百卷），乾隆四十九年 (1784) 斷限，光緒丁酉 (1897) 杭州 竹簡齋石印本。

嘉慶重修一統志，上海 涵芬樓景印清史館藏進呈寫本（四部叢刊續編・史部），上海：商務印書館，1934。

大理行記，元・郭松年撰，叢書集成初編本（據奇晉齋叢書本排印），上海：商務印書館，1936。

大慈恩寺三藏法師傳（即大唐大慈恩寺三藏法師傳），唐・慧立、彥悰撰，見大正新脩大藏經，臺北：中華佛教文化館大藏經委員會影印，1957，史傳部二，第50冊，No.2053。

大慈恩寺三藏法師傳，孫毓棠、謝方點校，北京：中華書局點校本（中外交通史籍叢刊），1983。

大業雜記，唐・杜寶撰，叢書集成初編本（據指海本排印），北京：中華書局，1991。

才調集，唐・韋穀編，見唐人選唐詩・十種。

山左金石志，清・畢沅、阮元編，儀徵 阮氏 小琅嬛僊館刊本，見嚴耕望編，石刻史料叢書，臺北：藝文印書館影印，1967，甲編之17。

山左冢墓遺文，載羅振玉校錄，羅氏冢墓遺文，見嚴耕望編，石刻史料叢書，臺北：藝文印書館影印，1967，甲編之14；又收入羅雪堂先生全集，臺北：大通書局，1976，七編，第14冊。

山右石刻叢編，清・胡聘之編，光緒辛丑 (1901) 刊本，見嚴耕望編，石刻史料叢書，臺北：藝文印書館影印，1967，甲編之15。

山谷詩集注（即山谷詩注，含山谷詩內集注、外集注、別集注），宋・黃庭堅撰，宋・任淵注（內集）、史容注（外集）、史季溫注（別集），叢書集成初編本（據聚珍版叢書本排印），上海：商務印書館，1937。

千唐誌齋藏誌，張鈁輯，北京：文物出版社影印，1984。

六祖壇經箋註，唐・慧能述，法海錄；丁福保箋注，民國二十二年 (1933) 無錫丁氏藏板，臺北：維新書局影印，1969。

文苑英華，宋・李昉等編，宋刊本及明刊本合刊，北京：中華書局影印，1966。

文選，梁・蕭統編纂，唐・李善注，南宋 淳熙八年 (1181) 尤袤刻本，臺北：石門圖書公司影印，1976。

文選，清 嘉慶十四年 (1809) 胡克家刻本，北京：中華書局影印，1977。
增補六臣注文選，宋末刊本，臺北：華正書局影印，1974。
＊文選李注義疏，高步瀛撰，北京：中華書局點校本，1985。
文獻通考，元・馬端臨撰，清 乾隆 武英殿本，見萬有文庫第二集，上海：商務印書館影印，1936，十通，第7種。
方言（即輶軒使者絕代語釋別國方言），漢・揚雄撰，晉・郭璞注，叢書集成初編本（據古今逸史本影印），上海：商務印書館，1936。
輶軒使者絕代語釋別國方言，清・戴震疏證，叢書集成初編本（據聚珍版叢書本影印），長沙：商務印書館，1937。
方輿勝覽，宋・祝穆撰，清 孔氏 嶽雪樓影鈔本，臺北：文海出版社影印，1981。
王右丞集，唐・王維撰，須溪先生校本，上海 商務印書館縮印元刊本（四部叢刊初編・集部），臺北：臺灣商務印書館影印（四部叢刊初編縮本，第37冊），1967。
王右丞集箋注，清・趙殿成箋注，北京：中華書局點校本，1961。
井陘縣志，清・鍾文英、王鏞等纂修，雍正庚戌 (1730) 刻本，臺北：成文出版社影印（中國方志叢書・華北地方，第508號），1976。
井陘縣志，清・常善、趙文濂等續修，光緒元年 (1875) 刻本，臺北：成文出版社影印（中國方志叢書・華北地方，第509號），1976。
井陘縣志（即井陘縣志料），王用舟、傅汝鳳等纂修，民國二十三年 (1934) 鉛印本，臺北：成文出版社影印（中國方志叢書・華北地方，第160號），1968。
天下郡國利病書，清・顧炎武撰，上海 涵芬樓景印崑山圖書館藏稿本（四部叢刊三編・史部），上海：商務印書館，1936。
元氏長慶集，唐・元稹撰，明 弘治元年 (1488) 楊循吉鈔本，清 錢謙益補校，北京：文學古籍刊行社影印，1956。
元史，明・宋濂撰，清 乾隆 武英殿本，臺北：藝文印書館影印，1956。
元史，北京：中華書局點校本，1976。
元和郡縣圖志，唐・李吉甫編撰，守山閣叢書本；岱南閣叢書本；聚珍版叢書本；金陵書局本；畿輔叢書本，臺北：藝文印書館影印，1965。
元和郡縣圖志，賀次君點校，北京：中華書局點校本（中國古代地理總志叢刊），1983。

元豐九域志，宋・王存等撰，臺北：文海出版社影印，1962。

元豐九域志，王文楚、魏嵩山點校，北京：中華書局點校本（中國古代地理總志叢刊），1984。

元豐題跋，宋・曾鞏撰，汲古閣刊本，見嚴耕望編，石刻史料叢書，臺北：藝文印書館影印，1967，乙編之2。

元豐類稿，宋・曾鞏撰，上海 商務印書館縮印烏程 蔣氏 密韻樓藏元刊本（四部叢刊初編・集部），臺北：臺灣商務印書館影印（四部叢刊初編縮本，第47冊），1967。

五代史記，宋・歐陽修撰，宋・徐無黨註，清 乾隆 武英殿本，臺北：藝文印書館影印，1956。

新五代史，北京：中華書局點校本，1974。

五代史補，宋・陶岳撰，四庫全書本，上海：上海古籍出版社影印文淵閣四庫全書，1987，第407冊。

五代詩話，清・王士禛原編，清・鄭方坤刪補，叢書集成初編本（據粵雅堂叢書本排印），長沙：商務印書館，1937。

五代會要，宋・王溥編撰，上海：上海古籍出版社點校本，1978。

太平御覽，宋・李昉等編纂，上海 涵芬樓影印宋本，見國學基本叢書，臺北：復興書局影印，1959。

太平御覽，北京：中華書局用上海 涵芬樓影印宋本複製重印，1960。

太平廣記，宋・李昉等編，清 乾隆十八年 (1753) 黃晟刊本，臺北：新興書局影印（名人筆記叢書），1962。

太平廣記，明 嘉靖 談愷刻本，臺北：藝文印書館影印（類書薈編之8），1970。

太平廣記，北京：中華書局點校本，1961。

太平寰宇記，宋・樂史撰，清 乾隆癸丑 (1793) 化龍池版重梓本，出版地不詳。

＊太平寰宇記，四庫全書本，上海：上海古籍出版社影印文淵閣四庫全書，1987，第469冊。

太平寰宇記，清 嘉慶八年 (1803) 萬廷蘭刻本，臺北：文海出版社影印，1963。

影宋本太平寰宇記補闕，古逸叢書之26，臺北：文海出版社影印，1963。

＊宋本太平寰宇記，日本宮內廳書陵部藏，北京：中華書局影印，2000。

＊四庫全書總目提要，清・永瑢等撰，見萬有文庫第一集，上海：商務印書館，1931。

仇池筆記，宋・蘇軾撰，叢書集成本（據龍威祕書本排印），上海：商務印書館，1936。

水部式，見鳴沙石室佚書（摹寫本），東方學會影印，收入羅雪堂先生全集・三編，臺北：文華出版公司，1970，第5冊；又見鳴沙石室佚書（影寫本），上虞 羅氏 宸翰樓印，收入羅雪堂先生全集・四編，臺北：大通書局有限公司，1972，第5冊。

水道提綱，清・齊召南撰，乾隆丙申 (1776) 刊本，臺北：文海出版社影印（沈雲龍主編，中國水利要籍叢編），1969。

*水經注，北魏・酈道元撰，清 戴震校武英殿本，上海：上海古籍出版社點校本（陳橋驛點校），1990。

*水經注，永樂大典本，北京：文學古籍刊行社影印，1955。

*水經注釋，清・趙一清撰，乾隆五十九年 (1794) 小山堂雕本，臺北：華文書局股份有限公司影印，1970。

水經注，王先謙合校本，長沙 王氏刊本，出版時地不詳。

*水經注，清 光緒二十三年 (1897) 新化 三味書室據長沙 王氏本重刊，成都：巴蜀書社影印，1985。

*水經注校釋，陳橋驛校釋，杭州：杭州大學出版社，1999。

水經注疏（手稿本），楊守敬、熊會貞撰，臺北：臺灣中華書局影印，1971（書名作「楊熊合撰水經注疏」）。

*水經注疏，段熙仲點校、陳橋驛復校，南京：江蘇古籍出版社點校本，1989。

玉海，宋・王應麟編撰，元後至元三年 (1337) 慶元路儒學刊本，臺北：華聯出版社影印，1964。

玉海，清 光緒九年 (1883) 浙江書局刊本，南京：江蘇古籍出版社、上海：上海書店聯合出版影印，1987。

玉谿生年譜會箋，張采田著，北京：中華書局整理本，1963。

玉谿生詩箋注，唐・李商隱著，清・馮浩箋注，上海：上海古籍出版社點校本（中國古典文學叢書），1979（書名作「玉谿生詩集箋注」）。

玉谿詩詳註，即玉谿生詩箋注。[6]

[6] 案玉谿生詩詳註，馮浩初刻此書時之名稱。檢清 同治七年 (1868) 馮寶圻（馮浩曾孫）於上海重刻之李義山詩文集（據德聚堂藏版重校本），其詩集即名「玉谿生詩詳註」，凡三卷；文集則曰「樊南文集詳註」，凡八卷；都一函八冊。

＊正字通，明・張自烈撰，清・廖文英續，清 康熙二十四年（1685）清畏堂刻本，見續修四庫全書，上海：上海古籍出版社影印，1995，經部・小學類，第235冊。
甘肅通志，清・許容等編纂，乾隆元年（1736）刊本，臺北：文海出版社影印（沈雲龍主編，中國邊疆叢書第二輯），1966。
古今圖書集成，清・陳夢雷編纂，臺北：文星書店據民國二十三年（1934）中華書局照相影印本訂正，1964。
古清涼傳，唐・慧祥撰，見大正新脩大藏經，臺北：中華佛教文化館大藏經委員會影印，1957，史傳部三，第51冊，No.2098。
左傳，見春秋經傳集解條。
石湖居士詩集，宋・范成大撰，上海 商務印書館縮印愛汝堂刊本（四部叢刊初編・集部），臺北：臺灣商務印書館影印（四部叢刊初編縮本，第64冊），1967。
石墨鐫華，明・趙崡編撰，知不足齋叢書本，見嚴耕望編，石刻史料叢書，臺北：藝文印書館影印，1967，乙編之7。
＊石墨鐫華，四庫全書本，上海：上海古籍出版社影印文淵閣四庫全書，1987，第683冊。
＊北山集，宋・鄭剛中撰，四庫全書本，上海：上海古籍出版社影印文淵閣四庫全書，1987，第1138冊。
北史，唐・李延壽撰，清 乾隆 武英殿本，臺北：藝文印書館影印，1956。
北史，北京：中華書局點校本，1974。
北行日錄，宋・樓鑰撰，知不足齋叢書本，臺北：興中書局影印，1964。
北夢瑣言，五代・孫光憲纂集，叢書集成初編本（據雅雨堂叢書本排印），長沙：商務印書館，1939。
北齊書，唐・李百藥撰，清 乾隆 武英殿本，臺北：藝文印書館影印，1956。
北齊書，北京：中華書局點校本，1972。
史記，漢・司馬遷撰，清 乾隆 武英殿本，臺北：藝文印書館影印，1956。
＊史記，南宋 黃善夫刻本，見縮印百衲本二十四史，北京：商務印書館影印，1958。
史記，北京：中華書局點校本，1959。
史記會注考證，〔日本〕瀧川資言考證，北京：文學古籍刊行社影印，1955。
史記舊注平義，王駿圖、王駿觀合著，臺北：正中書局，1967。

冊府元龜，宋・王欽若等編，明刻初印本，香港：中華書局影印，1960。

白氏長慶集，唐・白居易撰，宋 紹興刻本，北京：文學古籍刊行社影印，1955。

＊白居易集箋校，朱金城箋校，上海：上海古籍出版社，1988。

白孔六帖，唐・白居易撰，宋・孔傳續撰，明 嘉靖覆宋刻本，臺北：新興書局影印，1971。

安南圖誌，明・鄧鐘撰，見國立北平圖書館善本叢書第一集（據錢氏 述古堂鈔本影印），上海：商務印書館，1937。

老學庵筆記，宋・陸游撰，叢書集成初編本（據津逮祕書本影印），上海：商務印書館，1936。

西州志殘卷，見敦煌石室遺書，清 宣統己酉 (1909) 刊本，收入羅雪堂先生全集・三編，臺北：文華出版公司，1970，第6冊。

西州圖經，見鳴沙石室佚書（摹寫本），東方學會影印，收入羅雪堂先生全集・三編，臺北：文華出版公司，1970，第5冊；又見鳴沙石室佚書（影寫本），上虞 羅氏 宸翰樓印，收入羅雪堂先生全集・四編，臺北：大通書局有限公司，1972，第5冊。

西行往返記程，清・楊炳堃撰，見吳豐培輯，甘新游蹤彙編，中央民族學院圖書館油印本，1980。[7]

西征道理記，宋・鄭剛中撰，叢書集成初編本（據金華叢書本排印），上海：商務印書館，1936。

西夏書事，清・吳廣成纂，道光乙酉 (1825) 小峴山房刊本，北平：文奎堂影印，1935。

西域水道記，清・徐松撰，光緒癸卯 (1903) 上海 文瑞樓石印本，臺北：台聯國風出版社影印（清朝藩屬輿地叢書，第6冊），1967。

西域行程記，明・陳誠、李暹撰，見國立北平圖書館善本叢書第一集（據明鈔本影印），上海：商務印書館，1937。

[7] 西行往返記程，歸田師於圖考第2卷，第12篇（頁436）、第14篇（頁591），皆作「西行記程」。此書似不見於香港各大學圖書館，今據中國叢書廣錄（陽海清編撰，陳彰璜參編，武漢：湖北人民出版社，1994），上冊，頁1051，第9251條目補。編按，臺北「中央研究院」近代史研究所郭廷以圖書館收有中央民族學院圖書館編，西行往返記程，1983年出版，出版地及出版者不詳。

西域番國志，明・陳誠、李暹撰，見國立北平圖書館善本叢書第一集（據明鈔本影印），上海：商務印書館，1937。

西域圖志，見皇輿西域圖志條。

西寧府新志，清・楊應琚撰，乾隆二十七年 (1762) 刊本，臺北：文海出版社影印（沈雲龍主編，中國邊疆叢書第二輯），1966。

吐魯番出土文書，國家文物局古文獻研究室、新疆維吾爾自治區博物館、武漢大學歷史系編，北京：文物出版社，第1-3冊，1981；第4-5冊，1983；第6冊，1985。

全上古三代秦漢三國六朝文，清・嚴可均校輯，北京：中華書局用廣州 廣雅書局刻本複製重印，1958。

全唐文，清 揚州官刻本（？），臺北：啓文出版社影印，1961。

全唐詩，清 揚州詩局刻本（？），臺北：復興書局影印，1967。

全唐詩逸，〔日本〕河世寧纂輯，叢書集成初編本（據知不足齋叢書本排印），上海：商務印書館，1936。

行水金鑑，清・傅澤洪編撰，見國學基本叢書四百種，臺北：臺灣商務印書館影印，1968，第341-343冊。

行紀，北魏・宋雲撰，見洛陽伽藍記卷五。

宋雲行紀箋註，〔法國〕沙畹 (É.Chavannes) 撰，馮承鈞譯註，載馮承鈞譯，西域南海史地考證譯叢六編，北京：中華書局，1956。

汅縣志，清・孫銘鐘、彭齡等編纂，光緒九年 (1883) 刊本，臺北：成文出版社影印（中國方志叢書・華北地方，第261號），1969。

沙州都督府圖經，即沙州志殘卷，見敦煌石室遺書，清 宣統己酉 (1909) 刊本，收入羅雪堂先生全集・三編，臺北：文華出版公司，1970，第6冊。

沙州圖經，見鳴沙石室佚書（摹寫本），東方學會影印，收入羅雪堂先生全集・三編，臺北：文華出版公司，1970，第5冊；又見鳴沙石室佚書（影寫本），上虞 羅氏 宸翰樓印，收入羅雪堂先生全集・四編，臺北：大通書局有限公司，1972，第5冊。

宋史，元・脫脫等撰，清 乾隆 武英殿本，臺北：藝文印書館影印，1965。

宋史，北京：中華書局點校本，1977。

宋高僧傳，宋・贊寧等撰，見大正新脩大藏經，臺北：中華佛教文化館大藏經委員會影印，1957，史傳部二，第50冊，No.2061。

宋高僧傳，范祥雍點校，北京：中華書局點校本（中國佛教典籍選刊），1987。

宋朝事實類苑，宋・江少虞編撰，上海：上海古籍出版社整理本，1981。

宋會要輯稿，北京：中華書局據國立北平圖書館影印本複製重印，1957。

辛卯侍行記，清・陶保廉撰，光緒二十三年 (1897) 刊本，臺北：中華叢書委員會影印，1957。

芒洛冢墓遺文・續篇，載羅振玉校錄，羅氏冢墓遺文，見嚴耕望編，石刻史料叢書，臺北：藝文印書館影印，1967，甲編之14；又收入羅雪堂先生全集・七編，臺北：大通書局有限公司，1976，第12冊。

芒洛冢墓遺文・三篇，載羅氏冢墓遺文，見嚴耕望編，石刻史料叢書，臺北：藝文印書館影印，1967，甲編之14；又收入羅雪堂先生全集・七編，臺北：大通書局有限公司，1976，第12冊。

芒洛冢墓遺文・四篇，載羅氏冢墓遺文，見嚴耕望編，石刻史料叢書，臺北：藝文印書館影印，1967，甲編之14；又收入羅雪堂先生全集・七編，臺北：大通書局有限公司，1976，第13-14冊。

杜少陵集詳註，唐・杜甫撰，清・仇兆鰲註，見萬有文庫第一集・國學基本叢書，1930。

杜詩鏡銓，清・楊倫箋注，北京：中華書局點校本，1962。

讀書堂杜工部文集註解，清・張溍評註，收入杜詩鏡銓內。

讀書堂杜工部文集註解（單行本），著易堂書局石印本，出版時地不詳。

景宋本分門集注杜工部詩，上海 商務印書館縮印南海 潘氏藏宋本（四部叢刊初編・集部），臺北：臺灣商務印書館影印（四部叢刊初編縮本，第36冊），1967。

景印宋本新刊校定集注杜詩，臺北：「國立故宮博物院」影印（善本叢書），1985。

酉陽雜俎，唐・段成式撰，叢書集成初編本（據學津討原本排印），上海：商務印書館，1937。

呂氏春秋，戰國・呂不韋輯，漢・高誘注，見國學基本叢書四百種，臺北：臺灣商務印書館影印，1968，第65冊。

吳船錄，宋・范成大撰，叢書集成初編本（據知不足齋本排印），長沙：商務印書館，1937。

法苑珠林（百卷本），見大正新脩大藏經，臺北：中華佛教文化館大藏經委員會影印，1957，事彙部上，第53冊，No.2122。

法苑珠林（百廿卷本），上海 商務印書館縮印明 萬曆刊本（四部叢刊初編・子部），上海：商務印書館，1936。

法顯傳，東晉・法顯撰，見大正新脩大藏經，臺北：中華佛教文化館大藏經委員會影印，1957，史傳部三，第51冊，No.2085。

法顯傳，宋 紹興初思溪藏本，北京：文學古籍刊行社影印，1955。

＊法顯傳校註，章巽校註，上海：上海古籍出版社，1985。

河南志，元・佚名纂修，清・徐松輯，光緒三十四年 (1908) 刊藕香零拾本，見中國地志研究會編，宋元地方志叢書，臺北：大化書局影印，1980，第1冊。

河朔訪古記，元・納新撰，見四庫全書珍本・別輯，臺北：臺灣商務印書館影印，1975。

京畿冢墓遺文，載羅振玉校錄，羅氏冢墓遺文，見嚴耕望編，石刻史料叢書，臺北：藝文印書館影印，1967；又收入羅雪堂先生全集・七編，臺北：大通書局有限公司，1976，第11冊。

初學記，唐・徐堅等撰，北京：中華書局，1962。

武經總要・前集，宋・曾公亮編撰，明 弘治、正德間重刻紹定本，北京：中華書局影印（中國古代科技圖錄叢編初集），1959。

武經總要・前集，見四庫全書珍本・初集，上海：商務印書館影印，1934。

奉天錄，唐・趙元一著，叢書集成初編本（據指海本排印），長沙：商務印書館，1937。

奉使金國行程錄，宋・許亢宗撰，收入三朝北盟會編內。

奉節縣志，清・曾秀翘、楊德坤等續修，光緒十九年 (1893) 刊本，臺北：臺灣學生書局影印（新修方志叢刊・四川方志之54），1971。

長安志，宋・宋敏求撰，清 乾隆甲辰 (1784) 靈巖山館刻經訓堂叢書本，見中國地志研究會編，宋元地方志叢書，臺北：大化書局影印，1980，第1冊。

長安客話，明・蔣一葵撰，北京：北京出版社點校本，1962。

松漠記聞，宋・洪皓纂，叢書集成初編本（據陽山顧氏文房本排印），長沙：商務印書館，1939。

東京夢華錄注，宋・孟元老撰，鄧之誠注，香港：商務印書館，1961。

東都事略，宋・王稱撰，見趙鐵寒主編，宋史資料萃編第一輯，臺北：文海出版社影印，1967。

東齋記事，宋・范鎮撰，叢書集成初編本（據守山閣叢書本排印），上海：商務印書館，1936。

兩漢金石記，清・翁方綱編撰，乾隆五十四年 (1789) 己酉南昌使院刻本，見嚴耕望編，石刻史料叢書，臺北：藝文印書館影印，1967，甲編之3。

尙書，四部備要本（上海 中華書局據相臺 岳氏家塾本校刊），上海：中華書局，1936。

禹貢注釋，顧頡剛注釋，見中國古代地理名著選讀第一輯，北京：科學出版社，1959。

明史，清・張廷玉等撰，乾隆 武英殿本，臺北：藝文印書館影印，1956。

明史，北京：中華書局點校本，1974。

明皇雜錄，宋・鄭處誨撰，叢書集成初編本（據守山閣叢書本排印），長沙：商務印書館，1940。

明皇雜錄補遺，叢書集成初編本（據守山閣叢書本排印），長沙：商務印書館，1940。

金石苑，清・劉喜海編纂，道光戊申 (1848) 刊本，見嚴耕望編，石刻史料叢書，臺北：藝文印書館影印，1967，甲編之13。

金石萃編，清・王昶編撰，經訓堂藏板，見嚴耕望編，石刻史料叢書，臺北：藝文印書館影印，1967，甲編之6。

金石續編，清・陸耀遹編纂，同治甲戌 (1874) 毗陵 雙白燕堂刊板，見嚴耕望編，石刻史料叢書，臺北：藝文印書館影印，1967，甲編之8。

金史，元・脫脫等撰，清 乾隆 武英殿本，臺北：藝文印書館影印，1956。

金史，北京：中華書局點校本，1975。

往五天竺國傳，唐・〔新羅〕慧超記，見大正新脩大藏經，臺北：中華佛教文化館大藏經委員會影印，1957，史傳部三，第51冊，No.2089，遊方記抄之1。

周書，唐・令狐德棻等撰，清 乾隆 武英殿本，臺北：藝文印書館影印，1956。

周書，北京：中華書局點校本，1974。

居士集，見歐陽永叔集條。

孟子，上海 商務印書館縮印清內府藏宋刊本，臺北：臺灣商務印書館影印（四部叢刊初編縮本，第3冊），1967。

洛陽伽藍記，北魏・楊衒之撰，見大正新脩大藏經，臺北：中華佛教文化館大藏經委員會影印，1957，史傳部三，第51冊，No.2092。

春明退朝錄，宋・宋敏求撰，叢書集成初編本（據百川學海本排印），上海：商務印書館，1936。

春秋經傳集解，春秋・左丘明撰，晉・杜預注，明翻相臺本，北京：文學古籍刊行社影印，1955。

＊左傳，清 嘉慶二十一年 (1816) 阮元刻十三經注疏本，臺北：藝文印書館影印，1960。

＊左傳，十三經注疏整理本，北京：北京大學出版社，2000。

＊左傳，十三經注疏分段標點本，臺北：新文豐出版公司，2001。

＊春秋左傳注（修訂本），楊伯峻注，北京：中華書局，1990。

封氏聞見記，唐・封演撰，叢書集成初編本（據雅雨堂叢書本影印），上海：商務印書館，1936。

＊封氏聞見記校注，趙貞信校注，北京：中華書局，1958。

茅亭客話，宋・黃休復撰，吳興 張氏擇是居叢書之14（據穴研齋鈔本開雕），1926。

南史，唐・李延壽撰，清 乾隆 武英殿本，臺北：藝文印書館影印，1956。

南史，北京：中華書局點校本，1975。

南唐書，宋・陸游撰，叢書集成初編本（據祕冊彙函本影印），長沙：商務印書館，1937。

南部新書，宋・錢易撰，叢書集成初編本（據學津討原本排印），上海：商務印書館，1936。

南部新書，北京：中華書局點校本（中國文學參考資料叢書），1958。

南詔野史，明・倪輅纂錄，清・胡蔚增訂，民國五年 (1916) 刊本，臺北：成文出版社影印（中國方志叢書，第150號），1968。[8]

南齊書，梁・蕭子顯撰，清 乾隆 武英殿本，臺北：藝文印書館影印，1956。

南齊書，北京：中華書局點校本，1972。

咸淳毗陵志，宋・史能之纂修，清 嘉慶二十五年 (1820) 南海刻本，見中國地志研究會編，宋元地方志叢書，臺北：大化書局影印，1980，第6冊。

[8] 案胡蔚刻本南詔野史，首題楊慎編輯，然據方國瑜先生考證，野史乃明 倪輅所集，楊慎編輯云云，乃謬說也；見方國瑜，雲南史料目錄概說（北京：中華書局，1984），第1冊，頁376-383；又參方國瑜主編，雲南史料叢刊（昆明：雲南大學出版社，1998），第4卷，頁765-770。故今改作倪輅纂錄。又成文出版社影印本南詔野史，扉頁云據「清・乾隆四十年石印本影印」，然此本後附袁嘉穀 南詔野史書後，乃丙辰年書者。袁氏 光緒進士，丙辰乃民國五年 (1916)，則成文出版社之影印本，乃民國五年據「雲南圖書館藏板」重印者也。

括地志新輯，唐・李泰撰，王恢編輯，臺北：世界書局，1974。
括地志輯校，賀次君輯校，北京：中華書局（中國古代地理總志叢刊），1980。
昭通縣志，符廷銓、楊履乾等纂修，民國十三年（1924）刊本，臺北：成文出版社影印（中國方志叢書，第36號），1967。
皇明九邊考，明・魏煥編集，見國立北平圖書館善本叢書第一集（據明 嘉靖刻本影印），上海：商務印書館，1937。
皇輿西域圖志（即欽定皇輿西域圖志），清・傅恆、劉統勳等纂輯，臺北：文友書店據「國立中央圖書館」珍藏善本影印，1965。
禹貢錐指，清・胡渭撰，學海堂皇清經解本，臺北：廣學社印書館影印（廣學叢刊），1975。
後漢書，宋・范曄撰，清 乾隆 武英殿本，臺北：藝文印書館影印，1956。
後漢書，北京：中華書局點校本，1965。
流沙遺珍，金祖同輯，出版地不詳，1940。
涑水記聞，宋・司馬光撰，叢書集成初編本（據聚珍版叢書本排印），上海：商務印書館，1936。
容齋隨筆五集，宋・洪邁著，見國學基本叢書，上海：商務印書館，1935。
*容齋隨筆，上海：上海古籍出版社點校本，1978。
高僧傳，梁・慧皎撰，見大正新脩大藏經，臺北：中華佛教文化館大藏經委員會影印，1957，史傳部二，第50冊，No.2059。
*高僧傳，湯用彤校注，湯一玄整理，北京：中華書局（中國佛教典籍選刊），1992。
唐人選唐詩・十種，北京：中華書局，1958。
唐大和上東征傳，唐・〔日本〕元開撰，見大正新脩大藏經，臺北：中華佛教文化館大藏經委員會影印，1957，史傳部三，第51冊，No.2089，遊方記抄之7。
*唐大和上東征傳，汪向榮校注，北京：中華書局（中外交通史籍叢刊），1979。
唐文拾遺，清・陸心源輯，臺北：文海出版社影印，1962。
唐方鎮年表，清・吳廷燮撰，北京：中華書局（二十四史資料叢刊），1980。
唐兩京城坊考，清・徐松撰，叢書集成初編本（據連筠簃叢書本排印），上海：商務印書館，1936。

唐國史補，唐・李肇撰，上海：古典文學出版社校點本（中國文學參考資料小叢書第一輯），1957。

唐會要，宋・王溥撰，北京：中華書局用國學基本叢書本原版重印，1955。

唐詩紀事，宋・計有功撰，北京：中華書局點校本，1965。

唐賈耽記邊州入四夷道理考實，吳承志纂，劉承幹校，南海 劉氏求恕齋叢書本，臺北：文海出版社影印（中華史地名著叢刊），1968。

唐語林，宋・王讜撰，叢書集成初編本（據守山閣叢書本排印），長沙：商務印書館，1939。

唐語林校證，周勛初校證，北京：中華書局（唐宋史料筆記叢刊），1987。

唐摭言，五代・王定保撰，叢書集成初編本（據學津討原本排印），上海：商務印書館，1936。

唐縣志，清・張惇德、陳恐善等纂修，光緒四年 (1878) 刊本，臺北：成文出版社影印（中國方志叢書・華北地方，第183號），1969。

唐闕史（即闕史），唐・高彥休撰，叢書集成初編本（據知不足齋叢書本排印），上海：商務印書館，1936。

冥報記，唐・唐臨撰，見大正新脩大藏經，臺北：中華佛教文化館大藏經委員會影印，1957，史傳部三，第51冊，No.2082。

神農本草經，魏・吳普等述，叢書集成初編本（據問經堂叢書本排印），長沙：商務印書館，1937。

秦蜀驛程後記，清・王士禛撰，見小方壺齋輿地叢鈔，南清河 王氏鑄版，上海著易堂印行，臺北：廣文書局影印，1962，第7帙（書名作「秦蜀驛程記」，作者作「王士正」）。

神會和尚遺集，胡適校敦煌 唐寫本，臺北：胡適紀念館（胡適紀念館單刊，第3種），1970。

城固縣志，清・王穆纂修，康熙五十六年 (1717) 刻本，光緒四年 (1878) 重刊，臺北：成文出版社影印（中國方志叢書・華北地方，第263號），1969。

城固縣鄉土志，民國 燕京大學圖書館鉛印本，臺北：成文出版社影印（中國方志叢書・華北地方，第264號），1969。

荔枝譜，宋・蔡襄撰，叢書集成初編本（據百川學海本排印），上海：商務印書館，1936。

晉書，唐・房玄齡等撰，清 乾隆 武英殿本，臺北：藝文印書館影印，1956。

晉書，北京：中華書局點校本，1974。

晉書斠注，吳士鑑、劉承幹斠注，民國戊辰 (1928) 刊本，臺北：藝文印書館影印，1956。

乘軺錄，宋・路振撰，叢書集成初編本（據指海本排印），北京：中華書局，1991。

修武縣志，焦封桐、孫尚仁等纂修，民國二十年 (1931) 鉛印本，臺北：成文出版社影印（中國方志叢書・華北地方，第487號），1976。

留壩廳志，清・賀仲瑊、蔣湘南等纂修，道光壬寅 (1842) 刻本，臺北：成文出版社影印（中國方志叢書・華北地方，第271號），1969。

陝西名勝志，收入大明一統名勝志內。

陝西南山谷口考，清・毛鳳枝撰，同治七年 (1868) 刊本，臺北：成文出版社影印（中國方志叢書・華北地方，第318號），1970。

能改齋漫錄，宋・吳曾撰，叢書集成初編本（據聚珍版叢書本排印），長沙：商務印書館，1939。

淮南子，漢・劉安著，漢・高誘注，叢書集成初編本（據漢魏叢書本影印），長沙：商務印書館，1937。

梁書，唐・姚思廉撰，清 乾隆 武英殿本，臺北：藝文印書館影印，1956。

梁書，北京：中華書局點校本，1973。

授堂金石跋（含金石三跋、授堂金石文字續跋），清・武億撰，授堂藏版，道光癸卯 (1843) 重刊，見嚴耕望編，石刻史料叢書，臺北：藝文印書館影印，1967，乙編之13。

略陽縣志，清・譚瑀等編纂，道光戊申 (1848) 刊本，光緒甲辰 (1904) 重刊，臺北：成文出版社影印（中國方志叢書・華北地方，第321號），1970。

國秀集，唐・芮挺章編，見唐人選唐詩・十種。

御覽詩，唐・令狐楚編，見唐人選唐詩・十種。

猗覺寮雜記，宋・朱翌撰，叢書集成初編本（據知不足齋叢書本排印），長沙：商務印書館，1939。

通典，唐・杜佑撰，清 乾隆 武英殿本，見萬有文庫第二集，上海：商務印書館影印，1935，十通，第1種。

通典，四庫善本叢書初編本，臺北：藝文印書館據「中央圖書館」藏明本影印，1964。

通典，北宋版，日本宮內廳書陵部藏北宋刊本，東京：古典研究會，第1-5卷，1980；第6-8卷、別卷，1981。

＊通典，王文錦、王永興、劉俊文、徐庭雲、謝方校點，北京：中華書局校點本，1988。

參天台五臺山記，宋・〔日本〕成尋撰，見大日本佛教全書，東京：佛書刊行會編纂，1917，第27冊。

＊參天台五臺山記，古鈔本，東京：東洋文庫影印（東洋文庫叢刊，第7），1937。

＊參天台五臺山記，見大日本佛教全書，東京：名著普及會株式會社，1984，第115冊（遊方傳叢書，第3）。

張說之集，唐・張說撰，上海 商務印書館縮印明 嘉靖丁酉 (1537) 刊本（四部叢刊初編・集部），臺北：臺灣商務印書館影印（四部叢刊初編縮本，第35冊），1967。

陳伯玉集，唐・陳子昂撰，上海 商務印書館縮印秀水 王氏藏明 弘治本（四部叢刊初編・集部），臺北：臺灣商務印書館影印（四部叢刊初編縮本，第35冊），1967。

湟中行紀，清・闊普通武撰，豹隱山房叢集本（中國西北文獻叢書第三輯），蘭州：蘭州古籍書店影印，1990，西北史地文獻，第32卷；總第107冊。[9]

甯羌州志，清・馬毓華、鄭書香等重修，光緒十四年 (1888) 重刻本，臺北：成文出版社影印（中國方志叢書・華北地方，第266號），1969。

敦煌石室真蹟錄，清・王仁俊輯，臺北：藝文印書館影印，1974。

敦煌名族志殘卷，載伯希和、羽田亨共編，敦煌遺書活字本第一集，上海：東亞攷究會，1926。

敦煌掇瑣，劉復編，臺北：「國立中央研究院」歷史語言研究所，1991。

敦煌縣志，清・蘇履吉、曾誠等纂修，道光辛卯 (1831) 刊本，臺北：成文出版社影印（中國方志叢書・華北地方，第351號），1970。

[9] 中國西北文獻叢書第三輯・西北史地文獻，第32卷收錄之湟中行紀，無作者名。今據蘭州 甘肅人民出版社2002年1月出版之西北行記叢萃內之湟中行記（王晶波點校，收錄於寧海紀行之內），標示作者名。

雲笈七籤，宋・張君房輯，上海 商務印書館縮印正統道藏本（四部叢刊初編・子部），臺北：臺灣商務印書館影印（四部叢刊初編縮本，第32冊），1967。

雲溪友議，唐・范攄撰，叢書集成初編本（據稗海本排印），長沙：商務印書館，1939。

雲麓漫鈔，宋・趙彥衛著，叢書集成初編本（據涉聞梓舊本影印），上海：商務印書館，1936。

華陽國志，晉・常璩撰，叢書集成初編本（據函海本排印），長沙：商務印書館，1939。

朝野僉載，唐・張鷟撰，叢書集成初編本（據寶顏堂祕笈本排印），上海：商務印書館，1936。

貴州通志，明・王耒賢、許一德纂修，日本 尊經閣文庫藏明 萬曆二十五年(1597) 刻本，北京：書目文獻出版社影印（日本藏中國罕見地方志叢刊），1991。

集古錄目，宋・歐陽棐撰，雲自在龕刊本，見嚴耕望編，石刻史料叢書，臺北：藝文印書館影印，1967，乙編之1。

集神州塔寺三寶感通錄，唐・道宣撰，見中華大藏經第一輯第八集，臺北：脩訂中華大藏經會影印，1965；又收入大正新脩大藏經，臺北：中華佛教文化館大藏經委員會影印，1957，史傳部四，第52冊，No.2106。（書名作：集神州三寶感通錄）

尋親紀程，清・黃向堅撰，叢書集成初編本（據知不足齋叢書本排印，書名改作「黃孝子紀程」），長沙：商務印書館，1939。

鄠縣志，清・沈錫榮等編纂，宣統元年 (1909) 重纂，宣統二年 (1910) 陝西圖書館排印本，臺北：成文出版社影印（中國方志叢書・華北地方，第253號），1969。

隋書，唐・魏徵、令狐德棻撰，清 乾隆 武英殿本，臺北：藝文印書館影印，1956。

隋書，北京：中華書局點校本，1973。

隋書地理志考證，楊守敬撰，見二十五史補編，北京：中華書局用開明書店原版重印，1956，第4冊；又收入楊守敬集，武漢：湖北人民出版社、湖北教育出版社，1997，第2冊。

隋書經籍志考證，清・姚振宗撰，見二十五史補編，北京：中華書局用開明書店原版重印，1956，第4冊。

階州直隸州續志，清・葉恩沛、呂篤等纂修，光緒十二年（1886）刊本，臺北：臺灣學生書局影印（新修方志叢刊・西北方志之19），1967。

新修本草，唐・蘇敬等撰，清 光緒十五年（1889）日本 德清 傅氏籑喜廬叢書本，上海：上海科學技術出版社影印，1959。

新唐書，宋・歐陽修、宋祁撰，清 乾隆 武英殿本，臺北：藝文印書館影印，1956。

新唐書百衲本，見縮印百衲本二十四史，北京：商務印書館影印，1958。

新唐書，北京：中華書局點校本，1975。

＊新野縣志，清・徐金位、曹世龍等纂修，乾隆十九年（1754）刊本，臺北：成文出版社影印（中國方志叢書・華北地方，第479號），1976。

新疆圖志，清・王樹枏等纂，民國十二年（1923）東方學會校正增補本，臺北：文海出版社影印（李毓澍主編，中國邊疆叢書第一輯），1965。

詩經，宋・朱熹集傳，宋刊本，北京：文學古籍刊行社影印，1955。

雍錄，宋・程大昌纂修，明 吳琯校刻古今逸史本，見中國地志研究會編，宋元地方志叢書，臺北：大化書局影印，1980，第1冊。

資治通鑑，宋・司馬光撰，北京：中華書局點校本，1956。

落帆樓文集（即落颿樓文稿），清・沈垚撰，叢書集成初編本（據連筠簃叢書本排印），上海：商務印書館，1936。

＊葉縣志，清・歐陽霖、倉景恬等纂修，同治十一年（1872）刻本，光緒二十二年（1896）重刊，臺北：成文出版社影印（中國方志叢書・華北地方，第463號），1976。

蜀中廣記，明・曹學佺編纂，見四庫全書珍本・初集，上海：商務印書館影印，1934，史部・地理類。

蜀典，清・張澍撰，道光十四年（1834）張氏 安懷堂刻本，見續修四庫全書，上海：上海古籍出版社影印，1995，史部・地理類，第735冊。

蜀道驛程記，清・王士禛撰，見小方壺齋輿地叢鈔，南清河 王氏鑄版，上海 著易堂印行，臺北：廣文書局影印，1962，第7帙（作者作「王士正」）。

蜀檮杌，宋・張唐英撰，叢書集成初編本（據藝海珠塵本排印），長沙：商務印書館，1939。

蜀鑑，宋・郭允蹈撰，叢書集成初編本（據守山閣叢書本排印），長沙：商務印書館，1937。

圓覺經略疏，見大方廣圓覺修多羅了義經略疏註條。

經史證類大觀本草，宋・唐慎微撰，清 光緒甲辰 (1904) 武昌 柯氏重校刊本，東京：廣川書店株式會社，1970。

＊經史證類大觀本草，清 光緒甲辰 (1904) 武昌 柯氏重校刊本，武昌醫館叢書，北京：中國書店影印，1989。

＊重修政和經史證類備用本草，宋 淳祐九年 (1249) 張存惠原刻晦明軒本，北京：人民衛生出版社影印，1957。

綏乘，清・張鼎彝撰，民國十年 (1921) 上海 泰東圖書局鉛印本。[10]

漢唐地理書鈔，清・王謨輯，北京：中華書局影印，1961。

漢書，漢・班固撰，清 乾隆 武英殿本，臺北：藝文印書館影印，1956。

漢書，北京：中華書局點校本，1962。

漢書地理志水道圖說，清・陳澧撰，見二十五史補編，北京：中華書局用開明書店原版重印，1956，第1冊。

漢書地理志補注，清・吳卓信撰，見二十五史補編，北京：中華書局用開明書店原版重印，1956，第1冊。

漢書補注，王先謙編撰，虛受堂本，臺北：藝文印書館影印，1956。

滿洲金石志，羅福頤校錄，臺北：藝文印書館影印，1976。

彰德府志，清・盧崧、江大鍵等纂修，乾隆五十二年 (1787) 刊本，臺北：臺灣學生書局影印（新修方志叢刊・河南方志之1），1968。

說文解字，漢・許慎撰，清・段玉裁注，見萬有文庫第一集・國學基本叢書，上海：商務印書館影印，1930。

說郛，元・陶宗儀纂，涵芬樓刊本（據明鈔本），上海：商務印書館，1927。

齊乘，元・于欽纂修，清 乾隆四十六年 (1781) 刻本，見中國地志研究會編，宋元地方志叢書，臺北：大化書局影印，1980，第1冊。

---

[10] 綏乘一書，似不見於香港各大學圖書館，今據朱士嘉編中國地方志綜錄（增訂本）（上海：商務印書館，1958）之內蒙古自治區目（頁40）補。編按，臺北「中央研究院」歷史語言研究所傅斯年圖書館，以及近代史研究所郭廷以圖書館，均收有綏乘一書。前者所收為1921年上海 泰東圖書局版，後者所收分別為1988年文海出版社之近代中國史料叢刊・三編・第45輯，以及2002年北京 全國圖書館文獻縮微復製中心據上海 泰東圖書局本影印版。

＊齊乘，清 乾隆四十六年 (1781) 刻本，見中國地志研究會編，宋元方志叢書，北京：中華書局影印，1990，第1冊。

碧雞漫志，宋・王灼撰，上海：古典文學出版社點校本（中國文學參考資料小叢書第一輯），1957。

蒙古游牧記，清・張穆撰，見國學基本叢書，長沙：商務印書館，1938。

趙州志，明・蔡懋昭輯，天一閣藏隆慶刻本，見天一閣藏明代方志選刊，上海：上海古籍書店，1981，第6冊。

夢溪筆談，宋・沈括撰，叢書集成初編本（據津逮祕書本排印），長沙：商務印書館，1937。

嘉泰吳興志，宋・談鑰纂修，民國三年 (1914) 南林 劉氏 嘉業堂刊吳興先哲遺書本，見中國地志研究會編，宋元地方志叢書，臺北：大化書局影印，1980，第11冊。

爾雅，晉・郭璞注，叢書集成初編本（據五雅叢書本影印），長沙：商務印書館，1937。

圖畫見聞誌，宋・郭若虛撰，叢書集成初編本（據津逮祕書本影印），上海：商務印書館，1936。

管子，見國學基本叢書四百種，臺北：臺灣商務印書館影印，1968，第97冊。

廣弘明集，唐・道宣撰，見大正新脩大藏經，臺北：中華佛教文化館大藏經委員會影印，1957，史傳部四，第52冊，No.2103。

廣昌縣志，清・劉榮等纂修，光緒元年 (1875) 刊本，臺北：成文出版社影印（中國方志叢書・華北地方），1969。

＊廣韻，周祖謨校本，北京：中華書局，1960。

劍南詩稿，宋・陸游撰，見陸游集，北京：中華書局標點本，1976。

樂府詩集，宋・郭茂倩編次，見國學基本叢書，上海：商務印書館，1937。

劉夢得文集附外集，唐・劉禹錫撰，上海 商務印書館縮印武進 董氏影宋本（四部叢刊初編・集部），臺北：臺灣商務印書館影印（四部叢刊初編縮本，第39冊），1967。

歐陽文忠公集，見下條。

歐陽永叔集，宋・歐陽修撰，見萬有文庫第一集・國學基本叢書，上海：商務印書館，1930。

熱河志（即欽定熱河志），清 乾隆四十六年 (1781) 和珅等修，民國二十四年 (1935) 鉛印本，臺北：文海出版社影印（沈雲龍主編，中國邊疆叢書第二輯），1966。

諸道山河地名要略殘卷，見鳴沙石室佚書（摹寫本），東方學會影印，收入羅雪堂先生全集・三編，臺北：文華出版公司，1970，第5冊；又見鳴沙石室佚書（影寫本），上虞 羅氏 宸翰樓印，收入羅雪堂先生全集・四編，臺北：大通書局有限公司，1972，第5冊。

褒谷古蹟輯略，清・羅秀書輯注，同治甲戌 (1874) 刊本，出版地不詳。

褒城縣志，清・光朝魁纂修，道光辛卯 (1831) 抄本，臺北：成文出版社影印（中國方志叢書・華北地方，第262號），1969。

歷代三寶記，隋・費長房編撰，見中華大藏經第一輯第八集，臺北：脩訂中華大藏經會影印，1965。

歷代名臣奏議，明・黃淮、楊士奇編纂，永樂十四年 (1416) 內府刊本，臺北：臺灣學生書局影印（吳相湘主編，中國史學叢書），1964。

遼史，元・脫脫等撰，清 乾隆 武英殿本，臺北：藝文印書館影印，1956。

遼史，北京：中華書局點校本，1974。

遼史拾遺，清・厲鶚撰，叢書集成初編本（據史學叢書本排印），上海：商務印書館，1936。

戰國策，漢・劉向集錄，上海：上海古籍出版社整理本，1978。

戰國策釋地，清・張琦撰，叢書集成初編本（據史學叢書本排印），上海：商務印書館，1936。

餘芳編年雜集，唐・〔日本〕圓珍撰，見大日本佛教全書，1918，第28冊，智證大師全集，第4。

＊穆天子傳，清 洪頤煊校，平津館叢書本，見百部叢書集成・四二・平津館叢書，臺北：藝文印書館影印，1967。

學海類編，清・曹溶輯，陶越增訂，道光辛卯 (1831) 晁氏活字本，臺北：文海出版社影印，1964。

韓昌黎集附外集，唐・韓愈撰，見萬有文庫第一集・國學基本叢書，上海：商務印書館，1930。

朱文公校昌黎先生集，宋・朱熹校，上海商務印書館縮印元刊本（四部叢刊初編・集部），臺北：臺灣商務印書館影印（四部叢刊初編縮本，第39冊），1967。

隸釋，宋・洪适撰，清 樓松書屋 汪氏校本，見嚴耕望編，石刻史料叢書，臺北：藝文印書館影印，1967，甲編之1。

隸續，宋・洪适撰，清 樓松書屋 汪氏校本，見嚴耕望編，石刻史料叢書，臺北：藝文印書館影印，1967，甲編之2。

嶺北紀行，元・張德輝撰，見下條。

張德輝「嶺北紀行」足本校註，姚從吾校註，原載〔臺北〕「國立臺灣大學」文史哲學報第11期，1962；又收入姚從吾先生全集，臺北：正中書局，1982，第7集。

輿地紀勝，宋・王象之撰，清 咸豐十年 (1860) 粵雅堂雕本，臺北：文海出版社影印，1962。

＊輿地紀勝，清 道光二十九年 (1849) 刊懼盈齋本，北京：中華書局影印，1992。

輿地碑記目，宋・王象之撰，粵雅堂叢書本，見嚴耕望編，石刻史料叢書，臺北：藝文印書館影印，1967，乙編之6。

輿地廣記，宋・歐陽忞撰，清 嘉慶壬申 (1812) 吳門 士禮居重雕曝書亭藏宋刻初本，臺北：文海出版社影印，1962。

舊五代史，宋・薛居正等撰，清 乾隆 武英殿本，臺北：藝文印書館影印，1956。

舊五代史，北京：中華書局點校本，1976。

舊唐書，後晉・劉昫等撰，清 乾隆 武英殿本，臺北：藝文印書館影印，1956。

舊唐書百衲本，見縮印百衲本二十四史，北京：商務印書館影印，1958。

舊唐書，北京：中華書局點校本，1975。

雞肋編，宋・莊季裕撰，叢書集成初編本（據琳琅祕室叢書本排印），上海：商務印書館，1936。

魏書，北齊・魏收撰，清 乾隆 武英殿本，臺北：藝文印書館影印，1956。

魏書，北京：中華書局點校本，1974。

歸綏縣志，鄭裕孚、鄭植昌等纂修，民國二十四年 (1935) 鉛印本，臺北：成文出版社影印（中國方志叢書・塞北地方，第10號），1968。

懷慶府志，清・唐侍陛、布顏等重修，乾隆己酉 (1789) 重刊本，臺北：臺灣學生書局影印（新修方志叢刊・河南方志之3），1968。

藝文類聚，唐・歐陽詢等編修，汪紹楹校，北京：中華書局，1965。

關中勝蹟圖志，清・畢沅編撰，見四庫全書珍本・十集，臺北：臺灣商務印書館影印，1979。

隴右金石錄，張維輯，見嚴耕望編，石刻史料叢書，臺北：藝文印書館影印，1967，甲編之20。

隴蜀餘聞，清・王士禛著，叢書集成初編本（據龍威祕書本排印，作者作「王士正」），上海：商務印書館，1936。

寶刻叢編，宋・陳思編，清 光緒十四年 (1888) 吳興 陸氏 十萬卷樓雕本，見嚴耕望編，石刻史料叢書，臺北：藝文印書館影印，1967，乙編之4。

寶刻類編，宋・佚名編，粵雅堂叢書本，見嚴耕望編，石刻史料叢書，臺北：藝文印書館影印，1967，乙編之5。

蘇氏演義，唐・蘇鶚纂，叢書集成初編（據藝海珠塵本排印），長沙：商務印書館，1939。

蘇東坡集（前集、後集、續集），宋・蘇軾撰，見萬有文庫第一集・國學基本叢書，上海：商務印書館，1930。

＊東坡集，日本 內閣文庫、宮內廳書陵部藏宋刊本，東京：古典研究會影印（古典研究會叢書・漢籍之部16），1991。

集註分類東坡先生詩，宋・王十朋纂集，上海 商務印書館縮印南海 潘氏藏宋務本堂刊本（四部叢刊・集部），臺北：臺務商務印書館影印（四部叢刊初編縮本，第52冊），1967。

釋迦方志，唐・道宣撰，見大正新脩大藏經，臺北：中華佛教文化館大藏經委員會影印，1957，史傳部三，第51冊，No.2088。

＊續山東考古錄，清・葉圭綬撰，王汝濤、唐敏等點注，濟南：山東文藝出版社，1997。

續行水金鑑，清・黎世序等編纂，見國學基本叢書四百種，臺北：臺灣商務印書館影印，1968，第344-347冊。

續武陟縣志，史延壽、王士傑等纂修，民國二十年 (1931) 刊本，臺北：成文出版社影印（中國方志叢書・華北地方，第107號），1968。

續高僧傳，唐・道宣撰，見大正新脩大藏經，臺北：中華佛教文化館大藏經委員會影印，1957，史傳部二，第50冊，No.2060；又收入中華大藏經第一輯第八集，臺北：脩訂中華大藏經會影印，1965。

續雲南通志稿，清・王文韶、羅元黼等纂修，光緒二十六年 (1900) 刊本，臺北：文海出版社影印（沈雲龍主編，中國邊疆叢書第二輯），1966。

續資治通鑑長編，宋・李燾編撰，浙江書局本，上海：上海古籍出版社影印（宋史要籍彙編），1986。
*續資治通鑑長編，北京：中華書局點校本，1992，第28冊。
讀史方輿紀要，清・顧祖禹撰，見國學基本叢書，北京：中華書局重印，1955。
*讀史方輿紀要稿本（手稿本），上海：上海古籍出版社影印，1993。
鑒誡錄，蜀・何光遠撰，叢書集成初編本（據知不足齋叢書本排印），長沙：商務印書館，1939。
鹽鐵論，漢・桓寬編撰，見萬有文庫第二集・國學基本叢書，上海：商務印書館，1936。
攬轡錄，宋・范成大撰，叢書集成初編本（據知不足齋叢書本排印），上海：商務印書館，1936。
蠻書，唐・樊綽撰，叢書集成初編本（據琳琅祕室叢書本排印），長沙：商務印書館，1939。
蠻書校注，向達校注，北京：中華書局，1962。

二、近人論著

報道新疆 巴里坤哈薩克自治縣 松樹塘附近發現漢 永平三年任尚碑，載〔香港〕明報，1982年3月1日。

報道新疆 巴里坤哈薩克自治縣 松樹塘附近發現漢 永平三年任尚碑，載〔香港〕華僑日報，1982年3月1日。

丁福保

六祖壇經箋證，民國二十年 (1933) 無錫 丁氏藏板，臺北：維新書局影印，1969。

丁謙

晉書四夷傳地理考證，載蓬萊閣地理學叢書（民國四年浙江圖書館校刊本），臺北：正中書局影印，1962。

魏書外國傳補地理考證，載蓬萊閣地理叢書。

大谷勝真著、周一良譯

安西四鎮之建置及其異同，載〔北平〕禹貢，第1卷第11期，1934年8月。

大庭脩

吐魯番出土北館文書——中國驛傳制度史上の一資料，載西域文化研究會編，西域文化研究第二・敦煌吐魯番社會經濟資料（上），京都：法藏館，1959。

＊山東省文物考古研究所、山東省博物館、濟寧地區文物組、曲阜縣文管會編

曲阜魯國故城，濟南：齊魯書社，1982。

小笠原宣秀、西村元佑

唐代役制關係文書考，載西域文化研究會編，西域文化研究第三・敦煌吐魯番社會經濟資料（下），京都：法藏館，1960。

＊小野勝年

入唐求法巡禮行記の研究，東京：鈴木學術財團，第1卷，1964；第2卷，1966；第3卷，1967；第4卷，1969。

卞孝萱

劉禹錫年譜，北京：中華書局，1963。

文物編輯委員會

文物考古工作三十年，北京：文物出版社，1979。

「無產階級文化大革命」期間出土文物展覽簡介，載〔北京〕文物，1972年第1期。

方永

吐谷渾故都——伏俟城發現記，見黃盛璋條。

方國瑜

諸葛亮南征的路線考說，載滇史論叢・第一輯，上海：上海人民出版社，1982。

史萬歲南征之石門關，載滇史論叢・第一輯。

步頭之方位，載滇史論叢・第一輯。

＊方詩銘

中國歷史紀年表，上海：上海辭書出版社，1980。

＊方詩銘、王修齡

古本竹書紀年輯證，上海：上海古籍出版社，1981。

＊王可夫、李民合編

中華通史大曆典，成都：四川民族出版社，1996。

王民信

隋唐對於吐谷渾之經營（上），載〔臺北〕大陸雜誌，第18卷第6期，1959年3月。

＊王汝濤、唐敏等

續山東考古錄，濟南：山東文藝出版社點注，1997。

王恢

括地志新輯，臺北：世界書局，1974。

王冠倬

從一行測量北極高看唐代的大小尺，載〔北京〕文物，1964年第6期。

王重民

敦煌古籍敘錄，北京：商務印書館，1958。

＊王修齡

古本竹書紀年輯證，見方詩銘條。

王益厓

中國地理，臺北：「國立」編譯館，1957，上冊。

王國良編纂

中國長城沿革考，上海：商務印書館，1931。

王清泉

蓉康旅境，載〔香港〕華僑日報，1974年4月10日。

日比野丈夫

唐代蒲昌府文書の研究，載〔京都〕東方學報，第33冊，1963。

北宋時代の京東路，原載青山博士古稀紀念宋代史論叢，東京：省心書房，1974；又收入氏著，中國歷史地理研究，京都：同朋舍出版株式會社（東洋史研究叢刊之30），1988。

日野開三郎

隋の遼西郡に就いて，載〔福岡〕史淵，第55輯，1953年2月。

中央人民政府文化部社會文化事業管理局編

炳靈寺石窟，北京：中央人民政府文化部社會文化事業管理局，1953。

中國先秦史學會編

夏史論叢，濟南：齊魯書社，1985。

中國科學院考古研究所編著

新中國的考古收穫，北京：文物出版社（考古學專刊・甲種第6號），1962。

中國科學院考古研究所山西工作隊

山西夏縣禹王城調查，載〔北京〕考古，1963年第9期。

中華民國內政部編

中華民國行政區域簡表，第十一版，出版時地不詳。

內蒙古文物工作隊、內蒙古博物館

呼和浩特市附近出土的外國金銀幣，載〔北京〕考古，1975年第3期。

＊孔凡禮

蘇軾年譜，北京：中華書局，1998。

孔祥星

唐代新疆地區的交通組織長行坊——新疆出土唐代文書研究，載〔北京〕中國歷史博物館館刊，總第3期，1981。

玉井是博

南宋本唐六典校勘記，載氏著，支那社會經濟史研究，東京：岩波書店，1942。

甘肅省文化局文物工作隊

調查炳靈寺石窟的新收穫——第二次調查（1963年）簡報，載〔北京〕文物，1963年第10期。

史岩

關於廣元千佛崖造像的創始時代問題，〔北京〕文物，1961年第2期。

史念海

河山集・二集・自序，北京：生活・讀書・新知三聯書店，1981。

歷史時期黃河流域的侵蝕與堆積（下），載河山集・二集。

歷史時期黃河在中游的下切，載河山集・二集。

田村實造

遼・宋交通資料註稿，載東方史論叢第一，奈良：養德社，1947。

遼宋の交通と遼國內に於ける經濟的發達，載滿蒙史論叢第二，京都：日滿文化協會，1939。

四川大學歷史系考古教研組

四川理縣汶川縣考古調查簡報，載〔北京〕考古，1965年第12期。

白馬寺漢魏故城文物保管所編著

白馬寺，北京：文物出版社（中國文物小叢書），1980。

白鳥庫吉

東胡民族考（第二回），載〔東京〕史學雜誌，第21編第7號，1910年7月。

漢代の朝鮮（與箭內亙合撰），載滿洲歷史地理，東京：南滿洲鐵道株式會社，1913，第1卷，第1篇。

池田溫

中國古代物價の——考察（一），載〔東京〕史學雜誌，第77編第1號，1968年1月。

西村元佑

唐代役制關係文書考，見小笠原宣秀條。

西嶋定生

吐魯番出土文書より見たる均田制の施行狀態，載西域文化研究會編，西域文化研究第二・敦煌吐魯番社會經濟資料（上），京都：法藏館，1959。

＊朱金城

白居易集箋校，上海：上海古籍出版社，1988。

朱偰

黔游日記，載〔重慶〕東方雜誌，第40卷第20號，1944年6月。

中國運河史料選輯，北京：中華書局，1962。

向達

唐代長安與西域文明，北京：生活・讀書・新知三聯出版社，1957。

蠻書校注，北京：中華書局，1962。

全漢昇

唐代物價的變動，原載「國立中央研究院」歷史語言研究所集刊第11本，1944年9月初版，1947年7月再版；又收入氏著，中國經濟史研究，香港：新亞研究所，1976，上冊。

唐宋帝國與運河，上海：商務印書館，1944年11月重慶初版，1946年上海初版（「國立中央研究院」歷史語言研究所專刊）；又收入氏著中國經濟史研究，上冊。

牟里 (Joseph Mullie) 著，馮承鈞譯

東蒙古遼代舊城探考記，上海：商務印書館（尚志學會叢書），1933。

羽田亨

唐光啓元年書寫沙州・伊州地志殘卷に就いて，原載小川博士還曆記念史學地理學論叢，京都：弘文堂書房，1930；又收入氏著，羽田博士史學論文集，東京：東洋史學研究會，1957，上卷・歷史篇。

「興胡」名義考，原載池內博士還曆記念東洋史論叢，東京：座右寶刊行會，1940；又收入氏著，羽田博士史學論文集・上卷・歷史篇。

＊汪向榮

唐大和上東征傳校注，北京：中華書局（中外交通史籍叢刊），1979。

沙畹 (É.Chavannes) 著，馮承鈞譯

西突厥史料，上海：商務印書館，1934。

宋雲行紀箋註，載西域南海史地考證譯叢六編，北京：中華書局，1956。

村上正二

圖說中國の歷史，東京：講談社，1977，第6冊，遊牧民族。

李之勤

歷史上的子午道，載〔西安〕西北大學學報（哲學社會科學版），1981年第2期；又收入氏著，西北史地研究，鄭州：中州古籍出版社（東亞文庫・東北亞研究），1995。

＊李民

中華通史大曆典，見王可夫條。

李作智

隋唐勝州榆林城的發現，載〔北京〕文物，1976年第2期。

李素英

明成祖北征紀行二編，載〔北平〕禹貢，第4卷第5期，1935年11月。

李符桐

回鶻史，臺北：文風出版社，1963；又收入李符桐論著全集，臺北：臺灣學生書局，1992，第2冊。

李創

龍門古渡，載〔臺北〕「中央日報」・副刊，1968年11月25日。

李璜

川南雅屬寧屬之游，〔香港〕大成，第5期，1974年4月。

吳承洛

中國度量衡史，上海：商務印書館（中國文化史叢書第一輯），1937。

吳景敖編著

西陲史地研究，上海：中華書局（新中華叢書・史地研究彙刊之1），1948。

岑仲勉

誤傳的中國古王城與其水力利用，原載〔重慶〕東方雜誌，第41卷第17號，1945年9月；又收入氏著，中外史地考證，香港：太平書局，1966。

吐魯番一帶漢回地名對證，原載「國立中央研究院」歷史語言研究所集刊，第12本，1948；又收入氏著，中外史地考證。

理番新發見隋會州通道記跋，載「國立中央研究院」歷史語言研究所集刊，第12本，1948。

歷代西疆路程簡疏，載氏著，中外史地考證。

黃河變遷史，北京：人民出版社，1957。

隋唐史，北京：高等教育出版社，1957。

西突厥史料補闕及考證，北京：中華書局，1958。

突厥集史，北京：中華書局，1958。

唐史餘瀋，北京：中華書局，1960。

通鑑隋唐紀比事質疑，北京：中華書局，1964。

中外史地考證，香港：太平書局，1966。

佐藤長

唐代における青海・ラサ間の道程，載〔京都〕東洋史研究，第34卷第1號，1975年6月。

伯希和 (Pelliot) 著，馮承鈞譯

交廣印度兩道考，上海：商務印書館（史地叢書），1933。

高昌和州火州哈喇和卓考，載馮承鈞編譯，史地叢考，上海：商務印書館，1931（尚志學會叢書）；又收入馮承鈞譯，西域南海史地考證譯叢・七編，北京：中華書局，1957。

河南省考古學會、河南省博物館編

夏文化論文選集，鄭州：中州古籍出版社，1985。

＊河南省地方史志編纂委員會編纂

河南省志・文物志，鄭州：河南人民出版社，1993。

河南省志・地名志，鄭州：河南人民出版社，1993。

青山定雄

栗棘庵所藏の輿地圖について，原載〔東京〕東洋學報，第37卷第4號，1955年3月；又收入氏著，唐宋時代の交通と地誌地圖の研究，東京：吉川弘文館株式會社，1969。

青海省文物管理委員會

關於鐵卜卡古城的來信，載〔北京〕考古，1962年第8期。

林競

西北叢編，臺北：中國文獻出版社影印，1965。

松井等

隋唐二朝高句麗遠征の地理，載白鳥庫吉監修，滿洲歷史地理，東京：南滿洲鐵道株式會社，1913，第1卷，第6篇。

滿洲に於ける遼の疆域，載白鳥庫吉監修，滿洲歷史地理第2卷，第1篇。

許亢宗の行程錄に見ゆる遼金時代の滿洲交通路，載滿洲歷史地理第2卷，第2篇。

契丹可敦城考，載滿鮮地理歷史研究報告，東京：東京帝國大學文科大學，1915，第1。

契丹勃興史，載滿鮮地理歷史研究報告第1。

松田壽男

碎葉與焉耆，載楊鍊譯，西北古地研究，上海：商務印書館（史地小叢書），1935。

吐谷渾遣使考，原載〔東京〕史學雜誌，第48編第11、12號，1937年11、12月；又收入氏著，松田壽男著作集·第四卷·東西文化の交流Ⅱ，東京：六興出版株式會社，1987。

東西交通史における居延についての考，原載〔東京〕東方學論集，第1，1954年2月：又收入氏著松田壽男著作集·第四卷·東西文化の交流Ⅱ。

古代天山の歷史地理學的研究（增補版），東京：早稻田大學出版部，1970。

和田博德

吐谷渾と南北兩朝との關係について，載〔東京〕史學，第25卷第2號，1951年11月。

金發根

塢堡溯源及兩漢的塢堡，載〔臺北〕「中央研究院」歷史語言研究所集刊，第37本上冊，1967年3月。

周一良

山西石佛考查記，見馬鑑條。

周希武

玉樹途程日記，載周希武編纂，玉樹縣志稿，民國 羅堂石室抄本，臺北：成文出版社影印（中國方志叢書・西部地方，第26號），1968。

周振鶴編

青海，長沙：商務印書館（史地小叢書），1938。

津田左右吉

勿吉考，載滿鮮地理歷史研究報告，東京：東京帝國大學文科大學，1915，第1。

室韋考，載滿鮮地理歷史研究報告第1。

洲杰

內蒙古昭盟遼太祖陵調查散記，載〔北京〕考古，1966年第5期。

姜念思

寧城縣黑城古城址調查，見馮永謙條。

前田正名

河西の歷史地理學的研究，東京：吉川弘文館株式會社，1964。[11]

施之勉

史記會注考證訂補，臺北：華岡出版有限公司，1976。

＊范祥雍

古本竹書紀年輯校訂補，上海：上海人民出版社，1957。

茅以昇

重點文物保護單位中的橋——濾定橋、蘆溝橋、安平橋、安濟橋、永通橋，載〔北京〕文物，1963年第9期。

[11] 歸田師於第1卷，第6篇（頁197、209）及第7篇（頁237）引前田正名論文所引之續通鑑長編等資料，但失其論文名稱。余雖欲代為檢出，以時間急遽，不果。然前田氏研究河西歷史之論文，輯為專著河西の歷史地理學的研究，今姑以此書錄入。

胡適校錄
神會和尚遺集，臺北：胡適紀念館（胡適紀念館單刊，第3種），1970。
昭烏達盟文物工作站、寧城縣文化館
遼寧寧城縣黑城古城王莽錢範作坊遺址的發現，載〔北京〕文物，1977年第12期。
建築科學研究院建築史編委會
中國古代建築史，北京：中國建築工業出版社，1980。
姚從吾
說阿保機時代的漢城，載氏著，東北史論叢，臺北：正中書局，1959，上冊。
張德輝「嶺北紀行」足本校註，原載〔臺北〕「國立臺灣大學」文史哲學報，第11期，1962；又收入姚從吾先生全集，臺北：正中書局，1982，第7集。
宮大中
龍門石窟藝術，上海：上海人民出版社，1981。
唐長孺
讀「桃花源記旁證」質疑，載氏著，魏晉南北朝史論叢續編，北京：生活・讀書・新知三聯書店，1959。
南北朝期間西域與南朝的陸道交通，載氏著，魏晉南北朝史論拾遺，北京：中華書局，1983。
唐書兵志箋正，北京：中華書局，1962。
＊唐敏
續山東考古錄點注，見王汝濤條。
唐曉峰
內蒙古西北部秦漢長城調查記，載〔北京〕文物，1977年第5期。
馬鑑、周一良
山西石佛考察查記，載〔北平〕燕京學報，第18期，1935年12月。
袁冀
元史研究論集，臺北：臺灣商務印書館，1974。
陝西省文物管理委員會、陝西省博物館陝南工作組
褒斜道連雲棧南段調查簡報，載〔北京〕文物，1964年第11期。
陝西省考古研究所
褒斜道石門附近棧道遺跡及題刻的調查，載〔北京〕文物，1964年第11期。

宿白

東北、內蒙古地區的鮮卑遺跡——鮮卑遺跡輯錄之一，載〔北京〕文物，1977年第5期。

許國霖

敦煌石室寫經題記，收入氏著，敦煌石室寫經題記與敦煌雜錄，上海：商務印書館，1937。

郭沫若

卜天壽「論語」抄本後的詩詞雜錄，載〔北京〕考古，1972年第1期。

郭榮章

褒谷石門小考，載〔西安〕考古與文物，1982年第5期。

野村榮三郎

蒙古新疆旅行記，載上原芳太郎編纂，新西域記，東京：有光社，1937，下卷。

張郁

和林格爾縣土城子試掘記要，原載〔北京〕文物，1961年第9期；又收入內蒙古文物工作隊編，內蒙古文物資料選輯，呼和浩特：內蒙古人民出版社，1964。

唐王逆修墓誌銘考釋，載〔呼和浩特〕內蒙古文物考古，創刊號，1981。

張崑河

隋運河考，載〔北平〕禹貢，第7卷第1-3期合刊，1937年4月。

張博泉、蘇金源、董玉瑛

東北歷代疆域史，長春：吉林人民出版社，1981。

張逢洲

清河識地，載〔臺北〕大陸雜誌，第62卷第6期，1981年6月。

陳沅遠

唐代驛制考，載〔北平〕史學年報，第1卷第5期，1933年8月。

陳寅恪

桃花源記旁證，載陳寅恪先生論集，臺北：「中央研究院」歷史語言研究所，1971。

陳夢家

漢簡考述，原載〔北京〕考古學報，1963年第1期；又收入氏著，漢簡綴述，北京：中華書局（考古學專刊·甲種第15號），1980。

湖北省博物館、北京大學考古專業盤龍城發掘隊

盤龍城一九七四年度田野考古紀要，載〔北京〕文物，1976年第2期。

馮永謙、姜念思

寧城縣黑城古城址調查，載〔北京〕考古，1982年第2期；又收入馮氏著，北方史地研究，鄭州：中州古籍出版社（東亞文庫・東北亞研究），1994。

馮承鈞

高昌城鎮與唐代蒲昌，載〔北京〕中央亞細亞，創刊號，1942年7月。

西域地名，北京：中華書局整理本，1955。

勞榦

兩關遺址考，載「國立中央研究院」歷史語言研究所集刊，第11本，1944年9月初版，1947年7月再版；又收入氏著，勞榦學術論文集・甲編，臺北：藝文印書館，1976。

居延漢簡考證，載〔臺北〕「中央研究院」歷史語言研究所集刊，第30本上冊，1959；又收入氏著，勞榦學術論文集・甲編。

敦煌文物研究所考古組

莫高窟發現的唐代絲織物及其他，載〔北京〕文物，1972年第12期。

斯坦因 (Stein) 撰，馮承鈞譯

玄奘沙州伊吾間之行程，載馮氏譯，西域南海史地考證譯叢，上海：商務印書館，1934。

黃文弼

高昌疆域郡城考，載〔北平〕國立北京大學國學季刊，第3卷第1號，1932年3月；又收入氏著，西北史地論叢，上海：上海人民出版社，1981；又收入黃烈編，黃文弼歷史考古論集，北京：文物出版社，1989。

第二次蒙新考察記，載〔北平〕禹貢，第4卷第5期，1935年11月。

＊黃永武主編

敦煌古籍敘錄新編，臺北：新文豐出版公司，1986。

黃和繩

西康旅行記，載〔成都〕責善，第1卷第21期，1941年1月。

黃盛璋

清代四川西北省界及其引起的黃河流經四川問題，收入氏著，歷史地理論集，北京：人民出版社，1982。

陽平關及其演變，收入氏著，歷史地理論集。

川陝交通的歷史發展，收入氏著，歷史地理論集。

黃河上源的歷史地理問題與測繪的地圖問題，收入氏著，歷史地理論集。

敦煌寫本「西天路竟」歷史地理研究，原載〔上海〕歷史地理，創刊號，1981；又收入氏著，中外交通與交流史研究，合肥：安徽教育出社，1995。

曹操主持開鑿的運河及其貢獻，載〔北京〕歷史研究，1982年第6期。

黃盛璋、方永

吐谷渾故都——伏俟城發現記，原載〔北京〕考古，1962年第8期；又收入黃盛璋著，歷史地理與考古論叢，濟南：齊魯書社，1982。

喻宗漢

吳師入郢之戰有關問題探討，載張正明主編，楚史論叢・初集，武漢：湖北人民出版社，1984。

傅樂煥

宋人使遼語錄行程攷，載〔北平〕國立北京大學國學季刊，第5卷第4號，1935；又收入氏著，遼史叢考，北京：中華書局，1984。

賀次君

括地志輯校，北京：中華書局（中國古代地理總志叢刊），1980。

新疆維吾爾自治區博物館編

新疆歷史文物，北京：文物出版社，1977。

董玉瑛

東北歷代疆域史，見張博泉條。

董作賓

中國年曆總譜，香港：香港大學出版社，1960。

楚皇城考古發掘隊

湖北宜城楚皇城勘查簡報，載〔北京〕考古，1980年第2期。

＊楊伯峻

春秋左傳注（修訂本），北京：中華書局，1990。

賈洲杰

元上都調查報告，〔北京〕文物，1977年第5期。

鈴木俊

南詔の意義及び六詔の住地に就いて，載〔東京〕東洋學報，第19卷第1號，1931年3月。

漢中地區文教局、略陽縣文化館

「郙閣頌」摩崖石刻，載〔北京〕文物，1976年第6期。

＊趙永復編

水經注通檢今釋，上海：復旦大學出版社，1985。

＊趙貞信

封氏聞見記校注，北京：中華書局，1958。

嶋崎昌

西域交通史上の新道と伊吾路，原載〔東京〕東方學，第12輯，1956年6月；又收入氏著，隋唐時代の東トゥルキスタン研究，東京：東京大學出版會，1977。

可汗浮圖城考（上），原載〔東京〕東洋學報，第46卷第2號，1963年9月；又收入氏著，隋唐時代の東トゥルキスタン研究。

聞悟

安濟橋，載〔北京〕文物，1976年第5期。

鄭振鐸

炳靈寺石窟概述，載炳靈寺石窟，北京：中央人民政府文化部社會文化事業管理局，1953。

鄭紹宗

北魏司馬興龍墓誌銘跋，載〔北京〕文物，1979年第9期。

箭內亙

漢代の滿洲，載白鳥庫吉監修，滿洲歷史地理，東京：南滿洲鐵道株式會社，1913，第1卷，第2篇。

南北朝時代の滿洲，載滿洲歷史地理第1卷，第5篇。

遼代の漢城と炭山，原載〔東京〕東洋學報，第11卷第3號，1921年8月；又收入氏著，蒙古史研究，東京：刀江書院，1966。

魯才全

唐代前期西州寧戎驛及其有關問題——吐魯番所出館驛文書研究之一，載唐長孺主編，敦煌吐魯番文書初探，武昌：武漢大學出版社，1983。

鄧之誠

東京夢華錄注，香港：商務印書館，1961。

錢穆

史記地名考，香港：龍門書店，1968。

戴應新

銀州城址勘測記，載〔北京〕文物，1980年第8期。

韓翔

焉耆國都、焉耆都督府治所與焉耆鎮城——博格達沁古城調查，載〔北京〕文物，1982年第4期。

譚宗義

漢代國內陸路交通考，香港：新亞研究所，1967。

羅振玉

莫高窟石室祕錄，原載〔上海〕東方雜誌，第6年第11、12期，1909年11、12月（宣統元年10、11月）；又改名鳴沙山石室祕錄（單行本），國粹學報社印，1910。

西陲石刻錄，收入羅雪堂先生全集・五編，臺北：大通書局，1973，第15冊，雲窗叢刻。

蘇同炳

明代驛遞制度，臺北：中華叢書編審委員會，1969。

蘇金源

東北歷代疆域史，見張博泉條。

蘇瑩輝

試論張義潮收復河隴後遣使獻表長安之年代，原載包遵彭先生紀念論文集，臺北：「國立歷史博物館」等編印，1971；又收入氏著，敦煌論集・續編，臺北：臺灣學生書局，1983。

嚴耕望

楚秦黔中郡地望考，載〔成都〕責善，第2卷第19期，1941年12月。

中國歷史地理・唐代篇，載中國歷史地理（二），臺北：中華文化出版事業委員會（現代國民基本知識叢書・第二輯），1954。

漢書地志縣名首書者即郡國治所辨，原載慶祝朱家驊先生六十歲論文集，臺北：「國立中央研究院」，1954；又收入氏著，嚴耕望史學論文選集，臺北：聯經出版事業公司，1991。

唐人習業山林寺院之風尚，收入氏著，唐史研究叢稿，香港：新亞研究所，1969，第8篇；又收入氏著，嚴耕望史學論文選集。

北魏六鎮考，載亞洲史學家第二次會議論文集，1962。

北魏軍鎮制度考，載〔臺北〕「中央研究院」歷史語言研究所集刊，第34本上冊，1962。

括地志序略都督府管州考，收入氏著，唐史研究叢稿；又收入氏著，嚴耕望史學論文選集。

隋代總管府考，載〔東京〕中國學誌，第6本，1972。

夏代都居與二里頭文化，原載〔臺北〕大陸雜誌，第61卷第5期，1980年11月；又收入氏著，嚴耕望史學論文選集。

中國地方行政制度史上・魏晉南北朝地方行政制度，臺北：「中央研究院」歷史語言研究所，1963。

石刻史料叢書（甲編、乙編），臺北：藝文印書館影印，1967。

嚴耕望史學論文選集，臺北：聯經出版事業公司，1991。

顧頡剛

禹貢注釋，載侯仁之主編，中國古代地理名著選讀・第一輯，北京：科學出版社，1959。

龔廷萬

四川涪陵「石魚」題刻文字的調查，載〔北京〕文物，1963年第7期。

三、地圖

大清壹統輿圖，又名皇朝中外壹統輿圖，清 胡林翼、嚴樹森編刊，湖北撫署景垣樓藏板，同治二年 (1863) 鐫刻。

＊山東省地圖（單張），北京：中國地圖出版社，1998。

＊山東省地圖冊，濟南：山東省地圖出版社，1995。

＊山東省地圖冊，北京：中國地圖出版社，2001。

＊中國文物地圖集・河南分冊，北京：中國地圖出版社，1991。

＊中國分省公路交通地圖集，北京：中國地圖出版社，1994。

＊中國分省地圖（一九一八年——一九四四年），〔日本〕東亞同文會編纂，東京：凌雲書房株式會社重印，1981。

中國分省新圖，丁文江、翁文灝、曾世英編纂，上海：申報館（申報六十週年紀念），1939。

中國郵政地圖，出版時地不詳。

中國歷史地圖集，譚其驤主編，北京：地圖出版社；第2冊（秦・西漢・東漢時期），1982；第4冊（東晉十六國・南北朝時期），1982；第5冊（隋・唐・五代十國時期），1982。

中華人民共和國分省地圖集，北京：地圖出版社，1974。

中華人民共和國地圖集，北京：地圖出版社，1979。

中華人民共和國地質圖，中國地質科學院編，北京：地圖出版社，1976。

「中華民國」地圖集，張其昀主編，臺北：「國防研究院」、中國地學研究所；第2冊（中亞大陸邊疆），1960；第3冊（中國北部），1961；第4冊（中國南部），1962。

「中華民國」全圖，聯勤總部 測量署測繪，臺北：黎明文化事業公司，出版時間不詳。

水經注圖，楊守敬、熊會貞編繪，清 光緒乙巳 (1905) 觀海堂刊本，臺北：文海出版社影印，1967。

世界地圖集，張其昀主編，臺北：「國防研究院」、中國地學研究所，1970，第1冊。

後套區域總圖，載〔北平〕禹貢，第6卷第5期（後套水利調查專號），1936年11月。

皇朝中外壹統輿圖，見大清壹統輿圖條。

唐代の長安と洛陽・地圖篇，〔日本〕平岡武夫編（唐代研究のしおり，7），京都：京都大學人文科學研究所索引編集委員會，1956。

乾隆內府輿圖，又名清代一統地圖，臺北：「國防研究院」、中華大典編印會製版重印，1966。

參謀部百萬分之一地圖，民國四年 (1915) 印行，出版地不詳。

*黃河流域地圖集，水利部黃河水利委員會編製，北京：中國地圖出版社，1989。

歷代輿地沿革圖，楊守敬、熊會貞編繪，臺北：聯經出版事業公司影印，1975，前漢地理圖、續漢書郡國圖、北魏地形志圖、隋地理志圖、唐地理志圖、遼地理志圖。

Operational Navigation Charts，出版時地不詳。

四、辭典

中國古今地名大辭典，臧勵龢等編，上海：商務印書館，1931。
中國地名錄——中華人民共和國地圖集地名索引，國家測繪局測繪科學研究所地名研究室編，北京：地圖出版社，1983。
＊中國地名錄——中華人民共和國地圖集地名索引，國家測繪局地名研究所編，北京：中國地圖出版社，1995。
中國歷代地名要覽（讀史方輿紀要索引），〔日本〕青山定雄編，東京：大安株式會社，1965。
＊中華人民共和國地名詞典・山東省，北京：商務印書館，1994。
＊中華人民共和國地名詞典・江蘇省，北京：商務印書館，1987。
＊中華人民共和國地名詞典・河南省，北京：商務印書館，1993。
＊中華人民共和國地名詞典・湖北省，北京：商務印書館，1990。
＊春秋左傳詞典，楊伯峻、徐提編，北京：中華書局，1985。

綱文古地名引得

一劃

二劃

三劃

四劃

五劃

六劃

七劃

八劃

九劃

十劃

十一劃

十二劃

十三劃

十四劃

十五劃

十六劃

十七劃

十八劃

十九劃

二十劃

二十一劃

二十二劃

二十三劃

圖書在版編目（CIP）數據

唐代交通圖考 / 嚴耕望著. -- 北京：北京聯合出版公司, 2021.7（2024.6重印）

ISBN 978-7-5596-3598-3

Ⅰ. ①唐… Ⅱ. ①嚴… Ⅲ. ①公路運輸－交通運輸史－考證－中國－唐代 Ⅳ. ①F542.9

中國版本圖書館CIP數據核字（2019）第195519號

唐代交通圖考（全六冊）

作　　者：嚴耕望
出 品 人：趙紅仕
出版監製：劉　凱　馬春華
選題策劃：聯合低音
責任編輯：馬　旭　肖　桓　周　楊
封面設計：李　響
內文排版：劉永坤

關注聯合低音

北京聯合出版公司出版
（北京市西城區德外大街83號樓9層　100088）
北京聯合天暢文化傳播公司發行
北京華聯印刷有限公司印刷　新華書店經銷
字數2,200千字　710毫米×1000毫米　1/16　157.5印張
2021年7月第1版　2024年6月第3次印刷
ISBN 978-7-5596-3598-3
定價：880.00圓